Großkommentare der Praxis

Hachenburg

Gesetz

betreffend die

Gesellschaften mit beschränkter Haftung (GmbHG)

Großkommentar

8., neubearbeitete Auflage

herausgegeben von

Peter Ulmer

Zweiter Band

§§ 35–52

1997

Walter de Gruyter · Berlin · New York

Erscheinungsdaten der Lieferungen:

§§ 35–44 (8. Lieferung) Dezember 1996
§§ 45–52 (3. Lieferung) März 1991

Zitiervorschlag z. B.: Hachenburg/*Ulmer* GmbHG § 1 Rdn 18

Die Deutsche Bibliothek – CIP-Einheitsaufnahme

Gesetz betreffend die Gesellschaften mit beschränkter Haftung (GmbHG) : Grosskommentar / Hachenburg. Hrsg. von Peter Ulmer. – Berlin ; New York : de Gruyter.
(Grosskommentare der Praxis)
Teilw. verf. von Carl Hans Barz ... Georg Hohner ... – 6. Aufl. u. d. T.: Hachenburg, Max: Kommentar zum Gesetz betreffend die Gesellschaften mit beschränkter Haftung

NE: Hachenburg, Max; Barz, Hans Carl; Hohner, Georg; Ulmer, Peter [Hrsg.]

Bd. 2. §§ 35–52. – 8., neubearb. Aufl. / Bearb.: Peter Behrens ... – 1997
Abschlussaufnahme von Bd. 2.
ISBN 3-11-015596-6

NE: Behrens, Peter [Bearb.]

Printed in Germany

Satz und Druck: Arthur Collignon GmbH, Berlin
Bindearbeiten: Lüderitz & Bauer GmbH, Berlin

Bearbeiter der 8. Auflage:

Professor Dr. *Peter Behrens*, Hamburg

Dr. Dr. h. c. *Reinhard Goerdeler* (†), Wirtschaftsprüfer und Rechtsanwalt, Frankfurt/M.

Dr. *Irmgard Heinrich*, Notarin, Hamburg

Dr. *Georg Hohner*, Rechtsanwalt und Notar, Frankfurt/M.
(unter Mitarbeit von Dr. *Rainer Bommert*, Rechtsanwalt, Frankfurt/M.)

Professor Dr. *Uwe Hüffer*, Bochum

Professor Dr. *Günter Kohlmann*, Köln

Professor Dr. *Hans-Joachim Mertens*, Frankfurt/M.

Dr. *Welf Müller*, Wirtschaftsprüfer, Rechtsanwalt und Steuerberater, Frankfurt/M.

Professor Dr. *Thomas Raiser*, Berlin

Professor Dr. *Ursula Stein*, Dresden

Professor Dr. Dr. h. c. *Peter Ulmer*, Heidelberg

Dr. *Jürg Zutt*, Rechtsanwalt, Mannheim
(unter Mitarbeit von Dr. *Martin Winter*, Rechtsanwalt, Mannheim)

Beirat der 3. Auflage

Professor Dr. [illegible], Hamburg

Dr. [illegible] (Wirtschaftsministerium und [illegible]), [illegible]

[illegible] Dr. [illegible], Hamburg

Dr. [illegible] und [illegible]

[illegible], Frankfurt

Professor Dr. [illegible], Bochum

Professor Dr. [illegible], Köln

[illegible] Dr. [illegible], Frankfurt/Main

[illegible] Wirtschaft [illegible] und [illegible]

[illegible]

Professor Dr. [illegible]

Professor Dr. [illegible]

Professor Dr. [illegible], Heidelberg

Dr. [illegible], München

[illegible]

Inhaltsübersicht

Dritter Abschnitt
Vertretung und Geschäftsführung

Dritter Abschnitt

Vertretung und Geschäftsführung

§ 35

(1) Die Gesellschaft wird durch die Geschäftsführer gerichtlich und außergerichtlich vertreten.

(2) Dieselben haben in der durch den Gesellschaftsvertrag bestimmten Form ihre Willenserklärungen kundzugeben und für die Gesellschaft zu zeichnen. Ist nichts darüber bestimmt, so muß die Erklärung und Zeichnung durch sämtliche Geschäftsführer erfolgen. Ist der Gesellschaft gegenüber eine Willenserklärung abzugeben, so genügt es, wenn dieselbe an einen der Geschäftsführer erfolgt.

(3) Die Zeichnung geschieht in der Weise, daß die Zeichnenden zu der Firma der Gesellschaft ihre Namensunterschrift beifügen.

(4) Befinden sich alle Geschäftsanteile der Gesellschaft in der Hand eines Gesellschafters oder daneben in der Hand der Gesellschaft und ist er zugleich deren alleiniger Geschäftsführer, so ist auf seine Rechtsgeschäfte mit der Gesellschaft § 181 des Bürgerlichen Gesetzbuchs anzuwenden. Rechtsgeschäfte zwischen ihm und der von ihm vertretenen Gesellschaft sind, auch wenn er nicht alleiniger Geschäftsführer ist, unverzüglich nach ihrer Vornahme in eine Niederschrift aufzunehmen.

Übersicht

A. Der dritte Abschnitt des GmbH-Gesetzes

Schrifttum

Ballerstedt Das Mitbestimmungsgesetz zwischen Gesellschafts-, Arbeits- und Unternehmensrecht, ZGR 1977, 134; *Bardorf* Der Gesellschaftereinfluß auf die GmbH-Geschäftsführung nach dem Mitbestimmungsgesetz (1981); *Baums* Der Geschäftsleitervertrag (1987); *Boesebeck* Das Weisungsrecht der Gesellschafter einer GmbH, GmbHRdsch 1960, 118; *Eisenhardt* Zum Weisungsrecht der Gesellschafter in der nicht mitbestimmten GmbH, in: Festschr. Pfeiffer (1989) S. 839; *Robert Fischer* Die GmbH in der Rechtsprechung des Bundesgerichtshofs, in: Pro GmbH (1980) S. 137; *Fitting/Wlotzke/Wißmann* Mitbestimmungsgesetz² (1978); *Fleck* Das Dienstverhältnis der Vorstandsmitglieder und Geschäftsführer in der Rechtsprechung des BGH, WM 1994, 1957; Gemeinschaftskommentar Mitbestimmungsgesetz, hrsg. von *Fabricius* (1976 ff); *Gersch/Herget/Marsch/Stützle* GmbH-Reform 1980 (1980); *Hanau/Ulmer* Mitbestimmungsgesetz, Kommentar (1981); *Hoffmann/Lehmann/Weinmann* Mitbestimmungsgesetz, Kommentar (1978); *Hommelhoff* Unternehmensführung in der mitbestimmten GmbH, ZGR 1978, 131; *ders.* Die deutsche GmbH im System der Kapitalgesellschaften im Umbruch (1990); *Hucke* Gesellschafter und Geschäftsführer der GmbH: juristische und ökonomische Analyse (1996); *Immenga* Die personalistische Kapitalgesellschaft (1970); *Konzen* Geschäftsführung, Weisungsrecht und Verantwortung in der GmbH und GmbH & Co. KG, NJW 1989, 2977; *Krieger* Personalentscheidungen des Aufsichtsrats (1981); *Limbach* Theorie und Wirklichkeit der GmbH (1966); *Martens* Mehrheits- und Konzernherrschaft in der GmbH (1970); *Meilicke/Meilicke* Mitbestimmungsgesetz² (1976); *Mertens* Die Verfassung der GmbH, in: Probleme der GmbH-Reform (1970) S. 96; *ders.* Zuständigkeiten des mitbestimmten Aufsichtsrats, ZGR 1977, 270; MünchHdbGesR III-*Marsch-Barner/Diekmann* (1996) 8. Kapitel §§ 41–45; *Overlack* Der Einfluß der Gesellschafter auf die Geschäftsführung in der mitbestimmten GmbH, ZHR 141 (1977) 128; *Raiser* Mitbestimmungsgesetz, Kommentar² (1984); *ders.* Recht der Kapitalgesellschaften² (1992); *Reuter/König* Mitbestimmung und gesellschaftsrechtliche Gestaltungsfreiheit, ZHR 140 (1976) 494; *Rohleder* Die Übertragbarkeit von Kompetenzen auf GmbH-Beiräte (1991); *Schiessl* Gesellschafts- und mitbestimmungsrechtliche Probleme der Spartenorganisation (Divisionalisierung), ZGR 1992, 64; *U. H. Schneider* GmbH und GmbH & Co. KG in der Mitbestimmung, ZGR 1977, 335; *Spie/Piesker* Der Geschäftsbereich des Arbeitsdirektors (1983); *Sudhoff/Sudhoff* Rechte und Pflichten des Geschäftsführers einer GmbH und einer GmbH & Co. KG, 14. Aufl. (1994); *Theisen* Die Aufgabenverteilung in der mitbestimmten GmbH (1980); *Ulmer* Der Einfluß des Mitbestimmungsgesetzes auf die Struktur von AG und GmbH (1979); *van Venrooy* Beeinträchtigung der dienstvertraglichen Freistellung des GmbH-Geschäftsführers von Weisungen durch den GmbH-Gesellschaftsvertrag und durch Gesellschafterbeschlüsse, GmbHRdsch 1982, 175; *Vollmer* Die mitbestimmte GmbH, ZGR 1979, 135; *Wendeling-Schröder* Divisionalisierung, Mitbestimmung und Tarifvertrag (1984); *Wiedemann* Das Mitbestimmungsgesetz zwischen Gesellschafts-, Arbeits- und Unternehmensrecht, ZGR 1977, 160; *Zitzmann* Die Vorlagepflichten des GmbH-Geschäftsführers (1991); *Zöllner* GmbH und GmbH & Co. KG in der Mitbestimmung, ZGR 1977, 319. S. auch die Angaben vor Rdn 42, 105, 123, 128 sowie bei § 37 vor Rdn 1.

I. Gesetzliche Grundlage der GmbH-Verfassung

Im dritten Abschnitt behandelt das Gesetz unter der Überschrift „Vertretung und Geschäftsführung" die Rechtsstellung der Geschäftsführer und der Gesellschafter und deren Verhältnis zueinander. Insofern bildet dieser Abschnitt die wesentliche gesetzliche Grundlage der Verfassung der GmbH, die maßgeblich von dem Prinzip beherrscht wird, daß die **Gesellschafter** das **oberste Organ** der Gesellschaft sind und in den Grenzen des zwingenden Rechts und der Satzung auch die Geschäftsführungskompetenz an sich ziehen können (vgl. dazu § 37, 5 ff; § 46, 1, 118)[1]. Zur Verfassung und zur gesetzlichen Organisationsstruktur der GmbH vgl. auch § 45, 1 ff, 13 ff sowie § 46, 1 ff. **1**

II. Die gesetzliche Regelung der Rechtsstellung der Geschäftsführer

Mit Vertretung und Geschäftsführung im engeren Sinne befassen sich die §§ 35–44. Insgesamt ist die Rechtsstellung der Geschäftsführer im dritten Abschnitt nur lückenhaft geregelt. Die §§ 35, 36, 37 Abs. 2 betreffen ihre Vertretungsbefugnis, § 37 Abs. 1 ihre Geschäftsführungsbefugnis. § 38 hat den Widerruf ihrer Bestellung zum Gegenstand. Die §§ 35a, 39, 40 enthalten Publizitätspflichten. § 41 normiert die Buchführungspflicht der Geschäftsführer, § 43 bestimmt ihre Sorgfaltspflicht und Haftung, § 43a begrenzt die Kreditgewährung an Leitungspersonen und § 44 stellt die Geschäftsführerstellvertreter den Geschäftsführern gleich. Ergänzt werden diese Vorschriften durch § 6, der nicht nur für das Gründungsstadium gilt, und durch § 46 Nr. 5–8 über die Beschlußzuständigkeit der Gesellschafter in bezug auf Geschäftsführer und Leitungspersonen. Nicht eigentlich in den Zusammenhang des Abschnitts „Vertretung und Geschäftsführung" gehört § 42, der einige GmbH-spezifische Bilanzierungsgrundsätze aufstellt. § 42a regelt schließlich die Pflichten der Geschäftsführer und Gesellschafter im Zusammenhang mit der Feststellung des Jahresabschlusses und der Beschlußfassung über die Ergebnisverwendung. **2**

Der **RegE 1971**[2] (vgl. *Ulmer* Einl 57) hatte den Versuch unternommen, das Recht der Geschäftsführer in einem eigenen Abschnitt umfassend zu regeln. Insofern als **3**

---

[1] Vgl. auch *Zöllner* Festschr. 100 Jahre GmbH-Gesetz (1992) S. 85, 120 m.w.Nachw.; *Zitzmann* S. 14 ff.

[2] Vgl. dazu *Barz, Forster, Knur, Limbach, Rehbinder, Teichmann* GmbH-Reform (1970); *Wiethölter, Ulmer, Lutter, Mertens, Würdinger, Rittner, Goerdeler* Probleme der GmbH-Reform (1970).

er bestrebt war, das bereits seinerzeit geltende Recht zu dokumentieren, stellt er auch heute noch eine wichtige Auslegungshilfe dar. Die GmbH-Novelle von 1980 (vgl. *Ulmer* Einl 58) brachte demgegenüber nur wenige Gesetzesänderungen im dritten Abschnitt, nämlich die Anordnung der Geltung des § 181 BGB auf die Rechtsgeschäfte des Einmanngesellschafter-Geschäftsführers mit der Gesellschaft in § 35 Abs. 4, die Versicherung der Geschäftsführer in der Anmeldung zum Handelsregister nach § 39 Abs. 3, die Regelung der Kreditgewährung an die Geschäftsführer in § 43a, die Protokollierungspflicht des Einmanngesellschafters nach § 48 Abs. 3 und das Auskunfts- und Einsichtsrecht der Gesellschafter nach § 51a.

III. Organisationsrecht der GmbH und Mitbestimmung

4 Erhebliche Eingriffe in das Organisationsrecht der GmbH enthält das Mitbestimmungsrecht, das für mitbestimmte GmbH einen Aufsichtsrat obligatorisch macht (vgl. dazu im einzelnen Anh. § 52 Rdn 148 ff). In Gesellschaften, die dem Mitbestimmungsgesetz oder dem Montanmitbestimmungsrecht unterfallen, ist als gleichberechtigter Geschäftsführer ein Arbeitsdirektor zu bestellen (vgl. Rdn 16, 27 und 29 ff). Jedoch läßt das Mitbestimmungsrecht – von der Einführung des Arbeitsdirektors und den dem mitbestimmten Aufsichtsrat übertragenen Befugnissen, zu denen nicht nur die Bestellung, sondern auch die Anstellung des Geschäftsführers gehört (vgl. Rdn 27 ff) – die GmbH-Verfassung im Prinzip unberührt (str.; vgl. dazu § 37, 21).

IV. Gesetzgebungsgeschichte des § 35

5 Abs. 1–3 von § 35 sind seit 1892 unverändert. Abs. 4 S. 1 ist durch die GmbH-Novelle von 1980 eingefügt worden, Abs. 4 S. 2 durch das Gesetz zur Durchführung der 12. EG-Richtlinie vom 18.12.1991 (BGBl I, 2206).

B. Geschäftsführer als Vertretungs- und Geschäftsführungsorgan

I. Die Geschäftsführer als notwendiges Organ

1. Die Bezeichnung Geschäftsführer

6 Die Bezeichnung „Geschäftsführer" ist im Rahmen des § 35a und für die Eintragung in das Handelsregister als zwingend anzusehen. Im übrigen steht es der GmbH im Rahmen des wettbewerbsrechtlich Zulässigen frei, ihren Geschäftsführern einen persönlichen Titel wie Mitglied der Geschäftsleitung, Direktor oder Generaldirektor zu geben. Problematisch ist der Titel „Vorstand", weil er auf eine Aktiengesellschaft hindeutet[3]. In der Tat ist die Gefahr einer Irreführung des Rechtsverkehrs nicht von der Hand zu weisen. Doch sollten überkommene Satzungsregelungen, in denen die Geschäftsführung als Vorstand bezeichnet wird, Bestandsschutz genießen.

2. Erforderlichkeit von Geschäftsführern

7 Die Gesellschaft muß einen oder mehrere Geschäftsführer haben (§ 6 Abs. 1); denn der Geschäftsführer ist **unverzichtbares Handlungsorgan** der Gesellschaft.

[3] Er wird deshalb als unzulässig angesehen von Scholz/*Schneider* § 6, 6; Baumbach/Hueck/*Zöllner* 1; für Zulässigkeit dagegen Rowedder/*Rittner* § 6, 4 und – aber nur bei entsprechender Satzungsbestimmung – *Lutter/Hommelhoff* § 6, 4.

Eine Übertragung der vollen Geschäftsführungsbefugnis auf einen Dritten, sei es durch die Gesellschafter oder den Aufsichtsrat, sei es durch einen Geschäftsführer, ist mit dem Rechtsprinzip der Organschaft unvereinbar[4]. Insbesondere ist die **gesetzliche Vertretungsmacht** als solche **unübertragbar**[5].

Der Bestand der Gesellschaft ist aber auch dann nicht berührt, wenn alle Geschäftsführer wegfallen. Die Angestellten können die Geschäfte im Rahmen der ihnen eingeräumten rechtsgeschäftlichen Vertretungsmacht weiterführen. Doch haben die Gesellschafter unverzüglich für die Ernennung neuer Geschäftsführer zu sorgen. Zeichnet sich ab, daß sie auf Dauer nicht zustande kommen wird, so ist ein wichtiger Auflösungsgrund nach § 61 Abs. 1 gegeben. Dagegen kommt die Auflösung der Gesellschaft im Verwaltungsweg nach § 62 allein wegen der Nichtbestellung von Geschäftsführern nicht in Frage. Gefährden Aktivitäten der **geschäftsführerlosen Gesellschaft** das Gemeinwohl, so ist zwar anzunehmen, daß das Fehlen eines verantwortlichen Geschäftsführers ein derartiges Tun begünstigt. Auch in diesem Fall ist aber § 62 dem Wortlaut nach nicht gegeben; ebensowenig wäre die Vorschrift des § 89 RegE 1971, die § 62 ersetzen sollte, dem Wortlaut nach anwendbar gewesen; denn hier ist – wie in § 396 AktG – darauf abgestellt, daß sich die Verwaltungsträger der Gesellschaft gesetzeswidrig verhalten und nicht abberufen werden. Eine analoge Anwendung von § 62 im Hinblick darauf, daß die Gesellschafter durch das Unterlassen einer Beschlußfassung über die Bestellung eines Geschäftsführers die Gemeinwohlgefährdung zu verantworten haben, dürfte wegen des Eingriffscharakters dieser Vorschrift allenfalls in eindeutigen Umgehungsfällen gerechtfertigt sein. Die Ablaufhemmung von Verjährungsfristen bei Mangel gesetzlicher Vertretung nach § 206 Abs. 1 BGB gilt nicht zugunsten einer geschäftsführerlosen GmbH[6]. **8**

3. Zahl der Geschäftsführer

Das Gesetz schreibt nicht vor, wieviele Geschäftsführer eine GmbH haben muß. Doch ergibt sich aus § 33 Abs. 1 S. 1 MitbestG, § 13 MontanMitbestG und § 13 MontanMitbestErgG, daß die diesen Gesetzen unterliegenden Gesellschaften mit beschränkter Haftung mindestens zwei Geschäftsführer haben müssen[7]. Denn nach diesen Vorschriften ist ein Arbeitsdirektor als gleichberechtigtes Mitglied des zur gesetzlichen Vertretung des Unternehmens befugten Organs zu bestellen. Die Satzung der GmbH kann eine bestimmte Anzahl von Geschäftsführern vorsehen oder Regeln darüber festlegen, nach denen diese Zahl bestimmt wird. **9**

4. Fehlen der nach Gesetz oder Satzung erforderlichen Anzahl von Geschäftsführern

Sind nicht so viele Geschäftsführer vorhanden wie nach Gesetz oder Satzung erforderlich, so bleibt die Gesellschaft in dem Maße gesetzlich vertretbar, wie die **10**

---

4 BGHZ 13, 61, 65 = NJW 1954, 1158; 64, 72, 76 = LM Nr. 18 zu § 181 BGB = NJW 1975, 1117; BGH WM 1975, 790, 791; WM 1976, 1246; *Kuhn* WM 1978, 598, 605.

5 Zur Frage einer gewillkürten Vertretung der Gesellschaft kraft einer von der Gesellschaft erteilten Generalvollmacht vgl. Rdn 103.

6 RGZ 156, 291, 300.

7 *Raiser* MitbestG² (1984) § 33, 6; *Mertens*-KölnKommAktG² (1996) Anh. § 117 B § 33 MitbestG, 4; **aA** für § 33 MitbestG nur *Overlack* ZHR 141 (1977) 125, 128 f.

Vertretungsmacht der noch vorhandenen Geschäftsführer reicht[8]. Eine Erstarkung der Vertretungsmacht dieser Geschäftsführer tritt nicht ein, gegebenenfalls auch nicht ihre Befreiung von der Bindung an die Mitwirkung eines Prokuristen (Rdn 86).

5. Überschreitung der Höchstzahl

11 Bestellt die **Gesellschafterversammlung** mehr Geschäftsführer als im Gesellschaftsvertrag vorgesehen, so ist ihr Beschluß anfechtbar. Die wirksame Anfechtung des Bestellungsbeschlusses vernichtet die Bestellung aber nur mit Wirkung ex nunc. Das gleiche gilt für die überzählige Ernennung eines Geschäftsführers durch den im Geltungsbereich des Mitbestimmungsrechts dafür zwingend zuständigen Aufsichtsrat. Vgl. auch § 6, 6.

II. Eignungsvoraussetzungen für Geschäftsführer

1. Gesetzliche Eignungsvoraussetzungen

12 Zu den Eignungsvoraussetzungen für Geschäftsführer vgl. § 6 Abs. 2 sowie die Kommentierung zu dieser Vorschrift in § 6, 8 ff.

13 Kraft **Verfassungsrechts** sind der Bundespräsident (Art. 55 Abs. 2 GG), Mitglieder der Bundesregierung (Art. 66 GG) und nach Maßgabe der Länderverfassungen meist auch die Mitglieder der Landesregierungen als Geschäftsführer ausgeschlossen.

14 **Beamte** dürfen sich nur mit beamtenrechtlicher Genehmigung zum Geschäftsführer bestellen lassen (§ 65 Abs. 1 Nr. 3 BBG sowie die entsprechenden Bestimmungen der Landesbeamtengesetze (§ 77 Abs. 1 Nr. 3 Baden-Württemberg, Art. 74 Abs. 1 Nr. 3 Bayern, § 79 Abs. 1 Nr. 4 Hessen, § 73 Abs. 1 Nr. 4 Niedersachsen, § 76 Abs. 1 Nr. 3 Nordrhein-Westfalen, § 73 Abs. 1 Nr. 3 Rheinland-Pfalz, § 81 Abs. 1 Nr. 3 Schleswig-Holstein). Das Fehlen der beamtenrechtlichen Genehmigung verhindert die Wirksamkeit einer Bestellung aber nicht und ist vom Registerrichter nicht zu beanstanden[9].

15 **Mitglieder** eines kraft zwingenden Rechts erforderlichen **Aufsichtsrats** einer GmbH können nur unter den Voraussetzungen des durch § 6 Abs. 2 MitbestG in Bezug genommenen § 105 Abs. 2 AktG vorübergehend zu Geschäftsführern bestellt werden. Im übrigen besteht von Gesetzes wegen keine generelle Inkompatibilität zwischen der Geschäftsführerstellung und der Zugehörigkeit zu einem Aufsichtsorgan oder einem Beirat, und zwar auch dann nicht, wenn die Geschäftsführer keine Gesellschafter sind.

16 An die **Qualifikation des Arbeitsdirektors** in den mitbestimmten Gesellschaften stellt das Gesetz keine spezifischen Anforderungen. Insbesondere schließt es die Bestellung eines Gesellschafters zum Arbeitsdirektor nicht aus. Nur kann der Arbeitsdirektor nicht zugleich dem Betriebsrat angehören, da er als Organmitglied in diesen nicht wählbar ist[10]. Das Gesetz verlangt auch keine besondere Vertrauensbeziehung zwischen dem Arbeitsdirektor und der Belegschaft[11].

---

[8] Geßler/*Hefermehl*/Eckardt/Kropff AktG § 76, 30; *Mertens*-KölnKommAktG² (1988) § 76, 95 ff.

[9] Vgl. für Vorstandsmitglieder Geßler/*Hefermehl*/Eckardt/Kropff AktG § 84, 20; *Mertens*-KölnKommAktG² (1988) § 76, 114.

[10] *Hoffmann/Lehmann/Weinmann* § 33, 41; *Raiser* MitbestG² (1984) § 33, 7.

[11] So aber *Fitting/Wlotzke/Wißmann*² § 33, 19; *Ruberg* AuR 1979, 129; vgl. demgegenüber *Mertens*-KölnKommAktG² (1996) Anh. § 117 B § 33 MitbestG, 5.

2. Rechtsfolgen bei Fehlen oder Wegfall der gesetzlichen Voraussetzungen

Sind die gesetzlichen Voraussetzungen nicht gegeben, so ist die **Bestellung** zum Geschäftsführer **nichtig**, entfallen sie, so ist der Betreffende nicht länger Geschäftsführer (zur fehlerhaften Bestellung vgl. Rdn 41)[12]. Wird die Beendigung der Bestellung wegen Geschäftsunfähigkeit nicht in das Handelsregister eingetragen, so kann sich der Rechtsvertreter nach § 15 Abs. 1 HGB zwar auf deren Fortbestand, nicht aber auf die Geschäftsfähigkeit verlassen. Nach BGHZ 115, 78, 81 ff soll dennoch eine Rechtsscheinhaftung der GmbH in Betracht kommen, wenn die Geschäftsunfähigkeit für die Gesellschafter erkennbar war und sie gleichwohl untätig geblieben seien. Die Bestellung des Geschäftsführers zum Mitglied eines kraft zwingenden Rechts erforderlichen Aufsichtsrats führt wegen § 105 Abs. 1 AktG nicht zum Erlöschen der Geschäftsführerstellung, weil sie selbst nichtig ist, wenn der Geschäftsführer im vorgesehenen Zeitpunkt sein Amt nicht niedergelegt hat[13]. 17

3. Gesellschaftsvertragliche Eignungsvoraussetzungen

a) **In nicht oder nach dem BetrVG 1952 mitbestimmten Gesellschaften.** Die Satzung nichtmitbestimmter oder eindrittelmitbestimmter Gesellschaften kann Qualifikationsvoraussetzungen für Geschäftsführer **in grundsätzlich beliebigem Umfang** festlegen[14]. Demgegenüber hat *Reuter*[15] unter Hinweis auf die sonderrechtsähnlichen Wirkungen, die Bestellungskriterien für die Auswahl von Geschäftsführern haben können, die Forderung aufgestellt, daß in den von ihm so bezeichneten Satzungsgesellschaften – Gesellschaften, die ihrem Typ nach auf einen unbestimmten Personenkreis und auf eine die Gesellschafter überdauernde Perpetuierung des Unternehmens angelegt sind –, Wahl und Abberufung der freien Auswahl der Gesellschafter oder des sonst in Betracht kommenden Bestellungsgremiums überlassen sein müßten. *Reuter* ist entgegenzuhalten, daß das Recht auf Geschäftsführung oder auf Bestellung eines Geschäftsführers als Herrschaftsrecht ausgestaltet und einem GmbH-Gesellschafter in der Satzung als Sondervorteil zugestanden werden kann. Grundsätzlich steht der von *Reuter* befürworteten Eingrenzung der Vertragsautonomie der Gesellschafter in Satzungsgesellschaften entgegen, daß das Gesetz die von *Reuter* zugrunde gelegte Einteilung in Satzungs- und Vertragsgesellschaften nicht kennt. Auch sind die von ihm angegebenen Unterscheidungsmerkmale zwar für eine typologische Differenzierung ausreichend, nicht aber für eine Klassifikation, die deutlich genug wäre, um in einer die Rechtssicherheit stark berührenden Frage eine Rechtsfolgendifferenzierung zu erlauben. Das Gesetz erkennt den Gesellschaftsvertrag als Instrument zur Individualisierung des von den Anteilseignern betriebenen Unternehmens auch dann an, wenn in ihm die körperschaftlichen Elemente überwiegen. 18

b) **In mitbestimmten Gesellschaften mit paritätischer Zusammensetzung des Aufsichtsrats.** Der Gesellschaftsvertrag kann im Rahmen gewisser Voraussetzungen auch in mitbestimmten Gesellschaften mit paritätischer Zusammensetzung des Aufsichtsrats Vorausssetzungen für die Bestellung zum Geschäftsführer normieren, soweit sie sachbezogen sind und der Kreis der zum Geschäftsführer wählbaren Personen nicht in einer Weise eingeengt wird, die dem Aufsichtsrat praktisch keine freie 19

---

[12] Vgl. zur Geschäftsunfähigkeit BGHZ 115, 78, 80 = NJW 1991, 2566.

[13] *Geßler*/Hefermehl/Eckardt/Kropff AktG § 105, 8; *Mertens*-KölnKommAktG² (1988) § 105, 6.

[14] Rowedder/*Koppensteiner* 58; Scholz/*Schneider* § 6, 24.

[15] *Reuter* Privatrechtliche Schranken der Perpetuierung von Unternehmen (1973) S. 171.

Wahl mehr läßt[16]. Die von mir in der Voraufl. im Anschluß an *Mertens* ZGR 1977, 270, 287 f vertretene Auffassung, daß satzungsmäßige Eignungskriterien in mitbestimmten Gesellschaften nur das Ermessen der Anteilseignervertreter binden könnten, gebe ich für die GmbH auf, da nach dem Mitbestimmungsurteil des BVerfG (BVerfGE 50, 290) anzunehmen ist, daß das Mitbestimmungsrecht der Satzungsautonomie der Gesellschafter keine ungeschriebenen Schranken zieht. Jedoch ist es der Satzung nicht gestattet, Aufsichtsratsmitgliedern der Anteilseignerseite ein Verhalten vorzuschreiben, das als „mitbestimmungsfeindliche" Verletzung berechtigter Belange der Arbeitnehmerseite zu würdigen wäre[17]. Daher kann sie dem Aufsichtsrat nicht verbieten, Personen zu Geschäftsführern zu bestellen, die früher dem Betriebsrat angehörten oder die früher Gewerkschaftsmitglieder gewesen sind[18].

20 Unter dem Gesichtspunkt der **Sachbezogenheit** und der **Wahrung der Auswahlfreiheit** des Aufsichtsrats sind Voraussetzungen unbedenklich wie inländischer Wohnsitz, Mindest- und Höchstlebensalter oder bestimmte professionelle Kriterien. Als sachbezogen kann auch das Kriterium der Nationalität anzuerkennen sein; kaum dagegen das Kriterium der Familienzugehörigkeit, das vielfach auch schon deshalb unzulässig sein wird, weil es die Wahlmöglichkeiten für den Aufsichtsrat zu stark einschränkt. Rowedder/*Koppensteiner* 59 und *Overlack* aaO halten die Anordnung für zulässig, bei gleicher fachlicher und charakterlicher Qualifikation mehrerer Bewerber sei einem Familienmitglied der Vorzug vor einem familienfremden Bewerber oder einem der herrschenden Gesellschaft angehörenden Bewerber der Vorzug vor einem anderen zu geben. Einer solchen Richtlinie aber würde praktisch kaum ein justiziabler Gehalt zuzumessen sein, da ein Aufsichtsratsbeschluß, der trotz dieser Richtlinie einen anderen Bewerber zum Zuge kommen läßt, deshalb sicherlich nicht für nichtig erklärt werden könnte. Nach *Raiser*[19] kann ein Anrecht bestimmter Gesellschafter oder Unternehmerfamilien auf die Besetzung von Sitzen im Vertretungsorgan grundsätzlich nicht mehr begründet werden. Eine Satzungsvorschrift, daß der Geschäftsführer Gesellschafter sein müsse, sei nur dann zulässig, wenn ihm der Erwerb der Mitgliedschaft ohne weiteres freistehe. Dem ist für mitbestimmte Gesellschaften mit paritätischer Besetzung des Aufsichtsrats zuzustimmen. **Gegen die h.M.** wenden sich *Föhr*[20], *Hommelhoff*[21], *Säcker*[22]. Sie sprechen dem Gesellschaftsvertrag grundsätzlich das Recht ab, Qualifikationserfordernisse für Mitglieder des gesetzlichen Vertretungsorgans einer Gesellschaft mit paritätischer Besetzung des Aufsichtsrats aufzustellen.

4. Fehlen oder Wegfall gesellschaftsvertraglicher Eignungsvoraussetzungen

21 Ein Gesellschafterbeschluß, der einen Geschäftsführer trotz Fehlens eines satzungsmäßigen Qualifikationserfordernisses bestellt, ist anfechtbar, ebenso der Be-

[16] So die ganz h.M.; vgl. Baumbach/Hueck/*Zöllner* 13; Scholz/*Schneider* § 6, 24; Rowedder/*Koppensteiner* 59; *Fitting/Wlotzke/Wißmann*² § 31, 10 ff; Hanau/*Ulmer* MitbestG § 31, 13; *Hoffmann/Lehmann/Weinmann* § 31, 25; Meyer-Landrut/*Miller*/Niehus § 35, 14; *Raiser* MitbestG² (1984) § 31, 9; *Duden* ZHR 141 (1977) 145, 175; *Immenga* ZGR 1977, 249, 255; *Overlack* ZHR 141 (1977) 125, 130 ff; *Reuter* AcP 179 (1979) 509, 526; *Wlotzke/Wißmann* DB 1976, 959, 968; gegen satzungsmäßige Eignungskriterien bei mitbestimmten Gesellschaften *Hommelhoff* BB 1977, 322; *Säcker* DB 1977, 1791, 1792 f; *Naendrup* AuR 1977, 268, 271; GemKMitbestG-*Naendrup* § 25, 105.

[17] *Mertens* ZGR 1977, 270, 287.

[18] So auch *Hoffmann/Lehmann/Weinmann* aaO 26, die aber die Satzungsbestimmung, daß ein Geschäftsführer nicht zugleich aktives Gewerkschaftsmitglied sein könne, unter dem Gesichtspunkt für zulässig halten, daß sie dem Gebot der Gegnerunabhängigkeit entspreche.

[19] AaO 10.

[20] MitbestGespr. 1977, 131.

[21] BB 1977, 322.

[22] DB 1977, 1791, 1792 f.

schluß eines anderen von der Satzung eingesetzten Kreationsorgans. Zu prüfen ist allerdings, ob entsprechenden Satzungsbestimmungen nicht nur die Bedeutung einer Sollvorschrift zukommt. In der mitbestimmten Gesellschaft ist die Wahl eines Geschäftsführers, der satzungsmäßige Qualifikationserfordernisse nicht erfüllt, trotzdem wirksam[23]. Das Fehlen oder der Wegfall satzungsmäßiger Qualifikationserfordernisse ist auch für sich genommen noch **kein wichtiger Grund** zur Abberufung eines Geschäftsführers[24]. Vielmehr bleibt zu prüfen, ob der Gesellschaft die Beibehaltung des Geschäftsführers aus diesem Grund nicht mehr zumutbar ist.

III. Die Bestellung des Geschäftsführers

Schrifttum

Baums Der Geschäftsleitervertrag (1987); *Fleck* Das Dienstverhältnis der Vorstandsmitglieder und Geschäftsführer von Kapitalgesellschaften in der Rechtsprechung des BGH, WM 1968, Sonderbeil. Nr. 3; WM 1981, Sonderbeil. Nr. 3; WM 1985, 677; *ders.* Die Drittanstellung des GmbH-Geschäftsführers, ZHR 149 (1985) 387; *Hammacher* Aus der Praxis eines Arbeitsdirektors, RdA 1993, 163; *Hanau* Zur Zuständigkeit des Arbeitsdirektors (§ 33 MitbestG) für leitende Angestellte und Unternehmenssparten, ZGR 1983, 346; *Hoffmann* Zum Rechtsbegriff Arbeitsdirektor gemäß § 33 MitbestG, BB 1976, 1233; *ders.* Der Kernbereich des Arbeitsdirektors und andere praktische Fragen bei der Anwendung von § 33 MitbestG, BB 1977, 17; *Hoffmann-Becking* Arbeitsdirektor der Konzernobergesellschaft oder Konzernarbeitsdirektor, in: Festschr. Werner (1984) S. 301; *Krieger* Personalentscheidungen des Aufsichtsrats (1981); *Leicht* Der Arbeitsdirektor des Mitbestimmungsgesetzes (1976); *Martens* Der Arbeitsdirektor nach dem Mitbestimmungsgesetz (1980); *Mertens* Zulässigkeit der Bestellung eines Arbeitsdirektors nach § 85 AktG trotz vorhandenem Personalvorstand? AG 1979, 334; *ders.* Verfahrensfragen bei Personalentscheidungen des mitbestimmten Aufsichtsrats, ZGR 1983, 189; *Meyer-Landrut* Der Arbeitsdirektor im Rahmen der paritätischen Mitbestimmung, DB 1976, 387; *Przybylski* Die mitbestimmungsrechtliche Bedeutung des Arbeitsdirektors nach dem MitbestG 1976 (1983); *Ruberg* Vorstandsmitglied für Personales und Soziales oder Arbeitsdirektor, AuR 1979, 129; *Säcker* Der Zuständigkeitsbereich des Arbeitsdirektors und Werkpersonalleiters gemäß § 33 MitbestG, DB 1979, 1925; *ders.* Kompetenzstrukturen bei Bestellung und Anstellung von Mitgliedern des unternehmerischen Leitungsorgans, BB 1979, 1321; *Spie* Der Personalmanager im Vorstand (1985); *Spie/Piesker* Der Geschäftsbereich des Arbeitsdirektors (1983); *Thüsing* Arbeitsdirektor neuer Art, Der Arbeitgeber 1976, 598, 650, 687; *Westhoff* Das Amtsende des Arbeitsdirektors nach dem Mitbestimmungsgesetz, DB 1980, 2520; *Wlotzke* Der Arbeitsdirektor nach dem Mitbestimmungsgesetz 1976, Jahrbuch des Arbeitsrechts 14 (1977) 17; *Wolff* Bestellung und Abberufung von GmbH-Geschäftsführern im Ausland, ZIP 1995, 1489. Vgl. auch die Literatur vor Rdn 1.

1. Rechtsnatur; Bestellung und Anstellungsverhältnis

Das Recht der Kapitalgesellschaft unterscheidet zwischen dem einseitigen, aber **22**
mitwirkungsbedürftigen **körperschaftlichen Organisationsakt der Bestellung** des Geschäftsführer und der vertraglichen **Begründung des schuldrechtlichen Dienstverhältnisses** zwischen dem Geschäftsführer und der Gesellschaft[25]. Die doppelte juristische Perspektive, in der die Beziehung zwischen dem Geschäftsführer und der Gesellschaft gesehen wird, ist – vom BGH in st. Rspr. befolgtes[26] – geltendes Recht. Sie ist auch dogmatisch und rechtspolitisch wesentlich überzeugender als die

[23] Vgl. *Hoffmann/Lehmann/Weinmann* § 31, 27 m.w.Nachw.

[24] **AA** *Hoffmann/Lehmann/Weinmann* aaO.

[25] Vgl. § 46, 39 m.w.Nachw.

[26] Vgl. die Nachw. bei § 46 Fn. 79.

von *Baums*[27] neuerlich proklamierte Einheitstheorie. Mit der Annahme der Bestellung, die bei einer Berufung durch den Gesellschaftsvertrag gegebenenfalls bereits in der Eingehung des Vertrages durch den bestellten Gesellschafter-Geschäfsführer zu sehen ist, wird der Geschäftsführer zum Organ der Gesellschaft. Die Organstellung ist gemäß § 38 grundsätzlich frei widerruflich, während sich die Beendigung des Anstellungsverhältnisses nach dem zugrunde liegenden Vertrag richtet. Auch ist der wichtige Grund für die Abberufung der Bestellung im Rahmen des § 38 Abs. 2 nach Kriterien zu bestimmen, die nicht mit denen des § 626 Abs. 2 BGB identisch sind (vgl. § 38, 57). Die Bestellung kann im Anstellungsvertrag enthalten sein, aber ebensogut kann dieser vorangehen oder nachfolgen.

23 Die juristische Trennung von Bestellung und Anstellung besagt nicht, daß der **enge Zusammenhang zwischen beiden Rechtsgeschäften** juristisch unbeachtlich sei (vgl. dazu auch Rdn 136, 161 f, 164 ff). So hat BGHZ 89, 48 aus der engen tatsächlichen Verknüpfung beider Rechtsgeschäfte den Schluß gezogen, daß bei einer GmbH im Anwendungsbereich des MitbestG nicht nur die Bestellung, sondern auch die Anstellung in die Zuständigkeit des Aufsichtsrats fällt. Bestellung und Anstellung sind aber nicht Teile eines einheitlichen Rechtsgeschäfts, auf das § 139 BGB anwendbar wäre[28]. Ist der Geschäftsführer bestellt worden, kommt aber ein Anstellungsvertrag binnen angemessener Frist nicht zum Abschluß, so steht dem Geschäftsführer ein Recht zur Amtsniederlegung zu[29]. Die Bestellung kann auch aufschiebend bedingt bis zum Abschluß des Anstellungsvertrages erfolgen, oder es kann vorgesehen werden, daß der Geschäftsführer sein Amt erst anzutreten braucht, wenn der Anstellungsvertrag abgeschlossen ist[30].

24 Außer in mitbestimmten Gesellschaften mit paritätisch zusammengesetztem Aufsichtsrat kann ein Anspruch auf Bestellung als Geschäftsführer für einen Gesellschafter, in analoger Anwendung von § 328 BGB aber auch für einen Dritten, in der Satzung begründet werden; auch ein Gesellschafterbeschluß kann die Gesellschaft zur Bestellung verpflichten, sofern er mit der für die Bestellung erforderlichen Mehrheit ergangen ist. Ein Gesellschafter kann sich vertraglich binden, für die Bestellung einer bestimmten Person – sei es des Vertragspartners, sei es eines Dritten – zu stimmen[31].

2. Bestellung der Geschäftsführer in der nichtmitbestimmten und in der eindrittelmitbestimmten GmbH

25 Die Bestellung der Geschäftsführer im Gesellschaftsvertrag selbst ist in § 6, die Bestellung der Geschäftsführer durch die Gesellschafter in § 46 Nr. 5 geregelt. Auf die Erläuterungen zu diesen Vorschriften ist zu verweisen.

3. Bestellung der Geschäftsführer in der GmbH mit paritätisch besetztem Aufsichtsrat

26 a) **Maßgebliche Vorschriften.** Die Bestellung der Geschäftsführer in der GmbH mit paritätisch zusammengesetztem Aufsichtsrat als Bestellungsorgan richtet sich nach §§ 31, 33 MitbestG und im Bereich der Montanmitbestimmung nach §§ 12, 13 MontanMitbestG und § 13 MitbestErgG. Diese Vorschriften lauten wie folgt:

---

[27] *Baums* S. 3 ff.

[28] Baumbach/Hueck/*Zöllner* 10; Scholz/*Schneider* 150 f.

[29] Baumbach/Hueck/*Zöllner* aaO; Scholz/*Schneider* 151.

[30] Baumbach/Hueck/*Zöllner* 10.

[31] Baumbach/Hueck/*Zöllner* 10a.

§ 31 MitbestG
Bestellung und Widerruf

(1) Die Bestellung der Mitglieder des zur gesetzlichen Vertretung des Unternehmens befugten Organs und der Widerruf der Bestellung bestimmen sich nach den §§ 84 und 85 des Aktiengesetzes, soweit sich nicht aus den Absätzen 2 bis 5 etwas anderes ergibt. Dies gilt nicht für Kommanditgesellschaften auf Aktien.

(2) Der Aufsichtsrat bestellt die Mitglieder des zur gesetzlichen Vertretung des Unternehmens befugten Organs mit einer Mehrheit, die mindestens zwei Drittel der Stimmen seiner Mitglieder umfaßt.

(3) Kommt eine Bestellung nach Absatz 2 nicht zustande, so hat der in § 27 Abs. 3 bezeichnete Ausschuß des Aufsichtsrats innerhalb eines Monats nach der Abstimmung, in der die in Absatz 2 vorgeschriebene Mehrheit nicht erreicht worden ist, dem Aufsichtsrat einen Vorschlag für die Bestellung zu machen; dieser Vorschlag schließt andere Vorschläge nicht aus. Der Aufsichtsrat bestellt die Mitglieder des zur gesetzlichen Vertretung des Unternehmens befugten Organs mit der Mehrheit der Stimmen seiner Mitglieder.

(4) Kommt eine Bestellung nach Absatz 3 nicht zustande, so hat bei einer erneuten Abstimmung der Aufsichtsratsvorsitzende zwei Stimmen; Absatz 3 Satz 2 ist anzuwenden. Auf die Abgabe der zweiten Stimme ist § 108 Abs. 3 des Aktiengesetzes anzuwenden. Dem Stellvertreter steht die zweite Stimme nicht zu.

(5) Die Absätze 2 bis 4 sind für den Widerruf der Bestellung eines Mitglieds des zur gesetzlichen Vertretung des Unternehmens befugten Organs entsprechend anzuwenden.

§ 33 MitbestG
Arbeitsdirektor

(1) Als gleichberechtigtes Mitglied des zur gesetzlichen Vertretung des Unternehmens befugten Organs wird ein Arbeitsdirektor bestellt. Dies gilt nicht für Kommanditgesellschaften auf Aktien.

(2) Der Arbeitsdirektor hat wie die übrigen Mitglieder des zur gesetzlichen Vertretung des Unternehmens befugten Organs seine Aufgaben im engsten Einvernehmen mit dem Gesamtorgan auszuüben. Das Nähere bestimmt die Geschäftsordnung.

(3) Bei Erwerbs- und Wirtschaftsgenossenschaften ist auf den Arbeitsdirektor § 9 Abs. 2 des Gesetzes betreffend die Erwerbs- und Wirtschaftsgenossenschaften nicht anzuwenden.

§ 12 MontanMitbestG
Bestellung durch Aufsichtsrat

Die Bestellung der Mitglieder des zur gesetzlichen Vertretung berufenen Organs und der Widerruf ihrer Bestellung erfolgen nach Maßgabe des § 76 Abs. 3 und des § 84 des Aktiengesetzes durch den Aufsichtsrat.

§ 13 MontanMitbestG
Arbeitsdirektor

(1) Als gleichberechtigtes Mitglied des zur gesetzlichen Vertretung berufenen Organs wird ein Arbeitsdirektor bestellt. Der Arbeitsdirektor kann nicht gegen die Stimmen der Mehrheit der nach § 6 gewählten Aufsichtsratsmitglieder bestellt werden. Das gleiche gilt für den Widerruf der Bestellung.

(2) Der Arbeitsdirektor hat wie die übrigen Mitglieder des zur gesetzlichen Vertretung berufenen Organs seine Aufgaben im engsten Einvernehmen mit dem Gesamtorgan auszuüben. Das Nähere bestimmt die Geschäftsordnung.

§ 13 MitbestErgG
Organvertretung

Für die Bestellung der Mitglieder des zur gesetzlichen Vertretung berufenen Organs und für den Widerruf ihrer Bestellung gelten § 76 Abs. 3 und § 84 des Aktiengesetzes und § 13 Abs. 1 Satz 1 des Montan-Mitbestimmungsgesetzes. § 13 Abs. 2 des Montan-Mitbestimmungsgesetzes findet Anwendung.

27 b) **Bestellung und Anstellung durch den Aufsichtsrat.** Nach § 31 Abs. 1 MitbestG, § 12 MontanMitbestG und § 13 MitbestErgG sind für die Bestellung der Geschäftsführer und den Widerruf ihrer Bestellung §§ 84, 85 AktG maßgeblich. Die Bestellungskompetenz ist dem Aufsichtsrat hier kraft zwingenden Rechts ausschließlich zugewiesen[32]. Wird eine Gesellschaft nach dem MitbestG mitbestimmungspflichtig, so findet eine Bestellung von Geschäftsführern durch den Aufsichtsrat erst nach Ablauf der Bestellung der vorhandenen Geschäftsführer statt. § 37 Abs. 2 und 3 MitbestG ermöglicht dem Aufsichtsrat in diesem Fall, nach Ablauf einer Frist von fünf Jahren die Bestellung der alten Geschäftsführer zu widerrufen. Die **Fünfjahresfrist des § 37 Abs. 3 MitbestG** gilt entsprechend auch für solche Geschäftsführer, die nach dem Zeitpunkt bestellt worden sind, an dem die Gesellschaft die Voraussetzungen des § 1 MitbestG erfüllte, aber vor dem Zeitpunkt, zu dem die Wahl des Aufsichtsrats nach den Vorschriften dieses Gesetzes abgeschlossen war[33]. Die Frist beginnt mit dem Außerkrafttreten der alten Satzungsbestimmungen nach § 37 Abs. 1 MitbestG[34].

28 Die Bestellungskompetenz des Aufsichtsrats umfaßt auch die Kompetenz zum Abschluß des Anstellungsvertrages[35] (vgl. dazu unten *Raiser* § 52, 293) sowie zu seiner Änderung und Aufhebung[36] und zu sonstigen Regelungen des Dienstverhältnisses[37] (vgl. dazu aber auch Rdn 163). Zur Bestellung eines Vorsitzenden der Geschäftsführung durch den Aufsichtsrat vgl. § 52, 290.

29 c) **Die Bestellung des Arbeitsdirektors.** In Gesellschaften mit paritätisch zusammengesetztem Aufsichtsrat ist als gleichberechtigter Geschäftsführer ein Arbeitsdirektor zu bestellen, dem unentziehbar die Zuständigkeit für den Kernbereich der Personal- und Sozialfragen zukommt (vgl. Rdn 112 ff). Anders als nach § 13 MontanMitbestG, aber in Übereinstimmung mit § 13 MitbestErgG haben die Arbeitnehmervertreter im Aufsichtsrat bei Bestellung und Abberufung des Arbeitsdirektors nach dem MitbestG kein Vetorecht[38]. Das Mitbestimmungsgesetz hat darauf verzichtet, den Zuständigkeitsbereich des Arbeitsdirektors inhaltlich näher zu bestimmen. Im Hinblick auf die geringe Regelungssubstanz des § 33 MitbestG wurde im Mitbestimmungsprozeß vor dem BVerfG gerügt, die Vorschrift genüge nicht dem Bestimmtheitserfordernis und verstoße gegen Art. 1 Abs. 2 GG sowie gegen das Rechtsstaatsprinzip[39]. Das BVerfG sah jedoch § 33 MitbestG als hinreichend klar und bestimmt an. Aufgaben und Funktion des Arbeitsdirektors ließen sich dem Gesetzeswortlaut mit einer verfassungsrechtlich ausreichenden Klarheit entnehmen. Neben dem Gesetzeswortlaut gäben der Begriff Arbeitsdirektor und die Entstehungsgeschichte des § 33 MitbestG hinreichend deutlichen Aufschluß darüber, daß diesem Mitglied des Vertretungsorgans im Schwerpunkt zumindest auch Zuständig-

---

32 Vgl. zur Bestellung der Geschäftsführer nach § 31 MitbestG § 52, 288 ff sowie die Kommentierungen zu §§ 31, 33 MitbestG in *Mertens*-KölnKommAktG² (1996) Anh § 117 B § 31 MitbestG; s. dort auch in Anh § 117 C und Anh § 117 D zur Bestellung der Mitglieder des gesetzlichen Vertretungsorgans nach Montanmitbestimmungsrecht.

33 *Hoffmann/Lehmann/Weinmann* § 37, 67 m.w. Nachw.

34 So auch GemKMitbestG-*Fabricius* § 37, 67 f; abw. *Fitting/Wlotzke/Wißmann*² § 37, 27; *Hoffmann/Lehmann/Weinmann* aaO; *Raiser* MitbestG² (1984) § 37, 12, die auf den Zeitpunkt abstellen, zu dem die gesetzlichen Voraussetzungen der §§ 1–5 MitbestG eintreten; doch ist dieser Zeitpunkt zu unsicher, um den Lauf einer Frist daran zu knüpfen.

35 BGHZ 89, 48, 52 = WM 1983, 1378, 1379 f.

36 Vgl. BGH WM 1991, 852, 854.

37 Vgl. *Fleck* WM 1994, 1957, 1958.

38 Zur rechtsgeschichtlichen Entwicklung vgl. *Spie/Piesker* S. 11 ff; *Mertens*-KölnKommAktG² (1996) Anh. § 117 B § 33 MitbestG, 1 ff.

39 BVerfGE 50, 290, 378 f = NJW 1979, 699, 711.

keiten in Personal- und Sozialfragen übertragen sein müssen. Auch die Verweisung auf die Geschäftsordnung des Vertretungsorgans sowie das Bestellungsverfahren seien verfassungsrechtlich nicht zu beanstanden.

Aus der Formulierung des § 33 Abs. 1 S. 1 und Abs. 2 MitbestG, wonach der **30** Arbeitsdirektor ein gleichberechtigtes Mitglied des zur gesetzlichen Vertretung des Unternehmens befugten Organs ist, das seine Aufgaben im engsten Einvernehmen mit dem Gesamtorgan auszuüben hat, ergibt sich, daß die Geschäftsführung einer GmbH mit paritätisch zusammengesetztem Aufsichtsrat noch aus mindestens einer anderen Person bestehen muß (vgl. Rdn 9).

Der Arbeitsdirektor wird wie alle anderen Geschäftsführer im Verfahren nach **31** § 33 iVm § 84 AktG bestellt. Dieses Verfahren ist auch dann einzuhalten, wenn ein bereits amtierender Geschäftsführer nachträglich zum Arbeitsdirektor bestellt wird[40]. Den Aufsichtsratsmitgliedern muß vor der Bestellung bekannt sein, daß sie über die Stelle des Arbeitsdirektors zu beschließen haben. Aus diesem Grunde kann die Entscheidung, wer von den gewählten Geschäftsführern zum Arbeitsdirektor bestellt werden soll, nicht diesen selbst überlassen werden[41]. Ein Vetorecht seitens der Arbeitnehmer besteht nicht (vgl. auch Rdn 16). Es verstößt nicht gegen das Prinzip der Gleichberechtigung des Arbeitsdirektors, wenn dieser zunächst nur zum stellvertretenden Geschäftsführer berufen wird, sofern auch die anderen erstmals bestellten Mitglieder der Geschäftsführung durchweg zunächst nur diesen Status erhalten[42].

4. Bestellung eines Notgeschäftsführers

a) **Voraussetzungen**. Fehlen die zur Vertretung der Gesellschaft notwendigen Ge- **32** schäftsführer, so kommt die Bestellung eines Notgeschäftsführers in Betracht. Eine dem § 85 AktG entsprechende Norm enthält das GmbH-Gesetz nicht[43]. Doch gilt § 29 BGB unstreitig auch für die GmbH[44]. Auf Gesellschaften, die dem MitbestG unterliegen, erklärt § 31 Abs. 1 MitbestG die Vorschrift des § 85 AktG für entsprechend anwendbar.

Ein Notgeschäftsführer kann bereits dann bestellt werden, wenn der zu erset- **33** zende Geschäftsführer zwar nicht ausgeschieden ist, aber aus rechtlichen oder tatsächlichen Gründen als Geschäftsführer völlig und nicht nur kurzfristig ausfällt, nicht dagegen, wenn er nur an bestimmten Rechtsgeschäften oder Aktivitäten oder nur für einen kürzeren, durch interne Vertretungsregelungen überbrückbaren Zeitraum gehindert ist[45].

Die Ersatzbestellung kommt nur in einem **dringenden Fall** in Betracht. Ein sol- **34** cher Fall ist gegeben, wenn ohne Einsetzung eines Notgeschäftsführers einem Beteiligten oder der Gesellschaft ein Schaden entstehen würde oder eine alsbald erforder-

---

[40] Vgl. *Mertens*-KölnKommAktG² (1996) Anh. § 117 B § 33 MitbestG, 5 m.w.Nachw.

[41] *Fitting/Wlotzke/Wißmann*² § 33, 16; *Hanau*/Ulmer § 33, 6; *Mertens*-KölnKommAktG aaO 5 m.w.Nachw.; **aA** *Thüsing* Arbeitgeber 1976, 650; *Hoffmann/Lehmann/Weinmann* aaO 35 ff.

[42] *Fitting/Wlotzke/Wißmann* aaO 23; *Hoffmann/Lehmann/Weinmann* aaO 27; *Raiser* MitbestG² (1984) § 33, 10; GemKMitbestG-*Rumpff* 39; *Mertens* aaO 6; **aA** *Hanau*/Ulmer 23.

[43] Vgl. aber § 68 RegE 1971, der die Übernahme dieser Regelung in das GmbH-Gesetz vorsah.

[44] Vgl. § 6, 11; RGZ 138, 98, 101; *Fichtner* BB 1964, 868 und die Kommentierungen zu § 29 BGB.

[45] Vgl. KG JW 1937, 1730; OLG Frankfurt NJW 1966, 504; vgl. dazu *Mertens* aaO 9; noch weitergehend für § 29 BGB die Kommentierungen zu dieser Vorschrift; vgl. etwa Soergel-*Hadding* § 29, 6.

liche Handlung nicht vorgenommen werden könnte[46]. Fehlt in der mitbestimmten Gesellschaft der **Arbeitsdirektor**, so begründet bereits das Gebot des § 33 Abs. 1 die von § 85 Abs. 1 AktG geforderte Dringlichkeit[47]. Das Registergericht kann jedoch nicht selbst die Befugnisse des Arbeitsdirektors bestimmen; auch rechtfertigen Zweifel, ob ein wirksamer Arbeitsdirektor über den gesetzlich vorgesehenen Zuständigkeitsbereich verfügt, eine Ersatzbestellung nicht[48], sondern müssen auf dem ordentlichen Rechtsweg geklärt werden. Ein Rechtsschutzinteresse für die Bestellung eines Notgeschäftsführers besteht nicht, wenn die GmbH untergegangen ist. Doch muß ein Notgeschäftsführer bestellt werden, wenn eine gewisse Wahrscheinlichkeit für die Existenz der Gesellschaft spricht[49]. Die Möglichkeit der Bestellung eines Prozeßpflegers nach § 57 ZPO schließt das Interesse an einer Bestellung eines Notgeschäftsführers nicht aus[50]. Ist schon ein **Prozeßpfleger** nach § 57 ZPO bestellt, so begründet jedenfalls der Prozeß selbst kein Interesse mehr an der Bestellung eines Notgeschäftsführers. Werden aber im Zusammenhang mit dem Prozeß Handlungen notwendig, die der Prozeßpfleger als solcher nicht vornehmen kann, so ist die Bestellung eines Notgeschäftsführers geboten[51]. Beantragen Dritte die Bestellung, um Ansprüche gegen die Gesellschaft geltend machen zu können, so hat das Registergericht die **Erfolgsaussichten** dieser Ansprüche nicht im einzelnen zu prüfen[52].

35 b) **Verfahren.** Das Verfahren der Notbestellung richtet sich nach den Bestimmungen des FGG. Es ist dem Rechtspfleger übertragen (§ 3 Abs. 1 Nr. 1a RechtspflG). Zuständig ist das Amtsgericht, in dessen Bezirk die GmbH ihren Sitz hat. Die Bestellung erfolgt nur auf Antrag. Antragsberechtigt ist außer den Gesellschaftern und Organmitgliedern der GmbH jeder, der an der Ersatzbestellung ein eigenes Interesse hat. Er muß dieses Interesse glaubhaft machen. Das Gericht soll die Organe der Gesellschaft anhören, soweit dies tunlich erscheint. Sind die Voraussetzungen gegeben, so **muß** das Gericht einen Notgeschäftsführer bestellen. Die Auswahl der Person steht in seinem Ermessen; doch muß diese für das Amt geeignet sein und nach Möglichkeit auch satzungsmäßige Qualifikationserfordernisse erfüllen. An den Vorschlag des Antragstellers ist das Gericht nicht gebunden. Es kann auch die Art der Vertretung oder der Geschäftsführung nicht ändern. Sieht z. B. die Satzung der GmbH zwei Geschäftsführer vor, die gesamtvertretungsberechtigt sind, so muß das Gericht, wenn kein Geschäftsführer vorhanden ist, für die Vertretung zwei gemeinschaftlich berechtigte Notgeschäftsführer bestellen. Bestellt es nur einen Geschäftsführer, so hat dieser jedoch kraft der rechtsgestaltenden Bestellung alleinige Vertretungsmacht[53].

36 Der Bestellungsbeschluß kann den Wirkungskreis des Notgeschäftsführers nach Inhalt und Umfang eingrenzen; die Ersatzbestellung kann auch auf ein einziges Rechtsgeschäft beschränkt werden[54]. Ergeht ein eingeschränkter Bestellungsbeschluß, so ist der Notgeschäftsführer nur in seiner Geschäftsführungsbefugnis, nicht aber in seiner Vertretungsmacht beschränkt[55].

---

[46] Vgl. BayObLG DB 1995, 2364.

[47] *Fitting/Wlotzke/Wißmann* aaO § 31, 42; *Raiser* aaO 8; *Mertens* aaO 8; **aA** *Hoffmann/Lehmann/Weinmann* aaO 17.

[48] *Hanau*/Ulmer aaO 31; *Mertens* aaO 9; **aA** GemKMitbestG-*Rumpff* 23.

[49] OLG Celle NJW 1965, 504, 505; OLG Frankfurt JZ 1952, 565.

[50] OLG Celle aaO.

[51] OLG Celle aaO; Geßler/*Hefermehl*/Eckardt/Kropff AktG § 85, 7.

[52] Hamm OLGZ 1965, 329, 331.

[53] KG OLGZ 1965, 332, 334; KG OLGZ 1968, 200, 207; RG JW 1918, 361.

[54] Krit. zur Beschränkung der Geschäftsführungsbefugnis durch den Bestellungsbeschluß LG Berlin AG 1986, 52, 53.

[55] BayObLG AG 1988, 301, 303 f; LG Berlin aaO; *Mertens*-KölnKommAktG[2] (1988) § 85, 16.

Wirksam wird die Bestellung spätestens mit der Bekanntgabe an den Antragsteller und den Bestellten und der Annahme durch diesen[56]. § 16 FGG läßt aber schon die Mitteilung an den Bestellten und dessen Zustimmung genügen. Dagegen reicht die Mitteilung an den Antragsteller allein nicht aus[57]. Verhinderte Geschäftsführer bleiben trotz der Bestellung eines Notgeschäftsführers im Amt[58]. Als rechtsgestaltender Akt der freiwilligen Gerichtsbarkeit bindet die Bestellung das **Prozeßgericht**. Dieses prüft nur, ob sie nach § 29 BGB formell gültig vorgenommen worden ist[59]. **37**

c) **Erlöschen**. Die Bestellung erlischt mit der Bestellung des erforderlichen Geschäftsführers durch die Gesellschaft, dagegen nicht schon mit dem Entfallen der Dringlichkeit. Ist der Geschäftsführer nur für eine bestimmte Aufgabe bestellt, so verliert er sein Amt auch noch nicht mit deren Erfüllung; denn der Zeitpunkt der Beendigung der Amtszeit muß eindeutig bestimmbar sein. Die Gesellschafter können den gerichtlich bestellten Geschäftsführer nicht abberufen. Doch kann das Gericht die Bestellung von Amts wegen widerrufen[60]. **38**

d) **Eintragung in das Handelsregister**. Die Bestellung ist gemäß § 39 in das Handelsregister einzutragen. Doch kann die Eintragung unterbleiben, wenn der Geschäftsführer nur für einzelne Rechtshandlungen bestellt wird. In diesem Fall genügt es, daß das Gericht dies im Bestellungsbeschluß zum Ausdruck bringt und dem Geschäftsführer zum Ausweis ein Zeugnis über seine Bestellung aushändigt[61]. **39**

e) **Verhältnis des Notgeschäftsführers zur Gesellschaft**. Zwischen dem Notgeschäftsführer und der Gesellschaft kommt durch die Bestellung ein Schuldverhältnis zustande, aus dem sich ein Vergütungsanspruch des Notgeschäftsführers ergibt. Er ist Organ der Gesellschaft mit allen sich daraus ergebenden Folgen. **40**

5. Der fehlerhaft bestellte Geschäftsführer

Bei unwirksamer Bestellung eines Geschäftsführers ist seine Organstellung nach Amtsantritt nicht als nichtig, sondern als fehlerhaft anzusehen und in entsprechender Anwendung der Grundsätze über das fehlerhafte Anstellungsverhältnis (vgl. dazu Rdn 188) zu behandeln[62]. Bis zur Beendigung der fehlerhaften Organstellung ist der fehlerhaft bestellte Geschäftsführer, sofern er überhaupt amtsfähig ist, den gleichen Pflichten und der gleichen Verantwortlichkeit unterworfen wie ein wirksam bestellter Geschäftsführer; seine Rechtshandlungen berechtigen und verpflichten die Gesellschaft, und er hat für die Zeit, in der er sein Amt ausübt, auch Anspruch auf eine vertraglich vereinbarte Vergütung, und zwar selbst dann, wenn auch der Anstellungsvertrag seinerseits nicht wirksam geworden ist, es sei denn, dieser beruht auf Kollusion oder enthält einen Normverstoß, der seine Nichtigkeit bewirkt und seine vorläufige Anerkennung ausschließt[63]. In jedem Fall hat der tatsächlich amtierende Geschäftsführer Anspruch auf eine unter Berücksichtigung aller Umstände **41**

[56] BGHZ 6, 232, 235 = NJW 1952, 1009; BayObLG WM 1981, 75, 76.

[57] *Hohlfeld* GmbHRdsch 1986, 181, 184; *Mertens*-KölnKommAktG² (1988) § 85, 12.

[58] OLG Schleswig NJW 1960, 1862 f.

[59] BGHZ 24, 47, 51 = NJW 1957, 832; RGZ 105, 401, 403.

[60] KG WM 1967, 83 f.

[61] BayObLG DNotZ 1955, 638, 641 f; vgl. auch die Kommentierungen zu § 85 AktG; **aA** *Neumann* JheringJb 87, 199, 236.

[62] Vgl. BGHZ 41, 282, 287 f = NJW 1964, 1367 für Vorstandsmitglieder von Aktiengesellschaften; Baumbach/Hueck/*Zöllner* 6a; dazu im einzelnen *U. Stein* S. 126 ff, wobei m.E. entgegen *Stein* die fehlerhafte Organstellung auch dann als solche anzuerkennen ist, wenn die eine oder die andere Seite den Bestellungsmangel kennt.

[63] Vgl. *Baums* S. 168 ff, 195 ff.

nach billigem Ermessen angemessene Vergütung. Zuständig für die Vertretung der Gesellschaft gegenüber dem fehlerhaft bestellten Geschäftsführer ist jeweils das Organ, das die Bestellungskompetenz besitzt (vgl. § 35, 189)[64]. Mit Baumbach/Hueck/*Zöllner* 6a ist zwischen dem fehlerhaft bestellten Geschäftsführer und dem sog. faktischen Geschäftsführer, der ohne Vorliegen eines Bestellungsakts de facto Geschäftsführerkompetenzen in der Gesellschaft neben oder anstelle bestellter Geschäftsführer ausübt, zu unterscheiden. Das Organhandeln eines faktischen Geschäftsführers ist unwirksam, wobei allerdings zu Lasten der Gesellschaft die Regeln über die Anscheinsvollmacht eingreifen können. Zur Haftung des faktischen Geschäftsführers vgl. § 43, 7.

IV. Geschäftsführer als Vertretungsorgan

Schrifttum

Altmeppen Gestattung zum Selbstkontrahieren in der GmbH, NJW 1995, 1182; *Blomeyer* Die teleologische Korrektur des § 181 BGB, AcP 172 (1972) 1; *ders.* Zur Problematik des § 181 BGB für die Einmann-GmbH, NJW 1969, 127; *Buchmann* Registerpublizität und Gläubigerschutz bei der Einmann-Gesellschaft (1984); *Buchwald* Die Gesamtvertretung bei der GmbH, GmbHRdsch 1960, 180; *Bühler* Die Befreiung des Geschäftsführers der GmbH von § 181 BGB, DNotZ 1983, 588; *Däubler* Die Grenzen der Vertretungsmacht des GmbH-Geschäftsführers, GmbHRdsch 1964, 223; *Eder* Generalvollmacht bei der GmbH, GmbHRdsch 1962, 225; *Ekkenga* Insichgeschäfte geschäftsführender Organe im Aktien- und GmbH-Recht, AG 1985, 40; *Fleck* Mißbrauch der Vertretungsmacht oder Treubruch des mit Einverständnis aller Gesellschafter handelnden GmbH-Geschäftsführers aus zivilrechtlicher Sicht, ZGR 1990, 31; *Frels* Überweisung von Vertretungsmacht an ein einzelnes Mitglied des Vorstands der AG, ZHR 122 (1959) 173; *Frotz* Verkehrsschutz im Vertretungsrecht (1972); *Grothus* Widersprechendes Handeln zweier alleinvertretungsberechtigter GmbH-Geschäftsführer, GmbHRdsch 1958, 142; *Heim* Zur Zulässigkeit einer Allgemeinbevollmächtigung von Mitgliedern der Gesamtvertretung einer Kapitalgesellschaft, NJW 1961, 1515; *Heinemann* Der Geltungsbereich des § 181 BGB für Rechtsbeziehungen zwischen der GmbH und ihrem Vertretungsorgan und seine Steuerrelevanz, GmbHRdsch 1985, 176; *U. Hübner* Interessenkonflikt und Vertretungsmacht (1977); *ders.* Zur Zulässigkeit der Generalvollmacht bei Kapitalgesellschaften, ZHR 143 (1979) 1; *ders.* Selbstkontrahieren des Einmanngesellschafters, Jura 1982, 85 ff; *Hueck* Die Vertretung von Kapitalgesellschaften im Prozeß, in: Festschr. Bötticher (1969) S. 197; *Kanzleiter* Registereintragung der Vertretungsbefugnis des GmbH-Geschäftsführers, RPfleger 1984, 1; *Klamroth* Vertretung der Gesellschaft bei Verträgen mit einem geschäftsführenden Gesellschafter, BB 1975, 851; *Kreutz* § 181 BGB im Lichte des § 35 Abs. 4 GmbHG, in: Festschr. Mühl (1981) S. 409; *Leßmann* Teleologische Reduktion des § 181 BGB beim Handeln des Gesellschafter-Geschäftsführers der Einmann-GmbH, BB 1976, 1377; *Liermann* Die Vertretung der Handelsgesellschaften und der Nachweis einer solchen Vertretung, DNotZ 1967, 221; *Lüdtke-Handjery* Die „Ermächtigung" eines gesamtvertretungsberechtigten OHG-Gesellschafters zum Alleinhandeln, DB 1972, 565; *Müller* Gesetzliche Vertretung ohne Vertretungsmacht, AcP 168 (1968) 114; *Plander* Die Geschäfte des Gesellschafter-Geschäftsführers der Einmann-GmbH mit sich selbst (1969); *ders.* Rechtsgeschäfte zwischen Gesamtvertretern, DB 1975, 1493; *Pleyer* Erklärungen eines einzelnen Geschäftsführers bei Gesamtvertretung, GmbHRdsch 1959, 161; *Philipp* Die Ausübung von Beteiligungsrechten nach § 32 des Mitbestimmungsgesetzes, DB 1976, 1622; *Reinicke* Gesamtvertretung und Insichgeschäft, NJW 1975, 1185; *Ripfel* Ist Generalvollmacht an GmbH-Geschäftsführer oder Dritte zulässig? GmbHRdsch 1953, 181; *Roquette* Rechtsfragen zur unechten Gesamtvertretung im Rahmen

[64] Zur Erklärung des Widerrufs der fehlerhaften Bestellung durch den Aufsichtsrat als Bestellungsorgan vgl. *Mertens*-KölnKommAktG² § 84, 30.

der gesetzlichen Vertretung von Kapitalgesellschaften, in: Festschr. Oppenhoff (1985) S. 335; *Schimmelpfennig/Hauschka* Die Zulassung der Ein-Personen-GmbH in Europa und die Änderungen des deutschen GmbH-Rechts, NJW 1992, 942; *Schneider* Die Vertretung der GmbH bei Rechtsgeschäften mit ihren Konzernunternehmen, BB 1986, 201; *Schwarz* Das Gesetz zur Durchführung der Zwölften gesellschaftsrechtlichen EG-Richtlinie – Neuerungen für die Einpersonen-GmbH, DStR 1992, 221; *Tiedtke* Fortbestand der Befreiung vom Verbot des Selbstkontrahierens bei der Umwandlung einer mehrgliedrigen in eine Einmann-GmbH, ZIP 1991, 355; *ders.* Zur Form der Gestattung von Insichgeschäften des geschäftsführenden Mitgesellschafters einer GmbH, GmbHRdsch 1993, 385; *Viehöfer/Eser* Probleme der Vertretungsbefugnis bei der sogenannten unechten Gesamtprokura, BB 1984, 1326; *Wegmann* Rechtsfolgen einer Überschreitung der Geschäftsführungs- und Vertretungsbefugnisse eines GmbH-Geschäftsführers, DStR 1992, 866; *Weinhard* Ausübung und Einschränkung der Gesamtvertretung im bürgerlichen und im Gesellschaftsrecht (1988); *Westerhoff* Organ und (gesetzlicher) Vertreter (1993); *H. Westermann* Haftung für fremdes Handeln, JuS 1961, 333; *Winterfeld* Zur Vernehmung von Zeugen durch das Bundeskartellamt in Kartellordnungswidrigkeitsverfahren, BB 1976, 344; *Ziche* Die Verweisung des § 35 Abs. 4 GmbHG auf das Verbot der Vornahme von Insichgeschäften (1991); *Ziegler* Prokura mit einem gesamtvertretungsberechtigten Geschäftsführer, RPfleger 1984, 5.

1. Unbeschränkbarkeit der Vertretungsbefugnis

Gemäß Abs. 1 sind die Geschäftsführer – einschließlich der stellvertretenden **42**
(§ 44) – das ordentliche ständige Vertretungsorgan der Gesellschaft, dessen Handeln dieser selbst als eigenes Handeln zugerechnet wird. Sie können in dieser Funktion durch keine andere Person und kein anderes Organ ersetzt oder verdrängt werden. Der gesetzliche Umfang ihrer Vertretungsmacht ist weder durch die Satzung noch durch den Anstellungsvertrag beschränkbar (§ 37 Abs. 2)[65]. Dies gilt auch für den Notgeschäftsführer[66]. Eine Generalvollmacht an Dritte, welche die organschaftliche Vertretung des Geschäftsführers verdrängt, ist daher unzulässig (str., s. näher Rdn 103). Praktisch wird allerdings der Verkehrsschutz, den die Unbeschränkbarkeit der Vertretungsmacht der Geschäftsführer gewährleisten soll, durch die Grundsätze über den Mißbrauch der Vertretungsmacht nicht unerheblich eingeschränkt (vgl. dazu näher § 37, 33 ff). Die Vertretungsmacht eines Geschäftsführers beginnt mit seiner Bestellung und endet mit der Beendigung der Organstellung; eine Organstellung ohne Vertretungsmacht kennt das Gesetz nicht[67].

2. Begriff und Wirkung der Vertretung

Vertretung ist **jedes nach außen wirkende rechtsgeschäftliche Handeln im Namen** **43**
der Gesellschaft, einschließlich der Entgegennahme rechtsgeschäftlicher Erklärungen[68]. Die von einem Geschäftsführer in Vertretung der Gesellschaft abgegebene oder entgegengenommene Willenserklärung wirkt für und gegen die Gesellschaft (§ 164 BGB, § 36). Die Vertretungswirkung setzt voraus, daß die Geschäftsführer im Rahmen ihrer Vertretungsbefugnis handeln oder, soweit die Überschreitung der Vertretungsbefugnis genehmigungsfähig ist, daß eine entsprechende Genehmigung erteilt wird. Für die Genehmigung gilt § 177 BGB; sie wirkt nach § 184 BGB auf den Zeitpunkt der Vornahme des Rechtsgeschäfts zurück, soweit nicht ein anderes

---

[65] BFH DB 1993, 460; Scholz/*Schneider* 13; Baumbach/Hueck/*Zöllner* 36a; *Lutter/Hommelhoff* 1.
[66] BayObLG ZIP 1986, 93, 95; Scholz/*Schneider* 23; Baumbach/Hueck/*Zöllner* 38.
[67] Baumbach/Hueck/*Zöllner* § 36, 3.
[68] Baumbach/Hueck/*Zöllner* 38; Rowedder/*Koppensteiner* 6.

bestimmt ist. Geben mehrere alleinvertretungsberechtigte Geschäftsführer oder ein alleinvertretungsberechtigter Geschäftsführer und eine Gruppe gemeinschaftlich vertretungsberechtigter Geschäftsführer oder mehrere Gruppen gemeinschaftlich vertretungsberechtigter Geschäftsführer widersprüchliche Erklärungen ab, so gelten die allgemeinen Regeln über das Wirksamwerden von Willenserklärungen (vgl. dazu §§ 130–132 BGB). Das bedeutet: Bei nichtempfangsbedürftigen Willenserklärungen kommt es auf den Zeitpunkt der Abgabe der Erklärung an, bei empfangsbedürftigen Willenserklärungen auf deren Zugang beim Empfänger. Gültig ist im ersten Fall die zuerst abgegebene, im zweiten Fall die zuerst zugegangene Erklärung. Bei gleichzeitiger Abgabe bzw. gleichzeitigem Zugang sind einander widersprechende Erklärungen nichtig, da sich daraus kein eindeutiger Wille der Gesellschaft ergibt. Eine empfangsbedürftige Willenserklärung wird dann nicht wirksam, wenn dem Geschäftspartner vorher oder gleichzeitig ein Widerruf zugeht (§ 130 Abs. 1 S. 2 BGB); ein nachträglicher Widerruf ist nur dann beachtlich, wenn die Willenserklärung zurücknehmbar ist.

44 Der Wille des Geschäftsführers, im Namen der Gesellschaft zu handeln, braucht nicht ausdrücklich erklärt zu werden, sondern kann aus den Umständen hervorgehen (vgl. § 164 Abs. 1 S. 2 BGB sowie § 36). Das gilt auch für schriftliche Erklärungen, die nicht wie nach Abs. 3 oder nach gesellschaftsinternen Vorschriften über die Zeichnung durch die Geschäftsführer gezeichnet sind[69]. Bei einer nicht auf die Gesellschaft hindeutenden Zeichnung kann allerdings eine persönliche Haftung der Geschäftsführer nach Rechtsscheingrundsätzen in Betracht kommen[70]. Auch ein Handeln, das ausdrücklich für Rechnung der Gesellschaft erfolgt, kann als Handeln in deren Namen zu deuten sein[71]. Schließt ein Geschäftsführer mit einem Dritten ein Geschäft, das – für diesen erkennbar – zum Gegenstand des Unternehmens der Gesellschaft gehört, so handelt er im Zweifel im Namen der Gesellschaft[72]. Die Unternehmensbezogenheit muß jedoch der Geschäftsführer beweisen[73]. Daneben kommt aber auch eine persönliche Haftung des Geschäftsführers kraft Rechtsscheins in Betracht, insbesondere wenn dieser die Haftungsbeschränkung des Unternehmensträgers verschweigt[74]. Bei Zeichnung von Wechseln oder Schecks wird die Gesellschaft nur dann wertpapierrechtlich verpflichtet, wenn sie selbst als Zeichner genannt wird[75]. Hat der Geschäftsführer als Zeichner den Hinweis auf das Vertretungsverhältnis unterlassen, so haftet er persönlich aus der Papierzeichnung[76]. Ist ein Geschäftsführer für mehrere Gesellschaften – z. B. im Konzern – tätig, und bleibt unklar, für welche der Gesellschaften er handelt, so wird diejenige Vertragspartnerin, der ein betriebsbezogenes Geschäft nach objektiven Umständen zugeordnet werden kann. Ist diese Zuordnung nicht möglich, so wirkt die Erklärung gegen

[69] Baumbach/Hueck/*Zöllner* § 36, 4; *Lutter/Hommelhoff* 16.

[70] BGHZ 64, 11, 16 f = NJW 1975, 1166; BGH GmbHRdsch 1982, 154, 155; WM 1992, 567, 568 f; OLG Hamm MDR 1976, 759; vgl. oben *Ulmer* § 4, 58; Scholz/*Schneider* § 36, 5; Baumbach/Hueck/*Zöllner* § 36, 4; Rowedder/*Koppensteiner* 21.

[71] Baumbach/Hueck/*Zöllner* § 36, 4; Scholz/*Schneider* § 36, 2.

[72] BGHZ 62, 216, 220 f = NJW 1974, 1191; BGH WM 1980, 782; WM 1990, 600 f; RGZ 119, 64, 66 f; OLG Hamm GmbHRdsch 1995, 661; Baumbach/Hueck/*Zöllner* § 36, 4; *Lutter/Hommelhoff* 17; Rowedder/Koppensteiner § 36, 2.

[73] BGH ZIP 1994, 1860, 1861; OLG Frankfurt GmbHRdsch 1993, 158, 159.

[74] BGH WM 90, 600 f. Zur Beweislast für Handeln im fremden Namen vgl. BGHZ 85, 252, 258 = NJW 1983, 820; BGH NJW 1975, 775; WM 1992, 567, 568.

[75] BGHZ 65, 218, 219 f = NJW 1976, 329; BGH WM 1992, 567, 568 f.

[76] OLG Frankfurt GmbHRdsch 1993, 158, 159; Baumbach/Hueck/*Zöllner* § 36, 4.

alle in Frage kommenden Gesellschaften[77]. Anwendbar sind auch im Rahmen der Vertretung einer GmbH die Grundsätze über das verdeckte **Geschäft, wen es angeht**[78]. Kraft dieser Grundsätze, die allerdings im wesentlichen für Verfügungsgeschäfte zu Erfüllungszwecken von Bedeutung sind, kann die GmbH ausnahmsweise durch ein Geschäft berechtigt und verpflichtet werden, bei dem der Fremdwirkungswille des Geschäftsführers nicht erkennbar war[79]. Im übrigen wird bei fehlender Erkennbarkeit des Fremdwirkungswillens der Geschäftsführer persönlich berechtigt und verpflichtet. Wegen § 164 Abs. 2 BGB kann er das Geschäft auch nicht nach § 119 BGB anfechten[80].

3. Vertretung und gesellschaftsinterne Maßnahmen

Nicht zur Vertretung zählt die interne Mitwirkung der Organe bei der Konstituie- **45**
rung, Organisation und Willensbildung der Gesellschaft, so etwa bei satzungsändernden Erklärungen, Kapitalerhöhungen und -herabsetzungen und bei der Auflösung[81]. Zur Vertretung gehören aber auch die Willenserklärungen, die die Geschäftsführer namens der Gesellschaft gegenüber anderen **Organmitgliedern** und den **Gesellschaftern** abgeben[82], und zwar auch, soweit mitgliedschaftliche Beziehungen der letzteren betroffen sind, sowie die Erteilung und der Widerruf von **Prokura** und **Handlungsvollmacht**[83]. Die Bestellung eines Prokuristen durch den Geschäftsführer ist auch dann wirksam, wenn ihr der nach § 46 Nr. 7 erforderliche Gesellschafterbeschluß nicht zugrunde liegt[84]. Zur Vertretung zählen ferner sämtliche Rechtsgeschäfte der Geschäftsführer im Namen der Gesellschaft mit den Arbeitnehmern, also etwa Einstellungen, Vertragsänderungen, die Ausübung des Direktionsrechts und Kündigungen[85]. Auch im Bereich der Betriebsverfassung und der Mitbestimmung nehmen die Geschäftsführer Rechte und Pflichten der Gesellschaft wahr. Arbeitgeber im betriebsverfassungsrechtlichen Sinn ist grundsätzlich die Gesellschaft selbst, die durch ihre Geschäftsführer handelt[86]. Auch die **Mitwirkungsaufgaben** im Rahmen der **Wahlen von Aufsichtsratsmitgliedern der Arbeitnehmer**[87] werden von den Geschäftsführern in Vertretung der Gesellschaft vorgenommen[88]. Die **Bekanntmachung nach § 97 AktG** ist dagegen nur eine interne Maßnahme der Geschäftsführung, an der kraft zwingenden Rechts alle Geschäftsführer zu beteiligen sind[89]. In den Wahlordnungen zum MitbestG (vgl. jeweils § 2) ist es das Unternehmen als solches, das zur Wahlbekanntmachung verpflichtet wird.

---

[77] BGH WM 1978, 1151, 1152; ZIP 1986, 366, 367 f; Scholz/*Schneider* § 36, 4; abw. Baumbach/Hueck/*Zöllner* § 36, 4: Bindung derjenigen Gesellschaft, mit der die Ausführung des Geschäfts eingeleitet worden ist, vorher nur des Geschäftsführers selbst.

[78] Vgl. dazu BGHZ 114, 74, 79 f = NJW 1991, 2283; BGH NJW 1955, 587, 590 sowie zur Frage der Anwendung dieser Grundsätze bei Grundstücksgeschäften BGH WM 1973, 869, 870; WM 1978, 11, 13.

[79] Vgl. Baumbach/Hueck/*Zöllner* § 36, 5.

[80] Baumbach/Hueck/*Zöllner* aaO.

[81] Vgl. Baumbach/Hueck/*Zöllner* 50; Rowedder/*Koppensteiner* 11, 12.

[82] Rowedder/*Koppensteiner* 6.

[83] Scholz/*Schneider* 33; Baumbach/Hueck/*Zöllner* 41.

[84] RGZ 75, 164; RG JW 1911, 334; RG JW 1923, 121; KGJ 1940, 70; OLG Düsseldorf SJZ 1949, 779; Scholz/*Schneider* 33.

[85] Scholz/*Schneider* 32; Baumbach/Hueck/*Zöllner* 39.

[86] *Kraft*-GKBetrVG[4] (1987), § 1, 36, 37.

[87] Vgl. § 6 Abs. 2 MitbestG mit der Verweisung auf das Verfahren der §§ 97–99 AktG sowie § 31 Wahlordnung 1953 zur Durchführung des BetrVG.

[88] Vgl. für das Verfahren nach §§ 97–99 AktG *Kollhosser* AG 1977, 117, 128 f; *Mertens*-Köln-KommAktG[2] §§ 97–99, 29 ff; *Geßler*/Hefermehl/Eckardt/Kropf AktG § 98, 2 ff.

[89] Geßler aaO § 97, 12.

4. Vertretung der Gesellschaft gegenüber den Geschäftsführern

46 Bei Rechtsgeschäften der Gesellschaft mit dem Geschäftsführer, die nichts mit dessen Bestellungs- oder Anstellungsverhältnis zu tun haben, wird die Gesellschaft durch den Mit-Geschäftsführer vertreten, soweit ein solcher vorhanden ist, oder auch durch Bevollmächtigte; ist ein Aufsichtsrat mit einer Vertretungsbefugnis entsprechend § 112 AktG vorhanden, so durch diesen[90]. Für die Innenbeziehung des Geschäftsführers zur Gesellschaft, insbesondere also für Bestellung, Abberufung, Abschluß, Änderung, Kündigung und Aufhebung des Anstellungsvertrages sind dagegen, soweit nicht Mitbestimmungsgesetz oder Satzung etwas anderes vorsehen, die Gesellschafter zuständig[91].

5. Umfang und Grenzen der Vertretungsmacht

47 Die Vertretungsmacht erstreckt sich grundsätzlich auf alle gerichtlichen und außergerichtlichen Angelegenheiten. Sie bezieht sich auch auf den Behördenverkehr und auf die Beziehungen zu Selbstverwaltungsinstitutionen der Wirtschaft (z. B. Handelskammerwahlen). Die Vertretungsmacht der Geschäftsführer wird weder durch den Unternehmensgegenstand noch durch den Gewinnerzielungszweck der GmbH begrenzt.

48 a) **Begrenzung der Vertretungsmacht durch Vertretungsbefugnisse anderer Organe.** Die gesetzliche Vertretungsmacht der Geschäftsführer wird durch Vertretungsbefugnisse oder Mitvertretungsbefugnisse eingeschränkt, die kraft Gesetzes einem anderen Organ zugewiesen sind.

49 Nach § 52 i.V.m. § 112 AktG vertritt der **Aufsichtsrat** die Gesellschaft im Verhältnis zu den Geschäftsführern, soweit der Gesellschaftsvertrag nicht etwas anderes vorsieht; zur Abgrenzung zwischen der Vertretungsmacht der Geschäftsführer und der des Aufsichtsrats können die Kommentierungen zu § 112 AktG herangezogen werden. Für mitbestimmte Gesellschaften gilt § 112 AktG als zwingendes Recht[92]. Die Vertretungsbefugnis des Aufsichtsrats umfaßt alle Rechtsgeschäfte mit amtierenden und ausgeschiedenen Geschäftsführern[93].

50 Die **Nichtigkeitsklage nach** § 75 ist in entsprechender Anwendung von § 246 AktG gegen die Gesellschaft, vertreten durch die Geschäftsführer und gegebenenfalls durch den Aufsichtsrat, zu richten[94].

51 Dagegen finden die aktienrechtlichen Vorschriften über eine **gemeinsame Vertretung** der Gesellschaft bei Anfechtungs- und Nichtigkeitsklagen gegen Beschlüsse der Hauptversammlung oder den festgestellten Jahresabschluß bei der GmbH – anders als bei der Genossenschaft[95] – keine entsprechende Anwendung[96]. Auch die Satzung kann eine Mitvertretung durch den Aufsichtsrat nicht vorsehen; denn sie kann die Vertretungsmacht der Geschäftsführer nicht einschränken.

52 Eine **Vertretungskompetenz für die Gesellschafter** enthält § 46 Nr. 5; denn aus dieser Vorschrift ist zu entnehmen, daß sie die Geschäftsführer nicht nur bestellen

---

[90] Baumbach/Hueck/*Zöllner* 50a.

[91] BGH WM 1991, 852, 854.

[92] § 77 Abs. 1 BetrVG 1952; § 3 Abs. 2 MontanMitbestG; § 25 Abs. 1 Nr. 2 MitbestG.

[93] BGH WM 1989, 637, 638; vgl. zum Umfang der Vertretungsmacht des Aufsichtsrats nach § 112 AktG im einzelnen *Mertens*-KölnKommAktG² 8 ff. Sie umfaßt auch bei der GmbH das Anstellungsverhältnis; vgl. Rdn 28.

[94] Baumbach/Hueck/*Schulze-Osterloh* § 75, 16; Rowedder/*Zimmermann* § 75, 24; vgl. im einzelnen die Erl. zu § 75.

[95] Vgl. BGH BB 1978, 629, 630.

[96] BGH GmbHRdsch 1962, 134; vgl. auch Baumbach/Hueck/*Zöllner* Anh § 47, 82.

und abberufen, sondern zugleich die GmbH beim Abschluß und bei einer Aufhebung des Anstellungsvertrages vertreten können (vgl. dazu Rdn 23 sowie § 46, 18 ff). Die Gesellschafter können ihre gesetzliche Zuständigkeit zur Vertretung der Gesellschaft bei der Regelung des Anstellungsverhältnisses der Geschäftsführer auf einen Geschäftsführer oder auf den Aufsichtsrat delegieren. Bei deren Verhinderung sind sie aber ersatzweise zuständig[97].

In Gesellschaften, die dem **MitbestG** oder dem **Montanmitbestimmungsrecht** unterfallen, steht die Vertretung der Gesellschaft auch bei der Regelung des Anstellungsverhältnisses der Geschäftsführer allein dem **Aufsichtsrat** zu (vgl. Rdn 28). Hier kommt eine Ersatzzuständigkeit der Gesellschafter nicht in Betracht. **53**

Eine aufgelöste Gesellschaft vertreten die **Liquidatoren**, § 66 Abs. 1[98]. Das gilt auch bezüglich der Klage auf Feststellung der Nichtigkeit des Auflösungsbeschlusses[99]. Vgl. im übrigen die Erl. zu § 68. Nachdem eine GmbH wegen Vermögenslosigkeit von Amts wegen im Handelsregister gelöscht worden ist, sind zu ihrer Vertretung nur noch die Liquidatoren befugt, die das Gericht gemäß § 2 Abs. 3 LöschungsG ernannt hat[100]. **54**

b) Die Zustimmung des Aufsichtsrats nach §§ 15 MitbestErgG und 32 MitbestG als Beschränkung der Vertretungsmacht der Geschäftsführer. §§ 15 MitbestErgG und 32 MitbestG binden die Vertretungsmacht der Geschäftsführer bei der Ausübung einzelner Beteiligungsrechte an einer mitbestimmten Gesellschaft mit paritätisch besetztem Aufsichtsrat, an der eine mitbestimmte GmbH mit paritätisch besetztem Aufsichtsrat eine Beteiligung von mindestens 25% hat, an einen wirksamen Aufsichtsratsbeschluß, an dem allein die Anteilseignervertreter mitzuwirken berechtigt sind. **55**

Diese Vorschriften beschränken die Geschäftsführer nicht nur in ihrer Geschäftsführungsbefugnis[101], sondern sind als eine gesetzliche Beschränkung der Vertretungsmacht mit der Folge der Unwirksamkeit des zustimmungslosen Handelns anzusehen[102].

c) Gesellschafterbeschluß als Voraussetzung eines Vertretungsaktes. Bei auf Umwandlung gerichteten Rechtsgeschäften hängt die Wirksamkeit im Außenverhältnis von einem Gesellschafterbeschluß ab (§ 13 UmwG). Beherrschungs- und Gewinnabführungsverträge werden auf seiten einer abhängigen GmbH nur mit Zustimmung aller Gesellschafter wirksam. Auf die herrschende GmbH ist § 293 Abs. 2 AktG analog anzuwenden[103]. Ist die Zustimmung der Gesellschafter aber nicht kraft einer zwingenden gesetzlichen Vorschrift erforderlich, so wird durch ihr Fehlen die Vertretungsmacht der Geschäftsführer nicht beeinträchtigt; denn der Grundsatz der Unbeschränkbarkeit der Vertretungsmacht steht nicht zur Disposition des Satzungsgebers oder eines Organs der Gesellschaft (§ 37 Abs. 2). **56**

---

97 Vgl. BGHZ 12, 337, 340 = NJW 1954, 799.

98 OLG Köln DB 1976, 1572; *Lutter/Hommelhoff* 1; Rowedder/*Koppensteiner* 8.

99 BGHZ 36, 207, 209 = NJW 1962, 538.

100 BGH WM 1985, 870, 871.

101 So aber Geßler/*Hefermehl/Eckardt/Kropff* AktG § 82, 30; *Meyer-Landrut* AktG § 82, 14; *Crezelius* ZGR 1980, 359, 372 f; *Eichler* BB 1977, 1064, 1065; *Säcker* DB 1977, 2031, 2035.

102 Baumbach/Hueck/*Zöllner* 47; Rowedder/*Koppensteiner* § 37, 48; *Fitting/Wlotzke/Wißmann* § 32, 23; Hanau/*Ulmer* MitbestG § 32, 15; *Hoffmann/Lehmann/Weinmann* § 32, 42; *Raiser* aaO § 32, 25; MünchHdbGesR III-Marsch-Barner/Diekmann § 44, 4; *Philipp* DB 1976, 1622, 1624 f; vgl. zur Begründung m.w.Nachw. *Mertens*-KölnKommAktG² § 78, 18.

103 Vgl. Baumbach/Hueck/*Zöllner* 46.

6. Begrenzung der Vertretungsmacht durch § 181 BGB

57 Die Begrenzung der Vertretungsmacht durch § 181 BGB verbietet dem Geschäftsführer die Vertretung der Gesellschaft bei Geschäften mit sich selbst (Verbot des Selbstkontrahierens) und bei Geschäften, die er als Vertreter eines Dritten abschließt (Verbot der Mehrvertretung). Das Verbot des In-sich-Geschäfts greift auch ein, wenn ein Geschäftsführer auf seiten der Gesellschaft nur als Gesamtvertreter handelt[104].

58 a) **Ausnahmen vom Selbstkontrahierungsverbot.** Das Verbot gilt **nicht** für **Erfüllungsgeschäfte** (§ 181 2. Halbs. BGB), z. B. für Gehaltszahlungen und Aufwendungsersatz für die Geschäftsführer[105]. Nach dem in § 107 BGB enthaltenen allgemeinen Rechtsgedanken kann der Geschäftsführer die Gesellschaft zudem ohne Verstoß gegen § 181 BGB vertreten, wenn sie aus dem betreffenden Geschäft lediglich einen rechtlichen Vorteil hat, wie etwa bei einem Verzichtsvertrag gemäß § 397 BGB[106]. Das Verbot des Selbstkontrahierens gilt ferner nicht für die körperschaftliche Willensbildung durch Gesellschafterbeschlüsse[107], wohl aber für den Abschluß des Anstellungsvertrages[108]. Ein Testamentsvollstrecker ist aber analog § 181 BGB gehindert, bei seiner Wahl zum Geschäftsführer mitzustimmen[109]. Sowohl der Erblasser – durch letztwillige Verfügung – als auch die Erben können ihn aber von diesem Verbot befreien[110].

59 Satzung oder Gesellschafterbeschluß können einem Geschäftsführer die In-sich-Vertretung gestatten[111], dem Einmann-Gesellschafter nur die Satzung (vgl. Rdn 64). Die Gestattung durch Beschluß ist auch dann ausreichend, wenn eine 100%ige Tochtergesellschaft mit der Muttergesellschaft kontrahiert und der Geschäftsführer auch die Muttergesellschaft vertritt[112]. Die Gestattung ist als eintragungspflichtige Tatsache iS des § 10 Abs. 1 S. 2 GmbHG im Handelsregister zu vermerken[113]. Anzumelden und einzutragen ist auch eine Gestattung des Selbstkontrahierens, die nur bestimmte Arten von Geschäften oder nur Geschäfte mit bestimmten Personen oder Gesellschaften umfaßt[114]. Für eine Gestattung durch Gesellschafterbeschluß bedarf es keiner Ermächtigung in der Satzung[115].

60 b) **In-sich-Geschäfte des geschäftsführenden Alleingesellschafters.** Der durch die Novelle 1980 eingefügte Abs. 4 ordnet an, daß § 181 BGB auf In-sich-Geschäfte des Alleingesellschafters, der zugleich alleiniger Geschäftsführer ist, Anwendung findet. Damit hat sich der Gesetzgeber im Hinblick auf diese Konstellation gegen die zuvor

---

[104] RGZ 89, 367, 373; Geßler/*Hefermehl*/Eckardt/Kropff AktG § 78, 89.

[105] Vgl. Scholz/*Schneider* 96; Baumbach/Hueck/*Zöllner* 74.

[106] BGHZ 59, 236, 240 = JZ 1973, 284 m.Anm. *Stürner*; vgl. auch Scholz/*Schneider* 97.

[107] BGHZ 52, 316, 318 = NJW 1970, 33; dazu kritisch *Hübner* 1977 S. 272 ff; zur Stimmabgabe vgl. § 47, 39 ff.

[108] Vgl. BGH WM 1991, 72, 73; *Fleck* WM 1994, 1957, 1958.

[109] BGHZ 51, 209, 214 f = NJW 1969, 841.

[110] BGHZ 108, 21, 24 f = NJW 1989, 2694; *Fleck* aaO.

[111] Scholz/*Schneider* 98; Baumbach/Hueck/*Zöllner* 75; *Hefermehl* aaO 91; *Altmeppen* NJW 1995, 1182.

[112] **AA** *Schneider* BB 1986, 201, 205; Baumbach/Hueck/*Zöllner* 79.

[113] BGHZ 87, 59 ff = NJW 1983, 1676; 114, 167, 170 = NJW 1991, 1731; vgl. auch BFHE 169, 171; BayObLG GmbHRdsch 1990, 213, 214; OLG Köln GmbHRdsch 1993, 37; OLG Düsseldorf BB 1995, 10; Scholz/*Schneider* 98; Baumbach/Hueck/*Zöllner* 75; **aA** mit erwägenswerten Gründen *Altmeppen* aaO 1182 ff.

[114] OLG Düsseldorf BB 1995, 10.

[115] Baumbach/Hueck/*Zöllner* 75; abw. BayObLG DB 1984, 1517; OLG Köln GmbHRdsch 1993, 37 – nur bei Grundlage in der Satzung; Rowedder/*Koppensteiner* 28; *Fleck* WM 1985, 677 f; *Tiedtke* GmbHRdsch 1993, 385, 388 – auch ohne satzungsmäßige Ermächtigung bei Einzelgestattung ad hoc.

vom BGH vertretene Lösung entschieden, wonach der Einmanngesellschafter wegen Fehlens einer Interessenkollision zwischen Vertreter und Vertretenem nicht den Beschränkungen des § 181 BGB unterliegen sollte[116]. Eine Befreiung vom Verbot des Selbstkontrahierens kommt für den Einmanngesellschafter nur durch die Satzung in Betracht, so daß sich die Geschäftspartner durch Einsichtnahme in die Registerunterlagen (§ 9 HGB) informieren können[117] (vgl. näher Rdn 64). Die Entscheidung des Gesetzgebers ist für den Gläubigerschutz[118] wenig hilfreich. Sie bewirkt nur, daß nunmehr die Befreiung vom Verbot des Selbstkontrahierens selbstverständlicher Bestandteil jeder vernünftigen Satzung einer Einmann-GmbH ist. Somit stellt Abs. 4 eine mißglückte Vorschrift dar, die zur Auslegung des § 181 BGB keinen relevanten Beitrag zu leisten vermag[119]. Den Interessen der Gesellschaftsgläubiger wäre mit der Anordnung der Schriftform für die einzelnen Geschäftsabschlüsse eher gedient gewesen[120].

c) **Einmann-GmbH mit weiterem Geschäftsführer.** Hat die Einmann-GmbH noch einen weiteren Geschäftsführer, ist § 35 Abs. 4 nicht anwendbar[121]. Der Alleingesellschafter-Geschäftsführer ist daher nicht darauf angewiesen, daß der weitere Geschäftsführer namens der Gesellschaft mit ihm kontrahiert, wozu dieser alleinvertretungsberechtigt sein müßte, sondern kann nach wie vor gemäß den Rechtsprechungsgrundsätzen in BGHZ 56, 97 und BGHZ 75, 358 zugleich im eigenen Namen und im Namen der Gesellschaft handeln[122]. Sind Alleingesellschafter-Geschäftsführer und weitere Geschäftsführer nur gemeinschaftlich zur Vertretung der Gesellschaft berechtigt, so kommt nach BGHZ 64, 72 = LM Nr. 18 zu § 181 BGB m.Anm. *Fleck* die Möglichkeit in Betracht, daß der eine Gesamtvertreter den anderen zur Alleinvertretung ermächtigt. Die gegen BGHZ 64, 72 zu erhebenden Bedenken (vgl. Rdn 68) gelten zwar für die Einmann-Gesellschaft noch verstärkt. Wenn der Gesetzgeber aber die Bestellung eines weiteren Geschäftsführers genügen läßt, um den Alleingesellschafter-Geschäftsführer von der Anwendung des § 181 bei Geschäften mit der Gesellschaft zu befreien, so kann daraus nur der Schluß gezogen werden, daß er der Existenz eines solchen weiteren Geschäftsführers eine wesentliche Gewährleistungsfunktion beimißt. Insofern kann eine Durchbrechung von BGHZ 64, 72 allein für den Fall der Einmann-GmbH nicht in Betracht kommen. 61

[116] BGHZ 56, 97, 101 = NJW 1971, 1355; 75, 358, 359f = NJW 1980, 932; zur früheren Rechtslage s. auch § 13 Anh I, 35 und Voraufl. 227.

[117] Ausschußbericht BT-Drucks. 8/3908, 74 f; zur Eintragungspflicht s. unten.

[118] Daß der Einsatz von § 181 BGB zum Zwecke des Gläubigerschutzes sinnvoll ist, wird mit Recht bezweifelt von *Buchmann* S. 62ff; *Ulmer* BB 1980, 1001; *Kanzleiter* S. 4f.

[119] Anders *Kreutz* Festschr. Mühl (1981) S. 409, 415ff, der den Normzweck des § 181 durch § 35 beeinflußt sieht und u. a. entgegen BGHZ 59, 236 annimmt, daß § 181 auch auf Geschäfte Anwendung findet, die der GmbH lediglich einen **rechtlichen Vorteil** bringen; noch weitergehend *Ekkenga* AG 1985, 40, 45ff, der den Umstand, daß der Gesetzgeber durch § 35 Abs. 4 die Gläubiger schützen wollte – sei es auch durch ein untaugliches Mittel –, zum Anlaß nimmt, Thesen zur analogen Anwendbarkeit dieser Vorschrift auf andere Fälle sowie zur Anwendung des § 181 BGB auf die Mehrpersonen-GmbH zu entwickeln, die ohne ausreichenden Grund auf eine Umgestaltung der bisherigen Rechtslage hinauslaufen und weder mit der gebotenen Striktheit des Vertretungsrechts zu vereinbaren noch den Gläubigerschutz effektiv zu verstärken imstande sind.

[120] Rowedder/*Koppensteiner* 25; *Altmeppen* NJW 1995, 1182, 1185; *Buchmann* S. 40ff.

[121] Ebenso Rowedder/*Koppensteiner* 25; Meyer-Landrut/*Miller*/Niehus §§ 35–38, 21; abw. Scholz/*Schneider* 107; Baumbach/Hueck/*Zöllner* 78; *Lutter*/*Hommelhoff* 23; *Ekkenga* aaO S. 45ff.

[122] Demgegenüber hält Baumbach/Hueck/*Zöllner* 78 diese Entscheidungen durch die Neuregelung ausdrücklich für überholt; ebenso MünchHdb-GesR III-*Marsch-Barner*/*Diekmann* § 44, 33.

Die Rechtssicherheit verbietet es auch, jeweils nach dem konkreten Grad der Weisungsgebundenheit eines Geschäftsführers zu entscheiden, ob er von dem anderen gesamtvertretungsberechtigten Geschäftsführer zur Alleinvertretung der GmbH diesem gegenüber ermächtigt werden durfte.

62 d) **Unzulässige Umgehung des § 35 Abs. 4.** Auch im Rahmen des § 35 Abs. 4 gilt, daß § 181 nicht durch die Beauftragung eines Unterbevollmächtigten umgangen werden kann. Das Selbstkontrahierungsverbot des § 181 BGB gilt auch für den Fall, daß für die Gesellschaft oder den vom Geschäftsführer vertretenen Dritten ein Unterbevollmächtigter bestellt wird[123]. Da § 181 BGB nicht bloß eine formale Ordnungsvorschrift darstellt[124], sondern Interessenkollisionen vermeiden will, ist im Hinblick auf den Schutzzweck des § 181 BGB und die Gefahr der Umgehung des Mehrvertretungsverbots eine entsprechende Anwendung der Vorschrift geboten[125]. Dagegen findet § 181 BGB keine entsprechende Anwendung auf Rechtsgeschäfte, die der Geschäftsführer im eigenen Namen mit der durch einen Prokuristen oder Handlungsbevollmächtigten vertretenen Gesellschaft abschließt[126].

63 e) **Abschluß des Anstellungsvertrages bei Fehlen einer Befreiung von § 181 BGB.** § 35 Abs. 4 gilt auch für den Fall, daß der Alleingesellschafter als solcher und nicht als Geschäftsführer die Gesellschaft vertritt, wie insbesondere beim Abschluß des Anstellungsvertrages[127].

64 f) **Befreiung.** Der Alleingesellschafter kann sich nach der Rechtsprechung des BGH vom Verbot des Selbstkontrahierens nur kraft einer Regelung in der Satzung befreien, ein einfacher Gesellschafterbeschluß reicht nicht aus[128]. Gegebenenfalls ist eine **Satzungsänderung** nötig, die zur Eintragung in das Handelsregister angemeldet werden muß (§ 54 Abs. 1); sie wird erst mit der Eintragung wirksam (§ 54 Abs. 3). Jedoch bleibt die Befreiung von den Beschränkungen des § 181 BGB, die einem Geschäftsführer einer mehrgliedrigen GmbH – entweder unmittelbar durch den Gesellschaftsvertrag oder aber aufgrund einer entsprechenden Ermächtigung durch Beschluß der Gesellschafterversammlung – erteilt worden ist, auch dann bestehen, wenn die GmbH später zu einer Einmann-Gesellschaft mit dem Geschäftsführer als Gesellschafter wird[129].

---

123 BGHZ 64, 72, 74 = LM Nr. 18 zu § 181 BGB = NJW 1975, 1117; Scholz/*Schneider* 93; Baumbach/Hueck/*Zöllner* 77.

124 So auch BGHZ 91, 334, 336 = NJW 1984, 2085 m.w.Nachw.

125 OLG Frankfurt OLGZ 1974, 347; *Blomeyer* AcP 172 (1972) 2, 16; *Harder* AcP 170 (1970) 295, 300; Soergel/*Leptien* § 181, 28; **aA** Staudinger/*Schilken* § 181, 34 f.

126 Vgl. BGHZ 91, 334, 336 f = NJW 1984, 2085 (für Prokuristen); Scholz/*Schneider* 92; Baumbach/Hueck/*Zöllner* 77; **aA** *Lutter/Hommelhoff* 18; Rowedder/*Koppensteiner* 28; MünchHdb-GesR III-*Marsch-Barner/Diekmann* § 44, 34.

127 Ebenso Scholz/*Schneider* 121; Meyer-Landrut/*Miller*/Niehus 21; Rowedder/*Rittner* § 6, 20; *Fleck* WM 1985, 677; *ders.* ZIP 1986, 269, 270; zweifelnd Rowedder/*Koppensteiner* § 46, 20; abw. Baumbach/Hueck/*Zöllner* 95.

128 BGHZ 87, 59, 60 f = NJW 1983, 1676 unter höchst problematischer Bezugnahme auf BGHZ 33, 189 = NJW 1960, 2285, also eine Entscheidung, die der BGH in BGHZ 56, 97 = NJW 1971, 1355 aufgehoben hat; BayObLG NJW 1981, 1565, 1566; Scholz/*Schneider* 119; Baumbach/Hueck/*Zöllner* 79; *Lutter/Hommelhoff* 20; *Deutler* GmbHRdsch 1980, 145, 146; *K. Schmidt* NJW 1980, 1769, 1775. **AA** *Bühler* DNotZ 1983, 588, 596; Altmeppen NJW 1995, 1182, 1185 f.

129 BGHZ 114, 167, 170 f = NJW 1991, 1731; **aA** für eine nur durch Gesellschafterbeschluß erteilte Ermächtigung *Lutter/Hommelhoff* 21; *Tiedtke* GmbHRdsch 1993, 385, 387; BayObLG GmbHRdsch 1987, 428, 429; BayObLG GmbHRdsch 1990, 213, 214 hatte sogar den Fortbestand einer Satzungsermächtigung verneint, wenn aus einer mehrgliedrigen Gesellschaft eine Einmanngesellschaft wurde. Diese durch BGHZ 114, 167 = NJW 1991, 1731 und BFHE 164, 255 überholte Rechtsprechung war mit Recht auf allgemeine Kritik gestoßen; vgl. nur *Tiedtke* GmbHRdsch aaO sowie *ders.* ZIP 1991, 355 ff.

Die Satzung kann sich auch damit begnügen, dem Alleingesellschafter die Befreiung durch einen Entschluß zu gestatten[130]. Diese Regelung ist nicht eintragungsfähig[131]; doch bedarf in diesem Fall der Entschluß selbst gemäß § 10 Abs. 1 S. 2 der Eintragung in das Handelsregister. Nicht vereinbar mit dem Zweck des § 35 Abs. 4 ist allerdings eine satzungsmäßige Ermächtigung zur Selbstbefreiung durch Entschluß im Hinblick auf bestimmte konkrete Geschäfte. Das Prinzip, daß die Vertretungsmacht abstrakt ausgestaltet sein muß (vgl. Rdn 80), gilt insoweit auch für § 181. **65**

g) **Genehmigung.** Ein Verstoß gegen § 181 BGB führt nicht zur Nichtigkeit des Insichgeschäfts, sondern nur zu dessen schwebender Unwirksamkeit; der Vertretene kann das Geschäft entsprechend § 177 BGB genehmigen[132]. Jedoch ist bei der Einmann-GmbH eine Genehmigung weder durch interne noch durch externe Erklärung des (einzigen) Gesellschafter-Geschäftsführers (§ 182 Abs. 1 BGB) möglich, da er in beiden Fällen wiederum mit sich selbst kontrahieren müßte, und zwar auch nicht nach zwischenzeitlicher Satzungsänderung, die ihm das Selbstkontrahieren gestattet[133]. Denn könnte der Alleingesellschafter durch spätere Satzungsänderung oder die Bestellung eines weiteren Geschäftsführers sich auch nachträglich die Rechtsmacht beschaffen, um sich über § 181 BGB hinwegzusetzen, so wäre er nicht genötigt, die Befreiung schon vor Abschluß des Geschäftes vorzunehmen und damit auch publik werden zu lassen. **66**

Soweit ein Aufsichtsrat gebildet ist, ist dieser zur **Genehmigung** berechtigt[134]. Auch ein fakultativer Aufsichtsrat ist für die Erteilung der Genehmigung zuständig, sofern er im wesentlichen die gesetzlichen Funktionen des Aufsichtsrats hat. Das gleiche muß für einen Beirat gelten, dem eine aufsichtsratsähnliche Kontrolle über die Geschäftsführung zusteht. Ist ein solches Aufsichtsratsorgan nicht vorhanden, so steht das Genehmigungsrecht den Gesellschaftern zu[135]. Die Genehmigung kann intern als Billigung gegenüber dem Geschäftsführer erklärt werden; dies kann auch konkludent geschehen[136]. Als externe Erklärung gegenüber dem Geschäftspartner (§ 182 BGB) kann sie nicht von den Gesellschaftern selbst abgegeben werden, sondern die Geschäftsführer müssen sie nach entsprechender Beschlußfassung der Gesellschafter erklären.

h) **Erforderlichkeit der Schriftform zu Beweiszwecken.** Gemäß § 35 Abs. 4 S. 2, der durch das Gesetz zur Durchführung der 12. EG-Richtlinie auf dem Gebiet des Gesellschaftsrechts vom 18.12.1991[137] eingefügt wurde, sind die Rechtsgeschäfte zwischen dem Gesellschafter-Geschäftsführer und der vertretenen Gesellschaft unverzüglich nach ihrer Vornahme in einer Niederschrift aufzunehmen, auch wenn der Gesellschafter-Geschäftsführer nicht alleiniger Geschäftsführer ist. Diese Fassung geht über Art. 5 Abs. 1 der Richtlinie hinaus, da nicht nur Verträge, sondern auch **67**

---

[130] BayObLG DB 1984, 1517, BayObLG GmbHRdsch 1987, 428, 429; abw. Baumbach/Hueck/*Zöllner* 79, der hierin eine Verletzung der Schutztendenz des Abs. 4 sieht.

[131] *Ulmer* aaO.

[132] Vgl. BGH BB 1994, 164, 165: Schließen zwei gesamtvertretungsberechtigte Geschäftsführer einer GmbH namens der Gesellschaft einen Vertrag mit einem von ihnen, so wird dieser Vertrag wirksam, wenn der (auch) als Vertragspartner auftretende Geschäftsführer als solcher weggefallen ist, und der verbleibende, inzwischen alleinvertretungsberechtigte Geschäftsführer ihn genehmigt; Baumbach/Hueck/*Zöllner* 74a.

[133] OLG Hamm GmbHRdsch 1992, 669, 670; *Kreutz* Festschr. Mühl (1981) S. 409, 428; *Ekkenga* AG 1985, 40, 46; **aA** Baumbach/Hueck/*Zöllner* 78; Scholz/*Schneider* 109.

[134] *Hübner* aaO S. 251; für die AG *Hefermehl* aaO 94; *Meyer-Landrut*-GroßkommAktG § 78, 22.

[135] BGH DB 1971, 1761; Rowedder/*Koppensteiner* 28; *Hübner* aaO S. 239 f.

[136] BGH DB 1971, 1761.

[137] BGBl. I, 2206.

einseitige Rechtsgeschäfte zwischen der Gesellschaft und dem Gesellschafter-Geschäftsführer dem Dokumentationserfordernis unterliegen[138]. § 35 Abs. 4 S. 2 gilt auch für den Fall, daß der Gesellschafter-Geschäftsführer Rechtsgeschäfte im Wege der Gesamtvertretung mit einem weiteren Fremdgeschäftsführer mit der Gesellschaft vornimmt[139]. Die Niederschrift muß unverzüglich erfolgen. Anders als bei § 48 Abs. 3 braucht die Niederschrift aber nicht unterschrieben zu werden, da der Gesetzgeber eine Niederschrift auf Datenträgern ermöglichen wollte[140]. Eine Verletzung der Dokumentationspflicht führt nicht zur Nichtigkeit des Rechtsgeschäfts, möglicherweise aber zu Schadensersatzansprüchen der Gläubiger, die diese unmittelbar im Wege der Durchgriffshaftung gegenüber dem Gesellschafter-Geschäftsführer durchsetzen können[141]. Der Einmanngesellschafter – wie auch Dritte – können in einem Prozeß das Zustandekommen des Geschäfts auch bei fehlender Dokumentation mit anderen Mitteln nachweisen; umgekehrt begründet die Dokumentation keine Vermutung für die Vornahme des Rechtsgeschäfts, sondern hat nur Indizcharakter[142]. Für dingliche Geschäfte erfüllt die Dokumentation nicht ohne weiteres das von der Rechtsprechung[143] aufgestellte Erfordernis des erkennbaren Vollzugsakts[144].

68 § 181 BGB steht der **Mitwirkung** eines gemeinschaftlich vertretungsberechtigten Geschäftsführers an seiner **Ermächtigung zur Einzelvertretung** (vgl. dazu Rdn 96 ff) nicht entgegen. Nach BGHZ 64, 72 soll es auch nicht gegen § 181 BGB verstoßen, wenn ein gesamtvertretungsberechtigter Geschäftsführer mit der Gesellschaft einen Vertrag schließt, nachdem er den anderen Gesamtgeschäftsführer zur Alleinvertretung ermächtigt hat. Der BGH weist darauf hin, daß dieser aus eigenem Recht handele und nicht weisungsgebunden sei. Die Entscheidung des BGH ist abzulehnen, zumal eine Weisungsgebundenheit im Innenverhältnis im Rahmen der möglichen Abstufungen der Geschäftsführungsbefugnis durchaus gegeben sein kann (vgl. § 37, 16)[145].

7. Geschäftsführer als gerichtliche Vertreter

69 Als gesetzliche Vertreter nehmen die Geschäftsführer grundsätzlich auch die Vertretung der Gesellschaft vor Gericht wahr. Die amtierenden Geschäftsführer – einschließlich der stellvertretenden (§ 44) – sind deshalb **Partei** und können in einem Rechtsstreit mit der GmbH – anders als ausgeschiedene Geschäftsführer – **nicht** als **Zeugen** vernommen werden[146]. Dies gilt auch für solche Geschäftsführer, die sich an der Vertretung der GmbH im Prozeß tatsächlich nicht beteiligen[147]. Wird die

---

138 *Schimmelpfennig/Hauschka* NJW 1992, 942, 944; *Schwarz* DStR 1992, 221, 222; Baumbach/Hueck/*Zöllner* 81; Scholz/*Schneider* 131 b; *Lutter/Hommelhoff* 24.

139 *Schimmelpfennig/Hauschka* aaO; *Schwarz* aaO; Baumbach/Hueck/*Zöllner* 81; *Lutter/Hommelhoff* 24.

140 BT-Drucks. 12/625 S. 6; *Schimmelpfennig/Hauschka* aaO; Scholz/*Schneider* 131 c; *Lutter/Hommelhoff* 24; Baumbach/Hueck/*Zöllner* 81, der Kenntlichmachung der verantwortlichen Person verlangt.

141 BT-Drucks. 12/625 S. 6; *Schwarz* DStR 1992, 222; Scholz/*Schneider* 131 d; *Lutter/Hommelhoff* 24.

142 Baumbach/Hueck/*Zöllner* 82.

143 Vgl. BGH GmbHRdsch 1980, 166, 167 f.

144 Baumbach/Hueck/*Zöllner* 82.

145 Kritisch dazu auch *Klamroth* BB 1975, 851 f; *Plander* DB 1975, 1493 ff; *Reinicke* NJW 1975, 1185; Baumbach/Hueck/*Zöllner* 76; im Sinne des BGH aaO aber Scholz/*Schneider* 94; *Roth* Anm. 5.1.3.

146 Allg.M.; OLG Koblenz WM 1987, 480, 481; Scholz/*Schneider* 144; *Lutter/Hommelhoff* 6.

147 Allg.M.; Scholz/*Schneider* 144; Stein/Jonas/*Schumann* ZPO[20] (1989) Vor § 373, I 8.

GmbH in einem Prozeß dagegen überhaupt nicht durch Geschäftsführer vertreten, sondern durch den Aufsichtsrat oder durch besondere, von den Gesellschaftern im Rahmen des § 46 Nr. 8 bestellte Vertreter, so entfällt die Parteieigenschaft der Geschäftsführer und sie können als Zeugen vernommen werden. Vertritt in Anwendung des § 112 AktG der Aufsichtsrat die Gesellschaft gegenüber Geschäftsführern, so sind alle Aufsichtsratsmitglieder als Partei zu behandeln[148]. Ein Geschäftsführer kann nicht **Schiedsrichter** in einem Prozeß sein, an dem die GmbH als Partei beteiligt ist.

Zur gerichtlichen Vertretung der Gesellschaft genügt auch die **unechte Gesamtvertretung** durch einen Geschäftsführer und einen Prokuristen. Denn auch in dieser Form wird die GmbH gesetzlich vertreten. Trotz seiner Mitwirkung wird der Prokurist selbst aber nicht zum gesetzlichen Vertreter[149]. Er ist daher im Prozeß der GmbH auch nicht Partei und gegebenenfalls als Zeuge zu vernehmen[150]. **70**

In einer **Klageschrift** sind die jeweils vertretungsberechtigten Geschäftsführer namentlich aufzuführen, §§ 253 Abs. 4, 130 Nr. 1 ZPO[151]. Ist dies nicht der Fall und ergibt sich daraus eine Verzögerung der Zustellung, so geht dies im Rahmen von § 217 Abs. 3 ZPO zu Lasten der Gesellschaft[152]. **Zustellungen** und **Ladungen** können an jeden Geschäftsführer erfolgen, auch wenn er nicht allein vertretungsberechtigt ist (§ 171 Abs. 3 ZPO); vgl. Rdn 77. **71**

Die Geschäftsführer haben die **eidesstattliche Versicherung über die Vermögensverhältnisse der Gesellschaft** (§§ 807, 899 ff ZPO) zu leisten[153]. Erklärungspflichtig sind alle Geschäftsführer, die bei Zustellung der Ladung im Amt sind[154]. Wer als Geschäftsführer zur Abgabe der eidesstattlichen Versicherung verpflichtet ist, ist von Amts wegen zu klären[155]. Geschäftsführer, die nach dem Zeitpunkt der Einleitung des Verfahrens ausgeschieden sind, müssen die eidesstattliche Versicherung noch abgeben, wenn kein Geschäftsführer mehr vorhanden ist[156]. **72**

Im **Straf- und Ordnungswidrigkeitsverfahren** gegen die Gesellschaft als Nebenbeteiligte (§§ 88 OWiG, 444 StPO) haben die Geschäftsführer als Betroffene (vgl. auch § 29 Abs. 1 S. 4 OWiG)[157] ein Aussageverweigerungsrecht (§§ 46 Abs. 1 OWiG, 163a, 136 StPO), aber nur, soweit sie zum Vernehmungszeitpunkt amtieren[158]. Ein Zeugnisverweigerungsrecht haben Geschäftsführer im Verfahren gegen die GmbH nicht (vgl. § 43, 52). **73**

8. Die Regelung der Vertretungsbefugnis in § 35 Abs. 2 S. 2 und 3

Für die Aktivvertretung gilt, soweit der Gesellschaftsvertrag nichts anderes vorsieht, das Kollegialprinzip; für die Passivvertretung ordnet Abs. 2 S. 3 zwingend Einzelvertretungsbefugnis jedes Geschäftsführers an. **74**

---

[148] Über die Vertretung der Gesellschaft in Prozessen mit ihren Geschäftsführern vgl. im einzelnen § 46, 100 ff.

[149] RGZ 66, 240, 243 f; RGZ 102, 328, 331; vgl. auch Rdn 85.

[150] Geßler/*Hefermehl*/*Eckardt*/*Kropff* AktG § 78, 8.

[151] Rowedder/*Koppensteiner* 10.

[152] BGHZ 32, 114, 119 f = NJW 1960, 1006.

[153] OLG Hamm DB 1984, 1927; DB 1985, 105.

[154] So für die Aktiengesellschaft KG JW 1932, 3196; **aA** OLG Hamm DB 1984, 1927; DB 1985, 105 und Scholz/*Schneider* 143, die auf den Termin zur Abgabe der eidesstattlichen Versicherung abstellen.

[155] OLG Hamm DB 1984, 1927.

[156] KG JW 1929, 2164; nach OLG Frankfurt JW 1926, 2114; 1927, 726 können ehemalige Geschäftsführer in jedem Fall zur eidesstattlichen Versicherung herangezogen werden, wenn sie ausgeschieden sind, um ihr zu entgehen.

[157] *Winterfeld* BB 1976, 344.

[158] So BVerfG BB 1975, 1315 für ein Kartellordnungswidrigkeitsverfahren gegen eine AG; Scholz/*Schneider* 144.

75 a) **Aktivvertretung.** Abs. 2 S. 2 stellt als – dispositive – Regel die gemeinschaftliche Vertretungsbefugnis aller Gesellschafter auf. Der **Grundsatz der Gesamtvertretung** gilt für Willenserklärungen aller Art, auch solche im Bereich des öffentlichen Rechts. Er wird nur durch besondere gesetzliche Vorschriften durchbrochen, die für eine bestimmte Willenserklärung Einzelvertretung genügen lassen, so durch § 123 Abs. 4 Binnenschiffahrtsgesetz, wonach ein Geschäftsführer die Anmeldung zum Schiffsregister vornehmen kann.

76 In der Praxis ist die Gesamtvertretung iS einer Vertretung durch alle Geschäftsführer bei Gesellschaften mit mehr als zwei Geschäftsführern kaum gebräuchlich. Üblich sind entweder Einzelvertretungsbefugnis oder aber **gemeinschaftliche Vertretungsbefugnis zweier Geschäftsführer** bzw. eines Geschäftsführers mit einem Prokuristen. Die Gesamtvertretung bietet der Gesellschaft eine Gewähr dafür, daß alle Geschäftsführer in gemeinsamer Verantwortung handeln und einander kontrollieren. Andererseits ist sie schwerfällig und kann darüber hinaus eine gesetzliche Vertretung der Gesellschaft überhaupt verhindern, wenn einer der Geschäftsführer ausfällt. Eine zwingende gesetzliche Ausnahme vom Kollegialprinzip bilden §§ 63 Abs. 2 GmbHG, 208 KO, wonach jeder einzelne Geschäftsführer die Eröffnung des Konkursverfahrens beantragen kann. Allerdings ist in diesem Fall die Zahlungsunfähigkeit bzw. Verschuldung glaubhaft zu machen (§ 208 Abs. 2 S. 1 KO), die übrigen Geschäftsführer oder Liquidatoren sind anzuhören (§ 208 Abs. 2 S. 2 KO).

77 b) **Passivvertretung.** Für die Passivvertretung ordnet Abs. 2 S. 3 zwingend die Einzelbefugnis jedes Geschäftsführers an. Die Vorschrift ist auf alle rechtlich relevanten Erklärungen gegenüber der Gesellschaft, z. B. auch auf Mahnungen, Fristsetzungen, Wechselproteste oder Mängelrügen anwendbar[159]. In analoger Anwendung von § 78 Abs. 3 S. 3 AktG und § 125 Abs. 3 S. 2 HGB hat auch der mit einem Geschäftsführer gemeinschaftlich vertretungsberechtigte Prokurist passive Einzelvertretungsbefugnis. Er ist allerdings insoweit nicht gesetzlicher Vertreter der Gesellschaft. Vielmehr besagen die genannten Bestimmungen nur, daß die Mitwirkung des Prokuristen bei der unechten Gesamtvertretung (dazu Rdn 84 ff) seine rechtsgeschäftliche Einzelvertretungsmacht bei der Passivvertretung unberührt läßt. Daher genügt die Erklärung ihm gegenüber nicht, wenn sie wirksam nur unmittelbar gegenüber dem gesetzlichen Vertreter abgegeben werden kann[160]. Wissen des Geschäftsführers wird unmittelbar der Gesellschaft zugerechnet (vgl. Rdn 123); Wissen des Prokuristen nur gemäß § 166 BGB[161].

9. Mögliche abweichende Regelungen der Vertretungsbefugnis

78 Wie sich aus Abs. 2 S. 2 ergibt, kann die **Satzung** eine von der Gesamtvertretung aller Geschäftsführer abweichende Regelung der Vertretungsbefugnis vorsehen. Sie kann auch der **Gesellschafterversammlung** oder gegebenenfalls dem **Aufsichtsrat** oder Beirat das Recht einräumen, die Vertretungsbefugnis der Geschäftsführer abweichend vom Gesetz oder von der nach der Satzung normalerweise geltenden Lösung zu regeln[162]. Ist aber eine entsprechende Satzungsgrundlage nicht gegeben, so

[159] Scholz/*Schneider*, 52; Geßler/*Hefermehl*/Eckardt/Kropff AktG § 78, 64; *Mertens*-KölnKommAktG^2 § 78, 30.

[160] Vgl. RG WarnJ 1907, 245 für einen Wechselprotest; Scholz/*Schneider* 52; *Mertens*-KölnKommAktG^2 § 78, 40.

[161] *Mertens* aaO.

[162] RGZ 164, 177, 183 f; BGH GmbHRdsch 1975, 201, 202 f; Scholz/*Schneider* 65; Baumbach/Hueck/*Zöllner* 54.

können diese Organe die gesetzlichen oder satzungsmäßigen Vertretungsregeln von sich aus nicht ändern. Entsprechende Beschlüsse sind nichtig. Die Satzung kann auch dem Vertretungsorgan selbst die Regelung seiner Befugnis überlassen. Zwar ist in der Aktiengesellschaft eine solche Gestaltung – wie sich aus § 78 Abs. 2 und Abs. 3 S. 2 AktG iVm § 23 Abs. 5 AktG ergibt – ausgeschlossen. Diese Vorschriften sind jedoch auf die GmbH nicht entsprechend anwendbar. Da nach § 39 jede Änderung der Vertretungsmacht zur Eintragung in das Handelsregister anzumelden ist (vgl. § 39, 7), bestehen auch unter dem Gesichtspunkt des Verkehrsschutzes keine Bedenken gegen eine Satzungsbestimmung, die den Geschäftsführern die Regelung ihrer Vertretungsmacht selbst überläßt[163].

a) **Zulässige und unzulässige Gestaltungen.** Folgende vom Gesetz abweichende Regelungen der Vertretung sind **zulässig:** Die Gesamtvertretung jeweils durch einen Teil der Geschäftsführer, die Einzelvertretung, die Vertretung durch einen – oder mehrere – Geschäftsführer unter Bindung an die Mitwirkung eines Prokuristen (die sog. unechte Gesamtvertretung; vgl. zu den Grenzen der Zulässigkeit dieser Art der Vertretung die folgende Rdn). Es ist möglich, einem Geschäftsführer Einzelvertretungsbefugnis, anderen dagegen nur eine gemeinschaftliche Vertretungsbefugnis zu erteilen. Dabei kann die gemeinschaftliche Vertretungsmacht eines Geschäftsführers an die Mitberechtigung eines anderen einzelvertretungsbefugten Geschäftsführers gebunden werden, sog. halbseitige Gesamtvertretung[164]. **79**

Unzulässig ist es, einen Geschäftsführer ganz von der Vertretung auszuschließen[165]. Das gilt auch für einen stellvertretenden Geschäftsführer (§ 44). Differenzierungen der Ausgestaltung der Vertretungsmacht hinsichtlich bestimmter Geschäfte oder Sachbereiche sind mit dem Grundsatz der Unbeschränkbarkeit der Vertretungsmacht nach § 37 Abs. 2 nicht vereinbar[166]. Daher ist die Einengung der Einzelvertretungsmacht eines Geschäftsführers auf einen bestimmten Geschäftskreis oder eine Regelung, die das Erfordernis der Kollektivvertretung auf Geschäfte besonderer Bedeutung beschränkt, unzulässig[167]. Ebensowenig darf die Vertretungsregelung danach variieren, ob gewisse Voraussetzungen gegeben sind oder nicht. Das Erfordernis, daß sie stets allgemein zu gelten hat, macht sie bedingungsfeindlich. Daher kann nicht bestimmt werden, daß ein Geschäftsführer Einzelvertretungsmacht erhalten soll, falls die anderen verhindert sind[168], oder daß ein Geschäftsführer für den Fall von § 181 BGB befreit sein solle, daß er alleiniger Gesellschafter werde[169]. Bei **Wegfall oder Verhinderung eines Geschäftsführers** tritt eine Erstarkung der Vertretungsbefugnis des anderen auch nicht etwa kraft Gesetzes ein, und zwar auch dann nicht, wenn die Gesellschaft nicht mehr ordnungsgemäß vertreten ist (vgl. Rdn 86)[170]. Zulässig ist aber die Satzungsregelung, die anordnet, daß – **80**

---

163 Ebenso Scholz/*Schneider* 67; Rowedder/*Koppensteiner* 43; **aA** Baumbach/Hueck/*Zöllner* 54; *Lutter/Hommelhoff* 33.

164 RGZ 90, 21, 22 f entgegen KG DJZ 1906, 1264; Geßler/*Hefermehl*/Eckardt/Kropff AktG § 78, 27; *Mertens*-KölnKommAktG² § 78, 31; *Meyer-Landrut* § 78, 7; abw. *Brodmann* HGB § 232, 2b; *Ritter* AktG 1937 § 71, 4a.

165 Scholz/*Schneider* 69; Baumbach/Hueck/*Zöllner* 56.

166 KG RJA 12, 32; Scholz/*Schneider* 69; Baumbach/Hueck/*Zöllner* 55; Rowedder/*Koppensteiner* 42; *Feine* S. 493.

167 Vgl. auch KG OLGRspr. 27, 375.

168 So KG JW 1934, 988 gegen ein obiter dictum in RGZ 103, 417 f; Geßler/*Hefermehl*/Eckardt/Kropff AktG § 78, 19 m.w.Nachw.; *Mertens*-KölnKommAktG² § 78, 34; BGHZ 34, 27, 29 = NJW 1961, 506 läßt die Frage dahingestellt.

169 BGHZ 87, 59, 60 f = NJW 1983, 1676.

170 RGZ 103, 417; 116, 116 f; BGHZ 34, 27, 29 = NJW 1961, 506; BGH WM 1975, 157; OLG Hamburg WM 1987, 1298 f; Scholz/*Schneider* 76, 78; Rowedder/*Koppensteiner* 49; Baumbach/Hueck/*Zöllner* 57; Geßler/*Hefermehl*/Eckardt/Kropff AktG § 78, 18; *Mertens* aaO; vgl. für Personengesellschaften BGHZ 41, 367, 368 f = NJW 1964, 1624; **aA** wohl BGH NJW 1975, 1741.

soweit mehrere Geschäftsführer vorhanden sind – diese nur gemeinschaftlich zu handeln berechtigt sind[171].

81 In der den Mitbestimmungsgesetzen unterworfenen GmbH ist eine Vertretungsregelung unzulässig, die den **Arbeitsdirektor** entgegen § 33 Abs. 1 MitbestG oder § 13 MontanMitbestG nicht als gleichberechtigtes Mitglied der Geschäftsführung behandelt. Das Diskriminierungsverbot, das diese Vorschriften statuieren, besagt nicht, daß der Arbeitsdirektor schon immer dann Einzelvertretungsmacht haben müsse, wenn nur ein anderer Geschäftsführer einzelvertretungsbefugt ist. Steht etwa dem Vorsitzenden oder dem Sprecher des Vertretungsorgans Einzelvertretungsmacht, den anderen Mitgliedern einschließlich des Arbeitsdirektors dagegen nur Gesamtvertretungsmacht zu, so liegt darin noch keine Diskriminierung[172]. Dagegen verstößt es grundsätzlich gegen § 33 Abs. 1 MitbestG, wenn bei zwei Geschäftsführern dem einen Einzelvertretungsbefugnis, dem Arbeitsdirektor dagegen nur Gesamtvertretungsbefugnis eingeräumt wird[173]. Doch ist eine vorübergehende Ausnahme akzeptabel, wenn in einer Gesellschaft ein Geschäftsführer längere Zeit tätig gewesen ist und nun ein Arbeitsdirektor bestellt wird[174].

82 b) **Gesamtvertretung durch einen Teil der Geschäftsführer.** Üblicherweise wird angeordnet, daß jeweils zwei Geschäftsführer die Gesellschaft gemeinschaftlich vertreten können. Es können aber auch namentlich bestimmte Vertretungspaare gebildet oder es kann angeordnet werden, daß einzelne Geschäftsführer generell zur gemeinschaftlichen Vertretung der Gesellschaft berechtigt sind, andere dagegen nur in Verbindung mit einem bestimmten Geschäftsführer.

83 c) **Einzelvertretung.** Wird nur ein Geschäftsführer bestellt und ergibt sich aus der Satzung nicht, daß die Gesellschaft mehrere Geschäftsführer haben soll, so hat dieser Alleinvertretungsmacht, auch wenn die Satzung dies nicht ausdrücklich vorsieht. Wird in diesem Falle aber ein weiterer Geschäftsführer bestellt, so greift die gesetzliche Regel der Gesamtvertretungsbefugnis ein. Anders wenn dem ersten Geschäftsführer in der Satzung oder durch Beschluß der Gesellschafterversammlung oder des Aufsichtsrats auf satzungsmäßiger Grundlage Alleinvertretungsmacht zuerkannt ist. In diesem Fall behält er sie, während der neubestellte Geschäftsführer mangels anderweitiger Regelung mit ersterem nur gemeinschaftlich vertretungsberechtigt ist. Besteht Gesamtvertretung, so führt die Verhinderung eines Geschäftsführers nicht von sich aus zur Einzelvertretung (vgl. Rdn 80).

84 d) **Unechte Gesamtvertretung.** Es kann bestimmt werden, daß einzelne Geschäftsführer gemeinsam mit einem Prokuristen zur Vertretung der Gesellschaft befugt sind. Dies wird heute mehrheitlich als „unechte Gesamtvertretung" bezeichnet[175]. Auch die unechte Gesamtvertretung ist eine **Form gesetzlicher Vertretung** der Gesellschaft[176]. Sie ist auch dort zulässig, wo das Gesetz die Geschäftsführer als solche zu einem Handeln für die Gesellschaft verpflichtet[177]. Der Umfang der

---

171 Vgl. auch *Roquette* Festschr. Oppenhoff (1985) S. 335, 339.

172 Rowedder/*Koppensteiner* 41; *Hoffmann/Lehmann/Weinmann* § 33, 25; *Raiser* aaO § 33, 28; *Hoffmann* BB 1977, 17, 21; *Meyer-Landrut* DB 1976, 387, 388; vgl. zu § 13 MontanMitbestG auch *Mertens*-KölnKommAktG² § 77, 48.

173 *Hoffmann* aaO; *Mertens* aaO; *Raiser* aaO; **aA** für das MontanMitbestG *Kötter* MitbestG § 13, 18.

174 *Hoffmann/Lehmann/Weinmann* aaO und *Meilicke/Meilicke* § 33, 6.

175 Scholz/*Schneider* 71; Rowedder/*Koppensteiner* 46.

176 RGZ 134, 303 ff; Scholz/*Schneider* 71.

177 Geßler/*Hefermehl*/Eckardt/Kropff AktG § 78, 32.

Vertretungsbefugnis richtet sich nicht nach der Rechtsstellung des Prokuristen, sondern nach der des Geschäftsführers[178]. In unechter Gesamtvertretung können also z. B. auch Anmeldungen zum Handelsregister vorgenommen werden[179]. Zur gerichtlichen Vertretung vgl. Rdn 70.

aa) **Stellung des Prokuristen.** Der Prokurist selbst wird bei unechter Gesamtvertretung nicht zum gesetzlichen Vertreter der Gesellschaft. Es wird nur die gesetzliche Vertretungsmacht des Geschäftsführers an seine Mitwirkung gebunden[180]. Der Umfang der Vertretungsmacht erweitert sich entsprechend über die Beschränkungen des § 49 HGB hinaus[181]. Der Prokurist handelt bei unechter Gesamtvertretung stets in eigener Verantwortung. **85**

bb) **Mögliche Regelungen und Grenzen der Zulässigkeit.** Jeder Geschäftsführer muß allein oder mit anderen Geschäftsführern in der Lage sein, die Gesellschaft **ohne Mitwirkung eines Prokuristen** vertreten zu können[182]; denn die unabdingbare organschaftliche Verantwortung des Geschäftsführers nach § 43 setzt voraus, daß er von der – von Dritten unabhängigen – Mitwirkung am organschaftlichen Handeln jedenfalls nicht gänzlich ausgeschlossen ist[183]. Unzulässig ist daher die Bestimmung, daß ein Geschäftsführer die Gesellschaft nur zusammen mit einem Prokuristen, nicht aber zusammen mit anderen Geschäftsführern vertreten könne. Auch eine nur intern wirkende Bestimmung, wonach ein Geschäftsführer stets an die Mitwirkung eines Prokuristen gebunden sein soll, ist unzulässig[184]. Tritt bei einem Wegfall von Geschäftsführern ein Zustand ein, daß nur ein gemeinsam mit einem Prokuristen vertretungsberechtigter Geschäftsführer übrig bleibt, so wird dieser damit nicht ohne weiteres von der Bindung an die Mitwirkung des Prokuristen befreit[185]. Andererseits ist bei einer solchen Sachlage die Gesellschaft nicht mehr gesetzlich vertretbar, weil dies voraussetzt, daß ein Geschäftsführer oder mehrere Geschäftsführer vorhanden sind, die ohne Bindung an die Mitwirkung des Prokuristen die Gesellschaft vertreten können. Der Prokurist kann in diesem Fall die Gesellschaft nur rechtsgeschäftlich vertreten und ist insoweit an die Beschränkungen der Prokura gebunden. Demgegenüber hält KG HRR 1934, 338 f eine gesellschaftsvertragliche Bestimmung für zulässig, wonach ein nur zusammen mit einem anderen Geschäftsführer vertretungsbefugter Geschäftsführer die Gesellschaft mit einem Prokuristen – jedenfalls vorübergehend – auch dann vertreten kann, wenn entgegen dem Gesellschaftsvertrag nur ein Geschäftsführer vorhanden ist[186]. Das Kammergericht geht aber nicht ausdrücklich auf die Frage ein, ob in dieser Form eine *gesetzliche* Vertretung der Gesellschaft möglich ist. Da es die Bestimmung nur im Hinblick auf ihre Vereinbarkeit mit dem damaligen § 232 Abs. 2 S. 1 HGB – heute § 78 Abs. 3 S. 1 AktG – prüfte, setzte es sich nicht mit dem inzwischen unbestrittenen Grund- **86**

---

178 BGHZ 13, 61, 64 = NJW 1954, 1158; *Mertens*-KölnKommAktG² § 78, 36 f.

179 RGZ 134, 303, 307; KG JW 1937, 890 m.abl.Anm. *Groschuff*; KG HRR 1938 Nr. 1546; *Mertens*-KölnKommAktG² § 78, 36.

180 *Mertens* aaO; **aA** BGHZ 13, 61, 64 = NJW 1954, 1158; BayObLG GmbHRdsch 1973, 199, 200; Rowedder/*Koppensteiner* 47; Scholz/*Schneider* 71, nach dem der Prokurist bei der unechten Gesamtvertretung mit zur gesetzlichen Vertretung der Gesellschaft berufen wird.

181 Scholz/*Schneider* 71; Baumbach/Hueck/*Zöllner* 60; Rowedder/*Koppensteiner* 48; *Roquette* Festschr. Oppenhoff (1985) S. 335, 336.

182 KGJ 20 A 30, 35; Geßler/*Hefermehl*/Eckardt/Kropff AktG § 78, 30 f; *Mertens*-KölnKommAktG² § 78, 38.

183 Rowedder/*Koppensteiner* 47; *Mertens*-KölnKommAktG² § 78, 38.

184 *Mertens*-KölnKommAktG² § 78, 38; Geßler/*Hefermehl*/Eckardt/Kropff AktG § 78, 31; **aA** *Godin/Wilhelmi* AktG § 78, 7.

185 Scholz/*Schneider* 72; Geßler/*Hefermehl*/Eckardt/Kropff AktG § 78, 30; vgl. auch Rdn 80.

186 So auch Scholz/*Schneider* 72, nach dem es zunächst bei der gesetzlichen Vertretung durch Geschäftsführer und Prokuristen bleibt.

satz auseinander, daß die gesetzliche Vertretung der Gesellschaft allein durch den oder die Geschäftsführer gewährleistet sein muß. Ist dies nicht der Fall, weil der einzige vorhandene Geschäftsführer an die Mitwirkung des Prokuristen gebunden ist, so kann die Gesellschaft in dieser Lage nicht gesetzlich, sondern nur rechtsgeschäftlich vertreten sein. In diesem Sinne betont BGHZ 26, 330, 332 f, daß die *unechte Gesamtvertretung nur der Erleichterung einer ohnehin bestehenden Gesamtvertretung* mehrerer gesetzlicher Vertreter diene. Eine Durchbrechung dieses Grundsatzes, wie sie im Anschluß an KG aaO verschiedentlich befürwortet worden ist[187], um die gesetzliche Vertretung der Gesellschaft bei Wegfall eines dafür erforderlichen Geschäftsführers zu sichern, kann nicht in Betracht kommen, zumal sie zeitlich nicht beschränkbar wäre. Sie widerspricht dem Schutzzweck der Gesamtvertretung und ist auch nicht durch ein praktisches Bedürfnis geboten; denn die Gesellschaft kann weiterhin rechtsgeschäftlich vertreten werden und hat überdies die Möglichkeit, einen Notgeschäftsführer zu bestellen. Daher hat es bei der strikten Anwendung der vertretungsrechtlichen Prinzipien zu verbleiben, daß die gesetzliche Vertretung der Kapitalgesellschaft dem gesetzlich zur Vertretung berufenen Organ ohne Mitwirkung des Prokuristen möglich sein muß und die Vertretungsbefugnis auch eines von mehreren Geschäftsführern nicht so geregelt werden kann, daß dieser ausschließlich mit einem Prokuristen zusammen handeln darf[188]. Der Schutz Dritter wird durch § 15 Abs. 1 HGB gewährleistet: Fällt ein für die Gesamtvertretung erforderlicher Geschäftsführer weg, ohne daß dies im Handelsregister eingetragen und bekanntgemacht worden ist, und ist dem Dritten der Wegfall nicht bekannt, so darf dieser davon ausgehen, daß der verbliebene Geschäftsführer die Gesellschaft mit einem Prokuristen gesetzlich vertreten kann, wenn ihre Satzung unechte Gesamtvertretung vorsieht.

87 Eine der **Gesamtprokura vergleichbare Sonderform rechtsgeschäftlicher Vertretung** und nicht ein Fall gesetzlicher unechter Gesamtvertretung ist gegeben, wenn ein Prokurist nur zusammen mit einem Geschäftsführer vertretungsbefugt ist, sog. gemischte oder gewillkürte Gesamtvertretung[189] oder auch gemischt-halbseitige Gesamtprokura[190]. Diese Regelung ist zulässig[191]; da sich der Umfang der gemischten Gesamtvertretung aber nach den allgemeinen Grenzen der Prokura richtet, sind ungewöhnliche Geschäfte iSd § 149 Abs. 1 HGB ausgeschlossen. Das praktische Bedürfnis für eine derartige Regelung ergibt sich nicht zuletzt daraus, daß der Geschäftsführer dem nur mit ihm zusammen vertretungsberechtigten Prokuristen eine Ermächtigung zur Einzelvertretung erteilen kann (Rdn 96). Damit eröffnet sich der Weg zu einer mittelbaren gegenständlichen Einschränkung der Prokura, die aus internen Gründen wünschenswert sein kann und den Verkehrsschutz nicht stärker beeinträchtigt als die Ermächtigung zum Alleinhandeln unter Gesamtvertretungsberechtigten im allgemeinen. Die gemischte Gesamtvertretung ist unter Kennzeich-

---

187 Scholz/*Schneider* 72; Geßler/*Hefermehl*/Eckardt/Kropff AktG § 78, 30.

188 So auch Rowedder/*Koppensteiner* 49; *Roquette* Festschr. Oppenhoff (1985) S. 335, 344 ff.

189 *Mertens*-KölnKommAktG² § 78, 37.

190 Scholz/*Schneider* 73.

191 BGHZ 99, 76, 77 ff = NJW 1987, 841; OLG Düsseldorf GmbHRdsch 1987, 22; Scholz/*Schneider* 73 ff; Rowedder/*Koppensteiner* 48a; *Viehöfer-Eser* BB 1984, 1326, 1327 f; vgl. auch *Mertens*-KölnKommAktG² § 78, 37; **aA** *Beuthien/Müller* DB 1995, 461, 462 f; krit. auch Baumbach/Hueck/*Zöllner* 61, der diese Gestaltung für bedenklich hält, weil sie keine echte Vertretungsmacht des Prokuristen begründe. – In der GmbH & Co. KG kann allerdings die KG Prokura nicht in der Weise erteilen, daß ein Gesamtprokurist an die Mitwirkung eines gesamtvertretungsbefugten Geschäftsführers der Komplementär-GmbH gebunden wird (BayObLG DNotZ 1995, 228, 229).

nung der Tatsache, daß der Prokurist die Gesellschaft nur mit einem Geschäftsführer vertreten kann, und in diesem Sinne keine Gesamtprokura ist, im Handelsregister einzutragen[192]. Handeln ein Geschäftsführer und ein Prokurist gemeinsam für die Gesellschaft und sind sie beide sowohl zur gesetzlichen als auch zur rechtsgeschäftlichen Vertretung befugt, so ist der Vertretungsakt wirksam, wenn er der einen oder der anderen Vertretungsweise genügt[193].

10. Ausübung der Gesamtvertretungsbefugnis

a) Überblick über die verschiedenen Ausübungsformen. Gesamtvertretung bedeutet nicht, daß sich das gemeinschaftliche Handeln der Vertreter in einem Gesamtakt vollziehen müßte. Vielmehr ist sie nach allg.M. auch möglich in der Form des **Zusammenwirkens durch externe Teilerklärungen**, die von den Vertretern getrennt gegenüber den Geschäftspartnern als Teil der Gesamterklärung abgegeben werden[194]. Darüber hinaus wird die Ausübung der Gesamtvertretung auch in der Form zugelassen, daß ein Vertreter **mit Zustimmung der anderen Gesamtvertreter als Einzelvertreter** auftritt[195]. Die Zustimmung kann vor oder nach Vornahme des Geschäfts erklärt werden. Nach §§ 125 Abs. 2 S. 2 HGB, 78 Abs. 4 AktG können zur Gesamtvertretung befugte Vertreter auch einzelnen von ihnen eine **Ermächtigung zur Vornahme bestimmter Geschäfte oder bestimmter Arten von Geschäften** erteilen. Zwar gibt es eine entsprechende Bestimmung für die Geschäftsführer der GmbH nicht; doch kommt nach einhelliger Meinung eine solche Ermächtigung auch hier in Betracht[196]. Vertretungsrechtlich besteht zwischen der vorherigen Zustimmung zu einem von einem Mitgeschäftsführer abzuschließenden Geschäft und der Ermächtigung des Mitgeschäftsführers im Sinne der genannten Regelungen des HGB und des AktG kein erheblicher Unterschied, da auf die Ermächtigung trotz dogmatischen Streits über ihre Rechtsnatur jedenfalls sinngemäß Vertretungsrecht Anwendung findet (vgl. im einzelnen Rdn 96 ff). Für die Mithaftung eines Geschäftsführers kann es jedoch von Bedeutung sein, ob er zustimmend an einem Geschäft mitgewirkt oder ob er lediglich den gesamtvertretungsberechtigten Mitgeschäftsführer zum Alleinhandeln ermächtigt hat. **88**

b) Gesamtvertretung durch gemeinschaftliche Abgabe von Willenserklärungen. **89**
Soll die Gesamtvertretung in der Weise ausgeübt werden, daß die Gesamtgeschäftsführer dem Geschäftspartner gegenüber eine gemeinschaftliche Erklärung abgeben, so kommt es darauf an, daß sich ihre Erklärung als Gesamtakt aller Kollektivberechtigten darstellt. Dies ist etwa der Fall, wenn die Gesamtvertreter ein Schriftstück gemeinschaftlich zeichnen. Bei mündlichen Verhandlungen ist es nicht erforderlich, daß sich jeder von ihnen äußert; es genügt, wenn ein Geschäftsführer verhandelt und die anderen an der Verhandlung teilnehmen, ohne zu widersprechen. Nur muß die Mitwirkung aller nach außen zumindest konkludent hervortreten. Sie darf nicht ein Internum der Gesamtvertreter bleiben[197]. Bei gemeinschaftlicher Abgabe einer Willenserklärung in einem Gesamtakt müssen gegebenenfalls alle Gesamtvertreter die formalen Erfordernisse der Willenserklärung erfüllen. § 139 BGB ist unanwend-

---

[192] Vgl. Scholz/*Schneider* 75.

[193] Vgl. *Roquette* Festschr. Oppenhoff (1985) S. 335, 336.

[194] Scholz/*Schneider* 54; Baumbach/Hueck/*Zöllner* 64; Rowedder/*Koppensteiner* 32.

[195] Zur Herausarbeitung dieser Formen der Gesamtvertretung durch die Rspr. vgl. Geßler/*Hefermehl*/Eckardt/Kropff AktG § 78, 40 ff; *Mertens*-KölnKommAktG² § 78, 46 ff.

[196] Vgl. Scholz/*Schneider* 55; Baumbach/Hueck/*Zöllner* 66; Rowedder/*Koppensteiner* 34.

[197] RGZ 40, 19.

bar. Genügt das Mitwirkungshandeln auch nur eines Gesamtvertreters den Gültigkeitsvoraussetzungen nicht, so ist der Gesamtakt nichtig[198]. Praktisch kommt den Anforderungen an die gemeinschaftliche Abgabe von Willenserklärungen in einem Gesamtakt keine Bedeutung mehr zu, weil auch die Gesamtvertretung durch externe Teilerklärungen oder durch Einzelvertretung mit Zustimmung des Mitberechtigten zugelassen wird.

90 c) **Gesamtvertretung durch externe Teilerklärungen.** Bei der Ausübung der Gesamtvertretung in der Weise, daß die Gesamtgeschäftsführer Dritten gegenüber getrennt übereinstimmende Willenserklärungen abgeben, muß zumindest aus den Umständen erkennbar sein, daß die einzelnen Erklärungen als Teil der Gesamterklärung gelten sollen[199]. Alle Teilerklärungen bedürfen der für das Rechtsgeschäft vorgeschriebenen Form[200]. Bei Nichtigkeit einer Teilerklärung kommt eine Erklärung nicht zustande. § 139 BGB ist ebensowenig anwendbar wie bei der gemeinschaftlichen Vertretung durch den Gesamtakt. Allerdings können formnichtige Erklärungen nach § 140 BGB in formlos gültige Zustimmungserklärungen umdeutbar sein[201]. Die Erklärung wird für die Gesellschaft erst wirksam, wenn der letzte zur Vertretung erforderliche Gesamtvertreter seine Teilerklärung abgegeben hat und zu diesem Zeitpunkt die übrigen Gesamtvertreter ihre Erklärungen noch gelten lassen[202]. Geht aus dem Auftreten eines Gesamtvertreters nicht hervor, daß er lediglich eine Teilerklärung abgeben will, so darf der Geschäftspartner annehmen, daß die Gesamtvertretung in Form der Einzelvertretung mit Zustimmung der anderen Gesamtvertreter (dazu Rdn 96 ff) ausgeübt werden soll[203]. Geben in einem solchen Fall die anderen Gesamtvertreter Teilerklärungen ab, so liegt hierin zugleich die erforderliche Zustimmung zu einem als Einzelvertretung dienenden Handeln. Wenn zwei Gesamtvertreter gemeinsam eine Vertragserklärung abgeben und die des einen gegen § 181 BGB verstößt, kann dessen Erklärung nicht in eine Ermächtigung des anderen Geschäftsführers zur Alleinvertretung umgedeutet werden[204].

91 d) **Einzelvertretung eines Gesamtvertreters mit Zustimmung der anderen.** Die Gesamtvertretung kann in der Form ausgeübt werden, daß ein Gesamtvertreter allein mit vorheriger oder nachträglicher Zustimmung der anderen Geschäftsführer im Namen der Gesellschaft Erklärungen abgibt[205]. Es müssen so viele Geschäftsführer zustimmen, daß mit dem handelnden Geschäftsführer zusammen eine zur Vertretung der Gesellschaft ausreichende Zahl erreicht wird. Dieser selbst wird also mitgezählt. Bei unechter Gesamtvertretung genügt auch die Zustimmung des Prokuristen. Gibt es neben den gesamtvertretungsberechtigten Geschäftsführern einen einzelvertretungsberechtigten, so genügt stets auch dessen Zustimmung.

92 Bei einer in dieser Art ausgeübten Gesamtvertretung ist **nur die Willenserklärung des nach außen handelnden Geschäftsführers formbedürftig,** nicht dagegen die Zustimmung der anderen Geschäftsführer[206]: diese kann sowohl dem handelnden Ge-

---

198 BGHZ 53, 210, 214 = NJW 1970, 806; Geßler/*Hefermehl*/Eckardt/Kropff AktG § 78, 45; *Mertens*-KölnKommAktG² § 78, 47.

199 BGH NJW 1959, 1183.

200 BGHZ 53, 210, 215 = NJW 1970, 806; Scholz/*Schneider* 54; Baumbach/Hueck/*Zöllner* 64.

201 Rowedder/*Koppensteiner* 34; *Lutter*/*Hommelhoff* 28; *Mertens*-KölnKommAktG² § 78, 47.

202 BGH aaO; Soergel/*Leptien* § 164, 28; Scholz/*Schneider* 54; *Kötter* Festschr. Hefermehl (1976) S. 99 Fn. 74; **aA** Rowedder/*Koppensteiner* 32; MünchKommBGB-*Schramm*³ § 164, 85.

203 *Schramm* aaO 83; Geßler/*Hefermehl*/Eckardt/Kropff AktG § 78, 44; *Mertens*-KölnKommAktG² § 78, 47.

204 BGH GmbHRdsch 1992, 107.

205 Soergel/*Leptien* § 164, 28; *Eder*/Wilke/Berg/Gottschling/Gaul RZ 575.

206 Allg.M.; BGH WM 1976, 1053, 1054; WM 1982, 425, 426; *Schramm* aaO 84; Rowedder/*Koppensteiner* 34.

schäftsführer als auch dem Geschäftsgegner erklärt werden[207]. Fordert letzterer eine Erklärung über die Genehmigung (§ 177 Abs. 2 S. 1 BGB), so kann die Genehmigung nur ihm gegenüber erfolgen. Die Zustimmung kann auch schlüssig erteilt werden. Ihre Wirksamkeit hängt nicht davon ab, daß die zustimmenden Geschäftsführer die Einzelheiten des Geschäfts kennen[208].

Das Rechtsgeschäft ist **schwebend unwirksam**, solange die Zustimmung nicht erteilt ist. Die erteilte Zustimmung wirkt auf den Zeitpunkt der Vornahme des Rechtsgeschäfts zurück[209]. Das Rechtsgeschäft wird nur wirksam, wenn der handelnde Geschäftsführer zum Zeitpunkt der Genehmigung mit der von ihm abgegebenen Willenserklärung noch einverstanden ist[210]; dagegen soll nach anderer Ansicht in der Vornahme des Geschäfts durch den handelnden Geschäftsführer schon dessen Zustimmungsteilerklärung dazu liegen, die er nicht mehr widerrufen kann[211]. Doch ist die schwebend unwirksame Willenserklärung selbst – also das Substrat der Zustimmungserklärungen – auch für den handelnden Geschäftsführer noch nicht verbindlich, ehe diese nicht in der erforderlichen Zahl vorliegen. Die Genehmigung kann aber noch wirksam erteilt werden, nachdem der handelnde Geschäftsführer aus der Gesellschaft ausgeschieden ist. Genehmigen kann auch ein Gesamtvertreter, der erst nach Abschluß des Geschäfts Vertretungsmacht erlangt hat[212]. **93**

Gesellschafterversammlung oder **Aufsichtsrat** können die erforderliche Zustimmung eines Gesamtvertreters nicht ersetzen[213]. Sie können aber dem handelnden Geschäftsführer, sofern ihnen in der Satzung eine entsprechende Befugnis zur Regelung der Vertretungsmacht eingeräumt ist, Einzelvertretungsmacht erteilen[214]. Kraft der Einzelvertretungsmacht kann der handelnde Geschäftsführer dann seine Erklärung selbst genehmigen. **94**

Gibt ein Gesamtvertreter ohne Einwilligung oder Ermächtigung der anderen (dazu Rdn 96 ff) eine Erklärung ab, die nicht wirksam genehmigt wird, so wird die Gesellschaft – soweit nicht eine Rechtsscheinhaftung in Betracht kommt – nicht verpflichtet. Der handelnde Geschäftsführer haftet dem Geschäftsgegner als falsus procurator gemäß §§ 179, 180 BGB[215]. Eine **Rechtsscheinhaftung** kann sich etwa dann ergeben, wenn ein Gesamtvertreter, dessen Zustimmung erforderlich ist, aus dem Verhalten des Geschäftsgegners entnehmen muß, daß dieser eine von einem anderen Gesamtvertreter für die Gesellschaft abgegebene Erklärung fälschlich bereits als ausreichend ansieht. Klärt er den Geschäftsgegner nicht unverzüglich auf, so ist die Erklärung als wirksam zu behandeln, es sei denn, der Geschäftsgegner hätte den Mangel der Vertretungsmacht ohne weiteres erkennen müssen[216]. **95**

e) **Einzelermächtigung von Gesamtvertretern.** Die zur Gesamtvertretung berechtigten Geschäftsführer können einen von ihnen für bestimmte Geschäfte oder be- **96**

---

207 BGH WM 1976, 1053, 1054; BAG NJW 1981, 2374.

208 RGZ 101, 342, 343 f; BGH WM 1959, 883; Geßler/*Hefermehl*/Eckardt/Kropff AktG § 78, 57.

209 Scholz/*Schneider* 62.

210 RG HRR 1942 Nr. 424; RGZ 81, 325, 329; BGH LM § 164 BGB Nr. 15; *Mertens*-KölnKommAktG² § 78, 50; Soergel/*Leptien* § 164, 28; Staudinger/*Dilcher* § 167, 54.

211 Geßler/*Hefermehl*/Eckardt/Kropff AktG § 78, 58; vgl. auch Scholz/*Schneider* 62; Baumbach/Hueck/*Zöllner* 65.

212 RG JW 1908, 151.

213 *K. Schmidt* Gesellschaftsrecht § 28 I 1 C, 615; Scholz/*Schneider* 60.

214 Vgl. auch BGH GmbHRdsch 1975, 201, 202; RGZ 164, 177, 180 ff.

215 Vgl. auch *Mertens*-KölnKommAktG² § 78, 52.

216 BGH WM 1976, 658; RGZ 75, 419, 426.

stimmte Arten von Geschäften mit Einzelvertretungsmacht ausstatten[217]. Der Rechtsgedanke der §§ 125 Abs. 2 S. 2 HGB und 78 Abs. 4 AktG gilt sinngemäß auch für die zwischen OHG und AG stehende Gesellschaftsform der GmbH[218]. Die Ermächtigung kommt bei unechter Gesamtvertretung auch im Verhältnis von Geschäftsführer und Prokurist in Betracht.

97 aa) **Erteilung der Ermächtigung.** Die Ermächtigung muß, wobei die Mitwirkung des Ermächtigten zulässig ist (vgl. Rdn 91), von einer vertretungsberechtigten Zahl von Geschäftsführern erteilt werden[219]. Die Erteilung einer Ermächtigung kann gegebenenfalls an die **Zustimmung des Aufsichtsrats** gebunden werden (vgl. § 111 Abs. 4 S. 2 AktG). Doch hat das Fehlen der Zustimmung nur interne Bedeutung. Auch die Bindung der Ermächtigung an einen **Gesellschafterbeschluß** muß in der GmbH möglich sein, aber gleichfalls **ohne Außenwirkung** bleiben. Außenwirkung hat es dagegen, wenn die Satzung einer GmbH die Möglichkeit der Ermächtigung eines Gesamtvertreters durch den anderen ausschließt.

98 Die **Ermächtigung** ist nicht im Handelsregister einzutragen, weil sie gegenständlich begrenzt ist und ad hoc erklärt werden kann[220]. Sie kann konkludent und auch für Geschäfte, die der Form bedürfen, formlos erklärt werden[221]. Eine konkludente Ermächtigung des einen Gesamtvertreters ergibt sich aber noch nicht daraus, daß der andere verhindert ist[222]. Auf die Ermächtigung finden die zum Recht der Stellvertretung entwickelten **Grundsätze der Duldungs- und Anscheinsvollmacht** entsprechende Anwendung[223]. Dulden die anderen Geschäftsführer, daß einer von ihnen als Alleinvertreter auftritt, so muß sich die Gesellschaft nach Treu und Glauben so in Anspruch nehmen lassen, als ob der betreffende Geschäftsführer zur Alleinvertretung ermächtigt gewesen wäre[224]. Das gleiche gilt, wenn die übrigen Geschäftsführer zwar keine Kenntnis davon hatten, daß ein dazu nicht ermächtigter Geschäftsführer als Alleinvertretungsberechtigter auftrat, dies bei Anwendung pflichtmäßiger Sorgfalt aber hätten erkennen können, und ihr Verhalten von Dritten nach Treu und Glauben dahin gedeutet werden konnte, sie hätten den handelnden Geschäftsführer ermächtigt[225].

99 bb) **Bestimmtheitsgrundsatz.** Die Ermächtigung kann sich nur auf **bestimmte Geschäfte** oder bestimmte **Arten von Geschäften** beziehen. Eine Ermächtigung für alle Geschäfte unterhalb einer bestimmten Wertgrenze ist unzulässig, da es an einer hinreichenden Bestimmung der Geschäftsart fehlt[226]. Eine generelle Ermächtigung

[217] RGZ 81, 325, 329; BGH DB 1968, 847; WM 1986, 315, 316; *Buchwald* GmbHRdsch 1960, 180.

[218] Allg.M.; BGH WM 1988, 216, 217; Scholz/*Schneider* 55.

[219] Geßler/*Hefermehl*/Eckardt/Kropff AktG § 78, 46; Baumbach/Hueck/*Zöllner* 66; Scholz/*Schneider* 56; *Mertens*-KölnKommAktG² § 78, 53.

[220] *Lüdtke/Handjery* DB 1972, 565 ff; *Mertens*-KölnKommAktG² § 78, 54.

[221] BGH WM 1959, 881, 883; WM 1976, 1053, 1054; WM 1982, 425, 426; BAG NJW 1981, 2374; Scholz/*Schneider* 56; Rowedder/*Koppensteiner* 34; *Lutter/Hommelhoff* 28; *Mertens*-KölnKommAktG² § 78, 53.

[222] BGHZ 34, 27, 29 = NJW 1961, 506; BGH WM 1975, 157, 158; Scholz/*Schneider* 56; Rowedder/*Koppensteiner* 34.

[223] RGZ 123, 279, 288 f; BGHZ 5, 111, 116 = NJW 1952, 657; Scholz/*Schneider* 56; Baumbach/Hueck/*Zöllner* 66; *Reinicke/Tiedtke* DB 1988, 1203; vgl. auch *Mertens*-KölnKommAktG² § 78, 57.

[224] BGHZ 5, 111, 116 = NJW 1952, 657; RGZ 117, 163, 165; 123, 280, 288. Allein der handelnde Geschäftsführer kann keine Duldungsvollmacht für sich begründen. Dazu gehört vielmehr der Entschluß eines anderen Geschäftsführers, gegen dessen Handeln nicht einzuschreiten (BGH DB 1988, 386 m. Anm. *Reinicke/Tiedtke* DB 1988, 1203; Baumbach/Hueck/*Zöllner* 66).

[225] OLG München BB 1972, 113, 114.

[226] Vgl. *Mertens*-KölnKommAktG² § 78, 55; **aA** Scholz/*Schneider* 57; unklar BGH WM 1982, 425, 427.

ist nichtig, da sie auf eine Umgehung der Gesamtvertretung hinauslaufen würde[227]. Wird eine „Generalermächtigung" von Geschäftsführern erteilt, die zugleich die alleinigen Gesellschafter der GmbH sind, und drückt sich darin der Wille der Gesellschafter aus, eine Gesellschaftsangelegenheit durch gemeinsame Entscheidung verbindlich zu regeln, so ist sie als Beschlußfassung der Gesellschafter über die Einräumung von Einzelvertretungsmacht an den betreffenden Geschäftsführer anzusehen. Diese ist wirksam, wenn die Gesellschafter nach dem Gesellschaftsvertrag zu einer derartigen Regelung befugt sind[228].

cc) **Rechtsnatur der Ermächtigung.** Die Ermächtigung des Geschäftsführers bedeutet eine Erweiterung seiner gesetzlichen Vertretungsmacht zur Einzelvertretungsbefugnis mit beschränktem Umfang[229]. Das Reichsgericht[230] hielt sie für eine Handlungsvollmacht iS von § 54 HGB. Aber: §§ 78 Abs. 4 S. 1 AktG und 125 Abs. 2 S. 2 HGB sprechen ausdrücklich von Ermächtigung und nicht von Vollmacht, es geht um die Vertretungsmacht eines organschaftlichen Vertreters, und die ohnehin gegebene Möglichkeit einer Handlungsvollmacht nach § 54 HGB hätte nicht besonders im Gesetz erwähnt zu werden brauchen. Handelt der ermächtigte Geschäftsführer als gesetzlicher Vertreter, so kann er gemäß § 48 Abs. 1 HGB als solcher auch Prokura erteilen[231]. § 54 HGB ist aber sinngemäß anwendbar[232]. In Analogie zum Vertretungsrecht kann die Ermächtigung dem Geschäftsführer selbst, dem Dritten gegenüber oder durch Erklärung gegenüber der Öffentlichkeit erteilt werden (vgl. §§ 167, 171 BGB)[233]. Dem Geschäftspartner braucht der ermächtigte Geschäftsführer nicht offenzulegen, daß er kraft Ermächtigung die Gesellschaft allein vertreten kann[234]. Es ist seine Sache, ob er kraft Ermächtigung oder als gemeinschaftlich Berechtigter unter Vorbehalt der Zustimmung der Mitgeschäftsführer handeln will. Jedoch spricht für das erstere eine tatsächliche Vermutung. § 174 BGB findet entsprechende Anwendung. **100**

dd) **Widerruf der Ermächtigung.** Die Ermächtigung kann von den Gesamtvertretern, die sie erteilt haben, jederzeit widerrufen werden[235]. Dabei ist die Zustimmung des ermächtigten Geschäftsführers für die Wirksamkeit des Widerrufs nicht erforderlich[236]. Der Widerruf eines einzigen Gesamtvertreters genügt[237]; denn die Ermächtigung muß vom Vertrauen aller gesamtvertretungsberechtigten Geschäftsführer getragen sein, und in Fällen der Illoyalität eines Ermächtigten besteht ein erhebliches Interesse der Gesellschaft daran, die Ermächtigung schleunigst widerrufen zu **101**

---

227 BGHZ 34, 27, 30 = NJW 1961, 506; BGH GmbHRdsch 1975, 201, 202; GmbHRdsch 1979, 271; WM 1976, 1246; WM 1978, 1047, 1048; WM 1986, 315, 316; WM 1988, 216, 217; Scholz/*Schneider* 57; Baumbach/Hueck/*Zöllner* 67; *Lutter/Hommelhoff* 29; Rowedder/*Koppensteiner* 35; Geßler/*Hefermehl*/Eckardt/Kropff AktG § 78, 50; vgl. auch *Mertens*-KölnKommAktG² § 78, 55 m.w.Nachw.

228 BGH GmbHRdsch 1975, 201, 202.

229 BGHZ 64, 72, 75 = LM Nr. 18 zu § 181 BGB = NJW 1975, 1117; BAG NJW 1981, 2374; Geßler/*Hefermehl*/Eckardt/Kropff AktG § 78, 47; *Mertens*-KölnKommAktG² § 78, 56; Scholz/*Schneider* 55; Rowedder/*Koppensteiner* 34; MünchKommBGB-*Schramm*³ § 164, 82; *Wiedemann* Die Übertragung und Vererbung von Mitgliedschaftsrechten bei Handelsgesellschaften (1965) S. 381 f.

230 RG HRR 1929 Nr. 1924; so auch *Bydlinski* JBl 1983, 637.

231 Geßler/*Hefermehl*/Eckardt/Kropff aaO.

232 *Lüdtke/Handjery* DB 1972, 565, 569; *Mertens*-KölnKommAktG² § 78, 56.

233 Vgl. auch *Lutter/Hommelhoff* 28; Geßler/*Hefermehl*/Eckardt/Kropff AktG § 78, 49; *Mertens*-KölnKommAktG² § 78, 54.

234 RGZ 118, 168, 170.

235 Scholz/*Schneider* 56.

236 Baumbach/Hueck/*Zöllner* 68; Geßler/*Hefermehl*/Eckardt/Kropff AktG § 78, 54; *Mertens*-KölnKommAktG² § 78, 60.

237 *Mertens* aaO sowie Scholz/*Schneider* 56; Baumbach/Hueck/*Zöllner* 68; *Lutter/Hommelhoff* 31; Rowedder/*Koppensteiner* 38; **aA** Geßler/*Hefermehl*/Eckardt/Kropff aaO.

können. Eine im Rahmen gemeinschaftlicher Vertretung erteilte Ermächtigung kann auch durch Geschäftsführer widerrufen werden, die daran nicht mitgewirkt haben[238]; doch müssen diese ihrerseits in vertretungsberechtigter Zahl handeln[239]. Ermächtigung und Widerruf stehen im Belieben eines gesamtvertretungsberechtigten Geschäftsführers. Eine Nachprüfung der sachlichen Rechtfertigung des Widerrufs findet nicht statt[240]. Auf den Widerruf finden die §§ 170, 171 BGB entsprechende Anwendung[241].

102 f) **Abgrenzungsfragen.** Für die im Schrifttum zum Teil vorgenommene Unterscheidung zwischen Einwilligung als vorheriger Zustimmung und Ermächtigung ist keine sachliche Notwendigkeit gegeben[242]. Zwar besteht ein Unterschied zwischen Ermächtigung und Einwilligung insofern, als auch die nicht an der Ermächtigung beteiligten Vorstandsmitglieder die Ermächtigung in vertretungsberechtigter Zahl widerrufen können. Diese Regelung gilt gemäß ihrem Schutzzweck jedoch auch für die Einwilligung[243].

11. Gewillkürte Vertretung

103 Von der organschaftlichen Vertretung ist die rechtsgeschäftliche Vertretung der Gesellschaft kraft Bevollmächtigung, insbesondere kraft Prokura (§§ 48 ff HGB) oder Handlungsvollmacht (§ 54 HGB) zu unterscheiden. Eine organverdrängende Generalvollmacht mit dem Inhalt, daß ein Nichtgeschäftsführer die Gesellschaft statt des Geschäftsführers und wie ein solcher vertreten soll, ist auch bei Zustimmung aller Gesellschafter unzulässig; denn die organschaftliche Vertretung der GmbH durch die Geschäftsführer ist zwingendes Element der GmbH-Verfassung[244]. Dagegen ist eine Generalvollmacht, die die Vertretungsbefugnis der Geschäftsführer unberührt läßt, als zulässig anzusehen, vorausgesetzt sie ist jederzeit widerruflich[245]. Eine solche Generalvollmacht bedarf in Anwendung von § 46 Nr. 7 im Innenverhältnis eines Gesellschafterbeschlusses[246].

104 Die Erteilung einer Prokura ist auch dann möglich, wenn die GmbH kein Handelsgewerbe iS der §§ 1 ff HGB betreibt. Der Prokurist ist in diesem Fall zur Vornahme solcher Geschäfte und Rechtshandlungen befugt, die der Betrieb des Unternehmens mit sich bringt und die zum Unternehmensgegenstand gehören[247]. Die gegenteilige Auffassung von *Brodmann*[248], die auf den Wortlaut des § 49 Abs. 1 HGB abstellt, geht daran vorbei, daß die GmbH nach § 6 Abs. 1 HGB stets Vollkaufmann ist. Als solcher ist der Prokurist nicht zur Vornahme derjenigen Handlungen befugt, die kraft Gesetzes oder der Satzung den gesetzlichen Vertretern der Gesellschaft obliegen. So dürfen Prokuristen in Ermangelung einer gegenteiligen Sat-

---

238 Scholz/*Schneider* 56; Baumbach/Hueck/*Zöllner* 68.

239 Geßler/*Hefermehl*/Eckardt/Kropff AktG § 78, 55.

240 *Fischer*-GroßkommHGB § 125, 22; Geßler/*Hefermehl*/Eckardt/Kropff AktG § 78, 53; *Mertens*-KölnKommAktG² § 78, 61.

241 Baumbach/Hueck/*Zöllner* 68, 66; *Lutter/Hommelhoff* 31.

242 Rowedder/*Koppensteiner* 33; *Mertens*-KölnKommAktG² § 78, 62.

243 *Mertens* aaO.

244 Allg.M.; vgl. BGH WM 1976, 1246; KG GmbHRdsch 1991, 579; Baumbach/Hueck/*Zöllner* 36a; Rowedder/*Koppensteiner* 9; Scholz/*Schneider* 17.

245 Baumbach/Hueck/*Zöllner* 36a; Scholz/*Schneider* 18 ff.; *Geck* DStR 1988, 90, 96; *Hübner* ZHR 143 (1979) 1 ff; im Ergebnis auch KG GmbHRdsch 1991, 579; gegen die Zulässigkeit einer solchen Generalvollmacht BGH WM 1976, 1246; Rowedder/*Koppensteiner* 9.

246 Baumbach/Hueck/*Zöllner* 36a.

247 Vgl. auch *Mertens*-KölnKommAktG § 78, 76 m.w.Nachw.

248 *Brodmann* § 46, 8.

zungsbestimmung keine Gesellschafterversammlung einberufen[249]. Sie sind nicht berechtigt, Änderungen in der Person oder der Vertretungsbefugnis der Geschäftsführer anzuzeigen. Die Mitwirkung des Prokuristen bei der unechten Gesamtvertretung (dazu im einzelnen Rdn 84 ff) ist, ohne daß der Prokurist dadurch zum gesetzlichen Vertreter würde, an diese Beschränkungen nicht gebunden.

V. Die Geschäftsführer als Geschäftsführungsorgan

Schrifttum

Hammacher Aus der Praxis eines Arbeitsdirektors, RdA 1993, 163; *Hanau* Zur Zuständigkeit des Arbeitsdirektors (§ 33 MitbestG) für leitende Angestellte und Unternehmenssparten, ZGR 1983, 346; *Höhn* Die Geschäftsleitung der GmbH² (1995); *Hoffmann* Zum Rechtsbegriff Arbeitsdirektor gemäß § 33 MitbestG, BB 1976, 1233; *ders.* Der Kernbereich des Arbeitsdirektors und andere praktische Fragen bei der Anwendung von § 33 MitbestG, BB 1977, 17; *Hoffmann-Becking* Arbeitsdirektor der Konzernobergesellschaft oder Konzernarbeitsdirektor, in: Festschr. Werner (1984) S. 301; *Leicht* Der Arbeitsdirektor des Mitbestimmungsgesetzes (1976); *Martens* Der Arbeitsdirektor nach dem Mitbestimmungsgesetz (1980); *ders.* Der Grundsatz gemeinsamer Vorstandsverantwortung, in: Festschr. Fleck (1988) S. 191; *Mertens* Zulässigkeit der Bestellung eines Arbeitsdirektors nach § 85 AktG trotz vorhandenem Personalvorstand? AG 1979, 334; *Meyer-Landrut* Der Arbeitsdirektor im Rahmen der paritätischen Mitbestimmung, DB 1976, 387; *Priester* Stichentscheid beim zweiköpfigen Vorstand, AG 1984, 253; *Przybylski* Die mitbestimmungsrechtliche Bedeutung des Arbeitsdirektors nach dem MitbestG 1976 (1983); *Ruberg* Vorstandsmitglied für Personales und Soziales oder Arbeitsdirektor, AuR 1979, 129; *Säcker* Die Geschäftsordnung für das zur gesetzlichen Vertretung eines mitbestimmten Unternehmens befugte Organ, DB 1977, 1993; *ders.* Der Zuständigkeitsbereich des Arbeitsdirektors und Werkpersonalleiters gemäß § 33 MitbestG, DB 1979, 1925; *U. H. Schneider* Die Geschäftsordnung der GmbH-Geschäftsführer, in: Festschr. Mühl (1981) S. 633; *Spie* Der Personalmanager im Vorstand (1985); *Thüsing* Arbeitsdirektor neuer Art, Der Arbeitgeber 1976, 598, 650, 687; *v. Werder* Organisation der Unternehmensleitung und Haftung des Top-Managements, DB 1987, 2265; *Wlotzke* Der Arbeitsdirektor nach dem Mitbestimmungsgesetz 1976, Jahrbuch des Arbeitsrechts 14 (1977) 17. S. auch die Angaben vor Rdn 1.

1. Die Geschäftsführungsbefugnis der Geschäftsführer

Die Geschäftsführer sind – wie das Gesetz nicht eigens hervorhebt, aber in § 35 **105**
Abs. 1 und § 37 voraussetzt – das für die Führung der Geschäfte normalerweise zuständige Organ. Die Geschäftsführungskompetenz kann allerdings weitgehend durch Satzung oder Gesellschafterbeschlüsse auch anderen Organen übertragen oder an die Mitwirkung anderer Organe gebunden werden (vgl. dazu § 37, 14 ff). Eine eigenverantwortliche Leitungsmacht kraft zwingenden Rechts – wie nach § 76 Abs. 1 AktG dem Vorstand der Aktiengesellschaft – steht den Geschäftsführern nicht zu, auch nicht in der paritätisch mitbestimmten GmbH (vgl. § 37, 21). Ihre Stellung kann allerdings vorstandsähnlich ausgestaltet werden, sei es durch eine § 76 Abs. 1 AktG entsprechende Regelung in der Satzung oder durch die Statuierung eines Sonderrechts auf Geschäftsführung zugunsten eines Gesellschafters, das ihm eine weisungs- und zustimmungsfreie Geschäftsführung gewährleistet. Schließlich kann einem Geschäftsführer auch im Anstellungsvertrag Weisungsfreiheit zugesichert werden oder die Gesellschafter können sie ihm durch Beschluß gewähren (vgl. dazu auch Rdn 167).

---

[249] KG OLGRspr. 24, 158.

2. Geschäftsführung durch mehrere Geschäftsführer

106 a) **Gesamtgeschäftsführungsbefugnis als gesetzlicher Regelfall.** Sehen Satzung, Gesellschafterbeschlüsse, Geschäftsordnung oder Anstellungsverträge nichts anderes vor, so haben mehrere Geschäftsführer Gesamtgeschäftsführungsbefugnis. Das bedeutet: Das Geschäftsführergremium kann nur handeln, wenn alle Geschäftsführer einer Maßnahme zugestimmt haben. Konkludentes Einverständnis kann nach Lage der Dinge genügen. Vorherige pauschale Zustimmung eines Geschäftsführers zu noch nicht konkret absehbaren künftigen Handlungen eines anderen reicht nicht aus. Jedoch sind die Regeln über die Ermächtigung eines Gesamtvertreters zur Einzelvertretung durch den oder die anderen Gesamtvertreter (vgl. Rdn 96 ff) sinngemäß auch auf die Geschäftsführung anwendbar. Die Zustimmung ist empfangsbedürftige Willenserklärung; sie kann bis zur Vornahme der Geschäftsführungsmaßnahme widerrufen werden (vgl. auch Rdn 101). §§ 115 Abs. 2 HGB und 744 Abs. 2 BGB sind entsprechend anwendbar. Bei Gefahr im Verzuge kann also auf die Zustimmung eines nicht mehr rechtzeitig erreichbaren Geschäftsführers verzichtet werden, und jeder Geschäftsführer kann solche Maßnahmen treffen, die zur Erhaltung eines Gegenstandes des Gesellschaftsvermögens notwendig sind. Übergangene Geschäftsführer sind bei nächster Gelegenheit zu unterrichten und haben vor Ausführung der Geschäftsführungsmaßnahme ein Widerspruchsrecht. Geschäftsführer, die sich im Urlaub befinden oder einvernehmlich vom Dienst befreit sind, erklären durchweg ihre Zustimmung zu den Beschlüssen der anderen, soweit diese nicht außergewöhnliche Angelegenheiten und Größenordnungen betreffen.

107 b) **Abweichungen vom Prinzip der Gesamtgeschäftsführung.** Der Satzung und in ihrem Rahmen den Gesellschaftern steht es frei, Abweichungen vom Prinzip der Gesamtgeschäftsführung zu statuieren. Ob Bestimmungen über die Ausübung der Vertretungsmacht zugleich auch als Anordnungen über die Geschäftsführungsbefugnis verstanden werden können, ist Auslegungsfrage, im Zweifel jedoch bei solchen Geschäftsführungshandlungen anzunehmen, die sich zugleich auch als Vertretungsakte darstellen oder die der Umsetzung durch Vertretungsakte bedürfen und nicht der Beschlußfassung durch das Gesamtgremium vorbehalten sind. Abweichend vom Prinzip der Gesamtgeschäftsführung kann einerseits eine Geschäftsverteilung vorgesehen werden; andererseits kann die Willensbildung des Geschäftsführergremiums vom Prinzip der Einstimmigkeit abweichenden Regeln unterstellt werden.

108 aa) **Geschäftsverteilung.** Einzelnen Geschäftsführern kann im Wege der Geschäftsverteilung ein fachlicher oder örtlicher Bereich (Zweigniederlassung oder eine Unternehmenssparte) zugewiesen werden, für den sie allein oder zusammen mit einzelnen anderen Geschäftsführern oder leitenden Angestellten geschäftsführungsbefugt sind. Derartige Regelungen sind in der Praxis vielfach üblich[250]. Zur Bedeutung der Ressortverteilung für die Haftung von Geschäftsführern vgl. § 43, 31.

109 Den Ressortleitern obliegt vorbehaltlich einer besonderen Regelung die Pflicht, alle Angelegenheiten, die **grundsätzliche Fragen** der Unternehmenspolitik berühren oder eine mehrere Ressorts **übergreifende Bedeutung** haben und nicht zwischen diesen selbst geklärt werden können, vor das Geschäftsführergremium zu bringen und ihre Geschäftsführung nach dessen Beschluß einzurichten. Einem Geschäftsführer, aber auch einem Ausschuß von Geschäftsführern kann die Koordinierung der Arbeiten verschiedener Ressorts oder die Überwachung der Durchführung der vom Ge-

---

[250] BeckGmbH-Handb.-*Axhausen* § 5, 54.

schäftsführergremium beschlossenen Maßnahmen in den einzelnen Ressorts als besondere Geschäftsführungsaufgabe zugewiesen werden.

Die Geschäftsverteilung kann nicht erstreckt werden auf Aufgaben, die das Gesetz zwingend allen Geschäftsführern – sei es einzeln, sei es in ihrer Gesamtheit – zuweist. Zwar ist es auch im Bereich dieser Angelegenheiten nicht ausgeschlossen, einen Geschäftsführer mit vorbereitenden Arbeiten oder mit der Durchführung der Entscheidungen des Geschäftsführergremiums zu betrauen. Doch ist das Geschäftsführergremium im Bereich der ihm zwingend auferlegten Aufgaben kraft zwingenden Rechts ein **Kollegialorgan**, für dessen Funktionieren alle Geschäftsführer Verantwortung tragen und in dessen Rahmen jeder einzelne Geschäftsführer eine intensive Überwachungsverantwortung in bezug auf das Handeln der anderen hat (§ 43, 32)[251]. Außerhalb dieses Bereichs ist es nicht ausgeschlossen, einzelne Geschäftsführer von bestimmten Entscheidungen auszuschließen oder an Weisungen anderer Geschäftsführer zu binden oder auch einigen Geschäftsführern ein Ressort zuzuteilen, anderen nicht. Eine Ausnahme gilt für den Arbeitsdirektor (vgl. Rdn 114). Jedoch haben alle Geschäftsführer die unabdingbare Pflicht, sich für das organisatorische Funktionieren dieses Gremiums insgesamt einzusetzen, den Geschäftsbetrieb im ganzen zu beobachten und Mißstände auch in anderen Ressorts zur Kenntnis des Geschäftsführergremiums zu bringen (vgl. auch § 37, 15). Diese allgemeine Überwachungspflicht[252] erlaubt einem Geschäftsführer aber nicht, sich ohne besonderen Anlaß störend in den Bereich eines anderen Ressorts einzumischen. Ist die Geschäftsverteilung dem Geschäftsführergremium selbst überlassen, so ist jeder Geschäftsführer für eine möglichst **sachgerechte Ressortaufteilung** mitverantwortlich. In einem als Kollegialorgan verfaßten Geschäftsführergremium besteht auch eine Verantwortung aller Geschäftsführer dafür, daß die Berichterstattung unter ihnen sachgerecht organisiert ist und funktioniert. Es muß gewährleistet sein, daß jeder Geschäftsführer von bedeutsamen Angelegenheiten in einem anderen Ressortbereich unterrichtet wird. Der Verantwortung jedes Geschäftsführers für die sachgerechte Organisation und das Funktionieren der Zusammenarbeit im Geschäftsführergremium als Kollegialorgan entspricht ein Recht jedes Geschäftsführers, Angelegenheiten, die ein anderes Ressort betreffen, vor das Geschäftsführergremium zu bringen und damit einer Kollegialentscheidung zu unterwerfen (vgl. auch Rdn 109). Ist die Geschäftsführung stärker hierarchisch organisiert, so muß doch immerhin auch ein untergeordneter Geschäftsführer die Informationsmöglichkeiten haben, die unverzichtbar sind, damit er seiner unabdingbaren Verantwortung für ein rechtmäßiges und im Rahmen der Ausgestaltung durch Satzung und Gesellschafterbeschlüsse sachangemessenes Funktionieren des Gesamtorgans genügen kann. **110**

bb) Willensbildung. Vom Prinzip der Gesamtgeschäftsführungsbefugnis kann auch bei der Willensbildung abgewichen werden. Dies ist normalerweise insofern der Fall, als für die Beschlußfassung der Geschäftsführer in den Satzungen durchweg das Mehrheits- und nicht das Einstimmigkeitsprinzip vorgesehen wird. Ist für Beschlüsse des Geschäftsführergremiums die Geltung des Einstimmigkeitsprinzips oder die Erforderlichkeit einer qualifizierten Mehrheit nicht ausdrücklich angeordnet, so liegt sogar die Annahme einer konkludent angeordneten Geltung des Mehrheitsprinzips nahe. Da die Geschäftsführer außerhalb der ihnen zwingend zur Entscheidung als Gesamtheit überwiesenen Aufgaben kein Kollegialorgan zu bilden brauchen, ist **111**

---

[251] Vgl. BGH NJW 1994, 2149 m. Anm. *Rohde* JuS 1995, 965.

[252] Dazu für den Vorstand einer Aktiengesellschaft *Martens* Festschr. Fleck (1988) S. 191, 195 ff.

bei allen Entscheidungen, die nicht in diesen Bereich fallen, eine gemeinsame Willensbildung verzichtbar; das gilt auch für ressortübergreifende und grundsätzliche Fragen. Es können auch Stichentscheidungsrechte, Vetorechte eines Geschäftsführers, Alleinentscheidungsrechte bestimmter Geschäftsführer oder unterschiedliche Stimmgewichtungen eingeführt werden. In Gesellschaften mit paritätisch zusammengesetztem Aufsichtsrat ist jedoch das Prinzip der Gleichberechtigung des Arbeitsdirektors und die Gewährleistung der ihm vom Gesetz zugewiesenen Kernbereichszuständigkeit zu beachten (vgl. die folgenden Rdn).

c) Die Stellung des Arbeitsdirektors

112 **aa) Ressortzuweisung durch Bestellung.** Der Arbeitsdirektor, der in Gesellschaften mit paritätisch zusammengesetztem Aufsichtsrat als gleichberechtigter Geschäftsführer zu bestellen ist (vgl. Rdn 29 ff), erhält mit der Bestellung zugleich einen bestimmten Kompetenzbereich zugewiesen, was nicht heißt, daß er innerhalb dieses Kompetenzbereichs Einzelgeschäftsführungsbefugnis haben müßte. Einen Anspruch darauf kann er nur unter dem Gesichtspunkt der Gleichberechtigung mit anderen Geschäftsführern haben (vgl. Rdn 114, 116).

113 **bb) Aufgabenbereich.** Nach einer von Rechtsprechung und Literatur aufgegriffenen Formel des Bundestagsausschusses für Arbeit und Sozialordnung muß dem Arbeitsdirektor ein „Kernbereich von Zuständigkeiten in Personal- und Sozialfragen" zustehen[253]. Zur inhaltlichen Konkretisierung dieses sog. Kernbereichs wird zum Teil auf die §§ 80, 87, 88, 90–105, 111 BetrVG verwiesen[254], zum Teil haben Rechtsprechung und Literatur umfangreiche Kataloge von Personal- und Sozialangelegenheiten entwickelt. Danach zählen zum Kernbereich die Bereiche Personalplanung und -entwicklung, Personalverwaltung, Bildungswesen, Lohn- und Gehaltsfindung, Lohn- und Gehaltsabrechnung, Arbeitswirtschaft, Ergonomie, Arbeitsschutz, Gesundheitsvorsorge, Unfallverhütung, Altersvorsorge, Pensionswesen und Betriebsverfassungs- und Tarifrecht[255]. Nicht zu diesem Kernbereich gehören die Personal- und Sozialangelegenheiten der leitenden und außertariflichen Angestellten[256]; ebensowenig die Arbeitnehmer ausländischer Betriebe deutscher Unternehmen, auf die das MitbestG nicht anwendbar ist[257]. Auch die Repräsentation des Unternehmens in Arbeitgeberverbänden ist nicht dem Kernbereich zuzurechnen[258]. Soweit Personal- und Sozialangelegenheiten auch die Geschäftsbereiche der anderen Geschäftsführer berühren, insbesondere die Kostenstruktur- und Finanzplanung des Unternehmens, ist die Ressortzuständigkeit des Arbeitsdirektors keine ausschließliche, sondern im Benehmen mit den betreffenden Geschäftsführern wahrzunehmen[259]. Dem entspricht die Formulierung des § 33 Abs. 2 MitbestG, wonach der Arbeitsdirektor seine Aufgaben im engsten Einvernehmen mit dem Gesamtorgan auszuüben hat. § 33 MitbestG besagt nicht, daß der Arbeitsdirektor ausschließlich

---

[253] BT-Drucks. 7/4845 S. 9; BVerfGE 50, 290, 378 = NJW 1979, 699, 711; BGHZ 89, 48, 59 = AG 1984, 48, 51; OLG Frankfurt AG 1985, 220, 221; *Hanau*/Ulmer § 33, 39; *Raiser* MitbestG² § 33, 15.

[254] *Hanau*/Ulmer § 33, 44 ff.

[255] LG Frankfurt AG 1984, 276, 277; vgl. auch *Hoffmann* BB 1977, 17, 18 f.; *Hammacher* RdA 1993, 164 f. sowie die Kataloge bei *Spie/Piesker* S. 76 ff.; *Spieker* BB 1968, 1089, 1090.

[256] *Martens* S. 69; *Hanau*/Ulmer § 33, 42; *Raiser* aaO § 33, 17.

[257] *Hanau*/Ulmer § 33, 42.

[258] *Spie/Piesker* S. 70 ff.; *Hoffmann/Lehmann/Weinmann* § 33, 16; *Raiser* aaO § 33, 18.

[259] *Spie/Piesker* S. 155; *Hammacher* RdA 1993, 163, 167; *Fitting/Wlotzke/Wißmann*² § 33, 30; GemKMitbestG-*Rumpff* § 33, 76.

mit Personal- und Sozialangelegenheiten zu befassen ist. Dem Arbeitsdirektor können daher zusätzliche Aufgaben aus anderen Geschäftsbereichen übertragen werden, soweit er dadurch nicht gehindert wird, seine Aufgaben im Personal- und Sozialbereich vollständig und effektiv wahrzunehmen[260].

cc) **Rechtsstellung innerhalb des Vertretungsorgans.** Der Arbeitsdirektor ist nach Abs. 1 S. 1 gleichberechtigtes Organmitglied (vgl. auch Rdn 29). Eine sachlich ungerechtfertigte Ungleichbehandlung des Arbeitsdirektors im Verhältnis zu den übrigen Geschäftsführern ist somit verboten[261]. Sachlich gerechtfertigte Differenzierungen sind dagegen zulässig. So stellt die Ernennung eines Geschäftsführers zum Vorsitzenden des Geschäftsführergremiums ebensowenig eine Diskriminierung dar[262] wie die Einräumung eines Stichentscheides zu dessen Gunsten im Fall der Stimmengleichheit. Unzulässig ist ein Stichentscheid dagegen bei zwei Geschäftsführern. Ebenso unzulässig ist ein allgemeines Vetorecht des Vorsitzenden der Geschäftsführung[263]. Die Grenze zwischen sachlich gerechtfertigten und willkürlichen Differenzierungen muß im konkreten Einzelfall unter Berücksichtigung der Organisation der jeweiligen Geschäftsführung gezogen werden. Dabei ist stets dem Ziel des Gesetzes Rechnung zu tragen, den Arbeitsdirektor voll in die Geschäftsführung zu integrieren[264]. Wird innerhalb der Geschäftsführung ein Gremium mit besonderen Koordinations- und Entscheidungsbefugnissen gebildet, so muß der Arbeitsdirektor diesem angehören. **114**

Gemäß § 33 Abs. 2 S. 2 MitbestG bestimmt das Nähere die **Geschäftsordnung** für das Vertretungsorgan. Die Geschäftsordnung kann also neben Regelungen über die Zusammenarbeit im Vertretungsorgan auch die Zuständigkeit des Arbeitsdirektors konkretisieren und gegenüber anderen Ressorts abgrenzen. Alle Regelungen der Geschäftsordnung müssen dem Prinzip der Gleichberechtigung des Arbeitsdirektors als Mitglied der Geschäftsführung gerecht werden. Da § 33 Abs. 2 S. 2 MitbestG Einzelheiten der Abgrenzung des Zuständigkeitsbereichs der Geschäftsordnung vorbehält, können sie nicht durch die Bestellung oder den Anstellungsvertrag geregelt werden[265]. Aus § 33 Abs. 2 S. 2 MitbestG ergibt sich nicht zwingend das Gebot, eine Geschäftsordnung zu erlassen oder den Geschäftsbereich des Arbeitsdirektors und seine Befugnisse in der Geschäftsordnung festzulegen[266]. Die Zuständigkeit des Arbeitsdirektors ist – wie BVerfGE 50, 290, 378 = NJW 1979, 699, 711 anerkennt – hinreichend bestimmt (vgl. Rdn 29). Das Gesetz kennt keine Pflicht zur Statuierung einer Geschäftsordnung für das gesetzliche Vertretungsorgan, geschweige denn eine Pflicht zur Regelung bestimmter Fragen in einer solchen. **115**

dd) **Umfang der Vertretungsbefugnis.** Die Regelung der Vertretungsbefugnis richtet sich nach den allgemeinen Vorschriften (§§ 78 ff. AktG). Der Arbeitsdirektor darf prinzipiell keine schwächere Vertretungsbefugnis haben als die anderen Geschäftsführer[267]. Es ist aber zulässig, dem Vorsitzenden des Geschäftsführergremi- **116**

---

260 LG Frankfurt AG 1984, 276, 277; OLG Frankfurt AG 1985, 220, 221; *Geitner* AG 1976, 213; *Hoffmann/Neumann* GmbHRdsch 1976, 183, 186; *Thüsing* Arbeitgeber 1976, 600; *Wlotzke/Wißmann* DB 1976, 967; *Fitting/Wlotzke/Wißmann*² § 33, 35; *Hanau*/Ulmer § 33, 40; *Raiser* aaO § 33, 19; GemKMitbestG-*Rumpff* § 33, 21.

261 *Hoffmann/Lehmann/Weinmann* § 33, 23; *Raiser* aaO § 33, 21.

262 *Fitting/Wlotzke/Wißmann*² § 33, 42; *Raiser* aaO § 33, 26.

263 BGHZ 89, 48, 59 = AG 1984, 84.

264 *Raiser* aaO § 33, 21.

265 *Hanau*/Ulmer § 33, 38; *Hoffmann/Lehmann/Weinmann* § 31, 44; *Raiser* aaO § 33, 20.

266 *Fitting/Wlotzke/Wißmann*² § 33, 31; *Hoffmann/Lehmann/Weinmann* § 33, 37, 49; GemKMitbestG-*Rumpff* § 33, 51; *Schneider* Festschr. Mühl (1981) S. 633, 639 f; **aA** *Hanau*/Ulmer § 33, 38.

267 *Hanau*/Ulmer § 33, 55; *Raiser* aaO § 33, 28; *Meyer-Landrut* DB 1976, 387, 388.

ums Einzel-, den übrigen Mitgliedern nur Gesamtvertretungsbefugnis einzuräumen[268]. Erhält dagegen die Mehrheit der anderen Geschäftsführer Einzelvertretungsbefugnis, so muß sie auch dem Arbeitsdirektor gewährt werden. Bei einem zweigliedrigen Vertretungsorgan ist eine Regelung unzulässig, nach der dem anderen Mitglied Einzel-, dem Arbeitsdirektor aber nur Gesamtvertretungsbefugnis gewährt wird[269]. Doch ist eine vorübergehende Ausnahme akzeptabel, wenn in einer Gesellschaft ein Geschäftsführer längere Zeit tätig gewesen ist und nun ein Arbeitsdirektor bestellt wird[270].

117 ee) **Pflichten des Arbeitsdirektors.** Den Arbeitsdirektor treffen alle Pflichten eines Geschäftsführers. Innerhalb einer kollegial organisierten Geschäftsführung unterliegt er der allgemeinen Überwachungspflicht, die alle Geschäftsführer gegenüber ihren Kollegen haben, und ist auch seinerseits verpflichtet, den Geschäftsbetrieb im ganzen zu beobachten und Mißstände in anderen Ressorts zur Kenntnis des Geschäftsführergremiums zu bringen[271]. Die Bindung der Geschäftsführer an Weisungen der Gesellschafter oder eines anderen Gesellschaftsorgans gilt auch für den Arbeitsdirektor (vgl. dazu § 37, 21). Nur darf er durch die Ausgestaltung und Handhabung des Weisungsrechts nicht stärker gebunden werden als seine Kollegen.

118 Daß bestimmte Entscheidungen, die zum Ressort des Arbeitsdirektors gehören, einer Gesamtzuständigkeit der Geschäftsführung unterliegen – wie beispielsweise der Abschluß von Betriebsvereinbarungen oder die Besetzung von Einigungs- und Schlichtungsstellen –, kann auch in einem divisional geführten Unternehmen nicht ohne weiteres als unzulässiger Eingriff in dessen gesetzlich gewährleistete Zuständigkeit angesehen werden[272]. In divisionalisierten Unternehmen darf die Spartenbildung die dem Arbeitsdirektor kraft Gesetzes zukommende Kompetenz nicht verkürzen[273], nicht etwa darf ein Arbeitsdirektor pro Sparte bestellt werden[274]. Der Arbeitsdirektor der Konzernobergesellschaft ist nicht ohne weiteres auch für Personal- und Sozialangelegenheiten in Untergesellschaften zuständig, sondern nur insoweit, als die Obergesellschaft darauf einzuwirken beansprucht[275].

119 d) **Beschlußverfahren.** Das Gesetz schreibt für Beschlüsse der Geschäftsführer keine Form vor. Der Beschluß kommt mit Abgabe der letzten Stimme zustande. Eine explizite Feststellung oder besondere Verkündung des Beschlußergebnisses ist nicht erforderlich; vielmehr können auch konkludente Beschlüsse gefaßt werden[276]. Bei Beschlußfassung in Abwesenheit eines Mitglieds ist zu unterscheiden, ob der Beschluß ohne dessen Stimme ergehen oder erst mit dessen nachträglicher Stimmabgabe wirksam werden soll. Gilt für Beschlüsse das Einstimmigkeitsprinzip, so sind alle Mitglieder an der Beschlußfassung zu beteiligen, soweit nicht der Rechtsgedanke der §§ 115 Abs. 2 HGB, 744 Abs. 2 BGB eingreift oder für die Beschlußfähigkeit eine Regelung getroffen ist, nach der für diese nicht die Beteiligung aller Mitglieder an der Beschlußfassung gefordert wird. Auch wenn das Mehrheitsprinzip gilt, sind, soweit möglich, alle zur Teilnahme an der Beschlußfassung berechtigten

---

268 *Fitting/Wlotzke/Wißmann*[2] § 33, 44; *Meyer-Landrut* DB 1976, 387, 388; *Hoffmann* BB 1977, 17, 21.

269 *Hoffmann/Lehmann/Weinmann* § 33, 25; *Raiser* aaO § 33, 28; *Mertens*-KölnKommAktG[2] § 77, 48.

270 *Hoffmann/Lehmann/Weinmann* aaO; *Meilicke/Meilicke*[2] § 33, 6.

271 *Hoffmann/Lehmann/Weinmann* § 33, 24.

272 OLG Frankfurt AG 1986, 262, 264 entgegen LG Frankfurt AG 1984, 276, 278; vgl. dazu *Theisen* AG 1987, 137, 147.

273 Dazu *Wendeling-Schröder* S. 46 ff sowie *Mertens* aaO 27.

274 *Wendeling-Schröder* S. 51 gegen *Hoffmann/Lehmann/Weinmann* § 33, 18.

275 *Hoffmann-Becking* Festschr. Werner (1984) S. 301 ff; vgl. zum Arbeitsdirektor im Konzern auch *Mertens* aaO 28 ff.

276 OLG Frankfurt ZIP 1986, 1244, 1245.

Geschäftsführer zu beteiligen. In diesem Fall sind jedoch die anwesenden Geschäftsführer als beschlußfähig anzusehen, wenn über die Beschlußfähigkeit nichts anderes bestimmt ist. Die allgemeinen Vorschriften über die Einladung eines Beschlußgremiums gelten grundsätzlich auch für die Geschäftsführung, jedoch nur mit der Maßgabe, daß im Normalfall der kontinuierlichen Zusammenarbeit der Geschäftsführer eine förmliche Einladung mit Bekanntgabe des Gegenstandes der Tagesordnung keine Voraussetzung der Beschlußfassung zu sein braucht. Im Rahmen der Beschlußfassung muß jedem Geschäftsführer Gelegenheit zur Begründung seines Abstimmungsverhaltens gegeben werden. Die Stimmabgabe ist nach allgemeinen Regeln anfechtbar und bis zur Vornahme der Geschäftsführungsmaßnahme aus wichtigem Grund widerruflich. Mängel der Stimmabgabe wirken sich auf das Ergebnis eines Beschlusses der Geschäftsführung nur dann aus, wenn es dazu nicht auch ohne die fehlerhafte Stimmabgabe gekommen wäre. Die Stimme muß persönlich abgegeben werden. Stimmabgabe durch Boten bzw. Erklärungsvertreter ist bei Einverständnis der anderen Geschäftsführer zulässig; nicht dagegen Stellvertretung bei der Beschlußfassung. Müssen die Geschäftsführer nach Gesetz, Satzung oder Gesellschafterbeschlüssen aufgrund eines Beschlusses handeln, so fehlt es an ihrer Geschäftsführungsbefugnis, wenn der Beschluß nichtig ist[277]. In keinem Fall berührt die Nichtigkeit eines Beschlusses oder ein Beschlußmangel die Vertretungsbefugnis.

Ein Geschäftsführer ist in entsprechender Anwendung von §§ 28, 34 BGB vom Stimmrecht im Geschäftsführergremium ausgeschlossen, wenn über ein Rechtsgeschäft der Gesellschaft mit ihm abgestimmt wird[278]. Ein allgemeines **Stimmverbot** für Geschäftsführer im Falle einer Interessen- oder Pflichtenkollision gibt es bei Beschlüssen der Geschäftsführung aber nicht[279]. **120**

e) **Durchführung der Beschlüsse durch überstimmte Geschäftsführer.** Auch die überstimmten Geschäftsführer müssen an der Ausführung eines Beschlusses der Geschäftsführung loyal mitwirken, es sei denn, er ist rechtswidrig. Letzterenfalls haben sie entsprechende Gegenvorstellungen gegenüber ihren Kollegen zu erheben, notfalls an die Gesellschafter oder das maßgebliche Aufsichtsorgan zu appellieren und dürfen sich selbst dann nicht an der Beschlußfassung beteiligen, wenn diese von einem Einschreiten absehen. Außerhalb evidenter krimineller Fälle oder einer ihnen persönlich obliegenden Verantwortung für eigenes rechtmäßiges Verhalten sind sie aber weder gehalten, Dritte, Behörden oder die Öffentlichkeit zu informieren noch sonstige außerordentliche Mittel zur Verhinderung der Beschlußausführung zu ergreifen. Auch eine Amtsniederlegung ist ihnen im allgemeinen nicht zuzumuten, zumal wenn dadurch die Beschlußausführung nicht verhindert werden kann. In Fällen von erheblicher Tragweite muß es ihnen aber gestattet sein, zur Vermeidung eines persönlichen Haftungsrisikos ihr Amt niederzulegen (vgl. auch § 43, 23, 31). **121**

f) **Erlaß einer Geschäftsordnung.** Soweit die Satzung oder die Gesellschafter nichts Gegenteiliges bestimmt haben, können sich die Geschäftsführer selbst eine Geschäftsordnung geben[280]. § 77 Abs. 2 S. 3 AktG, wonach Beschlüsse des Vorstands über die Geschäftsordnung einstimmig gefaßt werden müssen, ist auf das **122**

---

[277] Hinsichtlich der Nichtigkeit und Vernichtbarkeit von Beschlüssen der Geschäftsführung sind die für den Vorstand einer Aktiengesellschaft geltenden Regeln sinngemäß anwendbar; vgl. zu diesen *Mertens* aaO 27.

[278] Vgl. *Hoffmann-Becking* ZHR 150 (1986) 570, 580; *Mertens*-KölnKommAktG² § 77, 29.

[279] *Giesen* Organhandeln und Interessenkonflikt (1984) S. 110 ff. Zu Stimmverboten im Konzern gilt für Geschäftsführer Entsprechendes wie für Vorstandsmitglieder; vgl. dazu *Mertens* aaO 30 ff.

[280] Baumbach/Hueck/*Zöllner* § 37, 16; **aA** Meyer-Landrut/*Miller*/Niehus § 37, 80.

Geschäftsführergremium nicht anwendbar. Nichtig ist eine Geschäftsordnung, soweit sie in die Kernbereichszuständigkeit des Arbeitsdirektors eingreift (vgl. dazu Rdn 113).

VI. Wissens- und Irrtumszurechnung, Willensmängel

Schrifttum

Flume Die juristische Person, Allgemeiner Teil des Bürgerlichen Rechts, 1. Bd. 2. Teil (1983); *Grunewald* Wissenszurechnung bei juristischen Personen, in: Festschr. Beusch (1993) S. 301; *Richardi* Die Wissensvertretung, AcP 169 (1969) 385; *Schilken* Wissenszurechnung im Zivilrecht (1983); *Waltermann* Zur Wissenszurechnung – am Beispiel der juristischen Personen des privaten und des öffentlichen Rechts, AcP 192 (1992) 181; *Wiesner* Zum Beginn der Ausschlußfrist des § 626 Abs. 2 BGB bei Kenntniserlangung durch Organmitglieder, BB 1981, 1533.

1. Wissenszurechnung

123 Wissen oder fahrlässige Unkenntnis eines Geschäftsführers sind nach h.L. der Gesellschaft im Hinblick auf dessen Organstellung als ihr Wissen oder Wissenmüssen zuzurechnen, ohne daß es auf die Vertretungsverhältnisse ankommt[281]. Demgegenüber wird insbesondere unter Hinweis auf § 166 BGB von einer Reihe von Autoren die Relevanz der Kenntnis oder fahrlässigen Unkenntnis eines nicht konkret an der Vertretung der Gesellschaft beteiligten Organmitglieds im Hinblick auf die Frage der rechtlichen Folgen einer Willenserklärung für die Gesellschaft verneint[282]. Wenngleich § 166 BGB für Organe der juristischen Person nicht einschlägig ist[283], so ist doch die Zurechnung des Wissens eines geschäftsfernen Organmitglieds nur insoweit angebracht, als davon unter der Voraussetzung ordnungsgemäßer Organisation der Geschäftsführung der Gesellschaft auch das handelnde Organmitglied hätte Kenntnis haben müssen. Somit ist die Zurechnung von Wissen oder Wissenmüssen eines Geschäftsführers auf die Gesellschaft in bezug auf die Rechtsfolgen einer Willenserklärung dann nicht gerechtfertigt, wenn der Geschäftsführer weder als Vertreter auftritt noch diesem Weisungen erteilt, vom Inhalt der Erklärung keine Kenntnis hatte und auch unter der Voraussetzung ordnungsgemäßer Organisation der Geschäftsführung der Gesellschaft nicht hätte haben müssen[284]. Für die Umstände, unter denen die Zurechnung des Wissens eines geschäftsfernen Organmitglieds zu verneinen ist, wird der juristischen Person die Darlegungs- und Beweislast aufzuerlegen sein, da es sich um Fragen ihrer internen Organisation handelt. Kennen oder Kennenmüssen eines nicht allein vertretungsberechtigten Geschäftsführers reicht für die Begründung einer Duldungsvollmacht mit Wirkung gegen die Gesell-

[281] BGHZ 20, 149, 153 = NJW 1956, 869; 41, 282, 287 = NJW 1964, 1367; 109, 327, 330 f = NJW 1990, 975; BGH WM 1959, 81 = ZGenW 9 (1959) 320 m.Anm. *Paulick*; RG JW 1935, 2044; OLG Köln OLGZ 1977, 343, 345 f; Geßler/*Hefermehl*/Eckardt/Kropff AktG § 78, 69; Soergel-*Leptien*[12] § 166, 4 f; *Meyer-Landrut* AktG § 78, 15, 21; Meyer-Landrut/*Miller*/Niehus 49; MünchKommBGB-*Schramm*[3] § 166, 19; Rowedder/*Koppensteiner* 50 f; *Richardi* AcP 169 (1969) 385, 388; *Wiesner* BB 1981, 1533, 1535; *Schilken* S. 127 ff m. umfassenden Nachw.

[282] *Lutter*/*Hommelhoff* § 36, 5; Scholz/*Schneider* 82; MünchHdbGesR III-*Marsch-Barner*/*Diekmann* § 44, 39; Staudinger/*Dilcher* § 166, 23; Baumbach/Hueck/*Zöllner* 85; *Baumann* ZGR 1973, 284 ff; *Tintelnot* JZ 1987, 795, 799 f; differenzierend *Grunewald* Festschr. Beusch (1993) S. 301, 304 ff; *Bohrer* DNotZ 1991, 124, 129 f; krit. zum derzeitigen Rechtszustand *Waltermann* AcP 192 (1992) 181, 216 ff.

[283] Vgl. *Schilken* S. 127 ff; *K. Schmidt* Gesellschaftsrecht[2] (1991) § 10 V 2, S. 246 ff.

[284] Ähnlich im Ergebnis *Grunewald* Festschr. Beusch (1993) S. 302; vgl. auch *Mertens*-KölnKommAktG[2] § 76, 63 f.

schaft nicht aus, weil die hierzu erforderliche Duldung eines bestimmten Verhaltens die Willensentschließung durch eine vertretungsberechtigte Anzahl von Geschäftsführern voraussetzt[285].

124 Außerhalb der Beurteilung der rechtlichen Folgen einer Willenserklärung begründet – vorbehaltlich eines spezifischen Zwecks der jeweils in Betracht kommenden Zurechnungsnorm – das Wissen oder Wissenmüssen eines beliebigen Geschäftsführers die Kenntnis oder fahrlässige Unkenntnis der Gesellschaft, ohne daß es im einzelnen auf die sachliche Zuständigkeit dieses Geschäftsführers ankommt[286]. Demgegenüber will Baumbach/Hueck/*Zöllner* 88 die Frage der Wissenszurechnung jenseits der Zurechnung von Willenserklärungen von vornherein differenzierend nach den jeweils für die konkrete Rechtsfrage maßgebenden Grundsätzen entscheiden und insbesondere für den Beginn der Kündigungserklärungsfrist des § 626 Abs. 2 BGB allein auf die Kenntnis eines sachlich zuständigen Geschäftsführungsmitglieds abstellen. Dem ist nicht zu folgen; denn jeder Geschäftsführer muß die Relevanz ihm bekannter Tatsachen einschätzen können und seine Kollegen davon gegebenenfalls schnellstens in Kenntnis setzen. Auch wenn mehrere Geschäftsführer zur Vertretung der Gesellschaft zusammenwirken müssen, ist demnach eine von der Kenntnis der Gesellschaft abhängige Erklärungsfrist von dem Zeitpunkt ab zu rechnen, zu dem nur ein Geschäftsführer Kenntnis erhalten hat[287].

125 Das Wissen eines Geschäftsführers ist der Gesellschaft auch dann zuzurechnen, wenn er dieses nicht kraft seiner Stellung erlangt hat, vorausgesetzt – diese Einschränkung ist im Hinblick auf die bei der Wissenszurechnung ähnlich wie bei § 31 BGB zu ziehende Trennungslinie zwischen privater und amtlicher Sphäre eines Geschäftsführers hinzuzufügen – er hätte seine Kenntnis kraft seines Amtes für die Gesellschaft nutzbar machen müssen[288].

126 Liegen die Voraussetzungen vor, unter denen die Kenntnis oder das Kennenmüssen eines Geschäftsführers der Gesellschaft zuzurechnen ist, so ändert sich daran – bei einem typischerweise aktenmäßig festgehaltenen Wissen – durch ein Ausscheiden des betreffenden Geschäftsführers nichts[289].

2. Willensmängel

127 Zur Anfechtung berechtigt die Gesellschaft nur der Willensmangel eines am Rechtsgeschäft beteiligten Geschäftsführers[290]. Dessen Irrtum ist auch dann erheblich, wenn andere Geschäftsführer den wahren Sachverhalt kannten[291], es sei denn, der Umstand, daß diese den handelnden Geschäftsführer nicht aufgeklärt haben, ist

---

285 BGH AG 1988, 167 = DB 1988, 386 m. insoweit abl. Anm. *Reinicke/Tiedtke* DB 1988, 1203; vgl. auch MünchKommBGB-*Reuter*³ § 28, 5 f.

286 Vgl. BGHZ 20, 149, 152 f = NJW 1956, 869 – Bestätigungsschreiben; 41, 282, 287 = NJW 1964, 1367 – Kenntnis der ein fehlerhaftes Anstellungsverhältnis begründenden Umstände; 109, 327, 330 ff = NJW 1990, 975 – Kenntnis der Fehlerhaftigkeit einer Kaufsache; BGH WM 1955, 830, 832 – Kenntnis von der Sittenwidrigkeit einer Abtretung; WM 1959, 81, 84 – Kenntnis von der Einbeziehung einer Forderung in ein Kontokorrentverhältnis; vgl. auch BGH BB 1995, 1975; Scholz/*Schneider* 86 f; *Wiesner* BB 1981, 1533, 1535; weitere Beispiele aus der älteren Rspr. in Voraufl. Rdn 276.

287 Vgl. auch *Mertens*-KölnKommAktG² § 76, 65.

288 Vgl. auch MünchKommBGB-*Reuter*³ § 28, 5 f; im Ergebnis nicht anders *Grunewald* aaO S. 306 f.

289 BGHZ 109, 327, 331 = NJW 1990, 975; BGH WM 1959, 81, 84 = ZGenW 9 (1959) 320 m. Anm. *Paulick*; **aA** *Flume* Juristische Person (1983) S. 401 ff; *Schilken* S., 138 f; *Grunewald* aaO S. 307; MünchKommBGB-*Reuter*³ § 28, 5 f. Anders entscheidet der BGH bei der GmbH & Co.; vgl. BGH BB 1995, 1975 f.

290 Vgl. *Schilken* S. 139 ff.

291 RGZ 78, 347, 353 f.

als pflichtwidriges Verhalten der Gesellschaft gegenüber dem Anfechtungsgegner anzusehen. Eine arglistige Täuschung seitens der Gesellschaft ist auch dann anzunehmen, wenn nicht der handelnde, sondern ein anderer Geschäftsführer den wahren Sachverhalt kannte und konkret mit der Möglichkeit einer Täuschung des Vertragspartners rechnen mußte[292]. Schließt ein gesamtvertretungsberechtigter Geschäftsführer ein Rechtsgeschäft aufgrund der Ermächtigung durch einen weiteren Geschäftsführer allein für die Gesellschaft ab (dazu Rdn 96 ff), so berechtigt ein Willensmangel des ermächtigenden Geschäftsführers die Gesellschaft nicht zur Anfechtung des Rechtsgeschäfts. Ist die Ermächtigung selbst durch den Willensmangel beeinflußt, so kann die Gesellschaft diese anfechten; damit entfällt die Vertretungsmacht des handelnden Geschäftsführers; möglicherweise haftet dieser dann nach § 179 BGB. Grenzen der Anfechtung der Ermächtigung können sich unter Rechtsscheingesichtspunkten in entsprechender Anwendung der §§ 171, 173 BGB ergeben[293].

VII. Haftung der Gesellschaft für ihre Geschäftsführer

Schrifttum

Altmeppen Haftung der Geschäftsleiter einer Kapitalgesellschaft für Verletzung von Verkehrssicherungspflichten, ZIP 1995, 881; *v. Bar* Zur Struktur der Deliktshaftung von juristischen Personen, ihren Organen und ihren Verrichtungsgehilfen, in: Festschr. Kitagawa (1992) S. 79; *Brüggemeier* Organisationshaftung, AcP 191 (1991) 33; *Bühler* Zur (Rechtsschein-)Haftung einer GmbH, GmbHRdsch 1991, 356; *Flume* Die juristische Person, Allgemeiner Teil des Bürgerlichen Rechts, 1. Bd. 2. Teil (1983); *Habetha* Deliktsrechtliche Geschäftsführerhaftung und gesellschaftsfinanzierte Haftpflichtversicherung, DZWiR 1995, 272; *Möhring* Haftung der juristischen Person für Handlungen ihrer Organe, GmbHRdsch 1959, 132; *Ulmer* Zur Haftung der abordnenden Körperschaft nach § 31 BGB für Sorgfaltsverstöße des von ihr benannten Aufsichtsratsmitglieds, in: Festschr. Stimpel (1985) S. 705.

1. Haftung nach § 31 BGB und Organisationshaftung der Gesellschaft

128 Die Gesellschaft hat für das Handeln der Geschäftsführer als ihr Handlungsorgan einzustehen. Sie haftet für jeden privatrechtlichen Haftungstatbestand, den die Geschäftführer in Ausübung ihrer Funktion erfüllen, nach § 31 BGB[294]. Dies gilt nicht nur für unerlaubte Handlungen und Vertragsverletzungen, sondern auch für die Tatbestände der Gefährdungshaftung und die Fälle der §§ 228 S. 2, 231, 904 BGB. Die Haftung nach § 31 BGB knüpft nicht an die Vertretungsmacht, sondern an die Fähigkeit des Organs an, für die juristische Person zu handeln[295]. Für die Haftung des Organs kommt es daher nicht darauf an, ob sein Handeln von der Vertretungsmacht gedeckt war; allein maßgeblich ist vielmehr, ob das Handeln des Organs in den ihm zugewiesenen Wirkungskreis fiel[296]. Die Haftung nach § 31 BGB rechnet die Pflichtverletzung des Organwalters dem Organisationsträger als eigenes Delikt nach dem Prinzip „respondeat superior" zu[297]. Ebenso erzeugen auch § 278 BGB und § 831 BGB eine Haftung der juristischen Person für das Handeln oder Unterlassen natürlicher Personen, die in ihrem Dienst stehen. Doch läßt sich die

---

292 RGZ 81, 433, 436; *Reinking/Kippels* ZIP 1988, 892, 895 m.w.Nachw.; vgl. auch BGH BB 1995, 1975.

293 RGZ 159, 363, 368 f.; RG HRR 1937, 548; dazu im einzelnen MünchKommBGB-*Schramm*[3] § 167, 79 ff.

294 Baumbach/Hueck/*Zöllner* 89; *Lutter/Hommelhoff* § 36, 10.

295 BGHZ 98, 148, 151 = NJW 1986, 2941; BGH NJW 1987, 1193; krit. *v. Bar* Festschr. Kitagawa (1992) S. 279, 285 im Anschluß an *Flume* Die juristische Person (1983) S. 383 f.

296 BGH aaO.

297 *Brüggemeier* AcP 191 (1991) 33, 65.

Rechtsprechung im Rahmen des deliktischen Verkehrspflichtkonzepts, das heute das Recht der unerlaubten Handlungen beherrscht[298], von der Auffassung leiten, daß die juristische Person selbst Adressat von Verkehrspflichten ist und für deren Verletzungen einzustehen hat. Für die Verletzung dieser Pflicht trifft die juristische Person eine – weder von § 831 BGB noch von § 31 BGB abhängige – Eigenhaftung, die jedenfalls dann eingreift, wenn derjenige Organwalter oder Verrichtungsgehilfe, der für die Erfüllung der Verkehrspflicht oder die Organisation der Pflichterfüllung zuständig ist, seine unternehmensinterne Verantwortlichkeit fahrlässig verletzt hat. Eine Pflichtverletzung des Organwalters oder des Gehilfen gegenüber dem geschädigten Dritten ist dagegen keine Haftungsvoraussetzung[299]. Das (organisationsinterne) Verschulden des für die Pflichterfüllung zuständigen Organwalters wird dabei von der Rechtsprechung im Produkthaftungsrecht durchweg aufgrund eines objektiven Organisationsdefizits oder aufgrund von Umständen, die für ein solches Defizit sprechen, vermutet, ohne daß es der Identifizierung des persönlich Verantwortlichen noch bedürfte. Diese Vorgehensweise braucht aber durchaus nicht auf die Produkthaftung beschränkt zu bleiben. Letztlich erzeugt der Umstand, daß die Schädigung eines Dritten bei Einhaltung des gebotenen Organisations- und Verkehrssicherungsstandards hätte vermieden werden können, eine tatsächliche Vermutung dafür, daß diese Standards aufgrund eines subjektiv vorwerfbaren Organisationsverschuldens eines zuständigen Organs oder Verrichtungsgehilfen nicht eingehalten worden sind. Nur wenn sich das Unternehmen von dieser Verantwortlichkeit entlasten will, kommt es dazu, daß die Einzelheiten der internen Verantwortlichkeitsregelung im Prozeß thematisiert werden und die Frage gestellt wird, ob den Verantwortlichen ein Verschulden trifft. Es fragt sich allerdings, ob es für die Feststellung der Fahrlässigkeit der juristischen Person im Falle der Verletzung einer ihr selbst obliegenden Verkehrspflicht überhaupt noch einer Anknüpfung an das Verschulden einer konkret lokalisierbaren natürlichen Person in Gestalt eines Organmitglieds oder einer natürlichen Person bedarf[300]. Konsequenter – und infolge der für Verkehrspflichtverletzungen geltenden Normativierung des Fahrlässigkeitsbegriffs auch durchaus begründet – erscheint es, der juristischen Person selbst die Verletzung der im Verkehr erforderlichen Sorgfalt vorzuwerfen, wenn sie Adressat der verletzten Verkehrspflicht ist. Von diesem Vorwurf kann sie sich nur durch den Nachweis entlasten, daß die Verkehrspflichtverletzung auch bei sachgerechter Organisation und vollständiger Erfüllung aller Geschäftsherrnpflichten iSv. § 831 Abs. 1 S. 2 BGB im Rahmen des Zumutbaren nicht vermeidbar gewesen wäre.

2. Ausnahmen von der Haftung

Die Gesellschaft haftet nicht für Pflichtverstöße der Geschäftsführer, die sich gegen die Gesellschaft selbst richten und einen Anspruch der Gesellschaft auf Schadensersatz begründen. Dies gilt auch dann, wenn diese Pflichten zugleich im Interesse Dritter bestehen und diesen gegenüber eine Haftung nach § 823 Abs. 2 BGB in **129**

[298] Vgl. dazu MünchKomm-*Mertens*³ (1997) § 823, 11, 49, 206.

[299] Vgl. dazu auch *v. Bar* aaO S. 288 f. Wer eine solche Eigenhaftung verneint, wie etwa *Brüggemeier* AcP 191 (1991) 33, 64 ff und *Altmeppen* ZIP 1995, 881, 888, kann den Gedanken, daß Organisationspflichten des Geschäftsführers innerhalb der GmbH keineswegs notwendig Verkehrspflichten gegenüber Dritten darstellen müssen (vgl. dazu § 43, 110, 115), nicht teilen und wird tendenziell zur Ausweitung der Eigenhaftung des Geschäftsführers gegenüber Dritten neigen, weil er nur so die Haftung der GmbH selbst begründen kann (vgl. dazu § 43, 115).

[300] Vgl. *v. Bar* aaO.

Betracht kommt[301]. Eine Haftung aus § 31 BGB entfällt ferner, wenn dadurch der Schutz der Gesellschaft beeinträchtigt wird, der sich aus den Regeln über die Gesamtvertretung ergibt[302]. Tritt ein Geschäftsführer als falsus procurator auf, so tritt die Haftung nach § 31 BGB hinter derjenigen aus §§ 177ff BGB zurück[303]. Der Vorrang der §§ 177ff BGB schließt die Haftung nach § 31 BGB allerdings nur insoweit aus, als lediglich die Schadensersatzpflicht des falsus procurator nach § 179 BGB oder aufgrund einer ihm oder der Gesellschaft zuzurechnenden culpa in contrahendo in Frage steht. Liegt in dem Auftreten als falsus procurator zugleich ein deliktisches Verhalten des Geschäftsführers, so haftet die Gesellschaft nach § 31 BGB[304]. Das gilt auch für ein deliktisches Verhalten des Organs in Form der Unterschriftsfälschung oder eines Betruges, mit dem der Anschein seiner Vertretungsmacht hergestellt wird[305].

3. Haftung im Gründungsstadium

130 Im Gründungsstadium trifft bereits die Vorgesellschaft eine Haftung für den Geschäftsführer nach § 31 BGB, die nach BGHZ 80, 129 = NJW 1981, 1373 auf die Gesellschaft übergeht.

4. Sachzusammenhang mit dem Aufgabenbereich des Geschäftsführers

131 Die Einstandspflicht der Gesellschaft nach § 31 BGB setzt voraus, daß der Geschäftsführer in Ausübung seiner Verrichtungen gehandelt hat. Dieser Sachzusammenhang mit dem Aufgabenbereich des Geschäftsführers fehlt bei Handlungen, die mit dem Wirkungskreis des Geschäftsführers nichts zu tun haben und so, wie sie sich nach außen darstellen, auch nicht den Anschein eines Sachzusammenhanges erwecken können[306]. Selbst ein vorsätzliches Überschreiten der Geschäftsführungsbefugnisse kann noch in Ausführung der Verrichtungen erfolgen, solange sich das Verhalten aus der Sicht eines Außenstehenden nicht so weit von dem Aufgabenkreis des Handelnden entfernt, daß der generelle Rahmen der dem Organ übertragenen Obliegenheiten überschritten ist[307]. Entgegen BGHZ 99, 298, 301[308] haftet die Gesellschaft auch für eine unerlaubte Handlung, die ihr Organwalter erst nach seinem Ausscheiden begeht, für die er aber vorher Vorbereitungshandlungen getroffen hat. Das Zivilrecht trennt nicht zwischen Vorbereitungshandlung und Ausführung der Tat, so daß für die deliktische Haftung auch eine sog. Vorbereitungshandlung ausreicht, soweit sie für den deliktischen Erfolg adäquat kausal ist[309].

132 Delegiert eine GmbH kraft eines Entsendungsrechts oder kraft ihres faktischen Einflusses einen Geschäftsführer in das Organ einer anderen Gesellschaft und begeht dieser in seiner Stellung als Organperson der aufnehmenden Gesellschaft eine zum Schadensersatz verpflichtende Handlung, so haftet die abordnende Gesellschaft Dritten gegenüber nicht nach § 31 BGB. Verantwortlich ist allein die aufnehmende

---

301 Vgl. *Mertens*-KölnKommAktG² § 76, 74.

302 Vgl. BGH DB 1967, 1629; RGZ 134, 375; Baumbach/Hueck/*Zöllner* 65.

303 Vgl. *Mertens* aaO 79f m.w.Nachw.

304 BGHZ 98, 148, 155f = NJW 1986, 2941; *Mertens* aaO 80.

305 BGHZ 98, 148, 153 entgegen RGZ 134, 375, 377 und BGH WM 1967, 714, 715; ebenso Soergel/*Hadding* § 31, 25 und *Flume* Juristische Person S. 389ff.

306 Vgl. *Mertens*-KölnKommAktG² § 76, 77 m.Nachw.

307 Vgl. BGHZ 98, 148, 152 = NJW 1986, 2941 m.w.Nachw.; *Mertens* aaO.

308 = JR 1987, 367f m. abl. Anm. *Reuter*.

309 Vgl. *Mertens*-KölnKommAktG² § 76, 77; ebenso Baumbach/Hueck/*Zöllner* 91.

Gesellschaft. Eine gesamtschuldnerische Haftung beider Gesellschaften ist zu bejahen, wenn die haftungsbegründende Handlung konkret im Zusammenhang mit beiden Aufgabenbereichen des Geschäftsführers steht: z. B. Verursachung eines Unfalls bei einer Dienstfahrt, die im Interesse beider Gesellschaften unternommen wird. Das gleiche gilt, wenn ein Organmitglied der Obergesellschaft als Mitglied der Verwaltung einer Untergesellschaft einen Dritten in Ausübung unternehmerischer Konzernleitung für die Obergesellschaft schädigt[310]. Schädigt der von der einen in eine andere Gesellschaft delegierte Geschäftsführer die aufnehmende Gesellschaft selbst, so ist eine Haftung der delegierenden Gesellschaft dann anzunehmen, wenn ihr Geschäftsführer als Organmitglied der aufnehmenden Gesellschaft seine Pflichten dieser gegenüber im Interesse der delegierenden Gesellschaft verletzt und dabei die Schädigung der aufnehmenden Gesellschaft – zumindest bedingt vorsätzlich – in Kauf nimmt[311]. Eine generelle Haftung der delegierenden Gesellschaft kommt schon deshalb nicht in Betracht, weil der Gesetzgeber eine Haftung des Entsenders im Rahmen von § 101 Abs. 2 AktG nicht statuiert hat[312]. Andererseits kann aber auch der Rechtsprechung des BGH[313] nicht gefolgt werden, die sich darauf beruft, daß eine Organperson stets ausschließlich die Interessen der Gesellschaft wahrnehmen müsse, für die sie in ihrer jeweiligen Rolle handele. Vielmehr ist darauf abzustellen, ob sie dieser Anforderung tatsächlich genügt hat, und ihre Haftung zu bejahen, wenn dies nicht der Fall war[314].

Eine Vermutung, daß der Geschäftsführer einen Haftungstatbestand im Rahmen seines dienstlichen Tätigkeitsbereichs erfüllt, besteht nicht; sie ergibt sich insbesondere auch nicht aus § 344 Abs. 1 HGB[315]. **133**

5. Einstehenmüssen der Gesellschaft für Geschäftsführer außerhalb des § 31 BGB

Auch außerhalb des § 31 BGB kann die Gesellschaft für Geschäftsführer einzustehen haben. Die Gesellschaft kann z. B. einen Anspruch auf Zahlung einer Versicherungssumme verlieren, wenn ein Geschäftsführer den Obliegenheiten aus dem Versicherungsvertrag nicht nachkommt[316]. Die Befangenheit auch nur eines Geschäftsführers macht unabhängig von seiner Vertretungs- und Geschäftsführungsbefugnis und von seiner tatsächlichen Mitwirkung an einem Geschäft die Gesellschaft befangen[317]. Das Ordnungswidrigkeitengesetz enthält in §§ 29 f gegen die Gesellschaft gerichtete Sanktionen für Ordnungswidrigkeiten eines Geschäftsführers[318]. **134**

Ausnahmsweise kann der Gesellschaft auch das **private Verhalten** eines Geschäftsführers zuzurechnen sein, wenn es Auswirkungen im Bereich der Geschäftsführung hat: So ist es beispielsweise für die Frage, ob ein Verhalten der Gesellschaft einem Handelsvertreter Anlaß zu einer Kündigung nach § 89b Abs. 3 S. 1 HGB gegeben hat, relevant, wenn ein Geschäftsführer mit der Frau des Handelsvertreters ein Verhältnis hat und es dadurch zu Spannungen im Rahmen des Anstellungsverhältnisses kommt[319]. **135**

---

310 Vgl. dazu *Mertens* aaO 82.

311 AA BGHZ 90, 381, 397 f = NJW 1984, 1893; dagegen tritt *Ulmer* Festschr. Stimpel (1985) S. 705, 715 ff m.w.Nachw. grundsätzlich für eine Haftung der abordnenden Körperschaft nach § 31 BGB für Sorgfaltsverstöße des von ihr entsandten oder benannten Aufsichtsratsmitglieds gegenüber der aufnehmenden Gesellschaft ein.

312 Vgl. dazu *Mertens* aaO 84.

313 BGHZ aaO.

314 Vgl. dazu im einzelnen *Mertens* aaO 83 ff.

315 RG LZ 1931 Sp. 324.

316 RGZ 66, 181, 185.

317 BayObLG DB 1987, 2400, 2401.

318 Literaturnachw. bei *Göhler* Ordnungswidrigkeitengesetz[11] (1995) vor § 29a.

319 OLG Düsseldorf NJW 1964, 1963.

C. Das Anstellungsverhältnis der Geschäftsführer

Schrifttum

Bauer/Diller Karenzentschädigung und bedingte Wettbewerbsverbote bei Organmitgliedern, BB 1995, 1134; *Baums* Der Geschäftsleitervertrag (1987); *ders.* Zuständigkeit für Abschluß, Änderung und Aufhebung von Anstellungsverträgen, ZGR 1993, 141; *Brandes* Die Rechtsprechung des BGH zur GmbH, WM 1995, 641; *ders.* Die Auswirkung der Verschmelzung von Kapitalgesellschaften auf die Anstellungsverhältnisse der Geschäftsleiter, ZHR 156 (1992) 248; *Brandmüller* Der GmbH-Geschäftsführer im Gesellschafts-, Steuer- und Sozialversicherungsrecht, 5. Aufl. (1993); *Diller* Gesellschafter und Gesellschaftsorgane als Arbeitnehmer (1994); *Eckardt* Der Geschäftsführer der GmbH – ein Arbeitnehmer? ZfA 1987, 467; *Figge* Die Sozialversicherung der Gesellschafter-Geschäftsführer einer GmbH, GmbHRdsch 1986, 185; *ders.* Sozialversicherungsrechtliche Beurteilung von GmbH-Minderheitsgesellschafter-Geschäftsführern, GmbHRdsch 1987, 338; *ders.* Sozialversicherungspflicht der GmbH-Gesellschafter-Geschäftsführer in der Renten- und Arbeitslosenversicherung, GmbHRdsch 1995, 111; *Fleck* Das Dienstverhältnis der Vorstandsmitglieder und Geschäftsführer in der Rechtsprechung des BGH, WM 1994, 1957; *ders.* Das Organmitglied – Unternehmer oder Arbeitnehmer, Festschrift Hilger/Stumpf (1983) 197; *ders.* Die Drittanstellung des GmbH-Geschäftsführers, ZHR 149 (1984) 387; *ders.* Schuldrechtliche Verpflichtungen einer GmbH im Entscheidungsbereich der Gesellschafter, ZGR 1988, 105; *Gaul* Der leitende Angestellte in Doppelfunktion als Organmitglied, GmbHRdsch 1989, 357; *ders.* Die Abgrenzung nachvertraglicher Geheimhaltungsverpflichtungen gegenüber vertraglichen Wettbewerbsbeschränkungen, ZIP 1988, 689; *ders.* Die Behandlung von schutzwürdigen Erfindungen durch GmbH-Geschäftsführer, GmbHRdsch 1982, 101; *ders.* Die Rechtsstellung des GmbH-Geschäftsführers, GmbHRdsch 1988, 172; *ders.* Die Wettbewerbsbeschränkung des Geschäftsführers innerhalb und im Anschluß an den stillschweigend verlängerten Vertrag, GmbHRdsch 1991, 144; *ders.* Erfindervergütung an geschäftsführende Gesellschafter, DB 1990, 671; *Gissel* Arbeitnehmerschutz für den GmbH-Geschäftsführer (1987); *Groß* Das Phantom des Arbeitnehmer-Geschäftsführers im Konkursausfallgeldgesetz und in der Konkursordnung, DB 1984, 1447; *ders.* Das Anstellungsverhältnis des GmbH-Geschäftsführers im Zivil-, Arbeits-, Sozialversicherungs- und Steuerrecht (1987); *Grunsky* Rechtswegzuständigkeit bei Kündigung des Anstellungsvertrages eines GmbH-Geschäftsführers, ZIP 1988, 76; *Henssler* Das Anstellungsverhältnis der Organmitglieder, RdA 1992, 289; *Heyll* Die Anwendung von Arbeitsrecht auf Organmitglieder (1994); *Hockemeier* Die Auswirkung der Verschmelzung von Kapitalgesellschaften auf die Anstellungsverhältnisse der Geschäftsleiter (1990); *Hoffmann-Becking* Nachvertragliche Wettbewerbsverbote für Vorstandsmitglieder und Geschäftsführer, Festschrift Quack (1991) 273; *Hohlfeld* Der GmbH-Geschäftsführer im Spannungsverhältnis zwischen Arbeitgeberfunktion und Arbeitnehmereigenschaft, GmbHRdsch 1987, 255; *Hueck* Bemerkungen zum Anstellungsverhältnis von Organmitgliedern juristischer Personen, Festschrift Hilger/Stumpf (1983) 365; *ders.* Zur arbeitsrechtlichen Stellung des GmbH-Geschäftsführers, ZfA 1985, 25; *Jäger* Das nachvertragliche Wettbewerbsverbot und die Karenzentschädigung für Organmitglieder juristischer Personen, DStR 1995, 724; *Jaeger* Der Anstellungsvertrag des GmbH-Geschäftsführers, 3. Aufl. (1994); *Jestaedt* Die Vergütung des Geschäftsführers für unternehmensbezogene Erfindungen, Festschrift Nirk (1992) 493; *Knott/Schröter* Der Aufstieg des leitenden Angestellten zum Geschäftsführer der ausgegliederten Konzerngesellschaft – ein arbeitsrechtliches Problem, GmbHRdsch 1996, 238; *Konzen* Die Anstellungskompetenz des GmbH-Aufsichtsrats nach dem Mitbestimmungsgesetz, GmbHRdsch 1983, 92; *Lange* Das Nachzahlungsverbot, GmbHRdsch 1991, 427; *Lieb/Eckhardt* Der GmbH-Geschäftsführer in der Grauzone zwischen Arbeits- und Gesellschaftsrecht (1987); *Lunk* Erstattungspflicht des Arbeitgebers aus § 128 AFG beim Ausscheiden eines GmbH-Geschäftsführers, DB 1994, 934; *Martens* Vertretungsorgan und Arbeitnehmerstatus in konzernabhängigen Gesellschaften, Festschrift Hilger/Stumpf (1983) 437; *Nordhues* Arbeitsrechtliche Einordnung von Organmitgliedern (1992); *Onusseit* Nachträgliche Feststellung der Sozialversicherungsfreiheit des Gesellschafter-Geschäftsführers und ihre Bedeutung im Konkurs der Gesellschaft, KTS 1992, 1; *Plagemann* Anrechnung von Arbeitslosengeld auf die Karenzentschädigung des GmbH-Geschäftsführers? ZIP 1991, 1121; *Posdziech* Der Geschäftsführer der GmbH, 2. Aufl. (1994); *Rehbinder* Rechtliche Schranken der Erstattung von Bußgeldern an Organmitglieder und Angestellte, ZHR 148 (1984) 554; *Reinfeld* Das nachvertragliche Wettbewerbsverbot im Arbeits- und Wirtschaftsrecht (1993); *Reiserer/Schulte* Der GmbH-Geschäftsführer im Sozialversicherungsrecht, BB 1995, 2162; *Röder/Lingemann* Schicksal von Vorstand und Geschäftsführer bei Unternehmensumwandlungen und Unternehmensveräußerungen, DB 1993, 1341; *Schneider* Der Anstellungsvertrag des Geschäftsführers einer GmbH im Konzern, GmbHRdsch 1993, 10; *Schoor* Der Anstellungsvertrag des GmbH-Gesellschafter-Geschäftsführers, DStZ 1990, 355; *Schuhmann* Zur Arbeitnehmereigenschaft eines GmbH-Minderheitsgesellschafter-Geschäftsführers, GmbHRdsch 1991, 375; *Sina* Zum nachvertraglichen Wettbewerbsverbot für Vorstandsmitglieder und GmbH-Geschäftsführer, DB 1985, 902; *Spörlein/Tausend* Handbuch für den Geschäftsführer der GmbH, 15. Aufl. (1992); *Straub* Die Sozialversicherung des GmbH-Geschäftsführers, DB 1992, 1087; *Sudhoff* Rechte und Pflichten des Geschäftsführers einer GmbH und einer GmbH & Co., 14. Aufl. (1994); *Tausend* Der Vertrag des Geschäftsführers und der leitenden Angestellten einer GmbH und einer GmbH & Co., 4. Aufl. (1991); *Tillmann* Der GmbH-Geschäftsführervertrag, 6. Aufl. (1995); *ders.* Die Rechtsposition des GmbH-Geschäftsführers, StbKRep 1991, 65; *ders.* Die steuerliche und sozialversicherungsrechtliche Behandlung des GmbH-Geschäftsführers, StbKRep 1987, 89; *Timm* Der Gesellschafter-Geschäftsführer im Pfändungs- und Insolvenzrecht, ZIP 1981, 10; *Weber* Vertragsgestaltung: Anstellungsvertrag mit einem Geschäftsführer einer GmbH, JuS 1987, 559; *Wernicke* Die Rückführung überlanger Wettbewerbsverbote in der BGH-Rechtsprechung, BB 1990, 2209. S. auch die Schrifttumsnachw. vor Rdn 191 und 261. Zu älterem Schrifttum s. Vorauflage.

I. Rechtliche Qualifikation der Geschäftsführerstellung

1. Rechtsgrundlagen der Geschäftsführerstellung

Die Rechtsstellung des Geschäftsführers beruht auf dem Gesetz, auf der Satzung, 136
auf dem Bestellungsverhältnis und auf dem Anstellungsverhältnis. Neben das korporationsrechtliche Organverhältnis tritt die individuelle Rechtsbeziehung der Gesellschaft zur Person des Geschäftsführers. Während das Bestellungsverhältnis als Grundlage der Organstellung für die Rechte und Pflichten des Geschäftsführers in seiner Eigenschaft als Gesellschaftsorgan maßgeblich ist, richtet sich die persönliche Rechtsstellung des Geschäftsführers nach dem Anstellungsverhältnis. Die individuellen Rechte und Pflichten des Geschäftsführers aus dem Anstellungsverhältnis sind weder gesetzlich normiert, noch ohne weiteres aus dem Bestellungsverhältnis ableitbar. Ihre Begründung bedarf daher regelmäßig gesonderter gesellschaftsvertraglicher oder schuldrechtlicher Vereinbarung. Die konkrete Ausgestaltung des Anstellungsverhältnisses wiederum entscheidet wesentlich über die Anwendbarkeit arbeitsrechtlicher, sozialversicherungsrechtlicher und steuerrechtlicher Vorschriften auf den Geschäftsführer. Diese und die an die Organstellung des Geschäftsführers anknüpfenden gesetzlichen Vorschriften ergänzen die schuld- und satzungsrechtlichen Vorgaben des Bestellungsverhältnisses und des Anstellungsverhältnisses zu jenem komplexen Regelungsgefüge, das die Rechtsstellung des Geschäftsführers insgesamt kennzeichnet.

2. Typendifferenzierung zwischen Geschäftsführern

a) Gesellschafter-Geschäftsführer und Fremdgeschäftsführer. Das GmbH-Recht 137
unterscheidet in § 6 Abs. 3 S. 1 den Gesellschafter-Geschäftsführer und den Fremdgeschäftsführer, knüpft aber an diese Differenzierung grundsätzlich keine unterschiedlichen Rechtsfolgen. Ob das Geschäftsführeramt von einem Gesellschafter oder von einem an der Gesellschaft nicht beteiligten Dritten ausgeübt wird, hat deshalb keinen Einfluß auf seine Rechtsstellung als Gesellschaftsorgan. Auch außer-

halb des gesellschaftlichen Organisationsrechts erlangt die gesetzliche Typendifferenzierung keine unmittelbare Bedeutung. Soweit andere Rechtsgebiete wie das Arbeitsrecht, das Sozialversicherungsrecht oder das Steuerrecht die persönlichen Rechtsbeziehungen des Geschäftsführers zur Gesellschaft regeln, bestimmen sie den Geltungsbereich ihrer Vorschriften anhand eigenständiger Geschäftsführer-Typologien, die nicht den GmbH-rechtlichen Begriffen folgen, sondern im wesentlichen auf den Gegensatz zwischen dem Unternehmer-Geschäftsführer und dem abhängigen Geschäftsführer abstellen (dazu die folgenden Rdn). Für diese Abgrenzung kann die gesetzliche Unterscheidung zwischen dem Gesellschafter-Geschäftsführer und dem Fremdgeschäftsführer lediglich insofern einen gewissen Anhaltspunkt bieten, als dem abhängigen Geschäftsführer jedenfalls als Regeltypus der Fremdgeschäftsführer entspricht.

138 b) **Abhängige Geschäftsführer und Unternehmer-Geschäftsführer.** Im **Sozialversicherungsrecht** und im **Recht der betrieblichen Altersversorgung** hat sich weitgehend die Unterscheidung zwischen dem von den Gesellschaftern oder jedenfalls von einem Mehrheitsgesellschafter abhängigen Geschäftsführer und demjenigen Geschäftsführer durchgesetzt, der maßgeblichen unternehmerischen Anteil an der Gesellschaft nehmen kann. In beiden Rechtsgebieten beruht diese Differenzierung im Prinzip darauf, daß eine Person, deren Berufsbild eher dem des selbständigen Unternehmers als dem des abhängigen Arbeitnehmers entspricht, nicht in gleichem Ausmaß wie der letztere für sozial schutzbedürftig gehalten wird (vgl. dazu im einzelnen Rdn 140 ff, 147 ff). Der für den **Unternehmer-Geschäftsführer** kennzeichnende maßgebliche unternehmerische Einfluß kann auf seinem Kapitalanteil oder seinem Stimmrecht beruhen, seine Stellung kann aber auch ohne Mehrheitsbeteiligung so ausgestaltet sein, daß er die Geschäftsführung weitgehend in eigener Leitungsverantwortung wahrnehmen kann; entscheidend für seine Qualifikation als Unternehmer-Geschäftsführer ist, daß er die rechtlich oder immerhin faktisch eindeutig abgesicherte Möglichkeit hat, die Unternehmenspolitik kraft seines Einflusses auf die Gesellschaft zu bestimmen oder wenigstens mitzubestimmen. Fehlt es daran, ist der Geschäftsführer im Sozialversicherungsrecht und im Recht der Altersversorgung als **abhängig** zu betrachten. Fremdgeschäftsführer sind, falls ihre Position nicht atypisch ausgestaltet ist, regelmäßig als abhängige Geschäftsführer anzusehen. Nicht möglich ist dagegen umgekehrt der Schluß von der Stellung als Gesellschafter-Geschäftsführer auf seine Eigenschaft als Unternehmer-Geschäftsführer, da Kapitalbeteiligung oder Stimmrecht als solche keine hinreichende Grundlage für seine Zuordnung zu dem einen oder anderen Typus bietet. Diese muß vielmehr anhand der vorstehend aufgeführten Merkmale unternehmerischen Einflusses in jedem Einzelfall gesondert vorgenommen werden. Abhängiger Geschäftsführer ist somit neben dem Fremdgeschäftsführer auch derjenige Gesellschafter-Geschäftsführer, der auf die Willensbildung der Gesellschaft keinen maßgeblichen Einfluß nehmen kann.

139 In ähnlicher Weise unterscheidet auch das **Steuerrecht** jedenfalls der Sache, wenn auch nicht der Terminologie nach, zwischen dem Unternehmergeschäftsführer und dem abhängigen Geschäftsführer, nimmt diese Abgrenzung aber entsprechend ihrem Zweck, durch das Gesellschaftsverhältnis veranlaßten Zuwendungen an Geschäftsführer die Abzugsfähigkeit als Betriebsausgaben zu versagen, nach eigenständigen Kriterien vor. Entscheidendes Differenzierungsmerkmal ist das steuerliche Mißbrauchspotential, das der Stellung des Geschäftsführers zur Gesellschaft in seiner konkreten Ausgestaltung innewohnt. Dieses schätzt das Steuerrecht beim Gesellschafter-Geschäftsführer grundsätzlich höher ein als beim Fremdgeschäftsführer, beim beherrschenden Gesellschafter-Geschäftsführer wiederum höher als bei einem

Gesellschafter-Geschäftsführer ohne maßgeblichen unternehmerischen Einfluß. Es stellt deshalb entsprechend abgestufte Anforderungen an die steuerliche Anerkennung anstellungsvertraglicher Vereinbarungen mit Gesellschafter-Geschäftsführern, während es Zuwendungen an den Fremdgeschäftsführer grundsätzlich als unbedenklich betrachtet, sofern es ihn nicht ausnahmsweise, weil er einem Gesellschafter nahesteht und deshalb auch bei ihm die Möglichkeit steuerlichen Mißbrauchs besteht, gleichfalls den für Gesellschafter-Geschäftsführer geltenden Regeln unterwirft (s. dazu im einzelnen Rdn 154 ff).

c) **Die Typendifferenzierung in den einzelnen Rechtsgebieten. aa) Sozialversicherungsrecht.** Das Sozialversicherungsrecht stellt maßgeblich darauf ab, ob eine gegen Entgelt beschäftigte Person in einem **abhängigen Beschäftigungsverhältnis** steht[1]. Kennzeichen für eine solche persönliche Abhängigkeit des Geschäftsführers sind vor allem das Fehlen eines wesentlichen eigenen unternehmerischen Risikos, weitgehende Weisungsgebundenheit und die Dienstleistung gegen laufende Bezüge. Weder die Organstellung des Geschäftsführers noch die Ausübung der Arbeitgeberfunktion gegenüber den Angestellten der GmbH steht nach st.Rspr. der Annahme einer abhängigen Beschäftigung entgegen[2]. **140**

Auch wenn die persönliche Abhängigkeit im sozialversicherungsrechtlichen Sinne grundsätzlich in jedem Einzelfall gesondert zu prüfen ist[3], wird sie doch für **Fremdgeschäftsführer**, die im allgemeinen kein wesentliches Unternehmerrisiko tragen und in eine nicht von ihnen selbst vorgegebene Betriebsorganisation eingegliedert sind, regelmäßig zu bejahen sein[4]. Ausnahmsweise kann es jedoch auch beim Fremdgeschäftsführer an den Voraussetzungen einer abhängigen Beschäftigung und damit an der Versicherungspflicht fehlen. Das ist namentlich dann der Fall, wenn die Satzung oder der Anstellungsvertrag dem Fremdgeschäftsführer eine dem Vorstand der Aktiengesellschaft vergleichbare eigenverantwortliche Leitungsmacht einräumt und ein wesentlicher Teil seiner Vergütung erfolgsbezogen ist[5]. Vollständige Weisungsfreiheit ist dafür nicht erforderlich. So steht etwa die Bindung des Geschäftsführers an die Zustimmung der Gesellschafterversammlung bei bestimmten wichtigen Geschäften der Annahme einer selbstbestimmten Tätigkeit nicht entgegen, sofern nur die Geschäftsführung im übrigen keinerlei Weisungen von Seiten der Gesellschafter unterliegt[6]. Die neuere Rspr. setzt dabei nicht einmal notwendig eine vertragliche Begründung eigenverantwortlicher Leitungsmacht voraus, sondern stellt, sofern die tatsächlichen Verhältnisse von der Rechtslage abweichen, mit Recht auf erstere ab[7]. Nicht persönlich abhängig ist danach auch derjenige Fremdgeschäftsführer, der die Geschäfte praktisch wie ein Alleininhaber nach eigenem Gutdünken führen kann, weil die Gesellschafter aufgrund der faktischen Gegebenheiten daran gehindert sind, ihr Direktionsrecht auszuüben[8]. Richtigerweise muß es für **141**

[1] St.Rspr. des BSG, z. B. BSGE 70, 81, 82 f; 49, 22, 25; BSG BB 1992, 2437, jeweils m.w. Nachw.; zu den allgemeinen Grundsätzen für die Sozialversicherungspflicht *Straub* DB 1992, 1087.

[2] Z. B. BSGE 67, 183, 185 = NJW 1991, 862; BSGE 70, 81, 82; BSG BB 1992, 2437, 2438.

[3] BAG GmbHRdsch 1987, 265, 266; BSG BB 1989, 72 f; LSG Niedersachsen GmbHRdsch 1987, 355, 356.

[4] BSG NJW 1974, 207; *Reiserer/Schulte* BB 1995, 2162, 2163; *Tillmann* Rdn 569; *Posdziech* Rdn 26.

[5] Vgl. auch LSG Hessen NJW-RR 1994, 613.

[6] BSG BB 1989, 72, 73.

[7] BSG NJW 1994, 2974, 2975; GmbHRdsch 1992, 810, 812; GmbHRdsch 1991, 461, 462; BB 1989, 72, 73; GmbHRdsch 1987, 351, 352; LSG Niedersachsen GmbHRdsch 1987, 355, 356, jeweils m.w.Nachw.

[8] BSG BB 1989, 72, 73: im konkreten Fall aufgrund enger familiärer Bindungen; vgl. auch BSGE 67, 183, 185 = NJW 1991, 862.

die Selbständigkeit des Fremdgeschäftsführers dann auch genügen, daß die Gesellschafter von ihrem Weisungsrecht tatsächlich keinen Gebrauch machen.

142 Bei einem **Gesellschafter-Geschäftsführer** wird ein abhängiges Beschäftigungsverhältnis dann angenommen, wenn er gegen eine laufende Vergütung funktionsgerecht dienend am Arbeitsprozeß des Betriebes teilnimmt und keinen maßgeblichen Einfluß auf die Geschicke der GmbH – sei es kraft seines Anteils am Stammkapital oder seines Stimmrechts[9], sei es aufgrund der tatsächlichen Verhältnisse – geltend machen kann[10]. Dies gilt auch für die GmbH im Gründungsstadium[11]. Ein maßgeblicher, persönliche Abhängigkeit ausschließender Einfluß des Gesellschafter-Geschäftsführers ist dagegen dann zu bejahen, wenn der Geschäftsführer kraft seines Kapitalanteils oder jedenfalls mit Hilfe seiner Gesellschafterrechte die für das Beschäftigungsverhältnis typische Abhängigkeit vermeiden kann[12]. Wann die Tätigkeit eines Gesellschafters-Geschäftsführers in diesem Sinne als selbständig zu qualifizieren ist, läßt sich nicht generell, sondern nur in jedem Einzelfall anhand der Gesellschaftsstruktur und der Beteiligungsverhältnisse, der Ausgestaltung seiner Gesellschafter- und Geschäftsführerrechte sowie unter Berücksichtigung seiner außerrechtlichen Einflußmöglichkeiten entscheiden. Maßgeblicher Gesichtspunkt ist dabei der Grad der Bindung des Geschäftsführers an das willensbildende Organ, der sich nicht nur nach seiner rechtlichen Weisungsunterworfenheit, sondern vor allem nach den tatsächlichen Verhältnissen bemißt (vgl. dazu schon Rdn 141).

143 Keine Abhängigkeit liegt danach regelmäßig bei einem **Mehrheitsgesellschafter-Geschäftsführer** vor, der eine Beteiligung von 50% oder mehr innehat[13]. Dies gilt auch dann, wenn zwei Geschäftsführer mit jeweils 50% beteiligt sind, so daß keiner gegen den Willen des anderen wesentliche Beschlüsse durchsetzen[14] oder ihm nicht genehme Entscheidungen aufheben kann[15]. Ausnahmsweise kann jedoch auch ein Mehrheitsgesellschafter-Geschäftsführer in einem sozialversicherungspflichtigen Beschäftigungsverhältnis stehen, wenn er tatsächlich keinen über die Rechte eines Minderheitsgesellschafters hinausgehenden Einfluß besitzt, etwa weil die GmbH mehrere Gesellschafter hat und das Stimmrecht nach Köpfen verteilt ist[16] oder die Ausübung des Stimmrechts aus dem vom Geschäftsführer nur treuhänderisch gehaltenen Anteil beim Treugeber verbleibt[17]. Dagegen läßt die Existenz eines Beirats, der seine Entscheidungen auch gegen den Willen des Mehrheitsgesellschafter-Geschäftsführers durchsetzen kann, einen die Selbständigkeit begründenden maßgeblichen Einfluß noch nicht entfallen[18].

144 Maßgeblicher Einfluß auf die Willensbildung der Gesellschaft und Beteiligung am Unternehmensrisiko schließen auch beim **Minderheitsgesellschafter-Geschäftsführer** die Sozialversicherungspflicht aus. An der für eine abhängige Beschäftigung

---

9 Vgl. BSG GmbHRdsch 1992, 810, 811.

10 BSGE 16, 289, 294; BSG GmbHRdsch 1972, 104; GmbHRdsch 1989, 32, 33; LSG Niedersachsen GmbHRdsch 1987, 355, 356; FG Köln EFG 1990, 94, 95; vgl. auch OFD Köln Vfg. v. 17.8.1994 – S 2333–47 – St 15 A, abgedr. in GmbHRdsch 1994, 902; *Figge* GmbHRdsch 1986, 185, 187; *Tillmann* StbKRep 1991, 65, 69.

11 BSGE 17, 15 = NJW 1962, 1539 für den Fall der gesetzlichen Unfallversicherung; verallgemeinernd der Hinweis in DB 1994, 1473.

12 BSGE 70, 81, 83; BSG BB 1984, 1049; GmbHRdsch 1991, 17, 18; BB 1992, 2437, 2438; GmbHRdsch 1993, 355, 356.

13 BSGE 23, 83, 84; 70, 81, 83; BSG GmbHRdsch 1989, 32, 33; GmbHRdsch 1989, 34; GmbHRdsch 1991, 17; FG Rheinland-Pfalz GmbHRdsch 1988, 42; s. im einzelnen *Reiserer/Schulte* BB 1995, 2162, 2163.

14 BSGE 42, 1, 2 ff.

15 BSG BB 1984, 1049, 1050.

16 *Straub* DB 1992, 1087, 1089.

17 BSG GmbHRdsch 1995, 584 f.

18 BSG BB 1984, 1049.

charakteristischen Weisungsgebundenheit fehlt es in aller Regel, wenn der Geschäftsführer über eine **Sperrminorität** verfügt, mit der er Beschlüsse blockieren und damit Weisungen der Gesellschafter und insbesondere seine eigene Abberufung verhindern kann[19]. Ob der Geschäftsführer von dieser Einflußmöglichkeit tatsächlich Gebrauch macht, ist unerheblich[20]. Eine Sperrminorität begründet aber als solche noch keine Selbständigkeit, wenn der Geschäftsführer an ihrer Ausübung gehindert ist oder ein anderer Gesellschafter das wirtschaftliche Übergewicht besitzt und einsetzt[21]. Vermittelt der Kapitalanteil dem Geschäftsführer keinen maßgeblichen Einfluß, hängt seine Unternehmereigenschaft von der Ausgestaltung seiner Gesellschafterrechte und den tatsächlichen Verhältnissen ab; entscheidendes Kriterium ist auch hier das Maß seiner Weisungsgebundenheit[22]. Unterliegt der Geschäftsführer, von einzelnen wichtigen Geschäften abgesehen, im übrigen faktisch keinem Direktionsrecht der Mitgesellschafter und Mitgeschäftsführer, kann er insbesondere gegen seinen Willen nicht abberufen werden, so ist er als Unternehmer-Geschäftsführer anzusehen[23]. Daß er ein erhebliches eigenes unternehmerisches Risiko trägt, kann dafür zusätzliches Indiz sein[24].

Bei **Familiengesellschaften** nimmt der Geschäftsführer auf die Willensbildung der GmbH häufig stärkeren Einfluß, als es seinem Kapitalanteil entspricht, sei es, weil ihm die Familienangehörigen die wesentlichen unternehmerischen Entscheidungen überlassen, sei es, weil er zusammen mit den Anteilen anderer Familiengesellschafter die Kapital- oder Stimmenmehrheit besitzt. Für die Sozialversicherungspflicht des Geschäftsführers sind hier allein die tatsächlichen Einflußverhältnisse maßgebend[25]. Nicht abhängig beschäftigt ist danach, wer als Minderheitsgesellschafter-Geschäftsführer oder sogar als Fremdgeschäftsführer in der Lage ist, die Gesellschaft faktisch wie ein Alleininhaber zu führen[26] oder wem der Anteil eines Familienangehörigen zusammen mit seiner eigenen Beteiligung beherrschenden Einfluß sichert[27]. Dafür genügt es, wenn das die Kapitalmehrheit vermittelnde Familienmitglied in die Geschäftsführung nicht eingreift[28] oder mit dem Geschäftsführer partnerschaftlich zusammenarbeitet[29]. **145**

Hält der Geschäftsführer einen Anteil von 50% oder mehr an der Komplementär-GmbH einer **GmbH & Co. KG**, die auf die KG beherrschenden Einfluß besitzt, **146**

---

19 BSGE 70, 81, 83; BSG GmbHRdsch 1993, 355 f; BB 1992, 2437, 2438; GmbHRdsch 1992, 172, 173; GmbHRdsch 1989, 32, 33 und 34; LSG Nordrhein-Westfalen GmbHRdsch 1992, 174, 175; vgl. auch BSG GmbHRdsch 1987, 351, 352.

20 BSGE 66, 69, 71; BSG GmbHRdsch 1992, 172, 173; GmbHRdsch 1991, 461, 462.

21 BSGE 70, 81, 83; BSG GmbHRdsch 1992, 172, 173; GmbHRdsch 1991, 461, 462; LSG Nordrhein-Westfalen GmbHRdsch 1992, 174, 175.

22 S. im einzelnen *Reiserer/Schulte* BB 1995, 2162, 2164 m.w.Nachw.

23 BSG BB 1992, 2437, 2438; BSGE 13, 196, 199 ff = NJW 1961, 1134; BSGE 38, 53, 57 ff; BSG GmbHRdsch 1987, 351, 352; GmbHRdsch 1991, 461, 462; GmbHRdsch 1993, 355, 356; LSG Schleswig-Holstein GmbHRdsch 1993, 739, 740 f; LSG Hessen NJW-RR 1994, 613. Zur Sozialversicherungspflicht eines faktischen Gesellschafter-Geschäftsführers BSG NJW 1994, 2974 f; zu Indizien gegen ein abhängiges Beschäftigungsverhältnis *Posdziech* Rdn 38; zur Frage der Indizwirkung der Befreiung vom Selbstkontrahierungsverbot und der Übernahme von Kreditverpflichtungen *Plagemann* WiB 1994, 223, 225.

24 BSG BlStSozArbR 1983, 43, 44; *Figge* GmbHRdsch 1982, 277.

25 BSG ZIP 1983, 103, 104; GmbHRdsch 1987, 351, 352; *Reiserer/Schulte* BB 1995, 2162, 2164 f.

26 BSG GmbHRdsch 1987, 351, 352; BB 1989, 72 f; LSG Hessen NJW-RR 1994, 613.

27 BSG GmbHRdsch 1989, 34; LSG Schleswig-Holstein GmbHRdsch 1993, 739, 740 f; vgl. auch BSG GmbHRdsch 1992, 810, 812.

28 BSG GmbHRdsch 1989, 34; LSG Schleswig-Holstein GmbHRdsch 1993, 739, 741 f.

29 LSG Nordrhein-Westfalen GmbHRdsch 1992, 176 ff; LSG Hessen NJW-RR 1994, 613 f.

so scheidet ein abhängiges Beschäftigungsverhältnis zur KG aus[30]. Ein solches kommt dagegen in Betracht, wenn der Geschäftsführer weder rechtlich noch tatsächlich imstande ist, auf die Geschicke der KG einzuwirken[31], oder nach Lage der Dinge keinen beherrschenden Einfluß in der KG ausübt[32].

147 **bb) Betriebliche Altersversorgung.** Im Rahmen der Altersversorgung stellt sich das Problem einer Differenzierung zwischen arbeitnehmerähnlichen und Unternehmer-Geschäftsführern vor allem im Rahmen des § 17 BetrAVG. Nach § 17 Abs. 1 S. 2 BetrAVG sind Personen, die nicht Arbeitnehmer sind, in den Geltungsbereich der §§ 1 bis 16 BetrAVG einbezogen, wenn ihnen Leistungen der Alters-, Invaliditäts- oder Hinterbliebenenversorgung aus Anlaß ihrer Tätigkeit für ein Unternehmen zugesagt worden sind.

148 Gemeint sind hier aber **nur arbeitnehmerähnliche Personen**[33]. Aus der Begründung zu § 7 Abs. 1 S. 2 RegE – des späteren § 17 Abs. 1 S. 2 BetrAVG – geht hervor, daß das BetrAVG nur Anwendung finden soll auf Vereinbarungen, auf deren inhaltliche Ausgestaltung der Begünstigte keinen maßgeblichen Einfluß nehmen konnte[34]. Denn § 17 Abs. 1 S. 2 BetrAVG stellt nach Entstehungsgeschichte und Zweck des Gesetzes wesentlich auf das Leitbild eines wirtschaftlich abhängigen und deshalb besonders schutzbedürftigen Arbeitnehmers ab[35]. Die Vorschrift gilt daher nicht für Personen, die sowohl vermögens- wie einflußmäßig mit dem Unternehmen, für das sie arbeiten, so stark verbunden sind, daß sie es wirtschaftlich als ihr eigenes betrachten können, und zwar gleichgültig, wie ihr Dienstverhältnis steuer- oder sozialversicherungsrechtlich zu beurteilen sein mag[36].

149 Die **Abgrenzung** zwischen dem arbeitnehmerähnlichen Geschäftsführer und dem Unternehmer-Geschäftsführer ist nicht nach individuellen Maßstäben, sondern anhand gruppenspezifischer Merkmale vorzunehmen, da das BetrAVG aus Gründen des Vertrauensschutzes und der Rechtssicherheit eine typisierende Regelung bezweckt; auf den Grad der Schutzbedürftigkeit des Begünstigten im Einzelfall kommt es daher für die Geltung des Gesetzes nicht an[37].

150 Ausgeschlossen aus dem Geltungsbereich des BetrAVG sind jedenfalls Gesellschafter-Geschäftsführer, die aufgrund ihres Kapitalanteils oder ihrer Stimmrechte als **Allein- oder Mehrheitsgesellschafter** maßgeblichen Einfluß auf die GmbH ausüben können[38]. Anteile von Ehegatten und Verwandten können dem Geschäftsfüh-

---

30 BSG DB 1985, 1456.

31 LSG Nordrhein-Westfalen GmbHRdsch 1992, 174, 175.

32 BSG DB Beil. 8/1982, 3 f; vgl. ferner *Figge* GmbHRdsch 1986, 185, 187 f; offen gelassen von BSG ZIP 1983, 103 für die Frage des abhängigen Beschäftigungsverhältnisses bei einem Geschäftsführer, der nach Firmenumwandlung die frühere Einzelfirma zunächst als KG, dann als GmbH & Co. KG aufgrund seiner Branchenkenntnisse weiterführt.

33 Vgl. dazu die Kommentierungen zu § 17 BetrAVG, insb. *Höfer/Reiners/Wüst* BetrAVG, Bd. 1[4] (1994), § 17, 3707 ff, 3722 ff; *Heubeck/Höhne/Paulsdorff/Rau/Weinert* Kommentar zum Betriebsrentengesetz, Bd. 1[2] (1982), § 17, 48 ff, 64 ff, 81, 85 ff; Rowedder/*Koppensteiner* 79; vgl. ferner BGHZ 77, 94, 98 = NJW 1980, 2254; OLG Köln DB 1978, 1550 m.w.Nachw.

34 BT-Drucks. 7/1281, 30; vgl. auch Merkblatt des PSVaG 300/M 1/2.92 Ziff. 1.2., abgedr. in Handbuch der betrieblichen Altersversorgung (H-BetrAV) Bd. 1[7] (1988), Teil II, D. II.3.

35 BGHZ 108, 330, 333 = NJW 1990, 49.

36 St.Rspr., z. B. BGHZ 77, 94, 101 = NJW 1980, 2254; 77, 233, 237 = NJW 1980, 2257; 108, 330, 333 = NJW 1990, 49; BGH WM 1980, 822; NJW 1981, 2059; GmbHRdsch 1981, 239, 240; vgl. auch *Pesch* ZIP 1982, 135, 136.

37 BGHZ 77, 94, 98 = NJW 1980, 2254; vgl. auch BGHZ 77, 233, 242 = NJW 1980, 2257.

38 BGHZ 77, 94, 101 f = NJW 1980, 2254; 77, 233, 239 ff = NJW 1980, 2257; BGH GmbHRdsch 1981, 239 f; WM 1981, 762; BAGE 66, 1, 5 = NJW 1991, 1197; *Hanau/Kemper* ZGR 1982, 123, 132 ff; *Blomeyer/Otto* BetrAVG (1984), § 17, 96, 109 ff; *Höfer/Reiners/Wüst* BetrAVG, Bd. 1[4] (1994), § 17, 3742 ff; *Heubeck/Höhne/Paulsdorff/Rau/Weinert* Kommentar zum Betriebsrentengesetz, Bd. 1[2] (1982), § 17, 85 ff.

rer dabei nicht ohne weiteres zugerechnet werden, weil es keinen Erfahrungssatz gibt, daß Familienangehörige stets gleichgerichtete Interessen verfolgen[39]. Anders nur, wenn sich eindeutige Anhaltspunkte für einen auf die gemeinsamen Anteile gestützten unternehmerischen Einfluß des Geschäftsführers feststellen lassen. Daran fehlt es, wenn der Geschäftsführer seinen Kapitalanteil nur als Treuhänder seines Ehegatten hält[40]. Ebenfalls unter den Schutz des BetrAVG fällt der mit genau 50% beteiligte Alleingeschäftsführer, da sein Anteil nicht ausreicht, um die Willensbildung der Gesellschaft zu seinen Gunsten entscheidend zu beeinflussen[41].

Maßgeblichen unternehmerischen Einfluß besitzt auch der geschäftsführende **Minderheitsgesellschafter**, der zusammen mit einem oder mehreren anderen Geschäftsführern über die Mehrheit der Anteile oder Stimmen verfügt[42], sofern seine Beteiligung nicht ganz unbedeutend ist[43] und von den anderen keiner allein eine Mehrheitsbeteiligung hält[44]. Andernfalls gilt für ihn das BetrAVG. **151**

Fehlt es an einer mehrheitssichernden Kapitalbeteiligung, kann sich der maßgebliche Einfluß des Geschäftsführers in besonders gelagerten Einzelfällen auch aus einer ihm eingeräumten **eigenverantwortlichen Leitungsmacht** ergeben[45]. Insoweit muß im Zweifel für die Anwendbarkeit des BetrAVG entscheidend sein, ob ein Gesellschafter-Geschäftsführer im Einzelfall tatsächlich auf die Ausgestaltung der Ruhegehaltszusage eingewirkt hat[46]. Dafür kann insbesondere die fehlende Betriebsüblichkeit einer solchen Regelung sprechen. Insofern können Geschäftsführer, die in der Amtsführung so unabhängig sind, daß sie im Sinne des Sozialversicherungsrechts bereits als selbständig gelten, aufgrund ihrer Einbeziehung in die übliche betriebliche Altersversorgung dennoch unter § 17 BetrAVG fallen[47]. **152**

In einer typischen **GmbH & Co. KG**, bei der die GmbH nur die Geschäfte der KG führt, ohne selbst in nennenswertem Umfang gewerblich tätig zu sein, sind für die Frage, ob der Geschäftsführer der Komplementär-GmbH als Unternehmer im Sinne des BetrAVG zu behandeln ist, beide Gesellschaften als wirtschaftliche Einheit zu betrachten[48]. Daraus folgt zum einen, daß die Stellung des Begünstigten in der KG auch für die Beurteilung seiner Unternehmereigenschaft in der GmbH maßgebend ist[49]. Zum anderen sind der unmittelbare Anteil des GmbH-Geschäftsführers an der KG und die durch seine Gesellschafterstellung in der Komplementär-GmbH **153**

---

39 BGHZ 77, 94, 105 f = NJW 1980, 2254; BGH NJW-RR 1991, 746, 747; GmbHRdsch 1982, 207, 208; vgl. hierzu auch BVerfGE 69, 188, 206 = NJW 1985, 2939.

40 BGH NJW-RR 1991, 746, 747.

41 Str. Die Rspr. des BGH ist insoweit nicht eindeutig, vgl. BGHZ 77, 233, 241 f = NJW 1980, 2257, und wird unterschiedlich interpretiert; wie hier *Schmidt/Diemitz* DB 1985, 1573, 1574; ebenso im Grundsatz *Höfer/Reiners/Wüst* BetrAVG, Bd. 1^{4} (1994), § 17, 3745 und *Höfer/Abt* DB 1985, 2185; diff. *Pesch* ZIP 1982, 135, 138, der auf die Durchsetzbarkeit von Entscheidungen abstellen will; aA *Everhardt* BB 1981, 681, 684.

42 BGHZ 108, 330, 333 = NJW 1990, 49; 77, 233, 239 ff = NJW 1980, 2257; BGH WM 1980, 822; OLG Köln GmbHRdsch 1989, 81, 82; *Blomeyer/Otto* BetrAVG (1984), § 17, 116 ff; *Lutter/Hommelhoff* Anh § 6, 37; *Hommelhoff/Timm* KTS 1981, 289, 303 ff.

43 BGHZ 108, 330, 333 = NJW 1990, 49; 77, 233, 241 = NJW 1980, 2257; vgl. auch BGH ZIP 1980, 778, 779.

44 BGHZ 108, 330, 333 = NJW 1990, 49; noch offengelassen von BGH GmbHRdsch 1981, 239, 240.

45 OLG Köln GmbHRdsch 1989, 81, 82 f; Merkblatt des PSVaG 300/M 1/2.92 Ziff. 2.2.2. abgedr. in Handbuch der betrieblichen Altersversorgung (H-BetrAV) Bd. 1^{7} (1988), Teil II, D. II.3.; *Wiedemann/Moll* RdA 1977, 13, 21.

46 AA OLG Köln GmbHRdsch 1989, 81, 83; Rowedder/*Koppensteiner* 79, die bereits die Möglichkeit der Einflußnahme für ausreichend halten.

47 Vgl. dazu auch grundsätzlich BGHZ 77, 94, 102 = NJW 1980, 2254; 108, 330, 333 = NJW 1990, 49.

48 BGHZ 77, 94, 105 = NJW 1980, 2254; 77, 233, 240 = NJW 1980, 2257.

49 Vgl. BGH WM 1980, 822, 823.

vermittelte Beteiligung an der KG zusammenzurechnen, um den Grad seines effektiven unternehmerischen Einflusses in der KG zu bestimmen[50]. Sichern die eigenen kumulierten Beteiligungen dem GmbH-Geschäftsführer in der KG noch keinen beherrschenden Einfluß, ist er gleichwohl als Unternehmer zu betrachten, wenn er gemeinsam mit den kumulierten Beteiligungen eines oder mehrerer Mitgeschäftsführer über die Mehrheit in der KG verfügt[51].

154 cc) **Steuerrecht**. Im Steuerrecht dient die Typendifferenzierung bei Geschäftsführern als Grundlage für die Abgrenzung des regulären, dem Geschäftsführer allein aus betrieblichen Gründen gezahlten Arbeitslohns, der als Betriebsausgabe steuerlich abzugsfähig ist, von solchen Zuwendungen an Geschäftsführer, die mit Rücksicht auf das Gesellschaftsverhältnis gewährt werden und deshalb **verdeckte Gewinnausschüttungen** darstellen, denen die steuerliche Anerkennung als Betriebsausgaben versagt wird. Die Rspr. des BFH sieht dabei die Gefahr einer steuerlich mißbräuchlichen Ausgestaltung der Geschäftsführervergütung nicht erst bei Gesellschafter-Geschäftsführern als naheliegend an, die beherrschenden Einfluß in der Gesellschaft ausüben, sondern in realistischer Einschätzung der Verhältnisse grundsätzlich bei allen Geschäftsführern, deren **Interessenverknüpfung mit der Gesellschaft** Zweifel an der ausschließlich betrieblichen Veranlassung der Vergütung zu begründen geeignet ist. Zu diesem Personenkreis zählt das Steuerrecht den Gesellschafter-Geschäftsführer schlechthin, ferner den Fremdgeschäftsführer, der einem Gesellschafter nahesteht. Vergütungsvereinbarungen mit diesem Geschäftsführertypus werden ertragsteuerlich nur dann anerkannt, wenn sie bestimmten, je nach Einflußgrad des Begünstigten abgestuften, von der Rspr. des BFH insgesamt aber kontinuierlich verschärften Anforderungen genügen (dazu im einzelnen Rdn 231 ff).

155 Grundsätzlich nicht zu diesem Personenkreis gehört der **Fremdgeschäftsführer**, der im steuerrechtlichen Sinne Arbeitnehmer der Gesellschaft ist und dessen Gehalt ohne weiteres zu den Betriebsausgaben zu rechnen ist. Eine Ausnahme gilt jedoch für Vergütungsvereinbarungen mit solchen Fremdgeschäftsführern, die als **Gesellschaftern nahestehende Personen**[52] zu qualifizieren sind, also insbesondere für nahe Angehörige und Ehegatten[53]. Leistungen an diesem Personenkreis zugehörige Geschäftsführer behandelt der BFH in st.Rspr. steuerlich wie Zuwendungen an den Gesellschafter selbst[54]. Sie unterliegen damit denselben Anforderungen wie Vergütungsvereinbarungen mit demjenigen Gesellschafter, dem sie nahestehen[55]; die Unterscheidung zwischen dem beherrschenden und dem nicht beherrschenden Gesellschafter kommt somit auch hier zum Tragen.

156 Die ertragsteuerliche Anerkennung von Zuwendungen an Geschäftsführer knüpft das Steuerrecht schon bei **Gesellschafter-Geschäftsführern** generell an strengere Voraussetzungen als bei Fremdgeschäftsführern; Bezüge und Versorgungszusagen müssen insbesondere einer Angemessenheitsprüfung auf der Basis eines Fremdvergleichs standhalten (s. im einzelnen Rdn 234 ff). Verschärften Anforderungen unterliegen Vergütungs- und Versorgungsvereinbarungen mit **beherrschenden Gesellschafter-Geschäftsführern**, um steuerliche Manipulationsmöglichkeiten, die wegen

---

50 BGHZ 77, 94, 104 ff = NJW 1980, 2254; 77, 233, 239 ff = NJW 1980, 2257.

51 OLG Köln GmbHRdsch 1988, 64, 65.

52 Zur Eingrenzung dieses Personenkreises s. BFHE 149, 33, 36; 153, 313, 316 f; 156, 428, 431; BFH BFH/NV 1989, 131, 132.

53 BFHE 150, 412, 417; 153, 313, 316; 154, 316, 320; BFH BFH/NV 1989, 131, 132; GmbHRdsch 1993, 302, 303.

54 BFHE 170, 175, 176 f m.w.Nachw. zur BFH-Rspr.

55 Vgl. etwa BFHE 149, 33; 153, 313, 316; 154, 316, 320; 156, 428, 431; BGH BB 1993, 1930, 1931.

des fehlenden Interessengegensatzes zwischen Gesellschaft und beherrschendem Gesellschafter hier besonders naheliegen, im Interesse einer gleichmäßigen Besteuerung der GmbH zu beschneiden[56]. Ihre betriebliche Veranlassung wird von der Rspr. nur anerkannt, wenn sie auf einer zivilrechtlich wirksamen, im voraus abgeschlossenen, klaren und tatsächlich durchgeführten Vereinbarung beruhen (dazu im einzelnen Rdn 243 ff), Ruhegehaltszusagen müssen insbesondere den Anforderungen der Ernstlichkeit und Erdienbarkeit genügen (dazu im einzelnen Rdn 299 f).

Als **beherrschend** ist ein Gesellschafter anzusehen, wenn er maßgeblichen Einfluß auf die Willensbildung der Gesellschaft nehmen kann und damit ihn begünstigende Gesellschafterbeschlüsse durchzusetzen in der Lage ist[57]. Das ist stets dann der Fall, wenn der Gesellschafter über die Mehrheit der Stimmrechte verfügt[58]. Institutionelle Begrenzungen der Mehrheitsmacht können die Gleichsetzung der letzteren mit der Beherrschung allerdings aufheben. So verbietet sich jedenfalls in der GmbH mit einem paritätisch besetzten Aufsichtsrat die Annahme, daß der Mehrheitsgesellschafter beherrschenden Einfluß im Sinne des Steuerrechts ausüben kann, und zwar auch dann, wenn man unter Gesichtspunkten des Gläubiger- und Minderheitenschutzes an der in § 17 Abs. 2 AktG ausgesprochenen Vermutung der Abhängigkeit des in Mehrheitsbesitz stehenden Unternehmens festhält[59]. Entscheidend ist, daß der Mehrheitsgesellschafter eine solche Gesellschaft kaum mehr steuerlich im Dienste persönlicher Zwecke instrumentalisieren kann. Sieht die Satzung für die Beschlußfassung ein höheres Quorum vor, so muß der Gesellschafter-Geschäftsführer diesen Stimmanteil erreichen, damit er als beherrschend angesehen werden kann. 157

Minderheitsgesellschafter-Geschäftsführer, die allein nicht über eine Stimmenmehrheit verfügen, können nur dann als beherrschend qualifiziert werden, wenn ihre Beteiligung nicht ganz unbedeutend ist und besondere Umstände hinzutreten, die ihnen maßgeblichen Einfluß auf die Beschlußfassung sichern[60]. Das können gesellschaftsvertragliche Sonderrechte sein, aber auch sonstige rechtliche oder tatsächliche Gegebenheiten, die es dem Minderheitsgesellschafter-Geschäftsführer ermöglichen, die Willensbildung der Gesellschaft zu bestimmen[61]. 158

Einen beherrschungsbegründenden Umstand sieht die Rspr. vor allem in der Interessenübereinstimmung zwischen mehreren Minderheitsgesellschafter-Geschäftsführern oder zwischen dem Minderheitsgesellschafter-Geschäftsführer und seinen ebenfalls an der Gesellschaft beteiligten nahen Angehörigen. Beherrschend ist danach die Stellung eines Minderheitsgesellschafter-Geschäftsführers immer dann, wenn er zusammen mit einem oder mehreren Geschäftsführern oder nahen Angehörigen über die Stimmenmehrheit in der Gesellschaft verfügt und zusammen mit diesen in der zu entscheidenden Frage **gleichgerichtete Interessen** verfolgt[62]. Dafür spricht jedoch entgegen der früheren Rspr.[63] auch bei Ehegatten und nahen Ange- 159

[56] Vgl. BFHE 143, 263, 265; 150, 524, 527 f; 157, 138, 140; 167, 42, 44; 168, 151, 154; 170, 119, 123.
[57] Vgl. BFHE 156, 155, 157; 171, 58, 60; BFH GmbHRdsch 1990, 411 m.w.Nachw.
[58] St.Rspr. des BFH, vgl. nur BFHE 159, 228, 232; 159, 338, 340; BFH BFH/NV 1989, 195, 196.
[59] *Mertens* Voraufl. 80.
[60] BFHE 145, 165, 169 f; 159, 228, 232; BFH BStBl. II 1966, 73; BStBl. II 1969, 347; BFH/NV 1989, 195, 196.
[61] BFHE 145, 165, 169 f; BFH GmbHRdsch 1990, 411, 412.
[62] BFHE 146, 126, 128; 150, 412, 416; 163, 207, 208; 168, 151, 153; 170, 119, 122; 171, 58, 60; BFH GmbHRdsch 1990, 411; FG Niedersachsen GmbHRdsch 1991, 595, 596 f; hierzu ausführlich *Lange* GmbHRdsch 1991, 427, 428 f m. Rspr.-Übersicht.
[63] BFHE 85, 313, 315; 94, 26, 28.

hörigen keine Vermutung[64]; die Annahme gleichgerichteter Interessen bedarf vielmehr besonderer Begründung[65]. Daran läßt es freilich die Rspr. selbst häufig fehlen, so daß das Merkmal der gleichgerichteten Interessen klar faßbarer Konturen entbehrt und deshalb zur Begründung beherrschenden Einflusses nur mit größter Zurückhaltung herangezogen werden sollte[66]. So bejaht der BFH Interessenidentität regelmäßig schon dann, wenn die Beteiligten aus der betreffenden Vereinbarung den Verhältnissen ihrer Gesellschaftsanteile entsprechenden Nutzen ziehen[67]; doch soll gleiche Interessenausrichtung auch bei Zuwendungen in unterschiedlicher Höhe an gleichmäßig beteiligte Gesellschafter vorliegen können[68]. Gegen die Annahme gleichgerichteter Interessen kann aber unter im einzelnen unklaren Voraussetzungen der Umstand sprechen, daß unterschiedlich beteiligte Gesellschafter-Geschäftsführer Zuwendungen in gleicher Höhe erhalten[69].

3. Schuldrechtliche Einordnung des Anstellungsverhältnisses

160 Die Pflicht zur Geschäftsführung kann bei Gesellschafter-Geschäftsführern auf der Satzung beruhen, sonst kann sie aus **Dienstvertrag** oder **Auftrag** folgen. Wird der Geschäftsführer gegen Entgelt tätig, so ist sein Anstellungsvertrag als Dienstvertrag zu qualifizieren, der eine Geschäftsbesorgung zum Gegenstand hat (§§ 611 ff, 675 BGB)[70]; bei Unentgeltlichkeit ist von einem Auftragsverhältnis (§§ 662 ff BGB) auszugehen; doch ist zumindest bei Fremdgeschäftsführern und geringfügig beteiligten Gesellschafter-Geschäftsführern die Entgeltlichkeit nach § 612 BGB zu vermuten (zu Einzelheiten s. Rdn 191, 196). Der Anstellungsvertrag ist **kein Arbeitsvertrag** (zum arbeitsrechtlichen Status des Geschäftsführers s. Rdn 170). Auch bei mitgliedschaftlichem Recht oder statutarisch begründeter Pflicht zur Geschäftsführung wird normalerweise ein schuldrechtlicher Ausführungsvertrag, sei es als Dienstvertrag, sei es als Auftrag, vorliegen (vgl. § 3, 76). Auch im letzteren Fall erscheint es sachgerecht, statt § 671 Abs. 1 BGB die §§ 712, 626 Abs. 2 BGB anzuwenden. Zur Kündigung des Anstellungsvertrages s. die Erläuterungen zu § 38.

4. Anstellungsvertrag und Organisationsrecht der Gesellschaft

161 **a) Festlegung von Geschäftsführungsbefugnissen im Anstellungsvertrag nach dem Normalstatut der GmbH.** Im Rahmen des durch Gesetz und Satzung abgesteckten Gestaltungsspielraums können die Gesellschafter im Anstellungsvertrag Einzelheiten der Geschäftsführung regeln. Sie können die Geschäftsführungsbefugnis Beschränkungen unterwerfen oder dem Geschäftsführer das Recht auf eine bestimmte

[64] BFHE 144, 409 im Anschluß an BVerfGE 69, 188, 205 ff = NJW 1985, 2939; BFHE 146, 126, 130; BFH GmbHRdsch 1990, 411 f; FG Saarland GmbHRdsch 1995, 463.

[65] BFHE 144, 409, 412; BFH GmbHRdsch 1990, 411 f; FG Saarland GmbHRdsch 1995, 463; ebenso Abschnitt 31 Abs. 6 KStR 1990; vgl. hierzu auch BVerfGE 69, 188, 208 f = NJW 1985, 2939.

[66] Krit. auch *Tillmann* Rdn 225.

[67] Vgl. z. B. BFHE 168, 151, 153; 170, 119, 122 ff; FG Niedersachsen GmbHRdsch 1991, 595, 596 f; FG Saarland GmbHRdsch 1995, 463, 464.

[68] BFH BFH/NV 1989, 195, 196; ebenso für Ehegatten mit gleichen Anteilen, die Geschäftsführer und Prokurist der Gesellschaft waren, BFHE 171, 58, 60.

[69] BFHE 125, 557, 559 f; *Schulze zur Wiesche* GmbHRdsch 1993, 403; *Tillmann* Rdn 225; vgl. aber auch BFHE 146, 126, 129, wo der BFH bei ähnlichem Sachverhalt, allerdings im Falle einer Gewinnthesaurierung, mangels Schmälerung des ausgeschütteten Gewinnanteils gleichgerichtete Interessen der Beteiligten bejaht.

[70] BGH WM 1963, 161; NJW-RR 1988, 420; BAGE 49, 81, 89; 55, 137, 144; BAG GmbHRdsch 1993, 35, 36; Baumbach/Hueck/*Zöllner* 97.

Geschäftsführungsbefugnis einräumen[71]. Dies kann auch in der Form geschehen, daß Satzungbestimmungen oder Gesellschafterbeschlüsse über die Geschäftsführungsbefugnis zum Inhalt des Anstellungsvertrages gemacht werden. Auch können die Gesellschafter dem Geschäftsführer unter Einschränkung oder Ausschluß ihres Weisungsrechts einen weisungsfreien Geschäftsführungsbereich übertragen. Das Weisungsrecht der Gesellschafter ist kein unabdingbarer Bestandteil ihrer Geschäftsführungshoheit im Sinne eines ungeschriebenen Grundsatzes der gesetzlichen Organisationsverfassung der GmbH, über den sie zugunsten Dritter nur mit satzungsändernder Mehrheit verfügen könnten[72]. Ein mit einfacher Mehrheit beschlossener Verzicht auf die Ausübung des Weisungsrechts kann deshalb Gegenstand einer wirksamen schuldrechtlichen Vereinbarung mit dem Geschäftsführer sein[73]. Organisationsrechtliche Wirkungen erzeugt der anstellungsvertragliche Verzicht auf die Erteilung von Weisungen jedoch nur soweit, wie die Möglichkeit korporativer Selbstbindung der Gesellschafter hinsichtlich des Weisungsrechts reicht, die jederzeit durch gegenteiligen Mehrheitsbeschluß aufgehoben werden kann[74]. Zur Auswirkung nachträglicher Änderungen des Organisationsrecht s. Rdn 167 f.

Die **Reichweite** anstellungsvertraglicher Zusagen über die Geschäftsführungsbefugnis muß im Einzelfall durch Auslegung unter Berücksichtigung der Verkehrsauffassung ermittelt werden. Wird der Geschäftsführer als alleiniger Vertreter der GmbH angestellt, so folgt daraus z. B. nicht, daß die Gesellschafter ihn nicht zur Bestellung von Prokuristen oder Handlungsgehilfen anweisen dürften. Daraus, daß er zu jeder Handlung auch ohne Befragen der Gesellschafter befugt ist, ist nicht zu entnehmen, daß diese nicht in einzelnen besonderen Fällen ein Verbot aussprechen oder bestimmte Maßnahmen von ihrer Zustimmung abhängig machen können[75]. Das gilt auch dann, wenn dem Geschäftsführer ein bestimmter Geschäftsführungsbereich in alleiniger Verantwortung zugewiesen ist. Vollständige Weisungsfreiheit ist damit regelmäßig nicht verbunden; doch dürfen die Gesellschafter mit organisationsrechtlichen Maßnahmen in diesen Bereich nicht in solchem Umfang hineinregieren, daß die Zusage der Unabhängigkeit insgesamt aufgehoben oder ausgehöhlt wird[76]. Sind dem Geschäftsführer im Anstellungsvertrag Beschränkungen in bestimmtem Umfange auferlegt, so wird ihm dadurch nicht das Recht eingeräumt, weitergehenden Bindungen nicht unterworfen zu werden[77]. Daß die Gesellschaft dem Geschäftsführer verspricht, sie werde ihre Satzung im Hinblick auf die darin vorgesehenen Befugnisse des Geschäftsführers nicht ändern, ist im Zweifel schon deshalb nicht anzunehmen, weil eine derartige Selbstbindung der Gesellschaft organisationsrechtlich wirkungslos bliebe (s. dazu Rdn 164, 166). Es ist nicht erforderlich, im Anstellungsvertrag hervorzuheben, daß der Geschäftsführer den Weisungen der Gesellschafter oder eines an ihre Stelle tretenden Organs zu folgen habe. Dies ergibt sich aus dem Gesetz. Die Ausnahme bedürfte der Regelung. 162

[71] Vgl. OLG Frankfurt NJW-RR 1993, 1259, 1260; *Fleck* ZGR 1988, 104, 137 f.

[72] *Mertens* § 37, 25; *Flume* I/2 § 10 I S. 350; **aA** *Fleck* ZGR 1988, 104, 135 f, der materielle Satzungsänderung annimmt und Dreiviertelmehrheit und notarielle Beurkundung fordert.

[73] **AA** *Fleck* ZGR 1988, 104, 136; Scholz/*Schneider* § 37, 56.

[74] Vgl. § 37, 25; ebenso der Sache nach OLG Düsseldorf ZIP 1984, 1476, 1478; *Lutter/Hommelhoff* Anh. § 6, 11, allerdings in Widerspruch zu Rdn 14; Rowedder/*Koppensteiner* 68; **aA** *Flume* I/2 § 10 I S. 350; *van Venrooy* GmbHRdsch 1982, 175, 178; *Fleck* ZGR 1988, 104, 137, freilich unter der Annahme schuldrechtlicher Verbindlichkeit des Weisungsrechtsverzichts nur kraft Satzungsänderung.

[75] OLG Frankfurt NJW-RR 1993, 1259, 1260; Rowedder/*Koppensteiner* 69.

[76] OLG Frankfurt NJW-RR 1993, 1259, 1260.

[77] RG Holdheim 11, 119.

163 b) **Anstellungsvertragliche Regelung von Geschäftsführungsbefugnissen durch den Aufsichtsrat.** Auch in der mitbestimmten GmbH verbleibt den Gesellschaftern die Zuständigkeit für die Ausgestaltung der korporationsrechtlichen Stellung des Geschäftsführungsorgans. Im Rahmen des auch durch die zwingende Mindestzuständigkeit des Arbeitsdirektors beschnittenen gesetzlichen Regelungsspielraums muß deshalb die Festlegung der Geschäftsführungsbefugnis im einzelnen, insbesondere der Erlaß einer Geschäftsordnung, die Ressortverteilung, die Bestimmung einer internen Hierarchie unter Geschäftsführern sowie die Festlegung des Umfangs ihrer Weisungsabhängigkeit, der freien Entscheidung der Gesellschafter vorbehalten bleiben[78]. Da anstellungsvertraglichen Bindungen der Gesellschaft entgegenstehende organisationsrechtliche Maßnahmen, von Satzungsänderungen abgesehen, korporationsrechtlich wirkungslos bleiben (vgl. Rdn 166), griffe die anstellungsvertragliche Regelung von Geschäftsführungsbefugnissen durch den Aufsichtsrat in unzulässiger Weise in die Organkompetenzen der Gesellschafterversammlung ein. Daher ist anzunehmen, daß der Aufsichtsrat die Geschäftsführungsbefugnis des von ihm zu bestellenden und anzustellenden Geschäftsführers kraft seiner Anstellungskompetenz auch schuldrechtlich nicht verbindlich mit diesem vereinbaren kann[79]. Die Zuständigkeit für die anstellungsvertragliche Vereinbarung von Geschäftsführungsbefugnissen kann dem Aufsichtsrat jedoch durch die Satzung oder die Gesellschafter selbst, gegebenenfalls auch im Wege nachträglicher Genehmigung, übertragen werden.

164 c) **Verhältnis von Satzung und Anstellungsvertrag. aa) Grundsätzliches.** Die korporationsrechtliche Bindung des Geschäftsführungsorgans an die Satzung und seine Pflicht zur Einhaltung ihrer Bestimmungen stehen als solche nicht zur Disposition einer – einfachen – Gesellschaftermehrheit. Anstellungsvertragliche Regelungen, die der Satzung zuwiderlaufen, können den Geschäftsführer von seiner Organpflicht zur Wahrung der Satzung nicht entbinden, sie sind organisationsrechtlich wirkungslos[80]. Sie können aber auch **keine schuldrechtliche Wirksamkeit** erlangen[81], da die Gesellschafterversammlung keine gesetzlich unbeschränkte Vertretungsmacht besitzt, sondern bei ihrer Beschlußfassung selbst den Bindungen der Satzung unterliegt. Die Gesellschafter können daher aufgrund einfachen Mehrheitsbeschlusses mit Wirkung für die Gesellschaft keine Verpflichtung eingehen, die unter Verletzung der Satzung Erfüllungs-, zumindest aber Schadensersatzansprüche des Geschäftsführers begründen würde. Räumt die Satzung daher dem Geschäftsführer bestimmte Befugnisse ein oder erlegt sie ihm bestimmte Pflichten auf, überschreiten die Gesellschafter mit anstellungsvertraglichen Vereinbarungen, die diese aufheben oder einschränken, ihre Kompetenzen als Anstellungsorgan, die den Abschluß satzungswidriger Anstellungsverträge nicht umfaßt. Derartige Satzungsverstöße führen zur Unwirksamkeit der entsprechenden Bestimmungen des Anstellungsvertrages, sofern der zugrundeliegende Beschluß nicht mit satzungsändernder Mehrheit zustandekommt. Nur in letzterem Fall liegt in der schuldrechtlichen Verpflichtung der Gesellschaft durch die Gesellschafter keine Überschreitung ihrer Vertretungsmacht, da sie ihre eigene Bindung an die Satzung mit der erforderlichen Mehrheit aufheben. Korpora-

---

78 Vgl. BGHZ 89, 48, 57 = NJW 1984, 733; *Raiser* MitbestG[2] (1984), § 30, 12 ff; Baumbach/Hueck/*Zöllner* § 37, 10.

79 **AA** Rowedder/*Koppensteiner* 71: schuldrechtlich wirksam, organisationsrechtlich folgenlos.

80 *Sudhoff* 36; *Tillmann* Rdn 76; *Lutter/Hommelhoff* Anh. § 6, 13; Rowedder/*Koppensteiner* 70; **aA** *van Venrooy* GmbHRdsch 1982, 175, 178; Meyer-Landrut/*Miller*/Niehus 79, 81, 84.

81 So mit Recht *Mertens* Voraufl. 85; insoweit übereinstimmend *Fleck* ZGR 1988, 104, 135 f; **aA** *Lutter/Hommelhoff* Anh. § 6, 13, 15; Rowedder/*Koppensteiner* 70; Scholz/*Schneider* § 37, 56.

tionsrechtlich handelt es sich bei dem Gesellschafterbeschluß über die satzungswidrige Einräumung von Befugnissen oder Freistellung von Pflichten im Anstellungsvertrag um eine zustandsbegründende Satzungsdurchbrechung ad personam, deren Wirksamkeit die Einhaltung der Formvorschriften für Satzungsänderungen einschließlich der Eintragung im Handelsregister voraussetzt[82]. Die schuldrechtliche Verbindlichkeit anstellungsvertraglicher Satzungsabweichungen von der organisationsrechtlichen Wirksamkeit des zugrundeliegenden Beschlusses als abhängig zu betrachten, erscheint auch in der Sache geboten. Dafür sprechen nicht nur die berechtigten Belange des Geschäftsführers, dessen Vertrauen auf die Verbindlichkeit anstellungsvertraglicher Zusagen und ihrer Maßgeblichkeit gegenüber anderslautenden Satzungsbestimmungen über organschaftliche Befugnisse und Bindungen schon deshalb schutzwürdig erscheint, weil der Anstellungsvertrag in diesem Falle nichts anderes als deren Abbedingung bezwecken kann[83]. Auch auf Seiten der Gesellschaft ist kein anerkennenswertes Interesse an der schuldrechtlichen Verbindlichkeit anstellungsvertraglicher Regelungen ersichtlich, die wegen des Satzungsverstoßes gegenstandslos sind, weil sie dem Geschäftsführer Rechte einräumen oder ihn von Pflichten freistellen, die er in seiner Eigenschaft als Gesellschaftsorgan doch nicht ausüben dürfte oder doch erfüllen müßte.

Dispositiv schon für die einfache Mehrheit ist dagegen das **Weisungsrecht** der Gesellschafter auch insoweit, wie es in der Satzung – deklaratorisch – festgeschrieben ist. Die Aufnahme gesetzlich ohnehin bestehender Gesellschafterbefugnisse in die Satzung verstärkt ihre Bindungswirkung nicht, da sie dem Geschäftsführer keine eigenen organisationsrechtlichen Befugnisse einräumt. Ob Satzungsbestimmungen im Einzelfall nur die Gesetzeslage wiedergeben oder einen darüber hinausgehenden Regelungsgehalt aufweisen, ist Auslegungsfrage. Die vorstehenden Grundsätze gelten insbesondere auch dann, wenn der Anstellungsvertrag vom **Aufsichtsrat** abgeschlossen wird. Dessen Vertretungsmacht gegenüber Geschäftsführern besteht ebenfalls nur im Rahmen seiner statutarisch abgesteckten Kompetenzen, die freilich ihrerseits durch die Satzung insoweit nicht beschnitten werden dürfen, wie sie gesetzlich zwingend sind (s. dazu Rdn 183). Bei **Drittanstellung** des Geschäftsführers (dazu grundsätzlich Rdn 174 f) bleiben satzungswidrige Regelungen des Anstellungsvertrages ebenfalls organisationsrechtlich wie schuldrechtlich wirkungslos, da die Gesellschafter dem Dritten keine weiterreichende Dispositionsbefugnis über die Satzung einräumen können, als sie ihnen selbst zusteht. **165**

bb) Einzelheiten. Satzungswidrige Bestimmungen des Anstellungsvertrages bleiben grundsätzlich unwirksam, seine Gültigkeit im übrigen richtet sich nach § 139 BGB. Auf einem nach den vorstehenden Grundsätzen ausnahmsweise wirksamen satzungsdurchbrechenden Gesellschafterbeschluß beruhende anstellungsvertragliche Regelungen der Geschäftsführungsbefugnis suspendieren die organschaftliche Bindung des Geschäftsführers an entgegenstehende Satzungspflichten und schränken statutarische Geschäftsführungsbefugnisse wirksam ein. Dagegen tritt bei anstellungsvertraglichen Erweiterungen oder Verschärfungen satzungsmäßiger Organpflichten ein Konflikt mit der Satzung im allgemeinen nicht auf, da solche Satzungsbestimmungen schon im Hinblick auf die Weisungsgebundenheit der Geschäftsführer nach § 37 Abs. 1 grundsätzlich nicht als abschließend angesehen werden kön- **166**

---

[82] BGHZ 123, 15, 19 f = NJW 1993, 2246; OLG Hamm NJW-RR 1993, 867; *Habersack* ZGR 1994, 354, 361; vgl. auch § 53, 36.

[83] Vgl. *van Venrooy* GmbHRdsch 1982, 175; *Fleck* ZGR 1988, 104, 135.

nen. Sollte die betreffende Satzungsregelung ausnahmsweise doch einmal in diesem Sinne zu verstehen sein, so wird dem Geschäftsführer damit der Sache nach das Recht eingeräumt, von weiteren Pflichtenbindungen frei zu bleiben. Auf Einschränkungen dieses Rechts finden dann wiederum die für anstellungsvertragliche Beschränkungen von Geschäftsführungsbefugnissen geltenden Grundsätze Anwendung. Entsprechendes gilt auch für anstellungsvertragliche Erweiterungen statutarischer Kompetenzzuweisungen, die im Normalfall nicht als abschließend verstanden werden können, so daß es sich insoweit lediglich um eine zulässige Konkretisierung der Satzungsvorgaben durch den Anstellungsvertrag handelt. Andernfalls bedarf es für ihre wirksame schuldrechtliche Vereinbarung wiederum eines organisationsrechtlich bindenden satzungsdurchbrechenden Gesellschafterbeschlusses.

167 cc) **Verhältnis korporationsrechtlicher Änderungen zu anstellungsvertraglichen Vereinbarungen.** Anstellungsvertragliche Verpflichtungen der Gesellschaft können durch nachträgliche Änderungen des Organisationsrechts nicht aufgehoben werden. Ihre schuldrechtliche Wirksamkeit wird weder durch abweichende Gesellschafterbeschlüsse, noch durch Satzungsänderung beseitigt[84]. Die korporationsrechtliche Unabhängigkeit der Gesellschaft von schuldvertraglichen Bindungen gebietet es nicht, die Verbindlichkeit anstellungsvertraglicher Vereinbarungen generell unter den Vorbehalt anderslautenden Organisationsrechts zu stellen. Soweit sich die Gesellschaft im Anstellungsvertrag auf wirksamer organisationsrechtlicher Grundlage selbst gebunden hat, kann sie diese Bindung deshalb nicht durch einen gegenteiligen Beschluß mit einfacher Mehrheit wieder aufheben. Ein solcher Beschluß bleibt nicht nur schuldrechtlich, sondern auch organisationsrechtlich wirkungslos[85]. Maßgeblich für die Befugnisse und Pflichten des Geschäftsführers bleibt demnach auch gegenüber abweichenden Weisungen oder Geschäftsordnungsregelungen der Inhalt des Anstellungsvertrages[86]. Aus ihrer Nichtbeachtung durch den Geschäftsführer kann die Gesellschaft daher keine Rechte herleiten.

168 Dagegen kann es der Gesellschaft durch schuldvertragliche Bindungen nicht überhaupt verwehrt werden, korporationsrechtliche Änderungen wirksam durchzuführen. Dieses Kernbereichs ihrer organisationsrechtlichen Unabhängigkeit kann sie sich auch durch korporationsrechtliche Selbstbindung nicht begeben. Der Gesellschaft muß deshalb die Möglichkeit bleiben, diese Bindung durch **Satzungsänderung** aufzuheben, auch wenn sie dadurch ihrer schuldrechtlichen Verpflichtung aus dem Anstellungsvertrag die organisationsrechtliche Grundlage entzieht[87]. Der Geschäftsführer hat sich an die geänderte Satzung zu halten, obwohl die Gesellschaft mit der organisationsrechtlichen Maßnahme seine Rechte aus dem Anstellungsvertrag verletzt. Der Geschäftsführer kann allerdings die Konsequenzen aus dieser Vertragsverletzung ziehen: Er kann sein Amt niederlegen, den Anstellungsvertrag aus wichtigem Grund kündigen[88] und gegebenenfalls Schadensersatz verlangen (vgl. § 38,

---

[84] Allg.M., z. B. OLG Frankfurt GmbHRdsch 1993, 288, 289; Scholz/*Schneider* § 37, 56; *Lutter/Hommelhoff* Anh. § 6, 15; Rowedder/*Koppensteiner* 68.

[85] So mit Recht *Lutter/Hommelhoff* Anh. § 6, 14, allerdings im Widerspruch zu Rdn 11; wohl auch *Sudhoff* 37; **aA** *Fleck* ZGR 1988, 104, 138. Zur abweichenden Rechtslage bei Verzicht der Gesellschafter auf ihr Weisungsrecht vgl. Rdn 161, 165.

[86] **AA** OLG Düsseldorf ZIP 1984, 1476, 1478; Rowedder/*Koppensteiner* 68; *Lutter/Hommelhoff* Anh. § 6, 11 in Widerspruch zu Rdn 14.

[87] OLG Frankfurt NJW-RR 1993, 1259, 1260; *Fleck* ZGR 1988, 104, 137 f; *Lutter/Hommelhoff* Anh. § 6, 14; *Sudhoff* 36; Rowedder/*Koppensteiner* 68; **aA** *Flume* I/2 § 10 I S. 350; Meyer-Landrut/*Miller*/Niehus 84; *van Venrooy* GmbHRdsch 1982, 175, 178.

[88] OLG Frankfurt NJW-RR 1993, 1259, 1260.

143, 146, 148). Dagegen ist es der Gesellschaft nach § 242 BGB verwehrt, aus satzungsgetreuem Verhalten des Geschäftsführers, mit dem er seine anstellungsvertraglichen Pflichten verletzt, irgendwelche Rechte herzuleiten[89].

5. Treu- und Fürsorgepflicht der Gesellschaft

Im Hinblick darauf, daß der Geschäftsführer für einen längeren Zeitraum seine **169** Arbeitskraft in den Dienst der Gesellschaft stellt und ihr gegenüber eine weitreichende Verantwortung übernimmt, besteht ihm gegenüber eine Treu- und Fürsorgepflicht der Gesellschaft[90]. Die Konkretisierung dieser Pflicht hängt wesentlich davon ab, in welchem Maße der Geschäftsführer von der Gesellschaft abhängig ist und wieweit er seinerseits als Gesellschafter maßgeblichen Einfluß auf die Führung der Gesellschaft hat. Insofern können sich auf die inhaltliche Bestimmung der dienstvertraglichen Treu- und Fürsorgepflicht der Gesellschaft gegenüber dem Geschäftsführer die Kriterien auswirken, die in einer Reihe von Rechtsgebieten, insbesondere im Recht der Sozialversicherung, der Altersversorgung und im Steuerrecht zu rechtlichen Differenzierungen in der Behandlung von Geschäftsführern geführt haben (vgl. Rdn 140 ff). So kann beispielsweise bei abhängigen Geschäftsführern mit arbeitnehmerähnlichem Status anders als bei Unternehmer-Geschäftsführern der arbeitsrechtliche Gleichbehandlungsgrundsatz zur Konkretisierung der Gesellschaftspflichten herangezogen werden[91] (zu einzelnen Anwendungsbereichen des Grundsatzes vgl. Rdn 170, 196, 201, 204, 225, 262, 292).

6. Die Stellung des Geschäftsführers im Arbeitsrecht

Der entgeltliche Anstellungsvertrag des Geschäftsführers ist Dienstvertrag, nicht **170** Arbeitsvertrag. Der Geschäftsführer übt als Vertretungsorgan der Gesellschaft deren Arbeitgeberfunktion aus („**konkreter Prinzipal**„); die mit der Stellung als gesellschaftliches Leitungsorgan verbundene unternehmerische Freiheit und zwingende gesetzliche Verantwortlichkeit schließen es aus, den Geschäftsführer rechtlich als Arbeitnehmer zu qualifizieren[92]. Arbeitsrechtliche Vorschriften finden deshalb auf den Geschäftsführer im allgemeinen keine Anwendung. Das ordnen einige Gesetze ausdrücklich an, etwa § 18 Abs 1 Nr. 1 ArbZG[93]; § 5 Abs. 2 Nr. 1 BetrVG; § 5 Abs. 1 S. 3 ArbGG[94]; § 14 Abs. 1 Nr. 1, § 17 Abs. 5 Nr. 1 KSchG[95]; § 1 Abs. 3

---

[89] Rowedder/*Koppensteiner* 70; *Lutter/Hommelhoff* Anh. § 6, 17.

[90] Baumbach/Hueck/*Zöllner* 25, 98; *Lutter/Hommelhoff* Anh. § 6, 28; *Hueck* ZfA 1985, 25, 34; *Fleck* Festschrift Hilger/Stumpf (1983), 197, 207.

[91] Vgl. BGH NJW-RR 1990, 1313 f; *Henssler* RdA 1992, 289, 299 f m.Nachw. zum Meinungsstand.

[92] St.Rspr. und h.M., z. B. BGHZ 91, 217, 219 f = NJW 1984, 2528; 79, 291, 292 = NJW 1981, 1270; 78, 82, 85 = NJW 1980, 2415; 49, 30, 31 = NJW 1968, 391; BAG NZA 1986, 68; DB 1991, 2595; Baumbach/Hueck/*Zöllner* 97; *Lutter/Hommelhoff* Anh. § 6, 3; Rowedder/*Koppensteiner* 64; *Eckardt* ZfA 1987, 467; *Fleck* Festschrift Hilger/Stumpf (1983), 197, 208; *Gaul* GmbHRdsch 1988, 172, 173; *Dissel* 9 ff; *Heyll* 74; *Hueck* Festschrift Hilger/Stumpf (1983), 365, 379; *ders.* ZfA 1985, 25, 31 f; **aA** das BAG, vgl. BAGE 39, 16, 27 = NJW 1983, 2405; BAG GmbHRdsch 1993, 35, 36; *Groß* 162; *Miller* ZIP 1981, 578 ff; Scholz/*Schneider* 159 ff; *Henssler* RdA 1992, 289 ff; *Martens* Festschrift Hilger/Stumpf (1983), 437 ff; Übersicht zum aktuellen Meinungsstand bei *Diller* 43 ff; zur Doppelfunktion des leitenden Angestellten als Organmitglied *Gaul* GmbHRdsch 1989, 357 ff.

[93] Die Vorschrift verweist auf § 5 Abs. 3 BetrVG, der leitende Angestellte von seinem Anwendungsbereich ausschließt.

[94] Zur gerichtlichen Zuständigkeit bei Rechtsstreitigkeiten zwischen Geschäftsführer und Gesellschaft vgl. Rdn 323 ff.

[95] Zur begrenzten Anwendbarkeit des KSchG auf Organmitglieder juristischer Personen nach der Rspr. des BAG s. BAG GmbHRdsch 1987, 265 f sowie im einzelnen § 38, 13.

Nr. 1 des 5. VermBG; bei anderen folgt es aus dem Gesetzeszweck und ihrer spezifischen Schutzrichtung. So ist weder das Betriebsverfassungs- noch das Tarifvertragsrecht auf den Geschäftsführer anwendbar[96]. Keine Anwendung finden § 613 a BGB[97], das MuSchG und das BErzGG[98], ebensowenig das SchwbG[99]. Auch das Arbeitnehmererfindungsgesetz ist wegen seines auf Sozialschutz gerichteten Zwecks auf Geschäftsführer weder direkt noch entsprechend anwendbar[100]. Für Erfindungen von Organmitgliedern gilt jedoch die Verordnung über die steuerliche Behandlung der Vergütungen für Arbeitnehmererfindungen vom 6.6.1951 (BGBl. I 388)[101]. Zur Anwendbarkeit des § 17 Abs. 1 S. 2 BetrAVG vgl. Rdn 264. Trotz grundsätzlicher Nichtgeltung arbeitsrechtlicher Bestimmungen kann eine Arbeitnehmern vergleichbare soziale Schutzbedürftigkeit des Geschäftsführers es in Einzelfällen rechtfertigen, arbeitsrechtliche Vorschriften entsprechend anzuwenden[102]. Ihre Geltung kann auch aus dem Anstellungsvertrag selbst folgen, wenn dies ausdrücklich vereinbart wurde[103] oder einer Auslegung der dienstvertraglichen Bestimmungen zu entnehmen ist.

171 Betriebsverfassungsrechtlich ist der Geschäftsführer, der für die Gesellschaft die Arbeitgeberfunktion ausübt, der Arbeitgeberseite zuzurechnen. Er kann zum **Arbeitsrichter** aus dem Kreise der Arbeitgeber (§ 22 Abs. 2 Nr. 1, § 37 Abs. 2, § 43 Abs. 3 ArbGG) und zum **Sozialrichter** auf Arbeitgeberseite (§ 16 Abs. 4 Nr. 2, § 47 S. 2 SGG) bestellt werden. Kaufmannseigenschaft kommt dem Geschäftsführer als solchem nicht zu. Doch kann jeder Geschäftsführer – gleich ob Gesellschafter oder nicht und unabhängig vom Grad der Selbständigkeit seiner Position – nach § 109 GVG **Handelsrichter** sein.

7. Der Geschäftsführer in der Sozialversicherung

172 Alle im sozialversicherungsrechtlichen Sinne abhängig beschäftigten Geschäftsführer (dazu im einzelnen Rdn 140 ff) sind im Rahmen der Beitragsbemessungsgrenzen renten-, pflege-, kranken-, unfall- und arbeitslosenversicherungspflichtig. Sie ha-

---

96 Baumbach/Hueck/*Zöllner* 99.

97 OLG Hamm GmbHRdsch 1991, 466, 467; OLG Celle GmbHRdsch 1978, 208.

98 Statt vieler *Lutter/Hommelhoff* Anh § 6, 47; *Schaub* Arbeitsrechtshandbuch[7] (1992), § 14 II 2. c); *Heilmann* MuSchG[2] (1991), § 1, 37; **aA** *Henssler* RdA 1992, 289, 296; *Miller* ZIP 1981, 578, 582.

99 BGH NJW 1978, 1435, 1437; OLG Hamm GmbHRdsch 1987, 307 f; Scholz/*Schneider* 230 m.w.Nachw.; *Henssler* RdA 1992, 289, 296; *Schaub* Arbeitsrechtshandbuch[7] (1992), § 179 IV 2; **aA** *Fleck* Festschrift Hilger/Stumpf (1983), 197, 221; *Miller* ZIP 1981, 578, 582; der schwerbehinderte alleinige Gesellschafter-Geschäftsführer der Komplementär-GmbH einer GmbH & Co. KG, der gleichzeitig als Kommanditist mehrheitlich beteiligt ist, ist jedoch auch kein „Arbeitgeber" iSd § 9 Abs. 3 SchwbG und daher nicht auf den Pflichtsatz der Schwerbehinderten-Arbeitsplätze der KG anzurechnen, BSG GmbHRdsch 1993, 357; OVG Münster GmbHRdsch 1990, 302.

100 BGH GRUR 1965, 302, 303; *Henssler* RdA 1992, 289, 296; *Jestaedt* Festschrift Nirk (1992), 493 ff; *Sudhoff* 12; **aA** *Heyll* 129 f, 260 ff, *Miller* ZIP 1981, 578, 582; Meyer-Landrut/*Miller*/Niehus 182; allg. zur rechtlichen Behandlung von Erfindungen des (Gesellschafter-)Geschäftsführers *Gaul* GmbHRdsch 1982, 101 ff; *ders.* DB 1990, 671; ferner zur Frage der Erfindervergütung für den von der KG angestellten Geschäftsführer einer GmbH & Co. KG BGH NJW-RR 1990, 349 m.w.Nachw.

101 *Reimer/Schade/Schippel* ANErfG[6] (1993), § 1, 4; *Sudhoff* 12.

102 BGHZ 91, 1, 3 = NJW 1984, 2366; *Fleck* Festschrift Hilger/Stumpf (1983), 197, 208, 226; weitergehend *Henssler* RdA 1992, 289, 292, 294 ff; *Hueck* ZfA 1985, 25, 31 ff; *ders.* Festschrift Hilger/Stumpf (1983), 365, 379; *Groß* DB 1984, 1447; *Lieb/Eckhardt* 78 f; *Tillmann* StbKRep 1991, 65, 67; Scholz/*Schneider* 130 ff; zur Eingrenzung dieses Geschäftsführerkreises vgl. *Eckardt* ZfA 1987, 467; *Reiserer* DB 1994, 1822, 1823 m.w.Nachw.

103 *Fleck* ZHR 149 (1985), 387, 401.

ben gegenüber der Gesellschaft Anspruch auf einen Zuschuß zur Krankenversicherung gemäß § 257 Abs. 1 SGB V. Der Zuschuß ist nach § 3 Nr. 62 S. 1 EStG steuerfrei. Wurden zu Unrecht Beiträge zur gesetzlichen Sozialversicherung gezahlt, so ist für die Frage, ob dadurch trotz fehlender Beitragspflicht Versicherungsschutz begründet wurde, zu differenzieren: In der Rentenversicherung gelten irrtümlich gezahlte Beiträge als für die freiwillige Versicherung entrichtet (§ 202 SGB VI), können allerdings nach Maßgabe von § 26 SGB IV zurückgefordert werden[104]. Der nicht versicherungspflichtige Geschäftsführer kann aber auf Antrag die Pflichtversicherungsmitgliedschaft in der gesetzlichen Rentenversicherung erwerben, daneben besteht die Möglichkeit der freiwilligen Mitgliedschaft[105]. Die fehlerhafte Entrichtung von Beiträgen zur Unfallversicherung läßt ein formalrechtliches Versicherungsverhältnis jedenfalls zugunsten des gutgläubigen Geschäftsführers entstehen[106]. Zu beachten ist, daß gemäß § 545 Abs. 1 Nr. 2 RVO nunmehr der freiwillige Beitritt zur gesetzlichen Unfallversicherung auch dem Mehrheitsgesellschafter-Geschäftsführer eröffnet ist[107]. In der Arbeitslosenversicherung erwirbt der Geschäftsführer bei grundloser Beitragsleistung nach st.Rspr. des Bundessozialgerichts[108] selbst dann keinen Versicherungsschutz, wenn die Einzugsstelle durch Verwaltungsakt über die Beitragspflicht entschieden hat[109]. Scheidet der Geschäftsführer nach Vollendung des 58. Lebensjahres aus der Gesellschaft aus und erhält Arbeitslosengeld, hat die GmbH der Bundesanstalt für Arbeit diese Leistungen nach Maßgabe von § 128 AFG zu erstatten[110]. Für die Rückerstattung von Beiträgen sind die §§ 26 SGB IV und 185 a AFG maßgeblich.

II. Abschluß und Änderung des Anstellungsvertrages

1. Vertragsparteien

a) GmbH. Vertragspartner des Anstellungsvertrages ist normalerweise die GmbH, zu deren Organ der Geschäftsführer bestellt ist. Auch die Vor-GmbH kann bereits den Anstellungsvertrag mit dem GmbH-Geschäftsführer abschließen (vgl. Rdn 176). **173**

b) Drittanstellung. In der Praxis werden Anstellungsverträge mit GmbH-Geschäftsführern nicht selten von Dritten abgeschlossen, die als Dienstherr an die Stelle der GmbH treten, oder es werden Personen, die bereits in einem Dienst- oder Arbeitsverhältnis zu Dritten stehen, ohne Änderung ihres Vertrages zu Geschäftsführern bestellt. Den Geschäftsführer anstellende Dritte können sowohl Gesellschafter der GmbH sein, etwa der Mehrheits- oder Alleingesellschafter oder die Obergesellschaft einer konzernverbundenen GmbH[111], als auch Nichtgesellschafter, wie **174**

---

[104] OLG Köln ZIP 1991, 603, 604 m.Anm. *Dalichau*; vgl. zum Erstattungsanspruch ferner *Tillmann* Rdn 583 ff; *Brandmüller* 143 ff; *Figge* GmbHRdsch 1987, 338, 341 f; *Posdziech* Rdn 45 ff. Zur nachträglichen Feststellung der Sozialversicherungsfreiheit und ihrer Bedeutung im Konkurs der Gesellschaft *Onusseit* KTS 1992, 1.

[105] Dazu im einzelnen *Figge* GmbHRdsch 1995, 111, 112; *Tillmann* Rdn 583 f.

[106] BSGE 36, 71, 73; für ein „formales Versicherungsverhältnis" aus dem Gesichtspunkt des „venire contra factum proprium" LSG Niedersachsen GmbHRdsch 1987, 353, 354.

[107] *Reiserer/Schulte* BB 1995, 2162, 2166.

[108] BSGE 70, 81, 83 ff m.w.Nachw.; BSG DB 1985, 1456; GmbHRdsch 1987, 351, 352 f; BB 1989, 72, 73; GmbHRdsch 1991, 461; LSG Hessen GmbHRdsch 1988, 63, 64.

[109] BSGE 70, 81, 85; vgl. dazu auch *Figge* GmbHRdsch 1995, 111, 112.

[110] Hierzu im einzelnen *Lunk* DB 1994, 934 ff.

[111] Vgl. z. B. BGH WM 1964, 1320, 1321; BAG NJW 1996, 1076; zu den Gestaltungsformen der Praxis vgl. *Fleck* ZHR 149 (1985), 387, 389 f; *Baums* 61 ff, 89 ff.

die den Geschäftsführer der Komplementär-GmbH im eigenen Namen anstellende GmbH & Co. KG[112]. Die Drittanstellung des Geschäftsführers ist in der nichtmitbestimmten GmbH grundsätzlich zulässig[113], da das GmbHG die Anstellungskompetenz nicht zwingend der Gesellschaft selbst vorbehält. Das folgt schon aus der rechtlichen Trennung von Bestellungs- und Anstellungsverhältnis. Die Organpflichten des Geschäftsführers gegenüber der GmbH beruhen ohnehin auf dem Bestellungsverhältnis und bleiben durch die Drittanstellung unberührt, da sie durch Vertrag mit Dritten grundsätzlich weder aufgehoben noch eingeschränkt werden können[114]. Deshalb muß der Anstellungsvertrag mit einem Dritten nicht notwendig Vertrag zugunsten der Gesellschaft iSv § 328 BGB sein[115]. Aus denselben Gründen stehen auch keine prinzipiellen Bedenken entgegen, einen Arbeitnehmer des Dritten zum Geschäftsführer zu bestellen[116]. Denn die gesellschaftsrechtlichen Organpflichten und die Beschränkungen konzernrechtlicher Leitungsmacht setzen dem arbeitsvertraglichen Direktionsrecht gesetzliche Grenzen, ohne daß der Arbeitsvertrag dies ausdrücklich regeln müßte[117]. Freilich wird man davon auszugehen haben, daß der Geschäftsführer durch diese Modifikation des Anstellungsverhältnisses seinen Arbeitnehmerstatus verliert[118].

175 Ob die Drittanstellung einer **Grundlage in der Satzung** oder zumindest eines Beschlusses des zuständigen Gesellschaftsorgans bedarf, ist streitig[119]. Zur Vermeidung von Pflichtenkollisionen in der Person des Geschäftsführers infolge widersprüchlicher Vertragsregelungen[120] erscheint das Zustimmungserfordernis wenig geeignet, weil auch eine entsprechende Ermächtigung die Festlegung der Anstellungsbedingungen dem Dritten überlassen kann (vgl. Rdn 177). Auch dürfte bei den Konstellationen, die Drittanstellungen typischerweise zugrundeliegen, das Einverständnis der Gesellschaft mit dem Anstellungsvertrag neben der ohnehin erforderlichen Geschäftsführer-Bestellung durch das zuständige Organ kaum als zusätzliche Schranke wirken. Gleichwohl ist im Hinblick auf die gesetzliche Regelzuweisung der Anstellungskompetenz an die Gesellschafterversammlung an dem Erfordernis einer Satzungs- oder Beschlußgrundlage für die Drittanstellung jedenfalls deshalb festzuhalten, damit über Tatbestand und Umfang der Delegation von Organbefugnissen Klarheit besteht.

---

112 So z. B. in den Entscheidungen BGHZ 75, 209 = NJW 1980, 595; 75, 321 = NJW 1980, 598; BGH NJW 1987, 2073, 2074; WM 1980, 1190; OLG Celle GmbHRdsch 1980, 32; OLG Hamm GmbHRdsch 1991, 466; BAGE 24, 383; 39, 16 = NJW 1983, 2405; BAG GmbHRdsch 1993, 35. Zur Kasuistik s. ferner *Baums* 59 f.

113 Ganz h.M., z. B. BGH WM 1964, 1320; OLG Celle GmbHRdsch 1980, 32, 33 f m.w.Nachw.; *Baums* 89 ff; *Fleck* ZHR 149 (1985), 387, 388 f; *Hueck* ZfA 1985, 25, 36; *Schneider* GmbHRdsch 1993, 10, 13; Baumbach/Hueck/*Zöllner* 93.

114 OLG Celle GmbHRdsch 1980, 32, 34; *Fleck* ZHR 149 (1985), 387, 393 ff; *Schneider* GmbHRdsch 1993, 10, 15; vgl. auch Rdn 164.

115 *Baums* 91; Baumbach/Hueck/*Zöllner* 93.

116 St.Rspr. des BAG, z. B. BAGE 39, 16 = NJW 1983, 2405; BAG NJW 1996, 1076; ZIP 1980, 1014; GmbHRdsch 1993, 35, 36; ebenso *Martens* Festschrift Hilger/Stumpf (1983), 437, 446 ff; *Hueck* ZfA 1985, 25, 36; *Gaul* GmbHRdsch 1989, 357, 359; *Henssler* RdA 1992, 289, 301.

117 Vgl. *Gaul* GmbHRdsch 1989, 357, 360; *Hueck* ZfA 1985, 25, 36.

118 OLG Celle GmbHRdsch 1980, 32, 35; Baumbach/Hueck/*Zöllner* 93; **aA** die st.Rspr. des BAG, BAGE 39, 16, 28 = NJW 1983, 2405; BAG NJW 1996, 1076; ZIP 1980, 1014; GmbHRdsch 1993, 35, 36; NJW 1995, 3338 f. = WiB 1996, 26 m.Anm. *Reiserer*, wonach der Geschäftsführer je nach Anstellungsbedingungen auch Arbeitnehmer sein kann.

119 Bejahend *Fleck* ZHR 149 (1985), 387, 393; *Lutter/Hommelhoff* Anh. § 6, 9; *Henssler* RdA 1992, 289, 302; **aA** Scholz/*Schneider* 170.

120 So *Lutter/Hommelhoff* Anh. § 6, 9 im Anschluß an *Henssler*, RdA 1992, 289, 302.

2. Abschluß- und Änderungskompetenz

a) **In der nichtmitbestimmten GmbH.** Die Bestellung der Geschäftsführer (vgl. § 46, 39 ff) ist nach § 46 Nr. 5 Sache der Gesellschafter, soweit nicht die Satzung etwas anderes vorsieht (§ 45 Abs. 2) oder die Geschäftsführer unmittelbar beruft (§ 6 Abs. 3 S. 2). Die Bestellungskompetenz der Gesellschafter umfaßt vorbehaltlich abweichender Regelung in der Satzung auch den Abschluß des Anstellungsvertrages (Annexkompetenz)[121]. Insoweit gilt die gesetzliche Vertretungsbefugnis der Geschäftsführer nicht, die GmbH wird vielmehr von den Gesellschaftern vertreten[122]. Auch für die Anstellung des erst später zu bestellenden Geschäftsführers ist die Gesellschafterversammlung zuständig, sofern ein hinreichend enger Zusammenhang mit der Organbestellung besteht[123]. Der Beschluß über die Anstellung bedarf vorbehaltlich abweichender Satzungsbestimmung der einfachen Mehrheit (§ 47 Abs. 1); auch in der Vor-GmbH kann der Geschäftsführer bereits durch Mehrheitsbeschluß bestellt[124] und dementsprechend auch angestellt werden. Der Abschluß des Anstellungsvertrages durch ein unzuständiges Organ kann von der Gesellschafterversammlung nach § 177 BGB genehmigt werden. Steuerrechtlich wird die Rückwirkung aber beim beherrschenden Gesellschafter-Geschäftsführer nicht anerkannt (vgl. Rdn 245). **176**

Die **Anstellungskompetenz** der Gesellschafterversammlung ist nicht zwingend und deshalb grundsätzlich auf jeder Stufe **delegierbar.** Kraft Satzung oder Gesellschafterbeschluß kann als Vertragspartner des Geschäftsführers ein Dritter an die Stelle der GmbH treten, dem grundsätzlich auch die Festlegung der Anstellungsbedingungen überlassen werden kann (zur Drittanstellung im einzelnen s. Rdn 174 f). Innerhalb der Gesellschaft kann die Anstellungskompetenz als solche einem anderen Organ, etwa dem fakultativen Aufsichtsrat oder einem Beirat, zugewiesen werden[125]. Schließlich können die Gesellschafter die Vereinbarung der Anstellungsbedingungen und den Abschluß des Vertrages einem Vertreter übertragen[126]. Den Gesellschaftern bleibt die Anstellungskompetenz jedoch stets insoweit vorbehalten, wie ihre Ausübung durch Dritte in ihre Zuständigkeit als Bestellungsorgan eingriffe[127]. **177**

Für die **Änderung** und Aufhebung des Anstellungsvertrages ist, sofern die Satzung nichts anderes bestimmt, dasjenige Organ zuständig, das auch die Anstellungskompetenz besitzt, in der Regel also die Gesellschafterversammlung, da zwischen Änderung oder Aufhebung des Anstellungsvertrages und Änderung oder Beendigung der Organstellung ein ähnlich enger Sachzusammenhang besteht wie zwischen Anstellung und Bestellung[128]. **178**

b) **In der mitbestimmten GmbH.** Bei Gesellschaften, die der Eindrittelmitbestimmung nach **§ 77 BetrVG 1952** unterliegen, gilt nichts Besonderes. Wegen des engen **179**

---

121 BGHZ 89, 48, 54 = NJW 1984, 733; BGH NJW 1990, 387; OLG Hamm GmbHRdsch 1991, 466.

122 BGH WM 1968, 1328; NJW 1990, 387, 388.

123 BGH NJW 1990, 387, 388.

124 BGHZ 80, 212, 214 = NJW 1981, 2125.

125 BGHZ 12, 337, 339 f = NJW 1954, 799 bezüglich der dem Aufsichtsrat übertragenen Abberufungs- und Kündigungszuständigkeit; Rowedder/*Koppensteiner* 15.

126 BGH WM 1968, 570 und 1328; Scholz/*Schneider* 171. Zur Haftung des vertragsschließenden Gesellschafters als vollmachtloser Vertreter s. BGH NJW 1990, 387.

127 Vgl. BGHZ 79, 38, 42 = NJW 1981, 757.

128 BGH NJW 1991, 1680, 1681 wie bereits in BGHZ 89, 48, 54 f = NJW 1984, 733 angekündigt unter ausdrücklicher Aufgabe seiner früheren Rspr., z. B. BGHZ 79, 38, 42 = NJW 1981, 757; 91, 217, 218 = NJW 1984, 2528, die von einer Zuständigkeit der Mitgeschäftsführer ausging; ebenso BGH NJW 1995, 1750, 1751; DStR 1993, 1752; OLG Hamm GmbHRdsch 1991, 466; OLG Schleswig GmbHRdsch 1993, 156; zur vergleichbaren Rechtslage beim e.V. BGHZ 113, 237 ff = NJW 1991, 1727; s. dazu auch *Baums* ZGR 1993, 141.

Sachzusammenhangs zwischen Bestellung und Anstellung bleibt es bei der Anstellungskompetenz der Gesellschafterversammlung als zuständigem Bestellungsorgan[129].

180 Im Geltungsbereich der **Montanmitbestimmungsgesetze** ist auch für die GmbH § 84 AktG maßgeblich (§ 12 MontanmitbestG, § 13 MontanmitbestErgG). Die Literatur zu den Montanmitbestimmungsgesetzen hat daraus mit Recht die Folgerung gezogen, daß dadurch § 46 Nr. 5 GmbHG außer Kraft gesetzt worden sei und der Aufsichtsrat die alleinige Zuständigkeit zum Abschluß des Anstellungsvertrages erhalten habe[130].

181 In einer dem **Mitbestimmungsgesetz 1976** unterfallenden GmbH gilt nach § 31 MitbestG für die Bestellung der Geschäftsführer § 84 AktG (vgl. Rdn 27). Aus dem Zweck der Vorschrift, aus der engen Beziehung zwischen Bestellung und Anstellung sowie aus der zwingenden Geltung des § 112 AktG für die Vertretung der nach diesem Gesetz mitbestimmten GmbH folgt, daß der **Aufsichtsrat** unter Verdrängung von § 46 Nr. 5 GmbHG für den Abschluß des Anstellungsvertrages **ausschließlich zuständig** ist[131]. Aus denselben Gründen fällt auch die nachträgliche Änderung von Anstellungsbedingungen in die zwingende Kompetenz des Aufsichtsrats[132]. Die Gegenmeinung, nach der die Anstellungskompetenz den Gesellschaftern verbleibt[133], übersieht, daß die GmbH-rechtliche Regelzuständigkeit der Gesellschafterversammlung auch nur Annexkompetenz ist, für die wegen der gesetzlichen Übertragung der Bestellungskompetenz auf den Aufsichtsrat nach § 31 MitbestG die Anknüpfungsbasis fehlt[134].

182 Der Aufsichtsrat selbst kann aber die Vereinbarung der Anstellungsbedingungen im gleichen Umfange delegieren wie bei der nichtmitbestimmten GmbH die Gesellschafterversammlung (vgl. Rdn 177). Insbesondere können Abschluß und Änderung des Anstellungsvertrages auch einem **Aufsichtsratsausschuß** übertragen werden[135]; dieser Ausschuß darf jedoch nicht einer Entscheidung des Gesamtorgans vorgreifen[136]. Insofern gilt nichts anderes als bei der Anstellung eines Vorstandsmitglieds der Aktiengesellschaft[137].

183 Von dieser mitbestimmungsrechtlichen Zuweisung der Personalkompetenz an den Aufsichtsrat kann die Satzung nicht abweichen, auch wenn das MitbestG die GmbH-rechtlichen Kompetenzen der Gesellschafter im übrigen nicht beschneidet. Die Satzung kann deshalb weder vorsehen, daß der Geschäftsführer statt von der GmbH von einem Dritten, etwa der Obergesellschaft[138], angestellt wird, noch darf sie die Wirksamkeit des Anstellungsvertrages an die Zustimmung der Gesellschafter-

129 Scholz/*Schneider* 175.

130 *Overlack* ZHR 141 (1977) 125, 133 m.w.Nachw.; *Boldt* § 12 Anm. 4 a, b, 5; *Kötter* § 12 Anm. 3 ff; *Kittner/Fuchs/Zachert/Köstler* Bd. 1, 108, 542.

131 BGHZ 89, 48, 51 ff = NJW 1984, 733; *Fitting/Wlotzke/Wißmann* MitbestG² (1978), § 31, 35; *Hanau/Ulmer* MitbestG (1981), § 31, 39; *Bardorf* 94; *Baums* 117 ff; *Konzen* GmbHRdsch 1983, 92 ff; *Overlack* ZHR 141 (1977) 125, 132 f; *Sudhoff* 8; *Theisen* DB 1982, 265, 266; *Zöllner* ZGR 1977, 319, 321 f; **aA** OLG Hamburg GmbHRdsch 1983, 98, 99 ff; Scholz/*Schneider* 177; *Rittner* DB 1979, 973 ff; *Werner* Festschrift Fischer (1979), 821, 827, 834.

132 BGHZ 89, 48, 58 = NJW 1984, 733; *Raiser* MitbestG² (1984), § 31, 24.

133 Scholz/*Schneider* 177; *Rittner* DB 1979, 973 ff; *Werner* Festschrift Fischer (1979), 821, 827, 834.

134 So mit Recht *Konzen* GmbHRdsch 1983, 92, 94, 96.

135 *Fitting/Wlotzke/Wißmann* MitbestG² (1978), § 31, 36; *Raiser* MitbestG² (1984) § 31, 26.

136 BGHZ 79, 38, 43 = NJW 1981, 757; 83, 144, 150 = NJW 1982, 1528; 89, 48, 56 = NJW 1984, 733.

137 Dazu *Mertens*-KölnKommAktG² § 84, 47.

138 **AA** Scholz/*Schneider* 177.

versammlung binden. Zur umstrittenen Frage, inwieweit persönliche Eignungsvoraussetzungen für die Geschäftsführerstellung oder die Amtsdauer statutarisch festgelegt werden können, vgl. Rdn 19 f. Dagegen darf die Satzung **allgemeine Richtlinien** über die Höhe der Vergütung, über Gewinnbeteiligung und Pensionsberechtigung und ähnliche Fragen der Gestaltung des Dienstverhältnisses aufstellen. Soweit solche Richtlinien über eine Charakterisierung der Stelle und eine Rahmensetzung der damit für die Gesellschaft verbundenen finanziellen Lasten nicht hinausgehen, im übrigen mitbestimmungsneutral bleiben und den Auswahlspielraum des Aufsichtsrats nicht in einer Weise verkürzen, daß sein Recht zur Bestellung und zur Anstellung von Geschäftsführern ausgehöhlt wird, müssen sie als zulässig angesehen werden, weil sie im Bereich der Individualisierungs- und Organisationsfunktion der Satzung liegen[139] und davon ausgegangen werden muß, daß das Mitbestimmungsrecht diese Funktionen der Satzung grundsätzlich unangetastet läßt[140].

Der Aufsichtsrat seinerseits muß sich bei der Festlegung der Anstellungsbedingungen im Rahmen der Regelungsbefugnisse halten, den der Zweck der mitbestimmungsrechtlichen Kompetenzverlagerung absteckt. Er kann die Gesellschaft im Anstellungsvertrag deshalb insbesondere nicht dahingehend verpflichten, daß die Gesellschafter von einer ihnen nach § 37 möglichen Regelung der **Geschäftsführungsbefugnis** und der Geschäftsverteilung keinen Gebrauch machen. **184**

Auf den Abschluß des Anstellungsvertrages durch den Aufsichtsrat findet das **qualifizierte Bestellungsverfahren** nach § 31 Abs. 2–4 MitbestG **keine Anwendung**[141]. **185**

III. Form des Anstellungsvertrages

Der Anstellungsvertrag des Geschäftsführers bedarf keiner Form[142]; er kann daher mündlich und u.U. sogar stillschweigend abgeschlossen werden. Ein konkludenter Abschluß des Anstellungsvertrages ist anzunehmen, wenn der Geschäftsführer im Rahmen der bei oder vor der Bestellung festgelegten Bedingungen vorbehaltlos tätig wird[143]. Üblich und zu Beweiszwecken ratsam ist aber schriftliche Fixierung der Anstellungsbedingungen; beim Gesellschafter-Geschäftsführer empfiehlt sich Schriftform schon aus steuerlichen Gründen (vgl. Rdn 232, 245). **186**

Auch **Änderungen** eines schriftlichen Anstellungsvertrages können grundsätzlich mündlich erfolgen. Trotz vereinbarter Schriftform wird die mündliche Änderung wirksam, wenn das Schriftlichkeitserfordernis lediglich Beweiszwecken dient (deklaratorische Schriftform) oder wenn die Schriftform zwar Gültigkeitsvoraussetzung für die Änderung sein soll (konstitutive Schriftform), aber davon ausgegangen werden kann, daß die Parteien insoweit die Bindung an die Schriftform aufheben wollten, was grundsätzlich formlos möglich ist[144]. Anders bei qualifizierter Schriftform, deren Aufhebung Formwahrung erfordert[145]. Einhaltung der Schriftform bei Vertragsänderungen ist jedenfalls aus steuerlichen Gründen ratsam (vgl. Rdn 232, 245). **187**

---

139 Dazu *Mertens* ZGR 1977, 286.

140 So im Ergebnis auch *Raiser* MitbestG² (1984), § 31, 25 a; *Overlack* ZHR 141 (1977) 125, 134 f.

141 *Raiser* MitbestG² (1984), § 31, 26.

142 BGH NJW-RR 1994, 357, 358; Baumbach/Hueck/*Zöllner* 94.

143 Baumbach/Hueck/*Zöllner* 94.

144 Zum Ganzen BFHE 160, 225, 227 m.w.Nachw. zur Rspr. des BGH.

145 BFHE 165, 256, 259 m.w.Nachw.; krit. *Schuhmann* GmbHRdsch 1993, 79 ff; *Depping/Voß* DStR 1992, 341 ff; offengelassen von BGH NJW-RR 1991, 1289, 1290.

IV. Fehlerhafter Anstellungsvertrag

188 Mängel des Anstellungsvertrages können darauf beruhen, daß sein Inhalt gesetzlichen Vorschriften oder der Satzung widerspricht, daß die Gesellschaft nicht dem Gesetz entsprechend vertreten oder der Geschäftsführer amtsunfähig iSv § 6 Abs. 2 ist. Das Fehlen satzungsmäßiger Eignungsvoraussetzungen beim Geschäftsführer führt dagegen allenfalls zur Möglichkeit der Kündigung des Vertrages aus wichtigem Grunde nach § 626 BGB (zur Bestellung vgl. Rdn 41). Auch Bestellungsmängel als solche begründen wegen der grundsätzlichen Trennung beider Rechtsverhältnisse keine Fehlerhaftigkeit des Anstellungsvertrages. Für die Rechtsfolgen anstellungsvertraglicher Mängel ist entscheidend, ob der Geschäftsführer sein Amt schon angetreten hat. Vor Aufnahme seiner Tätigkeit führen Mängel zur ex tunc-Nichtigkeit des Vertrages, die von jeder Seite geltend gemacht werden kann[146]. Nach Amtsantritt mit Wissen des zuständigen Anstellungsorgans gelten dagegen die Grundsätze über das fehlerhafte Anstellungsverhältnis: Der Vertrag ist mit allen gegenseitigen Rechten und Pflichten als wirksam zu behandeln und kann von beiden Parteien nur noch mit ex nunc-Wirkung beendet werden[147]. Diese Grundsätze gelten auch bei fehlerhafter Drittanstellung des Geschäftsführers der Komplementär-GmbH durch die GmbH & Co. KG[148]. Dem Geschäftsführer steht insbesondere die vereinbarte Vergütung einschließlich aller Nebenleistungen zu, nicht nur eine angemessene Entschädigung[149]; deshalb behält er auch seinen Ruhegehaltsanspruch, den er während seiner Tätigkeit für die Gesellschaft erworben hat[150]. Auch das Prinzip des § 2 BetrAVG ist anzuwenden[151]. Weitergehende Ansprüche für die Zukunft lassen sich aus einem fehlerhaften Anstellungsverhältnis aber nicht herleiten[152]. Die beiderseitige Treubindung und der Gesichtspunkt des Vertrauensschutzes können es im Einzelfall allerdings gebieten, den Beteiligten die Berufung auf den Mangel zu versagen[153], oder die Parteien mindestens zur Mitwirkung an einer angemessenen Übergangslösung verpflichten; treuwidrig kann auch die Geltendmachung einer fehlerhaften Vertragsaufhebung durch den Geschäftsführer sein[154]. Dagegen unterliegt die Möglichkeit einer ex nunc-Beendigung fehlerhafter Anstellungsverhältnisse bei der GmbH keiner ähnlich generellen Einschränkung, wie sie bei der Aktiengesellschaft im Hinblick auf den schon mit der Bestellung regelmäßig konkludent wirksam zustande gekommenen Anstellungsvertrag von Vorstandsmitgliedern zu befürworten ist[155]. Denn die anders ausgestaltete Rechtsstellung des GmbH-Geschäftsführers, der weder bei der GmbH selbst angestellt sein muß, noch notwendig gegen Vergütung tätig wird, verbietet einen allgemeinen Schluß von der Bestellung auf das Vorliegen eines konkludenten Anstellungsvertrages (vgl. auch Rdn 174 und 191). Bestand allerdings zwischen der Gesellschaft und dem Geschäftsführer von Anfang an Einigkeit über die entgeltliche Tätigkeit des Geschäftsführers auf der Grundlage eines Vertrages

146 BGH NJW 1995, 1158, 1159.

147 BGH NJW 1995, 1158, 1159; ebenso zum fehlerhaften Anstellungsverhältnis von Vorstandsmitgliedern der AG und des e.V. BGHZ 41, 282, 287f = NJW 1964, 1367; 113, 237, 249 = NJW 1991, 1727.

148 BGH NJW 1995, 1158, 1159.

149 BGH NJW 1995, 1158, 1159; vgl. auch BGHZ 113, 237, 249 = NJW 1991, 1727.

150 Rowedder/*Koppensteiner* 93; *Hengeler* Festschrift Barz (1974), 129, 141ff; Geßler/*Hefermehl*/Eckardt/Kropff AktG § 84, 134 m.w. Nachw.

151 *Mertens*-KölnKommAktG² § 84, 52 zur Erfüllbarkeit von Ruhegehaltszusagen an ein fehlerhaft angestelltes Vorstandsmitglied.

152 BGH NJW-RR 1995, 416f.

153 Vgl. für den fehlerhaften Anstellungsvertrag von Vorstandsmitgliedern der AG und des e.V. BGHZ 65, 190, 194 = NJW 1976, 145; 113, 237, 249 = NJW 1991, 1727.

154 Vgl. OLG Hamm GmbHRdsch 1991, 466, 467.

155 *Mertens*-KölnKommAktG² § 84, 53f.

mit der Gesellschaft, wird man die ex nunc-Beendigung des fehlerhaften Anstellungsverhältnisses zumindest als treuwidrig anzusehen haben. Ist zu einem bestimmten Zeitpunkt der Nichtigkeitsgrund entfallen und wird das Anstellungsverhältnis fortgesetzt, so kann davon auszugehen sein, daß nunmehr konkludent ein wirksamer Anstellungsvertrag zwischen der Gesellschaft und dem Geschäftsführer zustandekommt.

Zuständig für die **Vertretung der Gesellschaft** gegenüber dem fehlerhaft angestellten Geschäftsführer ist sowohl für die Beendigung als auch für die Abwicklung des Dienstverhältnisses nach dessen Auflösung stets dasjenige Organ, das auch die Anstellungskompetenz besitzt[156], also je nach Verfassung der GmbH entweder die Gesellschafterversammlung oder der Aufsichtsrat, nicht aber die Mitgeschäftsführer oder die Nachfolger des Ausgeschiedenen[157]. **189**

V. Anstellungsvertrag mit einem Arbeitnehmer der Gesellschaft

Wird ein Arbeitnehmer der Gesellschaft oder eines Dritten, etwa der GmbH & Co. KG, zum Geschäftsführer bestellt, fehlt es vielfach an einer eindeutigen Regelung hinsichtlich des ursprünglichen Arbeitsvertrages, sei es, weil der Geschäftsführer zu unveränderten Bedingungen weiterbeschäftigt wird, sei es, weil ein neuer Anstellungsvertrag geschlossen wird, ohne daß der bestehende Arbeitsvertrag ausdrücklich aufgehoben wird. Scheidet der frühere Arbeitnehmer später aus dem Geschäftsführeramt aus und endet sein Dienstverhältnis, stellt sich die Frage, ob sein ursprüngliches Arbeitsverhältnis fortbesteht und er deshalb seinen Arbeitnehmerstatus wiedererlangt. Mit Recht hält das BAG nicht mehr generell an der Vermutung fest, daß das ursprüngliche Arbeitsverhältnis neben dem Dienstverhältnis als Geschäftsführer ruhend fortbestehe[158]. Schließen die Parteien einen neuen Anstellungsvertrag, ist vielmehr grundsätzlich davon auszugehen, daß sie damit den bestehenden Arbeitsvertrag aufheben wollen[159]. Das ist namentlich dann anzunehmen, wenn die ursprüngliche Beschäftigung im Hinblick auf eine spätere Übernahme des Arbeitnehmers in das Geschäftsführeramt von vornherein als befristetes Probearbeitsverhältnis angelegt war[160]. Auch eine Weiterbeschäftigung zu unveränderten Bedingungen ohne Abschluß eines neuen Dienstvertrages trägt allein noch nicht die Vermutung, daß das Arbeitsverhältnis nicht beendet, sondern lediglich suspendiert werden sollte[161]. Vielmehr ist auch in diesem Fall von einer endgültigen Umwandlung des Arbeitsverhältnisses in ein selbständiges Dienstverhältnis auszugehen, wenn sich **190**

[156] So schon *Mertens* Voraufl. 111; Rowedder/*Koppensteiner* 93; ebenso jetzt auch BGHZ 113, 249 f = NJW 1991, 1727 für den e.V. unter ausdrücklicher Aufgabe seiner früheren Rspr. zur AG in BGHZ 47, 341, 344 = NJW 1967, 1711; ebenso BGH NJW 1995, 2599 für die eG.

[157] So auch grundsätzlich für den ausgeschiedenen Geschäftsführer BGH NJW-RR 1990, 739, 740.

[158] BAG GmbHRdsch 1994, 243, 244 unter teilweiser Korrektur von BAGE 49, 81, 93 und BAGE 55, 137, 146; dazu *Knott/Schröter* GmbHRdsch 1996, 238, 240 ff; *Hümmerich* NJW 1995, 1177, 1181 f; *Reiserer* DB 1994, 1822, 1825; *Bauer* BB 1994, 855, 857 f.

[159] BAG GmbHRdsch 1994, 243, 244; in demselben Sinne, wenn auch noch immer nicht definitiv entschieden, BAG NJW 1996, 614, 615; Baumbach/Hueck/*Zöllner* 97 a.

[160] So die Sachlage in der Entscheidung BAG GmbHRdsch 1994, 243.

[161] AA das BAG in BAGE 49, 81, 90 ff, 93; 55, 137, 145 ff; NJW 1995, 675, 676, das im Zweifel annimmt, daß der Geschäftsführer mit seiner Bestellung zum Vertretungsorgan nicht endgültig den bisher erworbenen Bestandsschutz seines Arbeitsverhältnisses aufgeben wolle, ohne dafür einen finanziellen Ausgleich durch höhere Vergütung zu erhalten; krit. *Grunsky* ZIP 1988, 76, 77 ff; *Hohlfeld* GmbHRdsch 1987, 255, 257 f; *ders.* GmbHRdsch 1988, 184 f; *Martens* Anm. zu AP Nr. 3 zu § 5 ArbGG 1979; *Reiserer* DB 1994, 1822, 1824 f; vgl. auch *Heyll* 294 ff.

nicht ausnahmsweise aus den Umständen ergibt, daß der Arbeitnehmer nach dem Willen der Parteien das Geschäftsführeramt nur zeitweilig ausüben sollte[162]. Diese Grundsätze gelten entsprechend, wenn die Organstellung durch Verschmelzung erlischt und der Anstellungsvertrag gemäß § 20 Abs. 1 Nr. 1 UmwG auf die übernehmende GmbH übergeht[163]. Wird der Geschäftsführer nach Beendigung der Organstellung von seinem früheren Arbeitgeber vorbehaltlos weiterbeschäftigt, obwohl sein alter Arbeitsvertrag nicht fortbestand, so kann dadurch ein neues Arbeitsverhältnis konkludent begründet werden[164].

VI. Rechte des Geschäftsführers aus dem Anstellungsvertrag

1. Vergütung

Schrifttum

Bauder Die Bezüge des GmbH-Geschäftsführers in Krise und Konkurs der Gesellschaft, BB 1993, 369; *Depping/Voß* Qualifizierte Schriftformklausel und verdeckte Gewinnausschüttung, DStR 1992, 341; *Eder* Steuerrechtliche Grenzen der Vereinbarung von Gewinntantiemen, DStR 1995, 665; *Evers/Grätz/Näser* Die Gehaltsfestsetzung bei Geschäftsführern der GmbH und GmbH & Co., 3. Aufl. (1992); *Felix* Die Nur-Pension als angemessenes Voll-Entgelt für die Geschäftsführertätigkeit von GmbH-Gesellschaftern, GmbHRdsch 1990, 98; *ders.* Umsatztantieme als Teil der Tätigkeitsbezüge geschäftsführender GmbH-Gesellschafter, BB 1988, 277; *Frischholz* Gesellschaftergeschäftsführergehälter im Blickwinkel der (Un-)Üblichkeit von Gewinntantiemevereinbarungen, StBp 1995, 11; *Frohnwieser* Verhältnis von Pensionszusage und Barbezügen bei Gesellschafter-Geschäftsführern von Kapitalgesellschaften, DB 1990, 1434; *Haar* Der Gesellschafter-Geschäftsführer im Steuerrecht, SteuerStud 1991, 334; *Lange* Der Anstellungsvertrag zwischen Kapitalgesellschaft und ihrem Gesellschafter-Geschäftsführer – Hinweise zur Vermeidung von verdeckten Gewinnausschüttungen, NWB Fach 4, 841; *Langohr-Plato* Angemessenheit der Gesamtbezüge von GmbH-Gesellschafter-Geschäftsführern – Aktuelles aus Finanzverwaltung und Rechtsprechung, GmbHRdsch 1992, 742; *Meier* Klare und eindeutige Vereinbarungen zwischen GmbH und beherrschendem Gesellschafter zur Vermeidung verdeckter Gewinnausschüttungen, GmbHRdsch 1991, 70; *ders.* Zur Zulässigkeit umsatzabhängiger Tantiemezahlungen an Gesellschafter-Geschäftsführer einer GmbH, FR 1989, 547; *Niehues* Tantiemen-Einbehalt und Verlust-Tantiemen, DB 1996, 993; *Schneider* Anspruch des Gesellschafter-Geschäftsführers auf Gehaltserhöhung, Festschrift Semler (1993) 347; *ders.* Unentgeltliche Zuwendungen durch Unternehmen, AG 1983, 205; *Schneider/Altmüller* Angemessenheit der von ertragsstarken Unternehmen an ihre Gesellschafter-Geschäftsführer vergüteten Gehälter, DB 1996, 1003; *Schuhmann* Angemessenheit der Vergütung des Gesellschafter-Geschäftsführers einer GmbH, StBp 1988, 197; *ders.* Zur Schriftformklausel im Vertrag mit einem GmbH-Gesellschafter-Geschäftsführer, GmbHRdsch 1993, 79; *Schulze zur Wiesche* Geschäftsführervergütung und verdeckte Gewinnausschüttung, GmbHRdsch 1991, 113 und 170; *ders.* Tantiemevereinbarungen mit beherrschenden Gesellschafter-Geschäftsführern einer GmbH, GmbHRdsch 1993, 403; *Spitaler/Niemann* Die Angemessenheit der Bezüge geschäftsführender Gesellschafter einer GmbH, 6. Aufl. (1991); *Tänzer* Geschäftsführervergütungen und Nebenleistungen, GmbHRdsch 1989, 324; *ders.* Die aktuelle Vergütung der GmbH-Gesellschafter-Geschäftsführer, GmbHRdsch 1996, 40; *Tillmann/Schmidt* Vermeidung einer verdeckten Gewinnausschüttung aus Geschäftsführerverträgen – Aktueller Handlungsbedarf durch neue Rechtsprechung zu Änderungskompetenz, Tantieme, Pensionszusage und Gehaltsverzicht, GmbHRdsch 1995, 796; *dies.* Neues zur verdeckten Gewinnausschüttung bei zivilrechtlich unwirksamen Geschäftsführerverträgen, DStR 1996, 849; *Wassermeyer* Ver-

---

162 Baumbach/Hueck/*Zöllner* 97 a.

163 Vgl. BAG NJW 1995, 675, 676 zu § 25 Abs. 2 S. 1 KapErhG; vgl. im einzelnen *Hockemeier* 28 f, 58 ff; dazu auch *Baums* ZHR 156 (1992), 248 ff; *Röder/Lingemann* DB 1993, 1341, 1343 ff.

164 BAG NJW 1995, 675, 677; *Grunsky* ZIP 1988, 76, 79 f.

deckte Gewinnausschüttung im Zusammenhang mit Gesellschafter-Geschäftsführern, DStR 1991, 1065. Zu älterem Schrifttum s. Vorauflage.

a) **Vergütungsanspruch.** Der Geschäftsführer hat Anspruch auf die vereinbarte Vergütung. Wird der bestellte Geschäftsführer ohne Anstellungsvertrag tätig oder fehlt es an einer Vergütungsregelung, kann er keine Vergütung beanspruchen, wenn er sich eindeutig zu unentgeltlicher Tätigkeit verpflichtet hat. Ob der Geschäftsführer andernfalls eine Vergütung erwarten kann, ist gemäß § 612 Abs. 1 BGB anhand objektiver Maßstäbe nach den Umständen des Einzelfalles zu entscheiden[165]. Während **Fremd-Geschäftsführer** üblicherweise entgeltlich tätig sind und deshalb regelmäßig eine Vergütung erwarten können[166], ist bei **Gesellschafter-Geschäftsführern** zu differenzieren: Bei geringfügiger Beteiligung ist im Zweifel von einer entgeltlichen Tätigkeit auszugehen, zumal Gesellschafter grundsätzlich nicht verpflichtet sind, das Geschäftsführeramt unentgeltlich zu übernehmen[167]. Bei maßgeblicher Beteiligung gibt es dagegen keine allgemeine Erfahrungsregel, auf die sich eine Vergütungserwartung stützen ließe[168], da die Geschäftsführertätigkeit auch durch die mitgliedschaftliche Gewinnbeteiligung abgegolten sein kann[169]. Für die Annahme entgeltlicher Tätigkeit müssen deshalb eindeutige Anhaltspunkte bestehen[170]. **191**

b) **Art und Höhe der Vergütung.** In den Grenzen zwingenden Rechts können die Parteien Art und Höhe der Vergütung beliebig festsetzen, es besteht insoweit volle Vertragsfreiheit. Außer dem Gehalt, dem monatlichen oder jährlichen Fixum, können dem Geschäftsführer nach Maßgabe der vertraglichen Vereinbarungen Gewinnbeteiligungen, Prämien, Gratifikationen, Aufwandsentschädigungen, Provisionen, Versicherungsbeiträge, private Nutzung von Firmenfahrzeugen und ähnliche Sonderleistungen zugewandt werden[171]. **192**

Hinsichtlich der **Höhe der Vergütung** existiert keine allgemeine Angemessenheitsregel. § 87 AktG, der den Aufsichtsrat verpflichtet, dafür zu sorgen, daß die Gesamtbezüge in einem angemessenen Verhältnis zu den Aufgaben des Vorstandsmitglieds und zur Lage der Gesellschaft stehen, ist im GmbH-Recht auch für die mitbestimmte GmbH nicht entsprechend anwendbar[172]. Allerdings gehört es zu den allgemeinen Pflichten des Aufsichtsrats, mit den Geschäftsführern eine Vergütung zu vereinbaren, die im wohlverstandenen Interesse der Gesellschaft liegt. Die ungerechtfertigte Zahlung nicht marktgerechter Vergütungen kann ihn selbst zum Schadensersatz verpflichten. Für den **Arbeitsdirektor** ist das Diskriminierungsverbot des § 33 Abs. 1 MitbestG zu beachten, das jedoch sachlich gerechtfertigte Differenzierungen in den Bezügen nicht ausschließt[173]. **193**

Für die Höhe der Bezüge von **Gesellschafter-Geschäftsführern** gelten jedoch weitergehende gesellschaftsrechtliche wie steuerrechtliche Einschränkungen, die die Geschäftsführervergütungen im Ergebnis doch einem allgemeinen **Gebot der Angemes-** **194**

[165] OLG Frankfurt GmbHRdsch 1993, 358, 359.
[166] OLG Frankfurt GmbHRdsch 1993, 358, 359; bestätigt durch BGH Beschluß v. 15.3.1993, II ZR 145/92; Baumbach/Hueck/*Zöllner* 34.
[167] BGH NJW 1985, 637; *Schoor* DStZ 1990, 355.
[168] OLG Frankfurt GmbHRdsch 1993, 358, 359; Baumbach/Hueck/*Zöllner* 34; **aA** *Lutter/Hommelhoff* Anh. § 6, 31.
[169] Baumbach/Hueck/*Zöllner* 34.
[170] OLG Frankfurt GmbHRdsch 1993, 358, 359.
[171] Zu den verschiedenen Entlohnungsmöglichkeiten *Näser* GmbHRdsch 1982, 64ff; *ders.* GmbHRdsch 1983, 35ff; *ders.* GmbHRdsch 1985, 253ff; *Spiegelberger* MittBayNot 1989, 237, 246; *Tänzer* GmbHRdsch 1980, 25; *ders.* GmbHRdsch 1984, 35; *ders.* GmbHRdsch 1986, 255; *ders.* GmbHRdsch 1987, 342; *ders.* GmbHRdsch 1989, 324; *ders.* GmbHRdsch 1996, 40.
[172] Baumbach/Hueck/*Zöllner* 100; Scholz/*Schneider* 180.
[173] Rowedder/*Koppensteiner* 83; *Lutter/Hommelhoff* Anh. § 6, 31 a.

senheit unterwerfen. Die Zuwendungen an den Geschäftsführer dürfen danach in keinem Mißverhältnis zu der vergüteten Leistung und damit zu dem Entgelt stehen, das ein Fremdgeschäftsführer für die gleiche Tätigkeit erhielte (sog. Fremdvergleich)[174]. Die Feststellung der Angemessenheit erfordert eine Würdigung aller Umstände wie Art, Größe, Leistungsfähigkeit des Betriebes, Alter, Ausbildung, Berufserfahrung und sonstige Fähigkeiten des Geschäftsführers sowie Umfang und Bedeutung seiner Tätigkeit[175]. Dem Anstellungsorgan ist dabei ein großzügiger Ermessensspielraum einzuräumen[176]. So kann etwa trotz schlechter Lage der Gesellschaft eine verhältnismäßig hohe Vergütung noch angemessen sein, wenn sich ein geeigneter Geschäftsführer sonst nicht finden läßt[177]. Hält sich die vereinbarte Vergütung im Rahmen des Ermessensspielraums, so ist nur sie maßgeblich; das Gericht ist nicht befugt, mit einer eigenen Ermessensentscheidung in die Gestaltungsfreiheit der Gesellschafter einzugreifen[178].

195 **Gesellschaftsrechtliche Folgen** der Vereinbarung unangemessen hoher Vergütungen mit dem Gesellschafter-Geschäftsführer sind Unwirksamkeit und Schadensersatzpflicht wegen Verletzung der Treupflicht, gegebenenfalls auch des mitgliedschaftlichen Gleichbehandlungsgrundsatzes, wenn nicht alle Gesellschafter der Vergütungsregelung zugestimmt haben[179]. Die Zahlung überhöhter Bezüge an den Gesellschafter-Geschäftsführer aus gebundenem Gesellschaftsvermögen ist nach § 30 verbotene Einlagenrückgewähr und verpflichtet den Empfänger nach § 31 zur Rückzahlung des die angemessene Vergütung übersteigenden Betrages[180]. Ist die Vergütung für den Gesellschafter-Geschäftsführer jedoch insgesamt angemessen, hält sie also einem Fremdvergleich stand, scheidet ein Verstoß gegen § 30 unabhängig davon aus, ob die Unterbilanz bereits im Zeitpunkt des Vertragsschlusses vorlag oder erst später aufgetreten ist[181]; denn das Kapitalerhaltungsgebot verpflichtet den Gesellschafter-Geschäftsführer jedenfalls nicht, seine Leistung gegen geringere Vergütung zu erbringen als ein Fremdgeschäftsführer[182]. Zur steuerlichen Beurteilung überhöhter Vergütungen vgl. Rdn 234 ff, 251 f.

196 c) **Angemessene Vergütung bei fehlender Vereinbarung.** Bei fehlender Vergütungsvereinbarung richtet sich die Höhe der Geschäftsführerbezüge grundsätzlich nach § 612 Abs. 2 BGB. Für die Ermittlung der üblichen Vergütung können als Anhaltspunkte dienen: die Bezüge von Mitgeschäftsführern, u.U. auch die anderer leitender Angestellter der GmbH, sofern sich eine bestimmte Relation zu den üblichen Geschäftsführervergütungen feststellen läßt, ferner die Geschäftsführergehälter vergleichbarer Unternehmen sowie als ganz allgemeine Leitlinie das durchschnittliche Gehaltsniveau von GmbH-Geschäftsführern. Die gebotene Angemessenheit der Vergütung ist nach den zuvor in Rdn 194 dargelegten Maßstäben zu bestimmen. Bei Fremdgeschäftsführern und geringfügig beteiligten Gesellschafter-Geschäftsführern

---

174 BGHZ 111, 224, 227 = NJW 1990, 2625; BGH NJW 1992, 2894, 2896.

175 BGHZ 111, 224, 228 = NJW 1990, 2625; BFHE 157, 408, 412; zur Angemessenheit der Bezüge im einzelnen vgl. *Spitaler/Niemann* 28 ff; *Näser* GmbHRdsch 1982, 64 ff; *ders.* GmbHRdsch 1983, 35 ff; *ders.* GmbHRdsch 1985, 253 ff.

176 BGHZ 111, 224, 227 = NJW 1990, 2625; BGH NJW 1992, 2894, 2896.

177 *Bauder* BB 1993, 369, 372.

178 BGH NJW 1992, 2894, 2896.

179 BGHZ 111, 224, 227 = NJW 1990, 2625; vgl. auch BGH WM 1976, 1226, 1227: Stimmrechtsmißbrauch bei Beschluß über Gewährung einer überhöhten Vergütung.

180 Baumbach/Hueck/*Zöllner* 100; Rowedder/*Koppensteiner* 83; Scholz/*Schneider* 181; vgl. auch OLG Düsseldorf NJW-RR 1991, 111.

181 BGH NJW 1992, 2894, 2896; OLG Hamm GmbHRdsch 1992, 607, 608.

182 BGH NJW 1992, 2894, 2896. Zur Pflicht des Geschäftsführers, einer Herabsetzung seiner Vergütung zuzustimmen, s. Rdn 200.

mit arbeitnehmerähnlichem Status kann zusätzlich der arbeitsrechtliche Gleichbehandlungsgrundsatz zu beachten sein[183]. Für die Vergütung maßgeblich beteiligter Gesellschafter-Geschäftsführer darf § 612 Abs. 2 BGB nur dann als Bemessungsgrundlage herangezogen werden, wenn feststeht, daß der Gesellschafter-Geschäftsführer die übliche Vergütung beanspruchen soll[184]. Andernfalls kommt es allein auf die Umstände des Einzelfalles an.

d) **Angemessene Vergütung des Notgeschäftsführers.** Auch der gerichtlich bestellte Geschäftsführer hat gemäß § 612 BGB Anspruch auf angemessene Vergütung, und zwar nur gegen die Gesellschaft selbst, nicht aber gegen die Staatskasse, die Gesellschafter oder den Antragsteller[185]. Nach § 85 Abs. 3 AktG kann das Gericht die Auslagen und die Vergütung eines gerichtlich bestellten Vorstandsmitglieds festlegen, wenn zwischen Gesellschaft und Vorstandsmitglied darüber eine Einigung nicht erzielt werden kann. Die Entscheidung des Gerichts kann mit der sofortigen Beschwerde angefochten werden. Die weitere Beschwerde ist ausgeschlossen. Aus der rechtskräftigen Entscheidung findet die Zwangsvollstreckung nach der Zivilprozeßordnung statt. § 68 Abs. 3 RegE 1971 sah für den gerichtlich bestellten Geschäftsführer einer GmbH die Übernahme der aktienrechtlichen Lösung vor. Durchschlagende Gründe, die gegen eine naheliegende analoge Anwendung von § 85 Abs. 3 AktG sprächen, sind nicht ersichtlich[186]. 197

e) **Erfüllungsort.** Erfüllungsort für den Vergütungsanspruch ist der Ort, an dem die GmbH ihren Zahlungsverkehr mit dem Geschäftsführer abwickelt, also regelmäßig der Betriebssitz der Gesellschaft[187]. 198

f) **Verjährung.** Der Vergütungsanspruch verjährt gemäß § 197 BGB in vier Jahren[188]. Das gilt auch für die Bezüge arbeitnehmerähnlicher Geschäftsführer, da es bei ihnen an der für die zweijährige Verjährung nach § 196 Nr. 8 BGB vorausgesetzten arbeitnehmertypischen Weisungsunterworfenheit fehlt[189]. 199

g) **Anpassung bei wesentlicher Verschlechterung der Lage der Gesellschaft.** Eine Anpassung der Vergütung, wie sie § 87 Abs. 2 AktG für Vorstandsmitglieder ausdrücklich regelt, kommt nach § 242 BGB auch bei der GmbH in Betracht. Bei wesentlicher Verschlechterung der wirtschaftlichen Verhältnisse der Gesellschaft kann der Geschäftsführer aufgrund seiner organschaftlichen Treupflicht gehalten sein, einer Herabsetzung seiner Bezüge zuzustimmen[190]. Diese Pflicht trifft nicht nur den Gesellschafter-Geschäftsführer, sondern auch den Fremdgeschäftsführer[191]. Bei mehreren Geschäftsführern sind die Voraussetzungen einer Zustimmungspflicht zur Herabsetzung der Bezüge für jeden einzelnen gesondert zu prüfen. Eine das Anpas- 200

[183] S. dazu BGH NJW-RR 1990, 1313 f.

[184] Vgl. OLG Frankfurt GmbHRdsch 1993, 358, 359.

[185] BGH NJW 1985, 637; BayObLG GmbHRdsch 1988, 436, 437 f.

[186] Str., wie hier *Lutter/Hommelhoff* Vor § 35, 24; *Meyer-Landrut*/Miller/Niehus § 6, 21; Rowedder/*Koppensteiner* 72; **aA** BGH WM 1976, 1226; BayObLG GmbHRdsch 1988, 436, 438 f; Scholz/*Schneider* § 6, 44: keine gerichtliche Festsetzung der Geschäftsführervergütung möglich.

[187] BGH NJW 1985, 1286, 1287.

[188] BGH WM 1964, 675, 677; Baumbach/Hueck/*Zöllner* 105; für Vorstandsmitglieder vgl. BGHZ 36, 142 = NJW 1962, 340; BGH WM 1967, 742, 744.

[189] Baumbach/Hueck/*Zöllner* 105; Scholz/*Schneider* 197; *Lutter/Hommelhoff* Anh. § 6, 35; **aA** Meyer-Landrut/*Miller*/Niehus 192; *Gissel* 143; *Groß* 367.

[190] BGH NJW 1992, 2894, 2896; GmbHRdsch 1995, 654, 655; Baumbach/Hueck/*Zöllner* 101; *Lutter/Hommelhoff* Anh. § 6, 34 a; Scholz/*Schneider* 191. Zum Umfang der Herabsetzung und zum Herabsetzungsverfahren im einzelnen *Bauder* BB 1993, 369, 371 ff.

[191] BGH NJW 1992, 2894, 2896; Baumbach/Hueck/*Zöllner* 101; *Raiser* Recht der Kapitalgesellschaften[2] (1992), 381; **aA** für abhängige Geschäftsführer Meyer-Landrut/*Miller*/Niehus 172.

sungsverlangen der Gesellschaft rechtfertigende Verschlechterung ihrer wirtschaftlichen Lage ist nicht erst dann anzunehmen, wenn die Zahlung der Geschäftsführergehälter zu einer Unterbilanz führte, sondern auch oberhalb dieser Schwelle schon dann, wenn eine Gefährdung der Existenzgrundlage der Gesellschaft droht[192]. Wann eine solche Notlage besteht, kann nach denselben Maßstäben ermittelt werden wie der Zeitpunkt des Kriseneintritts im Recht der eigenkapitalersetzenden Gesellschafterleistungen[193].

201 h) Ein **Anspruch auf Gehaltserhöhung** kann für Gesellschafter-Geschäftsführer wie für Fremdgeschäftsführer aus unterschiedlichen rechtlichen Aspekten begründet sein. Er kann sich unmittelbar aus dem Anstellungsvertrag ergeben, sofern dieser selbst eine Anpassungsregelung enthält. Sonst kann ihm ein Anpassungsanspruch gegebenenfalls im Wege ergänzender Vertragsauslegung entnommen werden, oder er kann auf die Grundsätze über den Wegfall der Geschäftsgrundlage, auf gesellschaftsrechtliche Gleichbehandlungs- und Treupflichtgesichtspunkte, auf die Fürsorgepflicht der Gesellschaft gegenüber ihren Organmitgliedern, auf den arbeitsrechtlichen Gleichbehandlungsgrundsatz oder auf betriebliche Übung gestützt werden.

202 aa) **Anpassungsanspruch aufgrund vertraglicher Anpassungsklauseln.** Vergütungsregelungen können mit Anpassungsklauseln versehen werden, die eine weitgehende Wertsicherung gewährleisten. **Wertsicherungsklauseln**, die auf den Lebenshaltungsindex Bezug nehmen, bedürfen grundsätzlich der Genehmigung der Bundesbank. Ist ein Gehalt oder Ruhegehalt für die Lebenszeit des Berechtigten oder für die Dauer von mindestens zehn Jahren zu entrichten, so wird diese Genehmigung nach den „Grundsätzen der Bundesbank" in der Fassung vom 9.6.1978 bei der Entscheidung über Genehmigungsanträge nach § 3 S. 2 WährG[194] grundsätzlich erteilt. Bis zur Erteilung der Genehmigung ist die Wertsicherungsklausel schwebend unwirksam[195]. Die Genehmigung kann auch nachträglich mit rückwirkender Kraft erteilt werden[196]. Wird die Genehmigung versagt, sind die Parteien verpflichtet, die angestrebte Wertabsicherung der Geschäftsführerbezüge vertraglich auf andere Weise herbeizuführen[197]. Keine Anwendung findet § 3 WährG auf Wertsicherungsklauseln in Anstellungsverträgen mit ausländischen Gesellschaften[198]. Anders als Wertsicherungsklauseln generell genehmigungsfrei sind dagegen die in der Praxis überwiegend verwendeten **Spannungsklauseln**, die das Geschäftsführergehalt zu einem bestimmten vergleichbaren Gehalt in Bezug setzen[199]. Nicht genehmigungsbedürftig ist auch die Vereinbarung eines **Leistungsvorbehalts**, der bei Eintritt bestimmter Voraussetzungen entweder zur einvernehmlichen Anpassung der Vergütung oder zur Neufestsetzung durch eine der Parteien oder einen Dritten verpflichtet[200].

203 bb) **Anpassungsanspruch aus anderen rechtlichen Gesichtspunkten.** Fehlt im Anstellungsvertrag eine ausdrückliche Anpassungsregelung, kann sich ein Anspruch des Geschäftsführers auf Gehaltserhöhung im Einzelfall aus einer **ergänzenden Aus-**

---

192 Weitergehend *Bauder* BB 1993, 369, 370 f: konkrete Existenzgefährdung nicht erforderlich.

193 *Bauder* BB 1993, 369, 370 f.

194 BAnz Nr. 109 vom 15.6.1978 = NJW 1978, 2381.

195 BGH WM 1959, 1160; NJW 1974, 2233, 2234.

196 Soergel/*Teichmann*[12] (1990), § 244, 27.

197 BGHZ 63, 132, 135 = NJW 1975, 44; BGH NJW 1979, 1545, 1546; WM 1980, 593, 595; NJW 1983, 1909 f; *Dürkes* Wertsicherungsklauseln[10] (1992), D 5 ff, D 26.

198 Scholz/*Schneider* 188.

199 S. im einzelnen *Sudhoff* 32 f. Zur Berechnung von Preis-, Gehalts- und Lohnindizies *Rasch* NJW 1985, 948 ff.

200 Zu den einzelnen Arten von Wertsicherungsklauseln in Geschäftsführerverträgen vgl. auch *Weber* JuS 1987, 559, 563.

legung des Anstellungsvertrages nach § 157 BGB ergeben, wenn die Parteien bei Vertragsschluß eine Anpassung nicht von vornherein ausschließen wollten und eine Änderung der Verhältnisse dazu führt, daß die Geschäftsführertätigkeit mit der vereinbarten Vergütung nicht mehr angemessen entlohnt wird. Bei **Gesellschafter-Geschäftsführern** können dabei grundsätzlich die von der Rspr. für geschäftsführende Gesellschafter in Personengesellschaften entwickelten Anpassungsgrundsätze entsprechend herangezogen werden[201]. Danach kann dem Geschäftsführer gegen die Mitgesellschafter unter **Gleichbehandlungs**gesichtspunkten ein Anspruch auf Zustimmung zu einer Gehaltserhöhung zustehen, wenn sich nur so ein im Gesellschaftsvertrag vorgesehener angemessener Ausgleich zwischen den Mitgesellschaftern herstellen läßt[202]. Ebenso können die übrigen Gesellschafter aufgrund ihrer **Treupflicht** gehalten sein, einer Erhöhung der Tätigkeitsvergütung des Gesellschafter-Geschäftsführers zuzustimmen[203], und zwar nicht nur in Fällen eines krassen Mißverhältnisses zwischen der Vergütung einerseits und den Aufgaben des Geschäftsführers und der wirtschaftlichen Lage der Gesellschaft andererseits, das für sich schon die Voraussetzungen eines Wegfalls der Geschäftsgrundlage erfüllte[204], sondern bereits dann, wenn eine Anpassung der Vergütung an die veränderten Verhältnisse für eine verständige Weiterführung des Gesellschaftszwecks dringend geboten ist[205]. Dem erfolgreichen Gesellschafter-Geschäftsführer einen materiellen Anreiz zur Fortführung seiner im Ergebnis allen Gesellschaftern zugutekommenden Tätigkeit zu geben, deren Aufgabe für ihn regelmäßig unzumutbar ist, kann dabei für die Konkretisierung der Treupflicht durchaus ein rechtlich relevanter Aspekt sein.

Auch der **Fremdgeschäftsführer** kann von der Gesellschaft nach § 242 BGB Anpassung seiner Bezüge verlangen, wenn die Voraussetzungen eines Wegfalls der Geschäftsgrundlage vorliegen. Ebenso kann sich ein Anspruch auf Gehaltserhöhung aus ergänzender Vertragsauslegung ergeben, wenn die Aufnahme einer ursprünglich vorgesehenen Anpassungsregelung in den Vertrag versäumt wurde[206]. Auch die Fürsorgepflicht der Gesellschaft gegenüber ihrem Geschäftsführungsorgan kann einen entsprechenden Anpassungsanspruch des Geschäftsführers begründen, wenn ihm eine baldige Lösung des Anstellungsverhältnisses rechtlich nicht möglich ist, wenn sie treuwidrig wäre oder wenn sie für den Geschäftsführer aus persönlichen Gründen, etwa wegen bevorstehenden Erreichens der Altersgrenze, nicht zumutbar wäre[207]. Daneben kann der Fremdgeschäftsführer ebenso wie der nur geringfügig beteiligte Gesellschafter-Geschäftsführer sein Anpassungsverlangen im Einzelfall auf betriebliche Übung[208] oder den arbeitsrechtlichen Gleichbehandlungsgrundsatz **204**

---

[201] Baumbach/Hueck/*Zöllner* 101 m.w.Nachw.; einschränkend Scholz/*Schneider* 190; *Schneider* Festschrift Semler (1993), 361 ff; ihm folgend *Tillmann* Rdn 210.

[202] Vgl. BGH GmbHRdsch 1978, 12 f zur KG; zur Angemessenheit der Vergütung des Gesellschafter-Geschäftsführers unter Gleichbehandlungsaspekten s. auch BGHZ 111, 224, 226 = NJW 1990, 2625.

[203] Grundsätzlich ebenso Baumbach/Hueck/*Zöllner* 101; *Lutter*/*Hommelhoff* Anh. § 6, 34; Rowedder/*Koppensteiner* 85.

[204] So aber Scholz/*Schneider* 190; weniger restriktiv *Schneider* Festschrift Semler (1993), 361 f.

[205] So zum Recht der Personengesellschaften BGHZ 44, 40, 41 f = NJW 1965, 1960; BGH WM 1967, 1099; GmbHRdsch 1978, 12.

[206] *Schneider* Festschrift Semler (1993), 361 f.

[207] Vgl. Baumbach/Hueck/*Zöllner* 101; *Lutter*/*Hommelhoff* Anh. § 6, 34; **aA** Scholz/*Schneider* 190; *Schneider* Festschrift Semler (1993), 347, 362 f, der eine Anpassung nur unter den Voraussetzungen der §§ 157, 242 BGB zulassen will.

[208] Zur Anwendbarkeit dieses arbeitsrechtlichen Grundsatzes auf GmbH-Geschäftsführer s. BGH NJW-RR 1990, 1313, 1314; WM 1969, 686, 688; OLG München WM 1984, 896, 897; abl. *Fleck* Festschrift Hilger/Stumpf (1983), 197, 214; *Nebendahl* NZA 1992, 289, 293 f.

stützen[209]; dazu müssen freilich vergleichbare Fälle vorliegen. Eine Gleichbehandlung ist deshalb nur möglich gegenüber Mitgeschäftsführern sowie gegenüber leitenden Angestellten unter der Voraussetzung, daß die Gesellschaft bei der Gestaltung der Dienstverträge keinen wesentlichen Unterschied zwischen ihren angestellten Geschäftsführern und ihren leitenden Angestellten macht[210]. Eine Pflicht zur Gleichbehandlung im Konzern kommt nicht in Betracht[211], da der arbeitsrechtliche Gleichbehandlungsgrundsatz betriebs-, allenfalls unternehmensbezogen ist[212].

205 i) **Leistungsstörungen.** Im Hinblick auf den schuldrechtlichen Charakter des Anstellungsvertrages gilt für den Vergütungsanspruch grundsätzlich das allgemeine Leistungsstörungsrecht, allerdings im einzelnen modifiziert durch die insoweit spezielleren dienstvertrags- und gesellschaftsrechtlichen Regelungen.

206 Bei erheblichen Gehaltsrückständen darf der Geschäftsführer seine **Arbeitsleistung** nach § 320 BGB **verweigern**, ohne daß dies der Gesellschaft einen wichtigen Grund zur Kündigung des Anstellungsvertrages gibt[213].

207 Ist der Geschäftsführer an der Ausübung seines Amtes gehindert, liegt also vollständige oder teilweise **Unmöglichkeit** vor, finden prinzipiell die §§ 323–325 BGB Anwendung[214]. Bei **unverschuldeter Dienstverhinderung** verliert der Geschäftsführer nach der Regel des § 323 Abs. 1 BGB seinen Vergütungsanspruch, geleistete Zahlungen kann die Gesellschaft nach § 323 Abs. 3 BGB zurückfordern. Diese Rechtsfolge wird jedoch durch § 616 S. 1 BGB eingeschränkt. Danach kann der Geschäftsführer für eine verhältnismäßig nicht erhebliche Zeit der Dienstverhinderung aus einem in seiner Person liegenden Grund, also namentlich bei Erkrankung, Weiterzahlung der Bezüge verlangen. Dies gilt auch dann, wenn von vornherein feststeht, daß seine Verhinderung über diesen Zeitraum hinaus andauern wird. Die Frage, welcher Zeitraum verhältnismäßig nicht erheblich ist, kann nur unter Berücksichtigung aller Umstände des Einzelfalles entschieden werden. Einen gewissen Anhaltspunkt bietet die Sechs-Wochen-Frist des § 3 Abs. 1 S. 1 EFZG; jedoch wird man bei einem langjährig tätigen Geschäftsführer auch eine sechs Wochen überschreitende Verhinderung noch nicht als erheblich anzusehen haben.

208 Nach der Rspr. soll ferner auch bei dauernder Verhinderung eines langjährig bewährten oder auf Lebenszeit angestellten Organmitglieds die **Fortzahlung einer verkürzten Vergütung** über die verhältnismäßig nicht erhebliche Zeit hinaus aufgrund des Rechtsgedankens der Betriebsgemeinschaft und der Fürsorgepflicht aus § 242 BGB erforderlich sein[215]. Grundsätzlich verdienen Vorstandsmitglieder oder Geschäftsführer unter Fürsorge- und Billigkeitsgesichtspunkten aber keinen stärkeren Schutz als Arbeitnehmer. Ein teilweiser Fortbestand des Gehaltsanspruchs mag in Ausnahmefällen aus dem Gesellschafts- oder dem Anstellungsvertrag abzuleiten sein; auf den Treue- und Fürsorgegedanken allein läßt sich diese Rechtsfolge aber nicht gründen.

---

209 BGH NJW-RR 1990, 1313; *Henssler* RdA 1992, 289, 299 f m.Nachw. zum Meinungsstand.

210 BGH NJW-RR 1990, 1313, 1314; *Groß* 334 f, 353 m.w.Nachw.; *Henssler* RdA 1992, 289, 300; vgl. aber anders noch BGH WM 1969, 686, 688; WM 1973, 506; WM 1975, 761, 763.

211 BGH NJW-RR 1990, 1313, 1314.

212 BAGE 52, 380, 391 f; BAG NJW 1995, 2127 = DZWiR 1995, 327, 328 m.Anm. *Windbichler*; *Schaub* Arbeitsrechtshandbuch[7] (1992), § 112 II 1 c.

213 OLG Hamm NJW-RR 1995, 1187.

214 Unstr., vgl. auch BGH NJW-RR 1988, 420 m.w.Nachw.

215 BGHZ 10, 187, 192 = NJW 1951, 1465; enger BGH NJW-RR 1988, 420; tendenziell ebenso Scholz/*Schneider* 187; *Lutter/Hommelhoff* Anh. § 6, 41; krit. Rowedder/*Koppensteiner* 77; *Fleck* Festschrift Hilger/Stumpf (1983), 197, 218; *Hueck* RdA 1953, 478 f; Geßler/*Hefermehl*/Eckardt/Kropff AktG § 84, 50; *Mertens*-KölnKommAktG[2] § 84, 57.

209 Hat der **Geschäftsführer** die Dienstverhinderung **zu vertreten**, etwa weil er die vorgeschriebenen Dienstzeiten nicht einhält, kann die Gesellschaft nach § 325 BGB anteilige Rückzahlung der geleisteten Vergütung oder Schadensersatz verlangen, dessen Mindestbetrag die dem Geschäftsführer für den unmöglich gewordenen Teil seiner Dienstleistung gezahlten Bezüge darstellen[216]. Dagegen ist das Rücktrittsrecht des § 325 Abs. 1 u. 2 BGB durch die dienstvertragsrechtlichen Kündigungsmöglichkeiten ausgeschlossen.

210 Befindet sich die **Gesellschaft in Annahmeverzug** (§ 615 BGB) oder hat sie die Unmöglichkeit der Dienstleistung zu vertreten, so ist sie zur Fortzahlung des Gehalts verpflichtet; der Geschäftsführer hat sich nach Maßgabe von §§ 615 S. 2, 324 Abs. 1 S. 2 BGB Ersparnisse und anderweitige Bezüge anrechnen zu lassen. Eine Weiterzahlungspflicht der Gesellschaft kann unter entsprechender Anwendung der Grundsätze der Betriebsrisikolehre auch dann bestehen, wenn der Geschäftsführer zur Leistung seiner Dienste bereit ist, die Gesellschaft sich aber ohne ihr Verschulden gehindert sieht, die angebotenen Dienste zu verwenden[217]. Ist die Gesellschaft fortzahlungspflichtig, so kommt eine Kürzung des Gehalts nach § 242 BGB grundsätzlich nicht in Betracht[218]. Kündigt die Gesellschaft den Anstellungsvertrag, so behält der Geschäftsführer bis zur rechtswirksamen Beendigung des Dienstverhältnisses seinen Vergütungsanspruch, wenn er die Gesellschaft nach erfolgter Kündigung durch ausdrückliches Angebot seiner Dienste gemäß §§ 294, 295 BGB in Annahmeverzug setzt. Eine vom Geschäftsführer schon vorher abgegebene Erklärung seiner Dienstbereitschaft muß deshalb nach Ausspruch der Kündigung ggf. wiederholt werden, um die Rechtsfolge des § 615 BGB herbeizuführen[219]. Wird der Geschäftsführer allerdings zu Unrecht fristlos entlassen oder wird er sonst von seiner Dienstverpflichtung freigestellt oder beurlaubt, ist ein ausdrückliches Angebot entbehrlich[220]; ausreichend, aber auch erforderlich ist in diesen Fällen ein deutlicher Widerspruch, um die Gesellschaft mit der Annahme der Dienste in Verzug zu setzen[221]. Unerlaubte Wettbewerbshandlungen des freigestellten Geschäftsführers können zwar Unterlassungs- und Schadensersatzansprüche der Gesellschaft begründen[222]; sie geben ihr aber nicht das Recht, die Zahlung der Dienstbezüge zu verweigern, es sei denn, der Geschäftsführer hätte sich grob treuwidrig verhalten, so daß die Gesellschaft dem Vergütungsanspruch den Arglisteinwand entgegenhalten kann[223].

211 Haftet für die Verhinderung des Geschäftsführers ein Dritter, so kann die GmbH vom Schädiger Ersatz des an den Geschäftsführer gezahlten Bruttoentgelts verlangen. Dies gilt – im Rahmen einer angemessenen Vergütung – auch für den Einmann-Gesellschafter-Geschäftsführer[224]. Für die Fortzahlung einer Gewinnbeteiligung kommt die **Haftung des Schädigers** bei Gesellschafter-Geschäftsführern grundsätzlich nur insoweit in Betracht, als diese ein Tätigkeitsentgelt und nicht etwa eine

[216] BGH NJW-RR 1988, 420 f.
[217] Vgl. dazu *Fleck* Festschrift Hilger/Stumpf (1983) 197, 218 f; *Lutter/Hommelhoff* Anh. § 6, 42; allg. zur Betriebsrisikolehre *Zöllner/Loritz* Arbeitsrecht[4] (1992), § 18 V, 214 ff.
[218] BGHZ 24, 91, 96 = NJW 1957, 989; BGH WM 1968, 611, 613; WM 1978, 109, 111.
[219] BGH NJW 1988, 1201.
[220] BGH WM 1978, 109, 111.
[221] BGH NJW 1987, 2073, 2074; WM 1968, 611, 612; WM 1973, 782, 785; Rowedder/*Koppensteiner* 77.
[222] BGH NJW-RR 1988, 352, 353; LM § 89 a HGB Nr. 1.
[223] BGH NJW-RR 1988, 352, 353; OLG Düsseldorf GmbHRdsch 1989, 468, 470; vgl. weiterhin BGHZ 36, 323, 327 = NJW 1962, 734; 55, 274, 279 = NJW 1971, 1127; BGH WM 1971, 350, 352.
[224] BGH NJW 1971, 1136; NJW 1977, 1283, 1284; *Ganßmüller* GmbHRdsch 1971, 149.

verdeckte Gewinnausschüttung darstellt[225] (zur Abgrenzung s. im einzelnen Rdn 249 ff).

212 Bei **Schlechterfüllung** seiner Dienstpflichten kann dem Geschäftsführer sein Gehalt bereits nach dienstvertragsrechtlichen Regeln weder vorenthalten noch gekürzt werden, auch wenn seine Leistung völlig wertlos ist[226]. Allenfalls bei grob treuwidrigem Verhalten des Geschäftsführers kann dem Vergütungsanspruch ausnahmsweise der Arglisteinwand entgegenstehen[227]. Soweit der Gesellschaft aus der Dienstpflichtverletzung ein Schaden entstanden ist, kann sie den Geschäftsführer allein aus § 43 Abs. 2 in Anspruch nehmen, der als abschließende Regelung der Geschäftsführerhaftung gegenüber der GmbH auch die anstellungsvertraglichen Pflichten sanktioniert und deshalb Schadensersatzansprüche der Gesellschaft aus positiver Vertragsverletzung ausschließt[228].

213 **j) Die Vergütung in Zwangsvollstreckung und Konkurs.** Die laufenden Dienst- und Versorgungsbezüge von Fremdgeschäftsführern und arbeitnehmerähnlichen Gesellschafter-Geschäftsführern (vgl. dazu Rdn 138, 142, 149 ff) unterliegen den Pfändungsschutzbestimmungen der §§ 850 ff ZPO[229]. Der BGH (NJW 1978, 756) läßt allerdings offen, ob auch solche Organmitglieder den **Pfändungsschutz** in Anspruch nehmen können, die an der Gesellschaft maßgeblich beteiligt sind[230]. Nach § 850 ZPO kommt es jedenfalls für die Dienstbezüge eines aktiven Geschäftsführers entscheidend darauf an, ob er fortlaufend Vergütungen für persönliche Dienste erhält, die seine Erwerbstätigkeit ganz oder zu einem wesentlichen Teil in Anspruch nehmen und deshalb seine Existenzgrundlage bilden[231]; sind diese Voraussetzungen gegeben, so müssen auch die Bezüge des Unternehmer-Geschäftsführers unter § 850 ZPO fallen. Da das Ruhegehalt seinerseits in erster Linie Gegenleistung für die erbrachten Dienste ist, besteht auch dafür jedenfalls insoweit Pfändungsschutz, wie die Versorgung des Geschäftsführers im Hinblick auf die der Gesellschaft geleisteten Dienste angemessen ist.

214 Dem Unternehmer-Geschäftsführer steht für seine Dienstbezüge im **Konkurs** das **Vorrecht** nach § 61 Abs. 1 Nr. 1 KO nicht zu, da bei ihm die in dieser Vorschrift vorausgesetzte Abhängigkeit zu verneinen ist[232]. Dagegen darf dem arbeitnehmerähnlichen Fremdgeschäftsführer und dem Gesellschafter-Geschäftsführer ohne beherrschenden Einfluß das Vorrecht des § 61 Abs. 1 Nr. 1 KO nicht vorenthalten werden[233]. Dieselben Grundsätze gelten auch für die Anwendbarkeit von § 59

---

[225] BGH BB 1977, 1272; VersR 1992, 1410, 1411; *Ganßmüller* GmbHRdsch 1977, 265; *ders.* VersR 1978, 805; *Kuckuk* BB 1978, 283.

[226] BGH WM 1970, 350, 352; *Esser/Weyers*, Schuldrecht II[7] (1991), § 29 I 1; **aA** Scholz/*Schneider* 247.

[227] BGH WM 1970, 350, 352 m.w.Nachw.; NJW-RR 1988, 352, 353.

[228] Vgl. BGH NJW-RR 1989, 1255 sowie § 43, 4; *Lutter/Hommelhoff* Anh. § 6, 43; Scholz/*Schneider* 247.

[229] BGH NJW 1978, 756 im Hinblick auf die Dienstbezüge der Vorstandsmitglieder einer AG; ebenso generell für Organmitglieder BGH NJW 1981, 2465, 2466; **aA** noch BGHZ 41, 282, 288 = NJW 1964, 1367.

[230] Bejahend Scholz/*Schneider* 198; Baumbach/Hueck/*Zöllner* 104; *Lutter/Hommelhoff* Anh. § 6, 35; *Timm* ZIP 1981, 10, 11; *Heyll* 125; verneinend *Fleck* Festschrift Hilger/Stumpf (1983), 197, 223 f; *Groß* 371.

[231] BGH NJW 1978, 756; GmbHRdsch 1995, 654, 655.

[232] *Timm* ZIP 1981, 10, 11 ff, 13; *Lutter/Hommelhoff* Anh. § 6, 67; Scholz/*Schneider* 250 m.w.Nachw.

[233] BGHZ 78, 73, 80 = NJW 1980, 2468; Rowedder/*Koppensteiner* 89; *Lutter/Hommelhoff* Anh. § 6, 67; Scholz/*Schneider* 250; Kuhn/*Uhlenbruck* KO[11] (1994), § 61, 28 ff; *Kalter* KTS 1974, 143, 148; *Heilmann* NJW 1975, 1761; einschränkend LG Bremen BB 1980, 730, 731; krit. Baumbach/Hueck/*Zöllner* 103; **aA** noch BGHZ 41, 282, 288 = NJW 1964, 1367.

Abs. 1 Nr. 3 a KO[234] und für den Anspruch auf Konkursausfallgeld[235]. Zur Insolvenzsicherung von Ruhegehaltsansprüchen vgl. Rdn 271 ff, 279.

215 k) **Streitwert bei Gehalts- und Pensionsklagen.** Der Streitwert von Vergütungs- und Ruhegehaltsklagen richtet sich grundsätzlich nach § 17 Abs. 3 GKG; lediglich bei Unternehmer-Geschäftsführern mit maßgeblicher Beteiligung kommt eine Berechnung des Streitwerts nach § 9 ZPO in Betracht[236].

216 l) **Tantieme. aa) Formen.** In der Praxis der Geschäftsführerverträge kommt nicht nur die **Gewinntantieme**, sondern auch die **Umsatztantieme** vor, die dem Geschäftsführer unabhängig von dem erzielten Gewinn eine umsatzbezogene Provision sichert. Umsatztantiemen sind wirtschaftlich nicht unproblematisch, weil sie den Geschäftsführer dazu verleiten können, das Gesamtwohl des Unternehmens nicht gebührend zu berücksichtigen und zugunsten der Umsatzsteigerung die Rentabilität zu vernachlässigen[237]. Sie werden deshalb seltener vereinbart als Gewinntantiemen, zumal sie auch steuerlich nur unter engen Voraussetzungen anerkannt werden (vgl. Rdn 256). Doch kann es durchaus sachgerecht sein, Geschäftsführern etwa in der Aufbauphase des Unternehmens oder bei Zuständigkeit für ein umsatzbezogenes Ressort statt einer Gewinn- eine Umsatztantieme einzuräumen[238]. Auch für die Gewährung einer gesamtumsatzbezogenen Tantieme an den beherrschenden Gesellschafter-Geschäftsführer können sachliche Gründe sprechen[239]. Gesellschaftsrechtlich sind Umsatztantiemen generell und nicht, wie bei Vorstandsmitgliedern, nur ausnahmsweise und in beschränktem Umfang zulässig[240]; §§ 86 Abs. 1 S. 2, 87 Abs. 1 AktG finden auf Tantiemevereinbarungen mit Geschäftsführern keine entsprechende Anwendung[241]. Die Vergütung von Gesellschafter-Geschäftsführern muß sich aber insgesamt, einschließlich der Tantieme, im Rahmen des Angemessenen halten, Vergleichsmaßstab sind die Bezüge eines Fremdgeschäftsführers in entsprechender Position (vgl. im einzelnen Rdn 194). Erweist sich die Gesamtvergütung danach als angemessen, verstößt die Zahlung einer Umsatzprovision auch bei bestehender Unterbilanz nicht gegen § 30 Abs. 1 GmbHG[242].

217 Die Praxis kennt Tantiemeregelungen auch in der Form, daß sich der Tantiemeanspruch nur auf einen Gewinn oder Umsatz bezieht, der über einen bestimmten Betrag hinausgeht. Zivil- und steuerrechtlich zulässig, wenn auch vom BFH steuerlich nur in engen Grenzen anerkannt (vgl. dazu im einzelnen Rdn 250) ist auch die sog. **Nur-Tantieme**[243], bei der dem Geschäftsführer kein Festgehalt, sondern ausschließlich eine gewinn- oder umsatzbezogene Vergütung gezahlt wird.

---

[234] BGHZ 78, 73, 80 = NJW 1980, 2468.

[235] BSG ZIP 1983, 103; GmbHRdsch 1989, 34; LG Bremen BB 1980, 730, 731; Kuhn/*Uhlenbruck* KO[11] (1994), § 61, 28 a; *Timm* ZIP 1981, 10, 14; *Sudhoff* 41; *Groß* DB 1984, 1456.

[236] BGH NJW 1981, 2465, 2466 unter Aufgabe seiner früheren Rspr., nach der die Streitwertberechnung bei Organmitgliedern generell anhand von § 9 ZPO vorzunehmen war, so etwa noch BGH WM 1978, 1106; Übersicht zum Meinungsstand bei *Heyll* 263 ff.

[237] Vgl. BGH WM 1976, 1226, 1227; ebenso für die AG *Mertens*-KölnKommAktG[2] § 86, 5.

[238] *Sudhoff* 24; Scholz/*Schneider* 185; *Schulze zur Wiesche* GmbHRdsch 1993, 403, 408; *Felix* BB 1988, 277, 278; *Straßmann* WiR 1991, 11, 13 f.

[239] BGH WM 1976, 1226, 1227; *Felix* BB 1988, 277, 278 f; *Brandes* WM 1995, 652; *Meier* FR 1989, 547 f; **aA** *Wassermeyer* DStR 1991, 1068; *Tillmann* Rdn 238.

[240] BGH WM 1976, 1226, 1227; NJW 1992, 2894, 2896; Baumbach/Hueck/*Zöllner* 102; *Lutter/Hommelhoff* Anh. § 6, 32; Rowedder/*Koppensteiner* 74; *Felix* BB 1988, 277 f; *Posdziech* Rdn 151 f; **aA** *Wassermeyer* DStR 1991, 1068.

[241] *Lutter/Hommelhoff* Anh. § 6, 32; Scholz/*Schneider* 180; *Eder* DStR 1995, 665, 666; *Felix* BB 1988, 277, 278.

[242] BGH NJW 1992, 2894, 2896; *Lutter/Hommelhoff* Anh. § 6, 32.

[243] Baumbach/Hueck/*Zöllner* 100; Scholz/*Schneider* 180; *Felix* BB 1992, 2478 f; *Tillmann* Rdn 246; *Posdziech* Rdn 149; im Grundsatz auch BFHE 170, 119, 123 f.

218 Von der Tantieme als einem beweglichen, dem Leistungsanreiz dienenden Entgelt sind Vergütungen zu unterscheiden, die in fester Höhe neben dem Grundgehalt gewährt werden; sie werden aber oft – irreführend – als „**Mindest-**" oder „**Fixtantieme**" bezeichnet. Der Geschäftsführer kann ihre Zahlung mangels besonderer Abrede unabhängig von Gewinn oder Umsatz beanspruchen[244], und zwar entweder in Höhe des vereinbarten Festbetrages oder in Form eines Mindestbetrages, der ggf. durch eine variable Tantieme aufgestockt wird. „Garantierte" Tantiemen sind im Zweifel auf anfallende Gewinn- oder Umsatztantiemen anzurechnen[245].

219 **bb) Vertragliche Vereinbarung.** Die Höhe der Tantieme und die Art und Weise ihrer Berechnung sollten im Anstellungsvertrag genau festgelegt werden. Bei Gesellschafter-Geschäftsführern ist dies schon aus steuerlichen Gründen unerläßlich (vgl. im einzelnen Rdn 249 ff). Ist eine vertragliche Regelung der Bemessungsgrundlage unterblieben, so ist durch Auslegung zu ermitteln, wie die Tantieme zu berechnen ist[246]. Gibt der Vertrag hierfür keine Anhaltspunkte oder ist der für die Berechnung der Tantieme maßgebliche Prozentsatz vertraglich nicht festgelegt, so ist die Höhe der Tantieme gemäß § 315 BGB nach billigem Ermessen zu bestimmen[247]. Steht eine einheitliche Tantieme mehreren Geschäftsführern gemeinschaftlich zu, ist der Anteil jedes einzelnen ebenfalls durch Auslegung zu ermitteln; im Zweifel gebührt jedem nach § 420 BGB der gleiche Anteil[248]. Zu den steuerlichen Folgen einer unklaren Tantiemevereinbarung vgl. Rdn 249, 254.

220 **cc) Entstehung, Fälligkeit und Verjährung.** Der Tantiemeanspruch entsteht dem Grunde nach am Schluß des Geschäftsjahres[249]. Fällig wird er jedoch erst mit der rechtskräftigen Feststellung des Jahresabschlusses[250], und zwar unabhängig davon, ob eine Gewinnausschüttung erfolgt ist oder erfolgen soll. Der Vertrag kann auch einen späteren Fälligkeitszeitpunkt vorsehen[251]. Die Auszahlung der Tantieme hat beim beherrschenden Gesellschafter-Geschäftsführer zur Vermeidung einer verdeckten Gewinnausschüttung zeitnah zur Bilanzfeststellung zu erfolgen[252]. Auf die fehlende Fälligkeit des Tantiemeanspruchs kann sich die Gesellschaft entsprechend § 162 Abs. 1 BGB dann nicht berufen, wenn die Feststellung des Jahresabschlusses ohne sachlichen Grund nicht innerhalb der gesetzlichen Frist des § 42 a Abs. 2 erfolgt[253]. Der Tantiemeanspruch verjährt nach § 197 BGB in vier Jahren ab Fälligkeit[254].

221 **dd) Tantieme bei Eintritt oder Ausscheiden während des Geschäftsjahres.** Ist der Geschäftsführer nur für den Teil eines Geschäftsjahres im Amt, steht ihm ein anteiliger Anspruch auf **Gewinntantieme** zu, der anhand des Jahresüberschusses rechne-

---

[244] BGH NJW-RR 1994, 1055, 1056; WM 1975, 94; LG Hannover ZIP 1983, 448.
[245] Rowedder/*Koppensteiner* 74; Scholz/*Schneider* 183.
[246] Zur sog. „Ermessenstantieme" BGH WM 1975, 761, 762 f; vgl. auch BGH GmbHRdsch 1994, 546, 547; *Tillmann* Rdn 240; *Eder* DStR 1995, 665, 666; für die Heranziehung des § 86 Abs. 2 AktG dagegen Baumbach/Hueck/*Zöllner* 102; *Lutter/Hommelhoff* Anh. § 6, 32.
[247] BGH WM 1975, 761, 762; GmbHRdsch 1994, 546, 547; Baumbach/Hueck/*Zöllner* 102.
[248] *Sudhoff* 28; *Mertens*-KölnKommAktG² § 86, 11.
[249] BFHE 99, 547, 549 f; *Mertens*-KölnKommAktG² § 86, 10.
[250] BFHE 170, 119, 124; *Lutter/Hommelhoff* Anh. § 6, 32; *Sudhoff* 28; *Mertens*-KölnKommAktG² § 86, 10; der Fälligkeitszeitpunkt ist umstritten, zum Streitstand s. *Eder* DStR 1995, 665, 667 f.
[251] Vgl. OLG Köln GmbHRdsch 1993, 157; *Sudhoff*, 28; *Posdziech* Rdn 136.
[252] BFHE 169, 322, 325 f; vgl. aber auch BFH/NV 1994, 345; ausführlich *Posdziech* Rdn 136 f; *Tillmann* Rdn 234.
[253] OLG Köln GmbHRdsch 1993, 157, 158; *Lutter/Hommelhoff* Anh. § 6, 32.
[254] BGH WM 1964, 675; *Mertens*-KölnKommAktG² § 86, 10.

risch und nicht abschnittsweise zu ermitteln ist[255] und daher mangels anderweitiger Vereinbarung erst nach Feststellung des Jahresabschlusses fällig wird[256]. Gewinne und Verluste der Gesellschaft vor seinem Eintritt oder nach seinem Ausscheiden gehen deshalb in die Berechnung ein[257]. Scheidet der vorgesehene Geschäftsführer noch innerhalb der Probezeit vor Amtsantritt wieder aus, kann er vorbehaltlich abweichender vertraglicher Regelung grundsätzlich keine anteilige Tantieme beanspruchen, es sei denn, er hätte einen maßgeblichen Beitrag zur Ertragssteigerung geleistet, der andernfalls unvergütet bliebe[258]. Wie eine anteilige **Umsatztantieme** zu berechnen ist, richtet sich nach ihrer Ausgestaltung im Einzelfall. Im Zweifel wird sie anhand der in dem entsprechenden Zeitabschnitt erzielten Umsätze zu bestimmen sein.

ee) **Berechnungsgrundlage** für die **Gewinntantieme** ist, falls nichts anderes vereinbart, nicht die Steuer-, sondern die **Handelsbilanz**[259]. Der Berechnung ist, auch wenn die Tantiemevereinbarung auf den Bilanz-, Jahres- oder Reingewinn abstellt, im Zweifel der **Jahresüberschuß** iSv §§ 266 Abs. 3 A V, 275 Abs. 2 Nr. 20, Abs. 3 Nr. 19 HGB, § 29 Abs. 1 S. 1 zugrundezulegen[260], also der im jeweiligen Geschäftsjahr neu erzielte Gewinn nach Steuern und vor Ergebnisverwendung[261], es sei denn, die Parteien hätten eindeutig die Maßgeblichkeit des Bilanzgewinns iSv § 268 Abs. 1 HGB gewollt. Zum Jahresüberschuß gehört weder der Gewinnvortrag noch der Verlustvortrag aus dem Vorjahr, ob letzterer dennoch den tantiemepflichtigen Gewinn mindern soll, ist Auslegungsfrage[262]. Die erstmalige Zusage einer Tantieme bei bestehendem Verlustvortrag spricht jedenfalls gegen seine Anrechnung[263]. Vom Jahresüberschuß nicht abzuziehen sind – abweichend von § 86 Abs. 2 AktG – die Rücklagen[264] und ein dem Jahresüberschuß entstammender Gewinnvortrag[265]. Erklärt aber die Tantiemevereinbarung § 86 Abs. 2 AktG ausdrücklich für anwendbar, ist der um den Verlustvortrag aus dem Vorjahr und eine satzungsmäßige Rücklage verminderte Jahresüberschuß auch für die Berechnung der Geschäftsführertantieme maßgeblich. Die Tantiemefähigkeit ungewöhnlich hoher Gewinne hängt davon ab, ob die Zahlung einer Tantieme auch insoweit funktionsgerecht ist, also dem bezweckten Leistungsansporn entspricht. Im Zweifel nicht tantiemepflichtig und deshalb vom Jahresüberschuß abzuziehen sind außerordentliche Erträge iSv §§ 275 Abs. 2 Nr. 15, Abs. 3 Nr. 14 , 277 Abs. 4 HGB; entsprechend müssen auch außerordentliche Aufwendungen iSv §§ 275 Abs. 2 Nr. 16, Abs. 3 Nr. 15, 277 Abs. 4 HGB im Zweifel unberücksichtigt bleiben. Auch Rückstellungen mindern als Aufwand 222

[255] OLG Hamm GmbHRdsch 1985, 155, 157; Scholz/*Schneider* 184; *Sudhoff* 28; zum Anspruch auf anteilige Gewinntantieme vgl. auch BGH GmbHRdsch 1994, 546, 547.

[256] *Sudhoff* 28; *Mertens*-KölnKommAktG² § 86, 12.

[257] OLG Hamburg OLGRspr. 19, 302; *Mertens*-KölnKommAktG² § 86, 12.

[258] OLG Hamm GmbHRdsch 1985, 155, 157.

[259] BGH GmbHRdsch 1963, 26; Scholz/*Schneider* 183; Rowedder/*Koppensteiner* 75; *Schoor* DStZ 1990, 355, 357; *Sudhoff* 25 f.

[260] *Eder* DStR 1995, 665, 666 f auch zu den Auslegungsproblemen bei nach Inkrafttreten des Bilanzrichtlinie-Gesetzes in alter Begrifflichkeit verharrenden Tantiemevereinbarungen; dazu auch *Tillmann* Rdn 244; *Schoor* DStZ 1990, 355, 357; *Schulze zur Wiesche* GmbHRdsch 1993, 403, 407 f.

[261] Vgl. BGH NJW-RR 1994, 1315, 1317; Baumbach/*Hopt* HGB²⁹ (1995), § 275, 24.

[262] Grundsätzlich gegen eine Berücksichtigung *Eder* DStR 1995, 665, 666; grundsätzlich für die Anrechnung dagegen BFHE 170, 119, 124; *Tillmann* Rdn 244; *Sudhoff* 26.

[263] Scholz/*Schneider* 184; Rowedder/*Koppensteiner* 75; enger *Posdziech* Rdn 161: keine Berücksichtigung nur beim neueintretenden Geschäftsführer.

[264] Scholz/*Schneider* 184; Rowedder/*Koppensteiner* 75; *Ganßmüller* GmbHRdsch 1965, 92; *Sudhoff* 26.

[265] *Sudhoff* 26; Rowedder/*Koppensteiner* 75.

den tantiemepflichtigen Gewinn, und zwar nach zutreffender Ansicht[266] unter der Geltung des neuen Rechnungslegungsrechts auch die Rückstellungen für die Tantiemeverpflichtungen selbst, die deshalb dem Jahresüberschuß vorbehaltlich abweichender Vereinbarung nicht hinzuzurechnen sind[267].

223 Die Ausrichtung der Tantieme am **Steuerbilanzgewinn** läßt nicht zweifelsfrei erkennen, ob damit der Gewinn vor oder nach Abzug von Körperschaft- und Vermögensteuer gemeint ist[268] und bedarf deshalb der Auslegung[269], für die insbesondere die tatsächliche Handhabung der Tantiemeberechnung in der Vergangenheit Anhaltspunkte geben kann[270]; im Zweifel wird man, um dem in der ausdrücklichen Bezugnahme auf die Steuerbilanz zum Ausdruck kommenden Parteiwillen hinreichend Rechnung zu tragen, auf den Gewinn vor Steuern abzustellen haben[271]. Erfährt der steuerlich zugrundezulegende Gewinn infolge einer späteren Betriebsprüfung eine Veränderung, so bedarf es einer entsprechenden Neuberechnung der Tantieme, es sei denn, die Tantiemevereinbarung erklärte den zunächst festgestellten Gewinn definitiv für maßgeblich. Eine verdeckte Gewinnausschüttung gibt jedoch im nachhinein grundsätzlich keinen Anspruch auf eine entsprechende Erhöhung der Tantieme[272]; eine anderslautende Vereinbarung ist in der Regel selbst verdeckte Gewinnausschüttung[273].

224 Auf welcher Grundlage die **Umsatztantieme** zu berechnen ist, richtet sich nach der vereinbarten Bezugsgröße und dem von der Gesellschaft angestrebten Zweck der Tantiemeregelung, den Sparten- oder den Gesamtumsatz zu steigern[274]. Zur steuerlichen Behandlung von Umsatztantiemen s. Rdn 256.

225 m) **Gratifikationen** sind freiwillige Sonderzuwendungen der Gesellschaft aus bestimmtem Anlaß (Weihnachtsgratifikation, Urlaubsgeld, Jahresbonus), deren Festsetzung sich die Gesellschaft dem Grunde oder der Höhe nach jeweils vorbehält. Doch erwirbt der Geschäftsführer aus mindestens dreifacher vorbehaltloser Zahlung einen vertraglichen Anspruch auf die Gratifikation[275]. Ein solcher Anspruch kann sich auch aus der Pflicht der Gesellschaft zur Gleichbehandlung der Geschäftsführer ergeben, wenn den Mitgeschäftsführern aufgrund langjähriger Übung die

---

266 Hachenburg/*Goerdeler/Müller* § 29, 80; *Eder* DStR 1995, 665, 667; *Frischholz* StBp 1995, 11, 14; *Posdziech* Rdn 160; im Grundsatz ebenso *Sudhoff* 26; so auch für die Tantiemeberechnung bei Vorstandsmitgliedern *Mertens*-KölnKomm-AktG[2] § 86, 17 m.w.Nachw.

267 **AA** die wohl noch h.M., vgl. RGZ 91, 316; BGH BB 1963, 55; Scholz/*Schneider* 184; Rowedder/*Koppensteiner* 75; *Schoor* DStZ 1990, 355, 357.

268 Der Begriff des Steuerbilanzgewinns ist in seiner Bedeutung umstritten, vgl. BFHE 168, 293, 296; *Schulze zur Wiesche* GmbHRdsch 1993, 403, 408; *Tillmann* Rdn 241, jeweils auch mit Formulierungsvorschlägen für steuerlich unbedenkliche Tantiemevereinbarungen; für die Interpretation als „Gewinn vor Steuern" BGH GmbHRdsch 1963, 26; FG Düsseldorf GmbHRdsch 1992, 685, 686; *Herrmann/Heuer/Raupach* KStG[20] (1992), § 29, 19; *Sudhoff* 26f; *Schoor* DStZ 1990, 355, 357; **aA** FG Köln EFG 1990, 595; BFH aaO; *Posdziech* Rdn 162, 167; ebenso die Praxis in den amtlichen Berechnungsbögen, vgl. *Schulze zur Wiesche* GmbHRdsch 1993, 403, 408.

269 BFHE 113, 298, 301; 168, 293, 296f; BFH GmbHRdsch 1990, 572; *Tillmann* Rdn 241; *Schulze zur Wiesche* GmbHRdsch 1993, 403, 408.

270 Vgl. BFHE 113, 298, 301; 166, 279, 284; FG Düsseldorf GmbHRdsch 1992, 685, 686.

271 Scholz/*Schneider* 184; *Flume* DB 1992, 1697; *Herrmann/Heuer/Raupach* KStG[20] (1992), § 29, 19; für den „steuerlichen Reingewinn" ebenso FG Düsseldorf GmbHRdsch 1992, 685, 686; *Schulze zur Wiesche* GmbHRdsch 1993, 403, 408; **aA** BFHE 168, 293, 296; FG Köln EFG 1990, 595; *Posdziech* Rdn 165.

272 BFHE 171, 58, 61f; vgl. auch BFHE 175, 347.

273 BFHE 167, 372, 374; *Posdziech* Rdn 164.

274 Zu den Berechnungsmaßstäben im einzelnen Scholz/*Schneider* 185; *Felix* BB 1988, 278f.

275 BGH NJW-RR 1990, 1313, 1314; OLG München WM 1984, 896, 897; Scholz/*Schneider* 186; Rowedder/*Koppensteiner* 76.

Gratifikation zusteht; unter denselben Voraussetzungen kann auch der Gesellschafter-Geschäftsführer nach dem gesellschaftsrechtlichen Gleichbehandlungsgrundsatz die Gratifikation beanspruchen[276]. Auf eine Gleichbehandlung mit den Arbeitnehmern der Gesellschaft kann sich der Geschäftsführer dagegen nicht berufen[277], es sei denn, die Gesellschaft machte bei der Vertragsgestaltung grundsätzlich keinen Unterschied zwischen Geschäftsführern und anderen leitenden Angestellten[278]. Hat der Geschäftsführer einen vertraglichen Anspruch auf eine nach billigem Ermessen festzusetzende Gratifikation, so kann die Gesellschaft bei Pflichtverletzungen des Geschäftsführers, längerer Dienstabwesenheit, verschuldetem Mißerfolg, aber auch bei schlechter wirtschaftlicher Lage die Gratifikation kürzen oder ganz versagen. Gratifikationen, die nicht vertraglich im voraus festgelegt worden sind, behandelt das Steuerrecht beim beherrschenden Gesellschafter-Geschäftsführer als verdeckte Gewinnausschüttung[279]; den steuerrechtlichen Anforderungen kann aber im Einzelfall sowohl eine mündliche als auch eine konkludente, durch langjährige Übung belegte Vereinbarung genügen[280].

n) **Versorgungslohn.** Nach § 19 BetrAVG iVm § 40 b EStG sind Beiträge, die von der Gesellschaft für eine Lebensversicherung des Geschäftsführers entrichtet werden (**Direktversicherung**), seit 1. Januar 1996 bis zu 3408 DM jährlich einer pauschalen Lohnsteuer von nunmehr 20% unterworfen. Voraussetzung ist, daß der Erlebensfall nicht früher als auf das 60. Lebensjahr festgelegt wird und daß eine vorzeitige Kündigung des Versicherungsvertrages durch den Geschäftsführer ausgeschlossen ist[281]. Die Direktversicherung wird Geschäftsführern in der Praxis entweder anstelle einer Pensionszusage oder als Ergänzung eines betrieblichen Ruhegehalts gewährt. Zur steuerlichen Behandlung der Direktversicherung des GmbH-Geschäftsführers vgl. auch Rdn 291 und 303. **226**

o) **Steuerliche Behandlung der Geschäftsführervergütung. aa) Die steuerliche Behandlung des Geschäftsführers.** Das Geschäftsführergehalt ist steuerlich Arbeitslohn iSv § 19 EStG. Lohnsteuerpflichtig ist die Gesamtvergütung[282]. Sie umfaßt nicht nur Fixum, Tantieme, Gratifikationen und ähnliche Sonderleistungen, sondern auch alle weiteren Vorteile, die die Gesellschaft dem Geschäftsführer im Hinblick auf seine Dienstleistung zuwendet, einschließlich der Vorsorgeleistungen (zu deren steuerlicher Behandlung beim Geschäftsführer vgl. Rdn 291). Aufgrund vertraglicher Vereinbarung kann die Gesellschaft die Steuer der Geschäftsführer übernehmen (Nettolohnprinzip). Zur einkommensteuerlichen Behandlung verdeckter Gewinnausschüttungen beim Gesellschafter-Geschäftsführer s. *Schulze zur Wiesche* GmbH-Rdsch 1991, 170, 173 f. **227**

Kein Arbeitslohn sind die Arbeitgeberanteile zur gesetzlichen Rentenversicherung[283], ebensowenig **Lohnbestandteil** sind Zuwendungen an den Geschäftsführer, die ganz überwiegend im eigenbetrieblichen Interesse der Gesellschaft liegen[284]. Steuerfrei in den Grenzen des § 3 b EStG sind Zuschläge für Sonntags-, Feiertags- **228**

---

276 BFH BFH/NV 1991, 773, 774; OLG München WM 1984, 896, 898; zur Pflicht gleichmäßiger Behandlung von Mitgeschäftsführern s. auch BGH NJW-RR 1990, 1313, 1314.

277 BFH BFH/NV 1991, 773, 774; Scholz/*Schneider* 186; Rowedder/*Koppensteiner* 76.

278 BGH NJW-RR 1990, 1313, 1314.

279 BFHE 113, 218, 220; 166, 545, 547; BFH/NV 1990, 674; *Posdziech* Rdn 216.

280 BFHE 179, 270, 273 = WiB 1996, 389 m. Anm. *Friedrich*; BFH/NV 1991, 773, 774; *Posdziech* Rdn 128 m.w.Nachw.; vgl. im einzelnen Rdn 232, 244, 246 f.

281 S. im einzelnen *Reuter* GmbHRdsch 1992, 137 ff.

282 *Spörlein/Tausend* 469 ff.

283 FG Rheinland-Pfalz EFG 1992, 116, 117 und 721.

284 BFHE 137, 13, 17; 144, 435, 438.

und Nachtarbeit[285], ebenso Entlassungsabfindungen nach Maßgabe von § 3 Nr. 9 EStG je nach Dienstalter bis zu einer gewissen Höhe[286]. Zuschüsse zur freiwilligen Krankenversicherung oder zur Rentenversicherung eines Gesellschafter-Geschäftsführers können gemäß § 3 Nr. 62 EStG steuerfrei sein, wenn er steuerrechtlich als Arbeitnehmer zu qualifizieren ist (vgl. dazu im einzelnen Rdn 154 ff), also weniger als die Hälfte des Stammkapitals besitzt und seine Geschäftsführertätigkeit auch nicht frei gestalten kann[287]; auf die sozialrechtliche Beurteilung der Arbeitnehmereigenschaft durch die zuständige Einzugsstelle kommt es dabei nicht an[288].

229 Für das Gebiet der **neuen Bundesländer** galt bis einschließlich 1991 eine Sonderregelung: Gemäß Art. 9 Abs. 2 und Anlage II Kap. VIII Sachgebiet F Abschn. III Nr. 3 des Einigungsvertrages bestand auch für beherrschende Gesellschafter-Geschäftsführer bis zum 31.12.1991 grundsätzlich Sozialversicherungspflicht, so daß Zuschüsse bis zum 31.12.1991 steuerfrei blieben[289].

230 Eine Tarifbegünstigung für **Entschädigungszahlungen** iSv § 24 Nr. 1 a EStG ist nach der Rechtsprechung des BFH nur bei „unfreiwilligem" Ausscheiden des Geschäftsführers möglich[290]. Hat sich die Gesellschaft in der Versorgungszusage das Recht vorbehalten, laufende Ruhegehaltszahlungen durch eine Kapitalzahlung abzulösen, so ist in einer solchen Kapitalzahlung keine nach §§ 24 Nr. 1 a, 34 EStG steuerbegünstigte Abfindung zu sehen, da es sich nur um eine Änderung der Zahlungsmodalität handelt[291].

231 **bb) Die steuerliche Behandlung der Gesellschaft.** Die Bezüge des Geschäftsführers sind bei der Gesellschaft als **Betriebsausgaben** gewinnmindernd abzugsfähig, und zwar grundsätzlich auch dann, wenn der Geschäftsführer Gesellschafter oder einem Gesellschafter nahestehende Person (zum Begriff und zur steuerrechtlichen Gleichbehandlung mit Gesellschafter-Geschäftsführern s. im einzelnen Rdn 155) ist[292]. Geschäftsführervergütungen werden jedoch steuerlich nicht anerkannt, soweit sie **verdeckte Gewinnausschüttung,** d. h. Vermögensminderung oder verhinderte Vermögensmehrung sind, die durch das Gesellschaftsverhältnis veranlaßt ist, sich auf die Höhe des Einkommens der Gesellschaft auswirkt und in keinem Zusammenhang mit einer offenen Ausschüttung steht[293]. Als verdeckte Gewinnausschüttung zu qualifizierende Zuwendungen an Geschäftsführer sind mangels betrieblicher Veranlassung keine Betriebsausgaben und erhöhen den körperschaftsteuerpflichtigen Gewinn der GmbH[294]. Da Vereinbarungen mit Gesellschafter-Geschäftsführern ihre Ursache sowohl im betrieblichen Bereich als auch im Gesellschaftsverhältnis haben können, wird ihre betriebliche Veranlassung nur anerkannt, wenn die Bezüge und

---

285 Auch für den beherrschenden Gesellschafter-Geschäftsführer, vgl. *Tillmann* Rdn 138 m. Rspr.-Nachw.

286 Vgl. *Peltzer* BB 1978, 1253; *Tillmann* StbKRep 1987, 89, 114 ff.

287 FG Köln EFG 1990, 94, 95; *Tillmann* StbKRep 1987, 89, 113 f.

288 FG Köln EFG 1990, 94, 95; *Schuhmann* GmbHRdsch 1991, 375, 376 f; **aA** OFD Köln Vfg. v. 16.3.1988 – S 2333–47 St 121/S 2742–11, DB 1988, 1140; FG Rheinland-Pfalz EFG 1992, 721.

289 OFD Erfurt Vfg. v. 17.7.1992 – S 2333 A – 3 – St 2.03.01, GmbHRdsch 1992, 777 f.

290 BFHE 113, 239; 118, 17; vgl. auch BFH GmbHRdsch 1995, 688; zur Tarifbegünstigung nach § 24 Nr. 1 b EStG vgl. *Löffler/Gaitzsch* BB 1978, 851.

291 BFHE 124, 543, 544.

292 BGH GmbHRdsch 1987, 345.

293 BFHE 156, 177, 178; 167, 42, 43; 176, 523, 525; 178, 203, 205; BFH GmbHRdsch 1990, 411; zum Begriff der verdeckten Gewinnausschüttung vgl. auch *Schuhmann* StBp 1992, 230 ff; *Wassermeyer* DStR 1991, 1065; *Westerfelhaus* GmbHRdsch 1994, 224 ff.

294 Zur steuerlichen Behandlung verdeckter Gewinnausschüttungen bei Geschäftsführergehältern vgl. *Schulze zur Wiesche* GmbHRdsch 1991, 170, 173 f; zu den steuerrechtlichen Folgen der Rückgewährung verdeckter Gewinnausschüttungen *Schäfer* StBp 1995, 73 und 97.

die ihnen zugrundeliegenden Vereinbarungen den von der Rspr. des BFH für Gesellschafter-Geschäftsführer im allgemeinen und für beherrschende Gesellschafter-Geschäftsführer im besonderen entwickelten Anforderungen genügen.

α) **Anforderungen an die Bezüge von Gesellschafter-Geschäftsführern.** Die Bezüge aller Gesellschafter-Geschäftsführer müssen, um als betrieblich veranlaßt zu gelten, Gesellschaftsverbindlichkeit auf schuldrechtlicher Grundlage sein. Das setzt einen **zivilrechtlich wirksamen Anstellungsvertrag** voraus, für dessen Abschluß die Gesellschafterversammlung zuständig ist (vgl. im einzelnen Rdn 176). Schriftform ist auch steuerrechtlich nicht zwingend erforderlich[295], aber zu Beweiszwecken ratsam. Gewillkürte Schriftform erstreckt sich grundsätzlich nicht auf Fälligkeit oder Erfüllung vertraglicher Leistungen betreffende Vereinbarungen[296]. 232

Auch **Vertragsänderungen** können trotz vereinbarter Schriftform grundsätzlich mündlich erfolgen (s. im einzelnen Rdn 187). Zuständig für Vertragsänderungen ist nunmehr[297], abweichend von der früheren Rechtslage, nicht mehr das Vertretungsorgan, also der einzelvertretungsbefugte Mitgeschäftsführer oder der vom Selbstkontrahierungsverbot des § 181 BGB befreite Gesellschafter-Geschäftsführer selbst, sondern das Bestellungsorgan, in der Regel also die Gesellschafterversammlung (s. im einzelnen Rdn 178). Vertragsänderungen, die gegen die zivilrechtliche Kompetenzordnung verstoßen, weil sie ohne den notwendigen Gesellschafterbeschluß vorgenommen wurden, sind unwirksam; für die steuerliche Anerkennung auf ihnen beruhender Zuwendungen fehlt es daher an der erforderlichen Rechtsgrundlage. Die von der Finanzverwaltung im Hinblick auf die Rechtsprechungsänderung geschaffene Übergangsregelung[298] läßt die Qualifizierung solcher Geschäftsführervergütungen als verdeckte Gewinnausschüttungen erst ab 1. Januar 1996 zu, während bis zu diesem Stichtag erfolgte Zahlungen insoweit privilegiert sind, wie die Unwirksamkeit der ihnen zugrundeliegenden Vereinbarung auf den verschärften Anforderungen der BGH-Rspr. beruht[299]. Eine rückwirkende Genehmigung der Vertragsänderung durch die Gesellschafterversammlung ist allerdings bei nicht beherrschenden Gesellschafter-Geschäftsführern auch nach dem 1.1.1996 möglich, weil für sie das Nachzahlungsverbot (dazu im einzelnen Rdn 244) nicht gilt[300]. 233

Die Bezüge aller Gesellschafter-Geschäftsführer unterliegen weiterhin dem Gebot der **Angemessenheit**, zu deren Prüfung die Finanzverwaltung berechtigt ist[301]. In Höhe des unangemessenen Teils der Vergütung liegt eine verdeckte Gewinnausschüttung vor[302]. Gegenstand der Angemessenheitsprüfung ist die **Gesamtausstattung** des Geschäftsführers, die sämtliche vermögenswerten Vorteile aus dem Dienstverhältnis umfaßt, also außer dem Festgehalt auch Nebenleistungen und Sonderzuwendungen wie Tantiemen, Provisionen, Gratifikationen, Sachleistungen, Ruhegehaltszusage und Hinterbliebenenversorgung[303]. Maßgeblicher Zeitpunkt für die 234

---

295 BFHE 160, 225, 227; BFH DStR 1994, 1736 m.Anm. *Hoffmann*.

296 Vgl. BFHE 175, 253, 256.

297 Seit Änderung der Rspr. des BGH zur Zuständigkeitsordnung in der GmbH, BGH NJW 1991, 1680, 1681.

298 BMF-Schreiben vom 16. Mai 1994, GmbHRdsch 1994, 425. Ausführlich zu den steuerlichen Konsequenzen der geänderten Rspr. des BGH zur GmbH-rechtlichen Kompetenzordnung *Tillmann/Schmidt* GmbHRdsch 1995, 796 ff; *dies.* DStR 1996, 849 ff; s. auch *Hoffmann* DStR 1995, 1209, 1211; *Posdziech* Rdn 27 f.

299 So auch schon FG Hessen EFG 1995, 386, 387.

300 Ausführlich *Tillmann/Schmidt* GmbHRdsch 1995, 796 ff, 798.

301 S. im einzelnen *Langohr-Plato* GmbHRdsch 1992, 742; *Richter* GmbHRdsch 1981, 165, 168 ff; *Schuhmann* StBp 1988, 197, 198 ff.

302 BFHE 167, 42, 43 f; BFH BStBl. II 1968, 809, 810; GmbHRdsch 1992, 683, 684; *Posdziech* Rdn 30.

303 BFHE 157, 408, 412; 176, 523, 527; BFH/NV 1994, 345, 346; *Tillmann* Rdn 193, auch zur Wertberechnung von Pensionszusagen; *Schuhmann* StBp 1988, 197, 198; *Seitrich* BB 1987, 877, 879; *Schulze zur Wiesche* GmbHRdsch 1990, 170, 171.

Beurteilung der Angemessenheit ist grundsätzlich der Abschluß der Vereinbarung, die der jeweiligen Leistung zugrundeliegt[304]. Doch kann eine bei absehbarer wirtschaftlicher Entwicklung später festgestellte Unangemessenheit Indiz dafür sein, daß die vereinbarte Vergütung dem Angemessenheitserfordernis von Anfang an nicht genügte[305]. Grundlage der Angemessenheitsprüfung ist der Vergleich mit einem Fremdgeschäftsführer, Maßstab die Sorgfalt eines ordentlichen und gewissenhaften Geschäftsleiters. Unangemessen sind danach Zuwendungen an den Gesellschafter-Geschäftsführer, die einem Nichtgesellschafter bei Anwendung der Sorgfalt eines ordentlichen und gewissenhaften Geschäftsleiters nicht gewährt worden wären[306] (sog. **Fremdvergleich**). Dieser Grundsatz gilt auch bei einer neugegründeten GmbH[307] und bei ruhendem Geschäftsbetrieb[308].

235 Bei der Feststellung der **Angemessenheitsgrenze** lehnt die Rspr. jede Schematisierung ab. Insbesondere ist es in der Regel nicht möglich, die Angemessenheit der Geschäftsführervergütung nach einem bestimmten Prozentsatz des Gewinns der GmbH vor Abzug der Geschäftsführergehälter zu beurteilen[309]. Maßgeblich sind vielmehr die Verhältnisse des Einzelfalles. Die obere Grenze einer angemessenen Vergütung ist unter Würdigung aller konkreten Umstände anhand innerbetrieblicher und außerbetrieblicher Merkmale durch Schätzung zu ermitteln[310]. Deshalb können Formeln und Tabellen zur Angemessenheit von Geschäftsführergehältern, wie sie die Praxis entwickelt hat[311], nur eine vorläufige Schätzungshilfe abgeben. Wesentliche Beurteilungskriterien bei der Ermittlung der Angemessenheit der Geschäftsführervergütung im Einzelfall sind der Wert der Arbeitsleistung einerseits, die Vereinbarkeit mit der Ertragssituation der Gesellschaft andererseits[312].

236 Der **Wert der Arbeitsleistung** des Geschäftsführers bemißt sich insbesondere nach Art, Umfang und Bedeutung seiner Tätigkeit, nach Alter, Ausbildung, Berufserfahrung und Fähigkeiten des Geschäftsführers, nach Art und Größe des Betriebes[313]. Innerbetrieblicher Vergleichsmaßstab können die Bezüge anderer Geschäftsführer sein[314], nicht dagegen die Gehälter sonstiger leitender Angestellter[315]. Beim äußeren Betriebsvergleich sind Art und Höhe der Geschäftsführervergütungen von Betrieben möglichst gleicher Branche und Größe heranzuziehen[316].

237 Auch eine nach vorstehenden Kriterien leistungsgerechte Vergütung muß mit der **Ertragssituation der Gesellschaft** vereinbar sein. Sie muß insbesondere in einem ausgewogenen Verhältnis zum Gewinn der Gesellschaft und zur verbleibenden Kapital-

---

304 BFHE 102, 268, 269; 124, 164, 167; 157, 408, 411; 176, 523, 529; *Tillmann* Rdn 195.

305 BFHE 157, 408, 414; vgl. *Herrmann/Heuer* KStG[20] (1992), § 6 a.F., 139; **aA** *Streck* KStG[4] (1995), § 8, 83.

306 St.Rspr., vgl. BFHE 157, 408, 411; 167, 42, 44.

307 BFHE 157, 408, 411.

308 BFHE 88, 518, 519.

309 BFHE 167, 42, 44; vgl. auch zur sog. ⅓-Methode FG Saarland EFG 1992, 34, 35.

310 BFHE 157, 408, 412; 176, 523, 526; BFH GmbHRdsch 1992, 683, 684f; *Tillmann* Rdn 203f; nach FG Saarland EFG 1988, 204 sind vorrangig die betriebsinternen Daten maßgeblich; zustimmend *Schneider/Altmüller* DB 1996, 1003.

311 S. etwa *Evers/Grätz/Näser* 78ff; *Spitaler/Niemann* 28ff; *Posdziech* Rdn 30ff, jeweils m.w. Nachw.; zur aktuellen Höhe von Geschäftsführergehältern vgl. auch *Tänzer* GmbHRdsch 1996, 40.

312 Vgl. BFHE 176, 523, 526.

313 BFHE 124, 164, 166; 157, 408, 412; BFH/NV 1988, 743, 744; GmbHRdsch 1992, 683, 684; *Langohr-Plato* GmbHRdsch 1992, 742; *Posdziech* Rdn 31; *Tillmann* Rdn 199.

314 BFHE 167, 42, 45f; *Schuhmann* StBp 1988, 197, 199.

315 BFHE 167, 42, 45; *Tillmann* Rdn 197.

316 BFHE 157, 408, 412; *Schuhmann* StBp 1988, 197, 199f; *Schoor* DStZ 1990, 355, 360; vgl. auch *Schulze zur Wiesche* GmbHRdsch 1991, 170, 171.

verzinsung stehen[317]. Den Gesellschaftern muß nach Abzug der Geschäftsführerbezüge grundsätzlich eine ausreichende Mindestrendite verbleiben, was anhand der durchschnittlichen Ertragsaussichten der Gesellschaft im Zeitpunkt der Vergütungsvereinbarung zu beurteilen ist[318]. Eine Auszehrung des Gewinns infolge nachträglicher unvorhersehbarer Verschlechterung der Ertragslage der Gesellschaft ist daher grundsätzlich unschädlich[319]. Die Bezüge dürfen jedoch nicht zur Gewinnabschöpfung eingesetzt werden; eine Vereinbarung, die der Gesellschaft von vornherein die Möglichkeit der Gewinnsteigerung nimmt und die Gewinnerwartung auf eine wenn auch angemessene Mindestrendite beschränkt, führt deshalb zu einer verdeckten Gewinnausschüttung[320].

Die vorstehenden Beurteilungskriterien gelten entsprechend auch für **Gehaltserhöhungen.** Sie können unangemessen und damit verdeckte Gewinnausschüttung sein, wenn innerbetriebliche Merkmale in einer Verlustsituation keine Verbesserung des Betriebsergebnisses erwarten lassen[321] oder die Gehaltserhöhung angesichts der Ertragssituation der Gesellschaft zu einer Gewinnabschöpfung führen würde[322]. **238**

Nicht jede Überschreitung der Angemessenheitsgrenze berechtigt die Finanzverwaltung zur Annahme einer verdeckten Gewinnausschüttung, sondern erst ein **krasses Mißverhältnis** zwischen der im konkreten Fall als angemessen zu betrachtenden und der tatsächlich gezahlten Vergütung[323]. Ein krasses Mißverhältnis ist jedenfalls dann anzunehmen, wenn die Angemessenheitsgrenze um mehr als 20% überschritten wird[324]. Wird überhaupt keine Tätigkeit erbracht, ist jede Vergütung unangemessen[325]. Die **Darlegungs- und Beweislast** für das Vorliegen einer verdeckten Gewinnausschüttung und damit auch für die unangemessene Höhe der vereinbarten Vergütung trägt die Finanzbehörde[326], sofern die Gesellschaft die betriebliche Veranlassung der Zuwendungen an den Gesellschafter-Geschäftsführer im Grundsatz nachgewiesen hat[327]. **239**

Vergütungsvereinbarungen mit Gesellschafter-Geschäftsführern, die der Höhe nach angemessen sind, können gleichwohl zu einer verdeckten Gewinnausschüttung führen, wenn sie aus anderen Gründen nicht dem entsprechen, was ein ordentlicher und gewissenhafter Geschäftsleiter in der gleichen Lage mit einem Nichtgesellschafter vereinbart hätte. Diesen Geschäftsführer-Fremdvergleich stützt die Rspr.[328] in jüngerer Zeit verstärkt auf den Aspekt der **Üblichkeit** vergütungsbezogener Vereinbarungen[329]. Bereits die Unüblichkeit als solche kann im Einzelfall ausreichen, um **240**

---

[317] BFHE 157, 408, 411; 176, 523, 526; FG Saarland GmbHRdsch 1994, 336, 337; ausführlich *Tillmann* Rdn 201f; *Eder* DStR 1995, 665, 670; *Schuhmann* StBp 1988, 197, 199; *Seitrich* BB 1987, 877, 878.

[318] BFHE 157, 408, 411 m.w.Nachw.; 176, 523, 527.

[319] *Eder* DStR 1995, 665, 670; offengelassen von BFHE 157, 408, 414; zur Indizwirkung späterer Unangemessenheit bei Vorhersehbarkeit der Entwicklung vgl. Rdn 234.

[320] BFHE 124, 164, 167; 141, 266, 271; 150, 524, 529; 157, 408, 413; 176, 523, 527; dazu im einzelnen *Eder* DStR 1995, 665, 670; *Schuhmann* StBp 1988, 197, 199; *Seitrich* BB 1987, 877, 878; *Posdziech* Rdn 32.

[321] FG München EFG 1991, 146, 147.

[322] FG Niedersachsen GmbHRdsch 1990, 51, 52.

[323] BFH BB 1963, 965.

[324] BFHE 157, 408, 413.

[325] Vgl. auch OLG Düsseldorf NJW-RR 1991, 111.

[326] BFHE 122, 48, 51; BFH BStBl. II 1967, 626, 627; GmbHRdsch 1986, 398, 399; *Döllerer* GmbHRdsch 1987, 26, 27; *Seitrich* BB 1987, 877, 878; *Posdziech* Rdn 35; *Schuhmann* BStP 1988, 197, 204.

[327] BFHE 119, 164, 167f; 143, 71, 73f; BFH GmbHRdsch 1986, 398, 400.

[328] Z. B. BFHE 159, 338, 340; 170, 119, 121f und 175, 177; BFH/NV 1993, 52; BFH/NV 1995, 164; FG Saarland EFG 1994, 677, 678 und 678, 679; Zusammenstellung weiterer Rspr. bei *Frischholz* StBp 1995, 11, 12.

[329] Hierzu *Frischholz* StBp 1995, 11; *Tillmann* Rdn 206ff; *ders.* GmbHRdsch 1993, 466; *Hoffmann* DStR 1995, 1209; *Posdziech* Rdn 29f.

die Zuwendung an den Geschäftsführer insgesamt als verdeckte Gewinnausschüttung zu qualifizieren[330]. Insofern handelt es sich um ein eigenständiges Beurteilungskriterium im Rahmen des Geschäftsführer-Fremdvergleichs.

241 Die Unüblichkeit leitet die Rspr. dabei aus zwei verschiedenen Gesichtspunkten her. Sie kann zum einen darin liegen, daß die **Gesellschaft** durch die Vereinbarung in unüblicher Weise **belastet** wird, etwa durch eine ungewöhnliche Erstausstattung des Geschäftsführers[331], durch kurzfristige Gehaltserhöhungen in außergewöhnlicher Höhe[332], durch unübliche Überstundenregelungen[333], durch ungebräuchliche Tantiemevereinbarungen[334] oder Pensionszusagen[335]. Diese Betrachtungsweise entspricht den herkömmlichen Kriterien des Geschäftsführer-Fremdvergleichs.

242 Zum anderen sollen nach der Rspr. aber auch solche Regelungen wegen ihrer Unüblichkeit zu einer verdeckten Gewinnausschüttung führen können, die für die Gesellschaft zwar vorteilhaft sind, jedoch den **Geschäftsführer** in unüblicher Weise **benachteiligen**, wie dies etwa bei Vereinbarungen der Fall ist, die das Leistungs- oder Fälligkeitsrisiko einseitig dem Geschäftsführer auferlegen, weil sie von vornherein eine Stundung vorsehen oder rein ertragsabhängig ausgestaltet sind[336], weiterhin bei ganzem oder teilweisem Gehaltsverzicht[337] oder bei Zusage eines Ruhegehalts anstelle einer Tätigkeitsvergütung („Nur-Pension")[338]. Dieser Perspektivenwechsel beim Fremdvergleich von der Sicht der Gesellschaft zur Sicht eines potentiellen Fremdgeschäftsführers erscheint jedoch schon deshalb problematisch, weil es bei der Gesellschaft an einer Vermögensminderung fehlt[339]; zudem ermöglicht er keine Abgrenzung zu solchen Vereinbarungen des Gesellschafter-Geschäftsführers mit der GmbH, die ihm die Wahrung des Gesellschaftsinteresses in wirtschaftlich schwieriger Lage gebietet[340]. Richtigerweise kann deshalb bei einer Begünstigung der Gesellschaft nicht schon die Unüblichkeit aus der Sicht eines Fremdgeschäftsführers die Annahme einer verdeckten Gewinnausschüttung tragen; vielmehr bedarf es zusätzlicher Anhaltspunkte für die gesellschaftliche Veranlassung der betreffenden Vereinbarung aus dem Blickwinkel der Gesellschaft, um treupflichtgemäße Rücksichtnahme des Gesellschafter-Geschäftsführers auf wirtschaftliche Schwierigkeiten

---

330 So etwa BFHE 159, 338, 341; 170, 119, 124 f; 176, 523, 527; FG Niedersachsen GmbHRdsch 1991, 289; *Tillmann/Schmidt* GmbHRdsch 1995, 796, 804 f; doch kommt auch bei Unüblichkeit eine Kürzung in Betracht, die Rspr. ist uneinheitlich, Übersicht bei *Frischholz* StBp 1995, 11, 12; krit. *Hoffmann* DStR 1995, 1209, 1212.

331 BFHE 141, 266, 271 f.

332 FG Saarland EFG 1994, 677, 678 und 678, 679; vgl. auch FG Saarland EFG 1994, 937, 938 f.

333 FG Saarland EFG 1994, 676, 677 und 939 f.

334 Z. B. FG Saarland EFG 1992, 362, 363; EFG 1992, 33; GmbHRdsch 1994, 412; GmbHRdsch 1995, 309 f; Rspr.-Übersicht bei *Frischholz* StBp 1995, 11, 12.

335 Z. B. BFHE 170, 175; BFH/NV 1993, 52.

336 BFHE 159, 338, 341: „sobald die Firma dazu in der Lage ist"; BFHE 170, 119, 124; BFHE 179, 322, 325 = FR 1996, 393 m. Anm. *Pezzer*: über Jahre nicht ausgezahltes Beraterhonorar; s. dazu auch *Becker* DB 1996, 1439; BFH GmbHRdsch 1986, 398, 399; GmbHRdsch 1994, 265, 266: Nur-Gewinntantieme; s. dazu *Felix* BB 1992, 2478 f; *Schulze zur Wiesche* GmbHRdsch 1993, 403, 409; *Hoffmann* DStR 1995, 1209, 1212; *Tillmann* GmbHRdsch 1993, 466, 468.

337 BFH BFH/NV 1995, 164, 165; GmbHRdsch 1986, 398, 399; GmbHRdsch 1995, 893; FG Baden-Württemberg EFG 1995, 287, 288; FG Hamburg EFG 1993, 223, 225; FG Münster EFG 1994, 117; FG Niedersachsen EFG 1995, 848, 849; FG Saarland EFG 1992, 33; krit. *Tillmann/Schmidt* GmbHRdsch 1995, 796, 804 f; *Hoffmann* DStR 1995, 1209, 1213.

338 BFHE 178, 206 = DStR 1995, 1749, 1750 m.abl.Anm. *Hoffmann*; vgl. dazu im einzelnen Rdn 298.

339 Zur Kritik im einzelnen *Hoffmann* DStR 1995, 1209 ff und 1750 f; *ders.* DStR 1996, 729 und 735 mit Replik *Wassermeyer* DStR 1996, 733; *Tillmann* GmbHRdsch 1993, 466, 467 ff; *Posdziech* Rdn 29 f.

340 Ebenfalls krit. *Tillmann* Rdn 208 f; *ders.* GmbHRdsch 1993, 466, 467 ff; *Tillmann/Schmidt* GmbHRdsch 1995, 796, 804 f; *Hoffmann* DStR 1995, 1209, 1212 ff.

der Gesellschaft nicht als verdeckte Gewinnausschüttung zu sanktionieren[341]. Die Unüblichkeit der Abrede aus Fremdgeschäftsführersicht kann insofern allenfalls ein Indiz für die – gesondert zu prüfende – fehlende Ernstlichkeit der Vereinbarung entgeltlicher Tätigkeit des Gesellschafter-Geschäftsführers und damit für die Absicht der Gewinnabschöpfung sein[342].

β) Anforderungen an die Bezüge beherrschender Gesellschafter-Geschäftsführer. 243
Bei beherrschenden Gesellschafter-Geschäftsführern (zum Begriff s. Rdn 157 ff) und solchen Fremdgeschäftsführern, die einem beherrschenden Gesellschafter nahestehen (zur Eingrenzung dieses Personenkreises s. Rdn 155) wird im Steuerrecht die gesellschaftliche Veranlassung von Zuwendungen grundsätzlich vermutet[343]. Daher genügt es nicht, daß die Vergütung auf schuldrechtlicher Grundlage beruht und dem für alle Gesellschafter-Geschäftsführer maßgeblichen Fremdvergleich standhält. Vielmehr knüpft der BFH in st.Rspr. ihre ertragsteuerliche Anerkennung an zusätzliche Voraussetzungen: Sie müssen auf einer zivilrechtlich wirksam im voraus abgeschlossenen, klaren und eindeutigen sowie tatsächlich durchgeführten Vereinbarung beruhen[344]. Soweit es an einer dieser Voraussetzungen fehlt, werden vermögenswerte Zuwendungen prima facie als **verdeckte Gewinnausschüttung** behandelt. Das gilt auch für Geschäftsführervergütungen bei der Vor-GmbH[345]. Zwar ist die Vermutung einer im Gesellschaftsverhältnis begründeten Zuwendung widerleglich[346]; bei Fehlen einer der von der Rspr. geforderten Voraussetzungen für Zahlungen an beherrschende Gesellschafter-Geschäftsführer ist jedoch ihre Widerlegung nach der Entscheidungspraxis der Finanzgerichte nur selten möglich[347].

Das Erfordernis einer **zivilrechtlich wirksam im voraus abgeschlossenen Vereinbarung** der fraglichen Zuwendung ist Konsequenz des sog. **Nachzahlungs-** oder **Rückwirkungsverbots**, das die steuerliche Anerkennung nachträglicher Zahlungen an den beherrschenden Gesellschafter-Geschäftsführer wegen der ihm offenstehenden Möglichkeit der Gewinnmanipulation grundsätzlich ausschließt[348]. Um eine verdeckte Gewinnausschüttung zu vermeiden, müssen Vergütungsvereinbarungen nicht erst vor Zahlung der Vergütung, sondern bereits vor Erbringung der damit abzugeltenden Leistung geschlossen werden[349]. Das gilt auch dann, wenn der beherrschende Gesellschafter-Geschäftsführer zu der Zeit, in der er seine Leistungen erbrachte, entweder noch kein Gesellschafter oder aber Gesellschafter ohne beherrschenden Einfluß war[350]. Auch Gehaltserhöhungen können nicht rückwirkend bewilligt werden, sondern müssen vereinbart sein, bevor der erhöhte Betrag erstmals 244

---

341 Solche Vereinbarungen sieht auch der BFH grundsätzlich nicht als verdeckte Gewinnausschüttung an, vgl. BFHE 124, 164, 168; 159, 338, 341; 175, 253, 255 m.w.Nachw.; ebenso *Tillmann* GmbHRdsch 1993, 466, 467.

342 So mit Recht *Tillmann* Rdn 208; *ders.* GmbHRdsch 1993, 466, 467 f; *Tillmann/Schmidt* GmbHRdsch 1995, 796, 804 f; *Hoffmann* DStR 1995, 1209, 1213; ebenso noch BFH BFH/NV 1989, 131, 132 und speziell für den Forderungsverzicht BFHE 175, 253, 255.

343 Z. B. BFHE 153, 313, 316 m.w.Nachw.; BFHE 156, 428, 431; zu den Gründen für diese Vermutung s. BFHE 150, 524, 527 f sowie im einzelnen Rdn 156.

344 Z. B. BFHE 156, 428, 430; 160, 225, 227; 166, 545, 547; 167, 42, 43 f; 169, 171, 173; BFH BStBl. II 1992, 362, 363; BStBl. II 1993, 131; BGH GmbHRdsch 1987, 345 m.w.Nachw.

345 BFHE 137, 265, 267 f.

346 BFHE 104, 524, 529 f; 136, 386, 390 f.

347 Mit Recht krit. *Tillmann* Rdn 228.

348 BFHE 100, 364, 367 f; 149, 176, 180; 150, 412, 416 m.w.Nachw.; OLG Frankfurt GmbHRdsch 1993, 358, 360; dazu im einzelnen *Posdziech* Rdn 38 ff; *Tillmann* Rdn 227 f; *Lange* GmbHRdsch 1991, 427; *Schoor* DStZ 1990, 355, 360 f m.w.Nachw.

349 BFHE 92, 205, 207; 113, 218, 220; 166, 545, 549.

350 BFHE 112, 178, 181 f.

gezahlt wird[351]. Gleiches gilt für Sonderzuwendungen wie Weihnachtsgeld und Jahresabschlußprämie, die Entgelt für die während des laufenden Geschäftsjahres erbrachten Dienste des Geschäftsführers sind und deshalb auch ihrer Höhe nach vor Beginn dieses Zeitraums festgelegt werden müssen[352]. Daß die Sonderprämien rückwirkend auch allen anderen Arbeitnehmern der Gesellschaft gezahlt werden, ändert an der steuerlichen Beurteilung der Zuwendung an den beherrschenden Gesellschafter-Geschäftsführer nichts[353], es sei denn, eine tatsächliche Übung sei feststellbar und ließe auf eine entsprechende vertragliche Grundlage schließen (dazu Rdn 246). Einer im voraus getroffenen Vereinbarung bedürfen nach der Rspr. schließlich auch solche Leistungen, auf die ein gesetzlicher Anspruch besteht, falls dieser auch im Gesellschaftsverhältnis begründet sein könnte[354].

245 Die im voraus abgeschlossene Vereinbarung muß **von Anfang an wirksam** sein (dazu im einzelnen Rdn 232 f), sie darf insbesondere nicht gegen § 181 BGB verstoßen[355]. Die zivilrechtliche ex tunc-Wirkung der nachträglichen Genehmigung einer etwa wegen Verstoßes gegen § 181 BGB oder die Abschluß- und Änderungskompetenz der Gesellschafterversammlung (s. dazu Rdn 176, 178) schwebend unwirksamen Vereinbarung reicht dafür nicht aus; der steuerlichen Anerkennung der zivilrechtlichen Rückwirkung steht beim beherrschenden Gesellschafter-Geschäftsführer das Nachzahlungsverbot entgegen[356]. Nicht erforderlich ist Schriftform, auch eine mündliche Vereinbarung genügt[357]; den Nachweis muß allerdings die Gesellschaft führen (dazu die folgenden Rdn). Enthält die ursprüngliche Vereinbarung eine qualifizierte Schriftformklausel, kann sie mündlich nicht wirksam geändert werden (vgl. Rdn 187); eine auf der Änderung beruhende Gehaltserhöhung ist verdeckte Gewinnausschüttung[358]. Dem Erfordernis einer wirksamen Vereinbarung genügt auch ein rechtzeitig im voraus ordnungsgemäß zustandegekommener Gesellschafterbeschluß, an dem der beherrschende Gesellschafter-Geschäftsführer mitgewirkt hat; der Verkörperung des Beschlußinhalts in einer gesonderten Vertragsurkunde bedarf es daneben nicht[359]. Erst recht bedarf es deshalb nicht der Unterzeichnung einer solchen Vertragsurkunde durch alle Gesellschafter, da der Vollzug des Beschlusses an die Geschäftsführer delegiert werden kann[360] (vgl. Rdn 177).

246 Die der Vergütung zugrundeliegende Vereinbarung muß klar und eindeutig sein[361]. Dem **Klarheitsgebot** ist genügt, wenn ein außenstehender Dritter zweifelsfrei erkennen kann, daß die Leistung der Gesellschaft an ihren beherrschenden Gesellschafter-Geschäftsführer aufgrund einer entgeltlichen Vereinbarung erbracht wurde[362]. Ein Gesellschafterbeschluß, der ohnehin nur den an ihm Beteiligten zur Kenntnis gelangen würde, ist in diesem Sinne klar[363]. Mündliche Vereinbarungen

---

351 BFHE 150, 412, 416; zur ausnahmsweisen Anwendung dieses Grundsatzes auf den nichtbeherrschenden Gesellschafter-Geschäftsführer s. BFHE 84, 202, 203 f.

352 Vgl. BFHE 143, 263, 265 f; 166, 545, 547, 549 f m.w.Nachw.

353 BFHE 113, 218, 220; 166, 545, 547.

354 BFHE 120, 388, 390 f; 152, 515, 518; *Lange* GmbHRdsch 1991, 427; *Posdziech* Rdn 38 f; *Tillmann* Rdn 231.

355 BFHE 120, 200, 202 = NJW 1977, 216; BFHE 178, 321, 323; s. auch *Wassermeyer* DStR 1991, 1065, 1066 m. Rspr.-Nachw.

356 Zu Kompetenzverstößen s. *Tillmann/Schmidt* GmbHRdsch 1995, 796, 798; *dies.* DStR 1996, 849; generell zur steuerlichen Unbeachtlichkeit rückwirkender Genehmigungen BFHE 157, 168, 170 f; 160, 225, 227.

357 BFHE 160, 225, 227; 169, 71, 73; BFH GmbHRdsch 1990, 572, 574; BFH/NV 1991, 773, 774; aA BGH BB 1992, 1930, 1932 m. krit. Anm. *Döllerer*; zur Bedeutung von Schriftformklauseln s. Rdn 187.

358 BFHE 165, 256, 259.

359 BFHE 166, 545, 548; FG Hessen EFG 1994, 219.

360 BFHE 178, 321, 325 f m.w.Nachw.

361 Z. B. BFHE 149, 33, 35 und 176, 179 f; 152, 74, 76; 156, 428, 430; 157, 168, 171.

362 BFHE 160, 225, 227; 166, 279, 282; BFH BFH/NV 1991, 773, 774; FG Hessen EFG 1992, 414, 415; vgl. auch *Borst* BB 1989, 38, 41.

363 BFHE 166, 545, 548.

entsprechen dem Klarheitserfordernis, wenn ihre Existenz und der Zeitpunkt ihres Abschlusses nachweisbar sind[364]. Das gilt auch bei fehlender Niederschrift von Vergütungsvereinbarungen des Alleingesellschafters nach § 35 Abs. 4[365]. Der erforderliche Nachweis kann insbesondere bei regelmäßig wiederkehrenden Leistungen durch ihre tatsächliche Durchführung erbracht werden[366]. Sonst wird ein Vertragsschluß dadurch nach außen erkennbar, daß er Eingang in die Buchführung der Gesellschaft findet[367]. Aus jahrelanger Übung allein kann eine klare Vereinbarung frühestens ab dem Zeitpunkt hergeleitet werden, zu dem sie nach außen erkennbar in Erscheinung tritt[368]. An der erforderlichen Klarheit fehlt es, wenn zwei einander widersprechende Vereinbarungen vorliegen, ohne daß erkennbar ist, welche von beiden die maßgebende sein soll[369], oder wenn die Vergütungszusage unter einer auflösenden Bedingung steht[370]; in beiden Fällen ist die Forderung rechtlich nicht zweifelsfrei begründet.

Eindeutig muß die Vereinbarung in Bezug auf ihren **Inhalt** sein. Die Berechnungs- **247**
grundlagen der Vergütung müssen so bestimmt sein, daß ihre Höhe allein durch Rechenvorgänge ohne jede Ermessensausübung durch die Gesellschafterversammlung oder die Geschäftsführung ermittelt werden kann[371]. Dem steht Auslegungsbedürftigkeit der Vereinbarung nicht entgegen, sofern eine bestimmte Auslegung eindeutig möglich ist[372]. Bei Abweichung der schriftlichen Fassung vom tatsächlich Gewollten ist letzteres maßgeblich, sofern nachweisbar[373]. Der Inhalt mündlicher Vereinbarungen kann sich aus ihrer tatsächlichen Durchführung erschließen (s. Rdn 246), sonst muß die Gesellschaft den Nachweis auf andere Weise führen[374].

Schließlich muß die Vereinbarung **tatsächlich durchgeführt** sein. Die Leistungen **248**
an den beherrschenden Gesellschafter-Geschäftsführer müssen also in der vertraglich vorgesehenen Weise und im zugesagten Umfang erbracht worden sein[375]. Die fehlende Durchführung der Vereinbarung als solche begründet aber noch nicht die Vermutung ihrer Veranlassung durch das Gesellschaftsverhältnis; vielmehr muß sich aus den Umständen ergeben, daß die Vereinbarung lediglich den Zweck hatte, eine tatsächlich gewollte Unentgeltlichkeit der Tätigkeit zu verdecken[376]. Für mangelnde Ernstlichkeit der Vergütungsvereinbarung kann es sprechen, wenn das Gehalt nicht oder nur unregelmäßig, nicht in voller Höhe oder im vorgesehenen Zeitraum gezahlt oder die Lohnsteuer nicht abgeführt wird[377]. Auch Stundung oder Gehaltsver-

---

[364] BFHE 160, 225, 227 f; 169, 322, 326; 175, 253, 254 f; s. dazu im einzelnen *Eder* DStR 1995, 665, 669; *Posdziech* Rdn 41 f; *Meier* GmbH-Rdsch 1991, 70 f; *Hoffmann* DStR 1995, 1209, 1211.

[365] *Posdziech* Rdn 43 f; vgl. auch OFD Hannover vom 27.7.1994, WPg 1994, 628; *Hoffmann* DStR 1995, 1209, 1211.

[366] BFHE 179, 270, 273 = WiB 1996, 389 m. Anm. *Friedrich*; BFHE 160, 225, 227 f m.Anm. *Meier* GmbHRdsch 1991, 70 f; BFHE 169, 71, 73; 178, 321, 324; BFH/NV 1993, 385 f; vgl. auch BFH GmbHRdsch 1990, 572, 574.

[367] BFHE 90, 212; 119, 457, jew. zu Fällen des Selbstkontrahierens des beherrschenden Gesellschafter-Geschäftsführers.

[368] BFHE 166, 279, 284; vgl. auch BFH/NV 1991, 773, 774; FG Saarland EFG 1994, 674.

[369] BFHE 157, 168, 171.

[370] BFHE 168, 151, 154.

[371] BFHE 143, 263, 265; 146, 126, 128 f; 156, 484, 487 f.

[372] BFHE 166, 279, 282; BFH GmbHRdsch 1990, 572, 574 = BB 1990, 2027, 2029 m.Anm. *Döllerer.*

[373] BFHE 166, 279, 282 ff, auch zu den Anforderungen an den Nachweis; dazu auch *Posdziech* Rdn 40.

[374] BFH BFH/NV 1986, 430, 432; vgl. auch BFHE 166, 279, 283 f; *Posdziech* Rdn 41 f.

[375] BFHE 124, 164, 168; 147, 125, 130; BFH BStBl. II 1988, 786, 788 f; BFH/NV 1990, 64, 66.

[376] BFHE 175, 253, 255 m.w.Nachw.; BFH BStBl. II 1988, 301, 303; *Tillmann* Rdn 233; *Posdziech* Rdn 44.

[377] Vgl. z. B. BFHE 179, 322, 325 = FR 1996, 393 m. Anm. *Pezzer*; BFHE 153, 313, 317 f; BFH GmbHRdsch 1986, 451, 452; BFH/NV 1990, 64; FG Niedersachsen GmbHRdsch 1993, 752, 753.

zicht können im Einzelfall den Rückschluß auf fehlende Entgeltlichkeit der Tätigkeit zulassen[378]. Doch ist es steuerlich unschädlich, wenn die Durchführung deswegen ganz oder teilweise unterblieben ist, weil sich die Gesellschaft in wirtschaftlichen Schwierigkeiten befindet und deshalb entweder zur vereinbarungsgemäßen Zahlung nicht imstande oder der Gesellschafter kraft Treupflicht gehalten ist, bei der Durchsetzung seiner Ansprüche auf die Gesellschaft Rücksicht zu nehmen[379]. Jedenfalls muß die Gesellschaft aber die rechtlichen Folgerungen aus der Vereinbarung ziehen, insbesondere die Gehaltsverbindlichkeiten passivieren[380].

249 cc) **Besonderheiten bei Tantiemen.** Auch Tantiemen müssen den Anforderungen genügen, die zur Vermeidung einer verdeckten Gewinnausschüttung an Vergütungsvereinbarungen mit Gesellschafter-Geschäftsführern gestellt werden. Sie müssen einem Geschäftsführer-Fremdvergleich namentlich unter den Aspekten der Angemessenheit und Üblichkeit standhalten (dazu allgemein Rdn 234 ff), und sie unterliegen bei beherrschenden Gesellschafter-Geschäftsführern zusätzlich dem Nachzahlungsverbot sowie dem Klarheits- und Durchführungsgebot (dazu allgemein Rdn 244 ff). Da sich Tantiemevereinbarungen besser noch als Festvergütungen zur Gewinnmanipulation eignen, legen Finanzverwaltung und Steuerrechtsprechung bei der Prüfung ihrer betrieblichen Veranlassung besonders strenge Maßstäbe an[381].

250 **Gewinntantiemen** können nach der Rspr. bereits dann verdeckte Gewinnausschüttungen sein, wenn ihre konkrete Ausgestaltung schon dem Grunde nach **unüblich** ist[382]. Das hat der BFH mehrfach bei **Nur-Gewinntantiemen** aufgrund der Einzelfallumstände angenommen[383]. Auch der Tantiemeprozentsatz als solcher kann unüblich und damit in Höhe des die Üblichkeitsgrenze übersteigenden Betrages verdeckte Gewinnausschüttung sein[384]. Bei welchem Prozentsatz diese Grenze zu ziehen ist, läßt sich nicht generell bestimmen[385]. Im Einzelfall wurde dies bei Tantiemen von 25%[386] oder 30%[387] des Jahresgewinns je Gesellschafter-Geschäftsführer angenommen. Als unüblich wird man auch eine Vereinbarung anzusehen haben, nach der sich der Tantiemeanspruch erhöht, wenn der Anspruchsberechtigte Empfänger einer verdeckten Gewinnausschüttung ist[388].

251 Der **Angemessenheitsprüfung** von Gewinntantiemen ist die Gesamtausstattung des Gesellschafter-Geschäftsführers zugrundezulegen. Der Geschäftsführer-Fremdvergleich (dazu grundsätzlich Rdn 234 ff) bezieht sich auch hier auf den Wert der

---

378 So z. B. BFHE 153, 313, 317; BFH/NV 1995, 164, 165; GmbHRdsch 1986, 398, 399; GmbHRdsch 1995, 893, 894; FG Baden-Württemberg EFG 1995, 287; FG Hamburg EFG 1993, 223, 224 f; FG Münster EFG 1994, 117; s. im einzelnen *Tillmann/Schmidt* GmbHRdsch 1995, 796, 804 f.

379 Vgl. BFHE 111, 150, 154; 124, 164, 168; 153, 313, 317 f; 159, 338, 341; BFH GmbHRdsch 1993, 466, 467; GmbHRdsch 1995, 893 m.w.Nachw.; FG Niedersachsen GmbHRdsch 1994, 722, 723 m.w.Nachw.; *Tillmann/Schmidt* GmbHRdsch 1995, 796, 805.

380 BFHE 111, 150, 153 f; 150, 524, 528; FG Niedersachsen GmbHRdsch 1994, 722, 723 m. w. Nachw.; *Tillmann* Rdn 233; *Posdziech* Rdn 47; *Wassermeyer* DStR 1991, 1065, 1066 f.

381 Dazu ausführlich *Eder* DStR 1995, 665 ff; *Schulze zur Wiesche* GmbHRdsch 1993, 403 ff.

382 BFHE 176, 523, 525 ff; ausführlich zu diesem Merkmal und zur Kritik an seiner Handhabung durch die Rspr. Rdn 240 ff.

383 BFHE 170, 119, 123 f; BFH GmbHRdsch 1986, 398, 399; BFH/NV 1994, 124, 125; mit Recht krit. *Felix* BB 1992, 2478 f; *Tillmann* Rdn 246; *ders.* GmbHRdsch 1993, 466, 468 f; vgl. dazu auch *Schulze zur Wiesche* GmbHRdsch 1993, 403, 409.

384 Rspr.-Übersicht bei *Frischholz* StBp 1995, 111; die Qualifizierung der Tantieme in voller Höhe als verdeckte Gewinnausschüttung kommt nur in Betracht, wenn ihre Vereinbarung schon dem Grunde nach unüblich ist, BFHE 176, 523, 527.

385 S. dazu *Tillmann* Rdn 247; *Posdziech* Rdn 55 ff m.zahlr. Rspr.-Nachw.

386 FG Saarland EFG 1992, 362, 363; EFG 1995, 174, 175.

387 FG Saarland EFG 1995, 540, 541; GmbHRdsch 1994, 412.

388 Vgl. BFHE 167, 372, 374.

Arbeitsleistung und den zu erwartenden Durchschnittsgewinn der Gesellschaft, dem Gesichtspunkt der Gewinnabschöpfung kommt dabei besondere Bedeutung zu[389]. Die Höhe der Gewinntantieme aller Gesellschafter-Geschäftsführer darf deshalb insgesamt 50% des Jahresüberschusses nicht übersteigen[390]; bei einer höheren Tantiemesumme spricht der Beweis des ersten Anscheins für eine verdeckte Gewinnausschüttung[391]. Auch für das **Verhältnis der Tantieme zur Festvergütung** bei jedem einzelnen Gesellschafter-Geschäftsführer hat der BFH nunmehr mit Urteil vom 5.10.1994 die regelmäßige Angemessenheitsgrenze bei maximal 25% der Jahresgesamtvergütung gezogen[392]. Die Darlegungs- und Beweislast für die betriebliche Veranlassung eines höheren Tantiemeanteils trägt die Gesellschaft[393]. Für die Ermittlung des im Einzelfall angemessenen Tantiemeprozentsatzes ist der sich aus der Aufteilung ergebende absolute Betrag der variablen Vergütungskomponente in Relation zu dem im folgenden Dreijahreszeitraum durchschnittlich erwarteten Jahresgewinn zu setzen[394]. Für die Angemessenheit des so ermittelten absoluten Tantiemeprozentsatzes ist es unschädlich, wenn die Gewinnentwicklung von der Prognose abweicht und dadurch der variable Anteil an der Gesamtvergütung die 25%-Grenze im Ergebnis übersteigt[395]. Allerdings ist die Gewinntantieme bei jeder tatsächlich vorgenommenen Gehaltsanpassung, spätestens jedoch nach Ablauf von drei Jahren, erneut auf ihre Angemessenheit zu überprüfen und erforderlichenfalls in angemessener Relation zur Festvergütung neu festzusetzen[396]. Bei extremen Gewinnsteigerungen kann die Gesellschaft gehalten sein, die Tantieme im Wege der Änderungskündigung auf das Angemessene zu reduzieren; die unterlassene Kündigung macht den übersteigenden Betrag zur verdeckten Gewinnausschüttung[397].

Auch bei grundsätzlich angemessener Gesamtausstattung des Gesellschafter-Geschäftsführers können Tantiemen unter dem Aspekt der **Gewinnabschöpfung** den Umständen nach unangemessen sein, etwa bei anhaltender Ertragsschwäche der Gesellschaft[398], bei Nichtberücksichtigung von Verlustvorträgen in der Bemessungsgrundlage[399] oder Einbeziehung außerordentlicher Erträge[400], bei Fehlen einer betragsmäßigen Obergrenze[401]. Für eine verdeckte Gewinnausschüttung kann auch die Gewährung gleich hoher Tantiemen an Gesellschafter-Geschäftsführer sprechen, 252

389 Ausführlich zum Angemessenheitsgrundsatz bei Tantiemen *Eder* DStR 1995, 665, 669 f; *Schuhmann* StBp 1988, 197, 200 f.

390 BFHE 176, 523, 526 f; vgl. auch BFHE 150, 524, 528; 157, 408, 414; BFH GmbHRdsch 1992, 683, 684; FG Niedersachsen GmbHRdsch 1991, 289, 290; FG Saarland GmbHRdsch 1990, 320, 321; EFG 1992, 33, 34; FG Düsseldorf EFG 1994, 117, 118.

391 BFHE 176, 523, 526 f.

392 BFHE 176, 523, 527 f; krit. *Niehues* DStR 1995, 1576; *ders.* BB 1996, 151; zur Anwendung der Grundsätze des Urteils vgl. BMF-Schreiben vom 3.1.1996 – IV B 7 – S 2742–71/95, abgedr. in DB 1996, 182; DStR 1996, 182 f. Danach sind die Grundsätze des BFH-Urteils in allen noch nicht bestandskräftigen Fällen anzuwenden. Gewinntantiemen für vor dem 1.1.1997 endende Wirtschaftsjahre, die auf einer vor dem 30.8.1995 zivilrechtlich wirksam zustandegekommenen Vereinbarung beruhen, werden jedoch nicht deshalb bereits als verdeckte Gewinnausschüttung iSd § 8 Abs. 3 S. 2 KStG und als andere Ausschüttung iSd § 27 Abs. 3 S. 3 KStG behandelt, weil die Tantiemeversprechen nicht den Grundsätzen des BFH-Urteils vom 5.10.1994 entsprechen.

393 BFHE 176, 523, 528; ebenso jetzt auch Abschn. 31 Abs. 8 a KStR 1995.

394 BFHE 176, 523, 528; zu den Einzelheiten der Tantiemeberechnung nach dem vom BFH entwickelten Modell s. *Tillmann/Schmidt* GmbHRdsch 1995, 796, 798 ff.

395 BFHE 176, 523, 528 f.

396 BFHE 176, 523, 528; zur Anpassung im einzelnen *Tillmann/Schmidt* GmbHRdsch 1995, 796, 800 f.

397 FG Rheinland-Pfalz EFG 1992, 36.

398 FG Saarland EFG 1990, 382, 383; EFG 1995, 171, 172 und 174, 175.

399 FG Saarland EFG 1990, 382, 383; EFG 1995, 171, 172 und 174, 175.

400 Vgl. BFHE 176, 523, 528 f.

401 FG Saarland EFG 1992, 362, 363; EFG 1994, 675, 676; s. dazu auch *Posdziech* Rdn 56.

die deutlich unterschiedliche Festgehälter beziehen[402]. Ein Gesellschafterbeschluß, der die Tantieme nachträglich herabsetzt, um der Gesellschaft einen angemessenen Gewinn zu sichern, kann Indiz für die Unangemessenheit der ursprünglichen Tantiemevereinbarung sein[403].

253 Die besonderen Voraussetzungen für die steuerliche Anerkennung von Vergütungsvereinbarungen mit **beherrschenden Gesellschafter-Geschäftsführern** (s. im einzelnen Rdn 243 ff) gelten auch für Gewinntantiemen. Der Tantiemeanspruch muß dem Grunde und der Höhe nach zweifelsfrei im voraus, also vor Beginn des Zeitraums wirksam begründet worden sein[404], auf den er sich bezieht[405]. Die Höhe der Tantieme muß allein durch Rechenvorgänge ermittelbar sein, ohne daß es weiterer Ermessensakte seitens der Geschäftsführung oder der Gesellschafterversammlung bedarf[406]; bei Mehrdeutigkeit ist die Ermittlung des Gewollten durch Auslegung möglich[407].

254 An der **wirksamen Vereinbarung im voraus** fehlt es, wenn der Tantiemeanspruch unter dem Vorbehalt anderweitiger Festsetzung durch die Gesellschafterversammlung steht[408] oder wenn die Gesellschaft zwei einander widersprechende Tantiemezusagen gleichzeitig gegeben hat[409]. Daß auch alle anderen leitenden Angestellten nachträglich Tantiemen erhalten, macht eine im voraus getroffene Vereinbarung beim beherrschenden Gesellschafter-Geschäftsführer nicht entbehrlich[410]. Gegen das **Klarheitsgebot** verstoßen Tantiemezusagen, wenn ihre Berechnungsgrundlage nicht zweifelsfrei feststellbar ist[411], wenn die Bezugsgröße für die Tantiemeberechnung vom Berechtigten willkürlich bestimmt werden kann[412], wenn die Aufteilung unter den Tantiemeberechtigten in deren Ermessen steht[413] oder wenn für die Höhe lediglich ein Rahmen bestimmt ist, ohne daß dieser durch gleichmäßige Handhabung in berechenbarer Weise eingeengt worden wäre[414]. Unklar ist auch eine Bestimmung, nach der sich der Tantiemeanspruch erhöht, wenn der Berechtigte Empfänger einer verdeckten Gewinnausschüttung ist[415].

255 Tantiemevereinbarungen müssen **tatsächlich durchgeführt** werden, andernfalls steht ihre Ernstlichkeit und damit ihre betriebliche Veranlassung in Zweifel[416].

---

402 FG Saarland EFG 1992, 362, 363; EFG 1995, 174, 175 f.

403 Vgl. FG Niedersachsen GmbHRdsch 1991, 595, 597.

404 Zu mündlichen Vereinbarungen s. im einzelnen Rdn 186 f, 232 f, 245 sowie *Eder* DStR 1995, 665, 669.

405 St.Rspr., z. B. BFHE 143, 263, 265 f; 146, 126, 128 f; 156, 484, 488; *Schulze zur Wiesche* GmbHRdsch 1993, 403, 406; *Haar* Steuerstud 1991, 334, 337.

406 BFHE 143, 263, 265; 168, 151, 154, jew. m.w.Nachw.; FG Niedersachsen GmbHRdsch 1990, 576; ausführlich *Eder* DStR 1995, 665, 668 ff; *Schulze zur Wiesche* GmbHRdsch 1993, 403, 404 ff; *Hoffmann* DStR 1993, 155 f.

407 BFHE 179, 270, 273 = WiB 1996, 389 m. Anm. *Friedrich*; BFHE 166, 279, 282 f; FG Saarland EFG 1986, 620; vgl. auch FG Köln EFG 1990, 595; FG Hamburg EFG 1990, 125; FG Niedersachsen GmbHRdsch 1990, 421 f; s. auch *Eder* DStR 1995, 665, 668 f; zur Auslegungsfähigkeit von Vergütungsvereinbarungen vgl. Rdn 247.

408 BFHE 168, 151, 154.

409 BFHE 157, 168, 171.

410 BFHE 113, 218, 220; 166, 545, 547.

411 BFHE 168, 293, 296 f; BFH/NV 1991, 269, 271; s. dazu im einzelnen *Eder* DStR 1995, 665, 669; *Posdziech* Rdn 58 ff; *Schulze zur Wiesche* GmbHRdsch 1993, 403, 404 ff.

412 BFHE 143, 263, 266: der „ausgeschüttete Gewinn".

413 FG Niedersachsen GmbHRdsch 1991, 341, 342 f.

414 Vgl. etwa FG Hamburg EFG 1983, 163; EFG 1990, 125, 126; FG Niedersachsen GmbHRdsch 1990, 420, 421; GmbHRdsch 1991, 288, 289; vgl. dazu im einzelnen *Posdziech* Rdn 59 ff.

415 BFHE 167, 372, 374.

416 BFHE 169, 322, 325 f; FG Niedersachsen GmbHRdsch 1991, 595, 597; s. dazu auch *Eder* DStR 1995, 665, 670 f; *Schulze zur Wiesche* GmbHRdsch 1993, 403, 406.

Durchführung bedeutet Auszahlung der Tantieme zeitnah zur Bilanzfeststellung[417]. Die darlehensweise Überlassung des Betrages an die Gesellschaft durch schlichte Umbuchung kann nur dann als tatsächliche Durchführung der Tantiemevereinbarung angesehen werden, wenn dem nachweislich ein Darlehensvertrag zugrundelag[418]. Zur ausnahmsweisen steuerlichen Unschädlichkeit von Stundungsvereinbarungen oder Verzichtserklärungen s. Rdn 242.

Umsatztantiemen sieht die Steuerrspr. wegen der Gefahr einer Gewinnabschöpfung nur in Ausnahmefällen als zulässig an[419]. Ihre steuerliche Anerkennung bedarf besonderer Gründe, für deren Vorliegen die Gesellschaft darlegungs- und beweispflichtig ist[420]. Umsatztantiemen gelten insbesondere dann als sachgerecht, wenn die angestrebte Leistungssteigerung durch eine Gewinntantieme nicht zu erreichen wäre[421]. Besondere Gründe für die Vereinbarung von Umsatztantiemen können die Aufbau- oder Umstellungsphase des Unternehmens[422], Branchenüblichkeit oder die Tätigkeit als Geschäftsführer mit ausschließlicher Zuständigkeit für den Vertrieb sein[423]. Dagegen läßt die Rspr. bei einem für den Gesamtbetrieb verantwortlichen Gesellschafter-Geschäftsführer eine variable Vergütung grundsätzlich nur in Form der Gewinntantieme zu[424]. Dem Grunde nach zulässige Umsatztantiemen müssen jedenfalls einem Fremdvergleich standhalten, insbesondere angemessen sein[425] (dazu allg. Rdn 234 ff und speziell für Tantiemevereinbarungen Rdn 249 ff), und bei beherrschenden Gesellschafter-Geschäftsführern auf einer wirksam im voraus getroffenen, klaren und tatsächlich durchgeführten Vereinbarung beruhen[426] (dazu allg. Rdn 243 ff und speziell für Tantiemevereinbarungen Rdn 253 ff). Soweit sie diesen Anforderungen nicht genügen, sind sie verdeckte Gewinnausschüttung[427]. Wirkt eine ohne hinreichenden Grund vereinbarte Umsatztantieme den Umständen nach wie eine Gewinntantieme oder ein Festgehalt, ist sie als Ersatz für andere Gehaltszahlungen steuerlich anzuerkennen, sofern sie zu einer angemessenen Gesamtausstattung des Geschäftsführers führt und eine Gewinnabschöpfung ausgeschlossen ist[428]. **256**

dd) Besonderheiten bei der GmbH & Co KG. Ist der Geschäftsführer der Komplementär-GmbH nicht gleichzeitig Kommanditist der KG, so ist seine Vergütung lohnsteuerpflichtig, und zwar unabhängig davon, ob ihn die GmbH oder die KG entlohnt. Das Geschäftsführergehalt ist bei der GmbH Betriebsausgabe, die bei der **257**

---

417 BFHE 169, 322, 325 f; vgl. aber auch BFH/NV 1994, 345, 346; ausführlich *Posdziech* Rdn 54; *Tillmann* Rdn 234.

418 BFHE 169, 322, 325 f.

419 BFHE 124, 164; 157, 408, 413 f; BFH/NV 1994, 124, 125; dagegen mit Recht für grundsätzliche Zulässigkeit *Meier* FR 1989, 547, 548; *Felix* BB 1988, 277, 279 f.

420 BFHE 157, 408, 414; BFH GmbHRdsch 1996, 301; FG Hessen EFG 1992, 415; EFG 1995, 386, 387; FG Münster GmbHRdsch 1994, 268.

421 BFHE 157, 408, 414; BFH/NV 1994, 124, 125; FG Münster GmbHRdsch 1994, 268; FG Saarland GmbHRdsch 1994, 266, 267.

422 BFH GmbHRdsch 1996, 301 und 302; s. dazu *Ditges/Graß* BB 1996, 509; BFH/NV 1994, 124, 125; FG Hessen EFG 1992, 32; EFG 1995, 386, 387; FG Saarland GmbHRdsch 1994, 266, 267.

423 BFH BFH/NV 1994, 124, 125; *Posdziech* Rdn 51; *Tillmann* Rdn 238.

424 BFH BFH/NV 1994, 124, 125.

425 FG Hessen EFG 1995, 386, 388; zur Unangemessenheit von Umsatztantiemen s. auch BFHE 157, 408; 124, 164, 166 f.

426 FG Hessen EFG 1995, 386; zu Fällen unklarer Vereinbarungen von Umsatztantiemen s. FG Hamburg EFG 1991, 564, 565; FG Hessen EFG 1992, 414, 415; FG Saarland EFG 1992, 33.

427 BFHE 124, 164, 166 ff; 157, 408, 414; BFH GmbHRdsch 1996, 301 und 302; FG Hessen EFG 1994, 219, 220; krit. *Ditges/Graß* BB 1996, 509.

428 FG Hessen GmbHRdsch 1994, 265 f; EFG 1995, 285; aA FG Saarland EFG 1994, 219, 220: Das Fehlen besonderer Gründe allein genügt für die Annahme einer verdeckten Gewinnausschüttung.

einheitlichen Gewinnfeststellung als Sonderbetriebsausgabe zu berücksichtigen ist[429]. Erstattet die KG der GmbH das Geschäftsführergehalt, so ist der Erstattungsbetrag bei der KG als Gewinn vorab innerhalb der einheitlichen Gewinnfeststellung zu berücksichtigen; bei ihr fällt insoweit keine Betriebsausgabe an. Eine Betriebsausgabe liegt bei der KG nur vor, wenn sie den Geschäftsführer direkt bezahlt. Ist der GmbH-Geschäftsführer gleichzeitig Kommanditist, so werden ihm seine Bezüge als Unternehmerlohn zugerechnet; er hat sie als Einkünfte aus Gewerbebetrieb nach § 15 Abs. 1 Nr. 2 EStG zu versteuern[430]. Das Gehalt wird als Entgelt betrachtet, das für die Geschäftsführung der GmbH & Co. KG entrichtet wird. Aufgrund der insoweit nach der Rspr. des BFH maßgeblichen wirtschaftlichen Betrachtungsweise[431] bleibt dabei unberücksichtigt, daß der Kommanditist nicht unmittelbar geschäftsführend für die KG, sondern nur für die GmbH tätig wird. Eine abzugsfähige Betriebsausgabe entsteht der KG hier durch das Gehalt nicht[432].

258 Nach der Rspr. des BFH ist der GmbH ein **Anspruch** gegenüber der KG **auf Erstattung** ihrer Auslagen für die Geschäftsführung einzuräumen[433]. Gehaltszahlungen an Geschäftsführer, für die kein Erstattungsanspruch begründet wurde, werden als Erträge der KG behandelt[434]. Die Auslagenerstattung an die GmbH unterliegt nicht der Umsatzsteuer. Abweichend von der früheren Rspr.[435] geht der BFH nunmehr davon aus, daß die Geschäftsführungstätigkeit der Komplementär-GmbH Gegenstand ihrer Beitragsverpflichtung als persönlich haftende Gesellschafterin ist und auf Leistungsvereinigung abzielt, so daß kein steuerbarer Leistungsaustausch vorliegt[436].

259 Die Geschäftsführervergütung ist bei der Komplementär-GmbH oder – im Falle der Direktzahlung – bei der KG nicht als Betriebsausgabe abzugsfähig, soweit die Gehaltszahlung bei der GmbH als **verdeckte Gewinnausschüttung** zu qualifizieren ist. Die steuerlichen Anforderungen an Vergütungsvereinbarungen mit Gesellschafter-Geschäftsführern (dazu im einzelnen Rdn 231 ff) sind auch bei der GmbH & Co. KG zu beachten. Gehaltszahlungen an den Kommanditisten und beherrschenden Gesellschafter-Geschäftsführer der Komplementär-GmbH, der ohne wirksamen Anstellungsvertrag tätig wird[437], sind danach ebensowenig als betrieblich veranlaßt anzuerkennen wie unangemessen hohe Vergütungen[438].

260 ee) Bei der **Umwandlung einer Personengesellschaft in eine GmbH** sind ab dem Umwandlungsstichtag die für Kapitalgesellschaften geltenden steuerrechtlichen Vorschriften anzuwenden. Das gilt nach § 20 Abs. 7 S. 3 UmwStG 1977 auch bei rückbezüglicher Umwandlung einer oHG in eine GmbH. Ab dem Umwandlungsstichtag unterliegen die Bezüge der Gesellschafter-Geschäftsführer den besonderen steuerlichen Anforderungen zur Vermeidung verdeckter Gewinnausschüttungen[439].

2. Ruhegehalt

Schrifttum

Arteaga Insolvenzschutz der betrieblichen Altersversorgung mitarbeitender Gesellschafter (1995); *Baer* Steuerliche Anerkennung von Versorgungszusagen an Gesellschafter-Geschäfts-

---

[429] Vgl. *Tillmann* Rdn 273; krit. dazu unter Hinweis auf BFH BStBl. II 1975, 437 *Naumann* DB 1977, 882; vgl. auch *Felix* GmbHRdsch 1975, 279.

[430] BFHE 92, 328, 330.

[431] BFHE 71, 425, 429.

[432] *Hesselmann/Tillmann* Handbuch der GmbH & Co.[17] (1991), 947.

[433] BFHE 90, 399, 412 ff, 416.

[434] *Lersch/Schaaf* GmbHRdsch 1973, 70; vgl. auch FG Nürnberg EFG 1972, 126.

[435] BFHE 110, 145.

[436] BFHE 131, 114, 116 ff; *Kühnel* GmbHRdsch 1982, 136, 137; *Tillmann* Rdn 275.

[437] FG Köln GmbHRdsch 1992, 220.

[438] FG Saarland GmbHRdsch 1991, 292, 293.

[439] BFHE 147, 125, 129 ff; 150, 412, 416.

führer von Kapitalgesellschaften, BB 1989, 1529; *Borst* Ertragsteuerliche Folgen von Vereinbarungen zwischen einer Kapitalgesellschaft und deren Gesellschafter, BB 1989, 38; *Bredebusch* Arbeitnehmerfinanzierte Pensionszusage mit Rückdeckung, DB 1996, 49; *Cramer* Erdienbarkeit von Pensionszusagen, BB 1994, 1461; *ders.* Ernsthaftigkeit von Pensionszusagen, BB 1995, 919; *ders.* Ernsthaftigkeit von Pensionszusagen – Bilanzsprungrisiko, DStR 1994, 1667; *Doetsch* Jahressteuergesetz 1996: Auswirkungen auf Direktversicherungen und Pensionskassen, DB 1995, 2339; *Felix* Volle Substitution des Gehalts des geschäftsführenden GmbH-Gesellschafters durch eine Pensionszusage bei Null-Gehalt, GmbHRdsch 1992, 159; *Förster/Heger* Pensionszusagen an Gesellschafter-Geschäftsführer, DStR 1994, 507; *dies.* Zum Versorgungsniveau bei Gesellschafter-Geschäftsführern von Kapitalgesellschaften, DStR 1996, 408; *Frohnwieser* Verhältnis von Pensionszusage und Barbezügen bei Gesellschafter-Geschäftsführern von Kapitalgesellschaften, DB 1990, 1434; *Gehrig* Pensionsrückstellungen oder entsprechend höheres Gehalt? Vor- und Nachteile durch Pensionsrückstellungen, GmbHRdsch 1987, 201; *Geiger* Vorwegabzug und die Folge einer als verdeckte Gewinnausschüttung zu beurteilenden Pensionszusage zugunsten eines beherrschenden Gesellschafter-Geschäftsführers, GmbHRdsch 1992, 515; *Goecke* Kriterien für die steuerliche Anerkennung von Pensionszusagen für beherrschende Gesellschafter-Geschäftsführer einer GmbH, BB 1995, 2467; *Haar* Der Gesellschafter-Geschäftsführer im Steuerrecht, SteuerStud 1991, 334; *Hanau/Kemper* Zur Insolvenzsicherung der Ruhegehaltszusagen an Unternehmer, ZGR 1982, 123; *Hennerkes/Binz/Rauser/Wurzberger* Insolvenzsicherung von Pensionsansprüchen des Gesellschafter-Geschäftsführers einer GmbH und GmbH & Co, GmbHRdsch 1984, 57; *Heubeck* Die Altersversorgung der Geschäftsführer bei GmbH und GmbH & Co., 3. Aufl. (1991); *Höfer/Eichholz* Zehnjährige Mindestzusagedauer bei Versorgungszusagen für beherrschende Gesellschafter-Geschäftsführer einer GmbH, DB 1995, 1246; *Höfer/Kisters-Kölkes* Zur steuerlichen Anerkennung von Versorgungszusagen an beherrschende Gesellschafter-Geschäftsführer einer GmbH, BB 1989, 1157; *Hommelhoff/Timm* Insolvenzschutz für Geschäftsleiter-Betriebsrente, KTS 1981, 1, 289; *Langohr-Plato* Aktuelle Tendenzen der Finanzverwaltung bei der Prüfung von Pensionszusagen an GmbH-Gesellschafter-Geschäftsführer, GmbHRdsch 1992, 597; *Lutter/Timm* Betriebsrentenkürzung im Konzern, ZGR 1983, 269; *Mink* Steuerliche Grundsätze für Pensionszusagen an beherrschende Gesellschafter-Geschäftsführer einer Kapitalgesellschaft, GmbHRdsch 1995, 644; *Otto* Pensionsrückstellungen für Direktzusagen aufgrund wertgleichen Gehaltsverzichts insbesondere an beherrschende Gesellschafter-Geschäftsführer, DStR 1996, 770; *Paus* Behandlung von Pensionszusagen an Gesellschafter-Geschäftsführer bei Umwandlung einer Personen- in eine Kapitalgesellschaft, StBp 1996, 57; *Plagemann* Versorgung des GmbH-Geschäftsführers: Kriterien für die Sozialversicherungspflicht, WiB 1994, 223; *Reiners/Wierling* Versorgungszusagen an beherrschende Gesellschafter-Geschäftsführer, BB 1995, 87; *Reuter* Direktversicherung für den Geschäftsführer der GmbH und der GmbH & Co. KG, GmbHRdsch 1992, 137; *ders.* Rückdeckungsversicherung für den Geschäftsführer der GmbH und der GmbH & Co. KG, GmbHRdsch 1994, 141; *Rose* Der Schutz leitender Angestellter und der Organmitglieder juristischer Personen nach dem Betriebsrentengesetz, DB 1993, 1286; *Tillmann/Schmidt* Vermeidung einer verdeckten Gewinnausschüttung aus Geschäftsführerverträgen – Aktueller Handlungsbedarf durch neue Rechtsprechung zu Änderungskompetenz, Tantieme, Pensionszusage und Gehaltsverzicht, GmbHRdsch 1995, 796; *Wichmann* Die rückgedeckte Pensionszusage des beherrschenden Gesellschafter-Geschäftsführers, BB 1988, 521. Zu älterem Schrifttum s. Vorauflage.

Das Ruhegehalt ist die **wichtigste Nebenleistung** der Gesellschaft aus dem Anstellungsverhältnis. Es soll dem Geschäftsführer die Beibehaltung seines Lebensstandards nach Erreichen der Altersgrenze oder bei Dienstunfähigkeit ermöglichen. Die Zusage eines Ruhegehalts soll erbrachte und weiterhin erwartete Betriebstreue abgelten, es hat daher nicht nur **Versorgungs-**, sondern auch **Entgeltcharakter**[440]. Die Gewährung eines betrieblichen Versorgungsanspruchs anstelle von oder ergänzend **261**

[440] BGHZ 108, 330, 335 ff = NJW 1990, 49; BGH NJW-RR 1989, 286, 290 m.w.Nachw.

zu den Leistungen der gesetzlichen Rentenversicherung gehört heute zur Regelausstattung des GmbH-Geschäftsführers. Sie kann in einer Altersrente bestehen, sie kann aber auch eine Invaliditätsrente und eine Hinterbliebenenrente umfassen. In der Regel ist die Versorgung des Geschäftsführers durch eine unmittelbare **Pensionszusage** der Gesellschaft sichergestellt, möglich ist auch die **Direktversicherung** des Geschäftsführers durch eine von der Gesellschaft zu seinen Gunsten abgeschlossenen Lebensversicherung[441]. Üblicherweise ist die Zusage eines Ruhegehalts Zusatzleistung zu den laufenden Bezügen; bei Gesellschafter-Geschäftsführern und Ehegatten wird sie bisweilen auch in Form der sog. **Nur-Pension** als Vergütungsersatz gewährt. Die Nur-Pension wird allerdings nach der jüngsten BFH-Rspr. steuerlich nur noch unter engen Voraussetzungen anerkannt (vgl. Rdn 298 und 302).

262 a) **Notwendigkeit der Vereinbarung.** Der Ruhegehaltsanspruch kann nur durch vertragliche Vereinbarung begründet werden. Für ihre **zivilrechtliche Wirksamkeit** und die Anwendbarkeit des BetrAVG ist Schriftform nicht erforderlich[442]. Sie kann deshalb als stillschweigend getroffen gelten, wenn die Auslegung des Anstellungsvertrages oder sonstiger Abreden zwischen den Parteien den Schluß zuläßt, daß eine betriebliche Altersversorgung gewollt war. In Betracht kommt dies etwa, wenn der Geschäftsführer seinen Mitgeschäftsführern, für die eine detaillierte Versorgungsregelung besteht, gleichgestellt werden sollte[443], oder wenn der Geschäftsführer zuvor Arbeitnehmer der Gesellschaft und als solcher ruhegehaltsberechtigt war. Dagegen läßt sich ein Ruhegehaltsanspruch des Geschäftsführers bei Fehlen entsprechender Anhaltspunkte im Geschäftsführervertrag grundsätzlich weder auf eine existierende Ruhegeldordnung für Arbeitnehmer des Betriebes, noch auf betriebliche Übung oder den arbeitsrechtlichen Gleichbehandlungsgrundsatz stützen[444]. Für Gesellschafter-Geschäftsführer kann ein Versorgungsanspruch jedoch im Einzelfall aus dem gesellschaftsrechtlichen Gleichbehandlungsgrundsatz herzuleiten sein. Dagegen setzt die **steuerliche Anerkennung** einer Ruhegehaltszusage regelmäßig **Schriftform** voraus. Nach § 6 a Abs. 1 Nr. 3 EStG können Rückstellungen nur für schriftliche Pensionszusagen gebildet werden; bei Gesellschafter-Geschäftsführern und ihnen nahestehenden Personen ist eine tunlichst schriftlich im voraus klar und eindeutig vereinbarte Pensionsregelung zur Vermeidung einer verdeckten Gewinnausschüttung erforderlich (vgl. im einzelnen Rdn 294 ff).

263 Auf **fehlerhafte Anstellungsverträge** gegründete Ruhegehaltsanwartschaften und Ruhegeldansprüche bleiben auch nach einer vorzeitigen Beendigung des Vertragsverhältnisses in dem Umfang bestehen, wie die Gegenleistung für sie erbracht wurde, wie sie also während der tatsächlichen Tätigkeit des Betroffenen erdient wurden[445].

264 b) **Schutz des Ruhegehalts nach dem BetrAVG.** Auf Ruhegehaltsvereinbarungen mit **arbeitnehmerähnlichen Geschäftsführern** (zum Begriff des arbeitnehmerähn-

---

441 Zu dieser und anderen Formen der betrieblichen Altersversorgung *Heubeck* (1991); *Tillmann* Rdn 276 ff; *Posdziech* Rdn 78 ff.

442 BGH NJW-RR 1994, 357, 358; *Ahrend/Förster* in: Münchener Handbuch zum Arbeitsrecht, Bd. 1 (1992), § 102, 5; *Dieterich* in: Handbuch der betrieblichen Altersversorgung, Bd. 1^7 (1988), Teil I, AR, 15; *Höfer/Reiners/Wüst* BetrAVG, Bd. 1^4 (1994), ART, 196 f.

443 BGH NJW-RR 1994, 357, 358.

444 BGH WM 1969, 686, 688 für betriebliche Übung; BGH WM 1973, 506 für Gleichbehandlungsgrundsatz; vgl. auch BGH WM 1978, 1402, 1403; NJW-RR 1994, 357, 358; *Nebendahl* NZA 1992, 289, 293 f; Rowedder/*Koppensteiner* 78; Scholz/*Schneider* 199; aA Baumbach/Hueck/*Zöllner* 106.

445 Rowedder/*Koppensteiner* 93; *Hengeler* Festschrift Barz (1974), 129, 141 ff; Geßler/*Hefermehl*/Eckardt/Kropff AktG § 84, 134 m. w. Nachw.

lichen Geschäftsführers im Recht der betrieblichen Altersversorgung s. im einzelnen Rdn 147 ff) finden gemäß § 17 Abs. 1 S. 2 BetrAVG die §§ 1 bis 16 BetrAVG entsprechende Anwendung. Ob eine Versorgungszusage im Einzelfall dem BetrAVG unterfällt, richtet sich grundsätzlich nach den Verhältnissen im Zusagezeitpunkt[446]. Das gilt auch für die Frage, welche Leistungen der Gesellschaft in den Schutz des BetrAVG einbezogen sind[447]. So dient ein Ruhegehalt, das dem Geschäftsführer schon unmittelbar nach seinem Ausscheiden gezahlt werden soll, nicht der Alterssicherung, sondern stellt lediglich ein Übergangsgeld dar, das bis zum Erreichen der Altersgrenze nicht dem BetrAVG und damit nicht der Insolvenzsicherung unterfällt[448]. Dagegen kann ein Beraterhonorar, das dem ausgeschiedenen Geschäftsführer ohne Gegenleistung gezahlt wird, den Charakter einer Altersversorgung haben[449]. Soweit das BetrAVG danach auf Ruhegehaltszusagen an den Geschäftsführer anwendbar ist, genießt er denselben Schutz wie ein Arbeitnehmer: Durch eine Pensionszusage wird nach der zwingenden Vorschrift § 1 Abs. 1 BetrAVG unter den dort genannten Voraussetzungen eine unverfallbare Ruhegehaltsanwartschaft begründet. Weiterhin greift zugunsten des Geschäftsführers mangels anderweitiger vertraglicher Vereinbarung die Anpassungsregelung des § 16 BetrAVG ein, und es finden die Vorschriften der §§ 7 ff BetrAVG über die Insolvenzsicherung von Versorgungsansprüchen Anwendung.

aa) **Unverfallbarkeit** der Versorgungsanwartschaft tritt nach den in § 1 BetrAVG genannten Fristen und Altersgrenzen auch dann ein, wenn der Geschäftsführer vor Erreichen der Pensionsgrenze aus dem Unternehmen ausscheidet. In diesem Fall besteht der Ruhegeldanspruch des ausgeschiedenen Geschäftsführers gegen die GmbH nach Maßgabe von § 2 BetrAVG anteilig fort und begründet eine Leistungspflicht des Versorgungsträgers von dem vertraglich vorgesehenen Zeitpunkt an. Im Regelfall wurde in der Vergangenheit die Leistung an Männer ab Vollendung des 63.[450], an Frauen ab Vollendung des 60. Lebensjahres[451] vereinbart; eine solchermaßen nach dem Geschlecht differenzierende Ruhegehaltszusage verstößt gegen Art. 119 EGV[452], soweit sie sich auf Beschäftigungszeiten nach dem 17. Mai 1990 bezieht. Das hat zur Konsequenz, daß das durch die höhere Altersgrenze diskriminierte Geschlecht Auszahlung des nach dem 17. Mai 1990 erdienten Ruhegeldes schon zu einem früheren Zeitpunkt verlangen kann[453]. Für die Berechnung des anteiligen Ruhegeldanspruchs muß auf die detaillierten Regelungen des § 2 BetrAVG und die 265

[446] OLG Köln DB 1978, 1550; *Wiedemann/Moll* RdA 1977, 25. Zur Maßgeblichkeit anderer Kriterien bei Statuswechsel des Geschäftsführers s. Rdn 265.

[447] BGH GmbHRdsch 1982, 207, 208 f; BAGE 34, 242, 245 f; BAG WM 1984, 750, 751; zum sachlichen Geltungsbereich des BetrAVG s. auch *Pesch* ZIP 1982, 135, 140 ff.

[448] BGHZ 113, 207, 209 f = NJW 1991, 1113; BGH GmbHRdsch 1982, 156, 157; WM 1984, 1324, 1325; NJW-RR 1986, 764, 765; WM 1989, 71, 78; BAG DB 1988, 2007, 2008. Zur Berechnung des ab dem 63. Lebensjahr insolvenzgesicherten Rentenanteils bei Vereinbarung eines Übergangsgeldes s. BGH WM 1981, 762, 765; NJW-RR 1986, 764, 766.

[449] LG Köln GmbHRdsch 1987, 274, 275 f.

[450] BGHZ 113, 207, 210 = NJW 1991, 1113; BGH GmbHRdsch 1982, 156, 157.

[451] *Höfer/Reiners/Wüst* BetrAVG Bd. 1^3 (1994), § 2, 1680; *Blomeyer* NZA 1991, 449, 450 f; BGH NJW 1981, 2410, 2411.

[452] Vgl. Protokoll zu Art. 119 EGV, dem EG-Vertrag beigefügt als 2. Protokoll über die Europäische Union, im Anschluß an EuGH C – 262/88 vom 17.05.1990 (Barber), Slg. 1990 I, 1889 = DB 1990, 1824 f und EuGH C – 110/91 vom 14.12.1993, DB 1994, 228.

[453] Zu den Einzelheiten *Höfer/Reiners/Wüst* BetrAVG Bd. 1^3 (1994), ART 548 ff, 556, 569; *Dauses/Borchardt* Handbuch des EG-Wirtschaftsrechts (2) D. II., Rdn 27 ff, 34 ff; *Berenz* BB 1996, 530; *Engelbrecht* EuZW 1996, 395; *Griebeling* NZA 1996, 449.

Kommentierungen hierzu verwiesen werden[454]. Hinfällig wird die Versorgungszusage aber, wenn der Berechtigte ausscheidet, bevor die Wartezeit erreicht ist – dann ist ein Anspruch nicht einmal entstanden – oder nach Ablauf der Wartefrist, aber vor Eintritt der Unverfallbarkeit – dann ist eine Anwartschaft nicht begründet worden[455]. Bei der **Betriebszugehörigkeit** iSv § 1 Abs. 1 BetrAVG ist ein Statuswechsel vom Arbeitnehmer zum Geschäftsführer und umgekehrt grundsätzlich unschädlich; die Zeiten sind vielmehr zusammenzurechnen, es sei denn, zwischen den Tätigkeiten bestand eine Unterbrechung[456]. In die Dauer der Betriebszugehörigkeit einzubeziehen sind Beschäftigungszeiten vor Erteilung der Pensionszusage ebenso wie Dienstzeiten, die der Versorgungsberechtigte nach Erreichen der Altersgrenze in der Gesellschaft ableistet[457]. Zusammenzurechnen sind auch die Dienstzeiten, die der Geschäftsführer in verschiedenen Unternehmen desselben Konzerns erbracht hat[458]. Eine Erhöhung der Versorgungszusage setzt keine neue Unverfallbarkeitsfrist in Lauf[459]. Auch vertragliche Wartezeiten für die Versorgungsanwartschaft haben keinen Einfluß auf die Unverfallbarkeit[460].

266 **Vertragliche Abweichungen** von den gesetzlichen Unverfallbarkeitsvoraussetzungen sind grundsätzlich nur zugunsten, gemäß § 17 Abs. 3 S. 3 BetrAVG nicht aber zu Lasten des Geschäftsführers zulässig[461]. Möglich ist die Anrechnung von noch nicht unverfallbar gewordenen Vordienstzeiten bei einem anderen Unternehmen; die Vereinbarung muß aber deutlich machen, ob nur die Wartezeit oder auch die Unverfallbarkeitsfrist durch die Anrechnung verkürzt werden soll[462]. Unberührt von einer Anrechnungsvereinbarung bleiben allerdings die für die Insolvenzsicherung durch den Pensionssicherungsverein erforderlichen Mindestfristen[463]. Zur Anhebung der anrechnungsfähigen Dienstzeiten um den Preis einer Einwilligung in die vorzeitige Aufhebung des unkündbaren Vertrages s. BGH NJW-RR 1993, 609, 610. **Widerrufsvorbehalte** können in Ruhegehaltszusagen nur unter engen Voraussetzungen wirksam vereinbart werden, da der gesetzliche Schutz der Unverfallbarkeit unabhängig davon besteht, aus welchem Grund der Geschäftsführer aus den Diensten der Gesellschaft ausscheidet. Widerrufsvorbehalte werden deshalb von der Rspr. nur für solche Fälle anerkannt, in denen die Berufung des Berechtigten auf die unverfallbar gewordene Versorgungsanwartschaft ohnehin als rechtsmißbräuchlich anzusehen wäre[464]. Das setzt eine ungewöhnlich schwerwiegende Pflichtverletzung des Geschäftsführers voraus (s. dazu im einzelnen Rdn 288). Insofern haben Widerrufsvorbehalte im Geltungsbereich des BetrAVG praktisch keine Bedeutung mehr. Das Steuerrecht erkennt Widerrufsvorbehalte, die sich im Rahmen des nach der Rspr. Zulässigen halten, als steuerunschädlich an. Ein Katalog solcher steuerunschädlicher Widerrufsvorbehalte findet sich in Abschn. 41 Abs. 4 EStR 1993.

---

454 *Blomeyer/Otto* BetrAVG (1984); *Heubeck/Höhne/Paulsdorff/Rau/Weinert* Kommentar zum Betriebsrentengesetz² (1982); *Höfer/Reiners/Wüst* BetrAVG, Bd. 1³ (1994); *Ahrend/Förster* BetrAVG⁵ (1994).

455 BGH NJW-RR 1993, 608, 609.

456 BAGE 66, 1, 6 = NJW 1991, 1197.

457 BGHZ 108, 330, 332, 336 = NJW 1990, 49; BGH ZIP 1981, 892, 893.

458 *Tillmann* Rdn 294; *Heubeck/Höhne/Paulsdorff/Rau/Weinert* Kommentar zum Betriebsrentengesetz² (1982), § 1, 164.

459 BGH GmbHRdsch 1982, 207, 208.

460 BGH NJW 1984, 234, 235; NJW-RR 1993, 608, 609.

461 *Heubeck* Rdn 334; BAG AP Nr. 1 zu § 7 BetrAVG; *Ahrend/Förster* in: Münchener Handbuch zum Arbeitsrecht, Bd. 1 (1992), § 104, 2 f; zu beachten ist § 26 BetrAVG.

462 BGH NJW 1984, 234, 235; BAG NJW 1983, 1927, 1928.

463 *Tillmann* Rdn 295.

464 BGH NJW 1984, 1529, 1530; BAGE 32, 139, 145 = NJW 1980, 1127; BAGE 41, 333, 336 = NJW 1984, 141; BAG WM 1982, 1263, 1264; ZIP 1990, 1612, 1613 f.

bb) Werterhaltung. Sieht der Geschäftsführervertrag keine Dynamisierung der Versorgungsbezüge vor, wird die Wertbeständigkeit des Ruhegehalts für die von § 17 Abs. 1 S. 2 BetrAVG erfaßten arbeitnehmerähnlichen Geschäftsführer durch § 16 BetrAVG gesichert. Nach dieser Vorschrift hat der Arbeitgeber alle drei Jahre eine Anpassung der laufenden Leistungen der betrieblichen Altersversorgung zu prüfen und hierüber nach billigem Ermessen zu entscheiden; dabei sind insbesondere die Belange des Versorgungsempfängers und die wirtschaftliche Lage des Arbeitgebers im Zeitpunkt der Entscheidung über die Anpassung zu berücksichtigen[465]. Ist der Arbeitgeber aufgrund seiner wirtschaftlichen Lage nicht imstande, die Anpassungsraten aus den Erträgen und dem Wertzuwachs des Unternehmens zu bestreiten, braucht er die Betriebsrenten nicht an die Kaufkraftentwicklung anzupassen[466]; zu einer Kürzung der Versorgungsleistungen berechtigt ihn § 16 BetrAVG jedoch auf keinen Fall[467]. Bei Konzerngesellschaften kann der Anpassungsprüfung ausnahmsweise die wirtschaftliche Lage des herrschenden Unternehmens zugrundezulegen sein (sog. Berechnungsdurchgriff)[468]. Bei einem Statuswechsel des Geschäftsführers gilt die Anpassungsregelung des § 16 BetrAVG grundsätzlich nur für denjenigen Teil des Versorgungsanspruchs, den der Geschäftsführer sich in gesetzlich geschützter Stellung erdient hat[469]. Überwiegt dieser Anteil bei weitem, kann § 16 BetrAVG auf die Gesamtrente anzuwenden sein; umgekehrt kann eine Anpassung nach dieser Vorschrift insgesamt ausgeschlossen sein, wenn die Rente nur einen ganz geringfügigen Anteil aus geschützter Tätigkeit enthält[470]. 267

Außerhalb des Geltungsbereichs des § 16 BetrAVG kommt eine **Anpassung** der Versorgungsbezüge bei fehlender vertraglicher Vereinbarung nur aufgrund nachwirkender Fürsorgepflicht des Arbeitgebers **nach § 242 BGB** in Betracht[471]. Bei einer erheblichen Steigerung der Lebenshaltungskosten, die die Rspr. zwischen 33⅓%[472] und 40%[473] ansetzt, steht dem Versorgungsempfänger ein Anspruch auf Überprüfung der Angemessenheit des Ruhegehalts zu. Der Dienstherr ist verpflichtet, über eine Rentenanpassung zu verhandeln und seine Leistungen nach billigem Ermessen neu festzusetzen, wobei als Maßstab für den Umfang der Anpassung der Entgelt- und Versorgungscharakter des Ruhegehalts heranzuziehen ist[474]. Verweigert der Dienstherr eine Anpassung, kann das Gericht sie nach § 315 BGB vornehmen[475]. 268

---

[465] BAGE 28, 134, 142 f = NJW 1976, 1861, auch zu den Voraussetzungen der Anpassungsprüfung; vgl. dazu weiterhin BAG BB 1976, 1129, 1130 f; zum Anpassungsmaßstab s. BAG BB 1977, 96 und 146; insbes. zum Verhältnis von Sozialversicherungsrenten und betrieblicher Altersversorgung im Hinblick auf die Höhe der Anpassung betrieblicher Leistungen BAGE 29, 294 = NJW 1977, 1138; BAG BB 1977, 96, 98. Rspr.-Übersicht bei *Heubeck* Rdn 338 ff; vgl. auch *Ahrend/Förster* BetrAVG[5] (1994), § 16 Nr. 5, 6; *Höfer/Reiners/Wüst* BetrAVG, Bd. 1[3] (1994), § 16, Rdn 3375 m.w.Nachw.; *Heubeck/Höhne/Paulsdorff/Rau/Weinert* Kommentar zum Betriebsrentengesetz, Bd. 1[2] (1982), § 16, Rdn 18 ff, 105 ff, 164 ff.

[466] BAGE 29, 294, 316 = NJW 1977, 1138; 35, 301, 305; 48, 272, 279; BAG DZWiR 1995, 327.

[467] BGHZ 93, 383, 385 ff, 390 = NJW 1985, 2951; BAG WM 1984, 1459, 1460.

[468] BAG DZWiR 1995, 327 m.Anm. *Windbichler*, auch zu den Voraussetzungen, unter denen im Einzelfall ein Berechnungsdurchgriff im Konzern möglich ist; dort auch ausführliche Nachw. zu der in der Lehre kontrovers diskutierten Frage des Berechnungsdurchgriffs im Konzern.

[469] BGH NJW 1981, 2059, 2060.

[470] BGH NJW 1981, 2059, 2060.

[471] So für die Zeit vor Inkrafttreten des BetrAVG BAG AP Nr. 4 und 5 zu § 242 BGB; BGHZ 61, 31, 32 ff = NJW 1973, 1599.

[472] So der BGH, vgl. BGH WM 1977, 53, 54; DB 1977, 1367; NJW 1981, 2059, 2060.

[473] So das BAG, vgl. BAGE 28, 134, 139 f = NJW 1976, 1861; BAG BB 1976, 1129, 1130.

[474] BGHZ 61, 31, 35 f = NJW 1973, 1599; zur Anpassungshöhe und den Anpassungsmaßstäben im einzelnen vgl. BGH WM 1977, 53, 55 und 778, 779.

[475] BGH WM 1977, 53, 55; BGHZ 61, 31, 35 = NJW 1973, 1599.

Eine nachträgliche Rentenanpassung, die nach den Grundsätzen der Zivilrspr. eine erhebliche Steigerung der Lebenshaltungskosten ausgleichen soll, wird steuerlich auch beim beherrschenden Gesellschafter-Geschäftsführer anerkannt[476].

269 Im allgemeinen sind Versorgungszusagen jedoch mit **Anpassungsklauseln** versehen, die das Ruhegehalt wertbeständig erhalten sollen (**dynamisierte Rente**). Im Geltungsbereich des BetrAVG gehen vertragliche Regelungen den Grundsätzen über die Anpassungsprüfung nach § 16 BetrAVG vor, soweit sie den Versorgungsempfänger günstiger stellen. Zu einer laufenden Anpassung des Ruhegehalts führen **Spannungsklauseln,** die dessen Höhe in Verhältnis zu dem Gehalt oder dem Ruhegehalt einer bestimmten Beamtenbesoldungskategorie oder Tarifgruppe setzen[477]. Solche Spannungsklauseln, die sich regelmäßig schon aus der Festlegung der Bemessungsgrundlage ergeben, bedürfen im Gegensatz zur Wertabsicherung durch Bezugnahme auf den Lebenshaltungskostenindex (vgl. Rdn 202) nicht der Genehmigung der Deutschen Bundesbank gemäß § 3 WährG[478]. Bei der Wahl der Bezugsgrößen sind die Vertragsparteien frei, soweit die in ein Verhältnis zueinander gesetzten Leistungen im wesentlichen gleichartig oder zumindest vergleichbar sind[479]. Die Vergleichbarkeit ist bereits dann gegeben, wenn es sich bei der Vergleichsgröße für das Ruhegehalt des Geschäftsführers um eine für laufende Dienste gezahlte Vergütung im Rahmen eines Dienstverhältnisses handelt. Das Berufsbild selbst muß nicht direkt vergleichbar sein[480]. Wird in einer Anpassungsklausel lediglich die **Anpassung an geänderte wirtschaftliche Verhältnisse** vereinbart, so sind gemäß §§ 242, 315 Abs. 3 BGB die beiderseitigen Interessen und Belange der Parteien gegeneinander abzuwägen und dabei neben der maßgeblichen Preisentwicklung die wirtschaftlichen Verhältnisse des Unternehmens zu berücksichtigen[481]. Die Preissteigerungsrate während der Anwartschaftszeit vor Erreichen der Pensionsgrenze ist in die Bemessungsgrundlage für die Anpassung einzubeziehen[482]. Wurde dem Begünstigten vor Inkrafttreten des BetrAVG ein dynamisiertes Ruhegehalt unter der Bedingung fortdauernder Betriebszugehörigkeit bei Eintritt des Versorgungsfalles zugesagt, scheidet dieser aber vorzeitig aus dem Unternehmen aus, so kommt nach dem Parteiwillen eine Dynamisierung der kraft Gesetzes unverfallbar gewordenen Versorgungsanwartschaft bis zum Eintritt des Versorgungsfalles nicht in Betracht[483]. In der Wahl des **Anpassungsverfahrens** sind die Parteien frei. Neben einer laufenden automatischen Anpassung kann die Rentendynamisierung auch an eine bestimmte Mindeständerung der Vergleichsgröße gebunden werden. Nach dem Vorbild des § 16 BetrAVG kann eine Änderung der Bezugsgröße auch lediglich die Pflicht zu Neuverhandlungen und zu einer Entscheidung der Gesellschaft nach billigem Ermessen begründen, gegebenenfalls unter Einschaltung eines Schiedsgutachters[484].

270 Schwierigkeiten kann die Auslegung von Anpassungsklauseln bereiten, wenn in der Vergleichsgröße Änderungen eintreten, die sich wesentlich von der allgemeinen Entwicklung der Gehälter unterscheiden. Grundsätzlich wird davon auszugehen sein, daß Anpassungsklauseln nicht nur die Werterhaltung, sondern darüber hinaus

---

476 BFHE 105, 143, 145; 128, 352, 354 ff, 356 f; 154, 316, 318 f; vgl. dazu näher Rdn 297.

477 BGH WM 1984, 900; *Tillmann* Rdn 310; *Sudhoff* 32 ff.

478 BGH WM 1970, 752, 753 f; BAG AP Nr. 1 zu § 3 WährG; OLG München GmbHRdsch 1987, 478, 479.

479 BGHZ 14, 306, 310 = NJW 1954, 1488.

480 BGH NJW 1974, 273.

481 BGH WM 1981, 842, 843 f. Zu den Problemen bei Anpassung des Gehalts und der Tantieme an die Konzernlage *Schneider* GmbHRdsch 1993, 10, 19 f m.w.Nachw.

482 BGH WM 1981, 842, 843.

483 BGH NJW-RR 1989, 677 f.

484 Vgl. *Sudhoff* 33; *Dürkes* Wertsicherungsklauseln[10] (1992), H 20.

die **Angleichung** des Ruhegehalts **an die allgemeine Entwicklung der Gehälter** sicherstellen wollen[485]. Eine deutlich dahinter zurückbleibende oder weit darüber hinausgehende Anhebung wird dagegen regelmäßig nicht in der Absicht der Parteien liegen. Außergewöhnliche Entwicklungen der Bezugsgröße haben daher außer Betracht zu bleiben; wegen Änderung der Geschäftsgrundlage[486] oder im Wege ergänzender Vertragsauslegung[487] kann – auch aus steuerlichen Gründen (vgl. Rdn 297) – im Einzelfall eine zweckentsprechende Berichtigung der Anpassungsklausel geboten sein. Grundsätzlich ist bei Spannungsklauseln, die auf die beamtenrechtliche Versorgung Bezug nehmen, davon auszugehen, daß die Parteien diese Bezugsgröße wählen, weil sie erfahrungsgemäß der Entwicklung des allgemeinen Lebensstandards und der wirtschaftlichen Entwicklung folgt, daß es ihnen aber nicht darauf ankommt, die Versorgung des Ruhegehaltsempfängers möglichst beamtenähnlich zu gestalten[488].

cc) **Insolvenzsicherung.** Nach Maßgabe von § 7 BetrAVG sind die laufenden Ru- **271**
hegehaltsansprüche oder unverfallbaren Anwartschaften aus Versorgungszusagen, Direktversicherungen oder gegen Unterstützungskassen insolvenzgesichert[489]. Diese Sicherung gilt für alle unter § 17 Abs. 1 S. 2 BetrAVG fallenden Geschäftsführer[490] und für alle Leistungen, die Versorgungscharakter haben (vgl. Rdn 264). War der Versorgungsberechtigte zeitweise unternehmerisch und zeitweise wie ein Arbeitnehmer tätig, so ist derjenige Rentenanteil insolvenzgesichert, der auf die Zeiten entfällt, in denen der Berechtigte abhängig beschäftigt war[491]; insoweit kommt es nicht auf den Zeitpunkt der Versorgungszusage, sondern auf die verschiedenen Tätigkeiten und ihre Dauer an[492]. Auch wer schon vor Erteilung der Pensionszusage im Unternehmen tätig war[493] oder nach Erreichen der vertraglichen Altersgrenze freiwillig im Betrieb weitergearbeitet und bei Eröffnung eines Konkurs- oder Vergleichsverfahrens noch keine Versorgungsleistungen erhalten hat, ist „Versorgungsempfänger" im Sinne des § 7 Abs. 1 BetrAVG[494]. Diese Zeiten sind in die Dauer der Betriebszugehörigkeit einzubeziehen[495].

Insolvenzschutz für das Ruhegehalt nach § 7 BetrAVG kommt zwar in der Regel **272**
bei Männern erst ab Vollendung des 63., bei Frauen ab Vollendung des 60. Lebensjahres in Betracht[496], da das Betriebsrentengesetz nur typische Leistungen der

---

485 BGHZ 61, 31, 39 = NJW 1973, 1599; BGH WM 1979, 250; BFHE 139, 393, 396 f.

486 Vgl. dazu für einen Fall, in dem sich die Bezugsgröße um 174,3% erhöhte, während vergleichbare Geschäftsführergehälter nur um 66,7% gestiegen waren, BGH BB 1974, 101 f.

487 Vgl. auch für den umgekehrten Fall eines Erbbauzinses, bei dem sich die Bezugsgröße um 5,11% erhöht hatte, während der Lebenshaltungskostenindex um 96,18% gestiegen war, BGHZ 81, 135, 139 ff = NJW 1981, 2241.

488 BAG BB 1978, 714; abweichend BGH WM 1984, 900, 902 für den Fall, daß die beamtenrechtlichen Vorschriften in ihrer jeweils geltenden Fassung der Anpassung zugrundezulegen waren.

489 Vgl. zu den Einzelheiten *Blomeyer/Otto* BetrAVG (1984); *Heubeck/Höhne/Paulsdorff/Rau/Weinert* Kommentar zum Betriebsrentengesetz² (1982); *Höfer/Reiners/Wüst* BetrAVG, Bd. 1³ (1994).

490 Vgl. dazu Rdn 147 ff und 264 sowie das Merkblatt des PSVaG 300/M1/2.92, abgedruckt in H-BetrAV, Bd. 1⁷ (1988/1992), D. II.3.

491 BGHZ 77, 233, 244 f = NJW 1980, 2257; 108, 330, 334 f = NJW 1990, 49; BGH NJW 1980, 2471, 2472; WM 1980, 822, 823 f; NJW 1981, 2059, 2060.

492 BGH GmbHRdsch 1981, 213, 214.

493 Unternehmen im Sinne des § 7 BetrAVG kann auch eine Vorgründungsgesellschaft sein, BAGE 66, 1, 6 = NJW 1991, 1197.

494 BGHZ 77, 233, 245 f = NJW 1980, 2257; 78, 73, 74 = NJW 1980, 2468; 108, 330, 336 = NJW 1990, 49; BGH NJW 1980, 2471.

495 BGHZ 108, 330, 336 = NJW 1990, 49; BGH WM 1983, 698, vgl. im einzelnen Rdn 265.

496 Vgl. *Blomeyer* NZA 1991, 449, 450 f; *Höfer/Reiners/Wüst* BetrAVG, Bd. 1³ (1994), § 2, Rdn 1680; BGH NJW 1981, 2410, 2411. Zum Verstoß dieser Differenzierung gegen Art. 119 EGV s. Rdn 265.

Altersversorgung schützen will[497]; jedoch können unter bestimmten Umständen auch **vertragliche Regelungen**, die die Altersgrenze auf einen Zeitpunkt ab bzw. vor Vollendung des 60. Lebensjahres vorverlegen, als verbindlich anzuerkennen sein, soweit die Leistungen der Altersversorgung iSv § 1 Abs. 1 S. 1 BetrAVG dienen[498] und die Wahl des frühen Ruhestandsalters auf sachlichen, nicht außerhalb des Dienstverhältnisses liegenden Gründen beruht[499]. Andernfalls handelt es sich um ein Übergangsgeld, das keinen Insolvenzschutz genießt (vgl. Rdn 264).

273 Vergünstigungen, die deutlich über das Maß dessen hinausgehen, was unter vergleichbaren Verhältnissen einem Nichtunternehmer im Rahmen des Üblichen zugebilligt worden wäre, bleiben zwar nicht ungesichert, können aber auf einen angemessenen Teil der versprochenen Leistungen zu beschränken sein[500]. Die **Angemessenheit der Altersversorgung** von Gesellschaftsorganen kann dabei nicht durch Vergleich mit den Betriebsrenten anderer leitender Angestellter, sonstiger Beschäftigter oder mit generellen innerbetrieblichen Versorgungsregelungen ermittelt werden, da der Leistungszuschnitt je nach Unternehmensinteresse und Versorgungsbedarf sehr unterschiedlich sein kann; es kommt vielmehr auf die gesamten Dienste des Berechtigten nach Dauer, Art, Qualifikation, Stellung und Verantwortlichkeit, andererseits auf die Leistungsfähigkeit des Unternehmens an[501]. Vergleichsgrundlage können daher nur die Versorgungsleistungen sein, die andere Unternehmen mit ähnlichem wirtschaftlichen Zuschnitt an vergleichbare Betriebsangehörige gewähren[502].

274 War die **Versorgungsanwartschaft** bei der Eröffnung des Konkursverfahrens schon **unverfallbar**, so haftet der Träger der Insolvenzsicherung für den bereits erdienten Teil zeitanteilig[503]. Keinen Insolvenzschutz durch den Pensionssicherungsverein begründet jedoch eine durch vertragliche Anrechnung von Vordienstzeiten durch den neuen Arbeitgeber vorzeitig erreichte Unverfallbarkeit von Versorgungsansprüchen[504]. Rückständige Versorgungsleistungen sind nach Maßgabe des § 7 BetrAVG bis zu sechs Monaten vor Eröffnung des Konkursverfahrens insolvenzgesichert[505]. Ruhegehaltszusagen aus der Zeit vor dem Inkrafttreten des BetrAVG sind ebenfalls insolvenzgesichert, wenn sie bereits bei Inkrafttreten unverfallbar waren und der Sicherungsfall danach eingetreten ist[506]. Voraussetzung ist das Bestehen eines Versorgungsanspruchs, eine Versorgungsanwartschaft reicht nicht aus. Eine Anwartschaft wandelt sich, wenn § 69 KO anwendbar ist, mit Eintragung in die Konkurstabelle in einen ggf. zu schätzenden Kapitalanspruch um[507].

275 c) **Ruhegehaltsanspruch und Ruhegehaltsanwartschaft von Unternehmer-Geschäftsführern**, die nicht zu den unter § 17 Abs. 1 S. 2 BetrAVG fallenden Personen zählen (zur Abgrenzung s. Rdn 147ff und 264), sind nach den Vorschriften des BetrAVG nicht geschützt. Es tritt daher keine **Unverfallbarkeit** kraft Gesetzes ein, wenn der Geschäftsführer nach Ablauf der gesetzlichen Fristen aus dem Unterneh-

---

497 BGH NJW 1981, 2410, 2411; GmbHRdsch 1982, 156, 157 und 207, 210; WM 1984, 1324, 1325; WM 1989, 71, 78.

498 BGH GmbHRdsch 1982, 207, 210; vgl. hierzu auch BAG WM 1984, 750, 751; BAGE 52, 226, 234f.

499 BGHZ 77, 233, 246 = NJW 1980, 2257; BGH GmbHRdsch 1982, 207, 210, jedoch offengelassen für Ausscheidenszeitpunkte vor Vollendung des 60. Lebensjahres.

500 BGHZ 77, 233, 244f = NJW 1980, 2257; BGH GmbHRdsch 1982, 207, 209; NJW 1983, 2940.

501 BGH NJW 1983, 2940.

502 BGH GmbHRdsch 1982, 207, 209; NJW 1983, 2940.

503 BAGE 32, 326, 329f, 335f = NJW 1980, 1124; BGH NJW 1983, 2256, 2257.

504 *Tillmann* Rdn 295.

505 BGHZ 78, 73, 82 = NJW 1980, 2468.

506 BGHZ 93, 383, 385 = NJW 1985, 2951; BGH NJW 1980, 2471; WM 1981, 762, 763.

507 BGHZ 113, 207, 213f = NJW 1991, 1113.

men ausscheidet. Ruhegehaltszusagen können deshalb auch **nach Inkrafttreten des BetrAVG** unter der Bedingung erteilt werden, daß der Geschäftsführer bei Eintritt des Versorgungsfalles noch bei der Gesellschaft beschäftigt ist. Fehlt es allerdings an einer solchen Regelung, kann im Zweifel nicht davon ausgegangen werden, daß eine nach Maßgabe der Versorgungszusage entstandene Ruhegehaltsanwartschaft durch ein Ausscheiden aus dem Unternehmen wieder erlöschen soll. Die gesetzgeberische Grundentscheidung für die Erdienbarkeit betrieblicher Rentenansprüche bei mehreren Arbeitgebern, das heutige Verständnis des Entgeltcharakters der Ruhegehaltszusage und die nachteiligen steuerlichen Folgen nach § 6 a Abs. 1 Nr. 2 EStG sprechen gegen die Annahme eines dahingehenden Parteiwillens.

Für Ruhegehaltszusagen aus der Zeit **vor Inkrafttreten des BetrAVG** wird man **276** aus der heutigen Interpretation des Versorgungsanspruchs als Entgelt für erwiesene Betriebstreue nicht ohne weiteres auf eine inhaltliche Änderung der ursprünglichen Vereinbarung schließen können. In erster Linie muß hier maßgeblich sein, was die Parteien bei der Vereinbarung des Ruhegehalts gewollt haben; andernfalls wird der Gesellschaft möglicherweise eine wesentlich höhere Belastung auferlegt, als sie ursprünglich eingehen wollte[508]. Dies gilt insbesondere im Hinblick darauf, daß sie seinerzeit darauf vertraut haben mag, einen pflichtwidrig handelnden Geschäftsführer unter Fortfall seines Ruhegehalts abberufen zu können. Deshalb darf die Auslegung einer früheren Ruhegehaltszusage keinesfalls dazu führen, daß der Geschäftsführer im Ergebnis bessergestellt wird, als er nach den Unverfallbarkeitsvorschriften des BetrAVG stände[509]. Oft wird sich früheren Vereinbarungen aber immerhin konkludent entnehmen lassen, daß der Ruhegehaltsberechtigte, jedenfalls solange er keine groben Pflichtwidrigkeiten begeht, nicht schlechter gestellt werden sollte als der Kreis der jetzt unter das BetrAVG fallenden Begünstigten. Vielfach wird z. B. ein Unternehmer-Geschäftsführer diesem Kreis erst im Laufe der Zeit entwachsen sein. Man kann kaum annehmen, daß ihm damit – bei ordnungsmäßiger Geschäftsführung – auch das Risiko auferlegt werden sollte, von sozialen Verbesserungen in der gesetzlichen Regelung des Ruhegehalts für abhängige Geschäftsführer ausgeschlossen zu werden.

Widerrufsvorbehalte können außerhalb des Geltungsbereichs des BetrAVG **277** grundsätzlich ohne Einschränkungen zivilrechtlich wirksam vereinbart werden. Doch werden Rückstellungen für widerrufliche Ruhegehaltszusagen auch bei Unternehmer-Geschäftsführern steuerlich nur im Rahmen des § 6 a Abs. 1 Nr. 2 EStG anerkannt (vgl. Rdn 292). Widerrufsvorbehalte müssen sich also innerhalb der auf Rechtsmißbrauchstatbestände beschränkten betriebsrentenrechtlichen Zulässigkeitsgrenzen halten (vgl. dazu Rdn 266).

Zur **Werterhaltung** von Versorgungsansprüchen und -anwartschaften bei Unter- **278** nehmergeschäftsführern s. Rdn 268 ff.

Eine gesetzliche **Insolvenzsicherung** besteht für Versorgungsansprüche des Unter- **279** nehmergeschäftsführers nicht. Sein Ruhegehaltsanspruch ist im Konkurs der GmbH gewöhnliche Konkursforderung. Gerade im Hinblick auf die Hinterbliebenenversorgung bei Unternehmergeschäftsführern wird der durch das BetrAVG gesetzlich gewährleistete Insolvenzschutz jedoch vielfach als lückenhaft kritisiert[510]. Auch ist wegen der im einzelnen problematischen Abgrenzung zwischen Unternehmerge-

[508] BGH NJW-RR 1989, 677, 678.
[509] Vgl. BGH NJW-RR 1989, 677, 678.
[510] Z. B. *Hanau/Kemper* ZGR 1982, 123, 130 f; *Beinert/Hennerkes/Binz/Rauser* DB 1980, 2323; *Höfer/Abt* DB 1982, 1501 m.w.Nachw.

schäftsführern und dem Schutz des BetrAVG unterstehenden abhängigen Geschäftsführern (s. dazu im einzelnen Rdn 147 ff, 264) häufig nur schwer abzusehen, ob Versorgungszusagen an Gesellschafter-Geschäftsführer insolvenzgesichert sind oder nicht. Da es hinsichtlich des persönlichen Anwendungsbereichs des BetrAVG auch keinen Gutglaubensschutz gibt[511], hat die Praxis für Versorgungszusagen an unternehmerisch tätige Gesellschafter-Geschäftsführer Gestaltungsformen entwickelt, die die Nachteile der Sicherungsmittel der §§ 47, 48 KO und die steuerlichen Nachteile einer Direktversicherung[512] zu vermeiden suchen und gleichwohl einen Insolvenzschutz gewährleisten sollen[513]. Versorgungszusagen durch die Gesellschaft unter Abschluß von Rückdeckungsversicherungen und deren Abtretung oder bedingte Abtretung stoßen auf steuerliche und konkursrechtliche Bedenken[514]. Erwogen wird daher eine Direktzusage, verknüpft mit der Verpfändung des Anspruchs aus einer Rückdeckungsversicherung an den Gesellschafter-Geschäftsführer[515].

280 Im **Konkurs des versorgungsberechtigten Unternehmer-Geschäftsführers** gehört das betriebliche Ruhegeld nicht zur Konkursmasse, sondern stellt einen konkursfreien Neuerwerb des Versorgungsberechtigten dar, wenn die Ruhegehaltszusage zwar vor dem Zeitpunkt der Konkurseröffnung liegt, der Versorgungsfall aber erst nach Konkurseröffnung eintritt[516]. Umfaßt die Ruhegehaltsanwartschaft im Zeitpunkt der Konkurseröffnung untrennbar verfallbare (z. B. Übergangsgeld) und nicht mehr verfallbare Bestandteile, so sind nach dem Zweck des § 1 Abs. 1 KO die gesamten nach Eintritt des Versorgungsfalles entstandenen Ruhegehaltsansprüche als konkursfreier Neuerwerb anzusehen[517].

281 d) **Berechnungsgrundlage.** Um Zweifel an der Berechnung des Ruhegehalts auszuschalten, sollte seine Bemessungsgrundlage im Anstellungsvertrag so klar und eindeutig wie möglich bestimmt werden. Soweit Vereinbarungen ergänzungsbedürftig oder zwischen den Parteien streitig sind, hat der Parteiwille bei der Auslegung Vorrang vor allgemeinen an Billigkeit und Üblichkeit orientierten Versorgungsgrundsätzen[518]. Eine für alle Bediensteten des Unternehmens bestehende betriebliche Übung hinsichtlich der Berechnung von Versorgungsbezügen kann auch für Organmitglieder maßgeblich sein, wenn deren Ruhegehälter in das Besoldungsgefüge der nach Tarif entlohnten Bediensteten eingepaßt wurden.

---

511 *Beinert/Hennerkes/Binz/Rauser* DB 1980, 2323.

512 Zur Lohnsteuerbelastung des Berechtigten während der Anwartschaft s. *Heubeck* Rdn 287 ff; allg. zur Direktversicherung *Reuter* GmbHRdsch 1985, 28 ff; *ders.* GmbHRdsch 1992, 137 ff.

513 Vgl. *Baer* BB 1981, 42 ff; *Beinert/Hennerkes/Binz/Rauser* DB 1980, 2323, 2327; *Heidemann* DB-Beil. 25/1985, 3 f; *Hennerkes/Binz/Rauser/Wurzberger* GmbHRdsch 1984, 57, 60 f; *Höfer/Abt* DB 1982, 1501 ff; *dies.* GmbHRdsch 1983, 49 ff; *Höfer/Kemper* DB 1979, 2322 ff, 2371 ff; zur Rückdeckungsversicherung *Wichmann* BB 1988, 521 ff; *Reuter* GmbHRdsch 1994, 141 ff.

514 Scholz/*Schneider* 256.

515 *Hennerkes/Binz/Rauser/Wurzberger* GmbHRdsch 1984, 57, 60; *Höfer/Abt* DB 1982, 1501, 1502; *Höfer/Kisters-Kölkes* BB 1989, 1157, 1158; *Langohr-Plato* GmbHRdsch 1992, 597; *Paschek* DB-Beil. 20/1987, 3 f. *Beinert/Hennerkes/Binz/Rauser* DB 1980, 2323, 2327 f befürworten eine Verpfändung des Anspruchs aus der Direktzusage an die Versicherungsgesellschaft, gekoppelt mit einer Bürgschaft der Versicherungsgesellschaft gegenüber dem Gesellschafter-Geschäftsführer; das Bundesaufsichtsamt für Versicherungswesen hält jedoch solche Bürgschaften nicht für genehmigungsfähig, da sie nicht in unmittelbarem Zusammenhang mit Versicherungsgeschäften stehen, vgl. Schreiben v. 22.1.1981 – I – A 10/81, BetrAV 1981, 35; **aA** *Arteaga* 258 ff, der wegen konkursrechtlicher Bedenken gegen das „Verpfändungsmodell" § 17 Abs. 1 S. 2 BetrAVG auch auf den geschäftsführenden Mehrheitsgesellschafter anwenden will; so im Ergebnis auch *Schoden* BetrAVG[3] (1994), § 7, 6.

516 BGH WM 1989, 71, 79 für das betriebliche Ruhegeld des Vorstandsmitglieds einer AG; Kuhn/*Uhlenbruck* KO[11] (1994), § 1, 99 f; vgl. auch *Hess/Kropshofer* KO[4] (1993), § 1, 114; *Kilger/Schmidt* KO[16] (1993), § 1 Anm. 3 B a) und b).

517 BGH WM 1989, 71, 79.

518 Vgl. BGH NJW-RR 1989, 677, 678.

Berechnet sich das Ruhegehalt nach dem **Endgehalt** des Geschäftsführers, so ist mangels anderweitiger Regelung Bemessungsgrundlage die vertraglich vereinbarte Gesamtvergütung, d. h. das Festgehalt einschließlich umsatz- und gewinnabhängiger Tantiemen. Nebenbezüge und Zulagen sind hingegen nur dann in die Bemessungsgrundlage einzubeziehen, wenn dies vertraglich – ausdrücklich oder stillschweigend – vereinbart wurde[519]. Eine solche Vereinbarung kann auch in einer Verweisung auf beamtenrechtliche Regelungen liegen. Wird als Untergrenze des Ruhegehalts ein bestimmter Prozentsatz der Bezüge aktiver Geschäftsführer der Gesellschaft festgelegt und geht die Gesellschaft infolge Verschmelzung unter, so wird die Vereinbarung wegen Wegfalls der Bezugsgröße gegenstandslos[520]. **282**

Orientiert sich das Ruhegehalt an der **Beamtenversorgung**[521], sind Sonderzuwendungen, Zuschläge und Zulagen, die an vergleichbare Beamte gezahlt werden, Bestandteile der Bemessungsgrundlage des Ruhegehalts[522]. Dies gilt insbesondere, wenn allgemein auf die jeweils geltenden beamtenrechtlichen Vorschriften verwiesen[523], auf beamtenrechtliche Versorgungsgrundsätze oder auf eine beamtenrechtliche Besoldungsgruppe Bezug genommen wird. Nicht zu berücksichtigen sind Beihilfen sowie solche Sonderzuwendungen, die nicht einheitlich an alle Beamte der entsprechenden Kategorie gezahlt werden. Anrechenbar ist z. B. nicht der Stellenplananpassungszuschlag, der ausschließlich dazu bestimmt ist, diejenigen Versorgungsempfänger, die nicht mehr in den Genuß bestimmter Beförderungsmöglichkeiten gelangt sind, durch die Gewährung eines pauschalierten Erhöhungsbetrages zu entschädigen[524]. Werden die beamtenrechtlichen Vorschriften in ihrer jeweils geltenden Fassung in Bezug genommen, kann sich eine Änderung der maßgeblichen Regelungen auch noch nach der Pensionierung des Versorgungsempfängers auf die Bemessungsgrundlage oder das Berechnungsverfahren auswirken[525]. Stellt die Pensionszusage ausdrücklich auf das **Grundgehalt** einer bestimmten Besoldungsgruppe oder -stufe ab, so dürfen weder Zuschläge oder Zulagen noch Sonderzuwendungen in die Bemessungsgrundlage einfließen. **283**

Wird in der Ruhegehaltsvereinbarung nicht – wie üblich – auf eine Besoldungsgruppe einer Landesbesoldungsordnung oder des Bundesbesoldungsgesetzes verwiesen, sondern auf **Beamte,** die eine **bestimmte Funktion** ausüben (Beispiel: Präsident einer bestimmten Bundesbehörde), so steigt bei einer Höherstufung des in Bezug genommenen Beamten auch die Bemessungsgrundlage entsprechend. **284**

Bei der Berechnung des vergleichbaren **Dienstalters** des Geschäftsführers müssen im Zweifel dessen frühere Dienstzeiten bei anderen privaten Dienstgebern in sinnentsprechender Anwendung von §§ 4 ff BeamtVG einbezogen werden. Bei der Berücksichtigung von Zuschlägen zum Grundgehalt ist auf einen dem Geschäftsführer in seiner familiären Situation vergleichbaren Beamten abzustellen. **285**

e) **Anrechnung anderweitigen Einkommens.** In der Ruhegehaltsregelung kann die Anrechnung von Leistungen der Gesellschaft selbst, etwa einer Karenzentschädigung[526], ebenso wie der Abzug von Zahlungen Dritter, insbesondere auch der Ver- **286**

---

519 Zur Frage der Einbeziehung einer Erfindervergütung in die Berechnungsgrundlage „Jahres-Gesamtbezüge“ OLG München GmbHRdsch 1989, 510, 512.

520 OLG München GmbHRdsch 1987, 478, 479.

521 Vgl. hierzu BGH WM 1984, 900, 902; OLG München GmbHRdsch 1987, 478 f; BAG BB 1978, 714.

522 BGH NJW 1976, 2342, 2343; NJW 1980, 1741 f; OLG München GmbHRdsch 1987, 478, 479; BGH WM 1971, 507 ff; vgl. aber auch BGH DB 1976, 2394 f.

523 BGH WM 1984, 900, 902.

524 BAG BB 1978, 714.

525 BGH WM 1984, 900, 902: Änderung der Anrechnungsvorschriften.

526 BAG WM 1985, 1326, 1327.

sorgungsleistungen der Sozialversicherungsträger, vorgesehen werden[527]. Soll sich das Ruhegehalt nach beamtenrechtlichen Vorschriften richten, umfaßt diese Verweisung auch die entsprechenden gesetzlichen Anrechnungsbestimmungen[528]. Eine Anrechnung in Form einer Gesamtversorgungsvereinbarung ist als offene Anrechnung im Rahmen des § 5 Abs. 2 BetrAVG zulässig. Grundsätzlich kommt die Anrechnung anderer Einnahmen des Ruhegehaltsempfängers nur in Betracht, wenn sie vereinbart ist. Bei Versorgungsvereinbarungen, die in den Geltungsbereich des BetrAVG fallen, kann die Annahme einer konkludenten Vereinbarung der Anrechnung anderer Versorgungsleistungen begründet sein, wenn sie bei vergleichbaren Geschäftsführern und leitenden Angestellten betriebsüblich ist. Bei den nicht unter das BetrAVG fallenden Versorgungsvereinbarungen ist zwar die Anrechnung kraft stillschweigenden Parteiwillens nicht ausgeschlossen; doch müssen sich entsprechende Umstände aus der individuellen Vereinbarung ergeben.

287 f) **Entzug oder Kürzung des Ruhegehalts.** Ruhegehaltsanwartschaft und Ruhegehaltsanspruch können ausnahmsweise gekürzt oder entzogen werden, wenn sich der Geschäftsführer gravierende Pflichtverletzungen zuschulden kommen läßt oder wenn die Gesellschaft in eine existenzbedrohende wirtschaftliche Notlage gerät.

288 aa) **Pflichtverletzungen des Geschäftsführers.** Im Geltungsbereich des BetrAVG kann dem Geschäftsführer eine **nach § 1 BetrAVG unverfallbare Versorgungsanwartschaft** oder der Ruhegehaltsanspruch nach gefestigter Rspr. nur in extremen Ausnahmefällen wieder entzogen werden[529]. Die existenzsichernde Funktion der Versorgungsbezüge und der Entgeltcharakter der Ruhegehaltszusage schließen es aus, ihre Erfüllung von stetem Wohlverhalten des Zusageempfängers während oder nach seiner aktiven Dienstzeit abhängig zu machen[530]. Nur **schwerste Verfehlungen,** die eine Berufung auf die Ruhegehaltszusage als rechtsmißbräuchlich erscheinen ließen, können es rechtfertigen, dem Versorgungsberechtigten die Leistung ganz oder teilweise vorzuenthalten, und zwar unabhängig davon, ob die Ruhegehaltszusage unter Widerrufsvorbehalt erteilt wurde oder nicht[531] (zum Widerrufsvorbehalt vgl. Rdn 266, 277). Die Verfehlungen müssen sowohl nach Ausmaß und Höhe des verursachten Schadens als auch hinsichtlich des Grades der subjektiven Vorwerfbarkeit so außergewöhnlich schwerwiegend sein, daß die vergüteten Dienste nachträglich entwertet erscheinen[532]. Ein solcher Fall kann namentlich dann vorliegen, wenn der Geschäftsführer unter Mißbrauch seiner Stellung die Gesellschaft etwa durch umfangreiche kriminelle Handlungen[533] oder durch ruinösen Wettbewerb[534] fortgesetzt schädigt und dadurch ihre wirtschaftlichen Grundlagen ernsthaft gefährdet[535]. Pflichtverletzungen, die nach Art, Ausmaß und Folgen dieses außerordentliche Gewicht nicht haben, reichen für einen Entzug der Versorgungsleistungen selbst dann nicht aus, wenn auf sie eine fristlose Kündigung des Dienstverhältnisses nach § 626 BGB hätte gestützt werden können[536]. Ist ausnahmsweise eine schwer-

527 BAG WM 1985, 1326, 1327; *Heubeck* Rdn 118.
528 BGH WM 1984, 900, 901 f.
529 BGHZ 55, 274, 279 f = NJW 1971, 1127; BGH GmbHRdsch 1982, 156, 157; NJW 1984, 1529, 1530; BAGE 32, 139, 146 f = NJW 1980, 1127; 41, 333, 335 f = NJW 1984, 141; 64, 299, 300; BAG WM 1982, 1263, 1264 f; ZIP 1990, 1612, 1613; NJW 1981, 188; s. dazu auch *Rose* DB 1993, 1286.
530 BGH NJW 1984, 1529, 1530.
531 BGH NJW 1984, 1529, 1530 m.w.Nachw.
532 BGH GmbHRdsch 1982, 156, 157; BAGE 32, 139, 147 = NJW 1980, 1127; 41, 333, 336 = NJW 1984, 141; BAG WM 1982, 1263, 1265; ZIP 1990, 1612, 1614.
533 S. z. B. BAG DB 1983, 1497, 1498.
534 Vgl. BGHZ 55, 274, 279 f = NJW 1971, 1127.
535 BGH NJW 1984, 1529, 1530; BGH DStR 1994, 146; DStR 1993, 1189; BAGE 32, 139, 147 = NJW 1980, 1127; BAG ZIP 1990, 1612, 1614.
536 BAGE 41, 333, 336 = NJW 1984, 141; BAG ZIP 1990, 1612, 1614; BGH NJW 1984, 1529, 1530; vgl. auch BGH DStR 1996, 69, 71 f.

wiegende Pflichtverletzung nach den vorstehenden Kriterien zu bejahen, so kommt nach den Umständen des Einzelfalles vollständiger Entzug oder Kürzung der Versorgungsleistungen in Betracht[537]. Abzuwägen sind dabei Schwere und Dauer des pflichtwidrigen Verhaltens sowie das Ausmaß des eingetretenen Schadens mit etwaigen positiven Leistungen und Verdiensten des Versorgungsberechtigten während seiner Gesamtdienstzeit[538].

Auch **außerhalb des Geltungsbereichs des BetrAVG** kann dem Geschäftsführer ein erdientes Ruhegehalt wegen Pflichtverletzungen nicht ohne weiteres gekürzt oder entzogen werden. Da nach der Anerkennung des Entgeltcharakters von Versorgungszusagen durch die Rspr. auch bei Unternehmergeschäftsführern grundsätzlich Unverfallbarkeit erworbener Anwartschaften anzunehmen ist (vgl. Rdn 275 f), kommt den Wertungen der §§ 1 und 2 BetrAVG, die den Versorgungsanspruch ohne Rücksicht auf vertragsgetreues Verhalten des Zusageempfängers sichern, insoweit Leitbildcharakter zu. Auch bei Unternehmergeschäftsführern können deshalb nur schwerwiegende Verfehlungen, die der Gesellschaft erheblichen Schaden zugefügt oder sie in eine existenzgefährdende Notlage gebracht haben, eine Entziehung oder Kürzung der Versorgungsleistungen rechtfertigen. Soweit die Rspr. die Fälle zulässigen Widerrufs einer Versorgungszusage auf die Ausnahmetatbestände eines Rechtsmißbrauchs begrenzt (vgl. die vorige Rdn), bieten die für seine Beurteilung maßgeblichen Kriterien und die im Rahmen des § 242 BGB gebotene Einzelfallbetrachtung genügend Spielraum, um den Bestandsinteressen der Gesellschaft und der herausgehobenen Stellung des Unternehmergeschäftsführers den Umständen nach stärkeres Gewicht einzuräumen als bei einem arbeitnehmerähnlichen Geschäftsführer. Auch hier wird jedoch zu beachten sein, daß ein vollständiger Entzug des Ruhegehalts nur dann in Betracht kommt, wenn die mit der Versorgungszusage vergüteten Dienste durch die Verfehlungen des Geschäftsführers als gänzlich entwertet erscheinen[539]. Die Möglichkeit der Gesellschaft, sich beim Versorgungsempfänger wegen eigener Ansprüche durch Aufrechnung bis zur Pfändungsfreigrenze schadlos zu halten und im Falle einer Notlage die Versorgungsleistungen zu kürzen oder zu streichen, bleibt ohnehin unberührt. 289

bb) Notlage der Gesellschaft. Eine Verschlechterung der wirtschaftlichen Lage der Gesellschaft kann die Herabsetzung von Ruhegehältern und Versorgungsanwartschaften erfordern. Sie ist auch im Geltungsbereich des BetrAVG zulässig geblieben[540]. Grundlage einer Anpassung nach § 242 BGB ist die nachvertragliche Treupflicht des Geschäftsführers, die ihm im Interesse des Fortbestandes der Gesellschaft einen zeitweiligen Verzicht auf seine Ansprüche abverlangen kann[541]. Widerruf und Kürzung von Versorgungszusagen setzen voraus, daß die Gesellschaft sich in einer existenzbedrohenden Notlage befindet[542]. Zuzumuten ist dem Geschäftsführer ihre Hinnahme aber nur, wenn das Unternehmen anders nicht gerettet werden kann und wenn Höhe und zeitliche Dauer der Zahlungseinstellung nicht über 290

[537] Für die Möglichkeit eines Teilwiderrufs BAG NJW 1981, 188; BGH NJW 1984, 1529, 1530 f; *Rose* DB 1993, 1286, 1290; *Sina* DB 1985, 902, 904 f; zweifelnd BAGE 41, 333, 337 f = NJW 1984, 141; **aA** *Birk*, Anm. zu BAG EzA § 242 BGB Ruhegeld Nr. 85; *Schulin* ZfA 1981, 577, 706.

[538] BGH NJW 1984, 1529, 1531 f.

[539] Vgl. BGH GmbHRdsch 1982, 156, 157; BAGE 32, 139, 146 f = NJW 1980, 1127.

[540] BGHZ 93, 383, 385 f = NJW 1985, 2951.

[541] *Fleck* WM 1985, 677, 683; Scholz/*Schneider* 210; *Mertens*-KölnKommAktG² § 84, 72.

[542] BGHZ 93, 383, 387 = NJW 1985, 2951; BGH WM 1979, 250, 251; zur Betriebsrentenkürzung bei wirtschaftlicher Notlage von Konzerngesellschaften s. *Lutter/Timm* ZGR 1983, 269 ff.

das hinausgehen, was für eine Sanierung unerläßlich ist[543]. Ist eine Sanierung aussichtslos und der Konkurs unvermeidlich, sind Widerruf oder Kürzung des Ruhegehalts unzulässig[544]. Gleiches gilt für eine Herabsetzung insolvenzgesicherter Pensionen, wenn die Gesellschaft nicht alles ihrerseits Erforderliche tut, um die Voraussetzungen für die Weiterzahlung der Renten durch den Träger der Insolvenzsicherung nach § 7 Abs. 1 S. 3 Nr. 5 BetrAVG zu schaffen. Dazu gehört die rechtzeitige Einschaltung und vollständige Information des Pensionssicherungsvereins sowie die zügige Betreibung des Verfahrens einschließlich einer erforderlichen Klage[545]. Dagegen hängt das Widerrufsrecht der Gesellschaft nicht davon ab, daß der Pensionssicherungsverein seine Zustimmung gegeben hat oder die Zulässigkeit des Widerrufs rechtskräftig durch Urteil festgestellt wurde[546]. Gelingt die Sanierung oder scheitert sie endgültig, leben die Versorgungsansprüche in ihrem ursprünglichen Umfang wieder auf[547].

291 **g) Steuerliche Behandlung des Ruhegehalts. aa) Die Versteuerung des Ruhegehalts durch den Geschäftsführer.** Bei Versorgungszusagen der Gesellschaft mit oder ohne Rückdeckungsversicherung hat der Geschäftsführer das Ruhegehalt gemäß § 2 Abs. 2 Nr. 2 LStDV erst im Zeitpunkt seiner Auszahlung zu versteuern[548]. Dagegen sind Prämien, die die Gesellschaft für eine Direktversicherung des Geschäftsführers entrichtet, nach § 2 Abs. 2 Nr. 3 LStDV bereits im Zeitpunkt ihrer Aufbringung lohnsteuerpflichtiger Arbeitslohn[549]; sie sind jedoch nach § 19 BetrAVG iVm § 40 b Abs. 1 EStG bis zu einem Höchstbetrag von 3408 DM jährlich nur einem pauschalen Lohnsteuersatz von 20% unterworfen[550]. Die Pauschalierungsmöglichkeit besteht auch bei einer Direktversicherung zugunsten des Gesellschafter-Geschäftsführers, dessen Einkommensbesteuerung damit abgegolten ist[551]. Soweit die Versicherungsaufwendungen den Höchstbetrag überschreiten, unterliegen sie dem individuellen Steuersatz des Bezugsberechtigten[552]. Eine Barabfindung des Anspruchs auf betriebliche Altersversorgung unterliegt nur dann als Entschädigung für entgangene Einnahmen im Sinne des § 24 Nr. 1 a EStG dem ermäßigten Steuersatz nach § 34 EStG, wenn der Verzicht des Geschäftsführers auf seinen Pensionsanspruch durch die Umstände erzwungen wurde und nicht auf seiner freien Entscheidung beruhte[553].

292 **bb) Die steuerliche Behandlung der Gesellschaft.** Für Pensionszusagen an Geschäftsführer kann die Gesellschaft nach § 6 a EStG steuerwirksam **Rückstellungen** bilden[554], sofern dem Begünstigten ein Rechtsanspruch auf die Leistung zusteht[555],

---

543 BAG NJW 1977, 1982, 1983; NJW 1972, 693, 694; NJW 1978, 1069, 1070 f.

544 BAGE 34, 146, 152; BAG WM 1973, 501, 502; *Fleck* WM 1985, 677, 683.

545 BGHZ 93, 383, 388 f = NJW 1985, 2951; *Fleck* WM 1985, 677, 683; BAGE 32, 220, 227; 33, 234, 237 f.

546 BGHZ 93, 383, 389 f = NJW 1985, 2951; aA BAGE 32, 220, 227; 33, 234, 237 f; 34, 146, 150; BAG ZIP 1981, 424, 426; ZIP 1980, 1016.

547 BGHZ 93, 383, 389 f = NJW 1985, 2951; BAG NJW 1982, 1829, 1830; *Lutter/Hommelhoff* Anh. § 6, 39.

548 Vgl. im einzelnen *Reuter* GmbHRdsch 1994, 141, 142.

549 Näher *Reuter* GmbHRdsch 1992, 137, 138 f.

550 Zur Frage der Besteuerung von Prämienanpassungen an den ab 1.1.1996 geltenden Höchstbetrag s. BMF-Schreiben vom 12.12.1995 – IV B 4 – S 2252–331/95, abgedr. in DB 1995, 2567; zur Auswirkung der Änderung des Höchstbetrages und der Anhebung des Steuersatzes auf die Rendite von Direktversicherungen s. *Doetsch* DB 1995, 2339.

551 *Reuter* GmbHRdsch 1992, 137, 139 m.Nachw.

552 Näher zur Besteuerung von Ruhegehalt und Versorgungsaufwendungen *Heubeck* Rdn 287 ff; *Posdziech* Rdn 273 ff, 280.

553 BFHE 113, 239; BFH GmbHRdsch 1995, 688.

554 Zu Vor- und Nachteilen von Pensionsrückstellungen gegenüber einem entsprechend höheren Gehalt *Gehrig* GmbHRdsch 1987, 201 ff.

555 BFHE 178, 134, 136.

die Zusage vorbehaltlos oder unter Vorbehalt nur hinsichtlich anerkannter Widerrufsgründe (dazu im einzelnen Rdn 266) erteilt wurde und eine schriftliche Vereinbarung vorliegt, die Bedingungen und Umfang der Versorgungsleistungen festlegt. Auch die Genehmigung einer wegen Verstoßes gegen § 181 BGB oder Verletzung der Anstellungskompetenz schwebend unwirksamen Pensionszusage bedarf der Schriftform[556]. Dem Schriftlichkeitserfordernis dürfte nach der neueren Rspr. zur Schriftform von Vergütungsvereinbarungen[557] (vgl. dazu Rdn 245) auch ein ordnungsgemäß protokollierter Gesellschafterbeschluß genügen, an dem der Begünstigte mitgewirkt hat[558]. Mangels Einhaltung der Schriftform können Pensionszusagen aufgrund einer betrieblichen Übung oder kraft gesellschafts- oder arbeitsrechtlicher Gleichbehandlung steuerlich prinzipiell nicht anerkannt werden, es sei denn, dem Anstellungsvertrag ließe sich ein entsprechender Geltungswille der Parteien entnehmen. Pensionsrückstellungen sind in der Handelsbilanz zu passivieren[559]. Zu Einzelheiten der Berechnung der steuerlich zulässigen Rückstellungshöhe nach dem Teilwertverfahren gemäß § 6 a Abs. 3 EStG s. *Heubeck* Rdn 129 ff.

Erhöhungen der Pensionsverpflichtungen durch Dynamisierungsklauseln (dazu näher Rdn 269) können bei der Berechnung von Pensionsrückstellungen berücksichtigt werden, sofern sie hinsichtlich ihres Umfangs nicht ungewiß iSv § 6 a Abs. 3 Nr. 1 S. 4 EStG sind. Das trifft für fest zugesagte prozentuale Rentenerhöhungen zu, die sich durch einfache Multiplikation aus den letzten Aktivgehältern des begünstigten Geschäftsführers errechnen lassen[560]. Zugrundegelegt werden darf der Berechnung dabei nur das vor dem Bilanzstichtag gezahlte Aktivgehalt, während künftig mögliche Gehaltserhöhungen als ungewisse Veränderungen unberücksichtigt bleiben[561]. Sollen sich von den jeweils letzten Aktivbezügen abhängige Pensionsanwartschaften jährlich um feste Prozentsätze erhöhen und ergeben sich dadurch Pensionsansprüche, die im Verhältnis zu den Aktivbezügen am Bilanzstichtag überhöht sind, so ist die nach § 6 a EStG zulässige Rückstellung für Pensionsanwartschaften so zu ermitteln, wie wenn Versorgungsbezüge in Höhe eines angemessenen Prozentsatzes der jeweiligen letzten Aktivbezüge zugesagt worden wären[562]. **293**

Bei **Gesellschafter-Geschäftsführern** und **Gesellschaftern nahestehenden Geschäftsführern** (zur Eingrenzung dieses Personenkreises s. Rdn 155) setzt die steuerliche Anerkennung von Pensionsrückstellungen voraus, daß der Begünstigte auf die Leistung oder Erhöhung einen zivilrechtlich wirksamen Anspruch hat, daß die Versorgung den Umständen nach üblich und ihrem Umfang nach angemessen ist. Andernfalls ist sie nicht betrieblich veranlaßt und wird steuerlich als **verdeckte Gewinnausschüttung** behandelt (zu Begriff und Voraussetzungen einer verdeckten Gewinnausschüttung vgl. Rdn 231 ff). Üblichkeit und Angemessenheit sind auf der Grundlage eines Geschäftsführer-Fremdvergleichs zu beurteilen (dazu im einzelnen Rdn 234 ff). **294**

Das Kriterium der **Üblichkeit** kennzeichnet die Angemessenheit der Pensionszusage dem Grunde nach. Sie gilt nur dann als betrieblich veranlaßt, wenn sie dem entspricht, was ein ordentlicher und gewissenhafter Geschäftsleiter in vergleichbarer **295**

---

556 Vgl. FG Saarland EFG 1988, 592, 593.

557 BFHE 166, 545, 548; FG Hessen GmbHRdsch 1994, 265; anders noch BFH/NV 1988, 807, 808.

558 So auch *Tillmann* Rdn 312; *Posdziech* Rdn 233.

559 Näher *Posdziech* Rdn 233; *Sudhoff* 118; *Heubeck* Rdn 126.

560 BFHE 178, 313, 315; BFHE 179, 274, 277 = NJW 1996, 1846; vgl. hierzu auch *Förster/Heger* DStR 1996, 408.

561 BFHE 178, 134, 137 und 313, 315 f.

562 BFHE 178, 134, 137 f; aA FG Berlin BB 1994, 607.

Lage auch einem Nichtgesellschafter als Versorgungsleistung zugesagt hätte[563] (sog. Geschäftsführer-Fremdvergleich, zu den Einzelheiten s. Rdn 234 ff). Der Umstand allein, daß anderen Arbeitnehmern der Gesellschaft keine betriebliche Altersversorgung gewährt wird, macht das Ruhegehaltsversprechen an den Gesellschafter-Geschäftsführer noch nicht zu einer verdeckten Gewinnausschüttung[564]. Gerade bei kleinen Unternehmen darf die Gesellschaft den Kreis der Pensionsberechtigten auf Mitglieder der Geschäftsleitung beschränken[565]. **Unüblich** kann hingegen sowohl der Zeitpunkt der Pensionszusage als auch ihre Ausgestaltung sein. Steuerlich nicht anerkannt werden verfrühte Versorgungszusagen, die unmittelbar nach der Anstellung des Geschäftsführers vor Ablauf der Probezeit[566], kurz nach der Gesellschaftsgründung vor Ablauf eines Jahres[567] oder ohne vorausgegangene Tätigkeit für die Gesellschaft[568] erteilt werden. Selbst eine dreijährige Wartezeit sieht der BFH im Einzelfall als zu knapp bemessen an[569]. Pensionszusagen dürfen dem Geschäftsführer auch nicht in zu hohem Alter erteilt werden, damit das Ruhegehalt vor Erreichen der Altersgrenze noch erdient werden kann[570]. Allerdings lassen sich die Rspr.-Grundsätze zu den Höchstaltersgrenzen für die Erdienbarkeit der Pension durch beherrschende Gesellschafter-Geschäftsführer (vgl. Rdn 300) auf nichtbeherrschende Gesellschafter-Geschäftsführer nicht ohne weiteres übertragen, weil das Rückwirkungsverbot für sie nicht gilt und deshalb das Ruhegehalt im Einzelfall auch im Hinblick auf die in der Vergangenheit erbrachten Dienste versprochen werden kann[571]. Ist letzteres jedoch nach den Umständen nicht anzunehmen, wird man auch hier von der für beherrschende Gesellschafter-Geschäftsführer geltenden zehnjährigen Mindestfrist auszugehen haben[572]. Die Ausgestaltung der Pensionszusage kann unüblich sein, wenn die Gesellschaft ein mit ihr verbundenes außergewöhnliches Risiko nicht durch eine Rückdeckungsversicherung absichert[573]. Auch die Zusage einer Nur-Pension anstelle eines laufenden Gehalts kann nach der Rspr. wegen ihrer Unüblichkeit verdeckte Gewinnausschüttung sein (dazu Rdn 298).

296 Versorgungsleistungen an Gesellschafter-Geschäftsführer müssen dem Gebot der **Angemessenheit** genügen, dessen konkreter Maßstab anhand der Gesamtbezüge des Geschäftsführers zu ermitteln ist[574]. Als Teil der Gesamtausstattung des Geschäftsführers geht die Versorgungszusage mit der fiktiven Nettojahresprämie[575] in die Angemessenheitsprüfung ein. Hinsichtlich Prüfungskriterien und Prüfungsmaßstab gilt allgemein das in Rdn 234 ff Ausgeführte[576]. Steuerlich nicht anerkannt werden

---

563 BFHE 170, 175, 176; 178, 331, 335 = NJW 1996, 78 m.w. Nachw., st.Rspr.

564 BFHE 178, 313, 317.

565 BFHE 138, 351, 353; 178, 313, 317; *Baer* BB 1989, 1529; **aA** *Borst* BB 1989, 38, 45.

566 BFHE 170, 175, 177; FG Niedersachsen GmbHRdsch 1995, 389, 390.

567 BFH BFH/NV 1993, 330, 331.

568 BFH BFH/NV 1993, 541 f.

569 BFH BFH/NV 1989, 195, 196; zur Üblichkeit von Fünfjahres-Mindestfristen in der Praxis *Tillmann* Rdn 317.

570 Vgl. im einzelnen *Tillmann/Schmidt* GmbH-Rdsch 1995, 796, 801 ff.

571 Nach BFH DStR 1996, 1240, 1241 gilt hierfür die Zwölfjahresfrist des § 1 Abs. 1 BetrAVG entsprechend; außerdem muß der Geschäftsführer über das 60. Lebensjahr hinaus mindestens drei weitere Jahre aktiv tätig sein.

572 In diesem Sinne wohl auch BFH BFH/NV 1993, 541 f; FG Saarland EFG 1986, 619; Rspr.-Übersicht bei *Posdziech* Rdn 76; vgl. dazu im einzelnen auch *Tillmann/Schmidt* GmbHRdsch 1995, 796, 803; nach Abschn. 32 Abs. 1 S. 5 KStR 1995 ist der Zehnjahreszeitraum für alle Gesellschafter-Geschäftsführer maßgeblich.

573 BFH BFH/NV 1993, 330, 331.

574 St.Rspr., z. B. BFHE 157, 408, 412; BFH BStBl. III 1959, 374, 375; BFH/NV 1994, 345.

575 St.Rspr. seit BFH BStBl. III 1959, 374, 375; zur Berechnung s. *Reiners/Wierling* BB 1995, 87, 88; *Heubeck* Rdn 147 ff.

576 Zur Angemessenheitsprüfung bei Pensionszusagen s. auch *Förster/Heger* DStR 1994, 507, 509 ff; *Schulze zur Wiesche* GmbHRdsch 1991, 170, 172; *Baer* BB 1989, 1529 ff; *Borst* BB 1989, 38, 45 f; zum internen und externen Betriebsvergleich BFHE 178, 313, 316 f.

Rückstellungen für Pensionsverpflichtungen bei Versorgungsansprüchen, die im Verhältnis zu den Aktivbezügen deutlich überhöht sind[577]. Bemessungsgrundlage ist dabei der konkrete Versorgungsbedarf des Geschäftsführers, der sich an seinem letzten Aktivgehalt orientiert[578]; feste Grenzen für die Annahme einer Überversorgung bestehen aber nicht[579]. Insbesondere können die von der Rspr. für Ehegattenarbeitsverhältnisse festgelegten Obergrenzen für die Bemessung des Ruhegehalts – 75% der letzten Aktivbezüge bei leistungsorientierter Betrachtungsweise[580] – oder für die laufenden betrieblichen Aufwendungen für die Altersvorsorge (Arbeitgeber- und Arbeitnehmeranteil zur gesetzlichen Sozialversicherung, freiwillige Leistungen für Zwecke der Altersversorgung und Zuführungen zu einer Pensionsrückstellung) – 30% des steuerpflichtigen Arbeitslohnes bei aufwandsorientierter Betrachtungsweise[581] – auf Gesellschafter-Geschäftsführer nicht übertragen werden[582]. Den Grundsatz der Unmaßgeblichkeit der Relation zwischen Ruhegehalt und Aktivgehalt hat der BFH jüngst allerdings für die Nur-Pension an beherrschende Gesellschafter-Geschäftsführer explizit aufgegeben (vgl. Rdn 298). Bei der Beurteilung der zulässigen Höhe der Pension ist jedenfalls zu berücksichtigen, ob der Geschäftsführer gleichzeitig Leistungen aus der gesetzlichen Rentenversicherung beanspruchen kann oder ob das betriebliche Ruhegehalt seine einzige Altersversorgung darstellt[583]. Unangemessen sind Versorgungsvereinbarungen, die die wirtschaftliche Leistungsfähigkeit der Gesellschaft übersteigen oder ihr unkalkulierbare Risiken aufbürden[584].

Bei **beherrschenden Gesellschafter-Geschäftsführern** und ihnen **nahestehenden Personen** (zur Eingrenzung dieses Personenkreises s. Rdn 155, 156 ff) werden Pensi- 297
onsrückstellungen steuerlich nur anerkannt, wenn sie auf einer zivilrechtlich wirksam im voraus abgeschlossenen, klaren und eindeutigen Vereinbarung beruhen[585]; andernfalls sind sie wegen Verstoßes gegen das **Nachzahlungs-** oder **Rückwirkungsverbot** als verdeckte Gewinnausschüttung zu behandeln (zu den Einzelheiten Rdn 243 ff). Die Zusage muß für das jeweilige Beschäftigungsjahr bestanden haben, in dem das Ruhegehalt erdient wurde[586]; Dienstzeiten vor Erteilung der Pensionszusage bleiben bei der Bemessung der Rückstellungen außer Betracht[587]. Gegen das Klarheitsgebot verstoßen Pensionszusagen, aus denen sich die Voraussetzungen für die Leistungspflicht der Gesellschaft oder der Leistungsumfang nicht eindeutig erkennen läßt[588]. Dieselben Grundsätze gelten für **Erhöhungen** der Versorgungsleistungen. Sie sind grundsätzlich nur dann betrieblich veranlaßt, wenn die Gesellschaft zur Anpassung verpflichtet ist[589]. Eine solche Verpflichtung kann sich aus Dynamisierungsklauseln in der ursprünglichen Ruhegehaltsvereinbarung ergeben,

---

577 BFHE 178, 134, 137 ff und 313, 316 f.

578 Vgl. BFHE 178, 313, 316; zum Versorgungsbedarf und seiner Deckung s. auch *Höfer/Abt* GmbHRdsch 1983, 49, 50 f.

579 BFH BFH/NV 1989, 131, 132; *Förster/Heger* DStR 1994, 507, 510; vgl. auch FG Köln EFG 1993, 54: volle Höhe der Aktivbezüge.

580 BFHE 137, 308, 314; 148, 37, 40 f m.w.Nachw.; BFHE 178, 203, 204 ff.

581 BFHE 148, 37, 41; 149, 451, 452; 170, 175, 178; 178, 203, 204 f; BFH/NV 1988, 225, 226; BFH/NV 1989, 628, 629 f; DStR 1995, 1749.

582 FG Baden-Württemberg GmbHRdsch 1990, 528, 529; GmbHRdsch 1993, 668, 669; *Frohnwieser* DB 1990, 1434, 1436; *Posdziech* Rdn 74; ausführlich *Baer* BB 1989, 1529, 1530 ff; **aA** *Schulze zur Wiesche* GmbHRdsch 1991, 170, 172; *Tillmann* Rdn 323; *Borst* BB 1989, 38, 45.

583 BFHE 178, 313, 317.

584 BFH BFH/NV 1993, 330, 331; FG Düsseldorf EFG 1992, 38; vgl. dazu auch *Posdziech* Rdn 75.

585 St.Rspr. z. B. BFH BFH/NV 1989, 131, 132; BStBl. II 1974, 363, 365; FG Niedersachsen GmbHRdsch 1991, 345, 346 f; vgl. dazu allgemein Rdn 243 ff.

586 *Förster/Heger* DStR 1994, 507, 510.

587 BFHE 176, 413, 416 = NJW 1995, 2248; BFH/NV 1989, 195, 197.

588 BFHE 170, 175, 178; BFH/NV 1989, 131, 132.

589 BFHE 105, 143, 145; 128, 352, 355; 135, 519, 522; 154, 316, 318 ff.

die Gesellschaft kann ihre Zusage oder das bereits gezahlte Ruhegehalt aber auch später jederzeit erhöhen. Zuständig für eine solche Änderung der Pensionszusage ist nach der neuen Rspr. des BGH[590] das Anstellungsorgan, in der Regel also die Gesellschafterversammlung. Ohne den erforderlichen Gesellschafterbeschluß vorgenommenen Anpassungen fehlt die für ihre steuerliche Anerkennung erforderliche Rechtsgrundlage. Die von der Finanzverwaltung im Hinblick auf die Rechtsprechungsänderung geschaffene Übergangsregelung[591] bestimmt, daß Pensionsrückstellungen für Erhöhungen, die nicht den verschärften Anforderungen der BGH-Rspr. genügen, für Wirtschaftsjahre, die vor dem 1.1.1997 enden, aus diesem Grunde die steuerliche Anerkennung nicht zu versagen ist. Werden den Anforderungen des BGH-Urteils entsprechende Vereinbarungen bis zum 31.12.1996 jedoch nicht nachgeholt, ist der Rückstellungsbetrag in der Schlußbilanz des ersten Wirtschaftsjahres, das nach dem 30.12.1996 endet, gewinnerhöhend aufzulösen. Eine zivilrechtliche Verpflichtung der Gesellschaft zur Anpassung von Versorgungsleistungen kann sich ferner auch aus einem Anspruch des Geschäftsführers gemäß § 16 BetrAVG oder § 242 BGB auf Ausgleich des Kaufkraftverlusts bei erheblicher Steigerung der Lebenshaltungskosten ergeben[592] (zur Rentenanpassungspflicht der Gesellschaft vgl. Rdn 267 f). Allerdings erkennt der BFH auch ohne eine solche Verpflichtung der Gesellschaft Rentenanpassungen nach Eintritt des beherrschenden Gesellschafter-Geschäftsführers in den Ruhestand als steuerunschädlich an, sofern sie bei einer mehr als 35%igen Steigerung der Lebenshaltungskosten seit der Pensionszusage oder der letzten Rentenanpassung dem Teuerungsausgleich dienen und die Renten sämtlicher Versorgungsberechtigter in derselben Weise angehoben werden[593]. Trotz bestehender Pflicht zur Pensionserhöhung kann eine verdeckte Gewinnausschüttung darin liegen, daß die Gesellschaft es bei völlig unverhältnismäßiger Entwicklung der für eine Spannungsklausel maßgebliche Bezugsgröße unterläßt, von dem Versorgungsberechtigten eine Anpassung der Ruhegehaltszusage nach den Grundsätzen über den Wegfall der Geschäftsgrundlage zu verlangen[594].

298 Im Rahmen des für die betriebliche Veranlassung von Versorgungsaufwendungen maßgeblichen Geschäftsführer-Fremdvergleichs gelten hinsichtlich **Üblichkeit** und **Angemessenheit** der Ruhegehaltszusage an den **beherrschenden Gesellschafter-Geschäftsführer** grundsätzlich die auch sonst bei Gesellschafter-Geschäftsführern anzulegenden Maßstäbe (vgl. Rdn 294 ff). Doch hat der BFH nunmehr die sich bisher an der Gesamtausstattung des Geschäftsführers orientierende Angemessenheitsprüfung, die keine bestimmte Relation zwischen Ruhegehalt und Aktivbezügen vorschrieb und deshalb der steuerlichen Anerkennung einer dem beherrschenden Gesellschafter-Geschäftsführer anstelle des laufenden Gehalts zugesagten Altersversorgung nicht entgegenstand[595], jedenfalls für die **Nur-Pension** aufgegeben und sie in voller Höhe wegen Überversorgung zu 100% als verdeckte Gewinnausschüttung bewertet[596]. Zugleich hat der BFH dabei im Rahmen des Geschäftsführer-Fremdvergleichs explizit denselben Perspektivenwechsel von der Sicht der Gesellschaft zur

590 BGH NJW 1991, 1680, 1681.

591 BMF-Schreiben vom 21.12.1995 – IV B 7 – S 2742–68/95, abgedr. in DB 1996, 17; BB 1996, 151.

592 BFHE 135, 519, 522 f; 154, 316, 318 ff; FG Münster EFG 1985, 310, 311.

593 BFH BStBl. II 1972, 501, 502; BStBl. II 1989, 57, 59.

594 BFHE 139, 393, 397; vgl. auch BFHE 114, 471, 473 f.

595 BFH BStBl. II 1974, 363; BFH/NV 1989, 131, 132; vgl. auch FG Baden-Württemberg GmbHRdsch 1993, 668, 669; zur bisherigen Rspr.-Praxis *Felix* GmbHRdsch 1990, 96; *ders.* GmbHRdsch 1992, 159 m.w.Nachw. zur instanzgerichtlichen Rspr.; vgl. auch *Frohnwieser* DB 1990, 1434.

596 BFHE 178, 203, 205 ff = DStR 1995, 1749, 1750 m.abl.Anm. *Hoffmann* = BB 1995, 2054 m.abl. Anm. *Cramer*.

Sicht eines potentiellen Fremdgeschäftsführers vollzogen, wie ihn zuvor schon einige Entscheidungen zur Frage der betrieblichen Veranlassung von Gehaltsvereinbarungen mit beherrschenden Gesellschafter-Geschäftsführern vorgenommen hatten[597] (vgl. Rdn 242). Nur-Pensionen dürften daher, sofern sie nicht durch eine Rückdekkungsversicherung abgesichert sind, von der Finanzverwaltung künftig ebensowenig anerkannt werden wie sonstige Vereinbarungen mit beherrschenden Gesellschafter-Geschäftsführern, die die Gesellschaft zwar begünstigen, auf die sich ein Nichtgesellschafter aber nicht eingelassen hätte[598].

Als verdeckte Gewinnausschüttungen können Pensionsrückstellungen bei beherrschenden Gesellschafter-Geschäftsführern ferner anzusehen sein, wenn Zweifel an der **Ernstlichkeit** der Zusage bestehen. Eine zu hohe wirtschaftliche Belastung der Gesellschaft durch die eingegangenen Pensionsverpflichtungen läßt mangelnde Ernstlichkeit der Vereinbarung vermuten[599]; allerdings kann der Abschluß einer Rückdeckungsversicherung im Einzelfall geeignet sein, diese Vermutung zu widerlegen[600]. Zweifel an der Ernsthaftigkeit des Ruhegeldversprechens können auch darin begründet liegen, daß eine Inanspruchnahme der Gesellschaft nicht hinreichend wahrscheinlich ist, etwa weil der Begünstigte auf sein Ruhegehalt verzichtet oder weil den Umständen nach nicht damit zu rechnen ist, daß er tatsächlich zum vorgesehenen Zeitpunkt in den Ruhestand tritt[601]. Unbedenklich ist in dieser Hinsicht nach der Rspr. jedenfalls ein vorgesehenes Pensionsalter von 65 Jahren[602]. Die Berechnung von Rückstellungen ist grundsätzlich an dieser Altersgrenze auszurichten[603], auch wenn der Begünstigte auf Antrag seine Tätigkeit bereits ab dem 63. Lebensjahr aufgeben und Pensionsbezüge beanspruchen könnte[604]. Sieht die Pensionszusage aber ein höheres Rentenalter vor, ist dieses für die Rückstellungen maßgeblich, sofern sich nicht aus den Umständen gewichtige Bedenken gegen die Ernsthaftigkeit der Bestimmung des Pensionsalters ergeben[605]. Dagegen wird ein vertraglich vorgesehenes Pensionsalter von weniger als 65 Jahren nur anerkannt, wenn besondere Umstände nachgewiesen werden, die eine hinreichende Wahrscheinlichkeit begründen, daß die Versorgungsleistungen tatsächlich zu dem früheren Zeitpunkt in Anspruch genommen werden[606]. Keinen steuerschädlichen Zweifel an der Ernstlichkeit einer Pensionszusage vermag dagegen die Vereinbarung einer Barabfindung des Versorgungsanspruchs zu begründen[607]. 299

[597] BFHE 159, 338, 341; 170, 119, 121f; BFH/NV 1986, 490, 491; BFH/NV 1994, 124, 125; BFH/NV 1995, 164, 165; GmbHRdsch 1995, 893.

[598] Zur inhaltlichen und methodischen Kritik an dieser Rspr. vgl. Rdn 242 m.w.Nachw.

[599] BFH/NV 1993, 330, 331; FG Düsseldorf EFG 1992, 38; vgl. dazu auch *Cramer* DStR 1994, 1667; *ders.* BB 1995, 919; *Langohr-Plato* GmbHRdsch 1992, 597; *Mink* GmbHRdsch 1995, 644, 645; *Tillmann* Rdn 315; abl. *Reiners/Wierling* BB 1995, 87, 90.

[600] Vgl. BFH/NV 1993, 330, 331; GmbHRdsch 1995, 533, 534; *Höfer/Kisters-Kölkes* BB 1989, 1157, 1158; krit. *Cramer* DStR 1994, 1667, 1671; *ders.* BB 1995, 919, 921; *Reiners/Wierling* BB 1995, 87, 90f.

[601] BFHE 163, 207, 208ff; BFH BStBl. III 1963, 339, 340; BFH/NV 1991, 659; s. dazu auch *Baer* BB 1989, 1529; *Cramer* DStR 1994, 1667; *Höfer/Kisters-Kölkes* BB 1989, 1157; *Rauser/Wurzberger* DB 1983, 960.

[602] BFHE 135, 519, 526 unter Aufgabe seiner früheren Rspr., die das regelmäßige Pensionsalter von beherrschenden Gesellschafter-Geschäftsführern auf 75 Jahre ansetzte; dazu *Sarrazin* DStR 1983, 95; *Stuhrmann* BB 1983, 48; *Baer* BB 1982, 2045; *Ahrend/Förster/Rößler* DB 1982, 2413; *Heitmann* BB 1982, 1356; *Höfer/Abt* GmbHRdsch 1983, 49.

[603] So die ständige Praxis der Finanzverwaltung, s. auch Abschn. 32 Abs. 1 S. 10 KStR 1995.

[604] BFHE 163, 207, 208f; **aA** FG Baden-Württemberg EFG 1989, 79.

[605] BFHE 135, 519, 525f; 163, 207, 209; BFH/NV 1991, 659.

[606] BFH BFH/NV 1991, 659; FG Düsseldorf EFG 1992, 36, 37; zum Meinungsstand *Schmidt* EStG[15] (1996) § 6a Anm. 7a m.w.Nachw.

[607] *Höfer/Kisters-Kölkes* BB 1989, 1157, 1158; zustimmend *Schoor* DStZ 1990, 355, 358; zur steuerlichen Behandlung der Pensionsabfindung beim Geschäftsführer s. Rdn 291.

300 Besonderes Gewicht im Rahmen des Geschäftsführer-Fremdvergleichs legt der BFH in jüngerer Zeit auf den Gesichtspunkt der **Erdienbarkeit** der Ruhegehaltszusage vor Erreichen der vertraglich festgelegten Altersgrenze[608]. Pensionsrückstellungen werden mangels betrieblicher Veranlassung als verdeckte Gewinnausschüttungen behandelt, wenn dem beherrschenden Gesellschafter-Geschäftsführer das Ruhegehaltsversprechen erst in einem Alter erteilt wird, in dem ihm nicht mehr genügend Zeit bleibt, um es sich durch aktive Tätigkeit für die Gesellschaft zu erdienen[609]. Als hinreichend lange Zeitspanne zwischen Zusage und vorgesehenem Eintritt in den Ruhestand betrachtet der BFH[610] abweichend von der bisher von der Finanzverwaltung zugrundegelegten Frist von sieben Jahren[611] nunmehr in Anlehnung an die Unverfallbarkeitsregelung des § 1 Abs. 1 BetrAVG eine **Zehnjahresfrist.** In die Berechnung dieser Frist können bei beherrschenden Gesellschafter-Geschäftsführern wegen des Rückwirkungsverbots vor der Zusage abgeleistete Dienstzeiten nicht einfließen[612]. Im übrigen sind für die Berechnung des Zehnjahreszeitraums grundsätzlich die Parteivereinbarungen maßgeblich, sofern das vorgesehene Ruhestandsalter als ernsthaft gewollt angesehen werden und mit einer aktiven Tätigkeit des Geschäftsführers bis zu diesem Zeitpunkt nach den Umständen auch gerechnet werden kann[613]. Die Zusage muß in diesem Fall spätestens zehn Jahre vor dem voraussichtlichen Eintritt in den Ruhestand erteilt worden sein[614]. Dabei soll allerdings das 60. Lebensjahr die regelmäßige **Altershöchstgrenze** für Pensionsversprechen bilden und für nach Vollendung des 60. Lebensjahres erteilte Zusagen die Erdienbarkeit auch bei körperlich rüstigen Personen und vereinbarungsgemäß verbleibender zehnjähriger Dienstzeit grundsätzlich zu verneinen sein, weil spätestens bei Überschreitung des 70. Lebensjahres das Risiko einer Inanspruchnahme in nicht mehr kalkulierbarer Weise ansteige[615].

301 Bei der **Hinterbliebenenversorgung** sind Rückstellungen unter Zugrundelegung versicherungsmathematischer Grundsätze zulässig; vertragliche Regelungen des Pensionsalters sind hierfür allerdings bedeutungslos. Ob Rückstellungen für die Hinterbliebenenversorgung steuerlich in voller Höhe anerkannt werden, richtet sich bei Gesellschafter-Geschäftsführern nach den vorstehenden Grundsätzen. Ihre betriebliche Veranlassung wird anhand des üblichen Geschäftsführer-Fremdvergleichs überprüft. Als Indiz für die betriebliche Veranlassung kann der Abschluß einer Rückdeckungsversicherung anzusehen sein (vgl. auch Rdn 298). Nicht unangemessen hoch

---

608 Zur Erdienbarkeit vgl. *Höfer/Eichholz* DB 1995, 1246; *Förster/Heger* DStR 1994, 507, 511f; *Goecke* BB 1995, 2467; *Mink* GmbHRdsch 1995, 644, 645; *Pyszka* DStR 1995, 593; *Reiners/Wierling* BB 1995, 87, 88f.

609 BFHE 176, 413, 414f = NJW 1995, 2248; BFHE 177, 427, 428f = NJW 1995, 3007; BFH/NV 1993, 52; BFH/NV 1994, 827, 828; vgl. auch Abschn. 32 Abs. 1 S. 7 KStR 1995.

610 BFHE 176, 413, 414ff = NJW 1995, 2248; krit. *Höfer/Eichholz* DB 1995, 1246, 1247; *Reiners/Wierling* BB 1995, 87, 88f.

611 Vgl. *Borst* BB 1989, 38, 44; zur unklaren Rechtslage vor dem jüngsten Urteil des BFH BFHE 176, 413 = NJW 1995, 2248 s. *Cramer* BB 1994, 1461f.

612 BFHE 176, 413, 416 = NJW 1995, 2248 m.w.Nachw.; BFH/NV 1989, 195, 197; FG Niedersachsen GmbHRdsch 1995, 389, 390.

613 BFHE 176, 413, 416 = NJW 1995, 2248; BFHE 177, 427, 429 = NJW 1995, 3007.

614 BFHE 176, 413, 416 = NJW 1995, 2248.

615 BFHE 176, 413, 416 = NJW 1995, 2248; BFHE 177, 427, 429 = NJW 1995, 3007; so auch schon BFHE 144, 561, 563; BFH/NV 1989, 195, 197 und 395, 396; BFH/NV 1993, 52 und 541; BFH/NV 1994, 827, 828; BFH/NV 1995, 1092, 1093; FG Niedersachsen GmbHRdsch 1995, 389, 390; FG Baden-Württemberg EFG 1992, 38; **aA** FG Niedersachsen GmbHRdsch 1994, 338, 339; gegen eine Altershöchstgrenze mit beachtlichen Gründen auch *Förster/Heger* DStR 1994, 507, 511; *Höfer/Eichholz* DB 1995, 1246, 1248; *Höfer/Kisters-Kölkes* BB 1989, 1157, 1158; *Reiners/Wierling* BB 1995, 87, 88f.

ist eine Witwenrente, die 45% der Aktivenbezüge beträgt[616]. Die Zusage einer Witwenrente zugunsten der geschiedenen Ehefrau ist entgegen der früheren Rspr.[617] nicht stets wegen Unüblichkeit verdeckte Gewinnausschüttung. Vielmehr kommt es auf den Parteiwillen an, der im Einzelfall die Versorgung beider Ehefrauen einschließen kann[618]. Steuerunschädlich ist eine solche Vereinbarung aber nur, wenn sich die Gesamtausstattung des Geschäftsführers im Rahmen des Angemessenen hält[619].

Für den **mitarbeitenden Ehegatten** des beherrschenden Gesellschafter-Geschäfts- 302
führers können Pensionsrückstellungen steuerwirksam nur gebildet werden, wenn die Zusage ernsthaft, klar und eindeutig formuliert, dem Grunde und der Höhe nach angemessen und mit tatsächlicher Inanspruchnahme zu rechnen ist[620]. Sie sind verdeckte Gewinnausschüttung, wenn sie einem Fremdvergleich nicht standhalten[621]. In diesen Vergleich bezieht die Rspr. auch hier die Perspektive des mitarbeitenden Ehegatten ein[622]. Danach ist die Zusage einer Nur-Pension an den Ehegatten regelmäßig verdeckte Gewinnausschüttung[623]. Im übrigen darf die Höhe der Pension des mitarbeitenden Ehegatten 75% seines letzten Aktivgehalts oder 30% des steuerpflichtigen Arbeitslohns nicht übersteigen (s. dazu im einzelnen Rdn 296). Für die steuerliche Anerkennung der Pensionszusage gilt beim Ehemann als Arbeitnehmer-Ehegatten die Vollendung des 62. Lebensjahres als Grenze, bei der mitarbeitenden Ehefrau die Vollendung des 59. Lebensjahres[624].

Die Beiträge zu einer **Direktversicherung** des Geschäftsführers sind als von ihm 303
sofort zu versteuernder Arbeitslohn bei der Gesellschaft in voller Höhe Betriebsausgabe[625]. Ihre steuerliche Anerkennung hängt von ihrer betrieblichen Veranlassung ab, die anhand des üblichen Geschäftsführer-Fremdvergleichs zu beurteilen ist[626]. Der Angemessenheitsprüfung ist die Gesamtausstattung des Geschäftsführers zugrundezulegen, die Direktversicherung ist darin mit ihrer Jahresbruttoprämie anzusetzen[627].

Schließt die GmbH für die Pensionszusage eine **Rückdeckungsversicherung** ab, 304
so sind die dafür zu leistenden Prämien abzugsfähige Betriebsausgaben[628].

cc) **Besonderheiten bei der GmbH & Co. KG.** Ist der Geschäftsführer der GmbH 305
gleichzeitig Kommanditist der KG, so konnten nach früherer Auffassung weder bei der KG noch bei der GmbH Pensionsrückstellungen gebildet werden[629]. Nach der neuen Rspr. des BFH[630] entsteht bei einer Komplementär-GmbH, die ohne sonstige wirtschaftliche Aktivität lediglich die Geschäfte der KG führt, durch das Pensionsversprechen an den Geschäftsführer eine ungewisse Verbindlichkeit, die in der Steuerbilanz der GmbH nach allgemeinen Grundsätzen zu behandeln ist. Bildet die GmbH eine Pensionsrückstellung, dann ergibt sich ein Sonderaufwand der GmbH,

---

616 BFHE 133, 426, 431 f.
617 BFHE 121, 343, 345.
618 BFHE 143, 426, 428.
619 Zu den Einzelheiten *Posdziech* Rdn 239 ff.
620 Vgl. BMF-Schreiben vom 4.9.1984, BStBl. I 1984, 495; *Heubeck* Rdn 229 ff, 237 ff.
621 BFHE 170, 175, 176 f.
622 BFHE 178, 331, 337 = NJW 1996, 78; vgl. dazu im einzelnen Rdn 298 und zur Kritik Rdn 242.
623 BFHE 140, 553, 554 f; 178, 331, 336 ff = NJW 1996, 78 m.w.Nachw.
624 Vgl. BMF-Schreiben vom 9.1.1986, BStBl. I 1986, 7.
625 *Heubeck* Rdn 280; *Posdziech* Rdn 274.
626 FG Niedersachsen GmbHRdsch 1991, 133, 134; dazu im einzelnen *Reuter* GmbHRdsch 1992, 137, 139 ff; *Posdziech* Rdn 86 ff; *Heubeck* Rdn 280 ff.
627 *Posdziech* Rdn 87.
628 Vgl. im einzelnen *Heubeck* Rdn 266 ff; *Otto* DStR 1996, 770; *Reuter* GmbHRdsch 1994, 141 ff; *Posdziech* Rdn 89 f; *Wichmann* BB 1988, 521 ff.
629 BFHE 98, 479, 480 f.
630 BFHE 170, 169, 172 f.

der innerhalb der Gewinnermittlung der KG zu berücksichtigen ist. Die dadurch eintretende Minderung des Gewinns der KG ist durch einen gleichhohen Ansatz des Anspruchs auf die Sondervergütung entweder nur in der Sonderbilanz des Kommanditisten-Geschäftsführers oder anteilig in den Sonderbilanzen aller Kommanditisten unter Beachtung des Grundsatzes korrespondierender Bilanzierung auszugleichen. Erfüllt die GmbH später ihre Ruhegehaltsverbindlichkeit, so sind die Zahlungen mit den in der bzw. in den Sonderbilanzen aktivierten Ansprüchen zu verrechnen. Entfaltet die GmbH allerdings neben der Geschäftsführung der KG eine eigene gewerbliche Tätigkeit, sind Pensionszusagen insoweit bei der GmbH steuerlich anzuerkennen[631]. Ist der Geschäftsführer der GmbH nicht als Kommanditist an der KG beteiligt, so können bei der GmbH Rückstellungen gebildet werden, die als Betriebsausgaben bei der einheitlichen Gewinnfeststellung zu berücksichtigen sind[632]. Dies gilt auch dann, wenn es sich um einen Gesellschafter-Geschäftsführer der GmbH handelt[633]. Pensionsrückstellungen werden ferner anerkannt, wenn lediglich der Ehegatte des Gesellschafter-Geschäftsführers an der GmbH oder der KG mit beherrschender Stellung beteiligt ist[634]. Umgekehrt kann auch die Witwenversorgung in die Pensionsrückstellung zugunsten des Arbeitnehmer-Ehegatten eines Gesellschafters einbezogen werden; dies gilt auch bei der Einpersonen-GmbH & Co. KG[635]. Wird ein früherer Angestellter der GmbH & Co. KG Mitunternehmer der Gesellschaft, so braucht die bis dahin gebildete Pensionsrückstellung nicht aufgelöst zu werden[636]. Die Prämien für eine **Direktversicherung** der Komplementär-GmbH zugunsten des Gesellschafter-Geschäftsführers, der gleichzeitig Kommanditist ist, sind bei der GmbH grundsätzlich nicht als Betriebsausgaben abzugsfähig, es sei denn, die GmbH entfaltete neben der Geschäftsführung der KG eine eigenständige gewerbliche Tätigkeit[637]. Bei späterer Auszahlung der Versicherungsleistungen an die KG sind diese so zu behandeln, als wären sie dem Gesellschafter unmittelbar zugeflossen und von ihm in das Gesellschaftsvermögen eingelegt worden[638].

306 dd) Die **Umwandlung der GmbH in eine Personengesellschaft** führt nicht zum Erlöschen einer Pensionsverpflichtung der GmbH gegenüber ihrem Gesellschafter-Geschäftsführer, der im Zuge der Umwandlung Gesellschafter der Personengesellschaft wird. Eine zulässigerweise gebildete Rückstellung braucht deshalb bei der Umwandlung nicht aufgelöst zu werden[639]. Geht bei der **Umwandlung einer Personengesellschaft in eine GmbH** eine private Versorgungsrente auf die GmbH über, so sind die Rentenzahlungen bei der GmbH Betriebsausgaben, wenn die Rentenverbindlichkeit durch das übernommene Aktivvermögen abgedeckt war; die Annahme einer verdeckten Gewinnausschüttung scheidet in diesem Fall aus[640].

3. Auslagenersatz

307 Nach §§ 675, 670 BGB hat der Geschäftsführer Anspruch auf Aufwendungsersatz[641]. Besteht kein Anstellungsvertrag, folgt der Ersatzanspruch aus § 683

631 BFH BStBl. II 1968, 579, 580.
632 Vgl. im einzelnen *Heubeck* Rdn 208 ff.
633 BFH BStBl. III 1965, 502 , 503.
634 *Tillmann* Rdn 343.
635 BFHE 153, 555, 557 f.
636 BFH BStBl. II 1975, 437.
637 *Tillmann* Rdn 350.
638 BFH BStBl. II 1992, 653, 654.
639 BFHE 123, 127, 130 ff; allg. zur steuerlichen Behandlung des Vermögensübergangs nach dem neuen UmwStG *Maiterth* BB 1995, 1980 ff.
640 BFHE 169, 322, 326 f; s. dazu auch *Paus* StBp 1996, 57.
641 Meyer-Landrut/*Miller*/Niehus 172. Zur Geltendmachung von Aufwendungen durch den Gesellschafter-Geschäftsführer bei Verstoß gegen das Wettbewerbsverbot *Meier* GmbHRdsch 1990, 229, 230. Zu den Aufwendungsersatzansprüchen nach Auflösung einer Vor-GmbH BGHZ 86, 122, 126 f = NJW 1983, 876.

BGB. Zu den erstattungspflichtigen Aufwendungen gehören auch Schäden, die der Geschäftsführer bei seiner Tätigkeit ohne sein Verschulden erlitten hat[642]. Regreßansprüche wegen **Haftungsschäden** stehen dem Geschäftsführer dagegen nur dann zu, wenn sein haftungsbegründendes Verhalten nicht zugleich eine schuldhafte Pflichtverletzung gegenüber der Gesellschaft darstellt[643]. Unter denselben einschränkenden Voraussetzungen kann der Geschäftsführer auch den Ersatz von **Verfahrenskosten** verlangen, die ihm aus seiner zivilrechtlichen Inanspruchnahme oder aus einem Straf- oder Bußgeldverfahren im Zusammenhang mit seiner Geschäftsführungstätigkeit entstanden sind[644]. Zur Leistung eines Kostenvorschusses für ein laufendes Verfahren gegen den Geschäftsführer im Zusammenhang mit seiner Organtätigkeit ist die Gesellschaft jedoch nach § 669 BGB grundsätzlich verpflichtet[645]. Seitdem der BGH auch die unmittelbare Übernahme einer Geldstrafe durch einen Dritten nicht mehr als strafbare Strafvollstreckungsvereitelung (§ 258 Abs. 2 StGB) wertet[646], kann von einem generellen zivilrechtlichen Erstattungsverbot für **Geldstrafen** und **Geldbußen** unter dem Gesichtspunkt des Vorrangs des straf- und ordnungswidrigkeitenrechtlichen Sanktionssystems nicht mehr ausgegangen werden[647]; doch wird ein gesetzlicher Erstattungsanspruch im allgemeinen schon deswegen ausscheiden, weil der Geschäftsführer mit seinem strafbaren oder ordnungswidrigen Verhalten regelmäßig seine auch gegenüber der Gesellschaft bestehende Pflicht zur gesetzestreuen Ausübung seines Amtes verletzt[648] (zu dieser Pflicht vgl. Rdn 310 und § 43, 19 ff). Von dieser Pflicht kann die Gesellschaft den Geschäftsführer wegen der zwingenden Haftung nach § 43 Abs. 2 auch nicht im voraus freistellen (vgl. § 43, 5). Sie kann deshalb Erstattungszusagen für Geldstrafen und Geldbußen wegen Taten, die zugleich eine schuldhafte Pflichtverletzung gegenüber der Gesellschaft darstellen, im voraus auch dann nicht wirksam erteilen, wenn die Zusage ausnahmsweise weder nach § 134 BGB wegen Verstoßes gegen Strafnormen, noch nach § 138 BGB wegen Sittenwidrigkeit nichtig ist[649]. Zulässige Freistellungen kommen danach allenfalls für den Bereich fahrlässig begangener Ordnungswidrigkeiten in Betracht[650]. Den Ersatz von **Schmiergeldern** kann der Geschäftsführer selbst dann nicht beanspruchen, wenn das dadurch zustandegekommene Rechtsgeschäft für die Gesellschaft vorteilhaft war[651], es sei denn, die Zahlung diente einem

---

642 Palandt/*Thomas* BGB[55] (1996), § 670, 8 ff, § 683, 9 f.

643 *Bastuck* Enthaftung des Managements (1986), 113 ff, 116; Baumbach/Hueck/*Zöllner* § 43, 32; *Mertens*-KölnKommAktG[2] § 84, 77 f.

644 Vgl. BGH NJW 1991, 990, 991.

645 *Mertens*-KölnKommAktG[2] § 84, 80.

646 BGH NJW 1991, 990, 992; so auch schon BGHZ 41, 223, 229 f = BGH NJW 1964, 1270 = JZ 1964, 587 m.abl.Anm. *Stree* für den Fall, daß der Geschäftsführer die Geldstrafe zunächst selbst bezahlt hat.

647 *Kapp* NJW 1992, 2796, 2800; vgl. auch aus strafrechtlicher Sicht BGH NJW 1991, 990, 993: „sozial adäquates Verhalten".

648 Einen gesetzlichen Erstattungsanspruch grundsätzlich verneinend OLG Dresden JW 1919, 837; *Bastuck* Enthaftung des Managements (1986), 125 ff; *Lutter/Hommelhoff* Anh. § 6, 30; Scholz/*Schneider* 192 a; diff. *Mertens*-KölnKommAktG[2] § 84, 79; *Rehbinder* ZHR 148 (1984), 555, 575 f; *Kapp* NJW 1992, 2796, 2800, der freilich die unter „Zufallsschäden" einzuordnenden Sachverhalte erheblich zu weit faßt.

649 *Rehbinder* ZHR 148 (1984), 555, 568 ff; *Bastuck* Enthaftung des Managements (1986), 137; *Kapp* NJW 1992, 2796, 2798.

650 Im Ergebnis ebenso *Rehbinder* ZHR 148 (1984), 555, 573 f; *Lutter/Hommelhoff* Anh. § 6, 30; weiter Scholz/*Schneider* 192 a: alle Fahrlässigkeitstaten; noch großzügiger *Kapp* NJW 1992, 2796, 2799, der jedoch verkennt, daß bei vorsätzlichen Gesetzesverletzungen den Geschäftsführer auch Handeln auf Weisung mangels Folgepflicht nicht exkulpiert.

651 BGHZ 37, 258, 263 f = NJW 1962, 2010; BGH NJW 1965, 293 f; Soergel/*Mühl* BGB[11] (1980), § 670, 6; MünchKomm-*Seiler*, BGB[2] (1986), § 670, 10. Zum Verbot des steuerlichen Abzugs von Schmiergeldzahlungen an inländische Empfänger durch den mit dem Jahressteuergesetz 1996 neu eingeführten § 4 Abs. 5 S. 1 Nr. 10 EStG s. *Salzberger/Theisen* DB 1996, 396.

rechtmäßigen Zweck und geschah in einem Land, in dem Schmiergelder üblich sind und nicht als grobe Verletzung des geschäftlichen Anstands empfunden werden[652]. **Steuerrechtlich** ist bei der Erstattung von Auslagen an beherrschende Gesellschafter-Geschäftsführer zu beachten, daß der BFH sie ohne klare und im voraus wirksam getroffene Vereinbarung wegen des Rückwirkungsverbots selbst dann als verdeckte Gewinnausschüttung behandelt, wenn der Aufwendungsersatz auf einem gesetzlichen Anspruch beruht (vgl. dazu im einzelnen Rdn 244).

4. Urlaub

308 Das Bundesurlaubsgesetz gilt für Geschäftsführer nicht[653]; doch steht ihnen angemessener Urlaub zu[654]. Der Anspruch folgt mangels vertraglicher Vereinbarung aus der Fürsorgepflicht der Gesellschaft[655]. Die für den Urlaubsanspruch leitender Angestellter geltenden Grundsätze können im Zweifel herangezogen werden[656]. Konnte der Geschäftsführer den ihm zustehenden Urlaub wegen Beendigung seines Dienstverhältnisses oder aus sonstigen betrieblichen Gründen nicht nehmen, so steht ihm ein Anspruch auf Abgeltung in Geld zu[657]. Bei Gesellschafter-Geschäftsführern liegt in der Abgeltung keine verdeckte Gewinnausschüttung[658]. Ist über den Urlaub im einzelnen keine vertragliche Regelung getroffen, so kann der Geschäftsführer gegebenenfalls nach Abstimmung mit den übrigen Geschäftsführern Urlaubszeitpunkt und Urlaubsdauer im Rahmen des Angemessenen selbst bestimmen. Er muß jedenfalls für eine geeignete Vertretung sorgen[659].

5. Zeugnis

309 Geschäftsführer haben – wie jeder andere Dienstverpflichtete – einen Anspruch auf Zeugniserteilung gegen die Gesellschaft[660]. Dies gilt nicht nur für abhängige Geschäftsführer[661]; denn auch Unternehmer-Geschäftsführer müssen, obwohl von ihnen im Falle einer beruflichen Veränderung durchweg nicht die Vorlage eines Zeugnisses erwartet werden wird, gegebenenfalls im Interesse ihres Fortkommens eine Bewertung ihrer Leistung durch die Gesellschaft erlangen können[662]. Die Zeugniserteilung obliegt dem Anstellungsorgan[663].

VII. Pflichten des Geschäftsführers aus dem Anstellungsverhältnis

1. Pflichtbegründung durch Anstellungsvertrag und Organstellung

310 **Hauptpflicht** des Geschäftsführers aus dem Anstellungsvertrag ist die sorgfältige Wahrnehmung seiner Geschäftsführungsaufgaben und die Einhaltung der ihm als

[652] *Schneider* AG 1983, 205, 211 m.w.Nachw., 216; auch der BGH hält einen gesetzlichen Erstattungsanspruch im Einzelfall für denkbar, BGHZ 94, 268, 272 = NJW 1985, 2405; zur rechtlichen Zulässigkeit der Zahlung von Schmiergeldern im Ausland allg. § 43, 21.

[653] Scholz/*Schneider* 196; *Sudhoff* 29; **aA** *Gissel* 130 f; *Henssler* RdA 1992, 289, 296; *Miller* ZIP 1981, 578, 582; vgl. auch *Heyll* 248 für analoge Anwendung auf weisungsgebundene Organmitglieder.

[654] BGH LM § 35 GmbHG Nr. 5; Baumbach/Hueck/*Zöllner* 98; *Sudhoff* 29.

[655] *Lutter/Hommelhoff* Anh. § 6, 29; Scholz/*Schneider* 196.

[656] BGH LM § 35 GmbHG Nr. 5.

[657] BGH LM aaO; OLG Düsseldorf BB 1987, 567, 569; BAGE 46, 224, 226.

[658] BFH BStBl. II 1969, 327 f; BStBl. II 1973, 322 f.

[659] *Lutter/Hommelhoff* Anh. § 6, 29; *Sudhoff* 29.

[660] *Heyll* 121 f; Scholz/*Schneider* 244.

[661] Scholz/*Schneider* 244; für den Gesellschafter-Geschäftsführer ausdrücklich offengelassen von BGHZ 49, 30, 31 = NJW 1968, 391; **aA** *Groß* 365 f.

[662] Vgl. dazu auch *Peltzer* BB 1976, 1252.

[663] Rowedder/*Koppensteiner* 90; Scholz/*Schneider* 244.

Gesellschaftsorgan kraft Gesetzes oder Satzung obliegenden Pflichten. Der Anstellungsvertrag kann diese Pflichten konkretisieren oder erweitern, er kann sie aber auch, soweit sie zur Disposition des Anstellungsorgans stehen, begrenzen (zu den Voraussetzungen vgl. im einzelnen Rdn 161 ff, 164 ff). Möglich ist auch eine Präzisierung des haftungsrechtlichen Maßstabs, dem der Geschäftsführer nach § 43 aufgrund seiner Organstellung unterliegt (vgl. § 43, 4), etwa durch Verhaltensgebote oder Verfahrensvorschriften, deren Nichtbeachtung mangelnde Sorgfalt indiziert. Eine Vertragsstrafe kann ebenso für die Verletzung von Organpflichten wie für den Verstoß gegen anstellungsvertragliche Regelungen bedungen werden[664]. Soweit das Gesetz bei dem üblichen Typus des Dienstvertrages mit Geschäftsbesorgungscharakter anstellungsvertragliche Pflichten begründet, decken sie sich mit den gesetzlichen Pflichten aus der Organstellung des Geschäftsführers. Das gilt etwa für die Pflicht zur Befolgung von Weisungen mit der Möglichkeit der Abweichung nach § 665 BGB, die Auskunfts- und Rechenschaftspflicht nach § 666 BGB, die auch nach dem Ausscheiden des Geschäftsführers weiterwirken kann, die Herausgabepflicht nach § 667 BGB[665], die Verzinsungspflicht nach § 668 BGB und die Verschwiegenheitspflicht[666]. Alle diese Pflichten treffen den Geschäftsführer auch bei fehlerhaftem Anstellungsvertrag (vgl. Rdn 188). Die **Anstellung** des Geschäftsführers **durch einen Dritten** ändert an seiner organschaftlichen Pflichtenstellung gegenüber der Gesellschaft nichts, vgl. im einzelnen Rdn 174. Aus einer Verletzung dieser Pflichten haftet der Geschäftsführer ausschließlich der Gesellschaft nach § 43 (vgl. § 43, 4); eine Schadensersatzhaftung gegenüber dem Dritten kommt nur insoweit in Betracht, wie dessen Schaden über den Gesellschaftsschaden hinausgeht. Allein dem Dienstherrn verantwortlich ist der Geschäftsführer jedoch für solche Vertragsverstöße, mit denen er ausnahmsweise nicht zugleich eine Pflicht gegenüber der Gesellschaft verletzt[667].

2. Spezifisch anstellungsvertragliche Pflichten

Den Parteien steht es frei, im Anstellungsvertrag **weitere Verpflichtungen** des **311**
Geschäftsführers zu vereinbaren, und zwar auch solche, die nicht notwendig im Zusammenhang mit seiner Geschäftsführungsaufgabe stehen müssen. Üblich und empfehlenswert sind insbesondere Regelungen der Arbeitszeit, die Vereinbarung von Informations- und Verschwiegenheitspflichten sowie Abreden über Nebentätigkeit und Wettbewerbsverbot.

a) Nachvertragliches Wettbewerbsverbot. Für die Dauer seiner Amtszeit unter- **312**
liegt der Geschäftsführer aufgrund seiner Organstellung einem gesetzlichen Wettbewerbsverbot; einer ausdrücklichen Vereinbarung in der Satzung oder im Anstellungsvertrag bedarf es insoweit nicht (zum gesetzlichen Wettbewerbsverbot im einzelnen § 43, 38 ff). Dagegen läßt sich ein nachvertragliches Wettbewerbsverbot aus dem Gesetz nicht herleiten[668]. Nach seinem Ausscheiden aus dem Amt ist der Ge-

---

[664] RG HRR 1930 Nr. 1602.

[665] Zu den Grenzen der Herausgabepflicht geschäftlicher Unterlagen aus § 242 BGB s. BGHZ 110, 30 = NJW 1990, 1289; zur steuerlichen Behandlung des Verzichts der Gesellschaft auf den Anspruch auf Herausgabe an den Gesellschafter-Geschäftsführer gezahlter Schmiergelder als verdeckte Gewinnausschüttung vgl. BFHE 150, 337, 339 ff; *Borst* BB 1989, 38, 40.

[666] Vgl. auch OLG Hamm GmbHRdsch 1985, 157; *Brandmüller* 37; zur Abgrenzung nachvertraglicher Geheimhaltungspflichten von nachvertraglichen Wettbewerbsverboten s. *Gaul* ZIP 1988, 689 ff.

[667] Vgl. BAG NJW 1996, 1076, 1077; *Fleck* ZHR 149 (1985), 387, 409 f; *Lutter/Hommelhoff* Anh. § 6, 19.

[668] BGH GmbHRdsch 1977, 43, 44; OLG Hamm GmbHRdsch 1988, 344, 346; GmbHRdsch 1989, 259 f; LG Bochum GmbHRdsch 1992, 670.

schäftsführer zwar zur Verschwiegenheit verpflichtet; das hindert ihn aber nicht, als Wettbewerber aufzutreten, sofern er dabei die Geheimhaltungsinteressen der Gesellschaft wahrt[669]. Auch treffen den Geschäftsführer nachwirkende Treupflichten, die sich im Einzelfall zu dem Verbot konkretisieren können, Geschäftschancen mitzunehmen, die er für die Gesellschaft hätte nutzen können[670], oder vor seiner Abberufung abgeschlossene Verträge zur Durchführung auf eigene Rechnung an sich zu ziehen[671]. Ferner kann auch die Auslegung eines in der Satzung oder im Anstellungsvertrag enthaltenen Wettbewerbsverbots ergeben, daß es nach dem Ende der Amtszeit weitergelten soll[672]. Von diesen Sonderfällen abgesehen, muß ein nachvertragliches Wettbewerbsverbot jedoch ausdrücklich vereinbart werden[673].

313 Die Vereinbarung eines nachvertraglichen Wettbewerbsverbots im Anstellungsvertrag ist grundsätzlich zulässig[674]; doch sind die **Grenzen der §§ 242, 138 BGB** zu beachten. Gegen Treu und Glauben und die guten Sitten verstoßen Wettbewerbsverbote, die den Geschäftsführer in seiner durch Artt. 2 und 12 GG geschützten Freiheit der Berufsausübung unzumutbar einschränken[675]. Ihre Wirksamkeit ist deshalb nach Zweck und Ausmaß an enge Voraussetzungen gebunden. Ein Wettbewerbsverbot darf nach der Rspr. ausschließlich zu dem Zweck vereinbart werden, die Gesellschaft vor illoyaler Verwertung ihr zustehender Arbeitserfolge und vor mißbräuchlicher Ausnutzung der Berufsfreiheit des Geschäftsführers zu ihren Lasten zu schützen; seinem Umfang nach muß das Wettbewerbsverbot auf das örtlich, zeitlich und gegenständlich notwendige Maß beschränkt bleiben[676] (s. im einzelnen Rdn 315 f). Nachvertragliche Wettbewerbsverbote verstoßen im allgemeinen nicht gegen das Kartellverbot des **§ 1 GWB**, da Gesellschaft und Geschäftsführer mit seiner Vereinbarung regelmäßig keinen gemeinsamen Zweck verfolgen[677] und das Wettbewerbsverbot auch kaum geeignet ist, die Marktverhältnisse spürbar zu beeinflussen[678].

314 Inwieweit ausnahmsweise die **§§ 74 ff HGB** auf nachvertragliche Wettbewerbsverbote für Geschäftsführer entsprechend anwendbar sind, hängt nach der Rspr. von ihrer Schutzrichtung ab: Vorschriften, die dem **Konkurrenzschutz** des Unternehmens dienen, können ohne weiteres auf das Wettbewerbsverbot für den Geschäftsführer übertragen werden[679]; nicht – auch nicht auf den Fremdgeschäftsführer –

---

669 Zur Abgrenzung von Geheimhaltungspflicht und Wettbewerbsverbot s. BAGE 57, 159, 167 ff = NJW 1988, 1686; LAG Hamm DB 1986, 2087 f; *Gaul* ZIP 1988, 689 ff.

670 BGH NJW 1986, 585 f.

671 BGH GmbHRdsch 1977, 43, 44.

672 Vgl. BGH NJW-RR 1990, 226, 227; BAG WM 1984, 352, 354 f. Zu den Folgen der stillschweigenden Fortführung vertraglicher Beziehungen für ein Wettbewerbsverbot *Gaul* GmbHRdsch 1991, 144, 149 ff.

673 BGH GmbHRdsch 1977, 43, 44; Baumbach/Hueck/*Zöllner* 107; *Lutter/Hommelhoff* Anh. § 6, 25; Scholz/*Schneider* § 43, 134.

674 S. im einzelnen *Hoffmann-Becking* Festschrift Quack (1991), 273 ff; *Jäger* DStR 1995, 724 ff; *Sina* DB 1985, 902 ff; *Tillmann* Festschrift Felix (1989), 507 ff; *ders.* GmbHRdsch 1991, 26 ff.

675 BGHZ 91, 1, 6 f = NJW 1984, 2366; BGH WM 1986, 1282; GmbHRdsch 1991, 15, 16 m.w. Nachw.; OLG Düsseldorf GmbHRdsch 1993, 581, 582; OLG Hamm GmbHRdsch 1988, 344 ff; GmbHRdsch 1989, 259 f.

676 BGHZ 91, 1, 6 f = NJW 1984, 2366; BGH GmbHRdsch 1991, 15, 16; OLG Düsseldorf GmbHRdsch 1993, 581, 582 jew.m.Nachw.; *Jäger* DStR 1995, 724, 726 f; *Hoffmann-Becking* Festschrift Quack (1991), 273 ff; *Sina* DB 1985, 902 ff.

677 OLG Hamburg WRP 1987, 258, 259 f; OLG Zweibrücken NJW-RR 1990, 482, 483; *Sina* DB 1985, 902, 904; *Jäger* DStR 1995, 724, 726; *von der Osten* GmbHRdsch 1989, 450, 453.

678 Vgl. dazu BGHZ 68, 6, 10 ff = NJW 1977, 804; BGHZ 70, 331, 334 = NJW 1978, 1001; OLG Karlsruhe GmbHRdsch 1987, 309, 310.

679 BGH NJW 1992, 1892, 1893 für § 75 a HGB; *Lutter/Hommelhoff* Anh. § 6, 25; im Grundsatz auch Scholz/*Schneider* § 43, 135 b, der jedoch auch die gerade nicht dem Konkurrenzschutz dienende Anrechnungsregel des § 74 c HGB analog auf den Geschäftsführer anwenden will; dagegen mit Recht BGH NJW-RR 1991, 993. Analog auf den Geschäftsführer anwendbar ist ferner § 75 Abs. 2, 2. Halbs. HGB.

anwendbar sind dagegen Bestimmungen, die Wettbewerbsverbote aus Gründen des **Sozialschutzes** für Arbeitnehmer zwingenden Beschränkungen unterwerfen, da sie dem verstärkten Schutzbedürfnis der Gesellschaft vor dem regelmäßig höheren Schädigungspotential einer Konkurrenztätigkeit ihres ehemaligen Geschäftsführers nicht hinreichend Rechnung tragen[680]. Das schließt es freilich nicht aus, zumindest die Grundgedanken dieser Vorschriften bei der Bestimmung der Zulässigkeitsgrenzen für Wettbewerbsverbote im Rahmen des § 138 BGB heranzuziehen[681].

Ob das nachvertragliche Wettbewerbsverbot für den Geschäftsführer die Gren- **315**
zen des § 138 BGB iVm Artt. 2 und 12 GG beachtet, ist anhand der Umstände des Einzelfalles durch umfassende **Interessenabwägung** zu ermitteln[682]. Dabei steht dem Interesse der Gesellschaft an effizientem Konkurrenzschutz das Interesse des Geschäftsführers an einem möglichst geringfügigen Eingriff in die Freiheit seiner Berufsausübung gegenüber. Zulässig ist ein Wettbewerbsverbot nach diesen Kriterien nur dann, wenn es dem Schutz eines berechtigten geschäftlichen Interesses der Gesellschaft dient und die Berufsausübung oder wirtschaftliche Betätigung des Geschäftsführers nicht unbillig erschwert[683]. Bei der Abwägung sind die Einzelregelungen der Wettbewerbsklausel miteinander in Beziehung zu setzen und in ihrer Gesamtauswirkung zu würdigen; besonders belastende Abreden wie ein weitreichendes Verbot jeder Konkurrenztätigkeit können dabei durch günstige Bedingungen wie kurze Geltungsdauer oder Höhe der Karenzentschädigung kompensiert werden. Umgekehrt kann bei fehlender Zusage einer Entschädigung das Konkurrenzschutzinteresse der Gesellschaft beim Geschäftsführer nur ganz geringfügige Beschränkungen der Berufsausübung rechtfertigen[684].

Grundsätzlich wirksam sind danach Mandanten- und Objektschutzklauseln, so- **316**
weit sie zur Wahrung der Gesellschaftsbelange erforderlich sind[685]; die Gesellschaft hat aber kein schutzwürdiges Interesse daran, den Geschäftsführer für eine bestimmte Zeit als Konkurrenten völlig auszuschalten[686]. Gleiches gilt in der Regel für umfassende konzernweite Wettbewerbsverbote[687]. Fehlt es bereits am berechtigten Gesellschaftsinteresse, ist das Wettbewerbsverbot ohne Rücksicht darauf nichtig, ob eine Karenzentschädigung versprochen wurde[688]. **Grundsätzlich unbillig** sind örtlich und zeitlich unbeschränkte Wettbewerbsverbote[689]; die Zweijahresfrist des § 74a Abs. 1 S. 3 HGB hat auch im Rahmen der Interessenabwägung nach § 138 BGB Leitbildcharakter[690], ihre Überschreitung ist nur ausnahmsweise anzuerken-

---

680 BGHZ 91, 1, 4f = NJW 1984, 2366; BGH NJW 1992, 1892, 1893, jeweils für § 74 Abs. 2 HGB; abl. *Bauer/Diller* BB 1995, 1134, 1135 m. ausf. Darstellung des Meinungsstandes.

681 BGHZ 94, 1, 5 = NJW 1984, 2366 m.w.Nachw.

682 Vgl. BGH WM 1986, 1282; ausführlich hierzu *Jäger* DStR 1995, 724ff.

683 BGHZ 91, 1, 5 = NJW 1984, 2366 m.w. Nachw.; OLG Düsseldorf GmbHRdsch 1993, 581, 582; OLG Hamm GmbHRdsch 1988, 344f; GmbHRdsch 1989, 259, 260.

684 S. dazu auch *Jäger* DStR 1995, 724, 727.

685 Zu den Wirksamkeitsvoraussetzungen im einzelnen s. BGHZ 91, 1, 6f = NJW 1984, 2366; OLG Hamm GmbHRdsch 1988, 344, 345; vgl. auch BGH NJW-RR 1991, 993.

686 BGHZ 91, 1, 7 = NJW 1984, 2366; OLG Düsseldorf GmbHRdsch 1993, 581, 582; OLG Hamm GmbHRdsch 1988, 344, 345.

687 *Schneider* GmbHRdsch 1993, 10, 18; *Hoffmann-Becking* Festschrift Quack (1991), 273, 276.

688 OLG Düsseldorf DB 1990, 1960; vgl. auch OLG Karlsruhe GmbHRdsch 1987, 309, 310; *Hoffmann-Becking* Festschrift Quack (1991), 273, 274f; *Jäger* DStR 1995, 724, 726, 728; *Bauer/Diller* BB 1995, 1134, 1136.

689 BGHZ 91, 1, 9 = NJW 1984, 2366; BGH WM 1986, 1282f; NJW-RR 1989, 800, 801; OLG Zweibrücken NJW-RR 1990, 482, 483; vgl. auch OLG Düsseldorf GmbHRdsch 1993, 581, 582.

690 BGH NJW-RR 1990, 226, 227; OLG Hamm GmbHRdsch 1989, 259, 260; *Jäger* DStR 1995, 724, 726; *Hoffmann-Becking* Festschrift Quack (1991), 273, 277.

nen[691]. Ein überlanges Wettbewerbsverbot kann auf eine angemessene Dauer zurückgeführt werden[692], sofern es nicht auch in anderer Hinsicht sittenwidrig ist[693]. Die Laufzeit des Wettbewerbsverbots beginnt mit dem tatsächlichen Ausscheiden des Geschäftsführers aus dem Amt[694]; sie endet nicht notwendig mit dem Eintritt des Geschäftsführers in den Ruhestand, selbst wenn die Gesellschaft ihm Leistungen der betrieblichen Altersversorgung gewährt[695]. Keine unbillige Erschwerung seiner wirtschaftlichen Betätigung liegt in einem vollständigen Wettbewerbsverbot für einen Marktsektor, in dem der Geschäftsführer zuvor niemals tätig war[696], sofern die Gesellschaft insoweit überhaupt ein anerkennenswertes Konkurrenzschutzinteresse besitzt.

317 Die Zahlung einer **Karenzentschädigung** ist bei Geschäftsführern abweichend von § 74 Abs. 2 HGB nicht in jedem Fall Wirksamkeitsvoraussetzung für ein Wettbewerbsverbot[697]. Auf die soziale Schutzbedürftigkeit des Geschäftsführers kommt es dabei nicht an[698], wohl aber auf die Zumutbarkeit seiner entschädigungslosen Unterwerfung unter das Wettbewerbsverbot im Einzelfall, die in erster Linie von Umfang und Dauer der Beschränkung abhängt[699]. Die Nichtigkeit eines mit einem Arbeitnehmer unter Verstoß gegen § 74 Abs. 2 HGB vereinbarten Wettbewerbsverbots wird freilich nicht dadurch geheilt, daß dieser später zum Geschäftsführer bestellt wird[700]. Für die Höhe der Karenzentschädigung ist die Mindestgrenze des § 74 Abs. 2 HGB nicht maßgeblich[701]. Keine Anwendung auf die Karenzentschädigung findet § 74 c HGB[702]; der Geschäftsführer muß sich anderweitigen Erwerb daher nur anrechnen lassen, wenn dies ausdrücklich vereinbart oder sonst gesetzlich bestimmt ist. Die Zahlung eines betrieblichen Ruhegehalts führt deshalb nicht ohne weiteres zu einer Verminderung der Karenzentschädigung[703]. Ein gesetzliches Anrechnungsgebot folgt aus § 128 a AFG[704].

---

691 Vgl. BGH NJW-RR 1990, 226, 227; zur Angemessenheit einer längeren Dauer s. z. B. BGH DB 1964, 1024; OLG Zweibrücken NJW-RR 1990, 482, 483.

692 BGH DB 1964, 1024; GmbHRdsch 1991, 15, 17 m.w.Nachw.; **aA** OLG Hamm GmbHRdsch 1988, 344, 346; GmbHRdsch 1989, 259, 260; diff. OLG Zweibrücken NJW-RR 1990, 482, 483: geltungserhaltende Reduktion jedenfalls dann, wenn die Vereinbarung eine salvatorische Klausel enthält.

693 BGH NJW 1986, 2944 f; NJW-RR 1989, 800, 801; GmbHRdsch 1991, 15, 17; Rspr.-Übersicht bei *Wernicke* BB 1990, 2209.

694 BGH NJW 1979, 1605, 1606; OLG Celle GmbHRdsch 1980, 32, 35; vgl. auch BGH NJW-RR 1990, 226, 227.

695 BAG WM 1985, 1326, 1327.

696 BGH NJW-RR 1991, 993; vgl. aber auch OLG Düsseldorf DB 1990, 1960.

697 BGHZ 91, 1, 4 ff, 6 = NJW 1984, 2366; OLG Hamm GmbHRdsch 1988, 344; OLG Karlsruhe GmbHRdsch 1987, 309, 310; OLG Koblenz WM 1985, 1484, 1485; BSGE 67, 183, 186 = NJW 1991, 862; *von der Osten* GmbHRdsch 1989, 450, 454; *Jäger* DStR 1995, 724, 728; *Lutter/Hommelhoff* Anh. § 6, 25; **aA** *Gaul* GmbHRdsch 1991, 144, 147 f m.w.Nachw.

698 BGHZ 91, 1, 5 f = NJW 1984, 2366; Baumbach/Hueck/*Zöllner* 107; *Lutter/Hommelhoff* Anh. § 6, 25; **aA** Meyer-Landrut/*Miller*/Niehus 180, 98 f für den abhängigen Geschäftsführer; Rowedder/*Koppensteiner* 91; Scholz/*Schneider* § 43, 135 b; *Gissel* 135 ff; *Groß* 361 ff.

699 Vgl. OLG Hamm GmbHRdsch 1988, 344, 345; *Hoffmann-Becking* Festschrift Quack (1991), 273, 277 ff; *Tillmann* Rdn 164; zum Meinungsstand ausführlich *Bauer/Diller* BB 1995, 1134, 1136.

700 OLG Koblenz WM 1985, 1484, 1485; zur Auswirkung von Statusänderungen im einzelnen s. *Bauer/Diller* BB 1995, 1134, 1140 f.

701 *Bauer/Diller* BB 1995, 1134, 1136; *Hoffmann-Becking* Festschrift Quack (1991), 273, 278; *Jäger* DStR 1995, 724, 728 f; **aA** OLG Düsseldorf DB 1990, 1960.

702 BGH NJW-RR 1991, 993; **aA** OLG Celle GmbHRdsch 1980, 32, 35; Scholz/*Schneider* § 43, 135 b; *Bauer/Diller* BB 1995, 1134, 1137.

703 BAG WM 1985, 1326, 1327.

704 BGH NJW-RR 1991, 993; BSGE 67, 183, 188 = NJW 1991, 862; *Lutter/Hommelhoff* Anh. § 6, 25; *Jäger* DStR 1995, 724, 729; **aA** *Plagemann* ZIP 1991, 1121 f; *Bauer/Diller* BB 1995, 1134, 1137.

Ein **Verzicht der Gesellschaft** auf die Einhaltung des Wettbewerbsverbots durch den Geschäftsführer ist vor und nach Beendigung des Anstellungsvertrages mangels entgegenstehender Vereinbarung möglich[705]; die Gesellschaft wird dadurch aber nicht sofort, sondern erst nach angemessener Frist von ihrer Pflicht zur Zahlung der Karenzentschädigung frei[706]. Abweichend von § 75 a HGB erscheint bei Geschäftsführern eine Übergangsfrist von einem halben Jahr als angemessen und ausreichend[707]. Zu bedingten Wettbewerbsverboten ausführlich *Bauer/Diller* BB 1995, 1138 ff; *Hoffmann-Becking* Festschrift Quack (1991), 273, 279 ff. Der **Geschäftsführer** kann die Wettbewerbsvereinbarung unter den Voraussetzungen des § 326 BGB aus wichtigem Grund **kündigen**, wenn die Gesellschaft mit der Zahlung der Karenzentschädigung in Verzug gerät[708]. Von der Gesellschaft zu vertretende Gründe für eine außerordentliche Kündigung des Anstellungsvertrages berechtigen den Geschäftsführer zugleich, sich von dem vereinbarten Wettbewerbsverbot loszusagen[709]. **318**

Zweifel hinsichtlich der entsprechenden Anwendbarkeit einzelner Vorschriften der **§§ 74 ff HGB** können die Parteien durch ihre pauschale **Übernahme in den Vertrag** von vornherein vermeiden. Werden die gesetzlichen Bestimmungen ergänzend zu den vertraglichen Abreden im Ganzen in Bezug genommen, können sich beide Parteien auf sie begünstigende Regelungen nur insoweit berufen, wie sie durch die Wettbewerbsklausel nicht als abbedungen anzusehen sind. Verweist der Vertrag etwa wegen der Einzelheiten des Wettbewerbsverbots auf das Gesetz, so hat der Geschäftsführer Anspruch auf eine Karenzentschädigung in der nach § 74 Abs. 2 HGB vorgeschriebenen Mindesthöhe[710]. Ebenso kommt ihm bei Freistellung vom Wettbewerbsverbot die Jahresfrist des § 75 a HGB zugute, sofern die Wettbewerbsklausel über die Rechtsfolgen eines Verzichts der Gesellschaft schweigt[711]. Vom Vorrang der Parteivereinbarungen ist auch bei der ergänzenden Verweisung auf einzelne Vorschriften der §§ 74 ff HGB auszugehen, die nur soweit reichen kann, wie die Wettbewerbsklausel nichts anderes bestimmt. Ob die Heranziehung des ergänzend berufenen Gesetzesrechts auch bei Unwirksamkeit der vertraglichen Vereinbarungen dem Parteiwillen entspricht, ist Auslegungsfrage[712]. **319**

Bei schuldhaftem **Verstoß** des Geschäftsführers **gegen das Wettbewerbsverbot** stehen der Gesellschaft Unterlassungs- und Schadensersatzansprüche zu, eine vereinbarte Vertragsstrafe ist verwirkt[713]. Herausgabeansprüche sind nur unter den **320**

---

705 *Hoffmann-Becking* Festschrift Quack (1991), 273, 279 f; **aA** LG Frankfurt GmbHRdsch 1994, 803, 804; Baumbach/Hueck/*Zöllner* 107: entsprechende Anwendung des § 75 a HGB auf den Geschäftsführer und damit Ausschluß des befreienden Verzichts nach Beendigung des Anstellungsverhältnisses; unklar BGH GmbHRdsch 1992, 1892, 1893, der zwar § 75 a HGB auf das Rücktrittsrecht der Gesellschaft für anwendbar hält, aber nicht deutlich macht, inwieweit die Gesellschaft auch den Rücktrittsbeschränkungen unterliegt.

706 *Lutter/Hommelhoff* Anh. § 6, 25; *Jäger* DStR 1995, 724, 729; *Tillmann* Rdn 165; **aA** *Hoffmann-Becking* Festschrift Quack (1991), 273, 281 f; offengelassen von BGH NJW 1992, 1892, 1893.

707 *Tillmann* Rdn 165; *Jäger* DStR 1995, 724, 729; drei Monate für ausreichend halten dagegen *Lutter/Hommelhoff* Anh. § 6, 25; für entsprechende Anwendung der Einjahresfrist des § 75a HGB jedoch OLG Hamm GmbHRdsch 1991, 367 f; Baumbach/Hueck/*Zöllner* 107; Scholz/*Schneider* § 43, 135 b; hinsichtlich Erfordernis und Dauer einer Anpassungsfrist offengelassen von BGH NJW 1992, 1892, 1893.

708 OLG Rostock NJW-RR 1995, 173, 174.

709 OLG Celle GmbHRdsch 1980, 32, 36: entsprechende Anwendung des § 75 Abs. 1 HGB.

710 BAG WM 1976, 21, 22 f.

711 BGH NJW-RR 1990, 1312, 1313.

712 Zu Einzelheiten der ergänzenden Verweisung auf die Vorschriften des HGB s. *Bauer/Diller* BB 1995, 1134, 1135; *Gaul* GmbHRdsch 1991, 144, 149; *Jäger* DStR 1995, 724, 725 f.

713 BGH NJW-RR 1988, 352, 353; zu den Sanktionen für Verstöße gegen nachvertragliche Wettbewerbsverbote vgl. Baumbach/*Hopt* HGB[29] (1995), § 75 c, 1 ff.

Voraussetzungen der §§ 687 Abs. 2, 681, 667 BGB gegeben[714], ein Eintrittsrecht der Gesellschaft entsprechend § 113 Abs. 1 HGB besteht nicht. Eine Aufrechnung mit der Karenzentschädigung ist wegen ihrer Lohnersatzfunktion nur in den Grenzen der §§ 394 BGB, 850 Abs. 3 lit. a ZPO möglich[715] (allg. zum Pfändungsschutz für Geschäftsführergehälter Rdn 213). Für den Fall eines Wettbewerbsverstoßes wirksam vereinbart werden kann der Verlust eines Abfindungsanspruchs[716], der Verlust des Pensionsanspruchs aber nur in engen Grenzen[717].

321 b) **Mögliche weitere anstellungsvertragliche Pflichten.** Der Anstellungsvertrag kann weitere Verpflichtungen des Geschäftsführers begründen, die nicht schon aus der Organstellung folgen und nicht einmal in sachlichem Zusammenhang mit seiner Tätigkeit für die Gesellschaft stehen müssen. In Betracht kommen z. B. eine Residenzpflicht, eine Verpflichtung, die Dienstleistung zu fest vereinbarten Zeiten zu erbringen[718], eine Pflicht zur Mitteilung von Ortsabwesenheit, ein Nebentätigkeitsverbot, die Untersagung bestimmter Geschäfte, eine Pflicht zur Übernahme bestimmter Ämter außerhalb der Gesellschaft usw. Ist vereinbart, daß der Geschäftsführer eine Nebenbeschäftigung nur mit Zustimmung der Gesellschaft ausüben darf, so ist damit jede entgeltliche Tätigkeit, auch die während der Freizeit ausgeübte, erfaßt[719].

3. Erfüllungsort

322 Erfüllungsort für Geldforderungen der GmbH gegen ihren Geschäftsführer aus dem Anstellungsverhältnis ist der Sitz der Gesellschaft[720].

D. Gerichtsstand und Schiedsvereinbarung

1. Rechtsweg und Gerichtsstand

323 Für Rechtsstreitigkeiten zwischen dem Geschäftsführer und der Gesellschaft sind nach § 5 Abs. 1 S. 3 ArbGG grundsätzlich die **ordentlichen Gerichte** und nicht die Arbeitsgerichte zuständig. Der Rechtsweg zu den ordentlichen Gerichten ist auch für den Geschäftsführer der Vor-GmbH und der Vorgründungsgesellschaft eröffnet[721]. Nach § 2 Abs. 4 ArbGG können die Parteien aber die Zuständigkeit der Arbeitsgerichte vereinbaren. **Gerichtsstand des Erfüllungsortes** nach § 29 ZPO ist für die Ansprüche beider Seiten aus der Organstellung wie aus dem Ausstellungsverhältnis der Sitz der Gesellschaft[722]. Funktionell zuständig sind beim Landgericht nach § 95 Abs. 1 Nr. 4 a GVG die **Kammern für Handelssachen.**

324 Die Bestimmung der Rechtswegzuständigkeit kann Schwierigkeiten bereiten, wenn ein **Arbeitnehmer der Gesellschaft** oder eines **Dritten**, etwa der GmbH & Co. KG oder des herrschenden Unternehmens im Konzern, zum Geschäftsführer der GmbH bestellt wird. Sie rühren zum einen daher, daß das Arbeitsverhältnis nach Auffassung des BAG für die Dauer der Organstellung neben dem Anstellungsverhältnis ruhend fortbestehen und nach dessen Beendigung wieder aufleben kann

[714] *Lutter/Hommelhoff* Anh. § 6, 27.
[715] OLG Rostock NJW-RR 1995, 173, 174 f.
[716] Vgl. dazu auch BGH WM 1983, 170.
[717] Vgl. dazu im einzelnen Rdn 266, 277, 288 f sowie *Sina* DB 1985, 902, 904 f; *Hoffmann-Beking* Festschrift Quack (1991), 273, 284 ff.
[718] BGH NJW-RR 1988, 420.
[719] BGH WM 1956, 865, 866.
[720] BGH NJW 1985, 1286, 1287.
[721] Hierzu und zur Rechtswegzuständigkeit bei Kündigung des Dienstvertrages vor der Bestellung des künftigen Geschäftsführers *Bongen/Renaud* GmbHRdsch 1992, 797.
[722] BGH NJW 1985, 1286, 1287.

(dazu näher Rdn 190); zum anderen beruhen sie darauf, daß das BAG im Unterschied zu den Zivilgerichten die Organstellung des Geschäftsführers bei der GmbH mit seiner gleichzeitigen Eigenschaft als Arbeitnehmer eines Dritten für vereinbar hält[723] (dazu näher Rdn 174, 190). Danach gilt im einzelnen:

Wurde mit einem Arbeitnehmer der GmbH oder eines Dritten bei seiner Bestel- **325**
lung zum Geschäftsführer ein **neuer Anstellungsvertrag** geschlossen, verliert der Geschäftsführer grundsätzlich seinen Arbeitnehmerstatus; für einen Rechtsstreit sind somit die ordentlichen Gerichte zuständig[724]. Das gilt auch dann, wenn der Geschäftsführer später aus dem Amt ausgeschieden ist und gegen die Kündigung des Anstellungsvertrages klagt[725]. Wird der Geschäftsführer nach Beendigung seiner Organstellung als Arbeitnehmer weiterbeschäftigt und in den Betrieb eingegliedert, ist für einen Rechtsstreit aus diesem Arbeitsverhältnis wiederum Zuständigkeit der Arbeitsgerichte gegeben[726].

Wird ein Arbeitnehmer der Gesellschaft dagegen **ohne wesentliche Änderung der** **326**
Anstellungsbedingungen zum Geschäftsführer bestellt, so kann das Arbeitsverhältnis nach Ansicht des BAG für die Dauer der Organstellung ruhend fortbestehen[727]. Für einen Rechtsstreit aus dem Dienstverhältnis während bestehender Organstellung sind jedenfalls auch bei Suspendierung des Arbeitsverhältnisses die ordentlichen Gerichte zuständig[728], für Streitigkeiten aus dem Arbeitsverhältnis nach dessen Wiederaufleben bei Amtsverlust des Geschäftsführers jedoch die Arbeitsgerichte[729], es sei denn, der Rechtsstreit rühre aus Vorgängen während seiner Tätigkeit als Organmitglied her; in diesem Fall hat es bei der Zuständigkeit der ordentlichen Gerichte zu verbleiben. Problematisch sind die Fälle gleichzeitiger Abberufung und Kündigung. Nach der Rspr. des BAG sollen die Arbeitsgerichte auch für eine Kündigungsschutzklage zuständig sein, die der Geschäftsführer gegen eine vor oder gleichzeitig mit seiner Abberufung aus dem Amt ausgesprochene Kündigung des Arbeitsvertrages erhebt, weil das ruhende Arbeitsverhältnis eine Doppelstellung als Organvertreter und Arbeitnehmer begründe und der Geschäftsführer mit seiner Kündigungsschutzklage ausschließlich Rechte aus dem – ruhenden – Arbeitsverhältnis geltend mache[730]. Richtigerweise haben hierüber die ordentlichen Gerichte, unter Berücksichtigung arbeitsrechtlicher Schutzvorschriften, zu entscheiden, da § 5 Abs. 1 S. 3 ArbGG die Zuständigkeit der Arbeitsgerichte für Organmitglieder ohne Rücksicht auf ihren materiellrechtlichen Status kraft negativer Fiktion ausschließt[731]. Läßt sich trotz unveränderter Anstellungsbedingungen bei dem Geschäftsführer eine Doppelstellung als Organvertreter und Arbeitnehmer kraft ruhenden Arbeitsverhältnisses nicht feststellen, bleibt es hingegen auch nach Ansicht des BAG bei der Zuständigkeit der ordentlichen Gerichte[732].

---

723 Übersicht zum Meinungsstand bei BAG NJW 1996, 1076 und GmbHRdsch 1993, 35, 36.

724 BAGE 55, 137, 145, 152; vgl. auch BAG GmbHRdsch 1994, 243, 244.

725 BAGE 55, 137, 145; 49, 81, 90; 24, 383, 392; BAG NJW 1995, 675, 676 für den Fall der Beendigung der Organstellung durch Verschmelzung der Gesellschaft.

726 BAG AP § 5 ArbGG Nr. 19 m.Anm. *Grunsky*; LG Braunschweig NJW 1976, 1748, 1749.

727 Zu den Voraussetzungen, unter denen von einer zeitweiligen Suspendierung des Arbeitsverhältnisses ausgegangen werden kann, s. Rdn 190.

728 Vgl. BAGE 55, 137, 144 f; 49, 81, 89.

729 BAGE 49, 81, 90, 94 f; 24, 383, 392.

730 BAGE 55, 137, 153; BAG NJW 1995, 675, 676.

731 So mit Recht *Grunsky* ZIP 1988, 76 ff; *Hohlfeld* GmbHRdsch 1987, 255, 256 f; *ders.* GmbHRdsch 1988, 184 f; *Martens* Anm. zu AP Nr. 3 zu § 5 ArbGG 1979; *Lutter/Hommelhoff* Anh. § 6, 70.

732 BAG NZA 1986, 68; GmbHRdsch 1994, 243, 244.

327 Wird der **Arbeitnehmer eines Dritten** ohne Abschluß eines neuen Anstellungsvertrages zum Geschäftsführer der Gesellschaft bestellt, so verliert er nach zutreffender Auffassung seinen Arbeitnehmerstatus jedenfalls für die Dauer seines Amtes auch im Verhältnis zu seinem bisherigen Arbeitgeber; zuständig für einen Rechtsstreit mit dem Dritten sind danach die ordentlichen Gerichte[733]. Das BAG hält dagegen die Organstellung des Geschäftsführers bei der GmbH mit seinem Arbeitnehmerstatus im Betrieb des Dritten grundsätzlich für vereinbar; ob die Vertragsbeziehung zu dem Dritten als Arbeitsverhältnis zu qualifizieren und damit Zuständigkeit der Arbeitsgerichte gegeben ist, soll sich allein nach dem allgemein für die Arbeitnehmereigenschaft maßgeblichen Grad der persönlichen Abhängigkeit des Geschäftsführers im konkreten Einzelfall richten[734].

2. Schiedsvereinbarung

328 Durch **Schiedsvereinbarungen** für Streitigkeiten aus dem Anstellungsvertrag kann der Rechtsweg zu den ordentlichen Gerichten nach §§ 1025, 1027 a ZPO ausgeschlossen werden. Dagegen sind Schiedsabreden über individualarbeitsrechtliche Streitigkeiten nach §§ 4, 101 Abs. 3 ArbGG unzulässig. Soweit bei einem Rechtsstreit zwischen Geschäftsführer und Gesellschaft nach vorstehenden Grundsätzen Zuständigkeit der ordentlichen Gerichte gegeben wäre, bleibt es auch nach Beendigung der Organstellung bei der Kompetenz des vereinbarten Schiedsgerichts. Einer vor den Arbeitsgerichten erhobenen Klage kann insoweit die Einrede der Schiedsvereinbarung entgegengehalten werden[735].

§ 35 a

(1) Auf allen Geschäftsbriefen, die an einen bestimmten Empfänger gerichtet werden, müssen die Rechtsform und der Sitz der Gesellschaft, das Registergericht des Sitzes der Gesellschaft und die Nummer, unter der die Gesellschaft in das Handelsregister eingetragen ist, sowie alle Geschäftsführer und, sofern die Gesellschaft einen Aufsichtsrat gebildet und dieser einen Vorsitzenden hat, der Vorsitzende des Aufsichtsrats mit dem Familiennamen und mindestens einem ausgeschriebenen Vornamen angegeben werden. Werden Angaben über das Kapital der Gesellschaft gemacht, so müssen in jedem Falle das Stammkapital sowie, wenn nicht alle in Geld zu leistenden Einlagen eingezahlt sind, der Gesamtbetrag der ausstehenden Einlagen angegeben werden.

(2) Der Angaben nach Absatz 1 Satz 1 bedarf es nicht bei Mitteilungen oder Berichten, die im Rahmen einer bestehenden Geschäftsverbindung ergehen und für die üblicherweise Vordrucke verwendet werden, in denen lediglich die im Einzelfall erforderlichen besonderen Angaben eingefügt zu werden brauchen.

(3) Bestellscheine gelten als Geschäftsbriefe im Sinne des Absatzes 1. Absatz 2 ist auf sie nicht anzuwenden.

(4) Auf allen Geschäftsbriefen und Bestellscheinen, die von einer Zweigniederlassung einer Gesellschaft mit beschränkter Haftung mit Sitz im Ausland verwendet

733 OLG Celle GmbHRdsch 1980, 32, 35; LG Braunschweig NJW 1976, 1748, 1749.

734 BAGE 39, 16, 28 = NJW 1983, 2405; BAG ZIP 1980, 1014; GmbHRdsch 1993, 35, 36; NJW 1995, 3338 f = WiB 1996, 26 m.Anm. *Reiserer*; BAG NJW 1996, 1076.

735 Zum Ganzen *Hentzen* Festschrift Sandrock (1995) 181 ff.

werden, müssen das Register, bei dem die Zweigniederlassung geführt wird, und die Nummer des Registereintrags angegeben werden; im übrigen gelten die Vorschriften der Absätze 1 bis 3, soweit nicht das ausländische Recht Abweichungen nötig macht. Befindet sich die ausländische Gesellschaft in Liquidation, so sind auch diese Tatsache sowie alle Liquidatoren anzugeben.

Übersicht

Schrifttum

Einmahl Die erste gesellschaftsrechtliche Richtlinie des Rates der Europäischen Gemeinschaften und ihre Bedeutung für das deutsche Aktienrecht, AG 1969, 131, 167, 210; *Kreplin* Erweiterte Angabenpflicht auf Geschäftsbriefen für AG, KGaA und GmbH, BB 1969, 1112; *Seibert* Die Umsetzung der Zweigniederlassungs-Richtlinie der EG in deutsches Recht, GmbHRdsch 1992, 738.

I. Gesetzgebungsgeschichte

1 § 35a Abs. 1–3 geht auf Art. 3 Nr. 4 des Gesetzes zur Durchführung der Ersten Richtlinie des Rates der Europäischen Gemeinschaften zur Koordinierung des Gesellschaftsrechts vom 15. 8. 1969 (BGBl. I S. 1146) zurück. Von der Ersten Richtlinie ist allerdings die in § 35a Abs. 1 vorgesehene Angabe der leitenden Persönlichkeiten nicht vorgeschrieben; sie war zuvor aber bereits in § 80 AktG vorgesehen, so daß es nahelag, sie bei der Angleichung des GmbH-Rechts an die Richtlinie auch für diese Gesellschaftsform zu übernehmen. Die Befreiung nach Abs. 2 entspricht ebenfalls nicht dem Wortlaut der Ersten Richtlinie, stimmt aber mit deren Sinn und Zweck überein[1].

2 Abs. 4 ist neu eingefügt durch das zur Umsetzung der Zweigniederlassungs-Richtlinie der EG erlassene Gesetz vom 22. 7. 1993[2].

II. Regelungszweck

3 Zweck der zwingenden Vorschrift ist die Sicherstellung eines Mindestmaßes an **Publizität** bereits **aufgrund der geschäftlichen Korrespondenz**. Wer geschäftlichen Kontakt mit einer GmbH aufnimmt, soll schon aufgrund der Geschäftsbriefe ein gewisses Maß an Information über sie erhalten[3]. Außerdem wird durch die Angabe des Registergerichts des Sitzes der Gesellschaft sowie der Eintragungsnummer für den Geschäftsverkehr die Möglichkeit eröffnet, sich ohne langwierige Nachforschungen zusätzliche Informationen zu verschaffen. Dem Anliegen des § 35a, den Rechtsverkehr mit der GmbH zu erleichtern und Klarheit über Sitz und Vertretungsverhältnisse zu schaffen[4], kommt im zwischenstaatlichen Verkehr besondere Bedeutung zu, ist aber nicht auf diesen beschränkt.

---

[1] Scholz/*Schneider* 1; Rowedder/*Koppensteiner* 3.
[2] Vgl. *Seibert* GmbHRdsch 1992, 738: „Gemeinschafts-Allotria".
[3] LG Berlin WM 1991, 1615, 1616; Scholz/*Schneider* 2; Baumbach/Hueck/*Zöllner* 1.
[4] Vgl. LG Detmold WM 1990, 1872, 1873.

III. Geschäftsbriefe

4 Der Begriff des Geschäftsbriefs iSv Abs. 1 S. 1 ist entsprechend dem Schutzzweck der Vorschrift weit zu fassen[5]. Ein Geschäftsbrief ist jede von der GmbH ausgehende schriftliche Mitteilung, die deren geschäftliche Betätigung nach außen betrifft, und zwar sowohl innerhalb wie außerhalb bestehender Geschäftsbeziehungen[6]. Hierunter fallen etwa Verkaufsangebote, Preislisten, Auftragsbestätigungen, Lieferscheine und Rechnungen, nicht dagegen Schreiben mit rein persönlichem Inhalt sowie der interne Schriftverkehr zwischen der Gesellschaft und ihren Filialen. Dagegen wird der Schriftverkehr unter konzernverbundenen Unternehmen von § 35a Abs. 1 erfaßt[7]. Keine Geschäftsbriefe sind von der Gesellschaft ausgestellte Wertpapiere[8]. Auch Schreiben an Gesellschafter, die gesellschaftsrechtliche Beziehungen betreffen, sind als Geschäftsbriefe anzusehen[9], desgleichen der Schriftverkehr mit betriebsverfassungsrechtlichen Organen des Unternehmens und mit Arbeitnehmern[10]. Wie die Mitteilung beim Empfänger ankommt, ob schriftlich ausgeformt oder auch nur auf dem Bildschirm, ist unerheblich[11]. Die Mitteilung braucht auch keinen individuellen Inhalt zu haben. Jedoch muß der Geschäftsbrief nach Abs. 1 S. 1 an einen **bestimmten Empfänger** gerichtet werden. Der Angabepflicht unterliegen daher nur Mitteilungen an individuell bestimmte bzw. bestimmbare Personen, nicht dagegen solche, die sich an einen unbestimmten Adressatenkreis richten[12].

5 Mit Ausnahme von **Bestellscheinen**, die gemäß Abs. 3 **stets als Geschäftsbriefe** im Sinne des Abs. 1 gelten, bedarf es nach Abs. 2 der Angabe nach Abs. 1 S. 1 nicht bei Mitteilungen oder Berichten, die im Rahmen einer bestehenden Geschäftsverbindung ergehen und für die üblicherweise Vordrucke verwendet werden, in denen lediglich die im Einzelfall erforderlichen besonderen Angaben eingefügt zu werden brauchen.

6 Der Begriff der bestehenden **Geschäftsverbindung** setzt nicht voraus, daß schon ein oder mehrere Geschäfte mit dem Geschäftspartner abgeschlossen worden sind. Entscheidend muß es vielmehr darauf ankommen, daß in der Korrespondenz mit dem Geschäftspartner die – den aktuellen Stand wiedergebenden – Angaben einmal gemacht worden sind[13].

7 Ein Formular muß die Angaben nach Abs. 1 nur dann nicht enthalten, wenn seine Verwendung und die individuellen Einfügungen der Üblichkeit entsprechen. Es muß daher so angelegt sein, daß sich Einfügungen auf die für den einzelnen Geschäftsvorfall maßgeblichen besonderen Angaben beschränken können. Zum **Kreis der üblichen Vordrucke** gehören etwa Angebote, Auftragsbestätigungen, Versandanzeigen, Lieferscheine, Empfangsbestätigungen, Rechnungen, Mahnungen, Reparaturabholbenachrichtigungen, Kontoauszüge sowie Formblätter im Rahmen des Bankverkehrs.

8 Auch **Mitteilungen an Behörden**, Industrie- und Handelskammern oder Wirtschaftsverbände, für die üblicherweise Vordrucke verwendet werden, fallen unter

---

[5] LG Detmold WM 1990, 1872; Scholz/*Schneider* 3; Rowedder/*Koppensteiner* 6.

[6] LG Detmold aaO; Scholz/*Schneider* 3.

[7] Scholz/*Schneider* 5; *Lutter/Hommelhoff* 2; abw. Rowedder/*Koppensteiner* 6.

[8] Baumbach/Hueck/*Zöllner* 7; **aA** LG Detmold WM 1990, 1872 in bezug auf einen Postscheck; Scholz/*Schneider* 3; Rowedder/*Koppensteiner* 6.

[9] **AA** Baumbach/Hueck/*Zöllner* 7; *Lutter/Hommelhoff* 2.

[10] **AA** Baumbach/Hueck/*Zöllner* 7.

[11] Baumbach/Hueck/*Zöllner* 7; einschränkend Scholz/*Schneider* 3.

[12] Scholz/*Schneider* 4; Baumbach/Hueck/*Zöllner* 7; *Lutter/Hommelhoff* 3.

[13] Baumbach/Hueck/*Zöllner* 9; *Einmahl* AG 1969, 131, 136; ähnlich auch Scholz/*Schneider* 16; Rowedder/*Koppensteiner* 12, die aber weit zurückliegende Angaben nicht ausreichen lassen wollen.

Abs. 2[14]. Das Erfordernis der bestehenden Geschäftsverbindung ist hier sinngemäß stets dann erfüllt, wenn die Berichte aufgrund einer Anordnung des Empfängers oder einer Vereinbarung mit ihm regelmäßig zu erstatten sind[15].

IV. Vorgeschriebene Angaben

1. Unbedingt vorgeschriebene Angaben

Für Geschäftsbriefe sind folgende Angaben vorgeschrieben: 9

(1) **Die Rechtsform der Gesellschaft**, also die Bezeichnung „Gesellschaft mit beschränkter Haftung". Die Abkürzung GmbH genügt dem gesetzlichen Erfordernis[16]. Befindet sich die GmbH in Liquidation oder in Konkurs, so ist dies zu erwähnen[17].

(2) **Der Sitz der Gesellschaft.** Die Angabe des Sitzes gemäß § 3 Abs. 1 Nr. 1 ist vor allem deshalb angezeigt, weil dieser den allgemeinen Gerichtsstand der Gesellschaft begründet (§ 17 ZPO)[18]. Die Angabe des Ortes der Zweigniederlassung genügt auch dann nicht, wenn der Geschäftsbrief von einer Zweigniederlassung abgesandt wird[19].

(3) **Das Registergericht** des Sitzes der Gesellschaft und die **Nummer**, unter der die Gesellschaft in das Handelsregister eingetragen ist. Dabei ist eine abgekürzte Angabe – wie in anderen Rechtsordnungen der EG – ausreichend[20].

(4) **Alle Geschäftsführer**; sie müssen mit Familiennamen und mindestens einem ausgeschriebenen Vornamen aufgeführt sein. Das gilt auch für Stellvertreter (§ 44), die als solche bezeichnet werden können, aber nicht müssen[21]. Gegebenenfalls ist auch ein Notgeschäftsführer zu erwähnen; denn gerade die Tatsache der Bestellung eines Notgeschäftsführers und dessen Person sind für den Rechtsverkehr nicht unwichtig. Demgegenüber kann es nicht darauf ankommen, daß er nur vorübergehend für den Fall der Verhinderung eines anderen Geschäftsführers bestellt ist. Der **Arbeitsdirektor** braucht nicht als solcher hervorgehoben zu werden[22]. Bei Geschäftsführern mit Doppelnamen genügt die Angabe des Namens, den der Geschäftsführer im Geschäftsverkehr verwendet[23]. Bei Liquidation der Gesellschaft sind sämtliche **Liquidatoren** zu nennen. Im Konkurs der Gesellschaft ist neben den Geschäftsführern auch der **Konkursverwalter** anzugeben[24].

(5) **Gegebenenfalls der Vorsitzende des Aufsichtsrats.** Auch dieser ist mit Nachnamen und einem ausgeschriebenen Vornamen anzugeben. Es kommt nicht darauf an, ob der Aufsichtsrat für die GmbH obligatorisch ist oder ob er kraft statutarischer Bestimmung fungiert[25]. Hat ein Gremium nach der Satzung Aufsichtsratsfunktionen zu erfüllen, so ist sein Vorsitzender anzugeben, auch wenn es nicht als Aufsichtsrat, sondern etwa als Beirat bezeichnet wird.

---

[14] Baumbach/Hueck/*Zöllner* 9; Geßler/*Hefermehl*/Eckardt/Kropff AktG § 80, 17.

[15] Geßler/*Hefermehl*/Eckardt/Kropff aaO.

[16] Scholz/*Schneider* 7; Baumbach/Hueck/*Zöllner* 4; Rowedder/*Koppensteiner* 8.

[17] Baumbach/Hueck/*Zöllner* 4.

[18] BGH WM 1977, 1427.

[19] Scholz/*Schneider* 8; Baumbach/Hueck/*Zöllner* 4; Rowedder/*Koppensteiner* 8; Geßler/*Hefermehl*/Eckardt/Kropff aaO 5; *Meyer-Landrut*-GroßkommAktG § 80, 1.

[20] Vgl. Scholz/*Schneider* 9.

[21] Baumbach/Hueck/*Zöllner* 4; *Meyer-Landrut*-GroßkommAktG § 80, 1.

[22] Scholz/*Schneider*, 10.

[23] OLG Frankfurt ZIP 1986, 47.

[24] Baumbach/Hueck/*Zöllner* 4.

[25] Scholz/*Schneider* 11; *Lutter/Hommelhoff* 5; Rowedder/*Koppensteiner* 8.

2. Für den Fall der Erwähnung des Kapitals vorgeschriebene Angaben

10 Die Gesellschaft wird durch § 35a nicht gezwungen, in ihren Geschäftsbriefen Angaben über das Kapital zu machen. Geschieht dies aber, so ist gemäß Abs. 1 S. 2 stets das Stammkapital sowie der Gesamtbetrag der noch ausstehenden Geldeinlagen anzugeben. Sacheinlagen erwähnt das Gesetz nicht, da diese nach § 7 Abs. 3 vor der Anmeldung geleistet sein müssen. Angaben darüber, ob und in welchem Maße das eingezahlte Kapital tatsächlich noch vorhanden ist, verlangt § 35a nicht. Auch nach §§ 3, 1 UWG ist die Gesellschaft zu solchen Angaben nicht verpflichtet[26].

3. Ausländische Gesellschaften

11 Wie Abs. 4 S. 1 Halbs. 2 nunmehr ausdrücklich bestimmt, unterliegen auch die inländischen Zweigstellen von Gesellschaften mit Sitz im Ausland den Angabepflichten der Abs. 1–3, soweit sich aus dem ausländischen Recht nichts anderes ergibt. Bei inländischen Zweigniederlassungen ausländischer Gesellschaften müssen nach Abs. 4 S. 1 Halbs. 1 ferner das Register, bei dem die Zweigniederlassung geführt wird, sowie die Nummer des Registereintrags angegeben werden. Registerangaben für die ausländische Gesellschaft selbst sind in diesem Falle entbehrlich[27].

Befindet sich die ausländische Gesellschaft in Liquidation, so muß dies nach Abs. 4 S. 2 ebenso wie alle Liquidatoren ebenfalls angegeben werden.

Die Angabepflichten nach Abs. 4 – und entsprechend nach § 80 Abs. 4 AktG – sind von allen ausländischen Gesellschaften zu erfüllen, bei denen keine natürliche Person unbeschränkt haftet[28].

V. Folgen eines Verstoßes

12 § 35a ist keine Form-, sondern eine Ordnungsvorschrift, deren Verletzung die Gültigkeit einer Erklärung nicht beeinflußt[29]. Geschäftführer, die § 35a nicht befolgen, sind hierzu vom Registergericht durch Festsetzung von Zwangsgeld anzuhalten (vgl. § 79 Abs. 1). Nach Lage des Falls können falsche Angaben zu einem Anspruch des Geschäftspartners aus culpa in contrahendo oder zu einem Anfechtungsrecht führen. Ein Schutzgesetz iSv § 823 Abs. 2 BGB stellt § 35a entgegen der h.M.[30] nicht dar; denn er dient der Erleichterung der Information im Geschäftsverkehr, nicht aber der Absicherung der Rechtsgüter individueller Personen, die zu einer Gesellschaft in Verbindung treten. In Fällen gezielt falscher Angaben können §§ 3, 1 UWG und 826 BGB eingreifen. Eine Kostenersparnis, die eine Gesellschaft durch Nichtbeachtung von § 35a erlangt, ist kein Wettbewerbsvorteil iSv § 1 UWG[31].

§ 36

Die Gesellschaft wird durch die in ihrem Namen von den Geschäftsführern vorgenommenen Rechtsgeschäfte berechtigt und verpflichtet; es ist gleichgültig, ob das Geschäft ausdrücklich im Namen der Gesellschaft vorgenommen worden ist, oder

---

26 Mißverständlich Scholz/*Schneider* 12.
27 Baumbach/Hueck/*Zöllner* 5.
28 So mit Recht Baumbach/Hueck/*Zöllner* 5; vgl. dazu auch *Bungert* GmbHRdsch 1993, 479.
29 Ebenso Scholz/*Schneider* 19; Baumbach/Hueck/*Zöllner* 10.
30 LG Detmold WM 1990, 1872; Baumbach/Hueck/*Zöllner* 10; *Lutter/Hommelhoff* 6; Rowedder/*Koppensteiner* 10; *Roth* 4; einschränkend auf Abs. 1 S. 2 Scholz/*Schneider* 19.
31 LG Berlin WM 1991, 1615.

ob die Umstände ergeben, daß es nach dem Willen der Beteiligten für die Gesellschaft vorgenommen werden sollte.

Die Vorschrift besagt nichts anderes als § 164 BGB; sie erklärt sich daraus, daß das GmbH-Gesetz älter ist als das BGB. § 36 GmbHG ist daher überflüssig[1]. Vgl. zur Vertretung der Gesellschaft durch die Geschäftsführer § 35, 42 ff. **1**

§ 37

(1) Die Geschäftsführer sind der Gesellschaft gegenüber verpflichtet, die Beschränkungen einzuhalten, welche für den Umfang ihrer Befugnis, die Gesellschaft zu vertreten, durch den Gesellschaftsvertrag oder, soweit dieser nicht ein anderes bestimmt, durch die Beschlüsse der Gesellschafter festgesetzt sind.

(2) Gegen dritte Personen hat eine Beschränkung der Befugnis der Geschäftsführer, die Gesellschaft zu vertreten, keine rechtliche Wirkung. Dies gilt insbesondere für den Fall, daß die Vertretung sich nur auf gewisse Geschäfte oder Arten von Geschäften erstrecken oder nur unter gewissen Umständen oder für eine gewisse Zeit oder an einzelnen Orten stattfinden soll, oder daß die Zustimmung der Gesellschafter oder eines Organs der Gesellschaft für einzelne Geschäfte erfordert ist.

Übersicht

[1] Scholz/*Schneider* 1; Baumbach/Hueck/*Zöllner* 1; *Lutter/Hommelhoff* 1.

Schrifttum

Ballerstedt Das Mitbestimmungsgesetz zwischen Gesellschafts-, Arbeits- und Unternehmensrecht, ZGR 1977, 133; *Bardorf* Der Gesellschaftereinfluß auf die GmbH-Geschäftsführung nach dem Mitbestimmungsgesetz (1981); *Baumann* GmbH und Mitbestimmung, ZHR 142 (1978) 557; *Boesebeck* Das Weisungsrecht der Gesellschafter einer GmbH, GmbHRdsch 1960, 118; *Eisenhardt* Zum Weisungsrecht der Gesellschafter in der nicht mitbestimmten GmbH, in: Festschr. Pfeiffer (1988) S. 839; *Esch* Weisungsrechte der Gesellschafter der GmbH & Co. KG, NJW 1988, 1553; *Hölters* Satzungsgestaltung und Organisationsstruktur von Unternehmen bei Einführung der qualifizierten Mitbestimmung, BB 1975, 797; *ders.* Die zustimmungspflichtigen Geschäftsführungsmaßnahmen im Spannungsfeld zwischen Satzungs- und Aufsichtsratsautonomie, BB 1978, 640; *Hoffmann/Neumann* Die Mitbestimmung bei GmbH und GmbH & Co. KG nach dem Mitbestimmungsgesetz 1976, GmbHRdsch 1976, 149, 183; *Hommelhoff* Unternehmensführung in der mitbestimmten GmbH, ZGR 1978, 119; *Konzen* Geschäftsführung, Weisungsrecht und Verantwortlichkeit in der GmbH und GmbH & Co. KG, NJW 1989, 2977; *Kort*, Die Änderung der Unternehmenspolitik durch den GmbH-Geschäftsführer, ZIP 1991, 1274; *Mertens* Unternehmensgegenstand und Mitgliedschaftsrecht, AG 1978, 309; MünchHdbGesR III-*Marsch-Barner/Diekmann* (1996) 8. Kapitel § 44; *Overlack*, Der Einfluß der Gesellschafter auf die Geschäftsführung in der mitbestimmten GmbH, ZHR 141 (1977) 125; *Reuter/Körnig* Mitbestimmung und gesellschaftsrechtliche Gestaltungsfreiheit, ZHR 140 (1976) 494; *Rohleder* Die Übertragbarkeit von Kompetenzen auf GmbH-Beiräte (1991); *U. H. Schneider* GmbH und GmbH & Co. KG in der Mitbestimmung, ZGR 1977, 335; *Teichmann* Gestaltungsfreiheit in Gesellschaftsverträgen (1970); *Thümmel* Möglichkeiten und Grenzen der Kompetenzverlagerung auf Beiräte in der Personengesellschaft und in der GmbH, DB 1995, 2461; *Ulmer* Der Einfluß des Mitbestimmungsgesetzes auf die Struktur von AG und GmbH (1979); *van Venrooy* Beeinträchtigung der dienstvertraglichen Freistellung des GmbH-Geschäftsführers von Weisungen durch den GmbH-Gesellschaftsvertrag und durch Gesellschafterbeschlüsse, GmbHRdsch 1982, 175; *Wank* Der Kompetenzkonflikt zwischen Gesellschaftern und Aufsichtsrat in der mitbestimmten GmbH, GmbHRdsch 1980, 121; *Wiedemann* Das Mitbestimmungsgesetz zwischen Gesellschafts-, Arbeits- und Unternehmensrecht, ZGR 1977, 160; *Zitzmann* Die Vorlagepflichten des GmbH-Geschäftsführers (1991); *Zöllner* GmbH und GmbH & Co. KG in der Mitbestimmung, ZGR 1977, 319.

Zu Beiräten, Verwaltungsräten und Gesellschafterausschüssen vgl. das Schrifttum bei § 52 vor Rdn 297, zur Verfassung der GmbH und zur Geschäftsführung bei § 35 vor Rdn 1 und vor Rdn 105.

I. Regelungsgegenstand und -zweck

1 Abs. 1 betrifft entgegen seinem mißverständlichen Wortlaut nicht die Vertretungs-, sondern die Geschäftsführungsbefugnis und besagt, daß diese durch den Gesellschaftsvertrag oder durch Gesellschafterbeschlüsse beschränkt werden kann. Abs. 2 regelt die Unbeschränkbarkeit der Vertretungsmacht der Geschäftsführer. Der Begriff der Geschäftsführungsbefugnis erfaßt das Handeln der Geschäftsführer unter dem Aspekt gesellschaftsinterner Zulässigkeit. Vertretung der Gesellschaft ist jedes nach außen wirkende rechtsgeschäftliche Handeln in ihrem Namen (vgl. § 35, 43); dessen Wirksamkeit hängt von der Vertretungsbefugnis ab. Außerhalb des Bereichs der Vertretung kommt der GmbH zuzurechnendes organschaftliches Handeln der Geschäftsführer auch bei Realakten in Betracht[1].

II. Geschichte

2 Die Vorschrift ist seit Inkrafttreten des GmbH-Gesetzes unverändert. Im RegE 1971 waren sachliche Änderungen der gegenwärtigen Rechtslage hinsichtlich der

[1] Vgl. Baumbach/Hueck/*Zöllner* 5.

Vertretungs- und Geschäftsführungsbefugnis nicht vorgesehen. Es sollte nur schärfer zwischen beidem unterschieden werden. In § 61 RegE 1971 war ausdrücklich das Prinzip der Gesamtgeschäftsführung statuiert, das sich im geltenden Recht aus § 35 Abs. 2 S. 2 erschließen läßt. Außerdem trug die Formulierung in § 66 RegE 1971 – der Bestimmung, die § 37 entspricht, – dem Gesichtspunkt Rechnung, daß auch der Aufsichtsrat sowie ein im Gesellschaftsvertrag hierzu ermächtigtes Organ und die Geschäftsordnung Einschränkungen der Geschäftsführungsbefugnis bestimmen können. § 66 Abs. 2 S. 2 RegE 1971 sah vor, daß die Geschäftsführer Prokuristen und Handlungsbevollmächtigte zum gesamten Geschäftsbetrieb nur bestellen dürfen, wenn die Gesellschafter sie dazu – durch den Gesellschaftsvertrag oder durch Beschluß – ermächtigt haben. Die Einordnung dieser Regelung, die sich jetzt in § 46 Nr. 7 findet, in das Recht der Vertretungs- und Geschäftsführungsbefugnis der Geschäftsführer sollte klarstellen, daß die Bestellung von Prokuristen und Handlungsbevollmächtigten kein interner Organisationsakt der Gesellschaft, sondern eine Geschäftsführungsmaßnahme ist und dem Zustimmungserfordernis der Gesellschafter daher nur interne Bedeutung zukommt. Zugleich war in § 107 Abs. 5 S. 3 RegE 1971 bestimmt, daß der Aufsichtsrat, soweit ihm nicht kraft zwingenden Rechts die Bestellung der Geschäftsführer obliegt, die Bestellung und die Abberufung von Prokuristen ohne besondere Ermächtigung durch den Gesellschaftsvertrag nicht von seiner Zustimmung abhängig machen darf. Hier ging es dem RegE 1971 darum, außerhalb des Bereichs der dem Aufsichtsrat kraft zwingenden Rechts zuzuerkennenden Personalkompetenz dafür zu sorgen, daß die Entscheidung über die Bestellung der die Geschäfte führenden Personen (Geschäftsführer und Prokuristen) grundsätzlich in einer Hand, nämlich der der Gesellschafter verblieb. Auch in Gesellschaften, in denen nach dem RegE 1971 die Geschäftsführer vom Aufsichtsrat zu bestellen waren, sollte aber die Regelung des § 66 Abs. 2 S. 2 RegE 1971 gelten; hiernach bedurfte die Bestellung von Prokuristen durch die Geschäftsführung der Ermächtigung durch die Gesellschafter. Der Aufsichtsrat sollte jedoch das Recht haben, die Bestellung von seiner Zustimmung abhängig zu machen (vgl. § 124 Abs. 1, 5 iVm § 107 Abs. 3 RegE 1971 sowie die Begründung zu § 66 RegE 1971).

III. Die Geschäftsführungsbefugnis der Geschäftsführer

1. Gesetzliche Regelung

a) Begriff der Geschäftsführung. Die Geschäftsführung umfaßt alle zur Verfolgung des Gesellschaftszwecks erforderlichen Entscheidungen und Maßnahmen, nicht dagegen die Ausgestaltung der körperschaftsrechtlichen Organisation der Gesellschaft, die Änderung des Gesellschaftsvertrages und die Wahrnehmung der Gesellschafterrechte[2]. 3

b) Die Geschäftsführer als Geschäftsführungsorgan. Zur Geschäftsführung sind die Geschäftsführer, wie § 37 voraussetzt, berechtigt und verpflichtet, soweit Satzung oder Gesellschafterbeschlüsse nichts Abweichendes bestimmen. Daneben weist das Gesetz den Geschäftsführern auch bestimmte körperschaftsrechtliche Befugnisse zu, so die Einberufung der Gesellschafterversammlung (§ 49 Abs. 1). Die Satzung kann den Geschäftsführern noch weitere körperschaftsrechtliche Befugnisse einräumen, wie etwa die Einforderung von Einlagen oder die Genehmigung der Anteilsveräußerung nach § 15 Abs. 5[3]. Aus dem Begriff der Geschäftsführungsbefugnis folgt 4

[2] Baumbach/Hueck/*Zöllner* 2.

[3] Baumbach/Hueck/*Zöllner* 3.

keine Beschränkung der Geschäftsführungskompetenz der Geschäftsführer auf die gewöhnlichen Angelegenheiten des laufenden Geschäftsbetriebs und auch kein Ausschluß unternehmensstrategischer Entscheidungen[4].

5 c) **Begrenzung der Geschäftsführungsbefugnis der Geschäftsführer durch die Beschlußzuständigkeit der Gesellschafter.** Kraft Gesetzes wird die Geschäftsführungsbefugnis der Geschäftsführer durch die Beschlußzuständigkeit der Gesellschafter nach § 46 beschränkt. Maßnahmen, die der Geschäftsführung zuzurechnen sind, aber nach § 46 der Bestimmung der Gesellschafter unterliegen, sind die Feststellung des Jahresabschlusses (§ 46 Nr. 1), die Maßregeln zur Prüfung und Überwachung der Geschäftsführung (§ 46 Nr. 6), die Bestellung von Prokuristen und Gesamthandlungsbevollmächtigten (§ 46 Nr. 7), die Geltendmachung von Ersatzansprüchen aus Gründung und Geschäftsführung sowie die Prozeßvertretung gegenüber Geschäftsführern (§ 46 Nr. 8). Die Satzung kann jedoch für diese Maßnahmen eine Zuständigkeit der Geschäftsführer begründen.

6 In die Zuständigkeit der Gesellschafter fallen auch der **Abschluß** und die **Beendigung** der **Anstellungsverträge mit den Geschäftsführern.** Hier handelt es sich um eine ungeschriebene Annexkompetenz zur Bestellung und Abberufung von Geschäftsführern, über die nach § 46 Nr. 5 die Gesellschafter bestimmen. In paritätisch mitbestimmten Gesellschaften steht diese Annexkompetenz dem Aufsichtsrat als dem für die Bestellung der Geschäftsführer zuständigen Organ zu (vgl. dazu § 35, 26 ff). Nach *Zitzmann* S. 42 ff soll aus § 46 Nr. 1, wonach die Gesellschafter über die Verwendung des Jahresergebnisses zu beschließen haben, und aus ihrem Anspruch auf den Jahresüberschuß nach § 29 Abs. 1 zu folgern sein, daß auch die **Begründung einer stillen Gesellschaft** ihrer Zustimmung bedürfe. Dem ist nicht zuzustimmen. Die Eingehung einer stillen Gesellschaft ist nur ausnahmsweise aufgrund der in den folgenden Rdn genannten Kriterien der Zustimmung der Gesellschafter unterworfen[5].

7 d) **Ungeschriebene Begrenzungen der Geschäftsführungsbefugnis der Geschäftsführer.** Kraft ungeschriebenen Rechts bedürfen, soweit Satzung oder Gesellschafterbeschlüsse nichts anderes bestimmen, der Zustimmung der Gesellschafter solche Geschäftsführungsmaßnahmen, die den von den Gesellschaftern festgelegten geschäftspolitischen Grundsätzen widersprechen (vgl. Rdn 8) oder bei denen für die Geschäftsführer Grund zu der Annahme besteht, daß sie keine Billigung der Gesellschaftermehrheit finden würden (vgl. Rdn 9), schließlich solche Geschäftsführungsmaßnahmen, die so substantiell in die Rechte der Gesellschafter eingreifen oder so außerordentliche Risiken für die Gesellschafter mit sich bringen, daß sich die Geschäftsführer nach Treu und Glauben nicht als aus eigener Machtvollkommenheit entscheidungsbefugt ansehen dürfen (vgl. Rdn 10).

8 Soweit die Gesellschafter **Grundsätze der Geschäftspolitik** in Gesellschafterbeschlüssen festgelegt haben, müssen sich die Geschäftsführer schon deshalb daran halten, weil sie Gesellschafterbeschlüsse zu befolgen haben[6]. Entsprechendes gilt für Grundsätze der Geschäftspolitik, die in der Satzung niedergelegt sind. Darüber hinaus können sich aber aus dem Kontext der von den Gesellschaftern begründeten

---

[4] Baumbach/Hueck/*Zöllner* 6a und 6g; Beck-GmbH-Handb.-*Axhausen* § 5, 22 f; *Zitzmann* S. 63 ff; *Kort* ZIP 1991, 1274. Die in der Voraufl. vertretene gegenteilige Meinung wird aufgegeben. Zur Frage ungeschriebener Entscheidungskompetenzen der Gesellschafterversammlung im Bereich der Geschäftsführung vgl. unten Rdn 7 ff.

[5] Vgl. *K. Schmidt* ZGR 1984, 295, 309.

[6] Baumbach/Hueck/*Zöllner* 6c.

oder gebilligten unternehmenspolitischen Strategie Rahmensetzungen für die Geschäftspolitik ergeben, die von den Geschäftsführern nicht ohne Zustimmung der Gesellschafter durchbrochen oder verändert werden dürfen[7].

Die in der vorigen Rdn skizzierten Entscheidungen werden die Geschäftsführer meistens auch schon deshalb nicht ohne Zustimmung der Gesellschafter treffen dürfen, weil sie diese für alle Maßnahmen benötigen, bei denen für sie naheliegender Grund zu der Annahme besteht, daß sie dem **Willen der Gesellschaftermehrheit** widersprechen könnten[8]. Kraft ihrer Treupflicht dürfen sie nämlich nicht gegen den mutmaßlichen Willen des ihnen übergeordneten Organs handeln[9]. Entgegen OLG Frankfurt AG 1988, 335 m.Anm. *Spahn* ist aber keine Vorlagepflicht gegeben, wenn nur der Widerspruch einer Gesellschafterminderheit zu erwarten ist[10]. 9

Darüber hinaus haben die Geschäftsführer die Zustimmung der Gesellschafter für ein **außergewöhnliches Geschäft** einzuholen, wenn sich ihnen ernsthafte Zweifel aufdrängen müssen, daß diese ihnen ein Geschäft dieses Zuschnitts zur eigenverantwortlichen Entscheidung überlassen wollten[11]. Soweit sich nicht aus der Satzung oder der Struktur und Organisation der Gesellschaft oder aus Gesellschafterbeschlüssen Besonderheiten ergeben, wird dies immer dann der Fall sein, wenn Geschäftsführungsmaßnahmen substantiell in mitgliedschaftliche Rechte und Interessen der Gesellschafter eingreifen oder außerordentliche Risiken für die Gesellschafter mit sich bringen. Hier ist insbesondere auch an konzernrechtlich relevante Maßnahmen zu denken (vgl. dazu Anh. § 77, 58, 69 ff, 198 ff sowie § 53, 140, 143, 148, 153 ff)[12]. Mit Recht hebt Baumbach/Hueck/*Zöllner* 6e hervor, daß die Vorlagepflicht der GmbH-Geschäftsführer keineswegs enger gezogen werden dürfe als die des Vorstands einer Aktiengesellschaft und somit auch die – aktienrechtlich allerdings fragwürdigen[13] – Ansätze des Holzmüller-Urteils[14] auf die GmbH übertragbar sind[15]. 10

Eine über die vorgenannten Fallgruppen hinausgehende Regel, daß die Geschäftsführer bei außergewöhnlichen Maßnahmen die Entscheidung der Gesellschafterversammlung einzuholen hätten, ist nicht anzuerkennen[16]. Eine Begrenzung der Geschäftsführungsbefugnisse der Geschäftsführer auf die im Sinne von § 116 Abs. 1 und 2 und § 164 HGB **ungewöhnlichen Geschäfte** ginge für die GmbH zu weit[17]. Auch eine spezifische Geschäftsführungszuständigkeit der Gesellschafter in bezug auf die Festlegung der Unternehmenspolitik oder ihre Grundsätze oder Grundzüge ist abzulehnen; denn zwischen Unternehmenspolitik und „einfacher" 11

---

7 So sind wohl auch Scholz/*Schneider* 14 und *Lutter/Hommelhoff* 11 zu verstehen. Vgl. zur Beachtlichkeit der festgelegten Unternehmenspolitik auch BGH ZIP 1991, 509; OLG Düsseldorf ZIP 1984, 1476, 1479; LG Berlin WM 1992, 22, 25.

8 Allg.M. Vgl. BGH NJW 1984, 1461, 1462; Baumbach/Hueck/*Zöllner* 6d; Scholz/*Schneider* 16; *Lutter/Hommelhoff* 11. W. Nachw. bei *Zitzmann* S. 91 f.

9 Baumbach/Hueck/*Zöllner* 6d.

10 Baumbach/Hueck/*Zöllner* aaO.

11 Für eine Vorlagepflicht in bezug auf derartige Geschäfte kann man zur Begründung auch auf § 49 Abs. 2 iVm § 46 Nr. 6 hinweisen; vgl. in diesem Sinne für Geschäfte, die den Bestand der GmbH gefährden, *Zitzmann* S. 107 ff, 129 ff, 167 ff.

12 Vgl. dazu auch *Zitzmann* S. 44 f, 117 f.

13 Vgl. *Hüffer* AktG² § 119, 16 ff; *Mertens*-KölnKommAktG² § 76, 51.

14 BGHZ 83, 122.

15 Vgl. auch Scholz/*Schneider* 15; *Lutter/Hommelhoff* 11.

16 So auch Baumbach/Hueck/*Zöllner* 6f; ähnlich auch *Kort* ZIP 1991, 1274; *Zitzmann* S. 63 ff; *Lindacher* JuS 1984, 672; dagegen tendieren zu einem Prinzip, daß außergewöhnliche Maßnahmen zustimmungsbedürftig seien, Scholz/*Schneider* 12 ff; *Lutter/Hommelhoff* 10 f; *Roth* Anm. 2.2.1; Meyer-Landrut/*Miller*/Niehus 73, 74; MünchHdbGesR III-*Marsch-Barner/Diekmann* § 44, 54 f; *Hommelhoff* ZGR 1978, 124; *ders.* ZIP 1983, 383, 385; *Vollmer* ZGR 1979, 135.

17 Baumbach/Hueck/*Zöllner* 6 f.

Geschäftsführung läßt sich keine Grenze ziehen, die als Rechtsgrundlage für unterschiedliche Kompetenzzuweisungen ausreichend wäre[18].

12 Steht die **Geschäftsführungsbefugnis** einem Gesellschafter **kraft** eines **Sonderrechts** zu, so ist es Auslegungsfrage, ob der Gesellschafterversammlung Zustimmungsvorbehalte in den in Rdn 7 ff skizzierten Fällen vorbehalten sind[19]. Normalerweise wird anzunehmen sein, daß mit einem Sonderrecht auf Geschäftsführung auch eine umfassende Geschäftsführungsbefugnis verbunden sein soll.

13 Eine Begrenzung der Geschäftsführungsbefugnis sowie auch der Vertretungsbefugnis der Geschäftsführer ergibt sich bei Gesellschaften mit paritätisch zusammengesetztem Aufsichtsrat aus **§ 32 MitbestG** und aus § 15 MitbestErgG; vgl. dazu § 35, 55.

2. Beschränkbarkeit der Geschäftsführungsbefugnis durch Satzung und Gesellschafterbeschlüsse

14 **a) Prinzip der Dispositionsfreiheit des Satzungsgebers und der Gesellschafter.** Im Prinzip ist unbestritten, daß Satzung und Gesellschafterbeschlüsse die Geschäftsführung der GmbH im Gegensatz zur Vertretung frei regeln, insbesondere die Geschäftsführungsbefugnis der Geschäftsführer an die Mitwirkung der Gesellschafter oder anderer satzungsmäßiger Organe binden oder auch die Gesellschafter oder andere Organe selbst mit Geschäftsführungsbefugnissen ausstatten können. Umstritten sind allerdings die Grenzen dieser Regelungsfreiheit sowie die Frage, ob gewisse Verlagerungen der Geschäftsführungskompetenz auf die Gesellschafter oder ein anderes Organ einer gesellschaftsvertraglichen Grundlage bedürfen. Hierzu ist im folgenden Stellung zu nehmen.

b) Uneinschränkbarer Bereich eigenverantwortlicher Geschäftsführung

15 **aa) Autonomer Entscheidungsbereich der Geschäftsführer kraft unabdingbarer Vertretungsbefugnis und gesetzlich zwingender Amtsverantwortung.** Ein autonomer Entscheidungsbereich der Geschäftsführer ergibt sich in einem klar begrenzten Umfang zwingend aus dem Gesetz selbst: Zum einen steht ihnen unabdingbar die gesetzliche Vertretung der Gesellschaft zu; die Gesellschafter können sie nicht an sich ziehen[20]. Damit ist den Geschäftsführern zugleich faktisch insoweit ein gewisser Entscheidungsspielraum gesichert, als die Gesellschafter kaum alle Entscheidungen, die im Rahmen der Vertretung der Gesellschaft gefällt werden müssen, vorwegnehmen können. Zum anderen obliegen den Geschäftsführern eine Reihe von Amtspflichten, die nicht zur Disposition der Gesellschafter stehen, insbesondere die Pflicht zur Erhaltung der Kapitalgrundlage der Gesellschaft gemäß §§ 30, 33, die Pflicht, unter gewissen Voraussetzungen die Eröffnung des Konkurses bzw. des Vergleichsverfahrens zu beantragen (§ 64), die Pflicht, den gesetzlichen Vorschriften über die Publizität der Gesellschaft zu entsprechen, insbesondere die notwendigen Anmeldungen zur Eintragung in das Handelsregister vorzunehmen, und die Pflicht zur Sorge für eine ordnungsmäßige Buchführung und Bilanzierung (§§ 41, 42). Hinzu kommen weitere Pflichten, die ihnen im öffentlichen Interesse auferlegt sind, so z. B. nach § 34 Abgabenordnung. Hier haben sie kraft eigener Verantwortung zu

---

[18] So mit Recht Baumbach/Hueck/*Zöllner* 6g; *Zitzmann* S. 88 f, 213; demgegenüber plädieren für eine unternehmenspolitische (Grundsatz)Kompetenz *Lutter/Hommelhoff* 8; Scholz/*Schneider* 10 ff; *Eisenhardt* Festschr. Pfeiffer (1988) S. 839, 842 ff.

[19] Vgl. dazu *Zitzmann* S. 198 ff.

[20] Vgl. BGH WM 1978, 1047 und § 35, 42.

entscheiden[21]. Auch insoweit kann also den Geschäftsführern die Geschäftsführungsbefugnis nicht völlig aus der Hand genommen werden[22]. Darüber hinaus ist anzunehmen, daß jeder Geschäftsführer aufgrund seiner Organstellung kraft zwingenden Rechts für ein rechtmäßiges und im Rahmen seiner Ausgestaltung durch Satzung und Gesellschafterbeschlüsse sachangemessenes Funktionieren des Gesamtorgans verantwortlich ist[23].

bb) Darüber hinausgehender Mindestbereich autonomen Geschäftsführungsermessens? Außerhalb des uneinschränkbaren Bereichs eigenverantwortlicher Geschäftsführung steht den Geschäftsführern ein unentziehbarer Handlungsspielraum – vorbehaltlich eines Sonderrechts auf Geschäftsführung (vgl. Rdn 12) – im Verhältnis zu den Gesellschaftern nicht zu. Auch unter Vorbehalt der den Geschäftsführern gesetzlich zwingend obliegenden Aufgaben dürfen allerdings weder die Satzung noch ein Gesellschafterbeschluß prinzipiell anordnen, daß das Geschäftsführungsorgan ausschließlich auf Anweisung der Gesellschafter oder eines anderen Organs zu handeln hätte[24]. Sind mehrere Geschäftsführer vorhanden, so können einer oder einige von ihnen außerhalb des uneinschränkbaren Bereichs eigenverantwortlicher Geschäftsführung auch von Geschäftsführungsaufgaben ausgeschlossen werden (Zölibatsklausel)[25]. Auch Geschäftsführern können gegenüber anderen Geschäftsführern Weisungsrechte eingeräumt werden, wobei allerdings ein Arbeitsdirektor keinen Weisungen eines anderen Geschäftsführers unterworfen werden kann (vgl. § 35, 114). Geschäftsführungen können also außerhalb des Bereichs der den Geschäftsführern zwingend obliegenden Aufgaben durchaus auch hierarchisch organisiert sein (vgl. auch § 35, 110). Jedoch gilt auch unter Geschäftsführern die Regel, daß der Handlungsspielraum eines Geschäftsführers nicht generell auf die Befolgung von Weisungen eines anderen eingeschränkt werden darf. 16

cc) Beschränkungen der Geschäftsführungsbefugnis der Geschäftsführer durch die Satzung sind in dem in den vorigen Rdn gezogenen Rahmen zulässig. Diese kann bestimmte Entscheidungen anderen Organen, insbesondere der Gesellschafterversammlung, einem Gesellschafterausschuß, einem Beirat oder dem fakultativen Aufsichtsrat zuweisen – für den Aufsichtsrat in mitbestimmten Gesellschaften gilt das Geschäftsführungsverbot des § 111 Abs. 4 S. 1 AktG (vgl. § 52, 229, 286 f) – oder an die Zustimmung anderer Organe binden. Sie kann beispielsweise bestimmen, daß den Geschäftsführern oder einem Geschäftsführer bestimmte Geschäfte oder Arten von Geschäften untersagt oder jedenfalls nur mit Zustimmung der Gesellschafter gestattet sind, wie z. B. der Kauf, der Verkauf oder die Belastung von Grundstücken, die Aufnahme von Darlehen, die eine bestimmte Höhe überschreiten, die Entscheidung über gewisse Investitionen, die Errichtung einer Zweigniederlassung, die Aufnahme neuer Produkte in das Warensortiment usw. Die Satzung 17

---

[21] Vgl. Baumbach/Hueck/*Zöllner* 8; *Lutter/Hommelhoff* 12; Scholz/*Schneider* 37; *Klein/Orlopp* AbgabenO[5] (1995) § 34, 2.

[22] Baumbach/Hueck/*Zöllner* 9; *Lutter/Hommelhoff* 18.

[23] Vgl. *Lutter* Anm. zu OLG Hamm ZIP 1986, 1188 aaO 1195, 1196; *Sina* GmbHRdsch 1990, 65, 66.

[24] So auch Baumbach/Hueck/*Zöllner* 9, der mit Recht darauf hinweist, daß die GmbH-Verfassung durch einen Geschäftsführer als reine Vertretungsmarionette pervertiert und auch die Erfüllung der zwingenden Geschäftsführungspflichten schwer gefährdet würde; vgl. auch *Zöllner* ZGR 1977, 319, 325; *Hommelhoff* ZGR 1978, 119, 127 ff; *Wank* GmbHRdsch 1980, 121, 123; *Feine* S. 496; *Immenga* Die personalistische Kapitalgesellschaft (1970) S. 93; aA Rowedder/*Koppensteiner* 22 f; *Raiser* Kapitalgesellschaften[2] § 32, 2; *Eisenhardt* Festschr. Pfeiffer (1988) S. 839 f, 845; *Höhn* Die Geschäftsleitung der GmbH[2] (1995) S. 5.

[25] *Lutter* aaO; Scholz/*Schneider* 37; einschränkend Baumbach/Hueck/*Zöllner* 9; Rowedder/*Koppensteiner* 22.

kann auch die Gebiete, auf denen der Geschäftsführer zu handeln befugt ist, aufzählen oder ein Gesellschaftsorgan ermächtigen, die Handlungsbefugnis näher zu bestimmen[26]. Zur Regelung der Geschäftsführungsbefugnis der Geschäftsführer durch Geschäftsordnung vgl. § 35, 122. Räumt die Satzung anderen Gremien oder Personen das Recht ein, den Geschäftsführern Weisungen zu erteilen oder für die Geschäftsführungsbefugnis der Geschäftsführer beschränkende Regelungen zu treffen, so empfiehlt sich eine Bestimmung darüber, ob derartige Befugnisse denjenigen der Gesellschafterversammlung untergeordnet oder gleichgeordnet sein oder die Befugnisse der Gesellschafterversammlung verdrängen sollen. Alles dies ist möglich[27]. Stattet die Satzung ein aus Nichtgesellschaftern bestehendes Gremium oder einen **Nichtgesellschafter** mit Weisungsbefugnis aus, so kann sie dadurch dessen Organqualität begründen[28]. Nach h.L. ist dazu allerdings erforderlich, daß der Nichtgesellschafter in die Organisationsverfassung der GmbH eingebunden und auf die Interessen der GmbH ausgerichtet wird[29]. Doch ist nicht geklärt, welche Mindestanforderungen hier zu stellen sind und ob und in welchem Maße er einer Beeinflussung durch die Gesellschafter unterliegen muß. Vgl. in dieser Hinsicht zur Beiratsproblematik § 52, 317 ff.

18 Von der Einhaltung der im Gesellschaftsvertrag ausgesprochenen Beschränkungen der Geschäftsführungsbefugnis kann ein Geschäftsführer nicht durch einen Gesellschafterbeschluß dispensiert werden[30], es sei denn, dieser ergeht mit satzungsändernder Mehrheit.

19 **dd) Beschränkungen durch Gesellschafterbeschlüsse.** Im Rahmen der Satzung können auch Gesellschafterbeschlüsse oder Beschlüsse eines durch die Satzung eingerichteten Organs die Geschäftsführungsbefugnis der Geschäftsführer einengen, und zwar sowohl durch allgemeine Regelungen als auch durch einzelne Geschäftsführungsentscheidungen oder Weisungen[31]. Außerhalb des zwingend den Geschäftsführern vorbehaltenen Bereichs der Geschäftsführung kann die Gesellschafterversammlung als oberstes Organ der Gesellschaft die Geschäftsführer insgesamt zwar keinem prinzipiellen Geschäftsführungsverbot unterwerfen (vgl. Rdn 15), wohl aber Geschäftsführungsfragen in beliebigem Umfang an sich ziehen oder durch Weisungen bestimmen[32]. Jedenfalls können die Geschäftsführer vorbehaltlich des ihnen vom Gesetz zu eigener Verantwortung zugewiesenen Pflichtenkreises weitgehend auf die Funktion eines reinen Ausführungsorgans beschränkt werden[33].

20 *Hommelhoff* hat in ZGR 1978, 119, 127 ff die These vertreten, die Gesellschafter dürften **nur auf** der **Basis** einer entsprechenden **Satzungsbestimmung** die Zuständigkeit für die Tagesgeschäfte in breitem Umfang an sich ziehen; denn für den Rechtsverkehr müßte dies ersichtlich sein. Ohne eine solche Satzungsbestimmung dürften sich Gesellschafterweisungen zur laufenden Geschäftsführung in ihrer Ge-

---

[26] LG Koblenz BB 1972, 113; Rowedder/*Koppensteiner* 19 f.

[27] Vgl. OLG Düsseldorf GmbHRdsch 1991, 20; Baumbach/Hueck/*Zöllner* 14.

[28] So auch *Lutter/Hommelhoff* 15; Rowedder/*Koppensteiner* 20; Meyer-Landrut/*Miller*/Niehus §§ 35–38, 75; vgl. auch *Teubner* ZGR 1986, 565, 567 ff; *Fleck* ZGR 1988, 104, 132 f. Nach *Ulmer* (vgl. § 3, 56 f) können Rechte für Nichtgesellschafter in der Satzung nicht begründet werden. Doch hält auch *Ulmer* die Begründung von Gesellschaftsorganen und deren Besetzung mit Dritten durch die Satzung für zulässig.

[29] Vgl. *Lutter/Hommelhoff* 15; *Teubner* ZGR 1986, 565, 567 ff, 571 ff.

[30] Abw. wohl Rowedder/*Koppensteiner* 34 und § 45, 10.

[31] Vgl. OLG Düsseldorf ZIP 1984, 1476.

[32] Scholz/*Schneider* 38; Rowedder/*Koppensteiner* 25; etwas einschränkend Baumbach/Hueck/*Zöllner* 11.

[33] Baumbach/Hueck/*Zöllner* aaO; *Lutter/Hommelhoff* 1.

samtheit nicht so stark verdichten, daß sich das unternehmerische Initiativ- und Entscheidungszentrum in vollem Umfang von der Ebene der Geschäftsführer auf die Gesellschafter verlagere. Es liegt auf der Hand, daß diese Formel keine brauchbare Abgrenzungsleitlinie für einen angeblichen Mindestbereich weisungsfreier Geschäftsführung bilden kann. Im übrigen ist für den Strukturtypus der GmbH auch gerade kennzeichnend, daß die Gesellschafter selbst das unternehmerische Initiativ- und Entscheidungszentrum zu bilden vermögen. *Hommelhoff* meint, es hätte des gesetzlichen Zuständigkeitskataloges in § 46 nicht bedurft, wenn sich die Organkompetenzen der Gesellschafter jeweils danach bestimmten, was diese im Einzelfall zu entscheiden beanspruchten. Doch ist dieser Katalog als Aufzählung der Zuständigkeiten der Gesellschafter, deren Begründung nicht erst eines besonderen Gesellschafterbeschlusses bedarf, durchaus sinnvoll. Indem er angibt, was gilt, wenn die Gesellschafter nichts Abweichendes beschlossen haben, macht er damit einen Gesellschafterbeschluß zur Begründung weiterer Zuständigkeiten erforderlich, die ihnen nicht schon kraft Gesetzes zustehen (vgl. dazu § 46, 115 f); demgegenüber läßt sich die These, daß er einen nur durch die Satzung erweiterbaren Numerus clausus der Gesellschafterrechte begründe, weder mit der grundsätzlichen Dispositivität dieses Kataloges noch damit vereinbaren, daß die Gesellschafter als das oberste Organ der GmbH nach § 37 Abs. 1 den Beschluß als Instrument für die Beschränkung der Geschäftsführungsbefugnis der Geschäftsführer benutzen dürfen[34]. Eines Verkehrsschutzes bedarf es im Hinblick auf eine intensive und breitflächige Einflußnahme der Gesellschafter auf die Geschäftsführung nicht; vielmehr ist der Verkehr durch den Grundsatz der Unbeschränkbarkeit der Vertretungsmacht der Geschäftsführer hinlänglich geschützt.

Das Recht der Gesellschafter zur Einflußnahme auf die Geschäftsführer besteht **21**
auch im **Bereich der mitbestimmten Gesellschaft**[35], und zwar auch in bezug auf den Arbeitsdirektor (vgl. § 35, 117). Dem Gesetz läßt sich auch keine mitbestimmungsrechtliche Pflicht der Gesellschafter entnehmen, Weisungen zu unterlassen, die wesentliche Arbeitnehmerbelange beeinträchtigen[36]. Das Recht der Gesellschafter, selbst über Geschäftsführungsfragen zu entscheiden, wird auch durch einen Zustimmungsvorbehalt des Aufsichtsrats nach § 111 Abs. 4 S. 2 AktG nicht berührt (vgl. dazu § 52, 233, 287). Die Gesellschafterversammlung kann sich über die Verweigerung einer kraft Zustimmungsvorbehalts erforderlichen Zustimmung des Aufsichtsrats hinwegsetzen, streitig ist, ob mit einfacher oder mit Dreiviertelmehrheit (dazu § 52, 287).

Durch Gesellschafterbeschluß können jedoch **keine Organe** geschaffen werden. **22**
Beiräte, die nicht in der Satzung vorgesehen sind, können keine organschaftlichen Befugnisse erlangen, so daß ihnen auch kein die Geschäftsführungsbefugnis der Geschäftsführer einschränkendes Weisungsrecht übertragen werden kann (vgl. dazu § 52, 305 ff). Ein oder mehrere Gesellschafter können allerdings von der Gesell-

---

[34] Vgl. auch Scholz/*Schneider* 38.

[35] Baumbach/Hueck/*Zöllner* 10; Scholz/*Schneider* 42; Rowedder/*Koppensteiner* 23; *Raiser* MitbestG² § 25, 80; *Hoffmann/Lehmann/Weinmann* MitbestG § 25, 92; **aA** (Bindung nur in grundsätzlichen und wesentlichen Angelegenheiten) *Eisenhardt* Festschr. Pfeiffer (1988) S. 839 sowie vor der für das Verhältnis von Mitbestimmungs- und GmbH-Recht grundlegenden Entscheidung BVerfGE 50, 290 *Naendrup* AuR 1977, 225, 231f; *Reich/Lewerenz* AuR 1976, 261, 272; *Föhr* Das Mitbestimmungsgespräch 1977, 132; im Hinblick auf Weisungen für das laufende Geschäft auch *Säcker* DB 1977, 1845; Hanau/*Ulmer* MitbestG § 30, 20; *Fitting/Wlotzke/Wißmann* MitbestG² § 25, 63. Vgl. demgegenüber Rowedder/*Koppensteiner* 23; *Reuter/Körnig* ZHR 140 (1976) 494, 508 ff.

[36] So aber Rowedder/*Koppensteiner* 28; Scholz/*Schneider* 42; vgl. auch *Hommelhoff* ZGR 1978, 119, 138; dagegen mit Recht Baumbach/Hueck/*Zöllner* 10; *Konzen* NJW 1989, 2977.

schafterversammlung auch ohne satzungsrechtliche Grundlage mit der Ausübung des Weisungsrechts für konkret abgrenzbare Einzelfälle betraut werden.

23 c) **Verpflichtung der Geschäftsführer, Geschäftsführungskompetenzen anderer Organe zu respektieren.** Soweit die Gesellschafter oder ein anderes Organ geschäftsführungszuständig oder mitwirkungsbefugt sind, dürfen die Geschäftsführer nicht aus eigener Machtvollkommenheit tätig werden. Sie dürfen auch dann nicht handeln, wenn sie einer mehrheitlichen Billigung durch die Gesellschafter oder der Mitglieder des zuständigen Organs sicher sein können[37]. Allerdings wird ihnen eine **Kompetenz zum Handeln in Notfällen** einzuräumen sein, wenn es um die Vermeidung schwerer Schäden für die Gesellschaft geht.

3. Ausstattung der Geschäftsführer mit einer nicht zur Disposition der Gesellschafter stehenden Geschäftsführungsbefugnis?

24 Der Gesellschaftsvertrag kann bestimmen, daß die Geschäftsführungsbefugnis der Geschäftsführer nicht zur Disposition der Gesellschafter steht. Er kann den Geschäftsführern die eigenverantwortliche Leitungsmacht entsprechend der Gesetzeslage beim aktienrechtlichen Vorstand (§ 76 Abs. 1 AktG) einräumen oder auch bestimmte Geschäftsführungsbereiche von einem Weisungsrecht der Gesellschafter ausnehmen.

Sind in der Satzung verankerte Beschränkungen des Weisungsrechts der Gesellschafter ausdrücklich oder konkludent zum Bestandteil des Anstellungsvertrages mit einem Geschäftsführer erhoben worden, so wird dadurch den Gesellschaftern die Möglichkeit einer Satzungsänderung nicht abgeschnitten. Die Freiheit zur Veränderung der korporationsrechtlichen Lage durch die Satzung wird ihnen durch die schuldrechtliche Bindung der Gesellschaft im Anstellungsvertrag nicht genommen[38].

25 Die Frage, ob die Gesellschafter auch ohne Grundlage in der Satzung eine **Selbstbeschränkung** ihrer Geschäftsführungshoheit **durch Mehrheitsbeschluß** einführen können, müßte verneint werden, wenn das Prinzip, daß sie das oberste Organ der Gesellschaft in Geschäftsführungsfragen sind, als ein ungeschriebener gesetzlicher Organisationsgrundsatz der GmbH anzusehen wäre, über den auch sie selbst nur kraft einer satzungsändernden Mehrheit verfügen könnten. In diesem Fall würde auch eine anstellungsvertragliche Regelung, die Geschäftsführer von einem Weisungsrecht der Gesellschafter freistellt, nur dann gültig sein, wenn sie auf einer entsprechenden Regelung der Satzung oder einem satzungsändernden Beschluß der Gesellschafter beruhte; denn anstellungsvertragliche Bestimmungen, die das Gesetz oder die Satzung verletzen, können auch schuldrechtlich nicht wirksam sein (vgl. § 35, 164)[39]. Angemessener erscheint es aber, die Aussage, die Gesellschafter seien das oberste Organ der Gesellschaft in Geschäftsführungsfragen, nicht im Sinne der gesetzlichen Zuweisung einer übergeordneten Geschäftsführungskompetenz an die Gesellschafter zu interpretieren, derer sie sich nur im Wege der Satzungsänderung entledigen könnten. Vielmehr ist anzunehmen, daß das Gesetz den Gesellschaftern erlaubt, durch Mehrheitsbeschluß über ihre eigene Geschäftsführungs- und Weisungsbefugnis zugunsten der Geschäftsführer zu disponieren, und ihnen nur einen

---

[37] Vgl. BGH WM 1991, 635: Eine langjährige Geschäftspolitik (ausschließliche Zusammenarbeit mit einem bestimmten Unternehmen) darf ein Geschäftsführer nicht ohne Zustimmung der – hierfür zuständigen – Gesellschafterversammlung ändern, auch wenn er einer mehrheitlichen Billigung sicher sein kann.

[38] Vgl. dazu im einzelnen § 35, 161 ff. 167 f.

[39] AA *Lutter/Hommelhoff* Anh § 6, 11.

Gestaltungsspielraum zuweist, über den sie selbst kraft Mehrheitsbeschlusses auch im Sinne seiner Nichtausnutzung verfügen und deshalb auch zum Gegenstand einer verbindlichen anstellungsvertraglichen Vereinbarung machen können. Somit ist eine anstellungsvertragliche Regelung, die Geschäftsführer vom Weisungsrecht freistellt oder sonst das Entscheidungsrecht der Gesellschafter in Geschäftsführungsfragen beschränkt, auf der Basis eines Mehrheitsbeschlusses möglich.

Die Satzung kann allerdings auch vorsehen, daß die Gesellschafter die Rolle des 26
obersten Organs gegenüber den Geschäftsführern nicht aus der Hand geben dürfen; dann bedarf es einer Satzungsänderung, um den Geschäftsführern einen weisungsfreien Bereich in Geschäftsführungsfragen zu gewährleisten. Wenn Satzungsbestimmungen das Weisungsrecht der Gesellschafter erwähnen, so wird dies aber im allgemeinen noch nicht heißen, daß eine Festlegung der Gesellschafter, von diesem Recht keinen Gebrauch zu machen, nur im Wege der Satzungsänderung möglich sein soll.

4. Rechtsfolgen der Beschränkung der Geschäftsführungsbefugnis

Schrifttum

Fischer Der Mißbrauch der Vertretungsmacht, auch unter Berücksichtigung der Handelsgesellschaften, in: Festschr. Schilling (1973) S. 3; *Frotz* Verkehrsschutz im Vertretungsrecht (1972); *Geßler* Zum Mißbrauch organschaftlicher Vertretungsmacht, in: Festschr. v. Caemmerer (1978) S. 531; *Heckelmann* Zum Mitverschulden des Vertretenen bei Mißbrauch der Vertretungsmacht, JZ 1970, 62; *Hübner* Die Prokura als formalistischer Vertrauensschutz, in: Festschr. Klingmüller (1974) S. 173; *John* Der Mißbrauch organschaftlicher Vertretungsmacht, in: Festschr. Mühl (1981) S. 349; *ders.* Zum Mißbrauch der Vertretungsmacht durch Gesellschaftsorgane, GmbHRdsch 1983, 90; *Jüngst* Der Mißbrauch organschaftlicher Vertretungsmacht (1981); *Mertens* Die Schranken gesetzlicher Vertretungsmacht im Gesellschaftsrecht (unter besonderer Berücksichtigung von BGHZ 50, 112), JurA 1970, 466; *Michalski* Mißbrauch der Vertretungsmacht bei Überschreiten der Geschäftsführungsbefugnis, GmbHRdsch 1991, 349; *Roth* Mißbrauch der Vertretungsmacht durch den GmbH-Geschäftsführer, ZGR 1985, 265; *Schott* der Mißbrauch der Vertretungsmacht, AcP 171 (1971) 385; *Stoll* Der Mißbrauch der Vertretungsmacht, in: Festschr. Lehmann (1937) S. 115; *Tank* Der Mißbrauch von Vertretungsmacht und Verfügungsbefugnis, NJW 1969, 6; *Wegmann* Rechtsfolgen einer Überschreitung der Geschäftsführungs- und Vertretungsbefugnisse eines GmbH-Geschäftsführers, DStR 1992, 866; *Zacher* Beschränkungen und Mißbrauch der Vertretungsmacht des GmbH-Geschäftsführers, GmbHRdsch 1994, 842.

a) Im Verhältnis zwischen Gesellschaft und Geschäftsführern. Als Organe sind 27
die Geschäftsführer an Beschränkungen der Geschäftsführungsbefugnis durch Satzung, Gesellschafterbeschluß oder Beschluß eines Aufsichtsrats/Beirats auch dann gebunden, wenn die Gesellschaft dadurch ihre anstellungsvertraglichen Pflichten verletzt (vgl. § 35, 105). Geschäftsführer haben die Weisungen grundsätzlich ohne Rücksicht darauf zu befolgen, ob sie ihnen zweckmäßig erscheinen. Gegebenenfalls müssen sie aber, sofern dies ohne Nachteil für die Gesellschaft möglich ist, das weisungsberechtigte Organ auf ihre Bedenken hinweisen. Konnte ein Geschäftsführer davon ausgehen, daß dessen Mitgliedern bei der Beschlußfassung die Sachlage nicht hinreichend bekannt war, daß sie aber bei Kenntnis der vollen Sachlage anders entschieden hätten, so handelt er nicht rechtswidrig, wenn er von der Weisung abweicht. Entsprechendes gilt bei einer Änderung der Verhältnisse nach Weisungserteilung. Unter Umständen kann der Geschäftsführer im Rahmen von § 665 BGB sogar verpflichtet sein, von einer erteilten Weisung abzuweichen[40]. Soweit tunlich hat er

[40] Baumbach/Hueck/*Zöllner* 13; Scholz/*Schneider* 50 ff.

eine neue Weisung herbeizuführen[41]. Erteilen die Gesellschafter eine nach der Satzung unzulässige Weisung, so ist ihr Beschluß anfechtbar, und zwar auch durch die Geschäftsführer selbst, soweit es um einen kompetenzwidrigen Eingriff der Gesellschafter in die Geschäftsführung geht[42]. Zu Einschränkungen der Folgepflicht bei anfechtbaren Weisungen vgl. Rdn 30.

28 Verletzen die Gesellschafter durch Regelungen der Geschäftsführungsbefugnis oder durch Ausübung des Weisungsrechts den Anstellungsvertrag, so erwächst dem Geschäftsführer daraus ein **wichtiger Grund für** die sofortige **Amtsniederlegung**. Er verliert in diesem Fall gemäß § 38 Abs. 1 nicht das Recht auf die ihm nach dem Anstellungsvertrag zustehende Vergütung. Binden die Gesellschafter bzw. ein dazu befugter Aufsichtsrat/Beirat einen Geschäftsführer in außergewöhnlichem Maße an Weisungen oder ordnen sie ihn den Weisungen eines anderen Geschäftsführers unter (vgl. dazu Rdn 19), so kann in einer solchen Maßnahme, auch wenn sie nicht den Buchstaben des Anstellungsvertrages widerstreitet, eine Kundgebung des Mißtrauens oder der Herabsetzung gegenüber dem Geschäftsführer liegen, die dieser nach Lage des Einzelfalls als Verletzung seines Anstellungsvertrages und als wichtigen Grund zur Amtsniederlegung betrachten darf[43].

29 Weigert sich ein Geschäftsführer, einer Weisung der Gesellschafter zu folgen, die zur Ausführung eines von ihm vorzunehmenden Aktes der gesetzlichen Vertretung der Gesellschaft bedarf, so können die Gesellschafter mangels Vertretungsbefugnis die Handlung nicht selbst vollziehen. In Betracht kommt aber eine **Klage** der Gesellschaft **auf Vollzug der Weisung** (vgl. § 46 Nr. 8 und dazu § 46, 100 ff), wobei auch eine einstweilige Verfügung zulässig ist, wenn deren spezifische Voraussetzungen vorliegen. Die Klage kann auf Abgabe einer Willenserklärung mit den Vollstreckungsfolgen nach § 894 ZPO gerichtet sein; sie kann auch auf Vollzug einer unvertretbaren Handlung gehen; in diesem Fall scheitert die Vollstreckung eines Urteils nicht durchweg an § 888 Abs. 2 ZPO, denn die Klage auf Befolgung einer einzelnen Weisung, zu der ein Geschäftsführer kraft seiner Organstellung verpflichtet ist, ist nicht der Klage auf Leistung von Diensten aus einem Dienstvertrag gleichzusetzen. Eine praktische Bedeutung dürfte eine solche Klagemöglichkeit nur dann haben, wenn die Gesellschaftermehrheit, die hinter der Weisung steht, für die Abberufung eines Geschäftsführers nicht ausreicht. Auch in einer Gesellschaft mit einem Aufsichtsrat gemäß § 77 BetrVG 1952 können die Gesellschafter gegen Geschäftsführer klagen[44] und das gleiche muß auch für die paritätisch mitbestimmte Gesellschaft gelten; zwar hat hier der Aufsichtsrat die Kompetenz zur Bestellung und Abberufung der Geschäftsführer; an der Geschäftsführungshoheit der Gesellschafterversammlung ändert sich aber auch hier nichts.

30 **Keine Folgepflicht** besteht für die Geschäftsführer, wenn der die Weisung enthaltende Gesellschafterbeschluß wegen seines Inhalts nichtig ist oder wenn die Weisung sie zu einer Gesetzesverletzung anhält[45]. Ist der Gesellschafterbeschluß, auf dem die Weisung beruht, anfechtbar, so sind die Geschäftsführer zu seiner Ausführung verpflichtet, wenn er infolge Zeitablaufs unanfechtbar geworden oder wenn die Anfechtungsklage rechtskräftig abgewiesen ist[46], aber auch vorher bereits dann, wenn sie nicht selbst anfechten (können) und davon ausgehen müssen, daß kein Gesellschafter anfechten wird oder wenn ein ordentlicher Unternehmensleiter bei pflicht-

---

[41] Baumbach/Hueck/*Zöllner* aaO.

[42] So mit Recht Baumbach/Hueck/*Zöllner* Anh § 47, 75; einschr. allerdings unten *Raiser* Anh § 47, 161, 163.

[43] Frankfurt OLGRspr. 16, 118, 119.

[44] Vgl. § 52, 223.

[45] Vgl. auch Scholz/*Schneider* 50 ff.

[46] *Hefermehl* Festschr. Schilling (1975) S. 159, 166 f; *Eisenhardt* Festschr. Pfeiffer (1988) S. 839, 851 f.

mäßiger Prüfung die sofortige Durchführung des Beschlusses trotz der nicht auszuschließenden Möglichkeit seiner erfolgreichen Anfechtung im Interesse der Gesellschaft für geboten halten müßte[47]. Ist die Anfechtbarkeit zweifelhaft oder steht nicht fest, ob der Beschluß angefochten werden wird, so müssen die Geschäftsführer selbst abwägen, ob es trotz der Anfechtungsgefahr im Unternehmensinteresse liegt, den Beschluß sofort durchzuführen oder bis zu einer definitiven Entscheidung über die Anfechtbarkeit zu warten. Zur Frage einer Rechtfertigung des Geschäftsführers durch anfechtbare Weisungen vgl. § 43, 81.

Die Überschreitung der Geschäftsführungsbefugnis kann nicht nur ein wichtiger Grund zur Abberufung des Geschäftsführers sein, sondern ihn auch nach § 43 zum **Schadensersatz** verpflichten. Bei adäquatem Kausalzusammenhang zwischen Überschreitung der Geschäftsführungsbefugnis und Schaden ist grundsätzlich auch der Rechtswidrigkeitszusammenhang zu bejahen. Ist bereits die Nichtbeachtung der Weisung dem Geschäftsführer als Verschulden zuzurechnen, so kommt es auf ein weiteres Verschulden bei der Verursachung des Schadens nicht an. Daß er nur den Vorteil der Gesellschaft wollte, kann ihn gegebenenfalls nicht entlasten. Hat der Geschäftsführer unter Mißachtung der Beschränkung seiner Vertretungsmacht ein Geschäft abgeschlossen, das wegen der Unbeschränkbarkeit der Vertretungsmacht rechtswirksam ist, so soll die Gesellschaft nach RG BauersZ 40, 34 grundsätzlich einen Anspruch auf Freistellung von der Verbindlichkeit haben. Da sich ein solcher Freistellungsanspruch nur als Form des Schadensersatzanspruchs nach § 43 halten läßt, gilt dies jedoch nur insoweit, als in der Belastung mit der Verbindlichkeit auch in Anbetracht der aus dem Geschäft für die Gesellschaft resultierenden Ansprüche ein Schaden zu sehen ist[48]. **31**

b) Im Verhältnis der Gesellschaft zu Dritten. Im Verhältnis zu Dritten kann sich die Gesellschaft gemäß Abs. 2 nicht auf die Beschränkung der Geschäftsführungsbefugnis berufen, und zwar auch dann nicht, wenn diese sie gekannt haben; denn sie brauchen sich nicht damit zu befassen, ob die Überschreitung im Einzelfall nicht doch von der Gesellschaft gebilligt wird. Dritte in diesem Sinne sind auch verbundene Unternehmen[49]. Die hier statuierte Unbeschränkbarkeit der Vertretungsmacht erlaubt dem Rechtsverkehr, sich über die Frage der Innenbefugnis der gesetzlichen Vertreter hinwegzusetzen. **32**

Es kann dem Vertragspartner allerdings nach Treu und Glauben verwehrt sein, sich auf die uneingeschränkte Vertretungsmacht des Geschäftsführers zu berufen. Dies ist insbesondere dann der Fall, wenn der Vertragspartner wußte oder wenn sich ihm die Erkenntnis aufdrängen mußte, daß das Organmitglied seine Geschäftsführungsbefugnis in pflichtwidriger Verletzung von Interessen der Gesellschaft oder gar bewußt zu deren Schaden überschritt[50]. In der Voraufl. habe ich im Anschluß an BGHZ 50, 112, 114[51] bereits dann die Berufung des Vertragspartners auf die **33**

---

47 Dazu *Fleck* GmbHRdsch 1974, 224, 228.

48 Geßler/*Hefermehl*/Eckardt/Kropff AktG § 82, 35; *Mertens*-KölnKommAktG² § 82, 37; vgl. auch Soergel/*Mertens*¹² § 249, 13 m.Nachw.

49 Vgl. BGHZ 94, 132, 139 f = JZ 1985, 743, 745 m. Anm. *Hübner; Mertens*-KölnKommAktG² § 82, 38.

50 BGH WM 1976, 658, 659; vgl. auch BGH DB 1988, 2357 und dazu *Roth* ZGR 1985, 265; BGH WM 1988, 704; KG Berlin GmbHRdsch 1995, 52; OLG Frankfurt GmbHRdsch 1989, 254; *John* GmbHRdsch 1983, 90; *ders.* Festschr. Mühl (1981) S. 349; *Hager* ZGR 1989, 71, 101; noch enger Soergel/*Leptien*¹² § 177, 17 ff m.w. Nachw. Kenntnis oder Evidenz der objektiven Überschreitung allein genügt nach Baumbach/Hueck/*Zöllner* 28; Rowedder/*Koppensteiner* 52 f m.w.Nachw.; Scholz/*Schneider* § 35, 134; *Lutter/Hommelhoff* § 35, 14; *K. Schmidt* Gesellschaftsrecht² § 10 II 2c; *Roth* ZGR 1985, 265.

51 Vgl. auch BGH WM 1976, 709, 710 f.

Gültigkeit des Geschäfts als rechtsmißbräuchlich angesehen, wenn ihm die Schädigungsabsicht des Vertretungsorgans gegenüber der Gesellschaft infolge Fahrlässigkeit nicht bekannt war. Der jüngeren Rechtsprechung des BGH ist jedoch der Vorzug zu geben; denn der Grundsatz der Unbeschränkbarkeit der Vertretungsmacht schließt eine Erkundigungspflicht des Vertragspartners anläßlich einer für ihn lediglich zweifelhaften Rechtslage aus[52]. Die Regeln über den Mißbrauch der Vertretungsmacht sind auch anwendbar, wenn der Geschäftsführer ohne die erforderliche Zustimmung des Aufsichtsrats handelt. Sie kommen dagegen nicht zum Zuge, wenn der in Mißbrauch der Vertretungsmacht geschaffene Rechtszustand aus Verkehrsschutz- oder anderen öffentlichen Interessen aufrechterhalten bleiben muß und auch seine Relativierung im Innenverhältnis deshalb ausgeschlossen ist[53].

34 Muß sich der Geschäftsgegner den **Mißbrauch der Vertretungsmacht** durch den Geschäftsführer entgegenhalten lassen, so kann er sich auf die Gültigkeit des Geschäfts nicht berufen. Dabei soll ein Mitverschulden der Gesellschaft nach BGHZ 50, 112, 114 f zu einer entsprechenden Anwendung des § 254 BGB führen können[54]. Eine Anwendung des § 254 BGB wird sich jedoch bei Evidenz des treuwidrigen Vertreterhandelns als Voraussetzung der Mißbräuchlichkeit einer Berufung auf die unbeschränkte Vertretungsmacht meist deshalb verbieten, weil im Verhältnis dazu ein Mitverschulden der Gesellschaft nicht ins Gewicht fallen wird[55].

35 In den Fällen einer **Kollusion** zwischen Geschäftsführer und Geschäftsgegner ist das Geschäft nach § 138 BGB nichtig[56]. Beide haften der Gesellschaft nach §§ 826, 840 BGB[57]. Die Gesellschaft haftet dem Geschäftsgegner in diesem Fall auch nicht nach § 31 BGB, so daß dieser sich ihr gegenüber nicht auf § 254 BGB berufen kann[58].

36 Kann dem Außenstehenden nach Maßgabe des in Rdn 31 Ausgeführten der Mangel der Geschäftsführungsbefugnis eines Geschäftsführers von der Gesellschaft unter bestimmten Umständen entgegengehalten werden, so muß ihm auch das **Recht** zustehen, **Vertretungsakte**, mit denen jener seine Geschäftsführungsbefugnis überschreitet, **zurückzuweisen**, bis ihm die Gesellschaft bestätigt, daß kein Mißbrauch der Vertretungsmacht vorliegt.

37 Ihren eigenen **Organmitgliedern** kann die Gesellschaft Geschäftsführungsbeschränkungen der mit ihnen kontrahierenden Organe stets entgegenhalten. Soweit das Geschäft der Gesellschaft nachteilig ist, folgt dies schon daraus, daß die Geschäftsgegner als Organmitglieder für die Einhaltung solcher Beschränkungen ihrerseits verantwortlich sind und die Gesellschaft im Wege des Schadensersatzes so stellen müssen, als sei es nicht abgeschlossen worden. Aber auch ohne Nachweis eines Schadens braucht die Gesellschaft derartige Geschäfte nicht gegen sich gelten zu lassen, denn nach Treu und Glauben können sich Organmitglieder ihr gegenüber

---

52 Wie hier auch Baumbach/Hueck/*Zöllner* 28; *Flume* Allgemeiner Teil des Bürgerlichen Rechts, Zweiter Band, Das Rechtsgeschäft[4] (1992) S. 789; *John* Festschr. Mühl (1981) S. 349, 359; *ders.* GmbHRdsch 1983, 90, 91f; *Jüngst* S. 102 f; *Geßler* Festschr. v. Caemmerer (1978) S. 531, 544; *H. Hübner* Festschr. Klingmüller (1974) S. 173, 181 (für die Prokura); *Lutter/Hommelhoff* § 35, 14; Scholz/*Schneider* § 35, 134 ff m.w.Nachw.

53 BGHZ 83, 122, 132 f = AG 1982, 158, 160.

54 Zust. *Mertens* JurA 1970, 466, 473 ff; dagegen Soergel/*Leptien*[12] § 177, 19; *Jüngst* S. 84 ff; *John* GmbHRdsch 1983, 90, 92.

55 Für eine entsprechende Anwendung der §§ 177 ff BGB anstelle des § 242 BGB *K. Schmidt* Gesellschaftsrecht[2] § 10 II 2 d, 224; für eine Lösung auf der Basis von c.i.c. *Heckelmann* JZ 1970, 62, 65.

56 **AA** *Lutter/Hommelhoff* § 35, 14: Anwendbarkeit von § 177 BGB.

57 Vgl. RGZ 145, 311, 315; Rowedder/*Koppensteiner* 52 m.w.Nachw.

58 Vgl. auch OLG Celle WM 1966, 714.

nicht auf Rechtspositionen berufen, die sie pflichtwidrig selbst geschaffen haben[59]. Das gilt auch für Geschäfte der Gesellschaft mit Organmitgliedern, die sich nicht auf ihre gesellschaftsrechtliche Stellung beziehen[60].

Ist **Geschäftspartner** des unter Überschreitung der Geschäftsführungsbefugnis geschlossenen Rechtsgeschäfts ein **Gesellschafter**, so muß dieser die Innenbeschränkung grundsätzlich gegen sich gelten lassen. Eine Ausnahme ist dann angebracht, wenn die Beschränkung nicht aus der Satzung hervorging, sondern auf einem Gesellschafterbeschluß beruhte, den der Gesellschafter nicht im Bewußtsein haben mußte[61]. Nach BAG GmbHRdsch 1994, 629, 630 gewinnt eine Innenbeschränkung auch zugunsten eines Gesellschafters Außenwirkung (Kündigung eines Gesellschafterarbeitnehmers ohne den erforderlichen Gesellschafterbeschluß)[62]. Dem ist nur dann zuzustimmen, wenn die Einhaltung der Innenbeschränkung dem Gesellschafter unter Treupflichtgesichtspunkten geschuldet wird. **38**

Auch **Bedienstete** der Gesellschaft müssen Geschäftsführungsbeschränkungen von Organmitgliedern gegen sich gelten lassen, wenn sie der Gesellschaft gegenüber dienstvertraglich verpflichtet sind, solche Beschränkungen zu kennen und zu respektieren. Das gilt beispielsweise für eine Kreditgewährung an Prokuristen und zum gesamten Geschäftsbetrieb ermächtigte Handlungsbevollmächtigte ohne die nach § 89 Abs. 2 S. 1 AktG erforderliche Zustimmung des Aufsichtsrats. **39**

Bei der GmbH & Co. gelten Innenbeschränkungen des Geschäftsführers der GmbH auch für Rechtsgeschäfte zwischen der GmbH als Komplementärin und der KG, wenn die Inhaberschaft weitgehend identisch ist[63]. Ist die Kommanditgesellschaft Gesellschafterin der GmbH und haben die Kommanditisten auf die KG bestimmenden Einfluß, so greifen die Innenbeschränkungen auch für Rechtsgeschäfte der GmbH oder der KG, vertreten durch die GmbH, mit den Kommanditisten ein[64]. In der Massen- oder Publikums-KG müssen sich die Kommanditisten Innenbeschränkungen nur dann entgegenhalten lassen, wenn sie aus der Satzung hervorgehen[65]. **40**

Die Grundsätze für die Prüfungspflicht Dritter beim Verdacht einer mißbräuchlichen Ausnutzung der Vertretungsmacht durch die Geschäftsführer gelten auch für das **Registergericht**. Sofern für einen solchen Verdacht als Anhaltspunkt nur die Tatsache einer Überschreitung der Geschäftsführungsbefugnis selbst gegeben ist, muß es Eintragungsanträgen der Geschäftsführer stattgeben. Entsprechendes gilt für andere Verfahren der freiwilligen Gerichtsbarkeit und für Behörden im Verwaltungsverfahren[66]. Ganz ausnahmsweise kann eine Beschränkung der Innenbefugnis auch für die Vertretung in gerichtlichen Prozessen in Betracht kommen, so etwa wenn ein Geschäftsführer gegen einen Gesellschafter klagt, ohne den kraft Satzung erforderlichen Gesellschafterbeschluß einzuholen[67]. **41**

IV. Unbeschränkbarkeit der Vertretungsbefugnis

Schrifttum

Vgl. zur Vertretungsbefugnis der Geschäftsführer das Schrifttum bei § 35 vor Rdn 42.

---

59 Vgl. auch RGZ 73, 343, 345 f.
60 Vgl. auch BGHZ 38, 26, 34 ff = NJW 1962, 2344, 2346 f.
61 So auch Baumbach/Hueck/*Zöllner* 29.
62 Zust. Baumbach/Hueck/*Zöllner* 29.
63 Baumbach/Hueck/*Zöllner* 30.
64 Baumbach/Hueck/*Zöllner* aaO.
65 Baumbach/Hueck/*Zöllner* aaO.
66 Vgl. auch RGZ 89, 367, 380 f.
67 Vgl. Baumbach/Hueck/*Zöllner* 31; *Beise* GmbHRdsch 1987, 259.

1. Bedeutung, Reichweite und Grenzen des Prinzips der Unbeschränkbarkeit

42 Aus § 37 Abs. 2 ergibt sich die Unbeschränkbarkeit der Vertretungsmacht der Geschäftsführer. Abs. 2 gilt nur für den Bereich der Vertretung, nicht für gesellschaftsinterne Maßnahmen (zur Abgrenzung vgl. § 35, 45). Er steht unter dem Vorbehalt der in § 35, 48 ff dargelegten gesetzlichen Einschränkungen der Vertretungsmacht. Zur beschränkten Vertretungsmacht des Geschäftsführers einer errichteten, aber noch nicht eingetragenen Gesellschaft vgl. § 11, 54 ff. Auch ein durch einstweilige Verfügung bestellter Geschäftsführer hat unbeschränkte Vertretungsmacht. Prinzipiell ist auch eine kraft Rechtsscheins anzunehmende Vertretungsmacht eines tatsächlich nicht wirksam bestellten Geschäftsführers unbeschränkt[68].

43 Die Unbeschränkbarkeit der Vertretungsmacht bedeutet für die Geschäftsführer keinen Freibrief zur Vornahme gesetzeswidriger oder sittenwidriger Rechtsgeschäfte. Diese sind nach allgemeinen Grundsätzen nichtig.

44 Aus § 37 Abs. 2 folgt, daß die Geschäftsführer Geschäfte wirksam eingehen können, auch wenn ihnen die gegebenenfalls nach § 111 Abs. 4 S. 2 AktG erforderliche **Zustimmung des Aufsichtsrats** nicht erteilt wird. Jedoch können die Geschäftsführer Geschäfte unter der Bedingung abschließen, daß die Gesellschafterversammlung, der Aufsichtsrat oder ein anderes Gesellschaftsorgan zustimmen. In diesem Fall ist die **Erteilung der Genehmigung Bedingung der Wirksamkeit** des Geschäfts[69]. Die §§ 182 ff BGB können, auch wenn es sich hier nicht um die Zustimmung eines Dritten handelt, sinngemäß Anwendung finden. Hat der Geschäftsführer eine Willenserklärung vorbehaltlich der Genehmigung abgegeben, so ist er an seine Erklärung gebunden; er kann sie nicht widerrufen. Es steht ihm aber frei, dem Zustimmungsorgan von der Genehmigung abzuraten; hält er das Geschäft inzwischen für nachteilig, so ist er intern sogar dazu verpflichtet[70]. Das Zustimmungsorgan ist in seiner Entscheidung frei.

45 Der Grundsatz der Unbeschränkbarkeit der Vertretungsmacht steht auch einer **Vereinbarung** der Gesellschaft **mit einem Dritten** nicht im Wege, in der sie ihr Verhalten, und damit zugleich das ihrer Geschäftsführer, an die Zustimmung des Dritten bindet. Handeln die Geschäftsführer einer solchen Vereinbarung zuwider, so überschreiten sie damit nicht ihre Vertretungsmacht.

46 Mit der Unbeschränkbarkeit der Vertretungsmacht ist auch die Statuierung von **Formvorschriften** für die Handlungen der Geschäftsführer durch Satzung, Gesellschafterbeschluß oder den Beschluß eines sonstigen Organs der Gesellschaft unvereinbar.

47 **§ 37 Abs. 2 S. 2** nennt einige Beispiele für Einschränkungen der Geschäftsführungsbefugnis eines Geschäftsführers, die seine Vertretungsbefugnis nicht beeinträchtigen. Der Katalog kann beliebig ergänzt werden, da alle Bestimmungen über die Beschränkung der Vertretungsmacht unzulässig sind, und ist somit überflüssig.

48 Auch der **stellvertretende** Geschäftsführer hat unbeschränkbare Vertretungsmacht; es kann nicht bestimmt werden, daß er nur in Fällen der Verhinderung des ordentlichen Geschäftsführers vertretungsbefugt sein soll[71].

49 Bei **ausländischen juristischen Personen** entscheidet ihr Personalstatut über ihre Rechts- und Geschäftsfähigkeit sowie über eine Beschränkung der Vertretungsmacht

---

[68] Vgl. dazu RGZ 102, 197.
[69] Rowedder/*Koppensteiner* 44.
[70] RGZ 115, 302; *Flechtheim* JW 1926, 627.
[71] KG JW 1934, 988; Baumbach/Hueck/*Zöllner* 21 f.

ihrer Organe[72]. Allerdings entscheidet das Ortsrecht, d. h. das Recht am Ort der Vornahme des Rechtsgeschäfts darüber, ob ein von einem Organ ohne oder unter Überschreitung der Vertretungsmacht abgeschlossenes Rechtsgeschäft Rechtsfolgen für die Gesellschaft herbeiführt[73].

2. Rechtslage bei Überschreitung der Vertretungsbefugnis

Hängt die wirksame Vertretung der Gesellschaft durch einen Geschäftsführer von der Zustimmung eines anderen oder anderer Organe ab, so sind grundsätzlich die §§ 177 ff BGB entsprechend anwendbar. Das gleiche gilt, wenn ein anderes Organ der Gesellschaft vertretungsbefugt ist, seine Vertretungsmacht aber zulässigerweise auf die Geschäftsführer delegieren kann (vgl. zur Vertretungskompetenz der Gesellschafter nach § 46 Nr. 5 in diesem Sinne § 35, 52). Ist dagegen kraft Gesetzes ein anderes Organ kraft zwingenden Rechts das ausschließliche Vertretungsorgan – so der Aufsichtsrat in mitbestimmten Gesellschaften (vgl. § 25 Abs. 1 Nr. 2 MitbestG und § 3 Abs. 2 MontanMitbestG iVm § 112 AktG) im Verhältnis zu den Geschäftsführern –, so sind Vertretungsakte der Geschäftsführer als Verstoß gegen eine zwingende gesetzliche Zuständigkeitsregel nichtig[74]. 50

§ 38

(1) Die Bestellung der Geschäftsführer ist zu jeder Zeit widerruflich, unbeschadet der Entschädigungsansprüche aus bestehenden Verträgen.

(2) Im Gesellschaftsvertrag kann die Zulässigkeit des Widerrufs auf den Fall beschränkt werden, daß wichtige Gründe denselben notwendig machen. Als solche Gründe sind insbesondere grobe Pflichtverletzung oder Unfähigkeit zur ordnungsmäßigen Geschäftsführung anzusehen.

Übersicht

---

72 Vgl. MünchKomm-*Ebenroth*³ IPR Nach Art. 10, 280 m. Nachw.

73 *Kaligin* DB 1985, 1449, 1452; MünchKomm-*Ebenroth* aaO 284.

74 Vgl. auch Geßler/*Hefermehl*/Eckardt/Kropff AktG § 82, 20; *Mertens*-KölnKommAktG² § 78, 20; *ders.* JurA 1970, 468; *Meyer-Landrut* GroßkommAktG § 82, 2.

Schrifttum

Bauer Kündigung und Kündigungsschutz vertretungsberechtigter Organmitglieder, BB 1994, 855; *Baums* Der Geschäftsleitervertrag (1987); *ders.* Die Auswirkung der Verschmelzung von Kapitalgesellschaften auf die Anstellungsverhältnisse der Geschäftsleiter, ZHR 156 (1992) 248; *ders.* Zuständigkeit für Abschluß, Änderung und Aufhebung von Anstellungsverträgen, ZGR 1993, 141; *Brandes* Die Rechtsprechung des BGH zur GmbH, WM 1983, 286; WM-Beil. 2/1988; WM-Beil. 3/1992; WM 1995, 641; *Damm* Einstweiliger Rechtsschutz im Gesellschaftsrecht, ZHR 154 (1990) 413; *Densch/Kahlo* Zur Ausschlußfrist des § 626 Abs. 2 BGB bei fristloser Kündigung eines GmbH-Geschäftsführers durch die Gesellschafterversammlung, DB 1983, 811; *Dernbach* Abberufung und Kündigung des GmbH-Geschäftsführers, BB 1982, 1266; *Eckardt* Die Beendigung der Vorstands- und Geschäftsführerstellung in Kapitalgesellschaften (1989); *ders.* Koppelung der Beendigung des Anstellungsvertrages eines AG-Vorstandsmitglieds an den Bestellungswiderruf, AG 1989, 431; *Eckert* Die Amtsniederlegung des Alleingeschäftsführers einer GmbH, KTS 1990, 33; *Fleck* Neuere Entwicklungen im GmbH-Recht, GmbHRdsch 1993, 550; *ders.* Das Dienstverhältnis der Vorstandsmitglieder und Geschäftsführer in der Rechtsprechung des BGH, WM 1994, 1957; *von Gerkan* Gesellschafterbeschlüsse, Ausübung des Stimmrechts und einstweiliger Rechtsschutz, ZGR 1985, 167; *Gustavus* Probleme mit der GmbH ohne Geschäftsführer, GmbHRdsch 1992, 15; *Heilmann* Arbeitsverhältnisse von Organen juristischer Personen im Konkurs, ZIP 1980, 344; *Hockemeier* Die Auswirkung der Verschmelzung von Kapitalgesellschaften auf die Anstellungsverhältnisse der Geschäftsleiter (1990); *Hoffmann-Becking* Zum einvernehmlichen Ausscheiden von Vorstandsmitgliedern, Festschrift Stimpel (1985) 589; *Hopt* Zur Abberufung des GmbH-Geschäftsführers bei der GmbH & Co., insbesondere der Publikumskommanditgesellschaft, ZGR 1979, 1; *Hümmerich* Grenzfall des Arbeitsrechts: Kündigung des GmbH-Geschäftsführers, NJW 1995, 1177; *Kiethe* Einstweilige Verfügung und Stimmrechtsausübung im Gesellschaftsrecht, DStR 1993, 609; *Kübler* Erwerbschancen und Organpflichten – Überlegungen zur Entwicklung der Lehre von den „corporate opportunities“, Festschrift Werner (1984) 437; *Littbarski* Maßnahmen einstweiligen Rechtsschutzes zum Zwecke der Abberufung eines GmbH-Geschäftsführers, DStR 1994, 906; *Lüders* Beginn der Zwei-Wochen-Frist des § 626 Abs. 2 BGB bei Kenntniserlangung durch Organmitglieder, BB 1990, 790; *Martens* Die außerordentliche Beendigung von Organ- und Anstellungsverhältnis, Festschrift Werner (1984) 495; *Meilicke* Kündigungs- und Abberufungsschutz für Gesellschafter-Geschäftsführer, DB 1994, 1761; *Mertens* Verfahrensfragen bei Personalentscheidungen des mitbestimmten Aufsichtsrats, ZGR 1983, 189; *Meyer-Landrut* Zur Suspendierung eines Vorstandsmitglieds einer Aktiengesellschaft, Festschrift Fischer (1979) 477; *Michalski* Verbot der Stimmabgabe bei Stimmverboten und nicht nach § 16 I GmbHG legitimierten Nichtgesellschaftern mittels einstweiliger Verfügung, GmbHRdsch 1991, 12; *Münch* Amtsniederlegung, Abberufung und Geschäftsunfähigkeit des Geschäftsführers einer GmbH, DStR 1993, 916; *Pabst* Prozessuale Probleme bei Rechtsstreitigkeiten wegen Entziehung von Geschäftsführungs- bzw. Vertretungsbefugnis sowie Ausschließung eines Gesellschafters, BB 1978, 892; *Reiserer* Die ordentliche Kündigung des Dienstvertrags des GmbH-Geschäftsführers, DB 1994, 1822; *Röder/Lingemann* Schicksal von Vorstand und Geschäftsführer bei Unternehmensumwandlungen und Unternehmensveräußerungen, DB 1993, 1341; *Säcker* Rechtsprobleme beim Widerruf der Bestellung von Organmitgliedern und Ansprüche aus fehlerhaften Anstellungsverträgen, FS Gerhard Müller (1981) 745; *Schneider/Schneider* Die Amtsniederlegung durch den Geschäftsführer einer GmbH, GmbHRdsch 1980, 4; *Schneider* Die Abberufung des Gesellschafter-Geschäftsführers einer zweigliedrigen GmbH, ZGR 1983, 535; *Thanos* Die Abberufung des Gesellschafter-Geschäftsführers bei der personalistischen GmbH (1984); *Timm* Die Kündigung des Gesellschafter-Geschäftsführers im Konkurs der GmbH ZIP 1987, 69; *Trölitzsch* Die Amtsniederlegung von Geschäftsführern in der Krise der GmbH, GmbHRdsch 1995, 857; *Vollmer* Die Abberufung des Geschäftsführers der mitbestimmten GmbH, GmbHRdsch 1984, 5; *Vorwerk* Rechtsschutz bei Abberufung des GmbH-Geschäftsführers, GmbHRdsch 1995, 266; *Westermann/Pöllath* Abberufung und Ausschließung von Gesellschaftern-Geschäftsführern in Personengesellschaften und GmbH, 4. Aufl. (1988); *Westhoff* Das Amtsende des Arbeitsdirektors nach dem Mitbestimmungsgesetz, DB 1980, 2520; *Wiesner* Zum Beginn der Ausschlußfrist des § 626 Abs. 2 BGB bei Kenntniserlangung durch Organmitglieder, BB 1981, 1533; *Wolff* Bestellung und Abberufung von GmbH-Geschäftsführern im Ausland, ZIP 1995, 1489. Zu älterem Schrifttum s. Voraufl.

Einleitung

1 Die Vorschrift regelt mit dem Widerruf der Bestellung lediglich einen **Teilaspekt möglicher Beendigungsgründe** für die Organstellung des Geschäftsführers, nämlich seine Abberufung aus dem Amt durch einseitigen rechtsgeschäftlichen Akt der Gesellschaft. Für die Beendigung des Anstellungsvertrages gilt § 38 nicht. Sie richtet sich in der Regel nach den dienstvertragsrechtlichen Vorschriften des BGB. Die Vorschrift gilt gleichermaßen für Fremdgeschäftsführer wie für Gesellschafter-Geschäftsführer. Abs. 1 statuiert den Grundsatz der freien Widerruflichkeit der Bestellung und gibt mit dem zweiten Halbsatz gleichzeitig zu erkennen, daß die Abberufung andere Rechtsverhältnisse zwischen der Gesellschaft und dem Geschäftsführer als solche nicht berührt. Abs. 2 eröffnet die Möglichkeit einer Beschränkung der freien Abberufbarkeit auf wichtige Gründe durch die Satzung und nennt Beispiele solcher Gründe. Abs. 2 ist als abschließende Regelung in dem Sinne zu verstehen, daß eine Abberufung aus wichtigem Grund stets möglich bleiben muß. Die Abberufung des Geschäftsführers und die Beendigung seines Anstellungsvertrages fallen in die gesetzliche Zuständigkeit der Gesellschafterversammlung, doch sind Abberufungs- und Kündigungsbefugnis auf andere Organe übertragbar. Für den Streit um die Wirksamkeit einer vorzeitigen Entlassung kann die Zuständigkeit eines Schiedsgerichts vereinbart werden.

2 Für **mitbestimmte Gesellschaften** verweisen § 12 MontanmitbestG, § 13 MitbestErgG und § 31 MitbestG (Abdruck in § 35, 26) hinsichtlich der Abberufung von Geschäftsführern auf § 84 AktG und schließen damit die Anwendung des § 38

zwingend aus[1]. Der Grundsatz der freien Abberufbarkeit des Geschäftsführers gilt deshalb in mitbestimmten Gesellschaften nicht; vielmehr läßt § 84 Abs. 3 AktG die Abberufung nur aus wichtigem Grund zu. Zuständig für Abberufung und außerordentliche Kündigung des Anstellungsvertrages ist kraft zwingenden Rechts ausschließlich der Aufsichtsrat.

Der **Text der Vorschrift** ist seit 1892 unverändert. §§ 69 und 70 RegE 1971[2] sind nicht Gesetz geworden. Zum Inhalt von §§ 69, 70 RegE 1971 vgl. im einzelnen Voraufl. Rdn 3–9. 3

I. Widerruf der Bestellung und Kündigung des Anstellungsvertrages

1. Widerruf der Bestellung

Das vom Gesetz als „Widerruf der Bestellung" bezeichnete Rechtsgeschäft ist ein körperschaftlicher Akt, der die Organstellung des Geschäftsführers ex nunc beendet. Er ist organisationsrechtlich actus contrarius zur Bestellung, nicht deren Rücknahme. Der diesen Rechtscharakter des Bestellungswiderrufs präziser fassende Begriff der **Abberufung** hat sich deshalb anstelle des Gesetzeswortlauts mit Recht allgemein durchgesetzt. Die Abberufung ist grundsätzlich an keine Frist gebunden und wird mit Zugang ihrer Erklärung beim Geschäftsführer wirksam (vgl. dazu Rdn 79). Eine Fristsetzung ist jedoch möglich[3]. Die Abberufung setzt einen wirksamen Beschluß des zuständigen Gesellschaftsorgans voraus (Rdn 89 ff). Das Fehlen oder die Unwirksamkeit des Abberufungsbeschlusses nimmt auch der Abberufungserklärung jede Wirkung (s. Rdn 89). Wirkungslos ist auch die Abberufung eines Gesellschafter-Geschäftsführers, dem die Satzung ein mitgliedschaftliches Sonderrecht auf Geschäftsführung einräumt, da es ihm ohne seine Zustimmung nur aus wichtigem Grund entzogen werden kann (vgl. dazu Rdn 24). 4

In der **mitbestimmten GmbH** ist eine Abberufung durch den Aufsichtsrat nach der anstelle der GmbH-rechtlichen Regelungen anwendbaren Vorschrift des § 84 Abs. 3 S. 4 AktG (vgl. Rdn 2) ungeachtet etwaiger Abberufungsmängel stets sofort wirksam und bleibt es, bis gegebenenfalls die Unwirksamkeit gerichtlich festgestellt ist. Die Vorschrift ist allerdings unanwendbar, wenn der zugrundeliegende Aufsichtsratsbeschluß unwirksam oder nichtig ist; dann ist ausnahmsweise auch die Abberufung durch den Aufsichtsrat wirkungslos (str., s. näher Rdn 102 f). Auf das Normalstatut der GmbH ist § 84 Abs. 3 S. 4 AktG nicht übertragbar (str., vgl. im einzelnen Rdn 106 ff, 113 ff). 5

Rechtsfolge der wirksamen Abberufung ist, sofern sie nicht befristet ausgesprochen wird, das unmittelbare Erlöschen der Geschäftsführungsbefugnis und der Vertretungsmacht des Geschäftsführers. Die Abberufungserklärung kann nur mit seiner Zustimmung zurückgenommen werden. Setzt der Geschäftsführer nach der Abberufung seine Tätigkeit mit Duldung der Gesellschaft fort, so kann hierin eine einverständliche Rücknahme der Abberufung liegen[4]. Dagegen lebt seine Organstellung nicht wieder auf, wenn der Geschäftsführer von einer Vereinbarung über die einvernehmliche Aufhebung seiner Geschäftsführerstellung und seines Anstellungsvertrages zurücktritt[5]. Das Ausscheiden des Geschäftsführers aus dem Amt ist nach § 39 6

[1] *Hoffmann/Lehmann/Weinmann* MitbestG § 31, 50; Baumbach/Hueck/*Zöllner* 3; vgl. auch *Vollmer* GmbHRdsch 1984, 5.

[2] BR-Drs. 595/71 vom 5. 11. 1971.

[3] Baumbach/Hueck/*Zöllner* 2; *Roth* Anm. 2.1.2.

[4] RGZ 68, 381, 385 f.

[5] OLG Schleswig DStR 1992, 1816.

in das Handelsregister einzutragen; die Eintragung wirkt jedoch nicht konstitutiv[6] (s. dazu § 39, 14). Bis zur Eintragung und Bekanntmachung der Abberufung bleibt der Geschäftsverkehr durch § 15 Abs. 1 HGB geschützt.

2. Kündigung des Anstellungsvertrages

7 Für die Kündigung des Anstellungsvertrages gilt § 38 nicht. Sie richtet sich vielmehr nach den **Vorschriften des BGB**. Zu unterscheiden ist zwischen der ordentlichen und der außerordentlichen Kündigung aus wichtigem Grund. In der nichtmitbestimmten GmbH kommen beide Formen der Kündigung in Betracht; in der mitbestimmten GmbH ist dagegen nur die außerordentliche Kündigung möglich, weil der Anstellungsvertrag kraft zwingenden Rechts (§ 84 Abs. 1 S. 5 AktG) auf die Dauer der Amtsperiode, gegebenenfalls mit Verlängerungsmöglichkeit, befristet ist.

8 a) **Ordentliche Kündigung.** Die ordentliche Kündigung ist nach § 620 Abs. 2 BGB unzulässig, wenn das Anstellungsverhältnis befristet ist[7], es sei denn, die Parteien hätten die Kündigungsmöglichkeit zusätzlich zur Befristung vereinbart[8]. Unzulässig im Einzelfall kann die ordentliche Kündigung ferner unter dem Gesichtspunkt des Rechtsmißbrauchs sein. Das ist etwa dann der Fall, wenn die Kündigung nur den Zweck haben kann, einen Gesellschafter-Geschäftsführer, dem ein mitgliedschaftliches Sonderrecht zur Geschäftsführung zusteht oder der kraft schuldrechtlicher Vereinbarung zwischen den Gesellschaftern nur mit seiner Zustimmung abberufen werden kann, zur Aufgabe des Amtes zu nötigen[9]. Auch eine ordentliche Kündigung durch die Gesellschaft vor Dienstantritt des Geschäftsführers muß im Zweifel als ausgeschlossen betrachtet werden[10].

9 Eine fristlose ordentliche Kündigung nach § 627 BGB ist nur möglich, wenn der Geschäftsführer zur Gesellschaft nicht in einem dauernden Dienstverhältnis mit festen Bezügen steht. Ob und unter welchen Voraussetzungen für die **Kündigungsfristen** ansonsten § 621 BGB oder § 622 BGB entsprechend gilt, ist streitig. Die Rspr. ging bisher grundsätzlich von der entsprechenden Anwendbarkeit des § 622 Abs. 1 S. 1 BGB in der früheren, für den Geschäftsführer gegenüber der seit 1993 geltenden Regelung[11] günstigeren Fassung aus[12], ohne zwischen Fremd- und Gesellschafter-Geschäftsführer und bei letzterem – jedenfalls bis zur Beherrschungsgrenze – nach der Höhe seiner Beteiligung an der Gesellschaft zu differenzieren[13]. Die für die Rspr. zum früheren § 622 BGB maßgeblichen Gründe – wirtschaftliche Abhängigkeit des Geschäftsführers bei hauptberuflicher Tätigkeit für die Gesellschaft und Zeitbedarf für berufliche Veränderung – rechtfertigen auch die entsprechende Anwendung der

---

6 BGH NJW-RR 1987, 1318, 1319.

7 OLG Köln GmbHRdsch 1993, 734, 735.

8 Baumbach/Hueck/*Zöllner* § 35, 126; vgl. auch BGH NJW 1989, 2683 f.

9 BGH NJW 1987, 1890, 1892; vgl. ferner BGH DStR 1994, 214, 215 m.Anm. *Goette* zur Unzulässigkeit einer ordentlichen Kündigung des Gesellschafter-Geschäftsführers wegen Verstoßes gegen die gesellschafterliche Treuepflicht; **abl.** *Meilicke* DB 1994, 1761.

10 OLG Hamm GmbHRdsch 1985, 155, 156; Baumbach/Hueck/*Zöllner* § 35, 131.

11 Neufassung des § 622 BGB durch Kündigungsfristengesetz (KündigungsFG) vom 7.10.1993, BGBl. I, 1668; dazu *Bauer* BB 1994, 855 ff; *Hümmerich* NJW 1995, 1177 ff; *Reiserer* DB 1994, 1822 ff.

12 BGHZ 91, 217, 220 f = NJW 1984, 2528; 79, 291, 293 f = NJW 1981, 1270; OLG Hamm GmbHRdsch 1987, 307, 309; OLG München WM 1984, 896, 897; ebenso für den von der KG angestellten Geschäftsführer der Komplementär-GmbH BGH NJW 1987, 2073, 2074; ebenso für Vorstandsmitglieder der AG BGH NJW 1981, 2748, 2749.

13 So explizit BGHZ 91, 217, 220 f = NJW 1984, 2528.

Neufassung des § 622 Abs. 1 BGB auf den Geschäftsführer[14], die Treubindung zwischen Geschäftsführer und Gesellschaft darüber hinaus regelmäßig auch die entsprechende Anwendung der verlängerten Kündigungsfristen des § 622 Abs. 2 BGB auf die ordentliche Kündigung des Geschäftsführers[15], zumal mit der Aufhebung des AngestKSchG[16] eine dem Geschäftsführer günstige Fristenregelung nunmehr entfallen ist[17]. Dagegen bleibt es bei der Frist des § 621 Nr. 3 BGB, wenn der zu kündigende Geschäftsführer beherrschender Gesellschafter der GmbH ist[18]. Die Interessen der Gesellschaft sind hinreichend dadurch gewahrt, daß diese Frist dispositiv ist. Die Kündigung des Anstellungsvertrages aus einem nicht nach den gesetzlichen Maßstäben des § 626 Abs. 2 BGB, sondern nur kraft Vereinbarung wichtigen Grundes ist nur als ordentliche Kündigung unter Einhaltung der insoweit zwingenden Mindestfrist des § 622 Abs. 1 BGB möglich[19].

b) **Außerordentliche Kündigung.** Die außerordentliche Kündigung des Dienst- **10**
vertrages richtet sich nach § 626 BGB. Sie setzt einen wichtigen Grund voraus (dazu im Zusammenhang Rdn 57 ff) und ist an die Zweiwochenfrist des § 626 Abs. 2 BGB gebunden (dazu Rdn 64 ff). Eine wegen Fehlens eines wichtigen Grundes oder wegen Versäumung der Zweiwochenfrist unwirksame außerordentliche Kündigung kann grundsätzlich nach § 140 BGB in eine fristgemäße ordentliche Kündigung **umgedeutet** werden[20]. Eine Umdeutung hindert es auch nicht, daß die fristlose Kündigung im Vorprozeß rechtskräftig für unwirksam erklärt wurde, sofern nur die Frage einer Beendigung des Anstellungsverhältnisses durch ordentliche Kündigung nicht streitgegenständlich war[21]. Ausgeschlossen ist die Umdeutung aber dann, wenn der betroffene Gesellschafter-Geschäftsführer den zugrundeliegenden Gesellschafterbeschluß angefochten hat, weil er wegen des vermeintlichen Stimmverbots, das objektiv mangels wichtigen Grundes nicht bestand (dazu näher Rdn 93), nicht mitgestimmt oder wegen fehlerhafter Ankündigung in der Tagesordnung (dazu näher Rdn 90) an der Gesellschafterversammlung gar nicht erst teilgenommen hatte[22]. Zur Umdeutung einer unwirksamen Abberufung aus wichtigem Grund in eine solche nach § 38 Abs. 1 s. Rdn 81.

c) **Rechtsfolgen.** Die wirksame Kündigung des Anstellungsvertrages löst diesen **11**
bei der außerordentlichen Kündigung mit sofortiger Wirkung, sonst mit Ablauf der

---

[14] *Reiserer* DB 1994, 1822, 1823; *Lutter/Hommelhoff* Anh. § 6, 51; im Ergebnis wohl ebenso Scholz/*Schneider* § 35, 226; **aA**, jedoch nicht aus inhaltlichen Erwägungen, sondern wegen fehlender Analogiebasis *Hümmerich* NJW 1995, 1177, 1180, der die Neufassung allerdings wegen der Nichteinbeziehung von Geschäftsführern für verfassungswidrig hält.

[15] Im Ergebnis ebenso *Reiserer* DB 1994, 1822, 1823; *Bauer* BB 1994, 855, 856; Baumbach/Hueck/*Zöllner* § 35, 127; *Lutter/Hommelhoff* Anh. § 6, 51.

[16] Außer Kraft seit 15.10.1993 aufgrund Art. 7 KündigungsFG, BGBl. I, 1668.

[17] Dazu *Hümmerich* NJW 1995, 1177, 1179; *Bauer* BB 1994, 855, 856; *Reiserer* DB 1994, 1822, 1823. Die nach Dienstjahren gestaffelten Kündigungsfristen haben in § 622 Abs. 2 n.F. BGB Eingang gefunden.

[18] BGH NJW 1987, 2073, 2074; OLG Hamm NJW-RR 1993, 493 f; *Fleck* WM 1994, 1957, 1964; *Reiserer* DB 1994, 1822, 1824; *Timm* ZIP 1987, 69, 76; Rowedder/*Koppensteiner* 32; **aA** Baumbach/Hueck/*Zöllner* § 35, 127; *Lutter/Hommelhoff* Anh. § 6, 51; Scholz/*Schneider* § 35, 226; die Frage nach der Anwendbarkeit des § 621 oder § 622 BGB auf den beherrschenden Gesellschafter-Geschäftsführer hält zu Unrecht für rechtlich bedeutungslos BGHZ 91, 217, 221 = NJW 1984, 2528.

[19] BGH NJW 1981, 2748, 2749; NJW 1989, 2683, 2684; OLG München WM 1984, 896, 897; GmbHRdsch 1995, 232, jeweils zu § 622 Abs. 1 BGB a.F.; vgl. auch BGHZ 112, 103, 115 = NJW 1990, 2622; ebenso *Bauer* BB 1994, 855, 856 zu § 622 Abs. 1 BGB n.F.

[20] St.Rspr., z. B. BGH NJW 1995, 1358, 1359; GmbHRdsch 1985, 256, 259; OLG Frankfurt GmbHRdsch 1989, 254, 256; OLG Hamm GmbHRdsch 1987, 307, 309.

[21] OLG München NJW-RR 1995, 740 f.

[22] BGH GmbHRdsch 1985, 256, 259.

Kündigungsfrist auf. Mit der Beendigung des Anstellungsverhältnisses verliert der Geschäftsführer seine Vergütungsansprüche. Bei fristloser Kündigung gilt § 628 BGB. Zur Frage der Unverfallbarkeit von Ruhegehaltsansprüchen vgl. § 35, 264 ff, 275 ff; zum nachvertraglichen Wettbewerbsverbot s. § 35, 312 ff.

12 Bestreitet der Geschäftsführer die Wirksamkeit der Kündigung, so muß er weiterhin seine Dienste anbieten, um die Gesellschaft in Annahmeverzug zu setzen und damit seinen **Anspruch auf die Vergütung** aufrechtzuerhalten. Ein entsprechendes Angebot kann konkludent in einem gerichtlichen Vorgehen gegen die Kündigung, sei es in Form der Kündigungsschutzklage, sei es durch Anfechtungsklage oder durch Antrag auf vorläufigen Rechtsschutz gegen die bevorstehende Beschlußfassung des zuständigen Gesellschaftsorgans, liegen[23]. Zu Einzelheiten vgl. § 35, 210.

13 **Kündigungsschutz** genießt der Geschäftsführer nicht ; das KSchG findet auf ihn nach § 14 Abs. 1 Nr. 1 KSchG keine Anwendung[24]. Etwas anderes kann gelten, wenn das Anstellungsverhältnis nach Beendigung der Organstellung in ein reguläres Arbeitsverhältnis umgewandelt wird[25] (s. dazu auch Rdn 82). Das BAG nimmt darüber hinaus an, daß das Arbeitsverhältnis neben dem Anstellungsverhältnis als Geschäftsführer ruhend fortbestehen kann (dazu und zur Kritik an dieser Rspr. § 35, 190), und gewährt in diesen Fällen Kündigungsschutz nach dem KSchG, wenn sich beide Rechtsverhältnisse deutlich voneinander abgrenzen lassen[26]. Für ein ruhendes Fortbestehen des Arbeitsverhältnisses neben dem Dienstverhältnis als Geschäftsführer spricht allerdings nach der jüngsten Rspr. des BAG keine generelle Vermutung[27].

3. Verhältnis von Abberufung und Kündigung

14 Wegen der rechtlichen Trennung von Organstellung und Anstellungsverhältnis (dazu grundsätzlich § 35, 22 f, 136) führt die Beendigung des einen nicht notwendig und automatisch auch zur Beendigung des anderen Rechtsverhältnisses. Die Auswirkungen der Abberufung auf das Anstellungsverhältnis und der Kündigung auf die Organstellung sind vielmehr von der konkreten Ausgestaltung der Rechtsstellung des betroffenen Geschäftsführers abhängig, die durch das Statut der Gesellschaft, die vertraglichen Vereinbarungen zwischen dem Geschäftsführer und der Gesellschaft, durch die Satzung oder durch schuldrechtliche Abreden zwischen den Gesellschaftern bestimmt werden kann. Generelle Feststellungen über das Verhältnis von Abberufung und Kündigung lassen sich deshalb nur in begrenztem Umfang treffen.

15 a) **Auswirkung der Abberufung auf das Anstellungsverhältnis. aa) Fortbestand als Regel.** Die Abberufung des Geschäftsführer beendet den Anstellungsvertrag grundsätzlich nicht[28]. Er besteht vielmehr fort und kann, sofern er nicht befristet

---

[23] OLG Düsseldorf BB 1987, 567, 569; OLG Frankfurt OLGR Frankfurt 1993, 97.

[24] LAG Hamm GmbHRdsch 1980, 131.

[25] BAG AP Nr. 19 zu § 5 ArbGG 1953; GmbHRdsch 1994, 547, 549; vgl. dazu auch *Bauer* BB 1994, 855, 857 f; *Hümmerich* NJW 1995, 1177, 1181 f; *Reiserer* DB 1994, 1822, 1824 ff.

[26] BAGE 49, 81, 90 ff, 93 f; 55, 137, 148 f; krit. *Grunsky* ZIP 1988, 76, 77 ff; *Hohlfeld* GmbHRdsch 1987, 255, 257 f; *Martens* Anm. zu BAG AP Nr. 3 zu § 5 ArbGG 1979; *Reiserer* DB 1994, 1822, 1824 f.

[27] BAG GmbHRdsch 1994, 243, 244 unter teilweiser Korrektur von BAGE 49, 81, 93 und BAGE 55, 137, 146; ebenso BAG NJW 1996, 614, 615.

[28] St.Rspr. und h.M., z. B. BGH NJW 1981, 166, 167; NJW-RR 1990, 1123, 1124 m.zahlr. w.Nachw.; DStR 1993, 843; NJW-RR 1996, 156; OLG Frankfurt GmbHRdsch 1994, 549, 550; OLG Köln GmbHRdsch 1991, 156, 158; GmbHRdsch 1993, 734, 735; Baumbach/Hueck/*Zöllner* § 35, 109; Scholz/*Schneider* 34; Rowedder/*Koppensteiner* 23; ebenso im Grundsatz *Baums* 288 ff, der freilich die im geltenden Recht verankerte Trennung von Bestellungs- und Anstellungsverhältnis nicht anerkennt, vgl. 290 ff, 295 ff.

war, von beiden Parteien ordentlich, sonst außerordentlich gekündigt werden, falls ein wichtiger Grund iSv § 626 Abs. 1 BGB vorliegt (dazu Rdn 8 ff, 34 f). Die Beendigung der Organstellung als solche ist kein wichtiger Grund für die Kündigung des Anstellungsvertrages; zu Einzelheiten s. Rdn 57 ff.

bb) **Gleichzeitige Abberufung und Kündigung.** Abberufung und Kündigung können gleichzeitig **ausdrücklich** erklärt werden; dann richten sich die Rechtsfolgen nach den das jeweilige Rechtsverhältnis betreffenden Erklärungen. In der Abberufungserklärung kann aber auch **konkludent** zugleich die Kündigung des Anstellungsvertrages liegen[29]. Als ordentliche Kündigung wird die Abberufung im allgemeinen zu verstehen sein, wenn die Gesellschaft zu erkennen gibt, daß sie den Geschäftsführer keinesfalls weiterbeschäftigen will[30]. Für die Annahme einer außerordentlichen Kündigung müssen allerdings besondere Anhaltspunkte sprechen, weil ihre Rechtmäßigkeit voraussetzt, daß sie nicht nur als außerordentliche erklärt, sondern auch auf einen wichtigen Grund iSv § 626 BGB gestützt wird, und der Gesellschaft nicht ohne weiteres der Wille zu vertragsbrüchigem Verhalten unterstellt werden kann. Die Abberufungserklärung kann deshalb allenfalls dann zugleich als außerordentliche Kündigungserklärung gedeutet werden, wenn sie auf Gründe gestützt wird, die auch eine fristlose Kündigung nach § 626 BGB rechtfertigen würden[31]. 16

cc) **Koppelung von Organstellung und Anstellungsverhältnis.** Die Abberufung des Geschäftsführers kann gleichzeitig dessen Anstellungsvertrag beenden, wenn die Parteien beide Rechtsverhältnisse in ihrem Bestand wirksam miteinander verknüpft haben[32]. Das kann insbesondere bei Fremdgeschäftsführern – auch konkludent – mittels auflösender Bedingung[33] oder durch eine Vereinbarung geschehen, die beispielsweise der Abberufungserklärung die Bedeutung einer ordentlichen oder außerordentlichen Kündigung des Anstellungsvertrages beilegt[34], die Gründe, auf die eine Abberufung gestützt werden kann, als maßgeblich auch für die Kündigung des Anstellungsvertrages bestimmt[35] oder die Abberufung als solche zum wichtigen Grund für die Kündigung des Anstellungsvertrages erklärt[36]. Voraussetzung für eine Beendigung des an den Bestand der Organstellung gebundenen Anstellungsverhältnisses ist aber immer, daß die Abberufung wirksam erfolgt ist[37]. 17

Auch bei einer zulässigen Koppelung von Organstellung und Anstellungsvertrag sind die **Auswirkungen** der Abberufung auf beide Rechtsverhältnisse stets **gesondert zu prüfen**[38]; eine gerichtliche Entscheidung über die Wirksamkeit der Abberufung entfaltet deshalb selbst dann keine Rechtskraftwirkung oder präjudizielle Bindung für den Rechtsstreit über die Ansprüche aus dem Anstellungsverhältnis, wenn Abbe- 18

---

29 Allg.M., z. B. OLG Hamburg GmbHRdsch 1992, 43, 48; Rowedder/*Koppensteiner* 34.

30 Rowedder/*Koppensteiner* 34.

31 Scholz/*Schneider* 35; *Dernbach* BB 1982, 1266, 1268; ähnlich einschränkend auch Rowedder/*Koppensteiner* 40: Auslegung der Abberufung als fristlose Kündigung nur unter besonderen Umständen; **aA** OLG Hamburg GmbHRdsch 1992, 43, 48: Abberufung aus wichtigem Grund regelmäßig auch Kündigung des Anstellungsvertrages.

32 Für Unzulässigkeit jeglicher Verkoppelung von Organstellung und Anstellungsverhältnis *Ekkardt* 152 ff; *ders.* AG 1989, 431, 432.

33 BGH NJW 1989, 2683 f; OLG Düsseldorf DStR 1992, 1139; OLG München WM 1984, 896; Baumbach/Hueck/*Zöllner* § 35, 110; *Lutter/Hommelhoff* Anh. § 6, 44; Scholz/*Schneider* 36; vgl. auch OLG Frankfurt GmbHRdsch 1994, 549, 551; zur Koppelung des Anstellungsvertrages an das Gesellschaftsverhältnis s. BGHZ 112, 103, 115 = NJW 1990, 2622.

34 Vgl. BGH NJW 1995, 1750; OLG Köln GmbHRdsch 1993, 734, 735; OLG München WM 1984, 896.

35 Vgl. BGH NJW 1981, 2748, 2749; NJW 1989, 2683, 2684.

36 Vgl. OLG München GmbHRdsch 1995, 232.

37 BGH NJW 1989, 2683 f; OLG Düsseldorf DStR 1992, 1139.

38 BGH NJW-RR 1990, 1123, 1124; *Lutter/Hommelhoff* Anh. § 6, 45.

rufung oder Kündigung auf dieselben tatsächlichen Umstände gestützt werden[39]. Da ein wichtiger Grund für die Abberufung nicht notwendig zugleich auch einen wichtigen Grund für die Kündigung des Anstellungsvertrages darstellt, ist eine an die Abberufung geknüpfte außerordentliche Kündigung nur bei Vorliegen der Voraussetzungen des § 626 BGB wirksam[40]. Fehlt es daran, hat die Koppelung stets nur die Wirkung einer ordentlichen Kündigung, d. h. sie führt zur Beendigung des Vertrages nur unter Einhaltung der insoweit zwingenden Frist des § 622 Abs. 1 BGB[41]. Bleibt die Geltung dieser Frist in der Koppelungsvereinbarung unberücksichtigt, führt dies nicht zu ihrer Nichtigkeit; die Vereinbarung ist vielmehr gesetzeskonform auszulegen[42]. Eine Auflösung des Anstellungsverhältnisses mit sofortiger Wirkung kann deshalb wegen Umgehung des § 622 S. 1 BGB ebensowenig wirksam vereinbart werden wie eine fristlose ordentliche Kündigung[43].

19 b) **Auswirkung der Kündigung des Anstellungsvertrages auf die Organstellung.** Auch die Kündigung des Anstellungsvertrages führt nicht notwendig zur Beendigung der Organstellung[44], ebensowenig dessen einvernehmliche Aufhebung (vgl. Rdn 151) oder das Erreichen einer anstellungsvertraglich vereinbarten Altersgrenze[45]. Doch kann die Auslegung der Kündigungserklärung im Einzelfall ergeben, daß sie die Abberufung des Geschäftsführers aus dem Amt umfassen sollte[46]. Das wird insbesondere bei Fremdgeschäftsführern anzunehmen sein, die das Geschäftsführeramt im allgemeinen nicht ohne Vertragsgrundlage weiter ausüben werden[47]. Auch eine Kündigung aus wichtigem Grund wird regelmäßig so zu verstehen sein, daß sie zugleich die Organstellung beenden soll. Dagegen läßt eine bloße Änderungskündigung diesen Schluß nicht zu. Bestehen für die Abberufung und die Kündigung unterschiedliche Zuständigkeiten, was insbesondere bei Drittanstellung des Geschäftsführers die Regel ist, so mag die Kündigung des Anstellungsvertrages die Entscheidung des abberufungsbefugten Organs zwar faktisch, vermag sie aber nicht rechtlich zu präjudizieren.

II. Grundsatz der freien Widerruflichkeit der Bestellung, Abs. 1

1. Freie Abberufbarkeit als Regel

20 Die Abberufung des Geschäftsführers ist nach der gesetzlichen Regelung in Abs. 1 **jederzeit** und **mit sofortiger Wirkung** möglich. Dieser Grundsatz gilt für die GmbH mit Normalstatut; anders als im Geltungsbereich der Mitbestimmungsgesetze, die ausschließlich § 84 Abs. 3 AktG für anwendbar erklären (vgl. Rdn 2) und damit die Abberufung des Geschäftsführers an das Vorliegen eines wichtigen Grundes binden (vgl. Rdn 2 und näher Rdn 55 f), bedarf es für die Abberufung des Ge-

39 BGH NJW-RR 1990, 1123, 1124.
40 BGHZ 15, 71, 75; BGH NJW 1981, 2748, 2749; NJW 1989, 2683, 2684.
41 Vgl. BGH NJW 1981, 2748, 2749; NJW 1989, 2683, 2684; OLG München WM 1984, 896, 897; GmbHRdsch 1995, 232; OLG Stuttgart ZIP 1981, 1336, 1337; Scholz/*Schneider* 36; *Bauer* BB 1994, 855, 856; ebenso BGHZ 112, 103, 115 = NJW 1990, 2622 für die Koppelung des Anstellungsvertrages an die Gesellschafterstellung.
42 BGH NJW 1981, 2748, 2749; NJW 1989, 2683, 2684, jeweils zur AG.
43 **AA** Baumbach/Hueck/*Zöllner* § 35, 111, 128; *Lutter*/*Hommelhoff* Anh. § 6, 44.
44 OLG Frankfurt GmbHRdsch 1994, 549, 551; Baumbach/Hueck/*Zöllner* 40; Scholz/*Schneider* 6 und § 35, 242.
45 Zur Zulässigkeit einer solchen Vereinbarung im Anstellungsvertrag *Bauder* BB 1994, 945 ff.
46 Baumbach/Hueck/*Zöllner* 40; Scholz/*Schneider* 6.
47 BGHZ 79, 38, 41 f = NJW 1981, 757; OLG Frankfurt GmbHRdsch 1994, 549, 551; OLG Köln GmbHRdsch 1991, 156, 158.

schäftsführers in der nichtmitbestimmten GmbH weder eines Grundes, noch einer Begründung. Abs. 1 sichert den Gesellschaftern uneingeschränkte Dispositionsfreiheit über die personelle Besetzung des Vertretungsorgans der Gesellschaft. Die Geschäftsführer sollen nur solange im Amt bleiben dürfen, wie sie das volle Vertrauen der Gesellschafter besitzen[48]. In den Grenzen zwingenden Rechts (§§ 226, 826 BGB) schließt das grundsätzlich auch die Freiheit der Gesellschafter ein, den Geschäftsführer grundlos oder aus unvernünftigen oder sachfremden Motiven abzuberufen[49]. Vor gänzlich willkürlicher Handhabung des Abberufungsrechts durch die Gesellschafter wird den Geschäftsführer im allgemeinen schon das Fortbestehen der Vergütungsansprüche aus dem Anstellungsvertrag schützen.

Die freie Widerruflichkeit der Bestellung gilt grundsätzlich auch für die Abberufung von **Gesellschafter-Geschäftsführern**[50], und zwar auch in der Zweipersonen-GmbH mit einem oder zwei Gesellschafter-Geschäftsführern[51]. Der personalistische Zuschnitt der Gesellschaft rechtfertigt kein Abgehen vom Grundsatz des § 38 Abs. 1 zugunsten einer analogen Anwendung der §§ 117, 127 HGB[52], die in ihren Wirkungen der Begründung eines mitgliedschaftlichen Sonderrechts auf Geschäftsführung gleichkäme[53]. Doch ist der personalistischen Struktur der GmbH einerseits bei der Auslegung der Satzung Rechnung zu tragen (vgl. dazu Rdn 25), andererseits kann sie verstärkte Treubindungen bewirken, die der freien Abberufbarkeit des Gesellschafter-Geschäftsführers gewisse Grenzen ziehen (vgl. dazu Rdn 30). Das Recht der Gesellschafter zur freien Abberufung des Geschäftsführers wird nicht dadurch ausgeschlossen, daß die Gesellschaft in diesem Falle ohne vertretungsberechtigtes Organmitglied bliebe[54]. 21

2. Einschränkung durch die Satzung

a) **Einschränkbarkeit der freien Abberufung nach Abs. 1.** § 38 Abs. 2 sieht ausdrücklich die Möglichkeit vor, in der Satzung die Abberufbarkeit des Geschäftsführers auf Fälle zu beschränken, in denen ein wichtiger Grund sie notwendig macht (dazu im Zusammenhang Rdn 37, 38 ff). Das bedeutet aber nicht, daß sonstige Einschränkungen der freien Abberufbarkeit nach Abs. 1 ausgeschlossen wären. Dem Satzungsgeber steht es vielmehr frei, den Gesellschaftern die gesetzliche Option des Abs. 1 nicht offenzuhalten und die Abberufung des Geschäftsführers erschwerenden Bedingungen zu unterwerfen, die nicht in der Beschränkung auf einen wichtigen Grund bestehen[55]. Dies kann durch ausdrückliche Regelung geschehen; Einschränkungen des freien Abberufungsrechts nach Abs. 1 können im Einzelfall aber auch konkludent aus einer bestimmten Ausgestaltung der Satzung zu entnehmen sein[56]. 22

---

[48] BGH DStR 1993, 843; Baumbach/Hueck/*Zöllner* 2; *Lutter/Hommelhoff* 2.

[49] Allg.M., z. B. Baumbach/Hueck/*Zöllner* 2; Scholz/*Schneider* 16; Rowedder/*Koppensteiner* 3; *Lutter/Hommelhoff* 2; *Dernbach* BB 1982, 1266, 1267.

[50] *Fleck* GmbHRdsch 1970, 221, 226; *Schönle/Ensslin* GmbHRdsch 1968, 23, 25; *dies.* GmbHRdsch 1969, 103, 104; Rowedder/*Koppensteiner* 3.

[51] *Fleck* GmbHRdsch 1970, 221, 226; *Schönle/Ensslin* GmbHRdsch 1968, 23, 25; *Dernbach* BB 1982, 1266, 1267; Scholz/*Schneider* 16; **aA** OLG Karlsruhe GmbHRdsch 1967, 214 f; *Eder* GmbHRdsch 1962, 22, 23 f; *Limbach* GmbHRdsch 1968, 181 f.

[52] OLG Stuttgart NJW-RR 1995, 295, 296; so aber *Limbach* GmbHRdsch 1968, 181 f.

[53] BGHZ 86, 177, 180 f = NJW 1983, 938; *Fleck* GmbHRdsch 1970, 221; *Mertens* Voraufl. 29; Scholz/*Schneider* 17.

[54] Baumbach/Hueck/*Zöllner* 2.

[55] Allg.M., Baumbach/Hueck/*Zöllner* 4; *Lutter/Hommelhoff* 7; Scholz/*Schneider* 38 f.

[56] Vgl. OLG Düsseldorf GmbHRdsch 1994, 245 sowie Rdn 25, 37.

23 aa) **Andere als in Abs. 2 vorgesehene Beschränkungen.** Die Satzung kann für die Abberufung nach Abs. 1 beispielsweise eine qualifizierte Mehrheit verlangen[57]; sie kann – nicht wichtige – Gründe bestimmen, aus denen die Abberufung erfolgen darf oder nicht erfolgen darf; sie kann Gründe, die eine Abberufung nach Abs. 2 objektiv nicht rechtfertigen könnten, zu wichtigen erklären[58]. Sie kann ferner festlegen, daß bestimmte Voraussetzungen bei der Gesellschaft oder in der Person des Geschäftsführers vorliegen müssen, damit die Abberufung zulässig ist; sie kann bestimmen, daß die Abberufung nur unter Befristung möglich sein soll; sie kann als Wirksamkeitsvoraussetzung der Abberufung ein Anhörungs- oder ein Zustimmungsrecht des Geschäftsführers begründen (vgl. dazu die folgende Rdn) oder einem Gesellschafter oder einer Gesellschaftergruppe, etwa einem Familienstamm, das Recht zur Abberufung vorbehalten oder an seine Zustimmung binden (vgl. dazu auch Rdn 92). Diese Einschränkungsmöglichkeiten der freien Abberufbarkeit bestehen nicht nur zugunsten von Gesellschafter-Geschäftsführern, sondern auch **zugunsten von Fremdgeschäftsführern**[59], da sie im Gesellschaftsinteresse liegen; statutarische Restriktionen der freien Abberufbarkeit bieten Fremdgeschäftsführern eine gewisse Sicherheit und ermöglichen damit die Gewinnung qualifizierten Personals wie Kontinuität der Geschäftsführung[60]. Jede Einschränkung der freien Abberufbarkeit durch die Satzung muß aber die zwingenden Grenzen des Abs. 2 beachten (dazu Rdn 26).

24 bb) **Mitgliedschaftliches Sonderrecht auf Geschäftsführung.** Zugunsten von Gesellschafter-Geschäftsführern kann die freie Abberufbarkeit nach Abs. 1 insbesondere dadurch ausgeschlossen werden, daß ihnen als mitgliedschaftliches Sonderrecht ein grundsätzlich unentziehbarer Anspruch auf die Geschäftsführung eingeräumt wird[61]. Ein solches Sonderrecht kann nur statutarisch begründet werden[62], nicht aber durch Vereinbarung außerhalb der Satzung (zur Möglichkeit der Begründung von Zustimmungsvorbehalten durch schuldrechtliche Vereinbarungen vgl. Rdn 28 f). Der Sonderrechtsinhaber kann nach Abs. 1 nur mit seiner Zustimmung abberufen werden[63]; auch die Entziehung des Sonderrechts durch Mehrheitsbeschluß oder im Wege einer Satzungsänderung bleibt ohne seine Zustimmung wegen Verletzung seines Mitgliedschaftsrechts wirkungslos[64]. Der beeinträchtigte Gesellschafter kann unmittelbar auf Feststellung des Weiterbestehens seiner Organstellung und seines Sonderrechts klagen, ohne daß es einer Beschlußanfechtung bedürfte[65]. Auch ohne Zustimmung des Sonderrechtsinhabers möglich bleibt aber stets die Abberufung aus wichtigem Grund (vgl. dazu Rdn 26).

25 Ob die Satzung dem Gesellschafter-Geschäftsführer ein Sonderrecht auf Geschäftsführung einräumt, ist in Zweifelsfällen durch erläuternde oder ergänzende

[57] *Baums* 317 f; Scholz/*Schneider* 38; vgl. auch *Goette* Anm. zu BGH DStR 1994, 214, 215.

[58] Baumbach/Hueck/*Zöllner* 4; *Lutter/Hommelhoff* 7; Rowedder/*Koppensteiner* 9; *Roth* Anm. 3.2.1.

[59] OLG Köln GmbHRdsch 1989, 76, 78; *Fleck* GmbHRdsch 1970, 221 f; *Lutter/Hommelhoff* 8; Baumbach/Hueck/*Zöllner* 5 a; Scholz/*Schneider* 40; **aA** *Schönle/Ensslin* GmbHRdsch 1969, 103, 104 f.

[60] Baumbach/Hueck/*Zöllner* 5 a.

[61] *Baums* 320 ff; Baumbach/Hueck/*Zöllner* 5; Scholz/*Schneider* 41; vgl. auch § 6, 18.

[62] BGH GmbHRdsch 1982, 129, 130; NJW 1987, 1890, 1891; *Lutter/Hommelhoff* 10; ebenso *Ulmer* § 6, 18.

[63] BGH GmbHRdsch 1982, 129, 131.

[64] BGHZ 15, 177, 181 = NJW 1955, 178; 48, 141, 143 = NJW 1967, 2159; BGH WM 1962, 201; GmbHRdsch 1982, 129, 131; *Lutter/Hommelhoff* 10; Scholz/*Schneider* 42, 60; vgl. auch BGH NJW 1987, 1890, 1891.

[65] BGH WM 1962, 201, 202; WM 1968, 1350; GmbHRdsch 1982, 129, 131; *Fleck* GmbHRdsch 1970, 222, 226; *Baums* 322; Baumbach/Hueck/*Zöllner* 25; Rowedder/*Koppensteiner* 20.

Auslegung der Satzung entsprechend den Grundsätzen der §§ 133, 157 BGB zu ermitteln[66]. Für die Annahme eines Sonderrechts genügt es nicht, daß der Gesellschafter in der Satzung als Geschäftsführer bezeichnet wird oder seine Bestellung im Gesellschaftsvertrag erfolgt ist[67], und zwar auch dann nicht, wenn die Satzung für den Abberufungsbeschluß Einstimmigkeit oder eine qualifizierte Mehrheit verlangt[68]. Auch die Beschränkung der Abberufbarkeit auf wichtige Gründe reicht für sich genommen nicht aus[69]. Ein Sonderrecht ist dagegen anzunehmen, wenn der Gesellschafter sowohl in der Satzung bestellt wurde als auch ihre Ausgestaltung im einzelnen zusätzliche Anhaltspunkte für die mitgliedschaftsrechtliche Qualität seiner Geschäftsführerstellung bietet[70], etwa die Beschränkung der Abberufung auf wichtige Gründe[71], die Zusage der Geschäftsführerstellung auf Lebenszeit oder für die Dauer der Mitgliedschaft in der Gesellschaft[72], die Ausrichtung der gesamten Satzung auf völlige Gleichstellung zweier Geschäftsführer, wenn nur einem von ihnen ein Sonderrecht ausdrücklich eingeräumt wurde[73].

b) **Zwingende Abberufbarkeit aus wichtigem Grund als Grenze.** Das Recht der Gesellschafter, den Geschäftsführer aus wichtigem Grund abzuberufen, ist unabdingbar. Es kann weder durch die Satzung, noch durch schuldrechtliche Vereinbarungen zwischen den Gesellschaftern, noch durch den Anstellungsvertrag ausgeschlossen oder erschwert werden[74]. Jegliche Einschränkung der freien Abberufbarkeit nach Abs. 1 entfaltet daher Wirkung stets nur insoweit, wie sie die von Abs. 2 zwingend vorbehaltene Möglichkeit einer Abberufung des Geschäftsführers aus wichtigem Grund nicht berührt. Das bedeutet im einzelnen: Wichtige Gründe berechtigen stets zur Abberufung des Geschäftsführers; die Satzung kann diese Gründe deshalb nicht abschließend normieren, sie etwa auf die in Abs. 2 S. 2 beispielhaft genannten Fälle der groben Pflichtverletzung oder der Unfähigkeit zur ordnungsgemäßen Geschäftsführung reduzieren. Ebensowenig kann sie die Abberufung auf Gründe beschränken, die objektiv keine wichtigen iSv Abs. 2 sind, und sie kann umgekehrt keine objektiv wichtigen Gründe zu unwichtigen erklären oder eine Abberufung für solche Situationen ausschließen, die nach den Umständen einen wichtigen Grund böten[75]. Auch zusätzliche Voraussetzungen oder Bedingungen für die Abberufung nach Abs. 1 können nicht für den Fall wirksam festgelegt werden, daß ein wichtiger Grund die Abberufung notwendig macht. Das gilt ebenso für ein Anhörungs- oder Zustimmungsrecht des Geschäftsführers, auch wenn es als mitgliedschaftliches Sonderrecht auf Geschäftsführung ausgestaltet ist[76], wie für das Erfordernis der Befristung der Abberufungserklärung oder einer qualifizierten Mehrheit 26

[66] BGH WM 1968, 1350 f; GmbHRdsch 1982, 129, 130; OLG Düsseldorf GmbHRdsch 1994, 245; *Baums* 321 ff.

[67] BGH WM 1968, 1350; GmbHRdsch 1982, 129, 130; OLG Hamm GmbHRdsch 1987, 268, 270 f = ZIP 1986, 1188 m.Anm. *Lutter*; GmbHRdsch 1992, 380; OLG München GmbHRdsch 1995, 232; *Baums* 322 m.w.Nachw.; Baumbach/Hueck/*Zöllner* 5; Rowedder/*Koppensteiner* 4; *Lutter/Hommelhoff* 11.

[68] BGH WM 1984, 29.

[69] *Baums* 322; Baumbach/Hueck/*Zöllner* 7, jeweils m.Nachw.; *Lutter/Hommelhoff* 11.

[70] Vgl. BGH GmbHRdsch 1982, 129, 130.

[71] OLG Hamburg GmbHRdsch 1954, 188; w. Nachw. bei *Baums* 323.

[72] Baumbach/Hueck/*Zöllner* 5; *Baums* 322.

[73] BGH GmbHRdsch 1982, 129, 130.

[74] BGHZ 86, 177, 179 = NJW 1983, 938; BGH NJW 1969, 1483; Scholz/*Schneider* 39; *Lutter/Hommelhoff* 7.

[75] KG JW 1939, 492; BGH NJW 1969, 1483; Baumbach/Hueck/*Zöllner* 4; *Lutter/Hommelhoff* 7.

[76] *Baums* 321; Baumbach/Hueck/*Zöllner* 5; *Lutter/Hommelhoff* 23; Scholz/*Schneider* 41; Rowedder/*Koppensteiner* 9; zu den besonderen Anforderungen an die wirksame Abberufung eines Sonderrechtsinhabers aus wichtigem Grund vgl. Rdn 39.

für den Abberufungsbeschluß (vgl. zu letzerem Rdn 91). Vorstehende Grundsätze gelten gleichermaßen für außerhalb der Satzung getroffene Einschränkungen der Abberufbarkeit des Geschäftsführers. Regelungen, welche die durch Abs. 2 zwingend gezogenen Grenzen nicht einhalten, etwa weil sie den gänzlichen Ausschluß der Abberufung vorsehen, sind jedoch nicht unwirksam, sondern vielmehr gesetzeskonform als Beschränkung der Abberufung auf wichtige Gründe auszulegen[77].

3. Einschränkung durch Vereinbarung außerhalb der Satzung

27 Die freie Abberufbarkeit des Geschäftsführers nach Abs. 1 kann nicht nur in der Satzung, sondern auch durch **schuldrechtliche Vereinbarungen** außerhalb der Satzung eingeschränkt werden. Dabei ist aber einerseits zwischen Verpflichtungen der Gesellschaft und solchen der Gesellschafter, andererseits zwischen der schuldrechtlichen und der korporationsrechtlichen Wirkung solcher Bindungen zu unterscheiden. Weitgehend Einigkeit besteht jedenfalls, daß Einschränkungen der freien Abberufbarkeit des Geschäftsführers nach Abs. 1 organisationsrechtliche Wirkung grundsätzlich nur dann entfalten, wenn sie in der Satzung geregelt sind[78]. Im übrigen sind die Einzelheiten streitig.

28 a) **Durch den Anstellungsvertrag.** Unproblematisch ist eine anstellungsvertragliche Einschränkung der freien Abberufbarkeit des Geschäftsführers, wenn die Satzung sie vorsieht oder wenn sie die Gesellschafter zum Abschluß einer solchen Vereinbarung mit dem Geschäftsführer ermächtigt[79]. Die satzungskonforme Abberufungsbeschränkung entfaltet schuldrechtliche wie organisationsrechtliche Wirkung, so daß der Geschäftsführer nach vertragswidriger Abberufung gegen die Gesellschaft einen Anspruch auf Wiederbestellung hat[80]. Sieht die Satzung dagegen keine Einschränkung der freien Abberufbarkeit des Geschäftsführers vor, ist streitig, ob sich die Gesellschaft im Anstellungsvertrag verpflichten kann, den Geschäftsführer nur unter bestimmten Voraussetzungen, z. B. nur aus wichtigem Grund oder nur mit qualifizierter Mehrheit, abzuberufen[81]. Korporationsrechtliche Wirkung zu Lasten der Gesellschaft entfaltet eine solche Vereinbarung nicht, weil sie in die Organisationshoheit der Gesellschafterversammlung insofern unzulässigerweise eingriffe, als sie auch eine künftige Bindung der Gesellschaft bezüglich der Person des begünstigten Geschäftsführers bewirkte[82]. Der Geschäftsführer kann vielmehr grundsätzlich nach Abs. 1 frei abberufen werden[83]. Schuldrechtlich ist eine solche Vereinbarung jedoch wirksam, da eine Selbstbindung der Gesellschafter, auf ihr freies Abbe-

[77] Baumbach/Hueck/*Zöllner* 4.

[78] BGH NJW 1969, 131; *Fleck* ZGR 1988, 104, 123, unter Aufgabe seiner gegenteiligen Ansicht in GmbHRdsch 1970, 221, 224 ff; *Mertens* Voraufl. 32; Scholz/*Schneider* 54; Rowedder/*Koppensteiner* 4; *Lutter/Hommelhoff* 13; Baumbach/Hueck/*Zöllner* 10; aA *Flume* Juristische Person (1983), 349 f; *Goerdeler* GmbHRdsch 1959, 198 f.

[79] *Mertens* Voraufl. 33; Rowedder/*Koppensteiner* 4; *Lutter/Hommelhoff* 14; *Fleck* ZGR 1988, 104, 123.

[80] *Fleck* ZGR 1988, 104, 129; Rowedder/*Koppensteiner* 4; *Lutter/Hommelhoff* 14; **aA** RGZ 170, 358, 371 f.

[81] Für Regelungsmöglichkeit im Anstellungsvertrag *Flume* Juristische Person (1983), 349; Baumbach/Hueck/*Zöllner* 11; ebenso, falls mit satzungsändernder Mehrheit gefaßter Gesellschafterbeschluß zugrundeliegt, Scholz/*Schneider* 54; **aA** *Baums* 324 ff; *Fleck* ZGR 1988, 104, 123 f; *Lutter/Hommelhoff* 13.

[82] Ebenso im Ergebnis *Lutter/Hommelhoff* 13, jedoch unter der nicht gerechtfertigten Annahme, statutarische Beschränkungen der freien Abberufbarkeit seien zugunsten von Fremdgeschäftsführern nicht möglich; **aA** Scholz/*Schneider* 54: auch korporationsrechtlich wirksam bei Gesellschafterbeschluß mit satzungsändernder Mehrheit; *Fleck* ZGR 1988, 104, 123 f: Satzungsänderung erforderlich.

[83] *Mertens* Voraufl. 32; *Lutter/Hommelhoff* 13; Rowedder/*Koppensteiner* 4; *Baums* 326; **aA** Baumbach/Hueck/*Zöllner* 11.

rufungsrecht zu verzichten, auch im Verhältnis zu Dritten möglich ist[84]; ihre Verletzung durch eine anstellungsvertragswidrige Abberufung verpflichtet die Gesellschaft deshalb zum Schadensersatz[85]. Ein Recht auf Wiederbestellung besteht dagegen nicht unabhängig von der Person der an der Vereinbarung beteiligten Gesellschafter, sondern nur unter der Voraussetzung, daß die gegenüber dem Geschäftsführer eingegangene schuldrechtliche Selbstbindung der Gesellschafter bei der Abberufung noch fortbesteht; es kann also nicht zu Lasten der Gesellschaft oder neuer Gesellschafter bei Wechsel der Beteiligungs- oder Mehrheitsverhältnisse[86] begründet werden. Aus einer Regelung im Anstellungsvertrag, nach der das Dienstverhältnis nur aus wichtigem Grund oder nur bei Abberufung als Geschäftsführer gekündigt werden darf, kann nicht auf eine Einschränkung der freien Abberufbarkeit nach Abs. 1 geschlossen werden[87].

b) **Durch schuldrechtliche Vereinbarung mit Gesellschaftern oder Stimmbindungsvertrag** können sich einzelne oder alle Gesellschafter dem Gesellschafter-Geschäftsführer wie dem Fremdgeschäftsführer gegenüber verpflichten, seiner Abberufung nur unter bestimmten Voraussetzungen, insbesondere nur aus wichtigem Grund, zuzustimmen[88] oder ihn ohne wichtigen Grund nur mit seiner Zustimmung abzuberufen[89]. Solche Vereinbarungen sind formlos wirksam und für die Gesellschafter rechtlich auch dann bindend, wenn die Satzung keine Einschränkung der Abberufbarkeit nach Abs. 1 vorsieht[90]. Sie ermöglichen im Ergebnis eine Einschränkung der freien Abberufbarkeit außerhalb der Satzung, stellen aber weder eine Satzungsumgehung, noch einen unzulässigen Eingriff in die Kompetenzen des für die Abberufung zuständigen Organs dar; denn die Verpflichtung aus solchen Vereinbarungen trifft nicht die Gesellschaft oder das abberufungsberechtigte Organ, sondern lediglich die Gesellschafter persönlich[91]. Eine Abberufung unter Verstoß gegen die eingegangene Bindung führt grundsätzlich nicht zur Unwirksamkeit des Abberufungsbeschlusses; dem Geschäftsführer kann jedoch aus der Vereinbarung ein Anspruch gegen die Vertragspartner auf Herbeiführung der Wiederbestellung zustehen, den er gegebenenfalls im Wege der Leistungsklage durchsetzen kann[92]. Mit der h.L.[93] abzulehnen ist dagegen die Auffassung des BGH, der Verstoß gegen eine von allen Gesellschaftern außerhalb der Satzung eingegangene schuldrechtliche Ver- 29

---

[84] OLG Köln GmbHRdsch 1989, 76, 78; Baumbach/Hueck/*Zöllner* 11; *Flume* Juristische Person (1983), 349; Scholz/*Schneider* 54; Rowedder/*Koppensteiner* 4; ebenso im Ergebnis *Baums* 326: Umdeutung in wirksame schuldrechtliche Verpflichtung, den Geschäftsführer nur aus wichtigem Grund abzuberufen; vgl. auch BGH NJW 1987, 1890, 1891; aA *Mertens* Voraufl. 32: auch schuldrechtlich unwirksam.

[85] *Fleck* ZGR 1988, 104, 125 f; *Baums* 326; Baumbach/Hueck/*Zöllner* 11 m.w.Nachw.

[86] AA Baumbach/Hueck/*Zöllner* 11: grundsätzlich Anspruch auf Wiederbestellung; Rowedder/*Koppensteiner* 4: Anspruch auf Wiederbestellung ausgeschlossen.

[87] OLG Stuttgart NJW-RR 1995, 295, 296.

[88] BGH ZIP 1983, 432; OLG Köln GmbHRdsch 1989, 76, 78; Scholz/*Schneider* 54.

[89] BGH NJW 1987, 1890, 1892; ebenso OLG Frankfurt NJW-RR 1992, 934, 935 für eine Treuhandvereinbarung, die den Treuhänder verpflichtet, dem Treugeber auf Verlangen seinen Geschäftsanteil zu übertragen.

[90] BGH ZIP 1983, 432; NJW 1987, 1890, 1892; OLG Köln GmbHRdsch 1989, 76, 78; OLG Frankfurt NJW-RR 1992, 934, 935; *Lutter/Hommelhoff* 15.

[91] Vgl. BGH ZIP 1983, 432, 433; OLG Köln GmbHRdsch 1989, 76, 78; OLG Frankfurt GmbHRdsch 1992, 368, 370.

[92] OLG Köln GmbHRdsch 1989, 76, 78; *Lutter/Hommelhoff* 15.

[93] *Ulmer* NJW 1987, 1849 ff; *ders.* § 3, 125; *Winter* ZHR 154 (1990), 259, 277; *Hoffmann-Bekking* ZGR 1994, 442, 450; *Hüffer* § 47, 84; *Raiser* Anh. § 47, 142; Baumbach/Hueck/*Zöllner* § 47, 79 und Anh. § 47, 44; *Lutter/Hommelhoff* Anh. § 47, 47; ebenso OLG Koblenz NJW 1991, 1119, 1120.

pflichtung begründe die Anfechtbarkeit des Abberufungsbeschlusses[94]; der abberufene Gesellschafter-Geschäftsführer muß seine Ansprüche vielmehr im Klagewege gegen die Mitgesellschafter durchsetzen[95]. Gründe der Prozeßökonomie allein können die in der Zulassung der Beschlußanfechtung liegende Durchbrechung des Trennungsprinzips zwischen schuldrechtlicher Vereinbarung und statutarischer Regelung nicht rechtfertigen[96].

4. Einschränkung durch gesellschafterliche Treupflicht

30 In der personalistischen GmbH ist der Grundsatz der freien Abberufbarkeit von Gesellschafter-Geschäftsführern durch bestehende **Treubindungen** zwischen den Gesellschaftern eingeschränkt[97]. Die Treupflicht gebietet Rücksichtnahme auf die mitgliedschaftlichen Interessen der anderen Gesellschafter und fordert ihnen gegenüber ein Mindestmaß an Loyalität[98]. Das verbietet es den Gesellschaftern, einen Gesellschafter-Geschäftsführer völlig willkürlich oder aus sachfremden Motiven abzuberufen[99], selbst wenn die Satzung Abberufungsbeschränkungen nicht vorsieht und dem Gesellschafter-Geschäftsführer auch kein mitgliedschaftliches Sonderrecht auf Geschäftsführung einräumt. Doch genügt regelmäßig eine sachliche Rechtfertigung für die Abberufung, um einen Treupflichtverstoß auszuschließen[100]; die Qualität eines wichtigen Grundes braucht sie nicht zu erreichen[101], ebensowenig kann Rücksichtnahme auf persönliche Belange des Gesellschafter-Geschäftsführers oder seine berufliche oder soziale Schutzbedürftigkeit verlangt werden[102]. Aber auch der Maßstab eines verständigen Entscheidungsträgers, der eine Abwägung der Gesamtumstände unter Einschluß der Verdienste des Abzuberufenden erfordert[103], stellt angesichts des gesetzlichen Grundsatzes freier Abberufbarkeit in Abs. 1 zu hohe Anforderungen an eine treupflichtgemäße Abberufungsentscheidung. Die Treupflicht gebietet lediglich eine auf vertretbare Sachgründe gestützte, aber keine umfassend abgewogene Entscheidung. Dies allerdings nicht nur bei Unternehmergesellschaftern[104], sondern bei allen Gesellschafter-Geschäftsführern[105].

5. Vorbehalt der Weitergeltung des Anstellungsvertrages, Abs. 1, 2. Halbs.

31 a) **Fortbestand des Anstellungsvertrages.** Die Abberufung des Geschäftsführers beendet den Anstellungsvertrag nur, wenn sein Bestand mit der Organstellung ver-

---

[94] So BGH NJW 1987, 1890, 1892; in demselben Sinne auch schon BGH NJW 1983, 1910, 1911; im Ergebnis ebenso Scholz/*Schmidt* § 45, 116; *Noack* Gesellschaftervereinbarungen bei Kapitalgesellschaften (1995), 162 ff; Baumbach/Hueck/*Zöllner* § 47, 79; *Joussen* Gesellschafterabsprachen neben Satzung und Gesellschaftsvertrag (1995), 142 ff.

[95] *Raiser* Anh. § 47, 142; *Ulmer* NJW 1987, 1849, 1854; *Winter* ZHR 154 (1990), 259, 275.

[96] *Ulmer* NJW 1987, 1849, 1851 f; *Winter* ZHR 154 (1990), 259, 273 ff; *Hoffmann-Becking* ZGR 1994, 442, 450; *Raiser* Anh. § 47, 142; ebenso im Ergebnis OLG Koblenz NJW 1991, 1119, 1120; anders aber Scholz/*Schmidt* § 45, 116; *Happ* ZGR 1984, 168, 172 f.

[97] BGH DStR 1994, 214 m.Anm. *Goette*; Baumbach/Hueck/*Zöllner* 9 d.

[98] *Goette* Anm. zu BGH DStR 1994, 214, 215; zur Treupflicht allg. § 14, 52 ff; zum Inhalt der Treupflicht gegenüber Mitgesellschaftern *Winter* Mitgliedschaftliche Treuebindungen im GmbH-Recht (1988), 130 ff.

[99] *Baums* 314 f.

[100] Insoweit zutreffend *Goette* Anm. zu BGH DStR 1994, 214, 215; Baumbach/Hueck/*Zöllner* 9 d; vgl. auch *Baums* 314 f; **abl.** *Meilicke* DB 1994, 1761 ff.

[101] Insoweit zutreffend Baumbach/Hueck/*Zöllner* 9 d.

[102] So aber *Goette* Anm. zu BGH DStR 1994, 214, 215; mit Recht **abl.** *Meilicke* DB 1994, 1761, 1762.

[103] So Baumbach/Hueck/*Zöllner* 9 d.

[104] So aber Baumbach/Hueck/*Zöllner* 9 d.

[105] So mit Recht *Baums* 314 f.

knüpft war oder wenn in der Abberufungserklärung zugleich die fristgemäße oder außerordentliche Kündigung des Anstellungsvertrages liegt (vgl. Rdn 16 ff) und die Gesellschaft zur Kündigung berechtigt ist. Andernfalls bleibt der Anstellungsvertrag bestehen (vgl. Rdn 15); der Geschäftsführer behält seine auf ihm beruhenden Rechte bis auf diejenigen, die sich auf seine Tätigkeit als Organ beziehen, und bleibt gleichzeitig an die anstellungsvertraglichen Pflichten mit Ausnahme der Pflicht zur Amtsausübung als solcher gebunden[106].

b) **Pflicht zur Fortzahlung der Bezüge.** Bleibt der Anstellungsvertrag nach der Abberufung bestehen, sind dem Geschäftsführer die vereinbarten Bezüge fortzuzahlen, auch wenn er seine Tätigkeit nicht mehr ausübt; zur Nachleistung ist er nach § 615 S. 1 BGB nicht verpflichtet[107]. Zu den Voraussetzungen des Annahmeverzugs der Gesellschaft und ihrer Pflicht zur Gehaltsfortzahlung vgl. im einzelnen § 35, 210. Ist der Anstellungsvertrag befristet oder auflösend bedingt, so müssen die Bezüge grundsätzlich bis zum Endtermin weitergezahlt werden[108]. Allerdings kann im Einzelfall eine Fortzahlung des Gehalts für die Gesellschaft unzumutbar und deshalb eine fristlose Kündigung gerechtfertigt sein (dazu Rdn 34, 57 ff). Daher muß der abberufene Geschäftsführer, um der Gesellschaft keinen wichtigen Grund für die fristlose Kündigung zu geben, eine ihm angebotene andere leitende Tätigkeit übernehmen, sofern sie seiner beruflichen Qualifikation und bisherigen Stellung angemessen und ihre Ausübung für ihn zumutbar ist[109]. Nimmt der Geschäftsführer eine anderweitige Beschäftigung auf, muß er sich das daraus bezogene Einkommen nach § 615 S. 2 BGB auf seinen Vergütungsanspruch anrechnen lassen[110]. Der abberufene Geschäftsführer ist jedoch nicht verpflichtet, sich um eine andere Stellung zu bemühen, wenn die Gesellschaft ihn nicht angemessen weiterbeschäftigen kann[111]. **32**

c) **Fortgeltung des gesetzlichen Wettbewerbsverbots.** Das während der Amtszeit des Geschäftsführers bestehende gesetzliche Wettbewerbsverbot endet grundsätzlich mit seiner Abberufung (vgl. dazu § 35, 312). Der frühere Geschäftsführer bleibt jedoch nach Treu und Glauben an das Wettbewerbsverbot gebunden, solange der Anstellungsvertrag fortbesteht und die Gesellschaft ohne Gegenleistung sein Gehalt weiterzahlt[112]. Ein Verstoß gegen das Wettbewerbsverbot kann die Gesellschaft zur fristlosen Kündigung berechtigen[113] (zu weiteren Rechtsfolgen s. § 35, 210). Der abberufene Geschäftsführer wird indessen von seiner Bindung an das auf der Organstellung beruhende Wettbewerbsverbot frei, wenn die Gesellschaft ihn nach seiner Abberufung in einer anderen Stellung weiterbeschäftigt[114]. Kündigt die Gesellschaft den Anstellungsvertrag, so braucht sich der Geschäftsführer an das Wettbewerbsverbot auch dann nicht mehr zu halten, wenn er die Wirksamkeit der Kündigung bestreitet; den ungewissen Ausgang des Prozesses abzuwarten, bevor er eine Konkurrenztätigkeit aufnimmt, ist ihm nicht zuzumuten. Unterliegt der Geschäftsführer kraft anstellungsvertraglicher Vereinbarung einem **nachvertraglichen Wettbe-** **33**

---

[106] Vgl. OLG Hamm GmbHRdsch 1985, 157; zu den fortwirkenden Pflichten vgl. *Baums* 335 ff.
[107] OLG Düsseldorf BB 1987, 567.
[108] RG JW 1915, 650, 653 f; Baumbach/Hueck/*Zöllner* § 35, 117; *Schneider/Schneider* GmbHRdsch 1980, 4, 10; Scholz/*Schneider* 34.
[109] BGH NJW 1978, 1435, 1436 f; GmbHRdsch 1966, 277 m.Anm. *Ganßmüller*; OLG Düsseldorf BB 1987, 567, 568; *Schneider/Schneider* GmbHRdsch 1980, 4, 10.
[110] OLG Düsseldorf BB 1987, 567; *Baums* 338 f.
[111] Baumbach/Hueck/*Zöllner* § 35, 117; *Mertens* Voraufl. 37; **aA** *Schneider/Schneider* GmbHRdsch 1980, 4, 10.
[112] OLG Düsseldorf GmbHRdsch 1989, 468, 470; *Mertens* Voraufl. 36; *Baumbach/Hueck* AktG[13] § 88, 4; Geßler/*Hefermehl*/Eckardt/Kropff AktG § 88, 6; **aA** RG JW 1915, 650, 653; *Meyer-Landrut* GroßkommAktG § 88, 1; *Baums* 337.
[113] **AA** *Baums* 338 m.w.Nachw.
[114] Vgl. auch OLG Hamm GmbHRdsch 1988, 344, 346.

werbsverbot (dazu im einzelnen § 35, 312 ff), bindet es den Geschäftsführer nach dem Rechtsgedanken des § 75 Abs. 2 HGB bereits vom Zeitpunkt der Kündigung an, wenn für diese ein erheblicher Anlaß in seiner Person gegeben war (grundsätzlich zur Frage der analogen Anwendbarkeit der §§ 74 ff HGB auf den Geschäftsführer § 35, 314).

34 d) **Kündigung durch die Gesellschaft.** Die Gesellschaft kann den nach der Abberufung fortbestehenden Anstellungsvertrag durch ordentliche Kündigung beenden, wenn der Vertrag auf unbestimmte Dauer abgeschlossen war (vgl. dazu näher Rdn 8 ff). Auch eine fristlose Kündigung kommt in Betracht, wenn der Geschäftsführer durch sein Verhalten nach der Abberufung dafür einen wichtigen Grund gibt, der eine Fortsetzung des Vertragsverhältnisses für die Gesellschaft unzumutbar macht. An die Annahme dieser Voraussetzungen sind erhöhte Anforderungen zu stellen, wenn die vorausgegangene Abberufung oder ordentliche Kündigung umstritten war, insbesondere, wenn die Gesellschaft durch ihr Verhalten die Spannungen verschärft hat[115]. Ein wichtiger Grund für eine fristlose Kündigung des Anstellungsvertrages kann etwa in der Weigerung des früheren Geschäftsführers liegen, eine ihm von der Gesellschaft angebotene anderweitige angemessene und zumutbare Tätigkeit zu übernehmen[116]. Auch die Verletzung eines fortbestehenden Wettbewerbsverbots (vgl. Rdn 33), der nachvertraglichen Verschwiegenheitspflicht[117] oder einer anstellungsvertraglichen Pflicht zur Auskunftserteilung an die Gesellschafter[118] kann die Gesellschaft zur fristlosen Kündigung berechtigen.

35 e) **Kündigung durch den Geschäftsführer.** Auch der Geschäftsführer kann den nach der Abberufung fortbestehenden Anstellungsvertrag ordentlich oder unter den Voraussetzungen des § 626 BGB fristlos kündigen. Eine ungerechtfertigte Abberufung oder fristlose Kündigung durch die Gesellschaft gibt dem Geschäftsführer seinerseits einen wichtigen Grund zur außerordentlichen Kündigung[119], ebenso das rechtswidrige Vorenthalten der Dienstbezüge[120] oder schwerwiegende, unhaltbare persönliche Vorwürfe eines Geschäftsführers[121] oder Gesellschafters[122]. In diesem Fall können ihm Schadensersatzansprüche nach § 628 Abs. 2 BGB zustehen (dazu näher Rdn 148).

III. Beschränkung der Abberufung auf wichtige Gründe

1. Nach § 84 Abs. 3 AktG in der mitbestimmten GmbH

36 In der mitbestimmten GmbH kann der Geschäftsführer schon kraft Gesetzes nur aus wichtigem Grund abberufen werden; anstelle von § 38 Abs. 2 findet ausschließlich § 84 Abs. 3 AktG Anwendung (vgl. Rdn 2). Dem Aufsichtsrat steht bei seiner Entscheidung über das Vorliegen eines wichtigen Grundes sowohl gegenüber der Gesellschafterversammlung als auch – bei einem Rechtsstreit über die Abberufung – gegenüber den Gerichten ein im Kern nicht überprüfbarer Ermessensspielraum zu[123]. Deshalb kann die Satzung nicht für den Aufsichtsrat verbindlich regeln, wel-

[115] BGHZ 15, 71, 75 ff; vgl. auch OLG Hamm GmbHRdsch 1985, 157, 158.
[116] Vgl. dazu OLG Düsseldorf BB 1987, 567, 568.
[117] OLG Hamm GmbHRdsch 1985, 157 f.
[118] BGH DStR 1993, 1752, 1753.
[119] BGH NJW 1994, 443, 444 f.
[120] Geßler/*Hefermehl*/Eckardt/Kropff AktG § 84, 99.
[121] BGH NJW-RR 1992, 992.
[122] LG Frankfurt NJW-RR 1988, 221.
[123] *Krieger* Personalentscheidungen des Aufsichtsrats (1981), 137 ff; *Vollmer* GmbHRdsch 1984, 5, 9.

che Gründe als wichtig anzusehen sind[124]. Eine Sonderregelung trifft § 37 Abs. 3 S. 1, 5 MitbestG für die Abberufung der Geschäftsführer solcher Gesellschaften, die während deren Amtsperiode erstmalig unter das MitbestG fallen. Danach besteht eine unabdingbare Abberufungsmöglichkeit auch ohne wichtigen Grund und ungeachtet eines mitgliedschaftlichen Sonderrechts auf Geschäftsführung nach Ablauf von fünf Jahren. Zur streitigen Frage des Fristbeginns s. im einzelnen § 35, 27; Baumbach/Hueck/*Zöllner* 3 a.

2. Beschränkung durch die Satzung, Abs. 2

Abweichend von Abs. 1 kann die Satzung bei nichtmitbestimmten Gesellschaften **37**
nach Abs. 2 vorsehen, daß der Geschäftsführer nur aus wichtigem Grund abberufen werden darf. Diese Beschränkung der Abberufbarkeit ist auch zugunsten des Fremdgeschäftsführers möglich (vgl. Rdn 23). Die Satzung kann das Anstellungsorgan auch zu ihrer Aufnahme in den Anstellungsvertrag ermächtigen (vgl. auch Rdn 28). Eine Abberufungsbeschränkung iSv Abs. 2 muß in der Satzung nicht stets ausdrücklich geregelt sein, sondern kann gegebenenfalls durch Auslegung aus ihr erschlossen werden[125], etwa bei Bestellung des Geschäftsführers auf Lebenszeit oder für die Dauer der Gesellschaft oder seiner Mitgliedschaft, bei mitgliedschaftlichen Sonderrechten auf Bestellung oder Präsentation für den Fall einer Zustimmungsverweigerung des Sonderrechtsinhabers zur Abberufung[126] oder bei statutarischem Sonderrecht auf Geschäftsführung (vgl. näher Rdn 24 f). Die Möglichkeit, den Geschäftsführer aus wichtigem Grund abzuberufen, bleibt gesetzlich zwingend vorbehalten; die Satzung kann sie weder ausschließen noch erschweren (vgl. im einzelnen Rdn 26).

IV. Begriff des wichtigen Grundes

1. Im Rahmen von Abs. 2

a) **Allgemeines. aa) Interessenabwägung.** Ob ein wichtiger Grund für die Abbe- **38**
rufung des Geschäftsführers nach § 38 Abs. 2 gegeben ist, kann nur anhand der Gesamtumstände des Einzelfalles entschieden werden. Es kommt grundsätzlich darauf an, ob der Gesellschaft bei Würdigung aller Umstände unter Berücksichtigung der widerstreitenden Interessen der Verbleib des Geschäftsführers in seiner bisherigen Stellung bis zum Ablauf seiner Amtszeit nicht mehr zugemutet werden kann[127]. Für diese Frage ist auch die Rspr. zu § 626 BGB (dazu Rdn 57 ff) und zu § 84 Abs. 3 AktG (dazu Rdn 55 f) von Bedeutung. Alle Gründe für eine außerordentliche Kündigung reichen auch für eine Abberufung aus[128]. Dagegen ist umgekehrt ein wichtiger Grund für die Abberufung nicht notwendig zugleich ein wichtiger Grund für die Kündigung des Anstellungsvertrages[129]. Im Rahmen der Abwägung fallen

---

[124] BGHZ 8, 348, 360 f; BGH WM 1955, 1222; Geßler/*Hefermehl*/Eckardt/Kropff AktG § 84, 68; *Hoffmann/Lehmann/Weinmann* MitbestG (1978), § 31, 58; *Krieger* Personalentscheidungen des Aufsichtsrats (1981), 129; *Meyer-Landrut* GroßkommAktG § 84, 30; *Raiser* MitbestG² § 31, 36.

[125] *Lutter/Hommelhoff* 9; Baumbach/Hueck/*Zöllner* 6; Scholz/*Schneider* 39.

[126] Baumbach/Hueck/*Zöllner* 6; Scholz/*Schneider* 39; *Lutter/Hommelhoff* 9 m.w. Beispielen.

[127] BGH GmbHRdsch 1985, 256, 258; NJW-RR 1988, 352, 353; OLG Düsseldorf WM 1992, 14, 18 f; OLG Hamburg GmbHRdsch 1992, 43, 45; OLG Hamm GmbHRdsch 1992, 805, 806; OLG Stuttgart NJW-RR 1995, 295, 296; Baumbach/Hueck/*Zöllner* 8; *Lutter/Hommelhoff* 20; Scholz/*Schneider* 43.

[128] *Mertens*-KölnKommAktG² § 84, 127; vgl. auch OLG Düsseldorf WM 1992, 14, 19.

[129] BGH NJW-RR 1996, 156; Scholz/*Schneider* 43; vgl. auch BGH NJW 1981, 2748, 2749; NJW 1989, 2683, 2684, jeweils für die AG.

das Verhalten und die Interessen beider Seiten ins Gewicht[130], unter Umständen auch ein vor der Bestellung liegendes oder außerdienstliches Verhalten des Geschäftsführers[131]. Doch kann das Recht zur Abberufung wegen eines vor der Bestellung liegenden Verhaltens, das der Gesellschaft bei der Bestellung bekannt war, verwirkt sein (vgl. hierzu Rdn 63).

39 bb) **Beurteilungskriterien.** Bei der Interessenabwägung zu berücksichtigende Umstände und anzulegende Maßstäbe sind insbesondere: Die Schwere der Verfehlungen des Geschäftsführers, deren Folgen für die Gesellschaft und der durch sie verursachte Vertrauensverlust, das Ausmaß des beiderseitigen Verschuldens und die Größe der Wiederholungsgefahr von pflichtwidrigem Verhalten, die Dauer der Tätigkeit für die Gesellschaft[132] und besondere Verdienste des Geschäftsführers um das Unternehmen[133]. Ein Verschulden des Geschäftsführers ist nicht erforderlich[134], ebensowenig muß der Gesellschaft ein Schaden entstanden sein[135]. Doch kann das Vorliegen eines Schadens sowie dessen Höhe ein zusätzlicher Gesichtspunkt bei der Annahme eines wichtigen Grundes sein[136]. Der wichtige Grund muß auch nicht – wie bei § 626 BGB – in der Person des Geschäftsführers selbst liegen, sondern kann aus Umständen folgen, die auf einer Bewertung seiner Person und seines Handelns durch Dritte beruhen[137]. Allgemein ist zu beachten, daß zwischen Geschäftsführer und Gesellschaftern ein besonderes Vertrauensverhältnis bestehen muß, das schon durch relativ unbedeutende Vorfälle nachhaltig gestört werden kann, und daß auch das Ansehen der Gesellschaft und ihr Kredit wesentlich durch das Verhalten der Geschäftsführer beeinflußt werden. Zur Frage, inwiefern der Vertrauensentzug durch die Gesellschafter einen wichtigen Grund darstellt, vgl. Rdn 52. Grundsätzlich unterliegt die Beurteilung des Verhaltens von Geschäftsführern, ähnlich wie bei Vorstandsmitgliedern der Aktiengesellschaft, strengeren Maßstäben, als sie bei sonstigen Angestellten anzulegen sind[138]; ein wichtiger Grund ist deshalb bei ihnen eher anzunehmen. Das gilt jedoch nicht für den hälftig beteiligten Gesellschafter-Geschäftsführer einer **Zweipersonen-GmbH**; hier sind im Interesse eines Mindestmaßes an Stabilität in der Unternehmensleitung an die Annahme eines wichtigen Grundes deutlich höhere Anforderungen zu stellen[139], damit nicht jede Meinungsverschiedenheit und jede Nachlässigkeit in der Amtsführung dem anderen Gesellschafter-Geschäftsführer einen rechtlich anzuerkennenden Grund liefern kann, ihn aus der Unternehmensleitung hinauszudrängen. Insbesondere schließt das Wissen um oder die Teilnahme an pflichtwidrigem Verhalten des Geschäftsführers dessen Abberufung durch den anderen aus[140]. Steht dem Abzuberufenden ein mitgliedschaftliches **Sonderrecht** auf Geschäftsführung zu, kann seine Abberufung trotz Vor-

---

[130] BGH WM 1968, 1325, 1326; OLG Düsseldorf WM 1992, 14, 19, 20 auch zur Frage der Beweislast.

[131] BGHZ 15, 71, 76; BGH WM 1956, 865, 866 f.

[132] Vgl. OLG Stuttgart NJW-RR 1995, 295, 296; OLG Köln GmbHRdsch 1989, 76, 78.

[133] Rspr.-Übersicht bei *Fleck* WM-Beil. 3/1981, 3, 12.

[134] Vgl. BGH NJW-RR 1992, 993, 994; OLG Koblenz ZIP 1986, 1120; OLG Hamburg GmbHRdsch 1992, 43, 46; OLG Düsseldorf GmbHRdsch 1994, 884, 885 m.w.Nachw.

[135] OLG Düsseldorf NJW 1989, 172; OLG Karlsruhe NJW-RR 1988, 1497, 1498, jeweils zur außerordentlichen Kündigung.

[136] BGH WM 1984, 29; OLG Düsseldorf WM 1992, 14, 20; vgl. auch BGH GmbHRdsch 1985, 256, 259; GmbHRdsch 1992, 38, 39.

[137] Scholz/*Schneider* 43; Rowedder/*Koppensteiner* 10.

[138] RG JW 1939, 348; **aA** OLG Düsseldorf WM 1992, 14, 19, das den Begriff des wichtigen Grundes im wesentlichen für identisch hält.

[139] BGH NJW-RR 1992, 292, 294; OLG Düsseldorf WM 1992, 14, 18.

[140] BGH GmbHRdsch 1985, 256, 258; OLG Düsseldorf NJW 1989, 172, 173; WM 1992, 14, 19 (zur mehrgliedrigen GmbH); OLG Hamm GmbHRdsch 1985, 119, 120.

liegens eines wichtigen Grundes im Einzelfall treuwidrig sein, wenn der Gesellschaft sein Verbleiben im Amt bei zweckgerechter Beschränkung oder Kontrolle der Amtsausübung, etwa durch die Einführung von Gesamtvertretung und Gesamtgeschäftsführung oder die gegenständliche Eingrenzung der Geschäftsführungsbefugnis, noch zugemutet werden kann[141]. Die vom Gesetz geforderte Notwendigkeit einer Abberufung gebietet der Gesellschaft in diesem Fall den geringstmöglichen interessewahrenden Eingriff in seine mitgliedschaftliche Position[142]; die Abberufung kommt daher nur als ultima ratio in Betracht. Läuft die Amtszeit eines Geschäftsführers ohnehin in Kürze aus, so kann es der Gesellschaft eher zuzumuten sein, ihn bis dahin noch im Amt zu belassen[143]. Ein wichtiger Grund, den die Gesellschaft zunächst nicht zum Anlaß einer Abberufung genommen hat, kann für eine spätere Abberufung unterstützend herangezogen werden, wenn weitere Gründe hinzutreten, die das Verbleiben des Geschäftsführers im Amt nunmehr unzumutbar machen[144]. Ebenso kann die Abberufung auch auf Vorfälle gestützt werden, die zeitlich nach dem Abberufungsbeschluß liegen, aber im Rahmen einer Gesamtbeurteilung die Fortsetzung der Geschäftsführertätigkeit als bereits im Zeitpunkt der Abberufung unzumutbar erscheinen lassen[145]. Zum Nachschieben von Kündigungsgründen im Prozeß s. die folgende Rdn.

cc) **Nachschieben von Gründen.** Das Nachschieben wichtiger Gründe im Prozeß **40**
ist bei der Abberufung nach denselben Grundsätzen zu beurteilen wie bei der Kündigung nach § 626 BGB[146]. Danach können Abberufung und Kündigung aus wichtigem Grund nachträglich auf Umstände gestützt werden, die zur Zeit der Abberufungs- oder Kündigungserklärung bereits bestanden, und zwar unabhängig davon, ob sie dem zuständigen Organ zu jenem Zeitpunkt bekannt waren oder nicht[147]. Denn Gründe müssen bei der Erklärung von Abberufung und Kündigung prinzipiell nicht angegeben werden[148] (vgl. auch Rdn 81). Um kein unzulässiges Nachschieben von Gründen handelt es sich dann, wenn der neue Kündigungsgrund auf demselben Lebenssachverhalt beruht wie der alte und lediglich dessen strafrechtliche Beurteilung nicht aufrechterhalten wird[149]. Nach dem Ausspruch von Abberufung oder Kündigung entstandene Gründe können in den Rechtsstreit eingeführt werden, wenn der Berechtigte an der Abberufung oder Kündigung festhält und keine schützenswerten Interessen des Betroffenen entgegenstehen[150]. Die nachträgliche Berufung auf wichtige Gründe kann zwar im Einzelfall nach Treu und Glauben wegen Verwirkung ausgeschlossen sein, wenn bestimmte Vorfälle von der Gesellschaft nicht zum Anlaß einer Abberufung oder Kündigung genommen oder dem Geschäftsführer nur bestimmte Gründe für ihren Ausspruch genannt wurden und der Betroffene sich darauf verlassen durfte, die Gesellschaft werde aus den für ihn zunächst folgenlos gebliebenen Vorfällen oder nicht genannten Gründen auch in Zu-

---

141 Baumbach/Hueck/*Zöllner* 9 c; *Roth* Anm. 3.5.; der Sache nach ebenso *Mertens* Voraufl. 71.

142 *Lutter/Hommelhoff* 23; *Roth* Anm. 3.5.

143 BGH WM 1962, 811f; WM 1968, 1325, 1326 und 1350, 1352; WM 1975, 761, 762; WM 1976, 77, 79; NJW 1978, 1435, 1436; NJW-RR 1996, 156 (zur außerordentlichen Kündigung).

144 BGH NJW-RR 1993, 1253, 1254f; NJW-RR 1992, 292, 293f.

145 BGHZ 27, 220, 222 = NJW 1958, 1136; OLG Stuttgart NJW-RR 1995, 295, 296.

146 BGH NJW-RR 1992, 292, 293 m.w.Nachw.

147 BGHZ 27, 220, 223 = NJW 1958, 1136; BGHZ 40, 13, 16 = NJW 1963, 2068; BGH NJW-RR 1992, 292, 293; OLG Celle GmbH-Rdsch 1995, 728, 729f; ebenso die st.Rspr. des BAG vgl. nur BAGE 14, 65, 69ff.

148 BGH NJW-RR 1995, 669f; OLG Celle GmbH-Rdsch 1995, 728, 729.

149 *Goette* Anm. zu BGH DStR 1993, 1752, 1753.

150 BGH NJW-RR 1988, 763, 765 für einen Darlehensvertrag; vgl. auch OLG Stuttgart NJW-RR 1995, 295, 296.

kunft keine Rechte mehr herleiten[151] (vgl. hierzu auch Rdn 63). Doch können auch ursprünglich verwirkte Gründe für eine spätere Abberufung oder Kündigung unterstützend herangezogen werden, wenn der Geschäftsführer neue Pflichtverletzungen begangen hat, die schwerwiegend genug sind, um zusammen mit den früheren Vorfällen sein Verbleiben im Amt für die Gesellschaft endgültig unzumutbar zu machen[152]. Bei Verfehlungen gleicher oder ähnlicher Art, die als Dauerverhalten zu werten sind, können Abberufung und Kündigung im Prozeß auf alle Einzelvorfälle gestützt werden (vgl. im einzelnen Rdn 70). Ohne einen solchen Zusammenhang dürfen vor Ausspruch einer außerordentlichen Kündigung gesetzte selbständige Gründe nur dann nachgeschoben werden, wenn sie nicht früher als zwei Wochen vor der Kündigung bekannt geworden sind und das zuständige Organ beschlossen hat, die Entscheidung auf sie zu stützen[153]. Zu den Grenzen für das Nachschieben von Kündigungsgründen durch die Zweiwochenfrist des § 626 Abs. 2 BGB s. im einzelnen Rdn 69 f. Zur Zurückweisung nachgeschobener Gründe im Prozeß wegen verspäteten Vorbringens s. Rdn 43.

41 **Grenzen** kann dem Nachschieben von wichtigen Gründen jedoch die **innergesellschaftliche Kompetenzordnung** setzen. So kann der Prozeßvertreter der Gesellschaft nicht von sich aus weitere Gründe nachschieben, wenn Abberufung oder Kündigung von dem zuständigen Organ nur aus bestimmten Gründen ausgesprochen wurde[154]. Hierfür bedarf es grundsätzlich eines erneuten Beschlusses des Abberufungsorgans und eines erneuten Ausspruchs der Abberufung oder Kündigung[155]. Ein solcher Beschluß ist jedoch in der Zweipersonen-GmbH als bloße Förmlichkeit entbehrlich, wenn ein Gesellschafter-Geschäftsführer den anderen abberuft und der Abberufende die Gesellschaft zugleich im Prozeß vertritt[156].

42 dd) **Prozessuales.** Die Darlegungs- und **Beweislast** für das Vorliegen eines wichtigen Grundes trägt grundsätzlich die Gesellschaft[157]. Sie genügt ihrer Substantiierungspflicht, wenn sie die tatsächlichen Umstände darlegt, aus denen sich ein wichtiger Grund ergibt; rechtliche Folgerungen braucht sie daraus nicht zu ziehen[158]. Macht der betroffene Geschäftsführer Rechtfertigungsgründe für das Verhalten geltend, auf das seine Abberufung oder Kündigung gestützt wird, muß er entsprechende Tatsachen vortragen; sie zu widerlegen, ist sodann Sache der Gesellschaft[159].

43 Materiellrechtlich zulässigerweise nachgeschobene wichtige Gründe für eine Abberufung oder Kündigung des Geschäftsführers können wegen Verstoßes gegen die Prozeßförderungspflicht **als verspätet zurückzuweisen** sein, wenn sie erstmals mit der Anschlußberufung geltend gemacht werden[160].

44 Das **Revisionsgericht** prüft nur nach, ob der Tatrichter aus dem festgestellten Sachverhalt ohne Rechtsirrtum, insbesondere ohne Verkennung des Begriffs des wichtigen Grundes, schließen konnte, daß ein wichtiger Grund vorlag oder nicht vorlag[161]. Dabei ist auch das dem Tatrichter eingeräumte Ermessen zu überprüfen;

---

151 BGHZ 27, 220, 225 = NJW 1958, 1136; BGH NJW-RR 1992, 292, 294; NJW-RR 1993, 1253, 1254.

152 BGH NJW-RR 1992, 292, 294 und 992 f; vgl. im einzelnen auch Rdn 70.

153 Vgl. BGH NJW-RR 1992, 292, 294; OLG Celle GmbHRdsch 1995, 728, 730.

154 BGHZ 60, 333, 336; BGH WM 1984, 29.

155 BGH WM 1966, 968, 970; WM 1984, 29; NJW-RR 1992, 292, 294.

156 BGH NJW-RR 1992, 292, 294.

157 BGH NJW-RR 1990, 1330, 1331; NJW-RR 1995, 669, 670 f; OLG Düsseldorf WM 1992, 14, 19; BB 1987, 567.

158 BGH NJW 1991, 846, 847.

159 BGH NJW-RR 1995, 669, 670 f; OLG Düsseldorf WM 1992, 14, 19; BAG NJW 1988, 438; BAGE 30, 309, 319.

160 BGHZ 83, 371, 376 = NJW 1982, 1708.

161 BGH WM 1975, 761; NJW-RR 1995, 669.

ein Ermessensfehler liegt insbesondere dann vor, wenn wesentliche Tatsachen außer acht gelassen, nicht vollständig gewürdigt oder unzutreffend gewichtet wurden[162]. Für eine abweichende Würdigung des Sachverhalts durch die Revisionsinstanz ist kein Raum[163]. Beruht die Entscheidung des Tatrichters auf einer Vertragsauslegung, so ist diese auf Rechtsfehler überprüfbar[164].

b) Fallgruppen und Beispiele. Aus einzelnen Urteilen zur Frage des wichtigen Grundes können nicht ohne weiteres verallgemeinerungsfähige Grundsätze gewonnen werden, weil stets alle Umstände des Einzelfalls zu würdigen sind (vgl. Rdn 38). Mit diesem Vorbehalt lassen sich folgende – nicht als abschließend gedachte – Fallgruppen bilden: **45**

aa) Grobe Pflichtverletzung. In Betracht kommt die Verletzung aller Pflichten, die dem Geschäftsführer aus der Organstellung wie aus dem Anstellungsverhältnis gegenüber der Gesellschaft obliegen; vgl. dazu im einzelnen § 35, 310 ff; § 43, 15 ff. Am schwersten fallen ins Gewicht strafbares Verhalten zu Lasten der Gesellschaft – wobei unbeachtlich ist, ob dies zu einem Vermögensschaden führt[165] – sowie die Ausnutzung der Geschäftsführerstellung zur Förderung eigener Interessen auf Kosten der Gesellschaft[166] – auch hier ist ein Schaden der Gesellschaft nicht erforderlich. Besonders schwer wiegen auch Verstöße gegen die Pflicht zur Gleichbehandlung aller Gesellschafter, Eigenmacht und Ungehorsam gegenüber der Satzung und gegenüber rechtmäßigen Weisungen der Gesellschafter, die Begründung einer unerlaubten Konkurrenz, auch soweit sie nicht auf Ausnutzung der Mittel beruht, die dem Geschäftsführer kraft seiner Stellung zur Verfügung stehen, und vertrauensmißbräuchliche Indiskretionen. **46**

Kasuistik: Unzulässige Entnahmen aus dem Geschäftsvermögen[167]; Beteiligung an strafbaren Handlungen[168]; Bestechlichkeit[169]; Fälschen von Rechnungsbelegen[170]; unrichtige Bilanzerstellung[171]; Erstellung des Jahresabschlusses ohne die übliche Beteiligung der Mitgeschäftsführer und seine Einreichung zum Handelsregister ohne Feststellung durch die Gesellschafterversammlung[172]; Vorlage einer vorläufigen, nicht unterzeichneten Bilanz und unterlassene Anmeldung der Verlegung des Geschäftsbetriebs zum Handelsregister[173]; Bilanz- und Warenlagermanipulationen[174]; mangelnde Offenheit gegenüber einem Kontrollorgan[175]; Weigerung des Geschäftsführers, der Gesellschaft Auskunft über seine Tätigkeit zu geben (§ 666 BGB)[176]; Änderung der Grundlagen der Geschäftspolitik ohne Gesellschafterbeschluß[177]; eigenmächtige Veräußerung von Anteilen an einer Tochtergesellschaft[178]; Kündigung des Mitgeschäftsführers ohne Gesellschafterbeschluß[179]; Aufbau eines Konkurrenzunternehmens unter Verletzung des Wettbewerbsverbots[180]; Beleidi- **47**

---

162 BGH NJW-RR 1992, 992; NJW-RR 1992, 993, 994; NJW-RR 1995, 669; NJW 1995, 1358, 1359; NJW-RR 1996, 156.
163 BGH GmbHRdsch 1985, 256, 258; NJW 1987, 1889, 1890; w.Nachw. bei *Fleck* WM-Beil. 3/1981, 3, 23.
164 BGH GmbHRdsch 1969, 61, 62; vgl. auch BGH NJW 1993, 463, 464.
165 OLG Hamm GmbHRdsch 1985, 119.
166 BGH GmbHRdsch 1968, 141 f.
167 BGH WM 1984, 29.
168 BGH LM Nr. 8 zu § 626 BGB; vgl. auch OLG Düsseldorf ZIP 1984, 86, 87.
169 BGH GmbHRdsch 1968, 141 m.Anm. *Schaudwet*.
170 OLG Hamm GmbHRdsch 1985, 119.
171 BayObLG NJW 1955, 1678, 1679.
172 OLG Hamm GmbHRdsch 1992, 805, 806.
173 BGH GmbHRdsch 1985, 256, 259.
174 OLG Düsseldorf WM 1992, 14, 19.
175 BGHZ 20, 239, 246.
176 *Goette* Anm. zu BGH DStR 1993, 1752, 1753; OLG Frankfurt GmbHRdsch 1994, 114, 115 zur Kündigung des Anstellungsvertrages.
177 BGH GmbHRdsch 1991, 197.
178 OLG Hamburg GmbHRdsch 1992, 43, 46.
179 OLG Hamm GmbHRdsch 1993, 743, 747.
180 BGH DStR 1995, 1359 m.Anm. *Goette*.

gungen[181]; Tätlichkeiten gegenüber Mitgeschäftsführern oder Arbeitnehmern[182]. Älteres Fallmaterial, betreffend Vernachlässigung der dienstlichen Disziplin, Vertrauensmißbrauch, Indiskretion, vgl. 6. Auflage, Rdn 12 f. Vgl. weiterhin die Zusammenstellung wichtiger Gründe für die fristlose Kündigung des Anstellungsvertrages in Rdn 61.

48 **Als wichtiger Grund nicht ausreichend** ist die offene unberechtigte Inanspruchnahme betrieblicher Gratisleistungen, die auch andere Organmitglieder unbeanstandet bezogen haben[183]. Dasselbe gilt für die unberechtigte Veranlassung der Auszahlung einer Tantieme, wenn der Geschäftsführer davon ausging, wie in den Vorjahren zu diesem Verhalten berechtigt zu sein, sofern unter Abmahnung die weitere Zusammenarbeit zuzumuten ist[184]. Die begründete Erwartung des Geschäftsführers, sein Verhalten werde gebilligt, ist nur dann geeignet, ihn zu entlasten, wenn die Hinnahme seines Verhaltens durch die zuständigen Organe nicht rechtswidrig war[185]. In einer Zweipersonen-GmbH mit jeweils hälftiger Beteiligung der Gesellschafter-Geschäftsführer spricht das Wissen des Abberufenden um die pflichtwidrigen Handlungen des abberufenen Geschäftsführers gegen das Vorliegen eines wichtigen Grundes für die Abberufung des letzteren, da die Abberufung des einen Geschäftsführers willkürlich wäre (vgl. auch Rdn 39, 93). Wenn das Verbleiben des abberufenen, pflichtwidrig handelnden Geschäftsführers in seiner Position der Gesellschaft nicht zuzumuten ist, wäre es das Verbleiben des anderen, der davon Kenntnis hatte, ebensowenig[186].

49 **bb) Ungenügen gegenüber den Anforderungen der Position.** Hierzu zählt die im Gesetz genannte Unfähigkeit zur ordnungsgemäßen Geschäftsführung, gleich ob sie auf einem Mangel an ausreichender Vorbildung, auf dem Fehlen der notwendigen Autorität, auf mangelndem Arbeitseinsatz, auf langdauernder Krankheit[187] oder auf mangelnder Anpassung an die Steigerung der unternehmensbedingten Anforderungen beruht. Auf ein Verschulden des Geschäftsführers kommt es nicht an. Ein einmaliges Versagen eines langjährigen Geschäftsführers ist kein wichtiger Grund im Sinne des § 38 Abs. 2[188]. Das Versagen des Geschäftsführers in einer Situation, die außergewöhnlichen Takt und besonderes Fingerspitzengefühl erfordert, braucht zwar kein wichtiger Grund für die Kündigung des Anstellungsvertrages zu sein, kann aber die Abberufung rechtfertigen[189]. Auch eine Betriebsumstellung oder eine Fusion, die das Ressort des Geschäftsführers entfallen läßt, kann für eine Abberufung aus wichtigem Grund genügen, wenn ein anderer Geschäftsbereich, den der Geschäftsführer adäquat ausfüllen könnte, nicht vorhanden ist (zu den Auswirkungen von Umwandlung und Verschmelzung auf die Organstellung und das Anstellungsverhältnis s. Rdn 154). Weiter sind hier zu nennen der Wegfall satzungsmäßi-

---

181 BGH WM 1984, 29.
182 OLG Stuttgart NJW-RR 1995, 295, 296.
183 BGH AG 1978, 162, 164.
184 BGH NJW 1993, 463, 464.
185 Vgl. Scholz/*Schneider* 49; *Mertens*-KölnKomm-AktG² § 84, 131; **aA** OLG Düsseldorf WM 1992, 14, 19.
186 BGH GmbHRdsch 1985, 256, 258; OLG Düsseldorf NJW 1989, 172, 173; WM 1992, 14, 19; OLG Hamm GmbHRdsch 1985, 119, 120; **aA** BGH WM 1984, 29, 30 für den Fall der Abberufung eines Geschäftsführers in der Zweipersonen-GmbH, der nicht Gesellschafter ist.
187 Dazu BAGE 20, 345, 347 = NJW 1968, 1693.
188 OLG Köln GmbHRdsch 1989, 76, 78; zur einmaligen fahrlässigen Schlechtleistung BGHZ 83, 371, 375 = NJW 1982, 1708; zur Zumutbarkeit der Weiterbeschäftigung bei fachlichem Versagen BGH WM 1984, 1120, 1121.
189 BGH WM 1966, 968, 969 im Hinblick auf die Behandlung bestimmter Verdächtigungen; vgl. auch BGH NJW-RR 1992, 993, 994: ungeschicktes, taktloses Verhalten gegenüber Kunden.

ger Eigenschaften – wie z. B. ein Wegfall der Familienzugehörigkeit nach einer Scheidung – oder eine zu starke anderweitige Bindung der Arbeitskraft, soweit diese nicht auf die Übernahme eines Bundestagsmandats zurückzuführen ist; eine angemessene Kürzung der Bezüge kommt in diesem Fall aber in Betracht[190]. In einer GmbH, die behördlicher Aufsicht unterliegt, kann auch das mangelnde Vertrauen der Aufsichtsbehörde den Geschäftsführer zur Fortführung seines Amtes ungeeignet erscheinen lassen. Ähnliches kann in Betracht kommen, wenn der Geschäftsführer das Vertrauen von maßgeblichen Kreditgebern oder Vertragspartnern der Gesellschaft aus Gründen verliert, die ihm zuzuschreiben sind[191]. Daß er aus Gründen, die nicht in seiner Person liegen, zur Zielscheibe von Angriffen etwa der Presse oder von Verbänden und Parteien wird oder daß maßgebliche Vertragspartner, insbesondere Kreditgeber der Gesellschaft, eine Abberufung aus Gründen fordern, die nichts mit ihm persönlich zu tun haben, kann normalerweise nicht ausreichen. In einer die Existenz der Gesellschaft bedrohenden Notsituation muß deren Überlebensinteresse aber den Vorrang haben und die Abberufung – nicht die Kündigung des Anstellungsvertrages[192] – rechtfertigen können[193].

Anhaltende **Erfolglosigkeit** der Geschäftsführung ist nicht ohne weiteres ein **50** wichtiger Grund für die Abberufung; daß ein unterdurchschnittliches Ergebnis weder konjunkturell noch branchenmäßig und auch nicht in der Struktur des Unternehmens begründet sein kann, weist noch nicht zwingend auf die mangelnde Eignung des Geschäftsführers hin[194]. Lassen sich allerdings in solchen Fällen konkrete Verstöße gegen die Regeln ordnungsgemäßer Geschäftsführung feststellen, so kommt die Abberufung aus diesem Grund in Betracht, wobei die Möglichkeit eines Zusammenhangs zwischen solchen Verstößen und dem mangelnden Unternehmenserfolg erschwerend ins Gewicht fällt.

cc) **Handlungen und Verhältnisse, die den Kredit und das Ansehen der Gesell- 51 schaft gefährden.** Hier sind als Beispiele zu nennen: Der vom Geschäftsführer selbst verschuldete Verdacht strafbaren Handelns[195]; die Begehung von Straftaten, auch wenn sie nicht gegen die Gesellschaft gerichtet sind; die dienstliche oder auch außerdienstliche Teilnahme an unehrenhaften, riskanten Geschäften oder auch an Spekulationsgeschäften[196]; die Teilnahme an Börsen- oder Differenzspielen oder häufiger Besuch von Spielbanken durch die Geschäftsführung eines Kreditinstituts[197]; die Tätigung verbotener Insidergeschäfte; die vermutete Beteiligung an verbotenen Preisabsprachen[198].

---

[190] Geßler/*Hefermehl*/Eckardt/Kropff AktG § 84, 70; vgl. Art. 48 Abs. 2 GG und dazu BGHZ 43, 384 = NJW 1965, 1958 m.zust.Anm. *Ganßmüller* = SAE 1966, 1 m.abl.Anm. *E. Wolf*; krit. auch *Konzen* AcP 172 (1972), 317.

[191] Zum Verlust des Vertrauens Dritter in den schuldlosen Geschäftsführer vgl. Scholz/*Schneider* 50 unter Bezugnahme auf BGH NJW 1960, 628.

[192] BGH NJW 1961, 1306, 1307 f.

[193] Vgl. dazu Scholz/*Schneider* 46; zu § 84 AktG für den Fall des rechtswidrigen Streiks mit dem Ziel, eine Organperson, die sich sozialgerecht verhalten hat, aus dem Amte zu entfernen, Geßler/*Hefermehl*/Eckardt/Kropff AktG § 84, 70; *Mertens*-KölnKommAktG^2 § 84, 110; *Raiser* MitbestG^2 § 31, 38; **aA** *Hoffmann*/*Lehmann*/*Weinmann* MitbestG § 31, 55 unter Hinweis darauf, daß erzwungenes Unrecht nicht sanktioniert werden dürfe.

[194] OLG Köln GmbHRdsch 1989, 76, 79; **aA** Scholz/*Schneider* 51: grundsätzlich Mitverantwortlichkeit der Geschäftsleitung für mangelhaftes Unternehmensergebnis.

[195] BayObLG NJW 1955, 1678; OLG Düsseldorf ZIP 1984, 86, 87.

[196] RGZ 53, 266 f.

[197] Scholz/*Schneider* 49.

[198] Zu dem Fall einer noch nicht abgeschlossenen gerichtlichen Auseinandersetzung mit dem BKartA wegen angeblicher Beteiligung an verbotenen Preisabsprachen, wenn das Anstellungsverhältnis ohnehin bald ausläuft und bis dahin mit wirtschaftlichen Nachteilen nicht zu rechnen ist, vgl. BGH NJW 1987, 1889 f.

52 dd) **Störungen der Zusammenarbeit** zwischen den Geschäftsführern und mit anderen Gesellschaftsorganen. Anders als nach § 84 Abs. 3 S. 2 AktG reicht für § 38 Abs. 2 als wichtiger Grund für die Abberufung des Geschäftsführers die Tatsache des **Vertrauensentzuges** seitens der Gesellschafter allein nicht aus[199]; denn dies liefe praktisch auf die Zulassung der freien Abberufbarkeit hinaus[200]. Anders verhält es sich, wenn der Vertrauensentzug zwar nicht durch einen objektiv als wichtig zu wertenden Grund ausgelöst wurde, sich aber aus einzelnen Anlässen doch so tiefgreifende **Meinungsverschiedenheiten** zwischen dem Geschäftsführer und den Gesellschaftern entwickelt haben, daß ein gedeihliches Zusammenwirken zum Wohle der Gesellschaft bei objektiver Betrachtung nicht mehr gesichert ist[201]. Dagegen sind nachhaltige Unstimmigkeiten zwischen dem Geschäftsführer und dem Aufsichtsrat der Gesellschaft kein wichtiger Grund für die Abberufung; denn einerseits sind Konflikte in diesem Verhältnis wegen der Kontrollfunktion des Aufsichtsrats nicht ungewöhnlich, andererseits hindern sie nicht die Gewährleistung einer einheitlichen Linie der Unternehmenspolitik, da diese nicht vom Aufsichtsrat, sondern von der Gesellschafterversammlung gestaltet wird[202].

53 Ein **tiefgehendes Zerwürfnis** zwischen den Geschäftsführern gibt der Gesellschaft regelmäßig einen wichtigen Grund zu ihrer Abberufung, unabhängig davon, ob den Abzuberufenden ein Verschuldensvorwurf trifft oder ob der Gesellschaft ein Schaden entstanden ist[203]. Läßt das Zerwürfnis ein weiteres gedeihliches Zusammenwirken nicht mehr erwarten, liegt – wenn ein Schuldiger nicht ermittelt werden kann – ein wichtiger Grund zur Abberufung eines jeden Beteiligten vor[204]. Es steht den Gesellschaftern frei, denjenigen Geschäftsführer abzuberufen, auf dessen weitere Tätigkeit sie weniger Wert legt[205]. Es bedarf nicht der Klärung, wer für den Streit verantwortlich ist; erforderlich ist nur, daß der Abberufene durch sein Verhalten jedenfalls zu dem Zerwürfnis beigetragen hat[206].

54 In der **personalistischen GmbH**, namentlich in der **Zweipersonen-GmbH**, sind an die Abberufung von Gesellschafter-Geschäftsführern wegen Erschütterung des Vertrauensverhältnisses zwischen Gesellschaftern und Geschäftsführern besonders hohe Anforderungen zu stellen[207], um zu verhindern, daß die Gesellschafter-Geschäftsführer durch gegenseitige Abberufung wegen Vertrauensentzugs aus nichtigem Anlaß die Unternehmensführung lahmlegen. Regelmäßig muß der Vertrauensentzug auf einer Pflichtverletzung des Geschäftsführers beruhen, die als solche einen wichtigen Grund darstellt[208]; mindestens aber muß er durch Zweifel an der Ord-

---

199 Vgl. BGH NJW 1989, 2683 f; DStR 1993, 843; OLG Hamm GmbHRdsch 1989, 257, 258; OLG Köln GmbHRdsch 1989, 76, 79; vgl. auch OLG Stuttgart ZIP 1981, 1336, 1337 zur Kündigung aus wichtigem Grund.

200 BGH NJW 1960, 628; OLG Hamm GmbHRdsch 1989, 257, 258 f; OLG Köln GmbHRdsch 1989, 76, 79; Baumbach/Hueck/*Zöllner* 8; Rowedder/*Koppensteiner* 13; Scholz/*Schneider* 52.

201 Vgl. OLG Köln GmbHRdsch 1989, 76, 78 f; so auch Rowedder/*Koppensteiner* 13; Meyer-Landrut/*Miller*/Niehus 122; Baumbach/Hueck/*Zöllner* 8; zu hohe Anforderungen stellen *Lutter*/*Hommelhoff* 21, die für die den Vertrauensentzug stützenden Gründe fordern, daß sie selbst einen wichtigen Abberufungsgrund bilden; zum beiderseitigen Vertrauensbruch vgl. BGH NJW 1995, 1358, 1359.

202 OLG Köln GmbHRdsch 1989, 76, 79.

203 BGH WM 1984, 29; NJW-RR 1992, 993, 994; OLG Düsseldorf NJW 1989, 172; GmbHRdsch 1994, 884, 885; OLG Koblenz ZIP 1986, 1120.

204 BGH NJW-RR 1992, 993, 994; WM 1984, 29; OLG Düsseldorf NJW 1989, 172; OLG Koblenz ZIP 1986, 1120.

205 OLG Koblenz ZIP 1986, 1120, 1121.

206 OLG Koblenz ZIP 1986, 1120, 1121; OLG Hamm GmbHRdsch 1989, 257, 259.

207 Allg. zu den höheren Anforderungen an das Vorliegen eines wichtigen Grundes in der Zweipersonengesellschaft BGH NJW-RR 1992, 292, 294; OLG Düsseldorf WM 1992, 14, 18.

208 Scholz/*Schneider* 53.

nungsmäßigkeit der Geschäftsführung gerechtfertigt sein[209]. Das gilt auch für den Mehrheitsgesellschafter-Geschäftsführer, der andernfalls zwar eine Geschäftsführungsmaßnahme durch Gesellschafterbeschluß im Wege der Weisung durchsetzen könnte, bei ihrer Verwirklichung aber Gefahr liefe, von der Minderheit aus wichtigem Grund abberufen zu werden[210]. Dagegen gibt eine tiefgreifende, unheilbare Zerrüttung des Vertrauensverhältnisses zwischen Gesellschafter-Geschäftsführern jedem von ihnen einen wichtigen Grund zur Abberufung des anderen[211], ohne daß es sonstiger Pflichtverletzungen oder auch nur eines Verschuldens hinsichtlich der Zerrüttung bedürfte; entscheidend ist, daß es das Zerwürfnis als solches für die Gesellschaft unzumutbar macht, beide Geschäftsführer im Amt zu belassen[212]. Gleiches gilt bei Vorliegen wichtiger Gründe auf beiden Seiten[213]. Doch ist bei gegenseitiger Abberufung aus gleichwertigem wichtigem Grund oder wegen des bestehenden Zerwürfnisses beiden Geschäftsführern einstweiliger Rechtsschutz insoweit zu versagen, wie er über die Stabilisierung gleichgewichtiger Einflußmöglichkeiten hinausgeht, damit dem Hauptprozeß nicht willkürlich vorgegriffen und der Einigungszwang für die Geschäftsführer verstärkt wird[214] (vgl. dazu näher Rdn 128).

2. Nach § 84 Abs. 3 AktG

Im allgemeinen unterscheidet sich der Begriff des wichtigen Grundes in § 84 AktG von dem nach § 38 Abs. 2 nicht[215]. Nur ist hier der Vertrauensentzug durch die Anteilseigner, sofern er nicht aus offenbar unsachlichen Gründen erfolgt, gemäß § 84 Abs. 3 S. 2 AktG ein wichtiger Grund für die Abberufung des Geschäftsführers[216]. Dieser wichtige Grund rechtfertigt aber nicht ohne weiteres auch die Kündigung nach § 626 BGB; im Anstellungsvertrag kann jedoch beides verbunden werden[217] (zur Koppelung im einzelnen Rdn 17 f). Den Geschäftsführer trifft im Prozeß die Beweislast dafür, daß der Vertrauensentzug aus offenbar unsachlichen Gründen erfolgt ist[218]. **55**

Der vom Aufsichtsrat selbst abzuschließende **Anstellungsvertrag kann** die **Folgen** einer Kündigung aus wichtigem Grund näher **regeln**; eine Vereinbarung, die den Geschäftsführer nach seiner fristlosen Entlassung wirtschaftlich sichern soll, darf aber einerseits keinen Anreiz für ungetreues oder gesellschaftsschädigendes Verhalten bieten und andererseits die Gesellschaft auch nicht so stark belasten, daß sie in ihrer Entschließungsfreiheit unzumutbar beeinträchtigt wird[219]. **56**

---

209 BGH GmbHRdsch 1969, 37, 38; OLG Köln GmbHRdsch 1989, 76, 79 auch für eine eingliedrige Gesellschaft; OLG Nürnberg GmbHRdsch 1971, 208; Scholz/*Schneider* 53.

210 *Schneider* ZGR 1983, 535, 539.

211 **AA** Baumbach/Hueck/*Zöllner* 9: Beiden ist das Recht zur Abberufung zu versagen; gegen die Anwendung dieses für den Ausschluß von Gesellschaftern aus der GmbH geltenden Grundsatzes auf die Abberufung explizit BGH WM 1984, 29, 30 m.w.Nachw.

212 OLG Düsseldorf NJW 1989, 172; GmbHRdsch 1994, 884, 885 m.w.Nachw.

213 OLG Düsseldorf NJW 1989, 172 f.

214 OLG Düsseldorf NJW 1989, 172, 173.

215 Vgl. dazu *Vollmer* GmbHRdsch 1984, 5 ff.

216 **HM**; vgl. *Fitting/Wlotzke/Wißmann* MitbestG § 31, 29; Hanau/*Ulmer* MitbestG § 31, 30 m.w.N.; *Hoffmann/Lehmann/Weinmann* MitbestG § 31, 53; Rowedder/*Koppensteiner* 15; *Mertens*-KölnKommAktG[2] § 84, 102; *Raiser* MitbestG[2] § 31, 37; *Säcker* Festschrift Müller (1981), 745; *Vollmer* GmbHRdsch 1984, 5, 6 f; **aA** allerdings entgegen dem Gesetz *Reich/Lewerenz* AuR 1976, 261, 271, die anstelle des wichtigen Grundes in mitbestimmten Gesellschaften die Legitimation durch das spezifische Abberufungsverfahren des § 31 Abs. 5 MitbestG iVm § 31 Abs. 2–4 MitbestG für ausreichend halten.

217 BGH NJW 1981, 2748, 2749; NJW 1989, 2683, jeweils für das Vorstandsmitglied einer AG.

218 BGH AG 1975, 242, 244.

219 BGHZ 8, 348, 360, 367; BGH GmbHRdsch 1969, 61 f.

3. Nach § 626 BGB

57 a) **Allgemeines. aa) Unterschiede zur Abberufung aus wichtigem Grund**. Anders als für die Abberufung nach § 38 Abs. 2 reichen für eine außerordentliche Kündigung des Anstellungsvertrages nach § 626 Abs. 1 BGB nur solche wichtigen Gründe aus, die in der Person des Geschäftsführers selbst liegen. Daraus folgt, daß nur die Bestellung widerrufbar, nicht aber der Anstellungsvertrag kündbar ist, wenn der Gesellschaft der Verbleib des Geschäftsführers zwar nicht zugemutet werden kann, die Gründe dafür aber nicht in der Person des Geschäftsführers selbst zu suchen sind, sondern in den Verhältnissen der Gesellschaft oder in sonstigen objektiven Umständen. Im übrigen werden wichtige, in der Person des Geschäftsführers selbst liegende Gründe für die Abberufung im allgemeinen auch wichtige Gründe für die fristlose Kündigung des Anstellungsvertrags darstellen; doch sind Ausnahmen denkbar. Nach Lage des Falles kann etwa ein geringfügiges Verschulden die Abberufung rechtfertigen, ohne schon für eine fristlose Kündigung des Anstellungsvertrages zu genügen[220]. Liegt für eine mit der Abberufung einhergehende außerordentliche Kündigung objektiv kein wichtiger Grund vor, so kann die Abberufung nach § 38 Abs. 1 wirksam sein, während die wirksame Beendigung des Anstellungsvertrages davon abhängt, ob eine Umdeutung der außerordentlichen in eine fristgemäße ordentliche Kündigung möglich ist (zu deren Voraussetzungen vgl. Rdn 10). Der Gesellschaft ist es im übrigen unbenommen, nur die Bestellung zu widerrufen und auf eine sofortige Kündigung des Anstellungsvertrages, etwa aus sozialen Erwägungen, zu verzichten[221]. Kündigt die Gesellschaft dem Geschäftsführer nicht zugleich mit der Abberufung, so sind die Abberufungsgründe für eine spätere Kündigung verbraucht. Sie leben auch nicht dadurch wieder auf, daß die Gesellschafter sie zum Anlaß nehmen, dem Geschäftsführer das Vertrauen zu entziehen[222]. Zum **Nachschieben wichtiger Gründe** im Prozeß s. im einzelnen Rdn 40.

58 **bb) Interessenabwägung und Beurteilungskriterien**. Auch bei der außerordentlichen Kündigung kommt es für das Vorliegen eines wichtigen Grundes darauf an, ob es der Gesellschaft unter Würdigung aller Umstände des Einzelfalles und Abwägung der beiderseitigen Interessen nicht mehr zugemutet werden kann, den Geschäftsführer bis zum Ablauf des Vertrages oder bis zum nächstmöglichen Kündigungstermin in seiner bisherigen oder einer entsprechenden Stellung zu belassen[223]. Anzulegen ist ein objektiver Maßstab; auf die subjektive Sicht des Kündigungsorgans kommt es nicht an, wenn die Pflichtverletzung objektiv nicht geeignet ist, einer weiteren Zusammenarbeit aus der Sicht der Gesellschaft die Vertrauensgrundlage zu entziehen[224]. Für die Interessenabwägung bedeutsame Umstände können namentlich sein: die Häufigkeit und Schwere der Verfehlungen, deren Folgen für den Dienstherrn, das Maß des Verschuldens, die Dauer der Tätigkeit für die Gesellschaft und besondere Verdienste des Geschäftsführers, schließlich die sozialen Folgen für den Betroffenen[225]. Zu weiteren für das Vorliegen des wichtigen Grundes bedeutsamen Aspekten vgl. schon Rdn 39. Ob die Gesellschaft durch das Verhalten des Geschäftsführers geschädigt wurde, ist für die Annahme eines wichtigen Grundes ohne

[220] BGHZ 15, 71, 75.
[221] OLG Köln GmbHRdsch 1993, 734, 735.
[222] BGH DB 1978, 481 f.
[223] St.Rspr., z. B. BGH WM 1984, 1120, 1121; NJW-RR 1988, 352 f; NJW 1993, 463, 464; NJW 1995, 1358, 1359; NJW-RR 1996, 156; OLG Düsseldorf ZIP 1984, 1476, 1478; BB 1987, 567; OLG Frankfurt GmbHRdsch 1994, 114, 115; OLG Stuttgart ZIP 1981, 1336, 1337.
[224] OLG Köln GmbHRdsch 1992, 674.
[225] Rspr.-Übersicht bei *Fleck* WM-Beil. 3/1981, 3, 12; s. weiterhin OLG Düsseldorf BB 1987, 567, 568; OLG Stuttgart ZIP 1981, 1336, 1337.

Belang[226]. Die bei der außerordentlichen Kündigung im Vergleich zur Abberufung prinzipiell strengeren Maßstäbe für die Annahme eines wichtigen Grundes (vgl. Rdn 16, 18, 38) dürfen nicht deshalb gemildert werden, weil die Parteien grundsätzlich zu einer – im Ergebnis gescheiterten – einvernehmlichen Vertragsaufhebung bereit waren[227]. Besonders strenge Anforderungen sind an eine fristlose Kündigung zu stellen, wenn der Anstellungsvertrag auch durch ordentliche Kündigung alsbald beendet werden könnte[228] oder wenn die Kündigung mit diffamierenden Argumenten begründet wird[229]. Wird dem Geschäftsführer in Kenntnis der Kündigungsgründe Entlastung erteilt, so kann er wegen der bekannten Gründe nicht fristlos entlassen werden[230]. Sind im Anstellungsvertrag Gründe für eine außerordentliche Kündigung konkret benannt, so hängt deren Wirksamkeit nicht noch von Zumutbarkeitserwägungen ab; jedoch können sich Einschränkungen aus Treu und Glauben ergeben, wobei ein strengerer Maßstab als bei § 626 BGB anzulegen ist[231].

cc) **Anhörung und Abmahnung.** Eine Anhörung des Geschäftsführers vor Ausspruch der fristlosen Kündigung ist grundsätzlich nicht erforderlich[232]. Etwas anderes gilt nur für die sog. Verdachtskündigung; hier muß dem Betroffenen zumindest Gelegenheit gegeben werden, zu den noch nicht erwiesenen Vorwürfen Stellung zu nehmen und gegebenenfalls entlastende Tatsachen vorzubringen[233]. Die Wirksamkeit einer außerordentlichen Kündigung setzt auch nicht stets eine Abmahnung des Geschäftsführers voraus[234]. Doch kann die fristlose Kündigung insbesondere bei leichteren Pflichtverletzungen und fehlendem oder geringem Verschulden des Geschäftsführers im Einzelfall ungerechtfertigt sein, wenn der Gesellschaft die weitere Zusammenarbeit unter Abmahnung für die Zukunft zugemutet werden kann[235]. Bei schweren Verfehlungen ist eine Abmahnung auch bei einem einmaligen Vorfall regelmäßig entbehrlich[236]. 59

dd) **Anstellungsvertragliche Vereinbarung wichtiger Gründe.** Das außerordentliche Kündigungsrecht nach § 626 BGB ist ebenso wie die Abberufung aus wichtigem Grund (dazu Rdn 26) zwingend; es kann deshalb durch Parteivereinbarung nicht ausgeschlossen oder wesentlich eingeschränkt werden[237]. Ebensowenig zulässig ist die vertragliche Erweiterung des außerordentlichen Kündigungsrechts auf Gründe, die eine Kündigung nach § 626 BGB objektiv nicht zu rechtfertigen vermögen; darin läge eine Umgehung der insoweit zwingenden Kündigungsfrist des § 622 Abs. 1 BGB[238] (vgl. Rdn 9). Zwar können die Parteien vereinbaren, daß eine Kündigung des Anstellungsvertrages aus denselben Gründen zulässig sein soll wie die Abberufung (zu solchen Koppelungsvereinbarungen s. im einzelnen Rdn 17 f). Doch kann dies nicht zu einer Erweiterung möglicher Kündigungsgründe für den Anstellungsvertrag führen (dazu näher Rdn 18). 60

226 OLG Karlsruhe NJW-RR 1988, 1497.
227 BGH NJW 1993, 463, 464.
228 BGH NJW-RR 1996, 156 = WiB 1996, 117 m.Anm. *Seitz*.
229 BGH WM 1962, 811.
230 OLG Hamm GmbHRdsch 1993, 163, 164; LG Essen GmbHRdsch 1983, 221, 223.
231 BGH NJW-RR 1988, 1381 f, einen Handelsvertretervertrag betreffend.
232 BGH NJW 1960, 1861; NJW 1984, 2689 m.w.Nachw.; *Fleck* WM 1985, 677, 680; *Lutter/Hommelhoff* 2; Scholz/*Schneider* 16.
233 BGH GmbHRdsch 1985, 112; ebenso die st.Rspr. des BAG, vgl. z. B. BAGE 49, 39, 44 = NJW 1986, 3159.
234 Zu den Anforderungen an eine Abmahnung s. OLG Frankfurt GmbHRdsch 1994, 114, 115 m.w.Nachw.
235 BGH NJW 1993, 463, 464.
236 Vgl. OLG München BB 1994, 735, 736.
237 BGH NJW-RR 1995, 669 f.
238 BGH NJW 1981, 2748, 2749; NJW 1989, 2683, 2684; OLG München WM 1984, 896, 897; GmbHRdsch 1995, 232, jeweils zu § 622 Abs. 1 BGB a.F.

61 **b) Beispiele für wichtige Gründe.** Die neuere Rspr. hat einen wichtigen Grund in folgenden Fällen bejaht: Subventionsbetrug[239]; Tätlichkeiten gegen Mitgeschäftsführer oder Arbeitnehmer[240]; berufliches Versagen aufgrund schuldhaften Fehlverhaltens[241]; Veranlassung eines Untergebenen zur Auszahlung einer Tantieme, auf die kein Anspruch besteht[242]; eigenmächtige Entnahmen aus dem Gesellschaftsvermögen zur Sicherung künftiger Ansprüche gegen die GmbH (OLG Köln GmbHRdsch 1996, 290); ständige Widersetzlichkeit gegenüber Weisungen der Gesellschafter[243]; Auskunftsverweigerung gegenüber Gesellschaftern[244]; vorsätzliche Fehlinformation[245]; Verletzung der Verschwiegenheitspflicht des Geschäftsführers nach seiner Abberufung[246]; Aufbau eines Konkurrenzunternehmens unter Verletzung des Wettbewerbsverbots[247]; mißbräuchliche Ausnutzung von Erwerbschancen der Gesellschaft[248]; Handeln zum eigenen Vorteil ohne pflichtgemäße Information der Gesellschaft[249]; schuldhafte Verletzung der Pflicht, für eine Organisation zu sorgen, die dem Geschäftsführer die Übersicht über die wirtschaftliche Situation der Gesellschaft jederzeit ermöglicht, es sei denn, der beherrschende Gesellschafter hätte den Geschäftsführer im Innenverhältnis von seiner Überwachungsaufgabe freigestellt[250]; Änderung der Geschäftspolitik ohne Zustimmung der Gesellschafterversammlung[251]; unter engen Voraussetzungen geschäftlicher Niedergang des Betriebes, der für eine echte Geschäftsführertätigkeit keinen Raum läßt[252]; die unberechtigte Amtsniederlegung durch den Geschäftsführer[253].

62 **Kein wichtiger Grund:** objektiv unzureichende Arbeitsleistungen, insbesondere ohne Verschulden[254]; lediglich subjektiv empfundenes vertrauenszerstörendes Verhalten, das objektiv nicht geeignet ist, der Gesellschaft die Vertrauensgrundlage für eine weitere Zusammenarbeit zu entziehen[255]; bloße Betriebseinstellung, anders bei geschäftlichem Niedergang des Betriebes, der für eine echte Geschäftsführertätigkeit keinen Raum läßt[256]; die Verweigerung weiterer Tätigkeit, wenn der Geschäftsführer seit drei Monaten keine Vergütung erhalten hat[257]; die Konkurseröffnung als solche[258].

V. Zeitliche Grenzen für Abberufung und außerordentliche Kündigung

1. Abberufung

63 Die Abberufung ist an **keine Frist** gebunden; insbesondere gilt die Zweiwochenfrist des § 626 Abs. 2 BGB für sie nicht[259]. Doch kann das Abberufungsrecht nach allgemeinen Grundsätzen verwirkt sein, wenn es nicht innerhalb angemessener Frist ausgeübt wird. Das kann der Fall sein, wenn die Gesellschaft trotz Kenntnis eines wichtigen Grundes, der die Abberufung nach Abs. 2 und die Kündigung rechtferti-

239 OLG Düsseldorf ZIP 1984, 86 ff.
240 OLG Stuttgart NJW-RR 1995, 295, 296.
241 OLG Düsseldorf BB 1987, 567, 568.
242 BGH DStR 1995, 1120 m.Anm. *Goette*.
243 OLG Düsseldorf ZIP 1984, 1476.
244 BGH DStR 1993, 1752, 1753; OLG Frankfurt GmbHRdsch 1994, 114, 115; OLG München BB 1994, 735, 736.
245 BGH DStR 1995, 1359 m.Anm. *Goette*; OLG München BB 1994, 735, 736.
246 OLG Hamm GmbHRdsch 1985, 157, 158.
247 BGH DStR 1995, 1359 m.Anm. *Goette*.
248 BGH NJW 1995, 1358, 1359 m.w.Nachw.
249 OLG Karlsruhe NJW-RR 1988, 1497.
250 BGH NJW-RR 1995, 669 f.
251 BGH NJW 1991, 1681, 1682.
252 OLG Stuttgart ZIP 1981, 1336, 1337.
253 OLG Celle GmbHRdsch 1995, 728; vgl. dazu im einzelnen Rdn 142.
254 OLG Düsseldorf BB 1987, 567, 568.
255 OLG Köln GmbHRdsch 1992, 674.
256 OLG Stuttgart ZIP 1981, 1336, 1337.
257 OLG Hamm NJW-RR 1995, 1187.
258 BGHZ 75, 209, 212 f = NJW 1980, 595; vgl. näher Rdn 132.
259 Baumbach/Hueck/*Zöllner* 9 a.

gen würde, den Geschäftsführer über längere Zeit im Amt beläßt[260] oder wenn die Gesellschaft bereits bei der Bestellung einen solchen Grund kennt und den Geschäftsführer trotzdem bestellt[261]. Die **Verwirkung** setzt weiter voraus, daß der Geschäftsführer aufgrund dieses Verhaltens der Gesellschaft nach Treu und Glauben annehmen durfte, sie wolle auf diese Umstände nicht mehr zurückgreifen[262]. Zur Vermeidung einer Verwirkung ihres Abberufungsrechts sind die Gesellschafter allerdings nicht verpflichtet, die Abberufung unter allen Umständen sofort nach Kenntniserlangung auf die Tagesordnung zu setzen; vielmehr muß es ihnen grundsätzlich unbenommen bleiben, zuvor noch einen letzten Versuch zu unternehmen, mit dem Geschäftsführer zu einer gütlichen Einigung zu kommen und die Gesellschafterversammlung nur zu diesem Zweck einzuberufen[263]. Scheitert eine solche Einigung jedoch, so wird man die Einhaltung einer angemessenen Frist nur dann bejahen können, wenn die Abberufung in der nächsten, in zeitlich nahem Zusammenhang einzuberufenden Gesellschafterversammlung beschlossen wird[264].

2. Außerordentliche Kündigung

a) **Geltung des § 626 Abs. 2 BGB.** Auch bei Organmitgliedern ist für die Erklärung der außerordentlichen Kündigung des Anstellungsvertrages die Frist des § 626 Abs. 2 BGB maßgeblich. Danach kann die Kündigung nur **innerhalb von zwei Wochen** erfolgen. Die Frist beginnt mit dem Zeitpunkt, in dem der Kündigungsberechtigte von den für die Kündigung maßgebenden Tatsachen Kenntnis erlangt. Der Kündigende muß dem anderen Teil auf Verlangen den Kündigungsgrund unverzüglich schriftlich mitteilen. Obwohl die Vorschrift des § 626 Abs. 2 BGB wegen der Kürze der Frist den besonderen Verhältnissen bei korporativ verfaßten Gesellschaften nicht gerecht wird (dazu die folgenden Rdn) und ihre Geltung für den Anstellungsvertrag des Geschäftsführers deshalb vielfach als verfehlt angesehen wird[265], hält die Rspr. doch an ihrer Anwendung auf Organmitglieder ausnahmslos fest[266]. 64

b) **Anwendungsprobleme der Zweiwochenfrist.** Bei Mitgliedern des Geschäftsführungsorgans resultiert der die außerordentliche Kündigung rechtfertigende Grund häufig aus einer länger andauernden Entwicklung, die erst allmählich das Vertrauensverhältnis zur Gesellschaft so weit erschüttert, daß eine außerordentliche Kündigung unvermeidlich erscheint. Diese Entwicklung beruht regelmäßig auf einer Vielzahl einzelner Vorfälle, die für sich genommen für die fristlose Beendigung des Anstellungsvertrages nicht schwerwiegend genug erscheinen mögen, deren Kumulation über längere Zeit jedoch die Weiterbeschäftigung des Organmitglieds für die Gesellschaft unzumutbar machen kann. Hinzu kommen die durch den größeren Entscheidungsfreiraum des Geschäftsführers und die eingeschränkte Kontrolle der Organtätigkeit bedingten Schwierigkeiten bei der Aufklärung der einzelnen Verfeh- 65

[260] BGH NJW-RR 1992, 292.

[261] BGH NJW-RR 1993, 1253, 1254 für den Fall der Bestellung eines Geschäftsführers aufgrund eines möglicherweise wegen Mißbrauchs der Mehrheitsmacht rechtswidrigen, aber von der Minderheit nicht mit Erfolg angefochtenen Gesellschafterbeschlusses.

[262] BGH NJW-RR 1992, 292, 293; NJW-RR 1993, 1253, 1254.

[263] BGH NJW-RR 1992, 292, 293.

[264] BGH NJW-RR 1992, 292, 293.

[265] Baumbach/Hueck/*Zöllner* § 35, 118; *Lutter/Hommelhoff* Anh. § 6, 59; *Martens* Festschrift Werner (1984), 495, 501f; *Kübler* Festschrift Werner (1984), 437, 441, 448.

[266] Z. B. BGH NJW 1980, 2411, 2412; NJW 1981, 166; NJW 1984, 2689, 2690; GmbHRdsch 1985, 112; NJW 1993, 463, 464; NJW-RR 1995, 669f; NJW 1996, 1403; OLG Celle GmbHRdsch 1995, 728, 729f; OLG Düsseldorf ZIP 1984, 86, 87f und 1476, 1480; OLG Stuttgart ZIP 1981, 1336, 1337; LG Essen GmbHRdsch 1981, 221, 222; BAGE 29, 158, 163 = NJW 1978, 723.

lungen, die der Gesellschaft oft erst nach geraumer Prüfungszeit ein gesichertes Urteil über deren Gewicht und damit über die hinreichende Fundierung einer fristlosen Kündigung ermöglichen[267]. Zusätzlich erschwert wird die Einhaltung der Frist durch die Kündigungszuständigkeit des Anstellungsorgans, das seine Entscheidung im zeitaufwendigen Beschlußverfahren treffen muß[268]. Die Zeitnot der Gesellschaft kann sich verschärfen, wenn der Geschäftsführer selbst maßgeblich als Gesellschafter beteiligt ist und Einfluß auf Zeitpunkt und Durchführung der Gesellschafterversammlung nehmen kann.

66 Als evident verfehlt erweist sich die Zweiwochenfrist schließlich, falls sich die Gesellschaft bei Fristbeginn in **wirtschaftlichen Schwierigkeiten** befindet und dadurch in eine unauflösbare Zwangslage gerät, sofern sie binnen zwei Wochen keinen geeigneten Nachfolger findet. Entläßt sie den Geschäftsführer gleichwohl, ohne den Gläubigern einen Nachfolger präsentieren zu können, dem eine Sanierung zuzutrauen ist, wird ein rascher Zusammenbruch der Gesellschaft kaum noch zu vermeiden sein. Läßt die Gesellschaft dagegen die Frist verstreichen, um zunächst die Nachfolge zu klären, begibt sie sich der Möglichkeit einer unmittelbaren Reduzierung der Kostenlast und bleibt stattdessen auf die regelmäßig mit erheblichen finanziellen Leistungen erkaufte einvernehmliche Aufhebung des Anstellungsvertrages angewiesen, die ihrerseits die Sanierungsaussichten deutlich vermindern kann[269].

67 Die dargestellten Sonderprobleme sind bei der Anwendung des § 626 Abs. 2 BGB auf die Kündigung des Anstellungsvertrages von Geschäftsführern durch **zweckentsprechende Auslegung** der Vorschrift zu berücksichtigen. Auch die Rspr. trägt der im Vergleich zur Kündigung von Arbeitnehmern und anderen Dienstverpflichteten erschwerten Fristeinhaltung, die durch größere Schwierigkeiten bei der Sachverhaltsaufklärung, das organisatorisch aufwendigere Entscheidungsverfahren und die einschneidenderen Folgen der Entlassung des Geschäftsführungsorgans bedingt ist, dadurch Rechnung, daß sie die Zweiwochenfrist weniger strikt handhabt, indem sie die Anforderungen an den Lauf der Frist tendenziell insgesamt erhöht (dazu Rdn 69 ff). Eine auf die besondere Lage der Gesellschaft bei der Kündigung von Organmitgliedern ausgerichtete Interpretation des § 626 Abs. 2 BGB darf allerdings den mit der Zweiwochenfrist bezweckten Schutz der individuellen Rechtsposition des Betroffenen nicht außer acht lassen und muß deshalb Kriterien entwickeln, die dem Geschäftsführer eine zuverlässige Beurteilung des Fristbeginns ermöglichen.

68 c) **Fristbeginn mit Kenntnis der Gesellschaft vom Kündigungsgrund**. Der Lauf der Kündigungsfrist beginnt, wenn die Gesellschaft positive und sichere Kenntnis der Tatsachen hat, die den wichtigen Grund ausmachen; Kennenmüssen genügt nicht[270]. Unerheblich ist, ob die Gesellschaft den Sachverhalt rechtlich zutreffend würdigt[271]. Der Beginn der Zweiwochenfrist ist somit unter zwei verschiedenen rechtlichen Aspekten zu bestimmen: Zum einen kommt es darauf an, welcher Art die Tatsachen sein müssen, um eine für den Lauf der Frist relevante Kenntnis der

---

267 Vgl. *Martens* Festschrift Werner (1984), 495, 497 f; *Kübler* Festschrift Werner (1984), 437, 441; Baumbach/Hueck/*Zöllner* § 35, 121, jew. m.w.Nachw.

268 Vgl. *Martens* Festschrift Werner (1984), 495, 496 f; *Kübler* Festschrift Werner (1984), 437, 448.

269 Zu den unternehmenspolitischen Gründen der Gesellschaft, auf eine Ausübung des Kündigungsrechts zugunsten einer einvernehmlichen Vertragsaufhebung zu verzichten, s. *Martens* Festschrift Werner (1984), 495, 498 f.

270 BAGE 23, 475, 481 f; 24, 383, 395; BGH NJW 1980, 2411, 2412; NJW 1993, 463, 464 f; NJW 1996, 1403 f; OLG Düsseldorf AG 1982, 225, 227; Palandt/*Putzo*[55] (1996), § 626, 23, 25; MünchKomm-*Schwerdtner* § 626, 183; Erman/*Hanau*[9] (1993), § 626, 87.

271 BAGE 24, 383, 397.

Gesellschaft von ihrem Kündigungsrecht zu begründen; dabei geht es um die Qualität der Kenntnis der Gesellschaft. Zum anderen hängt der Fristbeginn davon ab, unter welchen Voraussetzungen Kenntnis der Gesellschaft angenommen werden kann; es handelt sich dabei um die kontrovers diskutierte Frage der Wissenszurechnung an die Gesellschaft.

aa) **Qualität der Kenntnis der Gesellschaft.** Grundsätzlich wird die Erklärungsfrist des § 626 Abs. 2 BGB nur dann in Lauf gesetzt, wenn das bei der Gesellschaft zuständige Kündigungsorgan **volle und umfassende Kenntnis aller einschlägigen Tatsachen** erlangt hat, die eine überlegte Entscheidung über die Kündigung unter Würdigung aller Umstände ermöglichen. Für den Fristbeginn genügt deshalb nicht schon die Kenntnis von einzelnen Handlungen, die erst in einem Gesamtzusammenhang die außerordentliche Kündigung rechtfertigen. Bedarf es daher weiterer Ermittlungen oder muß der Geschäftsführer noch angehört werden, so läuft die Frist bis zum Abschluß der Ermittlungen oder bis zur Anhörung nicht[272], sofern der Geschäftsführer tatsächlich und mit der gebotenen Eile gehört wurde[273]. Auch die Ermittlungen müssen zügig durchgeführt werden[274]. In Fällen der sog. Verdachtskündigung kann die Ausschlußfrist des § 626 Abs. 2 BGB schon vor Abschluß des Strafverfahrens mit dem Zeitpunkt zu laufen beginnen, in dem der Kündigungsberechtigte soviel von dem Sachverhalt mit Sicherheit weiß, daß er sich ein eigenes Urteil über den Verdacht und seine Tragweite bilden kann[275]. Das ist stets der Fall, wenn der Geschäftsführer ein umfassendes Geständnis abgelegt hat[276]. Lassen sich bei strafbaren Handlungen die kündigungsrelevanten Tatsachen nicht hinreichend aufklären, so kann unter besonderen Umständen auch ein Abwarten bis zur Rechtskraft des Strafurteils gerechtfertigt sein, ohne daß die Erklärungsfrist zu laufen beginnt[277]. **69**

Handelt es sich bei dem die fristlose Kündigung rechtfertigenden Grund um ein **Dauerverhalten**, so beginnt die Zweiwochenfrist des § 626 Abs. 2 BGB nicht vor Beendigung des Zustands[278]. Die Kündigung aufgrund von Einzeltatsachen, die sich zu einem für die Gesellschaft nicht mehr zumutbaren Gesamtverhalten des Geschäftsführers kumulieren, ist rechtzeitig, wenn der letzte dazugehörige Vorfall von nicht unerheblichem Gewicht in die Zweiwochenfrist fällt[279]. Hat die Gesellschaft die Frist allerdings bei einzelnen Vorfällen versäumt und deshalb nicht wirksam gekündigt, so kann auf die früheren Vorfälle bei einer späteren Kündigung nur noch dann unterstützend zurückgegriffen werden, wenn ein noch nicht erledigter Vorfall von nicht unerheblichem Gewicht noch fristgerecht geltend gemacht werden kann[280]. Machen Kreditgeber einer sanierungsbedürftigen Gesellschaft die Mitwirkung bei der Sanierung von der Entlassung eines Geschäftsführers abhängig, der zuvor grobe Pflichtwidrigkeiten begangen hat oder der sich für das Amt als ungeeig- **70**

---

[272] Vgl. BGH WM 1962, 109, 111; NJW 1976, 797; NJW 1981, 166; GmbHRdsch 1985, 112; NJW 1996, 1403, 1404; OLG Düsseldorf AG 1982, 225, 227; ZIP 1984, 86, 87; BAGE 24, 383, 395; Rowedder/*Koppensteiner* 38; *Kuhn* WM 1976, 754, 762 f.

[273] BGH GmbHRdsch 1985, 112, 113 gegen OLG Düsseldorf ZIP 1984, 86, 89.

[274] BGH NJW 1981, 166; NJW 1996, 1403, 1404; OLG Düsseldorf AG 1982, 225, 227, jeweils für die AG; *Fleck* WM-Beil. 3/1981, 3, 13.

[275] BGH GmbHRdsch 1985, 112; OLG Düsseldorf ZIP 1984, 86, 87.

[276] BGH NJW 1976, 797.

[277] BAG NJW 1976, 1766.

[278] BGH NJW 1995, 2850, 2851; NJW 1975, 1698; BAGE 24, 383, 396 ff.

[279] BGH NJW 1975, 1698, 1699; WM 1976, 379, 380; OLG Stuttgart NJW-RR 1995, 295, 297; BAGE 24, 383, 396 ff.

[280] BGH NJW-RR 1992, 992 f m.w.Nachw.; OLG Düsseldorf ZIP 1984, 1476, 1480; vgl. auch BGH WM 1976, 379.

net erwiesen hat, so liegt in dem entsprechenden Ansinnen der Gläubiger ein neues, in der Person des Geschäftsführers begründetes Ereignis, das im Zusammenhang mit seinem Vorverhalten einen eigenständigen wichtigen Grund für seine Entlassung darstellen kann.

71 bb) **Wissenszurechnung an die Gesellschaft.** Die Erklärungsfrist des § 626 Abs. 2 BGB beginnt, wenn die Gesellschaft Kenntnis von den eine außerordentliche Kündigung rechtfertigenden Tatsachen erlangt. In mehrfacher Hinsicht umstritten ist, unter welchen Voraussetzungen von einer Kenntnis der Gesellschaft ausgegangen werden kann. Während ein Teil der Lehre die allgemeinen Grundsätze über die Wissenszurechnung an die Gesellschaft – mit gewissen Differenzierungen im einzelnen – auch für die Kenntnis des wichtigen Grundes im Rahmen des § 626 Abs. 2 BGB heranziehen und deshalb stets Kenntnis eines Mitglieds des Vertretungsorgans ausreichen lassen will[281], stellen Rspr. und h.L. mit Recht auf die Kenntnis des **zur Kündigung berechtigten Organs** als desjenigen Gremiums ab, von dessen Beurteilung der kündigungsrelevanten Tatsachen die Entscheidung der Gesellschaft allein bestimmt wird[282]. Je nach Organisationsstatut und Kompetenzverteilung kann es somit auf die Kenntnis der Gesellschafterversammlung, des Aufsichtsrats, eines Beirats oder derjenigen Personen ankommen, an die das zur Entscheidung berufene Organ die Kündigungsbefugnis zulässigerweise delegiert hat. Bei Drittanstellung des Geschäftsführers ist allein die Kenntnis des Dienstherrn, also des bei ihm zuständigen Kündigungsorgans maßgeblich[283]; allerdings kommt auch hier eine Delegation an Organe der Gesellschaft in Betracht, als deren Geschäftsführer der Betroffene tätig ist[284].

72 Keinesfalls ausreichend, um den Lauf der Zweiwochenfrist in Gang zu setzen, ist dagegen die **Kenntnis eines** einzelnen Mitglieds eines **anderen,** für die Entscheidung über die Kündigung zumal unzuständigen **Gesellschaftsorgans** oder gar eines Prokuristen, der von den relevanten Tatsachen, und sei es auch nur zufällig, erfahren hat[285]. Eine so weitgehende, das außerordentliche Kündigungsrecht der Gesellschaft in praktischer Konsequenz preisgebende Einschränkung ihrer tatsächlichen Reaktionsmöglichkeiten auf dienstliche Verfehlungen ihrer Geschäftsführer läßt sich weder mit Überwachungspflichten innerhalb des Geschäftsführungsorgans[286] oder einer angeblichen Informationspflicht gegenüber dem kündigungsberechtigten Organ bei ordnungsgemäßer Gesellschaftsorganisation begründen, noch erfordert sie der Vertrauensschutz des Geschäftsführers, der vor dem Zeitpunkt der Kenntniserlangung durch das für die Entscheidung zuständige Organ ohnehin jeder tatbestandlichen Grundlage entbehrt[287]. Für den Lauf der Frist abzustellen ist daher mit der

281 So *Lüders* BB 1990, 790, 792 ff; *Grunewald* Festschrift Beusch (1993), 301, 315 mit der einschränkenden Maßgabe, daß bei einer ordnungsgemäß organisierten juristischen Person eine Reaktion innerhalb der Zweiwochenfrist erfolgen würde. Dagegen mit Recht BGH NJW 1993, 463, 464.

282 BGH NJW 1980, 2411, 2412; NJW 1981, 166; NJW 1993, 463, 464; NJW 1996, 1403; OLG Düsseldorf AG 1982, 225, 227; BAGE 29, 158, 163 ff = NJW 1978, 723; *Wiesner* BB 1981, 1533, 1539; *Densch/Kahlo* BB 1983, 811; Baumbach/Hueck/*Zöllner* § 35, 119; Scholz/*Schneider* § 35, 236; *Lutter/Hommelhoff* Anh. § 6, 60; abw. für die Genossenschaft im Hinblick auf die Überwachungspflicht des Aufsichtsrats gegenüber dem Vorstand BGH NJW 1984, 2689, 2690.

283 Zur Kündigungszuständigkeit als Annexkompetenz zur Anstellungsbefugnis bei Drittanstellung s. Rdn 83 und § 35, 174.

284 Vgl. LG Essen GmbHRdsch 1983, 221, 222.

285 Scholz/*Schneider* § 35, 238; so aber *Lüders* BB 1990, 790, 794; *Grunewald* Festschrift Beusch (1993), 301, 315 f.

286 So mit Recht BGH NJW 1993, 463, 464 f; BAGE 29, 158, 164 ff; *Wiesner* BB 1981, 1533, 1539.

287 **AA** *Grunewald* Festschrift Beusch (1993), 301, 315 f.

h.M. allein auf den Wissensstand des zur Entscheidung über die Kündigung berufenen Gesellschaftsorgans.

Kenntnis des Organs bedeutet bei Kollegialorganen **Kenntnis seiner Mitglieder.** 73
Das sind grundsätzlich alle[288], mindestens aber alle zur Mitwirkung an der Willensbildung des Organs bei der anstehenden Entscheidung berufenen Mitglieder. Dem Kenntniserfordernis genügt deshalb bei ordnungsgemäß einberufener Versammlung die Information der anwesenden Mitglieder[289]. Für eine Kenntnis des Organs reicht es dagegen nicht aus, wenn ein einzelnes[290] oder mehrere Mitglieder[291] oder eine bestimmte Mehrheit oder Minderheit[292] um die kündigungsrelevanten Tatsachen wissen[293].

Streitig ist weiterhin, ob die Unterrichtung der Organmitglieder in der über die 74
Kündigung des Geschäftsführers beratenden Versammlung für den Beginn der Frist nicht nur hinreichend, sondern darüber hinaus auch erforderlich ist, ob also die **vor** ihrem **Zusammentritt erworbene Kenntnis** selbst aller Gesellschafter daher die Zweiwochenfrist noch nicht in Lauf setzt[294]. Da es für die Wissenszurechnung an die Gesellschaft grundsätzlich nur auf die Kenntnis der Organmitglieder in ihrer Eigenschaft als Mitwirkende an der kollektiven Willensbildung ankommt, kann der Lauf der Frist grundsätzlich nicht an den Zeitpunkt außerhalb der Versammlung erworbenen Wissens der Organmitglieder angeknüpft werden[295]. Vorrang gebührt dabei jedoch dem mit der Zweiwochenfrist bezweckten Schutz der Rechtsposition des Geschäftsführers stets insoweit, wie das Interesse der Gesellschaft an hinreichender Prüfungs- und Entscheidungszeit durch eine Vorverlagerung des Fristbeginns nicht beeinträchtigt wird[296]. Das ist immer dann anzunehmen, wenn von den Mitgliedern des zuständigen Organs erwartet werden konnte, daß sie mit ihrer Willensbildung mit Rücksicht auf den Vertrauensschutzzweck der Zweiwochenfrist zu einem früheren Zeitpunkt beginnen würden, wobei Organisationsmängel genauso zu Lasten der Gesellschaft gehen[297] wie Schwierigkeiten der Willensbildung innerhalb des zuständigen Organs[298]. Danach gilt im einzelnen:

---

[288] BGH NJW 1980, 2411, 2412; NJW 1981, 166; NJW 1984, 2689, 2690; LG Essen GmbHRdsch 1983, 221, 222; Baumbach/Hueck/*Zöllner* § 35, 119; Scholz/*Schneider* § 35, 238, 240; *Lutter/Hommelhoff* Anh. § 6, 60; Rowedder/*Koppensteiner* 38; *Densch/Kahlo* DB 1983, 811, 813; offengelassen von BGH NJW 1993, 463, 464.

[289] BGH NJW 1981, 166; Baumbach/Hueck/*Zöllner* § 35, 119; *Lutter/Hommelhoff* Anh. § 6, 60; *Wiesner* BB 1981, 1533, 1540; *Densch/Kahlo* BB 1983, 811, 813.

[290] So aber BGH NJW-RR 1990, 1330, 1332 für den Vorsitzenden des zuständigen Kündigungsorgans; *Lüders* BB 1990, 790, 794; ebenso mit gewissen Einschränkungen *Grunewald* Festschrift Beusch (1993), 301, 315.

[291] So aber – beim Aufsichtsrat – unter weiteren Voraussetzungen *Lutter/Hommelhoff* Anh. § 6, 61.

[292] BGH NJW 1984, 2689: Bei der Genossenschaft ist die Kenntnis einer zur Einberufung der Versammlung berechtigten Minderheit nicht ausreichend; ebenso OLG Düsseldorf AG 1982, 225, 227 für Aufsichtsratsmitglieder bei der AG.

[293] Baumbach/Hueck/*Zöllner* § 35, 119; *Lutter/Hommelhoff* Anh. § 6, 60; Scholz/*Schneider* § 35, 238, 240; Rowedder/*Koppensteiner* 38; *Densch/Kahlo* BB 1983, 811, 812 f.

[294] So im Grundsatz Baumbach/Hueck/*Zöllner* § 35, 119; *Lutter/Hommelhoff* Anh. § 6, 60, jedoch jeweils mit unterschiedlich weitgehenden Einschränkungen; **aA** BGH NJW 1980, 2411, 2412.

[295] Ebenso, jedenfalls im Grundsatz, Baumbach/Hueck/*Zöllner* § 35, 119; *Lutter/Hommelhoff* Anh. § 6, 60; ähnlich *Densch/Kahlo* BB 1983, 811, 813; *Wiesner* BB 1981, 1533, 1540; **aA** BGH WM 1976, 379, 380.

[296] Vgl. BGH NJW 1980, 2411, 2412; ähnlich *Densch/Kahlo* BB 1983, 811, 813; *Lutter/Hommelhoff* Anh. § 6, 60.

[297] *Wiesner* BB 1981, 1533, 1540; **aA** BGH NJW 1980, 2411, 2412 für satzungsrechtliche Hinderungsgründe.

[298] So mit Recht *Mertens*-KölnKommAktG^2 § 84, 143 gegen die Übernahme der Einmonatsfrist des § 31 Abs. 3 MitbestG auf die Kündigung des Anstellungsvertrages.

75 Erlangt ein Mitglied des kündigungsberechtigten Organs Kenntnis von den relevanten Tatsachen, kann von ihm durchweg erwartet werden, daß es unverzüglich tätig wird, um auf die Schaffung der Voraussetzungen für die erforderliche Willensbildung hinzuwirken[299]. Dazu gehören je nach Sachlage und abhängig von dem jeweils kündigungsberechtigten Organ die Unterrichtung der anderen Organmitglieder, die Veranlassung des zuständigen Organs oder Organmitglieds zur Einberufung der Versammlung oder zur Herbeiführung der Beschlußfassung außerhalb der Versammlung (vgl. § 48 Abs. 2) sowie die unmittelbare Einberufung der Versammlung, sofern dafür die gesetzlichen Voraussetzungen (§ 50 Abs. 1 und 3; § 110 Abs. 2 AktG) erfüllt sind[300]. Der Lauf der Zweiwochenfrist beginnt jedoch in diesen Fällen keineswegs schon mit dem Zeitpunkt der Kenntniserlangung durch das betreffende Organmitglied[301], sondern jeweils mit dem **frühesten Zeitpunkt**, zu dem bei der gebotenen Beschleunigung die **kollektive Willensbildung** hätte einsetzen können[302]. Bei der Gesellschafterversammlung ist hierfür der unter Beachtung von Ladungsfristen frühestmögliche Versammlungstermin oder die Zustimmung aller Gesellschafter zur schriftlichen Stimmabgabe maßgeblich[303], beim Aufsichtsrat als Kündigungsorgan der frühestmögliche Sitzungstermin[304]. Zwischen der Kenntnis des Aufsichtsratsvorsitzenden und der anderen Aufsichtsratsmitglieder zu differenzieren, besteht insofern kein Anlaß[305]. Sämtliche Aufsichtsratsmitglieder haben auf eine unverzügliche Beschlußfassung in wesentlichen Angelegenheiten hinzuwirken, deren Entscheidung in die eigene Organkompetenz des Aufsichtsrats fällt[306], und der für den Beginn der Frist maßgebliche Zeitpunkt des frühestmöglichen Sitzungstermins ist nicht davon abhängig, ob der Vorsitzende selbst oder ein anderes Mitglied für die Einberufung durch den Vorsitzenden sorgen oder ob dies eine einberufungsbefugte Minderheit selbst tun könnte[307].

76 cc) **Hemmung der Frist nach Treu und Glauben.** Dem ungenutzten Ablauf der Zweiwochenfrist zur außerordentlichen Kündigung des Dienstverhältnisses kann

---

[299] Vgl. § 35, 124; *Wiesner* BB 1981, 1533, 1540; *Densch/Kahlo* BB 1983, 811, 812; Rowedder/*Koppensteiner* 38; **aA** Scholz/*Schneider* § 35, 240.

[300] BGH NJW-RR 1990, 1330, 1332; OLG Düsseldorf AG 1982, 225, 227 f; *Wiesner* BB 1981, 1533, 1540; *Lutter/Hommelhoff* Anh. § 6, 60; Rowedder/*Koppensteiner* 38; **aA** Baumbach/Hueck/*Zöllner* § 35, 119.

[301] BGH NJW 1984, 2689; OLG Düsseldorf AG 1982, 225, 227; Scholz/*Schneider* § 35, 240; **aA** BGH NJW-RR 1990, 1330, 1332 für den Vorsitzenden des kündigungsberechtigten Verwaltungsrats; *Lutter/Hommelhoff* Anh. § 6, 60 für den Fall, daß eine Gesellschafterminderheit nicht rechtzeitig einberufen hat.

[302] So mit Recht OLG Düsseldorf AG 1982, 225, 228; *Wiesner* BB 1981, 1533, 1540; wohl im Prinzip auch Baumbach/Hueck/*Zöllner* § 35, 119; Rowedder/*Koppensteiner* 38; **aA** Scholz/*Schneider* § 35, 239 f.

[303] OLG Stuttgart NJW-RR 1995, 295, 297; *Wiesner* BB 1981, 1533, 1540; *Lutter/Hommelhoff* Anh. § 6, 60; **aA** Scholz/*Schneider* § 35, 240: Kenntnis aller Gesellschafter genügt; *Densch/Kahlo* BB 1983, 811, 814: keine Hinzurechnung von Ladungsfristen.

[304] BGH NJW 1981, 166; OLG Düsseldorf AG 1982, 225, 228; *Wiesner* BB 1981, 1533, 1538 f; ebenso Baumbach/Hueck/*Zöllner* § 35, 120, jedoch nur für den Fall der Kenntnis aller Mitglieder; **aA** *Martens* Festschrift Werner (1984), 495, 510: Fristbeginn erst mit der Entscheidung des Aufsichtsrats über die Abberufung des Geschäftsführers; *Lutter/Hommelhoff* Anh. § 6, 61: Fristbeginn mit Zusammentritt des Gesamtorgans, falls unverzüglich die Einberufung betrieben wurde, sonst mit Kenntnis eines Einberufungsberechtigten; Scholz/*Schneider* § 35, 239: in dienstlicher Eigenschaft erworbene Kenntnis eines Mitglieds genügt; *Mertens*-KölnKommAktG[2] § 84, 144: Kenntnis des Aufsichtsratsvorsitzenden genügt.

[305] Ebenso *Densch/Kahlo* BB 1983, 811, 817 und – zumindest im Ergebnis – *Wiesner* BB 1981, 1533, 1541; in diesem Sinne wohl auch OLG Düsseldorf AG 1982, 225, 228; **aA** *Mertens*-KölnKommAktG[2] § 84, 144.

[306] *Mertens*-KölnKommAktG[2] § 110, 24; Scholz/*Schneider* § 35, 239.

[307] So im Ergebnis auch *Wiesner* BB 1981, 1533, 1539; **aA** Baumbach/Hueck/*Zöllner* § 35, 120.

nach Treu und Glauben die Rechtsfolge der Fristversäumung zu versagen sein[308]. Dies gilt insbesondere dann, wenn der betroffene Geschäftsführer selbst die Fristversäumnis durch das kündigungsberechtigte Organ zu verantworten hat, sei es, weil er dem Verlangen zur Einberufung der Gesellschafterversammlung pflichtwidrig nicht nachgekommen ist, sei es, weil er die rechtzeitige Entscheidung durch das zuständige Organ auf andere Weise verhindert hat. Gehemmt ist der Lauf der Frist auch während des für Verhandlungen über die einvernehmliche Beendigung des Anstellungsverhältnisses benötigten Zeitraums schon deshalb, weil eine solche Lösung des Konflikts den Interessen beider Parteien entspricht[309]; nach einem Scheitern muß die Kündigung zur Fristwahrung aber unverzüglich erfolgen[310].

Wesentliche, selbst existentielle Interessen der Gesellschaft können dagegen den Lauf der **Frist nicht hemmen**, sofern dem Geschäftsführer kein über den wichtigen Kündigungsgrund hinausgehendes treuwidriges oder rechtsmißbräuchliches Verhalten im Zusammenhang mit der Entscheidung über seine Kündigung angelastet werden kann[311]. Das Interesse der Gesellschaft, die unter Umständen existenzbedrohenden finanziellen Lasten einer Weiterbeschäftigung des Geschäftsführers im Falle der Fristversäumung nicht tragen zu müssen, wenn seine sofortige Abberufung für sie nicht zumutbar ist, rechtfertigt keine Hemmung der Kündigungsfrist bis zur Entscheidung über die Abberufung[312]. Das muß gerade auch für den Fall gelten, daß die Gesellschaft den Geschäftsführer im Amt beläßt, weil sie innerhalb der Zweiwochenfrist keinen geeigneten Nachfolger findet[313]. Treu und Glauben und der Gesichtspunkt angemessener Risikoverteilung gebieten hier eine Hintansetzung des mit der Zweiwochenfrist bezweckten Vertrauensschutzes schon deshalb nicht, weil die Vorsorge gegen schadensträchtige Folgen sowohl der Einhaltung als auch der Versäumnis einer notorisch problematischen gesetzlichen Frist grundsätzlich in die eigene Organisationsverantwortung der Gesellschaft fällt[314]. Mit der Möglichkeit fristhemmender Vergleichsverhandlungen zur einvernehmlichen Beendigung des Anstellungsverhältnisses wird der Gesellschaft auch vielfach ein gangbarer Weg offenstehen, die aus der Rigidität der Zweiwochenfrist drohenden Risiken wenigstens zu begrenzen[315]. **77**

d) **Darlegungs- und Beweislast.** Wird die Rechtzeitigkeit der Kündigung bestritten, so muß die Gesellschaft darlegen und beweisen, daß sie erst innerhalb der Zweiwochenfrist Kenntnis von den Kündigungsgründen erlangt hat[316]. Ihrer Substantiierungspflicht genügt die Gesellschaft dabei nur dann, wenn sie Tatsachen vorträgt, aus denen sich der Zeitpunkt und die näheren Umstände der Kenntniserlangung entnehmen lassen[317]. **78**

---

[308] BGH NJW 1975, 1698, 1699; Baumbach/Hueck/*Zöllner* § 35, 122; Rowedder/*Koppensteiner* 38; Scholz/*Schneider* § 35, 237.

[309] BGH NJW 1975, 1698, 1699; NJW 1984, 2689, 2690; Scholz/*Schneider* § 35, 237; *Lutter/Hommelhoff* Anh. § 6, 62.

[310] BGH NJW 1975, 1698, 1699; NJW 1984, 2689, 2690.

[311] AA *Martens* Festschrift Werner (1984), 495, 515, der es als ausreichend ansieht, wenn die krisenhafte Zuspitzung auf unternehmerischem Fehlverhalten des Geschäftsführers beruht.

[312] So aber – bei identischem Grund für Abberufung und Kündigung – Baumbach/Hueck/*Zöllner* § 35, 122.

[313] *Martens* Festschrift Werner (1984), 495, 515; *Lutter/Hommelhoff* Anh. § 6, 62; Scholz/*Schneider* § 35, 237; *Mertens* Voraufl. 64; **aA** Baumbach/Hueck/*Zöllner* § 35, 122.

[314] *Martens* Festschrift Werner (1984), 495, 515 f; *Mertens* Voraufl. 64.

[315] Zur Frage der konkludenten einvernehmlichen Verlängerung der Frist durch die Aufnahme von Vergleichsverhandlungen s. *Martens* Festschrift Werner (1984), 495, 516 ff.

[316] BGH GmbHRdsch 1985, 112; NJW-RR 1990, 1330, 1331; BAGE 24, 383, 393 f.

[317] BAGE 24, 383, 395

VI. Erklärung von Abberufung und Kündigung

1. Erklärungstatbestand und Zugang

79 Abberufung und Kündigung sind **zugangsbedürftige Willenserklärungen** des für die Abberufung und Kündigung zuständigen Gesellschaftsorgans in Vertretung der Gesellschaft. Die Erklärung besteht in der Kundgabe des Beschlusses über die Abberufung oder Kündigung an den Geschäftsführer und muß ihm als solche zugehen, um Rechtswirkungen zu entfalten[318]. Deshalb genügt es nicht, wenn der Geschäftsführer von dem Abberufungs- oder Kündigungsbeschluß nur zufällig Kenntnis erhält[319]. Vielmehr muß das zuständige Gesellschaftsorgan den Zugang an den Geschäftsführer bewirken[320], kann sich dazu allerdings dritter Personen, etwa eines Geschäftsführers[321] oder Prokuristen[322], als Erklärungsboten bedienen[323].

80 **Keines Zugangs** der Abberufungs- oder Kündigungserklärung bedarf es, wenn der betroffene Geschäftsführer bei der Beschlußfassung des zuständigen Organs anwesend ist und der Willensbildungsprozeß zu einem Ergebnis geführt hat, dessen Erklärungsgehalt eindeutig ist[324]. Das ist der Fall, wenn ein entsprechendes Beschlußergebnis vom Versammlungsleiter förmlich festgestellt wurde oder wenn über den Inhalt des Beschlusses zwischen den Beteiligten Einigkeit besteht[325]. Problematisch erscheint dagegen die Existenz eines hinreichend eindeutigen Erklärungstatbestandes, wenn das Zustandekommen oder der Inhalt des Beschlusses zwischen den Beteiligten streitig ist und eine explizite Erklärung gegenüber dem Geschäftsführer nicht erfolgt. Hier wird es regelmäßig bereits an einer unzweifelhaften Willensäußerung der Gesellschaft und damit an dem für Abberufung und Kündigung erforderlichen Tatbestand fehlen[326]. Führt die Abstimmung dagegen nur deshalb zu keinem eindeutigen Ergebnis, weil über die hierfür ausschlaggebende Gültigkeit der Stimme des betroffenen Geschäftsführers Unklarheit besteht, so kann sich der Geschäftsführer nicht auf den fehlenden Erklärungstatbestand berufen, wenn sich seine Stimme tatsächlich als ungültig erweist[327].

2. Form und Begründung

81 Weder Abberufung noch Kündigung bedürfen einer bestimmten Form[328]. Die **Abberufungserklärung** braucht nicht mit Gründen versehen zu werden, da sie lediglich den Beschluß des Abberufungsorgans kundtut. Der Geschäftsführer muß ihr aber entnehmen können, ob er aus wichtigem Grund abberufen wurde. Die Gründe selbst müssen nicht genannt werden, damit die Erklärung wirksam wird. Eine Umdeutung der Abberufung aus wichtigem Grund in eine solche nach § 38 Abs. 1 ist nur dann möglich, wenn die Satzung letztere zuläßt und der zugrundeliegende Beschluß die Wirksamkeitsvoraussetzungen einer freien Abberufung erfüllte, insbesondere Beteiligungs- und Stimmrecht des Betroffenen gewahrt werden[329]. Auch aus der **Kündigungserklärung** muß eindeutig hervorgehen, ob die Kündigung als ordent-

---

318 Baumbach/Hueck/*Zöllner* 19; **aA** *Lutter/Hommelhoff* 6.

319 Baumbach/Hueck/*Zöllner* 19; Scholz/*Schneider* 30.

320 OLG Köln GmbHRdsch 1991, 156, 158.

321 OLG Celle GmbHRdsch 1995, 728, 729.

322 BGH DStR 1993, 1752; OLG Frankfurt GmbHRdsch 1994, 114, 115.

323 OLG Köln GmbHRdsch 1991, 156, 158.

324 *Lutter/Hommelhoff* 6; Scholz/*Schneider* 30; Rowedder/*Koppensteiner* 19; für den Fall der Bestellung: BGHZ 52, 316, 321.

325 Baumbach/Hueck/*Zöllner* 18.

326 Baumbach/Hueck/*Zöllner* 18.

327 Baumbach/Hueck/*Zöllner* 18.

328 Scholz/*Schneider* 29. Zur Bedeutung von Schriftformklauseln im Anstellungsvertrag vgl. § 35, 187.

329 BGH GmbHRdsch 1985, 256, 259.

liche oder als außerordentliche ausgesprochen wird[330]. Eine nicht als außerordentliche erklärte Kündigung kann deshalb nicht in eine solche umgedeutet werden[331]. Grundsätzlich möglich bleibt dagegen die Umdeutung einer unwirksamen fristlosen in eine ordentliche Kündigung[332] (zur Umdeutung im einzelnen, auch zu den Ausnahmen, s. Rdn 10). Die außerordentliche Kündigung bedarf zu ihrer Wirksamkeit keiner Angabe von Gründen[333]. Deshalb muß sich die Gesellschaft auch nicht auf einen bestimmten Kündigungsgrund festlegen, sondern kann sich vorbehalten, weitere Gründe geltend zu machen[334]. Der Gekündigte kann aber nach § 626 Abs. 2 S. 3 BGB unverzügliche Mitteilung der Gründe verlangen; die Verletzung dieser Pflicht führt jedoch nicht zur Unwirksamkeit der Kündigung, sondern begründet allenfalls Schadensersatzansprüche[335].

3. Zuständiges Organ

a) **Regelzuständigkeit der Gesellschafterversammlung.** Die Abberufung des Geschäftsführers fällt in der nichtmitbestimmten und in der nach dem BetrVG 1952 mitbestimmten GmbH nach § 46 Nr. 5 in die Kompetenz der Gesellschafterversammlung, soweit nicht die Satzung etwas anderes vorsieht (§ 45 Abs. 2). Kraft **Annexkompetenz** sind die Gesellschafter auch für die Kündigung und die Aufhebung des Anstellungsvertrages zuständig[336]; auf einen engen zeitlichen Zusammenhang zwischen Abberufung und Kündigung kommt es dabei entgegen der früheren Rspr.[337] nicht mehr an. Deshalb bleibt die Annexkompetenz der Gesellschafterversammlung für die Kündigung des Anstellungsvertrages auch nach Beendigung der Organstellung des Abberufenen solange bestehen, wie er in dem Dienstverhältnis weiterbeschäftigt wird, das dem Geschäftsführeramt zugrundelag, und endet erst mit der Umwandlung des Geschäftsführervertrages in einen normalen Arbeitsvertrag[338]. Die Abberufungs- und Kündigungszuständigkeit steht der Gesellschafterversammlung als **Kollegialorgan** zu, sie entscheidet darüber durch Beschluß (Rdn 89 ff). Ein einzelner Gesellschafter ist grundsätzlich nicht befugt, anstelle des Organs zu handeln. Ist eine Gesellschaft einzige Gesellschafterin der GmbH, obliegt die Beschlußfassung dem Vertretungsorgan der Alleingesellschafterin[339]. Sowohl die Satzung (s. dazu Rdn 84) als auch die Gesellschafter selbst können die Abberufungs- und Kündigungsbefugnis aber in weitem Umfang delegieren: Ein einzelner Gesellschafter oder ein anderes in der Satzung vorgesehenes Organ kann von der Gesellschafterversammlung sowohl zur Entscheidung über die Abberufung als auch über die Kündigung ermächtigt werden (vgl. § 46, 75); von einzelnen Mitgliedern anderer Organe oder von leitenden Angestellten darf sich die Gesellschafterversammlung dagegen nur bei der Kündigung[340], nicht aber bei der Abberufung vertreten lassen. 82

---

330 OLG Frankfurt GmbHRdsch 1989, 254, 256; OLG Hamm NJW-RR 1993, 493.

331 OLG Frankfurt GmbHRdsch 1989, 254, 256; OLG Hamm NJW-RR 1993, 493.

332 St.Rspr., vgl. z. B. BGH NJW 1995, 1358, 1359; OLG Frankfurt GmbHRdsch 1989, 254, 256.

333 BGH NJW-RR 1995, 669 f m.w.Nachw.; OLG Celle GmbHRdsch 1995, 728, 729; *Goette* Anm. zu BGH DStR 1995, 1359, 1360.

334 BGH NJW-RR 1995, 669 f.

335 BGH NJW 1984, 2689; *Fleck* WM-Sonderbeil. 3/1981, 12 m.w.Nachw.

336 BGH NJW 1995, 1750, 1751; DStR 1993, 843, 844 und 1752; NJW 1991, 1680, 1681; vgl. auch BGHZ 113, 237 = NJW 1991, 1727 zur vergleichbaren Rechtslage beim e.V. sowie *Baums* ZGR 1993, 141. Zur einvernehmlichen Aufhebung des Anstellungsvertrages s. auch Rdn 151.

337 Z. B. BGHZ 79, 38, 42 = NJW 1981, 757; 91, 217, 218 = NJW 1984, 2528.

338 BGH NJW 1995, 1750, 1751; OLG Köln GmbHRdsch 1993, 734, 736; vgl. auch OLG Schleswig GmbHRdsch 1993, 156 f.

339 BGH DStR 1995, 1359.

340 BGHZ 91, 217, 218 f = NJW 1984, 2528; BGH DStR 1993, 1752; WM 1968, 570; *Fleck* WM-Sonderbeil. 3/1981, 4, 10.

83 Bei der **Delegation** dieser Befugnisse **an einen gesellschaftsfremden Dritten** ist zu unterscheiden: Zur Abberufung des Geschäftsführers kann ein gesellschaftsfremder Dritter durch die Gesellschafterversammlung nicht ermächtigt werden; das folgt schon daraus, daß eine solche Zuständigkeitsverlagerung mit organisationsrechtlicher Wirkung nicht einmal durch die Satzung vorgenommen werden kann (vgl. Rdn 84). Die Anstellungskompetenz ist dagegen nicht zwingend der Gesellschaft selbst vorbehalten (vgl. § 35, 174), so daß auch die Kündigungsbefugnis einem gesellschaftsfremden Dritten übertragen werden kann; bei Drittanstellung des Geschäftsführers ist dies nach dem Prinzip der Annexkompetenz die Regel[341] (zur Drittanstellung des Geschäftsführers s. § 35, 174). Die wirksame Delegation der Anstellungs- und Kündigungsbefugnis auf einen Dritten setzt jedoch mindestens einen entsprechenden Gesellschafterbeschluß voraus (str., vgl. § 35, 175). Zur Abberufungs- und Kündigungskompetenz im Konkurs s. Rdn 132 f. Zur ehemaligen gesetzlichen Sonderkompetenz der Treuhandanstalt für Abberufung und Kündigung von Geschäftsführungsorganen der von ihr treuhänderisch verwalteten Gesellschaften s. KG KG-Report Berlin 1994, 99; LG Berlin VIZ 1993, 408, 409 f.

84 b) **Abweichende Satzungsregelung.** Die Satzung kann die Abberufungs- und Kündigungszuständigkeit einem anderen Gesellschaftsorgan, etwa dem Aufsichtsrat oder einem Beirat, übertragen oder anderen Personen, etwa einzelnen Gesellschaftern oder Mitgliedern anderer Organe, zuweisen. Das gilt unabhängig davon, ob auch die Bestellungs- und Anstellungskompetenz bei den betreffenden Organen oder Personen liegt; eine Kompetenzaufspaltung ist insoweit zulässig[342], muß aber als Ausnahmeregelung zu der Annexkompetenz kraft Sachzusammenhangs in der Satzung eindeutig festgelegt werden. Ist die Bestellungszuständigkeit statutarisch einem anderen Organ oder einem einzelnen Organmitglied übertragen, gilt diese Zuweisung kraft Annexkompetenz im Zweifel auch für die Abberufung sowie für den Abschluß und für die Kündigung des Anstellungsvertrages[343]. Auf einen gesellschaftsfremden Dritten kann die Satzung die Abberufungskompetenz dagegen nicht mit organisationsrechtlicher Wirkung verlagern[344].

85 Steht die Abberufungs- und Kündigungskompetenz nach der Satzung nicht der Gesellschafterversammlung zu, erstreckt sich diese **Zuständigkeitsverlagerung** auch auf die Abberufung und Kündigung aus wichtigem Grund[345]. Der Gesellschafterversammlung verbleibt insoweit auch keine Subsidiärkompetenz wegen der besonderen Bedeutung der Abberufung und Kündigung des Geschäftsführers aus wichtigem Grund für das Wohl der Gesellschaft, die es ihr erlaubte, die Entscheidung im Einzelfall wieder an sich zu ziehen[346]. Eine Auffangkompetenz des gesetzlich zuständigen Organs kann lediglich bei Funktionsunfähigkeit des statutarischen Abberufungsorgans anzunehmen sein[347].

---

341 Vgl. zur Annexkompetenz auch OLG München BB 1994, 735, 736.

342 Vgl. OLG Köln GmbHRdsch 1991, 156, 157.

343 BGHZ 113, 237, 241 f, 245 = NJW 1991, 1727; Baumbach/Hueck/*Zöllner* 12; Rowedder/*Koppensteiner* 6; *Lutter/Hommelhoff* 3; Scholz/*Schneider* 21.

344 *Ulmer* Festschrift Werner (1984), 911, 922 ff; *Hüffer* § 46, 74; Scholz/*Schneider* 25; Scholz/*Schmidt* § 46, 72, str.; **aA** Baumbach/Hueck/*Hueck* § 6, 18 a m.umfangr.Nachw.; *Lutter/Hommelhoff* 3 und § 46, 11; Rowedder/*Koppensteiner* 6; *Beuthien/Gätsch* ZHR 157 (1993), 483, 492 ff; *Hammen* WM 1994, 765, 766 ff; Meyer-Landrut/*Miller*/Niehus 107; diff. *Fleck* ZGR 1988, 104, 122 und Baumbach/Hueck/*Zöllner* 12: Kompetenzverlagerung auf Dritten möglich, wenn zumindest auch einem Gesellschaftsorgan die Abberufungsbefugnis verbleibt.

345 *Schneider* ZGR 1983, 535, 544; Scholz/*Schneider* 22; Baumbach/Hueck/*Zöllner* 12.

346 So aber *Mertens* Voraufl. 24; Rowedder/*Koppensteiner* 17; Meyer-Landrut/*Miller*/Niehus 107; Scholz/*Schmidt* § 46, 15.

347 Vgl. BGHZ 12, 337, 340 = NJW 1954, 799; BGH WM 1970, 249, 251; Scholz/*Schneider* 26; Baumbach/Hueck/*Zöllner* § 46, 63; *Lutter/Hommelhoff* 3.

Das mitgliedschaftliche Sonderrecht eines Gesellschafters oder einer Gesellschaftergruppe, etwa eines Familienstammes, einen Geschäftsführer zu bestellen (sog. **Bestimmungsrecht**) oder zu benennen (sog. **Präsentationsrecht**) umfaßt kraft Sachzusammenhangs grundsätzlich auch den actus contrarius der Abberufung[348], die im ersten Fall ohne, im zweiten Fall nur mit Zustimmung der Gesellschafterversammlung vorgenommen werden darf[349]. Die gesetzliche Kompetenz der Gesellschafterversammlung, den Geschäftsführer aus wichtigem Grund abzuberufen, bleibt durch die satzungsmäßige Einräumung von Einzel- oder Gruppensonderrechten unberührt[350]. **86**

c) **Mitbestimmte GmbH.** Im Bereich des MontanmitbestG, des MitbestErgG und des MitbestG gilt für die Abberufung allein **§ 84 Abs. 3 AktG**, vgl. § 31 MitbestG, § 12 MontanmitbestG, § 13 MitbestErgG. Eine Abberufung ist in der mitbestimmten GmbH nur aus wichtigem Grund zulässig. Der Aufsichtsrat entscheidet durch Beschluß[351]. Einem Aufsichtsratsausschuß darf diese Entscheidung nach § 107 Abs. 3 AktG nicht überlassen werden[352]. Da der Aufsichtsrat in der nach den genannten Gesetzen mitbestimmten GmbH die ausschließliche Zuständigkeit für den Abschluß des Anstellungsvertrages besitzt (vgl. § 35, 180 f), steht ihm kraft Annexkompetenz auch die Befugnis zur Kündigung und Aufhebung des Vertrages zwingend zu[353]; anders als Abschluß und Änderung des Anstellungsvertrages (vgl. § 35, 182) können Kündigung und Vertragsaufhebung keinem Aufsichtsratsausschuß überlassen werden; die Entscheidung ist vielmehr dem Plenum vorbehalten, weil Kündigung und Aufhebung des Anstellungsvertrags regelmäßig die Abberufung präjudizieren und die Entscheidung durch den Ausschuß damit unzulässigerweise in die Kompetenz des Gesamtorgans eingriffe[354] (zur Vertragsaufhebung s. auch Rdn 151). Von dieser mitbestimmungsrechtlichen Zuweisung der Personalkompetenz an den Aufsichtsrat kann die Satzung nicht abweichen, auch wenn das MitbestG die GmbH-rechtlichen Kompetenzen der Gesellschafter im übrigen nicht beschneidet. Die Satzung kann deshalb weder vorsehen, daß die Abberufung oder Kündigung einem anderen Organ oder einem gesellschaftsfremden Dritten übertragen wird, noch kann sie Abberufung oder Kündigung an die Zustimmung der Gesellschafterversammlung binden. **87**

d) **Notgeschäftsführer.** Die gerichtliche Bestellung des Notgeschäftsführers hat für die Gesellschaft bindende Wirkung. Nur das Gericht, nicht aber die Gesellschafterversammlung, ist zu seiner Abberufung befugt. Das gilt auch für die Abberufung aus wichtigem Grund, die zwar auf Antrag der Gesellschafter, aber nur durch das Gericht erfolgen kann[355]. Ein Gesellschafterbeschluß über die Abberufung des Notgeschäftsführers ist daher nichtig[356]. Doch können die Gesellschafter durch Neubestellung eines Geschäftsführers das Amt des Notgeschäftsführers jederzeit beenden[357]. **88**

---

348 OLG Düsseldorf NJW 1990, 1122, 1123.

349 Zu den verschiedenen Gestaltungsformen eines solchen Sonderrechts und zur Auslegung der entsprechenden Bestimmungen des Gesellschaftsvertrages s. BGH NJW-RR 1990, 99; OLG Düsseldorf NJW 1990, 1122 f; OLG Hamm GmbHRdsch 1987, 268, 269 ff; *Lutter* ZIP 1986, 1195.

350 Scholz/*Schneider* 23; Baumbach/Hueck/*Zöllner* 12.

351 Scholz/*Schneider* 28; Rowedder/*Koppensteiner* 18; *Krieger* Personalentscheidungen des Aufsichtsrats (1981), 137 ff; *Vollmer* GmbHRdsch 1984, 5, 7 f.

352 Vgl. BGHZ 79, 38, 40 ff = NJW 1981, 757; *Fleck* WM-Sonderbeil. 3/1981, 10, 14; Scholz/*Schneider* 28.

353 BGHZ 89, 48, 58 = NJW 1984, 733.

354 Vgl. BGHZ 79, 38, 43 = NJW 1981, 757; OLG Frankfurt GmbHRdsch 1995, 897, 899.

355 BayObLGZ 1980, 306, 310 = NJW 1981, 995, 996.

356 OLG München GmbHRdsch 1994, 259.

357 BGH NJW 1981, 1041 f.

VII. Abberufungs- und Kündigungsbeschluß

1. Materielle Wirksamkeitsvoraussetzung

89 Über die Abberufung und Kündigung des Geschäftsführers hat das nach Gesetz oder Satzung oder aufgrund zulässiger Delegation im konkreten Fall zuständige Organ durch **Beschluß** zu entscheiden. Der Beschluß ist materielle Wirksamkeitsvoraussetzung für die Abberufung[358] wie für die Kündigung[359]. Das gilt auch für die Einpersonen-GmbH[360]. Fehlt es an einem Beschluß oder ist der Beschluß von Anfang an oder infolge Anfechtung nichtig, so entfaltet auch eine formell wirksam erklärte Abberufung oder Kündigung keine Wirkung[361]; eine nachträgliche Genehmigung der Abberufungs- oder Kündigungserklärung durch das für den Beschluß zuständige Organ kann diesen Mangel nicht rückwirkend beseitigen[362]. Insbesondere ist § 180 S. 2 BGB nicht anwendbar, da es sich nicht um fehlende Vertretungsmacht handelt, sondern um die fehlende Willensbildung der Gesellschaft[363]. Das Beschlußerfordernis entfällt, sofern die Entscheidung über die Abberufung oder Kündigung zulässigerweise einer Einzelperson übertragen wurde.

2. Nichtmitbestimmte GmbH

90 a) **Gesellschafterbeschluß.** Der Beschluß über die Abberufung und Kündigung des Geschäftsführers ist grundsätzlich in einer Gesellschafterversammlung zu fassen. In der **Einladung** ist nach § 51 S. 2 anzugeben, daß über die Abberufung und Kündigung zu beschließen sein wird. Dagegen bedarf es nicht der Angabe, ob die Abberufung oder Kündigung aus wichtigem Grund erfolgen soll; auch Gründe müssen nicht genannt werden[364]. Lautet die Einladung jedoch allein auf Abberufung oder Kündigung eines Gesellschafter-Geschäftsführers aus wichtigem Grund, darf nicht über die Abberufung ohne wichtigen Grund oder die ordentliche Kündigung entschieden werden; ein solcher Beschluß verletzte das Stimmrecht des Betroffenen[365]. Einer gesonderten Anhörung des Geschäftsführers vor der Entscheidung über die Abberufung oder Kündigung bedarf es außer im Fall der Verdachtskündigung (vgl. Rdn 59) zu ihrer Wirksamkeit nicht[366]; dem Gesellschafter-Geschäftsführer stehen selbstverständlich Teilnahme- und Mitwirkungsrechte zu (dazu Rdn 93). Der Beschluß über Abberufung und Kündigung kann auch **außerhalb einer Gesellschafterversammlung** gefaßt werden, sofern das nach § 48 Abs. 2 erforderliche Einverständnis auch bei dem abzuberufenden oder zu kündigenden Gesellschafter-Geschäftsführer vorliegt; ein im Einzelfall bestehendes Stimmverbot schließt sein Teilnahmerecht nicht aus und macht deshalb sein Einverständnis mit der schriftlichen Beschlußfassung nicht

---

[358] BGH NJW 1987, 1890, 1892; OLG Düsseldorf GmbHRdsch 1989, 468, 469; OLG Köln GmbHRdsch 1991, 156, 158; GmbHRdsch 1993, 734, 736 f.

[359] BGH NJW 1995, 1750, 1751; OLG Düsseldorf GmbHRdsch 1989, 468, 469; OLG Köln GmbHRdsch 1993, 734, 735 f; Baumbach/Hueck/*Zöllner* § 35, 115.

[360] BGH NJW 1995, 1750, 1751; OLG Köln GmbHRdsch 1993, 734, 737.

[361] OLG Köln GmbHRdsch 1991, 156, 158; GmbHRdsch 1993, 734, 736; vgl. auch OLG Hamm GmbHRdsch 1993, 163, 164 m.Anm. *Michalski*.

[362] BGH WM 1968, 1350, 1351; OLG Frankfurt GmbHRdsch 1989, 254, 255 f; OLG Köln GmbHRdsch 1991, 156, 158; GmbHRdsch 1993, 734, 736; Scholz/*Schneider* § 35, 222.

[363] OLG Köln GmbHRdsch 1991, 156, 158.

[364] BGH NJW 1962, 393, 394.

[365] BGH GmbHRdsch 1985, 256, 259; Baumbach/Hueck/*Zöllner* 14; vgl. auch OLG Nürnberg GmbHRdsch 1990, 166, 169; zu den Beschlußmängelfolgen unzureichender Ankündigung Übersicht bei *Thelen* GmbHRdsch 1992, 796 f.

[366] BGH NJW 1984, 2689 m.w.Nachw.; NJW 1960, 1861; *Fleck* WM 1985, 677, 680; *Lutter/Hommelhoff* 2; Scholz/*Schneider* 16.

entbehrlich[367]. Bei der Beschlußfassung in der **Einpersonen-GmbH** ist das Protokollierungserfordernis des § 48 Abs. 3 zu beachten[368]. Doch können Beschlußfassung und Umsetzung des Beschlusses in einem Akt zusammenfallen[369]. Das gilt auch für die Abberufung oder Kündigung des Geschäftsführers einer GmbH, deren einzige Gesellschafterin eine GmbH & Co. KG ist. Die von dem Geschäftsführer beider GmbH schriftlich abgefaßte Abberufungs- oder Kündigungserklärung dokumentiert mit hinreichender Gewißheit den erforderlichen Beschluß der zuständigen Gesellschafterversammlung der Komplementär-GmbH, ohne daß es daneben einer förmlichen Niederschrift des Beschlusses bedürfte[370].

b) **Mehrheitserfordernis.** Für die Entscheidung über die Abberufung und Kündi- **91**
gung des Geschäftsführers gelten die allgemeinen Regeln des § 47 über die Beschlußfassung durch die Gesellschafterversammlung. Es genügt die einfache Mehrheit; die Satzung kann hiervon abweichende Mehrheitserfordernisse aufstellen (vgl. dazu Rdn 23). Letzteres gilt aber nicht für die Abberufung oder Kündigung aus wichtigem Grund; sie bleibt stets mit einfacher Mehrheit möglich, die Satzung kann sie nicht durch qualifizierte Mehrheitserfordernisse über die Grenzen des § 38 Abs. 2 hinaus erschweren[371]. Der Gegenmeinung, die höhere Mehrheiten zulassen will[372], weil die Organisationsautonomie der Gesellschaft mit dem Prinzip der Lösbarkeit von Dauerrechtsbeziehungen aus wichtigem Grund nicht in Konflikt gerate[373], ist zwar zuzugeben, daß bei objektivem Vorliegen eines wichtigen Grundes infolge der Nichtigkeit von Gegenstimmen kraft Treubindung eine qualifizierte Mehrheit genauso überwindbar ist wie die einfache Mehrheit, der Gesellschaft daher auf die Dauer gegen den Willen der Mehrheit kein Geschäftsführer aufgezwungen werden kann, der untragbar geworden ist. Deshalb läuft der Streit um das Mehrheitserfordernis angesichts der zu erwartenden Beschlußlage bei höherem Quorum auf die Frage hinaus, ob es der Gesellschaftermehrheit regelmäßig zugemutet werden kann, daß der Geschäftsführer während des Rechtsstreits um die Abberufung im Amt bleibt oder ob es nicht eher dem mit einfacher Mehrheit Abberufenen zuzumuten ist, seine Wiedereinsetzung gerichtlich zu erstreiten[374]. Da Abberufung und Kündigung aus wichtigem Grund bereits voraussetzen, daß der Gesellschaft das Verbleiben des Geschäftsführers im Amt nicht mehr zugemutet werden kann, liegt allein letzteres im Gesellschaftsinteresse[375], zumal dem Abberufenen gegen offensichtliche Fehlentscheidungen einstweiliger Rechtsschutz zur Verfügung steht (vgl. Rdn 126). An der einfachen Mehrheit bei Abberufung und Kündigung aus wichtigem Grund ist daher festzuhalten.

c) **Stimmrechtsbindungen.** Bei der Entscheidung über die Abberufung und Kün- **92**
digung des Geschäftsführers können Stimmrechtsbindungen zu beachten sein, die sich aus der Satzung, aus schuldrechtlichen Stimmbindungsvereinbarungen oder

---

[367] OLG Düsseldorf GmbHRdsch 1989, 468, 469 m.w.Nachw.
[368] BGH NJW 1995, 1750, 1751; OLG Köln GmbHRdsch 1993, 734, 737.
[369] BGH NJW 1995, 1750, 1752.
[370] BGH NJW 1995, 1750, 1752; ebenso *Lutter/Hommelhoff* § 48, 18; *Roth* § 48 Anm. 6.2.; Baumbach/Hueck/*Zöllner* § 48, 29.
[371] BGHZ 86, 177, 179 = NJW 1983, 938; BGHZ 102, 172, 179 = NJW 1988, 969, 971; BGH NJW 1982, 2495, 2496; WM 1984, 29; vgl. auch OLG Düsseldorf GmbHRdsch 1994, 245, 246; OLG Hamburg GmbHRdsch 1992, 43, 45; ebenso *Fleck* WM 1985, 677, 680; *Mertens* Vorauf1. 21; *Lutter/Hommelhoff* 16; Rowedder/*Koppensteiner* 17; *Roth* Anm. 2.3.; Meyer-Landrut/*Miller*/Niehus 108.
[372] OLG München BB 1956, 938 m. zutreffender Kritik durch *Wiedemann* BB 1957, 696; *Schneider* ZGR 1983, 535, 540; *Baums* 318, 326; *Westermann/Pöllath* 56.
[373] Baumbach/Hueck/*Zöllner* 14.
[374] Vgl. zu dieser Interessenabwägung bei der Publikums-BGB-Gesellschaft BGHZ 102, 172, 178 f = NJW 1988, 969, 971.
[375] So auch *Lutter/Hommelhoff* 16.

Konsortialabreden oder aus der gesellschafterlichen Treupflicht ergeben können. Gibt die **Satzung** einer Gesellschaftergruppe ein Abberufungs- oder Kündigungsrecht, dürfen die übrigen Gesellschafter ihre Zustimmung nicht verweigern, wenn das Gesellschaftsinteresse das Verbleiben des abzuberufenden Geschäftsführers nicht erfordert[376]. Auf das Vorliegen eines wichtigen Grundes für Kündigung oder Abberufung kommt es dabei nicht an. Stützt sich die abberufungsbefugte Gruppe aber auf einen wichtigen Grund, so sind die übrigen Gesellschafter zustimmungspflichtig. **Schuldrechtliche Stimmbindungsvereinbarungen** bezüglich Abberufung und Kündigung sind grundsätzlich wirksam und nach § 894 ZPO vollstreckbar[377]. Sie können die Gesellschafter beispielsweise verpflichten, nur bei Vorliegen eines wichtigen Grundes für Abberufung oder Kündigung zu stimmen[378] oder ihre Zustimmung zur Abberufung des Geschäftsführers gegen seinen Willen zu verweigern[379]. Stimmgebote können schließlich aus dem Gesichtspunkt gesellschafterlicher **Treupflicht** begründet sein (dazu allg. § 14, 52 ff). Liegen in der Person des abzuberufenden oder zu kündigenden Geschäftsführers wichtige Gründe vor, die sein Verbleiben im Amt für die Gesellschaft unzumutbar machen, so gebietet es die Treupflicht, der Abberufung oder Kündigung zuzustimmen oder jedenfalls nicht gegen sie zu stimmen[380]. Umgekehrt verbietet es die Treupflicht, einer Wiederbestellung des Abberufenen zuzustimmen, in dessen Person der wichtige Grund fortbesteht[381]. Eine anders lautende Stimmabgabe ist in der Regel wegen Rechtsmißbrauchs nichtig[382]. Werden ungültige Stimmen bei der Beschlußfeststellung mitgezählt, ist der Beschluß anfechtbar[383].

93 d) **Stimmverbot.** Der Gesellschafter-Geschäftsführer, über dessen Abberufung oder Kündigung entschieden werden soll, ist zur Teilnahme an der Gesellschafterversammlung berechtigt[384]; er kann mitberaten und von seinem Rederecht Gebrauch machen[385]. Auch zu einer schriftlichen Abstimmung muß er sein Einverständnis geben, falls außerhalb der Versammlung entschieden werden soll[386]. Bei der Entscheidung über seine Abberufung nach Abs. 1 und über die ordentliche Kündigung seines Anstellungsvertrages ist er auch stimmberechtigt[387], ebenso bei der Abberufung oder Kündigung aus statutarisch vorgesehenen Gründen (dazu Rdn 23), die aber nach den Maßstäben des Abs. 2 und des § 626 Abs. 1 BGB objek-

[376] OLG Düsseldorf NJW 1990, 1122, 1123; enger OLG Hamm ZIP 1986, 1188, 1194: Verweigerung aus sachlichen Gründen möglich. Zur Zustimmungspflicht vgl. auch BGH NJW-RR 1990, 99, 100.

[377] BGHZ 48, 163, 170 ff = NJW 1967, 1693; BGH NJW 1987, 1890, 1892; ZIP 1983, 432, 433; OLG Köln GmbHRdsch 1989, 76, 77.

[378] Vgl. BGH ZIP 1983, 432 f; OLG Köln GmbHRdsch 1989, 76, 77.

[379] BGH NJW 1987, 1890, 1892.

[380] St.Rspr., z. B. BGHZ 102, 172, 176 = NJW 1988, 969, 970 m.w. Nachw.; BGH NJW 1991, 846; OLG Hamburg GmbHRdsch 1992, 43, 45; Baumbach/Hueck/*Zöllner* 14.

[381] BGH NJW-RR 1993, 1253, 1254; vgl. auch OLG Hamburg NJW 1992, 186, 187 zum Zustimmungsverweigerungsrecht bei Vorliegen eines wichtigen Abberufungsgrundes in der Person des von einem Gesellschafter mit statutarischem Präsentationsrecht vorgeschlagenen Geschäftsführers.

[382] BGHZ 102, 172, 176 = NJW 1988, 969, 970; BGH NJW 1991, 846; NJW-RR 1993, 1253, 1254; OLG Hamburg GmbHRdsch 1992, 43, 45, 47.

[383] St.Rspr. und h.M., z. B. BGH NJW 1991, 846; NJW-RR 1993, 1253, 1254; OLG Hamburg GmbHRdsch 1992, 43, 47; *Oelrichs* GmbHRdsch 1995, 863, 865 m.w.Nachw.

[384] BGH GmbHRdsch 1985, 256, 257; OLG Düsseldorf GmbHRdsch 1989, 468, 469; OLG Hamm GmbHRdsch 1992, 466, 467.

[385] OLG Düsseldorf GmbHRdsch 1989, 468, 469; Baumbach/Hueck/*Zöllner* 16.

[386] OLG Düsseldorf GmbHRdsch 1989, 468, 469.

[387] St.Rspr., vgl. z. B. BGHZ 91, 217, 218 = NJW 1984, 2528; BGH NJW 1969, 1483; NJW 1983, 938 f; NJW 1987, 1890, 1891; NJW-RR 1990, 99, 100; NJW-RR 1992, 993; OLG Frankfurt GmbHRdsch 1989, 254, 255.

tiv keinen wichtigen Grund darstellen[388]. Räumt die Satzung ihm ein mitgliedschaftliches Sonderrecht auf Geschäftsführung ein, bedarf die Abberufung seiner Zustimmung (vgl. Rdn 24). Dagegen ist der Geschäftsführer von der Abstimmung ausgeschlossen, wenn für seine Abberufung objektiv ein wichtiger Grund vorliegt[389]. Unter denselben Voraussetzungen besteht für den Geschäftsführer ein Stimmverbot auch bei dem Beschluß über die Kündigung des Anstellungsvertrages aus wichtigem Grund[390]. Stimmt er dennoch ab, so darf seine Stimme nicht mitgezählt werden, das Beschlußergebnis ist ohne seine Stimme zu ermitteln. Fehlt es aber objektiv an einem wichtigen Grund, ist der ohne Berücksichtigung der Stimme des betroffenen Gesellschafter-Geschäftsführers gefaßte Beschluß fehlerhaft, weil ein Stimmverbot tatsächlich nicht bestand und er deshalb zu Unrecht von der Abstimmung ausgeschlossen oder seine Stimme nicht mitgezählt wurde. Mit dieser Begründung kann er den Beschluß anfechten[391]. Erweist sie sich als zutreffend, so hat er mit der Anfechtung Erfolg, wenn seine Stimme den Beschluß verhindert hätte[392]. Keiner Beschlußanfechtung bedarf es, wenn dem Geschäftsführer ein mitgliedschaftliches Sonderrecht auf Geschäftsführung zusteht. Der ohne seine Zustimmung gefaßte Beschluß ist unwirksam (vgl. Rdn 24 und 99), es sei denn, ein wichtiger Grund hätte objektiv vorgelegen. Auch in der Zweipersonen-GmbH reicht die Behauptung eines wichtigen Grundes durch den einen Gesellschafter nicht aus, um den anderen von der Abstimmung auszuschließen; vielmehr muß ein solcher Grund objektiv vorliegen[393]. Daran fehlt es auch dann, wenn die Abberufung auf ein pflichtwidriges Verhalten gestützt wird, das an sich als wichtiger Grund in Betracht käme, zu dem der Abberufende aber sein Einverständnis gegeben hatte[394] (vgl. auch Rdn 39 und 48).

3. Mitbestimmte GmbH

a) Beschlußverfahren. Im Anwendungsbereich des MitbestG sind Abberufung und Kündigung des Geschäftsführers während der regulären Amtsperiode nur aus wichtigem Grund möglich (§ 31 MitbestG iVm § 84 Abs. 3 AktG). Das Aufsichtsratsplenum (vgl. Rdn 87) entscheidet durch Beschluß; für die Abberufung – nicht für die Kündigung – muß gegebenenfalls das dreistufige Verfahren nach § 31 Abs. 2–4 MitbestG durchlaufen werden. Die Monatsfrist des § 31 Abs. 3 MitbestG gilt hierfür nicht, der Aufsichtsrat muß vielmehr schon im Hinblick auf die für die Kündigung des Anstellungsvertrages maßgebliche Zweiwochenfrist des § 626 Abs. 2 BGB mit höchster Beschleunigung entscheiden[395] (vgl. Rdn 75). 94

[388] So wohl auch Baumbach/Hueck/*Zöllner* 16; vgl. auch BGH GmbHRdsch 1985, 256, 259; NJW-RR 1992, 993; **aA** *Mertens* Voraufl. 41.

[389] BGH NJW-RR 1992, 993; OLG Köln NJW-RR 1995, 555; OLG Stuttgart NJW-RR 1995, 295, 296; NJW-RR 1994, 811, 812; OLG Düsseldorf WM 1992, 14, 18; *Hüffer* § 47, 173; Baumbach/Hueck/*Zöllner* 16; **aA** *Lutter/Hommelhoff* 17; *Schneider* ZGR 1983, 535, 541: Behauptung eines wichtigen Grundes genügt für Stimmverbot.

[390] *Hüffer* § 47, 173; **aA** BGHZ 91, 217, 218 = NJW 1984, 2528; BGH NJW 1987, 1889.

[391] BGH NJW 1987, 1889; OLG Düsseldorf WM 1992, 14, 18; OLG Hamm GmbHRdsch 1985, 119; **aA** *Schneider* ZGR 1983, 535, 542; vgl. auch Anh. § 47, 111 f.

[392] Zum Kausalitätserfordernis vgl. BGH NJW 1987, 1890, 1891 m.w.Nachw. sowie Anh. § 47, 112.

[393] Vgl. BGHZ 86, 177, 181 = NJW 1983, 938; OLG Köln NJW-RR 1995, 555 m.w.Nachw.

[394] BGH GmbHRdsch 1985, 256, 258 f; OLG Hamm GmbHRdsch 1985, 119, 120; OLG Düsseldorf NJW 1989, 172, 173; WM 1992, 14, 19.

[395] LG Ravensburg EWiR § 31 MitbestG 1/85 m. abl. Anm. *Wiesner*; *Hoffmann/Lehmann/Weinmann* MitbestG § 31, 59; Hanau/*Ulmer* MitbestG § 31, 43; *Mertens*-KölnKommAktG² § 84, 143; **aA** *Krieger* Personalentscheidungen des Aufsichtsrats (1981), 179 ff: Das Verfahren nach § 31 Abs. 2–4 unterbricht die Zweiwochenfrist; *Wiesner* MünchHdbAG § 21, 73: Hemmung der Zweiwochenfrist für einen Monat; *Martens* Festschrift Werner (1984), 495, 510: Fristbeginn erst nach Abschluß des Verfahrens.

95 b) **Arbeitsdirektor.** Für den Beschluß über die Abberufung und Kündigung des Arbeitsdirektors gelten nach dem MitbestG und dem MitbestErgG keine Besonderheiten. Das dreistufige Stimmverfahren nach § 31 Abs. 2–4 MitbestG kommt auch dann zur Anwendung, wenn der Arbeitsdirektor zwar nicht als Geschäftsführer abberufen, aber seiner Funktion entkleidet werden soll[396]. Eine besondere Wirksamkeitsvoraussetzung für den Beschluß des Aufsichtsrats über die Abberufung des Arbeitsdirektors stellt § 13 Abs. 1 S. 3 MontanmitbestG mit dem Erfordernis der Zustimmung einer Mehrheit der Arbeitnehmervertreter im Aufsichtsrat auf. Zustimmungspflichtig ist auch die außerordentliche Kündigung des Anstellungsvertrages, wenn sie vor der Abberufung ausgesprochen werden soll[397].

VIII. Beschlußmängel und Rechtsschutz

1. Fehlen oder Unwirksamkeit des Beschlusses

96 Der Beschluß des zuständigen Gesellschaftsorgans ist materielle Wirksamkeitsvoraussetzung für Abberufung und Kündigung des Geschäftsführers (vgl. Rdn 89). Fehlt es gänzlich an einem Beschluß oder ist der Beschluß unwirksam oder – von Anfang an oder infolge Anfechtung – nichtig, so ist die **Erklärung der Abberufung** oder Kündigung **wirkungslos**, der Geschäftsführer bleibt grundsätzlich im Amt. Das gilt trotz der Anordnung sofortiger Wirksamkeit der Abberufung in § 84 Abs. 3 S. 4 AktG auch in der mitbestimmten GmbH bei Fehlen oder Unwirksamkeit des Aufsichtsratsbeschlusses (zu Einzelheiten Rdn 102). Auf die Unwirksamkeit der Abberufung oder Kündigung kann sich jedermann berufen[398] . Der Fremdgeschäftsführer wie der Gesellschafter-Geschäftsführer kann sie im Wege der Feststellungsklage geltend machen[399] und gleichzeitig die Nichtigkeit der Abberufung oder Kündigung feststellen lassen[400]; seinen Anspruch auf unmittelbare Wiedereinsetzung ins Amt kann der Geschäftsführer gegebenenfalls mit der Leistungsklage verfolgen. Wird die Abberufung von beiden Seiten als vermeintlich wirksam vollzogen, kommen die **Grundsätze über die fehlerhafte Abberufung** zur Anwendung[401]. Solange die Fehlerhaftigkeit nicht geltend gemacht wird, ist die Beendigung der Organstellung vorläufig wirksam. Eine Wiedereinsetzung in das Amt ist nurmehr als Neubestellung ex nunc möglich. Praktische Bedeutung dürfte die Anwendung der Grundsätze über die fehlerhafte Gesellschaft auf die fehlerhafte Abberufung wegen der durch Zeitablauf geschaffenen Fakten allenfalls für Gesellschafter-Geschäftsführer erlangen. Dem Geschäftsführer, dem trotz fehlendem oder nichtigem Abberufungs- oder Kündigungsbeschluß von der Gesellschaft die weitere Amtsausübung verwehrt wird, steht einstweiliger Rechtsschutz offen (vgl. Rdn 126). Unwirksam oder nichtig kann der Beschluß insbesondere bei Verletzung von Mitgliedschaftsrechten des Abberufenen (vgl. dazu im einzelnen Rdn 24) und bei gravierenden Verfahrensverstößen sein[402].

---

[396] *Hanau*/Ulmer MitbestG § 33, 33; *Raiser* MitbestG² § 33, 14; **aA** *Westhoff* DB 1980, 2520 ff.

[397] *Mertens*-KölnKommAktG² § 84, 151.

[398] Scholz/*Schneider* 58; Baumbach/Hueck/*Zöllner* 20; Rowedder/*Koppensteiner* 19; *Lutter/Hommelhoff* 28.

[399] OLG Frankfurt GmbHRdsch 1989, 254 f; *Vorwerk* GmbHRdsch 1995, 266, 270; *Lutter/Hommelhoff* 30; Baumbach/Hueck/*Zöllner* 20.

[400] BGH NJW 1995, 1358, 1359; OLG München GmbHRdsch 1995, 232.

[401] Baumbach/Hueck/*Zöllner* 20.

[402] Vgl. OLG Düsseldorf GmbHRdsch 1989, 468, 469: Verstoß gegen § 48 Abs. 2; allg. zur Beschlußnichtigkeit wegen Verfahrensfehlern Anh. § 47, 33 ff, auch zu weiteren Einzelheiten der Beschlußnichtigkeit.

2. Anfechtbarkeit des Beschlusses

Ist der Beschluß lediglich anfechtbar, so ist die Abberufung oder Kündigung **wirksam, wenn** der Beschluß **nicht angefochten** wird[403]. Anders als die Beschlußnichtigkeit (vgl. Rdn 89) beeinträchtigt die bloße Anfechtbarkeit des Beschlusses die Wirksamkeit der Abberufungs- oder Kündigungserklärung nicht[404]. Zur Nichtigkeit des Beschlusses und damit der Abberufung oder Kündigung ex tunc führt erst die der Anfechtungsklage stattgebende rechtskräftige gerichtliche Entscheidung[405]. Bis dahin ist der Beschluß und damit die Abberufung oder Kündigung grundsätzlich wirksam, ohne daß es der analogen Anwendung des § 84 Abs. 3 S. 4 AktG bedürfte[406]. Anfechtungsberechtigt sind nur die Mitglieder des Abberufungsorgans, bei Zuständigkeit der Gesellschafterversammlung also neben den anderen Gesellschaftern nur der Gesellschafter-Geschäftsführer, nicht aber der Fremdgeschäftsführer, dem die eigene Anfechtungsbefugnis fehlt[407]. Ihm steht deshalb wegen der Fehlerhaftigkeit des Beschlusses als solcher kein Rechtsbehelf gegen seine Abberufung zur Verfügung, auch kein einstweiliger Rechtsschutz[408]. Wird der Beschluß aber von einem hierzu Berechtigten angefochten, so kann auch der Fremdgeschäftsführer bis zur Entscheidung der Hauptsache eine vorläufige Regelung seiner Geschäftsführungsbefugnis durch **einstweilige Verfügung** beantragen[409], weil nun die materiellrechtliche Wirksamkeit der Abberufung immerhin einer Prüfung unterzogen wird, deren Ausgang sich auch auf die Rechtsstellung des Fremdgeschäftsführers auswirken kann. Einstweiliger Rechtsschutz scheitert prinzipiell weder am Verfügungsanspruch, der auch dem Fremdgeschäftsführer zustehen kann, wenn sich seine Abberufung als von Anfang an unwirksam erweist, noch am Verfügungsgrund, falls er eine schwerwiegende Beeinträchtigung seiner Belange durch den Ausschluß von der Amtsausübung vorbringen kann. Freilich sind an die Voraussetzungen für die Gewährung einstweiligen Rechtsschutzes hohe Anforderungen zu stellen (vgl. Rdn 125 f), die bei der Abberufung von Fremdgeschäftsführern nur in Ausnahmefällen erfüllt sein dürften. 97

Anfechtungsgründe für den Abberufungs- oder Kündigungsbeschluß können sich aus formellen[410] wie aus materiellen Beschlußmängeln ergeben; zu den möglichen 98

---

403 Unstr., vgl. z. B. Baumbach/Hueck/*Zöllner* 21; Scholz/*Schneider* 55.

404 *Lutter/Hommelhoff* 27; Baumbach/Hueck/*Zöllner* 21; Scholz/*Schneider* 55, 60 m.w.Nachw.; *Fleck* ZGR 1988, 104, 128; **aA** *Vorwerk* GmbHRdsch 1995, 266, 270.

405 Str., für ex tunc-Wirkung Baumbach/Hueck/*Zöllner* 21; *Lutter/Hommelhoff* 30; *Raiser* Anh. § 47, 237; **aA** Scholz/*Schneider* 56, 60: ex nunc-Wirkung.

406 So mit Recht Baumbach/Hueck/*Zöllner* 20, 21; vgl. auch BGH NJW 1989, 166, 167; **aA** *Lutter/Hommelhoff* 27; *Schneider* ZGR 1983, 535, 545.

407 Baumbach/Hueck/*Zöllner* 21, 25; Scholz/*Schneider* 57; *Lutter/Hommelhoff* 27; Rowedder/*Koppensteiner* 20; *Fleck* GmbHRdsch 1993, 555; *ders.* ZGR 1988, 104, 128; *Vorwerk* GmbHRdsch 1995, 266, 267 f, 270; **aA** *Raiser* Recht der Kapitalgesellschaften^2 (1992), § 32, 49.

408 *Lutter/Hommelhoff* 29; Rowedder/*Koppensteiner* 20; Scholz/*Schneider* 72 f; *Vorwerk* GmbHRdsch 1995, 266, 268; **aA** offenbar Baumbach/Hueck/*Zöllner* 21, der vorläufigen Rechtsschutz schon bei potentiell anfechtbarem Abberufungsbeschluß zulassen will, wobei unklar ist, ob das auch für den Fremdgeschäftsführer gelten soll.

409 So wohl auch Baumbach/Hueck/*Zöllner* 21; *Damm* ZHR 154 (1990), 413, 429 f für den Fall, daß die Satzung die Abberufung auf einen wichtigen Grund beschränkt hat; im Ergebnis ebenso *Raiser* Recht der Kapitalgesellschaften^2 (1992), § 32, 50, allerdings unter der Annahme eines eigenen Anfechtungsrechts des Geschäftsführers; **aA** *Lutter/Hommelhoff* 29; Scholz/*Schneider* 72 f; *Vorwerk* GmbHRdsch 1995, 266, 268.

410 Z. B. Nichteinhaltung von Ladungsfristen, BGHZ 100, 264, 265 = NJW 1987, 2580; fehlende Beschlußfähigkeit, OLG Hamm GmbHRdsch 1992, 466, 467. Zum Erfordernis der Kausalität des Verfahrensverstoßes für das Beschlußergebnis s. BGH NJW 1987, 2580, 2582 m.w.Nachw.

Gründen vgl. allg. Anh. § 47, 101 ff. Ein Verstoß gegen schuldrechtliche Stimmbindungsvereinbarungen macht den Beschluß selbst dann nicht anfechtbar, wenn sich sämtliche Gesellschafter der Bindung unterworfen haben (vgl. im einzelnen Rdn 29). Bedeutsamster Anfechtungsgrund bei Abberufungs- und Kündigungsbeschlüssen und zentraler Streitpunkt in Anfechtungsprozessen ist das Fehlen eines wichtigen Grundes (dazu die folgende Rdn). Die **Anfechtbarkeit** des Abberufungs- oder Kündigungsbeschlusses und die Frage, welche Partei im konkreten Fall ihr Rechtsschutzziel mit der Anfechtungsklage erreichen kann, hängen im übrigen davon ab, ob ein Beschluß mit eindeutigem Inhalt überhaupt zustandegekommen ist und welche Wirkung der fehlerhafte Beschluß so, wie er gefaßt oder festgestellt wurde, entfaltet. Der trotz formeller oder materieller Mängel förmlich festgestellte Abberufungs- oder Kündigungsbeschluß ist vorläufig verbindlich und kann von dem betroffenen Gesellschafter-Geschäftsführer angefochten werden. Dasselbe gilt für solche Beschlüsse, die ohne förmliche Feststellung zwar fehlerhaft, aber mit eindeutigem Inhalt zustandekommen. Auch hier ist dem von der Abberufung oder Kündigung Betroffenen die Anfechtungsklage eröffnet (zu Einzelheiten vgl. Anh. § 47, 89 ff). Ist dagegen das Beschlußergebnis unklar oder im Streit, scheidet eine Anfechtungsklage mangels Beschlußgrundlage von vornherein aus; einziger Rechtsbehelf ist je nach Rechtsschutzziel die positive oder negative Beschlußfeststellungsklage[411].

3. Auswirkungen des Fehlens eines wichtigen Grundes auf den Beschluß

99 Wird der Geschäftsführer aus wichtigem Grund abberufen oder sein Anstellungsvertrag aus wichtigem Grund gekündigt, macht das objektive Fehlen eines solchen Grundes den Beschluß regelmäßig nicht unwirksam, sondern nur **anfechtbar**[412]. Der Beschlußmangel läßt die Wirksamkeit der Abberufungs- oder Kündigungserklärung unberührt (vgl. Rdn 97). Lediglich anfechtbar ist der Abberufungs- oder Kündigungsbeschluß auch dann, wenn der Gesellschafter-Geschäftsführer zu Unrecht von der Abstimmung ausgeschlossen wurde, weil ein Stimmverbot mangels wichtigen Grundes für die Abberufung tatsächlich nicht bestand[413] (vgl. zum Stimmverbot näher Rdn 93). Gleiches gilt, wenn die Satzung die Abberufung des Geschäftsführers auf wichtige Gründe beschränkt; daraus erwächst dem Geschäftsführer grundsätzlich keine eigene korporationsrechtlich abgesicherte Rechtsposition, die eine Abberufung ohne seine Zustimmung mangels wichtigen Grundes unwirksam machte[414]. Der Geschäftsführer kann daher seine Rechte auch insoweit nicht mit der Feststellungsklage, sondern nur mit der Anfechtungsklage verfolgen, die dem Fremdgeschäftsführer mangels Anfechtungsbefugnis allerdings verwehrt ist (vgl. Rdn 97). Eine satzungskongruente Beschränkung der Abberufbarkeit auf wichtige Gründe im Anstellungsvertrag führt dagegen auch zu einer organisationsrechtlich wirksamen Bindung der Gesellschaft, die dem Gesellschafter-Geschäftsführer wie dem Fremdgeschäftsführer einen Anspruch auf Wiederbestellung gibt[415], den er mit der Leistungsklage geltend machen kann (vgl. auch Rdn 28). Ausnahmsweise nicht

[411] OLG Hamburg GmbHRdsch 1992, 43, 44 f; vgl. auch Anh. § 47, 91.

[412] Allg.M., vgl. z. B. BGH NJW 1995, 1358, 1359; GmbHRdsch 1985, 256, 259; *Lutter/Hommelhoff* 30; Scholz/*Schneider* 60.

[413] BGH NJW 1987, 1889; OLG Düsseldorf WM 1992, 14, 18; OLG Hamm GmbHRdsch 1985, 119; **aA** *Schneider* ZGR 1983, 535, 542.

[414] Baumbach/Hueck/*Zöllner* 26; *Lutter/Hommelhoff* 27; Rowedder/*Koppensteiner* 20; Scholz/*Schneider* 60; **aA** Meyer-Landrut/*Miller*/Niehus 111.

[415] *Fleck* ZGR 1988, 104, 129; *Lutter/Hommelhoff* 14; Rowedder/*Koppensteiner* 4.

nur anfechtbar ist der Abberufungsbeschluß, wenn die Satzung dem Geschäftsführer als Gesellschafter ein mitgliedschaftliches **Sonderrecht** auf Geschäftsführung einräumt (zu den Voraussetzungen vgl. Rdn 24 f), das die Wirksamkeit seiner Abberufung ohne wichtigen Grund an seine Zustimmung bindet. Eine Abberufung, für die es objektiv an einem wichtigem Grund fehlt, macht den Beschluß zunächst schwebend, bei Verweigerung der Zustimmung endgültig **unwirksam**[416]. Der Geschäftsführer kann die Unwirksamkeit seiner Abberufung mit der Feststellungsklage klären lassen, ohne daß es einer Beschlußanfechtung bedürfte[417].

IX. Folgen der umstrittenen Abberufung aus wichtigem Grund

1. Abberufung nach § 84 Abs. 3 AktG in der mitbestimmten GmbH

a) **Sofortige Wirksamkeit.** Auf die Abberufung des Geschäftsführers durch den Aufsichtsrat ist in mitbestimmten Gesellschaften nach allen Mitbestimmungsgesetzen § 84 Abs. 3 S. 4 AktG anwendbar. Danach ist der auf einen wichtigen Grund gestützte Widerruf der Bestellung wirksam, bis seine Unwirksamkeit rechtskräftig festgestellt ist. Der Geschäftsführer verliert deshalb mit Zugang der Abberufungserklärung kraft Gesetzes sein Amt[418]. Die Vorschrift soll unmittelbare Rechtsklarheit über die Wirkung einer Abberufung aus wichtigem Grund auch für den Fall schaffen, daß ihre sachlichen Voraussetzungen ungeklärt oder im Streit sind. Der Geschäftsführer hat diese Gestaltungswirkung hinzunehmen und wird darauf verwiesen, die Berechtigung der Abberufung im Wege der Gestaltungsgegenklage gerichtlich überprüfen zu lassen[419]. **100**

b) **Rechtskräftige Feststellung der Unwirksamkeit.** Die gegen die Abberufung gerichtete Klage ist begründet, wenn es an einem wichtigen Grund für die Abberufung fehlte. Die rechtskräftige Feststellung der Unwirksamkeit der Abberufung bewirkt die Wiedereinsetzung des Geschäftsführers in sein Amt ex nunc bis zum Ablauf der Bestellungsdauer, die durch den Prozeß nicht unterbrochen wird[420]. Angesichts der Langwierigkeit gerichtlicher Verfahren bis zu einer rechtskräftigen Entscheidung bedeutet die Abberufung faktisch allerdings endgültigen Amtsverlust[421]. In diesem Fall bleibt dem Geschäftsführer jedoch zumindest der Vergütungsanspruch einschließlich etwaiger Versorgungsanwartschaften für die gesamte Amtsperiode erhalten. **101**

c) **Beschlußmängel.** Das Gesetz ordnet die sofortige Wirksamkeit der Abberufung ausschließlich im Hinblick auf das Fehlen eines wichtigen Grundes für den Bestellungswiderruf an, erklärt also lediglich materielle Mängel der Abberufungserklärung für rechtlich unbeachtlich. Mängel des zugrundeliegenden Aufsichtsratsbeschlusses werden dagegen von der Gestaltungswirkung des § 84 Abs. 3 S. 4 AktG nicht erfaßt[422]. Die Rechtsfolge sofortigen Amtsverlusts kann deshalb von vornher- **102**

---

[416] BGHZ 15, 177, 181 = NJW 1955, 178; BGHZ 48, 141, 143 = NJW 1967, 2159; BGH WM 1962, 201; GmbHRdsch 1982, 129, 131; *Lutter/Hommelhoff* 10; Scholz/*Schneider* 42, 60.

[417] BGH WM 1962, 201 und 811 f; WM 1966, 614; WM 1968, 1350; GmbHRdsch 1982, 129, 131; *Baums* 322; Baumbach/Hueck/*Zöllner* 25; Rowedder/*Koppensteiner* 20.

[418] OLG Stuttgart ZIP 1985, 539, 540; *Schneider* ZGR 1983, 535, 541; *Mertens*-KölnKomm-AktG² § 84, 97.

[419] S. im einzelnen *Vollmer* GmbHRdsch 1984, 5, 9 m.w.Nachw.

[420] *Mertens*-KölnKommAktG² § 84, 24, 97, 100; *Damm* ZHR 154 (1990), 413, 426.

[421] Vgl. *Mertens*-KölnKommAktG² § 84, 97.

[422] *Mertens*-KölnKommAktG² § 84, 98; Geßler/*Hefermehl*/Eckardt/Kropff AktG § 84, 74; **aA** *Schneider* ZGR 1983, 535, 545; *Roth* Anm. 2.4.2.

ein nur dann eintreten, wenn die Abberufungserklärung auf einem wirksamen Aufsichtsratsbeschluß beruht[423]. Ist der Beschluß dagegen unwirksam oder nichtig, bleibt der Geschäftsführer im Amt und hat, falls die Abberufung dennoch vollzogen wurde, einen Anspruch auf unmittelbare Wiedereinsetzung[424], den er im Wege der Leistungsklage geltend machen kann (zum einstweiligen Rechtsschutz s. Rdn 104 f). Zur entsprechenden Anwendung der Lehre von der fehlerhaften Gesellschaft vgl. Rdn 96.

103 Eine zur Unanwendbarkeit der Vorschrift des § 84 Abs. 3 S. 4 AktG führende **Unwirksamkeit des** der Abberufung zugrundeliegenden **Aufsichtsratsbeschlusses** liegt vor, wenn bei der Abberufung des Arbeitsdirektors die nach § 13 Abs. 1 S. 3 MontanmitbestG erforderliche Zustimmung der Mehrheit der Arbeitnehmervertreter (vgl. Rdn 95) endgültig nicht zu erlangen ist. Nichtigkeit des Beschlusses ist anzunehmen, wenn er auf einem unheilbaren oder nicht mehr heilbaren Verfahrensmangel beruht[425], namentlich bei Verstößen gegen zwingendes Gesetzes- oder Satzungsrecht[426]. Verfahrensfehler dagegen, die den Beschluß nur vernichtbar machen, entziehen dem Eintritt der gesetzlichen Gestaltungswirkung noch nicht die Grundlage. Erst die erfolgreiche Geltendmachung der Beschlußnichtigkeit[427] läßt die Voraussetzung für die sofortige Wirksamkeit der Amtsenthebung entfallen[428]. Nichtig sind schließlich auch evident gesetzeswidrige oder willkürliche Aufsichtsratsbeschlüsse[429]. Unter diesem spezifischen rechtlichen Aspekt kann auch das Fehlen eines wichtigen Grundes für die Abberufung, wiewohl für den Regelfall durch § 84 Abs. 3 S. 4 AktG als Unwirksamkeitsgrund der Amtsenthebung präkludiert[430], ausnahmsweise ihr sofortiges Wirksamwerden verhindern[431]. Bei der Prüfung und Feststellung eines wichtigen Grundes steht dem Aufsichtsrat zwar ein gewisser Beurteilungsspielraum zu, der auch einer gerichtlichen Kontrolle entzogen ist[432]; doch führt ein offensichtlicher Mißbrauch seines Beurteilungsermessens zur Nichtigkeit des Beschlusses[433]. Rechtsmißbräuchlich ist ein Abberufungsbeschluß namentlich dann, wenn er auf unsachgemäßen Erwägungen, auf fehlender oder mangelhafter Prüfung von Tatsachen oder auf einer Verkennung des Begriffs des wichtigen Grundes beruht. Willkürliche Entscheidungen, denen entweder überhaupt keine Sachprüfung vorausgegangen ist oder die auf Tatsachen gestützt werden, die offensichtlich als wichtiger Grund nicht in Betracht kommen, machen den Beschluß nichtig und verhindern die sofortige Wirksamkeit der Amtsenthebung[434].

104 d) **Einstweiliger Rechtsschutz. aa) Rechtsschutz gegen die Abberufung** gewährt das Gesetz dem Betroffenen durch die Gestaltungsgegenklage, die eine abschlie-

---

423 OLG Stuttgart ZIP 1985, 539, 540; OLG Braunschweig GmbHRdsch 1977, 61; *Damm* ZHR 154 (1990), 419, 427, 429; *Mertens*-KölnKommAktG² § 84, 98; Geßler/*Hefermehl*/Eckardt/Kropff AktG § 84, 74; Rowedder/*Koppensteiner* 20; **aA** *Schneider* ZGR 1983, 535, 545; *Roth* Anm. 2.4.2.

424 *Mertens*-KölnKommAktG² § 84, 98; Rowedder/*Koppensteiner* 20; **aA** *Schneider* ZGR 1983, 535, 545; *Roth* Anm. 2.4.2.

425 OLG Stuttgart ZIP 1985, 539, 540; *Mertens*-KölnKommAktG² § 84, 98.

426 BGHZ 122, 342, 351 = NJW 1993, 2307; BGH AG 1994, 124; Baumbach/Hueck/*Zöllner* § 52, 54; *Lutter*/*Hommelhoff* § 52, 52; dazu näher § 52, 85.

427 Zu der lebhaft umstrittenen Frage, wem diese Befugnis zusteht und in welcher Weise die Nichtigkeit geltend zu machen ist, vgl. § 52, 79 ff sowie Baumbach/Hueck/*Zöllner* § 52, 56; *Lutter*/*Hommelhoff* § 52, 52, jeweils m.zahlr. weit. Nachw.

428 *Mertens*-KölnKommAktG² § 84, 99.

429 *Mertens*-KölnKommAktG² § 108, 84, 87.

430 OLG Braunschweig GmbHRdsch 1977, 61, 62.

431 OLG Stuttgart ZIP 1985, 539, 540; *Mertens*-KölnKommAktG² § 84, 101.

432 *Vollmer* GmbHRdsch 1984, 5, 9; *Mertens*-KölnKommAktG² § 84, 100.

433 *Mertens*-KölnKommAktG² § 84, 101; vgl. auch OLG Braunschweig GmbHRdsch 1977, 61, 62.

434 *Mertens*-KölnKommAktG² § 84, 101.

ßende rechtskräftige Entscheidung über das Vorliegen eines wichtigen Grundes auf der Basis einer umfassenden Aufklärung und Würdigung des zugrundeliegenden Sachverhalts ermöglicht. Damit soll nicht nur Ungewißheit über die Wirksamkeit der Amtsenthebung verhindert[435], sondern im Interesse der Gesellschaft dem Aufsichtsrat zugleich die Prärogative über die Abberufung ohne jede gerichtliche Einmischung gesichert werden[436]. Diesem Zweck der Vorschrift des § 84 Abs. 3 S. 4 AktG widerspräche es, dem Betroffenen vorläufigen Rechtsschutz gegen seine Abberufung zu gewähren[437]. Zwar ließe sich auch durch den Erlaß einer einstweiligen Verfügung eine rechtskräftige Entscheidung zumindest über die vorläufigen Folgen der Abberufung herbeiführen, die Unsicherheiten über die Rechtsstellung des Abberufenen beseitigen würde[438]. Doch stehen dem gesetzlich angeordneten Vorrang des Gesellschaftsinteresses an der Vermeidung von Schäden durch die vorläufige Belassung des berechtigterweise abberufenen Geschäftsführers im Amt keine wesentlichen schutzwürdigen Belange des Geschäftsführers entgegen, die eine auch nur vorläufige Aussetzung der sofortigen Wirksamkeit der Amtsenthebung gebieten würden. Denn der Gefahr einer nicht hinnehmbaren Rechtsschutzverkürzung im Falle einer mißbräuchlichen oder willkürlichen Abberufungsentscheidung steht das Erfordernis eines gültigen Aufsichtsratsbeschlusses als Voraussetzung für den Eintritt der gesetzlichen Gestaltungswirkung entgegen (vgl. Rdn 102 f). Insoweit steht dem Geschäftsführer auch vorläufiger Rechtsschutz offen (dazu die folgende Rdn).

bb) **Rechtsschutz bei Beschlußnichtigkeit.** Ist der die Abberufung anordnende Aufsichtsratsbeschluß unwirksam oder nichtig, tritt die gesetzliche Gestaltungswirkung des § 84 Abs. 3 S. 4 AktG von vornherein nicht ein, und der Geschäftsführer bleibt im Amt (vgl. Rdn 102). Er kann die Beschlußnichtigkeit gerichtlich feststellen lassen und seinen Anspruch auf Wiedereinsetzung geltend machen[439], und zwar auch durch **einstweilige Verfügung**, da die Gewährung vorläufigen Rechtsschutzes insoweit dem Normzweck des § 84 Abs. 3 S. 4 AktG nicht zuwiderläuft[440]. **105**

2. Bei der Abberufung nach Abs. 2

a) **Problemstellung.** Wird der Geschäftsführer durch die Gesellschafterversammlung aus wichtigem Grund abberufen, verliert er ebenso wie bei der Abberufung nach Abs. 1 (vgl. Rdn 6) mit dem Zugang ihrer wirksamen Erklärung sein Amt. Diese eindeutige Antwort auf die Frage nach den Rechtsfolgen einer Abberufung aus wichtigem Grund gilt freilich nur für jene Fälle, in denen die Wirksamkeit des Bestellungswiderrufs im Ergebnis außer Zweifel steht, sei es, weil zwischen den Beteiligten Einvernehmen über die Berechtigung der Abberufung aus wichtigem Grund besteht, sei es, weil Rechtsmittel gegen die Abberufung und den zugrundeliegenden Gesellschafterbeschluß entweder nicht gegeben oder versäumt oder erschöpft sind. **106**

---

435 OLG Celle GmbHRdsch 1981, 264, 265.

436 *Mertens*-KölnKommAktG² § 84, 97; *Westermann/Pöllath* 86 f.

437 OLG Braunschweig GmbHRdsch 1977, 61; Meyer-Landrut/*Miller*/Niehus 112; Scholz/*Schneider* 73; *Schneider* ZGR 1983, 535, 546 f; *Westermann/Pöllath* 86 f; Baumbach/Hueck/*Zöllner* 35; Rowedder/*Koppensteiner* 20; *Mertens*-KölnKommAktG² § 84, 97; *Meyer-Landrut* GroßkommAktG § 84, 29; *Baumbach/Hueck* AktG¹³ § 84, 15; **aA** OLG Celle GmbHRdsch 1981, 264, 265 f; *Damm* ZHR 154 (1990), 413, 430; *Vollmer* GmbHRdsch 1984, 5, 10 f; *Lutter/Hommelhoff* 36.

438 OLG Celle GmbHRdsch 1981, 264, 265 f.

439 *Lutter/Hommelhoff* 28; *Mertens*-KölnKommAktG² § 84, 98 f.

440 Vgl. OLG Stuttgart ZIP 1985, 539, 540; LG München I AG 1986, 142; *Mertens*-KölnKommAktG² § 84, 98 f, 101.

107 Besteht dagegen Uneinigkeit über das Zustandekommen des Gesellschafterbeschlusses, über seinen Inhalt, über seine Wirksamkeit oder über das Vorliegen eines wichtigen Grundes und streiten die Beteiligten deshalb gerichtlich über die Berechtigung der Abberufung, führt erst die rechtskräftige Entscheidung in der Hauptsache nach oft jahrelanger Verfahrensdauer zur endgültigen Klärung der materiellen Rechtslage. Bis dahin herrscht vielfach Ungewißheit über die Auswirkungen der Abberufung auf die Rechtsstellung des Betroffenen, weil im GmbH-Recht die **vorläufige Wirkung** eines Bestellungswiderrufs **nicht geregelt** ist. Kraft Gesetzes tritt weder sofortiger Amtsverlust des Abberufenen ein, wie es § 84 Abs. 3 S. 4 AktG für abberufene Vorstandsmitglieder und Geschäftsführer in der mitbestimmten GmbH anordnet, noch bleibt der Geschäftsführer bis zur gerichtlichen Entscheidung über die Abberufung kraft Gesetzes im Amt, wie dies die §§ 117, 127 HGB für die Entziehung der Geschäftsführungs- und Vertretungsbefugnis des oHG-Gesellschafters vorschreiben. Damit entscheidet nach der Ausgangslage des Gesetzes zunächst einmal die Konstellation des konkreten Einzelfalles über die Frage, ob der Geschäftsführer nach Zugang der Abberufungserklärung sein Amt einstweilen behält oder verliert.

108 Die Entscheidung über die vorläufige Wirkung der Abberufung wird dadurch wesentlich erschwert, daß sie die gleichzeitige Berücksichtigung **mehrerer rechtlicher Gesichtspunkte** erfordert, nach denen sich die unmittelbaren Folgen einer Abberufung aus wichtigem Grund richten. Der erste Aspekt ist die materielle Rechtmäßigkeit des zugrundeliegenden Gesellschafterbeschlusses, die von dem objektiven Vorliegen eines wichtigen Grundes abhängt (vgl. Rdn 99); welche Anforderungen dafür erfüllt sein müssen, bestimmt sich wiederum nach Typus und Organisationsstatut der Gesellschaft sowie der konkreten, insbesondere mitgliedschaftlichen Rechtsstellung des Geschäftsführers und kann letztlich nur anhand wertender Betrachtung beurteilt werden (vgl. im einzelnen Rdn 39). Von der materiellen Rechtmäßigkeit des Gesellschafterbeschlusses hängen namentlich Stimmge- und -verbote ab, die sich auf das Zustandekommen des Beschlusses und den Beschlußinhalt auswirken können. Zum zweiten sind die allgemeinen Regeln über die formelle Wirksamkeit von Gesellschafterbeschlüssen einschließlich der Differenzierung zwischen festgestellten und nicht festgestellten Beschlüssen zu berücksichtigen, die darüber entscheiden, ob überhaupt ein Beschluß gefaßt wurde und mit welchem Inhalt er gegebenenfalls zustandegekommen ist (vgl. näher Rdn 98). Zum dritten können die allgemeinen Grundsätze des Beschlußmängelrechts zu beachten sein, nach denen sich nicht nur die vorläufige Wirkung fehlerhafter Gesellschafterbeschlüsse richtet, sondern von denen auch die Frage nach Bestand und Fortbestand des Beschlusses selbst abhängen kann.

109 Die Konsequenzen dieser komplizierten rechtlichen Ausgangslage für die vorläufige Wirkung der Abberufung bei Streit um den wichtigen Grund hat *Zöllner*[441] ebenso scharfsinnig wie akribisch aufgelistet. Seine Zusammenstellung, die alle drei Rechtsebenen einbezieht und deshalb die Bildung **zahlreicher Fallgruppen** und Untergruppen erfordert, vermittelt einen Eindruck von der Komplexität der Rechtslage, sein mahnender Hinweis auf fortbestehende Mißverständnisse in Rspr. und Schrifttum macht gleichzeitig auf die Umstrittenheit der Materie in vielen Detailfragen aufmerksam, die zusätzliche Probleme schafft.

110 b) **Der Meinungsstand im Überblick**. Einigkeit besteht immerhin insoweit, daß eine Differenzierung nach Fallgruppen unerläßlich ist. Zumindest im Ergebnis,

---

[441] In Baumbach/Hueck/*Zöllner* 23 ff, 27 ff.

wenn auch nicht in der Begründung, herrscht auch weitgehendes Einvernehmen in der rechtlichen Beurteilung von zwei Fallgruppen: die Abberufung des Gesellschafter-Geschäftsführers mit mitgliedschaftlichem Sonderrecht auf Geschäftsführung und die Abberufung von Gesellschafter-Geschäftsführern in der Zweipersonen-GmbH.

Steht dem betroffenen Gesellschafter-Geschäftsführer aufgrund der Satzung ein 111
mitgliedschaftliches **Sonderrecht** auf Geschäftsführung zu, so hat seine Abberufung bei Fehlen eines wichtigen Grundes keine Auswirkung auf seine Organstellung; er bleibt bis zur rechtskräftigen Entscheidung über die Wirksamkeit des Abberufungsbeschlusses im Amt[442]. Begründet wird dies zum Teil mit der Verletzung seines Mitgliedschaftsrechts oder – zutreffend – mit der fehlenden Zustimmung, die zur Beschlußunwirksamkeit führt[443] (dazu schon Rdn 99), zum Teil mit der entsprechenden Anwendung der §§ 117, 127 HGB[444]. Zu den Rechtsschutzmöglichkeiten für den abberufenen Gesellschafter-Geschäftsführer und die übrigen Gesellschafter in den verschiedenen Fallkonstellationen vgl. Rdn 24, 99 sowie im einzelnen Baumbach/Hueck/*Zöllner* 25 a, 31 ff.

Für die Abberufung von Gesellschafter-Geschäftsführern in der **Zweipersonen-** 112
Gesellschaft wird im Anschluß an BGHZ 86, 177 = NJW 1983, 938 einhellig die Auffassung vertreten, daß sich die vorläufige Wirkung der Abberufung allein nach der materiellen Rechtslage richtet. Weder eine analoge Anwendung des § 84 Abs. 3 S. 4 AktG noch der §§ 117, 127 HGB werde der Interessenlage der Parteien gerecht; im letzteren Fall würden die bestehenden Geschäftsführungs- und Vertretungsverhältnisse entgegen § 38 Abs. 1 bis zur rechtskräftigen Entscheidung über die Wirksamkeit der Abberufung zementiert, in ersterem Fall könnte der abberufene Geschäftsführer für den gesamten Zeitraum von der Geschäftsführung ausgeschlossen werden. Der durch das Abstellen auf die materielle Rechtslage eintretende Schwebezustand bis zur Entscheidung über die Wirksamkeit der Abberufung sei hinzunehmen[445]. Uneinigkeit besteht allerdings über die Reichweite dieses Grundsatzes. So wird auf der einen Seite die Maßgeblichkeit der materiellen Rechtmäßigkeit des Beschlusses für die vorläufige Wirkung der Abberufung teilweise auf mindestens hälftig beteiligte Gesellschafter-Geschäftsführer in der Zweipersonen-GmbH beschränkt[446], teilweise aber für alle Gesellschafter-Geschäftsführer in personalistischen Gesellschaften angenommen[447]. Auf der anderen Seite wird für den Fall der gegenseitigen Abberufung der Gesellschafter-Geschäftsführer einer zweigliedrigen GmbH mit unterschiedlichen Begründungen teils generell[448], teils unter bestimmten Voraussetzungen[449] das vorläufige Weiteramtieren beider Geschäftsführer befür-

---

442 Baumbach/Hueck/*Zöllner* 31; *Lutter/Hommelhoff* 34; Meyer-Landrut/*Miller*/Niehus 111; *Mertens* Voraufl. 68; Rowedder/*Koppensteiner* 20; Scholz/*Schneider* 66 m.w.Nachw.; *Fleck* GmbHRdsch 1970, 221, 226.

443 Baumbach/Hueck/*Zöllner* 25 a; *Lutter/Hommelhoff* 34; Rowedder/*Koppensteiner* 20; offengelassen von BGHZ 86, 177, 181 = NJW 1983, 938.

444 *Mertens* Voraufl. 68; Scholz/*Schneider* 66; *Fleck* GmbHRdsch 1970, 221, 226; dagegen Baumbach/Hueck/*Zöllner* 33; Rowedder/*Koppensteiner* 20.

445 BGHZ 86, 177, 179 ff = NJW 1983, 938; OLG Karlsruhe NJW-RR 1993, 1505, 1506; OLG Köln NJW-RR 1995, 555 f; Baumbach/Hueck/*Zöllner* 30; *Lutter/Hommelhoff* 30; *Schneider* ZGR 1983, 535, 543 ff; Scholz/*Schneider* 67, allerdings beschränkt auf den hälftig oder mehrheitlich beteiligten Gesellschafter-Geschäftsführer; ebenso Rowedder/*Koppensteiner* 20.

446 So Scholz/*Schneider* 67; Meyer-Landrut/*Miller*/Niehus 111.

447 *Lutter/Hommelhoff* 31, 33; ohne explizite Beschränkung auf die Zweipersonen-GmbH auch Rowedder/*Koppensteiner* 20.

448 *Mertens* Voraufl. 69: analoge Anwendung der §§ 117, 127 HGB.

449 Baumbach/Hueck/*Zöllner* 30, 36 c: bei fehlender Beschlußfeststellung und Erheblichkeit der Frage des Fehlens eines wichtigen Grundes.

wortet. Als Rechtsbehelfe kommen für die Beteiligten je nach Beschlußlage die Anfechtungsklage und/oder die Beschlußfeststellungsklage in Betracht[450].

113 Schon im Grundsatz **umstritten** ist die rechtliche Behandlung der **verbleibenden Fälle**; welche dies sind, ist wegen der unterschiedlichen Ansichten über die Reichweite der Maßgeblichkeit der materiellen Rechtslage (vgl. Rdn 112) nicht eindeutig zu bestimmen, doch handelt es sich dabei im Kern um die Abberufung von Fremdgeschäftsführern und Minderheitsgesellschafter-Geschäftsführern in nichtpersonalistisch strukturierten Gesellschaften. Hier soll nach überwiegender Auffassung im Schrifttum die aktienrechtliche Regelung des § 84 Abs. 3 S. 4 AktG analog angewendet werden[451], mit der Folge unmittelbarer Wirksamkeit der Abberufung trotz fehlendem wichtigen Grund bis zur rechtskräftigen gerichtlichen Entscheidung; diese dürfte dann nach dem aktienrechtlichen Modell konsequenterweise nur ex nunc-Wirkung haben (vgl. Rdn 101), was freilich bestritten wird[452]. Als Rechtsbehelf steht dem abberufenen Gesellschafter-Geschäftsführer, nicht auch dem Fremdgeschäftsführer (vgl. Rdn 97), nach dieser Auffassung die Anfechtungsklage offen[453]. Die Gegenmeinung lehnt die analoge Anwendung des § 84 Abs. 3 S. 4 AktG unter Berufung auf die fehlende Analogiebasis wegen der institutionellen Unterschiede zwischen Gesellschafterversammlung und Aufsichtsrat ab und will die vorläufige Wirkung der Abberufung nach der materiellen Rechtslage unter Beachtung des Beschlußmängelrechts und der Beschlußfeststellungsregeln beurteilen[454].

114 c) **Bewertung.** Es ist unschwer zu erkennen, daß den **Belangen der Praxis** mit den geschilderten Wucherungen juristischer Dogmatik wenig gedient ist. Bei der zweigliedrigen GmbH lehnen Rspr. und Lehre angesichts der Interessenlage der Beteiligten mit Recht jede Pauschallösung ab und bestimmen die Folgen der Abberufung aus wichtigem Grund allein anhand der materiellen Rechtslage (vgl. Rdn 112). Doch beschränken sich die dafür maßgeblichen Gründe keineswegs auf diese Fallkonstellation. Die Probleme, mit denen es die Unternehmenspraxis bei Abberufungsstreitigkeiten zu tun hat, können auch bei der mehrgliedrigen GmbH und bei der Abberufung von Fremdgeschäftsführern von der finanziellen Belastung der Gesellschaft durch Gehaltsfortzahlung über Beeinträchtigungen der ordnungsgemäßen Unternehmensleitung und -fortführung bis zu massiven Vertrauensverlusten bei Geschäftspartnern und Kreditgebern reichen und mitunter existenzbedrohende Ausmaße annehmen. Auch für den von der Abberufung betroffenen Geschäftsführer kann die Entlassung aus wichtigem Grund zu einer schwerwiegenden Beeinträchtigung seines beruflichen Fortkommens führen, der Streit um seine Rechtsstellung und Organbefugnisse kann gravierende Folgen gerade für einen Gesellschafter-Geschäftsführer haben, dessen materielle und berufliche Existenz auf seiner Beteiligung an und Tätigkeit für die Gesellschaft beruht. Die Probleme verschärfen sich, wenn Ungewißheit über die vorläufigen rechtlichen Wirkungen der Abberufung besteht.

---

450 Vgl. BGHZ 86, 177, 179 ff = NJW 1983, 938; OLG Köln NJW-RR 1995, 555 f; OLG Stuttgart NJW-RR 1994, 811, 812; vgl. weiterhin die Übers. bei Baumbach/Hueck/*Zöllner* 29 ff, 32.

451 *Fleck* GmbHRdsch 1970, 221, 227; *Mertens* Voraufl. 70; *Schneider* ZGR 1983, 535, 543 ff; Scholz/*Schneider* 64; *Lutter/Hommelhoff* 27, 30; Rowedder/*Koppensteiner* 20; Meyer-Landrut/*Miller*/Niehus 111; ebenso OLG Braunschweig GmbHRdsch 1977, 61; offengelassen von BGHZ 86, 177, 181 = NJW 1983, 938.

452 Von *Lutter/Hommelhoff* 30: zwar analoge Anwendung des § 84 Abs. 3 S. 4 AktG, aber ex tunc-Wirkung der gerichtlichen Nichtigerklärung des Abberufungsbeschlusses.

453 Vgl. etwa *Lutter/Hommelhoff* 30; Rowedder/*Koppensteiner* 20.

454 Baumbach/Hueck/*Zöllner* 29, 32; *Vorwerk* GmbHRdsch 1995, 266, 268; wohl auch *Raiser* Recht der Kapitalgesellschaften^2 (1992), § 32, 50 f.

Diese **Ungewißheit zu beseitigen**, ist zwar Anliegen aller Versuche, die vom GmbHG nicht geregelte Frage der vorläufigen Wirkung einer umstrittenen Abberufung aus wichtigem Grund in dem einen oder anderen Sinne zu lösen. Die Entwicklung einer unter jedem denkbaren rechtlichen Aspekt detailgenau ausgefeilten Arithmetik der vorläufigen Abberufungsfolgen verfehlt aber ihren Zweck, wenn sie selbst der fachkundig beratenen Unternehmenspraxis keine eindeutige Antwort auf die Frage nach den unmittelbaren Abberufungsfolgen im konkreten Streitfall zu geben vermag, ja nicht einmal annähernde Orientierungspunkte bieten kann, weil sich zu ihrer sachbedingten Komplexität auch noch der vom Grundsätzlichen bis in Einzelfragen gehende Meinungsstreit gesellt. **115**

Mit den Mitteln des **materiellen Rechts** ließen sich die mit der streitigen Abberufung aus wichtigem Grund verbundenen praktischen Probleme offensichtlich nur dann sachgemäß bewältigen, wenn es einfache, zumindest aber eindeutige, d. h. nicht auch noch streitige Lösungen gäbe, auf die sich die Praxis einstellen könnte. Den Verfechtern einer analogen Anwendung des § 84 Abs. 3 S. 4 AktG (vgl. näher Rdn 113) ist zwar ohne weiteres zuzubilligen, daß sie gerade diese Vereinfachung anstreben. Doch darf füglich bezweifelt werden, daß sie dieses Ziel erreichen, solange schon die erforderliche Analogiebasis aus grundsätzlichen Erwägungen bestritten wird[455]. Gewißheit über die Verfehlung ihres Ziels verschafft ein Blick auf die Detailfragen der befürworteten Analogie: Sie soll nicht generell, sondern nur für bestimmte Fallgruppen gelten, deren Eingrenzung jedoch im Streit ist (vgl. Rdn 112 f); sie wird auf die keineswegs gesicherte, etwa von der Rspr. nicht geteilte Prämisse[456] gestützt, ein unberechtigter Stimmrechtsausschluß führe zur Beschlußnichtigkeit[457]; sie schneidet auch bei offensichtlich unberechtigter Abberufung einstweiligen Rechtsschutz ab, weil die gerichtliche Entscheidung in der Hauptsache nach § 84 Abs. 3 S. 4 AktG lediglich ex nunc-Wirkung hat (vgl. Rdn 101); soweit dies bestritten und ex tunc-Wirkung angenommen wird[458], kann man die postulierte Analogie zu § 84 Abs. 3 S. 4 AktG nicht einmal für bare Münze nehmen, weil sich ihre Funktion in diesem Fall auf die Gewährung einstweiligen Rechtsschutzes in materiellrechtlichem Gewand reduziert. Daß eine analoge Anwendung des § 84 Abs. 3 S. 4 AktG unter diesen Auspizien die materielle Rechtslage nicht vereinfacht, sondern weiter kompliziert, liegt auf der Hand. Sie sollte deshalb zur Lösung von Ungewißheitslagen in Abberufungskonflikten nicht herangezogen werden. Die erforderliche Beachtung der Auswirkungen objektiv bestehender oder nicht bestehender Stimmverbote, statutarischer Sonderrechte und förmlicher Beschlußfeststellung machen die Ergründung der materiellen Rechtslage ohnehin schon schwierig genug. **116**

Überhaupt erscheint die Annahme verfehlt, Ungewißheitsprobleme im Zusammenhang mit der Abberufung aus wichtigem Grund ließen sich auf der Basis und mit den Mitteln des materiellen Rechts anders als um den Preis grob unsachgerechter und **unbilliger Ergebnisse im Einzelfall** in einer Weise lösen, die der Praxis ihre unkomplizierte Handhabung erlaubte. Das liegt weniger an der Unfähigkeit der juristischen Dogmatik, praxistaugliche Lösungen zu entwickeln, als vielmehr an der komplexen Natur der Materie und der Vielfalt möglicher Fallgestaltungen und Interessenlagen. Mehr als zusätzliche Komplikationen schaffende Lösungswege zu ver- **117**

---

455 Baumbach/Hueck/*Zöllner* 29, 32; *Raiser* Recht der Kapitalgesellschaften² (1992), § 32, 51; *Peltzer* BB 1976, 1249, 1250; *Vorwerk* GmbHRdsch 1995, 266, 268.

456 Z. B. BGH NJW 1987, 1889; OLG Düsseldorf WM 1992, 14, 18; OLG Hamm GmbHRdsch 1985, 119.

457 So *Schneider* ZGR 1983, 535, 542.

458 So *Lutter/Hommelhoff* 30.

meiden, kann deshalb vom materiellen Recht als Beitrag zur Bewältigung der ungewissen Auswirkungen einer umstrittenen Abberufung aus wichtigem Grund schlechterdings nicht erwartet werden. In allen Abberufungsfällen von der generellen Maßgeblichkeit der materiellen Rechtslage auszugehen, die wenigstens objektiv von vornherein feststeht, erscheint insofern noch als das geringere Übel[459]. Der mögliche Einwand, daß der Registerrichter sich unter diesen Voraussetzungen noch häufiger als bisher[460] außerstande sehen wird, die Eintragung der Abberufung angesichts ihrer zweifelhaften Rechtsgrundlage vorzunehmen, und dadurch eine generelle Zementierung der bestehenden Vertretungsverhältnisse droht, dürfte schon deshalb kaum berechtigt sein, weil einerseits auch die Unsicherheit der heutigen Rechtslage den im registerrechtlichen Verfahren zu leistenden Prüfungsaufwand häufig schlicht übersteigt, andererseits die Entziehung der Geschäftsführungs- und Vertretungsbefugnis auch im Wege der einstweiligen Verfügung erreicht werden kann (vgl. dazu Rdn 124 f).

118 Die Unternehmenspraxis setzt deshalb heute durchweg auf **einstweiligen Rechtsschutz** als einzig taugliches Instrument zur Bewältigung der Ungewißheitsprobleme in Abberufungskonflikten und zur Abwendung der beiden Seiten aus der Schaffung vollendeter Tatsachen drohenden Nachteile, und die Praxis der Gerichte folgt ihr mit Recht. Erweist sich das materielle Recht zur Lösung dieser Probleme als ungeeignet, ist den Parteien in großzügigstem Umfang einstweiliger Rechtsschutz zu eröffnen, und zwar unabhängig von den vorläufigen Wirkungen einer umstrittenen Abberufung nach materiellem Recht. Das Interesse an ihrer Ergründung büßt damit zu Recht an Bedeutung ein, weil schematische Festlegungen den Fällen nicht gerecht werden, in denen der Sicherungsbedarf allein aus den tatsächlichen Verhältnissen herrührt, mag ihre Herbeiführung von der Rechtslage gedeckt sein oder nicht. Überhaupt wird in der Diskussion um die Rechtsfolgen einer Abberufung aus wichtigem Grund dem Umstand viel zu wenig Beachtung geschenkt, daß das Bedürfnis für einstweiligen Rechtsschutz nicht davon abhängt und seine Gewährung im Interesse der Gesellschaft und des betroffenen Geschäftsführers auch nicht davon abhängen darf, **welche vorläufigen Wirkungen die Abberufung** rechtlich erzeugt, sondern welche sie **tatsächlich erzeugt.** Gegenstand der gerichtlichen Prüfung des Verfügungsanspruchs ist die endgültige Wirkung des Abberufungsbeschlusses, ein Verfügungsgrund ist gegeben, wenn ohne einstweilige gerichtliche Regelung der Verhältnisse, wie sie faktisch, nicht rechtlich bestehen, dem Antragsteller eine schwerwiegende Beeinträchtigung seiner rechtlich geschützten Interessen droht. Schon deshalb ist eine analoge Anwendung des § 84 Abs. 3 S. 4 AktG, die einer sonst in jeder materiellrechtlichen Konstellation möglichen vorläufigen Regelung durch einstweilige Verfügung wegen der ex nunc-Wirkung der Entscheidung in der Hauptsache die Grundlage entzöge, abzulehnen (vgl. Rdn 116). Daher kann beispielsweise der satzungs- und anstellungsvertragswidrig durch förmlich festgestellten Beschluß ohne wichtigen Grund abberufene Minderheitsgesellschafter-Geschäftsführer in der nichtpersonalistischen GmbH unter den entsprechenden Voraussetzungen durch einstweilige Verfügung sein Weiteramtieren durchsetzen, obwohl er nach allen hierzu vertretenen Ansichten vorläufig aus dem Amt ausscheiden muß. Umgekehrt müssen die Mitgesellschafter dem unter umstrittener Verletzung seines statutarischen Sonderrechts auf Geschäftsführung aus wichtigem Grund abberufenen Gesellschafter-

---

[459] So auch BGHZ 86, 177, 182 = NJW 1983, 938 für die zweigliedrige GmbH.

[460] Vgl. z. B. OLG Köln NJW-RR 1995, 555, 556; dazu auch BGHZ 86, 177, 182 = NJW 1983, 938.

Geschäftsführer die Geschäftsführungs- und Vertretungsbefugnis gegebenenfalls durch einstweilige Verfügung entziehen lassen können, obwohl ihm sein Sonderrecht nach der materiellen Rechtslage das vorläufige Verbleiben im Amt ermöglicht. Dasselbe gilt bei angefochtenem Abberufungsbeschluß auch für den Fremdgeschäftsführer, der in Ausnahmefällen ebenfalls durch einstweilige Verfügung sein Weiteramtieren erreichen können muß. Allein der offene Ausgang des Prozesses um die Berechtigung der Abberufung, der die Möglichkeit einschließt, daß der Abberufungsbeschluß ex tunc für nichtig erklärt wird, rechtfertigt grundsätzlich die Zulassung einstweiligen Rechtsschutzes für alle Beteiligten. Zu den Voraussetzungen im einzelnen s. Rdn 124 ff.

3. Prozessuales

a) **Rechtsweg und Gerichtsstand.** Für Rechtsstreitigkeiten über die Wirksamkeit **119**
von Abberufung und Kündigung des Anstellungsvertrages sind nach § 5 Abs. 1 S. 3 ArbGG grundsätzlich die ordentlichen Gerichte und nicht die Arbeitsgerichte zuständig. Zu Einzelheiten und Sonderfällen s. § 35, 323 ff; zu Schiedsvereinbarungen § 35, 328. Gerichtsstand des Erfüllungsortes nach § 29 ZPO für den Rechtsstreit um Abberufung und Kündigung ist für beide Seiten der Sitz der Gesellschaft. Funktionell zuständig sind beim Landgericht nach § 95 Abs. 1 Nr. 4 a GVG die Kammern für Handelssachen.

b) **Streitwert.** Richtet sich die Klage des Geschäftsführers nur gegen seine Abbe- **120**
rufung und nicht zugleich gegen die Kündigung seines Anstellungsvertrages, so ist der Gegenstandswert nicht nach § 9 ZPO zu berechnen, sondern vom Gericht gem. § 3 ZPO nach freiem Ermessen zu bestimmen[461].

c) **Parteirolle und Vertretung der Gesellschaft im Prozeß.** Im Rechtsstreit um die **121**
Abberufung oder Kündigung des Geschäftsführers ist Partei neben dem Geschäftsführer regelmäßig die Gesellschaft[462], und zwar auch im einstweiligen Verfügungsverfahren[463]; die Passivlegitimation hängt aber hier vom Rechtsschutzziel des Verfügungsklägers im Einzelfall ab (dazu näher Rdn 126). Vertreten wird die Gesellschaft nach § 35 grundsätzlich durch den oder die verbleibenden oder den neu bestellten Geschäftsführer, sofern die Gesellschafterversammlung von ihrem Recht nach § 46 Nr. 8, einen besonderen Prozeßvertreter zu bestellen, keinen Gebrauch macht[464]. Ist die Stellung als Geschäftsführer im Streit, wird die Gesellschaft von demjenigen vertreten, der bei ihrem Obsiegen im Prozeß als ihr Geschäftsführer anzusehen wäre[465]. Denn im Interesse einer einheitlichen Vertretung der GmbH im gesamten Instanzenzug darf die Vertretungsmacht nicht vom Ausgang des Rechtsstreits abhängen, sondern muß vor der Entscheidung in der Sache feststehen[466]. Deshalb sind

---

[461] BGH NJW-RR 1990, 1123, 1124; **aA** OLG Frankfurt NJW 1968, 2112.

[462] BGH NJW 1981, 1041; OLG Hamm GmbHRdsch 1985, 119; OLG Hamburg GmbHRdsch 1992, 43, 44 f; *Lutter/Hommelhoff* Anh. § 47, 35.

[463] OLG Hamm GmbHRdsch 1993, 743, 745; OLG Düsseldorf NJW 1989, 172; OLG Karlsruhe NJW-RR 1993, 1505, 1506; Baumbach/Hueck/*Zöllner* 35.

[464] BGH WM 1981, 1353, 1354; NJW-RR 1992, 993; OLG Düsseldorf NJW 1989, 172; OLG Hamburg GmbHRdsch 1992, 43, 44; OLG Hamm GmbHRdsch 1993, 743, 745; ebenso *Hüffer* § 46, 104 f m.Nachw. zum Meinungsstand, str.; **aA** OLG Karlsruhe NJW-RR 1993, 1505, 1506 f; *Goette* Anm. zu BGH DStR 1993, 843, 844, der sich allerdings zu Unrecht auf Hachenburg/*Hüffer* § 46, 100 beruft.

[465] BGHZ 36, 207, 208 f = NJW 1962, 538; BGH NJW 1981, 1041; OLG Düsseldorf NJW 1989, 172; OLG Hamburg GmbHRdsch 1992, 43, 44; OLG Hamm GmbHRdsch 1985, 119.

[466] BGH NJW 1981, 1041 m.w.Nachw.; OLG Hamburg GmbHRdsch 1992, 43, 44; OLG Hamm GmbHRdsch 1985, 119.

bei Neubestellung von Geschäftsführern nach Abberufung des früheren Geschäftsführers und zwischenzeitlicher Bestellung eines Notgeschäftsführers im Streit um die Wirksamkeit der Abberufung und Neubestellung nicht die Notgeschäftsführer, sondern nur die zuletzt bestellten Geschäftsführer vertretungsbefugt[467]. Ebenso ist der verbleibende Geschäftsführer vertretungsberechtigt, wenn der abberufene gegen den Beschluß die Anfechtungsklage erhebt[468]; umgekehrt bleibt der betroffene Geschäftsführer selbst vertretungsberechtigt, wenn gegen die Gesellschaft auf Feststellung der Wirksamkeit seiner Abberufung geklagt wird[469].

122 Bei einer GmbH mit **fakultativem Aufsichtsrat**, dem mangels abweichender Satzungsregelung nach § 112 AktG iVm § 52 Abs. 1 die Bestellungs- und Anstellungskompetenz zusteht, wird die Gesellschaft im Rechtsstreit um die Wirksamkeit der Abberufung des Geschäftsführers nach § 112 AktG allein durch den Aufsichtsrat vertreten[470]. Die ausschließliche Vertretungsbefugnis des Aufsichtsrats erstreckt sich auch auf die Klage des wirksam abberufenen ehemaligen Geschäftsführers aus dem Anstellungsverhältnis[471], und zwar unabhängig davon, ob dabei die Wirksamkeit der Kündigung oder sonstige Ansprüche aus dem Anstellungsvertrag im Streit sind[472]. Für die Prozeßvertretung der mitbestimmten GmbH, die sich ebenfalls nach § 112 AktG (iVm § 25 Abs. 1 Nr. 2 MitbestG) richtet, kann nichts anderes gelten[473].

123 d) **Darlegungs- und Beweislast.** Wer sich auf einen wichtigen Grund für Abberufung oder Kündigung beruft, muß seine Voraussetzungen darlegen und beweisen. Entlastende Tatsachen hat der betroffene Geschäftsführer vorzubringen, die Widerlegungslast liegt bei der Gesellschaft[474].

124 e) **Einstweiliger Rechtsschutz.** Abberufungsstreitigkeiten bilden einen der Hauptanwendungsbereiche für einstweiligen Rechtsschutz im Gesellschaftsrecht[475]. Ein entsprechender Regelungsbedarf zur vorläufigen Sicherung der rechtlichen Interessen der Beteiligten und zur Verhinderung des Eintritts endgültiger Verhältnisse infolge Zeitablaufs während des langwierigen Hauptsacheverfahrens ist heute weitgehend unbestritten. Auch die Gerichte gewähren einstweiligen Rechtsschutz in weitem Umfang. Die Voraussetzungen richten sich nach § 940 ZPO, es bedarf eines Verfügungsanspruchs und eines Verfügungsgrundes[476]. Die Zulässigkeit einer vorläufigen Regelung der Verhältnisse durch einstweilige Verfügung ist freilich in verschiedener Hinsicht umstritten und in Detailfragen ungeklärt[477]. Zu differenzieren ist grundsätzlich zwischen einstweiligem Rechtsschutz zugunsten der Gesellschaft oder einzelner Gesellschafter und zugunsten des von einer Abberufung oder Kündigung betroffenen Geschäftsführers; einen Sonderfall bildet die gegenseitige Abberu-

---

467 BGH NJW 1981, 1041 f.

468 OLG Hamm GmbHRdsch 1985, 119.

469 OLG Hamburg GmbHRdsch 1992, 43, 44.

470 BGH NJW 1981, 2748, 2749; WM 1986, 1411 f, jeweils zur AG.

471 St. Rspr., z. B. BGH NJW-RR 1990, 739, 740 zur GmbH; BGH NJW 1987, 254 f; WM 1986, 1411 f; NJW 1989, 2055, 2056 f, jeweils zur AG.

472 BGH NJW-RR 1990, 739, 740 m.w.Nachw.; enger noch BGH NJW 1987, 254 f; OLG Koblenz BB 1980, 175: keine Vertretungsbefugnis des Aufsichtsrats mehr, wenn es ausschließlich um Ansprüche aus dem Anstellungsvertrag geht.

473 BGH NJW 1989, 2055, 2057.

474 BGH NJW-RR 1995, 669, 670 f; w. Rspr.-Nachw. in den Fn zu Rdn 42.

475 Dazu *Damm* ZHR 154 (1990), 413 ff, 424 ff; *von Gerkan* ZGR 1985, 167; *Heinze* ZGR 1979, 293; *Kiethe* DStR 1993, 609; *Littbarski* DStR 1994, 906; *Michalski* GmbHRdsch 1991, 12; *Semler* BB 1979, 1533; *Vorwerk* GmbHRdsch 1995, 266; *Westermann/Pöllath* 82 ff; speziell zur mitbestimmten GmbH *Vollmer* GmbHRdsch 1984, 5, 10 ff.

476 Vgl. dazu auch *Damm* ZHR 154 (1990), 413, 418 m.w.Nachw.

477 Übersicht zum Meinungsstand bei *Damm* ZHR 154 (1990), 413 ff; *Littbarski* DStR 1994, 906, 907 ff.

fung der Gesellschafter-Geschäftsführer in der zweigliedrigen GmbH (dazu näher Rdn 128). Unterschiede in den Voraussetzungen bestehen zudem zwischen Verfügungen zur vorläufigen Herbeiführung oder Abwendung bestimmter Folgen getroffener Entscheidungen, die deren Vollzug zum Gegenstand haben, und solchen, deren Rechtsschutzziel schon im Vorfeld der Beschlußfassung auf das künftige Stimmverhalten gerichtet ist[478]. Im letzteren Fall zieht das Vorwegnahmeverbot dem einstweiligen Rechtsschutz prinzipiell engere Grenzen als im ersteren.

Die **Gesellschaft** kann zur vorläufigen Sicherung ihrer Rechte den Erlaß einer **125** einstweiligen Verfügung mit dem Ziel beantragen, dem Geschäftsführer bis zur Klärung der Wirksamkeit seiner Abberufung oder des Bestehens seiner Organstellung im Hauptsacheverfahren die Ausübung der Organtätigkeit zu untersagen[479] oder die Geschäftsführungs- und Vertretungsbefugnis vorläufig zu entziehen[480]. Letztere Maßnahme hat insofern die Wirkung einer vorläufigen Abberufung, als die organschaftliche Vertretungsmacht entfällt, obwohl die Organstellung erhalten bleibt[481]. Gleiches gilt für die Entziehung der Vertretungsbefugnis des Geschäftsführers einer Komplementär-GmbH; antragsberechtigt sind sowohl die Kommanditisten als auch die GmbH[482]. Die Eintragung des Geschäftsführers im Handelsregister ist von Amts wegen zu löschen, damit Zweifel am Wegfall der Vertretungsmacht ausgeschlossen sind[483]. In Betracht kommt auch ein Antrag auf gerichtliche Bestellung eines Notgeschäftsführers, falls der Gesellschaft infolge der angeordneten Maßnahme kein vertretungsberechtigtes Organmitglied bleibt[484]. Gegenstand der einstweiligen Verfügung kann ferner je nach Sachlage eine partielle Beschränkung der Geschäftsführungstätigkeit oder die Untersagung einzelner Maßnahmen oder Geschäfte sein, etwa des Zutritts zu Geschäfts- oder Betriebsräumen, die Einsichtnahme in Geschäftspapiere, die Herausgabe von Unterlagen[485], ferner die Unterlassung der Behauptung, ein Mitgeschäftsführer sei abberufen worden[486]. An Verfügungsanspruch und Verfügungsgrund sind generell hohe Anforderungen zu stellen, um die Gewährung einstweiligen Rechtsschutzes auf dringliche Fälle zu beschränken; das Gebot des mildesten Mittels ist durchweg zu beachten[487].

Auch der abberufene **Gesellschafter-Geschäftsführer** kann sich bis zur Entschei- **126** dung der Hauptsache gegen die Entziehung von Organbefugnissen mit Hilfe der

---

[478] Zu dieser Unterscheidung zwischen Kompetenzkonflikten und Willensbildungskonflikten s. auch *Damm* ZHR 154 (1990), 413, 424 ff.

[479] OLG Hamm GmbHRdsch 1993, 743, 745 ff; OLG Karlsruhe NJW-RR 1993, 1505, 1506; dazu auch *Littbarski* DStR 1994, 906 ff; *Lutter/Hommelhoff* 37; vgl. auch BGHZ 86, 177, 183 = NJW 1983, 938; BayObLGZ 1989, 81 = NJW-RR 1989, 934.

[480] OLG Frankfurt GmbHRdsch 1979, 229; GmbHRdsch 1980, 32.

[481] BayObLGZ 1989, 81, 84 ff = NJW-RR 1989, 934; Baumbach/Hueck/*Zöllner* 41, jedoch insofern weitergehend, als auch ein bloßes Tätigkeitsverbot diese Wirkung entfalten soll; **aA** *Lutter/Hommelhoff* 37; Baumbach/Hueck/*Zöllner* 36 (allerdings in Widerspruch zu Rdn 41): nur vorläufige Abberufung läßt Vertretungsmacht entfallen. Das würde aber eine Neubestellung bei gegenteiliger Entscheidung im Hauptsacheverfahren erfordern, was unnötig weitgehend erscheint; richtigerweise genügt seine Wiedereintragung ohne Neubestellung, so BayObLGZ 1993, 57, 62 = GmbHRdsch 1993, 223; *Münch* DStR 1993, 916, 918.

[482] OLG Hamm DB 1977, 765; OLG Köln GmbHRdsch 1977, 6.

[483] BayObLGZ 1989, 81, 86 = NJW-RR 1989, 934; **aA** Baumbach/Hueck/*Zöllner* 41, der einen Hinweis auf den Entzug der Vertretungsmacht für ausreichend hält; anders aber Rdn 36: Vertretungsmacht kann nur durch Abberufung entzogen werden.

[484] BGHZ 86, 177, 183 = NJW 1983, 938; vgl. auch die in BayObLGZ 89, 81, 82 = NJW-RR 1989, 934 erwähnte landgerichtliche Entscheidung; dazu auch *Littbarski* DStR 1994, 906, 908, 910.

[485] Vgl. auch Baumbach/Hueck/*Zöllner* 36; *Lutter/Hommelhoff* 37.

[486] Vgl. OLG Stuttgart GmbHRdsch 1995, 228.

[487] Vgl. im einzelnen *Damm* ZHR 154 (1990), 413, 428 f.

einstweiligen Verfügung zur Wehr setzen, sofern im Einzelfall Verfügungsanspruch und -grund gegeben sind; zu den Anforderungen vgl. Rdn 125. Er kann insbesondere der Gesellschaft oder Mitgesellschaftern verbieten lassen, ihn an der Ausübung der Organtätigkeit zu hindern[488] oder seine Abberufung zum Handelsregister anzumelden[489]. Ebenso kann er einem Mitgesellschafter, der sich nach seiner Abberufung selbst zum Geschäftsführer bestellt hat, die Betätigung als Geschäftsführer untersagen lassen; Verfügungsbeklagte ist auch in diesem Fall grundsätzlich die Gesellschaft. Falls aber der Bestellungsbeschluß durch Eintragung des neuen Geschäftsführers im Handelsregister schon ausgeführt wurde, ist dieser selbst passivlegitimiert[490]. Wurde der Abberufungsbeschluß angefochten, so ist auch dem abberufenen **Fremdgeschäftsführer** grundsätzlich die Möglichkeit zuzubilligen, durch einstweilige Verfügung sein vorläufiges Weiteramtieren zu erreichen. Verfügungsanspruch und -grund werden allerdings nur in Ausnahmefällen zu bejahen sein (näher Rdn 97).

127 Maßnahmen des einstweiligen Rechtsschutzes, die sich unmittelbar auf die **Willensbildung** der Gesellschaft richten, sind entgegen früherer Auffassung[491] unter engen Voraussetzungen ebenfalls anzuerkennen[492]. Passivlegitimiert ist in diesem Fall nicht die Gesellschaft, sondern der oder die Mitgesellschafter. Im Hinblick auf das vorläufigem Rechtsschutz immanente Vorwegnahmeverbot kann eine einstweilige Verfügung, die ein bestimmtes Abstimmungsverhalten ge- oder verbietet, nur erlassen werden, wenn zugunsten des Antragstellers eine eindeutige Rechtslage, etwa aufgrund von Stimmverboten[493], Stimmbindungsvereinbarungen[494] oder aufgrund gesellschaftlicher Treupflicht[495], oder ein überragendes Schutzbedürfnis besteht und das Gebot des geringstmöglichen Eingriffs nicht verletzt wird[496]. Letzteres ist jedoch anzunehmen, wenn der Antragsteller eine einstweilige Verfügung auch gegen den Vollzug des Beschlusses erwirken könnte, beispielsweise durch das an die Gesellschaft gerichtete Verbot, seinen Inhalt im Handelsregister eintragen zu lassen[497]. Einstweiliger Rechtsschutz scheidet auch dann regelmäßig aus, wenn die Möglichkeit der Beschlußanfechtung hinreichenden Schutz bietet[498]. Ob die Belange des Antragstellers ohne den Erlaß der einstweiligen Verfügung schwerwiegend

[488] OLG Celle GmbHRdsch 1981, 264, 265 f; vgl. auch OLG Düsseldorf NJW 1989, 172 zum Sonderfall der zweigliedrigen GmbH; *Lutter/Hommelhoff* 37; Baumbach/Hueck/*Zöllner* 36; **aA** Scholz/*Schneider* 73.

[489] Baumbach/Hueck/*Zöllner* 36; *Lutter/Hommelhoff* 37; vgl. auch OLG Düsseldorf NJW 1989, 172, im konkreten Fall allerdings in der umgekehrten Konstellation mit dem Verbot an einen Geschäftsführer, die Abberufung des anderen zum Handelsregister anzumelden.

[490] OLG Hamm GmbHRdsch 1993, 743, 745.

[491] Vgl. z. B. OLG Celle GmbHRdsch 1981, 264, 265 f; OLG Frankfurt GmbHRdsch 1982, 237; *Semler* BB 1979, 1533, 1536; Scholz/*Schneider* 72; Rowedder/*Koppensteiner* § 47, 32; Baumbach/Hueck/*Zöllner* Anh. § 47, 93 k; zahlr. w.Nachw. bei *von Gerkan* ZGR 1985, 167, 168 Fn 2.

[492] Zu den Voraussetzungen im einzelnen *von Gerkan* ZGR 1985, 167, 172 ff; *Damm* ZHR 154 (1990), 413, 430 ff; *Michalski* GmbHRdsch 1991, 12 ff.

[493] *Michalski* GmbHRdsch 1991, 12, 13.

[494] OLG Koblenz NJW 1986, 1692, 1693; zust. *Westermann/Pöllath* 87 f.

[495] OLG Hamburg NJW 1992, 186, 187 = GmbHRdsch 1991, 467, 468 m.zust.Anm. *K. Schmidt*; LG Mainz GmbHRdsch 1990, 513, 514 f; **aA** OLG Koblenz NJW 1991, 1119 f; zu den materiellrechtlichen Abberufungsbeschränkungen aufgrund gesellschafterlicher Treubindungen vgl. Rdn 30.

[496] OLG Hamm GmbHRdsch 1993, 163 m.Anm. *Michalski*; OLG Koblenz NJW 1986, 1692, 1693; LG Mainz GmbHRdsch 1990, 513, 514; vgl. auch OLG Stuttgart NJW 1987, 2449; OLG Saarbrücken NJW-RR 1989, 1512, 1513.

[497] OLG Hamm GmbHRdsch 1993, 163, 164 m.Anm. *Michalski*, dort auch w.Nachw. älterer Rspr.; OLG Celle GmbHRdsch 1981, 264, 265; OLG Frankfurt GmbHRdsch 1982, 237.

[498] OLG Stuttgart NJW 1987, 2449; OLG Koblenz NJW 1991, 1119, 1120.

beeinträchtigt werden, ist durch eine konkrete Bewertung der beiderseitigen Interessen zu ermitteln[499]. Je nach Lage des Falles kann der Geschäftsführer eine einstweilige Verfügung erwirken, die den Beschluß über seine Abberufung verhindert[500], seine Wiederbestellung erzwingt[501] oder sonst eine bestimmte Ausübung des Stimmrechts zu seinen Gunsten vorschreibt oder verbietet[502].

Auch in der **Zweipersonen-GmbH** kann bei Abberufungskonflikten einstweiliger Rechtsschutz in Anspruch genommen werden[503]; gerade die Abhängigkeit der vorläufigen Wirkung der Abberufung eines Gesellschafter-Geschäftsführers von der erst im Hauptsacheverfahren endgültig zu klärenden materiellen Rechtslage (vgl. Rdn 112) macht eine einstweilige gerichtliche Regelung der Geschäftsführungsbefugnisse namentlich bei gegenseitiger Abberufung der Gesellschafter-Geschäftsführer oft unerläßlich, um schwerwiegende Nachteile von dem Unternehmen oder den betroffenen Geschäftsführern abzuwenden (dazu allg. Rdn 114, 118). Doch darf die vorläufige Regelung weder der Entscheidung in der Hauptsache vorgreifen, noch einen der Geschäftsführer ungerechtfertigt begünstigen. Ziel der Gewährung einstweiligen Rechtsschutzes kann es in diesen Fällen vielmehr nur sein, die Pattsituation zwischen den zerstrittenen Gesellschafter-Geschäftsführern wiederherzustellen oder zu stabilisieren. Daher verbietet sich die Anordnung einseitiger, über die Sicherung gleichgewichtiger Einflußmöglichkeiten hinausgehender Maßnahmen zugunsten der einen oder anderen Partei, wenn eine erhebliche Wahrscheinlichkeit dafür spricht, daß die Abberufung beider Geschäftsführer entweder wirksam oder unwirksam ist[504]. Dem auf ebendieses Ziel gerichteten Postulat *Zöllners* (Baumbach/Hueck/*Zöllner* 36d), beide Abberufungen nur gemeinsam zu verhandeln und zu entscheiden, ist beizupflichten. Die Gerichte sollten von der auch im Eilverfahren eröffneten Möglichkeit einer Verbindung beider Verfahren nach § 147 ZPO oder zumindest ihrer gleichzeitigen Verhandlung im Rahmen einer vorübergehenden Vereinfachungsmaßnahme durchgängig Gebrauch machen. Aktivlegitimiert ist auch in der Zweipersonen-GmbH grundsätzlich die Gesellschaft[505]; ist sie jedoch wegen des Abberufungskonflikts handlungsunfähig, steht die Antragsbefugnis ausnahmsweise auch dem abberufenden Gesellschafter selbst zu[506]. 128

X. Suspendierung des Geschäftsführers

Weder das GmbHG, noch das AktG sehen die Möglichkeit einer vorläufigen Dienstentpflichtung des Geschäftsführungsorgans vor. Eine solche Regelung enthält 129

499 OLG Frankfurt NJW-RR 1992, 934; OLG Hamburg NJW 1992, 186f = GmbHRdsch 1991, 467, 468 m.Anm. *K. Schmidt*; OLG Hamm GmbHRdsch 1993, 163 m.Anm. *Michalski*; OLG Stuttgart NJW 1987, 2449; OLG Koblenz NJW 1991, 1119, 1120; *von Gerkan* ZGR 1985, 167, 174ff, 179ff; *Kiethe* DStR 1993, 609, 612; *Michalski* GmbHRdsch 1991, 12, 13.

500 OLG Frankfurt OLG-Rep Frankfurt 1993, 97; LG München ZIP 1994, 1858, 1859; **aA** Baumbach/Hueck/*Zöllner* 35 b.

501 OLG Frankfurt NJW-RR 1992, 934, 935.

502 OLG Hamburg NJW 1992, 186, 187 = GmbHRdsch 1991, 467, 468 m.zust.Anm. *K. Schmidt*.

503 Vgl. z. B. OLG Düsseldorf NJW 1989, 172; OLG Karlsruhe NJW-RR 1993, 1505, 1506; OLG Hamm GmbHRdsch 1993, 743; OLG Frankfurt GmbHRdsch 1979, 229; vgl. auch BGHZ 86, 177, 183 = NJW 1983, 938 und OLG Köln NJW-RR 1995, 555, 556, jeweils obiter.

504 Vgl. dazu OLG Düsseldorf NJW 1989, 172; *Lutter/Hommelhoff* 38; aus ähnlichen Erwägungen bereits den wichtigen Grund für die Abberufung nur eines der beiden Geschäftsführer verneinend OLG Düsseldorf WM 1992, 14, 19.

505 OLG Düsseldorf NJW 1989, 172; OLG Hamm GmbHRdsch 1993, 743, 745; OLG Karlsruhe NJW-RR 1993, 1505, 1506.

506 BGHZ 86, 177, 183 = NJW 1983, 938; OLG Frankfurt GmbHRdsch 1979, 229; OLG Karlsruhe NJW-RR 1993, 1505, 1506; Baumbach/Hueck/*Zöllner* 35 a; Scholz/*Schneider* 68.

lediglich § 40 GenG, der eine zum Verlust der Geschäftsführungs- und Vertretungsbefugnis führende einstweilige Amtsenthebung von Vorstandsmitgliedern zuläßt[507]. **Im Aktienrecht** wird eine zeitweilige Suspendierung von Vorstandsmitgliedern heute allgemein als zulässig angesehen[508]; doch sind ihre Voraussetzungen – Vorliegen eines für die Abberufung genügenden Grundes erforderlich[509] oder bloßer Verdacht seines Vorliegens ausreichend[510] – ebenso ungeklärt wie ihre Folgen – vorläufiges Amtsausübungsverbot mit lediglich interner Wirkung[511] oder Abberufung unter Widerrufsvorbehalt mit Entzug der Vertretungsmacht[512].

130 **Im GmbH-Recht** wird eine förmliche Suspendierung des Geschäftsführers mit Aussetzung seiner Rechte und Pflichten überwiegend **abgelehnt** mit der zutreffenden Begründung, daß die Gesellschafter dem Geschäftsführer kraft ihres Weisungsrechts ohnehin ein zeitweiliges Tätigkeitsverbot auferlegen können, wenn Umstände zu klären sind, die möglicherweise zu seiner endgültigen Abberufung führen[513]. Dafür muß auch der konkrete Verdacht eines Verhaltens ausreichen, das eine Abberufung aus wichtigem Grund rechtfertigen würde[514]. Der Geschäftsführer bleibt dabei allerdings im Amt, behält also seine Vertretungsbefugnis und unterliegt weiterhin den gesetzlichen Organpflichten. Handelt der Geschäftsführer dem Tätigkeitsverbot zuwider, kann die Gesellschaft einstweiligen Rechtsschutz erlangen, der sich auf den Entzug der Vertretungsmacht erstreckt[515]; insofern ist eine förmliche Suspendierung durch die Gesellschaft mit Entziehung von Geschäftsführungs- und Vertretungsbefugnis auch entbehrlich[516].

131 **In der mitbestimmten GmbH** kann über die Suspendierung nur der Aufsichtsrat, und zwar als Plenum[517], gegebenenfalls im qualifizierten Beschlußverfahren nach § 31 Abs. 2–4 MitbestG entscheiden[518]. Auch hier wird man eine Suspendierung mit lediglich interner Wirkung als gegenüber einer sofortigen Abberufung weniger einschneidende Maßnahme im Interesse beider Seiten als zulässig anzusehen haben[519]. Durch einstweilige Verfügung kann unter besonderen Voraussetzungen auch die vorläufige Entziehung der Vertretungsbefugnis erreicht werden[520].

---

507 S. Scholz/*Schneider* 88 m.w.Nachw.

508 OLG München AG 1986, 234, 235; *Mertens*-KölnKommAktG² § 84, 152 ff; *Krieger* Personalentscheidungen des Aufsichtsrats (1981), 152 ff; *Meyer-Landrut* Festschrift Fischer (1979), 477, 479 ff; *ders.* GroßkommAktG § 84, 28 a; Geßler/*Hefermehl*/Eckardt/Kropff AktG § 84, 62; *Baumbach/Hueck* AktG¹³ § 84, 13, 15; **aA** *Baums* 348 ff.

509 So *Krieger* Personalentscheidungen des Aufsichtsrats (1981), 154 ff; Geßler/*Hefermehl*/Eckardt/Kropff AktG § 84, 62; *Meyer-Landrut* Festschrift Fischer (1979), 477, 481; *ders.* GroßkommAktG § 84, 28 a.

510 So *Mertens*-KölnKommAktG² § 84, 152; offengelassen von OLG München AG 1986, 234, 235.

511 So *Krieger* Personalentscheidungen des Aufsichtsrats (1981), 150 f; *Mertens*-KölnKommAktG² § 84, 152; *Godin/Wilhelmi* AktG § 84, 12.

512 *Baumbach/Hueck* AktG¹³ § 84, 13, 15; Geßler/*Hefermehl*/Eckardt/Kropff AktG § 84, 62.

513 Scholz/*Schneider* 89; *Lutter/Hommelhoff* 39; Rowedder/*Koppensteiner* 24; **aA** *Westermann/Pöllath* 88; Meyer-Landrut/*Miller*/Niehus 127.

514 So für das Aktienrecht *Mertens*-KölnKommAktG² § 84, 152; **aA** Rowedder/*Koppensteiner* 24.

515 BayObLGZ 1989, 81, 84 ff = NJW-RR 1989, 934 f, auch zur Eintragung des Ausscheidens als Geschäftsführer im Handelsregister von Amts wegen; OLG Frankfurt GmbHRdsch 1979, 229; vgl. auch BGHZ 86, 177, 183 = NJW 1983, 938; Rowedder/*Koppensteiner* 24.

516 *Lutter/Hommelhoff* 39; **aA** *Westermann/Pöllath* 88.

517 OLG München AG 1986, 234, 235; *Krieger* Personalentscheidungen des Aufsichtsrats (1981), 156 ff.

518 *Mertens*-KölnKommAktG² § 84, 156; OLG München AG 1986, 234, 235, jeweils für die AG.

519 *Mertens*-KölnKommAktG² § 84, 152.

520 Dazu *Vollmer* GmbHRdsch 1984, 5, 11.

XI. Abberufung und Kündigung im Konkurs- und Vergleichsverfahren

Die Eröffnung des Konkurs- oder Vergleichsverfahrens beendet weder die Organstellung des Geschäftsführers, noch das Anstellungsverhältnis[521]. Das gilt auch für den Alleingesellschafter-Geschäftsführer der GmbH oder der Komplementär-GmbH im Konkurs der GmbH & Co. KG, wenn er sein Geschäftsführeramt als Angestellter der KG ausübt[522]. Lediglich die Befugnisse des Geschäftsführers sind ausgeschlossen, soweit die Zuständigkeit des Konkursverwalters reicht[523]. Um das Anstellungsverhältnis zu beenden, bedarf es deshalb einer Kündigung durch den Konkursverwalter oder den Geschäftsführer; die §§ 17 KO, 50 VerglO sind nicht anwendbar[524], auch nicht auf den beherrschenden Gesellschafter-Geschäftsführer[525]. Der Anstellungsvertrag kann vielmehr durch den **Konkursverwalter** ordentlich nur nach §§ 22 KO, 51 VerglO unter Einhaltung der gesetzlichen Fristen (vgl. Rdn 9) gekündigt werden[526]. Auch eine fristlose Kündigung durch den Konkursverwalter kommt nach den Umständen in Betracht[527]; wichtige Gründe können neben den auch sonst eine außerordentliche Kündigung rechtfertigenden Tatsachen im Konkurs insbesondere Interessenkonflikte in der Person des Gesellschafter-Geschäftsführers sein[528]. Dagegen ist die Eröffnung des Verfahrens als solche ebensowenig ein wichtiger Grund[529] wie zu erwartende Massearmut oder der Wegfall des Arbeitsplatzes des Geschäftsführers[530]. Kannte der Konkursverwalter die Gründe für eine außerordentliche Kündigung des Geschäftsführers bereits bei Verfahrenseröffnung, so kann eine dem Konkursverwalter zu gewährende angemessene Einarbeitungszeit den Beginn der Zweiwochenfrist des § 626 Abs. 2 BGB hinausschieben[531]. Auch der **Geschäftsführer** kann im Konkurs ordentlich oder aus wichtigem Grund kündigen. Die Kündigung ist dem Verwalter zu erklären. 132

Die Kündigung durch den Konkursverwalter läßt die Organstellung des Geschäftsführers unberührt. Für seine **Abberufung** bleibt auch im Konkurs das abberufungsbefugte Gesellschaftsorgan zuständig (s. im einzelnen § 63, 102). Die Konkurseröffnung als solche ist im Regelfall weder für die Gesellschaft ein wichtiger Grund für die Abberufung des Geschäftsführers, noch für diesen wichtiger Grund für eine berechtigte **Amtsniederlegung** (vgl. Rdn 144). Der Anspruch des Geschäftsführers auf Ersatz des ihm durch die vorzeitige Beendigung des Anstellungsvertrages entstandenen Schadens ist einfache Konkursforderung. Zu den Vergütungsansprüchen des Geschäftsführers im Konkurs der Gesellschaft und zum Konkursausfallgeld vgl. § 35, 214; zu Ruhegehaltsansprüchen vgl. § 35, 271 ff, 279. 133

---

521 BGHZ 75, 209, 210 f = NJW 1980, 595; vgl. auch § 63, 97 ff.

522 BGHZ 75, 209, 210 ff = NJW 1980, 595.

523 Dazu BayObLG NJW-RR 1988, 929, 931 f für die AG; näher § 63, 98 ff.

524 BGHZ 75, 209, 210 = NJW 1980, 595; OLG Hamm GmbHRdsch 1987, 307, 308; NJW-RR 1993, 493; Scholz/*Schneider* § 35, 249; s. auch § 63, 102.

525 So *Ulmer* § 63, 102 m.w.Nachw.; **aA** *Timm* ZIP 1987, 69, 72 ff; *Heilmann* ZIP 1980, 344, 345 f; *Lutter/Hommelhoff* Anh. § 6, 64; Kuhn/*Uhlenbruck* KO[11] (1994), § 22, 5.

526 Für die außerordentliche Kündigung durch den Konkursverwalter z. B. BGH GmbHRdsch 1985, 112 f; für die ordentliche Kündigung OLG Hamm NJW-RR 1993, 493.

527 BGHZ 75, 209, 213 = NJW 1980, 595; BGH GmbHRdsch 1985, 112; OLG Düsseldorf ZIP 1984, 86, 87; OLG Hamm GmbHRdsch 1987, 307, 308; LG Siegen GmbHRdsch 1986, 122, 123.

528 LG Siegen GmbHRdsch 1986, 122, 123; *Timm* ZIP 1987, 69, 77 ff.

529 BGHZ 75, 209, 212 f = NJW 1980, 595; OLG Hamm GmbHRdsch 1987, 307, 308; s. auch § 63, 102.

530 OLG Hamm GmbHRdsch 1987, 307, 308.

531 Vgl. OLG Düsseldorf ZIP 1984, 86, 88; offengelassen von BGH GmbHRdsch 1985, 112.

XII. Abberufung des fehlerhaft bestellten Geschäftsführers

134 Der fehlerhaft bestellte oder angestellte Geschäftsführer kann grundsätzlich jederzeit ohne Abberufung oder Kündigung ex nunc aus seiner tatsächlichen Stellung entfernt werden. Hierzu, zu Ausnahmen und zu den Rechtsfolgen der Beendigung seiner fehlerhaften Organstellung s. im einzelnen § 35, 188 f.

XIII. Amtsniederlegung und Kündigung durch den Geschäftsführer

1. Amtsniederlegung

135 a) **Wirksamkeit der Amtsniederlegung.** Der Geschäftsführer kann sein Amt jederzeit ohne Einhaltung einer Frist niederlegen. Die Amtsniederlegung beendet die Organstellung unabhängig vom Schicksal des Anstellungsvertrages grundsätzlich mit sofortiger Wirkung[532] (zu den Ausnahmen s. Rdn 136, 139). Ein wichtiger Grund muß dafür weder vorliegen[533], noch vom Geschäftsführer angegeben werden[534]. Das gilt auch für den Arbeitsdirektor in der mitbestimmten GmbH, der allerdings seinen Geschäftsbereich nicht ohne gleichzeitige Niederlegung seines Amtes aufgeben kann[535]. Ob der Geschäftsführer tatsächlich einen wichtigen Grund für die Aufgabe seiner Organstellung hatte, die sofort wirksame Amtsniederlegung also berechtigt war, erlangt lediglich im Innenverhältnis für die Frage Bedeutung, ob der Gesellschaft wegen unberechtigter Amtsniederlegung schuldrechtliche Ansprüche gegen den Geschäftsführer zustehen (dazu Rdn 142). Auch wenn die Amtsniederlegung zur Unzeit erfolgt, gegen den Anstellungsvertrag verstößt oder als rechtsmißbräuchlich anzusehen ist, ändert dies nichts an ihrer organisationsrechtlichen Wirksamkeit (dazu Rdn 137).

136 Die korporationsrechtliche Wirkung einer frist- und grundlosen Amtsniederlegung kann allerdings **durch die Satzung** mit der Folge **eingeschränkt** werden, daß keine unmittelbare Wirksamkeit eintritt (zu den Rechtsfolgen statutarischer Beschränkungen der Amtsniederlegung s. im einzelnen Rdn 139). Die Satzung kann die Einhaltung von Formerfordernissen oder Fristen vorschreiben oder die Amtsniederlegung nur aus wichtigem Grund zulassen[536]. Daß die Gesellschaft ihrerseits den Geschäftsführer nur aus wichtigem Grund abberufen kann, bedeutet freilich umgekehrt nicht, daß auch der Geschäftsführer sein Amt nur aus wichtigem Grund niederlegen könnte[537]. Durch die Satzung nicht ausgeschlossen werden kann aber das Recht des Geschäftsführers, sein Amt aus wichtigem Grund niederzulegen[538],

---

532 BGHZ 78, 82, 85 = NJW 1980, 2415; BGHZ 121, 257, 261 f = NJW 1993, 1198; BGH NJW 1995, 2850; OLG Koblenz NJW-RR 1995, 556, 557; Baumbach/Hueck/*Zöllner* 38 c; *Lutter/Hommelhoff* 41; Scholz/*Schneider* 82; *Eckert* KTS 1990, 33, 34 ff; *Schneider/Schneider* GmbHRdsch 1980, 4; **aA** Rowedder/*Koppensteiner* 26; *Trölitzsch* GmbHRdsch 1995, 857, 859 f für die Amtsniederlegung nach Konkursreife der GmbH; offengelassen von BayObLGZ 1992, 253 f = GmbHRdsch 1992, 671, 672; OLG Frankfurt NJW-RR 1994, 105 f: jedenfalls in der mehrgliedrigen GmbH; zweifelnd für Gesellschafter-Geschäftsführer auch OLG Hamm OLGZ 1988, 411, 414 = GmbHRdsch 1989, 35, 36 f.

533 BGHZ 78, 82, 85 ff = NJW 1980, 2415; BGH NJW 1995, 2850; BayObLGZ 1981, 266, 268 = GmbHRdsch 1982, 43, 44; OLG Frankfurt NJW-RR 1994, 105.

534 BGHZ 121, 257, 261 f = NJW 1993, 1198 unter Aufgabe seiner früheren Rspr. (BGHZ 78, 82 = NJW 1980, 2415); ebenso BGH NJW 1995, 2850; OLG Frankfurt NJW-RR 1994, 105, jedenfalls in der mehrgliedrigen GmbH; **aA** noch BayObLGZ 1981, 266, 268 f = GmbHRdsch 1982, 43, 44; OLG Hamm OLGZ 1988, 411, 413 = GmbHRdsch 1989, 35, 36 f.

535 Vgl. *Westhoff* DB 1980, 2520, 2521 ff.

536 Baumbach/Hueck/*Zöllner* 38 c; *Schneider/Schneider* GmbHRdsch 1980, 4, 8, 10.

537 *Lutter/Hommelhoff* 43; offengelassen von BGHZ 121, 257, 262 = NJW 1993, 1198.

538 *Schneider/Schneider* GmbHRdsch 1980, 4, 8.

und zwar auch dann nicht, wenn die Geschäftsführung mitgliedschaftliches Sonderrecht ist[539]. Auf sein Recht zur Amtsniederlegung aus wichtigem Grund kann der Geschäftsführer auch nicht im voraus wirksam verzichten.

Die Amtsniederlegung soll nach verbreiteter Ansicht ausnahmsweise unwirksam sein, wenn sie **zur Unzeit** erfolgt oder sich als **rechtsmißbräuchlich** erweist[540]. Ein solcher Fall des Rechtsmißbrauchs wird insbesondere angenommen, wenn der Alleingesellschafter-Geschäftsführer sein Amt niederlegt, ohne einen neuen Geschäftsführer zu bestellen und dadurch die Gesellschaft – bei fehlender Aussicht auf Entlohnung eines Notgeschäftsführers womöglich auf Dauer – handlungsunfähig macht und sie zugleich außerstande setzt, ihre öffentlich-rechtlichen Pflichten zu erfüllen[541]. Dieser Auffassung ist nicht zu folgen; vielmehr muß der Grundsatz sofortiger Wirksamkeit der Amtsniederlegung aus Rechtssicherheits- und Verkehrsschutzgründen von statutarischen Einschränkungen abgesehen (vgl. Rdn 136, 139) ausnahmslos gelten[542]. Denn die Handlungsunfähigkeit der Gesellschaft wegen der Unwilligkeit der Gesellschafter, einen neuen Geschäftsführer zu bestellen, kann ebenso wie Vermögenslosigkeit auch bei einer mehrgliedrigen GmbH eintreten, ohne daß deshalb die Amtsniederlegung durch den Alleingeschäftsführer notwendig als rechtsmißbräuchlich anzusehen wäre[543]. Die mit der Klärung dieser Frage verbundene Unsicherheit über die Organstellung des Betroffenen zu vermeiden, ist gerade Sinn der sofortigen organisationsrechtlichen Wirksamkeit der Amtsniederlegung. Zwar ließe sich entsprechende Klarheit zumindest bei der Einpersonen-GmbH auch dadurch schaffen, daß man die Wirksamkeit der Amtsniederlegung ausnahmslos an die Bedingung der Bestellung eines Nachfolgers knüpft. Freilich bliebe dabei außer acht, daß der Mißbrauchsvorwurf nicht den Geschäftsführer wegen der Amtsniederlegung, sondern den Gesellschafter wegen der Nichtbestellung eines neuen Geschäftsführers trifft[544]. Diese Verlagerung der Organisationsverantwortung des Gesellschafters auf den Geschäftsführer ist jedoch ebenso wie die darin liegende Sonderbehandlung der Einpersonen-GmbH mit dem geltenden Recht unvereinbar. Eine ganz andere Frage ist, ob sich der oder die Gesellschafter dadurch zwingender, insbesondere öffentlich-rechtlicher Pflichten wirksam entledigen können. Das ist jedoch nicht der Fall, weil die Anwendbarkeit von Vorschriften, die dem Geschäftsführer im Interesse der Gläubiger oder im öffentlichen Interesse zwingende Pflichten auferlegen, ihrem Normzweck entsprechend an die tatsächliche Ausübung der Organfunktion in der GmbH zu knüpfen sind und die entsprechenden Pflichten den oder die Gesellschafter unter dem Gesichtspunkt treffen, daß sie ihrer Verantwortung, für die ordnungsgemäße Ausstattung der Gesellschaft mit dem notwendigen Organ als Träger der entsprechenden Pflichten zu sorgen, nicht nachgekommen sind[545]. 137

[539] Baumbach/Hueck/*Zöllner* 38 c; *Schneider/Schneider* GmbHRdsch 1980, 4, 8.

[540] BayObLGZ 1981, 266, 269 = GmbHRdsch 1982, 43, 44; BayObLGZ 1992, 253 f = GmbHRdsch 1992, 671, 672; OLG Hamm OLGZ 1988, 411, 413 = GmbHRdsch 1989, 35, 36 f; Scholz/*Schneider* 84; *Schneider/Schneider* GmbHRdsch 1980, 4, 8; *Eckert* KTS 1990, 33, 35 f; *Münch* DStR 1993, 916, 919; offengelassen von BGHZ 121, 257, 262 = NJW 1993, 1198; *Goette* DStR 1993, 485, 486.

[541] BayObLGZ 1981, 266, 269 = GmbHRdsch 1982, 43, 44; BayObLGZ 1992, 253 f = GmbHRdsch 1992, 671, 672; vgl. auch OLG Hamm OLGZ 1988, 411, 413 = GmbHRdsch 1989, 35, 36 f.

[542] Baumbach/Hueck/*Zöllner* 38 c.

[543] So mit Recht OLG Koblenz NJW-RR 1995, 556, 557 für den Fall der gleichzeitigen Amtsniederlegung aller Geschäftsführer.

[544] Zutreffend *Gustavus* GmbHRdsch 1992, 15, 18.

[545] Dazu näher *Stein* Das faktische Organ (1984), 191 ff; *Gustavus* GmbHRdsch 1992, 15, 18 f befürwortet von demselben dogmatischen Ausgangspunkt her eine Notbestellung der Gesellschafter zu Geschäftsführern nach § 29 BGB auch gegen ihren Willen, die der BGH ZIP 1985, 283, 284 freilich mit Recht ablehnt.

138 b) **Erklärung der Amtsniederlegung.** Die Amtsniederlegung ist eine empfangsbedürftige Willenserklärung, die vorbehaltlich abweichender Satzungsregelung keiner bestimmten Form bedarf und deshalb auch mündlich erklärt werden kann[546]. Erklärungsempfänger ist die Gesellschaft, eine Erklärung gegenüber dem Registergericht genügt nicht[547]. Richtiger Adressat bei der Gesellschaft ist das Bestellungsorgan, dem kraft Annexkompetenz auch die Abberufung obliegt (dazu Rdn 82 ff), in der Regel also die Gesellschafterversammlung[548]. Ob die Erklärung gegenüber einem einzelnen Gesellschafter genügt, ist streitig[549]. Man wird dies mit dem BGH jedenfalls dann bejahen können, wenn der Geschäftsführer nach Treu und Glauben davon ausgehen durfte, daß der Erklärungsempfänger die anderen Gesellschafter in Kenntnis setzen würde[550]. Eine nachrichtliche Mitteilung an die anderen Gesellschafter ist in diesem Fall für den Zugang ausreichend[551].

139 c) **Rechtsfolgen der Amtsniederlegung. aa) Beendigung der Organstellung.** Die Amtsniederlegung, sei sie auch unberechtigt oder rechtsmißbräuchlich, beendet die Organstellung ohne Rücksicht auf anstellungsvertragliche Bindungen mit sofortiger korporationsrechtlicher Wirkung (vgl. Rdn 135 und 137). Dasselbe gilt, falls die Satzung die Amtsniederlegung nur aus wichtigem Grund zuläßt und der Geschäftsführer sich auf einen solchen beruft; macht er dagegen einen wichtigen Grund nicht einmal geltend, bleibt die Amtsniederlegung ohne Wirkung. Bestimmt die Satzung eine Frist für die Amtsniederlegung, wird sie mit Fristablauf wirksam. Von der Einhaltung einer statutarisch vorgeschriebenen Form ist die Beendigung der Organstellung nur dann abhängig, wenn die Formwahrung als Wirksamkeitsvoraussetzung für die Amtsniederlegung zu verstehen ist.

140 Mit der Beendigung seiner Organstellung verliert der Geschäftsführer grundsätzlich die Vertretungsmacht und alle sonstigen **Rechte** und wird sämtlicher **Pflichten** ledig, die mit dem Geschäftsführeramt kraft Gesetzes oder Satzung verbunden sind. Der wirksam ausgeschiedene Geschäftsführer ist deshalb insbesondere nicht mehr befugt, sein eigenes Ausscheiden beim Handelsregister anzumelden; möglich bleibt ihm die Anmeldung seines Ausscheidens aus dem Amt nur, wenn er bereits die Niederlegung selbst von vornherein aufschiebend befristet auf den Zeitpunkt ihrer Eintragung im Handelsregister erklärt hat[552]. Auch die eidesstattliche Versicherung muß er für die GmbH nach seinem Ausscheiden nicht mehr abgeben[553], es sei denn, die Amtsniederlegung erfolgte ausschließlich zu dem Zweck, sich dieser Verpflichtung zu entziehen[554]. Von seinem Ausscheiden an trifft den Geschäftsführer auch nicht mehr die persönliche **Haftung** für Verbindlichkeiten, die nach diesem Zeitpunkt begründet wurden[555]. Von seiner nachvertraglichen Treupflicht, die dem Ge-

---

546 BGHZ 121, 257, 262 = NJW 1993, 1198.

547 OLG Frankfurt OLGZ 1983, 385 = WM 1983, 1025.

548 *Lutter/Hommelhoff* 42; Scholz/*Schneider* 85; Rowedder/*Koppensteiner* 27.

549 Dafür *Plander* ZHR 133 (1970), 327, 359 f; Rowedder/*Koppensteiner* 27; dagegen Scholz/*Schneider* 85; zweifelnd *Lutter/Hommelhoff* 42; im Grundsatz offengelassen von BGHZ 121, 257, 260 = NJW 1993, 1198; *Schneider/Schneider* GmbHRdsch 1980, 4, 9, 10 halten lediglich den Vorsitzenden der Gesellschafterversammlung für ermächtigt, Erklärungen für die Gesellschaft entgegenzunehmen.

550 BGHZ 121, 257, 260 = NJW 1993, 1198; zustimmend *Münch* DStR 1993, 916, 920.

551 BGHZ 121, 257, 260 = NJW 1993, 1198.

552 OLG Frankfurt OLGZ 1983, 385 f = WM 1983, 1025; NJW-RR 1994, 105 f; BayObLGZ 1981, 227, 230 f = GmbHRdsch 1982, 214; **aA** LG Berlin GmbHRdsch 1993, 291, 292.

553 OLG Hamm OLGZ 1986, 341, 343 f = GmbHRdsch 1984, 318, 319; OLGZ 1985, 227, 228 = GmbHRdsch 1985, 219; **aA** OLG Stuttgart OLGZ 1984, 177 f = GmbHRdsch 1984, 100 f.

554 OLG Hamm OLGZ 1985, 227, 228 ff = GmbHRdsch 1985, 219.

555 So hinsichtlich der Haftung für abzuführende Lohnsteuer nach §§ 109 AO, 69 AO 1977 BFHE 143, 203, 209 f.

schäftsführer auch nach Ausscheiden aus dem Amt obliegt, entbindet ihn allerdings auch eine berechtigte Amtsniederlegung nicht.

bb) **Auswirkung auf den Anstellungsvertrag.** Die Niederlegung des Amtes beendet nicht automatisch den Anstellungsvertrag[556]. Deshalb kann der Geschäftsführer von seinem Amt zurücktreten, ohne gleichzeitig den Anstellungsvertrag zu kündigen[557]. Wie seine Erklärung zu verstehen ist, muß durch Auslegung ermittelt werden[558]. Regelmäßig wird in der Amtsniederlegung allerdings auch eine Kündigung des Anstellungsvertrages zu sehen sein[559]. Eine vom Geschäftsführer gleichzeitig erhobene Kündigungsschutzklage spricht nicht notwendig gegen diese Annahme[560]. Besteht das Anstellungsverhältnis trotz Beendigung der Organstellung fort, sei es, weil der Dienstvertrag nicht an die Organstellung gekoppelt war, sei es, weil die Amtsniederlegung nicht gleichzeitig als Kündigungserklärung verstanden werden konnte, so kann der Anstellungsvertrag von beiden Seiten je nach Sachlage nur durch ordentliche oder außerordentliche Kündigung beendet werden (dazu die folgenden Rdn). **141**

cc) **Weitere Rechtsfolgen der Amtsniederlegung.** Die weiteren Rechtsfolgen sind davon abhängig, ob der Geschäftsführer sein Amt berechtigterweise niedergelegt hat oder nicht. Eine durch einen wichtigen Grund gerechtfertigte und auch im übrigen nicht pflichtwidrige Amtsniederlegung begründet weder Schadensersatzansprüche der Gesellschaft, noch gibt sie ihr das Recht zur außerordentlichen Kündigung des Anstellungsvertrages[561]. Die Aufrechterhaltung des Anstellungsvertrages kann aber im Einzelfall für die Gesellschaft unzumutbar sein, wenn eine ordentliche Kündigung nicht oder nur mit langer Frist möglich ist und die Weiterzahlung des Gehalts die Gesellschaft finanziell erheblich belasten würde[562]. Das setzt aber voraus, daß die Gesellschaft den Grund für die Amtsniederlegung nicht zu vertreten hat; andernfalls bleibt sie grundsätzlich an den Anstellungsvertrag gebunden[563]. Auch ohne wichtigen Grund kann der Geschäftsführer sein Amt berechtigterweise und ohne nachteilige Folgen für ihn niederlegen, wenn er dabei sowohl die Sorgfaltspflichten als Organ einhält als auch die anstellungsvertraglichen Bindungen, insbesondere Kündigungsfristen, beachtet. Fehlt es dagegen an einem wichtigen Grund für die Amtsniederlegung, erfolgt sie zur Unzeit oder stellt sie sich im Einzelfall als rechtsmißbräuchlich dar, so verletzt der Geschäftsführer mit der fristlosen Niederlegung seines Amtes seine Organpflichten und verstößt zugleich gegen seine anstellungsvertragliche Geschäftsführungspflicht[564]. Die Gesellschaft kann den Geschäftsführer daraus nicht nur nach § 43 Abs. 2 und ggf. auch nach §§ 823 ff BGB auf **Schadens-** **142**

---

556 St.Rspr., BGH NJW 1978, 1435, 1436 m.w. Nachw.; NJW 1995, 2850; allg. zum Verhältnis von Abberufung und Kündigung des Anstellungsvertrages Rdn 14 ff.

557 BGHZ 78, 82, 84 = NJW 1980, 2415; BGH NJW 1978, 1435, 1436; WM 1984, 532, 533; OLG Düsseldorf GmbHRdsch 1989, 468, 469; *Münch* DStR 1993, 916, 920.

558 OLG Düsseldorf GmbHRdsch 1989, 468, 469; vgl. auch OLG Celle GmbHRdsch 1995, 728 f; Baumbach/Hueck/*Zöllner* 38 c; *Lutter/Hommelhoff* 41; *Schneider/Schneider* GmbHRdsch 1980, 4, 10.

559 OLG Düsseldorf GmbHRdsch 1989, 468, 469; Rowedder/*Koppensteiner* 41.

560 Vgl. dazu OLG Düsseldorf GmbHRdsch 1989, 468, 470.

561 *Schneider/Schneider* GmbHRdsch 1980, 4, 10.

562 Baumbach/Hueck/*Zöllner* § 35, 117; zu den Einzelheiten s. *Schneider/Schneider* GmbHRdsch 1980, 4, 10.

563 Vgl. *Schneider/Schneider* GmbHRdsch 1980, 4, 10.

564 BGHZ 78, 82, 85 = NJW 1980, 2415; BGHZ 121, 257, 262 = NJW 1993, 1198; OLG Koblenz NJW-RR 1995, 556, 557, auch zu den Voraussetzungen einer nicht pflichtwidrigen Amtsniederlegung ohne wichtigen Grund; OLG Düsseldorf GmbHRdsch 1989, 468, 470; Baumbach/Hueck/*Zöllner* 38 c; *Lutter/Hommelhoff* 41.

ersatz in Anspruch nehmen[565], sondern sie kann in der Regel ihrerseits den **Anstellungsvertrag** aus wichtigem Grund **kündigen**[566], und zwar auch dann, wenn der Vertrag ohnehin nur noch eine kurze Laufzeit hatte[567]. Einer Kündigung durch die Gesellschaft kann jedoch ausnahmsweise trotz unberechtigter Amtsniederlegung der wichtige Grund fehlen, wenn die Gesellschaft ihrerseits die Abberufung erwogen hatte und mit dem Geschäftsführer bereits Einvernehmen über die vorzeitige Beendigung des Anstellungsvertrages erzielt worden war[568].

143 **Zur fristlosen Amtsniederlegung berechtigt** ist der Geschäftsführer, wenn die weitere Ausübung des Amtes für ihn unzumutbar ist[569]. Das ist insbesondere der Fall, wenn die Gesellschafter von ihm die Verletzung zwingender Amtspflichten verlangen, wenn sie ihn zu ungesetzlichem oder strafbarem Verhalten auffordern[570] oder wenn ihm eine pflichtgemäße Ausübung seines Amtes durch Mitgeschäftsführer oder Gesellschafter unmöglich gemacht wird, etwa durch systematisches Vorenthalten von Informationen, die für die Wahrnehmung seiner gesetzlichen Aufgaben unerläßlich sind[571]. Ein wichtiger Grund für den Alleingesellschafter-Geschäftsführer kann auch die Anfechtung seines Anteilserwerbs sein, wenn er das Geschäftsführeramt nur mit Rücksicht auf seine Gesellschafterstellung übernommen hatte[572]. Im übrigen werden die Gründe, die den Geschäftsführer zur außerordentlichen Kündigung des Anstellungsvertrages berechtigen (dazu Rdn 146), regelmäßig auch die fristlose Niederlegung seines Amtes rechtfertigen.

144 **Kein wichtiger Grund** für eine berechtigte Amtsniederlegung ist demgegenüber eine wirtschaftliche Krise der Gesellschaft oder ihr drohender Zusammenbruch[573]. Etwas anderes kann aber dann gelten, wenn der Geschäftsführer in dieser Situation, insbesondere bei Sanierungsbemühungen, nicht die notwendige Unterstützung oder gar rechtswidrige Weisungen der Gesellschafter erhält; für die rechtzeitige Konkursanmeldung muß der Geschäftsführer jedoch in jedem Fall sorgen[574]. Auch die Eröffnung des Konkursverfahrens über das Vermögen der GmbH oder einer Kommanditgesellschaft, deren einzige persönlich haftende Gesellschafterin eine GmbH ist, berechtigt deren Geschäftsführer nicht, sein Amt niederzulegen[575].

2. Kündigung

145 **a) Voraussetzungen. aa) Ordentliche Kündigung.** Für die ordentliche Kündigung des Anstellungsvertrages durch den Geschäftsführer und die einzuhaltenden Kündigungsfristen sind in erster Linie die vertraglichen Vereinbarungen maßgeblich, sonst

565 BGHZ 78, 82, 85 = NJW 1980, 2415; OLG Koblenz NJW-RR 1995, 556, 557.

566 St.Rspr., z. B. BGHZ 78, 82, 85 = NJW 1980, 2415; BGH NJW 1978, 1435, 1436; AG 1984, 266; DStR 1995, 1359, 1360; OLG Celle GmbHRdsch 1995, 728, 729.

567 BGH DStR 1995, 1359, 1360.

568 OLG Celle GmbHRdsch 1995, 728, 729.

569 S. dazu *Schneider/Schneider* GmbHRdsch 1980, 4, 7.

570 BGH NJW 1978, 1435, 1436 für den Fall, daß die Gesellschafter dem Geschäftsführer die Erfüllung seiner öffentlich-rechtlichen Pflichten unmöglich machen.

571 BGH NJW 1995, 2850, 2851: systematischer und umfassender Ausschluß von Informationen über die Buchführung der Gesellschaft.

572 OLG Hamm OLGZ 1988, 411, 414 = GmbHRdsch 1989, 35, 37.

573 BGHZ 78, 82, 84 = NJW 1980, 2415; BayObLGZ 1981, 266, 268 = GmbHRdsch 1982, 43, 44; OLG Hamm OLGZ 1988, 411, 415 = GmbHRdsch 1989, 35, 37; OLG Koblenz NJW-RR 1995, 556, 557.

574 Vgl. BGHZ 78, 82, 84 = NJW 1980, 2415; dazu im einzelnen *Trölitzsch* GmbHRdsch 1995, 857, 859 f.

575 BayObLGZ 1981, 266, 268 = GmbHRdsch 1982, 43, 44.

gelten wie für eine Kündigung durch die Gesellschaft die Vorschriften der §§ 620 ff BGB (dazu im einzelnen Rdn 9). Bei langfristig abgeschlossenen Dienstverträgen gibt § 624 BGB dem Geschäftsführer ein zwingendes Sonderkündigungsrecht nach Ablauf von fünf Jahren.

bb) **Außerordentliche Kündigung.** Der Geschäftsführer kann den Anstellungsvertrag nach § 626 Abs. 1 BGB aus wichtigem Grund fristlos kündigen. Prinzipiell kann die allgemein zu § 626 Abs. 1 BGB entwickelte Kasuistik auch für den Geschäftsführer herangezogen werden. Doch können wegen der Vertrauensstellung des Geschäftsführers und seiner besonderen Verantwortung und Treubindung an die Gesellschaft bei der Frage der Zumutbarkeit einer weiteren Zusammenarbeit strengere Maßstäbe anzulegen sein als bei anderen Dienstverpflichteten und Arbeitnehmern. Als wichtige Kündigungsgründe kommen namentlich in Betracht: das Verlangen ungesetzlicher Handlungen durch andere Gesellschaftsorgane[576], das systematische Vorenthalten für die ordnungsgemäße Geschäftsführung notwendiger Informationen[577], eine unberechtigte fristlose Kündigung durch die Gesellschaft[578], die willkürliche Verweigerung der Entlastung und das rechtswidrige Vorenthalten der Dienstbezüge[579], die nachträgliche Beschränkung anstellungsvertraglich eingeräumter Geschäftsführungsbefugnisse in ihrem Kernbereich[580], grundlose Entziehung oder Beschränkung der Vertretungsbefugnis[581], schwerwiegende, unhaltbare persönliche Vorwürfe eines Mitgeschäftsführers[582] oder eines Gesellschafters[583]. Handelt es sich bei dem die fristlose Kündigung rechtfertigenden Grund um ein Dauerverhalten, so beginnt die Zweiwochenfrist des § 626 Abs. 2 BGB nicht vor Beendigung dieses Zustands[584]; im übrigen können ältere Vorgänge, aus denen allein eine Kündigung wegen Fristablaufs nicht mehr hergeleitet werden könnte, unterstützend herangezogen werden, falls ein noch nicht erledigter Vorfall von nicht unerheblichem Gewicht noch fristgerecht geltend gemacht werden kann[585]. Zum Kündigungsrecht des Geschäftsführers im Konkurs- und Vergleichsverfahren s. Rdn 132. 146

b) **Rechtsfolgen. aa) Auswirkung auf die Organstellung.** Die Beendigung des Anstellungsvertrages führt nicht notwendig zum Ausscheiden des Geschäftsführers aus dem Amt, zumal dann nicht, wenn der Geschäftsführer aus Gründen kündigt, die nicht seine Geschäftsführungstätigkeit, sondern die persönlichen, insbesondere finanziellen Konditionen des Anstellungsvertrages betreffen, und der Abschluß eines neuen Vertrages nicht ausgeschlossen erscheint. Ob die Kündigung durch den Geschäftsführer zugleich Amtsniederlegung bedeutet, ist Auslegungsfrage; im Regelfall wird man die Kündigung auch als Rücktritt vom Amt zu verstehen haben[586]. 147

bb) **Schadensersatz.** Kündigt der Geschäftsführer fristlos wegen eines Umstandes, den die Gesellschaft zu vertreten hat, kommen Schadensersatzansprüche nach 148

576 BGH NJW 1978, 1435, 1436.
577 BGH NJW 1995, 2850, 2851.
578 BGH NJW 1994, 443, 444.
579 BGH NJW-RR 1988, 352, 353.
580 OLG Frankfurt NJW-RR 1993, 1259 f, auch zur Entbehrlichkeit einer Abmahnung der Gesellschaft bei Schaffung vollendeter Tatsachen durch Satzungsänderung.
581 OLG Frankfurt NJW-RR 1993, 1259; OLG München OLGE 1932, 112; *Lutter/Hommelhoff* Anh. § 6, 56.
582 BGH NJW-RR 1992, 992 f, auch zur Zurechnung des Geschäftsführerverhaltens an die Gesellschaft nach § 31 BGB.
583 LG Frankfurt NJW-RR 1988, 221.
584 BGH NJW 1995, 2850, 2851.
585 BGH NJW-RR 1992, 992 f m.w.Nachw.; vgl. auch OLG Düsseldorf ZIP 1984, 1476, 1480.
586 Baumbach/Hueck/*Zöllner* 40; aA Rowedder/*Koppensteiner* 41: ausnahmslos.

§ 628 Abs. 2 BGB in Betracht[587]. Dabei hat die Gesellschaft für das schadensersatzbegründende Verhalten eines anderen Geschäftsführers nach § 31 BGB einzustehen, da die Gesellschaft gegenüber ihrem Geschäftsführer aus dem Anstellungsvertrag verpflichtet ist, dafür zu sorgen, daß seine Tätigkeit nicht durch Mitgeschäftsführer und Angestellte der Gesellschaft unzumutbar erschwert wird[588]. Das Verhalten eines einzelnen Gesellschafters, das dem Geschäftsführer einen wichtigen Grund zur Kündigung gibt, muß sich die Gesellschaft dagegen im allgemeinen nicht zurechnen lassen[589], es sei denn, der Gesellschafter hätte als verfassungsmäßiger Vertreter der Gesellschaft gehandelt. Der Anspruch des Geschäftsführers geht auf Ersatz des Erfüllungsschadens; er kann also seinen Verdienstausfallschaden geltend machen[590] und Ersatz aller sonstigen Nachteile verlangen, die ihm durch die vorzeitige Beendigung des Anstellungsvertrages entstanden sind.

XIV. Sonstige Beendigungsgründe für die Organstellung und den Anstellungsvertrag

149 Neben der Abberufung und Amtsniederlegung sowie der Kündigung können auch andere Gründe zur Beendigung der Organstellung und des Anstellungsverhältnisses führen. In Betracht kommen in erster Linie rechtsgeschäftliche Vereinbarungen, die die Amtszeit des Geschäftsführers und die Geltungsdauer seines Anstellungsvertrages zeitlich begrenzen, sei es von vornherein durch Befristung oder auflösende Bedingung, sei es nachträglich durch einvernehmliche Aufhebung. Im übrigen kann die Beendigung der Geschäftsführerstellung auf Gründen beruhen, die entweder in der Person des Geschäftsführers liegen oder aus den Verhältnissen bei der Gesellschaft herrühren. Das Ausscheiden des Geschäftsführers aus dem Amt und die Auflösung des Anstellungsvertrages führen nicht automatisch auch zur Beendigung des jeweils anderen Rechtsverhältnisses (vgl. im einzelnen Rdn 14 ff, 141, 147). Doch sind Koppelungsvereinbarungen möglich (vgl. Rdn 17 f). Die Eröffnung des Konkurs- oder Vergleichsverfahrens läßt die Organstellung und den Anstellungsvertrag grundsätzlich unberührt (vgl. Rdn 132). Auch im Wege der Satzungsänderung können Organstellung und Anstellungsvertrag nicht beendet werden; es bedarf vielmehr der Abberufung und Kündigung[591].

1. Vertragliche Vereinbarung

150 a) **Befristung, auflösende Bedingung.** Die Amtsdauer des Geschäftsführers und die Laufzeit seines Anstellungsvertrages können von vornherein befristet werden. In der mitbestimmten GmbH ist die Befristung auf fünf Jahre nach § 84 Abs. 1 S. 5 AktG auch für den Anstellungsvertrag zwingend (vgl. Rdn 7). Ansonsten können die Parteien Art und Dauer der Befristung frei vereinbaren, etwa durch Festlegung einer bestimmten Amtsperiode, eines Endtermins oder einer Altersgrenze. Möglich ist auch die Bindung von Bestellung und Anstellung an eine auflösende Bedingung, beispielsweise an die Übernahme des Amtes durch einen designierten Nachfolger. Zur Bindung des Anstellungsvertrages an den Bestand der Organstellung durch

[587] BGH NJW-RR 1992, 992; OLG Frankfurt BB 1981, 265; NJW-RR 1993, 1259 ff; vgl. auch LG Frankfurt NJW-RR 1988, 221.
[588] BGH NJW-RR 1992, 992, 993.
[589] LG Frankfurt NJW-RR 1988, 221.
[590] Vgl. OLG Frankfurt NJW-RR 1993, 1259, 1260 f.
[591] Baumbach/Hueck/*Zöllner* 38 e.

Koppelungsvereinbarung s. im einzelnen Rdn 17f. Mit Fristablauf oder mit dem Eintritt der Bedingung enden Organstellung und Anstellungsverhältnis, ohne daß es einer Abberufung oder Kündigung bedürfte[592].

b) Einvernehmliche Aufhebung. Die einseitige Beendigung der Organstellung und des Anstellungsvertrages durch Abberufung, Amtsniederlegung oder Kündigung kann durch eine Vereinbarung über das einvernehmliche Ausscheiden des Geschäftsführers ersetzt werden[593]. Zuständig für den Abschluß des Aufhebungsvertrages ist bei der Gesellschaft kraft Annexkompetenz das Bestellungsorgan[594], bei unterschiedlichen Kompetenzen für Bestellung und Anstellung das jeweils zuständige Abberufungs- und Kündigungsorgan (vgl. dazu im einzelnen Rdn 82ff). Ein von einem einzelnen Aufsichtsratsmitglied schwebend unwirksam abgeschlossener Aufhebungsvertrag ist nach § 177 Abs. 1 BGB genehmigungsfähig; in einem Abberufungsbeschluß des Aufsichtsratsplenums, der anläßlich der Einigung über die Beendigung des Dienstverhältnisses gefaßt wurde, kann eine solche Genehmigung jedoch nur dann gesehen werden, wenn den Aufsichtsratsmitgliedern die Genehmigungsbedürftigkeit des Vertrages bei der Beschlußfassung bewußt war[595]. Die Organstellung und der Anstellungsvertrag müssen nicht notwendig zusammen aufgehoben werden; den Parteien ist es vielmehr unbenommen, das eine Rechtsverhältnis trotz Beendigung des anderen fortbestehen zu lassen. Auch kann das eine Rechtsverhältnis einseitig durch Abberufung, Amtsniederlegung oder Kündigung beendet, das andere hingegen einvernehmlich aufgehoben werden[596]. Ein aufschiebend befristet abgeschlossener Aufhebungsvertrag hindert die Abberufung oder Amtsniederlegung aus wichtigem Grund nicht; auch bei unberechtigter Amtsniederlegung kann es der Gesellschaft im Einzelfall zuzumuten sein, den Geschäftsführer bis zu dem im Aufhebungsvertrag vorgesehenen Zeitpunkt weiterzubeschäftigen[597]. Der Rücktritt des Geschäftsführers vom Aufhebungsvertrag bewirkt kein Wiederaufleben der Organstellung oder des Anstellungsverhältnisses. **151**

2. Beendigungsgründe in der Person des Geschäftsführers

a) Tod des Geschäftsführers. Die Organstellung und das Anstellungsverhältnis enden mit dem Tod des Geschäftsführers. Die Geschäftsführerstellung ist höchstpersönlicher Natur und darum nicht vererblich; das gilt auch für ein statutarisches Sonderrecht auf Geschäftsführung[598]. Sieht die Satzung den Eintritt des Erben in die Geschäftsführerposition vor, so liegt darin eine Neubegründung der Organstellung[599]. **152**

b) Amtsunfähigkeit. Verliert der Geschäftsführer die nach § 6 Abs. 2 S. 1 erforderliche unbeschränkte Geschäftsfähigkeit, so endet automatisch die Organstellung, **153**

---

592 Baumbach/Hueck/*Zöllner* 37; Scholz/*Schneider* 4.

593 OLG Schleswig GmbHRdsch 1993, 156; vgl. im einzelnen *Hoffmann-Becking* Festschrift Stimpel (1985), 598ff zum einvernehmlichen Ausscheiden von Vorstandsmitgliedern.

594 BGHZ 89, 48, 58 = NJW 1984, 733; BGH NJW 1991, 1680, 1681; NJW 1995, 1750, 1751; vgl. auch Rdn 82, 87 sowie § 35, 178.

595 St.Rspr., vgl. BGHZ 113, 237, 248 = NJW 1991, 1757 m.w.Nachw.; ob letztere Voraussetzung in dem vom OLG Frankfurt GmbHRdsch 1995, 897, 899 entschiedenen Fall erfüllt war, ist den Entscheidungsgründen allerdings nicht zu entnehmen.

596 Vgl. OLG Frankfurt GmbHRdsch 1995, 897, 899; OLG Celle GmbHRdsch 1995, 728, 729.

597 OLG Celle GmbHRdsch 1995, 728, 729.

598 Baumbach/Hueck/*Zöllner* 38.

599 Vgl. Scholz/*Schneider* 4.

ohne daß es seiner Abberufung bedürfte[600]. Seine Geschäftsführerstellung lebt nach Wegfall der Amtsunfähigkeit nicht wieder auf, so daß gegebenenfalls eine Neubestellung erforderlich ist[601]. Drängen sich Zweifel an seiner Geschäftsfähigkeit auf, müssen die Gesellschafter für die ordnungsgemäße Vertretung der Gesellschaft sorgen, um das Risiko einer Rechtsscheinhaftung zu vermeiden[602] (vgl. auch § 35, 17). Zur sofortigen Beendigung der Organstellung führt auch der Eintritt einer der speziellen Ausschlußgründe des § 6 Abs. 2 S. 3 und 4[603]. Den Anstellungsvertrag lassen gesetzliche Ausschlußgründe dagegen grundsätzlich unberührt. Durch ein vorläufiges gerichtliches Tätigkeitsverbot verliert der Geschäftsführer zwar die Geschäftsführungs- und Vertretungsbefugnis, nicht aber seine Organstellung, muß also nach Aufhebung des Verbots nicht erneut bestellt werden[604]. Zur Auswirkung eines strafgerichtlichen Berufsverbots auf die Geschäftsführerstellung s. § 6, 13. Der Wegfall statutarischer Eignungsvoraussetzungen führt weder zum unmittelbaren Verlust der Organstellung[605], noch zur Beendigung des Anstellungsvertrages.

3. Beendigungsgründe in der Sphäre der Gesellschaft

154 **a) Umwandlung, Verschmelzung.** Die Verschmelzung durch Aufnahme führt zum Erlöschen der Gesellschaft; das Geschäftsführeramt endet damit automatisch. Dasselbe gilt bei der übertragenden und bei der errichtenden Umwandlung nach dem UmwG für die Geschäftsführerstellung in der erloschenen GmbH. Auch bei der formwechselnden Umwandlung endet das Geschäftsführeramt mit Wirksamkeit der Rechtsformänderung. Bei der Verschmelzung zweier Gesellschaften mbH durch Neubildung erlöschen beide Gesellschaften und damit auch die jeweiligen Geschäftsführerpositionen mit Eintragung der neuen Gesellschaft automatisch. Eine Abberufung der Geschäftsführer ist in keinem der Fälle erforderlich[606]. Der Fortfall der Organstellung führt jedoch nicht gleichzeitig zur Beendigung des Anstellungsvertrages; dieser geht vielmehr grundsätzlich auf die neue Gesellschaft über[607].

155 **b) Auflösung und Beendigung der Gesellschaft.** Durch die Auflösung der Gesellschaft nach § 60 ändert sich die Organstellung der Geschäftsführer grundsätzlich nicht. § 66 Abs. 1 bestimmt sie zu Liquidatoren, denen nunmehr die Abwicklung der Gesellschaft obliegt[608]. Das Geschäftsführeramt endet mit der Bestellung anderer Personen zu Liquidatoren; wegen des zwingenden Charakters des § 66 ist eine Satzungsregelung unwirksam, die das Geschäftsführeramt mit der Auflösung der Gesellschaft enden läßt, ohne andere Personen zu Liquidatoren zu bestimmen[609]. Mit der Beendigung der Gesellschaft durch Löschung im Handelsregister wegen Vermögenslosigkeit nach § 2 LöschG endet auch die Organstellung des Geschäftsführers.

---

600 BGHZ 115, 78, 80 = NJW 1991, 2566; BayObLGZ 1993, 57, 61 = NJW-RR 1993, 612, 613; BayObLG DB 1982, 2129; OLG Düsseldorf GmbHRdsch 1994, 114; OLG München NJW-RR 1990, 1450 f; vgl. auch § 6, 8.

601 BayObLGZ 1993, 57, 62 = NJW-RR 1993, 612, 613.

602 BGHZ 115, 78, 83 = NJW 1991, 2566; OLG Düsseldorf GmbHRdsch 1994, 556.

603 BayObLGZ 1986, 197, 201 = GmbHRdsch 1987, 20; OLG Frankfurt GmbHRdsch 1994, 802: Gewerbeverbot nach § 35 Abs. 1 GewO; vgl. im einzelnen § 6, 11 ff.

604 BayObLGZ 1989, 81, 85 = NJW-RR 1989, 934; BayObLGZ 1993, 57, 62 = NJW-RR 1993, 612, 613.

605 Scholz/*Schneider* 9; *Ulmer* § 6, 15; **aA** *Lutter/Hommelhoff* 40.

606 S. dazu im einzelnen *Röder/Lingemann* DB 1993, 1341 m.zahlr.Nachw.

607 BAG NJW 1995, 675 ff; *Röder/Lingemann* DB 1993, 1341, 1345 m.Nachw.; ausführlich *Hokkemeier* 23 ff; s. auch *Baums* ZHR 156 (1992), 248 ff sowie § 35, 190.

608 S. im einzelnen § 60, 74 ff; § 66, 8 ff.

609 Zu Einzelheiten s. § 66, 11.

§ 39

(1) Jede Änderung in den Personen der Geschäftsführer sowie die Beendigung der Vertretungsbefugnis eines Geschäftsführers ist zur Eintragung in das Handelsregister anzumelden.

(2) Der Anmeldung sind die Urkunden über die Bestellung der Geschäftsführer oder über die Beendigung der Vertretungsbefugnis in Urschrift oder öffentlich beglaubigter Abschrift für das Gericht des Sitzes der Gesellschaft beizufügen.

(3) Die neuen Geschäftsführer haben in der Anmeldung zu versichern, daß keine Umstände vorliegen, die ihrer Bestellung nach § 6 Abs. 2 Satz 3 und 4 entgegenstehen und daß sie über ihre unbeschränkte Auskunftspflicht gegenüber dem Gericht belehrt worden sind. § 8 Abs. 3 Satz 2 ist anzuwenden.

(4) Die Geschäftsführer haben ihre Unterschrift zur Aufbewahrung bei dem Gericht zu zeichnen.

Übersicht

Schrifttum

Ammon Die Anmeldung zum Handelsregister, DStR 1993, 1025; *Baums* Eintragung und Löschung von Gesellschafterbeschlüssen (1981); *Deutler* „Betreute" als Geschäftsführer – Versicherungen bei der Anmeldung, GmbHRdsch 1992, 252; *Dreher* Schutz Dritter nach § 15 HGB bei Geschäftsunfähigkeit eines Geschäftsführers oder Vorstandsmitgliedes? DB 1991, 533; *Frels* Handelsregisterliche Fragen bei der Vorstandsbestellung, AG 1967, 227; *Gröger* Die GmbH ohne eingetragenen Geschäftsführer, RPfl 1976, 286; *Joost* Die Vertretungsmacht des Prokuristen für Anmeldungen zum Handelsregister, ZIP 1992, 463; *Kanzleiter* Registereintragung der Vertretungsbefugnis des GmbH-Geschäftsführers, RPfl 1984, 1; *Münch* Amtsniederlegung, Abberufung und Geschäftsunfähigkeit des Geschäftsführers einer GmbH, DStR 1993, 916; *Westerholt* Vertretung der GmbH und Eintragung in das Handelsregister, GmbHRdsch 1993, 85.

I. Regelungszweck

Die Vorschrift soll sicherstellen, daß Dritte aus dem Handelsregister über die jeweils amtierenden Geschäftsführer und ihre Vertretungsbefugnis Aufschluß erhalten können. Abs. 3 soll verhindern, daß Personen zu Geschäftsführern bestellt und in das Handelsregister eingetragen werden, die dieses Amt nach § 6 Abs. 2 S. 3 und 4 nicht wahrnehmen können. Die Pflicht zur erstmaligen Anmeldung der Geschäftsführer einer einzutragenden GmbH ergibt sich aus §§ 8 Abs. 1 Nr. 2, 10 Abs. 1. § 39 gilt nur für spätere Änderungen in der Person und der Vertretungsmacht der Geschäftsführer. 1

II. Gesetzgebungsgeschichte

2 Der Text des Abs. 1 und des Abs. 4 ist 1898 geändert, Abs. 2 ist 1898 eingefügt worden. Abs. 3 geht auf die Gesetzesnovelle von 1980 zurück.

III. Gegenstand der Anmeldung

3 Anmeldepflichtig sind nach § 39 Abs. 1 Änderungen in den Personen der Geschäftsführer, aber auch Änderungen ihrer persönlichen Daten sowie Änderungen – nicht nur die Beendigung (vgl. Rdn 6) – ihrer Vertretungsbefugnis. Die Anmeldepflicht entfällt, wenn eine anmeldepflichtige Veränderung vor Anmeldung wieder rückgängig gemacht wird.

1. Änderungen im Personenbestand der Geschäftsführer

4 Jede Änderung des Personenbestandes ist anzumelden. Darunter fällt die Neubestellung eines Geschäftsführers, auch die eines stellvertretenden Geschäftsführers (§ 44) sowie die eines Notgeschäftsführers[1]. Die **Vertretungsbefugnis** ist **auch bei** einem **Alleingeschäftsführer** anzugeben (vgl. § 10, 9). Anmeldungspflichtig ist ferner das **Ausscheiden** eines amtierenden Geschäftsführers, gleich ob infolge Todes, Abberufung, Amtsniederlegung oder Beendigung des Geschäftsführungsvertrages infolge Zeitablaufs. Eintragungsbedürftig ist auch die ipso iure eintretende Beendigung der Vertretungsbefugnis eines Geschäftsführers wegen Geschäftsunfähigkeit. Wird diese Eintragung unterlassen, kann die Gesellschaft nach Auffassung des BGH eine Rechtsscheinhaftung treffen, obgleich § 15 Abs. 1 HGB das Vertrauen in die Geschäftsfähigkeit nicht schützt[2]. Wird der Geschäftsführer geschäftsunfähig, so ist seine Eintragung von Amts wegen zu löschen (§ 142 ff FGG)[3]. Entsprechendes gilt für die anderen Fälle des § 6 Abs. 2[4]. Endet die Vertretungsbefugnis dadurch, daß die Gesellschaft aufgelöst wird und der Geschäftsführer nicht selbst Liquidator ist, so haben die Liquidatoren den Wegfall der Vertretungsbefugnis des Geschäftsführers analog § 39 anzumelden[5].

5 Wer zum Geschäftsführer bestellt wird, muß in der Änderungsmeldung seine persönliche Integrität iSd § 6 Abs. 2 S. 3 und 4 versichern und die Belehrung über seine unbeschränkte Auskunftspflicht gegenüber dem Gericht gemäß Abs. 3 S. 1 bestätigen. Diese Belehrung kann durch einen – inländischen[6] – Notar erfolgen (Abs. 3 S. 2 iVm § 8 Abs. 3 S. 2). Eine pauschale Bezugnahme auf § 6 Abs. 2 S. 3 und 4 genügt dabei nicht den Anforderungen an die **Versicherung**; vielmehr sind die gesetzlichen Bestellungshindernisse im einzelnen aufzuführen und es muß jedes Hindernis einzeln verneint werden[7]. Die Versicherungspflicht ist eine höchstper-

---

[1] Auf die Bestellung eines von der Treuhandanstalt beauftragten Verwalters ist § 39 Abs. 1 nicht anzuwenden, LG Münster GmbHRdsch 1994, 246.

[2] BGHZ 115, 78, 81 = NJW 1991, 2566; einschr. *Dreher* DB 1991, 533, 535 ff.

[3] BayObLGZ 1989, 81, 87; BayObLG GmbHRdsch 1992, 304, 305.

[4] Vgl. auch BayObLG GmbHRdsch 1992, 304, 305 sowie BayObLGZ 1989, 81, 84 ff, wonach schon die gerichtliche Untersagung der Ausübung der Geschäftsführungstätigkeit durch eine einstweilige Verfügung die Löschung der Eintragung des Geschäftsführers von Amts wegen begründen soll. Das erscheint zweifelhaft; denn der Geschäftsführer verliert dadurch seine Organposition nicht.

[5] OLG Köln GmbHRdsch 1985, 23.

[6] LG Ulm RPfl 1988, 108.

[7] BayObLGZ 1981, 396, 400 mit Formulierungsvorschlag; BayObLG GmbHRdsch 1984, 101; vgl. auch § 8, 33 f.

sönliche Pflicht des Geschäftsführers[8] und strafbewehrt gemäß § 82 Abs. 1 Nr. 4. Die Versicherung erstreckt sich nicht auf den in § 6 Abs. 2 S. 2 geregelten Fall[9]; der Geschäftsführer braucht also nicht zu versichern, daß er bei der Besorgung seiner Vermögensangelegenheiten einem Einwilligungsvorbehalt (§ 1903 BGB) unterliegt.

2. Änderungen in den persönlichen Daten der Geschäftsführer

Kraft Gesetzes ist nur der Name des Geschäftsführers eintragungspflichtig und **6**
daher auch nur die Namensänderung anmeldepflichtig. Da der Doktortitel Namensbestandteil ist, gilt die Anmeldungspflicht auch für ihn. Sonstige Änderungen der nach § 43 Nr. 4 der Handelsregisterverfügung einzutragenden Personalien sind nicht erforderlich[10].

3. Änderungen der Vertretungsbefugnis

Anzumelden ist **jede Änderung** in der Vertretungsbefugnis[11]; der Gesetzeswort- **7**
laut, der nur von der Beendigung der Vertretungsmacht spricht, ist überholt[12]. Bei der Änderung der Vertretungsbefugnis durch Satzungsänderung genügt deren Anmeldung (§ 54); ergibt sich jedoch aus dem satzungsändernden Gesellschafterbeschluß nicht positiv die neue Form der Vertretungsmacht, so ist sie nach § 39 zusätzlich zur Satzungsänderung anzumelden[13]. Zu den Einzelheiten der Anmeldung vgl. § 10, 9 ff. Die Vertretungsbefugnis muß sich dem Handelsregister entnehmen lassen, ohne daß es zusätzlicher Informationen bedürfte[14]. Auch die Einzelvertretungsbefugnis des einzigen Geschäftsführers ist einzutragen[15]. Manche Registergerichte beanstanden die Formulierung „alleinvertretungsberechtigt" und erkennen nur die Formulierung „einzelvertretungberechtigt" an[16].

IV. Pflicht und Befugnis der Geschäftsführer zur Anmeldung

Die Anmeldepflicht obliegt der Gesellschaft; alle Geschäftsführer sind für ihre **8**
Erfüllung verantwortlich. Die Anmeldung ist ein Vertretungsakt; auch unechte Gesamtvertretung ist zulässig, aber nicht im Falle der Abberufung eines von zwei gemeinschaftlich vertretungsberechtigten Geschäftsführern (vgl. die folgende Rdn sowie § 35, 84, 86)[17]. Prokuristen oder Generalbevollmächtigte können die Anmeldung

---

[8] *Ammon* DStR 1993, 1025, 1028; so wohl auch OLG Düsseldorf GmbHRdsch 1993, 98 für den Geschäftsführerwechsel bei einer ausländischen GmbH mit inländischer Zweigniederlassung (obiter dictum).

[9] *Lutter/Hommelhoff* § 8, 14; *Deutler* GmbHRdsch 1992, 252, 253 mit ausführlicher Begründung.

[10] *Lutter/Hommelhoff* 3; Scholz/*Schneider* 4; Baumbach/Hueck/*Zöllner* 4.

[11] Baumbach/Hueck/*Zöllner* 5; *Lutter/Hommelhoff* 4; Rowedder/*Koppensteiner* 5; Scholz/*Schneider* 5.

[12] Vgl. auch § 43 Nr. 6e der Handelsregisterverfügung, in der bereits der heutigen Rechtslage Rechnung getragen ist.

[13] *Lutter/Hommelhoff* 4; ähnlich Scholz/*Schneider* 9.

[14] BayObLGZ 1981, 132, 134; BayObLG RPfl 1989, 398; OLG Zweibrücken NJW-RR 1993, 933.

[15] OLG Düsseldorf NJW 1989, 3100; OLG Frankfurt GmbHRdsch 1994, 117, 118; LG Wuppertal GmbHRdsch 1993, 99; *Westerholt* GmbHRdsch 1993, 85, 87.

[16] OLG Naumburg GmbHRdsch 1994, 119; OLG Zweibrücken GmbHRdsch 1993, 97 f; **aA** mit Recht OLG Frankfurt GmbHRdsch 1994, 118, 119.

[17] LG Wuppertal GmbHRdsch 1992, 380.

nur aufgrund einer entsprechenden öffentlich beglaubigten Sondervollmacht (§ 12 Abs. 2 S. 1 HGB) vornehmen[18].

9 Der **neu bestellte Geschäftsführer** ist selbst (mit)anmeldungsberechtigt, muß allerdings seine Anmeldebefugnis gesondert nachweisen. Ein ausgeschiedener Geschäftsführer ist zur Anmeldung nicht mehr befugt[19]. Doch kann der Geschäftsführer mit der Maßgabe ausscheiden, daß er sein Amt erst mit der Eintragung in das Handelsregister aufgibt. In diesem Fall ist er noch zur Anmeldung des Ausscheidens berechtigt[20]. Sind infolge des Ausscheidens eines Geschäftsführers die restlichen nicht mehr vertretungsbefugt, so muß für den Ausgeschiedenen zunächst ein neuer Geschäftsführer bestellt werden; in dringenden Fällen kommt die Bestellung eines Notgeschäftsführers in Betracht, der die Anzeige der Änderung vornehmen kann. Ein ausgeschiedener Geschäftsführer hat einen einklagbaren Anspruch gegen die Gesellschaft darauf, daß sie die Anmeldung seines Ausscheidens vornimmt. Die Vollstreckung eines entsprechenden Urteils erfolgt nach § 894 Abs. 1 ZPO[21]. Der Grund des Ausscheidens ist im Handelsregister nicht anzugeben. Wird jedoch in der Anmeldung ein unzutreffender Grund genannt, so kann der Ausgeschiedene gegen die Gesellschaft auf Berichtigung klagen[22].

10 Eine **Satzungsänderung**, die die Vertretungsbefugnis der Geschäftsführer betrifft, muß von der nach der bisherigen Satzungslage erforderlichen Zahl von Geschäftsführern angemeldet werden; denn die Satzungsänderung wird gemäß § 54 Abs. 3 erst mit der Eintragung wirksam. Sah die alte Satzung mehrere gesamtvertretungsberechtigte Geschäftsführer vor und führt die Satzungsänderung einen alleinvertretungsberechtigten Geschäftsführer ein, so genügt es nicht, wenn die Satzungsänderung von diesem und einem früheren gesamtvertretungsberechtigten Geschäftsführer angemeldet wird; denn diese haben keine gemeinschaftliche Vertretungsmacht[23]. Zweckmäßigerweise müssen hier die bisher amtierenden Geschäftsführer die Satzungsänderung und ihr eigenes Ausscheiden mit der Maßgabe anmelden, daß letzteres erst mit Eingang der Anmeldung wirksam wird.

V. Anmeldungsverfahren

1. Inhalt der Anmeldung

11 Die Anmeldung ist ein Antrag auf Eintragung bestimmter rechtlicher Verhältnisse im Handelsregister. Sie muß eindeutig zum Ausdruck bringen, was eingetragen werden soll, braucht aber in ihrem Wortlaut der künftigen Eintragung nicht zu entsprechen[24].

2. Form

12 Neben Abs. 2 gilt für das Anmeldungsverfahren § 12 HGB. Nach dieser Vorschrift sind die Anmeldungen zur Eintragung in das Handelsregister sowie die zur

[18] BayObLG WM 1982, 647, 649; KG JW 1932, 2626; OLG Köln BB 1986, 2088; *Gustavus* GmbHRdsch 1978, 219, 225.

[19] BayObLGZ 1981, 227, 230 f; KG KGJ 16, 26; KG JW 1927, 1703; ferner OLG Frankfurt BB 1983, 1561; Scholz/*Schneider* 13; **aA** LG Berlin GmbHRdsch 1993, 291: In unmittelbarem zeitlichen Zusammenhang mit seinem Ausscheiden ist der Geschäftsführer noch anmeldebefugt.

[20] BayObLGZ 1981, 266, 267; KG JW 1927, 1703; OLG Frankfurt GmbHRdsch 1993, 738, 739; Baumbach/Hueck/*Zöllner* 6; Scholz/*Schneider* 3; ebenso LG Krefeld GmbHRdsch 1981, 266 für den Fall, daß der Geschäftsführer sein Ausscheiden vor dem festgelegten Datum seines Ausscheidens anmeldet.

[21] KG KGJ 41 A 100, 101; Scholz/*Schneider* 13.

[22] OLG Frankfurt JW 1930, 2983.

[23] Geßler/*Hefermehl*/Eckardt/Kropff AktG § 81, 11; abweichend *Meyer-Landrut*-Großkomm-AktG § 81, 4.

[24] Baumbach/Hueck/*Zöllner* 7a.

Aufbewahrung bei Gericht bestimmten Zeichnungen von Unterschriften in öffentlich beglaubigter Form einzureichen. Der gleichen Form unterliegt eine Vollmacht zur Anmeldung. Für den Nachweis einer Rechtsnachfolge kann das Registergericht öffentliche Urkunden verlangen. Der Anmeldung sind nach Abs. 2 Urkunden über die Bestellung der Geschäftsführer, ihre Amtsbeendigung oder über Änderung ihrer Vertretungsbefugnis in Urschrift oder öffentlich beglaubigter Abschrift beizufügen, etwa der Protokollauszug über die Beschlußfassung des zuständigen Gremiums, bei Ausscheiden durch Fristablauf der Bestellungsbeschluß oder der Anstellungsvertrag, bei Tod die Sterbeurkunde. Die Urschrift bedarf nicht öffentlich beglaubigter Form[25]. Auch Beweisurkunden über mündliche Erklärungen sind Urschriften. Anders als durch Urkunden kann eine Änderung nicht dargetan werden[26]. Die notarielle Beurkundung ersetzt die öffentliche Beglaubigung (§ 129 Abs. 2 BGB). Zur Befugnis des Notars, die Anmeldung einzureichen, vgl. § 129 FGG.

3. Zuständiges Gericht und Eintragungsverfahren

Zuständig ist das Registergericht des Sitzes der Gesellschaft. Zu beachten ist **13** bei einer Anmeldung, die Zweigniederlassungen betrifft, § 13c Abs. 1 HGB. Bei der Bestellung eines Ausländers zum Geschäftsführer bedarf es nicht der Einreichung der Aufenthaltsgenehmigung[27]. Zum Eintragungsverfahren vgl. § 9c, 40 ff.

4. Prüfungspflicht des Gerichts

Das Gericht ist berechtigt und verpflichtet, die eingereichten Urkunden daraufhin **14** zu überprüfen, ob sie die Eintragung rechtfertigen[28] (vgl. zur Prüfungspflicht des Registergerichts bei der Gründungsprüfung im einzelnen § 9c, 11 ff). Nur evidente Nichtigkeit oder Unwirksamkeit zwingt es zur Versagung der Eintragung[29]. Das Registergericht ist also nicht zu einer umfassenden Prüfung verpflichtet und braucht nicht jedem Zweifel an der Wirksamkeit eines der anzumeldenden Änderung zugrunde liegenden Gesellschafterbeschlusses nachzugehen. Wohl aber hat es die Zuständigkeit des beschließenden Gremiums zu prüfen und muß sich in Zweifelsfällen auch vergewissern, ob diejenigen Einberufungsvorschriften eingehalten worden sind, deren Nichtbeachtung zur Beschlußnichtigkeit führt[30]. Ist die Abberufung von Geschäftsführern nach dem Gesellschaftsvertrag nur aus wichtigem Grund zulässig, so hat das Gericht nicht im einzelnen nachzuprüfen, ob ein **wichtiger Grund** gegeben ist; es hat die Eintragung nur dann abzulehnen, wenn das Fehlen

---

[25] KG KGJ 35 A, 157; Baumbach/Hueck/*Zöllner* 9; *Lutter/Hommelhoff* 7.

[26] KG RJA 16, 4.

[27] Vgl. § 6, 9 f; Baumbach/Hueck/*Zöllner* 9, 12.

[28] KG KGJ 25 A 253; KG KGJ 31 A 197, 198; KG HRR 1931 Nr. 775; OLG Hamm ZIP 1988, 1048, 1050; *Lutter/Hommelhoff* 9; Scholz/*Schneider* 18; w.Nachw. bei *Baums* Eintragung und Löschung von Gesellschafterbeschlüssen (1981) S. 44; zur Prüfungspflicht des Registergerichts vgl. BayObLG GmbHRdsch 1992, 304, 305 f; OLG Köln GmbHRdsch 1990, 82, 83; *Ammon* DStR 1993, 1025, 1029; *Gustavus* RPfl 1989, 288.

[29] BayObLG GmbHRdsch 1992, 306, 307; Baumbach/Hueck/*Zöllner* 11; *Lutter/Hommelhoff* 9; Scholz/*Schneider* 21; *Baums* S. 106.

[30] So auch Baumbach/Hueck/*Zöllner* 9, wo mit Recht hervorgehoben wird, daß die Formulierung, das Gericht habe die Ordnungsmäßigkeit der Beschlußfassung zu prüfen (so aber OLG Köln GmbHRdsch 1989, 125; OLG Köln GmbHRdsch 1990, 82, 83) *Gustavus* RPfl 1989, 288), zu weit geht; vgl. auch *Kirstgen* RPfl 1989, 67 f.

eines wichtigen Grundes offensichtlich ist[31]. Die Eintragung eines **Ausländers** als Geschäftsführer darf das Gericht nicht wegen Fehlens ausländerrechtlicher Erfordernisse ablehnen (vgl. § 6, 10).

VI. Wirkung der Eintragung

15 Abgesehen von der Satzungsänderung, die gemäß § 54 Abs. 3 erst mit der Eintragung in das Handelsregister in Kraft tritt, wirkt eine nach § 39 einzutragende Änderung nicht konstitutiv, sondern hat nur rechtsbekundende Funktion[32].

VII. Zeichnung der Unterschrift, Abs. 4

16 Die Geschäftsführer haben ihre Unterschrift zur Aufbewahrung bei dem Gericht zu zeichnen; vgl. dazu im einzelnen § 8, 36 ff.

§ 40

(1) Die Geschäftsführer haben jährlich im gleichen Zeitpunkt, in dem der Jahresabschluß zum Handelsregister einzureichen ist, eine von ihnen unterschriebene Liste der Gesellschafter, aus welcher Name, Vorname, Stand und Wohnort der letzteren sowie ihre Stammeinlagen zu entnehmen sind, zum Handelsregister einzureichen. Sind seit Einreichung der letzten Liste Veränderungen hinsichtlich der Person der Gesellschafter und des Umfangs ihrer Beteiligung nicht eingetreten, so genügt die Einreichung einer entsprechenden Erklärung.

(2) Eine Liste mit dem in Absatz 1 Satz 1 bestimmten Inhalt haben die Geschäftsführer unverzüglich zum Handelsregister einzureichen, sobald sich alle Geschäftsanteile in der Hand eines Gesellschafters oder daneben in der Hand der Gesellschaft vereinigt haben.

Übersicht

Schrifttum

Driesen Neues Recht für die Einpersonen-GmbH, MDR 1992, 324; *Fink* Die Gesellschafterliste – ein antiquiertes Relikt des GmbH-Rechtes? RPfl 1988, 456; *Gustavus* Die Gesellschafterpublizität bei der GmbH, in: Festschr. Quack (1991) S. 229; *ders.* Ist die Gesellschafterliste reformierbar? RPfl 1992, 6; *Müller-Dott* Liste der Gesellschafter nach § 40 GmbHG,

---

31 OLG Hamm ZIP 1988, 1048, 1050; gegen eine Nachprüfung des wichtigen Grundes auch *Lutter/Hommelhoff* 9; Baumbach/Hueck/*Zöllner* 11; Scholz/*Schneider* 19 ff; für weitergehende Nachprüfungspflicht dagegen KG JW 1937, 549; OLG Hamburg JW 1938, 3248.

32 Vgl. BGH NJW-RR 1987, 1318, 1319; BayObLG ZIP 1982, 312, 313; OLG Frankfurt NJW-RR 1994, 105; OLG Köln GmbHRdsch 1993, 155; LG Krefeld GmbHRdsch 1981, 266; *Lutter/Homelhoff* 1; Baumbach/Hueck/*Zöllner* 15; *Ammon* DStR 1993, 1025, 1026; *Kuhn* WM 1976, 754, 760.

BB 1987, 98; *Schimmelpfennig/Hauschka* Die Zulassung der Einpersonen-GmbH in Europa und die Änderungen des deutschen GmbH-Rechtes, NJW 1992, 942; *K. Schmidt* Die GmbH-Beteiligung von Gesellschaften bürgerlichen Rechts als Publizitätsproblem, BB 1983, 1697; *U. H. Schneider* Die Fortentwicklung des Handelsregisters zum Konzernregister, WM 1986, 181; *Schwarz* Das Gesetz zur Durchführung der Zwölften gesellschaftsrechtlichen EG-Richtlinie – Neuerungen für die Einpersonen-GmbH, DStR 1992, 221; *Tiedtke* Zur Form der Gestattung von Insich-Geschäften des geschäftsführenden Mitgesellschafters einer GmbH, GmbHRdsch 1993, 385; *Ziegler* Neue Fristen für die Gesellschafterliste, RPfl 1987, 354; *ders.* Überlegungen zur Gesellschafterliste, RPfl 1989, 181.

1. Regelungsgegenstand

Aus den Registerakten soll ersichtlich sein, wer mit welcher Anteilsberechtigung Gesellschafter der GmbH ist. Bei der Gründung der GmbH ist daher nach § 8 Nr. 3 der Anmeldung eine Liste der Gesellschafter beizufügen, die deren Namen, Vornamen, Stand, Wohnort sowie den Betrag der von jedem übernommenen Stammeinlage ausweist. Die Gesellschafterliste nach § 40 sorgt dafür, daß die Angaben einmal im Jahr auf den neuesten Stand gebracht werden. Da sie nicht laufend korrigiert wird, wie dies § 54 RegE 1971, der nicht Gesetz geworden ist, vorgesehen hatte, ist auf sie wenig Verlaß[1]. **1**

2. Gesetzgebungsgeschichte

Abs. 1 S. 1 sah früher die alljährliche Einreichung der Liste im Januar vor. Er wurde durch das BiRiLiG vom 19.12.1985 geändert. Nunmehr kommt es auf den Zeitpunkt an, in dem der Jahresabschluß einzureichen ist. Abs. 2 wurde eingefügt durch das Gesetz zur Durchführung der Zwölften Richtlinie des Rates der Europäischen Gemeinschaften auf dem Gebiet des Gesellschaftsrechts betreffend Gesellschaften mit beschränkter Haftung mit einem einzigen Gesellschafter vom 18.12.1991[2]. **2**

3. Inhalt der Liste

Zum Inhalt der Liste vgl. § 8, 7 ff. Mehrere Geschäftsanteile eines Gesellschafters sind besonders anzugeben; denn nicht die Höhe der Gesamtbeteiligung, sondern die Stammeinlagen sollen ersichtlich sein[3]. Folglich ist auch die Veränderung der Stückelung der Anteile eines Gesellschafters meldepflichtig[4]. Zu berücksichtigen sind nur diejenigen Gesellschafter, die der Gesellschaft gegenüber nach § 16 als solche gelten. Gehört ein Geschäftsanteil mehreren Personen, so sind diese Personen und die Art ihrer Verbindung (z. B. Gütergemeinschaft, Bruchteilsgemeinschaft, Gesellschaft bürgerlichen Rechts) anzugeben[5]. **3**

Auch **eigene Anteile** der Gesellschaft sind anzugeben[6]. Ist bei Gründung oder Kapitalerhöhung die Beitrittserklärung ungültig, so ist die Stammeinlage in der Liste **4**

---

[1] Vgl. *Fink* RPfl 1988, 456; *Ziegler* RPfl 1989, 181; *Gustavus* Festschr. Quack (1991) S. 229, 234; *ders.* RPfl 1992, 6, 7.

[2] Zwölfte Richtlinie des Rates auf dem Gebiet des Gesellschaftsrechts betreffend Gesellschaften mit beschränkter Haftung mit einem einzigen Gesellschafter vom 21. Dezember 1989 (89/777/EWG) Abl EG L Nr. 395 vom 30.12.1989 S. 40.

[3] Baumbach/Hueck/*Zöllner* 4; Scholz/*Schneider* 3; *Lutter/Hommelhoff* 3.

[3] Baumbach/Hueck/*Zöllner* 4.

[5] Baumbach/Hueck/*Zöllner* 2; Scholz/*Schneider* § 8, 7; vgl. zur GbR *K. Schmidt* BB 1983, 1967, 1700.

[6] Scholz/*Schneider* 4.

aufzuführen mit dem Vermerk: **nicht übernommen**. Mit dem Vermerk: **eingezogen** ist die Stammeinlage anzugeben, wenn der Gesellschafter gestorben und die Vererblichkeit ausgeschlossen ist oder bei Einziehung nach § 34, ferner bei Ausschließung oder Austritt und bei Einziehung im Wege der Kapitalherabsetzung. Der Fall einer freien Stelle des Stammkapitals, eines niemand gehörenden, aber noch bestehenden Geschäftsanteils tritt ein in der Zeit zwischen Kaduzierung und Erwerb durch den Rechtsträger nach § 22 Abs. 4 oder durch einen Ersteigerer nach § 23. Die Stammeinlage ist hier mit dem Vermerk: **kaduziert** zu versehen. Der Name des bisherigen Gesellschafters ist mit dem Kaduzierungsvermerk anzugeben[7]. Stellt ein Gesellschafter seinen Geschäftsanteil nach § 27 zur Verfügung, so bleibt er noch Mitglied und ist anzugeben, wegen der veränderten Haftungsverhältnisse aber mit dem Vermerk: **nach § 27 zur Verfügung gestellt**[8].

4. Einreichungspflicht

5 Die Liste ist – mit dem Stand zum Zeitpunkt der Absendung[9] – in dem Zeitpunkt einzureichen, in dem nach §§ 325 Abs. 1, 326 HGB der Jahresabschluß zum Handelsregister eingereicht werden muß. Nach Abs. 1 S. 2 ist die Einreichung der Liste nur erforderlich, wenn Veränderungen gegenüber dem letzten Stand eingetreten sind; andernfalls genügt Fehlanzeige. Wird die Liste später als der Jahresabschluß eingereicht, ist weiterhin der Stand zum Zeitpunkt der Vorlagepflicht des Jahresabschlusses maßgeblich; doch ist ergänzend auf zwischenzeitlich eingetretene Änderungen hinzuweisen[10].

6 Die Liste muß von einer **vertretungsberechtigten Anzahl von Geschäftsführern** unterschrieben sein. Unechte Gesamtvertretung (dazu § 35, 84) ist zulässig. Verantwortlich für die Einreichung sind alle Geschäftsführer. Auch im Konkurs der Gesellschaft trifft die Einreichungspflicht die Geschäftsführer[11]. **Jede Veränderung** verpflichtet zur Einreichung einer **neuen Liste**. Die Angabe der Veränderung allein genügt nicht[12].

7 Die Einreichung geschieht durch formlose Übersendung. Adressat ist das Registergericht des Sitzes der Gesellschaft (§§ 7 Abs. 1, 13 Abs. 1 HGB). Gegebenenfalls ist eine Liste für jede Zweigniederlassung beizufügen (§ 13c Abs. 1 HGB). Gegenüber säumigen Geschäftsführern kann die Einreichung nach § 14 HGB erzwungen werden[13].

8 Der **Registerrichter** hat lediglich die Einreichung der Liste zu kontrollieren[14]. Eine sachliche **Prüfung** braucht er ohne besonderen Anlaß nicht vorzunehmen. Er kann nicht den Nachweis der Übertragung der Geschäftsanteile auf die als Rechtsnachfolger früherer Gesellschafter erscheinenden Personen oder die Zustimmung der Gesellschaft hierzu verlangen[15]. Drängen sich ihm allerdings Zweifel an der

---

[7] Scholz/*Schneider* 4; Rowedder/*Koppensteiner* 3; aA Baumbach/Hueck/*Zöllner* 2.

[8] Rowedder/*Koppensteiner* 3; **aA** Scholz/*Schneider* 4 Fn. 8; Baumbach/Hueck/*Zöllner* 2.

[9] Scholz/*Schneider* 6.

[10] Rowedder/*Koppensteiner* 4; Baumbach/Hueck/*Zöllner* 7; Scholz/*Schneider* 6; **aA** Meyer-Landrut/*Miller*/Niehus 5.

[11] KG KGJ 48, 134; Scholz/*Schneider* 7; Baumbach/Hueck/*Zöllner* 8; *Lutter/Hommelhoff* 8.

[12] Rowedder/*Koppensteiner* 3; Baumbach/Hueck/*Zöllner* 6; *Lutter/Hommelhof* 3 f; einschr. Scholz/*Schneider* 5.

[13] Scholz/*Schneider* 11; *Driesen* MDR 1992, 324, 325.

[14] BayObLG DB 1985, 1521; *Lutter/Hommelhoff* 10; *Gustavus* Festschr. Quack (1991) S. 229, 234.

[15] BayObLG DB 1985, 1521; *Gustavus* aaO.

Richtigkeit der Liste auf, so kann er ihnen nachgehen und die zur Behebung seiner Zweifel erforderlichen Unterlagen anfordern[16]. Jedoch ist er nicht berechtigt, die Geschäftsführer zur rechtlichen Klärung von Zweifeln anzuhalten oder ihnen etwa die Einholung einer vormundschaftsgerichtlichen Genehmigung abzuverlangen, wenn er sie zur Wirksamkeit einer Anteilsübertragung für erforderlich hält[17]. Ist die eingereichte Liste unrichtig, so kann er die Einreichung einer richtigen Liste nach § 14 HGB erzwingen[18].

5. Öffentlichkeit der Gesellschafterliste

Die Liste wird bei den Registerakten aufbewahrt; sie wird nicht in das Handelsregister eingetragen und nicht veröffentlicht. Doch ist die Einsicht jedem gestattet. Jedermann kann eine beglaubigte Abschrift fordern (§ 9 HGB). **9**

6. Keine materiellrechtliche Bedeutung der Gesellschafterliste

Die eingereichte Liste genießt keinen öffentlichen Glauben. Die Vorschrift des § 15 HGB ist nicht anwendbar[19], denn die Liste gibt nur den Bestand der Gesellschafter zum Stichtag an, der sich schon am folgenden Tag verändert haben kann. Findet eine Veränderung im Zeitraum zwischen zwei Stichtagen statt und wird diese im selben Zeitraum wieder rückgängig gemacht, gelangt dies nicht nach außen[20]. Die Liste hat auch keine konstitutive Bedeutung; Mitgliedschaftsrechte können aus ihr nicht hergeleitet werden[21]. **10**

Sowohl der zu Unrecht nicht eingetragene Gesellschafter als auch der zu Unrecht eingetragene Gesellschafter haben aber ein Recht auf Berichtigung der Liste zum nächsten Stichtag[22]. Zum Gegenstand eines Amtslöschungsverfahrens nach § 142 FGG kann die Liste nicht gemacht werden[23]. **11**

Als Ordnungsvorschrift, die keinen Vertrauenstatbestand schafft und nicht spezifisch auf den Schutz von Gläubigern ausgerichtet ist, kann § 40 Abs. 1 kein Schutzgesetz iSv § 823 Abs. 2 BGB sein[24]. **12**

7. Einpersonen-GmbH, Abs. 2

Für nachträglich entstandene Einpersonen-Gesellschaften modifiziert Abs. 2 den Zeitpunkt der Einreichung der Liste: Sie ist gemäß § 40 Abs. 2 unverzüglich nach Entstehen der Einpersonen-Gesellschaft einzureichen. Mit dieser Regelung wurde die in Art. 3 der Zwölften EG-Richtlinie auf dem Gebiet des Gesellschaftsrechts betreffend Gesellschaften mit beschränkter Haftung mit einem einzigen Gesellschafter geforderte Publizität der Anteilsvereinigung und der Identität des einzigen Gesellschafters umgesetzt. Zwar wird die Gesellschafterliste weder in das Handelsregister eingetragen noch bekanntgemacht; dies fordert die Richtlinie jedoch auch nicht, **13**

---

[16] Scholz/*Schneider* 11; Baumbach/Hueck/*Zöllner* 9; Rowedder/*Koppensteiner* 5.

[17] BayObLG DB 1985, 1521.

[18] BayObLG DB 1979, 1981; Baumbach/Hueck/*Zöllner* 9; Rowedder/*Koppensteiner* 5; *Lutter*/*Hommelhoff* 9.

[19] Scholz/*Schneider* 8; *Lutter*/*Hommelhoff* 2; *Gustavus* Festschr. Quack (1991) S. 229, 234.

[20] Vgl. hierzu krit. *Gustavus* aaO S. 229 ff.

[21] BayObLG DB 1991, 1270, 1273.

[22] BayObLG DB 1991, 1270 1273; Baumbach/Hueck/*Zöllner* 10; Rowedder/*Koppensteiner* 5.

[23] BayObLG NJW-RR 1990, 420.

[24] *Brodmann* 1; Meyer-Landrut/*Miller*/Niehus 6; Scholz/*Schneider* 8; **aA** Baumbach/Hueck/*Zöllner* 10; *Ziegler* RPfl 1989, 181, 183; vgl. dazu auch *Gustavus* Festschr. Quack (1991) S. 229, 234.

vielmehr genügt es, wenn die geforderten Angaben „in der Akte hinterlegt … werden“. Mit Akte ist dabei die Registerakte gemeint, was sich aus dem in der Richtlinie enthaltenen Hinweis auf Art. 3 Abs. 1 und 2 der Richtlinie 68/151/EWG ergibt[25]. Ebensowenig wie Abs. 1 (vgl. Rdn 12) ist Abs. 2 ein Schutzgesetz iSv § 823 Abs. 2 BGB.

14 Für den Fall, daß nach Einreichung der Gesellschafterliste aus der eingliedrigen Gesellschaft wieder eine mehrgliedrige Gesellschaft wird, besteht keine unverzüglich zu erfüllende Einreichungspflicht[26].

15 Eine Einpersonen-GmbH iSv Abs. 2 ist nur dann anzunehmen, wenn sich alle Geschäftsanteile in der Hand eines Gesellschafters vereinigen oder wenn neben dem Gesellschafter nur die Gesellschaft selbst Anteile hält (vgl. § 19 Abs. 4). Gesellschafter können dabei natürliche Personen, juristische Personen und Personenvereinigungen sein[27]. Der Ansicht von Scholz/*Schneider* und *Lutter/Hommelhoff*[28], daß auch mittelbare Beteiligungen, die in der Hand eines Gesellschafters „zusammenlaufen“, und Treuhandverhältnisse zur Annahme einer Einpersonen-Gesellschaft iSv § 40 Abs. 2 zu führen vermögen, ist nicht zu folgen, da damit sowohl der Begriff der Einpersonen-Gesellschaft als auch der des Gesellschafters verunsichert würde. Es ist auch nicht gesagt, daß die einreichungspflichtigen Geschäftsführer Kenntnis von einer entsprechenden Stellung eines Treugeber-Gesellschafters oder mittelbaren Gesellschafters haben. Schließlich kann es für die Frage, ob der Gesellschafter-Treugeber oder der „mittelbare Einmann-Gesellschafter“ eine einem „echten“ Einmann-Gesellschafter vergleichbare Stellung hat, auf die jeweiligen vertraglichen Regelungen ankommen, von deren Würdigung die Qualifikation einer Gesellschaft als Einpersonen-Gesellschaft nicht abhängen darf.

Vor §§ 41 ff

1 Die §§ 41 ff enthalten einige Rechnungslegungsvorschriften. Das Rechnungslegungsrecht der GmbH ergibt sich heute im wesentlichen aus den §§ 238 ff HGB, in denen durch das „Gesetz zur Durchführung der Vierten, Siebenten und Achten Richtlinie des Rates der Europäischen Gemeinschaften zur Koordinierung des Gesellschaftsrechts (Bilanzrichtlinien-Gesetz – BiRiLiG) vom 19. Dezember 1985 die Rechnungslegung generell für alle gesellschaftsrechtlichen Rechtsformen geregelt worden ist. Das Rechnungslegungsrecht der Kapitalgesellschaft wird im Rechnungslegungsband zum Staub-GroßkommHGB kommentiert. Der Kommentierung in jenem Band bleiben auch die GmbH-spezifischen Bilanzierungsgrundsätze des § 42 überlassen. Dagegen sind im folgenden zu kommentieren die Zuweisung der Verantwortung für die Buchführung an die Geschäftsführer in § 41 und das in § 42a normierte Verfahren zur Feststellung des Jahresabschlusses.

2 Ein erster Regierungsentwurf zur Umsetzung der in der Vierten EG-Richtlinie geregelten Materie (Jahresabschluß) war bereits 1982 vorgelegt worden[1], der sich mit der Auflösung des 9. Bundestages erledigte. Dieser Entwurf sah einen § 42g über die Nichtigkeit des Jahresabschlusses und einen § 42h über den Schutz der

[25] Erste Gesellschaftsrechtliche Richtlinie des Rates vom 9. März 1968 (68/151/EWG) Abl EG L Nr. 65 S. 10.

[26] *Tiedtke* GmbHRdsch 1993, 285, 286.

[27] Baumbach/*Hueck* § 19, 34; Scholz/*Schneider* § 19, 90.

[28] *Lutter/Hommelhoff* 7; Scholz/*Schneider* 10.

[1] BR-Drucks 61/82; BT-Drucks 9/1878.

Minderheitsgesellschafter bei Ergebnisverwendung vor. Beide Vorschriften sind nicht in das Bilanzrichtlinien-Gesetz aufgenommen worden. Die Entwicklung von Grundsätzen über die Nichtigkeit des Jahresabschlusses einer GmbH bleibt damit weiterhin der an § 256 AktG orientierten Rechtsprechung überlassen (vgl. dazu § 29, 38 und Anh. § 47, 68 ff). Zum Minderheitsschutz in bezug auf die Ergebnisverwendung vgl. § 29, 8, 68 ff.

§ 41

(1) Die Geschäftsführer sind verpflichtet, für die ordnungsmäßige Buchführung der Gesellschaft zu sorgen.

(2)–(4) *(aufgehoben)*

Übersicht

1. Geschichte

1 Die in § 41 Abs. 1 statuierte Verpflichtung der Geschäftsführer zur Sorge für eine ordnungsmäßige Buchführung der Gesellschaft ist seit Inkrafttreten des GmbH-Gesetzes unverändert. Die früheren Absätze 2 und 3 des § 41, die die Pflicht zur Aufstellung einer Bilanz und einer Gewinn- und Verlustrechnung betrafen, sind durch Art. 3 Nr. 4 BiRiLiG aufgehoben und durch §§ 242 und 264 Abs. 1 HGB ersetzt worden. Den früheren Abs. 4, der die Veröffentlichung von Bilanzen durch Kreditinstitute betraf, hat die inzwischen durch Art. 7 Nr. 4 BiRiLiG neugefaßte Vorschrift des § 25a KWG ersetzt (Art. 1 Nr. 8, Art. 3 § 4 des Gesetzes vom 24.3.1976, BGBl. I, 725).

2. Regelungsgegenstand

2 Die GmbH ist als Formkaufmann (§ 13 Abs. 3) zur doppelten Buchführung verpflichtet (§§ 6 Abs. 1, 238 Abs. 1, 242 HGB). Die zwingende Vorschrift des § 41 weist den Geschäftsführern, und zwar jedem einzelnen Geschäftsführer, nicht nur der Gesamtheit der Geschäftsführer als Organ, die Verantwortung für die Erfüllung der Buchführungspflicht zu[1]. Es handelt sich um eine im öffentlichen Interesse statuierte Amtspflicht, die vornehmlich dem Gläubigerschutz dient. Weder die Satzung noch ein Gesellschafterbeschluß noch der Anstellungsvertrag können Geschäftsführer von dieser Pflicht befreien. So kann z. B. im Rahmen des Zulässigen ein bestimmtes Buchführungssystem vorgeschrieben werden. Abmilderungen und Einschränkungen der Pflicht sind ausgeschlossen. Adressat der Pflicht ist auch ein fehlerhaft bestellter Geschäftsführer (vgl. dazu § 35, 41)[2].

3. Pflichtinhalt

3 Die Vorschrift verpflichtet die Geschäftsführer nicht, Buchführungsaufgaben selbst wahrzunehmen. Diese können vielmehr durch Mitarbeiter oder sogar auch

---

[1] BGH WM 1985, 1293, 1294.

[2] Vgl. Scholz/*Crezelius* 4.

durch externe Buchführungsunternehmen besorgt werden. Im Falle der Delegation der Buchführung auf einen Geschäftsführer bleiben die anderen dafür verantwortlich, daß dieser über die erforderliche Eignung verfügt und daß er die Buchführungsaufgaben pflichtgemäß erfüllt[3]. Jedem Anhaltspunkt dafür, daß die Buchhaltung nicht ordnungsgemäß organisiert ist oder durchgeführt wird, müssen sie nachgehen. Wird einem Geschäftsführer durch den Hauptgesellschafter und Mitgeschäftsführer die für die entsprechende Kontrolle erforderliche Information systematisch vorenthalten, so stellt dies für ihn einen wichtigen Kündigungsgrund dar[4].

4. Beginn und Dauer der Buchführungspflicht

4 Die Buchführungspflicht beginnt mit dem ersten buchpflichtigen Geschäftsvorfall, nicht erst mit der Eintragung der Gesellschafter im Handelsregister und endet erst mit dem Erlöschen der Gesellschaft[5].

5. Haftung

5 Die Verpflichtung der Geschäftsführer, für die ordnungsmäßige Buchführung der Gesellschaft zu sorgen, besteht im öffentlichen Interesse; doch haften die Geschäftsführer den Gesellschaftsgläubigern nur nach § 826 BGB; denn § 41 bezweckt nicht den Schutz individueller Dritter und ist somit kein Schutzgesetz iSv § 823 Abs. 2 BGB[6]. Diejenigen Mitarbeiter oder Externen, die die Buchführung besorgen, werden nicht zu Erfüllungsgehilfen der Geschäftsführer gegenüber der Gesellschaft oder zu Verrichtungsgehilfen der Geschäftsführer gegenüber Dritten[7]. Doch haften die Geschäftsführer, wenn sie die Buchführung nicht sachgerecht organisieren, so etwa, wenn sie ein Unternehmen mit der Buchführung außer Haus beauftragen, ohne dessen Verantwortlichkeit für die Ordnungsmäßigkeit der Buchführung sicherzustellen[8].

6 Steuerrechtlich sind Verletzungen des § 41 durch §§ 34 Abs. 1, 69 AO sanktioniert, strafrechtlich – im Konkursfall – durch §§ 283 ff StGB.

§ 42

(1) In der Bilanz des nach §§ 242, 264 des Handelsgesetzbuchs aufzustellenden Jahresabschlusses ist das Stammkapital als gekennzeichnetes Kapital auszuweisen.

(2) Das Recht der Gesellschaft zur Einziehung von Nachschüssen der Gesellschafter ist in der Bilanz insoweit zu aktivieren, als die Einziehung bereits beschlossen ist und den Gesellschaftern ein Recht, durch Verweisung auf den Geschäftsanteil sich von der Zahlung der Nachschüsse zu befreien, nicht zusteht. Der nachzuschie-

---

[3] BGH WM 1985, 1293, 1294; WM 1986, 789; WM 1995, 1665, 1666 = DStR 1995, 1639, 1640 m. Anm. *Goette*.

[4] BGH WM 1995, 1665 = DStR 1995, 1639, 1640 m. Anm. *Goette*.

[5] *Lutter/Hommelhoff* 7.

[6] BGH BB 1964, 1273; Baumbach/Hueck/*Schulze-Osterloh* 3; *Lutter/Hommelhoff* 4; Rowedder/*Wiedmann* 4; **aA** *Glade* Rechnungslegung § 41 GmbHG, 4; *K. Schmidt* ZIP 1994, 837, 842; *Stapelfeld* GmbHRdsch 1991, 91, 96 ff; zweifelnd Scholz/*Crezelius* 8; differenzierend BGH ZIP 1994, 867, 871. Zur Haftung der Geschäftsführer gegenüber der Gesellschaft nach § 43 vgl. BGH NJW 1974, 1468.

[7] *Lutter/Hommelhoff* 6; Scholz/*Crezelius* 6.

[8] Scholz/*Crezelius* aaO.

ßende Betrag ist auf der Aktivseite unter den Forderungen gesondert unter der Bezeichnung „Eingeforderte Nachschüsse" auszuweisen, soweit mit der Zahlung gerechnet werden kann. Ein dem Aktivposten entsprechender Betrag ist auf der Passivseite in dem Posten „Kapitalrücklage" gesondert auszuweisen.

(3) Ausleihungen, Forderungen und Verbindlichkeiten gegenüber Gesellschaftern sind in der Regel als solche jeweils gesondert auszuweisen oder im Anhang anzugeben; werden sie unter anderen Posten ausgewiesen, so muß diese Eigenschaft vermerkt werden.

1. Geschichte

Die Bestimmung ist durch Art. 3 Nr. 5 BiRiLiG neugefaßt worden und hat einen gänzlich neuen Inhalt bekommen. 1

2. Regelungsgegenstand

Die Vorschrift ergänzt §§ 238 ff, 264 ff HGB durch einige GmbH-spezifische Bilanzierungsgrundsätze. Abs. 1 und 2 enthalten Sonderregelungen zum Eigenkapitalausweis, Abs. 3 befaßt sich mit dem besonderen Ausweis schuldrechtlicher Rechtsbeziehungen zu den Gesellschaftern. 2

3. Kommentierung im Rechnungslegungsband

Die Bilanzierungsgrundsätze des § 42 werden als Teil des Bilanzrechts im Rechnungslegungsband zum *Staub*-GroßkommHGB kommentiert. 3

§ 42a

(1) Die Geschäftsführer haben den Jahresabschluß und den Lagebericht unverzüglich nach der Aufstellung den Gesellschaftern zum Zwecke der Feststellung des Jahresabschlusses vorzulegen. Ist der Jahresabschluß durch einen Abschlußprüfer zu prüfen, so haben die Geschäftsführer ihn zusammen mit dem Lagebericht und dem Prüfungsbericht des Abschlußprüfers unverzüglich nach Eingang des Prüfungsberichts vorzulegen. Hat die Gesellschaft einen Aufsichtsrat, so ist dessen Bericht über das Ergebnis seiner Prüfung ebenfalls unverzüglich vorzulegen.

(2) Die Gesellschafter haben spätestens bis zum Ablauf der ersten acht Monate oder, wenn es sich um eine kleine Gesellschaft handelt (§ 267 Abs. 1 des Handelsgesetzbuchs), bis zum Ablauf der ersten elf Monate des Geschäftsjahrs über die Feststellung des Jahresabschlusses und über die Ergebnisverwendung zu beschließen. Der Gesellschaftsvertrag kann die Frist nicht verlängern. Auf den Jahresabschluß sind bei der Feststellung die für seine Aufstellung geltenden Vorschriften anzuwenden.

(3) Hat ein Abschlußprüfer den Jahresabschluß geprüft, so hat er auf Verlangen eines Gesellschafters an den Verhandlungen über die Feststellung des Jahresabschlusses teilzunehmen.

(4) Ist die Gesellschaft zur Aufstellung eines Konzernabschlusses und eines Konzernlageberichts verpflichtet, so ist Absatz 1 mit der Maßgabe anzuwenden, daß es der Feststellung des Konzernabschlusses nicht bedarf.

Übersicht

Schrifttum

Adler/Düring/Schmaltz Rechnungslegung und Prüfung[5] (1987 ff); *Apelt* Die Publizität der GmbH (1991); *Coenenberg* Jahresabschluß und Jahresabschlußanalyse[13] (1992); *Glade* Rechnungslegung und Prüfung nach dem Bilanzrichtlinien-Gesetz (1986); *Goerdeler* Die Zuziehung von Sachverständigen bei der Einsicht in die Bücher, in: Festschr. Stimpel (1985) S. 125; *Grunewald* Einsichts- und Auskunftsrechte des GmbH-Gesellschafters nach neuem Recht, ZHR 146 (1982) 211; *Hartmann* Das neue Bilanzrecht und der Gesellschaftsvertrag der GmbH (1986); *Heuser* Die neue Bilanz der GmbH[3] (1986); *Hommelhoff* Die Ergebnisverwendung der GmbH nach dem Bilanzrichtliniengesetz, ZGR 1986, 418; *Hommelhoff/Priester* Bilanzrichtliniengesetz und GmbH-Satzung, ZGR 1986, 463; *Krawitz* Zur Prüfung des Lageberichts nach neuem Recht, WPg 1988, 225; *Küting/Weber* Handbuch der Rechnungslegung[2] (1990); *Liebs* Die Anpassung des Gesellschaftsvertrags der GmbH an das Bilanzrichtlinien-Gesetz, DB 1986, 2421; *ders.* Zur Neuregelung der Ergebnisverwendung in der GmbH durch das Bilanzrichtlinien-Gesetz, GmbHRdsch 1986, 145; *Mai* Rechtsverhältnis zwischen Abschlußprüfer und prüfungspflichtiger Kapitalgesellschaft (1993); *Mueller-Thuns* Gewinnbezugsrecht und bilanzpolitische Gestaltungsmöglichkeiten in der GmbH (1989); MünchHdbGesR III-*Halmburger/Leuthäuser* (1996) 11. Kapitel § 57; *Otto* Die Prüfungsbereitschaft für den GmbH-Jahresabschluß, GmbHRdsch 1988, 91; *Paschen* Zur Publizitätspraxis der GmbH, BB 1992, 49; *Renkl* Gewinnverwendungsverfassung und Abschlußprüfung in der GmbH, GmbHRdsch 1989, 66; *Sagasser* Die Frist für die Beschlußfassung über die Ergebnisverwendung in § 42a Abs. 2 GmbHG, DB 1986, 2251; *Selchert* Jahresabschlußprüfung der Kapitalgesellschaft (1990); *Sieben* Offene Fragen bei der Erstellung und Prüfung des Lageberichts, in: Festschr. Goerdeler (1987) S. 581; *Steiner* Der Prüfungsbericht des Abschlußprüfers (1991). Vgl. auch die Angaben zu § 51a zum Informationsrecht des GmbH-Gesellschafters sowie die Nachw. bei § 29.

I. Gesetzgebungsgeschichte

1 Die Vorschrift ist durch Art. 3 Nr. 5 BiRiLiG neugefaßt worden. Davor enthielt sie eine nach Art. 129 Abs. 3 GG erloschene Ermächtigung des Reichsministers der Justiz.

II. Regelungsgegenstand

2 Abs. 1 regelt die Verpflichtung der Geschäftsführer, den Gesellschaftern den Jahresabschluß und den Lagebericht zum Zwecke der Feststellung des Jahresabschlusses und der Beschlußfassung über die Verwendung des Ergebnisses (§ 29) vorzulegen[1]. Im Gegensatz zu § 51a normiert die Vorschrift ein kollektives Recht der Gesellschaftergesamtheit und nicht ein mitgliedschaftliches Individualrecht. Abs. 2 re-

[1] Zur Feststellung des Jahresabschlusses vgl. § 29, 24 ff, zur Beschlußfassung über die Ergebnisverwendung § 29, 50 ff.

gelt das Verfahren, das die Gesellschafter bei der Beschlußfassung über die Feststellung des Jahresabschlusses und über die Ergebnisverwendung einzuhalten haben. Abs. 3 statuiert eine Pflicht des Abschlußprüfers, auf Verlangen eines Gesellschafters an den Verhandlungen über die Feststellung des Jahresabschlusses teilzunehmen. Er gleicht insoweit das GmbH-Recht an das Aktienrecht an, wo jedoch nach § 176 Abs. 2 S. 1 AktG die Teilnahmepflicht ohne Rücksicht auf das Verlangen eines Gesellschafters besteht. Abs. 4 erweitert das Informationsrecht der Gesellschafter nach Abs. 1 auf die Konzernrechnungslegung. Jedoch beläßt es das Gesetz dabei, daß es der Feststellung des Konzernabschlusses nicht bedarf.

III. Vorlage von Jahresabschluß und Lagebericht an die Gesellschafter

1. Gegenstand der Vorlagepflicht

Vorzulegen sind der Jahresabschluß[2], bestehend aus Bilanz und Gewinn- und Verlustrechnung nebst Anhang (§§ 242 Abs. 3, 264 Abs. 1 S. 1 HGB) sowie der Lagebericht, sofern die Gesellschaft nicht nach § 264 Abs. 1 S. 3 HGB von der Pflicht zu dessen Aufstellung befreit ist. In prüfungspflichtigen Gesellschaften ist außerdem der Prüfungsbericht (§ 321 HGB) vorzulegen. Das gleiche gilt auch im Fall einer freiwilligen Prüfung[3]; denn auch sie soll den Gesellschaftern zur Beurteilung der Rechnungslegung dienen. Nach Abs. 1 S. 3 ist in Gesellschaften mit einem Aufsichtsrat auch dessen Prüfungsbericht vorzulegen. Entsprechendes muß für Verlautbarungen eines Beirates zur Rechnungslegung gelten[4]. **3**

Die Geschäftsführer sind nach § 42a Abs. 1 anders als der Vorstand einer Aktiengesellschaft nach §§ 170 Abs. 2, 175 Abs. 2 S. 1 AktG nicht verpflichtet, einen Vorschlag zur Ergebnisverwendung zu machen[5]. Satzung, Gesellschafterbeschluß oder Beschluß des für die Feststellung des Jahresabschlusses oder für die Beschlußfassung über die Ergebnisverwendung zuständigen Organs können die Geschäftsführer aber dazu verpflichten. Nach *Lutter/Hommelhoff* 8 sollen die Gesellschafter zusätzlich auch noch verpflichtet sein, den Gesellschaftern eine schriftliche Stellungnahme zur Bilanzpolitik zuzuleiten, in der die wesentlichen Maßnahmen der Bilanzpolitik und ihre konkreten Auswirkungen auf das ausgewiesene Jahresergebnis darzustellen seien, einschließlich einer Aussage darüber, ob und inwiefern diese Maßnahmen geeignet und erforderlich sind, um die finanzielle Widerstandskraft der Gesellschaft zu stärken[6]. Das Gesetz weiß nichts davon[7]. **4**

2. Der Weg der Beschlußunterlagen

Der Weg, den die Beschlußunterlagen nehmen müssen, ehe sie den Gesellschaftern vorgelegt werden, ist je nach Gesellschaftstyp unterschiedlich: In kleinen Gesellschaften ohne Aufsichtsrat oder Beirat legen die Geschäftsführer den Jahresabschluß unmittelbar den Gesellschaftern vor (§ 264 Abs. 1 HGB/§ 42a Abs. 1 S. 1). In kleinen Gesellschaften mit Aufsichtsrat/Beirat geht der Jahresabschluß dagegen zu- **5**

---

[2] Vgl. zur Aufstellung des Jahresabschlusses § 29, 19ff.

[3] Baumbach/Hueck/*Schulze-Osterloh* 5; *Lutter/Hommelhoff* 4; einschr. Küting/Weber/*Bohl* 10.

[4] *Lutter/Hommelhoff* 4.

[5] So auch *Adler/Düring/Schmaltz* Rechnungslegung § 42a GmbHG, 15; Scholz/*Crezelius* 16; Küting/Weber/*Bohl* 12; *Goerdeler* ZIP 1988, 610, 611; **aA** *Lutter/Hommelhoff* 7; *Hartmann* S. 161f. Diese berufen sich auf eine funktionale Einheit zwischen Bilanzpolitik, Aufwandsrückstellungen, Thesaurierung und Ausschüttung. Hieraus läßt sich aber keine Gesetzeskorrektur ableiten.

[6] Vgl. auch *Mueller-Thuns* S. 83ff.

[7] Vgl. zu Unterrichtungspflichten der Geschäftsführer § 29, 37, 66.

nächst an diesen (§ 52 Abs. 1 iVm § 170 Abs. 1 AktG) und dann von diesem zurück zusammen mit dessen Prüfungsbericht an die Geschäftsführer (§ 52 Abs. 1 iVm § 171 Abs. 3 S. 1 AktG), die dann die Beschlußunterlagen den Gesellschaftern vorlegen. In mittelgroßen und großen Gesellschaften ohne Aufsichtsrat oder Beirat sind Jahresabschluß und Lagebericht zunächst dem Abschlußprüfer vorzulegen (§ 320 Abs. 1 HGB). Dieser gibt sie zusammen mit seinem Prüfungsbericht an die Geschäftsführer zurück (§ 321 Abs. 3 HGB) und diese legen sie den Gesellschaftern vor. In mittelgroßen und großen Gesellschaften mit Aufsichtsrat oder Beirat gehen Jahresabschluß und Lagebericht zunächst an den Abschlußprüfer (§ 320 HGB/§ 52 Abs. 1 iVm § 170 Abs. 1 S. 2 AktG), sodann von diesem nebst Prüfungsbericht an die Geschäftsführer (§ 321 Abs. 3 HGB) und von den Geschäftsführern an den Aufsichtsrat oder Beirat (§ 52 Abs. 1 iVm § 170 Abs. 1 S. 2 AktG). Dieser gibt sie nebst seinem Prüfungsbericht zurück an die Geschäftsführer (§ 52 Abs. 1 iVm § 171 Abs. 3 S. 1 AktG), die dann alle Beschlußunterlagen den Gesellschaftern vorlegen.

3. Adressat der Beschlußfassung

6 Die Vorlagepflicht besteht gegenüber den Gesellschaftern in ihrer Gesamtheit, nicht gegenüber den einzelnen Gesellschaftern[8]. Hat die Satzung allerdings die Feststellung des Jahresabschlusses einem anderen Organ zugewiesen, so sind die Unterlagen diesem vorzulegen; ob zusätzlich auch der Gesamtheit der Gesellschafter, ist Auslegungsfrage und im allgemeinen nur dann zu verneinen, wenn die Satzung den Gesellschaftern auch das Recht zur Überwachung der Geschäftsführung nach § 46 Nr. 6 genommen und dem für die Feststellung des Jahresabschlusses zuständigen Organ zugewiesen hat[9]. Auf Verlangen können die einzelnen Gesellschafter nach § 51a Einsicht in die Unterlagen nehmen[10]. Hierbei könnten sie sich eines zur Verschwiegenheit verpflichteten Bilanzkundigen bedienen[11].

4. Erfüllung und Durchsetzung der Vorlagepflicht

7 Die Vorlagepflicht obliegt den Geschäftsführern als Organ, nicht den einzelnen Geschäftsführern persönlich[12]. Sie ist unverzüglich zu erfüllen, also sobald die Aufstellungsarbeiten abgeschlossen sind, bzw. in der prüfungspflichtigen Gesellschaft nach Eingang des Abschlußprüferberichts oder in der Gesellschaft mit einem Aufsichtsrat oder Beirat nach Eingang des Aufsichtsratsprüfungsberichts. Unverzüglich soll nach *Lutter/Hommelhoff* 14 in § 42a Abs. 1 jeweils eine Frist von etwa einer Woche meinen. Das erscheint etwas kurz. *Küting/Weber/Bohl* 13 denken eher an einen Monat. Das ist unangemessen lang. Letztlich sind die Umstände des Einzelfalls maßgeblich. Doch werden im allgemeinen zwei Wochen nicht überschritten werden dürfen[13]. Die Vorlage kann nicht durch Verhängung eines Zwangsgeldes (§ 335 HGB) erzwungen werden, auch nicht im Wege des Auskunftsverfahrens in entsprechender Anwendung von § 51b, da es nicht um einen Individualanspruch eines ein-

---

[8] *Adler/Düring/Schmaltz* Rechnungslegung § 42a GmbHG, 5; *Lutter/Hommelhoff* 9.

[9] Vgl. Baumbach/Hueck/*Schulze-Osterloh* 9; *Lutter/Hommelhoff* 10; *Adler/Düring/Schmaltz* aaO § 42a GmbHG, 17; *Hommelhoff/Priester* ZGR 1986, 463, 479; *Hartmann* S. 160.

[10] Grundsätzlich gegen Vorlage an die Gesellschafter, wenn die Feststellung einem anderen Organ überlassen ist, Scholz/*Crezelius* 7; Küting/Weber/*Bohl* 22.

[11] *Lutter/Hommelhoff* 9; Baumbach/Hueck/*Schulze-Osterloh* 12; für die Möglichkeit, vorbehaltlich einer abweichenden Satzungsregelung auch Fachkundige heranzuziehen, die keiner beruflichen Schweigepflicht unterliegen, Scholz/*Crezelius* 12.

[12] *Lutter/Hommelhoff* 13; **aA** Scholz/*Crezelius* 5; Küting/Weber/*Bohl* 7.

[13] *Adler/Düring/Schmaltz* Rechnungslegung § 42a GmbHG, 13.

zelnen Gesellschafters geht. Denkbar ist eine Leistungsklage und damit auch eine einstweilige Verfügung gegen die Geschäftsführer. Im Wege der actio pro societate kann auch ein einzelner Gesellschafter Vorlage der Unterlagen an die Gesellschaftergesamtheit bzw. das nach der Satzung zuständige Organ verlangen[14].

5. Aushändigung der Unterlagen an einzelne Gesellschafter?

Nach § 42d Abs. 2 RegE (vgl. § 41, 2) sollten die einzelnen Gesellschafter ein 8
Recht auf Aushändigung der Unterlagen erhalten. Diese Vorschrift ist nicht Gesetz geworden; allerdings beruht dies nicht auf einer ausdrücklichen Entscheidung der Gesetzgebungsorgane gegen eine Aushändigung[15]. Doch hätte es zur Begründung eines Aushändigungsanspruchs des einzelnen Gesellschafters einer gesetzlichen Grundlage bedurft. Angesichts der Bedeutung, die der Vertraulichkeit der Unterlagen, insbesondere gegebenenfalls eines Prüfungsberichts des Abschlußprüfers zukommt, kann ein generelles Aushändigungsrecht einzelner Gesellschafter nicht zureichend durch allgemeine Erwägungen zur Wünschbarkeit einer möglichst weitgehenden Kontrolle der Geschäftsführer durch jeden einzelnen Gesellschafter und das Prinzip einer möglichst umfassenden Vorbereitung der Willensbildung des Gesellschafters begründet werden[16]. Gewährt man den Gesellschaftern entgegen der hier vertretenen Auffassung einen weitergehenden Anspruch auf Aushändigung oder sieht die Satzung einen solchen Anspruch vor, so ist § 51a Abs. 2 entsprechend anzuwenden[17]. Nach *Lutter/Hommelhoff* 19[18] kann dem einzelnen Gesellschafter ein eigenes Aushändigungsrecht auch nicht durch eine Satzungsänderung entzogen werden. Doch gewährt § 51 Abs. 1 nur ein unentziehbares Individualrecht auf Einsichtnahme und nicht auf Aushändigung von Unterlagen.

6. Lagebericht

Der Lagebericht ist nicht Teil der Feststellung des Jahresabschlusses. Die Gesell- 9
schafter können, soweit dies nicht durch die Satzung ausgeschlossen ist, Weisungen hinsichtlich seines Inhalts erteilen. Nach *Lutter/Hommelhoff* 30 soll die letztendliche Entscheidung über den Inhalt des Lageberichts aber eine außergewöhnliche Maßnahme sein, die vorbehaltlich abweichender Regelung den Gesellschaftern zusteht[19]. Dem ist nicht zuzustimmen; es gilt vielmehr die für die Gesellschaft maßgebliche Kompetenzregelung, wobei die Gesellschafterversammlung normalerweise kraft ihrer Allzuständigkeit befugt ist, den Lagebericht im Einzelfall in ihre Kompetenz zu übernehmen[20].

IV. Beschlußfassung durch die Gesellschafter

Der Feststellungs- und der Verwendungsbeschluß müssen spätestens bis zum Ab- 10
lauf des achten Monats nach Geschäftsjahresschluß gefaßt werden, bei kleinen Ge-

[14] *Lutter/Hommelhoff* 15.

[15] Vgl. Scholz/*Crezelius* 10.

[16] So aber *Adler/Düring/Schmaltz* aaO § 42a GmbHG, 21; *Lutter/Hommelhoff* 16f; im Ergebnis auch Baumbach/Hueck/*Schulze-Osterloh* 11; Scholz/*Crezelius* 11; *Roth* Anm. 3.4.; *Hartmann* S. 173ff; s. auch OLG Köln GmbHRdsch 1985, 358, 360. Im Einzelfall kann ein Aushändigungsanspruch allerdings unter Treupflichtgesichtspunkten berechtigt sein.

[17] So auch *Adler/Düring/Schmaltz* aaO § 42a GmbHG, 24; *Lutter/Hommelhoff* 25, 27; Scholz/*Crezelius* 19.

[18] Vgl. auch *Hommelhoff/Priester* ZGR 1986, 463, 494f.

[19] Vgl. auch *Hommelhoff/Priester* ZGR 1986, 463, 478; zust. *Goerdeler* ZIP 1988, 611.

[20] Vgl. § 46, 6 sowie Scholz/*Crezelius* 38.

sellschaften iSv § 267 Abs. 1 HGB spätestens bis zum Ablauf des elften Monats. Die Satzung kann kürzere, nicht aber längere Fristen vorsehen. Jedoch macht Fristversäumung die Beschlüsse weder nichtig noch anfechtbar[21]. Unter den Voraussetzungen des § 48 Abs. 2 können die Beschlüsse auch im schriftlichen Verfahren gefaßt werden. Die Pflicht zur Veröffentlichung von Jahresabschluß und Lagebericht nach § 325 HGB greift auch dann ein, wenn bis zu den dort vorgeschriebenen Daten der Feststellungs- und Verwendungsbeschluß noch nicht gefaßt ist. Gegebenenfalls ist dieser Umstand zu verlautbaren und der festgestellte Jahresabschluß alsbald nachzureichen[22].

V. Anwendung der für die Aufstellung des Jahresabschlusses geltenden Vorschriften bei der Feststellung

11 Durch die Verweisung von Abs. 2 S. 3 auf die Vorschriften über die Aufstellung des Jahresabschlusses soll klargestellt werden, daß die Gesellschafter bei Änderungen des Jahresabschlusses an den Rahmen der §§ 242–283 HGB gebunden sind. Sie dürfen insbesondere also Gegenstände des Anlage- und Umlaufvermögens nicht höher abschreiben, als nach § 253 HGB erlaubt. Ändern die Gesellschafter einen vom Abschlußprüfer bereits geprüften Jahresabschluß und Lagebericht ab, so wird nach § 316 Abs. 3 HGB eine Nachtragsprüfung erforderlich. Wird die dem Handelsregister nach § 325 Abs. 1 S. 1 HGB eingereichte Fassung des Jahresabschlusses abgeändert, so müssen auch die Änderungen, der zu ihnen ergangene Bestätigungsvermerk sowie gegebenenfalls ein hierzu ergangener Bericht des Aufsichtsrats und der Verwendungsbeschluß zum Handelsregister nachgereicht werden (§ 325 Abs. 1 S. 3 HGB). Nach § 325 Abs. 2 HGB sind diese Nachtragsunterlagen bei großen Gesellschaften (§ 267 Abs. 3 HGB) zunächst im Bundesanzeiger bekanntzumachen.

VI. Teilnahme des Abschlußprüfers

12 Auf Verlangen eines Gesellschafters ist der Abschlußprüfer, der den Jahresabschluß geprüft hat, zur Teilnahme an der Gesellschafterversammlung, die den Jahresabschluß feststellt, verpflichtet. Es handelt sich um ein Individualrecht jedes Gesellschafters. Die Satzung kann von dieser Regelung abweichen; denn anders als in § 51a Abs. 3 hat der Gesetzgeber nicht statuiert, daß § 42a Abs. 3 eine Vorschrift des zwingenden Rechts sein solle[23]. Das Recht des Gesellschafters, die Teilnahme des Abschlußprüfers zu verlangen, entfällt auch dann, wenn die Satzung die Feststellungskompetenz einem anderen Organ zugewiesen hat[24]. § 42a Abs. 3 gilt auch für freiwillige Prüfungen[25]. In diesem Fall kann jedes Mitglied des betreffenden Organs die Teilnahme des Abschlußprüfers verlangen; die Satzung kann aber auch vorsehen, daß es hierfür eines Mehrheitsbeschlusses der Mitglieder des betreffenden Organs bedarf[26]. Auch wenn in einem entsprechenden Geschäftsbesorgungsvertrag über die Prüfung zwischen der Gesellschaft und dem Prüfer nicht ausdrücklich eine entspre-

[21] *Lutter/Hommelhoff* 32; Scholz/*Crezelius* 43; *Sagasser* DB 1986, 2251; aA *Meyer-Landrut* 5, 8.

[22] *Lutter/Hommelhoff* 32; *Hartmann* S. 171.

[23] AA *Lutter/Hommelhoff* 37; *Meyer-Landrut* 9; *Hartmann* S. 187 f; *Hommelhoff/Priester* ZGR 1986, 463, 496; differenzierend Scholz/*Crezelius* 50.

[24] Scholz/*Crezelius* 50; aA für den Fall, daß der Gesellschaftergesamtheit nur die Beschlußkompetenz über die Feststellung des Jahresabschlusses, nicht aber über die Ergebnisverwendung entzogen ist, *Lutter/Hommelhoff* 37.

[25] *Lutter/Hommelhoff* 38; Scholz/*Crezelius* 47; *Meyer-Landrut* 9; *Hommelhoff/Priester* ZGR 1986, 496.

[26] Scholz/*Crezelius* 50.

chende Klausel enthalten ist, wird dieser nach Sinn und Zweck des Vertrages der Gesellschaft gegenüber zur Teilnahme an der Gesellschafterversammlung auf Verlangen eines Gesellschafters verpflichtet sein[27]. Der einzelne Gesellschafter kann den Abschlußprüfer nicht direkt laden[28], vielmehr hat er sich an die Geschäftsführung zu wenden, die den Abschlußprüfer zur Teilnahme an der Gesellschafterversammlung aufzufordern hat. Ein Gesellschafter kann das Teilnahmeverlangen auch dann noch äußern, wenn er sich bereits mit dem schriftlichen Umlaufverfahren nach § 48 Abs. 2 einverstanden erklärt hat. Er widerruft damit wirksam sein Einverständnis mit diesem Verfahren[29]. In der Gesellschafterversammlung hat sich der Abschlußprüfer zu allen Fragen der Gesellschafter zu äußern, die im Rahmen eines Prüfungsauftrags liegen oder auf die er in seinem Prüfungsbericht eingegangen ist[30]. Die Auskunft auf eine Frage, die sich in diesem Rahmen hält, darf der Abschlußprüfer nur dann verweigern, wenn die Gesellschafter einen Beschluß gemäß § 51a Abs. 2 gefaßt haben[31]. Außerhalb der Gesellschafterversammlung hat der Abschlußprüfer einzelnen Gesellschaftern keine Auskünfte zu erteilen[32]. Geschäftsführer oder einzelne Gesellschafter können dem Prüfer die Auskunft aus eigenem Recht nicht verbieten[33].

VII. Konzernabschluß (Abs. 4)

Abs. 4 erstreckt die Vorlagepflichten für Gesellschaften, in denen Konzernabschluß und Konzernlagebericht aufgestellt werden müssen, auch auf diese Unterlagen zusammen mit den entsprechenden Prüfungsberichten des Abschlußprüfers und gegebenenfalls des Aufsichtsrats. Die Vorlagepflicht erstreckt sich nicht auf die Einzelabschlüsse der Tochterunternehmen, die in den Konzernabschluß einbezogen sind[34]. **13**

§ 43

Die Geschäftsführer haben in den Angelegenheiten der Gesellschaft die Sorgfalt eines ordentlichen Geschäftsmannes anzuwenden. Geschäftsführer, welche ihre Obliegenheiten verletzen, haften der Gesellschaft solidarisch für den entstandenen Schaden. Inbesondere sind sie zum Ersatze verpflichtet, wenn den Bestimmungen des § 30 zuwider Zahlungen aus dem zur Erhaltung des Stammkapitals erforderlichen Vermögen der Gesellschaft gemacht oder den Bestimmungen des § 33 zuwider eigene Geschäftsanteile der Gesellschaft erworben worden sind. Auf den Ersatzanspruch finden die Bestimmungen in § 9b Abs. 1 entsprechende Anwendung. Soweit der Ersatz zur Befriedigung der Gläubiger der Gesellschaft erforderlich ist, wird die Verpflichtung der Geschäftsführer dadurch nicht aufgehoben, daß dieselben in Befolgung eines Beschlusses der Gesellschafter gehandelt haben.

Die Ansprüche auf Grund der vorstehenden Bestimmungen verjähren in fünf Jahren.

---

[27] Vgl. auch *Lutter/Hommelhoff* 38.
[28] *Lutter/Hommelhoff* 39; aA Scholz/*Crezelius* 51.
[29] *Lutter/Hommelhoff* 39.
[30] *Lutter/Hommelhoff* 40; *Hartmann* S. 193; *Adler/Düring/Schmaltz* Rechnungslegung § 42a GmbHG, 60; *Küting/Weber/Bohl* 83; Scholz/*Crezelius* 52.
[31] *Lutter/Hommelhoff* 41; *Hartmann* S. 193; aA Scholz/*Crezelius* 54.
[32] *Lutter/Hommelhoff* 40.
[33] *Lutter/Hommelhoff* 41; Scholz/*Crezelius* 54; Küting/Weber/*Bohl* 85.
[34] *Lutter/Hommelhoff* 6.

Übersicht

Schrifttum

Bastuck Enthaftung des Managements (1986); *Baums* Der Geschäftsleitervertrag (1987); *Brandes* Ersatz von Gesellschafts- und Gesellschafterschaden, in: Festschr. Fleck (1988) S. 13; *Brüggemeier* Organisationshaftung, AcP 191 (1991), 33; *Ebenroth/Lange* Sorgfaltspflichten und Haftung des Geschäftsführers einer GmbH nach § 43 GmbHG, GmbHRdsch 1992, 69; *Espey/v. Bitter* Haftungsrisiken des GmbH-Geschäftsführers (1990); *Fleck* Zur Haftung des GmbH-Geschäftsführers, GmbHRdsch 1974, 224; *ders.* Zum Dienstverhältnis der Vorstandsmitglieder und Geschäftsführer in der Rechtsprechung des BGH, WM 1981 Sonderbeil. Nr. 3/1981; *ders.* Die Drittanstellung des GmbH-Geschäftsführers, ZHR 149 (1985) 387; *ders.* Mißbrauch der Vertretungsmacht oder Treubruch des mit Einverständnis aller Gesellschafter handelnden GmbH-Geschäftsführers aus zivilrechtlicher Sicht, ZGR 1990, 31; *Gaul* Erfordernisse und Wirkungen einer Aufgabendelegation für den GmbH-Geschäftsführer, GmbHRdsch 1979, 25; *v. Gerkan* Die Beweislastverteilung bei Schadensersatzanspruch der GmbH gegen ihren Geschäftsführer, ZHR 154 (1990) 39; *Goette* Zur Verteilung der Darlegungs- und Beweislast der objektiven Pflichtwidrigkeit bei der Organhaftung, ZGR 1995, 648; *Habetha* Deliktsrechtliche Geschäftsführerhaftung und gesellschaftsfinanzierte Haftpflichtversicherung, DZWiR 1995, 272; *Harrer* Haftungsprobleme bei der GmbH (1990); *Heisse* Die Beschränkung der Geschäftsführerhaftung gegenüber der GmbH (1988); *Hommelhoff* Die Konzernleitungspflicht (1982); *Hübner* Managerhaftung (1992); *Kion* Die Haftung des GmbH-Geschäftsführers, BB 1984, 864; *Knobbe-Keuk* Das Klagerecht des Gesellschafters einer Kapitalgesellschaft wegen gesetzes- und satzungswidriger Maßnahmen der Geschäftsführung, in: Festschr. Ballerstedt (1975) S. 239; *Kowalski* Der Ersatz von Gesellschafts- und Gesellschafterschaden (1990); *Kreuzer* (Hrsg.) Die Haftung der Leitungsorgane von Kapitalgesellschaften (1991); *Kübler* Erwerbschancen und Organpflichten. – Überlegungen zur Entwicklung der Lehre von den „corporate opportunities", in: Festschr. Werner (1984) S. 437; *Kust* Zur Sorgfaltspflicht und Verantwortlichkeit eines ordentlichen und gewissenhaften Geschäftsleiters, WM 1980, 758; *Lindacher* Haftung des GmbH-Geschäftsführers und Einwand des Auswahl- und Überwachungsmitverschuldens – BGH NJW 1983, 185, JuS 1984, 672; *Mayer* Die Pflichten des GmbH-Gesellschafters/Geschäftsführers im Vorfeld der Insolvenz, WPg 1994, 129, 163; *Merkt* Unternehmensleitung und Interessenkollision, ZHR 159 (1995) 423; *Mertens* Die Geschäftsführerhaftung in der GmbH und das ITT-Urteil, in: Festschr. Robert Fischer (1979) S. 461; *ders.* Schadensfragen im Kapitalgesellschaftsrecht, in: Festschr. Hermann Lange (1992) S. 561; MünchHdbGesR III-*Marsch-Barner/Diekmann* (1996) 8. Kapitel §§ 45 ff; *Polley* Wettbewerbsverbot und Geschäftschancenlehre (1993); *Pullen* Anwendbarkeit der Grundsätze der gefahrgeneigten Arbeit auf den GmbH-Geschäftsführer? BB 1984, 989; *E. Rehbinder* Treuepflichten im GmbH-Konzern. – Bespr. der Entscheidung BGHZ 65, 15, ZGR 1976, 386;

Reich Die zivil- und strafrechtliche Verantwortlichkeit des faktischen Organmitgliedes, DB 1967, 1663; *Rittner* Zur Verantwortung der Unternehmensleitung, JZ 1980, 133; *Röhricht* Das Wettbewerbsverbot des Gesellschafters und des Geschäftsführers, WPg 1992, 766; *Rohde* Haftung des Geschäftsführers einer GmbH trotz interner Geschäftsaufteilung – BGH, NJW 1994, 2149, JuS 1995, 965; *Roth* Die Haftung als faktischer Geschäftsführer im Konkurs der GmbH, ZGR 1989, 421; *Salfeld* Wettbewerbsvebote im Gesellschaftsrecht (1987); *Schlechtriem* Schadensersatzhaftung der Leitungsorgane von Kapitalgesellschaften, in: *Kreuzer* (Hrsg.) Die Haftung der Leitungsorgane von Kapitalgesellschaften (1991) S. 9; *K. Schmidt* Entlastung, Entlastungsrecht und Entlastungsklage des Geschäftsführers einer GmbH. – Versuch einer Neuorientierung, ZGR 1978, 425; *ders.* Konkursverschleppungshaftung und Konkursverursachungshaftung, ZIP 1988, 1497; *Schmidt-Leithoff* Die Verantwortung der Unternehmensleitung (1989); *U. H. Schneider* Konzernleitung als Rechtsproblem, BB 1981, 249; *ders.* Haftungsmilderung für Vorstandsmitglieder und Geschäftsführer bei fehlerhafter Unternehmensleitung? in: Festschr. Werner (1984) S. 795; *ders.* Die Vermögensschaden-Haftpflichtversicherung des Geschäftsführers einer GmbH, DB 1994, 1123; *ders.* Die Wahrnehmung öffentlich-rechtlicher Pflichten durch den Geschäftsführer, in: Festschr. 100 Jahre GmbH-Gesetz (1992) S. 473; *Schneider/Ihlas* Die Vermögensschaden-Haftpflichtversicherung des Geschäftsführers einer GmbH, DB 1994, 1123; *Schuhknecht* Schranken der Geschäftschancenwahrnehmung und Wettbewerbsverbot beim GmbH-Geschäftsführer, Diss. Tübingen 1992; *Semler* Fehlerhafte Geschäftsführung in der Einmann-GmbH, in: Festschr. Goerdeler (1987) S. 551; *Siegmann/Vogel* Die Verantwortlichkeit des Strohmann-Geschäftsführers einer GmbH, ZIP 1994, 1821; *Sina* Voraussetzungen und Wirkungen der Delegation von Geschäftsführer-Verantwortung in der GmbH, GmbHRdsch 1990, 65; *Sonnenberger* Gesellschaftsrechtliche Verantwortlichkeit geschäftsführender Organe von Kapitalgesellschaften, GmbHRdsch 1973, 25; *Stapelfeld* Die Haftung des GmbH-Geschäftsführers für Fehlverhalten in der Gesellschaftskrise (1990); *U. Stein* Das faktische Organ (1984); *dies.* Die Normadressaten der §§ 64, 84 GmbHG und die Verantwortlichkeit von Nichtgeschäftsführern wegen Konkursverschleppung, ZHR 148 (1984) 207; *Thelen* Der Gläubigerschutz bei Insolvenz der Gesellschaft mit beschränkter Haftung, ZIP 1987, 1027; *Timm* Wettbewerbsverbot und „Geschäftschancen"-Lehre im Recht der GmbH, GmbHRdsch 1981, 177; *Thöni* Zur Haftung des GmbH-Gesellschafters in Geschäftsführungsangelegenheiten, GmbHRdsch 1989, 187; *Thümmel/Sparberg* Haftungsrisiken der Vorstände, Geschäftsführer, Aufsichtsräte und Beiräte sowie deren Versicherbarkeit, DB 1995, 1013; *Ulmer* Die GmbH und der Gläubigerschutz, GmbHRdsch 1984, 256; *Versteegen* Konzernverantwortlichkeit und Haftungsprivileg (1993); *Wassermeyer* Verdeckte Gewinnausschüttung im Zusammenhang mit Gesellschafter-Geschäftsführern, DStR 1991, 1065; *Weisser* Corporate Opportunities (1991); *H. P. Westermann* Gesellschaftliche Verantwortung des Unternehmens als Gesellschaftsrechtsproblem, ZIP 1990, 771; *Wiedemann*, Unternehmerische Verantwortlichkeit und formale Unternehmensziele, in: Festschr. Barz (1974) S. 561; *Wurm* Verbotene Zuwendungen im internationalen Wirtschaftsverkehr und die aktienrechtliche Haftung des Vorstands (1989).

I. Allgemeines

1. Geschichte

1 Die Bestimmung ist seit 1892 im wesentlichen unverändert. Bei dem gescheiterten Versuch einer GmbH-Reform im Jahre 1971 sollte mit § 75 RegE 1971 eine Vorschrift an die Stelle von § 43 treten, die die Haftung der Geschäftsführer in enger textlicher Anlehnung an § 93 AktG regelte. Durch die GmbH-Novelle von 1980 wurde § 43 nur insofern geändert, als in Abs. 3 an die Stelle von § 9 Abs. 2 die sachlich entsprechende Vorschrift des § 9b Abs. 1 trat.

2. Normzweck und Regelungsgegenstand

2 Die Vorschrift regelt die Haftung der Geschäftsführer gegenüber der Gesellschaft. **Abs. 1** enthält einen allgemeinen **Auffangtatbestand** für alle Pflichtverletzun-

gen der Geschäftsführer und bestimmt **zugleich** durch die Bezugnahme auf die Sorgfalt eines ordentlichen Geschäftsmannes den für Geschäftsführer maßgeblichen **Sorgfaltsmaßstab. Abs. 2** ordnet die **Schadensersatzhaftung** als Folge der Pflichtverletzung an. **Abs. 3** hebt zwei besondere Haftungstatbestände hervor: Bei schuldhaften Verstößen gegen §§ 30 und 33 ist es für die Schadensersatzpflicht der Geschäftsführer unerheblich, daß sie in Befolgung eines Beschlusses der Gesellschafter gehandelt haben, wenn der Ersatz zur Befriedigung der Gläubiger der Gesellschaft erforderlich ist. Unter dieser Voraussetzung ist auch ein Verzicht der Gesellschaft auf Ersatzansprüche oder ein Vergleich mit den Geschäftsführern unwirksam (vgl. § 9b Abs. 1). **Abs. 4** regelt die **Verjährung.**

Neben § 43 sind die besonderen Haftungsvorschriften zu beachten, die Ge- **3**
schäftsführer (vgl. insbes. die Verletzung der Konkursantragspflicht, § 64 Abs. 2) oder Personen betreffen (Anmeldende, Liquidatoren[1], §§ 9a[2], 9b, 57 Abs. 4, 73 Abs. 3), die häufig mit den (späteren, ehemaligen) Geschäftsführern identisch sind. § 43 befaßt sich allein mit der **Haftung** der Geschäftsführer **gegenüber der Gesellschaft.** Eine Haftung der Geschäftsführer gegenüber den Gesellschaftern (vgl. Rdn 102) oder gegenüber den Gesellschaftsgläubigern und anderen Personen (vgl. Rdn 110) kann daraus nicht abgeleitet werden. Jedoch können Kommanditisten in der GmbH & Co. und stille Gesellschafter der GmbH in den Schutzbereich der Geschäftsführerhaftung einzubeziehen sein (vgl. Rdn 109). Außer nach § 43 kann sich eine Haftung der Geschäftsführer gegenüber der Gesellschaft aus der Verletzung gesellschafterlicher Treupflichten sowie aus Delikt ergeben. In beiden Fällen besteht Anspruchskonkurrenz; die Verjährung nach Abs. 4 greift für diese Anspruchsgrundlagen nicht ein (vgl. Rdn 94). Die Einhaltung der Geschäftsführerpflichten ist als solche nicht Bestandteil der gesellschafterlichen Treupflicht des geschäftsführenden Gesellschafters gegenüber seinen Mitgesellschaftern (vgl. Rdn 35)[3]. Dagegen mag es unter die Treupflicht des Gesellschafters zur Gesellschaft fallen, die Geschäfte als Geschäftsführer ordentlich zu führen. Insoweit ist jedoch § 43 lex specialis . Zum Verhältnis von § 43 zu § 687 Abs. 2 BGB vgl. Rdn 38.

Indem § 43 die allgemeine Sorgfaltspflicht der Geschäftsführer bei der Wahrneh- **4**
mung der Gesellschaftsangelegenheiten festlegt, konkretisiert die Vorschrift nicht nur als Sonderfall der positiven Vertragsverletzung eine Haftung der Geschäftsführer auf der Grundlage ihres Anstellungsvertrages, sondern statuiert in erster Linie eine an ihre **Organstellung** anknüpfende Haftung. Die anstellungsvertraglichen Pflichten sind in diese Haftung miteinbezogen[4]. Soweit der Anstellungsvertrag in den Grenzen zwingenden Rechts (vgl. die folgenden Rdn) die Pflichten des Geschäftsführers im einzelnen bestimmt, präzisiert er zugleich die haftungsrechtlichen Maßstäbe, denen der Geschäftsführer als Organ unterliegt.

---

[1] Vgl. zur Haftung eines Geschäftsführers als Liquidator der GmbH & Co. BGH GmbHRdsch 1990, 251, 254 ff.

[2] Hinter der Haftung des Geschäftsführers nach § 9a tritt nach OLG Rostock GmbHRdsch 1995, 658, 660 die Geschäftsführerhaftung nach § 43 zurück, soweit es allein um falsche Angaben gegenüber dem Handelsregister geht; ebenso LG Stralsund BB 1994, 2163 m. krit. Anm. *Münzel*.

[3] Baumbach/Hueck/*Zöllner* 2.

[4] BGH WM 1989, 1335, 1337; Baumbach/Hueck/*Zöllner* 1c; *Lutter/Hommelhoff* 3; *Baums* S. 212 Fn. 10; *Roth* Anm. 1.; *Fleck* ZIP 1991, 1269, 1270; *Schneider* Festschr. Werner (1984) S. 795, 804 ff; für Anspruchskonkurrenz dagegen *Hübner* Managerhaftung (1992) S. 38; *K. Schmidt* Gesellschaftsrecht² (1991) S. 899; Scholz/*Schneider* 13; vgl. aber auch *ders.* 208; Rowedder/*Koppensteiner* 3.

3. Geltungsform

5 Die Frage, ob und inwieweit § 43 zwingendes Recht enthält, ist umstritten. Meinungen, die die Vorschrift schlichtweg für zwingend erklären[5], stehen differenzierende Auffassungen gegenüber. Insbesondere wird zum einen vertreten, daß zwar die in erster Linie dem Schutz von Gesellschaft und Gesellschaftern dienenden Pflichten eine Haftungsmilderung erlauben, nicht aber die vorrangig dem Gläubigerschutz dienenden Organpflichten[6]. Diesen Auffassungen ist im Ergebnis beizutreten: Unstreitig ist § 43 Abs. 3 als zwingend anzusehen. Auch die gesamtschuldnerische Schadensersatzhaftung der Geschäftsführer nach Abs. 2 kann nicht abdingbar sein. **Abs. 1** muß als zwingend angesehen werden, soweit es um die Beachtung der dem **Gläubigerschutz** dienenden Organpflichten des Geschäftsführers geht. Die allein im Gesellschaftsinteresse und im Interesse der Gesellschafter bestehenden Organpflichten stehen dagegen zur Disposition der Gesellschafter. Diese können sie nicht nur durch die Satzung, sondern auch im Wege des Anstellungsvertrages regeln. Daß dessen Bestimmungen auch die Organpflichten betreffen können, läßt sich beispielsweise im Hinblick auf die Frage, in welchem Maße der Geschäftsführer der Gesellschaft seine Arbeitskraft zur Verfügung zu stellen hat, nicht leugnen. Auch die Abgrenzung der einem Geschäftsführer zustehenden eigenen Geschäftschancen zu den der GmbH vorbehaltenen und die Ausgestaltung eines Wettbewerbsverbots müssen im Anstellungsvertrag möglich sein[7]. Allerdings ist der Schutz einer Gesellschafterminderheit in diesem Bereich von erheblicher Bedeutung. Ihm kann aber dadurch genügt werden, daß Befreiungen vom Wettbewerbsverbot und von der Geschäftschancenbindung durch eine Mehrheitsentscheidung als treupflichtwidrig angesehen werden, wenn sie Belange einer Minderheit verletzen, und daß ein Gesellschafter-Geschäftsführer, zu dessen Gunsten ein Dispens beschlossen werden soll, dem Stimmverbot gemäß § 47 Abs. 4 S. 1 unterworfen wird (vgl. auch Rdn 42)[8]. Soweit es um die Verpflichtung des Geschäftsführers gegenüber der Gesellschaft geht, allgemeine Verkehrspflichten einzuhalten – etwa bei der Teilnahme am Straßenverkehr mit einem Kfz der Gesellschaft –, sowie bei anderen anstellungsvertraglichen Pflichten, die mit den Organfunktionen eines Geschäftsführers nichts zu tun haben, sind ohnehin keine Bedenken gegen die Vereinbarung von Haftungsbeschränkungen in den Grenzen des geltenden Rechts zu erheben[9].

4. Haftende Personen; Beginn und Ende der Haftung

6 Von der Haftung werden auch stellvertretende (§ 44) und in analoger Anwendung von § 29 BGB gerichtlich bestellte Geschäftsführer erfaßt. Für die Haftung

---

5 Vgl. *Lutter/Hommelhoff* 2; *Bastuck* S. 90 ff; *Baums* S. 213; *Ebenroth/Lange* GmbHRdsch 1992, 69, 76.

6 So etwa Baumbach/Hueck/*Zöllner* 1d; Meyer-Landrut/*Miller/Niehus* 21; *Espey/v. Bitter* S. 24; Scholz/*Schneider* 185; *Schneider* Festschr. Werner (1984) S. 795: Keine Haftungsmilderung bei den dem Gläubigerschutz dienenden Organpflichten, wohl aber bei den in erster Linie dem Schutz von Gesellschaft und Gesellschaftern dienenden Pflichten. *Fleck* GmbHRdsch 1974, 229; *Kion* BB 1984, 864, 867 und *Roth* Anm. 5.2.: Abdingbarkeit von Abs. 1 und 2 in den Grenzen des § 276 Abs. 2 BGB. Nach *Heisse* S. 124 ff soll ein Haftungsausschluß oder eine summenmäßige Haftungsbegrenzung wirksam sein, soweit der Schadensersatz nicht für die Befriedigung der Gläubiger erforderlich ist; dagegen mit Recht Baumbach/Hueck/*Zöllner* aaO; vgl. auch *Schlechtriem* in: Kreuzer (Hrsg.) Haftung der Leitungsorgane von Kapitalgesellschaften (1991) S. 9, 74; Nach Baumbach/Hueck/*Zöllner* aaO kann eine Milderung der Haftung nur durch die Satzung, nicht durch den Anstellungsvertrag erfolgen (aA *Schneider* Festschr. Werner aaO S. 814; Scholz/*Schneider* 186; *Konzen* NJW 1989, 2977, 2984).

7 Zweifelnd *Merkt* ZHR 159 (1995) 423, 431.

8 Vgl. auch Baumbach/Hueck/*Zöllner* § 35, 23; *Röhricht* WPg 1992, 766, 781.

9 Vgl. für fahrlässig unerlaubte Handlungen (Unfall mit Dienstwagen) Scholz/*Schneider* 185.

des Arbeitsdirektors in mitbestimmten Gesellschaften gelten keine Besonderheiten. Auch ein Strohmann-Geschäftsführer unterliegt der Haftung. Sofern keine redlichen Minderheitsgesellschafter vorhanden und Gläubigerbelange nicht berührt sind, wird die Geltendmachung der Haftung durch den Hintermann aber als rechtsmißbräuchlich anzusehen sein[10].

Die **Haftung** des Geschäftsführers tritt **auch bei** rechtlicher **Unwirksamkeit der** **7**
Bestellung ein, sofern er geschäftsfähig ist und das Amt angenommen hat oder die Funktionen eines Geschäftsführers mit Wissen der Gesellschaft tatsächlich ausübt (vgl. auch § 35, 41)[11]. Das gleiche gilt, wenn der Geschäftsführer von einer nichtigen GmbH bestellt ist[12]. Liegt überhaupt **kein** tatsächlicher **Bestellungstatbestand**[13] vor, so kommt eine Organhaftung nach § 43 für denjenigen, der faktisch Geschäfte der GmbH führt, nur dann in Betracht, wenn und soweit er dadurch das Organ als Verantwortungsträger ausschaltet und damit der Gesellschaft, den Gesellschaftern oder den Gläubigern den Primärschutz gesetzesmäßiger Pflichterfüllung und den Sekundärschutz des Haftungszugriffs auf das Organ entzieht[14]. BGHZ 104, 44[15] stellt demgegenüber darauf ab, ob sich aus den Umständen ergibt, daß jemand funktional als Geschäftsführer gehandelt hat, wobei der BGH allerdings eine erhebliche, nach außen hervortretende Intensität und Breite der unternehmerischen Aktivität bei einem nur begrenzten Weiterlaufen der Geschäftsführung durch die dazu berufenen Gesellschaftsorgane voraussetzt. Hiernach wird die Haftung desjenigen, der die Geschäftsführerfunktion wahrgenommen hat, nicht dadurch ausgeschlossen, daß er neben und zusätzlich zu den satzungsmäßig bestellten Geschäftsführern aufgetreten ist. Diese Rechtsprechung[16] kann den Begriff des faktischen Geschäftsführers nicht mit der gebotenen Rechtssicherheit definieren. Entsprechendes gilt für die strafrechtliche Konzeption des nichtbestellten faktischen Geschäftsführers, die mehr oder minder pauschal auf die Ausübung geschäftsführungstypischer Funktionen abstellt[17]. Hiergegen sind aufgrund des strafrechtlichen Analogieverbots sogar verfassungsrechtliche Bedenken zu erheben[18]. Nach § 43 haftet auch nicht, wer nach § 6 Abs. 2 vom Amt des Geschäftsführers ausgeschlossen ist, aber tatsächlich unter Einschaltung eines Geschäftsführers als Strohmann die Gesellschaft leitet[19].

---

[10] Baumbach/Hueck/*Zöllner* 1a; *Siegmann/Vogel* ZIP 1994, 1821 mit Darstellung der Verantwortlichkeit des Strohmanns gegenüber Dritten.

[11] Vgl. BGHZ 41, 282, 287 = NJW 1964, 1367; 47, 341, 343 = NJW 1967, 1711; RGZ 144, 384, 387; 152, 273, 277; RG JW 1911, 330; RG HRR 1936 Nr. 1176; Baumbach/Hueck/*Zöllner* 1a; Scholz/*Schneider* 15; Rowedder/*Koppensteiner* 46; *Baums* S. 153 ff, 168 ff, 174 ff; *U. Stein* S. 115, 119 ff; *Reich* DB 1967, 1663, 1664 f.

[12] Vgl. RGSt 43, 407, 413.

[13] Dieser kann auch in dauerhafter Duldung durch die Gesellschaftermehrheit liegen; OLG Düsseldorf GmbHRdsch 1994, 317; Baumbach/Hueck/*Zöllner* 1b.

[14] *U. Stein* S. 184 ff, 200 sowie aus strafrechtlicher Sicht OLG Düsseldorf NJW 1988, 3166.

[15] Zust. *Roth* ZGR 1989, 421, 424 f; *Konzen* NJW 1989, 2977, 2985 sowie unten *Ulmer* § 64, 12.

[16] Vgl. demgegenüber aus strafrechtlicher Sicht OLG Düsseldorf NJW 1988, 3166.

[17] Vgl. dazu unten *Kohlmann* Vor § 82, 25 ff sowie außer der Vor § 82 angegebenen Literatur *Gübel* Die Auswirkungen der faktischen Betrachtungsweise auf die strafrechtliche Haftung faktischer GmbH-Geschäftsführer (1994); *Montag* Die Anwendung der Strafvorschriften des GmbH-Rechts auf faktische Geschäftsführer (1994); *Schäfer* GmbHRdsch 1993, 717, 722 sowie Baumbach/Hueck/*Zöllner* 1b, der sich mit Recht gegen den Begriff des faktischen Geschäftsführers als „Quelle freier Rechtsfindung" ausgerechnet im Strafrecht wendet.

[18] Vgl. *U. Stein* S. 130 ff. Gegen den Begriff des faktischen Geschäftsführers überhaupt Baumbach/Hueck/*Zöllner* 1a.

[19] BGHZ 31, 258, 277 = NJW 1960, 285; **aA** Scholz/*Schneider* 15.

8 § 43 erfaßt **nicht Gesellschafter**, die in Ausübung dominierender Mitverwaltungsrechte auf die Unternehmenspolitik Einfluß nehmen[20]. Das gilt insbesondere auch hinsichtlich der Verpflichtung zur Stellung des Konkursantrags bei Überschuldung der Gesellschaft; denn mangels Vertretungsmacht kann ein Gesellschafter den Antrag nicht stellen und man kann ihm keine Pflicht auferlegen, die er (ohne Einschaltung eines Geschäftsführers) gar nicht zu erfüllen vermag[21]. Auch wenn ein Gesellschafter die Leitungsmacht über die Gesellschaft ausübt, haftet er deswegen nicht nach § 43[22].

9 Die **Geschäftsführerhaftung beginnt** mit der Übernahme des Amtes[23]; auf den Abschluß des Anstellungsvertrages kommt es ebensowenig an wie auf die Eintragung im Handelsregister[24]. Die Haftung setzt bereits im Gründungsstadium ein, bezieht sich also auch auf Maßnahmen vor Eintragung der Gesellschaft[25]. Die Vorschrift des § 11 gilt insoweit nicht, da sie nur das Verhältnis der GmbH und der für sie Handelnden gegenüber Dritten betrifft.

10 Die **Haftung endet** nicht schon mit der rechtlichen Beendigung der Bestellung, sondern erst, wenn der Geschäftsführer seine Funktionen tatsächlich nicht mehr ausübt. Er kann also weiterhin nach § 43 zur Rechenschaft gezogen werden, wenn er trotz abgelaufener Amtszeit noch für die GmbH tätig ist[26].

11 **Unvollständigkeit oder Funktionsunfähigkeit des Geschäftsführergremiums** entbinden den einzelnen Geschäftsführer nicht von der Pflicht, seine **Organfunktionen soweit als möglich** wahrzunehmen; dazu gehört auch die Aufgabe, die gebotenen Maßnahmen zu ergreifen, um eine Beeinträchtigung der Gesellschaft aufgrund dieser Situation zu vermeiden oder jedenfalls zu begrenzen und zu einer alsbaldigen Überwindung des Mangels beizutragen[27].

5. Keine Haftung der Geschäftsführer für fremde Pflichtverletzung

12 § 43 begründet eine Haftung der Geschäftsführer für eigene schuldhafte Pflichtverletzung. Weder der Gesellschaft noch Dritten gegenüber haftet ein Geschäftsführer nach § 831 BGB oder nach § 278 BGB für **Angestellte** der GmbH; denn deren Geschäftsherr ist allein die Gesellschaft; ausschließlich ihr gegenüber haben sie ihre dienstvertraglichen Pflichten zu erfüllen, nicht gegenüber dem Geschäftsführer selbst[28]. Auch eine Haftung nach § 831 Abs. 2 BGB ist ausgeschlossen[29]. Ange-

---

20 BGH WM 1973, 1354; Scholz/*Schneider* 16; *Lutter/Hommelhoff* 46; Rowedder/*Koppensteiner* 57; *Ulmer* ZGR 1985, 598, 606; *Konzen* NJW 1989, 2977, 2985; **aA** *K. Schmidt* JZ 1978, 661, 666. Vgl. dazu auch *Roth* ZGR 1989, 421, 426.

21 *U. Stein* ZHR 148 (1984) 207, 230; auch *Roth* aaO 421, 427 ff hält dieses Argument für wesentlich, meint aber, daß die Ausdehnung der Haftung auf den unternehmerisch beherrschenden Gesellschafter in bezug auf die Weiterführung der Gesellschaft trotz Überschuldung rechtspolitisch richtig sei und die Rechtsprechung das Konzept des faktischen Geschäftsführers im Ergebnis mit Recht dazu benutze, diese Haftung durchzusetzen.

22 Rowedder/*Koppensteiner* 57; *Ulmer* GmbHRdsch 1984, 256, 262; *Konzen* NJW 1989, 2977, 2986; **aA** Scholz/*Schneider* 18; *Wilhelm* Rechtsform und Haftung bei der juristischen Person (1981) S. 352, 355; *ders.* DB 1986, 2113, 2116 ff; *Geitzhaus* GmbHRdsch 1989, 397, 403 f; zur Haftung wegen rechtswidriger Einflußnahme oder fehlerhafter Leitung im Konzern vgl. Anh § 77, 73 ff, 121.

23 BGH WM 1986, 789; RGZ 144, 348.

24 BGH NJW 1994, 2027.

25 BGH aaO; RGZ aaO 356; OLG Köln BB 1995, 793.

26 BGHZ 47, 341, 343 = NJW 1967, 1711. Nach RG SeuffArch 93, 310 trifft das ausgeschiedene Vorstandsmitglied die Organhaftung selbst dann, wenn es nur im Rahmen einer Gefälligkeit nochmals in seiner früheren Eigenschaft für die Gesellschaft tätig wird.

27 Vgl. RG BankArch 1934/35, 529.

28 BGH NJW 1974, 1371.

29 BGH aaO; MünchKomm-*Mertens*² § 831, 64; **aA** *Frank* BB 1975, 588; Soergel/*Zeuner*¹² § 831, 55.

stellte werden auch insoweit nicht zu Erfüllungsgehilfen der Geschäftsführer, als diese sie zu Leitungs- oder allgemeinen Verwaltungsaufgaben heranziehen. Die Geschäftsführer üben dabei nur das Direktionsrecht der GmbH aus und konkretisieren die dienstvertraglichen Pflichten der Angestellten dieser gegenüber. Das gilt selbst für den zur unechten Gesamtvertretung berufenen **Prokuristen**, der einen Geschäftsführer **bei der Vertretung** der Gesellschaft ersetzt. Er ist nicht dessen Erfüllungsgehilfe, sondern handelt aus eigener Verantwortung gegenüber der GmbH[30]. Daran kann sich auch dann nichts ändern, wenn leitende Angestellte oder Prokuristen mit solchen Geschäftsführungsaufgaben betraut werden, bei denen sich die Geschäftsführer ihrer eigenen Sachverantwortlichkeit durch Delegation der Aufgabe auf einen Angestellten grundsätzlich nicht begeben können[31].

Eine **Haftung des Geschäftsführers für Hilfspersonen** kann **gegenüber der Gesellschaft** nur dann in Betracht kommen, wenn er diese nicht zu Geschäftsführungszwecken, sondern zur Erfüllung eigener Verbindlichkeiten oder zu Verrichtungen im Verhältnis zur Gesellschaft einsetzt, die nicht zum Vollzug seiner Aufgaben als Geschäftsführungsorgan gehören[32]. Betraut ein Geschäftsführer Angestellte mit Geschäftsführungsaufgaben, die er nach Lage der Dinge selbst wahrnehmen mußte, überwacht er die Ausführung delegierter Aufgaben nicht intensiv genug oder beauftragt er ungeeignete Angestellte, so haftet er unmittelbar aufgrund seiner Verantwortlichkeit für angemessene Anleitung, Beaufsichtigung und Organisation der Hilfskräfte oder für unzulässige Delegation einer Aufgabe, nicht aber infolge eines Verschuldens des beauftragten Angestellten. Einem **Dritten gegenüber** ist eine Haftung des Geschäftsführers für Angestellte nach § 278 BGB oder nach § 831 BGB nur dann gegeben, wenn er sich ihrer zu einer Tätigkeit bedient, für die ihn nach dem Gesetz eine eigene, nach deliktischen oder vertraglichen Grundsätzen zu behandelnde, persönliche Verantwortung trifft (vgl. auch Rdn 110 ff).

Weder § 43 noch §§ 278, 831 BGB vermögen die **Haftung** eines Geschäftsführers **13**
für das Verhalten anderer Geschäftsführer zu begründen. Dies gilt auch, wenn der betreffende Geschäftsführer von einem anderen Geschäftsführer untervertreten wird. Allerdings kommt eine eigene Haftung des Geschäftsführers nach § 43 in Betracht, wenn er sich an der Ausführung rechtswidriger Beschlüsse des Geschäftsführungsgremiums beteiligt, wenn er gegen – ihm bekanntes oder schuldhaft unbekannt gebliebenes – rechtswidriges Verhalten der übrigen Geschäftsführer nicht einschreitet (dazu Rdn 23, 31) oder wenn es dem Prinzip der Gesamtverantwortung widersprach, einen anderen Geschäftsführer allein handeln zu lassen (vgl. Rdn 33). Auf das Mitverschulden eines anderen – zu gleicher Zeit amtierenden – Geschäftsführers kann sich der Geschäftsführer gegenüber der Gesellschaft nicht berufen; vielmehr haften beide der Gesellschaft gegenüber gesamtschuldnerisch. Ausnahmsweise kann aber die Berufung auf ein Mitverschulden der Gesellschaft in Betracht kommen, wenn sie einen ungeeigneten Geschäftsführer bestellt hat (vgl. Rdn 64).

---

[30] BGHZ 13, 61, 65 = NJW 1954, 1158; 62, 166, 171 f = NJW 1974, 1194.

[31] *Anders* wohl BGHZ 13, 61 in einem obiter dictum und *Fleck* GmbHRdsch 1974, 225, der § 278 BGB anwenden will, wenn sich der Geschäftsführer zur Erfüllung eigener Pflichten – wie eben der Überwachungspflicht – eines Prokuristen bediene; *Fleck* postuliert hier offenbar eine dem geltenden Recht unbekannte Grenzlinie zwischen Pflichten eines Geschäftsführers, die dieser namens der Gesellschaft, und Pflichten, die er nur im eigenen Namen delegieren kann.

[32] Geßler/*Hefermehl*/Eckardt/Kropff AktG § 93, 31.

6. Berücksichtigung des Mitverschuldens bei Pflichtverletzungen, für die Geschäftsführer und Angestellte verantwortlich sind

14 Ersatzpflichtige Angestellte können sich nach §§ 254, 31 BGB der GmbH gegenüber auf ein **Mitverschulden der Geschäftsführer** berufen; denn die GmbH darf ihr Organrisiko auch dann nicht auf ihre Angestellten abwälzen, wenn zwischen Organmitgliedern und Angestellten gesamtschuldnerische Haftung anzunehmen ist[33]. Voraussetzung ist allerdings, daß das Handeln der Geschäftsführer überhaupt noch im Bereich der Geschäftsführung für die GmbH liegt und nicht auf deren Schädigung abzielt[34].

II. Sorgfaltspflicht, Abs. 1

1. Doppelfunktion der Sorgfaltspflicht

15 Abs. 1 gibt zum einen den **Sorgfaltsmaßstab** an, dem Geschäftsführer unterliegen; die Vorschrift ist insofern funktionell § 276 BGB vergleichbar. Hat ein Geschäftsführer seine durch Gesetz, Satzung, Gesellschafterbeschluß oder Anstellungsvertrag tatbestandlich ausgeformten Pflichten der GmbH gegenüber verletzt, so ist er dafür haftbar, wenn er sich nicht mit der Sorgfalt des ordentlichen Geschäftsmannes verhalten hat.

Zum anderen stellt Abs. 1 in Verbindung mit Abs. 2 aber auch eine selbständige **Anspruchsgrundlage** dar, die auf der pflichtwidrigen Nachteilszufügung aufbaut[35]. Tatbestand dieser Anspruchsgrundlage ist allein die Zufügung eines Nachteils (zu subjektiven Elementen, die in diesen Begriff eingehen können, vgl. Rdn 57); die Nachteilszufügung ist rechtswidrig, wenn der Geschäftsführer die Sorgfalt eines ordentlichen Geschäftsmannes nicht beachtet hat; bei Schuldfähigkeit des betreffenden Geschäftsführers ist damit infolge des objektivierten Fahrlässigkeitsbegriffs, den Abs. 2 statuiert, grundsätzlich auch die subjektive Vorwerfbarkeit zu bejahen.

2. Sorgfaltsmaßstab

16 Mit dem Hinweis auf die Sorgfalt eines ordentlichen Geschäftsmannes ist das gleiche gemeint wie mit dem „ordentlichen und gewissenhaften Geschäftsleiter" in § 93 Abs. 1 S. 1 AktG. Es geht um die Sorgfalt, die ein **ordentlicher Geschäftsmann in leitender Position bei selbständiger treuhänderischer Wahrnehmung fremder Vermögensinteressen** einzuhalten hat[36]. Insofern gelten für die Sorgfaltspflicht eines Geschäftsführers ähnlich wie für die des Vorstandsmitglieds einer AG[37] grundsätzlich schärfere Anforderungen, als sie allgemein an einen ordentlichen Geschäftsmann zu stellen sind.

Im einzelnen empfängt der Maßstab des ordentlichen Geschäftsmannes seine Ausgestaltung durch die **besondere Lage des Falles**. Die Anforderungen an die Sorgfaltspflicht variieren nach Art, Größe und Situation des Unternehmens, der Bedeutung einer Geschäftsführungsmaßnahme und den besonderen Aufgaben des einzel-

---

33 **AA** möglicherweise *Fleck* aaO 226.

34 Vgl. BAG GmbHRdsch 1975, 114.

35 **AA** Baumbach/Hueck/*Zöllner* 11; Rowedder/*Koppensteiner* 1, 6; vgl. dazu im Hinblick auf § 93 AktG *Mertens*-KölnKommAktG² § 93, 6 f.

36 RGZ 64, 257; OLG Bremen GmbHRdsch 1964, 8 f; OLG Koblenz GmbHRdsch 1991, 416, 417; Scholz/*Schneider* 32; Baumbach/Hueck/*Zöllner* 8 f; *Lutter/Hommelhoff* 17; Rowedder/*Koppensteiner* 5.

37 Dazu *Mertens*-KölnKommAktG² § 93, 6, 57, 98 f.

nen Geschäftsführers[38]; zB sind an den Geschäftsführer einer kleineren GmbH mit ideellen Zwecken andere Ansprüche zu stellen als an den Geschäftsführer einer großen Handels- oder Industriegesellschaft[39]. Dagegen hängen die Anforderungen an einen Geschäftsführer nicht von dessen **individuellen Fähigkeiten** ab (vgl. Rdn 55).

Soweit sich aus dem Anstellungsvertrag oder aus den Umständen nichts anderes ergibt, hat der Geschäftsführer seine Arbeitskraft voll in den Dienst der Gesellschaft zu stellen. Sind **Dienstzeiten** vereinbart, so hat er sie einzuhalten[40]. Arbeitsrechtliche Arbeitszeitregeln gelten für Geschäftsführer nicht. Das zumutbare Maß an **Arbeitseinsatz** kann, wenn es die Lage der Gesellschaft gebietet, weit höher liegen. Jedoch können Überstundenvereinbarungen in Geschäftsführerverträgen aus steuerlichen Gründen empfehlenswert sein. **17**

3. Pflichtenkreis

a) **Übersicht und Abgrenzung.** Die Sorgfaltsflicht der Geschäftsführer läßt sich übersichtshalber unterteilen in die **Pflicht zur sorgfältigen Geschäftsführung**, die **Treupflicht** gegenüber der Gesellschaft, die **Verschwiegenheitspflicht** und mögliche weitere **aus dem Anstellungsvertrag folgende besondere Pflichten.** § 43 sanktioniert nur Schädigungen der Gesellschaft, die aus einer Verletzung dieser Pflichten folgen[41]. Soweit die Gesellschaft Geschäftsführer als Organmitglieder in andere Unternehmen abordnet und diese sich einer Pflichtverletzung gegenüber dem aufnehmenden Unternehmen schuldig machen, können sie aber auch der eigenen Gesellschaft gegenüber haften; denn grundsätzlich hat ein Geschäftsführer auch gegenüber seiner eigenen Gesellschaft die Pflicht, Organpositionen bei anderen Unternehmen, die er auf deren Veranlassung einnimmt, mit der gehörigen Sorgfalt auszuüben und damit eine mittelbare Schädigung der eigenen Gesellschaft zu vermeiden. Nicht jede Verletzung einer Amtspflicht im aufnehmenden Unternehmen kann jedoch auch als Verletzung einer Amtspflicht im Verhältnis zur delegierenden Gesellschaft gewertet werden, so insbesondere dann nicht, wenn der Geschäftsführer auf Anweisung oder mit Zustimmung der Gesellschafter handelte. Soweit im übrigen seine Pflichtverletzung gegenüber der aufnehmenden Gesellschaft mit der Verfolgung von Interessen der delegierenden Gesellschaft zusammenhängt, kommt es darauf an, ob er aus der Sicht der delegierenden Gesellschaft zu dieser Interessenverfolgung selbst auf die Gefahr der Schädigung der aufnehmenden Gesellschaft hin berechtigt war. **18**

b) **Pflicht zur sorgfältigen Geschäftsführung. Oberstes Gebot** für eine ordentliche Geschäftsführung ist es, im Rahmen des Gesetzes, des Gesellschaftsvertrags, der für die Geschäftsführung verbindlichen Beschlüsse anderer Organe der Gesellschaft und unter der gebotenen Berücksichtigung der Interessen der Öffentlichkeit und der Arbeitnehmer an dem von der Gesellschaft betriebenen Unternehmen die Zwecke der Gesellschaft zu fördern, ihren Vorteil zu wahren und Schaden von ihr abzuwenden[42]. In diesem Rahmen haben die Geschäftsführer als Unternehmer zu wirken. Das heißt, ihnen ist ein breiter **unternehmerischer Spielraum** zuzugestehen[43]. Es **19**

---

[38] OLG Düsseldorf GmbHRdsch 1995, 227; Rowedder/*Koppensteiner* 5; *Schlechtriem* in Kreuzer (Hrsg.), Haftung der Leitungsorgane S. 9, 33 ff.

[39] Ein ideeller Zweck begründet an sich aber keine Haftungserleichterung; **aA** Baumbach/Hueck/*Zöllner* 9.

[40] BGH ZIP 1988, 568 m. Anm. *Baums.*

[41] Vgl. dazu auch *Mertens*-KölnKommAktG² § 93, 28.

[42] RG Recht 1930 Nr. 823; *Sonnenberger* GmbHRdsch 1973, 28.

[43] Vgl. auch Scholz/*Schneider* 78.

kann ihnen nicht etwa die Pflicht auferlegt werden, alle Maßnahmen zu unterlassen, die möglicherweise der Gesellschaft zum Nachteil gereichen könnten; denn Unternehmer müssen typischerweise Risiken eingehen[44]. Aus dem Umstand, daß ein Geschäft zum Nachteil der Gesellschaft ausschlägt, läßt sich demzufolge noch keine Pflichtverletzung ableiten[45]. Pflichtwidrig ist erst die Inkaufnahme von Risiken, die nach Art, Gegenstand, Größe und finanzieller Lage des Unternehmens unangemessen sind (vgl. Rdn 27).

Im einzelnen lassen sich aus dem Gebot zur ordentlichen Führung der Geschäfte der Gesellschaft vor allem die im folgenden unter aa) – hh) dargelegten Richtlinien gewinnen.

20 aa) **Sorge für das rechtmäßige Verhalten der Gesellschaft nach außen.** Die Geschäftsführer haben für die Einhaltung der Gesetze und der allgemein akzeptierten Grundsätze der Geschäftsmoral durch die Gesellschaft zu sorgen. Sie haften der Gesellschaft auch für den Schaden aus solchen Gesetzesverstößen, mit denen sie deren Interessen zu fördern trachteten und die sich – auch unter Berücksichtigung des Entdeckungs- und Verfolgungsrisikos – für sie zu lohnen versprachen. Das gilt beispielsweise für unerlaubte Wettbewerbsbeschränkungen ebenso wie für umweltrechtliche Verstöße oder für Steuermanipulationen, und selbst dann, wenn die Wettbewerbsfähigkeit der Gesellschaft bei Beachtung des Gesetzes gefährdet wäre. **Bei zweifelhafter Rechtslage** dürfen sich Geschäftsführer zwar auf den für die Gesellschaft günstigen Standpunkt stellen und damit das Risiko eingehen, daß dieser nachträglich eine Gesetzesverletzung vorgeworfen wird. Sie haben aber auch dieses Risiko zu berücksichtigen und die Ausnutzung einer objektiv zweifelhaften Rechtslage zu unterlassen, wenn sich aus einer Entscheidung der Behörden oder der Gerichte zu Ungunsten der Gesellschaft unverhältnismäßig schwere Nachteile ergeben könnten. Nimmt die Gesellschaft Steuervorteile in Anspruch, so müssen die Geschäftsführer auch auf die Wahrung der dafür jeweils geltenden gesetzlichen Voraussetzungen bedacht sein.

Die Einhaltung der von der GmbH geschlossenen Verträge schulden die Geschäftsführer gegenüber der GmbH nicht, wenn sich daraus für die GmbH ein größerer Nachteil ergibt als bei Nichterfüllung einer vertraglichen Verpflichtung[46]. Allerdings kann ihnen die Einhaltung einer für die GmbH schädlichen Verpflichtung nur in besonderen Ausnahmefällen zum Vorwurf gereichen.

21 Die Verpflichtung der Geschäftsführer, für das rechtmäßige Handeln der Gesellschaft zu sorgen, bezieht sich auch auf **ausländisches Recht**, das für die Aktivitäten der Gesellschaft Geltung beansprucht. Eine strikte Bindung an ausländische Rechtsvorschriften ist aber insoweit zu verneinen, als deren rechtliche Qualität nach den Maßstäben des deutschen Rechts suspekt ist oder als es praktisch in den maßgeblichen Wirtschaftskreisen unbeachtet bleibt. Unverbindlich sind auch nationale oder internationale Verhaltenskodices ohne Rechtsqualität[47], es sei denn, sie konkretisieren die Sorgfalt eines ordentlichen Kaufmanns, sie legen einen international allgemein anerkannten Standard der Geschäftsmoral fest oder ihre Einhaltung ist den Geschäftsführern im Anstellungsvertrag zur Pflicht gemacht. Besteht keine Verpflichtung der Geschäftsführer zur Einhaltung solcher Regeln unter dem Gebot der Rechtswahrung, so kann ihre Befolgung allerdings trotzdem unter Opportunitätsge-

---

44 BGHZ 69, 207, 213 f = AG 1978, 79, 81; RGZ 129, 272, 275.

45 Scholz/*Schneider* aaO; *Bastuck* S. 70 f; *Sonnenberger* GmbHRdsch 1973, 25, 28; vgl. zum Vorstand der AG auch *Mertens*-KölnKommAktG² § 93, 23 m.w.Nachw.

46 *Windbichler* ZGR 1989, 434, 437.

47 Scholz/*Schneider* 54.

sichtspunkten geboten sein. Trotz § 12 UWG ist deutschen Unternehmen das Zahlen von Schmiergeldern im Ausland nicht untersagt[48]; denn das deutsche Recht braucht im Ausland nur insoweit beachtet zu werden, als es Anspruch auf Geltung auch für ausländische Sachverhalte erhebt. Zwar ist das Fordern und Entgegennehmen von Bestechungsgeldern durch ausländische Amtsträger nach deutschem Recht sittenwidrig, soweit diese dadurch gegen die Rechtsordnung ihres Heimatlandes verstoßen; doch ergibt sich daraus keine Pflicht des deutschen Unternehmens, in den Ländern, in denen staatliche Aufträge nur durch Bestechung der zuständigen Staatsorgane zu erlangen sind, auf diese Mittel völlig zu verzichten und damit das Geschäft weniger gewissenhaften Konkurrenten zu überlassen[49]. In denjenigen Ländern und ausländischen Märkten, in denen die Korruption erlaubt ist oder als ein maßgebliches Sozialordnungsprinzip praktiziert wird, stellt der Einsatz von Schmiergeldern somit kein pflichtwidriges Verhalten gegenüber der Gesellschaft dar[50].

bb) Sorge für die Rechtmäßigkeit der Organisation und der Entscheidungsprozesse innerhalb der Gesellschaft. Es obliegt den Geschäftsführern, die Gesetz- und Satzungsmäßigkeit der Organisation und Kapitalisierung sowie der Entscheidungsprozesse innerhalb der Gesellschaft zu wahren. Nützlichkeitserwägungen können sie von der Erfüllung dieser Pflicht nicht entbinden. Jedoch müssen sie nach Möglichkeit so vorgehen, daß Nachteile für die Gesellschaft vermieden werden und die Zusammenarbeit mit anderen Organmitgliedern und Organen nicht unnötig belastet wird. Externe Maßnahmen gegen die Gesellschaft wird ein Geschäftsführer durchweg erst dann ergreifen dürfen, wenn es ihm nicht gelungen ist, einer Rechtswidrigkeit durch gesellschaftsinterne Schritte abzuhelfen (vgl. Rdn 29). Eine Handlung, die gegen interne Zusammenarbeits- und Zuständigkeitsregeln verstößt, begründet auch dann eine Ersatzpflicht des Geschäftsführers, wenn sie ansonsten unter dem Gesichtspunkt unternehmerischer Sorgfalt nicht zu beanstanden ist[51]. **22**

Pflichtverletzungen eines Geschäftsführers müssen die anderen Geschäftsführer entgegentreten. **Überstimmte Geschäftsführer** müssen alles Zumutbare unternehmen, um die Ausführung eines rechtswidrigen Beschlusses zu verhindern[52]. Dazu kann je nach Lage der Dinge über die Verweigerung der Ausführung hinaus die **Anrufung** der Gesellschafterversammlung oder gegebenenfalls eines Kontrollorgans gehören. Erhebt die **Gesellschafterversammlung** daraufhin gegen die Durchführung des Beschlusses keine Einwände, so können damit nach Maßgabe des unten in Rdn 69 ff Ausgeführten Ersatzansprüche der Gesellschaft gegenüber dem Geschäftsführer entfallen. Die Erfolglosigkeit seines Appells an ein sonstiges **Kontrollorgan** kann den Geschäftsführer dagegen grundsätzlich nicht von der Haftung für die Ausführung eines rechtswidrigen Beschlusses entlasten. Um seine Haftung auszuschließen, braucht ein Geschäftsführer normalerweise nicht sein Amt niederzulegen; es genügt, wenn er sich an der Ausführung des Beschlusses nicht beteiligt[53]. Eine **23**

---

[48] *Hopt* Festschr. der Tübinger Juristenfakultät (1977) S. 279, 324; *Piehl* Bestechungsgelder im internationalen Wirtschaftsverkehr (1991) S. 50 ff; einschränkend Scholz/*Schneider* 68.

[49] Vgl. BGHZ 94, 268, 271 f = NJW 1985, 2405 m.krit.Bespr. *Fikentscher/Waibl* IPRax 1987, 86.

[50] Ähnlich auch Baumbach/Hueck/*Zöllner* 14; *Meyer-Landrut*/Miller/Niehus 13; *Piehl* aaO. Vgl. dazu auch *Wurm* Verbotene Zuwendungen im internationalen Wirtschaftsverkehr und aktienrechtliche Haftung des Vorstands (1989) S. 293 ff.

[51] *Meier* DStR 1994, 176 f.

[52] Vgl. Rowedder/*Koppensteiner* 11; Geßler/*Hefermehl*/Eckardt/Kropff AktG § 93, 27; *Mertens*-KölnKommAktG² § 77, 38; rechtsvergleichend *Sonnenberger* GmbHRdsch 1973, 25, 29 f.

[53] Rowedder/*Koppensteiner* 12; Geßler/*Hefermehl*/Eckardt/Kropff aaO.

Amtsniederlegung kann allerdings bei schwerwiegenden und unzweifelhaften Rechtsverstößen geboten sein (vgl. Rdn 31), etwa wenn der Minderheitsgesellschafter-Geschäftsführer keine andere Chance hat, den Mehrheitsgesellschafter-Geschäftsführer von schweren Rechtsverstößen abzuhalten[54]. Jedenfalls ist der Geschäftsführer in Fällen von erheblicher Tragweite berechtigt, zur Vermeidung seines persönlichen Haftungsrisikos sein Amt niederzulegen. Einen Geschäftsführer, der zugleich Gesellschafter und in dieser Eigenschaft zur **Anfechtung** eines Gesellschafterbeschlusses berechtigt ist, trifft im allgemeinen als Geschäftsführer auch **keine Pflicht**, von dieser ihm als Gesellschafter zustehenden Befugnis Gebrauch zu machen. Der Geschäftsführer, dem die Ausführung eines rechtswidrigen Beschlusses vorgeworfen wird, kann sich zu seiner **Entlastung nicht** darauf berufen, daß **sonst ein anderer Geschäftsführer** tätig geworden wäre; denn der Hinweis auf ein Alternativverhalten, das seinerseits rechtswidrig gewesen wäre, ist im Rahmen der Schadensersatzhaftung unbeachtlich.

24 cc) **Beachtung der Regeln sorgfältiger Unternehmensleitung.** Zur Pflicht des ordentlichen und gewissenhaften Geschäftsleiters gehört es, das Unternehmen unter Berücksichtigung gesicherter und praktisch bewährter betriebswirtschaftlicher Erkenntnisse und unter Beachtung aller maßgeblichen Rechtsvorschriften zu leiten, sich über alle unternehmenspolitisch relevanten wirtschaftlichen Umstände und Entwicklungen zu orientieren und sich stets ein genaues Bild von der Lage des Unternehmens, insbesondere seiner Rentabilität und Liquidität, dem Gang der Geschäfte, der Umsatzentwicklung und der Konkurrenzfähigkeit des Angebots, zu machen. Gegebenenfalls sind die Gesellschafter auf ein Ungleichgewicht zwischen Kapitalausstattung und Umfang der unternehmerischen Tätigkeit der Gesellschaft eindringlich hinzuweisen. Auch müssen die Geschäftsführer von sich aus bedacht sein, ein solches Ungleichgewicht durch entsprechende Geschäftsführungsmaßnahmen zu vermeiden. Stets sind bei Entscheidungen über unternehmenspolitische und finanzwirtschaftliche Alternativen auch die steuerlichen Folgen abzuklären und in Rechnung zu stellen. Die Geschäftsführer haben dafür Sorge zu tragen, daß über alle Geschäfte, die für Rentabilität und Liquidität von erheblicher Bedeutung sein können, auf der Geschäftsführerebene selbst entschieden wird; sie haben die Organisation des Unternehmens, die Personalpolitik und die Betriebsabläufe persönlich so weit in der Hand zu behalten, daß sie jederzeit die wirtschaftliche und finanzielle Situation der Gesellschaft überblicken und gegebenenfalls auch in der Lage sind, ihrer Verpflichtung zur rechtzeitigen Einberufung der Gesellschafterversammlung zu genügen[55], und daß ihnen Fehlentwicklungen erheblichen Ausmaßes nicht verborgen bleiben können. Sie haben für eine funktionsfähige Unternehmensplanung und -kontrolle zu sorgen und die Entscheidungen einer ihnen untergeordneten Führungsebene ausreichend zu koordinieren. Betriebsabläufe, von denen der Unternehmenserfolg entscheidend abhängt oder die unter Gesichtspunkten der Sicherheit des Unternehmens und seiner Umwelt oder ihrer Anfälligkeit für kriminelle Manipulationen besonders risikoträchtig sind, bedürfen eines Kontrollmanagements, von dessen Funktionieren sich die Geschäftsführer persönlich überzeugen müssen.

25 Die Geschäftsführung trifft eine Pflicht zur Einrichtung und Unterhaltung eines Umweltmanagementsystems, sofern die GmbH als Betreiberin nach umweltrechtlichen Vorschriften – etwa nach §§ 5, 52 BImSchG oder nach §§ 33 Abs. 1 Nr. 1b,

---

[54] Vgl. dazu BGHZ 125, 366, 372; *Brandes* WM 1995, 641, 653.

[55] BGH WM 1995, 709.

53 KrW/AbfG[56] – eine umweltschutzsichernde Betriebsorganisation zu unterhalten hat. Allerdings ist bislang weitgehend ungeklärt, welche Anforderungen im einzelnen an die einzurichtende Organisation zu stellen sind[57]. Außerhalb zwingender gesetzlicher Vorschriften steht es der GmbH und der Geschäftsleitung frei, ob sie sich für ein bestimmtes Umweltmanagementsystem und für welches entscheidet. Die EG-Öko-Audit-VO[58] ebenso wie private Normen über Umweltmanagementsysteme verpflichten nur diejenigen Unternehmen und deren Geschäftsleitung zur Einrichtung derartiger Organisationsstrukturen, die sich freiwillig dem entsprechenden System anschließen. Derartige Regelungen bezeichnen noch keinen Stand der Organisationstechnik, den die Geschäftsführung kraft ihrer Sorgfaltspflicht nach § 43 zu befolgen hätte[59]. Ohnehin können die Anforderungen an die erforderliche Organisation nach den Gegebenheiten des jeweiligen Unternehmens variieren, so daß organisatorische Regelwerke nur grobe Leitlinien für die im Einzelfall zu erfüllenden Organisationspflichten bieten. Demzufolge ist auch nicht gesagt, daß die Geschäftsleitung durch die Errichtung eines zertifizierten Managementsystems ihrer Sorgfaltspflicht nach § 43 genügt[60]. Treten beispielsweise trotzdem Sicherheitsmängel zutage, so müssen die Geschäftsführer ihnen nachgehen und ihre Ursachen beseitigen. Zertifizierungen eines Managementsystems können die Geschäftsleitung auch schon deshalb nicht von der laufenden Prüfung und Kontrolle der Organisationsstruktur entbinden, weil sie auf räumlich und zeitlich beschränkten punktuellen Untersuchungen beruhen.

Die Geschäftsführer sind dafür verantwortlich, daß **Ansprüche** der Gesellschaft, **26**
deren Verfolgung wirtschaftlich sinnvoll erscheint, nach Kräften **durchgesetzt** werden[61]; doch kann die Preisgabe von Ansprüchen aus Anstandsrücksichten gerechtfertigt sein[62]. Der Verzicht auf einen Schadensersatzanspruch oder auch nur die Nichtgeltendmachung eines Schadensersatzanspruchs gegen einen Gesellschafter kann allerdings als verdeckte Gewinnausschüttung gewertet werden; das gleiche gilt für den Verzicht auf Vorteilsherausgabe bei Verstößen eines Gesellschafters gegen ein ihn als solchen oder als Geschäftsführer treffendes Wettbewerbsverbot (dazu auch § 14, 62 ff)[63].

---

[56] Vgl. dazu *Rehbinder* Umweltschutz und technische Sicherheit als Aufgabe der Unternehmensleitung aus juristischer Sicht, in: Umweltschutz und technische Sicherheit im Unternehmen (1994) S. 29.

[57] Vgl. *Jarass* Bundesimmissionsschutzgesetz³ (1995) § 52a, 6; *Rehbinder* aaO.

[58] Vgl. zu dieser sowie die in ihrem Anh I D enthaltenen elf Regeln, die „gute Managementpraktiken" bezeichnen sollen, *Antes/Clausen/Fichter* DB 1995, 685.

[59] So aber für Regelwerke über Qualitätsmanagementsysteme *Heussen/Schmidt* CR 1995, 321; wohl auch *Brüggemeier* Festschr. Jahr (1993) S. 223; aus strafrechtlicher Sicht *Kassebohm/Malorny* BB 1994, 1361.

[60] Ähnlich *Schmidt-Salzer* WiB 1996, 1, 9; vgl. aber *Förschle/Hermann/Mandler* DB 1994, 1093.

[61] BGH WM 1992, 223; KG GmbHRdsch 1959, 257.

[62] RG JW 1911, 223 f.

[63] Vgl. zu dieser Problematik BFH GmbHRdsch 1987, 323; GmbHRdsch 1989, 431; 1989, 433; GmbHRdsch 1989, 529 sowie in teilweiser Abkehr von der bisherigen Rechtsprechung BFH NJW 1996, 477; s. auch die Schreiben des BMF vom 4.2.1992 (GmbHRdsch 1992, 191), vom 15.12.1992 (GmbHRdsch 1993, 62) und vom 29.6. 1993 (GmbHRdsch 1993, 524); aus dem Schrifttum: *Tillmann* Festschr. Felix (1989) S. 507; *Mertens/Cahn* Festschr. Heinsius (1991) S. 545; *Röhricht* WPg 1992, 766; *Pelka/Wüst* DStR 1992, 597; *Knobbe-Keuk* GmbHRdsch 1992, 333; *Thiel* GmbHRdsch 1992, 338; *Spiegelberger* GmbHRdsch 1992, 727; *Westerfelhaus* GmbHRdsch 1993, 21; *Wassermeier* GmbHRdsch 1993, 329 und 639; *Wichmann* GmbHRdsch 1993, 635; *Tiedchen* GmbHRdsch 1993, 616; *Schulze-Osterloh* FR 1993, 73; *H. Schneider* DB 1993, 1992; *Buyer* BB 1993, 2057; *Claussen/Korth* Festschr. Beusch (1993) S. 111.

27 Zur sorgfältigen Unternehmensleitung gehört es, unangemessene **Risiken zu vermeiden.** Ob eine Maßnahme innerhalb des erlaubten Risikos liegt, ist nach den Entscheidungsalternativen und Erkenntnismöglichkeiten zur Zeit ihrer Vornahme zu beurteilen. Aus der treuhänderischen Stellung der Geschäftsführer ist nicht zu folgern, daß ihnen ein engerer Risikospielraum gezogen werden müßte als dem ordentlichen Geschäftsmann im allgemeinen[64]. Ein erlaubtes Risiko liegt nicht schon immer dann vor, wenn zur Zeit der Vornahme eines Geschäftes die Wahrscheinlichkeit bestand, es werde sich für die Gesellschaft als günstig erweisen[65]; vielmehr ist stets auch zu berücksichtigen, ob der unwahrscheinliche, aber nicht auszuschließende negative Ausgang des Geschäftes zu unangemessen hohen Risiken für Bestand und Entwicklung der Gesellschaft führen könnte[66]. Bei Kreditinstituten gehören die Risikominimierung unter Beachtung der im KWG zum Ausdruck kommenden Wertungen des Gesetzgebers und die Gewährleistung der sorgfältigen Prüfung der Kreditwürdigkeit der Kunden zu den zentralen Geschäftsführungspflichten. Spekulationsgeschäfte oder sonst gewagte Geschäfte sind aber keinesfalls stets als unangemessen anzusehen. Maßgeblich kommt es hier auf den Geschäftszweck der GmbH und den Willen der Gesellschafter an[67]. Die Regeln sorgfältiger Unternehmensleitung gebieten den Geschäftsführern grundsätzlich, die im Rechts- und Geschäftsverkehr angemessenen und branchenüblichen Vorsichtsregeln zu wahren. Dem widerspricht beispielsweise die leichtfertige Gewährung von Warenkrediten[68], eine Kreditgewährung ohne übliche Sicherheiten oder aus unangebrachter Gefälligkeit[69], der Erwerb einer umfangreichen Beteiligung an einer anderen Gesellschaft ohne genaue Prüfung der Verhältnisse[70] oder der Verkauf eines Grundstücks in der Weise, daß es vorzuleisten und der Kaufpreis nicht abgesichert ist[71].

28 dd) **Beachtung der den Geschäftsführern im Drittinteresse auferlegten Pflichten.** Die Beachtung der Pflichten, die den Geschäftsführern im Interesse der Öffentlichkeit oder im Interesse Dritter als Geschäftsleiterpflichten persönlich auferlegt sind, schulden sie grundsätzlich auch der Gesellschaft, so daß sie auch dieser für die ihr entstehenden Nachteile – einschließlich die Gesellschaft treffender Geldbußen – infolge entsprechender Pflichtverletzungen haften. Das gilt insbesondere auch für § 130 OWiG, wonach die Geschäftsführer für diejenigen Aufsichtsmaßnahmen zu sorgen haben, die erforderlich sind, um in dem Betrieb oder Unternehmen Zuwiderhandlungen gegen die Pflichten zu verhindern, die ihnen in ihrer Eigenschaft als Geschäftsführer auferlegt sind[72], sowie für die Pflicht des Geschäftsführers nach § 64 Abs. 1, die Eröffnung des Konkursverfahrens bei Zahlungsunfähigkeit oder Überschuldung der Gesellschaft ohne schuldhaftes Zögern zu beantragen[73]. Im Bereich der den Geschäftsführern im Drittinteresse persönlich auferlegten Pflichten geht bei interner Delegation auf einen Geschäftsführer die Kontrollpflicht der anderen Geschäftsführer besonders weit[74]. Die Umkehr der Beweislast im Hinblick auf

64 *Geßler* NB 1972 Heft 2 S. 14f.
65 RGZ 129, 272, 275.
66 BGHZ 69, 207, 213ff = AG 1978, 79, 81; Baumbach/Hueck/*Zöllner* 15; Rowedder/*Koppensteiner* 16.
67 Vgl. RG DR 1939, 2164; WarnRspr. 1934 Nr. 190; Scholz/*Schneider* 80.
68 BGH GmbHRdsch 1981, 191f; LG Hagen BB 1976, 1093.
69 Vgl. BGH NJW 1980, 1629; dazu *Ulmer* NJW 1980, 1603.
70 LG Hannover AG 1977, 198, 200; vgl. zur Übernahme einer fragwürdigen Beteiligung auch BGHZ 69, 207, 213f für den Verwaltungsrat einer Publikums-KG.
71 Vgl. BGH WM 1966, 323f.
72 Vgl. im einzelnen zu den Geschäftsleiterpflichten der Geschäftsführer gegenüber Dritten Rdn 110ff.
73 Vgl. dazu § 64, 7ff sowie zur Dritthaftung des Geschäftsführers bei Konkursverschleppung Rdn 116.
74 Vgl. BGH JZ 1994, 961 m. Anm. *Grunewald*; *Rohde* JuS 1995, 965.

das Verschulden der Geschäftsführer gilt jedenfalls hier auch für die nicht unmittelbar mit der Pflichterfüllung befaßten Geschäftsführer[75].

ee) **Loyale Zusammenarbeit der Geschäftsführer mit anderen Organen, Befolgung von Weisungen der Gesellschafterversammlung und Erfüllung gesellschaftsinterner Berichtspflichten.** Mit den anderen Organen der GmbH müssen die Geschäftsführer loyal zusammenarbeiten. Sie haben die kraft Gesetzes (vgl. § 51a) und der Satzung bestehenden Berichts- und Auskunftspflichten zu erfüllen, gegebenenfalls erforderliche Weisungen und Genehmigungen einzuholen und zu befolgen und Abschlußprüfern die erforderlichen Aufschlüsse zu geben. Soweit den Geschäftsführern durch Satzung oder Gesellschafterbeschluß nicht bestimmte gesellschaftsinterne Berichtspflichten auferlegt sind, besteht für sie keine Verpflichtung, von sich aus zu berichten[76]. Notfalls muß ein Geschäftsführer persönlich die Gesellschafter oder ein Kontrollgremium informieren, wenn die Geschäftsführung in ihrer Gesamtheit nicht pflichtgemäß berichtet[77]. Die Verletzung der Berichtspflicht über das fehlerhafte Verhalten eines Geschäftsführers kann im Hinblick darauf, daß das Überwachungsorgan bei Kenntnis der Sachlage Maßnahmen zur Verhütung weiterer Pflichtverletzungen getroffen hätte, zur Haftung aller dafür verantwortlichen Geschäftsführer für den von diesem Geschäftsführer angerichteten Schaden führen[78]. Zur Pflicht zur Befolgung von Weisungen der Gesellschafterversammlung vgl. § 37 Rdn 19 ff. **29**

ff) **Kollegiale Zusammenarbeit mit anderen Geschäftsführern.** Mehrere Geschäftsführer haben untereinander kollegial zusammenzuarbeiten und dabei um einen internen Ausgleich von Gegensätzen bemüht zu sein[79]. Gemeinsam gefaßte Beschlüsse müssen auch von einem überstimmten Geschäftsführer loyal durchgeführt werden, es sei denn, sie sind rechtswidrig (vgl. dazu oben Rdn 23). Ein Geschäftsführer haftet für einen der Gesellschaft entstehenden Schaden, wenn er, ohne den Versuch einer innergesellschaftlichen Klärung des Sachverhalts zu unternehmen, einen anderen Geschäftsführer bei einer Aufsichtsbehörde verdächtigt oder diese sonst zur Einleitung einer Untersuchung gegen die Gesellschaft veranlaßt[80]. Die Pflicht zur kollegialen Zusammenarbeit darf einen Geschäftsführer aber nicht daran hindern, die Gesellschafterversammlung oder gegebenenfalls den Aufsichtsrat zu informieren, wenn ein anderer Geschäftsführer Pflichtverletzungen begeht oder den Anforderungen an sein Amt nicht mehr gewachsen ist. Auch über interne Spannungen unter den Geschäftsführern ist zu berichten, wenn sie die Zusammenarbeit gefährden. **30**

gg) **Aufsichtspflicht bei Geschäftsverteilung.** Ist einem Geschäftsführer durch Satzung, Geschäftsordnung, Anstellungsvertrag oder durch Gesellschafterbeschluß ein bestimmter Aufgabenbereich innerhalb der Geschäftsführung zugewiesen, so tragen die anderen Geschäftsführer nicht die volle Verantwortung für das betreffende Arbeitsgebiet. Jedoch bleiben auch bei einer Geschäftsverteilung **alle Geschäftsführer** für die **Gesetz- und Zweckmäßigkeit des gesamten Geschäftsbetriebs** **31**

---

[75] BGH aaO gegen OLG Düsseldorf WM 1992, 1658.

[76] Baumbach/Hueck/*Zöllner* § 51a, 42; **aA** *Hommelhoff* ZIP 1983, 383, 388 ff; Scholz/*Schneider* 114, der ohne nähere Begründung eine Berichtspflicht in Analogie zu § 90 AktG postuliert; vgl. dazu auch § 51a, 8 ff.

[77] Vgl. dazu BGHZ 20, 239, 246 = LM Nr. 10 zu § 75 AktG 1937 = NJW 1956, 906; 47, 341, 352 = NJW 1967, 1711; BGH AG 1978, 162, 165.

[78] BGH AG aaO.

[79] BGH WM 1966, 968; WM 1992, 733; Baumbach/Hueck/*Zöllner* § 35, 18.

[80] BGH WM 1966, 968; Rowedder/*Koppensteiner* 11; *U. H. Schneider* Festschr. 100 Jahre GmbH-Gesetz (1992) S. 473, 483; **aA** OLG Köln WM 1986, 761, 763.

verantwortlich[81]. Ergeben sich Anhaltspunkte, daß ein Geschäftsführer seinen Pflichten nicht gerecht wird, so muß jeder Geschäftsführer unverzüglich eingreifen, rechtswidrigem Verhalten muß er widersprechen[82]; äußerstenfalls muß er sein Amt niederlegen[83]. Öffentlich-rechtliche Pflichten muß er möglicherweise auch selbst erfüllen, obwohl er gesellschaftsintern nicht dafür zuständig ist[84]. Jedes Mitglied der Geschäftsführung ist verpflichtet, dafür zu sorgen, daß es über Informationen aus den anderen Geschäftsbereichen verfügt, die ausreichend sind, um sich einen Überblick darüber zu verschaffen, ob diese ordnungsgemäß geleitet werden[85]. Für die Frage, in welchem Maße einem Geschäftsführer eine **übergreifende Aufsichtstätigkeit** zuzumuten ist, muß aber bei einer fachlichen Spezifizierung der Ressorts von der **Grenze der fachlichen Kompetenz** des nicht unmittelbar zuständigen Geschäftsführers ausgegangen werden[86]. Jeder Geschäftsführer ist dafür verantwortlich, daß die Ressorts ausreichend miteinander koordiniert sind und daß Entscheidungen, die eine Beschlußfassung aller Geschäftsführer erfordern, nicht von einem Ressort vorweggenommen werden. Auch sind alle Geschäftsführer dafür verantwortlich, daß die Berichterstattung unter ihnen über alle bedeutsamen Angelegenheiten in einem Ressortbereich gewährleistet ist. Die Überwachungspflicht obliegt auch einem Geschäftsführer, der nur eingeschränkte Befugnisse hat oder der als Minderheitsgesellschafter dem Mehrheitsgesellschafter-Geschäftsführer gegenübersteht[87]. Keine gesetzliche Grundlage hat die Rechtsprechung des BFH, die eine Geschäftsverteilung nur dann anerkennt, wenn eine „vorweggetroffene, eindeutige – und damit schriftliche – Klarstellung erfolgt ist, welcher Geschäftsführer für welchen Bereich zuständig ist“[88]. Der BFH erstreckt sie nicht auf laufende Geschäfte. Werden diese regelmäßig von einem bestimmten Geschäftsführer vorgenommen, so seien die anderen Geschäftsführer nicht zu einer inhaltlichen Nachprüfung verpflichtet, sofern nicht die wirtschaftliche Lage der Gesellschaft oder die Person des handelnden Geschäftsführers oder Gesellschafters zu einer Überprüfung Veranlassung gebe[89].

32 Sind Entscheidungen durch **Beschlußfassung** des gesamten Geschäftsführergremiums zu treffen, so muß sich **jeder Geschäftsführer** ein **selbständiges Urteil** über den Beschlußgegenstand bilden. Er muß nötigenfalls auch die Entscheidungsunterlagen prüfen. Ist er fachlich inkompetent, so muß er sich jedenfalls vergewissern, daß die fachlich zuständigen Geschäftsführer eine sorgfältige Prüfung vorgenommen haben und plausible Argumente für ihren Entscheidungsvorschlag vorbringen.

33 Haben die Geschäftsführer die Geschäfte unter sich in unzulässiger Weise aufgeteilt, so bleibt der einzelne Geschäftsführer umfassend verantwortlich. Auch eine

81 Vgl. zur Aufsichtspflicht der Geschäftsführer untereinander BGHZ 125, 366, 372 = NJW 1994, 1801; BGH JZ 1994, 961 m. Anm. *Grunewald*; BFH ZIP 1986, 1247; *U. H. Schneider* Festschr. 100 Jahre GmbH-Gesetz aaO S. 473, 481 ff; *Rohde* JuS 1995, 965.

82 *U. H. Schneider* Festschr. 100 Jahre GmbH-Gesetz aaO.

83 BGHZ 13, 61, 65 = NJW 1954, 1158; 15, 71, 78; 125, 366, 372 = NJW 1994, 1801; BGH WM 1986, 789; RGZ 98, 98, 100; RG HRR 1941 Nr. 132; *Mertens*-KölnKommAktG² § 77, 20.

84 *U. H. Schneider* Festschr. 100 Jahre GmbH-Gesetz aaO.

85 BGH WM 1985, 1293, 1294; BFH ZIP 1986, 1247; Scholz/*Schneider* 37; Baumbach/Hueck/*Zöllner* 17 und § 35, 18; Rowedder/*Koppensteiner* 9; *Thelen* ZIP 1987, 1027, 1031; *U. H. Schneider* Festschr. 100 Jahre GmbH-Gesetz aaO S. 483.

86 Geßler/*Hefermehl*/Eckardt-Kropff AktG § 93, 26 m.w.Nachw.; *U. H. Schneider* Festschr. 100 Jahre GmbH-Gesetz aaO S. 473, 482.

87 BGHZ 125, 366, 372 = NJW 1994, 1801; *Brandes* WM 1995, 641, 653.

88 So BFH ZIP 1984, 1345; ZIP 1986, 1247, 1248. Die Sorgfalt eines ordentlichen Geschäftsmanns, auf die sich der BFH beruft, erfordert nicht, die Geschäftsführungsverhältnisse so zu regeln, daß dem Finanzamt der Zugriff auf Geschäftsführer möglichst leicht gemacht wird.

89 BFH aaO.

rein **faktische Aufteilung** der Geschäfte im Sinne einer internen Arbeitsteilung unter den Geschäftsführern entlastet den einzelnen Geschäftsführer nicht von seiner Verantwortung für die von anderen wahrgenommenen Geschäftsbereiche[90]. Das gleiche gilt bei einer von den Geschäftsführern abgesprochenen Geschäftsverteilung, sofern sie die Satzung oder die Gesellschafter hierzu nicht ermächtigt haben[91]. Im Einzelfall kann jedoch ein Geschäftsführer entlastet sein, wenn er sich im Hinblick auf Kompetenz und Persönlichkeit des handelnden Geschäftsführers auf ordnungsgemäße Geschäftsführung verlassen durfte[92]. Bei Geltung des Prinzips der Gesamtgeschäftsführung kann sich ein Geschäftsführer seiner Verantwortung auch nicht dadurch entledigen, daß er einen anderen Geschäftsführer ermächtigt, allein zu handeln, auch wenn eine solche Ermächtigung im Außenverhältnis möglich und wirksam ist (§ 35 Rdn 96)[93]. Intern erfordert das Prinzip der Gesamtgeschäftsführung, daß die Ermächtigung auf Geschäfte beschränkt wird, für die der unternehmenspolitische Rahmen bereits vorgegeben ist; zur Arbeitsteilung auf der Leitungsebene darf die Ermächtigung nicht benutzt werden (vgl. § 35, 110).

hh) Führungs- und Aufsichtspflicht bei Delegation von Geschäftsführungaufgaben auf nachgeordnete Mitarbeiter. Bei der Delegation von Geschäftsführungsaufgaben auf Mitarbeiter muß der Geschäftsführer dafür sorgen, daß sie ihrerseits zur ordnungsmäßigen Ausführung der ihnen übertragenen Aufgaben in der Lage sind und in erforderlichem Maße in diese Aufgaben eingewiesen werden, daß sich die Delegation im Rahmen ordnungsmäßiger Organisation des Unternehmens hält und daß die Mitglieder einer sachangemessenen Überwachung unterliegen[94]. 34

c) Treupflicht

aa) Loyaler Einsatz für die Gesellschaft. Den Geschäftsführer trifft als Organ mit treuhänderischer Funktion und besonderer Vertrauensstellung eine über § 242 BGB hinausgehende Treupflicht[95]. Sie gebietet ihm – über die strikte Einhaltung der anstellungsvertraglichen Pflichten hinaus[96] –, der Gesellschaft loyal zu dienen. Er muß seine Fähigkeiten, Kenntnisse und Erfahrungen vorbehaltlos in den Dienst der Gesellschaft stellen, seine Arbeitskraft in dem Maße, wie es dem Anstellungsvertrag und den Anforderungen des Unternehmens entspricht. Sein Amt darf er nicht einfach deshalb niederlegen, weil sich die Gesellschaft in einer wirtschaftlichen Krise befindet[97]. Erfordert eine Situation den außergewöhnlichen Einsatz eines Geschäftsführers, so darf er sich den Anforderungen nicht entziehen, auch wenn er sich dafür auf den Anstellungsvertrag berufen könnte. Fordern beispielsweise wichtige Belange der Gesellschaft die Anwesenheit des Geschäftsführers, so kann es treupflichtwidrig sein, wenn er einen ihm zustehenden Urlaub antritt oder aus einem solchen Urlaub nicht vorzeitig zurückkehrt. Gesundheitsrücksichten braucht der Geschäftsführer seiner Gesellschaft allerdings durchweg nicht zu opfern. Eine Pflicht zur Erhaltung 35

---

[90] RGZ 98, 98, 100; Rowedder/*Koppensteiner* 10; *Kust* WM 1980, 758, 761; *U. H. Schneider* Festschr. 100 Jahre GmbH-Gesetz aaO S. 473, 483 f.

[91] Rowedder/*Koppensteiner* aaO.

[92] RGZ 91, 77; RG HRR 1929 Nr. 750; *Geßler* NB 1972 Heft 2, S. 19; zu Unrecht einschränkend der BFH im Hinblick auf die steuerlichen Pflichten der Gesellschaft (vgl. dazu Rdn 31).

[93] Rowedder/*Koppensteiner*, 10.

[94] Vgl. dazu *U. H. Schneider* Festschr. 100 Jahre GmbH-Gesetz aaO S. 485 ff.

[95] BGHZ 10, 187, 192 = NJW 1953, 1465; 49, 30 = NJW 1968, 396; BGH GmbHRdsch 1977, 43; Baumbach/Hueck/*Zöllner* § 35, 19 f; *Lutter* AcP 180 (1980) 84, 108.

[96] Beispielsweise darf sich der Geschäftsführer eine Tantieme, auf die er nur nach Maßgabe eines Gesellschafterbeschlusses Anspruch hat, nicht schon vorher auszahlen; vgl. OLG Hamm GmbHRdsch 1995, 732, 733.

[97] OLG Koblenz GmbHRdsch 1995, 730.

seiner Arbeitskraft hat er der Gesellschaft gegenüber nur im Rahmen seines Persönlichkeitsrechts auf freie Entfaltung. Daher ist ihm die Ausübung einer gefährlichen Sportart nicht verwehrt[98]. Kraft seiner Treupflicht darf der Geschäftsführer auch keine Funktionen außerhalb der Gesellschaft übernehmen, die in unmittelbarer Kollision mit seinen Organpflichten stehen oder zu der Befürchtung Anlaß geben, er sei in der Ausübung seines unternehmerischen Ermessens zugunsten der Gesellschaft durch die Bindung an Interessen Dritter gehindert. So darf ein Geschäftsführer nicht zugleich die Vermögensverwaltung für einen maßgeblich beteiligten Gesellschafter führen, wenn nicht alle Gesellschafter zustimmen. Auf die Belange der Gesellschaft hat ein Geschäftsführer auch bei seinem außerdienstlichen Verhalten Rücksicht zu nehmen. Insbesondere hat er herabsetzende Äußerungen über die Gesellschaft und ihre Organe zu unterlassen.

Ist ein Geschäftsführer Gesellschafter, so kann eine Treupflichtverletzung, die er im Rahmen der Geschäftsführung begeht, zugleich als eine Verletzung seiner gesellschafterlichen Treupflicht gegenüber seinen Mitgesellschaftern zu würdigen sein, so etwa im Fall unberechtigter Entnahmen[99] oder in ähnlichen Fällen des Mißbrauchs der Organstellung zu eigennützigen Zwecken[100]. Ein Verstoß gegen die Pflicht des Geschäftsführers, sich loyal für die Zwecke der Gesellschaft einzusetzen, ist aber im allgemeinen noch keine Verletzung seiner gesellschafterlichen Treupflicht (vgl. auch oben Rdn 3).

36 Die Treupflicht der Geschäftsführer wirkt **über** ihre **Amtszeit hinaus**[101]. Insbesondere darf ein ausgeschiedener Geschäftsführer die Vollziehung von der GmbH abgeschlossener Verträge weder durch Abwicklung auf eigene Rechnung noch in sonstiger Weise beeinträchtigen oder vereiteln. Der BGH[102] spricht davon, daß der Geschäftsführer die Ergebnisse aus der Erfüllung seiner Dienstpflichten nicht nachträglich abbauen dürfe, so daß insofern seine Treupflicht als Unterlassungspflicht fortwirke. Der Geschäftsführer darf Geschäftschancen, die sich in seiner Amtszeit bieten, auch bei seinem Ausscheiden nicht „mitnehmen"[103]. Ein allgemeines **nachvertragliches Wettbewerbsverbot** folgt aus der nachwirkenden Treupflicht **nicht**; denn der ausgeschiedene Geschäftsführer hat keine Pflicht mehr, die zukünftige Geschäftstätigkeit der GmbH zu fördern oder jedenfalls durch eigene geschäftliche Zurückhaltung wirtschaftliche Nachteile der GmbH zu vermeiden[104]. Im einzelnen sind folgende **Konkretisierungen der Treupflicht** hervorzuheben.

37 **bb) Verbot des Einsatzes gesellschaftsrechtlicher Machtbefugnisse zugunsten gesellschaftsfremder Zwecke.** Die Treupflicht verbietet den Geschäftsführern, ihre gesellschaftsrechtlichen Machtbefugnisse zugunsten gesellschaftsfremder Zwecke zu benutzen, z. B. Gesellschaftsmittel zum Zwecke der Erhaltung ihres Amtes einzusetzen.

38 **cc) Verbot eigennütziger Ausnutzung der Organstellung.** Ein Geschäftsführer darf seine Organstellung nicht zu seinen eigenen Gunsten auf Kosten der Gesellschaft ausnutzen, z. B. Schmiergelder annehmen, Provisionen vereinbaren, die letztlich zu Lasten der Gesellschaft gehen[105] oder Erwerbschancen der Gesellschaft an

---

98 Scholz/*Schneider* 155.

99 Vgl. BGH NJW 1982, 2869.

100 Vgl. auch BGH WM 1989, 1335, 1337; *Fleck* WM Sonderbeil. Nr. 3/1981 S. 9; *ders.* WM 1985, 677, 679.

101 BGH GmbHRdsch 1977, 43 f; OLG Hamm GmbHRdsch 1985, 157; Baumbach/Hueck/*Zöllner* § 35, 20.

102 AaO.

103 BGH NJW 1986, 585, 586; *Merkt* ZHR 159 (1995) 423, 446.

104 BGH GmbHRdsch 1977, 43 f; *Jäger* DStR 1995, 724.

105 RGZ 96, 53.

sich ziehen[106], auch nicht, um sich selbständig zu machen, und auch nicht, wenn die Geschäftschance privat an ihn herangetragen wird[107]. Im Falle einer groben Mißachtung des Verbots eigennütziger Ausnutzung der Organstellung liegt ein Verstoß gegen die guten Sitten vor, so daß auch § 826 BGB eingreifen kann[108]. Dagegen liegt in dem Umstand, daß der Geschäftsführer einer GmbH seinen Geschäftsführerpflichten zum eigenen Vorteil zuwiderhandelt, keine angemaßte Eigengeschäftsführung nach § 687 Abs. 2 BGB. Denn die Mißachtung der Geschäftsführerpflichten stellt ebensowenig wie die Überschreitung der Geschäftsführungsbefugnis eine Geschäftsführung ohne Auftrag iS der §§ 677 ff BGB dar[109]. Eine Haftung aus § 687 Abs. 2 BGB greift bei der Vornahme eines Rechtsgeschäfts, das vertraglich abgesicherte Interessenbereiche verletzt, nur dann ein, wenn das Rechtsgeschäft als fremdes äußerlich in Erscheinung tritt. Diese Voraussetzung ist regelmäßig erst dann erfüllt, wenn in eine zwischen dem vertraglich Berechtigten und einem Dritten bestehende schuldrechtliche Vereinbarung eingegriffen wird[110]. Geschäftsführer dürfen weder Leistungen der Gesellschaft ohne angemessenes Entgelt in Anspruch nehmen, die ihnen nach dem Anstellungsvertrag nicht zustehen, noch Familienangehörige[111] oder andere ihnen nahestehende Personen oder andere Unternehmen, an deren Ergebnis sie mehr als nur geringfügig beteiligt sind, auf Kosten der von ihnen geleiteten Gesellschaft durch Zuwendungen oder die Nichtgeltendmachung von Ansprüchen begünstigen[112].

Im Bereich des satzungsmäßigen Unternehmensgegenstandes der GmbH, aber **39** auch darüber hinausgehender geschäftlicher Tätigkeiten, die von der GmbH tatsächlich betrieben werden, darf der Geschäftsführer selbst dann keine Geschäfte für eigene oder fremde Rechnung machen, wenn ihm das nicht ausdrücklich verboten ist[113]. Ob unter wirtschaftlichen Gesichtspunkten die Gesellschaft selbst ein Interesse an der Vornahme des Geschäfts hat und ob sie über die erforderlichen finanziellen Ressourcen dafür verfügt, ist irrelevant[114]. Ebensowenig darf der Geschäftsführer Vorstandsmitglied, Geschäftsführer oder persönlich haftender Gesellschafter einer konkurrierenden Handelsgesellschaft sein. Das Wettbewerbsverbot erstreckt sich auch auf die beherrschende Beteiligung an einer konkurrierenden Kapitalgesellschaft[115]. Das **Wettbewerbsverbot** sollte in § 71 RegE 1971 eine ausdrückliche Regelung finden, die im wesentlichen § 88 AktG nachgebildet war. Nur sollten nach

---

106 BGH WM 1979, 1328, 1330; WM 1983, 498; NJW 1986, 585, 586; WM 1989, 1335, 1339 sowie zur Personengesellschaft BGH NJW 1986, 584; NJW 1989, 2687; *Kübler* Festschr. Werner (1984) S. 437 ff; *Schießl* GmbHRdsch 1988, 53; *Röhricht* WPg 1992, 766, 768; *Merkt* ZHR 159 (1995) 423, 425 ff., 434 ff. Vgl. zur Geschäftschancenbindung auch *Polley* Wettbewerbsverbot und Geschäftschancenlehre (1993); *Schuhknecht* Schranken der Geschäftschancenwahrnehmung und Wettbewerbsverbot beim GmbH-Geschäftsführer, Diss. Tübingen 1992; *Weisser* Corporate Opportunities (1991); *Kübler/Waltermann* Geschäftschancen der Kommanditgesellschaft, ZGR 1991, 162.

107 BGH NJW 1986, 585, 586; dazu *Merkt* aaO S. 439 f.

108 BGH WM 1989, 1335, 1339.

109 BGH aaO 1338; vgl. dazu *Merkt* aaO S. 450 f.

110 BGH aaO 1339.

111 OLG Düsseldorf GmbHRdsch 1995, 227.

112 BGH WM 1979, 1328, 1330; WM 1989, 1335; WM 1992, 691; OLG Düsseldorf GmbHRdsch 1995, 227.

113 St. Rspr.: BGHZ 49, 30, 31 = NJW 1968, 396; 80, 69 = NJW 1981, 1512; BGH GmbHRdsch 1965, 194 m. Anm. *Winter*; GmbHRdsch 1977, 43; Baumbach/Hueck/*Zöllner* § 35, 22; Scholz/*Schneider* 126, 128 ff; *Mertens/Cahn* Festschr. Heinsius (1991) S. 545, 546; *Polley* Wettbewerbsverbot und Geschäftschancenlehre (1993) 84 ff; *Timm* GmbHRdsch 1981, 177; *Salfeld* Wettbewerbsverbote im Gesellschaftsrecht (1987) S. 182; *Röhricht* WPg 1992, 766, 768; *Jäger* DStR 1995, 724. Einem nachvertraglichen Wettbewerbsverbot unterliegt der Geschäftsführer ohne besondere Vereinbarung nicht; vgl. Rdn 32, 312.

114 BGH NJW 1986, 584, 585; *Merkt* aaO S. 443.

115 Baumbach/Hueck/*Zöllner* § 35, 22; Scholz/*Schneider* 129; *Röhricht* WPg 1992, 766, 768.

§ 71 Abs. 1 RegE 1971 die Gesellschafter – nicht wie nach § 88 Abs. 1 AktG der Aufsichtsrat – für die Erteilung der Befreiung zuständig sein. Die für die Sanktionen, nämlich Schadensersatzanspruch und Eintrittsrecht der Gesellschaft, vorgesehene kurze Verjährung von drei Monaten sollte nach § 71 Abs. 3 RegE 1971 von dem Zeitpunkt an laufen, zu dem alle Gesellschafter oder, sofern die Gesellschaft einen Aufsichtsrat hat, alle Aufsichtsratsmitglieder von der zum Schadensersatz verpflichtenden Handlung Kenntnis gewonnen haben; nach § 88 Abs. 3 AktG kommt es demgegenüber auf die Kenntnis der übrigen Vorstandsmitglieder und der Aufsichtsratsmitglieder an. In Übereinstimmung mit § 88 Abs. 3 AktG sah § 71 Abs. 3 RegE 1971 außerdem eine fünfjährige Verjährung ohne Rücksicht auf die Kenntnis der Gesellschaft vor. – Im Hinblick darauf, daß das Eintrittsrecht im Falle des Verstoßes gegen ein Wettbewerbsverbot nicht nur in § 88 Abs. 2 AktG, sondern auch in §§ 61 Abs. 1, 113 Abs. 1 HGB normiert ist und daher – wie durch den RegE 1971 bestätigt wird – als Ausdruck eines allgemeinen Rechtsgedankens angesehen werden kann, erscheint es auf den GmbH-Geschäftsführer analog anwendbar, und zwar einschließlich der kurzen Verjährung von drei Monaten, die sich in allen Fällen der Statuierung des Eintrittsrechts findet (§ 88 Abs. 3 AktG, §§ 61 Abs. 2, 113 Abs. 3 HGB)[116]. Ihr Beginn ist sachgerechterweise mit § 71 Abs. 3 RegE 1971 auf den Zeitpunkt festzulegen, zu dem alle Gesellschafter oder auch gegebenenfalls alle Aufsichtsratsmitglieder vom Wettbewerbsverstoß Kenntnis erlangt haben. Für den Schadensersatzanspruch der Gesellschaft aus § 43 muß es dagegen mangels einer spezifischen Regelung bei der hier in Abs. 4 angeordneten fünfjährigen Verjährung verbleiben[117], für Ansprüche nach § 687 Abs. 2 BGB (vgl. dazu aber Rdn 38) bei der allgemeinen dreißigjährigen Verjährung.

40 Ob ein Geschäftsführer außerhalb des Geschäftszweigs der Gesellschaft eigene Geschäfte machen darf, hängt von der Ausgestaltung seiner Stellung im einzelnen ab, wird aber auch ohne ausdrückliches Verbot jedenfalls dann durchweg zu verneinen sein, wenn solche Geschäfte einen nicht unerheblichen Zeit- und Arbeitsaufwand erfordern und der Geschäftsführer der Gesellschaft seinen vollen Arbeitseinsatz schuldet. Grundsätzlich muß er alle Geschäfte der GmbH überlassen, die für diese in Betracht kommen und in ihrem unternehmerischen Interesse liegen, wie z. B. der Erwerb eines bestimmten Grundstücks. Im Zweifel muß er die Entscheidung der Gesellschafterversammlung überlassen[118]. Untersagt ist dem Geschäftsführer die Gründung und der Erwerb von Unternehmen der Marktgegenseite – also von Zulieferern, Dienstleistern und Abnehmern – sowie der Eintritt in oder die Mitarbeit für solche Unternehmen[119].

41 Geschäftschancenbindung und Wettbewerbsverbot bestehen auch in Unternehmensverbindungen und Gesellschaftsgruppen[120]. Ein Alleingesellschafter unterliegt weder als Gesellschafter noch als Geschäftsführer einer Geschäftschancenbindung oder einem Wettbewerbsverbot.

42 Satzung oder Gesellschafterbeschluß können Geschäftsführer von der Geschäftschancenbindung oder dem Wettbewerbsverbot befreien. In einer Gesellschaft mit

---

[116] BGHZ 80, 69, 76 = WM 1981, 374; BGH WM 1989, 1335, 1338; Scholz/*Schneider* 132; Baumbach/Hueck/*Zöllner* § 35, 22A; Rowedder/*Koppensteiner* 17; *Kübler* Festschr. Werner (1984) S. 437, 441; *Timm* GmbHRdsch 1981, 177, 185; *Merkt* aaO S. 447.

[117] BGH WM 1989, 1335, 1338; Scholz/*Schneider* 132.

[118] Baumbach/Hueck/*Zöllner* § 35, 22a.

[119] So mit Recht *Merkt* aaO S. 441 f.

[120] Baumbach/Hueck/*Zöllner* § 35, 23a, wo mit Recht darauf hingewiesen wird, daß Geschäftsführer, die für mehrere Unternehmen einer Gruppe tätig werden sollen, gut daran tun, sorgfältige Regelungen zu treffen, die hinreichend deutlich erkennen lassen, wie weit eine Konkurrenztätigkeit im jeweils anderen Unternehmen zulässig sein soll.

Aufsichtsrat ist dieser in entsprechender Anwendung von § 88 Abs. 1 S. 1 und 2 AktG für die Befreiung zuständig[121]. Eine nachträgliche Satzungsänderung, die eine generelle Einschränkung von Wettbewerbsverbot und Geschäftschancenbindung einführt, wird im allgemeinen der Zustimmung aller Gesellschafter bedürfen[122]. Einen konkreten Dispens im Hinblick auf bestimmte Maßnahmen des Geschäftsführers kann die Gesellschafterversammlung treffen; doch reicht hierzu eine Mehrheitsentscheidung nur dann aus, wenn der Dispens im Gesellschaftsinteresse liegt und für eventuelle Nachteile der Gesellschaft zusätzlich Ausgleich geleistet wird[123]. Ein vom Dispens begünstigter Gesellschafter ist in jedem Fall gemäß § 47 Abs. 4 S. 1 nicht stimmberechtigt[124]. Ein Dispens kann auch ohne Gesellschafterbeschluß durch Zustimmung aller Gesellschafter erteilt werden[125]. Die Zustimmung kann auch konkludent erfolgen, was allerdings voraussetzt, daß den Gesellschaftern die Konkurrenztätigkeit nach Art und Umfang bekannt ist[126]. Für den Aufsichtsrat gilt die Vorschrift des § 108 Abs. 1 AktG, wonach er nur durch Beschluß entscheiden kann; die Berücksichtigung eines konkludenten Erklärungsgehalts von Aufsichtsratsbeschlüssen wird hierdurch aber nicht ausgeschlossen[127]. Geht aus dem Anstellungsvertrag hervor, daß der Geschäftsführer seine Arbeitskraft der Gesellschaft nur teilweise zu widmen hat, so ist es Auslegungsfrage, ob und in welchem Maße damit auch Wettbewerbsverbot und Geschäftschancenbindung relativiert werden sollen[128].

Das Verbot eigennütziger Ausnutzung der Organstellung steht einer **Kreditgewährung** des Geschäftsführers an sich selbst oder an einen anderen Geschäftsführer im Wege, sofern nicht eine Gestattung der Gesellschaft vorliegt oder vorausgesetzt werden kann. § 43a verbietet die Kreditgewährung an Geschäftsführer aus dem zur Erhaltung des Stammkapitals erforderlichen Vermögen. **43**

dd) Gebot zur Rücksichtnahme auf das Gesellschaftsinteresse bei eigener Interessenverfolgung. Bei der Verfolgung eigener wirtschaftlicher Belange gegenüber der Gesellschaft dürfen Geschäftsführer die Grenzen eines angemessenen Interessenausgleichs nicht überschreiten. Dagegen sind sie nicht gehalten, bei einer Kollision eigener wirtschaftlicher Belange mit solchen der Gesellschaft – wie z. B. im Falle der Vereinbarung der Anstellungsbedingungen – ihre eigenen Interessen zurückzustellen[129]. Geschäftsführer handeln pflichtwidrig, wenn sie auf die Entschließunngen der Gesellschaft Einfluß nehmen, um Vergütungen zu erlangen, die – unter Berücksichtigung der Lage der Gesellschaft – zu ihren Leistungen in einem klaren Mißverhältnis stehen[130]. Bei Vertragsverhandlungen haben sie eine Pflicht zur Offenheit gegenüber der Gesellschaft[131]. Stets haben sie auf Interessenkonflikte hinzuweisen. Ein Geschäftsführer, der sich unter Berufung auf einen Interessenkonflikt, in dem er sich befindet, einer Mitwirkung an einem bestimmten Geschäft der Gesellschaft enthält, ist dann entlastet, wenn das Geschäft auch ohne seine Mitwirkung von der Gesellschaft durchgeführt werden kann. Entnahmen, die der Erfüllung eines angemessenen Vergütungsanspruchs des Geschäftsführers dienen, sind ihm auch in **44**

---

121 *Merkt* aaO S. 445.

122 Baumbach/Hueck/*Zöllner* § 35, 23; aA *Röhricht* WPg 1992, 766, 781.

123 Vgl. BGH GmbHRdsch 1981, 189, 190 f; Baumbach/Hueck/*Zöllner* aaO; *Timm* aaO S. 182 ff.

124 Baumbach/Hueck/*Zöllner* aaO; *Röhricht* WPg 1992, 766, 781.

125 Baumbach/Hueck/*Zöllner* aaO.

126 Baumbach/Hueck/*Zöllner* aaO; mit Einschränkungen auch *Merkt* aaO S. 434, 445.

127 Vgl. *Mertens*-KölnKommAktG² § 108, 13.

128 Vgl. dazu auch *Merkt* aaO S. 434 f.

129 Vgl. BGHZ 76, 352 = NJW 1980, 1278; BGH WM 1964, 1320 f; RGZ 148, 357, 361; RG JW 1932, 2279 f; zu weitgehend demgegenüber RG Recht 1929 Nr. 46; RG Recht 1930 Nr. 823.

130 Vgl. RG JW 1933, 2954; RG JW 1934, 2151 f m. Anm. *Schwinge*.

131 BGHZ 20, 239 = LM Nr. 10 zu § 75 AktG 1937 m. Anm. *Fischer* = NJW 1956, 906.

wirtschaftlichen Krisenzeiten der GmbH erlaubt; sie stellen für die GmbH keinen Vermögensnachteil dar, auch nicht im Sinne von § 266 StGB[132]. Unbefugt darf sich der Geschäftsführer nicht wegen eigener Ansprüche aus dem Vermögen der GmbH befriedigen. Hier fehlt es allerdings an einem Schaden der Gesellschaft, wenn die Ansprüche begründet und fällig waren, so daß sie einen Schadensersatzanspruch nicht geltend machen kann[133].

45 ee) **Pflicht zur Ermöglichung angemessener Kontrolle.** Geschäftsführer sind verpflichtet, der Gesellschaft eine angemessene Kontrolle darüber zu ermöglichen, ob sie sich im Sinne der Treupflicht verhalten haben. So muß der Gesellschaft durch entsprechende Belege und Abrechnungen die Kontrolle ermöglicht werden, ob die ihr in Rechnung gestellten Aufwendungen einen gesellschafts- und keinen privatnützigen Anlaß hatten[134]. Für die Abführung eingenommener Beträge an die Gesellschaft trägt der Geschäftsführer bei nicht ordnungsgemäß geführten Büchern die Beweislast[135].

d) Verschwiegenheitspflicht

46 aa) **Umfang.** Aus der Pflicht zur ordnungsmäßigen Wahrnehmung der Organfunktionen und der Treupflicht der Geschäftsführer folgt auch ohne eine besondere gesetzliche Anordnung eine – § 93 Abs. 1 S. 2 AktG entsprechende – Pflicht der Geschäftsführer, über **vertrauliche Angaben und Geheimnisse der Gesellschaft**, namentlich über Betriebs- und Geschäftsgeheimnisse, die ihnen durch ihre Tätigkeit bekannt geworden sind, Stillschweigen zu bewahren[136]. § 75 RegE 1971 sah in Abs. 1 S. 2 die Übernahme von § 93 Abs. 1 S. 2 AktG in das GmbH-Recht ausdrücklich vor. Die Pflicht zur Verschwiegenheit umfaßt alle Tatsachen und Angaben, deren Geheimhaltung oder vertrauliche Behandlung im Interesse der Gesellschaft liegt. Dabei kann auch die vertrauliche Behandlung von Geheimnissen Dritter im Interesse der Gesellschaft geboten sein[137]. Als Konsequenz der Treupflicht kann sich die Schweigepflicht auch auf **Umstände** erstrecken, die einem Geschäftsführer **außerhalb** seiner **Tätigkeit für die Gesellschaft** bekannt geworden sind[138].

47 **Ordnet** die **Gesellschafterversammlung** im Rahmen ihrer Weisungsbefugnis gegenüber Geschäftsführern **Vertraulichkeit an**, so haben diese sie auch dann zu bewahren, wenn objektiv fraglich ist, ob Unternehmens- oder Gesellschaftsinteresse die Vertraulichkeit erfordern. Beeinträchtigt die Geheimhaltung jedoch Interessen der am Unternehmen Beteiligten, etwa der Arbeitnehmer, ohne durch überwiegende Unternehmens- oder Gesellschaftsinteressen gerechtfertigt zu sein, so müssen sich Geschäftsführer in Gesellschaften, die unter die Montanmitbestimmung, die Mitbestimmung nach dem BetrVG 1952 oder nach dem Mitbestimmungsgesetz 1976 fallen, über ein Vertraulichkeitsgebot der Gesellschafterversammlung hinwegsetzen können. Von vornherein rechtswidrig und unbeachtlich ist in derartigen Gesellschaften eine Anweisung der Gesellschafterversammlung, dem Aufsichtsrat bestimmte Geschäfte zu verschweigen, die für die Ausübung der diesem zustehenden Kompetenzen von Bedeutung sein können; denn sie verstößt gegen die gesetzliche Pflicht der Geschäftsführer zur Berichterstattung gegenüber dem Aufsichtsrat.

---

[132] BGH WiB 1995, 403 m.Anm. *Langkeit.*
[133] OLG Hamm GmbHRdsch 1993, 815.
[134] Zu Bewirtungsspesen in diesem Sinne OLG Karlsruhe GmbHRdsch 1962, 135.
[135] BGH WM 1991, 281.
[136] BGH WM 1975, 678; *Lutter/Hommelhoff* 8; Rowedder/*Koppensteiner* 19; Scholz/*Schneider* 115; Baumbach/Hueck/*Zöllner* § 35, 21.
[137] *Mertens*-KölnKommAktG² § 93, 75; Geßler/*Hefermehl*/Eckardt/Kropff AktG § 93, 16.
[138] Scholz/*Schneider* 115.

Beschlüsse des Geschäftsführergremiums, daß bestimmte Informationen vertraulich zu behandeln sind, binden, soweit sie nicht den Rahmen der sachlichen Ausübung unternehmerischen Ermessens überschreiten, alle Geschäftsführer.

bb) Verschwiegenheitspflicht im Verhältnis zu anderen Organen. Innerhalb des Geschäftsführergremiums und im Verhältnis zu einem Überwachungsorgan der Gesellschaft gibt es grundsätzlich keine Schweigepflicht. Insbesondere dürfen die Geschäftsführer dem Aufsichtsrat auch vertrauliche Angaben mitteilen, die nicht unter ihre Berichtspflicht fallen; denn sie dürfen auf die Verschwiegenheit aller Aufsichtsratsmitglieder vertrauen und auch in solchen Fragen die Ansicht des Aufsichtsrats einholen, auf die sich ihre Berichtspflicht nicht erstreckt. **Ausnahmsweise** kann aber auch eine **Verschwiegenheitspflicht** der Geschäftsführer **gegenüber einem Überwachungsorgan** in Betracht kommen, nämlich dann, wenn ein solches Organ Informationen verlangt, die es offenbar zur Ausübung seiner Kompetenzen nicht braucht, und der Mißbrauch solcher Informationen durch einzelne Organmitglieder zu befürchten ist[139]. Der Grundsatz, daß zwischen Organmitgliedern eine Verschwiegenheitspflicht nicht besteht, findet auch keine Anwendung auf solche Fragen, die zwischen der Gesellschaft und einem Organmitglied kontrovers ausgetragen werden. **Gesellschaftern gegenüber** ist keine Verschwiegenheitspflicht gegeben, soweit diese nach Gesetz und Satzung ein Recht auf Auskunft haben oder soweit die Gesellschafterversammlung Geschäftsführer zur Auskunft verpflichtet. Die Verschwiegenheitspflicht der Geschäftsführer in bezug auf vertrauliche Angaben und Geheimnisse der Gesellschaft gilt prinzipiell auch gegenüber dem Betriebsrat, dem Wirtschaftsausschuß und anderen Institutionen des Betriebsverfassungsrechts[140], soweit die Unterrichtung dieser Gremien nicht betriebsverfassungsrechtlich geboten ist[141]. Besteht Gesamtgeschäftsführungsbefugnis, so darf ein einzelner Geschäftsführer den Betriebsrat oder den Wirtschaftsausschuß nicht eigenmächtig informieren, selbst dann nicht, wenn eine Informationspflicht der Gesellschaft gegeben ist[142]. Dem in § 109 BetrVG für den Fall vorgesehenen Einigungsverfahren zwischen dem Unternehmen und dem Betriebsrat, daß keine Verständigung über den Umfang der Information erzielt werden kann, darf ein einzelner Geschäftsführer nicht vorgreifen[143]. 48

cc) Fortwirkung über die Amtszeit hinaus. Die Verschwiegenheitspflicht ist nicht auf die Amtszeit der Geschäftsführer beschränkt, sondern besteht nach Maßgabe ihrer allgemeinen Treupflicht auch nachträglich fort[144]. 49

dd) Das Interesse der Gesellschaft und die Zumutbarkeit für den Geschäftsführer als Grenze der Verschwiegenheitspflicht. Die Verschwiegenheitspflicht besteht zum Schutze der Gesellschaft und ihres Unternehmens. Wo es das Interesse der Gesellschaft gebietet zu reden, hört die Schweigepflicht auf. In solchen Fällen ist die Offenbarung nicht rechtswidrig. Ist die Situation aber nicht völlig eindeutig oder ist offen, wem gegenüber die Offenbarung erfolgen soll, welchem Angestellten z. B. ein Betriebsgeheimnis anvertraut werden, wer als Anwalt, Wirtschaftsprüfer oder 50

---

139 Vgl. *Mertens*-KölnKommAktG² § 93, 79.

140 Scholz/*Schneider* 115; Hanau/*Ulmer* MitbestG § 25, 110; *Hueck* RdA 1975, 37 ff; aA *Nagel* BB 1979, 1799, 1803 f.

141 *Lutter/Hommelhoff* 8.

142 Scholz/*Schneider* 115; *Hueck* RdA 1975, 37, 42; *Rittner* Festschr. Hefermehl (1976) S. 365, 374.

143 Scholz/*Schneider* 116; *Säcker* Informationsrechte der Betriebs- und Aufsichtsratsmitglieder und Geheimsphäre des Unternehmens (1979) S. 47 f; *Theisen* GmbHRdsch 1979, 134, 137; aA *Lutter/Hommelhoff* 8; Hanau/*Ulmer* MitbestG § 25, 110; *Hueck* RdA 1975, 42 und *Rittner* aaO 374.

144 BGHZ 91, 1, 6 = NJW 1984, 2366; OLG Hamm GmbHRdsch 1985, 157; Scholz/*Schneider* 157.

Steuerberater ins Vertrauen gezogen werden soll, so ist die Entscheidung über die Durchbrechung der Schweigepflicht als Geschäftsführungsmaßnahme zu qualifizieren, die nach den in der Gesellschaft über die Geschäftsführungsbefugnis geltenden Regeln zu erfolgen hat[145]. Bei grundlegenden Fragen kann diese Entscheidung über die Ressortzuständigkeit eines insoweit einzelgeschäftsführungsbefugten Geschäftsführers hinausgehen.

51 Eine Grenze der Schweigepflicht ergibt sich auch aus der Zumutbarkeit des Schweigens für den Geschäftsführer. Sie kann entfallen, wenn er zur **Verteidigung eigener Interessen** Interna der Gesellschaft zum Gegenstand eines Rechtsstreits machen muß[146]. Die Treupflicht verlangt von ihm allerdings, nach Maßgabe der Umstände des Einzelfalls möglichst schonend vorzugehen[147].

52 ee) **Kein Zeugnisverweigerungsrecht.** Die Verschwiegenheitspflicht der Geschäftsführer begründet kein Zeugnisverweigerungsrecht im Strafprozeß (vgl. §§ 52 ff StPO). Als Partei können die Geschäftsführer in einem Zivilprozeß der Gesellschaft nach §§ 446, 449 ZPO eine Vernehmung ablehnen oder die Aussage verweigern[148]. Dagegen steht – ausgeschiedenen – Geschäftsführern, die als Zeugen vernommen werden, entgegen OLG Koblenz aaO ein Zeugnisverweigerungsrecht gemäß § 383 Abs. 1 Nr. 6 ZPO in einem gerichtlichen Verfahren dann nicht zu, wenn die Gesellschaft als Prozeßpartei beteiligt ist; denn die Verschwiegenheitspflicht ihrer Geschäftsführer in bezug auf vertrauliche Angaben und Geschäftsgeheimnisse darf nicht zu einer verfahrensrechtlichen Besserstellung der Gesellschaft in ihrer Parteirolle führen[149].

53 e) **Pflichten aus dem Anstellungsvertrag.** § 43 sanktioniert auch solche Pflichten der Geschäftsführer, die aus der spezifischen Ausgestaltung ihres Anstellungsvertrages folgen (vgl. oben Rdn 4). Zu diesen Pflichten vgl. im einzelnen § 35, Rdn 311 ff. Beispielsweise haftet der Geschäftsführer der GmbH auf Schadensersatz, wenn er die im Anstellungsvertrag vereinbarten Dienstzeiten nicht einhält[150].

III. Schadensersatzhaftung gemäß Abs. 2

54 Verletzen die Geschäftsführer schuldhaft die aus ihrer Organstellung oder ihrem Anstellungsvertrag folgenden Pflichten und entsteht der Gesellschaft hieraus ein Schaden, so sind sie dieser gemäß Abs. 2 – gegebenenfalls solidarisch – zum Ersatz des entstandenen Schadens verpflichtet. Anders als die Haftung nach Abs. 3 trifft die Schadensersatzpflicht nach Abs. 2 nicht den Alleingesellschafter-Geschäftsführer[151]. Unberührt bleibt allerdings gegebenenfalls dessen Haftung als herrschendes Unternehmen[152].

---

145 Dazu grundsätzlich *Hueck* RdA 1975, 40; *Mertens* AG 1975, 236; vgl. auch Geßler/*Hefermehl*/Eckardt/Kropff AktG § 93, 21.

146 *Hefermehl* aaO 32 a.E.; *Hueck* aaO.

147 *Mertens*-KölnKommAktG² § 93, 83.

148 OLG Koblenz AG 1987, 184 f.

149 Gegen ein Zeugnisverweigerungsrecht der Organmitglieder generell Geßler/*Hefermehl*/Eckardt/Kropff AktG § 93, 19 m.w.Nachw.; *v. Stebut* Geheimnisschutz und Verschwiegenheitspflicht (1972) S. 116 ff; für ein uneingeschränktes Zeugnisverweigerungsrecht demgegenüber *Godin/Wilhelmi* AktG § 93, 5 und *Spieker* NJW 1965, 1937, 1944.

150 BGH ZIP 1988, 568 m.Anm. *Baums*, wonach für Leistungsstörungen im Rahmen des Anstellungsvertrages die §§ 323 ff BGB anwendbar sind.

151 BGHZ 119, 257, 261 = JR 1994, 59 m. Anm. *Windbichler*; BGHZ 122, 333, 335 f; BGH ZIP 1994, 872, 874. Das gilt auch im Verhältnis zu einer Vor-GmbH; vgl. OLG Köln WiB 1995, 667 m. Anm. *Jäger*.

152 Vgl. zum qualifizierten faktischen Konzern Anh § 77, 97 ff; zur Problematik vgl. auch *Windbichler* JR 1994, 60 f; *Versteegen* S. 86 ff.

1. Die Sorgfalt des ordentlichen Geschäftsmannes als Verschuldensmaßstab

Die Verletzung der Sorgfalt des ordentlichen Geschäftsmannes begründet nicht nur die Rechtswidrigkeit[153], sondern zugleich auch das Verschulden des Geschäftsführers als Voraussetzung der Ersatzpflicht nach Abs. 2, vorausgesetzt er ist schuldfähig und die Einhaltung der Pflicht ist für ihn nicht unzumutbar gewesen; denn die Sorgfalt des ordentlichen und gewissenhaften Geschäftsleiters, die vom Geschäftsführer verlangt wird, ist ein normativer, weitgehend objektiv zu fassender Verschuldensmaßstab[154]. Geschäftsführer haben für die Fähigkeiten und Kenntnisse einzustehen, die die ihnen anvertraute Führungsaufgabe erfordert[155]. Dabei ist allerdings nicht auszuschließen, daß eine plötzlich auftretende Geschäftsführungsaufgabe einen Geschäftsführer überfordern kann. In solchen Fällen – etwa bei auftretenden Rechtsfragen – muß er sachkundigen Rat einholen, kann aber entschuldigt sein, wenn hierzu keine Zeit bleibt, weil sofortiges Handeln geboten ist. Auch für die Fähigkeiten und Kenntnisse, die Geschäftsführer zur Erfüllung ihrer unabdingbaren ressortübergreifenden Pflichten brauchen – dies gilt insbesondere für die Kontrolle der Buchführung[156] – haben sie stets einzustehen. **Fehlendes Bewußtsein der Pflichtwidrigkeit** kann zwar Vorsatz, aber nicht die für die Haftung nach § 43 ausreichende Fahrlässigkeit ausschließen[157]. Nicht entsprechend anwendbar auf die GmbH ist § 708 BGB[158], ebensowenig kommen auf Geschäftsführer die von der Rechtsprechung entwickelten Beschränkungen der Arbeitnehmerhaftung in Betracht[159]; und zwar auch dann nicht, wenn die Pflichtverletzung des Geschäftsführers nicht in unmittelbarem Zusammenhang mit der Unternehmensleitung erfolgt[160]. Das **Verschulden** braucht sich **nicht** auf die Möglichkeit einer **Schädigung** der Gesellschaft zu beziehen[161], es sei denn, erst die Möglichkeit des Schadenseintritts macht ein bestimmtes Verhalten zur Pflichtverletzung. 55

Soweit **Stellvertreter** von Geschäftsführern an deren Stelle handeln, unterliegen sie keinen geringeren Anforderungen. So hat BGH WM 1971, 1548 einen Maschinenbaufachmann als stellvertretendes Vorstandsmitglied einer Schiffsbau-AG, das nach dem Ausscheiden des einzigen ordentlichen Vorstandsmitglieds die Gesellschaft vorübergehend allein leitete, für ein Kalkulationsversehen verantwortlich gemacht und dabei sein Vorbringen, er habe das Vostandsamt neben seiner weiterlaufenden und ihn voll auslastenden sonstigen Arbeit im Betrieb nur vorübergehend 56

---

153 Problematisierend Baumbach/Hueck/*Zöllner* 11; vgl. dazu *Mertens*-KölnKommAktG² § 93, 6 f.

154 *Bastuck* S. 72 f.

155 BGH WM 1971, 1548; GmbHRdsch 1981, 191; WM 1983, 725; RGZ 163, 200, 208; RG HRR 1941, Nr. 132; OLG Köln GmbHRdsch 1972, 65; Scholz/*Schneider* 165; Rowedder/*Koppensteiner* 6; *Fleck* GmbHRdsch 1974, 224; *Bastuck* aaO; einschränkend Baumbach/Hueck/*Zöllner* 10, 25, der dem Geschäftsführer bei Qualifikationsmängeln die Berufung auf ein Mitverschulden des Bestellungsorgans gestattet; *Roth* Anm. 2.1.

156 Dazu *Fleck* aaO 225.

157 Vgl. Geßler/*Hefermehl*/Eckardt/Kropff AktG § 93, 30.

158 BGHZ 75, 321, 327 = NJW 1980, 589; Scholz/*Schneider* 166; *Baums* S. 213; **aA** für Aktivitäten der Gesellschafter-Geschäftsführer außerhalb der eigentlichen Geschäftsführung bei einer personalistischen GmbH *Heisse* S. 37 ff.

159 BGH WM 1975, 467, 469 für das geschäftsführende Vorstandsmitglied einer Genossenschaftsbank; Baumbach/Hueck/*Zöllner* 9; Rowedder/*Koppensteiner* 6; *Meyer-Landrut*/Miller/Niehus 10; *Hueck* ZfA 1985, 25, 33; **aA** *Pullen* BB 1984, 989.

160 So aber Scholz/*Schneider* 183; *Schneider* Festschr. Werner (1984) S. 795, 812; *Bastuck* S. 84 f; *Heisse* S. 63; *Pullen* BB 1984, 989; gedacht ist insbesondere an den Pkw-Unfall auf Dienstfahrt; **aA** die in der vorigen Fn. genannten Autoren. Für die Dienstfahrt gilt als Sorgfaltsmaßstab aber nicht § 43, sondern § 276 BGB; Baumbach/Hueck/*Zöllner* 11.

161 RG Recht 1909 Nr. 676.

innegehabt und sei ihm als reiner Maschinenbaufachmann auch nicht voll gewachsen gewesen, keine Bedeutung beigemessen. Im Falle eines Geschäftsführerstellvertreters bei der GmbH wäre nicht anders zu entscheiden gewesen[162].

2. Schaden

57 Schaden im Sinne von § 43 ist jede dem Unternehmenszweck widersprechende und nicht auf rechtmäßige unternehmerische Zweckverfolgung zurückführbare Beeinträchtigung des Vermögens, der Tätigkeit oder der Organisation der Gesellschaft und des von ihr betriebenen Unternehmens, die in Geld meßbar ist. Diese Formel trägt dem Umstand Rechnung, daß eine Betrachtungsweise, die unabhängig von der Frage der Zweckverfehlung jede Differenz im (objektiven) Vermögen der Gesellschaft als Schaden definiert, der Eigenart unternehmerischer Betätigung wie überhaupt dem Vermögensbegriff des bürgerlichen Rechts nicht gerecht wird. Eine solche Betrachtungsweise ließe sich auch nicht mit der an das Vorliegen eines Schadens der Gesellschaft anknüpfenden Umkehr der Beweislast hinsichtlich der Pflichtwidrigkeit der Geschäftsführung in analoger Anwendung von § 93 Abs. 2 S. 2 AktG vereinbaren (vgl. Rdn 66); denn diese Umkehr kann nur auf der Basis eines Schadensbegriffs gerechtfertigt sein, der nicht jede Vermögensdifferenz erfaßt, sondern nur solche negativen Entwicklungen, die typischerweise auf ein pflichtwidriges Verhalten hindeuten[163]. Es kann nicht angehen, daß eine Gesellschaft jede Entwicklung, die sich aus irgendeiner Perspektive als negativ einstufen läßt – sie hat beispielsweise im letzten Jahr weniger verdient als im Vorjahr, sie hat höhere Spenden vergeben, die Löhne oder Gehälter erhöht –, zum Anlaß nimmt, um den Geschäftsführer in einen Prozeß zu verwickeln und zur Rechtfertigung zu veranlassen. Nur die Verfehlung von Zwecksetzungen der GmbH begründet deren Schaden, nicht diejenige Dritter. So entsteht der GmbH kein Schaden, wenn der Geschäftsführer bestimmte Gelder, die er nach dem Gesetz zur Sicherung von Bauforderungen zur Begleichung von Werklohnforderungen verwenden mußte, für andere Geschäftszwecke der GmbH verwendet[164].

58 Als Schaden ist im Hinblick auf Abs. 3 stets eine gegen § 30 verstoßende Zahlung aus dem zur Erhaltung des Stammkapitals erforderlichen Vermögen der Gesellschaft oder der Erwerb von Geschäftsanteilen der Gesellschaft entgegen § 33 anzusehen (vgl. dazu Rdn 90 ff). § 93 Abs. 3 AktG kennt darüber hinaus weitere normative Festlegungen des Schadensbegriffs, die als solche für das GmbH-Recht entsprechend heranzuziehen sind, da sich in ihnen das für die GmbH wie für die Aktiengesellschaft gleicherweise maßgebliche **Prinzip der Erhaltung der Kapitalgrundlage** dokumentiert. Die Neufassung, die § 43 Abs. 3 nach § 75 Abs. 3 RegE 1971 im Sinne von § 93 Abs. 3 AktG finden sollte, kann daher insoweit – nicht dagegen als Grundlage für eine unmittelbare Inanspruchnahme der Geschäftsführer durch die Gläubiger – bereits jetzt als geltendes Recht betrachtet werden. Demnach

---

162 *Fleck* GmbHRdsch 1974, 224.

163 Baumbach/Hueck/*Zöllner* 13; Soergel/*Mertens*[12] Vorb. § 249, 48; *Mertens*-KölnKommAktG[2] § 93, 23; Geßler/*Hefermehl*/Eckardt/Kropff AktG § 93, 28; *Mertens* Festschr. Hermann Lange (1992) S. 561, 562 f; *Geßler* NB 1972, Heft 2 S. 13, 14; *Hommelhoff* Die Konzernleitungspflicht (1982) S. 204; demgegenüber betrachten jede Vermögensminderung als Schaden *Hüffer* AktG[2] § 93, 15; Rowedder/*Koppensteiner* 20; Scholz/*Schneider* 160 f; *Meyer-Landrut*/Miller/Niehus 13; *Großmann* Unternehmensziele im Aktienrecht (1980) S. 187 f; *v. Gerkan* ZHR 154 (1990) 39, 42 f.

164 BGH ZIP 1994, 872.

ist stets ein Schaden der Gesellschaft anzunehmen, wenn – so § 75 Abs. 3 RegE 1971 – entgegen dem GmbH-Gesetz

1. Leistungen an die Gesellschafter aus dem zur Erhaltung des Stammkapitals erforderlichen Vermögen der Gesellschaft erfolgen,
2. eigene Anteile der Gesellschaft oder einer anderen Gesellschaft gezeichnet, erworben, als Pfand genommen oder eingezogen werden,
3. Gesellschaftsvermögen verteilt wird,
4. Zahlungen geleistet werden, nachdem die Zahlungsunfähigkeit der Gesellschaft eingetreten ist oder sich ihre Überschuldung ergeben hat (vgl. § 64 Abs. 2),
5. Kredit aus dem zur Erhaltung des Stammkapitals erforderlichen Vermögen der Gesellschaft gewährt wird.

Leistungen an die Gesellschafter, die mit deren Einverständnis aus einem tatsächlich vorhandenen Reingewinn oder im Vorgriff auf einen mit Sicherheit alsbald zu erwartenden Reingewinn erbracht werden und das Stammkapital nicht berühren, sind kein Schaden der Gesellschaft[165].

Als **Vermögensschaden** ist diejenige Vermögensminderung bzw. derjenige entgangene Gewinn zu ersetzen, die sich im Vergleich zur hypothetischen Vermögensentwicklung der Gesellschaft bei pflichtmäßigem Verhalten der Verwaltungsmitglieder ergeben. Maßgeblicher Zeitpunkt für die Schadensberechnung ist der Zeitpunkt der Schadensfeststellung – im Prozeß also der Zeitpunkt der letzten mündlichen Verhandlung –, zu dem allerdings künftige Entwicklungen vorweggenommen werden dürfen[166]. Zu vergleichen sind die reale und die hypothetische Vermögenslage allein der Gesellschaft selbst. Unerheblich ist die Vermögenslage der Gesellschafter; ob sie durch eine Wertminderung des Gesellschaftsvermögens ihrerseits eine Vermögensminderung erleiden, ob sie davon unberührt bleiben oder ob sie davon sogar profitieren, ist für die Frage, ob die Gesellschaft als juristische Person einen Schaden erlitten hat, belanglos[167]. Das gilt grundsätzlich auch für die **Einmanngesellschaft**; denn auch hier besteht zwischen der Gesellschaft als Träger eines selbständigen Vermögens und Haftungsbereichs[168] und dem Gesellschafter keine Personenidentität. Auch eine bereits **überschuldete GmbH** kann noch geschädigt werden[169]. 59

Entsteht der Gesellschaft ein Schaden dadurch, daß der Geschäftsführer die ihm auch ihr gegenüber obliegenden Organpflichten in einem **Beteiligungsunternehmen** verletzt und durch dessen Schädigung der Wert der Beteiligung gemindert wird, so kann die Gesellschaft diesen Schaden in der Form geltend machen, daß sie Ersatzleistung, und zwar in voller Schadenshöhe, an das Beteiligungsunternehmen verlangt[170]. Die Gesellschaft kann den Schaden beim Beteiligungsunternehmen auch durch eine entsprechende Zuwendung beheben und sich dafür dessen Schadensersatzanspruch abtreten lassen. Nach BGH aaO ist sie aber auch berechtigt, die tatsächlich und endgültig geleisteten Aufwendungen zur Behebung des Schadens bei dem Beteiligungsunternehmen als eigenen Vermögensschaden gegen den Geschäftsführer geltend zu machen, weil diese Aufwendungen selbst nicht mehr nur Reflexschaden seien und eine doppelte Inanspruchnahme des Geschäftsführers infolge der Beseitigung des Schadens beim Beteiligungsunternehmen ausgeschlossen sei[171]. 60

165 BGH BB 1988, 2268, 2269.
166 Vgl. Soergel/*Mertens*[12] Vorb. § 249, 50ff.
167 *Horn* ZIP 1987, 1225, 1230.
168 BGH NJW 1977, 1283.
169 BGHZ 100, 190, 198 = NJW 1987, 2008.
170 BGH JZ 1987, 781 m.Anm. *Wiedemann*; *Baums* ZGR 1987, 554; Baumbach/Hueck/*Zöllner* 13a.
171 Zu Fragen der Anrechnung eines Vorteils, den die Gesellschaft aus der Schädigung des Unternehmens gezogen hat, vgl. *Mertens*-KölnKomm-AktG[2] § 93, 26.

3. Zurechnungszusammenhang

61 Der Zurechnungszusammenhang zwischen Schaden und Pflichtverletzung, der Voraussetzung der Haftung des Geschäftsführers ist, bestimmt sich nach allgemeinen Grundsätzen; insbesondere findet die Adäquanztheorie Anwendung[172]. Eine Berücksichtigung hypothetischer Schadensverursachung durch rechtmäßiges Alternativverhalten kommt nur dann in Betracht, wenn der Geschäftsführer beweisen kann, daß der Schaden auf jeden Fall tatsächlich eingetreten wäre. Die Möglichkeit, daß er auch bei rechtmäßigem Verhalten hätte entstehen können, genügt nicht[173]. Der Schutzzweck der Geschäftsführerpflichten kann die Berufung auf rechtmäßiges Alternativverhalten ausschließen[174].

4. Gesamtschuldnerische Haftung

62 Sind mehrere Geschäftsführer für eine pflichtwidrige Schädigung verantwortlich, so haften sie der Gesellschaft als Gesamtschuldner gemäß §§ 421 ff BGB[175]. Auch im Verhältnis von Geschäftsführern zu mitverantwortlichen Aufsichtsratsmitgliedern ist gegebenenfalls gesamtschuldnerische Haftung anzunehmen[176]. Die gesamtschuldnerische Haftung tritt auch dann ein, wenn einer der Geschäftsführer eine unmittelbar in sein Ressort fallende Pflicht verletzt hat, einem anderen dagegen nur die Verletzung seiner Überwachungspflicht vorzuwerfen ist[177].

63 Handelt bei **Gesamtvertretung** ein Geschäftsführer mit Ermächtigung der anderen, so nehmen diese nicht schon dadurch an seiner Pflichtwidrigkeit teil; sie haften nur dann gesamtschuldnerisch, wenn ihre Ermächtigung die Pflichtwidrigkeit einschloß oder wenn sie ihre Überwachungspflicht verletzt haben; denn der Gesamtvertreter tritt nicht als Gehilfe eines anderen Gesamtvertreters, sondern ausschließlich für die GmbH auf (vgl. Rdn 13). Stimmt dagegen ein Gesamtvertreter bei einem Rechtsgeschäft der Erklärung des anderen vorher oder nachher zu und wird es dadurch wirksam, so übernimmt er für dieses Geschäft die Mitverantwortung und haftet gegebenenfalls gesamtschuldnerisch[178].

64 Aus der gesamtschuldnerischen Haftung ist zu folgern, daß sich ein Geschäftsführer der Gesellschaft gegenüber nicht auf das **Mitverschulden** eines anderen – zu gleicher Zeit amtierenden – Geschäftsführers – ebenso nicht auf das Mitverschulden eines Angestellten (vgl. Rdn 13) – berufen kann[179]. Das gilt auch dann, wenn ein Geschäftsführer Weisungen eines anderen unterworfen ist; denn Weisungen zu pflichtwidrigem Verhalten sind unbeachtlich. Die mangelhafte Pflichterfüllung durch einen Vorgänger kann der Geschäftsführer dagegen nur dann nicht gemäß § 254 BGB der Gesellschaft entgegenhalten, wenn ihm vorzuwerfen ist, daß er entsprechende Fehler bei der Amtsübernahme nicht aufgedeckt hat[180]. Sind einzelne Gesellschafter an einer pflichtwidrigen Geschäftsführungsmaßnahme beteiligt, so kann dies einen Geschäftsführer nicht nach § 254 BGB entlasten; anders dagegen, wenn die Gesellschafter in ihrer Gesamtheit, eine beschlußfassende Mehrheit der

---

[172] Dazu Soergel/*Mertens*[12] Vorb. § 249, 120 ff.

[173] Soergel/*Mertens*[12] aaO 160.

[174] Vgl. Soergel/*Mertens*[12] aaO 164.

[175] *Mertens*-KölnKommAktG[2] § 93, 21.

[176] Scholz/*Schneider* 174; *Mertens*-KölnKommAktG[2] § 93, 21; *Fleck* GmbHRdsch 1974, 226.

[177] Vgl. BGH WM 1986, 789; RGZ 106, 346, 350; 123, 216, 222; Scholz/*Schneider* 175.

[178] *Fleck* GmbHRdsch 1974, 226.

[179] Vgl. BGH WM 1981, 440; WM 1983, 725, 726; RG JW 1920, 1032 m.Anm. *Pinner*; OLG Bremen GmbHRdsch 1964, 8, 10; OLG Düsseldorf m. Anm. *Goette* DStR 1993, 1637, 1638; Scholz/*Schneider* 176; Baumbach/Hueck/*Zöllner* 25.

[180] Zur Berücksichtigung des Mitverschuldens eines Nachfolgers vgl. OLG Düsseldorf aaO.

Gesellschafter oder ein von den Gesellschaftern eingesetztes weisungsberechtigtes Gesellschaftsorgan ein Mitverschulden trifft[181]; ausnahmsweise kann bei entsprechenden Fallgestaltungen aber auch das Mitverschulden einzelner Gesellschafter den Arglisteinwand des Geschäftsführers gegenüber der Gesellschaft begründen[182]. Als weisungsberechtigtes Organ kommt der obligatorische Aufsichtsrat nicht in Betracht, der fakultative nur, wenn ihm eine entsprechende Weisungsbefugnis eingeräumt ist. Fehler eines nicht weisungsberechtigten Kontrollorgans können die Geschäftsführerhaftung nicht nach § 254 BGB mindern; erst die durch die Weisungsgewalt begründete Hierarchie kann zur Haftungsminderung Anlaß geben. Zum Handeln aufgrund von Weisungen der Gesellschafter vgl. im einzelnen unten Rdn 69 ff. Bei Qualifikationsmängeln des Geschäftsführers kann dieser ein Mitverschulden des Bestellungsorgans nicht einwenden[183]. Dagegen ist ein Mitverschulden der Gesellschaft zu berücksichtigen, wenn die Gesellschafterversammlung schuldhaft einen ungeeigneten Geschäftsführer bestellt hat und dieser einen Schaden verursacht, für den ein anderer Geschäftsführer kraft Verletzung seiner Überwachungspflicht miteinstehen muß[184]. Überwachungsverschulden der Gesellschafterversammlung eines Aufsichtsrats oder Beirats in bezug auf sein eigenes Verhalten kann ein ersatzpflichtiger Geschäftsführer nicht einwenden[185]; ebensowenig auch ein Überwachungsverschulden hinsichtlich anderer Geschäftsführer[186].

Der **Ausgleich der haftenden Geschäftsführer untereinander** richtet sich nach 65
§ 426 BGB. Eine Abweichung von der Regel der Haftung nach gleichen Anteilen kann sich aus der Satzung, aus dem Anstellungsvertrag oder gemäß § 254 BGB ergeben. Haftet ein Geschäftsführer unmittelbar wegen schädigenden Verhaltens, ein anderer dagegen nur wegen mangelnder Überwachung, so wird die Abwägung nach § 254 BGB durchweg zu einer stärkeren Heranziehung oder sogar zu einer Alleinhaftung des ersteren führen[187]. Entsprechendes gilt für den schuldhaft handelnden Geschäftsführer im Verhältnis zum mithaftenden Aufsichtsratsmitglied[188]. Auch die Geschäftsführer, die im Regreßprozeß in Anspruch genommen werden, müssen die Umkehr der Beweislastverteilung analog § 93 Abs. 2 S. 2 AktG gegen sich gelten lassen; denn ihre Haftungslage darf sich nicht günstiger darstellen als diejenige der von der Gesellschaft belangten Geschäftsführer.

5. Darlegungs- und Beweislast

Zur Begründung ihres Schadensersatzanspruchs hat die Gesellschaft darzutun, 66
daß ihr ein Schaden entstanden ist, der auf eine Handlung oder Unterlassung des Geschäftsführers zurückgeht[189]. Dem Geschäftsführer obliegt – ebenso wie dem Vorstand der Aktiengesellschaft nach § 93 Abs. 2 S. 2 AktG – die Behauptungs- und Beweislast dafür, daß er die Sorgfalt eines ordentlichen Geschäftsleiters erfüllt

---

181 Vgl. RG JW 1934, 1493 f; Baumbach/Hueck/*Zöllner* 25. S. zu nichtigen Weisungen auch Rdn 78.
182 *Fleck* GmbHRdsch 1974, 226.
183 BGH WM 1983, 725; *Lutter/Hommelhoff* 20; *Roth* Anm. 5.1.; **aA** Baumbach/Hueck/*Zöllner* 25; *Lindacher* JuS 1984, 672, 674.
184 Baumbach/Hueck/*Zöllner* 25.
185 BGH WM 1983, 725; Baumbach/Hueck/*Zöllner* 25; Rowedder/*Koppensteiner* 23; *Lindacher* JuS 1984, 672, 674.
186 Baumbach/Hueck/*Zöllner* aaO.
187 Weitergehend, aber zu pauschal Baumbach/Hueck/*Zöllner* 19 und Scholz/*Schneider* 178: Alleinige Haftung des unmittelbar handlungs- oder unterlassungspflichtigen Geschäftsführers; vgl. dazu MünchKomm-*Mertens*² § 840, 25 f.
188 BGH WM 1983, 725; Scholz/*Schneider* 179; Rowedder/*Koppensteiner* 23; *Lindacher* JuS 1984, 672, 674.
189 BGH WM 1992, 223 f; ZIP 1994, 872 f.

hat oder daß der Schaden auch bei Anwendung dieser Sorgfalt entstanden wäre oder daß ihm die Einhaltung des Sorgfaltsgebots unverschuldet unmöglich war[190]. Die Umkehr der Beweislast bezieht sich jedenfalls unter der Voraussetzung, daß man dem hier vertretenen Schadensbegriff (vgl. Rdn 57) folgt, sowohl auf die objektive als auch auf die subjektive Pflichtwidrigkeit[191]. Jedenfalls muß die Gesellschaft darlegen und beweisen, daß ihr ein Schaden durch ein möglicherweise pflichtwidriges Verhalten des Geschäftsführers entstanden ist; Sache des Geschäftsführers ist es dann, die Erfüllung seiner Pflichten, das fehlende Verschulden oder aber nachzuweisen, daß der Schaden auch bei pflichtgemäßem Verhalten entstanden wäre[192]. Entgegen der Auffassung des Reichsgerichts[193] neigt zwar der BGH dem Standpunkt zu, daß die objektive Pflichtwidrigkeit an sich von der Gesellschaft zu beweisen sei und insoweit nur Beweiserleichterungen zu ihren Gunsten in Betracht kommen[194]. Doch stellt *Goette* aaO S. 667, 671 mit Recht fest, daß die entsprechenden Äußerungen des BGH nur eine Bekräftigung des grundsätzlichen Ausgangspunkts der Beweislastverteilung darstellen, wonach derjenige, der Ersatz für einen ihm zugefügten Schaden verlangt, die anspruchsbegründenden Tatbestandsvoraussetzungen darzulegen und zu beweisen hat. Eine für das Entscheidungsergebnis maßgebliche Aussage, daß sich die Beweislastumkehr nur auf die subjektive Pflichtwidrigkeit beziehe, enthalten sie nicht; vielmehr war entweder die objektive Pflichtverletzung von den Vorinstanzen bereits festgestellt oder es kam auf sie deshalb nicht an, weil die Gesellschaft entweder den Schaden oder die ursächliche Verknüpfung zwischen ihm und dem möglicherweise pflichtwidrigen Verhalten des Organs nicht nachgewiesen hatte[195]. Ausgangspunkt der Beweislastumkehr ist die größere Nähe der Geschäftsführer zu den für die Beurteilung ihres Verhaltens maßgeblichen Umständen, wie sie nicht nur für die Feststellung eines Verschuldens, sondern bereits für die objektive Pflichtverletzung wesentlich sind[196].

67 Ein bestimmtes Verhalten oder Unterlassen des Geschäftsführers, das den Schaden verursacht haben könnte, braucht die Gesellschaft dann nicht konkret zu substantiieren, wenn bereits die Art des Schadens darauf hinweist, daß er seine Wurzeln in einem Handeln oder Unterlassen des Geschäftsführers haben muß[197]. Das kann etwa nach Lage der Dinge für einen bedeutenden Kassen- oder Warenfehlbestand gelten[198]. Ist der Verbleib von Gesellschaftsmitteln, die der Geschäftsführer einer GmbH für diese eingenommen hat, aufgrund einer von ihm zu verantwortenden, nicht ordnungsgemäßen Buch- und Kassenführung für die Gesellschaft nicht mehr klärbar, so ist es, auch wenn sich aus den Büchern kein Kassenfehlbestand ergibt, Sache des Geschäftsführers nachzuweisen, daß er diese Mittel pflichtmäßig an die Gesellschaft abgeführt hat[199]. Beruft sich der Geschäftsführer auf eine Weisung oder eine Zustimmung der Gesellschafter, so hat er diese zu beweisen. Dagegen ist die

---

190 Scholz/*Schneider* 168; Baumbach/Hueck/*Zöllner* 24; Rowedder/*Koppensteiner* 33; *Roth* Anm. 3.4.; *Röhricht* ZHR 153 (1989) 348, 349; *v. Gerkan* ZHR 154 (1990) 39, 49 ff; *Goette* ZGR 1995, 648.

191 Vgl. dazu *Goette* aaO S. 671 ff.

192 *Goette* aaO S. 674.

193 Vgl. den ausführlichen Entscheidungsüberblick bei *Goette* aaO S. 650 ff.

194 BGH WM 1980, 1190; WM 1985, 1293; WM 1992, 223, 224; ZIP 1994, 872, 873.

195 *Goette* aaO S. 667. Äußerungen des Schrifttums, die im Anschluß an die Rspr. des BGH für eine Beweislastumkehr lediglich hinsichtlich der subjektiven Seite plädieren – vgl. *Lutter/Hommelhoff* 21; *Fleck* GmbHRdsch 1974, 224 – dürften die beschränkte Tragweite der Formulierungen der BGH-Rspr. verkennen.

196 *Goette* aaO S. 672; *v. Gerkan* ZHR 154 (1990) 39 ff, 54 f.

197 Rowedder/*Koppensteiner* 33.

198 Vgl. BGH WM 1971, 125, 126; WM 1972, 1121, 1122; BB 1974, 994; WM 1980, 1190; WM 1983, 725 f; WM 1985, 1293 f; vgl. dazu auch *v. Gerkan* aaO 46 ff.

199 BGH WM 1991, 281.

Gesellschaft für Umstände beweispflichtig, aus denen sich die Unwirksamkeit der Weisung oder Zustimmung ergeben würde oder eine Bindung des Geschäftsführer an sie entfallen wäre[200]. In den Fällen der §§ 9a Abs. 1, 43 Abs. 3, 43a, 57 Abs. 4 und 64 Abs. 2 wird der Schaden der Gesellschaft vermutet und bedarf keines konkreten Nachweises. Der Geschäftsführer muß den Gegenteilsbeweis führen, daß der Gesellschaft im Ergebnis kein Schaden entstanden sei[201]. Hierzu gehört auch der Nachweis, daß der Gesellschaft auch in Zukunft ein Schaden aus dem Haftungstatbestand nicht mehr erwachsen kann[202].

Die Umkehr der Beweislast in bezug auf die objektive Pflichtwidrigkeit wirkt nicht gegen den Rechtsnachfolger des Geschäftsführers, da hier der Gesichtspunkt der Beweisnähe entfällt[203]. Nimmt die Gesellschaft einen **ausgeschiedenen Geschäftsführer** in Anspruch, so muß sie ihm – über § 810 BGB hinaus – **Einsicht** in ihre Bücher und Schriften gewähren, soweit dies für seine Beweisführung erforderlich ist[204]. **68**

6. Verhalten auf Weisung oder mit Zustimmung eines weisungsberechtigten Organs

a) **Haftungsentlastung bei Folgepflicht.** Verhalten sich Geschäftsführer entsprechend den Weisungen von anderen Gesellschaftsorganen, deren Beschlüsse sie zu befolgen verpflichtet sind, so entfällt ihre Haftung[205]. § 75 Abs. 4 RegE 1971 sah in diesem Sinne ausdrücklich vor: „Die Ersatzpflicht tritt nicht ein, wenn die Handlung in Übereinstimmung mit Gesetz und Gesellschaftsvertrag auf einem Beschluß der Gesellschafter oder einer für die Geschäftsführer verbindlichen Weisung beruht". Diese Rechtslage ergibt sich de lege lata bereits daraus, daß die Geschäftsführer der Gesellschaft nicht für ein Verhalten verantwortlich sein können, zu dem diese sie durch ein vorgesetztes Organ selbst bewogen hat[206]. Insofern begründet § 43 Abs. 3 S. 3 einen Umkehrschluß. Dogmatisch kann es sich bei der Behauptung des Geschäftsführers, einer Weisung gefolgt zu sein, um einen von ihm zu beweisenden Rechtfertigungsgrund handeln; es kann aber auch bereits am Tatbestand der Schädigung fehlen, wenn sich ergibt, daß eine objektiv das Vermögen der Gesellschaft verringernde Handlung dem durch Gesellschafterbeschluß manifestierten Willen der Gesellschaft entsprach (vgl. Rdn 57). Keine entlastende Wirkung hat in Fällen der Weisungsabhängigkeit eines Geschäftsführers von einem anderen dessen Weisung, weil sie die Verantwortung des angewiesenen Geschäftsführers für die Rechtmäßigkeit der Geschäftsführung nicht beseitigt und daher auch nur dann befolgt werden darf, wenn sie rechtmäßig ist. **69**

Nicht nur die förmliche Beschlußfassung oder die ausdrückliche Erteilung der Weisung, sondern alle Entschließungen der Gesellschafter entlasten die Geschäftsführer, wenn sich daraus eine **verantwortliche organschaftliche Entscheidung** über die fragliche Geschäftsführungsmaßnahme entnehmen läßt[207]. Ergeht die Entschlie- **70**

---

[200] Vgl. dazu *v. Gerkan* aaO 56 ff.
[201] Scholz/*Schneider* 163; *v. Gerkan* aaO 44.
[202] RGZ 159, 211, 230; *v. Gerkan* aaO 44 f.
[203] Geßler/*Hefermehl*/Eckardt/Kropff AktG § 93, 34; *Mertens*-KölnKommAktG² § 93, 108.
[204] Vgl. auch RG LZ 1908 Sp. 448.
[205] Scholz/*Schneider* 95; Baumbach/Hueck/*Zöllner* 22; *Lutter/Hommelhoff* 18; Rowedder/*Koppensteiner* 25; *Fleck* GmbHRdsch 1974, 224, 226.
[206] Vgl. BGH DB 1960, 27; *Immenga* GmbHRdsch 1973, 1, 7 f; *Canaris* ZGR 1978, 207, 209; *K. Schmidt* ZGR 1978, 425, 427; *Ebenroth/Lange* GmbHRdsch 1992, 69, 72 f; *Konzen* NJW 1989, 2977, 2978 f; *Schaub* DStR 1992, 985, 987 f.
[207] BFH FR 1995, 112; Baumbach/Hueck/*Zöllner* 22; Rowedder/*Koppensteiner* 28.

ßung zu einer von den Geschäftsführern geplanten Maßnahme, so kommt es darauf an, ob die Gesellschafter diese unter Wahrung der Verantwortung des Geschäftsführers nur unverbindlich zur Kenntnis nehmen wollten oder ob sie von ihnen in verantwortlicher Mitentscheidung gebilligt worden ist[208]. Dabei ist allerdings nicht allein auf den Wortlaut der Entschließung abzustellen; insbesondere wird in einem Beschluß, der die Absicht der Geschäftsführer zur Kenntnis nimmt, dann eine diese billigende Entscheidung liegen, wenn die entsprechende Geschäftsführungsmaßnahme nach der Satzung, früheren Gesellschafterbeschlüssen oder der Praxis der Gesellschaft den Gesellschaftern vorbehalten ist.

71 Die **Weisung** eines oder mehrerer **Mehrheitsgesellschafter** – anders die des Alleingesellschafters (vgl. auch Rdn 64) – steht einer Weisung kraft Gesellschafterbeschlusses nicht gleich[209]. Auch kann sich ein Geschäftsführer, der zugleich Mehrheitsgesellschafter ist oder der gemäß einer Weisung allein seitens der Mehrheitsgesellschafter handelt, nicht darauf berufen, daß er einen entsprechenden Gesellschafterbeschluß hätte herbeiführen können[210]. Die Berufung auf alternative Kausalität würde hier nämlich das Recht der Minderheit, sich im Verfahren der Beschlußfassung Gehör zu verschaffen, entscheidend verkürzen. Auch läßt sich nicht ausschließen, daß auf Gegenvorstellungen der Minderheit hin eine andere Entscheidung getroffen worden wäre. Dagegen kann bei einer Zweimann-GmbH der geschäftsführende Minderheitsgesellschafter, der eine vom Mehrheitsgesellschafter geforderte Maßnahme durchgeführt hat, der Gesellschaft den Einwand der Arglist entgegenhalten, wenn er deswegen in Anspruch genommen wird[211].

72 Außer den Gesellschaftern in ihrer Gesamtheit kann auch ein **besonderes Gesellschaftsorgan**, etwa ein fakultativer Aufsichtsrat, ein Gesellschafterausschuß oder ein Beirat, zu *Weisungen* gegenüber den Geschäftsführern befugt sein, die diese zu befolgen haben und durch die sie gerechtfertigt werden[212]. Sind die Geschäftsführer dagegen an die *Zustimmung* eines solchen Organs gebunden, so wirkt diese nicht entlastend; denn sie verpflichtet die Geschäftsführer nicht zur Vornahme des Geschäfts.

73 Für die Haftungsbefreiung der Geschäftsführer sind auch Entschließungen von Gesellschaftern von Bedeutung, die ihre Geschäftsanteile als **Treuhänder** für Dritte halten; denn diesen kommt im Verhältnis zu den Geschäftsführern die volle Rechtsstellung von GmbH-Gesellschaftern zu[213]. Weisungen eines **Treugebers** bleiben dagegen unbeachtlich[214]. Etwas anderes kann aber gelten, wenn auch der Geschäftsführer – ebenso wie alle Gesellschafter – seine Rechtsstellung nur treuhänderisch für einen wirtschaftlichen Alleininhaber ausübt. Hier ist mit *Fleck* aaO unter Berufung auf BGH WM 1962, 419 und BGH WM 1966, 614 von einem haftungsbefreienden Weisungsverhältnis zwischen dem Treugeber und dem Geschäftsführer auszugehen. Hat sich der wirtschaftliche Alleininhaber selbst zum Geschäftsführer bestellen lassen, so muß gleichfalls der Tatsache Rechnung getragen werden, daß sein Wille der einzig maßgebliche ist; die GmbH kann ihn genausowenig wie einen geschäftsführenden Einmann-Gesellschafter in Anspruch nehmen[215].

---

208 So mit Recht *Fleck* GmbHRdsch 1974, 224, 226.
209 Scholz/*Schneider* 97.
210 So auch für die AG entgegen OLG Hamburg LZ 1917, 823 Geßler/*Hefermehl*/Eckardt/Kropff AktG § 93, 57.
211 *Fleck* GmbHRdsch 1974, 224, 226.
212 Scholz/*Schneider* 97; Baumbach/Hueck/*Zöllner* 22; *Konow* GmbHRdsch 1968, 219 f; *Fleck* aaO.
213 BGHZ 31, 258, 263 f = NJW 1960, 285; BGH WM 1971, 306.
214 *Fleck* aaO.
215 *Fleck* aaO, S. 227.

b) Keine Haftungsbefreiung bei pflichtwidriger Einflußnahme auf die Weisung. Die Geschäftsführer können sich dann nicht auf eine Weisung oder Zustimmung eines anderen Organs berufen, wenn sie ihrerseits die Entscheidung dieses Organs pflichtwidrig beeinflußt haben, etwa durch unrichtige oder unvollständige Berichterstattung oder durch Nichterwähnung möglicher nachteiliger Folgen, auf die sie das weisungsberechtigte Organ hätten hinweisen müssen[216]. **74**

c) Rechtslage bei rechtswidrigen Weisungen. Die Weisung oder Zustimmung der Gesellschafter oder eines Gesellschaftsorgans befreit die Geschäftsführer weiter dann nicht, wenn das betreffende Organ nach der Satzung keine Weisungsbefugnis hat (dazu Rdn 76), wenn der die Weisung oder Zustimmung enthaltende Beschluß wegen seines Inhalts nichtig ist (dazu Rdn 77 ff) oder wenn er erfolgreich angefochten wird, die Anfechtung voraussehbar war und die Durchführung der betreffenden Maßnahme vor ihrer Unanfechtbarkeit nicht dem Gebot sorgfältiger Geschäftsführung entsprach (dazu Rdn 81 ff). **75**

aa) Weisungen durch ein dafür nicht kompetentes Gesellschaftsorgan. Nur Weisungen eines nach Gesetz oder Satzung weisungsberechtigten Organs befreien; denn nur sie sind zu befolgen, nicht z. B. die Weisung eines Aufsichtsrats, dessen Befugnisse sich nach dem Gesetz richten, ebenso nicht die Weisung einer Gesellschafterversammlung, der nach der Satzung das Weisungsrecht genommen ist oder die Geschäftsführungsfragen ungefragt entscheidet, obwohl sie aufgrund der Satzung dazu nur nach Anrufung durch die Geschäftsführer zuständig ist. Überschreiten die **Gesellschafter** im Einzelfall ihr Weisungsrecht, so kann ihr Beschluß anfechtbar oder nichtig sein[217]. Bei anfechtbaren Beschlüssen sind die Geschäftsführer möglicherweise trotz der Überschreitung des Weisungsrechts gedeckt (vgl. Rdn 81 ff). Überschreitet ein **anderes Organ** die Grenzen einer ihm durch die Satzung oder durch Gesellschafterbeschluß eingeräumten Weisungsbefugnis, so können sich die Geschäftsführer auf dessen Entschließungen dagegen nicht mit haftungsausschließender Wirkung berufen; denn hier haben sie die Möglichkeit, sich von der Gesellschafterversammlung Rückendeckung geben zu lassen. Immerhin kommt je nach Sachlage eine Minderung ihrer Haftung über § 254 BGB in Betracht (vgl. oben Rdn 64). **76**

bb) Nichtige Weisungen. Verstößt das von einem weisungsberechtigten Organ geforderte oder gebilligte Verhalten gegen eine im öffentlichen Interesse oder zum Schutz der Gläubiger erlassene zwingende Gesetzesnorm oder gegen die guten Sitten, so werden die Geschäftsführer grundsätzlich nicht entlastet[218]. Eine entsprechende Weisung ist nichtig und darf von ihnen nicht befolgt werden. Auch wenn ein gesetzes- oder sittenwidriger Beschluß durch Eintragung oder vor Fristablauf „geheilt" wird, rechtfertigt er den Geschäftsführer, der ihn zuvor ausgeführt hat, nicht[219]. Zwingende, dem Gläubigerinteresse dienende Vorschriften des GmbH-Gesetzes sind insbesondere § 43 Abs. 3 S. 3 iVm §§ 30, 33 sowie §§ 9b, 57 Abs. 4, 64 Abs. 2 S. 3 GmbHG. Hinzu kommen die Ausprägungen des Kapitalerhaltungsgebots, wie sie § 75 Abs. 3 RegE 1971 in Anlehnung an § 93 AktG umrissen hat und die bereits jetzt als für die GmbH geltendes Recht anzusehen sind (vgl. Rdn 58). **77**

---

[216] Vgl. für Vorstandsmitglieder *Canaris* ZGR 1978, 207, 213; *Hefermehl* Festschr. Schilling (1975) S. 159, 172; *Mertens*-KölnKommAktG[2] § 93, 116.

[217] Zur Abgrenzung zwischen nichtigen und anfechtbaren Beschlüssen vgl. Anh § 47, 31 ff, 87 ff.

[218] BGHZ 75, 321, 326 = NJW 1980, 589; BGH GmbHRdsch 1974, 121, 123; Scholz/*Schneider* 98; *Fleck* GmbHRdsch 1974, 224, 227.

[219] *Hefermehl* Festschr. Schilling (1975), S. 159, 168; vgl. dazu auch *Fleck* GmbHRdsch 1974, 224, 227; abw. BGHZ 33, 175, 176, 178 = NJW 1961, 26.

78 Verstößt der Geschäftsführer auf Weisung der Gesellschafterversammlung gegen zwingende Regeln des Kapitalerhaltungsgebots, so kann er sich gegenüber der GmbH nicht einmal dann auf den **Einwand der unzulässigen Rechtsausübung** berufen, wenn alle Gesellschafter den Verstoß gefordert oder gebilligt haben sollten; denn den Geschäftsführern ist in dieser Beziehung durch das GmbH-Gesetz eine besondere Garantiepflicht auferlegt[220].

Geht es allerdings darum, daß der Ersatz nicht zugunsten von Gläubigern, sondern von Gesellschaftern zu leisten ist, kann dem Anspruch der GmbH der Einwand der unzulässigen Rechtsausübung entgegenzuhalten sein. Entsprechendes gilt für andere Fälle einer auf ein rechtswidriges Verhalten der Geschäftsführer gerichteten **einstimmigen Weisung oder Zustimmung der Gesellschafter**[221], so z. B. auch, wenn der Gesellschaft Schaden dadurch entstanden ist, daß die Geschäftsführer auf Weisung aller Gesellschafter Steuern hinterzogen oder Sozialversicherungsbeiträge nicht abgeführt haben. Insofern muß im Innenverhältnis zwischen GmbH und Geschäftsführern dem Gesichtspunkt Rechnung getragen werden, daß die im Endergebnis wirtschaftlich Betroffenen arglistig handeln, wenn sie die Ergebnisse ihres eigenen rechtswidrigen Tuns auf jemanden abwälzen, der sich als Werkzeug hat einsetzen lassen. Erscheint der Arglisteinwand zu weitreichend, so kann man hier auch eine **Schadensteilung nach § 254 BGB** in Erwägung ziehen.

79 Fordert oder billigt die Gesellschaftermehrheit ein Verhalten des Geschäftsführers, das gegen **Regeln zum Schutze der Minderheit**, insbesondere gegen die Treupflicht dieser gegenüber verstößt, so werden vielfach zugleich zwingende Gläubigerschutzvorschriften berührt sein, deren Verletzung zur Nichtigkeit eines entsprechenden Beschlusses führt. Im übrigen ist die Weisung oder Zustimmung nur dann als nichtig anzusehen, wenn der Eingriff in die Position des Minderheitsgesellschafters auch mit dessen Zustimmung nicht zulässig wäre[222]. Demnach begründet die mißbräuchliche Ausnutzung der Mehrheitsmacht zum Zwecke der unzulässigen Erlangung von Sondervorteilen, soweit zwingende Vorschriften nicht berührt sind, auch dann nur die Anfechtbarkeit und nicht die Nichtigkeit von Beschlüssen, wenn sich die Mehrheit dadurch nach den Grundsätzen der ITT-Entscheidung[223] schadensersatzpflichtig macht. Dies entspricht nicht nur der Rechtslage im Aktienrecht[224], sondern erscheint vor allem auch deshalb angemessen, weil die Geschäftsführer überfordert wären, wenn man sie für verpflichtet halten würde, Beschlüsse, die eine Treupflichtverletzung durch die Mehrheit enthalten könnten, in keinem Fall auszuführen. (Zu den für die Ausführung anfechtbarer Beschlüsse geltenden Regeln vgl. Rdn 81 ff).

80 Durch nichtige Beschlüsse der Gesellschafter ist ein Geschäftsführer auch dann nicht gedeckt, wenn die Nichtigkeit nicht auf dem Beschlußinhalt beruht, sondern aus der **Verletzung von Verfahrensregeln** resultiert, wie z. B. aus der Nichteinladung eines Gesellschafters[225]. Nach *Fleck* aaO ist der Geschäftsführer grundsätzlich nicht gehindert, einen solchen inhaltlich unbedenklichen Beschluß nach pflichtgemäßem Ermessen in eigener Verantwortung auszuführen. Nur wirkt dieser Beschluß nicht entlastend. Dem ist mit der Maßgabe zuzustimmen, daß der Geschäftsführer kraft

---

220 BGH WM 1994, 1030, 1035; Scholz/*Schneider* 107; s. auch *K. Schmidt* ZGR 1978, 425, 427 hinsichtlich der Entlastung.

221 BGH GmbHRdsch 1974, 131; *Fleck* aaO 227.

222 Zu diesem Abgrenzungsmerkmal zwischen nichtigen und anfechtbaren Beschlüssen vgl. *Zöllner*-KölnKommAktG² § 241, 125.

223 BGHZ 65, 15 = NJW 1976, 191; dazu *Mertens* Festschr. Robert Fischer (1979) S. 461 m.w. Besprechungsnachw.

224 Vgl. *Zöllner*-KölnKommAktG² § 141, 124.

225 Vgl. BGHZ 36, 207, 211 = NJW 1962, 538; *Fleck* GmbHRdsch 1974, 224, 227.

eines solchen Beschlusses dann nicht tätig werden darf, wenn er gemäß der Satzung oder einem früheren Gesellschafterbeschluß nur nach Einholung der Zustimmung der Gesellschafterversammlung zu handeln berechtigt ist. Im übrigen kann der Geschäftsführer verpflichtet sein, die Gesellschafter gegebenenfalls auf den Mangel hinzuweisen und eine erneute Beschlußfassung anzuregen, wobei nach Lage der Dinge die Einberufung einer Gesellschafterversammlung gemäß § 49 Abs. 2 geboten sein kann. Stimmen die durch den Verfahrensmangel betroffenen Gesellschafter einem Beschluß nachträglich zu, so erlangt er damit auch für die Geschäftsführer rechtfertigende Bedeutung.

cc) **Anfechtbare Weisungen.** Das Handeln der Geschäftsführer aufgrund eines **81**
anfechtbaren Beschlusses ist jedenfalls insoweit dem Vorwurf einer Pflichtverletzung entzogen, als sie zur Ausführung eines solchen Beschlusses verpflichtet sind. Dies ist der Fall, wenn der ursprünglich anfechtbare Beschluß infolge Zeitablaufs unanfechtbar geworden oder die Anfechtungsklage rechtskräftig abgewiesen ist[226], aber auch dann, wenn die Geschäftsführer mit Sicherheit davon ausgehen können, daß eine Anfechtung unterbleiben wird oder wenn ein ordentlicher Unternehmensleiter bei pflichtmäßiger Prüfung zu der Auffassung gelangen müßte, daß die sofortige Durchführung eines Beschlusses trotz der nicht auszuschließenden Möglichkeit seiner erfolgreichen Anfechtung im Interesse der Gesellschaft geboten erscheint (vgl. § 37, 30)[227].

Im übrigen **rechtfertigt ein anfechtbarer Beschluß** die Geschäftsführer **nicht.** Dies **82**
gilt auch, wenn die beschließende Mehrheit der Gesellschafter den Geschäftsführern ausdrücklich die Weisung erteilt, den anfechtbaren Beschluß auszuführen; denn diese Weisung ist ihrerseits anfechtbar, solange der Beschluß selbst noch angefochten werden kann. Konnten die Geschäftsführer die Anfechtbarkeit aber nicht erkennen, so handeln sie jedenfalls ohne Verschulden.

Ist die **Anfechtbarkeit zweifelhaft** oder steht nicht fest, ob der Beschluß ange- **83**
fochten werden wird, so müssen sich die Geschäftsführer ein Urteil darüber bilden, ob im Hinblick auf eine mögliche Anfechtung die Ausführung des Beschlusses besser unterbleiben sollte oder ob die Nachteile einer Verzögerung für den Fall, daß die Anfechtung doch unterlassen wird oder erfolglos bleibt, zu überwiegen drohen. Diese Abwägung enthält Momente einer unternehmerischen Ermessensausübung, so daß den Geschäftsführern insoweit ein **Spielraum vertretbarer Entscheidungen** einzuräumen ist. Halten sie sich innerhalb dieses Spielraums, so kann ihnen weder die Ausführung noch die Nichtausführung eines Beschlusses vorgeworfen werden. Dabei haben sie im Zeichen der ITT-Entscheidung des BGH[228] auch zu berücksichtigen, daß die Mehrheit der Gesellschafter zum Schadensersatz wegen der Ausführung des Beschlusses verpflichtet sein kann, wenn er sich als für die Gesellschaft nachteilig erweist. Ist mit der Durchsetzbarkeit eines solchen Schadensersatzanspruchs zu rechnen, so mag das den Geschäftsführern die Ausführung eines problematischen Beschlusses eher gerechtfertigt erscheinen lassen, als wenn Nachteile für die Gesellschaft gegebenenfalls endgültig wären.

---

[226] BGH WM 1965, 425; *Hefermehl* Festschr. Schilling (1975) S. 159, 167; *Eisenhardt* Festschr. Pfeiffer (1988) S. 839, 848; die zu § 93 Abs. 4 S. 1 AktG vertretene Meinung, daß auch unanfechtbar gewordene Beschlüsse iS dieser Vorschrift als gesetzeswidrig zu behandeln sein könnten (vgl. *Mertens*-KölnKommAktG² § 93, 119) ist für die GmbH nicht relevant, da die Geschäftsführer selbst zur Anfechtung nicht verpflichtet sind; zur Frage ihrer Anfechtungsbefugnis vgl. Anh § 47, 161 ff sowie in bezug auf Kompetenzverletzungen der Gesellschafter ihnen gegenüber § 37, 27.

[227] Dazu *Fleck* GmbHRdsch 1974, 224, 228.

[228] BGHZ 65, 15 = NJW 1976, 191.

84 Überschreiten die Geschäftsführer den Spielraum vertretbarer Entscheidungen, indem sie den anfechtbaren Beschluß ausführen, so kann ihnen doch die **Berufung auf § 254 BGB** gegenüber der Gesellschaft gestattet sein. In diesem Zusammenhang wird es insbesondere darauf ankommen, ob und wieweit es möglich und angemessen erschien, die Situation mit den Gesellschaftern zu klären, vielleicht sogar eine Gesellschafterversammlung einzuberufen, möglicherweise auch die beschließende Mehrheit zu einem Nachteilsausgleich zu veranlassen, wie konkret mit der Anfechtung und ihrem Erfolg zu rechnen war und ob den Geschäftsführern bei Nichtausführung selbst unzumutbare Nachteile drohten. Bei alledem ist zu beachten, daß vom **Geschäftsführer nicht** erwartet werden kann, daß er sich als **Funktionär der Minderheitsinteressen** versteht. Maßgeblich ist für ihn grundsätzlich die unternehmenspolitische Zwecksetzung der Mehrheit. Er hat unter Beachtung der gesetzlichen und satzungsmäßigen Grenzen solcher Zwecksetzung – und soweit diese gewahrt sind – im Rahmen dieser Zwecksetzung Schaden von der Gesellschaft abzuwenden; dagegen ist es nicht seine unmittelbare Aufgabe, die Rechte einzelner Gesellschafter zu wahren[229].

85 d) **Ausführung der Weisung trotz nachträglicher Lageveränderung.** Treten nachträglich Umstände ein, die das weisungsberechtigte Organ nicht in Rechnung gezogen hat, und muß aufgrund solcher Umstände befürchtet werden, daß die Ausführung des Beschlusses das Gesellschaftsinteresse beeinträchtigt, so haben die Geschäftsführer von der Ausführung des Beschlusses abzusehen und dem weisungsberechtigten Organ Gelegenheit zu erneuter Entscheidung zu geben. Eine Verletzung dieser Regel führt zur Haftung der Geschäftsführer[230].

7. Verzicht und Vergleich

86 Der Verzicht auf und der Vergleich über Ersatzansprüche der Gesellschaft stehen den Gesellschaftern grundsätzlich frei. Einschränkungen ergeben sich allerdings aus Abs. 3 (vgl. dazu Rdn 92), §§ 9b Abs. 1, 57 Abs. 4, 64 Abs. 2. Darüber hinaus kennt das GmbH-Gesetz keine § 93 Abs. 4 AktG entsprechende, die Verfügungsbefugnis der Gesellschafter einschränkende Regelung[231]. Jedoch kann der Verzicht wie auch die Nichtgeltendmachung eines Schadensersatz- oder Vorteilsherausgabeanspruchs als verdeckte Gewinnausschüttung zu würdigen sein, wenn Anspruchsadressat ein Gesellschafter ist. In analoger Anwendung von § 46 Nr. 8 bedürfen Verzicht, Vergleich, Stundung und ähnliche Maßnahmen eines Gesellschafterbeschlusses[232]. Eine Vereinbarung der GmbH mit dem Geschäftsführer, wonach wechselseitige, aus welchem Rechtsgrund auch immer entstandene Ansprüche der Parteien erledigt seien, deutet nicht auf einen umfassenden Verzichtswillen der GmbH hin; sie läßt vielmehr Ersatzansprüche aus vorsätzlicher Pflichtverletzung, die der GmbH unbekannt waren, unberührt[233]. Zur Frage der Außenwirkung eines Verzichtsbeschlusses vgl. § 46, 97 ff. Ein Verzichtsbeschluß kann wegen Treuverstoßes oder der Verfolgung eines gesellschaftsfremden Sondervorteils anfechtbar sein und eine Schadensersatzpflicht der Mehrheit nach den Grundsätzen des ITT-Urteils[234] auslösen[235].

---

229 *Immenga* GmbHRdsch 1978, 1, 8.
230 Vgl. BGHZ 33, 175, 179 = NJW 1961, 26; *Hefermehl* Festschr. Schilling (1975) S. 159, 172 – für Vorstandsmitglieder.
231 Baumbach/Hueck/*Zöllner* 26; *K. Schmidt* ZGR 1978, 425, 427; Einzelheiten in § 46, 34.
232 Vgl. § 46, 95 sowie zur Generalbereinigung § 46, 72.
233 BGH NJW 1986, 585, 586.
234 BGHZ 65, 15.
235 Baumbach/Hueck/*Zöllner* 26.

Ein Haftungsverzicht kann sich auch daraus ergeben, daß die Gesellschafter bestimmte Geschäfte genehmigen[236]. Eine **konkludente Genehmigung** kann in einem Beschluß gesehen werden, wonach bestimmte Geschäfte auch in Zukunft fortgeführt werden sollen. Länger andauerndes Schweigen der Gesellschafter kann nicht ohne weiteres als Haftungsverzicht aufgefaßt werden, da es hierzu grundsätzlich eines Gesellschafterbeschlusses bedarf. Auch ein länger andauerndes Schweigen zu bekannten Vorgängen kann einem Entlastungsbeschluß nicht gleichgesetzt werden[237]. In Ausnahmefällen kann es allerdings zur Verwirkung eines Schadensersatzanspruchs führen, so wenn in einer Zweimann-GmbH ein Gesellschafter-Geschäftsführer jahrelang widerspruchslos zusieht, wie sich der andere auf Kosten der GmbH einen ihm nicht zukommenden Vorteil verschafft oder sogar den gleichen Vorteil für sich selbst in Anspruch nimmt[238]. **87**

Ob ein **Verzicht zugunsten eines Geschäftsführers** auch die übrigen mithaftenden Geschäftsführer begünstigt, ist im Einzelfall unter Berücksichtigung von § 423 BGB durch Auslegung zu klären[239]. Eine Vermutung, daß der Verzicht gegenüber einem Geschäftsführer auch den anderen zugute kommen solle, besteht nicht[240]. Wird einem Geschäftsführer lediglich der Betrag erlassen, der im Innenverhältnis der beteiligten Gesamtschuldner nach § 426 BGB auf ihn entfallen würde, so spricht die Vermutung dafür, daß nur dieser Geschäftsführer selbst begünstigt werden soll. Der Gesellschaft steht es grundsätzlich frei, gegen wen sie ihre Ersatzansprüche richtet[241]. Läßt sie Ansprüche gegen andere mitverantwortliche Personen verjähren, so wird jedoch dadurch die Rückgriffsmöglichkeit eines in Anspruch genommenen Geschäftsführers nicht eingeschränkt[242]. **88**

8. Haftpflichtversicherung durch die Gesellschaft

§ 43 schließt nicht aus, daß sich der Geschäftsführer gegen eine Inanspruchnahme nach dieser Vorschrift durch eine Vermögensschaden-Haftpflichtversicherung absichert. Der Vorschrift läßt sich auch nicht entnehmen, daß es der Gesellschaft verwehrt wäre, dem Geschäftsführer die dafür erforderlichen Mittel zur Verfügung zu stellen oder selbst die Versicherung zu seinen Gunsten abzuschließen. Das gilt auch, soweit man die Vorschrift als zwingend zu betrachten hat; denn letztlich kann es allein darum gehen, daß Schäden der Gesellschaft aus Geschäftsführungsverletzungen ersetzt werden und damit auch ihren Gläubigern ein entsprechendes Haftungssubstrat erhalten bleibt[243]. Ob und in welchem Maße sich die Versicherungswirtschaft auf die Einbeziehung von Geschäftsführungsverletzungen in die Vermögensschadenhaftpflichtversicherung einlassen wird, ist allerdings eine zur Zeit noch offene Frage[244]. Zur Versicherung der persönlichen Außenhaftung von Geschäftsführern vgl. Rdn 110. **89**

---

236 Vgl. RGZ 115, 246, 251.
237 *K. Schmidt* ZGR 1978, 425, 434.
238 Vgl. *Fleck* GmbHRdsch 1974, 224, 228.
239 *Fleck* aaO.
240 **AA** Scholz/*Schneider* 189.
241 *Fleck* GmbHRdsch 1974, 224, 228.
242 Vgl. BGH WM 1971, 1548 f.
243 Im Prinzip dürfte das heute unbestritten sein; vgl. *Schneider/Ihlas* DB 1994, 1123; *Thümmel/Sparberg* DB 1995, 1013; *Habetha* DZWiR 1995, 272.
244 Nach § 4 Nr. 7 der Allgemeinen Versicherungsbedingungen zur Haftpflichtversicherung für Vermögensschaden erstreckt sich der Versicherungsschutz nicht auf Geschäftsführungsverletzungen. Auch war das Bundesaufsichtsamt für das Versicherungswesen nicht bereit, eine solche Versicherung zuzulassen. Doch ist das Erfordernis der aufsichtsbehördlichen Genehmigung für eine solche Versicherung seit dem 1. 7. 1994 entfallen; vgl. *Schneider/Ihlas* aaO S. 1125.

IV. Sonderfälle der Haftung nach Abs. 3

1. Zahlungen an Gesellschafter entgegen § 30 Abs. 1

90 Die Geschäftsführer haften bei Leistungen an Gesellschafter – nicht an Dritte –, die den Grundsatz der Erhaltung des Stammkapitals verletzen. Soweit neben ihnen Zahlungsempfänger gemäß § 31 Abs. 1 haften, besteht Gesamtschuldnerschaft. Als Schaden hat der Gesellschafter mindestens die gesamte unzulässigerweise geleistete Zahlung zu ersetzen[245]. Von einem Schaden im Sinne des Abs. 3 kann erst dann keine Rede mehr sein, wenn die Gesellschaft einen Fehlbetrag endgültig wiedererlangt hat oder dieser Fehlbetrag durch einen Wert ausgeglichen wird, der endgültig in das Gesellschaftsvermögen gelangt ist[246]. Die Beweislast hierfür trägt der Geschäftsführer, weil in den Fällen des Abs. 3 vermutet wird, daß in Höhe der aufgewendeten Mittel ein Schaden für die Gesellschaft entstanden sei. Diese Vermutung gilt aber nicht für einen Schaden, der über die aufgewendeten Mittel hinausgeht[247]. Zu den Zuwendungen, die unter das Verbot des § 30 Abs. 1 fallen, vgl. § 30, 56 ff. Nicht erfaßt wird von Abs. 3 S. 1 die Rückzahlung von Nachschüssen gemäß § 30 Abs. 2 S. 1, auch wenn ein Verstoß gegen § 30 Abs. 2 S. 2 vorliegt. Dagegen gilt Abs. 3 S. 1 bei einem Verstoß gegen § 30 Abs. 2 S. 3[248]. Geschäftsführer können sich auch dann nach Abs. 3 S. 1 schadensersatzpflichtig machen, wenn sie einschlägige Ansprüche gegen die Gesellschafter nicht einfordern[249]. Im Innenverhältnis kann ein schadensersatzpflichtiger Geschäftsführer Regreß beim Zahlungsempfänger nehmen. Neben dem Geschäftsführer und dem Zahlungsempfänger und gegebenenfalls mit diesen gesamtschuldnerisch haften nach Maßgabe von § 31 Abs. 3 auch die übrigen Gesellschafter.

2. Erwerb eigener Anteile durch die Gesellschaft entgegen § 33

91 Die Ersatzpflicht der Geschäftsführer nach Abs. 3 S. 1 2. Alt. betrifft drei Fälle: den Erwerb nicht voll eingezahlter Geschäftsanteile, den Erwerb voll eingezahlter Geschäftsanteile, wenn er zu Lasten des Stammkapitals erfolgt oder wenn er erfolgt, obwohl die Bildung der nach § 272 Abs. 4 HGB vorgeschriebenen Rücklage für eigene Anteile aus freien Mitteln nicht möglich ist[250]. Als Schaden ist mindestens der unzulässig gezahlte Erwerbspreis abzüglich etwaiger Rückzahlungen zu ersetzen, nicht nur die Differenz zum Wert des Geschäftsanteils[251]. Neben den Geschäftsführern haften die Veräußerer des Geschäftsanteils auf Rückzahlung des Kaufpreises nach § 812 BGB, es sei denn, es liegt § 814 BGB vor, und gegebenenfalls auch nach § 31 (vgl. dazu § 31, 21). Die Geschäftsführer brauchen Schadensersatz nur Zug um Zug gegen Abtretung dieser Ansprüche gegen den Veräußerer zu leisten[252].

3. Verschärfung der Haftpflicht in den Fällen des Abs. 3

92 In den durch Abs. 3 normierten Fällen ist die **Haftung** der Geschäftsführer **in doppelter Hinsicht verschärft:** Zum einen kann die Gesellschaft ihnen gegenüber auf einen nach Abs. 3 begründeten Schadensersatzanspruch nicht verzichten und sich mit ihnen nicht über einen solchen Anspruch vergleichen, soweit der Ersatz zur

---

[245] BGH WM 1986, 789; Baumbach/Hueck/*Zöllner* 28; *Thelen* ZIP 1987, 1027, 1037; aA *Roth* Anm. 4.

[246] RGZ 159, 211, 230 = DR 1939, 316, 319 m. Anm. *Boesebeck*.

[247] RGZ 159, 211, 231f; RG LZ 1930 Sp. 720f; vgl. dazu auch *Mertens*-KölnKommAktG² § 93, 96.

[248] Baumbach/Hueck/*Zöllner* 28.

[249] BGH WM 1992, 223; Baumbach/Hueck/*Zöllner* 28.

[250] Baumbach/Hueck/*Zöllner* 29.

[251] Baumbach/Hueck/*Zöllner* 29.

[252] Baumbach/Hueck/*Zöllner* 29.

Befriedigung der Gläubiger erforderlich ist (vgl. dazu § 9b, 4 ff)[253], der Gültigkeit eines zur Abwendung oder Beseitigung des Konkurses des Schuldners geschlossenen Vergleichs steht diese Regelung nicht entgegen. Zum anderen wird die Schadensersatzpflicht nach Abs. 3 nicht durch Berufung auf einen Beschluß der Gesellschafter aufgehoben. Diese Verschärfungen gelten für den Schadensersatz nach Abs. 3 auch insofern, als er über die von der Gesellschaft aufgewendeten Mittel hinausgeht (vgl. dazu die vorige Rdn). Insofern ist der zu § 84 Abs. 3 AktG 1937 geäußerten Ansicht des Reichsgerichts[254], wonach der Anspruch auf Beträge, die über die rechtswidrigen Aufwendungen hinausgehen, nur aus dem allgemeinen Pflichtverletzungstatbestand für das Geschäftsführungsorgan und nicht aus dem spezifischen Pflichtverletzungstatbestand der Gefährdung der Kapitalgrundlage der Gesellschaft abzuleiten sei, nicht zu folgen[255].

V. Verjährung, Abs. 4

1. Geltungsbereich der fünfjährigen Verjährungsfrist

Alle Ansprüche nach § 43 – auch solche nach Abs. 3 – verjähren gemäß Abs. 4 **93** in fünf Jahren. Abs. 4 bezieht sich nicht nur auf die gesetzlichen Verpflichtungen aus § 43, sondern auch auf alle durch diese Vorschrift sanktionierten dienstvertraglichen Pflichten[256]. Dagegen betrifft die Vorschrift solche Ansprüche nicht, die aus anderen Vertragsverletzungen zwischen Geschäftsführer und Gesellschaft (z. B. Kaufvertrag)[257] entstehen. Hier gilt jeweils die für diese Ansprüche vorgesehene Verjährungsfrist[258]. Die fünfjährige Verjährung greift im Gegensatz zu § 31 Abs. 5 S. 2 auch dann ein, wenn dem Geschäftsführer eine „bösliche" Handlungsweise zur Last fällt[259].

Ansprüche aus §§ 677, 675 BGB sowie aus Verletzung der gesellschafterlichen **94** Treupflicht, Bereicherungsansprüche und deliktische Ansprüche stehen nicht in Gesetzeskonkurrenz zu § 43, sondern verjähren nach den dafür maßgeblichen Vorschriften[260]. Die **Ausgleichsansprüche** der als Gesamtschuldner haftenden Geschäftsführer untereinander verjähren in 30 Jahren[261].

2. Unzulässigkeit vertraglicher Verlängerung; Einschränkung der Verkürzung

Eine vertragliche oder satzungsmäßige Verlängerung der Verjährungsfrist ist ge- **95** mäß § 225 S. 1 BGB unzulässig. Dagegen kommt eine Verkürzung der Verjährungsfrist im Verhältnis zwischen der Gesellschaft und den Geschäftsführern insoweit in Betracht, als diese im Wege des Verzichts oder Vergleichs wirksam über Ersatzansprüche verfügen kann, bei Ansprüchen nach Abs. 3 also nicht, soweit der Ersatz zur Befriedigung der Geläubiger der Gesellschaft erforderlich ist[262].

---

253 Dazu BGH WM 1986, 789, 790.

254 RGZ 159, 211, 231 f und RG LZ 1930 Sp. 720 f.

255 *Mertens*-KölnKommAktG² § 93, 96.

256 BGHZ 100, 190, 193 ff = NJW 1987, 2008 m.w.Nachw.

257 Vgl. dazu RGZ 156, 296 = JW 1938, 516 m.Anm. *v. Ruth*.

258 Vgl. RGZ 96, 53, 55.

259 RGZ 87, 306, 308; *Brodmann* 5; Scholz/*Schneider* 201.

260 Vgl. BGHZ 100, 190, 199 ff = NJW 1987, 2008; BGH WM 1989, 1335; Scholz/*Schneider* 202; *Lutter/Hommelhoff* 23; Rowedder/*Koppensteiner* 51; einschränkend Baumbach/Hueck/*Zöllner* 31 in bezug auf § 823 Abs. 2 BGB iVm rein GmbH-rechtlichen Normen, sofern diese als Schutzgesetze zu ihren Gunsten anzusehen sein sollten.

261 RGZ 159, 86, 89.

262 Scholz/*Schneider* 207; Baumbach/Hueck/*Zöllner* 31; Rowedder/*Koppensteiner* 51; *Schaub* DStR 1992, 985, 988; gegen jede Abkürzung *Lutter/Hommelhoff* 23; *Konow* GmbHRdsch 1968, 222.

3. Beginn und Ablauf der Verjährung

96 Die Verjährung beginnt gemäß § 198 S. 1 BGB iVm § 187 Abs. 1 BGB im Zeitpunkt der Entstehung des Schadensersatzanspruchs und läuft gemäß § 188 Abs. 2 BGB ab. Auf die Kenntniserlangung vom Eintritt des Schadens kommt es nicht an[263]. Entstanden ist ein Anspruch iSd § 198 S. 1 BGB, sobald seine Geltendmachung durch den Berechtigten möglich wird[264]. Er muß nicht bereits beziffert werden können; vielmehr genügt die Möglichkeit, eine die Verjährung unterbrechende Feststellungsklage zu erheben[265]. Jedoch muß ein Schaden dem Grunde nach bereits entstanden sein[266]; denn vorher ist ein Anspruch noch nicht gegeben, mag auch schon gemäß § 256 ZPO die Erhebung einer Klage in Betracht kommen, die das Ziel verfolgt, die Verpflichtung zur Leistung künftigen Schadensersatzes festzustellen[267]. Unterläßt der Vorstand die gebotene Versicherung eines wirtschaftlichen Risikos, so tritt der Schaden erst bei Verwirklichung des Risikos ein[268].

Die Verjährung beginnt nicht vor dem Abschluß der pflichtwidrigen Handlung. Deren **Verschweigen** ist zwar durchweg keine zusätzliche Pflichtverletzung, weil sich der Geschäftsführer nicht selbst eines strafbaren oder zum Ersatz verpflichtenden Verhaltens bezichtigen muß. Doch ist die Wahrung der Heimlichkeit noch der pflichtwidrigen Handlung zuzurechnen, wenn der Geschäftsführer, wäre diese von einem anderen vorgenommen worden, dagegen hätte einschreiten oder darüber die Gesellschafter oder den Aufsichtsrat hätte informieren müssen. Unter diesen Voraussetzungen beginnt die Verjährung erst nach Ablauf des Stadiums eines widerrechtlichen – wenn auch subjektiv nicht vorwerfbaren – Verschweigens der Pflichtverletzung durch den Täter. Außerdem kann im Verschweigen einer durch pflichtwidriges Verhalten herbeigeführten Situation eine neue pflichtwidrige Handlung liegen, wenn diese Situation als solche nach allgemeinen Grundsätzen zur Information anderer Gesellschafter oder des Aufsichtsrats hätte führen müssen. In Manipulationen zur Verdeckung eines pflichtwidrigen Verhaltens, die im Verhältnis zu diesem einen zusätzlichen Unrechtsgehalt haben, ist gleichfalls eine selbständige, den Verlauf der Verjährung neu begründende Pflichtverletzung zu sehen. Haben die Geschäftsführer ihr gesellschaftsschädigendes Verhalten in unlauterer Weise verheimlicht, so greift gegenüber der Einrede der Verjährung auch der Einwand unzulässiger Rechtsausübung durch[269].

97 Jede schädigende Pflichtverletzung setzt eine neue Verjährung in Lauf; der Begriff der fortgesetzten Handlung ist dem Zivilrecht fremd[270]. Ergeben sich nach Eintritt eines Schadens noch **weitere**, zunächst **nicht vorhersehbare Schadensfolgen**, so begründen diese für sich eine **neue Verjährung**[271]. Kann dagegen bei verständiger Würdigung aufgrund einer Verschlechterung der Vermögenslage der Gesellschaft oder eines bereits eingetretenen endgültigen Teilschadens mit der nicht entfernt liegenden Möglichkeit des Auftretens weiterer Schäden gerechnet werden, so ist zur Unterbrechung der Verjährung, die mit dem früheren Schadenseintritt begonnen hat, die Erhebung einer Feststellungsklage erforderlich; ist ein solcher Schaden eingetreten, wird für ihn keine selbständige Verjährungsfrist in Lauf gesetzt[272].

---

263 BGH BB 1995, 2180, 2183.

264 BGHZ 55, 340 f = NJW 1971, 979; 100, 228, 231 = NJW 1987, 1887.

265 BGHZ 73, 363, 365 = NJW 1979, 1550; 79, 176, 178 = NJW 1981, 814; 96, 290, 294 = NJW 1986, 1162; 100, 228, 231 = NJW 1987, 1887.

266 BGHZ 100, 228, 231 = NJW 1987, 1887.

267 BGHZ aaO 231 f.

268 BGHZ aaO 232.

269 BGH BB 1995, 2180, 2183; RGZ 133, 33, 39; Scholz/*Schneider* 205; Geßler/*Hefermehl*/Eckardt/Kropff AktG § 93, 86.

270 Vgl. RGZ 134, 335, 337 ff; RG JW 1934, 1494 f.

271 BGHZ 100, 228, 231.

272 BGH aaO.

Schwierigkeiten macht die Frage, wann bei einer pflichtwidrigen Unterlassung das pflichtwidrige Verhalten abgeschlossen ist und somit die Verjährung beginnen kann. Nach *Hefermehl*[273] soll die Verjährung bereits in dem Augenblick beginnen, zu dem ein erster Schaden durch Unterlassung eingetreten sei. Damit wird jedoch der Satz, daß die Verjährung nicht vor Abschluß des pflichtwidrigen Verhaltens beginnen darf, zu Unrecht unbeachtet gelassen. Vielmehr ist darauf abzustellen, bis zu welchem Zeitpunkt die **Unterlassung als eine soziale Handlungseinheit** angedauert hat. Dabei sind zeitliche Einschnitte zu beachten, die für die Pflichtenlage der Verwaltungsmitglieder von Bedeutung sind. So wird bei einer Verletzung der Berichtspflicht der Geschäftsführer gegenüber den Gesellschaftern oder gegenüber einem Aufsichtsrat/Beirat auf den Zeitpunkt abzustellen sein, zu dem spätestens hätte Bericht erstattet werden müssen. Auch sonst sind die Zeitpunkte heranzuziehen, die das Leben der Gesellschaft rechtlich untergliedern. Haben die Geschäftsführer versäumt, die Zustimmung der Gesellschafterversammlung einzuholen, so ist für die Verjährung der Zeitpunkt maßgeblich, zu dem sie spätestens die Gesellschafterversammlung hätten einberufen müssen.

4. Unterbrechung und Hemmung der Verjährung

Unterbrechung und Hemmung der Verjährung richten sich nach den §§ 202 ff **98**
BGB. Vergleichsverhandlungen hemmen die Verjährung ebensowenig wie die zur Beschlußfassung nach § 46 Ziff. 8 erforderliche Zeit[274]. Die Verjährung läuft auch, wenn die an der Pflichtverletzung nicht beteiligten Geschäftsführer der Zahl nach nicht ausreichen, um die Gesellschaft im Prozeß gegen die in Anspruch zu nehmenden Geschäftsführer wirksam zu vertreten. Die Anwendung des nur für natürliche Personen gedachten § 206 BGB kommt insoweit nicht in Betracht[275].

VI. Keine unmittelbare Geltendmachung der Ansprüche der Gesellschaft durch deren nichtbefriedigte Gläubiger

Gläubiger, die von der Gesellschaft keine Befriedigung zu erlangen vermögen, **99**
können nicht wie im Aktienrecht (§ 93 Abs. 5 AktG) den Anspruch der Gesellschaft gegen die Geschäftsführer unmittelbar geltend machen. § 75 Abs. 6 RegE 1971, der insoweit eine Angleichung des GmbH-Rechts an das Aktiengesetz für die Fälle einer Beeinträchtigung der Kapitalgrundlage der Gesellschaft durch die Geschäftsführer vorsah, ist nicht geltendes Recht geworden. Die wichtigste Rechtsfolge des Verfolgungsrechts der Gläubiger, nämlich daß ein Verzicht auf oder ein Vergleich über Ersatzansprüche im Verhältnis zwischen der Gesellschaft und den Geschäftsführern nicht zu Lasten des Konkursverwalters wirkt, ergibt sich im GmbH-Recht für die Fälle der Beeinträchtigung der Kapitalgrundlage nach Abs. 3 aber schon daraus, daß ein solcher Verzicht oder Vergleich unwirksam ist, soweit der Ersatz zur Befriedigung der Gläubiger der Gesellschaft erforderlich ist (vgl. Rdn 92).

Gläubiger können Schadensersatzansprüche der Gesellschaft nach allgemeinem **100**
Prozeßrecht pfänden und sich überweisen lassen. Dafür ist nicht Voraussetzung, daß die Gesellschafter einen Beschluß nach § 46 Nr. 8 gefaßt haben[276].

---

[273] Geßler/*Hefermehl*/Eckardt/Kropff AktG § 93, 85.
[274] OLG Bremen GmbHRdsch 1964, 8.
[275] RGZ 156, 291, 300.
[276] RG JW 1930, 2685; vgl. auch hinsichtlich des Konkursverwalters BGH LM Nr. 2 zu § 39 GenG.

VII. Geltendmachung der Ersatzansprüche der Gesellschaft nach § 43

101 Zur Geltendmachung der Ersatzansprüche der Gesellschaft vgl. § 46, 87 ff.

VIII. Haftung der Geschäftsführer für die Schädigung von Gesellschaftern

Schrifttum

Grunewald Die Gesellschafterklage in der Personengesellschaft und der GmbH (1990); *Habersack* Die Mitgliedschaft – subjektives und „sonstiges" Recht (1996); *Hadding* Ergibt die Vereinsmitgliedschaft „quasi-vertragliche" Ansprüche, „erhöhte Treue- und Förderpflichten" sowie ein „sonstiges Recht" im Sinne des § 823 Abs. 1 BGB? Besprechung der Entscheidung BGHZ 110, 323, in: Festschr. Kellermann (1991) S. 91; *Knobbe-Keuk* Das Klagerecht des Gesellschafters einer Kapitalgesellschaft wegen gesetz- und satzungswidriger Maßnahmen der Geschäftsführung, in: Festschr. Ballerstedt (1975) S. 239; *Kowalski* Der Ersatz von Gesellschafts- und Gesellschafterschaden (1990); *Mertens* Die Geschäftsführerhaftung in der GmbH und das ITT-Urteil, in: Festschr. Robert Fischer (1979) S. 461; *ders.* Schadensfragen im Kapitalgesellschaftsrecht, in: Festschr. Hermann Lange (1992) S. 561; *Reuter* Die Mitgliedschaft als sonstiges Recht im Sinne des § 823 I BGB, in: Festschr. Hermann Lange (1992) S. 707; *K. Schmidt* Die Vereinsmitgliedschaft als Grundlage von Schadensersatzansprüchen, JZ 1991, 157; *Zöllner* Die sogenannten Gesellschafterklagen im Kapitalgesellschaftsrecht, ZGR 1988, 392. Vgl. auch die Literaturangaben bei § 46 vor Rdn 87.

1. Keine Haftung nach § 43

102 Gesellschaftern gegenüber haften die Geschäftsführer nach § 43 – anders als nach § 31 Abs. 6 – nicht unmittelbar. § 43 ist **nicht** als **Schutzgesetz** zugunsten einzelner Gesellschafter anzusehen[277].

2. Haftung nach § 266 StGB iVm § 823 Abs. 2 BGB und nach § 826 BGB

103 Erfüllen Geschäftsführer den Tatbestand des § 266 StGB oder den des § 826 BGB, so können die Gesellschafter unmittelbar gegen sie vorgehen. Nachteile im Vermögen der Gesellschafter, die lediglich den Schaden der Gesellschaft reflektieren, können sie aber nicht unmittelbar als Entwertungsschaden ersetzt verlangen, sondern nur in der Form geltend machen, daß sie Ersatz des gesamten der Gesellschaft entstandenen Schadens an diese beanspruchen[278]; denn andernfalls müßte der Schädiger, wenn er auch von der Gesellschaft in Anspruch genommen wird, den an den einzelnen Gesellschafter geleisteten Betrag abziehen dürfen; dieser wiederum wäre nicht mehr an einem Vermögenszuwachs der Gesellschaft zu beteiligen, der sich daraus ergibt, daß diese den ihr entstandenen Schaden abzüglich des bereits an den Gesellschafter geleisteten Betrages geltend macht[279].

3. Andere Schutzgesetze und Schutz der Mitgliedschaft

104 Im Lichte der grundsätzlichen Entscheidung des Gesetzes gegen eine unmittelbare Schutzwirkung der gesetzlichen Geschäftsführungspflichten der Verwaltungs-

---

[277] Scholz/*Schneider* 211; Baumbach/Hueck/*Zöllner* 2a; *Lutter/Hommelhoff* 25; Rowedder/*Koppensteiner* 39; *Mertens* Festschr. Fischer (1979) S. 461, 466 f; *Raiser* Recht der Kapitalgesellschaften² (1992) § 32, 68; *K. Schmidt* Gesellschaftsrecht² (1991) S. 900; **aA** *Sonnenschein* Organschaft und Konzerngesellschaftsrecht (1976) S. 159 ff.

[278] BGHZ 65, 15 = NJW 1976, 191; BGH JZ 1987, 781 m.Anm. *Wiedemann*; vgl. auch *Baums* ZGR 1987, 554; *Brandes* Festschr. Fleck (1988) S. 13 ff.; *Kowalski* S. 152 ff; *Mertens* Festschr. Hermann Lange (1992) S. 561, 569 ff m.w.Nachw.; abl. *Müller* Festschr. Kellermann (1991) S. 317, 334 f.

[279] *Mertens* Festschr. Fischer (1979) S. 461, 474.

mitglieder zugunsten der Gesellschafter sind auch alle anderen Vorschriften zu sehen, die Geschäftsführungspflichten im Interesse der Gesellschaft normieren. Außerhalb des Bereichs strafbaren und sittenwidrigen Handelns nach §§ 266 StGB oder § 826 BGB erwächst den Gesellschaftern daher hinsichtlich der Nachteile in ihrem Vermögen, die lediglich den Schaden der Gesellschaft reflektieren, **kein deliktischer Schadensersatzanspruch** gegen Verwaltungsmitglieder. Einen darüber hinausgehenden eigenen Schaden können sie jedoch gegen diese – nicht gegen die Gesellschaft (vgl. Rdn 107) – geltend machen, sofern Geschäftsführer sich ihnen selbst gegenüber haftbar gemacht haben.

Ob deliktisch relevante Verhaltenspflichten der Verwaltungsmitglieder in bezug **105**
auf die Mitgliedschaft der Gesellschafter selbst anzuerkennen sind, ist umstritten. M. E. muß hinsichtlich des Gesellschafterschadens, der nicht auch Bestandteil des Schadens der Gesellschaft ist, ein eigener Schadensersatzanspruch der Gesellschafter bei einem rechtswidrig schuldhaften **Eingriff** in das Substrat ihrer durch Gesetz und Satzung ausgeformten **Mitgliedsstellung** bejaht werden. Das gilt insbesondere bei Verletzung der Gleichbehandlungspflicht gegenüber den Mitgliedern sowie hinsichtlich der Minderung des Einflusses der Mitgliedschaftsposition durch gesetzes- oder satzungswidrige Nichtachtung oder durch rechtswidrige Durchkreuzung der aus ihr folgenden Entscheidungsbefugnisse, z. B. auf dem Wege einer Veränderung des Unternehmensgegenstandes oder der Organisationsstruktur der Gesellschaft ohne die gebotene Satzungsänderung[280]. Denn es ist unbestritten, daß das Mitgliedschaftsrecht ein sonstiges Recht im Sinne von § 823 Abs. 1 BGB ist[281]. Das Mitgliedschaftsrecht wird zwar nicht schon dadurch im Sinne des § 823 Abs. 1 BGB widerrechtlich beeinträchtigt, daß der Wert der Mitgliedschaft infolge einer Schmälerung des Wertes und der Ertragsfähigkeit der Gesellschaft selbst sinkt, wohl aber dadurch, daß – wie RGZ 158, 248, 255 sagt – der Gesellschafter ganz oder teilweise um die Mitgliedsrechte selbst gebracht wird. Diese Formulierung deckt nicht nur die Vernichtung des Mitgliedschaftsrechts, sondern jede Verkürzung der in ihm zusammengefaßten Herrschafts-, Teilhabe- und Vermögensfunktionen, soweit diese sich nicht nur als Reflex einer Veränderung des Gesellschaftsvermögens selbst darstellt[282]; denn das Deliktsrecht schützt nicht allein den rechtlichen Bestand des absoluten Rechts, der als solcher durch den deliktischen Eingriff oft gar nicht angetastet wird, sondern das dadurch dem Rechtsinhaber zugeordnete Vermögenssubstrat, sei es als Herrschaftsmacht und Einflußspielraum, sei es als Wertzuweisung. Nur muß der **Zuweisungsgehalt des Rechts** selbst, nicht nur sein Wert, durch den Eingriff betroffen sein. Jeder in diesem Sinne unmittelbare Eingriff in das Substrat der durch Gesetz und Satzung ausgeformten Mitgliedstellung verpflichtet mithin den Verletzer zum Ersatz des daraus resultierenden Schadens; droht ein entsprechender Eingriff, so muß dem Gesellschafter insoweit auch der deliktsrechtliche **Unterlassungsanspruch** zustehen. Als Schaden sind alle aus der Beeinträchtigung der Mitgliedschaft folgenden Nachteile zu ersetzen, so auch die Wertminderung einer Schachtelbeteiligung, die sich daraus ergibt, daß der kraft ihrer Funktion als Sperrminorität ausübbare Einfluß durch satzungswidrige Ausgliederung eines Unternehmensteils entscheidend herabgesetzt wird[283]. Soweit ein Gesellschafter das Mitgliedschaftsrecht eines anderen rechtswidrig beeinträchtigt, kommt auch Beihilfe durch Verwaltungs-

280 Vgl. dazu *Mertens* Festschr. Fischer (1979) S. 471f; *ders.* AG 1978, 309.

281 Vgl. RGZ 100, 274, 278; 158, 248, 255; MünchKomm-*Mertens*² § 823, 131.

282 *Mertens* Festschr. Fischer (1979) S. 461, 468f.

283 *Mertens* AG 1978, 309.

mitglieder in Betracht, so daß sich hier eine Haftung der Geschäftsführer nach §§ 830, 840 BGB ergeben kann.

106 Die **h.M.** wendet sich **gegen** eine derartige Haftung von Verwaltungsmitgliedern gegenüber Gesellschaftern, obwohl sie anerkennt, daß das Mitgliedschaftsrecht eine deliktsrechtlich geschützte Position darstellt. Doch soll die Anwendung von § 823 Abs. 1 BGB im Rahmen des gesellschaftsrechtlichen Gefüges unpassend sein, weil kein „Außeneingriff" vorliege, sondern es um eine typische Verletzung der körperschafts- und vertragsrechtlichen Pflichten des Geschäftsführers gehe[284].

107 Doch hat der Geschäftsführer gegenüber dem einzelnen Gesellschafter keine spezifischen körperschaftsrechtlichen Pflichten. Die Argumentation der h.M. kann einerseits nur deliktische Ansprüche der Gesellschafter untereinander betreffen, wo inzwischen die Entwicklung der gesellschafterlichen Treupflicht einen deliktischen Schutz der Mitgliedschaft auch überflüssig erscheinen läßt – es sei denn, man wollte eine Haftung der Geschäftsführer wegen Beihilfe zur Treupflichtverletzung nicht anerkennen –, und andererseits das Innenverhältnis der Gesellschafter zum Verband, den sie in ihrer mitgliedschaftlichen Verbundenheit konstituieren und an dessen Vermögen sie partizipieren. Demgegenüber besteht nach wie vor ein Bedürfnis für den deliktischen Schutz der Mitgliedschaft gegenüber Verwaltungsmitgliedern. Hier geht es auch nicht um eine Einbeziehung des Mitglieds in den Schutz vor einer typischen Verletzung der körperschafts- oder vertragsrechtlichen Pflichten des Geschäftsführers, sondern um einen Schutz vor Eingriffen, die gerade nicht durch die Geschäftsführungskompetenz der Geschäftsführer gedeckt sind. Mit dem Gesellschaftsrecht können sich hier lediglich dann störende Kollisionen anbahnen, wenn man den deliktischen Eingriff des Geschäftsführers in das Mitgliedschaftsrecht eines Gesellschafters über § 31 BGB der Gesellschaft selbst zurechnen würde. Diese Zurechnung verbietet sich aber aus den Gründen der hM.[285].

4. Vertragliche Ansprüche der Gesellschafter gegenüber den Geschäftsführern?

108 Ein unmittelbarer vertraglicher Anspruch eines geschädigten Gesellschafters gegen den Geschäftsführer kann insoweit gegeben sein, als der Geschäftsführungsvertrag als ein Vertrag zugunsten der Gesellschafter anzusehen ist. Dies wird im allgemeinen nicht der Fall sein (vgl. aber die folgende Rdn); prinzipiell ist der Geschäftsführungsvertrag kein Vertrag zugunsten oder mit Schutzwirkungen zugunsten der Gesellschafter[286]. Es ist aber nicht ausgeschlossen, ihn in diesem Sinne auszugestalten.

---

[284] Baumbach/Hueck/*Zöllner* 2a; Scholz/*Schneider* 216; *Lutter/Hommelhoff* 25; im Ergebnis auch *Hübner* Managerhaftung (1992) S. 20; *Hadding* Festschr. Kellermann (1991) S. 98 ff; *Wiedemann* Die Übertragung und Vererbung von Mitgliedschaftsrechten bei Handelsgesellschaften (1965) S. 39; *Zöllner* ZGR 1988, 392, 430; wie hier Rowedder/*Koppensteiner* 40; *Götz/Götz* JuS 1995, 106, 108 ff; *Habersack* (1996) S. 187 ff sowie BGHZ 110, 323 = NJW 1990, 2877 zur Haftung des Vereinsvorstandes; vgl. auch *Reuter* Festschr. Hermann Lange (1992) S. 707, 722 f; *K. Schmidt* JZ 1991, 157, 158 f.

[285] Vgl. dazu *Mertens* Festschr. Fischer (1979) S. 461, 470; MünchKomm-*Mertens*³ (1997) § 823, 152; **aA** für den Verein BGHZ 110, 323, 327 f = NJW 1990, 2877; *Götz/Götz* aaO S. 108 f m. w. Nachw.; nach *Habersack* (1996) S. 209 ff soll auch die Gesellschaft selbst haften, soweit das verbleibende Vermögen zur Deckung des Stammkapitals ausreicht. Doch ist für die Verneinung der Deliktshaftung der Gesellschaft nicht nur der Aspekt des Gläubigerschutzes maßgeblich.

[286] Baumbach/Hueck/*Zöllner* 2a; *Roth* Anm. 3.1.1.

IX. Haftung gegenüber der KG bei der GmbH & Co. KG und gegenüber stillen Gesellschaftern

Schrifttum

Bauer Zuständigkeitsprobleme bei Streitigkeiten der GmbH und GmbH & Co. KG mit ihren Geschäftsführern, GmbHRdsch 1981, 109; *Emmerich* Haftung des Geschäftsführers der GmbH einer GmbH & Co. KG gegenüber der Kommanditgesellschaft, JuS 1980, 300; *Grunewald* Haftung für fehlerhafte Geschäftsführung in der GmbH & Co. KG, BB 1981, 581; *Herschel* Der Geschäftsführer der GmbH & Co. KG, in: Gedächtnisschrift R. Schmidt (1966) S. 329, DB 1967, 2202; *Hüffer* Gesellschafterhaftung und Geschäftsführerhaftung in der Vor-GmbH & Co. KG. – Begründung und zeitliche Haftungsgrenzen – BGHZ 70, 132, JuS 1980, 485; *Konzen* Geschäftsführung, Weisungsrecht und Verantwortlichkeit in der GmbH und GmbH & Co. KG, NJW 1989, 2977; *Krebs* Geschäftsführungshaftung bei der GmbH & Co. KG und das Prinzip der Haftung für sorgfaltswidrige Leitung (1991); *Mühlberger* Rechtliche Bestandssicherung der GmbH & Co. KG und Haftungsrisiken für Geschäftsführer und Gesellschafter bei Überschuldung, GmbHRdsch 1977, 146; *K. Müller* Haftungsfragen im Zusammenhang mit der Geschäftsführung der GmbH & Co. KG durch die Komplementär-GmbH, GmbHRdsch 1972, 18.

Unter dem Gesichtspunkt der Schutzwirkung für Dritte ist eine Haftung des Geschäftsführers der GmbH gegenüber der KG bei der GmbH & Co. KG zu bejahen; die Geschäftsführungspflicht erstreckt sich hier als Organpflicht auch auf die Kommanditgesellschaft[287]; denn der GmbH-Geschäftsführer wird geschäftsleitend für die Kommanditgesellschaft tätig und bei dieser – nicht bei der GmbH – pflegen die Schäden aus schuldhaft schlechter Geschäftsführung einzutreten[288]. Entsprechendes kann für eine GmbH im Verhältnis zu ihren stillen Gesellschaftern gelten[289]. Da sich der Anspruch der Kommanditgesellschaft oder anderer in den Schutzbereich der organschaftlichen Geschäftsführungspflicht einbezogener Dritter aus § 43 Abs. 2 ergibt, greift auch die Verjährung gemäß § 43 Abs. 4 ein[290]. **109**

X. Haftung gegenüber Dritten

Schrifttum

Altmeppen Haftung der Geschäftsleiter einer Kapitalgesellschaft für Verletzung von Verkehrssicherungspflichten, ZIP 1995, 881; *v. Bar* Zur Struktur der Deliktshaftung von juristischen Personen, ihren Organen und ihren Verrichtungsgehilfen, in: Festschr. Kitagawa (1992) S. 79; *Beermann* AO-Geschäftsführerhaftung und ihre Grenzen nach der Rechtsprechung des

[287] BGHZ 75, 321, 322 ff = NJW 1980, 589 m. Anm. *Hüffer* ZGR 1981, 348; BGHZ 76, 326, 327 f = LM § 43 GmbHG Nr. 8 m. Anm. *Fleck* = NJW 1980, 1524; BGHZ 100, 190, 193 = NJW 1987, 2008; BGH GmbHRdsch 1981, 191; NJW 1982, 2869 m. Anm. *H. P. Westermann*; BGH WM 1992, 691; OLG München DStR 1991, 1291; OLG Hamm GmbHRdsch 1993, 294; OLG Düsseldorf WM 1984, 1080, 1087; Scholz/*Schneider* 263 ff; *K. Schmidt* Gesellschaftsrecht[2] S. 1380; *Grunewald* BB 1981, 581; *Brandes* WM 1987 Sonderbeil. Nr. 1 S. 7.

[288] Vgl. *K. Schmidt* aaO; im Ergebnis auch Scholz/*Schneider* 260 ff, 265 mit Überblick über verschiedene dogmatische Ansatzmöglichkeiten für die Inanspruchnahme des Geschäftsführers durch die Kommanditgesellschaft.

[289] So für die Pflichten des Geschäftsführers einer Abschreibungs-GmbH gegenüber deren in einer BGB-Gesellschaft zusammengefaßten stillen Gesellschaftern BGH BB 1995, 2180 m. Anm. *Schwennicke* WiB 1995, 749.

[290] BGHZ 100, 190, 199 = NJW 1987, 2008; BGH BB 1995, 2180, 2183. Enthält die Geschäftsführungsverletzung zugleich eine gesellschafterliche Treupflichtverletzung des der Kommanditgesellschaft als Kommanditist angehörenden Geschäftsführers, so soll insoweit nach BGH NJW 1982, 2869 m. Anm. *H. P. Westermann* die allgemeine Verjährung gelten; so auch Scholz/*Schneider* 266; krit. demgegenüber *K. Schmidt* aaO S. 1380 f.

BFH, DStR 1994, 805; *Brandner* Haftung des Gesellschafter/Geschäftsführers einer GmbH aus culpa in contrahendo? in: Festschr. Werner (1984) S. 53; *Brüggemeier* Organisationshaftung, AcP 191 (1991) 33; *Dreher* Die persönliche Verantwortlichkeit von Geschäftsleitern nach außen und innergesellschaftliche Aufgabenteilung, ZGR 1992, 22; *Ebenroth/Kräutter* Die Eigenhaftung des GmbH-Geschäftsführers bei der Anlagevermittlung, BB 1990, 569; *Frank* Die Haftung des Geschäftsführers einer GmbH und der Geschäftsführungsorgane sonstiger juristischer Personen für Aufsichtsverschulden nach § 831 Abs. 2 BGB, BB 1975, 588; *Goette* Zur persönlichen Haftung des Geschäftsführers einer GmbH gegenüber Dritten aus Geschäften, die nach Eintritt der Konkursreife mit ihnen geschlossen werden, DStR 1994, 1048; *Götting* Die persönliche Haftung des GmbH-Geschäftsführers für Schutzrechtsverletzungen und Wettbewerbsverstöße, GRUR 1994, 6; *Grunewald* Die Haftung von Organmitgliedern nach Deliktsrecht, ZHR 157 (1993) 451; *Habetha* Deliktsrechtliche Geschäftsführerhaftung und gesellschaftsfinanzierte Haftpflichtversicherung, DZWiR 1995, 272; *Haß* Die persönliche Haftung des GmbH-Geschäftsführers bei Wettbewerbsverstößen und Verletzung gewerblicher Schutzrechte, GmbHRdsch 1994, 666; *Hoffmann* Haftung des GmbH-Geschäftsführers für einbehaltene Sozialversicherungsbeiträge und Lohnsteuer, DB 1986, 467; *Impelmann* Die Haftung des GmbH-Geschäftsführers gegenüber Dritten, WiB 1994, 801; *Karollus* Weitere Präzisierungen zur Konkursverschleppungshaftung, ZIP 1995, 269; *Keßler* Die deliktische Eigenhaftung des GmbH-Geschäftsführers, GmbHRdsch 1994, 429; *Kiethe* Die deliktische Eigenhaftung des Geschäftsführers der GmbH gegenüber Gesellschaftsgläubigern, DStR 1993, 1298; *Klaka* Persönliche Haftung des gesetzlichen Vertreters für die im Geschäftsbetrieb der Gesellschaft begangenen Wettbewerbsverstöße und Verletzungen von Immaterialgüterrechten, in: Festschr. Döllerer (1988) S. 269; *Lutter* Gefahren persönlicher Haftung für Gesellschafter und Geschäftsführer einer GmbH, DB 1994, 129; *ders.* Zur persönlichen Haftung des Geschäftsführers aus deliktischen Schäden im Unternehmen, ZHR 157 (1993) 464; *Maier* Die Haftung des GmbH-Geschäftsführers für Immaterialgüterrechtsverletzungen, GmbHRdsch 1986, 153; *ders.* Die Haftung des GmbH-Geschäftsführers für Wettbewerbsverstöße im Unternehmen, WRP 1986, 71; *ders.* Wettbewerbsrechtliche Haftung geschäftsführender Organe (1988); *Medicus* Zur Eigenhaftung des GmbH-Geschäftsführers aus Verschulden bei Vertragsverhandlungen, in: Festschr. Steindorff (1990) S. 725; *ders.* Zur deliktischen Eigenhaftung von Organpersonen, in: Festschr. Lorenz (1991) S. 155; *ders.* Die Außenhaftung des GmbH-Geschäftsführers, GmbHRdsch 1993, 533; *Mösbauer* Die Haftung des Geschäftsführers einer GmbH für Steuerschulden der GmbH, GmbHRdsch 1986, 270; *A. Müller*, Die steuerrechtliche Haftung des GmbH-Geschäftsführers, GmbHRdsch 1984, 45; *G. Müller* Geschäftsführerhaftung für Neugläubigerschaden, GmbHRdsch 1996, 393; MünchHdb GesR III-*Wrede* (1996) 8. Kapitel § 47; *Müsgen* Die Konkursverschleppungshaftung des GmbH-Geschäftsführers, DZWiR 1994, 455; *Nehm* Geschäftsführerhaftung für Steuerschulden – Eine Zwischenbilanz, DB 1987, 124; *Ottofülling* Die wettbewerbsrechtliche und immaterialgüterrechtliche Störerhaftung des Geschäftsführers der GmbH (1990); *Reese* Die Haftung von „Managern" im Außenverhältnis, DStR 1995, 688; *Rowedder* Zur Außenhaftung des GmbH-Geschäftsführers – Versuch einer Systematisierung, in: Festschr. Semler (1993) S. 311; *Schaub* Die Haftung des GmbH-Geschäftsführers im Außenverhältnis, DStR 1992, 1728, 1766; *Thamm* Die persönliche Haftung bzw. Verantwortlichkeit von Führungskräften und Mitarbeitern im Unternehmen, DB 1994, 1021; *Thelen* Der Gläubigerschutz bei Insolvenz der Gesellschaft mit beschränkter Haftung, ZIP 1987, 1027; *Wellkamp* Ausweitung und Einschränkung der Eigenhaftung des GmbH-Geschäftsführers, DB 1994, 869; *Westermann/Mutter* Die Verantwortlichkeit von Geschäftsführern einer GmbH gegenüber Dritten, DZWir 1995, 184.

1. Bedenklichkeit einer Haftung der Geschäftsführer gegenüber Dritten

110 Aus Verletzung der Geschäftsführerpflichten gegenüber der Gesellschaft haften die Geschäftsführer gegenüber Dritten nur insoweit, als sie damit zugleich im Verhältnis zu diesen einen Haftungstatbestand verwirklichen. § 43 ist kein Schutzgesetz zugunsten der Gläubiger; die Vorschrift enthält auch – anders als § 93 Abs. 5 AktG – keine Regelung, die es den Gläubigern der Gesellschaft gestattete, den Ersatzanspruch der Gesellschaft geltend zu machen, soweit sie von dieser keine Befriedigung erlangen können[291]. Die Rechtsprechung neigt allerdings in zunehmendem Maße dazu, Geschäftsführer persönlich dafür verantwortlich zu machen, daß die GmbH ihren Pflichten nachkommt. Diese Tendenz erscheint überaus bedenklich[292]. Zum einen werden damit dem Geschäftsführer unverhältnismäßige Haftungsrisiken auferlegt, zum anderen entwickelt sich eine unberechenbare Durchgriffsrechtsprechung. Zudem wird damit letztlich eine Versicherung des Geschäftsführers auf Kosten des Unternehmens (vgl. dazu Rdn 89) unvermeidbar werden. Letztlich versichert das Unternehmen damit aber sein eigenes Insolvenzrisiko; denn ist die Gesellschaft zahlungsfähig, wird der Geschäftsführer in aller Regel nicht in Anspruch genommen werden. Im Ergebnis wird somit eine Versicherung der eigenen Leistungsfähigkeit der Gesellschaft durch Geldmittel heraufbeschworen, die damit dem Einsatz für die eigentliche wirtschaftliche Tätigkeit des Unternehmens entzogen sind. Zugunsten der Gläubiger wird die Bildung eines Deckungsstocks aus dem Unternehmenskapital im Insolvenzfall betrieben und somit ein Teil seines Eigenkapitals als Sicherheitsreserve stillgelegt. Genau diese Funktion hat das Eigenkapital in der Gesellschaft mit beschränkter Haftung aber nicht. Die Herabsetzung der Bereitschaft zu unternehmerischen Wagnissen, die notwendig mit dieser Entwicklung verbunden sein wird, dürfte im übrigen hauptsächlich mächtigen und schamlosen Gläubigern wie vor allem dem Steuer- und Sozialstaat zugute kommen, die sich mit Hilfe ihres Einflusses auf Gesetzgebung und Rechtsprechung schon heute entsprechende Vorzugsstellungen verschafft haben (vgl. Rdn 118 und Rdn 120).

2. Aus Vertrag

Eine Haftung nach **vertraglichen Grundsätzen** ist in solchen Fällen möglich, in denen die Einhaltung von Geschäftsführungspflichten Bestandteil der Dienstpflichten des Geschäftsführers im Rahmen seines Dienstverhältnisses zu einem Dritten ist. Erklärungen des Geschäftsführers, für eine Verbindlichkeit der GmbH einstehen zu wollen, können als Bürgschaft oder als formlos wirksamer Schuldbeitritt zu werten sein[293]. Das Ausscheiden eines Geschäftsführers kann einen wichtigen Grund für die Kündigung einer Bürgschaft darstellen[294]. **111**

3. Nach Rechtsscheingrundsätzen

Eine Haftung des Geschäftsführers neben oder anstelle der Gesellschaft kommt auch nach Rechtsscheingrundsätzen in Betracht, so etwa, wenn er den Anschein erweckt, einen unbeschränkt persönlich haftenden Firmeninhaber zu vertreten[295]. **112**

4. Aus culpa in contrahendo

Eine eigene Außenhaftung des Geschäftsführers aus Verschulden bei Vertragsschluß kommt nur dann in Betracht, wenn der Geschäftsführer beim Geschäftspartner der Gesellschaft ein besonderes persönliches Vertrauen in bezug auf den Bestand **113**

---

291 Vgl. dazu *Thelen* ZIP 1987, 1027 f.

292 Vgl. etwa *Dreher* ZGR 1992, 22, 32 ff; *Medicus* GmbHRdsch 1993, 533, 540; *Westermann/Mutter* DZWiR 1995, 184, 192. Die These, daß der Geschäftsführer die Einhaltung der die GmbH im Außenverhältnis treffenden Verkehrspflichten keineswegs durchweg selbst gegenüber Dritten zu verantworten hat, setzt allerdings die Bejahung einer – nicht an § 31 BGB gebundenen – deliktischen Organisations- und Verkehrssicherungspflicht der GmbH selbst voraus; vgl. dazu Rdn 115 und § 35, 128.

293 BGH WM 1985, 1417; die Berufung auf einen Formmangel kann rechtsmißbräuchlich sein; vgl. BGH WM 1986, 939.

294 OLG Celle WM 1989, 1224.

295 BGH NJW 1981, 2569; WM 1990, 600; OLG Hamm GmbHRdsch 1995, 127. Zur Eigenhaftung des Geschäftsführers als Vertreter ohne Vertretungsmacht vgl. BGH WM 1989, 1848.

und die Erfüllung des in Aussicht genommenen Geschäfts – nicht nur das normale Verhandlungsvertrauen – in Anspruch genommen hat[296]. Der Geschäftsführer muß in zurechenbarer Weise beim Geschäftspartner den Eindruck erwecken, er übernehme eine zusätzliche Gewähr für die Richtigkeit und Vollständigkeit der Erklärungen, die er im Namen der GmbH abgibt[297], bzw. er werde persönlich für die ordnungsmäßige Geschäftsabwicklung geradestehen[298]. Die Frage, ob Erklärungen eines Geschäftsführers im Sinne der Übernahme einer persönlichen Gewährleistung zu deuten sind, liegt dann besonders nahe, wenn der Geschäftsführer wirtschaftlich selbst stark an dem Vertragsabschluß interessiert ist und aus dem Geschäft einen Nutzen erstrebt[299]. Dieses Interesse kann insbesondere dann gegeben sein, wenn der Geschäftsführer an der Gesellschaft selbst maßgeblich beteiligt ist. Eine solche Beteiligung allein reicht aber keineswegs aus, um eine persönliche Haftung aus culpa in contrahendo zu begründen[300]. Das wirtschaftliche Eigeninteresse des Gesellschafter-Geschäftsführers reicht auch dann nicht zur Begründung einer Haftung aus culpa in contrahendo aus, wenn es sich nicht allein im Gesellschaftsanteil und im daraus resultierenden Gewinnbezugsrecht niederschlägt, sondern wenn er einen eigenen Provisionsanspruch erwirbt[301] oder Großgläubigern der GmbH gegenüber Mitschuld übernommen oder Sicherheiten aus eigenem Vermögen zur Verfügung gestellt hat[302].

114 Unabhängig von der Frage, ob der Geschäftsführer persönliches Vertrauen in Anspruch genommen hat, trifft ihn gegenüber potentiellen Geschäftspartnern gegebenenfalls eine Pflicht, auf eine bereits eingetretene oder absehbare und nicht mehr abwendbar erscheinende Zahlungsunfähigkeit oder Überschuldung der GmbH hinzuweisen, falls der Geschäftspartner vorleisten soll[303]. Durch eine persönliche Haftung des Geschäftsführers sanktionierte Verhaltenspflichten können sich auch nach den Grundsätzen über die Prospekthaftung ergeben[304].

5. Aus Delikt

115 Eine deliktische Haftung des Geschäftsführers für Geschäftsführungshandlungen setzt voraus, daß den Geschäftsführer dafür eine eigene deliktische Verantwortlich-

---

296 *Medicus* Festschr. Steindorff (1990) S. 725, 734; *Lutter/Hommelhoff* 29; Baumbach/Hueck/*Zöllner* 4c.

297 Vgl. BGH WM 1991, 1548.

298 BGH ZIP 1990, 659, 661; ZIP 1994, 1103, 1106; *Ebenroth/Kräutter* BB 1990, 569, 570.

299 Vgl. BGH WM 1985, 1526f.

300 BGH WM 1985, 384, 385; WM 1985, 1526 = BB 1986, 1042, 1043 f m.Anm. *Steininger*; WM 1986, 854, 856; ZIP 1993, 763, 764 f; ZIP 1994, 1103, 1106; OLG Hamburg ZIP 1985, 352; anders noch BGHZ 87, 27, 34; BGH WM 1982, 1322; WM 1987, 1431, 1432. Daß auf den Gesichtspunkt des wirtschaftlichen Eigeninteresses allein eine culpa in contrahendo-Haftung nicht gestützt werden kann, entspricht auch der ganz h.M.; vgl. etwa Baumbach/Hueck/*Zöllner* 4c; *Lutter/Hommelhoff* 29 ff; *Brandner* Festschr. Werner (1984) S. 53, 59 ff; *Ulmer* NJW 1983, 1577, 1579; *ders.* GmbHRdsch 1984, 256, 264; *Steininger* aaO; *Wiedemann* NJW 1984, 2286; *Grunewald* ZGR 1986, 580, 584 ff; *Medicus* Festschr. Steindorff (1990) S. 725, 736; *Kort* DB 1990, 921.

301 BGH WM 1993, 735; vgl. auch BGH WM 1991, 1548; OLG Zweibrücken WM 1992, 1604.

302 BGH ZIP 1993, 763; ZIP 1994, 1103; GmbHRdsch 1995, 125; GmbHRdsch 1995, 226; *Westermann/Mutter* DZWiR 1995, 184, 187 f; *Lutter* DB 1994, 129, 133; *Medicus* GmbHRdsch 1993, 533, 535 f; anders noch BGH DB 1988, 1060; *Flume* ZIP 1994, 337, 339; zusammenfassende Darstellungen der Entwicklung der Rspr. finden sich bei *Wellkamp* DB 1994, 869 ff; *Westermann/Mutter* aaO.

303 Vgl. dazu BGH NJW 1983, 677; DB 1988, 1060; WM 1991, 1548; WM 1992, 735; OLG München GmbHRdsch 1992, 813; OLG Hamm GmbHRdsch 1993, 585; Baumbach/Hueck/*Zöllner* 4c; *Lutter/Hommelhoff* 28; *Ulmer* NJW 1983, 1577, 1578; *Westermann/Mutter* DZWiR 1995, 184, 187 f.

304 Vgl. BGH NJW-RR 1986, 968; WM 1989, 1715; NJW 1990, 2461; vgl. auch BGH NJW 1992, 228; LG Berlin GmbHRdsch 1994, 405; *Ebenroth/Kräutter* BB 1990, 569, 572 f.

keit trifft. Die GmbH haftet dann neben ihm nach § 31 BGB. Die Verletzung von Verhaltenspflichten, die der GmbH und nicht dem Geschäftsführer obliegen, führt demgegenüber nur zu einer deliktischen Haftung der GmbH selbst. Die gegenüber der GmbH bestehende Geschäftsführungspflicht, diese so zu führen, daß sie sich im Verkehr rechtmäßig verhält, erzeugt keine persönliche Garantenstellung des Geschäftsführers gegenüber Dritten (vgl. dazu § 35, 128). Vielmehr kommt neben der Haftung der juristischen Person für die Verletzung der ihr als solcher obliegenden Verkehrspflichten die persönliche Haftung einzelner Organmitglieder oder Angestellter nur insoweit in Betracht, als diese aufgrund der für die Begründung von Verkehrspflichten entscheidenden Gesichtspunkte eine eigene Verkehrspflicht trifft[305].

Eine Eigenhaftung des Geschäftsführers kommt weiter auch bei der Verletzung **116**
von Schutzgesetzen in Betracht, die er persönlich zu beachten verpflichtet ist. Erfüllt er den Tatbestand eines Schutzgesetzes persönlich, so haftet er durchweg selbst, auch wenn er in Geschäftsführung für die GmbH handelt. Weder § 43 selbst noch § 30 ist ein Schutzgesetz zugunsten der Gläubiger[306], auch nicht § 41[307]. Der BGH hat es auch abgelehnt[308], § 130 OWiG jedenfalls insoweit als Schutzgesetz anzuerkennen, als die Unterlassung von Aufsichtsmaßnahmen zur Verletzung von Pflichten führt, denen ihrerseits Schutzgesetzcharakter zuzusprechen ist[309]. Eine Haftung des Geschäftsführers nach § 130 OWiG iVm § 823 Abs. 2 BGB soll vielmehr allenfalls dann in Betracht kommen, wenn im Unternehmen Schutzgesetze verletzt werden, die das Insolvenzrisiko der Gesellschaftsgläubiger betreffen[310]. Schutzgesetz zugunsten der Gläubiger ist § 64 Abs. 1; vgl. die Erl. zu dieser Vorschrift. Wie *Ulmer* dort noch nicht berücksichtigen konnte, hat der BGH im Rahmen dieser Vorschrift denjenigen Gläubigern, die erst nach dem Zeitpunkt der Konkursreife Ansprüche gegen die Gesellschaft erworben haben, einen Anspruch auf das volle negative Interesse zugestanden[311]. Das Für und Wider dieser Entscheidung ist hier nicht zu erör-

---

[305] Vgl. dazu MünchKomm-*Mertens*[3] (1997) § 823, 11, 24 ff. Bedenklich daher BGHZ 109, 297 = NJW 1990, 976, wo der BGH diesen von ihm selbst in NJW 1974, 1371, 1372 angewendeten Grundsatz zwar nicht selbst in Frage stellt, dennoch aber einen Geschäftsführer wegen Verletzung des Vorbehaltseigentums von Lieferanten der GmbH durch Unterlassung selbst haften läßt, ohne ihm mehr als die Verletzung einer Organisationspflicht vorwerfen zu können; vgl. dazu kritisch *Dreher* ZGR 1992, 22; *Hirte* JZ 1992, 257, 258; *Lutter* ZHR 157 (1993) 464; *Medicus* Festschr. Lorenz (1991) S. 155, 164; *Mertens/Mertens* JZ 1990, 488; *Krebs/Dylla-Krebs* DB 1990, 1271; *Ransiek* ZGR 1992, 203; *K. Schmidt* Gesellschaftsrecht[2] S. 907 f; *Westermann* DNotZ 1991, 813; Baumbach/Hueck/*Zöllner* 4a; differenzierend Scholz/*Schneider* 229 f; *Altmeppen* ZIP 1995, 881, 885 ff; *Brüggemeier* AcP 191 (1991) 33 ff; *Grunewald* ZHR 157 (1993) 451; *Keßler* GmbHRdsch 1994, 429, 431 ff, 433 ff. *Christensen* Verkehrspflichten in arbeitsteiligen Prozessen (1995) S. 185 ff; *Nölle* Die Eigenhaftung des GmbH-Geschäftsführers für Organisationspflichtverletzungen (1995). Gegen eine Außenhaftung kraft interner Organisationspflicht und in deutlichem Gegensatz zu BGHZ 109, 297 BGH NJW 1994, 1801, 1803. Eine Verkehrspflichtigkeit kraft persönlicher Garantenstellung wird Geschäftsführern insbesondere insoweit aufzuerlegen sein, als sie im Dienste der Gesellschaft eine konkrete Verantwortung für die Abwendung von spezifischen Gefahren für Leib und Leben von Unternehmensangehörigen und Dritten tragen. Insofern könnte aus den Feststellungen in BGHSt 37, 106 (Lederspray) = NJW 1990, 2560 auch eine zivilrechtliche Haftung der strafrechtlich verantwortlichen Geschäftsmitglieder abgeleitet werden.

[306] BGH GmbHRdsch 1990, 251, 257.

[307] BGHZ 125, 366, 377 f = ZIP 1994, 867 m. Anm. *K. Schmidt* ZIP 1994, 837.

[308] BGHZ aaO 371 ff.

[309] So MünchKommBGB-*Mertens*[2] § 823, 165 Fn. 258 und § 831, 41; in der Tendenz auch *Lutter* ZHR 157 (1993) 464, 478.

[310] Krit. gegenüber der Begründung des BGH *K. Schmidt* ZIP 1994, 837, 841 f; begrüßenswert ist jedenfalls die klare Bekräftigung des Grundsatzes, daß Organisationspflichten der Organmitglieder nur der Gesellschaft gegenüber bestehen (BGHZ aaO 376); gegen den BGH *Siegmann/Vogel* ZIP 1994, 1821, 1828 f.

[311] BGH ZIP 1994, 1103; vgl. auch BGH ZIP 1993, 763 und 1543 sowie ZIP 1995, 211 m. Anm. *Karollus* ZIP 1995, 269.

tern[312]. Wenn das Haftungsrisiko des Geschäftsführers in vertretbaren Grenzen gehalten werden soll, so wird ihm der Vorwurf einer fahrlässigen Verkennung der Konkursreife jedenfalls nur dann gemacht werden dürfen, wenn die Tatbestände der Zahlungsunfähigkeit oder der Überschuldung eindeutig gegeben waren und für einen Geschäftsführer auf der Hand lagen[313].

117 Sofern der Geschäftsführer die Tatbestandsmerkmale des § 826 BGB persönlich erfüllt, haftet er nach dieser Vorschrift[314].

6. Gegenüber Steuergläubigern

118 Die Pflicht der Geschäftsführer, die **steuerlichen Pflichten** der Gesellschaft zu erfüllen, besteht nicht nur dieser gegenüber, sondern ist durch § 34 Abgabenordnung als öffentlichrechtliche Pflicht ausgestaltet. Nach Abs. 1 dieser Vorschrift haben die gesetzlichen Vertreter juristischer Personen deren steuerliche Pflichten zu erfüllen, also die Bücher und Aufzeichnungen zu führen (§§ 140–148 AO), die Steuererklärungen abzugeben und zu berichtigen (§§ 149–153 AO), Auskünfte zu erteilen (§ 93 AO), Mitteilungen nach den §§ 137–139 AO zu erstatten, die Steuern aus dem verwalteten Vermögen zu entrichten (§ 34 Abs. 1 S. 2 AO), die Vollstreckung in das verwaltete Vermögen zu dulden (§ 77 AO) und die von den Arbeitnehmern geschuldete Lohnsteuer abzuführen (§§ 38 Abs. 3, 41a EStG). Nach § 69 AO haften die gesetzlichen Vertreter juristischer Personen persönlich, soweit Ansprüche aus dem Steuerschuldverhältnis infolge vorsätzlicher oder grob fahrlässiger Verletzung der ihnen auferlegten Pflichten nicht oder nicht rechtzeitig festgesetzt oder erfüllt oder soweit infolgedessen Steuervergütungen oder Steuererstattungen ohne rechtlichen Grund gezahlt werden[315]. Die Haftung umfaßt auch die infolge der Pflichtverletzung zu zahlenden Säumniszuschläge[316]. Hierzu ist auf die Kommentierungen der Abgabenordnung zu §§ 34, 69 AO zu verweisen[317]. Die Geschäftsführer haften zwar nicht schon deshalb, weil die Gesellschaft zur Erfüllung ihrer Steuerschulden nicht in der Lage ist; doch nimmt die Rechtsprechung an, daß der gesetzliche Vertreter eines Steuerschuldners bereits vor Fälligkeit der Steuern verpflichtet sei, die Mittel des Steuerschuldners so zu verwalten, daß dieser zur pünktlichen

---

312 Vgl. etwa *Lutter/Hommelhoff* § 64, 16; Baumbach/Hueck/Schulze-Osterloh § 64, 26; *G. Müller* GmbHRdsch 1996, 393.

313 Vgl. *Flume* ZIP 1994, 337, 340; *Lutter* DB 1994, 129, 135; *Goette* DStR 1994, 1048, 1052 f.

314 Vgl. BGH GmbHRdsch 1994, 464; OLG Celle GmbHRdsch 1994, 467; OLG Zweibrücken WM 1992, 1604, 1608. § 826 BGB wird von der Rechtsprechung auch benutzt, um die deliktische Vermögenspflicht des Geschäftsführers, Anlegerkunden der GmbH über Risiken von Warentermingeschäften angemessen aufzuklären, zu sanktionieren; BGHZ 80, 80 = NJW 1981, 1266; BGHZ 124, 151, 156 = WM 1994, 149; BGH WM 1985, 81; 1988, 1255; 1992, 770, 771 f; 1994, 453, 454; 492, 493; 1746, 1747; 1996, 1214, 1215.

315 Vgl. zur Haftung des Geschäftsführers, der Lohnsteuer nicht abführt, BFH BB 1982, 1288; GmbHRdsch 1987, 444 (eigene Lohnsteuer); OLG Hamburg DB 1986, 2173; zur Haftung für die Einbehaltung zu hoher Vorsteuerabzüge BFH DStR 1985, 192; DB 1985, 1824; zur Haftung bei nicht rechtzeitiger Abgabe von Steuererklärungen BFH ZIP 1991, 1008.

316 Schuldner der Hinterziehungszinsen ist der Geschäftsführer einer GmbH, der Steuern zum Vorteil der GmbH hinterzieht, nicht; BFH ZIP 1992, 37. Zur Haftungshöhe bei der Inanspruchnahme nach § 69 AO vgl. BFH ZIP 1989, 519; BVerwG NJW 1989, 1873; zur Auskunftspflicht des Geschäftsführers gegenüber dem Finanzamt zur Feststellung des Haftungsumfangs BFH GmbHRdsch 1990, 408.

317 Vgl. insbesondere *Klein/Orlopp* Abgabenordnung[5] (1995). Aus der Literatur vgl. etwa *Schulze zur Wiesche* GmbHRdsch 1978, 138; *Mittelbach* DStZ 1984, 211; *Müller* GmbHRdsch 1984, 45; *Mösbauer* GmbHRdsch 1986, 270; *Felix* DStZ 1987, 471, 472 f; *Prugger* StW 1988, 510; *Spetzler* GmbHRdsch 1989, 167; *Spriegel/Jokisch* DStR 1990, 433; *Wilcke* StVj 1990, 146; *Beermann* DStR 1994, 805.

Zahlung erst später fällig werdender Steuerschulden in der Lage ist. Daher soll der Geschäftsführer seine Pflichten bereits dann verletzen, wenn er sich durch Vorwegbefriedigung anderer Gläubiger oder in sonstiger Weise schuldhaft außerstande setzt, künftig fällig werdende Steuern, deren Entstehung ihm bekannt ist, zu tilgen[318]. Auch wird es von den Finanzgerichten als Pflichtverletzung angesehen, wenn der Geschäftsführer einseitig die Privatgläubiger befriedigt und deshalb der Fiskus zu kurz kommt; vielmehr soll er verpflichtet sein, für eine gleichmäßige Befriedigung der Gläubiger Sorge zu tragen[319]. Diese administrative Vereinnahmung des Geschäftsführers für fiskalische Belange auf ein für eine freiheitliche Wirtschaftsordnung vertretbares Maß zu beschränken, sollte eine der Hauptaufgaben rechtsstaatlichen Denkens im Steuerrecht sein. Immerhin hat der BFH entschieden, daß spekulatives Wirtschaften noch nicht ohne weiteres eine Verantwortung für die Nichtzahlung von Steuern am Fälligkeitstag begründet[320] und daß die nicht rechtzeitige Stellung eines Konkursantrags für sich allein ebenfalls noch nicht die Steuerhaftung des Geschäftsführers auslöst[321]. Der Geschäftsführer haftet nicht für Steuerschulden, die erst nach Beendigung seines Amtes fällig werden[322]. Den Geschäftsführer trifft selbstverständlich auch keine persönliche Haftung für ein Verschulden des Steuerberaters, wenn ihm kein Auswahl- oder Überwachungsverschulden zur Last zu legen ist[323].

Die Verantwortung der steuerlichen Pflichten obliegt jedem einzelnen Geschäfts- **119**
führer persönlich. Die Wahrnehmung der Aufgaben durch einen Geschäftsführer entlastet die anderen nur, soweit diese davon ausgehen können und dürfen, daß dieser seine Aufgaben ordnungsmäßig erfüllt. Außerhalb von Routineangelegenheiten soll eine Aufgabendelegation nur im Wege einer schriftlichen Geschäftsordnung in Betracht kommen[324] (vgl. dazu Rdn 33). Bei einer Aufgabenteilung bleibt die Verantwortung der anderen Geschäftsführer als Überwachungsverantwortlichkeit bestehen. Wenn Anlaß besteht anzunehmen, daß die steuerlichen Pflichten der Gesellschaft nicht ordnungsmäßig erfüllt werden oder wennn die laufende Erfüllung aller Verbindlichkeiten nicht mehr gewährleistet ist und infolgedessen Unregelmäßigkeiten in der Erklärung der Steuern oder der Erfüllung der Steuerschulden zu besorgen sind, muß sich unverzüglich wieder jeder Geschäftsführer persönlich um die Einhaltung der steuerlichen Pflichten der Gesellschaft kümmern.

7. Gegenüber Sozialversicherungsträgern

§ 266a StGB, wonach der Arbeitgeber strafbar ist, wenn er Beiträge des Arbeit- **120**
nehmers zur Sozialversicherung oder zur Bundesanstalt für Arbeit der Einzugsstelle vorenthält, wird von der Rechtsprechung als ein deliktisches Schutzgesetz verstanden, das eine persönliche Haftung des Geschäftsführers begründet[325]. Doch schützt § 266a StGB keine individuellen Rechtspositionen und rechtfertigt auch keine Haf-

---

318 BFH/NV 1987, 2.

319 BFHE 141, 443, 448ff; BFHE 154, 206 = GmbHRdsch 1988, 456 m.Anm. *Prugger*; BFH BB 1985, 1654; GmbHRdsch 1987, 283; GmbHRdsch 1988, 278; BFH/NV 1988, 481; BFH/NV 1989, 424; BFH BB 1991, 1478; vgl. dazu auch Scholz/*Schneider* 255f; *Buyer* GmbHRdsch 1987, 277; *Spetzler* GmbHRdsch 1989, 167; *Friedl* DStR 1989, 162; *Spriegel/Jokisch* DStR 1990, 433.

320 BFH/NV 1988, 485.

321 BFH/NV 1988, 487.

322 BFH GmbHRdsch 1985, 375. Zu den Auswirkungen von Steuerstundungen auf die Haftung vgl. *Carl* DB 1987, 2120.

323 BFH GmbHRdsch 1995, 239.

324 Vgl. dazu etwa BFH ZIP 1984, 1345 und ZIP 1986, 1247f.

325 BGH DB 1991, 2585; OLG Düsseldorf GmbHRdsch 1993, 812; OLG Düsseldorf GmbHRdsch 1994, 403.

tungserstreckung von der juristischen Person auf die Geschäftsführer[326]. § 266a StGB erfordert – zumindest bedingten – Vorsatz, so daß normalerweise eine Haftung nicht zuständiger Geschäftsführer unter dem Gesichtspunkt der Gesamtverantwortung für die Geschäftsführung oder des Organisationsverschuldens nicht eingreift[327]. Das Vorenthalten von Beiträgen führt nicht zur Strafbarkeit und damit auch nicht zur Haftung bei Zahlungsunfähigkeit der GmbH[328]. Für die Abführung des Arbeitgeberanteils zur Sozialversicherung haften die Geschäftsführer nicht persönlich[329].

8. Für Schutzrechtsverletzungen und Wettbewerbsverstöße

121 Der GmbH-Geschäftsführer kann persönlich auf Unterlassung von Schadensersatz für Wettbewerbs- und Schutzrechtsverletzungen in Anspruch genommen werden, soweit er daran aktiv mitgewirkt hat[330]. Hat der Geschäftsführer nicht aktiv an der Rechtsverletzung teilgenommen, so kann seine persönliche Haftung nur dann gerechtfertigt sein, wenn der Geschäftsführer Kenntnis von der Rechtsverletzung und die Möglichkeit zu ihrer Verhinderung hatte[331]. Eine allgemeine oder auch nur situationsbedingte persönliche Verkehrssicherungspflicht des Geschäftsführers zum Schutz des Wettbewerbs und der Immaterialgüterrechte existiert nicht[332].

§ 43 a

Den Geschäftsführern, anderen gesetzlichen Vertretern, Prokuristen oder zum gesamten Geschäftsbetrieb ermächtigten Handlungsbevollmächtigten darf Kredit nicht aus dem zur Erhaltung des Stammkapitals erforderlichen Vermögen der Gesellschaft gewährt werden. Ein entgegen Satz 1 gewährter Kredit ist ohne Rücksicht auf entgegenstehende Vereinbarungen sofort zurückzugewähren.

Übersicht

326 So mit Recht *Dreher* DB 1991, 2586 f.

327 BGH DB 1991, 2585; OLG Düsseldorf GmbH-Rdsch 1994, 403; OLG Frankfurt ZIP 1995, 213.

328 OLG Düsseldorf GmbHRdsch 1994, 403, 404.

329 Baumbach/Hueck/*Zöllner* 5; *Meyer-Landrut*/Miller/Niehus 9; vgl. zur Geschäftsführerhaftung gegenüber Sozialversicherungsträgern auch *von Einem* BB 1986, 2261; *ders.* Sgb 1987, 13; *Martens* Sgb 1987, 557.

330 Vgl. aus der Rspr. BGH GRUR 1964, 88; GRUR 1980, 242, 244 f; GRUR 1986, 248, 250, 251; GRUR 1986, 252, 253; OLG Stuttgart GmbHRdsch 1984, 182; OLG Frankfurt GRUR 1984, 371, 372, 373; OLG Frankfurt WRP 1985, 425, 427; OLG Hamburg WRP 1986, 41, 43; OLG Köln WRP 1987, 128, 131; vgl. aus der Literatur *A. Maier* GmbHRdsch 1986, 153; *ders.* Wettbewerbsrechtliche Haftung geschäftsführender Organe (1988); *Klaka* Festschr. Döllerer (1988) S. 269; *Ottofülling* GmbHRdsch 1991, 304; *Götting* GRUR 1994, 6, 7 f; *Haß* GmbHRdsch 1994, 666.

331 Vgl. BGH GRUR 1986, 248, 250 f; *Götting* GRUR 1994, 6, 9 ff; *Haß* GmbHRdsch 1994, 666, 668 ff.

332 So mit Recht *Götting* aaO und *Haß* aaO gegen *Ottofülling* GmbHRdsch 1991, 304, 309; *Maier* WRP 1986, 71, 74 f und GmbHRdsch 1986, 153, 155 f; *Klaka* GRUR 1988, 729, 731 f.

Schrifttum

Deutler Das neue GmbH-Recht – GmbH-Novelle 1980 (1980); *ders.* Änderungen des GmbH-Gesetzes und anderer handelsrechtlicher Vorschriften durch die GmbH-Novelle 1980, GmbHRdsch 1980, 145, 149; *Gersch/Herget/Marsch/Stützle* Aktuelle Rechts- und Steuerfragen: Die GmbH-Reform 1980 (1980); *Joost* Grundlagen und Rechtsfolgen der Kapitalerhaltungsregeln in der GmbH, ZHR 148 (1984) 27; *Lutter* Die GmbH-Novelle und ihre Bedeutung für die GmbH, GmbH & Co KG und die Aktiengesellschaft, DB 1980, 1317; *Meyer-Arndt* Kredite an Geschäftsführer und Prokuristen einer GmbH, DB 1980, 2328; *Peltzer* Probleme bei der Kreditgewährung der Kapitalgesellschaft an ihre Leitungspersonen, Festschrift Rowedder (1994) 325; *Schneider* Kredite der GmbH an ihre Geschäftsführer, GmbHRdsch 1982, 197; *ders.* Kapitalmindernde Darlehen der GmbH an ihre Geschäftsführer, Festschrift Döllerer (1988) 537; *Sotiropoulos* Kredite und Kreditsicherheiten der GmbH zugunsten ihrer Gesellschafter und nahestehender Dritter (1996).

I. Einleitung

Die Vorschrift ist durch die **Novelle 1980** eingeführt worden. Personen, die maß- **1**
geblichen Einfluß auf die Geschäftsführung der GmbH ausüben, können versucht sein, sich bei der GmbH besonders günstige Kredite oder Kredite ohne angemessene Sicherheit zu beschaffen[1]. Auch besteht die Gefahr, daß die GmbH die Kreditwürdigkeit solcher Personen nicht ausreichend prüft und dadurch das Gesellschaftsvermögen infolge der Insolvenz des Kreditnehmers gefährdet wird[2]. Dennoch schließt das deutsche Recht eine Kreditgewährung der Gesellschaft an ihr Geschäftsführungspersonal nicht generell aus[3]. Anders als die §§ 89, 115 AktG, 39 GenG und 15 KWG stellt das GmbH-Recht auch keine speziellen Zuständigkeitsregeln und Verfahrensvorschriften für die Kreditgewährung an den betreffenden Personenkreis auf. Die Kreditgewährung zum Nachteil der Gesellschaft wird nur durch die Geschäftsführerhaftung nach § 43 sanktioniert (vgl. § 43, 43). Damit wird dem besonderen **Risiko des Geschäftsführungspersonal-Kredits** nicht ausreichend Rechnung getragen. Um jedenfalls das durch die Stammkapitalziffer gebundene Vermögen der GmbH vor diesem Risiko abzusichern, verbietet § 43 a die Kreditgewährung aus dem zur Erhaltung des Stammkapitals erforderlichen Vermögen der Gesellschaft und ordnet an, daß ein zuwider dem Verbot gewährter Kredit ohne Rücksicht auf

[1] *Peltzer* Festschrift Rowedder (1994), 325 f; *Lutter/Hommelhoff* 1.

[2] Baumbach/Hueck/*Zöllner* 1; Scholz/*Schneider* 1, 9 f; Rowedder/*Koppensteiner* 1. Zu den Regelungsgründen ausführlich *Cahn* Kapitalerhaltung im Konzern (1997) 5. Teil B II. 2.

[3] Anders etwa das französische Recht; vgl. Art. 51 Gesetz Nr. 66–537 v. 24.7.1966. Zu ausländischen Rechtsordnungen vgl. auch *Peltzer* Festschrift Rowedder (1994), 325, 326 ff; *Sotiropoulos* 11 ff.

entgegenstehende Vereinbarungen sofort zurückzugewähren ist. Die Vorschrift ist § 72 RegE 1971 nachgebildet und wurde auf Vorschlag des Bundesrates in das Gesetz aufgenommen[4]. Eine vergleichbare Regelung für Kredite an Gesellschafter hielt der Gesetzgeber im Hinblick auf die Vorschrift des § 30 Abs. 1 für entbehrlich[5].

II. Normzweck und Anwendungsgrundsätze

2 Die Vorschrift **verbietet** zwingend **Kreditgeschäfte** der Gesellschaft mit ihrem Geschäftsführungspersonal zu Lasten des durch die Stammkapitalziffer gebundenen Gesellschaftsvermögens, um insoweit die Interessen der Gläubiger der Gesellschaft vor den spezifischen Risiken der Kreditgewährung an diesen Personenkreis zu schützen[6]. Die Vorschrift stellt nicht darauf ab, ob die Kreditgewährung im konkreten Fall unangemessen oder für die Gesellschaft nachteilig ist, sondern orientiert sich allein an der in einer solchen Kreditgewährung liegenden abstrakten Gefahr. Den Gesellschaftern ist es unbenommen, die Kreditgewährung an das Geschäftsführungspersonal gänzlich zu untersagen oder jeweils an ihre Einwilligung zu binden.

3 In den Anwendungsbereich der Vorschrift fällt auch die **Kreditgewährung an Ehegatten und minderjährige Kinder** des in § 43 a genannten Personenkreises und die Kreditgewährung **unter Einschaltung von Strohmännern**. Während in § 72 Abs. 2 RegE 1971 nach dem Vorbild der §§ 89 Abs. 3, 115 Abs. 2 AktG und § 15 Abs. 1 Nr. 5 KWG Kredite an den Ehegatten oder ein minderjähriges Kind der von der Kreditregelung betroffenen Personen sowie Kredite für Rechnung dieser Personen, die einem Dritten gewährt werden, noch ausdrücklich vom Gesetz erfaßt werden sollten, hat der Gesetzgeber darauf im Rahmen des § 43 a bewußt verzichtet, weil er davon ausging, daß die Rspr. derartige Umgehungssachverhalte von sich aus in den Anwendungsbereich der Vorschrift einzubeziehen hätte[7] (vgl. auch Rdn 13).

4 Gleiches gilt für die Kreditgewährung an das Geschäftsführungspersonal der Komplementär-GmbH durch die **GmbH & Co. KG**, vgl. dazu Rdn 14.

5 Die Kreditgewährung an **Aufsichtsratsmitglieder**, an **Gesellschafter**, an **verbundene Unternehmen** oder deren Geschäftsführungspersonal kann ähnliche Gefahren für die GmbH begründen wie Kredite an die in § 43 a genannten Personen. Doch kommt eine analoge Anwendung der Vorschrift auf diesen Personenkreis nicht in Betracht, str., s. dazu im einzelnen Rdn 11 f.

III. Verhältnis der Vorschrift zu den §§ 89, 115 AktG, § 39 GenG, § 15 KWG

6 Die genannten Bestimmungen enthalten Verfahrens- und Zuständigkeitsregeln für die Kreditgewährung an einen im einzelnen unterschiedlich abgegrenzten Personenkreis, die eine angemessene Verzinsung und Besicherung der Kredite zum Schutze der Gesellschaft gewährleisten sollen[8]. § 43 a besagt dagegen über Verfahren und Konditionen der Kreditgewährung nichts und dient unmittelbar dem Gläubigerschutz[9].

---

[4] Begr. RegE BT-Drs. 8/1347, Anl. 3, S. 74, Abdruck bei *Deutler* 87 f.

[5] Begr. RegE aaO; Ausschußbericht BT-Drs. 8/3908 S. 10, 75.

[6] *Lutter/Hommelhoff* 1; Scholz/*Schneider* 8.

[7] Vgl. Ausschußbericht aaO sowie BGHZ 81, 365, 369.

[8] Scholz/*Schneider* 5; *Sotiropoulos* 8 ff.

[9] Zur Abgrenzung des Anwendungsbereichs der Vorschriften s. auch *Sotiropoulos* 7 ff.

IV. Verhältnis der Vorschrift zu § 30

Die Kreditgewährung an einen Gesellschafter-Geschäftsführer ist nur ausnahmsweise als Auszahlung im Sinne von § 30 zu werten, wenn sie unter Berücksichtigung der Kreditbedingungen und der Werthaltigkeit des Rückzahlungsanspruchs zu einer Unterbilanz führt oder eine bestehende Unterbilanz vertieft. Im Rahmen des § 43 a, der das gebundene Gesellschaftsvermögen vor den **abstrakten Gefahren der Kreditgewährung** an das Geschäftsführungspersonal schützen soll, bleiben dagegen die Konditionen der Kreditvergabe und der Rückzahlungsanspruch außer Betracht. Maßgeblich ist allein, ob das Eigenkapital durch die Auszahlung des Darlehens rechnerisch unterschritten wird. Es kommt deshalb nicht darauf an, ob die Kreditvergabe zu verkehrsüblichen Bedingungen erfolgt oder der Rückzahlungsanspruch hinreichend besichert ist (vgl. Rdn 18). 7

V. Betroffener Personenkreis

1. Geschäftsführer

Gesetzliche Vertreter sind alle Gesellschafter- und Fremdgeschäftsführer einschließlich der stellvertretenden und fehlerhaft bestellten. Kredite an Gesellschafter, die nicht zugleich Geschäftsführer sind, werden ausschließlich von § 30 erfaßt (vgl. Rdn 12). 8

2. Liquidatoren

Zu den gesetzlichen Vertretern im Sinne des § 43 a zählen auch die Personen, denen die Liquidation der Gesellschaft übertragen ist (§ 66)[10]. 9

3. Prokuristen und zum Geschäftsbetrieb ermächtigte Handlungsbevollmächtigte

Um schwierige und zu Rechtsunsicherheit führende Abgrenzungsfragen im Bereich der leitenden Angestellten zu vermeiden, stellt § 43 a auf die **Vertretungsmacht** ab und erfaßt damit lediglich Prokuristen (§§ 48 ff HGB) und zum gesamten Geschäftsbetrieb ermächtigte Handlungsbevollmächtigte (§ 54 HGB), diese aber stets. Eine ausdehnende Anwendung auf andere **leitende Angestellte** kommt ebensowenig in Betracht wie die Nichtanwendung auf Prokuristen und Handlungsbevollmächtigte, die keine leitenden Angestellten sind[11]. 10

4. Aufsichtsratsmitglieder als gesetzliche Vertreter?

Gesetzliche Vertreter sind nach durchgängigem Sprachgebrauch allein die Mitglieder des regulären gesetzlichen Vertretungsorgans einer Gesellschaft. Daher **gilt § 43 a** für Mitglieder eines – fakultativen oder obligatorischen – Aufsichtsrats **nicht**, obschon dieser in entsprechender Anwendung von § 112 AktG gegenüber den Geschäftsführern zur gesetzlichen Vertretung der GmbH berufen sein kann. Auch den Gesellschaftern selbst steht bei gewissen Sozialakten die Vertretung der Gesellschaft zu, ohne daß man sie deshalb als gesetzliche Vertreter bezeichnen könnte. Der Gesetzgeber hätte daher Aufsichtsratsmitglieder ausdrücklich aufführen müssen, wenn er sie in den Anwendungsbereich des § 43 a hätte einbeziehen wollen[12]. 11

---

[10] So auch Baumbach/Hueck/*Zöllner* 3; *Lutter/Hommelhoff* 4; Scholz/*Schneider* 31.

[11] Ebenso Baumbach/Hueck/*Zöllner* 3; *Lutter/Hommelhoff* 4.

[12] *Gersch/Herget/Marsch/Stützle* Rdn 209; *Lutter/Hommelhoff* 4; Rowedder/*Koppensteiner* 3; *Roth* Anm. 3; **aA** Scholz/*Schneider* 30.

5. Gesellschafter, verbundene Unternehmen und Organe verbundener Unternehmen?

12 Ein Teil des Schrifttums bejaht die entsprechende Anwendung der Vorschrift auf die Kreditgewährung an Gesellschafter, verbundene Unternehmen und deren Organe unter Berufung auf den Normzweck des § 43 a, eine Belastung des gebundenen Gesellschaftsvermögens mit dem Risiko der Zahlungsunfähigkeit von Personen zu verhindern, die maßgebenden Einfluß auf die Willensbildung der Gesellschaft nehmen können[13]. Doch spricht gegen die Ausdehnung des Anwendungsbereichs der Vorschrift schon ihr Wortlaut, der den erfaßten Personenkreis enumerativ eingrenzt[14]. Auch ihre Entstehungsgeschichte weist sie als **abschließende Regelung** aus, der eine bewußte gesetzgeberische Entscheidung gegen die Einbeziehung von Gesellschaftern zugrundeliegt (vgl. Rdn 1). Eine analoge Anwendung auf Gesellschafter und verbundene Unternehmen widerspräche zudem der Systematik der Kapitalerhaltungsregeln, da § 43 a als gegenüber § 30 Abs. 1 strengere Vorschrift letzterer keinen eigenständigen Anwendungsbereich beließe[15], und sie ist auch im Hinblick darauf abzulehnen, daß die Vorschrift bereits in ihrem eigentlichen Anwendungsbereich die Kreditgewährung mit deren vollständigem Verbot bei Herbeiführung oder Vertiefung einer Unterbilanz weitergehenden Beschränkungen unterwirft, als es ihr Schutzzweck erfordert, dem bereits das Gebot marktüblicher Konditionen und die Übertragung der Zuständigkeit für die Kreditvergabe auf die Gesellschafterversammlung genügt hätten[16]. Eine Einbeziehung der Organe verbundener Unternehmen in den Normadressatenkreis des § 43 a verbietet sich schließlich trotz vorhandener Schutzlücke wegen der eindeutigen gesetzgeberischen Entscheidung, den Geltungsbereich der Vorschrift im Unterschied zu den §§ 89 Abs. 2 S. 2, 115 Abs. 1 S. 2 AktG und anders als für Vertretern der Gesellschaft nahestehende Personen auf das Geschäftsführungspersonal der GmbH selbst zu beschränken[17].

6. Umgehungssachverhalte

13 Als Umgehungsgeschäfte von § 43 a erfaßt werden dagegen Kredite an **Ehegatten** oder an minderjährige **Kinder** der in § 43 a genannten Personen oder Kredite für Rechnung dieser Personen, ihrer Ehegatten oder minderjährigen Kinder. Ihre Einbeziehung in den Anwendungsbereich des § 43 a nach dem Rechtsgedanken der §§ 89 Abs. 3 S. 1, 115 Abs. 2 AktG entspricht dem Willen des Gesetzgebers (vgl. Rdn 3). Ob die Kreditgewährung im wirtschaftlichen Ergebnis dem Geschäftsführer, Proku-

---

13 So Scholz/*Schneider* 58, 61 f; *Schneider* GmbH-Rdsch 1982, 197, 201; *ders.* ZGR 1984, 497, 527 f; *ders.* ZGR 1985, 279, 293 f; *ders.* JbFStR 1984/85, 497, 506 f; *ders.* Festschrift Döllerer (1988), 537, 549 f; *Rowedder* § 30, 14; *Emmerich* in: Entwicklungen im GmbH-Konzernrecht (1986), 64, 91; *Sotiropoulos* 57 ff; **aA** *Mertens* Voraufl. 3; Baumbach/Hueck/*Zöllner* 3; Rowedder/*Koppensteiner* 3; *Meyer-Landrut*/Miller/Niehus 6; *Roth* Anm. 3; *Fleck* JbFStR 1984/85, 554; *Friedrich* DStR 1991, 1118, 1122; *Koppensteiner* ZHR 155 (1991), 97, 105; *Cahn* Kapitalerhaltung im Konzern (1997), 5. Teil B II; *Lutter/Hommelhoff* 4 bezüglich Gesellschafter, unentschieden bezüglich verbundenen Unternehmen.

14 *Mertens* Voraufl. 3; Baumbach/Hueck/*Zöllner* 3; *Meyer-Landrut*/Miller/Niehus 6; *Roth* Anm. 3; Rowedder/*Koppensteiner* 3; *Peltzer* Festschrift Rowedder (1994), 325, 337 f; *Cahn* Kapitalerhaltung im Konzern (1997), 5. Teil B II 2; **aA** *Sotiropoulos* 58 ff.

15 So mit Recht *Cahn* Kapitalerhaltung im Konzern (1997) 5. Teil B II 3.

16 *Cahn* Kapitalerhaltung im Konzern (1997) 5. Teil B II 2.

17 So mit Recht *Cahn* Kapitalerhaltung im Konzern (1997) 5. Teil C, auch zur Frage einer sinngemäßen Anwendung unter Umgehungsgesichtspunkten.

risten oder Handlungsbevollmächtigten persönlich zugute kommen soll, ist für den Umgehungscharakter unerheblich[18]. Nur wenn eine Verknüpfung zwischen deren Stellung in der Gesellschaft und der Kreditgewährung an einen Ehegatten oder minderjährige Kinder auszuschließen ist, entfällt die Anwendung von § 43 a. Auch sonst kann die Kreditgewährung über einen **Strohmann** nach Lage der Dinge ein Umgehungsgeschäft darstellen. Es muß dann aber konkret erwiesen sein, daß der Kredit im wirtschaftlichen Ergebnis einer Person gewährt werden sollte, die unter § 43 a fällt[19]. Der Umstand, daß der Kredit einem Dritten auf Veranlassung einer solchen Person oder im Hinblick auf deren Stellung gegeben worden ist, reicht allein nicht aus.

7. Kreditgewährung durch eine GmbH & Co. KG

Entsprechend den zu § 30 entwickelten Grundsätzen (vgl. § 30, 80 ff)[20] greift **14**
§ 43 a auch dann ein, wenn der Kredit an ein Mitglied des **geschäftsführenden Personals der Komplementär-GmbH** durch die GmbH & Co. KG gewährt wird, ohne daß das zur Erhaltung des Stammkapitals erforderliche Vermögen der GmbH gewährleistet ist[21].

VI. Begriff der Kreditgewährung

Der Begriff des Kredits ist unter Berücksichtigung der Verkehrsanschauung **im** **15**
weitesten wirtschaftlichen Sinn zu verstehen. Es gilt Entsprechendes wie nach §§ 89, 115 AktG. Der Kreditbegriff des KWG ist unmaßgeblich. Eine Kreditgewährung liegt auch in der entgeltlichen Übernahme nicht fälliger Geldforderungen durch die Gesellschaft, in der Nichtgeltendmachung fälliger und unstreitiger Forderungen, in Vorschüssen auf Gehalt und Pension, in der Gestattung von Entnahmen, die über die dem Geschäftsführer zustehenden Bezüge hinausgehen, in Zahlungen der GmbH auf eine fremde Schuld[22], sofern darin nicht im Innenverhältnis eine unentgeltliche Zuwendung zu sehen ist, nicht aber in einer Beteiligung der GmbH als stille Gesellschafterin an einem Handelsgeschäft ihres Geschäftsführers[23]. Die **Prolongierung** oder Erhöhung eines bestehenden Kredits ist ebenfalls als Kreditgewährung anzusehen[24].

Ob **Vorleistungen** oder **Stundungen** im Rahmen schuldrechtlicher Austauschge- **16**
schäfte Kredite sind, entscheidet sich im Einzelfall aufgrund der Verkehrsanschauung. Bei Miet-, Pacht-, Dienst- oder Werkverträgen ist daher eine Vorleistung der Gesellschaft im allgemeinen nicht als Kredit zu behandeln[25]. Auch ein angemessener Auslagenvorschuß ist kein Kredit.

---

[18] Scholz/*Schneider* 34; Rowedder/*Koppensteiner* 4; Baumbach/Hueck/*Zöllner* 3.

[19] So *Wittkowski* GmbHRdsch 1990, 544, 547 für den Fall, daß im Rahmen eines Management Buy Outs die Ziel-GmbH den Kaufpreis für den Kauf ihrer Gesellschaftsanteile durch die Geschäftsführer an die Altgesellschafter zahlt, dabei aber zu Unrecht die unentgeltliche Zuwendung einer Kreditgewährung gleichstellt, vgl. dazu Rdn 15.

[20] Zu § 30 vgl. auch BGHZ 60, 324, 328 f = NJW 1973, 1036; BGHZ 95, 188, 191 ff = NJW 1985, 2947.

[21] Ebenso Scholz/*Schneider* 60.

[22] BGHZ 13, 49, 55 f = NJW 1954, 1157.

[23] Vgl. BGHZ 90, 310, 312 f = NJW 1984, 2691.

[24] Ebenso *Lutter/Hommelhoff* 8 für Prolongierung.

[25] *Schneider* GmbHRdsch 1982, 197, 207; Scholz/*Schneider* 37; ebenso zu § 89 AktG *Mertens*-KölnKommAktG² § 89, 11; **aA** Baumbach/Hueck/*Zöllner* 4; *Lutter/Hommelhoff* 6.

17 Eine Kreditgewährung durch die Gesellschaft liegt auch in der Stellung von **Sicherheiten** für fremde Verbindlichkeiten[26]. Dies gilt auch dann, wenn der Kreditnehmer für die Stellung der Sicherheit eine angemessene Gegenleistung zu erbringen hat; denn § 43 a greift, anders als § 30, unabhängig davon ein, ob und inwieweit der Kredit vergütet wird (vgl. Rdn 2, 7).

18 Kredite der Gesellschaft fallen auch dann unter § 43 a, wenn sie durch den Kreditnehmer oder von dritter Seite ausreichend **besichert** sind[27]; denn § 43 a kann nicht auf Fälle beschränkt werden, in denen das Kreditgeschäft mit einem konkreten Risiko behaftet ist (vgl. Rdn 2, 7).

VII. Maßgeblicher Beurteilungszeitpunkt

19 Nach dem Wortlaut des § 43 a kommt es darauf an, ob der Kreditnehmer im **Zeitpunkt der Kreditgewährung** gesetzlicher Vertreter, Prokurist oder zum gesamten Geschäftsbetrieb ermächtigter Handlungsbevollmächtigter ist. Die Kreditgewährung bezeichnet das Erfüllungsgeschäft, nicht die Kreditzusage[28]. Kreditgewährung ist bereits die Bestellung, nicht erst die Verwertung von Sicherheiten[29]. Im Falle der Nichtgeltendmachung einer fälligen Forderung ist Kreditgewährung vom Fälligkeitszeitpunkt ab anzunehmen; die Verlängerung eines bereits gewährten Kredits muß als neue Kreditgewährung gelten (vgl. Rdn 15).

20 In der Gewährung eines Kredits an eine Person, die demnächst zum Geschäftsführer, Prokuristen oder zum gesamten Geschäftsbetrieb ermächtigten Handlungsbevollmächtigten bestellt werden soll, oder die soeben aus dieser Stellung ausgeschieden ist, kann nach Lage der Dinge eine Umgehung des § 43 a zu sehen sein, die im Wege der analogen Anwendung der Vorschrift zu erfassen ist. Das gilt insbesondere für die Kreditgewährung an einen **ehemaligen Geschäftsführer** oder Bevollmächtigten, die diesem bereits zugesagt worden war, als er seine Funktion noch ausübte[30].

VIII. Das zur Erhaltung des Stammkapitals erforderliche Vermögen

21 Der Begriff des zur Erhaltung des Stammkapitals erforderlichen Vermögens entspricht hier der Ausprägung, die er im Rahmen des § 30 erfahren hat[31] (vgl. dort Rdn 20 ff). Für die Frage, ob durch die Kreditgewährung das zur Erhaltung des Stammkapitals erforderliche Vermögen vermindert wird, hat der **Rückforderungsanspruch** gegen den Kreditnehmer **außer Ansatz** zu bleiben, und zwar auch dann, wenn er ausreichend gesichert ist (vgl. Rdn 2, 7, 17). Stille Reserven können für die Frage, ob das Stammkapital gedeckt ist, nur nach Maßgabe von § 30, 32 herangezogen werden. Mit § 43 a vereinbar ist ausschließlich eine aus offenen Rücklagen und Gewinnvorträgen finanzierte Kreditgewährung[32].

---

26 *Lutter/Hommelhoff* 6; Scholz/*Schneider* 39; *Peltzer* Festschrift Rowedder (1994), 325, 338.

27 Baumbach/Hueck/*Zöllner* 4; *Roth* Anm. 2; *Lutter/Hommelhoff* 6; *Peltzer* Festschrift Rowedder (1994), 325, 338 f; *Sotiropoulos* 45; Rowedder/*Koppensteiner* 6; **aA** Scholz/*Schneider* 40 f, der darauf abstellt, ob das Insolvenzrisiko des Organmitgliedes der Gesellschaft zur Last fällt.

28 Baumbach/Hueck/*Zöllner* 2, Scholz/*Schneider* 42, 50; *Roth* Anm. 2; Rowedder/*Koppensteiner* 6; **abw.** *Lutter/Hommelhoff* 7.

29 *Peltzer* Festschrift Rowedder (1994), 325, 340 f.

30 So auch *Sotiropoulos* 45 f; vgl. zum ähnlichen Umgehungsproblem bei § 30 BGHZ 13, 49, 54 = NJW 1954, 1157; *Canaris* Festschrift Robert Fischer (1979), 31, 32 f.

31 Rowedder/*Koppensteiner* 6; Baumbach/Hueck/*Zöllner* 2.

32 *Lutter/Hommelhoff* 9; *Lutter* DB 1980, 1317, 1322; Scholz/*Schneider* 48; *Peltzer* Festschrift Rowedder (1994), 325, 339 f; **aA** *Gersch/Herget/Marsch/Stützle* Rdn 210; *Meyer-Arndt* DB 1980, 2328 f.

IX. Unterschreitung des zur Erhaltung des Stammkapitals erforderlichen Vermögens nach Kreditgewährung

Nach dem Wortlaut des § 43 a kommt es allein darauf an, ob im Zeitpunkt 22
der Kreditgewährung das zur Erhaltung des Stammkapitals erforderliche Vermögen unterschritten ist oder durch die Kreditgewährung bei Hinwegdenken des Rückforderungsanspruchs unterschritten wird. Der Rückgewähranspruch nach S. 2 entsteht bis zur Höhe des Betrages der Unterschreitung zu diesem Zeitpunkt[33]. Umstritten ist, ob § 43 a auch dann anwendbar ist, wenn das zur Erhaltung des Stammkapitals erforderliche Vermögen zwar im Zeitpunkt der Kreditgewährung nicht angegriffen wird, das Gesellschaftsvermögen aber nach Kreditgewährung unter den Betrag des Stammkapitals absinkt. Von einem Teil der Lehre[34] wird § 43 a so gelesen, als ob er lautete: Kredite sind der GmbH sofort zurückzugewähren, sobald und solange das zur Erhaltung des Stammkapitals erforderliche Vermögen bei dieser unterschritten ist.

Dieser Ansicht ist nicht zu folgen[35]. Sie widerspricht dem Gesetzeswortlaut und 23
der Entstehungsgeschichte; im Ausschußbericht (BT-Drs. 8/1347, Anl. 3, S. 74) heißt es ausdrücklich, daß die Vorschrift **nur für Neukredite** gilt, eine Feststellung, die sinnlos wäre, käme es auf den Zeitpunkt der Kreditgewährung gar nicht an. Die Gegenmeinung kann auch nicht mit dem Hinweis auf § 32 a begründet werden, da der für diese Vorschrift maßgebliche Rechtsgedanke, daß der Gesellschafter sein Eigenkapitalrisiko im Falle der Unterkapitalisierung nicht im Wege der Darlehensfinanzierung auf die Gesellschaftsgläubiger überwälzen darf, mit dem Zweck des § 43 a nichts zu tun hat. Dem Gesichtspunkt des Gläubigerschutzes den generellen Vorrang vor den Interessen der in § 43 a genannten Kreditnehmer der Gesellschaft zuzuerkennen, ginge vielleicht noch bei Gesellschafter-Geschäftsführern an, kaum aber bei Fremdgeschäftsführern und keineswegs bei Prokuristen und Handlungsbevollmächtigten. Daß die Verschlechterung einer Vermögenssituation tragende Grundlage für die Entstehung eines Anspruchs sein soll, ist zwar nicht undenkbar (vgl. § 528 BGB: Rückforderungsrecht des Schenkers wegen Notbedarfs), aber doch so außergewöhnlich, daß das Gesetz einen derartigen Anspruch ausdrücklich hätte regeln müssen. Mißlich ist auch, daß ein Kreditnehmer, sofern er nicht Geschäftsführer ist, vielfach mangels Einblicks in die Vermögenslage der Gesellschaft nicht beurteilen könnte, ob ein Anspruch gegen ihn zu Recht geltend gemacht wird oder nicht. Zudem müßte konsequenterweise der Anspruch auch wieder erlöschen, wenn die GmbH ihr Vermögen so vermehrt, daß es zur Erhaltung des Stammkapitals ausreicht[36]. In Zweifelsfällen müßte bei einem Rechtsstreit eine – praktisch kaum realisierbare – auf den Zeitpunkt der letzten mündlichen Verhandlung bezogene Bilanzierung stattfinden. Sofern die GmbH mehrere von der Vorschrift des § 43 a erfaßte Kreditnehmer hat, aber die Rückzahlung eines Teils der Kredite genügte, um ihr das für die Erhaltung des Stammkapitals erforderliche Vermögen zuzuführen, bedürfte es der Festlegung eines Modus, in welcher Reihenfolge sie ihren Kredit zurückzuzahlen hätten. Dies zeigt, daß der Gedanke einer jederzeitigen Auslösung von Rückgewähransprüchen durch den Eintritt der in § 43 a genannten Situation in das Gesetz nicht hineingetragen werden kann. Im Hinblick auf die umstrittene

---

33 Scholz/*Schneider* 53; *Lutter/Hommelhoff* 12.

34 Scholz/*Schneider* 43 f, 55; *Schneider* GmbHRdsch 1982, 197, 204; *Meyer-Landrut*/Miller/Niehus 10; *Roth* Anm. 2; *Peltzer* Festschrift Rowedder (1994), 325, 341 f; *Sotiropoulos* 47 f.

35 Ebenso Baumbach/Hueck/*Zöllner* 2; *Lutter/Hommelhoff* 10; Rowedder/*Koppensteiner* 7 m.w.Nachw.; *Gersch/Herget/Marsch/Stützle* Rdn 210; *Geßler* BB 1980, 1385, 1389; *Lutter* DB 1980, 1317, 1322; zweifelnd *Müller* WPg 1989, 369, 372, 377.

36 So in der Tat Rowedder/*Koppensteiner* 9; *Sotiropoulos* 49 f.

Behandlung der vom Gemeinschuldner gewährten Darlehen im Konkurs[37] könnte man es allerdings als Vorzug dieser Ansicht ansehen, daß der Konkursverwalter ihr zufolge Darlehen der Gesellschaft an den in § 43 a bezeichneten Personenkreis im Ergebnis stets sofort fällig stellen kann. Doch sollte die Problematik des Bestandes der vom Gemeinschuldner gewährten Darlehen im Konkurs nicht nach bestimmten Empfängern unterschiedlich geregelt werden. Die Entscheidung, ob das Interesse des Kreditnehmers an der Weiterführung des Kreditverhältnisses gegenüber dem Zweck des Konkurses, also der zügigen Gesamtvollstreckung, den Vorrang haben sollte oder nicht, ist einheitlich unter konkursrechtlichen Gesichtspunkten zu treffen.

X. Besserung der Situation der Gesellschaft nach Kreditgewährung

24 Nach der hier vertretenen Auffassung kommt es allein darauf an, ob die Voraussetzungen des Rückgewähranspruchs nach § 43 a im Zeitpunkt der Kreditgewährung vorliegen. War zu diesem Zeitpunkt das zur Erhaltung des Stammkapitals erforderliche Vermögen betroffen, so **entfällt** der daraus resultierende **Rückgewähranspruch** also auch dann **nicht**, wenn sich die Vermögenslage der Gesellschaft anschließend bessert. Da die ursprüngliche Kreditzusage aber gültig bleibt (vgl. Rdn 25), wird der Kreditnehmer der den Rückgewähranspruch geltend machenden Gesellschaft durchweg mit Erfolg entgegenhalten können, daß diese den Kredit nunmehr zu gewähren hätte, so daß seiner Rückforderung § 242 BGB im Wege stände.

XI. Rechtsfolgen

1. Wirksamkeit des Kreditgeschäftes

25 Die Rechtsfolge des Verstoßes gegen § 43 a S. 1 ist in S. 2 festgelegt: Ein dem Verbot des S. 1 zuwider gewährter Kredit ist ohne Rücksicht auf entgegenstehende Vereinbarungen sofort zurückzugewähren. Bereits die Auszahlung der Kreditmittel begründet also die Fälligkeit des Rückzahlungsanspruchs. Die **Rechtswirksamkeit** sowohl des Verpflichtungs- als auch des Erfüllungsgeschäfts **bleibt** allerdings wie nach § 30[38] **unberührt**[39]. Solange der Kreditnehmer den Rückgewähranspruch der Gesellschaft nicht erfüllt hat, bleibt er deshalb zinspflichtig[40]. Zur Zahlung höherer Verzugszinsen ist er erst ab dem Zeitpunkt der Rückforderung durch die Gesellschaft verpflichtet. Soweit die Gesellschaft eine Kreditzusage mit Rücksicht auf S. 1 nicht mehr oder nicht mehr voll erfüllen kann, steht ihr ein Leistungsverweigerungsrecht zu, bis eine Besserung der Situation der Gesellschaft eingetreten ist und die Verpflichtung nunmehr erfüllt werden darf[41].

2. Rückgewähranspruch

26 **Gläubigerin** des Rückgewähranspruchs ist die Gesellschaft. § 31 Abs. 2 ist auf den Anspruch nicht analog anzuwenden[42]. Auch der gutgläubige Kreditnehmer hat

---

37 Vgl. dazu etwa *Karsten Schmidt* JZ 1976, 756, 761 f.

38 Vgl. § 30, 77 ff: kein gesetzliches Verbot iSv § 134 BGB.

39 Bericht des Rechtsausschusses, BT-Drs. 8/3908, S. 74 f; Baumbach/Hueck/*Zöllner* 5; Scholz/*Schneider* 49; *Geßler* BB 1980, 1385, 1389; *Lutter* DB 1980, 1317, 1322; **aA** Müller WPg 1989, 369, 376.

40 Scholz/*Schneider* 56; Baumbach/Hueck/*Zöllner* 5; Rowedder/*Koppensteiner* 9; *Lutter/Hommelhoff* 12; *Lutter* DB 1980, 1317, 1322.

41 Scholz/*Schneider* 52; *Peltzer* Festschrift Rowedder (1994), 325, 343.

42 Baumbach/Hueck/*Zöllner* 5; Scholz/*Schneider* 54, unter Aufgabe seiner gegenteiligen Ansicht in GmbHRdsch 1982, 197, 204; *Cahn* Kapitalerhaltung im Konzern (1997) 5. Teil B II 3.; *Sotiropoulos* 51 f; **aA** *Mertens* Voraufl. 26; *Lutter/Hommelhoff* 14; Rowedder/*Koppensteiner* 9.

die empfangene Leistung deshalb unabhängig davon sofort zurückzugewähren, ob die Gesellschaft die Mittel zur Gläubigerbefriedigung benötigt. Dagegen kann § 31 Abs. 4 und 5 entsprechend angewendet werden. In Einzelfragen der Erstattungsberechtigung ist auf die zu § 31 entwickelten Rechtsgrundsätze zu verweisen (vgl. § 31, 10 ff).

3. Schuldner des Rückgewähranspruchs

Schuldner des Rückgewähranspruchs ist der unter S. 1 fallende **Zahlungsempfänger.** Dieser haftet auch dann, wenn der Kredit einem Strohmann gewährt worden ist. Eine Haftung **Dritter**, die tatsächlich den Kredit empfangen haben, kommt nach Maßgabe von BGHZ 81, 365, 368 f in Betracht. In dieser Entscheidung hat der BGH zu § 31 Abs. 1 angenommen, daß eine Leistung zugunsten des Gesellschafters bei Vorliegen besonderer Umstände zugleich auch als an den Dritten erbracht gelten kann, nämlich wenn dieser Dritte die Leistung empfangen hat und „dem Gesellschafter besonders nahesteht, insbesondere eine wirtschaftliche Einheit mit ihm bildet". In solchen Fällen haftet sowohl der Dritte – nach BGHZ aaO ohne Rücksicht auf seine Minderjährigkeit – als auch der Gesellschafter[43]. **27**

Bestand die Kreditgewährung in der **Bestellung einer Sicherheit** für einen Dritten, so folgt aus § 43 a kein Anspruch gegen den Dritten auf Rückgewähr der Sicherheit, es sei denn, dieser stände mit dem zum Personenkreis des § 43 a gehörigen Zuwendungsempfänger nach Maßgabe von BGHZ 81, 365, 368 in Zurechnungseinheit (vgl. Rdn 27 sowie im einzelnen § 31, 21 f). **28**

4. Haftungsfolgen

Eine Kreditgewährung unter Nichtbeachtung von § 43 a kann sowohl den begünstigten als auch den für die Kreditgewährung zuständigen Geschäftsführer zum **Schadensersatz** nach § 43 verpflichten. Wegen des zwingenden Charakters des § 43 a befreit ein Gesellschafterbeschluß entsprechend § 43 Abs. 3 nicht von der Haftung[44]. **29**

§ 44

Die für die Geschäftsführer gegebenen Vorschriften gelten auch für Stellvertreter von Geschäftsführern.

Übersicht

[43] *Lutter/Hommelhoff* 13; näher zur Rückzahlungspflicht dritter Leistungsempfänger § 31, 21 f.

[44] Baumbach/Hueck/*Zöllner* 5; Scholz/*Schneider* 57; *Meyer-Landrut*/Miller/Niehus 11; *Lutter/Hommelhoff* 3.

I. Bedeutung der Vorschrift

1. Bestellung zum Stellvertreter

1 Die Vorschrift stellt klar, daß die Gesellschaft Geschäftsführer als „stellvertretende" bestellen darf. Darin kann eine **Beschränkung der Geschäftsführungsbefugnis** im Innenverhältnis liegen; es kann sich aber auch nur um die Festlegung einer **Rangordnung** unter den „ordentlichen" Geschäftsführern handeln. Welche Stellung dem stellvertretenden Geschäftsführer zukommen soll, richtet sich nach der konkreten Ausgestaltung seiner internen Position und ist im Zweifelsfall durch Auslegung zu ermitteln (vgl. dazu Rdn 4). Auch in der mitbestimmten GmbH können Geschäftsführer als Stellvertreter bestellt werden, doch gelten Besonderheiten für den Arbeitsdirektor (dazu Rdn 9).

2. Gleichstellung des stellvertretenden Geschäftsführers

2 Aus der gesetzlichen Gleichstellung des Stellvertreters mit dem Geschäftsführer geht hervor, daß der stellvertretende Geschäftsführer **im Außenverhältnis** nicht Vertreter eines anderen Geschäftsführers ist, wie der Gesetzeswortlaut nahelegt, sondern gesetzlicher Vertreter der Gesellschaft selbst. Er ist Organ der Gesellschaft mit allen rechtlichen Folgen der Organstellung[1]. Die Bestellung zum stellvertretenden Geschäftsführer kann deshalb Bedeutung grundsätzlich nur für das **Innenverhältnis** erlangen. Doch ordnet § 44 auch insoweit die Geltung der allgemein für Geschäftsführer maßgeblichen Vorschriften an. Aus der Bestellung zum stellvertretenden Geschäftsführer als solcher kann deshalb nicht auf eine Beschränkung seiner Geschäftsführungsbefugnis geschlossen werden. Sie bedarf vielmehr ausdrücklicher oder konkludenter Regelung (vgl. dazu Rdn 4).

3. Geltung der Vorschriften über Geschäftsführer

3 Die Vorschriften über die Geschäftsführer **gelten einschränkungslos** auch für stellvertretende Geschäftsführer. Anwendung finden daher beispielsweise die Regelungen über Bestellung und Abberufung (§ 6 Abs. 2 und 3, § 38), die Anmeldevorschriften des § 8, die §§ 35 ff, die Geschäftsführerpflichten bezüglich Buchführung und Jahresabschluß begründenden Vorschriften der §§ 41 ff, die Haftungsnorm des § 43; stellvertretende Geschäftsführer sind ferner etwa zur Einberufung der Gesellschafterversammlung berechtigt und verpflichtet (§ 49), sie trifft die Auskunftspflicht des § 51 a und die Konkursantragspflicht des § 64, sie erlangen bei Auflösung der Gesellschaft die Stellung von Liquidatoren (§ 66 Abs. 1).

II. Geschäftsführungsbefugnis

4 Aus § 44 geht hervor, daß die Geschäftsführungsbefugnis eines Geschäftsführers auch in der Weise geregelt werden kann, daß er nur bei Verhinderung eines anderen Geschäftsführers an dessen Stelle handeln darf. Das bedeutet freilich nicht, daß die Berufung zum stellvertretenden Geschäftsführer als solche bereits eine entsprechende Beschränkung der Geschäftsführungsbefugnis enthielte oder gar enthalten

[1] Baumbach/Hueck/*Zöllner* 3; *Lutter/Hommelhoff* 1; Rowedder/*Koppensteiner* 1; Scholz/*Schneider* 1.

müßte[2]. Vielmehr macht § 44 durch die Gleichstellung des Stellvertreters mit dem Geschäftsführer gerade deutlich, daß **im Regelfall nicht** von einer **Beschränkung der Geschäftsführungsbefugnis** ausgegangen werden kann. Denn es kann sich bei der Bezeichnung eines Geschäftsführers als stellvertretend auch nur um die Festlegung einer Rangordnung unter Geschäftsführern handeln, aus der keine Folgerungen für die Geschäftsführungsbefugnis zu ziehen sind. Deshalb kommt es allein darauf an, wie die interne Stellung des stellvertretenden Geschäftsführers im einzelnen tatsächlich ausgestaltet ist. Neben der Regelung, die den stellvertretenden Geschäftsführer nur bei Verhinderung eines anderen Geschäftsführers zum Tätigwerden ermächtigt, kann ihm jede Art der Geschäftsführungsbefugnis (vgl. dazu § 35, 105 ff; § 37, 14 ff) zuerkannt werden.

III. Vertretungsmacht

Der stellvertretende Geschäftsführer ist Geschäftsführer mit **unbeschränkter gesetzlicher Vertretungsmacht,** § 37 Abs. 2. Auch wenn er Geschäftsführungsbefugnis nur für den Fall hat, daß der ordentliche Geschäftsführer verhindert ist, und es an dieser Voraussetzung fehlt, sind Vertretungshandlungen des stellvertretenden Geschäftsführers wirksam[3]. Haben die Geschäftsführer Einzelvertretungsmacht, steht sie auch dem stellvertretenden Geschäftsführer zu. Ist die Art der Vertretung der Gesellschaft nicht ausdrücklich geregelt, so haben ein ordentlicher und ein stellvertretender Geschäftsführer Gesamtvertretungsmacht[4]. Sind Vertretungsakte von allen Geschäftsführern vorzunehmen, so muß auch der stellvertretende Geschäftsführer daran mitwirken[5]. 5

Auch zur **Passivvertretung** der Gesellschaft ist der stellvertretende Geschäftsführer nach § 35 Abs. 2 S. 3 ohne jede Einschränkung ermächtigt. Willenserklärungen, die ihm zugehen, sind daher der Gesellschaft zuzurechnen. Bei Auflagen und Strafandrohungen kann sich das Registergericht ebenso an die stellvertretenden wie an die ordentlichen Geschäftsführer halten[6]; denn Gerichte oder Behörden können jeden Geschäftsführer als gesetzlichen Vertreter der GmbH in Anspruch nehmen und brauchen sich dabei um die Ausgestaltung der Geschäftsführungsbefugnis nicht zu kümmern[7]. Ebenso wie ordentliche Geschäftsführer (vgl. § 35, 72) sind sie auch zur eidesstattlichen Versicherung über die Vermögensverhältnisse der Gesellschaft nach §§ 807, 899 ff ZPO heranzuziehen. Im Prozeß kann der stellvertretende Geschäftsführer ebensowenig als Zeuge auftreten wie der ordentliche Geschäftsführer[8]. 6

IV. Organpflichten und Haftung

Die gesetzlichen Organpflichten treffen den stellvertretenden Geschäftsführer, dessen Handeln im Innenverhältnis an den Vertretungsfall gebunden ist, auch außerhalb der Vertretungssituation. Inhaltlich werden diese Pflichten – insbesondere die allgemeine Pflicht zur Überwachung der Rechtmäßigkeit des Geschäftsbetriebs – 7

[2] *Lutter/Hommelhoff* 2; *Meyer-Landrut*/Miller/Niehus 1, 4; **aA** Scholz/*Schneider* 8; Rowedder/*Koppensteiner* 3: auch ohne entsprechende Regelung nur subsidiäre Geschäftsführungsbefugnis; so wohl auch Baumbach/Hueck/*Zöllner* 4.

[3] Scholz/*Schneider* 7; diff. Rowedder/*Koppensteiner* 4: Arglisteinwand kommt eher in Frage.

[4] Baumbach/Hueck/*Zöllner* 7; Rowedder/*Koppensteiner* 4; Scholz/*Schneider* 7.

[5] Baumbach/Hueck/*Zöllner* 7; Rowedder/*Koppensteiner* 4; Scholz/*Schneider* 7.

[6] **Abw.** KG BauersZ 20, 29; KGJ 21, 131.

[7] *Lutter/Hommelhoff* 1; Scholz/*Schneider* 12.

[8] Scholz/*Schneider* 11; vgl. § 35, 69.

zwar weitgehend von den konkreten Überwachungs- und Aktionsmöglichkeiten des Geschäftsführers geprägt; aufgehoben werden können sie durch die Regelung der Geschäftsführungsbefugnis aber nicht (vgl. § 37, 15). Soweit der stellvertretende Geschäftsführer an die gesetzlichen Organpflichten gebunden ist (dazu § 37, 15), trifft ihn auch die gesetzliche Haftung nach § 43. Im übrigen haftet er nach Maßgabe seiner durch die Ausgestaltung der Geschäftsführungsbefugnis gegebenen Aktionsmöglichkeiten[9]. Zu seiner Haftung im „Vertretungsfall" vgl. § 43, 56.

V. Steuer- und Versorgungsrecht

8 Steuerrechtliche sowie versorgungs- und sozialversicherungsrechtliche Differenzierungen zwischen verschiedenen Geschäftsführertypen stellen grundsätzlich nicht darauf ab, ob ein Geschäftsführer ordentlicher oder stellvertretender Geschäftsführer ist. Doch kann die Art der Geschäftsführungsbefugnis für die Prüfung, ob ein Geschäftsführer über maßgeblichen Einfluß verfügt, von Bedeutung sein (vgl. dazu § 35, 140 ff, 147 ff, 154 ff).

VI. Der Arbeitsdirektor als stellvertretender Geschäftsführer?

9 Im Hinblick auf die dem Arbeitsdirektor durch § 33 MitbestG zugewiesenen Kompetenzen ist eine Regelung unzulässig, nach der er in Personal- und Sozialangelegenheiten nur als Vertreter anstelle oder gar auf Weisung eines anderen Geschäftsführers tätig werden darf[10]. Position und Funktion des Arbeitsdirektors dürfen als solche auch nicht diskriminiert werden. Andererseits ist der Geschäftsführer, der das Amt des Arbeitsdirektors bekleidet, einer Abstufung zwischen den Geschäftsführern, die sachlich etwa auf Gesichtspunkten wie Betriebszugehörigkeit, Erfahrung oder Dienstalter aufbaut, nicht entzogen. Daher ist es nicht ausgeschlossen, ihn unter Befolgung solcher Kriterien als stellvertretenden Geschäftsführer einzustufen[11].

VII. Berufung des stellvertretenden zum ordentlichen Geschäftsführer

10 Da das Gesetz zwischen stellvertretenden und ordentlichen Geschäftsführern differenziert, ist auch die Bestellung des stellvertretenden Geschäftsführers zum ordentlichen Geschäftsführer als **Bestellungsakt** anzusehen, sofern seine Geschäftsführungsbefugnis tatsächlich auf bloße Vertretung eines anderen im Verhinderungsfall beschränkt war. Andernfalls bedarf es mangels materieller Veränderung seiner Rechtsposition keines erneuten Bestellungsakts. Zuständig sind die Gesellschafter, bei mitbestimmten Gesellschaften der Aufsichtsrat, der gegebenenfalls im Verfahren nach § 31 Abs. 2–4 MitbestG zu beschließen hat[12].

---

[9] Baumbach/Hueck/*Zöllner* 11; Scholz/*Schneider* 13; zur Haftung des stellvertretenden Organs einer Aktiengesellschaft vgl. auch *Fleck* WM-Sonderbeil. 3/1981, 8.

[10] Baumbach/Hueck/*Zöllner* 5; *Lutter/Hommelhoff* 3; Scholz/*Schneider* 6.

[11] Vgl. *Hoffmann* BB 1977, 17, 21 f; *Hoffmann/Lehmann/Weinmann* MitbestG § 33, 27, 29; *Meilicke/Meilicke* MitbestG § 33, 5; *Meyer-Landrut* DB 1976, 387 f; *Raiser* MitbestG² § 33, 9; **abw.** *Fitting/Wlotzke/Wißmann* MitbestG § 33, 22 f; **aA** *Hanau*/Ulmer MitbestG § 33, 23, nach dem die erforderliche gleich- und vollwertige Verankerung des Personal- und Sozialbereichs im Vertretungsorgan unstatthafterweise abgeschwächt wird, wenn der Amtsinhaber nur stellvertretend tätig ist; in diesem Sinne auch *Theisen* Die Aufgabenverteilung in der mitbestimmten GmbH (1980), 130.

[12] Vgl. für das Aktienrecht *Krieger* Personalentscheidungen des Aufsichtsrats (1981), 221 m.w. Nachw.; *Mertens*-KölnKommAktG² § 94, 7.

VIII. Aufsichtsratsmitglieder als stellvertretende Geschäftsführer?

Aufsichtsratsmitglieder dürfen **nicht auf Dauer** zu stellvertretenden Geschäftsführern bestellt werden, da die dem Aufsichtsrat obliegende Aufgabe der Geschäftsführungskontrolle mit der gleichzeitigen Wahrnehmung von Geschäftsführungsbefugnissen unvereinbar ist (vgl. § 105 AktG). Dies gilt jedenfalls für den obligatorischen Aufsichtsrat in der mitbestimmten GmbH. Streitig ist dagegen, ob die Mitgliedschaft im fakultativen Aufsichtsrat mit der Stellung als stellvertretender Geschäftsführer kompatibel ist. Die wohl noch herrschende Meinung nimmt Inkompatibilität an[13]. Richtigerweise ist danach zu differenzieren, ob die Stellung des Aufsichtsratsmitglieds in der Geschäftsführung so beschaffen ist, daß es seiner Überwachungsaufgabe noch gerecht werden kann[14]. 11

IX. Eintragung im Handelsregister

Es entspricht überwiegender Auffassung, daß die Eintragung des stellvertretenden Geschäftsführers mit dem **Zusatz „als Stellvertreter"** zu erfolgen hat, wenn dies bei der Anmeldung zum Handelsregister beantragt wird[15]. Für die Möglichkeit der Eintragung der Stellvertreter-Eigenschaft mag immerhin sprechen, daß das Gesetz den stellvertretenden Geschäftsführer als solchen erwähnt. Dem entspricht auch der Wortlaut der Handelsregisterverfügung, die in § 43 Nr. 4 bestimmt, daß bei Gesellschaften mit beschränkter Haftung „die Geschäftsführer und ihre Stellvertreter" einzutragen sind. Problematisch erscheint es dagegen, die Eintragung des Zusatzes „als Stellvertreter" damit zu rechtfertigen, daß es für einen Dritten wichtig sein könne zu wissen, ob er mit einem ordentlichen oder mit einem stellvertretenden Geschäftsführer in Verbindung tritt. In diesem Sinne meint das OLG Düsseldorf[16], der Dritte müsse sich unter Umständen die Einrede der Arglist entgegenhalten lassen, wenn er die Überschreitung der Geschäftsführungsbefugnis des stellvertretenden Geschäftsführers bei Anwendung der erforderlichen Sorgfalt hätte erkennen können. Das ist zwar richtig; doch darf der auf die Stellvertretung hinweisende Zusatz im Handelsregister nicht in dem Sinne verstanden werden, als erzeuge er für den Dritten die Pflicht, mit besonderer Sorgfalt zu prüfen, ob der Geschäftsführer, mit dem er kontrahiert, sich über Beschränkungen seiner Geschäftsführungsbefugnis hinwegsetzt; denn damit würde die prinzipielle Gleichstellung des stellvertretenden mit dem ordentlichen Geschäftsführer in § 44 durchbrochen[17]. 12

---

[13] Vgl. im einzelnen § 52, 35.

[14] Hierzu ausführlich § 52, 34 ff.

[15] Vgl. OLG Düsseldorf NJW 1969, 1259; OLG Stuttgart NJW 1960, 2150; Baumbach/Hueck/*Zöllner* 14; Scholz/*Schneider* 14; **aA** für stellvertretende Vorstandsmitglieder einer Aktiengesellschaft Geßler/*Hefermehl*/Eckardt/Kropff AktG § 94, 9: Hinweis auf die Stellvertreter-Eigenschaft könne nur Mißverständnisse hervorrufen.

[16] OLG Düsseldorf NJW 1969, 1259.

[17] Baumbach/Hueck/*Zöllner* 14; **abw.** Rowedder/*Koppensteiner* 4.

§ 45

Die Rechte, welche den Gesellschaftern in den Angelegenheiten der Gesellschaft, insbesondere in bezug auf die Führung der Geschäfte zustehen, sowie die Ausübung derselben bestimmen sich, soweit nicht gesetzliche Vorschriften entgegenstehen, nach dem Gesellschaftsvertrag.

In Ermangelung besonderer Bestimmungen des Gesellschaftsvertrages finden die Vorschriften der §§ 46 bis 51 Anwendung.

Übersicht

Schrifttum

Hölters Der Beirat in der GmbH und Co. KG (1979); *Immenga* Die personalistische Kapitalgesellschaft (1970); *Ivens* Das Stimmrecht des GmbH-Gesellschafters bei Satzungsänderungen. Zum Verhältnis zwischen § 53 Abs. 2 und § 45 GmbHG, GmbH-Rdsch. **1989** 61; *Reuter* Privatrechtliche Schranken der Perpetuierung von Unternehmen (1973); *Sudhoff* Der Gesellschaftsvertrag der GmbH[7] (1987); *Teichmann* Gestaltungsfreiheit in Gesellschaftsverträgen (1970); *Teubner* Der Beirat zwischen Verbandssouveränität und Mitbestimmung – Zu den Schranken der Beiratsverfassung in der GmbH, ZGR **1986** 565; *Vogel* Die Praxis der Gesellschafterversammlung bei GmbH und GmbH & Co. (1976); *Vogel* Gesellschafterbeschlüsse und Gesellschafterversammlungen[2] (1986); *Voormann* Die Stellung des Beirats im Gesellschaftsrecht (1981); *Wessing/Max* Zur

Rückfallkompetenz der Gesellschafterversammlung bei Funktionsunfähigkeit des Beirats, Festschr. für Werner (1984), S. 975; *Wiedemann* Verbandssouveränität und Außeneinfluß. Gedanken zur Errichtung eines Beirats in einer Personengesellschaft, Festschr. für Schilling (1973), S. 105 ff.

I. Grundlagen

1. Normzweck

1 § 45 bringt die **Satzungsautonomie** der Gesellschafter zum Ausdruck, und zwar *im Sinne inhaltlicher Gestaltungsfreiheit* bezüglich der inneren Verfassung der GmbH (ihrer Organisationsstruktur) und bezüglich der mitgliedschaftlichen Befugnisse der Gesellschafter, soweit sie organisationsbezogen sind (Verwaltungs- oder Herrschaftsrechte; vgl. noch Rdn 4, 7 f). Mit diesem Vorbehalt entspricht die Norm inhaltlich der in §§ 109, 163 HGB für OHG und KG getroffenen Regelung. Sie begründet die *Flexibilität des Innenverhältnisses* als wesentliches Strukturelement der GmbH (Einl. A, 21). Die Vorschrift steht damit in charakteristischem Gegensatz zu § 23 Abs. 5 AktG; denn die dort verankerte prinzipielle Satzungsfestigkeit der aktienrechtlichen Vorschriften schreibt den Aktionären die gesetzliche Organisationsstruktur weitgehend vor. Im **Außenverhältnis** sind der Satzungsautonomie zwingende Grenzen gezogen durch die Bestimmungen über die Aufbringung und Erhaltung des Stammkapitals (§§ 3 Abs. 1 Nr. 3 und 4, 5, 7 Abs. 2 und 3, 8 Abs. 1 Nr. 4 und 5 sowie Abs. 2, 9 – 9 c, 19, 21 – 24, 30 – 33) sowie durch die zugehörigen Rechtsregeln (Unterbilanzhaftung; Behandlung von Fremdfinanzierungen als Kapitalersatz) und durch die Unbeschränkbarkeit der Vertretungsmacht des Geschäftsführers (§ 37 Abs. 2). Zwingend sind schließlich auch die Formvorschriften der §§ 2, 15, 53.

2. Erscheinungsformen und Organisationsstruktur der GmbH

2 Die **Erscheinungsformen** (Realtypen) der GmbH sind vielfältig. Sie umfassen namentlich die personalistische GmbH, die Einmann-GmbH, die kapitalistische GmbH, die Komplementär-GmbH sowie sonstige Verknüpfungen der GmbH mit Personengesellschaften (Doppelgesellschaften); vgl. dazu Einl. A, 8 ff und 71 f (dort statistisches Material). Die Bedeutung des § 45 liegt in diesem Zusammenhang darin, daß die Gesellschafter ihrer GmbH diejenige **Organisationsstruktur** geben können, die der jeweiligen tatsächlichen Erscheinungsform am besten entspricht. Oder umgekehrt: Die Bandbreite der Realtypen wäre ohne die Satzungsautonomie des § 45 nicht vorstellbar. Daraus folgt, daß die Flexibilität des Innenverhältnisses (Rdn 1) nicht aufgegeben werden kann, ohne zugleich die Vielseitigkeit und damit die praktische Bedeutung der GmbH nachhaltig zu schmälern.

3. Keine Reduktion der Satzungsautonomie auf die sog. Vertragsgesellschaft

3 Im Schrifttum ist der Versuch unternommen worden, den Vorrang der Satzung vor dem Gesetz auf die sog. **Vertragsgesellschaft** zu beschränken, dagegen die sog. **Satzungsgesellschaft** mehr oder minder eng der gesetzlichen Regelung zu unterwerfen, die insoweit ihren dispositiven Charakter im wesentlichen verliert, und diese Regelung durch Analogien zum Aktienrecht zu ergänzen. Dabei entspricht die Vertragsgesellschaft (Modell: Personengesellschaft mit allseitiger Haftungsbeschränkung) der personalistischen Gesellschaft im Sinne der *Typenlehre,* die Satzungsgesellschaft (Kennzeichen: auf Mitgliederwechsel angelegt) ihrem kapitalistischen Gegenüber. Diese von

Reuter entwickelte Lehre[1] hat sich nicht durchsetzen können[2]. Sie vermag auch trotz der methodischen Überlegenheit des *institutionellen* Ansatzes gegenüber einer bloßen Typenlehre[3] nicht zu überzeugen. Denn sie bildet eher eine rechtspolitische Alternative zu § 45 als eine Erklärung der Norm und ist überdies dem Einwand ausgesetzt, daß ihr Schutzanliegen schon mit den in Rdn 13 ff, 26 ff genannten Instrumenten sachgerecht verfolgt werden kann[4].

II. Die Verfassung der GmbH und die mitgliedschaftlichen Verwaltungsrechte als Regelungsgegenstand

1. Grundsatz

Nach seinem Wortlaut betrifft § 45 Abs. 1 ohne Einschränkung die Frage, welche Rechte den Gesellschaftern in den Angelegenheiten der GmbH zustehen und wie sie auszuüben sind. Entsprechend umfassend wird die Vorschrift auch teilweise verstanden[5]. Regelungsgegenstand sind jedoch **nur die Mitgliedsrechte, die sich auf die Organisation beziehen**[6], nicht auch die Vermögensrechte des Gesellschafters (zur Systematik der mitgliedschaftlichen Befugnisse vgl. § 14, 15). Das folgt aus der Stellung des § 45 im dritten Gesetzesabschnitt, aus dem Inhalt des die Gesellschafterbefugnisse konkretisierenden § 46 und aus der organschaftlichen Zuständigkeit der Gesellschafterversammlung (§§ 47, 48; vgl. Rdn 5, 14 ff). **4**

2. Verfassung der GmbH

a) Das Verhältnis zwischen Gesellschaftern und Geschäftsführern. Welche Bedeutung der in § 45 getroffenen Regelung für die Verfassung der GmbH zukommt, ist ihrem Wortlaut kaum zu entnehmen, weil das Gesetz nur von den Rechten der Gesellschafter spricht. Klarer war insoweit § 48 Abs. 1 des ersten Entwurfs zum BGB (E I). Dort hieß es nämlich zum Verein[7]: „In den inneren Angelegenheiten der Körperschaft ist der Wille der Mitglieder maßgebend. Nach dem Willen der Mitglieder hat der Vorstand sich auch bei der Geschäftsführung zu richten"[8]. In Anlehnung an diese Vorschrift, die ausweislich der Motive als allgemeiner Grundsatz des Körperschaftsrechts betrachtet wurde[9], ist auch § 45 als Basisvorschrift für das Verhältnis zwischen Gesellschaftern und Geschäftsführern zu betrachten, und zwar in dem Sinne, daß die Gesellschafter, soweit nicht zwingende gesetzliche Regelungen entgegenstehen, ihr Verhältnis zu den Geschäftsführern durch den Gesellschaftsvertrag (die Satzung) autonom gestalten. **5**

b) Gesellschafterversammlung und Gesellschaftergesamtheit. Nach richtiger, wenngleich nicht unbestrittener Ansicht ist die Gesellschafterversammlung das Organ, **6**

---

1 *Reuter* Privatrechtliche Schranken der Perpetuierung von Unternehmen (1973), S. 228 f; vgl. auch MünchKomm-*Reuter* § 40, 2 und (zur Methode) Festschr. für Stimpel (1985), S. 645, 650 ff; in Ausgangspunkt und Methode verwandt *Immenga* Die personalistische Kapitalgesellschaft (1970), S. 23 ff; *Teichmann* Gestaltungsfreiheit in Gesellschaftsverträgen (1970), S. 96 ff.

2 Ablehnend etwa Scholz/*K. Schmidt* 2; Baumbach/Hueck/*Zöllner* 9; *Flume* I/1 § 13 I (S. 190); *K. Schmidt* GesR § 5 III 2 und 3; *Wiedemann* GesR I § 1 IV 1 b aa.

3 Vgl. z. B. *Kuhn* Strohmanngründung bei Kapitalgesellschaften (1963), S. 48; *Paulick* Die eingetragene Genossenschaft als Beispiel gesetzlicher Typenbeschränkung (1954), S. 39 ff.

4 Im Ergebnis ebenso, wenngleich unter Betonung der Inhaltskontrolle, Scholz/*K. Schmidt* 2.

5 Vgl. die umfassende Erörterung bei Rowedder/*Koppensteiner*[2] 14.

6 Zutreffend Baumbach/Hueck/*Zöllner* 2.

7 Amtliche Ausgabe 1888, S. 11.

8 Vgl. den Hinweis von *Flume* I/2 § 7 I 1.

9 Mot. I S. 105.

durch das die Gesellschafter ihre Rechte wahrnehmen[10]. Teilweise, vielleicht sogar überwiegend, wird zwar angenommen, nicht die Versammlung, sondern die Gesamtheit der Gesellschafter als solche sei das Organ; die Beschlußfassung und damit die Versammlung (§§ 47 Abs. 1, 48 Abs. 1) stelle lediglich das regelmäßige Entscheidungsverfahren dar[11]. Diese Ansicht überzeugt jedoch nicht, weil ihre Konzeption den Regelfall des Gesetzes (§ 48 Abs. 1) und die Ausnahme (§ 48 Abs. 2) miteinander vertauscht (näher § 48, 3). Richtig ist nur, daß auch die Gesamtheit Organqualität hat (vgl. aaO). Für die Dogmatik der Gesellschaftsorgane handelt es sich dabei jedoch schon um einen Grenzfall, weil insoweit auf die Einsetzung eines besonderen Entscheidungsträgers verzichtet wird.

3. Verwaltungsrechte der Gesellschafter

7 a) **Versammlungsbezogene Rechte.** Die Rechte der Gesellschafter, die nach § 45 grundsätzlich der Satzungsautonomie unterliegen, sind die versammlungsbezogenen Rechte. Das entspricht der Organqualität der Gesellschafterversammlung, dem Wortlaut des § 45 Abs. 2, der nur auf Vorschriften zur Gesellschafterversammlung Bezug nimmt, und führt, soweit es um Verwaltungsrechte geht, zur sachgerechten Begrenzung der den Gesellschaftern zukommenden Gestaltungsfreiheit (vgl. noch Rdn 8). Versammlungsbezogene Rechte sind vor allem das *Teilnahmerecht* und das *Stimmrecht*. Das Teilnahmerecht umfaßt seinerseits das Recht auf Anwesenheit und das Recht auf Mitberatung (näher § 48, 13). Das Stimmrecht ist das Recht, durch Stimmabgabe dem Beschlußantrag zuzustimmen oder ihn abzulehnen (§ 47, 40 f). Weiter gehört hierhin das Einberufungsrecht von Gesellschaftern, die wenigstens 10% des Stammkapitals auf sich vereinigen (§ 50; vgl. Erl. dazu).

8 b) **Weitere Verwaltungsrechte.** Neben den versammlungsbezogenen Rechten (Rdn 7) haben die Gesellschafter weitere Verwaltungsrechte, nämlich das *Informationsrecht* (§ 51 a), die *Anfechtungsbefugnis* und das Recht zur *Gesellschafterklage* oder actio pro socio[12]. Insoweit gilt § 45 Abs. 1 jedenfalls nicht in dem Sinne, daß die Satzung die Rechte gewähren oder versagen könnte. Sie stehen vielmehr jedem Gesellschafter zu und sind im Prinzip satzungsfest. Für das Informationsrecht folgt das aus § 51 a Abs. 3 (vgl. dort Rdn 66 ff), für die beiden anderen ergibt es sich aus dem mit ihnen verfolgten Zweck; vgl. für die Anfechtungsbefugnis Anh § 47, für die Gesellschafterklage § 46, 114 mit Fn 300 f. Spielraum für die Satzungsautonomie besteht also nur in einzelnen Beziehungen, insbesondere, soweit es um die Modalitäten der Rechtsausübung geht (vgl. noch Rdn 30).

III. Anwendbare Bestimmungen und Satzungsregeln: Allgemeines

1. Die Normenhierarchie des § 45

9 Welche mitgliedschaftlichen Verwaltungsrechte (Rdn 7 f) den Gesellschaftern zustehen und wie sie auszuüben sind, bestimmt sich gem. § 45 Abs. 1 nach dem Gesellschaftsvertrag, soweit nicht gesetzliche Vorschriften entgegenstehen. Hinter einer zulässigen vertraglichen Regelung treten insbesondere die §§ 46 – 51 zurück. Sie gelten nur, wenn

---

[10] Wie hier z. B. RGZ 169, 65, 80 f; Baumbach/Hueck/*Zöllner* 3 und § 48, 2.

[11] So namentlich Scholz/*K. Schmidt* 5 und § 48, 1; vgl. auch *Vogel* Gesellschafterbeschlüsse und Gesellschafterversammlung (1986), S. 10.

[12] Damit ist nicht eine Klage aus eigenem Recht gemeint (so aber *Raiser* § 14, 36 ff), sondern die Befugnis, das Recht der GmbH im eigenen Namen auszuklagen (§ 46, 109 ff).

der Gesellschaftsvertrag die jeweilige Frage nicht besonders geregelt hat. Daraus folgt als Normhierarchie: In erster Linie gelten die **zwingenden Vorschriften** des Gesetzes; in zweiter Linie die **Regeln des Gesellschaftsvertrags;** und erst in dritter Reihe die **dispositiven gesetzlichen Bestimmungen.** Der grundsätzliche Vorrang des Vertrags (der Satzung) vor dem Gesetz begründet die Flexibilität des Innenverhältnisses (Rdn 1) und gehört zu den wesentlichen Gestaltungsmitteln des historischen Gesetzgebers bei der Verwirklichung der von ihm angestrebten „Mittelstellung" der GmbH-Form zwischen Personengesellschaft und AG (vgl. Einl. A, 3 ff, besonders 4). Zur Schließung von Gesetzeslücken auf das Aktienrecht zurückzugreifen, kommt danach für das Organisationsrecht der GmbH im allgemeinen nicht in Frage; eine Ausnahme bildet die Behandlung der Beschlußmängel (näher Einl. A, 27).

2. Die Satzung als wesentliche Quelle des Organisationsrechts

Für die Verfassung der GmbH und die einzelnen mitgliedschaftlichen Verwaltungs- **10** rechte gibt es **nur wenige zwingende gesetzliche Vorgaben,** und zwar auch unter Berücksichtigung der ungeschriebenen Rechtsprinzipien wie der Verbandssouveränität, der Unentziehbarkeit des Rechts auf Teilnahme an der Gesellschafterversammlung oder der mitgliedschaftlichen Treubindungen, wie sie etwa bei der Ausübung des Stimmrechts zu beachten sind. Weil andererseits die dispositiven Vorschriften hinter die Satzung zurücktreten, ist sie die wesentliche Quelle des Organisationsrechts der GmbH. Vielfach enthält auch erst sie praktisch notwendige Ergänzungen der auf Kernfragen beschränkten gesetzlichen Regelung.

3. Auslegung der Satzung und dispositives Gesetzesrecht

a) **Objektive Auslegung.** Weil die Satzung herausragende Bedeutung hat (Rdn 10), **11** aber die eindeutige, auch künftige Probleme vorwegnehmende Regelung jeglicher Einzelfrage selbst von sachkundig beratenen Satzungsgebern nicht geleistet werden kann, kommt der Auslegung der Satzung wesentliche Bedeutung zu. Maßgeblich ist nach heute **hM** das Prinzip der objektiven Auslegung (eingehend dazu § 2, 138 ff, besonders 141 und 145)[13]. Das heißt: Abweichend von den Regeln, die sonst die Auslegung von Rechtsgeschäften bestimmen, ist die Auslegung nicht darauf gerichtet, den subjektiven oder wirklichen Willen (§ 133 BGB) der Satzungsgeber zu ermitteln. Maßgeblich ist vielmehr, welchen objektiven Bedeutungsgehalt die Satzung hat. Daher kommt es nur auf den Inhalt der Satzungsurkunde und ergänzend auf den Inhalt solcher Unterlagen an, die durch Einreichung zum Handelsregister allgemein zugänglich geworden sind (§ 9 Abs. 1 HGB, § 8 Abs. 2 HRV)[14]. Sonstige Umstände sind nicht zu berücksichtigen, und zwar auch nicht bei personalistisch geprägten Gesellschaften (insoweit abweichend *Wiedemann* aaO [Fn 13]). Diese Grundsätze beziehen sich nach der Rechtsprechung allerdings nur auf den körperschaftlichen im Gegensatz zum individualrechtlichen Bereich[15]. Ob diese Unterscheidung sachlich zutreffend und sprachlich gelungen ist (zu Recht kritisch *Ulmer* § 2, 143), ist hier nicht zu vertiefen; denn die Verfassung der GmbH und die den Gesellschaftern in diesem Rahmen

[13] Dazu zuletzt BGH GmbH-Rdsch. 1990, 75, 76 li. Sp.; einschränkend aber Rowedder/*Rittner*² § 2, 70; für gespaltene Auslegung bei der personalistischen GmbH *Wiedemann* GesR I § 3 II 2 a.

[14] Dazu *Hüffer*-GroßkommHGB § 9, 5.

[15] Vgl. z. B. BGHZ 14, 25, 36 f = NJW 1954, 1401; BGHZ 36, 296, 315 = NJW 1962, 864 (AG); weit. Nachw. in Fn 237 zu § 2.

zustehenden Verwaltungsrechte, mithin der Regelungsgegenstand des § 45 (Rdn 4 ff), gehört unzweideutig dem sog. körperschaftlichen Bereich an (vgl. schon § 2, 142)[16].

12 b) **Das Verhältnis von ergänzender Auslegung und dispositivem Gesetzesrecht.** Ergibt die Auslegung der Satzung eine Regelungslücke, so fragt sich, ob sie durch ergänzende Auslegung oder (soweit vorhanden) durch Anwendung dispositiven Gesetzesrechts zu schließen ist. Nach der **hM** des **bürgerlichen Rechts** hat das dispositive Gesetzesrecht Vorrang[17]. Ob das in solcher Allgemeinheit zutrifft[18], kann dahinstehen. Für *Satzungen* und darüber hinaus für die Gesellschaftsverträge der Personengesellschaften gilt jedenfalls das umgekehrte Prinzip (vgl. § 2, 146)[19], ist also vom **Vorrang ergänzender Auslegung** auszugehen. Das ist schon wegen der fragmentarischen gesetzlichen Regelung sachgerecht und entspricht insbesondere dem Grundgedanken des § 45 (wie auch dem des § 109 HGB), weil danach die gesetzlichen Normen hinter die Satzung (oder den Vertrag) zurücktreten sollen (vgl. Rdn 9).

IV. Rechtsgrundsätze und Satzungsregeln zur Verfassung der GmbH

1. Das Prinzip der Verbandssouveränität

13 Das Prinzip der Verbandssouveränität begründet das **Verbot,** die GmbH (oder auch Gesellschaften anderer Rechtsform[20]) **in wesentlichen Fragen von der Entscheidung Dritter abhängig** zu machen. Insbesondere gibt es kein Mitspracherecht Dritter bei der Gestaltung der satzungsmäßigen Grundlagen der GmbH oder bei sonstigen Strukturentscheidungen wie etwa der Auflösung[21]. Eine derartige Selbstentmündigung wäre unvereinbar mit dem Autonomiegedanken, nach dem die Mitglieder, aber nicht Dritte zur Willensherrschaft berufen sind (vgl. Rdn 5 zu § 48 E I BGB). Das Prinzip der Verbandssouveränität gehört zu den zwingenden Rechtsgrundsätzen (Rdn 9 f) und macht ihm entgegenstehende Zustimmungsvorbehalte oder Entsendungsrechte und insbesondere auch Kompetenzen von Beiräten, die ganz oder teilweise mit Dritten besetzt sind, unzulässig (vgl. noch Rdn 21 f). Zu der verwandten Frage, ob Rechte Dritter durch die Satzung begründet werden können, vgl, § 3, 56 f.

2. Die gesetzliche Organisationsstruktur der GmbH und die daraus folgenden Gestaltungsgrenzen

14 a) **Gesellschaftsorgane.** Weil der GmbH die natürliche Handlungsfähigkeit abgeht, kann sie ihren Willen nur durch Organe bilden und nur durch Organe handeln. Ihre gesetzlichen Organe sind der oder die **Geschäftsführer** (§§ 35 ff) und die **Gesellschafterversammlung** (§§ 45 ff; vgl. dazu schon Rdn 6). Einen **Aufsichtsrat** schreibt das GmbH-Gesetz nicht vor. § 52 kennt vielmehr nur den *fakultativen Aufsichtsrat.* Soweit die Satzung ein derartiges Kontrollorgan vorsieht, ist seine Rechtsstellung in der GmbH derjenigen des aktienrechtlichen Aufsichtsrats nur mit erheblichen Einschränkungen vergleichbar; insbesondere fehlt ihm die Personalkompetenz (§ 84 AktG), die § 46

---

16 Die beiden Entscheidungen in Fn 34 betreffen das Stimmrecht; vgl. auch BGH NJW 1973, 1039, 1040: Organkompetenzen.

17 BGHZ 39, 60, 69 = NJW 1963, 637; BGHZ 40, 91, 103 = NJW 1963, 271; BGH NJW 1975, 1116, 1117; BGB-RGRK-*Piper* § 157, 101 f; Soergel/*Wolf* § 157, 109 ff (mit Einschränkungen).

18 Vgl. Soergel/*Wolf* aaO (Fn 17); *Flume* II § 16 IV 4 b.

19 Ebenso Rowedder/*Rittner*² Einl. 47; *Ulmer*-Großkomm HGB § 105, 203 mwN in Fn 423 f; aM für das Aktienrecht *Kraft*-KölnKommAktG § 23, 102.

20 Besonderheiten bestehen im Vereinsrecht, vgl. dazu *Flume* I/2 § 7 I 4.

21 *Flume* I/1 § 14 VII; *K. Schmidt* GesR § 5 I 3; *Teichmann* Gestaltungsfreiheit in Gesellschaftsverträgen (1970), S. 189 ff, 217 ff; *Teubner* ZGR 1986, 565, 567 f; *Wiedemann* Festschr. für Schilling (1973), S. 105, 111 ff.

Nr. 5, wenngleich nicht zwingend, der Gesellschafterversammlung zuweist. Den *obligatorischen Aufsichtsrat* der GmbH kennen nur die Mitbestimmungsgesetze, insbesondere § 77 BetrVG 1952 iVm § 129 BetrVG 1972 sowie das MitbestG 1976. Schließlich kann die Satzung **weitere Organe** schaffen und ihre Kompetenzen festlegen. Die in der Praxis üblichen Bezeichnungen schwanken (etwa: Beirat, Verwaltungsrat, Gesellschafterausschuß). **Aufbau der Kommentierung:** zum Geschäftsführer vgl. Erl. zu §§ 35 ff; zur Bestellung und Abberufung sowie Entlastung der Geschäftsführer siehe auch § 46, 39 ff; zu ihrer Überwachung durch die Gesellschafterversammlung § 46, 77 ff; zum Aufsichtsrat Erl. zu § 52 und in diesem Zusammenhang auch zu den weiteren fakultativen Organen. Im folgenden zu erläutern sind die Fragen, die sich speziell auf die Gesellschafterversammlung beziehen.

b) **Die Gesellschafterversammlung als oberstes Organ.** Die Gesellschafterversammlung (nicht: die Gesellschaftergesamtheit, vgl. Rdn 6) ist das oberste Organ der GmbH[22]. Darin liegt eine Eigenart dieser Rechtsform, die zu ihren Strukturmerkmalen gehört und sie neben anderen Merkmalen solcher Art einerseits von OHG und KG, andererseits von der AG unterscheidet. Von den Personengesellschaften deshalb, weil es auf die vom Mehrheitsprinzip getragene Willensbildung der Versammlung als Organ und nicht auf das einstimmige Zusammenwirken der Gesellschafter ankommt, von der AG, weil dort der Vorstand zur eigenverantwortlichen Leitung der Gesellschaft berufen ist (§ 76 AktG). Im einzelnen prägt sich die Rechtsstellung der Gesellschafterversammlung als das oberste Organ der GmbH in zwei Richtungen aus. Sie ist erstens das zur Bildung des Gesellschaftswillens allein berufene Organ und gestaltet die Gesellschaftsverhältnisse autonom. Sie kann zweitens auch bezüglich der Geschäftsführung den Willen der GmbH bilden und für die Geschäftsführer verbindlich äußern. Das bringt § 37 Abs. 1 zum Ausdruck, der entgegen seinem Wortlaut nicht die Vertretung, sondern die Geschäftsführung betrifft und in diesem Verständnis § 48 Abs. 1 S. 2 E I BGB (Rdn 5) entspricht (vgl. auch Erl. zu § 37). Daraus folgt insbesondere die Weisungskompetenz der Gesellschafterversammlung in Angelegenheiten der Geschäftsführung (§ 46, 118). **15**

c) **Willensbildung durch Beschluß (Überblick und Weiterverweise).** Die Gesellschafterversammlung entscheidet durch Beschluß (§ 47 Abs. 1). Der Beschluß ist die durch Abstimmung über einen Antrag erzielte organschaftliche Willensbildung und -äußerung, die der GmbH als eigene zugerechnet wird (§ 47, 2). Seine Rechtsnatur ist die eines mehrseitigen, aber nicht vertraglichen Rechtsgeschäfts eigener Art (§ 47, 3). Zum Verfahren vgl. den Überblick in § 47, 4. Getragen wird der Beschluß von der Stimmabgabe der Gesellschafter. Sie ist ihrerseits Zustimmung oder Ablehnung des Beschlußantrags und stellt eine Willenserklärung iSd §§ 104 ff BGB dar (§ 47, 41). Basis der Stimmabgabe ist wiederum das Stimmrecht, das als mitgliedschaftliche Verwaltungsbefugnis nur Gesellschaftern zustehen kann, aber nicht zwingend mit der Mitgliedschaft verbunden ist; stimmrechtslose Geschäftsanteile sind also möglich (§ 47, 40 und 42 ff). Stimmbindungsverträge (Begriff: § 47, 65), sind unter Gesellschaftern grundsätzlich zulässig (§ 47, 74); sonst nicht (§ 47, 75). Jede 100 DM eines Geschäftsanteils gewähren eine Stimme (§ 47, 87). Ausübung des Stimmrechts durch Bevollmächtigte ist grundsätzlich zulässig (§ 47, 92 ff). Zur Gesellschafterversammlung als dem beschließenden Organ vgl. § 48, 3 ff, zum schriftlichen Abstimmungsverfahren § 48, 40 ff, zur (ohne Satzungsgrundlage unzulässigen) formlosen oder kombinierten Be- **16**

[22] RGZ 137, 305, 308 ff; RGZ 169, 65, 80; vgl. auch Art. 64 Abs. 1 Schweiz. ZGB („Die Versammlung der Mitglieder bildet das oberste Organ des Vereins").

schlußfassung § 48, 57 ff. Wegen der Mängel des Beschlusses (Nichtigkeit oder Anfechtbarkeit) vgl. Anh § 47.

17 d) **Grenzen der Kompetenzverschiebung zwischen Geschäftsführern und Gesellschafterversammlung.** Die Gesellschafterversammlung kann die Tätigkeit der Geschäftsführer nicht nur durch Weisungsbeschlüsse leiten (Rdn 15), sondern auch Zuständigkeiten der Geschäftsführer zur eigenen Wahrnehmung an sich ziehen. Umgekehrt ist auch die Übertragung von Zuständigkeiten der Gesellschafterversammlung auf die Geschäftsführer im Prinzip möglich. In beiden Richtungen ist die Gestaltungsfreiheit jedoch nicht schrankenlos. Die Satzung muß sich vielmehr an das Strukturbild der GmbH halten[23], wie es sich aus §§ 35 ff, 45 ff ergibt, also die wenigstens zweigliedrige Organisationsstruktur mit der Gesellschafterversammlung als oberstem Organ beibehalten. Daraus folgt für die *Kompetenzen der Geschäftsführer:* Nicht nur ihre Vertretungsmacht (§ 35), sondern auch ihre Vertretungsbefugnis ist satzungsfest. Darüber hinaus muß ihnen, auch wenn die Konkretisierung schwierig sein mag, ein Tätigkeitsbereich verbleiben, der ihrer Organstellung entspricht; vgl. auch § 46, 4. Für die *Kompetenzen der Gesellschafterversammlung* ergibt sich: Sie kann nicht zugunsten der Geschäftsführer abdanken. Schranken bestehen insbesondere, soweit es um die Bestellung, die Abberufung und die Überwachung der Geschäftsführer geht; dazu eingehend § 46, 73 ff und 80.

3. Das Verhältnis der Gesellschafterversammlung zu fakultativen Organen

18 a) **Möglichkeiten der Zuständigkeitsübertragung.** Die Satzung kann einen Aufsichtsrat vorsehen und auch andere Gesellschaftsorgane einrichten (Rdn 14). Weil ein Organ ohne Zuständigkeit ein Widerspruch in sich wäre, folgt schon daraus, daß die Satzung auch die Kompetenzen der von ihr geschaffenen Organe regeln darf. Daraus ergeben sich im wesentlichen zwei Fragenkreise. Erstens ist klärungsbedürftig, wie die Zuständigkeitskonkurrenz zwischen Gesellschafterversammlung und fakultativem Gesellschaftsorgan zu beurteilen ist (Rdn 19 f), und zweitens, ob und welche Grenzen einer Kompetenzverlagerung gezogen sind. Eine Sonderfrage ist schließlich die nach der Rückfallkompetenz der Gesellschafterversammlung (dazu Rdn 23).

19 **Zuständigkeitskonkurrenz.** Die Zuständigkeit des fakultativen Gesellschaftsorgans kann die Kompetenz der Gesellschafterversammlung *verdrängen,* aber auch mit ihr *konkurrieren.* Ob das eine oder das andere gewollt ist, entscheidet sich nach dem Satzungsinhalt. Schweigt die Satzung, so ist im Zweifel von verdrängender Zuständigkeit auszugehen, weil die Kompetenzverdoppelung im allgemeinen wenig Sinn ergibt und nur zu Streitigkeiten führt. Wenn nach der Satzung ausnahmsweise eine konkurrierende Zuständigkeit gewollt ist, gilt mangels abweichender Bestimmung das Prioritätsprinzip. Maßgeblich ist also die Entscheidung desjenigen Organs, das zuerst tätig geworden ist. Folglich kann die Gesellschafterversammlung, wenn der Beirat in zulässiger Weise eine Sonderprüfung beschlossen hat, jedenfalls nicht mit einfacher Mehrheit bestimmen, daß die Prüfung zu unterbleiben habe[24]; zur satzungsändernden Mehrheit vgl. Rdn 20.

20 Vor allem bei der **verdrängenden Zuständigkeit** eines fakultativen Gesellschaftsorgans stellt sich die Frage, ob die Gesellschafterversammlung die von ihm getroffene

---

[23] Scholz/*K. Schmidt* 10 sprechen vom „Wesen" der GmbH; *Fleck* Festschr. für Rob. Fischer (1979), S. 107, 111: „Ordnungsbild".

[24] BGH LM § 109 HGB Nr. 7 = BB 1970, 226; vgl. auch Scholz/*K. Schmidt* 9, die mit „actus contrarius" jedenfalls nicht den Aufhebungsbeschluß meinen; *Vogel* Gesellschafterbeschlüsse und Gesellschafterversammlung (1986), S. 12.

Entscheidung mit **satzungsändernder Mehrheit** (einfache Mehrheit genügt keinesfalls) aufheben kann, ohne die Satzung selbst zu ändern. Das wird unter Hinweis auf die Stellung der Gesellschafterversammlung als das oberste Organ der GmbH teilweise angenommen[25], vermag aber wegen der Bindungswirkung der Satzung nicht zu überzeugen[26]. Was vorliegt, ist im allgemeinen eine **Satzungsdurchbrechung,** die zur Anfechtbarkeit des Beschlusses führt, unter Umständen auch eine unwirksame Satzungsänderung darstellt (näher *Ulmer* Voraufl. § 53, 30, 32 und 36). Aus BGH LM § 109 HGB Nr. 7 folgt nichts anderes, weil es dort um eine Personenhandelsgesellschaft ging, deren Vertragsgrundlage formfrei geändert werden kann[27]. Bei konkurrierender Zuständigkeit gilt für Beschlüsse mit zeitlichem Vorrang (Rdn 19) nichts anderes, weil es auch insoweit keine formlosen Satzungsänderungen gibt.

b) **Grenzen der Zuständigkeitsübertragung.** Einiger zentraler Kompetenzen kann sich die Gesellschafterversammlung nicht zugunsten eines fakultativen Gesellschaftsorgans begeben, und zwar auch nicht im Satzungswege. Zu nennen sind[28]: Einforderung von Nachschüssen (§ 26)[29]; Satzungsänderungen einschließlich Kapitalerhöhung und -herabsetzung (§§ 53 ff); Verschmelzung und Umwandlung (§§ 19 ff, 33 f KapErhG; §§ 355 f AktG; § 24 UmwG; §§ 376, 389 AktG); Auflösung (§ 60 Nr. 2) sowie Fortsetzung; Bestellung von besonderen Liquidatoren (§ 66 Abs. 1) sowie Abberufung nicht vom Gericht bestellter Liquidatoren (§ 66 Abs. 3). Zu ergänzen ist diese übliche Aufzählung um den Abschluß von Unternehmensverträgen (§§ 291 ff AktG in unmittelbarer oder entsprechender Anwendung). **21**

Während über die ausschließliche und zwingende Zuständigkeit der Gesellschafterversammlung in den genannten Fällen im Ergebnis Einigkeit besteht, ist die Begründung zweifelhaft geblieben. **Ungeklärt** ist folglich auch, ob und gegebenenfalls **welche weiteren Maßnahmen notwendig der Gesellschafterversammlung vorbehalten** sind. Während die eine Ansicht auf das „Wesen" der GmbH abstellt und eine Selbstentmündigung der Gesellschafter verhindern will[30], fordert die andere eine positiv-rechtliche Kompetenzzuweisung[31]. In der Sache führt die Auseinandersetzung in dieser Form kaum weiter, weil die eine Meinung ihren Ausgangspunkt anhand der gesetzlichen Vorschriften konkretisieren muß und die andere nicht beim Buchstaben des Gesetzes stehen bleiben kann. Danach bietet sich an, Grenzen der Satzungsautonomie aus dem Strukturbild der GmbH (vgl. Rdn 17) abzuleiten, das aber seinerseits den einzelnen gesetzlichen Vorschriften und ihrem Gesamtzusammenhang zu entnehmen ist. Weitere zwingende Beschlußzuständigkeiten der Gesellschafterversammlung sind danach denkbar, tragen aber Ausnahmecharakter und bedürfen jeweils einer rechtlichen Begründung. Beispiel: Der abhängigkeitsbegründende Dispens des Geschäftsführers von einem satzungsmäßigen Wettbewerbsverbot[32] bedarf stets eines Gesellschafterbeschlusses, kann also nicht vom Beirat erteilt werden, weil dieser nach dem Rechtsgedanken des § 53 auch dann nicht über die Satzung disponieren darf, wenn es zwar nicht um **22**

---

[25] *Vogel* aaO (Fn 24), S. 11; wohl auch *Voormann* Die Stellung des Beirats (1981), S. 66.

[26] Scholz/*K. Schmidt* 9 unter Abwandlung der in der Voraufl. (ebenfalls Rdn 9) vertretenen Position.

[27] Vgl. auch *Ulmer*-GroßkommHGB § 109, 57 und *Schilling* ebda. § 163, 18.

[28] Scholz/*K. Schmidt* 8; Rowedder/*Koppensteiner*² 9; *Hölters* Der Beirat (1979), S. 20 ff; *Vogel* Gesellschafterbeschlüsse und Gesellschafterversammlung (1986), S. 13 f; im Ergebnis auch *Ivens* GmbH-Rdsch. 1989, 61, 63 f.

[29] RGZ 70, 326, 329 f.

[30] Scholz/*K. Schmidt* 10; ähnlich Fischer/*Lutter*/*Hommelhoff* 6; weitergehend *Wiedemann* GesR I § 6 III 2 a, der § 77 RegE 1971 rechtsfortbildend in das geltende Recht übernehmen will; beachtliche Kritik an der Selbstentmündigungs-These in ihrer hergebrachten Form bei *Teubner* ZGR 1986, 565, 569 ff.

[31] Rowedder/*Koppensteiner*² 9; vgl. auch *Ivens* GmbH-Rdsch. 1989, 61 ff.

[32] Vgl. den Fall BGHZ 80, 69 ff = NJW 1981, 1512.

eine eigentliche Satzungsänderung geht, aber die Maßnahme (per Saldo: faktische Konzernierung) von vergleichbar einschneidender Bedeutung ist. Angesichts des bisherigen Diskussionsstandes muß sich die Kautelarjurisprudenz, wenn verdrängende Zuständigkeiten eines fakultativen Gesellschaftsorgans in der Satzung begründet werden sollen, auf ein nicht unerhebliches Maß an Rechtsunsicherheit einstellen[33].

23 c) **Rückfallkompetenz der Gesellschafterversammlung.** Rückfallkompetenz ist die subsidiäre Zuständigkeit, die der Gesellschafterversammlung für die Dauer der Funktionsunfähigkeit des nach der Satzung zuständigen anderen Organs zukommt. Nach **hM** verfügt die Gesellschafterversammlung über eine so verstandene Ersatzzuständigkeit[34]. Namentlich kann die Gesellschafterversammlung anstelle des funktionsunfähigen fakultativen Aufsichtsrats aus wichtigem Grund Geschäftsführer abberufen und ihr Anstellungsverhältnis kündigen (BGH aaO [Fn 34]; vgl. auch § 46, 74 f). Eine neuerdings vertretene Gegenansicht verneint eine generelle Rückfallkompetenz der Gesellschafterversammlung. Ihre Ersatzzuständigkeit sei nur ausnahmsweise gegeben, nämlich dann, wenn unaufschiebbare und im Interesse der Handlungsfähigkeit der GmbH notwendige Maßnahmen anständen und sich dafür eine 3/4-Mehrheit finde[35]. Darin liegt eine Stärkung des fakultativen Organs zu Lasten der Gesellschafterversammlung, die in der Sache nicht geboten und durch den Satzungsinhalt nicht gedeckt ist; denn der Satzungsgeber geht bei der Zuständigkeitsverlagerung von der Funktionsfähigkeit des betrauten Organs aus. Die **hM** verdient daher den Vorzug.

4. Schiedsstellen und Schiedsgerichte

24 Die Satzung kann eine Schieds-, Schlichtungs- oder Spruchstelle vorsehen, die bei Streitigkeiten zwischen Gesellschaftsorganen oder Organmitgliedern, namentlich bei Meinungsverschiedenheiten in der Gesellschafterversammlung, entscheidet. Eine derartige Klausel kann insbesondere empfehlenswert sein, wenn an der GmbH zwei Gesellschafter oder Gesellschaftergruppen in gleicher oder annähernd gleicher Höhe beteiligt sind. **Schiedsstellen** dieser Art sind ohne Rücksicht auf die Bezeichnung keine Schiedsgerichte iSd §§ 1025 ff ZPO, sondern **fakultative Gesellschaftsorgane**[36]. Sie nehmen die Entscheidungsaufgabe wahr, die sonst regelmäßig der Gesellschafterversammlung als oberstem Organ zugefallen wäre. Folglich gilt ihre Entscheidung mit der Verlautbarung; §§ 1039, 1042 ZPO sind nicht anwendbar. Die Entscheidung hat auch nicht die Wirkung eines rechtskräftigen gerichtlichen Urteils (vgl. § 1040 ZPO). Eine *Aufhebungsklage* (§ 1041 ZPO) ist daher *weder erforderlich noch auch nur zulässig*. Ob und wie die Entscheidung angreifbar ist, bestimmt sich vielmehr nach den Regeln, die für die Beschlüsse oder sonstigen Maßnahmen gelten, die durch die Entscheidung ersetzt worden sind. Also ist, wenn die Schlichtungsstelle statt der Gesellschafterversammlung entscheidet, Nichtigkeits- oder Anfechtungsklage in sinngemäßer Anwendung der §§ 241 ff AktG gegeben (BGH aaO [Fn 36] S. 265).

25 Die Satzung kann auch eine **echte Schiedsklausel** enthalten, also vorsehen, daß ein Schiedsgericht anstelle des staatlichen Gerichts entscheidet. § 1027 Abs. 1 ZPO kommt mit Rücksicht auf § 1048 ZPO nicht zur Anwendung (§ 13, 18)[37], soweit es sich um

[33] *Mertens* Festschr. für Stimpel (1985), S. 417, 422: „Hort der Rechtsunsicherheit".

[34] BGHZ 12, 337, 340 = NJW 1954, 338; Scholz/*K. Schmidt* 11; Baumbach/Hueck/*Zöllner* § 46, 63; Rowedder/*Koppensteiner*[2] 9 a. E.

[35] *Wessing/Max* Festschr. für Werner (1984), S. 975, 980 ff; die Rückfallzuständigkeit gleichfalls einschränkend, aber nicht so weitgehend *Roth* 2.1.1.

[36] BGHZ 43, 261, 263 ff = NJW 1965, 1378; Scholz/*K. Schmidt* 14; Baumbach/Hueck/*Zöllner* 14.

[37] So zuletzt *K. Schmidt* GmbH-Rdsch. 1990, 16 mwN in Fn 7.

Streitigkeiten aus dem Gesellschaftsverhältnis handelt (§ 13, 20). Schiedsfähig sind Streitigkeiten unter den Gesellschaftern und grundsätzlich auch solche zwischen den Gesellschaftern und der GmbH. Ausgenommen sind nach der Rechtsprechung Anfechtungs- und Nichtigkeitsklagen, mit denen die Mangelhaftigkeit von Gesellschafterbeschlüssen geltend gemacht wird[38]; die hieran in Teilen des Schrifttums geübte Kritik[39] hat sich in der Praxis bislang nicht durchsetzen können (vgl. dazu § 47 Anh). Soweit von der Möglichkeit des Schiedsgerichts Gebrauch gemacht werden soll, muß ein Schiedsgericht eingesetzt werden, dem die nötige Unabhängigkeit von den Parteien zukommt. Ein Gesellschaftsorgan kann danach nicht Schiedsgericht sein, weil die Partei nicht Richter in eigener Sache sein darf[40].

V. Rechtsgrundsätze und Satzungsregeln zu den einzelnen Verwaltungsrechten und ihrer Ausübung

1. Grundsätze

a) **Vorzugsgeschäftsanteile und unentziehbare allgemeine Mitgliedsrechte.** Für die Frage, welche Schranken der Satzungsautonomie bezüglich der einzelnen mitgliedschaftlichen Verwaltungsrechte gezogen sind, ist zwischen ihrer Entziehung und ihrer Übertragung zu unterscheiden. Für die Entziehung ist weiter danach zu differenzieren, ob es sich um Rechte aus Vorzugsgeschäftsanteilen oder um allgemeine Mitgliedsrechte handelt. **Rechte aus Vorzugsgeschäftsanteilen** sind solche, die dem (jeweiligen) Inhaber ein Vorrecht gegenüber seinen Mitgesellschaftern einräumen. Der Vorzug kann sich auch auf die Verwaltungsrechte beziehen, etwa in der Art, daß mit dem Geschäftsanteil ein erhöhtes Stimmrecht oder ein Recht zur Einberufung der Gesellschafterversammlung verbunden ist (Einzelheiten: § 5, 160 ff, 170; § 14, 17 ff, 19). Echte Vorzüge können ihrem Inhaber nur im Wege der *Satzungsänderung* (§ 53 Abs. 2) und nur mit seiner *Zustimmung* entzogen werden (§ 5, 165; § 14, 23)[41]. Das folgt aus § 35 BGB[42]. Zur Ausnahme bei Vorliegen eines wichtigen Grundes vgl. § 14, 24. 26

Allgemeine Mitgliedsrechte sind die in Rdn 7 f zusammengestellten Verwaltungsrechte. Insoweit ist zwischen absolut und relativ unentziehbaren Rechten zu unterscheiden. **Absolut unentziehbar** sind von den versammlungsbezogenen Rechten nur das *Teilnahmerecht* und das *Einberufungsrecht* des § 50. Diese Rechte können dem Gesellschafter auch mit seiner Zustimmung nicht genommen werden. Absolut unentziehbar sind ferner die weiteren, also nicht versammlungsbezogenen, Verwaltungsrechte, nämlich das *Informationsrecht* des § 51 a, die *Anfechtungsbefugnis* sowie das Recht zur *Gesellschafterklage* (vgl. schon Rdn 8; § 14, 28). **Relativ unentziehbar** ist das *Stimmrecht*. Es kann dem Gesellschafter nicht ohne seine Zustimmung genommen werden, wohl aber mit ihr, sei es in der Ursprungssatzung oder durch Satzungsänderung (§ 14, 29). 27

b) **Abspaltungsverbot.** Sämtliche Verwaltungsrechte (Rdn 7 f) unterliegen dem satzungsfesten Abspaltungsverbot, können also nicht von der Mitgliedschaft getrennt und auf einen anderen übertragen werden, gleichgültig, ob es sich bei dem anderen um einen Gesellschafter oder um einen Nichtgesellschafter handelt (vgl. dazu im einzelnen 28

[38] BGH LM § 199 AktG 1937 Nr. 1 m. Anm. *Rob. Fischer;* weit. Nachw.: § 13, 20 Fn 47.

[39] Siehe etwa *K. Schmidt* ZGR 1988, 523; aM jedoch *Henze* ZGR 1988, 542.

[40] RGZ 55, 326 (GmbH); RGZ 88, 395, 402 (Verein); RGZ 90, 306, 308 (Verein); Scholz/*K. Schmidt* 14; Baumbach/Hueck/*Zöllner* 14.

[41] BGH WM 1989, 250, 252.

[42] RGZ 80, 385, 389.

§ 14, 32 ff und § 47, 53). Im zweiten Fall überschneidet sich das Abspaltungsverbot mit dem Prinzip der Verbandssouveränität, welches das Ergebnis auch alleine tragen würde (oben Rdn 13).

2. Einzelfragen (Weiterverweise)

29 Welche Gestaltungsmöglichkeiten der Satzungsgeber bezüglich der einzelnen Verwaltungsrechte hat, ist im jeweiligen Zusammenhang erläutert worden. Für die Einzelfragen finden sich **Übersichten** im Rahmen der Kommentierung der einschlägigen Vorschriften mit Weiterverweisen. Zusammenstellung der Übersichten: § 47, 198 f; § 48, 68 f; § 49, 30 f; § 50, 30–32; § 51, 33 f; § 51 a, 66–68. Wegen des Verhältnisses der Gesellschafterversammlung zu fakultativen Gesellschaftsorganen siehe oben Rdn 18 ff, zur Beiratsverfassung insbesondere Erl. zu § 52. Im übrigen ist auf die einschlägigen Handbücher[43] und speziell zur Gesellschafterversammlung auf die Darstellungen von *Vogel* zu verweisen[44].

3. Ausübung der Rechte

30 a) **Satzungsautonomie.** Die Satzungsautonomie erstreckt sich nicht nur auf die Begründung von Rechten. Die Gestaltungsfreiheit der Gesellschafter besteht nach § 45 vielmehr auch, soweit es um die Ausübung der Rechte geht. Das gilt für die versammlungsbezogenen Rechte (Rdn 7) ebenso wie für die weiteren Verwaltungsrechte (Rdn 8). Beispiele für das erste: Die Satzung kann die Stimmrechte anders verteilen als in § 47 Abs. 2 vorgesehen, etwa so, daß nach Köpfen oder nach dem Betrag der jeweils geleisteten Einlage abgestimmt wird (vgl. § 47, 89); sie kann einer Gruppe von Gesellschaftern die Ausübung des Stimmrechts durch Bevollmächtigte vorschreiben (obligatorische Gruppenvertretung; vgl. § 47, 104) oder Bestimmungen zur Person des Vertreters treffen (§ 47, 100). Beispiel für das zweite: Die Satzung kann die Länge der Anfechtungsfrist bestimmen, soweit wenigstens die Monatsfrist des § 246 Abs. 1 AktG gewährt wird (vgl. § 47 Anh)[45].

31 b) **Ausübungsschranken.** Schranken der Rechtsausübung folgen in erster Linie aus der *mitgliedschaftlichen Treupflicht*[46], ferner aus dem *Gleichbehandlungsgrundsatz* (vgl. dazu § 14, 52 ff und 67 ff). Weil die Verwaltungsrechte fremdnützige Rechte sind, unterliegen sie in besonderem Maße den Schranken, die sich durch Konkretisierung der Treupflicht gewinnen lassen. Das hat namentlich für das Stimmrecht praktische Bedeutung. Die treuwidrige Stimmabgabe ist unbeachtlich und kann zur Anfechtbarkeit des Beschlusses führen; vgl. dazu Anh § 47.

VI. Zur Frage der Inhaltskontrolle

32 **Begriff.** Inhaltskontrolle (oder auch Satzungskontrolle) ist die auf § 242 BGB oder ähnliche Generalklauseln gestützte, offene (im Gegensatz zur verdeckten) richterliche Prüfung des Gesellschaftsvertrags mit dem Ziel, inhaltlich unangemessene Klauseln aufzufinden und außer Geltung zu setzen. Eine solche Inhaltskontrolle kann **nur**

---

[43] Insbesondere *Sudhoff* Der Gesellschaftsvertrag der GmbH[7] (1987).

[44] *Vogel* Die Praxis der Gesellschafterversammlung bei GmbH und GmbH & Co. (1976); *ders.* Gesellschafterbeschlüsse und Gesellschafterversammlung (1986).

[45] BGHZ 104, 66, 73 = NJW 1988, 1844; *Zöllner/Noack* ZGR 1989, 525, 527.

[46] Dazu zuletzt *Hüffer* Festschr. für Steindorff (1990), S. 59.

ausnahmsweise zulässig sein, nämlich dann, wenn die Funktionsbedingungen der Privat- oder Satzungsautonomie nicht erfüllt sind. Das bekannte gesellschaftsrechtliche Beispiel bieten die von den Projektinitiatoren vorformulierten Gesellschaftsverträge der **Publikums-Personengesellschaften**[47]. Dagegen gibt es nach richtiger, wenngleich umstrittener Ansicht[48] keine generelle, von solchen und vergleichbaren Sonderlagen losgelöste richterliche Inhaltskontrolle[49]. Die Satzung der GmbH unterliegt danach in aller Regel keinen Beschränkungen, die über die in Rdn 13 ff dargestellten Grundsätze hinausgingen. Insbesondere ist der Unterscheidung von Vertrags- und Satzungsgesellschaft und der Unterwerfung der letzteren unter aktienrechtliche Regeln nicht zu folgen (vgl. schon Rdn 3). Ausnahmsweise ist die inhaltliche Kontrolle einer GmbH-Satzung jedoch denkbar, etwa dann, wenn die Satzung der Komplementär-GmbH einer Publikums-KG Klauseln enthält, die die Rechtsstellung der Kommanditisten unangemessen beeinträchtigen. So kann es liegen, wenn es um die Haftung des GmbH-Geschäftsführers oder um die Haftung von Mitgliedern eines Beirats geht, der als Organ der GmbH errichtet worden ist[50].

VII. Dispositives Gesetzesrecht (§ 45 Abs. 2)

Soweit keine zwingenden Vorschriften oder Rechtsgrundsätze eingreifen und auch **33**
die Satzung keine Regelung getroffen hat, also **in dritter Linie**, gelten die §§ 46–51 als dispositives Recht (vgl. schon Rdn 9). Vor ihrer Anwendung ist zu prüfen, ob eine Regelungslücke der Satzung durch ihre ergänzende Auslegung geschlossen werden kann (Rdn 12). **Gedanklicher Aufbau** der §§ 46 – 51: § 46 regelt die Zuständigkeiten der Gesellschafter gegenüber den Geschäftsführern. § 47 gibt an, wie die Gesellschafter von ihrem Bestimmungsrecht Gebrauch machen, nämlich durch Beschlußfassung, und enthält Grundregeln für die Ausübung des Stimmrechts. § 48 konstituiert die Gesellschafterversammlung als regelmäßiges Beschlußorgan. §§ 49 und 50 legen die Zuständigkeit für die Einberufung der Gesellschafterversammlung fest, und § 51 bestimmt, welche Modalitäten (Form, Frist und Inhalt der Einladung) dabei zu beachten sind.

§ 46

Der Bestimmung der Gesellschafter unterliegen:

1. die Feststellung des Jahresabschlusses und die Verwendung des Ergebnisses;

2. die Einforderung von Einzahlungen auf die Stammeinlagen;

3. die Rückzahlung von Nachschüssen;

4. die Teilung sowie die Einziehung von Geschäftsanteilen;

5. die Bestellung und die Abberufung von Geschäftsführern sowie die Entlastung derselben;

6. die Maßregeln zur Prüfung und Überwachung der Geschäftsführung;

7. die Bestellung von Prokuristen und von Handlungsbevollmächtigten zum gesamten Geschäftsbetrieb;

---

[47] Grundlegend BGHZ 64, 238 = NJW 1975, 1318; umfassende Übersicht bei *Krieger* Festschr. für Stimpel (1985), S. 307, 312 ff.

[48] Baumbach/Hueck/*Zöllner* 9 f; *Ulmer*-GroßkommHGB § 109, 44 mwN; *K. Schmidt* GesR § 5 III 4 c.

[49] Für Inhaltskontrolle etwa *Wiedemann* GesR I § 3 II 3 a; *Martens* DB 1973, 413, 419.

[50] Vgl. zu solchen Konstellationen *Hüffer* ZGR 1980, 320; *dens.* ZGR 1981, 348.

8. die Geltendmachung von Ersatzansprüchen, welche der Gesellschaft aus der Gründung oder Geschäftsführung gegen Geschäftsführer oder Gesellschafter zustehen, sowie die Vertretung der Gesellschaft in Prozessen, welche sie gegen die Geschäftsführer zu führen hat.

Übersicht

Schrifttum

(vgl. auch die Angaben vor Rdn 6, 39, 54, 77, 81, 87). *Immenga* Die personalistische Kapitalgesellschaft (1970); *Teichmann* Gestaltungsfreiheit in Gesellschaftsverträgen (1970); *Vogel* Gesellschafterbeschlüsse und Gesellschafterversammlung² (1986); *Vogel* Die Praxis der Gesellschafterversammlung bei GmbH und GmbH & Co. (1976); *Zöllner* Die Schranken mitgliedschaftlicher Stimmrechtsmacht bei den privatrechtlichen Personenverbänden (1963).

I. Normzweck und Grundlagen

1. Regelungsgegenstand

Die Vorschrift regelt die **Kompetenzen der Gesellschafterversammlung.** Der Katalog des § 46 ist allerdings *weder erschöpfend noch zwingend.* Weitere und wesentliche Zuständigkeiten der Gesellschafterversammlung betreffen Satzungsänderungen und sonstige Grundlagenbeschlüsse (Rdn 115 f) sowie ihre Beziehungen zu anderen Organen der GmbH, besonders den Geschäftsführern (Rdn 117 f). Unberührt bleibt auch die Allzuständigkeit der Gesellschafterversammlung, die sich insbesondere in ihrer Weisungsbefugnis gegenüber den Geschäftsführern (Rdn 118) und in ihrer Rückfallkompetenz bei Funktionsunfähigkeit anderer Gesellschaftsorgane äußert (Rdn 74 f und § 45, 23). Zum dispositiven Charakter des § 46 vgl. Rdn 3 und zusammenfassend Rdn 119. § 46 spricht in seinen Eingangsworten von der Bestimmung durch die Gesellschafter. Daß es dabei um die *Gesellschafterversammlung* geht, ergibt sich aus §§ 47 Abs. 1, 48 Abs. 1; denn danach erfolgt die Bestimmung durch Beschlußfassung, die ihrerseits im Regelfall Aufgabe der Gesellschafterversammlung ist[1]. Nur ausnahmsweise, nämlich in den Fällen des § 48 Abs. 2, liegt die Kompetenz bei den Gesellschaftern in ihrer Gesamtheit; näher dazu § 48, 3. 1

[1] Baumbach/Hueck/*Zöllner* 1; **aM** (Zuständigkeit der Gesellschafter) Scholz/*K. Schmidt* 1.

2. Regelungszweck

2 § 46 dient der **Zuständigkeitsabgrenzung** zwischen Geschäftsführung (§§ 35 ff) und Gesellschafterversammlung (§§ 45 ff). Das heißt positiv: In den in § 46 genannten Angelegenheiten ist die Gesellschafterversammlung primär zuständig, also ohne daß sie den Gegenstand erst durch Beschluß an sich ziehen müßte. Oder negativ: Die Geschäftsführer sind, soweit aus der Satzung nichts anderes folgt, unzuständig. Darüber hinaus dient die Norm auch dazu, das gesetzliche **Struktur- oder Ordnungsbild** der GmbH-Verfassung zu konstituieren[2]; insbesondere bestätigt sie, daß die Gesellschafterversammlung das *oberste Organ* der GmbH ist (vgl. schon § 45, 15). Daß die Vorschrift auch diese Funktion hat, folgt aus § 46 Nr. 5, 6 und (teilweise) 8; denn als bloße Zuständigkeitszuweisungen wären diese Bestimmungen überflüssig, weil sich die Geschäftsführer nicht selbst bestellen, prüfen oder in Anspruch nehmen können. Zu § 46 Nr. 8 vgl. noch Rdn 87, 100.

3. Dispositiver Charakter

3 Aus § 46 Abs. 2 folgt, daß § 46 im **Grundsatz** dispositiv ist; das entspricht ungeachtet einiger Formulierungsunterschiede der **allgM**[3]. Die Satzung kann daher einzelne Zuständigkeiten der Gesellschafterversammlung beschränken, aufheben oder auf andere Gesellschaftsorgane (Aufsichtsrat, Beirat) verlagern. Sie kann auch umgekehrt die Zuständigkeiten der Gesellschafterversammlung zu Lasten der Geschäftsführer oder, soweit vorhanden, des Aufsichtsrats erweitern. Sie ist dann ebenso primär zuständig wie in den in § 46 genannten Fällen (Rdn 2). Zu Einzelheiten vgl. unten Rdn 22, 30, 37, 73 ff, 80, 86, 114.

4 **Grenzen der Satzungsautonomie** sind aus dem Strukturbild abzuleiten, das (unter anderem) in der Regelung des § 46 Ausdruck findet. Die pauschale Berufung auf das Strukturbild würde allerdings noch keine zureichende Begründung bieten; vielmehr bedarf es für jede einzelne Begrenzung der Satzungsautonomie einer rechtlichen Ableitung (vgl. zum Ganzen schon § 45, 17). Weithin anerkannt sind **drei Teilaussagen:** (1.) Die Satzung kann die Gesellschafterversammlung nicht zum *Vertretungsorgan* machen, das für den rechtsgeschäftlichen Außenverkehr der GmbH zuständig wäre[4]. Insoweit enthält § 35 eine zwingende Kompetenzzuweisung zugunsten der Geschäftsführer. Die Gesellschafterversammlung ist also nicht Leitungs-, sondern Willensbildungsorgan (vgl. auch § 48, 1 und 3). (2.) Auch soweit es um die Innenbeziehungen der GmbH geht, kann die Satzung die *Geschäftsführungsaufgaben* nicht vollständig der Gesellschafterversammlung übertragen[5]. Vielmehr muß den Geschäftsführern ein Aufgabenbereich verbleiben, den sie, solange die Gesellschafterversammlung nicht von ihrer Weisungsmöglichkeit Gebrauch macht (Allzuständigkeit, vgl. Rdn 117 f), eigenverantwortlich wahrnehmen. Nach Art und Umfang muß dieser Aufgabenbereich der zweigliedrigen Organisationsstruktur der GmbH entsprechen. (3.) Unzulässig ist es auch, die GmbH in entgegengesetzter Richtung zu verformen. Ihre Stellung als *oberstes Entscheidungsorgan* der GmbH (Rdn 2) muß also erhalten bleiben[6]. Deshalb kann die Satzung die

---

[2] Der zweite Begriff wird, wenngleich in anderem Zusammenhang, verwandt von *Fleck* Festschr. für Rob. Fischer (1979), S. 107, 111.

[3] Vgl. statt vieler Scholz/*K. Schmidt* 2 f; Baumbach/Hueck/*Zöllner* 3 f.

[4] Baumbach/Hueck/*Zöllner* 3; Fischer/*Lutter/Hommelhoff* § 45, 2; Rowedder/*Koppensteiner*² § 45, 6.

[5] Scholz/*K. Schmidt* 2; Baumbach/Hueck/*Zöllner* 3; Fischer/*Lutter/Hommelhoff* § 45, 4; *Wiedemann* GesR I § 6 III 2 a bb mwN in Fn 22; *Zöllner* ZGR 1977, 319, 325; **aM** *Mertens* Voraufl. § 37, 9.

[6] Scholz/*K. Schmidt* 2; Baumbach/Hueck/*Zöllner* 4; Fischer/*Lutter/Hommelhoff* § 45, 6; krit. wegen der damit verbundenen Abgrenzungsschwierigkeiten Rowedder/*Koppensteiner*² § 45, 9.

Zuständigkeiten des § 46 jedenfalls nicht in ihrer Gesamtheit auf die Geschäftsführer übertragen. Namentlich die Personal- und Überwachungskompetenz des § 46 Nr. 5 und 6 muß, soweit sie nicht auf einen Aufsichtsrat oder Beirat übertragen wird, der Gesellschafterversammlung verbleiben. Zu Einzelfragen vgl. im jeweiligen Zusammenhang (Rdn 73 ff, 80).

4. Geltungsbereich

§ 46 gilt für jede GmbH ohne Rücksicht auf ihre Realstruktur, also gleichermaßen **5**
für **personalistische und kapitalistische Gesellschaften.** Es ist Sache der Satzung, in den aufgezeigten Grenzen (Rdn 4) für diejenige Organisationsstruktur zu sorgen, die den tatsächlichen Verhältnissen am besten entspricht. Auch auf die Zahl der Gesellschafter kommt es nicht an. § 46 gilt daher auch für die **Einmann-GmbH,** und zwar auch dann, wenn der Alleingesellschafter zugleich Geschäftsführer ist. Besonderheiten bestehen nicht hinsichtlich der Zuständigkeit der Gesellschafterversammlung, sondern nur hinsichtlich ihres Verfahrens. Sie ist notwendig Vollversammlung i. S. d. § 51 Abs. 3 (vgl. dort Rdn 28 ff) und unterliegt der Protokollpflicht des § 48 Abs. 3 (vgl dort Rdn 63 ff). Zur Selbstentlastung des Alleingesellschafter-Geschäftsführers (sie ist ausgeschlossen) vgl. Voraufl. § 13 Anh I, 36 a. E. Schließlich bestimmt § 46 auch die Kompetenzen der Gesellschafterversammlung in der **Vor-GmbH,** soweit dies dem Zweck der jeweiligen Vorgesellschaft (Bar- oder Sachgründung) entspricht (dazu § 11, 25 ff, 33). Insbesondere dann, wenn ein Unternehmen Gegenstand der Sacheinlage ist, kann auf § 46 zurückgegriffen werden.

II. Primäre Zuständigkeit: Katalog des § 46

1. Jahresabschluß und Ergebnisverwendung (Nr. 1)

Schrifttum

(vgl. auch die Angaben vor Rdn 1 und Rdn 39, 54, 77, 81, 87). Zusammenstellung des allgemeinen bilanzrechtlichen Schrifttums bei *Hüffer* GroßKommHGB vor § 238, 1; *Erle* Unterzeichnung und Datierung des Jahresabschlusses bei Kapitalgesellschaften, WPg **1987** 637; *Geßler* Nichtigkeit und Anfechtung des GmbH-Jahresabschlusses nach dem Bilanzrichtlinien-Gesetz, Festschr. für Goerdeler (1987), S. 127; *Goerdeler* Gewinnverwendung bei der GmbH nach geltendem und künftigem Recht, Festschr. für Werner (1984), S. 153; *Hartmann* Das neue Bilanzrecht und der Vertrag der GmbH (1986); *Hommelhoff* Die Ergebnisverwendung in der GmbH nach dem Bilanzrichtliniengesetz, ZGR **1986** 418; *Hommelhoff/Priester* Bilanzrichtliniengesetz und GmbH-Satzung, ZGR **1986** 463; *Hueck* Minderheitsschutz bei der Ergebnisverwendung in der GmbH, Festschr. für Steindorff (1990), S. 45; *Maluck/Göbel* Die Unterzeichnung der Bilanz nach § 41 HGB, WPg **1978** 624; *Zöllner* Die sogenannten Gesellschafterklagen im Kapitalgesellschaftsrecht, ZGR **1988** 392.

a) **Jahresabschluß.** aa) **Begriff.** Gem. § 46 Nr. 1 beschließt die Gesellschafterver- **6**
sammlung über die Feststellung des Jahresabschlusses. Der Begriff des Jahresabschlusses ergibt sich für die GmbH aus §§ 242 Abs. 3, 264 Abs. 1 S. 1 HGB. Danach umfaßt der Jahresbilanz, GuV und Anhang (§§ 284 ff HGB), nicht jedoch den Lagebericht (§ 289 HGB). Folglich bedarf der Lagebericht keiner Feststellung durch die Gesellschafterversammlung. Das entspricht der seit jeher bestehenden aktienrechtlichen Lage (nach §§ 172, 173 AktG ist der Lagebericht Sache des Vorstands)[7]. Eine korrigierende Auslegung, die auch den Lagebericht in die Kompetenz der Gesellschafterversammlung

[7] *A/D/S* § 172 AktG, 16; Geßler/Hefermehl/Eckardt/*Kropff* § 160 AktG, 5.

stellt und eine einheitliche Beschlußfassung über Jahresabschluß und Lagebericht zur gesetzlichen Pflicht macht[8], ist nicht veranlaßt. Soweit das aktienrechtliche Modell auf die Verhältnisse der jeweiligen GmbH nicht passen sollte, kann die Beschlußfassung über den Lagebericht in der Satzung vorgesehen werden. Auch ist die Gesellschafterversammlung kraft ihrer Allzuständigkeit befugt, den Lagebericht im Einzelfall in ihre Kompetenz zu übernehmen[9].

7 bb) **Aufstellung und Feststellung.** Die Feststellung, nicht die Aufstellung des Jahresabschlusses liegt in der Kompetenz der Gesellschafterversammlung. Die Feststellung ist ein gesellschaftsrechtlicher Vorgang – der Jahresabschluß des Einzelkaufmanns kann nicht festgestellt werden[10] –, mit dem die Verbindlichkeit des Jahresabschlusses für die Gesellschafter und die GmbH bezweckt und erreicht wird[11]. Nach der Regel des § 46 Nr. 1 tritt diese Verbindlichkeit als Rechtsfolge des Beschlusses ein, der seinerseits mehrseitiges Rechtsgeschäft nichtvertraglicher Art ist (näher dazu § 47, 3). Verbindlichkeit für die Gesellschafter bedeutet im wesentlichen, daß die Grundlage für die Gewinnverwendung (dazu Rdn 18 ff) gelegt wird; Verbindlichkeit für die GmbH heißt, daß die festgestellte Jahresbilanz notwendig die Anfangsbilanz des folgenden Geschäftsjahres ergibt[12]. Die *Aufstellung* des Jahresabschlusses ist Geschäftsführungsmaßnahme. Zuständig sind die Geschäftsführer als gesetzliche Vertreter der GmbH (§ 35 i. V. m. § 264 Abs. 1 S. 1 HGB)[13]. Sie erfüllen mit der Aufstellung zum einen die öffentlich-rechtliche Verpflichtung der GmbH aus § 242 HGB und zum anderen ihre eigene zivilrechtliche (organschaftliche) Rechenschaftspflicht gegenüber der Gesellschaft.

8 Sowohl von der Feststellung wie von der Aufstellung zu unterscheiden ist die in § 245 S. 1 HGB vorgeschriebene **Unterzeichnung** des Jahresabschlusses. Die Unterzeichnungspflicht hat wie die Verpflichtungen aus §§ 238, 242 HGB ausschließlich *öffentlich-rechtlichen Charakter*[14]. Schuldnerin ist die GmbH. Sie wird dabei von ihren Geschäftsführern vertreten. Erforderlich ist die Unterschrift sämtlicher Geschäftsführer, auch der stellvertretenden (§§ 41, 44). Zu unterschreiben ist der *festgestellte Jahresabschluß* (vgl. aber auch Rdn 10)[15]. Die rechtzeitige Aufstellung des Jahresabschlusses, die allein den Geschäftsführern obliegt (Rdn 7; zu den Fristen Rdn 9), wird zweckmäßig gesondert dokumentiert, etwa durch datierte Unterzeichnung eines Vermerks unter dem Entwurf eines Jahresabschlusses[16].

9 cc) **Fristen.** Zu unterscheiden sind Fristen für die Aufstellung und die Feststellung. Für die *Aufstellung* schreibt § 264 Abs. 1 S. 2 HGB eine Frist von drei Monaten vor. Wenn die GmbH unter § 267 Abs. 1 HGB fällt, verlängert sich die Frist auf höchstens sechs Monate (§ 264 Abs. 1 S. 3 HGB). Für die *Feststellung* gelten die Fristen des § 42 a

---

8 Scholz/*K. Schmidt* 7.

9 Wie hier Baumbach/Hueck/*Zöllner* 7; *Meyer-Landrut*/Miller/Niehus 9; *Hartmann* Das neue Bilanzrecht (1986), S. 46 f; *Hommelhoff/Priester* ZGR 1986, 463, 478 f.

10 *Hüffer*-GroßkommHGB § 242, 20.

11 *Hüffer*-GroßkommHGB § 242, 46 und 50; vgl. auch Baumbach/Hueck/*Zöllner* 7; *Hommelhoff/Priester* ZGR 1986, 463, 474.

12 *Hüffer*-GroßkommHGB § 242, 19.

13 Durch den Wegfall des § 41 Abs. 1 a. F. hat sich insoweit in der Sache nichts geändert; vgl. *Hüffer*-GroßkommHGB § 242, 16.

14 BGH BB 1985, 567 = BGH WM 1985, 567; OLG Karlsruhe WM 1987, 533, 536; *Hüffer*-GroßkommHGB § 245, 2; aM hinsichtlich des öffentlich-rechtlichen Charakters nunmehr *Claussen/Korth*-KölnKommAktG § 238 HGB, 6 sowie § 242 HGB, 3 und § 245 HGB, 5, die jedoch den (primär internen) Informationszweck von Buchführung und Bilanz und den Zweck der darauf aufbauenden gesetzlichen Verpflichtung nicht hinlänglich unterscheiden.

15 BGH BB 1985, 567; *Hüffer*-GroßkommHGB § 245, 5 mwN in Fn 7; *Meyer-Landrut*/Miller/Niehus 9; *Claussen/Korth*-KölnKommAktG § 245 HGB, 4 mit rechtspolitischer Kritik; aM *Erle* WPg 1987, 637, 642 ff.

16 *Hüffer*-GroßkommHGB § 245, 6; *Maluck/Göbel* WPg 1978, 624 f.

Abs. 2. Sie muß also innerhalb von acht, bei der kleinen GmbH innerhalb von elf Monaten erfolgt sein; vgl. Erl. zu § 42 a. Maßgeblich ist jeweils der Beginn des Geschäftsjahrs. Fristverlängerung ist ausgeschlossen, gleichgültig ob durch Satzung oder durch Beschluß der Gesellschafterversammlung; vgl. *Hommelhoff/Priester* ZGR 1986 463, 470 f.

dd) Zustandekommen des Feststellungsbeschlusses. Für das Zustandekommen des Beschlusses enthält das Gesetz keine besonderen Vorschriften. Maßgeblich sind also die §§ 47, 48. Erforderlich und genügend ist nach § 47 Abs. 1 die einfache Mehrheit (§ 47, 13). Gesellschafter, die als Geschäftsführer an der Aufstellung mitgewirkt haben, sind nicht nach § 47 Abs. 4 von der Teilnahme an der Abstimmung ausgeschlossen (§ 47, 141 bei Fn 354). Wenn die Satzung für den Beschluß über die Ergebnisverwendung eine qualifizierte Mehrheit vorsieht, kann allein daraus noch nicht geschlossen werden, daß auch der Beschluß über die Feststellung dieser Mehrheit bedarf[17]. Einer besonderen Feststellung durch den Abstimmungsleiter oder einer Beurkundung bedarf es nicht (§ 47, 26)[18]. *Unterzeichnung* des Jahresabschlusses gem. § 245 HGB durch alle Gesellschafter, die zugleich Geschäftsführer sind, genügt deshalb nach **hM** zur Annahme eines Feststellungsbeschlusses[19]. Das ist in dieser Form nicht überzeugend, weil sich die Unterzeichnungspflicht als öffentlich-rechtliche Pflicht auf den festgestellten Jahresabschluß bezieht (Rdn 8 mit Fn 15). Genügend ist aber, daß Unterzeichnung und Feststellung in einem tatsächlichen Vorgang zusammenfallen, sofern der (nur öffentlichrechtliche, Rdn 8) Unterzeichnungsvorgang zugleich als positive Stimmabgabe zum aufgestellten Jahresabschluß (Vorlage = Beschlußantrag) gewertet werden kann und die Erfordernisse einer schriftlichen Stimmabgabe (§ 48 Abs. 2, 1. Fall; s. dort Rdn 41 ff) erfüllt sind. Um eine sogenannte formlose Abstimmung (dazu § 48, 57 ff) darf es sich, vorbehaltlich abweichender Regelung in der Satzung, nicht handeln. Soweit Prüfungspflicht besteht (§§ 316 ff HGB), muß diese stattgefunden und den Gesellschaftern der Prüfungsbericht vorgelegen haben (§ 42 a Abs. 1)[20]. Daß sie einen nicht geprüften Abschluß billigen wollten, kann ihnen nicht unterstellt werden. War es ausnahmsweise doch so, ist der Beschluß in analoger Anwendung des § 256 Abs. 1 Nr. 2, Abs. 6 AktG unheilbar nichtig[21]. Von dem festgestellten Jahresabschluß kann jeder Gesellschafter eine Abschrift verlangen (LG Frankfurt BB **1960** 1355). Für die *Einmann-GmbH*, deren Gesellschafter auch Geschäftsführer ist, gelten die vorstehenden Grundsätze mit der Maßgabe, daß die Beschlüsse des Alleingesellschafters ohne Versammlungsförmlichkeiten gültig sind (Vollversammlung, vgl. § 48, 63). Es besteht aber die Protokollpflicht nach § 48 Abs. 3 (vgl. dort Rdn 66 f). **10**

ee) Beschlußinhalt; Prüfung und Nachtragsprüfung. Die Gesellschafterversammlung kann den Jahresabschluß so billigen, wie er ihr von den Geschäftsführern vorgelegt worden ist (vgl. § 42 a Abs. 1). Sie ist an die Vorlage aber nicht gebunden, sondern kann den Jahresabschluß *nach ihrem Ermessen gestalten*[22]. Die aktienrechtliche Parallele liegt also nicht im Verfahren nach § 172 AktG, sondern in dem nach § 173 AktG[23]. **11**

---

[17] BGH BB 1974, 854; Scholz/*K. Schmidt* 17.

[18] BGH BB 1985, 567 = BGH WM 1985, 567; Scholz/*K. Schmidt* 17; Baumbach/Hueck/*Zöllner* 8 a. E.; *Roth* 2.1.

[19] Baumbach/Hueck/*Schulze-Osterloh* § 42 a, 18; Rowedder/*Koppensteiner*² 4; zweifelnd *Roth* 2.1.

[20] Darin zutr. *Roth* 2.1.

[21] *Geßler* Festschr. für Goerdeler (1987), S. 127, 136 (zu § 256 Abs. 1 Nr. 2 AktG) und 143 (zu § 256 Abs. 6 AktG).

[22] Unstr., vgl. z. B. BGH BB 1985, 567; Scholz/*K. Schmidt* 14; *Hommelhoff/Priester* ZGR 1986, 463, 474.

[23] Dazu *A/D/S* § 173 AktG, 14 f (die rechtspolitische Kritik aaO Rdn 15 kann für die GmbH nicht gelten); Geßler/Hefermehl/Eckardt/*Kropff* § 173 AktG, 7.

Die für die Aufstellung geltenden Vorschriften (vor allem §§ 242 – 256, 264 – 288 HGB, § 42) sind auch von der Gesellschafterversammlung zu beachten (§ 42 a Abs. 2 S. 3; vgl. auch § 173 Abs. 2 S. 1 AktG). Von der Änderung der Beschlußvorlage zu unterscheiden ist die **Änderung** des bereits **festgestellten Jahresabschlusses.** Sie erfordert Aufhebung des alten und Fassung eines neuen Beschlusses, bedarf eines sachlichen Grundes (keine willkürliche Änderung) und darf bereits entstandene Ansprüche auf Gewinnauszahlung nur verändern, wenn die betroffenen Gesellschafter dem zustimmen. Wegen der Einzelheiten vgl. insoweit Erl. zu § 29.

12 **Prüfungspflicht** besteht, wenn die GmbH nicht kleine Kapitalgesellschaft i. S. d. § 267 Abs. 1 HGB ist (§ 316 Abs. 1 S. 1 HGB). Der nicht geprüfte Jahresabschluß kann nicht festgestellt werden (§ 316 Abs. 1 S. 2 HGB). Wird gleichwohl Beschluß gefaßt, so ist dieser in analoger Anwendung des § 256 Abs. 1 Nr. 2, Abs. 6 AktG unheilbar nichtig (vgl. schon Rdn 10).

13 Wenn die Gesellschafterversammlung den aufgestellten Jahresabschluß ändert, wird **Nachtragsprüfung** erforderlich (§ 316 Abs. 3 HGB). Die Konsequenzen, die sich daraus ergeben, hat der Gesetzgeber für die GmbH nicht geregelt. Zu unterscheiden sind vier Fälle: (1.) Die Gesellschafterversammlung läßt erst prüfen und beschließt, nachdem das Ergänzungstestat erteilt ist. (2.) Der Feststellungsbeschluß wird vor der Prüfung gefaßt; das Testat folgt nach. (3.) Wie (2.), aber die Prüfung endet mit Negativtestat oder eingeschränktem Bestätigungsvermerk. (4.) Wie (2.), aber eine Nachtragsprüfung findet überhaupt nicht statt. Fall (1.) ist unproblematisch; der Feststellungsbeschluß gilt. Fall (4.) ist auch unproblematisch, aber mit entgegengesetzter Rechtsfolge; der Beschluß ist unheilbar nichtig nach § 256 Abs. 1 Nr. 2, Abs. 6 AktG in analoger Anwendung. Für Fall (2.) und (3.) besteht zwar eine aktienrechtliche Regelung in § 173 Abs. 3 AktG (vgl. auch den Vorbehalt in den Eingangsworten des § 256 Abs. 1 AktG), aber für die GmbH ist das Problem im Gesetzgebungsverfahren merkwürdigerweise schließlich verkannt worden (§ 42 e RegE enthielt noch eine § 172 Abs. 3 AktG entsprechende Regelung); die vom Reschtsausschuß empfohlene „Anlehnung" an § 256 AktG[24] führt insoweit nicht weiter. Ob § 173 Abs. 3 AktG analog angewandt werden kann, wird unterschiedlich beurteilt[25]. Die Frage ist zu bejahen, weil die Bestimmung ihrem Zweck nach zutrifft (eine zweite Hauptversammlung sollte vermieden werden)[26] und das sonst eintretende Ergebnis (geprüfte Vorlage wird im Beschluß geändert; Nachtragsprüfung endet mit Testat, aber eine zweite Beschlußfassung unterbleibt; unheilbare Nichtigkeit des ersten Beschlusses analog § 256 Abs. 1 Nr. 2, Abs. 6 AktG) gänzlich unannehmbar wäre. Die Kehrseite liegt in der Zweiwochenfrist des § 173 Abs. 3 S. 3 AktG, die unter den Bedingungen der GmbH und ihres Prüferkreises kurz erscheint. Sie kann in einer Satzungsregelung, die angesichts der ungewissen Rechtslage zu empfehlen ist, angemessen verlängert werden. Unheilbare Nichtigkeit tritt danach nur dann ein, wenn das uneingeschränkte Ergänzungstestat nicht innerhalb von zwei Wochen oder einer längeren angemessenen Frist der Satzung erteilt wird[27].

14 ff) **Vorbereitende Informationen.** Die Gesellschafterversammlung kann den Jahresabschluß nur dann sinnvoll feststellen, wenn die Gesellschafter über hinreichende Informationen verfügen. § 42 a Abs. 1 sieht deshalb vor, daß die Geschäftsführer den

---

[24] Ausschußbericht, BT-Drucks. 10/4268, S. 130 f; eingehend zum Gesetzgebungsverfahren *Geßler* Festschr. für Goerdeler (1987), S. 127, 133 f.

[25] Dafür Baumbach/Hueck/*Schulze-Osterloh* § 41, 57 und § 42 a, 24; Baumbach/Duden/*Hopt* § 316, 3; aM Küting/Weber/*Bohl* § 42 a, 63.

[26] RegBegr. AktG 1965 bei *Kropff* S. 281.

[27] Vgl. zum Aktienrecht Geßler/Hefermehl/Eckardt/Kropff/*Hüffer* § 256 AktG, 100; *A/D/S* § 173 AktG, 30.

von ihnen aufgestellten Jahresabschluß und den Lagebericht, ferner, soweit vorhanden, den Bericht über die externe Abschlußprüfung sowie den Prüfungsbericht des Aufsichtsrats den Gesellschaftern vorzulegen haben. Wegen der Einzelheiten vgl. Erl. zu § 42 a. Hervorzuheben ist: Die genannten Verpflichtungen müssen die Geschäftsführer von sich aus erfüllen. Es handelt sich also um eine gesetzliche Berichtspflicht, nicht um eine Konkretisierung des von einem entsprechenden Verlangen des Gesellschafters abhängigen Informationsanspruchs nach § 51 a (vgl. auch dort Rdn 10). Kraft dieses Informationsanspruchs kann aber jeder Gesellschafter weitere Auskünfte verlangen. Bloße Auslage der Unterlagen in den Geschäftsräumen der GmbH genügt dem Vorlegungserfordernis nicht; die genannten Unterlagen sind auf Verlangen auszuhändigen (so noch § 42 d Abs. 2 RegE[28])[29]. Die Vorlage muß unverzüglich (§ 121 Abs. 1 S. 1 BGB) erfolgen, d. h. im Rahmen ordnungsmäßigen Geschäftsgangs alsbald nach Fertigstellung bzw. (Prüfungsbericht) Eingang. Den Gesellschaftern muß eine angemessene Frist zur Vorbereitung ihrer Entscheidung zur Verfügung stehen; die Monatsfrist des § 171 Abs. 3 S. 1 AktG wird auch hier für angemessen gehalten[30].

gg) Unterbleiben des Feststellungsbeschlusses (Rechtszwang?). Welche Rechtsfolgen eintreten, wenn ein Feststellungsbeschluß nicht oder nicht rechtzeitig gefaßt wird, hat das Gesetz nicht ausdrücklich geregelt. Festsetzung von **Zwangsgeld** (§ 132 FGG) kommt nur mittelbar in Betracht, nämlich gem. § 335 S. 1 Nr. 6 HGB wegen Verletzung der **Offenlegungspflicht** (§ 325 HGB); Adressaten sind die Geschäftsführer. Wenn die Beschlußfassung unterbleibt, weil die Geschäftsführer ihre Einberufungspflicht (§ 49 Abs. 1) nicht erfüllen, kann eine Minderheit von wenigstens 10% des Stammkapitals von dem **Selbsthilferecht des § 50 Abs. 3** Gebrauch machen (vgl. § 50, 18 ff). Gesellschafter, die dieses Quorum nicht erreichen, können gegen die GmbH **Klage** mit dem Antrag erheben, die Beklagte zur *Einberufung einer Gesellschafterversammlung* zu verurteilen und dabei als Versammlungszweck die Feststellung des Jahresabschlusses anzukündigen. Die Basis dieser Klage ist das mitgliedschaftliche Gewinnrecht des § 29 Abs. 1; denn der Feststellungsbeschluß ist eine notwendige Stufe zu seiner Realisierung[31]. Die 10%-Minderheit kann diesen Weg allerdings nicht beschreiten; ihrer Klage würde nach zutreffender **hM** wegen ihres Selbsthilferechts das Rechtsschutzinteresse fehlen (§ 50, 29). Die Vollstreckung des Urteils erfolgt nach § 888 ZPO[32]. **15**

Von der Einberufung der Gesellschafterversammlung zwecks Beschlußfassung über den Jahresabschluß ist die **Beschlußfassung selbst** strikt zu unterscheiden. Ihre **Erzwingbarkeit** ist streitig. **Meinungsstand.** Nach **hM** gibt es grundsätzlich **keinen Anspruch** des Gesellschafters auf Feststellung eines bestimmten Jahresabschlusses, und zwar weder gegen die GmbH noch gegen die Gesellschafter im Sinne einer positiven Stimmpflicht[33]. Eine Ausnahme wird teilweise für den Fall angenommen, daß kein Raum für bilanzielles Ermessen besteht, also nur *ein* Jahresabschluß „richtig" sein kann[34]. Im übrigen werden die Gesellschafter auf die Auflösung aus wichtigem Grund verwiesen (§§ 60 Abs. 1 Nr. 3, 61)[35]. Die **Gegenansicht** begegnet in zwei Varianten: Nach **16**

---

[28] BT-Drucks. 10/317, S. 37. Nach dem Ausschußbericht (BT-Drucks. 10/4268, S. 130) sollte die Frage der Rechtsprechung überlassen bleiben.

[29] Baumbach/Hueck/*Schulze-Osterloh* § 42 a, 11; Küting/Weber/*Bohl* § 32 a, 30; *Hartmann* Das neue Bilanzrecht (1986), S. 175 f; *Hommelhoff/Priester* ZGR 1986, 463, 480.

[30] *Hommelhoff/Priester* aaO (Fn 29).

[31] *Goerdeler/Müller* Voraufl. § 29, 23, 24; Scholz/*K. Schmidt* 20; insoweit zutr. auch *Rowedder*[2] § 29, 26 (vgl. noch Fn 37).

[32] *Goerdeler/Müller* aaO (Fn 31); Scholz/*K. Schmidt* aaO (Fn 31).

[33] RGZ 49, 141, 145 f; *Goerdeler/Müller* Voraufl. § 29, 25; Scholz/*K. Schmidt* 21; Rowedder/*Koppensteiner*[2] 6; *Immenga* Die personalistische Kapitalgesellschaft (1970), S. 338.

[34] Rowedder/*Koppensteiner*[2] 6; *Roth* 2.2.

[35] So besonders RGZ 49, 141, 146; vgl. *Goerdeler/Müller* Voraufl. 25.

einer Meinung hat der eine Gesellschafter gegen die anderen bei treuwidriger Verzögerung oder Verhinderung der Abschlußfeststellung einen klagbaren Anspruch auf Mitwirkung[36]. Nach anderer Auffassung richtet sich der Anspruch gegen die GmbH, folgt er aus dem mitgliedschaftlichen Gewinnrecht und soll das Gericht in der Lage sein, den Jahresabschluß analog § 315 Abs. 3 S. 2, 2. Hs. BGB nach billigem Ermessen festzustellen[37].

17 **Stellungnahme.** Es gibt zwar einen klagbaren Anspruch auf Einberufung der Gesellschafterversammlung zwecks Beschlußfassung über den Jahresabschluß (Rdn 15), aber keinen Anspruch des einzelnen Gesellschafters auf die Feststellung eines bestimmten Jahresabschlusses; der **hM** ist also beizutreten (zur entsprechenden Unterscheidung bei der Gewinnverwendung vgl. Rdn 20). Ein derartiger Anspruch scheitert letztlich daran, daß sich ein bestimmter Jahresabschluß nicht einfach aus den Buchführungsergebnissen, den gesetzlichen Vorschriften und den Grundsätzen ordnungsmäßiger Buchführung deduzieren läßt, sondern in wesentlichen Punkten auch das Ergebnis korporativer Willensbildung ist. Diese Willensbildung kann nicht durch Richterspruch ersetzt werden; denn dabei geht es nicht, wie in den Fällen des § 315 BGB, um die bloße Konkretisierung eines in den Grundzügen vorgegebenen Leistungsprogramms, sondern darum, daß sich die Gesellschafter schon auf ein derartiges „Programm", soweit es im Jahresabschluß Ausdruck findet, nicht einigen können. Selbst wenn man davon absieht, also in § 315 BGB einen tauglichen Anknüpfungspunkt für die Entwicklung einer Gesellschafterklage durch Rechtsfortbildung finden will, bleibt der Einwand, daß das Bedürfnis für eine derartige Fortbildung nicht eben evident ist. Seit der Entscheidung des RG von 1901 (aaO Fn 35) ist kein einschlägiges Urteil bekannt geworden, und auch in der Sache bleibt zu fragen, ob eine GmbH, deren Gesellschafter nicht einmal den Jahresabschluß zustandebringen, nicht tatsächlich auflösungsreif ist. Eine andere Beurteilung mag in Betracht kommen, wenn eine Ermessensausübung bei der Feststellung des Jahresabschlusses ausscheidet. Indessen ist eine Vertiefung dieser Frage nicht angezeigt, weil es solche Fälle, in diesem Punkt hat die jüngere Lehre recht, nur in der Theorie gibt.

18 **b) Ergebnisverwendung. aa) Ergebnis, Jahresüberschuß, Rein- oder Bilanzgewinn.** Nach § 46 Nr. 1 entscheidet die Gesellschafterversammlung nicht nur über den Jahresabschluß, sondern auch über die Verwendung des Ergebnisses. § 46 Nr. 1 a. F. sprach stattdessen noch von der Verteilung des Reingewinns. Damit war wie in § 29 a. F. der Bilanzgewinn gemeint, also der Überschuß der Aktiva über die Passiva unter Berücksichtigung aller Rücklagen[38]. Der durch das BiRiLiG eingeführte Ergebnisbegriff ist i. S. d. § 29 Abs. 1 zu definieren. Ergebnis ist also entweder der Jahresüberschuß, vermehrt um einen Gewinn- bzw. vermindert um einen Verlustvortrag (§ 29 Abs. 1 S. 1), oder bei Bilanzierung nach § 268 Abs. 1 HGB der Bilanzgewinn (§ 29 Abs. 1 S. 2). Für dessen Verständnis kann wiederum auf § 158 Abs. 1 AktG zurückgegriffen werden, der das allgemeine Gliederungsschema der GuV (§ 275 HGB) entsprechend der Praxis des Kapitalgesellschaftsrechts ergänzt[39].

---

[36] *Schilling* Voraufl. 7.

[37] Baumbach/Hueck/*Zöllner* 8; *Zöllner* ZGR 1988, 392, 416 ff; ihm folgend Baumbach/Hueck/*Schulze-Osterloh* § 42 a, 20; ähnlich möglicherweise *Rowedder* § 29, 35, der aber nicht deutlich zwischen Aufstellung, Einberufung der Gesellschafterversammlung und dem konkreten Feststellungsbeschluß unterscheidet.

[38] Klar zum Bilanzgewinn schon RGZ 156, 52, 58; zur Identität von Rein- und Bilanzgewinn vgl. *Goerdeler* Festschr. für Werner (1984), S. 153, 154 mwN in Fn 6.

[39] *A/D/S* § 158 AktG, 1 und 22; Baumbach/Hueck/*Schulze-Osterloh* § 42, 178; *Claussen/Korth*-KölnKommAktG §§ 275 ff HGB, 130 ff.

bb) Beschlußfassung. Ein entsprechender Beschluß der Gesellschafterversammlung ist *notwendige Voraussetzung* der Ergebnisverwendung. Das bedeutet vor allem: Erst durch den Beschluß über die Verteilung des Ergebnisses (Rdn 18) wird aus dem mitgliedschaftlichen Recht auf Teilhabe am Gewinn eine *fällige und klagbare Forderung* auf Auszahlung. Die Feststellung des Jahresabschlusses genügt dafür nach der Gesetzeslage also nicht (zur Satzung vgl. Rdn 23), und zwar auch dann nicht, wenn der allein mögliche Inhalt des Gewinnverwendungsbeschlusses im Einzelfall nach Gesetz oder Satzung schon festliegen sollte. Das entspricht der ganz **hM**[40] und kann nicht mehr in Frage gestellt werden, seitdem das frühere Prinzip der Vollausschüttung (§ 29 a. F.) durch eine an § 58 Abs. 4 AktG angelehnte neue Fassung des § 29 ersetzt worden ist; denn daraus folgt, daß die Verwendung des bereits festgestellten Ergebnisses einer zusätzlichen rechtsgeschäftlichen Regelung bedarf (§ 29 Abs. 2)[41]. Im Feststellungsbeschluß allein kann daher auch nicht ein konkludent gefaßter Verwendungsbeschluß gefunden werden. Möglich ist nur, daß die Geschäftsführer den aufgestellten Jahresabschluß und einen Vorschlag zur Verwendung des daraus folgenden Ergebnisses in einer Beschlußvorlage verbinden und über Feststellung und Ergebnisverwendung in einem Abstimmungsgang entschieden wird; es liegt dann eine kombinierte Beschlußfassung vor[42]. Auf gewinnabhängige Vergütungsansprüche Dritter sind diese Grundsätze nicht zu übertragen. Vielmehr kann sich aus dem forderungsbegründenden Rechtsverhältnis zur GmbH durchaus ergeben, daß es nur auf die Feststellung eines Bilanzgewinns ankommt, nicht auf einen Verwendungsbeschluß (so bei partiarischen Rechtsverhältnissen); vgl. schon Erl. zu § 29. **19**

Für die **Fristen** gilt die in § 42 a Abs. 2 getroffene Regelung. Sie sind also für die Feststellung des Jahresabschlusses und die Verwendung des Ergebnisses identisch; vgl. deshalb Rdn 9. Fristüberschreitung macht den Verwendungsbeschluß nicht fehlerhaft. Auch hinsichtlich der vorbereitenden Informationen und der Frage des Rechtszwangs kann auf die Erläuterungen zum Feststellungsbeschluß Bezug genommen werden (Rdn 14, 15 ff). Zum **Rechtszwang** gilt insbesondere: Klage gegen die GmbH auf Durchführung einer Gesellschafterversammlung zwecks Beschlusses über die Ergebnisverwendung ist zulässig (Ausnahme: § 50 Abs. 3) und auch begründet, wenn anderweitig rechtzeitige Beschlußfassung nicht mehr zu erwarten steht (Rdn 15). Dagegen gibt es keinen klagbaren Anspruch auf eine bestimmte Ergebnisverwendung, es sei denn, daß nach Lage der Dinge überhaupt nur eine Verwendung in Betracht kommt. Die den Gesellschaftern in § 29 Abs. 2 vorbehaltene Willensentscheidung kann noch weniger durch billiges Ermessen nach § 315 BGB ersetzt werden als bei der Feststellung des Jahresabschlusses (str., vgl. Rdn 16 f)[43]. **20**

cc) Materieller Inhalt des Beschlusses. Die Feststellung des Jahresabschlusses ist die zwingende Vorgabe des Verwendungsbeschlusses. Das heißt erstens, daß ein Verwendungsbeschluß nicht gefaßt werden darf, wenn ein Feststellungsbeschluß nicht vorliegt, und bedeutet zweitens, daß die Gesellschafterversammlung im Verwendungsbeschluß nicht etwas anderes als Ergebnis ansehen darf als im Feststellungsbeschluß; vgl. **21**

---

40 RGZ 87, 383, 386; RGZ 98, 318, 320; RGZ 143, 136, 139; RGZ 167, 65, 68; RG DR 1941, 1950, 1952; Scholz/*K. Schmidt* 26; Baumbach/*Hueck* § 29, 38 und 48 f. Zur AG vgl. Fn 41.

41 Vgl. zum Aktienrecht BGHZ 7, 263, 264; BGHZ 23, 150, 154 = NJW 1957, 588; BGHZ 65, 230, 235 = NJW 1976, 241; *A/D/S* § 58 AktG, 145; Geßler/Hefermehl/Eckardt/Kropff/*Bungeroth* § 58 AktG, 117; *Lutter*-KölnKommAktG § 58, 91.

42 Baumbach/Hueck/*Zöllner* 14; *Vogel* Gesellschafterbeschlüsse und Gesellschafterversammlung (1986), S. 15.

43 aM Baumbach/*Hueck* § 29, 41; Baumbach/Hueck/*Schulze-Osterloh* § 42 a, 41; wohl auch Baumbach/Hueck/*Zöllner* 13; zuletzt *Hueck* Festschr. für Steindorff (1990), S. 45, 53 m. weit. Nachw. in Fn 26 ff.

zur Ableitung des Ergebnisbegriffs Rdn 18. Wenn sich Abweichungen als notwendig herausstellen, muß zunächst der Feststellungsbeschluß geändert werden, was jedoch nach Offenlegung nicht schrankenlos möglich ist (Erl. zu § 29). Im übrigen ergeben sich die materiellen Vorgaben für den Verwendungsbeschluß aus § 29. Danach ist das frühere Prinzip der Vollausschüttung aufgegeben (§ 29 a. F.). Die damit zugelassene **Gewinnthesaurierung** soll einen Ausgleich schaffen für das Abschreibungsverbot des § 279 Abs. 1 S. 1 HGB, das die Ermessensreserven des § 253 Abs. 4 HGB für Kapitalgesellschaften ausschließt, also stille Reserven im engeren Sinne verbietet[44]. Wegen der Einzelheiten vgl. Erl. zu § 29. Dort insbesondere auch zu den aus der Treupflicht folgenden Schranken für eine Gewinnthesaurierung und zur verdeckten Gewinnausschüttung.

22 c) **Regelungen der Satzung.** § 46 Nr. 1 unterliegt dem Vorbehalt des § 45 Abs. 2. Daraus ergibt sich: Die Zuständigkeit der Gesellschafterversammlung für die **Feststellung des Jahresabschlusses** ist nicht zwingend. Die Satzung darf also vorsehen, daß anstelle der Gesellschafterversammlung ein bloßer Gesellschafterausschuß tätig wird (z. B. Bilanzausschuß)[45]. Sie kann die Feststellung auch einem Aufsichtsrat oder Beirat übertragen[46], und zwar entweder nach dem Vorbild des § 172 S. 1 AktG (Billigung = Feststellung) oder einschließlich der Änderungskompetenz der Gesellschafterversammlung (Rdn 11); das Gewollte ist klarzustellen. Zulässig ist auch, die Feststellung bestimmten Gesellschaftern als Sonderrecht zu überlassen[47]. Nach **hM** soll es ferner möglich sein, daß die Geschäftsführer den Jahresabschluß nicht nur auf-, sondern feststellen[48]. Das ist jedoch zumindest zweifelhaft, weil die mit der Feststellung unter anderem bezweckte rechtsgeschäftliche Verbindlichkeit des Jahresabschlusses für die Gesellschafter (Rdn 7) schwerlich von den Geschäftsführern allein zustande gebracht werden kann[49]. Formlose Abstimmung (etwa: Unterzeichnung im Umlaufverfahren) kann durch die Satzung vorgesehen werden; ohne Satzungsbestimmung verbleibt es jedoch bei § 48 Abs. 2 (vgl. schon Rdn 10). Die erforderliche Beschlußmehrheit (§ 47 Abs. 1) kann durch die Satzung verschärft werden.

23 Bestimmungen der Satzung, die sich auf die Feststellung des Jahresabschlusses beziehen, gelten wegen der rechtlichen Trennung von Feststellungs- und **Verwendungsbeschluß** (Rdn 19) nicht auch für letzteren[50]. Auch insoweit sind kompetenzverlagernde Bestimmungen der Satzung nicht ausgeschlossen, aber wegen der Bedeutung des mitgliedschaftlichen Rechts auf Gewinnteilhabe nur zulässig, wenn eine hinreichende Einflußnahme der Gesellschafter gewahrt bleibt. Einzelheiten sind noch wenig geklärt[51]. Jedenfalls unzulässig wäre eine Bestimmung, nach der gesellschaftsfremde Dritte oder die Geschäftsführer über die Verwendung des Ergebnisses beschließen, nicht unbedenklich die Zuständigkeit eines Aufsichtsrats oder Beirats, zulässig dagegen die Kompetenz eines Gesellschafterausschusses. Das Sonderrecht eines einzelnen Gesellschafters auf Feststellung mag theoretisch zulässig sein, wenn er durch seine Entscheidung in gleicher Weise betroffen wird wie seine Mitgesellschafter[52]; daß sich diese Prämisse auch

---

[44] Vgl. dazu *Hüffer*-GroßkommHGB § 243, 22 f.

[45] Scholz/*K. Schmidt* 46; Baumbach/Hueck/*Zöllner* 63; *Hommelhoff/Priester* ZGR 1986, 463, 475; *Liebs* DB 1986, 2421, 2423.

[46] Scholz/*K. Schmidt* 46; Baumbach/Hueck/*Zöllner* 63; *Hommelhoff/Priester* aaO (Fn 45) S. 476.

[47] *Hommelhoff/Priester* aaO (Fn 45) S. 475.

[48] Scholz/*K. Schmidt* 46; Baumbach/Hueck/*Zöllner* 11 und 62; *Hommelhoff/Priester* aaO (Fn 45) S. 476 f.

[49] Ablehnend wegen Kontrollzwecks der Feststellung *Hartmann* Das neue Bilanzrecht (1986), S. 165 f.

[50] *Hommelhoff/Priester* aaO (Fn 45) S. 477 f.

[51] Zum ganzen *Hommelhoff/Priester* aaO (Fn 45) S. 499 ff; ihnen zustimmend *Liebs* DB 1986, 2421, 2424 re. Sp.; vgl. auch *Hommelhoff/Hartmann/Hillers* DNotZ 1986, 323, 338.

[52] *Hommelhoff/Priester* aaO (Fn 45) S. 503.

praktisch verwirklicht, dürfte jedoch ein seltener Ausnahmefall bleiben. Zu Satzungsregeln bezüglich des materiellen Beschlußinhalts vgl. Erl. zu § 29.

d) **Nichtigkeit und Anfechtbarkeit (Grundsatz und Weiterverweis).** Wie alle Beschlüsse der Gesellschafterversammlung können auch diejenigen über die Feststellung des Jahresabschlusses und über die Verwendung des Ergebnisses fehlerhaft sein. Nichtigkeit und Anfechtbarkeit haben keine besondere gesetzliche Regelung gefunden[53]. Für die Nichtigkeit von Feststellungsbeschlüssen gilt § 256 AktG im wesentlichen analog. Dagegen verbleibt es nach **hM** für die Anfechtbarkeit bei entsprechender Anwendung des § 243 AktG, ist also § 257 Abs. 1 S. 2 AktG nicht heranzuziehen. Für die Nichtigkeit von Verwendungsbeschlüssen gilt § 253 AktG sinngemäß. Dagegen soll nach **hM** § 254 AktG nicht analog herangezogen werden, also allein § 243 AktG maßgeblich sein. Näher zum ganzen § 47 Anh. **24**

2. Einforderung von Einzahlungen (Nr. 2)

a) **Die Einforderung als Regelungsgegenstand.** Nach § 46 Nr. 2 entscheidet die Gesellschafterversammlung über die Einforderung von Einzahlungen auf die Stammeinlagen. Die Vorschrift ist im Zusammenhang mit §§ 5, 7 (bei Kapitalerhöhung: § 57) und 19 zu lesen. Sie erklärt sich daraus, daß die Eintragung der GmbH oder der Erhöhung ihres Stammkapitals nicht die volle Erfüllung der Einlagepflicht durch die Gesellschafter voraussetzt. Deshalb hat § 46 Nr. 2 auch *nur für Bareinlagen und gemischte Einlagen* Bedeutung. Bei Sacheinlagen ist nichts mehr einzufordern, weil sie vor der Anmeldung vollständig geleistet sein müssen (§§ 7 Abs. 3, 57 Abs. 2). Ob sich die Verpflichtung der Gesellschafter auf die Stammeinlage oder auf ein etwa vereinbartes Aufgeld (Agio) bezieht, ist gleichgültig; § 46 Nr. 2 gilt für beide Fälle. Dagegen gilt die Vorschrift nicht, auch nicht analog, für die Rückforderung von Zahlungen, mit denen das für die Kapitalerhaltung erforderliche Vermögen angetastet wurde (§ 31)[54]. Auch auf die Nachzahlungspflicht des § 9 oder auf Ansprüche aus der Unterbilanzhaftung der Gesellschafter (§ 11, 81 ff) ist § 46 Nr. 2 nicht zu erstrecken[55]. **25**

b) **Bedeutung des Beschlußerfordernisses.** § 46 Nr. 2 ist eine *Kompetenznorm,* und zwar in Verbindung mit §§ 47 Abs. 1, 48 Abs. 1 zugunsten der Gesellschafterversammlung. Nur sie und nicht der Geschäftsführer kann die Einlagen einfordern[56]. Darin unterscheidet sich die GmbH von der AG, bei der die Aktionäre gem. § 63 Abs. 1 S. 1 AktG durch den Vorstand zur Einzahlung aufgefordert werden. Die gesellschaftsinterne Entscheidung, ob die Zahlungen der Gesellschafter überhaupt benötigt werden, ist also ihnen überlassen und nicht dem Geschäftsführungsorgan übertragen. Ohne den Beschluß nach § 46 Nr. 2 ist der Anspruch nicht durchsetzbar (BGH GmbH-Rdsch. **1989** 151, 152 li. Sp.), und zwar weder durch die Geschäftsführer als organschaftliche Vertreter noch durch einen für die GmbH handelnden Gesellschafter (keine actio pro socio, vgl. aber noch Rdn 29). Dagegen hat die Vorschrift nach richtiger, wenngleich heute nicht mehr herrschender Ansicht *keine materiellrechtliche Bedeutung* in dem Sinne, daß die Ansprüche auf Leistung der Einlage erst durch die Einforderung fällig würden[57]. Mangels abweichender Bestimmung in der Satzung sind sie vielmehr fällig, **26**

---

[53] Eingehend dazu *Geßler* Festschr. für Goerdeler (1987), S. 127 ff.

[54] BGH WM 1987, 208, 209 = NJW 1987, 779; Scholz/*K. Schmidt* 51; Baumbach/Hueck/*Zöllner* 15.

[55] Scholz/*K. Schmidt* 51.

[56] BGH BB 1961, 953 = GmbH-Rdsch. 1961, 144; Scholz/*K. Schmidt* 49; Baumbach/Hueck/*Zöllner* 15.

[57] So aber BGH BB 1961, 953 (ohne Begründung); Scholz/*K. Schmidt* 49 und 57; ferner BGH WM 1987, 208, 209 re. Sp. (mit unzutr. Begründung).

sobald die GmbH (oder die Kapitalerhöhung) in das Handelsregister eingetragen worden ist (§ 271 Abs. 1 BGB)[58]. Ohne Einforderungsbeschluß fehlt den Geschäftsführern nur die Zuständigkeit, die fälligen Forderungen geltend zu machen (vgl. dazu noch Rdn 29).

27 c) **Ausnahmen vom Beschlußerfordernis.** Ein Beschluß der Gesellschafterversammlung ist entbehrlich, wenn sich die GmbH im *Konkurs* oder in der *Liquidation* befindet (vgl. auch Erl. zu § 63 und § 69) oder wenn ein Gläubiger der GmbH die Forderung auf Leistung der Einlage durch *Pfändung und Überweisungsbeschluß* zur Einziehung erworben hat[59]. Entbehrlich heißt: Der Gesellschafter kann die Leistung der offenen Einlage nicht mit der Begründung verweigern, es bedürfe noch eines Beschlusses nach § 46 Nr. 2. Das Recht, die bereits fällige Forderung geltend zu machen, geht mit Konkurseröffnung, Auflösung oder Pfändung und Überweisung von der GmbH auf den Konkursverwalter, Liquidator oder Gesellschaftsgläubiger über. Mit dem Wegfall der bisherigen Rechtszuständigkeit entfällt auch die Kompetenz der Gesellschafterversammlung. Das ist nicht nur dogmatisch, sondern auch in der Sache konsequent, weil der von § 46 Nr. 2 vorausgesetzte Entscheidungsspielraum (Rdn 26) in den genannten Situationen nicht mehr besteht; denn daß die Einlage benötigt wird, ist jetzt evident.

28 d) **Beschlußverfahren und -wirkungen.** Für das Beschlußverfahren gelten die §§ 47 ff. Besonderheiten bestehen insoweit nicht. Aus der Treupflicht der Gesellschafter kann sich eine Pflicht zur positiven Stimmabgabe ergeben[60]. Streitig ist allein, ob bei unterschiedlicher Belastung der Gesellschafter durch die Einlagepflicht das *Stimmverbot* des § 47 Abs. 4 S. 2, 2. Fall eingreift; nach im Ergebnis zutreffender **hM** ist die Frage *zu verneinen* (§ 47, 160). Anfechtbarkeit des Beschlusses, insbesondere wegen Verstoßes gegen das Gleichbehandlungsgebot des § 19 Abs. 1, schließt seine Durchsetzung nicht aus, solange nicht tatsächlich erfolgreich angefochten ist (vgl. Erl. zu § 19).

29 Mit dem Beschluß wird der (schon vorher fällige, Rdn 26) Anspruch **durchsetzbar.** Seine Ausführung ist Sache der Geschäftsführer. Sie können und müssen also jetzt namens der GmbH Zahlung fordern und die Ansprüche notfalls ausklagen. Bleiben sie pflichtwidrig untätig, können die Gesellschafter unter den allgemeinen Voraussetzungen der actio pro socio auf Leistung an die GmbH klagen[61]. Teilweise wird angenommen, daß es neben dem Einforderungsbeschluß noch einer Anforderung durch die Geschäftsführer bedarf und erst der Zugang dieser Erklärung die Fälligkeit herbeiführe[62]. Dieser Ansicht ist nicht zu folgen. Einer besonderen **Anforderung** bedarf es nicht, weil schon der Beschluß die Ansprüche auf Einlage durchsetzbar macht und die Zuständigkeit dafür eben nicht bei den Geschäftsführern, sondern bei der Gesellschafterversammlung liegt (vgl. schon Rdn 26). Richtig ist nur, daß der Beschluß den Gesellschaftern, die bei der Beschlußfassung nicht anwesend waren, wegen der in ihm enthaltenen rechtsgeschäftlichen Regelung mitgeteilt werden muß[63]. Zum Eintritt der Fälligkeit vgl. schon Rdn 26. Weil erst der Beschluß den Anspruch durchsetzbar macht, markiert die Beschlußfassung den **Verjährungsbeginn**[64]; denn entstanden i. S. d. § 198 BGB ist der Anspruch erst, wenn er erstmals klageweise durchgesetzt werden

---

[58] RGZ 76, 434, 438; RGZ 149, 293, 301.

[59] Vgl. die Nachw. in Fn 58; ferner RGZ 138, 106, 111; Scholz/*K. Schmidt* 53 f; Baumbach/Hueck/*Zöllner* 16; Fischer/*Lutter/Hommelhoff* 5.

[60] Baumbach/Hueck/*Zöllner* 15; vgl. zur Stimmpflicht außerhalb von Geschäftsführungsangelegenheiten auch *M. Winter* Mitgliedschaftliche Treubindungen (1988), S. 175 ff.

[61] Scholz/*K. Schmidt* 58; für Ausnahmefälle offenbar auch *Zöllner* ZGR 1988, 392, 402; **aM** § 14, 41 *(Raiser)*.

[62] Baumbach/*Hueck* § 19, 6.

[63] Zutr. Baumbach/Hueck/*Zöllner* 15.

[64] Darin richtig BGH WM 1987, 208, 209 re. Sp.

kann[65]. Deshalb entbehrt die Erwägung des BGH aaO (Fn 64), bei Fälligkeit vor dem Einforderungsbeschluß hätten es die Gesellschafter in der Hand, den Anspruch durch Untätigkeit verjähren zu lassen, der Grundlage.

e) **Regelungen der Satzung.** Die Satzung kann in zwei Richtungen Bestimmungen treffen: Sie kann die Zuständigkeit für die Einforderung von Einlagen verlagern, und sie kann die Zahlungspflicht so regeln, daß ein Beschluß nach § 46 Nr. 2 entbehrlich ist. **Zuständigkeitsverlagerung.** Die organschaftliche Kompetenz zur Einforderung von Einlagen kann den Geschäftsführern eingeräumt werden[66] oder dem Aufsichtsrat[67] oder einem sonstigen Organ (Beirat, Verwaltungsrat)[68]. In diesen Fällen bedarf es keines Gesellschafterbeschlusses. Ein gleichwohl gefaßter Beschluß wäre wegen Verstoßes gegen die Satzung anfechtbar. Zuständig zur Ausführung eines Beschlusses des Aufsichtsrats (Beirats, Verwaltungsrats) bleiben die Geschäftsführer. Insbesondere ist es ihre Aufgabe, den Beschluß den Gesellschaftern mitzuteilen. **30**

Zahlungsmodalitäten. Ein Beschluß der Gesellschafterversammlung ist überflüssig, wenn schon die Satzung Betrag und Zeitpunkt der Einlageleistung bestimmt und dadurch verbindlich vorgibt, wann und in welchem Umfang die Einlagen benötigt werden. Die Satzung kann insbesondere vorsehen, daß die Einlagen vollständig bei Eintragung zu erbringen sind. Ob sie eine solche Bestimmung enthält, ist Auslegungsfrage. Aus einer Verpflichtung zur „Barzahlung" kann noch nicht geschlossen werden, daß die Verpflichtung ohne Beschluß der Gesellschafterversammlung durchsetzbar sein soll[69]. Die nachträgliche Regelung durch Satzungsänderung ist möglich, bedarf aber nach § 53 Abs. 3 dann der Zustimmung aller Gesellschafter, wenn sie auf eine Leistungsvermehrung hinausläuft, so besonders bei der Vorverlegung von Zahlungsterminen[70]. Ein Hinausschieben in der Satzung fixierter Zahlungszeitpunkte fällt unter das Stundungsverbot des § 19 Abs. 2 S. 1 und ist daher nur möglich, wenn die Regeln über die Kapitalherabsetzung eingehalten werden (vgl. Erl. zu § 19). Durch einfachen Gesellschafterbeschluß kann keinesfalls gestundet werden (§ 19 Abs. 2 S. 1)[71]. **31**

3. Rückzahlung von Nachschüssen (Nr. 3)

Nach § 46 Nr. 3 unterliegt die Rückzahlung von Nachschüssen der Zuständigkeit der Gesellschafterversammlung. Nachschüsse sind nach der **Legaldefinition des § 26 Abs. 1** (vgl. Erl. dort) über den Betrag der Stammeinlagen hinausgehende weitere Einzahlungen. Sie werden nur geschuldet, wenn die Satzung das vorsieht; durchsetzbar ist die Nachschußpflicht nur nach einem entsprechenden Beschluß der Gesellschafterversammlung (§ 26 Abs. 1). § 46 Nr. 3 betrifft die Rückzahlung und damit das Gegenstück. Rückzahlungsempfänger dürfen mitstimmen[72]. Auch bei § 46 Nr. 3 handelt es sich nur um eine Kompetenznorm. Die **materiellen Voraussetzungen** der Rückzahlung sind in § 30 Abs. 2 geregelt. Danach dürfen die Einzahlungen nicht benötigt werden, um einen das Stammkapital angreifenden Verlust zu decken. Zulässig ist die Rückzahlung ferner nur, wenn der Beschluß (§ 46 Nr. 3) in der in § 30 Abs. 2 S. 2 näher bestimmten Weise bekanntgemacht und seither eine Frist von drei Monaten verstrichen ist; wegen der Einzelheiten vgl. Erl. zu § 30. **32**

---

65 BGHZ 55, 340, 341 = NJW 1971, 979; BGHZ 73, 363, 367 f = NJW 1979, 1550; BGHZ 79, 176, 177 f = NJW 1981, 814.

66 RGZ 65, 432, 434; Scholz/*K. Schmidt* 52; Baumbach/Hueck/*Zöllner* 16; vgl. auch RGZ 76, 434, 437.

67 RGZ 82, 386.

68 RGZ 138, 106, 111; Scholz/*K. Schmidt* 52.

69 BGH BB 1961, 953 = GmbH-Rdsch. 1961, 144; Scholz/*K. Schmidt* 52.

70 Baumbach/Hueck/*Zöllner* 16.

71 RGZ 138, 106, 111; Scholz/*K. Schmidt* 52; Baumbach/Hueck/*Zöllner* 16.

72 Scholz/*K. Schmidt* 62.

33 Im Beschluß über die **Verwendung des Ergebnisses** (§ 46 Nr. 1) kann zugleich ein *Rückzahlungsbeschluß* zu finden sein. So liegt es, wenn der Ausschüttungsbetrag nicht aus dem Jahresergebnis, insbesondere dem Bilanzgewinn (vgl. Rdn 18), gedeckt werden kann, sondern die gänzliche oder teilweise Auflösung des nach § 42 Abs. 2 S. 3 zu bildenden Passivpostens (Kapitalrücklage) voraussetzt. Rechtsfolge: Der Verwendungsbeschluß darf, soweit es sich materiell um die Rückzahlung von Nachschüssen handelt, nur unter Beachtung des § 30 Abs. 2 ausgeführt werden.

34 **§ 46 Nr. 3** ist gem. § 45 Abs. 2 **nicht zwingend.** Die Satzung kann die Bestimmung über die Rückzahlung von Nachschüssen also auch einem anderen Organ als der Gesellschafterversammlung zuweisen[73]. Sie kann die Voraussetzungen der Rückzahlung auch konkret und abschließend regeln, so daß es keiner Entscheidung mehr bedarf. **Zwingend** ist dagegen **§ 26 Abs. 1,** soweit es um den Einforderungsbeschluß geht. Zwingend ist wegen der bezweckten Kapitalbindung auch **§ 30 Abs. 2.** Die Satzung kann die Rückzahlungsvoraussetzungen danach nicht erleichtern, wohl aber weitere Erfordernisse aufstellen.

4. Teilung und Einziehung von Geschäftsanteilen (Nr. 4)

35 a) **Teilung.** aa) **Allgemeines.** § 46 Nr. 4 knüpft, soweit es um die Teilung von Geschäftsanteilen geht, an § 17 an. Teilung ist die Zerlegung des bisher einheitlichen Geschäftsanteils durch Spaltung seines aus der Stammeinlage abgeleiteten Nennbetrags; die Summe der neuen Nennbeträge muß dem Nennbetrag des bisherigen Geschäftsanteils entsprechen. Zulässig ist die Teilung nur bei Veräußerung und Vererbung (§ 17 Abs. 6). Sie dient also der Aufnahme neuer Gesellschafter oder der Erbauseinandersetzung. Auch wenn die materiellen Voraussetzungen erfüllt sind, ist für die Teilung die Genehmigung der GmbH erforderlich (§ 17 Abs. 1). Diese Genehmigung ist Gegenstand des § 46 Nr. 4.

36 bb) **Beschlußgegenstand; Verfahren und Wirkungen.** Zu unterscheiden ist zwischen der gesellschaftsinternen Willensbildung (Innenverhältnis) und der Erteilung der Genehmigung gegenüber dem Erwerbsinteressenten (Außenverhältnis). § 46 Nr. 4 bezieht sich nur auf das *Innenverhältnis*. Die Gesellschafterversammlung entscheidet also über die Frage, ob die Geschäftsführer namens der GmbH die in § 17 Abs. 1 geforderte Genehmigung erteilen dürfen. Die Genehmigung im *Außenverhältnis* zu erklären, ist dagegen Sache der Geschäftsführer. Nach **hM** hat das Beschlußerfordernis auch keine Außenwirkung in dem Sinne, daß das Fehlen eines Gesellschafterbeschlusses die Wirksamkeit der Genehmigung in Frage stellen könnte[74]. Die unbeschränkte Vertretungsmacht der Geschäftsführer setzt sich danach gegen die Mitwirkungsbefugnis der Gesellschafterversammlung durch. Die Richtigkeit dieser Lösung ist nicht zweifelsfrei. Der damit bezweckte Verkehrsschutz zeigt jedenfalls ihre Grenzen: Bei Kollusion und evidentem Mißbrauch der Vertretungsmacht muß die Genehmigung unwirksam bleiben[75]. Für die Beschlußfassung gelten die allgemeinen Regeln der §§ 47 ff. Der Gesellschafter, der seinen Geschäftsanteil teilen will, unterliegt nach allgM keinem Stimmverbot[76].

---

[73] Unstr., vgl. Scholz/*K. Schmidt* 61; Baumbach/Hueck/*Zöllner* 18; Fischer/*Lutter*/*Hommelhoff* 6.

[74] RGZ 64, 149, 153; RGZ 104, 413, 415; RGZ 160, 225, 231; BGHZ 14, 25, 31 = NJW 1954, 1401; OLG Frankfurt GmbH-Rdsch. 1962, 157; Scholz/*K. Schmidt* 66; Baumbach/*Hueck* § 17, 10; Fischer/*Lutter*/*Hommelhoff* 7; krit. Rowedder/*Koppensteiner*² 15 (Genehmigung = Sozialakt).

[75] Zutr. Scholz/*K. Schmidt* 66.

[76] Scholz/*K. Schmidt* 66; Baumbach/Hueck/*Zöllner* 19; Fischer/*Lutter*/*Hommelhoff* § 47, 20; vgl. auch BGHZ 48, 163, 166 f (vinkulierte Geschäftsanteile) = NJW 1967, 1963.

cc) **Dispositiver Charakter.** § 46 Nr. 4 begründet keine zwingende Zuständigkeit der Gesellschafterversammlung[77]. Die Satzung kann die Zuständigkeit also auf ein anderes Gesellschaftsorgan (Aufsichtsrat, Beirat) übertragen. Sie kann auch vorsehen, daß die Geschäftsführer über die Genehmigung des § 17 Abs. 1 allein entscheiden. Die Genehmigung bleibt aber auch dann Wirksamkeitserfordernis der Teilung, es sei denn, daß ein Fall des § 17 Abs. 3 vorliegt. **37**

b) **Einziehung.** Die Einziehung (Amortisation) bedarf nach § 34 Abs. 1 einer Grundlage in der Satzung. Der Satzungsgeber entscheidet auch darüber, ob ein Beschluß der Gesellschafterversammlung erforderlich ist. § 46 Nr. 4 begründet die Zuständigkeit der Gesellschafterversammlung deshalb nur dann, wenn die Satzung die Einziehung vorsieht, ohne Bestimmungen über die Rechte der Gesellschafter zu treffen. Ein *Stimmverbot* zu Lasten des betroffenen Gesellschafters wird bei freiwilliger Einziehung von der **hM** verneint; dagegen ist es bei der Zwangseinziehung regelmäßig zu bejahen. Nach richtiger Ansicht greift § 47 Abs. 4 S. 2 auch im ersten Fall ein (§ 34, 51; vgl. zu beiden Fragen § 47, 163). Anders als bei der Teilung von Geschäftsanteilen (Rdn 36) hat das Beschlußerfordernis nach **allgM** in dem Sinne Außenwirkung[78], daß die Erklärung der Einziehung durch den Geschäftsführer rechtlich wirkungslos bleibt, wenn ihr kein gültiger Beschluß der Gesellschafterversammlung zugrunde liegt (§ 34, 55). Das läßt sich mit der Erwägung rechtfertigen, daß die Einziehung notwendig ein Geschäft zwischen GmbH und Gesellschafter ist, der Verkehrsschutz also keine Rolle spielt. **38**

5. Angelegenheiten der Geschäftsführer (Nr. 5)

Schrifttum

(vgl. auch die Angaben vor Rdn 1, 6, 54, 77, 81, 87). *Baums* Der Geschäftsleitervertrag (1987); *Fleck* Das Dienstverhältnis der Vorstandsmitglieder und Geschäftsführer von Kapitalgesellschaften in der Rechtsprechung des BGH, WM **1968** Sonderbeilage Nr. 3 S. 1 mit Fortführung WM **1981** Sonderbeilage Nr. 3 S. 1 und WM **1985** Sonderbeilage Nr. 3 S. 677; *Fleck* Zur Abberufung des GmbH-Geschäftsführers, GmbH-Rdsch. **1970** 221; *Gross* Das Anstellungsverhältnis des GmbH-Geschäftsführers (1987); *Harde* Die Abberufung des Geschäftsführers der GmbH von der Geschäftsführung und Vertretung, Diss. Münster 1969; *G. Hueck* Bemerkungen zum Anstellungsverhältnis von Organmitgliedern juristischer Personen, Festschr. für Hilger und Stumpf (1983), S. 365; *Martens* Die außerordentliche Beendigung von Organ- und Anstellungsverhältnis, Festschr. für Werner (1984), S. 495; *Plander* Zur Bestellung der Geschäftsführer einer mehrgliedrigen GmbH, GmbH-Rdsch. **1968** 197; *Plander* Die Vertretung der nicht aufsichtsratspflichtigen GmbH bei Begründung, Änderung und Beendigung von Organstellung und Anstellungsverhältnis der Geschäftsführer, ZHR **133** (1970) 327; *U. H. Schneider* Die Abberufung des Gesellschafter-Geschäftsführers einer zweigliedrigen GmbH, ZGR **1983** 535; *Sudhoff* Rechte und Pflichten des Geschäftsführers einer GmbH[12] (1987); *Werner* Anstellung von GmbH-Geschäftsführern nach dem Mitbestimmungsgesetz, Festschr. für Rob. Fischer (1979), S. 821.

a) **Bestellung. aa) Dogmatische Grundlagen.** Gem. § 46 Nr. 5 bestimmt die Gesellschafterversammlung über die Bestellung, die Abberufung sowie die Entlastung von Geschäftsführern. Die Zuständigkeit zur Regelung der Anstellungsverhältnisse tritt als Annexkompetenz hinzu (vgl. noch Rdn 49 ff). Durch die Bestellung, die organisationsrechtliches Rechtsgeschäft ist (Rdn 43), wird das *Organverhältnis* zwischen GmbH und Geschäftsführer begründet. Davon zu unterscheiden sind die Anstellung (§§ 675, 611 BGB) und das aus ihr resultierende *Anstellungsverhältnis*. Während das Organver- **39**

[77] Scholz/*K. Schmidt* 65; Baumbach/Hueck/*Zöllner* 19; *Niemeyer* GmbH-Rdsch. 1983, 168; offenlassend RGZ 85, 46, 48.

[78] Vgl. Baumbach/*Hueck* § 34, 12; Scholz/*Westermann* § 34, 4.

hältnis durch die fremdnützigen Verwaltungsrechte und entsprechende Verpflichtungen des Geschäftsführers sowie durch seine Vertretungsmacht geprägt ist, geht es im Rahmen des Anstellungsverhältnisses um die Vergütung des Geschäftsführers und ergänzende eigennützige Rechte sowie um seine Verpflichtung zur Dienstleistung und komplementäre Pflichten. Die Unterscheidung zwischen den beiden Rechtsverhältnissen und folgerichtig zwischen Bestellung und Anstellung als den zugehörigen Begründungsakten findet in § 84 Abs. 1 S. 1 und 5, Abs. 3 S. 1 und 5 AktG deutlichen Ausdruck. Sie liegt aber auch § 38 Abs. 1 zugrunde und ist zu Recht nicht nur für das Aktienrecht, sondern ebenso für das Recht der GmbH allgemein anerkannt (Trennungstheorie im Gegensatz zwar früher vertretenen Einheitstheorie)[79]; vgl. insoweit auch Erl. zu §§ 35, 38.

40 Die **Bestellung** zum Geschäftsführer erfolgt nach § 6 Abs. 3 S. 2 entweder **in der Satzung oder nach Maßgabe der §§ 35 ff.** Damit ist insbesondere auf die §§ 45, 46 Nr. 5, 47 ff Bezug genommen. Zwischen den Bestellungsarten besteht kein prinzipieller Unterschied; denn in beiden Fällen erfolgt die Bestellung der Sache nach durch Beschluß der Gesellschafter und dessen Verlautbarung. Entsprechende Satzungsbestandteile haben also im allgemeinen nur formellen oder verlautbarenden Charakter (§ 2, 9; § 6, 17) und nehmen deshalb insbesondere nicht an der Bestandskraft der Satzung teil.

41 **bb) Beschluß und Ausführungsgeschäft.** § 46 Nr. 5 begründet die Zuständigkeit der Gesellschafterversammlung für die Bestellung zum Geschäftsführer. Weil es dabei auf das Ergebnis und nicht auf die einzelnen Schritte ankommt, die zu diesem Ergebnis führen, bezeichnet der Begriff im Sinne der Kompetenznorm **alle Rechtshandlungen,** die von seiten der GmbH **erforderlich sind, damit das Organverhältnis begründet wird.** Das kann als geklärt angesehen werden; denn die Gesellschafterversammlung ist nach **allgM**[80] nicht nur für die interne Willensbildung, sondern auch für die Vertretung der GmbH bei der Ausführung des Beschlusses zuständig (vgl. noch Rdn 42).

42 Damit die Organstellung wirksam wird, verlangt die **hM** neben dem Beschluß das **Ausführungsgeschäft.** Es liegt in der Bestellungserklärung, die gegenüber dem künftigen Geschäftsführer abzugeben ist[81]. Die Bestellung zu erklären, obliegt der Gesellschafterversammlung[82], die sich dabei eines schon vorhandenen anderen Geschäftsführers, aber auch sonstiger Personen als Vertreter oder als Erklärungsboten bedienen kann. Einigkeit besteht ferner zu Recht darin, daß es einer besonderen Mitteilung dann nicht bedarf, wenn der Bestellte in der Gesellschafterversammlung zugegen ist, die über seine Bestellung beschließt[83]. Die eigene Kenntnisnahme von der Beschlußfassung ersetzt also die Abgabe einer Erklärung durch die GmbH. Dagegen reicht es nicht aus, daß der Bestellte von dem Beschluß nur zufällig Kenntnis erlangt hat.

43 **cc) Rechtsnatur der Bestellung.** Verbreitet wird die Bestellung als körperschaftlicher Akt oder Organisationsakt bezeichnet[84]. Seltener findet sich die Qualifizierung dieses

---

[79] BGHZ 78, 82, 84 = NJW 1980, 2415; BGHZ 79, 38, 41 = NJW 1981, 757; BGHZ 89, 48, 52 = NJW 1984, 733; Baumbach/Hueck/*Zöllner* § 35, 9; Fischer/*Lutter*/*Hommelhoff* § 6, 1; Rowedder/*Koppensteiner*² 56; *Fleck* WM 1981, Sonderbeilage Nr. 3, S. 1, 3 mwN; *Martens* Festschr. für Werner (1984), S. 495, 504; eingehende Darstellung bei *Baums* Der Geschäftsleitervertrag (1987), S. 3 ff, 9 ff, der aber selbst von der Trennungstheorie teilweise abrückt.

[80] RGZ 68, 381, 385 f (Abberufung); RGZ 74, 276, 278; BGH WM 1968, 570; BGH WM 1969, 158; BGHZ 52, 316, 321 = NJW 1970, 33; KG JW 1933, 1842, 1843; Scholz/*K. Schmidt* 71; eingehend *Plander* ZHR 133 (1970), 327, 341 ff.

[81] Vgl. besonders BGHZ 52, 316, 321 = NJW 1970, 33.

[82] BGH WM 1968, 570; BGH WM 1969, 158; BGHZ 52, 316, 321 = NJW 1970, 33; Scholz/*K. Schmidt* 71; Baumbach/Hueck/*Zöllner* 23.

[83] BGH WM 1961, 799; BGHZ 52, 316, 321 = NJW 1970, 33.

[84] Baumbach/*Hueck* § 6, 13; Rowedder/*Koppensteiner*² § 35, 55; Geßler/*Hefermehl*/Eckardt/Kropff § 84 AktG, 5; *Mertens*-KölnKommAktG § 84, 3.

Akts als Rechtsgeschäft[85]. Nur teilweise wird zwischen Beschluß und Ausführungshandlung differenziert (vgl. Rdn 42), und zwar in dem Sinne, daß der Beschluß als körperschaftlicher Akt und die Ausführungshandlung als Rechtsgeschäft eingestuft wird[86]. Dieser dritten Ansicht ist im Prinzip zu folgen; wenn der Bestellungsvorgang aus zwei Rechtshandlungen besteht, muß nämlich auch die Rechtsnatur für jeden Vorgang getrennt bestimmt werden. Um einen körperschaftlichen Akt oder Organisationsakt im Sinne einer besonderen, neben dem Rechtsgeschäft bestehenden Kategorie handelt es sich aber bei keinem der beiden Vorgänge. Vielmehr ist der Beschluß nach heute gesicherter **allgM** Rechtsgeschäft (vgl. § 47, 3), und für die Bestellungserklärung hat bereits der BGH den rechtsgeschäftlichen Charakter betont (vgl. BGH aaO [Fn 86]). Das trifft schon deshalb das Richtige, weil privatrechtliche Folgen ohne gesetzliche Anordnung nur durch Rechtsgeschäft begründet werden können. Die Vorstellung eines dritten organisationsrechtlichen Wegs gehört der Vergangenheit an[87]. Beide Elemente des Bestellungsvorgangs sind also rechtsgeschäftlich aufzufassen.

dd) Mitwirkung des Bestellten. Die Mitwirkung des Bestellten ist nach heute **hM** **44**
für die Begründung der Stellung als Geschäftsführer unverzichtbar[88]. In diesem Sinne wird etwa von einer mitwirkungsbedürftigen Maßnahme (so *Mertens* aaO [Fn 84]) oder von der Annahme der Bestellung (so Baumbach/*Hueck* aaO [Fn 84]) gesprochen. Auf die Mitwirkung kann schon deshalb nicht verzichtet werden, weil die organschaftlichen Pflichten des Geschäftsführers nicht ohne sein rechtsgeschäftliches Einverständnis begründet werden können. Danach kann nur fraglich sein, ob die Bestellung ein Vertrag ist[89] oder durch zwei einseitige, aber inhaltlich aufeinander bezogene Rechtsgeschäfte zustandekommt[90]. Das ist eine Frage der Vertragsdogmatik ohne unmittelbare gesellschaftsrechtliche Konsequenzen. Wenn man das wesentliche des Vertrags in der einverständlichen privatautonomen Regelung von Rechtsverhältnissen erblickt[91], bestehen gegen die Qualifizierung als Vertrag keine durchgreifenden Bedenken, solange Einigkeit darüber besteht, daß dieser Vertrag eine andere Struktur aufweist als die Verpflichtungs- oder Verfügungsverträge des bürgerlichen Rechts.

ee) Beschlußverfahren und -wirkungen. Das Beschlußverfahren richtet sich nach **45**
den §§ 47 ff. Es genügt also die einfache Stimmenmehrheit, und zwar auch für die Bestellung des Geschäftsführers in der Vor-GmbH (vgl. § 11, 33)[92]. Gesellschafter, deren Bestellung zum Geschäftsführer Beschlußgegenstand ist, unterliegen nicht dem Stimmverbot des § 47 Abs. 4 S. 2, 1. Fall; so die heute einhellige und zutreffende Ansicht (ausführlich § 47, 169)[93]. Der Beschluß allein begründet die Organstellung noch nicht; vielmehr bedarf es, wie in Rdn 43 f dargelegt, der Bestellungserklärung und ihrer Annahme. Der Beschluß ist aber als solcher auch nicht wirkungslos, sondern bindet die Gesellschafter, den Gewählten zum Geschäftsführer zu bestellen. Die Bindungswirkung kann nur durch Aufhebungsbeschluß beseitigt werden, der seinerseits den §§ 47 ff entsprechen muß[94]. Die Bestellung zum Geschäftsführer ist deshalb z. B. fehlerhaft (dazu Rdn 46), wenn statt des Gewählten im nur formlosen, auch nicht von

[85] *Baums* Der Geschäftsleitervertrag (1987), S. 38.
[86] Am klarsten BGHZ 52, 316, 321 = NJW 1970, 33.
[87] Dazu eingehend *Hadding* Festschr. für Rob. Fischer (1979), S. 165, 188 ff.
[88] Baumbach/*Hueck* § 6, 13; Fischer/*Lutter*/*Hommelhoff* § 6, 25; Rowedder/*Koppensteiner*[2] 55; Geßler/*Hefermehl*/Eckardt/Kropff § 84 AktG, 13; *Mertens*-KölnKommAktG § 84, 3; *Flume* I/2 § 10 I 1.
[89] *Baums* Der Geschäftsleitervertrag (1987), S. 40; *Schnorr v. Carolsfeld* DNotZ 1963, 404, 419.
[90] So **hM**, vgl. Nachw. in Fn 88.
[91] *Flume* II § 34 Nr. 1 (S. 618).
[92] BGHZ 80, 212, 214 = NJW 1981, 2125.
[93] Vgl. z. B. BGHZ 51, 209, 216 = NJW 1969, 841; weit. Nachw. § 47 Fn 432.
[94] RGZ 68, 381, 385.

der Satzung gedeckten Einverständnis der Gesellschafter (dazu § 48, 57 ff, 62) ein anderer zum Geschäftsführer bestellt wird.

46 ff) **Organverhältnis auf fehlerhafter Bestellungsgrundlage.** Die Bestellung zum Geschäftsführer ist fehlerhaft, wenn der Bestellungsbeschluß oder das Ausführungsgeschäft nichtig sind oder letzteres nicht vorgenommen ist oder (z. B. mangels Vertretungsmacht der Erklärungsperson) nicht gegen die GmbH wirkt. Wenn bei Mängeln dieser Art die in Aussicht genommene Organperson tatsächlich für die GmbH tätig wird (wegen dieser Voraussetzung kann der Fall einer fehlenden Annahmeerklärung hier beiseite gelassen werden), stellt sich die Frage nach den Rechtswirkungen dieser Tätigkeit. Sie ist grundsätzlich in dem Sinne zu beantworten, daß das Organverhältnis trotz des Fehlers in seiner rechtsgeschäftlichen Grundlage rechtswirksam entsteht und nur mit Wirkung ex nunc beseitigt werden kann; vgl. näher Erl. zu § 35. Daraus folgt insbesondere die Vertretungsmacht des Geschäftsführers[95]. Im Schrifttum wird dieses Ergebnis teilweise aus § 15 Abs. 3 HGB oder aus Rechtsscheingrundsätzen abgeleitet[96]. Dem ist nicht zu folgen, weil das Organverhältnis nicht nur scheinbar, sondern (wenn auch fehlerhaft) wirklich besteht und folglich auch nichts unrichtig bekanntgemacht worden ist[97].

47 b) **Abberufung.** aa) **Allgemeines.** Auch die Abberufung von Geschäftsführern liegt nach § 46 Nr. 5 in der Zuständigkeit der Gesellschafterversammlung. Ohne vorgängigen Beschluß kann nicht abberufen werden; nachfolgende Beschlußfassung genügt nicht (OLG Frankfurt GmbH-Rdsch. **1989** 254, 255 f). Durch die Abberufung wird die Organbeziehung, nicht auch das Anstellungsverhältnis zwischen GmbH und Geschäftsführer beendet. Wie die Bestellung (Rdn 41 f), so setzt auch die Abberufung neben dem Beschluß der Gesellschafterversammlung ein Ausführungsgeschäft voraus, also die Abberufungserklärung der GmbH gegenüber ihrem Geschäftsführer[98]. Die Gesellschafterversammlung ist auch hier das zuständige Vertretungsorgan, das sich seinerseits eines Bevollmächtigten oder eines Boten bedienen kann[99]. Wirksam wird die Abberufung grundsätzlich mit Zugang der entsprechenden Erklärung[100]. Auch insoweit gilt jedoch (vgl. Rdn 42), daß eine besondere Erklärung dann entbehrlich ist, wenn der Geschäftsführer, um dessen Abberufung es geht, bei der Beschlußfassung zugegen ist[101]. Dagegen genügt es nicht, wenn er nur zufällig Kenntnis erlangt. Es gibt keine Bestellung, aber auch keine Abberufung vom Hörensagen. Ihrer Rechtsnatur nach ist die Abberufung ebenso Rechtsgeschäft wie die Bestellung (Rdn 43); das gilt gleichermaßen für Beschluß und Ausführungsgeschäft. Anders als die Bestellung (Rdn 44) bedarf die Abberufung keiner Mitwirkung des Geschäftsführers. Sie erfolgt also durch einseitige Gestaltungserklärung der GmbH. Zum Sonderrecht auf Geschäftsführung vgl. Rdn 48.

48 bb) **Beschlußverfahren und -wirkungen.** Wie die Bestellung (Rdn 45), so unterliegt auch die Abberufung den §§ 47 ff. Die Gesellschafterversammlung beschließt also mit *einfacher Stimmenmehrheit*. Sie genügt grundsätzlich auch dann, wenn die Bestellung

---

95 Vgl. z. B. *Mertens*-KölnKommAktG § 84, 29; *Stein* Das faktische Organ (1984), S. 129.

96 Scholz/*K. Schmidt* 78; Baumbach/*Hueck* § 6, 12; *Baums* Der Geschäftsleitervertrag (1987), S. 176 ff.

97 Vgl. zur Parallelfrage bei Gesellschaften auf fehlerhafter Vertragsgrundlage *Hüffer*-GroßkommHGB § 15, 61.

98 RGZ 68, 381, 385 f; RG LZ 1920, 799; Scholz/*K. Schmidt* 81; *Harde* Die Abberufung des Geschäftsführers (1969), S. 38.

99 BGH WM 1969, 158 = BB 1969, 107; Scholz/*K. Schmidt* 81; *Baums* Der Geschäftsleitervertrag (1987), S. 306 f; *Plander* ZHR 133 (1970), 327, 341 ff.

100 *Baums* aaO (Fn 99) S. 307.

101 RG SeuffArch. 77 Nr. 17 (Verein); BGH WM 1987, 71, 73 = NJW-RR 1987, 1890; *Baums* aaO (Fn 99) S. 306.

gem. § 6 Abs. 3 S. 2 in der Satzung erfolgt ist (§ 6, 17)[102]; denn der entsprechende Satzungsbestandteil hat regelmäßig nur verlautbarenden Charakter (Rdn 40). Eine *qualifizierte Mehrheit* ist erforderlich, wenn sie in der Satzung vorgesehen und diese Satzungsbestimmung zulässig ist. Unzulässig ist eine Verschärfung des Mehrheitserfordernisses für die *Abberufung aus wichtigem Grund;* das folgt nach ganz **hM** aus der zwingenden Regelung des § 38 Abs. 2 (vgl. auch § 47, 21)[103]. Begründet die Satzung ein Sonderrecht auf Geschäftsführung (dazu § 6, 18), so kann die Abberufung, weil es sich dabei um einen materiellen Satzungsbestandteil handelt, nur mit satzungsändernder Mehrheit erfolgen. Sie bedarf außerdem der Zustimmung des Betroffenen, es sei denn, daß es sich um eine Abberufung aus wichtigem Grund handelt. Ob in diesem Fall die satzungsändernde Mehrheit erforderlich ist oder gem. § 38 Abs. 2 die einfache Mehrheit genügen muß, ist nicht geklärt (vgl. dazu Voraufl. § 38, 30 f)[104]. Der Gesellschafter, um dessen Abberufung als Geschäftsführer es geht, unterliegt grundsätzlich nicht dem *Stimmverbot* des § 47 Abs. 4 S. 2, 1. Fall (dazu § 47, 172 m. Nachw. in Fn 443). Nur dann, wenn die Abberufung aus wichtigem Grund erfolgen soll, darf der Gesellschafter nicht mitstimmen (§ 47, 173)[105]. Zur Frage, welchen Inhalt die Ankündigung der Tagesordnung (§ 51 Abs. 3) haben muß, wenn es um die Abberufung eines Geschäftsführers geht, vgl. § 51, 22. Der Beschluß allein bewirkt noch nicht das Ende der Organstellung; vielmehr bedarf es der Ausführung (Rdn 47). Der Beschluß bindet aber die Gesellschafterversammlung, bis er aufgehoben wird (vgl. dazu Rdn 45 bei Fn 94).

c) **Annexkompetenz für das Anstellungsverhältnis. aa) Umfassende und primäre Zuständigkeit der Gesellschafterversammlung. Meinungsstand.** Ob die Zuständigkeit für das Anstellungsverhältnis der Geschäftsführer prinzipiell bei (schon vorhandenen) anderen Geschäftsführern oder bei der Gesellschafterversammlung liegt, ist zwischen Rechtsprechung und Schrifttum streitig. Die *Judikatur* geht jedenfalls bislang[106] vom Wortlaut des § 46 Nr. 5 aus und nimmt deshalb an, daß sich die Kompetenz der Gesellschafter grundsätzlich auf das Organverhältnis (Bestellung und Abberufung) beschränkt[107]. Von diesem Grundsatz macht sie jedoch zwei Ausnahmen. Erstens: Wenn der Abschluß des Anstellungsvertrags oder seine Kündigung zusammen mit der Bestellung oder der Abberufung vorgenommen werden und wenn zwischen diesen Maßnahmen trotz getrennter Erklärung ein innerer und zeitlicher Zusammenhang besteht, soll in unmittelbarer oder analoger Anwendung des § 46 Nr. 5 die Zuständigkeit der Gesellschafter auch für den Vertragsabschluß und die Kündigung gegeben sein[108]; die Kompetenz bezieht sich dann sowohl auf die Willensbildung wie auch auf die Vertretung der GmbH bei der Abgabe der erforderlichen Erklärungen. Zweitens: Wenn vertretungsberechtigte Geschäftsführer nicht vorhanden oder verhindert sind, 49

[102] RGZ 44, 95, 98; RG JW 1906, 417; vgl. auch BGHZ 18, 205, 208 = NJW 1955, 1716; Scholz/*K. Schmidt* 73.

[103] Leitentscheidung: BGHZ 86, 177, 179 = NJW 1983, 938; seither noch BGH WM 1988, 23 = NJW 1988, 969; Scholz/*K. Schmidt* 73; **aM** Baumbach/Hueck/*Zöllner* § 38, 14 mwN.

[104] BGHZ 86, 177, 179 (Fn 103) läßt die Frage offen; für das Erfordernis satzungsändernder Mehrheit Scholz/*K. Schmidt* 73; vgl. zum Sonderrecht auch *U. H. Schneider* ZGR 1983, 535, 543 f.

[105] BGHZ 34, 367, 371 = NJW 1961, 1299; BGHZ 86, 177, 181 f (Fn 103); *U. H. Schneider* ZGR 1983, 535, 540 f; weit. Nachw. in Fn 444 zu § 47, 173.

[106] BGHZ 89, 48, 54 f = NJW 1984, 733 bezeichnet die Fortführung der bisherigen Rechtsprechung als fraglich; vgl. auch BGH ZIP 1983, 432, 433.

[107] Eingehende Darstellung bei *Baums* Der Geschäftsleitervertrag (1987), S. 85 ff; Nachw. zur Rechtsprechung in Fn 108 f.

[108] RG HRR 1933, 849; RG JW 1933, 1842; BGH LM § 46 GmbHG Nr. 3; BGH LM § 46 GmbHG Nr. 6 = JZ 1961, 545 m. Anm. *Schilling;* BGH LM § 46 GmbHG Nr. 9 = BB 1969, 107; BGH WM 1967, 1164; BGH WM 1968, 570; BGH DB 1969, 213; BGH WM 1976, 379, 380; BGHZ 74, 38, 42 = NJW 1981, 757; OLG Düsseldorf GmbH-Rdsch. 1989, 468, 469 li. Sp.

sollen ebenfalls die Gesellschafter für Abschluß, Änderung oder Beendigung von Anstellungsverträgen zuständig sein[109]. Das *Schrifttum* wählt ganz überwiegend[110] einen prinzipiell anderen Ausgangspunkt als die Rechtsprechung[111]. Danach hat die Gesellschafterversammlung für die Anstellungsverhältnisse der Geschäftsführer in sinngemäßer Anwendung des § 46 Nr. 5 eine Annexkompetenz. Sie wird also auch insoweit als zuständig für die Willensbildung und die Vertretung angesehen, wenn ihr die Kompetenz für die Organverhältnisse zukommt (also nicht bei Zuständigkeit des Aufsichtsrats). Das für die Rechtsprechung wichtige Erfordernis eines inneren und zeitlichen Zusammenhangs (Nachweise in Fn 108) ist in dieser Konzeption bedeutungslos.

50 **Stellungnahme.** Die Gesellschafterversammlung ist für die Anstellungsverhältnisse der Geschäftsführer umfassend und primär zuständig, also nicht nur dann, wenn über Bestellung und Anstellung (oder Abberufung und Kündigung) einheitlich entschieden werden muß oder wenn die Vertretung im Einzelfall nicht durch die Geschäftsführer erfolgen kann; Voraussetzung ist lediglich die Zuständigkeit für die Organverhältnisse. Der im Schrifttum ganz herrschenden Ansicht ist also beizutreten. Nur sie zieht die notwendige Konsequenz aus der Trennungstheorie (Rdn 39; für die früher vertretene Einheitstheorie konnte sich das Problem nicht stellen)[112]. Auch vermeidet sie das Mißverhältnis zwischen Regel und Ausnahme (das Prinzip der Judikatur kommt praktisch nur bei der Vertragsänderung zur Geltung, vgl. noch Rdn 52). Und schließlich liefert sie, soweit Rechtsprechung und Schrifttum in den Ergebnissen differieren, die in der Sache überzeugenden Lösungen; vgl. auch dazu Rdn 52.

51 bb) **Einzelfragen zur Zuständigkeit.** Für die **Anstellung** von Geschäftsführern ist anerkannt, daß der Vertrag nicht von (anderen) Geschäftsführern geschlossen werden kann, solange die Gesellschafterversammlung nicht über seine Bestellung entschieden hat[113]. Weitergehend ist anzunehmen, daß die Zuständigkeit für die Anstellung auch dann bei der Gesellschafterversammlung verbleibt, wenn sie (zunächst nur) über die Bestellung beschlossen hat[114]; denn sonst hätten es die (anderen) Geschäftsführer in der Hand, die Entscheidung der Gesellschafter durch unattraktive Vertragsbedingungen zu konterkarieren. Dasselbe gilt für Abberufung und **Kündigung**[115]. Weder können die (anderen) Geschäftsführer einem von ihnen das Gehalt streichen, wenn die Gesellschafter an ihm festhalten wollen, noch können sie die GmbH weiter zahlen lassen, nachdem die Gesellschafter die Abberufung beschlossen haben.

52 Anderes soll nach der bisherigen Judikatur für **Änderungen des Vertrags** und für seine **einverständliche Aufhebung** gelten. Insbesondere ist angenommen worden, daß (zur Einzelvertretung befugte) Geschäftsführer sich gegenseitig die Gehälter erhöhen oder Ruhegelder zusagen können[116]. Folgt man der Prämisse, so müßte dasselbe auch für Abfindungszahlungen und ähnliches richtig sein. Diese Ergebnisse sind verfehlt. Finanzielle Belastungen der GmbH, aber auch sonstige das Anstellungsverhältnis betreffende Vereinbarungen haben zwangsläufig Rückwirkungen auf die Entschei-

---

109 RG HRR 1933, 849; BGH LM § 109 HGB Nr. 7; BGH WM 1967, 1164.

110 Wie die Rechtsprechung aber *Dernbach* BB 1982, 1268; *Vogel* Gesellschafterbeschlüsse und Gesellschafterversammlung (1986), S. 16.

111 Scholz/*K. Schmidt* 70; Baumbach/Hueck/*Zöllner* 24; Fischer/*Lutter/Hommelhoff* 11; *Baums* Der Geschäftsleitervertrag (1987), S. 87 ff, 110 f; *Rob. Fischer* Die GmbH in der Rechtsprechung des Bundesgerichtshofs, Pro GmbH (1981), S. 137, 149 f; *Plander* ZHR 133 (1970), 327, 367 ff; wohl auch *Fleck* ZGR 1988, 104, 120.

112 Richtig dazu *Baums* Der Geschäftsleitervertrag (1987), S. 88.

113 BGH WM 1968, 1328.

114 So wohl auch BGHZ 89, 48, 54 = NJW 1984, 733.

115 BGHZ 32, 114, 122 = NJW 1960, 1006; BGHZ 60, 333 = NJW 1973, 1122 (Genossenschaft).

116 BGH WM 1974, 392, 393 = LM § 29 GmbHG Nr. 3.

dungsfreiheit der Gesellschafterversammlung, wenn es um das Organverhältnis geht[117]. Auch ist der Gedanke, daß sich die Geschäftsführer in dieser Eigenschaft wechselseitig zu Lasten der GmbH bedienen und ihr den Nachweis überlassen können, damit sorgfalts- oder treuwidrig gehandelt zu haben[118], schlecht erträglich. Folglich spricht alles dafür, auch insoweit (also insgesamt) eine Annexkompetenz der Gesellschafterversammlung für das Anstellungsverhältnis zu bejahen (vgl. Rdn 50).

cc) **Beschlußverfahren und -wirkungen.** Insoweit kann auf die Erläuterungen in Rdn 48 Bezug genommen werden. Insbesondere haben auch Vergütungszusagen oder sonstige Anstellungskonditionen, wenn sie in die Satzung aufgenommen werden, nur den Charakter von formellen Satzungsbestandteilen (§ 6, 17). Der Gesellschafter, um dessen Anstellung[119] oder Kündigung[120] es geht, unterliegt nach im Ergebnis zutreffender **hM** nicht dem Stimmverbot des § 47 Abs. 4 S. 2, 1. Fall (§ 47, 171 f). Ausgenommen ist nur die Kündigung aus wichtigem Grund (§ 47, 173). **53**

d) Entlastung

Schrifttum

(vgl. auch die Angaben vor Rdn 1, 6, 39, 77, 81, 87). *Ahrens* Vom Ende der Entlastungsklage des GmbH-Geschäftsführers und einem Neubeginn des BGH, ZGR **1987** 129; *Brox* Probleme der Entlastung im Gesellschaftsrecht, BB **1960** 1226; *Buchner* Die Entlastung des Geschäftsführers in der GmbH, GmbH-Rdsch. **1988** 9; *A. Hueck* Die Entlastung im Recht der GmbH, GmbH-Rdsch. **1959** 189; *K. Schmidt* Entlastung, Entlastungsrecht und Entlastungsklage des Geschäftsführers einer GmbH – Versuch einer Neuorientierung, ZGR **1978** 425; *Schönle* Der Entlastungsbeschluß im deutschen Gesellschaftsrecht, ZHR **126** (1964) 199; *Tellis* Die Entlastungsklage im GmbH-Recht, GmbH-Rdsch. **1989** 113.

aa) **Dogmatische Grundlagen: Meinungsstand.** Die Feststellung des Jahresabschlusses (Rdn 6 ff), die Verwendung des Ergebnisses (Rdn 18 ff) und die Entlastung der Geschäftsführer sowie, wenn vorhanden, der Mitglieder des Aufsichtsrats oder anderer Organe stellen die sog. *Regularien* dar, über die die Gesellschafter alljährlich zu beschließen haben. Zuständig ist nach § 46 Nr. 5 die Gesellschafterversammlung, soweit die Gesellschafter nicht im schriftlichen Verfahren nach § 48 Abs. 2 beschließen. Schwierigkeiten bereitet es seit jeher, Begriff, Bedeutung und Rechtsnatur der Entlastung zu erfassen. **54**

Begriff. Entlastung heißt unstreitig *Billigung* der von den Geschäftsführern ausgeübten Tätigkeit (vgl. auch § 120 Abs. 2 S. 1 AktG)[121]. Sie bezieht sich notwendig auf die Vergangenheit[122], und zwar regelmäßig, wenn auch nicht zwingend, auf das abgelaufene Geschäftsjahr. Welche Bedeutung die Billigung ihrerseits hat, wird schon nicht mehr einheitlich beurteilt. Nach jedenfalls **früher hM** lag in der Billigung wenn schon nicht allein, so doch in einer das Rechtsinstitut prägenden Weise das Urteil, der Geschäftsführer habe seine Tätigkeit mit der Sorgfalt eines ordentlichen Geschäftsmanns (§ 43 Abs. 1) ausgeübt, sich insbesondere gesetzes- und satzungskonform verhalten[123]. Damit hat der BGH gebrochen; denn nach seiner neueren Rechtsprechung **55**

[117] *Plander* ZHR 133 (1970), 327, 369; insoweit aM *Baums* Der Geschäftsleitervertrag (1987), S. 87.

[118] So die Notlösung in BGH WM 1967, 1164, 1165.

[119] RGZ 74, 276, 278; BGHZ 18, 205, 210 = NJW 1955, 1716; weit. Nachw. in Fn 438 zu § 47, 171.

[120] RGZ 81, 37, 39; RGZ 138, 98, 103; weit. Nachw. in Fn 443 zu § 47, 172.

[121] RG DR 1941, 506, 508; RGZ 167, 151, 166; BGHZ 94, 324, 326 = NJW 1986, 129; vgl. aus dem Schrifttum z. B. Scholz/*K. Schmidt* 89; Baumbach/Hueck/*Zöllner* 26.

[122] BGH WM 1976, 204, 205 (li. Sp.); BGHZ 94, 324, 326 = NJW 1986, 129.

[123] RGZ 76, 244, 248; RGZ 89, 396 f; *A. Hueck* GmbH-Rdsch. 1959, 189, 190, zuletzt *Buchner* GmbH-Rdsch. 1988, 9, 12 f.

befinden die Gesellschafter mit der Entlastung nicht nur beiläufig, sondern in der Hauptsache auch darüber, ob der Geschäftsführer „seine unternehmerischen Entschließungen zweckmäßig getroffen, ob er ... bei der Führung des Unternehmens eine ‚glückliche Hand' gehabt hat"[124]. Über die Billigung hinaus liegt in der Entlastung nach **hM** regelmäßig, wenngleich nicht notwendig, auch eine *Vertrauenskundgabe* für die zukünftige Geschäftsführung[125]. Das wird jedoch von einer Mindermeinung bestritten; nach ihr gehört die Vertrauensbekundung gerade nicht zum Rechtsbegriff der Entlastung, die vielmehr nur rückbezügliches Rechtmäßigkeitsurteil sei[126].

56 Die praktische **Bedeutung** der Entlastung liegt in der mit ihr verbundenen *Präklusionswirkung*. Das heißt: Die Entlastung führt in begrenztem Umfang (näher Rdn 62 ff) zum Verlust von Ersatzansprüchen, die der GmbH aus Fehlern bei der Geschäftsführung zugestanden haben mögen. Das ist unstreitig[127], entspricht der früheren aktienrechtlichen Lage[128] und ist für die GmbH richtig geblieben, weil es insoweit eine § 120 Abs. 2 S. 2 AktG[129] entsprechende Vorschrift nicht gibt. Präklusionswirkung tritt schließlich auch insoweit ein, als eine Abberufung oder Kündigung nicht mehr allein auf solche Gründe gestützt werden kann, die unter die Entlastung fallen[130].

57 Zur **Rechtsnatur** der Entlastung bestehen *vielfältige Meinungen*[131]. Das hat im wesentlichen zwei Ursachen. Erstens: Obwohl die Entlastung ein Institut des Gesellschaftsrechts ist, mußte der mit ihr verbundene materiell-rechtliche Untergang von Schadensersatzansprüchen den Versuch provozieren, diese Folge mit den Figuren des bürgerlichen Rechts zu erklären. Zweitens: Nachdem die Präklusion von Ersatzansprüchen für das Aktienrecht weitgehend schon 1937 (wegen der seinerzeit in § 84 Abs. 4 S. 3 eingeführten Regelung, die einen Verzicht der AG erst nach fünf Jahren zuließ) und vollständig 1965 (§ 120 Abs. 2 S. 2 AktG) abgeschafft war, konnten die früheren Erklärungsmodelle die Entlastung jedenfalls nicht mehr als einheitliches Rechtsinstitut ausweisen. Vielmehr mußte für das Aktienrecht ein neuer Bedeutungsgehalt gefunden werden. Insgesamt hat sich heute die Ansicht durchgesetzt, daß die Entlastung nicht als Vertrag, insbesondere nicht als Erlaßvertrag oder negatives Schuldanerkenntnis iSd § 397 BGB[132] aufgefaßt werden kann, sondern ein spezifisch gesellschaftsrechtliches Institut ist. Streitig geblieben ist auf dieser Basis, ob es neben dem Beschluß noch einer besonderen Erklärung und ihres Zugangs bedarf, damit die Entlastungswirkungen eintreten[133], oder ob die Präklusion als gesetzliche Folge des Beschlusses anzusehen ist[134].

---

[124] BGHZ 94, 324, 327 = NJW 1986, 129.

[125] RG DR 1941, 506, 508; RGZ 167, 151, 166; BGH LM § 46 GmbHG Nr. 17 = BB 1977, 465; BGHZ 94, 324, 326; aus dem Schrifttum z. B. Scholz/*K. Schmidt* 89; *Tellis* GmbH-Rdsch. 1989, 113, 115 f.

[126] Klar *Buchner* GmbH-Rdsch. 1988, 9, 13 li. Sp.

[127] RG DR 1941, 506, 508; BGH NJW 1959, 192, 193 = GmbH-Rdsch. 1959, 69 m. Anm. *Wilhelm;* BGH LM § 35 BGB Nr. 4 = NJW 1969, 131; BGH WM 1976, 204, 205; BGH LM § 46 GmbHG Nr. 17 = BB 1977, 465; BGHZ 94, 324, 326 = NJW 1986, 129; Scholz/*K. Schmidt* 89; Baumbach/Hueck/*Zöllner* 26.

[128] RGZ 76, 244, 248; RGZ 89, 396 f; RG JW 1926, 2904; RG JW 1935, 921 m. Anm. *Boesebeck;* vgl. auch noch *Schmidt/Meyer-Landrut* in Gadow/Heinichen § 114 AktG 1937, 2.

[129] Vgl. dazu RegBegr. bei *Kropff* AktG S. 167.

[130] Siehe statt aller BGHZ 94, 324, 326; mit der Einschränkung des Textes auch *Zöllner*-KölnKomm-AktG § 120, 27.

[131] Zusammenstellungen finden sich bei *Brox* BB 1960, 1226; *K. Schmidt* ZGR 1978, 425, 429 f; *Schönle* ZHR 126 (1964), 199, 201 f.

[132] Dafür RGZ 106, 258, 262; RGZ 115, 246, 250; RG JW 1926, 2904; RG JW 1935, 921 m. Anm. *Boesebeck;* auch noch *Schönle* ZHR 126 (1964), 199, 215 f.

[133] So **hM**, vgl. BGH NJW 1959, 192, 193 li. Sp. = LM § 46 GmbHG Nr. 4; Baumbach/Hueck/*Zöllner* 26; *A. Hueck* GmbH-Rdsch. 1959, 189, 190 m. weit. Nachw. in Fn 6.

[134] So Scholz/*K. Schmidt* 91; *K. Schmidt* ZGR 1978, 425, 432 ff; ihm folgen Rowedder/*Koppensteiner*^{2} 24.

bb) Dogmatische Grundlagen: Stellungnahme. Soweit es um den Begriff der Entlastung geht (Rdn 55), ist für das Recht der GmbH der engeren Auffassung zu folgen, die Entlastung also in ihrem Kern als das „Testat" gesetz- und satzungskonformen Verhaltens während der Entlastungsperiode aufzufassen; denn nur darauf kann ein (nach richtiger Ansicht klagbarer, vgl. noch Rdn 66 ff, 68) Anspruch bestehen, den der Geschäftsführer haben muß, wenn er nicht diskreditierenden Gesellschafterbeschlüssen ausgeliefert sein soll. Die damit teilweise abgelehnte Entscheidung des BGH[135] verallgemeinert demgegenüber die durch § 120 Abs. 2 S. 2 AktG geprägten Besonderheiten der aktienrechtlichen Entlastung, ohne auf die abweichende Sachlage bei der GmbH (Präklusion; grundsätzlich keine Mediatisierung des Gesellschaftereinflusses durch den Aufsichtsrat) genügend Rücksicht zu nehmen. Die Entlastung ist jedoch nicht nur Billigung, sondern, sofern sie durch die Gesellschafterversammlung erfolgt, auch Vertrauenserweis. Für die rechtliche Behandlung geht es dabei jedoch um einen Nebenaspekt, dessen Bedeutung ganz zurücktritt, wenn die Billigung durch Klage und Urteil erzwungen werden muß (dazu noch Rdn 66 ff, 69). Was die *Rechtsnatur* der Entlastung anbetrifft (Rdn 57), so ist der gesellschaftsrechtlichen Lösung beizupflichten. Sie entspricht dem spezifisch gesellschaftsrechtlichen Charakter der Entlastung und vermeidet die Willensfiktion, die jedem vertraglichen Verständnis notwendig anhaftet; denn die Gesellschafterversammlung entlastet nicht, um auf Ansprüche zu verzichten, sondern im Gegenteil, weil sie davon ausgeht, daß Ersatzansprüche nicht vorhanden sind (zutreffend Scholz/*K. Schmidt* 91). Zur Frage, ob der Beschluß und seine Mitteilung die Entlastung darstelle oder ob es dazu einer ergänzenden rechtsgeschäftlichen Erklärung bedarf, vgl. noch Rdn 61. 58

cc) Beschlußverfahren und -wirkungen. Maßgeblich sind die §§ 47 ff. Entlastung ist also erteilt, wenn ein darauf gerichteter Antrag wenigstens die einfache Stimmenmehrheit des § 47 Abs. 1 erhalten hat. Der Gesellschafter, der in seiner Eigenschaft als Geschäftsführer entlastet werden soll, unterliegt dem Stimmverbot des § 47 Abs. 4 S. 1, 1. Fall (dazu § 47, 141 ff). Deswegen, aber auch wegen der mit ihr verbundenen Präklusionswirkung (Rdn 56, 62 ff), muß die Entlastung von anderen mehr oder minder ähnlichen Beschlüssen unterschieden werden. Das wird bei gut geführten Gesellschaften, deren Leiter auf eine ordentliche Formulierung der Beschlußanträge achtet, im allgemeinen keine Schwierigkeiten bereiten. Im übrigen ist der durch Auslegung zu ermittelnde Wille der Gesellschafter entscheidend, die Geschäftsführung zu billigen[136]. Auf die Verwendung des Ausdrucks kommt es also nicht an. Zur Unterscheidung von Entlastung und Generalbereinigung vgl. noch unten Rdn 72. 59

Einzelfragen zum Beschlußinhalt. In der *Feststellung des Jahresabschlusses* liegt grundsätzlich noch keine Entlastung. Über die Feststellung und die Entlastung muß auch nicht einheitlich entschieden werden[137]. Das Stimmverbot des § 47 Abs. 4 S. 1, 1. Fall gilt folglich nicht für die Feststellung des Jahresabschlusses (§ 47, 141 a. E.)[138]. Fehlerhaftigkeit des Feststellungsbeschlusses kann sich aber als Fehlerhaftigkeit des darauf beruhenden Entlastungsbeschlusses auswirken (vgl. noch Rdn 65)[139]. Die Entlastung bezieht sich regelmäßig, aber nicht notwendig auf das abgelaufene *Geschäftsjahr*. Möglich ist auch Entlastung für eine *kürzere oder längere Periode*. Stets muß es sich aber um einen in der Vergangenheit liegenden Zeitraum handeln (vgl. schon Rdn 55 mit Fn 122). Mit dieser Maßgabe ist auch die sog. *Spezialentlastung* möglich (dazu 60

---

[135] BGHZ 94, 324 = NJW 1986, 129.

[136] RGZ 106, 258, 259; RGZ 115, 246, 250 (beide AG); Scholz/*K. Schmidt* 92.

[137] RGZ 49, 141, 146; RGZ 112, 19, 26.

[138] RGZ 49, 141, 146; weit. Nachw. in Fn 354 zu § 47.

[139] RGZ 112, 19, 26 f.

und zum Stimmverbot in diesem Fall § 47, 143). Der bloße Beschluß, keine Ersatzansprüche aus § 43 gegen den Geschäftsführer zu erheben (vgl. § 46 Nr. 8; dazu Rdn 87) stellt als solcher noch keine Entlastung mit der ihr eigenen Präklusionswirkung dar[140]. Zu *Gesamt- und Einzelentlastung* (= getrennte Abstimmung über die Entlastung einzelner Geschäftsführung) vgl. § 47, 144.

61 **Mitteilung des Beschlusses.** Der bloße Beschluß entfaltet zwar Bindungswirkung, präkludiert die GmbH aber noch nicht in der für die Entlastung charakteristischen Weise. Präklusion tritt ein, sobald der Beschluß durch Mitteilung an den Geschäftsführer Wirkung entfaltet[141]. Die Mitteilung ist wie sonst auch entbehrlich, wenn der Geschäftsführer bei der Beschlußfassung zugegen ist. Entgegen der **hM** (Rdn 57 mit Fn 133) handelt es sich dabei nicht um eine rechtsgeschäftliche Entlastungserklärung. Die darin liegende Vorstellung eines ausführungsbedürftigen Beschlusses (vgl. Rdn 36 sowie Rdn 43, 45 zur Teilung von Geschäftsanteilen bzw. zur Bestellung von Geschäftsführern) ist noch von der früher für richtig gehaltenen Vertragskonstruktion (Rdn 57 mit Fn 132) geprägt und ist wie diese (Rdn 58) dem Einwand ausgesetzt, daß die Gesellschafter die Rechtsfolge der Präklusion typischerweise gerade nicht wollen. Der Beschluß und seine Mitteilung begründen die Präklusion deshalb in verwirkungsähnlicher Weise *kraft Gesetzes*[142]. Wenn man die Mitteilung in das System der Rechtsgeschäftslehre einordnen will, geht es dabei um eine *geschäftsähnliche Handlung*, die als solche, nicht als Willenserklärung, zugangsbedürftig ist[143]. Eine grundsätzlich andere Beurteilung ist allerdings erforderlich, wenn es gerade nicht zum Entlastungsbeschluß kommt und der Geschäftsführer gleichwohl die Billigung seiner Amtsführung erreichen möchte; dazu Rdn 66 ff.

62 dd) **Umfang der Präklusionswirkung.** Als Grundsatz gilt: Die GmbH wird durch die Entlastung mit solchen Ansprüchen ausgeschlossen, die *innerhalb des Entlastungszeitsraums* entstanden sind und deren Existenz aufgrund der von den Geschäftsführern gelegten Rechenschaft (Rechnungslegung, ergänzende Berichterstattung, Auskünfte, vorgelegte Unterlagen) *bei sorgfältiger Prüfung erkennbar* war[144]. Eine weitergehende Präklusion wäre nicht gerechtfertigt, weil die Gesellschafterversammlung zu einer eigenständigen und umfassenden Prüfung im Beschlußverfahren nicht imstande ist (vgl. Nachw. in Fn 144). Dem verwirkungsähnlichen Charakter der Präklusion (vgl. Rdn 61 mit Fn 142) entspricht es, daß sie dann nicht eintritt, wenn die Entlastung durch Irreführung oder Verschleierung erschlichen ist[145]. Weil es nur auf die Erkennbarkeit ankommt, muß sich die Versammlungsminderheit aber damit abfinden, daß die Mehrheit für Entlastung stimmt und dabei Unklarheiten oder Unvollständigkeiten der Rechenschaft bewußt in Kauf nimmt. In der Regel sind die von der Präklusionswirkung erfaßten Ansprüche auf Schadensersatz gerichtet. Doch ist das nicht notwendig. Es kann sich auch um die Rückforderung aus ungerechtfertigter Bereicherung[146] und ähnliche Ansprüche (§§ 667, 681 S. 2, 687 Abs. 2 BGB) einschließlich der zugehörigen

---

140 RG JW 1935, 921 m. Anm. *Boesebeck*.

141 Auch insoweit noch relativierend *K. Schmidt* ZGR 1978, 425, 434.

142 Der von *K. Schmidt* begründeten Ansicht (Fn 134) ist also insoweit zu folgen; zur Verwirkung vgl. schon *Hoeniger* DJZ 1922, 143, 147 f.

143 Vgl. statt aller *Flume* II § 9 Nr. 2 b.

144 RGZ 89, 396 = JW 1917, 657 m. Anm. *Breit;* RG DR 1941, 506, 508; BGH NJW 1959, 192, 194 = LM § 46 GmbHG Nr. 4; BGH NJW 1969, 131 re. Sp.; BGH WM 1976, 736, 737 = NJW 1976, 1685; BGHZ 94, 324, 326 = NJW 1986, 129; BGHZ 97, 382, 384 = NJW 1986, 2250; Scholz/*K. Schmidt* 94; Baumbach/Hueck/*Zöllner* 26; *A. Hueck* GmbH-Rdsch. 1959, 189, 192; *K. Schmidt* ZGR 1978, 425, 437.

145 RG DR 1941, 506, 508; Scholz/*K. Schmidt* 94; Rowedder/*Koppensteiner*[2] 22; unrichtig dazu LG Essen GmbH-Rdsch. 1983, 221, 223.

146 BGHZ 97, 382, 386 ff = NJW 1986, 2250; Baumbach/Hueck/*Zöllner* 26.

Hilfsrechte (Auskunft, Einsichtnahme, Rechnungslegung) handeln, sofern sie ihren Entstehungsgrund in Maßnahmen der Geschäftsführung haben. Schließlich erfaßt die Präklusionswirkung nicht nur Ansprüche der GmbH, sondern auch das Recht zur Abberufung und zur außerordentlichen Kündigung von Geschäftsführern[147].

Private Kenntnisse. Die bloße Erkennbarkeit der anspruchsbegründenden Tatsachen aufgrund anderer Umstände als der Rechenschaft der Geschäftsführer genügt nicht, um die Präklusionswirkung eintreten zu lassen. Insoweit schadet der GmbH nur *positive Kenntnis,* und auch das nur, wenn sie nicht lediglich bei einzelnen, sondern *bei allen Gesellschaftern* vorhanden ist, einschließlich derer, die an der Versammlung nicht teilgenommen haben[148]. Eine andere Beurteilung soll nach BGH angezeigt sein, wenn die Tatsachen für den Mehrheitsgesellschafter, der zugleich Geschäftsführer ist, erkennbar waren (im Fall: aus einer Einzelbuchung ablesbare Inkorrektheit)[149]. Das ist generell nicht zweifelsfrei, weil es um die Zurechnung organschaftlichen Verhaltens der Gesellschafter geht, und zwar gerade in dieser Eigenschaft. Präklusionswirkung kann jedenfalls nur insoweit eintreten, als nicht der Geschäftsführer selbst durch die Tatsachen belastet wird[150]. 63

Grenzen der Präklusionswirkung im Gläubigerinteresse. Nach § 43 Abs. 3 iVm § 9 b Abs. 1 kann die GmbH auf Ersatzansprüche nicht wirksam verzichten, soweit ihnen nach § 30 Abs. 1 verbotene Zahlungen an die Gesellschafter oder ein nach § 33 verbotener Erwerb oder eine verbotene Inpfandnahme eigener Geschäftsanteile zugrunde liegt. Dasselbe gilt nach §§ 64 Abs. 2, 43 Abs. 3, 9 b Abs. 1. Voraussetzung des Verzichtsverbots ist in allen drei Fällen, daß die Ersatzleistung des Geschäftsführers zur Befriedigung der Gesellschaftsgläubiger erforderlich ist, und zwar im Zeitpunkt der Beschlußfassung. Diese Verzichtsschranken gelten auch für die Entlastung. Sie fällt zwar mangels Vertragsnatur (Rdn 58) nicht unter die vom Gesetz in § 9 b Abs. 1 gemeinten Tatbestände des § 397 BGB (dazu § 9 b, 6), wird aber vom Zweck der §§ 43 Abs. 3, 64 Abs. 2, 9 b Abs. 1 erfaßt, weil es für den Gläubigerschutz keine Rolle spielt, ob zugriffsfähige Ansprüche der GmbH infolge Erlaßvertrags oder als gesetzliche Folge der Entlastung verloren gehen[151]. Mit Rücksicht auf den Zweck sind den Ersatzansprüchen im engeren Sinne auch hier (vgl. Rdn 62 mit Fn 146) sonstige Ausgleichsansprüche gleichzustellen. Fraglich bleibt demnach nur, ob, über §§ 43 Abs. 3, 64 Abs. 2, 9 b Abs. 1 hinausgehend, die Präklusionswirkung bei Verstößen gegen die Prinzipien der Kapitalaufbringung und -erhaltung versagt bleibt, ohne daß es insoweit darauf ankäme, ob die Ersatzleistung des Geschäftsführers im konkreten Fall für die Befriedigung der Gläubiger gebraucht wird. Das wird teilweise vertreten[152] und ist in der Sache erwägenswert, kann aber in dieser allgemeinen Form angesichts der Gesetzeslage wohl nicht angenommen werden[153]. 64

ee) **Fehlerhafte Beschlüsse (Grundsatz und Weiterverweis).** Wie andere Beschlüsse der Gesellschafterversammlung, so kann auch der Entlastungsbeschluß gesetz- oder satzungswidrig und folglich nichtig (analog § 241 AktG) oder in sinngemäßer Anwen- 65

---

[147] BGH NJW 1969, 131 re. Sp. = LM § 35 BGB Nr. 4; BGHZ 94, 324, 326 = NJW 1986, 129; Scholz/*K. Schmidt* 94.

[148] BGH NJW 1959, 192, 194; BGHZ 94, 324, 326 = NJW 1986, 129; Scholz/*K. Schmidt* 94; Baumbach/Hueck/*Zöllner* 26.

[149] BGH NJW 1969, 131 = LM § 35 BGB Nr. 4.

[150] Scholz/*K. Schmidt* 94; Baumbach/Hueck/*Zöllner* 26.

[151] BGHZ 97, 382, 389 = NJW 1986, 2250; Scholz/*K. Schmidt* 95; Baumbach/Hueck/*Zöllner* § 43, 30.

[152] Scholz/*K. Schmidt* 95; nicht eindeutig BGH NJW 1959, 192, 194 li. Sp.

[153] Wie hier wohl *A. Hueck* GmbH-Rdsch. 1959, 189, 193 li. Sp.

dung der §§ 243 ff AktG anfechtbar sein; vgl. dazu Anh § 47. Zu Entlastungsbeschlüssen insbesondere ist festzuhalten: Der Beschluß ist analog § 241 Nr. 4 AktG wegen inhaltlichen Verstoßes gegen die guten Sitten nichtig, wenn die Entlastung mit dem – auch nur bedingten – Vorsatz der Gläubigerbenachteiligung erteilt wird[154]. Der Beschluß ist anfechtbar, wenn die Entlastung vor der Rechnungslegung ausgesprochen wird[155]. Er kann anfechtbar sein, wenn die Rechnungslegung nicht vollständig oder nicht ordnungsgemäß war[156]. Gänzlich ausgeschlossen ist es, die Entlastung als solche nach § 119 BGB anzufechten[157]; denn sie kommt weder durch Vertrag noch durch einseitige rechtsgeschäftliche Erklärung zustande (Rdn 58, 61). Schließlich kann die Entlastung auch nicht kondiziert werden, insbesondere nicht nach § 812 Abs. 2 BGB[158]; denn sie (genauer: die Präklusion von Ansprüchen) beruht eben nicht auf Vertrag (Rdn 58) und die Präklusion findet als gesetzliche Folge des Beschlusses in dem Beschluß selbst ihren Rechtsgrund, solange er besteht.

66 ff) **Entlastungsverweigerung und Entlastungsklage: Meinungsstand.** Fraglich bleibt, ob der Geschäftsführer einen Anspruch auf Entlastung hat und wie er ihn gegebenenfalls gerichtlich durchsetzen kann. In der Entwicklung des Meinungsstands bildet die Entscheidung BGHZ **94** 324 eine Zäsur[159]. *Vor diesem Urteil* entsprach es ganz **hM**, daß der Geschäftsführer ein Recht auf Entlastung hat, dieses durch Leistungsklage gegen die GmbH geltend machen kann und das der Klage stattgebende rechtskräftige Urteil die Entlastung gem. § 894 ZPO bewirkt[160]. Eine andere Konzeption wurde im neueren Schrifttum nur von *K. Schmidt* entwickelt, der aus der materiell-rechtlichen Annahme, es geben keine rechtsgeschäftliche Entlastungserklärung (Rdn 58, 61), die Folgerung zog, daß auch nicht auf Abgabe der Erklärung geklagt werden könne und nichts nach § 894 ZPO zu vollstrecken sei[161]. An die Stelle der Leistungsklage sollte daher die negative Feststellungsklage treten (gerichtet auf Feststellung des Nichtbestehens von Ersatzansprüchen), allerdings unter erleichterten Voraussetzungen: Ihre Zulässigkeit sollte nicht voraussetzen, daß sich die GmbH eines oder mehrerer Ersatzansprüche gegen den Kläger berühmt; vielmehr sollte die Verweigerung der Entlastung das Feststellungsinteresse ergeben[162].

67 Der **BGH** hat die Argumente von *K. Schmidt* aaO (Rdn 66) teilweise angegriffen, aber weiterreichende Folgerungen gezogen. Nach seiner neuen Rechtsprechung gibt es keinen Anspruch auf Entlastung und folglich auch keine Entlastungsklage[163], weil weder das Vertrauen in die künftige Amtsführung des Geschäftsführers noch die Bestätigung erzwingbar seien, er habe bei der bisherigen Führung des Gesellschaftsunternehmens Fortune gehabt. Klagbar sei die Entlastung auch nicht wegen ihrer Präklusionswirkung; denn auf etwa vorhandene Ansprüche brauche die GmbH nicht zu verzichten und bei ordnungsgemäßer Geschäftsführung gebe es nichts zu verzichten. Auch die von *K. Schmidt* aaO (Rdn 66) befürwortete Erleichterung der Sachurteilsvor-

---

154 RGZ 161, 129, 144; BGHZ 15, 382, 386 = NJW 1955, 221; Geßler/Hefermehl/Eckardt/Kropff/*Hüffer* § 241 AktG, 56; *A. Hueck* GmbH-Rdsch. 1959, 189, 193 re. Sp.

155 RGZ 34, 57 f; RGZ 44, 66, 67 ff (beide AG).

156 RGZ 112, 19, 26 f.

157 Scholz/*K. Schmidt* 99.

158 RG JW 1926, 2904 f; RG DR 1941, 206, 208; Scholz/*K. Schmidt* 99; *A. Hueck* GmbH-Rdsch. 1959, 189, 194 re. Sp.; *Schönle* ZHR 126 (1964), 199, 218.

159 BGHZ 94, 324 = NJW 1986, 129; Rezension: *Ahrens* ZGR 1987, 129.

160 Grundlegend RGZ 89, 396 f = JW 1917, 657 m. Anm. *Breit;* vgl. ferner OLG Celle OLGR 27, 350 f; OLG Hamburg BB 1960, 996; *Schilling* Voraufl. 26; *Flume* I/2 § 10 I 4; *Brox* BB 1960, 1226 f; *A. Hueck* GmbH-Rdsch. 1959, 189, 190 f, der bei Fn 15 schon von Gewohnheitsrecht sprach. Nachw. zum neueren Schrifttum in Fn 165 f.

161 ZGR 1978, 425, 439 ff; vgl. auch Scholz/*K. Schmidt* 101 f.

162 Vgl. aaO (Fn 161) S. 442 ff.

163 BGHZ 94, 324, 326 ff (vgl. Fn 159).

aussetzungen für eine negative Feststellungsklage läßt der BGH jedenfalls dann nicht gelten, wenn sich die Gesellschafter zum Bestehen konkreter Ersatzansprüche erklärt haben. Für die Verteidigung des Geschäftsführers soll es vielmehr genügen, daß er sich gegen die Anspruchsberühmung mit der herkömmlichen Klage auf negative Feststellung zur Wehr setzen kann. Das **seitherige Schrifttum** ist gespalten. Ein Teil hat sich der Entscheidung ganz[164] oder mit Modifikationen[165] angeschlossen. Ein anderer Teil lehnt sie mit der Begründung ab, der BGH verkürze die Rechte des Geschäftsführers in unzulässiger Weise[166].

gg) Entlastungsverweigerung und Entlastungsklage: Stellungnahme. Entgegen der 68
neueren Ansicht ist an der Entlastungsklage als Leistungsklage festzuhalten. Wie namentlich von *Zöllner* zutreffend dargelegt, liegt eine unzulässige Diskriminierung vor, wenn die Entlastung ohne zureichende Gründe verweigert wird[167]. Da darin liegende Mißbilligung führt zu einer empfindlichen Ansehensschmälerung, die von den Gesellschaftern gerade nicht nach „Belieben" oder sogar „aus offenbar unsachlichen Gründen" bewirkt werden darf[168]. Die gegen einzelne von der GmbH behauptete Ersatzansprüche gerichtete Feststellungsklage bietet dagegen schon angesichts des pauschalen Charakters einer Entlastungsverweigerung keinen ausreichenden Rechtsschutz.

Die **Gegenargumente** *tragen keine andere Beurteilung*. (1.) Die These, es gebe 69
keine Entlastungsklage, weil es keine rechtsgeschäftliche Entlastungserklärung gebe[169], verwechselt Ziel und Weg. Die von dem Geschäftsführer als Minimum erstrebte Billigung seiner Amtsführung als gesetz- und satzungskonform (Rdn 58) erreicht er außergerichtlich durch den Entlastungsbeschluß der Gesellschafterversammlung (Rdn 58, 61). Wenn dieses Mittel versagt, weil der Beschluß nicht zustande kommt, kann die von der GmbH verweigerte Billigung durch Urteil ausgesprochen werden. Das Urteil ersetzt also nicht die angebliche Entlastungserklärung der Gesellschafter (ein solches Rechtsgeschäft gibt es nicht; vgl. Rdn 61), sondern den Beschluß als Willens- und Meinungsäußerung der GmbH. (2.) Daß Vertrauen und Fortune bei der Unternehmensführung als solche nicht justitiabel sind, ist richtig, hat aber keine wesentliche Bedeutung; denn eine klageweise durchgesetzte Billigung wird ohnehin nicht in diesem Sinne aufgefaßt (vgl. schon Rdn 58). (3.) Daß der Geschäftsführer von der GmbH nicht den Verzicht auf Ersatzansprüche verlangen kann, wäre eine schlüssige Argumentation, wenn es um einen Schulderlaß iSd § 397 Abs. 1 oder 2 BGB ginge. Das Wesen der Entlastung besteht aber gerade darin, daß die Gesellschaft (vorbehaltlich abweichender Regelung wie in § 120 Abs. 2 S. 2 AktG) nach ordentlicher Rechenschaft und Kontrolle der Amtsführung durch das zuständige Organ auf Vorgänge aus der Entlastungsperiode nicht mehr zurückkommen darf, wenn die Prüfung keine Beanstandungen aufzeigen konnte. Warum das anders sein soll, wenn die Organtätigkeit durch gerichtliche Prüfung ersetzt werden muß (Entlastungsklage), ist nicht erkennbar.

Nach allem bleibt noch fraglich, wie der **Umfang der Präklusionswirkung des** 70
Entlastungsurteils zu bestimmen ist. Das RG hat hierzu angenommen, daß der Gesell-

---

[164] Fischer/*Lutter/Hommelhoff* 12a; *Meyer-Landrut*/Miller/Niehus 28; *Roth* 6.3.3.

[165] Im Sinne der bisherigen Ansicht von *K. Schmidt* (ZGR 1978, 425) Scholz/*K. Schmidt* 102; *Ahrens* ZGR 1987, 129, 142 f will einen mit Leistungsklage durchsetzbaren Informationsanspruch gewähren, ob die GmbH eine Pflichtverletzung behaupte oder nicht.

[166] Baumbach/Hueck/*Zöllner* 28; *Buchner* GmbH-Rdsch. 1988, 9, 14.

[167] Baumbach/Hueck/*Zöllner* 29.

[168] Zum ersten vgl. BGH aaO (Fn 163) S. 326, zum zweiten S. 327.

[169] So *K. Schmidt* ZGR 1978, 425, 439 ff; Scholz/*K. Schmidt* 102.

schaft nach Rechtskraft des Entlastungsurteils aufgrund der Amtsführung des Geschäftsführers für die Entlastungsperiode schlechthin keine Ersatzansprüche zustehen[170], also ohne die Beschränkungen, die für die Präklusionswirkung des Entlastungsbeschlusses gelten (dazu Rdn 62). Die Frage ist im Anschluß an das Urteil vornehmlich im älteren Schrifttum streitig erörtert worden; überwiegend stieß die Entscheidung auf Kritik[171]. Dem ist beizupflichten. Weil das Urteil funktional an die Stelle des Beschlusses der Gesellschafterversammlung tritt (Rdn 69), kann seine Wirkung grundsätzlich auch nicht weiter reichen als die des Beschlusses. Nur der maßgebliche Zeitpunkt verschiebt sich von dem der Gesellschafterversammlung zur letzten mündlichen Tatsachenverhandlung[172]. Die GmbH wird also durch das Entlastungsurteil insoweit präkludiert, als die Existenz von Ersatzansprüchen aufgrund der Rechenschaft des Geschäftsführers für die Gesellschafterversammlung bei sorgfältiger Prüfung erkennbar gewesen wäre, wenn sie im Zeitpunkt der letzten mündlichen Tatsachenverhandlung stattgefunden hätte.

71 hh) **Sonstige Folgen einer Entlastungsverweigerung.** Aus der Perspektive des Geschäftsführers geht es um Amtsniederlegung und Kündigung, aus dem Blickwinkel der GmbH um Abberufung und Kündigung. **Amtsniederlegung** und außerordentliche Kündigung (§ 626 BGB) sind nicht schon deshalb gerechtfertigt, weil die Entlastung verweigert wurde[173]; denn an der Fortführung der Tätigkeit kann für die GmbH, wenigstens übergangsweise, noch ein Interesse bestehen, und der Geschäftsführer ist in seinen Rechten nicht verletzt, wenn die Verweigerung begründet war. Nur die grundlose Entlastungsverweigerung gibt also das Recht, die Amtsführung einzustellen und den Vertrag fristlos zu kündigen[174]. **Abberufung.** Die Entlastungsverweigerung ist keine Abberufung und berechtigt auch nicht zu ihr[175]. Die Pflichtverletzungen, die der Verweigerung zugrunde liegen, können aber Abberufungsgründe sein. Ob sie hinreichendes Gewicht haben, ist Frage des Einzelfalls.

72 ii) **Entlastung und Generalbereinigung.** Von Generalbereinigung wird gesprochen, wenn die Beteiligten Ansprüche der GmbH gegen den Geschäftsführer für gegeben oder jedenfalls für möglich halten und diese Ansprüche sämtlich, also *ohne Rücksicht auf ihre Erkennbarkeit* aufgrund der Rechenschaft des Geschäftsführers, zum Erlöschen bringen wollen[176]. Darin liegt, soweit Ansprüche wirklich bestehen, ein Erlaßvertrag iSd § 397 Abs. 1 BGB[177]. Er wirkt nur in den Grenzen des gesetzlich Zulässigen (vgl. zum Gläubigerschutz besonders § 9 b Abs. 1 iVm § 43 Abs. 3 S. 2). Nach § 46 Nr. 8 muß die Generalbereinigung durch einen Gesellschafterbeschluß gedeckt sein (vgl. noch Rdn 88 ff). Der Gesellschafter, dessen Verpflichtungen aus seiner Tätigkeit als Geschäftsführer bereinigt werden sollen, unterliegt dabei den Stimmverboten des § 47 Abs. 4 S. 2, 1. und 2. Fall. Weil es sich bei der Generalbereinigung um einen Vertrag handelt, kann er nach §§ 119 ff, 123 BGB angefochten werden.

170 RGZ 89, 396 f = JW 1917, 657 m. Anm. *Breit*.

171 Ablehnend *Schmidt/Goerdeler* Hachenburg 29; *Breit* aaO (Fn 170); *Flechtheim* JW 1920, 700; wie RG aaO (Fn 170) aber *Boeters* JW 1920, 699; *Neflin* NJW 1959, 1666.

172 *Flume* I/2 § 10 I 4 (S. 355); gegen umfassende Präklusionswirkung (= keine negative Feststellungsklage mit pauschalem Antrag) auch Baumbach/Hueck/*Zöllner* 30; **aM** Scholz/*K. Schmidt* 102; *K. Schmidt* ZGR 1978, 425, 440 (im Ergebnis wie RG aaO [Fn 170]).

173 Baumbach/Hueck/*Zöllner* 30; *Meyer-Landrut*/Miller/Niehus 29; *Roth* 6.3.3; *Neflin* aaO (Fn 171), S. 1667 (re. Sp.); **aM** Scholz/*K. Schmidt* 100; Rowedder/*Koppensteiner*² 25.

174 Unstr., vgl. z. B. Baumbach/Hueck/*Zöllner* 30.

175 Scholz/*K. Schmidt* 100; Baumbach/Hueck/*Zöllner* 30.

176 BGH NJW 1975, 1273; BGH WM 1976, 736, 737 f = NJW 1976, 1685; BGHZ 97, 382, 389 = NJW 1986, 2250; Scholz/*K. Schmidt* 105; Baumbach/Hueck/*Zöllner* 30 a; Fischer/*Lutter*/*Hommelhoff* 13.

177 Scholz/*K. Schmidt* 105.

e) Regelungen der Satzung. aa) Grundsatz. Gemäß § 45 ist auch § 46 Nr. 5 *dispositiv.* Die Satzung kann insbesondere die Zuständigkeit von der Gesellschafterversammlung auf ein anderes Organ verlagern oder Bestimmungen zu den Mehrheitserfordernissen treffen. Zur Bestellung von Geschäftsführern in der Satzung vgl. schon Rdn 40, zur Abberufung von Geschäftsführern, die ein Sonderrecht auf ihr Amt haben, Rdn 48 und ebenda auch zur Unzulässigkeit eines satzungsmäßigen Erfordernisses qualifizierter Mehrheit für den Abberufungsbeschluß. **73**

bb) Zuständigkeitsverlagerung: Bestellung von Geschäftsführern. Die Satzung kann die Kompetenz der Gesellschafterversammlung zur Bestellung von Geschäftsführern (Rdn 41) auf ein anderes Gesellschaftsorgan verlagern, etwa auf einen fakultativen Aufsichtsrat, einen Beirat oder einen Gesellschafterausschuß[178]; vgl. insoweit auch Erl. zu § 52. Die Satzung kann nach herrschender, wenngleich nicht zweifelsfreier Meinung[179] (Umgehung der nachfolgend genannten Gestaltungsgrenzen?) ferner ein besonderes Organ vorsehen, das Geschäftsführer bestellt (sog. Kreationsorgan) oder an der Bestellung durch Vorschläge mitwirkt. Teilweise wird es wohl auch für möglich gehalten, die Zuständigkeit zur Bestellung von Geschäftsführern den anderen Geschäftsführern einzuräumen[180]. Dem ist jedoch nicht zu folgen[181]. Die zweigliedrige Organisationsstruktur der GmbH verbietet eine derartige Selbstentmachtung der Gesellschafter. Möglich ist nur ein Vorschlagsrecht der anderen Geschäftsführer. Gesellschaftsfremden Dritten (Gebietskörperschaften, Verbänden, Behörden) kann die Satzung nach richtiger, wenngleich umstrittener Ansicht kein organisationsrechtliches Bestellungsrecht einräumen[182]. Ob ein schuldvertragliches Entsendungsrecht Dritter hinnehmbar ist, erscheint ebenfalls nicht gänzlich zweifelsfrei[183]. Die Vertretung der GmbH beim Abschluß eines entsprechenden Vertrags liegt nach dem Grundgedanken des § 46 Nr. 5 jedenfalls bei den Gesellschaftern, nicht bei den Geschäftsführern[184]. Soweit die Kompetenz der Gesellschafterversammlung in zulässiger Weise auf ein anderes Organ übertragen ist, bleibt eine Ersatzzuständigkeit oder Rückfallkompetenz der Gesellschafterversammlung für den Fall erhalten, daß sich das Organ als funktionsunfähig erweist[185]. Die vorstehenden Grundsätze sind auch auf die Anstellung von Geschäftsführern zu erstrecken[186]. **74**

cc) Zuständigkeitsverlagerung: Abberufung. Auch die Abberufungskompetenz der Gesellschafterversammlung (Rdn 47) kann auf ein anderes Gesellschaftsorgan übertragen werden. Die in Rdn 74 genannten Gestaltungsgrenzen sind auch hier zu beachten. Zuständigkeit für die Bestellung begründet im Zweifel auch Zuständigkeit für die Abberufung (näher Erl. zu § 38)[187]. Streitig ist allerdings, ob die Gesellschafterversammlung neben dem in der Satzung vorgesehenen Organ für die Abberufung aus wichtigem **75**

---

[178] RGZ 137, 305, 308 f; BGHZ 12, 337, 339 f = NJW 1954, 799; BGH WM 1973, 1295; Scholz/*K. Schmidt* 72; Baumbach/Hueck/*Zöllner* 22.

[179] *Schilling* Voraufl. § 45, 15; Scholz/*K. Schmidt* 72.

[180] Scholz/*K. Schmidt* 72 bei Fn 164.

[181] Wie hier Baumbach/Hueck/*Zöllner* 62.

[182] *Ulmer* Festschr. für Werner (1984), S. 911, 922 ff (zum Meinungsstand vgl. dort S. 919 f; ferner *Priester* ebda. S. 657, 665); ihm folgen Scholz/*K. Schmidt* 72; Fischer/*Lutter*/*Hommelhoff* 9; aM KG JW 1926, 598; Baumbach/*Hueck* § 6, 18 a mwN.

[183] Die von der Gesellschafterversammlung vertretene GmbH (dazu Fn 184) muß jedenfalls ein Kündigungsrecht haben.

[184] *Fleck* GmbH-Rdsch. 1970, 221, 225; *Ulmer* aaO (Fn 182) S. 929.

[185] BGHZ 12, 337, 340 = NJW 1954, 799; Scholz/*K. Schmidt* 72; Baumbach/Hueck/*Zöllner* 22; einschränkend Scholz/*K. Schmidt* 5; *Roth* § 45, 2.1.1; *Wessing*/*Max* Festschr. für Werner (1984), S. 975, 981, die S. 984 sogar einen Beschluß mit satzungsändernder Mehrheit fordern.

[186] BGHZ 12, 337, 339 f (zu Abberufung und Kündigung).

[187] Baumbach/Hueck/*Zöllner* § 38, 12; Fischer/*Lutter*/*Hommelhoff* § 38, 3.

Grund generell, also nicht nur bei dessen Funktionsunfähigkeit (dazu Rdn 74 mit Fn 185), zuständig bleibt; das wird überwiegend angenommen[188], dürfte aber zu verneinen sein[189]. Richtig ist allerdings, daß die Gesellschafterversammlung zur Abberufung aus wichtigem Grund dann zuständig bleibt, wenn man entgegen hier vertretener Ansicht (Rdn 74 mit Fn 182) ein Bestellungsrecht Dritter annimmt und der Geschäftsführer von einem Dritten bestellt wurde[190]. Wer abberufen kann, kann im allgemeinen auch kündigen[191].

76 **dd) Zuständigkeitsverlagerung: Entlastung.** Schließlich ist auch die Entlastungskompetenz (Rdn 54) der Gesellschafterversammlung nicht zwingend[192]. Die Satzung kann insbesondere vorsehen, daß ein fakultativer Aufsichtsrat oder ein Beirat die Entlastung vornehmen. Dagegen können sich die Geschäftsführer nicht selbst entlasten[193]. Nicht zu folgen ist der Ansicht, daß Präklusionswirkung nur eintritt, wenn die Entlastung von einem Organ ausgesprochen wird, bei dem die Wahrung der Gesellschafterinteressen gewährleistet ist[194]. Die gesellschaftschädliche Billigung kann aber im Einzelfall, etwa nach § 138 Abs. 1 BGB, unbeachtlich sein.

6. Prüfung und Überwachung der Geschäftsführung (Nr. 6)

Schrifttum

(vgl. auch die Angaben vor Rdn 1, 6, 39, 54, 81, 87). *Boesebeck* Das Weisungsrecht der Gesellschafter einer GmbH, GmbH-Rdsch. **1960** 118; *Ebenroth* Die Geschäftskontrolle durch den GmbH-Gesellschafter (1972); *Eisenhardt* Zum Weisungsrecht der Gesellschafter in der nicht mitbestimmten GmbH, Festschr. für Pfeiffer (1988), S. 839; *Sudhoff* Rechte und Pflichten des Geschäftsführers einer GmbH[12] (1987).

77 **a) Prüfungs- und Überwachungsmaßnahmen.** Nach § 46 Nr. 6 bestimmt die Gesellschafterversammlung über Maßnahmen zur Prüfung und Überwachung der Geschäftsführer. Das entspricht ihrer Stellung als oberstem Gesellschaftsorgan (§ 45, 15). Die Kontrollbefugnis des § 46 Nr. 6 ist umfassend. In Betracht kommen folgende Maßnahmen: Einführung eines Berichtssystems nach dem Vorbild des § 90 AktG; Einsichtnahme in Bücher und Schriften der Gesellschaft, Besichtigung aller Gegenstände des Gesellschaftsvermögens, besonders des Warenlagers, Prüfung von Buchführung (einschließlich Lagerbuchhaltung) sowie Kassenrevision (vgl. § 111 Abs. 2 AktG); Aufstellung eines Katalogs zustimmungsbedürftiger Geschäfte (vgl. § 111 Abs. 4 S. 2 AktG); Einsetzung von Sonderprüfern nach dem Vorbild der §§ 142 ff AktG; Anhörung von Geschäftsführern oder Betriebsangehörigen; Einholung von Auskünften bei Dritten. Die Grenze zwischen Prüfungs- und Überwachungsmaßnahmen einerseits sowie Weisungen in Angelegenheiten der Geschäftsführung andererseits ist fließend. Wesentliche Bedeutung kommt der Unterscheidung in diesem Zusammenhang jedoch nicht zu, weil die Gesellschafterversammlung auch insoweit weisungsbefugt ist[195]. Unverhältnismäßige Maßnahmen können den Geschäftsführer zur Amtsniederlegung und zur fristlosen Kündigung berechtigen[196]. Wenn er gleichwohl im Amt bleibt, muß er die jeweilige

---

[188] Scholz/*K. Schmidt* 72 (bei [vermeintlicher] Abberufungskompetenz der anderen Geschäftsführer); *Meyer-Landrut*/Miller/Niehus §§ 35 – 38, 107; *Roth* § 38, 2.2.1.

[189] Baumbach/Hueck/*Zöllner* 22 und § 38, 12; *U. H. Schneider* ZGR 1983, 535, 544.

[190] KG JW 1926, 598; *Schilling* Voraufl. 15.

[191] BGHZ 12, 337, 339 f = NJW 1954, 799.

[192] Scholz/*K. Schmidt* 88; Baumbach/Hueck/*Zöllner* 30 a. E.

[193] Baumbach/Hueck/*Zöllner* 30 a. E.

[194] So Scholz/*K. Schmidt* 88.

[195] Vgl. dazu *Boesebeck* GmbH-Rdsch. 1960, 118 ff; *Eisenhardt* Festschr. für Pfeiffer (1988), S. 839 ff.

[196] Baumbach/Hueck/*Zöllner* 31.

Maßnahme jedoch hinnehmen und bei ihrer Durchführung im Rahmen des Erforderlichen mitwirken.

b) **Beschlußverfahren und -wirkungen.** Für die Beschlußfassung gelten die §§ 47 ff. Die Gesellschafterversammlung beschließt also mit einfacher Mehrheit. Ein **Stimmverbot** gegen den Gesellschafter, dessen Amtsführung als Geschäftsführer Beschlußgegenstand ist, besteht, wenn sich der Beschluß unter § 47 Abs. 4 subsumieren läßt. In Betracht kommt insbesondere § 47 Abs. 4 S. 1, 1. Fall (dazu (§ 47, 144 bei Fn 364) und § 47 Abs. 4 S. 2, 2. Fall; insoweit geht es vor allem um die Geltendmachung von Ansprüchen (dazu § 47, 156 bei Fn 401). Das Stimmverbot besteht jedenfalls dann, wenn über eine **Sonderprüfung** beschlossen wird, aber auch bei anderen Maßnahmen, die darauf abzielen, anspruchsbegründende Tatsachen aufzudecken[197]. **78**

Der Beschluß begründet das **Recht der Gesellschaftergesamtheit,** Maßnahmen der in Rdn 77 genannten Art zu ergreifen. Einzelnen Gesellschaftern kommen die entsprechenden Befugnisse nicht zu[198]. Sie sind ohne den Versammlungsbeschluß auf das in §§ 51 a, 51 b geregelte Informationsrecht beschränkt. Der Aufbau eines umfassenden Informationssystems („kollektives" Informationsrecht) führt reflexartig zu Beschränkungen der Befugnis einzelner Gesellschafter (vgl. § 51 a, 8 f). Soweit zur Durchführung von Prüfungs- und Überwachungsmaßnahmen Rechtsgeschäfte mit Dritten erforderlich sind (Erteilung von Prüfungs-, Gutachten-, Beratungsaufträgen), liegt die **Vertretungsmacht** bei den Gesellschaftern, nicht bei den Geschäftsführern. Es wäre mit dem Zweck der Kompetenzzuweisung in § 46 Nr. 6 nämlich unvereinbar, wenn die Geschäftsführer auf die praktische Durchführung der ihrer Prüfung oder Überwachung dienenden Maßnahme wesentlichen Einfluß nehmen dürften. **79**

c) **Regelungen der Satzung.** § 46 Nr. 6 ist nicht zwingend. Die Satzung kann die Prüfung und Überwachung der Geschäftsführer also einem anderen Gesellschaftsorgan übertragen, z. B. einem Gesellschafterausschuß, einem fakultativen Aufsichtsrat oder einem Beirat[199]. Die Satzung kann auch umgekehrt der Überwachung der Geschäftsführer Grenzen ziehen. Sie kann die Kontrolle aber nicht in dem Sinne abschaffen, daß die Geschäftsführer ohne Aufsicht schalten und walten dürften[200]. Das wäre mit der Stellung der Gesellschafterversammlung als oberstem Organ der GmbH (§ 45, 15) unvereinbar. Zu Recht wird deshalb angenommen, daß wenigstens auf die Bestellung von Sonderprüfern auch in der Satzung nicht verzichtet werden kann[201]. Wenn die Satzung Weisungsfreiheit der Geschäftsführer vorsieht, folgt daraus noch nicht, daß der Gesellschafterversammlung die Prüfungs- und Überwachungskompetenz des § 46 Nr. 6 genommen wäre. Auch die Bestellung eines Aufsichtsrats oder Beirats oder eines ähnlichen Gremiums beseitigt die Zuständigkeit der Gesellschafterversammlung noch nicht[202]. Erforderlich ist also eine ausdrückliche Zuständigkeitsverlagerung. Auch eine derartige Regelung ist im Zweifel dahin auszulegen, daß die Gesellschafterversammlung die Prüfung und Überwachung in Ausnahmefällen doch an sich ziehen darf; jedenfalls steht ihr die Rückfallkompetenz bei Funktionsunfähigkeit des Überwachungsgremiums zu (vgl. schon Rdn 74 bei Fn 185). **80**

---

197 HM, vgl. Scholz/*K. Schmidt* 118; Baumbach/Hueck/*Zöllner* 31.

198 KG Recht 1911 Nr. 1643; Scholz/*K. Schmidt* 111; Fischer/*Lutter*/*Hommelhoff* 14.

199 BSG GmbH-Rdsch. 1974, 39 = NJW 1974, 207; Scholz/*K. Schmidt* 112; Baumbach/Hueck/*Zöllner* 32.

200 Scholz/*K. Schmidt* 112; Baumbach/Hueck/*Zöllner* 32; Fischer/*Lutter*/*Hommelhoff* 15.

201 Baumbach/Hueck/*Zöllner* 32.

202 Baumbach/Hueck/*Zöllner* 32; Fischer/*Lutter*/*Hommelhoff* 14.

7. Prokuristen und Handlungsbevollmächtigte (Nr. 7)

Schrifttum

(vgl. auch die Angaben vor Rdn 1, 6, 39, 54, 77, 87). *Hesselmann* Die Prokura bei der GmbH, GmbH-Rdsch. 1960 157; *Hofmann* Der Prokurist[6] (1987).

81 a) **Prokura. aa) Bestellung von Prokuristen.** Nach § 46 Nr. 7, 1. Fall bestimmen die Gesellschafter über die Bestellung von Prokuristen. Die Vorschrift begründet lediglich eine **Kompetenz für das Innenverhältnis.** Das heißt: Die Erteilung der Prokura (§ 48 HGB) obliegt den Geschäftsführern als den organschaftlichen Vertretern der GmbH (§ 35). Sie dürfen Prokura zwar nicht erteilen, wenn sie dafür nicht die Deckung eines Gesellschafterbeschlusses haben. Sie können es aber. Die Prokura ist also auch dann wirksam erteilt, wenn ein Beschluß der Gesellschafterversammlung nicht vorliegt oder wenn der vorliegende Beschluß ungültig ist[203]. Selbst evidenter Mißbrauch der organschaftlichen Vertretungsmacht führt insoweit zu keiner anderen Beurteilung; denn der Rechtsverkehr muß sich auf den Bestand der Prokura verlassen können, darf also nicht auf § 15 Abs. 3 HGB oder auf außergesetzlichen Vertrauensschutz verwiesen werden[204]. Richtig ist nur, daß sich der Prokurist in den Mißbrauchsfällen nicht in seiner Beziehung zur GmbH auf die Erteilung der Prokura berufen darf (§ 242 BGB). Umgekehrt liegt selbst in der Mitteilung des Gesellschafterbeschlusses keine Prokuraerteilung. Die entsprechende (ausdrückliche, vgl. § 48 Abs. 1 HGB) Erklärung der Geschäftsführer ist demnach unverzichtbar[205].

82 **Einzelfragen.** § 46 Nr. 7 gilt für *jede Art von Prokura*, also gleichgültig, ob Einzelprokura oder Gesamtprokura (einschließlich halbseitiger oder gemischter Gesamtprokura) erteilt werden soll[206]. Das Beschlußerfordernis besteht auch dann, wenn es sich um eine Filialprokura (§ 50 Abs. 3 HGB) handelt. Die Gesetzesworte „zum gesamten Geschäftsbetrieb" beziehen sich nur auf die Handlungsvollmacht (vgl. noch Rdn 85), nicht auf die Prokura. Dem Geschäftsführer kann nach **hM** keine Prokura erteilt werden[207]. Nur für die Erteilung der Prokura ist die Beschlußfassung vorgeschrieben, nicht auch für den Dienstvertrag des Prokuristen[208]. Es gibt also keine Annexkompetenz, wie sie für das Anstellungsverhältnis der Geschäftsführer anerkannt ist (vgl. Rdn 49 ff). *Registerverkehr.* Die Erteilung der Prokura ist gem. § 53 Abs. 1 HGB zur Eintragung anzumelden. Für die GmbH werden dabei ihre Geschäftsführer in vertretungsberechtigter Zahl tätig (§ 78). Anmeldung durch (andere) Prokuristen genügt nicht, wohl aber Anmeldung durch Geschäftsführer und Prokuristen in unechter Gesamtvertretung[209]. Der Registerrichter hat zu prüfen, ob die Prokura wirksam erteilt ist. Er hat dagegen nicht zu prüfen, ob die Erteilung durch einen Beschluß der Gesellschafterversammlung gedeckt wird[210]; denn dieser Beschluß bildet, wie dargelegt (Rdn 81), keine Gültigkeitsvoraussetzung. Weil es davon auch in Mißbrauchsfällen keine Ausnahme gibt (vgl. aaO), erwächst dem Registerrichter auch insoweit keine Prüfungskompetenz[211].

---

203 RGZ 75, 164, 175 ff; RGZ 86, 262, 265; RG JW 1923, 121; RG HRR 1929 Nr. 1750; BGHZ 62, 166, 168 f; KGJ 40, 70; KG RJA 17, 93; KG OLGR 44, 232; OLG Düsseldorf SJZ 1949, 779 m. Anm. *Scholz;* Scholz/*K. Schmidt* 127; Baumbach/Hueck/*Zöllner* 33; Fischer/*Lutter*/*Hommelhoff* 16.

204 So aber Scholz/*K. Schmidt* 127.

205 RG WarnRspr. 1932, 318; Scholz/*K. Schmidt* 126.

206 Scholz/*K. Schmidt* 121.

207 Baumbach/Hueck/*Zöllner* 33; Baumbach/Duden/*Hopt* § 48 HGB, 1 B; **aM** Scholz/*K. Schmidt* 120.

208 Scholz/*K. Schmidt* 123; Baumbach/Hueck/*Zöllner* 35.

209 RGZ 134, 303, 307; KG JW 1937, 890 m. krit. Anm. *Groschuff; Hüffer*-GroßkommHGB § 12, 5 und 14; *Gustavus* GmbH-Rdsch. 1978, 219, 223.

210 RGZ 134, 303, 307; BGHZ 62, 166, 169 = NJW 1974, 1194; Baumbach/Hueck/*Zöllner* 36.

211 **AM** aufgrund abweichenden Ausgangspunkts Scholz/*K. Schmidt* 132.

Beschlußverfahren und -wirkungen. Die Gesellschafterversammlung beschließt im Verfahren der §§ 47 ff. Die einfache Stimmenmehrheit genügt. Soll ein Gesellschafter zum Prokuristen bestellt werden, so unterliegt er dem Stimmverbot des § 47 Abs. 4 S. 2, 1. Fall[212]. Einen Ausnahmefall durch Reduktion des Verbotstatbestands zu schaffen, ist nicht angezeigt (vgl. § 47, 170). Der Beschluß verschafft den Geschäftsführern die Befugnis zur Erteilung der Prokura (vgl. schon Rdn 81). Nach Mitteilung des Beschlusses an die Geschäftsführer besteht diese Befugnis fort, bis der Beschluß aufgehoben und auch diese Aufhebung mitgeteilt ist. **83**

bb) **Widerruf der Prokura.** Für den Widerruf der Prokura gilt § 46 Nr. 7 nach **allgM** nicht[213]. Die Geschäftsführer dürfen also den Widerruf erklären, ohne einen Beschluß der Gesellschafterversammlung darüber herbeizuführen. Das entspricht dem Grundgedanken des § 52 Abs. 1 HGB, nach dem die Prokura „jederzeit" widerrufen werden kann. Im allgemeinen werden die Geschäftsführer zwar versuchen, das Einverständnis der Gesellschafter mit ihrer Maßnahme herbeizuführen. Die damit verbundene Verzögerung brauchen sie aber nicht in Kauf zu nehmen, wenn im Gesellschaftsinteresse alsbaldiges Handeln geboten erscheint. Wie die Erteilung, so ist auch das Erlöschen der Prokura zum *Handelsregister* anzumelden (§ 53 Abs. 3 HGB). Zur Vertretung der GmbH vgl. Rdn 82 bei Fn 209. Weil ein Beschluß der Gesellschafterversammlung selbst für das Innenverhältnis nicht erforderlich ist, besteht insoweit nach wohl jeder Ansicht keine Prüfungskompetenz (vgl. Rdn 82 bei Fn 211). **84**

b) **Handlungsvollmacht für den gesamten Geschäftsbetrieb.** Gemäß § 46 Nr. 7, 2. Fall ist die Gesellschafterversammlung auch dann zuständig, wenn es um eine Handlungsvollmacht für den gesamten Geschäftsbetrieb geht. Gemeint ist die *Generalhandlungsvollmacht* nach § 54 Abs. 1, 1. Fall HGB[214]. Die unterschiedliche Ausdrucksweise in § 46 Nr. 7 einerseits, § 54 Abs. 1 HGB andererseits erklärt sich daraus, daß die GmbH kein Handelsgewerbe zu betreiben braucht (§ 1, 12 ff; § 13, 27 f). Die anderen in § 54 aufgeführten Handlungsvollmachten dürfen die Geschäftsführer ohne Beschluß der Gesellschafterversammlung erteilen. Wie bei der Prokura (Rdn 81), so hat der Beschluß auch bei der Generalhandlungsvollmacht nur für das *Innenverhältnis* Bedeutung; die Vollmachtserteilung ist also auch ohne Beschluß wirksam[215]. Fragen des Registerverkehrs ergeben sich insoweit nicht, weil die Handlungsvollmacht nicht anzumelden ist. Auf den Widerruf der Vollmacht ist das Erfordernis eines Gesellschafterbeschlusses ebenso wenig zu erstrecken wie bei der Prokura (vgl. Rdn 84). **85**

c) **Regelungen der Satzung.** Auch § 46 Nr. 7 ist dispositiv. Die Satzung kann die Zuständigkeit also auch einem anderen Organ (Aufsichtsrat, Beirat) geben. Sie kann auch vorsehen, daß die Geschäftsführer Prokura und Handlungsvollmacht ohne die Zustimmung der Gesellschafter erteilen dürfen. Das Zustimmungserfordernis kann aber auch ausgedehnt, etwa auf den Widerruf erstreckt werden. Die Zuständigkeit für die Vertretung der GmbH verbleibt nach § 35 bei den Geschäftsführern. Prokura oder Handlungsvollmacht können also nicht von den Gesellschaftern erteilt werden[216]. **86**

---

[212] Streitig, wie hier Baumbach/Hueck/*Zöllner* 33; aM Scholz/*K. Schmidt* 128; *Hesselmann* GmbH-Rdsch. 1960, 157.

[213] Scholz/*K. Schmidt* 133; Baumbach/Hueck/*Zöllner* 34; Fischer/*Lutter*/*Hommelhoff* 17; *Hesselmann* GmbH-Rdsch. 1960, 157, 159.

[214] Scholz/*K. Schmidt* 122; Baumbach/Hueck/*Zöllner* 37.

[215] RGZ 75, 164, 165 ff; Scholz/*K. Schmidt* 126.

[216] Scholz/*K. Schmidt* 134.

8. Ersatzansprüche; Prozeßvertretung (Nr. 8)

Schrifttum

(vgl. auch die Angaben vor Rdn 1, 6, 39, 54, 77, 81). *Berger* Die actio pro socio im GmbH-Recht, ZHR **149** (1985) 599; *Eickhoff* Die Gesellschafterklage im GmbH-Recht (1988); *Fastrich* Zur Zuständigkeit der Geschäftsführer der GmbH bei der Beantragung von Maßnahmen des einstweiligen Rechtsschutzes zur Sicherung von Ersatzansprüchen gegen Geschäftsführer und Gesellschafter, DB **1981** 925; *v. Gerkan* Die Gesellschafterklage, ZGR **1988** 441; *Zöllner* Die sogenannten Gesellschafterklagen im Kapitalgesellschaftsrecht, ZGR **1988** 392.

87 a) **Geltendmachung von Ersatzansprüchen.** aa) **Allgemeines.** Nach § 46 Nr. 8, 1. Fall bestimmen die Gesellschafter über die Geltendmachung von Ersatzansprüchen, die der GmbH aus der Gründung oder der Geschäftsführung gegen Geschäftsführer (und andere Organmitglieder, vgl. noch Rdn 90) oder gegen Gesellschafter zustehen. Die Vorschrift beruht auf der Erwägung, daß die Verfolgung solcher Ansprüche zur Offenlegung von Gesellschaftsinterna führen kann; sie bezweckt, die erforderliche Abwägung zwischen den Vor- und Nachteilen der Anspruchsverfolgung der Gesellschafterversammlung als oberstem Organ der GmbH zu überlassen, begründet deshalb deren primäre Entscheidungszuständigkeit und schränkt entsprechend die Kompetenz der Geschäftsführer ein[217]. Dem Normzweck entspricht es, daß den Geschäftsführern auch die außergerichtliche Anspruchsverfolgung verwehrt ist; das Beschlußerfordernis hat deshalb materiell-rechtliche Außenwirkung (näher Rdn 97 f). Zwingender Charakter kommt der Kompetenzzuweisung jedoch nicht zu (Rdn 114).

88 bb) **Ersatzansprüche als Regelungsgegenstand: Grundsatz.** In welchem Umfang die primäre Zuständigkeit der Gesellschafterversammlung besteht, richtet sich nach den in § 46 Nr. 8 formulierten subjektiven und objektiven Erfordernissen. Die Vorschrift verlangt: (1.) daß die Ansprüche der GmbH zustehen; (2.) daß sie gegen Geschäftsführer oder Gesellschafter gerichtet sind; (3.) daß es sich um Ersatzansprüche handelt; (4.) daß sie aus der Gründung oder der Geschäftsführung entstanden sind.

89 cc) **Ersatzansprüche: Subjektive Erfordernisse. Gläubigerseite.** Das Beschlußerfordernis besteht grundsätzlich für alle *Ersatzansprüche der GmbH,* und zwar auch dann, wenn sie im Wege der actio pro socio von einem Gesellschafter geltend gemacht werden (dazu noch Rdn 109 ff; aus dem Beschlußerfordernis folgt nicht auch die Notwendigkeit einer Anfechtungsklage, vgl. Rdn 111 f). Es besteht ausnahmsweise nicht, wenn die Entscheidungsfreiheit der Gesellschafter zu dem vorrangigen Ziel des Gläubigerschutzes in Widerspruch treten würde, nämlich, wenn die Ansprüche nach Pfändung und Überweisung von einem Gesellschaftsgläubiger[218] oder im Konkurs der GmbH vom Konkursverwalter[219] geltend gemacht werden. *Ersatzansprüche der Gesellschafter* fallen nicht unter § 46 Nr. 8[220]. Inwieweit dieser Feststellung praktische Bedeutung zukommt, hängt weitgehend von der Vorfrage ab, ob Ansprüche aus der Doppelschädigung von Gesellschaft und Gesellschafter nur der GmbH oder auch dem Gesellschafter zustehen. Insbesondere die ITT-Entscheidung des BGH hält Ansprüche

[217] BGHZ 28, 355, 357 = NJW 1959, 194; BGH NJW 1975, 977, 978; Scholz/*K. Schmidt* 139 und 141; *Lindacher* ZGR 1987, 121, 122; *Martens* GmbH-Rdsch. 1984, 265, 271; *M. Winter* Mitgliedschaftliche Treubindungen (1988), S. 315 f; in der Tendenz ähnlich, aber zu eng OLG Nürnberg GmbH-Rdsch. 1959, 10, 12 li. Sp.

[218] RG JW 1930, 2685; Scholz/*K. Schmidt* 152; Baumbach/Hueck/*Zöllner* 41; Rowedder/*Koppensteiner*[2] 35.

[219] RG JW 1896, 697; RGZ 76, 244, 248 (beide AG); BGH NJW 1960, 1667 (Genossenschaft) = GmbH-Rdsch. 1960, 185; Scholz/*K. Schmidt* 152; Baumbach/Hueck/*Zöllner* 41; Rowedder/*Koppensteiner*[2] 35; *F. Weber* KTS 1970, 73, 78.

[220] BGH NJW 1969, 1712 = LM § 823 BGB Nr. 49 für einen Anspruch, der aus § 823 Abs. 2 BGB iVm dem (damaligen) § 81 a begründet sein sollte.

des Gesellschafters aus schuldhafter Verletzung der Treupflicht für möglich[221]. Vorzugswürdig ist, ohne daß die Frage hier vertieft werden könnte, die Gegenansicht, nach der es sich auch insoweit um Ansprüche der GmbH handelt[222].

Schuldnerseite. Die Ansprüche der GmbH müssen sich gegen *Geschäftsführer oder Gesellschafter* richten. Das sind zunächst diejenigen Personen, die zur Zeit der Geltendmachung des Anspruchs die eine oder die andere Eigenschaft aufweisen. Der Kreis der passiv Beteiligten ist jedoch weiter zu ziehen. Dem Normzweck (Rdn 87) entspricht es, daß § 46 Nr. 8 auch Anwendung findet auf *ehemalige Geschäftsführer*[223] und *ehemalige Gesellschafter*[224]; denn in diesen Fällen können Gesellschaftsinterna ebenso an die Öffentlichkeit getragen werden, ohne daß dafür überwiegende Vorteile der Gesellschaft sprächen, wie bei der Rechtsverfolgung gegen amtierende Geschäftsführer oder gegenwärtige Gesellschafter. Aus demselben Grund besteht das Beschlußerfordernis, wenn es um Ansprüche gegen *Liquidatoren* geht (vgl. auch § 71 Abs. 4)[225], ferner, wenn Ansprüche gegen *Aufsichtsratsmitglieder* verfolgt werden sollen[226], und wohl auch, wenn die Haftung des *Abschlußprüfers* durchgesetzt werden soll (§ 323 HGB)[227]. § 46 Nr. 8 ist schließlich auch dann zu beachten, wenn sich die Rechtsverfolgung nicht gegen den ursprünglichen Schuldner, sondern gegen seine *Erben* richtet[228]. 90

dd) Ersatzansprüche: Objektive Erfordernisse. Seinem Wortlaut nach setzt § 46 Nr. 8 Ersatzansprüche voraus. Das ist jedoch mit Rücksicht auf den Normzweck (Rdn 87) zu eng (vgl. auch Rdn 82 zur ähnlich liegenden Frage bei der Präklusionswirkung der Entlastung). Erforderlich, aber auch genügend sind *Ausgleichsansprüche, Hilfsansprüche* auf Auskunft und Rechenschaft und auch *Unterlassungsansprüche,* soweit sie der Abwehr von Nachteilen dienen, die im Falle ihres Eintritts Ausgleichsansprüche begründen würden. Diese erweiternde Auslegung ist im Grundsatz anerkannt[229]. Insbesondere sind zu nennen: Schadensersatzansprüche nach § 9a oder nach § 43 oder nach § 64 Abs. 2; Schadensersatzansprüche aus Anstellungsvertrag, aus Verletzung der Treubindungen zur GmbH, z. B. aus treuwidriger Stimmabgabe; Schadensersatzansprüche aus unerlaubter Handlung (§§ 823 Abs. 1 und 2, 826 BGB); Ansprüche aus angemaßter Eigengeschäftsführung einschließlich der Herausgabeansprüche (§§ 667, 681 S. 2, 687 Abs. 2 BGB)[230]; das Eintrittsrecht der GmbH bei Wettbewerbsverstößen aus analoger Anwendung des § 113 HGB[231]; Rückforderungsansprüche gem. § 812 Abs. 1 S. 1, 2. Fall BGB wegen ungerechtfertigter Entnahme und vergleichbarer schädigender Handlungen[232]; Auskunft und Abrechnung über die Gewinne aus unzulässiger Konkurrenztätigkeit[233]; Ansprüche auf Unterlassung von schädigenden Handlun- 91

---

[221] BGHZ 65, 15, 18f = NJW 1976, 191; vgl. auch das Urteil in Fn 220.

[222] Überzeugend *M. Winter* Mitgliedschaftliche Treubindungen (1988), S. 86ff; andere Konzeption aber bei *Raiser* § 14, 54.

[223] BGHZ 28, 355, 357 = NJW 1959, 194; BGH NJW 1960, 1667 = GmbH-Rdsch. 1960, 185; BGH NJW 1975, 977; BGH WM 1983, 498; Scholz/*K. Schmidt* 146; Baumbach/Hueck/*Zöllner* 38; Fischer/*Lutter*/*Hommelhoff* 18; Rowedder/*Koppensteiner*² 35; **aM** noch OLG München HRR 1940 Nr. 1357; OLG Nürnberg GmbH-Rdsch. 1959, 10, 11.

[224] **HM**, vgl. z. B. Scholz/*K. Schmidt* 146; Baumbach/Hueck/*Zöllner* 38.

[225] BGH NJW 1969, 1712 = LM § 823 BGB Nr. 49; Scholz/*K. Schmidt* 146.

[226] Heute **hM**, vgl. Scholz/*K. Schmidt* 146; Baumbach/Hueck/*Zöllner* 38; jetzt auch Rowedder/*Koppensteiner*² 35.

[227] Fischer/*Lutter*/*Hommelhoff* 18.

[228] BGH NJW 1960, 1667 = GmbH-Rdsch. 1960, 185 m. Anm. *Pleyer;* Baumbach/Hueck/*Zöllner* 38; Rowedder/*Koppensteiner*² 35.

[229] Scholz/*K. Schmidt* 147; Baumbach/Hueck/*Zöllner* 38; Fischer/*Lutter*/*Hommelhoff* 18; Rowedder/*Koppensteiner*² 36; Nachw. zur Rspr. in den folgenden Fußnoten.

[230] BGH NJW 1975, 977f; BGHZ 97, 382, 385 = NJW 1986, 2250.

[231] BGHZ 80, 69, 75f = NJW 1981, 1514; BGHZ 97, 382, 385 (Fn 230).

[232] BGHZ 97, 382, 386 (Fn 230).

[233] BGH NJW 1975, 977f bei Stufenklage; aber verallgemeinerungsfähig.

gen bei Gründung oder Geschäftsführung, z. B. auf Unterlassung von Vermögensverschiebungen oder von Wettbewerb[234].

92 Nicht unter § 46 Nr. 8 fallen dagegen die Ansprüche, die der *Sicherung der Kapitalgrundlage* der Gesellschaft dienen, gleichgültig, ob es sich um die Aufbringung oder um die Erhaltung des Stammkapitals in der selbständigen GmbH oder um den Verlustausgleich als Äquivalent konzernspezifischer Vermögensgefährdungen geht[235]. Auch insoweit könnte die Vorschrift zwar nach ihrem Zweck (Rdn 87) eingreifen. Der Vorrang des Gläubigerinteresses an einer gesicherten Kapitalbasis der GmbH schließt es aber aus, den Gesellschaftern insoweit einen Entscheidungsspielraum einzuräumen. Die Geschäftsführer sind also gehalten, solche Ansprüche geltend zu machen, ohne daß es auf einen Beschluß der Gesellschafterversammlung ankäme. Hierher gehören vor allem: die Ansprüche auf Erfüllung der Einlagepflicht[236]; Zahlungsansprüche aus verschleierter Sachgründung (dazu § 5, 143 ff); Ansprüche aus der Differenzhaftung des § 9 (vgl. dort Rdn 4 ff)[237]; Gewährleistungsansprüche bei mangelhafter Sacheinlage, soweit sie nicht weiterreichen als die Ansprüche aus § 9[238]; Ansprüche aus Unterbilanzhaftung (vgl. § 11, 81 ff); Ansprüche auf Verlustübernahme analog § 302 AktG im GmbH-Vertragskonzern und im qualifizierten faktischen Konzern[239].

93 Die Ansprüche müssen sich **aus der Gründung oder aus der Geschäftsführung** ergeben. Das eine oder das andere wird bei den in Rdn 91 genannten Ansprüchen im allgemeinen problemlos zu bejahen sein. Ergänzend ist auf folgende Punkte hinzuweisen: Aus der Geschäftsführung ergeben sich Ansprüche auch dann, wenn der Geschäftsführer durch das pflichtwidrige Handeln zwar seine Zuständigkeiten überschreitet, dabei aber die Gelegenheiten ausnutzt, die ihm aus seiner Tätigkeit erwachsen; bei fahrlässigen Pflichtverletzungen ist ein innerer Zusammenhang mit den Organpflichten erforderlich und auch genügend. Gesellschafter können in dieser Eigenschaft ebenfalls aus geschäftsführender Tätigkeit haftpflichtig sein. So jedenfalls dann, wenn in Geschäftsführungsangelegenheiten Weisungsbeschlüsse gefaßt werden und der Beschluß durch treuwidrige Stimmabgabe zustande kommt (gesellschaftsschädliche Weisung)[240]. Ebenso zu behandeln sind aber wohl auch die Fälle, in denen die Gesellschafterversammlung in eigener primärer Zuständigkeit Angelegenheiten der GmbH wahrnimmt, wenn dabei ein Gesellschafter durch treuwidrige Stimmabgabe der Gesellschaft Schaden zufügt. Schließlich ist die Haftung der Anmelder einer Kapitalerhöhung nach § 57 Abs. 4 wie die Gründerhaftung dem Beschlußerfordernis des § 46 Nr. 8 unterstellt, weil § 57 Abs. 4 auf § 9 a verweist und der Normzweck (Rdn 87) es gebietet, die sachlich gleichliegende Haftung bei Gründung und bei Kapitalerhöhung auch gleich zu behandeln.

94 ee) **Geltendmachung.** Die Gesellschafter bestimmen nach § 46 Nr. 8 über die „Geltendmachung" von Ansprüchen der in Rdn 88 ff bezeichneten Art. Damit ist jede Form der Anspruchsverfolgung bezeichnet, gleichgültig, ob es um gerichtliche oder außergerichtliche Maßnahmen geht[241]. Ein Beschluß ist also zunächst stets erforderlich, wenn Klage erhoben werden soll; die Klageart (Leistungs-, Feststellungs-, Unterlassungsklage; vgl. zur letzteren Rdn 91 a. E.) spielt dabei keine Rolle[242]. Der Wortlaut

234 Schrifttum wie in Fn 229.
235 Scholz/*K. Schmidt* 148.
236 Scholz/*K. Schmidt* 148; möglicherweise **aM** Baumbach/Hueck/*Zöllner* 38.
237 Scholz/*K. Schmidt* 148; **aM** Rowedder/*Koppensteiner*² 36; *Meyer-Landrut*/Miller/Niehus 43.
238 Anders die **hM**, vgl. Baumbach/Hueck/*Zöllner* 38; Rowedder/*Koppensteiner*² 36.
239 Scholz/*K. Schmidt* 148.
240 Baumbach/Hueck/*Zöllner* 38.
241 Baumbach/Hueck/*Zöllner* 39.
242 Scholz/*K. Schmidt* 144; Rowedder/*Koppensteiner*² 36.

des § 46 Nr. 8 deckt auch Arrest und einstweilige Verfügung ab; insoweit ist die Norm jedoch einschränkend auszulegen, weil sich das Beschlußerfordernis nicht mit der Dringlichkeit der genannten Maßnahmen verträgt[243]. Ein Beschluß muß ferner vorliegen, wenn der Anspruch außergerichtlich verfolgt werden soll. Er ist also schon Voraussetzung des wirksamen Leistungsverlangens, der Mahnung oder der Fristsetzung[244]. Zur Bestellung von Prozeßvertretern vgl. unten Rdn 100 ff.

Verzicht, Vergleich, Stundung und ähnliche Maßnahmen unterstehen dem Beschlußerfordernis in erweiternder Auslegung des § 46 Nr. 8. Wenn die Geltendmachung einen Gesellschafterbeschluß voraussetzt, muß das auch für Maßnahmen der genannten Art gelten[245]. Die aktienrechtlichen Beschränkungen für Verzicht und Vergleich (§§ 50, 93 Abs. 4 S. 3 und 4 AktG) sind nicht auf die GmbH zu erstrecken. Zu beachten sind jedoch §§ 9 b, 43 Abs. 3, 64 Abs. 2. Ein Verstoß gegen diese Vorschriften macht den Beschluß nichtig in analoger Anwendung des § 241 Nr. 3, 2. Fall AktG. **95**

ff) **Beschlußverfahren.** Maßgeblich sind die §§ 47 ff. Der Inhalt des Beschlusses muß erkennen lassen, daß es darum geht, einen Anspruch geltend zu machen, ferner, um welchen Anspruch es sich dabei handelt[246]. Die bloße Abberufung des Geschäftsführers und/oder Bestellung eines Prozeßvertreters genügen dem Erfordernis nicht (BGH aaO Fn 246). Erforderlich und genügend für den Beschluß ist die einfache Stimmenmehrheit. Derjenige Gesellschafter, um dessen Ersatzpflicht es bei der Beschlußfassung geht, aber auch schon derjenige, der an der Handlung teilgenommen hat, aus der sich der Anspruch ergeben soll, sind in erweiternder Auslegung des § 47 Abs. 4 S. 2, 2. Fall von der Ausübung des Stimmrechts ausgeschlossen (vgl. § 47, 144 und 156)[247]. **96**

gg) **Materiell-rechtliche Bedeutung des Beschlußerfordernisses.** Welche Rechtsfolgen eintreten, wenn ein Anspruch geltend gemacht wird, obwohl der in § 46 Nr. 8 vorgeschriebene Beschluß nicht gefaßt wurde, ist streitig. **Meinungsstand.** Nach insbesondere von der Rechtsprechung getragener **hM** setzt die Anspruchsverfolgung auch im Außenverhältnis voraus, daß sie durch einen Beschluß der Gesellschafterversammlung gedeckt ist[248]. Der Beschluß wird als materiell-rechtliche Voraussetzung zwar nicht des Anspruchs, aber seiner Verfolgung aufgefaßt. Eine nicht durch entsprechenden Beschluß der Gesellschafterversammlung gedeckte Klage der GmbH ist danach als unbegründet (solange der Beschluß nachgeholt werden kann, richtigerweise: als zur Zeit unbegründet), nicht wegen Fehlens einer Sachurteilsvoraussetzung als unzulässig abzuweisen[249]. Das neuere Schrifttum zieht diese Lösung in Zweifel und will dem Beschlußerfordernis nur die Bedeutung einer innergesellschaftlichen Schranke zuerkennen[250]. Danach könnten die Ansprüche auch ohne Beschluß durch die Geschäftsführer als Vertreter der GmbH ausgeklagt werden, es sei denn, daß sich unter Mißbrauchsgesichtspunkten etwas anderes ergibt. **97**

---

[243] Scholz/*K. Schmidt* 154; Rowedder/*Koppensteiner*[2] 36; *Meyer-Landrut*/Miller/Niehus 47; *Fastrich* DB 1981, 925 f.

[244] Baumbach/Hueck/*Zöllner* 39.

[245] Ausführlicher noch *Schilling* Voraufl. 34 f; vgl. ferner Baumbach/Hueck/*Zöllner* 39; Rowedder/*Koppensteiner*[2] 36.

[246] BGH NJW 1975, 977; OLG Nürnberg GmbH-Rdsch. 1961, 30 m. Anm. *Pleyer;* Scholz/*K. Schmidt* 155; Rowedder/*Koppensteiner*[2] 37.

[247] BGHZ 97, 28, 32 ff = NJW 1986, 2051; weit. Nachw. in Fn 401 zu § 47.

[248] BGHZ 28, 355, 358 = NJW 1959, 194; BGH GmbH-Rdsch. 1965, 4, 6 m. Anm. *Winter;* BGH NJW 1975, 977 f für Hilfsansprüche; BGH GmbH-Rdsch. 1989, 151, 152 li. Sp.; OLG München HRR 1940 Nr. 1357; Scholz/*K. Schmidt* 142; Fischer/*Lutter/Hommelhoff* 19; Rowedder/*Koppensteiner*[2] 34.

[249] BGHZ 28, 355, 359 (Fn 248); BGHZ 97, 382, 390 = NJW 1986, 2250 („sachliche Klagevoraussetzung"); Scholz/*K. Schmidt* 159; Fischer/*Lutter/Hommelhoff* 19; Rowedder/*Koppensteiner*[2] 34; **aM** noch OLG München HRR 1940 Nr. 1357.

[250] Baumbach/Hueck/*Zöllner* 40; *Fastrich* DB 1981, 925, 927; vgl. auch *M. Winter* Mitgliedschaftliche Treubindungen (1988), S. 315.

98 **Stellungnahme.** Vorrangig ist die Frage nach Außen- oder bloßer Innenwirkung des Beschlußerfordernisses. Nur wenn sie zugunsten der Außenwirkung entschieden wird, stellt sich zusätzlich die Frage nach den prozeßrechtlichen Konsequenzen aus dem Fehlen eines Gesellschafterbeschlusses. Mit Rücksicht auf den Normzweck (Rdn 87) ist dem Beschlußerfordernis *Außenwirkung* beizulegen. Weil die Gesellschafter darüber entscheiden sollen, ob Ansprüche gegen einen von ihnen oder gegen den Geschäftsführer trotz der damit verbundenen Mißlichkeiten geltend gemacht werden, muß den Geschäftsführern die entsprechende Kompetenz schlechthin fehlen. Die bloße Abwehr von Mißbräuchen genügt dem Regelungszweck nicht. Eine andere Beurteilung könnte nur dann gerechtfertigt sein, wenn durch die Außenwirkung Belange des Rechtsverkehrs, der Gesellschaftsgläubiger oder der Gesellschaft selbst gefährdet wären und dieser Gefährdung nicht angemessen Rechnung getragen werden könnte. Belange des Rechtsverkehrs stehen jedoch bei § 46 Nr. 8, anders als bei § 46 Nr. 4 und 7 (dazu Rdn 36, 81), nicht in Rede[251]. Den Interessen der Gläubiger und der Gesellschaft selbst ist durch Ausnahmen vom Prinzip (vgl. Rdn 89 zum Gläubigerschutz, Rdn 94 zum einstweiligen Rechtsschutz und auch Rdn 111 f zur actio pro socio), nicht durch dessen Aufgabe Rechnung zu tragen[252]. Die danach relevante Frage, ob eine nicht durch Beschluß der Gesellschafterversammlung gedeckte Klage *als unbegründet oder als unzulässig* abzuweisen ist, erscheint schon eher zweifelhaft. Mit der Begründung allein, daß sich das Beschlußerfordernis aus dem materiellen Recht ergibt (so BGH aaO [Fn 248]), läßt sich die Abweisung als unbegründet noch nicht rechtfertigen[253]. Entscheidend und in der Sache wohl gemeint ist aber, daß nicht nur die Klage, sondern auch die außergerichtliche Anspruchsverfolgung (dazu Rdn 94 f) durch einen Beschluß gedeckt sein muß. So kann etwa die Mahnung ohne Beschluß nicht den Verzugseintritt herbeiführen. Solche materiellen Rechtsfolgen blieben unverständlich, wenn man dem Beschluß nur die Bedeutung einer Sachurteilsvoraussetzung bemeissen wollte. Im Ergebnis ist also der **hM** auch insoweit zu folgen.

99 **hh) Ablehnung des Beschlußantrags und Verzichtsbeschluß.** Findet der Antrag, gem. § 46 Nr. 8 die Verfolgung von Ansprüchen zu beschließen, nicht die erforderliche Mehrheit, so bindet das die Geschäftsführer. Wenn sie Ansprüche gleichwohl geltend machen, handeln sie pflichtwidrig. Ihre Maßnahmen sind materiell-rechtlich unwirksam, die von ihnen erhobene Klage ist unbegründet (Rdn 97 f). Der Antrag des Gesellschafters ist verbraucht (§ 47, 35). Insbesondere für die actio pro socio (vgl. Rdn 109 ff, 112), aber auch darüber hinaus hat die Frage Bedeutung, ob dem ablehnenden Beschluß noch weitergehende, nämlich auf Verzicht gerichtete Wirkung zukommt[254]. Das ist im Regelfall zu verneinen. Der Verzicht bedarf also zwar eines Beschlusses nach § 46 Nr. 8 (Rdn 95). Der ablehnende Beschluß ist aber noch kein Verzichtsbeschluß. Wenn eine Auslegung nicht nur als Ablehnung des Beschlußantrags, sondern als Verzicht gerechtfertigt sein soll, müssen sich Indizien dafür finden, daß die Gesellschafter auf den in Frage stehenden, nach Grund und Höhe hinlänglich präzisierten Anspruch endgültig nicht mehr zurückkommen wollten. Das ist ohne Gegenantrag zum Antrag auf Anspruchsverfolgung praktisch kaum vorstellbar.

100 **b) Prozeßvertretung. aa) Allgemeines.** Gemäß § 46 Nr. 8, 2. Fall bestimmen die Gesellschafter über die Vertretung der GmbH in Prozessen gegen ihre Geschäftsführer. Das Beschlußerfordernis hat hier eine andere Bedeutung als im ersten Fall des § 46

[251] Ebenso Rowedder/*Koppensteiner*[2] 34.
[252] Zutr. Scholz/*K. Schmidt* 142.
[253] Darin zutr. *M. Winter* Mitgliedschaftliche Treubindungen (1988), S. 315 Fn 44.
[254] Vgl. auch *M. Winter* aaO (Fn 253) S. 314.

Nr. 8. Es geht nicht um eine Abwägung der Gesellschafter als materiell-rechtliche Voraussetzung der Anspruchsverfolgung (Rdn 87, 97 f), sondern um die *organschaftliche Handlungsfähigkeit* der GmbH[255]. Die Regelung beruht auf der Erwägung, daß die Geschäftsführer als Vertretungsorgan ausfallen oder jedenfalls wenig geeignet sind, wenn mit ihnen bzw. mit einem Teil von ihnen prozessiert wird. Das dadurch entstehende Defizit an Handlungsfähigkeit kann nicht generell nach dem Vorbild des § 112 AktG beseitigt werden, weil die GmbH, abgesehen von den Regelungen des Mitbestimmungsrechts, einen Aufsichtsrat zwar haben kann, aber nicht muß (§ 52). Daher sieht § 46 Nr. 8, 2. Fall vor, daß die Gesellschafterversammlung bestimmt, wie die Vertretung erfolgen soll. Aus dem Normzweck folgt für den *Anwendungsbereich* der Vorschrift: Sie gilt nur für solche Gesellschaften (einschließlich der Vor-GmbH, vgl. § 11, 33), die keinen Aufsichtsrat haben. Besteht ein fakultativer Aufsichtsrat, so liegt die Vertretungskompetenz vorbehaltlich abweichender Bestimmung der Satzung nach § 112 AktG iVm § 52 Abs. 1 bei diesem Organ. Für den obligatorischen Aufsichtsrat ist diese Regelung nach zutreffender **hM** zwingend[256]; näher Erl. zu § 52. Zum dispositiven Charakter des § 46 Nr. 8, 2. Fall vgl. noch Rdn 114.

bb) **Prozesse gegen Geschäftsführer als Regelungsgegenstand.** Die Gesellschafterversammlung bestimmt über die Vertretung der GmbH, wenn sie Prozesse gegen ihre Geschäftsführer zu führen hat. **Prozeß** iSd Vorschrift ist entsprechend dem Normzweck (Rdn 100) *jedes gerichtliche Verfahren*, an dem Geschäftsführer als Gegner beteiligt sein können; es muß sich also nicht um die ordentliche streitige Gerichtsbarkeit handeln[257]. Auf die Parteirolle von GmbH und Geschäftsführer kommt es nicht an. Die Vorschrift gilt also für Aktiv- wie Passivprozesse der Gesellschaft[258]. Unerheblich ist auch, welcher Art das streitige Rechtsverhältnis ist; insbesondere setzt § 46 Nr. 8, 2. Fall nicht voraus, daß es um die Geltendmachung von Ersatzansprüchen geht, wie nach dem ersten Fall der Vorschrift erforderlich (Rdn 88 ff), nicht einmal, daß sich die Streitigkeit auf das Rechtsverhältnis als Geschäftsführer bezieht[259]. **101**

Verfahrensgegner der GmbH muß ein *Geschäftsführer* sein. Das sind jedenfalls *amtierende* Geschäftsführer. Ob ihnen *ausgeschiedene* Geschäftsführer gleichzustellen sind, ist streitig. **Meinungsstand.** Der BGH hat die Frage bejaht[260]. Ein Teil des Schrifttums folgt dieser Ansicht[261], ein anderer Teil hält sie nur dann für richtig, wenn gerade die Abberufung des Geschäftsführers streitig ist[262], und nach wiederum anderer Meinung ist die Bestellung eines besonderen Vertreters bei Prozessen mit ausgeschiedenen Geschäftsführern zwar zulässig, aber nicht erforderlich[263]. **Stellungnahme.** Aus § 46 Nr. 8, 2. Fall läßt sich nicht ableiten, daß die Gesellschafter über die Vertretung zu bestimmen haben. Mit dem Wortlaut mag diese Ansicht vielleicht noch in Einklang gebracht werden können. Der auf Sicherung der organschaftlichen Handlungsfähigkeit gerichtete Normzweck (Rdn 100) steht aber nicht in Frage, wenn die GmbH neue Geschäftsführer hat[264]. Weil ihre Vertretung dadurch gesichert ist, gilt das sogar für Abberufungsstreitigkeiten. Gleichwohl ist der überwiegenden Meinung für den Fall zu folgen, daß Ersatzansprüche (Rdn 88 ff) gegen den ausgeschiedenen Geschäftsführer[265] **102**

---

[255] Scholz/*K. Schmidt* 163; Baumbach/Hueck/*Zöllner* 47; *Eickhoff* Die Gesellschafterklage (1988), S. 69.

[256] Scholz/*K. Schmidt* 165; Baumbach/Hueck/*Zöllner* 45; Fischer/*Lutter*/*Hommelhoff* 21; Rowedder/*Koppensteiner*[2] 39.

[257] Baumbach/Hueck/*Zöllner* 44.

[258] Scholz/*K. Schmidt* 166; Baumbach/Hueck/*Zöllner* 44; Rowedder/*Koppensteiner*[2] 38; *A. Hueck* Festschr. für Bötticher (1969), S. 197, 212.

[259] KG OLGR 14, 368; Scholz/*K. Schmidt* 166.

[260] BGHZ 28, 355, 347 f = NJW 1959, 194.

[261] *Schilling* Voraufl. 36; Rowedder/*Koppensteiner*[2] 38.

[262] Baumbach/Hueck/*Zöllner* 44.

[263] Scholz/*K. Schmidt* 167.

[264] So wohl auch Scholz/*K. Schmidt* 167.

[265] Um einen solchen Fall ging es in BGHZ 28, 355 (Fn 260).

und wohl auch die Wirksamkeit seiner Abberufung Gegenstand des Prozesses sind. Die Vertreterbestellung ist allerdings nicht aus den Gründen des zweiten, sondern des ersten Falls des § 46 Nr. 8 notwendig, weil sie den ersten Schritt zur gerichtlichen Anspruchsverfolgung (Geltendmachung) darstellt; vgl. auch noch Rdn 103 zur analogen Anwendung der Norm auf Prozesse mit Gesellschaftern. Von dem dargelegten Standpunkt aus ist es schließlich folgerichtig, die Bestellung eines besonderen Vertreters auch bei Prozessen gegen den Erben des Geschäftsführers zuzulassen, sofern es sich um Streitigkeiten der genannten Art handelt[266].

103 cc) **Analoge Anwendung auf Prozesse gegen Gesellschafter.** Seinem Wortlaut nach erfaßt § 46 Nr. 8, 2. Fall nur Prozesse gegen Geschäftsführer. Der BGH hat jedoch entschieden, daß die Gesellschafter auch dann einen besonderen Vertreter bestellen können, wenn der Geschäftsführer wegen derselben Pflichtverletzung in Anspruch genommen wird wie die nicht geschäftsführenden Gesellschafter und deshalb für die Vertretung der GmbH ausfällt[267]. Dem ist mit dem Schrifttum[268] beizupflichten. Es handelt sich dabei um die analoge Anwendung des § 46 Nr. 8, 2. Fall, weil die Vertreterbestellung wegen Ausfalls des Geschäftsführers der Handlungsfähigkeit der GmbH dient. Weitergehend wird angenommen, daß die Gesellschafterversammlung für Prozesse gegen Gesellschafter generell besondere Vertreter mit der Folge bestellen kann, daß sie im Rahmen des Prozesses anstelle der Geschäftsführer tätig werden[269]. Dieser Ansicht ist beizutreten, soweit es um die Geltendmachung von Ersatzansprüchen (Rdn 88 ff) geht. Es geht dann allerdings wie bei Prozessen gegen ausgeschiedene Geschäftsführer und aus dem dort genannten Grund (Rdn 102) um die Anwendung von § 46 Nr. 8, 1. Fall.

104 dd) **Möglichkeiten der Vertretung.** Die Gesellschafterversammlung bestimmt über die Art und Weise der Vertretung, soweit dazu nicht ein etwa vorhandener Aufsichtsrat berufen ist (Rdn 100). Im einzelnen sind *vier Fallgestaltungen* zu unterscheiden: (1.) Die Gesellschafterversammlung bestellt einen besonderen Vertreter. (2.) Die Gesellschafterversammlung bestellt keinen besonderen Vertreter, sondern betraut andere, noch in vertretungsberechtigter Zahl vorhandene Geschäftsführer mit der Prozeßführung. (3.) Die Gesellschafterversammlung bleibt untätig; es sind außer dem Prozeßgegner Geschäftsführer in vertretungsberechtigter Zahl vorhanden. (4.) Die Gesellschafterversammlung bleibt untätig, obwohl die GmbH nicht mehr über eine ausreichende Zahl von Geschäftsführern verfügt.

105 Zu (1.): Die Gesellschafterversammlung kann über die **Person des Vertreters** frei bestimmen. Er kann, muß aber nicht Gesellschafter sein[270]. Die Gesellschafterversammlung kann auch Gesamtvertretung beschließen. Sie kann auch bestimmen, daß der eine von zwei gesamtvertretungsberechtigten Geschäftsführern die GmbH gegen die andere vertritt. Er wird dann nicht als Geschäftsführer, sondern als besonderer Vertreter tätig. Es wird auch für zulässig gehalten, daß der besondere Vertreter und der Prozeßbevollmächtigte ein und dieselbe Person sind[271]. Dieser Ansicht ist jedoch nicht zu folgen, weil die GmbH dann in ihrem Rechtsverhältnis zum Prozeßbevollmächtigten nicht

---

266 *Schilling* Voraufl. 36; aM Baumbach/Hueck/*Zöllner* 44.

267 BGHZ 97, 28, 35 = NJW 1986, 2051; Rezension: *Lindacher* ZGR 1987, 121.

268 Scholz/*K. Schmidt* 170; Baumbach/Hueck/*Zöllner* 42; Fischer/*Lutter/Hommelhoff* 23; Rowedder/*Koppensteiner*[2] 38.

269 Baumbach/Hueck/*Zöllner* 42; wohl auch Scholz/*K. Schmidt* 170; vgl. ferner *Eickhoff* Die Gesellschafterklage (1988), S. 88 ff; *Lindacher* ZGR 1987, 121, 123.

270 OLG Stuttgart OLGR 42, 222; Scholz/*K. Schmidt* 172; Baumbach/Hueck/*Zöllner* 45; Fischer/*Lutter/Hommelhoff* 22.

271 Scholz/*K. Schmidt* 172; Baumbach/Hueck/*Zöllner* 47 a. E.

handlungsfähig ist. Zu (2.): Daß die GmbH **Geschäftsführer in vertretungsberechtigter Zahl** zu besonderen Vertretern bestellen kann, ist problemlos. Die Gesellschaft ist zwar berechtigt, aber nicht verpflichtet, den Geschäftsführern die Prozeßvertretung zu entziehen. Zu (3.): Hier geht es um die **Frage nach der Notwendigkeit des Beschlusses.** Früher wurde angenommen, daß den Geschäftsführern, die nicht besonders zur Prozeßführung bestellt sind, die Vertretungsmacht fehlt[272]. Dagegen wird heute überwiegend die umgekehrte Lösung vertreten, also vom Fortbestand der Vertretungsmacht ausgegangen, wenn die Gesellschafterversammlung von ihrem Recht keinen Gebrauch macht[273]. Dem ist beizutreten, weil die organschaftliche Handlungsfähigkeit der GmbH gewahrt bleibt (Rdn 100). Zu (4.): Die GmbH ist nicht handlungs-, im Rechtsstreit nicht prozeßfähig (§ 51 ZPO); dabei wird es sich jedoch um seltene Ausnahmefälle handeln (vgl. auch Rdn 106). Abhilfe ist möglich durch Bestellung eines **Notgeschäftsführers** analog § 29 BGB oder durch Bestellung eines **Prozeßpflegers** gem. § 57 ZPO, beides unter den jeweiligen Voraussetzungen der genannten Vorschriften[274]. § 29 BGB kommt für Aktiv-, § 57 ZPO nur für Passivprozesse in Betracht[275], insbesondere, um die Zustellung der Klageschrift (z. B. des einzigen Geschäftsführers) zu ermöglichen (§ 171 Abs. 1 ZPO). Solange auch nur einer von mehreren gesamtvertretungsberechtigten Geschäftsführern vorhanden ist, genügt jedoch die Zustellung an diesen (§ 171 Abs. 3 ZPO).

ee) **Beschlußverfahren und -wirkungen.** Die Gesellschafterversammlung beschließt **106**
im Verfahren der §§ 47 ff mit einfacher Stimmenmehrheit. Derjenige Gesellschafter, der in seiner Eigenschaft als Geschäftsführer *Prozeßgegner* der GmbH ist, hat dabei kein Stimmrecht, weil er vom **Stimmverbot** des § 47 Abs. 4 S. 2, 2. Fall betroffen ist (vgl. dort Rdn 156 und 159)[276]. In einer GmbH mit zwei Gesellschaftern, von denen der eine Geschäftsführer ist, kann also der andere die Bestellung eines Sondervertreters allein beschließen. Die Voraussetzungen des § 29 BGB (Rdn 105) sind in diesem Fall nicht gegeben[277]. Dieselben Grundsätze gelten, wenn in analoger Anwendung des § 46 Nr. 8 ein besonderer Vertreter für Prozesse gegen Gesellschafter bestellt werden soll (Rdn 103). Vom Stimmrecht ausgeschlossen ist auch derjenige Gesellschafter, der an der Pflichtverletzung des Prozeßgegners, besonders des Geschäftsführers, mitgewirkt hat[278]. Dagegen darf derjenige Gesellschafter, der *besonderer Vertreter* werden soll, nach ganz **hM** mitstimmen[279]. Das ist indessen nicht gänzlich zweifelsfrei. Die Ausnahme vom Verbotstatbestand des § 47 Abs. 4 S. 2, 1. Fall kann jedenfalls nicht allein mit der Erwägung gerechtfertigt werden, daß der Vertreter eine organschaftliche Stellung innehat (vgl. dazu § 47, 150 und 174). Das Argument, daß der an der Verfolgung von Ansprüchen interessierte Gesellschafter typischerweise dasselbe Interesse hat wie die GmbH (BGH aaO [Fn 279]), trägt jedoch die Reduktion des Verbotstatbestands. Auch wäre das Ergebnis sonst kaum glücklich: Wollen in der zweigliedrigen GmbH beide Gesellschafter besonderer Vertreter werden, so wären sie beide vom Stimmrecht ausgeschlossen, so daß nur mit der Notbestellung des § 29 BGB geholfen werden könnte. Entbehrlich ist der Beschluß in keinem Fall. Auch der einzige stimmbe-

---

272 So heute noch Baumbach/Hueck/*Zöllner* 44; *Roth* 9.1.

273 BGH WM 1981, 1353, 1354; Scholz/*K. Schmidt* 164; Rowedder/*Koppensteiner*² 38; *A. Hueck* Festschr. für Böttcher (1969), S. 197, 213.

274 Vgl. zu § 29 BGB KG RJA 8, 213; KG OLGR 14, 366, 368; KG OLGR 42, 222; KG Recht 1912 Nr. 3023.

275 Stein/Jonas/*Leipold* Komm. ZPO § 57, 2.

276 **AllgM**, vgl. z. B. BGHZ 97, 28, 34 = NJW 1986, 2051; OLG Nürnberg GmbH-Rdsch. 1958, 194.

277 KG OLGR 14, 366, 368; OLG Nürnberg GmbH-Rdsch. 1958, 194.

278 BGHZ 97, 28, 34 (Fn 276).

279 BGHZ 97, 28, 34 f (Fn 276); Scholz/*K. Schmidt* 171; Rowedder/*Koppensteiner*² 40; *Eickhoff* Die Gesellschafterklage (1988), S. 70; *Lindacher* ZGR 1987, 121, 124 f.

rechtigte Gesellschafter kann nicht einfach Prozeßvollmacht erteilen oder sich sonst als Prozeßvertreter gerieren[280].

107 Für die **Beschlußwirkungen** gelten die für die Bestellung von Geschäftsführern maßgeblichen Grundsätze (Rdn 41 f) entsprechend. Die Bestellung zum Prozeßvertreter erfolgt also durch Beschluß und Ausführungsgeschäft (Erklärung). Zuständig zur Abgabe der Erklärung ist die Gesellschafterversammlung. Die Erklärung ist auch hier entbehrlich, wenn der Bestellte in der Gesellschafterversammlung zugegen ist.

108 ff) **Rechte und Pflichten des Prozeßvertreters.** Der Prozeßvertreter ist im Rahmen seiner durch den Prozeß bestimmten Zuständigkeit organschaftlicher Vertreter der GmbH und verdrängt insoweit die Geschäftsführer auch dann, wenn sie noch in vertretungsberechtigter Zahl vorhanden sein sollten. Namentlich erteilt er und nicht die Gesellschafterversammlung und auch nicht die Geschäftsführer die Prozeßvollmacht[281]. Im Prozeß ist er als Partei, nicht als Zeuge zu behandeln[282]. Weitergehende Befugnisse als den Geschäftsführern stehen ihm nicht zu. Verzicht (§ 306 ZPO), Anerkenntnis (im Passivprozeß der GmbH, § 307 ZPO) und Prozeßvergleich bedürfen deshalb der Beschlußfassung nach § 46 Nr. 8 (vgl. Rdn 95)[283]. Das Vertragsverhältnis zwischen Vertreter und GmbH ist Auftrag (§§ 662 ff BGB) oder, sofern der Vertreter gegen Vergütung tätig wird, auf Geschäftsbesorgung gerichteter Dienstvertrag (§ 675 BGB). Ob die GmbH eine Vergütung schuldet, entscheidet sich mangels besonderer Vereinbarung nach § 612 BGB. Ein Dritter wird im Zweifel nur gegen Entgelt tätig, ein Gesellschafter jedenfalls bei der personalistischen GmbH unentgeltlich; das gilt zumindest bei geringem Arbeitsaufwand[284]. Aus der Anwendung von Auftragsrecht folgt: Der Vertreter handelt nach den Weisungen der Gesellschafterversammlung (§ 665 BGB). Er ist auskunfts- und rechenschaftspflichtig (§ 666 BGB). Er unterliegt der Ablieferungspflicht des § 667 BGB und kann umgekehrt seinerseits nach § 670 BGB Ersatz von Aufwendungen verlangen. Aus dem Auftragsverhältnis folgt schließlich, daß der Prozeßvertreter gegen die GmbH einen Anspruch auf erforderliche Auskunft und Vorlage von Urkunden hat, die er zur ordnungsmäßigen Prozeßführung braucht. Soweit Klage erforderlich ist, um diesen Anspruch durchzusetzen, klagt der Vertreter im eigenen Namen gegen die GmbH, die durch ihre Geschäftsführer vertreten wird[285].

109 c) **Gesellschafterklage und Beschlußerfordernis.** Von einer Gesellschafterklage oder actio pro socio ist zu sprechen, wenn es um die Frage geht, ob und unter welchen Voraussetzungen ein Gesellschafter Ansprüche der GmbH im eigenen Namen geltend machen kann; nach hM des Schrifttums handelt es sich dabei um einen Anwendungsfall der *Prozeßstandschaft*[286]. Vgl. zum Ganzen, allerdings von einem anderen dogmatischen Verständnis ausgehend (Klage aus eigenem, aus der Mitgliedschaft folgenden Recht) § 14, 36 ff. Speziell für Ersatzansprüche und damit für den zentralen Bereich der actio pro socio ist klärungsbedürftig, wie sich die Klagebefugnis des Gesellschafters zum Beschlußerfordernis des § 46 Nr. 8 verhält. Die Erläuterung beschränkt sich an dieser Stelle auf diese Frage.

---

280 Scholz/*K. Schmidt* 171; aM OLG München WM 1982, 1061.
281 BGH WM 1981, 1353.
282 KG OLGR 14, 366; Scholz/*K. Schmidt* 173.
283 Scholz/*K. Schmidt* 173.
284 Scholz/*K. Schmidt* 173; vgl. auch Rowedder/*Koppensteiner*² 40.
285 RGZ 83, 248, 250; zustimmend Scholz/*K. Schmidt* 173 aE.
286 Baumbach/*Hueck* § 13, 33; Fischer/*Lutter*/*Hommelhoff* § 13, 4; Rowedder/*Koppensteiner*² § 43, 42; *K. Schmidt* GesR § 21 IV 4 a; *Wiedemann* GesR I § 8 IV 1; *Berger* ZHR 149 (1985), 599, 604 f mwN in Fn 36; *v. Gerkan* ZGR 1988, 441, 448 f; *Grunewald* Die Gesellschafterklage (1990), S. 69; *Hadding* GesRZ 1984, 38, 40. Nachweise zur Gegenmeinung in Fn 288.

Der **Meinungsstand** ist unübersichtlich. Es sind **drei Fragen** zu unterscheiden. **110**
Erstens: Ist für die Gesellschafterklage auch dann Raum, wenn die GmbH ihre Ansprüche ordnungsgemäß verfolgt? Die ganz **hM** verneint das[287]. Eine jedenfalls grundsätzlich bejahende Antwort geben jedoch diejenigen Autoren, die die Gesellschafterklage als solche aus eigenem Recht auffassen[288]. *Zweitens:* Muß der Gesellschafter, wenn die GmbH nicht tätig wird, stets oder wenigstens regelmäßig versuchen, einen Beschluß nach § 46 Nr. 8 zustande zu bringen, oder hängt die Gesellschafterklage davon prinzipiell nicht ab? Diese Frage wird von der **hM** iSd Beschlußerfordernisses beantwortet[289]; dagegen nehmen die Vertreter einer Klage aus eigenem Recht prinzipielle Unabhängigkeit an[290]. *Drittens:* Muß der Gesellschafter, sofern die zweite Frage iSd Beschlußerfordernisses beantwortet wird, einen ablehnenden Beschluß durch Anfechtungsklage zu Fall bringen (und die Anfechtungsklage durch einen Antrag auf positive Beschlußfeststellung ergänzen) oder kann die Gesetzwidrigkeit des ablehnenden Beschlusses (insbesondere treuwidrige Stimmabgabe) im Schadensersatzprozeß vorgetragen und dort als Inzidentfrage geprüft werden? Das erste entspricht der jedenfalls früher **hM**[291], das zweite ist die im neueren Schrifttum und wohl auch in der Rechtsprechung vordringende Ansicht[292].

Stellungnahme. Zu den angesprochenen Fragen ist auszuführen: (1.) Es gibt keine **111**
Gesellschafterklage, wenn und solange die GmbH ihre Ansprüche ordnungsgemäß verfolgt. (2.) Ein Beschlußantrag nach § 46 Nr. 8 ist jedenfalls prinzipiell notwendig. (3.) Die Rechtswidrigkeit des ablehnenden Beschlusses kann als Vorfrage im Schadensersatzprozeß geprüft werden. Eine andere Beurteilung ist nur ausnahmsweise angezeigt, nämlich dann, wenn es sich um einen Verzichtsbeschluß handelt.

Begründung zu (1.): Weil der Gesellschafter Ansprüche der GmbH geltend macht, **112**
ist er an die gesellschaftsrechtliche Zuständigkeitsordnung gebunden. Eine andere Lösung ist nur auf der Basis der hier abgelehnten (Rdn 109) Lehre von der Klage aus eigenem Recht denkbar[293], erscheint aber selbst auf dieser Grundlage nicht als zwingend. Zu (2.): Der Gesellschafter hat nur eine Ersatzkompetenz oder Notzuständigkeit für den Fall, daß die Gesellschafterversammlung ihrer gesetzlichen Funktion nicht gerecht wird, indem sie das Partikularinteresse des Ersatzpflichtigen sachwidrig vor das Gesellschaftsinteresse stellt. Der Versammlung ist also Gelegenheit zur Entscheidung zu geben. Nicht gefolgt werden kann der Annahme, § 46 Nr. 8 regele die Kompetenzfrage nur für das Verhältnis zwischen Gesellschaftern und Geschäftsführern[294]. Weil die Bestimmung der Gesellschafter durch Beschluß erfolgt (§§ 47 Abs. 1, 48 Abs. 1), ergibt sich aus der Vorschrift auch eine das Tätigwerden des einzelnen Gesellschafters

[287] Vgl. die Nachw. in Fn 289 und 291.

[288] Dazu mit Nuancen im einzelnen *Raiser* § 14, 43; *ders.* ZHR 153 (1989), 1, 22 f; *Flume* I/2 § 8 V Nr. 2; *Wiedemann* GesR I § 8 IV 1 c bb.

[289] BGH WM 1982, 928, 929 li. Sp.; Fischer/*Lutter*/*Hommelhoff* § 13, 4; Rowedder/*Koppensteiner*² § 43, 43; *Hadding* GesRZ 1984, 38, 42; *Lutter* AcP 180 (1980), 84, 136 f; *Martens* GmbH-Rdsch. 1984, 265, 271; *M. Winter* Mitgliedschaftliche Treubindungen (1988), S. 314; weitergehend und daher jedenfalls insoweit zustimmend die in Fn 291 genannten Autoren.

[290] *Raiser, Flume* und *Wiedemann,* jeweils aaO (Fn 288).

[291] Baumbach/Hueck/*Zöllner* 41; Scholz/*K. Schmidt* 161 (aber nur im Grundsatz); Rowedder/*Koppensteiner*² § 43, 43; *Eickhoff* Die Gesellschafterklage (1988), S. 122 ff; *v. Gerkan* ZGR 1988, 441, 450; *Grunewald* Die Gesellschafterklage (1990), S. 73; *Hoffmann* GmbH-Rdsch. 1963, 61, 63; *Maatz* GmbH-Rdsch. 1974, 124, 128; *Zöllner* ZGR 1988, 392, 409 f.

[292] BGH WM 1982, 928, 929; Scholz/*Emmerich* § 13, 47; Fischer/*Lutter*/*Hommelhoff* 19; *Berger* ZHR 149 (1985), 599, 611; *Hadding* GesRZ 1984, 38, 42; *M. Winter* Mitgliedschaftliche Treubindungen (1988), S. 315 f.

[293] Vgl. *Wiedemann* GesR I § 8 IV 1 c bb: Die Klage könne „über den Kopf der Geschäftsführer und Gesellschafter hinweg“ eingereicht werden.

[294] So *Raiser* ZHR 153 (1989), 1, 21.

grundsätzlich ausschließende Kompetenzzuweisung zugunsten der Gesellschafterversammlung. Zu (3.): Dieser Punkt betrifft die sachlich schwierigste Frage. Der für Anfechtungs- und Beschlußfeststellungsklage votierenden Gegenansicht[295] ist einzuräumen, daß der zwar im eigenen Namen, aber quasi als Geschäftsführer (Ersatzkompetenz) tätig werdende Gesellschafter eigentlich denselben Bindungen unterliegen müßte wie die Geschäftsführer. Gleichwohl ist ihr nicht beizutreten, weil sie ihr Ziel nicht erreichen kann. Denn zur Offenlegung der internen Gesellschaftsverhältnisse (vgl. zum Normzweck Rdn 87) kommt es bei der Anfechtungsklage ebenso wie bei der Schadensersatzklage[296]. Im Ergebnis wird damit eine Verdoppelung der Prozesse (Klage gegen die GmbH auf Anfechtung und Feststellung; Klage der GmbH auf Ersatzleistung) in Kauf genommen, ohne daß dadurch sachlich etwas gewonnen wäre. Anders liegt es nur bei Verzichtsbeschlüssen. Hier muß die durch den Beschluß zunächst getroffene Regelung beseitigt werden, bevor der Ersatzanspruch verfolgt werden kann. Aus den schon dargelegten Gründen (Rdn 99) handelt es sich dabei jedoch um einen seltenen Ausnahmefall.

113 Nach allem verbleibt die Frage, unter welchen Umständen der **Beschlußantrag ausnahmsweise entbehrlich** ist. Insoweit ist schon deshalb eine restriktive Beurteilung angezeigt, weil der Antrag nach § 46 Nr. 8 dem Gesellschafter im allgemeinen kein besonderes Opfer auferlegt und durch den Antrag für alle Gesellschafter deutlich wird, daß an die Existenz und an die Verfolgung von Ersatzansprüchen ernsthaft gedacht ist. Insbesondere genügen für sich genommen weder die Minderheitsrolle des Gesellschafters noch Feindschaft zwischen den Gesellschaftern, um von dem Antragserfordernis abzusehen[297]. Auf Antrag und Beschluß kann vielmehr nur dann verzichtet werden, wenn die Mehrheit bereits eindeutig und endgültig zu erkennen gegeben hat, daß sie, soweit es an ihr liegt, zur Verfolgung des Anspruchs nicht bereit ist; unter dieser Prämisse erscheint der Beschluß als nicht mehr sinnvolle Formalität[298].

114 d) **Regelungen der Satzung.** § 46 Nr. 8 enthält weder in seinem ersten noch in seinem zweiten Fall eine zwingende Regelung. Die Satzung kann also vorsehen, daß Ersatzansprüche aus der Gründung oder der Geschäftsführung ohne vorherigen Beschluß der Gesellschafterversammlung geltend gemacht werden. Sie kann die Willensbildung der GmbH auch einem anderen Organ (Beirat, Verwaltungsrat) überlassen[299]. In der Satzung kann ferner die Prozeßvertretung geregelt werden, sei es, daß sie einem besonderen Organ überlassen wird (zum Aufsichtsrat vgl. schon Rdn 100), sei es, daß ein anderes Verfahren als die Beschlußfassung nach §§ 47 ff zur Bestellung des Vertreters gewählt wird. Nicht möglich ist es, die Gesellschafterklage durch Satzung auszuschließen[300]. Die Satzung kann allerdings nach dem Vorbild des § 147 AktG einer näher bezeichneten Minderheit das Recht geben, von der GmbH zu verlangen, daß sie Ersatzansprüche geltend macht. Die Ansprüche im Wege der Gesellschafterklage zu verfolgen, ist dann nur möglich, wenn zuvor der vergebliche Versuch unternommen wurde, das Minderheitsbegehren zustande zu bringen[301]. Auch ein satzungsmäßiges Minderheitsrecht kann die actio pro socio aber nicht ausschließen.

---

295 Vgl. besonders *Zöllner* ZGR 1988, 392, 409 f.

296 Überzeugend *M. Winter* Mitgliedschaftliche Treubindungen (1988), S. 315 f; dagegen aber wiederum *Grunewald* Die Gesellschafterklage (1990), S. 74.

297 Darin zutr. *Zöllner* ZGR 1988, 392, 409.

298 Ähnlich, aber etwas weiter BGH WM 1982, 928, 929 li. Sp.

299 Scholz/*K. Schmidt* 143.

300 Scholz/*K. Schmidt* 161; *Eickhoff* Die Gesellschafterklage (1988), S. 222 ff; *Grunewald* Die Gesellschafterklage (1990), S. 87; *Martens* GmbH-Rdsch. 1984, 265, 266 Fn 8.

301 So wohl auch Scholz/*K. Schmidt* 162: Vorrang.

III. Primäre Zuständigkeit: Kompetenznormen außerhalb des § 46

1. Grundlagenbeschlüsse

§ 46 stellt die Beschlußkompetenzen der Gesellschafterversammlung nicht abschließend zusammen. Gerade wesentliche Zuständigkeiten fehlen, weil die Norm die Kompetenzen zwischen Geschäftsführern und Gesellschafterversammlung abgrenzen soll (Rdn 2) und deshalb solche Sachfragen, für die eine Zuständigkeit der Geschäftsführer nicht ernsthaft in Betracht gezogen werden kann, in § 46 nicht aufgeführt sind. **Überblicksartige Zusammenstellung** der weiteren Beschlußkompetenzen (zu den Einzelfragen vgl. Erl. der genannten Vorschriften und Fragenkomplexe): *Satzungsänderung* (§ 53), insbesondere *Änderung des Stammkapitals* (Erhöhung: § 55; Kapitalerhöhung aus Gesellschaftsmitteln: §§ 1 ff KapErhG [Text und Erl.: § 57 b Anh]; Kapitalherabsetzung: § 58); *Umwandlung*, und zwar sowohl formwechselnde (§§ 376 ff, 389 ff AktG) wie auch übertragende (§ 24 UmwG [Text und Erl. des UmwG: § 77 Anh I]); *Verschmelzung* mit AG oder KGaA (§§ 355 f AktG) oder mit GmbH (§§ 19 ff KapErhG; dazu § 77 Anh I); Abschluß von *Unternehmensverträgen* (§§ 291 ff AktG in direkter oder analoger Anwendung); *Auflösung* (§ 60 Abs. 1 Nr. 2) sowie *Fortsetzung* der aufgelösten Gesellschaft als actus contrarius. 115

2. Wesentliche Einzelmaßnahmen

Beschlußkompetenzen der Gesellschafterversammlung bestehen außerhalb des § 46 nicht nur, wenn es um die Grundlagen der GmbH geht. Die Gesellschafterversammlung ist vielmehr auch für wesentliche Einzelmaßnahmen zuständig. **Überblick:** Einforderung von *Nachschüssen* (§ 26 Abs. 1); Wahl von *Aufsichtsratsmitgliedern*, deren Entlastung und Abberufung (vgl. Erl. zu § 52; dort auch zu den mitbestimmungsrechtlichen Besonderheiten); Bestellung und Abberufung von *Liquidatoren* (§ 66 Abs. 1 und Abs. 3 S. 2); Bestimmung über die *Aufbewahrung von Büchern* und Schriften bei Liquidationsende (§ 74 Abs. 1); Wahl der *Abschlußprüfer* (§ 318 Abs. 1 HGB); *Ausschließung* von Gesellschaftern, genauer Zustimmung zur Ausschließungsklage (ohne gesetzliche Regelung, vgl. § 34 Anh). 116

IV. Allzuständigkeit der Gesellschafterversammlung

1. Grundsatz

Es gilt das Prinzip der Allzuständigkeit der Gesellschafterversammlung. Das bedeutet: Die **Gesellschafterversammlung** kann grundsätzlich *jede Gesellschaftsangelegenheit zur Entscheidung an sich ziehen*[302]. Das entspricht ihrer Stellung als oberstem Gesellschaftsorgan (§ 45, 15). Für Fragen der Geschäftsführung folgt daraus eine Weisungskompetenz (Rdn 118). Die Zuständigkeit der Gesellschafterversammlung ist in diesem Bereich jedoch nicht, wie nach § 46 und in den in Rdn 115 f genannten Fällen, primär, sondern nur sekundär gegeben. Die Geschäftsführer bleiben also zuständig, soweit und solange die Gesellschafterversammlung von ihrem Recht keinen Gebrauch macht. Zur satzungsmäßigen Verlagerung von Zuständigkeiten auf andere Organe und zur Rückfallkompetenz der Gesellschafterversammlung vgl. § 45, 23, zu den Grenzen der Satzungsautonomie im Verhältnis zwischen Gesellschaftern und Geschäftsführern oben Rdn 4. 117

[302] BGHZ 89, 48, 56 = NJW 1984, 733; Scholz/*K. Schmidt* 1; Baumbach/Hueck/*Zöllner* 60; *Immenga* Die personalistische Kapitalgesellschaft (1970), S. 92 f.

2. Weisungskompetenz in Angelegenheiten der Geschäftsführung

118 Der Weisungskompetenz der Gesellschafterversammlung[303] entspricht die **Folgepflicht der Geschäftsführer.** Sie ergibt sich aus § 37 Abs. 1. Danach können durch Beschluß der Gesellschafterversammlung dieselben Beschränkungen der Geschäftsführungsbefugnis[304] begründet werden wie durch die Satzung (aber nicht gegen sie). Die Gesellschafterversammlung hat im wesentlichen drei Möglichkeiten, die nicht alternativ, sondern kumulativ bestehen. Sie kann erstens *Weisungen im Einzelfall* erteilen, nach denen eine konkrete Maßnahme zu ergreifen oder zu unterlassen ist. Sie kann zweitens bestimmte *Arten von Geschäften* (Kreditaufnahme ab einer bestimmten Größenordnung, Grundstücksgeschäfte, wesentliche Investitionen) bezeichnen, die nicht nur, wie bei der Überwachung (Rdn 77), nach dem Vorbild des § 111 Abs. 4 S. 2 AktG ihrer Zustimmung bedürfen, sondern der Initiative der Geschäftsführer schlechthin entzogen sind. Die Geschäftsführer sind dann darauf beschränkt, entsprechende Beschlüsse der Gesellschafterversammlung anzuregen. Diese kann schließlich die Tätigkeit der Geschäftsführer auch umfassend durch eine *Geschäftsordnung* regeln. Wegen der Einzelheiten aus der Perspektive der Geschäftsführer vgl. Erl. zu § 37.

V. Regelungen der Satzung

119 Welche Regelungen die Satzung im Bereich der primären Zuständigkeit der Gesellschafterversammlung nach § 46 treffen kann, ist im jeweiligen Zusammenhang erläutert. **Weiterverweise.** Zu Bestimmungen der Satzung über Feststellung des Jahresabschlusses und Ergebnisverwendung vgl. Rdn 22 f; über die Einforderung von Einzahlungen Rdn 30; über die Rückzahlung von Nachschüssen Rdn 34; über die Teilung und Einziehung von Geschäftsanteilen Rdn 37 f; über die Bestellung, Abberufung und Entlastung von Geschäftsführern Rdn 77 ff; über die Prüfung und Überwachung der Geschäftsführung Rdn 80; über Erteilung und Widerruf von Prokura und Generalhandlungsvollmacht Rdn 86; über die Geltendmachung von Ersatzansprüchen und die Bestellung von Prozeßvertretern Rdn 114. **Zwingend** ist die Zuständigkeit der Gesellschafterversammlung im Bereich der *Grundlagenbeschlüsse* (Rdn 115). Wegen der außerhalb des § 46 geregelten Einzelmaßnahmen (Rdn 116) vgl. im jeweiligen Zusammenhang.

VI. GmbH & Co. KG

120 § 46 gilt nur für die **Komplementär-GmbH,** und zwar vollen Umfangs[305]. Für die KG sind *zwei Fragen* zu unterscheiden, nämlich erstens die nach den Rechten und Pflichten der geschäftsführenden Komplementärin in ihrem Verhältnis zur Gesellschaftergesamtheit und zweitens die nach den rechtlichen Einflußmöglichkeiten der Kommanditisten auf die Geschäftsführer der GmbH. Die erste Frage bestimmt sich nach dem KG-Vertrag, hilfsweise nach §§ 114 ff iVm § 161 Abs. 2 sowie nach §§ 164, 166 HGB. Die zweite Frage wird im allgemeinen negativ beantwortet, weil es keine unmittelbare Rechtsbeziehung zwischen den GmbH-Geschäftsführern und der KG gebe[306], es sei denn eine Beziehung schuldrechtlicher Art durch den Abschluß des

---

[303] Zum Schrifttum vgl. die Angaben vor Rdn 77.

[304] Daß es in § 37 Abs. 1 um die Geschäftsführungsbefugnis, nicht um die Vertretungsmacht geht, entspricht **allgM;** vgl. Baumbach/Hueck/*Zöllner* § 37, 1; *Immenga* aaO (Fn 302) S. 92 Fn 265.

[305] Vgl. die Analyse von Scholz/*K. Schmidt* 48, 59, 68, 84, 108, 119, 135 ff (137: analoge Anwendung von § 46 Nr. 7), 176 f (177: analoge Anwendung von § 46 Nr. 8).

[306] So z. B. BGHZ 100, 190, 193 = NJW 1987, 2008.

Anstellungsvertrags mit der KG statt mit der GmbH[307]. Ersatzansprüche der KG gegen den GmbH-Geschäftsführer begründet die Rechtsprechung, soweit kein direktes Vertragsband besteht, durch Schutzwirkung des Anstellungsverhältnisses zugunsten der KG[308], sofern es die wesentliche Aufgabe der GmbH ist, deren Geschäfte zu führen. Ob das nur im Ergebnis oder auch in der Begründung zutrifft und ob sich nicht doch ein eigener Anspruch der KG auf die Dienste des Geschäftsführers der GmbH begründen läßt, bleibt zweifelhaft, ist aber hier nicht zu vertiefen[309].

§ 47

Die von den Gesellschaftern in den Angelegenheiten der Gesellschaft zu treffenden Bestimmungen erfolgen durch Beschlußfassung nach der Mehrheit der abgegebenen Stimmen.

Jede hundert Deutsche Mark eines Geschäftsanteils gewähren eine Stimme.

Vollmachten bedürfen zu ihrer Gültigkeit der schriftlichen Form.

Ein Gesellschafter, welcher durch die Beschlußfassung entlastet oder von einer Verbindlichkeit befreit werden soll, hat hierbei kein Stimmrecht und darf ein solches auch nicht für andere ausüben. Dasselbe gilt von einer Beschlußfassung, welche die Vornahme eines Rechtsgeschäfts oder die Einleitung oder Erledigung eines Rechtsstreites gegenüber einem Gesellschafter betrifft.

Übersicht

[307] Anwendungsfall der Drittanstellung, vgl. dazu *Fleck* ZHR 149 (1985), 387 ff.

[308] BGHZ 75, 321, 322 f = NJW 1980, 589; BGHZ 76, 326, 377 f = NJW 1980, 1524; BGH GmbH-Rdsch. 1981, 191; zuletzt BGHZ 100, 190, 193 f (Fn 306).

[309] Vgl. *Hüffer* ZGR 1981, 348, 354 ff.

Schrifttum

(vgl. auch die Angaben vor Rdn 50, 57, 65, 91, 119). *Baltzer* Der Beschluß als rechtstechnisches Mittel organschaftlicher Funktion im Privatrecht (1965); *Fleck* Stimmrechtsabspaltung in der GbmH? Festschr. für Rob. Fischer (1979), S. 107; *Ivens* Das Stimmrecht des GmbH-Gesellschafters bei Satzungsänderungen. Zum Verhältnis zwischen § 53 Abs. 2 und § 45 GmbHG, GmbH-Rdsch. **1989** 61; *Mayer* Die Zulässigkeit von Stimmrechtsvereinbarungen im GmbH-Recht, GmbH-Rdsch. **1990** 61; *Messer* Der Widerruf der Stimmabgabe, Festschr. für Fleck (1988), S. 221; *Müller-Erzbach* Das private Recht der Mitgliedschaft als Prüfstein eines kausalen Rechtsdenkens (1948); *Obermüller/Werner/Winden* Die Hauptversammlung der Aktiengesellschaft^3 (1967); *Renkl* Der Gesellschafterbeschluß (1982); *Vogel* Die Praxis der Gesellschafterversammlung bei GmbH & Co. (1976); *Vogel* Gesellschafterbeschlüsse und Gesellschafterversammlung^2 (1986); *Wiedemann* Die Übertragung und Vererbung von Mitgliedschaftsrechten bei Handelsgesellschaften (1965); *Zöllner* Die Schranken mitgliedschaftlicher Stimmrechtsmacht bei den privatrechtlichen Personenverbänden (1963).

I. Regelungsgegenstand und -zweck

1 Gegenstände der in § 47 getroffenen Regelung sind der **Beschluß** der Gesellschafter und die ihn tragende **Abstimmung.** Zum Begriff des Beschlusses vgl. Rdn 2. Regelungszweck ist, Entscheidungen nach dem **Mehrheitsprinzip** zu ermöglichen und dieses in sachgerechter Weise auszugestalten. Mehrheitsprinzip heißt zunächst, daß der Beschluß, anders als nach § 119 Abs. 1 HGB, nicht der Zustimmung aller Gesellschafter bedarf, und bedeutet ferner, daß die Beschlußfassung allein in den Händen derjenigen Gesellschafter liegt, die sich an der Abstimmung beteiligen[1]. Deshalb kommt es nach § 47 Abs. 1 im Unterschied zu § 119 Abs. 2 HGB nicht auf die Zahl der Gesellschafter, sondern auf die abgegebenen Stimmen an. **Ausgestaltung des Mehrheitsprinzips:** Der Umfang des Stimmrechts bestimmt sich nach der Kapitalbeteiligung (§ 47 Abs. 2). Vollmacht ist zulässig, aber nur in Schriftform gültig (§ 47 Abs. 3). Selbstbetroffenheit führt zum Stimmrechtsausschluß (§ 47 Abs. 4). Die Beschlußfassung in der **Vor-GmbH** bestimmt sich bereits nach § 47; denn die Norm knüpft an den korporativen Charakter der GmbH an, nicht an ihren Status als juristische Person (näher § 11, 33).

II. Beschlußfassung (§ 47 Abs. 1)

1. Begriff und Rechtsnatur des Gesellschafterbeschlusses

2 a) **Begriff.** Eine gesetzliche Umschreibung fehlt und ist auch entbehrlich, weil sich der Begriff des Beschlusses hinreichend eindeutig aus seiner Funktion und aus dem ihn

[1] Baumbach/Hueck/*Zöllner* 2.

tragenden Verfahren ergibt[2]. Seiner *Funktion* nach ist der Beschluß das Instrument zur Bildung und Äußerung des organschaftlichen Willens der Gesellschafterversammlung (Regelfall, vgl. § 48, 1 und 3) oder der Gesellschaftergesamtheit, der durch Zurechnung zum Willen der GmbH selbst wird und damit an die Stelle des bei Verbänden zwangsläufig fehlenden natürlichen Handlungswillens tritt. Das *Verfahren* ist die Abstimmung, die ihrerseits den Beschlußantrag als Abstimmungsgegenstand voraussetzt. Danach ergibt sich als *Definition:* Der Beschluß ist die durch Abstimmung über einen Antrag erzielte organschaftliche Willensbildung und -äußerung der beteiligten Gesellschafter, die der GmbH als eigene Willensbildung zugerechnet wird.

b) **Rechtsnatur.** In der viel diskutierten Frage nach der Rechtsnatur des Beschlusses **3**
hat sich als heute **ganz hM** die Ansicht durchgesetzt, daß der Beschluß ein **Rechtsgeschäft** ist, und zwar ein mehrseitiges, aber nicht vertragliches Rechtsgeschäft eigener Art; so die einhellige jüngere Lehre[3] und wohl auch die neuere Judikatur[4]. Abgelehnt ist damit der Versuch, den Beschluß als „Sozialakt"[5] oder als „Darstellung eines Gemeinwillens"[6] aus der Rechtsgeschäftslehre auszugliedern. Der **hM** ist beizupflichten, weil die Gesellschafter ihre Rechtsverhältnisse und die der Gesellschaft (wenn auch nur mit Innenwirkung) durch den Beschluß privatautonom regeln und eben dies den Kern des Rechtsgeschäfts ausmacht. Auch ist es im Prinzip sachgerecht, auf den Beschluß die für Rechtsgeschäfte geltenden Vorschriften anzuwenden. Ausnahmen bestehen insbesondere bei § 181 BGB (dazu Rdn 112 ff) und bei der Fehlerhaftigkeit von Beschlüssen. Letztere ist nicht nach §§ 125, 134, 138 BGB und vergleichbaren Normen zu beurteilen, sondern wegen der Regelungslücke des GmbH-Gesetzes in analoger Anwendung der §§ 241 ff AktG zu behandeln; wegen der Einzelheiten vgl. Anh § 47. Nicht anzuwenden sind die spezifisch für Verträge geltenden Normen (§§ 145 ff, 305 ff BGB). Denn der Beschluß ist zwar Rechtsgeschäft, aber nicht Vertrag, weil die ihm zugrunde liegenden Stimmabgaben nicht auf Konsensbildung durch korrespondierende Willenserklärungen gerichtet sind und im allgemeinen auch die Mehrheitsentscheidung bindet[7]. Zur Bedeutung der Stimmabgabe (Ausübung eines mitgliedschaftlichen Verwaltungsrechts durch Willenserklärung) siehe Rdn 41.

2. Verfahren der Beschlußfassung: Überblick

Eine umfassende gesetzliche Regelung besteht nicht. Soweit die Beschlüsse in **4**
Versammlungen gefaßt werden (§ 48 Abs. 1), sind die insoweit bestehenden rechtlichen

---

[2] Vgl. zum folgenden mit unterschiedlichen Akzenten im einzelnen: Baumbach/Hueck/*Zöllner* 2; *K. Schmidt* GesR § 15 I 1; *Baltzer* Der Beschluß als rechtstechnisches Mittel (1965), S. 42 ff; *Zöllner* Die Schranken mitgliedschaftlicher Stimmrechtsmacht (1963), S. 9 ff.

[3] Scholz/*K. Schmidt* § 45, 18; Baumbach/Hueck/*Zöllner* 3; Geßler/Hefermehl/Eckardt/Kropff/*Hüffer* § 241 AktG, 7; MünchKomm-*Ulmer* § 709, 47; *K. Schmidt* GesR § 15 I 2 a; *Wiedemann* GesR Bd. I § 3 III 1 b; *Rob. Fischer* Festschr. für Hauß (1978), S. 61, 75 ff; *Hadding* Festschr. für Rob. Fischer (1979), S. 165, 188 ff; *Schilling* Festschr. für Ballerstedt (1975), S. 257 ff mwN in Fn 10 und 27.

[4] BGHZ 65, 93, 97 f = NJW 1976, 49; BGH WM 1979, 71, 72. Beide distanzieren sich von der früheren „Sozialakts"-Rechtsprechung; vgl. Fn 5. Siehe seither noch BGH GmbH-Rdsch. 1988, 337, 338 li. Sp.

[5] So besonders die ursprüngliche Judikatur zur Nichtanwendung des § 181 BGB, vgl. BGHZ 33, 189, 191 = NJW 1960, 2285; BGHZ 48, 163, 167 = NJW 1967, 1963; BGHZ 51, 209, 217 = NJW 1969, 841; BGHZ 52, 316, 318 = NJW 1970, 33 = LM § 181 Nr. 13 m. Anm. *Fleck*. Ohne den Begriff Sozialakt, aber gegen Annahme eines Rechtsgeschäfts auch RGZ 122, 367, 369 (obiter dictum); KG NJW 1959, 1446, 1447 li. Sp.

[6] *O. von Gierke* Dt. PrivatR Bd. I (1895), S. 501; dagegen schon (außer den in Fn 3 Genannten) Enneccerus/*Nipperdey* Allg. Teil des Bürgerlichen Rechts[15] (1960), 2. Halbbd. § 146 IV; *v. Tuhr* Allg. Teil des Dt. Bürgerlichen Rechts (1914) Bd. II 1 § 53 IV; *Müller-Erzbach* Das private Recht der Mitgliedschaft (1948), S. 153.

[7] Vgl. statt vieler Scholz/*K. Schmidt* § 45, 18; *Müller-Erzbach* aaO (Fn 6).

Erfordernisse (§ 48, 4 ff, 29 ff) zu beachten, ferner die Einberufungsvorschriften der §§ 49 ff; vgl. Erl. dazu. Unter den Voraussetzungen des § 48 Abs. 2 können Beschlüsse auch ohne Versammlung, nämlich im **schriftlichen Verfahren** gefaßt werden. Das setzt allseitiges schriftliches Einverständnis mit dem Beschlußantrag (§ 48 Abs. 2, 1. Fall; vgl. dort Rdn 41 ff) oder allseitiges, auch formloses Einverständnis mit einer schriftlichen Stimmabgabe voraus (§ 48 Abs. 2, 2. Fall; vgl. dort Rdn 44 ff); in diesem zweiten Fall sind auch Mehrheitsbeschlüsse möglich (§ 48, 44). Im übrigen sind die Anforderungen an die Beschlußfassung aus der **Eigenart der Abstimmung** als des sie tragenden Verfahrens zu entwickeln. Danach gilt: Die Versammlung muß beschlußfähig sein (Rdn 5 f); es muß ein Beschlußantrag vorliegen (Rdn 7 ff); über den Antrag muß abgestimmt werden (Rdn 11); und er muß, wenn ein zustimmender Beschluß vorliegen soll, die erforderliche Mehrheit gefunden haben (Rdn 13 ff). Dagegen gehört es nicht zu den gesetzlichen Voraussetzungen wirksamer Beschlußfassung, daß der Versammlungsleiter das Beschlußergebnis feststellt (Rdn 26).

3. Beschlußfähigkeit

5 a) **Gesetzeslage.** Das Gesetz enthält keine Mindestanforderungen an die Beschlußfähigkeit. Sie ergeben sich auch nicht mittelbar aus dem Mehrheitserfordernis des § 47 Abs. 1, weil es danach nur auf die Mehrheit der abgegebenen Stimmen, nicht auf die Kapitalmehrheit oder die Mehrheit der Gesellschafter ankommt (vgl. noch Rdn 13 ff). Folglich kann in jeder ordnungsgemäß einberufenen (§§ 49 ff) Gesellschafterversammlung Beschluß gefaßt werden, sofern wenigstens ein stimmberechtigter Gesellschafter erschienen ist[8]. Das gilt selbst für die Fälle, in denen das Gesetz eine qualifizierte Mehrheit vorschreibt, sofern sich die Qualifizierung auf die Zahl der abgegebenen Stimmen bezieht (Zusammenstellung in Rdn 15 f)[9]; denn der einzige erschienene Gesellschafter faßt zwangsläufig einstimmige Beschlüsse.

6 b) **Regelungen der Satzung.** Satzungsmäßige Regelungen der Beschlußfähigkeit sind zulässig[10] und angesichts der gesetzlichen Ausgangslage auch vielfach zweckmäßig. Die Satzung kann etwa verlangen, daß ein bestimmter Teil des Stammkapitals (z. B. die Hälfte) in der Versammlung vertreten sein oder sich an der Beschlußfassung beteiligen muß. Die erste Voraussetzung umfaßt alle anwesenden oder vertretenen Gesellschafter. Dagegen kommt es im zweiten Fall darauf an, daß das Quorum bei der konkreten Beschlußfassung unter Mitzählung der Stimmenthaltungen erreicht wird[11]. Nicht rechtlich notwendig, aber durchgängig sinnvoll ist es, daß die Satzung für eine wegen Beschlußunfähigkeit der ersten Versammlung erforderlich werdende zweite Versammlung auf Präsenzerfordernisse verzichtet. Sie kann auch vorschreiben, daß darauf in der Einladung zur zweiten Versammlung hinzuweisen ist. Daß die in der Hauptsache beschlußunfähige Versammlung die Neueinberufung beschließen kann, ist eine mögliche, aber praktisch kaum hilfreiche Satzungsklausel; denn angesichts der jedenfalls notwendigen Mitteilung des Beschlusses ist gegenüber einer zweiten Einberufung durch die Geschäftsführer (§ 49 Abs. 1) wenig gewonnen[12].

4. Beschlußantrag

7 a) **Grundsatz.** Die Gesellschafter können nur über Anträge beschließen, weil die Stimmabgabe keine irgendwie geartete Meinungsäußerung, sondern Zustimmung zu

---

8 Scholz/*K. Schmidt* § 48, 41; Baumbach/Hueck/*Zöllner* § 48, 2; Rowedder/*Koppensteiner*[2] § 48, 13; *Mutze* GmbH-Rdsch. 1970, 33 f.

9 AllgM, vgl. z. B. Scholz/*K. Schmidt* § 48, 41.

10 AllgM, vgl. Nachw. in Fn 8.

11 AM *H. M. Schmidt* GmbH-Rdsch. 1963, 145.

12 Insoweit aM Scholz/*K. Schmidt* § 48, 42: empfehlenswert.

dem oder Ablehnung des zuvor gestellten Antrags ist (vgl. noch Rdn 41). Es gibt also grundsätzlich *keine Beschlußfassung ohne Antrag*[13]. Eine Ausnahme bildet die Einmann-GmbH, weil es keinen Sinn ergibt, daß der Alleingesellschafter bei sich selbst einen Antrag stellt. Ob man deshalb von einer Entschließung statt eines Beschlusses spricht[14], hat keine sachliche Bedeutung. Der Antragsteller hat grundsätzlich kein Recht auf Beschlußfassung. Die Gesellschafterversammlung kann die Abstimmung vielmehr ablehnen oder vertagen[15]. Gesellschafter, die auf diese Weise die Bildung des für die GmbH maßgeblichen Willens verhindern, können damit allerdings unter besonderen Umständen treuwidrig handeln[16], so dann, wenn die Satzung bestimmte Geschäftsführungsmaßnahmen von einem Gesellschafterbeschluß abhängig macht (*Winter* aaO [Fn 16]).

b) **Antragsrecht.** Das Antragsrecht ist eine Ausprägung des Teilnahmerechts (§ 48, 13) und steht daher *jedem Gesellschafter* zu, auch dem Inhaber eines stimmrechtslosen Geschäftsanteils, auch demjenigen, der nach § 47 Abs. 4 nicht abstimmen darf[17]. Weil das Antragsrecht aus dem Teilnahmerecht folgt, kann es in der Versammlung nur von anwesenden oder gem. § 47 Abs. 3 vertretenen Gesellschaftern ausgeübt werden. Es genügt also nicht, daß ein abwesender Gesellschafter einen Antrag schriftlich einreicht oder der Versammlung durch Boten übermitteln läßt[18]. Die zum schriftlichen Antrag vertretene Gegenmeinung[19] übernimmt ein Element des § 48 Abs. 2 in die Gesellschafterversammlung; ihr ist daher, vorbehaltlich abweichender Regelung in der Satzung, nicht zu folgen. Ausreichend ist aber nach zutreffender **hM**, daß der Antrag des Gesellschafters auf dessen Betreiben in die Tagesordnung aufgenommen und vom Versammlungsleiter zur Abstimmung gestellt wurde[20]. Wenn die Gesellschafterversammlung dieses Verfahren mehrheitlich nicht will, muß sie für die Änderung der Tagesordnung Sorge tragen. **8**

Wer **nicht Gesellschafter** ist und auch nicht als Vertreter eines Gesellschafters auftritt, hat **kein Antragsrecht.** Das gilt auch für den *Geschäftsführer* ohne Gesellschaftereigenschaft; denn der Geschäftsführer ist zwar auf Verlangen zur Anwesenheit verpflichtet, hat aber als solcher kein Teilnahmerecht (§ 48, 20). Insoweit geäußerte Zweifel[21] erscheinen nicht begründet[22]. Dasselbe gilt nach richtiger, wenngleich wohl nicht herrschender Ansicht für den *fakultativen Aufsichtsrat,* weil § 118 Abs. 2 AktG auf ihn gem. § 52 Abs. 1 keine Anwendung findet (§ 48, 20)[23]. Dagegen hat der *obligatorische Aufsichtsrat* gem. § 118 Abs. 2 AktG iVm § 25 Abs. 1 Nr. 2 MitbestG ein organschaftliches Recht auf Teilnahme (§ 48, 20). Daraus resultiert auch ein Antragsrecht, das aber dem Aufsichtsrat als solchen, nicht seinen einzelnen Mitgliedern **9**

---

13 Scholz/*K. Schmidt* § 48, 45; Baumbach/Hueck/*Zöllner* 6; Rowedder/*Koppensteiner*² § 48, 13; *Baltzer* Der Beschluß als rechtstechnisches Mittel (1965), S. 103 ff; *Vogel* Gesellschafterbeschlüsse und Gesellschafterversammlung (1986), S. 145.

14 Vgl. z. B. Baumbach/Hueck/*Zöllner* § 48, 30; Rowedder/*Koppensteiner*² § 48, 13.

15 Baumbach/Hueck/*Zöllner* 7; **aM** Scholz/*K. Schmidt* § 48, 46 aE; teilweise auch Rowedder/*Koppensteiner*² § 48, 15.

16 Baumbach/Hueck/*Zöllner* 7; *M. Winter* Mitgliedschaftliche Treubindungen (1988), S. 120 f.

17 Scholz/*K. Schmidt* § 48, 46; Baumbach/Hueck/*Zöllner* 7; Fischer/*Lutter/Hommelhoff* § 48, 7; *Vogel* Gesellschafterbeschlüsse und Gesellschafterversammlung (1986), S. 146; **aM** OLG Nürnberg GmbH-Rdsch. 1971, 208: Wer in einer Angelegenheit nicht mitstimmen darf, kann auch nicht Vertagung beantragen.

18 Baumbach/Hueck/*Zöllner* 7.

19 Rowedder/*Koppensteiner*² § 48, 13; dieser Ansicht zuneigend Scholz/*K. Schmidt* § 48, 46.

20 Scholz/*K. Schmidt* § 48, 45; Baumbach/Hueck/*Zöllner* 7; *Vogel* Gesellschafterbeschlüsse und Gesellschafterversammlung (1986), S. 146.

21 Scholz/*K. Schmidt* § 48, 46; *Vogel* aaO (Fn 20), aber ohne Begründung.

22 Wie hier Rowedder/*Koppensteiner*² § 48, 14.

23 Gleicher Ansicht Rowedder/*Koppensteiner*² § 48, 14; **aM** *Vogel* aaO (Fn 20); wohl auch Scholz/*K. Schmidt* § 48, 46.

zusteht[24]. Der *Versammlungsleiter,* der nicht Gesellschafter ist, kann ebenfalls keine Anträge stellen[25]. Die Satzung kann den Kreis der Antragsberechtigten erweitern, insbesondere dem Geschäftsführer die Antragsbefugnis geben.

10 c) **Form und Inhalt; Ankündigung.** Eine bestimmte *Form* ist für den Antrag nicht vorgeschrieben. Auch aus allgemeinen Grundsätzen läßt sich ein Formerfordernis nicht ableiten. Demnach genügt ein mündlicher Antrag. Möglich ist aber auch, daß Gesellschafter, sofern anwesend (Rdn 8), einen schriftlich formulierten Antrag durch den Versammlungsleiter zur Abstimmung stellen lassen. Der *Inhalt* des Antrags muß seiner Funktion entsprechen, die Beschlußfassung durch bloße Ja- oder Nein-Stimmen zu ermöglichen (Rdn 7). Er muß also einen bestimmten Gesellschaftswillen vorzeichnen. Dabei sind positive und negative Fassungen möglich. Ein im Sinne des Antragstellers positives Ergebnis kann aber nur durch einen positiven Antrag erreicht werden[26]. Beispiele[27]: Wer den Ausschluß eines Gesellschafters erreichen will, muß darüber abstimmen lassen, wer für den Ausschluß ist. Wird statt dessen durch Abstimmung ermittelt, wer gegen den Ausschluß ist, und spricht sich dagegen die Minderheit aus, so ist die Ausschließung nicht erfolgt. In der Ankündigung der Tagesordnung (§ 51 Abs. 2) braucht der Antrag nicht enthalten zu sein (§ 51, 21). Er muß aber von der Tagesordnung gedeckt sein. Der Antrag darf also nicht zur Abstimmung gestellt werden, wenn der damit konkretisierte Beschlußgegenstand für die Gesellschafter nach der Ankündigung nicht hinreichend erkennbar war; Einzelheiten: § 51, 22 ff.

5. Beratung und Abstimmung

11 **Beratung.** Das Gesetz schreibt nicht vor, daß über die gestellten Anträge zu beraten ist. Es kann deshalb sogleich abgestimmt werden, wenn sich kein Teilnahmeberechtigter zu dem Antrag äußern will. Anders liegt es, wenn Gesellschafter oder der obligatorische Aufsichtsrat (zu seinem organschaftlichen Teilnahmerecht Rdn 7 und § 48, 20) eine Stellungnahme abgeben wollen. Dazu muß ihnen Gelegenheit gegeben werden, weil das Teilnahmerecht das Recht einschließt, sich zur Sache zu äußern und gehört zu werden (§ 48, 13)[28]. Das gilt auch für die von der Abstimmung generell oder im konkreten Fall (§ 47 Abs. 4) ausgeschlossenen Gesellschafter. Verstöße sind Verletzung des Teilnahmerechts und damit ein die Anfechtbarkeit begründender Verfahrensfehler.

12 Auch über die **Durchführung der Abstimmung** enthält das Gesetz keine Vorschriften. Wenn auch die Satzung nichts bestimmt und das Verfahren nicht durch eine von der Gesellschafterversammlung zuvor beschlossene Geschäftsordnung geregelt ist, entscheidet der Versammlungsleiter[29], ohne dabei an die Tagesordnung gebunden zu sein (§ 48, 31). Er muß insbesondere die Reihenfolge festlegen, in der über die Anträge abgestimmt wird, und die Art der Stimmabgabe festlegen; zur Stimmabgabe selbst vgl. Rdn 41, 57 ff. Für die **Reihenfolge** gibt es in der Praxis eingebürgerte Verfahrensregeln, nämlich: Über Anträge „zur Geschäftsordnung", also zum Ablauf des Verfahrens, auch zur Vertagung, wird vor Sachanträgen abgestimmt[30]. Unter mehreren Sachanträgen wird zunächst der weitergehende zur Abstimmung gestellt. Rechtlich verbindlich sind solche Regeln jedoch nicht; Abweichungen begünden also nicht die Anfechtbarkeit des Be-

---

24 Scholz/*K. Schmidt* § 48, 46; auch insoweit zweifelnd Rowedder/*Koppensteiner*² § 48, 14.

25 Baumbach/Hueck/*Zöllner* 7.

26 Baumbach/Hueck/*Zöllner* 8; *Winnefeld* DB 1972, 1053.

27 Nach RGZ 80, 189, 195.

28 Zutreffend Scholz/*K. Schmidt* § 48, 49.

29 Baumbach/Hueck/*Zöllner* 9; *Obermüller/Werner/Winden* Die Hauptversammlung (1967), S. 88 f; *Vogel* Gesellschafterbeschlüsse und Gesellschafterversammlung (1986), S. 146.

30 Einzelheiten bei *Vogel* aaO (Fn 29) S. 146 ff.

schlusses[31]. Ziel des Versammlungsleiters muß es aber sein, daß sich der Wille der Gesellschaftermehrheit möglichst unverfälscht in den Abstimmungsergebnissen niederschlägt.

6. Stimmenmehrheit

13 a) **Das Prinzip der einfachen Mehrheit.** Der Beschluß im Sinne des Antrags ist gefaßt, wenn dieser die erforderliche Stimmenmehrheit erhalten hat. Wird sie verfehlt, liegt ein ablehnender Beschluß vor (dazu Rdn 35). Anders als § 119 HGB, aber in sachlicher Übereinstimmung mit § 133 Abs. 1 AktG stellt § 47 Abs. 1 die Regel auf, daß der Gesellschafterbeschluß durch die Mehrheit der abgegebenen Stimmen zustande kommt. Das ist die sog. einfache Mehrheit. Sie genügt, ist aber – auch bei Wahlen (zur Satzung vgl. noch Rdn 23) – auch erforderlich. Zu Ausnahmen des Gesetzes siehe Rdn 15 ff.

14 b) **Feststellung der Mehrheit.** Die einfache Mehrheit ist erreicht, wenn die Auszählung der Stimmen ergibt, daß die Zahl der gültigen Ja-Stimmen die der gültigen Nein-Stimmen um wenigstens eine Stimme übertrifft[32]. Sonst, also auch bei Stimmengleichheit, ist der Antrag abgelehnt. Stimmenthaltungen zählen nicht. Auch Gesellschafter, die sich an der Beschlußfassung nicht beteiligen, werden ohne Rücksicht auf ihre Anwesenheit nicht mitgezählt. Zu berücksichtigen sind nur gültige Ja- oder Nein-Stimmen. Ungültige (also nichtige) Stimmen sind so zu behandeln, als ob sie nicht abgegeben wären. Beispiel: Von zehn Gesellschaftern stimmen vier mit Ja, drei mit Nein, zwei enthalten sich, eine Stimme ist ungültig; der Beschlußantrag ist angenommen. Oder: Es werden drei Ja-Stimmen, drei Nein-Stimmen und vier Enthaltungen gezählt; der Antrag ist abgelehnt.

15 c) **Weitergehende gesetzliche Anforderungen. aa) Qualifizierte Mehrheiten.** Für eine Reihe von Beschlußgegenständen genügt die einfache Mehrheit (Rdn 13 f) nicht. Vielmehr verlangt das Gesetz eine qualifizierte Mehrheit im Sinne von drei Vierteln der abgegebenen Stimmen. Hierher gehören: **Satzungsänderung** einschließlich ordentlicher Erhöhung oder Herabsetzung des Stammkapitals (§ 53 Abs. 2 S. 1); **Kapitalerhöhung** aus Gesellschaftsmitteln (§ 1 Abs. 2 KapErhG); **Auflösung** (§ 60 Abs. 1 Nr. 2); formwechselnde sowie übertragende **Umwandlung** (§ 53 Abs. 2 S. 1 iVm § 376 Abs. 2 S. 1 AktG; § 24 UmwG); **Verschmelzung** mehrerer GmbH (§ 20 Abs. 2 S. 1 KapErhG); Verschmelzung unter Beteiligung einer AG oder KGaA (§§ 355 Abs. 3 S. 1, 356 Abs. 2 S. 1 AktG). Satzungsänderung ist insbesondere die Änderung des Gesellschaftszwecks im Sinne des Übergangs von erwerbswirtschaftlicher zu ideeller Zielsetzung oder umgekehrt (näher Voraufl. § 53, 95). Insoweit ist über die satzungsändernde Mehrheit hinaus die Zustimmung aller Gesellschafter erforderlich; näher Rdn 17.

16 Über die unmittelbar geregelten Fälle hinaus bedarf es einer Mehrheit von drei Vierteln der abgegebenen Stimmen für den Gesellschafterbeschluß als Voraussetzung einer **Ausschlußklage.** Das ist im Schrifttum streitig, wird aber wegen der sachlichen Nähe dieses Falls zu dem des § 60 Abs. 1 Nr. 2 in der Judikatur[33] zu Recht angenommen (Einzelheiten: Anh § 34, 24). Auch für den **Fortsetzungsbeschluß,** also für die Rückverwandlung in eine werbende Gesellschaft fordert die **hM** die Mehrheit von drei Vier-

---

[31] Baumbach/Hueck/*Zöllner* 9.

[32] Dazu und zum folgenden Scholz/*K. Schmidt* 3; Baumbach/Hueck/*Zöllner* 14; *Vogel* Gesellschafterbeschlüsse und Gesellschafterversammlung (1986), S. 154.

[33] BGHZ 9, 157, 177 = NJW 1953, 780; OLG Frankfurt DB 1979, 2127.

teln[34]. Dem ist im Hinblick auf § 60 Abs. 1 Nr. 2 und unter analoger Anwendung des § 274 Abs. 1 S. 2 AktG beizutreten. **Beherrschungsvertrag, Beherrschungs- und Gewinnabführungsvertrag, isolierter Gewinnabführungsvertrag.** Auf Seiten der *beherrschten GmbH* ist der jedenfalls notwendige zustimmende Gesellschafterbeschluß nach richtiger, allerdings umstrittener Ansicht nach den Grundsätzen zu behandeln, die für eine Änderung des Gesellschaftszwecks (Rdn 15 aE) gelten[35]. Weil darin jedenfalls eine Satzungsänderung liegt, ist zunächst die qualifizierte Mehrheit von drei Vierteln der abgegebenen Stimmen (§ 53 Abs. 2 S. 1) erforderlich. Eine höchstrichterliche Klärung steht zwar aus[36], doch hat der BGH den maßgeblichen Sachgrund überzeugend formuliert: Auch bei äußerlich unveränderter Satzung der beherrschten Gesellschaft kommt es zur Statusänderung (Überlagerung) durch Organisationsvertrag, die sich in der Weisungsbefugnis des herrschenden Unternehmens, in der Maßgeblichkeit des Konzerninteresses und/oder im Gewinnbezugsrecht des herrschenden Unternehmens niederschlägt[37]. Auch auf Seiten der *herrschenden GmbH* ist der zustimmende Gesellschafterbeschluß nach BGH Wirksamkeitserfordernis (Außenwirkung). Auch dieser Beschluß bedarf einer Mehrheit von drei Vierteln der abgegebenen Stimmen; das folgt aus analoger Anwendung des § 293 Abs. 1 S. 2 iVm Abs. 2 S. 2 AktG, die wegen Übernahme des erhöhten, aus der unmittelbaren Leitung des beherrschten Unternehmens folgenden Geschäftsrisikos sachlich gerechtfertigt ist[38]. Einzelheiten der Unternehmensverträge sind in konzernrechtlichem Zusammenhang zu erörtern. Zur Frage des Stimmrechtsausschlusses vgl. Rdn 176 ff.

17 bb) **Zur Abgrenzung: Zustimmung aller Gesellschafter.** Bei einer Änderung des Gesellschaftszwecks (Rdn 15 aE) sowie bei Abschluß von Beherrschungs- und/oder Gewinnabführungsverträgen (Rdn 16) ist die qualifizierte Mehrheit von drei Vierteln der abgegebenen Stimmen zwar erforderlich, aber noch nicht genügend. Vielmehr bedarf die Änderung des Gesellschaftszwecks nach ganz **hM** zusätzlich der Zustimmung aller Gesellschafter, sofern es um mehr geht als um die bloße Änderung des Unternehmensgegenstands (insoweit: § 53 Abs. 2 S. 1)[39]. Das überzeugt in der Sache und kann sich auf den allgemeinen Rechtsgedanken des § 33 Abs. 1 S. 2 BGB[40] stützen. Die vertragliche Unterstellung einer GmbH durch Beherrschungs- und/oder Gewinnabführungsvertrag ist ein vergleichbarer organisationsrechtlicher Eingriff (vgl. schon Rdn 16), so daß insoweit nichts anderes gelten kann. Für das dogmatische Verständnis und die praktischen Konsequenzen ist zwischen dem qualifizierter Mehrheit bedürftigen Beschluß einerseits und der Zustimmung aller Gesellschafter andererseits strikt zu unterscheiden. Der dogmatische Unterschied liegt darin, daß sich das Mehrheitserfordernis auf den Beschlußantrag bezieht; wenn insoweit von Zustimmung gesprochen wird, ist nichts anderes als eine Ja-Stimme gemeint. Die überdies notwendige Zustimmung von Gesellschaftern hat nicht mehr den Antrag, sondern einen bereits gefaßten Beschluß zum Gegenstand. Konsequenzen: Wenn der Antrag nicht die erforderliche qualifizierte Mehrheit erhält, liegt schon kein positiver Beschluß vor. Wenn die weiter erforderliche Zustimmung aussteht, geht es dagegen um die (schwebende oder relative) Unwirksamkeit des vorhandenen Beschlusses. Auch gelten für die Art und Weise der Zustimmung (Zeitpunkt, Form) nicht die Anforderungen, die an die Stimmabgabe zu

---

[34] *Ulmer* Voraufl. § 60, 86 ff.

[35] Eingehend bereits *Ulmer* Voraufl. § 53, 125 ff.

[36] BGHZ 105, 324, 332 = WM 1988, 1819 (Meyer) hat die Frage ausdrücklich offengelassen.

[37] BGHZ 103, 1, 4 f = NJW 1988, 1326 = WM 1988, 258; BGHZ 105, 324, 331 (Fn 36).

[38] BGHZ 105, 324, 334, 336 (Fn 36).

[39] *Ulmer* Voraufl. § 53, 95 mit Einzelheiten.

[40] Dazu BGHZ 96, 245, 248 ff = NJW 1986, 1033 (Verein).

stellen sind. Die Einzelheiten sind deshalb nicht hier, sondern bei den sonstigen Erfordernissen für die Wirksamkeit von Beschlüssen erörtert (Rdn 30 ff, 32 f).

d) Regelungen der Satzung. aa) Verschärfung der Mehrheitserfordernisse. Die Satzung kann für alle (Ausnahme: Abberufung von Geschäftsführern aus wichtigem Grund, vgl. Rdn 21) oder für bestimmte Beschlüsse höhere Mehrheiten vorschreiben als das Gesetz[41]. Sie kann das auch in den Fällen, in denen schon das Gesetz eine qualifizierte Mehrheit verlangt (Rdn 15 f). So kann sie z. B. für Satzungsänderungen eine Mehrheit von neun Zehnteln voraussetzen[42]. Durch solche Klauseln wird die Minderheit geschützt; umgekehrt betrachtet wird ihr eine Sperrminorität eingeräumt. Nicht nur, aber gerade in den Fällen, in denen die Satzung die Mehrheitserfordernisse verschärft, kann sich die Frage stellen, ob eine Verpflichtung des Gesellschafters zur positiven Stimmabgabe begründbar ist. Das ist für die Fälle zu bejahen, in denen der obstruierende Gesellschafter gegen seine Treubindungen zur GmbH oder zu den Mitgesellschaftern verstößt[43]; vgl. dazu mit Einzelheiten Rdn 191 ff. **18**

Streitig ist, ob ein Beschluß im Sinne des Antrags vorliegt, wenn der Antrag die **gesetzliche, aber nicht die höhere satzungsmäßige Mehrheit** gefunden hat. Nach einer Ansicht ist der Beschluß, wenngleich anfechtbar, doch zustande gekommen[44]; nach der Gegenmeinung fehlt es schon an einem positiven Beschluß[45]. Nach heute gesicherter Ansicht (dazu Rdn 27 ff) ist zunächst danach zu unterscheiden, ob der Versammlungsleiter, wenn auch zu Unrecht, die satzungsmäßige Mehrheit angenommen und das Beschlußergebnis entsprechend festgesetzt hat[46]. Dann konstituiert die Feststellung den Beschluß, der analog § 243 Abs. 1 AktG nur angefochten werden kann. Ist dagegen eine solche Feststellung nicht erfolgt, so bleibt es dabei, daß der Antrag die satzungsmäßig notwendige Mehrheit verfehlt hat, ein positiver Beschluß also nicht vorliegt. Die Gegenansicht ist nicht begründbar. **19**

Die Satzung kann auch **Einstimmigkeit** verlangen. Eine Satzungsklausel, nach der ein Gesellschafterstamm seine Rechte nur einheitlich ausüben kann, trägt aber nicht ohne weiteres die Auslegung, daß innerhalb des Stammes einstimmig beschlossen werden muß (BGH GmbH-Rdsch. **1990** 75, 76). Die Auslegung einer solchen Klausel ist auch sonst nicht zweifelsfrei. Für den Regelfall ist anzunehmen, daß der Beschluß im Sinne des Antrags zustande kommt, wenn alle Gesellschafter, die sich an der Abstimmung beteiligen, mit Ja stimmen. Auf ungültige Stimmen kommt es also nicht an, auch nicht auf die Stimmen abwesender, oder zwar erschienener, aber an der Abstimmung nicht beteiligter Gesellschafter. Die Satzung kann auch vorsehen, daß der Beschluß nur mit den Ja-Stimmen aller Gesellschafter zustande kommt. Empfehlenswert ist eine derartige Regelung im allgemeinen nicht, weil sie die Beschlußfassung von jedem einzelnen Gesellschafter abhängig macht. Wenn diese Gestaltung gewollt ist, stellt sich die Zusatzfrage, ob die Stimmabgabe aller in der Gesellschafterversammlung erfolgen muß oder ob einzelne Gesellschafter dem Beschlußantrag auch gesondert, also **20**

---

[41] BGH GmbH-Rdsch. 1990, 75, 76; Scholz/*K. Schmidt* 9; Baumbach/Hueck/*Zöllner* 15; Rowedder/*Koppensteiner*[2] 15.

[42] Vgl. den Fall BGHZ 14, 25 = NJW 1954, 1401; wie hier auch *Mayer* GmbH-Rdsch. 1990, 61, 63 f; aM (Sperrminorität von 25%) *Ivens* GmbH-Rdsch. 1989, 61, 64.

[43] Scholz/*K. Schmidt* 9 und 26; *M. Winter* Mitgliedschaftliche Treubindungen (1988), S. 167 ff.

[44] *Ballerstedt* GmbH-Rdsch. 1955, 160, 163; *Schilling* Voraufl. 5.

[45] KG JW 1937, 549, 550; *Zöllner* Die Schranken mitgliedschaftlicher Stimmrechtsmacht (1963), S. 400 f; offengelassen in BGHZ 14, 25, 35 f = NJW 1954, 1401.

[46] Nur diesen Fall betrifft schon das aktienrechtliche Urteil RGZ 75, 239, 241 ff; in dem gleichfalls in diesem Zusammenhang genannten Urteil RGZ 144, 210 war rechtzeitig Anfechtungsklage erhoben, so daß es auf die Frage nicht ankam.

vor oder nach der Versammlung, ihre Stimme geben können. Das zweite dient der Praktikabilität und ist sachgerecht, läßt sich aber nicht schon durch eine Parallele zu § 180 Abs. 1 AktG und der dazu vorliegenden Rechtsprechung begründen[47]; denn dort geht es um die Zustimmung zu einem schon vorliegenden Beschluß[48], hier um die Zustimmung zu dem Antrag, die den Beschluß erst hervorbringen soll (vgl. schon Rdn 17). Es handelt sich also um eine *kombinierte Beschlußfassung*, die jedoch nach **hM** ohne Satzungsgrundlage nicht zu gültigen Beschlüssen führt (dazu § 48, 58 f, 62). Ob eine Satzungsklausel, nach der die Ja-Stimmen aller Gesellschafter erforderlich sind, zugleich als Zulassung kombinierter Beschlußfassung ausgelegt werden kann, ist Frage des Einzelfalls und eher zu verneinen; eine ausdrückliche Bestimmung der Satzung ist jedenfalls empfehlenswert. Zur Zustimmung aller Gesellschafter im Sinne eines ergänzenden Wirksamkeitserfordernisses vgl. Rdn 17, 32 f.

21 Ausgeschlossen ist eine Verschärfung der gesetzlichen Mehrheitserfordernisse durch die Satzung, soweit es um die **Abberufung von Geschäftsführern aus wichtigem Grund** (§ 38 Abs. 2) geht. Sie liegt in der Zuständigkeit der Gesellschafter (§ 48 Nr. 5), die darüber mangels besonderer Bestimmung des Gesetzes mit der einfachen Mehrheit des § 47 Abs. 1 entscheiden. Die Satzung kann das Erfordernis einer qualifizierten Mehrheit oder gar eines einstimmigen Beschlusses insoweit nicht wirksam begründen, weil die Trennung von dem Geschäftsführer sonst entgegen Sinn und Zweck des § 38 Abs. 2 unmöglich werden könnte[49]; wegen der Einzelheiten vgl. Erl. zu § 38.

22 **bb) Absenkung der Mehrheitserfordernisse.** Eine Absenkung der Mehrheitserfordernisse durch die Satzung ist **grundsätzlich ausgeschlossen**[50]. Für die einfache Mehrheit iSd § 47 Abs. 1 folgt das schon aus der Natur der Sache (vgl. Rdn 14). Soweit das Gesetz höhere Anforderungen stellt, insbesondere eine qualifizierte Mehrheit vorsieht (Rdn 15 ff), wäre eine Abschwächung durch die Satzung zwar mit dem Mehrheitsbegriff vereinbar. Sie würde aber mit der Schutzfunktion des Erfordernisses in Widerspruch geraten und könnte den Umkehrschluß insbesondere aus § 53 Abs. 2 S. 2 nicht überwinden.

23 **Ausnahmen.** Vom Erfordernis der einfachen Mehrheit kann die Satzung in der Weise abweichen, daß sie einem Gesellschafter (z. B. dem geschäftsführenden) das *Recht des Stichentscheids* zuweist[51]. Seine Stimme gibt dann bei Stimmengleichheit den Ausschlag. Nicht zuzulassen wäre dagegen, daß sich die Stimme eines Gesellschafters gegen die Mehrheit durchsetzt (vgl. auch § 77 Abs. 1 S. 2 AktG). Das RG hat es auch für zulässig erachtet, daß der Stichentscheid von dem Gesellschaftssyndikus ausgeübt wird, der selbst nicht Mitglied der GmbH ist[52]. Ähnlich hat es der BGH für zulässig gehalten, daß bei erforderlicher, aber nicht erzielbarer Einstimmigkeit ein Schiedsgericht als Gesellschaftsorgan tätig wird und sein Spruch den Beschluß ersetzt[53]. Besondere Bestimmungen kann die Satzung auch für *Wahlen* treffen[54], etwa für die Wahl der Geschäftsführer (§§ 6 Abs. 3 S. 2, 46 Nr. 5) oder für die Wahl zum Aufsichtsrat (§ 52). So kann bestimmt werden, daß die *relative Mehrheit* entscheidet, also von mehr

[47] So noch *Schilling* Voraufl. 6 unter Bezugnahme auf *Wiedemann*-GroßkommAktG § 180, 2 (dort Nachw. zur Judikatur).

[48] Ähnlich *Zöllner* Die Schranken mitgliedschaftlicher Stimmrechtsmacht (1963), S. 112 Fn 16.

[49] Leitentscheidung: BGHZ 86, 177, 179 = NJW 1983, 938; im Schrifttum streitig, aM z. B. Baumbach/Hueck/*Zöllner* § 38, 14.

[50] Scholz/*K. Schmidt* 10; Baumbach/Hueck/*Zöllner* 15.

[51] Scholz/*K. Schmidt* 10; Baumbach/Hueck/*Zöllner* 14; Rowedder/*Koppensteiner*[2] 15.

[52] RGZ 49, 141, 146 f.

[53] BGHZ 43, 261, 264 f = NJW 1965, 1378.

[54] Baumbach/Hueck/*Zöllner* 16; *Vogel* Gesellschafterbeschlüsse und Gesellschafterversammlung (1986), S. 156.

als zwei Bewerbern derjenige gewählt ist, der die meisten Stimmen erhalten hat. Auch *Stichwahl* ist zulässig. Das *Verhältniswahlrecht* kann für den Fall eingeführt werden, daß mehrere Organpersonen (besonders Aufsichtsratsmitglieder) gleichzeitig gewählt werden sollen. Vom Erfordernis qualifizierter Mehrheit darf beim *Auflösungsbeschluß* abgewichen werden (§ 60 Abs. 1 Nr. 2), wenn die Auflösung nicht zugleich, wie bei Mindestbefristung, eine Satzungsänderung darstellt (dann: § 53 Abs. 2 S. 1). Es bleibt aber beim Erfordernis der einfachen Mehrheit (§ 47 Abs. 1). Das Auflösungsrecht einer Minderheit ist nicht Beschluß nach § 60 S. 1 Nr. 2, sondern Kündigungsrecht, das nach § 60 Abs. 2 vorgesehen werden kann[55]. Schließlich kann die einfache statt der qualifizierten Mehrheit auch für den *Fortsetzungsbeschluß* vorgesehen werden; der Rechtsgedanke des § 60 Abs. 1 Nr. 2 ist auch insoweit maßgeblich.

cc) **Ja-Stimme eines bestimmten Gesellschafters.** Die Satzung darf vorsehen, daß der Beschluß der Gesellschafterversammlung nur dann zustande kommt, wenn der Antrag die Zustimmung eines bestimmten Gesellschafters oder jedenfalls nicht seinen Widerspruch (Veto) gefunden hat[56]. Damit ist eine gesteigerte Einwirkungsmöglichkeit auf die Willensbildung in der GmbH verbunden, der gesteigerte Treubindungen (vgl. schon Rdn 18) und, bei ihrer Mißachtung, ein klag- und durchsetzbarer Anspruch (§ 894 Abs. 1 S. 1 ZPO) auf Zustimmung oder Zurücknahme des Widerspruchs entsprechen müssen. **24**

dd) **Mitwirkung Dritter?** Wenig erörtert ist die Frage, ob das Zustandekommen eines Beschlusses nach der Satzung auch von der Mitwirkung Dritter abhängen oder durch das Veto Dritter verhindert werden darf[57]. Sie erlangt praktische Bedeutung, wenn Unternehmen oder Einrichtungen der öffentlichen Hand ein Mitspracherecht haben sollen, ohne an der GmbH beteiligt zu sein. Das Problem hat verschiedene Aspekte. Zunächst fragt sich, was eine derartige Vereinbarung überhaupt bedeuten kann und soll. Zu diesem Punkt bleibt festzuhalten, daß das aus der Mitgliedschaft folgende Stimmrecht auch nur Mitgliedern zustehen kann (vgl. noch Rdn 52 ff). Die Mitsprache Dritter kann sich demnach nicht über das Stimmrecht vollziehen. Vielmehr kann es nur darum gehen, ob der schon zustande gekommene Beschluß von der zusätzlichen Mitwirkung Dritter abhängen kann, um Wirksamkeit zu entfalten. Darauf ist gesondert zurückzukommen (unten Rdn 34). **25**

e) **Feststellung des Beschlußergebnisses. aa) Keine entsprechende Anwendung des § 130 Abs. 1 und 2 AktG.** Der Hauptversammlungsbeschluß bedarf notarieller Beurkundung. In der Urkunde sind u. a. Art und Ergebnis der Abstimmung sowie die Feststellung des Vorsitzenden über die Beschlußfassung anzugeben. Eine notarielle Beurkundung ist dagegen für die GmbH nur ausnahmsweise vorgesehen, insbesondere für satzungsändernde Beschlüsse (§ 53 Abs. 2 S. 1; vgl. noch Rdn 30). Eine Feststellung des Beschlußergebnisses durch den Versammlungsleiter schreibt das GmbH-Gesetz überhaupt nicht vor. Eine derartige Bestimmung ist auch nicht denkbar, ohne mit der Rechtstradition zu brechen, daß die Gesellschafterversammlung der GmbH keines Leiters bedarf (§ 48, 29). Nach heute allgM sind § 130 Abs. 1 und 2 AktG auf die GmbH auch nicht entsprechend anzuwenden; vielmehr bleibt es dabei, daß Beschlüsse auch ohne Beurkundung wirksam zustande kommen, sofern das Gesetz oder die Satzung (Rdn 30) nichts anderes bestimmen, und, praktisch wichtiger, auch ohne **26**

[55] Dazu *Ulmer* Voraufl. § 60, 28 und 65 ff.
[56] Scholz/*K. Schmidt* 12.
[57] Vgl. aber Scholz/*K. Schmidt* 12 und eingehend, aus satzungsrechtlicher Perspektive, *Ulmer* Festschr. für Werner (1984), S. 911 ff.

Feststellung des Beschlußergebnisses durch einen Versammlungsleiter[58]. Der Inhalt des Beschlusses hängt danach, wenn auch tatsächlich keine Feststellung oder Beurkundung erfolgt ist (dazu Rdn 27 ff), allein vom Abstimmungsergebnis ab. Im Sinne des Antrags ist beschlossen, wenn er die erforderliche Mehrheit gefunden hat; sonst liegt ein ablehnender Beschluß vor (vgl. noch Rdn 35). Anderes soll nach BGH GmbH-Rdsch. 1990 68 gelten, wenn die Satzung einen Versammlungsleiter vorsieht und die Stimmabgaben widerstrebender Gesellschafter gem. § 894 ZPO ersetzt werden; nach BGH aaO ist über die rechtskräftige Verurteilung hinaus die Beschlußfeststellung durch den Versammlungsleiter erforderlich.

27 bb) **Maßgeblichkeit einer erfolgten Beurkundung oder getroffenen Feststellung. Fragestellung.** Zu klären bleibt, welche Bedeutung Beurkundungen oder Feststellungen haben, soweit sie stattfinden. Wenn sie sachlich richtig sind, verlautbaren sie den Inhalt des ohnehin gefaßten Beschlusses. Wenn sie das Ergebnis der Beschlußfassung unrichtig wiedergeben, ist weiter zu unterscheiden. Der Fehler kann darin liegen, daß die erforderliche Stimmenmehrheit festgestellt wird, obwohl sie, etwa wegen ungültiger oder unzulässiger Stimmabgaben, nicht erreicht war. Aber auch das Umgekehrte kommt vor: Es wird festgestellt, daß der Antrag die erforderliche Mehrheit nicht erhalten hat, obwohl das in Wirklichkeit der Fall war. Für diese Sachverhalte fragt sich, ob Beurkundung und/oder Feststellung den Beschluß trotz ihrer sachlichen Unrichtigkeit mit der Folge konstituieren, daß er nur noch durch (fristgebundene) Anfechtungsklage beseitigt werden kann.

28 **Verlauf und Ergebnis der Diskussion.** Die höchstrichterliche **Judikatur** hat keinen geradlinigen Verlauf genommen. Der BGH hat zunächst den Fall einer Satzungsänderung entschieden und angenommen, daß insoweit die notarielle Beurkundung und die Feststellung eines positiven Beschlußergebnisses durch den Versammlungsleiter den Beschluß konstituieren, obwohl die erforderliche Mehrheit fehlte[59]. Diese rechtliche Beurteilung auf gewöhnliche Gesellschafterbeschlüsse iSd § 47 zu erstrecken, hat der BGH zunächst ausdrücklich abgelehnt[60]. Seine Entscheidung zur positiven Beschlußfeststellungsklage enthält eine erste Relativierung dieses Standpunkts[61]. Danach war zunächst über Fälle zu befinden, in denen ein im Sinne des Antrags negatives Abstimmungsergebnis, also die Ablehnung, festgestellt war. Der BGH erkannte an, daß solche Ablehnung einen Beschluß darstellt, der mit Anfechtungsklage angegriffen werden kann, die sich ihrerseits durch positive Beschlußfeststellungsklage ergänzen läßt (vgl. auch Rdn 35)[62]. Schließlich wurde auch die unrichtige Feststellung, daß der Antrag die Mehrheit gefunden habe, als Beschluß gewertet, der ursprünglich eingenommene Standpunkt also aufgegeben[63]. Der damit erzielte Entwicklungsstand findet im **Schrifttum** ganz weitgehend Zustimmung[64]. Daß die Beschlußfeststellung gänzlich oder doch regelmäßig unerheblich sei, wird nur noch von einer Minderheit vertreten[65].

---

[58] Scholz/*K. Schmidt* § 48, 57; Baumbach/Hueck/*Zöllner* 18; *Vogel* Gesellschafterbeschlüsse und Gesellschafterversammlung (1986), S. 156 f; im Grundsatz noch aM *Zöllner* Die Schranken mitgliedschaftlicher Stimmrechtsmacht (1963), S. 394 f; zur Rechtsprechung siehe Fn 59 ff.

[59] BGHZ 14, 25, 35 f = NJW 1954, 1401.

[60] BGHZ 51, 209, 212 = NJW 1969, 841.

[61] BGHZ 76, 154, 156 = NJW 1980, 1527.

[62] BGHZ 88, 320, 328 = NJW 1984, 489; BGHZ 97, 28, 30 = NJW 1986, 2051.

[63] BGHZ 104, 66, 69 = NJW 1988, 1844.

[64] Scholz/*K. Schmidt* § 48, 58; Baumbach/Hueck/*Zöllner* 18 und § 47 Anh, 64; Fischer/*Lutter*/*Hommelhoff* § 47 Anh, 35; Geßler/Hefermehl/Eckardt/Kropff/*Hüffer* § 241 AktG, 12 aE; *Zöllner* ZGR 1982, 623, 626 f; *Zöllner*/*Noack* ZGR 1989, 525, 527.

[65] Rowedder/*Koppensteiner*[2] 9 (an der ursprünglichen Linie der Rechtsprechung [Fn 59 f] festhaltend); *Meyer-Landrut*/Miller/Niehus 14 (wohl gänzlich gegen Relevanz der Beschlußfeststellung).

Stellungnahme. Der **hM** ist beizupflichten. Für sie spricht entscheidend der Zugewinn an Rechtssicherheit, der mit der Notwendigkeit einer Anfechtungsklage erzielt wird; näher dazu Anh § 47. Entscheidend kommt es nach dem nunmehr erzielten Entwicklungsstand nicht mehr auf die notarielle Beurkundung, sondern auf die Feststellung des Versammlungsleiters an. Damit stellt sich allerdings die früher nicht relevante Frage, was gelten soll, wenn der Notar die Tatsache einer Beschlußfassung beurkundet hat, ohne daß zugleich die Feststellung eines Versammlungsleiters oder, bei schriftlicher Abstimmung (zur Satzungsänderung in diesem Verfahren vgl. § 48, 54), eines Abstimmungsleiters vorliegt; denn nach wie vor gilt, daß ein solcher Leiter nicht erforderlich ist (§ 48, 29) und der Beschluß auch ohne besondere Feststellung zustande kommt (Rdn 26). Die Frage ist dahin zu beantworten, daß auch die in der Sache unrichtige notarielle Niederschrift den Beschluß mit dem beurkundeten Inhalt zustande bringt; dies jedenfalls dann, wenn die Beurkundung durch das Gesetz (§ 53 Abs. 2) oder die Satzung vorgeschrieben ist. Denn bei einer derartigen Dokumentation des Beschlußinhalts kann unter dem Gesichtspunkt der Rechtssicherheit nicht anders verfahren werden als bei bloßer Beschlußfeststellung, ist also zur Beseitigung des Beschlusses Anfechtungsklage erforderlich. Beurkundung und Feststellung werden damit zu alternativen Tatbestandsmerkmalen eines zwar anfechtbaren, aber vorläufig zustande gekommenen Beschlusses. **29**

7. Sonstige Erfordernisse

a) Formerfordernisse. Grundsätzlich entfaltet der Beschluß die Wirkungen, die ihm als Instrument organschaftlicher Willensbildung (Rdn 2) zukommen, in dem Augenblick, in dem der rechtsgeschäftliche Tatbestand (Rdn 3) verwirklicht ist. Das ist der Fall, sobald der Antrag die jeweils erforderliche Mehrheit gefunden hat (Rdn 13). Gesetz oder Satzung können die Wirksamkeit des Beschlusses jedoch von zusätzlichen Erfordernissen abhängig machen. Dann liegt ein rechtsgeschäftlicher Gesamttatbestand vor, der sich aus dem Beschluß und den weiteren Erfordernissen zusammensetzt. Die intendierte Beschlußwirkung tritt nur und erst dann ein, wenn der Gesamttatbestand erfüllt ist. In diesem Sinne kann zunächst eine besondere Form verlangt werden. So für die *Satzungsänderung* in § 53 Abs. 2 S. 1 und folglich auch für *Veränderungen des Stammkapitals* (§§ 55 ff) einschließlich einer Kapitalerhöhung aus Gesellschaftsmitteln (§ 1 Abs. 2 KapErhG), ferner für die übertragene und die formwechselnde *Umwandlung* (§ 24 Abs. 1 S. 3 UmwG, § 376 Abs. 2 S. 1 AktG), schließlich für die *Verschmelzung* mehrerer GmbH (§ 20 Abs. 3 S. 1 KapErhG) und für die Verschmelzung einer GmbH mit einer AG oder KGaA (§§ 355 Abs. 3 S. 1, 356 Abs. 2 S. 1 AktG). In allen genannten Fällen ist notarielle Beurkundung des Beschlusses erforderlich. Auch die *Satzung* kann notarielle Beurkundung vorschreiben und damit die Wirksamkeit des Beschlusses davon abhängig machen, daß diese Form eingehalten wird[66]. Derartige Klauseln sind jedoch nicht üblich und im allgemeinen auch nicht zweckmäßig. Nicht formbedürftig ist der Beschluß über die *Feststellung des Jahresabschlusses*[67]. Aus § 245 S. 1 HGB folgt nichts anderes; denn die Norm begründet nur die öffentlich-rechtliche Unterzeichnungspflicht, die von den Geschäftsführern zu erfüllen ist[68]. Schließlich gehört die Protokollpflicht, die § 48 Abs. 3 für den *Beschluß des Alleingesellschafters* vorschreibt, nicht in diesen Zusammenhang; denn der Beschluß wird auch ohne die Niederschrift wirksam und ist auch nicht ungültig (näher § 48, 67). **30**

---

[66] AllgM, vgl. z. B. Baumbach/Hueck/*Zöllner* 19.
[67] BGH BB 1985, 567; Baumbach/Hueck/*Zöllner* 20.
[68] Näher *Hüffer*-GroßkommHGB § 245, 5.

31 b) **Eintragung in das Handelsregister.** Die Wirksamkeit des Gesellschafterbeschlusses kann auch davon abhängig sein, daß der Beschluß oder seine Durchführung in das Handelsregister eingetragen werden. Grundsätzlich bedürfen Gesellschafterbeschlüsse jedoch keiner Eintragung. Auch gehören nicht alle anmeldepflichtigen Vorgänge hierher (z. B. nicht §§ 8 Abs. 1 Nr. 2, Abs. 4, 39), sondern nur diejenigen, in denen die Eintragung konstitutiv wirkt[69]. Das sind insbesondere die satzungsändernden (§ 54 Abs. 3) und die übrigen in Rdn 30 genannten *Grundlagenbeschlüsse* (vgl. dazu außer § 54 Abs. 3 die §§ 8 Abs. 1, 25 Abs. 2 S. 1 KapErhG, §§ 5 S. 1, 24 Abs. 1 S. 1 UmwG, §§ 346 Abs. 3 S. 1 iVm § 355 Abs. 2 S. 1, 376 Abs. 2 S. 1 AktG). Eintragungsbedürftig und in ihrer Wirksamkeit eintragungsabhängig sind darüber hinaus der *Beherrschungs- und/oder Gewinnabführungsvertrag* sowie der *Zustimmungsbeschluß* der beherrschten GmbH wegen seiner satzungsändernden Wirkung (vgl. schon Rdn 16)[70]. Entgegenstehende Judikatur der Instanzgerichte ist überholt[71].

32 c) **Zustimmung betroffener Gesellschafter. Kennzeichnung und Fallgruppen.** Die Wirksamkeit des Beschlusses kann davon abhängen, daß ihm Gesellschafter, die von den intendierten Beschlußwirkungen betroffen werden, ihre Zustimmung erteilen. Es geht hierbei nicht um die Zustimmung zum Antrag (Ja-Stimme), sondern um die Erklärung des Einverständnisses mit dem Beschluß selbst (vgl. schon Rdn 17); nicht um das Mehrheitserfordernis, sondern um den Schutz der mitgliedschaftlichen Einzelinteressen einiger oder aller Gesellschafter. Der so verstandenen Zustimmung aller Gesellschafter bedürfen: die Änderung des Gesellschaftszwecks (Rdn 17 und Voraufl. § 53, 95) sowie der Abschluß eines Beherrschungs- und/oder Gewinnabführungsvertrags auf seiten der beherrschten GmbH (Rdn 17 und Voraufl. § 53, 125 ff). Der Zustimmung der jeweils betroffenen Gesellschafter bedürfen insbesondere[72]: leistungsvermehrende Beschlüsse (§ 53 Abs. 3), etwa Erhöhung der Einlagepflichten, Begründung von Nebenpflichten (Voraufl. § 53, 67 ff); Verkürzung von Sonderrechten (Voraufl. § 53, 59); nachträgliche Vinkulierung von Geschäftsanteilen wegen des damit verbundenen Verlusts der Veräußerungsbefugnis; insoweit ist Zustimmung aller Gesellschafter erforderlich, wenn eine Beschränkung bislang überhaupt nicht vorgesehen war (Voraufl. § 53, 114).

33 **Rechtliche Behandlung.** Die *Zustimmung* unterliegt nicht den für die Stimmabgabe geltenden Regeln (vgl. schon Rdn 17 aE)[73]. Sie muß also nicht in der Gesellschafterversammlung oder unter den Bedingungen einer schriftlichen Abstimmung nach § 48 Abs. 2 erteilt werden, sondern kann der Beschlußfassung vorausgehen oder nachfolgen. Auch ist die Zustimmungserklärung an keine Formerfordernisse gebunden. Sie kann vielmehr formfrei erklärt werden, und zwar auch dann, wenn für den Beschluß selbst durch Gesetz oder Satzung eine Form vorgeschrieben ist (Rdn 30). Schon aus Nachweisgründen ist Schriftform allerdings zweckmäßig. Entbehrlich ist die nochmalige Zustimmung, wenn der Gesellschafter im Sinne des Beschlußantrags gestimmt hat. Er kann seine Ja-Stimme auch nicht dadurch rückgängig machen, daß er sich nachträglich auf das Zustimmungserfordernis beruft

[69] Dazu *Hüffer*-GroßkommHGB § 8, 80.

[70] BGHZ 105, 324, 327 ff = WM 1988, 1819 (Meyer); zuvor schon BayObLG WM 1988, 1229 (Vorlagebeschluß); OLG Hamburg WM 1987, 1163, 1169; zum Schrifttum vgl. *Hillers* Sammelanmerkung DNotZ 1988, 635; *Lutter/Hommelhoff* NJW 1988, 1240.

[71] OLG Celle WM 1988, 47 f; OLG Düsseldorf NJW 1982, 284; OLG Düsseldorf WM 1987, 1396; OLG Schleswig ZIP 1987, 1448, 1453.

[72] Vgl. auch die Zusammenstellung bei Baumbach/Hueck/*Zöllner* 21.

[73] RGZ 121, 238, 244 (AG); RGZ 136, 185, 189; BGHZ 20, 363, 368 f = NJW 1956, 1198, 1753 m. Anm. *Kubisch; Ulmer* Voraufl. § 53, 41; Scholz/*Priester* § 53, 88 ff.

und die Abgabe einer entsprechenden Erklärung verweigert. Der *Gesellschafterbeschluß* ist zwar gefaßt, aber *schwebend unwirksam,* bis die notwendigen Zustimmungserklärungen vorliegen. Er wird endgültig unwirksam, wenn die Zustimmung versagt oder nicht in angemessener Zeit erklärt wird (Voraufl. § 53, 83)[74]. Relative Unwirksamkeit nur im Verhältnis zu den Gesellschaftern, deren Zustimmung aussteht, ist denkbar, setzt aber voraus, daß der Beschluß auch ohne ihre Erklärung tragfähig und die rechtliche Wirkung von den übrigen Gesellschaftern gewollt ist[75].

d) **Zustimmung Dritter?** Dritte, also Personen oder Einrichtungen, die nicht Gesellschafter sind, haben *kein Stimmrecht* und können es wegen des Abspaltungsverbots auch durch die Satzung nicht erlangen; dazu Rdn 25 und unten Rdn 52 f sowie § 45, 28. Zu prüfen bleibt aber, ob die Wirksamkeit des von der Gesellschafterversammlung gefaßten Beschlusses davon abhängen kann, daß ein Dritter ihm zustimmt (zum Ausgangspunkt vgl. Rdn 30). Die Frage ist zu verneinen, weil das Ergebnis mangels gesetzlicher Basis nur aus der Satzung folgen könnte. Die Satzung kann aber Rechte Dritter nicht begründen, insbesondere Dritte nicht in die Organisation der GmbH eingliedern, weil das mit ihrem *Charakter als Organisationsstatut* nicht vereinbar ist; eine Ausnahme bilden nur die Fälle, in denen Dritte selbst zu Organmitgliedern werden[76]. Möglich ist folglich nur, daß die Satzung vertragliche, also schuldrechtliche Bindungen verlautbart, welche die von ihren Geschäftsführern vertretene GmbH gegenüber Dritten eingegangen ist[77]. Eine solche *Vertragsbindung* kann grundsätzlich auch den Inhalt haben, daß die GmbH den Gesellschafterbeschluß nicht ohne die Zustimmung oder nicht gegen den Widerspruch eines Dritten zur Ausführung bringt. Für die Wirksamkeit des Beschlusses selbst ist eine derartige Abrede ohne Bedeutung. Aus ihr folgen jedoch Unterlassungsansprüche und im Fall einer zu vertretenden Zuwiderhandlung Schadensersatzansprüche des Vertragspartners der GmbH. Eine derartige Gestaltung ist grundsätzlich, aber wegen des Prinzips der Verbandssouveränität (§ 45, 13) nicht schrankenlos zulässig. Vielmehr ist der Vertrag nichtig, weil und soweit er Dritten ein Mitspracherecht sichern soll, das in den Kernbereich autonomer Gestaltung eingreift. Insbesondere für Satzungsänderungen, Strukturentscheidungen wie Umwandlung und Verschmelzung und wohl auch für die Bestellung oder Abberufung von Geschäftsführern kann sich die GmbH auch nicht durch Vertrag von der Einflußnahme Dritter abhängig machen[78]. 34

8. Ablehnende Beschlüsse

Ein ablehnender oder negativer Beschluß liegt vor, wenn der Beschlußantrag (Rdn 7) die nach Gesetz oder Satzung **erforderliche Stimmenmehrheit nicht erreicht** hat (Rdn 13 ff), sei es, daß sich die Mehrheit gegen den Antrag ausspricht, sei es, daß gleichviele Ja- und Nein-Stimmen abgegeben werden. Die gedankliche Alternative liegt in der Annahme, daß in solchen Fällen überhaupt kein Beschluß zustande kommt; das 35

---

[74] Vgl. Nachw. in Fn 73; ferner BGHZ 15, 177, 181 = NJW 1955, 178.

[75] *Ulmer* Voraufl. § 53, 74; Scholz/*Priester* 53, 91 mwN in Fn 159; *Zöllner* Die Schranken mitgliedschaftlicher Stimmrechtsmacht (1963), S. 112 f.

[76] Solche Gestaltungen (vgl. § 45, 18 ff) sind zulässig; RGZ 137, 305, 308 f; BGHZ 43, 261, 264 f = NJW 1965, 1378 (dazu oben bei Fn 53).

[77] So namentlich *Ulmer* Festschr. für Werner (1984), S. 911, 922 ff.

[78] Ebenso Scholz/*K. Schmidt* 12.

ist die Lehre vom sog. Nichtbeschluß[79]. Sie ist mit der ganz **hM** in Rechtsprechung[80] und Schrifttum[81] abzulehnen, weil die Gesellschafterversammlung ihren Willen auch mit der Ablehnung des Antrags bildet und äußert und damit die Gesellschaftsangelegenheiten intern regelt. Die Regelungswirkung besteht im Verbrauch des Antrags und in der Bindung anderer Gesellschaftsorgane. Wird z. B. der Antrag abgelehnt, den Geschäftsführer zur Ausführung eines Geschäfts anzuweisen, so darf dieser das Geschäft nicht vornehmen. Die praktische Konsequenz des hier mit der **hM** eingenommenen Standpunkts liegt darin, daß Anfechtungsklage erforderlich ist, wenn gegen den Willen der Mehrheit oder einer gleichgroßen Stimmenzahl verfahren werden soll. Das gilt allerdings nur, soweit der ablehnende Beschluß Rechtswirkung entfaltet. Deshalb kann ein Gesellschafter, der gegen die GmbH einen Anspruch erhebt, diesen Anspruch auch dann im Wege bloßer Leistungsklage verfolgen, wenn sich in der Gesellschafterversammlung für die Erfüllung des Anspruchs keine Mehrheit gefunden hat[82]. Zu den Einzelheiten der Anfechtung negativer Beschlüsse vgl. Anh § 47.

9. Beschlußfassung und Außenwirkung

36 Der Beschluß ist das Instrument der gesellschaftsinternen Willensbildung (Rdn 2 f). Für Dritte folgen aus der Beschlußfassung allein weder Rechte noch Pflichten. Deren Entstehungsgrund ist vielmehr das **Ausführungsgeschäft**, das die GmbH, vertreten durch ihre Geschäftsführer, ihnen gegenüber vornimmt[83]. Auch im Verhältnis zu den Gesellschaftern kann es besonderer Ausführungshandlungen bedürfen, so etwa dann, wenn Einzahlungen auf die Stammeinlagen geleistet werden sollen; denn sie bedürfen der Einforderung (§ 46 Nr. 2). Auch der Prokurist wird nicht schon durch den Beschluß (§ 46 Nr. 7) bestellt, sondern durch die Erteilung der Vollmacht, die eine Erklärung der wiederum durch ihre Geschäftsführer vertretenen GmbH voraussetzt (§ 48 Abs. 1 HGB).

37 Manche Rechtsvorgänge können nicht wirksam werden und nicht wirksam bleiben, wenn ihnen nicht ein Beschluß zugrunde liegt, der seinerseits gültig und wirksam ist. So liegt es bei der **Kapitalerhöhung,** bei der formwechselnden und übertragenden **Umwandlung,** bei der **Verschmelzung** und beim Abschluß von **Unternehmensverträgen.** Insoweit hat der Beschluß zwar keine Außenwirkung in dem Sinne, daß er allein den angestrebten Rechtserfolg herbeiführen könnte; wohl aber in dem Sinne, daß der Erfolg ohne den Beschluß weder eintreten noch Bestand haben kann. Der gültige und wirksame Beschluß ist also seinerseits gesetzliches Tatbestandsmerkmal des Ausführungsgeschäfts, vgl. dazu § 53 Abs. 1 iVm § 55 Abs. 1; § 1 Abs. 2 KapErhG (aus der überschießenden Formulierung des § 8 Abs. 1 KapErhG folgt keine Heilung von Beschlußmängeln durch bloße Eintragung); § 376 Abs. 1 AktG; § 24 Abs. 1 UmwG; § 20 Abs. 1 KapErhG; §§ 293, 294 AktG, die ihrem Rechtsgedanken nach anwendbar sind (vgl. schon Rdn 16, 30). Besonderheiten können sich, insbesondere unter dem Aspekt des Gläubigerschutzes, allerdings aus der Eintragung in das Handelsregister

---

[79] *Baltzer* GmbH-Rdsch. 1972, 57, 61; *Maier-Reimer* Festschr. für Oppenhoff (1985), S. 193 ff.

[80] RGZ 122, 102, 107; RGZ 142, 123, 130 = JW 1934, 90 m. Anm. *Plum;* RGZ 146, 71, 72 = JW 1935, 1236 m. Anm. *Langen;* RGZ 146, 385, 388; RG JW 1936, 919, 920; BGHZ 88, 320, 328 = NJW 1984, 489; BGHZ 97, 28, 30 = NJW 1986, 2051; noch offenlassend BGH LM § 29 GmbHG Nr. 2 = WM 1972, 931 (unter III 1 b).

[81] Vgl. statt vieler Scholz/*K. Schmidt* § 45, 31; Baumbach/Hueck/*Zöllner* 2; *A. Hueck* Anfechtbarkeit und Nichtigkeit von Generalversammlungsbeschlüssen bei Aktiengesellschaften (1924), S. 47 ff; *Renkl* Der Gesellschafterbeschluß (1982), S. 107 (unten).

[82] BGH LM § 29 GmbHG Nr. 2 = WM 1972, 931.

[83] Scholz/*K. Schmidt* § 45, 29.

ergeben. So folgt bei Nichtigkeit des Kapitalerhöhungsbeschlusses aus analoger Anwendung des § 77 Abs. 3, daß die versprochenen Einzahlungen zu leisten sind, soweit die GmbH ihre Gläubiger sonst nicht befriedigen kann. Es bleibt jedoch dabei, daß korrespondierende Mitgliedschaftsrechte nicht entstehen (näher Voraufl. § 55, 30 und § 57, 39 ff).

10. Aufhebung oder Änderung von Beschlüssen

Zulässigkeit. Die Gesellschafterversammlung kann einen von ihr gefaßten Beschluß aufheben, solange noch keine bindende Außenwirkung (Rdn 36 f) eingetreten ist; Aufhebungsbeschlüsse sind also grundsätzlich zulässig[84]. Streitig ist jedoch, welche **Mehrheitserfordernisse** für sie gelten. Während nach **hM** grundsätzlich die einfache Mehrheit des § 47 Abs. 1 genügt, und zwar auch dann, wenn für den aufzuhebenden Beschluß eine qualifizierte Mehrheit erforderlich ist[85], verlangt eine Mindermeinung, daß sich für die Aufhebung diejenige Mehrheit ausspricht, die Gesetz oder Satzung für den aufzuhebenden Beschluß vorschreiben, weil dieser bereits Bindungswirkung entfalte[86]. Der **hM** ist beizupflichten. Denn selbst dann, wenn der Beschluß ohne das Hinzutreten weiterer Erfordernisse intern Bindungswirkung entfaltet, folgt daraus nichts für die Voraussetzungen, denen seine Aufhebung genügen muß. Einen Grundsatz, nach dem Begründung und Aufhebung eines Rechtsgeschäfts denselben Regeln folgen, gibt es nämlich nicht. Anders ist die Rechtslage, wenn aufgrund des Beschlusses schon Außenwirkungen eingetreten sind. So kann ein satzungsändernder Beschluß nach seiner Eintragung (§ 54 Abs. 3) nur noch durch erneute Satzungsänderung beseitigt werden (Voraufl. § 53, 66). Auch wird die Bestellung eines Geschäftsführers nicht dadurch hinfällig, daß die Gesellschafterversammlung ihren Bestellungsbeschluß aufhebt; vielmehr ist die Abberufung nach den dafür geltenden Regeln erforderlich. **38**

Für die **Änderung von Beschlüssen** ist zu differenzieren. Wenn die einfache Mehrheit für den jeweiligen Regelungsgegenstand genügt, kann die Aufhebung des bereits gefaßten Beschlusses ohne weiteres mit einer neuen Sachregelung verbunden werden[87]. Dagegen muß der Änderungsbeschluß mit qualifizierter Mehrheit gefaßt werden, wenn diese nach der Art des Regelungsgegenstandes erforderlich ist; denn die Aufhebung der alten Regelung rechtfertigt keine Absenkung der Mehrheitserfordernisse für die neue Regelung. Beispiel: Lautet die ursprüngliche Firma der GmbH X und wird mit satzungsändernder Mehrheit beschlossen, daß sie künftig Y heißen solle, so kann dieser Beschluß (vorbehaltlich des § 54 Abs. 3) mit einfacher Mehrheit und der Folge aufgehoben werden, daß X weiterhin Gesellschaftsname ist. Soll die GmbH dagegen künftig die Firma Z führen, so kann das nur mit satzungsändernder Mehrheit beschlossen werden. **39**

III. Stimmrecht und Stimmabgabe (noch: § 47 Abs. 1)

1. Begriff und Rechtsnatur des Stimmrechts

Das Stimmrecht ist die **mitgliedschaftliche Befugnis,** durch Stimmabgabe (Rdn 41) an der organschaftlichen Willensbildung teilzunehmen und damit den Willen mitzufor- **40**

[84] AllgM, vgl. Scholz/*K. Schmidt* § 45, 33; Baumbach/Hueck/*Zöllner* 22.

[85] Scholz/*K. Schmidt* § 45, 33; Baumbach/Hueck/*Zöllner* 22; Rowedder/*Koppensteiner*[2] 12; *Meyer-Landrut*/Miller/Niehus 17; *Vogel* Gesellschafterbeschlüsse und Gesellschafterversammlung (1986), S. 95 (vgl. noch Fn 86).

[86] *Schilling* Voraufl. 12; *Vogel* Die Praxis der Gesellschafterversammlung (1976), S. 36, der diese Ansicht aber inzwischen aufgegeben hat (Fn 85).

[87] Scholz/*K. Schmidt* § 45, 33.

men, der der GmbH als eigener zugerechnet wird (Rdn 2)[88]. Seiner Funktion nach kann das Stimmrecht deshalb als Verwaltungs- oder **Herrschaftsrecht** eingeordnet werden. Aus dem Charakter des Stimmrechts als mitgliedschaftlicher Befugnis folgt, daß Dritte vom Stimmrecht ausgeschlossen sind. Die Satzung kann ihnen kein Stimmrecht geben (vgl. schon Rdn 25). Auch können die Gesellschafter ihr Stimmrecht nicht aus ihrer Mitgliedschaft herauslösen und Dritten übertragen (Abspaltungsverbot, vgl. noch Rdn 53 ff). Doch sind diese Grundsätze nicht umkehrbar. Es gibt zwar kein Stimmrecht ohne Mitgliedschaft, wohl aber Geschäftsanteile ohne Stimmrecht (Rdn 56). Schließlich sind Stimmrecht und Teilnahmerecht zu unterscheiden. Letzteres richtet sich auf Anwesenheit in der Gesellschafterversammlung und Teilhabe an der Beratung, ohne das Stimmrecht einzuschließen (§ 48, 13).

2. Begriff und Rechtsnatur der Stimmabgabe

41 Das Stimmrecht wird durch die Stimmabgabe ausgeübt. Sie drückt Zustimmung oder Ablehnung gegenüber dem Beschlußantrag aus (Rdn 7) und ist **Willenserklärung;** der angestrebte Rechtserfolg liegt in der Bildung des Kollektivwillens (Rdn 2, 40). Die §§ 104 ff BGB, insbesondere die §§ 119 ff BGB, sind anwendbar. Auch § 130 Abs. 1 BGB ist anzuwenden; die Stimmabgabe als Willenserklärung wird also mit Zugang (beim Abstimmungsleiter; bei mehreren Empfängern: mit dem ersten Zugang) wirksam. Ob sich schon daraus für den Regelfall (zur Ausnahme vgl. bei Fn 88 c) die endgültige Bindung des Abstimmenden an seine Erklärung ergibt, ist nicht gänzlich zweifelsfrei. Die Frage wird für die Personengesellschaften erörtert und dort von der **hM** bejaht[88a]. Neuerdings formulierte Einschränkungen beziehen sich vor allem auf Grundlagenbeschlüsse; die Stimmabgabe soll insoweit analog §§ 146 ff BGB behandelt werden[88b]. Auf die schlechthin dem Mehrheitsprinzip unterliegenden Beschlüsse in Korporationen, mithin auch in der GmbH, dürfte diese Lösung nicht übertragbar sein. Die danach im Prinzip zu bejahende, als Zugangsfolge eintretende Bindungswirkung greift allerdings dann nicht ein, wenn der Widerruf aus wichtigem Grund geboten ist. So liegt es, wenn sich das Festhalten an der Stimmabgabe infolge Veränderung der Verhältnisse oder der Informationsbasis als objektiv treuwidrig darstellen würde[88c]. Auch die Stimmenthaltung ist Willenserklärung (ebenso *Messer* aaO [Fn 88 a] S. 226). Wer sich der Stimme enthält, will den Antrag zwar weder befürworten noch ablehnen. Aber auch er will ein Beschlußergebnis und beeinflußt das Resultat, indem seine Stimme bei der Mehrheitsfeststellung nicht mitgerechnet wird (Rdn 14).

3. Mitgliedschaft und Stimmrecht

42 a) **Grundsatz.** Kraft Gesetzes hat jeder Gesellschafter und nur er das Stimmrecht (zur Einführung stimmrechtsloser Geschäftsanteile durch die Satzung vgl. Rdn 56). Das ist in § 47 Abs. 2 vorausgesetzt und entspricht dem Charakter des Stimmrechts als mitgliedschaftlicher Befugnis (Rdn 40). Ob die Einlage geleistet ist und in welcher

[88] Dazu und zum folgenden *K. Schmidt* GesR § 21 II 1; *Wiedemann* GesR Bd. I § 7 II 1; *Müller-Erzbach* Das private Recht der Mitgliedschaft (1948), S. 210 ff; *Zöllner* Die Schranken mitgliedschaftlicher Stimmrechtsmacht (1963), S. 9 ff.

[88a] Vgl. *Messer* Festschr. für Fleck (1988), S. 221, 227 mit Nachweis des Meinungsstands S. 222 ff; im Ergebnis auch BGH WM 1990, 586, 588 f.

[88b] *Ulmer* Festschr. für Niederländer (1991), S. 415.

[88c] HM zum Recht der Personengesellschaften, vgl. *Ulmer* aaO S. 415 mwN in Fn 13; insoweit verallgemeinerungsfähig. **AM** aber *Messer* aaO S. 228 f, der Ausnahmen aus wichtigem Grund auch für Personengesellschaften nicht anerkennen will.

Höhe, bleibt unerheblich (vgl. auch Rdn 87). Aus dem Grundsatz folgt: Beginn und Ende der Stimmrechtsträgerschaft fallen mit Beginn und Ende der Gesellschafterstellung zusammen (Rdn 45 ff). Inhaber des Stimmrechts kann sein, wer beteiligungsfähig ist (Rdn 48). Beschränkt-dingliche Rechte am Geschäftsanteil wie z. B. das Pfandrecht geben kein Stimmrecht (Rdn 50 f). Stimmrechtsabspaltung ist ausgeschlossen (Rdn 53), dagegen ist die sog. Legitimationszession nach streitiger, aber richtiger Ansicht als zulässig zu beurteilen (Rdn 54 f).

b) **Ruhen des Stimmrechts aus eigenen Geschäftsanteilen.** Die GmbH kann in den 43
durch § 33 gezogenen Grenzen eigene Geschäftsanteile erwerben. Doch steht ihr aus solchen Geschäftsanteilen kein Stimmrecht zu. Das Recht erlischt aber auch nicht, sondern ruht im Sinne einer Ausübungssperre, solange der Anteil von der GmbH gehalten wird. Das entspricht der heute **allgM**[89], folgt mangels Regelung im GmbH-Gesetz aus analoger Anwendung des § 71 b AktG und findet seinen Sachgrund in der Überlegung, daß die Ausübung eines Stimmrechts aus eigenen Anteilen die Position der Geschäftsführer und einer hinter ihnen stehenden Gesellschaftermehrheit zu Lasten der anderen Gesellschafter verstärken würde (zutreffend namentlich *Zöllner* aaO [Fn 89]). Darin zeigt sich, daß die GmbH den Geschäftsanteil zwar als Gegenstand des Rechtsverkehrs erwerben, aber nicht in der für das Stimmrecht erforderlichen Weise (Rdn 42) als ihr eigenes Mitglied angesehen werden kann.

Treuhand. Wenn Dritte Geschäftsanteile zwar im eigenen Namen, aber für Rech- 44
nung der GmbH erwerben, sind sie von der Ausübung des Stimmrechts ebenso ausgeschlossen, als ob es sich um eigene Anteile der GmbH handeln würde[90]. Das entspricht dem Rechtsgedanken des § 71 d S. 1 und 4 (früher: § 136 Abs. 2) AktG und rechtfertigt sich aus der Erwägung, daß der Dritte aufgrund seiner schuldrechtlichen Bindungen zur GmbH nicht frei bestimmen kann. **Abhängige Unternehmen.** Auch sie können das Stimmrecht aus Geschäftsanteilen der herrschenden GmbH, die sich in ihren Händen befinden, nicht ausüben und auch nicht durch Treuhänder ausüben lassen[91]. Denn aufgrund der Abhängigkeit ist auch insoweit keine freie, also vom Einfluß der Geschäftsführer der herrschenden GmbH unabhängige Stimmrechtsausübung gewährleistet; das Ruhen des Stimmrechts ist in diesen Fällen auf die singemäße Anwendung des § 71 d S. 2 und 4 (früher: § 136 Abs. 2) AktG zu stützen.

4. Einzelheiten zur Stimmrechtsträgerschaft

a) **Beginn und Ende.** Das Stimmrecht entsteht mit der Mitgliedschaft und endet mit 45
ihr. Wer sich an der Gründung der GmbH beteiligt, ist also stimmberechtigt, sobald die Vor-GmbH errichtet ist (vgl. § 11, 35), und bleibt es, solange die Mitgliedschaft besteht, vorbehaltlich der Übertragung des Geschäftsanteils, also bis zu der nach richtiger Ansicht konstitutiv wirkenden Löschung der GmbH im Handelsregister[92]. Bei rechtsgeschäftlicher Übertragung des Geschäftsanteils kommt es gem. § 16 Abs. 1 auf den Zeitpunkt an, in dem der Erwerb bei der GmbH angemeldet wird. Bis dahin

[89] RGZ 103, 64, 66 f; § 82 Abs. 4 RegE 1973 (BT-Drucks. 7/253, S. 23) mit RegBegr. (aaO S. 135 li. Sp.): schon zum geltenden Recht anerkannte Auffassung; Scholz/*K. Schmidt* 24; Baumbach/Hueck/*Zöllner* 40; eingehend *Zöllner* Die Schranken mitgliedschaftlicher Stimmrechtsmacht (1963), S. 131 ff, 142 f; aM noch *Grothus* GmbH-Rdsch. 1958, 17, 19 f.

[90] Scholz/*K. Schmidt* 24; Baumbach/Hueck/*Zöllner* 40; ausdrücklich vorgesehen in § 82 Abs. 4 RegE 1973 (Fn 89).

[91] Scholz/*K. Schmidt* 24; Baumbach/Hueck/*Zöllner* 40; ausdrücklich vorgesehen in § 82 Abs. 4 RegE 1973 (Fn 89); vgl. weiter *Emmerich/Sonnenschein* KonzernR (1989) § 24 II 2 b cc; *Serick* Rechtsform und Realität Juristischer Personen (1980), S. 111 ff.

[92] Dazu eingehend *Hüffer* Gedächtnisschr. für Schultz (1987), S. 99, 102 ff, 109 f.

steht das Stimmrecht noch dem Veräußerer, von da ab dem Erwerber zu[93]. Auf Gesamtrechtsnachfolger, besonders Erben, geht das Stimmrecht dagegen kraft Gesetzes über; § 16 gilt insoweit nicht.

46 b) **Besondere Beendigungsgründe.** aa) **Kaduzierung; Abandon; Einziehung.** Die genannten Verfahren (§§ 21, 27, 34) führen dazu, daß der bisherige Gesellschafter seine Mitgliedschaft und folglich auch sein Stimmrecht verliert. Maßgeblicher Zeitpunkt ist aber nicht schon die Einleitung des Verfahrens. Vielmehr gilt (vgl. auch § 48, 14 und § 50, 3): Bei Kaduzierung endet das Stimmrecht des betroffenen Gesellschafters mit Zugang (§ 130 Abs. 1 BGB) der Ausschlußerklärung (§ 21 Abs. 2). Solange die GmbH den kaduzierten Geschäftsanteil als eigenen hält, ruht ihr Stimmrecht nach den in Rdn 43 f dargelegten Grundsätzen. Erst in der Hand eines Dritterwerbers lebt das Stimmrecht wieder auf. Abandonnierte Geschäftsanteile gewähren das Stimmrecht noch bis zur Übertragung (§§ 398, 413 BGB) des versteigerten (§ 156 BGB) Anteils; danach steht es dem Erwerber zu. Wenn der Anteil der GmbH zufällt (§ 27 Abs. 3), ruht das Stimmrecht. Die Einziehung bewirkt den Untergang des Geschäftsanteils und damit auch des Stimmrechts. Zum Zeitpunkt des Wirksamwerdens der Einziehung vgl. § 34, 59 ff.

47 bb) **Austritt und Ausschließung.** Kündigung der Mitgliedschaft durch den Gesellschafter (Austritt) führt noch nicht zu seinem Ausscheiden, es sei denn, daß die Satzung Abweichendes bestimmt. Folglich verliert er auch sein Stimmrecht noch nicht mit dem Wirksamwerden der Kündigungserklärung. Diese Folge tritt vielmehr erst dann ein, wenn der Geschäftsanteil verwertet ist. Fraglich und streitig ist jedoch, ob das Stimmrecht für die Zwischenzeit ruht. Das wurde früher weitgehend bejaht[94]. Der BGH findet für diese Folge jedoch keine gesetzliche Grundlage und nimmt statt dessen an, daß dem Austrittswilligen das Stimmrecht noch verbleibt[95], allerdings mit der aus der Treubindung abgeleiteten Pflicht, grundsätzlich nicht gegen solche Maßnahmen zu stimmen, die seine Vermögensinteressen nicht beeinträchtigen können (BGH aaO [Fn 95] S. 328), näher dazu Anh § 34, 57 ff. **Ausschließung des Gesellschafters** erfolgt nach allgM durch Gestaltungsurteil, dessen Wirkung nach der Rechtsprechung durch die rechtzeitige Zahlung der dem Gesellschafter zustehenden Abfindung aufschiebend bedingt sind (vgl. auch § 50, 3 aE)[96]. Folgt man diesem Konzept (zur Kritik vgl. Anh § 34, 32 ff), so besteht die Mitgliedschaft und mit ihr das Stimmrecht, bis das Urteil Rechtskraft erlangt hat und die Abfindung gezahlt ist.

48 c) **Beteiligungsfähigkeit und Stimmrecht.** Aufgrund der gesetzlichen Verknüpfung von Mitgliedschaft und Stimmrecht (Rdn 42) kann das Stimmrecht nur solchen Personen und Vereinigungen zustehen, die Gesellschafter der GmbH sein können. Die Beteiligungsfähigkeit (ausführlich dazu § 2, 59 ff) ist zu bejahen für natürliche Personen, auch wenn sie nicht die volle Geschäftsfähigkeit besitzen, für juristische Personen des privaten und des öffentlichen Rechts, für GbR, OHG und KG sowie für die Vorformen der Kapitalgesellschaften (Vor-AG, Vor-GmbH), schließlich für den nicht eingetragenen oder konzessionierten Verein. Dagegen können sich Erbengemeinschaft und Gütergemeinschaft nicht zu einer der GbR vergleichbaren Weise als solche an der GmbH beteiligen. Mitgliedschaft und Stimmrecht stehen vielmehr, wenngleich ungeteilt, den Erben oder Ehegatten als einzelnen zu. Von der Rechtsträgerschaft zu unterscheiden

---

93 BGHZ 15, 324, 331 = NJW 1955, 220.

94 RGZ 114, 212, 218; RGZ 125, 114, 118; *Ulmer* Voraufl. § 34 Anh, 51 f; *Esch* GmbH-Rdsch. 1981, 25, 27 f.

95 BGHZ 88, 320, 325 ff = NJW 1984, 489; ebenso OLG Celle GmbH-Rdsch. 1983, 273.

96 BGHZ 9, 157, 174 = NJW 1953, 780; BGHZ 16, 317, 325 = NJW 1955, 667.

ist die Frage nach der Ausübungsbefugnis (gesetzliche oder organschaftliche Vertretung, Sonderregeln des § 18); vgl. dazu Rdn 102 ff, 107.

49 d) **Konkurs; Testamentsvollstreckung; Nachlaßverwaltung.** Konkurs- oder Nachlaßverwalter sowie Testamentsvollstrecker werden in dieser Eigenschaft nicht Mitglied der GmbH und folglich auch nicht Inhaber des Stimmrechts. Sie sind lediglich berechtigt, das Stimmrecht kraft ihres Amtes im eigenen Namen auszuüben, sofern der Geschäftsanteil in ihre Verwaltungskompetenz fällt; dazu noch Rdn 108. Die sonst mit der Testamentsvollstreckung verbundenen Probleme, die es vielfach als sinnvoll erscheinen lassen, den Testamentsvollstrecker als Treuhänder einzusetzen[97] (Folge wäre: eigenes Stimmrecht des Testamentsvollstreckers, siehe Rdn 50), stellen sich bei der GmbH nicht. Vielmehr ist anerkannt, daß er den Geschäftsanteil kraft seines Amtes verwalten kann[98]. Vgl. zum Ganzen Anh § 15.

Schrifttum

(vgl. auch die Angaben vor Rdn 1 und Rdn 57, 65, 91, 119). *Beuthien* Treuhand an Gesellschaftsanteilen, ZGR **1974** 26; *Teichmann* Der Nießbrauch an Gesellschaftsanteilen – gesellschaftsrechtlicher Teil –, ZGR **1972** 1.

50 e) **Pfandrecht; Treuhand; Nießbrauch.** Das *Pfandrecht* begründet für seinen Inhaber nur ein beschränkt dingliches Recht. Mitglied und deshalb auch stimmberechtigt bleibt nach zutreffender **allgM** der Gesellschafter. Das gilt auch für solche Pfandrechte, die durch Pfändung entstanden sind, und bleibt auch dann richtig, wenn der Beschluß die Rechtsstellung des Pfandgläubigers beeinträchtigt[99]. Anders ist die Rechtslage bei der *Treuhand.* Weil der Treuhänder ungeachtet seiner schuldrechtlichen Bindungen Inhaber des Vollrechts wird, erwirbt er auch das aus der Mitgliedschaft folgende Stimmrecht[100].

51 Schwieriger ist die Rechtslage beim *Nießbrauch.* Nach **hM** steht das Stimmrecht auch insoweit dem Gesellschafter als Vollrechtsinhaber, nicht dem Nießbraucher zu[101]; es sei denn, daß die Beteiligten den möglichen, aber nicht erforderlichen Weg wählen, den angestrebten wirtschaftlichen Erfolg durch treuhänderische Übertragung zu verwirklichen[102]. Eine **Mindermeinung** will dagegen zwischen dem Nießbrauch am (bloßen) Gewinnstammrecht und dem mitgliedschaftsspaltenden Nießbrauch unterscheiden. Während der erste keine Verwaltungsrechte und folglich auch kein Stimmrecht vermittelt, soll der zweite, der Zustimmung aller Gesellschafter bedürftige Nießbrauch die Mitgliedschaft als Ganzes erfassen und deshalb dem Berechtigten grundsätzlich auch das Stimmrecht geben, ohne mit dem Abspaltungsverbot (dazu Rdn 53) in

---

97 Treuhandlösung im Gegensatz zur Vollmachtslösung; vgl. dazu statt vieler RGZ 172, 199, 203 ff; *Brandner* Festschr. für Stimpel (1985), S. 991 ff; *Ulmer* ZHR 146 (1982), 555 ff.

98 Dazu zuletzt *Priester* Festschr. für Stimpel (1985), S. 463, 466 ff (Meinungsübersicht: S. 465 Fn 7 ff).

99 RGZ 139, 224, 228; RGZ 157, 52, 55 = JW 1938 m. Anm. *Barz;* KG JW 1932, 757 m. Anm. *Bing;* OLG Frankfurt JW 1933, 131 f; aus dem Schrifttum vgl. statt vieler Scholz/*K. Schmidt* 18; Baumbach/Hueck/*Zöllner* 26; *Wiedemann* Die Übertragung und Vererbung von Mitgliedschaftsrechten (1965), S. 428.

100 RG JW 1934, 2906, 2907 m. Anm. *A. Hueck;* BGHZ 3, 354, 359 f (KG) = NJW 1952, 178; BGHZ 104, 66, 74 f = NJW 1988, 1844; im Schrifttum unstreitig, siehe Scholz/*K. Schmidt* 18; Baumbach/Hueck/*Zöllner* 26.

101 Scholz/*K. Schmidt* 18; Baumbach/Hueck/*Zöllner* 26; Rowedder/*Koppensteiner*[2] 17; *Blaurock* Unterbeteiligung und Treuhand an Gesellschaftsanteilen (1981), S. 142 f; *Wiedemann* Die Übertragung und Vererbung von Mitgliedschaftsrechten (1965), S. 408 ff, 413; *Teichmann* ZGR 1972, 1, 10 f; nicht eindeutig *Rohlff* NJW 1971, 1337, 1339 und 1341.

102 BGH LM § 109 HGB Nr. 12 = WM 1975, 174; dazu zuletzt Schlegelberger/*K. Schmidt* Vor § 335, 7.

Widerspruch zu geraten[103]. Diese Ansicht ist gegenüber der hM vorzugswürdig, weil sie der Rechtsnatur und dem wirtschaftlichen Zweck des Nießbrauchs am besten entspricht; denn danach soll der Inhaber des Vollrechts auf die bloße Rechtsinhaberschaft zurückgedrängt und die Ausübung des Rechts umfassend dem Nießbraucher zugeordnet sein. Daher kann der Nießbraucher jedenfalls in den Angelegenheiten mitstimmen, die nicht die Satzung oder die sonstigen Grundlagen des Gesellschaftsverhältnissen betreffen (näher *Fleck* aaO [Fn 103] S. 125 f). Allerdings ist nicht zu verkennen, daß sich die Praxis mit dieser Lösung auf noch ungesichertem Boden bewegt. Sie wird deshalb vorerst weiter nach Ersatzlösungen (z. B. Stimmrechtsvollmacht, vgl. noch Rdn 92 ff) suchen. Ein Auslegungsgrundsatz, nach dem beim Fehlen solcher Ersatzlösungen davon auszugehen ist, daß die Verwaltungsrechte dem Gesellschafter zustehen[104], ist jedoch nicht anzuerkennen. Vielmehr ist anhand der wirtschaftlichen Verhältnisse und der Interessenlage zu ermitteln, was die Beteiligten gewollt haben und welche Rechtsform dem entspricht.

52 **f) Kein Stimmrecht für Dritte. aa) Grundsatz.** Wer nicht Gesellschafter ist, hat kein Stimmrecht. So die ganz **hM** mit dem Argument, daß das Stimmrecht als mitgliedschaftliche Befugnis nicht ohne die Mitgliedschaft bestehen kann[105]. Abweichungen sind weder als „originäre Stimmrechtsbegründung durch Satzungsregelung“[106] noch durch rechtsgeschäftliche Übertragungshandlung eines Gesellschafters (dazu Rdn 53) zulässig. Dieser Ansicht ist beizutreten. Dabei darf die Verknüpfung von Mitgliedschaft und Stimmrecht allerdings nicht als bloß begriffliche Ableitung aus dem Charakter des Stimmrechts als mitgliedschaftlicher Befugnis verstanden werden. Sachlich entscheidend ist vielmehr, daß die GmbH ungeachtet ihrer Verselbständigung zur juristischen Person die organisierte Wirkungseinheit ihrer Mitglieder ist[107]. Mit diesem „Ordnungsbild“ (*Fleck* aaO [Fn 107]) ist die Anerkennung von Stimmrechten zugunsten Dritter grundsätzlich unvereinbar. Ausnahmen sind denkbar, aber nach Voraussetzungen, Umfang und Wirkungen gänzlich ungesichert; das bislang vorliegende Rechtsprechungsmaterial erlaubt auch noch keine überzeugende Systematisierung. Wenn man von besonderen Gestaltungen absieht, die allerdings in der Wirkung teilweise vergleichbar sind (Nießbrauch: Rdn 51; Stimmbindungsverträge: Rdn 65 ff; Stimmrechtsvollmacht: Rdn 92 ff), dann bleiben, soweit ersichtlich, nur die Fälle übrig, in denen die Gesellschafter sich durch Stimmengleichstand oder Verfehlung einer in der Satzung vorgeschriebenen Einstimmigkeit selbst blockieren und zur Auflösung dieser Situation der Hilfe Dritter bedürfen (vgl. schon Rdn 23)[108]. Stichentscheide oder Schiedssprüche mögen hier praktisch hilfreich sein, bleiben aber bedenklich, weil sie der Sache nach Dritten eine zumindest stimmrechtsähnliche Mitwirkung ermöglichen[109], und stellen jedenfalls keine verallgemeinerungsfähige Regelung dar.

---

103 Fischer/*Lutter/Hommelhoff* § 15, 32 und § 47, 2; *Flume* I/1 § 17 VI (S. 361 ff, 363); MünchKomm-*Ulmer* § 705, 83; *Fleck* Festschr. für Rob. Fischer (1979), S. 107, 125 f; dieser Ansicht zuneigend Schlegelberger/*K. Schmidt* Vor § 335, 16.

104 So aber Schlegelberger/*K. Schmidt* aaO (Fn 103).

105 Scholz/*K. Schmidt* 20; Baumbach/Hueck/*Zöllner* 28; *Wiedemann* Die Übertragung und Vererbung von Mitgliedschaftsrechten (1965), S. 276 ff; im Prinzip auch *Fleck* Festschr. für Rob. Fischer (1979), S. 107, 112 f; weitere Nachw. in Fn 110 und 111.

106 Formulierung von *Ulmer* Festschr. für Werner (1984), S. 911, 919.

107 *Fleck* Festschr. für Rob. Fischer (1979), S. 107, 111.

108 RGZ 49, 141, 146 f; BGHZ 43, 261, 264 f = NJW 1965, 1378; vgl. auch (zur OHG) BGH LM § 109 HGB Nr. 6 = NJW 1960, 963 = JZ 1960, 490 m. Anm. *A. Hueck*.

109 Nicht überzeugend der Differenzierungsversuch bei *K. Schmidt* GesR § 21 II 1 d.

bb) **Insbesondere: Abspaltungsverbot.** Eine sog. Abspaltung liegt vor, wenn ein Gesellschafter seinen Geschäftsanteil behalten, aber das Stimmrecht auf einen anderen übertragen will. Rechtsprechung[110] und die ganz überwiegende Ansicht des Schrifttums[111] lassen das nicht zu. Dieser Ansicht ist trotz der von *Schilling* aaO (Fn 111) vorgetragenen Argumente beizutreten. Dabei geht es letztlich um die richtige Bestimmung des Regel-Ausnahme-Verhältnisses. Richtig ist nämlich, daß es eine Reihe von Gestaltungen gibt, die vom richtig verstandenen Abspaltungsverbot jedenfalls nicht ohne weiteres erfaßt werden (vgl. schon Rdn 52). Die Konsequenz kann aber nicht sein, den Grundsatz aufzugeben. Vielmehr bedürfen die Ausnahmen tatbestandlicher Präzisierung und sachlicher Rechtfertigung. Eher zu erwägen ist, ob das Stimmrecht, wenn schon nicht einem Dritten, dann einem anderen Gesellschafter übertragen werden kann[112]. Auch das dürfte jedoch zu verneinen sein, weil das Gesetz (vgl. § 47 Abs. 2) das Stimmrecht mit dem Geschäftsanteil, nicht unmittelbar mit der Person des Gesellschafters verknüpft. **53**

cc) **Insbesondere: Legitimationszession.** Legitimationszession ist die in § 129 Abs. 3 AktG als zulässig vorausgesetzte Ermächtigung eines Dritten, das Stimmrecht aus ihm nicht gehörenden Gesellschaftsanteilen im eigenen Namen auszuüben. Entgegen dem irreführenden Wortsinn geht es also gerade nicht um eine Übertragung des Stimmrechts. Ein wirtschaftliches Interesse an der Ermächtigung haben besonders Pfandgläubiger, Treugeber und nach der Position der **hM** auch Nießbraucher (vgl. Rdn 50 f). **Meinungsstand.** Es ist streitig, ob diese Ermächtigung nach dem Vorbild des Aktienrechts auch bei der GmbH zulässig ist. Das Reichsgericht hat die Legitimationszession zugunsten des Pfandgläubigers und des Treugebers ausdrücklich zugelassen[113]. Das Schrifttum spricht sich wohl überwiegend gegen diese Gestaltung aus[114]. Andere halten die Legitimationszession für möglich[115], wobei Umfang und Dauer der daraus resultierenden Rechtsmacht nicht immer präzisiert werden. **54**

Stellungnahme. Die Legitimationszession ist in demselben Umfang zulässig wie die Stimmrechtsvollmacht (so wohl auch *Roth* aaO [Fn 115]). Aus § 185 BGB folgt, daß ein Recht grundsätzlich auch von einem Nichtberechtigten im eigenen Namen ausgeübt werden kann. Aus § 16 ergibt sich zwar nicht, daß der Gesetzgeber die rechtsgeschäftliche Ermächtigung zulassen wollte (insoweit zutreffend Scholz/*K. Schmidt* aaO [Fn 114]); wohl aber zeigt die Norm, daß dem Gesetz die Stimmrechtsausübung durch einen Nichtgesellschafter im eigenen Namen nicht schlechterdings fremd ist. Angesichts der in § 129 Abs. 3 AktG enthaltenen Regelung bedürfte es besonderer Gründe, warum die Legitimationszession gerade für die GmbH unzulässig sein soll. Solche Gründe **55**

---

[110] RGZ 132, 149, 159 (AG); BGHZ 3, 354, 357 (KG) = NJW 1952, 178; BGHZ 43, 261, 267 = NJW 1965, 1378 (GmbH); BGH NJW 1968, 396, 397; BGH WM 1976, 1247, 1249 = GmbH-Rdsch. 1977, 244, 245; BGH NJW 1987, 780 = WM 1987, 70 = ZIP 1987, 165 (AG); BayObLG WM 1986, 226 = GmbH-Rdsch. 1986, 87; OLG Hamburg GmbH-Rdsch. 1990, 42, 43; OLG Frankfurt GmbH-Rdsch. 1990, 79, 81 re. Sp.

[111] Scholz/*K. Schmidt* 20; Baumbach/Hueck/*Zöllner* 28; weitere Nachw. in Fn 105; im wesentlichen **aM** *Schilling* Voraufl. § 14, 31 ff; relativierend *Fleck* Festschr. für Rob. Fischer (1979), S. 107; zustimmend dazu Fischer/*Lutter/Hommelhoff* 2.

[112] Dafür *Teichmann* Gestaltungsfreiheit in Gesellschaftsverträgen (1970), S. 225; dagegen Baumbach/Hueck/*Zöllner* 28.

[113] RGZ 157, 52, 55 f = JW 1938, 1398 m. Anm. *Barz;* offenlassend BayObLG WM 1986, 226 = GmbH-Rdsch. 1986, 87; OLG Hamburg GmbH-Rdsch. 1990, 42, 43.

[114] Scholz/*K. Schmidt* 21; Baumbach/Hueck/*Zöllner* 29; *Renkl* Der Gesellschafterbeschluß (1982), S. 47; *Vogel* Gesellschafterbeschlüsse und Gesellschafterversammlung (1986), S. 53; *Wiedemann* Die Übertragung und Vererbung von Mitgliedschaftsrechten (1965), S. 367 f.

[115] Schilling/*Zutt* Voraufl. Anh § 15, 32; Rowedder/*Koppensteiner*[2] 24; *Roth* 3.1.

lassen sich aber nicht überzeugend darlegen. Insbesondere können sie nicht aus dem Abspaltungsverbot hergeleitet werden[116]; denn dieses Verbot gilt im Aktienrecht gleichermaßen[117], ohne dort die Legitimationszession zu hindern.

5. Stimmrechtslose Geschäftsanteile

56 Es gibt zwar kein Stimmrecht ohne Mitgliedschaft, wohl aber Mitgliedschaften, genauer Geschäftsanteile, ohne Stimmrecht. Erforderlich ist dafür eine entsprechende Satzungsklausel. Ihre **Zulässigkeit** ist zu Recht **anerkannt**[118]. Eine Höchstgrenze für stimmrechtslose Geschäftsanteile nach dem Vorbild der § 139 Abs. 2 AktG formuliert das Gesetz nicht. Daß die Begründung solcher Anteile deshalb schrankenlos möglich wäre, wird man wegen des damit für die Kapitalgeber verbundenen Souveränitätsverlustes und der überproportionalen Stimmrechtsmacht der Inhaber entsprechend ausgestatteter Anteile bezweifeln müssen. Der Stimmrechtsausschluß kann in der Gründungssatzung enthalten sein, aber auch nachträglich eingeführt werden; erforderlich ist dann jedoch eine Satzungsänderung, also insbesondere eine Mehrheit von drei Vierteln (§ 53 Abs. 2; dazu Voraufl. § 53, 122) und überdies die Zustimmung der vom Stimmrechtsausschluß ungleich betroffenen einzelnen Gesellschafter (Voraufl. § 53, 62). Ein Ausgleich für die Benachteiligung durch einen besser ausgestatteten Gewinnanspruch (vgl. §§ 12 Abs. 1 S. 2, 139 ff AktG) ist zulässig, aber nicht erforderlich[119] und kann die bei nachträglichem Stimmrechtsausschluß notwendige Zustimmung nicht ersetzen. Der BGH hat es auch zugelassen (aaO [Fn 118]), daß sowohl das Stimmrecht wie auch das Gewinnbezugsrecht ausgeschlossen werden; der Fall wies allerdings die Besonderheit auf, daß jeder Gesellschafter mehrere Geschäftsanteile hielt und auf diese Weise jeweils ein Geschäftsanteil „stillgelegt" wurde. Ein weitergehender Eingriff in die aus der Mitgliedschaft folgenden Befugnisse wird für unzulässig gehalten (BGH aaO [Fn 118] S. 273). Anders als das Stimmrecht ist das Teilnahmerecht nicht entziehbar (§ 48, 23 ff). Zur funktional teilweise vergleichbaren Vertreterklausel vgl. unten Rdn 104.

6. Uneinheitliche Stimmabgabe

Schrifttum

(vgl. auch die Angaben vor Rdn 1 und Rdn 50, 65, 91, 119). *v. Boehmer* Die uneinheitliche Stimmrechtsausübung bei Handelsgesellschaften, NJW **1949** 564; *Flechtheim* Uneinheitliche Abstimmung und das Bankgewerbe, BankArch. **1928/29** 418; *Heckelmann* Die uneinheitliche Abstimmung bei Kapitalgesellschaften, AcP **170** (1970) 306; *Klausing* Uneinheitliche Ausübung mehrerer Stimmen durch Einzelpersonen und Personenverbände (1928); *Winter* Die Zulässigkeit der uneinheitlichen Stimmabgabe durch den Gesellschafter einer GmbH, GmbH-Rdsch. **1965** 23.

57 a) **Zur Fragestellung.** Eine uneinheitliche Stimmabgabe liegt vor, wenn ein Gesellschafter über mehrere Stimmen verfügt und bei ein- und demselben Beschlußantrag teils mit Ja, teils mit Nein stimmt. Das ist nicht häufig, kommt aber vor, wenn ein Gesellschafter verschiedene Interessen repräsentiert (vgl. noch Rdn 58 f, 61). Nicht hierher gehören zwei ähnliche Fälle. Erstens: Ein Gesellschafter setzt sich mit einem Teil seiner Stimmen für oder gegen den Antrag ein und enthält sich mit dem anderen Teil. Die grundsätzliche Zulässigkeit dieses Vorgehens folgt a maiore ad minus aus

---

116 So aber Scholz/*K. Schmidt* 21.

117 RGZ 132, 149, 159; BGH NJW 1987, 780.

118 RGZ 167, 65, 73; BGHZ 14, 264, 270 f = NJW 1954, 1563; KG RJA 13, 232; OLG Hamburg OLGR 3 (1901), 66; Scholz/*K. Schmidt* 11; Baumbach/Hueck/*Zöllner* 24.

119 Baumbach/Hueck/*Zöllner* 24.

der Zulässigkeit gänzlicher Stimmenthaltung[120]. Ausnahmen können sich aus der mitgliedschaftlichen Treubindung ergeben (Rdn 119 ff). Zweitens: Die Stimmabgabe erfolgt nicht durch einen Gesellschafter, sondern für ihn, sei es durch einen Vertreter, sei es durch einen sog. Legitimationszessionar (Rdn 54 f), der im fremden bzw. eigenen Namen für mehrere Gesellschafter abstimmt. In diesem Fall darf der Vertreter entsprechend den Weisungen, die er im Innenverhältnis erhalten hat, auch unterschiedlich abstimmen; Entsprechendes gilt, wenn ein Gesellschafter teils für sich, teils für einen anderen an der Abstimmung teilnimmt[121]. Danach bleiben für die uneinheitliche Stimmabgabe zwei Fallgruppen denkbar: Der Gesellschafter hat mehrere Stimmen aus einem Geschäftsanteil, die er unterschiedlich abgeben möchte. Oder der Gesellschafter hat mehrere Geschäftsanteile und folglich mehrere Stimmrechte; er möchte für die Geschäftsanteile teils mit Ja, teils mit Nein stimmen. Die beiden Gestaltungen sind getrennt zu untersuchen.

b) **Mehrere Stimmen aus einem Geschäftsanteil. Meinungsstand.** Die Frage, ob ein Gesellschafter, der nur einen Anteil mit mehreren Stimmen besitzt, daraus unterschiedlich abstimmen kann, ist in der Rechtsprechung unterschiedlich beantwortet worden. Sie wurde zunächst bejaht[122], dann verneint[123]. Auch das Schrifttum ist nicht einheitlich, spricht sich aber heute ganz überwiegend für die Notwendigkeit einheitlicher Stimmabgabe aus[124]. Dabei wird teilweise die Einschränkung gemacht, daß der Gesellschafter seine Stimmen dann uneinheitlich abgeben dürfe, wenn er teils eigene, teils aufgrund vertraglicher Bindung zu einem Dritten fremde Interessen wahrnehme[125]. Insgesamt hat sich als **hM** die Ansicht durchgesetzt, daß wenigstens im Prinzip aus einem Geschäftsanteil auch nur einheitlich abgestimmt werden kann. **58**

Stellungnahme. Der **hM** ist beizupflichten, weil nur sie dem **Rechtsgedanken des § 18 Abs. 1** entspricht (zutreffend vor allem *Heckelmann* aaO [Fn 124] S. 341). Wenn schon die Mitberechtigung am Geschäftsanteil keine uneinheitliche Stimmabgabe der Mitberechtigten erlaubt, dann kann ein entsprechendes Abstimmungsverhalten ein- und desselben Gesellschafters schon gar nicht zulässig sein. Ist danach das Prinzip klar, so bleiben doch seine Grenzen fraglich. *Schilling* hat dazu vorgetragen (Voraufl. Rdn 18 f iVm Rdn 21), es sei häufig nur Zufall oder Konsequenz der §§ 5 Abs. 2, 15 Abs. 2, 55 Abs. 4, ob der Gesellschafter einen oder mehrere Geschäftsanteile habe. Diejenigen Bindungen des Gesellschafters (z. B. Treuhand, Stimmbindungsvertrag), die seine uneinheitliche Stimmabgabe im zweiten Fall rechtfertigen könnten, müßten diese Wirkung deshalb auch im ersten Fall entfalten. Dieser Ansicht ist nicht zu folgen. Denn sie kann die Argumentation aus § 18 Abs. 1 nicht ausräumen und übersieht, daß §§ 5 Abs. 2, 55 Abs. 4 den Geschäftsanteil und die Mitgliedschaft der Person grundsätzlich verbinden wollen (§ 5, 15). Dagegen entspräche die uneinheitliche Stimm- **59**

---

[120] RGZ 118, 67, 70 (AG); *Schilling* Voraufl. 22; *Winter* GmbH-Rdsch. 1965, 23, 28; **aM** Rowedder/*Koppensteiner*² 35; möglicherweise auch BGHZ 104, 66, 74 = NJW 1988, 1844.

[121] RGZ 118, 67, 70 (AG); Rowedder/*Koppensteiner*² 34; *Müller-Erzbach* Das private Recht der Mitgliedschaft (1948), S. 233.

[122] RGZ 137, 305, 312 ff (eingehend).

[123] RGZ 157, 52, 57 = JW 1938, 1398 m. Anm. *Barz;* BGH GmbH-Rdsch. 1965, 32 = BB 1964, 1272 m. Anm. *Tiefenbacher;* BGHZ 104, 66, 74 = NJW 1988, 1844.

[124] Scholz/*K. Schmidt* 70; Baumbach/Hueck/*Zöllner* 11; Fischer/*Lutter/Hommelhoff* 4; Rowedder/*Koppensteiner*² 35; *Heckelmann* AcP 170 (1970), 306, 339 ff; **aM** (also für Zulässigkeit uneinheitlicher Stimmabgabe) *v. Boehmer* NJW 1949, 564, 565 f. Zur Parallelfrage im Aktienrecht vgl. einerseits (einheitliche Stimmabgabe notwendig) Geßler/Hefermehl/*Eckardt*/Kropff § 12 AktG, 27; *Zöllner*-KölnKommAktG § 133, 50; *Heckelmann* aaO S. 332 f; andererseits (uneinheitliche Stimmabgabe zulässig) *Barz*-GroßkommAktG § 134, 11; *Flechtheim* BankArch. 1928/29, 418, 421; *Obermüller/Werner/Winden* Die Hauptversammlung (1967), S. 100.

[125] Baumbach/Hueck/*Zöllner* 11 im Anschluß an *Schilling* Voraufl. 21.

abgabe aus einem Geschäftsanteil in einem wesentlichen Punkt der eben nicht gewollten aktienrechtlichen Lage, bei der durch entsprechende Stückelung eine Vielzahl von Mitgliedschaftsrechten für eine Person geschaffen werden kann. Daher bleibt es dabei, daß mehrere Stimmen aus einem Geschäftsanteil einheitlich abgegeben werden müssen[126].

60 c) **Mehrere Geschäftsanteile. Meinungsstand.** Während für das Aktienrecht die Zulässigkeit uneinheitlicher Stimmabgabe aus mehreren Aktien eines Gesellschafters entgegen RGZ **118** 67, 70 heute fast einhellig bejaht wird, ist die entsprechende Frage für die GmbH streitig geblieben. Von den drei denkbaren Ansichten (zulässig; unzulässig; zulässig mit Einschränkungen) finden sich im aktuellen Schrifttum noch die erste und die dritte. Für die Zulässigkeit wird angeführt, daß mehrere Geschäftsanteile hinsichtlich des Stimmrechts als mehrere Mitgliedschaften zu denken sind[127]. Die einschränkende Ausfassung geht dagegen von der personalistischen Struktur der GmbH aus und verlangt daher eine grundsätzlich einheitliche Stimmabgabe; Ausnahmen sollen nur bei berechtigtem Interesse (vgl. noch Rdn 61) zulässig sein[128].

61 **Stellungnahme.** Auch der Gesellschafter, der mehrere Geschäftsanteile hat, darf seine Stimme grundsätzlich nur einheitlich abgeben. Das folgt aus dem personalistischen Charakter der GmbH, der nicht nur ihren empirischen Haupttypus ausmacht, sondern (§§ 5 Abs. 2, 55 Abs. 4 als gesetzlicher Ausdruck des Prinzips einheitlicher Mitgliedschaft) auch zu ihrer rechtlichen Struktur gehört. Ausnahmen sind möglich, weil der Rechtsgedanke des § 18 Abs. 1 (Rdn 59) gegenüber einer Mehrheit von Geschäftsanteilen nicht eingreift. Ein berechtigtes Interesse und damit die Zulässigkeit uneinheitlicher Stimmabgabe ist zu bejahen[129]: wenn der Gesellschafter Geschäftsanteile teils im eigenen Interesse, teils als *Treuhänder* besitzt; wenn er als Treuhänder für *verschiedene Treugeber* tätig wird; wenn er für den einen Geschäftsanteil eine gültige *Stimmbindung* eingegangen ist (vgl. noch Rdn 65 ff), für den anderen dagegen nicht; wenn er einen von mehreren Geschäftsanteilen *verpfändet* hat; ebenso, wenn an einem von mehreren Geschäftsanteilen ein gewinnbezogener *Nießbrauch* besteht (also nicht, wenn der Nießbrauch die Mitgliedschaft selbst erfaßt; dann nach richtiger, wenngleich nicht herrschender Ansicht eigenes Stimmrecht des Nießbrauchers, vgl. Rdn 51). Dagegen fehlt ein berechtigtes Interesse, wenn mehrere Geschäftsanteile von einer Personengesellschaft oder juristischen Person gehalten werden und sich die geschäftsführenden Gesellschafter bzw. Mitglieder des Vertretungsorgans über die Stimmabgabe nicht einigen können[130]. Insoweit ist zwar die zur Gesamtvertretung erforderliche Personenzahl zur Teilnahme an der Versammlung zuzulassen (§ 48, 16). Uneinheitliche Stimmabgabe der Gesamtvertreter oder auch eines Einzelvertreters ist jedoch als Stimmenthaltung zu bewerten, soweit die Ja- und Nein-Stimmen sich gegenseitig aufheben (vgl. noch Rdn 63).

62 Für die **Modalitäten uneinheitlicher Stimmabgabe** gilt: Die Gesellschafter haben Anspruch auf Offenlegung des Grundes für die uneinheitliche Stimmabgabe. Das folgt

---

126 Wie hier Scholz/*K. Schmidt* 70; Rowedder/*Koppensteiner*[2] 35.

127 So jedenfalls im Grundsatz Scholz/*K. Schmidt* 72; eindeutig Rowedder/*Koppensteiner*[2] 36; *Meyer-Landrut*/Miller/Niehus 23; *v. Boehmer* NJW 1949, 564, 565 f; *Flechtheim* BankArch. 1928/29, 418, 421; *Heckelmann* AcP 170 (1970), 306, 338 f; RGZ 137, 305, 314 spricht sich für Zulässigkeit bei entsprechender Satzungsklausel aus (dazu Rdn 64).

128 RGZ 157, 52, 57 = JW 1938, 1398 m. Anm. *Barz;* Baumbach/Hueck/*Zöllner* 11; *Klausing* Uneinheitliche Ausübung mehrerer Stimmen (1928), S. 20 f; *Müller-Erzbach* Das private Recht der Mitgliedschaft (1948), S. 231 f; *Winter* GmbH-Rdsch. 1965, 23, 28 f.

129 Insoweit wohl allgM, vgl. Scholz/*K. Schmidt* 72; Baumbach/Hueck/*Zöllner* 11; Rowedder/*Koppensteiner*[2] 36.

130 Vgl. aber für die AG *Obermüller/Werner/Winden* Die Hauptversammlung (1967), S. 100.

aus dem personalistischen Charakter der GmbH (Rdn 61). Im Streitfall ist das jeweilige berechtigte Interesse als Ausnahme von dem Prinzip einheitlicher Stimmabgabe nicht nur darzulegen, sondern zu beweisen. Dabei kommt es aber nur darauf an, daß eines der genannten Rechtsverhältnisse (Rdn 61) überhaupt vorliegt. Es genügt also der Nachweis eines abstrakten Interessenkonflikts. Unerheblich bleibt, ob im konkreten Einzelfall ein Interessenwiderstreit besteht oder nicht, ob und warum die uneinheitliche Stimmabgabe als opportun erscheint[131]. Mit solchen Anforderungen würde, wie schon das RG formuliert hat, „in das Abstimmungsverfahren, das klare und einfache Verhältnisse erheischt, ein unerträgliches Element der Unsicherheit und Ungewißheit getragen“[132].

d) **Rechtsfolge unzulässiger Stimmabgabe.** Welche Rechtsfolge eintritt, wenn in unzulässiger Weise uneinheitlich abgestimmt wird (Rdn 59, 61), sagt das Gesetz nicht. Nichtigkeit der Stimmabgabe ließe sich nur dann bejahen, wenn ein Fall von Perplexität vorläge, also eine in sich widersprüchliche rechtsgeschäftliche Regelung, die wegen ihres inneren Widerspruchs keinen vernünftigen Sinn ergibt. So liegt es aber nicht, weil jede Stimmabgabe für sich Rechtsgeschäft ist (vgl. Rdn 41), also nicht auf das Gesamtverhalten des Gesellschafters abgestellt werden kann. Die danach gültigen Stimmabgaben müssen aber für das Beschlußergebnis neutralisiert werden, soweit sie einander widersprechen. Sie sind deshalb als Stimmenthaltung zu bewerten. Auch dann bleibt jedoch fraglich, welche Bedeutung einem Stimmenüberschuß zukommt. Hat ein Gesellschafter 15 Ja-Stimmen und 10 Nein-Stimmen abgegeben, so verbleiben nach der von *Schilling* Voraufl. 19 und 23 entwickelten Ansicht 5 Ja-Stimmen. Nach der Gegenmeinung sollen auch diese Stimmen als Enthaltungen gelten[133]. Das hat jedoch Strafcharakter und läßt sich nicht begründen. Es ist auch nicht richtig, daß bei Mitzählung des Stimmenüberschusses die uneinheitliche Stimmabgabe doch Anerkennung fände (so aber Scholz/*K. Schmidt* 71). Vielmehr verschieben sich die jeweiligen Mehrheitsverhältnisse. **63**

e) **Bestimmungen der Satzung.** Welchen Spielraum die Satzung für eine Regelung der uneinheitlichen Stimmabgabe hat, ist streitig. Der **Meinungsstand** ist infolge der unterschiedlichen Ausgangspunkte bei der Beurteilung der Gesetzeslage wenig eindeutig. Insgesamt ist es wohl **hM**, daß die Satzung das Verbot uneinheitlicher Stimmabgabe aus einem Geschäftsanteil nicht beseitigen kann[134]. Dagegen wird eine Satzungsklausel, nach der aus mehreren Geschäftsanteilen generell unterschiedlich abgestimmt werden darf, überwiegend zugelassen[135]. Auch die entgegengesetzte Regelung, also ein Verbot unterschiedlicher Stimmabgabe, wird diskutiert und gegensätzlich beurteilt[136]. **Stellungnahme.** Welche rechtlichen Gesichtspunkte einer generellen Zulassung uneinheitlicher Stimmabgabe entgegenstehen sollten, ist nicht erkennbar. § 45 erlaubt es grundsätzlich, auch das Abstimmungsverhalten in der Satzung zu regeln. § 18 Abs. 1, welcher der uneinheitlichen Stimmabgabe aus einem Geschäftsanteil entgegensteht (Rdn 59), hat keinen zwingenden Charakter. Und auch die personalistische Struktur der GmbH, **64**

---

[131] Scholz/*K. Schmidt* 72 bei Fn 275, der aber die Voraufl. (vgl. dort Rdn 18 aE) zu Unrecht für das Gegenteil in Anspruch nimmt.

[132] RGZ 137, 305, 314.

[133] Scholz/*K. Schmidt* 71.

[134] Baumbach/Hueck/*Zöllner* 11 aE; *Heckelmann* AcP 170 (1970), 306, 341 f; *Winter* GmbH-Rdsch. 1965, 23, 29; **aM** *Schilling* Voraufl. 21 aE; Rowedder/*Koppensteiner*² 37; ohne Entscheidung Scholz/*K. Schmidt* 73.

[135] RGZ 137, 305, 313; *Schilling* Voraufl. 20; *Vogel* Gesellschafterbeschlüsse und Gesellschafterversammlung (1986), S. 70; **aM** Baumbach/Hueck/*Zöllner* 11 aE; *Winter* GmbH-Rdsch. 1965, 23, 29.

[136] Tendenziell gegen das Verbot der Satzung Scholz/*K. Schmidt* 74; dafür Rowedder/*Koppensteiner*² 37.

die bei mehreren Geschäftsanteilen zu Einschränkungen nötigt (Rdn 61), steht zur Disposition der Gesellschafter. Ein Satzungsverbot uneinheitlicher Stimmabgabe ist gleichfalls zuzulassen. Zwar ist es richtig, daß ein solches Verbot der Wahrung von Drittinteressen entgegenstehen, insbesondere eine Stimmbindung konterkarieren kann. Die daraus resultierenden Schwierigkeiten gehören aber allein in das Innenverhältnis zwischen dem Gesellschafter und seinem jeweiligen Vertragspartner (z. B. Unmöglichkeit der Vertragserfüllung).

7. Stimmbindungsverträge

Schrifttum

(vgl. auch die Angaben vor Rdn 1, 50, 57, 91, 119). *Erman* Zwangsweise Durchsetzung von Ansprüchen aus einem Stimmbindungsvertrag im Aktienrecht, AG **1959** 267 und 300; *Rob. Fischer* Zulässigkeit und Wirkung von Abstimmungsvereinbarungen, GmbH-Rdsch. **1953** 65; *Rob. Fischer* Zur Methode revisionsrichterlicher Rechtsprechung auf dem Gebiet des Gesellschaftsrechts, dargestellt anhand der Rechtsprechung zu den Stimmbindungsverträgen, Festgabe für Kunze (1969), S. 95 (= gesammelte Schriften, 1985, S. 23); *Geßler* Sicherung der Herrschaftsmacht bei Übertragung von Geschäftsanteilen, GmbH-Rdsch. **1974** 202; *A. Hueck* Stimmbindungsverträge bei Personenhandelsgesellschaften, Festschr. für Nipperdey, Bd. I (1965), S. 401; *Isay* Zur Frage der Erfüllung von Abstimmungsverträgen, LZ **22** (1928) 1295; *Janberg* Praktische Auswirkungen von Stimmrechtsbindungen, DB **1952** 96; *Janberg/Schlaus* Abstimmungsverträge nach neuem Aktienrecht unter Berücksichtigung des Rechts der verbundenen Unternehmen, AG **1967** 33; *Janberg/Schlaus* Nochmals: Abstimmungsverträge nach neuem Aktienrecht, AG **1968** 35; *Loewenheim* Zulässigkeit und Vollstreckbarkeit von Stimmbindungsvereinbarungen, JuS **1969** 260; *Lübbert* Abstimmungsvereinbarungen in den Aktien- und GmbH-Rechten der EWG-Staaten, der Schweiz und Großbritanniens (1971); *Overrath* Die Stimmrechtsbindung, Diss. Bochum 1973; *Overrath* Stimmverträge im internationalen Privatrecht, ZGR **1974** 86; *Peters* Die Erzwingbarkeit vertraglicher Stimmrechtsbindungen, AcP **156** (1957) 311; *Priester* Drittbindung des Stimmrechts und Satzungsautonomie, Festschr. für Werner (1984), S. 657; *Reuter* Stimmrechtsvereinbarungen bei treuhänderischer Abtretung eines GmbH-Anteils, ZGR **1978** 633; *Jan Schröder* Stimmrechtskonsortien unter Aktionären: Gesellschafts- und erbrechtliche Probleme, ZGR **1978** 578; *Tank* Stimmrechtsabkommen im Lichte des Mitbestimmungsgesetzes, AG **1977** 34; *Ulmer* Verletzung schuldrechtlicher Nebenabreden als Anfechtungsgrund im GmbH-Recht? NJW **1987** 1849; *M. Winter* Organisationsrechtliche Sanktionen bei Verletzung schuldrechtlicher Gesellschaftervereinbarungen? ZHR **154** (1990) 259; *Zluhan* Abstimmungs-Vereinbarungen des privaten Gesellschaftsrechtes, AcP **128** (1928) 62 und 257.

65 a) **Begriff und Zweck.** Der Gesellschafter kann sein Stimmrecht nicht isoliert übertragen (Rdn 53). Aber er kann sich verpflichten, von seinem Stimmrecht in einer vertraglich festgelegten Weise Gebrauch zu machen. Außenwirkung in dem Sinne, daß die vertragswidrige Stimmabgabe ungültig wäre, kommt der Absprache nicht zu (vgl. noch Rdn 79). Die Stimmbindung ist also eine obligatorisch wirkende Beschränkung der Stimmrechtsausübung[137]. Aus dem obligatorischen Charakter der Stimmbindung darf allerdings nicht gefolgert werden, daß sie nicht durchgesetzt werden könnte; vielmehr ist ihre Vollstreckbarkeit heute im Grundsatz anerkannt (Rdn 80 f).

66 Die mit der Stimmbindung verfolgten **Zwecke** sind vielfältig. Im wesentlichen sind für das Recht der GmbH[138] drei Fallgruppen zu unterscheiden[139]. *Erstens:* Die

---

[137] Scholz/*K. Schmidt* 36 und 38; Baumbach/Hueck/*Zöllner* 77; MünchKomm-*Ulmer* § 717, 18; *Zluhan* AcP 128 (1928), 62, 79 ff.

[138] Zum Aktienrecht siehe *Janberg/Schlaus* AG 1967, 33 und AG 1968, 35; *Jan Schröder* ZGR 1978, 578; zu den Personenhandelsgesellschaften *A. Hueck* Festschr. für Nipperdey, Bd. I (1965), S. 401.

[139] Eingehend *Lübbert* Abstimmungsvereinbarungen (1971), S. 76 ff, 102 ff.

Stimmbindung dient den wirtschaftlichen Zielen von **Pfandnehmern, Treugebern oder Nießbrauchern.** Weil und soweit eine Übertragung des Stimmrechts am Abspaltungsverbot scheitert, wird hier erstrebt, daß der Gesellschafter bei der Ausübung des Stimmrechts den genannten Drittinteressen Rechnung trägt. *Zweitens:* Bestimmte **Gesellschaftergruppen** (z. B. Familienstämme) regeln und sichern ihren wechselseitigen Einfluß in der GmbH. Die Simmbindung kann etwa dazu dienen, die Positionen der Geschäftsführer oder anderer Organmitglieder auf die Gruppen aufzuteilen. Auch kann das Eindringen Dritter erschwert werden, indem sich die Gesellschafter untereinander verpflichten, der Veräußerung von Geschäftsanteilen nur unter einschränkenden Voraussetzungen zuzustimmen. Eine solche Abrede kann ferner dann sinnvoll sein, wenn die Gesellschafter der GmbH für die Dauer ihrer Mitgliedschaft Darlehen zugeführt haben und diese Finanzierung nicht durch einen Gesellschafterwechsel gefährdet werden soll[140]. *Drittens:* Eine Reihe von Gesellschaftern mit gleichgerichteten Interessen bündelt ihren Einfluß durch den Abschluß eines **Konsortial- oder Poolvertrags** und stabilisiert damit eine Stimmenmacht, die der einzelne Gesellschafter nicht hätte. Dabei kann es sich um ein Instrument der Konzernierung handeln, das in den Einwirkungsmöglichkeiten der anteilsbesitzenden Holding nahekommt (vgl. *Lübbert* aaO [Fn 139] S. 81). Ein Sonderfall dieser Art liegt vor, wenn mehrere Gesellschafter ihren Einfluß auf ein Gemeinschaftsunternehmen durch Abstimmungsvereinbarungen koordinieren. Vgl. zum Konsortialvertrag noch unten Rdn 85.

b) **Rechtliche Grundlagen. aa) Schuldvertrag oder Satzungsbestandteil?** Nach verbreiteter Ansicht bildet eine schuldrechtliche Vereinbarung zwischen den Beteiligten die Grundlage der Stimmbindung[141]. Das ist zutreffend, soweit damit die Wirkung stimmbindender Vereinbarungen bezeichnet sein soll (Rdn 65, 79). Im übrigen ist die Bedeutung dieser Aussage mangels hinreichend differenzierter Fragestellung nur scheinbar klar. Drei Fragen sollten unterschieden werden, nämlich: (1.) Kann die Stimmbindung nur als Satzungsbestandteil oder auch als Zusatzvereinbarung außerhalb der Satzung gültig vereinbart werden? (2.) Kann die Stimmbindung, wenn sie keinen notwendigen Satzungsbestandteil bildet, gleichwohl in die Satzung aufgenommen werden? (3.) Wie ist eine in der Satzung verankerte Stimmbindung rechtlich zu behandeln? **67**

Kein notwendig materieller Satzungsbestandteil. Zur ersten Frage gilt: Die Stimmbindung kann außerhalb der Satzung gültig vereinbart werden. Sie unterliegt also nicht notwendig dem Beurkundungserfordernis des § 2 und bei späterer Änderung nicht den besonderen Regeln der §§ 53 ff. Erforderlich und genügend ist vielmehr ein Vertragsschluß nach den allgemeinen Grundsätzen des BGB, der insbesondere auch konkludent erfolgen kann[142]. Ihre sachliche Rechtfertigung bezieht diese Aussage daraus, daß bindungswidrig abgegebene Stimmen gültig sind und bleiben (vgl. noch Rdn 79, 83 f). Die Stimmbindung entfaltet also keinen unmittelbaren Einfluß auf die Willensbildung in der GmbH und fällt deshalb noch nicht in den Bereich, der wegen seines organisationsrechtlichen Charakters nur durch Satzung bzw. Satzungsänderung geordnet werden kann[143]. Der Zusammenhang zwischen Tatbestand und Rechtsfolge trägt aber nicht nur die schuldrechtliche Qualifizierung von Stimmbindungen, sondern muß auch dann beachtet werden, wenn es um die genauere Bestimmung der Rechtsfolgen bindungswidriger Stimmabgabe geht. Daher ist die vom BGH uneingeschränkt aner- **68**

---

140 So der in RGZ 112, 273 entschiedene Fall.

141 Vgl. z. B. Scholz/*K. Schmidt* 38; Rowedder/*Koppensteiner*[2] 25.

142 Siehe die Vorgenannten; ferner BGHZ 48, 163, 170 f = NJW 1967, 1963; Baumbach/Hueck/*Zöllner* 77.

143 Dazu *Ulmer* Festschr. für Werner (1984), S. 911, 912, 916 f.

kannte Vollstreckbarkeit von Stimmbindungen[144] nicht unbedenklich (vgl. noch Rdn 80) und die in neueren Entscheidungen[145] bejahte Anfechtbarkeit von Beschlüssen wegen Verletzung einer (sämtliche Gesellschafter bindenden) Abstimmungsvereinbarung außerhalb der Satzung ein Schritt in die falsche Richtung (näher Rdn 83 f).

69 **Formeller oder fakultativ-materieller Satzungsbestandteil.** Obwohl die Stimmbindung keinen organisationsrechtlichen Charakter hat, kann sie unbedenklich in den Satzungstext aufgenommen werden; das dient der Rechtsklarheit und ist deshalb tendenziell zu begrüßen. Die zweite in Rdn 67 gestellte Frage ist also zu bejahen. Für die daran anknüpfende dritte Frage sind zwei Antworten möglich: Entweder wird die schuldrechtliche Vereinbarung durch die Satzung nur verlautbart; es handelt sich dann um einen sog. formellen Satzungsbestandteil[146]. Oder die Beteiligten unterstellen die Stimmbindung den für die Satzung und ihre Änderung geltenden Regeln; durch die Ausübung des darauf gerichteten Gestaltungswahlrechts werden die einschlägigen Festsetzungen zum materiellen Satzungsbestandteil[147]. Formelle Satzungsbestandteile unterliegen weiterhin dem Schuldvertragsrecht des BGB: keine Förmlichkeiten, aber auch keine Änderung oder Aufhebung durch Mehrheitsbeschluß. Für materielle Satzungsbestandteile gelten dagegen die §§ 2, 53 ff.

70 **Zuordnung.** Stimmbindungen gegenüber Dritten sind nur als formeller Satzungsbestandteil denkbar; denn aus dem Organisationsstatut der GmbH können Dritte für sich keine Rechte herleiten[148]. Stimmbindungen unter Gesellschaftern können dagegen zum materiellen Satzungsbestandteil gemacht werden, doch gibt es keinen Auslegungsgrundsatz, nach dem eine derartige Regelung und die damit verbundenen Folgen im Zweifel gewollt wären. Wenn die Stimmbindung nicht von sämtlichen, sondern nur von einigen Gesellschaftern eingegangen wird, spricht das im Gegenteil für bloße Verlautbarung in der Satzung[149]. Praktisch bleiben für eine Qualifizierung als materieller Bestandteil der Satzung danach nur Ausnahmefälle übrig, in denen sich entweder sämtliche Gesellschafter binden oder in denen zusätzliche Auslegungsfaktoren für das Resultat sprechen[150].

71 **bb) Zur Abgrenzung: Stimmpflicht kraft mitgliedschaftlicher Treubindung.** Aus der mitgliedschaftlichen Treubindung können sich im Einzelfall Stimmpflichten ergeben (dazu Rdn 119 ff). Diese Stimmpflichten sind jedoch von der obligatorisch wirkenden Stimmbindung deutlich zu trennen[151]: Inhalt, Rechtsnatur und Rechtswirkungen unterscheiden sich nachhaltig. Ihrem Inhalt nach ist die aus der Treubindung abgeleitete Stimmpflicht am Gesellschaftsinteresse ausgerichtet. Dagegen werden Stimmbindungen typischerweise vereinbart, um die Partikularinteressen von Gesellschaftern oder um Drittinteressen zu fördern; soweit damit auch der GmbH gedient ist, tritt dieser Erfolg nur reflexartig ein. Als Gegenstand einer mitgliedschaftlichen Pflicht gehört die Treubindung in das Organisationsrecht der GmbH[152]. Die Stimmbindung folgt dagegen regelmäßig aus Schuldvertrag und wird nur ausnahmsweise dem Satzungsrecht unterstellt (Rdn 70). Schließlich begründet die Verletzung der Treupflicht die Anfechtbarkeit

---

144 BGHZ 48, 163, 169 ff = NJW 1967, 1963.

145 BGH NJW 1983, 1910, 1911; BGH NJW 1987, 1890, 1892 (li. Sp.).

146 Scholz/*Priester* § 53, 5 ff; *Priester* DB 1979, 681 f; *Ulmer* Festschr. für Werner (1984), S. 911, 914 f; vgl. auch *Ulmer* Voraufl. § 53, 14.

147 Nachweise wie in Fn 146; Voraufl. § 53, 19 ff; vgl. aus der Rechtsprechung z. B. BGHZ 38, 155, 160 f = NJW 1963, 203; weitere Nachw. bei *Priester* aaO (Fn 146) S. 684 Fn 57 f.

148 Ausführlich *Ulmer* Festschr. für Werner (1984), S. 911, 916 ff.

149 *Priester* DB 1979, 681, 684; vgl. näher § 3, 43 a.

150 Ausführlicher *Ulmer* Voraufl. § 53, 22.

151 Anders noch *Schilling* Voraufl. 24; ohne scharfe Trennung auch Baumbach/Hueck/*Zöllner* 76 ff.

152 *M. Winter* Mitgliedschaftliche Treubindungen (1988), S. 46 ff, 51 f.

des Beschlusses. Dagegen hat der Verstoß gegen stimmbindende Abreden diese Wirkung trotz abweichender Entscheidungen des BGH gerade nicht (Rdn 68; genauer Rdn 83 f). Wegen dieser signifikanten Unterschiede wäre es auch wenig glücklich, den Verstoß gegen Stimmbindungen in eine anfechtungsbegründende Treupflichtverletzung umzudeuten[153] (auch dazu Rdn 84).

cc) **Einzelheiten zum Schuldvertrag.** Die Stimmbindung kann Gegenstand einer vertraglichen *Hauptpflicht,* aber auch einer *Nebenpflicht* sein. Gegenstand einer Hauptpflicht ist sie insbesondere bei den Konsortial- oder Poolverträgen (Rdn 66). Gegenstand einer Nebenpflicht, genauer einer selbständig klagbaren Nebenleistungspflicht ist sie, wenn sie einen anderen wirtschaftlichen Erfolg sichern soll, auf den die Absprache der Parteien hauptsächlich gerichtet ist. So liegt es bei der Bestellung eines Pfandrechts am Gesellschaftsanteil (Stimmabgabe durch den Gesellschafter unter Wahrung der Interessen des Pfandgläubigers) und insbesondere beim Treuhandvertrag (Stimmabgabe durch den Treuhänder unter Wahrung der Interessen des treugebenden Gesellschafters), ferner beim Verkauf eines entsprechend § 15 Abs. 5 vinkulierten Geschäftsanteils (Pflicht des Verkäufers, für die Erteilung der Abtretungsgenehmigung zu stimmen)[154]. Nicht möglich ist es, die *Rechtsnatur* stimmbindender Verträge einheitlich zu definieren; regelmäßig kommt es darauf auch nicht an. Konsortialverträge begründen Innengesellschaften des bürgerlichen Rechts ohne Gesamthandsvermögen[155]. Bei Pfand und Treuhand geht es um leistungssichernde Nebenabreden zur schuldrechtlichen Sicherungs- oder Treuhandvereinbarung; denselben Charakter hat die Stimmbindung des Anteilsverkäufers. Sonst wird vielfach ein Auftrags- oder Geschäftsbesorgungsverhältnis vorliegen (§§ 662 ff, 675 BGB)[156]. **72**

c) **Zur Frage der Zulässigkeit. aa) Meinungsstand.** Stimmbindungsverträge sind nach Rechtsprechung[157] und der **hM** des Schrifttums[158] zulässig. Das gilt ohne Rücksicht darauf, ob die Stimmbindung den Gegenstand einer Haupt- oder Nebenpflicht bildet (Rdn 72), und soll, der hM zufolge, auch ohne Rücksicht darauf richtig sein, ob die Bindung gegenüber einem Gesellschafter oder gegenüber einem Dritten eingegangen wird. Die ursprünglich strikte Ablehnung der Stimmbindung durch das RG[159] und einen Teil des Schrifttums[160] ist jedenfalls Vergangenheit. In der jüngeren Lehre begegnet die pauschale Zulassung von Stimmrechtsvereinbarungen jedoch zunehmend **kritischen Stimmen.** Danach ist zu unterscheiden, ob ein Gesellschafter oder ein Dritter Gläubiger der Stimmbindung ist; nur im ersten Fall sei die Stimmbindung prinzipiell als zulässig anzuerkennen[161]. Eine skeptische Grundhaltung gegenüber der Stimmbindung zeigen **73**

---

153 Zutreffend *Ulmer* NJW 1987, 1849, 1852; *M. Winter* aaO (Fn 152) S. 51 f.

154 BGHZ 48, 163 = NJW 1967, 1963 (Vereitelung der Genehmigung durch Stimmenthaltung).

155 MünchKomm-*Ulmer* Vor § 705, 40 ff.

156 Scholz/*K. Schmidt* 36; *Lübbert* Abstimmungsvereinbarungen (1971), S. 142 ff.

157 Seit RGZ 107, 67, 71; vgl. ferner RGZ 112, 273, 279; RGZ 119, 386, 388; RGZ 133, 90, 95; RGZ 160, 257, 262; RGZ 170, 358, 371 f; RG HRR 12 (1936) Nr. 747; BGHZ 48, 163, 166 ff = NJW 1967, 1963; BGH ZIP 1983, 432, 433; BGH NJW 1983, 1910, 1911; BGH NJW 1987, 1890, 1892; OLG Koblenz GmbH-Rdsch. 1986, 430, 431; OLG Köln GmbH-Rdsch. 1989, 76, 78; umfassender Bericht über die Judikatur bei *Lübbert* Abstimmungsvereinbarungen (1971), S. 97 ff.

158 Baumbach/Hueck/*Zöllner* 77; Fischer/*Lutter/Hommelhoff* 5; Rowedder/*Koppensteiner*[2] 26; *Rob. Fischer* Festgabe für Kunze (1969), S. 95, 105 (= Gesammelte Schriften, 1985, S. 23, 32 f); *Priester* Festschr. für Werner (1984), S. 657, 658; eingehende Übersichten über die Meinungsentwicklung bei *Lübbert* aaO (Fn 157) S. 136 ff; *Overrath* Die Stimmrechtsbindung (1972), S. 7 ff.

159 RGZ 57, 205, 208.

160 Zuletzt wohl *Müller-Erzbach* Das private Recht der Mitgliedschaft (1948), S. 248 ff.

161 Scholz/*K. Schmidt* 40 und 42 („nicht unproblematisch"); MünchKomm-*Ulmer* § 717, 22 und 24; *Flume* I/2 § 7 VI (S. 242).

auch diejenigen Autoren, die jedenfalls Satzungsänderungen von einer gültigen Verpflichtung gegenüber Dritten ausnehmen wollen[162] oder die Verpflichtungswirkung einer als gültig vorausgesetzten Stimmbindung deutlich restriktiv interpretieren[163]. Schließlich haben diejenigen, die einer Stimmbindung gegenüber Dritten grundsätzlich positiv gegenüber stehen, dies vielfach dahin eingeschränkt, daß die Stimmbindung bei vinkulierten Anteilen (§ 15 Abs. 5) nur durch Zustimmung der Mitgesellschafter wirksam werden kann[164]. Insgesamt bietet sich danach der Eindruck von Meinungsdivergenzen, die durch die verbreitete Betonung genereller Zulässigkeit von Stimmbindungen nur verdeckt, nicht aber gelöst werden.

74 bb) **Grundsätzlich zulässig: Stimmbindung unter den Gesellschaftern.** Die erforderliche Stellungnahme muß davon ausgehen, daß die Stimmbindung als Gegenstand schuldvertraglicher Regelung (Rdn 67 f) am Prinzip der Vertragsfreiheit, als materieller Satzungsbestandteil (Rdn 69 f) am Grundsatz der Satzungsautonomie teilnimmt. Es bedarf demnach keiner besonderen Begründung für die Zulässigkeit entsprechender Regelungen. Vielmehr muß umgekehrt ein gesetzlich fundierter Verbotstatbestand aufgezeigt werden, wenn die Stimmbindung unzulässig sein soll. Für die Stimmbindung unter den Gesellschaftern ist ein derartiges Verbot jedenfalls nicht als generelle Regelung ersichtlich. Insoweit ist die Stimmbindung deshalb in Übereinstimmung mit der **hM** (Rdn 73) als grundsätzlich zulässig zu beurteilen. Wegen der Ausnahmen vgl. Rdn 76 f.

75 cc) **Grundsätzlich unzulässig: Stimmbindung gegenüber Dritten.** Die Stimmbindung gegenüber Dritten muß entgegen der **hM** (Rdn 73) als prinzipiell unzulässig angesehen werden. Sie verstößt jedenfalls in ihrer Ausformung durch die Rechtsprechung des BGH, also seit der Anerkennung der Vollstreckbarkeit (vgl. noch Rdn 80)[165], gegen die Wertungen, die dem Abspaltungsverbot (dazu Rdn 53) zugrunde liegen. Überdies führt die Bindung des Gesellschafters an einen Dritten zur Auflösung des notwendigen Zusammenhangs zwischen der Ausübung des Stimmrechts und der mitgliedschaftlichen Treupflicht des Gesellschafters zur GmbH. **Abspaltungsverbot.** Im wirtschaftlichen Ergebnis sind die Stimmrechtsabtretung und die Stimmrechtsbindung weitgehend vergleichbar[166]; denn der Dritte, der eine in seinem Sinne liegende Stimmabgabe notfalls nach § 894 ZPO (Rdn 81) durchsetzen kann, hat an einem eigenen Stimmrecht kein wesentliches Interesse mehr. Aber schon derjenige Gesellschafter, der unter dem Druck von Schadensersatzforderungen, Vertragsstrafen oder eines sonstigen mittelbaren Erfüllungszwangs steht, ist nicht viel mehr als ein Werkzeug des Dritten. Damit wird die GmbH Fremdeinflüssen ausgesetzt, denen kein Vermögenseinsatz und keine Risikoteilhabe entspricht[167]. **Treupflicht.** Daß nicht nur im Verhältnis der Gesellschafter untereinander, sondern auch und gerade im Verhältnis jedes einzelnen Gesellschafters zur GmbH organisationsrechtlich fundierte Treupflichten bestehen und der Gesellschafter deshalb gehalten ist, gerade die Ausübung seiner („fremdnützigen") Verwaltungsrechte

---

162 So namentlich *Priester* Festschr. für Werner (1984), S. 657, 659 ff; Scholz/*Priester* § 53, 35; zustimmend etwa Scholz/*K. Schmidt* 42; Fischer/*Lutter*/*Hommelhoff* 5; ausdrücklich aM z. B. Baumbach/Hueck/*Zöllner* 77 mwN.

163 Weitgehend vor allem *Overrath* Die Stimmbindung (1972), S. 76: Freiwerden des Verpflichteten schon bei vertretbaren Gründen für anderweitige Stimmabgabe.

164 RGZ 69, 134, 137; Scholz/*K. Schmidt* 42; Rowedder/*Koppensteiner*² 27; *Overrath* aaO (Fn 163) S. 48 f mwN in Fn 92; aM Baumbach/Hueck/*Zöllner* 77.

165 BGHZ 48, 163, 169 ff = NJW 1967, 1963.

166 Überzeugend besonders *Fleck* Festschr. für Rob. Fischer (1979), S. 107, 115 f. Zutreffend in der Analyse, aber mit entgegengesetzter Folgerung (isolierte Stimmrechtsübertragung zulässig) auch *Schilling* Voraufl. § 14, 31 ff.

167 MünchKomm-*Ulmer* § 717, 24; *Flume* I/2 § 7 VI (S. 242).

am Gesellschaftsinteresse auszurichten, steht inzwischen im Grundsatz außer Zweifel[168]. Damit kann aber nicht vereinbart werden, daß sich der Gesellschafter bei der Ausübung seines Stimmrechts den Weisungen oder einer sonstigen Einflußnahme von Personen unterwirft, die nicht in vergleichbarer Weise zur Wahrung des Gesellschaftsinteresses verpflichtet sind. Folglich besteht ein anderes Regel-Ausnahme-Verhältnis als bei der Stimmbindung unter den Gesellschaftern, kann es nur um die Frage gehen, ob und in welchen Bereichen die Stimmbindung gegenüber Dritten ausnahmsweise hinzunehmen ist.

d) **Einzelfragen zur Zulässigkeit.** aa) **Grenzen zulässiger Stimmbindung unter den Gesellschaftern.** Stimmbindungsvereinbarungen der Gesellschafter untereinander müssen sich innerhalb der immanenten Grenzen privatautonomer Gestaltung bewegen. Sie können deshalb nach §§ 134, 138 BGB nichtig[169] oder nach § 1 GWB unwirksam sein. Auch aus der Treupflicht des Gesellschafters zur GmbH (Rdn 75) können sich Schranken für eine Stimmbindung ergeben. Wenn nicht zugleich ein Verstoß gegen § 134 BGB oder gegen § 138 BGB vorliegt, besteht die Rechtsfolge allerdings nicht ohne weiteres in der Ungültigkeit der Vereinbarung, sondern im Wegfall der konkreten Abstimmungspflicht[170] und in der Anfechtbarkeit eines treuwidrig zustande gekommenen Beschlusses analog § 243 Abs. 1 AktG. **76**

Die für die Praxis wesentlichen Sachverhalte sind die Umgehung von Stimmverboten (§ 47 Abs. 4) und der Stimmenkauf. Die **Umgehung des § 47 Abs. 4** (vgl. dazu noch Rdn 186) führt als Gesetzesumgehung zur Nichtigkeit der Stimmbindungsvereinbarung nach § 134 BGB. Das entspricht der allgM[171] und bedarf im Grundsatz keiner Vertiefung. Fraglich kann nur sein, wo die Grenzen des Verbots liegen. Keine Umgehung liegt vor, wenn einem an der Absprache nicht beteiligten Geschäftsführer Entlastung erteilt werden soll; dagegen ist die Abrede wechselseitiger Entlastung nichtig[172]. **Stimmenkauf** ist im GmbH-Recht anders als nach § 405 Abs. 3 Nr. 6 und 7 AktG nicht als Ordnungswidrigkeit mit Geldbuße bedroht. § 297 Abs. 1 Nr. 2 und 3 RegE 1973 sah eine entsprechende Regelung vor[173], die indessen nicht Gesetz geworden ist. Auch ohne besondere Vorschrift folgt jedoch die Nichtigkeit von Abstimmungsvereinbarungen, die auf einen Stimmenkauf hinauslaufen, aus § 138 BGB. Das ist im Ergebnis zu Recht allgemein anerkannt[174]. Die Begründung sollte weniger im Bestechnungsmoment (so Scholz/*K. Schmidt* aaO [Fn 174]) als in einer die Schwelle allgemeiner Sittenwidrigkeit übersteigenden Treupflichtverletzung gefunden werden; wer sein Stimmverhalten von der Gewährung besonderer Vorteile abhängig macht, verfolgt in anstößiger Weise Partikularinteressen zu Lasten der GmbH (vgl. *Lübbert* aaO [Fn 174] S. 151). Von der Gültigkeit der Abstimmungsvereinbarung ist die des Beschlusses zu unterscheiden, der durch Berücksichtigung gekaufter Stimmen zustande gekommen ist; insoweit kommt es auf den Inhalt des Beschlusses an (OLG Nürnberg GmbH-Rdsch. **1990** 166, 169 re. Sp.). Stimmenkauf ist pars pro toto zu verstehen. Es genügt also jeder besondere Vorteil, den sich ein Gesellschafter versprechen läßt. Im allgemeinen, aber nicht **77**

---

[168] Weiterführend namentlich *M. Winter* Mitgliedschaftliche Treubindungen (1988), S. 85 ff.

[169] RG JW 1916, 575 f m. Anm. *Pinner:* Plünderung der GmbH; vgl. auch die Beispiele bei *Zluhan* AcP 128 (1928), 62, 263 ff.

[170] *Lübbert* Abstimmungsvereinbarungen (1971), S. 121 f mwN.

[171] BGHZ 48, 163, 166 f = NJW 1967, 1963; vgl. auch schon RGZ 85, 170, 173 f („Bamag"); aus dem Schrifttum Scholz/*K. Schmidt* 47; Baumbach/Hueck/*Zöllner* 78; Rowedder/*Koppensteiner*² 28; *Rob. Fischer* GmbH-Rdsch. 1953, 65, 67; *Lübbert* aaO (Fn 170) S. 154 ff mwN in Fn 255.

[172] Scholz/*K. Schmidt* 47; *Lübbert* aaO (Fn 170) S. 454.

[173] BT-Drucks. 7/253, S. 80.

[174] OLG Colmar OLGR 6 (1903), 503, 504; Scholz/*K. Schmidt* 45; Baumbach/Hueck/*Zöllner* 78; Rowedder/*Koppensteiner*² 29; *Lübbert* Abstimmungsvereinbarungen (1971), S. 149 ff; *Overrath* Die Stimmbindung (1972), S. 30.

notwendig, wird es sich um einen Vermögensvorteil handeln. Der Kaufpreis bei der Veräußerung eines vinkulierten Geschäftsanteils ist jedoch Gegenleistung für den Anteil, also nicht ohne weiteres ein Vorteil, der die Pflicht des Verkäufers, für die Freigabe des Anteils zu stimmen, entfallen läßt[175]. **Wahlabsprachen** (die gebundenen Gesellschafter wollen sich gegenseitig wählen) sind nach **hM** kein Stimmenkauf, weil kein Vorteil erzielt wird, der über das Abstimmungsergebnis hinausgeht[176]. Im Einzelfall ist jedoch auch eine andere Beurteilung denkbar[177], insbesondere, wenn für die Tätigkeit überhöhte Vergütungen oder Aufwandsentschädigungen gezahlt werden sollen.

78 bb) **Ausnahmsweise Zulässigkeit der Stimmbindung gegenüber Dritten.** Stimmbindungen gegenüber Dritten sind dann zulässig, wenn das Resultat nicht einer Übertragung des Stimmrechts entspricht, sondern die Stimmpflicht als leistungssichernde Nebenpflicht vereinbart wird und der Dritte entweder als Treugeber oder Pfandnehmer oder in vergleichbarer Weise am Geschäftsanteil mitberechtigt ist oder als Anteilskäufer gem. § 15 Abs. 5 eines zustimmenden Beschlusses der Gesellschafterversammlung bedarf. Verallgemeinernd: Der Dritte muß ein eigenes rechtlich anerkanntes Interesse am Geschäftsanteil haben oder sein Stimmrechtseinfluß auf die GmbH muß gegenständlich derart begrenzt sein, daß eine allgemeine Fremdbeeinflussung der Gesellschaft ausscheidet[178]. Sonst ist die Stimmbindung unzulässig. Das gilt insbesondere für Satzungsänderungen und Strukturentscheidungen (dazu schon Rdn 73) und darüber hinaus nach richtiger, wenngleich nicht herrschender Ansicht für jegliche Abstimmung nach Weisung der GmbH oder ihrer Verwaltungsorgane, besonders ihrer Geschäftsführer[179], ohne daß es insoweit auf eine analoge Anwendung des § 136 Abs. 2 AktG ankäme.

79 e) **Rechtsfolgen zulässiger Stimmbindung. aa) Materiell-rechtliche Beurteilung.** Die zulässige Stimmbindung begründet die Pflicht des Gesellschafters, seine Stimmen entsprechend dem Inhalt der jeweiligen Vereinbarung abzugeben. Die bindungswidrig abgegebene Stimme bleibt jedoch gültig (vgl. schon Rdn 65)[180], weil die Stimmabgabe als rechtsgeschäftlicher Tatbestand durch die Pflichtwidrigkeit nicht berührt wird und einer vereinbarten Außenwirkung der Rechtsgedanke des § 137 S. 1 BGB entgegensteht[181]. Wenn der Gesellschafter die Pflichtverletzung zu vertreten hat, ist er dem Bindungsgläubiger zum Ersatz des daraus entstehenden Schadens verpflichtet. Fraglich ist, ob in diesem Rahmen auch Naturalrestitution gefordert werden kann. Das insoweit früher bestehende Bedenken, eine zwangsweise Durchsetzung der Stimmbindung dürfe nicht auf dem Umweg über den Schadensersatz erreicht werden, ist gegenstandslos, solange man mit der neueren Rechtsprechung die Vollstreckbarkeit anerkennt (Rdn 80)[182]. Gleichwohl ist ein Anspruch auf Naturalrestitution jedenfalls dann abzulehnen, wenn diese die Aufhebung oder Änderung zustande gekommener Beschlüsse bedingen würde und die Stimmbindung wie in aller Regel in einer Nebenabrede zur

[175] Scholz/*K. Schmidt* 45; aM Baumbach/Hueck/*Zöllner* 78.

[176] Scholz/*K. Schmidt* 45; Baumbach/Hueck/*Zöllner* 78 (mit Einschränkungen).

[177] Zweifelnd auch Rowedder/*Koppensteiner*² 29.

[178] MünchKomm-*Ulmer* § 717, 25 f; *Flume* I/2 § 7 VI (S. 245 ff); in den Ergebnissen weithin übereinstimmend Scholz/*K. Schmidt* 42; vgl. auch *Fleck* Festschr. für Rob. Fischer (1979), S. 107, 127 zu vertretbaren Lockerungen des Abspaltungsverbots.

[179] AM BGH ZIP 1983, 432 f; OLG Köln GmbH-Rdsch. 1989, 76, 78 (beide zur Verpflichtung des Gesellschafters, den Geschäftsführer nur aus wichtigem Grund abzuberufen); Scholz/*K. Schmidt* 41 (aber mit erheblichen, der hier eingenommenen Position teilweise nahekommenden Einschränkungen); Baumbach/Hueck/*Zöllner* 77.

[180] AllgM, vgl. RGZ 119, 386, 388 f; Baumbach/Hueck/*Zöllner* 79; *Rob. Fischer* GmbH-Rdsch. 1953, 65, 67.

[181] Zur entsprechenden Frage bei der Stimmrechtsabspaltung vgl. *Fleck* Festschr. für Rob. Fischer (1979), S. 107, 111 f; *Wiedemann* Die Übertragung und Vererbung von Mitgliedschaftsrechten (1965), S. 283 ff.

[182] *Lübbert* Abstimmungsvereinbarungen (1971), S. 125; vgl. auch Scholz/*K. Schmidt* 60.

Satzung enthalten ist; denn die nur schuldrechtliche Bindung kann auch nicht über das Schadensersatzrecht auf die organisationsrechtliche Ebene durchschlagen (streitig, vgl. noch Rdn 83 f). Eine Vertragsstrafe kann für den Fall der Zuwiderhandlung vereinbart werden[183]. Aus der Sicht des Bindungsgläubigers ist eine derartige Regelung empfehlenswert, weil sie die mit einer Schadensersatzforderung verbundenen Unsicherheiten vermeidet und Vollstreckungsdefiziten (Rdn 81) begegnen kann.

bb) Rechtsdurchsetzung. Die **Erfüllungsklage** stand dem Gläubiger einer Stimmbindung nach ständiger Rechtsprechung des RG nicht zur Verfügung[184]. Das entsprach weitgehend auch der Ansicht des Schrifttums[185]. Für diese Auffassung wurde teils geltend gemacht, die Rechtsdurchsetzung sei wenig sinnvoll, weil die Gesellschafter nach der Vollstreckung erneut bindungswidrig Beschluß fassen könnten[186]; teils wurde auf die Entschließungsfreiheit der Gesellschafter abgehoben[187]; teils findet sich das Argument, daß Klage und Vollstreckung doch zu spät kämen[188]. Der BGH hat mit der älteren Judikatur gebrochen und Erfüllungsklage sowie Zwangsvollstreckung aus Stimmbindungsvereinbarungen zugelassen[189]. Das Urteil betrifft zwar den recht speziellen Fall, daß ein Ehemann als Treuhänder seiner Frau die von ihr verlangte Abtretung von Geschäftsanteilen hintertrieb, indem er sich mit der treuhänderisch gehaltenen Kapitalmehrheit der Stimme enthielt und damit für die Versagung der nach dem Gesellschaftervertrag erforderlichen Veräußerungsgenehmigung sorgte. Leitsatz und Entscheidungsgründe sind jedoch bewußt allgemein gehalten; es ging dem Gericht um die generelle Anerkennung eines klagbaren Erfüllungsanspruchs[190]. Das Schrifttum ist auf diese Linie weitgehend eingeschwenkt[191]. Danach kann und muß die Praxis davon ausgehen, daß Stimmbindungsvereinbarungen mit unmittelbarem Erfüllungszwang ausgestattet sind. In der Sache bleibt die damit eingeschlagene Linie bedenklich, weil der Stimmbindung mittelbare Außenwirkung verliehen und damit hingenommen wird, daß bloße Nebenabreden zur Satzung auf der organisationsrechtlichen Ebene Wirkung entfalten (vgl. auch Rdn 83 f). Diese Stimmbindung als Rechtsinstitut hat damit einen anderen Charakter bekommen. Materiell-rechtliche Wirksamkeitsschranken können das Problem entschärfen, aber nicht beseitigen[192]. **80**

Nach wie vor zweifelhaft ist die **Art und Weise der Zwangsvollstreckung,** wenn aus einer Stimmbindung erfolgreich auf Erfüllung geklagt worden ist. Bloße Stimmverbote führen zu Unterlassungsansprüchen, werden also nach § 890 ZPO vollstreckt[193]. Wenn der Vollstreckungsschuldner dagegen verpflichtet ist, in einem bestimmten Sinne abzustimmen, kommen § 887 ZPO oder § 888 ZPO oder § 894 ZPO in Betracht. Jede dieser **81**

---

183 RGZ 133, 90, 95; Scholz/*K. Schmidt* 61; Baumbach/Hueck/*Zöllner* 80; näher *Lübbert* aaO (Fn 182) S. 125, 176 (dort weit. Nachw. in Fn 349 ff); *Janberg/Schlaus* AG 1967, 33, 37 sowie AG 1968, 35, 36.

184 RGZ 112, 273, 279; RGZ 119, 386, 389 f; RGZ 133, 90, 95; RGZ 160, 257, 262; RGZ 170, 358, 371 f; RG JW 1927, 2992, 2993.

185 *Brodmann* JW 1929, 615; *Cahn* DJZ 1932, 1324, 1328; *Janberg* DB 1952, 96 f; *Wolff* JW 1929, 2115; aM aber schon Düringer/Hachenburg/*Lehmann* HGB, § 252, 63 mwN; ausführliche Meinungsübersicht bei *Lübbert* aaO (Fn 182) S. 176 ff.

186 RGZ 112, 273, 279 f.

187 RGZ 160, 257, 262; RG JW 1927, 2992, 2993.

188 *Brodmann* JW 1929, 615.

189 BGHZ 48, 163, 169 ff = NJW 1967, 1963.

190 Vgl. hierzu besonders *Rob. Fischer* Festgabe für Kunze (1969), S. 95, 104 ff (= Gesammelte Schriften, 1985, S. 23, 32 ff); für direkten Erfüllungszwang auch schon *ders.* GmbH-Rdsch. 1953, 65, 68 ff.

191 Scholz/*K. Schmidt* 55; Fischer/*Lutter*/*Hommelhoff* 5; Rowedder/*Koppensteiner*[2] 30; *Vogel* Gesellschafterbeschlüsse und Gesellschafterversammlung (1986), S. 92 f; eher ablehnend Baumbach/Hueck/*Zöllner* 80 („zumindest in solcher Allgemeinheit verfehlt").

192 Insoweit nicht überzeugend Scholz/*K. Schmidt* 55.

193 Scholz/*K. Schmidt* 56; Rowedder/*Koppensteiner*[2] 31; *Peters* AcP 156 (1957), 311, 325 f.

Lösungen fand oder findet Anhänger[194]. Der BGH spricht sich für § 894 ZPO aus[195]. Dem ist, wenn man die Erfüllungsklage überhaupt für gegeben hält (Rdn 80), zuzustimmen; denn die Stimmabgabe ist Willenserklärung (Rdn 41). Daß die Fiktionswirkung den Eintritt der Rechtskraft voraussetzt, ist kein Nachteil, sondern ein Vorzug dieser Lösung, weil auf diese Weise vermieden wird, daß erst Beschlüsse zustande kommen und sich später herausstellt, daß die vermeintliche Stimmpflicht doch nicht bestand. Es bleibt Sache des Gläubigers, sich für die Zeit bis zum Eintritt der Rechtskraft, etwa durch Vertragsstrafenklausel (Rdn 79 aE), selbst zu sichern[196]. Daneben ist ein Stimmverbot durch einstweilige Verfügung denkbar, aber nur begrenzt hilfreich. Wenn die Verpflichtung auf Abgabe der Stimme nach Weisung des Stimmgläubigers gerichtet ist, wird der Weg über § 894 ZPO gangbar, sobald der Inhalt der Stimmabgabe durch die Weisung konkretisiert ist. Das rechtskräftige Urteil ersetzt nur die Abgabe der Stimme durch den gebundenen Gesellschafter. Wirksam wird die Stimmabgabe erst durch die Mitteilung des Urteils an den jeweiligen Abstimmungsleiter[197]. Möglich sind schließlich weitergehende Pflichten, besonders die, eine Beschlußfassung überhaupt erst herbeizuführen. Sie können nicht nach § 894 ZPO vollstreckt werden, sondern sind – einen entsprechenden Urteilsausspruch vorausgesetzt – nach § 887 ZPO durchzusetzen[198].

82 **Einstweiliger Rechtsschutz** kann aus der Sicht des Gläubigers einer Stimmbindung wünschenswert sein, ist aber nach **hM** jedenfalls nicht in der Form zu erreichen, daß die Stimmabgabe durch einstweilige Verfügung geboten wird[199]. Dem ist beizutreten, weil durch eine derartige Verfügung die Hauptsache (Erfüllung) vorweggenommen würde. Zulässig ist dagegen nach überwiegender Ansicht das Verbot, in einer näher festgelegten abredewidrigen Weise abzustimmen[200]. Das ist für den Regelfall richtig, weil die Beschlußfassung nur unterbleibt, also der Entscheidung in der Hauptsache nicht vorgegriffen wird. Es sind aber Ausnahmefälle möglich, in denen auch der Aufschub der Beschlußfassung zu endgültigen Verhältnissen führt. Dann sind die gegenläufigen Interessen bei der Prüfung des Verfügungsgrundes abzuwägen[201]. Im Zweifel wird in solchen Fällen auch ein Abstimmungsverbot ausscheiden.

83 cc) **Anfechtbarkeit von Beschlüssen bei bindungswidriger Stimmabgabe?** Wenn der Gesellschafter seine Stimme entgegen einer wirksamen Stimmbindung abgibt, ist die Stimmabgabe gleichwohl gültig (Rdn 79). Auch ein derart zustande gekommener Beschluß ist gültig und grundsätzlich auch nicht analog § 243 Abs. 1 AktG anfechtbar, weil weder der Inhalt des Beschlusses noch das ihm zugrunde liegende Verfahren gegen Gesetz oder Satzung verstoßen. Eine Ausnahme gilt dann, wenn die Gesellschafter von der Möglichkeit Gebrauch gemacht haben, die Stimmbindung in der Satzung als deren

194 Für § 887 ZPO: *Peters* AcP 156 (1957), 311, 341; für § 888 ZPO: *Rob. Fischer* GmbH-Rdsch. 1953, 65, 69 f; für § 894 ZPO: *Erman* AG 1959, 267, 300 und die dem BGH (Fn 195) folgende Literatur, vgl. außer den Kommentaren (Fn 191) *Loewenheim* JuS 1969, 260, 264 f.

195 BGHZ 48, 163, 173 f = NJW 1967, 1963; ebenso OLG Köln GmbH-Rdsch. 1989, 76, 77.

196 Rowedder/*Koppensteiner*² 32.

197 BGHZ 48, 163, 174 = NJW 1967, 1963; Scholz/*K. Schmidt* 56; Rowedder/*Koppensteiner*² 31 aE.

198 Scholz/*K. Schmidt* 56; Rowedder/*Koppensteiner*² 31.

199 OLG Celle GmbH-Rdsch. 1981, 264; OLG Frankfurt WM 1982, 282; Baumbach/Hueck/*Zöllner* 81; Rowedder/*Koppensteiner*² 32; *Lübbert* Abstimmungsvereinbarungen (1971), S. 193 f; *Overrath* Die Stimmbindung (1972), S. 140 f; *Semler* BB 1979, 1533, 1536.

200 OLG Koblenz GmbH-Rdsch. 1986, 428 = NJW 1986, 1692, 1693; Fischer/*Lutter*/*Hommelhoff* 5 a; vgl. auch *Erman* AG 1959, 267, 300, 303; *Lübbert* Abstimmungsvereinbarungen (1971), S. 194 (beide zur AG).

201 Vgl. *v. Gerkan* ZGR 1985, 167, 187 ff.

materiellen Bestandteil zu verankern (Rdn 69 f); denn dann sind Vertrag und Satzung gleichermaßen verletzt.

Nach der jüngeren Rechtsprechung des BGH[202] und einem Teil des Schrifttums[203] soll eine weitere Ausnahme, also Anfechtbarkeit des Beschlusses, gegeben sein, wenn es sich zwar um eine **schuldrechtliche Nebenabrede** zur Satzung handelt, aber sich **sämtliche Gesellschafter** in dieser Weise gebunden haben. Der BGH meint, die Nebenabrede enthalte eine Regelung, die „als eine solche der Gesellschaft zu behandeln" sei[204]. Im Schrifttum wird teils auf das Gebot der Prozeßökonomie[205], teils auf die Treupflicht der Gesellschafter abgehoben[206], um das Ergebnis des BGH zu stützen. Ein anderer Teil der Lehre hält an der Trennung der organisationsrechtlichen Ebene (Satzung) und schuldrechtlicher Abreden fest und möchte die Anfechtung deshalb nur ausnahmsweise in durchgriffsähnlichen Fällen bejahen, also dann, wenn es mißbräuchlich ist, daß die beklagte GmbH den Kläger auf den schuldrechtlichen Charakter der Abrede verweist[207]. Dieser Ansicht ist beizupflichten. Die Position des BGH ist nicht nur dogmatisch angreifbar, sondern auch im sachlichen Ergebnis schwerlich überzeugend. Wenn die Gesellschafter es für richtig halten, eine angeblich (Prozeßbehauptung) von allen gewollte Regelung außerhalb der Satzung zu treffen und damit z. B. auf die Publizität und Rechtsbeständigkeit einer Regelung in der Satzung zu verzichten, dann sind daraus folgende Streitigkeiten, die schon bei der Existenz der Abrede einsetzen, in ihrem Verhältnis zueinander und auch auf ihre Kosten auszutragen. Die GmbH als selbständige juristische Person, ihr Geschäftsführer und ihr Vermögen dürfen damit nicht belastet werden. **84**

f) **Stimmrechtskonsortien.** Ein Stimmrechtskonsortium liegt vor, wenn sich mehrere Gesellschafter einer GmbH (oder einer anderen Gesellschaft) zu koordinierter Ausübung der Stimmrechte aus den nach wie vor von ihnen gehaltenen Geschäftsanteilen zusammenschließen (vgl. schon Rdn 66)[208]. Die koordinierte Ausübung des Stimmrechts ist gemeinsamer Zweck iSd § 705 BGB, so daß das Konsortium seinerseits Gesellschaft bürgerlichen Rechts ist, und zwar, weil die Geschäftsanteile bei den einzelnen Konsorten verbleiben, eine Innengesellschaft ohne Gesamthandsvermögen (Rdn 72). Es handelt sich damit um die loseste Form eines gesellschaftsrechtlichen Zusammenschlusses, die mangels abweichender Vereinbarung zumindest im Grundsatz[209] jederzeitiger Kündigung unterliegt (§ 723 Abs. 1 BGB). Deshalb empfiehlt sich für die Konsorten, die Dauer ihres Zusammenschlusses im Konsortialvertrag festzulegen; übermäßige Bindungen[210] sind jedoch sittenwidrig. Eine Vereinbarung, das Konsortium solle für die Dauer der GmbH bestehen, führt nur dann zum Ziel, wenn für die Gesellschaft selbst eine bestimmte Zeit in der Satzung bestimmt ist (§ 3 Abs. 2). Ist das wie regelmäßig nicht der Fall, so unterliegt das Konsortium mangels klar **85**

---

202 BGH NJW 1983, 1910, 1911; BGH NJW 1987, 1890, 1892.

203 Scholz/*K. Schmidt* 53 und § 45, 116; Baumbach/Hueck/*Zöllner* 79 (mit Bedenken gegen die Begründung); im Ergebnis zustimmend *Happ* ZGR 1984, 168, 175.

204 BGH NJW 1983, 1910, 1911 (li. Sp.); das zweite Urteil gibt keine Begründung.

205 Scholz/*K. Schmidt* § 45, 116.

206 So Baumbach/Hueck/*Zöllner* 79.

207 *Ulmer* NJW 1987, 1849, besonders 1850 f; *M. Winter* Mitgliedschaftliche Treubindungen (1988), S. 51 f; *ders.* ZHR 154 (1990), 259, 268 ff.

208 Vgl. zu solchen Gestaltungen RGZ 133, 90, 93; BGH WM 1970, 962; Düringer/Hachenburg/*Geiler* Allg. Einl. (Bd. II 1) 362 f; *G. und A. Hartmann* Festschr. für Werner (1984), S. 217 ff; *Lübbert* Abstimmungsvereinbarungen (1971), S. 82 ff, 103 ff.

209 Mißbräuche sind auch insoweit nicht hinzunehmen, vgl. RG DR 1940, 244, 246 (insoweit nicht in RGZ 161, 296); *Lübbert* aaO (Fn 208) S. 104.

210 Eine Vertragsdauer von zehn Jahren hat das RG nicht beanstandet, vgl. RGZ 111, 405.

erkennbarer zeitlicher Schranken der Möglichkeit jederzeitiger Kündigung[211]. Der Mitgliederkreis kann durch die Vereinbarung von Vorkaufsrechten überschaubar gehalten werden. Die Ausübung der Stimmrechte in der GmbH wird durch Mehrheitsbeschluß der zur GbR zusammengefaßten Konsorten festgelegt. Die Einhaltung der Konsortialverpflichtungen durch Hinterlegung mitgliedschaftsverbriefender Urkunden nach aktienrechtlichem Vorbild scheidet meistens aus. Sie kommt nur in Frage, wenn Anteilsscheine ausgegeben sind. Möglich und ratsam ist die Vereinbarung von Vertragsstrafen. Wenn das nicht genügt, muß ein Beteiligungskonsortium an die Stelle des Stimmrechtskonsortiums treten. Die Geschäftsanteile werden dann je nach vertraglicher Ausgestaltung von dem Konsortialführer als Treuhänder oder von der Gesamthand der Gesellschaftsmitglieder gehalten[212]. Im ersten Fall erwirbt der Treuhänder die Stimmrechte (Rdn 50), im zweiten Fall gehen sie mit den Geschäftsanteilen auf die Gesamthand über. In beiden Fällen ist, weil ein Gesellschafter mehrere Geschäftsanteile hält, die uneinheitliche Stimmabgabe nicht von Rechts wegen ausgeschlossen (Rdn 61). Daß sich die geschäftsführenden Gesellschafter eines Beteiligungskonsortiums über die Stimmabgabe nicht einigen können, bildet aber noch keinen zureichenden Sachgrund für eine uneinheitliche Stimmabgabe (vgl. aaO).

86 g) **Satzungsmäßige Beschränkung von Stimmbindungsverträgen.** Die Satzung kann den Abschluß von Stimmbindungsverträgen nach **hM** verbieten[213]. Dieser Ansicht ist beizutreten, weil § 3 Abs. 2 die Zulässigkeit von Verpflichtungen voraussetzt, die über die Einlagepflicht hinausgehen, und solche Verpflichtungen, wie Wettbewerbsverbote zeigen, auch auf Unterlassung gerichtet sein können. Welche inhaltliche Reichweite das Verbot hat, ist Auslegungsfrage. Wenn die Geschäftsanteile nicht vinkuliert sind (§ 15 Abs. 5), wird man regelmäßig annehmen müssen, daß nur solche Verträge verboten sind, die Stimmbindungen als Hauptpflicht einführen. Nicht vom Verbot der Satzung erfaßt werden danach leistungssichernde Nebenpflichten im Rahmen anderer Vertragstypen (z. B. Verkauf oder Verpfändung des Geschäftsanteils). Zuwiderhandlungen gegen das Verbot können Unterlassungs- und Schadensersatzansprüche auslösen, im Einzelfall auch die Ausschließung des Gesellschafters rechtfertigen. Gleichwohl geschlossene Abstimmungsvereinbarungen sind aber gültig[214], denn der Tatbestand des § 134 BGB ist nicht verwirklicht und auch ein anderer rechtlicher Gesichtspunkt mit vergleichbaren Wirkungen greift nicht ein.

IV. Umfang des Stimmrechts (§ 47 Abs. 2)

1. Grundsatz

87 Nach § 47 Abs. 2 gewähren jede **100 Deutsche Mark** eines Geschäftsanteils **eine Stimme.** Maßgeblich ist also die Beteiligungshöhe. Der Nennbetrag des Geschäftsanteils ergibt sich wiederum aus dem Betrag der Stammeinlage (§ 14). Darauf, ob die Einlage über den in § 7 Abs. 2 vorgeschriebenen Mindestbetrag hinaus einbezahlt worden ist, kommt es für die Höhe des Stimmrechts nicht an. Gleichbeteiligte Gesellschafter haben deshalb auch dann gleiche Stimmrechte, wenn sie ihrer Einlagenverpflichtung unterschiedlich nachgekommen sind. Mehrere Stimmen aus einem Geschäftsanteil

---

211 BGHZ 50, 316, 322 = NJW 1968, 2003 (Unterbeteiligung); *Lübbert* aaO (Fn 208) S. 105.

212 Düringer/Hachenburg/*Geiler* HGB, Allg. Einl. (Bd. II 1) 362; MünchKomm-*Ulmer* Vor § 705, 40.

213 Scholz/*K. Schmidt* 46; Baumbach/Hueck/*Zöllner* 78 a; Rowedder/*Koppensteiner*[2] 27; wohl aM *Lübbert* Abstimmungsvereinbarungen (1971), S. 156.

214 Vgl. die Vorgenannten (Fn 213); ferner *Overrath* Die Stimmrechtsbindung (1972), S. 35.

sind einheitlich abzugeben. § 47 Abs. 2 regelt also den Umfang des Stimmrechts (die Stimmkraft), gewährt aber nicht getrennter Ausübung zugängliche Verwaltungsrechte (näher Rdn 58 f).

2. Sonderfälle

§ 47 Abs. 2 beruht auf §§ 5 Abs. 3 S. 2, 14. Die Norm geht also davon aus, daß sich stets Teilbeträge von 100 Deutsche Mark bilden lassen. Diese Prämisse ist jedoch nicht immer verwirklicht. So wurde im Zuge der **Währungsreform** 1948 durch § 44 Abs. 4 DM-BilG gestattet, durch zehn teilbare Geschäftsanteile im Mindestnennbetrag von 50,– DM zu schaffen. Für diesen Fall bestimmte § 44 Abs. 4 S. 2 DM-BilG, daß je 10,– DM eines Geschäftsanteils eine Stimme geben[215]. Dasselbe Problem kann sich bei der formwechselnden Umwandlung (§ 369 Abs. 6 S. 2 AktG) und bei der **Kapitalerhöhung aus Gesellschaftsmitteln** ergeben. Dabei können durch zehn (§ 6 Abs. 1 S. 2 KapErhG) und sogar durch fünf (§ 12 Abs. 2 S. 4 KapErhG) teilbare Geschäftsanteile gebildet werden. Nach dem Wortlaut des § 47 Abs. 2 können die daraus resultierenden unter 100,– DM liegenden Beteiligungen bei der Abstimmung nicht mitgezählt werden. Daß der Gesetzgeber dieses offenbar sachwidrige Ergebnis gewollt hätte, ist nicht ersichtlich. Vielmehr ist anzunehmen, daß der Abstimmungsbedarf mit § 47 Abs. 2 verkannt wurde. Das rechtfertigt es, § 44 Abs. 4 S. 2 DM-BilG mit der Folge analog anzuwenden, daß jede 10,– DM bzw. jede 5,– DM (§ 12 Abs. 2 S. 4 KapErhG) eines Geschäftsanteils eine Stimme geben[216]. Danach nicht notwendig, aber zur Vermeidung von Zweifelsfragen empfehlenswert ist es, eine klarstellende Bestimmung in die Satzung aufzunehmen (vgl. Rdn 89). **88**

3. Regelungen der Satzung

a) **Abweichende Bestimmungen in der Gründungssatzung.** § 47 Abs. 2 ist nicht zwingend (§ 45 Abs. 2). Deshalb können abweichende Regelungen getroffen werden. Als solche kommen in Betracht: Abstimmung nach Köpfen entsprechend § 119 Abs. 2 HGB; Abstimmung nach dem Betrag der jeweils geleisteten Einlage; Abstimmung nach anderen Beträgen als in § 47 Abs. 2 vorgesehen, etwa so, daß jede 1000,– DM oder auch jede 10,– DM (vgl. auch Rdn 88 aE) eine Stimme gewähren. Die Satzung kann weiter, wie für die AG in § 134 Abs. 2 S. 1 AktG vorgesehen, Höchststimmrechte oder Abstufungen des Stimmrechts einführen[217]. Mit einem Geschäftsanteil kann auch ein Mehrstimmrecht verbunden werden (BayObLG DNotZ **1986** 373, 375 f; OLG Frankfurt GmbH-Rdsch. **1990** 79, 80 re. Sp.), etwa so, daß auf einen bestimmten Anteil dreimal soviel Stimmen entfallen, als sich aus seiner Kapitalbeteiligung ergibt. Die Beschränkungen, die § 12 Abs. 2 AktG für das Mehrstimmrecht ausspricht, gelten für die GmbH nicht. Die Satzung kann das Stimmrecht für bestimmte Geschäftsanteile auch ausschließen; vgl. zu solchen stimmrechtslosen Geschäftsanteilen schon Rdn 56. Schließlich kann das Stimmrecht partiell beschränkt werden. Die Satzung kann etwa vorsehen, daß das Stimmrecht ruht, solange der Inhaber eines Geschäftsanteils ein Konkurrenzunternehmen betreibt oder an ihm beteiligt ist. Zur Zulässigkeit von Vertreterklauseln vgl. unten Rdn 103 f. **89**

---

[215] Ausführlich noch 6. Aufl. § 47 Einl. 1.

[216] Scholz/*Priester* § 57 b Anh § 13 KapErhG, 9; Baumbach/Hueck/*Zöllner* 42; offenlassend *Ulmer* Voraufl. § 57 b Anh § 10 KapErhG, 10; aM Rowedder/*Zimmermann*[2] § 57 b Anh, 54.

[217] Vgl. *Immenga/Werner* GmbH-Rdsch. 1976, 53, 54.

90 b) **Nachträgliche Änderungen.** Die vorgenannten Bestimmungen (Rdn 89) können auch nachträglich getroffen werden. Es handelt sich dann um eine Satzungsänderung, gleichgültig, ob im nachhinein von § 47 Abs. 2 abgewichen oder eine schon vorhandene Satzungsbestimmung durch eine neue ersetzt werden soll. Also ist das Verfahren der §§ 53, 54 einzuhalten. Die satzungsändernde Mehrheit ist zwar erforderlich, aber noch nicht genügend, soweit der Beschluß in Vorzugsrechte oder Sondervorteile eingreift oder eine Ungleichbehandlung der Gesellschafter bewirkt. Dann ist weiter erforderlich, daß der oder die betroffenen Gesellschafter dem Beschluß zustimmen. Ein Mehrstimmrecht, daß mit einem bestimmten Geschäftsanteil verbunden (Vorzugsrecht) oder einem bestimmten Gesellschafter persönlich eingeräumt ist (Sondervorteil), kann deshalb nicht gegen den Willen des Betroffenen beseitigt werden. Umgekehrt bewirkt die nachträgliche Einführung eines Mehrstimmrechts in aller Regel (Ausnahme: bloße Umschichtung der Stimmrechte eines Gesellschafters, vgl. OLG Frankfurt aaO [Fn 218]) die ungleiche Behandlung der Gesellschafter; die nachteilig Betroffenen müssen zustimmen, wenn der Beschluß rechtmäßig sein soll[218]. Daß die nachträgliche Einführung von Höchststimmrechten gegen den Gleichbehandlungsgrundsatz verstößt, wenn die Gesellschafter davon unterschiedlich betroffen werden, kann nicht zweifelhaft sein. Weil eine gleichwohl legitimierende Vorschrift nach dem Vorbild des § 134 Abs. 1 S. 2 AktG für die GmbH fehlt und ihr Mitglied sich auch nicht ohne weiteres von dem für sein Stimmrecht wertlos gewordenen Beteiligungsüberschuß trennen kann, ist für die GmbH anders als für die AG[219] Zustimmung erforderlich[220].

V. Ausübung des Stimmrechts, besonders Stimmrechtsvollmacht (§ 47 Abs. 3)

Schrifttum

(vgl. auch die Angaben vor Rdn 1, 50, 57, 65, 119). *Bernstein/Schultze-von Lasaulx* Gilt für Änderungen des Gesellschaftsvertrages einer GmbH & Co. KG das Verbot des Selbstkontrahierens? ZGR **1976** 33; *Rob. Fischer* Die unwiderrufliche Stimmrechtsvollmacht in der GmbH, GmbH-Rdsch. **1952** 113; *Rob. Fischer* Zur Anwendung von § 181 BGB im Bereich des Gesellschaftsrechts, Festschr. für Hauß (1978), S. 61; *Ulrich Hübner* Interessenkonflikt und Vertretungsmacht (1977); *Kirstgen* Zur Anwendbarkeit des § 181 BGB auf Gesellschafterbeschlüsse in der GmbH, GmbH-Rdsch. **1989** 406; *Klamroth* Selbstkontrahierungsverbot bei Abstimmung über laufende Angelegenheiten in Familiengesellschaften? BB **1974** 160; *Röll* Selbstkontrahieren und Gesellschafterbeschlüsse, NJW **1979** 627; *Rosiny* Gruppenvertretung bei Gesellschafterbeschlüssen, GmbH-Rdsch. **1958** 174; *Schilling* Gesellschafterbeschluß und Insichgeschäft, Festschr. für Ballerstedt (1975), S. 257; *H. M. Schmidt* Bevollmächtigte in der Gesellschafterversammlung der GmbH, GmbH-Rdsch. **1963** 145; *K. Schmidt* Die obligatorische Gruppenvertretung im Recht der Personengesellschaften und der GmbH, ZHR **146** (1982) 525; *Wilhelm* Stimmrechtsausschluß und Verbot des Insichgeschäfts, JZ **1976** 674; *Winkler* Die Genehmigung des Vormundschaftsgerichts zu gesellschaftsrechtlichen Akten bei Beteiligung Minderjähriger, ZGR **1973** 177.

1. Überblick

91 Über die **Art und Weise der Stimmrechtsausübung** enthält das Gesetz nur Teilaussagen. Die erste ergibt sich aus § 47 Abs. 1 iVm § 48; danach ist das Stimmrecht

[218] Baumbach/Hueck/*Zöllner* 43; im Grundsatz auch OLG Frankfurt GmbH-Rdsch. 1990, 79, 80 re. Sp.

[219] BGHZ 70, 117, 121 ff = NJW 1978, 540; im Schrifttum streitig, wie BGH aaO *Barz*-GroßkommAktG § 134, 14; Geßler/Hefermehl/Eckardt/Kropff/*Hüffer* § 243, 57; kritisch *Zöllner*-KölnKommAktG § 134, 48.

[220] Baumbach/Hueck/*Zöllner* 43; *Meyer-Landrut*/Miller/Niehus 11; *Zöllner* Die Schranken mitgliedschaftlicher Stimmrechtsmacht (1963), S. 122 ff.

grundsätzlich in der Gesellschafterversammlung, ausnahmsweise im schriftlichen Verfahren auszuüben (§ 48, 3 ff und 40 ff). Die zweite Teilaussage folgt aus § 47 Abs. 3. Die Norm setzt voraus, daß das Auftreten von Bevollmächtigten zulässig ist, und verlangt für die Vollmacht die Schriftform; Einzelheiten dazu in Rdn 92 ff. Die Satzung kann die Vertretung durch einen Bevollmächtigten vorschreiben, insbesondere die obligatorische Gruppenvertretung einführen (Rdn 104). Neben der rechtsgeschäftlichen kommen die gesetzliche oder organschaftliche Vertretung sowie die Stimmrechtsausübung durch Amtstreuhänder in Betracht (Rdn 106 ff). Ohne Rücksicht auf die Herkunft der Vertretungsmacht stellt sich die Frage, inwieweit § 181 BGB auf die Stimmabgabe anzuwenden ist (Rdn 109 ff). Schließlich ruht das Stimmrecht im Sinne einer Ausübungssperre, solange die GmbH eigene Geschäftsanteile hält (Rdn 43 f). Dasselbe gilt, solange es die Satzung vorübergehend verbietet, ein mit dem Geschäftsanteil verbundenes Stimmrecht auszuüben (Rdn 89 aE).

2. Stimmrechtsausübung durch Bevollmächtigte

a) **Zulässigkeit.** § 47 Abs. 3 setzt voraus, daß der Gesellschafter sein Stimmrecht **92**
durch einen Bevollmächtigten ausüben kann. Das Stimmrecht hat also keinen höchstpersönlichen Charakter. Problemlos zulässig ist aber nur die **widerrufliche Vollmacht.** In der Beurteilung **unwiderruflicher Vollmachten** gehen die **Meinungen** auseinander. Sie werden teils als zulässig[221], teils als zumindest prinzipiell unzulässig angesehen[222]; einer vermittelnden Linie folgen diejenigen, nach denen stets die Widerruflichkeit nach Maßgabe des Kausalverhältnisses (z. B. Treuhandvertrag) oder aus wichtigem Grund bestehen bleibt, die Unwiderruflichkeit im übrigen aber hinzunehmen ist[223]. Nach wiederum anderer Meinung ist die unwiderrufliche Stimmrechtsvollmacht nur bei Treuhandsverhältnissen zugunsten des Treugebers zulässig; insoweit könne die Unwiderruflichkeit hingenommen werden, weil durch die Vollmacht der eigentliche Inhaber des Geschäftsanteils in die Lage versetzt werde, das Stimmrecht auszuüben.

Stellungnahme. Auszugehen ist vom Abspaltungsverbot (Rdn 53), das nicht nur **93**
einer isolierten Übertragung des Stimmrechts entgegensteht, sondern auch andere Rechtsgeschäfte unzulässig macht, sofern die gewollte Wirkung einer isolierten Übertragung gleichkäme. Für die Frage, ob die Vollmacht eine derartige Wirkung hat, ist zwischen den verschiedenen denkbaren Ausgestaltungen zu unterscheiden. Danach gilt: Eine sog. verdrängende Vollmacht, nach der die Stimme nur von dem Bevollmächtigten und nicht von dem Gesellschafter abgegeben werden könnte (dingliche Wirkung oder Außenwirkung), kennt nach zutreffender **hM** schon das BGB nicht. Sie ist ohne weiteres unzulässig[224]. Eine vertragliche Abrede, nach welcher der Vollmachtgeber sein Stimmrecht für die Vertragsdauer nicht mehr ausüben darf (Verpflichtungswirkung), ist mit den Grundsätzen des bürgerlichen Rechts, besonders mit § 137 BGB, vereinbar. Sie scheitert aber regelmäßig am Abspaltungsverbot, wenn sie vom Vollmachtgeber nicht widerrufen werden kann; der dieser Linie folgenden Judikatur (Fn 222) ist beizupflichten. Die Einschränkung, daß die Vollmacht mit dem Kausalverhältnis endet

---

[221] Eindeutig in diesem Sinne *Schilling* Voraufl. 34 aE.

[222] BGHZ 3, 354, 358 f = NJW 1952, 178 (KG); BGHZ 20, 363, 364 = NJW 1956, 1198, 1753 m. Anm. *Kubisch* (KG); BGH WM 1976, 1247, 1250 = GmbH-Rdsch. 1977, 244, 246; BGH NJW 1987, 780 f = WM 1987, 70, 71 = ZIP 1987, 165, 166; Fischer/*Lutter/Hommelhoff* 8; *Meyer-Landrut*/Miller/Niehus 26; *Rob. Fischer* GmbH-Rdsch. 1952, 113, 115 f; *Fleck* Festschr. für Rob. Fischer (1979), S. 107, 115; *Flume* I/2 § 7 II 1 (S. 207 f); *Reuter* ZGR 1978, 633, 642.

[223] Scholz/*K. Schmidt* 83; Baumbach/Hueck/*Zöllner* 36; *Vogel* Gesellschafterbeschlüsse und Gesellschafterversammlung (1986), S. 57.

[224] *Flume* II § 53 Nr. 6 (S. 882 ff, dort auch zur Gegenansicht von *Müller-Freienfels*).

und jedenfalls aus wichtigem Grund widerruflich ist, ändert daran schon deshalb nichts, weil sie die Abspaltung des Stimmrechts von der Mitgliedschaft nur zeitlich einschränkt, aber nicht beseitigt. Eine Ausnahme ist mit *Flume* und *Reuter* aaO (Fn 222) nur für die (eigennützige oder uneigennützige) Treuhand anzuerkennen, weil die unwiderrufliche Vollmacht zugunsten des Treugebers die Diskrepanz zwischen dem gewollten wirtschaftlichen Ergebnis und der dafür eingesetzten Geschäftsform verringert, also dem Treugeber als dem eigentlichen Inhaber der Mitgliedschaft zugute kommt; eine weitergehende Interpretation sollte auch das Urteil BGH WM 1976 1247 = GmbH-Rdsch. 1977 244 nicht erfahren. Eine Vollmacht, die dem Gesellschafter die Möglichkeit der Stimmrechtsausübung beläßt, dem Bevollmächtigten aber für die Laufzeit des Kausalverhältnisses eine unwiderrufliche konkurrierende Position verschafft, kann unter dem Gesichtspunkt des Abspaltungsverbots nicht beanstandet werden, dürfte aber in der Praxis kaum anzutreffen sein, weil die Unwiderruflichkeit dem Bevollmächtigten nichts bringt. Soweit die Vollmacht nach diesen Grundsätzen nicht erteilt werden darf, ist die Bevollmächtigung ebenso nichtig wie es eine Abspaltung wäre, es sei denn, daß das Rechtsgeschäft durch Umdeutung (§ 140 BGB) gehalten werden kann (dazu nunmehr zutreffend OLG Hamburg GmbH-Rdsch. 1990 42, 43).

94 b) **Vollmachtsart.** Mangels anderweitiger gesetzlicher Bestimmung genügt jede Vollmacht, nach welcher der Bevollmächtigte zu dem jeweiligen Beschlußgegenstand die Stimme des Gesellschafters abgeben darf. Das kann, muß aber nicht eine Spezialvollmacht sein. Ist die *Spezialvollmacht* für eine bestimmte Gesellschafterversammlung ausgestellt, so umfaßt sie alle Beschlüsse, die in dieser Versammlung gefaßt werden sollen. Wenn die Vollmachtsurkunde die Tageordnungspunkte gegenständlich bezeichnet, ist die Vertretungsmacht im Zweifel entsprechend beschränkt. Für die Auslegung, daß damit alle, also auch nicht genannte, etwa nachträglich aufgenommene Tagesordnungspunkte gemeint sind, bedarf es besonderer Anhaltspunkte. *Prokura* (§ 48 HGB) genügt, soweit die Ausübung des Stimmrechts unter § 49 Abs. 1 HGB fällt. Das ist anzunehmen, sofern die Geschäftsanteile zum Gewerbebetrieb des Kaufmanns gehören. Ob *Handlungsvollmacht* (§ 54 HGB) die Ausübung des Stimmrechts abdeckt, ist wiederum Auslegungsfrage. Eine als solche erteilte Generalvollmacht ist ausreichend. Bei der sog. Generalhandlungsvollmacht des § 54 Abs. 1, 1. Fall HGB kommt es zwar nicht auf den jeweiligen Abstimmungsgegenstand, wohl aber darauf an, ob die Ausübung des Stimmrechts aus dem Geschäftsanteil zum gewöhnlichen Betrieb des konkreten Handelsgewerbes zählt[225]. Wenn das nicht eindeutig feststellbar ist, folgt schon aus dem Zweck urkundlichen Vollmachtsnachweises (Rdn 97), daß der Abstimmungsleiter den Handlungsbevollmächtigten zurückweisen darf. Erteilung einer besonderen Vollmacht ist deshalb jedenfalls zweckmäßig.

95 c) **Erteilung und Widerruf der Vollmacht. aa) Allgemeines.** Mangels besonderer Vorschrift gilt für die *Erteilung* der Vollmacht § 167 Abs. 1 BGB. Erforderlich ist also eine rechtsgeschäftliche Erklärung des Gesellschafters. Sie wird wirksam, wenn sie dem zu Bevollmächtigenden oder der GmbH zugeht. Für den *Widerruf* der Vollmacht oder ihr Erlöschen aus anderen Gründen gelten §§ 168 – 173 BGB. Für den Widerruf ist also eine an den Bevollmächtigten oder eine an die GmbH gerichtete Erklärung notwendig (§ 167 Abs. 1 iVm § 168 S. 3 BGB). Auch die extern erteilte Vollmacht und die durch Urkundenvorlage extern nachgewiesene Vollmacht können intern widerrufen

---

[225] Enger als hier Scholz/*K. Schmidt* 86; großzügiger Baumbach/Hueck/*Zöllner* 35.

werden. Zu beachten sind dabei jedoch die Sonderregeln der §§ 170–173 BGB. Weil die Stimmrechtsvollmacht schriftlich erteilt werden muß, ergibt sich aus § 172 Abs. 2 BGB, daß die Vertretungsmacht bestehen bleibt, solange die Urkunde dem Gesellschafter nicht zurückgegeben ist, es sei denn (§ 173 BGB), daß „der Dritte" den Widerruf kennt oder kennen muß[226]. Solange sich am Bestand der Vollmacht keine ernsthaften Zweifel ergeben, darf und muß die Gesellschafterversammlung also den Vertreter zulassen. Umgekehrt darf und muß sie ihn trotz Vollmachtsurkunde zurückweisen, wenn Tatsachen bekannt sind oder bekannt sein müssen (§ 122 Abs. 2 BGB), aus denen sich der Wegfall der Vertretungsmacht ergibt[227]. Maßgeblich ist die Kenntnis bzw. das Kennenmüssen des Geschäftsführers oder des Abstimmungsleiters, nicht schon des einzelnen Gesellschafters, solange er sich nicht der Gesellschafterversammlung mitgeteilt hat. Wenn die Stimme des Vertreters zu Unrecht mitgezählt worden ist und es auf diese Stimme für die Feststellung der Mehrheit ankam, kann der Beschluß analog § 243 Abs. 1 AktG angefochten werden.

bb) Insbesondere: Schriftform. Nach § 47 Abs. 3 ist nur die schriftlich erteilte Vollmacht gültig. Für die Schriftform gilt § 126 BGB. Erforderlich und genügend ist also eine von dem Gesellschafter eigenhändig unterschriebene Urkunde. Einer notariellen Beglaubigung (§ 129 BGB) bedarf es nicht. Eine notarielle Beurkundung (§ 128 BGB) ist zwar stets zureichend (§ 126 Abs. 3 BGB), aber gem. § 167 Abs. 2 BGB auch dann nicht notwendig, wenn der Beschluß selbst, etwa nach § 53 Abs. 2, notarieller Beurkundung bedarf. Auf die Teilnahme an der Gesellschaftsgründung und die Übernahmeerklärung bei der Kapitalerhöhung sind diese Grundsätze nicht zu übertragen; insoweit verbleibt es auch dann bei der jeweils erforderlichen Form, wenn sich die Erklärung des Vertreters äußerlich als Stimmabgabe darstellt (§§ 2 Abs. 2, 55 Abs. 1). **96**

Die Schriftform ist **Gültigkeitserfordernis.** Das bringt § 47 Abs. 3 unzweideutig zum Ausdruck und entspricht der **hM**[228]. Eine Gegenansicht will sich darüber wegen angeblich sachwidriger Formulierung des Gesetzes hinwegsetzen und die formlose Vollmacht für gültig halten[229]. Das überzeugt de lege lata nicht. Richtig ist nur, daß der Regelungszweck – Möglichkeit der Gesellschafterversammlung, die Bevollmächtigung zu prüfen – die Sanktion der Formnichtigkeit nicht zwingend erfordert. Diesem Umstand kann aber nicht durch eine generelle Absage an die Vorschrift, sondern nur durch die Anerkennung von sachgerechten Ausnahmen Rechnung getragen werden. Eine solche Ausnahme ist wegen treuwidriger und deshalb unzulässiger Berufung auf den Formmangel (§ 242 BGB) dann geboten, wenn sämtliche Gesellschafter die formlose Vollmachtserteilung kennen und keiner der Stimmabgabe des Vertreters widerspricht[230]. Dieser Tatbestand kann auch in der Gesellschafterversammlung verwirklicht werden, indem die Vollmacht bei Anwesenheit aller Gesellschafter erteilt wird. Teilweise wird weitergehend angenommen, daß die formlose Bevollmächtigung in der Versammlung auch dann genügt, wenn nicht sämtliche Gesellschafter gegenwärtig sind[231]. Dem ist jedoch nicht beizutreten; denn wer nicht anwesend ist, kann sich **97**

---

[226] Die dogmatische Konstruktion (Fortbestand der Vollmacht oder Zurechnung des Rechtsscheins) ist streitig, vgl. dazu MünchKomm-*Thiele* § 170, 1 ff mwN.

[227] Scholz/*K. Schmidt* 88; höhere Anforderungen an den Widerruf stellt OLG Hamburg OLGR 3 (1901), 66, 67.

[228] BGHZ 49, 183, 194 = NJW 1968, 743; Baumbach/Hueck/*Zöllner* 37; Fischer/*Lutter*/*Hommelhoff* 6; *Meyer-Landrut*/Miller/Niehus 27; *Roth* 4.2.3.

[229] Scholz/*K. Schmidt* 85; Rowedder/*Koppensteiner*[2] 42.

[230] So insbesondere BGH aaO (Fn 228); BayObLG GmbH-Rdsch. 1989, 252, 253 re. Sp.; Baumbach/Hueck/*Zöllner* 37; Fischer/*Lutter*/*Hommelhoff* 6 leiten das Ergebnis aus analoger Anwendung des § 174 BGB ab.

[231] *Schilling* Voraufl. 35; wohl auch Fischer/*Lutter*/*Hommelhoff* 6; dagegen verlangt BGHZ 49, 183, 194 = NJW 1968, 743 die Anwesenheit aller Gesellschafter.

seines Rechts, den Formverstoß zu rügen, auch nicht durch Unterlassung des Widerspruchs begeben haben. Möglich bleibt aber nach **hM** Genehmigung durch den vertretenen Gesellschafter gem. § 177 Abs. 1 iVm § 180 S. 2 BGB (vgl. noch Rdn 99)[232].

98 Von der Gültigkeit der Vollmacht ist die **Legitimation** des Vertreters zu unterscheiden. Legitimation heißt: Der Vertreter muß sich als Bevollmächtigter ausweisen. Das geschieht durch **Vorlage der Vollmachtsurkunde** in der Gesellschafterversammlung zur Einsicht durch den Versammlungsleiter oder die anderen Gesellschafter. Wer nicht schon als Vertreter bekannt ist, wird die Urkunde von sich aus vorweisen. Zur Vorlage verpflichtet ist der Vertreter aber nur auf Verlangen[233]. Bei Prokuristen (Rdn 94) genügt der Auszug aus dem Handelsregister. Eine Übergabe der legitimierenden Urkunde zwecks Verwahrung bei der GmbH kann von dem Vertreter nicht gefordert werden[234]. **Rechtsfolgen**[235]: Wer sich trotz Aufforderung nicht legitimiert, darf von der Versammlungsteilnahme und von der Abstimmung ausgeschlossen werden. In Abwesenheit des Vertreters gefaßte Beschlüsse sind auch dann nicht anfechtbar, wenn die Vollmacht tatsächlich gültig erteilt war. Wird der Vertreter trotz fehlender Legitimation zugelassen, so sind die unter seiner Mitwirkung zustande gekommenen Beschlüsse nicht anfechtbar, wenn er Vollmacht hatte oder seine Stimmabgabe genehmigt wurde (Rdn 97 aE, 99). Wenn der durch Vorlage der Urkunde legitimierte und bevollmächtigte Vertreter ausgeschlossen wird, ist zu unterscheiden: Der unberechtigte Ausschluß von der Teilnahme an der Versammlung begründet stets die Anfechtbarkeit der in Abwesenheit des Vertreters gefaßten Beschlüsse. Wird dagegen nur die Stimmabgabe unterbunden oder die Vertreterstimme nicht mitgezählt, kann der Beschluß angefochten werden, sofern der Fehler für das Ergebnis kausal ist.

99 cc) **Insbesondere: Genehmigung.** Handelte der Vertreter ohne Vollmacht (das schließt die Erteilung von Vollmachten ein, die nach § 47 Abs. 3 formungültig sind), so stellt sich die Frage, ob der vertretene Gesellschafter die Stimmabgabe durch Genehmigung wirksam machen kann. Weil die Stimmabgabe einseitiges Rechtsgeschäft ist (Rdn 41), kann § 177 BGB nach § 180 S. 1 BGB nicht ohne weiteres Anwendung finden. Aus dem Charakter des Beschlusses als mehrseitiges Rechtsgeschäft nicht vertraglicher Art folgt nichts anderes[236]. § 177 BGB gilt aber für die Stimmabgabe dann entsprechend, wenn die Voraussetzungen des § 180 S. 2 BGB erfüllt sind [237]. Dafür genügt es, daß der Vertreter in der Gesellschafterversammlung zur Stimmabgabe zugelassen wurde. Das führt dazu, daß der auf einen Formverstoß gestützten Rüge selbst solcher Gesellschafter, die in der Versammlung nicht anwesend waren, nachträglich der Boden entzogen werden kann; denn § 177 BGB bindet die Genehmigung grundsätzlich (Ausnahme: § 177 Abs. 2 S. 2 BGB) an keine Frist. Auf diese Weise wird selbst die bereits erhobene Anfechtungsklage nachträglich unbegründet[238], so daß dem Kläger nichts anderes übrig bleibt, als die Hauptsache für erledigt zu erklären[239]. Gänzlich zweifelsfrei ist diese Lösung nicht. Es gibt zu ihr jedoch keine Alternative, wenn man die Genehmigungsmöglichkeit nicht insgesamt beseitigen will.

---

[232] Baumbach/Hueck/*Zöllner* 37.

[233] RG JW 1934, 976, 977; insoweit wohl aM Baumbach/Hueck/*Zöllner* 38.

[234] RG aaO (Fn 233); OLG München GmbH-Rdsch. 1916, 417; Scholz/*K. Schmidt* 90; Baumbach/Hueck/*Zöllner* 38.

[235] Vgl. auch Scholz/*K. Schmidt* 89; Baumbach/Hueck/*Zöllner* 38.

[236] Insoweit zweifelnd Scholz/*K. Schmidt* 87.

[237] AllgM, vgl. Scholz/*K. Schmidt* 87; Rowedder/*Koppensteiner*² 42.

[238] RG JW 1934, 2906, 2908 m. Anm. *A. Hueck*.

[239] Scholz/*K. Schmidt* 87 aE.

d) **Person des Bevollmächtigten.** Wenn die Satzung nichts anderes bestimmt, entscheidet allein der Gesellschafter darüber, wer sein Bevollmächtigter sein soll. Schranken seines Auswahlermessens ergeben sich allerdings aus seinen Treubindungen zur GmbH und zu den Mitgesellschaftern. Deshalb kann die Gesellschafterversammlung einen Bevollmächtigten zurückweisen, der in einem Konkurrenzverhältnis zum Gesellschaftsunternehmen steht[240]. Die Treubindungen zwischen den Gesellschaftern sind betroffen, wenn die Person des Vertreters unzumutbar ist, etwa wegen früherer Verletzung von Geschäftsgeheimnissen oder wegen von ihm veranlaßter persönlicher Zerwürfnisse. Weil die Zurückweisung des Vertreters das Risiko einer Anfechtungsklage begründet (Rdn 98), ist stets sorgfältige Prüfung veranlaßt. Wenn irgend möglich, sollte mit dem Gesellschafter im Vorfeld eine Einigung erstrebt werden. Die Satzung kann den Kreis möglicher Vertreter einschränken[241]. Sie kann insbesondere vorschreiben, daß der Vertreter Gesellschafter (dazu noch Rdn 112 f) oder Geschäftsführer oder (sofern vorhanden) Mitglied des Aufsichtsrats sein muß (RG aaO [Fn 241] S. 388), sie kann auch klarstellen, daß er nicht Konkurrent sein darf (RG aaO) oder daß er bestimmte Qualifikationsmerkmale erfüllen muß (Wirtschaftsprüfer, Rechtsanwalt, kaufmännische Erfahrungen). 100

e) **Mehrere Bevollmächtigte.** Der Gesellschafter kann auch mehrere Bevollmächtigte bestellen[242]. Das ist entgegen *Schilling* Voraufl. 34 mit dem Grundsatz einheitlicher Stimmabgabe (Rdn 57 ff) vereinbar, weil die bloße Existenz mehrerer Vertreter noch nichts über die Ausübung des Stimmrechts besagt. Die Probleme stellen sich vielmehr auf der vorgelagerten Ebene des Teilnahmerechts und sind dort zu lösen. Hierzu gilt: Der Gesellschafter kann zunächst mehrere **Einzelvertreter** bestellen. Mehrere Vertreter haben aber keinen Anspruch darauf, gleichzeitig zur Gesellschafterversammlung zugelassen zu werden. Können sich die Erschienenen nicht einigen, wer von ihnen das Teilnahmerecht ausübt, so entscheiden der Versammlungsleiter oder die Gesellschafterversammlung über die Teilnahme, und zwar mangels anderer Kriterien nach dem Prioritätsprinzip, wenn auch dieses versagt, nach Ermessen unter Wahrung der Gesellschaftsbelange und der mitgliedschaftlichen Interessen des Vertretenen. Der Gesellschafter kann auch mehrere Personen mit der **Gesamtvertretungsmacht** ausstatten. Nicht möglich ist es aber, das Teilnahmerecht auf diese Weise zu vervielfältigen. Mehrere Gesamtvertreter braucht die Gesellschafterversammlung daher nicht zuzulassen, es sei denn, daß die Satzung Gesamtvertretung vorsieht[243]. Folglich müssen die Vertreter Untervollmacht erteilen, wenn das Teilnahmerecht ausgeübt werden soll[244]. Auf die organschaftliche Gesamtvertretung sind diese Grundsätze nicht zu erstrecken (Rdn 107). Ähnliche Probleme können sich ergeben, wenn ein **Gesellschafter und sein Bevollmächtigter** erscheinen. Auch insoweit besteht kein doppeltes Teilnahmerecht. Der Gesellschafter kann nur verlangen, daß seinem Berater oder Beistand die Anwesenheit gestattet wird, wenn er sein Teilnahmerecht sonst nicht sinnvoll ausüben könnte (§ 48, 22). In anderen Fällen ist zunächst zu prüfen, ob der Gesellschafter von seinem Recht, die Vollmacht noch in der Versammlung zu widerrufen (§ 48, 22), Gebrauch gemacht hat. Damit endet das Teilnahmerecht des Vertreters. Sollte von der Widerrufsmöglich- 101

[240] Baumbach/Hueck/*Zöllner* 32; *Renkl* Der Gesellschafterbeschluß (1982), S. 49.

[241] RGZ 80, 385, 388; Scholz/*K. Schmidt* 96; Baumbach/Hueck/*Zöllner* 32; *H. M. Schmidt* GmbH-Rdsch. 1963, 145, 146; *Vogel* Gesellschafterbeschlüsse und Gesellschafterversammlung (1986), S. 57.

[242] Scholz/*K. Schmidt* 80; Baumbach/Hueck/*Zöllner* 34; Rowedder/*Koppensteiner*[2] 44.

[243] RGZ 137, 305, 311 für einen Fall uneinheitlicher Stimmabgabe.

[244] Baumbach/Hueck/*Zöllner* 34.

keit auch nicht in konkludenter Weise Gebrauch gemacht sein, ist nach der rechtlichen Wertung, die dem Verbot verdrängender Vollmachten (Rdn 93) zugrunde liegt, der Gesellschafter zuzulassen und der Vertreter auszuschließen.

102 f) **Gruppenvertretung. aa) Allgemeines.** Gruppenvertretung liegt vor, wenn mehrere Gesellschafter von einem Bevollmächtigten vertreten werden. Sie kann auf der freien Entschließung der Gesellschafter beruhen, aber auch durch die Satzung angeordnet sein. Der eine Hauptfall einer freiwilligen Gruppenvertretung ist die Bestellung eines gemeinsamen Vertreters nach § 18 Abs. 3 (Rdn 103), der andere ist eine Variante des Stimmrechtskonsortiums (dazu Rdn 85): Die Konsorten legen das Abstimmungsverhalten des Vertreters durch Mehrheitsbeschluß fest, überlassen aber ihm (etwa dem Konsortialführer) die Stimmabgabe. Die obligatorische Gruppenvertretung begegnet insbesondere als Instrument zur Zusammenfassung von Familienstämmen. Ihre Mitglieder können ihre Stimmrechte nur durch einen Vertreter ausüben (Rdn 104).

103 **bb) Gemeinsamer Vertreter (§ 18 Abs. 3).** Nach § 18 Abs. 1 können mehrere Mitberechtigte (das sind Bruchteilsberechtigte, Miterben, in Gütergemeinschaft lebende Eheleute; zur GbR vgl. Rdn 48, 107) die Rechte aus einem Geschäftsanteil, also auch das Stimmrecht, nur gemeinschaftlich ausüben. Daraus folgt zunächst, daß jeder Mitberechtigte das Teilnahmerecht hat (§ 48, 15). Für das Stimmrecht ergibt sich jedoch aus § 18 Abs. 1 die **Notwendigkeit einheitlicher Ausübung.** Wenn sich die Mitberechtigten nicht einigen können, kann das Stimmrecht nicht ausgeübt werden. Streitig, aber hier nicht näher zu erörtern (vgl. Erl. zu § 18), ist lediglich, ob eine **Mehrheitsentscheidung,** die von den in der Gesellschafterversammlung erschienenen Mitberechtigten getroffen wird, als einheitliche Ausübung des Stimmrechts gewertet werden kann[245]. Selbst wenn man das für möglich hält, bleibt es zweckmäßig, sich rechtzeitig vor der Versammlung nach den für die jeweilige Gemeinschaft geltenden Regeln auf einen gemeinsamen Vertreter (§ 18 Abs. 3) zu verständigen und ihm durch formgerechte Bevollmächtigung (§ 47 Abs. 3) die Ausübung des Stimmrechts zu ermöglichen. Weil die Bestellung eines solchen Vertreters zur ordnungsmäßigen Verwaltung des gemeinschaftlichen Vermögens iSd §§ 745 Abs. 1, 2038 Abs. 2 BGB gehört, können die Teilhaber der Rechtsgemeinschaft darüber auch mehrheitlich beschließen. Ob die Mehrheit den Beschluß durch **Erteilung der Vollmacht** auch ausführen kann oder ob die Vollmacht gegen den fortdauernden Willen der Minderheit nur dann wirksam erteilt ist, wenn neben den Erklärungen der Mehrheit rechtskräftige auf Erteilung der Zustimmung lautende Urteile gegen die Mitglieder der Minderheit vorliegen, ist wiederum zweifelhaft. Der BGH bejaht die Ausführungsbefugnis der Mehrheit jedenfalls für Eil- oder Notfälle und nimmt solche an, wenn ohne Ausübung des Stimmrechts aus dem gemeinschaftlichen Geschäftsanteil eine andere Gesellschaftergruppe die Abstimmungsmehrheit auf sich vereinigen würde[246]. Folglich darf der Vertreter von der Ausübung des Stimmrechts unter diesen Prämissen schon dann nicht ausgeschlossen werden, wenn die Prüfung der Vollmachtsurkunde ergibt, daß sie die Unterschriften der Mehrheit trägt.

104 **cc) Obligatorische Gruppenvertretung.** Die Satzung kann vorschreiben, daß eine Gruppe von Gesellschaftern ihr Stimmrecht nur durch einen gemeinschaftlichen Vertreter ausüben darf (Vertreterklausel im engeren Sinne)[247]. Regelmäßig wird eine derartige

---

245 Dafür z. B. Scholz/*K. Schmidt* 15; *Wiedemann* GmbH-Rdsch. 1969, 247, 249; dagegen namentlich Baumbach/Hueck/*Zöllner* 27.

246 BGHZ 49, 183, 192 f = NJW 1968, 743.

247 BGHZ 46, 291, 294 ff = NJW 1967, 826 (KG); BGH GmbH-Rdsch. 1989, 120, 121 = WM 1989, 63 (GmbH); Scholz/*K. Schmidt* 80; Baumbach/Hueck/*Zöllner* 25; *K. Schmidt* ZHR 146 (1982), 525, 530 ff; weit. Nachw. § 48 Fn 58.

Klausel weitergehen und den Mitgliedern der Gruppe auch die Ausübung des Teilnahmerechts untersagen. Auch das ist trotz Unentziehbarkeit des Teilnahmerechts zulässig, sofern der Einfluß des Gesellschafters auf die Person des Vertreters gewahrt bleibt; vgl. näher § 48, 26 f. Zweck der obligatorischen Gruppenvertretung ist, die GmbH nicht mit den Willensbildungsproblemen zu belasten, die innerhalb der Gruppe, vor allem in Erbengemeinschaften, auftreten können. Insofern läßt sich von einem durch die Satzung erzwungenen gemeinschaftlichen Vertreter sprechen. Solange er nicht bestellt oder seine Bestellung widerrufen ist, können die Gruppenmitglieder ihr Stimmrecht nicht ausüben. Damit verknüpft sich die schwierige Frage, nach welchen rechtlichen Regeln sich Bestellung und Abberufung des Vertreters richten, ferner, wie das Weisungsverhältnis zwischen Vetreter und Gruppenmitgliedern ausgestaltet ist; insbesondere geht es darum, ob für die genannten Maßnahmen das Mehrheitsprinzip oder der Einstimmigkeitsgrundsatz gelten. Für die Lösung des jedenfalls für die GmbH[248] nicht ausgetragenen Problems ist von dem Grundsatz auszugehen, daß es um die Rechtsbeziehungen der Gruppenmitglieder als solche geht; die Satzung der GmbH kann daher nach richtiger Ansicht[249] für diese Beziehungen jedenfalls keine organisationsrechtlichen Vorgaben enthalten. Maßgeblich für das Verhältnis der Gruppenmitglieder ist deshalb die Ordnung, die sie vertraglich geschaffen haben oder der sie gesetzlich unterworfen sind (GbR; Erbengemeinschaft; vgl. zur Anwendung von §§ 745 Abs. 1, 2038 Abs. 2 BGB schon Rdn 103). Wenn das eine wie das andere fehlt und die Gruppenmitglieder mehrere selbständige Geschäftsanteile halten, so daß auch keine Bruchteilsgemeinschaft vorliegt, wird mit guten Gründen die analoge Anwendung des § 745 Abs. 1 BGB empfohlen (*K. Schmidt* aaO [Fn 247] S. 545 f). Das läuft entgegen der hM des Personengesellschaftsrechts[250] auf das Mehrheitsprinzip hinaus.

g) **Stimmabgabe durch Boten.** Der Stimmbote überbringt die Erklärung des abwesenden Gesellschafters, gibt also nicht selbst, wenn auch in fremdem Namen, eine Erklärung ab. Folglich ist diese Form der Stimmabgabe nicht durch § 47 Abs. 3 gedeckt. Es handelt sich vielmehr um eine Stimmabgabe des Gesellschafters, die weder dem Versammlungserfordernis des § 48 Abs. 1 noch den Modalitäten der schriftlichen Abstimmung nach § 48 Abs. 2 gerecht wird. Die Stimmabgabe durch Boten ist deshalb unzulässig, wenn sie nicht durch die Satzung vorgesehen ist (vgl. auch § 48, 62)[251]. **105**

3. Gesetzliche Vertretung

Für die gesetzliche Vertretung gilt § 47 Abs. 3 nach Wortlaut und Sinn nicht. **106**
Ihre **Zulässigkeit** und Notwendigkeit folgt schon daraus, daß die Stimmabgabe als rechtsgeschäftliche Erklärung (Rdn 41) die volle Geschäftsfähigkeit der §§ 104 ff BGB voraussetzt. Weil § 47 Abs. 3 nicht gilt, bedarf es keiner der Vollmachtsurkunde vergleichbaren Legitimation. Für Minderjährige werden die Eltern tätig (§ 1629 Abs. 1 S. 2 BGB). Wer unter Vormundschaft oder Pflegschaft steht, wird auch in der Stimmabgabe durch den Vormund (§ 1793 BGB) oder unter den Voraussetzungen der §§ 1909 ff

---

[248] Meist wird die Frage für die Personengesellschaften diskutiert, vgl. besonders *Flume* I/1 § 14 V (S. 228); *A. Hueck* ZHR 125 (1963), 1, 12; *Wiedemann* Die Übertragung und Vererbung von Mitgliedschaftsrechten (1965), S. 385 ff, 393 ff.

[249] Wie hier *H. M. Schmidt* GmbH-Rdsch. 1963, 145, 147; *K. Schmidt* ZHR 146 (1982), 525, 537 ff; anders die in Fn 248 Genannten.

[250] BGHZ 46, 291, 297 = NJW 1967, 826; *Flume* I/1 § 14 V (S. 225); *A. Hueck* aaO (Fn 248) S. 13; *Wiedemann* aaO (Fn 248) S. 394 f.

[251] Scholz/*K. Schmidt* 78; Baumbach/Hueck/*Zöllner* 39.

BGB durch den Pfleger vertreten[252]. Zum Teilnahmerecht des genannten Personenkreises vgl. § 48, 16. Eine vormundschaftsgerichtliche Genehmigung ist weder für den Beschluß noch für die Stimmabgabe erforderlich[253].

4. Organschaftliche Vertretung

107 Organschaftliche Vertretung ist notwendig, wenn der Geschäftsanteil von einer juristischen Person, besonders einer **AG oder GmbH**, gehalten wird, ferner dann, wenn eine **Gesamthandelsgesellschaft** Inhaberin des Geschäftsanteils ist. Das gilt namentlich für OHG und KG, aber auch für die Vorformen der Kapitalgesellschaften und nach richtiger Ansicht auch für die GbR. Zur Beteiligungsfähigkeit auch der Vorgesellschaften und der GbR und ihrer daraus resultierenden Stimmrechtsträgerschaft vgl. schon Rdn 48. Zuständig zur Stimmabgabe ist das jeweilige Vertretungsorgan, also Vorstand, Geschäftsführer oder, bei den Personengesellschaften, der oder die geschäftsführenden Gesellschafter. Hierzu gilt im einzelnen: Zur Stimmabgabe sind Organpersonen und geschäftsführende Gesellschafter in der **zur Vertretung jeweils erforderlichen Zahl** zuzulassen; denn anderenfalls wäre die Stimmabgabe der Gesellschaft nicht zuzurechnen. Anders als bei der auf Rechtsgeschäft beruhenden Gesamtvertretungsmacht (Rdn 101) ist es also nicht erforderlich, daß die mehreren Vertreter einer Person Untervollmacht erteilen[254]. Für die unterschiedliche Behandlung beider Fälle ist die Erwägung maßgeblich, daß die Rechtsordnung auf das Organisationsstatut von Gesellschaften Rücksicht nehmen muß, wenn sie ihre Beteiligungsfähigkeit anerkennt. Können sich die Gesamtvertreter allerdings nicht einigen, muß die Stimmabgabe unterbleiben[255]. Entsprechendes gilt für das Teilnahmerecht (§ 48, 16). Die Satzung kann anderes bestimmen (vgl. BGH GmbH-Rdsch. **1989** 120, 121 und näher § 48, 26 f). Für die GbR ist es jedenfalls zulässig und bis zu einer klärenden Entscheidung des BGH praktisch empfehlenswert, den oder die geschäftsführenden Gesellschafter zum gemeinsamen Vertreter iSd § 18 Abs. 3 zu bestellen (vgl. auch § 48, 17).

5. Konkurs- und Nachlaßverwalter; Testamentsvollstrecker

108 Die Träger privatrechtlicher Ämter wie Konkursverwalter, Nachlaßverwalter und Testamentsvollstrecker sind im Rahmen ihrer Zuständigkeit berechtigt, an der Gesellschafterversammlung teilzunehmen (§ 48, 16) und das Stimmrecht des Gesellschafters in ihrer amtlichen Eigenschaft im eigenen Namen auszuüben. Das folgt für den **Konkursverwalter** aus § 6 Abs. 2 KO, sofern der Geschäftsanteil zur Konkursmasse gehört und der Beschlußgegenstand nicht seinem Inhalt nach aus der Verwalterzuständigkeit ausscheidet. Die Satzung kann allerdings vorsehen, daß das Stimmrecht für die Dauer des Verfahrens ruht. Für den **Nachlaßverwalter** gilt Entsprechendes; er tritt für die Ausübung des Stimmrechts gem. §§ 1984 Abs. 1 S. 1, 1985 Abs. 1 BGB an die Stelle des Erben. Der **Testamentsvollstrecker** kann den Geschäftsanteil kraft seines Amtes (§ 2205 S. 1 BGB) für den Erben verwalten (Rdn 49) und übt dann auch dessen Stimmrecht aus. Fraglich ist, ob Testamentsvollstreckung auch in der Form vorgesehen werden kann, daß dem Vollstrecker lediglich die Stimmrechtsausübung zugewiesen wird, während die übrigen mitgliedschaftlichen Befugnisse dem Erben zustehen. Das

---

[252] OLG Celle GmbH-Rdsch. 1959, 113, 114 m. Anm. *Wilhelm*.

[253] BGHZ 52, 316, 319 = NJW 1970, 33 = LM § 181 Nr. 13 m. Anm. *Fleck;* vgl. zum Ganzen *Winkler* ZGR 1973, 177 ff.

[254] AM zum Teilnahmerecht Scholz/*K. Schmidt* § 48, 19; Baumbach/Hueck/*Zöllner* § 48, 4.

[255] Baumbach/Hueck/*Zöllner* 27.

wird teils bejaht[256], teils verneint[257]. Der verneinenden Ansicht ist beizutreten. Der Erblasser kann die Befugnisse des Testamentsvollstreckers zwar beschränken (§ 2208 Abs. 1 S. 1 BGB), bleibt dabei aber an die gesellschaftsrechtlichen Gestaltungsgrenzen gebunden; die auf das Stimmrecht beschränkte Testamentsvollstreckung verstößt deshalb gegen das Abspaltungsverbot (Rdn 53). Auch die Satzung kann der Testamentsvollstreckung nach zutreffender **hM** Grenzen ziehen[258], also nur den Erben oder nur solche Testamentsvollstrecker zur Ausübung des Stimmrechts zulassen, die bestimmte Qualifikationsmerkmale aufweisen.

6. Zur Anwendung des § 181 BGB

a) Bedeutung des § 181 BGB. Der *Tatbestand* des § 181 BGB umfaßt zwei Fälle: das Rechtsgeschäft, das eine Person als Vertreter einer anderen mit sich selbst vornimmt (Selbstkontrahieren), und das Rechtsgeschäft, das eine Person als Vertreter beider Geschäftsteile schließt (Doppelvertretung). Zusammenfassend können beide Fälle als Insichgeschäfte des Vertreters bezeichnet werden. Solche Insichgeschäfte „kann" der Vertreter nach der gesetzlichen Regel nicht vornehmen. Tatsächlich lassen sie sich aber nicht verhindern. Gemeint ist deshalb, daß der Vertreter sie nicht mit der Wirkung des § 164 Abs. 1 S. 1 BGB vornehmen kann. Die *Rechtsfolge* des § 181 BGB besteht also im Ausschluß der Vertretungsmacht. *Normzweck* ist, den Vertretenen vor den Nachteilen zu schützen, die sich aus der in der Person des Vertreters vorausgesetzten Interessenkollision ergeben können. Dabei entscheidet nicht, ob die Interessenkollision im einzelnen Fall vorhanden ist, schon gar nicht, ob für den Vertretenen konkrete Nachteile eingetreten sind oder einzutreten drohen. Vielmehr ist die abstrakte Interessenkollision genügend, aber auch erforderlich. § 181 BGB ist damit grundsätzlich einer teleologischen Reduktion[259] und im Prinzip auch einer entsprechenden Erweiterung[260] zugänglich. Das frühere Verständnis der Norm als ausschließlich formaler Ordnungsvorschrift[261], deren Anwendung auch von einer abstrakten Interessenkollision nicht abhängen dürfe, ist zu Recht überwiegend aufgegeben[262]. Zulässige Insichgeschäfte, also von der Vertretungsmacht gedeckt, sind die Erfüllung einer Verbindlichkeit und solche Rechtsgeschäfte, die der Vertretene gestattet hat. Befreiung des Geschäftsführers bedeutet nicht ohne weiteres Befreiung des Liquidators (OLG Düsseldorf GmbH-Rdsch. 1989 465). 109

---

[256] OLG Hamm BB 1956, 511; Baumbach/Hueck/*Zöllner* 30; Palandt/*Edenhofer* § 2205, 2 f; *Wiedemann* Die Übertragung und Vererbung von Mitgliedschaftsrechten (1965), S. 338.

[257] BGH BB 1953, 926 (KG); *Priester* Festschr. für Stimpel (1985), S. 463, 468; *Schilling* Festschr. für W. Schmidt (1959), S. 208, 217; *Vogel* GmbH-Rdsch. 1971, 132, 137.

[258] *Haegele* RPfleger 1969, 186, 189; *Petzoldt* GmbH-Rdsch. 1977, 25, 28; *Priester* aaO (Fn 257)S. 471; zweifelnd Baumbach/Hueck/*Zöllner* 30; *Wiedemann* aaO (Fn 256) S. 338 spricht von einer Rechtsausübung durch den Testamentsvollstrecker „ohne Rücksicht auf den Inhalt der Satzung", meint damit aber möglicherweise nur, daß eine satzungsmäßige Zulassung der Testamentsvollstreckung entbehrlich ist.

[259] Grundlegend BGHZ 56, 97, 102 ff = NJW 1971, 1355 m. Anm. *Winkler;* heute anerkannt, vgl. noch Fn 262.

[260] OLG Frankfurt DNotZ 1974, 434, 435 f; OLG Hamm NJW 1982, 1105; ausführlich *Larenz* Allg. Teil des Dt. Bürgerlichen Rechts § 30 II a (S. 598); in der konkreten Anwendung des § 181 BGB auf tatbestandlich nicht erfaßte Fälle sind Rechtsprechung und Schrifttum zurückhaltend.

[261] So das RG (zuletzt RGZ 157, 24, 31) und zunächst auch der BGH, vgl. BGHZ 21, 229, 231 = NJW 1956, 1433; BGHZ 33, 189, 190 = NJW 1960, 2285; BGHZ 50, 8, 11 = NJW 1968, 936 mwN.

[262] BGHZ 56, 97, 102 = NJW 1971, 1355 m. Anm. *Winkler;* vgl. weiter BGHZ 64, 72, 76 = NJW 1975, 1117; BGHZ 77, 7, 9 = NJW 1980, 1577; BGHZ 91, 334, 336 = NJW 1980, 2085; BGB-RGRK-*Steffen* § 181, 2; Soergel/*Leptien* § 181 BGB, 6; Staudinger/*Dilcher* § 181 BGB, 5.

110 b) **Vorrang des § 47 Abs. 4. aa) Selbstbetroffenheit des Gesellschafters.** Ob und in welchen Grenzen § 181 BGB auf Gesellschafterbeschlüsse Anwendung findet, ist umstritten. Dabei sind schon im Ansatz zwei Fallgruppen zu unterscheiden[263]: Beschlüsse, die das Rechtsverhältnis zwischen einem einzelnen Gesellschafter und der GmbH gestalten; und Beschlüsse, bei denen ein Gesellschafter im eigenen Namen und zugleich in Vertretung eines anderen Gesellschafters oder bei denen ein Dritter als Vertreter für zwei oder mehr Gesellschafter mitwirkt. Während für die zweite Fallgruppe eine weitere Differenzierung erforderlich ist (vgl. noch Rdn 112 f), scheidet die Anwendung des § 181 BGB für Fälle der ersten Art schlechthin aus. Zunächst paßt die Norm schon nach ihrem Wortlaut nicht, weil der Gesellschafter nicht im Namen der GmbH rechtsgeschäftlich tätig wird, sondern durch seine Stimmabgabe an der organschaftlichen Willensbildung der GmbH mitwirkt[264]. Nachdem sich zu Recht die Ansicht durchgesetzt hat, daß § 181 BGB nicht ausschließlich als formale Ordnungsvorschrift verstanden werden darf (Rdn 109), ist die Argumentation aus dem Wortlaut allerdings noch nicht zwingend. Die vorhandene Interessenkollision könnte vielmehr die Anwendung des § 181 BGB nahelegen. Sie ist aber ausgeschlossen wegen der spezielleren und namentlich aufgrund der anderen Rechtsfolgenbestimmung auch abschließenden Wertung des § 47 Abs. 4[265]. Eine nach dieser Vorschrift zulässige Stimmabgabe kann nicht über § 181 BGB zur unzulässigen werden. Umgekehrt besteht keine Veranlassung, § 181 BGB konkurrierend anzuwenden, wenn der Gesellschafter vom Stimmverbot des § 47 Abs. 4 betroffen ist. Diese Grundsätze gelten namentlich dann, wenn es um die Bestellung eines Gesellschafters zum Geschäftsführer oder um seine Mitgliedschaft im Aufsichtsrat geht. Seine Stimmabgabe fällt nicht unter das Verbot des § 47 Abs. 4 S. 2 (dazu noch Rdn 169)[266] und kann auch nicht nach § 181 BGB beanstandet werden[267]. Über die dogmatischen Grundlagen des § 47 Abs. 4 ist damit noch nichts ausgesagt. Auch wenn die Vorschrift teilweise oder gänzlich auf demselben Grundgedanken wie § 181 BGB beruhen sollte (dazu Rdn 121 f), bleibt es dabei, daß dieser Grundgedanke in anderer tatbestandlicher Ausformung und mit anderen Rechtsfolgen verwirklicht wird.

111 **bb) Selbstbetroffenheit eines Vertreters oder Amtswalters.** Der Vertreter eines Gesellschafters oder der an seiner Stelle handelnde Amtswalter (Rdn 108) kann von der Beschlußfassung in gleicher Weise betroffen sein und deshalb in einen Interessenkonflikt geraten wie ein Gesellschafter. Das zeigt exemplarisch der vom BGH entschiedene Fall[268] eines Testamentsvollstreckers, der den Beschluß über seine Bestellung zum Geschäftsführer durch eigene Stimmabgabe maßgeblich herbeiführte. Der BGH hat das Stimmrecht des Testamentsvollstreckers in entsprechender Anwendung des § 181 BGB verneint[269]. Das trifft im Ergebnis, aber nicht in der Begründung zu. § 47 Abs. 4 enthält eine Regelungslücke, indem sich die Stimmverbote nach dem Wortlaut der

[263] Klare Trennung besonders bei *Rob. Fischer* Festschr. für Hauß (1978), S. 61, 72, dem die Erläuterung insoweit folgt.

[264] Darauf heben z. B. Planck/*Knoke* § 34, 1 ab; ebenso für die Organwahl als den praktischen Hauptfall dieser Gruppe *Wilhelm* Rechtsform und Haftung bei der juristischen Person (1981), S. 88 f.

[265] Fischer/*Lutter*/*Hommelhoff* 12; *Rob. Fischer* aaO (Fn 263) S. 72; *Plander* Die Geschäfte des Gesellschafter-Geschäftsführers der Einmann-GmbH mit sich selbst (1969), S. 21 f; *Schilling* Festschr. für Ballerstedt (1975), S. 257, 271.

[266] So vor allem die Rechtsprechung, vgl. RGZ 60, 172, 173 (AG); RGZ 74, 276, 278 ff; RG DR 1944, 247, 248 f; BGHZ 18, 205, 210 = NJW 1955, 1716; BGHZ 51, 209, 215 f = NJW 1969, 841; BGH NJW 1969, 1483.

[267] Insoweit zustimmend auch *Wilhelm* aaO (Fn 264) S. 88 f.

[268] BGHZ 51, 209 = NJW 1969, 841.

[269] BGHZ 51, 209, 217 ff = NJW 1969, 841.

Vorschrift nur an Gesellschafter wenden, obwohl die sachwidrige Beeinflussung der Willensbildung in der GmbH in gleicher Weise von dem Vertreter oder Amtswalter ausgehen kann. Diese Lücke ist nicht durch Rückgriff auf § 181 BGB, sondern durch analoge Anwendung des § 47 Abs. 4 zu schließen[270].

c) **Vertretung durch einen Mitgesellschafter und Doppelvertretung: Grundlagen.** 112
aa) **Meinungsstand.** Die Stimmabgabe durch einen Gesellschafter im eigenen Namen und zugleich für einen anderen Gesellschafter sowie die Vertretung von zwei oder mehr Gesellschaftern durch ein- und denselben Dritten werden nach Wortlaut und Zweck des § 47 Abs. 4 nicht von den Stimmverboten erfaßt. In dieser Fallgruppe scheitert die Anwendung des § 181 BGB also nicht schon am Vorrang des § 47 Abs. 4. In der Frage, ob das umschriebene Vertreterhandeln ein unzulässiges Insichgeschäft darstellt, lassen sich im wesentlichen **drei Meinungsgruppen** feststellen. Nach der ersten Ansicht ist § 181 BGB prinzipiell anwendbar. Nur die Stimmabgabe durch den gesetzlichen Vertreter minderjähriger Gesellschafter in laufenden Angelegenheiten der GmbH soll ausgenommen sein, weil die gesetzliche Vertretungsmacht im Unterschied zur Vollmacht nicht durch Gestattung des Insichgeschäfts (Rdn 109 aE) erweitert werden könne[271]. Nach der zweiten Auffassung ist das Gegenteil richtig, wird § 181 BGB also generell für unanwendbar gehalten. Für das Resultat wurden und werden drei verschiedene Begründungen geboten: der Beschluß sei nicht Rechtsgeschäft, sondern körperschaftlicher Akt oder Sozialakt[272]; der Beschluß sei zwar Rechtsgeschäft, die ihn tragenden Stimmabgaben stellten aber Erklärungen der Gesellschafter an die GmbH und nicht Erklärungen im Verhältnis der Gesellschafter zueinander dar[273]; der Beschluß regele bei den Kapitalgesellschaften und somit auch bei der GmbH nur das Rechtsverhältnis der Gesellschaft und ihren Mitgliedern, aber nicht die Rechtsbeziehung zwischen den Gesellschaftern[274]. Schließlich ist § 181 BGB nach der dritten Meinung zwar grundsätzlich anwendbar, weil der Gesellschafterbeschluß rechtsgeschäftlichen Charakter habe. Geboten sei jedoch eine teleologische Reduktion der Norm, nach der solche Beschlüsse nicht den für Insichgeschäfte geltenden Beschränkungen unterliegen, die auf der Basis gleichgerichteter Interessen an der Verfolgung des gemeinsamen Zwecks ergingen und deshalb nicht dem rechtsgeschäftlichen Ausgleich gegenläufiger Interessen zu dienen bestimmt seien. Danach bleibt § 181 BGB anwendbar, wenn der Beschluß die Satzung als die gemeinsame rechtsgeschäftliche Basis verändert oder in vergleichbarer Weise auf die Grundlagen der Gesellschaft einwirkt[275].

bb) **Stellungnahme.** § 181 BGB findet auf Gesellschafterbeschlüsse Anwendung, 113
soweit zwischen den Gesellschaftern nach der Art des Beschlußgegenstandes die divergierende Interessenrichtung besteht, die das Gesetz für das Verbot des Insichgeschäfts voraussetzt. Soweit das nicht der Fall ist, kann in der Stimmabgabe durch den Vertreter

---

270 So wohl auch *Rob. Fischer* Festschr. für Hauß (1978), S. 61, 74 f; *Flume* I/2 § 7 V 8 (S. 237); anders aber *ders.* aaO S. 238; **aM** (Anwendung des § 181 BGB) Scholz/*K. Schmidt* 181.

271 Vgl. vor allem *Schilling* Voraufl. 39 ff, 44.

272 So die ältere Rechtsprechung des BGH, vgl. BGHZ 33, 189, 191 = NJW 1960, 2285; BGHZ 48, 163, 167 = NJW 1967, 1963; BGHZ 51, 209, 215 = NJW 1969, 841; BGHZ 52, 316, 318 = NJW 1970, 33 = LM § 181 BGB Nr. 13 mit zust. Anm. *Fleck;* LG Berlin NJW 1974, 1203, 1204; dieser Ansicht folgend nach Geßler/Hefermehl/*Eckardt*/Kropff § 133 AktG, 5; weit. Nachw. bei *Bernstein/Schultze-v. Lasaulx* ZGR 1976, 3 Fn 1; zur Kritik vgl. Fn 276.

273 BayObLG GmbH-Rdsch. 1989, 252, 253 re. Sp.; Baumbach/Hueck/*Zöllner* 33; *Röll* NJW 1979, 627, 628 f.

274 *Rob. Fischer* Festschr. für Hauß (1978), S. 61, 78 f.

275 Grundlegend BGHZ 65, 93, 97 ff = NJW 1976, 49; vgl. auch BGH NJW 1976, 958, 959; BGH NJW 1976, 1538, 1539; BGH GmbH-Rdsch. 1988, 337, 338 li. Sp. (dazu *Kirstgen* GmbH-Rdsch. 1989, 406); Scholz/*K. Schmidt* 180; Rowedder/*Koppensteiner*[2] 65; *U. Hübner* Interessenkonflikt und Vertretungsmacht (1977), S. 278 ff; *Flume* I/2 § 7 V 8 (S. 239); *Wiedemann* GesR I § 3 III 2 a bb.

kein unzulässiges Insichgeschäft gefunden werden. Der dritten, heute insgesamt wohl herrschenden Meinung ist also beizutreten. Insbesondere die Entscheidung BGHZ 65 93, 97 ff, der diese Differenzierung entnommen ist, trifft nicht nur für die Personengesellschaft, sondern auch für die GmbH das Richtige. Diese Lösung ist dogmatisch fundiert, weil sie dem rechtsgeschäftlichen Charakter des Beschlusses (Rdn 3) ebenso Rechnung trägt wie der rechtlichen Eigenart des Gesellschaftsverhältnisses, das durch die gemeinsame Zweckverfolgung und nicht durch den vertraglichen Ausgleich jeweils eigener und meist gegenläufiger Interessen gekennzeichnet ist. Sie führt auch zu sachgerechten Ergebnissen, weil sie einerseits für den Regelfall die Vertretung durch Mitgesellschafter erlaubt, insbesondere die Vertretung minderjähriger Gesellschafter durch die gleichfalls an der GmbH beteiligten Eltern, und andererseits namentlich letzteren die Vertretung in solchen Angelegenheiten entzieht, in denen jedenfalls abstrakt, also losgelöst vom Einzelfall, eine Interessenkollision besteht. Demgegenüber vermag die Lehre von der prinzipiellen Anwendbarkeit des § 181 BGB nicht zu überzeugen, weil sie der rechtlichen Eigenart des Gesellschaftsverhältnisses nicht genügend Rechnung trägt. Die entgegengesetzte Auffassung, nach der die Vorschrift grundsätzlich keine Anwendung findet, ist in ihrer früher vertretenen Sozialakts-Variante von vornherein nicht fundiert[276]. In ihren neueren Begründungen läßt sie sich (bei unterschiedlichen Formulierungen) von der Vorstellung leiten, daß die mitgliedschaftlichen Beziehungen bei der Kapitalgesellschaft auf diese als juristische Person zentriert seien, Rechtsbeziehungen zwischen den Mitgliedern demnach nicht beständen. Diese Ansicht ist zwar verbreitet[277], kann aber, wie schon die Existenz von Treubindungen zwischen den Gesellschaftern zeigt[278], in ihrer Allgemeinheit nicht überzeugen. Soweit es um die Anwendung des § 181 BGB geht, verläuft die Trennlinie deshalb nicht zwischen Personen- und Kapitalgesellschaften, sondern zwischen den personalistisch und den körperschaftlich strukturierten Verbänden. Insbesondere auf die AG darf die hier vertretene differenzierende Lösung nicht ohne weiteres übertragen werden, sind vielmehr weitergehende Beschränkungen in der Anwendung des § 181 BGB nicht ausgeschlossen.

114 d) **Vertretung durch einen Mitgesellschafter und Doppelvertretung: Einzelfragen. aa) Präzisierung unzulässiger Insichgeschäfte.** Folgt man der hier vertretenen differenzierenden Lösung, so stellt sich die Aufgabe, näher zu präzisieren, für welche Beschlußgegenstände es bei der Anwendung des § 181 BGB verbleibt und welche durch teleologische Reduktion aus der Anwendung herausfallen. Insoweit besteht auf der Basis des Beschlusses BGHZ 65 93, 97 ff Einigkeit, daß jedenfalls Satzungsänderungen und Grundlagenentscheidungen der Geltung des § 181 BGB unterliegen, nicht dagegen Maßnahmen der Geschäftsführung[279]. Unterschiedlich beurteilt werden insbesondere die Auflösung[280], die Feststellung des Jahresabschlusses, die Zustimmung zur Abtretung eines Geschäftsanteils und die Ausschlußklage[281].

---

[276] Im Schrifttum nahezu unstreitig, vgl. besonders *Bernstein/Schultze-v. Lausaulx* ZGR 1976, 33, 39 ff; *Hadding* Festschr. für Rob. Fischer (1979), S. 165, 188 ff; *Schilling* Festschr. für Ballerstedt (1975), S. 257 ff mwN in Fn 10, 27; kritisch auch *Rob. Fischer* Festschr. für Hauß (1978), S. 61, 71 ff. Auch BGH GmbH-Rdsch. 1988, 337, 338 li. Sp. rückt von der älteren Judikatur eindeutig ab.

[277] Es handelt sich um die Übertragung des aus der Rechtssubjektivität der GmbH abgeleiteten Trennungsprinzips auf das Innenverhältnis; deutlich etwa *Immenga* Die personalistische Kapitalgesellschaft (1970), S. 271; weit. Nachw. bei *M. Winter* Mitgliedschaftliche Treubindungen (1988), S. 43.

[278] Dazu eingehend *M. Winter* aaO (Fn 277) S. 62 f, 69 ff; *Hüffer* Festschr. für Steindorff (1989), S. 59 ff.

[279] Scholz/*K. Schmidt* 180; *Wiedemann* GesR I § 3 III 2 a bb.

[280] Für Anwendung des § 181 BGB: Scholz/*K. Schmidt* 180; *Meyer-Landrut*/Miller/Niehus 31; *U. Hübner* Interessenkonflikt und Vertretungsmacht (1977), S. 278; aM BGHZ 52, 316, 318 = NJW 1970, 33 = LM § 181 BGB Nr. 13 mit zust. Anm. *Fleck*.

[281] Insoweit für Anwendung des § 181 BGB: Scholz/*K. Schmidt* 180; aM *Wiedemann* GesR I § 3 III 2 a bb, nach dem nur Geschäftsführungsmaßnahmen aus § 181 BGB ausgeklammert werden sollen.

Die Lösung muß dem Grundgedanken des § 181 BGB verpflichtet bleiben, der **Rechtsklarheit und -sicherheit** gewährleisten will, indem er die abstrakte statt der konkreten Interessenkollision maßgeblich sein läßt (Rdn 109)[282]. Es kann deshalb jedenfalls nicht auf die Tragweite des Beschlusses im Einzelfall ankommen. Eine klare und ohne besondere Schwierigkeiten praktikable Linie ergibt sich durch die Anknüpfung an die gesetzlichen Bestimmungen über **Beschlußmehrheiten.** Soweit das Gesetz für den Beschluß eine qualifizierte Mehrheit verlangt, enthält es zwar keine unmittelbare Aussage zur Anwendbarkeit des § 181 BGB. Aber dem Erfordernis einer qualifizierten Mehrheit läßt sich doch entnehmen, daß der Beschlußgegenstand nach der gesetzlichen Wertung die Grundlagen der GmbH betrifft. Auf dieser Basis ergibt sich: Vertretung durch einen Gesellschafter und Doppelvertretung durch einen Dritten sind unzulässige Insichgeschäfte, wenn der Beschluß Satzungsänderungen einschließlich einer Erhöhung oder Herabsetzung des Stammkapitals, Auflösung oder Fortsetzung als ihr Gegenstück, Umwandlung, Verschmelzung, Ausschlußklage oder den Abschluß von Unternehmensverträgen auf seiten der beherrschten oder der herrschenden GmbH betrifft. Wegen der gesetzlichen Grundlagen und der Einzelheiten vgl. Rdn 15 f. Im übrigen greift § 181 BGB nicht ein, insbesondere nicht bei der Feststellung des Jahresabschlusses. Anderenfalls würde gerade in diesem letzten Punkt wegen der alljährlich notwendigen Beschlußfassung der praktische Nutzen der teleologischen Reduktion der Norm weitgehend aufgehoben. **115**

bb) **Gestattung durch konkludentes Verhalten.** Die rechtsgeschäftliche Erweiterung der Vertretungsmacht durch Gestattung des Insichgeschäfts (Rdn 109) kann wie andere Willenserklärungen in einem konkludenten Verhalten gefunden werden. Soweit dem Vertreter nach den vorstehenden Grundsätzen (Rdn 114 f) die Vertretungsmacht fehlt, stellt sich deshalb die Frage, ob in seiner Bevollmächtigung die schlüssige Gestattung gefunden werden kann. Das wird vom BGH für Personengesellschaften bejaht, wenn sich die Vollmacht auf eine bestimmte Gesellschafterversammlung bezieht, wenn für diese Versammlung vertragsändernde Beschlüsse angekündigt worden sind und die Vollmacht unbeschränkt erteilt wurde, es sei denn, daß den Umständen ausnahmsweise etwas anderes zu entnehmen ist[283]. Dieser Ansicht ist auch für die GmbH beizutreten. Denn Vollmachtgeber wie Bevollmächtigter können sinnvoll nur eine wirksame Stimmabgabe wollen. **Genehmigung** ist wie in anderen Fällen vollmachtlosen Handelns entsprechend § 177 Abs. 1 BGB möglich[284]. Dagegen kann die Satzung nicht von § 181 BGB dispensieren, weil der Gesellschafter gerade in seinem Verhältnis zum Vertreter vor denkbaren Interessenkonflikten geschützt werden soll und dieses Verhältnis nicht Satzungsgegenstand sein kann[285]. **116**

cc) **Rechtsfolgen.** Für den Gesellschafter, der sich bei der Beschlußfassung vertreten lassen will, werden sich aus der Unzulässigkeit von Insichgeschäften nach den dargelegten Regeln kaum ernsthafte Schwierigkeiten ergeben; entweder greift das Verbot nicht ein (Rdn 112 f, 114 f) oder die Bevollmächtigung ist, soweit das Verbot eingreift, als Gestattung des Insichgeschäfts durch schlüssige Erklärung auszulegen (Rdn 116). Anders liegt es, soweit der Gesellschafter, insbesondere wegen Minderjährigkeit, *gesetzlich vertreten* sein muß (§§ 1629, 1795 BGB). Der Minderjährige kann die Gestattung nicht wirksam aussprechen und eine entsprechende Erklärung des gesetzlichen Vertreters unterläge ihrerseits dem Verbot des § 181 BGB. Deshalb muß für den minderjährigen **117**

---

282 Zutreffend im Ansatz *Wiedemann* aaO (Fn 281).

283 BGH NJW 1976, 958, 959 (li. Sp.); BGH NJW 1976, 1538, 1539 (li. Sp.); vgl. auch Scholz/*K. Schmidt* 182.

284 BGHZ 51, 209, 217 = NJW 1969, 841; Scholz/*K. Schmidt* 182.

285 Scholz/*K. Schmidt* 182; Rowedder/*Koppensteiner*^{2} 69.

Gesellschafter Ergänzungspflegschaft gem. § 1909 BGB angeordnet werden, sofern der Beschluß nicht durch Reduktion aus dem Anwendungsbereich des § 181 BGB ausscheidet. Ob, wenn mehrere minderjährige Gesellschafter vorhanden sind, auch entsprechend viele Ergänzungspfleger bestellt werden müssen, ist für Fälle dieser Art bislang nicht geklärt. Die Frage muß nach den Grundsätzen, die für den Abschluß von Gesellschaftsverträgen anerkannt sind[286], auch hier bejaht werden, weil bei Satzungsänderungen und vergleichbaren Beschlüssen das Rechtsverhältnis der Gesellschafter untereinander betroffen ist (str., vgl. Rdn 122 f). Dagegen ist eine *vormundschaftsgerichtliche Genehmigung* nur unter den Voraussetzungen des § 1822 Nr. 3 BGB notwendig. In ihrer Erteilung liegt ein zusätzliches Wirksamkeitserfordernis. Die Genehmigung kann also die Vertretungsmacht von Eltern oder Vormund nicht herstellen. Soweit nach allem ein unzulässiges Insichgeschäft vorliegt, sind die Abstimmungserklärungen, die der Vertreter im eigenen und im fremden Namen abgegeben hat, zunächst schwebend unwirksam. Sie können noch durch Genehmigung (Rdn 116) wirksam werden, auch durch Genehmigung eines nachträglich bestellten Pflegers. Wenn die Genehmigung endgültig nicht erteilt wird, werden auch die Stimmabgaben endgültig unwirksam.

118 e) **Gesellschafterversammlung als Vertretungsorgan.** Soweit die GmbH ausnahmsweise nicht durch ihren Geschäftsführer, sondern durch die Gesellschafterversammlung vertreten wird und ein Gesellschafter zugleich der Geschäftsgegner ist, ist § 181 BGB anzuwenden, wenn die Vorschrift nicht durch § 47 Abs. 4 verdrängt wird. Die Gesellschafterversammlung ist insbesondere Vertretungsorgan für die Bestellung des Geschäftsführers und den Abschluß des Anstellungsvertrags (§ 46, 42). Der Vorrang des § 47 Abs. 4 gilt aber nicht nur für den Beschluß über die Bestellung zum Geschäftsführer (Rdn 110), sondern auch für die Ausführung des Beschlusses. Insoweit handelt es sich zwar nicht um eine Stimmabgabe. Soweit der Gesellschafter jedoch an der Beschlußfassung teilhaben darf, muß er auch befugt sein, an der Ausführung des Beschlusses mitzuwirken. § 181 BGB ist also insoweit nicht anzuwenden.

VI. Stimmrechtsausschluß (§ 47 Abs. 4)

Schrifttum

(vgl. auch die Angaben vor Rdn 1, 50, 57, 65, 91). *v. Falkenhausen* Verfassungsrechtliche Grenzen der Mehrheitsherrschaft nach dem Recht der Kapitalgesellschaften (1967); *Hachenburg* Aus dem Rechte der Gesellschaft mit beschränkter Haftung, LZ **1907** 460; *Hartmann* Stimmrechtsausschluß nach § 47 Abs. 4 GmbHG für juristische Personen als Gesellschafter der GmbH, GmbH-Rdsch. **1962** 208; *Hübner* Interessenkonflikt und Vertretungsmacht (1977); *Immenga* Die personalistische Kapitalgesellschaft (1970); *Immenga/Werner* Der Stimmrechtsausschluß eines GmbH-Gesellschafters, GmbH-Rdsch. **1976** 53; *Mertens* Die Verfassung der GmbH, in: Probleme der GmbH-Reform (1970), S. 114; *Schilling* Gesellschafterbeschluß und Insichgeschäft, Festschr. für Ballerstedt (1975), S. 257; *U. H. Schneider* Stimmverbote im GmbH-Konzern, ZHR **150** (1986), 609; *Siegmund* Stimmverbote im GmbH-Recht, BB **1981** 1674; *Ulmer* Stimmrechtsschranken für Aufsichtsratsmitglieder bei eigener Kandidatur zum Vorstand, NJW **1982** 2288; *Wank* Der Stimmrechtsausschluß im GmbH-Recht in der neueren Rechtsprechung des BGH, ZGR **1979** 222; *Wilhelm* Rechtsform und Haftung bei der juristischen Person (1981); *Wilhelm* Stimmrechtsausschluß und Verbot des Insichgeschäfts, JZ **1976** 674; *Zöllner* Das Stimmrecht bei Veräußerung vinkulierter Geschäftsanteile, GmbH-Rdsch. **1968** 177.

---

[286] BayObLG NJW 1959, 989; BayObLG FamRZ 1976, 168; vgl. auch § 2, 61.

1. Grundlagen

a) **Regelungsgegenstand.** § 47 Abs. 4 schließt den Gesellschafter unter bestimmten Voraussetzungen von der Abstimmung aus. Im einzelnen kennt die Vorschrift **vier Tatbestände** des Stimmverbots: Ein Gesellschafter darf nicht mitstimmen, wenn über seine *Entlastung* beschlossen werden soll (Rdn 141 ff); wenn es um seine *Befreiung von einer Verbindlichkeit* geht (Rdn 146 f); wenn der Beschluß ein *Rechtsgeschäft* betrifft, das ihm gegenüber vorgenommen werden soll (Rdn 148 ff, 161 ff); schließlich, wenn der Beschluß die Einleitung oder Erledigung eines *Rechtsstreits* betrifft, der gegen ihn geführt werden soll bzw. (Erledigung) geführt wird (Rdn 155 ff). **119**

b) **Regelungszweck.** Zweck des § 47 Abs. 4 ist es, den Gesellschafterbeschluß als das Rechtsgeschäft zur Regelung der internen Gesellschaftsangelegenheiten (Rdn 3) von Einflüssen freizuhalten, die sich aus Sonderinteressen der Gesellschafter in den genannten Fällen (Rdn 119) zwangsläufig ergeben. Anders ausgedrückt: Die Gesellschafter sollen sich bei der Bildung des Verbandswillens *am Gesellschaftsinteresse orientieren* und sind daher von der Abstimmung ausgeschlossen, wenn diese Orientierung typischerweise nicht erwartet werden kann[287]. Zutreffend wird davon gesprochen, daß die Stimmverbote die inhaltliche „Richtigkeit" der Willensbildung in der GmbH gewährleisten sollen[288]. § 47 Abs. 4 steht also in einem funktionalen Zusammenhang mit den aus den Treubindungen zur GmbH ableitbaren beweglichen Stimmrechtsschranken (vgl. noch Rdn 191 ff). Abweichend ist nicht das Ziel, sondern die Methode: Das Stimmverbot tritt an die Stelle der inhaltlichen Überprüfung einer zulässigen Stimmabgabe. Daraus folgt zugleich, daß nicht jeder Interessenkonflikt ausreicht, um ein Stimmverbot zu begründen[289]. Vielmehr müssen die Fälle, soweit über den Wortlaut des § 47 Abs. 4 hinauszugehen ist, vergleichbar eindeutige Konturen aufweisen; das gilt insbesondere für die Bestimmung des subjektiven Geltungsbereichs (vgl. noch Rdn 140). Mit Rücksicht auf den Normzweck sind einer abweichenden Satzungsgestaltung ungeachtet des § 45 Abs. 2 enge, aus § 138 Abs. 1 BGB folgende Grenzen gezogen, soweit sie darauf gerichtet ist, die gesetzlichen Stimmverbote außer Kraft zu setzen (näher dazu Rdn 188 ff). **120**

c) **Dogmatische Grundlagen.** Von der Frage nach dem Normzweck (Rdn 120) ist die Frage zu unterscheiden, ob sich die vier Tatbestände des § 47 Abs. 4 auf einen oder mehrere Grundgedanken zurückführen lassen und welcher Art solche Prinzipien sind; sie ist streitig geblieben. **Meinungsstand.** Nach wohl **hM** beruht § 47 Abs. 4 auf zwei Prinzipien: Der Gesellschafter soll nicht Richter in eigener Sache sein und er soll wegen der unvermeidlichen Interessenkollision nicht am rechtsgeschäftlichen Handeln der GmbH teilnehmen, wenn er selbst Partei des Geschäfts ist[290]. Andere Positionen, die dazu im Schrifttum entwickelt worden sind, haben ihrerseits gegenläufige Tendenzen. Einerseits wird der zweite Gedanke mit der Folge verallgemeinert, daß § 47 Abs. 4 als besondere Ausprägung des Rechtsgedankens des § 181 BGB erscheint[291]. Andererseits werden die gesetzlichen Tatbestände auch als kasuistische Ausprägungen einer nicht **121**

---

[287] BGH NJW 1989, 2694, 2696; OLG Frankfurt GmbH-Rdsch. 1990, 79, 81; Baumbach/Hueck/*Zöllner* 44; *M. Winter* Mitgliedschaftliche Treubindungen (1988), S. 102 ff.

[288] Scholz/*K. Schmidt* 100.

[289] BGHZ 68, 107, 109 = NJW 1977, 850; BGHZ 80, 69, 71 = NJW 1981, 1512; BGHZ 97, 28, 33 = NJW 1986, 2051.

[290] BGHZ 9, 157, 178 = NJW 1953, 780; BGHZ 97, 28, 33 (Fn 289); vgl. aus dem Schrifttum besonders Scholz/*K. Schmidt* 102 und 132 ff; ferner etwa Fischer/*Lutter*/*Hommelhoff* 9.

[291] *Flume* I/2 § 7 V 2; *Wilhelm* Rechtsform und Haftung (1981), S. 66 ff; *ders.* JZ 1976, 674.

notwendig im Sinne der einen oder anderen Ansicht präzisierungsbedürftigen Interessenkollision aufgefaßt[292].

122 **Stellungnahme.** Der Regelungsgehalt des § 47 Abs. 4 wird jedenfalls durch § 181 BGB nicht ausgeschöpft. Insbesondere die Entlastung eines Gesellschafters (vgl. noch Rdn 142), aber auch die Einleitung oder Beendigung eines gegen ihn gerichteten Rechtsstreits können mit dem Verbot des Insichgeschäfts nicht ohne weiteres erfaßt werden (vgl. auch Rdn 110). Während der **hM** insoweit beizupflichten ist, bleibt es fraglich, ob die von ihr erarbeiteten Gesichtspunkte, darunter insbesondere das sog. Verbot des Richtens in eigener Sache, weiterführen oder eher deskriptive Bedeutung haben. Das entscheidet sich nach ihrer Tauglichkeit, den subjektiven Anwendungsbereich der Stimmverbote in den vom Gesetzeswortlaut nicht erfaßten Fällen sachgerecht zu erweitern (Rdn 127 ff, 129 ff) oder umgekehrt in vom Wortlaut gedeckten Fällen in notwendiger Weise einzuschränken (Hauptfall: Organbestellung, vgl. Rdn 169 ff). Insoweit sind die für die Auslegung des § 47 Abs. 4 entwickelten Leitgedanken zwar nützlich. Daß sie abschließende Bedeutung haben oder die Normanwendungsprobleme vollständig lösen können, wird sich jedoch nicht behaupten lassen. Beizupflichten ist deshalb der an dritter Stelle genannten Ansicht (Rdn 121).

2. Subjektiver Geltungsbereich der Stimmverbote

123 a) **Gesellschafter. aa) Grundsatz.** § 47 Abs. 4 verbietet dem Gesellschafter die Stimmabgabe, wenn damit einer seiner vier Tatbestände verwirklicht würde. Das Verbot gilt prinzipiell für jede GmbH und grundsätzlich auch für jeden Gesellschafter, gleichgültig, ob er das Stimmrecht im eigenen Namen oder als Vertreter eines anderen Gesellschafters ausüben will; vgl. zur Vertretung noch Rdn 127. Ausnahmen vom Stimmverbot bestehen bei gleichmäßiger Befangenheit (Rdn 124) und in der Einmann-GmbH (Rdn 125), dagegen nicht bei konzerninternen Rechtsgeschäften (Rdn 126).

124 bb) **Ausnahmen: Gleichmäßige Befangenheit; Einmann-GmbH.** Bei gleichmäßiger Befangenheit aller Gesellschafter greift § 47 Abs. 4 auch dann nicht ein, wenn seine objektiven Voraussetzungen erfüllt sind[293]. Gleichmäßige Befangenheit liegt vor, wenn für den Gegenstand der Beschlußfassung ein und derselbe Tatbestand des Stimmrechtsausschlusses bei allen stimmberechtigten Gesellschaftern (nicht genügend: bei den erschienenen Gesellschaftern) in gleicher Weise vorliegt. Methodisch ist diese Ausnahme durch teleologische Reduktion des § 47 Abs. 4 zu erzielen. Sie rechtfertigt sich aus der Erwägung, daß § 47 Abs. 4 eine am Gesellschaftsinteresse orientierte Beschlußfassung gewährleisten (Rdn 120), aber nicht die Bildung des Gesellschaftswillens überhaupt verhindern soll. Im einzelnen kommt es entscheidend darauf an, wie der Beschlußgegenstand zu definieren ist. Über was zu beschließen ist, folgt im allgemeinen aus dem Antrag (Rdn 7, 10). Unzulässig ist es aber, durch die Antragsfassung einen einheitlichen Beschlußgegenstand herzustellen, um durch scheinbare Betroffenheit aller Stimmberechtigten das Verbot des § 47 Abs. 4 zu umgehen. Das gilt namentlich bei der **Entlastung** der zugleich als Geschäftsführer tätigen Gesellschafter. Der Entlastungsbeschluß ist stets nach Personen teilbar und muß geteilt werden, wenn es sonst zur Mitwirkung des Betroffenen käme. Über seine Entlastung stimmen also die jeweils anderen ab. Nicht stimmberechtigt sind dabei jedoch diejenigen Gesellschaf-

---

292 Baumbach/Hueck/*Zöllner* 44; *Zöllner* Die Schranken mitgliedschaftlicher Stimmrechtsmacht (1963), S. 161 ff.

293 Scholz/*K. Schmidt* 106; Baumbach/Hueck/*Zöllner* 62; Fischer/*Lutter*/*Hommelhoff* 9; *Zöllner* aaO (Fn 292) S. 181 ff.

ter, die selbst an dem in Frage stehenden Vorgang beteiligt waren (vgl. noch Rdn 144)[294]. Entsprechende Grundsätze gelten, wenn Gesellschafter aus ihrer Verpflichtung zur Leistung von Schadensersatz entlassen oder wenn umgekehrt besondere Vertreter bestellt werden sollen, um solche Ansprüche geltend zu machen (§ 46 Nr. 8).

Die Stimmverbote des § 47 Abs. 4 bestehen ferner nicht, wenn es um die Ausübung des Stimmrechts durch den **Alleingesellschafter** der Einmann-GmbH geht[295]. Insoweit liegt nämlich definitionsgemäß gleichmäßige Befangenheit (Rdn 124) vor. Die Regelung des § 35 Abs. 4 bleibt unberührt, steht aber der Reduktion des § 47 Abs. 4 nicht entgegen, weil die Beschlußfassung für die GmbH kein Insichgeschäft des Alleingesellschafter-Geschäftsführers mit der GmbH ist. Eine andere Beurteilung ist angezeigt, wenn nicht der Alleingesellschafter selbst, sondern sein **Vertreter** den Beschluß faßt und er, sofern er Gesellschafter wäre, einem der Stimmverbote des § 47 Abs. 4 unterläge[296]. Die Geltung der Stimmverbote zu Lasten von Vertretern (Rdn 127) wird also nicht dadurch beseitigt, daß es sich um eine Einmann-GmbH handelt. **125**

cc) **Keine Ausnahme bei konzerninternen Rechtsgeschäften.** Konzerninterne Rechtsgeschäfte sind solche, die das herrschende Unternehmen mit der beherrschten GmbH oder diese mit einem anderen von derselben Konzernspitze beherrschten Unternehmen abschließt. Derartige Sachverhalte fallen unter § 47 Abs. 4 S. 2, 1. Fall, wenn über die Vornahme des Geschäfts Beschluß gefaßt wird. Weil das herrschende Unternehmen als Gesellschafter der GmbH vom Stimmverbot betroffen wird, befinden im Ergebnis der oder die Minderheitsgesellschafter über das konzerninterne Geschäft. Gegen den Willen des herrschenden Unternehmens können sie sich allerdings nur dann durchsetzen, wenn ihre Geschäftsanteile mindestens 10% des Stammkapitals ausmachen; denn nur dann gibt ihnen § 50 Abs. 1 das Recht, die Beschlußfassung zu erzwingen[297]. Daß dies Ergebnis sachgerecht sei, ist vereinzelt bezweifelt worden[298]. Für eine Reduktion der Norm, die darauf abzielt, das herrschende Unternehmen für konzerninterne Geschäfte nicht als Gesellschafter iSd § 47 Abs. 4 S. 2 anzusehen, lassen sich jedoch weder bei außergewöhnlichen noch bei laufenden Geschäften hinreichende Gesichtspunkte finden[299]. Der Abbau des Minderheitenschutzes, den §§ 47 Abs. 4 S. 2, 50 Abs. 1 im Ergebnis bewirken, wäre vielmehr Sache des Gesetzgebers im Rahmen einer weiterreichenden Regelung des GmbH-Konzerns. Die Minderheit darf die ihr danach zustehende Stimmrechtsmacht aber nicht zu bloßer Obstruktion benutzen. Sie ist gehalten, bei der Ausübung des Stimmrechts ihre Treubindungen zur GmbH in verantwortlicher Weise zu beachten (vgl. auch Rdn 192 f)[300]. **126**

b) **Vertreter und Treuhänder.** aa) **Vertretung des vom Stimmverbot betroffenen Gesellschafters.** Seinem Wortlaut nach bezieht sich § 47 Abs. 4 nur auf die Stimmabgabe durch den Gesellschafter im eigenen Namen oder in Ausübung der Stimmrechte anderer. Das ist jedoch zu eng. Das Stimmverbot des § 47 Abs. 4 greift (entsprechend § 136 Abs. 1 S. 2 AktG) auch dann ein, wenn sich der befangene Gesellschafter durch einen Dritten mittelbar oder unmittelbar vertreten läßt, und zwar ohne Rücksicht darauf, ob in dessen Person einer der Tatbestände des § 47 Abs. 4 verwirklicht ist (zur Befangenheit des Vertreters vgl. Rdn 128). Dasselbe gilt für Amtstreuhänder, besonders **127**

[294] BGHZ 97, 28, 34 = NJW 1986, 2051; BGH NJW 1989, 2694, 2695.

[295] BGHZ 105, 324, 333 = NJW 1989, 295 (Meyer); BayObLG WM 1984, 1570, 1572; Scholz/*K. Schmidt* 105; Baumbach/Hueck/*Zöllner* 62; Fischer/*Lutter*/*Hommelhoff* 9.

[296] Scholz/*K. Schmidt* 105 mwN in 362.

[297] *U. H. Schneider* ZHR 150 (1986), 609, 623 ff.

[298] So *Barz* Voraufl. § 13 Anh II, 21.

[299] BGH NJW 1973, 1039, 1040; Scholz/*K. Schmidt* 107; Baumbach/Hueck/*Zöllner* Schlußanh I, 12; Fischer/*Lutter*/*Hommelhoff* 19; *U. H. Schneider* ZHR 150 (1986), 609, 623 ff.

[300] Zutreffend *U. H. Schneider* aaO (Fn 299) S. 625.

Testamentsvollstrecker. Der Stimmrechtsausschluß zu Lasten von Vertretern und Treuhändern ist unstreitig, soweit sie fremdnützig, d. h. wenigstens auch im Interesse des Gesellschafters tätig werden[301]. Einschränkungen werden lediglich für eigennützige Vertreter oder Treuhänder befürwortet[302]. Sie sind jedoch nicht angezeigt[303]; denn das Verhältnis der Gesellschafter untereinander und zur GmbH sollte nicht mit der Frage belastet werden, welche Befugnisse der Treuhänder oder Vertreter in seinem Verhältnis zum Gesellschafter im einzelnen hat. Die damit verbundenen Unsicherheiten vertragen sich nicht mit dem auf Rechtsklarheit zugeschnittenen Stimmrechtsausschluß.

128 **bb) Stimmverbot gegen den Vertreter oder Treuhänder.** § 47 Abs. 4 gilt auch dann, wenn nicht der Gesellschafter, wohl aber der für ihn handelnde Vertreter oder Treuhänder, insbesondere Testamentsvollstrecker, von einem Stimmverbot betroffen ist. Für den Fall, daß ein Gesellschafter in dieser Weise für einen anderen Gesellschafter tätig wird, folgt das Stimmverbot schon aus dem Wortlaut des § 47 Abs. 4 S. 1. Es greift aber auch dann ein, wenn der Vertreter nicht Gesellschafter ist, sofern er als Gesellschafter dem Stimmverbot unterläge. Das rechtfertigt sich aus dem Normzweck, die Bildung eines von Sonderinteressen nicht beeinflußten Gesellschaftswillens zu gewährleisten (Rdn 120), und ist zu Recht unstreitig[304]. Auf die nähere Ausgestaltung des Rechtsverhältnisses zwischen Vertreter bzw. Treuhänder und Gesellschafter kommt es auch hier nicht an. Insbesondere ist auch der gesetzliche Vertreter von der Ausübung des Stimmrechts ausgeschlossen, z. B. dann, wenn über ein Rechtsgeschäft zwischen ihm und der GmbH abgestimmt werden soll[305]. Auf einen Ergänzungspfleger (§ 1909 BGB) oder auf einen anderen vom Gesellschafter bestellten Vertreter bezieht sich das Stimmverbot nicht, wohl aber auf einen Untervertreter[306].

3. Subjektiver Geltungsbereich: Beteiligung anderer Gesellschafter an der GmbH

129 **a) Grundlagen. aa) Der bisherige Entwicklungsstand im Überblick.** Schwierige und nicht voll ausdiskutierte Zurechnungsprobleme entstehen, wenn ein Geschäftsanteil einer anderen Gesellschaft gehört oder wenn mehrere Personen in Erbengemeinschaft, Gütergemeinschaft oder Bruchteilsgemeinschaft Inhaber des Geschäftsanteils sind. Nach dem bislang in Rechtsprechung und Schrifttum erreichten Entwicklungsstand[307] sind zwei Differenzierungen vorzunehmen. Erstens ist danach zu unterscheiden, ob die beteiligte Drittgesellschaft eine Personengesellschaft (OHG, KG, GbR) ist (diesem Fall gleichgestellt werden andere Gesamthands- sowie Bruchteilsgemeinschaften) oder ob der Geschäftsanteil von einer juristischen Person (AG, GmbH) gehalten wird[308]. Zweitens kommt es nach allgemeiner Auffassung darauf an, ob einer der Tatbestände des § 47 Abs. 4 in der Person eines Gesellschafters (der Drittgesellschaft) oder Teilhabers (der Gemeinschaft) verwirklicht ist oder ob die Drittgesellschaft selbst vom Stimmver-

[301] BGHZ 56, 47, 53 = NJW 1971, 1265; Scholz/*K. Schmidt* 157; Baumbach/Hueck/*Zöllner* 63; *Wilhelm* Rechtsform und Haftung (1981), S. 99 ff.

[302] Rowedder/*Koppensteiner*² 50; Scholz/*K. Schmidt* in der 6. Aufl. Rdn 157.

[303] Baumbach/Hueck/*Zöllner* 63; *Meyer-Landrut*/Miller/Niehus 38; jetzt im Grundsatz auch Scholz/*K. Schmidt* 158.

[304] BGHZ 56, 47, 53 (Treuhand); BGH NJW 1989, 2694, 2695; aus dem Schrifttum statt vieler Baumbach/Hueck/*Zöllner* 63; *Zöllner* Die Schranken mitgliedschaftlicher Stimmrechtsmacht (1963), S. 272 ff; vgl. auch Fn 305.

[305] KG JW 1935, 2154, Scholz/*K. Schmidt* 155.

[306] Scholz/*K. Schmidt* 155; Baumbach/Hueck/*Zöllner* 63; Rowedder/*Koppensteiner*² 49; *Boesebeck* NJW 1955, 1657 f; aM ohne Vertiefung und zu Unrecht RGZ 106, 258, 263 (AG).

[307] Zusammenfassende Übersicht bei *Wank* ZGR 1979, 222 ff; grundlegend *Zöllner* Die Schranken mitgliedschaftlicher Stimmrechtsmacht (1963), S. 270 ff.

[308] Vgl. statt vieler Baumbach/Hueck/*Zöllner* 64 f, 66 ff; im Grundsatz auch Scholz/*K. Schmidt* 159 ff.

bot betroffen wird[309]. Im ersten Fall geht es um die Frage, ob sich die Drittgesellschaft oder die anderen an der Gemeinschaft Beteiligten die Befangenheit des Gesellschafters oder des einen Teilhabers zurechnen lassen müssen. Im zweiten Fall stellt sich das umgekehrte Zurechnungsproblem, soweit es um Gesellschaften geht; zu klären ist, ob der Gesellschafter sein Stimmrecht nicht ausüben darf, weil der Gesellschaft die Stimmabgabe nach § 47 Abs. 4 verboten ist. Zu Gemeinschaften ohne Gesellschaftscharakter vgl. insoweit Rdn 139. Hinsichtlich der Ergebnisse kann festgehalten werden, daß die Zurechnung tendenziell bei Beteiligung einer Personengesellschaft eher vorgenommen wird als bei der Mitgliedschaft einer juristischen Person, ferner, daß die Zurechnung der Befangenheit eines Gesellschafters zu Lasten der Drittgesellschaft insgesamt weniger Probleme bereitet als das umgekehrt begründete Stimmverbot.

bb) Keine prinzipielle Differenzierung zwischen Personengesellschaft und juristischer Person. Während der Unterscheidung nach dem zunächst vom Stimmverbot Betroffenen (Gesellschafter oder Gesellschaft) wegen der unterschiedlichen Problemlage ohne weiteres beizupflichten ist, trifft die Differenzierung zwischen Personengesellschaft einerseits und juristischer Person andererseits in diesem Zusammenhang nicht das Richtige. Sie ist, auch wenn das nicht immer deutlich zu Tage tritt, noch von der Vorstellung beeinflußt, daß im ersten Fall an die Gesellschafter angeknüpft werden darf, weil sie ungeachtet der zwischen ihnen bestehenden Gemeinschaft die eigentlichen Zurechnungssubjekte sind[310], während im zweiten Fall die Identifizierung von juristischer Person und Mitglied oder, anders gewendet, der Durchgriff durch die juristische Person in Frage stehe[311]. Das erste ist nicht richtig, das zweite nicht weiterführend. Nach dem in der neueren Lehre herrschenden und zutreffenden Verständnis der Gesamthandsgesellschaft ist die Wirkungseinheit oder Organisation selbst das Bezugssubjekt gesellschaftlichen Handelns und das Zuordnungssubjekt der daraus resultierenden Rechte und Pflichten; Vertragsrechte der Gesellschaft sind also nicht auch Vertragsrechte der Gesellschafter[312]. Das Trennungsprinzip und die Durchgriffslehre in ihren verschiedenen Varianten erweisen sich jedenfalls bei der Auslegung des § 47 Abs. 4 als nicht hilfreich; entscheidend sind vielmehr Sinn und Zweck der Norm, die Willensbildung in der GmbH von sachwidrigen Fremdeinflüssen freizuhalten (Rdn 120)[313]. Die wesentliche Trennlinie verläuft deshalb nicht zwischen Personengesellschaften und juristischen Personen[314], sondern zwischen Gesellschaften und nicht gesellschaftsrechtlichen Zusammenschlüssen wie Erbengemeinschaft, Gütergemeinschaft, Bruchteilsgemeinschaft. Mit diesem Ausgangspunkt vereinbar und auch geboten bleibt, bei der Entwicklung von Einzellösungen auf die unterschiedliche rechtliche Struktur von Personen- und Kapitalgesellschaften Rücksicht zu nehmen. 130

b) Befangenheit einzelner Mitglieder der Drittgesellschaft. aa) Grundsatz: Zurechnung bei maßgeblichem Einfluß. Daß ein Gesellschafter in seiner Person einen der 131

---

[309] Siehe Fn 308; deutlich schon *Zöllner* aaO (Fn 307) S. 274 ff, 276 f.

[310] Baumbach/Hueck/*Zöllner* 65: Stimmverbot, weil Gesellschafter der Personengesellschaft als deren Teilhaber vom Ausschlußtatbestand miterfaßt wird.

[311] Klar *Wank* ZGR 1979, 222 ff, der die Reichweite der Stimmverbote als Identifizierungsproblem sieht; auch *Wilhelm* Rechtsform und Haftung (1981), S. 125 ff, 131 ff, sieht das Problem aus der Perspektive der „Identitätsfrage".

[312] Von einer Vertiefung ist hier abzusehen; vgl. *Flume* I/1 §§ 4 und 5; MünchKomm-*Ulmer* § 705, 127 ff, 131 ff; § 714, 5 ff, 20 ff; *Hüffer* Festschr. für Stimpel (1985), S. 165, 168 ff.

[313] Normanwendungskonzept im Sinne der Terminologie von *E. Rehbinder* Konzernaußenrecht und allgemeines Privatrecht (1969), S. 90 ff.

[314] So auch *M. Winter* Mitgliedschaftliche Treubindungen (1988), S. 104 Fn 43; zusammenfassende Sicht der juristischen Person und der Personenhandelsgesellschaft ebenfalls bei Scholz/*K. Schmidt* 160.

Tatbestände des § 47 Abs. 4 verwirklicht, begründet nicht ohne weiteres ein Stimmverbot zu Lasten der Drittgesellschaft, gleichgültig, ob sie Personengesellschaft oder als AG bzw. GmbH juristische Person ist. Die Betroffenheit des Gesellschafters rechtfertigt die Erstreckung des § 47 Abs. 4 auf die Drittgesellschaft vielmehr nur dann, wenn sonst zu befürchten wäre, daß sie sich bei ihrer Stimmabgabe von den Sonderinteressen des Gesellschafters leiten läßt. Das wiederum setzt voraus, daß der Gesellschafter auf die Willensbildung der Gesellschaft maßgeblichen Einfluß ausüben kann; ob von den entsprechenden Möglichkeiten tatsächlich Gebrauch gemacht wird, ist nicht entscheidend. Dieser Ausgangspunkt entspricht der heute **hM**, und zwar gleichermaßen für Personengesellschaften[315] wie für juristische Personen[316]. Der früher für Personengesellschaften eingenommene Standpunkt, daß sich die Befangenheit eines Gesellschafters ohne weiteres auf sämtliche Gesellschafter und damit auf die Gesellschaft erstrecke[317], ist aufgegeben. In gleicher Weise überholt ist die für juristische Personen vertretene gegenläufige Ansicht, nach der die Zurechnung die vollständige Beherrschung der Gesellschaft durch den Gesellschafter erfordert[318]. Der mit dem Konzept der **hM** zwangsläufig verbundene Verlust an Rechtssicherheit[319] ist tragbar und muß wegen der Sachgerechtigkeit der Ergebnisse hingenommen werden. Der einzige geschäftsführende Gesellschafter einer OHG oder gar der Alleingesellschafter einer GmbH, die als Drittgesellschaft beteiligt ist, kann nicht mit dem Kommanditisten mit geringer Stimmquote auf eine Stufe gestellt werden.

132 bb) **Maßgeblicher Einfluß: Konkretisierung.** Maßgeblicher Einfluß des vom Stimmverbot betroffenen Gesellschafters auf die Drittgesellschaft ist anzunehmen: bei Personengesellschaften, wenn der Gesellschafter der einzige geschäftsführungsbefugte Gesellschafter einer OHG oder der einzige Komplementär einer KG ist[320]; bei juristischen Personen, wenn er Alleingesellschafter ist[321] oder wenn die AG oder GmbH zwar mehrere Gesellschafter hat, diese aber sämtlich von § 47 Abs. 4 betroffen sind[322]; bei Personengesellschaften und juristischen Personen, wenn der Gesellschafter die Gesellschaft iSd § 17 AktG beherrscht, ohne daß es insoweit auf seine Unternehmenseigenschaft ankäme[323]. Über § 17 AktG hinausgehende Anforderungen sind nicht zu stellen. Eher könnte fraglich sein, ob die Schwelle für ein Stimmverbot zu Lasten der beteiligten Gesellschaft im Einzelfall auch niedriger angesetzt werden kann. Das ist wegen der erforderlichen Rechtssicherheit und -klarheit zu vermeiden. Insoweit muß es genügen, die Stimmabgabe der beteiligten Gesellschaft am Maßstab ihrer mitgliedschaftlichen Treubindung zu messen[324]; die Bevorzugung des Sonderinteresses ihres von § 47 Abs. 4 betroffenen Gesellschafters ist Gesetzesverletzung im Sinne analoger Anwendung des § 243 Abs. 1 AktG.

---

[315] BGHZ 49, 183, 193 f = NJW 1968, 743; BGHZ 51, 209, 219 = NJW 1969, 841; BGH WM 1976, 204, 205 (sämtlich Erbengemeinschaften); Scholz/*K. Schmidt* 159; Baumbach/Hueck/*Zöllner* 64; *Wank* ZGR 1979, 222, 225 ff; *Zöllner* Die Schranken mitgliedschaftlicher Stimmrechtsmacht (1963), S. 274 ff.

[316] Scholz/*K. Schmidt* 160; Baumbach/Hueck/*Zöllner* 66; *Meyer-Landrut*/Miller/Niehus 37; *U. H. Schneider* ZHR 150 (1986), 609, 618 f; *Wank* ZGR 1979, 222, 229 ff.

[317] RGZ 146, 71, 74; *Wiedemann* GmbH-Rdsch. 1969, 247, 251 f. Anders als RG aaO noch RGZ 64, 14 sowie RGZ 112, 382 = JW 1926, 1327 m. krit. Anm. *Flechtheim*.

[318] So wohl RGZ 146, 385, 391 (AG); im aktuellen Schrifttum noch Fischer/*Lutter*/*Hommelhoff* 11.

[319] Deshalb kritisch *Wiedemann* GmbH-Rdsch. 1969, 247, 251 f.

[320] Scholz/*K. Schmidt* 160; Baumbach/Hueck/*Zöllner* 64; Fischer/*Lutter*/*Hommelhoff* 11; *Wank* ZGR 1979, 222, 230.

[321] Scholz/*K. Schmidt* 160; *Wank* ZGR 1979, 222, 230.

[322] BGHZ 68, 107, 110 = NJW 1977, 850.

[323] Scholz/*K. Schmidt* 160; Baumbach/Hueck/*Zöllner* 64 und 66; Rowedder/*Koppensteiner*[2] 53; *Wank* ZGR 1979, 222, 230.

[324] Vgl. auch *M. Winter* Mitgliedschaftliche Treubindungen (1988) S. 104 Fn 42.

c) **Stimmverbot gegen die beteiligte Gesellschaft.** aa) **Grundsatz: Zurechnung bei nachhaltiger und eindeutiger Interessenverknüpfung.** Richtet sich das Stimmverbot gegen die beteiligte Gesellschaft selbst, so fragt sich, ob nicht nur sie, sondern auch ihre Mitglieder von der Ausübung des Stimmrechts aus solchen Geschäftsanteilen ausgeschlossen sind, die ihnen als *eigene* zustehen. Der **Meinungsstand** ist in dieser Fallgruppe weniger eindeutig als in der umgekehrten Konstellation (Rdn 131 f). Eine Ansicht will zwischen Personengesellschaft und juristischer Person unterscheiden und den Gesellschafter im ersten Fall grundsätzlich (Ausnahme: rein kapitalistisch beteiligte Kommanditisten) von der Ausübung des Stimmrechts ausschließen, dagegen im zweiten Fall grundsätzlich zur Stimmabgabe zulassen (Ausnahme: Gesellschafter mit unternehmerischen Funktionen in der juristischen Person)[325]. Für die Gegenmeinung hat die Unterscheidung zwischen Personengesellschaft und juristischer Person jedenfalls keine zentrale Bedeutung. Sie differenziert statt dessen (jedenfalls für juristische Personen) nach dem Interesse des Gesellschafters. Danach kann er das eigene Stimmrecht nicht ausüben, wenn seine Interessenbindung zur beteiligten Gesellschaft intensiver ist als zur GmbH, an der die Beteiligung besteht[326]. Zu den daraus folgenden, wiederum streitigen Einzelheiten vgl. Rdn 135 f. **133**

Stellungnahme. Der überwiegend vertretenen, auf die Interessenverknüpfung abhebenden Ansicht ist im Grundsatz beizutreten. Sie entspricht dem Zweck des § 47 Abs. 4, weil aufgrund der Verknüpfung zu befürchten steht, der Gesellschafter werde sich bei seiner Stimmabgabe eher vom Interesse der beteiligten Gesellschaft als von den Belangen der GmbH leiten lassen. Demgegenüber ist der prinzipiellen Unterscheidung zwischen Personengesellschaft und juristischer Person zunächst aus den schon dargelegten Gründen (Rdn 130) nicht zu folgen. Auch der Gedanke, entscheidend auf die unternehmerische Funktion abzuheben, überzeugt nicht, obwohl sich daraus möglicherweise eine unterschiedliche Behandlung von Personengesellschaft und juristischer Person ableiten ließe. Denn von Sonderinteressen kann auch der Gesellschafter beeinflußt sein, der sich nicht als Unternehmer betätigt, aber die Rentabilität seiner Anlage im Auge hat. Im Prinzip ist die Erwägung richtig, daß ein wirtschaftlich denkender Gesellschafter sein Stimmverhalten typischerweise nach der Erwägung ausrichten wird, ob die jeweilige Maßnahme für ihn in der GmbH oder in der an ihr beteiligten Drittgesellschaft den größeren Vorteil bringt[327]. **134**

bb) **Interessenverknüpfung: Konkretisierung.** Bei der notwendigen Konkretisierung ist der Tatsache Rechnung zu tragen, daß sich der Ausschluß des Stimmrechts nicht mit einer am Einzelfall orientierten Interessenabwägung verträgt. Eine praktikable Lösung kann nur um den Preis gewisser Vergröberungen erzielt werden. Deshalb ist zunächst der ganz **hM** beizupflichten, nach der jedenfalls der *persönlich haftende Gesellschafter* der Gesellschaft, mit der das Rechtsgeschäft vorgenommen werden soll, von der Ausübung des Stimmrechts in der GmbH ausgeschlossen ist[328]. Dasselbe gilt, wenn an der GmbH eine AG oder eine zweite GmbH beteiligt ist und das GmbH-Mitglied zugleich *Alleingesellschafter* dieser Drittgesellschaft ist[329], ferner, wenn meh- **135**

---

[325] Baumbach/Hueck/*Zöllner* 65, 67; *Meyer-Landrut*/Miller/Niehus 36; *Zöllner* Die Schranken mitgliedschaftlicher Stimmrechtsmacht (1963), S. 279 f.

[326] So im Grundsatz, wenn auch nicht in den Einzelheiten übereinstimmend Scholz/*K. Schmidt* 163; Rowedder/*Koppensteiner*² 51; *Wank* ZGR 1979, 222, 225 ff; *M. Winter* aaO (Fn 324); aM besonders *Wilhelm* Rechtsform und Haftung (1981), S. 133 ff.

[327] *Wank* ZGR 1979, 222, 226 f.

[328] BGH NJW 1973, 1039, 1040 (re. Sp.); Scholz/*K. Schmidt* 164; Baumbach/Hueck/*Zöllner* 65; *Meyer-Landrut*/Miller/Niehus 36; *Zöllner* Die Schranken mitgliedschaftlicher Stimmrechtsmacht (1963), S. 277.

[329] BGH NJW 1973, 1039, 1040; BGHZ 56, 47, 53 = NJW 1971, 1265; Scholz/*K. Schmidt* 164; Rowedder/*Koppensteiner*² 51; enger wohl *Zöllner* aaO (Fn 328) S. 279 f.

rere Gesellschafter der GmbH sämtliche Geschäftsanteile der Drittgesellschaft innehaben, mit der die GmbH das Geschäft vornehmen soll[330]. Aus der Behandlung dieser Fälle folgt, daß derjenige in der GmbH nicht mitstimmen darf, der Alleingesellschafter der Komplementär-GmbH einer GmbH & Co. KG ist, mit der ein Rechtsgeschäft geschlossen werden soll[331]. Umgekehrt besteht wohl Einigkeit darin, daß der *Kommanditist,* der an der KG nur unmaßgeblich beteiligt ist und in ihr auch keine unternehmerischen Funktionen wahrnimmt, sein Stimmrecht in der GmbH auch dann ausüben darf, wenn dies der KG nach § 47 Abs. 4 versagt ist[332].

136 Nicht abschließend geklärt ist danach im wesentlichen die Behandlung der Fälle, in denen der GmbH-Gesellschafter der befangenen Drittgesellschaft nicht als maßgebliches Mitglied (persönlich haftender Gesellschafter; Alleingesellschafter) angehört, an ihr aber auch nicht lediglich nach dem Vorbild des Minderheitskommanditisten mit bloßen Anlageinteressen beteiligt ist. Für Fälle dieser Art ist auf **Beherrschung iSd § 17 AktG** abzustellen[333]. Dies allerdings nicht, weil es auf die Beherrschung an sich ankäme (insoweit also abweichend von den in Rdn 131f erörterten Fällen), sondern weil derjenige, der in der Drittgesellschaft über eine entsprechende Position, besonders über die Stimmenmehrheit, verfügt, typischerweise in der Gefahr steht, daraus resultierende Sonderinteressen in der GmbH durchzusetzen. Die Beherrschung hat also indizierende Bedeutung für die Interessenverknüpfung[334]. Diese Lösung mag nicht allen Einzelfällen sachgerecht werden, hat aber den Vorzug, dem Gebot der Rechtsklarheit und -sicherheit am ehesten zu entsprechen. Mit Rücksicht darauf sollte man auch keinen Gegenbeweis zulassen[335]. Bei Beteiligungen, die eine Beherrschung iSd § 17 AktG nicht vermitteln, bleiben die mitgliedschaftlichen Treubindungen zu beachten, kann also der Beschluß bei deren Verletzung anfechtbar sein (vgl. schon Rdn 132 aE).

137 d) **Übertragung der für Gesellschafter geltenden Grundsätze auf Organmitglieder.** Die Frage nach der Erstreckung der Stimmverbote des § 47 Abs. 4 stellt sich auch, soweit es nicht um die Mitglieder einer an der GmbH beteiligten Gesellschaft, sondern um die Organpersonen geht, die zu ihrer Vertretung berufen sind. Das befangene Organmitglied darf jedenfalls nicht selbst abstimmen[336]. Ob die **Befangenheit eines Organmitglieds** (Vorstand, Geschäftsführer) die beteiligte AG oder GmbH von der Ausübung des Stimmrechts mit der Folge ausschließt, daß auch die Stimmabgabe durch andere Mitglieder des Vertretungsorgans nicht in Frage kommt, ist streitig. Teils wird eine derartige Erstreckung des Stimmverbots überhaupt als zu weitgehend empfunden[337], teils entgegengesetzt grundsätzlich für richtig gehalten[338], teils – so die **hM** – für den Fall vertreten, daß das Organmitglied maßgeblichen Einfluß iSd § 17 AktG auf die beteiligte AG oder GmbH hat[339]. Dieser Ansicht ist beizutreten. Sie vermeidet Übertreibungen und korrespondiert mit der Lösung, die das sachlich gleich-

---

330 BGHZ 68, 107, 109 = NJW 1977, 850; Scholz/*K. Schmidt* 164; Baumbach/Hueck/*Zöllner* 67; eingehend *Wank* ZGR 1979, 222, 225 ff.

331 Scholz/*K. Schmidt* 164; Baumbach/Hueck/*Zöllner* 67.

332 Scholz/*K. Schmidt* 164; Baumbach/Hueck/*Zöllner* 65; Rowedder/*Koppensteiner*² 51.

333 Ähnlich Rowedder/*Koppensteiner*² 51; *U. H. Schneider* ZHR 150 (1986), 609, 616 f.

334 Ebenso *M. Winter* Mitgliedschaftliche Treubindungen (1988), S. 104 Fn 42.

335 Vgl. die Erwägung von Rowedder/*Koppensteiner*² 51; im Ergebnis ähnlich Baumbach/Hueck/*Zöllner* 67, die unternehmerische Funktion (offenbar widerleglich) vermuten, wenn §§ 17, 18 AktG verwirklicht sind.

336 OLG Hamburg AG 1960, 333; Baumbach/Hueck/*Zöllner* 68; *U. H. Schneider* ZHR 150 (1986), 609, 621.

337 *Schilling* Voraufl. 54.

338 Baumbach/Hueck/*Zöllner* 68; *Zöllner* Die Schranken mitgliedschaftlicher Stimmrechtsmacht (1963), S. 281 (Fall a).

339 RGZ 146, 385, 391 (für den Fall „vollständiger Beherrschung" einer AG); LG Wuppertal BB 1966, 1362; Geßler/Hefermehl/*Eckardt*/Kropff § 136 AktG, 31; *Barz*-GroßkommAktG § 136, 3; *U. H. Schneider* ZHR 150 (1986), 609, 620 f.

liegende Problem befangener Gesellschafter gefunden hat (Rdn 131 f). Der **Umkehrfall** eines *gegen die beteiligte Gesellschaft gerichteten Stimmverbots* wird ebenfalls unterschiedlich beurteilt. Die Stimmabgabe des Vorstandsmitglieds oder Geschäftsführers aus seinen eigenen Geschäftsanteilen (nur um diese, nicht um die der Gesellschaft geht es) wird für zulässig[340], aber auch einschränkungslos für unzulässig gehalten[341]. Beides überzeugt nicht. Vielmehr sollte das Organmitglied auch insoweit wie ein Gesellschafter behandelt, also dann von der Stimmabgabe ausgeschlossen werden, wenn eine Interessenverknüpfung durch Beherrschung der beteiligten Gesellschaft indiziert wird (Rdn 133 ff).

e) **Abhängigkeit und Konzernierung.** Schon die Beherrschung (analog § 17 AktG) und nicht erst die einheitliche Leitung (analog § 18 AktG) begründet den Interessenkonflikt, den § 47 Abs. 4 ausschalten soll; deshalb kommt es im Rahmen dieser Vorschrift auch nur auf Beherrschung bzw. Abhängigkeit an (vgl. schon Rdn 132, 136, 137). Im übrigen sind **vier Fallgestaltungen** zu unterscheiden[342]. *Erstens:* Die GmbH ist abhängig, ihr Gesellschafter herrschendes Unternehmen und von einem der Verbotstatbestände des § 47 Abs. 4 betroffen (Beispiel: konzerninternes Liefergeschäft). Es bleibt beim Stimmrechtsausschluß (vgl. schon Rdn 126). Stimmverbote bei Beschlüssen, die sich auf Unternehmensverträge beziehen, sind im Zusammenhang der korporationsrechtlichen Geschäfte zu behandeln (Rdn 176 ff). *Zweitens:* Die abhängige GmbH ist auch ihrerseits am herrschenden Unternehmen beteiligt (wechselseitige Beteiligung). Ihre daraus resultierenden Stimmrechte ruhen in entsprechender Anwendung des § 71 d S. 2 und 4 AktG (Rdn 43 aE), so daß sich die Prüfung des § 47 Abs. 4 insoweit erledigt. *Drittens:* Es sind drei Personen oder Gesellschaften beteiligt, nämlich Gesellschafter, GmbH und ein herrschendes (Dritt-)Unternehmen. Von diesem ist der Gesellschafter abhängig. Dann gibt es, wenn das herrschende Unternehmen von § 47 Abs. 4 betroffen ist, auch für den abhängigen Gesellschafter kein Stimmrecht (vgl. schon Rdn 131 f)[343]. *Viertens:* Wie im dritten Fall, aber der Verbotstatbestand wird durch den abhängigen Gesellschafter verwirklicht. Das ist dem herrschenden Unternehmen zuzurechnen, so daß es auch selbst nicht abstimmen darf (Rdn 133 ff)[344]. **138**

4. Subjektiver Geltungsbereich: Gemeinschaftliche Berechtigung am Geschäftsanteil

Hierher gehören **Erbengemeinschaft, Gütergemeinschaft** und **Bruchteilsgemeinschaft.** Befangenheit eines einzelnen Teilhabers, z. B. eines Miterben, führt nicht ohne weiteres dazu, daß auch die anderen Teilhaber von der Ausübung des Stimmrechts ausgeschlossen sind und damit im Ergebnis das Stimmrecht aus dem Geschäftsanteil zum Erliegen kommt[345]. Die entgegengesetzte frühere Judikatur[346] ist in der Rechtsprechung des BGH zu Recht aufgegeben. Eine Ausnahme gilt, ähnlich wie bei der Befangenheit von Gesellschaftern (Rdn 131 f), wenn der eine Teilhaber aufgrund seiner Rechtsstellung in der Gemeinschaft in der Lage ist, die Stimmabgabe der anderen maßgeblich zu beeinflussen. Das ist etwa anzunehmen, wenn die Miterben einem von ihnen die Verwaltung des Nachlasses übertragen haben (§ 745 Abs. 1 S. 1 iVm § 2038 **139**

[340] *Schilling* Voraufl. 54.
[341] Baumbach/Hueck/*Zöllner* 68; *Zöllner* Die Schranken mitgliedschaftlicher Stimmrechtsmacht (1963), S. 281 (Fall c).
[342] Zum Ganzen *U. H. Schneider* ZHR 150 (1986), 609, 615 ff.
[343] Vgl. Scholz/*K. Schmidt* 168; weit. Nachw. in Fn 323.
[344] Nur für den Regelfall zustimmend Scholz/*K. Schmidt* 168; weit. Nachw. in Fn 333.
[345] BGHZ 49, 183, 194 = NJW 1968, 743; BGHZ 51, 209, 219 = NJW 1969, 841; BGH WM 1976, 204, 205 (li. Sp.); Scholz/*K. Schmidt* 159; Baumbach/Hueck/*Zöllner* 64; vgl. auch Fn 315.
[346] RGZ 146, 71, 74; wie RG aaO noch *Wiedemann* GmbH-Rdsch. 1969, 247, 251.

Abs. 2 S. 1 BGB), wenn der Erblasser einen von ihnen als Testamentsvollstrecker mit bloßen Verwaltungsaufgaben eingesetzt hat (§ 2209 BGB), ferner, wenn es sich bei dem befangenen Gesellschafter um den verwaltenden Ehegatten einer Gütergemeinschaft handelt (§§ 1421, 1422 BGB)[347]. Das bei Personengesellschaften und juristischen Personen relevante umgekehrte Zurechnungsproblem (Rdn 133 ff) löst sich bei der gemeinschaftlichen Berechtigung von selbst; denn der Gesellschaft entsprechen insoweit die Teilhaber in ihrer gesetzlichen oder vertraglichen Zusammenfassung und aus ihrer Befangenheit in dieser Eigenschaft folgt notwendig die Befangenheit jedes einzelnen von ihnen.

5. Subjektiver Geltungsbereich: Nahe Angehörige; persönliche Verbundenheit

140 Fraglich bleibt, ob sich der Gesellschafter die Befangenheit eines nahen Angehörigen, also der Ehefrau, von Vater oder Mutter, Sohn oder Tochter, oder einer anderen Person, der er in besonderer Weise verbunden ist, mit der Folge eines gegen ihn gerichteten Stimmverbots aus § 47 Abs. 4 zurechnen lassen muß. Nach **hM** findet in diesen Fällen **kein Stimmrechtsausschluß** statt, weil das Gesetz dafür gerade nicht jede Interessenkollision genügen läßt und der Kreis der Personen, deren Befangenheit dem Stimmrecht des Gesellschafters schadet, nicht überzeugend abgrenzbar ist[348]. Teilweise wird ein derart begründetes Stimmverbot immerhin ausnahmsweise für möglich gehalten[349]. Nach einer im Schrifttum vertretenen **Mindermeinung** sollen jedenfalls nahe Angehörige sogar generell ihre Befangenheit dem Gesellschafter vermitteln können[350]. Trotz des unverkennbaren Risikos, daß familiäre und persönliche Rücksichtnahmen die Willensbildung in der GmbH sachwidrig beeinflussen, ist der hM beizutreten. Die weitreichende Folge eines Stimmrechtsausschlusses können nur hinlänglich eindeutige Sachverhalte nach sich ziehen. Sie lassen sich, abgesehen von eindeutig feststellbaren Umgehungsfällen (OLG Hamm aaO [Fn 348]) lediglich bejahen, wenn Gesellschafter die typische Konfliktlage durch von ihnen mitverantwortete Organisationsmaßnahmen wie Beteiligung an einer Drittgesellschaft oder strukturell vergleichbare Verwaltungsregelungen in Rechtsgemeinschaften selbst herbeiführen oder sich zurechnen lassen müssen. Bindungen anderer Art tragen den Stimmrechtsausschluß dagegen nicht. Ihnen ist bei der inhaltlichen Prüfung der Stimmabgabe nach dem Maßstab der mitgliedschaftlichen Treubindung Rechnung zu tragen (vgl. noch Rdn 191 ff). Gerade in eher krassen Fällen wird es nicht schwierig sein, eine Verletzung der Treupflicht festzustellen, so daß auch Ausnahmen vom Standpunkt der hM nicht angezeigt sind.

6. Objektiver Geltungsbereich der Stimmverbote

141 a) **Entlastung.** aa) **Allgemeines.** Nach § 47 Abs. 4 S. 1, 1. Fall hat ein Gesellschafter kein Stimmrecht, wenn er durch den Beschluß entlastet werden soll. Entlastung ist die **Billigung der organschaftlichen Tätigkeit** für die GmbH und die **Erklärung des Vertrauens** in die Organpersonen; in begrenztem Umfang wirkt sie (anders als nach § 120 Abs. 2 S. 2 AktG) wie ein **Verzicht auf Ersatzansprüche** aus der Verletzung von Pflichten

---

347 Zu diesem Fall Baumbach/Hueck/*Zöllner* 64.

348 BGHZ 56, 47, 54 = NJW 1971, 1265; BGHZ 80, 69, 71 = NJW 1981, 1512, 1513; OLG Hamm GmbH-Rdsch. 1989, 79; Scholz/*K. Schmidt* 154 (vgl. aber noch Fn 349); Baumbach/Hueck/*Zöllner* 69; Fischer/*Lutter*/*Hommelhoff* 10; Rowedder/*Koppensteiner*² 51; *Siegmund* BB 1981, 1674, 1675; *M. Winter* Mitgliedschaftliche Treubindungen (1988), S. 104; *Zöllner* Die Schranken mitgliedschaftlicher Stimmrechtsmacht (1963), S. 209.

349 Scholz/*K. Schmidt* 154.

350 *Roth* 5.4.4; *U. H. Schneider* ZHR 150 (1986), 609, 615 f; wohl auch *Wank* ZGR 1979, 222, 228 f.

gegenüber der Gesellschaft; wegen der Einzelheiten vgl. § 46, 54 ff. Entlastung kann den Geschäftsführern, den Liquidatoren und den Aufsichtsratsmitgliedern erteilt werden, im letzten Fall gleichgültig, ob der Aufsichtsrat fakultativ oder obligatorisch ist. Eine „Entlastung" von Prokuristen gibt es dagegen nach richtiger Ansicht nicht[351], weil sie für die GmbH nicht organschaftlich tätig werden. Dagegen kann ein Beirat oder Verwaltungsrat entlastet werden, sofern er organschaftliche Funktionen wahrnimmt. Das Stimmverbot umfaßt sowohl die Entlastung für die gesamte Geschäftsführung eines bestimmten Zeitabschnitts (Geschäftsjahr) wie auch die Entlastung für eine oder mehrere Geschäftsführungsmaßnahmen. Stets muß es sich aber um Maßnahmen handeln, die in der Vergangenheit liegen; die zustimmende Kenntnisnahme von geplanten Maßnahmen oder Weisungsbeschlüssen für die Zukunft sind keine Entlastung. Folglich ist der Gesellschafter, der solche Maßnahmen als Geschäftsführer ausführen soll, nicht nach § 47 Abs. 4 S. 1, 1. Fall von der Ausübung des Stimmrechts ausgeschlossen[352]. Dagegen ist unerheblich, ob der Beschlußgegenstand in der Tagesordnung oder in anderer Weise als Entlastung bezeichnet wurde. Das Stimmverbot greift also ein, wenn inhaltlich eine Entlastung vorliegt, gleichgültig, welche Benennung die Gesellschafter dafür gewählt haben[353]. Beschlüsse, die nur mittelbar mit der Entlastung zusammenhängen, namentlich die Feststellung des Jahresabschlusses bezwecken, fallen nicht unter § 47 Abs. 4[354].

Streitig ist die **dogmatische Einordnung** des den Entlastungsbeschluß betreffenden Stimmverbots. Während die **hM** dieses Verbot auf den weiterreichenden Gedanken stützt, niemand dürfe als Richter in eigener Sache tätig werden[355], will eine beachtliche **Mindermeinung** in § 47 Abs. 4 S. 1, 1. Fall eine spezielle Ausprägung des Verbots in Insichgeschäften (§ 181 BGB) finden; danach wird die Entlastung als innergesellschaftliches Rechtsgeschäft aufgefaßt[356]. Für die GmbH ist der Meinungsunterschied angesichts der vorhandenen gesetzlichen Regelung ohne wesentliche praktische Bedeutung (anders für den Verein, vgl. § 34 BGB). Daher kann hier ohne nochmalige Vertiefung (vgl. schon Rdn 121 f und § 46, 57 f) festgehalten werden: Die Entlastung ist kein Rechtsgeschäft zwischen GmbH und Geschäftsführer, sondern ein gesellschaftsrechtliches Institut und, soweit sie durch Beschluß erfolgt, eine korporationsrechtliche Vertrauensbekundung. Als solche kann sie nicht aus § 181 BGB erklärt werden. Eine derartige Erklärung ist auch sachlich entbehrlich, weil es sich geradezu von selbst versteht, daß eine von dem Geschäftsführer mit seiner Stimme herbeigeführte Vertrauensbekundung wertlos wäre. Das Stimmverbot läßt sich daher, wenn man dies für erforderlich oder wünschenswert hält (dazu Rdn 122), eher dem Leitgedanken zuordnen, daß niemand als Richter in eigener Sache tätig werden darf. 142

bb) Rechtsgeschäfte mit Gesellschaftern als Gegenstand von Entlastungsbeschlüssen. Zwei Fälle sind denkbar und zu unterscheiden: Die Entlastung soll sich auf ein schon vorgenommenes bestimmtes Rechtsgeschäft oder auf einen bestimmten Kreis solcher Geschäfte beziehen (Spezialentlastung); oder es geht um die übliche Generalentlastung, etwa für ein Geschäftsjahr, und in diesem Rahmen auch um die innerhalb des 143

---

351 Möglicherweise aM Baumbach/Hueck/*Zöllner* 45; *Vogel* Gesellschafterbeschlüsse und Gesellschafterversammlung (1986), S. 74 f.

352 BGH WM 1976, 204, 205 (li. Sp.); Baumbach/Hueck/*Zöllner* 45.

353 RGZ 106, 258, 262; RGZ 115, 246, 250 (beide AG); Baumbach/Hueck/*Zöllner* 45; *Siegmund* BB 1981 1674, 1676.

354 RGZ 49, 142, 146; *K. Schmidt* ZGR 1978, 425, 428; *Siegmund* BB 1981, 1674, 1676; *Vogel* Gesellschafterbeschlüsse und Gesellschafterversammlung (1986), S. 75.

355 Vgl. statt vieler Scholz/*K. Schmidt* 132 ff; zum dogmatischen Hintergrund vgl. *K. Schmidt* aaO (Fn 354) S. 425, 429 ff.

356 Nachdrücklich *Wilhelm* Rechtsform und Haftung (1981), S. 73 ff.

Zeitraums vorgenommenen Rechtsgeschäfte. Für den ersten Fall hat das RG[357] unter Zustimmung des älteren Schrifttums[358] angenommen, der am Geschäft beteiligte Gesellschafter dürfe mitstimmen, weil es nicht um seine Entlastung gehe. Die jüngere Lehre vertritt das Gegenteil, weil die nachträgliche Zustimmung die Vornahme eines Rechtsgeschäfts betrifft und damit unter § 47 Abs. 4 S. 2, 1. Fall zu subsumieren ist[359]. Dem ist im Hinblick auf Wortlaut und Zweck der Norm beizupflichten. Anders liegt es bei der Gesamtentlastung. Hier sind zwar der oder die Geschäftsführer von der Abstimmung ausgeschlossen, aber nicht die Gesellschafter, mit denen sie Verträge abgeschlossen haben; denn diese Verträge oder sonstigen Rechtsgeschäfte bilden nicht den eigentlichen Abstimmungsgegenstand[360]. Unberührt bleiben jedoch auch insoweit die mitgliedschaftlichen Treupflichten.

144 cc) **Gesamtentlastung und Einzelentlastung.** Gesamtentlastung, also Entlastung aller Geschäftsführer oder aller Aufsichtsratsmitglieder durch einen Beschluß der Gesellschafterversammlung, ist das übliche Verfahren. Dabei sind alle Organpersonen, über deren Entlastung beschlossen wird, von der Abstimmung ausgeschlossen[361]. Einzelentlastung, also die getrennte Abstimmung über die Entlastung einzelner Geschäftsführer oder Aufsichtsratsmitglieder, ist zulässig und kommt insbesondere dann in Betracht, wenn sie für die GmbH wesentliche Vorgänge in unterschiedlicher Weise zu verantworten haben. Dann ist jedenfalls diejenige Organperson vom Abstimmungsverbot betroffen, um deren Entlastung es geht. Dagegen dürfen die anderen Organpersonen, besonders Geschäftsführer, nach **hM** grundsätzlich (zu Ausnahmen sogleich) vom Stimmrecht Gebrauch machen[362]. Im Schrifttum findet sich allerdings auch die Gegenansicht, nach der die anderen Organpersonen von der Abstimmung ebenfalls ausgeschlossen sind[363]. Der Wortlaut des § 47 Abs. 4 S. 1 (und fast deutlicher noch der des § 136 Abs. 1 S. 1 AktG) spricht für das erste, der Zweck der Stimmverbote eher für das zweite. Solange sich dieser Zweck (Rdn 120) durch Ausnahmen vom Grundsatz verwirklichen läßt, kann eine den Wortlaut korrigierende Auslegung im Sinne eines generellen Stimmverbots nicht befürwortet werden. Danach ist der **hM** zu folgen. Geschäftsführer oder andere Organpersonen dürfen jedoch auch bei der Einzelentlastung nicht mitstimmen, wenn die konkrete Möglichkeit besteht, daß sie an einem tatsächlichen Vorgang mitgewirkt haben, der dem Geschäftsführer, um dessen Entlastung es geht, als Pflichtverletzung vorgeworfen wird[364]. Die häufig anzutreffende, auf eine potentielle gesamtschuldnerische Haftung aus § 43 abhebende Formulierung[365] ist tendenziell vergleichbar, aber zu eng; denn die Gesellschafterversammlung darf die Entlastung nicht nur dann verweigern, wenn sich ein Geschäftsführer schadensersatzpflichtig gemacht hat.

---

357 RGZ 115, 246, 250 = JW 1927, 672 m. Anm. *Nussbaum;* offenlassend BGH WM 1977, 361, 362 (li. Sp.) = GmbH-Rdsch. 1977, 129.

358 Düringer/Hachenburg/*Lehmann* § 252 HGB a. F., 47; *Müller-Erzbach* Das private Recht der Mitgliedschaft (1948), S. 226; weit. Nachw. bei *Zöllner* Die Schranken mitgliedschaftlicher Stimmrechtsmacht (1963), S. 261 Fn 161.

359 So zuerst *Zöllner* aaO (Fn 358) S. 261 f; ebenso *Siegmund* BB 1981, 1674, 1676; *Wank* ZGR 1979, 222, 235.

360 BGH WM 1977, 361, 362 (li. Sp.) = GmbH-Rdsch. 1977, 129; OLG Nürnberg GmbH-Rdsch. 1975, 111, 112; *Siegmund* BB 1981, 1674, 1676; *Zöllner* Die Schranken mitgliedschaftlicher Stimmrechtsmacht (1963), S. 262 f.

361 Unstr., vgl. BGH NJW 1989, 2694, 2695; Scholz/*K. Schmidt* § 46, 97; Baumbach/Hueck/*Zöllner* 45.

362 Scholz/*K. Schmidt* § 46, 97; *Immenga*/*Werner* GmbH-Rdsch. 1976, 53, 56; *Obermüller*/*Werner*/*Winden* Die Hauptversammlung (1967), S. 119 f; *Vogel* Gesellschafterbeschlüsse und Gesellschafterversammlung (1986), S. 76; die hM liegt auch der Entscheidung BGHZ 97, 28, 33 f = NJW 1986, 2051 zugrunde.

363 Baumbach/Hueck/*Zöllner* 46; Rowedder/*Koppensteiner*² 54 und § 46, 23; eingehend *Zöllner* aaO (Fn 360) S. 201 ff.

364 Das ist der Kern von BGHZ 97, 28, 33 f (Fn 362).

365 Vgl. statt vieler *Schilling* Voraufl. 60; eingehende Übersicht zum älteren Schrifttum bei *Zöllner* aaO (Fn 360) S. 201 ff.

Die konkrete Möglichkeit ist anzunehmen, wenn in der Gesellschafterversammlung Tatsachen behauptet werden (bloße Verdächtigungen genügen nicht), aus denen sich, ihre Richtigkeit unterstellt, die Mitwirkung ergibt.

dd) Geschäftsführer und Aufsichtsratsmitglieder. Ähnliche Schwierigkeiten wie bei der Einzelentlastung ergeben sich, wenn es um das Stimmrecht geschäftsführender Gesellschafter bei der Entlastung des Aufsichtsrats oder umgekehrt um das Stimmrecht von Gesellschaftern, die Aufsichtsratsmitglieder sind, bei der Entlastung der Geschäftsführer geht. Die **hM** erlaubt bei getrennter Abstimmung den jeweils nicht unmittelbar betroffenen Gesellschaftern, ihre Stimme abzugeben, es sei denn, daß ihre gesamtschuldnerische Mithaftung für Gesellschaftsschäden in Betracht kommt[366]. Nach der entgegengesetzten Auffassung darf es keine wechselseitige Entlastung des Aufsichtsrats durch geschäftsführende Gesellschafter oder umgekehrt der Gesellschaftsführung durch Gesellschafter mit Aufsichtsratsfunktionen geben; dies sei mit der Kontrollfunktion des Aufsichtsrats unvereinbar[367]. Die Frage kann ohne inneren Widerspruch nicht anders entschieden werden als für das Stimmrecht geschäftsführender Gesellschafter bei Einzelentlastung. Demnach ist der hM mit der Maßgabe beizupflichten, daß es nicht auf die gesamtschuldnerische Haftung, sondern auf die konkrete Möglichkeit einer Pflichtverletzung (Aufsichtsrat: unzureichende Überwachung) ankommt. Der Ansicht, daß die Teilnahme an der Abstimmung schon dann möglich sei, wenn sich mit der Entlastung nicht der Verlust von etwaigen Ersatzansprüchen verbinde[368], ist weder für das Aktienrecht noch für das Recht der GmbH zu folgen. 145

b) Befreiung von einer Verbindlichkeit. Nach § 47 Abs. 4 S. 1, 2. Fall ist derjenige Gesellschafter von der Abstimmung ausgeschlossen, der durch den Beschluß von einer Verbindlichkeit befreit werden soll. Das Stimmverbot meint **jede Verbindlichkeit.** Eine rückständige Einlageleistung wird also ebenso erfaßt wie eine vertragliche Lieferschuld, eine Verpflichtung zum Schadensersatz oder eine Unterlassungspflicht, etwa zur Unterlassung von Wettbewerb; unerheblich ist also insbesondere, ob die Verbindlichkeit aus dem Gesellschaftsverhältnis oder aus Schuldvertrag folgt[369]. Auch Bürgschafts- und Garantieverpflichtungen sind Verbindlichkeiten im Sinne der Norm. **Gläubiger** der Verbindlichkeit ist die GmbH, **Schuldner** ihr Gesellschafter; zur Erstreckung des Stimmverbots bei Abhängigkeit vgl. Rdn 138. **Befreiung** iSd § 47 Abs. 4 S. 1, 2. Fall ist jeder Vorgang, der dazu führt, daß der Gesellschafter die zunächst geschuldete Leistung endgültig oder vorübergehend nicht zu erbringen braucht, insbesondere Erlaßvertrag, Aufrechnung, Verrechnungsvereinbarung, pactum de non petendo, auch Stundung[370]. 146

Die Befreiung muß nach dem Wortlaut des Gesetzes **durch die Beschlußfassung** erfolgen. Das ist mißverständlich. Genügend, aber auch erforderlich ist ein Beschluß, der unmittelbar auf die Schuldbefreiung abzielt. Das Stimmverbot greift deshalb auch dann ein, wenn die Befreiungswirkung auf einem **Ausführungsgeschäft** beruht und der Beschluß für dessen Vornahme die Grundlage schafft (vgl. schon die Beispiele Rdn 146 aE). Dagegen genügt es für die Anwendung des § 47 Abs. 4 S. 1, 2. Fall grundsätzlich nicht, daß der Beschluß nur mittelbar eine Befreiungswirkung entfaltet. Hauptbeispiel sind die **Kapitalherabsetzung** (§ 58) als der einzige Weg zum Erlaß von Einlageschulden 147

---

366 Ausdrücklich *Obermüller/Werner/Winden* Die Hauptversammlung (1967), S. 119f; nach ihrer Argumentation sind für diese Ansicht auch die übrigen in Fn 362 Genannten anzuführen.

367 Baumbach/Hueck/*Zöllner* 46.

368 Geßler/Hefermehl/*Eckardt*/Kropff § 136 AktG, 16 im Hinblick auf § 120 Abs. 2 S. 2 AktG.

369 Unstr., vgl. Scholz/*K. Schmidt* 123; Baumbach/Hueck/*Zöllner* 47; *Immenga/Werner* GmbH-Rdsch. 1976, 53, 56.

370 Vgl. statt aller Scholz/*K. Schmidt* 123; Baumbach/Hueck/*Zöllner* 47; *Zöllner* Die Schranken mitgliedschaftlicher Stimmrechtsmacht (1963), S. 209.

(vgl. § 19 Abs. 2 und 3) und die Beseitigung von Nebenleistungspflichten durch **Satzungsänderungen.** Nach **hM** gilt das allerdings nur, wenn alle Gesellschafter von der jeweiligen Maßnahme gleichmäßig betroffen werden[371]. Ausdiskutiert ist die Frage indessen nicht. Die Ausnahme, die nach allgM bei organisationsrechtlichen Rechtsgeschäften vom Stimmverbot des § 47 Abs. 4 zu machen ist (dazu Rdn 161 ff), könnte und müßte es wohl auch rechtfertigen, solche Satzungsänderungen generell aus dem Stimmverbot auszuklammern, es sei denn, daß die organisationsrechtliche Form zu Umgehungszwecken benutzt wird[372].

148 c) **Vornahme eines Rechtsgeschäfts. aa) Allgemeines.** Gesellschafter und ihre Vertreter sind auch dann von der Ausübung des Stimmrechts ausgeschlossen, wenn die Vornahme eines Rechtsgeschäfts zwischen ihnen und der GmbH Beschlußgegenstand ist (§ 47 Abs. 4 S. 2, 1. Fall). Zweck und Tragweite gerade dieses Stimmverbots waren und sind umstritten[373], wie sich schon darin zeigt, daß die entsprechende Variante des § 252 Abs. 3 HGB a. F. nicht nach § 114 Abs. 5 AktG 1937 übernommen wurde und auch in § 136 Abs. 1 AktG 1965 fehlt. Ob es für das Aktienrecht zutrifft, daß das Stimmverbot wegen der zahlreichen von der Rechtsprechung anerkannten Ausnahmen nahezu bedeutungslos geworden und seine Streichung in § 114 Abs. 5 AktG 1937 deshalb im Interesse der Rechtssicherheit geboten war[374], oder ob es nicht eher um eine Förderung der Mehrheitsherrschaft und hier insbesondere der Konzerngründung ging, mag dahinstehen. Jedenfalls für die GmbH kann an der grundsätzlichen Berechtigung des Stimmverbots nicht ernsthaft gezweifelt werden. Ihre von derjenigen der AG abweichende rechtliche Struktur (Weisungsbefugnis der Gesellschafterversammlung auch und gerade in Geschäftsführungsangelegenheiten [§ 45, 15 und § 46, 118]; grundsätzlich kein obligatorischer Aufsichtsrat) und die bei ihr typischerweise anzutreffenden tatsächlichen Verhältnisse (personalistischer Zuschnitt) begründen das Risiko, daß mitgliedschaftliche und private Interessen durcheinandergehen und die Mehrheit letzteren zu Lasten der GmbH und der Minderheit den Vorzug gibt[375]. Die noch in § 82 Abs. 3 S. 1 RegE 1973[376] vorgesehene Streichung wäre deshalb ein Mißgriff[377] unter Verkennung der rechtlichen und tatsächlichen Gegebenheiten bei der GmbH gewesen[378].

149 bb) **Zur Unterscheidung von sozial- und individualrechtlichen Geschäften.** Einigkeit besteht seit langem darüber, daß die Formulierung des auf Rechtsgeschäfte bezogenen Stimmverbots zu weit geraten ist. Dabei geht es insbesondere um diejenigen Geschäfte, mit denen der Gesellschafter seine mitgliedschaftlichen Befugnisse in der GmbH wahrnimmt, der Gesellschaft also nicht als Dritter gegenübertritt. Paradigmatische Bedeutung für solche Geschäfte haben Wahlbeschlüsse, an denen der Gesellschafter teilnimmt, obwohl es z. B. um seine eigene Bestellung zum Geschäftsführer geht.

---

371 *Meyer-Landrut*/Miller/Niehus 43; *Immenga*/*Werner* GmbH-Rdsch. 1976, 53, 56; nicht eindeutig Scholz/*K. Schmidt* 123 mit Fn 422; aM Baumbach/Hueck/*Zöllner* 47; tendenziell wie die hM aber *Zöllner* aaO (Fn 370) S. 209 f (besonders Fn 15). Das in diesem Zusammenhang gelegentlich zitierte Urteil BGHZ 14, 264 = NJW 1954, 668 gibt für die Frage wenig her.

372 So möglicherweise *Zöllner* aaO (Fn 370) S. 209 f.

373 Vgl. aus neuerer Zeit *Wilhelm* Rechtsform und Haftung (1981), S. 71 ff, 87 ff; *Zöllner* Die Schranken mitgliedschaftlicher Stimmrechtsmacht (1963), S. 224 ff.

374 Gadow/Heinichen/*Schmidt*/*Meyer-Landrut* § 114 AktG 1937, 37. Zur Rechtslage unter § 252 HGB a. F. siehe noch Düringer/Hachenburg/*Lehmann* § 252 HGB a. F., 44 ff.

375 In diesem Sinne namentlich schon *Schilling* Voraufl. 62; ebenso Baumbach/Hueck/*Zöllner* 48.

376 BT-Drucks. 7/253, S. 23.

377 *Flume* I/2 § 7 V Nr. 4 und 5 (S. 226 f: „kein Ruhmesblatt").

378 Die RegBegr. führt nichts anderes an als die vermeintliche Parallele zum Aktienrecht, vgl. BT-Drucks. 7/253, S. 134 (re. Sp.).

Beispiele für Drittgeschäfte sind dagegen Lieferverträge, welche die GmbH mit ihrem Gesellschafter abschließt. Für die erforderliche Reduktion des Stimmverbots hatte schon das RG die Unterscheidung zwischen sozial- und individualrechtlichen Geschäften entwickelt; nur für Geschäfte der zweiten Art sollte § 47 Abs. 4 S. 2, 1. Fall Geltung beanspruchen[379]. Der BGH hat diese Judikatur fortgeführt[380], ist allerdings in anderem Zusammenhang (§ 181 BGB) von der Vorstellung abgerückt, daß aus dem Begriff des Sozialakts konkrete Ergebnisse abgeleitet werden könnten[381]. Das Schrifttum hat die Unterscheidung zwischen sozial- und individualrechtlichen Geschäften zunächst durchgängig aufgegriffen[382]. In der jüngeren Lehre werden demgegenüber die daraus folgenden Abgrenzungsschwierigkeiten betont, für deren Bewältigung keine brauchbaren Kriterien zur Verfügung ständen[383]. Großenteils gelangt man heute zu der Einschätzung, daß die Lösung nicht an den Begriffen hängen könne, sondern aus dem Zweck der Regelung über die Stimmverbote abzuleiten sei[384].

cc) **Normzweck und Stimmverbot. Grundsatz.** Die Orientierung am Zweck des Stimmverbots ist die einzig überzeugende Lösung. Wie erstmals *Zöllner* in grundlegenden Ausführungen herausgestellt hat, kommt es entscheidend darauf an, ob der Gesellschafter mit seiner Stimmabgabe *mitgliedschaftliche oder private Interessen* verfolgt[385]; dies deshalb, weil die Orientierung des Beschlußinhalts am Gesellschaftsinteresse (Rdn 120) im ersten Fall zumindest nicht typischerweise gefährdet ist, während im zweiten Fall typischerweise nicht erwartet werden kann, daß der Gesellschafter seine Sonderinteressen zurücktreten läßt, wenn er die Bildung des Verbandswillens durch Stimmabgabe beeinflussen darf. Daher besteht im ersten Fall das Stimmrecht; bei der Ausübung des Rechts muß der Gesellschafter allerdings seine mitgliedschaftlichen Treubindungen beachten (Rdn 119 ff). Dagegen greift das Stimmverbot im zweiten Fall ein. **150**

Vorläufige Konkretisierung. Die am Normzweck orientierte Reduktion des § 47 Abs. 4 S. 2, 1. Fall nötigt nicht dazu, die in der bisherigen Rechtsentwicklung erzielten Ergebnisse pauschal zu verwerfen[386]; ihre Sachgerechtigkeit steht vielmehr weithin außer Zweifel. Daß die zur Beschlußfassung anstehende rechtsgeschäftliche Maßnahme sozialrechtlichen oder korporationsrechtlichen Charakter hat, also die Gesellschaft als Organisation oder die mitgliedschaftliche Teilhabe an ihr betrifft, ist aber noch keine zureichende Begründung für eine Ausnahme vom Stimmverbot. Insoweit bedarf es einer Überprüfung anhand der typischen Interessenlage (Rdn 150). Sie ergibt unter vorläufiger Beschränkung auf Ergebnisse: (1.) Rechtsgeschäfte, welche die GmbH mit einem ihrer Gesellschafter abschließen will, aber ihrer Art nach auch mit jedem **151**

[379] RGZ 60, 172, 173; RGZ 74, 276, 278; RGZ 81, 37, 38; RG DR 1944, 247, 248; terminologische Schwankungen wie gesellschaftlicher Akt statt Sozialakt sind unberücksichtigt.

[380] BGHZ 18, 205, 210 = GmbH-Rdsch. 1955, 226; BGHZ 48, 163, 167 = NJW 1967, 1963; BGHZ 51, 209, 215 = GmbH-Rdsch. 1969, 61; BGHZ 52, 316, 318 = GmbH-Rdsch. 1969, 287; BGH NJW 1973, 1039, 1041; BGH WM 1977, 192, 193.

[381] Nachw. in Fn 4; dort (Rdn 3) zur angeblichen Bedeutung des Sozialakts bei der Beurteilung der Rechtsnatur von Beschlüssen.

[382] Düringer/Hachenburg/*Lehmann* § 252 HGB a. F., 44 f; Staub/*Pinner* § 252 HGB a. F., 26 f. Weit. Nachw. zum älteren Schrifttum bei *Zöllner* Die Schranken mitgliedschaftlicher Stimmrechtsmacht (1963), S. 226 Fn 16. Vgl. aus der jüngeren Literatur noch *Immenga/Werner* GmbH-Rdsch. 1976, 53 f, 57 f (aber nicht Kritik im einzelnen); *Siegmund* BB 1981, 1674, 1676 f; sachlich übereinstimmend *Vogel* Gesellschafterbeschlüsse und Gesellschafterversammlung (1986), S. 79, der aber von Außen- und Innengeschäft spricht; nur referierend etwa *Meyer-Landrut*/Miller/Niehus 45.

[383] Vgl. z. B. *Immenga/Werner* GmbH-Rdsch. 1976, 53, 57 f.

[384] So im Grundsatz übereinstimmend Scholz/*K. Schmidt* 110; Baumbach/Hueck/*Zöllner* 48; Rowedder/*Koppensteiner*[2] 58.

[385] Die Schranken mitgliedschaftlicher Stimmrechtsmacht (1963), S. 231 f.

[386] Insoweit zutreffend Scholz/*K. Schmidt* 110 aE.

Dritten abschließen könnte, vornehmlich Verträge über Lieferungen und Leistungen (im folgenden: Drittgeschäfte) unterliegen dem Stimmverbot. (2.) Die Bestellung eines Gesellschafters zum Geschäftsführer oder Aufsichtsratmitglied, die Abberufung als actus contrarius (Ausnahme: Abberufung aus wichtigem Grund) und der Abschluß des Anstellungsvertrags als Begleitgeschäft fallen nicht unter § 47 Abs. 4 S. 2, 1. Fall. (3.) Der Gesellschafter ist auch dann nicht ohne weiteres von der Abstimmung ausgeschlossen, wenn es um den Fortbestand seiner Mitgliedschaft geht (z. B. Kündigung, Auflösung). (4.) Dagegen unterliegt der Abschluß von Verschmelzungs- und Unternehmensverträgen nach richtiger, wenngleich lebhaft umstrittener Ansicht dem gesetzlichen Stimmverbot. Zu (1.) vgl. im folgenden Rdn 152 f, zu (2.) bis (4.) und den daraus resultierenden Einzelfragen unten Rdn 161 ff.

152 dd) **Einzelheiten zum Drittgeschäft.** Die Beschlußfassung muß die Vornahme eines Rechtsgeschäfts der GmbH gegenüber einem Gesellschafter betreffen. Der **Begriff des Rechtsgeschäfts** richtet sich nach dem BGB. Im Prinzip fallen also alle Rechtsgeschäfte unter das Stimmverbot, soweit nicht die in Rdn 149 ff dargelegten Grundsätze eingreifen. Das praktische Schwergewicht liegt bei entgeltlichen Verträgen wie Kauf, Miete, Darlehen, doch sind auch einseitige Rechtsgeschäfte wie Aufrechnung, Rücktritt, Kündigung oder Anfechtung gemeint, ferner geschäftsähnliche Handlungen wie die Mahnung[387]. Was für den Abschluß eines Rechtsgeschäfts gilt, gilt auch für seine Änderung. Das Stimmverbot greift seinem Zweck nach ferner ein, wenn die GmbH das Geschäft zwar mit einem Dritten schließt, aber der Gesellschafter der Begünstigte ist, wie dann, wenn sich die GmbH für einen von ihm aufgenommenen Kredit verbürgen oder wenn sie für eine Darlehensrückzahlung gesamtschuldnerisch mithaften soll[388]. Von der Abstimmung ausgeschlossen ist auch ein Gesellschafter, der das gegenüber einem Dritten vorzunehmende Rechtsgeschäft vermittelt oder sonstwie veranlaßt hat[389]. Ob auch die **Erfüllung** dem Stimmverbot zu unterwerfen ist, wird unterschiedlich beurteilt[390]. Nach dem Wortlaut des Gesetzes ist die Frage zu bejahen, weil sich auch die Erfüllung von Verbindlichkeiten notwendig in rechtsgeschäftlichen Formen vollzieht. Nach dem Zweck der Norm sollte das Stimmverbot dann nicht eingreifen, wenn es nur um die Durchführung des zuvor gültig vereinbarten Leistungsprogramms geht. Eine derartige Ausnahme hat jedoch weitgehend theoretischen Charakter; für den Regelfall ist die erneute Beschlußfassung der Gesellschafterversammlung ein deutliches Indiz dafür, daß mehr auf dem Spiel steht als bloße Durchführung. Dann greift auch das Stimmverbot ein.

153 **Konzernverhältnisse.** Es gibt kein *Konzernprivileg*. § 47 Abs. 4 S. 2, 1. Fall ist also auch dann anwendbar, wenn es sich um ein konzerninternes Rechtsgeschäft der GmbH mit dem herrschenden Unternehmen handelt. Darüber hinaus greift das Stimmverbot auch ein, wenn über ein Geschäft mit dem Tochterunternehmen Beschluß gefaßt wird, das nicht Gesellschafter ist[391].

154 ee) **Vornahme von Rechtsgeschäften als Beschlußgegenstand.** § 47 Abs. 4 S. 2, 1. Fall setzt voraus, daß der Beschluß das Rechtsgeschäft „betrifft". Die Voraussetzung ist zunächst dann erfüllt, wenn die Geschäftsführer durch den Beschluß zur Vornahme des Rechtsgeschäfts angewiesen werden. Doch ist eine förmliche Weisung nicht erforderlich. Auch ein Beschluß, der „lediglich die Einstellung der Gesellschafter zu einer

---

387 Scholz/*K. Schmidt* 109; Baumbach/Hueck/*Zöllner* 49.

388 BGHZ 68, 107, 108 f = NJW 1977, 850.

389 *Immenga* GmbH-Rdsch. 1977, 221, 222.

390 Dafür Baumbach/Hueck/*Zöllner* 49; dagegen RG DJZ 1924, 317; Rowedder/*Koppensteiner*[2] 56.

391 Baumbach/Hueck/*Zöllner* 49 a. F.; *U. H. Schneider* ZHR 150 (1986), 609, 631 f.

bestimmten künftigen Geschäftsführungsmaßnahme" zum Ausdruck bringt[392], genügt, wenn diese Maßnahme das Rechtsgeschäft mit einem Gesellschafter ist; denn in der Regel werden sich die Geschäftsführer nach dieser Einstellung richten. Schwierigkeiten machen **Ermächtigungsbeschlüsse.** Jedenfalls eine nach der Satzung erforderliche und die genauen Konditionen des Geschäfts fixierende Ermächtigung fällt unter das Stimmverbot[393]. Ermächtigungen, die das Ob und Wie des Geschäfts (Bezug junger Aktien) offen ließen, hat das RG dagegen für die Anwendung des § 47 Abs. 4 S. 2, 1. Fall nicht genügen lassen[394]. Dieser Ansicht ist mit der hL jedenfalls für die GmbH zu widersprechen[395], soweit die Geschäftsführer der Ermächtigung eine bestimmte Tendenz der Gesellschafterversammlung entnehmen können („Einstellungsbeschluß"); denn auch insoweit gilt, daß sich die Geschäftsführer im Zweifel nach dem erkennbaren Willen der Gesellschafterversammlung richten und folglich von der Ermächtigung Gebrauch machen werden, zumal es sich um die Ermächtigung zugunsten eines Gesellschafters handelt, der einen entsprechenden Beschluß erreichen konnte. Schließlich fällt auch die **nachträgliche Zustimmung** zu einem bestimmten Geschäft (Spezialentlastung) unter den Tatbestand des § 47 Abs. 4 S. 2, 1. Fall; vgl. insoweit schon Rdn 143.

d) Rechtsstreit. aa) Begriff. Nach § 47 Abs. 4 S. 2, 2. Fall besteht schließlich ein Stimmverbot, wenn die Beschlußfassung die Einleitung oder Erledigung eines Rechtsstreits gegenüber einem Gesellschafter betrifft. Nach **allgM** ist der Begriff des Rechtsstreits **weit zu fassen**[396]. Es fallen darunter alle Rechtsstreitigkeiten ohne Rücksicht auf den Rechtsweg, die gerichtliche Zuständigkeit, die Klageart oder das jeweilige Verfahrensstadium, auch die gerichtliche Beweissicherung, das Mahnverfahren, die Verfahren des einstweiligen Rechtsschutzes (Arrest, einstweilige Verfügung) und die Zwangsvollstreckung in sämtlichen Stadien. Auch das Schiedsverfahren ist Rechtsstreit im Sinne der Norm, ebenso das Verfahren der freiwilligen Gerichtsbarkeit. Anders als bei der Vornahme von Rechtsgeschäften (Rdn 149 ff) ist für Rechtsstreitigkeiten nicht danach zu unterscheiden, ob der Gesellschafter von ihnen als Dritter oder als Mitglied der GmbH betroffen ist. Das Stimmverbot gilt insoweit gleichermaßen[397]. Der Rückgriff auf das allgemeine Verbot, Richter in eigener Sache zu sein (vgl. die Erwägung des BGH aaO [Fn 397]), ist angesichts der Gesetzeslage entbehrlich. **155**

bb) Einleitung oder Erledigung. Der Beschluß muß die Einleitung oder Erledigung des gegen einen Gesellschafter gerichteten Rechtsstreits betreffen. **Einleitung** ist ein untechnischer Begriff. Er umfaßt schon die Maßnahmen, die der *Vorbereitung des Rechtsstreits* dienen. Insbesondere gilt das Stimmverbot, wenn beschlossen wird über: die Bestellung eines besonderen Vertreters gem. § 46 Nr. 8[398], Erteilung des Mandats an den Prozeßbevollmächtigten, Abschluß eines Schiedsvertrags, Benennung eines Schiedsrichters. Vorprozessuale Maßnahmen wie Mahnung, Fristsetzung, Gutachtenauftrag begründen bei entsprechenden Beschlüssen ebenfalls ein Stimmverbot; das **156**

392 BGH WM 1976, 204, 205 (li. Sp.).
393 BGHZ 68, 107, 112 = NJW 1977, 850.
394 RGZ 68, 235, 241 f (Hibernia); RGZ 108, 322, 326.
395 Wie hier mit Nuancen im einzelnen: Scholz/*K. Schmidt* 120; Baumbach/Hueck/*Zöllner* 59; Rowedder/*Koppensteiner*² 57; jedenfalls in der Tendenz auch *Siegmund* BB 1981, 1674, 1677 f; **aM** (kein Stimmrecht bei eigenem Entscheidungsspielraum) Fischer/*Lutter*/*Hommelhoff* 18; *Meyer-Landrut*/Miller/Niehus 47; *Immenga*/*Werner* GmbH-Rdsch. 1976, 53, 57.
396 Scholz/*K. Schmidt* 127; Baumbach/Hueck/*Zöllner* 61; *Zöllner* Die Schranken mitgliedschaftlicher Stimmrechtsmacht (1963), S. 213.
397 BGHZ 9, 157, 178 = NJW 1953, 780; Scholz/*K. Schmidt* 127; Baumbach/Hueck/*Zöllner* 61; Rowedder/*Koppensteiner*² 60.
398 BGHZ 97, 28, 34 = NJW 1986, 2051; Baumbach/Hueck/*Zöllner* 61; *Lindacher* ZGR 1987, 124.

Resultat kann nicht nur auf den zweiten Fall des § 47 Abs. 4 S. 2[399], sondern auch auf die erste Variante gestützt werden (vgl. Rdn 152 bei Fn 387)[400]. Ohne weiteres vom Tatbestand erfaßt sind die *Erhebung der Klage*, andere verfahrenseinleitende Anträge und die Streitverkündung (dazu noch Rdn 158). Die Geltendmachung von Ansprüchen gegen einen Gesellschafter deckt der Wortlaut der Vorschrift nicht generell ab, nämlich dann nicht, wenn die Gesellschafter vorläufig nur darüber beschließen, ob sie den Anspruch überhaupt verfolgen wollen. Der Normzweck gebietet jedoch eine erweiternde, auch diesen Fall umfassende Auslegung (vgl. auch § 136 Abs. 1 S. 1 AktG), weil das Stimmverbot zu kurz griffe, wenn pflichtwidrig handelnde Gesellschafter mit ihren Stimmen die grundsätzliche Entscheidung der GmbH beeinflussen dürften[401]. Auf die Einforderung von Stammeinlagen ist diese Auslegung nicht zu übertragen; vgl. dazu Rdn 160.

157 Als **Erledigung** des Rechtsstreits sieht die **hM** alle Maßnahmen an, die seine Beendigung oder seinen Fortgang betreffen[402]. Jedenfalls gehören hierher Maßnahmen wie Klagerücknahme, Anerkenntnis, Klageverzicht, Rechtsmittelverzicht und Prozeßvergleich. Wenn hierin auch Klagebeantwortung, Geständnis und weitergehend „die gesamte Prozeßstrategie" gerechnet werden[403], so könnte man das für eine Übertreibung halten, die vom Wortlaut der Norm nicht gedeckt wird. Auch insoweit ist jedoch eine teleologische Erweiterung angezeigt, die darauf abzielt, jeglichen Einfluß des beklagten Gesellschafters auf die Prozeßführung der klagenden GmbH auszuschalten. Dabei ist zu bedenken, daß über die Art und Weise der Prozeßführung grundsätzlich keine Beschlüsse gefaßt zu werden brauchen und dann eine Einflußnahme des beklagten Gesellschafters auch nicht zu befürchten ist. In den Sonderfällen, in denen die Prozeßführung zum Beschlußgegenstand gemacht wird, ist ein Stimmverbot erforderlich.

158 cc) **Rechtsstreit gegenüber einem Gesellschafter als Beschlußgegenstand.** Wie bei der Vornahme von Rechtsgeschäften muß der Beschluß eine der genannten Maßnahmen gegenüber einem Gesellschafter betreffen. Das ist jedenfalls dann der Fall, wenn der Gesellschafter *Prozeßpartei* ist oder wird. Prozeßpartei ist auch der *Hauptintervenient* (§ 64 ZPO). Bei *Nebenintervention* (§§ 66 ff ZPO) und *Streitverkündung* (§§ 72 ff ZPO) besteht das Stimmverbot jedenfalls dann, wenn der Gesellschafter nicht auf der Seite der GmbH, sondern auf der Seite ihres Prozeßgegners steht[404]. Dasselbe wird aber zu gelten haben, wenn darüber zu beschließen ist, ob die GmbH ihrem Gesellschafter als Nebenintervenientin beitritt oder ihm den Streit verkündet[405]; denn auch bei solchen Beschlüssen besteht in charakteristischer Weise die Gefahr, daß die Stimmabgabe des betroffenen Gesellschafters von seinen Sonderinteressen beeinflußt wird.

159 **Beschlußgegenstand** ist die Maßnahme, wenn der Beschluß auf die Einleitung oder Erledigung des Rechtsstreits abzielt oder Geschäftsführer bzw. besondere Vertreter iSd § 46 Nr. 8 zu einem entsprechenden Vorgehen ermächtigt. Die Grundsätze, die für die Vornahme von Rechtsgeschäften gelten (Rdn 154), sind zu übertragen. Jedenfalls

---

399 Baumbach/Hueck/*Zöllner* 61; Rowedder/*Koppensteiner*[2] 60; *Zöllner* aaO (Fn 396) S. 215 ff.

400 Scholz/*K. Schmidt* 129, die aber alle außerprozessualen Maßnahmen anderen rechtlichen Gesichtspunkten zuordnen wollen.

401 Im Ergebnis unstr., vgl. BGHZ 97, 28, 33 (Fn 398); Scholz/*K. Schmidt* 140; Baumbach/Hueck/*Zöllner* 61; vgl. auch § 82 Abs. 3 Nr. 2 RegE 1973 (BT-Drucks. 7/253, S. 23).

402 Scholz/*K. Schmidt* 130; Baumbach/Hueck/*Zöllner* 61; Rowedder/*Koppensteiner*[2] 60; *Immenga/Werner* GmbH-Rdsch. 1976, 53, 57; *Siegmund* BB 1981, 1674, 1676; *Vogel* Gesellschafterbeschlüsse und Gesellschafterversammlung (1986), S. 81; *Zöllner* aaO (Fn 396) S. 215.

403 Scholz/*K. Schmidt* 130.

404 Scholz/*K. Schmidt* 128; Rowedder/*Koppensteiner*[2] 61; *Immenga/Werner* GmbH-Rdsch. 1976, 53, 56 f; *Vogel* aaO (Fn 402) S. 81.

405 Scholz/*K. Schmidt* 128; die dafür das Verbot von Insichgeschäften heranziehen; **anders** die **hM**, vgl. Nachw. in Fn 404.

genügend, aber nicht erforderlich sind danach *Weisungsbeschlüsse*. Auch Beschlüsse, die eine *Ermächtigung* aussprechen, müssen dem Stimmverbot unterliegen[406], weil durch Prozeßhandlungen weithin ähnliche Ergebnisse erzielt werden können wie durch Rechtsgeschäfte. Erst recht gilt das für gerichtliche oder außergerichtliche Vergleiche; insoweit läßt sich das Stimmverbot auf beide Varianten des § 47 Abs. 4 S. 2 stützen.

Nicht genügend ist dagegen ein Beschluß, der einen *Rechtsstreit nur erwarten* läßt, **160**
etwa ein Beschluß, mit dem eine zuvor unter Klageandrohung geforderte Leistung abgelehnt wird[407]. Auch der Beschluß, mit dem *Einzahlungen auf die Stammeinlagen* eingefordert werden (§ 46 Nr. 2; vgl. dort Rdn 25 ff, 28) fällt nach **hM** auch bei unterschiedlicher Belastung der Gesellschafter nicht unter das Stimmverbot[408]. Der Gegenansicht[409] ist einzuräumen, daß die dafür gegebene Begründung, der Beschluß betreffe noch nicht die Rechtsverfolgung, sondern schaffe nur die materiellen Anspruchsvoraussetzungen[410], in dieser Form kaum überzeugen kann, wenn man § 47 Abs. 4 S. 2, 2. Fall iSd § 136 Abs. 1 S. 1 AktG auslegt (Rdn 156 bei Fn 401). Gleichwohl ist der hM zu folgen; denn wer bezahlen soll, muß (gerade als Mehrheitsbeteiligter und potentieller Hauptschuldner) mitbestimmen dürfen, ob der darauf gerichtete Anspruch zur Entstehung gebracht wird. Der Sachverhalt ist der Verfolgung eines entstandenen Anspruchs nicht voll vergleichbar. Die Entscheidung steht jedoch nicht im freien Belieben des Gesellschafters, sondern unterliegt der mitgliedschaftlichen Treubindung, die eine Zustimmungspflicht begründen kann (vgl. noch Rdn 191 ff)[411].

7. Objektiver Geltungsbereich: Einzelfragen zu korporationsrechtlichen Rechtsgeschäften

a) **Allgemeines und Überblick.** Nach dem in Rdn 150 dargelegten Grundsatz sind **161**
korporationsrechtliche Rechtsgeschäfte entgegen traditioneller Ansicht (Rdn 149) nicht schon wegen dieser Rechtsnatur aus der Anwendung des § 47 Abs. 4 S. 2, 1. Fall herauszunehmen. Vielmehr kommt es entsprechend dem Zweck der Norm (Rdn 120) entscheidend darauf an, ob der Gesellschafter mit seiner Stimmabgabe typischerweise private oder mitgliedschaftliche Interessen verfolgt. Die erforderliche, in Rdn 151 nur vorläufig vorgenommene Konkretisierung ist im folgenden für die einzelnen in Frage stehenden Maßnahmen fortzuführen. Sie lassen sich entsprechend dem Geschäftsgegenstand in drei Gruppen aufteilen, nämlich in mitgliedschaftsbezogene Maßnahmen wie Kaduzierung und Einziehung (Rdn 162 ff), in organschaftliche Maßnahmen wie Bestellung und Abberufung von Geschäftsführern (Rdn 169 ff) und schließlich in Verschmelzungs- und Unternehmensverträge (Rdn 174 ff). Fälle der ersten Gruppe sind im herkömmlichen Verständnis (Rdn 149) weithin solche, in denen der Gesellschafter mit seiner Stimmabgabe als Richter in eigener Sache tätig wurde. Das ist letztlich nicht entscheidend. Wenn § 47 Abs. 4 S. 2, 1. Fall nicht vorschnell auf Drittgeschäfte verengt wird, erlaubt diese Verbotsvariante die notwendige Einschränkung des Stimmrechts.

b) **Mitgliedschaftsbezogene Maßnahmen. aa) Kaduzierung; Einziehung; Ausschließung.** Bei der *Kaduzierung* (§ 21) wird die GmbH durch ihre Geschäftsführer vertreten. **162**
Die Gesellschafterversammlung kann jedoch darüber Beschluß fassen, insbesondere

406 Zutreffend Scholz/*K. Schmidt* 131; Rowedder/*Koppensteiner*² 60.
407 OLG Köln NJW 1968, 992.
408 RG JW 1915, 195 Nr. 7; RGZ 138, 106, 111; Scholz/*K. Schmidt* 131; Rowedder/*Koppensteiner*² 60; *Meyer-Landrut*/Miller/Niehus § 46, 15.
409 Baumbach/Hueck/*Zöllner* 61.
410 Vgl. etwa Scholz/*K. Schmidt* 131.
411 In der Tendenz richtig, aber zu eng RGZ 138, 106, 111: § 226 BGB.

die Geschäftsführer anweisen oder ermächtigen. Wird so verfahren, dann ist der Gesellschafter, um dessen Geschäftsanteil es geht, von der Ausübung des Stimmrechts ausgeschlossen[412]. Daß er bei der Stimmabgabe seine individuellen Interessen hinter das Gesellschaftsinteresse zurückstellt, kann nämlich nicht erwartet werden. Wer die sog. sozialrechtlichen Geschäfte generell aus § 47 Abs. 4 S. 2, 1. Fall ausklammert, muß das Ergebnis auf das Verbot des Richtens in eigener Sache stützen. Nach der hier vertretenen Ansicht (Rdn 150 f) ist die Norm dagegen trotz des korporationsrechtlichen Charakters der Maßnahme anwendbar, weil dabei die privaten Interessen des Gesellschafters auf dem Spiel stehen.

163 Die **Einziehung** (§ 34) erfordert einen Beschluß der Gesellschafterversammlung (§ 46 Nr. 4). Bei *freiwilliger,* also nach der Satzung an die Zustimmung des Gesellschafters gebundener Einziehung, darf dieser nach hM mitbestimmen[413]. Dieser Ansicht ist jedoch nicht zu folgen, weil das individuelle Interesse des Gesellschafters, seinen Anteil zu Geld zu machen, mit dem gegenläufigen Gesellschaftsinteresse kollidiert (näher *Ulmer* § 34, 51); das Stimmverbot des § 47 Abs. 4 S. 2 greift also ein. Für die *Zwangseinziehung* bejaht eine Ansicht das Stimmverbot[414]. Andere verneinen es[415], wieder andere heben auf den Satzungsinhalt ab[416]. Theoretisch ist der letztgenannte Standpunkt richtig; weil nach § 34 die Satzung über das Ob und Wie der Einziehung entscheidet, muß sie auch über das Stimmrecht befinden können; meist wird sie jedoch zum Stimmrecht keine Aussage enthalten. Dann ist davon auszugehen, daß der von der Zwangseinziehung betroffene Gesellschafter nach § 47 Abs. 4 S. 2, 1. Fall nicht mitstimmen darf, weil nicht erwartet werden kann, daß er sein Privatinteresse hinter das Gesellschaftsinteresse zurückstellt (vgl. § 34, 52).

164 Die **Ausschließung eines Gesellschafters aus wichtigem Grund** kann aufgrund eines entsprechenden Beschlusses der Gesellschafterversammlung durch Klage und Urteil oder, wenn die Satzung das ausdrücklich vorsieht, durch Beschluß der Gesellschafterversammlung und dessen Bekanntgabe erfolgen; vgl. dazu Anh § 34, 8 ff. In jedem Fall hat der Gesellschafter, um dessen Ausschließung es geht, kein Stimmrecht[417]. Das ergibt sich für die Ausschließung *im Klageweg* aus § 47 Abs. 4 S. 2, 2. Fall, für *Beschluß und Bekanntgabe* aus § 47 Abs. 4 S. 2, 1. Fall. Verbreitet wird gerade hier zur sachlichen Rechtfertigung des Ergebnisses das Verbot des Richtens in eigener Sache angeführt (vgl. z. B. BGH aaO [Fn 417] S. 178). Daran ist richtig, daß der Gesellschafter, wenn er stimmberechtigt wäre, in nicht hinnehmbarer Weise über Existenz und Folgen eines aus seiner Person stammenden wichtigen Grundes mitentscheiden würde. Der Wortlaut des Gesetzes und sein Zweck, am Gesellschaftsinteresse ausgerichtete Entscheidungen zu gewährleisten, tragen das Ergebnis aber auch ohne den zusätzlichen Leitgedanken (vgl. schon Rdn 161 aE). *Mehrere Betroffene,* die aufgrund eines einheitlichen Vorgangs ausgeschlossen werden sollen, unterliegen sämtlich dem Stimmverbot, und zwar ohne Rücksicht darauf, ob einheitlich oder getrennt abgestimmt wird[418].

---

412 Unstr., vgl. statt vieler Scholz/*K. Schmidt* 137; Baumbach/Hueck/*Zöllner* 58; *Immenga/Werner* GmbH-Rdsch. 1976, 53, 59.

413 Scholz/*K. Schmidt* 138; *Zöllner* Die Schranken mitgliedschaftlicher Stimmrechtsmacht (1963), S. 241; aM *Niemeier* Rechtstatsachen und Rechtsfragen bei der Einziehung von GmbH-Anteilen (1982), S. 254.

414 So die früher **hM**, vgl. Düringer/Hachenburg/*Lehmann* § 252 HGB a. F., 45; Staub/*Pinner* § 252 HGB a. F., 26 a.

415 *Hachenburg* LZ 1907, 460, 470.

416 *Schilling* Voraufl. 75; *Zöllner* aaO (Fn 413) S. 241; auf den Satzungsinhalt hebt auch BGH GmbH-Rdsch. 1977, 81 ab; gleichfalls differenzierend, aber nach dem Grund der Einziehung, Scholz/*K. Schmidt* 138.

417 BGHZ 9, 157, 158 = NJW 1953, 780; BGHZ 16, 317, 322 = NJW 1955, 667; Scholz/*K. Schmidt* 139; Fischer/*Lutter/Hommelhoff* 15; *Fichtner* BB 1966, 146, 149; *v. Stetten* GmbH-Rdsch. 1982, 105, 107; *Zöllner* aaO (Fn 413) S. 242.

418 BGHZ 97, 28, 34 = NJW 1986, 2051 (für die Geltendmachung von Ersatzansprüchen); Scholz/*K. Schmidt* 139.

bb) Übertragung des Geschäftsanteils. In diesem Zusammenhang werden drei Fälle erörtert. (1.) Ein Gesellschafter bietet seinen Geschäftsanteil der GmbH zum Erwerb an. Bei der Entscheidung über dieses *Verkaufsangebot* stimmt der Offerent nicht mit[419]. Das folgt aus § 47 Abs. 4 S. 2, 1. Fall und bedarf keiner Vertiefung. (2.) Die Satzung begründet eine *Abtretungspflicht der Erben* eines Gesellschafters, d. h. sie haben ihren Geschäftsanteil auf die von der GmbH benannte Person zu übertragen. Nach **hM** besteht kein Stimmverbot zu Lasten der Erben, wenn über die Benennung beschlossen wird[420]. Dem ist zu folgen, weil ein dem Gesellschaftsinteresse zuwiderlaufendes Sonderinteresse der Erben, bestimmte Nachfolger zu wollen oder nicht zu wollen, nicht in typischer und eindeutiger Weise besteht. Das Argument des BGH aaO (Fn 420), die Nachfolgerbenennung betreffe die mitgliedschaftlichen Befugnisse, überzeugt allerdings nicht. (3.) Die Gesellschafterversammlung faßt darüber Beschluß, ob die *Abtretung vinkulierter Geschäftsanteile* (§ 15 Abs. 5) genehmigt werden soll. Nach **hM** darf der Inhaber der vinkulierten Anteile mitstimmen[421], weil es sich bei der Genehmigung um einen „sozialrechtlichen Akt" (BGH aaO [Fn 421]) handle. Die Gegenmeinung leitet ein Stimmverbot aus Sinn und Zweck der Vinkulierung ab, läßt also letztlich den Satzungsinhalt entscheiden[422]. Beide Ansichten stimmen zutreffend darin überein, daß jedenfalls § 47 Abs. 4 S. 2, 1. Fall kein Stimmverbot hergibt; die Freiheit zur Desinvestition der in der GmbH eingesetzten Mittel gehört zur Mitgliedschaft und damit zur GmbH als Rechtseinrichtung. Auf der Satzungsebene ist unter Umkehrung der von *Zöllner* aaO (Fn 422) vorgetragenen Lösung zu entscheiden. Demnach gilt: Die Satzung kann, wenn sie das Genehmigungserfordernis einführt, auch das Stimmverbot einführen. Enthält die Satzung aber nichts, dann gibt es auch kein Verbot. 165

cc) Satzungsänderung, besonders Kapitalerhöhung. Ein Stimmverbot bei Änderungen der Satzung (§ 53), besonders bei der Erhöhung des Stammkapitals (§ 55 Abs. 1), gibt es nicht[423]. Die Anwendung des § 47 Abs. 4 S. 2, 1. Fall ließe sich zwar noch mit dem Wortlaut, aber nicht mit dem Zweck der Norm vereinbaren. Jeder Gesellschafter hat vielmehr das mitgliedschaftliche Recht und auch ein entsprechendes Interesse, seinen Willen bei der Gestaltung der rechtsgeschäftlichen Grundlage der GmbH zur Geltung zu bringen. Ein zur Unsachlichkeit führender Interessenwiderstreit besteht insoweit typischerweise gerade nicht. Wenn er im Einzelfall besteht, etwa wegen besonderer Begünstigung des Gesellschafters durch die Satzungsgestaltung[424], ist die weitreichende Maßnahme des Stimmverbots gleichfalls nicht gerechtfertigt. Inhaltliche Schranken der Stimmrechtsausübung ergeben sich aber aus der Treupflicht des Gesellschafters. Auch bei Satzungsänderungen darf er sein Stimmrecht nicht dazu mißbrauchen, seinen persönlichen Vorteil zum Nachteil der GmbH zu suchen. Besonderheiten, die für die Kapitalerhöhung eine abweichende Beurteilung rechtfertigen könnten, bestehen nicht. Allerdings hat das RG für einen Kapitalerhöhungsbeschluß (und den damit zusammenhängenden Beschluß über die Zulassung zur Kapitalerhöhung, vgl. Rdn 167) angenommen[425], daß der Gesellschafter nicht mitstimmen darf, der durch die Ausführung des Beschlusses in seiner Person oder in einer anderen von ihm 166

[419] RG SeuffArch. 84 Nr. 29; Scholz/*K. Schmidt* 116; Baumbach/Hueck/*Zöllner* 58.

[420] BGH WM 1974, 372, 374 f = GmbH-Rdsch. 1974, 107; Scholz/*K. Schmidt* 116; Rowedder/*Koppensteiner*[2] 59 aE; **aM** Baumbach/Hueck/*Zöllner* 58.

[421] BGHZ 48, 163, 167 (aber sehr besonders gelagerter Sachverhalt); KG OLGZ 1965, 320, 323 f; Scholz/*K. Schmidt* 117; Fischer/*Lutter*/*Hommelhoff* 20; Rowedder/*Koppensteiner*[2] 59; *Siegmund* BB 1981, 1674, 1678; *Vogel* Gesellschafterbeschlüsse und Gesellschafterversammlung (1986), S. 80.

[422] Baumbach/Hueck/*Zöllner* 58; *Zöllner* Die Schranken mitgliedschaftlicher Stimmrechtsmacht (1963), S. 245 f; *ders.* GmbH-Rdsch. 1968, 177 ff.

[423] Eingehend schon *Ulmer* Voraufl. § 53, 53 und § 55, 9; ebenso Scholz/*K. Schmidt* 112 f.

[424] Insoweit wohl **aM** Rowedder/*Koppensteiner*[2] 59.

[425] RGZ 122, 158, 161 f.

beherrschten Gesellschaft besondere Vorteile erwirbt (im Fall: Übernahme des GmbH-Unternehmens). Gerade das ist aber ein charakteristischer Fall der Treupflichtverletzung und belegt keinen generellen Konflikt zwischen Privat- und Gesellschaftsinteresse, der ein Stimmverbot tragen könnte.

167 dd) **Zulassung zur Kapitalerhöhung.** Die Gesellschafterversammlung hat nicht nur über die Kapitalerhöhung (§ 55 Abs. 1), sondern auch darüber zu entscheiden, wer zur Übernahme von Stammeinlagen zugelassen wird. Insoweit ist unstreitig, daß bei gleichmäßiger quotaler Berücksichtigung aller Gesellschafter kein Stimmverbot besteht. Das ist schon deshalb richtig, weil sie, wenn überhaupt ein Befangenheitsgrund gegeben sein sollte, alle gleichmäßig befangen sind (Rdn 124). Für den Fall unterschiedlicher quotaler Zulassung hat das RG ein Stimmrecht des durch die Beschlußvorlage begünstigten Gesellschafters dagegen verneint[426]. Ebenso entscheidet ein Teil der jüngeren Lehre[427]. Überwiegend ist man dagegen der Ansicht, daß wegen des korporationsrechtlichen Charakters der Zulassung kein Stimmverbot besteht[428]. Dem ist im Ergebnis beizutreten. Denn es besteht keine Situation, in der Privatinteressen des Gesellschafters eine am Gesamtinteresse ausgerichtete Willensbildung in der GmbH mit der erforderlichen Eindeutigkeit gefährden, und zwar deshalb nicht, weil mit der überquotalen Beteiligung die überquotale Einlagepflicht einhergeht. Folglich muß es genügen, die Stimmabgabe des Gesellschafters am Maßstab des Gleichbehandlungsgrundsatzes und (Verwässerungsschutz) der mitgliedschaftlichen Treupflicht zu messen.

168 ee) **Auflösung.** Die GmbH wird nach § 60 Abs. 1 Nr. 2 durch Beschluß der Gesellschafter aufgelöst. Insoweit besteht nach einhelliger Meinung kein Stimmverbot[429]. Es kann weder aus § 47 Abs. 4 S. 2, 1. Fall noch aus einer anderen Variante des Verbotstatbestands abgeleitet werden, weil jeder Gesellschafter die mitgliedschaftliche Befugnis zur Desinvestition hat (vgl. schon Rdn 165 nach Fn 422). Das gilt auch und gerade für den Mehrheitsgesellschafter und ohne Rücksicht darauf, ob er infolge der Auflösung das Gesellschaftsunternehmen ganz oder zu wesentlichen Teilen übernimmt. Schranken der Stimmrechtsausübung ergeben sich jedoch aus der mitgliedschaftlichen Treupflicht. Welche Anforderungen daraus abzuleiten sind, ist streitig[430]. Der BGH verneint das Erfordernis sachlicher Rechtfertigung und nimmt Anfechtbarkeit des Auflösungsbeschlusses zutreffend und für den Fall an, daß der Mehrheitsgesellschafter Sondervorteile zum Schaden der Minderheit zu erlangen sucht (analoge Anwendung des § 243 Abs. 2 AktG)[431].

169 c) **Organbezogene Maßnahmen.** aa) **Bestellung von Organmitgliedern, besonders Geschäftsführern.** Die Bestellung von Geschäftsführern (§ 46 Nr. 5) fällt nach **einhM** nicht unter das Stimmverbot des § 47 Abs. 4 S. 2, 1. Fall. Der Gesellschafter darf also mitstimmen, wenn es um seine Wahl zum Geschäftsführer geht[432]. Das folgt aus teleologischer Reduktion des gesetzlichen Tatbestands und rechtfertigt sich aus dem mitgliedschaftlichen Interesse an der Organbestellung. Entsprechendes gilt für die

---

[426] RGZ 109, 77, 80; RGZ 122, 159, 161 f.

[427] Baumbach/Hueck/*Zöllner* 58; *Zöllner* Die Schranken mitgliedschaftlicher Stimmrechtsmacht (1963), S. 248 f.

[428] *Schilling* Voraufl. 65; *Ulmer* Voraufl. § 55, 33; Scholz/*K. Schmidt* 113.

[429] Vgl. statt vieler Scholz/*K. Schmidt* 114; Baumbach/Hueck/*Zöllner* 57.

[430] Dazu Geßler/Hefermehl/Eckardt/Kropff/*Hüffer* § 243 AktG, 56; weit. Nachw. in BGHZ 103, 184, 191 f = NJW 1988, 1579 (Linotype).

[431] BGHZ 76, 352, 357; BGHZ 103, 184, 193 ff (Fn 430).

[432] RGZ 60, 172; RGZ 68, 172, 179; RGZ 74, 276, 278; RGZ 81, 37; RGZ 172, 76, 79; BGHZ 18, 205, 210 = NJW 1955, 1716; BGHZ 51, 209, 216 = NJW 1969, 841; KG RJA 10, 262, 264 = KGJ 40 A 73 unter Aufgabe von KG RJA 3, 189 = KGJ 25 A 254; OLG Köln GmbH-Rdsch. 1989, 76, 77 f; Scholz/*K. Schmidt* 118; Baumbach/Hueck/*Zöllner* 51; vgl. statt vieler noch *Baums* Der Geschäftsleitervertrag (1987), S. 133 ff.

Wahl zum Liquidator (§§ 66, 69) oder in den (fakultativen oder obligatorischen) Aufsichtsrat[433] oder in einen Beirat oder Verwaltungsrat[434]. Vorausgesetzt ist dabei, daß der Gesellschafter selbst abstimmt. Seine Vertreter oder an seiner Stelle handelnde Treuhänder, besonders Testamentsvollstrecker, haben kein mitgliedschaftliches Interesse und dürfen sich folglich gem. § 47 Abs. 4 S. 2, 1. Fall nicht zum Geschäftsführer oder in andere organschaftliche Positionen wählen[435].

Weniger eindeutig ist die Rechtslage, wenn Gesellschafter nicht zu Organmitgliedern, sondern ohne diese Eigenschaft zu **leitenden Angestellten** ernannt werden sollen. **170** Diese Maßnahme liegt, abgesehen von den Fällen des § 46 Nr. 7, in der Zuständigkeit der Geschäftsführer. Die Frage nach dem Stimmrecht stellt sich jedoch, wenn die Gesellschafter entsprechende Weisungs- oder Ermächtigungsbeschlüsse fassen. Einigkeit besteht darüber, daß die für die Organbestellung geltenden Grundsätze (Rdn 169) nicht ohne weiteres übertragbar sind. Streitig ist, nach welchen Kriterien Ausnahmen vom Stimmverbot zugelassen werden können. Während die eine Ansicht[436] auf die Zuständigkeit der Gesellschafterversammlung abhebt und daher in den Fällen des § 46 Nr. 7 sowie bei entsprechender Bestimmung der Satzung auch den Gesellschafter, um dessen Anstellung es geht, zur Abstimmung zulassen möchte, besteht das Stimmverbot nach der anderen Meinung[437] nur dann nicht, wenn die Anstellung aufgrund ihres korporationsrechtlichen Hintergrunds der Organbestellung vergleichbar ist. Weil die Ausnahme vom Stimmverbot nur durch teleologische Reduktion des § 47 Abs. 4 S. 2, 1. Fall gewonnen werden kann und eine bloße Zuständigkeitsregelung mit dem Zweck der Norm nichts zu tun hat, ist der zweiten Ansicht zu folgen. Danach ist etwa erforderlich und genügend, daß die Satzung für bestimmte Gesellschafter ad personam oder als Repräsentanten einer bestimmten, nicht in der Geschäftsführung vertretenen Gesellschaftergruppe leitende Funktionen vorsieht.

bb) Anstellungsvertrag. Von der korporationsrechtlichen Stellung des Geschäftsführers sind seine schuldrechtlichen Beziehungen zur GmbH zu unterscheiden, die regelmä- **171** ßig durch Anstellungsvertrag begründet sind. Auch insoweit stellt sich die Frage, ob der Gesellschafter bei der Festlegung der ihn betreffenden Anstellungsbedingungen mitstimmen darf. Die **hM** bejaht das[438], eine Mindermeinung verneint es[439]. Der hM ist beizutreten. Sie läßt sich allerdings nicht mit der Begründung halten, daß die Anstellungsbedingungen ihrem rechtlichen Schwerpunkt nach im mitgliedschaftlichen Bereich liegen[440]. Vielmehr hat der geschäftsführende Gesellschafter an den finanziellen Konditionen seiner Tätigkeit durchaus ein Privatinteresse, so daß das Stimmverbot des § 47 Abs. 4 S. 2, 1. Fall nach allgemeinen Grundsätzen eingreifen müßte. Für die hM spricht aber, daß es zu kaum sinnvollen Mehrheits-/Minderheitskonflikten führen müßte, wenn das Stimmrecht bei der Bestellung (Rdn 170) und der Anstellung unterschiedlich ausgestaltet wäre. Eine rechtliche Regelung, die es dem Mehrheitsgesellschafter erlaubte, sich bei der Bestellung zum Geschäftsführer durchzusetzen, und es anschließend der Minderheit anheim gäbe, die daraus folgenden persönlichen Rechte

---

433 RGZ 60, 172, 173; RGZ 81, 37.
434 *Zöllner* Die Schranken mitgliedschaftlicher Stimmrechtsmacht (1963), S. 232.
435 BGHZ 51, 209, 217 (allerdings unter Anwendung des § 181 BGB).
436 RGZ 172, 76, 80; Scholz/*K. Schmidt* 118.
437 Baumbach/Hueck/*Zöllner* 55; *Renkl* Der Gesellschafterbeschluß (1982), S. 55.
438 RGZ 74, 276, 278; BGHZ 18, 205, 210; BGH WM 1976, 1226 (Stimmrecht vorausgesetzt); Scholz/*K. Schmidt* § 46, 75 (unter Bedenken); Baumbach/Hueck/*Zöllner* 54; Fischer/*Lutter*/*Hommelhoff* 20; *Baums* Der Geschäftsleitervertrag (1987), S. 143 ff; *Siegmund* BB 1981, 1674, 1677; *Wank* ZGR 1979, 222, 243; *Zöllner* aaO (Fn 434) S. 233 ff.
439 *Roth* 5.2.3; *Flume* I/2 § 7 V 6; *Immenga*/*Werner* GmbH-Rdsch. 1976, 53, 58; *Wilhelm* Rechtsform und Haftung (1981), S. 89 f.
440 So noch *Schilling* Voraufl. 69.

des Geschäftsführers festzulegen, wäre in sich unschlüssig[441]. Der Gesellschafter darf also auch dann mitstimmen, wenn es um die Höhe seiner Vergütung, seiner Gewinnbeteiligung, seines Ruhegehalts und um die Versorgungsbezüge seiner Hinterbliebenen geht. Das gilt für die erste Festlegung wie auch für nachfolgende Änderungen, ist aber nicht als Ermunterung zu gesellschaftsschädlicher Selbstbedienung aufzufassen. Vielmehr ist Mißbräuchen durch die am Maßstab der mitgliedschaftlichen Treupflicht und des Gleichbehandlungsgrundsatzes orientierte inhaltliche Kontrolle des Beschlusses zu begegnen[442].

172 cc) **Abberufung und Kündigung.** Die zum Stimmrecht des betroffenen Gesellschafters führenden vorstehenden Grundsätze (Rdn 169 f) gelten auch für die Abberufung, also die Beendigung der organschaftlichen Stellung, und die Kündigung des Anstellungsvertrags, es sei denn, daß diese Maßnahmen aus wichtigem Grund getroffen würden (dazu Rdn 173). Das ist allgM[443] und kann nicht anders sein, weil die Minderheit sonst Gelegenheit hätte, den zuvor mehrheitlich gefaßten Beschluß zu konterkarieren.

173 dd) **Abberufung und Kündigung aus wichtigem Grund.** Bei seiner Abberufung aus wichtigem Grund darf der Gesellschafter nicht mitstimmen. Das ist im Ergebnis unstreitig[444]. Begründung und nähere Ausgestaltung des Rechtssatzes sind jedoch zweifelhaft geblieben. Die Begründung wird teils in § 47 Abs. 4 S. 2. 1. Fall[445], teils im Verbot des Richtens in eigener Sache[446], teils in dem Prinzip gefunden, daß niemand durch seine Stimme Maßnahmen verhindern darf, die sich aus wichtigem Grund gegen ihn richten[447]. In der Sache führt diese Auseinandersetzung nicht weiter. Weil § 47 Abs. 4 S. 2, 1. Fall nach Wortlaut und Zweck zutrifft (es gibt zwar ein privates Interesse, aber kein mitgliedschaftliches Recht, Organfunktionen trotz Unfähigkeit oder grober Pflichtverletzung fortzuführen), ist nicht erkennbar, warum das Stimmverbot statt auf das Gesetz auf ein allgemeines Prinzip gestützt werden sollte. Was die nähere Ausgestaltung anbetrifft, so fragt sich, ob das Stimmverbot schon bei *bloßer Behauptung wichtigen Grundes* eingreift[448] oder nur dann besteht, wenn ein solcher Grund wirklich vorhanden ist[449]. Der BGH hat die Frage nicht generell, sondern nur für den Fall des Gesellschafter-Geschäftsführers bei gleich hoher Beteiligung entschieden[450]. „Jedenfalls dann" (aaO [Fn 450] S. 181) sei weder die analoge Anwendung der §§ 117, 127 HGB noch die des § 84 Abs. 3 S. 4 AktG gerechtfertigt, so daß es auf die materielle Rechtslage, mithin auf das wirkliche Vorliegen eines wichtigen Grundes iSd § 38 Abs. 2 ankomme. Dieser Ansicht ist beizutreten, und zwar ohne Rücksicht auf die Beteiligungsverhältnisse. Mit bloßen Behauptungen kann niemandem das Stimmrecht abgeschnitten werden. Notfalls muß durch Feststellungsklage geklärt werden, ob Abberufung erfolgt ist oder nicht[451]. Das ist unter dem Aspekt der Rechtssicherheit

---

441 Ähnlich Baumbach/Hueck/*Zöllner* 54; *Baums* aaO (Fn 438) S. 146.

442 BGH WM 1976, 1226; *Baums* aaO (Fn 438) S. 148; *Wank* ZGR 1979, 222, 243 f; *Zöllner* aaO (Fn 434) S. 312 ff.

443 RGZ 81, 37, 39; RGZ 138, 98, 103; OLG Frankfurt OLGR 22, 18; OLG Köln BB 1977, 464; Scholz/*K. Schmidt* § 46, 76; Baumbach/Hueck/*Zöllner* 52.

444 RGZ 124, 371, 380; RGZ 138, 98, 104; BGHZ 34, 367, 371 = NJW 1961, 1299; BGH NJW 1969, 1483; BGHZ 86, 177, 181 f; LG Frankfurt NJW 1951, 719; aus dem Schrifttum statt vieler Scholz/*K. Schmidt* § 46, 76; Baumbach/Hueck/*Zöllner* 53.

445 So wohl *Schilling* Voraufl. 74.

446 So z. B. Scholz/*K. Schmidt* § 46, 76.

447 Baumbach/Hueck/*Zöllner* 53; *Zöllner* Die Schranken mitgliedschaftlicher Stimmrechtsmacht (1963), S. 236 f.

448 Scholz/*K. Schmidt* § 46, 76; *Scholz* GmbH-Rdsch. 1955, 36, 38.

449 Baumbach/Hueck/*Zöllner* 53; *Zöllner* aaO (Fn 447) S. 237 f.

450 BGHZ 86, 177, 181 f (der Schlußsatz auf S. 181 ist mißverständlich gefaßt und setzt die abgelehnte Analogie zu § 84 Abs. 3 S. 4 AktG voraus).

451 Baumbach/Hueck/*Zöllner* § 38, 30.

mißlich, kann aber nach der Gesetzeslage nicht vermieden werden. Für die Kündigung des Anstellungsvertrags gelten diese Grundsätze entsprechend. Der Gesellschafter-Geschäftsführer unterliegt also auch insoweit einem Stimmverbot, aber nur dann, wenn der wichtige Grund tatsächlich besteht[452].

d) **Verschmelzung- und Unternehmensverträge. aa) Verschmelzungsvertrag.** Die Verschmelzung der GmbH mit einer AG bedarf eines Vertrags zwischen den beteiligten Gesellschaften (§§ 340 Abs. 1, 355 Abs. 2 S. 1 AktG), der nur wirksam wird, wenn ihm die Gesellschafterversammlung der GmbH und die Hauptversammlung der AG mit einer Mehrheit von mindestens drei Vierteln zustimmen (§§ 340 c, 355 Abs. 2 S. 1 AktG). Entsprechendes gilt für die Verschmelzung mehrerer Gesellschaften mbH (§§ 20, 21 KapErhG). Damit stellt sich die Frage, ob die neue (aufnehmende) Gesellschaft, die an der anderen (übertragenden) beteiligt ist, bei der Beschlußfassung in deren Gesellschafterversammlung mitwirken darf. Der **Meinungsstand** dazu ist auffallend gespalten. Für das **Aktienrecht** (§ 355 AktG) besteht nach **hM** ein *Stimmverbot*. In der Bamag-Entscheidung heißt es dazu in voller Klarheit: „Nur für die von ihr" (sc.: Bamag) „betriebene Verschmelzung des Unternehmens der Cölner Gesellschaft mit ihrem eigenen gleichartigen Unternehmen half ihr ihre weit überwiegende Aktienmehrheit nichts, weil sie nach § 252 Abs. 3 HGB bei der Beschlußfassung, die die Vornahme eines Rechtsgeschäfts mit einem Aktionär zum Gegenstande hatte, ihr Stimmrecht nicht ausüben durfte. In dieser Frage bildete also in Wahrheit eine verschwindende Minderheit die Mehrheit und konnte der erdrückenden Mehrheit ihren Willen aufzwingen"[453]. Ganz ebenso entschied das Schrifttum zu § 252 Abs. 3 HGB a. F.[454] und so wird es auch zu § 355 AktG weithin vertreten[455]. Ein anderes Bild ergibt sich zu **§§ 20, 21 KapErhG.** Rechtsprechung fehlt. Die **hL** nimmt insoweit an, daß *kein Stimmverbot* besteht, § 47 Abs. 4 S. 2, 1. Fall also nicht eingreift[456]. Dabei wird die entgegenstehende Auffassung des Aktienrechts kaum zur Kenntnis genommen (Ausnahme: Rowedder/*Zimmermann*² aaO [Fn 456] Rdn 408 und 529). Eine beachtliche Gegenmeinung bejaht jedoch auch insoweit den Stimmrechtsausschluß[457]. **174**

Stellungnahme. Das Stimmverbot greift sowohl in den Fällen des § 355 AktG wie auch in denen des § 20 KapErhG ein. Es gibt also kein *Fusionsprivileg*. Die Gegenansicht kann sich auf nicht viel mehr berufen als auf den (sicher zu bejahenden) korporationsrechtlichen Charakter des Verschmelzungsvertrags. Darin liegt, wie dargelegt (Rdn 150, 161), kein zureichendes Argument, und zwar beim Verschmelzungsvertrag um so weniger, als es nicht nach dem Vorbild der Organbestellung um einen innergesellschaftlichen Vorgang, sondern um die Aufgabe der rechtlichen und wirtschaftlichen Existenz der GmbH zugunsten der aufnehmenden Gesellschaft geht. Die Rechtsnatur des Vertrags ergibt also nur ein Begriffsargument. Demgegenüber hat entscheidende Bedeutung, daß die aufnehmende Gesellschaft an der Übernahme des GmbH-Unternehmens ein Sonderinteresse hat, das mit den Belangen der GmbH in den für das Stimmverbot typischen Konflikt gerät. Demnach greift § 47 Abs. 4 S. 2, 1. Fall nicht nur seinem **175**

---

452 Baumbach/Hueck/*Zöllner* 54 aE.

453 RGZ 85, 170, 172.

454 Düringer/Hachenburg/*Lehmann* § 252 HGB a. F., 45; Staub/*Pinner* § 303 HGB a. F., 5; weit. Nachw. bei *Zöllner* Die Schranken mitgliedschaftlicher Stimmrechtsmacht (1963), S. 252 Fn 125.

455 Baumbach/Hueck/*Zöllner* 58; *v. Godin/Wilhelmi* § 355 AktG, 4; *Kraft*-KölnKommAktG § 355, 8; *Zöllner* aaO (Fn 454) S. 252 f; aM *Schilling*-GroßkommAktG § 355, 9.

456 *Schilling* Voraufl. § 77 Anh II § 20 KapErhG, 10; Scholz/*K. Schmidt* 114; Scholz/*Priester* Anh UmwG § 20 KapErhG, 6; Fischer/*Lutter*/*Hommelhoff* Anh Verschmelzung § 20 KapErhG, 7; Rowedder/*Zimmermann*² § 77 Anh, 408; *Timm* AG 1982, 93, 102 ff.

457 Baumbach/Hueck/*Zöllner* 58; *Immenga* BB 1970, 629, 631; *Zöllner* aaO (Fn 454) S. 253.

Wortlaut, sondern auch seinem Zweck nach ein. Folglich geht die Erwägung, der Gesetzgeber des Verschmelzungsrechts hätte ein von ihm gewolltes Stimmverbot ausdrücklich normieren müssen[458], ins Leere; richtig ist das Gegenteil. Auch die Argumentation aus § 9 Abs. 1 S. 1, 2. Hs. UmwG[459] bleibt ohne Überzeugungskraft. Wenn der Grundgedanke dieser zu Recht als „einzigartig" eingestuften[460] und nachhaltiger Kritik unterliegenden Vorschrift[461] das heutige Verschmelzungsrecht prägen sollte, hätte der Gesetzgeber das sagen müssen. Es wäre zu begrüßen, wenn die Streitfrage bei der geplanten Reform des Umwandlungs- und Verschmelzungsrechts eine Lösung finden würde[462]. Durch die hier vertretene Ansicht gewinnt die Minderheit allerdings ein erhebliches Einflußpotential auf die mitgliedschaftlichen Belange der Mehrheit; sie kann kraft ihrer Treupflicht gehalten sein, die erforderliche Zustimmung zu erteilen.

176 bb) **Beherrschungs- und/oder Gewinnabführungsvertrag.** Solche Unternehmensverträge (§ 291 AktG) werfen in der Frage des Stimmverbots ganz ähnliche Probleme auf wie der Verschmelzungsvertrag (Rdn 174 f). Sie erledigen sich allerdings für die Praxis, wenn sie der hier vertretenen Ansicht folgt, daß der Beschluß über den Unternehmensvertrag auf der Seite der beherrschten Gesellschaft nicht nur der qualifizierten Mehrheit von drei Vierteln der abgegebenen Stimmen (Rdn 16), sondern zusätzlich der **Zustimmung sämtlicher Gesellschafter** bedarf (Rdn 17, 32 f), wenn nicht die Satzung etwas anderes bestimmt. Denn damit ist der Schutz der Minderheit verwirklicht[463]. Dieser Gesichtspunkt rechtfertigt eine teleologische Reduktion des § 47 Abs. 4 S. 2 für die Fälle, in denen alle Gesellschafter zustimmen müssen und zugestimmt haben. Auch ist es jedenfalls gut vertretbar, Folgebeschlüsse wie die Weisung an die Geschäftsführer, den Vertrag zur Eintragung in das Handelsregister anzumelden (dazu Rdn 31 mit Fn 70), unter diesem Gesichtspunkt nicht der Geltung des Stimmverbots zu unterstellen[464].

177 Hält man mit einem Teil des Schrifttums die Zustimmung sämtlicher Gesellschafter für entbehrlich oder ist sie nach der Satzung nicht erforderlich, so stellt sich allerdings nach wie vor die Frage nach der **Anwendung des § 47 Abs. 4 S. 2, 1. Fall. Meinungsstand.** Der BGH hat die Frage (zu Recht, weil Einmann-GmbH, vgl. Rdn 125) offengelassen[465]. Im Schrifttum sind die Ansichten geteilt. Die **hM** will die Vorschrift nicht anwenden, weil Beherrschungs- sowie Gewinnabführungsvertrag organisationsrechtlichen (korporationsrechtlichen, innergesellschaftlichen) Charakter haben[466]. Die Gegenansicht tritt dagegen für die Geltung des Stimmverbots ein[467], wobei teilweise betont wird, der Vertrag habe auch den Charakter eines Rechtsgeschäft mit einem Dritten (*Zöllner* aaO [Fn 467]), teilweise in den Vordergrund gestellt wird, daß der

---

458 Rowedder/*Zimmermann*² § 77 Anh, 408.

459 Fischer/*Lutter/Hommelhoff* Anh Verschmelzung § 20 KapErhG, 7.

460 *Schilling* Voraufl. § 77 Anh § 9 UmwG, 3.

461 Vgl. die Zusammenstellung bei *Zöllner* aaO (Fn 454) S. 254 Fn 132. §§ 42, 50, 66 des Diskussionsentwurfs des Gesetzes zur Bereinigung des Umwandlungsrechts (BMJ – III A 1 – 3501/1) enthalten keine entsprechende Regelung mehr.

462 Der Diskussionsentwurf (Fn 461) enthält zur Frage des Stimmverbots, soweit erkennbar, in Text und Begründung keine Aussage.

463 Zutreffend Baumbach/Hueck/*Zöllner* 58; *Emmerich/Sonnenschein* KonzernR § 25 II 2 c; *Ulmer* BB 1989, 10, 15.

464 Auf die noch nicht voll gelöste Problematik von Folgebeschlüssen weist *Ulmer* aaO (Fn 463) zu Recht hin.

465 BGHZ 105, 324, 332 f = WM 1988, 1819 (Meyer).

466 *Ulmer* Voraufl. § 53, 128; Scholz/*K. Schmidt* 115; Fischer/*Lutter/Hommelhoff* § 13 Anh, 26; Rowedder/*Koppensteiner*² § 52 Anh, 40; ausführlich *Kort* Der Abschluß von Beherrschungs- und Gewinnabführungsverträgen im GmbH-Recht (1986), S. 105 ff.

467 Baumbach/Hueck/*Zöllner* 58 und KonzernR, 17; *Flume* I/2 § 7 V 7; *Immenga/Werner* GmbH-Rdsch. 1976, 53, 58 f; *Martens* Mehrheits- und Konzernherrschaft in der personalistischen GmbH (1970), S. 163 ff; *Wilhelm* Rechtsform und Haftung (1981), S. 88 Fn 229 und S. 119 ff.

Gesetzgeber anders als im Aktienrecht keine Befugnis des Mehrheitsgesellschafters anerkannt habe, sich das Unternehmen der GmbH zu unterwerfen (*Flume* aaO [Fn 467]).

Stellungnahme. Es verbleibt bei der Geltung des § 47 Abs. 4 S. 2, 1. Fall. Der hM **178** ist zwar einzuräumen, daß die Verträge des § 291 AktG organisationsrechtlichen (korporationsrechtlichen) Charakter haben. Daß sie deshalb als bloß innergesellschaftliche Vorgänge dem Stimmverbot entzogen sind, ist jedoch in dieser Form nicht begründbar. Zu unterscheiden ist, ob es um die Begründung oder um die rechtsgeschäftliche Basis des entstandenen Vertragskonzerns geht. Aus der zweiten Perspektive sind die Unternehmensverträge in der Tat wie gesellschaftsinterne Vorgänge zu bewerten; sie bilden das Quasi-Statut des einmal entstandenen Konzerns. Dagegen läßt sich für die hier allein relevante Begründung nicht leugnen, daß Beherrschungs- und Gewinnabführungsvertrag auch den Charakter von Außengeschäften der GmbH mit dem künftigen Mutterunternehmen haben. Wer anderes darlegen wollte, müßte konsequenterweise auch den Charakter der Satzung der GmbH als Rechtsgeschäft zwischen den Gründern bestreiten und in ihr nur ein Organisationsstatut ohne rechtsgeschäftliche Basis finden[468]. Weil die Verträge des § 291 AktG Außengeschäfte sind, werden sie auch vom Stimmverbot erfaßt, es sei denn, daß sich eine teleologische Reduktion des § 47 Abs. 4 S. 2, 1. Fall rechtfertigen ließe. Dafür spricht indessen nichts. Vielmehr verfolgt das herrschende Unternehmen sein Sonderinteresse an der Konzernierung. Seine Stimmabgabe dient also nicht mitgliedschaftlichen Interessen in der abhängigen GmbH.

Eine andere Frage ist es, ob das Stimmverbot des § 47 Abs. 4 S. 2, 1. Fall durch **179** **konzernrechtliche Sonderregeln** nach dem Vorbild des Aktienrechts überlagert und verdrängt werden kann. Die Frage erledigt sich de lege lata, weil es kein kodifiziertes GmbH-Konzernrecht gibt (*Flume* aaO [Fn 467]). Solange gesetzgeberische Schritte nicht zu erwarten sind, kann es nur um einen GmbH-Vertragskonzern **kraft richterlicher Rechtsfortbildung** gehen, genauer um die Frage, ob einem solchen Vertragskonzern auch für den Fall der Weg geebnet werden soll, daß keine Einmann-GmbH vorliegt (Fall Meyer) und die Gesellschafter der abhängigen GmbH in dieser Frage nicht einig sind. Das Problem läßt sich an dieser Stelle nicht vertiefen. Jedenfalls erforderlich wäre eine von breitem Konsens getragene Konzeption für den Gläubiger- und Minderheitenschutz im GmbH-Vertragskonzern[469]. Daß diese Prämisse erfüllt wäre, ist gegenwärtig nicht erkennbar.

cc) **Andere Unternehmensverträge.** Ob auch bei der Beschlußfassung über andere **180** Unternehmensverträge (§ 292 AktG), vornehmlich über Betriebspart-, Betriebsüberlassungs- und Betriebsführungsverträge, das Stimmverbot des § 47 Abs. 4 S. 2, 1. Fall eingreift, ist weitgehend ungeklärt. Das bezieht sich zunächst auf die Vorfrage, ob der Beschluß der Zustimmung aller Gesellschafter bedarf (Rdn 176). Das wird teils generell bejaht[470], teils vom Ausmaß der Strukturveränderung abhängig gemacht[471]. Die besseren Gründe dürften dafür sprechen, wenigstens im Grundsatz von satzungsändernder Wirkung der Unternehmensverträge iSd § 292 AktG auszugehen, also die Zustimmung aller Gesellschafter als rechtliche Regel zu fordern. Die dann noch für Ausnahmebereiche und insbesondere für den Fall geringerer satzungsmäßiger Mehrheitserfordernisse

---

468 Vgl. dagegen zutreffend *Ulmer* Festschr. für Werner (1984), S. 911, 912.

469 Siehe zu diesem Zusammenhang nur RegBegr. AktG 1965 bei *Kropff* S. 380 f.

470 Baumbach/Hueck/*Zöllner* KonzernR, 16 aE; wohl auch Fischer/*Lutter*/*Hommelhoff* § 13 Anh, 27.

471 *Ulmer* Voraufl. § 53, 133; *Emmerich*/*Sonnenschein* KonzernR § 25 IV.

(Rdn 176) relevante Frage nach dem Stimmverbot trifft in ähnlicher Weise auf unterschiedliche Antworten wie ihr Seitenstück bzgl. der Verträge des § 291 AktG (Rdn 177). Teils wird also angenommen, das Stimmverbot greife nicht ein[472], teils ist nicht eindeutig erkennbar, ob das nur im Bereich des § 291 AktG oder für alle Unternehmensverträge gelten soll[473], teils wird im Hinblick auf Wortlaut und Zweck des § 47 das Gegenteil vertreten, also das Stimmverbot bejaht[474]. Dieser letzteren Ansicht ist beizutreten. Die wohl überwiegende Gegenmeinung bietet nicht einmal eine vertiefte Auseinandersetzung mit der für ihren Gedankengang zentralen Frage, ob die anderen Unternehmensverträge iSd § 292 AktG organisationsrechtlichen Charakter haben. Will man das bejahen (= Zustimmung aller Gesellschafter), so bleibt das Argument, daß es sich jedenfalls auch um ein Außengeschäft mit dem Vertragspartner handelt, der sich in seiner Doppelrolle z. B. als Pächter des Betriebs der GmbH und als Gesellschafter der Verpächterin präzise in der Interessenkollision befindet, an die § 47 Abs. 4 S. 2, 1. Fall anknüpft. Von den Unternehmensverträgen zu unterscheiden sind **konzerninterne Rechtsgeschäfte.** Vgl. zu Begriff und rechtlicher Behandlung (Stimmverbot gilt) oben Rdn 126.

8. **Rechtsfolgen**

181 a) **Reichweite des Verbots.** Die Verbote des § 47 Abs. 4 hindern den Gesellschafter nur an der Ausübung des Stimmrechts. Dagegen darf er an der Gesellschafterversammlung und an der Aussprache über den Beschlußgegenstand teilnehmen (§ 48, 14)[475]. Soweit das Stimmverbot eingreift, darf der Gesellschafter auch an Verfahrensentscheidungen nicht mitwirken, die in der Sache präjudiziell wirken können. Das Stimmverbot gilt deshalb auch für die **Vertagung,** ferner, wenn die Absetzung von der Tagesordnung beschlossen werden soll[476].

182 b) **Folgen verbotswidriger Stimmabgabe. aa) Für den Beschluß.** Die entgegen § 47 Abs. 4 abgegebenen Stimmen sind nichtig[477], und zwar nach § 134 BGB, weil die Stimmabgabe als rechtsgeschäftliche Erklärung (Rdn 41) gegen ein gesetzliches Verbot verstößt. Ob und wie sich die Nichtigkeit der Stimmen auf die Gültigkeit des Beschlusses auswirkt, hängt zunächst davon ab, ob sich das Abstimmungsergebnis durch ihren Abzug verändert. Bleibt auch dann noch eine Mehrheit, so hat der Verstoß gegen § 47 Abs. 4 keine beschlußrechtlichen Folgen. Im übrigen ist zu unterscheiden, ob das Beschlußergebnis notariell beurkundet bzw. vom Versammlungsleiter festgestellt worden ist oder ob beides nicht zutrifft. Das eine wie das andere bringt den Beschluß nach heute **hM** auch dann zur Entstehung, wenn der Beschlußantrag infolge der Nichtigkeit verbotswidrig abgegebener Stimmen keine Mehrheit erreicht hat (Rdn 27 ff). Folglich ist analog § 243 Abs. 1 AktG fristgebundene Anfechtungsklage erforderlich, wenn der Mangel geltend gemacht werden soll[478]. Handelt es sich um einen negativen Beschluß (Antrag abgelehnt), so kann die (jedenfalls notwendige, vgl. Rdn 28, 35) Anfechtungsklage mit positiver Beschlußfeststellungsklage verbunden

---

472 Scholz/*K. Schmidt* 115.

473 Fischer/*Lutter/Hommelhoff* § 13 Anh, 26 und 33; Rowedder/*Koppensteiner*[2] § 52 Anh, 40 und 44 ff.

474 *Schilling* Voraufl. 66; Baumbach/Hueck/*Zöllner* 58; vgl. auch BGH NJW 1973, 1039, 1040 (Geschäftsübernahme).

475 BGH NJW 1971, 2225; BGH WM 1985, 567, 568 (re. Sp.); weit. Nachw. in Fn 32 zu § 48.

476 BGH NJW 1973, 1039, 1040 (re. Sp.); Baumbach/Hueck/*Zöllner* 70.

477 Baumbach/Hueck/*Zöllner* 71; **aM** Scholz/*K. Schmidt* 175: unwirksam.

478 BGHZ 88, 320, 328 = NJW 1984, 489; BGHZ 97, 28, 30 = NJW 1986, 2051; BGHZ 104, 66, 69 ff = NJW 1988, 1844; Scholz/*K. Schmidt* 175; Baumbach/Hueck/*Zöllner* 71.

werden (Rdn 28; näher Anh § 47)[479]. Ist der Beschluß weder beurkundet noch vom Versammlungsleiter festgestellt und wird die notwendige Mehrheit infolge der Nichtigkeit verbotswidrig abgegebener Stimmen nicht erreicht, so ist der vermeintliche Beschluß nicht zustande gekommen. Das heißt: Der Antrag ist abgelehnt, wenn unzulässige Ja-Stimmen abgezogen werden müssen. Er ist dagegen angenommen, wenn sich nach Abzug verbotswidriger Neinstimmen eine Mehrheit ergibt. Das eine wie das andere kann durch nicht fristgebundene Feststellungsklage geltend gemacht werden[480].

bb) **Haftungsfragen.** § 47 Abs. 4 spricht keine Schadensersatzpflicht aus. Sie kann deshalb nur aus den allgemeinen haftungsrechtlichen Normen abgeleitet werden. Als Anspruchsgrundlagen kommen einerseits pVV bzw., weil es um den Verstoß gegen Unterlassungspflichten geht, § 280 BGB in Betracht, andererseits §§ 823 Abs. 2, 826 BGB. Die Basis für Ansprüche aus pVV bzw. § 280 BGB ist dadurch gegeben, daß § 47 Abs. 4 eine **mitgliedschaftliche Unterlassungspflicht** begründet. Die verbotswidrige Stimmabgabe verletzt diese Pflicht und kann daher, Verschulden vorausgesetzt, prinzipiell zur Schadensersatzverpflichtung führen[481]. Einzelheiten sind weitgehend ungeklärt. Als Gläubiger des Anspruchs kommt jedenfalls die GmbH in Betracht, weil der Gesellschafter ihr die Unterlassung der Stimmabgabe schuldet. Schaden der Gesellschaft können z. B. die nachteiligen Folgen eines schon ausgeführten Geschäfts bei Weisungsbeschlüssen oder die Kosten einer zweiten Versammlung sein. Eigene, nicht im Wege der actio pro socio zu verfolgende Ersatzansprüche der Mitgesellschafter sind nur dann überzeugend begründbar, wenn man auch sie als Gläubiger der aus § 47 Abs. 4 resultierenden Unterlassungspflicht ansprechen kann. Das muß jedoch grundsätzlich verneint werden, weil es bei den Stimmverboten darum geht, sachwidrige Sondereinflüsse auf die Willensbildung in der GmbH auszuschalten (Rdn 120). Eine andere Beurteilung kommt nur ausnahmsweise in Frage, nämlich dann, wenn der durch verbotswidrige Stimmabgabe veranlaßte Beschluß in die Mitgliedschaft von Gesellschaftern eingreift und diese Rechtsbeeinträchtigung nicht über das Vermögen der GmbH ausgeglichen werden kann[482]. 183

Gegenwärtig ganz ungeklärt ist die Frage nach dem **Verhältnis von Schadensersatz und Beschlußanfechtung.** Sie stellt sich, weil Schadensersatz schuldhafte Pflichtverletzung voraussetzt, aber nach Ablauf der (kurzzeitigen) Anfechtungsfrist die Rechtmäßigkeit des Beschlusses nicht mehr zweifelhaft sein soll. Die jüngste Analyse des Problems[483] kommt deshalb zu dem Ergebnis, daß Schadensersatzansprüche nach dem Ablauf der Anfechtungsfrist nicht mehr mit Aussicht auf Erfolg geltend gemacht werden können. Basis dafür war allerdings noch die Annahme, daß der vermeintliche Beschluß in den Fällen des § 47 Abs. 4 nicht zustandekomme und der Schein eines Beschlusses Schadensersatzforderungen nicht entgegenstehen könne (*M. Winter* aaO [Fn 483] S. 321). Diese Basis ist seither weitgehend verloren gegangen (Rdn 27 ff, 182). Man wird die Frage deshalb neu durchdenken müssen, und zwar auf der Linie, ob der Fristablauf nicht doch nur zur Rechtsbeständigkeit des Beschlusses führt[484] und Schadensersatz wenigstens insoweit zu leisten ist, wie das mit der Rechtsbeständigkeit in Einklang gebracht werden kann. Der in diesem Zusammenhang auch angesprochene § 254 BGB[485] bringt nichts, soweit es um einen Ersatzanspruch der GmbH geht (Rdn 183). Soweit ausnahmsweise Ansprüche der Gesellschafter in Frage stehen, kann 184

---

[479] Scholz/*K. Schmidt* 175; Rspr. in der vor. Fn.
[480] Baumbach/Hueck/*Zöllner* 71.
[481] Baumbach/Hueck/*Zöllner* 72; *M. Winter* Mitgliedschaftliche Treubindungen (1988), S. 321; vgl. auch Scholz/*K. Schmidt* 33 (zur Treupflicht allgemein).
[482] Überzeugend *M. Winter* aaO (Fn 481) S. 86 ff, 93 ff.
[483] *M. Winter* aaO (Fn 481) S. 321 ff, 323 mwN.
[484] Vgl. *K. Schmidt* GmbH-Rdsch. 1979, 121, 128.
[485] Scholz/*K. Schmidt* 33; *M. Winter* aaO (Fn 481) S. 322.

dagegen in der Versäumung der Anfechtungsfrist ein mitwirkendes Verschulden gefunden werden.

185 Eine aus § 826 BGB abgeleitete **deliktsrechtliche Haftung** wird nur in krassen Fällen in Betracht kommen. Wesentliche Bedeutung hat deshalb, ob **§ 47 Abs. 4 als Schutzgesetz iSd § 823 Abs. 2 BGB** eingestuft werden kann. Die Frage wird nur vereinzelt erörtert und dann bejaht[486]. Dem ist nicht beizupflichten. § 47 Abs. 4 gehört zu den Vorschriften, die die mitgliedschaftliche Beziehung des Gesellschafters zur GmbH regeln, betrifft also eine Sonderverbindung. Wie *Schmiedel* überzeugend nachgewiesen hat[487], sind Normen, die solche Sonderverbindungen regeln, keine Schutzgesetze iSd § 823 Abs. 2 BGB; das gilt generell, also nicht nur für obligatorische Beziehungen. § 823 Abs. 2 BGB führt auch in der Sache nicht weiter, wenn und soweit sich der Anspruch schon aus der schuldhaften Verletzung einer Mitgliedspflicht begründen läßt. Eine andere Beurteilung könnte unter diesem Aspekt allerdings angezeigt sein, wenn sich im Rahmen des § 823 Abs. 2 BGB die Probleme nicht stellen würden, die aus dem Erfordernis fristgerechter Anfechtungsklage resultieren (Rdn 184). Das ist aber schon deshalb nicht der Fall, weil die Norm ebenso eine Pflichtwidrigkeit voraussetzt wie der mitgliedschaftsrechtliche Haftungstatbestand. Will man die Vorschrift entgegen der dargelegten Meinung anwenden, so bleibt noch die Frage, ob nur die GmbH Schutzobjekt sein kann, also nur sie als Gläubigerin in Betracht kommt, oder ob in den Ausnahmefällen, in denen durch den Beschluß in die Mitgliedschaft einzelner Gesellschafter eingegriffen wird (Rdn 183), auch sie Ansprüche aus § 823 Abs. 2 BGB herleiten können. Die besseren Gründe sprechen dann für das zweite[488].

186 c) **Umgehung.** Eine Umgehung liegt zunächst vor, wenn der nach § 47 Abs. 4 an der Ausübung des Stimmverbots gehinderte Gesellschafter oder sein Vertreter oder sein Treuhänder die Geschäftsanteile auf einen Dritten oder auf einen anderen Gesellschafter überträgt, damit dieser das Stimmrecht ausübt. Eine derartige Vorgehensweise ist für das Aktienrecht (§ 405 Abs. 3 Nr. 5 AktG), nicht jedoch für die GmbH eine mit Bußgeld bedrohte Ordnungswidrigkeit. Wird so verfahren, dann ist der neue Inhaber der Geschäftsanteile in gleicher Weise von dem Stimmverbot betroffen wie seine Rechtsvorgänger. Die Stimmabgabe ist also nichtig (Rdn 182)[489]. Die nähere Ausgestaltung des Rechtsverhältnisses zwischen altem und neuem Anteilsinhaber ist in Umgehungsfällen nicht erheblich. Insbesondere muß keine rechtliche Weisungsbefugnis des alten Inhabers bestehen. Nach BGH aaO (Fn 489) genügt, daß die Abtretung in der tatsächlich gesicherten beiderseitigen Erwartung erfolgt ist, der Erwerber werde zugunsten des selbst nicht stimmberechtigten Zedenten abstimmen, und daß dies der Zweck des Geschäfts gewesen ist. Auch im Abschluß von Stimmbindungsverträgen kann eine Umgehung des § 47 Abs. 4 zu finden sein; vgl. dazu schon Rdn 77.

9. Stimmverbot und Satzungsautonomie

187 a) **Erweiterung und Präzisierung gesetzlicher Stimmverbote.** Nach § 45 Abs. 2 gilt auch § 47 Abs. 4 nur vorbehaltlich anderweitiger Bestimmung in der Satzung. Unbedenklich zulässig ist deshalb, daß die Satzung, sei es von Anfang an oder nachträglich

---

486 Baumbach/Hueck/*Zöllner* 72; *Zöllner*-KölnKomm-AktG § 136, 60. Dagegen heben Geßler/Hefermehl/*Eckardt*/Kropff § 136 AktG, 49 auf § 405 Abs. 3 Nr. 5 AktG ab. Damit werden aber nur Umgehungsfälle (Rdn 186) erfaßt.

487 *Schmiedel* Deliktsobligationen nach deutschem Kartellrecht (1974), S. 55 ff.

488 AM *Zöllner*-KölnKommAktG § 136, 62.

489 BGH NJW 1976, 713, 714 (li. Sp.); Baumbach/Hueck/*Zöllner* 69.

infolge Satzungsänderung, die Stimmverbote erweitert oder präzisiert[490]. Vorstellbar sind Satzungsklauseln, die etwa den subjektiven Geltungsbereich der Stimmverbote auf bloße Nähebeziehungen erweitern, ferner solche, in denen ein gesetzliches Stimmverbot mangels hinreichender Abgrenzbarkeit des Personenkreises ausscheidet (Rdn 140), ferner solche Bestimmungen der Satzung, die vom gesetzlichen Stimmverbot freigestellte korporationsrechtliche Geschäfte (Rdn 161 ff) einem Stimmverbot unterwerfen.

b) **Beseitigung und Beschränkung.** Ob die Satzung die gesetzlichen Stimmverbote beschränken oder ganz beseitigen kann, ist im Verlauf der Entwicklung unterschiedlich beurteilt worden. **Meinungsstand.** Die Rechtsprechung hat ursprünglich aus § 45 Abs. 2 gefolgert, daß die Stimmverbote des § 47 Abs. 4 durch die Satzung außer Kraft gesetzt werden können. Die entschiedenen Fälle betrafen zwar Insichgeschäfte oder wenigstens ähnliche Sachverhalte, doch ist den Urteilen nicht zu entnehmen, daß die von ihnen bejahte Disposivität auf solche Sachverhalte begrenzt sein sollte[491]. Ein frühes Urteil des RG hat sogar den Grubenvorstand einer bergrechtlichen Gewerkschaft für befugt gehalten, bei seiner eigenen Entlastung mitzustimmen[492]. Auch das Schrifttum hat zunächst angenommen, die Satzung könne die Stimmverbote wegen § 45 Abs. 2 grundsätzlich beseitigen[493]. Inzwischen hat sich jedoch die Erkenntnis durchgesetzt, daß eine derartige Beseitigung nicht beliebig statthaft ist. Als geklärt kann insbesondere angesehen werden, daß eine Satzungsklausel, nach welcher ein Gesellschafter mitstimmen darf, wenn es um seine eigene Entlastung geht, sittenwidrig und deshalb nach § 138 BGB nichtig ist[494]. Nichtigkeit wird überwiegend auch für Bestimmungen der Satzung angenommen, die dem Gesellschafter die Ausübung des Stimmrechts gestatten wollen, wenn es um seine Befreiung von einer Verbindlichkeit, um die Einleitung eines gegen ihn gerichteten Schadensersatzprozesses, um seine Abberufung als Geschäftsführer oder als Träger anderer Organfunktionen aus wichtigem Grund und entsprechend um die Kündigung seines Anstellungsverhältnisses aus wichtigem Grund geht[495]. Raum für Satzungsgestaltungen bleibt danach nur bei der Vornahme von Rechtsgeschäften. In der Begründung wird teils auf § 138 BGB[496], teils auf den Gedanken abgehoben, niemand dürfe Richter in eigener Sache sein, weil sonst der Zweck des § 47 Abs. 4 (Gewähr der „Richtigkeit" von Gesellschafterbeschlüssen) verloren ginge[497]. **188**

Stellungnahme. Die Satzung kann von den Stimmverboten des § 47 Abs. 4 nur in den durch § 138 Abs. 1 BGB gezogenen Grenzen dispensieren. Das Verbot des „Richtens in eigener Sache" ist, weil damit rechtsethische Minimalanforderungen unterschritten würden, nur ein Teilaspekt dieser Norm, führt also im grundsätzlichen nicht weiter. An sich ist die Orientierung an § 138 Abs. 1 BGB nichts besonderes, weil die immanenten Grenzen der Privatautonomie auch für die Gestaltung durch Satzung gelten. Auffallend ist nur, daß im Zuge der Konkretisierung des Sittengebots die nach § 45 Abs. 2 scheinbar bestehende Disposivität im wesentlichen (Ausnahme nach hM: Vornahme von Rechtsgeschäften) beseitigt wird. Daran ist jedoch keine Kritik zu üben. § 45 Abs. 2 ist nämlich an § 109 HGB (seinerzeit: Art. 90 ADHGB) ausgerichtet, und für die OHG stellt sich die Frage nach Stimmverboten anders als für die GmbH, weil **189**

---

490 RGZ 122, 159, 162; BGH WM 1977, 192; BGHZ 92, 386, 395 = NJW 1985, 2592; Scholz/*K. Schmidt* 172; Baumbach/Hueck/*Zöllner* 73.

491 RGZ 89, 367, 383; RGZ 122, 159, 162.

492 RGZ 4, 296, 304.

493 So noch *Schilling* Voraufl. 78; *Immenga/Werner* GmbH-Rdsch. 1976, 53, 55; *Siegmund* BB 1981, 1674, 1678 f; wohl auch noch *U. H. Schneider* ZHR 150 (1986), 609, 614.

494 BGH NJW 1989, 2694, 2696 (re. Sp.); Schrifttum in Fn 495.

495 Vgl. mit Nuancen im einzelnen Scholz/*K. Schmidt* 173; Baumbach/Hueck/*Zöllner* 73; Fischer/*Lutter/Hommelhoff* 9; Rowedder/*Koppensteiner*[2] 68 (enger als die Vorgenannten); zu *Flume* siehe Fn 498.

496 So Baumbach/Hueck/*Zöllner* 73.

497 So Scholz/*K. Schmidt* 173; Fischer/*Lutter/Hommelhoff* 9.

§ 119 Abs. 1 HGB nicht vom Mehrheitsprinzip, sondern vom Einstimmigkeitsgrundsatz ausgeht. Wenigstens prinzipiell sachgerecht wäre eine gesetzliche Regelung, die sich statt dessen am vereinsrechtlichen Modell (§§ 32 Abs. 1 S. 3, 34, 40 BGB) orientierte, also Mehrheitsprinzip und zwingende Stimmverbote miteinander kombinierte[498]. Einer schlichten Übernahme in das Recht der GmbH (dafür *Flume* aaO [Fn 498]) steht aber die Existenz des § 45 Abs. 2 entgegen. Folglich war § 82 Abs. 5 RegE 1973, der den zwingenden Charakter des in § 82 Abs. 3 RegE 1973 vorgesehenen Katalogs von Stimmverboten vorsah[499], grundsätzlich auf dem richtigen Weg.

190 Für die erforderliche **Konkretisierung** liegt der entscheidende Gesichtspunkt in der Unzulässigkeit einer *Selbstentmündigung*, und zwar zunächst des (Minderheits-) Gesellschafters[500], dann aber auch der GmbH, die sich bei völliger Abbedingung des § 47 Abs. 4 zwar nicht unter die Herrschaft eines Dritten begeben, sich aber von den Drittinteressen ihres (Mehrheits-)Gesellschafters abhängig machen würde. Im einzelnen kann auf den Katalog des § 82 Abs. 3 RegE 1973 (aaO [Fn 499]) zurückgegriffen werden. Fraglich bleibt nach allem nur, ob die der hM entsprechende Beseitigung des § 47 Abs. 4 S. 2, 1. Fall durch die Satzung hinzunehmen ist. Das ist nicht zweifelsfrei, doch können Bedenken wohl nicht generell und damit in der für Stimmverbote charakteristischen typisierenden Weise, sondern nur unter Berücksichtigung der Wirkungen des konkreten Geschäfts auf die GmbH und die mitgliedschaftliche Stellung ihrer Gesellschafter erhoben werden. Das spricht dafür, die Satzungsklausel zuzulassen und die Ausübung des danach gegebenen Stimmrechts am Maßstab der mitgliedschaftlichen Treupflicht (Rdn 191 ff) zu messen.

VII. Stimmrecht und Treubindungen

1. Zum Tatbestand treuwidriger Stimmabgabe

191 **a) Starre und bewegliche Stimmrechtsschranken.** Im Anschluß an die grundlegenden Untersuchungen von *Zöllner* ist zwischen starren und beweglichen Stimmrechtsschranken zu unterscheiden[501]. Die Stimmverbote des § 47 Abs. 4 gehören zu den starren Schranken; denn sie heben nicht darauf ab, ob im Einzelfall eine Interessenkollision vorliegt, sondern verknüpfen das Stimmverbot mit der Erfülllung abstrakter, tatbestandlich umschriebener Voraussetzungen. Bewegliche Stimmrechtsschranken dienen dagegen der rechtlichen Prüfung einer grundsätzlich zugelassenen Stimmrechtsausübung im konkreten Einzelfall. Die Maßstäbe dieser Prüfung folgen aus den Generalklauseln des allgemeinen Zivilrechts und aus spezifisch gesellschaftsrechtlichen Verhaltensstandards; herausgehobene Bedeutung haben insoweit der Gleichbehandlungsgrundsatz und die mitgliedschaftliche Treupflicht. Wegen der Einzelheiten ist auf die Erl. zu § 14 zu verweisen.

192 **b) Die mitgliedschaftliche Treupflicht insbesondere.** Nach dem heutigen Stand der Entwicklung können folgende Grundaussagen festgehalten werden[502]: Die mitglied-

---

[498] Insoweit zutreffend *Flume* I/2 § 7 V 3, der § 47 Abs. 4 folgerichtig für insgesamt unabdingbar hält.

[499] Text: BT-Drucks. 7/253, S. 23, Begr. ebenda S. 135.

[500] Zutreffend stellt BGH NJW 1989, 2694, 2696 (li. Sp.) darauf ab, daß sich die anderen Gesellschafter „in die Hand dessen begeben, der die Gesellschaft möglicherweise geschädigt hat".

[501] Die Schranken mitgliedschaftlicher Stimmrechtsmacht (1963), S. 97 ff, 287 ff.

[502] Vollständigkeit der Nachweise kann in diesem Zusammenhang nicht angestrebt werden; vgl. neben *Zöllner* aaO (Fn 501) besonders *M. Winter* Mitgliedschaftliche Treubindungen (1988); dazu Bespr. *Hüffer* ZHR 153 (1989), 85; ferner *Hüffer* Festschr. für Steindorff (1990), S. 59; *Th. Raiser* ZHR 151 (1987), 422, 426 ff; *Worch* Treupflichten von Kapitalgesellschaftern untereinander und gegenüber der Gesellschaft (1983).

schaftliche Treubindung ist eine Pflicht organisationsvertraglichen Ursprungs. Sie wird durch einen entsprechenden Rechtssatz stabilisiert, der seinerseits eine richterrechtliche Generalklausel ist und als solche der Konkretisierung bedarf[503]. Ihrer Funktion nach dient die Treupflicht in erster Linie der Einwirkungskontrolle, also der Prüfung, ob die mit der Ausübung von Mitgliedschaftsrechten verbundenen Einwirkungen auf die Gesellschaft oder die Rechtspositionen der anderen Gesellschafter sich in dem Rahmen halten, der insbesondere durch die Pflicht zur Förderung des gemeinsamen Zwecks und durch das Verhältnismäßigkeitsprinzip vorgezeichnet ist[504]. Daneben geht es um die Gewährleistung von Vertrauensschutz, soweit durch die Gesellschaft Gemeinschaftsverhältnisse entstehen[505]. Die rechtliche Existenz von Treubindungen ist anzuerkennen, soweit ihr Doppelzweck (Einwirkungskontrolle und Vertrauensschutz) das erfordert, folglich auch im Recht der GmbH[506]. Sie bestehen in erster Linie gegenüber der Gesellschaft[507], daneben auch im Verhältnis der Gesellschafter untereinander[508].

Als **mitgliedschaftliches Verwaltungsrecht** (Rdn 40) unterliegt auch das **Stimmrecht** den skizzierten Treubindungen; dabei steht der Zweck der Einwirkungskontrolle ganz im Vordergrund. Stimmverbote und Treubindungen stehen in einem funktionalen Zusammenhang[509]. Die Stimmverbote entlasten die Generalklausel, weil es auf die Treupflicht nicht mehr ankommt, wenn und soweit die Ausübung des Stimmrechts ohnehin untersagt ist. Umgekehrt ist auf die Generalklausel zurückzugreifen, soweit die tatbestandlichen Voraussetzungen eines Stimmverbots nicht erfüllt sind, aber die rechtliche Prüfung der Stimmabgabe angezeigt ist. Dabei gibt der Zweck des § 47 Abs. 4 (Orientierung der Stimmabgabe am Gesellschaftsinteresse, Rdn 120) für die Konkretisierung der Generalklausel vor allem in den Fällen die Richtung vor, in denen es um Beschlüsse im Geschäftsführungsbereich geht. Treuwidrige Beeinträchtigungen der mitgliedschaftlichen Rechte von Mitgesellschaftern, denen durch Prüfung der Rechtsbeeinträchtigung auf Verhältnismäßigkeit und Erforderlichkeit zu begegnen ist, sind ausweislich der bisherigen Judikatur eher ein Problem des Aktienrechts[510], können aber auch für die GmbH nicht ausgeschlossen werden[511]. Insgesamt lassen sich **drei Typen eines pflichtwidrigen Stimmverhaltens** unterscheiden: Der Gesellschafter verstößt mit der Stimmabgabe gegen eine aus § 47 Abs. 4 resultierende Unterlassungspflicht (vgl. schon Rdn 183); oder er verstößt durch den Inhalt seiner Stimme gegen die mitgliedschaftliche Treupflicht, indem er an einem Beschluß mitwirkt, der, vornehmlich mit Rücksicht auf das Gesellschaftsinteresse, so nicht gefaßt werden durfte; oder er verhindert durch treuwidrige Nein-Stimme (oder Stimmenthaltung) einen Beschluß, der im Gesellschaftsinteresse erforderlich und ihm unter Beachtung seiner eigenen Belange zumutbar ist. 193

[503] So zuerst *Stimpel* in Pehle/Stimpel Richterliche Rechtsfortbildung (Juristische Studiengesellschaft Karlsruhe Heft 87/88), 1969, S. 18; zur rechtlichen Ableitung der Generalklausel *Hüffer* Festschr. für Steindorff (1990), S. 69 ff.

[504] Diesen Aspekt betont als erster *Zöllner* aaO (Fn 501) S. 339 ff.

[505] Das wird in den Vordergrund gerückt von *Rob. Fischer*-GroßkommHGB³ § 105, 31 a und von *A. Hueck* Der Treuegedanke im modernen Privatrecht (Sitzungsberichte der Bayerischen Akademie der Wissenschaften, Phil.-hist. Klasse, Heft 7), 1947, S. 12 f, 18 f.

[506] Gesichert seit BGHZ 65, 15 (ITT) = NJW 1976, 191; vgl. seither etwa BGHZ 95, 330, 340 (Autokran) = NJW 1986, 188; BGHZ 98, 276, 278 = NJW 1987, 189; siehe auch *Stimpel* AG 1986, 117 (re. Sp.).

[507] Spätestens außer Zweifel seit BGHZ 103, 184, 190 f = NJW 1988, 1579 m. Anm. *Timm* (Linotype); dazu *Lutter* ZHR 153 (1989), 446, 452 f.

[508] So besonders BGHZ 65, 15, 18 f (ITT).

[509] Dazu *M. Winter* aaO (Fn 502) S. 102 ff, 105 ff.

[510] Hierher gehört die Judikatur zur Beschlußkontrolle, vgl. z. B. BGHZ 71, 40, 43 ff (Kali u. Salz) = NJW 1978, 1316; BGHZ 83, 319, 321 (genehmigtes Kapital) = NJW 1982, 2444.

[511] Vgl. etwa BGHZ 80, 69, 74 (Befreiung vom Wettbewerbsverbot der Satzung) = NJW 1981, 1512.

194 Im jeweiligen Zusammenhang angesprochen sind folgende **Einzelfragen:** Pflicht, *Geschäftsführungsmaßnahmen* zuzustimmen (Rdn 7); Verpflichtung zur *positiven Stimmabgabe* bei durch die Satzung verschärften Mehrheitserfordernissen (Rdn 18); *Vetorecht* und Treubindung (Rdn 24); mögliche Treuwidrigkeit *teilweiser Stimmenthaltung* (Rdn 57); Treupflicht zur Gesellschaft als Hindernis einer *Stimmbindung gegenüber Dritten* (Rdn 75); Treupflicht zur Gesellschaft und *Stimmbindung unter den Gesellschaftern* (Rdn 76); Treupflicht als Argument für satzungsähnliche Wirkungen *schuldrechtlicher Nebenabreden?* (Rdn 84); Unzumutbarkeit der *Person des Bevollmächtigten* (Rdn 100); Verfolgung von Sondervorteilen bei *Kapitalerhöhung* (Rdn 166 f); Verfolgung von Sondervorteilen bei *Auflösung* (Rdn 168); Ausgestaltung der *Anstellungsbedingungen* des Gesellschafter-Geschäftsführers (Rdn 171); Zustimmung der Minderheit zum Abschluß eines *Verschmelzungsvertrags* (Rdn 175); Treupflicht bei wirksamer (Vornahme von Rechtsgeschäften) *Befreiung vom Stimmverbot* durch Satzung (Rdn 190).

2. Rechtsfolgen

195 Rechtsfolgen eines treuwidrigen Stimmverhaltens können sein: die Anfechtbarkeit des Beschlusses; die Verpflichtung zum Schadensersatz; bei treuwidriger Verhinderung eines bestimmten Beschlußergebnisses die positive Beschlußfeststellungsklage und, soweit diese Möglichkeit nicht besteht, der auf Stimmabgabe gerichtete Erfüllungszwang. **Anfechtbarkeit** des Beschlusses ist gegeben, weil die Verletzung der Treupflicht den Verstoß gegen die entsprechende Generalklausel (Rdn 192) bedeutet und damit Gesetzesverletzung im Sinne analoger Anwendung des § 243 Abs. 1 AktG ist. Auch § 243 Abs. 2 AktG kommt als Anfechtungstatbestand in Frage. Zu Einzelheiten vgl. Anh § 47.

196 Grundlage eines Anspruchs auf **Schadensersatz** kann im Sinne des zivilrechtlichen Systems der Leistungsstörungen nur die pVV sein. Andere Störungstypen kommen (anders als bei Verletzung des Stimmverbots, Rdn 183) nicht in Betracht und auch das Deliktsrecht gibt, abgesehen von § 826 BGB, nichts her. Materiell-rechtliche Bedenken gegen die auf pVV gestützte Schadensersatzfolge einer schuldhaften (§ 276 BGB) Treupflichtverletzung bestehen nicht[512], weil es sich um eine Pflicht rechtsgeschäftlichen Ursprungs handelt (Rdn 192 nach Fn 502). Für einen Haftungsausschluß analog § 117 Abs. 7 AktG spricht nichts[513]. Auch eine Beschränkung der Haftung auf personalistisch strukturierte Gesellschaften ist nicht angezeigt[514]. Die Haftung entfällt vielmehr nur dann, wenn alle Gesellschafter der treuwidrigen Einzelmaßnahme zugestimmt haben; es handelt sich dann um einen Treupflichtdispens nach dem Vorbild der Satzungsdurchbrechung[515]. Gläubiger des Ersatzanspruchs ist der jeweilige Gläubiger der Treupflichtbeziehung, also die GmbH, soweit ein Gesellschafter seine ihr gegenüber bestehende Treupflicht verletzt[516]. Den Anspruch der Gesellschaft können die Gesellschafter jedoch unter den Voraussetzungen der actio pro socio im eigenen Namen geltend machen[517]. Schwierig bleibt das Verhältnis zur fristgebundenen Anfechtungsklage; insoweit gelten die Ausführungen in Rdn 184 hier entsprechend.

---

512 Zum Ganzen *M. Winter* aaO (Fn 502) S. 105 ff.

513 Baumbach/Hueck/*Zöllner* 75.

514 So möglicherweise Baumbach/Hueck/*Zöllner* 75; ablehnend für die kapitalistische GmbH noch *Zöllner* aaO (Fn 501) S. 432.

515 Baumbach/Hueck/*Zöllner* 75; *M. Winter* aaO (Fn 502) S. 201 f, 214.

516 *M. Winter* aaO (Fn 502) S. 86 ff, 307.

517 Dazu überzeugend *M. Winter* aaO (Fn 502) S. 306 ff; andere dogmatische Konzeption bei *Th. Raiser* ZHR 153 (1989), 1, 20 f.

197 Die **positive Beschlußfeststellungsklage** ist inzwischen ein etabliertes Institut des Beschlußrechts[518]; vgl. dazu Rdn 28 und näher Anh § 47. Sie hilft allerdings nicht in allen Fällen. So ist sie zumindest fragwürdig, wenn der Beschluß notarieller Beurkundung bedarf wie bei der Satzungsänderung (§ 53 Abs. 2 S. 1)[519]. Auch ist nicht ausgeschlossen, daß es infolge der Obstruktion durch einen Gesellschafter gar nicht erst zur Abstimmung und folglich nicht einmal zu einem negativen Beschluß (Rdn 35) kommt. Dann hilft nur **Erfüllungszwang,** also Klage der anderen Gesellschafter auf Abgabe von Ja-Stimmen zu der in den Klageantrag aufgenommenen Beschlußvorlage[520]. Das rechtskräftige Urteil ersetzt die Abgabe der Stimmen nach § 894 ZPO.

VIII. Regelungen der Satzung

198 Nach dem **Grundsatz** des § 45 Abs. 2 ist § 47 in vollem Umfang dispositiv. Das gilt insbesondere für § 47 Abs. 1 bis 3; für § 47 Abs. 1 allerdings nur mit den Einschränkungen, die sich aus dem Mehrheitsbegriff und aus der Schutzfunktion qualifizierter Mehrheiten ergeben (Rdn 22 f). Für § 47 Abs. 4 führt die Anwendung des § 138 Abs. 1 BGB zu dem Resultat, daß die Satzung nur das Stimmverbot für die Vornahme von Rechtsgeschäften (§ 47 Abs. 4 S. 2, 1. Fall) beseitigen kann; die anderen Varianten der Vorschrift sind also im Ergebnis zwingend (vgl. Rdn 188 ff).

199 Folgende **Einzelfragen** sind im jeweiligen Zusammenhang erörtert: Satzungsregeln zur *Beschlußfähigkeit* (Rdn 6); Schriftform für *Beschlußanträge* (Rdn 8); *Antragsbefugnis* des Geschäftsführers (Rdn 9); Bestimmungen der Satzung zur *Durchführung der Abstimmung* (Rdn 12); Verschärfung von *Mehrheitserfordernissen* (Rdn 18), dabei Verfehlung einer höheren satzungsmäßigen Mehrheit (Rdn 19); *Einstimmigkeitserfordernis* (Rdn 20); keine Verschärfung des Mehrheitserfordernisses bei *Abberufung von Geschäftsführern* aus wichtigem Grund (Rdn 21); Absenkung von Mehrheitserfordernissen, besonders bei *Wahlen* (Rdn 22 f); Einführung eines *Vetorechts* (Rdn 24); *Form* des Beschlusses (Rdn 30); kein *Zustimmungsrecht Dritter* durch Satzungsklausel (Rdn 34); Einführung *stimmrechtsloser Geschäftsanteile* (Rdn 56); Satzungsregeln zur *uneinheitlichen Stimmabgabe* (Rdn 64); Satzung und *Stimmbindung* (Rdn 67 ff); zur (angeblichen) satzungsähnlichen Wirkung *schuldrechtlicher Nebenabreden* (Rdn 84); satzungsmäßiges Verbot von *Stimmbindungsverträgen* (Rdn 86); Regelung der *Stimmkraft* (Rdn 89 f); Satzungsvorschriften zum *Ruhen des Stimmrechts* (Rdn 89, 91); Anforderungen an die *Person des Bevollmächtigten* (Rdn 100); Stimmabgabe durch *Boten* (Rdn 105); Auftreten mehrerer *Gesamtvertreter* (Rdn 107); Befreiung vom *Verbot des Insichgeschäfts* (Rdn 116); Stimmrecht bei Abtretung *vinkulierter Geschäftsanteile* (Rdn 165); *Erweiterung von Stimmverboten* (Rdn 187); *Beschränkung* von Stimmverboten (Rdn 188 ff).

IX. GmbH & Co. KG

200 Für die Komplementär-GmbH gilt § 47. Dagegen richtet sich die Willensbildung in der KG nach § 119 iVm § 161 HGB. Daraus resultierenden Schwierigkeiten (z. B. Mehrheitsprinzip in der GmbH, Einstimmigkeitsgrundsatz in der KG; Stimmverbote bei jener, aber nicht bei dieser) muß durch Abstimmung der Gesellschaftsverträge

---

518 Zuletzt BGHZ 104, 66, 69 = NJW 1988, 1844.
519 Dazu *M. Winter* aaO (Fn 502) S. 183.
520 Einzelheiten zur Aktivlegitimation bei *M. Winter* aaO (Fn 502) S. 183 ff.

Rechnung getragen werden[521]. **GmbH-spezifische Einzelfragen:** Die Stimmrechte aus (auch sämtlichen) Geschäftsanteilen, die von der KG gehalten werden, ruhen nach **hM** nicht[522]. Befangenheit der KG (sie soll z. B. Partei des mit der GmbH zu schließenden Vertrags sein) kann dazu führen, daß ihre Gesellschafter, die zugleich Geschäftsanteile an der GmbH halten, ihre daraus folgenden Stimmrechte nicht ausüben dürfen; näher Rdn 135 f. Befangenheit einzelner KG-Gesellschafter (der Vertrag soll mit ihnen, nicht mit der KG geschlossen werden) begründet Stimmverbot zu Lasten der an der GmbH beteiligten KG, wenn die Gesellschafter die KG iSd § 17 AktG beherrschen (Rdn 131 f).

Anhang nach § 47

Nichtigkeit, Anfechtbarkeit und Unwirksamkeit von Gesellschafterbeschlüssen

Aktiengesetz vom 6. September 1965

in der Fassung des Gesetzes zur Änderung des Betriebsverfassungsgesetzes, über Sprecherausschüsse der leitenden Angestellten und zur Sicherung der Montan-Mitbestimmung vom 20. Dezember 1988

§ 241 AktG Nichtigkeitsgründe

Ein Beschluß der Hauptversammlung ist außer in den Fällen des § 192 Abs. 4, §§ 212, 217 Abs. 2, § 228 Abs. 2, § 234 Abs. 3 und § 235 Abs. 2 nur dann nichtig, wenn er

1. in einer Hauptversammlung gefaßt worden ist, die nicht nach § 121 Abs. 2 und 3 einberufen war, es sei denn, daß alle Aktionäre erschienen oder vertreten waren,
2. nicht nach § 130 Abs. 1, 2 und 4 beurkundet ist,
3. mit dem Wesen der Aktiengesellschaft nicht zu vereinbaren ist oder durch seinen Inhalt Vorschriften verletzt, die ausschließlich oder überwiegend zum Schutze der Gläubiger der Gesellschaft oder sonst im öffentlichen Interesse gegeben sind,
4. durch seinen Inhalt gegen die guten Sitten verstößt,
5. auf Anfechtungsklage durch Urteil rechtskräftig für nichtig erklärt worden ist,
6. nach § 144 Abs. 2 des Gesetzes über die Angelegenheiten der freiwilligen Gerichtsbarkeit auf Grund rechtskräftiger Entscheidung als nichtig gelöscht worden ist.

§ 242 AktG Heilung der Nichtigkeit

(1) Die Nichtigkeit eines Hauptversammlungsbeschlusses, der entgegen § 130 Abs. 1, 2 und 4 nicht oder nicht gehörig beurkundet worden ist, kann nicht mehr geltend gemacht werden, wenn der Beschluß in das Handelsregister eingetragen worden ist.

(2) [1]Ist ein Hauptversammlungsbeschluß nach § 241 Nr. 1, 3 oder 4 nichtig, so kann die Nichtigkeit nicht mehr geltend gemacht werden, wenn der Beschluß in das Handelsregister eingetragen worden ist und seitdem drei Jahre verstrichen sind. [2]Ist bei Ablauf der Frist eine Klage auf Feststellung der Nichtigkeit des Hauptversammlungsbeschlusses rechtshängig, so verlängert sich die Frist, bis über die Klage rechtskräftig entschieden ist oder sie sich auf andere Weise endgültig erledigt hat. [3]Eine Löschung des Beschlusses von Amts wegen nach § 144 Abs. 2 des

[521] Hierzu *Schilling*-GroßkommHGB § 161, 30, 32 f.

[522] Scholz/*K. Schmidt* § 45 Anh, 58 ff; Baumbach/Hueck/*Zöllner* 40; **aM** *Bülow* GmbH-Rdsch. 1982, 121, 122 in analoger Anwendung des § 136 Abs. 2 AktG.

Gesetzes über die Angelegenheiten der freiwilligen Gerichtsbarkeit wird durch den Zeitablauf nicht ausgeschlossen.

(3) Absatz 2 gilt entsprechend, wenn in den Fällen des § 217 Abs. 2, § 228 Abs. 2, § 234 Abs. 3 und § 235 Abs. 2 die erforderlichen Eintragungen nicht fristgemäß vorgenommen worden sind.

§ 243 AktG
Anfechtungsgründe

(1) Ein Beschluß der Hauptversammlung kann wegen Verletzung des Gesetzes oder der Satzung durch Klage angefochten werden.

(2) [1]Die Anfechtung kann auch darauf gestützt werden, daß ein Aktionär mit der Ausübung des Stimmrechts für sich oder einen Dritten Sondervorteile zum Schaden der Gesellschaft oder der anderen Aktionäre zu erlangen suchte und der Beschluß geeignet ist, diesem Zweck zu dienen. [2]Dies gilt nicht, wenn der Beschluß den anderen Aktionären einen angemessenen Ausgleich für ihren Schaden gewährt.

(3) Auf eine Verletzung des § 128 kann die Anfechtung nicht gestützt werden.

(4) Für eine Anfechtung, die auf die Verweigerung einer Auskunft gestützt wird, ist es unerheblich, daß die Hauptversammlung oder Aktionäre erklärt haben oder erklären, die Verweigerung der Auskunft habe ihre Beschlußfassung nicht beeinflußt.

§ 244 AktG
Bestätigung anfechtbarer Hauptversammlungsbeschlüsse

[1]Die Anfechtung kann nicht mehr geltend gemacht werden, wenn die Hauptversammlung den anfechtbaren Beschluß durch einen neuen Beschluß bestätigt hat und dieser Beschluß innerhalb der Anfechtungsfrist nicht angefochten oder die Anfechtung rechtskräftig zurückgewiesen worden ist. [2]Hat der Kläger ein rechtliches Interesse, daß der anfechtbare Beschluß für die Zeit bis zum Bestätigungsbeschluß für nichtig erklärt wird, so kann er die Anfechtung weiterhin mit dem Ziel geltend machen, den anfechtbaren Beschluß für diese Zeit für nichtig zu erklären.

§ 245 AktG
Anfechtungsbefugnis

Zur Anfechtung ist befugt

1. jeder in der Hauptversammlung erschienene Aktionär, wenn er gegen den Beschluß Widerspruch zur Niederschrift erklärt hat;
2. jeder in der Hauptversammlung nicht erschienene Aktionär, wenn er zu der Hauptversammlung zu Unrecht nicht zugelassen worden ist oder die Versammlung nicht ordnungsgemäß einberufen oder der Gegenstand der Beschlußfassung nicht ordnungsgemäß bekanntgemacht worden ist;
3. im Fall des § 243 Abs. 2 jeder Aktionär;
4. der Vorstand;
5. jedes Mitglied des Vorstands und des Aufsichtsrats, wenn durch die Ausführung des Beschlusses Mitglieder des Vorstands oder des Aufsichtsrats eine strafbare Handlung oder eine Ordnungswidrigkeit begehen oder wenn sie ersatzpflichtig werden würden.

§ 246 AktG
Anfechtungsklage

(1) Die Klage muß innerhalb eines Monats nach der Beschlußfassung erhoben werden.

(2) [1]Die Klage ist gegen die Gesellschaft zu richten. [2]Die Gesellschaft wird durch Vorstand und Aufsichtsrat vertreten. [3]Klagt der Vorstand oder ein Vorstandsmitglied, wird die Gesellschaft durch den Aufsichtsrat, klagt ein Aufsichtsratsmitglied, wird sie durch den Vorstand vertreten.

(3) [1]Zuständig für die Klage ist ausschließlich das Landgericht, in dessen Bezirk die Gesellschaft ihren Sitz hat. [2]Die mündliche Verhandlung findet nicht vor Ablauf der Monatsfrist des Absatzes 1 statt. [3]Mehrere Anfechtungsprozesse sind zur gleichzeitigen Verhandlung und Entscheidung zu verbinden.

(4) Der Vorstand hat die Erhebung der Klage und den Termin zur mündlichen Verhandlung unverzüglich in den Gesellschaftsblättern bekanntzumachen.

§ 247 AktG
Streitwert

(1) [1]Den Streitwert bestimmt das Prozeßgericht unter Berücksichtigung aller Umstände des einzelnen Falles, insbesondere der Bedeutung der Sache für die Parteien, nach billigem Ermessen. [2]Er darf jedoch ein Zehntel des Grundkapitals oder, wenn dieses Zehntel mehr als eine Million Deutsche Mark beträgt, eine Million Deutsche Mark nur insoweit übersteigen, als die Bedeutung der Sache für den Kläger höher zu bewerten ist.

(2) [1]Macht eine Partei glaubhaft, daß die Belastung mit den Prozeßkosten nach dem gemäß Absatz 1 bestimmten Streitwert ihre wirtschaftliche Lage erheblich gefährden würde, so kann das Prozeßgericht auf ihren Antrag anordnen, daß ihre Verpflichtung zur Zahlung von Gerichtskosten sich nach einem ihrer Wirtschaftslage angepaßten Teil des Streitwerts bemißt. [2]Die Anordnung hat zur Folge, daß die begünstigte Partei die Gebühren ihres Rechtsanwalts ebenfalls nur nach diesem Teil des Streitwerts zu entrichten hat. [3]Soweit ihr Kosten des Rechtsstreits auferlegt werden oder soweit sie diese übernimmt, hat sie die von dem Gegner entrichteten Gerichtsgebühren und die Gebühren seines Rechtsanwalts nur nach dem Teil des Streitwerts zu erstatten. [4]Soweit die außergerichtlichen Kosten dem Gegner auferlegt oder von ihm übernommen werden, kann der Rechtsanwalt der begünstigten Partei seine Gebühren von dem Gegner nach dem für diesen geltenden Streitwert beitreiben.

(3) [1]Der Antrag nach Absatz 2 kann vor der Geschäftsstelle des Prozeßgerichts zur Niederschrift erklärt werden. [2]Er ist vor der Verhandlung zur Hauptsache anzubringen. [3]Später ist er nur zulässig, wenn der angenommene oder festgesetzte Streitwert durch das Prozeßgericht heraufgesetzt wird. [4]Vor der Entscheidung über den Antrag ist der Gegner zu hören.

§ 248 AktG
Urteilswirkung

(1) [1]Soweit der Beschluß durch rechtskräftiges Urteil für nichtig erklärt ist, wirkt das Urteil für und gegen alle Aktionäre sowie die Mitglieder des Vorstands und des Aufsichtsrats, auch wenn sie nicht Partei sind. [2]Der Vorstand hat das Urteil unverzüglich zum Handelsregister einzureichen. [3]War der Beschluß in das Handelsregister eingetragen, so ist auch das Urteil einzutragen. [4]Die Eintragung des Urteils ist in gleicher Weise wie die des Beschlusses bekanntzumachen.

(2) Hatte der Beschluß eine Satzungsänderung zum Inhalt, so ist mit dem Urteil der vollständige Wortlaut der Satzung, wie er sich unter Berücksichtigung des Urteils und aller bisherigen Satzungsänderungen ergibt, mit der Bescheinigung eines Notars über diese Tatsache zum Handelsregister einzureichen.

§ 249 AktG
Nichtigkeitsklage

(1) [1]Erhebt ein Aktionär, der Vorstand oder ein Mitglied des Vorstands oder des Aufsichtsrats Klage auf Feststellung der Nichtigkeit eines Hauptversammlungsbeschlusses gegen die Gesellschaft, so gelten § 246 Abs. 2, Abs. 3 Satz 1, Abs. 4, §§ 247 und 248 sinngemäß. [2]Es ist nicht ausgeschlossen, die Nichtigkeit auf andere Weise als durch Erhebung der Klage geltend zu machen.

(2) [1]Mehrere Nichtigkeitsprozesse sind zur gleichzeitigen Verhandlung und Entscheidung zu verbinden. [2]Nichtigkeits- und Anfechtungsprozesse können verbunden werden.

§ 250 AktG
Nichtigkeit der Wahl von Aufsichtsratsmitgliedern

(1) Die Wahl eines Aufsichtsratsmitglieds durch die Hauptversammlung ist außer im Falle des § 241 Nr. 1, 2 und 5 nur dann nichtig, wenn

1. der Aufsichtsrat unter Verstoß gegen § 96 Abs. 2, § 97 Abs. 2 Satz 1 oder § 98 Abs. 4 zusammengesetzt wird;
2. die Hauptversammlung, obwohl sie an Wahlvorschläge gebunden ist (§§ 6 und 8 des Montan-Mitbestimmungsgesetzes), eine nicht vorgeschlagene Person wählt;

3. durch die Wahl die gesetzliche Höchstzahl der Aufsichtsratsmitglieder überschritten wird (§ 95);
4. die gewählte Person nach § 100 Abs. 1 und 2 bei Beginn ihrer Amtszeit nicht Aufsichtsratsmitglied sein kann.

(2) Für die Klage auf Feststellung, daß die Wahl eines Aufsichtsratsmitglieds nichtig ist, sind parteifähig

1. der Gesamtbetriebsrat der Gesellschaft oder, wenn in der Gesellschaft nur ein Betriebsrat besteht, der Betriebsrat, sowie, wenn die Gesellschaft herrschendes Unternehmen eines Konzerns ist, der Konzernbetriebsrat,
2. der Gesamtbetriebsrat eines anderen Unternehmens, dessen Arbeitnehmer selbst, durch Delegierte oder durch Wahlmänner an der Wahl von Aufsichtsratsmitgliedern der Gesellschaft teilnehmen, oder, wenn in dem anderen Unternehmen nur ein Betriebsrat besteht, der Betriebsrat,
3. jede in der Gesellschaft oder in einem Unternehmen, dessen Arbeitnehmer selbst, durch Delegierte oder durch Wahlmänner an der Wahl von Aufsichtsratsmitgliedern der Gesellschaft teilnehmen, vertretene Gewerkschaft sowie deren Spitzenorganisation.

(3) [1]Erhebt ein Aktionär, der Vorstand, ein Mitglied des Vorstands oder des Aufsichtsrats oder eine in Absatz 2 bezeichnete Organisation oder Vertretung der Arbeitnehmer gegen die Gesellschaft Klage auf Feststellung, daß die Wahl eines Aufsichtsratsmitglieds nichtig ist, so gelten § 246 Abs. 2, Abs. 3 Satz 1, Abs. 4, §§ 247, 248 Abs. 1 Satz 2 und § 249 Abs. 2 sinngemäß. [2]Es ist nicht ausgeschlossen, die Nichtigkeit auf andere Weise als durch Erhebung der Klage geltend zu machen.

§ 251 AktG
Anfechtung der Wahl von Aufsichtsratsmitgliedern

(1) [1]Die Wahl eines Aufsichtsratsmitglieds durch die Hauptversammlung kann wegen Verletzung des Gesetzes oder der Satzung durch Klage angefochten werden. [2]Ist die Hauptversammlung an Wahlvorschläge gebunden, so kann die Anfechtung auch darauf gestützt werden, daß der Wahlvorschlag gesetzwidrig zustande gekommen ist. [3]§ 243 Abs. 4 und § 244 gelten.

(2) [1]Für die Anfechtungsbefugnis gilt § 245 Nr. 1, 2 und 4. [2]Die Wahl eines Aufsichtsratsmitglieds, das nach dem Montan-Mitbestimmungsgesetz auf Vorschlag der Betriebsräte gewählt worden ist, kann auch von jedem Betriebsrat eines Betriebs der Gesellschaft, jeder in den Betrieben der Gesellschaft vertretenen Gewerkschaft oder deren Spitzenorganisation angefochten werden. [3]Die Wahl eines weiteren Mitglieds, das nach dem Montan-Mitbestimmungsgesetz oder dem Mitbestimmungsergänzungsgesetz auf Vorschlag der übrigen Aufsichtsratsmitglieder gewählt worden ist, kann auch von jedem Aufsichtsratsmitglied angefochten werden.

(3) Für das Anfechtungsverfahren gelten §§ 246, 247 und 248 Abs. 1 Satz 2.

§ 252 AktG
Urteilswirkung

(1) Erhebt ein Aktionär, der Vorstand, ein Mitglied des Vorstands oder des Aufsichtsrats oder eine in § 250 Abs. 2 bezeichnete Organisation oder Vertretung der Arbeitnehmer gegen die Gesellschaft Klage auf Feststellung, daß die Wahl eines Aufsichtsratsmitglieds durch die Hauptversammlung nichtig ist, so wirkt ein Urteil, das die Nichtigkeit der Wahl rechtskräftig feststellt, für und gegen alle Aktionäre und Arbeitnehmer der Gesellschaft, alle Arbeitnehmer von anderen Unternehmen, deren Arbeitnehmer selbst, durch Delegierte oder durch Wahlmänner an der Wahl von Aufsichtsratsmitgliedern der Gesellschaft teilnehmen, die Mitglieder des Vorstands und des Aufsichtsrats sowie die in § 250 Abs. 2 bezeichneten Organisationen und Vertretungen der Arbeitnehmer, auch wenn sie nicht Partei sind.

(2) [1]Wird die Wahl eines Aufsichtsratsmitglieds durch die Hauptversammlung durch rechtskräftiges Urteil für nichtig erklärt, so wirkt das Urteil für und gegen alle Aktionäre sowie die Mitglieder des Vorstands und Aufsichtsrats, auch wenn sie nicht Partei sind. [2]Im Fall des § 251 Abs. 2 Satz 2 wirkt das Urteil auch für und gegen die nach dieser Vorschrift anfechtungsberechtigten Betriebsräte, Gewerkschaften und Spitzenorganisationen, auch wenn sie nicht Partei sind.

§ 253 AktG
Nichtigkeit des Beschlusses über die Verwendung des Bilanzgewinns

(1) [1]Der Beschluß über die Verwendung des Bilanzgewinns ist außer in den Fällen des § 173 Abs. 3, des § 217 Abs. 2 und des § 241 nur dann nichtig, wenn die Feststellung des Jahresabschlusses, auf dem er beruht, nichtig ist. [2]Die Nichtigkeit des Beschlusses aus diesem Grunde kann nicht mehr geltend gemacht werden, wenn die Nichtigkeit der Feststellung des Jahresabschlusses nicht mehr geltend gemacht werden kann.

(2) Für die Klage auf Feststellung der Nichtigkeit gegen die Gesellschaft gilt § 249.

§ 254 AktG
Anfechtung des Beschlusses über die Verwendung des Bilanzgewinns

(1) Der Beschluß über die Verwendung des Bilanzgewinns kann außer nach § 243 auch angefochten werden, wenn die Hauptversammlung aus dem Bilanzgewinn Beträge in Gewinnrücklagen einstellt oder als Gewinn vorträgt, die nicht nach Gesetz oder Satzung von der Verteilung unter die Aktionäre ausgeschlossen sind, obwohl die Einstellung oder der Gewinnvortrag bei vernünftiger kaufmännischer Beurteilung nicht notwendig ist, um die Lebens- und Widerstandsfähigkeit der Gesellschaft für einen hinsichtlich der wirtschaftlichen und finanziellen Notwendigkeiten übersehbaren Zeitraum zu sichern und dadurch unter die Aktionäre kein Gewinn in Höhe von mindestens vier vom Hundert des Grundkapitals abzüglich von noch nicht eingeforderten Einlagen verteilt werden kann.

(2) [1]Für die Anfechtung gelten §§ 244 bis 248. [2]Die Anfechtungsfrist beginnt auch dann mit der Beschlußfassung, wenn der Jahresabschluß nach § 316 Abs. 3 des Handelsgesetzbuchs erneut zu prüfen ist. [3]Zu einer Anfechtung nach Absatz 1 sind Aktionäre nur befugt, wenn ihre Anteile zusammen den zwanzigsten Teil des Grundkapitals oder den Nennbetrag von einer Million Deutsche Mark erreichen.

§ 255 AktG
Anfechtung der Kapitalerhöhung gegen Einlagen

(1) Der Beschluß über eine Kapitalerhöhung gegen Einlagen kann nach § 243 angefochten werden.

(2) [1]Die Anfechtung kann, wenn das Bezugsrecht der Aktionäre ganz oder zum Teil ausgeschlossen worden ist, auch darauf gestützt werden, daß der sich aus dem Erhöhungsbeschluß ergebende Ausgabebetrag oder der Mindestbetrag, unter dem die neuen Aktien nicht ausgegeben werden sollen, unangemessen niedrig ist. [2]Dies gilt nicht, wenn die neuen Aktien von einem Dritten mit der Verpflichtung übernommen werden sollen, sie den Aktionären zum Bezug anzubieten.

(3) Für die Anfechtung gelten §§ 244 bis 248.

§ 256 AktG
Nichtigkeit

(1) Ein festgestellter Jahresabschluß ist außer in den Fällen des § 173 Abs. 3, § 234 Abs. 3 und § 235 Abs. 2 nichtig, wenn

1. er durch seinen Inhalt Vorschriften verletzt, die ausschließlich oder überwiegend zum Schutze der Gläubiger der Gesellschaft oder sonst im öffentlichen Interesse gegeben sind,
2. er im Falle einer gesetzlichen Prüfungspflicht nicht nach § 316 Abs. 1 und 3 des Handelsgesetzbuchs geprüft worden ist,
3. er im Falle einer gesetzlichen Prüfungspflicht von Personen geprüft worden ist, die nicht zum Abschlußprüfer bestellt sind oder nach § 319 Abs. 1 des Handelsgesetzbuchs oder nach Artikel 25 des Einführungsgesetzes zum Handelsgesetzbuche nicht Abschlußprüfer sind,
4. bei seiner Feststellung die Bestimmungen des Gesetzes oder der Satzung über die Einstellung von Beträgen in Kapital- oder Gewinnrücklagen oder über die Entnahme von Beträgen aus Kapital- oder Gewinnrücklagen verletzt worden sind.

(2) Ein von Vorstand und Aufsichtsrat festgestellter Jahresabschluß ist außer nach Absatz 1 nur nichtig, wenn der Vorstand oder der Aufsichtsrat bei seiner Feststellung nicht ordnungsgemäß mitgewirkt hat.

(3) Ein von der Hauptversammlung festgestellter Jahresabschluß ist außer nach Absatz 1 nur nichtig, wenn die Feststellung

1. in einer Hauptversammlung beschlossen worden ist, die nicht nach § 121 Abs. 2 und 3 einberufen war, es sei denn, daß alle Aktionäre erschienen oder vertreten waren,
2. nicht nach § 130 Abs. 1, 2 und 4 beurkundet ist,
3. auf Anfechtungsklage durch Urteil rechtskräftig für nichtig erklärt worden ist.

(4) Wegen Verstoßes gegen die Vorschriften über die Gliederung des Jahresabschlusses sowie wegen der Nichtbeachtung von Formblättern, nach denen der Jahresabschluß zu gliedern ist, ist der Jahresabschluß nur nichtig, wenn seine Klarheit und Übersichtlichkeit dadurch wesentlich beeinträchtigt sind.

(5) [1]Wegen Verstoßes gegen die Bewertungsvorschriften ist der Jahresabschluß nur nichtig, wenn

1. Posten überbewertet oder
2. Posten unterbewertet sind und dadurch die Vermögens- und Ertragslage der Gesellschaft vorsätzlich unrichtig wiedergegeben oder verschleiert wird.

[2]Überbewertet sind Aktivposten, wenn sie mit einem höheren Wert, Passivposten, wenn sie mit einem niedrigeren Betrag angesetzt sind, als nach §§ 253 bis 256 des Handelsgesetzbuchs in Verbindung mit §§ 279 bis 283 des Handelsgesetzbuchs zulässig ist. [3]Unterbewertet sind Aktivposten, wenn sie mit einem niedrigeren Wert, Passivposten, wenn sie mit einem höheren Betrag angesetzt sind, als nach §§ 253 bis 256 des Handelsgesetzbuchs in Verbindung mit §§ 279 bis 283 des Handelsgesetzbuchs zulässig ist.

(6) [1]Die Nichtigkeit nach Absatz 1 Nr. 1, 3 und 4, Absatz 2, Absatz 3 Nr. 1 und 2, Absatz 4 und 5 kann nicht mehr geltend gemacht werden, wenn seit der Bekanntmachung nach § 325 Abs. 1 Satz 2 oder Abs. 2 Satz 1 des Handelsgesetzbuchs im Bundesanzeiger in den Fällen des Absatzes 1 Nr. 3 und 4, des Absatzes 2 und des Absatzes 3 Nr. 1 und 2 sechs Monate, in den anderen Fällen drei Jahre verstrichen sind. [2]Ist bei Ablauf der Frist eine Klage auf Feststellung der Nichtigkeit des Jahresabschlusses rechtshängig, so verlängert sich die Frist, bis über die Klage rechtskräftig entschieden ist oder sie sich auf andere Weise endgültig erledigt hat.

(7) Für die Klage auf Feststellung der Nichtigkeit gegen die Gesellschaft gilt § 249 sinngemäß.

§ 257 AktG

Anfechtung der Feststellung des Jahresabschlusses durch die Hauptversammlung

(1) [1]Die Feststellung des Jahresabschlusses durch die Hauptversammlung kann nach § 243 angefochten werden. [2]Die Anfechtung kann jedoch nicht darauf gestützt werden, daß der Inhalt des Jahresabschlusses gegen Gesetz oder Satzung verstößt.

(2) [1]Für die Anfechtung gelten die §§ 244 bis 248. [2]Die Anfechtungsfrist beginnt auch dann mit der Beschlußfassung, wenn der Jahresabschluß nach § 316 Abs. 3 des Handelsgesetzbuchs erneut zu prüfen ist.

Übersicht

Schrifttum

Baltzer Der Beschluß als rechtstechnisches Mittel organschaftlicher Funktion im Privatrecht (1965); *ders.* Zur Anfechtung von Gesellschafterbeschlüssen bei Antragsablehnung, GmbH-Rdsch. 1972, 57; *Däubler* Fehlerhafte Gesellschafterbeschlüsse bei der GmbH im Lichte des neuen Aktienrechts, GmbH-Rdsch. 1968, 4; *Eickhoff* Die Gesellschafterklage im GmbH-Recht (1988) S. 122 ff; *Henze* Zur Schiedsfähigkeit von Gesellschafterbeschlüssen im GmbH-Recht, ZGR 1988, 542; *A. Hueck* Anfechtbarkeit und Nichtigkeit von Generalversammlungsbeschlüssen (1924); *ders.* Mangelhafte Gesellschafterbeschlüsse bei der GmbH, Festschrift E. Molitor (1962) S. 401; *Immenga* Die Problematik der Anfechtungsklage im GmbH-Recht, GmbH-Rdsch. 1973, 5; *Kühn* Analoge Anwendung der aktienrechtlichen Minderheitsrechte auf die GmbH, GmbH-Rdsch. 1965, 151; *Lehmann* Die ergänzende Anwendung von Aktienrecht auf die Gesellschaft mit beschränkter Haftung (1970); *Noack* Fehlerhafte Beschlüsse in Gesellschaften und Vereinen (1989); *Renkl* Der Gesellschafterbeschluß (1982) S. 127 ff; *Rohleder* Zur Anfechtungsklage gegen einen fehlerhaften Gesellschafterbeschluß in der GmbH, GmbH-Rdsch. 1989, 236; *K. Schmidt* Fehlerhafte Beschlüsse in Gesellschaften und Vereinen, AG 1977, 205, 243; *ders.* Zum Streitgegenstand von Anfechtungs- und Nichtigkeitsklagen im Gesellschaftsrecht, JZ 1977, 769; *ders.* Die Beschlußanfechtungsklage bei Vereinen und Personengesellschaften, Festschrift Stimpel (1985) S. 217; *Scholz* Nichtigkeit von Gesellschafterbeschlüssen und Rechtssicherheit, GmbH-Rdsch. 1952, 161 und GmbH-Rdsch. 1954, 65; *Timm* Beschlußanfechtungsklage und Schiedsfähigkeit im Recht der personalistisch strukturierten Gesellschaften, Festschrift Fleck (1988) S. 365; *Vogel* Gesellschafterbeschlüsse und Gesellschafterversammlung[2] (1986); *Wiedemann* Gesellschaftsrecht I, S. 151 ff, 466 ff; *Zöllner* Die Schranken mitgliedschaftlicher Stimmrechtsmacht bei den privatrechtlichen Personenverbänden (1963); *Zöllner/Noack* Geltendmachung von Beschlußmängeln im GmbH-Recht, ZGR 1989, 525; vgl. zum Ganzen die Kommentierungen zu §§ 241 ff AktG in *Zöllner*-KölnKommAktG, *Schilling*-GroßkommAktG, Geßler/Hefermehl/Eckardt/Kropff/*Hüffer*.

I. Einleitung

1. Rechtsentwicklung

1 Das GmbH-Gesetz enthält **keine Bestimmungen über fehlerhafte Gesellschafterbeschlüsse**. Dies entspricht dem Willen des Gesetzgebers von 1892, der glaubte, auf besondere Vorschriften über die Befugnis des einzelnen Gesellschafters, Beschlüsse durch Klage anzufechten, verzichten zu können, und insoweit auf „allgemeine Grundsätze" verwies[1]. Tatsächlich bestand schon bei der Einführung des GmbH-Gesetzes in Rechtsprechung und Literatur Einigkeit darüber, daß im Bereich der **Aktiengesellschaft** Rechtssicherheit und Rechtsklarheit es verbieten, auf fehlerhafte, d. h. gegen gesetzliche oder statutarische Regeln verstoßende Gesellschafterbeschlüsse die allgemeinen Vorschriften über die Nichtigkeit von Rechtsgeschäften uneingeschränkt anzuwenden. Vielmehr hatte die Praxis bereits in der zweiten Hälfte des 19. Jahrhunderts bestimmte Grundsätze über die Nichtigkeit und Anfechtbarkeit von Hauptversammlungsbeschlüssen entwickelt, die im Zuge der Aktienrechtsreform von 1884 in §§ 190 a, 190 b, 222 ADHGB eingefügt wurden[2]. Gegenstand der Regelung war neben der gesetzlichen Anerkennung des Anfechtungsrechts vor allem seine sachgerechte Begrenzung. Diesem Ziel diente die Vorschrift, wonach zunächst Widerspruch gegen den Beschluß zu Protokoll erklärt werden mußte, ferner die Einführung einer Klagefrist von einem Monat. Entsprechende Regelungen wurden später in §§ 271 ff HGB, 195 ff AktG 1937 und 241 ff AktG 1965 übernommen. Eine gleichartige Regelung gilt seit 1890 im **Genossenschaftsrecht** (§ 51 GenG).

2 Demgegenüber findet sich in der Begründung zum **GmbH-Gesetz** die Bemerkung: „Einschränkende Bestimmungen über die formellen Voraussetzungen des Anfechtungsrechts, wie sie im Art. 190 a des Aktiengesetzes und im § 49 des Genossenschaftsgesetzes mit Rücksicht auf die große Zahl der Mitglieder getroffen sind, können hier als entbehrlich betrachtet werden"[3]. In der **Rechtsprechung** war das Recht eines GmbH-Gesellschafters, gesetz- oder satzungswidrige Gesellschafterbeschlüsse durch Klage anzufechten, von Anfang an unbestritten[4]. Im Lauf der Entwicklung lehnte sich das RG jedoch auch hinsichtlich der Notwendigkeit, Klage zu erheben, der Klagebefugnis und der Klagefrist immer entschiedener an das aktienrechtliche Vorbild an[5]. Der Bundesgerichtshof folgte auf der gleichen Linie. Schon in der ersten in der amtlichen Sammlung veröffentlichten einschlägigen Entscheidung spricht er davon, daß die für das Aktienrecht geltenden Regeln auf die GmbH „angesichts der sehr weitgehenden Ähnlichkeit der Sach- und Rechtslage grundsätzlich sinngemäß angewandt" werden können, „soweit nicht die Besonderheiten der GmbH eine Abweichung notwendig machen"[6]. In zahlreichen weiteren Urteilen hat er diese Rechtsprechung ausgebaut und verdichtet[7].

---

[1] Begründung zum GmbH-Gesetz, in: Stenographische Berichte über die Verhandlungen des Reichstages, 8. Legislaturperiode, I. Session 1890/92, 5. Anlageband, S. 3751.

[2] Vgl. zur Rechtsentwicklung zuletzt *K. Schmidt* AG 1977, 243; *U. Huber* Festschrift Coing Bd. II S. 167; *Noack* Fehlerhafte Beschlüsse S. 116 ff.

[3] AaO (Fn 1).

[4] RGZ 49, 141, 145; 64, 14; 80, 330, 335.

[5] RGZ 85, 311, 313; 89, 367, 379; 131, 141, 144 f; 166, 129, 131; 172, 76, 77 f; weitere Nachweise bei *Noack* aaO S. 117 ff.

[6] BGHZ 11, 231, 235 = NJW 1954, 385 m. Anm. *Scholz* = LM Nr. 1 zu § 51 GmbHG m. Anm. *R. Fischer*.

[7] BGHZ 14, 25, 30 = NJW 1954, 1401; 14, 264, 268 = NJW 1954, 1563; 15, 382, 384 = NJW 1955, 221; 36, 207, 210 f = NJW 1962, 538; 51, 209, 210 = NJW 1969, 841; 76, 154, 155 f = NJW 1980, 1527; 80, 212, 216 f = NJW 1981, 2125; 88, 320, 328 = NJW 1984, 489; 97, 28, 30 f = NJW 1986, 2051 m. Anm. *K. Schmidt* ebd. 2018; dazu ferner *Lindacher* ZGR 1987, 121; BGHZ 101, 113, 116 ff = NJW 1987, 2514 = JZ 1987, 1081 m. Anm. *K. Schmidt*, dazu *Zöllner/Noack* ZGR 1989, 525; BGHZ 104, 66, 68 ff = NJW 1988, 1844; dazu *Rohleder* GmbH-Rdsch. 1989, 236; *Zöllner/Noack* aaO; BGHZ 108, 21, 23 = NJW 1989, 2694.

2. Gegenwärtige Rechtslage

Danach stellt sich die durch die **Judikatur des BGH** geschaffene Rechtslage, auf das Wesentliche konzentriert, gegenwärtig wie folgt dar: Die analoge Anwendung der aktienrechtlichen **Nichtigkeitsvorschriften** (§§ 241, 242, 249, 250, 253, 256 AktG) ist ohne wesentliche Modifikationen anerkannt[8]. Sie wird auch im Schrifttum im Kern nicht bestritten. Die entsprechende Anwendung der aktienrechtlichen **Anfechtungsregeln** (§§ 243 – 248, 251, 252, 254, 255, 257 AktG) bejaht der BGH generell mit Entschiedenheit. Beschlüsse der Gesellschafterversammlung, die vom Versammlungsleiter festgestellt wurden, sind mit dem festgestellten Inhalt zunächst verbindlich. Mängel können nur durch Anfechtungsklage geltend gemacht werden[9]. Läßt sich bei fehlerhaftem Abstimmungsergebnis feststellen, daß bei richtiger Würdigung ein Beschluß entgegengesetzten Inhalts zustandegekommen wäre, so kann mit der Anfechtungsklage eine Klage auf Feststellung des Beschlußinhalts verbunden werden[10]. Die Klagefrist von einem Monat nach § 246 Abs. 1 AktG läßt sich allerdings nicht ohne Modifikationen in das GmbH-Recht übernehmen, weshalb der BGH ihr nur eine „Leitbildfunktion" zuerkennt[11]. Sie ist als Mindestfrist zu verstehen[12]. Der Kläger darf sie überschreiten, soweit er durch zwingende Umstände daran gehindert war, die Klage früher zu erheben[13]. Es gilt dann eine angemessene Frist, deren Dauer sich nach den Umständen des Einzelfalls bestimmt. Die Klagefrist kann ungeachtet der Mindestdauer auch in der Satzung bestimmt, z. B. auf zwei Monate begrenzt werden[14]. Anders ist die Rechtslage aber, wenn der Beschluß nicht festgestellt wurde, weil dann eine tatbestandliche Grundlage für die vorläufige Verbindlichkeit fehlt. In solchen Fällen gilt die tatsächliche Rechtslage. Diese muß, sofern Streit darüber zwischen den Gesellschaftern auftritt, aufgrund einer Feststellungsklage nach § 256 ZPO geklärt werden[15]. 3

3. Kritik

Die dargestellte Entwicklung der Judikatur wurde und wird auch heute noch in der Rechtslehre **überwiegend gebilligt** und gefördert[16]. Schon 1965 konnte *A. Hueck* feststellen, die Übernahme der aktienrechtlichen Nichtigkeits- und Anfechtungsregeln in das GmbH-Recht habe den Charakter des Gewohnheitsrechts erlangt[17]. Im neueren Schrifttum ist namentlich *K. Schmidt* so weit gegangen, die Nichtigkeits- und Anfechtungsklage, die er unter dem Oberbegriff „kassatorische Klagen" zusammenfaßt, als ein allgemeines Institut des privaten Verbandsrechts zu verstehen, das auch auf Vereine und auf Personengesellschaften auszudehnen ist[18]. Auch die Ausdehnung auf fehlerhafte 4

---

[8] BGHZ 11, 231, 236 = NJW 1954, 385; 36, 207, 210f = NJW 1962, 538; 87, 1, 2 = NJW 1983, 1677; 101, 113, 116 = NJW 1987, 2514.

[9] BGHZ 97, 28, 31 = NJW 1986, 2051; 104, 66, 69 = NJW 1988, 1844.

[10] BGHZ 88, 320, 330f = NJW 1984, 489; 97, 28, 30f = NJW 1986, 2051.

[11] BGHZ 101, 113, 117 = NJW 1987, 2514; 104, 66, 71 = NJW 1988, 1844; 108, 21, 29 = NJW 1989, 2694; BGH GmbH-Rdsch. 1990, 344; vgl. schon vorher BGHZ 80, 212, 217 = NJW 1981, 2125.

[12] BGHZ 104, 66, 71f = NJW 1988, 1844.

[13] BGHZ 101, 113, 117 = NJW 1987, 2514; BGH WM 1989, 63, 66.

[14] BGHZ 108, 21, 29 = NJW 1989, 2694.

[15] BGHZ 104, 66, 69 = NJW 1988, 1844 i. V. m. BGHZ 51, 209, 211 = NJW 1969, 841.

[16] *A. Hueck* Festschrift E. Molitor S. 401; *ders.* Festschrift 150 Jahre C.-Heymanns-Verlag S. 287, 295ff; *Däubler* GmbH-Rdsch. 1968, 4; *M. Lehmann* Die ergänzende Anwendung von Aktienrecht auf die GmbH S. 90ff; *K. Schmidt* AG 1977, 243, 247; *Schilling/Zutt*-Voraufl. 2; Scholz/*Schmidt* § 45, 36; Fischer/*Lutter/Hommelhoff* 1; Rowedder/*Koppensteiner*² § 47, 71; *Meyer-Landrut*/Miller/Niehus § 47, 63; *Roth* § 47, Anm. 6.1; *Raiser* KapGesR § 33 VII.

[17] *A. Hueck* Festschrift 150 Jahre C.-Heymanns-Verlag S. 287, 296; ebenso *Däubler* GmbH-Rdsch. 1968, 4; zweifelnd Baumbach/Hueck/*Zöllner* 1.

[18] *K. Schmidt* Festschrift Stimpel S. 217; *ders.* GesR § 15 II; Scholz/*Schmidt* § 45, 46.

Aufsichtsratsbeschlüsse wurde empfohlen[19]. Der Regierungsentwurf zur Neufassung des GmbH-Gesetzes von 1971 wollte die aktienrechtlichen Vorschriften mit nur geringen Änderungen übernehmen[20]. Vereinzelte **kritische Stimmen**, die sich vor allem dagegen wandten, daß die Durchsetzung von Anfechtungsgründen nur mittels **Anfechtungsklage** möglich sein sollte, wurden zunächst nur wenig beachtet[21]. Demgegenüber ist in jüngster Zeit die Kritik an der Behandlung anfechtbarer Gesellschafterbeschlüsse unüberhörbar geworden[22]. Namentlich die Arbeiten von *Zöllner* und *Noack* zwingen dazu, die **Frage neu zu stellen** und durchzuarbeiten.

5 Angelpunkt der Kritik von *Zöllner* und *Noack* ist die von der Rechtsprechung und herrschenden Lehre angenommene vorläufige Verbindlichkeit *fehlerhafter, aber nicht nichtiger* Gesellschafterbeschlüsse und der Ausschluß aller Rechtsbehelfe der Gesellschafter, sich dagegen zu wehren, mit Ausnahme der binnen kurzer Frist zu erhebenden Anfechtungsklage. Die Autoren fragen nach den Gründen für die darin liegende **schwerwiegende Beschränkung des Mitgliedsrechts**, und sie gelangen zu dem Ergebnis, daß diese nicht (mehr) überzeugen können. Im *Aktienrecht* rechtfertigt sich nach ihnen der Klagezwang aus dem Bedürfnis nach jederzeitiger Rechtsklarheit und Rechtssicherheit, die zum Schutz der Aktionäre und Gesellschaftsgläubiger, vor allem aber auch künftiger Aktienerwerber und der Öffentlichkeit notwendig erscheinen[23]. Er ist hier auch annehmbar, weil die Hauptversammlung nur über eng begrenzte Kompetenzen verfügt und daher wenige Beschlüsse faßt, die in der Regel aber beträchtliche Außenwirkung entfalten. Hinzu kommt die stärkere rechtliche Kontrolle infolge der Beurkundungspflicht gemäß § 130 AktG und der damit verbundenen Mitwirkung eines Notars. Aus diesen Gründen wiegt bei der AG das öffentliche Interesse an der Rechtsbeständigkeit eines formell ordnungsmäßig gefaßten Beschlusses höher als das Interesse der Aktionäre, sich jederzeit und mit allen in Betracht kommenden Mitteln gegen Mängel wehren zu können, solange der Beschluß nur nicht an einem so schweren Mangel leidet, daß er als nichtig angesehen werden muß.

6 Bei der *GmbH* ist die Interessenlage nach *Zöllner* und *Noack* hingegen anders. Die Autoren führen aus, angesichts des typischerweise kleinen und geschlossenen Gesellschafterkreises und des personalistischen Zuschnitts des Unternehmens bestehe kein gleichartiges öffentliches Interesse an Rechtsklarheit und Rechtsbeständigkeit. Dieses fehle auch deshalb, weil die Mehrzahl der Gesellschafterbeschlüsse Angelegenheiten der Geschäftsführung betreffen und keine den Hauptversammlungsbeschlüssen vergleichbare unmittelbare Außenwirkung entfalten. Die Gründe, welche die Beschränkung der Anfechtungsbefugnis bei der AG rechtfertigen, träfen bei der GmbH daher typischerweise nicht zu. Vielmehr handele es sich bei der Anfechtung von Gesellschafterbeschlüssen in der Regel um **Mehrheits-Minderheitskonflikte**, bei denen für die Rechtsordnung das Schutzbedürfnis der Minderheitsgesellschafter im Vordergrund stehe. Es bestehe kein hinreichender Anlaß, diese auf die Anfechtungsklage zu verweisen und zu beschränken, anstatt ihnen zu gestatten, den Fehler

---

19 *Baums* ZGR 1983, 300; *Axhausen* Anfechtbarkeit aktienrechtlicher Aufsichtsratsbeschlüsse (1986); siehe § 52 Rdn 79 ff.

20 BT-Drucks. VI/3088 = 7/253, §§ 191 ff.

21 *Immenga* GmbH-Rdsch. 1973, 5; *Wiedemann* GesR I §§ 3 I 2 b, 8 IV 2 b.

22 *Timm* Festschrift Fleck S. 365, 368 ff; Baumbach/Hueck/*Zöllner* 1 ff; *Noack* Fehlerhafte Beschlüsse S. 113 ff; *Zöllner/Noack* ZGR 1989, 525; dagegen verteidigt *Henze* ZGR 1988, 542, 546 ff die Rechtsprechung.

23 *Noack* aaO S. 136 ff; *Zöllner/Noack* aaO 525, 532 ff.

einverständlich mit den Mehrheitsgesellschaftern zu bereinigen, einredeweise geltend zu machen oder als Vorfrage in einem auf einen anderen Gegenstand gerichteten Prozeß klären zu lassen. Auch eine kurz bemessene Anfechtungsfrist, die dazu zwingen soll, den Klärungsprozeß alsbald einzuleiten, erweise sich als nicht erforderlich. Lediglich bei Beschlüssen mit unmittelbarer Außenwirkung müsse das Recht dafür sorgen, daß Dritten die Rechtsposition, die sie durch einen fehlerhaften Beschluß erlangen, nicht mit Wirkung ex tunc wieder entzogen werden kann. Doch stünden dafür auch andere Mittel als das Institut der Anfechtungsklage zur Verfügung[24].

Darüber hinaus können *Zöllner* und *Noack* auf **unbewältigte Schwierigkeiten** der herrschenden Rechtsprechung und Lehre verweisen, die genau besehen das Prinzip selbst in Frage stellen: a) Die Anfechtungsklage wird nur bei von einem Abstimmungsleiter festgestellten Beschlüssen verlangt, nicht jedoch, wenn die Feststellung unterblieben ist oder bewußt darauf verzichtet wurde[25]. Daraus ergibt sich eine vielfach vom Zufall abhängige, schwer zu handhabende und sachlich unbefriedigende Teilung zwischen Beschlüssen, die beim gleichen Mangel der Anfechtungsklage bedürfen oder nicht. b) Nachdem sich die einmonatige Klagefrist des § 246 Abs. 1 AktG bei der GmbH als in der Regel zu kurz herausgestellt hat, ist es bisher nicht gelungen, eine statt dessen angemessene Frist festzulegen, so daß die Gerichte mit einer offenen, einzelfallbezogenen Begrenzung der Klagefrist operieren müssen, welche der Rechtssicherheit nicht genügt[26]. c) Ein neues Urteil des BGH kann die Konsequenzen der eigenen Judikatur nicht durchhalten, sondern hilft dem Gesellschafter mit dem Einwand des Rechtsmißbrauchs gegen die Durchführung eines Gesellschafterbeschlusses, obwohl die Frist für die Anfechtungsklage, mit der er sich dagegen hätte wehren müssen, abgelaufen war[27]. 7

Schließlich verweisen die Autoren auf die **unzuträglichen praktischen Folgen** der herrschenden Rechtsprechung und Lehre: Im Gegensatz zum Aktienrecht zieht das Erfordernis der Anfechtungsklage im GmbH-Recht angesichts der hohen und ständig wachsenden Zahl der Gesellschaften und der großen Menge der Gesellschafterbeschlüsse eine Flut von Prozessen nach sich, welche die Gerichte unnötig belasten[28]. 8

4. Stellungnahme

Die **Einwände**, welche *Zöllner* und *Noack* gegen die Behandlung *anfechtbarer – nicht nichtiger* – Gesellschafterbeschlüsse in der herrschenden Rechtsprechung und Lehre erheben, **überzeugen**. Dies gilt zunächst für ihre Interessenanalyse, welche die von der AG abweichende Lage bei der GmbH schlüssig herausarbeitet. Diese belegt, daß das **Rechtsschutzbedürfnis** der von einem fehlerhaften Beschluß der Gesellschafterversammlung **betroffenen Gesellschafter** bei der GmbH schwerer wiegt als bei der AG, während das öffentliche Interesse an der Bestandskraft der 9

[24] Vgl. zum Ganzen *Noack* aaO S. 136 ff, 147 ff; *Zöllner/Noack* aaO 525, 535.

[25] BGHZ 104, 66, 68 f = NJW 1988, 1844 und dazu *Zöllner/Noack* aaO 525, 526 ff.

[26] Aus der Rechtsprechung zuletzt BGHZ 104, 66, 70 ff = NJW 1988, 1844 und dazu *Zöllner/Noack* aaO 525, 529 ff; *Rohleder* GmbH-Rdsch. 1989, 236, 240 ff; BGHZ 108, 21, 29 = NJW 1989, 2694.

[27] BGHZ 101, 113, 120 ff = NJW 1987, 2514 und dazu *Zöllner/Noack* aaO 525, 527, 534. In dieselbe Richtung weist das Urteil des OLG Koblenz GmbH-Rdsch. 1990, 39, 40 f = EWiR § 15 GmbHG 2/89, 1003 m. Anm. *Rowedder*[2], in der das Gericht einem Gesellschafter einen Anspruch auf Zustimmung zur Veräußerung seines Geschäftsanteils nach § 15 Abs. 5 gewährt, obwohl er versäumt hat, den ablehnenden Gesellschafterbeschluß anzufechten.

[28] *Zöllner/Noack* aaO 525, 535.

Beschlüsse um der Rechtsklarheit und Rechtssicherheit willen zurücktritt. Aus diesem Grund ist es gerechtfertigt, die Klärung eines Streits über die Rechtswidrigkeit eines Beschlusses zunächst den Gesellschaftern selbst zu überlassen, ohne die Minderheit zu zwingen, vor Gericht zu gehen. Hat ein Gesellschafter gegen den Beschluß protestiert, kann auch ein sich länger hinziehender Konflikt darüber, ob oder mit welchem Inhalt er wirksam ist, hingenommen werden, ohne daß allgemeine Belange berührt wären. Die durch den Widerspruch eines Gesellschafters entstehende Schwebelage verlangt zwar immer dann, wenn der Beschluß Außenwirkungen entfaltet, den Schutz der davon begünstigten Dritten. Doch ist dieser Schutz nicht vom Institut der Anfechtungsklage abhängig. Dagegen sind die hinter dem Beschluß stehenden Mehrheitsgesellschafter nicht schutzbedürftig, denn sie können den Schwebezustand ihrerseits durch Feststellungsklage beenden. Statt dessen die Klagelast immer den Minderheitsgesellschaftern aufzubürden, besteht kein Anlaß, ist vielmehr rechtspolitisch eher bedenklich. Ebensowenig ist es gerechtfertigt, stets eine Anfechtungsklage zu verlangen und die Inzidentkontrolle im Zuge anderer Prozesse zwischen den Gesellschaftern oder zwischen der Gesellschaft und einem Gesellschafter auszuschließen.

10 Überzeugend weisen *Zöllner* und *Noack* weiter auf die **Schwierigkeiten** und **Inkonsequenzen** hin, die sich aus der unterschiedlichen Behandlung von festgestellten und nicht festgestellten Beschlüssen, aus der einzelfallbezogenen Abgrenzung der Anfechtungsfrist und aus dem vom BGH zugelassenen Einwand des Rechtsmißbrauchs ergeben, der die als übermäßig empfundene Härte der herrschenden Lehre zwar mildert, sie dabei aber selbst in Frage stellt. Nicht zuletzt sind auch ihre Ausführungen über die unangemessene Belastung der Gerichte mit Anfechtungsklagen berechtigt, wie die ungewöhnlich hohe Zahl der einschlägigen Urteile des BGH und der Oberlandesgerichte in den letzten Jahren belegt.

11 Im Ergebnis verlangen die Einwände eine **Revision** der herrschenden Lehre, die im Kern darauf hinausläuft, die **Anfechtungsklage** als zwar **mögliches**, aber **nicht allein zulässiges** Rechtsmittel gegen fehlerhafte Gesellschafterbeschlüsse anzuerkennen. Die Einzelheiten des neuen Ansatzes sind indessen noch nicht in allen Punkten geklärt, die Konsequenzen noch nicht voll zu übersehen. Sie müssen im folgenden jeweils an der Stelle aufgegriffen werden, an der sie relevant werden. Solange die Rechtsprechung an der Notwendigkeit der Anfechtungsklage festhält, wäre es auch verfrüht, die Darstellung des geltenden Rechts ganz auf die neue Konzeption umzustellen. Es bleibt vielmehr nichts anderes übrig, als bei Aufbau und Darstellung der Einzelheiten jeweils zunächst von der herrschenden Lehre auszugehen, um danach die aus der Neuorientierung folgenden Abweichungen aufzuzeigen.

II. Arten mangelhafter Gesellschafterbeschlüsse

1. Beschlußtatbestand

12 a) **Beschluß der Gesellschafter.** Die Regeln über die Rechtsfolgen mangelhafter Beschlüsse setzen einen Gesellschafterbeschluß voraus (zu Begriff und Rechtsnatur des Gesellschafterbeschlusses s. § 47, 2f, zu den Voraussetzungen wirksamer Beschlüsse § 47, 4ff). Auf Beschlüsse eines Aufsichtsrats oder Beirats sind sie grundsätzlich nicht anzuwenden (§ 52, 79ff, 220, 332ff). Die – oft fehlende – förmliche Feststellung und Verkündung durch einen Abstimmungsleiter ist bei der GmbH kein Wirksamkeitserfordernis für einen Beschluß (§ 47, 26). Doch hängt die vorläufige Verbindlichkeit und

nach der Rechtsprechung auch die Notwendigkeit, Anfechtungsklage zu erheben, davon ab (Rdn 89 ff, 99 ff). Eine *Probeabstimmung*, durch die nur ein Meinungsbild hergestellt werden soll, führt dagegen nicht zu einem Beschluß, weil es an einer Willensäußerung der Gesellschafter fehlt. Ebensowenig liegt ein Beschluß vor, wenn ein Antrag übergangen oder von der Tagesordnung abgesetzt wird. In einem solchen Fall muß der Antragsteller notfalls Leistungsklage erheben mit dem Antrag, daß die Gesellschaft über den Gegenstand beschließt.

Verfahrensleitende Verfügungen des Versammlungsleiters, aber auch **Gesellschafterbeschlüsse**, die sich ausschließlich auf den Ablauf der Verhandlung beziehen, z. B. auf die Reihenfolge, in der über die gestellten Anträge abgestimmt wird, sind nicht selbständig angreifbar. Enthalten sie einen Verfahrensfehler, können allerdings nachfolgende Beschlüsse anfechtbar sein[29]. Sieht die Satzung eine *zweite Abstimmung* über denselben Gegenstand vor – z. B. für den Fall, daß bei der ersten Abstimmung ein bestimmtes Quorum nicht erreicht wird – und wird die zweite Abstimmung durchgeführt, so führt nur diese zu einem angreifbaren Beschluß. Doch können Mängel des ersten Beschlusses der Grund dafür sein, daß auch der zweite mangelhaft und angreifbar wird. 13

b) **Ablehnender Beschluß.** Erreicht ein Antrag nicht die notwendige Stimmenmehrheit, so ist er abgelehnt. Auch darin liegt ein **Beschluß**, der **mangelhaft** sein kann, z. B. wenn ein Gesellschafter nicht ordnungsgemäß geladen wurde oder die Stimmen nicht richtig ausgezählt wurden [30]. Bei der GmbH war dies allerdings zweifelhaft, solange sich der BGH auf den Standpunkt stellte, daß ein Beschluß im Rechtssinn nicht vorliegt, wenn für einen nicht satzungsändernden Antrag die gesetzlich vorgeschriebene Stimmenmehrheit nicht erreicht wird[31]. Nachdem der BGH diese Meinung inzwischen ausdrücklich aufgegeben hat[32], können solche Zweifel jedoch als überwunden gelten [33]. Allerdings erschöpft sich die Wirkung eines rein negativen Abstimmungsergebnisses darin, daß der gestellte Antrag verbraucht ist und der Zustand aufrechterhalten bleibt, wie er vor dem Antrag bestanden hat. Mit der Ablehnung ist weder das Nichtbestehen eines mit dem Antrag geltend gemachten Anspruchs verbindlich festgestellt, noch ist der Antragsteller gehindert, seinen Anspruch innerhalb oder außerhalb der Gesellschafterversammlung weiterhin zu verfolgen[34]. Das ist bei der Prüfung zu berücksichtigen, ob für eine Nichtigkeits- oder Anfechtungsklage ein Rechtsschutzinteresse besteht. Der Kläger kann mit der Nichtigkeits- oder Anfechtungsklage aber die positive Beschlußfeststellungsklage verbinden und auf diesem Weg erreichen, daß das Gericht die Stimmen richtig auszählt und ggf. das Wirksamwerden des beantragten Beschlusses feststellt (Rdn 244). 14

c) **Sonderbeschlüsse, Minderheitsverlangen.** Beschlüsse bestimmter Gesellschaftergruppen, die der Gesellschaftsvertrag vorsehen kann, sind Gesellschafterbeschlüsse im Sinn der Nichtigkeits- und Anfechtungsbestimmungen (vgl. § 138 AktG). Dagegen folgen die Entschließungen mehrerer Mitberechtigter an einem Geschäftsanteil (§ 18) 15

---

[29] *Vogel* Gesellschafterbeschlüsse² S. 212; *Schilling/Zutt*-Voraufl. 13.

[30] So zur AG schon RGZ 122, 102, 107; 142, 123, 130; 146, 71, 72; 385, 388; *Zöllner*-KölnKommAktG § 241, 58; *Schilling*-GroßkommAktG § 241, Anm. 5; Geßler/Hefermehl/Eckardt/Kropff/*Hüffer* § 241, 8; *Baltzer* Der Beschluß als rechtstechnisches Mittel organschaftlicher Funktion S. 180 f; *ders.* GmbH-Rdsch. 1972, 57.

[31] BGHZ 51, 209, 211 = NJW 1969, 841; offen BGH GmbH-Rdsch. 1972, 224, 225; *Maier-Reimer* Festschrift Oppenhoff S. 193, 197 ff.

[32] BGHZ 88, 320, 328 = NJW 1984, 489; 97, 28, 30 = NJW 1986, 2051.

[33] HL; *Schilling/Zutt*-Voraufl. 8; Scholz/*Schmidt* § 45, 31, 179; Baumbach/Hueck/*Zöllner* § 47, 2; Rowedder/*Koppensteiner*² § 47, 5; *Meyer-Landrut*/Miller/Niehus § 47, 67; *Roth* § 47, Anm. 2.4.

[34] BGH GmbH-Rdsch.1972, 224, 225; *Baltzer* GmbH-Rdsch. 1972, 57, 60 f; *Schilling/Zutt*-Voraufl. 8.

und die Beschlüsse von GmbH-Gesellschaftern, die sich an einem Stimmrechtskonsortium in der Form einer Gesellschaft bürgerlichen Rechts beteiligen, anderen Regeln. Keine Gesellschafterbeschlüsse sind auch Minderheitsverlangen gemäß § 50[35].

2. Nichtige Einzelstimmen

16 a) **Tatbestand.** Ein Beschluß kommt mit der vom Gesetz oder von der Satzung vorgesehenen Mehrheit der Stimmen zustande. Da die Stimmabgabe eine empfangsbedürftige Willenserklärung darstellt, die den allgemeinen Vorschriften des BGB über Rechtsgeschäfte unterliegt (§ 47, 41), fragt sich, welche Auswirkungen die Abgabe einer nichtigen oder anfechtbaren Stimme auf das Zustandekommen eines Beschlusses hat. Eine Stimme kann nichtig sein, weil sie von jemand abgegeben wurde, der (noch) nicht oder nicht mehr Gesellschafter ist, ferner mangels Geschäftsfähigkeit, wenn sie nur zum Scherz oder zum Schein abgegeben wurde (§§ 116, 117 BGB), wegen Ausfalls einer Bedingung, mangels Vertretungsmacht (§§ 180, 182 BGB; vgl. dazu § 47, 99), bei Ausschluß des Stimmrechts nach §§ 33 Abs. 2 oder 47 Abs. 4. In Betracht kommen ferner zahlreiche andere allgemein zivilrechtliche oder spezifisch gesellschaftsrechtliche Nichtigkeitsgründe. Die **Anfechtung einer Stimmabgabe** ist nach den allgemeinen Vorschriften (§§ 119, 123 BGB) mit Rückwirkung grundsätzlich möglich[36].

17 b) **Rechtsfolgen. Nichtige Einzelstimmen** zählen bei der Ermittlung des Abstimmungsergebnisses nicht mit, wenn sich die Teilnehmer über die Ungültigkeit der Stimme alsbald einig sind. Ob trotzdem ein Beschluß gefaßt wird, hängt davon ab, ob die wirksam abgegebenen Stimmen die erforderliche Mehrheit erreichen. Lehnt die Mehrheit nach Abzug der nichtigen Stimmen den gestellten Antrag ab, so kommt ein negativer Beschluß zustande. Wird der Fehler hingegen nicht alsbald bemerkt, so wird der Beschluß mit dem vom Abstimmungsleiter festgestellten Inhalt wirksam (Rdn 90). Fehlt eine förmliche Feststellung, sind sich die Beteiligten aber einig, daß ein Mehrheitsbeschluß mit bestimmtem Inhalt gefaßt wurde, so gilt der Beschluß mit diesem Inhalt (Rdn 96). Die Nichtigkeit einzelner Stimmen muß nach den Regeln über die Anfechtung des Beschlusses geltend gemacht werden. Sie kann den Beschluß nur zu Fall bringen, wenn sie sich auf das Abstimmungsergebnis auswirkt, d. h. wenn sich bei Nichtberücksichtigung der nichtigen Stimmen die Stimmenmehrheit ändert (Rdn 111). Widerspricht ein Gesellschafter unter Hinweis auf die Nichtigkeit einzelner Stimmen dem Beschluß, ohne daß sich die Beteiligten über die Behandlung des Fehlers einigen und ohne daß der Beschluß von einem Abstimmungsleiter festgestellt wird, so bleibt dessen Wirksamkeit vorerst in der Schwebe. Notfalls muß die Klärung der Rechtslage mittels einer – positiven oder negativen – Feststellungsklage herbeigeführt werden (Rdn 248 ff).

18 Nach denselben Regeln sind **anfechtbare Stimmen** zu behandeln. Die Anfechtung wirkt sich auf den Beschluß nur dann unmittelbar aus, wenn sie sogleich nach Abgabe der Stimme erklärt wird und entweder unter den Gesellschaftern unstreitig ist oder von dem Abstimmungsleiter bei der Feststellung des Beschlußergebnisses als berechtigt berücksichtigt wird. In diesen Fällen kann die angefochtene Stimme so gewertet werden, wie sie ohne den Willensmangel abgegeben worden wäre. Streiten sich die Gesellschafter über die Wirksamkeit der sofort erklärten Anfechtung und fehlt eine Feststellung des Beschlusses von seiten des Abstimmungsleiters, so bleibt dessen Wirk-

[35] *Schilling*-GroßkommAktG § 241, Anm. 6; *Zöllner*-KölnKommAktG § 241, 61; Geßler/Hefermehl/Eckardt/Kropff/*Hüffer* § 241, 14.

[36] RGZ 115, 378, 385; BGHZ 14, 264, 267 = NJW 1954, 1563; OLG München WM 1984, 260, 262.

samkeit wiederum in der Schwebe. Hat der Abstimmungsleiter den Beschluß festgestellt oder wird die Anfechtung einzelner Stimmen erst später erklärt, so kann der Beschluß nur noch nach den Anfechtungsregeln für nichtig erklärt werden.

3. Nichtigkeit

Die für die Praxis bedeutsamste Unterscheidung mangelhafter Gesellschafterbeschlüsse ist die zwischen nichtigen und anfechtbaren Beschlüssen. Dabei können die für das Aktienrecht entwickelten Begriffsbestimmungen[37] in das GmbH-Recht übernommen werden. Ein nichtiger Beschluß ist ipso iure und von Anfang an **wirkungslos**; er ist grundsätzlich auch nicht heilbar (über Ausnahmen siehe Rdn 78 ff). Jedermann kann sich ohne weiteres auf seine Wirkungslosigkeit berufen, auch als Einrede oder in einem Rechtsstreit mit Dritten. Die Geschäftsführer dürfen nichtige Gesellschafterbeschlüsse nicht ausführen. In das Handelsregister können sie nicht eingetragen werden. Wird von einem Gesellschafter oder Geschäftsführer Nichtigkeitsklage erhoben, so erlangt das stattgebende Urteil entsprechend §§ 248, 249 AktG Rechtswirksamkeit für und gegen alle (Einzelheiten s. Rdn 236 ff). Nichtigkeit kommt nur bei bestimmten, besonders schwerwiegenden Fehlern in Frage (Rdn 31 ff). **19**

4. Anfechtbarkeit

Die weitaus größte Zahl der Beschlußmängel führt zur Anfechtbarkeit, nicht zur Nichtigkeit des Beschlusses. Ein anfechtbarer Beschluß ist **rechtswirksam**, aber **vernichtbar**. Der Mangel muß von Anfechtungsberechtigten geltend gemacht werden. Wurde der Beschluß festgestellt, so ist hierzu nach herrschender Rechtsprechung und Lehre (Rdn 99) eine gegen die Gesellschaft zu richtende Anfechtungsklage erforderlich, die innerhalb kurzer Frist erhoben werden muß. Entsprechend § 241 Nr. 5 AktG kann der Beschluß dann vom Gericht durch Gestaltungsurteil für nichtig erklärt werden. Nach der neueren, auch hier vertretenen Lehre sind demgegenüber auch andere Möglichkeiten zuzulassen, die Anfechtbarkeit eines Beschlusses geltend zu machen (Rdn 176). Bis zum Urteil über die Anfechtung ist der Beschluß vorläufig wirksam. **20**

5. Unwirksamkeit

a) **Tatbestand.** Von den wegen Rechtsverstoßes fehlerhaften nichtigen oder anfechtbaren Gesellschafterbeschlüssen sind die unwirksamen oder „unvollständigen" Beschlüsse zu unterscheiden[38]. Dabei handelt es sich um Beschlüsse, die zwar mangelfrei zustande gekommen sind, aber **erst wirksam** werden, wenn ein **weiterer Tatbestand hinzutritt**. Das wichtigste Beispiel ist der Fall, daß der Beschluß der Zustimmung eines bestimmten oder aller Gesellschafter bedarf, weil er in Sonderrechte oder andere unentziehbare Gesellschafterrechte eingreift[39] oder zu einer Vermehrung der Leistungspflichten (vgl. § 53 Abs. 3) führt. Eine Satzungsänderung, welche auf die Änderung des **21**

---

[37] *Schilling*-GroßkommAktG § 241, Anm. 2–6; *Zöllner*-KölnKommAktG § 241, 4–26, 47–61; Geßler/Hefermehl/Eckardt/Kropff/*Hüffer* vor § 241, 4; *K. Schmidt* GesR § 15 II; *Raiser* KapGesR § 16 IX; grundlegend ferner *A. Hueck* Anfechtbarkeit und Nichtigkeit von Generalversammlungsbeschlüssen bei Aktiengesellschaften (1924).

[38] RGZ 148, 175, 184 ff; BGHZ 15, 177, 181 = NJW 1955, 178 (zur Gen); 48, 141, 143 = NJW 1967, 2159; BGH WM 1962, 201; WM 1966, 446, 447; *Schilling*-GroßkommAktG § 241, Anm. 3; *Zöllner*-KölnKommAktG § 241, 7 ff; Geßler/Hefermehl/Eckardt/Kropff/*Hüffer* § 241, 18; **aA** *Baums* ZHR 142 (1978), 582.

[39] RGZ 148, 175, 186; BGHZ 15, 177, 181 = NJW 1955, 178; 48, 141, 143 = NJW 1967, 2159; BGH WM 1962, 201; WM 1966, 446, 447.

Gesellschaftszwecks gerichtet ist, ist auch wenn sie die notwendige Dreiviertelmehrheit gefunden hat, unwirksam, solange nicht sämtliche Gesellschafter zugestimmt haben (Voraufl. § 53, 95). Unwirksam ist auch ein Einziehungsbeschluß gemäß § 34 Abs. 1 ohne Zustimmung des betroffenen Gesellschafters. Unwirksamkeit liegt ferner vor, wenn eine notwendige behördliche Genehmigung fehlt, wie namentlich bei Kartellbeschlüssen, die nach §§ 2 ff GWB vom Kartellverbot freigestellt werden können[40]. Schließlich gehören hierher Beschlüsse, die in das Handelsregister eingetragen werden müssen, solange die Eintragung nicht erfolgt ist[41].

22 b) **Rechtsfolgen.** Solange die erforderliche Zustimmung, behördliche Genehmigung oder Eintragung in das Handelsregister fehlt, ist der Beschluß **schwebend unwirksam**[42], doch ist er, wenn sich seine Ungültigkeit nicht aus anderen Gründen ergibt, keineswegs gegenstands- oder wirkungslos. Die Gesellschafter sind vielmehr an ihn in dem Sinn gebunden, daß er als verbindliche Willensäußerung gilt, von der sie ohne erneuten Beschluß nicht wieder abrücken können. Die Geschäftsführer haben sich darum zu kümmern, daß die noch offene Zustimmung erteilt oder die Eintragung in das Handelsregister bewirkt wird. Gegebenenfalls können sie den Zustimmungsberechtigten auffordern, sich binnen angemessener Frist darüber zu äußern (vgl. § 108 Abs. 2 BGB). Ausführen dürfen sie den schwebend unwirksamen Beschluß noch nicht[43]. Zustimmungsberechtigte Gesellschafter sind grundsätzlich nicht auch verpflichtet, die Zustimmung zu erteilen. Doch kann sich eine solche Pflicht im Einzelfall aus der Treuepflicht ergeben. Wird die Zustimmung gewährt, ist der Beschluß als von Anfang an wirksam zu behandeln.

23 Wird die **Zustimmung verweigert**, ist der Beschluß **endgültig unwirksam**. Die Unwirksamkeit kann von und gegenüber jedermann auch als Einrede geltend gemacht werden. Der Betroffene kann, wenn er ein Rechtsschutzinteresse darlegt, Feststellungsklage gemäß § 256 ZPO erheben[44]. Dagegen ist eine kassatorische Nichtigkeits- oder Anfechtungsklage nicht gegeben[45]. Wurde der Beschluß zu Unrecht in das Handelsregister eingetragen, so kommt die Löschung von Amts wegen gemäß §§ 142 Abs. 1, 144 Abs. 2 FGG in Betracht. Manche Autoren halten in einem solchen Fall eine entsprechende Anwendung des § 242 Abs. 2 AktG für möglich, wonach der Mangel nach Ablauf von drei Jahren seit der Eintragung geheilt wird (Rdn 80 f)[46]. Das ist nur dann unbedenklich, wenn die Zustimmung eines Gesellschafters fehlt, kann jedoch z. B. für Kartellbeschlüsse, denen die Legalisierung versagt wurde, nicht gelten.

24 Ist ein unwirksamer Beschluß zugleich wegen **anderer Mängel** nichtig oder anfechtbar, so treten die Rechtsfolgen nebeneinander. Wird die erforderliche Zustimmung endgültig nicht erteilt, so bleibt der Beschluß unwirksam, selbst wenn Nichtigkeit oder Anfechtbarkeit nicht mehr geltend gemacht werden können. Umgekehrt bleibt ein fehlerhafter Beschluß nichtig oder anfechtbar, auch wenn die schwebende Unwirksamkeit entfällt[47].

---

[40] *Schilling/Zutt*-Voraufl. 17; Scholz/*Schmidt* § 45, 56.
[41] *Schilling/Zutt*-Voraufl. 17; Scholz/*Schmidt* § 45, 57; *Zöllner*-KölnKommAktG § 241, 14; Geßler/Hefermehl/Eckardt/Kropff/*Hüffer* § 241, 19.
[42] RGZ 148, 175, 186 f.
[43] Scholz/*Schmidt* § 45, 58.
[44] BGHZ 15, 177, 181 = NJW 1955, 178; *Hüffer* aaO (Fn 41) 21; Rowedder/*Koppensteiner*[2] § 47, 72.
[45] *Schilling/Zutt*-Voraufl. 18; *Hüffer* aaO 21; **aA** Scholz/*Schmidt* § 45, 59; Baumbach/Hueck/*Zöllner* 10, welche die Nichtigkeitsklage gemäß § 249 AktG gewähren wollen, wenn ein Gesellschafter klagt.
[46] *Schilling/Zutt*-Voraufl. 75; *Hüffer* aaO (Fn 41) 21; Scholz/*Schmidt*[6] § 45, 44.
[47] *Schilling/Zutt*-Voraufl. 18; *Hüffer* aaO 22.

6. Nichtbeschlüsse und Scheinbeschlüsse

In der Rechtsprechung und im Schrifttum werden neben den Kategorien der nichtigen, anfechtbaren und unwirksamen Gesellschafterbeschlüsse vielfach weitere Gruppen gebildet, für die abweichende Regeln gelten sollen. Dabei sind Terminologie und Abgrenzung nicht einheitlich. In erster Linie tauchen die Begriffe „Nichtbeschluß", „wirkungsloser Beschluß" und „Scheinbeschluß" auf. In der Sache geht es dabei um folgende Fälle: **25**

a) Von einem **Nichtbeschluß** ist die Rede, wenn sich Nichtgesellschafter anmaßen, einen Beschluß namens der Gesellschaft zu fassen[48]. Solche Fälle lassen sich, wenn sie überhaupt realistisch sind, mühelos als mit dem Wesen der GmbH und mit im öffentlichen Interesse gegebenen Vorschriften unvereinbar und daher nach § 241 Nr. 3 AktG nichtig bezeichnen (Rdn 49, 52). Fraglich kann nur sein, ob entsprechend § 242 Abs. 2 AktG eine Heilung in Betracht kommt, falls ein solcher Beschluß in das Handelsregister eingetragen werden sollte (Rdn 79 f). Die Mehrzahl der Autoren bejaht dies[49]. Doch kann das Problem offen bleiben, bis ein einschlägiger Fall vorkommt, anhand dessen seine Tragweite anschaulich wird. Ebenso theoretisch erscheint einstweilen die Frage, ob in einem solchen Fall negative Feststellungsklage nach § 256 ZPO oder Nichtigkeitsklage gemäß § 249 AktG zu erheben ist. Ein Bedürfnis für eine eigene Kategorie neben der Nichtigkeit ist nicht zu erkennen[50]. **26**

b) **Beschlüsse, die auf einen rechtlich nicht möglichen Erfolg gerichtet sind,** z. B. auf einen Eingriff in Rechte Dritter. Auch solche Beschlüsse lassen sich, so weit sie überhaupt ernst gemeint sind, ohne weiteres unter § 241 Nr. 3 AktG subsumieren, denn sie verletzen Grundregeln des geltenden Rechts, die im öffentlichen Interesse gegeben sind. Kommt es darüber zum Prozeß, steht nichts im Wege, die Nichtigkeitsklage zuzulassen. Eine Heilung gemäß § 242 Abs. 2 AktG kann nicht in Betracht kommen[51]. **27**

c) **Beschlüsse, welche die gesetzliche Kompetenzordnung mißachten.** Hauptbeispiel ist die Wahl eines Geschäftsführers durch die Gesellschafterversammlung, obwohl nach § 31 MitbestG der Aufsichtsrat zuständig ist. Auch solche Fälle verletzen Vorschriften, die im öffentlichen Interesse gegeben sind[52], und sind daher entsprechend § 241 Nr. 3 AktG nichtig (Rdn 49). Eine Heilung kommt wie im vorhergehenden Fall nicht in Frage[53]. **28**

d) **Verstoß gegen die satzungsmäßige Kompetenzordnung.** Schwieriger ist die Rechtslage, wenn sich die Gesellschafter nicht an die in der *Satzung verankerte Kompetenzordnung* halten, etwa den Geschäftsführern Weisungen erteilen, obwohl nach dem Gesellschaftsvertrag dafür ausschließlich ein Beirat zuständig ist. Nach *Schilling* und *Zutt*[54] sollen derartige Beschlüsse wirkungslos, d. h. für die Geschäftsfüh- **29**

---

[48] BGHZ 11, 231, 236 = NJW 1954, 385 spricht davon, daß „ein Mann von der Straße eine Versammlung von Leuten einberuft, die mit der Gesellschaft gar nichts zu tun haben". Eher in Betracht kommen Fälle, in denen ein oder mehrere Anteilserwerber einen Beschluß fassen, bevor der Erwerb nach § 16 bei der Gesellschaft angemeldet wurde.

[49] *Schilling/Zutt*-Voraufl. 6; Baumbach/Hueck/*Zöllner* 13; Rowedder/*Koppensteiner*² § 47, 73; *Zöllner*-KölnKommAktG § 241, 50 ff; *Noack* Fehlerhafte Beschlüsse S. 11; Geßler/Hefermehl/Eckardt/Kropff/*Hüffer* § 241, 11; aA *Meyer-Landrut*/Miller/Niehus § 47, 66; Roth § 47, Anm. 6.1.

[50] Inzwischen wohl hL, vgl. die Nachweise in der vorigen Fn.

[51] Scholz/*Schmidt* § 45, 41, 71; Baumbach/Hueck/*Zöllner* 12; insoweit wohl auch *Schilling/Zutt*-Voraufl. 19.

[52] BGHZ 83, 106, 110 = NJW 1982, 1525; 89, 48, 50 = NJW 1984, 733.

[53] Scholz/*Schmidt* § 45, 41, 71; Baumbach/Hueck/*Zöllner* 12; aA Fischer/*Lutter/Hommelhoff* 2; einschränkend auch *Schilling/Zutt*-Voraufl. 19

[54] Voraufl. 19.

rer unverbindlich sein, obwohl ein Verstoß gegen das „Wesen der GmbH" oder gegen das „öffentliche Interesse" im Sinn des § 241 Nr. 3 AktG nach ihrer Ansicht nicht vorliegt. Richtiger erscheint es demgegenüber, die Anfechtungsregeln anzuwenden (Rdn 135 ff). Da die Geschäftsführer nach der hier vertretenen Ansicht in einem solchen Fall anfechtungsbefugt sind (Rdn 163), können sie sich hinreichend dagegen wehren. Verzichten sie auf die Anfechtung, geht es nicht an, daß sie sich einfach darüber hinwegsetzen[55].

30 e) In der älteren Rechtsprechung war vielfach von **Scheinbeschlüssen** die Rede, wenn ein beantragter Beschluß nicht zustandegekommen ist, weil die erforderliche Mehrheit nicht erreicht wurde[56]. Derartige Beschlüsse sollten auch ohne Anfechtung wirkungslos sein. Die Ansicht ist jedoch durch die neuere Judikatur überholt. Regelmäßig liegt ein negativer, den Antrag ablehnender Beschluß vor (Rdn 14). Hat der Abstimmungsleiter jedoch irrtümlich oder infolge falscher Würdigung der Rechtslage die Annahme des Antrags festgestellt oder gehen die Gesellschafter zunächst übereinstimmend davon aus, so ist der positive Beschluß vorläufig wirksam zustande gekommen. Der Mangel muß durch Anfechtung geltend gemacht werden (Rdn 89 ff, 111 f). Hat ein Gesellschafter hingegen mit der Begründung, daß die erforderliche Mehrheit fehlt, alsbald Widerspruch gegen den Beschluß erhoben und ist es nicht zu einer Feststellung durch den Abstimmungsleiter gekommen, so bleibt die Wirksamkeit des Beschlusses in der Schwebe, bis sich die Gesellschafter darüber einigen oder das Gericht entscheidet. Der Streit darüber ist im Wege der – positiven oder negativen – Feststellungsklage nach § 256 ZPO, nicht der Anfechtungsklage anhängig zu machen (Rdn 248). Von einem Scheinbeschluß zu reden, gibt diese Rechtslage aber nicht zutreffend wieder und ist deshalb verfehlt. Auf die Kategorie sollte gleichfalls verzichtet werden[57].

III. Nichtige Gesellschafterbeschlüsse

Schrifttum

Vgl. die Angaben vor Rdn 1; ferner *Baums* Der unwirksame Hauptversammlungsbeschluß, ZHR 142 (1978) 582; *ders.* Eintragung und Löschung von Gesellschafterbeschlüssen (1981); *Geßler* Nichtigkeit von Hauptversammlungsbeschlüssen und Satzungsbestimmungen, ZGR 1980, 427; *ders.* Nichtigkeit und Anfechtung des GmbH-Jahresabschlusses nach dem Bilanzrichtlinien-Gesetz, Festschrift Goerdeler (1987) S. 127; *D. Hoffmann* Zur Nichtigkeit eines Hauptversammlungsbeschlusses nach § 241 Nr. 3, 3. Alternative AktG, AG 1980, 141; *U. Huber* Entstehungsgeschichte und aktuelle Auslegungsprobleme des § 241 Nr. 3 AktG, Festschrift Coing (1981) Bd. II S. 167.

1. Nichtigkeitsgründe – Allgemeines

31 Im Aktienrecht sind die Fälle der Nichtigkeit in §§ 241, 250, 253, 256 AktG abschließend normiert. Das Gesetz läßt durch die Formulierung in § 241 AktG: „Ein Beschluß ... ist ... *nur dann* nichtig, wenn ..." erkennen, daß die Nichtigkeit den **Ausnahmefall** darstellt und die im Gesetz genannten Nichtigkeitsgründe einen **numerus clausus** bilden. Die Vorschriften sind daher eng auszulegen und einer analogen Anwendung auf ähnliche Beschlußfehler nicht zugänglich. Im Zweifel macht ein Rechtsverstoß

---

55 Baumbach/Hueck/*Zöllner* 12.

56 BGHZ 11, 231, 236 = NJW 1954, 385; 51, 209, 211 f = NJW 1969, 841.

57 Dies entspricht jetzt wohl der hL, *Schilling/Zutt*-Voraufl. 6; Baumbach/Hueck/*Zöllner* 14; Rowedder/*Koppensteiner*[2] § 47, 73; *Noack* Fehlerhafte Beschlüsse S. 11; zum AktG zuletzt Geßler/Hefermehl/Eckardt/Kropff/*Hüffer* § 241, 11. Darauf nicht generell verzichten will Scholz/*Schmidt* § 45, 50; *K. Schmidt* GesR §§ 15 II 1 b; 36 III 4 a.

den Gesellschafterbeschluß nicht nichtig, sondern nur anfechtbar, d. h. vernichtbar[58]. Die sinngemäße Anwendung der Nichtigkeitsvorschriften auf Gesellschafterbeschlüsse in der GmbH muß diese Ausgangslage berücksichtigen. Dabei spielt es keine Rolle, ob es sich um eine Gesetzesanalogie handelt[59] oder um die Anerkennung von Grundprinzipien des Rechts der Kapitalgesellschaften, die in § 241 AktG Ausdruck gefunden haben[60]. Auch die Rechtsprechung hält sich streng an die aktienrechtlichen Nichtigkeitstatbestände, die wegen der anderen Struktur der GmbH allerdings nicht ohne Modifikation übernommen werden können, sondern angepaßt werden müssen. Tatbestände außerhalb des Aktiengesetzes kommen als Nichtigkeitsgrund aber ebensowenig in Betracht wie eine extensive Auslegung der aktienrechtlichen Vorschriften. Namentlich verdrängt § 241 AktG als Spezialvorschrift die Anwendung der §§ 134, 138 BGB[61]. Auch die Satzung kann den Katalog der Nichtigkeitsgründe weder erweitern noch einschränken[62].

Ob der Beschluß auf dem Rechtsverstoß beruht, ob der Nichtigkeitsgrund also **32**
kausal für das Beschlußergebnis war, ist **ohne Bedeutung**[63]. Die Relevanz des Fehlers ist also stets gegeben. Hierin liegt ein wichtiger Unterschied zu den Anfechtungsgründen (Rdn 103).

2. **Einberufungsmängel (§ 241 Nr. 1 AktG)**

a) **Grundsatz.** Nach § 241 Nr. 1 AktG ist ein Beschluß nichtig, wenn er „in einer **33**
Hauptversammlung gefaßt worden ist, die nicht nach § 121 Abs. 2 und 3 AktG einberufen war, es sei denn, daß alle Aktionäre erschienen oder vertreten waren". § 121 Abs. 2 AktG regelt die Befugnis zur Einberufung der Hauptversammlung, Abs. 3 die Bekanntmachung. Sinngemäß auf die GmbH angewandt sind Beschlüsse der Gesellschafterversammlung demnach nichtig, wenn die Versammlung durch einen dazu **nicht Befugten einberufen** wurde oder wenn **nicht alle Gesellschafter** dazu **eingeladen** wurden. Man kann sich fragen, ob diese sehr förmliche Bestimmung auf die GmbH paßt oder ob es nicht ausreicht, wenn Einberufungsmängel die Rechtsfolge der Anfechtbarkeit nach sich ziehen. Gegen die Anwendung der Nichtigkeitsregeln könnte sprechen, daß die Bestimmungen über die Einberufung der Gesellschafterversammlung (§§ 48 – 51) weitgehend nachgiebiges Recht sind[64]. Gleichwohl hält der BGH strikt daran fest[65]. Wurde ein Gesellschafter nicht zu der Versammlung geladen, ist dies gerechtfertigt, denn es gehört zu den fundamentalen Verfahrensprinzipien, daß jedem Gesellschafter wenigstens die Gelegenheit verschafft wird, an der Willensbildung in der Gesellschafterversammlung teilzunehmen. Die Gesellschafter müssen sich aber

---

[58] HL, RGZ 166, 129, 132; *Schilling*-GroßkommAktG § 241, Anm. 10; *Zöllner*-KölnKommAktG § 241, 3; Geßler/Hefermehl/Eckardt/Kropff/*Hüffer* § 241, 24; abweichend z. T. *Baums* ZHR 142 (1978), 582, 585, 588, der die Fälle der Unwirksamkeit (Rdn 21) als Nichtigkeitsfälle versteht; ferner *Geßler* ZGR 1980, 427, 444, der bei Überschreitung der Satzungsautonomie einen ungeschriebenen Nichtigkeitsgrund annimmt. Beide Ansichten können nicht überzeugen und haben sich nicht durchgesetzt.

[59] So RGZ 166, 129, 131 und die hL.

[60] So Scholz/*Schmidt* § 45, 62; *K. Schmidt* GesR § 15 II 3.

[61] Vgl. *Noack* Fehlerhafte Beschlüsse S. 34 ff.

[62] Fischer/*Lutter*/*Hommelhoff* 4; Rowedder/*Koppensteiner*[2] § 47, 77; Scholz/*Schmidt* § 45, 63; für Zulässigkeit der Erweiterung Baumbach/Hueck/*Zöllner* 17.

[63] RGZ 92, 409, 411 ff; BGHZ 11, 231, 239 = NJW 1954, 385.

[64] *Schilling*/*Zutt*-Voraufl. 21; *Scholz* GmbH-Rdsch. 1952, 161; *Schopp* GmbH-Rdsch. 1976, 126, 129; BayObLGZ 1956, 303, 316 = GmbH-Rdsch. 1957, 133.

[65] BGHZ 11, 231, 236 = NJW 1954, 385; 36, 207, 211 = NJW 1962, 538; 87, 1, 2 f = NJW 1983, 1677.

auch darauf verlassen können, daß von Versammlungen, die von Unbefugten einberufen werden, keine wirksamen Beschlüsse gefaßt werden können.

34 b) **Einberufung durch Unbefugte.** Wird die Gesellschafterversammlung durch eine Person oder eine Institution einberufen, die dazu nicht berechtigt ist, so sind die dort gefaßten Beschlüsse entsprechend §§ 121 Abs. 2, 241 Nr. 1 AktG nichtig[66]. Die ältere Rechtsprechung des RG, wonach bei schweren Mängeln der Einberufung nur ein „Scheinbeschluß" vorliegt, der auch nicht mit einer Nichtigkeitsklage angegriffen werden muß[67], ist überholt (Rdn 30). Wer zur Einberufung **befugt** ist, ergibt sich aus dem Gesetz oder aus der Satzung. In der Regel sind dies die **Geschäftsführer** (§ 49 Abs. 1). Dabei ist zu beachten, daß die Einberufung einer Gesellschafterversammlung kein nach außen wirkendes Rechtsgeschäft ist, so daß sie jedem einzelnen Geschäftsführer zusteht und es nicht auf die Vertretungsberechtigung des einberufenden Geschäftsführers ankommt (s. § 49, 5 ff)[68]. Ebensowenig ist von Bedeutung, ob der einberufende Geschäftsführer schon im Handelsregister eingetragen ist. Auch Mängel der Bestellung schaden nicht (§ 49, 6). Entscheidend ist, daß er im Zeitpunkt der Einberufung als Geschäftsführer fungierte. Daß ein Geschäftsführer einen Dritten mit der technischen Durchführung der Einberufung betraut, macht die Einberufung nicht mangelhaft, soweit eine Bevollmächtigung überhaupt zulässig ist (vgl. Erl. zu § 35)[69].

35 Im **Fall des** § **50** tritt Nichtigkeit ein, wenn die Versammlung von Gesellschaftern einberufen wurde, die nicht die dort genannten zehn Prozent der Geschäftsanteile besitzen[70]. Sind zehn Prozent der Anteile erreicht, so haben sich die Gesellschafter mit ihrem Verlangen zunächst an die Geschäftsführer zu wenden. Nur wenn diese dem Verlangen nicht entsprechen, können sie die Versammlung selbst einberufen (§ 50 Abs. 1 und 3, s. § 50, 8, 18 ff). Nach der strengen, nicht unumstrittenen Judikatur des BGH tritt Nichtigkeit der gefaßten Beschlüsse auch dann ein, wenn diese Vorschriften nicht eingehalten werden, namentlich wenn die zur Einberufung berechtigten Gesellschafter den Geschäftsführer zwar um die Einberufung ersuchen, dann aber nicht abwarten, bis dieser der Aufforderung nachkommt[71]. Nichtig sind Beschlüsse auch dann, wenn sie in einer Gesellschafterversammlung gefaßt wurden, deren **Einberufung** wirksam **zurückgenommen** worden war[72]. Sind nach der Satzung andere Personen oder Organe als die Geschäftsführer zur Einberufung berechtigt, z. B. ein Aufsichtsrat oder Beirat oder ein einzelner Gesellschafter (vgl. § 49, 31), so sind die Beschlüsse einer Versammlung nichtig, die nicht von den danach Befugten einberufen wurde.

36 Auch zu **schriftlicher Beschlußfassung** gemäß § 48 Abs. 2 muß ein dazu Befugter, in der Regel also ein Geschäftsführer, aufgefordert haben. Doch wirkt sich die Auffor-

---

66 BGHZ 11, 231, 236 = NJW 1954, 385; 18, 334, 337 f = NJW 1955, 1917 (zur Gen); 87, 1, 3 = NJW 1983, 1677; BGH WM 1961, 779 (zur Gen); GmbH-Rdsch. 1962, 28 (insoweit in NJW 1962, 393 nicht abgedruckt); hM, vgl. *Schilling*/*Zutt*-Voraufl. 22; Scholz/*Schmidt* § 45, 64; Baumbach/Hueck/*Zöllner* 20; Rowedder/*Koppensteiner*[2] § 47, 78; *Däubler* GmbH-Rdsch. 1968, 4, 6.

67 RGZ 75, 239, 242; 89, 367, 379.

68 KG NJW 1965, 2157, 2158; KG GmbH-Rdsch. 1968, 118; OLG Frankfurt GmbH-Rdsch. 1976, 110, 111; Scholz/*Schmidt* § 49, 4; Baumbach/Hueck/*Zöllner* § 49, 2; Fischer/*Lutter*/*Hommelhoff* § 49, 2; *Vogel* Gesellschafterbeschlüsse[2] S. 121 f.

69 BGH GmbH-Rdsch. 1962, 28 (insoweit in NJW 1962, 393 nicht abgedruckt).

70 BGHZ 11, 231, 236 f = NJW 1954, 385; BayObLGZ 1956, 303, 315 = GmbH-Rdsch. 1957, 133.

71 BGHZ 87, 1, 3 = NJW 1983, 1677; BGH GmbH-Rdsch. 1985, 256, 257; zuvor schon RGZ 92, 409, 410 f; *Hüffer* § 50, 21; Scholz/*Schmidt* § 50, 34; Baumbach/Hueck/*Zöllner* § 50, 13, 15; Fischer/*Lutter*/*Hommelhoff* § 50, 10; aA BayObLGZ 1956, 303, 316 = GmbH-Rdsch. 1957, 133; *Schopp* GmbH-Rdsch. 1976, 126, 129.

72 *Schilling*/*Zutt*-Voraufl. 24.

derung durch einen Unbefugten in diesem Fall gewöhnlich nicht aus: Stimmen nämlich, wie § 48 Abs. 2 dies vorsieht, sämtliche Gesellschafter einer schriftlichen Beschlußfassung zu, so ist der Mangel geheilt. Erklären sich nicht alle Gesellschafter mit der schriftlichen Abstimmung einverstanden, ist der Beschluß wegen Verstoßes gegen § 48 Abs. 2 ohnehin nichtig. Läßt die Satzung allerdings eine schriftliche Abstimmung auch ohne Einverständnis sämtlicher Gesellschafter zu, so kann die Aufforderung dazu durch einen Unbefugten zur Nichtigkeit führen[73]. Bei der **Einmann-Gesellschaft** ist förmliche Einberufung durch den Geschäftsführer hingegen zwar möglich, aber nicht notwendig[74]. Die Nichtigkeit eines vom Einmann-Gesellschafter gefaßten Beschlusses wegen Einberufungs- und Ladungsmängeln kommt daher nicht in Frage.

c) **Mängel der Einladung.** Nichtig sind Gesellschafterbeschlüsse in entsprechender Anwendung des § 241 Nr. 1 AktG auch dann, wenn nicht alle Gesellschafter eingeladen oder wenn Zeit oder Ort der Versammlung nicht oder nicht richtig angegeben wurden. Einzuladen sind **alle Gesellschafter**, die bei der Gesellschaft nach § 16 gemeldet sind[75]. Ist ein Gesellschafter zugleich Mitberechtigter gemäß § 18 an einem weiteren Geschäftsanteil, so wirkt seine Einladung gegenüber den anderen Mitberechtigten nur dann, wenn er ausdrücklich auch als Mitberechtigter geladen worden ist[76]. Ist ein Gesellschafter unerreichbar, z. B. weil er sich auf einer Weltreise an unbekanntem Ort befindet, so trägt er selbst das Risiko, daß ihn die Einladung nicht erreicht[77]. Daß neben den Gesellschaftern noch **andere Personen** eingeladen worden sind und sich an der Abstimmung beteiligt haben, macht den Beschluß niemals nichtig, sondern allenfalls anfechtbar (Rdn 106). Die Nichteinladung anderer zur Teilnahme berechtigter Personen kann gleichfalls nur die Anfechtbarkeit der gefaßten Beschlüsse zur Folge haben[78]. **37**

Die in § 51 erwähnte Einladung mittels eingeschriebener Briefe bedeutet nicht Zustellung: es genügt die nachweisliche **Absendung** der Einladung an die der Gesellschaft bekannten Anschriften[79]. Eine Veröffentlichung in den Gesellschaftsblättern (§ 121 Abs. 3 S. 1 AktG) ist im GmbH-Gesetz nicht vorgesehen. Sie kann die Einladung nicht ersetzen, es sei denn, die Satzung sieht dies ausdrücklich vor[80]. Andererseits führt die Verletzung einer satzungsgemäßen Veröffentlichungspflicht nur dann zur Nichtigkeit, wenn – was selten sein dürfte – die Veröffentlichung in den Gesellschaftsblättern die Einladung ersetzen, also nicht nur zusätzlich erfolgen soll. **38**

Der einzelne Gesellschafter kann *vor* der Beschlußfassung ausdrücklich oder konkludent auf eine **Einladung verzichten**; dann bleibt die Nichteinladung dieses Gesellschafters folgenlos. Ob ein nachträglicher Rügeverzicht des nicht eingeladenen Gesellschafters die Nichtigkeit heilt, ist streitig (Rdn 78)[81]. **39**

Enthält die Einladung **keine Angaben über Zeit und Ort** der Gesellschafterversammlung, so ist sie für die eingeladenen Gesellschafter unbrauchbar. Das gleiche gilt, wenn die Zeit- oder Ortsangabe unrichtig ist. Vorbehaltlich einer Universalversammlung **40**

---

[73] Vgl. BGHZ 28, 355, 358 = NJW 1959, 194.
[74] *Hüffer* § 48, 63; Baumbach/Hueck/*Zöllner* § 48, 28.
[75] BGHZ 36, 207, 211 = NJW 1962, 538; *Schilling/Zutt*-Voraufl. 27; vgl. *Hüffer* § 51, 5 ff.
[76] BGHZ 49, 183, 189 = NJW 1968, 743.
[77] OLG Düsseldorf WM 1990, 1022, 1024.
[78] OLG Stuttgart NJW 1973, 2027, 2028 für Aufsichtsratsmitglieder gem. § 77 BetrVG 1952.
[79] RGZ 60, 144, 145 f, vgl. *Hüffer* § 51, 4 f; Scholz/*Schmidt* § 51, 6 ff; Baumbach/Hueck/*Zöllner* § 51, 4.
[80] BGHZ 36, 207, 211 = NJW 1962, 538; *Schilling/Zutt*-Voraufl. 27.
[81] Bejahend BGHZ 87, 1, 4 = NJW 1983, 1677; OLG Frankfurt GmbH-Rdsch. 1984, 99, 100; Fischer/*Lutter/Hommelhoff* 8; Scholz/*Schmidt* § 51, 38; *Meyer-Landrut*/Miller/Niehus § 51, 13; aA BGHZ 11, 231, 239 = NJW 1954, 385; OLG München BB 1978, 471, 472; *Hüffer* § 51, 32; Baumbach/Hueck/*Zöllner* § 51, 24; Rowedder/*Koppensteiner*² § 47, 81.

(Rdn 43) sind die Beschlüsse auch in solchen Fällen nichtig[82]. Davon zu unterscheiden sind die Fälle, in denen die in der Einladung gemachten Zeit-, Orts- und Fristangaben nicht § 51 Abs. 1 und 4 (Wochen- bzw. Dreitagefrist) oder den Bestimmungen der Satzung entsprechen. Solche Mängel führen nur zur Anfechtbarkeit[83].

41 Bei einer **schriftlichen Abstimmung** gilt Entsprechendes: Werden nicht alle Gesellschafter unter Mitteilung des Antrags zur schriftlichen Abstimmung aufgefordert, so ist der Beschluß nichtig. Dagegen machen sonstige Verstöße gegen § 48 Abs. 2 einen Beschluß lediglich anfechtbar.

42 d) **Sonstige Einberufungsmängel.** Die Nichtbeachtung sonstiger gesetzlicher oder statutarischer Vorschriften über Förmlichkeiten der Einberufung einer Gesellschafterversammlung macht die gefaßten Beschlüsse nicht nichtig, sondern anfechtbar. Unter diese Kategorie fällt die Verletzung aller Form- und Fristerfordernisse, die sich aus § 51 oder aus der Satzung ergeben[84]. Auch fehlende Angabe des Absenders führt nur zur Anfechtbarkeit. Ebenso macht die fehlende Schriftform als solche, wenn kein weiterer Mangel vorliegt, die Beschlußfassung nicht nichtig[85].

43 e) **Vollversammlung.** Wie sich aus § 241 Nr 1 AktG, insbesondere aber ausdrücklich aus § 51 Abs. 3 ergibt, führen Mängel der Einberufung weder zur Nichtigkeit noch zur Anfechtbarkeit, wenn bei der Beschlußfassung **sämtliche Gesellschafter anwesend,** d. h. in Person erschienen oder wirksam vertreten sind (sog. Universal- oder Vollversammlung; zu Einzelheiten § 51, 28)[86]. Die Vorschrift ist namentlich erfüllt, wenn der Alleingesellschafter einen Beschluß faßt (vgl. § 48 Abs. 3). Daß neben sämtlichen Gesellschaftern noch weitere Personen anwesend sind, hindert die Heilungswirkung nicht, sondern führt nur ggf. zur Anfechtbarkeit (Rdn 106). Die bloße Anwesenheit der Gesellschafter oder ihrer Vertreter genügt zur Vermeidung der Nichtigkeit nicht, notwendig ist vielmehr ihr Einverständnis damit, daß die Versammlung Beschlüsse faßt. Insofern ist der Wortlaut des Gesetzes ungenau. Doch muß das Einverständnis nicht ausdrücklich erklärt werden; es äußert sich auch in der Teilnahme an der Abstimmung[87]. Fehlt ein Gesellschafter, so ist eine Vollversammlung nicht gegeben, und zwar selbst dann nicht, wenn dieser zuvor ausdrücklich auf die Ladung und Teilnahme verzichtet hat[88]. Trotzdem ist der Beschluß in diesem Fall gültig, weil es keine Rechtspflicht gibt, Gesellschafter zu laden, die ohnehin nicht erscheinen wollen (Rdn 39).

3. Nichtbeurkundung (§ 241 Nr. 2 AktG)

44 Nach § 241 Nr. 2 AktG ist ein Beschluß nichtig, wenn er „nicht nach § 130 Abs. 1, 2 und 4 AktG beurkundet ist“. Im Gegensatz zum AktG, das in § 130 Abs. 1 die notarielle Beurkundung aller Hauptversammlungsbeschlüsse zwingend vorschreibt,

---

82 *Schilling/Zutt*-Voraufl. 29, vgl. auch KG NJW 1965, 2157, 2159, wo die Nichtigkeit ausnahmsweise verneint wurde, weil die Einladung Ort und Datum enthielt und lediglich die Tageszeit fehlte.

83 BGHZ 100, 264, 265 = NJW 1987, 2580; vgl. ferner BGHZ 11, 231; 234 f = NJW 1954, 385; BGH NJW 1972, 1320; Scholz/*Schmidt* § 45, 64; Baumbach/Hueck/*Zöllner* 24.

84 *Hüffer* § 51, 27.

85 *Schilling/Zutt*-Voraufl. 32; Fischer/*Lutter/Hommelhoff* § 51, 12; **aA** *Hüffer* § 51, 26; Baumbach/Hueck/*Zöllner* § 51, 24.

86 BGHZ 18, 334, 339 = NJW 1955, 1917 (zur Gen); 36, 207, 211 = NJW 1962, 538; Scholz/*Schmidt* § 51, 39; Baumbach/Hueck/*Zöllner* § 51, 25.

87 HL, vgl. *Hüffer* § 51, 29 m. w. N.; ebenso BGHZ 100, 264, 269 f = NJW 1987, 2580 im Anschluß an RGZ 92, 409, 410 f; **aA** *Schilling/Zutt*-Voraufl. 34 (wie hier aber *Schilling*-Voraufl. § 51, 9); Baumbach/Hueck/*Zöllner* § 51, 25.

88 Str., Einzelheiten s. *Hüffer* § 51, 30; **aA** *Schilling/Zutt*-Voraufl. 35.

verlangt das GmbHG die Beurkundung nur in § 53 Abs. 2 für **satzungsändernde Gesellschafterbeschlüsse**. Hinzu kommen Umwandlungs- und Verschmelzungsbeschlüsse nach §§ 355 Abs. 3, 376 Abs. 2, 389 Abs. 4 AktG, 24 Abs.1 UmwG, § 20 Abs. 3 KapErhG. Beim Abschluß eines Beherrschungs- oder Gewinnabführungsvertrags bedarf der Zustimmungsbeschluß der beherrschten Gesellschaft, nicht hingegen der Vertrag selbst und der Zustimmungsbeschluß der herrschenden Gesellschaft der notariellen Beurkundung[89]. Wird in diesen Fällen die **Niederschrift** über den Beschluß überhaupt nicht oder nicht durch einen Notar beurkundet, so ist er demgemäß nichtig (§ 130 Abs. 1, 4 AktG)[90], desgleichen, wenn in der Niederschrift Angaben über Ort und Tag der Verhandlung, über den Namen des Notars sowie über Art und Ergebnis der Abstimmung fehlen (§ 130 Abs. 2 AktG)[91]. Das AktG verlangt in der zuletzt genannten Vorschrift darüber hinaus, daß auch die Feststellung des Vorsitzenden über die Beschlußfassung im Protokoll anzugeben ist. Da es bei der GmbH einer solchen Feststellung nicht bedarf (Rdn 89 ff), ist die Vorschrift insoweit gegenstandslos. Eine Nichtigkeit mangels Beurkundung kommt daher auch bei beurkundungspflichtigen Beschlüssen nicht in Frage, wenn die Feststellung oder eine Angabe darüber im Protokoll fehlt[92]. Ein Beurkundungsmangel wird nicht durch die Abhaltung einer Vollversammlung geheilt (RGZ **119**, 229 f), jedoch durch die Eintragung in das Handelsregister, wenn die Voraussetzungen des § 242 Abs. 1 AktG vorliegen (Rdn 79). Verletzt ein Beschluß lediglich die von der Satzung angeordnete Form, so macht dieser Mangel den Beschluß nicht nichtig, sondern nur anfechtbar[93].

4. Wesentlicher Rechtsverstoß (§ 241 Nr. 3 AktG)

a) **Grundlagen.** Nach § 241 Nr. 3 AktG ist ein Beschluß nichtig, wenn er „mit dem Wesen der Aktiengesellschaft nicht zu vereinbaren ist oder durch seinen Inhalt Vorschriften verletzt, die ausschließlich oder überwiegend zum Schutz der Gläubiger der Gesellschaft oder sonst im öffentlichen Interesse gegeben sind". Die Vorschrift tritt bei **Inhaltsmängeln** an die Stelle von § 134 BGB. Verfahrensfehler fallen nicht unter § 241 Nr. 3 AktG. Obwohl der Wortlaut insoweit nicht eindeutig ist, wird allgemein angenommen, daß nur inhaltliche Rechtsverstöße als mit dem Wesen der AG oder GmbH oder mit dem öffentlichen Interesse unvereinbar gelten können[94]. Mängel beim Zustandekommen eines Beschlusses können nur nach §§ 241 Nr. 1, 2 und 5 AktG zur Nichtigkeit führen. **45**

Die **Auslegung** der Vorschriften bereitet wegen der in ihr enthaltenen Generalklauseln schon für das Aktienrecht beträchtliche Schwierigkeiten und hat literarische Kontroversen ausgelöst, die sich auf ihre Tragweite und das Verhältnis der drei in ihr **46**

---

[89] BGHZ 105, 324, 338 = NJW 1989, 295; *Ulmer*-Voraufl. § 53, 131; Rowedder/*Koppensteiner*² Anh. 52, 42; *Timm* GmbH-Rdsch. 1987, 8, 10; *Lutter/Hommelhoff* NJW 1988, 1240, 1241, hM; aA *Barz*-Voraufl. § 13 Anh. II, 31; *Esch* BB 1986, 272, 275 f; *Kort* Der Abschluß von Beherrschungs- und Gewinnabführungsverträgen im GmbH-Recht (1986) S. 130; umfassende Nachw. zum Meinungsstand bei BGHZ 105, 324, 342.

[90] RG DR 1939, 720, 721; KG NJW 1959, 1446.

[91] Vgl. BayObLG NJW 1973, 250.

[92] BGHZ 51, 209, 212 = NJW 1969, 841; 76, 154, 156 = NJW 1980, 1527; *Hüffer* § 47, 30; Baumbach/Hueck/*Zöllner* § 47, 18.

[93] HA, *Schilling/Zutt*-Voraufl. 36; Scholz/*Priester* § 53, 85; Baumbach/Hueck/*Zöllner 22;* Rowedder/*Koppensteiner*² § 47, 82; Fischer/*Lutter/Hommelhoff* 9; *Meyer-Landrut*/Miller/Niehus § 53, 16.

[94] Zum AktG *Schilling*-GroßkommAktG § 241, Anm. 18; *Zöllner*-KölnKommAktG § 241, 98; Geßler/Hefermehl/Eckardt/Kropff/*Hüffer* § 241, 36; zur GmbH *Schilling/Zutt*-Voraufl. 45; Scholz/*Schmidt* § 45, 73; Baumbach/Hueck/*Zöllner* 24; Fischer/*Lutter/Hommelhoff* 10; Rowedder/*Koppensteiner*² § 47, 83.

enthaltenen Varianten zueinander beziehen[95]. Ihre Bedeutung in der Rechtsprechung ist eher gering geblieben. Die Auslegung muß davon ausgehen, daß die Vorschrift den Zweck hat, den Tatbestand der Nichtigkeit von dem der Anfechtbarkeit abzugrenzen. Nach dem Willen des Gesetzgebers sollen Gesellschafterbeschlüsse nur ausnahmsweise nichtig sein, nämlich dann, wenn sie an einem so schweren Mangel leiden, daß die Rechtsordnung ihre Wirksamkeit keinesfalls hinnehmen kann, selbst dann nicht, wenn sich kein Gesellschafter mit der Anfechtung gegen den Beschluß wehrt[96]. Der Versuch, die in der Vorschrift verwendeten Begriffe „Wesen der Gesellschaft" und „öffentliches Interesse" mit abstrakten Formulierungen so zu präzisieren, daß die in Betracht kommenden Fälle eindeutig unter sie subsumierbar sind, wurde zwar oft unternommen, führt aber letztlich nicht weiter. Notwendig ist vielmehr die **wertende Analyse typischer Fälle** und Fallgruppen.

47 Eine sinngemäße Übertragung der Vorschrift auf das GmbH-Recht ergibt zunächst allgemein, daß Nichtigkeit nur eintreten kann, wenn ein Verstoß gegen **zwingende gesetzliche Bestimmungen** vorliegt[97]. Vorschriften, denen der Gesetzgeber nicht selbst zwingenden Charakter beigelegt hat, können für das Wesen der GmbH nicht maßgeblich sein, und Abweichungen von ihnen können auch nicht das öffentliche Interesse verletzen. Daher können Verstöße gegen nachgiebige gesetzliche Bestimmungen oder gegen Vorschriften der Satzung – soweit diese nicht lediglich zwingende gesetzliche Bestimmungen wiederholt – nur zur Anfechtbarkeit führen. Noch nicht entschieden ist damit allerdings die weiterführende Frage, ob jeder inhaltliche Verstoß gegen zwingende Vorschriften des GmbH-Rechts zur Nichtigkeit führt (s. Rdn 51).

48 b) **Vorschriften zum Schutz der Gläubiger.** Am greifbarsten und für die Rechtsanwendung am leichtesten handzuhaben ist die Formulierung in § 241 Nr. 3 AktG, wonach Beschlüsse nichtig sind, die ausschließlich oder überwiegend zum Schutz der Gesellschaftsgläubiger bestimmt sind. Mit „überwiegend" ist gemeint, daß die Vorschrift wesentliche Bedeutung für den Gläubigerschutz hat und dieser nicht nur Nebenwirkung ist[98]. Dazu gehören in erster Linie die Vorschriften über die **Beschaffung und Erhaltung des Stammkapitals**, d. h. §§ 5 Abs. 1, 3, 4 i. V. m. 55 Abs. 4, 9, 19 Abs. 2 und 3, 21 ff, 30 bis 34, 58[99]. Nichtig sind danach ferner Gesellschafterbeschlüsse, die gegen die Vorschriften über die Bildung der Firma (§ 4), über die Haftung des Erwerbers für rückständige Einlagen bei Veräußerung eines Geschäftsanteils (§ 16 Abs. 3), über die Mitberechtigung am Geschäftsanteil (§ 18 Abs. 2) u. ä. verstoßen[100]. Beschlüsse über verdeckte Gewinnausschüttungen sind nur dann nichtig, wenn sie § 30 verletzen; im übrigen kann wegen Verstoßes gegen den Gleichbehandlungsgrundsatz Anfechtbarkeit vorliegen (Rdn 119). Zur Nichtigkeit bei der Verletzung von Wahlvorschriften s. Rdn 62 ff, bei dem Verstoß gegen Bilanzierungsregeln s. Rdn 68 ff.

49 c) **Verstoß gegen Vorschriften im öffentlichen Interesse.** Wann ein Gesellschafterbeschluß gegen das öffentliche Interesse verstößt, läßt sich aus dem Begriff allein nicht

[95] Vgl. neben den in der vorigen Fn genannten Kommentaren zum AktG *Geßler* ZGR 1980, 427; *U. Huber* Festschrift Coing Bd. II S. 167, 184 ff; *Scheuerle* AcP 163 (1964) 429, 438.

[96] *Hüffer* aaO 5 f, 40.

[97] *Schilling/Zutt*-Voraufl. 38; Fischer/*Lutter/Hommelhoff* 10.

[98] So zuerst *Zöllner* Schranken mitgliedschaftlicher Stimmrechtsmacht S. 378; bei Schwankungen in der Formulierung ebenso *Schilling*-GroßkommAktG § 241, Anm. 20; Geßler/Hefermehl/Eckardt/Kropff/*Hüffer* § 241, 44; Baumbach/Hueck/*Zöllner* 24; Rowedder/*Koppensteiner*[2] § 47, 83 f.

[99] Vgl. RGZ 142, 286 (zur Einziehung); BGHZ 15, 391 = NJW 1955, 222 = LM Nr. 1 zu § 55 GmbHG m. Anm. *R. Fischer* (zum verbotenen Erwerb eigener Anteile im Zug einer Kapitalerhöhung); *Schilling/Zutt*-Voraufl. 43; Scholz/*Schmidt* § 45, 74; Rowedder/*Koppensteiner*[2] § 47, 84; Baumbach/Hueck/*Zöllner* 24, hA.

[100] *Schilling/Zutt*-Voraufl. 43.

ableiten. In der amtlichen Begründung zu § 195 Nr. 3 AktG 1937 heißt es dazu: „Der Begriff des öffentlichen Interesses darf nicht eng aufgefaßt werden. Dient eine Vorschrift nicht nur dem Schutz der beschließenden Aktionäre, sondern auch dem der Gläubiger und der künftigen Aktionäre, so bezweckt sie den Schutz der Öffentlichkeit. Gleiches gilt, wenn sie zwar nur die beschließenden Aktionäre schützen will, diese aber auf den Schutz nach dem Willen des Gesetzgebers nicht verzichten dürfen."[101] Der Begriff ist demnach nicht lediglich auf einen allgemein verstandenen **ordre public** zu beziehen, sondern auf die im Gesetz festgelegte **Struktur der GmbH als Gesellschafts- und Unternehmensform**[102]. Er ist weit zu fassen, wie im Gesetz schon darin zum Ausdruck kommt, daß der Gläubigerschutz nach der Formulierung des § 241 Nr. 3 AktG als ein Unterfall des öffentlichen Interesses erscheint.

Danach können Beschlüsse nichtig sein, die gegen Bestimmungen des **Strafrechts** **50** und Ordnungswidrigkeitenrechts oder gegen zwingende Vorschriften des **Verwaltungs-, Steuer-** oder **Sozialrechts** verstoßen[103]. Die Rechtsprechung hat wegen Verstoßes gegen die öffentliche Ordnung vor allem Satzungsvorschriften für nichtig erklärt, die §§ 25 ff **MitbestG** verletzen, d. h. die Regeln über die innere Ordnung des Aufsichtsrats und über die Rechte und Pflichten der Aufsichtsratsmitglieder einer mitbestimmungspflichtigen Gesellschaft[104]. Gesellschafterbeschlüsse einer Kartell-GmbH sind nach **§ 1 GWB** nichtig, sofern nicht eine Freistellung vom Kartellverbot nach §§ 2 – 8 GWB in Betracht kommt[105].

Im Aktienrecht umstritten ist, ob darüber hinaus Verstöße gegen die **zwingenden** **51** **Vorschriften** des Aktiengesetzes selbst stets die Nichtigkeit eines Hauptversammlungsbeschlusses begründen[106]. Der BGH hat die Frage in einem neueren Urteil[107] ausdrücklich offen gelassen. Er hat aber eine Satzungsvorschrift als nichtig angesehen, die den Grundsatz der für alle Aufsichtsratsmitglieder gleichen Rechtsstellung mißachtet, und dazu ausgeführt, das Erfordernis der Gleichbehandlung aller Aufsichtsratsmitglieder betreffe die Funktionsfähigkeit des Aufsichtsrats als Unternehmensorgan[108]. Im **GmbH-Recht** stellt sich die Frage anders, weil es im Gegensatz zum AktG überwiegend nachgiebige Vorschriften enthält und weil angesichts der typischerweise personalistischen Struktur der Gesellschaft der Schutz der Gesellschafter und namentlich künftiger Anteilserwerber wesentlich geringeres Gewicht beansprucht als bei der AG[109]. Dies deutet umgekehrt darauf hin, daß der Gesetzgeber in den wenigen der Satzungsautonomie nicht zugänglichen, sondern zwingenden Vorschriften Strukturprinzipien der GmbH festschreiben wollte. **Grundsätzlich** muß die Verletzung zwingender Gesetzesbestimmungen daher zur **Nichtigkeit** eines Beschlusses führen[110]. Immerhin ist beim gegenwärtigen Kenntnisstand nicht auszuschließen, daß sich gewisse zwingende Vorschriften ausschließlich als Schutzbestimmungen zugunsten der Mitgesellschafter erwei-

---

101 Reichsanzeiger 1937 Nr. 28, 2. Beilage S. 1.

102 Ähnlich zur AG Geßler/Hefermehl/Eckardt/Kropff/*Hüffer* § 241, 48; zur GmbH namentlich Baumbach/Hueck/*Zöllner* 24.

103 *Schilling/Zutt*-Voraufl. 44; Scholz/*Schmidt* § 45, 75; Rowedder/*Koppensteiner*² § 47, 84.

104 BGHZ 83, 106, 109 f = NJW 1982, 1525; 83, 151, 153 ff = NJW 1982, 1530; 89, 48, 50 = NJW 1984, 733; OLG Karlsruhe NJW 1980, 2137; OLG Hamburg DB 1982, 1765; OLG Hamburg WM 1983, 130, 132; vgl. dazu auch *Canaris* DB 1981 Beilage 14, 5 f; *Raiser* NJW 1981, 2166 f; *Steindorff/Joch* ZHR 146 (1982), 336 f; *Martens* ZGR 1983, 237, 244 f.

105 Scholz/*Schmidt* § 45, 75 und ausführlich *K. Schmidt* Festschrift Fischer S. 693.

106 So vor allem *Geßler* ZGR 1980, 427, 443 f; *U. Huber* Festschrift Coing Bd. II S. 167, 184 ff; kritisch dazu *Zöllner*-KölnKommAktG § 241, 114 ff; Geßler/Hefermehl/Eckardt/Kropff/*Hüffer* § 241, 50; vgl. auch OLG Düsseldorf AG 1968, 19, 22.

107 BGHZ 99, 211, 216 f = NJW 1987, 902; ferner BGH NJW 1988, 260, 261 und 1214.

108 BGH NJW 1988, 260, 261.

109 Baumbach/Hueck/Zöllner 24.

110 So namentlich *Schilling/Zutt*-Voraufl. 38.

sen, so daß kein öffentliches Interesse besteht, Verstöße dagegen mit der Nichtigkeitsfolge zu ahnden, die Anfechtbarkeit vielmehr genügt[111]. Solange ausreichendes Fallmaterial nicht vorliegt, kann die Frage nicht abschließend entschieden werden.

52 d) **Unvereinbarkeit mit dem Wesen der GmbH.** Mit dieser Formulierung des § 241 Nr. 3 AktG hat die Auslegung bisher am wenigsten anfangen können, weshalb bei ihrer Anwendung Zurückhaltung geboten ist. Dem „Wesen" der GmbH entspricht nicht zuletzt die weitgehende Möglichkeit der Gesellschafter, die gesellschaftsrechtlichen Verhältnisse nach ihren Zwecken frei zu gestalten[112]. Nachdem Verstöße gegen die Strukturprinzipien der GmbH in der Rechtsprechung allgemein als Verstöße gegen das öffentliche Interesse verstanden werden (Rdn 51), ist zweifelhaft, ob der Alternative überhaupt noch eine eigenständige Bedeutung zukommt[113]. Einschlägige Judikatur liegt nicht vor. In Betracht kommt der Fall, daß ein schriftlicher Beschluß gemäß § 48 Abs. 2 gefaßt wird, obwohl nicht alle Gesellschafter mit der schriftlichen Abstimmung einverstanden sind (Rdn 36).

5. Sittenverstoß (§ 241 Nr. 4 AktG)

53 Nichtigkeit tritt nach § 241 Nr. 4 AktG weiter dann ein, wenn ein Beschluß „durch seinen Inhalt gegen die guten Sitten verstößt". Die Vorschrift entsspricht § 138 BGB, bringt mit dem Zusatz „durch seinen Inhalt" jedoch zum Ausdruck, daß ihr Anwendungsbereich enger als der des § 138 BGB sein sollte. Sie übernimmt insofern die Formulierungen des RG, wonach der Beschluß „für sich allein genommen", d. h. ohne Rücksicht auf Beweggrund, Zweck oder Art des Zustandekommens gegen die guten Sitten verstoßen muß[114]. Der BGH hat diesen Ansatz in seiner Rechtsprechung zu § 195 Nr. 4 AktG 1937 grundsätzlich übernommen, sich jedoch insofern zu einer Erweiterung veranlaßt gesehen, als es nicht allein auf den – sittlich regelmäßig indifferenten – Wortlaut des Beschlusses ankommt, sondern auf seinen „inneren Gehalt"[115]. Ein sittenwidriger Gehalt liegt nach dieser Judikatur namentlich dann vor, wenn der Beschluß darauf hinausläuft, daß ein nicht anfechtungsberechtigter Dritter Schaden erleidet[116]. Diese Auslegung entspricht der herrschenden Lehre[117].

54 **Praktische Bedeutung** hat die Vorschrift bisher nur in den genannten Fällen einer **Benachteiligung nicht anfechtungsberechtigter Dritter** erlangt. So hat das RG einen Beschluß für nichtig erklärt, in dem die Gesellschafter auf Schadensersatzansprüche gegen betrügerische Geschäftsführer und Aufsichtsratsmitglieder verzichteten, obwohl die Gesellschaft bereits konkursreif war, und der Verzicht daher in erster Linie die Gläubiger benachteiligte[118]. In einem anderen Fall ging es um Beschlüsse einer Komplementär-GmbH zum Nachteil der außenstehenden Kommanditisten[119]. Der Machtmißbrauch eines Gesellschafters oder die Einschüchterung der Gesellschafter durch einen

---

111 So wohl namentlich Scholz/*Schmidt* § 45, 75.

112 BGHZ 14, 264, 269 f = NJW 1954, 1563.

113 *Schilling/Zutt*-Voraufl. 39; Scholz/*Schmidt* § 45, 72; Baumbach/Hueck/*Zöllner* 23; differenzierend Rowedder/*Koppensteiner*² § 47, 83, 85.

114 RGZ 75, 239, 243; 91, 316, 324; 115, 378, 383; 131, 141, 145; 146, 385, 388; 161, 129, 144.

115 So im Anschluß an BGH LM Nr. 1 zu § 197 AktG 1937 und BGHZ 8, 348, 355 = NJW 1953, 740: BGHZ 15, 382, 385 f = NJW 1955, 221 = LM Nr. 3 zu § 47 GmbHG m. Anm. *R. Fischer* = JZ 1955, 208 m. Anm. *A. Hueck*; BGHZ 24, 119 = NJW 1957, 951.

116 RGZ 161, 129, 144; 166, 129, 132; BGHZ 15, 382, 385 f = NJW 1955, 221.

117 Vgl. zum AktG *Zöllner*-KölnKommAktG § 241, 124; Geßler/Hefermehl/Eckardt/Kropff/*Hüffer* § 241, 55; zum GmbHG *Schilling/Zutt*-Voraufl. 48; Scholz/*Schmidt* § 45, 76; Baumbach/Hueck/*Zöllner* 25; Fischer/*Lutter*/*Hommelhoff* 14; Rowedder/*Koppensteiner*² § 47, 86; *Roth* § 47, Anm. 6.2.1.

118 RGZ 161, 129, 144.

119 BGHZ 15, 382, 385 f = NJW 1955, 221.

außenstehenden Dritten machen einen Beschluß für sich allein hingegen nicht nichtig, sondern lediglich anfechtbar[120]. Auch die Täuschung der Gesellschafter oder widerrechtliche Drohung genügen nicht[121]. Ein inhaltlicher Sittenverstoß liegt auch nicht schon deshalb vor, weil der Beschluß die Treuepflicht zwischen den Gesellschaftern oder gegenüber dem Treugeber eines Gesellschafters verletzt[122].

6. Nichtigkeit infolge erfolgreicher Anfechtung (§ 241 Nr. 5 AktG)

§ 241 Nr. 5 AktG stellt fest, daß ein Beschluß dann nichtig ist, wenn er auf Anfechtungsklage hin durch Urteil rechtskräftig für nichtig erklärt wurde. Dies gilt uneingeschränkt auch für Gesellschafterbeschlüsse der GmbH. Nach Rechtskraft des Urteils unterscheidet sich die Nichtigkeit eines angefochtenen Beschlusses nicht mehr von der „anfänglichen" Nichtigkeit (Rdn 236). 55

7. Löschung im Handelsregister (§ 241 Nr. 6 AktG)

a) **Grundsatz.** Gemäß § 241 Nr. 6 AktG ist ein Beschluß nichtig, wenn er „nach § 144 Abs. 2 FGG aufgrund rechtskräftiger Entscheidung als nichtig gelöscht worden ist". Nach der genannten Vorschrift kann ein in das Handelsregister eingetragener Beschluß gelöscht werden, wenn er „durch seinen Inhalt **zwingende Vorschriften des Gesetzes verletzt** und seine **Beseitigung** im **öffentlichen Interesse** erforderlich erscheint". Die Bestimmungen sind nur für Beschlüsse von Bedeutung, die in das Handelsregister eingetragen wurden. Umstritten ist, ob es sich um Beschlüsse handeln muß, bei denen die Eintragung konstitutive Wirkung hat, wie bei der Satzungsänderung (§ 54 Abs. 2) einschließlich der Kapitalerhöhung und -herabsetzung sowie bei Umwandlung, Verschmelzung und Abschluß von Beherrschungsverträgen[123]. Man wird die Frage verneinen müssen. Jedoch hat sie, soweit ersichtlich, bislang keine praktische Bedeutung erlangt. 56

b) **Inhaltsmängel.** Die Amtslöschung ist nur zulässig, wenn der Beschluß an einem schweren inhaltlichen Mangel leidet, und wenn ferner ein öffentliches Interesse an seiner Beseitigung besteht. Gelöscht werden können nach hM nur nichtige, nicht anfechtbare oder unwirksame Beschlüsse[124]. Es müssen also die Voraussetzungen des § 241 Nr. 3 oder 4 AktG (Rdn 45 ff) erfüllt sein. Ob die Löschung im öffentlichen Interesse erforderlich ist, hat das Registergericht nach eigenem Ermessen zu entscheiden. Es ist nicht identisch mit dem Interesse der Gesellschafter[125]. Die Amtslöschung ist **unabhängig von der Dauer** der Eintragung zulässig. Das folgt aus § 242 Abs. 2 Satz 2 AktG, wonach die Löschung auch noch nach Ablauf der dort genannten Dreijahresfrist erfolgen kann (vgl. Rdn 80). Darin liegt ihre Hauptbedeutung. 57

Die Löschung erfolgt „aufgrund **rechtskräftiger Entscheidung**". Da kein streitiges Gerichtsverfahren eingeleitet wird, in dem ein Urteil ergeht, das in materielle Rechtskraft erwachsen könnte, ist diese Formulierung irreführend. Gemeint ist, daß gegen 58

---

[120] RGZ 166, 129, 132; BGHZ 8, 348, 355 = NJW 1953, 740; 101, 113, 116 = NJW 1987, 2114 = JZ 1987, 1081 m. Anm. *K. Schmidt*.

[121] OLG Celle WM 1984, 494, 502 (zur Täuschung); BGH LM Nr. 1 zu § 197 AktG 1937 (bzgl. Drohung).

[122] BGH DB 1962, 467; NJW 1966, 1458, 1459; WM 1967, 927, 929 (insoweit in BGHZ 48, 141 = NJW 1967, 2159 nicht abgedruckt).

[123] Bejahend *Schilling/Zutt*-Voraufl. 51; verneinend Baumbach/Hueck/*Zöllner* 27; Rowedder/*Koppensteiner*[2] § 47, 87.

[124] HA, *Schilling/Zutt*-Voraufl. 52, Scholz/*Schmidt* § 45, 83; Baumbach/Hueck/*Zöllner* 27; zum AktG Geßler/Hefermehl/Eckardt/Kropff/*Hüffer* § 241, 65.

[125] OLG Karlsruhe ZIP 1986, 711, 713; Scholz/*Schmidt* § 45, 83.

die Löschungsankündigung des Registergerichts kein Widerspruch erhoben oder daß über den Widerspruch endgültig entschieden wurde[126]. Wurde die Löschung vorgenommen, tritt die Nichtigkeit auch dann ein, wenn das Registergericht den Nichtigkeitsgrund zu Unrecht angenommen hatte, denn § 241 Nr. 6 AktG knüpft die Rechtsfolge allein an den formalen Akt der Löschung[127].

59 c) **Verfahrensfehler.** § 144 Abs. 2 FGG betrifft nach seinem Wortlaut allein inhaltliche Mängel. Ob bei Verfahrensfehlern daneben eine Amtslöschung nach **§ 142 Abs. 1 FGG** zulässig ist, der lediglich verlangt, daß die Eintragung des Beschlusses wegen Mangels einer wesentlichen Voraussetzung unzulässig war, läßt sich nach dem Gesetzestext allein nicht entscheiden. Die Rechtsprechung[128] und ein Teil der Lehre[129] interpretieren § 144 Abs. 2 FGG auch insoweit als abschließende Sondervorschrift, weil eine teleologische Auslegung ergebe, daß es Zweck der Bestimmung sei, Vertrauensschutz hinsichtlich der Bestandskraft von Hauptversammlungsbeschlüssen zu gewährleisten. Diesem Schutzzweck würde es zuwiderlaufen, wenn bei den weniger schwer wiegenden Verfahrensmängeln eine Löschung leichter möglich wäre als bei inhaltlichen Mängeln[130]. Die Gegenmeinung läßt demgegenüber den Rückgriff auf § 142 Abs.1 FGG zu[131]. Die praktische **Bedeutung** der Kontroverse dürfte allerdings **gering** sein, denn Mängel bei der Einberufung der Gesellschafterversammlung im Sinn des § 241 Nr. 1 AktG betreffen nicht eine wesentliche Eintragungsvoraussetzung im Sinn von § 142 Abs. 1 FGG[132]. Fehlt die Beurkundung (vgl. §.241 Nr. 2 AktG), wurde der Beschluß aber gleichwohl eingetragen, so entfällt die Amtslöschung wegen der Heilung gemäß § 242 Abs. 1 AktG[133]. Von Belang bleibt daher allein der Fall, daß ein Eintragungsantrag gar nicht oder von unbefugter Seite gestellt wurde. Hier gilt zunächst verfahrensrechtlich, daß dem Mangel abgeholfen werden kann, wenn die fehlende oder unwirksame Anmeldung nachgeholt wird[134]. Unterbleibt dies, obwohl die Beteiligten vom Registergericht dazu aufgefordert wurden, ist die Amtslöschung nach § 142 Abs. 1 FGG zuzulassen. Eine von § 144 Abs. 2 FGG vorausgesetzte wirksame Eintragung liegt bei fehlender oder fehlerhafter Anmeldung nicht vor, so daß sich das oben beschriebene Konkurrenzproblem für diese Fallkonstellation nicht stellt[135].

60 d) **Rechtsfolgen.** Die Löschung hat dieselbe Wirkung wie ein rechtskräftiges Anfechtungsurteil: Der Beschluß ist **von Anfang an nichtig.** Der Schutz Dritter, die auf die Wirksamkeit der Eintragung vertrauten, richtet sich nach den allgemeinen Grundsätzen des § 15 HGB und des Vertrauens auf den Rechtsschein (Rdn 237 ff). Zum Verhältnis des Amtslöschungsverfahrens zum Nichtigkeits- und Anfechtungsprozeß s. Rdn 236.

---

[126] HA, *Schilling/Zutt*-Voraufl. 52; Zöllner-KölnKommAktG § 241, 133; Geßler/Hefermehl/Eckardt/Kropff/*Hüffer* § 241, 62.

[127] *Hüffer* aaO 60.

[128] BayObLGZ 1969, 215, 219 = GmbH-Rdsch. 1969, 235; OLG Karlsruhe ZIP 1986, 711, 713; OLG Hamm BB 1981, 259, 261 (m. w. Nachw. der obergerichtl. Rspr.) m. Anm. *Baums* ebd. 262.

[129] Keidel/Kuntze/*Winkler* FG[12] Teil A (1987) § 144, 1 f, 5; Bumiller/*Winkler* FG[4] (1987) § 144, 1; *Lutter/Friedewald* ZIP 1986, 691, 692 f; *Schilling*-GroßkommAktG § 241, Anm. 27; *Baums* aaO 264.

[130] OLG Hamm BB 1981, 259, 261; OLG Karlsruhe ZIP 1986, 711, 713; *Lutter/Friedewald* ZIP 1986, 691, 692 f.

[131] *Jansen* FGG[2] (1970) § 144, 6; *Ulmer*-Voraufl. § 54, 50; Baumbach/Hueck/*Zöllner* 27; Geßler/Hefermehl/Eckardt/Kropff/*Hüffer* § 241, 70.

[132] *Ulmer*-Voraufl. § 54, 53; zum AktG *Zöllner*-KölnKommAktG § 241, 141 f; *Schilling*-GroßkommAktG § 241, Anm. 27.

[133] *Zöllner* aaO 141; *Ulmer* aaO 53.

[134] KGJ 28 A 228, 239; Scholz/*Priester* § 54, 83; *Ulmer*-Voraufl. § 54, 33; Rowedder/*Zimmermann*[2] § 54, 28; *Zöllner*-KölnKommAktG § 181, 26.

[135] HM, vgl. Geßler/Hefermehl/Eckardt/Kropff/*Hüffer* § 241, 70; *Jansen* FGG[2] (1970) § 144, 6; Bumiller/*Winkler* FG[3] (1980) vor §§ 144, 144 a, 3; *Ulmer*-Voraufl. § 54, 33, 53; Baumbach/Hueck/*Zöllner* 27 (Bedenken aber in *ders.*-KölnKommAktG § 241, 143); Scholz/*Priester* § 54, 83; aA *Baums* Eintragung und Löschung von Gesellschafterbeschlüssen (1981) S. 133 ff.

8. Sonstige Nichtigkeitsgründe

Im **Eingangstext des § 241 AktG** sind mehrere andere Vorschriften genannt, die weitere Nichtigkeitsfälle normieren. Diese Bestimmungen sind auf die GmbH **nicht** entsprechend **anwendbar**. Einer analogen Anwendung der §§ 212 S. 2 und 217 Abs. 2 AktG bedarf es nicht, weil für die GmbH insoweit §§ 9 S. 2 und 14 Abs. 2 S. 4 KapErhG gelten. Danach sind bei der **Kapitalerhöhung aus Gesellschaftsmitteln** Beschlüsse nichtig, die gegen den Gleichheitsgrundsatz verstoßen, ferner auch Beschlüsse über die Erhöhung des Stammkapitals und über die Verteilung des Reingewinns, sofern sie nicht binnen drei Monaten in das Handelsregister eingetragen werden. § 192 Abs. 4 AktG ist für das GmbH-Recht bedeutungslos, weil es eine bedingte Kapitalerhöhung nicht kennt. §§ 234 Abs. 3, 235 Abs. 2 AktG entfallen, weil es keine vereinfachte Kapitalherabsetzung gibt. Die Anwendung des § 228 Abs. 2 AktG kommt nur in Betracht, wenn man außerhalb des Gesetzes eine Verbindung von Kapitalherabsetzung unter den Mindestnennbetrag des Stammkapitals in Verbindung mit einer gleichzeitigen Kapitalerhöhung zu Sanierungszwecken zuläßt[136]. **61**

9. Nichtigkeit von Aufsichtsratswahlen (§ 250 AktG)

a) **Entsprechende Anwendung auf die GmbH.** § 250 AktG enthält eine Sondervorschrift über die Nichtigkeit von Aufsichtsratswahlen. Gegen eine entsprechende Anwendung auf Gesellschafterbeschlüsse der GmbH bestehen keine grundsätzlichen Bedenken, zumal das Recht des Aufsichtsrats bei der GmbH weitgehend durch aktienrechtliche Vorschriften vorgezeichnet ist (vgl. im einzelnen die Erläuterungen zu § 52). Doch ist zu beachten, daß die in § 250 AktG genannten Vorschriften für den fakultativen Aufsichtsrat gemäß § 52 größtenteils nicht gelten. § 250 Abs. 1 AktG erklärt zunächst § 241 Nr. 1, 2 und 5 AktG für anwendbar. Danach sind Aufsichtsratswahlen auch bei der GmbH nichtig, wenn Einberufungsmängel vorliegen oder wenn die Wahl nach Anfechtung für nichtig erklärt wurde. § 241 Nr. 2 AktG ist bei der GmbH gegenstandslos, weil Aufsichtsratswahlen nicht beurkundet werden. Nicht erwähnt ist § 241 Nr. 6 AktG, was sich daraus erklärt, daß die Aufsichtsratsmitglieder nicht in das Handelsregister eingetragen werden (§ 52, 24). **62**

Nicht anwendbar sind nach dem Wortlaut des § 250 AktG die Vorschriften über die Nichtigkeit infolge von inhaltlichen Mängeln (§§ 241 Nr. 3 und 4 AktG). An deren Stelle treten die enger und präziser gefaßten Sonderregeln des § 250 Abs. 1 Nr. 1–4 AktG. Ein Rückgriff auf die allgemeinen Vorschriften ist daneben, wie sich aus der Beifügung des Wortes „nur" ergibt, ausgeschlossen. Zur Nichtigkeit führen daher nur Verstöße gegen das Kontinuitätsprinzip (§§ 96 Abs. 2, 97 Abs. 2 Satz 1 und 98 Abs. 4 AktG), Überschreitung der Höchstzahl der Aufsichtsratsmitglieder (§ 95 AktG), Verstöße gegen die persönlichen Wählbarkeitsvoraussetzungen nach § 100 Abs. 1 und 2 AktG sowie Verstöße gegen die Bindung der Gesellschafterversammlung an Wahlvorschläge der Arbeitnehmer im Montanmitbestimmungsrecht. Im einzelnen ergeben sich daraus für fakultative und obligatorische Aufsichtsräte unterschiedliche Konsequenzen. **63**

b) **Fakultativer Aufsichtsrat.** Beim fakultativen Aufsichtsrat ist § 250 Abs. 1 Nr. 2 AktG von vornherein gegenstandslos, ebenso Nr. 3, weil es eine gesetzliche Höchstzahl der Aufsichtsratsmitglieder nicht gibt. Das in Nr. 1 in Bezug genommene Statusverfahren ist anwendbar nur beim Übergang vom fakultativen zum obligatorischen Aufsichts- **64**

136 Vgl. Scholz/*Priester* § 58, 79 ff; Baumbach/Hueck/*Zöllner* § 58, 3.

rat, nachdem die Gesellschaft in die Mitbestimmungspflicht hineinwuchs (§ 52, 15). Uneingeschränkt anwendbar ist nur **§ 100 Abs. 1 AktG**, wonach die Wahl einer nicht voll geschäftsfähigen Person zum Aufsichtsratsmitglied nichtig ist (§ 52, 30). Von den Inkompatibilitätsregeln des **§ 100 Abs. 2 AktG** gilt beim fakultativen Aufsichtsrat nur S. 1 Nr. 2 zwingend, wonach ein gesetzlicher Vertreter eines von der Gesellschaft abhängigen Unternehmens nicht zum Aufsichtsratsmitglied bestellt werden kann (§ 52, 32). § 100 Abs. 2 Nr. 1 und Nr. 3 AktG sind auf den fakultativen Aufsichtsrat nicht anzuwenden (§ 52, 31, 33).

65 Ob ein Verstoß gegen **§ 105 AktG** zur Nichtigkeit führt, ist umstritten, weil § 250 AktG diese Bestimmung nicht aufführt und eine extensive Interpretation der Vorschrift gegen den Grundsatz der abschließenden Regelung der Nichtigkeitsgründe verstößt. Da die Wahl eines Geschäftsführers, Prokuristen oder Generalbevollmächtigten nach der hier vertretenen Ansicht beim fakultativen Aufsichtsrat in der Satzung zugelassen werden kann (§ 52, 34 ff), besteht kein Anlaß, mit der harten Nichtigkeitsfolge zu reagieren, wenn die Satzung eine solche Bestimmung nicht enthält[137].

66 c) **Obligatorischer Aufsichtsrat.** Beim Aufsichtsrat nach **§§ 76, 77 BetrVG 1952** gelten §§ 95, 96–98, 100 Abs. 1 und 2 sowie 105 AktG uneingeschränkt und zwingend. Verstöße gegen die Vorschriften machen die Aufsichtsratswahl auch bei der unter die Mitbestimmung nach § 77 BetrVG 1952 fallenden GmbH nichtig. Dies gilt hier auch bei Verstößen gegen die Inkompatibilitätsregeln des § 105 AktG (§ 52, 170). Angesichts der Parallelität der Interessenlage mit § 100 Abs. 2 AktG liegt darin, daß § 250 AktG auf die Vorschrift nicht verweist, eine Gesetzeslücke, die durch analoge Anwendung auszufüllen ist[138]. Gleiches gilt für die Wahl der Aufsichtsratsmitglieder in den unter das **MitbestG** und unter die Montanmitbestimmung fallenden Unternehmen (§ 52, 267 ff). Im Bereich des **MontanMitbestG** kommt der in § 250 Abs. 1 Nr. 2 AktG genannte besondere Nichtigkeitsgrund hinzu.

67 d) **Klageberechtigung.** Neben der Beschränkung der Nichtigkeitsgründe liegt die besondere Bedeutung des § 250 AktG in der Erweiterung der Klagebefugnis für die Nichtigkeitsklage nach § 249 AktG auf Betriebsräte, Gesamtbetriebsräte, im Unternehmen vertretene Gewerkschaften und deren Spitzenorganisationen (§ 250 Abs. 2 und 3 AktG). Zu den Einzelheiten ist auf den Gesetzestext und das aktienrechtliche Schrifttum zu verweisen.

10. Nichtigkeit des Jahresabschlusses (§ 256 AktG)

Schrifttum

Geßler Nichtigkeit und Anfechtung des GmbH-Jahresabschlusses nach dem Bilanzrichtlinien-Gesetz, Festschrift Goerdeler (1987) S. 127.

68 a) **Entsprechende Anwendung des § 256 AktG.** § 256 AktG enthält besondere Vorschriften über die Nichtigkeit des Jahresabschlusses, welche inhaltlich weitgehend § 241 AktG entsprechen, die als Nichtigkeitsgründe in Betracht kommenden Inhaltsverstöße (§ 241 Nr. 3 AktG) aber wesentlich präzisieren. Die Vorschrift wurde im Zuge des Bilanzrichtliniengesetzes vom 19. 12. 1985 (BGBl. I S. 2355) stark geändert. Für die GmbH war ursprünglich beabsichtigt, eigenständige Nichtigkeitsregeln in einen neuen

---

137 Im Ergebnis ebenso *Schilling/Zutt*-Voraufl. 58; aA Baumbach/Hueck/*Zöllner* 28.

138 Str., wie hier Baumbach/Hueck/*Zöllner* 28; *Meyer-Landrut*/Miller/Niehus § 47, 75; OLG Frankfurt DB 1987, 85.

§ 42 g aufzunehmen, doch hielt der Gesetzgeber dies schließlich für entbehrlich[139]. Nachdem für die Jahresabschlüsse aller Kapitalgesellschaften übereinstimmende Regeln gelten, läßt sich § 256 AktG weitgehend auf die GmbH übertragen. Zur Anfechtbarkeit vgl. Rdn 132.

b) **Verstöße gegen Bilanzierungsvorschriften. § 256 Abs. 1 Nr. 1 AktG** wiederholt **69**
§ 241 Nr. 3 AktG. Nichtig sind danach namentlich Verstöße gegen die gesetzlichen Bestimmungen über den **Jahresabschluß** (§§ 242 ff HGB) und gegen die **Grundsätze ordnungsgemäßer Buchführung** (§ 264 Abs. 2 S. 1 HGB). Diese dienen sämtlich zum Schutz der Gläubiger und liegen im öffentlichen Interesse. Gleichwohl hat die Rechtsprechung aber mit Recht eine gewisse Einschränkung vorgenommen und die Nichtigkeitsfolge nur bei solchen Verstößen angenommen, die nach ihrem Umfang nicht bedeutungslos sind, denn andernfalls würde mit Kanonen auf Spatzen geschossen[140]. Nicht bedeutungslos sind in der Regel Verstöße gegen die allgemeinen Grundsätze der Buchführung und Bilanzierung[141] oder gegen Vorschriften über den Anhang. Enthält die Satzung weitergehende Bilanzierungsvorschriften, so lösen Verstöße dagegen nicht Nichtigkeit, sondern nur Anfechtbarkeit aus[142].

Bei Verstößen gegen die **Gliederungsvorschriften** gilt die Sonderregel des **§ 256** **70**
Abs. 4 AktG, wonach der Jahresabschluß nur nichtig ist, wenn seine Klarheit und Übersichtlichkeit dadurch wesentlich beeinträchtigt werden. Dies kann namentlich bei falscher Gliederung oder falscher Einordnung einzelner Posten der Fall sein[143]. Bei unrichtiger Anwendung der **Bewertungsvorschriften** differenziert **§ 256 Abs. 5 AktG.** Eine Überbewertung, die nicht ganz bedeutungslos ist, führt generell zur Nichtigkeit[144]. Die scharfe Sanktion erklärt sich daraus, daß die Gesellschafter die Vermögenslage der Gesellschaft auf keinen Fall günstiger darstellen sollen als der Realität entspricht. Wurde ein Posten unterbewertet, so tritt nach § 256 Abs. 5 S. 1 Nr. 2 AktG Nichtigkeit nur ein, wenn dadurch die Vermögens- und Ertragslage der Gesellschaft vorsätzlich unrichtig wiedergegeben oder verschleiert wird. Beide Vorschriften beziehen sich auf die Bewertungsregeln nach §§ 253 – 256 und 279 – 283 HGB. Falsche Bewertung kann sowohl auf der Aktiv- wie auf der Passivseite der Bilanz vorgenommen werden (§ 256 Abs. 5 S. 2, 3 AktG).

Einen Sonderfall zu § 256 Abs. 1 Nr. 1 AktG bildet schließlich auch **§ 256 Abs. 1** **71**
Nr. 4 AktG, der klarstellt, daß auch Verstöße gegen die gesetzlichen Bestimmungen über die Einstellung von Beträgen in **Kapital-** oder **Gewinnrücklagen** oder die Entnahme von Beträgen aus Kapital- oder Gewinnrücklagen (§§ 272 Abs. 2 – 4 HGB, 42 Abs. 2 S. 3 GmbHG) zur Nichtigkeit führen[145]. In dem in § 256 Abs. 1 Nr. 4 AktG weiter aufgeführten Fall des Verstoßes gegen die Satzung ist es dagegen systemgerecht, lediglich Anfechtbarkeit anzunehmen. § 257 Abs. 1 AktG, der bei der AG die Anfech-

---

[139] RegE Bilanzrichtliniengesetz BT-Drucks. 10/317 Art. 3 Nr. 5 S. 38 f; BT-Drucks. 10/4268 S. 130 f; *Geßler* Festschrift Goerdeler S. 127, 133 f.

[140] BGHZ 83, 341, 347 = NJW 1983, 42; hM.

[141] *Zöllner*-KölnKommAktG § 256, 26; Geßler/Hefermehl/Eckardt/Kropff/*Hüffer* § 256, 16 f; Baumbach/Hueck/*Schulze-Osterloh* § 42 a, 23; Adler/Düring/*Schmaltz* Rechnungslegung und Prüfung der Aktiengesellschaft[4] Bd. II (1971) § 256 AktG, 12; differenzierend *Geßler* Festschrift Goerdeler S. 127, 135 f.

[142] Geßler/Hefermehl/Eckardt/Kropff/*Hüffer* § 256, 15; *Adler/Düring/Schmaltz* aaO 5; Baumbach/Hueck/*Schulze-Osterloh* § 42 a, 23; aM *Zöllner*-KölnKommAktG § 256, 24.

[143] Die kasuistische Aufschlüsselung des § 256 Abs. 4 AktG alter Fassung wurde im BiRiLiG als überflüssig aufgegeben, BT-Drucks. 10/4268 S. 127. Einzelheiten zu Abs. 4 bei *Geßler* aaO S. 139 f

[144] RGZ 120, 28, 32; 120, 363, 366; 131, 141, 143; 159, 321, 336 (Nichtigkeit bei „willkürlicher", kaufmännisch unvertretbarer Überbewertung); BGHZ 83, 341, 347 = NJW 1983, 42; FG Nürnberg GmbH-Rdsch. 1987, 495, 496 f; *Schilling/Zutt*-Voraufl. 68.

[145] Einzelheiten bei *Geßler* aaO (Fn 141) S. 137 ff.

tung in diesem Fall ausschließt, braucht auf die GmbH insoweit nicht angewandt zu werden (Rdn 132)[146].

72 c) **Verstoß gegen Prüfungsvorschriften.** Gemäß **§ 256 Abs. 1 Nr. 2 und 3 AktG** ist ein festgestellter Jahresabschluß nichtig, wenn er im Fall einer gesetzlichen Prüfungspflicht nicht oder von Personen geprüft wurde, die nicht zum Abschlußprüfer bestellt wurden oder die Qualifikation eines Abschlußprüfers nicht erlangt haben. Die Vorschriften sind bei der GmbH nur für mittelgroße und große Gesellschaften relevant, weil nur diese prüfungspflichtig sind (§ 316 HGB). Wird ein bereits geprüfter Jahresabschluß von den Gesellschaftern nachträglich geändert, so ist nach dem Eingangssatz des § 256 Abs. 1 AktG i. V. m. § 173 Abs. 3 AktG der Änderungsbeschluß nichtig, wenn die geänderten Teile nicht binnen zwei Wochen erneut geprüft werden[147]. Die Vorschrift soll die lückenlose Anwendung der Prüfungsvorschriften sicherstellen.

73 d) **Andere Nichtigkeitsgründe.** **§ 256 Abs. 2 AktG** ist bei der GmbH gegenstandslos, weil der Jahresabschluß von den Gesellschaftern festgestellt wird. **§ 256 Abs. 3 AktG** wiederholt die Anfechtungsgründe nach § 241 Nr. 1, 2 und 5 AktG ohne Änderungen (s. Rdn 34 ff, 44, 55).

74 e) **Heilung.** Abweichend von § 242 AktG tritt eine Heilung nichtiger Jahresabschlüsse gemäß **§ 256 Abs. 6 AktG** in der Mehrzahl der Fälle ein, wenn seit der Bekanntmachung im Bundesanzeiger gemäß § 325 HGB in einigen Fällen sechs Monate, in den anderen drei Jahre verstrichen sind. Solange die GmbH nicht publizitätspflichtig war, fehlte für die analoge Anwendung der Vorschrift die Grundlage. Soweit das Bilanzrichtliniengesetz nunmehr die Publizitätspflicht eingeführt hat (§§ 325 – 327 HGB), steht einer analogen Anwendung heute nichts mehr im Wege[148].

11. Nichtigkeit des Gewinnverwendungsbeschlusses (§ 253 AktG)

75 Ein Gewinnverwendungsbeschluß kann nach den allgemeinen Regeln des § 241 AktG nichtig sein. § 253 AktG stellt klar, daß darüber hinaus die Nichtigkeit des Jahresabschlusses stets die Nichtigkeit des Gewinnverwendungsbeschlusses nach sich zieht, der auf ihm beruht[149]. Kann die Nichtigkeit des Jahresabschlusses – wegen Heilung oder Verlustes des Anfechtungsrechts – nicht mehr geltend gemacht werden, so gilt dies auch gegenüber dem Verwendungsbeschluß. Der analogen Anwendung dieser Bestimmung auf die GmbH steht nichts entgegen[150].

12. Teilnichtigkeit

76 Die einheitliche Abstimmung und Verkündung des Abstimmungsergebnisses führt auch bei komplexen Anträgen, in denen mehrere Gegenstände zusammengefaßt sind, zu einem **einheitlichen Beschluß**. Dabei ist denkbar, daß nur ein Bestandteil mit dem Nichtigkeitsmangel behaftet ist, es sei denn, es handelt sich um einen Verfahrensmangel. Die Wirksamkeit der übrigen Teile beurteilt sich dann nach § 139 BGB. Im Zweifel ist von der Nichtigkeit des gesamten Beschlusses auszugehen. Nur wenn feststeht, daß der Beschluß auch ohne den nichtigen Teil gefaßt worden wäre, bleibt dieser Teilbeschluß

---

146 *Schilling/Zutt*-Voraufl. 67; Scholz/*Schmidt* § 46, 38; Baumbach/Hueck/*Schulze-Osterloh* § 42 a, 26; Rowedder/*Koppensteiner*[2] § 47, 89; differenzierend, aber i. E. wie hier *Geßler* aaO S. 127, 130, 146, 148.

147 Baumbach/Hueck/*Schulze-Osterloh* § 42 a, 24; aA Küting/Weber/*Bohl* Handbuch der Rechnungslegung[3] (1990) § 42 a, 63.

148 Scholz/*Schneider* § 46, 38; Baumbach/Hueck/*Schulze-Osterloh* § 42 a, 32; *Geßler* aaO S. 143.

149 Vgl. FG Nürnberg GmbH-Rdsch. 1987, 495, 496.

150 *Schilling/Zutt*-Voraufl. 69; Baumbach/Hueck/*Zöllner* 29; Rowedder/*Koppensteiner*[2] § 47, 89.

wirksam[151]. Das gilt auch, wenn die Teilnichtigkeit durch erfolgreiche Anfechtung eines Beschlußteils eintritt (Rdn 146 f).

Bei **mehreren**, wenn auch rechtlich und sachlich zusammenhängenden **Beschlüssen** **77** ergreift die Nichtigkeit des einen Beschlusses den zweiten Beschluß nicht ohne weiteres. Das gebietet die Rechtssicherheit. § 139 BGB findet keine Anwendung, denn es fehlt an einem einheitlichen Rechtsgeschäft[152]. Ob sich in einem solchen Fall der zweite Beschluß infolge der Nichtigkeit des ersten als mangelhaft (nichtig, anfechtbar oder unwirksam) herausstellt, hängt vom Einzelfall ab: Ist z. B. eine Satzungsänderung nichtig, so können Beschlüsse, die auf den geänderten Bestimmungen beruhen, anfechtbar sein, weil sie der ursprünglichen, noch geltenden Satzung widersprechen. Es mag auch sein, daß der zweite Beschluß ohne den ersten widersinnig und daher gemäß § 241 Nr. 3 AktG nichtig ist (Rdn 49 ff). Einen Sonderfall regelt § 253 AktG (Rdn 75). Ergibt die Auslegung, daß die Wirksamkeit des ersten, nichtigen Beschlusses eine Bedingung im Sinn von §§ 158 ff BGB für die Wirksamkeit des zweiten Beschlusses sein sollte, so wird der zweite Beschluß unwirksam. Auch sind Fälle denkbar, in denen die Nichtigkeit des ersten Beschlusses zu einer Treuepflicht der Mehrheit (§ 14, 52 ff, insbes. 61) führt, den zweiten Beschluß rückgängig zu machen.

13. Heilung der Nichtigkeit

a) **Heilung durch Rügeverzicht.** Beschlüsse, die an einem **Einberufungsmangel** **78** (§ 241 Nr. 1 AktG) leiden, sind gleichwohl wirksam, wenn sie in einer Vollversammlung sämtlicher Gesellschafter gefaßt wurden (Rdn 43). Liegt ein Mangel der Einladung vor, ist die Nichtigkeit gleichfalls ausgeschlossen, wenn der betroffene Gesellschafter von vornherein auf die Einladung verzichtet hat (Rdn 39). In beiden Fällen handelt es sich rechtlich nicht um die Heilung der Nichtigkeit, sondern um ihre Vermeidung. Umstritten ist, ob Einberufungsmängel durch **nachträgliche Zustimmung** der nicht an der Versammlung teilnehmenden Gesellschafter oder durch Verzicht auf das Rügerecht geheilt werden können. Der Fall ist im AktG nicht geregelt. Für die GmbH sah § 192 Abs. 1 RegE 1971 eine Heilung vor, wenn die Genehmigung oder der Rügeverzicht schriftlich erklärt wurde. Die Heilungsmöglichkeit mit Wirkung ex tunc entspricht den Bedürfnissen der Praxis und sollte daher auch ohne gesetzliche Grundlage bereits de lege lata anerkannt werden, wenn die Genehmigung unverzüglich nach Bekanntgabe des Beschlusses erfolgt[153]. Die abweichende Ansicht[154] beruht auf einer allzu formalistischen Interpretation der §§ 141 Abs. 1 BGB und 242 AktG. Angesichts des kleinen Kreises der Gesellschafter und ihrer üblicherweise engen persönlichen Verbundenheit steht dem jedenfalls bei der GmbH ein Schutzbedürfnis der Gesellschafter nicht entgegen, die an der Versammlung teilgenommen haben.

b) **Heilung durch Eintragung.** Die Heilung der Nichtigkeit wegen fehlender oder **79** **mangelhafter Beurkundung** (§ 241 Nr. 2 AktG, s. Rdn 44) tritt mit der Eintragung in

[151] RGZ 118, 218, 221; 140, 174, 177 (zur Gen); 146, 385, 394 (zur AG); BGHZ 11, 231, 246 = NJW 1954, 385; BGH NJW 1988, 1214; hL, vgl. *Schilling/Zutt*-Voraufl. 70; Baumbach/Hueck/*Zöllner* 39; Rowedder/*Koppensteiner*[2] § 47, 90; Geßler/Hefermehl/Eckardt/Kropff/*Hüffer* § 241, 76; aA OLG Hamburg AG 1970, 230, 231, das im Zweifel Wirksamkeit annehmen will.

[152] So i. E. auch *Ulmer*-Voraufl. § 53, 89; Rowedder/*Zimmermann*[2] § 53, 59.

[153] BGHZ 87, 1, 4 = NJW 1983, 1677; OLG Frankfurt GmbH-Rdsch. 1984, 99, 100; *Schilling/Zutt*-Voraufl. 35; Fischer/*Lutter/Hommelhoff* 8. Vgl. zum Ganzen die Nachw. in Fn 81.

[154] OLG München BB 1978, 471, 472; Baumbach/Hueck/*Zöllner* 35; Rowedder/*Koppensteiner*[2] § 47, 81, 95.

das Handelsregister ein (§ 242 Abs. 1 AktG). Der Fall kann nur vorkommen, wenn der Beschluß irrtümlich eingetragen wird. Die Heilung bindet dann auch den Registerrichter; dieser darf also den versehentlich eingetragenen Beschluß nicht etwa unter Berufung auf den Beurkundungsmangel gemäß § 144 Abs. 2 FGG wieder löschen.

80 c) **Heilung durch Eintragung und Zeitablauf.** Nach § 242 Abs. 2 AktG kann die Nichtigkeit von Beschlüssen, die an einem **Einberufungs-** oder an einem **inhaltlichen Mangel** leiden (§ 241 Nr. 1, 3 oder 4), nicht mehr geltend gemacht werden, wenn der Beschluß in das Handelsregister eingetragen wurde und seitdem drei Jahre verstrichen sind. Die analoge Anwendung auch dieser Vorschrift im GmbH-Recht wird mit Recht allgemein bejaht[155]. Erfaßt werden aber auch in diesem Fall nur solche Beschlüsse, die zu ihrer Wirksamkeit der Eintragung bedürfen (Rdn 44)[156]. Nachdem der **BGH** anfangs glaubte, die in der Vorschrift genannte starre Dreijahresfrist durch eine angemessene Frist ersetzen zu sollen, die länger, aber auch kürzer bemessen sein kann[157], ging er im Urteil BGHZ 80, 212, 216[158] dazu über, aus Gründen der Rechtssicherheit die Dreijahresfrist generell anzuwenden. Dem ist zuzustimmen, denn im Gegensatz zur einmonatigen Anfechtungsfrist (§ 246 Abs. 1 AktG, s. Rdn 177) ist die Dreijahresfrist lang genug, den Interessen aller betroffenen Gesellschafter ausreichend Rechnung zu tragen. Auch wenn diese versuchen, den Streit durch Verhandlungen beizulegen, braucht das Recht für die Verständigungsbemühungen keine längere Frist zu gewähren[159].

81 Die Erhebung der **Nichtigkeitsklage** verlängert die Frist bis zum rechtskräftigen Urteil oder bis zu dem Zeitpunkt, zu dem sich die Klage auf andere Weise endgültig erledigt hat (§ 242 Abs. 2 S. 2 AktG). Notwendig zur Fristunterbrechung ist die kassatorische Nichtigkeitsklage gemäß § 249 AktG[160]. Keinesfalls reicht die außergerichtliche Geltendmachung der Nichtigkeit oder ein inzident erhobener Einwand aus[161]. Die Erhebung einer Anfechtungsklage genügt, denn sie umfaßt das Begehren auf Feststellung der Nichtigkeit (Rdn 195). Ist die Klage rechtzeitig erhoben, so kann während der Dauer des Rechtsstreits keine Heilung eintreten. Eine verspätete Zustellung schadet nicht[162]. Dagegen kann die Frist nicht durch Parteivereinbarung verlängert werden[163]. Die Heilung wirkt ex tunc und gegenüber jedermann. Eine Amtslöschung gemäß § 144 Abs. 2 FGG ist jedoch nach dem ausdrücklichen Willen des Gesetzes auch in diesen Fällen nicht ausgeschlossen (§ 242 Abs. 2 S. 3 AktG; vgl. Rdn 56 ff). Auf **unwirksame Beschlüsse** kann die Regelung entsprechend anzuwenden sein (Rdn 24)[164]. Ist ein Beschluß zur Feststellung des Jahresabschlusses nichtig, tritt § 256 Abs. 6 AktG an die Stelle des § 242 AktG (Rdn 74).

---

155 Seit BGHZ 11, 231, 239 ff = NJW 1954, 385 st. Rspr.; aus der Lit. vgl. nur Baumbach/Hueck/*Zöllner* 38; Rowedder/*Koppensteiner*² § 47, 93; Scholz/*Schmidt* § 45, 88.

156 *Schilling/Zutt*-Voraufl. 72; Rowedder/*Koppensteiner*² § 47, 94; *Zöllner*-KölnKommAktG § 242, 6.

157 BGHZ 11, 231, 239 ff = NJW 1954, 385; BGH NJW 1962, 538, 539 (insoweit in BGHZ 36, 207 nicht abgedruckt); eine kürzere Frist als drei Jahre wurde durch die Entscheidung BGH WM 1978, 551, 552 ausgeschlossen.

158 = NJW 1981, 2125 = ZIP 1981, 609 m. Anm. *K. Schmidt*; vgl. danach BGH WM 1984, 473.

159 Dies entspricht wohl jetzt hL, Scholz/*Schmidt* § 45, 89; Baumbach/Hueck/*Zöllner* 38; Fischer/*Lutter/Hommelhoff* 21; Rowedder/*Koppensteiner*² § 47, 94; *Meyer-Landrut*/Miller/Niehus § 47, 77; *Vogel* Gesellschafterbeschlüsse² S. 208.

160 Str., wie im Text *Schilling/Zutt*-Voraufl. 75; Scholz/*Schmidt* § 45, 89; Rowedder/*Koppensteiner*² § 47, 94; Fischer/*Lutter/Hommelhoff* 22; zur AG Geßler/Hefermehl/Eckardt/Kropff/*Hüffer* § 242, 11; wohl auch BGH WM 1984, 473; aA Baumbach/Hueck/*Zöllner* 38, der auch die allgemeine Nichtigkeitsfeststellungsklage nach § 256 ZPO genügen läßt.

161 BGHZ 33, 175, 176 f = NJW 1961, 26.

162 BGH NJW 1989, 904, 905.

163 *Schilling/Zutt*-Voraufl. 75.

164 Ebd.

d) **Neuvornahme.** Selbstverständlich können die Gesellschafter einen nichtigen Beschluß unter Vermeidung der Mängel wiederholen. Dabei handelt es sich dann aber um eine Neuvornahme, die nicht zurückwirkt. Sie muß ggf. auch nochmals zum Handelsregister angemeldet und – falls der nichtige, inhaltsgleiche Beschluß schon eingetragen war – im Register als solche kenntlich gemacht werden. Anders als bei anfechtbaren Beschlüssen (Rdn 148) gibt es also *keine Bestätigung* nichtiger Beschlüsse. Durch Neuvornahme wird eine Nichtigkeitsklage in der Hauptsache erledigt (Rdn 226). **82**

14. Statutarische Regelungen

Die Nichtigkeitsvorschriften sind **zwingendes Recht** und können daher in der Satzung nicht eingeschränkt werden. Auch eine Erweiterung der Nichtigkeitsgründe oder der Möglichkeit, sich auf solche zu berufen, ist nicht möglich. Sie würde der abschließenden gesetzlichen Regelung (Rdn 31) widersprechen. Stellt die Satzung einen weitergehenden Katalog von Nichtigkeitsgründen auf, so ist ein dagegen verstoßender Beschluß allerdings anfechtbar (Rdn 135). **83**

15. Geltendmachung der Nichtigkeit

a) **Befugnis zur Geltendmachung.** Auf die Nichtigkeit kann sich innerhalb und außerhalb eines Prozesses **jedermann berufen**, auch zur Begründung oder zur Abwehr von Ansprüchen (vgl. §§ 249 Abs. 1 S. 2, 250 Abs. 3 S. 2 AktG)[165]. Das gilt auch für einen Gesellschafter, der dem Beschluß selbst zugestimmt hat, es sei denn, der Beschluß wurde gerade durch seine Zustimmung geheilt (Rdn 78)[166]. Die **Geschäftsführer** dürfen nichtige Beschlüsse nicht ausführen und sie, wenn die Nichtigkeit offenkundig ist, auch nicht zum Handelsregister anmelden[167]. Bei offenkundiger Nichtigkeit hat auch ein **Notar** die Beurkundung zu verweigern, denn gemäß §§ 14 Abs. 2 BNotO, 4 BeurkG hat er seine Amtstätigkeit bei Handlungen zu versagen, mit denen erkennbar unerlaubte Zwecke verfolgt werden. Im Zweifel ist er hingegen zur Beurkundung verpflichtet, ggf. mit einem entsprechenden Vermerk, damit das Registergericht die Nichtigkeit nachprüfen kann. Dies folgt schon daraus, daß anderenfalls beurkundungspflichtige Beschlüsse nach § 241 Nr. 2 AktG (s. Rdn 44) ohne Rücksicht auf den sonstigen Mangel allein wegen der fehlenden Beurkundung nichtig wären und die Chance der Heilung gemäß § 242 Abs. 1 AktG (Rdn 79) ausgeschlossen würde[168]. Das **Registergericht** hat die Nichtigkeit von Amts wegen zu prüfen, sofern tatsächliche Anhaltspunkte dafür bestehen, und wenn sich der Verdacht bestätigt, die Eintragung zu versagen[169]. **84**

b) **Drittwirkung.** Die Nichtigkeit kann grundsätzlich auch Dritten entgegengehalten werden. Entfaltet der Beschluß, wie bei gewöhnlichen Geschäftsführungsmaßnahmen, keine Außenwirkung, so schränkt er die Vertretungsmacht der Geschäftsführer und die Wirksamkeit der von diesen abgeschlossenen Verträge mit Dritten aber nicht ein. **Außenwirkung** entfalten dagegen die Zustimmungsbeschlüsse der Gesellschafter zu Umwandlungs-, Verschmelzungs- und Unternehmensverträgen (§§ 24 UmwG, 340 c, **85**

[165] BGHZ 11, 231, 239 = NJW 1954, 385, allg. Meinung.

[166] BGHZ 11, 231, 239 = NJW 1954, 385; Scholz/*Schmidt* § 45, 81.

[167] Baumbach/Hueck/*Zöllner* 32.

[168] Geßler/Hefermehl/Eckardt/Kropff/*Hüffer* § 241, 81.

[169] BayObLGZ 1981, 266, 269 f = GmbH-Rdsch. 1982, 43; *Lutter* NJW 1969, 1873; Scholz/*Schmidt* § 45, 83; Baumbach/Hueck/*Zöllner* 32; Rowedder/*Koppensteiner*² § 47, 92; *Meyer-Landrut*/Miller/Niehus § 47, 63; *Roth* § 47, Anm. 6.3; zur AG *Hüffer* aaO 80; teilw. abweichend *Baums* Eintragung und Löschung von Gesellschafterbeschlüssen (1981) S. 63, 107 und mehrfach.

355 AktG, 20, 32, 33, 35 KapErhG; zu Unternehmensverträgen vgl. BGHZ 105, 324 = NJW 1989, 295). Ist die Bestellung eines Geschäftsführers nichtig, tritt er sein Amt aber gleichwohl an, so sind die von ihm geschlossenen Verträge nach der Lehre vom faktischen Organ zu beurteilen (Erl. zu § 35). Die Wirksamkeit einer von den Geschäftsführern erteilten Genehmigung zur Veräußerung des Geschäftsanteils nach § 15 Abs. 5 wird überwiegend bejaht, selbst wenn der nach der Satzung erforderliche Zustimmungsbeschluß der Gesellschafter nichtig war (§ 15, 109). Zweifelhaft sind die Auswirkungen eines nichtigen Kapitalerhöhungsbeschlusses auf die Übernahme der neuen Geschäftsanteile (Erl. zu § 55).

86 c) **Frist und Form.** An eine **Frist** ist die Geltendmachung der Nichtigkeit **nicht** gebunden, soweit nicht Heilung nach § 242 AktG oder durch Zustimmung des übergangenen Gesellschafters eingetreten ist (Rdn 78 ff). Allerdings kann es Fälle geben, in denen die Geltendmachung wegen Verspätung gegen Treu und Glauben verstößt und deshalb **verwirkt** ist[170]. Gesellschafter, Geschäftsführer, Aufsichtsrats- und Beiratsmitglieder können die Nichtigkeit durch *kassatorische Klage* (Rdn 190 ff), andere durch gewöhnliche *Feststellungsklage* gemäß § 256 ZPO geltend machen, sofern sie ein Rechtsschutzinteresse darlegen (Rdn 248).

IV. Anfechtbare Gesellschafterbeschlüsse

1. Grundlagen

Schrifttum

Vgl. die Angaben vor Rdn 1, 113, 151 und 177.

87 a) **Anfechtbare Beschlüsse.** Ein Gesellschafterbeschluß kann nach § 243 Abs. 1 AktG „wegen Verletzung des Gesetzes oder der Satzung" angefochten werden. Die Anfechtung läßt sich gemäß § 243 Abs. 2 AktG auch darauf stützen, daß „ein Aktionär mit der Ausübung des Stimmrechts für sich oder einen Dritten Sondervorteile zum Schaden der Gesellschaft oder der anderen Aktionäre zu erlangen suchte und der Beschluß geeignet ist, diesem Zweck zu dienen". Hinzu kommen in §§ 251, 254, 255, 257 AktG eine Anzahl von Sondertatbeständen, welche die Wahl von Aufsichtsratsmitgliedern, den Beschluß über die Verwendung des Bilanzgewinns, die Kapitalerhöhung mit Ausschluß des Bezugsrechts sowie die Feststellung des Jahresabschlusses betreffen. Die Vorschriften sind nach allgemeiner Meinung auf Gesellschafterbeschlüsse der GmbH **entsprechend anzuwenden**, soweit die Besonderheiten der GmbH nicht Abweichungen notwendig machen (Rdn 2).

88 Die Analogie bezieht sich zunächst auf die zur Anfechtung berechtigenden **Tatbestände**, bei denen sich im Ganzen verhältnismäßig geringfügige Abweichungen vom aktienrechtlichen Vorbild als notwendig erweisen (Rdn 101 ff, 113 ff). Größere Abweichungen gelten demgegenüber bezüglich der **Anfechtungsberechtigung** und der **Anfechtungsfrist** (§ 245, 246 AktG, vgl. Rdn 151 ff, 177 ff). Dagegen übernimmt die herrschende Rechtsprechung und Lehre, wenngleich mit einer wichtigen Einschränkung, aus dem Aktienrecht die Bestimmung, wonach die Anfechtung nur durch **Klage** geltend gemacht werden kann (§§ 243 Abs. 1, 246 Abs. 1 AktG, vgl. Rdn 3), während die neuere, auch hier vertretene Lehre das Klageerfordernis prinzipiell in Frage stellt (Rdn 4 – 11 und im Einzelnen unten Rdn 99, 172 ff, 185, 188). Soweit Anfechtungsklage erhoben wird, gelten die aktienrechtlichen Verfahrensvorschriften (§§ 246 Abs. 2 – 4,

---

170 BGHZ 22, 101, 106 = NJW 1956, 1873; im Anschluß an *Scholz* GmbH-Rdsch. 1954, 64.

247, 248 AktG) mit nur geringen Modifikationen. Voraussetzung der Anfechtung ist ein **Gesellschafterbeschluß** (Rdn 12). Auch ein nichtiger oder unwirksamer Beschluß kann mit der Anfechtungsklage angegriffen werden, ein nichtiger Beschluß allerdings nur, solange die Nichtigkeit nicht nach § 249 AktG rechtskräftig und mit Wirkung für und gegen alle festgestellt ist.

b) **Festgestellte und nicht festgestellte Beschlüsse.** Im Gegensatz zum Aktienrecht (§ 130 AktG), in dem alle Hauptversammlungsbeschlüsse durch den Vorsitzenden festgestellt und notariell protokolliert werden, verlangt das GmbH-Recht keine entsprechenden Förmlichkeiten. Die Feststellung verlangt das Gesetz überhaupt nicht, die notarielle Beurkundung nur bei Satzungsänderungen (§ 53 Abs. 2) und gleichgestellten Grundlagenbeschlüssen (Rdn 44). Nicht selten tritt bei der GmbH danach die Lage ein, daß nach der Abstimmung Zweifel oder Streitigkeiten darüber auftreten, ob überhaupt ein wirksamer Beschluß gefaßt wurde und mit welchem Inhalt. Lassen sich diese nicht beheben, entsteht ein unklarer Schwebezustand. **89**

Im Hinblick auf die bis zur gerichtlichen Klärung geltende Rechtslage und auf die rechtlichen Mittel, mit denen der Schwebezustand beendet werden kann, unterscheidet die Rechtsprechung des BGH[171] zwischen festgestellten Beschlüssen und solchen, bei denen eine Beschlußfeststellung fehlt. Ein **festgestellter Beschluß** ist außer in den Fällen der Unwirksamkeit (Rdn 21) oder Nichtigkeit (Rdn 31 ff) mit dem festgestellten Inhalt **vorläufig verbindlich**. Formelle und materielle Mängel, die seine Anfechtbarkeit begründen, können nur durch Erhebung der Anfechtungsklage geltend gemacht werden[172]. Wird die Klage nicht rechtzeitig erhoben, bleibt es endgültig bei dem festgestellten Beschluß. Kommt es zum Anfechtungsprozeß, so dauert die vorläufige Verbindlichkeit bis zur rechtskräftigen Beendigung. Allerdings können eintragungspflichtige Gesellschafterbeschlüsse nicht ohne weiteres in das Handelsregister eingetragen werden, solange die Anfechtungsfrist noch läuft oder eine Anfechtungsklage anhängig ist (Rdn 187). **90**

Fehlt eine **Feststellung**, so ist der Beschluß gleichfalls wirksam, sofern die formellen und materiellen Voraussetzungen gültiger Beschlüsse erfüllt sind, denn die Feststellung ist – anders als im Aktienrecht – eben keine Wirksamkeitsvoraussetzung (Rdn 44). Der Beschluß ist dann, wie der **BGH** sich ausdrückt, mit dem **„rechtlich zutreffenden Ergebnis"** gefaßt[173]. Die Schwierigkeit liegt aber gerade darin, daß sich die Gesellschafter darüber streiten, ohne daß einer Meinung der Vorrang eingeräumt werden könnte. Die vorläufige Verbindlichkeit des von einer Seite – etwa von der Gesellschaftermehrheit – behaupteten Beschlußinhalts kann deshalb nicht eintreten. Die Beschlußlage bleibt vielmehr zunächst in der Schwebe. Die Geschäftsführer dürfen keine Ausführungshandlungen einleiten. Sind die Gesellschafter außerstande, unter sich eine Klärung herbeizuführen, so kann der Schwebezustand mittels einer gewöhnlichen, positiven oder negativen Feststellungsklage gemäß § 256 ZPO beendet werden. Eine solche kann sowohl von der hinter dem behaupteten Beschluß stehenden Gesellschaftermehrheit wie von der anfechtenden Minderheit eingeleitet werden, wenn ein begründetes rechtliches Interesse gegeben ist, ggf. auch von den Geschäftsführern (Rdn 248). **91**

---

[171] BGHZ 14, 25, 36 = NJW 1954, 1401; 51, 209, 211 ff = NJW 1969, 841; 88, 320, 328 = NJW 1984, 489; 97, 28, 30 = NJW 1986, 2051 (dazu *Lindacher* ZGR 1987, 121; *K. Schmidt* NJW 1986, 2018); 104, 66, 69 = NJW 1988, 1844 (dazu *Zöllner/Noack* ZGR 1989, 525, 526; *Rohleder* GmbH-Rdsch. 1989, 236, 237); OLG München BB 1990, 367.

[172] BGHZ 104, 66, 68 f = NJW 1988, 1844.

[173] BGHZ 104, 66, 69 = NJW 1988, 1844 i. V. mit BGHZ 51, 209, 211 ff = NJW 1969, 841.

92 Diese Judikatur zieht die notwendigen Folgerungen aus dem Ansatz, wonach auch bei der GmbH, nicht anders als bei der AG, Anfechtungsgründe grundsätzlich nur mittels Klage geltend gemacht werden können. Sie zeigt aber auch die Grenzen auf, an welche diese Konzeption angesichts der anderen Struktur der GmbH stößt: Die Parallele läßt sich bei nicht festgestellten Beschlüssen nicht durchhalten, weil ein hinreichend objektivierter Tatbestand fehlt, der es rechtfertigt, dem anfechtenden Gesellschafter die **Klagelast** aufzubürden (Rdn 4 ff). Sachlich macht sie eine Abgrenzung zwischen festgestellten und nicht festgestellten Beschlüssen notwendig. Immerhin kann auch die neuere Lehre, die das Klageerfordernis auch bei festgestellten Beschlüssen aufgibt (Rdn 176), auf die Unterscheidung nicht verzichten. Denn aus Gründen der Rechtsklarheit und Praktikabilität muß auch sie daran festhalten, daß festgestellte Beschlüsse mit vorläufiger Verbindlichkeit ausgestattet werden und die Gesellschafter, die damit nicht einverstanden sind, die rechtlichen Mittel zur Gegenwehr ergreifen, während bei nicht festgestellten Beschlüssen der Mehrheit keine gleichartige Vorzugsstellung zugebilligt werden kann[174].

93 c) **Abgrenzung.** Notwendig ist danach eine rechtlich einwandfreie und in der Praxis mit hinreichender Sicherheit handhabbare Abgrenzung zwischen festgestellten und nicht festgestellten Beschlüssen. Diese Abgrenzung ist im Gesetz nicht vorgezeichnet, namentlich darf das aktienrechtliche Verständnis des Begriffs nicht einfach übernommen werden. Es geht vielmehr um eine **teleologische Begriffsbestimmung**, die der spezifischen Lage bei der GmbH gerecht wird und die vor allem den Zweck erfüllt, diejenigen Beschlüsse herauszustellen, bei denen Zustandekommen und Inhalt soweit klar sind, daß es gerechtfertigt ist, ihre vorläufige Verbindlichkeit zu bejahen. Feststellung bedeutet in diesem Sinn die **Bekräftigung des Abstimmungsergebnisses** gegenüber den teilnehmenden Gesellschaftern in einer Weise, die zum Ausdruck bringt, daß ein Beschluß mit bestimmtem Inhalt wirksam zustandegekommen ist.

94 Die Voraussetzung ist erfüllt, wenn ein **Versammlungs-** oder **Abstimmungsleiter** den Beschluß so, wie er ihn verstanden hat, in der Versammlung verkündet und dabei zu erkennen gibt, daß er ihn als wirksam ansieht. Eine genaue Mitteilung des Stimmenverhältnisses ist nicht erforderlich, ebensowenig die vollständige Wiedergabe des Beschlußtextes. Vielmehr müssen Angaben wie die in der Praxis übliche Formulierung: „der gestellte Antrag wurde mit Mehrheit angenommen" genügen[175]. Die Protokollierung des Beschlusses kann hingegen für sich allein nicht genügen, denn die Gesellschafter können sich nur dann darüber schlüssig werden, ob sie einen Beschluß hinnehmen wollen, wenn er ihnen verkündet wurde[176]. Die Verkündung durch einen den Beschluß beurkundenden **Notar** kann nur genügen, wenn dieser zugleich als Versammlungs- oder Abstimmungsleiter fungiert. Die Protokollierung durch einen nicht als Versammlungsleiter legitimierten Gesellschafter oder Geschäftsführer genügt nicht.

95 Wer als Versammlungs- oder Abstimmungsleiter **amtieren darf**, ist unproblematisch, wenn die Satzung die Frage regelt (§ 48, 30). Fehlt eine Satzungsbestimmung, so können die Gesellschafter einen Versammlungsleiter bestellen[177]. Darüber hinaus muß auch genügen, wenn eine in der Gesellschafterversammlung anwesende Person, namentlich ein Gesellschafter, ein Geschäftsführer, ein Aufsichtsrats- oder ein Beiratsmitglied, die

---

[174] Vgl. *Zöllner/Noack* aaO (Fn 171) 526 f.

[175] Baumbach/Hueck/*Zöllner* 64; Scholz/*Schmidt* § 48, 58; offener *Rohleder* GmbH-Rdsch. 1989, 236, 239: es muß als ausreichend angesehen werden, wenn die Bejahung oder Verneinung des Antrags durch den Versammlungsleiter „nach Auslegungsgesichtspunkten hinreichend klar zum Ausdruck kommt".

[176] *Rohleder* aaO (Fn 171) 239.

[177] *Schilling*-Voraufl. § 48, 11; *Hüffer* § 48, 29; Baumbach/Hueck/*Zöllner* § 48, 8; Rowedder/*Koppensteiner*² § 48, 12.

Leitung der Abstimmung tatsächlich übernimmt und die Gesellschafter dies dulden[178]. Zweifelhaft ist, ob die Mehrheitsgesellschafter der Minderheit einen Abstimmungsleiter aufnötigen können, wenn dafür eine Satzungsgrundlage fehlt[179]. Man wird den Vorgang jedoch prinzipiell als Verfahrensmaßnahme ansehen müssen, die sich der Mehrheitsentscheidung nicht schon deshalb entzieht, weil sie die Gefahr begründet, daß der Gewählte sein Amt zugunsten der Mehrheit mißbraucht. Die Anfechtbarkeit sollte vielmehr auf die Fälle beschränkt bleiben, in denen ein Mißbrauch der dem Abstimmungsleiter zustehenden Feststellungsmacht tatsächlich vorliegt. Der Abstimmungsleiter ist **nicht verpflichtet**, in jedem Fall einen **Beschluß festzustellen**. Ist das Abstimmungsergebnis zweifelhaft oder wird es alsbald angegriffen, ist es rechtmäßig und kann auch zweckmäßig sein, die Beschlußlage offen zu lassen[180]. In einem solchen Fall tritt eine Schwebelage ein, die weiterer Klärung bedarf (Rdn 91).

Fehlt ein **Abstimmungsleiter** oder übt er seine Funktion nicht aus, ist eine Feststellungswirkung mit der Folge der vorläufigen Verbindlichkeit auch dann anzuerkennen, wenn das **Ergebnis** der Abstimmung am Ende der Gesellschafterversammlung **nicht streitig** war, Bedenken dagegen vielmehr erst später geäußert wurden[181]. Allein diese Lösung entspricht praktischen Bedürfnissen, denn alle Beteiligten gehen in diesem Fall zunächst von der Verbindlichkeit des Beschlusses aus, und es ist daher angebracht, sie jedenfalls bis zur endgültigen Entscheidung über eine später erklärte Anfechtung daran festzuhalten. Rechtlich läßt sie sich mit dem Verbot des venire contra factum proprium begründen. Denn ein Gesellschafter, der nicht sogleich Widerspruch gegen den Beschluß erhoben hat, muß sich gefallen lassen, daß dieser als vorläufig verbindlich behandelt wird[182]. **96**

Bei **Abstimmung ohne Versammlung** nach § 48 Abs. 2 sind die vorstehenden Regeln entsprechend anzuwenden. Zur Feststellung befugt ist die als Leiter der schriftlichen Abstimmung wirkende Person, häufig ein Geschäftsführer. Ein Beschluß ist festgestellt, wenn das Abstimmungsergebnis den Gesellschaftern auf geeignete Weise mitgeteilt wurde[183]. **97**

2. Widerspruch keine Voraussetzung der Anfechtung

Anders als im Normalfall des § 245 Nr. 1 AktG ist das Anfechtungsrecht bei der GmbH nicht daran geknüpft, daß der Gesellschafter sogleich in der Gesellschafterversammlung förmlichen Widerspruch erhebt. Der Widerspruch ist auch dann nicht erforderlich, wenn ein Versammlungsleiter bestellt oder ein Protokoll geführt oder durch Gesetz oder Satzung sogar zwingend vorgeschrieben ist[184]. Doch kann ein sogleich erhobener Widerspruch die vorläufige Verbindlichkeit des Beschlusses beseitigen, sofern dieser nicht durch einen Versammlungsleiter festgestellt wurde (Rdn 96). **98**

---

[178] *Zöllner/Noack* ZGR 1989, 525, 528; *Rohleder* GmbH-Rdsch. 1989, 236, 239.

[179] Bestellung durch Mehrheitsbeschluß wird bejaht von *Hüffer* § 48, 29; Scholz/*Schmidt* § 48, 30; Baumbach/Hueck/*Zöllner* § 48, 8; *Eder*-GmbH-Handb. 462; *Rohleder* aaO; kritisch nunmehr aber *Zöllner/Noack* ZGR 1989, 525, 528; Bedenken auch schon bei *Hofmann* GmbH-Rdsch. 1970, 119, 121; *Fleck* Anm. zu BGH LM Nr. 13 zu § 47 GmbHG; vgl. auch BGHZ 101, 113 = NJW 1987, 2514 = JZ 1987, 1081 m. Anm. *K. Schmidt* und kritisch dazu Zöllner/Noack aaO 527.

[180] *Zöllner/Noack* aaO 528.

[181] *Rohleder* aaO (Fn 178) 239; *Zöllner/Noack* aaO 528 f; OLG München BB 1990, 367, 368; **aA** wohl Scholz/*Schmidt* § 48, 58, der auf die förmliche Feststellung und Verkündung des Abstimmungsergebnisses abstellt.

[182] *Rohleder* aaO; *Zöllner/Noack* aaO.

[183] *Zöllner/Noack* aaO 527.

[184] *Schilling/Zutt*-Voraufl. 84; *Däubler* GmbH-Rdsch. 1968, 4, 8.

Zur Erhaltung des Anfechtungsrechts ist es auch **nicht erforderlich**, daß der anfechtende Gesellschafter bei der Abstimmung **anwesend** oder vertreten war. Voraussetzung ist vielmehr lediglich, daß die Anfechtung **unverzüglich erklärt** wird (Rdn 180).

3. Notwendigkeit der Anfechtungsklage?

99 Nach der seit BGHZ 104, 66 = NJW 1988, 1844 endgültig **gefestigten Rechtsprechung** des BGH ist zur Geltendmachung von Mängeln, welche die Anfechtbarkeit eines Gesellschafterbeschlusses begründen, stets die Erhebung der Anfechtungsklage erforderlich, sofern der Beschluß festgestellt wurde (Rdn 3, 90). Solange die Rechtsprechung sich von dieser Konzeption, die auch der hL entspricht, nicht abgewandt hat, muß sich die Rechtspraxis darauf einrichten. Sie wird der folgenden Kommentierung zugrunde gelegt.

100 Nach der **neueren**, auch hier vertretenen **Lehre** sollte hingegen auf die Notwendigkeit, Anfechtungsklage zu erheben, verzichtet werden (Rdn 4 ff). Ein solcher Schritt würde bedeuten, daß die Anfechtung durch einfache **Willenserklärung** geltend gemacht werden kann und dann auch der **Einrede** und der **Inzidentkontrolle** in einem auf einen anderen Streitgegenstand gerichteten Prozeß zugänglich wird (Rdn 174 ff). Sie ist dann auch nicht mehr fristgebunden, sondern unterliegt nur der **Verwirkung**, wenn deren Voraussetzungen erfüllt sind, namentlich wenn der Anschein erweckt wurde, der Fehler werde nicht mehr geltend gemacht werden. Zwar bleibt es möglich, kassatorische Anfechtungsklage zu erheben mit der Folge, daß das daraufhin ergangene Urteil gemäß § 248 AktG für und gegen alle wirkt. Wird der Mangel dagegen auf andere Weise geltend gemacht, kann es auch dazu kommen, daß das Gericht die Nichtigkeit nur mit Wirkung zwischen den Parteien oder nur als Vorfrage feststellt (Einzelheiten s. Rdn 188).

4. Anfechtungsgründe: Verfahrensfehler

101 a) **Grundlagen.** Ein Verstoß gegen das Gesetz oder gegen die Satzung, der analog § 243 Abs. 1 AktG zur Anfechtung berechtigt, kann in der Verletzung einer Verfahrensvorschrift liegen. Die Anfechtung ist in solchen Fällen der richtige Rechtsbehelf, sofern der Mangel nicht so schwer wiegt, daß entsprechend § 241 Nr. 1 oder 2 AktG Nichtigkeit eintritt, wie namentlich, wenn die Gesellschafterversammlung von Unbefugten einberufen wurde oder wenn nicht alle Gesellschafter ordnungsgemäß geladen wurden (Rdn 33 ff). Verfahrensfehler können **in allen Stadien des Verfahrens** auftreten. Für die rechtliche Würdigung empfiehlt sich, zwischen Fehlern bei der Vorbereitung der Gesellschafterversammlung (Rdn 104), bei ihrer Durchführung (Rdn 106) und bei der Feststellung des Abstimmungsergebnisses (Rdn 111) zu unterscheiden. Sonderprobleme wirft die Anfechtung eines Gesellschafterbeschlusses mit der Begründung auf, die Gesellschafter seien nicht ausreichend informiert worden (Rdn 108).

102 Nicht zur Anfechtung berechtigt ein Verstoß gegen eine reine **Ordnungsvorschrift**, d. h. gegen eine gesetzliche oder statutarische Regelung, die zwar zweckmäßig ist, sich aber nicht als zum Schutz berechtigter Interessen der Gesellschafter notwendig erweist[185]. Der Begriff der Ordnungsvorschrift ist mit dem der „Sollvorschrift" nicht deckungsgleich. Auch zwingende Bestimmungen können lediglich Ordnungscharakter

---

[185] *Schilling/Zutt*-Voraufl. 93; Scholz/*Schneider* § 45, 99; Baumbach/Hueck/*Zöllner* 44.

haben. Andererseits sind auch Sollbestimmungen denkbar, deren Verletzung zur Anfechtbarkeit führen kann. Allerdings ist die Ausgestaltung einer Vorschrift als Sollbestimmung in der Satzung ein Indiz dafür, daß es sich um eine Ordnungsvorschrift handelt[186]. Das wohl häufigste Beispiel ist die Verletzung einer *statutarischen Protokollierungspflicht*. Eine fehlende oder mangelhafte Verhandlungsniederschrift macht einen Beschluß in der Regel nicht anfechtbar[187]. Doch kann sich aus einer Satzungsinterpretation ergeben, daß Mängel der Protokollierung nach dem Willen der Gesellschafter die Anfechtbarkeit begründen sollen[188].

b) **Relevanz des Fehlers.** Die Anfechtung scheidet auch dann aus, wenn das Beschlußergebnis in **keinem sachlichem Zusammenhang** mit dem Mangel steht. Die ältere Rechtsprechung und Lehre verlangte, daß der Beschluß auf dem Fehler *beruht*, d. h. daß ein (potentieller) Ursachenzusammenhang zwischen beiden vorliegt. Sie prüfte demnach, ob ohne den Fehler derselbe Beschluß zustande gekommen wäre oder nicht. Nur im zweiten Fall bejahte sie die Anfechtbarkeit[189]. Dieser Ansatz hat sich indessen als zu undifferenziert erwiesen. Es gibt Verstöße gegen Verfahrensvorschriften, die so schwer in die Rechtsstellung und Interessen der betroffenen Gesellschafter eingreifen, daß sie ohne Rücksicht auf die Kausalität stets die Anfechtbarkeit nach sich ziehen müssen. Ferner ist die Kausalität oft zweifelhaft oder schwer nachzuweisen, und die Darlegungs- und Beweislast kann für den Anfechtungsberechtigten unzumutbar sein. Die neuere Lehre vertritt daher ein Kriterium der **Relevanz** der **verletzten Bestimmung** und des **Fehlers**. Danach kommt es darauf an, ob der Verfahrensmangel die Interessen aller Teilnahme- und Abstimmungsberechtigten berührt, sich sachgemäß an der Willensbildung der Gesellschaft zu beteiligen[190]. Nur wo eine faßbare Beeinträchtigung dieser Interessen nicht festgestellt werden kann, entfällt die Anfechtbarkeit. Dieser Lehre ist beizupflichten[191]. Sie verlangt, daß die Bedeutung des Fehlers in jedem Fall nicht allein nach der Kausalität, sondern auch nach wertenden Gesichtspunkten gewürdigt wird. Die Einzelheiten sind in den folgenden Unterabschnitten auszuführen. **103**

c) **Fehler bei der Vorbereitung der Gesellschafterversammlung.** Mängel bei der Einberufung und Ladung der Gesellschafter, die nicht schon zur Nichtigkeit der gefaßten Beschlüsse führen (Rdn 33 ff), begründen deren Anfechtbarkeit. In Betracht kommt z. B. die Festsetzung eines *unüblichen* und *unzumutbaren Versammlungsortes*[192] oder *-zeitpunkts*, z. B. an einem Sonntag[193]. Die Anfechtung ist auch gegeben, wenn die *Ladungsfrist* von einer Woche nach § 51 Abs. 1 S. 2 nicht eingehalten wurde[194] oder wenn über einen *Tagesordnungspunkt* Beschluß gefaßt wird, der *nicht*, nicht **104**

[186] *Schilling/Zutt*-Voraufl. 93; Baumbach/Hueck/*Zöllner* 44; *Däubler* GmbH-Rdsch. 1968, 4, 7.

[187] RGZ 104, 413, 415; *Hüffer* § 48, 37; Scholz/*Schmidt* § 45, 99; anders aber bei Beschlüssen, die notarieller Beurkundung bedürfen, s. Rdn 44.

[188] RGZ 122, 367, 369 (zur Beurkundung); OLG Stuttgart BB 1983, 1050; *Hüffer* § 48, 37; Scholz/*Schmidt* § 48, 55; Baumbach/Hueck/*Zöllner* § 48, 13; aA Rowedder/*Koppensteiner*² § 48, 17.

[189] RGZ 110, 194, 198; 167, 151, 165; RG JW 1931, 2961, 2962; BGHZ 14, 264, 267 f = NJW 1954, 1563; 36, 121, 139 = NJW 1962, 104; 49, 209, 211 = NJW 1968, 543; 59, 369, 375 = NJW 1973, 235; 86, 1, 3 = NJW 1983, 878; OLG Hamburg DB 1981, 80, 82; LG Frankfurt AG 1984, 193, 194; zum Schrifttum vgl. *Schilling/Zutt*-Voraufl. 85 f.

[190] So vor allem *Zöllner*-KölnKommAktG § 243, 81 ff; Baumbach/Hueck/*Zöllner* 67 f; ihm folgend Scholz/*Schmidt* § 45, 100 ff; Rowedder/*Koppensteiner*² § 47, 108; Geßler/Hefermehl/Eckardt/Kropff/*Hüffer* § 243, 23 ff; eingeschränkt auch Fischer/*Lutter*/*Hommelhoff* 37.

[191] So schon *Raiser* KapGesR § 16 IX 5 a.

[192] Vgl. BGH GmbH-Rdsch. 1985, 256, 257.

[193] LG Darmstadt BB 1981, 72 f; Scholz/*Schmidt* § 45, 103.

[194] BGHZ 100, 264, 265 = NJW 1987, 2580; *Hüffer* § 51, 27; Scholz/*Schmidt* § 51, 30; Baumbach/Hueck/*Zöllner* § 51, 24; *Vogel* Gesellschafterbeschlüsse² S. 211.

rechtzeitig oder nur unklar und unvollständig *angekündigt* wurde[195]. Nicht endgültig geklärt sind die Rechtsfolgen von *Formmängeln* der *Einladung*. Haben die Geschäftsführer anstatt durch eingeschriebenen Brief gemäß § 51 Abs. 1 nur durch gewöhnlichen Brief, Fernschreiben, mündlich oder telefonisch eingeladen, so liegt jedenfalls dann Nichtigkeit analog § 241 Nr. 1 AktG vor, wenn die Gesellschaft nicht nachweisen kann, daß alle Gesellschafter die Einladung erhalten haben. Gelingt dieser Nachweis, ist Anfechtbarkeit anzunehmen[196].

105 In allen genannten Fällen kann es für die Anfechtbarkeit **nicht** auf den Nachweis eines **Ursachenzusammenhangs** zwischen Verfahrensfehler und Beschlußergebnis ankommen, denn ein solcher Nachweis läßt sich in vielen Fällen kaum schlüssig erbringen, weshalb das Beharren darauf den Anfechtungsberechtigten unzumutbar belasten würde. Auch verlangt der Charakter der genannten Verfahrensfehler, daß sie ohne Rücksicht auf die Folgen gerügt werden können[197]. Die Relevanz des Verstoßes entfällt aber, wenn sämtliche Gesellschafter an der Versammlung teilgenommen haben und damit einverstanden waren, daß über den betreffenden Tagesordnungspunkt Beschluß gefaßt wird[198]. Das Recht zur Anfechtung entfällt ferner für diejenigen Gesellschafter, welche die gefaßten Beschlüsse in Kenntnis des Mangels nachträglich genehmigt oder auf ihr Rügerecht verzichtet haben. Die Sach- und Interessenlage ist hier die gleiche wie bei den zur Nichtigkeit führenden Einberufungsmängeln (Rdn 78).

106 d) **Fehler bei der Durchführung der Gesellschafterversammlung.** Ein Anfechtungsgrund ist der unberechtigte *Ausschluß* eines Gesellschafters *von der Teilnahme* an der Gesellschafterversammlung. Er kann vorliegen, wenn ein Gesellschafter von vornherein nicht zugelassen wird. Stört ein Gesellschafter den reibungslosen Ablauf der Versammlung, so kann sein Ausschluß als letztes Ordnungsmittel gerechtfertigt sein (§ 48, 33)[199]. Darauf, ob der Beschluß auf dem unberechtigten Ausschluß beruht oder ob er bei ordnungsmäßiger Durchführung der Gesellschafterversammlung ebenso gefaßt worden wäre, kann es nach zutreffender Ansicht nicht ankommen, weil ein Kausalitätsnachweis dieses Inhalts kaum möglich erscheint und der Verfahrensfehler so schwer in die Rechte des betroffenen Gesellschafters eingreift, daß die Relevanz generell zu bejahen ist (vgl. § 48, 28)[200]. Wird dagegen in mitbestimmungspflichtigen Gesellschaften das *Recht der Geschäftsführer* und *Aufsichtsratsmitglieder* verletzt, *an der Gesellschafterversammlung teilzunehmen* (§§ 77 BetrVG 1952, 25 MitbestG i. V. m. 118 Abs. 2 AktG), so werden davon Interessen der Gesellschafter, die ein Anfechtungsrecht begründen können, in der Regel nicht betroffen (vgl. § 52, 225 und 286)[201]. Auch der umgekehrte Fall der *Zulassung nicht teilnahmeberechtigter Personen* rechtfertigt die Anfechtung nicht, es sei denn, ein Gesellschafter wurde dadurch so schwer unter Druck gesetzt, daß er in der Wahrnehmung seines Mitgliedsrechts beeinträchtigt erscheint[202].

---

[195] RGZ 89, 367, 380 f; BGH WM 1960, 859, 860; NJW 1962, 393, 394; OLG Karlsruhe GmbH-Rdsch. 1989, 206, 207; vgl. auch LG Mannheim WM 1990, 760, 763 zu nicht angekündigten Beschlußanträgen, die einen Tagesordnungspunkt betreffen.

[196] Vgl. die im einzelnen divergierenden Ansichten von *Schilling/Zutt*-Voraufl. § 51, 11; *Hüffer* § 51, 26 f; Scholz/*Schmidt* § 51, 30 ff; Baumbach/Hueck/*Zöllner* § 51, 11 ff; Rowedder/*Koppensteiner*² § 51, 7 f; Fischer/*Lutter/Hommelhoff* § 51, 11.

[197] Scholz/Schmidt § 45, 102 f; Baumbach/Hueck/*Zöllner* 67 f.

[198] BGHZ 100, 264, 269 ff = NJW 1987, 2580.

[199] BGHZ 44, 245, 250 f = NJW 1966, 43 (zur AG); Scholz/*Schmidt* § 48, 37.

[200] Scholz/*Schmidt* § 45, 103; *Zöllner*-KölnKomm-AktG § 243, 118; anders noch BGH NJW 1972, 1320, 1321; BGH WM 1983, 1407, 1408 (zur Publikums-KG).

[201] Baumbach/Hueck/*Zöllner* 44; aA Scholz/*Schmidt* § 45, 96.

[202] *Hüffer* § 48, 28; Scholz/*Schmidt* § 45, 99; Baumbach/Hueck/*Zöllner* 61.

Ein **Anfechtungsgrund** kann weiter liegen z. B. in *Unklarheiten über den Beschlußgegenstand*[203], in der *Abweichung* von der *Tagesordnung*[204], in ungenügender Aussprache und ungerechtfertigter *Beschränkung der Redezeit*[205], im Tätigwerden eines *nicht legitimierten Versammlungsleiters*, der seine Feststellungsmacht mißbraucht (Rdn 95), in der Abstimmung trotz *Beschlußunfähigkeit*[206] oder in der Wahl eines *falschen Abstimmungsverfahrens*[207]. In entsprechender Anwendung des § 251 Abs. 1 S. 2 AktG kann in Gesellschaften, die unter §§ 6, 8 MontanMitbestG fallen, die Wahl von Aufsichtsratsmitgliedern angefochten werden, wenn der *Wahlvorschlag gesetzwidrig zustandegekommen* ist. Auf den Nachweis, daß der gefaßte Beschluß auf dem Fehler beruht, kann es auch in diesen Fällen nicht ankommen. Vielmehr muß genügen, daß der Fehler in einem *sachlichen Zusammenhang* mit dem Gegenstand des Beschlusses steht[208]. Ein solcher fehlt z. B., wenn die Beschlußfähigkeit während der Beratung vorübergehend gefehlt hat, vor der Abstimmung aber wiederhergestellt wurde, oder wenn die Abweichung von der Tagesordnung sich auf einen anderen Tagesordnungspunkt bezieht. **107**

e) **Mangelhafte Auskunft.** Einen Sonderfall eines Fehlers bei der Durchführung der Gesellschafterversammlung bildet die mangelhafte Information der Gesellschafter. Genügen die Geschäftsführer ihrer Auskunftspflicht nach **§ 51 a Abs. 1** nicht oder verweigern sie gemäß § 51 a Abs. 2 mit Zustimmung der Gesellschaftermehrheit eine verlangte Auskunft, so kann ein Gesellschafter, der sich damit nicht zufrieden geben will, zunächst Antrag auf gerichtliche Entscheidung im Verfahren der freiwilligen Gerichtsbarkeit stellen (§§ 51 b i. V. m. 132 AktG; s. Erl. zu § 51 a und b). Das Informationserzwingungsverfahren schließt nach allgemeiner Meinung die Anfechtung eines Beschlusses aber nicht aus, der trotz unzureichender Information der Gesellschafter gefaßt wurde[209]. Auch setzt die Anfechtung nicht voraus, daß zuvor das Erzwingungsverfahren nach § 51 b durchgeführt wurde (§ 51 b, 21 f)[210]. Eine Aussetzung des Anfechtungsprozesses ist nicht notwendig (§ 51 b, 22). Das über die Anfechtungsklage urteilende Gericht ist an die Entscheidung im Informationserzwingungsverfahren nicht gebunden. Eine selbständige Anfechtung des Beschlusses nach § 51 a Abs. 2 S. 2, durch den die Gesellschafter die Verweigerung einer Auskunft von seiten der Geschäftsführer billigen, scheidet nach der jüngsten Rechtsprechung des BGH mangels Rechtsschutzinteresses jedoch aus (§ 51 b, 21)[211]. **108**

Analog § 243 Abs. 4 AktG entfällt die Anfechtbarkeit nicht deshalb, weil die Gesellschafterversammlung oder einzelne Gesellschafter erklären, die Verweigerung der Auskunft habe ihre Abstimmung nicht beeinflußt[212]. Im übrigen verlangt die Rechtsprechung den Nachweis eines **Ursachenzusammenhangs** zwischen Auskunftsverweigerung und Beschluß in dem Sinn, daß festzustellen ist, wie „ein objektiv urteilen- **109**

---

203 Baumbach/Hueck/*Zöllner* 61.
204 Scholz/*Schmidt* § 45, 96.
205 RGZ 36, 24, 26 (zur AG); Baumbach/Hueck/*Zöllner* 61.
206 Scholz/*Schmidt* § 45, 96; Baumbach/Hueck/*Zöllner* 62.
207 Scholz/*Schmidt* § 45, 96.
208 Scholz/*Schmidt* § 45, 103.
209 BGHZ 86, 1, 3 = NJW 1983, 878; Scholz/*Schmidt* § 51 b, 9; Baumbach/Hueck/*Zöllner* § 51 a, 33.
210 BGHZ 86, 1, 3 f = NJW 1983, 878; BGH NJW 1988, 1090, 1091; Scholz/*Schmidt* § 51 a, 47; § 51 b, 9; Baumbach/Hueck/*Zöllner* § 51 a, 33 a; *Tietze* Die Informationsrechte des GmbH-Gesellschafters (1985) S. 131 ff; *Stangier*/*Bork* GmbH-Rdsch. 1982, 169, 174.
211 So BGH NJW 1988, 1090, 1091 unter Ausnahme des Falles, daß ein über das Auskunftsinteresse hinausgehendes Anfechtungsinteresse geltend gemacht werden kann; Scholz/*Schmidt* § 45, 136; § 51 a, 42; **aM** noch OLG Hamburg GmbH-Rdsch. 1987, 480, 481.
212 *Schilling*-Voraufl. § 51 a, 25; Scholz/*Schmidt* § 51 a, 47; vgl. auch schon BGHZ 36, 121, 139 = NJW 1962, 104.

der" Gesellschafter bei einwandfreier Auskunft abgestimmt haben würde[213]. Die Formel führt zu einer merklichen Einschränkung der Anfechtungsbefugnis.

110 Demgegenüber erscheint es richtiger, auch in diesem Zusammenhang statt auf die Kausalität auf die **Relevanz des** in der Auskunftsverweigerung liegenden **Gesetzesverstoßes** abzustellen (vgl. Rdn 103). Danach kann der Gesellschafter regelmäßig anfechten, weil sein in der Mitgliedschaft wurzelndes Informationsrecht verletzt ist. Nur ausnahmsweise ist die Anfechtung ausgeschlossen, wenn, nach der treffenden Formulierung von *Hüffer*, „vom Standpunkt eines vernünftigen Beurteilers aus zwischen dem Gesetzesverstoß in seinem konkreten Erscheinungsbild und der Vernichtung des Beschlusses als Sanktion kein angemessenes Verhältnis besteht"[214]. Es ist also abzuwägen zwischen einerseits dem Gewicht, das die zu Unrecht verweigerte Information für die Meinungs- und Willensbildung des anfechtenden Gesellschafters hat, und andererseits den Nachteilen, welche die Beseitigung des angefochtenen Beschlusses für die Gesellschaft mit sich bringt. Dabei gebührt dem Auskunftsinteresse des Gesellschafters grundsätzlich der Vorrang, denn er ist auf die verlangten Informationen angewiesen, während es die Geschäftsführer und im Fall des § 51 a Abs. 2 auch die Gesellschaftermehrheit in der Hand haben, die Auskunftspflicht sorgfältig zu erfüllen. Zudem betont das Gesetz den Auskunftsanspruch in § 51 a sehr stark. Auf der anderen Seite muß verhindert werden, daß Informationsrügen, die leicht zu „erfinden" sind, zum Hebel von Anfechtungsklagen werden, die in die Nähe des Rechtsmißbrauchs geraten (vgl. Rdn 169). Das Interesse des betroffenen Gesellschafters an der Anfechtungsklage relativiert sich auch dadurch, daß ihm das Auskunftserzwingungsverfahren nach §§ 51 b i. V. m. 132 AktG als für die Gesellschaft milderes Mittel zur Verfügung steht. Zu Einzelfällen aus der reichen neueren Judikatur vgl. die Kommentierungen zu § 51 a und zu § 131 AktG.

111 f) **Fehler bei der Feststellung des Abstimmungsergebnisses.** Fehler bei der Feststellung des gefaßten Beschlusses können sich zunächst daraus ergeben, daß die Stimmen *falsch ausgezählt* wurden oder daß ein *falsches Mehrheitserfordernis*, z. B. qualifizierte statt einfache Mehrheit zugrundegelegt wurde. In Betracht kommen ferner die in der Praxis nicht seltenen Fälle, in denen *Stimmen* von Gesellschaftern *mitgezählt* wurden, deren Stimmrecht ausgeschlossen war, oder umgekehrt Stimmen wegen der falschen Annahme eines Stimmrechtsausschlusses *nicht berücksichtigt* wurden. Hierher gehören z. B. das Mitzählen von nichtigen Stimmen[215] (Rdn 16) oder Stimmen von Gesellschaftern, die einem Stimmverbot nach § 47 Abs. 4 unterliegen[216], ferner die Fälle der Abstimmung durch einen nicht wirksam bevollmächtigten Vertreter oder andererseits des Nicht-Zählens von durch einen Vertreter abgegebenen Stimmen, obwohl die Vollmacht in Ordnung war[217]; schließlich die Berücksichtigung stimmrechtsloser Geschäftsanteile oder der ruhenden Stimmen aus eigenen Anteilen der Gesellschaft (Erl. zu § 33).

---

[213] BGHZ 36, 121, 140 = NJW 1962, 104; 86, 1, 3 = NJW 1983, 878; 101, 1, 5 = NJW 1987, 3186.

[214] Geßler/Hefermehl/Eckardt/Kropff/*Hüffer* § 243, 32; ähnlich Scholz/*Schmidt* § 45, 100, 103; 51 a, 47; Fischer/*Lutter*/*Hommelhoff* 37; zur AG auch *Zöllner*-KölnKommAktG § 131, 95; weitergehend LG Frankfurt WM 1989, 683, 685: Nachweis fehlender Kausalität ausgeschlossen.

[215] RGZ 115, 378, 383; BGHZ 14, 264, 267 = NJW 1954, 1563.

[216] BGHZ 88, 320, 328 = NJW 1984, 489; 97, 28, 30 ff = NJW 1986, 2051; 104, 66, 69 = NJW 1988, 1844; *Hüffer* § 47, 182; Scholz/*Schmidt* § 47, 175; Baumbach/Hueck/*Zöllner* 62; hA.

[217] LG Frankfurt GmbH-Rdsch. 1972, 199 f; *Schilling*/*Zutt*-Voraufl. 89; Scholz/*Schmidt* § 47, 93; Baumbach/Hueck/*Zöllner* § 47, 38.

In Fällen dieser Art ist das **Kausalitätserfordernis sinnvoll**: Es muß festgestellt werden, welche Mehrheit bei richtiger Zählung zustandegekommen wäre. Für die rechtliche Behandlung ist zu unterscheiden: Wurde der Beschluß *festgestellt*, ist er mit dem festgestellten Inhalt vorläufig verbindlich (Rdn 90). Der Fehler kann nur durch Anfechtung beseitigt werden. Bei positiver Feststellung führt die berechtigte Anfechtung dann zur Nichtigkeit. Wurde infolge der falschen Zählung die Ablehnung eines Antrags festgestellt, so kann die Anfechtung lediglich den negativen Beschluß beseitigen. Der Anfechtungsberechtigte kann jedoch darüberhinaus mit Hilfe der Beschlußfeststellungsklage die Feststellung des bei richtiger Zählung zustandegekommenen Beschlusses erwirken (Rdn 244). **Fehlt** eine **Feststellung**, so gilt das rechtlich zutreffende Ergebnis. Können sich die Gesellschafter nicht verständigen, so muß eine Klärung der Rechtslage im Weg der einfachen, positiven oder negativen Feststellungsklage gemäß § 256 ZPO erwirkt werden[218] (vgl. Rdn 91, 248). 112

5. Anfechtungsgründe: Fehlerhafter Beschlußinhalt

Schrifttum

Baumann/Reiss Satzungsergänzende Vereinbarungen – Nebenverträge im Gesellschaftsrecht, ZGR 1989, 157; *Bischoff* Sachliche Voraussetzungen von Mehrheitsbeschlüssen in Kapitalgesellschaften, BB 1987, 1055; *Geßler* Zur Anfechtung wegen Strebens nach Sondervorteilen (§ 243 Abs. 2 AktG), Festschrift Barz (1974) S. 97; *ders.* Nichtigkeit und Anfechtung des GmbH-Jahresabschlusses nach dem Bilanzrichtlinien-Gesetz, Festschrift Goerdeler (1987) S. 127; *Hager* Die verdeckte Gewinnausschüttung in der GmbH, ZGR 1989, 71; *Happ* Stimmbindungsverträge und Beschlußanfechtung, ZGR 1984, 168; *Hirte* Bezugsrechtsausschluß und Konzernbildung (1986); *ders.* Gesellschaftsinteresse und Gleichbehandlung beim Bezugsrechtsausschluß, ZHR 154 (1990), 374; *Lutter* Materielle und förmliche Erfordernisse eines Bezugsrechtsausschlusses, ZGR 1979, 401; *ders.* Zur inhaltlichen Begründung von Mehrheitsentscheidungen, ZGR 1981, 171; *Lutter/Timm* Konzernrechtlicher Präventivschutz im GmbH-Recht, NJW 1982, 409; *Martens* Der Ausschluß des Bezugsrechts: BGHZ 33, S. 175, Festschrift für R. Fischer (1979) S. 437; *ders.* Das Bundesverfassungsgericht und das Gesellschaftsrecht, ZGR 1979, 493; *ders.* Die GmbH und der Minderheitsschutz, GmbH-Rdsch. 1984, 265; *ders.* Der Bezugsrechtsausschluß anläßlich eines ausländischen Beteiligungserwerbs, Festschrift Steindorff (1990) S. 151; *Priester* Satzungsänderung und Satzungsdurchbrechung, ZHR 151 (1987), 40; *Raiser* Wettbewerbsverbote als Mittel des konzernrechtlichen Präventivschutzes, Festschrift Stimpel (1985), S. 855; *ders.* 100 Bände BGHZ: GmbH-Recht. Die Treuepflichten im GmbH-Recht als Beispiel der Rechtsfortbildung, ZHR 151 (1987), 422; *Schockenhoff* Gesellschaftsinteresse und Gleichbehandlung beim Bezugsrechtsausschluß (1988); *Schulze-Osterloh* Die verdeckte Gewinnausschüttung bei der GmbH als kompetenzrechtliches Problem, Festschrift Stimpel (1985) S. 487; *Timm* Der Mißbrauch des Auflösungsbeschlusses durch den Mehrheitsgesellschafter, JZ 1980, 665; *ders.* Zur Sachkontrolle von Mehrheitsentscheidungen im Kapitalgesellschaftsrecht, ZGR 1987, 403; *Ulmer* Verletzung schuldrechtlicher Nebenabreden als Anfechtungsgrund im GmbH-Recht? NJW 1987, 1849; *Wiedemann* Rechtsethische Maßstäbe im Unternehmens- und Gesellschaftsrecht, ZGR 1980, 147; *Winter* Verdeckte Gewinnausschüttungen im GmbH-Recht, ZHR 148 (1984), 579; *ders.* Mitgliedschaftliche Treuebindungen im GmbH-Recht (1988); *ders.* Organisationsrechtliche Sanktionen bei Verletzung schuldrechtlicher Gesellschaftervereinbarungen? ZHR 154 (1990), 259.

a) **Gesetzesverstoß.** Eine Verletzung des Gesetzes, die analog § 243 Abs. 1 AktG zur Anfechtung berechtigt, kann sich nicht nur aus Verfahrensfehlern, sondern auch aus dem Beschlußinhalt ergeben. Unter die Vorschrift fallen insoweit sämtliche Verstöße gegen zwingendes materielles Recht, soweit sie nicht schon zur Nichtigkeit führen 113

---

[218] *Hüffer* § 47, 182; Scholz/*Schmidt* § 45, 98; Baumbach/Hueck/*Zöllner* 63 ff, 68.

(Rdn 51), also nicht nur gegen Gesetze im formellen Sinn, sondern auch gegen Rechtsverordnungen, öffentlich-rechtliche Satzungen, normative Bestimmungen in Tarifverträgen usw.[219]. Welchem Rechtsgebiet sie zuzuordnen sind, spielt keine Rolle. Lediglich bei reinen Ordnungsvorschriften, welche die Rechtsstellung der Gesellschafter nicht in relevanter Weise beeinträchtigen, ist die Anfechtung ausgeschlossen (Rdn 102). Ein Gesetzesverstoß im Sinn des § 243 Abs. 1 AktG liegt auch in der Verletzung **allgemeiner Rechtsgrundsätze** und **gesellschaftsrechtlicher Generalklauseln**. Besondere Bedeutung hat die Anfechtung wegen Verletzung des Gleichbehandlungsgrundsatzes (Rdn 118) und der gesellschafterlichen Treuepflicht (Rdn 121) erlangt. Kein Anfechtungsgrund ist dagegen der Verstoß gegen schuldrechtliche Verpflichtungen der Gesellschafter untereinander oder gegenüber Dritten (vgl. dazu und zum Sonderfall des Verstoßes gegen Stimmbindungsvereinbarungen Rdn 140 ff). In der Praxis dient die Anfechtung nach § 243 Abs. 1 AktG in zahlreichen Fällen dazu, umstrittene Rechtsfragen zu klären[220].

114 b) **Sittenwidrigkeit.** Unter § 243 Abs. 1 AktG fallen auch Verstöße gegen § 138 BGB, d. h. sittenwidrige Beschlüsse, soweit sie nicht schon analog § 241 Nr. 4 AktG nichtig sind (Rdn 53). Anfechtbar sind Gesellschafterbeschlüsse danach, wenn sich die Sittenwidrigkeit nicht allein aus dem Inhalt des Beschlusses ergibt, sondern erst aus Beweggrund, Zweck oder Art des Zustandekommens. Die Rechtsprechung hat die Anfechtbarkeit unter diesem Gesichtspunkt namentlich in Fällen des **Machtmißbrauchs** und der **Einschüchterung** durch einen Gesellschafter oder außenstehenden Dritten bejaht[221]. In der jüngeren Judikatur wird der Mißbrauch der Mehrheitsherrschaft demgegenüber mehr und mehr als Fall der Treuepflichtverletzung verstanden, die gleichfalls zur Anfechtung berechtigt (Rdn 121). Dieser Veränderung des rechtlichen Gesichtspunkts ist zuzustimmen, weil sie zum einen die Prüfung von dem überhöhten und schwer handhabbaren Maßstab der Sittenwidrigkeit entlastet und zum anderen das maßgebliche Beurteilungskriterium präziser herausstellt. Daraus folgt, daß § 243 Abs. 1 AktG i. V. m. § 138 BGB heute weitgehend leerläuft oder jedenfalls nur im Zusammenhang mit anderen rechtlichen Gesichtspunkten relevant wird.

115 c) **Streben nach Sondervorteilen.** Gemäß § 243 Abs. 2 AktG, der auf die GmbH gleichfalls analog anzuwenden ist[222], kann ein Beschluß mit der Begründung angefochten werden, daß ein Gesellschafter bei der Ausübung des Stimmrechts für sich oder einen Dritten Sondervorteile zum Schaden der Gesellschaft oder der anderen Gesellschafter zu erlangen suchte und der Beschluß geeignet ist, diesem Zweck zu dienen. Die Anfechtung ist nach Abs. 2 S. 2 nicht begründet, wenn der Beschluß den anderen Gesellschaftern einen angemessenen Ausgleich für ihren Schaden gewährt. Die Vorschrift geht auf § 197 Abs. 2 AktG 1937 zurück. Sie wurde aus der Rechtsprechung des RG zu §§ 138, 826 BGB abgeleitet und sollte ein vom Nachweis der Sittenwidrigkeit befreites Anfechtungsrecht gewähren[223]. In dieser Funktion bildet sie demnach ein

[219] Scholz/*Schmidt* § 45, 104; Baumbach/Hueck/*Zöllner* 44.

[220] Vgl. z. B. BGHZ 62, 193 = NJW 1974, 796 (Abhängigkeitsbegriff nach §§ 17, 312 AktG); 69, 334 = NJW 1978, 104 (öffentliche Hand als herrschendes Unternehmen); 76, 191 = NJW 1980, 1465 (Satzungsvorschrift, die qualifizierte Mehrheit für Aufsichtsratswahl verlangt); 80, 69 = NJW 1981, 1512 (Auslegung des § 47 Abs. 4); 86, 1 = NJW 1983, 878 (Umfang der Auskunftspflicht nach § 131 AktG); 105, 206 = NJW 1989, 459 (Auslegung des § 29 GmbHG n. F.); 107, 296 = NJW 1989, 2689 (notwendiger Inhalt des Verschmelzungsberichts nach § 340 a AktG).

[221] RGZ 119, 243, 246; 166, 129, 132; BGHZ 8, 348, 355 = NJW 1953, 740; 101, 113, 116 = NJW 1987, 2114 = JZ 1987, 1081 m. Anm. *K. Schmidt.*

[222] BGHZ 76, 352, 357 = NJW 1980, 1278; hL.

[223] *Geßler* Festschrift Barz S. 97, 101 f; *Zöllner* Die Schranken mitgliedschaftlicher Stimmrechtsmacht S. 308 f; Geßler/Hefermehl/Eckardt/Kropff/*Hüffer* § 243, 65.

Seitenstück zu § 243 Abs. 1 AktG (Rdn 114) und eine Ergänzung zu § 241 Nr. 4 AktG (Rdn 53) für Fälle, in denen die Sittenwidrigkeit nicht aus dem Inhalt des Beschlusses hervorgeht, sondern sich erst aus seinem Beweggrund oder Zweck oder aus dem Verfahren ergibt.

Die **praktische Bedeutung** der Vorschrift ist allerdings **gering** geblieben. Die einschlä- **116**
gige Judikatur zitiert § 243 Abs. 2 AktG zwar häufig, bejaht seine Tatbestandsvoraussetzungen jedoch nur selten. Der Grund dafür ist zunächst in den immer noch zu hoch geschraubten Anspruchsvoraussetzungen zu suchen, ferner in den Auslegungsunsicherheiten, die sich bei den Begriffen des Sondervorteils, der Schädigung der Gesellschaft oder der Gesellschafter sowie des Nachteilsausgleichs einstellen. Darüber hinaus fällt ins Gewicht, daß die Anwendbarkeit der Vorschrift im Aktienrecht im wichtigsten Fall, nämlich bei Strukturentscheidungen, mehrfach zugunsten eines Anspruchs auf finanziellen Ausgleich ausgeschlossen wird (vgl. §§ 304 Abs. 3, 320 Abs. 6, 352c, 375 Abs. 2 AktG u. a.). In der neueren Judikatur stellt der BGH § 243 Abs. 2 AktG regelmäßig in einen ungetrennten Zusammenhang mit der Anfechtung wegen Verletzung des Gleichbehandlungsgebots (Rdn 118), der Treuepflicht und wegen Stimmrechtsmißbrauchs (Rdn 121). Er erspart sich auf diese Weise, die Tatbestandsmerkmale der Vorschrift im einzelnen nachzuweisen[224]. Dieser Entwicklung kann zugestimmt werden, denn sie führt die in ihrer Formulierung wenig geglückte Sondervorschrift auf den zutreffenden allgemeineren Grundgedanken zurück. Danach ist die Anfechtung der vom geltenden Recht zur Verfügung gestellte Rechtsbehelf, mit dessen Hilfe die Ausübung der Mehrheitsmacht in der Gesellschafterversammlung gerichtlicher Kontrolle unterworfen und ihr Mißbrauch bekämpft wird (Rdn 121 ff). Daraus folgt, daß § 243 Abs. 2 AktG als Sondervorschrift ähnlich wie § 243 Abs. 1 AktG i. V. m. §§ 138, 826 BGB (Rdn 114) in zunehmendem Maße gegenstands- und funktionslos wird.

Aus der **neueren Judikatur** sind folgende Fälle anzuführen: Nach BGHZ **76**, 352 **117**
= NJW **1980**, 1278 und BGHZ **103**, 184 = NJW **1988**, 1579 (Linotype) unterliegt ein *Auflösungsbeschluß* nach § 60 grundsätzlich nicht der Inhaltskontrolle gemäß § 243 Abs. 1 AktG (Rdn 123, 127). Der Beschluß kann jedoch gegen die Treuepflicht und gegen § 243 Abs. 2 AktG verstoßen, wenn der Mehrheitsgesellschafter planmäßig die Auflösung betreibt, um das Unternehmen in der Liquidation an sich zu ziehen, und dafür schon vorweg durch entsprechende Maßnahmen die Voraussetzungen schafft. Gemäß BGH WM **1976**, 1226, 1227 verstößt ein Beschluß gegen § 243 Abs. 1 und Abs. 2 AktG, durch den sich ein Mehrheitsgesellschafter und Geschäftsführer eine vom *Umsatz berechnete Tantieme* zuspricht, die in einem deutlichen Mißverhältnis zu den von ihm für die Gesellschaft geleisteten Diensten steht. Nach BGH GmbH-Rdsch. **1977**, 129, 131 verletzt ein Mehrheitsgesellschafter § 243 Abs. 2 AktG, der seinem als Geschäftsführer in der Gesellschaft tätigen Bruder *Entlastung* erteilt, obwohl dieser unter Verletzung seiner Treuepflicht Geschäfte, die er zugunsten der GmbH hätte abschließen müssen, zugunsten einer zweiten, allein aus den Geschwistern zusammengesetzten Gesellschaft getätigt hat. Im Fall OLG Frankfurt AG **1973**, 136 bejahte das Gericht die Anfechtbarkeit nach § 243 Abs. 2 AktG, weil der Mehrheitsaktionär in der Hauptversammlung einem *Betriebspachtvertrag* mit sich selbst zugestimmt hatte, obwohl ein Dritter bei sonst identischen Bedingungen einen wesentlich höheren Pacht-

---

224 Vgl. BGHZ 76, 352, 354 ff = NJW 1980, 1278; 103, 184, 189 ff = NJW 1988, 1579; BGH WM 1976, 1226, 1227; GmbH-Rdsch. 1977, 129, 131.

zins angeboten hatte. Die beiden letztgenannten Urteile hätten mit demselben Ergebnis auch mit einer Verletzung der Treuepflicht oder des Gleichbehandlungsgebots nach § 243 Abs. 1 AktG begründet werden können.

118 d) **Verletzung des Gleichbehandlungsgebots.** Ein Anfechtungsgrund ist weiter der Verstoß gegen den Grundsatz der Gleichbehandlung aller Gesellschafter, der das Gesellschaftsverhältnis als allgemeines Rechtsprinzip beherrscht (§ 14, 67 ff). Es liegt nach heute herrschender Meinung ein Fall des § 243 Abs. 1 AktG vor[225]. Eine darüber hinausgehende schwebende Unwirksamkeit des Beschlusses ist dann gegeben, wenn der Beschluß unter Verletzung des Gleichheitsgrundsatzes einzelnen Gesellschaftern Sonderpflichten auferlegt und seine Wirksamkeit daher von deren Zustimmung abhängt (Rdn 22)[226].

119 Wann ein Beschluß gegen das Gleichbehandlungsgebot verstößt, hängt vom anzuwendenden **Maßstab** ab und läßt sich daher nicht für alle Fälle einheitlich bestimmen. Soweit das jedem Gesellschafter zustehende Mitgliedsrecht verletzt wird, gilt absolute Gleichheit nach Personen (§ 14, 28). In den meisten Fällen richtet sich der Gleichbehandlungsmaßstab dagegen nach der Höhe der Kapitalbeteiligung. Dies gilt namentlich, wenn Einlagen und Nachschüsse eingefordert werden oder wenn über die Verteilung des Gewinns (§ 29 Abs. 3) beschlossen wird. Bei Entscheidungen zur Geschäftspolitik wirkt der Gleichheitssatz demgegenüber nur noch als allgemeines **Diskriminierungsverbot** zum Schutz der Minderheit[227]. Die Anfechtung ist nur gegeben, wenn sich der Beschluß nicht sachlich durch die Interessen der Gesellschaft und des Unternehmens rechtfertigen läßt. Dabei sind an die Begründung um so höhere Anforderungen zu stellen, je schwerer der Beschluß in das Mitgliedsrecht des Gesellschafters eingreift (§ 14, 68 ff, 71). Es ist zu prüfen, ob der Beschluß auch für die Minderheit noch vorteilhaft ist[228]. In diesem Bereich verlangt das Gleichbehandlungsgebot demgemäß nichts anderes als die Pflichten zur wechselseitigen Treue zwischen den Gesellschaftern. Er kann wie diese eine gerichtliche Inhaltskontrolle von Mehrheitsbeschlüssen begründen (Rdn 123 ff).

120 In der **Rechtsprechung** spielt die Anfechtung wegen Verstoßes gegen den Gleichheitsgrundsatz vor allem in drei Fällen eine Rolle. Anfechtbar ist ein Beschluß, der einem Gesellschafter zu Lasten der anderen offen oder verdeckt *ungerechtfertigte Gewinne* zukommen läßt[229]. In Betracht kommen ferner Beschlüsse, die einzelnen Gesellschaftern ungerechtfertigte Vorteile für den Fall in Aussicht stellen, daß sie *Zahlungen* an die

---

[225] Scholz/*Schmidt* § 45, 105; Baumbach/Hueck/*Zöllner* 48; Rowedder/*Koppensteiner*² § 47, 102; *Zöllner*-KölnKommAktG § 243, 145 ff; *Lutter/Zöllner*-KölnKommAktG² § 53 a, 32; Geßler/Hefermehl/Eckardt/Kropff/*Hüffer* § 243, 58; vgl. § 53 a AktG. AA Fischer/*Lutter/Hommelhoff* § 47, 33 (Anwendungsfall des § 243 Abs. 2 AktG); *Raiser* KapGesR § 12 V.

[226] *Meyer-Landrut*/Miller/Niehus § 14, 22; Scholz/*Schmidt* § 45, 105.

[227] Vgl. *Schockenhoff* Gesellschaftsinteresse und Gleichbehandlung beim Bezugsrechtsausschluß S. 30 ff.

[228] *Schockenhoff* aaO S. 65 ff im Anschluß an *Rawls* Eine Theorie der Gerechtigkeit (1975) S. 32 sowie *ders.* Gerechtigkeit als Fairness (1977) S. 39 ff, 100 ff; *Hirte* ZHR 154 (1990), 374, 381 ff.

[229] RGZ 170, 358, 377 f; BGHZ 65, 15, 20 f = NJW 1976, 191 (ITT), wo der Anspruch aber auf eine Verletzung der Treuepflicht, nicht des Gleichheitsgrundsatzes gestützt ist; BGH GmbH-Rdsch. 1972, 224, 225 (das Urteil ist insoweit überholt, als es die Anfechtbarkeit eines negativen Beschlusses, durch den der Antrag eines Gesellschafters abgelehnt wird, verneint, vgl. Rdn 14); BGH WM 1976, 1226, 1227, wo neben § 243 Abs. 1 auch Abs. 2 herangezogen wird (Rdn 115); BGH GmbH-Rdsch. 1990, 344, 345 = EWiR § 47 GmbHG 2/90, 701 m. Anm. *Fleck*; *Schulze-Osterloh* Festschrift Stimpel S. 487, 500 f; *Winter* ZHR 148 (1984), 579, 597 ff; *ders.* Mitgliedschaftliche Treuebindungen S. 222, 235 ff; *Hager* ZGR 1989, 71, 85 f; Baumbach/Hueck/*Zöllner* 48; § 29, 73; Rowedder/*Koppensteiner*² § 47, 102.

Gesellschaft leisten, zu denen sie *nicht verpflichtet* sind, oder Nachteile androhen, falls sie derartige Leistungen verweigern[230]. Die neuere Judikatur prüft unter dem Gesichtspunkt der Gleichbehandlung drittens vor allem die Rechtmäßigkeit eines *Bezugsrechtsausschlusses* bei der Kapitalerhöhung zugunsten einzelner Gesellschafter[231] (s. dazu weiter Rdn 123 ff). Dagegen sah der BGH bei der AG in der nachträglichen Einführung eines *Höchststimmrechts* durch Satzungsänderung keinen unzulässigen Verstoß gegen den Gleichbehandlungsgrundsatz[232].

e) **Verletzung der Treuepflicht.** Verstößt ein Beschluß gegen die Treuepflicht der **121**
Gesellschafter (§ 14, 52 ff), so ist er analog § 243 Abs. 1 AktG anfechtbar[233]. Die Treuepflicht verlangt von den Gesellschaftern, bei der Abstimmung Rücksicht auf die Interessen der anderen Gesellschafter und der Gesellschaft bzw. des von ihr betriebenen Unternehmens zu nehmen. Welches Verhalten sie im Einzelfall fordert, ist aufgrund einer *Interessenabwägung* nach dem Prinzip der *Verhältnismäßigkeit* zu ermitteln (§ 14, 55). Soweit ein Gesellschafter eigennützige Rechte wahrnimmt, braucht er seine Interessen nicht hinter die der Gesellschaft zurückzustellen[234]. In Geschäftsführungsangelegenheiten hat er dagegen ausschließlich das Gesellschafts- und Unternehmensinteresse wahrzunehmen[235]. Zu denselben Erwägungen führt die Anfechtung wegen **Rechtsmißbrauchs**, denn diejenigen Gesellschafter, die ihre Ziele aufgrund der Mehrheitsmacht in der Gesellschaft unter Verstoß gegen die Treuepflicht durchsetzen, mißbrauchen ihr Stimmrecht.

Nach der **Rechtsprechung** kann ein Beschluß wegen Verletzung der Treuepflicht **122**
anfechtbar sein, wenn der Mehrheitsgesellschafter *verdeckte Gewinnausschüttungen* an sich beschließt[236]. Ein *Auflösungsbeschluß* ist wegen Verletzung der Treuepflicht anfechtbar, wenn der Mehrheitsgesellschafter die Auflösung planmäßig betreibt mit dem Ziel, den Minderheitsgesellschafter zu verdrängen und das Unternehmen an sich zu ziehen, und dies schon vor der Auflösung in die Wege leitet[237]. Die *Befreiung* von einem in der Satzung verankerten *Wettbewerbsverbot* durch Mehrheitsbeschluß ist

---

230 RGZ 41, 97, 99; 52, 287, 293 f; 76, 155, 159; 80, 81, 86; vgl. Scholz/*Schmidt* § 45, 106.

231 RGZ 112, 14, 18; 118, 67, 71 f; 119, 248, 252 f; BGHZ 21, 354, 357 = NJW 1956, 1753 (Minimax I); 33, 175, 186 = NJW 1961, 26 (Minimax II); *Schockenhoff* Gesellschaftsinteresse S. 55 ff; *Hirte* Bezugsrechtsausschluß S. 14 f; *ders.* ZHR 154 (1990), 374; *Zöllner* Schranken mitgliedschaftlicher Stimmrechtsmacht S. 311 f; *Zöllner*-KölnKommAktG § 243, 167; *Lutter*-KölnKommAktG² § 186, 59, 85; Rowedder/*Koppensteiner*² § 55, 31; zuletzt *Martens* Festschrift Steindorff S. 151.

232 BGHZ 70, 117, 120 ff = NJW 1978, 540 (Mannesmann); zust. Scholz/*Schmidt*⁶ § 47, 11; Rowedder/*Koppensteiner*² § 47, 16, 102; **abl.** vor allem *Zöllner* Schranken mitgliedschaftlicher Stimmrechtsmacht S. 122 ff; *ders.*-KölnKommAktG § 134, 48; § 243, 153; *Immenga* BB 1975, 1042, 1043 f (m. w. Nachw. des älteren Schrifttums).

233 H. Rspr. u. L., BGHZ 76, 352, 354 ff = NJW 1980, 1278; BGHZ 103, 184, 189 = NJW 1988, 1579 (Linotype); Scholz/*Schmidt* § 45, 107; Baumbach/Hueck/*Zöllner* 50; Fischer/*Lutter*/*Hommelhoff* 41; Rowedder/*Koppensteiner*² § 47, 103; Geßler/Hefermehl/Eckardt/Kropff/*Hüffer* § 243, 46 ff; *Zöllner*-KölnKommAktG § 243, 189 ff; *Raiser* KapGesR § 28 IV 3; *Winter* Mitgliedschaftliche Treuebindungen im GmbH-Recht S. 296; *Wiedemann* GesR I § 8 II 4.

234 BGHZ 14, 25, 38 = NJW 1954, 1401.

235 Vgl. zuletzt *Winter* aaO (Fn 233) S. 95 ff, 121 ff.

236 Vgl. BGHZ 65, 15, 20 f = NJW 1976, 191 (ITT), wo es allerdings nicht um die Anfechtung, sondern um Schadensersatzansprüche des benachteiligten Minderheitsgesellschafters ging; *Winter* Mitgliedschaftliche Treuebindungen S. 220 ff; *Hager* ZGR 1989, 71, 86 f; *Schulze-Osterloh* Festschrift Stimpel S. 487, 501; Baumbach/Hueck/*Zöllner* § 29, 74. Zur Verletzung des Gleichbehandlungsgebots in diesen Fällen s. Rdn 120; BGH GmbH-Rdsch. 1990, 344, 345 = EWiR § 47 GmbH 2/90, 701 m. Anm. *Fleck*.

237 BGHZ 76, 352 = NJW 1980, 1278; 103, 185, 189 = NJW 1988, 1579 (Linotype) m. Anm. *Timm* = JZ 1989, 443 m. Anm. *Wiedemann* = JR 1988, 505 m. Anm. *Bommert*; *Lutter* ZHR 153 (1989), 446; vgl. dazu das Schrifttum in Fn 244; s. dazu schon Rdn 117 zu § 243 Abs. 2 AktG.

treuwidrig, wenn sie nicht im Interesse der Gesellschaft geboten ist[238]. Umgekehrt kann der Minderheitsgesellschafter kraft seiner Treuepflicht verpflichtet sein, einem Beschluß zuzustimmen, z. B. der Anpassung des Stammkapitals an den veränderten Mindestbetrag nach der Novelle von 1980[239]. Ficht er in einem solchen Fall den Beschluß statt dessen an, so *mißbraucht* er die Anfechtungsbefugnis. Die Anfechtung ist dann unzulässig[240] (vgl. Rdn 169).

123 f) **Materielle Inhaltskontrolle.** Im Rahmen der Anfechtung von Gesellschafterbeschlüssen wegen inhaltlicher Mängel überschneiden sich, wie dargelegt, die Tatbestände der Sittenwidrigkeit (Rdn 114), des Strebens nach Sondervorteilen (Rdn 115), des Verstoßes gegen das Gleichbehandlungsgebot (Rdn 118) und der Verletzung der Treuepflicht bzw. des Rechtsmißbrauchs (Rdn 121) und gehen ineinander über. Die Rechtsprechung hat häufig nicht mehr sorgfältig zwischen ihnen getrennt, sondern mehrere kumulativ herangezogen. In der neueren Entwicklung hat der **BGH** daraus eine Befugnis abgeleitet, gewisse Gesellschafterbeschlüsse einer gegenüber der allgemeinen Mißbrauchskontrolle verschärften richterlichen Inhaltskontrolle zu unterwerfen, und zwar daraufhin, ob sie **„sachlich berechtigt"** sind und **nicht „den Charakter der Willkür"** tragen. Er forderte eine Rechtfertigung im Gesellschaftsinteresse, an die „um so strengere Anforderungen zu stellen sind, je schwerer der Eingriff in die mitglieds- und vermögensrechtliche Stellung" der betroffenen Gesellschafter wiegt[241]. Gegenstand der einschlägigen Entscheidungen waren zum einen der *Ausschluß des Bezugsrechts* bei der Kapitalerhöhung[242], zum anderen die *Befreiung* von einem im Gesellschaftsvertrag verankerten *Wettbewerbsverbot*, durch welche die Gesellschaft zum abhängigen Unternehmen wurde[243]. In anderen Fällen, namentlich bei *Auflösungsbeschlüssen*, hat der Senat dagegen eine gleichartige Inhaltskontrolle ausdrücklich abgelehnt, weil Auflösungsbeschlüsse ihre „Rechtfertigung in sich" tragen und weil die Privatautonomie verbiete, die Gesellschafter stärker an die Gesellschaft zu binden als das Gesetz es durch das Erfordernis der qualifizierten Mehrheit verlangt[244].

124 Als maßgebliche **Rechtsgrundlage** für diese Judikatur dient dem Senat bei der GmbH die Treuepflicht[245]. Im Aktienrecht, in dem er eine Treuepflicht der Aktionäre

---

238 BGHZ 80, 69, 74 f = NJW 1981, 1512 (Süssen); *Timm* GmbH-Rdsch. 1981, 177; *Raiser* Festschrift Stimpel S. 855; *ders.* ZHR 151 (1987), 422, 428 f; *Wiedemann/Hirte* ZGR 1986, 163, 168 ff; *Winter* aaO (Fn 236) S. 258 ff.

239 BGHZ 98, 276, 279 = NJW 1987, 189; BGH NJW 1987, 3192; *Raiser* § 14, 58, 61; *Winter* aaO S. 167 ff.

240 Vgl. schon BGHZ 14, 25, 37 f = NJW 1954, 1401; zuletzt BGHZ 107, 296, 308 ff = NJW 1989, 2689.

241 BGHZ 71, 40, 44 = NJW 1978, 1316 (Kali & Salz) im Anschluß an BGHZ 33, 175, 186 = NJW 1961, 26 (Minimax II); 80, 69, 74 = NJW 1981, 1512 (Süssen); 83, 319, 321 = NJW 1982, 2444 (Holzmann); vgl. auch LG Landshut WM 1990, 931, 934.

242 BGHZ 71, 40, 44 = NJW 1978, 1316 (Kali & Salz); 83, 319, 321 = NJW 1982, 2444 (Holzmann); Nachw. des Schrifttums bei Fn 231.

243 BGHZ 80, 69, 74 = NJW 1981, 1512 (Süssen); vgl. dazu die Lit.angaben in Fn 238; vgl. auch BGHZ 85, 350, 360 = NJW 1983, 1056 = JZ 1983, 556 m. Anm. *Wiedemann* (Freudenberg), wo es um die Umwandlung einer körperschaftlich verfaßten KG in eine Kapitalgesellschaft ging. Der BGH führt hier aus, aus der Treuepflicht folge, „daß die aus betriebswirtschaftlichen, rechtlichen oder sonstigen Gründen beschlossene Umwandlung von der Mehrheit nicht dazu ausgenutzt werden darf, weitere, nicht durch die Umwandlung selbst oder ihre Gründe notwendig veranlaßte Veränderungen der bestehenden Gesellschaftsstruktur zu beschließen".

244 BGHZ 76, 352, 353 = NJW 1980, 1278; 103, 184, 190 = NJW 1988, 1579 mit Anm. *Timm* (Linotype) zu Auflösungsbeschlüssen; BGHZ 70, 117 = NJW 1978, 540 (Mannesmann) mit Hinweis in 71, 40, 45 = NJW 1978, 1316 (Kali & Salz) zur nachträglichen Einführung eines Höchststimmrechts; zur Diskussion hinsichtlich Auflösungsbeschlüssen vgl. *Lutter* ZGR 1981, 171; *ders.* ZHR 153 (1989), 446; *Timm* JZ 1980, 665; *Hirte* Bezugsrechtsausschluß und Konzernbildung S. 143 f; *Winter* aaO (Fn 236) S. 154 ff; Geßler/Hefermehl/Eckardt/Kropff/*Hüffer* § 243, 56; *Bischoff* BB 1987, 1055, 1061.

245 BGHZ 80, 69, 74 = NJW 1981, 1512 (Süssen).

untereinander erst 1988 anerkannte[246], stützte er sie zunächst auf das allgemeine Willkürverbot[247]. Materieller Gesichtspunkt ist der **Schutz der Minderheitsgesellschafter** vor Mehrheitsentscheidungen, die nachhaltig ihre mitgliedschaftliche Stellung in der Gesellschaft, ihren Einfluß auf die Unternehmensleitung und ihre Chance, am Unternehmensertrag teilzunehmen, verschlechtern. In zwei wichtigen Punkten **setzt** diese Rechtsprechung den **Kontrollmaßstab** gegenüber den anderen in Betracht kommenden Anfechtungsgründen **herab**: Zum einen verlangt sie anstelle des Verstoßes gegen ein bestimmtes Gesetz, gegen die guten Sitten, gegen das Gleichbehandlungsgebot oder gegen das Gebot des Strebens nach Sondervorteilen nur noch, daß dem Beschluß die sachliche Rechtfertigung fehlt. Zum anderen räumt sie dem Anfechtungskläger gewisse Erleichterungen hinsichtlich der Darlegungslast für den sachlichen Grund ein und nötigt die Gesellschaft, ihrerseits die den Beschluß rechtfertigenden unternehmenspolitischen Erwägungen vorzutragen (Rdn 221).

Im **Schrifttum** hat diese Judikatur durchaus Zustimmung gefunden[248]. Sie hat **125**
jedoch alsbald die bei weitem noch nicht geklärte Frage aufgeworfen, welche Beschlüsse unter die Inhaltskontrolle fallen sollen. Einigkeit besteht im wesentlichen nur darin, daß reguläre Geschäftsführungsmaßnahmen nicht davon betroffen sein können, weil andernfalls das Mehrheitsprinzip und die unternehmerische Beweglichkeit der Gesellschaft auf unerträgliche Weise eingeschränkt würden. Ins Auge gefaßt werden daher in erster Linie **Grundlagenentscheidungen**, welche die Struktur der Gesellschaft verändern, wie Umwandlung, Verschmelzung, Vermögensübertragung, Abschluß von Unternehmensverträgen usw., ferner aber auch langfristig wirkende sonstige Beschlüsse, namentlich die Begründung von Sonderrechten, die Befreiung von einem Wettbewerbsverbot, die Vinkulierung der Geschäftsanteile oder die Bestellung zum permanenten Geschäftsführer. Nach *Zöllner*[249] soll es darauf ankommen, ob der Beschluß Mitgliedsrechte entzieht. *Wiedemann*[250] will alle grundsätzlichen Mehrheitsbeschlüsse einbeziehen, ähnlich *Martens*[251], der aber je nach Intensität des Eingriffs in die Minderheitsrechte Abstufungen befürwortet. Demgegenüber überwiegen im neueren Schrifttum Differenzierungen. *Lutter* und *Timm*[252] wollen solche durch Auslegung der in Frage stehenden Gesetzesvorschriften gewinnen. Sie führen aus, soweit die gesetzliche Regelung selbst schon eine Abwägung zu Lasten der Minderheit getroffen hat, komme eine Inhaltskontrolle nicht mehr in Betracht. *Hirte*[253] findet den Ansatz in der Unterscheidung zwischen Eingriffen in die Herrschafts- und in die Vermögensrechte eines Gesell-

---

[246] BGHZ 103, 184 = NJW 1988, 1579 (Linotype).

[247] BGHZ 33, 175, 186 = NJW 1961, 26 (Minimax II); 71, 40, 44 = NJW 1978, 1316 (Kali & Salz).

[248] Vgl. neben den im folgenden zitierten Autoren Geßler/Hefermehl/Eckardt/Kropff/*Hüffer* § 243, 45 ff; Rowedder/*Koppensteiner*² § 47, 105; *Raiser* KapGesR § 20 I 3; *ders.* ZHR 151 (1987), 422, 429 ff; *Lutter* ZGR 1979, 401, 402 ff; *ders.* ZGR 1981, 171, 173; *ders.*-KölnKommAktG² § 186, 60; *Wiedemann* ZGR 1980, 147, 155; *ders.* GesR I § 8 III 2; *Martens* Festschrift Fischer S. 437, 442 ff; *ders.* GmbH-Rdsch. 1984, 265, 269 ff; *Ulmer* Richterrechtliche Entwicklungen im Gesellschaftsrecht 1971–1985 (1986) S. 15 f; *Hirte* aaO (Fn 244) S. 20 ff, 129 ff; *ders.* ZHR 154 (1990), 374, 375 ff, 388 ff; *Timm* ZGR 1987, 403, 408 ff; *Winter* aaO (Fn 236) S. 131 ff; *Schockenhoff* aaO (Fn 231) S. 13, 97 ff; *Bischoff* BB 1987, 1055, 1059 ff; grundlegend im vorhergehenden Schrifttum *Zöllner* Schranken mitgliedschaftlicher Stimmrechtsmacht S. 351 ff.

[249] *Zöllner* Schranken mitgliedschaftlicher Stimmrechtsmacht S. 350 f; *ders.*-KölnKommAktG Einl., 55; Baumbach/Hueck/*Zöllner* 52 f.

[250] *Wiedemann* ZGR 1980, 147, 156 f; *ders.* GesR I § 8 II 3b, III 2a; vgl. zuletzt *ders.* JZ 1989, 447, 448 f.

[251] *Martens* Festschrift R. Fischer S. 437, 445; *ders.* GmbH-Rdsch. 1984, 265, 270.

[252] *Lutter* ZGR 1979, 401, 411 f; *ders.* ZGR 1981, 171, 175 ff; *Timm* Die Aktiengesellschaft als Konzernspitze (1980) S. 83 f, 107; *ders.* JZ 1980, 665, 667 f; in gleiche Richtung *J. Semler* BB 1983, 1566, 1569; Rowedder/*Koppensteiner*² § 47, 105; Geßler/Hefermehl/Eckardt/Kropff/*Hüffer* § 243, 55; *Ulmer*-Vorauf1. § 53, 58.

[253] *Hirte* Bezugsrechtsausschluß und Konzernbildung S. 138 ff, 153.

schafters. Nur erstere sollen die Inhaltskontrolle rechtfertigen. *Timm*[254] läßt neuerdings die Inhaltskontrolle dann eingreifen, wenn der Beschluß die Abhängigkeit der Gesellschaft von einem anderen Unternehmen begründet oder die Gesellschaft erstmals in einen Konzern einbezieht. Keine dieser Theorien hat sich bis jetzt durchsetzen können. Sie führen in wichtigen Fällen zu unterschiedlichen Ergebnissen. Umstritten ist ferner auch die Verteilung der Darlegungs- und Beweislast, deren Handhabung in der Praxis in vielen Fällen den Ausschlag geben dürfte (Rdn 221).

126 **Stellungnahme.** Die angeführten Urteile des BGH zur Inhaltskontrolle beim *Bezugsrechtsausschluß* und bei der *Befreiung von einem Wettbewerbsverbot*[255] sind zu begrüßen. Denn nach heutigem Rechtsverständnis verlangt die typische Schwäche der Minderheitsgesellschafter hier in der Tat einen gegenüber der allgemeinen Mißbrauchskontrolle (Rdn 121) verschärften Rechtsschutz. Richtig ist auch, für die Bewertung statt auf die Interessen der Gesellschaftermehrheit auf das Gesellschafts- bzw. **Unternehmensinteresse** als das alle Gesellschafter verbindende Interesse abzustellen. Es geht um eine Anwendung des **Verhältnismäßigkeitsprinzips**: Entscheidungen, die im Interesse des Unternehmens nicht erforderlich sind oder welche die Minderheit in einer Weise belasten, die außer Verhältnis zu den Vorteilen für das Unternehmen stehen, braucht die Minderheit nicht hinzunehmen. Auch Einzelregelungen eines komplexen Beschlusses, die zum berechtigten Zweck nicht notwendig sind, können die Anfechtung begründen.

127 Die Hauptfrage lautet, **welche Beschlüsse** der Inhaltskontrolle unterliegen. Sie ist in erster Linie danach zu entscheiden, in welchen Fällen sich die Position der Minderheitsgesellschafter, ihr Einfluß auf das Unternehmen oder ihre Chancen auf Beteiligung am Unternehmensertrag nachhaltig und strukturell verschlechtern. Daher scheiden, wie die hL mit Recht annimmt (Rdn 125), *Maßnahmen der gewöhnlichen Geschäftsführung* aus. Bei ihnen geht es nicht an, von der formalen Anwendung des Mehrheitsprinzips abzuweichen, das Ausdruck der unternehmerischen Ermessensfreiheit ist, und die Mehrheit statt dessen zu zwingen, ihre Entscheidungen zu rechtfertigen, sollen sie Bestand haben. Vielmehr muß es bei der auf Ausnahmefälle beschränkten allgemeinen Mißbrauchskontrolle (Rdn 121) bleiben[256]. Mit Recht schließt der BGH die Inhaltskontrolle auch bei *Auflösungsbeschlüssen* aus (Fn 237). Sie bilden einen Sonderfall, denn Rechtsprechung und Lehre können ungeachtet aller privaten und öffentlichen Interessen am Fortbestand eines unter Umständen blühenden Unternehmens die Entscheidung des Gesetzgebers nicht korrigieren, wonach die Auflösung gemäß § 60 Abs. 1 Nr. 2 aufgrund eines nicht der Begründung bedürftigen Mehrheitsbeschlusses von drei Vierteln der abgegebenen Stimmen zulässig ist.

128 Im übrigen genügen die im Schrifttum bisher aufgestellten abstrakten Abgrenzungsformeln den Anforderungen noch nicht, denn sie betonen zwar zutreffende Gesichtspunkte, bleiben für die praktische Handhabung aber doch zu unscharf oder zu eng. Am griffigsten sind die von *Timm*[257] herausgestellten Fälle, in denen der Beschluß die Abhängigkeit der Gesellschaft begründet oder sie in einen Konzern einbezieht. Denn in ihnen realisiert sich die auch vom BGH herausgestellte typische Konzerngefahr, daß der Mehrheitsgesellschafter nicht mehr in erster Linie das Gesellschaftsinteresse verfolgt, sondern anderweitige Konzerninteressen. Insofern wirkt die Inhaltskontrolle

---

[254] *Timm* ZGR 1987, 403, 421 ff, 441 f.
[255] Fn 242, 243.
[256] *Martens* GmbH-Rdsch. 1984, 265, 267 ff; *Timm* ZGR 1987, 403, 413.
[257] *Timm* ZGR 1987, 403, 421 ff.

zutreffend als **Konzerneingangskontrolle**[258]. Es wäre jedoch falsch, sie darauf zu beschränken, denn eine erhöhte Schutzbedürftigkeit der Minderheitsgesellschafter gegenüber einer nachhaltigen strukturellen Verschlechterung ihrer Position kann auch in anderen Fällen auftreten.

Notwendig ist vielmehr eine sorgfältige Analyse aller über die laufende Unterneh- **129**
mensleitung hinausgehenden Beschlüsse, welche die Struktur der Gesellschaft verändern und dadurch den Einfluß der Minderheitsgesellschafter auf die Geschäftspolitik und ihre Gewinnchancen nachhaltig vermindern können. Zu denken ist dabei in erster Linie an **Grundlagenbeschlüsse** wie die Änderung des Unternehmensgegenstandes, die Umwandlung oder Verschmelzung sowie der Abschluß von Unternehmensverträgen, letztere auch dann, wenn sie die von *Timm* (aaO) vorgeschlagenen Kriterien nicht erfüllen. Strukturell verfestigte Herrschaftspositionen, deren Entstehen die Minderheit nicht ohne rechtliche Kontrolle hinzunehmen braucht, werden aber auch durch **andere Beschlüsse** geschaffen, wofür als Beispiele die bereits erwähnten Fälle der nachträglichen Vinkulierung der Geschäftsanteile, der Begründung von Sonderrechten zugunsten einzelner Gesellschafter, ferner Bestellung zum Geschäftsführer mit erheblichen Kompetenzen und schwer widerruflicher Position oder die Einsetzung eines Beirats mit wichtigen Befugnissen, an dem die Minderheit nicht beteiligt ist, in Betracht kommen[259]. In allen Fällen muß es darauf ankommen, ob der Beschluß die im Gesellschaftsvertrag begründete Balance zwischen den Gesellschaftern oder zwischen mehreren Gesellschaftergruppen generell verschiebt. Eine abschließende Würdigung erscheint gegenwärtig allerdings mangels ausreichender Erfahrung und der zu geringen Zahl einschlägiger Urteile noch nicht möglich. Die Entwicklung wird nicht zuletzt davon abhängen, wie der BGH die Akzente setzt, d. h. ob er stärker die unternehmerische Freiheit der Mehrheitsgesellschafter oder den Schutz der Minderheit betont.

g) **Anfechtung der Aufsichtsratswahl.** Für die Wahl der Aufsichtsratsmitglieder der **130**
Anteilseigner enthält § 251 AktG eine Spezialvorschrift, die auf die GmbH entsprechend angewandt werden kann[260]. Abs. 1 S. 1 wiederholt § 243 Abs. 1 AktG und ist daher insoweit überflüssig. Aus der Formulierung geht hervor, daß § 243 Abs. 2 AktG nicht übernommen werden sollte[261]. Im übrigen ist in § 251 Abs. 2 AktG die **Anfechtungsbefugnis** abweichend von § 245 geregelt (Rdn 166). Der entsprechenden Anwendung der Vorschrift auf fakultative Aufsichtsräte und Beiräte steht nichts entgegen (§ 52, 39, 324 ff). Auf die Wahl von Aufsichtsratsmitgliedern der Arbeitnehmer bezieht sich die Vorschrift hingegen nicht, wie aus dem Wortlaut hervorgeht. Sie ist in den Mitbestimmungsgesetzen geregelt (§ 52, 180, 272). **§ 251 Abs. 1 S. 2 AktG** erstreckt die Anfechtbarkeit auf den Sonderfall, daß Aufsichtsratsmitglieder zwar von der Gesellschafterversammlung gewählt werden, diese jedoch an Wahlvorschläge gebunden ist. Nach der Änderung des MitbestErgG durch die Novelle vom 20. 12. 1988 (BGBl. I S. 2312, 2324) gilt dies nur noch für die Wahl der Arbeitnehmervertreter im Aufsichtsrat nach §§ 6, 8 MontanMitbestG.

---

[258] *Lutter/Timm* 1982, 409, 415; *Raiser* Festschrift Stimpel S. 855.

[259] Die nachträgliche Begründung eines Höchststimmrechts (vgl. BGHZ 70, 117, 121, 123 = NJW 1978, 540, Mannesmann) und die dadurch bewirkte Festigung der Position des Vorstands und Aufsichtsrats in der AG dürfte bei der GmbH kaum relevant werden.

[260] Fischer/*Lutter/Hommelhoff* 39; *Schilling/Zutt*-Voraufl. 92; teilw. **abw.** Baumbach/Hueck/*Zöllner* 58.

[261] Geßler/Hefermehl/Eckardt/Kropff/*Hüffer* § 251, 2, 11 f m. Nachw. zur Gegenansicht.

131 In der **Rechtsprechung** spielt § 251 AktG eine geringe Rolle: Ist der Aufsichtsrat nach § 77 BetrVG 1952 zu einem Drittel mit Arbeitnehmervertretern zu besetzen, so können die Gesellschafter ohne Gesetzesverletzung freiwillig eine höhere Zahl wählen[262] (§ 52, 150). Die Satzung kann für Aufsichtsratswahlen durch die Gesellschafterversammlung eine qualifizierte Mehrheit vorschreiben[263]. Einen Rechtssatz, wonach der Mehrheitsgesellschafter der Minderheit einen Aufsichtsratssitz überlassen muß, kennt das geltende Recht nicht[264]. In allen Fällen ist eine Anfechtung demnach nicht gegeben.

132 h) **Anfechtung der Feststellung des Jahresabschlusses.** Der Beschluß über die Feststellung des Jahresabschlusses kann entgegen § 257 Abs. 1 S. 2 AktG bei inhaltlichen Verstößen gegen das Gesetz oder die Satzung uneingeschränkt angefochten werden, so weit nicht schon Nichtigkeit analog § 256 AktG (Rdn 68 ff) vorliegt. Die aktienrechtliche Beschränkung erklärt sich daraus, daß der Jahresabschluß in der Regel von Vorstand und Aufsichtsrat, nicht von der Hauptversammlung festgestellt wird, und daß ein einzelner Aktionär dagegen eine Sonderprüfung beantragen kann. Bei der GmbH besteht kein Anlaß, die Anfechtbarkeit zu begrenzen[265].

133 i) **Anfechtung des Gewinnverwendungsbeschlusses.** § 254 AktG erlaubt die Anfechtung eines Gewinnverwendungsbeschlusses für den Fall, daß die Hauptversammlung Beträge in Gewinnrücklagen einstellt oder als Gewinn vorträgt, obwohl dies bei vernünftiger kaufmännischer Beurteilung nicht notwendig ist, um die Lebens- und Widerstandsfähigkeit der Gesellschaft zu sichern, und die Dividende infolgedessen unter vier Prozent herabsinkt. Die Vorschrift paßte vor der Änderung des § 29 im Zuge des BiRiLiG auf die anders geartete Lage bei der GmbH nicht und war daher nach allgemeiner Ansicht nicht anwendbar[266]. Der Entwurf des BiRiLiG sah in § 42 h eine entsprechende Regelung vor, die jedoch nicht Gesetz wurde. Infolge der Änderung des § 29 ist aber nunmehr auch bei der GmbH ein Schutz der Minderheitsgesellschafter vor einer ungerechtfertigten Thesaurierung der Gewinne geboten. Allerdings sollte dazu nicht die kaum effektive Vorschrift des § 254 AktG übernommen werden[267]. Statt dessen empfiehlt sich die Anknüpfung an die **Treuepflicht** (Rdn 121). Danach ist ein Gewinnverwendungsbeschluß anfechtbar, wenn Beträge einbehalten werden, die bei Abwägung zwischen den Interessen der Gesellschaft an einer soliden, den Regeln einer gesunden Unternehmenspolitik entsprechenden Selbstfinanzierung und den Interessen der Gesellschafter an einer angemessenen Rendite ausgeschüttet werden können. Im einzelnen sind die Maßstäbe im Schrifttum überaus streitig[268]. Man könnte daran denken, als Mindestdividende im GmbH-Recht einen Betrag von *vier Prozent des wahren Werts des Geschäftsanteils* anzusehen[269].

---

[262] BGH NJW 1975, 1657, 1658; OLG Hamburg AG 1972, 183, 184; OLG Bremen NJW 1977, 1153, 1154; kritisch dazu Geßler/Hefermehl/Eckardt/Kropff/*Hüffer* § 251, 6 m. w. N.

[263] BGHZ 76, 191, 193 = NJW 1980, 1465.

[264] LG Mannheim WM 1990, 760, 764; im Erg. abweichend OLG Hamm NJW 1987, 1030, 1031; kritisch dazu *Timm* NJW 1987, 977, 985 f; *Kropff* Festschrift Goerdeler S. 259, 267 f; *Koppensteiner*-KölnKommAktG[2] Vorb. § 311, 27; vorsichtiger *Fleck* EWiR § 311 AktG 1/87, 113, 114.

[265] HA, vgl. *Schilling/Zutt*-Voraufl. 92; Baumbach/Hueck/*Zöllner* 57; Rowedder/*Koppensteiner*[2] § 47, 106; *Geßler* Festschrift Goerdeler S. 127, 148. Zu Einzelheiten vgl. Scholz/*Schmidt* § 46, 39 ff; Baumbach/Hueck/*Schulze-Osterloh* § 42 a, 33.

[266] *Schilling/Zutt*-Voraufl. 92; Baumbach/Hueck/*Zöllner* 55.

[267] So aber wohl Baumbach/Hueck/*Zöllner* 55.

[268] Vgl. *Hommelhoff* ZGR 1986, 418, 423 ff; *Liebs* DB 1986, 2421; *Renkl* DB 1986, 1108; *ders.* GmbH-Rdsch. 1989, 66, 69 f; *Ehlke* DB 1987, 671, 677 f; *Winter* Mitgliedschaftliche Treuebindungen im GmbH-Recht S. 290 ff; *G. Hueck* Festschrift Steindorff S. 45, 51 ff; vgl. ferner die Kommentierungen zu § 29.

[269] Vgl. demnächst *Raiser* KapGesR[2] § 36 II 2.

j) **Anfechtung der Kapitalerhöhung.** Wird das Bezugsrecht bei der Kapitalerhöhung ausgeschlossen, so kann nach § 255 Abs. 2 AktG die Anfechtung des Erhöhungsbeschlusses auch darauf gestützt werden, daß der Ausgabebetrag oder der Mindestbetrag, unter dem die neuen Aktien nicht ausgegeben werden sollen, unangemessen niedrig ist. Die Anwendbarkeit der Vorschrift auf die GmbH hängt davon ab, ob man mit der im Vordringen befindlichen Ansicht ein Bezugsrecht der GmbH-Gesellschafter bei der Kapitalerhöhung bejaht[270]. Aber auch ungeachtet der formellen Anerkennung eines Bezugsrechts muß ein Minderheitsgesellschafter unter dem Gesichtspunkt des Verstoßes gegen das Gleichbehandlungsgebot oder der Treuepflichtverletzung (Rdn 118, 121 ff) analog § 243 Abs. 1 AktG anfechtungsberechtigt sein, wenn die Mehrheit beschließt, zur Übernahme der neuen Stammeinlagen nur einen Teil der bisherigen Gesellschafter oder andere Personen zuzulassen, und den Ausgabebetrag unter Wert festsetzt[271]. Dies führt sachlich zum gleichen Ergebnis. **134**

k) **Verstoß gegen die Satzung.** Nach § 243 Abs. 1 AktG ist eine Anfechtung bei Verletzung der Satzung begründet. Bei der GmbH, für die überwiegend Satzungsfreiheit gilt, kommen dafür zahlreiche Fälle in Betracht. Als Beispiel kann etwa die *Wahl eines Geschäftsführers* angeführt werden, der die in der Satzung aufgestellten persönlichen Voraussetzungen nicht erfüllt[272]; ferner die Verletzung von Vorschriften über die Zusammensetzung und die Aufgaben eines statutarischen Aufsichtsrats oder Beirats und über die Bestellung der Mitglieder dieses Organs (vgl. Erl. zu § 52). Die Anfechtung ist weiter auch gegeben, wenn der Abstimmungsleiter das Zustandekommen eines Beschlusses feststellt, obwohl die in der Satzung vorgeschriebene qualifizierte Mehrheit nicht erreicht wurde. Bestimmungen, die sich als reine **Ordnungsvorschriften** (Rdn 102) darstellen, rechtfertigen die Anfechtung nicht[273]. Doch ist noch kein Fall bekannt geworden, in dem der reine Ordnungscharakter bejaht wurde. Nicht genügen auch **unechte Satzungsbestandteile**, die lediglich schuldrechtliche Verpflichtungen der Gesellschafter oder eines Dritten begründen (s. jedoch Rdn 140 f)[274]. **135**

Wollen die Gesellschafter die **Satzung ändern**, müssen sie die Formvorschriften der §§ 53 und 54 einhalten. Fehlt die notarielle Beurkundung, ist die Satzungsänderung entsprechend § 241 Nr. 2 AktG sogar nichtig (Rdn 44). Solange die Eintragung in das Handelsregister noch aussteht, ist sie ungeachtet einer gewissen Bindung der Gesellschafter untereinander unwirksam (Rdn 21)[275]. Greift die Satzungsänderung in ein Sonderrecht eines Gesellschafters ein, so ist sie bis zu dessen Zustimmung unwirksam (Rdn 21 ff). Wollen die Gesellschafter für einen Einzelfall von der Satzung abweichen (punktuelle **Satzungsdurchbrechung**), so müssen alle Anforderungen der Satzungsänderung erfüllt sein, namentlich sind qualifizierte Mehrheit und notarielle Beurkundung erforderlich[276]. Lediglich auf die Eintragung in das Handelsregister kann nach im Vordringen befindlicher und richtiger Ansicht verzichtet werden[277]. **136**

---

[270] Zum Diskussionsstand vgl. *Ulmer*-Voraufl. § 55, 44 ff; Scholz/*Priester* § 55, 41 ff; Baumbach/Hueck/*Zöllner* § 55, 13; *Raiser* KapGesR § 39 II 2 (je m. w. Nachw.).

[271] Vgl. BGHZ 71, 40, 50 ff = NJW 1978, 1316 (Kali & Salz) und das Schrifttum in Fn 231.

[272] Geßler/Hefermehl/Eckardt/Kropff/*Hüffer* § 243, 19.

[273] RGZ 170, 83, 97; OLG Hamm ZIP 1985, 741, 744.

[274] Vgl. *Ulmer*-Voraufl. § 53, 14; Scholz/*Priester* § 53, 6.

[275] *Ulmer*-Voraufl. § 54, 27 ff; Scholz/*Priester* § 54, 62, 68 ff.

[276] BGH WM 1981, 1218 f; *Ulmer*-Voraufl. § 53, 32; Scholz/*Schmidt* § 45, 114; Scholz/*Priester* § 53, 27.

[277] Scholz/*Priester* § 53, 29; *Priester* ZHR 151 (1987), 40, 51 ff m. w. Nachw.

Fehlt die erforderliche Mehrheit oder die Beurkundung, so kann die Minderheit einen Mehrheitsbeschluß, der die Satzung durchbricht, anfechten, es sei denn, sie hat dem Verfahren zugestimmt oder sie ist kraft der Treupflicht zur Zustimmung verpflichtet[278].

137 Eine Satzungsverletzung liegt namentlich im **Verstoß** gegen den im Statut umschriebenen **Gesellschaftszweck**. Dabei ist zwischen Gesellschaftszweck im engeren Sinn und Unternehmensgegenstand zu unterscheiden (§ 1, 4 ff). Der **Unternehmensgegenstand** beschreibt den Tätigkeitsrahmen, in dem die Gesellschaft ihre Geschäfte führen soll. Er wird in der Satzung regelmäßig sehr offen umschrieben, damit die laufende Geschäftstätigkeit nicht unzweckmäßig eingeengt wird. Jede Änderung des Unternehmensgegenstands verlangt eine förmliche Satzungsänderung. Einfache Gesellschafterbeschlüsse, die zu dauerhafter oder laufend wiederkehrender Tätigkeit außerhalb des Unternehmensgegenstands führen, sind daher satzungswidrig und anfechtbar[279]. Eine z. B. auf industrielle Produktion oder auf Grundstücksverwaltung gerichtete Gesellschaft darf nicht regelmäßig Spekulationsgeschäfte an der Börse betreiben. Bei einzelnen Geschäften außerhalb des statutarischen Tätigkeitsbereichs wird man dagegen in der Regel anzunehmen haben, daß sie in einem sachlichen Zusammenhang mit der gewöhnlichen Geschäftstätigkeit stehen und deshalb zulässig sind. Eine Anfechtung wird in derartigen Fällen daher nur ausnahmsweise in Betracht kommen[280].

138 Gesellschaftszweck ist in der Regel die **erwerbswirtschaftliche Betätigung**, d. h. das Streben nach wirtschaftlichem Gewinn. Der Übergang zu einer nicht auf Gewinn gerichteten, sondern gemeinnützigen oder auf religiöse, politische, karitative oder kulturelle Ziele gerichteten Tätigkeit verlangt nach allgemeiner Ansicht nicht nur eine Satzungsänderung, sondern Einstimmigkeit (vgl. § 33 Abs. 1 S. 2 BGB)[281]. Ob die Satzung statt dessen lediglich die für die Satzungsänderungen erforderliche qualifizierte Mehrheit vorsehen kann, ist zweifelhaft[282]. Auf einzelne Gesellschafterbeschlüsse, namentlich in Angelegenheiten der Geschäftsführung, kann der Maßstab der Gewinnorientierung nicht in gleicher Weise angewandt werden, weil es in der Regel eine Frage der Zweckmäßigkeit ist, ob die jeweils gewinnträchtigste Alternative ergriffen werden soll. Die Entscheidung darüber muß dem unternehmerischen Ermessen der Gesellschaftermehrheit überlassen bleiben. Eine Anfechtung kommt daher in solchen Fällen nur in Betracht, wenn nicht gewinnbezogene Entscheidungen ein ganz ungewöhnliches Ausmaß annehmen oder wenn unternehmensfremde Gesichtspunkte und Interessen den Ausschlag geben und im Abstimmungsverhalten deshalb eine Verletzung der Treuepflicht zu sehen ist. Nach ähnlichen Maßstäben sind auch von der Gesellschaftermehrheit beschlossene **Schenkungen** oder **Spenden** zu beurteilen. Solange sie sich wenigstens mittelbar günstig auf das Unternehmen auswirken oder doch im Rahmen des Üblichen liegen, kann sich ein Minderheitsgesellschafter nicht mit der Anfechtung

---

[278] Zur Pflicht, einem Beschluß kraft Treuepflicht zuzustimmen, vgl. BGHZ 98, 276, 279 = NJW 1987, 189; BGH NJW 1987, 3192; weitere Einzelheiten siehe § 14, 58, 61; *Winter* Mitgliedschaftliche Treuebindungen im GmbH-Recht S. 175 ff.

[279] Scholz/*Schmidt* § 45, 115; Scholz/*Priester* § 53, 32; Baumbach/Hueck/*Zöllner* 49; Rowedder/*Koppensteiner*[2] § 47, 101 sowie ausführlich *Zöllner* Schranken mitgliedschaftlicher Stimmrechtsmacht S. 329 ff sowie *Zöllner*-KölnKommAktG § 243, 183.

[280] Ebenso *Zöllner* aaO; zuletzt Baumbach/Hueck/*Zöllner* 49.

[281] *Ulmer* § 1, 10; *ders.*-Voraufl. § 53, 95; Scholz/*Priester* § 53, 175, je m. w. Nachw.

[282] Vgl. BGHZ 96, 245, 248 = NJW 1986, 1033 (zum Verein) und dazu die kritischen Stimmen von *Reuter* ZGR 1987, 475; *Häuser/van Look* ZIP 1986, 749, 751 ff; *Weipert* EWiR § 33 BGB 1/86, 235; *Beuthien* BB 1987, 6.

dagegen wehren, wohl aber, wenn sie diesen Rahmen verlassen[283]. Entsprechend ist zu entscheiden, wenn die Gesellschaftermehrheit einer **nicht erwerbswirtschaftlich ausgerichteten Gesellschaft** dazu übergeht, primär gewinnorientiert zu entscheiden.

l) **Verstoß gegen Verschmelzungs- und Unternehmensverträge.** Unter dem Gesichtspunkt des Satzungsverstoßes (§ 243 Abs. 1 AktG) anfechtbar sind auch Gesellschafterbeschlüsse, die einem Verschmelzungs- oder Unternehmensvertrag zuwiderlaufen, dem die Gesellschafterversammlung zugestimmt hat. Dies folgt daraus, daß diesen Verträgen nach heute gefestigter Ansicht Satzungsqualität zukommt. Ihre Bestimmungen überlagern die Satzung und setzen entgegenstehende Satzungsvorschriften außer Kraft[284]. Für die in § 292 AktG aufgezählten schuldrechtlichen Unternehmensverträge (Gewinngemeinschaften, Teilgewinnabführungsverträge, Betriebspacht- und Betriebsüberlassungsverträge) gilt dies jedenfalls dann, wenn sie Strukturveränderungen der Gesellschaft bewirken[285]. Die damit zusammenhängenden Fragen sind noch wenig geklärt. **139**

m) **Verstoß gegen schuldrechtliche Nebenabreden.** Verstöße gegen schuldrechtliche Vereinbarungen zwischen den Gesellschaftern außerhalb der Satzung (§ 3, 116 ff), namentlich gegen **Stimmbindungs-** und **Konsortialverträge** (§ 47, 65 ff) können die Anfechtung nicht rechtfertigen, denn die Voraussetzungen des § 243 Abs. 1 AktG (Verletzung des Gesetzes oder der Satzung) sind nicht erfüllt. Die Rechtsnatur solcher nur die unmittelbar Beteiligten bindenden obligatorischen Verträge unterscheidet sich grundlegend von dem in der Satzung niedergelegten Organisationsrecht, und sie nehmen auch an der Registerpublizität der Satzung nicht teil[286]. **140**

Trotz der Unterschiede hat der **BGH** allerdings in zwei Urteilen die **Anfechtung zugelassen**, wenn sich *alle* Gesellschafter gegenseitig zu einem bestimmten Abstimmungsverhalten verpflichtet haben[287]. Im ersten Fall (BGH NJW **1983**, 1910) ging es um eine mit Mehrheit beschlossene Beteiligung an einem Konkurrenzunternehmen. Der BGH stellte fest, daß zwar kein Satzungsverstoß und auch keine Verletzung der Treuepflicht vorliege, die Anfechtbarkeit sich aber aus einem bei Gründung der GmbH ausdrücklich oder schlüssig geschlossenen Vertrag zwischen den Gesellschaftern ergeben könne, den Erwerb zu unterlassen. Er gab dem Tatsachengericht auf zu prüfen, ob eine solche Vereinbarung vorliege. Im zweiten Verfahren (NJW **1987**, 1890) hatte der Minderheitsgesellschafter gegen einen Mehrheitsbeschluß geklagt, durch den er von seiner Position als Geschäftsführer abberufen wurde, und die Anfechtung damit begründet, bei Vertragsabschluß seien sich alle Gesellschafter einig gewesen, daß die Abberufung nur mit seiner Zustimmung erfolgen könne. **141**

---

[283] Zu Verstößen gegen die Zweckbindung vgl. Scholz/*Schmidt* § 45, 115; Baumbach/Hueck/*Zöllner* 49; Rowedder/*Koppensteiner*² § 47, 101; ausführlich auch hier *Zöllner* Schranken mitgliedschaftlicher Stimmrechtsmacht S. 329, 331 ff. Vgl. auch die entsprechende Problematik bei Schenkungen und Spenden, die vom Vorstand einer AG geleistet werden, dazu *Raiser* KapGesR § 14 IV 2 b; *Rittner* Festschrift Knur S. 205; *Baas* Leitungsmacht und Gemeinwohlbindung der AG S. 181 ff; *Kulitz* Unternehmerspenden an politische Parteien (1983); *Mertens* Festschrift Goerdeler S. 349; *Vorderwülbecke* BB 1989, 505.

[284] Zum Verschmelzungsvertrag *Schilling/Zutt*-Voraufl. § 77 Anh. II, § 21 VerschmG, 2; Scholz/*Priester* Anhang Umwandlung und Verschmelzung § 21 KapErhG, 1; zu Beherrschungs- und Gewinnabführungsverträgen statt aller *Ulmer*-Voraufl. § 53, 130; Scholz/*Emmerich* Anh. Konzernrecht 221, 232; Baumbach/Hueck/*Zöllner* Schlußanhang I, 16 f; *Emmerich/Sonnenschein* Konzernrecht³ (1989) S. 144.

[285] Vgl. *Ulmer*-Voraufl. § 53, 133; Scholz/*Emmerich* Anh. Konzernrecht 307, 313.

[286] *Ulmer* NJW 1987, 1849, 1850; *Baumann/Reiss* ZGR 1989, 158 f; *Winter* ZHR 154 (1990), 259, 263 f.

[287] BGH NJW 1983, 1910, 1911 m. Anm. *Vomhof* GmbH-Rdsch. 1984, 181; vgl. dazu auch *Happ* ZGR 1984, 168; BGH NJW 1987, 1890, 1892; dazu *Ulmer* NJW 1987, 1849; zum ganzen Problemkreis ferner *Winter* Mitgliedschaftliche Treuebindungen im GmbH-Recht S. 51 ff; *ders.* ZHR 154 (1990), 259.

142 Diese Judikatur ist **hochproblematisch**. Beide Urteile können schon vom Ergebnis her kaum überzeugen, denn der Sachverhalt drängte die Lösung nicht ohne weiteres auf, vielmehr gewann sie der BGH eher aus generell-abstrakten Erwägungen[288]. Im Vordergrund steht für den Senat der Gesichtspunkt der Prozeßökonomie: Wenn eine schuldrechtlich verbindliche Abrede zwischen den Gesellschaftern getroffen wurde, könnte jeder von ihnen gegen die anderen auf ihre Erfüllung klagen und auf diesem Weg die Wiederaufhebung des abredewidrig gefaßten Beschlusses erzwingen. Es bestehe aber kein Grund, ihn auf diesen umständlichen Weg zu verweisen (BGH NJW **1983**, 1910, 1911). Diese Begründung überspringt den *grundlegenden Unterschied zwischen organisationsrechtlichen* und *schuldrechtlichen Regelungen* und verschafft letzteren eine satzungsgleiche, d. h. organisationsrechtliche Qualität, ohne daß die allgemeinen Voraussetzungen dafür, namentlich die Registerpublizität, erfüllt sind. Zu einer solchen Rechtsfortbildung besteht aber weder rechtsdogmatisch noch rechtspolitisch ein hinreichender Anlaß[289]. Begnügen sich die Gesellschafter, anstatt ihre Rechtsbeziehungen vollständig in der Satzung zu regeln, mit – möglicherweise formlosen – Nebenabreden, so haben sie auch den damit verknüpften schwächeren Rechtsschutz in Kauf zu nehmen. Der Gesichtspunkt der Prozeßökonomie reicht nicht aus, die Strukturprinzipien des geltenden Rechts beseite zu schieben[290], zumal die Gleichstellung schuldrechtlicher Nebenabreden mit Satzungsbestimmungen, wenn man einen derartigen Schritt vollziehen wollte, nicht lediglich hinsichtlich der Anfechtbarkeit erfolgen könnte, sondern die für die Satzung geltenden Vorschriften auch sonst übernehmen müßte.

143 Die Frage kann danach nur sein, ob es **Sonderfälle** gibt, in denen eine andere Würdigung möglich erscheint. *Zöllner* bemüht sich, aus der Nebenabrede *Auslegungsgrundsätze* für die Interpretation der Satzung abzuleiten und einen Verstoß dagegen dann als Verletzung der Satzung im Sinn des § 243 Abs. 1 AktG zu verstehen[291]. Doch erscheint dies als ein kaum haltbarer Kunstgriff, denn die Satzung ist nach objektiven und immanenten Maßstäben zu interpretieren (§ 2, 138)[292]. Auch der Rückgriff auf die *Treuepflichtverletzung* als Anfechtungsgrund (Rdn 121) verbietet sich, weil die Treuepflichten ihren Rechtsgrund im Gesellschaftsvertrag finden[293]. Andere Autoren[294] verweisen statt dessen auf die *Durchgriffslehre* (Anh § 13). Danach soll es ausnahmsweise möglich sein, Tatbestände, welche die Gesellschafter unter sich geschaffen haben, der Gesellschaft als solcher zuzurechnen.

144 Faßt man den **Durchgriffs-Ansatz** so weit, so läßt er sich in der Tat auf den vorliegenden Fall übertragen, obwohl er mit den anerkannten Fällen des Zurechnungsdurchgriffs kaum Berührung aufweist (Anh. § 13, 54 ff): Die zwischen den Gesellschaftern getroffene Vereinbarung ist dann der Gesellschaft in dem Sinn zuzurechnen, daß sie einen Verstoß dagegen als Anfechtungsgrund hinnehmen muß. Doch ist auch damit das Problem noch nicht gelöst, unter welchen Voraussetzungen die Zurechnung im

---

288 Ähnlich *Ulmer* NJW 1987, 1849, 1855; *Hüffer* § 47, 84.

289 *Ulmer* NJW 1987, 1849, 1854; *Winter* ZHR 154 (1990), 259, 268 ff.

290 AA Scholz/*Schmidt* § 45, 116; *Happ* ZGR 1984, 168, 177 f; wie hier aber *Winter* aaO S. 273 ff.

291 Baumbach/Hueck/*Zöllner* § 47, 79.

292 So mit Recht *Ulmer* NJW 1987, 1849, 1851 f; *ders.* § 3, 118, 124 f; *Vomhof* GmbH-Rdsch. 1984, 181; *Winter* Mitgliedschftliche Treuebindungen im GmbH-Recht S. 46 ff, insbes. 51 f; *ders.* ZHR 154 (1990), 259, 270.

293 Dies hat auch der BGH gesehen, denn er lehnt die Anfechtbarkeit wegen Verletzung der Treuepflicht oder wegen Stimmrechtsmißbrauchs in beiden Urteilen ausdrücklich ab, vgl. NJW 1983, 1910, 1911; NJW 1987, 1890, 1891. Wie im Text *Ulmer* aaO 1852; *Winter* Mitgliedschaftliche Treuebindungen im GmbH-Recht S. 46 ff; aA auch insoweit Baumbach/Hueck/*Zöllner* § 47, 79; Scholz/*Schmidt* § 45, 116.

294 So zuerst *Happ* ZGR 1984, 168, 172 f; *Ulmer* aaO 1853 f; *Hüffer* § 47, 84; *Winter* ZHR 154 (1990), 259, 277 f.

Einzelnen stattfinden kann. *Ulmer*[295] zieht zur Abgrenzung den Mißbrauchsgedanken heran; *Winter*[296] will die Anfechtungsklage nur gewähren, wenn sich die Wirkung der Nebenabrede in einem Einzelfall erschöpft und Drittinteressen nicht unmittelbar beeinträchtigt werden. Solange die Notwendigkeit der Rechtsfortbildung nicht überzeugend dargelegt werden kann, sollte sie indessen *besser wieder ganz aufgegeben* werden. Ein Verstoß gegen schuldrechtliche Nebenabreden kann daher die Anfechtung generell nicht begründen.

n) **Einschränkung der Anfechtungsgründe in der Satzung.** Das Recht, einen Gesell- **145**
schafterbeschluß anzufechten, steht jedem Gesellschafter kraft Gesetzes zu. Es gehört zu den unverzichtbaren Mitgliedsrechten (§ 14, 28). Die Satzung kann daher die gesetzlichen Anfechtungsgründe **nicht** einschränken oder ausschließen[297]. Davon zu unterscheiden ist aber der Fall, daß die Satzung inhaltlich vom Gesetz abweichende Vorschriften aufstellt. Diese sind wirksam, soweit das Gesetz dispositives Recht enthält. Verstöße dagegen sind dann wegen Verletzung der Satzung anfechtbar (Rdn 135). Schließt die Satzung das Anfechtungsrecht bei Verstößen gegen nicht zwingende gesetzliche Normen oder gegen Satzungsbestimmungen aus, so liegt darin eine Ermächtigung an die Gesellschafterversammlung, durch Mehrheitsbeschluß von der Gesetzes- oder Satzungsvorschrift abzuweichen. Sachlich handelt es sich also entgegen dem Wortlaut nicht um eine Beschränkung der Anfechtungsgründe. Eine solche Regelung ist vielmehr rechtlich unbedenklich[298].

6. Teilanfechtung

Die Anfechtung richtet sich gegen einen bestimmten Beschluß. Selbstverständlich **146**
können auch **mehrere Beschlüsse** in einer Anfechtungserklärung angegriffen werden, was z. B. dann naheliegt, wenn alle in einer Gesellschafterversammlung gefaßten Beschlüsse an demselben Verfahrensmangel leiden[299].

Die Anfechtung eines **Beschlußteils** ist nur möglich, wenn feststeht, daß der verblei- **147**
bende Rest nach objektiver Würdigung, ohne Rücksicht auf den Willen der Beteiligten, auch ohne den fehlerhaften Teil aufrecht erhalten werden kann[300]. Sie kommt namentlich in Frage, wenn über verschiedene Gegenstände, z. B. Satzungsänderungen, einheitlich abgestimmt oder mehrere Organmitglieder in gemeinsamer Wahl bestellt werden. Richtet sich die Anfechtung in solchen Fällen nur gegen eine Satzungsbestimmung oder die Wahl einer Person, so bleiben die übrigen wirksam, es sei denn, diese können für sich allein keinen Bestand haben (vgl. Rdn 77).

7. Bestätigung eines anfechtbaren Beschlusses

Analog § 244 AktG kann ein anfechtbarer Beschluß durch einen neuen Beschluß bestä- **148**
tigt werden mit der Folge, daß die Anfechtung nicht mehr geltend gemacht werden kann, es sei denn, auch der zweite Beschluß ist nichtig oder wird wirksam angefochten. Voraussetzung für die Bestätigung ist, daß der zweite Beschluß *denselben Inhalt* hat wie der erste. Daraus folgt, daß an inhaltlichen Mängeln leidende Beschlüsse nicht bestätigt

---

295 AaO 1855.
296 AaO 278.
297 BGHZ 14, 264, 273 = NJW 1954, 1563; *Schilling/Zutt*-Voraufl. 82, 106; Scholz/*Schmidt* § 45, 135; Baumbach/Hueck/*Zöllner* 16; hL.
298 *Schilling/Zutt*-Voraufl. 107; Baumbach/Hueck/*Zöllner* 16.
299 *Schilling/Zutt*-Voraufl. 115.
300 RGZ 146, 234, 236; 385, 394; BGH WM 1973, 637, 638; *Schilling/Zutt*-Voraufl. 115; LG Frankfurt WM 1990, 1745.

werden können; möglich ist insoweit nur, Unklarheiten der Fassung zu beseitigen[301]. Wird der Beschlußinhalt so verändert, daß der Mangel entfällt, so liegt dagegen ein neuer Beschluß vor. Der Anwendungsbereich des § 244 AktG sind daher Verfahrensmängel, die beim Bestätigungsbeschluß vermieden werden können[302]. Nichtige Beschlüsse können nicht bestätigt, sondern nur nach § 242 AktG geheilt werden (Rdn 78 ff).

149 Durch die Bestätigung wird der Anfechtungsmangel nach heute herrschender Ansicht materiellrechtlich geheilt[303]. Die Heilung tritt mit **Wirkung ex nunc** ein[304]. Für die Zeit vor dem Bestätigungsbeschluß kann der erste Beschluß entsprechend § 244 S. 2 AktG auf Anfechtung hin noch für nichtig erklärt werden. Das Gesetz verhindert nur überflüssige Prozesse, indem es verlangt, daß der Kläger hierfür ein rechtliches Interesse darlegt[305]. Ein solches Interesse ist beispielsweise dann zu bejahen, wenn der Beschluß in Rechte des Anfechtungsklägers eingreift, ihn etwa als Geschäftsführer oder Aufsichtsratsmitglied abberuft oder die Änderung eines ihm zustehenden Sonderrechts betrifft. Darüber hinaus liegt ein rechtliches Interesse an der zeitweiligen Nichtigerklärung immer dann vor, wenn der Zeitpunkt der Wirksamkeit des Beschlusses für die Gesellschaft oder die Gesellschafter von rechtlicher Bedeutung ist[306]. Fehlt das rechtliche Interesse, so muß der Anfechtungskläger eine vor dem Bestätigungsbeschluß bereits erhobene Anfechtungsklage in der Hauptsache für erledigt erklären, wenn er die Klageabweisung vermeiden will[307].

150 Die Heilung tritt **nicht** ein, wenn der Bestätigungsbeschluß seinerseits nichtig ist. Leidet er an einem Mangel, der die Anfechtung begründet, so ist nach § 244 S. 1 AktG der Ablauf der Anfechtungsfrist maßgeblich. Nach deren Ende kann weder der erste noch der zweite Beschluß noch angegriffen werden.

8. Anfechtungsbefugnis

Schrifttum

Bokelmann Rechtsmißbrauch des Anfechtungsrechts durch den Aktionär? (1970); *ders.* Rechtsmißbrauch des Anfechtungsrechts durch den Aktionär? BB 1972, 733; *Däubler* Fehlerhafte Gesellschafterbeschlüsse bei der GmbH im Lichte des neuen Aktienrechts, GmbH-Rdsch. 1968, 4; *Götz* Zum Mißbrauch aktienrechtlicher Anfechtungsklagen, DB 1989, 261; *Hirte* Mißbrauch aktienrechtlicher Anfechtungsklagen, BB 1988, 1469; *ders.* Mißbrauch von Aktionärsklagen – Allgemeine Abwägung oder konkrete Definition? DB 1989, 267; *A. Hueck* Mangelhafte Gesellschafterbeschlüsse bei der GmbH, Festschrift E. Molitor (1962) S. 401; *Immenga* Die Problematik der Anfechtungsklage im GmbH-Recht, GmbH-Rdsch. 1973, 5; *M. Lehmann* Die ergänzende Anwendung von Aktienrecht auf die Gesellschaft mit beschränkter Haftung (1970); *Lutter* Die entgeltliche Ablösung von Anfechtungsrechten, ZGR 1978, 347; *ders.* Zur Abwehr räuberischer Aktionäre, Festschrift 40 Jahre Der Betrieb (1988) S. 193; *Martens* Die Vergleichs- und Abfindungsbefugnis des Vorstands gegenüber opponierenden Aktionären, AG 1988, 118; *Noack* Fehlerhafte Beschlüsse in Gesellschaften und Vereinen (1989); *Timm (Hrsg.)* Mißbräuchliches Aktionärsverhalten (1990); *Windbichler* Mißbräuchliche Aktionärsklage einschließlich Abfindungsregelungen, in: *Timm* aaO, S. 35.

151 a) **Recht zur Anfechtung.** Die Anfechtungsbefugnis gewährt in erster Linie das Recht, die kassatorische Anfechtungsklage (Rdn 190 ff) zu erheben, ggf. verbunden mit

301 *Schilling/Zutt*-Voraufl. 101.

302 Baumbach/Hueck/*Zöllner* 70; *Schilling/Zutt*-Voraufl. 101; zum AktG zuletzt Geßler/Hefermehl/Eckardt/Kropff/*Hüffer* § 244, 6.

303 *Schilling/Zutt*-Voraufl. 100, Scholz/*Schmidt* § 45, 121; Baumbach/Hueck/*Zöllner* 69; zum AktG zuletzt *Hüffer* aaO 13; hL; anders noch BGHZ 21, 354, 356 = NJW 1956, 1753 (nur Wegfall des Rechtsschutzbedürfnisses).

304 Str., wie hier Scholz/*Schmidt* aaO; Baumbach/Hueck/*Zöllner* aaO; *Zöllner* ZZP 81 (1968), 135, 140; *K. Schmidt* JZ 1977, 769, 774 f; zum AktG zuletzt *Hüffer* aaO 15; aA *Schilling/Zutt*-Voraufl. 100.

305 Vgl. BGH NJW 1972, 1320; DB 1974, 716 f.

306 *Schilling/Zutt*-Voraufl. 104.

307 *Schilling/Zutt*-Voraufl. 103; Geßler/Hefermehl/Eckardt/Kropff/*Hüffer* § 244, 20 ff.

der Beschlußfeststellungsklage (Rdn 244). Sie ist **Sachbefugnis**. Fehlt sie, so ist die Klage durch Sachurteil als unbegründet abzuweisen[308]. Folgt man der herrschenden Lehre, wonach die Anfechtung bei festgestellten Beschlüssen nur durch Klage geltend gemacht werden kann, liegt darin ihr wesentlicher Inhalt. Als Grundlage einer Einrede kommt sie nur ausnahmsweise in Betracht (Rdn 174 ff). Bei nicht festgestellten Beschlüssen begründet sie das Rechtsschutzinteresse an einer negativen Feststellungsklage gemäß § 256 ZPO (Rdn 253). Begehrt ein anderer Gesellschafter die Feststellung eines Beschlusses, kann sich der erste dagegen mit der Behauptung wehren, der Beschluß sei, selbst wenn er wirksam zustande gekommen ist, von seiner Seite anfechtbar gewesen[309]. Sieht man mit der hier vertretenen Lehre (Rdn 100) von der Notwendigkeit ab, Anfechtungsklage zu erheben, so umfaßt die Anfechtungsbefugnis auch das Recht, die Anfechtung durch einfache Willenserklärung gegenüber der Gesellschaft geltend zu machen oder sich generell im Wege der Einrede oder in einem auf einen anderen Gegenstand gerichteten Verfahren, in dem sie als Vorfrage relevant wird, darauf zu berufen (Rdn 176).

b) **Gesellschafter als Berechtigte.** Das Recht, einen Gesellschafterbeschluß anzufechten, steht **jedem Gesellschafter** zu. Es handelt sich um ein unverzichtbares Mitgliedsrecht (§ 14, 28). Die aktienrechtlichen Einschränkungen der Anfechtungsbefugnis nach § 245 AktG passen auf die GmbH wegen ihrer anderen Struktur nicht. Daher ist es nicht erforderlich, daß der Gesellschafter an der Gesellschafterversammlung teilgenommen und dem Beschluß alsbald widersprochen hat (Rdn 98)[310]. Doch **entfällt** das Anfechtungsrecht, wenn der Gesellschafter in Kenntnis des Mangels dem Beschluß zugestimmt hat oder nachträglich ausdrücklich auf eine Rüge verzichtet, denn andernfalls würde das Recht ein in sich widersprüchliches Verhalten sanktionieren[311]. Eine Pflicht, Anfechtungsklage zu erheben, besteht nicht, vielmehr nimmt der Gesellschafter das Recht im eigenen Interesse wahr. Doch kann er, z. B. im Rahmen einer Konsortialabsprache, eine solche Verpflichtung vertraglich gegenüber einem Mitgesellschafter oder einem Dritten übernehmen[312]. **152**

Wer **als Gesellschafter legitimiert** ist, richtet sich nach § 16. Bei der Veräußerung des Geschäftsanteils bleibt der Veräußerer daher klagebefugt, bis die Abtretung der Gesellschaft angezeigt wurde[313]. Veräußert ein Gesellschafter seine Geschäftsanteile nach Erhebung der Anfechtungsklage und vor Schluß der mündlichen Verhandlung, so gilt nach herrschender Meinung § 265 ZPO mit der Folge, daß er den Anfechtungsprozeß fortsetzen kann, sofern er nur ein rechtliches Interesse an der Fortsetzung hat[314]. Doch wird man entsprechend § 265 Abs. 2 ZPO auch den Rechtsnachfolger für berechtigt halten müssen, den Rechtsstreit mit Zustimmung der beklagten Gesellschaft **153**

[308] HA, vgl. *Schilling/Zutt*-Voraufl. 118; Baumbach/Hueck/*Zöllner* 71; zum AktG Geßler/Hefermehl/Eckardt/Kropff/*Hüffer* § 245, 5; *Zöllner*-Köln-KommAktG § 245, 2; aA Scholz/*Schmidt* § 45, 127; *K. Schmidt* AG 1977, 205, 208 Fn 31.

[309] BGHZ 76, 154, 159 = NJW 1980, 1527; 76, 191, 200 f = NJW 1980, 1465; 88, 320, 330 f = NJW 1984, 489; 97, 28, 30 f = NJW 1986, 2051.

[310] HA, Scholz/*Schmidt* § 45, 129; Baumbach/Hueck/*Zöllner* 72; *A. Hueck* Festschrift E. Molitor S. 401, 421 ff.

[311] HA, *Schilling/Zutt*-Voraufl. 94, 95 ff; Scholz/*Schmidt* § 45, 139; Baumbach/Hueck/*Zöllner* 73; Fischer/*Lutter/Hommelhoff* 42; Rowedder/*Koppensteiner*[2] § 47, 109.

[312] *Schilling-Zutt*-Voraufl. 82.

[313] BGH NJW 1969, 133.

[314] Einschränkend BGHZ 43, 261, 267 f = NJW 1965, 1378; BGH NJW 1969, 133 (vgl. auch BGH DB 1974, 716, 717); Rowedder/*Koppensteiner*[2] § 47, 117 auf den Fall, daß sich der Altgesellschafter gegenüber dem Erwerber ein entsprechendes Recht vorbehalten hat; Ohne jede Einschränkung *Schilling/Zutt*-Voraufl. 122; Scholz/*Schmidt* § 45, 133; Baumbach/Hueck/*Zöllner* 73; Fischer/*Lutter/Hommelhoff* 49; *Renkl* Gesellschafterbeschluß S. 131.

und des Veräußerers als Hauptpartei zu übernehmen[315]. Bei **Gesamtrechtsnachfolge** eines Gesellschafters in den Geschäftsanteil geht das Anfechtungsrecht in jedem Fall auf den Erwerber über, ohne Rücksicht darauf, ob sie vor oder nach Erhebung der Anfechtungsklage eintritt[316].

154 Maßgeblich ist die **rechtliche Gesellschafterstellung**, nicht die wirtschaftliche. Daher steht das Anfechtungsrecht dem Treuhänder, nicht dem Treugeber zu[317]. Auch Nießbraucher, Pfandgläubiger und Inhaber von Dividenden- oder Genußscheinen besitzen kein Anfechtungsrecht[318]. Gehört ein Geschäftsanteil **mehreren gemeinsam Berechtigten** (§ 18), so steht das Anfechtungsrecht allen Mitberechtigten gemeinsam zu. Sie klagen dann in notwendiger Streitgenossenschaft gemäß § 62 ZPO. Gegebenenfalls kann das Anfechtungsrecht auch durch einen gemeinsamen Vertreter ausgeübt werden (vgl. Erl. zu § 18). Für die Klage eines Mitberechtigten im eigenen Namen und zugleich in gewillkürter Prozeßstandschaft für die anderen Mitinhaber dürfte kein Bedürfnis bestehen[319]. Die Abtretung einer Mitberechtigung an einen Dritten hat auf die Anfechtungsbefugnis der Gemeinschaft keinen Einfluß. Steht ein Geschäftsanteil einer **Erbengemeinschaft** zu, so kann jedoch jeder Miterbe gemäß § 2038 Abs. 1 S. 2 Halbs. 2 BGB ohne Mitwirkung der anderen Anfechtungsklage erheben, weil es sich um eine notwendige Erhaltungsmaßnahme handelt[320]. Die auf § 18 Abs. 1 gestützte Gegenauffassung [321] hat der BGH nunmehr ausdrücklich für unrichtig erklärt[322].

155 **Ohne Bedeutung** für die Anfechtungsbefugnis ist, ob es sich um *stimmrechtslose* oder gewinnrechtslose *Geschäftsanteile* handelt[323] oder ob der Gesellschafter bei dem angefochtenen Beschluß von der *Abstimmung ausgeschlossen* war[324]. Die Gesellschaft selbst kann aus *eigenen Anteilen* keine Rechte, daher auch kein Anfechtungsrecht wahrnehmen (vgl. Erl. zu § 33).

156 Der Anfechtende muß grundsätzlich sowohl **im Zeitpunkt des fehlerhaften Beschlusses wie der Geltendmachung der Anfechtung**, namentlich der Anfechtungsklage, Gesellschafter sein. Dies folgt schon daraus, daß Grundlage der Anfechtungsbefugnis eine Beeinträchtigung der Mitgliedsrechte des Gesellschafters durch den Beschluß ist. Wer die Mitgliedschaft originär nach dem Beschluß erwirbt, z. B. durch Übernahme einer Stammeinlage im Zuge einer Kapitalerhöhung gemäß § 55 oder durch Erwerb bei Kaduzierung gemäß § 22 Abs. 4, ist zur Anfechtung nicht berechtigt[325].

157 Eine Modifikation der Ausgangsregel ist aber bei **Veräußerung** der Geschäftsanteile erforderlich. Veräußert ein anfechtungsberechtigter Gesellschafter seine Geschäftsanteile zwischen Beschluß und Klageerhebung vollständig an einen Dritten, so geht das Anfechtungsrecht mit der Mitgliedschaft auf den Erwerber über[326]. Veräußert er nur

---

[315] *Schilling/Zutt*-Voraufl. 122; Scholz/*Schmidt* § 45, 133; Baumbach/Hueck/*Zöllner* 73; Rowedder/*Koppensteiner*[2] § 47, 117; *A. Hueck* Festschrift E. Molitor S. 401, 424 f.

[316] *Schilling/Zutt*-Voraufl. 123; Scholz/*Schmidt* § 45, 132.

[317] BGHZ 24, 119, 124 = NJW 1957, 951 (zur AG); WM 1962, 419 f; BGH NJW 1966, 1458, 1459 (für die Nichtigkeitsklage); *Schilling/Zutt*-Voraufl. 119; Scholz/*Schmidt* § 45, 128 (Allgem. M.).

[318] LG Mannheim WM 1990, 760, 762; Scholz/*Schmidt* § 45, 128; hM.

[319] Scholz/*Schmidt* § 45, 128.

[320] BGHZ 108, 21, 30 f = NJW 1989, 2694.

[321] Scholz/*Winter* § 18, 20; *Schilling/Zutt*-Voraufl. § 18, 20; Baumbach/*Hueck* § 18, 2.

[322] BGHZ 108, 21, 31 = NJW 1989, 2694.

[323] BGHZ 14, 264, 270 ff = NJW 1954, 1563.

[324] *Schilling/Zutt*-Voraufl. 119.

[325] *Schilling/Zutt*-Voraufl. 120; Fischer/*Lutter/Hommelhoff* 48; Scholz/*Schmidt* § 45, 131, die den Erwerb bei Kaduzierung aber als derivativ einstufen und dem Erwerber ein Anfechtungsrecht zubilligen; aA Baumbach/Hueck/*Zöllner* 74, die bei der Kapitalerhöhung ein Anfechtungsrecht hinsichtlich nicht eingetragener, dem Anteilszeichner unbekannter Satzungsänderungs- und sonstiger eintragungsbedürftiger Grundlagenbeschlüsse gewähren wollen.

[326] BGHZ 43, 261, 267 = NJW 1965, 1378, hM.

einen Teil seines Anteilsbesitzes, so bleibt er dagegen selbst anfechtungsberechtigt, denn seine Mitgliedschaft dauert fort; der Erwerber hat daneben kein berechtigtes Interesse, Gesellschafterbeschlüsse anzufechten, die vor seinem Eintritt gefaßt wurden[327]. Veräußert der Gesellschafter seinen gesamten Anteilsbesitz an verschiedene Personen, so erlangen folgerichtig alle Erwerber die Anfechtungsbefugnis[328]. In allen Fällen des derivativen Erwerbs muß sich der Rechtsnachfolger den in der Person des Vorgängers eingetretenen Ablauf der Anfechtungsfrist zurechnen lassen[329]. Ob der Erwerber gegenüber dem Veräußerer verpflichtet ist, einen Beschluß anzufechten, oder umgekehrt, richtet sich nach dem obligatorischen Grundgeschäft zwischen beiden[330]. Möglicherweise behält der Veräußerer trotz des Verlusts der Anfechtungsbefugnis ein zur Erhebung einer Feststellungsklage gem. § 256 ZPO erforderliches rechtliches Interesse.

Mit dem Untergang des Geschäftsanteils durch rechtswirksame **Einziehung** erlischt das Anfechtungsrecht. Dagegen hat die Einleitung des Einziehungsverfahrens als solche noch keine Auswirkungen. Richtet sich die Anfechtungsklage gegen den Einziehungsbeschluß selbst, so kann die Gesellschaft den Einwand mangelnder Aktivlegitimation selbstverständlich nicht auf diesen stützen. Steht jedoch fest, daß die Einziehung wirksam ist, die Mitgliedschaft also untergegangen ist, so ist auch die Anfechtungsbefugnis entfallen. Möglicherweise bleibt dem ausgeschiedenen Gesellschafter die Feststellungsklage gem. § 256 ZPO oder die Geltendmachung von Schadensersatzansprüchen. Das gleiche gilt beim Verlust des Anteils durch **Kaduzierung** (§ 22). Der von der Kaduzierung betroffene Gesellschafter verliert das Anfechtungsrecht[331]. (Zur Anfechtungsbefugnis des Erwerbers in der Kaduzierung s. Rdn 156). **158**

Das Anfechtungsrecht kann **nicht gesondert abgetreten** werden. Auch soweit man die selbständige Übertragbarkeit einzelner Verwaltungsrechte generell bejaht, ist eine Übertragung der Anfechtungsbefugnis nicht zulässig, weil sie zum Kernbereich der Mitgliedschaft gehört (§ 14, 32f). Ebensowenig geht das Anfechtungsrecht bei der isolierten Abtretung von Ansprüchen auf Gewinn oder auf Liquidationsguthaben auf den Erwerber über [332]. **159**

Unterliegen die Geschäftsanteile der Verwaltung eines **Testamentsvollstreckers**, so steht diesem grundsätzlich die Anfechtungsbefugnis zu. Das gilt jedoch nicht, wenn der Testamentsvollstrecker an dem fehlerhaften Beschluß selbst unzulässigerweise anstelle der Erben mitgewirkt hat[333]. Im **Konkurs** des Gesellschafters liegt die Anfechtungsbefugnis beim Konkursverwalter. Im übrigen gelten für die Geltendmachung des Anfechtungsrechts und für die Prozeßfähigkeit und Prozeßvertretung im Anfechtungsprozeß die allgemeinen Bestimmungen. **160**

c) **Anfechtungsbefugnis von Organmitgliedern.** Nach **§ 245 Nr. 4 und 5 AktG** ist bei der AG neben den Aktionären auch der Vorstand anfechtungsberechtigt, ferner jedes Mitglied des Vorstands und des Aufsichtsrats, sofern es durch die Ausführung des Beschlusses eine Straftat oder Ordnungswidrigkeit begehen oder sich schadenser- **161**

---

[327] *Schilling/Zutt*-Voraufl. 121; Scholz/*Schmidt* § 45, 130; *Meyer-Landrut*/Miller/Niehus § 47, 82.

[328] Scholz/*Schmidt* § 45, 132; aA *Schilling/Zutt*-Voraufl. 121; Baumbach/Hueck/*Zöllner* 74, wonach es auf die zeitliche Reihenfolge ankommen soll: Das Anfechtungsrecht verbleibe bis zum letzten Anteil beim bisherigen Gesellschafter und gehe nur auf den letzten Erwerber über.

[329] Scholz/*Schmidt* § 45, 132.

[330] *Schilling/Zutt*-Voraufl. 121.

[331] *Schilling/Zutt*-Voraufl. 124.

[332] *Schilling/Zutt*-Voraufl. 125.

[333] BGHZ 108, 21, 23f = NJW 1989, 2694.

satzpflichtig machen würde. Die Vorschrift **paßt** auf die GmbH **nicht**[334]. Der Vorstand einer AG hat die Gesellschaft gemäß § 76 AktG unter eigener Verantwortung zu leiten. Es ist folgerichtig, wenn ihm das Gesetz auch die Anfechtungsbefugnis als den Rechtsbehelf gewährt, der ihm gestattet, die rechtliche Kontrolle der Hauptversammlungsbeschlüsse in die Wege zu leiten. Bei der GmbH liegt die Unternehmensleitung dagegen mangels abweichender Satzungsregelung bei den Gesellschaftern. Die Geschäftsführer führen deren Beschlüsse aus und sind ihren Weisungen unterworfen. Dieser Stellung widerspräche es, ihnen eine generelle Möglichkeit zuzubilligen, Gesellschafterbeschlüsse anzufechten. Ein Aufsichtsrat besteht bei der GmbH kraft Gesetzes nicht. Wird er eingerichtet, so weisen ihm die Gesellschafter auch die Kompetenzen zu (§ 52, 96). Auch hier wäre es sinnwidrig, ihm seinerseits originäre Kontrollrechte gegenüber Gesellschafterbeschlüssen zu gewähren. Das Anfechtungsrecht erscheint bei der GmbH demgemäß vor allem als das Mittel, mit dessen Hilfe die bei einer Abstimmung unterlegenen Minderheitsgesellschafter ihre Rechte gegenüber der Mehrheit wahren können. Dies gilt auch für die mitbestimmte GmbH, denn die Mitbestimmung beseitigt die Weisungsbefugnis der Gesellschafter gegenüber den Geschäftsführern nicht (§ 52, 233, 288).

162 Die **überwiegende Ansicht** zieht aus diesem Befund den Schluß, daß Geschäftsführern und Aufsichtsratsmitgliedern das Anfechtungsrecht **nicht zusteht**[335]. Demgegenüber billigt ihnen eine Reihe von Autoren in Anlehnung an § 245 Nr. 5 AktG das Anfechtungsrecht für den Fall zu, daß sie sich durch die Ausführung der Beschlüsse strafbar oder ersatzpflichtig machen würden[336]. Noch weitergehend wollen *K. Schmidt*[337], *Zöllner*[338] und *Reuter*[339] Geschäftsführern bei allen ausführungsbedürftigen Beschlüssen das Anfechtungsrecht gewähren, soweit ihnen die Ausführung obliegt.

163 **Zutreffend** erscheint demgegenüber eine **differenzierende Lösung**: Auf Anfechtungsgründe, die offenkundig allein dem Schutz der Minderheitsgesellschafter dienen, können sich Geschäftsführer und Aufsichtsratsmitglieder in keinem Fall berufen. So wäre es z. B. widersinnig, einem Geschäftsführer die Anfechtung mit der Begründung zu gestatten, nicht allen Gesellschaftern sei die Tagesordnung ordnungsgemäß zugegangen (Rdn 104), ein Gesellschafter sei unter Verstoß gegen § 51 a nicht ausreichend informiert worden (Rdn 108) oder die Gesellschaftermehrheit habe eine ihr gegenüber der Minderheit obliegende Treuepflicht verletzt (Rdn 121). Als Anfechtungsgründe, auf welche sich die Geschäftsführer beziehen können, bleiben danach im wesentlichen die Verletzung zwingender Rechtsvorschriften, der Verstoß gegen die guten Sitten und das Streben nach Sondervorteilen analog § 243 Abs. 2 AktG (Rdn 113 – 115). In Fällen dieser Art entfällt nach den allgemeinen Vorschriften die Bindung der Geschäftsführer an die Weisungen der Gesellschafter[340]. Sie dürfen ihnen widersprechen. Es ist folgerichtig,

---

[334] BGHZ 76, 154, 159 = NJW 1980, 1527; *Schilling/Zutt*-Voraufl. 127; Scholz/*Schmidt* § 45, 134; Fischer/*Lutter/Hommelhoff* 50 i. V. m. 24; Rowedder/*Koppensteiner*² § 47, 118; *Meyer-Landrut*/Miller/Niehus § 47, 82; *Däubler* GmbH-Rdsch. 1968, 4, 8; *Immenga* GmbH-Rdsch. 1973, 5, 8; einschr. auch *M. Lehmann* Die ergänzende Anwendung von Aktienrecht auf die GmbH S. 103 f.

[335] *Schilling-Zutt*-Voraufl. 127; Fischer/*Lutter/Hommelhoff* 50 i. V. m. 24; *Meyer-Landrut*/Miller/Niehus § 47, 82; *Däubler* GmbH-Rdsch. 1968, 4, 8; *Immenga* GmbH-Rdsch. 1973, 5, 8; BGHZ 76, 154, 159 = NJW 1980, 1527.

[336] Rowedder/*Koppensteiner*² § 47, 118; *Lehmann* aaO S. 104 f; wohl auch Fischer/*Lutter/Hommelhoff* 24.

[337] Scholz/*Schmidt* § 45, 134.

[338] Baumbach/Hueck/*Zöllner* 75.

[339] *Reuter* Die Mitbestimmung als Bestandteil des Normativsystems für die juristischen Personen des Handelsrechts (1987) S. 25.

[340] Vgl. *Mertens*-Voraufl. § 43, 80 ff; Scholz/*Schneider* § 43, 101 ff; Baumbach/Hueck/*Zöllner* § 37, 12 je m. w. N.

ihnen dann auch die Befugnis zur Anfechtungsklage zu gewähren, damit sie die gerichtliche Klärung des Streits mit Wirkung für oder gegen alle in die Wege leiten können. Die Klage steht dann jedem Geschäftsführer einzeln zu.

Nach entsprechenden Regeln ist auch die Anfechtungsbefugnis einzelner **Aufsichts-rats-** oder **Beiratsmitglieder** zu beurteilen. Sie sind jedenfalls dann anfechtungsberechtigt, wenn ihnen die Ausführung des Beschlusses obliegt, was beim fakultativen Aufsichtsrat oder Beirat leicht der Fall sein kann (§ 52, 144, 356 ff), oder wenn sie sich durch die Ausführung strafbar oder schadensersatzpflichtig machen würden. **164**

Die **Satzung** kann Geschäftsführung, Aufsichtsrat, Beirat oder Mitgliedern dieser Organe ein weitergehendes Anfechtungsrecht einräumen. Es besteht kein Anlaß, die Vertragsfreiheit insoweit aus Gründen des objektiven Rechts oder der öffentlichen Ordnung einzuschränken[341]. Ob sie ihnen die Anfechtungsbefugnis entziehen oder sie einschränken kann, ist zweifelhaft. Man wird die Frage verneinen müssen, denn die Möglichkeit, eine inhaltliche Rechtskontrolle in die Wege zu leiten (Rdn 163), sollte den Gesellschaftsorganen nicht genommen werden. **165**

d) **Dritte.** Andere Personen als Gesellschafter und Organmitglieder haben **kein Anfechtungsrecht**, denn es würde dem Sinn der Anfechtung widersprechen, ihnen einen Rechtsbehelf an die Hand zu geben, der dazu bestimmt ist, die Rechtmäßigkeit der internen Willensbildung in der Gesellschaft zum Schutz der Gesellschafterminderheit sicherzustellen[342]. Das gilt insbesondere auch für Gesellschaftsgläubiger[343]. Ein solches Recht kann ihnen auch nicht durch die Satzung oder durch Übertragung der Verwaltungsrechte gewährt werden. **Ausnahmen** gelten im Bereich der Mitbestimmung nach § 251 Abs. 2 AktG: Soweit Aufsichtsratsmitglieder von den Gesellschaftern nach dem MontanMitbestG auf Vorschlag der Betriebsräte gewählt werden, kann die Wahl auch von den beteiligten Betriebsräten, jeder in den Betrieben der Gesellschaft vertretenen Gewerkschaft oder den Spitzenorganisationen der Gewerkschaften angefochten werden. Die Vorschrift ist auf die mitbestimmungspflichtige GmbH entsprechend anzuwenden. Im übrigen können Dritte sich auch außerhalb eines Anfechtungsprozesses nicht auf Anfechtungsgründe berufen[344]. **166**

e) **Rechtsschutzinteresse.** Das neben dem Anfechtungsrecht für eine Klage notwendige Rechtsschutzbedürfnis des Klägers folgt in der Regel **ohne weiteres** daraus, daß jeder Gesellschafter und jedes Organmitglied ein rechtlich beachtliches Interesse daran hat, die Übereinstimmung oder Nichtübereinstimmung von Beschlüssen seiner Gesellschaft mit Gesetz und Satzung überprüfen und feststellen zu lassen. Ein *eigenes* rechtliches Interesse an der Beseitigung des Beschlusses im Sinn persönlicher Betroffenheit braucht nach allgemeiner Meinung nicht vorzuliegen[345]. Der Anfechtungskläger kann die Klage auch darauf stützen, daß das Gesetz oder die Satzung gegenüber einem anderen Gesellschafter nicht beachtet worden sind. Das gilt selbst dann, wenn der andere, unmittelbar betroffene Gesellschafter von seiner Anfechtungsbefugnis keinen Gebrauch gemacht oder auf die Anfechtung verzichtet hat. Hat ein Gesellschafter allerdings einen nur ihm gegenüber fehlerhaften Beschluß gebilligt, so kann ein anderer **167**

---

[341] *Schilling/Zutt*-Voraufl. 128; Scholz/*Schmidt* § 45, 135; *Vogel* Gesellschafterbeschlüsse[2] S. 217.

[342] *Schilling/Zutt*-Voraufl. 129; Scholz/*Schmidt* § 45, 135.

[343] Vgl. RGZ 166, 129, 132 f.

[344] Vgl. allgemein zur Wirkung fehlerhafter Beschlüsse im Verhältnis zu Dritten *Noack* Fehlerhafte Beschlüsse in Gesellschaften und Vereinen S. 52 ff.

[345] HA, RGZ 146, 385, 395; BGHZ 43, 261, 265 ff = NJW 1965, 1378; 70, 117, 118 = NJW 1978, 540; 107, 296, 308 = NJW 1989, 2689; BGH WM 1964, 1188, 1191; WM 1966, 446, 447; *Schilling/Zutt*-Voraufl. 137; Scholz/*Schmidt* § 45, 136; Baumbach/Hueck/*Zöllner* 81.

die Anfechtungsklage hierauf nicht mehr stützen, denn durch die Zustimmung des Betroffenen wird der Mangel geheilt (Rdn 152). Eine Erklärung der Geschäftsführung, sie wolle von dem anfechtbaren Beschluß keinen Gebrauch machen, nimmt einer Anfechtungsklage das Rechtsschutzbedürfnis hingegen nicht[346].

168 **Ausnahmsweise** kann das Rechtsschutzbedürfnis **fehlen**, so wenn der Beschluß wieder aufgehoben oder umgekehrt durch einen mangelfreien Beschluß bestätigt wurde (Rdn 148). Bei einem ablehnenden Beschluß ist es nicht vorhanden, wenn die Vernichtung des Beschlusses zu keiner wesentlichen Veränderung der Beschlußlage führt, weil keine positive Regelung erzielt wurde[347]. Dagegen ist das Rechtsschutzinteresse zu bejahen, wenn der Kläger zugleich eine positive Beschlußfeststellungsklage erhebt (Rdn 244). Hat der Kläger mit dem abgelehnten Antrag einen Anspruch gegen die Gesellschaft verfolgt, so steht ihm die Anfechtungs- und Beschlußfeststellungsklage neben der Leistungsklage gegen die Gesellschaft zu[348]. Das Rechtsschutzinteresse kann schließlich auch darin liegen, daß durch die Nichtigerklärung die fehlerfreie Wiederholung des Beschlusses erzwungen werden soll[349]. Für die isolierte Anfechtung eines Beschlusses, durch den die Gesellschafter die Weigerung der Geschäftsführer billigen, gemäß § 51 a verlangte Informationen zu erteilen, fehlt das Rechtsschutzbedürfnis, weil zur Durchsetzung des Auskunftsanspruchs das Spezialverfahren des § 51 b zur Verfügung steht (Rdn 108). Wird der angefochtene Beschluß während des Prozesses bestätigt oder mangelfrei wiederholt, so fällt das Rechtsschutzinteresse nachträglich weg. Die Klage ist in der Hauptsache für erledigt zu erklären (Rdn 226)[350].

169 f) **Rechtsmißbrauch.** Selbst wenn das Rechtsschutzbedürfnis nach dem Vorstehenden zu bejahen ist, kann eine Anfechtungsklage wegen Mißbrauchs des Anfechtungsrechts als unbegründet abzuweisen sein[351]. Ein *Mißbrauch* liegt nach der Formel des Reichsgerichts (RGZ **146**, 385, 395) vor, wenn ein Gesellschafter die ihm an sich zustehende Anfechtungsbefugnis „zu gesellschaftsfremden Zwecken" ausübt, nämlich zu dem Zweck, um „selbstsüchtig der Gesellschaft seinen Willen erpresserisch aufzuzwingen." Das RG hatte dabei *gewerbsmäßige Opponenten* in der Hauptversammlung einer AG im Auge, die nur zu dem Zweck Anfechtungsklage erheben, um eine besondere Leistung aus dem Gesellschaftsvermögen oder eine höhere Dividende zu erlangen. Im Urteil BGHZ **36**, 121, 135 ff = NJW **1962**, 104, 107 f ging es darum, ob

---

346 *Schilling/Zutt*-Voraufl. 137; *Schilling*-Großkomm-AktG § 243, Anm. 13.

347 RGZ 166, 175, 188; BGH WM 1964, 1188, 1191; *Zöllner*-KölnKommAktG § 246, 27; Geßler/Hefermehl/Eckardt/Kropff/*Hüffer* § 246, 14; *Schilling/Zutt*-Voraufl. 138; vgl. auch BGH WM 1972, 931, 933.

348 OLG Koblenz GmbH-Rdsch. 1990, 39, 40 f = EWiR § 15 GmbHG 2/89, 1003 mit Anm. *Rowedder*[2]; Scholz/*Schmidt* § 45, 136; Baumbach/Hueck/*Zöllner* 81.

349 Baumbach/Hueck/*Zöllner* aaO.

350 BGHZ 21, 354, 356 = NJW 1956, 1753; BGH BB 1974, 854; *von Caemmerer* Festschrift Hueck S. 281, 290.

351 RGZ 146, 385, 395 ff; BGHZ 36, 121, 135 ff = NJW 1962, 604; 107, 296, 308 ff = NJW 1989, 2689 (Kochs-Adler); BGH NJW 1990, 322 (DAT/Altana I); WM 1990, 140, 144 f (DAT/Altana II); WM 1990, 2073. OLG Hamburg JZ 1953, 405, 406 m. Anm. *Schilling*; OLG Hamm GmbH-Rdsch. 1988, 396, 398; OLG Karlsruhe WM 1989, 1134, 1140 f; LG Landshut WM 1990, 931, 933; *Bokelmann* BB 1972, 733; *Lutter* ZGR 1978, 347; *ders.* Festschrift 40 Jahre Der Betrieb S. 193, 208 ff; *ders.* ZHR 153 (1989), 446, 466; *Hirte* BB 1988, 1469; *ders.* ZIP 1988, 953, 955; *ders.* DB 1989, 267; *Timm* EWiR § 243 AktG 1/88, 1049; *Zöllner*-KölnKomm-AktG § 245, 78 ff; Geßler/Hefermehl/Eckardt/Kropff/Hüffer § 245, 47 ff; Scholz/*Schmidt* § 45, 137; Rowedder/*Koppensteiner*[2] § 47, 111; kritisch Götz DB 1989, 261; im ganzen zurückhaltend *Schilling/Zutt*-Voraufl. 99; zu den kritischen Stimmen ist auch zu zählen *Mestmäcker* Verwaltung, Konzerngewalt und Rechte der Aktionäre (1958) S. 14; *ders.* BB 1961, 945, 951 und *Bokelmann* aaO; *Martens* AG 1988, 118, 122 ff; Neuestens *Timm (Hrsg.)* Mißbräuchliches Aktionärsverhalten (1990) mit Beiträgen von *Timm, Windbichler, Lehmann, Martens, Baums* und *Keil*; *Diekgraf* Sonderzahlungen an opponierende Kleinaktionäre im Rahmen von Anfechtungs- und Spruchstellenverfahren (1990).

ein Auskunft begehrender Aktionär mißbräuchlich handelt, wenn es ihm gar nicht oder doch nicht in erster Linie um die verlangte Information zu tun ist, sondern darum, der Verwaltung Unannehmlichkeiten zu bereiten und so einen Anreiz für den Erwerb seiner Aktien zu einem überhöhten Preis zu schaffen. In neuerer Zeit wurde das Problem wieder aktuell, weil in einer Serie von Fällen „räuberische Aktionäre" Anfechtungsklagen erhoben, um alsdann mit der Verwaltung in Verhandlungen zu treten und dabei hohe Summen für deren Rücknahme zu verlangen. Die Möglichkeit, den Druck, der von einem lange andauernden Anfechtungsprozeß ausgeht, dazu auszunützen, um sich für den Verzicht auf die Anfechtung ungerechtfertigte Sondervorteile zu verschaffen, ist nicht auf die AG beschränkt, wenngleich sie dort eine größere Gefahr darstellen dürfte als bei der personalistischen GmbH.

Wann ein Mißbrauch des Anfechtungsrechts zu bejahen ist, hängt wesentlich von den **Anforderungen** ab, die an den Tatbestand gestellt werden. Im Schrifttum wurde dazu von mehreren Autoren die Meinung vertreten, die Motive des Klägers müßten außer Betracht bleiben, da die Anfechtungsbefugnis ein fremdnütziges Recht sei, das zur Beseitigung eines rechtswidrigen Zustands diene, von dem alle Gesellschafter, aber auch die Gläubiger und die Allgemeinheit betroffen seien[352]. Namentlich könnten eigensüchtige Zwecke aus diesem Grund den Mißbrauch nicht begründen. In Betracht kämen nur Straftatbestände wie z. B. die Nötigung oder Erpressung. Dem ist der **BGH** mit Recht entschieden entgegengetreten[353]. Er führt aus, die Funktion des Anfechtungsrechts als Mittel zur Rechtmäßigkeitskontrolle des Verhaltens der sich selbst verwaltenden Gesellschaft berühre den individuellen Charakter des Anfechtungsrechts nicht. Dem Berechtigten verbleibe in jedem Stadium des Verfahrens die Verfügungsbefugnis darüber. Daher könne ausnahmsweise auch ein eigensüchtiges Motiv den Vorwurf des – individuellen – Rechtsmißbrauchs rechtfertigen, und zwar selbst dann, wenn die Klage an sich begründet ist[354]. Der Tatbestand sei erfüllt, wenn der Kläger Anfechtungsklage mit dem Ziel erhebt, die verklagte Gesellschaft „in grob eigennütziger Weise zu einer Leistung zu veranlassen, auf die er keinen Anspruch hat und billigerweise auch nicht erheben kann", sondern sich „von der Vorstellung leiten" läßt, „die verklagte Gesellschaft werde die Leistung erbringen, weil sie hoffe, daß der Eintritt anfechtungsbedingter Nachteile und Schäden dadurch vermieden oder zumindest geringgehalten werden kann"[355]. Der Straftatbestand der Nötigung oder Erpressung brauche nicht erfüllt zu sein. **170**

Das **Urteil** ist **zu begrüßen**, denn es beendet Vorgänge, die sich zu einem offenkundigen Mißstand ausgewachsen hatten. Für die künftige Rechtsanwendung wird es danach darauf ankommen, zwischen den Fällen zu unterscheiden, in denen der Anfechtungskläger mit der Klage berechtigte, auch finanzielle Interessen verfolgt und anderen, in denen er die der Gesellschaft durch den Anfechtungsprozeß und seine lange Dauer drohenden Nachteile dazu ausnützt, sich das Anfechtungsrecht abkaufen zu lassen und sich dadurch Sondervorteile gegenüber den anderen Gesellschaftern verschafft. Der letztere Tatbestand wird regelmäßig erfüllt sein, wenn der Kläger unter Hinweis **171**

[352] Vgl. *Bokelmann* Rechtsmißbrauch des Anfechtungsrechts durch den Aktionär? (1970); *ders.* BB 1972, 733, 736 f; *Schilling*-GroßkommAktG § 243, Anm. 25 (je m. w. Nachw. des älteren Schrifttums).

[353] BGHZ 107, 296, 309 ff = NJW 1989, 2689 (Kochs-Adler); dazu *Heuer* WM 1989, 1401; *Hirte* EWiR § 246 AktG 1/89, 843.

[354] BGHZ 107, 296, 309 ff = NJW 1989, 2689 (Kochs-Adler); bestätigend BGH NJW 1990, 322 f (DAT/Altana I), wo der Senat diese Judikatur gegen den Einwand verteidigt, sie verletze die Grundrechte des Eigentumsschutzes und der Berufsfreiheit (Art. 14, 12 GG) der klagenden Aktionäre; ebenso BVerfG ZIP 1990, 228, 229 f in einem Nichtannahmebeschluß hinsichtlich einer Verfassungsbeschwerde der Anfechtungskläger; BGH WM 1990, 2073.

[355] BGHZ 107, 296, 311 = NJW 1989, 2689 (Kochs-Adler).

auf den der Gesellschaft drohenden Schaden die Initiative zu Verhandlungen mit der Unternehmensleitung ergreift und dabei Geld für den Verzicht oder die Rücknahme der Klage fordert, zumal wenn der verlangte Betrag außer Verhältnis zum Wert seines Geschäftsanteils und zu dem ihm durch den angefochtenen Beschluß verursachten Schaden steht[356].

9. Geltendmachung der Anfechtung

172 a) **Anfechtungserklärung und -klage.** Nach hL wird die Anfechtung bei allen festgestellten Beschlüssen durch kassatorische Anfechtungsklage analog § 246 AktG geltend gemacht, bei nicht festgestellten durch negative Feststellungsklage gemäß § 256 ZPO (Rdn 91). Eine der Klage vorausgehende Anfechtungserklärung spielt daneben in Rechtsprechung und Lehre keine Rolle. Das liegt daran, daß das Gesetz anders als bei der AG einen Widerspruch gegen den Beschluß nicht verlangt (Rdn 98) und daß die Klage binnen kurzer Frist zu erheben ist (Rdn 177), so daß für einen davon zu unterscheidenden Rechtsakt der Erklärung kaum Zeit bleibt. In der Praxis geht jedoch eine **Anfechtungserklärung** der Klage regelmäßig voraus, und zwar schon deshalb, weil es unzweckmäßig wäre, die Gesellschaft mit einem Prozeß zu überziehen, ohne daß zuvor der Versuch unternommen wurde, den Mangel im Einvernehmen mit den Mitgesellschaftern zu beseitigen. Eine ohne Versuch der Verständigung eingereichte Anfechtungsklage kann treuwidrig sein (Rdn 121); auch kann das Rechtsschutzinteresse dafür fehlen (Rdn 167).

173 Die Anfechtung ist **gegenüber der Gesellschaft** zu erklären. Eine Form ist nicht erforderlich (vgl. § 143 BGB); jedoch muß aus der Formulierung hervorgehen, daß nicht nur Einwände gegen den Beschluß erhoben, sondern seine Rechtswirksamkeit angegriffen wird. Wird die Anfechtungserklärung noch in der Gesellschafterversammlung abgegeben, in welcher der Beschluß gefaßt wurde, so ist der Versammlungsleiter als empfangsberechtigt anzusehen; fehlt ein solcher, die anwesenden Mitgesellschafter. Später abgegebene Anfechtungserklärungen sind an die Geschäftsführer als die Vertreter der Gesellschaft zu richten. Nach § 35 Abs. 2 S. 3 genügt die Erklärung gegenüber einem von ihnen.

174 b) **Andere Geltendmachung.** Die ausschließliche Geltendmachung der Anfechtbarkeit durch Klage läßt sich nicht folgerichtig durchhalten. Vielmehr ist in der Judikatur eine Reihe von Fällen aufgetreten, in denen dem Beklagten gestattet wurde, sich im Weg der **Einrede** darauf zu berufen[357]. Gegenüber der *Ausschlußklage* kann der betroffene **Gesellschafter** einwenden, der zugrundeliegende Gesellschafterbeschluß sei mangels eines wichtigen Grundes anfechtbar gewesen, selbst wenn er eine rechtzeitige Anfechtungsklage versäumt hat[358]. Werden ausstehende *Einlagen* oder *Nachschüsse* eingefordert oder *Schadensersatzansprüche* gegen einen Gesellschafter erhoben, kann die Klage mit dem Einwand zu Fall gebracht werden, der Einforderungsbeschluß sei anfechtbar gewesen[359]. In einem neuen Urteil ist der BGH sogar soweit gegangen, gegenüber der Durchführung eines nicht rechtzeitig angefochtenen Beschlusses den

356 Vgl. die Tatbestandswürdigung in BGHZ 107, 296, 312 ff = NJW 1989, 2689 (Kochs-Adler); ferner *Windbichler* in *Timm (Hrsg.)* Mißbräuchliches Aktionärsverhalten S. 35, 40 ff.

357 Vgl. zum folgenden vor allem Scholz/*Schmidt* § 45, 124 und ausführlicher 6. Aufl. 50. Vgl. neben den im folgenden genannten Urteilen aus der älteren Rspr. RGZ 89, 367, 380; RG LZ 1913, 683.

358 Vgl. *Ulmer*-Voraufl. Anh. § 34, 19, der allerdings Widerklage verlangt, ferner Scholz/*Schmidt* aaO.

359 Scholz/*Schmidt* aaO.

allgemeinen Mißbrauchseinwand zuzulassen[360]. Auch die **Geschäftsführer** können in gewissen Fällen gegen die Ausführung anfechtbarer Beschlüsse und darauf beruhender Weisungen deren Rechtswidrigkeit einwenden[361] (zur Anfechtungsbefugnis der Geschäftsführer in solchen Fällen s. Rdn 161 ff). Gegenüber einem gegen einen Geschäftsführer gerichteten Schadensersatzanspruch kommt dessen Einwand in Betracht, der Beschluß nach § 46 Nr. 8 sei anfechtbar gewesen[362]. Das gemeinsame Merkmal dieser Fälle liegt darin, daß sie sich direkt auf die Rechtsstellung einzelner Gesellschafter oder Geschäftsführer auswirken. Es wäre daher unerträglich, deren Verteidigung darauf zu beschränken, daß sie rechtzeitig Anfechtungsklage erheben.

Hat ein Gesellschafter einen **Rechtsanspruch gegen die Gesellschaft**, so kann ferner **175** dessen Erfüllung nicht deshalb ausgeschlossen sein, weil er den die Erfüllung ablehnenden Beschluß nicht angefochten hat. Das gilt z. B., wenn der Gesellschafter Ausgleich dafür verlangt, daß anderen Gesellschaftern unter Verstoß gegen das Gleichbehandlungsgebot einseitig Zuwendungen aus dem Gesellschaftsvermögen gemacht werden (§ 14, 72, 74). In der neuesten Judikatur hat das OLG Koblenz mit Recht unter diesem Gesichtspunkt der Klage eines Gesellschafters stattgegeben, mit der er unter Berufung auf die Treuepflicht Zustimmung zur Abtretung eines vinkulierten Geschäftsanteils verlangte, obwohl der ablehnende Gesellschafterbeschluß wegen Verspätung nicht mehr angefochten werden konnte[363]. Schließlich hat der BGH im Urteil NJW **1979**, 2567 nach Ablauf der Anfechtungsfrist auch eine **Feststellungsklage** eines Gesellschafters gegen den einzigen Mitgesellschafter für zulässig gehalten, in der es darum ging, ob eine Satzungsänderung anfechtbar war.

c) **Stellungnahme.** Die angeführten Fälle und die Voraussetzungen, unter denen **176** die Anfechtbarkeit eines Beschlusses außerhalb des kassatorischen Prozesses geltend gemacht werden kann, sind im Schrifttum noch **wenig geklärt**[364]. Eine abschließende Stellungnahme dazu ist vorerst nicht möglich. Immerhin belegen die Beispiele, die sich auch vermehren lassen, daß der vom **BGH** und von der **hL** geforderte Klagezwang immer dann, wenn die Rechte oder Pflichten eines Gesellschafters oder Organmitglieds unmittelbar betroffen sind, erhebliche, in der Sache begründete Lücken aufweist. Das legt die Frage nahe, ob es sinnvoll ist, ihn gleichwohl als Grundsatz aufrechtzuerhalten. Nach der **neueren**, auch hier vertretenen **Lehre** (vgl. Rdn 9. 99) wird es der Interessenlage bei der GmbH besser gerecht, auf das Klageerfordernis ganz zu verzichten. Danach wird die Anfechtung lediglich durch **Anfechtungserklärung** geltend gemacht (Rdn 173). Die kassatorische Klage kann, muß aber nicht erhoben werden. Die Erklärung kann, sofern die Anfechtungsfrist eingehalten ist (Rdn 177), auch in Gestalt einer Einrede gegenüber einem von der Gesellschaft gegen den Gesellschafter erhobenen Anspruch abgegeben oder zur Abwendung von Einwendungen der Gesellschaft gegen einen Anspruch des Gesellschafters verwendet werden (Rdn 174 f).

10. Anfechtungsfrist

Schrifttum

Noack Fehlerhafte Beschlüsse in Gesellschaften und Vereinen (1989); *Rohleder* Zur Anfechtungsklage gegen einen fehlerhaften Gesellschafterbeschluß in der GmbH, GmbH-Rdsch. 1989, 236; *Zöllner/Noack* Geltendmachung von Beschlußmängeln im GmbH-Recht, ZGR 1989, 525.

[360] BGHZ 101, 113, 120 ff = NJW 1987, 2514 = JZ 1987, 1081 mit Anm. *K. Schmidt*, s. dazu schon Rdn 7.

[361] Vgl. statt aller *Mertens*-Voraufl. § 43, 80 ff.

[362] OLG München HRR 1940 Nr. 1357; Scholz/*Schmidt* § 45, 124; § 46, 157.

[363] OLG Koblenz GmbH-Rdsch. 1990, 39, 40 f = EWiR § 15 GmbHG 2/89, 1003 m. Anm. *Rowedder*[2].

[364] Scholz/*Schmidt* § 45, 124 und ausführlicher 6. Aufl. 50; *K. Schmidt* JZ 1987, 1083 f; *Noack* Fehlerhafte Beschlüsse S. 146 f.

177 a) **Angemessene Klagefrist.** Nach **§ 246 Abs. 1 AktG** muß die Anfechtungsklage in der AG innerhalb eines Monats nach der Beschlußfassung erhoben werden. Die Vorschrift paßt nach allgemeiner Ansicht, der sich nunmehr im Urteil vom 14. 05. 1990[365] ausdrücklich auch der **BGH** angeschlossen hat, auf die anderen Verhältnisse bei der GmbH nicht und ist daher **nicht entsprechend anzuwenden**[366]. Dem ist zuzustimmen. Die starre aktienrechtliche Frist erklärt sich aus dem Bedürfnis nach Rechtsklarheit und Rechtssicherheit angesichts der großen Breitenwirkung von Hauptversammlungsbeschlüssen. Erst nach längerer Zeit anhängig werdende Anfechtungsklagen könnten die Investitionsentscheidungen der Gesellschaft, ihre Stellung am Kapitalmarkt und die Bewertung der Aktien erheblich beeinträchtigen. Daher ist die in der Kürze der Frist liegende bewußte Bevorzugung der Gesellschaftsinteressen vor denen der Aktionäre tragbar[367]. Bei der GmbH wiegt dagegen angesichts der geringeren Breitenwirkung der Gesellschafterbeschlüsse und der regelmäßig persönlichen Beziehungen zwischen den Gesellschaftern das Bedürfnis nach einer flexiblen zeitlichen Regelung von Beschlußmängeln höher als die Rechtssicherheit.

178 Die **Rechtsprechung** hat daraus den Schluß gezogen, daß die Anfechtung binnen angemessener Frist geltend zu machen ist, wobei der **Monatsfrist** des § 246 Abs. 1 AktG eine **Leitbildfunktion** zukommt[368]. Sie ist die **Untergrenze.** Eine kürzere Frist als ein Monat kann auch in der Satzung nicht vorgeschrieben werden, weil sie einen übermäßigen und daher unzulässigen Eingriff in das Mitgliedsrecht jedes Gesellschafters bedeuten würde. Selbst die Festlegung einer Frist von vier Wochen anstelle eines Monats in der Satzung ist daher unwirksam[369]. Nach oben kann die Monatsfrist überschritten werden, sofern der Gesellschafter *„durch zwingende Umstände gehindert"* war, Anfechtungsklage zu erheben[370]. Er muß die Anfechtung mit *aller zumutbaren Beschleunigung* geltend machen[371]. Die Satzung kann die Anfechtungsfrist festlegen, sofern sie die Monatsfrist nicht unterschreitet[372]. Danach bestehen gegen eine Festlegung auf höchstens zwei Monate keine Bedenken[373]. Nach diesen Vorgaben hat der **BGH** in der neuesten Rechtsprechung eine *sechs Monate* nach dem Beschluß erhobene Anfechtungsklage als *verspätet* angesehen, und zwar auch unter Berücksichtigung des Umstands, daß die Klägerin in der Zwischenzeit einen Antrag auf gütliche Regelung gestellt hatte, der dann abgelehnt wurde[374]. Eine nach *zwei Monaten und zehn Tagen*

---

[365] BGH GmbH-Rdsch. 1990, 344 = EWiR § 47 GmbHG 2/90, 701 m. Anm. *Fleck.*

[366] Der BGH hat die Frage der Analogie bis zum zitierten Urteil ausdrücklich offen gelassen, sich aber der Sache nach von der Bindung an die Monatsfrist gelöst und ihr nur eine Leitbildfunktion zugesprochen, vgl. zuletzt BGHZ 101, 113, 117 = NJW 1987, 2514 = JZ 1987, 1081 m. Anm. *K. Schmidt*; 104, 66, 71 = NJW 1988, 1844; BGH GmbH-Rdsch. 1989, 120, 122. Aus der älteren Rechtsprechung vgl. RGZ 170, 358, 380; 172, 76, 79; BGHZ 11, 231, 240 = NJW 1954, 385; 80, 212, 217 = NJW 1981, 2125; BGH WM 1965, 425; WM 1966, 446, 447; BGH NJW 1966, 2055; Aus der Judikatur der Oberlandesgerichte vgl. OLG Hamburg JZ 1953, 405, 406 m. Anm. *Schilling*; OLG Celle GmbH-Rdsch. 1959, 113; OLG Stuttgart NJW 1973, 2027, 2028; OLG Düsseldorf BB 1982, 1074; OLG Hamburg GmbH-Rdsch. 1985, 120; OLG Koblenz ZIP 1986, 1120; OLG Köln WM 1987, 375; OLG Hamm GmbH-Rdsch. 1989, 79.

[367] So die Formulierungen in BGHZ 104, 66, 70 = NJW 1988, 1844.

[368] BGHZ 101, 113, 117 = NJW 1987, 2514 = JZ 1987, 1081 m. Anm. *K. Schmidt*; 104, 66, 71 = NJW 1988, 1844; BGH GmbH-Rdsch. 1989, 120, 122; GmbH-Rdsch. 1990, 344 = EWiR § 47 GmbHG 2/90, 701 m. Anm. *Fleck.*

[369] BGHZ 104, 66, 71 f = NJW 1988, 1844.

[370] BGHZ 101, 113, 117 = NJW 1987, 2514; BGH GmbH-Rdsch. 1989, 120, 122; Im Urteil BGH GmbH-Rdsch. 1990, 344 = EWiR § 47 GmbHG 2/90, 701 m. Anm. *Fleck* ist dagegen nur noch von „besonderen" Umständen die Rede.

[371] So schon RGZ 170, 358, 380; 172, 76, 79; ferner zuletzt BGHZ 101, 113, 117 = NJW 1987, 2514; 104, 66, 71 = NJW 1988, 1844; BGH GmbH-Rdsch. 1989, 120, 122; GmbH-Rdsch. 1990, 344 = EWiR § 47 GmbHG 2/90, 701 m. Anm. *Fleck.*

[372] BGHZ 104, 66, 71 ff = NJW 1988, 1844.

[373] BGHZ 108, 21, 29 = NJW 1989, 2694.

[374] BGH GmbH-Rdsch. 1989, 120, 123.

erhobene Klage hielt er für *rechtzeitig*, da der Kläger schwierige tatsächliche und rechtliche Fragen zu klären hatte, um die Aussichten des Prozesses abschätzen zu können[375]. Immerhin führt der BGH hierzu aus, daß die Klage innerhalb eines Monats zu erheben ist, sofern keine besonderen Umstände vorliegen und eine einverständliche Regelung nicht zu erwarten ist. Die Tatsache, daß es sich um eine kleine Gesellschaft handelt und die Gesellschafter durch verwandtschaftliche Beziehungen untereinander verbunden sind, rechtfertigt für sich allein kein längeres Zögern (aaO 1196). In der Judikatur der Oberlandesgerichte hat das OLG Stuttgart eine Anfechtungsklage als verspätet angesehen, die fünfeinhalb Monate nach dem Gesellschafterbeschluß eingereicht wurde[376]. Dagegen hat das OLG Koblenz eine nach knapp zwei Monaten anhängig gemachte Klage als rechtzeitig anerkannt, nachdem die Beteiligten im ersten Monat der Frist über die gütliche Beilegung des Streits verhandelt hatten[377]. Das OLG Hamm sah eine Überschreitung der Monatsfrist um elf Tage als noch angemessen an[378].

b) **Schrifttum.** Das Schrifttum folgt in der Grundtendenz dieser Judikatur[379]. Im **179**
einzelnen sind jedoch durchaus Meinungsunterschiede festzustellen, welche Frist noch angemessen ist, so daß von einer klaren, leicht handhabbaren Linie noch nicht gesprochen werden kann. Dabei lassen sich zwei Gruppen von Autoren unterscheiden. Die erste Gruppe sucht die Angemessenheit durch Angabe von **Mindest- und Höchstfristen** einzugrenzen. So halten *Fischer/Lutter/Hommelhoff* eine längere Frist als drei Monate stets für unangemessen[380]. *Rohleder* hält sechs Wochen in jedem Fall für angemessen, will eine längere Frist aber nur ausnahmsweise zulassen[381]. Die Gegenmeinung stellt ganz auf den Einzelfall ab und verzichtet auf die Angabe einer Frist, die auch nur als Anhaltspunkt dienen soll. Sie stützt die zeitliche Begrenzung der Klagebefugnis auf den Rechtsgedanken der **Verwirkung**, der eine personen- und fallbezogene Würdigung verlangt[382]. Dabei wird mehrfach eine kurze Frist überhaupt nicht für nötig gehalten, ein entsprechend § 242 Abs. 2 AktG festgelegter Endzeitpunkt nach Ablauf von drei Jahren vielmehr als ausreichend erachtet[383]. Der BGH schwankt, wie sich aus den in Rdn 178 zitierten Urteilen ergibt, einstweilen zwischen beiden Alternativen, wenn er auf der einen Seite von der Leitbildfunktion der Monatsfrist des § 246 AktG spricht, von der nur abgewichen werden kann, wenn der Gesellschafter durch besondere Umstände an einer früheren Klage gehindert war, zum anderen eine angemessene Frist fordert und die Angemessenheit unter dem Gesichtspunkt prüft, welche Beschleunigung dem Kläger zumutbar war[384]. Doch dürfte das jüngste Urteil eine Tendenz eher zugunsten der ersten Alternative erkennen lassen.

c) **Stellungnahme.** Das Problem der Klagefrist stellt sich nur, wenn man mit dem **180**
BGH am Klageerfordernis festhält (Rdn 3 ff, 99), während die neuere, hier vertretene Lehre statt dessen nach der Frist zu fragen hat, in der die Anfechtungserklärung abgegeben werden muß (Rdn 185). Stellt man sich auf den Standpunkt der herrschenden Rechtsprechung und Lehre, erscheint es richtig, die beiden in Rdn 179 genannten Gesichtspunkte miteinander zu kombinieren. Zunächst ist auch in diesem Fall zwischen

---

375 BGH GmbH-Rdsch. 1990, 344 f = EWiR § 47 GmbHG 2/90, 701 m. Anm. *Fleck*.
376 OLG Stuttgart NJW 1973, 2027, 2028.
377 OLG Koblenz ZIP 1986, 1120.
378 OLG Hamm DB 1989, 168.
379 Vgl. nur die in den folgenden Fn zitierten Autoren.
380 Anh. § 47, 45, vgl. auch OLG Hamm DB 1989, 168.
381 GmbH-Rdsch 1989, 236, 241 f.
382 Scholz/*Schmidt* § 45, 143; Baumbach/Hueck/*Zöllner* 79; *Zöllner/Noack* ZGR 1989, 525, 529 ff; *Fleck* EWiR § 47 GmbHG 2/90, 701, 702.
383 *Noack* Fehlerhafte Beschlüsse S. 154; *Zöllner/Noack* aaO 544.
384 BGHZ 101, 113, 117 = NJW 1987, 2514; 104, 66, 70 ff = NJW 1988, 1844.

der Anfechtungsfrist und der Klagefrist zu unterscheiden. Die Treuepflicht verlangt von jedem anfechtungsberechtigten Gesellschafter oder Organmitglied, die **Anfechtung unverzüglich** zu **erklären**. Denn es ist ihm zuzumuten, die Mitgesellschafter nicht länger als unbedingt nötig im unklaren darüber zu lassen, daß ein Beschluß in Frage gestellt wird. Ist der Gesellschafter in der Versammlung anwesend, so verlangt dies in der Regel, daß er seine Bedenken noch in der Versammlung selbst äußert und die Anfechtung erklärt oder doch zu erkennen gibt, daß er sie erwägt[385]. Bei komplizierter Sach- oder Rechtslage ist dem Gesellschafter jedoch eine gewisse Prüfungsfrist zuzubilligen, bevor er sich äußert, die jedoch nicht bis zur endgültigen Klärung aller einschlägigen Fragen dauern kann. Wird der Beschluß oder der ihm anhaftende Mangel dem Gesellschafter erst später bekannt, muß er sich nach Maßgabe derselben Kriterien unverzüglich dagegen wehren. Wird die Erklärung nicht unverzüglich abgegeben, ist die Anfechtung verwirkt. Das kann auch gegenüber solchen Beschlüssen gelten, welche unmittelbar in die Rechtsstellung eines Gesellschafters eingreifen (Rdn 174 ff), denn auch dann verlangt die Treuepflicht, daß der Gesellschafter alsbald zu erkennen gibt, wenn er sich gegen den Beschluß wehren will.

181 Für die **Anfechtungsklage** sollte um der Rechtssicherheit willen dagegen eine **Regelfrist** festgelegt werden, die im Normalfall einzuhalten ist und an der sich die Praxis als **Leitbild** orientieren kann (zur Frage, wann Anfechtungsgründe nach Fristablauf noch im Wege der Einrede geltend gemacht werden können, vgl. Rdn 174 ff). Ihre Länge braucht aber nicht zu knapp bemessen zu werden, denn die personalistische Struktur der GmbH verlangt, daß das Recht den Beteiligten ausreichend Spielraum gewährt, die Sach- und Rechtslage sorgfältig zu erwägen und darüber zu verhandeln, bevor sie mit dem schweren Geschütz der Klage aufwarten, welche das Vertrauensverhältnis zwischen ihnen empfindlich stört. Der Gesichtspunkt wiegt hier schwerer als das Bedürfnis nach schneller Klärung. Die Dauer der Regelfrist sollte auch nicht unter dem rechtspolitischen Gesichtspunkt bestimmt werden, welche Seite schutzbedürftiger ist, sondern nach der Erfahrung, wie lange die Praxis üblicherweise zur Prüfung und zur Abklärung in Verhandlungen benötigt, wenn dabei ohne Verzögerung vorgegangen wird.

182 Obwohl gesicherte Kenntnisse dazu noch fehlen, so daß eine endgültige Aussage verfrüht wäre, deuten die veröffentlichten Fälle darauf hin, daß nach diesen Kriterien die vom BGH zugrundegelegte einmonatige Frist zu kurz und eine **Dreimonatsfrist** angemessen ist. Man wird annehmen müssen, daß die Prüfung der Sach- und Rechtslage und die notwendigen Gespräche und Einigungsversuche zwischen den Gesellschaftern in den meisten Fällen so viel Zeit in Anspruch nehmen, daß diese Zeit aber auch ausreicht. Ist dies richtig, so können sich auch die Gerichte daran orientieren und brauchen, sofern diese Frist eingehalten ist, die Rechtzeitigkeit der Klage nicht eigens zu prüfen. Eine nach Ablauf der Frist eingereichte Klage kann dann nur noch unter *außergewöhnlichen Umständen* als rechtzeitig anerkannt werden, die der Kläger zu beweisen hat. In Betracht kommen Fälle, in denen die Verhandlungen zwischen den Beteiligten andauerten und weiterhin eine begründete Aussicht bestand, daß der Streit gütlich bereinigt werden könnte. Hinzukommen muß, daß es unter diesen Umständen für den Kläger unzumutbar war, Klage zu erheben, weil er damit rechnen mußte, sich eben dadurch der Chance gütlicher Einigung zu berauben. Die Vorklärung der Sach-

---

385 Offener *Noack* Fehlerhafte Beschlüsse in Gesellschaften und Vereinen S. 75 f, der den Rechtsgedanken der Verwirkung heranzieht, immerhin aber ausführt, das Anfechtungsrecht könne, namentlich unter Anwesenden, schon nach sehr kurzer Zeit verwirkt sein.

und Rechtslage kann dagegen kein zureichender Grund für die Verzögerung mehr sein. Keinesfall darf der anfechtungsberechtigte Gesellschafter das Ergebnis eines anderen Anfechtungsprozesses gegen den fehlerhaften Beschluß abwarten, um bei negativem Ausgang jenes Rechtsstreits seinerseits Anfechtungsklage zu erheben[386]. An der von der Rechtsprechung angenommenen **Mindestfrist** von einem Monat, die auch in der Satzung nicht abgekürzt werdern kann (Rdn 178), ist festzuhalten.

d) **Fristwahrung.** Die Klagefrist **beginnt** nach hL mit der **Beschlußfassung**[387]. Das gilt auch bei Beschlüssen gemäß § 48 Abs. 2 ohne Versammlung[388]. Nicht teilnehmende Gesellschafter müssen sich also über die gefaßten Beschlüsse, ihren Inhalt und über die Umstände, die eine Anfechtung begründen können, so rechtzeitig informieren, daß die Prüfung innerhalb der Frist möglich ist. Die **Satzung** kann eine andere Regelung treffen, namentlich auf den Zeitpunkt der Bekanntmachung abstellen[389]. Die Frist wird gewahrt, wenn der Anfechtungsberechtigte gemäß § 270 Abs. 3 ZPO rechtzeitig Klage eingereicht hat. Auf die Zustellung kommt es nicht an, sofern sie demnächst erfolgt[390]. Auch eine Klage beim unzuständigen Gericht wahrt regelmäßig die Frist[391] (Rdn 212), ebenso ein Prozeßkostenhilfeantrag[392]. **183**

Innerhalb der Klagefrist müssen **sämtliche Anfechtungsgründe** wenigstens in ihrem tatsächlichen Kern vorgebracht werden[393]. Ein Nachschieben von Gründen ist also nur innerhalb der Frist möglich, denn sonst wäre die zeitliche Begrenzung ihrer wesentlichen Bedeutung beraubt[394]. Dabei können allerdings für mehrere Anfechtungsgründe unterschiedliche Fristen relevant werden, wenn für einen die Regelfrist, für einen anderen wegen besonderer Umstände eine Fristverlängerung gilt[395]. Eine nachträgliche Ergänzung des Tatsachenvortrags und der Rechtsausführungen ist in keinem Fall ausgeschlossen, sofern damit nicht ein neuer Anfechtungsgrund eingeführt werden soll. Sie kann namentlich dann notwendig sein, wenn die volle Dimension des geltend gemachten Mangels sich erst während des Verfahrens herausstellt[396]. **184**

e) **Neuere Lehre.** Verzichtet man mit der neueren Lehre auf die Notwendigkeit, Anfechtungsklage zu erheben, so spielt die Klagefrist keine Rolle. Es kommt lediglich darauf an, ob die **Anfechtungserklärung** (Rdn 172) rechtzeitig abgegeben wurde. Aus den in Rdn 180 dargelegten Gründen ist zu verlangen, daß die Anfechtung **unverzüglich** nach Kenntnis des Beschlusses und des Mangels erklärt wird. Gehen die Mehrheitsgesellschafter auf die Anfechtung nicht ein und kommt es darüber zu Streit, so braucht **185**

---

386 *Schilling/Zutt*-Voraufl. 141.

387 Vgl. BGH NJW 1988, 411, 413 (zur KG); OLG Düsseldorf BB 1982, 1074, 1075; OLG Koblenz ZIP 1986, 1120; *Schilling/Zutt*-Voraufl. 141; Baumbach/Hueck/*Zöllner* 79; Scholz/*Schmidt* § 45, 145 m. w. Nachw.; aA Fischer/*Lutter/Hommelhoff* 45 (mit Kenntnis).

388 Auf der Grundlage der Annahme, daß in diesen Fällen die Mitteilung des Beschlußergebnisses an die Gesellschafter keine Wirksamkeitsvoraussetzung des Beschlusses ist, entspricht dies hL, vgl. *Hüffer* § 48, 51; Scholz/*Schmidt* § 48, 67; Baumbach/Hueck/*Zöllner* § 48, 19, 23; Fischer/*Lutter/Hommelhoff* § 48, 11; aA *Schilling/Zutt*-Voraufl. 141 i. V. m. *Schilling*-Voraufl. § 48, 23; *Meyer-Landrut*/Miller/Niehus § 48, 27 (Maßgeblich sei Kenntnis der Gesellschafter vom Ergebnis der Beschlußfassung).

389 Scholz/*Schmidt* § 45, 145 i. V. m. 144.

390 Vgl. BGH NJW 1988, 411, 413 (zur KG).

391 Stein/Jonas/*Schumann* Kommentar zur Zivilprozeßordnung[20] (1987) § 270, 46; Baumbach/Lauterbach/Albers/*Hartmann* ZPO[48] (1990) § 270, Anm. 4B a, jeweils m. w. Nachw. (str.).

392 Scholz/*Schmidt* § 45, 145; Baumbach/Hueck/*Zöllner* 79; *Schilling/Zutt*-Voraufl. 149.

393 RGZ 125, 143, 156; 83, 94f; BGHZ 15, 177, 180 = NJW 1955, 178; 32, 318, 322 = NJW 1960, 1447; BGH WM 1966, 446, 447; NJW 1966, 2055 = GmbH-Rdsch. 1966, 274 m. Anm. *Ganssmüller* (st. Rspr.); *Schilling/Zutt*-Voraufl. 142; Scholz/*Schmidt* § 45, 145.

394 *Schilling/Zutt*-Voraufl. 142; Scholz/*Schmidt* § 45, 145; Fischer/*Lutter/Hommelhoff* 52.

395 Vgl. BGH NJW 1966, 2055 = GmbH-Rdsch. 1966, 274 m. Anm. *Ganssmüller.*

396 BGH NJW 1966, 2055 = GmbH-Rdsch. 1966, 274 m. Anm. *Ganssmüller* zu einem Fall des Stimmrechtsmißbrauchs.

für eine **gerichtliche Klärung keine Frist** gesetzt zu werden, vielmehr kann es den Gesellschaftern überlassen bleiben, ob bzw. wann sie Klage erheben wollen (Rdn 6, 9). Es genügt, die Dreijahresfrist des § 242 Abs. 2 AktG als Ausschlußfrist auch auf solche Fälle analog anzuwenden (Rdn 179). Die Klagebefugnis kann vor Ablauf der drei Jahre **verwirkt** werden, wenn die allgemeinen Voraussetzungen dafür gegeben sind[397].

11. Rechtsfolgen der Anfechtung

Schrifttum

Baums Eintragung und Löschung von Gesellschafterbeschlüssen (1981); *Noack* Fehlerhafte Beschlüsse in Gesellschaften und Vereinen (1989); *Zöllner/Noack* Geltendmachung von Beschlußmängeln im GmbH-Recht, ZGR 1989, 525.

186 a) **Allgemeine Rechtsfolgen.** Anfechtungserklärung und Anfechtungsklage verändern die rechtliche Qualität des angefochtenen Beschlusses unmittelbar nicht. Festgestellte Beschlüsse bleiben mit dem festgestellten Inhalt bis zur rechtskräftigen Nichtigerklärung vorläufig wirksam. Bei nicht festgestellten Beschlüssen gilt das rechtlich zutreffende Ergebnis (Rdn 91), das allerdings unklar und umstritten sein kann, so daß ein offener Schwebezustand eintritt. Ist der Beschluß beurkundungspflichtig, so kann der **Notar** die Beurkundung nach herrschender und zutreffender Lehre nicht verweigern, weil er dadurch gemäß § 241 Nr. 2 AktG einen eigenen, von dem gerügten Mangel unabhängigen Nichtigkeitstatbestand schaffen würde[398]. Die **Geschäftsführer** haben in eigener Verantwortung nach pflichtgemäßem unternehmerischen Ermessen zu prüfen, ob sie den Beschluß ausführen können. Sie sind zur Ausführung grundsätzlich berechtigt, da der Beschluß wirksam ist, nicht jedoch verpflichtet, sofern sie die Anfechtung für begründet halten, denn an der Rechtswidrigkeit endet das Weisungsrecht der Gesellschafter[399]. Sofern man ihnen ein eigenes Anfechtungsrecht zugesteht (Rdn 161 ff), umfaßt die Prüfung auch die Frage, ob sie selbst Anfechtungsklage erheben sollen. Werden durch den Beschluß Ansprüche, zum Beispiel Gewinnansprüche, **eines Gesellschafters** begründet, so kann die Gesellschaft nach *Scholz/Schmidt* (§ 46, 45) die Erfüllung vorläufig verweigern. Dem ist zuzustimmen, denn die Gesellschafter müssen als Mitglieder der Gesellschaft die infolge der Anfechtung eintretende Unsicherheit gegen sich gelten lassen. Dagegen ist anzunehmen, daß **Dritte** sich auf die vorläufige Wirksamkeit berufen können, es sei denn, sie verstoßen damit gegen Treu und Glauben. Ein aufgrund eines angefochtenen Beschlusses berufener Geschäftsführer ist daher bis zur Rechtskraft der Entscheidung wirksam bestellt, wenn die Bestellung nicht durch einstweilige Verfügung vorläufig suspendiert wird (Rdn 258).

187 b) **Eintragung in das Handelsregister.** Die Anfechtung hindert die Eintragung eines – eintragungspflichtigen – Beschlusses nicht. Doch kann das Registergericht die Eintragung gemäß § 127 FGG bis zur Klärung des Rechtsstreits **aussetzen.** Ist Anfechtungsklage noch nicht erhoben worden, so kann es dem Anfechtungsberechtigten eine Frist zur Klage setzen. Nach **hM** ist das Gericht zur Aussetzung nicht verpflichtet, sondern hat eigenständig zu prüfen, ob es davon Gebrauch machen will, wobei vor allem die Bedeutung des Beschlusses für die Gesellschaft auf der einen, für

---

[397] *Noack* Fehlerhafte Beschlüsse S. 75 f; *Zöllner/Noack* ZGR 1989, 525, 529 ff; Baumbach/Hueck/*Zöllner* 79.

[398] Geßler/Hefermehl/Eckardt/Kropff/*Hüffer* § 243, 123 m. w. Nachw.; aA *Zöllner*-KölnKommAktG § 130, 15 bei eindeutigen Gesetzesverstößen.

[399] *Mertens*-Voraufl. § 43, 80 ff; *Fleck* GmbH-Rdsch. 1974, 224, 227; *ders.* ZHR 149 (1985), 387, 406; *Immenga* GmbH-Rdsch. 1973, 5, 8; *Zöllner/Noack* ZGR 1989, 525, 536.

den anfechtenden Gesellschafter auf der anderen Seite sowie die Aussichten der Anfechtung ins Gewicht fallen[400]. Unter Umständen kann der Anfechtungskläger die Aussetzung mittels einstweiliger Verfügung erzwingen (Rdn 258). Anders ist die Rechtslage jedoch bei der Anfechtung von **Verschmelzungsbeschlüssen**, weil der Gesetzgeber bei ihnen in § 24 Abs. 2 S. 2 KapErhG (ebenso bei der AG § 345 Abs. 2 S. 1 AktG) als Voraussetzung der Eintragung eine Erklärung der Geschäftsführer verlangt, daß der Beschluß innerhalb der Anmeldungsfrist nicht angefochten oder daß die Anfechtung rechtskräftig zurückgewiesen wurde. Danach können angefochtene Verschmelzungsbeschlüsse bis zur rechtskräftigen Klageabweisung nicht eingetragen werden. Immerhin hat der BGH im Fall mißbräuchlicher Anfechtung (Rdn 169) einen Ausweg gewiesen: Die Eintragung kann ausnahmsweise vorgenommen werden, wenn die Anfechtungsklage „zweifelsfrei ohne Erfolgsaussicht" ist, denn in einem solchen Fall hat der Kläger keinen Rechtsschutzanspruch[401]. De lege ferenda wäre es wünschenswert, die Verschmelzung genauso zu behandeln wie andere eintragungspflichtige Gesellschafterbeschlüsse[402].

c) **Neuere Lehre.** Teilt man die Lehre, wonach eine Anfechtungserklärung genügt und die Klage entbehrlich ist (Rdn 99), so treten einige Besonderheiten auf[403]. Können sich die **Gesellschafter** darauf **verständigen**, daß die Anfechtung berechtigt ist, so kann der Beschluß als gegenstandslos behandelt werden. Eine Satzungsänderung läßt sich auf diesem Weg allerdings nur rückgängig machen, wenn die dafür erforderlichen Förmlichkeiten (qualifizierte Mehrheit, Beurkundung) erfüllt sind. Denn da der Mangel nicht durch ein Gericht geprüft und bestätigt wird, muß damit gerechnet werden, daß die Satzungsänderung in Wahrheit nicht mangelhaft war, sondern durch den gegenteiligen Beschluß der Gesellschafter materiell wieder aufgehoben wird. War die Änderung bereits in das Handelsregister eingetragen, bedarf auch der neue Beschluß der Eintragung[404]. Schwierigkeiten bereiten **Beschlüsse** mit **Außenwirkung**. Wurde durch den Beschluß ein Dritter zum *Geschäftsführer, Aufsichtsrats-* oder *Beiratsmitglied bestellt*, so muß dieser sich gegenüber einer Verständigung zwischen den Gesellschaftern, wonach die Bestellung nichtig war, mit der Begründung wehren können, ein Anfechtungsgrund habe in Wahrheit nicht vorgelegen. Der Streit darüber muß notfalls im Prozeß zwischen dem Bestellten und der Gesellschaft ausgetragen werden[405]. Ein gegenteiliger Beschluß muß die Voraussetzungen erfüllen, unter denen das Organmitglied wieder abberufen werden kann, und erlangt keine Rückwirkung. Wurde ein *Unternehmensvertrag* geschlossen und durchgeführt, so kann er nicht aufgrund Übereinkunft der Gesellschafter als von Anfang an unwirksam behandelt werden, vielmehr sind die Regeln über fehlerhafte Unternehmensverträge anzuwenden (s. Abschn. Konzernrecht). **188**

---

400 OLG Köln BB 1982, 579; *Schilling/Zutt*-Voraufl. 220; Scholz/*Schmidt* § 45, 126; *Meyer-Landrut*/Miller/Niehus § 47, 86; Geßler/Hefermehl/Eckardt/Kropff/*Hüffer* § 243, 134; Keidel/Kuntze/*Winkler* FG[12] Teil A (1987) § 127, 36; *Jansen* FGG[2] (1970) § 127, 6; einschränkend *Baums* Eintragung und Löschung von Gesellschafterbeschlüssen (1981) S. 159 ff.

401 Beschluß vom 2. 7. 1990, NJW 1990, 2747, 2750; vgl. auch die vorhergehenden divergierenden Entscheidungen OLG Hamm WM 1988, 943 = EWiR § 345 AktG 1/88, 639 m. Anm. *Winkler* und OLG Frankfurt ZIP 1990, 509 = EWiR § 345 AktG 1/90, 529 m. Anm. *Semler*; ferner Scholz/*Priester* Anh. Umwandlung und Verschmelzung § 24 KapErhG, 6; Fischer/*Lutter*/*Hommelhoff* Anh. Verschmelzung § 24 KapErhG, 4; *Mertens* JuS 1989, 857, 861; *ders.* AG 1986, 57; *Hirte* BB 1988, 1469, 1476; *Hoffmann-Becking* Festschrift Fleck S. 105, 118; *Timm/Schick* DB 1990, 1221 f.

402 Vgl. *Hommelhoff* ZGR 1990, 447, 462 ff.

403 Vgl. zum folgenden *Zöllner/Noack* ZGR 1989, 525, 535 ff.

404 *Zöllner/Noack* aaO 536 ff.

405 *Zöllner/Noack* aaO 538 f.

189 Hält die Gesellschaftermehrheit trotz Anfechtung an der **Wirksamkeit** des Beschlusses **fest**, muß die Rechtslage gerichtlich geklärt werden. Festgestellte Beschlüsse behalten bis dahin ihre vorläufige Wirksamkeit[406]. Eine kassatorische Anfechtungsklage ist möglich und kann wegen der Wirkung inter omnes (Rdn 236) zweckmäßig sein. Jedoch kommt eine gerichtliche Entscheidung auch auf anderem Weg in Frage, z. B. aufgrund einer einstweiligen Verfügung, einer Einrede oder der Geltendmachung eines Anspruchs, dessen Bestehen von der Wirksamkeit des Beschlusses abhängt (vgl. Rdn 174 ff)[407]. Wurde die Anfechtung rechtzeitig erklärt, bedarf es für die gerichtliche Klärung bis zur Grenze der Verwirkung auch keiner Frist (Rdn 185)[408].

V. Anfechtungs- und Nichtigkeitsklage

Schrifttum

Heinze Einstweiliger Rechtsschutz im aktienrechtlichen Anfechtungs- und Nichtigkeitsverfahren, ZGR 1979, 293; *A. Hueck* Die Vertretung von Kapitalgesellschaften im Prozeß, Festschrift Bötticher (1969) S. 197; *Hüffer* Zur Darlegungs- und Beweislast bei der aktienrechtlichen Anfechtungsklage, Festschrift Fleck (1988) S. 151; *Joost* Die Parteirolle der personalistischen GmbH und ihrer Gesellschafter bei gesellschaftsinternen Klagen, ZGR 1984, 71; *Lindacher* Fragen der Beschlußfassung und -feststellung nach § 46 Nr. 8 GmbHG, ZGR 1987, 121; *Noack* Fehlerhafte Beschlüsse in Gesellschaften und Vereinen (1988); *K. Schmidt* Fehlerhafte Beschlüsse in Gesellschaften und Vereinen, AG 1977, 205, 243; *ders.* Zum Streitgegenstand von Anfechtungs- und Verpflichtungsklagen im Gesellschaftsrecht, JZ 1977, 769; *ders.* Rechtsschutz des Minderheitsgesellschafters gegen rechtswidrige ablehnende Beschlüsse, NJW 1986, 2018; *ders.* Nichtigkeitsklagen als Gestaltungsklagen, JZ 1988, 729; vgl. ferner die Angaben vor Rdn 204.

1. Rechtsnatur

190 a) **Grundlagen.** Das AktG unterwirft in §§ 248, 249 AktG die Anfechtungsklage und die Klage auf Feststellung der Nichtigkeit weitgehend denselben prozessualen Regeln. Beide führen zur Nichtigkeit des Beschlusses (*kassatorische Wirkung*). Gemeinsam ist ihnen analog §§ 248 Abs. 1, 249 AktG vor allem die Geltung für und gegen alle Gesellschafter sowie Mitglieder des Vorstands – bei der GmbH: Geschäftsführer – und des Aufsichtsrats. Auch über die gesetzlichen Vorschriften hinaus ergeben sich in allen wesentlichen Punkten dieselben prozessualen Fragen und Lösungswege. Dies erlaubt es, sie unter dem Oberbegriff **„kassatorische Klagen"** zusammenzufassen und gemeinsam zu kommentieren[409]. Sie sind zu unterscheiden von den positiven und negativen Feststellungsklagen nach § 256 ZPO (Rdn 248), die nach den allgemeinen Regeln des Prozeßrechts Rechtskraft nur zwischen den Parteien entfalten.

191 Anfechtungs- und Nichtigkeitsklage müssen sich gegen einen **bestimmten**, bereits gefaßten und festgestellten (Rdn 89) **Beschluß** richten. Sie können sich also nicht auf künftig zu fassende Beschlüsse beziehen. Auch eine Klage, die darauf abzielt, festzustellen, daß Beschlüsse bestimmten Inhalts nicht gefaßt werden dürfen, kommt allenfalls als Feststellungsklage unter den Voraussetzungen des § 256 ZPO in Frage. Die Klage umfaßt auch nicht einen Beschluß, der den nichtigen oder angefochtenen Beschluß bestätigt oder wiederholt. Ist die Klage gegen einen negativen Beschluß gerichtet, kann sie mit einer **positiven Beschlußfeststellungsklage** verbunden werden, mit der der Kläger

---

[406] AA *Zöllner/Noack* aaO 542, welche die vorläufige Gültigkeit verneinen.

[407] *Zöllner/Noack* aaO 542 f.

[408] *Zöllner/Noack* aaO 543.

[409] So zuerst *K. Schmidt* JZ 1977, 769; *ders.* AG 1977, 205, 207 ff; *ders.* JZ 1988, 729; *ders.* GesR §§ 15 II, 21 V 2; Scholz/*Schmidt* § 45, 127 ff.

zugleich die Feststellung begehrt, daß der Beschluß mit einem bestimmten Inhalt tatsächlich zustandegekommen ist (Rdn 244).

b) **Gestaltungsklage.** Die **Anfechtungsklage** ist auf die Vernichtung eines bestimmten festgestellten (Rdn 89) Gesellschafterbeschlusses gerichtet, der bis zur Rechtskraft des Urteils vorläufig wirksam ist. Sie dient zur Durchsetzung des aus der Mitgliedschaft abgeleiteten unverzichtbaren Rechts jedes Gesellschafters (§ 14, 28) auf Beachtung der gesetzlichen und statutarischen Vorschriften. Die Rechtssicherheit verlangt, daß die Nichtigkeitsfolge einer Rechtsverletzung mit Wirkung für die ganze Gesellschaft und alle unmittelbar an ihr Beteiligten in einem geregelten Verfahren geprüft und einheitlich ausgesprochen werden kann. Aus diesen Prämissen geht hervor, daß die Anfechtungsklage eine *Gestaltungsklage* ist (allg. M.). **192**

Demgegenüber ist die Rechtsnatur der **Klage auf Feststellung der Nichtigkeit** (§ 249 AktG) umstritten. Nach dem Gesetz sind die Bestimmungen über die Anfechtungsklage entsprechend anzuwenden, namentlich § 248 AktG, der die Wirkung für und gegen alle Beteiligten anordnet. Die hL ordnet sie als *Feststellungsklage* besonderer Art ein, die im Verfahren und im Ergebnis der Anfechtungsklage als Gestaltungsklage weitgehend angenähert ist[410]. Demgegenüber hat *K. Schmidt*[411] in mehreren Arbeiten auch die Nichtigkeitsklage als *Gestaltungsklage* interpretiert. Für seine Meinung spricht, daß sie die übereinstimmende Behandlung beider Klagen in §§ 248, 249 AktG und in zahlreichen Einzelheiten am leichtesten erklärt. Im übrigen handelt es sich um Fragen der dogmatischen und systematischen Deutung, die noch weiterer wissenschaftlicher Klärung bedürfen. Ungeachtet der Rechtsnatur geht die Parallelität in der Behandlung beider Klagen so weit, daß daraus bei offenen Fragen auch Konsequenzen gezogen werden können. **193**

c) **Klagebefugnis.** Die Anfechtungsklage kann von allen Gesellschaftern erhoben werden, ferner von Geschäftsführern, Aufsichtsrats- oder Beiratsmitgliedern, sofern sie zur Anfechtung berechtigt sind (Rdn 151 ff). Demgegenüber steht die kassatorische Nichtigkeitsklage allen Gesellschaftern, Geschäftsführern, Aufsichtsrats- und Beiratsmitgliedern uneingeschränkt zu[412]. Es besteht kein Anlaß, bei einer Nichtigkeitsklage von Organmitgliedern die Gestaltungswirkung des § 249 AktG zu versagen[413] (vgl. auch § 250 Abs. 2, 3 AktG). Wollen außenstehende Dritte die Nichtigkeit eines Gesellschafterbeschlusses geltend machen, steht ihnen dagegen nur die **allgemeine Feststellungsklage** gemäß § 256 ZPO zur Verfügung, welche den Nachweis eines besonderen Feststellungsinteresses verlangt[414]. **194**

d) **Streitgegenstand.** Er ist das auf einen bestimmten Sachverhalt gestützte Begehren, den Gesellschafterbeschluß für nichtig zu erklären oder seine Nichtigkeit festzustellen. Die Streitgegenstände von Anfechtungsklage und Nichtigkeitsklage **stimmen daher überein**, sofern sich die Klagen gegen denselben Beschluß richten und auf denselben **195**

---

[410] *Schilling/Zutt*-Voraufl. 190; Geßler/Hefermehl/Eckardt/Kropff/*Hüffer* § 249, 7; *Wiedemann* GesR I § 8 IV 2; *Vogel* Gesellschafterbeschlüsse[2] S. 215 f; *Renkl* Der Gesellschafterbeschluß S. 117 f; vgl. auch schon *A. Hueck* Anfechtbarkeit und Nichtigkeit S. 234 ff.

[411] *K. Schmidt* JZ 1977, 769; *ders.* AG 1977, 205, 207 f; *ders.* JZ 1988, 729; *ders.* GesR §§ 15 II 2, 21 V 2; Scholz/*Schmidt* § 45, 45, 127 ff.

[412] BGHZ 89, 48, 50 = NJW 1984, 733; BGH NJW 1966, 1458 f; OLG Hamburg WM 1983, 130, 132; Scholz/*Schmidt* § 45, 134; Baumbach/Hueck/*Zöllner* 33; Rowedder/*Koppensteiner*[2] § 47, 118; *Meyer-Landrut*/Miller/Niehus § 47, 64; aA *Schilling/Zutt*-Voraufl. 195; Fischer/*Lutter/Hommelhoff* 24; *Noack* Fehlerhafte Beschlüsse S. 89 (nur anfechtungsberechtigte Geschäftsführer und Aufsichtsratsmitglieder).

[413] BGHZ 70, 384, 388 = NJW 1978, 1325 (zur Gen).

[414] *Schilling/Zutt*-Voraufl. 191; Scholz/*Schmidt* § 45, 134; Baumbach/Hueck/*Zöllner* 33; hM.

Lebenssachverhalt stützen[415]. Daraus folgt, daß der Übergang von einem Nichtigkeits- oder Anfechtungsgrund zu einem anderen in einem solchen Fall keine Klageänderung ist. Die Verbindung von Nichtigkeits- und Anfechtungsgründen ist keine Klagehäufung. Auf einen Nichtigkeitsantrag kann ein Anfechtungsurteil ergehen und umgekehrt. Wird die Klage abgewiesen, sind alle Nichtigkeits- und Anfechtungsgründe präkludiert, auch solche, die der Kläger nicht vorgebracht hat. Eine erneute Anfechtungs- oder Nichtigkeitsklage kann nur auf einen anderen Sachverhalt gestützt werden. All dies entspricht der hL[416].

2. Die Gesellschaft als Beklagte

196 a) **Passivlegitimation.** Die Anfechtungsklage richtet sich analog § 246 Abs. 2 S. 1 AktG stets gegen die **Gesellschaft**, nicht gegen andere Gesellschafter[417]. Das gilt auch für die zweigliedrige Gesellschaft. Die Identität der beklagten Gesellschaft und daher ihre Passivlegitimation werden durch (formwechselnde oder übertragende) *Umwandlung* (§§ 376, 379 AktG, § 24 UmwG) nicht berührt[418], ebensowenig durch *Auflösung, Konkurs* oder Nichtigerklärung nach § 75[419]. Bei der *Verschmelzung* (§§ 355, 356 AktG) ist die Klage gegen Gesellschafterbeschlüsse der übertragenden Gesellschaft auch noch nach Eintragung der Verschmelzung in das Handelsregister zulässig, sofern der Kläger daran ein schutzwürdiges Interesse hat. Erst wenn die übertragende GmbH nicht mehr vorhanden ist, bleibt nichts anderes übrig, als die Klage gegen die übernehmende Gesellschaft zu richten[420].

197 b) **Vertretung.** Die Gesellschaft wird im kassatorischen Prozeß wie auch sonst durch die **Geschäftsführer** vertreten. Dagegen kommt dem Aufsichtsrat anders als nach § 246 Abs. 2 S. 2 AktG in keinem Fall eine Mitvertretung zu. Für den fakultativen Aufsichtsrat ergibt sich dies aus § 52, der auf § 246 Abs. 2 AktG nicht verweist[421]. Auch §§ 77 BetrVG 1952 und 25 MitbestG führen § 246 Abs. 2 AktG in ihrer Verweisungskette nicht an[422]. Klagt der einzige Geschäftsführer oder einer von mehreren nur gemeinsam vertretungsberechtigten Geschäftsführern gegen die Gesellschaft, so ist statt dessen eine andere Regelung nötig. Die Gesellschafter können einen **besonderen Vertreter** nach § 46 Nr. 8 bestellen (§ 46, 100). Solange dies nicht geschieht, ist ein Prozeßvertreter nach § 57 ZPO und ggf. ein Notgeschäftsführer entsprechend § 29 BGB zu bestellen[423]. Befindet sich die Gesellschaft in Liquidation, so wird sie im Prozeß von den **Liquidatoren** vertreten. Das gilt auch dann, wenn die Klage gegen den

---

415 Vgl. *K. Schmidt* JZ 1977, 769 f; *ders.* JZ 1988, 729, 733 f; *Heinze* ZGR 1979, 293, 297 ff; Baumbach/Hueck/*Zöllner* 83; Rowedder/*Koppensteiner*² § 47, 113; *Schilling/Zutt*-Voraufl. 114; zur AG Geßler/Hefermehl/Eckardt/Kropff/*Hüffer* § 249, 7.

416 Vgl. Rdn 233 f; *Schilling/Zutt*-Voraufl. 114; Scholz/*Schmidt* § 45, 48, 152 ff, 177; *K. Schmidt* JZ 1988, 729, 733 ff; enger Baumbach/Hueck/*Zöllner* 83; *Zöllner*-KölnKommAktG § 246, 47, 50.

417 Vgl. BGH NJW 1981, 1041; ausdrücklich OLG Hamm GmbH-Rdsch. 1985, 119, st. Rspr.; *Schilling/Zutt*-Voraufl. 130; Scholz/*Schmidt* § 45, 148; Baumbach/Hueck/*Zöllner* 81; Fischer/*Lutter*/*Hommelhoff* 25; Rowedder/*Koppensteiner*² § 47, 119; *Meyer-Landrut*/Miller/Niehus § 47, 64, 82; *Lindacher* ZGR 1987, 121, 126 ff; aA *Joost* ZGR 1984, 71, 95 ff, der die Parteirolle bei personalistischen Gesellschaften den Gesellschaftern zuweisen will. Zustimmend *Marotzke* ZZP 100 (1987), 164, 208 ff.

418 BGHZ 24, 106, 111 = NJW 1957, 1026; BGH WM 1962, 456.

419 OLG Braunschweig OLGRspr. 27 (1913), 380.

420 *Schilling*-GroßkommAktG § 352, Anm. 7.

421 BGH NJW 1962, 538 (insoweit in BGHZ 36, 207 nicht abgedruckt); BGH GmbH-Rdsch. 1962, 134; *Schilling/Zutt*-Voraufl. 131; Scholz/*Schmidt* § 45, 149; Baumbach/Hueck/*Zöllner* 82; *Däubler* GmbH-Rdsch. 1968, 4, 8; *Eder*-GmbH-Handb. 476.

422 Vgl. auch *Hueck* Festschrift Böttícher S. 197, 216.

423 RGZ 138, 98, 101; BayObLGZ 1976, 126, 129 = DB 1976, 1571; OLG Celle NJW 1965, 504, 505; vgl. auch OLG Hamburg OLGRspr. 31 (1915), 16 (zur AG); *Schilling/Zutt*-Voraufl. 132; Scholz/*Schmidt* § 45, 149.

Auflösungsbeschluß selbst gerichtet ist. Zur Vertretung genügt in diesem Fall, daß die Gesellschaft die Wirksamkeit der Auflösung und der Bestellung der Liquidatoren behauptet[424].

Im **Konkurs** ist zu unterscheiden. Nach herrschender und jedenfalls im Ansatz zutreffender Ansicht steht die Vertretungsmacht dem *Konkursverwalter* zu, wenn der angegriffene Beschluß die *Konkursmasse berührt*[425], während sie andernfalls bei den Geschäftsführern verbleibt. Die Lehre verlangt allerdings, für die Unterscheidung geeignete Kriterien herauszuarbeiten. Ein Auflösungsbeschluß oder die fristlose Entlassung eines Geschäftsführers berühren wegen der damit verbundenen finanziellen Folgen die Konkursmasse[426]. Eine Ausnahme muß jedoch gemacht werden, wenn die Gesellschafter einen Geschäftsführer vor der Konkurseröffnung entlastet haben und der *Entlastungsbeschluß* angegriffen wird. Obwohl die Konkursmasse von diesem Fall betroffen ist, weil bei Nichtigkeit des Entlastungsbeschlusses Ersatzansprüche gegen den Geschäftsführer wiederaufleben können, fällt der Konkursverwalter als Vertretungsorgan aus, denn er hat wie der Kläger ein Interesse daran, daß der Entlastungsbeschluß für nichtig erklärt wird[427]. Enthält ein einheitlicher Beschluß Gegenstände, welche die Konkursmasse berühren, und solche, bei denen dies nicht der Fall ist, so bleibt der Konkursverwalter zur Verteidigung des gesamten Beschlusses berechtigt[428]. *Nicht betrofffen* ist die Konkursmasse, wenn die Klage sich auf die persönlichen Beziehungen zwischen den Gesellschaftern bezieht. In solchen Fällen kann der Konkursverwalter allenfalls dem Rechtsstreit als Nebenintervenient beitreten, soweit die Voraussetzungen des § 66 ZPO erfüllt sind. **198**

3. Mehrheit von Parteien

a) **Mehrere Kläger.** Klagen mehrere Anfechtungsberechtigte gegen denselben Beschluß gemeinschaftlich oder werden mehrere Klagen gegen denselben Beschluß später verbunden, so sind die Kläger *notwendige Streitgenossen* i. S. v. § 62 Abs. 1 ZPO, denn die kassatorische Wirkung des Urteils wirkt für und gegen alle[429]. Die von *Schilling* und *Zutt* in der Vorauflage (Rdn 135) vertretene Gegenmeinung wird daher aufgegeben. **199**

b) **Beitritt zum Verfahren.** In entsprechender Anwendung des in § 246 Abs. 4 AktG verankerten Gedankens sind die Geschäftsführer verpflichtet, allen Gesellschaftern und Organmitgliedern die Erhebung der **Klage** und den Termin zur mündlichen Verhandlung **mitzuteilen**[430]. Dadurch erhalten diese Gelegenheit zum Beitritt. Das *Gericht* **200**

---

424 BGHZ 36, 207, 209 = NJW 1962, 538 = LM Nr. 1 zu § 70 GmbHG m. Anm. *R. Fischer.*

425 RGZ 76, 244, 246 (zur AG); BGHZ 32, 114, 121 = NJW 1960, 1006 (zur Gen); OLG Hamburg AG 1971, 403 (zur AG); *Schilling/Zutt*-Voraufl. 134; Scholz/*Schmidt* § 45, 149; Rowedder/*Koppensteiner*[2] § 47, 119; *Ulmer*-Voraufl. § 63, 88 ff; Baumbach/Hueck/*Schulze-Osterloh* § 63, 37; aA *Schulz* KTS 1986, 389, 399 ff (ausschließliche Vertretungskompetenz des Konkursverwalters).

426 BGHZ 32, 114, 121 f = NJW 1960, 1006 (zur Gen).

427 HM, Scholz/*Schmidt* § 45, 149; Kuhn/*Uhlenbruck* Konkursordnung[10] (1986) Vorbem. 16 vor §§ 10 – 12 (m. w. Nachw.); Jaeger/*Weber* Konkursordnung[8] (1973) §§ 207, 208, Anm. 35; im Erg. auch *Schilling/Zutt*-Voraufl. 134; vgl. auch RGZ 76, 244, 249 (zur AG).

428 BGHZ 32, 114, 123 = NJW 1960, 1006 (zur Gen).

429 RGZ 93, 31, 32; 164, 129, 131 f; Scholz/*Schmidt* § 45, 155; Baumbach/Hueck/*Zöllner* 85; Rowedder/*Koppensteiner*[2] § 47, 120; *Roth* § 47, Anm. 6.5.1; zum AktG Geßler/Hefermehl/Eckardt/Kropff/*Hüffer* § 246, 6; *Zöllner*-KölnKommAktG § 246, 88; aus dem prozeßrechtlichen Schrifttum statt aller Rosenberg/*Schwab* Zivilprozeßrecht § 50 II 2 a; Stein/Jonas/*Leipold* Kommentar zur Zivilprozeßordnung[20] (1984) § 62, 7.

430 BGHZ 97, 28, 31 = NJW 1986, 2051 betreffend Mitteilung an die Gesellschafter; Scholz/*Schmidt* § 45, 148, 156; *K. Schmidt* NJW 1986, 2018, 2020 f; einschränkend Baumbach/Hueck/*Zöllner* 86.

braucht eine Mitteilung der Klage oder eine Beiladung jedenfalls so lange nicht zu veranlassen, als keine Zweifel an der hinreichenden Information bestehen (vgl. Rdn 247)[431].

201 Der Beitritt ist sowohl auf der **Kläger-** als auch auf der **Beklagtenseite** möglich, sofern die Voraussetzungen des § 66 ZPO vorliegen. Die Nebenintervention macht den Streithelfer zum notwendigen Streitgenossen im Sinn von §§ 62, 69 ZPO[432]. Ein **rechtliches Interesse**, das zum Beitritt auf der einen oder anderen Seite berechtigt, ist bei jedem *Gesellschafter* zu bejahen, und zwar auf der Klägerseite auch dann, wenn der Streithelfer selbst nicht oder nicht mehr anfechtungsberechtigt ist. Dies ergibt sich aus der Gestaltungswirkung eines obsiegenden Urteils (Rdn 236 ff)[433]. *Geschäftsführer, Aufsichtsrats- und Beiratsmitglieder* können auch dann auf der einen oder anderen Seite dem Rechtsstreit beitreten, wenn sie selbst nicht anfechtungsberechtigt sind; das rechtliche Interesse folgt aus der Organstellung. Die Vertretung der Gesellschaft hindert einen Geschäftsführer nicht, auf deren Seite auch selbst dem Prozeß beizutreten[434]. Will ein Geschäftsführer dem Kläger beitreten, so kann er die Gesellschaft allerdings nicht mehr vertreten. Es ist ein besonderer Vertreter gemäß § 46 Nr. 8 oder § 57 ZPO oder ein Notgeschäftsführer nach § 29 BGB zu bestellen.

4. Zuständigkeit

202 Zuständig für Nichtigkeits- und Anfechtungsklagen ist entsprechend §§ 246 Abs. 3, 249 Abs. 1 AktG ausschließlich das **Landgericht** am **Sitz der Gesellschaft**[435]. Die Prorogation eines anderen ordentlichen Gerichts ist nicht zulässig (§ 40 Abs. 2 ZPO), ebensowenig die Festlegung eines anderen Gerichtsstandes in der Satzung. Nichtigkeits- und Anfechtungsklagen sind **Handelssachen** i. S. v. §§ 94, 95 Nr. 4 a GVG. Wird die Klage auf § 1 GWB gestützt, ist sie Kartellrechtssache nach § 87 GWB und die Besonderheiten der §§ 89, 93 GWB sind zu beachten[436].

203 Die Klage vor einem örtlich oder sachlich **unzuständigen Gericht** wahrt die Frist, sofern der Rechtsstreit gemäß § 281 Abs. 1 ZPO an das zuständige Gericht verwiesen wird[437]. Ruft der Kläger vorsätzlich ein örtlich unzuständiges Gericht an, so kann allerdings ein Mißbrauch der Anfechtungsbefugnis (Rdn 169) in Betracht kommen, der zur Klageabweisung führt[438].

5. Schiedsfähigkeit

Schrifttum

Bork Der Begriff der objektiven Schiedsfähigkeit (§ 1025 Abs. 1 ZPO), ZZP 100 (1987), 249; *Henze* Zur Schiedsfähigkeit von Gesellschafterbeschlüssen im GmbH-Recht, ZGR 1988, 542;

---

431 BGHZ 97, 28, 32 = NJW 1986, 2051.

432 *Schilling/Zutt*-Voraufl. 136; Scholz/*Schmidt* § 45, 156; Baumbach/Hueck/*Zöllner* 85.

433 Stein/Jonas/*Leipold* aaO § 66, 19; Baumbach/Lauterbach/Albers/*Hartmann* ZPO[48] (1990) § 66, Anm. 2 E a.

434 *Schilling/Zutt*-Voraufl. 136; Stein/Jonas/*Leipold* aaO § 66, 8; zum AktG vgl. Geßler/Hefermehl/Eckardt/Kropff/*Hüffer* § 246, 9.

435 RGZ 172, 76, 78; BGHZ 22, 101, 105 = NJW 1956, 1873; *Schilling/Zutt*-Voraufl. 145; Baumbach/Hueck/*Zöllner* 84; Scholz/*Schmidt* § 45, 150.

436 Scholz/*Schmidt* § 45, 150. Zum Begriff der Kartellrechtssache vgl. Immenga/Mestmäcker/*Schmidt* GWB (1981) § 87, 19; zur Berufungszuständigkeit vgl. *K. Schmidt* BB 1976, 1051, 1285.

437 BGHZ 34, 230, 235 = NJW 1961, 1014; 35, 374, 377 = NJW 1961, 259; OLG Celle AG 1969, 328; *Schilling/Zutt*-Voraufl. 147; *Zöllner*-KölnKomm-AktG § 246, 59; Geßler/Hefermehl/Eckardt/Kropff/*Hüffer* § 246, 37; zur AG zuletzt *Henn* AG 1989, 230, 232 f, der bei Klage vor dem örtlich unzuständigen Gericht die Fristwahrung verneint. Ferner *Heuer* AG 1989, 234.

438 *Heuer* AG 1989, 234.

Kornmeier Die Schiedsfähigkeit GmbH-rechtlicher Nichtigkeits- und Anfechtungsklagen, Diss. (1980); *ders.* Die Schiedsgerichtsvereinbarung in der GmbH-Satzung, DB 1980, 193; *K. Schmidt* Schiedsfähigkeit von GmbH-Beschlüssen; ZGR 1988, 523; *ders.* Statutarische Schiedsklauseln zwischen prozessualer und verbandsrechtlicher Legitimation, JZ 1989, 1077; *Timm* Beschlußanfechtungsklage und Schiedsfähigkeit im Recht der personalistisch strukturierten Gesellschaften, Festschrift Fleck (1988) S. 365; *Vollmer* Unternehmensverfassungsrechtliche Schiedsgerichte, ZGR 1982, 15.

a) **Meinungsstand.** Die Befugnis, für Anfechtungs- und Nichtigkeitsklagen ein Schiedsgericht zu vereinbaren, wird von der **Rechtsprechung**[439] und herrschenden **Lehre**[440] verneint. Die Ansicht stützt sich im wesentlichen auf vier Gründe: zunächst verweist sie auf den Wortlaut des § 246 Abs. 3 S. 1 AktG, der die ausschließliche Zuständigkeit des Landgerichts am Sitz der Gesellschaft begründet. Zum zweiten hält sie ein Schiedsurteil wegen der Gestaltungswirkung nach §§ 248, 249 AktG für ausgeschlossen. Weiter verweist sie darauf, daß die objektive Schiedsfähigkeit fehle, weil die Parteien bei Anfechtungs- und Nichtigkeitsklagen nicht vergleichsfähig seien (§ 1025 Abs. 1 ZPO). Schließlich fehle auch die subjektive Schiedsfähigkeit, weil Beklagter im Anfechtungsprozeß die Gesellschaft und nicht die Mitgesellschafter seien, die Aufhebung eines Beschlusses durch Schiedsspruch aber die Zuständigkeit der Gesellschafterversammlung berühre. **204**

Das **neuere Schrifttum** tritt dem im Ergebnis und in der Begründung mit wachsendem Nachdruck entgegen[441]. Es kann die beiden ersten, gegen die Schiedsfähigkeit angeführten Argumente leicht widerlegen: § 246 Abs. 3 S. 1 AktG betrifft die ausschließliche Zuständigkeit innerhalb der staatlichen Justiz, besagt aber nichts über Schiedsverfahren; die Schiedsfähigkeit von Gestaltungsklagen ist im Prozeßrecht in anderen Fällen anerkannt, weshalb kein Anlaß besteht, sie hier auszuschließen. Auch den Einwand der mangelnden subjektiven Schiedsfähigkeit kann sie entkräften, und zwar mit dem Hinweis darauf, daß es nicht auf die Prozeßparteien, sondern auf die an der Schiedsabrede beteiligten Personen ankomme. Ist das Schiedsgericht in der Satzung vorgesehen, so haben alle Gesellschafter zugestimmt. Auch eine nachträgliche Satzungsänderung zu diesem Zweck wird gemäß § 53 Abs. 3 nur mit Zustimmung sämtlicher Gesellschafter wirksam. Schließlich verweist das neuere Schrifttum auf den auffälligen Widerspruch zur ebenfalls herrschenden Meinung, nach welcher eine Schiedsklausel im Gesellschaftsvertrag für die Auflösungsklage zulässig ist, obwohl dafür dieselben Kriterien gelten müßten[442]. Danach spitzt sich das Problem auf die Frage zu, ob die *objektiven Zulässigkeitsvoraussetzungen* einer Schiedsklausel im Gesellschaftsvertrag erfüllt sind. Sie wird unterschiedlich beurteilt[443]. **205**

---

[439] BGH LM Nr. 1 zu § 199 AktG 1937 m. Anm. *R. Fischer* = BB 1951, 683; BGH GmbH-Rdsch. 1951, 145; GmbH-Rdsch. 1966, 274 m. Anm. *Gansmüller* (insoweit in NJW 1966, 2055 nicht abgedruckt); NJW 1979, 2567, 2569; OLG Hamm GmbH-Rdsch. 1987, 472, 473 f = EWiR § 45 GmbHG 1/87, 371 m. Anm. *Günther*.

[440] *Schilling/Zutt*-Voraufl. 146; Baumbach/Hueck/*Zöllner* 18, 84; Fischer/*Lutter/Hommelhoff* 54; Rowedder/*Koppensteiner*[2] § 47, 115; *Roth* § 47, Anm. 6.5.1.; *Kuhn* WM 1966, 1118, 1128; *Vollmer* ZGR 1982, 15, 28 f; zuletzt *Henze* ZGR 1988, 542. Für das österreichische Recht *Wünsch* Schiedsgerichtsbarkeit in Handelssachen (1968) S. 82 ff.

[441] *Kornmeier* Die Schiedsfähigkeit GmbH-rechtlicher Nichtigkeits- und Anfechtungsklagen Diss. (1980) S. 27 ff; *ders.* DB 1980, 193; *ders.* ZZP 94 (1981), 27; *Ulmer*-Voraufl. § 61, 37; *Timm* Festschrift Fleck S. 365, 374 ff; *Günther* EWiR § 45 GmbHG 1/87, 371; *K. Schmidt* ZGR 1988, 523; *ders.* JZ 1989, 1077, 1083; Scholz/*Schmidt* § 45, 150; *Meyer-Landrut*/Miller/Niehus § 47, 85; Stein/Jonas/*Schlosser* Kommentar zur Zivilprozeßordnung[20] (1988) § 1025, 27; Schwab/*Walter* Schiedsgerichtsbarkeit[4] (1990) Kap. 4, 6; *Bork* ZZP 100 (1987) 249, 266 ff, der für eine differenzierende Beurteilung eintritt.

[442] Vgl. *Ulmer*-Voraufl. § 61, 36 und *K. Schmidt* ZGR 1988, 523, 530 f m. w. Nachw.

[443] Vgl. zuletzt *Timm* aaO S. 377 ff; *Bork* aaO 266 ff; *K. Schmidt* ZGR 1988, 523, 530 ff; *ders.* JZ 1989, 1077, 1083.

206 b) **Stellungnahme.** Die Schiedsfähigkeit der Anfechtungs- und Nichtigkeitsklagen ist, wie sich in der wissenschaftlichen Diskussion herausgestellt hat, ein Problem der **objektiven Vergleichsfähigkeit** i. S. des § 1025 Abs. 1 ZPO, während die anderen, zur Verteidigung der hL angeführten Punkte als erledigt gelten können. § 1025 Abs. 1 ZPO kann allerdings von vornherein nur mit den Modifikationen angewandt werden, die sich daraus ergeben, daß als Grundlage der Schiedsabrede regelmäßig nicht ein Vertrag zwischen Anfechtungskläger und der Gesellschaft als Beklagter in Betracht kommt, sondern die Satzung, also ein Fall des § 1048 ZPO vorliegt, für den § 1025 ZPO nur entsprechend gilt[444]. Nach zutreffender Ansicht richtet sich die Vergleichsfähigkeit nach materiellem Recht, im Bereich von Gesellschafterbeschlüssen nach Gesellschaftsrecht. Es kommt also darauf an, ob die Gesellschafter einen Vertrag über den Gegenstand des kassatorischen Urteils schließen können[445].

207 Ob diese Voraussetzung erfüllt ist, muß zweifelhaft bleiben, solange man mit der Rechtsprechung daran festhält, daß Anfechtungsgründe nur durch Klage geltend gemacht werden können (Rdn 99). Denn es ist folgerichtig, daß dann auch nur die staatlichen Gerichte einen Gesellschafterbeschluß für nichtig erklären dürfen[446]. Folgt man dagegen der hier vertretenen Ansicht, wonach **anfechtbare Beschlüsse** auch mit anderen rechtlichen Mitteln, namentlich durch Verständigung zwischen den Gesellschaftern wieder aus der Welt geschafft werden können, so ergeben sich deren Vergleichs- und damit Schiedsfähigkeit zwanglos aus dem veränderten Ansatz (Rdn 100, 188). Bei **Nichtigkeitsklagen** gilt dasselbe, soweit die nicht ordnungsgemäße Einberufung der Gesellschafterversammlung gerügt wird (§ 241 Nr. 1 AktG, s. Rdn 33). Denn indem das Gesetz eine Heilung des Mangels durch eine Vollversammlung zuläßt, unterwirft es den Nichtigkeitsgrund der Disposition der Gesellschafter.

208 Anders ist die Rechtslage jedoch bei Gesellschafterbeschlüssen, die gemäß § 241 Nr. 2 – 4 AktG, also namentlich wegen schwerer **inhaltlicher Mängel, nichtig** sind. In diesen Fällen handelt es sich um Verstöße gegen Vorschriften, die nicht lediglich die innere Struktur der Gesellschaft betreffen und dem Schutz der Minderheitsgesellschafter dienen, sondern zugleich auch dem Schutz außenstehender Dritter. Derartige Beschlüsse stehen im Widerspruch zu öffentlichen Interessen. Aus dem Sinn der Nichtigkeitsvorschriften ist abzuleiten, daß die Entscheidung darüber nicht einem Schiedsgericht überlassen bleiben kann, dessen Besetzung allein von den Gesellschaftern bestimmt wird. Vielmehr kann die gestaltende Wirkung des Nichtigkeitsurteils für und gegen alle nur von den staatlichen Gerichten bewirkt werden. Das schließt freilich nicht aus, daß in den Fällen, in denen die Nichtigkeit im gewöhnlichen Feststellungsprozeß nach § 256 ZPO mit Wirkung zwischen den Parteien festgestellt wird, nach hL auch ein Schiedsgericht tätig werden kann.

209 c) **Rechtsgrundlage.** Grundlage des schiedsgerichtlichen Verfahrens ist eine entsprechende **Satzungsklausel.** Soll sie nachträglich eingeführt werden, ist die Zustimmung aller Gesellschafter gemäß § 53 Abs. 3 erforderlich (§ 13, 18)[447]. Dagegen kann die Zuständigkeit eines Schiedsgerichts nicht durch eine neben der Satzung stehende Vereinbarung der Gesellschafter begründet werden, weil eine solche keine organisationsrechtliche Geltung erlangt[448] (Rdn 140). Im Schiedsverfahren ist den Gesellschaf-

---

[444] Dies hat vor allem *K. Schmidt* herausgearbeitet, vgl. ZGR 1988, 523, 530 ff sowie *ders.* JZ 1989, 1077.

[445] *K. Schmidt* ZGR 1988, 523, 528; *Bork* ZZP 100 (1987), 249, 269.

[446] *Bork* aaO 269 f; ähnlich *Henze* ZGR 1988, 542, 552 ff; aA insoweit *K. Schmidt* aaO, der die Schiedsfähigkeit gleichwohl bejaht.

[447] Scholz/*Winter* § 13, 31; *K. Schmidt* ZGR 1988, 523, 531.

[448] AA *K. Schmidt* ZGR 1988, 523, 531.

tern und anfechtungsberechtigten Organen Gelegenheit zur streitgenössischen Nebenintervention in gleichem Ausmaß zu gewähren wie vor dem staatlichen Gericht (Rdn 200)[449].

d) **Rechtswirkung.** Gemäß § 1040 ZPO hat der Schiedsspruch unter den Parteien die Wirkungen eines **rechtskräftigen Urteils**. Trotz dieser eindeutigen Rechtslage will *K. Schmidt*[450] die Gestaltungswirkung gemäß §§ 248, 249 AktG entsprechend § 1042 Abs. 1 ZPO erst eintreten lassen, wenn der Schiedsspruch vom Gericht für vollstreckbar erklärt wurde. *Schmidt* sucht auf diese Weise die staatliche Legitimation für die über die Parteien hinausgreifende Wirkung des Schiedsspruchs inter omnes zu „retten". Die Lösung beruht indessen auf einem gedanklichen Kompromiß, der weder rechtsdogmatisch noch rechtspolitisch überzeugt[451]. Wird in der Rechtsdogmatik die objektive Vergleichsfähigkeit von Anfechtungs- und Nichtigkeitsklagen und damit die Schiedsfähigkeit anerkannt, ist es widersprüchlich, anschließend bei der Rechtsgeltung doch wieder auf die staatliche Legitimation zurückzukommen. Auch besteht kein Anlaß, die Berufung auf die Wirksamkeit eines Schiedsspruchs auf die Fälle zu beschränken, in denen er für vollstreckbar erklärt wurde. **210**

6. Zustellung

a) **Adressat.** Die Klage ist den gesetzlichen Vertretern der beklagten Gesellschaft, also in der Regel ihren **Geschäftsführern** zuzustellen, und zwar mindestens *einem* von ihnen (§ 171 Abs. 3 ZPO), auch wenn dieser nur gesamtvertretungsberechtigt ist. Soll die Klage den Geschäftsführern im Geschäftslokal der Gesellschaft zugestellt werden, so genügt in der Zustellungsurkunde die Bezeichnung der Gesellschaft[452]. Wird die Bestellung zum Geschäftsführer angefochten, bleibt dieser vertretungsberechtigt, denn die Bestellung ist bis zur Nichtigerklärung als wirksam zu behandeln[453]. Erhebt ein Geschäftsführer die Anfechtungsklage, so ist sie den verbleibenden Geschäftsführern zuzustellen; sind keine anderen Geschäftsführer vorhanden, so muß ein besonderer Vertreter gemäß § 46 Nr. 8, hilfsweise ein Notgeschäftsführer gemäß § 29 BGB oder ein Prozeßvertreter nach § 57 ZPO bestellt werden (Rdn 197). **211**

b) **Rechtzeitigkeit.** Die Klage wahrt die Frist (Rdn 177 ff), wenn eine ausreichend begründete Klageschrift rechtzeitig bei Gericht eingereicht wird, sofern die Zustellung demnächst erfolgt (§ 270 Abs. 3 ZPO). Dabei ist „demnächst" nicht rein zeitlich zu verstehen, vielmehr soll die Formulierung den Kläger vor einer von ihm nicht verschuldeten verzögerlichen Sachbehandlung beim Gericht schützen. Daher kann ggf. auch eine Zustellung nach mehreren Monaten noch als „demnächst erfolgt" anzusehen sein[454]. Anders als im Aktienrecht genügt auch die Einreichung eines – begründeten – Antrags auf Prozeßkostenhilfe, weil das Bedürfnis nach kurzfristiger Klärung der Rechtslage im Interesse künftiger Aktionäre und der Öffentlichkeit hier weniger wiegt als der Schutz der klageberechtigten Minderheitsgesellschafter (Rdn 6, 9)[455]. **212**

---

[449] Einzelheiten bei *K. Schmidt* aaO 532 ff.

[450] *K. Schmidt* aaO 535 f; ebenso BayObLG BB 1984, 746.

[451] Ablehnend auch die hM, vgl. Stein/Jonas/*Schlosser* Kommentar zur Zivilprozeßordnung[20] (1988) § 1042, 2; Schwab/*Walter* Schiedsgerichtsbarkeit Kap. 21, 12; *Lindacher* ZGR 1979, 201, 209; *Vollmer* BB 1984, 1774 ff; Zöller/*Geimer* ZPO[15] (1987) § 1042, 2; *Ulmer*-Voraufl. § 61, 42 m. w. Nachw.; zuletzt *Walter* Festschrift Schwab S. 539, 540 ff, 552 ff.

[452] BGHZ 107, 296, 299 = NJW 1989, 2689 (zur AG).

[453] Vgl. BGH NJW 1981, 1041; ferner BGHZ 36, 207, 209 = NJW 1962, 538; Scholz/*Schmidt* § 45, 149; *Meyer-Landrut*/Miller/Niehus § 47, 64; *Brandes* WM 1983, 286, 295.

[454] Vgl. BGH NJW 1988, 411, 413 m. w. Nachw.; aus der prozeßrechtl. Lit. vgl. nur Baumbach/Lauterbach/Albers/*Hartmann* ZPO[48] (1990) § 270 Anm. 4 D.

[455] *Schilling*/*Zutt*-Voraufl. 149; Scholz/*Schmidt* § 45, 145; Baumbach/Hueck/*Zöllner* 79.

7. Einzelheiten des Verfahrens

213 a) **Anträge.** Bei der Nichtigkeitsklage lautet der Antrag üblicherweise, das Gericht möge die **Nichtigkeit** des angegriffenen Beschlusses **feststellen** (vgl. § 249 Abs. 1 AktG), bei der Anfechtungsklage wird beantragt, den Beschluß für **nichtig** zu **erklären** (§§ 241 Nr. 5, 248 Abs. 1 S. 1 AktG). Vielfach werden beide Anträge in einer Klage verbunden und der Anfechtungsantrag hilfsweise nach dem Antrag auf Feststellung der Nichtigkeit gestellt. Infolge der Identität des Streitgegenstands beider Klagen (Rdn 195) genügt es aber, wenn nur der eine oder der andere Antrag gestellt wird. Das Gericht hat sämtliche vom Kläger vorgetragenen Beschlußmängel unabhängig von der Fassung der Anträge daraufhin zu überprüfen, ob ein Nichtigkeits- oder Anfechtungsgrund vorliegt. Verfolgt der Kläger die Anfechtungsklage nach Bestätigung des angefochtenen Beschlusses analog § 244 S. 2 AktG für die Vergangenheit weiter (Rdn 148), so muß der Antrag dahin lauten, daß der Beschluß „für die Zeit bis zum ... für nichtig erklärt" wird[456].

214 b) **Teilnichtigkeit, Teilanfechtung.** Nichtigkeits- und Anfechtungsklage richten sich gegen einen bestimmten Beschluß. Wird bei einem zusammengesetzten Beschluß nur ein Beschlußteil angegriffen (Rdn 76 f, 146), so ist dies durch eine geeignete Fassung der Anträge klarzustellen. Auch das Gericht (§ 139 ZPO) hat in einem solchen Fall darauf zu achten, daß die Auswirkungen der Teilnichtigkeit auf andere Beschlußteile schon im Urteil geklärt werden können. Geschieht dies nicht, so müssen die Auswirkungen notfalls in einem gesonderten Nichtigkeitsprozeß festgestellt werden[457].

215 c) **Widerklage.** Nichtigkeits- und Anfechtungsklage können auch als Widerklage erhoben werden, sofern die allgemeinen Voraussetzungen des § 33 ZPO erfüllt sind. Ebenso kann umgekehrt im kassatorischen Prozeß Widerklage von seiten der Gesellschaft erhoben werden, wenn ein Rechtsgrund dafür vorliegt[458]. Die in der aktienrechtlichen Literatur dagegen geäußerten Bedenken[459] folgen aus der im Aktienrecht besonders geregelten Vertretung der Gesellschaft im Anfechtungsprozeß (vgl. § 246 Abs. 2 S. 2 AktG). Im Bereich der GmbH sind sie nicht begründet, da diese regelmäßig von den Geschäftsführern vertreten wird (Rdn 197), die auch eine Widerklage namens der Gesellschaft zu erheben haben[460].

216 d) **Verhandlung.** Für die Anberaumung der mündlichen Verhandlung gelten die allgemeinen Bestimmungen. § 246 Abs. 3 S. 2 AktG ist nicht anzuwenden, weil die aktienrechtliche Monatsfrist für die Anfechtungsklage im GmbH-Recht nicht gilt (Rdn 177 f)[461].

217 e) **Darlegungs- und Beweislast.** Sehr erhebliche, noch nicht voll geklärte Probleme bereitet die Verteilung der Darlegungs- und Beweislast[462], zumal eine gesetzliche Regelung in §§ 241 ff AktG fehlt. Nach den **allgemeinen Regeln** der Beweislastverteilung, von denen auch bei Anfechtungs- und Nichtigkeitsklagen auszugehen ist, hat jede Partei die Tatsachen darzulegen und zu beweisen, welche die Norm voraussetzt,

---

456 *Schilling/Zutt*-Voraufl. 151; *Zöllner*-KölnKomm-AktG § 244, 26; Geßler/Hefermehl/Eckardt/Kropff/*Hüffer* § 244, 19.

457 *Schilling/Zutt*-Voraufl. 116; *Zöllner*-KölnKomm-AktG § 248, 41.

458 Vgl. BGH NJW 1972, 1320.

459 *Schilling*-GroßkommAktG § 243, Anm. 28; *Zöllner*-KölnKommAktG § 246, 4; § 249, 9: Geßler/Hefermehl/Eckardt/Kropff/*Hüffer* § 246, 12.

460 *Schilling/Zutt*-Voraufl. 155; Scholz/*Schmidt* § 45, 151; Rowedder/*Koppensteiner*[2] § 47, 122.

461 *Schilling/Zutt*-Voraufl. 157.

462 *Zöllner*-KölnKommAktG § 243, 105 ff; Geßler/Hefermehl/Eckardt/Kropff/*Hüffer* § 243, 140 ff; Scholz/*Schmidt* § 45, 161; ausführlich zuletzt *Hüffer* Festschrift Fleck S. 151.

aus der sie die ihr günstige Rechtsfolge ableitet[463]. Danach hat der Kläger zunächst vorzutragen, daß ein festsgestellter und daher vorläufig wirksamer Beschluß vorliegt (Rdn 89 ff), bei der Anfechtung ferner, daß er anfechtungsberechtigt ist und die Anfechtungsfrist eingehalten hat. Folgt man bezüglich der Anfechtungsfrist den Formulierungen des BGH (Rdn 178), so hat der Kläger bei Überschreitung der aktienrechtlichen Monatsfrist also namentlich zu beweisen, daß er die Anfechtungsklage „mit aller zumutbaren Beschleunigung" erhoben hat bzw. „durch zwingende Umstände gehindert" war, sie früher zu erheben. Nach der hier vertretenen Lösung (Rdn 185) würden Beweisanforderungen dieser Art erst zu stellen sein, wenn eine Frist von drei Monaten seit dem Beschluß abgelaufen ist.

Hinsichtlich der verschiedenen **Beschlußmängel** hält die hL mit Recht in mehreren Fällen eine Abweichung von der Grundregel für nötig, wonach der Kläger die Darlegungs- und Beweislast trägt. Dies ergibt sich aus dem Prinzip der **Tatsachennähe**, weil vom Kläger eine ausreichende Kenntnis von Vorgängen, die sich im Inneren der Gesellschaft abgespielt haben, nicht erwartet werden kann und er deshalb regelmäßig in Beweisnot geraten würde, wollte man ihm die volle Beweislast aufbürden[464]. Die Folge ist eine differenzierende Würdigung. **218**

Danach hat der Kläger **Verfahrensfehler** zunächst substantiiert vorzutragen. Ist dies geschehen, so obliegt es bei Fragen, welche die allgemeine Ordnungsmäßigkeit der Vorbereitung und des Ablaufs der Versammlung betreffen, der Gesellschaft, zu beweisen, daß fehlerfrei verfahren wurde. Hierher gehören namentlich Mängel der Ladung und der Erteilung von Auskünften. Dagegen muß der Anfechtungskläger beweisen, daß ihm gegenüber individuelle Verfahrensverstöße vorgekommen sind, er z. B. zu Unrecht von der Versammlung oder der Abstimmung ausgeschlossen wurde. Behauptet der Kläger, das Abstimmungsergebnis sei unrichtig festgestellt worden, weil die Stimmen falsch gezählt, stimmberechtigte Gesellschafter vom Stimmrecht ausgeschlossen oder nicht stimmberechtigte zugelassen wurden (Rdn 111), so trägt er dafür gleichfalls die Beweislast[465]. Der Beweis ist regelmäßig durch das Protokoll der Gesellschafterversammlung zu führen. Wurde kein oder kein ordnungsgemäßes Protokoll errichtet, so fragt sich, ob die Beweislast aus diesem Grund auf die Gesellschaft verlagert wird. Man wird die Frage unter dem Gesichtspunkt der Beweisvereitelung bejahen müssen, denn obgleich keine gesetzliche Pflicht besteht, über die Gesellschafterversammlung Protokoll zu führen (§ 48, 37), sollte das Risiko, daß infolge einer mangelhaften Protokollierung Beweisschwierigkeiten auftreten, der Gesellschaft aufgebürdet werden[466]. Dasselbe gilt erst recht bei Satzungsänderungen und gleichgestellten Beschlüssen, für welche das Gesetz eine Niederschrift vorschreibt (§ 53 Abs. 2). Steht die Unrichtigkeit der Stimmenzählung fest, trifft die Gesellschaft die Beweislast dafür, daß der Fehler für das Beschlußergebnis nicht ursächlich war (Rdn 112)[467]. **219**

Bei **fehlerhaftem Beschlußinhalt** ist grundsätzlich die allgemeine Regel anzuwenden, wonach der Kläger den Fehler darzulegen und zu beweisen hat. Das gilt namentlich **220**

---

[463] *Hüffer* Festschrift Fleck S. 151, 153 unter Bezugnahme auf *Rosenberg* Die Beweislast[5] (1965) S. 98 f; *Prütting* Gegenwartsprobleme der Beweislast (1983) S. 265 ff; *Jauernig* Zivilprozeßrecht[22] (1988) S. 182 ff.

[464] *Zöllner*-KölnKommAktG aaO; *Schilling*/*Zutt*-Voraufl. 156; Scholz/*Schmidt* § 45, 161; *Hüffer* Festschrift Fleck S. 151, 161; Geßler/Hefermehl/Eckardt/Kropff/*Hüffer* § 243, 142.

[465] *Zöllner*-KölnKommAktG § 243, 111; Geßler/Hefermehl/Eckardt/Kropff/*Hüffer* § 243, 143; Scholz/*Schmidt* § 45, 161; *Hüffer* aaO S. 162.

[466] Vgl. die in dieselbe Richtung gehenden Überlegungen von *Hüffer* Festschrift Fleck aaO zur AG, bei der die Ausgangslage infolge der Pflicht, Hauptversammlungsbeschlüsse zu protokollieren, allerdings anders ist.

[467] Siehe die in Fn 465 genannten Autoren.

hinsichtlich der Voraussetzungen einer als Nichtigkeits- oder Anfechtungsgrund behaupteten Verletzung des Gesetzes oder der Satzung. Eine Modifikation ist jedoch geboten, wenn ein Verstoß gegen das Gleichbehandlungsgebot (Rdn 118 f) gerügt wird. Legt hier der Kläger die Ungleichbehandlung der Gesellschafter dar, so ist es Sache der Gesellschaft, die Differenzierung zu rechtfertigen[468].

221 Im Zusammenhang mit der **materiellen Inhaltskontrolle** von Gesellschafterbeschlüssen (Rdn 123 ff) hat der **BGH** zunächst ausgeführt, daß die Gesellschaft die den Beschluß rechtfertigenden Gründe darzulegen hat. Der Kläger muß diese Gründe dann aber widerlegen und trägt das Beweisrisiko, falls die Widerlegung nicht gelingt[469]. Später hat er diesen Ansatz dahin präzisiert, daß die Anforderungen an den Kläger, Vorgänge substantiiert vorzutragen, die sich im Inneren der Gesellschaft abgespielt haben, nicht überspannt werden dürfen, es vielmehr Sache der Beklagten sei, zu den vom Kläger angesprochenen Punkten substantiiert Stellung zu nehmen[470]. Zu einer förmlichen Beweislastumkehr konnte sich der Senat jedoch nicht verstehen, wenngleich seine Ausführungen dazu etwas unklar bleiben[471]. Dieser Ansatz kann **nicht überzeugen**. Wenn bestimmte Gesellschafterbeschlüsse einer besonderen Rechtfertigung bedürfen, ohne diese also rechtswidrig und anfechtbar sind, so ist es folgerichtig Sache der Gesellschaft, die Rechtfertigungsgründe darzulegen *und zu beweisen*[472]. Sie muß das Risiko mangelnden Beweises tragen. Vom Kläger kann nur verlangt werden, daß er nach Maßgabe der Kenntnis, die er von den Interna der Gesellschaft haben kann, die Tatsachen substantiiert vorträgt, aus denen sich der die Inhaltskontrolle auslösende Eingriff in sein Mitgliedsrecht ableitet[473].

222 f) **Prozeßhandlungen.** Für den kassatorischen Prozeß gelten – von den wenigen aktienrechtlichen Bestimmungen der §§ 246 ff AktG abgesehen – keine ausdrücklichen Verfahrensvorschriften besonderer Art. **Abweichungen** vom **Grundsatz** der **Parteiherrschaft** ergeben sich aber aus der Natur des Verfahrens, nämlich aus der Tatsache, daß einerseits die Prozeßbeteiligten materiellrechtlich nicht befugt sind, Gesellschafterbeschlüsse zu fassen, zu ändern oder zu beseitigen, andererseits das stattgebende Urteil im Anfechtungsprozeß Wirkung für und gegen alle entfaltet (Rdn 236 ff)[474]. Den Parteien kann nicht gestattet sein, mit Hilfe von Prozeßhandlungen, welche das Gericht daran hindern, auch nur den vorgetragenen Sachverhalt rechtlich voll nachzuprüfen, ein mit Gestaltungswirkung ausgestattetes Urteil zu erzwingen. Daraus folgt:

223 Alle Prozeßhandlungen, die den angegriffenen Beschluß in seinem Bestand unberührt lassen, sind im Rahmen allgemeiner prozessualer Regeln zulässig. Der Kläger

---

468 *Hüffer* Festschrift Fleck S. 151, 164; *Wiedemann* GesR I § 8 II 2 b; *Zöllner*-KölnKommAktG § 243, 107.

469 BGHZ 71, 40, 48 = NJW 1978, 1316 (Kali & Salz); vgl. dazu die unterschiedlichen Interpretationen bei *Lutter* ZGR 1979, 401, 412 ff; *Hirte* Bezugsrechtsausschluß S. 220 f und *Hüffer* Festschrift Fleck S. 151, 166.

470 BGHZ 103, 184, 196 f = NJW 1988, 1579 (Linotype) im Anschluß an BGHZ 84, 209, 222 = NJW 1984, 209 und BGH WM 1984, 1424, 1425; vgl. dazu *Timm* NJW 1988, 1582, 1583; *ders.* ZGR 1987, 403, 413; *Lutter* ZHR 153 (1989), 446, 470.

471 Vgl. *Hüffer* aaO (Fn 469) S. 166.

472 *Lutter* ZGR 1979, 401, 412 ff; *ders.* ZHR 153 (1989), 446, 470); *Hüffer* Festschrift Fleck S. 151, 167; Geßler/Hefermehl/Eckardt/Kropff/*Hüffer* § 243, 147; *Hirte* aaO (Fn 469) S. 220 ff; differenzierend *Schockenhoff* Gesellschaftsinteresse und Gleichbehandlung beim Bezugsrechtsausschluß S. 86 ff.

473 So mit Recht *Hüffer* aaO S. 167. Mit Differenzierungen im Einzelnen entspricht dies der überw. Auffassung in der Lit., vgl. *Ulmer* BB 1964, 665, 666; *ders.*-Voraufl. § 53, 58; *Zöllner*-KölnKommAktG § 243, 107; *Timm* ZGR 1987, 403, 413; Rowedder/*Koppensteiner*² § 47, 105 aE; *Winter* Mitgliedschaftliche Treuebindungen im GmbH-Recht (1988) S. 297 ff; *Wiedemann* GesR I § 8 II 3 b; **abw.** Scholz/*Schmidt* § 45, 161.

474 HA; Scholz/*Schmidt* § 45, 158 ff; Rowedder/*Koppensteiner*² § 47, 123; *Meyer-Landrut*/Miller/Niehus § 47, 85; *Zöllner*-KölnKommAktG § 246, 71 ff; Geßler/Hefermehl/Eckardt/Kropff/*Hüffer* § 246, 27 f.

kann daher im Rahmen von § 269 ZPO die Klage **zurücknehmen**. Er kann fener gemäß § 306 ZPO auf den Klageanspruch **verzichten** oder nachteilige Tatsachen **zugestehen** (§ 288 ZPO). Auch kann **Versäumnisurteil** gegen den Kläger ergehen (§ 330 ZPO). Die beklagte Gesellschaft kann in diesen Fällen die dazu erforderlichen Prozeßerklärungen (Zustimmung, Antrag auf Klagabweisung) abgeben[475]. Sie kann dem Kläger auch für den Fall der Klagerücknahme Kostenausgleich zusagen (vgl. § 269 Abs. 3 S. 2 ZPO). Problematisch sind jedoch Zahlungen an den Kläger mit dem Ziel, ihn zum Klageverzicht zu veranlassen[476].

Dagegen sind Prozeßhandlungen ausgeschlossen, die eine Beseitigung oder Ände- **224**
rung des angegriffenen Beschlusses ohne gerichtliches Urteil und ohne gerichtliche Prüfung zur Folge hätten. Die beklagte Gesellschaft kann demgemäß über den Streitgegenstand regelmäßig nicht verfügen. Ein **Vergleich**, der den angegriffenen Beschluß für nichtig erklärt oder seine Nichtigkeit nach § 249 AktG feststellt, ist **unzulässig** und unbeachtlich[477]. Auch mit Zustimmung der Gesellschafterversammlung kann ein solcher Vergleich nicht geschlossen werden, denn diese ist nicht Prozeßpartei und daher an einem Prozeßvergleich gemäß § 794 Abs. 1 Nr. 5 ZPO nicht beteiligt[478]. Immerhin kann sie den Beschluß außerhalb des Prozesses mit Wirkung für die Zukunft aufheben, womit sich das Verfahren regelmäßig in der Hauptsache erledigt (vgl. Rdn 226)[479]. Hingegen ist ein Vergleich **zulässig**, der den Beschluß als solchen unberührt läßt: So die vergleichsweise Klagerücknahme, der vergleichsweise Verzicht auf die Anfechtung, und zwar auch gegen Übernahme von Verpflichtungen der Gesellschaft, soweit dies im Rahmen der Vertretungsbefugnis der Geschäftsführer liegt, z. B. gegen die Übernahme der Prozeßkosten. Probleme bereitet auch hier erst der Fall, in dem sich der Kläger die Vergleichsbereitschaft mit einem Betrag abkaufen läßt, auf den er sonst keinen Anspruch hat (Rdn 223 a. E.).

Umstritten ist die Zulässigkeit eines gerichtlichen **Geständnisses** auf seiten der **225**
Gesellschaft (§ 288 ZPO), eines **Versäumnisurteils** oder eines **Anerkenntnisurteils** gegen die Gesellschaft. Nach einer im Schrifttum verbreiteten Ansicht scheitern diese Akte gleichfalls an der mangelnden Verfügungsbefugnis der Gesellschaft über den Streitgegenstand[480]. Die Gegenansicht beruft sich für die Zulässigkeit darauf, daß keine hinreichende Rechtsgrundlage bestehe, die zivilprozessualen Regeln in dieser Frage beseite zu schieben[481]. Selbst wenn man der ersten Ansicht folgt, hat ein zu Unrecht erlassenes Versäumnis- oder Anerkenntnisurteil gegen die Gesellschaft gestaltende Wirkung[482]. Im übrigen läßt sich, selbst wenn kein Versäumnis- oder Anerkenntnisurteil ergehen darf, nicht verhindern, daß die Vertreter der beklagten Gesellschaft im Termin nicht erscheinen oder den Klagevortrag sachlich nicht bestreiten (vgl. § 138 Abs. 3 ZPO). In solchen Fällen hat das Gericht den Sachverhalt zwar seinerseits rechtlich zu

---

475 HL, vgl. die in der vorigen Fußnote genannten Autoren.

476 *Lutter* ZGR 1978, 347, 361 ff; *Schlaus* AG 1988, 113; *Martens* AG 1988, 118; Scholz/*Schmidt* § 45, 158; vgl. auch *Timm* und *Windbichler* in *Timm (Hrsg.)* Mißbräuchliches Aktionärsverhalten (1990) und die Nachw. in Fn 351.

477 Allg. Meinung, *Schilling/Zutt*-Voraufl. 161; Scholz/*Schmidt* § 45, 159; Rowedder/*Koppensteiner*² § 47, 123; *Vogel* Gesellschafterbeschlüsse² S. 217; zum Aktienrecht vgl. BGH LM Nr. 1 zu § 199 AktG 1937 m. Anm. *R. Fischer* = BB 1951, 683.

478 *Schilling/Zutt*-Voraufl. 161; Scholz/*Schmidt* § 45, 159.

479 Scholz/*Schmidt* § 45, 159; *Zöllner*-KölnKomm-AktG § 246, 76.

480 *Schilling/Zutt*-Voraufl. 160; Scholz/*Schmidt* § 45, 159 für Anerkenntnis; Rowedder/*Koppensteiner*² § 47, 123 für Anerkenntnis; *Vogel* Gesellschafterbeschlüsse² S. 217; in BGH NJW 1975, 1273 offen gelassen.

481 Baumbach/Hueck/*Zöllner* 82; Scholz/*Schmidt* § 45, 160 und Rowedder/*Koppensteiner*² § 47, 123 für Geständnis und Versäumnisurteil; *Zöllner*-KölnKommAktG § 246, 72 ff; Geßler/Hefermehl/Eckardt/Kropff/*Hüffer* § 246, 27; unklar RG JW 1938, 748, 750.

482 BGH NJW 1975, 1273.

würdigen, muß sich jedoch zwangsläufig auf den Vortrag des Klägers stützen. Es kann dann unter denselben Voraussetzungen, unter denen sonst ein Versäumnisurteil ergeht, zu einem streitigen Sachurteil mit der Wirkung der §§ 248, 249 AktG kommen, ohne daß die hinter dem Beschluß stehenden Gesellschafter am Prozeß beteiligt waren[483]. Im Ergebnis sollte daher auch die Zulässigkeit von Anerkenntnis- und Versäumnisurteilen nicht bestritten werden.

226 g) **Erledigung der Hauptsache.** Sie tritt ein, wenn der angefochtene Beschluß in einem anderen Anfechtungs- oder Nichtigkeitsprozeß rechtskräftig für nichtig erklärt ist[484]; wenn ein angefochtener Beschluß nach §§ 142 ff FGG im Handelsregister gelöscht wurde (Rdn 56 ff), es sei denn, es wurde Nichtigkeitsklage erhoben[485]; weiter dann, wenn die Anfechtbarkeit durch Billigung der unmittelbar Betroffenen beseitigt wurde (Rdn 152) oder wenn das Anfechtungsrecht des Klägers erlischt, z. B. durch Untergang seines Geschäftsanteils (Rdn 158). Veräußert der Kläger nach Erhebung der Klage seine Beteiligung, so gilt § 265 ZPO entsprechend (Rdn 156). Wird der Beschluß durch einen neuen fehlerfrei bestätigt (Rdn 148 ff), so liegt darin ebenfalls eine Erledigung. Führt der Kläger den Prozeß analog § 244 S. 2 AktG mit beschränktem Ziel weiter (Rdn 149), so ist eine Teilerledigung anzunehmen[486]. Entsprechendes muß gelten, wenn die Gesellschafter den angefochtenen Beschluß nachträglich wieder aufheben. Die beklagte Gesellschaft kann der Erledigungserklärung widersprechen mit der Behauptung, der angefochtene Beschluß sei fehlerfrei gewesen[487], der Kläger dann, wenn er die Nichtigkeit eines Bestätigungsbeschlusses behauptet.

227 h) **Anfechtung von Bestätigungsbeschlüssen.** Ist ein Beschluß, durch den ein angefochtener Beschluß bestätigt wird, seinerseits nichtig, so kann er keine Wirkung entfalten. Der Kläger kann die Nichtigkeit im anhängigen Anfechtungsprozeß einredeweise geltend machen; er kann aber auch durch Klageerweiterung oder gesonderte Klage gegen den Bestätigungsbeschluß gemäß § 249 AktG vorgehen. Ist der Bestätigungsbeschluß nur anfechtbar, so muß er gesondert angefochten werden. Dies kann – in den Grenzen der allgemeinen Vorschriften (Rdn 172 ff, 177 ff) – im Anfechtungsprozeß durch Klageerweiterung geschehen. Die Meinung, daß es einer besonderen Anfechtung von Bestätigungsbeschlüssen nicht bedürfe, wenn sie an demselben Mangel leiden wie der zuerst angefochtene Beschluß[488], ist abzulehnen, weil sie der Systematik des Gesetzes nicht gerecht wird[489].

228 i) **Streitwert, Kosten.** Für die Bemessung des Streitwerts gilt § 247 Abs. 1 AktG analog[490]. Maßgebend ist danach, nicht anders als nach § 12 Abs. 2 GKG, die Bedeutung der Sache für die Parteien. Dieses Interesse ist unter Berücksichtigung aller Umstände des Einzelfalls nach **billigem Ermessen** zu schätzen. Der Wert, den der Geschäftsanteil des Klägers besitzt, ist dabei zu berücksichtigen, muß aber nicht allein maßgeblich sein[491]. Hat der angefochtene Beschluß Schadensersatzansprüche zum Gegenstand, so ist für die Streitwertbemessung die Höhe des schließlich geltend gemachten, nicht des im Beschluß bezifferten Anspruchs von Bedeutung[492]. Die Kombination von Anfech-

---

483 Scholz/*Schmidt* § 45, 160; Rowedder/*Koppensteiner*² § 47, 123.
484 *Schilling/Zutt*-Voraufl. 163.
485 *Schilling/Zutt*-Voraufl. 204.
486 *Schilling/Zutt*-Voraufl. 163.
487 AA *Zöllner*-KölnKommAktG § 244, 16.
488 BGHZ 21, 354, 358; vgl. auch RGZ 64, 258; 98, 112, 114 für aufeinanderfolgende Bilanzfeststellungen; Fischer/*Lutter/Hommelhoff* 43.
489 Scholz/*Schmidt* § 45, 164, 167; Rowedder/*Koppensteiner*² § 47, 122.
490 OLG Hamm GmbH-Rdsch. 1955, 226; OLG Nürnberg GmbH-Rdsch. 1961, 65; *Schilling/Zutt*-Voraufl. 165; Baumbach/Hueck/*Zöllner* 87; Fischer/*Lutter/Hommelhoff* 57; Scholz/*Schmidt* § 45, 153.
491 *Schilling/Zutt*-Voraufl. 165.
492 OLG Nürnberg aaO; *Schilling/Zutt*-Voraufl. 165.

tungs- und Nichtigkeitsklage gegen denselben Beschluß hat wegen der Identität des Streitgegenstands (Rdn 195) keine Streitwerterhöhung zur Folge.

Umstritten ist, ob auch § 247 Abs. 1 S. 2 AktG in das GmbH-Recht übernommen werden kann, der **Streitwertobergrenzen** festlegt. Die hM verneint dies, weil es sich um eine typische Schutzvorschrift zugunsten kleinerer Aktionäre von Großgesellschaften handele, für die bei der GmbH kein Bedürfnis bestehe[493]. Richtig erscheint demgegenüber eine differenzierte Betrachtungsweise, die dem Grundgedanken der Vorschrift ebenso wie den besonderen Verhältnissen bei der GmbH Rechnung trägt. Danach ist eine Streitwertgrenze von 1 Mio DM generell auch bei der GmbH anzuerkennen, es sei denn, die Bedeutung der Sache ist für den Kläger höher zu bewerten. Dagegen wäre es bei der in der Regel niedrigen Stammkapitalziffer, die häufig den Mindestbetrag von 50 000,– DM nicht überschreitet, nicht sachgerecht, eine Streitwertgrenze von einem Zehntel des Stammkapitals, in den genannten Fällen also 5 000,– DM, einzuführen, die nur ausnahmsweise überschritten werden darf. Insoweit muß es vielmehr bei der Festsetzung nach billigem Ermessen gemäß § 247 Abs. 1 S. 1 AktG bleiben. **229**

Anwendbar ist nach allg. Meinung hingegen § 247 Abs. 2 und 3 AktG (**gespaltener Streitwert**). Danach kann das Gericht auf Antrag einen Teilstreitwert feststellen, der für die Verpflichtung der begünstigten Partei zur Zahlung von Gerichts- und Anwaltskosten und zur Kostenerstattung maßgeblich ist. Die Vorschriften entsprechen §§ 144 PatG, 26 GebrMG, 31 a WZG und 23 b UWG und bringen ein allgemein vernünftiges Prinzip der Kostenerleichterung zum Ausdruck. Die Festsetzung von Teilstreitwerten kann zugunsten jeder Prozeßpartei, auch zugunsten beider Parteien, erfolgen. Sie setzt voraus, daß die Belastung mit den vollen Kosten die wirtschaftliche Lage der betreffenden Partei gefährden würde. Die Gewährung von Prozeßkostenhilfe wird dadurch nicht ausgeschlossen. Sie ist bei der Beurteilung der Belastung zu berücksichtigen[494]. **230**

Für die **Kosten** gelten keine Besonderheiten. Es sind die **§§ 91 ff ZPO** anzuwenden. Klagt ein nach §§ 250, 251 AktG parteifähiger Betriebsrat, so treffen die Kosten über § 40 BetrVG die Gesellschaft. **231**

k) **Rechtsmittel.** Beim Anfechtungs- und Nichtigkeitsprozeß handelt es sich nicht um vermögensrechtliche Streitigkeiten. Daher ist die Berufung gegen die erstinstanzlichen Urteile der Landgerichte gemäß § 511 ZPO stets zulässig. Zur Berufungsbegründung bei der Anfechtungsklage gegen mehrere Beschlüsse vgl. BGH AG **1977**, 319. Für die Revision gilt § 546 Abs. 1 ZPO. Sie ist nur möglich, wenn sie vom Berufungsgericht zugelassen wird. **Rechtsmittelverzicht** ist nicht nur seitens des Anfechtungsklägers, sondern auch seitens der Gesellschaft zulässig, weil darin keine Verfügung über den Streitgegenstand ohne Gerichtskontrolle mehr liegt (vgl. Rdn 224)[495]. **232**

8. Wirkungen des Urteils

a) **Abweisung der Klage.** Wird die kassatorische Klage abgewiesen, so beschränken sich die Wirkungen des Urteils auf die einer jeden Klagabweisung. Einem Prozeßurteil kommt materielle Rechtskraft überhaupt nicht zu; der Kläger kann also, sofern die **233**

---

[493] OLG Frankfurt NJW 1968, 2112 (zur Nichtigkeitsklage); OLG Celle RPfleger 1974, 233; *Schilling*/*Zutt*-Voraufl. 166; Baumbach/Hueck/*Zöllner* 87; Fischer/*Lutter*/*Hommelhoff* 57; *Däubler* GmbH-Rdsch. 1968, 4, 9; aA Scholz/*Schmidt* § 45, 153; Rowedder/*Koppensteiner*² § 47, 115.

[494] OLG Frankfurt DB 1990, 472.

[495] *Schilling*/*Zutt*-Voraufl. 168; Scholz/*Schmidt* § 45, 159; *Zöllner*-KölnKommAktG § 246, 75.

Frist noch nicht abgelaufen ist, neue Anfechtungs- oder Nichtigkeitsklage erheben. Wird die Klage durch Sachurteil als unbegründet abgewiesen, so erlangt das Urteil normale **Rechtskraft** zwischen den **Prozeßparteien**[496]. Dies bedeutet:

234 Zwischen Kläger und Gesellschaft ist verbindlich festgestellt, daß der **Beschluß** aufgrund des Sachverhalts, der dem Gericht zur Prüfung vorlag, **nicht nichtig** ist. Einer erneuten Klage desselben Klägers gegen denselben Beschluß steht die Einrede der Rechtskraft entgegen, wenn sie auf den gleichen Sachverhalt gestützt wird. Der Kläger kann die Anfechtungs- und Nichtigkeitsgründe auch nicht mehr als Einwendung in einem anderen Prozeß oder als Gegenstand einer Feststellungsklage nach § 256 ZPO geltend machen. Dagegen ist er nach zutreffender Ansicht mit anderen Gründen nicht ausgeschlossen[497]. Allerdings wird eine auf andere Gründe gestützte neue Klage häufig verspätet sein. Ob der Kläger oder das Gericht aus dem Sachverhalt, der dem Gericht unterbreitet war, Nichtigkeits- oder Anfechtungsfründe entnommen hat, ist belanglos. Ein klagabweisendes Urteil steht nicht nur einer neuen Anfechtungsklage, sondern auch einer neuen Nichtigkeitsklage entgegen, sofern nur der Sachverhalt derselbe ist. Die Rechtskraftwirkung bedeutet dagegen *nicht*, daß zwischen den Prozeßparteien die Wirksamkeit des Beschlusses *positiv festgestellt* wird. Der Kläger kann sich vielmehr nur nicht auf seine Mangelhaftigkeit berufen.

235 **Dritten** gegenüber entfaltet das klagabweisende Urteil grundsätzlich **keine Wirkung**. Sie werden dadurch nicht gehindert, ihrerseits die Anfechtbarkeit oder Nichtigkeit des Beschlusses geltend zu machen, soweit dies nach den allgemeinen Vorschriften zulässig ist, ggf. auch als Vorfrage in einem auf einen anderen Gegenstand gerichteten Prozeß (Rdn 84, 172 ff)[498]. Weder andere Gesellschafter noch Organe der Gesellschaft noch der Registerrichter sind an das Urteil oder gar an seine Begründung rechtlich gebunden. In aller Regel wird das Urteil aber faktisch dazu führen, daß von der Rechtswirksamkeit des Beschlusses ausgegangen werden kann, weil die streitigen Rechtsfragen geklärt sind. Ein **Schadensersatzanspruch** der Gesellschaft oder eines Mitgesellschafters gegen den Kläger wegen ungerechtfertigter Klage kommt nur unter engen Voraussetzungen in Frage. Die Erhebung einer unbegründeten Anfechtungs- oder Nichtigkeitsklage ist kein Eingriff in die Mitgliedsrechte oder gar in das Recht am eingerichteten und ausgeübten Gewerbebetrieb der Gesellschaft. Eine Anwendung des § 823 Abs. 1 BGB scheidet daher aus. **Mißbraucht** der Kläger allerdings die Klagebefugnis zu selbstsüchtigen Zwecken und wird die Klage aus diesem Grund abgewiesen (Rdn 169 ff), so ist ein Schadensersatzanspruch nach § 826 BGB gegeben[499].

236 b) **Stattgebendes Urteil.** Soweit der Beschluß für nichtig erklärt wird, erlangt das Urteil analog §§ 248 Abs. 1 S. 1, 249 Abs. 1, 241 Nr. 5 AktG mit Rechtskraft **Wirkung gegenüber allen Gesellschaftern, Organen** und **Organmitgliedern**[500]. In den Fällen der fehlerhaften Aufsichtsratswahl (§§ 250, 251 AktG, vgl. Rdn 62, 130) erstreckt sich die Wirkung auch auf die Arbeitnehmer der Gesellschaft und die klageberechtigten

---

496 Scholz/*Schmidt* § 45, 176; Baumbach/Hueck/*Zöllner* 89; Rowedder/*Koppensteiner*² § 47, 127; *Schilling/Zutt*-Voraufl. 171.

497 *Schilling/Zutt*-Voraufl. 172; Scholz/*Schmidt* § 45, 177, Rowedder/*Koppensteiner*² § 47, 113, 127; *K. Schmidt* JZ 1977, 769, 772; aA Baumbach/Hueck/*Zöllner* 83 sowie *Zöllner*-KölnKommAktG § 246, 47 ff (mit allen Gründen präkludiert, auch solchen, die der Kläger nicht vorgetragen hat).

498 Scholz/*Schmidt* § 45, 177; Baumbach/Hueck/*Zöllner* 89; *Schilling/Zutt*-Voraufl. 171, 175.

499 *Schilling/Zutt*-Voraufl. 176; *Lutter* ZGR 1978, 347, 360; *Schlaus* AG 1988, 113, 115.

500 RGZ 85, 311, 312; 93, 31, 32; *Schilling/Zutt*-Voraufl. 177; Baumbach/Hueck/*Zöllner* 90.

Betriebsräte und Gewerkschaften (§ 252 AktG). Nach heute allgemeiner Ansicht[501] tritt die Wirkung darüber hinaus auch gegenüber anderen Personen, d. h. **inter omnes**, ein. Das folgt aus der rechtsgestaltenden Kraft des Urteils (Rdn 192 f). Der Wortlaut des Gesetzes ist insoweit zu eng. Namentlich ist auch das **Registergericht** gebunden. Gelöscht wird ein Beschluß von Amts wegen aber nur, wenn die Voraussetzungen der §§ 142, 144 FGG erfüllt sind (Rdn 56 ff). In allen anderen Fällen hat der Registerrichter, wenn der Beschluß eingetragen war, entsprechend §§ 248 Abs. 1 S. 3 und 4, 249 Abs. 1 AktG auch das Urteil in das Handelsregister einzutragen und die Eintragung in gleicher Weise wie die des Beschlusses bekannt zu machen. Die Geschäftsführer sind verpflichtet, das Urteil unverzüglich zum Handelsregister einzureichen (§ 248 Abs. 1 S. 2 AktG).

Der Beschluß ist als **nicht vorhanden** anzusehen. Dies gilt ohne jede Einschränkung für die Zukunft. Noch anhängige Anfechtungs- oder Nichtigkeitsprozesse sind in der Hauptsache erledigt (Rdn 226). Die Nichtigerklärung **wirkt** aber – wie die bürgerlichrechtliche Anfechtung nach § 142 BGB – auch **zurück**. Der Beschluß gilt als niemals gefaßt[502]. Die Geschäftsführer, Gesellschafter und ein ggf. zuständiger Aufsichtsrat oder Beirat dürfen den Beschluß nicht ausführen. War er schon vollzogen, so ist die Ausführung rückgängig zu machen, soweit dies in der Macht der Geschäftsführer oder der anderen Gesellschaftsorgane steht. Wurde ein Bilanzfeststellungsbeschluß für nichtig erklärt, haben die Geschäftsführer eine neue Bilanz ohne den Fehler aufzustellen. Gewinnanteile, die an die Gesellschafter aufgrund eines für nichtig erklärten Gewinnverteilungsbeschlusses ausgezahlt wurden, sind zurückzugewähren, es sei denn, der Gutglaubensschutz gemäß § 32 steht entgegen. Ein Geschäftsanteil, der zu Unrecht eingezogen wurde, besteht nach wie vor fort. Sein Inhaber hat niemals aufgehört, Gesellschafter zu sein. Eine gezahlte Abfindung hat er zurückzuerstatten. Ist er nach dem Beschluß zu den Gesellschafterversammlungen nicht mehr eingeladen worden, sind die darin gefaßten Beschlüsse analog § 241 Nr. 1 AktG nichtig[503]. **237**

Ist die **Bestellung zum Geschäftsführer** für nichtig erklärt, so sind die Regeln über faktische Organe anzuwenden. Wurde der Geschäftsführer in der Zwischenzeit als Gesellschaftsorgan rechtsgeschäftlich tätig, so bleiben daher die von ihm namens der Gesellschaft gegenüber Dritten abgegebenen Erklärungen wirksam (§ 46, 46 und Erl. zu § 35). Ist die Bestellung in das Handelsregister eingetragen, folgt dies schon aus § 15 Abs. 3 HGB, in anderen Fällen aus den Grundsätzen der Rechtsscheinwirkung[504]. Interne Akte des fehlerhaft bestellten Geschäftsführers bleiben grundsätzlich beachtlich, jedenfalls wenn er mit Wissen und Wollen der Gesellschafter gehandelt hat. Dies gilt z. B. für die Einberufung der Gesellschafterversammlung (§ 49, 6) und für die Entgegennahme einer Anmeldung gemäß § 16 (vgl. Voraufl. § 16, 17). **238**

Wird die **Aufsichtsratswahl** für nichtig erklärt, wird im aktienrechtlichen Schrifttum abweichend vom allgemeinen Grundsatz nur eine Wirkung des Urteils ex nunc ange- **239**

---

501 *Schilling/Zutt*-Voraufl. 177; Scholz/*Schmidt* § 45, 173; Baumbach/Hueck/*Zöllner* 90; *Zöllner*-KölnKommAktG § 248, 4 ff; Geßler/Hefermehl/Eckardt/Kropff/*Hüffer* § 248, 13 ff; im Einzelnen *K. Schmidt* AG 1977, 205, 207 f, 243, 245 f; *ders.* JZ 1977, 769 f; *ders.* JZ 1988, 729.

502 HM, *Schilling/Zutt*-Voraufl. 179; Scholz/*Schmidt* § 45, 172; Baumbach/Hueck/*Zöllner* 90; Rowedder/*Koppensteiner*² 124; *Däubler* GmbH-Rdsch. 1968, 4, 9; *K. Schmidt* AG 1977, 205, 207; zum AktG ferner *Zöllner*-KölnKommAktG § 248, 9; Geßler/Hefermehl/Eckardt/Kropff/*Hüffer* § 248, 15.

503 *Schilling/Zutt*-Voraufl. 178.

504 *Schilling/Zutt*-Voraufl. 181; Scholz/*Schmidt* § 45, 172; Baumbach/Hueck/*Zöllner* 90; Rowedder/*Koppensteiner*² § 47, 126.

nommen[505]. Jedenfalls für das GmbH-Recht verdient demgegenüber die mit den allgemeinen Regeln übereinstimmende Ansicht den Vorzug, wonach Rückwirkung eintritt[506]. In der Zwischenzeit vorgenommene Rechtshandlungen eines fehlerhaft besetzten Aufsichtsrats bleiben aber, soweit die anderen Organe der Gesellschaft oder auch Dritte auf deren Bestand vertrauen durften, beachtlich.

240 Hat ein Gesellschafterbeschluß **unmittelbare Wirkung gegenüber** einem **Dritten**, entfällt die Wirkung auch dem Dritten gegenüber mit der Rechtskraft des Urteils. Wird die **Zustimmung** der Gesellschafterversammlung **zur Abtretung** eines Geschäftsanteils (§ 15 Abs. 5) für nichtig erklärt, ist daher zu unterscheiden: Hat der Zustimmungsbeschluß nur Innenwirkung (§ 15, 109), so wirkt sich seine Nichtigkeit auf den Gesellschafterwechsel nicht aus. War er Wirksamkeitsvoraussetzung (§ 15, 111f), so wird die Abtretung hinfällig. Allerdings ist § 16 zu beachten: Ein bei der Gesellschaft ordnungsgemäß angemeldeter Erwerber ist als Gesellschafter legitimiert. Wird ein **Kapitalerhöhungsbeschluß** für nichtig erklärt, so muß jeder Gesellschafter oder Dritte, der zur Übernahme einer Stammeinlage auf das erhöhte Kapital zugelassen ist, die Nichtigkeit gegen sich gelten lassen[507]. Er hat jedoch die Einlage zu leisten, soweit der Betrag zur Befriedigung derjenigen Gläubiger gebraucht wird, deren Forderung zwischen Eintragung der Kapitalerhöhung und Eintragung des Nichtigkeitsurteils begründet wurde[508]. Die Nichtigkeit eines Gesellschafterbeschlusses, durch den dem Abschluß eines **Unternehmensvertrags** zugestimmt wurde (vgl. § 293 AktG), entfaltet Außenwirkung, macht den Vertrag also nichtig. Wurde der nichtige Vertrag von den Beteiligten durchgeführt, so ist er jedoch nach den Grundsätzen der fehlerhaften Gesellschaft gleichwohl als wirksam zu behandeln, bis er beendet wird[509]. Gleiches hat zu gelten, wenn ein **Umwandlungs-** oder **Verschmelzungsbeschluß** für nichtig erklärt wird[510].

241 Die Nichtigkeit des Beschlusses kann **Auswirkungen** auf andere, **nicht angefochtene Beschlüsse** haben. Dabei handelt es sich nicht um eine Erstreckung der Rechtskraft, sondern um eine materiellrechtliche Konsequenz. So bewirkt die Nichtigkeit des Jahresabschlusses in entsprechender Anwendung des § 253 AktG stets die Nichtigkeit des auf ihm beruhenden Gewinnverwendungsbeschlusses (Rdn 75). Dagegen zieht ein Urteil, das einen Beschluß für nichtig erklärt, nicht ohne weiteres die Nichtigkeit eines späteren, gleichlautenden Beschlusses nach sich. Dieser muß gesondert angefochten werden. Jedoch ist das Gericht an die Feststellung im ersten Prozeß, daß der gerügte Mangel einen Beschluß nichtig oder vernichtbar macht, gebunden[511].

242 Abweichend davon hat das RG angenommen, daß ein Gesellschafter, der einen **Bilanzfeststellungsbeschluß** erfolgreich angefochten hat, nicht auch die an demselben Mangel leidenden Bilanzen für die Folgejahre anzufechten braucht, um die Maßgeblich-

---

505 BGHZ 47, 341, 348 = NJW 1967, 1711 (für Wahl der Arbeitnehmervertreter); *Schilling*-Großkomm-AktG § 252, Anm. 5; *Mertens*-KölnKommAktG § 101, 77; *Geßler*/Hefermehl/Eckardt/Kropff § 101, 124; aA *Zöllner*-KölnKommAktG § 252, 8 ff; Geßler/Hefermehl/Eckardt/Kropff/*Hüffer* § 252, 12.

506 *Schilling/Zutt*-Voraufl. 182; Rowedder/*Koppensteiner*[2] § 47, 126; aA *Meyer-Landrut*/Miller/Niehus § 47, 85.

507 *Schilling/Zutt*-Voraufl. 184.

508 Allg. M., vgl. *Ulmer*-Voraufl. § 57, 40; Scholz/*Priester* § 57, 44; Baumbach/Hueck/*Zöllner* § 57, 17; Rowedder/*Zimmermann*[2] § 55, 22; RGZ 85, 311, 314 f.

509 BGHZ 103, 1, 4 = NJW 1988, 1326; *Köhler* ZGR 1985, 307; *Rehbinder* Festschrift Fleck S. 253; *Timm* BB 1981, 1491, 1497; *ders.* GmbH-Rdsch. 1987, 8, 12.

510 Scholz/*Schmidt* § 45, 172.

511 *K. Schmidt* JZ 1977, 769, 773 und Scholz/*Schmidt* § 45, 164, 175.

keit des Anfechtungsurteils auch dafür zu sichern[512]. Demgegenüber bleibt die hM auch in diesem Fall bei der allgemeinen Regel, weil für die Folgebeschlüsse kein Nichtigkeitsgrund i. S. des § 256 AktG (Rdn 68) vorliege[513]. Eine Ausnahme läßt sie nur dann zu, wenn der nichtige Jahresabschluß geändert wird und der Grundsatz der Bilanzkontinuität (§ 252 Abs. 1 Nr. 1 HGB) eine Anpassung der nachfolgenden Beschlüsse an die Änderung verlangt, weil dann der Tatbestand des § 256 Abs. 1 Nr. 1 AktG erfüllt sei[514]. Dem ist zuzustimmen. Zwischen dem Nichtigkeitsurteil und der Änderung der Ansätze in der Bilanz sind die Folgebilanzen dann als schwebend unwirksam anzusehen[515].

Der Berufung auf ein Anfechtungs- oder Nichtigkeitsurteil kann ausnahmsweise der **Arglisteinwand** entgegenstehen. In Betracht kommen Fälle, in denen die kassatorische Wirkung des Urteils arglistig herbeigeführt wurde oder in denen die Berufung auf das Urteil arglistig erscheint. Doch muß es sich um Fälle krasser Unredlichkeit und Treuwidrigkeit handeln. Die Behauptung, der Beschluß sei zu Unrecht für nichtig erklärt worden, genügt für sich allein nicht[516]. **243**

VI. Beschlußfeststellungsklage

Schrifttum

Eickhoff Die Gesellschafterklage im GmbH-Recht (1988) S. 128 ff; *Immenga* Die Problematik der Anfechtungsklage im GmbH-Recht, GmbH-Rdsch. 1973, 5, 9 f; *Joost* Die Parteirolle der personalistischen GmbH und ihrer Gesellschafter bei gesellschaftsinternen Klagen, ZGR 1984, 71, 94; *Lindacher* Fragen der Beschlußfassung und -feststellung nach § 46 Nr. 8 GmbHG, ZGR 1987, 121, 125; *Maier-Reimer* Negative „Beschlüsse" von Gesellschafterversammlungen, Festschrift Oppenhoff (1985) S. 193, 204; *K. Schmidt* Geklärte und offene Probleme der „positiven Beschlußfeststellungsklage", AG 1980, 169; *ders.* Rechtsschutz des Minderheitsgesellschafters gegen rechtswidrige ablehnende Beschlüsse, NJW 1986, 2018; *Winter* Mitgliedschaftliche Treuebindungen im GmbH-Recht (1988), S. 168 ff; *Zöllner* Die Schranken mitgliedschaftlicher Stimmrechtsmacht bei den privatrechtlichen Personenverbänden (1963) S. 405 ff; *ders.* Zur positiven Beschlußfeststellungsklage im Aktienrecht (und anderen Fragen des Beschlußrechts), ZGR 1982, 623.

1. Voraussetzungen

Die Anfechtungsklage kann nur dazu führen, daß das Gericht den angegriffenen Beschluß für nichtig erklärt. Bei negativen Beschlüssen wird damit ausgesprochen, daß der gestellte Antrag nicht wirksam abgelehnt wurde (Rdn 14). Dem Kläger ist damit allein aber nicht gedient, er kann vielmehr ein legitimes Interesse daran haben, gerichtlich feststellen zu lassen, ob beim gegebenen Sachverhalt ein Beschluß bestimmten Inhalts zustandegekommen ist, wenn man den Fehler korrigiert. Dem kann bei **falscher Zählung** der **Stimmen** Rechnung getragen werden, weil sich hier ein positives Beschlußergebnis mit hinreichender Sicherheit feststellen läßt. Wurde ein Antrag mit den Stimmen eines von der Abstimmung ausgeschlossenen Gesellschafters **244**

---

[512] RGZ 64, 258, 259 f; 98, 112, 114; 120, 28, 31; zustimmend BGHZ 21, 354, 358 = NJW 1956, 1753.

[513] *Zöllner*-KölnKommAktG § 256, 106; Geßler/Hefermehl/Eckardt/Kropff/*Hüffer* § 256, 109; *Adler/Düring/Schmaltz* Rechnungslegung und Prüfung der Aktiengesellschaft[4] Bd. 2 (1971) § 256, 118 f.

[514] *Zöllner* aaO 108; *Hüffer* aaO 109; *Adler/Düring/Schmaltz* aaO 120.

[515] *Zöllner* aaO 109; *Schilling/Zutt*-Voraufl. 180.

[516] Scholz/*Schmidt* § 45, 171.

abgelehnt und hätte der Antrag andernfalls die Mehrheit bekommen, so steht fest, daß bei richtiger Zählung antragsgemäß beschlossen worden wäre. Wurde ein Antrag mit den Stimmen eines nicht abstimmungsberechtigten Gesellschafters angenommen, so kann sich umgekehrt ergeben, daß er bei richtiger Zählung abgelehnt worden wäre.

245 Die Rechtsprechung trägt diesen Fällen dadurch Rechnung, daß sie dem Kläger gestattet, mit der Anfechtungsklage eine **Klage** auf **Beschlußfeststellung** zu verbinden[517]. Die Klage ist auch mit der Begründung zulässig, daß die Stimmen eines Gesellschafters nicht mitzuzählen sind, weil er sein Stimmrecht mißbräuchlich ausgeübt hat[518]. Die gegen diesen Fall von *K. Schmidt* erhobenen Bedenken, daß im Prozeß über die Pflicht eines Gesellschafters, einem Beschlußantrag zuzustimmen, entschieden werden müsse, der nicht selbst Prozeßpartei ist und auch nicht gehört zu werden braucht[519], sind unbegründet, weil jeder Gesellschafter das Recht hat, sich als Nebenintervenient in das Verfahren einzuschalten[520]. Die Beschlußfeststellungsklage ist auch bei **satzungsändernden Beschlüssen** gegeben. Daß der Beschluß nicht so beurkundet wurde, wie er tatsächlich zustande kam, schadet nicht, denn es kommt nur darauf an, daß er überhaupt beurkundet wurde. Hinsichtlich des richtigen Inhalts ersetzt das rechtskräftige Urteil die gesetzliche Form[521]. Die Beschlußfeststellungsklage kann jedoch niemals einen fehlenden Willen der Gesellschaftermehrheit ersetzen, d. h. einen Beschluß feststellen, der in Wahrheit gar nicht gefaßt wurde. Sie kommt daher in Fällen, in denen andere Mängel als die falsche Zählung der Stimmen gerügt werden, nicht in Betracht.

2. Verfahren

246 Die Klage kann gemeinsam mit der Anfechtungsklage erhoben, aber auch nachträglich anhängig gemacht werden. Es handelt sich um eine **Gestaltungsklage**. Das Urteil erlangt in entsprechender Anwendung der §§ 248 Abs. 1, 249 Abs. 1 AktG Wirkung inter omnes[522]. Kläger kann jeder zur Anfechtung Berechtigte sein (Rdn 151 ff). Richtige Beklagte ist die Gesellschaft (Rdn 196)[523]. Die Schiedsfähigkeit ist unter denselben Voraussetzungen zu bejahen wie bei der Anfechtung (Rdn 204 ff)[524]. Auch im übrigen sind die Vorschriften über das kassatorische Verfahren entsprechend anzuwenden.

247 Die positive Beschlußfeststellung verlangt einen besonderen **Verfahrensschutz der Mitgesellschafter**. Da der Beschluß auch für sie verbindlich ist und ihnen ggf. Verpflichtungen auferlegt, muß schon aus Gründen des rechtlichen Gehörs[525]

[517] BGHZ 76, 191, 197 ff = NJW 1980, 1465 (zur AG); 88, 320, 329 f = NJW 1984, 489; 97, 28, 30 f = NJW 1986, 2051 = EWiR § 47 GmbHG 2/86, 371 m. Anm. *Hommelhoff*; aus dem Schrifttum vgl. namentlich *Eickhoff* Die Gesellschafterklage im GmbH-Recht S. 128 ff; *Immenga* GmbH-Rdsch. 1973, 5, 9 f; *Lindacher* ZGR 1987, 125; *Maier-Reimer* Festschrift Oppenhoff S. 193, 204; *K. Schmidt* AG 1980, 169; *ders.* NJW 1986, 2018; *Winter* Mitgliedschaftliche Treuebindungen S. 168 ff; *Zöllner* ZGR 1982, 623; richtungsweisend im früheren Schrifttum *Zöllner* Schranken mitgliedschaftlicher Stimmrechtsmacht S. 405 ff.

[518] BGHZ 88, 320, 330 = NJW 1984, 489.

[519] Scholz/*Schmidt*[6] § 47, 29.

[520] BGHZ 88, 320, 330 = NJW 1984, 489; 97, 28, 31 f = NJW 1986, 2051; Baumbach/Hueck/*Zöllner* 93; *Eickhoff* aaO S. 132, 142 ff; ähnlich jetzt auch Scholz/*Schmidt* § 45, 182.

[521] BGHZ 76, 191, 199 f = NJW 1980, 1465; Baumbach/Hueck/*Zöllner* 91; aA *Ulmer*-Voraufl. § 53, 51; *Winter* aaO aaO S. 183.

[522] BGHZ 76, 191, 199 = NJW 1980, 1465; *Eickhoff* aaO S. 134 f; *K. Schmidt* NJW 1986, 2018, 2020 f; hM.

[523] Krit. *Joost* ZGR 1984, 94 f.

[524] Scholz/*Schmidt* § 45, 181.

[525] Vgl. BVerfGE 60, 7 = NJW 1982, 1635; dazu *Marotzke* ZZP 100 (1987), 164, 166 ff, 208 ff.

sichergestellt werden, daß sie am Prozeß teilnehmen können[526]. Zunächst haben die Geschäftsführer in entsprechender Anwendung des in § 246 Abs. 4 AktG zum Ausdruck gelangten Gedankens die Gesellschafter von der Klage zu unterrichten (Rdn 200). Die Mitteilung eröffnet diesen die Möglichkeit, sich als Streitgenossen auf seiten der Gesellschaft an dem Prozeß zu beteiligen (Rdn 201). Bestehen Zweifel, ob die Mitteilung erfolgt ist, so hat das Gericht die Gesellschafter selbst von der Klage in Kenntnis zu setzen[527]. Nach der Rechtsprechung ist dem Grundsatz des rechtlichen Gehörs damit Genüge getan. Daß der Gesellschafter dem Verfahren als Nebenintervenient beitritt, ist nicht erforderlich (BGHZ 97, 28, 31). Demgegenüber wird man mit *K. Schmidt*[528] verlangen müssen, daß der Gesellschafter, sofern er dem Prozeß nicht von sich aus als Nebenintervenient beitritt, dadurch in das Verfahren hineingezogen wird, daß ihn der Kläger förmlich auf Zustimmung verklagt. Das muß jedenfalls dann gelten, wenn der Gesellschafter einen Antrag unter Mißbrauch seines Stimmrechts abgelehnt hat und verpflichtet gewesen wäre, ihm zuzustimmen.

VII. Allgemeine Feststellungsklage

1. Voraussetzungen

Sind die Voraussetzungen der kassatorischen Nichtigkeits- oder Anfechtungsklage oder der gestaltenden Beschlußfeststellungsklage (Rdn 244) nicht erfüllt, so können Beschlußmängel mit der allgemeinen – positiven oder negativen – Feststellungsklage nach § 256 ZPO geltend gemacht werden. In Betracht kommen dafür vor allem *vier Fälle*: **248**

a) Die Klage auf **Feststellung** der **Unwirksamkeit** eines Beschlusses (Rdn 23); **249**

b) Die Klage auf **Feststellung** der **Nichtigkeit** analog §§ 241, 250, 253, 256 AktG, sofern sie von einem Kläger erhoben wird, der nicht anfechtungsbefugt ist (Rdn 85); **250**

c) Die Geltendmachung von Anfechtungsgründen, wenn der Gesellschafterbeschluß **nicht festgestellt** wurde (Rdn 89 ff). Derartige Fälle spielen im GmbH-Recht eine beträchtliche Rolle, weil eine Feststellung nicht vorgeschrieben ist und in der Praxis häufig unterbleibt oder weil der Abstimmungsleiter im Hinblick auf alsbald aufgetretene Meinungsverschiedenheiten zwischen den Gesellschaftern von der Feststellung absieht[529]. Ist zwischen den Gesellschaftern streitig, ob ein Beschluß tatsächlich zustandegekommen ist oder nicht und mit welchem Inhalt, und ist eine Feststellungswirkung nach Maßgabe der in Rdn 89 – 97 dargelegten Voraussetzungen nicht eingetreten, so kommt es auf die tatsächliche Rechtslage an, die im Feststellungsprozeß nach § 256 ZPO geklärt werden muß[530]. Als Kläger kommen **251**

---

[526] BGHZ 88, 320, 330 = NJW 1984, 489; 97, 28, 31 f = NJW 1986, 2051.

[527] BGHZ 97, 28, 31 f = NJW 1986, 2051.

[528] NJW 1986, 2018, 2020 f; Scholz/*Schmidt* § 45, 182; grundsätzlich **abl.** Baumbach/Hueck/*Zöllner* 93 (unter Ausnahme des Falles, daß ein bestimmtes Kapital- oder Stimmenquorum erforderlich ist); **abl.** auch *Lindacher* ZGR 1987, 121, 127 Fn 24.

[529] BGHZ 76, 154, 156 = NJW 1980, 1527; OLG München BB 1990, 367, 368; vgl. auch BGHZ 101, 113 = NJW 1987, 2514. Mit *Zöllner* und *Noack* (ZGR 1989, 525, 527) ist mit Recht zu fragen, ob die vom BGH vorausgesetzte Feststellung des Gesellschafterbeschlusses tatsächlich vorlag.

[530] BGHZ 76, 154, 157 = NJW 1980, 1527; vgl. auch BGHZ 51, 209, 211 = NJW 1969, 841. Diese Entscheidung ist allerdings durch die neuere Rspr. insoweit überholt, als die Feststellungsklage anstelle der Anfechtungsklage auch für den Fall gewährt wird, daß der Abstimmungsleiter den Beschluß festgestellt hat.

hier sowohl der Anfechtungsberechtigte wie die anderen Gesellschafter und die Gesellschaft selbst in Betracht;

252 d) Schließt man sich der **neueren Lehre** an, wonach Anfechtungsgründe nicht durch Klage geltend gemacht werden müssen, sondern die Anfechtungserklärung des betroffenen Gesellschafters genügt (Rdn 99 ff, 188 f), so kann die Gesellschaft gegenüber dem anfechtenden Gesellschafter Anlaß haben, die Wirksamkeit eines Beschlusses gemäß § 256 ZPO feststellen zu lassen.

253 Die allgemeine Feststellungsklage setzt ein **Rechtsschutzinteresse** voraus, das in jedem Einzelfall konkret nachgewiesen werden muß. Bei Gesellschaftern, welche die kassatorische Anfechtungs- oder Nichtigkeitsklage erheben können, ist ein solches nicht gegeben[531]. In allen anderen Fällen ist das Rechtsschutzinteresse eines Gesellschafters zu bejahen, wenn der Beschluß sein Mitgliedsrecht berührt, z. B. indem er ihm Pflichten auferlegt oder seine Rechte und Einflußmöglichkeiten mindert oder wenn die Rechtsklarheit durch die tatsächliche Unsicherheit über den Beschlußinhalt gefährdet ist[532].

2. Verfahren

254 Als **Kläger** kommen Gesellschafter, Organmitglieder, die Gesellschaft oder Dritte in Frage. Ist streitig, ob ein Beschluß zustandegekommen ist oder mit welchem Inhalt (Rdn 251), so fällt die Klagelast dem Minderheitsgesellschafter zu, wenn die Mehrheit und die Geschäftsführer an dem Beschluß festhalten und ihn ausführen. Unterbleibt die Ausführung im Hinblick auf den Widerspruch des Minderheitsgesellschafters, kann sich die Gesellschaft oder die Gesellschaftermehrheit zur Klage gezwungen sehen. Dritte haben ein berechtigtes Feststellungsinteresse nur, wenn der Beschluß ihre Rechtsposition unmittelbar berührt. Klagt ein Gesellschafter, Geschäftsführer oder Dritter, so ist wie bei den kassatorischen Klagen richtige **Beklagte** die Gesellschaft.

255 Die Klage ist an **keine Frist** gebunden. Jedoch sind die Grundsätze über die **Verwirkung** des Klagerechts anzuwenden. Hatte sich die Lage zwischen den Beteiligten für längere Zeit beruhigt, sei es, weil der umstrittene Beschluß aufgrund der Anfechtung nicht ausgeführt wurde, sei es, daß der anfechtungsberechtigte Gesellschafter die Ausführung hingenommen hat, so kann es treuwidrig sein, nachträglich noch Klage zu erheben[533]. Aus Gründen des **rechtlichen Gehörs** muß den nicht beteiligten Gesellschaftern Gelegenheit gewährt werden, dem Prozeß auf seiten des Klägers oder des Beklagten im Wege der Nebenintervention als Streitgenossen beizutreten (Rdn 201). Daher ist anzunehmen, daß die Geschäftsführer entsprechend § 246 Abs. 4 AktG (Rdn 200) auch in diesem Fall verpflichtet sind, den Gesellschaftern die Klageerhebung mitzuteilen.

256 Die Wirksamkeit des Beschlusses kann nicht festgestellt werden, wenn ein **Nichtigkeitsgrund** vorliegt. Macht ein dem Verfahren beigetretener Gesellschafter **Anfechtungsgründe** geltend, so ist darüber mit zu entscheiden. Die Gesellschaft selbst kann jedoch Anfechtungsgründe nicht geltend machen, weil die Disposition darüber zu den Mitgliedsrechten gehört und daher allein den Gesellschaftern zusteht[534]. Die **Rechtskraft** des Urteils erstreckt sich im Unterschied zu den Gestaltungsklagen nur auf die Parteien. Eine analoge Anwendung des § 248 Abs.1 S. 1 AktG, wie bei der gestaltenden Beschlußfeststellungsklage (Rdn 246), dürfte kaum in Betracht kommen[535].

---

[531] BGHZ 70, 384, 388 = NJW 1978, 1325 (zur Gen).
[532] Vgl. OLG München BB 1990, 367.
[533] Baumbach/Hueck/*Zöllner* 90 b.
[534] BGHZ 76, 154, 159 = NJW 1980, 1527.
[535] Vgl. BGHZ 76, 154, 159 f = NJW 1980, 1527; aA anscheinend Baumbach/Hueck/*Zöllner* 90 c, zumindest für Gesellschafter, denen eine Beteiligung am Prozeß möglich war.

VIII. Vorläufiger Rechtsschutz

Schrifttum

Baur Zur Beschränkung der Entscheidungsbefugnis des Registerrichters durch einstweilige Verfügung, ZGR 1972, 421; *Damm* Einstweiliger Rechtsschutz im Gesellschaftsrecht, ZHR 154 (1990), 413; *von Gerkan* Gesellschafterbeschlüsse, Ausübung des Stimmrechts und einstweiliger Rechtsschutz, ZGR 1985, 167; *Heinze* Einstweiliger Rechtsschutz in aktienrechtlichen Anfechtungs- und Nichtigkeitsverfahren, ZGR 1979, 293; *Jauernig* Der zulässige Inhalt einstweiliger Verfügungen, ZZP 79 (1966), 321; *F. J. Semler* Einstweilige Verfügungen bei Gesellschafterauseinandersetzungen, BB 1979, 1533.

1. Erwirkung oder Verhinderung eines Gesellschafterbeschlusses

Die Zulässigkeit einer **einstweiligen Verfügung** zu dem Zweck, einen Gesellschafter- **257** beschluß mit einem bestimmten Inhalt zu erwirken oder umgekehrt zu verhindern, wird in Judikatur und Schrifttum überwiegend *abgelehnt*[536]. Zur Begründung wird angeführt, eine dahingehende Anordnung nehme die endgültige Entscheidung vorweg und greife ferner unzulässig in den Willensbildungsprozeß der Gesellschaft ein. Statt einen Beschluß zu untersagen, genüge es auch, seine Ausführung zu verbieten. Dadurch werde der Gesellschaft ein geringerer Nachteil zugefügt, denn sie brauche den Beschluß nicht nachzuholen, wenn die einstweilige Verfügung aufgehoben wird. Alle diese Gründe *überzeugen* in ihrer abstrakten Absolutheit jedoch *nicht*. Da die durch einstweilige Verfügung durchgesetzte Regelung hinfällig wird, wenn das Gericht im Nichtigkeits- oder Anfechtungsprozeß über den Beschluß endgültig entscheidet, ist sichergestellt, daß sie nur vorübergehende Wirkung entfaltet. Wird dem Kläger aber unmöglich gemacht, einen Beschluß mit gerichtlicher Hilfe vorläufig zu verhindern, so kann der ihm entstehende Schaden weit größer sein als der durch die einstweilige Verfügung für die Gesellschaft verursachte Nachteil. In einem solchen Fall muß der Schutz des Betroffenen der Autonomie der Gesellschaft aber vorgehen. So muß sich z. B. ein Gesellschafter gegen einen beabsichtigten Beschluß wehren können, ihm die Geschäftsführungsbefugnis zu entziehen[537]. Ein *genereller Ausschluß* des vorläufigen Rechtsschutzes ist daher *verfehlt*[538]. Doch sind sowohl an den Verfügungsanspruch als auch an den Verfügungsgrund gemäß § 940 ZPO *hohe Anforderungen* zu stellen. Nur wenn die Rechtslage eindeutig ist oder der Antragsteller ein überragendes Schutzbedürfnis geltend machen kann, kommt eine vorläufige Regelung in Betracht. Auch dann ist sie unzulässig, wenn eine weniger einschneidende Regelung möglich ist. Kann die Ausführung eines Beschlusses untersagt, so braucht der Beschluß selbst nicht verhindert zu werden[539].

---

536 OLG Nürnberg BB 1971, 1478; OLG Celle GmbH-Rdsch. 1981, 264, 265 f; OLG Frankfurt BB 1982, 274; *F. J. Semler* BB 1979, 1533, 1536; *A. Hueck* Festschrift Nipperdey Bd. 1 S. 401, 407; Baumbach/Lauterbach/Albers/*Hartmann* ZPO[48] (1990) § 940 Anm. 3 B „Gesellschaft“; weitere Nachweise bei *von Gerkan* ZGR 1985, 167, 168 Fn 2; Rowedder/*Koppensteiner*[2] § 47, 76; *Meyer-Landrut*/Miller/Niehus § 47, 21.

537 OLG Karlsruhe GmbH-Rdsch. 1967, 214, 215; OLG Köln BB 1977, 464, 465; *von Gerkan* ZGR 1985, 167, 177; aA OLG Celle GmbH-Rdsch. 1981, 264, 265.

538 So auch, mit Unterschieden im Einzelnen, OLG Karlsruhe GmbH-Rdsch. 1967, 214, 215; OLG Köln BB 1977, 464, 465; OLG Koblenz GmbH-Rdsch. 1986, 428, 429; OLG Stuttgart NJW 1987, 2449; *von Gerkan* aaO 169 ff; Scholz/*Schmidt* § 45, 183; Baumbach/Hueck/*Zöllner* 93 k; Fischer/*Lutter/Hommelhoff* 29; *Heinze* ZGR 1979, 293, 331; *Roth* § 47, Anm. 4.3, 4.4; *Damm* ZHR 154 (1990), 413, 433, 435.

539 OLG Celle GmbH-Rdsch. 1981, 264, 265; OLG Stuttgart NJW 1987, 2449; *von Gerkan* aaO 173 f; Scholz/*Schmidt* § 45, 183; Baumbach/Hueck/*Zöllner* 93 k; zuletzt LG Mainz DB 1990, 2159 und OLG Koblenz DB 1990, 2413.

2. Ausführung von Gesellschafterbeschlüssen

258 a) **Verfügungsanspruch.** Eine einstweilige Verfügung, durch welche ein Gesellschafterbeschluß für unwirksam oder nichtig erklärt wird, ist unzulässig, weil sie nicht erforderlich ist und damit die Entscheidung in der Hauptsache vorweggenommen würde[540]. Statt dessen kann die **Ausführung** eines Beschlusses vorläufig **untersagt** werden. Bei eintragungspflichtigen Beschlüssen kann der Antrag darauf gerichtet sein, den Geschäftsführern die Anmeldung zum Handelsregister zu untersagen, oder, falls die Anmeldung schon bewirkt ist, sie zurückzunehmen[541]. In Betracht kommt auch eine im Hauptverfahren gegen die Gesellschaft erwirkte einstweilige Verfügung des Prozeßgerichts, die gemäß § 16 Abs. 2 HGB das Registergericht bindet[542]. Ist der Beschluß, z. B. ein Umwandlungs- oder Verschmelzungsbeschluß, schon in das Handelsregister eingetragen, kann auch die weitere Durchführung unterbunden werden[543]. Bei nicht eintragungspflichtigen Beschlüssen kommt eine die Geschäftsführer bindende einstweilige Verfügung im Verfahren gegen die Gesellschaft nur in Frage, soweit diese die Maßnahme nicht in eigener Kompetenz ausführen können. Erhebliche praktische Bedeutung hat die vorläufige Regelung der Vertretungsbefugnis von Gesellschaftergeschäftsführern, wenn der Entzug der Vertretungsmacht, die Abberufung oder der Ausschluß aus der Gesellschaft streitig sind (s. Erl. zu § 38).

259 b) **Verfügungsgrund.** Die Voraussetzungen, unter denen die Durchführung fehlerhafter Gesellschafterbeschlüsse vorläufig untersagt werden darf, unterscheiden sich danach, ob Nichtigkeits- oder Anfechtungsgründe geltend gemacht werden[544]. Wird die **Nichtigkeit** des Beschlusses behauptet, so ist das Interesse des Klägers, die Ausführungen zu verhindern, grundsätzlich höher anzusetzen als das Interesse der Gesellschaft an der Durchführung. Ist die Nichtigkeit hinreichend glaubhaft gemacht, wird der Antrag auf einstweilige Verfügung daher nur ausnahmsweise zurückgewiesen werden können. Dagegen sind **anfechtbare** Beschlüsse bis zu dem Urteil, durch das sie rechtskräftig für nichtig erklärt werden, vorläufig, und, wenn die Anfechtung nicht rechtzeitig erfolgt, endgültig wirksam. Aus diesem Grund muß auch bei einem Antrag auf eine vorläufige Regelung das Interesse der Gesellschaft und der Gesellschaftermehrheit Vorrang haben, den Beschluß durchführen zu können. Der Antrag auf einstweilige Verfügung kann daher in diesem Fall nur von einem zur Anfechtung berechtigten Gesellschafter oder Organmitglied gestellt werden (Rdn 152 ff). Er setzt voraus, daß die Anfechtung ernstlich erklärt wurde und daß die Absicht, Anfechtungsklage zu erheben, glaubhaft gemacht wird[545]. Materiellrechtlich muß der Antragsteller glaubhaft machen, daß die Durchführung des Beschlusses schwerwiegende Nachteile für ihn mit sich bringt und sein Interesse, die Ausführung vorläufig zu verhindern, ausnahmsweise das Interesse der Gesellschaft an der Durchführung übertrifft.

---

540 *F.J. Semler* BB 1979, 1533, 1536; Scholz/*Schmidt* § 45, 183; Rowedder/*Koppensteiner*[2] § 47, 76

541 *Schilling/Zutt*-Voraufl. 187; Scholz/*Schmidt* § 45, 183; Baumbach/Hueck/*Zöllner* 93 e; Fischer/*Lutter/Hommelhoff* 29; Einzelheiten bei *Heinze* ZGR 1979, 293, 315 f; OLG Frankfurt WM 1982, 282.

542 Vgl. OLG Düsseldorf DB 1960, 520; LG Heilbronn AG 1971, 372; *Baur* ZGR 1972, 421; *Heinze* aaO 315 f; *Baums* BB 1981, 262; Baumbach/Hueck/*Zöllner* 93 e; *Zöllner*-KölnKommAktG § 242, 13 ff; *Damm* ZHR 154 (1990), 413, 437 f.

543 Baumbach/Hueck/*Zöllner* 93 f.

544 Baumbach/Hueck/*Zöllner* 93 d, i; zu den maßgeblichen Gesichtspunkten für die erforderliche Interessenabwägung vgl. *von Gerkan* ZGR 1985, 167, 187 ff.

545 Ebenso Baumbach/Hueck/*Zöllner* 93 i.

§ 48

Die Beschlüsse der Gesellschafter werden in Versammlungen gefaßt.

Der Abhaltung einer Versammlung bedarf es nicht, wenn sämtliche Gesellschafter schriftlich mit der zu treffenden Bestimmung oder mit der schriftlichen Abgabe der Stimmen sich einverstanden erklären.

Befinden sich alle Geschäftsanteile der Gesellschaft in der Hand eines Gesellschafters oder daneben in der Hand der Gesellschaft, so hat er unverzüglich nach der Beschlußfassung eine Niederschrift aufzunehmen und zu unterschreiben.

Übersicht

Schrifttum

(vgl. auch die Angaben vor Rdn 6). *Baltzer* Der Beschluß als rechtstechnisches Mittel organschaftlicher Funktion im Privatrecht, Diss. Marburg (1964); *v. Gerkan* Gesellschafterbeschlüsse, Ausübung des Stimmrechts und einstweiliger Rechtsschutz, ZGR **1985** 167; *Großfeld/Spennemann* Die Teilnahmeberechtigung mehrerer gesetzlicher Vertreter von Gesellschaften in Mitgliederversammlungen von Kapitalgesellschaften und Genossenschaften, AG **1979** 128; *Mutze* Recht und Pflicht zur Teilnahme an der Gesellschafterversammlung der GmbH, GmbH-Rdsch. **1970** 33; *Obermüller/Werner/Winden* Die Hauptversammlung der Aktiengesellschaft[3] (1967); *Quack* Beschränkungen der Redezeit und des Auskunftsrechts der Aktionärs, AG **1985** 145; *Renkl* Der Gesellschafterbeschluß (1982); *Semler* Einstweilige Verfügungen bei Gesellschafterauseinandersetzungen; BB **1979** 1533; *Sudhoff* Vollversammlung und schriftliche Abstimmung, GmbH-Rdsch. **1964** 75; *Vogel* Die Praxis der Gesellschafterversammlung bei GmbH und GmbH & Co. KG (1976); *Vogel* Gesellschafterbeschlüsse und Gesellschafterversammlung[2] (1986); *Wenck* Die Einberufung der Generalversammlungen bei Aktiengesellschaften, Genossenschaften, GmbH, Gewerkschaften und Versicherungsvereinen (1914); *Zöllner* Das Teilnahmerecht der Aufsichtsratsmitglieder an Beschlußfassungen der Gesellschafter bei der mitbestimmten GmbH, Festschr. für Rob. Fischer (1979), S. 905.

I. Regelungsgegenstand und -zweck

1 § 48 regelt die Gesellschafterversammlung als Beschlußorgan (Abs. 1), die schriftliche Beschlußfassung als Verfahrensalternative (Abs. 2) und die Protokollierung als Ersatzform bei der Einmann-GmbH (Abs. 3). **Beschlußorgan.** Während § 47 den Beschluß als Instrument der Willensbildung in der GmbH und die ihn tragende Abstimmung regelt, geht es in § 48 Abs. 1 um die Gesellschafterversammlung als regelmäßiges Beschlußorgan (vgl. noch Rdn 3). Mit ihrer Zuständigkeit und den für sie geltenden Verfahrenregeln verfolgt das Gesetz einen doppelten Zweck. Erstens soll die Willensbildung der Gesellschafter ermöglicht werden, ohne daß sie in ihrer Gesamtheit tätig werden müßten; denn die ordnungsgemäß einberufene Versammlung ist auch ohne die Anwesenheit sämtlicher Gesellschafter beschlußfähig. Zweitens soll der Beschluß als rechtsgeschäftlich bindende Regelung (§ 47, 2f) von kollektiven, aber noch unverbindlichen Meinungsäußerungen abgegrenzt werden. Aus dieser Bedeutung der Gesellschafterversammlung erklären sich auch die folgenden Bestimmungen über Kompetenz sowie Recht und Pflicht zur Einberufung (§§ 49, 50) und Form und Inhalt der Einladung (§ 51).

2 **Schriftliche Beschlußfassung.** Das Versammlungserfordernis kann unangemessen umständlich, zeitraubend und kostspielig sein. § 48 Abs. 2 stellt daher zwei Varianten schriftlicher Beschlußfassung als Alternative zur Gesellschafterversammlung zur Verfügung. **Protokollierung.** § 48 Abs. 3 ist durch die GmbH-Novelle 1980 eingefügt[1] und trägt den Besonderheiten der Einmann-GmbH Rechnung. Der Gesellschafter kann danach auch formlos gültige Beschlüsse fassen, ist aber zur Niederschrift verpflichtet und kann sich prinzipiell nicht auf den Beschluß berufen, solange er dieser Pflicht nicht nachgekommen ist (str., näher Rdn 67).

II. Gesellschafterversammlung: Grundlagen (§ 48 Abs. 1)

1. Die Gesellschafterversammlung als regelmäßiges Willensbildungsorgan

3 Weil die GmbH als solche nicht willensfähig ist, braucht sie ein Organ, das den für sie maßgeblichen Willen bildet. Das regelmäßige Willensbildungsorgan ist nach

[1] Gesetz vom 4. 7. 1980, BGBl. I S. 836, 839 Nr. 18; vgl. noch Fn 140.

richtiger, wenngleich wohl nicht herrschender Ansicht die **Gesellschafterversammlung**[2]. Nach der Gegenmeinung ist nicht die Versammlung, sondern sind die **Gesellschafter in ihrer Gesamtheit** das Organ; ihre Versammlung stellt nach dieser Auffassung nur das regelmäßige Verfahren der Willensbildung dar[3]. Der praktische Kern der Meinungsdifferenz liegt in der Frage, ob Beschlüsse, abgesehen vom Sonderfall der Einmann-GmbH (Rdn 2), auch formlos, nämlich ohne Versammlung (§ 48 Abs. 1) und ohne schriftliches Verfahren (§ 48 Abs. 2), gefaßt werden können. Der Mindermeinung ist zuzugeben, daß auch die Gesamtheit der Gesellschafter Organqualität hat; sonst bliebe § 48 Abs. 2 unerklärbar. Nicht überzeugend ist es jedoch, deshalb der Gesellschafterversammlung die Organeigenschaft abzusprechen; denn damit geht die Dogmatik am Regelfall des Gesetzes vorbei. Auch die praktische Konsequenz, nämlich keine gültige Beschlußfassung ohne Versammlung oder schriftliche Abstimmung, es sei denn, daß die Satzung einen dritten Weg zur Beschlußfassung eröffnet, ist richtig (näher Rdn 57 ff).

2. Ort und Zeit der Versammlung

a) **Ort.** Das Gesetz bestimmt den Versammlungsort nicht. Maßgeblich ist deshalb **4**
der Satzungsinhalt. Die Satzung kann jeden Ort als Versammlungsort bestimmen, sofern das Teilnahmerecht der Gesellschafter (Rdn 13 ff) nicht nur formell, sondern auch materiell gewahrt bleibt. Davon ist bei inländischen Versammlungsorten regelmäßig auszugehen (zur Auslandsversammlung Rdn 6 ff, 9). Bestimmt die Satzung nichts anderes zum Versammlungsort, so ist grundsätzlich der von ihr festgelegte Gesellschaftssitz (Satzungssitz) der richtige Ort. Das folgt aus analoger Anwendung des § 121 Abs. 4 S. 1 AktG, entspricht ständiger Rechtsprechung[4] und ist sachgerecht, weil sich die Gesellschafter auf den Satzungsinhalt einstellen können. Ein Recht der Geschäftsführer oder im Fall des § 50 Abs. 3 der Minderheit, den Versammlungsort kraft ihrer Einberufungskompetenz zu bestimmen[5], gibt es also nicht[6]. Nur wenn eindeutig feststeht, daß ein anderer Versammlungsort als der Satzungssitz für sämtliche Gesellschafter günstiger ist, dürfen die Einberufungsberechtigten diesen Ort wählen[7]. Dasselbe ist anzunehmen, soweit die Gesellschaft einen (ausnahmsweise zulässigen, vgl. § 3, 13 ff) Doppelsitz hat. Vom Ort der Versammlung ist das **Versammlungslokal** zu unterscheiden. Seine Bestimmung ist Sache der Geschäftsführer, im Fall des § 50 Abs. 3 der Minderheit. Die Geschäftsräume müssen es auch dann nicht sein, wenn sie für die Versammlung geeignet sind. Insbesondere bei zerstrittenen Gesellschaftern sind jedoch die Zumutbarkeitsschranken einzuhalten.

b) **Zeit.** Auch für die Versammlungszeit gibt es keine gesetzliche Regelung. § 42 a **5**
Abs. 2 zieht allerdings einen zeitlichen Rahmen, soweit es um die Feststellung des Jahresabschlusses und die Ergebnisverwendung geht. Bestimmungen der Satzung sind weder üblich noch zweckmäßig. Folglich bestimmt der Einberufungsberechtigte, wann die Versammlung stattfindet; die Angabe von Tag und (jedenfalls grundsätzlich) Stunde gehören zum notwendigen Inhalt der Einladung (§ 51, 16). Zulässig ist zumindest

---

[2] RGZ 169, 65, 80 f: Gesellschafterversammlung ist „oberstes Willensorgan"; Baumbach/Hueck/*Zöllner* 2 und § 45, 3; vgl. auch § 78 Abs. 1 RegE 1973 (BT-Drucks. 7/253, S. 22, Begr. S. 130 re. Sp.).

[3] Scholz/*K. Schmidt* 1 und § 45, 5; Fischer/*Lutter*/*Hommelhoff* 1; Rowedder/*Koppensteiner*[2] 1.

[4] RGZ 44, 8, 9 f (AG unter Geltung des ADHGB; eingehend); BGH WM 1985, 567, 568 (li. Sp.); BayObLG NJW 1959, 485 f (Genossenschaft); OLG Hamm OLGZ 1974, 149, 153 = NJW 1974, 1057.

[5] So tendenziell *Vogel* Gesellschafterbeschlüsse und Gesellschafterversammlung (1986), S. 132.

[6] Eindeutig schon RGZ 44, 8, 9 f; vgl. ferner Scholz/*K. Schmidt* 4.

[7] BGH WM 1985, 567, 568 (re. Sp.).

jede geschäftsübliche und für die Gesellschafter zumutbare Zeitbestimmung. Unter besonderen Umständen kann auch eine ungewöhnliche Versammlungszeit gewählt werden. Ob es grundsätzlich zulässig ist, die Versammlung an einem Sonn- oder Feiertag anzuberaumen, ist streitig[8]. Die Frage ist zu bejahen, um unnötige terminliche Verengungen zu vermeiden. Wann die Zeitbestimmung unzumutbar ist, hängt von den tatsächlichen Verhältnissen der GmbH und ihrer Mitglieder ab. Insbesondere bei Gesellschaften mit geringer Mitgliederzahl ist auf bekannte Verhinderungen, auch privater Natur, Rücksicht zu nehmen[9].

3. Insbesondere: Gesellschafterversammlung im Ausland

Schrifttum

(vgl. auch die Angaben vor Rdn 1). *Bokelmann* GmbH-Gesellschafterversammlungen im Ausland und Beurkundung durch ausländische Notare, NJW **1972** 1729; *Kleinmann* Warum keine Gesellschafterversammlungen im Ausland? NJW **1972** 373; Nachweise speziell zur Auslandsbeurkundung: Fn 20 ff.

6 a) **Meinungsstand und Fragestellung.** Die Frage, ob die Gesellschafterversammlung einer GmbH im Ausland stattfinden dürfe, wird viel diskutiert und unterschiedlich beantwortet. Nach einer Ansicht ist die Frage schlechthin zu verneinen. So heißt es in Leitsatz 2 des bekannten Beschlusses des OLG Hamm: „Gesellschafterversammlungen einer im deutschen Handelsregister eingetragenen GmbH, die ihren Sitz in der Bundesrepublik hat, dürfen nicht im Ausland stattfinden"[10]. Dieser Aussage folgt ein Teil des Schrifttums[11]. Ein anderer Teil hält die Auslandsversammlung dagegen für grundsätzlich zulässig[12]. Wieder andere wollen sie nur dann zulassen, wenn die Satzung einen Versammlungsort im Ausland bestimmt[13]. Der Beschluß des II. Zivilsenats des BGH vom 16. 2. 1981[14] hat nur in einer Teilfrage und offenbar nur vorübergehend für die Praxis klärend gewirkt (vgl. noch Rdn 12). Eine das Problem umfassend aufgreifende höchstrichterliche Entscheidung steht aus.

7 Die **generelle Frage** nach der Zulässigkeit von Auslandsversammlungen **führt in der Sache nicht weiter,** weil es keine Rechtsnorm gibt, die solche Versammlungen allgemein erlaubt oder verbietet[15]. Sinnvoll ist es, drei Fragen zu unterscheiden. Erstens: Welche Bedeutung haben Bestimmungen der Satzung über Gesellschaftssitz und/oder Versammlungsort (dazu Rdn 8)? Zweitens: Wie ist dem Teilnahmerecht der Gesellschafter Rechnung zu tragen (dazu Rdn 9)? Drittens: Wie sind Beurkundungsprobleme zu lösen, wenn und soweit ein Beschluß der Beurkundung bedarf (dazu Rdn 10 f)?

8 b) **Bedeutung von Satzungsbestimmungen.** Für die nach ihrem effektiven Verwaltungssitz der Geltung deutschen Rechts unterliegende GmbH[16] ist von den in Rdn 4 entwickelten Grundsätzen auszugehen. Danach gilt: Soweit die Satzung keinen Ver-

---

8 Dafür Scholz/*K. Schmidt* 9; Baumbach/Hueck/*Zöllner* § 51, 13; *H. M. Schmidt* GmbH-Rdsch. 1961, 215 f; aM LG Darmstadt BB 1981, 72 f; *Vogel* Gesellschafterbeschlüsse und Gesellschafterversammlung (1986), S. 132 f.

9 BGH WM 1985, 567, 568 re. Sp.: Kindtaufe.

10 OLG Hamm OLGZ 1974, 149 = NJW 1974, 1057.

11 *H. Schmidt* DB 1974, 1216; *Winkler* NJW 1972, 981; *ders.* NJW 1973, 222; *ders.* NJW 1974, 1032; *ders.* Rpfl. 1978, 44; zu den praktischen Folgen *Kuntze* DB 1975, 193.

12 Scholz/*K. Schmidt* 6; *Schilling* Voraufl. 4; *Stauch* Die Geltung ausländischer notarieller Urkunden in der Bundesrepublik Deutschland (1983), S. 33; *Deutler* ZHR 140 (1976), 520, 523; *Kleinmann* NJW 1972, 373.

13 *Bokelmann* NJW 1972, 1729, 1730 (li. Sp.).

14 BGHZ 80, 76 = NJW 1981, 1160.

15 Im Ansatz zutreffend deshalb Scholz/*K. Schmidt* 6.

16 So die in der deutschen Judikatur dominierende Sitztheorie, vgl. z. B. BGHZ 78, 318, 334 = NJW 1981, 522; BGHZ 97, 269, 271 = NJW 1986, 2194, 2195; eingehend Einl. B, 108 ff *(Behrens)*; vgl. dazu und zu den alternativ vertretenen Theorien zuletzt *Sandrock/Austmann* RIW 1989, 249, 251; *Wessel/Ziegenhain* GmbH-Rdsch. 1988, 423.

sammlungsort bestimmt, verbleibt es bei der grundsätzlichen Maßgeblichkeit des in der Satzung fixierten Gesellschaftssitzes. Dieser muß innerhalb Deutschlands liegen (§ 3, 9). Also ist die Gesellschafterversammlung im Ausland ohne Vorkehrung der Satzung im allgemeinen unzulässig[17]. Ausnahmen nach dem **Günstigkeitsprinzip** (Rdn 4 bei Fn 7) sind nicht gänzlich ausgeschlossen, kommen aber kaum in Betracht, weil die Gesellschafter nicht mit einer Versammlung im Ausland zu rechnen brauchen, wenn Verwaltungs- und Satzungssitz im Inland liegen und der Gesellschaftsvertrag auch sonst nichts hergibt. Unbenommen bleibt ihnen, unter den Voraussetzungen einer **Vollversammlung** (§ 51, 28 ff) im Ausland zusammenzutreten. Dieser Fall ist auch dann gegeben, wenn im allseitigen Einverständnis ein Bevollmächtigter ins Ausland entsandt wird (OLG Düsseldorf GmbH-Rdsch. **1990** 169, 171 re. Sp.).

c) **Teilnahmerecht.** Die Frage, ob das Teilnahmerecht der Gesellschafter (Rdn 13 ff) durch eine Auslandsversammlung verletzt wird, kann sich aufgrund des Ausgangspunkts in Rdn 8 ernsthaft nur stellen, wenn die Satzung einen ausländischen Versammlungsort vorsieht. Schweigt sie, so ist, abgesehen von einer Vollversammlung, die Gesellschafterversammlung im Ausland von vornherein unzulässig. Im übrigen ist zu differenzieren. Bestimmt die Satzung von Anfang an einen bestimmten ausländischen Ort als Versammlungsort, kann und muß die Regelung hingenommen werden; denn es ist Sache der Gesellschafter, sich über die Bedeutung des von ihnen geschlossenen Vertrags Klarheit zu verschaffen (ebenso *Bokelmann* aaO [Fn 17]). Heißt es dagegen in der Satzung nur, daß die Versammlung auch im Ausland stattfinden kann, so kommt eine Verletzung des Teilnahmerechts in Betracht. Sie ist aber nur dann anzunehmen, wenn die Versammlungsteilnahme gegenüber einem inländischen Ort ernsthaft erschwert ist[18]. Die nachträgliche Aufnahme entsprechender Klauseln in die Satzung darf, weil sie die Ausübung des unentziehbaren Teilnahmerechts jedenfalls erschwert, nur mit Zustimmung aller Gesellschafter erfolgen. **9**

d) **Beurkundungserfordernis.** Für die Praxis liegen hier die hauptsächlichen Schwierigkeiten. Vorab ist jedoch klarzustellen, daß ein etwaiger Verstoß gegen Formvorschriften des (maßgeblichen) deutschen Rechts nur die davon betroffene Beschlußfassung, insbesondere über Satzungsänderungen, berührt, also nicht geeignet ist, Versammlungen im Ausland generell in Zweifel zu ziehen[19]. Auch bleiben, wenn in einer Versammlung formlos gültige und formbedürftige Beschlüsse gefaßt werden, die ersten beanstandungsfrei, sofern die Versammlung nach allgemeinen Grundsätzen (Rdn 8 f) im Ausland stattfinden durfte. Umgekehrt hilft auch eine Vollversammlung (§ 51, 28 ff) nicht gegen Formnichtigkeit. **10**

In der Sache gilt: Ob **Geschäftsform** (Wirkungsstatut) notwendig ist **oder Ortsform** genügt, ist für Satzungsänderungen und in vergleichbarer Weise notarieller Beurkundung (§ 53 Abs. 2) bedürftige Beschlüsse seit jeher streitig (eingehend Einl. B, 160 ff)[20]. Die Frage ist auch durch die IPR-Reform 1986[21] nicht geklärt worden (vgl. Art. 11 Abs. 1 EGBGB). Mit guten Gründen (systematische Stellung; Entstehungsgeschichte) darf sogar bezweifelt werden, daß Art. 11 EGBGB n. F. für gesellschaftsrechtliche **11**

---

[17] Zutreffend in Begründung und Ergebnis schon *Bokelmann* NJW 1972, 1729, 1730 (li. Sp.).

[18] Grundsätzlich ebenso, aber in der Tendenz enger Scholz/*K. Schmidt* 7; für generelle Unwirksamkeit wegen Mißbrauchsempfindlichkeit *Bokelmann* aaO (Fn 17).

[19] So aber OLG Hamm OLGZ 1974, 149 = NJW 1974, 1057; die Gründe des Beschlusses (aaO S. 152) decken den Leitsatz 2 (Rdn 6) nicht.

[20] Dazu *Ulmer* Voraufl. § 53, 46; eingehend *Hüffer*-GroßkommHGB § 8, 66 ff; zuletzt *Heckschen* DB 1990, 161.

[21] Überblick: Reithmann/*Martiny* Internationales Vertragsrecht (1988), Rdn 3.

Vorgänge überhaupt Geltung beansprucht[22]. Doch kommt es darauf letztlich nicht an, weil nach beiden Textfassungen die Geschäftsform genügend und der Rückgriff auf die Ortsform jedenfalls zweifelhaft ist. Die Praxis muß deshalb weiter von der bisherigen hM ausgehen, nach der die Form am Ort der Geschäftsvornahme nicht genügt[23].

12 Weil es auf die Geschäftsform ankommt, stellt sich auch weiterhin die sog. **Gleichwertigkeitsfrage;** denn die Beurkundung im Ausland genügt der deutschen Formvorschrift nur dann, wenn sie der Beurkundung durch einen deutschen Notar gleichwertig ist. Hier ist mit dem Beschluß des II. Zivilsenats des BGH vom 16. 2. 1981[24] davon auszugehen, daß auf § 17 BeurkG (Prüfung und Belehrung) kein entscheidendes Gewicht gelegt werden darf, folglich gründliche Kenntnisse des deutschen Gesellschaftsrechts von der ausländischen Urkundsperson nicht prästiert werden müssen. Die daran auch nach der Entscheidung des BGH geübte Kritik[25] überzeugt nicht, weil sie die Auslandsbeurkundung praktisch unmöglich macht und die Prüfungsfunktion des Registergerichts außer acht läßt[26]. Beurkundung in Österreich oder in der Schweiz ist danach unbedenklich[27]. Dasselbe wird für Spanien anzunehmen sein[28].

4. Teilnahmerecht: Inhalt

13 Weil die Gesellschafterversammlung das regelmäßige Willensbildungsorgan der GmbH ist (Rdn 3), kommt dem Recht zur Teilnahme an der Versammlung wesentliche Bedeutung zu. Das Teilnahmerecht ist ein **aus der Mitgliedschaft folgendes,** in seinem Kern unentziehbares **Verwaltungsrecht.** Es umfaßt das Recht auf *Anwesenheit* und das Recht auf *Teilhabe an der Beratung* der Versammlungsgegenstände. Der Gesellschafter darf sich also zu diesen Gegenständen äußern und kann von seinen Mitgesellschaftern beanspruchen, daß sie ihn auch anhören[29]. Dagegen bildet das Stimmrecht keinen Bestandteil des Teilnahmerechts[30]. Es ist ein ihm gegenüber selbständiges Verwaltungsrecht, das, anders als das Teilnahmerecht, durch die Satzung beseitigt werden kann (§ 47, 56). Gerade in solchen Fällen und bei untergeordnetem Stimmrechtseinfluß zeigt sich die Bedeutung des Teilnahmerechts. Es ermöglicht dem Gesellschafter wenigstens, argumentativ auf die Bildung des Gesellschaftswillens Einfluß zu nehmen und sich ein unmittelbares Bild davon zu machen, ob die Beschlüsse nach Inhalt und Verfahren dem Gesetz und der Satzung entsprechen[31]. Darin liegt der funktionale Zusammenhang zwischen Teilnahmerecht und Anfechtungsbefugnis.

---

[22] Siehe RegBegr. IPRG (BR-Drucks. 222/83, S. 49 li. Sp.); Abdruck bei Reithmann/*Martiny* aaO (Fn 21) Rdn 322.

[23] OLG Hamm OLGZ 1974, 149, 154f = NJW 1974, 1057; OLG Karlsruhe RIW 1979, 567, 568; AG Köln GmbH-Rdsch. 1990, 171, 172; AG Köln GmbH-Rdsch. 1990, 172, 173; aM OLG Stuttgart IPrax 1983, 79; wohl auch OLG Frankfurt DB 1981, 1456; dezidiert nunmehr OLG Düsseldorf GmbH-Rdsch. 1990, 169, 170; offenlassend, wenn auch der Ortsform zuneigend, BGHZ 80, 76, 78 = NJW 1981, 1160. Zum Schrifttum vgl. *Ulmer* Voraufl. § 53, 46; ferner (gegen Ortsform) *Geimer* DNotZ 1981, 406, 407; für Ortsform *Renkl* Der Gesellschafterbeschluß (1982), S. 85f.

[24] BGHZ 80, 76 = NJW 1981, 1160; vgl. auch LG Köln GmbH-Rdsch. 1990, 171.

[25] Vgl. z. B. AG Köln GmbH-Rdsch. 1990, 171, 172 re. Sp.; *Firsching* IPrax 1983, 79f; *Geimer* aaO (Fn 23), S. 408ff; *Bredthauer* BB 1986, 1864, 1867.

[26] *Hüffer*-GroßkommHGB § 8, 71; gleicher Ansicht *Ulmer* Voraufl. § 53, 47; Scholz/*K. Schmidt* 8.

[27] *Ulmer* Voraufl. § 53, 47 aE.

[28] Einzelheiten bei *Löber* RIW 1989, 94.

[29] BGH NJW 1971, 2225 = WM 1971, 1150; Scholz/*K. Schmidt* 14; *Vogel* Gesellschafterbeschlüsse und Gesellschafterversammlung (1986), S. 137f; *Mutze* GmbH-Rdsch. 1970, 33, 34.

[30] Vgl. die Vorgenannten; außerdem Baumbach/Hueck/*Zöllner* § 47, 23.

[31] BGH NJW 1971, 2225 = WM 1971, 1150.

5. **Teilnahmerecht: Kreis der Berechtigten**

a) **Grundsatz: Nur Gesellschafter.** Das Teilnahmerecht steht jedem Gesellschafter zu, auch dem Inhaber eines nicht voll eingezahlten Anteils, auch dem Inhaber eines stimmrechtslosen Geschäftsanteils, auch demjenigen, der im Einzelfall (§ 47 Abs. 4) von der Abstimmung ausgeschlossen ist. Das entspricht der selbständigen Bedeutung des Teilnahmerechts (Rdn 13) und kann heute als geklärt angesehen werden[32]. Gesellschafter sind die Gründer, bei Veräußerung die nach § 16 bei der GmbH angemeldeten Erwerber. Im Erbfall geht das Teilnahmerecht mit dem Geschäftsanteil auf den Erben über; zur Erbengemeinschaft vgl. noch Rdn 15. Kaduzierung (§ 21), Abandon (§ 27), Amortisation (§ 34): Das Teilnahmerecht endet nicht schon mit Einleitung des jeweiligen Verfahrens, sondern erst mit dem Verlust der Mitgliedschaft, also mit der Entstehung eines eigenen Geschäftsanteils der GmbH oder spätestens mit dem Erwerb durch Dritte[33]. Zu Satzungsregeln über den Nachweis des Teilnahmerechts vgl. Rdn 24, 69. Umgekehrt gilt: Wer nicht Gesellschafter ist, hat auch kein Teilnahmerecht. Abspaltung der mitgliedschaftlichen Befugnis ist rechtlich ausgeschlossen. Auch Organmitglieder haben in dieser Eigenschaft kein mitgliedschaftliches Recht auf Teilnahme; vgl. aber noch Rdn 20. **14**

b) **Einzelfragen. aa) Mitberechtigung** (§ 18). Das Teilnahmerecht ist ein Recht aus dem Geschäftsanteil i. S. d. § 18. Wenn Mitberechtigung vorliegt (Bruchteils-, Erben- oder Gütergemeinschaft; nicht: GbR, vgl. Rdn 17), ist also gemeinsame Rechtsausübung erforderlich. Daraus resultiert das Recht jedes einzelnen, bei der Versammlung anwesend zu sein; sonst wäre die gemeinsame Rechtsausübung (§ 18 Abs. 1) verhindert[34]. Man wird auch jedem Mitberechtigten ein Rederecht einräumen müssen. Dagegen ist nicht anzunehmen, daß auch jeder für sich Anträge stellen darf. Wie beim Stimmrecht heißt gemeinsame Rechtsausübung vielmehr, daß sie gemeinsam einen Antrag stellen dürfen. Wenn die Mitberechtigten sich nicht einigen können, sind sie nicht in der Lage, ihr Antragsrecht auszuüben. Ist ein gemeinschaftlicher Vertreter bestellt (§ 18 Abs. 3), so liegt in seiner Bevollmächtigung zugleich der Verzicht der Mitberechtigten auf das Teilnahmerecht. Zur Ladung zur Gesellschafterversammlung vgl. § 51, 9. **15**

bb) Gesetzliche oder organschaftliche Vertretung; Amtstreuhänder. Gesetzliche Vertreter wie die *Eltern* des minderjährigen Gesellschafters, sein Vormund, Abwesenheitspfleger (§ 1911 BGB), ferner *Testamentsvollstrecker* nehmen anstelle des Gesellschafters an der Versammlung teil. Bei *Gebrechlichkeitspflegschaft* (§ 1909 BGB) sind der Gesellschafter und sein Pfleger zuzulassen[35]. Beim *Konkursverwalter* im Konkurs eines Gesellschafters kommt es grundsätzlich darauf an, ob die jeweiligen Versammlungsgegenstände in den Zuständigkeitsbereich des Verwalters fallen. Weil das schwer zu beurteilen sein kann, sollte der Gesellschafter daneben zugelassen werden[36]. Für AG oder GmbH wird das Teilnahmerecht durch den *Vorstand* bzw. durch die *Geschäftsführer* ausgeübt. Sofern sie zur Alleinvertretung berechtigt sind, ist auch nur **16**

---

[32] BGH NJW 1971, 2225 = WM 1971, 1150; BGH WM 1985, 567, 568 (re. Sp.); in der Tendenz auch schon, aber noch offenlassend, RGZ 167, 65, 73 f; im Schrifttum allgM, vgl. Scholz/*K. Schmidt* 12; Baumbach/Hueck/*Zöllner* 3; *Mutze* GmbH-Rdsch. 1970, 33.

[33] BGH WM 1983, 1354 f; OLG Celle GmbH-Rdsch. 1983, 273 f = WM 1983, 425, 427; Scholz/*K. Schmidt* 12.

[34] Scholz/*K. Schmidt* 13 und *Vogel* Gesellschafterbeschlüsse und Gesellschafterversammlung (1986), S. 140; beide sprechen aber weitgehend von einem Teilnahmerecht.

[35] Baumbach/Hueck/*Zöllner* 4.

[36] Scholz/*K. Schmidt* 19.

ein Vorstandsmitglied bzw. Geschäftsführer zuzulassen. Streitig ist, ob bei Gesamtvertretung die zur Vertretung erforderliche Zahl teilnahmeberechtigt ist oder ob die AG oder GmbH nur für einen Vertreter das Teilnahmerecht hat, den sie entsprechend ermächtigen oder bevollmächtigen muß[37]. Der Gesetzeslage entspricht das erste. Einer bedenklichen Vielzahl von Teilnahmeberechtigten kann die Satzung durch eine Vertreterklausel (vgl. noch Rdn 26 f) entgegenwirken.

17 Für **OHG und KG** als Gesellschafter der GmbH gilt entsprechendes; dabei treten die *geschäftsführenden Gesellschafter* an die Stelle von Vorstand und Geschäftsführern. Dasselbe ist auch für die **GbR** und für die **Vorformen der Kapitalgesellschaften** richtig. Die noch immer verbreitete Gegenmeinung, nach der jedenfalls die Gesamthandsgesellschaft bürgerlichen Rechts nach § 18 behandelt werden soll[38], ist mit der Rechtsnatur dieser Gesellschaft, insbesondere mit ihrer Gründerfähigkeit (§ 2, 28), nicht vereinbar und muß deshalb aufgegeben werden[39]. Bis diese Position sich auf allgemeine Anerkennung stützen kann, ist den Beteiligten allerdings zu raten, dem Konflikt durch Satzungsgestaltung vorzubeugen; auch hier kann eine Vertreterklausel (Rdn 26 f) helfen, die den geschäftsführenden Gesellschafter vorsorglich zum gemeinsamen Vertreter der Gesellschafter bestellt[40].

18 cc) **Vollmacht.** Das Teilnahmerecht hat keinen höchstpersönlichen Charakter, kann also auch durch Bevollmächtigte ausgeübt werden. Davon wird insbesondere in den Fällen der Stimmrechtsvollmacht (§ 47, 92 ff) Gebrauch gemacht; denn sonst könnte der Bevollmächtigte an der Abstimmung nicht teilnehmen[41]. Mit der Vollmachterteilung begibt sich der Gesellschafter seines Teilnahmerechts in dem Sinne, daß er nicht neben dem Bevollmächtigten an der Versammlung teilnehmen kann[42]; denn eine Verdoppelung des Rederechts (Rdn 13) brauchen die anderen Gesellschafter nur ausnahmsweise (Rdn 15 ff) hinzunehmen. Die Vollmacht ist jedoch widerruflich (§§ 167, 168 BGB). Davon kann der Gesellschafter auch noch in der Versammlung Gebrauch machen. Verfährt er so, dann lebt sein Teilnahmerecht wieder auf[43]. Dem ehemals Bevollmächtigten kann die weitere Anwesenheit gestattet werden (vgl. noch Rdn 22). Diese Grundsätze gelten auch dann, wenn ein Gesellschafter mehrere Geschäftsanteile hält; es gibt für die GmbH keinen Grundsatz, nach dem auf jeden Geschäftsanteil ein Teilnehmer entfallen dürfte oder gar müßte.

19 dd) **Treuhand; Pfandrecht; Nießbrauch.** Das Teilnahmerecht steht dem *Treuhänder* zu, weil er die Mitgliedschaft erwirbt, nicht mehr dem Gesellschafter als Treugeber[44]. Dieser kann aber vom Treuhänder bevollmächtigt werden. Die Bestellung eines Pfandrechts ändert nichts daran, daß der Gesellschafter Inhaber des Geschäftsanteils bleibt; also hat der *Pfandgläubiger* kein Teilnahmerecht[45]. Auch hier kommt jedoch Erteilung einer Vollmacht in Frage. Für den *Nießbrauch* ist von der in § 47, 51 dargelegten Unterscheidung auszugehen; danach begründet der Nießbrauch am Gewinnstammrecht

---

[37] Für das erste *Großfeld/Spennemann* AG 1979, 128, 132 (li. Sp.); für das zweite Scholz/*K. Schmidt* 19; Baumbach/Hueck/*Zöllner* 4.

[38] Baumbach/Hueck/*Zöllner* § 18, 4; *Rowedder*[2] § 18, 1; die von ihnen in Anspruch genommene Entscheidung BGHZ 78, 311 = NJW 1981, 682 ist zwischen S. 313 f und S. 316 nicht widerspruchsfrei.

[39] Teilweise wie hier Scholz/*K. Schmidt* 13; vgl. aber auch Scholz/*K. Schmidt* § 51, 7 und dazu hier § 51, 11.

[40] Ebenso Scholz/*K. Schmidt* 13 aE.

[41] OLG Frankfurt JW 1933, 131; Scholz/*K. Schmidt* 20; Rowedder/*Koppensteiner*[2] 10; *Vogel* Gesellschafterbeschlüsse und Gesellschafterversammlung (1986), S. 139; *H. M. Schmidt* GmbH-Rdsch. 1963, 145.

[42] HM, vgl. Scholz/*K. Schmidt* 20; Rowedder/*Koppensteiner*[2] 8; aM *H. M. Schmidt* aaO (Fn 41).

[43] Rowedder/*Koppensteiner*[2] 8; im Ergebnis zustimmend Scholz/*K. Schmidt* 20.

[44] OLG Celle Recht 1927 Nr. 1435; Scholz/*K. Schmidt* 13; *Vogel* Gesellschafterbeschlüsse und Gesellschafterversammlung (1986), S. 140.

[45] Scholz/*K. Schmidt* und *Vogel*, jeweils aaO (Fn 44).

die Teilnahmebefugnis so wenig wie das Pfandrecht[46]. Anders dann, wenn durch den Nießbrauch der Geschäftsanteil selbst aufgespalten wird; bei dieser Gestaltung hat der Nießbraucher auch das Recht zur Teilnahme an der Versammlung.

c) **Dritte.** aa) **Geschäftsführer; Aufsichtsratsmitglieder.** Das Recht zur Teilnahme als eine aus der Mitgliedschaft folgende Befugnis steht Nichtgesellschaftern nicht zu; es kann ihnen auch nicht durch die Satzung und nicht durch Gesellschafterbeschluß verschafft werden (vgl. noch Rdn 69). Es gibt deshalb zunächst kein Teilnahmerecht kraft Amtes für die *Geschäftsführer.* Auf Verlangen der Gesellschafter sind sie aber verpflichtet, in der Versammlung anwesend zu sein und deren Meinungs- und Willensbildung durch Rat und Auskunft zu unterstützen. Für die *Mitglieder des Aufsichtsrats* kommt es darauf an, ob auf sie § 118 Abs. 2 AktG entsprechende Anwendung findet. Das ist beim **fakultativen** Aufsichtsrat nach § 52 Abs. 1 nicht der Fall. Durch Satzung kann jedoch auch diese Norm für die GmbH übernommen werden. Dann erwächst den Aufsichtsratsmitgliedern zwar kein mitgliedschaftliches, aber ein organschaftliches Teilnahmerecht auf satzungsmäßiger Grundlage[47]. Beim **obligatorischen** Aufsichtsrat, also im Geltungsbereich der Unternehmensmitbestimmung, ist die Ausgangslage anders, weil insoweit § 118 Abs. 2 AktG kraft Gesetzes gilt. Hier gibt es also ein organschaftliches Teilnahmerecht ohne Rücksicht auf den Satzungsinhalt[48]; näher Erl. zu § 52. Den Mitgliedern eines Beirats steht ein Teilnahmerecht nicht ohne weiteres zu; die Satzung kann ihnen aber eine entsprechende organschaftliche Befugnis geben. **20**

bb) **Abschlußprüfer.** Eine GmbH, die nicht kleine Kapitalgesellschaft iSd § 267 Abs. 1 HGB ist, unterliegt der Prüfungspflicht nach § 316 HGB. Für diese Fälle, aber auch für Prüfungen, die auf freiwilliger Basis durchgeführt worden sind, bestimmt § 42 a Abs. 3, daß der Abschlußprüfer auf Verlangen eines Gesellschafters verpflichtet ist, an den Verhandlungen über die Feststellung des Jahresabschlusses teilzunehmen. Ein korrespondierendes Recht auf Teilnahme gibt es jedoch auch in diesen Fällen nicht[49]. Es bleibt also Sache des Gesellschafters, seinen Anspruch auf Zuziehung des Prüfers gegen die GmbH durchzusetzen. **21**

cc) **Sonstige Dritte.** Der Berater oder Beistand eines Gesellschafters, von der GmbH zugezogene Sachverständige, Behördenvertreter, Presse oder Gäste haben kein Teilnahmerecht. Es kann ihnen auch weder durch die Satzung noch durch Gesellschafterbeschluß verschafft werden, weil es kein Teilnahmerecht ohne Mitgliedschaft gibt. Der genannte Personenkreis kann aber zur Gesellschafterversammlung zugelassen werden, und zwar entweder durch die Satzung oder durch Mehrheitsbeschluß der Gesellschafterversammlung[50] oder durch den Versammlungsleiter, wenn die Satzung dies gestattet[51]. Welche Rechte der Dritte durch die Zulassung erwirbt, ist Auslegungsfrage. In Betracht kommen vor allem: bloßes Anwesenheitsrecht; Anwesenheits- und Rederecht; Anwesenheits- und Rederecht, sofern ein Gesellschafter letzteres zusätzlich beantragt. **22**

6. Unentziehbarkeit des Teilnahmerechts

a) **Grundsatz.** Das Teilnahmerecht gehört zum Kernbereich der Mitgliedschaft und ist daher unentziehbar. Die Satzung kann also zwar die Ausübung des Rechts regeln, **23**

[46] Scholz/*K. Schmidt* und *Vogel,* jeweils aaO (Fn 44); ferner *Murray* Der Nießbrauch am GmbH-Anteil, Diss. Köln 1965, S. 112.

[47] Baumbach/Hueck/*Zöllner* § 52, 20.

[48] Scholz/*K. Schmidt* 17; Baumbach/Hueck/*Zöllner* 5; *Zöllner* Festschr. für Robert Fischer (1979), S. 905 ff; vgl. auch *Mutze* GmbH-Rdsch. 1970, 33, 35.

[49] Scholz/*K. Schmidt* 18; Baumbach/Hueck/*Schulze-Osterloh* § 42 a, 46 mwN.

[50] Scholz/*K. Schmidt* 21 f; Baumbach/Hueck/*Zöllner* 5; Fischer/*Lutter*/*Hommelhoff* 4.

[51] Scholz/*K. Schmidt* 22; *Mutze* GmbH-Rdsch. 1970, 33, 34.

die Ausübung auch im Rahmen sachlicher Notwendigkeiten beschränken. Sie kann das Recht aber nicht beseitigen[52]. Insbesondere wird der satzungsfeste Kern des Teilnahmerechts dann (aber auch erst dann) berührt, wenn dem Gesellschafter ein Vertreter aufgezwungen wird, auf dessen Auswahl und Verhalten in der Versammlung er keinen Einfluß nehmen kann (BGH aaO [Fn 52]). Ohne weiteres unzulässig wäre es, wenn die Satzung Gesellschafter generell von der Teilnahme ausschließen wollte, und zwar auch dann, wenn diese Regelung mit dem Gleichbehandlungsgrundsatz im Einzelfall vereinbar sein sollte. Zur Zulässigkeit von Ordnungsmaßnahmen siehe Rdn 33 ff.

24 b) **Spielraum für Satzungsgestaltungen.** Zulässig bleiben Bestimmungen der Satzung, die Teilnahmebedingungen regeln oder Anforderungen für den Nachweis des Teilnahmerechts bestimmen. Zulässig sind auch die sog. Vertreterklauseln (näher Rdn 26 f). Schwierigkeiten bereitet seit jeher die Frage nach dem **Ausschluß des Konkurrenten** der GmbH, der zugleich ihr Gesellschafter ist, von der Teilnahme an Gesellschafterversammlungen. **Meinungsstand.** Teils wird angenommen, daß der Wettbewerber schon ohne Grundlage in der Satzung von der Beratung und Beschlußfassung über bestimmte Versammlungsgegenstände ausgeschlossen werden könne[53], teils wird ein derartiges Ergebnis selbst als Gegenstand satzungsmäßiger Regelung als zu weitgehend eingestuft[54]. Die Rechtsprechung hat sich, soweit erkennbar, bisher nur mit Satzungsgestaltungen beschäftigt und eine satzungsmäßige Zwangsvertretung des Konkurrenten (durch Geschäftsführer oder Mitglieder des Aufsichtsrats) das eine Mal[55] für zulässig, das andere Mal (Zwangsvertretung durch verfeindete Gesellschafter) für unzulässig erklärt[56].

25 **Stellungnahme.** Eingriffe in den Kernbereich der Mitgliedschaft gegen den Willen des davon betroffenen Gesellschafters werden auch dann nicht von der Satzungsautonomie gedeckt, wenn dieser Gesellschafter aktueller oder potentieller Wettbewerber der GmbH ist. Denn erstens steht dieser Kernbereich überhaupt nicht zur Disposition der Satzung, und zweitens würde mit einer an der Satzungsautonomie ansetzenden Lösung zu kurz gegriffen. Danach könnte sich nämlich nur eine zur Satzungsänderung ausreichende Mehrheit gegen den Wettbewerb der Minderheit schützen. Der insbesondere für die Konzernbegründung wesentliche Fall des Mehrheitsgesellschafters als Wettbewerber bliebe auf diese Weise ungelöst. Es geht daher nicht um die Satzung, sondern um die sachgerechte Bestimmung des mitgliedschaftlichen Kernbereichs. Dafür ist wiederum die Überlegung maßgeblich, daß derjenige keinen gesetzlichen Schutz erfährt, der mitgliedschaftliche Befugnisse ausübt, um gesellschaftsfremde Eigeninteressen zu verfolgen. Das ergibt sich aus der **Treupflicht** des Gesellschafters und findet in § 51 a Abs. 2 exemplarischen Ausdruck[57]. Danach darf der Gesellschafter im Einzelfall von der Versammlungsteilnahme ausgeschlossen werden, wenn sonst zu erwarten steht, daß der GmbH, insbesondere aus der gesellschaftsfremden Verwendung von Kenntnissen, ein nicht unerheblicher Nachteil entsteht. Eine derartige, die Rechtslage nur wiederholende Bestimmung kann auch in die Satzung aufgenommen werden. Eine

---

52 BGH GmbH-Rdsch. 1989, 120, 121; der Sache nach auch schon RGZ 167, 65, 73 f; OLG Frankfurt GmbH-Rdsch. 1984, 99, 100; Scholz/*K. Schmidt* 15; Baumbach/Hueck/*Zöllner* 3; Fischer/*Lutter*/*Hommelhoff* 3.

53 Baumbach/Hueck/*Zöllner* 3; Fischer/*Lutter*/*Hommelhoff* 3; *Vogel* Gesellschafterbeschlüsse und Gesellschafterversammlung (1986), S. 138.

54 Scholz/*K. Schmidt* 15; Rowedder/*Koppensteiner*[2] 9.

55 RGZ 80, 385, 390 f.

56 RGZ 88, 220, 221 f.

57 *Winter* Mitgliedschaftliche Treubindungen im GmbH-Recht (1988), S. 247.

weitergehende, vom konkreten Fall abstrahierende Regelung ist dagegen nur als Vertreterklausel zulässig. Den zitierten Entscheidungen des RG (aaO Fn 55 und 56) kann danach nicht gefolgt werden; denn sie suchen eine abstrakt-generelle Regelung, ohne als Vertreterklausel haltbar zu sein (dazu Rdn 27).

c) **Insbesondere: Vertreterklauseln. Begriff.** Von einer Vertreterklausel *im engeren Sinne* ist dann zu sprechen, wenn die Satzung vorschreibt, daß eine Gruppe von Gesellschaftern ihre Mitgliedschaftsrechte und damit auch das Recht auf Teilnahme nur durch einen gemeinsamen Vertreter ausüben darf (vgl. auch § 47, 104). *Im weiteren Sinne* sind auch die Fälle hierher zu rechnen, in denen einem Gesellschafter die Art und Weise der für ihn rechtlich notwendigen Vertretung vorgeschrieben wird (z. B. AG, GmbH oder öffentlich-rechtliche Körperschaft als Inhaber des Geschäftsanteils) oder in denen einem Gesellschafter die persönliche Teilnahme an der Versammlung versagt sein soll. **Anwendungsbereich.** Einen gesetzlichen Anwendungsfall bildet § 18 Abs. 3; vgl. Erl. dazu und oben Rdn 15. Darüber hinaus bietet sich eine Vertreterklausel vor allem in den Fällen an, in denen für den Gesellschafter Gesamtvertretung gilt. Sie dient nicht nur der einheitlichen Ausübung des Stimmrechts (§ 47, 104), sondern verhindert auch eine ungleichgewichtige Präsenz in der Gesellschafterversammlung, die schon wegen des notwendigen Rederechts aller Teilnahmeberechtigten (Rdn 13) bedenklich ist. Schließlich kommt eine Vertreterklausel auch in Betracht, um die durch den konkurrierenden Gesellschafter (Rdn 24 f) entstehenden Probleme immerhin abzuschwächen. **26**

Zulässigkeit. Die grundsätzliche Zulässigkeit der Vertreterklausel im engeren und im weiteren Sinne ist anerkannt[58]. Dieser Ansicht ist beizupflichten, weil die Satzungsautonomie es prinzipiell erlaubt, auch die Ausübung des Teilnahmerechts zu regeln (Rdn 23). Fraglich kann danach nur sein, wann die Vertretungsregelung der Sache nach darauf hinausläuft, dem Gesellschafter das Teilnahmerecht zu entziehen und damit in unzulässiger Weise in den Kernbereich einzugreifen. Das ist der Fall, wenn die Person des Vertreters nicht vom Willen des Gesellschafters abhängt, sondern ihm von der Satzung oder sonstwie von außen aufgezwungen wird, ferner dann, wenn er den in seinem Namen Handelnden nicht abberufen kann, und auch, wenn er ihm in der Sache keine Weisungen erteilen kann. Das ist die durchgehende Linie in der Rechtsprechung des BGH[59]. Dagegen können die beiden Entscheidungen des RG[60] nicht mehr als Richtschnur herangezogen werden. Der erste Fall ist in Ergebnis und Begründung unzutreffend, der zweite nur im Ergebnis richtig entschieden worden (vgl. schon Rdn 25 aE). Wegen des rechtlich notwendigen Einflusses des Gesellschafters auf den Vertreter bietet die Vertreterklausel insbesondere für eine Lösung des Konkurrenten-Problems (Rdn 24 f) nur bescheidene Hilfe. Sie kann das Problem nur abmildern. Im Einzelfall muß es deshalb möglich sein, unter den in Rdn 25 umschriebenen Voraussetzungen auch den Vertreter aus konkretem Anlaß von der Versammlungsteilnahme auszuschließen. **27**

7. Rechtsfolgen bei Verletzung des Teilnahmerechts

Verletzung des Teilnahmerechts von Gesellschaftern ist **Gesetzesverletzung** iSd § 243 **28**
Abs. 1 AktG und begründet in analoger Anwendung dieser Vorschrift die **Anfechtbar-**

[58] RGZ 80, 385, 390 f (GmbH); RGZ 88, 220, 221 (GmbH); BGHZ 46, 291, 294 ff (KG) = NJW 1967, 826; BGH GmbH-Rdsch. 1989, 120, 121 (GmbH; Scholz/*K. Schmidt* 13 und 15; Baumbach/Hueck/*Zöllner* § 47, 27; Rowedder/*Koppensteiner*² 9.

[59] BGHZ 44, 158, 159 ff (Treuhänder bei OHG) = NJW 1965, 2147; BGHZ 46, 291, 294 ff (KG) = NJW 1967, 826; BGH GmbH-Rdsch. 1989, 120, 121 (GmbH).

[60] RGZ 80, 385, 390 f; RGZ 88, 220, 221.

keit gleichwohl gefaßter Beschlüsse. Das ist zu Recht allgM[61]. Fraglich ist nur, ob es für die Anfechtbarkeit auf die (potentielle) Kausalität des Verfahrensfehlers für das Beschlußergebnis ankommt oder ob dieser Umstand ohne entscheidende Bedeutung bleibt. Für das erste die hM des Aktienrechts[62], die der BGH auch auf die GmbH übertragen hat[63]. Für das zweite die im Vordringen begriffene jüngere Lehre[64]. An ihr ist festzuhalten. Verletzungen des Teilnahmerechts sind nämlich ein derart schwerwiegender Eingriff in die Mitgliedschaft, daß der Beschluß einer Anfechtungsklage des Betroffenen unter keinen Umständen standhalten darf. Anders ist die Rechtslage im **Umkehrfall.** Die bloße Teilnahme von Personen, die dazu nicht berechtigt und auch von der Gesellschafterversammlung nicht zugelassen worden sind, ist zwar ein Verfahrensfehler, hat aber nicht die anfechtungsbegründende Relevanz für die Mitgliedschaft der Gesellschafter[65]. Eine andere Beurteilung kommt nur in dem eher fernliegenden Fall in Frage, daß unter dem Druck der zu Unrecht Anwesenden keine freie Willensbildung möglich war[66].

III. Organisation und Ablauf der Versammlung (noch: § 48 Abs. 1)

1. Versammlungsleitung

29 **a) Keine gesetzliche Notwendigkeit.** Organisation und Ablauf der Gesellschafterversammlung sind, abgesehen von ihrer Einberufung (§§ 49 – 51), gesetzlich nicht geregelt. Deshalb sieht das Gesetz auch keinen Versammlungsleiter vor. Seine Notwendigkeit ergibt sich auch nicht aus allgemeinen Grundsätzen[67]. Folglich kann ein Beschluß auch nicht allein deshalb fehlerhaft sein, weil die Versammlung keinen Leiter hatte. Die **Satzung** kann einen Versammlungsleiter vorschreiben. Die Gesellschafterversammlung kann aber auch ohne Satzungsbestimmung mit einfacher Mehrheit (§ 47 Abs. 1) einen Versammlungsleiter wählen[68]. Ob das zweckmäßig ist, hängt von den tatsächlichen Verhältnissen, insbesondere von der Zahl der Gesellschafter, ab[69]. In der kapitalistisch strukturierten GmbH empfiehlt sich im allgemeinen die Wahl eines Versammlungsleiters.

30 **b) Person des Leiters.** Die Satzung kann nicht nur vorschreiben, daß ein Versammlungsleiter notwendig ist; sie kann auch seine Person festlegen. Versammlungsleiter kann zunächst ein bestimmter Gesellschafter sein. Ob eine solche Satzungsklausel ein unentziehbares Sonderrecht begründet, ist Auslegungsfrage. Als Versammlungsleiter kommt ferner der Träger von bestimmten Funktionen in Betracht, also, soweit vorhanden, vor allem der Vorsitzende des Aufsichtsrats, Verwaltungsrats oder Beirats. Auch auf Lebensalter oder Größe des Geschäftsanteils kann abgehoben werden[70]. Gegen die Bestellung des Geschäftsführers zum Versammlungsleiter bestehen keine rechtlichen Einwände. Ob diese Maßnahme sinnvoll ist, hängt vom Einzelfall ab. Angesichts der Berichts- und Auskunftspflichten des Geschäftsführers, ferner wegen seiner gegenüber

---

[61] Scholz/*K. Schmidt* 25; Baumbach/Hueck/*Zöllner* 7; Rowedder/*Koppensteiner*[2] 11.

[62] Darstellung und ausführliche Nachweise: Geßler/Hefermehl/Eckardt/Kropff/*Hüffer* § 243 AktG, 23 ff, 25.

[63] BGH NJW 1972, 1320, 1321; BGH WM 1983, 1407, 1408.

[64] Vgl., mit Nuancen im einzelnen, *Zöllner*-Köln-KommAktG § 243, 81 ff; Geßler/Hefermehl/Eckardt/Kropff/*Hüffer* § 243 AktG, 28, 31 ff; zustimmend Scholz/*K. Schmidt* § 45, 103.

[65] Unstr., vgl. Scholz/*K. Schmidt* 25; Baumbach/Hueck/*Zöllner* 7.

[66] Scholz/*K. Schmidt* 21; *Meyer-Landrut*/Miller/Niehus 9.

[67] Scholz/*K. Schmidt* 29; Baumbach/Hueck/*Zöllner* 8; *Zöllner/Noack* ZGR 1989, 525, 527.

[68] Baumbach/Hueck/*Zöllner* 8.

[69] Dazu *Hofmann* GmbH-Rdsch. 1970, 119, 120.

[70] *Vogel* Die Praxis der Gesellschafterversammlung (1976), S. 16; *ders.* Gesellschafterbeschlüsse und Gesellschafterversammlung (1986), S. 143 f.

den Gesellschaftern abhängigen Stellung einerseits, der notwendigen Ordnungsgewalt andererseits ist die Sitzungsleitung durch ihn vielfach keine glückliche Lösung[71]. Schließlich muß der Versammlungsleiter nicht Gesellschafter sein[72]. Insbesondere für den Geschäftsführer oder, soweit vorhanden, für den Aufsichtsratsvorsitzenden, z. B. das Vorstandsmitglied eines mehrheitlich an der GmbH beteiligten Unternehmens, kommt es auf diese Eigenschaft nicht an. Wenn die Satzung zum Versammlungsleiter überhaupt oder jedenfalls zu seiner Person nichts enthält, entscheidet die Gesellschafterversammlung durch Wahlbeschluß mit einfacher Mehrheit (§ 47 Abs. 1). Sie kann sich dabei von vorstehenden Gesichtspunkten, aber auch von anderen Erwägungen (z. B. turnusmäßiger Wechsel) leiten lassen.

c) **Aufgaben (Überblick).** Die generelle Aufgabe des Versammlungsleiters[73] ist es, für die sachgerechte Erledigung der Versammlungsgegenstände Sorge zu tragen[74]. Soweit sich aus der Satzung oder dem Bestellungsbeschluß (Rdn 29 f) nichts anderes ergibt, folgt daraus: In der Kompetenz des Vorsitzenden stehen die Eröffnung (soweit nicht schon geschehen), die Unterbrechung (nicht: Vertagung)[75] und der Schluß der Sitzung. Er stellt die Anwesenheit (Rdn 32) und, wenn erforderlich, die Teilnahmeberechtigung fest. Soweit die Versammlungsgegenstände als förmliche Tagesordnung angekündigt worden sind (vom Gesetz nicht verlangt; § 51, 21), wird er im allgemeinen nach dieser Tagesordnung verfahren. Er kann sie aber von sich aus ändern, wenn ihm das aus Sachgründen zweckmäßig erscheint[76]. Ist die Versammlung anderer Ansicht, so kann sie den Vorsitzenden durch Beschluß binden. Die Absetzung von der Tagesordnung liegt in der Kompetenz der Versammlung, nicht ihres Vorsitzenden. Der Versammlungsleiter darf ferner die Ordnungsmaßnahmen ergreifen, die für eine sachgerechte Behandlung der Versammlungsgegenstände notwendig sind (vgl. noch Rdn 33 ff). Dazu gehört insbesondere eine generelle Beschränkung der Redezeit[77]. Die Maßnahme kann aber durch Beschluß der Versammlung abgeändert oder aufgehoben werden. Der Vorsitzende erteilt das Wort, veranlaßt und leitet die Abstimmung über die gestellten Anträge, deren Inhalt er bei Bedarf klarzustellen hat. Abstimmungsergebnis und Beschlußinhalt festzustellen (Bedeutung: § 47, 26 ff) und für eine ordnungsgemäße Niederschrift zu sorgen (Rdn 37), kann geboten sein. **31**

2. Anwesenheitsfeststellung

Die Präsenz festzustellen, ist **gesetzlich nicht vorgeschrieben;** anders § 129 Abs. 1 AktG. Jedenfalls bei größeren Versammlungen ist eine solche Feststellung **aber zweckmäßig.** Sie erfolgt nach Bestimmung des Versammlungsleiters (Rdn 31), bei Versammlungen ohne Vorsitzenden durch Umlauf einer Liste. Verlangt die Satzung eine Nieder- **32**

---

[71] Zutr. *Vogel* Die Praxis der Gesellschafterversammlung (1976), S. 16; *ders.* Gesellschafterbeschlüsse und Gesellschafterversammlung (1986), S. 144 f; **aM** Scholz/*K. Schmidt* 30; *Sudhoff* Rechte und Pflichten des Geschäftsführers (1987), S. 86, die den Geschäftsführer als regelmäßigen Versammlungsleiter ansehen.

[72] Scholz/*K. Schmidt* 30; Baumbach/Hueck/*Zöllner* 8; *Sudhoff* aaO (Fn 71); Vogel aaO (Fn 71) S. 144.

[73] Vgl. dazu *Obermüller/Werner/Winden* Die Hauptversammlung (1967), S. 85 ff; *Vogel* Die Praxis der Gesellschafterversammlung (1976), S. 17 ff; *ders.* Gesellschafterbeschlüsse und Gesellschafterversammlung (1986), S. 144 ff.

[74] BGHZ 44, 245, 248 (AG) = NJW 1966, 43; LG Frankfurt AG 1984, 192, 194; Schrifttum in Fn 73.

[75] Scholz/*K. Schmidt* 32; **aM** noch *Schilling* Voraufl. 17.

[76] KG NJW 1957, 1680 f (Genossenschaft).

[77] Für das Aktienrecht heute ganz **hM,** vgl. *Zöllner*-KölnKommAktG § 119, 84; *Obermüller/Werner/Winden* Die Hauptversammlung (1967), S. 93 f; *Quack* AG 1985, 145, 146 mwN (auch zur Gegenansicht) in Fn 7; offenlassend BGHZ 44, 245, 247 = NJW 1966, 43; für die GmbH Scholz/*K. Schmidt* 34; **aM** (Redezeitbeschränkung nur durch Gesellschafterbeschluß) *Vogel* Gesellschafterbeschlüsse und Gesellschafterversammlung (1986), S. 149.

schrift, so ist die Klausel dahin auszulegen, daß das Protokoll die Anwesenheitsfeststellung enthalten muß[78]. Weitergehend ist anzunehmen, daß die Feststellung der Anwesenheit zumindest für den Regelfall zur sachgerechten Versammlungsleitung gehört. Die Bestellung eines Versammlungsleiters wirkt sich deshalb mittelbar als Pflicht aus, eine Anwesenheitsliste zu führen[79].

3. Spezielle Ordnungsmaßnahmen

33 a) **Begriff und Zulässigkeit.** Der Ordnung dienen alle Maßnahmen, die der sachgerechten Behandlung der Versammlungsgegenstände förderlich sind (vgl. Rdn 31). Im engeren Sinne sind hierher die gegen einzelne, den geordneten Ablauf der Versammlung störende Gesellschafter gerichteten Schritte zu zählen, nämlich: **Ordnungsruf, Beschränkung der Redezeit im Einzelfall, Wortentziehung, Verweisung aus dem Saal.** Insoweit stellt sich zunächst die Frage, unter welchen Voraussetzungen solche Maßnahmen zulässig sind. Ist ein Versammlungsleiter bestellt, so muß weiter geklärt werden, ob die Zuständigkeit bei ihm oder bei der Gesellschafterversammlung liegt. **Zulässigkeit.** Jede der genannten Maßnahmen beeinträchtigt den betroffenen Gesellschafter in der Ausübung seines Teilnahmerechts, die Saalverweisung auch in der Ausübung des Stimmrechts. Das Recht des einzelnen findet seine Schranke jedoch in dem Recht aller Versammlungsteilnehmer auf ordnungsgemäße Behandlung der Versammlungsgegenstände. Die Maßnahme ist deshalb zulässig, wenn sie zum Schutz dieses Rechts sachlich erforderlich und überdies verhältnismäßig ist, also in das Recht des einzelnen möglichst schonend eingreift[80].

34 **Im einzelnen** gilt: Ein Ordnungsruf oder sonstige Abmahnungen kommen als mildestes Mittel vor allem dann in Betracht, wenn unsachliche oder beleidigende Ausführungen unterbunden werden sollen. Auch bei übermäßig langen und/oder nicht themenbezogenen oder nur wiederholenden Ausführungen kann abgemahnt werden. Die spezielle Beschränkung der Redezeit (noch drei oder fünf Minuten) kann selbständig angeordnet, aber auch mit der Abmahnung verbunden werden[81]. Sie bietet sich vor allem bei Vielrednern an, die zur Sache nichts oder nichts mehr mitzuteilen haben. Entziehung des Worts ist ein nachhaltiger Eingriff in das Teilnahmerecht und deshalb als Sofortmaßnahme nur ausnahmsweise zulässig; im Regelfall sollte ihr zumindest eine Abmahnung, bei Vielrednern eine Beschränkung der Redezeit vorangegangen sein. Zwangsmaßnahmen zur Durchsetzung sind, wenn möglich, vorher anzudrohen. Verweisung aus dem Saal ist ultima ratio. Die Entziehung des Worts oder mildere Mittel dürfen also nicht genügen. In Betracht kommen vor allem nachhaltige Störungen der Ordnung außerhalb von Wortmeldungen. Weitergehende Einzelmaßnahmen, insbesondere der präventive Ausschluß früherer Störer von der Versammlung oder der strafartige Ausschluß von künftigen Versammlungen, sind ohne weiteres unzulässig[82].

35 b) **Zuständigkeit.** Alle speziellen Ordnungsmaßnahmen (Rdn 33 f) gehören in die Zuständigkeit des Versammlungsleiters[83]. Er kann sie also ergreifen, ohne einen Beschluß der Gesellschafterversammlung herbeiführen zu müssen. Umgekehrt ist, weil

---

[78] Scholz/*K. Schmidt* 28.

[79] Baumbach/Hueck/*Zöllner* 12.

[80] Dazu und zum Folgenden BGHZ 44, 245, 251 ff (AG) = NJW 1966, 43; Scholz/*K. Schmidt* 34; Baumbach/Hueck/*Zöllner* 10; *Obermüller/Werner/Winden* Die Hauptversammlung (1967), S. 93 ff.

[81] Näheres bei *Quack* AG 1985, 145, 147 f.

[82] *Obermüller/Werner/Winden* Die Hauptversammlung (1967), S. 95; *Vogel* Gesellschafterbeschlüsse und Gesellschafterversammlung (1986), S. 150 f.

[83] BGHZ 44, 245, 248 (AG) = NJW 1966, 43; Scholz/*K. Schmidt* 34; Baumbach/Hueck/*Zöllner* 10; aM (Zuständigkeit der Versammlung) *Meyer-Landrut*/Miller/Niehus 11.

der Vorsitzende keine selbständige, sondern nur eine von der Versammlung abgeleitete Befugnis hat, die Gesellschafterversammlung jederzeit imstande, die Maßnahme durch einen mit einfacher Mehrheit gefaßten Beschluß (§ 47 Abs. 1) aufzuheben. Dem Vorsitzenden kommt also die Initiative zu, keine Letztentscheidung[84]. Ohne diese Verteilung der Initiative wären Abmahnung und spezielle Redezeitverkürzung kaum praktikabel. Für die weitergehenden Maßnahmen könnte mit Rücksicht auf die von der Hauptversammlung einer AG typischerweise deutlich abweichenden Verhältnisse der GmbH die umgekehrte Lösung erwogen werden. Das liefe jedoch darauf hinaus, daß der Versammlungsleiter gerade dann nicht tätig werden kann, wenn man ihn braucht, und begründet die Gefahr schädlicher Zwischendebatten. Also verbleibt es auch insoweit bei seiner Zuständigkeit. Ist kein Vorsitzender bestellt, so liegt die Ordnungsgewalt bei der Versammlung. Sie entscheidet durch mehrheitlich gefaßten Beschluß.

c) **Rechtsfolgen unzulässiger Ordnungsmaßnahmen.** Zu unterscheiden ist zwischen der Maßnahme selbst und den Beschlüssen, die von der Gesellschafterversammlung nach der Maßnahme gefaßt worden sind. Gegen *Ordnungsmaßnahmen* des Versammlungsleiters bestehen im allgemeinen keine Rechtsschutzmöglichkeiten. Es verbleibt vielmehr bei dem Recht des betroffenen Gesellschafters, die Versammlung selbst zur Beschlußfassung über die Maßnahme zu veranlassen (Rdn 35). Daneben könnte zwar an Unterlassungsansprüche analog § 1004 BGB zum Schutz des Teilnahmerechts gedacht werden, doch ist (auch einstweiliger) Rechtsschutz praktisch nicht rechtzeitig zu erlangen. Wenn nicht der Versammlungsleiter, sondern die Gesellschafterversammlung selbst durch ihren Beschluß die Ordnungsmaßnahmen verhängt hat, ist zwar an eine Anfechtungsklage zu denken. Ihr fehlt jedoch, weil die Wirkung der Maßnahme mit der Versammlung erschöpft und die Anfechtungsklage gegen die Sachbeschlüsse (dazu sogleich) eröffnet ist, das Rechtsschutzinteresse[85], es sei denn, daß ein unzulässiger Ausschluß auch für künftige Versammlungen (Rdn 34 aE) beschlossen worden wäre. Dagegen sind die *Beschlüsse,* die nach einer unzulässigen Ordnungsmaßnahme, insbesondere nach einer zu Unrecht vorgenommenen Verweisung aus dem Saal, gefaßt worden sind, analog § 243 Abs. 1 AktG wegen Verletzung des Teilnahmerechts anfechtbar[86], und zwar nach richtiger, wenngleich nicht herrschender Ansicht, ohne daß es auf die (potentielle) Kausalität des Fehlers für das Beschlußergebnis ankäme (vgl. schon Rdn 26)[87]. **36**

4. Niederschrift

Den Ablauf der Versammlung zu protokollieren, ist **gesetzlich nicht vorgeschrieben.** **37** Der notariellen Beurkundung bedarf allerdings die Tatsache eines satzungsändernden Beschlusses (§ 53 Abs. 2). Auch ist über die Beschlußfassung des Einmann-Gesellschafters eine Niederschrift aufzunehmen und zu unterschreiben (§ 48 Abs. 3; vgl. noch Rdn 63 ff). Die **Satzung** kann bestimmen, daß alle oder bestimmte Beschlüsse der Niederschrift bedürfen. Besteht eine derartige Regelung, so sind formlos gefaßte Beschlüsse im Zweifel gleichwohl gültig[88]; denn bei Fehlen besonderer Anhaltspunkte ist das Erfordernis als Regelung des Nachweises, nicht als Voraussetzung für den

[84] Zutr. Scholz/*K. Schmidt* 34.

[85] So BGHZ 44, 245, 250 (AG) = NJW 1966, 43 zur Feststellungsklage; BGH NJW 1988, 1090 f = GmbH-Rdsch. 1988, 213, 214 = WM 1988, 121, 122 f zu § 51 b (vgl. dort Rdn 21); wie hier Scholz/*K. Schmidt* 36.

[86] BGHZ 44, 245, 250 (AG) = NJW 1966, 43; Scholz/*K. Schmidt* 37.

[87] Geßler/Hefermehl/Eckardt/Kropff/*Hüffer* § 243 AktG, 23 ff, 28.

[88] RGZ 104, 413, 415.

Eintritt von Rechtswirkungen gemeint[89]. Wenn eine andere Auslegung angezeigt ist, kann der Beschlußmangel durch Anfechtungsklage geltend gemacht werden[90]. Auch ohne Satzungsgrundlage kann die **Gesellschafterversammlung,** weil sie die Herrin des Verfahrens ist, die Protokollierung beschließen. Daß dafür das bloße Begehren eines Gesellschafters genügt[91], kann mangels gesetzlicher Grundlage[92] allerdings nicht angenommen werden. Schließlich ist jedenfalls für den Regelfall eine Pflicht zur Niederschrift als Inhalt des auftragsähnlichen Rechtsverhältnisses zwischen der Gesellschafterversammlung und ihrem Leiter anzunehmen[93]. In einfachen Fällen kann der Versammlungsleiter zugleich als Schriftführer fungieren. Sonst ist es seine Aufgabe, einen Protokollanten beizuziehen. **Inhalt der Niederschrift:** Abgesehen von den Formalien (Ort und Tag; Dauer; Unterschrift) sind Angaben zur Anwesenheit (vgl. schon Rdn 32), zum jeweiligen Abstimmungsergebnis und, soweit vorhanden, Feststellungen des Versammlungsleiters zum Beschlußinhalt in die Niederschrift aufzunehmen[94].

5. Kosten

38 Die Kosten der Gesellschafterversammlung **fallen der GmbH zur Last**[95]. Hierher gehören die Kosten der Einberufung und der Durchführung der Versammlung (Saalmiete, Protokollführung, unter Umständen Notargebühren); vgl. auch § 50, 26. Keine Versammlungskosten sind Reisekosten der Gesellschafter und andere persönliche Aufwendungen. Insoweit besteht also kein Erstattungsanspruch gegen die GmbH.

IV. Gesellschafterbeschluß (Grundsätze und Weiterverweis)

39 Das wesentliche Ziel der Gesellschafterversammlung ist die Beschlußfassung. Der Beschluß ist Rechtsgeschäft und kommt als **Ergebnis einer Abstimmung** zustande, die ihrerseits einen Beschlußantrag voraussetzt. In der Regel genügt die einfache Versammlungsmehrheit (§ 47 Abs. 1). Die Feststellung des Beschlußergebnisses gehört nicht zum Tatbestand des Beschlusses, ist also nicht Voraussetzung seiner Wirksamkeit. Die gleichwohl erfolgte Feststellung konstituiert aber den Beschluß mit dem festgestellten Inhalt (streitig), so daß zu seiner Beseitigung Anfechtungsklage erforderlich ist. Einzelheiten: § 47, 26 ff.

V. Beschlußfassung ohne Versammlung (§ 48 Abs. 2)

1. Überblick

40 In § 48 Abs. 2 sieht das Gesetz **zwei Varianten schriftlicher Beschlußfassung** vor (vgl. noch Rdn 41, 44). Damit wird den Gesellschaftern einerseits ermöglicht, Beschlüsse zu fassen, ohne an die Erfordernisse einer Gesellschafterversammlung gebunden zu sein; andererseits dient die als Alternative zur Versammlung vorgesehene Schriftlichkeit der Abgrenzung zwischen Stimmabgabe und noch unverbindlicher Meinungsäußerung

89 Zur Verletzung sog. Ordnungsvorschriften Geßler/Hefermehl/Eckardt/Kropff/*Hüffer* § 243 AktG, 18.

90 Baumbach/Hueck/*Zöllner* 13; aM Rowedder/*Koppensteiner*² 17; *Schilling* Voraufl. 26.

91 Scholz/*K. Schmidt* 38.

92 § 83 Abs. 1 RegE 1973 (BT-Drucks. 7/253, S. 23, Begr.: S. 136) sah eine entsprechende Regelung vor.

93 Scholz/*K. Schmidt* 38; Baumbach/Hueck/*Zöllner* 13; *Meyer-Landrut*/Miller/Niehus 15.

94 Einzelheiten bei *Vogel* Gesellschafterbeschlüsse und Gesellschafterversammlung (1986), S. 150 f; Beispiel einer Niederschrift dort S. 259 ff.

95 BayObLG GmbH-Rdsch. 1915, 303; OLG Celle BB 1966, 1411; OLG Düsseldorf GmbH-Rdsch. 1955, 61, 62 m. Anm. *Vogel;* Scholz/*K. Schmidt* 59; *Vogel* Gesellschafterbeschlüsse und Gesellschafterversammlung (1986), S. 161.

(siehe auch Rdn 1 und unten Rdn 45 f, 49). Stets verbleibt es bei dem Erfordernis der Beschlußfassung; nur die Versammlung wird entbehrlich (Rdn 48). Nicht ganz geklärt ist der Geltungsbereich des § 48 Abs. 2, insbesondere, ob das schriftliche Verfahren für bestimmte Beschlußgegenstände ausscheidet (Rdn 52 ff, 55). Zu erörtern ist ferner, ob das Gesetz eine formlose Beschlußfassung erlaubt, die sich im Einverständnis der Gesellschafter, aber ohne Satzungsgrundlage vollzieht (Rdn 57 f), und schließlich, welchen Spielraum die Satzungsautonomie für das Verfahren der Beschlußfassung hat (Rdn 61 f).

2. Tatbestandliche Voraussetzungen

a) **Allseitiges schriftliches Einverständnis mit der Regelung (§ 48 Abs. 2, 1. Fall).** **41**
Einer Gesellschafterversammlung bedarf es zunächst dann nicht, wenn sämtliche Gesellschafter schriftlich erklären, daß sie „mit der zu treffenden Bestimmung" einverstanden sind. Gemeint ist die rechtsgeschäftliche Regelung, die durch den Beschluß getroffen werden soll. Weil diese zuvor in einem Beschlußantrag niedergelegt sein muß (§ 47, 7), ist die erste Variante des § 48 Abs. 2 dann erfüllt, wenn sämtliche Gesellschafter dem Antrag schriftlich zustimmen. Die **Rechtsnatur der Zustimmung** ist streitig; sie wird teils als bloße Abstimmungserklärung[96], teils als Erklärung mit Doppelnatur – Stimmabgabe und Einverständnis mit dem schriftlichen Verfahren – aufgefaßt[97]. Die zweite Ansicht führt zu sachgerechten Ergebnissen (Rdn 42 f) und ist daher vorzuziehen[98].

Die von § 48 Abs. 2 geforderte **schriftliche Einverständniserklärung** liegt jedenfalls **42**
dann vor, wenn die Form des § 126 BGB eingehalten, die urkundliche Erklärung also von dem Gesellschafter oder seinem Vertreter (dazu § 47, 91 ff) eigenhändig durch Namensunterschrift oder mittels notariell beglaubigten Handzeichens unterzeichnet oder statt dessen notariell beurkundet ist. Nach **hM** muß die Form des § 126 BGB jedoch nicht gewahrt werden; vielmehr ist weitgehend anerkannt, daß auch telegrafische oder fernschriftliche oder anderweitig schriftlich verkörperte Erklärungen den Anforderungen des § 48 Abs. 2 genügen[99]. Dieser Ansicht ist schon aus Gründen der Praktikabilität beizutreten. Sie ist trotz des Wortlauts der §§ 126 BGB, 48 Abs. 2 mit dem Gesetz vereinbar, weil sich die geforderte Schriftlichkeit auf das Einverständnis als Verfahrensvoraussetzung und nicht auf die Stimmabgabe als Willenserklärung bezieht (dazu Rdn 41 aE). Die erforderliche Schriftlichkeit ist insbesondere gewahrt, wenn alle Gesellschafter eine Anmeldung zum Handelsregister unterzeichnet[100] oder eine als Rundschreiben kursierende Beschlußvorlage unterschrieben oder abgezeichnet haben. Mündliche, insbesondere telefonische Bekundungen genügen dagegen auch dann nicht, wenn alle Gesellschafter ihr Einverständnis zu dieser Form der Beschlußfassung erklären und der Geschäftsführer oder eine andere Person das Ergebnis schriftlich festhält[101]. Zur Frage des Wirsamwerdens (Zugang) vgl. Rdn 50.

---

96 Baumbach/Hueck/*Zöllner* 18.

97 Scholz/*K. Schmidt* 63.

98 Davon geht auch RegBegr. zu § 84 Abs. 1 RegE 1973 aus; vgl. BR-Drucks. 7/253, S. 23, Begr.: S. 137 li. Sp.

99 Scholz/*K. Schmidt* 62; Baumbach/Hueck/*Zöllner* 19; Fischer/*Lutter/Hommelhoff* 10; *Vogel* Gesellschafterbeschlüsse und Gesellschafterversammlung (1986), S. 162; **aM** im Ansatz, aber nicht im Ergebnis *Schilling* Voraufl. 21; in Ansatz und Ergebnis *Roth* 4.2.

100 RGZ 101, 78 f; BGHZ 15, 324, 329 = NJW 1958, 220.

101 Baumbach/Hueck/*Zöllner* 26; *Vogel* Gesellschafterbeschlüsse und Gesellschafterversammlung (1986), S. 162; **aM** Scholz/*K. Schmidt* 62; näher Rdn 57.

43 **Sämtliche Gesellschafter** müssen ihr Einverständnis schriftlich bekundet haben, also auch die Gesellschafter, die allgemein oder bei einem bestimmten Beschluß nicht stimmberechtigt sind. Das ist weitgehend anerkannt[102], und zwar zu Recht, weil der Gesetzeswortlaut keine andere Auslegung zuläßt. Das Ergebnis ist auch sachgerecht, weil sonst das Teilnahmerecht der von der Abstimmung ausgeschlossenen Gesellschafter umgangen werden könnte. Indem sie ihr Einverständnis erklären, geben sie freilich keine Stimme ab. Insoweit verbleibt von der Doppelnatur der Erklärung (Rdn 41) vielmehr nur das Einverständnis mit dem schriftlichen Verfahren[103].

44 b) **Allseitiges Einverständnis mit der schriftlichen Stimmabgabe (§ 48 Abs. 2, 2. Fall).** Eine Gesellschafterversammlung ist auch dann entbehrlich, wenn sämtliche Gesellschafter erklären, daß sie mit der schriftlichen Stimmabgabe einverstanden sind. Diese zweite Variante des § 48 Abs. 2 unterscheidet sich von der ersten in Voraussetzungen und Ergebnis: Der Beschluß kommt nicht durch Erklärungen mit Doppelnatur (Rdn 41) zustande, sondern durch die Einverständniserklärungen als Verfahrensvoraussetzung und die davon zu unterscheidenden Stimmabgaben. Weil das allseitige Einverständnis nur hinsichtlich des Verfahrens erforderlich ist, läßt § 48 Abs. 2, 2. Fall auch Mehrheitsbeschlüsse zu. Auch insoweit gilt jedoch, daß sämtliche Gesellschafter (Rdn 43) mit dem Verfahren einverstanden sein müssen.

45 Für die **Erklärung des Einverständnisses** gilt im einzelnen: Die Erklärung bedarf *keiner Schriftform* (anders die Stimmabgabe, siehe Rdn 49). Das folgt schon aus dem Wortlaut des § 48 Abs. 2 und ist zu Recht anerkannt[104]. Das Einverständnis kann demnach auch formlos erklärt werden. Es kann insbesondere, wie bei allen nicht formgebundenen Erklärungen, in einem schlüssigen Verhalten gefunden werden[105]. Ob das Verhalten des Gesellschafters den erforderlichen Erklärungswert besitzt, ist **Auslegungsfrage.** Hierzu gilt generell, daß sich das Einverständnis auf die konkrete Beschlußfassung beziehen und auch Unterwerfung unter einen Mehrheitsbeschluß (Rdn 44 aE) enthalten muß. Das setzt entsprechende Kenntnisse des Gesellschafters und eine Willensbekundung voraus, die zumindest von den anderen Beteiligten als Erklärung des Einverständnisses aufgefaßt worden ist und auch so verstanden werden durfte.

46 Fraglich ist insbesondere, ob die Erklärung des Einverständnisses auch **in der bloßen Teilnahme an der Abstimmung** gefunden werden kann. **Meinungsstand.** Der BGH hat das verneint; er verlangt nämlich, daß die Voraussetzungen der schriftlichen Abstimmung vor deren Durchführung vorliegen und klargestellt werden[106]. Eine tendenziell vergleichbare Regelung war seinerzeit in § 84 Abs. 2 S. 2 RegE 1973 vorgesehen[107]. Die **hM** des Schrifttums hält es dagegen grundsätzlich für möglich, das Einverständnis in der schriftlichen Stimmabgabe zu finden. Doch soll die Stimmabgabe des Minderheitsgesellschafters allein nicht genügen, um ihn einer von ihm nicht gewollten Mehrheitsentscheidung zu unterwerfen[108].

---

102 Scholz/*K. Schmidt* 64; Baumbach/Hueck/*Zöllner* 18; Fischer/*Lutter/Hommelhoff* 9; Rowedder/*Koppensteiner*[2] 20; *Vogel* Gesellschafterbeschlüsse und Gesellschafterversammlung (1986), S. 162; aM zu Unrecht OLG Düsseldorf MDR 1977, 846; *Meyer-Landrut*/Miller/Niehus 24.

103 Zutr. Scholz/*K. Schmidt* 63.

104 BGHZ 28, 355, 358 = NJW 1959, 194 = GmbH-Rdsch. 1959, 48 m. Anm. *Wilhelm;* Scholz/*K. Schmidt* 64; Baumbach/Hueck/*Zöllner* 21; Rowedder/*Koppensteiner*[2] 19.

105 Unstr., vgl. Scholz/*K. Schmidt* 64; Baumbach/Hueck/*Zöllner* 21.

106 BGHZ 28, 355, 358 f (Fn 104) für satzungsmäßige Voraussetzung (aber verallgemeinerungsfähig).

107 BT-Drucks. 7/253, S. 23 f (Begr.: S. 137 f).

108 Scholz/*K. Schmidt* 64; Baumbach/Hueck/*Zöllner* 21; aM Rowedder/*Koppensteiner*[2] 19; für den Regelfall auch *Vogel* Gesellschafterbeschlüsse und Gesellschafterversammlung (1986), S. 163.

Stellungnahme. Der Standpunkt des BGH entspricht dem in Rdn 45 formulierten Auslegungsgrundsatz, ist aber unnötig eng. Das Einverständnis kann auch mit der Stimmabgabe erklärt werden, sofern der Gesellschafter weiß, daß und worüber im schriftlichen Verfahren abgestimmt werden soll. Dafür genügt es, wenn zur schriftlichen Stimmabgabe über einen bestimmten Gegenstand aufgefordert und (zwecks Abgrenzung vom Einstimmigkeitserfordernis des § 48 Abs. 2, 1. Fall) auf die Möglichkeit einer Mehrheitsentscheidung hingewiesen wird. Daß der Gesellschafter einer derartigen Aufforderung widersprechen muß, kann nicht angenommen werden[109]. Das bloße Schweigen ist aber auch nicht als Ablehnung zu werten, sondern entsprechend den allgemeinen Grundsätzen als Nichterklärung. Folglich besteht noch nach der Abstimmung die Möglichkeit, den bis dahin mangels vollen Tatbestands schwebend unwirksamen Beschluß durch nachträgliche Einverständniserklärung wirksam zu machen. Ohne solche Erklärung bleibt der Beschluß unwirksam[110]. 47

3. Rechtsfolge: Versammlung entbehrlich

a) **Grundsatz.** Wenn die eine oder die andere Variante des § 48 Abs. 2 verwirklicht ist, bedarf es für die Beschlußfassung keiner Gesellschafterversammlung. Ein Beschluß kommt aber nur zustande, wenn die Voraussetzungen dieses Rechtsgeschäfts im übrigen erfüllt sind, also ein Beschlußantrag vorgelegen und einstimmige (§ 48 Abs. 2, 1. Fall) oder mehrheitliche (§ 48 Abs. 2, 2. Fall) Zustimmung gefunden hat, und zwar durch Stimmabgaben, die ihrerseits als rechtsgeschäftliche Erklärungen gültig und wirksam sind. 48

b) **Anforderungen an die Stimmabgabe. aa) Bindende und gültige Erklärung.** Es muß zunächst überhaupt eine Erklärung vorliegen, die als Stimmabgabe und nicht als vorläufige Meinungsäußerung oder sonstige Bekundung aufzufassen ist. Der dafür notwendige **Bindungswille** kann im Einzelfall zweifelhaft sein. Nimmt der Gesellschafter es widerspruchslos hin, daß die Maßnahme, zu der er sich geäußert hat, auch durchgeführt wird, so liegt darin ein nachhaltiges Indiz für den Bindungswillen[111]. Die Stimmabgabe ist **gültig,** wenn sie den gesetzlichen Anforderungen entspricht. Insoweit bestehen im ersten Fall des § 48 Abs. 2 keine Besonderheiten, weil sich die geforderte Schriftlichkeit nur auf das Einverständnis als Verfahrensvoraussetzung bezieht (Rdn 42). Anders im zweiten Fall des § 48 Abs. 2, weil das Gesetz insoweit die schriftliche Abgabe der Stimmen verlangt. Weil die Stimmabgabe Rechtsgeschäft ist, muß insoweit § 126 BGB beachtet werden. Wenn andere Äußerungen dahin verstanden werden sollten[112], daß Telegramm, Fernschreiben oder Telekopie auch insoweit genügen, könnte ihnen nach der Gesetzeslage nicht gefolgt werden. Zur Wahrung der Schriftform vgl. schon Rdn 42. 49

bb) Zugangserfordernis. Die Stimmabgabe ist empfangsbedürftige Willenserklärung (§ 47, 41) und wird deshalb erst, aber auch schon mit Zugang wirksam; bis dahin ist sie widerruflich (§ 130 Abs. 1 BGB). Fraglich kann nur sein, wem die Erklärung zugehen muß. Noch wohl **hM** ist das die GmbH[113]. Dagegen verlangen andere, daß jede 50

---

[109] Scholz/*K. Schmidt* 64; Baumbach/Hueck/*Zöllner* 21. Ein Widerspruchserfordernis wollte § 84 Abs. 2 S. 2 RegE (Fn 107) einführen.

[110] Baumbach/Hueck/*Zöllner* 22; im Ergebnis ähnlich Scholz/*K. Schmidt* 64, die aber auf Heilung abheben.

[111] RGZ 101, 78, 79 (Anmeldung eines Auflösungsbeschlusses).

[112] Scholz/*K. Schmidt* 62.

[113] Scholz/*K. Schmidt* 65; Baumbach/Hueck/*Zöllner* 18; Fischer/*Lutter/Hommelhoff* 11; *Vogel* Gesellschafterbeschlüsse und Gesellschafterversammlung (1986), S. 132 f.

Abstimmungserklärung jedem Gesellschafter zugeht[114]. Diese Lösung ist unpraktisch und trägt den Besonderheiten des Beschlußverfahrens nicht genügend Rechnung. Beizupflichten ist also der ersten Ansicht. Die danach erforderliche Vertretung der empfangszuständigen GmbH liegt bei demjenigen, der das Abstimmungsverfahren in Gang gesetzt hat. Das kann ein Geschäftsführer, aber auch ein Gesellschafter sein[115]. Danach ist die Stimmabgabe bei Beschlüssen, die im Umlaufverfahren zustande kommen, erst dann wirksam und unwiderruflich, wenn das Schriftstück dem Initiator des Verfahrens zugeht[116].

51 c) **Nicht erforderlich: Feststellung des Beschlußergebnisses.** Der Beschluß ist nach richtiger und heute herrschender Ansicht gefaßt, wenn der Beschlußantrag durch wirksame Stimmabgaben (Rdn 50) die notwendige einstimmige (§ 48 Abs. 2, 1. Fall) oder mehrheitliche (§ 48 Abs. 2, 2. Fall) Zustimmung gefunden hat[117]. Einer Feststellung des Beschlußergebnisses durch den Abstimmungsleiter (z. B. Geschäftsführer, Rdn 50) bedarf es also nach richtiger Ansicht nicht, auch nicht einer Mitteilung an die Gesellschafter[118]. Fraglich kann aber sein, ob und in welchem Zeitpunkt die genannten Voraussetzungen tatsächlich verwirklicht sind. Um insoweit jeden Zweifel auszuschließen, ist es zweckmäßig, den Beschlußinhalt festzustellen und mitzuteilen; doch genügt auch jede andere eindeutige und endgültige Willenskundgebung der Gesellschafter[119]. Die vom BGH aaO (Fn 119) gewählte Formulierung, nach der „in der Regel" die Ergebnisfeststellung stattzufinden hat, ist demnach als Auslegungsrichtschnur, nicht als rechtliche Anforderung zu verstehen[120].

4. Geltungsbereich des § 48 Abs. 2

52 a) **Grundsatz: Alle Beschlüsse.** Nach Wortlaut sowie Sinn und Zweck des § 48 Abs. 2 können alle Beschlüsse in dem einen oder dem anderen schriftlichen Verfahren gefaßt werden. Es ist also grundsätzlich Sache der Beteiligten, von der Gesellschafterversammlung als dem gesetzlichen Regelfall abzuweichen. Namentlich bei Gesellschaften mit überschaubarem und untereinander verbundenem Gesellschafterkreis kann dieses Vorgehen die Willensbildung erleichtern und damit zweckmäßig sein. Der Geltungsbereich des § 48 Abs. 2 wird deshalb nur durch solche Bestimmungen des Gesetzes oder der Satzung eingeschränkt, die eine Beschlußfassung in der Gesellschafterversammlung fordern oder voraussetzen.

53 b) **Ausnahmen kraft gesetzlicher oder satzungsmäßiger Bestimmung.** § 84 Abs. 1 S. 2 RegE 1973 hob hervor, daß die schriftliche Beschlußfassung nicht zulässig ist, soweit das Gesetz ausdrücklich einen Beschluß der Gesellschafterversammlung fordert; die Regierungsbegründung enthielt eine Zusammenstellung der seinerzeit geplanten Vorschriften dieses Inhalts[121]. Auch ohne solche Norm ergibt sich dasselbe aus dem Prinzip der Spezialität. Ebenso kann die Satzung bestimmte Rechtsgeschäfte vom schriftlichen Verfahren ausnehmen (vgl. noch Rdn 61). Der Kreis einschlägiger Vorschriften des Gesetzes ist eng. Daß der Beschluß „nur" in einer Gesellschafterversammlung gefaßt werden kann, bestimmt allein **§ 24 Abs. 1 S. 2 UmwG.** Für die formwech-

[114] Rowedder/*Koppensteiner*[2] 21; *Schilling* Voraufl. 23 und *Meyer-Landrut*/Miller/Niehus 27 verlangen sogar Kenntnis der Gesellschafter.

[115] Nachweise in Fn 113; *Vogel* aaO: nur Geschäftsführer.

[116] Scholz/*K. Schmidt* 65.

[117] Scholz/*K. Schmidt* 67; Baumbach/Hueck/*Zöllner* 19 und 23; Fischer/*Lutter*/*Hommelhoff* 11.

[118] AM *Vogel* Gesellschafterbeschlüsse und Gesellschafterversammlung (1986), S. 164, und hinsichtlich der Kenntnis der Gesellschafter auch *Schilling* und *Meyer-Landrut*, jeweils aaO (Fn 114).

[119] BGHZ 15, 324, 329 = NJW 1955, 220.

[120] Ebenso Scholz/*K. Schmidt* 67.

[121] Text des § 84: BT-Drucks. 7/253, 23; Begr.: S. 137.

selnde Umwandlung verlangen **§§ 376 Abs. 1, 389 Abs. 2 AktG** einen Beschluß der Gesellschafterversammlung, ohne die Ausschließlichkeit dieses Verfahrens in einer § 24 Abs. 1 S. 2 UmwG entsprechenden Weise hervorzuheben; nach **hM** muß der Beschluß jedoch in einer Versammlung gefaßt werden[122]. Für die Verschmelzung fordert **§ 20 Abs. 1 KapErhG** zwar Beschlüsse der Gesellschafter der beteiligten Gesellschaften, doch fehlt jeder Hinweis auf die Notwendigkeit einer Versammlung. Sie könnte deshalb nur aus § 20 Abs. 3 KapErhG (notarielle Beurkundung) abgeleitet werden; vgl. dazu aber Rdn 54. Eine schriftliche Konsultation nach dem Vorbild des § 48 Abs. 2 genügt nicht, wenn das Vermögen der GmbH nur noch die Hälfte der Stammkapitalziffer deckt; **§ 49 Abs. 3** verlangt vielmehr, daß sich die Gesellschafter damit in einer Versammlung befassen (§ 49, 17 und 27). Schließlich muß eine Versammlung auch dann einberufen werden, wenn ein ordnungsgemäßes Minderheitsverlangen iSd **§ 50 Abs. 1** vorliegt, es sei denn, daß sich die Minderheit mit einem schriftlichen Abstimmungsverfahren einverstanden erklärt (§ 50, 15).

c) Weitere Ausnahmen? aa) Schriftliche Abstimmung und Beurkundungserfordernis. **54**
Fraglich ist, ob sich für die Fälle, in denen das Gesetz die notarielle Beurkundung von Beschlüssen vorschreibt, aus diesem Erfordernis mittelbar die Notwendigkeit einer Gesellschafterversammlung ergibt. So liegt es namentlich, aber nicht nur bei der Satzungsänderung (§ 53 Abs. 2 S. 1). Die Frage wurde früher allgemein bejaht[123]. Die neuere Lehre gelangt jedoch zu einer anderen Beurteilung[124]. Sie meint, daß der Vorgang der Beschlußfassung als die zur Beurkundung stehende Tatsache (§§ 36 f BeurkG) von dem Notar nicht nur in einer Versammlung, sondern auch als Ergebnis protokollierter Erklärungen oder schriftlicher Stimmabgabe festgestellt werden kann; vgl. näher Erl. zu § 53. Dieser Ansicht, die in Einzelfällen auch praktische Vorteile bieten kann, ist beizutreten. Sie hat sich jedoch in der Judikatur noch nicht durchgesetzt und kann daher der Praxis noch nicht als anerkannte Lösung empfohlen werden. Folgt man der neueren Lehre, so ergibt sich aus dem Beurkundungserfordernis keine Ausnahme von der grundsätzlichen Zulässigkeit schriftlicher Abstimmung.

bb) Mitbestimmte Gesellschaften. Die Entbehrlichkeit einer Gesellschafterversamm- **55**
lung nach § 48 Abs. 2 einerseits und das aus § 118 Abs. 2 AktG iVm § 25 Abs. 1 S. 2 Nr. 2 MitbestG folgende Recht des Aufsichtsrats auf Teilnahme an der Versammlung[125] andererseits stehen zueinander in einem gewissen Spannungsverhältnis; denn die Beschlußfassung im schriftlichen Verfahren kann geeignet sein, das Teilnahmerecht leerlaufen zu lassen. **Meinungsstand.** Zur Lösung des Konflikts sind im Grundsatz drei Lösungen denkbar: Die Beschlußfassung im schriftlichen Verfahren kann in der mitbestimmten GmbH nicht durchgeführt werden; oder gegenläufig: Das Teilnahmerecht des Aufsichtsrats bleibt funktionslos, soweit im schriftlichen Verfahren beschlossen wird; schließlich vermittelnd: Das Teilnahmerecht wird durch Beschränkung der den § 48 Abs. 2 zugänglichen Beschlußgegenstände oder durch Konsultationspflichten im Kern gewährleistet. Die erste Ansicht wird nicht, jedenfalls nicht ausdrücklich vertre-

---

122 Scholz/*K. Schmidt* 61; Baumbach/Hueck/*Zöllner* 16.

123 BGHZ 15, 324, 328 = NJW 1955, 220; KG NJW 1959, 1446 f mwN; OLG Hamm OLGZ 1974, 149, 151 = NJW 1974, 1057; *Meyer-Landrut*/Miller/Niehus 21 und § 53, 11; *Vogel* Gesellschafterbeschlüsse und Gesellschafterversammlung (1986), S. 161.

124 *Ulmer* Voraufl. § 53, 40; Scholz/*Priester* § 53, 64; *Pleyer* GmbH-Rdsch. 1959, 238; *Zöllner* Festschr. für Rob. Fischer (1979), S. 905, 911 f.

125 Dieses Recht ist (trotz Fassung und systematischer Stellung des § 118 Abs. 2 AktG) zu Recht anerkannt, vgl. Geßler/Hefermehl/*Eckardt*/Kropff § 118 AktG, 25 und 27 f; *Zöllner*-KölnKommAktG § 118, 23; *Zöllner* Festschr. für Rob. Fischer (1979), S. 905.

ten; das zweite entspricht der **hM**[126]; der vermittelnde Standpunkt begegnet in beiden Varianten. So soll der Beschluß über die Feststellung des Jahresabschlusses nach dem Rechtsgedanken des § 171 AktG nur in einer Gesellschafterversammlung gefaßt werden können[127]. Andere nehmen dagegen an, daß der Aufsichtsrat ein generelles Recht auf Information und Stellungnahme hat[128].

56 **Stellungnahme.** Wollte man das Abstimmungsverfahren nach § 48 Abs. 2 in der mitbestimmten GmbH für unzulässig erklären, so läge darin ein einschneidender Eingriff in das Innenrecht der GmbH, für den §§ 118 Abs. 2 AktG, 25 Abs. 1 S. 2 Nr. 2 MitbestG ersichtlich keine Grundlage bieten. Aber auch das Konzept der **hM** ist nicht überzeugend, weil sie auf die notwendige **Harmonisierung** von Gesellschafts- und Mitbestimmungsrecht[129] von vornherein verzichtet. Beizutreten ist daher der vermittelnden Ansicht, die an der Zulässigkeit schriftlicher Abstimmung festhält, aber dem Aufsichtsrat gleichwohl ein Mindestmaß von Mitwirkung bei der Willensbildung gewährt. Daß der Rechtsgedanke des § 171 AktG für die Feststellung des Jahresabschlusses eine Gesellschafterversammlung erfordere, erscheint allerdings nicht als zwingend, weil Prüfung und Billigung des Jahresabschlusses sich normalerweise auch bei der AG außerhalb der Hauptversammlung vollziehen. Erforderlich, praktisch zu bewerkstelligen und durch den Rechtsgedanken des § 118 Abs. 2 AktG ausreichend begründet ist aber die Pflicht des Geschäftsführers oder eines die Abstimmung leitenden Gesellschafters, den durch seinen Vorsitzenden vertretenen Aufsichtsrat von der Beschlußvorlage zu informieren und ihm damit Gelegenheit zur Stellungnahme zu geben.

5. Formlose oder kombinierte Beschlußfassung?

57 a) **Ohne Satzungsgrundlage unzulässig.** Fraglich und streitig ist, ob die Gesellschafter außerhalb der Versammlung (§ 48 Abs. 1) und ohne Einhaltung des schriftlichen Verfahrens (§ 48 Abs. 2) gültig Beschlüsse fassen können. Der BGH hat die Frage gestellt und offengelassen[130]. Die **hM** verneint sie, wenn keine Vollversammlung vorliegt und die gewählte Art der Beschlußfassung auch keine Grundlage in der Satzung hat (dazu Rdn 62)[131]. Dagegen will eine Mindermeinung Beschlüsse ohne Versammlung und ohne schriftliches Verfahren zulassen, wenn die Gesellschafter im allseitigen Einverständnis tätig werden[132]. Der hM ist jedoch beizupflichten. Das Gesetz kennt keine dritte Art der Beschlußfassung. Soweit dafür ein praktischer Bedarf besteht, können die Gesellschafter dem durch die Satzung Rechnung tragen (Rdn 62). Nur so läßt sich die gebotene Rechtsklarheit verwirklichen.

58 Daraus folgt **im einzelnen:** Eine gültige telefonische Beschlußfassung gibt es – stets vorbehaltlich anderweitiger Satzungsregelung – nicht, auch nicht eine Beschlußfassung bei Zufallszusammenkünften (Ausnahme: Vollversammlung). Auch eine kombinierte

---

126 Baumbach/Hueck/*Zöllner* 17 mwN zum mitbestimmungsrechtlichen Schrifttum; Rowedder/*Koppensteiner*[2] 18; nachdrücklich *Zöllner* Festschr. für Rob. Fischer (1979), S. 905, 917 ff; zurückhaltend Scholz/*K. Schmidt* 61.

127 Hanau/*Ulmer*-KommMitbestG § 25, 91 b.

128 Fischer/*Lutter*/*Hommelhoff* 12; *Lutter*/*Krieger* Rechte und Pflichten des Aufsichtsrats (1989), S. 234; *Hommelhoff* ZGR 1978, 119, 148 f; ausdrücklich ablehnend besonders Baumbach/Hueck/*Zöllner* 17.

129 Zu dieser Grundposition vgl. etwa Hanau/*Ulmer*-KommMitbestG § 25, 5 f und 11; Geßler/Hefermehl/Eckardt/Kropff/*Hüffer* § 241 AktG Anh, 5 f und 8.

130 BGHZ 58, 115, 120 = NJW 1972, 623 = LM § 181 BGB Nr. 16 m. Anm. *Fleck*.

131 OLG München BB 1978, 471 f; Baumbach/Hueck/*Zöllner* 26; Fischer/*Lutter*/*Hommelhoff* 13; *Meyer-Landrut*/Miller/Niehus 30; differenzierend Rowedder/*Koppensteiner*[2] 3.

132 Scholz/*K. Schmidt* 62 und 71 f; *Roth* 5.

Beschlußfassung (die Gesellschafter stimmen teils in der Versammlung, teils schriftlich ab) ist ohne gesetzliche Basis und deshalb nicht zulässig.

b) **Rechtsfolge: Nichtigkeit oder Anfechtbarkeit?** Welche Rechtsfolge eintritt, wenn die Gesellschafter einen Beschluß fassen, aber weder die Erfordernisse einer Gesellschafterversammlung (§ 48 Abs. 1) noch der schriftlichen Abstimmung (§ 48 Abs. 2) vollständig verwirklicht sind, wird unterschiedlich beurteilt, ohne daß es bislang zu einer vertieften Erörterung gekommen wäre. **Meinungsstand.** Nach der einen Ansicht ist der Beschluß (vorbehaltlich analoger Anwendung des § 242 AktG) unheilbar nichtig[133], nach der zweiten Meinung ist er nichtig, doch kann der Mangel durch Genehmigung der Betroffenen, etwa nicht eingeladenen Gesellschafter geheilt werden[134]; nach der dritten Auffassung ist der Beschluß nur anfechtbar, behält also bei allseitigem Einverständnis der Gesellschafter mangels Klageerhebung seine Gültigkeit[135]. **59**

Stellungnahme. Der Beschluß ist nichtig in analoger Anwendung der §§ 121 Abs. 2 und 3, 241 Nr. 1 AktG. Wenn schon Mängel der Einberufung zur Nichtigkeit führen, kann das Ergebnis in den Fällen nicht anders sein, in denen (telefonische Beschlußfassung) eine Versammlung überhaupt nicht stattgefunden und auch die Voraussetzungen des § 48 Abs. 2 nicht verwirklicht worden sind. Dieser Mangel kann auch nicht durch Genehmigung geheilt werden. Eine gesetzliche Basis dafür fehlt. Auch wäre eine Heilung in der Sache fragwürdig, weil es nicht um verzichtbare Rechtspositionen der Gesellschafter, sondern um den kollektiven Prozeß der Willensbildung geht, der nur zur Disposition der Satzung steht. Beizutreten ist also der ersten unter den drei genannten Ansichten (Rdn 59). **60**

6. Regelungen der Satzung

a) **Zulässigkeit und Modalitäten schriftlicher Abstimmung.** Gemäß § 45 Abs. 2 sind Satzungsregeln über die Voraussetzungen und die Durchführung der schriftlichen Abstimmung zulässig. Die Satzung kann zunächst den Zugang zur schriftlichen Abstimmung erleichtern. In Betracht kommt insbesondere, daß das schriftliche Verfahren schon auf Verlangen einer Minderheit durchgeführt wird[136], ferner, daß die Gesellschafter einer Aufforderung zur schriftlichen Abstimmung binnen gesetzter Frist widersprechen müssen, wenn ihr Schweigen nicht als Einverständnis mit diesem Verfahren gewertet werden soll[137]. Die Satzung kann die schriftliche Abstimmung auch ganz oder für bestimmte Beschlußgegenstände verbieten, das schriftliche Einverständnis im ersten Fall des § 48 Abs. 2 den Regeln des § 126 BGB unterwerfen oder das formlose Einverständnis im zweiten Fall des § 48 Abs. 2 bestimmten Verfahrensregeln (etwa: Erklärung zu Protokoll des Geschäftsführers) unterstellen. **61**

b) **Formlose Abstimmung.** Die Satzung kann für die Beschlußfassung Verfahren vorsehen, die weder von § 48 Abs. 1 noch von § 48 Abs. 2 gedeckt und in diesem Sinne formlos sind. Durch eine entsprechende satzungsmäßige Grundlage können also insbesondere die telefonische und/oder die kombinierte Beschlußfassung, die sonst unzulässig wären (Rdn 57 f), zulässig gemacht werden[138]. Dafür kann bei Gesellschaften **62**

---

[133] OLG München BB 1978, 471 f; Baumbach/Hueck/*Zöllner* 26 und § 47 Anh 20 f.

[134] OLG Frankfurt BB 1983, 2139 f; *Schilling* Voraufl. 25.

[135] Davon geht BGHZ 58, 115, 120 (Fn 130) aus; vgl. auch Fischer/*Lutter/Hommelhoff* 13.

[136] So die Gestaltung in BGHZ 28, 355, 358 = NJW 1959, 194 = GmbH-Rdsch. 1959, 48 m. Anm. *Wilhelm*.

[137] Unstr., vgl. Scholz/*K. Schmidt* 64; Baumbach/Hueck/*Zöllner* 27.

[138] AllgM, siehe OLG München BB 1978, 471 f; Baumbach/Hueck/*Zöllner* 27.

mit überschaubarem Mitgliederkreis praktischer Bedarf bestehen. Zu beachten ist, daß auch solche Satzungsklauseln nicht die Möglichkeit zu beliebiger Willensbildung eröffnen. Vielmehr ist das in der Satzung vorgesehene Verfahren einzuhalten. Verstöße führen dazu, daß der Beschluß nur unter den Voraussetzungen des § 48 Abs. 1 oder 2 gültig, sonst nach den in Rdn 60 entwickelten Grundsätzen nichtig ist, ohne daß Heilung durch Genehmigung stattfindet. Problematisch ist, ob die Satzung vorsehen darf, daß das Schweigen des Gesellschafters als Zustimmung zu einem außerhalb der Versammlung gestellten Beschlußantrag gilt[139]. Das kann auf eine unzulässige Aushöhlung des Stimmrechts hinauslaufen und sollte vermieden werden.

VI. Beschlußfassung in der Einmann-GmbH (§ 48 Abs. 3)

1. Allgemeines

63 § 48 Abs. 3 betrifft die Beschlußfassung in der Einmann-GmbH (genauer: Rdn 64). Die Vorschrift ist durch die GmbH-Novelle 1980 eingefügt worden[140] und soll **Rechtssicherheit durch schriftliche Fixierung** des Beschlußinhalts und die damit verbundene Publizität verwirklichen[141]. Die Norm regelt also nicht die Beschlußfassung in der Einmann-GmbH schlechthin, sondern betrifft nur einen Teilaspekt. Für die Beschlußfassung verbleibt es deshalb zunächst bei § 48 Abs. 1 und 2. Danach kann auch der Alleingesellschafter seine Beschlüsse in Versammlungen fassen oder sich des schriftlichen Verfahrens bedienen. Für den ersten Fall ist weiter zu unterscheiden: Weil der Alleingesellschafter stets die Voraussetzungen einer Vollversammlung erfüllt (§ 51, 28 ff), kann er die von ihm für erforderlich gehaltenen Beschlüsse immer fassen, ohne die Versammlungsförmlichkeiten beachten zu müssen. Er kann aber eine Gesellschafterversammlung auch formgerecht einberufen, etwa wenn er sich durch die Geschäftsführer oder durch die Mitglieder eines Aufsichtsrats oder Beirats beraten lassen will[142]. Demgegenüber kommt das schriftliche Verfahren nach § 48 Abs. 2 vor allem für Weisungsbeschlüsse in Angelegenheiten der Geschäftsführung in Betracht[143]. Die unterschriebene Niederschrift ist nach § 48 Abs. 3 in allen Fällen, als ohne Rücksicht auf die Art und Weise der Beschlußfassung, erforderlich. Praktische Bedeutung hat sie am ehesten in den Fällen der Vollversammlung, weil dabei sonst keine Förmlichkeiten zu beachten sind. Auch insoweit sollte man den Stellenwert der Neuregelung jedoch nicht überschätzen, weil der Beschluß als rechtsgeschäftliche Regelung ohnehin einen äußerlich wahrnehmbaren Niederschlag finden muß[144].

2. Protokollpflicht

64 a) **Voraussetzungen.** Die Pflicht zur Niederschrift und Unterzeichnung (Protokollpflicht) besteht in zwei Fällen: Vereinigung aller Geschäftsanteile in der Hand eines Gesellschafters oder daneben als eigene Geschäftsanteile in der Hand der GmbH (zur Einmann-GmbH & Co. KG vgl. Rdn 71). Ob die Einmann-GmbH als solche gegründet worden ist (§ 1) oder ob sie nachträglich entstanden ist, spielt für die Anwendung des

---

139 Dafür *Schilling* Voraufl. 26; *Vogel* Gesellschafterbeschlüsse und Gesellschafterversammlung (1986), S. 164; dagegen Scholz/*K. Schmidt* 68; Baumbach/Hueck/*Zöllner* 27.

140 RegE 1977 mit Begr.: BT-Drucks. 8/1347, S. 11, 43; Beschlußempfehlung und Bericht des Rechtsausschusses: BT-Drucks. 8/3908, S. 20, 75; näher zur Normgeschichte *Schilling* Voraufl. 3.

141 RegBegr., BT-Drucks. 8/1347, S. 43 re. Sp.

142 Beispiel nach RegBegr. aaO (Fn 141).

143 RegBegr. aaO (Fn 141). Auf solche Beschlüsse zielt die Vorschrift insbesondere ab.

144 Vgl. auch die Rechtsprechung zu Insichgeschäften des Alleingesellschafters, BGHZ 56, 97, 105 = NJW 1971, 1355 m. Anm. *Winkler;* BGH NJW 1980, 932 f.

§ 48 Abs. 3 keine Rolle[145]. Gesellschafter im Sinne der Norm kann jede natürliche oder juristische Person und können die Personenvereinigungen sein, die als solche gründerfähig und auch personenrechtlich gegenüber ihren Mitgliedern verselbständigt sind (vgl. dazu § 2, 68 ff). Danach ist § 48 Abs. 3 namentlich auch dann anzuwenden, wenn sämtliche Geschäftsanteile einer OHG oder KG oder einer vergleichbar nach außen hervortretenden GbR[146] gehören. Zum letzten Punkt geäußerte Zweifel[147] sind nicht begründet. Dagegen gilt die Norm nicht bei Mitberechtigung iSd § 18, besonders nicht bei Erben- oder Gütergemeinschaft. Schließlich sind ihre Voraussetzungen auch dann nicht erfüllt, wenn sich wenigstens ein Geschäftsanteil, auch ein stimmrechtsloser, in der Hand eines anderen Gesellschafters, auch eines Treuhänders oder eines abhängigen Unternehmens, befindet[148].

Keine Anwendung findet § 48 Abs. 3 auf **sonstige Beschlüsse,** die durch einen Gesellschafter zustande gebracht werden, obwohl es sich um eine GmbH mit wenigstens zwei Gesellschaftern handelt. Zu solchen „Einmann-Beschlüssen" kann es etwa kommen, wenn nur ein Gesellschafter stimmberechtigt ist oder zugleich als Bevollmächtigter der anderen Gesellschafter auftritt oder wenn die anderen Gesellschafter der Versammlung fernbleiben. Die unmittelbare Anwendung der Vorschrift wird schon durch ihren Wortlaut nicht gedeckt. Die Bestimmung analog heranzuziehen, wird zwar vereinzelt befürwortet[149], aber zu Unrecht. Es besteht schon keine Regelungslücke, weil die Tatsache der Beschlußfassung und der Inhalt des Beschlusses nicht nur durch Protokollierung, sondern durch jede Form der Verlautbarung dokumentiert und mit den üblichen Mitteln nachgewiesen werden können[150]. **65**

b) **Inhalt.** Der Alleingesellschafter muß eine Niederschrift aufnehmen und diese unterschreiben. Niederschrift ist nicht ein beliebiges Schriftstück, sondern ein Protokoll, das den Hergang der Beschlußfassung und den Inhalt des Beschlusses wiedergibt. Zur Wiedergabe des Hergangs gehört auch die Angabe von Ort und Tag der Beschlußfassung[151]. Der Alleingesellschafter unterzeichnet mit seinem Namen, nicht mit der Firma der GmbH. Eigenhändige Niederschrift ist nicht notwendig. Sie kann also auch von einer anderen Person, namentlich dem Geschäftsführer, aufgenommen werden. Für diesen Fall verlangt die **hM** auch dessen Unterschrift[152]. Die Protokollpflicht ist unverzüglich zu erfüllen. Unverzüglich bedeutet: ohne schuldhaftes Zögern (§ 121 BGB). Stets genügend ist es, wenn alsbald nach der Beschlußfassung protokolliert wird. Daß dies auch unbedingt, nämlich ohne Rücksicht auf ein Verschuldenselement, erforderlich ist[153], kann nach dem Gesetzeswortlaut nicht angenommen werden und enthält, etwa bei Erkrankung des Gesellschafters, auch eine unnötige Härte. Soweit das Gesetz für den Beschluß notarielle Beurkundung vorschreibt (z. B. § 53 Abs. 2 S. 1), verbleibt es dabei[154]. Das Protokoll ersetzt die notarielle Urkunde also nicht, wohl aber macht die Urkunde des Notars das Protokoll entbehrlich. **66**

---

145 RegBegr. aaO (Fn 141).

146 Zu ihrer Beteiligungsfähigkeit vgl. besonders BGHZ 78, 311, 313 f = NJW 1981, 682.

147 Scholz/*K. Schmidt* 76.

148 Scholz/*K. Schmidt* 76; Baumbach/Hueck/*Zöllner* 28; Fischer/*Lutter/Hommelhoff* 14.

149 Rowedder/*Koppensteiner*² 24.

150 Scholz/*K. Schmidt* 79; Baumbach/Hueck/*Zöllner* 31; Fischer/*Lutter/Hommelhoff* 16.

151 So noch ausdrücklich § 48 Abs. 3 S. 4 RegE 1977, BT-Drucks. 8/1347, S. 11; Rechtsausschuß: selbstverständlich, vgl. BT-Drucks. 8/3908, S. 75; Scholz/*K. Schmidt* 77; Fischer/*Lutter/Hommelhoff* 15.

152 So noch ausdrücklich § 48 Abs. 3 S. 3 RegE 1977 aaO (Fn 151); Scholz/*K. Schmidt* 77; Fischer/*Lutter/Hommelhoff* 15.

153 Scholz/*K. Schmidt* 77: kein Entlastungsbeweis.

154 So noch ausdrücklich § 48 Abs. 3 S. 2 RegE 1977 aaO (Fn 151); Baumbach/Hueck/*Zöllner* 28; Fischer/*Lutter/Hommelhoff* 15 aE.

3. Rechtsfolgen eines Verstoßes

67 § 48 Abs. 3 nennt die Rechtsfolge eines Normverstoßes nicht. Die in § 48 Abs. 3 S. 5 RegE 1977 zunächst vorgesehene **Nichtigkeitsfolge**[155] ist entsprechend der Empfehlung des Rechtsausschusses[156] **gestrichen worden.** Die dafür maßgebliche Erwägung, der Gesellschafter solle auch an nicht protokollierte Beschlüsse gebunden sein (aaO [Fn 156]), schließt die Anfechtung auch dann aus, wenn sie nach allgemeinen Grundsätzen begründbar sein sollte. Der Beschluß ist und bleibt also auch bei einem Verstoß gegen § 48 Abs. 3 gültig. Gleichwohl ist der Normverstoß nicht folgenlos. Der Nachweis der Beschlußfassung kann nämlich gegenüber Dritten nur durch die unterschriebene Niederschrift geführt werden, es sei denn, daß der Dritte rechtsmißbräuchlich handelt (§ 242 BGB); andere Beweismittel sind nach dem Zweck der Norm (Rdn 63) nicht zuzulassen. Umgekehrt können sich Dritte auch auf den nicht protokollierten Beschluß berufen, wenn dessen Zustandekommen unstreitig oder mit den allgemein zulässigen Beweismitteln nachgewiesen ist[157]. Schließlich ist die Protokollierung Pflicht des Gesellschafters gegenüber der GmbH. Sie kann deshalb gegen den Gesellschafter einen Anspruch auf Schadensersatz haben, wenn die Pflichtverletzung zu vertreten ist[158].

VII. Satzungsvorschriften zur Beschlußfassung

1. Grundsatz

68 Gemäß § 45 Abs. 2 enthält § 48 im wesentlichen **nachgiebiges Recht.** Die Satzung kann also abweichende und ergänzende Regelungen zur Beschlußfassung treffen. Ob das auch für § 48 Abs. 3 gilt, wird bislang nicht erörtert. Mit Rücksicht auf den Regelungszweck (Rdn 63) muß man es für unzulässig halten, daß die Satzung die Protokollpflicht einfach abschafft. Für die Regelung von Modalitäten oder einem verschärften Formzwang wird kaum praktischer Bedarf bestehen, doch sind solche Bestimmungen nicht als unzulässig zu betrachten.

2. Einzelfragen

69 Bestimmungen der Satzung können sich zunächst auf die **Gesellschafterversammlung** beziehen (§ 48 Abs. 1). So kann die Satzung den *Ort der Versammlung* festlegen (dazu Rdn 4). Auch die *Versammlungszeit* kann bestimmt werden, doch sind solche Fixierungen nicht zu empfehlen (vgl. Rdn 5). Die Gesellschafterversammlung im *Ausland* setzt in aller Regel voraus, daß die Satzung diese Möglichkeit vorsieht (Rdn 8). Das *Teilnahmerecht* kann die Satzung nicht entziehen (Rdn 13). Sie kann aber die Ausübung des Rechts regeln und bestimmen, daß und in welcher Weise die Teilnahmebefugnis nachzuweisen ist (Rdn 14, 24). Auch die Vertretung von GmbH-Mitgliedern, insbesondere solchen, die ihrerseits Gesellschaften sind (organschaftliche Vertretung), kann Gegenstand der Satzung sein (Rdn 16 f), ebenso die Anwesenheit von Dritten in der Gesellschafterversammlung (Rdn 20 ff). Nicht möglich ist es jedoch, Dritten ein eigentliches Teilnahmerecht zu verschaffen; dem steht der mitgliedschaftliche Charakter dieser Befugnis entgegen. Nur beschränkt zulässig und hilfreich sind Satzungsklauseln, die den Konkurrenten, der auch Gesellschafter ist, von der Versammlung fernhalten sollen (Rdn 24 f). Keine Bedenken bestehen gegen *Vertreterklauseln,* sofern der notwen-

---

155 BT-Drucks. 8/1347, S. 11; vgl. auch (gegen Nichtigkeit) Scholz/*K. Schmidt* 78; Baumbach/Hueck/*Zöllner* 29; Fischer/*Lutter*/*Hommelhoff* 16.

156 BT-Drucks. 8/3908, S. 75.

157 Scholz/*K. Schmidt* 78; Fischer/*Lutter*/*Hommelhoff* 16; nur teilweise zustimmend Baumbach/Hueck/*Zöllner* 29.

158 Baumbach/Hueck/*Zöllner* 29.

dige Einfluß des Gesellschafters auf den Vertreter gewahrt bleibt (Rdn 26 f). Die Satzung kann schließlich den *Ablauf der Versammlung* regeln, die Wahl eines Versammlungsleiters, eine Niederschrift sowie die Feststellung des Beschlußergebnisses durch den Versammlungsleiter vorschreiben (Rdn 29 ff, 37 f).

Die Satzung kann Vorschriften zur **schriftlichen Abstimmung** geben (§ 48 Abs. 2). **70**
Insbesondere kann sie den *Zugang zur schriftlichen Abstimmung* erleichtern, indem sie vom Einverständnis aller Gesellschafter absieht (Rdn 61). Selbst *formlose Abstimmungsverfahren,* besonders die telefonische und die kombinierte Beschlußfassung, können durch die Satzung für zulässig erklärt werden (näher Rdn 62). Ohne Grundlage in der Satzung führen solche Verfahren jedoch nicht zu gültigen Beschlüssen (Rdn 59 ff).

VIII. GmbH & Co. KG

Für die **Komplementär-GmbH** verbleibt es ohne weiteres bei der Geltung des **71**
§ 48 oder einer entsprechenden Satzungsregelung (Rdn 68 ff). Dagegen gilt die Norm nicht für die **Beschlußfassung in der KG.** Insoweit gelten §§ 119, 161 Abs. 2 HGB. Eine einheitliche Willensbildung für GmbH und KG sicherzustellen, bleibt also Aufgabe des Gesellschaftsvertrags, der die Regelung des § 48 oder entsprechende Bestimmungen der Satzung für die KG übernehmen kann. Die im Schrifttum[159] teilweise erwogene entsprechende Anwendung des § 48 Abs. 3 auf Beschlüsse in der **Einmann-GmbH & Co. KG** ist nicht überzeugend begründbar, weil Komplementärin und Kommanditist auch bei dieser Gestaltung verschiedene Rechtssubjekte sind. Anderweitige Dokumentation und Nachweis durch die KG genügen (vgl. auch Rdn 65 zu sogenannten Einmann-Beschlüssen)[160].

§ 49

Die Versammlung der Gesellschafter wird durch die Geschäftsführer berufen.

Sie ist außer den ausdrücklich bestimmten Fällen zu berufen, wenn es im Interesse der Gesellschaft erforderlich erscheint.

Insbesondere muß die Versammlung unverzüglich berufen werden, wenn aus der Jahresbilanz oder aus einer im Laufe des Geschäftsjahres aufgestellten Bilanz sich ergibt, daß die Hälfte des Stammkapitals verloren ist.

Übersicht

159 *Roth* 6.4.

160 Scholz/*K. Schmidt* 82.

Schrifttum

Martens Die Anzeigepflicht des Verlustes des Garantiekapitals nach dem AktG und dem GmbHG, ZGR 1972 254; *Welf Müller* Der Verlust der Hälfte des Grund- oder Stammkapitals, ZGR 1985 191; *Sudhoff* Rechte und Pflichten des Geschäftsführers einer GmbH[12] (1987); *Ulmer* Die GmbH und der Gläubigerschutz, GmbH-Rdsch. 1984 256; *Vogel* Gesellschafterbeschlüsse und Gesellschafterversammlung[2] (1986); *Wenck* Die Einberufung der Generalversammlungen bei Aktiengesellschaften, Genossenschaften, GmbH, Gewerkschaften und Versicherungsvereinen (1914).

I. Grundlagen

1. Regelungsgegenstand und -zweck

1 § 49 regelt die **Einberufungskompetenz** und, wenn auch nicht abschließend (vgl. nur § 50) die **Einberufungspflicht.** Die Kompetenz weist das Gesetz den Geschäftsführern zu. Sie haben nach § 49 Abs. 1 die Regelzuständigkeit[1]; zur Einberufung durch andere Stellen vgl. Rdn 8 ff. Wann die Geschäftsführer zur Einberufung der Gesellschafterversammlung verpflichtet sind, umschreibt § 49 Abs. 2 durch die Generalklausel des Gesellschaftsinteresses. Gemäß § 49 Abs. 3 gebietet das Gesellschaftsinteresse die Einberufung vor allem dann, wenn die GmbH die Hälfte ihres Stammkapitals verloren hat. Ergänzungen des § 49, die für den Minderheitenschutz unentbehrlich sind, regelt § 50 (vgl. dort Rdn 1). Schließlich finden sich die Modalitäten der Einberufung in § 51. Zur Frage, inwieweit § 49 zwingenden Charakter hat, vgl. Rdn 30 f.

2. Begriff und Rechtsnatur der Einberufung

2 Das Gesetz definiert die Einberufung weder in § 49 noch in den folgenden Vorschriften. Der **Begriff** der Einberufung ergibt sich jedoch aus ihrem Zweck, aus dem systematischen Zusammenhang zwischen § 48 und § 49 und aus der Organstellung der Geschäftsführer. Danach ist die Einberufung eine Leitungsmaßnahme der Geschäftsführer, durch die die Gesellschafterversammlung als beschließendes Organ der GmbH konstituiert wird. Ihrer **Rechtsnatur** nach ist diese Maßnahme eine innergesellschaftliche Verfahrenshandlung ohne rechtsgeschäftlichen Charakter[2]. Letzterer fehlt ihr, weil der Rechtserfolg, nämlich Existenz und Beschlußfähigkeit der Gesellschafterversammlung, nicht von dem darauf gerichteten Willen der Geschäftsführer, sondern von der Einhaltung der §§ 49 – 51 abhängt. Die Vorschriften des BGB über Rechtsgeschäfte, aber auch die gesellschaftsrechtlichen Vertretungsregeln (Rdn 5) gelten daher für die Einberufung grundsätzlich nicht. Auch sinngemäß sind sie nur anzuwenden, soweit

---

[1] Vgl. auch Scholz/*K. Schmidt* 1; Rowedder/*Koppensteiner*[2] 1.

[2] BGHZ 100, 264, 267 = NJW 1987, 2580, 2581; Scholz/*K. Schmidt* § 51, 5; aM aufgrund weiterer Fassung des Rechtsgeschäftsbegriffs *Wenck* Die Generalversammlungen (1914), S. 16 ff, 25.

sie für die jeweilige Rechtsfrage passen. Daraus folgt z. B., daß die Einberufungsbefugnis auch den gesamtvertretungsberechtigten Geschäftsführern einzeln zusteht (unten Rdn 5 sowie § 50, 20) und daß die Rechtzeitigkeit der Einberufung nicht nach dem Zugang der Einladung zu beurteilen ist (§ 51, 15).

II. Zuständigkeit zur Einberufung (§ 49 Abs. 1)

1. Kompetenz der Geschäftsführer

a) **Allgemeines.** Die Befugnis, die Gesellschafterversammlung einzuberufen, verleiht § 49 Abs. 1 den Geschäftsführern. Die Regelung ist schon deshalb sachgerecht, weil die Gesamtheit der Gesellschafter als Einberufungsorgan zwangsläufig ausscheidet und das Gesetz zwischen den einzelnen Gesellschaftern weder differenzieren kann noch will. Auch können die Geschäftsführer aufgrund ihrer kontinuierlichen Tätigkeit für die Gesellschaft am besten beurteilen, ob und wann eine Gesellschafterversammlung veranlaßt ist. **3**

Beginn und Ende der Einberufungskompetenz fallen mit Beginn und Ende des Geschäftsführeramts zusammen. Die Kompetenz setzt also mit Wirksamwerden der Bestellung, bei fehlerhafter Bestellung mit ihrem tatsächlichen Vollzug (Rdn 6), ein und endet mit Ablauf einer befristeten Amtszeit, Abberufung oder Amtsniederlegung (streitig, vgl. noch Rdn 7). Die Gesellschafterversammlung der in **Liquidation** befindlichen GmbH wird von den Liquidatoren einberufen, die aber im gesetzlichen Regelfall mit den Geschäftsführern personengleich sind (§ 66 Abs. 1). Der **Konkursverwalter** kann die Gesellschafterversammlung nach neuerdings bestrittener[3], aber richtiger Ansicht nicht einberufen[4]; denn der Konkursverwalter ist nicht Leitungsorgan der GmbH[5], und die Einberufung der Gesellschafterversammlung fällt in den konkursneutralen gesellschaftsrechtlichen Zuständigkeitsbereich[6]. **4**

b) **Einzelbefugnis.** Das Recht zur Einberufung steht jedem Geschäftsführer einzeln zu, und zwar nach heute allgM auch dann, wenn die GmbH mehrere Geschäftsführer hat und Gesamtgeschäftsführung und/oder Gesamtvertretung vorgesehen ist[7]. Das entspricht der in § 79 Abs. 2 S. 2 RegE 1973[8] vorgesehenen Regelung. Entgegenstehende ältere Ansichten[9] sind überholt. Ein notwendiger Gleichlauf von Gesamtvertretung und Einberufungskompetenz ist von vornherein nicht zu begründen, weil die Einberufung eine Maßnahme der gesellschaftlichen Innensphäre ist (Rdn 2). Verkoppelung mit Gesamtgeschäftsführung bliebe danach eher denkbar, ist aber gleichfalls nicht zwingend, weil die Einberufung der Versammlung zur Leitung der Gesellschaft gehört, nicht zur eigentlichen Geschäftsführung[10]. Deshalb muß sich der Gedanke durchsetzen, daß im gesetzlichen Regelfall (zur Satzung Rdn 30 f) der Einzelverantwortung des Geschäftsführers (§ 43 Abs. 1) die Einzelbefugnis zur **5**

---

[3] Scholz/*K. Schmidt* 6; Fischer/*Lutter*/*Hommelhoff* 2.

[4] Rowedder/*Koppensteiner*[2] 2.

[5] So aber Scholz/*K. Schmidt* 6 sowie § 63, 58; vgl. auch *K. Schmidt* Möglichkeiten der Sanierung von Unternehmen durch Maßnahmen im Unternehmens-, Arbeits-, Sozial- und Insolvenzrecht (unternehmens- und insolvenzrechtlicher Teil), Gutachten D zum 54. Deutschen Juristentag (1982), S. 49; *K. Schmidt*/*Schulz* ZIP 1982, 1015, 1018.

[6] Näher Geßler/Hefermehl/Eckardt/Kropff/*Hüffer* § 264 AktG, 8 ff, 33 f.

[7] KG OLGZ 1965, 166, 168; KG GmbH-Rdsch. 1968, 118; OLG Frankfurt GmbH-Rdsch. 1976, 110, 111; Scholz/*K. Schmidt* 4; Baumbach/Hueck/*Zöllner* 2; Fischer/*Lutter*/*Hommelhoff* 2; *Vogel* Gesellschafterbeschlüsse und Gesellschafterversammlung (1986), S. 121 f.

[8] BT-Drucks. 7/253, S. 22 (Begr.: S. 131).

[9] Vgl. z. B. *Sudhoff* GmbH-Rdsch. 1964, 75, 76 (li. Sp.); *Wenck* Die Generalversammlungen (1914), S. 100 f; iSd **hM** aber jetzt *Sudhoff* Der Gesellschaftsvertrag der GmbH (1987), S. 269.

[10] Baumbach/Hueck/*Zöllner* 2.

Befassung der Gesellschafterversammlung entspricht[11]. Die Gesellschafterversammlung erhält dadurch Gelegenheit, von ihrer Allzuständigkeit (§ 45, 117) Gebrauch zu machen.

6 c) **Fehlerhafte Bestellung.** Die Bestellung zum Geschäftsführer kann ungültig oder unwirksam sein (vgl. Erl. zu § 35). Auch der mangelhaft Bestellte kann aber die Befugnis zur Einberufung haben. So entspricht es allgemeiner Ansicht, daß derjenige zur Einberufung befugt ist, der, wenngleich aufgrund fehlerhaften Bestellungsakts, tatsächlich für die GmbH tätig und damit zum sog. faktischen Organ geworden ist[12]. Davon ist allerdings der Fall auszunehmen, daß über die Wirksamkeit der Bestellung zwischen den Gesellschaftern von Anfang an Streit besteht und sich der Geschäftsführer gerade mit der Einberufung als erster Amtshandlung zum sog. faktischen Organ machen würde[13].

7 d) **Unerheblich: Registereintragung.** Neben der Lehre von der fehlerhaften, aber in Vollzug gesetzten Bestellung wird vielfach die Meinung vertreten, daß derjenige die Einberufungskompetenz habe, der als Geschäftsführer im Handelsregister eingetragen sei[14]. Folgt man dieser Ansicht, so muß man die Einberufungszuständigkeit auch ehemaligen Geschäftsführern zusprechen, solange sie in das Handelsregister noch eingetragen sind[15]. Diese Lösung hat den Vorzug der Rechtssicherheit und könnte de lege ferenda erwogen werden[16]. Aus dem geltenden Recht ist sie jedoch nicht abzuleiten; auch bleibt ihr Verhältnis zur Lehre vom fehlerhaft bestellten Organ unklar. In Betracht kommt nur die analoge Anwendung des § 121 Abs. 2 S. 2 AktG. Die dafür erforderliche Vergleichbarkeit der Sachverhalte ist aber nicht gegeben. Soweit diese aus der Registerpublizität abgeleitet wird[17], ist übersehen, daß es bei der Einberufung um eine innergesellschaftliche Maßnahme geht (Rdn 2)[18]. Auch reicht die Wirkung der aktienrechtlichen Vorschrift – unwiderlegbare, von Gutgläubigkeit der Aktionäre unabhängige Vermutung – über die der Registerpublizität hinaus. Vergleichbar wären die Sachverhalte deshalb allenfalls, wenn die Gesellschafter dem Leitungsorgan der Gesellschaft nach der Realstruktur des Verbands wie Dritte gegenüber ständen. Das mag unter den typischen Bedingungen der AG vielfach zutreffen, kann aber auf die anders strukturierte GmbH nicht übertragen werden. Wenn, wofür manches spricht, an eine konstitutive Wirkung der Registereintragung nach dem Vorbild des richtig verstandenen § 5 HGB gedacht sein sollte[19], müßte das Gesamtkonzept der Einberufungszuständigkeit gesetzlich neu geordnet werden.

2. Anderweitige Zuständigkeit

8 a) **Aufsichtsrat.** § 49 Abs. 1 regelt die Kompetenz zur Einberufung nicht abschließend. Wenn die GmbH einen Aufsichtsrat hat, ist dieser neben den Geschäftsführern

---

11 Ähnlich Scholz/*K. Schmidt* 4.

12 Scholz/*K. Schmidt* 5; Rowedder/*Koppensteiner*² 2; *Vogel* Gesellschafterbeschlüsse und Gesellschafterversammlung (1986), S. 122.

13 *Baums* Der Geschäftsleitervertrag (1987), S. 190 f.

14 BGHZ 18, 334, 340 (Genossenschaft) = NJW 1955, 1917, 1918; KG OLGZ 1971, 480, 481 f (Verein); AG Syke GmbH-Rdsch. 1985, 26, 27 (GmbH); Scholz/*K. Schmidt* 5; Fischer/*Lutter*/*Hommelhoff* 2; *Vogel* Gesellschafterbeschlüsse und Gesellschafterversammlung (1986), S. 122 f; aM Rowedder/*Koppensteiner*² 2.

15 Konsequent AG Syke aaO (Fn 14): Einberufungszuständigkeit nach Amtsniederlegung.

16 Entsprechende Regelung war vorgesehen in § 79 Abs. 2 S. 3 RegE 1973, vgl. BT-Drucks. 7/253, S. 22 (Begr.: S. 131).

17 So BGHZ 18, 334, 340 (Genossenschaft) = NJW 1955, 1917, 1918; KG OLGZ 1971, 480, 481 (Verein).

18 Zutreffend Rowedder/*Koppensteiner*² 2.

19 *Hüffer*-GroßkommHGB § 8, 82; *K. Schmidt* HandelsR § 10 III 1.

nach § 111 Abs. 3 AktG iVm § 52 Abs. 1 zur Einberufung befugt, allerdings nur dann, wenn das Wohl der Gesellschaft die Maßnahme erfordert. Die Satzung kann die Einberufungszuständigkeit des *fakultativen* Aufsichtsrats beseitigen[20]. Die Kompetenz des nach den Mitbestimmungsgesetzen *obligatorischen* Aufsichtsrats (§ 77 Abs. 1 BetrVerfG 1952, § 25 Abs. 1 Nr. 2 MitbestG 1976) kann dagegen nicht ausgeschlossen und nicht an erschwerende Voraussetzungen gebunden werden. Auch sie ist jedoch nur nach Maßgabe des § 111 Abs. 3 AktG begründet.

b) **Beirat.** Die Satzung bestimmt nicht nur darüber, ob ein Beirat eingerichtet wird, 9
sondern regelt auch dessen Aufgaben. Daher ist es jedenfalls unbedenklich, wenn ihm zusätzlich zu den Geschäftsführern die Einberufungszuständigkeit verliehen wird (zur verdrängenden Zuständigkeit vgl. noch Rdn 31). Die Zuständigkeit kann auch nach dem Vorbild des § 111 Abs. 3 AktG ausgestaltet sein (Rdn 8). Das ist anzunehmen, wenn die Auslegung der Satzung ergibt, daß der Beirat ganz oder im wesentlichen die Rechtsstellung des Aufsichtsrats haben soll[21]. Teilweise wird darüber hinaus angenommen, daß der Beirat im Zweifel einberufungsbefugt sei, wenn die Satzung dazu keine ausdrückliche Bestimmung enthält; dies jedenfalls dann, wenn neben ihm kein Aufsichtsrat existiere[22]. Dieser Ansicht kann nicht gefolgt werden[23]. Vielmehr ist als Regel anzunehmen, daß die Satzung nichts bestimmt, soweit sie schweigt, also auch keine Einberufungszuständigkeit begründet.

c) **Gesellschafter.** Es gibt *kein Individualrecht* der Gesellschafter zur Einberufung 10
der Versammlung in dem Sinne, daß sie allein kraft ihrer Mitgliedschaft tätig werden könnten. Eine eigene Kompetenz haben sie nur unter den Voraussetzungen des *Selbsthilferechts* nach § 50 Abs. 3; insbesondere müssen sie also das Quorum von 10% erfüllen (näher § 50, 6 f und 19 f). Die Satzung kann jedoch weitergehende Befugnisse einführen. So kann zunächst der Minderheitenschutz verbessert werden (dazu § 50, 31). Als zulässig ist es aber auch anzusehen, wenn die ursprüngliche Satzung einem bestimmten Gesellschafter oder einigen Gesellschaftern das Einberufungsrecht gibt, während es den anderen nicht zusteht[24]. Soll eine derartige Regelung nachträglich eingeführt werden, ist allerdings zu bedenken, daß der notwendige Beschluß zur Satzungsänderung nicht gegen das Gleichbehandlungsgebot verstoßen darf (sonst: Anfechtbarkeit). Die unterschiedliche Rechtsstellung der Gesellschafter muß deshalb durch das Gesellschaftsinteresse geboten oder durch die Zustimmung aller, auch der betroffenen Gesellschafter gedeckt sein (vgl. Erl. zu § 53).

d) **Gesellschaftsfremde Dritte.** Hier ist zu unterscheiden, ob die Kompetenz der 11
Geschäftsführer (Rdn 3 ff) oder anderer Gremien bzw. Personen (Rdn 8 ff) einem Dritten zur Ausübung überlassen werden oder ob der Dritte nach der Satzung ein eigenes Einberufungsrecht haben soll. Das erste ist nach zutreffender **hM** ausgeschlossen[25]. Die Einberufungskompetenz steht den Geschäftsführern persönlich zu. Sie können sich also nicht durch Bevollmächtigte vertreten lassen, Dritte auch nicht ermächtigen oder ihr Handeln im nachhinein genehmigen. Zulässig ist jedoch, die technische Abwicklung der Einberufung einem Dritten botenähnlich zu überlassen[26]. Für andere Personen oder Gremien gilt dasselbe, auch für den nach der Satzung einberufungsberechtigten Gesellschafter. Daß er sich bei der Abstimmung

---

20 Seit jeher unstreitig, vgl. schon *Wenck* Die Generalversammlungen (1914), S. 111 f.

21 Scholz/*K. Schmidt* 8.

22 Scholz/*K. Schmidt* 34; Baumbach/Hueck/*Zöllner* 5; wohl auch Fischer/*Lutter*/*Hommelhoff* 3 aE.

23 Zurückhaltend auch Rowedder/*Koppensteiner*² 5.

24 Baumbach/Hueck/*Zöllner* 6.

25 OLG Hamm DB 1976, 907, 908; KG OLGR 24 (1912), 158, 159; Scholz/*K. Schmidt* 10; Rowedder/*Koppensteiner*² 5.

26 BGH NJW 1962, 392; Scholz/*K. Schmidt* 10; Rowedder/*Koppensteiner*² 5.

und Versammlungsteilnahme vertreten lassen kann (§ 47, 92 ff und § 48, 18), aber nicht bei der Einberufung, ist kein Widerspruch; denn insoweit geht es um eine gesellschaftsrechtliche Leitungsmaßnahme (Rdn 2), nicht um die Ausübung eines aus der Mitgliedschaft folgenden Einzelrechts.

12 Auch ein **Einberufungsrecht gesellschaftsfremder Dritter** kennt das Gesetz nicht. Der Prokurist der GmbH oder ihr Generalbevollmächtigter ist also nicht als solcher berechtigt, die Gesellschafterversammlung einzuberufen[27]. Aber die Satzung kann ihm und anderen Personen und Institutionen ein solches Recht geben. Als Beispiele werden Behörden und Stiftungen genannt[28]. Eine Satzungsregelung, nach der die Gesellschafterversammlung einer kommunalbeherrschten GmbH vom Vorsitzenden eines dafür zuständigen Ratsausschusses einberufen wird, kann danach nicht beanstandet werden, auch nicht das Einberufungsrecht eines Stiftungsrepräsentanten.

3. Rechtsfolgen bei fehlender Einberufungsbefugnis

13 Wenn die Gesellschafterversammlung durch jemanden einberufen wird, der die dazu erforderliche Befugnis nicht hat, ist der von dieser Versammlung gefaßte Beschluß nach heute allgM **nichtig** in analoger Anwendung der §§ 121 Abs. 2, 241 Nr. 1 AktG[29], es sei denn, daß eine Vollversammlung stattgefunden hat. Die dazu früher vertretene Lehre vom Scheinbeschluß[30] ist zumindest für die Fälle fehlender Einberufungsbefugnis aufgegeben[31]. Andererseits wiegt der Mangel so schwer, daß auch bloße Anfechtbarkeit nicht in Betracht kommt, und zwar auch dann nicht, wenn dem Einberufer nur die besonderen Voraussetzungen des § 50 Abs. 3 fehlen (näher dort Rdn 21).

III. Recht und Pflicht zur Einberufung: Allgemeines

1. Einberufungsrecht

14 § 49 Abs. 1 ist als Kompetenznorm gefaßt. Damit wird das Recht zur Einberufung vorausgesetzt, ohne daß seine tatbestandlichen Erfordernisse umschrieben würden. Verfehlt wäre die Annahme, daß die Geschäftsführer (oder sonst zuständige Personen oder Stellen) die Gesellschafterversammlung nach Belieben einberufen dürften. Andererseits wäre es zu eng, das Recht zur Einberufung nur als Kehrseite der Einberufungspflicht (dazu Rdn 15 ff) zu verstehen. Vielmehr dürfen die Geschäftsführer die Gesellschafterversammlung dann einberufen, wenn die Maßnahme **nach dem Urteil eines ordentlichen Geschäftsmanns** (§ 43 Abs. 1) **sinnvoll** erscheint und unter Berücksichtigung von Dringlichkeit und sachlichem Gewicht der Versammlungsgegenstände **keine unverhältnismäßige Belastung** der durch Zeitaufwand und Kosten betroffenen Gesellschafter darstellt[32]. Nicht sinnvoll ist die Einberufung insbesondere, wenn die Gesellschafterversammlung keine Zuständigkeit hat oder wenn über den Gegenstand schon einmal Beschluß gefaßt wurde, ohne daß sich die Verhältnisse geändert hätten; nicht verhältnismäßig ist sie, wenn schriftliche oder formlose Information der Gesellschafter

[27] KG OLGR 24 (1912), 158, 159; Scholz/*K. Schmidt* 9; Baumbach/Hueck/*Zöllner* 2; *Wenck* Die Generalversammlungen (1914), S. 104 f.

[28] Baumbach/Hueck/*Zöllner* 6.

[29] BGHZ 11, 231, 236 = NJW 1954, 385, 386 m. Anm. *Scholz* = LM GmbHG § 51 Nr. 1 (LS) m. Anm. *Rob. Fischer;* BGHZ 87, 1, 2 f = NJW 1983, 1677; Baumbach/Hueck/*Zöllner* 7; Fischer/*Lutter/Hommelhoff* 7; näher § 47 Anhang.

[30] RGZ 75, 239, 242; RGZ 92, 409, 412 f.

[31] Seit § 195 Nr. 1 AktG 1937; vgl. BGHZ 11, 231, 235 f = NJW 1954, 385, 386 m. Anm. *Scholz* = LM GmbHG § 51 Nr. 1 (LS) m. Anm. *Rob. Fischer;* weitergehend Geßler/Hefermehl/Eckardt/Kropff/*Hüffer* § 241 AktG, 11.

[32] Ähnlich Scholz/*K. Schmidt* 1; Baumbach/Hueck/*Zöllner* 10.

genügt oder wenn die Angelegenheit bis zu einer ohnehin vorgesehenen späteren Versammlung warten kann. Das Einberufungsrecht des Aufsichtsrats bestimmt sich nach § 121 Abs. 3 AktG iVm § 52 (vgl. schon Rdn 8), das anderer Personen oder Stellen richtet sich nach dem Satzungsinhalt.

2. Einberufungspflicht nach § 49 Abs. 2

a) Ausdrücklich bestimmte Fälle. Nach § 49 Abs. 2 haben Geschäftsführer die Gesellschafterversammlung zunächst in den ausdrücklich bestimmten Fällen einzuberufen. Was das bedeutet, wird unterschiedlich beurteilt. **Meinungsstand.** Die eine, früher durchgängig vertretene Ansicht versteht unter den ausdrücklich bestimmten Fällen diejenigen, in denen eine Willensbildung der Gesellschafter unverzichtbar ist, weil ihnen die Zuständigkeit zukommt[33]. Dagegen wird heute überwiegend angenommen, daß nicht die Zuständigkeit, sondern die rechtliche Notwendigkeit entscheidet, den Gesellschafterwillen gerade in einer Versammlung zu bilden[34]. Danach bleiben für § 49 Abs. 2 nur wenige Fälle übrig (vgl. noch Rdn 17 f). **15**

Stellungnahme. In der Sache geht es nur um das **Verhältnis zwischen § 48 Abs. 2 und § 49 Abs. 2.** Dieses folgt aus dem gedanklichen Zusammenhang von § 48 Abs. 1 und § 49 Abs. 2. Durch wen und wann eine Gesellschafterversammlung einzuberufen ist, ist nämlich nur dann von Interesse, wenn der gesetzliche Regelfall vorliegt, also die Beschlußfassung in einer Versammlung erfolgt. Ohne Versammlung stellt sich die Einberufungsfrage nicht. Deshalb ist der heute überwiegenden Ansicht beizutreten, allerdings mit der Maßgabe, daß die Einberufungspflicht kraft ausdrücklicher Vorschrift auch dann besteht, wenn die Geschäftsführer ein schriftliches Abstimmungsverfahren vergeblich versucht haben; denn unter dieser Prämisse folgt aus der Zuständigkeit der Gesellschafter zugleich die Notwendigkeit einer Versammlung. **16**

Zu den ausdrücklich bestimmten Fällen i. S. einer **von vornherein bestehenden Versammlungsnotwendigkeit** gehört außer dem des § 49 Abs. 3 (dazu Rdn 21 ff) jedenfalls der des § 50 Abs. 1 (vgl. dort Rdn 13 f). Nach wohl noch **hM** ist ferner mit Rücksicht auf die gem. § 53 Abs. 2 S. 1 erforderliche notarielle Beurkundung der satzungsändernde Beschluß hierher zu rechnen (vgl. schon § 48, 54)[35]. Eine im Vordringen begriffene **Mindermeinung** hält allerdings auch insoweit eine Beschlußfassung im schriftlichen Verfahren für möglich, mithin eine Gesellschafterversammlung für entbehrlich[36]. Für Umwandlungsbeschlüsse soll jedoch auch nach dieser Ansicht wegen der in § 24 Abs. 1 S. 2 UmwG, §§ 376, 389 AktG getroffenen Regelung eine Gesellschafterversammlung notwendig sein[37]. Wegen der Einzelheiten vgl. Erl. zu § 53. Bis zu einer höchstrichterlichen Klärung der Frage i. S. der bisherigen Mindermeinung werden Geschäftsführer und Gesellschafter sinnvollerweise in einer Versammlung beschließen, um Zweifel an der Gültigkeit der Satzungsänderung (sinngemäße Anwendung der §§ 130 Abs. 1 und 2, 241 Nr. 2 AktG) von vornherein nicht aufkommen zu lassen. **17**

---

33 So im aktuellen Schrifttum noch *Sudhoff* Rechte und Pflichten des Geschäftsführers (1987), S. 82 f; *Vogel* Gesellschafterbeschlüsse und Gesellschafterversammlung (1986), S. 123 ff.

34 Scholz/*K. Schmidt* 15; Rowedder/*Koppensteiner*² 9; *Meyer-Landrut*/Miller/Niehus 10.

35 BGHZ 15, 324, 328 = NJW 1955, 220; KG NJW 1959, 1446 f mwN; OLG Hamm NJW 1974, 1057; *Meyer-Landrut*/Miller/Niehus 10; *Vogel* Gesellschafterbeschlüsse und Gesellschafterversammlung (1986), S. 161.

36 Vgl. dazu *Ulmer* Voraufl. § 53, 40; Scholz/*Priester* § 53, 64; *Pleyer* GmbH-Rdsch. 1959, 238 (Anm. zu KG aaO [Fn 35]); *Zöllner* Festschr. für Rob. Fischer (1979), S. 905, 911 f.

37 Baumbach/Hueck/*Zöllner* § 48, 16; zu § 24 Abs. 1 S. 2 UmwG auch schon *Zöllner* aaO (Fn 36).

18 Eine ausdrückliche Bestimmung iSd § 49 Abs. 2 kann schließlich nicht nur in gesetzlicher Regelung, sondern auch in der **Satzung** gefunden werden. Wenn sie für bestimmte Angelegenheiten eine Gesellschafterversammlung vorschreibt, müssen die Geschäftsführer die Versammlung nach § 49 Abs. 2 einberufen[38]. Die Auslegung kann allerdings ergeben, daß die Sache nur der Willensbildung der Gesellschafter vorbehalten sein soll, mithin dem schriftlichen Abstimmungsverfahren nach § 48 Abs. 2 zugänglich bleibt. Diese Interpretation liegt nahe, weil es den Gesellschaftern regelmäßig um ihren Einfluß auf die Geschäftsführer, dagegen nicht um die Notwendigkeit von Versammlungen geht. Wenn letzteres gewollt ist, sollte die Satzung deshalb unzweideutig abgefaßt sein.

19 Zu den ausdrücklich bestimmten Fällen iS einer **nachträglich eintretenden Versammlungsnotwendigkeit**, also dann, wenn im schriftlichen Verfahren keine Einstimmigkeit hergestellt werden konnte, und zwar weder über den Beschlußinhalt noch über ein derartiges Abstimmungsverfahren (vgl. § 48, 41 ff, 44 ff), gehören über den Kreis der in Rdn 17 f genannten Angelegenheiten hinaus: die Einforderung von Nachschüssen (§ 26 Abs. 1); die Maßnahmen, die gem. § 46 der Bestimmung der Gesellschafter unterliegen; die Auflösung (§ 60 Abs. 1 Nr. 2); die Bestellung von besonderen Liquidatoren (§ 66 Abs. 1).

20 **b) Im Gesellschaftsinteresse erforderlich.** Nach § 49 Abs. 2, 2. Fall sind die Geschäftsführer zur Einberufung verpflichtet, wenn diese Maßnahme im Interesse der GmbH erforderlich erscheint. Mit dem *Gesellschaftsinteresse* meint die Norm dasselbe wie § 111 Abs. 3 AktG; es muß also um das Wohl der Gesellschaft gehen[39]. Das ist immer der Fall, wenn der GmbH ohne die Durchführung der Gesellschafterversammlung nicht unerhebliche Nachteile drohen. Wichtige, ungewöhnliche oder besonders riskante Einzelgeschäfte können in diesem Sinne das Gesellschaftswohl betreffen, ebenso der Abschluß nachteiliger Einzelgeschäfte mit dem Mehrheitsgesellschafter oder die Begründung von Abhängigkeit durch Aufhebung eines Wettbewerbsverbots oder sonstige konzernbegründende Maßnahmen. *Erforderlich* ist die Einberufung, wenn die Angelegenheit mündlicher Berichterstattung durch die Geschäftsführer und/oder einer Erörterung durch die Gesellschafter bedarf, insbesondere, wenn der Beschlußinhalt endgültig erst aufgrund einer Erörterung festgestellt werden kann. Erforderlich wird die Einberufung, wenn dem Gesellschaftsinteresse auch mit Beschlußfassung im schriftlichen Verfahren (§ 48 Abs. 2) gedient wäre, aber auf diese Weise kein Beschluß zustande kommt (vgl. schon Rdn 16, 19). Wie insbesondere aus dem Wort „erscheint" folgt, entscheiden die Geschäftsführer nach ihrem *pflichtgemäßen,* am Standard des ordentlichen Geschäftsmanns (vgl. auch Rdn 14) ausgerichteten *Ermessen.* Dabei ist nicht nur der Bedeutung, sondern auch der Dringlichkeit der Sache Rechnung zu tragen.

3. Verlust des hälftigen Stammkapitals (§ 49 Abs. 3)

21 **a) Voraussetzungen der Einberufungspflicht. aa) Grundsatz.** Nach § 49 Abs. 3 liegt die Einberufung der Gesellschafterversammlung „insbesondere" im Interesse der GmbH, wenn die *Hälfte des Stammkapitals verloren* ist. Damit ist gemeint: Das Vermögen der Gesellschaft deckt nur noch die Hälfte der Stammkapitalziffer[40]. Die

[38] Scholz/K. *Schmidt* 35; Baumbach/Hueck/*Zöllner* 18.

[39] AllgM, vgl. Baumbach/Hueck/*Zöllner* 13; *Schilling* Voraufl. 10.

[40] Unstr., vgl. Scholz/K. *Schmidt* 22; Baumbach/Hueck/*Zöllner* 15.

Hälfte des Stammkapitals ist also nicht allein deshalb verloren, weil der Verlust dieser Hälfte ziffernmäßig entspricht. Umgekehrt ist ein derartiger Verlust aber auch nicht erforderlich, wenn das Vermögen schon vorher unter dem Betrag des Stammkapitals lag. Bei einer mit dem Mindeststammkapital ausgestatteten GmbH tritt die Pflicht zur Einberufung also nur, aber auch stets dann ein, wenn die Bewertung des Vermögens nicht mehr ergibt als 25 000,– DM.

Nach dem Wortlaut des § 49 Abs. 3 besteht die Verpflichtung der Geschäftsführer nur dann, wenn sich eine Vermögenslage iS der Rdn 21 aus der **Jahresbilanz** oder aus einer im Laufe des Geschäftsjahres aufgestellten **Zwischenbilanz** ergibt. Es kann jedoch nicht angenommen werden, daß das Gesetz das Bilanzerfordernis als tatbestandliche Voraussetzung der Einberufungspflicht versteht. Vielmehr kommt diesem Erfordernis bei sinnvoller Auslegung der Vorschrift nur die Bedeutung zu, die Kontrolle der Vermögenslage pars pro toto zu umschreiben. Die Norm ist deshalb im Ergebnis wie § 92 Abs. 1 AktG auszulegen, so daß der Verlust des hälftigen Stammkapitals die Einberufungspflicht begründet, wie immer die Geschäftsführer zu dieser Annahme gelangt sind[41]. Nur dieser Standpunkt entspricht auch der Neufassung des § 64 Abs. 1[42], die unter Übernahme der dazu schon früher entwickelten **hM**[43] gleichfalls auf das Bilanzerfordernis verzichtet. Folgt man dieser Ansicht nicht, so muß die Anwendung des § 49 Abs. 2 in der Variante des Gesellschaftsinteresses zu demselben Resultat gelangen. **22**

bb) Maßgeblich: Ansatz- und Bewertungsregeln der Jahresbilanz. Fraglich bleibt, nach welchen Regeln der Verlust des hälftigen Stammkapitals festzustellen ist, insbesondere, ob das Vermögen nach den Buchwerten der Jahresbilanz festzustellen ist oder ob stille Reserven durch Ansatz der Verkehrswerte der Vermögensgegenstände aufgelöst werden dürfen. Nach ganz **hM** sind grundsätzlich die Ansatz- und Bewertungsregeln der Jahresbilanz maßgeblich[44], aber auch das zweite wird vertreten[45]. Für die **hM** sprechen Wortlaut und Zweck des § 49 Abs. 3; ihr ist deshalb beizupflichten. Wenn es überhaupt einen Sinn haben soll, auf die Jahresbilanz abzustellen (dazu Rdn 22), dann den, auf die für die Jahresbilanz geltenden Rechtsregeln zu verweisen. Sie anzuwenden, ist auch sachgerecht, weil die Gesellschafter über eine krisenhafte Entwicklung der GmbH informiert werden sollen. Dieser Zweck gebietet die Objektivierung der Wertansätze, die insbesondere durch die Auflösung nicht realisierter stiller Reserven, also durch eine Neubewertung, vereitelt würde[46]. **23**

cc) Einzelfragen. Für den **Ansatz** der Aktiven bestehen keine Besonderheiten. Von den Passiven[47] sind etwa vorhandene *Kapital- und Gewinnrücklagen* (§ 272 Abs. 2 und 3 HGB) aufzulösen; davon ausgenommen ist der Teil der Gewinnrücklagen, der **24**

---

[41] Scholz/*K. Schmidt* 23; Baumbach/Hueck/*Zöllner* 16; im Grundsatz auch *Welf Müller* ZGR 1985, 191, 211 f; möglicherweise aM *Meyer-Landrut*/Miller/Niehus 13.

[42] Art. 8 Nr. 4 des 2. WiKG vom 15. 5. 1986 (BGBl. I S. 721, 728).

[43] OLG Düsseldorf BB 1974, 712, 713; *Ulmer* Voraufl. § 64, 17 f; Baumbach/Hueck/*Schulze-Osterloh* § 64, 2; zweifelnd allerdings BGHZ 100, 19, 21 ff = NJW 1987, 2433 f mwN.

[44] Scholz/*K. Schmidt* 22; Baumbach/Hueck/*Schulze-Osterloh* § 84, 11; Fischer/*Lutter*/*Hommelhoff* 9; zur entsprechenden Frage des Aktienrechts *Mertens*-KölnKommAktG § 92, 13; eingehend *Welf Müller* ZGR 1985, 191, 204 ff.

[45] So wohl BGH WM 1958, 1416, 1417 zur AG (Verlusttilgung auch aus stillen Reserven zulässig); WP-Handb. 1985/86, Bd. I, S. 1367 ff; im Prinzip wie die in Fn 44 Genannten, aber für Auflösung von Reserven Geßler/Hefermehl/*Eckardt*/Kropff § 92 AktG, 6.

[46] Dazu *Hüffer*-GroßkommHGB § 243, 22 ff.

[47] Zum Folgenden übereinstimmend (Ausnahme: Fn 48) Baumbach/Hueck/*Schulze-Osterloh* § 84, 11; *Welf Müller* ZGR 1985, 191, 206 ff mit weiteren Einzelheiten; vgl. auch *Mertens*-KölnKommAktG § 92, 13.

eigene Geschäftsanteile kompensiert (§ 272 Abs. 4 S. 2 HGB). Ein *Sonderposten mit Rücklageanteil* (§§ 247 Abs. 3, 273 HGB) darf nur in Höhe des Eigenkapitalanteils aufgelöst werden. Zu passivieren sind wie auch sonst *eigenkapitalersetzende Gesellschafterdarlehen,* und zwar ohne Rücksicht darauf, ob die Forderungen realisiert werden können oder ob dem §§ 30 ff sowie die ergänzenden Grundsätze der Rechtsprechung entgegenstehen. Eine Bereinigung (Erlaß) ist Sache der Gesellschafter, nicht der Geschäftsführer. Daß erlassene Darlehensforderungen nicht mehr zu passivieren sind, versteht sich von selbst. Dasselbe gilt aber auch für Forderungen, für die ein eindeutiger Rangrücktritt vereinbart worden ist[48].

25 Die **Bewertung** richtet sich grundsätzlich nach den §§ 252 ff HGB. Insbesondere sind die Vermögensgegenstände höchstens mit dem Wert anzusetzen, der sich unter Berücksichtigung der Abschreibungen aus den Anschaffungs- oder Herstellungskosten ableiten läßt (§ 253 HGB). Diese Wertermittlung geht jedoch von dem **Prinzip des going-concern** aus (§ 252 Abs. 1 Nr. 2 HGB). Dabei soll es nach einer Ansicht verbleiben, weil es nicht um eine Überschuldungsprüfung gehe[49]. Die Gegenmeinung betrachtet die Einberufungspflicht dagegen als gesellschaftsinterne Vorstufe zur Antragspflicht nach § 64 und möchte deshalb **Liquidationswerte** ansetzen, wenn mit dem Fortbestand des werbenden Unternehmens nicht gerechnet werden kann (negative Fortbestehensprognose)[50]. Dieser Ansicht ist beizupflichten. Sie entspricht dem Zweck des § 49 Abs. 3 und trägt dem Umstand Rechnung, daß die Geschäftsführer schon nach § 252 Abs. 1 Nr. 2 HGB prüfen müssen, ob die Prämisse fortgeführter Unternehmenstätigkeit gerechtfertigt ist. Danach treten bei negativer Fortbestehensprognose die Liquidationswerte (meist: Zerschlagungswerte) an die Stelle der Buchwerte.

26 **Stille Reserven** sind grundsätzlich nicht aufzulösen (vgl. schon Rdn 23). Ausnahmen sind allerdings anzunehmen, soweit sie auch sonst für die Jahresbilanz gelten. Eine nach § 280 HGB gebotene oder erlaubte *Zuschreibung* (Wertaufholung) ist also auch im Rahmen des § 49 Abs. 3 zulässig[51]. Daneben wird es für zulässig gehalten, die sog. *steuerrechtlichen Abschreibungen* (§§ 254, 279 Abs. 2 HGB, § 6 Abs. 3 EinkStG) rückgängig zu machen[52]. Dem ist beizutreten, weil insoweit bewußt zu niedrige Wertansätze vorliegen (sog. umgekehrte Maßgeblichkeit)[53]. Der damit verbundene Verzicht auf steuerliche Vergünstigungen ist aber für den Regelfall ein nicht unerheblicher Nachteil, der die Einberufungspflicht nach § 49 Abs. 2, 2. Var. auslöst (Rdn 20).

27 b) **Unverzügliche Einberufung.** Wenn die Voraussetzungen des § 49 Abs. 3 erfüllt sind, müssen die Geschäftsführer die Gesellschafterversammlung unverzüglich einberufen. Ein Ermessensspielraum steht den Geschäftsführern anders als nach § 49 Abs. 2 (Rdn 20 aE) nicht zu. Auch eine schriftliche Mitteilung genügt nicht, es sei denn, daß jeder einzelne Gesellschafter in voller Kenntnis des Sachverhalts auf die Einberufung verzichtet[54]; denn eine Versammlung gegen den Willen aller ist sinnlos. Unverzüglich ist nach **hM** iSd § 121 Abs. 1 S. 1 BGB aufzufassen, bedeutet also: ohne schuldhaftes Zögern[55]. Die Sorgfalt eines ordentlichen Geschäftsmannes (§ 43 Abs. 1) gebietet den

[48] Wie hier z. B. Scholz/*K. Schmidt* 22 aE; Baumbach/Hueck/*Schulze-Osterloh* § 84, 11; aM *Mertens* aaO (Fn 47) und *Welf Müller* aaO (Fn 47) S. 208.

[49] Scholz/*K. Schmidt* 22.

[50] Fischer/*Lutter*/*Hommelhoff* 9; *Mertens*-Köln-KommAktG § 92, 14; *Welf Müller* ZGR 1985, 191, 197 ff und 206.

[51] Baumbach/Hueck/*Schulze-Osterloh* § 84, 11; *Welf Müller* aaO (Fn 50) S. 205.

[52] Baumbach/Hueck/*Schulze-Osterloh* § 84, 11.

[53] Dazu *Hüffer*-GroßkommHGB § 243 Anh, 7 und 36 ff.

[54] Scholz/*K. Schmidt* 24 und 36; Baumbach/Hueck/*Zöllner* 17.

[55] Baumbach/Hueck/*Zöllner* 17; Rowedder/*Koppensteiner*[2] 10; *Meyer-Landrut*/Miller/Niehus 13.

Geschäftsführern nicht nur, die Einberufung alsbald auszusprechen; auch der Versammlungstermin muß so gelegt werden, daß keine unnötige Verzögerung auftritt[56]. Der Verlust des hälftigen Stammkapitals ist ein so ernsthaftes Krisensignal, daß die Gesellschafter damit alsbald befaßt werden müssen.

4. Rechtsfolgen der Pflichtverletzung

a) **Rechtsdurchsetzung.** Ob der Einberufungspflicht der Geschäftsführer ein durchsetzbarer Anspruch gegenüber steht und wie die Rechtsdurchsetzung zu erfolgen hat, ist weitgehend ungeklärt. Soweit die Frage Beachtung findet, wird Klage des einzelnen Gesellschafters für möglich gehalten; richtige Beklagte soll die GmbH sein[57]. Es ist nicht zweifelsfrei, ob überhaupt eine Klagemöglichkeit besteht oder ob es nach der Wertung des § 50 beim Selbsthilferecht der Minderheit verbleiben soll, wenn die Gesellschafter nicht zu einer Vollversammlung zusammenfinden. Denkbar ist jedoch, daß von der Mehrheit gedeckte Geschäftsführer untätig bleiben, die Minderheit das in § 50 vorausgesetzte Quorum von 10% (vgl. § 50, 6) nicht erreicht und damit, abgesehen von der Schadensersatzpflicht der Geschäftsführer (dazu Rdn 29), praktisch ohne Rechtsschutz bliebe. Gerichtliche Durchsetzung muß deshalb möglich sein. Klage gegen die GmbH ist aber schon deshalb nicht der richtige Weg, weil diese nicht Schuldnerin, sondern Gläubigerin der Einberufungspflicht ist. Das spricht für Einzelklage des Gesellschafters (actio pro socio), mit der dieser den Anspruch der Gesellschaft gegen die Geschäftsführer geltend macht. Einstweiliger Rechtsschutz ist gem. § 940 ZPO zu gewähren. Die zur Selbsthilfe berechtigte Minderheit (§ 50 Abs. 3) kann diesen Weg jedoch nicht beschreiten, weil ihr mit der Selbsthilfe ein einfacheres Verfahren zur Verfügung steht (vgl. § 50, 29). **28**

b) **Schadensersatz; Strafbarkeit.** Schuldhafter Verstoß gegen die Einberufungspflicht macht die Geschäftsführer nach § 43 Abs. 2 ersatzpflichtig, wenn der GmbH daraus ein (von ihr zu beweisender) Schaden entstanden ist. Der Anspruch steht der Gesellschaft, nicht den Gesellschaftern zu. Geschuldet wird aber nur Ersatz des Schadens, der vermieden worden wäre, wenn die Gesellschafterversammlung rechtzeitig Gelegenheit zum Tätigwerden erhalten hätte[58]. Unmittelbar gläubigerschützende Wirkung hat § 49 nicht, auch nicht § 49 Abs. 3[59]. Gläubiger der GmbH können deshalb aus der Pflichtverletzung keine Ansprüche ableiten[60]. Vorsätzliche **unterbliebene Verlustanzeige** macht die Geschäftsführer aber seit der GmbH-Novelle 1980 strafbar gem. § 84 Abs. 1 Nr. 1. Strafbar ist auch die fahrlässige Tat (§ 84 Abs. 2). **29**

IV. Regelungen der Satzung

1. Erweiterung der Einberufungszuständigkeit oder -pflicht

Hinsichtlich der Satzung ist zu unterscheiden, ob die Einberufungspflicht erweitert oder eingeschränkt werden soll. Erweiterungen sind unbedenklich **zulässig,** und zwar zunächst in dem Sinne, daß die Einberufungszuständigkeit zusätzlichen Personen, Gremien oder Stellen gegeben wird (dazu Rdn 8 – 12), ferner dadurch, daß die Satzung gesetzliche Einberufungsgründe konkretisiert oder zusätzliche Gründe schafft (Rdn 18). **30**

---

[56] Scholz/*K. Schmidt* 26; Baumbach/Hueck/*Zöllner* 17; Rowedder/*Koppensteiner*[2] 10.

[57] Scholz/*K. Schmidt* § 50, 8.

[58] Ausführlich *Martens* ZGR 1972, 254, 260 ff; ferner Fischer/*Lutter*/*Hommelhoff* 11.

[59] BGH NJW 1979, 1829, 1831 = WM 1979, 853, 857 (zu §§ 92, 93 AktG; Herstatt); Scholz/*K. Schmidt* 31; *Meyer-Landrut*/Miller/Niehus 15; *Mertens*-KölnKommAktG § 92, 24; *Ulmer* GmbH-Rdsch. 1984, 256, 260; im Grundsatz auch *Martens* ZGR 1972, 254, 256 ff, der aber (aaO S. 285 f) bei Verletzung des § 92 AktG die Gesellschaft aus § 31 BGB haften lassen will (abzulehnen); aM Fischer/*Lutter*/*Hommelhoff* 1.

[60] Anders bei § 64 Abs. 1; vgl. BGHZ 29, 100, 103 = NJW 1959, 623; BGHZ 75, 96, 106 = NJW 1979, 1823, 1825 f; BGHZ 100, 19, 21 = NJW 1987, 2433 f; näher Erl. zu § 64.

2. Einschränkung oder Abschaffung der Einberufungszuständigkeit oder -pflicht

31 Wie weit die Einberufungspflicht eingeschränkt oder abgeschafft werden kann, wird nicht einheitlich beurteilt. **Meinungsstand.** *§ 49 Abs. 1* ist nach allgM vollständig dispositiv; danach kann die Einberufungszuständigkeit der Geschäftsführer also durch die Kompetenz anderer Personen, Gremien oder Stellen nicht nur ergänzt (Rdn 30), sondern auch verdrängt werden[61]. Ebenso ist es danach zulässig, die Einzelbefugnis jedes Geschäftsführers zur Einberufung (Rdn 5) abzulösen durch eine Gesamtzuständigkeit aller Geschäftsführer oder durch das Zusammenwirken einer vertretungsberechtigten Zahl. Für *§ 49 Abs. 2* entscheidet die **hM** entsprechend[62]; nach **aM** kann die Satzung dagegen nicht von der Pflicht befreien, die Versammlung im Gesellschaftsinteresse einzuberufen[63]. *§ 49 Abs. 3* ist nach heute **hM** zwingend[64]; die früher überwiegende Ansicht wollte dagegen auch insoweit dem Satzungsgeber freien Raum lassen[65]. **Stellungnahme.** Für § 49 Abs. 1 und 2 verbleibt es bei dem Grundsatz des § 45 Abs. 2. Daraus folgt nicht, daß die Geschäftsführer die GmbH schädigen dürfen[66]. Richtig ist nur, daß die Gesellschafter in der Satzung darüber befinden dürfen, auf welchem Weg dem Gesellschaftswohl am besten zu dienen ist. Auch wenn die Pflicht zur Einberufung ausgeschlossen wird, kann sich daher aus § 43 Abs. 1 eine Pflicht zur schadensabwendenden Information ergeben. Dagegen kann die Einberufungspflicht des § 49 Abs. 3 durch die Satzung nicht beseitigt werden. Aus der Strafbewehrung durch § 84 Abs. 1 Nr. 1 folgt nämlich, daß die Pflicht zur Verlustanzeige auch im öffentlichen Interesse gegeben ist. Dem steht nicht entgegen, daß § 49 Abs. 3 nicht unmittelbar den Gläubigerinteressen dienen soll (Rdn 29). Ein öffentliches Interesse besteht auch daran, daß die Geschäftsführer den Gesellschaftern eine krisenhafte Entwicklung offenbaren, bevor das in § 64 umschriebene Stadium erreicht wird. Insoweit läßt sich von einem reflexiven oder besser präventiven Gläubigerschutz sprechen.

V. GmbH & Co. KG

32 Für die Einberufung der Gesellschafterversammlung in der **Komplementär-GmbH** gilt § 49. Für die Gesellschafterversammlung der **Kommanditgesellschaft** gibt es keine gesetzlichen Regeln. Also gilt die vertragliche Gestaltung. Sie kann die Einberufungszuständigkeit der Komplementär-GmbH geben, die dabei von ihren Geschäftsführern vertreten wird. Auch die Kommanditisten können jedoch nach dem Vertrag einberufungsberechtigt sein, eine Vertragsgestaltung, die sich nur bei überschaubarem Gesellschafterkreis empfehlen kann. Enthält der Vertrag keine ausdrücklichen Bestimmungen, so ist davon auszugehen, daß Recht und Pflicht zur Einberufung bei der Komplementär-GmbH, nicht bei den Kommanditisten liegen[67].

---

[61] HM, vgl. Fischer/*Lutter/Hommelhoff* 1 und 4; Rowedder/*Koppensteiner*[2] 8; *Meyer-Landrut*/Miller/Niehus 6; *Vogel* Gesellschafterbeschlüsse und Gesellschafterversammlung (1986), S. 128 f; aM Baumbach/Hueck/*Zöllner* 2; *Wenck* Die Generalversammlungen (1914), S. 112; wohl auch Scholz/*K. Schmidt* 34.

[62] Fischer/*Lutter/Hommelhoff* 1; Rowedder/*Koppensteiner*[2] 13; *Meyer-Landrut*/Miller/Niehus 11.

[63] Scholz/*K. Schmidt* 35; Baumbach/Hueck/*Zöllner* 18.

[64] Scholz/*K. Schmidt* 35; Baumbach/Hueck/*Zöllner* 18; Fischer/*Lutter/Hommelhoff* 1; *Meyer-Landrut*/Miller/Niehus 16.

[65] *Schilling* Voraufl. 14; auch heute noch Rowedder/*Koppensteiner*[2] 13.

[66] So aber Scholz/*K. Schmidt* 35.

[67] Scholz/*K. Schmidt* § 45 Anh, 32; *Vogel* Gesellschafterbeschlüsse und Gesellschafterversammlung (1986), S. 188.

§ 50

Gesellschafter, deren Geschäftsanteile zusammen mindestens dem zehnten Teil des Stammkapitals entsprechen, sind berechtigt, unter Angabe des Zwecks und der Gründe die Berufung der Versammlung zu verlangen.

In gleicher Weise haben die Gesellschafter das Recht zu verlangen, daß Gegenstände zur Beschlußfassung der Versammlung angekündigt werden.

Wird dem Verlangen nicht entsprochen oder sind Personen, an welche dasselbe zu richten wäre, nicht vorhanden, so können die in Absatz 1 bezeichneten Gesellschafter unter Mitteilung des Sachverhältnisses die Berufung oder Ankündigung selbst bewirken. Die Versammlung beschließt, ob die entstandenen Kosten von der Gesellschaft zu tragen sind.

Übersicht

Schrifttum

Kühn Die Minderheitsrechte in der GmbH und ihre Reform, Diss. Hamburg 1964; *Kühn* Der Minderheitenschutz in der GmbH, GmbH-Rdsch. 1965 132; *Schmiegelt* Die Minderheitsrechte nach dem Regierungsentwurf für ein neues GmbH-Gesetz, Diss. Berlin 1975; *Schopp* Einberufung einer GmbH-Gesellschafterversammlung durch eine Minderheit, GmbH-Rdsch. 1976 126; *Sudhoff* Rechte und Pflichten des Geschäftsführers einer GmbH[12] (1987); *Teichmann* Rechte des einzelnen und Befugnisse der Minderheit, GmbH-Reform (1970), S. 59; *Vogel* Gesellschafterbeschlüsse und Gesellschafterversammlung[2] (1986); *Wenck* Die Einberufung der Gesellschafterversammlungen bei Aktiengesellschaften, Genossenschaften, GmbH, Gewerkschaften und Versicherungsvereinen (1914).

I. Regelungsgegenstand und -zweck

Die Bestimmung verleiht einer Minderheit von 10% des Stammkapitals das Recht **1** auf Abhaltung einer Gesellschafterversammlung und auf Ankündigung von Tagesordnungspunkten. Die Norm dient dem **Minderheitenschutz.** Sie steht also in einer Reihe mit §§ 51 a, 51 b, die zwar ein Individualrecht auf Information begründen, aber damit zugleich den Schutz einer Minderheit bewirken (§ 51 a, 7), sowie mit § 61 (Auflösungsklage) und § 66 (gerichtliche Bestellung von Liquidatoren). Die Rechte des § 50 hängen sachlich mit dem Recht auf Teilnahme an der Gesellschafterversammlung (§ 48, 13) und mit dem Recht, die Nichtigkeit von Gesellschafterbeschlüssen geltend zu machen oder durch Anfechtungsklage herbeizuführen (§ 47 Anh), zusammen. Erst die Durchführung der Gesellschafterversammlung und ihre Beschlußfassung mit den von der Minderheit angekündigten Gegenständen ergibt nämlich die Basis für die genannten weitergehenden Rechte. Mit Rücksicht auf den Normzweck ist die Regelung in dem Sinne **zwingend,** daß die Satzung nicht hinter § 50 zurückbleiben darf (hM, vgl. noch Rdn 30 f). Die im Zuge der GmbH-Reform ursprünglich geplante Einführung eines Individualrechts auf Einberufung unter gleichzeitiger Abschaffung des sog. Selbsthilferechts in § 50 Abs. 3 (statt dessen: gerichtliche Ermächtigung wie nach § 122 Abs. 3 AktG)[1] hätte keine wesentliche Verbesserung gebracht und erscheint entbehrlich[2].

II. Das Recht auf Einberufung (§ 50 Abs. 1)

1. Berechtigung

2 a) **Gesellschaftereigenschaft.** Das Recht auf Einberufung steht Gesellschaftern zu, deren Geschäftsanteile zusammen mindestens 10% des Stammkapitals ausmachen. Das können ein oder mehrere Gesellschafter sein. Auch Geschäftsanteile ohne Stimmrecht geben das Recht auf Einberufung; § 47 Abs. 4 steht ihm gleichfalls nicht entgegen[3]. Nicht erforderlich ist, daß die Geschäftsanteile voll eingezahlt sind; denn davon hängt die Ausübung der Mitgliedschaftsrechte nicht ab[4]. **Maßgeblicher Zeitpunkt.** Die Gesellschaftereigenschaft muß zunächst in dem Zeitpunkt vorhanden sein, in dem die Einberufung verlangt wird. Sie muß dann fortdauern, bis die Versammlung durchgeführt wird. Die GmbH braucht dem Einberufungsverlangen also nicht Folge zu leisten, wenn die Gesellschaftereigenschaft zwischenzeitlich wegfällt (Einzelheiten: Rdn 3) und dadurch das Quorum von 10% nicht mehr erreicht wird[5], es sei denn, daß andere Gesellschafter dem Verlangen beitreten und dadurch das Quorum wieder hergestellt wird. Eine gleichwohl, auch irrtümlich, einberufene Versammlung tritt jedoch ordnungsgemäß zusammen, weil es dafür nur auf die Einberufungsbefugnis der Geschäftsführer, nicht auf ihre Motivation ankommt[6].

3 Für **Erwerb und Verlust der Gesellschaftereigenschaft** gilt: Gesellschafter ist, wer bei der Gründung einen Geschäftsanteil übernimmt oder später, insbesondere durch Abtretung (§ 15), erwirbt. In den Veräußerungsfällen richtet sich die Gesellschaftereigenschaft nach § 16. Der Erwerber kraft Rechtsgeschäfts kann also erst nach seiner Anmeldung die Einberufung der Gesellschafterversammlung verlangen. Umgekehrt erlischt in diesem Augenblick das Einberufungsrecht des Veräußerers. Außer durch Veräußerung geht die Mitgliedschaft durch Abandon (§ 27), durch Kaduzierung (§§ 21 ff, 28), durch Einziehung (§ 34) und durch (nicht geregelte) Ausschließung aus wichtigem Grund verloren. *Veräußerung:* Das Einberufungsverlangen des Veräußerers vor der Anmeldung ist Rechtshandlung iSd § 16 Abs. 2, 2. Fall. Der Erwerber kann

[1] § 80 RegE 1973, vgl. BT-Drucks. 7/253, S. 22 (Begr.: S. 131 f).

[2] *Teichmann* GmbH-Reform (1970), S. 59, 69 f; vgl. auch den Überblick bei *Schmiegelt* Die Minderheitsrechte (1975), S. 73 ff.

[3] Scholz/*K. Schmidt* 11; Baumbach/Hueck/*Zöllner* 18; *Kühn* GmbH-Rdsch. 1965, 132, 133 (li. Sp.).

[4] KG GmbH-Rdsch. 1914, 185, 188; Scholz/*K. Schmidt* 11; Baumbach/Hueck/*Zöllner* 18; *Schopp* GmbH-Rdsch. 1976, 126 (li. Sp.).

[5] Scholz/*K. Schmidt* 16; Baumbach/Hueck/*Zöllner* 19; aM *Schilling* Voraufl. 3.

[6] RGZ 103, 195, 199 f; Scholz/*K. Schmidt* 16.

aber das Einberufungsverlangen zurückziehen und muß dies tun, wenn er die Versammlung nicht will; dasselbe gilt für den Erben[7]. *Abandon:* Das Recht auf Einberufung entfällt nicht schon mit der auf Preisgabe gerichteten Erklärung, sondern erst mit dem Verlust des Geschäftsanteils nach § 27 Abs. 2 oder 3[8]. *Kaduzierung, Einziehung:* Die davon betroffenen Geschäftsanteile geben kein Recht auf Einberufung mehr[9]. *Ausschließung:* Die Rechte des § 50 erlöschen mit dem Verlust der Mitgliedschaft, also frühestens mit der Rechtskraft des auf Ausschließung erkennenden Urteils, nach der Judikatur sogar erst mit Zahlung der im Urteil festgesetzten Abfindung als aufschiebender Bedingung[10].

b) **Mitberechtigung; Vertretung.** Für Mitberechtigte gilt § 18 Abs. 1 (vgl. Erl. dazu). **4**
Sie können die Einberufung also nur gemeinsam oder durch einen gemeinsamen Vertreter verlangen. Im übrigen ist für die Vertretungsfälle zu unterscheiden: Gesetzliche Vertreter wie Vater und Mutter können das Recht auf Einberufung ebenso geltend machen wie andere Rechte des Vertretenen. Das gilt auch für organschaftliche Vertreter (Vorstände, Geschäftsführer, geschäftsführende Gesellschafter). Dabei ist zu beachten, daß nach richtiger, wenngleich umstrittener Ansicht auch die GbR organschaftlich vertreten wird, insoweit also kein Fall des § 18 vorliegt (näher § 51, 11). Dasselbe gilt für die ebenfalls als Gesamthand strukturierten Vorformen der Kapitalgesellschaften. Bei bevollmächtigten Vertretern entscheidet der Umfang der ihnen mit der Vollmacht erteilten Rechtsmacht. Das Recht auf Einberufung hat also vorbehaltlich abweichender Regelung in der Satzung (Rdn 30 aE) keinen höchstpersönlichen Charakter. Zum Nachweis der Vollmacht siehe Rdn 11. Die bloße Stimmrechtsvollmacht kann aber nicht als Einberufungsvollmacht ausgelegt werden[11].

c) **Pfandrecht, Nießbrauch und Treuhand.** Pfandgläubiger erwerben keine Mitglied- **5**
schaft. Also stehen ihnen auch die daraus folgenden Einzelrechte wie das auf Einberufung nicht zu[12]. Zulässig ist es jedoch, dem Pfandgläubiger eine zur Einberufung berechtigende Vollmacht zu erteilen (Rdn 4). Dasselbe gilt für einen Nießbrauch am Gewinnstammrecht. Wenn man einen weitergehenden, den Geschäftsanteil aufspaltenden Nießbrauch für rechtlich möglich hält, erwirbt der Nießbraucher dagegen mit der Begründung dieser Rechtsposition auch das Recht auf Einberufung[13]. Es besteht kein Anlaß, diese Frage hier anders zu entscheiden als beim Stimmrecht (vgl. § 47, 51). Bei der Treuhand erwirbt der Treuhänder den Geschäftsanteil. Damit hat er und nicht mehr der Treugeber das Recht auf Einberufung[14].

2. Mindestbeteiligung

Nur solche Gesellschafter (Rdn 2 ff), deren Geschäftsanteile **mindestens 10% des** **6**
Stammkapitals ausmachen, können die Einberufung verlangen. Wenn das Quorum verfehlt wird, dürfen die Geschäftsführer ein gleichwohl ausgesprochenes Verlangen unbeachtet lassen. Es ist aber jedenfalls zulässig und kann auch sinnvoll sein, daß sie

[7] Baumbach/Hueck/*Zöllner* 19.

[8] Scholz/*K. Schmidt* 11; *Kühn* GmbH-Rdsch. 1965, 132 (re. Sp.); aM wohl Baumbach/Hueck/*Zöllner* 18.

[9] Scholz/*K. Schmidt* 11; Baumbach/Hueck/*Zöllner* 18; *Kühn* GmbH-Rdsch. 1965, 132 (re. Sp.); *Schopp* GmbH-Rdsch. 1976, 126 (li. Sp.).

[10] BGHZ 9, 157, 174 = NJW 1953, 780; BGHZ 16, 317, 325 = NJW 1955, 667; vgl. dazu § 34 Anh.

[11] Scholz/*K. Schmidt* 9; *Schopp* GmbH-Rdsch. 1976, 126 (re. Sp.).

[12] Unstr., vgl. Scholz/*K. Schmidt* 9; *Schopp* GmbH-Rdsch. 1976, 126 (li. Sp.).

[13] Anders die **hM**, die aber durchgängig nur den Nießbrauch am Gewinnstammrecht (dazu BGHZ 58, 316, 320 f = NJW 1972, 1755) im Auge hat; vgl. z. B. Scholz/*K. Schmidt* 9.

[14] Unstr., vgl. etwa Scholz/*K. Schmidt* 9.

von ihrem eigenen Einberufungsrecht (§ 49 Abs. 1) Gebrauch machen. Für die **Berechnung des Quorums** gilt: Maßgeblich ist grundsätzlich das in der Satzung festgesetzte Stammkapital. Dem Zweck des § 51 (Rdn 1) entspricht es aber, daß das Quorum nur aus dem Kapital berechnet wird, das sich in den Händen der Gesellschafter befindet. Deshalb müssen die Geschäftsanteile abgezogen werden, die als Folge ungültiger Beitrittserklärung nicht entstanden (§ 2, 89) oder zwar entstanden, aber infolge Einziehung (§ 34) untergegangen sind. Soweit danach die Summe der Geschäftsanteile die Stammkapitalziffer nicht mehr erreicht, ist das Quorum nicht nach den Nennbeträgen der Geschäftsanteile, sondern nach ihrem quotenmäßigen Anteil am gekürzten Stammkapital zu berechnen. Bei einem Stammkapital von 100 000,– DM genügt es also nach der Einziehung eines Geschäftsanteils über 10 000,– DM, wenn die Gesellschafter, welche die Einberufung verlangen, über Geschäftsanteile im Nennbetrag von 9000,– DM verfügen. Unerheblich ist, ob und in welchem Umfang die Gesellschafter ihre Einlagepflicht erfüllt haben. Während über diese Grundsätze Einigkeit besteht[15], werden andere denkbare Abzugsposten unterschiedlich beurteilt.

7 **Eigene Anteile, Kaduzierung und Abandon.** Wenn die GmbH **eigene Geschäftsanteile** hält, reduziert sich ihr Gesellschafterkreis entsprechend. Also sind eigene Anteile nach zutreffender **hM** nicht mitzurechnen[16]. *Kaduzierte Anteile* fallen gem. § 21 Abs. 2 S. 1 an die GmbH, werden also zu eigenen Anteilen, bis sie von einem anderen übernommen werden. Daher ist es folgerichtig, daß auch sie bei der Berechnung des Quorums ausscheiden[17]. *Abandon:* Auch insoweit kommt es auf die Verringerung des Gesellschafterkreises an. Daher entscheidet auch hier nicht die Preisgabeerklärung (vgl. schon Rdn 3). Auch zählt der abandonnierte Anteil mit, wenn er nach § 27 Abs. 2 verkauft worden ist (neuer Gesellschafter). Nur wenn der Verwertungsversuch erfolglos bleibt und der Anteil gem. § 27 Abs. 3 der GmbH verfällt, und erst in diesem Zeitpunkt, ist er von der Stammkapitalziffer abzusetzen[18].

3. Inhalt des Einberufungsverlangens

8 **a) Zweck und Gründe.** Das Verlangen muß unter Angabe des Zwecks und der Gründe gestellt werden. Wenn die Angaben fehlen, brauchen die Geschäftsführer die Versammlung nicht einzuberufen. *Zweck der Versammlung* ist im allgemeinen die Beschlußfassung. Es müssen also die Gegenstände angegeben werden, über die die Gesellschafter beschließen, unter Umständen auch nur beraten sollen. Die Geschäftsführer müssen durch die Angabe in die Lage versetzt werden, die Einberufung ordnungsgemäß auszusprechen (§ 51 Abs. 2; vgl. dort Rdn 17). Jedenfalls genügend ist deshalb, wenn den Geschäftsführern eine Tagesordnung mitgeteilt wird. Doch ist eine förmliche Tagesordnung nicht nötig, solange nur die Versammlungsgegenstände

---

15 Vgl. zur Einlagenleistung KG GmbH-Rdsch. 1914, 185, 188; dazu und zu den anderen Punkten Scholz/*K. Schmidt* 10; Baumbach/Hueck/*Zöllner* 17 f; *Kühn* GmbH-Rdsch. 1965, 132 f; zur Einziehung *Wenck* Die Einberufung der Generalversammlungen (1914), S. 143.

16 Baumbach/Hueck/*Zöllner* 17; Fischer/*Lutter*/*Hommelhoff* 3; *Kühn* GmbH-Rdsch. 1965, 132 (re. Sp.); *Sudhoff* Rechte und Pflichten des Geschäftsführers (1987), S. 83; *Wenck* aaO (Fn 15); aM Scholz/*K. Schmidt* 10.

17 Baumbach/Hueck/*Zöllner* 17; Fischer/*Lutter*/*Hommelhoff* 3; Rowedder/*Koppensteiner*[2] 3; aM Scholz/*K. Schmidt* 10; *Meyer-Landrut*/Miller/Niehus 2; *Kühn* GmbH-Rdsch. 1965, 132 (re. Sp.); *Schopp* GmbH-Rdsch. 1976, 126 (li. Sp.); *Wenck* aaO (Fn 15), S. 144.

18 *Schilling* Voraufl. 3; Fischer/*Lutter*/*Hommelhoff* 3; aM Scholz/*K. Schmidt* 10 und *Kühn* GmbH-Rdsch. 1965, 132 (re. Sp.), ferner *Sudhoff* Rechte und Pflichten des Geschäftsführers einer GmbH (1987), S. 83 (nicht abzusetzen); Baumbach/Hueck/*Zöllner* 17 (immer abzusetzen).

bezeichnet sind (§ 51, 17)[19]. Ausformulierte Beschlußanträge können nicht verlangt werden[20]. Die *Angabe von Gründen* dient der sachgerechten Information der Geschäftsführer. Es muß also klar werden, warum die Gesellschafter eine Versammlung wollen und warum sie gerade jetzt stattfinden soll. Strenge Anforderungen sind nicht zu stellen. Die angegebenen Beschlußgegenstände können im Einzelfall auch für sich sprechen. Sinnvoll ist jedoch ein auch formal korrektes Verfahren der Minderheit, schon um Scheinargumenten vorzubeugen. Eine materielle Prüfung steht den Geschäftsführern nicht zu. Sie müssen die Versammlung also auch dann einberufen, wenn sie die Ansicht der Minderheit zur Dringlichkeit ihres Anliegens nicht teilen (vgl. aber noch Rdn 9).

b) Schranken des Rechts auf Einberufung. Das Recht der Gesellschafter auf Einberufung ist ein aus der Mitgliedschaft folgendes Verwaltungsrecht und unterliegt in dieser Eigenschaft den Treubindungen des Gesellschafters gegenüber der GmbH; insbesondere müssen die Gesellschafter das Verbot mißbräuchlicher Rechtsausübung beachten[21]. Weil das Recht auf Einberufung nicht fremd-, sondern eigennützig ist, brauchen sich die Gesellschafter dem Gesellschaftsinteresse nicht unterzuordnen. Sie handeln aber treuwidrig (rechtsmißbräuchlich), wenn sie das Gesellschaftsinteresse willkürlich hinter ihre Eigenbelange zurücksetzen, wenn sie das Prinzip des schonensten Mittels oder den Verhältnismäßigkeitsgrundsatz mißachten[22]. Danach bleibt das Einberufungsbegehren rechtlich unbeachtlich, wenn die Dringlichkeit nur vorgeschoben wird, also ohne weiteres bis zur nächsten regulären Versammlung zugewartet werden kann, ferner, wenn der angegebene Zweck es offenkundig nicht rechtfertigt, die Versammlung einzuberufen. So liegt es bei Unzuständigkeit der Gesellschafterversammlung (vgl. auch § 80 Abs. 1 RegE 1973), bei Gesetz- oder Satzungswidrigkeit des intendierten Beschlusses und auch schon dann, wenn die Versammlung die Beschlußfassung aus sachlichen Gründen nur auf einen deutlich späteren Zeitpunkt vertagen könnte. Daß ein Antrag nach den Mehrheitsverhältnissen geringe Erfolgsaussichten hat, ist dagegen für sich genommen kein Grund, dem Einberufungsbegehren nicht zu folgen; denn damit würde der Minderheit die Chance genommen, die ihr § 50 geben will[23]. **9**

4. Form und Adressat des Einberufungsverlangens

a) Grundsatz: Formlosigkeit. Eine Form schreibt § 50 für das Einberufungsverlangen nicht vor (anders § 122 AktG: Schriftform). Das Verlangen kann also auch mündlich, telefonisch, telegrafisch oder auf sonstige Weise gestellt werden. Sinnvoll ist es vielfach nicht, in dieser Weise vorzugehen. Es dient der Rechtsklarheit und verbessert die Beweislage der Minderheitsgesellschafter, wenn sie ihr Verlangen schriftlich äußern. Eine Regelung in der Satzung, die Schriftform vorsieht, ist als zulässig anzusehen (vgl. noch Rdn 30). **10**

b) Ausnahme: schriftlicher Vollmachtsnachweis. Das Recht auf Einberufung kann durch Bevollmächtigte ausgeübt werden (Rdn 4). Die Vollmacht ist jedoch nachzuweisen (unstr.). Wie das zu geschehen hat, sagt das Gesetz nicht ausdrücklich. Nach der einen Ansicht kann die Vollmacht in jeder Weise nachgewiesen werden[24], nach der **11**

---

[19] Insoweit aM *Schilling* Voraufl. 4; wie hier z. B. *Schopp* GmbH-Rdsch. 1976, 126, 128 (li. Sp.); Formulierungsbeispiel: *Vogel* Gesellschafterbeschlüsse und Gesellschafterversammlung (1986), S. 255.

[20] Baumbach/Hueck/*Zöllner* 5 aE.

[21] OLG Köln WM 1959, 1402, 1404 (zur AG); Scholz/*K. Schmidt* 17; Baumbach/Hueck/*Zöllner* 5.

[22] *Ulmer*-GroßkommHGB § 105, 240.

[23] Scholz/*K. Schmidt* 17; *Zöllner*-KölnKommAktG § 122, 4; aM zu Unrecht KG DNotZ 1935, 592 f.

[24] So wohl Baumbach/Hueck/*Zöllner* 5.

zweiten ist analog § 47 Abs. 3 schriftlicher Vollmachtsnachweis erforderlich[25], nach der dritten ebenfalls, doch soll das Fehlen einer Vollmachtsurkunde analog § 174 BGB nur schaden, wenn das Verlangen von den Geschäftsführern deshalb unverzüglich zurückgewiesen wird[26]. Der dritten Meinung ist beizutreten. Auf Spekulationen über die Rechtsmacht von Personen, die nicht Gesellschafter sind, brauchen sich die Geschäftsführer nicht einzulassen. Doch kann ihnen, anders als bei der Abstimmung, zugemutet werden, das Fehlen eines schriftlichen Nachweises unverzüglich zu beanstanden. Der noch nicht ausgewiesene Bevollmächtigte erhält dadurch die Chance, das Fehlende nachzuholen.

12 c) **Adressat.** Das Einberufungsverlangen ist mangels besonderer Bestimmung an die GmbH zu richten, die dabei im allgemeinen durch ihre Geschäftsführer organschaftlich vertreten wird. Darüber besteht heute im Grundsatz Einigkeit[27]. In sinngemäßer Anwendung des § 35 Abs. 2 S. 3 genügt Zugang an einen von mehreren Geschäftsführern[28]. Wenn die Versammlung entsprechend der Regel des § 49 Abs. 1 durch die Geschäftsführer einberufen wird, ist es unschädlich, wenn das Begehren an sie persönlich adressiert wird. Ist für die Einberufung eine andere Stelle, besonders ein Aufsichtsrat, zuständig, so kann das Verlangen jedenfalls an die GmbH, vertreten durch die Geschäftsführer, gerichtet werden. Diese haben es an die zuständige Stelle weiterzuleiten. Mangels entgegenstehender Vorschrift muß es aber in diesem Fall auch genügen, wenn sich die Gesellschafter unmittelbar an die zuständige Stelle wenden[29].

5. Pflicht zur Einberufung

13 a) **Allgemeines.** Die Geschäftsführer (oder die sonst zuständige Stelle, Rdn 12) sind verpflichtet, dem ordnungsgemäßen Einberufungsverlangen stattzugeben. Sie können es nur zurückweisen, wenn die Voraussetzungen des § 50 Abs. 1 nicht erfüllt sind oder wenn die Gesellschafter von ihrem Recht treuwidrig Gebrauch machen (Rdn 9). Eine Befugnis, den Antrag in materieller Hinsicht zu prüfen, darf aus den Treubindungen, denen die Gesellschafter unterliegen, nicht hergeleitet werden[30]. Ist das Verlangen ordnungsgemäß, so müssen die Geschäftsführer die Einladung zur Gesellschafterversammlung **unverzüglich** aussprechen. An eine Frist, die sie dafür selbst gesetzt haben, sind die Gesellschafter gebunden, es sei denn, die Geschäftsführer hätten es bereits definitiv abgelehnt, dem Ersuchen zu entsprechen[31]. Mehr als sieben Wochen sind auch dann nicht angemessen, wenn die Bedeutung der Sache nicht gerade in die Augen springt[32]. Daß selbst nach Ablauf von vier Wochen kein schuldhaftes Zögern anzunehmen ist, kann nur in besonders gelagerten Ausnahmefällen richtig sein[33]. Zutreffend ist aber entschieden worden, daß der Geschäftsführer nicht pflichtwidrig handelt, wenn er der am 17. 12. ausgesprochenen Aufforderung am 24. 12. noch nicht entsprochen hat[34]. Auch die Zeitspanne zwischen der Einberufung und dem

---

[25] Scholz/*K. Schmidt* 14; Fischer/*Lutter*/*Hommelhoff* 4.

[26] *Schopp* GmbH-Rdsch. 1976, 126, 127 (li. Sp.); *Wenck* Die Einberufung der Generalversammlungen (1914), S. 150; wohl auch Rowedder/*Koppensteiner*[2] 4; *Meyer-Landrut*/Miller/Niehus 4 (Hinweise auf § 174 BGB).

[27] Scholz/*K. Schmidt* 13; Baumbach/Hueck/*Zöllner* 4.

[28] Scholz/*K. Schmidt* 13; insoweit unklar *Schopp* GmbH-Rdsch. 1976, 126, 127 (li. Sp.).

[29] Scholz/*K. Schmidt* 13 aE; Fischer/*Lutter*/*Hommelhoff* 4.

[30] Vgl. statt aller *Kühn* GmbH-Rdsch. 1965, 132, 133 (re. Sp.).

[31] BGHZ 87, 1, 3 = NJW 1983, 1677.

[32] BGH WM 1985, 567, 568 = GmbH-Rdsch. 1985, 256.

[33] Wohl aM RG JW 1931, 2980 m. Anm. *Krakenberger;* Scholz/*K. Schmidt* 31.

[34] RGZ 92, 409, 410.

Versammlungstag unterliegt nicht dem ungebundenen Ermessen der Geschäftsführer. Vielmehr muß die Frist so bemessen sein, daß der von der Gesellschafterminderheit angenommenen Dringlichkeit der Sache Rechnung getragen wird, und zwar auch dann, wenn die Geschäftsführer dieses Urteil nicht teilen. Richtig ist zwar, daß sich das Recht der Gesellschafter zunächst nur auf die Einberufung der Versammlung richtet und zwischen der Einberufung und der Durchführung der Versammlung unterschieden werden kann[35]. Mit der unverzüglichen Einberufung allein ist dem bezweckten Minderheitenschutz (Rdn 1) aber noch nicht Rechnung getragen. Vielmehr muß auch die Versammlung selbst in angemessener Zeit stattfinden. Die gesetzliche Einberufungsfrist (§ 51 Abs. 1 S. 2) ist immer, eine längere satzungsmäßige Frist nicht notwendig (weil auf § 49 bezogen), aber doch regelmäßig angemessen.

Schließlich müssen die Geschäftsführer dem Einberufungsverlangen **vollständig** entsprechen, also in die Einladung alle als Versammlungszweck bezeichneten Gegenstände (Rdn 8) aufnehmen. § 51 Abs. 4 ist in diesem Fall nicht anwendbar. Es genügt daher nicht, wenn die Geschäftsführer eine Versammlung einberufen, aber die Gesellschafter zunächst über den Zweck im Dunkeln lassen. Nicht zwingend, aber doch regelmäßig ist der Einladung die Tagesordnung beizufügen (§ 51, 17). Dabei darf auch nichts weggelassen oder so umformuliert werden, daß das Minderheitsbegehren nicht mehr eindeutig erkennbar ist. Deshalb genügt es nicht, daß in der Tagesordnung Personalfragen angekündigt werden, wenn es um die Abberufung eines Geschäftsführers gehen soll; auch nicht, daß die Beschlußfassung über „wichtige Geschäfte" auf die Tagesordnung gesetzt wird, wenn die Minderheit präzise angegeben hat, daß über die Befreiung von einem Wettbewerbsverbot, über den Verkauf einer bestimmten Beteiligung oder die Errichtung einer Tochtergesellschaft beraten und beschlossen werden soll. **14**

b) Nicht genügend: schriftliches Verfahren. Das Recht der Minderheit richtet sich auf die Durchführung einer Gesellschafterversammlung. Die Geschäftsführer genügen ihren Pflichten nicht, wenn sie statt dessen das schriftliche Abstimmungsverfahren nach § 48 Abs. 2 einleiten[36]. Anderes gilt nur, wenn sich die Minderheit damit einverstanden erklärt; sie läßt dann ihr weitergehendes Begehren fallen. Das Festhalten am Einberufungsverlangen kann ausnahmsweise auch treuwidrig sein (vgl. Rdn 9) und ist es, wenn sich die anderen Gesellschafter mit dem erstrebten Beschlußergebnis einverstanden erklären und zu einer schriftlichen Stimmabgabe in diesem Sinne bereit sind[37]. Von der Frage, ob die Geschäftsführer auf § 48 Abs. 2 ausweichen dürfen, ist die Frage zu unterscheiden, ob die Minderheit von sich aus ein schriftliches Beschlußverfahren (§ 48, 41 ff und 44 ff) einleiten kann; das ist zu bejahen. **15**

III. Das Recht auf Ankündigung (§ 50 Abs. 2)

§ 50 Abs. 2 gibt das Recht auf Ankündigung. Dabei geht es um die **Erweiterung der Tagesordnung** (auch um die Ankündigung von Beschluß- oder Beratungsgegenständen ohne die damit bezeichnete äußere Ordnung) in den Fällen, in denen die Einberufung einer Versammlung durch die Geschäftsführer (§ 49 Abs. 1) bevorsteht oder schon erfolgt oder in denen ein Verlangen nach § 50 Abs. 1 schon gestellt ist. Die Minderheit hat also das Recht, die Gesellschafterversammlung mit zusätzlichen Gegenständen zu **16**

35 Baumbach/Hueck/*Zöllner* 6 f.
36 OLG Stuttgart GmbH-Rdsch. 1974, 257, 259 f m. Anm. *Konow*.
37 Baumbach/Hueck/*Zöllner* 10; wohl auch Fischer/*Lutter/Hommelhoff* 1.

befassen. Dieses Recht hat sie „in gleicher Weise“ wie das Recht auf Einberufung, d. h. unter denselben Voraussetzungen (Rdn 2 ff). Auch für die Ausübung des Rechts gelten die zu § 50 Abs. 1 entwickelten Grundsätze (Rdn 8 f, 10 ff). Bei der erforderlichen Angabe der Gründe bedarf es freilich keiner Darlegung zur Dringlichkeit der Versammlung, weil sie ohnehin stattfinden soll. Darzulegen ist die Dringlichkeit deshalb nur dann, wenn die Erweiterung der Tagesordnung zu einer Überlastung führen würde, die normalerweise nicht hingenommen werden müßte[38].

17 Die **Verpflichtung der Geschäftsführer** bestimmt sich nach den in Rdn 13 ff entwikkelten Regeln. Sie haben dem Begehren der Gesellschafter also Rechnung zu tragen, indem sie die von ihnen bezeichneten Gegenstände in die Tagesordnung aufnehmen oder, falls die Versammlung schon einberufen ist, der Einladung eine Ergänzung nachfolgen lassen. Die Verpflichtung entfällt, wenn das Ankündigungsverlangen so spät gestellt ist, daß die Dreitagesfrist des § 51 Abs. 4 nicht mehr eingehalten werden kann. Unter den Voraussetzungen einer Vollversammlung (§ 51, 28 ff) kann aber auch dann über Minderheitsanträge Beschluß gefaßt werden. Es kann deshalb sinnvoll sein, das verspätete Begehren noch mitzuteilen. Die schon einberufene Versammlung zu verlegen (§ 51, 3), damit dem verspätet vorgebrachten Verlangen noch Rechnung getragen werden kann[39], ist allenfalls ausnahmsweise in Betracht zu ziehen.

IV. Das Recht zur Selbsthilfe (§ 50 Abs. 3)

1. Inhalt des Rechts

18 § 50 Abs. 3 gibt der Minderheit das sog. Selbsthilferecht. Das bedeutet: Die Minderheit erwirbt unter den Voraussetzungen des § 50 Abs. 3 (dazu Rdn 19 f) ein eigenes **Einberufungs- und Ankündigungsrecht.** Sie darf aber nur die jeweils fehlende Maßnahme ersetzen, also nicht einberufen, wenn nur die Ankündigung fehlte[40]. Einer gerichtlichen Ermächtigung wie nach § 122 Abs. 3 AktG bedarf es nicht (vgl. schon Rdn 1). Ein entsprechender Antrag an das Amtsgericht (§ 145 FGG) wäre als unzulässig zurückzuweisen. Die Kosten sind von der Minderheit vorzustrecken. Über ihre Erstattung vgl. Rdn 26 ff.

2. Voraussetzungen

19 a) **Vergebliches Verlangen.** Das Recht zur Selbshilfe ist zunächst dann gegeben, wenn dem Verlangen der Minderheit nicht entsprochen wird (§ 50 Abs. 3 S. 1, 1. Fall). So liegt es, wenn die Gesellschafter (Rdn 2 ff) das Quorum (Rdn 6 f) erreichen und ordnungsgemäß die Einberufung (Rdn 8 ff) oder die Ankündigung (Rdn 16) gefordert haben, aber die Geschäftsführer dem Begehren nicht oder nicht rechtzeitig oder nicht vollständig nachgekommen sind. Dem Verlangen der Minderheit wird auch dann *nicht entsprochen,* wenn die Versammlung zu einem anderen als dem angegebenen Zweck einberufen wird[41], wohl auch dann nicht, wenn die Versammlung zwar einberufen, aber durch eine früher terminierte Versammlung konterkariert wird; die Minderheit hat deshalb das Selbsthilferecht, wenn der Geschäftsführer die Versammlung einberuft, bei der es um seine Abberufung gehen soll, aber davor eine andere Versammlung

---

38 Baumbach/Hueck/*Zöllner* 11.

39 So wohl auch Baumbach/Hueck/*Zöllner* 11.

49 RG JW 1931, 2980 m. Anm. *Krakenberger;* Scholz/*K. Schmidt* 20.

41 BGH GmbH-Rdsch. 1985, 256, 257 = WM 1985, 567, 568; Scholz/*K. Schmidt* 23; Baumbach/Hueck/*Zöllner* 13.

zur Ausschließung des Gesellschafters ansetzt[42]. Ferner genügt die Einleitung des schriftlichen Verfahrens nach § 48 Abs. 2 nicht (vgl. schon Rdn 15). *Nicht rechtzeitig* wird dem Verlangen der Minderheit entsprochen, wenn die Geschäftsführer ihrer Pflicht zum unverzüglichen Tätigwerden (Rdn 13) nicht nachkommen. Überhastetes Vorgehen der Gesellschafter ist namentlich dann zu beobachten, wenn es um die Abberufung des Geschäftsführers gehen soll[43]. Davon ist wegen der bei fehlerhafter Einberufung eintretenden Nichtigkeitsfolge strikt abzuraten (vgl. noch Rdn 21). *Nicht vollständig* kommen die Geschäftsführer ihren Pflichten nach, wenn sie nicht alle von der Minderheit verlangten Verhandlungsgegenstände auf die Tagesordnung setzen. Das Selbsthilferecht beschränkt sich dann auf die fehlenden Ankündigungen (Rdn 18).

b) **Fehlen eines Einberufungsberechtigten.** Das Selbsthilferecht besteht auch dann, **20**
wenn Personen nicht vorhanden sind, an die das Verlangen der Minderheit zu richten wäre (§ 50 Abs. 3 S. 1, 2. Fall). So liegt es, wenn die GmbH, z. B. infolge Abberufung (§ 38), keinen Geschäftsführer mehr hat, dagegen nicht bei Wegfall eines von zwei zur Gesamtvertretung berechtigten Geschäftsführern; denn das Einberufungsrecht steht den Geschäftsführern einzeln zu (§ 49, 5). Wenn die Einberufungskompetenz nach der Satzung bei einer anderen Stelle liegt (§ 49, 8 ff), kommt es darauf an, ob entsprechende Personen vorhanden sind. Bei Gesellschaften mit Aufsichtsrat steht dessen Existenz dem Selbsthilferecht nicht entgegen, weil er die Gesellschafterversammlung nur einberufen darf, wenn es das Wohl der GmbH erfordert (§ 111 Abs. 3 S. 1 AktG i. V. m. § 52 Abs. 1), und es darauf für das Recht der Minderheit nicht ankommt[44]. Soweit danach das Selbsthilferecht besteht, braucht die Minderheit nicht zu warten, bis ein neuer Geschäftsführer bestellt ist; auch die Notbestellung nach § 29 BGB braucht sie nicht zu veranlassen. Dem Fehlen eines Geschäftsführers ist es gleichzustellen, wenn er zwar vorhanden, ihm aber durch einstweilige Verfügung jedwede Tätigkeit für die GmbH verboten ist[45], ferner, wenn er für einen nicht absehbaren Zeitraum aus sonstigen Gründen handlungsunfähig oder unerreichbar ist[46]. Schwere Erreichbarkeit des einzigen oder aller Geschäftsführer genügt dagegen noch nicht zur Begründung des Selbsthilferechts[47]. Die GmbH muß den Gesellschaftern aber über die Personen der Geschäftsführer und ihre Anschriften auf Verlangen Auskunft geben[48].

c) **Rechtsfolgen unzulässiger Selbsthilfe.** Zu unterscheiden ist zwischen fehlerhafter **21**
Einberufung und fehlerhafter Ankündigung. **Einberufung.** Wenn die Voraussetzungen des Selbsthilferechts fehlen, sind die in einer gleichwohl einberufenen Versammlung gefaßten Beschlüsse in analoger Anwendung der §§ 121 Abs. 2, 241 Nr. 1 AktG nichtig, es sei denn, daß die Gesellschafter zu einer Vollversammlung (§ 51, 28 ff) zusammengetreten sind. Das gilt, wenn das erforderliche Quorum nicht erreicht war[49] und ist entgegen einer im Schrifttum teilweise vertretenen Ansicht[50] auch dann richtig, wenn

---

42 Scholz/*K. Schmidt* 23 und 28; aM OLG München BB 1956, 734 m. Anm. *Gottschling* in GmbH-Rdsch. 1957, 105.

43 RGZ 92, 409, 410; BGHZ 87, 1, 3 = NJW 1983, 1677.

44 Zustimmend Baumbach/Hueck/*Zöllner* 13.

45 BGH NJW 1980, 2411, 2412 (li. Sp.).

46 BGHZ 11, 231, 238 = NJW 1954, 385, 386 m. Anm. *Scholz* = LM GmbHG § 51 Nr. 1 (LS) m. Anm. *Rob. Fischer* läßt die Frage offen; wie hier Scholz/*K. Schmidt* 24.

47 RGZ 92, 409, 410; nicht klar RG HRR 1935 Nr. 805.

48 BGH NJW 1988, 411, 413; Baumbach/Hueck/*Zöllner* 13 aE.

49 BGHZ 11, 231, 237 = NJW 1954, 385, 386 m. Anm. *Scholz* = LM GmbHG § 51 Nr. 1 m. Anm. *Rob. Fischer;* für das Schrifttum vgl. statt vieler Scholz/*K. Schmidt* 34; Baumbach/Hueck/*Zöllner* 15; aM *Scholz* GmbH-Rdsch. 1952, 161.

50 *Schopp* GmbH-Rdsch. 1976, 126, 129; wohl auch *Schilling* Voraufl. 13; vgl. auch BayObLGZ 1956, 303, 316.

die zusätzlichen Voraussetzungen des § 50 Abs. 3 (Rdn 19 f) nicht erfüllt waren, insbesondere, wenn den Geschäftsführern für die Einberufung der Versammlung nicht genügend Zeit gewährt wurde[51]. Die Gegenposition, die den Beschluß in solchen Fällen nur für anfechtbar hält, läuft darauf hinaus, eine Fallgruppe aus der analogen Anwendung der aktienrechtlichen Vorschriften auszunehmen. Die dafür erforderliche fehlende Vergleichbarkeit läßt sich aber angesichts der Gleichgewichtigkeit der gesetzlichen Voraussetzungen des Selbsthilferechts nicht darlegen. **Ankündigung.** Wenn die Minderheit Versammlungsgegenstände angekündigt hat, ohne zur Selbsthilfe berechtigt zu sein, liegt ein Gesetzesverstoß vor, der nicht unter § 241 AktG (analog) subsumiert werden kann. Also verbleibt es entsprechend § 243 Abs. 1 AktG bei der Anfechtbarkeit gleichwohl befaßter Beschlüsse[52], wiederum mit dem Vorbehalt der Vollversammlung.

3. Rechtsausübung

22 a) **Einberufung.** Die Befugnis zur Einberufung steht nach § 50 Abs. 3 S. 1 den Gesellschaftern zu, die in § 50 Abs. 1 bezeichnet sind. Zur Selbsthilfe sind also diejenigen Gesellschafter berechtigt, die zuvor ein entsprechendes Verlangen an die Geschäftsführer gerichtet haben. Alle müssen es nicht sein. Erforderlich ist nur, daß das Quorum von 10% gewahrt bleibt[53]. Die Durchführung richtet sich nach § 51, auf dessen Erläuterung verwiesen wird. Zu Recht wird geraten, dabei mit größtmöglicher formaler Genauigkeit vorzugehen, insbesondere für die eigenhändige Namensunterschrift der Minderheitsgesellschafter zu sorgen[54]. Auch wenn sie nach richtiger Ansicht vom Gesetz nicht verlangt wird (str., vgl. § 51, 4), dient sie der Vermeidung von Unsicherheiten und weiteren Streitigkeiten. Soweit Gesellschafter durch Bevollmächtigte handeln, ist die Vollmacht schriftlich nachzuweisen (oben Rdn 11). Die Gesellschafter dürfen keine anderen Beschlußgegenstände ankündigen, als ihr Verlangen nach § 50 Abs. 1 enthielt. Unbedenklich ist es aber, wenn sie dahinter zurückbleiben, also einzelne Punkte fallen lassen. Auch kann die Angabe der Tagesordnung der Einberufung nachfolgen, solange die Dreitagesfrist des § 51 Abs. 4 gewahrt bleibt.

23 Statt eine Versammlung einzuberufen, kann die Mehrheit auch eine **schriftliche Abstimmung** in die Wege leiten. Sie läuft dann aber Gefahr, daß diese mangels Zustimmung aller Gesellschafter (§ 48, 41 ff, 44 ff) scheitert. Die Minderheit kann die Einberufung auch zurücknehmen. Die **Rücknahme** ist jedenfalls dann wirksam, wenn sie durch alle Einberufer erfolgt. Rücknahme durch einige bleibt dagegen unbeachtlich, solange das Quorum von 10% gewahrt ist. Zweifelhaft ist die Rechtslage, wenn das Quorum unterschritten wird. Weil die Einberufung als Tatsache nicht mehr rückgängig gemacht werden kann, muß angenommen werden, daß es für das Quorum auf diesen Zeitpunkt ankommt. Also liegt keine wirksame Rücknahme vor, solange auch nur ein Gesellschafter an der Einberufung festhält.

24 Über die Erfordernisse des § 51 hinaus muß die Minderheit die Einberufung unter **Mitteilung des Sachverhältnisses** bewirken. Diese Mitteilung muß nach dem Wortlaut des § 50 Abs. 3 S. 1 bei der Einladung erfolgen, also als Bestandteil des eingeschriebenen Briefs (§ 51 Abs. 1 S. 1) oder als Anlage dazu. Nachträgliche Mitteilung ist nur dann unschädlich, wenn auch sie durch eingeschriebenen Brief erfolgt und die Wochenfrist

---

[51] BGHZ 87, 1, 3 = NJW 1983, 1677; BGH WM 1985, 567, 568 = GmbH-Rdsch. 1985, 256; Scholz/*K. Schmidt* 34; Baumbach/Hueck/*Zöllner* 15; Fischer/*Lutter/Hommelhoff* 10.

[52] Unstr., vgl. statt aller Scholz/*K. Schmidt* 34.

[53] BGHZ 11, 231, 238 f = NJW 1954, 385, 386 m. Anm. *Scholz* = LM GmbHG § 51 Nr. 1 (LS) m. Anm. *Rob. Fischer;* Scholz/*K. Schmidt* 21.

[54] Scholz/*K. Schmidt* 26.

des § 51 Abs. 1 S. 2 (oder eine längere Satzungsfrist) gewahrt bleibt. Das ist nicht unnötiger Formalismus, sondern dient den anderen Gesellschaftern zur Beurteilung der Einberufungsbefugnis. Aus der Mitteilung müssen sich ergeben[55]: die subjektiven Voraussetzungen des Selbsthilferechts (durch Person und Geschäftsanteil bezeichnete Gesellschaftereigenschaft; Quorum); der Grund der Selbsthilfe (§ 50 Abs. 3 S. 1, 1. oder 2. Fall); bei vergeblichem Einberufungsverlangen dessen Inhalt und Zugang sowie das Untätigbleiben der Geschäftsführer. Tatsachen, die schon allen Gesellschaftern bekannt sind, bedürfen zwar nach älterer Judikatur keiner erneuten Mitteilung[56]. Auch hier (vgl. schon Rdn 22) sollten jedoch Risiken vermieden und Formalien deshalb strikt eingehalten werden.

b) **Ankündigung.** Die vorstehenden Regeln (Rdn 22 ff) gelten entsprechend, wenn die Minderheit im Wege der Selbsthilfe Beschlußgegenstände ankündigen will. Auch in diesem Fall muß sich also die Berechtigung feststellen lassen, ist § 51 und hier insbesondere die Dreitagesfrist des § 51 Abs. 4 zu beachten und das Sachverhältnis mitzuteilen. Die angekündigten Gegenstände müssen diejenigen sein, deren Ankündigung durch die Geschäftsführer verlangt wurde. Entscheidend ist sachliche, nicht vorausgesetzt wörtliche Übereinstimmung. **25**

c) **Versammlungskosten. aa) Begriff und Reichweite.** Nach § 50 Abs. 3 S. 2 beschließt die Versammlung, ob die entstandenen Kosten von der Gesellschaft zu tragen sind. Welche Kosten gemeint sind, sagt das Gesetz nicht ausdrücklich. Aus dem Zusammenhang der Kostenvorschrift mit dem Selbsthilferecht folgt jedoch, daß es um die Versammlungskosten geht, die bei einer Einberufung durch die Geschäftsführer Kosten der GmbH wären. Im Rahmen der Selbsthilfe müssen die zur Minderheit gehörenden Gesellschafter diese Kosten schon deshalb vorstrecken, weil sie die GmbH nicht verpflichten können. Gegenstand der Beschlußfassung sind danach die Kosten der Einberufung (Porti, Inseratgebühren, Schreibauslagen)[57] und der Durchführung der Versammlung (Beurkundungskosten, Protokollführung, Miete eines Versammlungslokals)[58]. Nicht hierher gehören die Reisekosten und andere persönliche Kosten der Gesellschafter; denn diese Aufwandspositionen wären auch bei einer Einberufung durch die Geschäftsführer keine Gesellschaftskosten (vgl. auch § 122 Abs. 4 AktG). Zu beschließen ist ferner über die Kosten der bloßen Ankündigung (Rdn 25). Die Gegenansicht, daß es sich dabei um notwendige Verwaltungskosten der Gesellschaft handelt[59], scheitert an der fehlenden Vertretungsbefugnis der Gesellschafter[60]. **26**

bb) Verfahren der Beschlußfassung. Für das Verfahren der Beschlußfassung gelten die allgemeinen Regeln mit einer Ausnahme und einer Klarstellung. Ausnahme: Abweichend von § 51 Abs. 4 ist keine Ankündigung erforderlich. Die Kosten der von einer Minderheit einberufenen Versammlung und die Auslagen der Gesellschaft infolge der Ankündigung weiterer Tagesordnungspunkte sind vielmehr kraft Gesetzes Beschlußgegenstand. Klarstellung: Die Minderheitsgesellschafter stimmen bei der Beschlußfassung mit. Ein Fall des § 47 Abs. 4 liegt also nicht vor[61]. Die Norm paßt jedenfalls nach **27**

---

55 Scholz/*K. Schmidt* 26; Baumbach/Hueck/*Zöllner* 14; *Wenck* Die Einberufung der Generalversammlungen (1914), S. 166; Formulierungsbeispiel: *Vogel* Gesellschafterbeschlüsse und Gesellschafterversammlung (1986), S. 256; vgl. auch Fn 56.

56 RG HRR 1935 Nr. 805; KG OLGR 24 (1912), 158, 159.

57 AllgM, vgl. z. B. Scholz/*K. Schmidt* 35; Baumbach/Hueck/*Zöllner* 16.

58 Scholz/*K. Schmidt* 35; Baumbach/Hueck/*Zöllner* 16; aM *Roth* 3.4, nach dem Versammlungskosten in jedem Fall die GmbH trägt.

59 Scholz/*K. Schmidt* 35; der Sache nach auch *Roth* 3.4; wie hier dagegen Baumbach/Hueck/*Zöllner* 16; speziell zur Raummiete auch *Meyer-Landrut*/Miller/Niehus 12.

60 Baumbach/Hueck/*Zöllner* 16.

61 Scholz/*K. Schmidt* 36; Baumbach/Hueck/*Zöllner* 16.

ihrem Sinn nicht, weil die vorausgesetzte Interessenkollision zwischen Gesellschafter und GmbH (§ 47, 120) nicht bestehen kann, wenn die Gesellschafter ihre Verwaltungsrechte ausüben. Der Konflikt zwischen Minderheit und Mehrheit ist von § 47 Abs. 4 nicht erfaßt und kann auch der Sache nach nicht von der Abstimmung ausschließen. Den allgemeinen Regeln entspricht, daß bei der Abstimmung die einfache Versammlungsmehrheit entscheidet (§ 47, 13). Das kann man rechtspolitisch bedenklich finden[62], doch ist eine Regelung nach dem Vorbild des § 122 Abs. 4 AktG ohne vorgeschaltete gerichtliche Prüfung nicht gut denkbar.

28 cc) **Inhalt des Beschlusses.** Nach **hM** entscheidet die Gesellschafterversammlung nicht frei, sondern nach billigem Ermessen, was teils ohne Begründung bleibt, teils auf § 315 BGB[63], teils auf §§ 317 ff BGB gestützt wird[64]. Wenn der Beschluß billigem Ermessen nicht entspricht, soll Klage auf Kostenersatz gegen die GmbH ohne Anfechtung des Beschlusses möglich sein[65]. Beizupflichten ist diesem Konzept insoweit, als es die Minderheit nicht einer weitgehend schrankenlosen Mehrheitsherrschaft aussetzen will. Im übrigen ist jedoch nicht der hM, sondern der **Gegenansicht** zu folgen, die auf die gesellschaftsrechtliche Treupflicht abhebt[66]. Dabei geht es um die Treupflicht der Gesellschafter untereinander. Sie gebietet der Mehrheit, für die Übernahme solcher Kosten durch die GmbH zu stimmen, mit denen das Privatvermögen der Minderheit belastet wurde, obwohl die dafür ursächliche Ausübung der mitgliedschaftlichen Verwaltungsrechte im Interesse der GmbH erfolgte. Nicht im Gesellschaftsinteresse liegt die Rechtsausübung, wenn es von vornherein erkennbar überflüssig oder jedenfalls unnötig belastend war, die Gesellschafterversammlung einzuberufen oder die ohnehin einberufene Versammlung mit zusätzlichen Tagesordnungspunkten zu belasten. Aus dieser rechtlichen Ausgangslage folgt, daß es eine am Beschlußerfordernis vorbeizielende Klage auf Kostenersatz von Rechts wegen nicht gibt. Verletzungen der Treupflicht müssen vielmehr analog § 243 Abs. 1 AktG durch Anfechtungsklage geltend gemacht werden, die ihrerseits mit der positiven Beschlußfeststellungsklage verbunden werden darf[67].

4. Klage trotz Selbsthilferecht?

29 Nach ganz **hM** besteht für eine Klage auf Einberufung der Gesellschafterversammlung (oder auf Erweiterung der Tagesordnung) **kein Rechtsschutzinteresse,** weil die Gesellschafter das Recht zur Selbsthilfe haben[68]. Die Gegenmeinung hält eine Klage trotz § 50 Abs. 3 für zulässig, weil es angesichts der Kostenfrage und sonstiger Schwierigkeiten unangemessen sei, der Minderheit die Klagemöglichkeit von vornherein abzuschneiden[69]. Daran ist richtig, daß die Minderheit einen materiell-rechtlichen Anspruch auf Einberufung hat, der grundsätzlich auch ausgeklagt werden könnte, und

[62] *Kühn* Die Minderheitsrechte (1964), S. 63 f.

[63] So *Schilling* Voraufl. 14; Rowedder/*Koppensteiner*² 9 aE; *Meyer-Landrut*/Miller/Niehus 12.

[64] *Wolany* Rechte und Pflichten des Gesellschafters einer GmbH (1964), S. 223.

[65] Vgl. Fn 63; für klare Fälle aus Gründen der Prozeßökonomie auch Scholz/*K. Schmidt* 36.

[66] Baumbach/Hueck/*Zöllner* 16; Fischer/*Lutter*/*Hommelhoff* 11.

[67] Baumbach/Hueck/*Zöllner* 16; Fischer/*Lutter*/*Hommelhoff* 11.

[68] Scholz/*K. Schmidt* 33, die aber für die Zukunft unter Umständen Feststellungsklage für möglich halten; Fischer/*Lutter*/*Hommelhoff* 5; Rowedder/*Koppensteiner*² 6.

[69] Baumbach/Hueck/*Zöllner* 8; vgl. auch *Wenck* Die Einberufung der Generalversammlungen (1914), S. 178 für den (von ihm für möglich gehaltenen) Fall statutarischer Abschaffung der Selbsthilfe.

die Selbsthilfe in der Sache nicht stets als die einfachere Lösung erscheinen muß. Doch ist von einer entgegengesetzten gesetzlichen Bewertung auszugehen, weil nicht einmal ein gerichtliches Ermächtigungsverfahren nach dem Vorbild des § 122 Abs. 3 AktG vorgesehen ist. Mit der **hM** ist eine Klage auf Einberufung daher als unzulässig anzusehen.

V. Regelungen in der Satzung

1. Grenzen der Satzungsautonomie

Verbesserungen des Minderheitsrechts sind zulässig. Die Satzung kann das Recht auf Einberufung oder Ankündigung daher jedem Gesellschafter geben oder das Quorum von 10% herabsetzen. Sie kann auch jedem Gesellschafter das Recht gewähren, die Gesellschafterversammlung unmittelbar einzuberufen oder Gegenstände zur Beschlußfassung oder Beratung anzukündigen. Modalitäten des Rechts auf Einberufung oder Ankündigung oder des Selbsthilferechts dürfen ebenfalls in der Satzung geregelt werden, soweit die Regelung nicht auf eine Verschlechterung des Minderheitenschutzes hinausläuft (dazu Rdn 31). Insbesondere ist es als zulässig anzusehen, wenn die Satzung für das Verlangen der Minderheit die Schriftform fordert (vgl. schon Rdn 10). Die Satzung darf auch vorschreiben, daß nur Gesellschafter und nicht ihre Bevollmächtigten die Einberufung verlangen können. **30**

Ob und in welchen Grenzen **Abweichungen zuungunsten der Minderheit** zulässig sind, wird gegensätzlich beurteilt. **Drei Ansichten** werden dazu vertreten. *Erstens:* § 50 ist schlechthin satzungsfest; so die heute **hM**[70]. Bestimmungen, die hinter § 50 zurückbleiben, sind danach sowohl in der ursprünglichen Satzung wie auch bei späterer Satzungsänderung unzulässig. *Zweitens:* Der Schutz der Minderheit durch § 50 darf zwar bei späterer Satzungsänderung nicht verkürzt werden, es sei denn, daß alle Gesellschafter damit einverstanden sind. Die Ursprungssatzung kann aber hinter dem Standard des § 50 zurückbleiben[71]. *Drittens:* Der Minderheitenschutz ist als normaler Satzungsgegenstand zu behandeln; die für Satzungsänderungen erforderliche Mehrheit genügt danach auch für Abweichungen von § 50[72]. **Stellungnahme.** Der hM ist beizupflichten. Es ist also jegliche Abweichung von § 50 zuungunsten der Minderheit unzulässig. Das folgt aus dem Schutzzweck der Norm (Rdn 1) und aus der Zusatzüberlegung, daß der Minderheitenschutz jedem einzelnen Gesellschafter zusteht, sofern er gemeinsam mit anderen das Quorum erfüllt. Verzicht wäre deshalb Selbstentmachung im Kernbereich der Mitgliedschaft. Gleichwohl gefaßte satzungsändernde Beschlüsse sind nicht nur anfechtbar, sondern nichtig in sinngemäßer Anwendung von § 241 Nr. 3, 3. Fall AktG. **31**

2. Zuständigkeitsverlagerung

Weil § 50 einer Satzungsregelung entgegensteht, die den Minderheitenschutz einschränkt, stellt sich für die Theorie die Frage, was gelten soll, wenn die Satzung zwar nicht eine derartige Einschränkung enthält, aber Zuständigkeiten der Gesellschafterver- **32**

[70] Scholz/*K. Schmidt* 6; Baumbach/Hueck/*Zöllner* 2; Fischer/*Lutter*/*Hommelhoff* 2; Rowedder/*Koppensteiner*² 2.

[71] OLG Stuttgart NJW 1974, 1566, 1568 = GmbH-Rdsch. 1974, 257, 260; *Meyer-Landrut*/Miller/Niehus 14 f; *Schopp* GmbH-Rdsch. 1976, 126 (re. Sp.).

[72] RGZ 68, 210, 212 f; RG JW 1933, 2904 f m. Anm. *Ruth; Kühn* Die Minderheitsrechte (1964), S. 61 f; *ders.* GmbH-Rdsch. 1965, 132, 134 f; *Wenck* Die Einberufung der Generalversammlungen (1914), S. 175 f.

sammlung auf andere Organe verlagert. Daß die Frage praktische Bedeutung erlangt hätte, ist nicht erkennbar. Soweit das andere Organ der **Aufsichtsrat** ist, bleibt es nach wohl allgM bei § 110 AktG analog[73]. Soweit es um **sonstige Gremien** geht, wird teilweise der Regelungsbedarf verneint[74], teils die analoge Anwendung des § 50 und überdies ein Teilnahme- und Antragsrecht der Gesellschafter angenommen[75], teils nur die Analogie befürwortet[76]. Eine endgültige Lösung kann ohne die Anschauung praktischer Fälle kaum entwickelt werden. Doch scheint die Weiterentwicklung des § 110 AktG näher zu liegen als die Anwendung des § 50, und zwar in dem Sinne, daß die Geschäftsführer (anstelle des Vorstands) das Recht auf Einberufung des Gremiums und die Selbsthilfebefugnis haben, und der Minderheit auf das Tätigwerden der Geschäftsführer ein klagbarer Anspruch zusteht.

VI. GmbH & Co. KG

33 Für die **Komplementär-GmbH** verbleibt es bei § 50. Für die **Kommanditgesellschaft** gilt die Vorschrift nicht, und zwar wegen der anderen rechtlichen Struktur dieser Gesellschaftsform auch nicht sinngemäß. Ein entsprechender Minderheitenschutz kann aber im Gesellschaftsvertrag vereinbart werden[77]. Wenn davon kein Gebrauch gemacht wird und GmbH-Satzung sowie KG-Vertrag nicht anderweitig koordiniert sind, ergibt sich ein Gefälle in dem Sinne, daß – auch bei Personenidentität in der GmbH und der KG – dem Kommanditisten die Rechte nicht zustehen, über die das GmbH-Mitglied verfügt. Ob sich ein Recht einer Kommanditistenminderheit auf Einberufung aus „allgemeinen Grundsätzen" herleiten läßt, ist nicht entschieden und auch im Schrifttum nicht geklärt[78]. Eher denkbar, aber auch nicht gesichert ist ein Individualrecht zur Einberufung aus wichtigem Grund[79]. Schließlich kann (ohne Beschränkung auf den wichtigen Grund) erwogen werden, für den Fall § 50 Abs. 3 analog anzuwenden, daß nach dem KG-Vertrag eine bestimmte Kommanditisten-Minderheit die Komplementärin zur Einberufung auffordert, ihr Verlangen vergeblich bleibt und der Gesellschaftsvertrag für diesen Fall keine Regelung trifft[80].

§ 51

Die Berufung der Versammlung erfolgt durch Einladung der Gesellschafter mittels eingeschriebener Briefe. Sie ist mit einer Frist von mindestens einer Woche zu bewirken.

Der Zweck der Versammlung soll jederzeit bei der Berufung angekündigt werden.

Ist die Versammlung nicht ordnungsmäßig berufen, so können Beschlüsse nur gefaßt werden, wenn sämtliche Gesellschafter anwesend sind.

Das gleiche gilt in bezug auf Beschlüsse über Gegenstände, welche nicht wenigstens drei Tage vor der Versammlung in der für die Berufung vorgeschriebenen Weise angekündigt worden sind.

---

[73] Scholz/*K. Schmidt* 37; Rowedder/*Koppensteiner*[2] 11.

[74] Baumbach/Hueck/*Zöllner* 2 aE.

[75] Rowedder/*Koppensteiner*[2] 11.

[76] Scholz/*K. Schmidt* 37.

[77] Unstr., vgl. Scholz/*K. Schmidt* 40; *Vogel* Gesellschafterbeschlüsse und Gesellschafterversammlung (1986), S. 188.

[78] Dafür Scholz/*K. Schmidt* 40, die aber *Vogel* aaO (Fn 79) zu Unrecht in Anspruch nehmen.

[79] *Vogel* Gesellschafterbeschlüsse und Gesellschafterversammlung (1986), S. 188.

[80] So BGH NJW 1988, 970 für den Fall einer Publikums-GbR (Abberufung des geschäftsführenden Treuhänders).

Übersicht

Schrifttum

Beckmann Unmöglichkeit der Ladung eines GmbH-Gesellschafters zur Gesellschafterversammlung, DNotZ **1971** 132; *Däubler* Der Scheinerbe im Recht der GmbH, GmbH-Rdsch. **1963** 181; *Priester* Der vermeintliche Erbe als GmbH-Gesellschafter, GmbH-Rdsch. **1984** 193; *Schmitz* Der unerreichbare GmbH-Gesellschafter, GmbH-Rdsch. **1971** 226; *Schreiner* Die Mitwirkung erbscheinberechtigter Scheinerben bei Gesellschafterbeschlüssen und Anteilsübertragungen, NJW **1978** 921; *Sudhoff* Vollversammlung und schriftliche Abstimmung, GmbH-Rdsch. **1964** 75; *Sudhoff* Rechte und Pflichten des Geschäftsführers einer GmbH[12] (1987); *Vogel* Die Praxis der Gesellschafterversammlung (1976); *Vogel* Gesellschafterbeschlüsse und Gesellschafterversammlung[2] (1986); *Wenck* Die Einberufung der Generalversammlungen bei Aktiengesellschaften, Genossenschaften, GmbH, Gewerkschaften und Versicherungsvereinen (1914).

I. Regelungsgegenstand und -zweck

Während §§ 49 Abs. 1, 50 Abs. 1 bestimmen, wer die Gesellschafterversammlung **1**
einberufen kann, regelt § 51 die Förmlichkeiten der Einberufung (Abs. 1 und 3) und, daran anknüpfend, die Ankündigung zur Tagesordnung (Abs. 2 und 4). Regelungszweck ist es, die **Gesellschafterversammlung als Beschlußorgan** gegenüber sonstigen Zusammenkünften abzugrenzen und zugleich für die konkrete Versammlung den **Kreis zulässiger Beschlußgegenstände** festzulegen[1]. Das dient der Ordnung der inneren

[1] Scholz/*K. Schmidt* 1.

Gesellschaftsangelegenheiten und schützt, weil der Gesellschafter nicht überrumpelt werden darf, sein mitgliedschaftliches Recht auf Teilhabe an Information und Willensbildung.

II. Berufung der Versammlung; Form und Frist

1. Berufung der Versammlung

2 Die Vorschriften des § 51 gelten zunächst für die **Einberufung** der Gesellschafterversammlung. Gemeint ist jede Gesellschafterversammlung, also die ordentliche und ebenso eine außerordentliche. Auch die Gesellschafterversammlung der **Vor-GmbH** ist nach § 51 einzuberufen; denn die Norm setzt die Registereintragung nicht voraus (§ 11, 35). **Vertagung** ist rechtlich *Einberufung einer neuen Gesellschafterversammlung,* so daß auch insoweit § 51 zu beachten, insbesondere die Wochenfrist des § 51 Abs. 1 einzuhalten ist. Eine Ausnahme gilt nur dann, wenn sämtliche Gesellschafter (nicht nur die anwesenden) der Vertagung zustimmen; die Zustimmung schließt den Verzicht auf Förmlichkeiten ein und verhindert, daß Beschlüsse mangelhaft zustande kommen (vgl. noch Rdn 26 ff).

3 § 51 gilt auch für die **Verlegung** der Gesellschafterversammlung[2]. Sie wird verlegt, wenn ein neuer Termin anberaumt wird, ohne daß der erste stattgefunden hätte. Form und Frist sind einzuhalten, weil der Gesellschafter nicht nur genügend Zeit zur Vorbereitung haben, sondern auch in die Lage versetzt werden soll, sich von anderen Pflichten freizuhalten und eine erforderliche Anreise rechtzeitig zu bewirken (BGH aaO [Fn 2]). Mit Rücksicht auf diesen Schutzzweck (vgl. schon Rdn 1) wird man auch dann die Wahrung von Form und Frist verlangen müssen, wenn der Termin beibehalten, aber der Ort (Versammlungsort: § 48, 4) so verlegt wird, daß die Anreise sich wesentlich verändert. Geringfügige Verschiebungen von Zeit und Ort sind dagegen keine nach § 51 zu behandelnde Verlegung. Schließlich gilt § 51 **nicht für die Absage;** das ist die Rücknahme der Einberufung durch dasjenige Organ, das sie ausgesprochen hat. Vielmehr genügt dafür eine eindeutige, nicht fristgebundene Erklärung, die gegenüber allen Gesellschaftern abzugeben ist[3]. Diese Lockerung gegenüber den Erfordernissen des § 51 ist sachgerecht, weil der Schutzzweck der Norm bei der Absage nicht in Frage steht.

2. Form der Einladung

4 Nach § 51 Abs. 1 S. 1 hat die Einladung durch eingeschriebene Briefe zu erfolgen. Erforderlich ist also zunächst **Briefform,** mithin eine schriftliche Erklärung. Streitig ist, ob die Einladung von den Geschäftsführern zu unterschreiben ist, wenn sie die Gesellschafterversammlung einberufen (Regelfall des § 49 Abs. 1; zu § 50 Abs. 3 vgl. dort Rdn 22). Auf eine herrschende Ansicht kann sich die Praxis in dieser Frage nicht stützen[4]. Also ist es sinnvoll, daß die Geschäftsführer den sicheren Weg wählen und die Briefform als Schriftform i. S. des § 126 Abs. 1 BGB auffassen (eigenhändige Namensunterschrift). Davon zu unterscheiden ist die Frage, ob ein derartiges Former-

---

[2] BGHZ 100, 264, 266 = NJW 1987, 2580 f; Scholz/*K. Schmidt* 25; Baumbach/Hueck/*Zöllner* 30 aE.

[3] RGZ 166, 129, 133; Scholz/*K. Schmidt* 24; Baumbach/Hueck/*Zöllner* 30; str. für das Aktienrecht, vgl. wie hier *Zöllner*-KölnKommAktG § 121, 40; aM *Meyer-Landrut*-GroßkommAktG § 121, 11.

[4] Für eigenhändige Unterschrift: Baumbach/Hueck/*Zöllner* 11; *Meyer-Landrut*/Miller/Niehus 3; *Schilling* Voraufl. 3; *Sudhoff* Rechte und Pflichten des Geschäftsführers (1987), S. 65; dagegen: RG Recht 1909 Nr. 1713; Scholz/*K. Schmidt* 13; Fischer/*Lutter*/*Hommelhoff* 2; Rowedder/*Koppensteiner*[2] 7.

fordernis aus dem Gesetz abgeleitet werden kann. Sie muß verneint werden, weil das Gesetz nur einen eingeschriebenen Brief verlangt, der auch ohne eigenhändige Namensunterschrift vorliegen kann, und für das Unterschriftserfordernis keine zwingenden Sachgründe sprechen. Daß ohne Unterschrift nicht behebbare Zweifel an der Einberufungsberechtigung bestehen[5], ist für den Regelfall nicht anzunehmen; der Rechtsverkehr kommt auch sonst vielfach mit Schriftstücken ohne eigenhändige Namensunterschrift aus. Der Brief muß **eingeschrieben** aufgegeben werden. Einzelheiten dazu regelt § 29 PostO[6]. Darin liegt eine zusätzliche Sicherung für die Einladung der Gesellschafter. Auch können die Geschäftsführer den Abgang des Schriftstücks durch den Einlieferungsschein beweisen.

3. Einladungsadressaten

a) **Grundsatz.** Die Einladung muß **an alle Gesellschafter** ergehen. Gesellschafter 5
sind die Gründer, bei Veräußerung des Geschäftsanteils diejenigen, die nach § 16 bei der GmbH angemeldet sind. Auch Gesellschafter *ohne Stimmrecht* sind einzuladen. Das gilt, wenn die Satzung den Geschäftsanteil stimmrechtslos gestellt hat (§ 47, 56), und ist insbesondere auch dann zu beachten, wenn ein Gesellschafter im Einzelfall von einem Stimmverbot betroffen ist (§ 47, 119 ff); denn sein Recht, sich zu dem Abstimmungspunkt zu äußern, bleibt davon unberührt[7]. Die Einladung ist an die **Anschrift** zu richten, die der Gesellschafter der GmbH mitgeteilt hat[8]. Die Einladung unter einer anderen Anschrift ist nur dann ordnungsgemäß, wenn sie den Gesellschafter tatsächlich erreicht[9]. In Zweifelsfällen empfiehlt es sich, die Einladung unter beiden Anschriften auszusprechen.

b) **Einladungsadressaten: Einzelfragen. aa) Unbekannte oder unerreichbare Gesell- 6
schafter.** Die Einladung solcher Gesellschafter darf nicht einfach unterbleiben. Unternimmt die GmbH nichts, so liegt ein Einberufungsfehler vor, der zur Nichtigkeit gleichwohl gefaßter Beschlüsse führt (vgl. noch Rdn 26). Im einzelnen gilt: Der Gesellschafter ist für die GmbH **unbekannt,** wenn für sie mehrere Personen als Inhaber eines Geschäftsanteils in Betracht kommen und sie nicht weiß, wer von ihnen Inhaber ist. Daraus folgt zunächst, daß die Einladung rechtlich fehlerfrei ist, wenn die GmbH eine bestimmte Person infolge eines nicht von ihr zu vertretenden Irrtums einlädt. Den Hauptfall bildet der Tod des Gesellschafters, von dem die GmbH keine Nachricht erhält; Ladung des Verstorbenen ist unter dieser Prämisse kein Einberufungsfehler[10]. Bei Ladung desjenigen, der nach § 16 bei der GmbH aufgrund unwirksamer Anteilsübertragung angemeldet ist, liegt schon deshalb kein Einberufungsfehler vor, weil die Anmeldung trotz des Übertragungsmangels bewirkt, daß der Angemeldete gegenüber der GmbH als Gesellschafter „gilt"[11]. Wie zu verfahren ist, wenn sich die GmbH über die Person des Gesellschafters im Ungewissen befindet, wird nicht einheitlich beurteilt[12]. Erörtert werden: öffentliche Zustellung nach § 132 Abs. 2 BGB[13]; Bestellung

---

5 So Baumbach/Hueck/*Zöllner* 11.

6 BGBl. 1963 I S. 341, 346; PostO zuletzt geändert am 10. 3. 1986, BGBl. 1986 I S. 343.

7 BGH NJW 1971, 2225; BGH WM 1985, 567, 568 = GmbH-Rdsch. 1985, 256; Scholz/*K. Schmidt* 6; Baumbach/Hueck/*Zöllner* 3.

8 Scholz/*K. Schmidt* 6; Baumbach/Hueck/*Zöllner* 4.

9 Insoweit aM *Schilling* Voraufl. 4, nach dem es auf die zuverlässige Kenntnis der GmbH ankommen soll.

10 Scholz/*K. Schmidt* 10; Baumbach/Hueck/*Zöllner* 6; vgl. auch Rowedder/*Koppensteiner*[2] 6.

11 BGHZ 84, 47, 49; BGH WM 1990, 505, 508; Baumbach/*Hueck* § 14, 4; im Ergebnis auch Baumbach/Hueck/*Zöllner* 5.

12 Ausführlich: *Beckmann* DNotZ 1971, 132; *Schmitz* GmbH-Rdsch. 1971, 226.

13 Scholz/*K. Schmidt* 10; Fischer/*Lutter*/*Hommelhoff* 10.

eines Pflegers nach § 1911 BGB[14]; Bestellung eines besonderen Vertreters durch das Registergericht[15]. Richtig ist für den Fall des seiner Person nach unbekannten Gesellschafters die öffentliche Zustellung gem. §§ 204 ff ZPO aufgrund analoger Anwendung des § 132 Abs. 2 BGB (Einladung als geschäftsähnliche Handlung) oder Pflegschaft für einen unbekannten Beteiligten nach § 1913 BGB. Dagegen ist § 1911 BGB insoweit tatbestandlich nicht gegeben, und für ein Tätigwerden des Registergerichts fehlt die Rechtsgrundlage[16].

7 Von dem Fall des seiner Person nach unbekannten Gesellschafters ist der des **unerreichbaren** Gesellschafters zu unterscheiden. Unerreichbar ist er vor allem **bei unbekanntem Aufenthaltsort.** Vielfach wird dieser Fall mit dem des unbekannten Gesellschafters in eins gesetzt, woraus sich Ungewißheit über die richtige Lösung ergibt (vgl. Nachweise in Fn 12 ff). Unerreichbarkeit des Gesellschafters begründet jedoch kein besonderes Fürsorgebedürfnis. Die GmbH darf vielmehr die ihr mitgeteilte Anschrift als maßgeblich betrachten (Rdn 5), bis ihr eine neue bekanntgegeben wird. Deshalb liegt auch dann kein Einberufungsfehler vor, wenn die Einladung als unzustellbar zurückkommt[17]. Für eine analoge Anwendung des § 132 Abs. 2 BGB (öffentliche Zustellung) besteht in diesen Fällen kein Bedürfnis. In Betracht kommt aber die Bestellung eines Abwesenheitspflegers nach § 1911 BGB. Ob Vermögensfürsorge iSd Vorschrift geboten ist, hängt vom Einzelfall, insbesondere vom Inhalt der zu fassenden Beschlüsse, ab.

8 bb) **Verstorbene Gesellschafter; Gesellschaftererben.** Ladungsprobleme bei Tod des Gesellschafters sind anhand der dargestellten Regeln (Rdn 6 f) unter Beachtung der erbrechtlichen Besonderheiten zu lösen. Daß die Einladung an den verstorbenen Gesellschafter gerichtet wird, ist demnach kein Einberufungsfehler, wenn die GmbH von seinem Ableben nichts weiß und ihre Unkenntnis auch nicht zu vertreten hat (Rdn 6 mit Fn 10). Ist das Ableben dagegen bekannt, so sind die Erben unter ihrer Adresse zu laden, wenn sie von Person feststehen; zur Erbengemeinschaft siehe Rdn 9. Bei Erteilung eines Erbscheins ist die Einladung in sinngemäßer Anwendung des § 2367, 2. Fall BGB an den dadurch als Erben Ausgewiesenen zu richten[18]. Wenn nicht feststeht, wer Erbe geworden ist, tritt an die Stelle der Pflegschaft für einen unbekannten Beteiligten (§ 1913 BGB, vgl. Rdn 6 aE) die Nachlaßpflegschaft nach § 1960 Abs. 2, letzter Fall BGB[19]. Dem steht nicht entgegen, daß es sich bei dem Geschäftsanteil um einen einzelnen Nachlaßgegenstand handelt. Die früher vertretene Ansicht[20], daß eine derart beschränkte Nachlaßpflegschaft nicht zulässig sei, ist zu Recht aufgegeben[21].

9 cc) **Mitberechtigung** (**§ 18 Abs. 3**). Einladung zur Gesellschafterversammlung ist Rechtshandlung iSd § 18 Abs. 3; wegen der hierher gehörenden Fälle vgl. Erl. dort und Rdn 11. Es ist zu unterscheiden: Wenn ein gemeinsamer Vertreter bestellt wurde, ist seine Einladung erforderlich und genügend. Gibt es keinen gemeinsamen Vertreter, so genügt es grundsätzlich, wenn nur einer der Mitberechtigten eingeladen wird, bei

---

14 Scholz/*K. Schmidt* 10.
15 *Beckmann* DNotZ 1971, 132, 133; *Schmitz* GmbH-Rdsch. 1971, 226, 228.
16 Baumbach/Hueck/*Zöllner* 4.
17 KG JW 1936, 334, 335; Scholz/*K. Schmidt* 10; Baumbach/Hueck/*Zöllner* 4; vgl. auch KG NJW 1965, 2157, 2159 (li. Sp. oben, obiter).
18 Ganz **hM**, vgl. Scholz/*K. Schmidt* 10; Baumbach/Hueck/*Zöllner* 6; Palandt/*Edenhofer* § 2367, 2; *Däubler* GmbH-Rdsch. 1963, 181, 182 f; *Schreiner* NJW 1978, 921 f; **aM** *Priester* GmbH-Rdsch. 1984, 193, 195 f.
19 LG Berlin NJW-RR 1986, 195; Scholz/*K. Schmidt* 10; Baumbach/Hueck/*Zöllner* 6.
20 KGJ 48 (1916), 77, 79; KGJ 50 (1918), 74, 75; auch noch *Beckmann* DNotZ 1971, 132, 136.
21 KG NJW 1965, 1719; OLG Hamm JMBl. NW 1963, 19, 20; OLG Köln JMBl. NW 1963, 249; Palandt/*Edenhofer* § 1960, 5 (vor a).

Erbengemeinschaften allerdings erst nach Ablauf der Monatsfrist des § 18 Abs. 3 S. 2. Für die teilweise erwogene einschränkende Auslegung[22] des § 18 Abs. 3 geben Sinn und Zweck nichts her. Es gehört aber zu den Organpflichten der Geschäftsführer, die mitgliedschaftlichen Befugnisse der Gesellschafter zu achten. Unter diesem Aspekt ist es jedenfalls vertretbar, einen Ladungsfehler anzunehmen, wenn die Einladung nur an einen Mitberechtigten ergeht, obwohl damit gerechnet werden mußte, daß er die Information der anderen unterläßt; so bei zerstrittenen Beteiligten mit unterschiedlichen Interessen. Unterrichtung der nicht geladenen Mitberechtigten, die auch formlos erfolgen kann, ist deshalb jedenfalls sinnvoll[23].

dd) **Gesetzliche und organschaftliche Vertretung.** Wenn Gesellschafter gesetzlich vertreten werden, ist die Einladung an den *Vertreter* zu richten, also je nach Sachlage an Vater und Mutter, Vormund oder Pfleger. Wenn Testamentsvollstreckung angeordnet ist, wird der *Testamentsvollstrecker* eingeladen, bei Konkurs des Gesellschafters der *Konkursverwalter.* Wird der Geschäftsanteil von einer AG, GmbH oder einer anderen juristischen Person gehalten, so ergeht die Einladung an sie, vertreten durch ihren *Vorstand, Geschäftsführer* oder das sonst zuständige Organ. Auch OHG oder KG sind als solche, vertreten durch ihre *geschäftsführenden Gesellschafter,* zu laden (vgl. §§ 124, 161 Abs. 2 HGB). **10**

GbR, nicht eingetragener Verein, Vor-AG und Vor-GmbH sind nach richtiger Ansicht als solche, vertreten durch ihre geschäftsführenden Gesellschafter, Vorstände oder Geschäftsführer, zur Gesellschafterversammlung zu laden. Ein Fall des § 18 Abs. 3 (dazu Rdn 9) liegt also nicht vor. Die Gegenmeinung[24] kann mit der Gründerfähigkeit dieser Gesamthandsvereinigungen (dazu § 2, 68) nicht vereinbart werden und ist daher abzulehnen. Auch bestehen die sachlichen Schwierigkeiten nicht, denen § 18 Abs. 3 begegnen soll; denn die GmbH hat es nicht mit einer Vielzahl von Beteiligten, sondern nur mit dem jeweils zuständigen Organ zu tun. Die Einberufung erfolgt deshalb fehlerhaft, wenn die Ladung nur an einen oder einige Gesellschafter oder Mitglieder ergeht. Ladung aller Gesellschafter oder Gründungsmitglieder ist als ausreichend zu betrachten, sofern sich unter ihnen die Geschäftsführer oder die Mitglieder des Vertretungsorgans befinden. **11**

ee) **Stimmrechtsvollmacht; Pfandgläubiger; Treuhänder; Nießbraucher.** Stimmrechtsvollmacht (§ 47 Abs. 3) beseitigt das Teilnahmerecht des Gesellschafters nicht. Also ist grundsätzlich er und nicht der Bevollmächtigte zu laden. Diesen zu verständigen, bleibt Sache des Gesellschafters als Vollmachtgeber. Bloße Anzeige der Bevollmächtigung ändert daran nichts[25]. Abweichendes gilt nur, wenn der Bevollmächtigte der GmbH als Ladungsempfänger benannt ist[26]; dann kann nämlich davon ausgegangen werden, daß der Gesellschafter sein Teilnahmerecht nicht ausüben will. Pfandgläubiger erwerben in dieser Eigenschaft keine Gesellschafterrechte (§ 47, 50). Die Einladung ist deshalb nicht an sie, sondern an den Gesellschafter zu richten. Dagegen ist der Treuhänder, nicht der Treugeber Einladungsadressat (§ 47, 50). Für den Nießbrauch **12**

---

22 Scholz/*K. Schmidt* 8; *Wiedemann* GmbH-Rdsch. 1969, 247, 253.

23 Scholz/*K. Schmidt* 8.

24 Scholz/*K. Schmidt* 7. Denselben Standpunkt muß einnehmen, wer die Gründerfähigkeit mit der älteren Rechtsprechung und Lehre (Nachweise: § 2 Fn 104 aE) verneint.

25 Baumbach/Hueck/*Zöllner* 8; Scholz/*K. Schmidt* 9, die aber den Bevollmächtigten zusätzlich laden wollen; aM *Schilling* Voraufl. 4; *Meyer-Landrut*/Miller/Niehus 2.

26 Baumbach/Hueck/*Zöllner* 8.

ist die Rechtslage streitig. Nach richtiger Ansicht ist der Nießbraucher einzuladen, sofern ein mitgliedschaftsspaltender Nießbrauch vorliegt (§ 47, 51).

13 ff) **Teilnahmeberechtigte Dritte.** Personen, die zur Teilnahme an der Gesellschafterversammlung berechtigt sind, ohne selbst Gesellschafter zu sein (hierzu: § 48, 20ff), müssen zwar eingeladen werden. Es liegt jedoch kein zur Nichtigkeit von Beschlüssen führender Einberufungsfehler vor, wenn die Ladung unterbleibt. Folge des Fehlers ist nur Anfechtbarkeit. Hierher gehören insbesondere die Aufsichtsratsmitglieder bei entsprechender Anwendung des § 118 Abs. 2 AktG in der mitbestimmten GmbH[27].

4. Einberufungsfrist

14 a) **Wochenfrist.** Die Gesellschafterversammlung ist nach § 51 Abs. 1 S. 2 mit einer Frist von mindestens einer Woche einzuberufen. Maßgeblich für den Fristbeginn ist die letzte Einladung, und hier nicht der Zeitpunkt der Aufgabe, sondern der Moment, in dem das Einschreiben normalerweise zugehen müßte (str., vgl. Rdn 15). Für die Berechnung der Frist gelten die §§ 187 Abs. 1, 188 Abs. 2, 193 BGB. Die Frist läuft also an dem Wochentag ab, an dem die Einberufung in der vorhergehenden Woche bewirkt worden ist. Frühestens am folgenden Tag darf die Gesellschafterversammlung stattfinden. Wenn das reguläre Fristende auf einen Sonnabend, einen Sonntag oder auf einen gesetzlichen Feiertag fällt, ist an dessen Stelle der nächste Werktag maßgeblich[28]. Das ergibt sich zwar nicht aus unmittelbarer, aber aus analoger Anwendung des § 193 BGB, die auch sonst bei geschäftsähnlichen Handlungen statthaft ist. Also: Einberufung am Sonnabend, regulärer Fristablauf am Sonnabend der nächsten Woche, maßgeblicher Werktag der Montag, frühester Versammlungstag Dienstag. Diese Grundsätze gelten nicht nur für die erstmalige Einberufung der Gesellschafterversammlung, sondern auch für ihre Verlegung (vgl. schon Rdn 2), damit die Gesellschafter auch für den neuen Termin angemessen disponieren können[29].

15 b) **Insbesondere: Fristbeginn.** Drei Lösungen sind denkbar: Fristbeginn mit Zugang der letzten Einladung; mit der Aufgabe (Einlieferung) des letzten eingeschriebenen Briefs; in dem Zeitpunkt, in dem mit dem Zugang des Schreibens bei dem letzten Adressaten normalerweise zu rechnen ist. Einigkeit besteht darüber, daß es auf den tatsächlichen Zugang nicht ankommt[30]. Diese Lösung entspräche zwar § 130 Abs. 1 S. 1 BGB, doch gilt die Vorschrift für die Einberufung nicht unmittelbar, weil sie keine Willenserklärung ist, und ihre analoge Anwendung scheitert an der Unvergleichbarkeit der Sachverhalte: Die Gesellschafterversammlung könnte den Zugang nicht zuverlässig feststellen und müßte deshalb bei ihrer Beschlußfassung das Risiko eines zur Nichtigkeit führenden Einberufungsmangels tragen. Die früher hM hat daraus abgeleitet, daß es auf die Einlieferung des Briefs ankomme[31]. Der BGH hat dagegen die schon vorher zur herrschenden Ansicht gewordene Lehre[32] übernommen, daß nicht die Einlieferung, sondern der Augenblick des normalerweise erwartbaren Zugangs entscheidet[33]. Dieser Ansicht ist beizupflichten, weil sie die gegenläufigen Interessen an leichter Prüfbarkeit rechtzeitiger Einberufung einerseits, angemessener Vorbereitungszeit der Gesellschafter

---

27 OLG Stuttgart NJW 1973, 2027, 2028; Scholz/*K. Schmidt* 12; Baumbach/Hueck/*Zöllner* 10.

28 *Schilling* Voraufl. 6; Baumbach/Hueck/*Zöllner* 18.

29 BGHZ 100, 264, 266 = NJW 1987, 2580f; Baumbach/Hueck/*Zöllner* 17.

30 Seit RGZ 60, 144, 145 f (1905); dort Nachweise des seinerzeitigen Meinungsstands.

31 RG aaO; KG NJW 1965, 2157, 2158 (re. Sp.); Scholz/*K. Schmidt* bis zur 6. Aufl. (§ 51, 8); *Meyer-Landrut*/Miller/Niehus 7; *Sudhoff* Rechte und Pflichten des Geschäftsführers (1987) S. 84.

32 *Schilling* Voraufl. 6; Baumbach/Hueck/*Zöllner* 17; Fischer/*Lutter*/*Hommelhoff* 7.

33 BGHZ 100, 264, 267f = NJW 1987, 2580, 2581.

andererseits angemessen zum Ausgleich bringt; eine Wochenfrist abzüglich Zugang ist für ihre Dispositionen im Regelfall zu kurz[34]. Der normalerweise erwartbare Zugang wird bei Inlandszustellung zwei Tage nach der Einlieferung anzusetzen sein[35]. Bei Postzustellung im Ausland läßt sich kaum eine allgemeine Frist bestimmen; die Annahme von vier Tagen[36] sollte im Interesse der Beschlußsicherheit als Minimum verstanden werden.

III. Inhalt der Einberufung

1. Unverzichtbare Anforderungen

§ 51 regelt die inhaltlichen Anforderungen, denen die Einberufung zu genügen hat, nur teilweise in Abs. 2 (dazu Rdn 17). Sie sind im übrigen **aus dem Zweck der Einberufung zu entwickeln.** Danach ist zu fordern[37]: Es muß klar ersichtlich sein, daß es sich um die Gesellschafterversammlung handelt, also um die Einberufung des Beschlußorgans der GmbH und nicht um eine sonstige Zusammenkunft (Rdn 1). Die GmbH ist als solche zu bezeichnen, und zwar sinnvollerweise, wenn auch nicht wie für die AG notwendig (§ 121 Abs. 3 AktG), durch Firma und Sitz. Aus der Einladung muß sich ergeben, wer die Versammlung einberuft (Geschäftsführer, Minderheit oder eine nach der Satzung sonst zuständige Stelle). Die Angabe kann im Text enthalten sein, sich bei unterschriebenen Einladungen (Rdn 4) aber auch aus der Unterschrift ergeben, soweit sie bekannt oder lesbar ist. Ort und Zeit der Versammlung sind mitzuteilen, und zwar so präzise, daß die Gesellschafter ihre Dispositionen ohne Rückfrage treffen können. Dazu gehört grundsätzlich auch die Angabe der Tageszeit[38]. Die Annahme des KG aaO (Fn 38), nach dem ohne diese Angabe bei einer GmbH mit drei Gesellschaftern und telefonischer Kenntnisnahme von der Versammlungsstunde ordnungsgemäß geladen sei, mag im Einzelfall zutreffen, sollte aber nicht verallgemeinert werden. Die bloße Verschiebung des Beginns ist aber keine Verlegung iS von Rdn 3, 14. Im übrigen sind die in § 48, 4 ff entwickelten Anforderungen zu beachten. **16**

2. Angabe des Zwecks

Nach § 51 Abs. 2 soll (nicht: muß) der **Zweck der Versammlung** bei ihrer Einberufung angekündigt werden, und zwar jederzeit. Die schlecht formulierte Bestimmung meint: Die Gegenstände, mit denen sich die Gesellschafterversammlung befassen soll, sollen ihr bei der Einberufung mitgeteilt werden, und zwar ohne Rücksicht darauf, ob die Einberufung mit der Mindestfrist von einer Woche oder früher ausgesprochen wird. Aus dem Zusammenhang mit § 51 Abs. 4 ergibt sich zusätzlich, daß die Mitteilung nachgeholt werden kann, aber nur unter Wahrung einer Ankündigungsfrist von drei Tagen. Der Versammlungszweck i. S. des Absatzes 2 wird also durch die Gegenstände der Beschlußfassung in Absatz 4 konkretisiert[39]. Weil diese Gegenstände im allgemeinen durch die Tagesordnung festgelegt werden, wird die gesetzliche Regelung verbreitet dahin aufgefaßt, daß sie die Ankündigung der Tagesordnung betreffe[40]. Das bezeichnet den Hauptfall und kann daher als Sprachgebrauch beibehalten, darf aber nicht dahin **17**

---

[34] Deshalb sah § 81 Abs. 2 RegE 1973 eine Frist von zwei Wochen vor, vgl. BT-Drucks. 7/253, S. 22 (Begr.: S. 133).

[35] Fischer/*Lutter/Hommelhoff* 7; BGHZ 100, 264, 269 (Fn 33) schließt allerdings auch einen Tag nicht aus.

[36] So Fischer/*Lutter/Hommelhoff* 7 für Westeuropa.

[37] OLG Zweibrücken GmbH-Rdsch. 1980, 85 f; Scholz/*K. Schmidt* 16; Baumbach/Hueck/*Zöllner* 13 ff; Fischer/*Lutter/Hommelhoff* 2 f.

[38] KG NJW 1965, 2157, 2159 li. Sp.

[39] Amtl. Begr. 1892, S. 106; Scholz/*K. Schmidt* 18.

[40] *Schilling* Voraufl. 8; Baumbach/Hueck/*Zöllner* 16 und 20.

mißverstanden werden, daß für die Beschlußtätigkeit der Gesellschafterversammlung auch eine bestimmte Reihenfolge vorgegeben werden müsse, wie sie zu einer Tagesordnung gehört. Vielmehr genügt die bloße Mitteilung der Beschlußgegenstände[41]. Daraus eine Tagesordnung zu entwickeln, darf der Gesellschafterversammlung überlassen bleiben. In dieser Weise vorzugehen, kann im Einzelfall, namentlich bei überschaubaren Verhältnissen, sinnvoll sein.

IV. Ankündigung der Tagesordnung

1. Form

18 Für die Ankündigung der Tagesordnung (genauer: Mitteilung der Verhandlungsgegenstände, vgl. Rdn 17) ist die **Form der Einberufung** zu wahren; erforderlich ist demnach die Unterrichtung der Gesellschafter durch eingeschriebene Briefe (Rdn 4)[42]. Das sagt § 51 zwar nicht ausdrücklich. Die Maßgeblichkeit der Einberufungsform folgt aber daraus, daß § 51 Abs. 2 die Ankündigung als regelmäßigen Bestandteil der Einberufung vorsieht (Rdn 17). Für eine Lockerung bei ausnahmsweise getrennter Ankündigung (§ 51 Abs. 4) gibt es keine sachlichen Gründe. Sie würde im Gegenteil der Bedeutung der Ankündigung für die Ausübung der Gesellschafterrechte (Teilnahme an der Versammlung; Vorbereitung) nicht gerecht.

2. Frist

19 Nach § 51 Abs. 4 ist für die Ankündigung der Tagesordnung eine Frist von **drei Tagen** zu beachten. Wenn sie nicht eingehalten wird, kann über die verspätet angekündigten Gegenstände gem. § 51 Abs. 3 und 4 nur in einer Vollversammlung Beschluß gefaßt werden (dazu Rdn 28 ff). Für die Berechnung der Ankündigungsfrist gilt dasselbe wie für die der Einberufungsfrist[43]; vgl. deshalb Rdn 14 f. Insbesondere bestimmt sich der Fristbeginn auch und gerade hier nach dem Zeitpunkt, in dem bei normalem Verlauf mit dem Zugang des letzten eingeschriebenen Briefs gerechnet werden kann. Beginn schon mit Einlieferung des Briefs würde die Dreitagesfrist dagegen zu einer solchen „ohne Wert" machen (BGH aaO [Fn 43]).

20 Von der Ankündigungsfrist ist die (kollektive) **Informationspflicht** zu unterscheiden, die den Geschäftsführern vor der Beschlußfassung gegenüber den Gesellschaftern obliegt, damit diese ihre Rechte (§ 46) sinnvoll ausüben können. Die Informationspflicht kann nicht nur durch unvollständige oder falsche, sondern auch durch **verspätete Angaben** verletzt werden. Die Informationen müssen deshalb angemessene Zeit vor der Beschlußfassung zur Verfügung stehen. Angemessen ist die Zeitspanne, die die Gesellschafter brauchen, um sich über den Gegenstand der Beschlußfassung ein hinreichend klares Bild zu verschaffen. Namentlich bei der Feststellung des Jahresabschlusses und bei Grundlagenbeschlüssen kann aus dem kollektiven Informationsrecht der Gesellschafter abzuleiten sein, daß sie mit dem jeweiligen Beschlußgegenstand frühzeitig vertraut gemacht werden müssen. Wenn dagegen verstoßen wird, ist ein gleichwohl gefaßter Beschluß anfechtbar, obwohl die Ankündigungsfrist eingehalten wurde[44].

---

[41] Scholz/*K. Schmidt* 18; *Wenck* Die Einberufung der Generalversammlungen (1914), S. 219; wohl aM *Krakenberger* JW 1931, 2981.

[42] Scholz/*K. Schmidt* 13; *Schilling* Voraufl. 7.

[43] BGHZ 100, 264, 268 f = NJW 1987, 2580, 2581; Scholz/*K. Schmidt* 14 f; Baumbach/Hueck/*Zöllner* 20.

[44] Scholz/*K. Schmidt* 17.

3. Inhalt

a) **Grundsatz.** Welchen inhaltlichen Anforderungen die Ankündigung der Tagesordnung genügen muß, sagt § 51 nicht. Klar ist nur, daß die Angabe des Beschlußgegenstandes genügt, ein bestimmter Vorschlag zur Beschlußfassung abweichend von § 124 Abs. 3 AktG also nicht in der Ankündigung enthalten zu sein braucht (vgl. schon Rdn 17). Die Ankündigung muß aber so deutlich sein, daß jeder Gesellschafter ohne Rückfrage erkennen kann, worüber verhandelt und Beschluß gefaßt werden soll, und zwar so genau, daß ihm eine sinnvolle Vorbereitung möglich wird[45]. Immer unzureichend ist es also, wenn Beschlußgegenstände unter „Verschiedenes" angekündigt werden. Verstöße begründen Anfechtbarkeit, und zwar einerlei, ob sie auf Nachlässigkeit beruhen oder ob mit ihnen eine Überraschungsstrategie verfolgt wird. Wenngleich nicht zwingend erforderlich, sollten Anträge, soweit sie vorliegen, immer mitgeteilt werden. **21**

b) **Einzelfragen. aa) Geschäftsführung, Geschäftsführer, Jahresabschluß.** „Genehmigung der Geschäftsführung" genügt als Ankündigung nicht, wenn über die Genehmigung einer Hypothekenbestellung unter Befreiung von dem Verbot des § 181 BGB beschlossen werden soll[46]. Ebenso wenig ausreichend ist „Änderung der Geschäftsführung", wenn die Abberufung eines Geschäftsführers zur Beschlußfassung ansteht[47]. Wenn die Gesellschaft mehrere Geschäftsführer hat und nicht ohnehin für alle evident ist, um wessen Abberufung es geht, ist der Name anzugeben[48]. Dagegen wird Mitteilung des Abberufungsgrundes im allgemeinen für entbehrlich gehalten (nicht zweifelsfrei)[49]. Bei Abberufung aus wichtigem Grund ist den Besonderheiten Rechnung zu tragen, die sich aus dem insoweit, nicht für die Abberufung generell, bestehenden Stimmverbot (§ 47, 172 f) ergeben. Abberufung des geschäftsführenden Gesellschafters nach § 38 Abs. 1 muß deshalb angekündigt werden; Ankündigung einer Abberufung aus wichtigem Grund (§ 38 Abs. 2) genügt dafür nicht, weil nicht ausgeschlossen werden kann, daß der Gesellschafter der Versammlung mit Rücksicht auf das Stimmverbot fernbleibt (BGH WM **1985** 570). Ausreichend ist es, wenn angekündigt wird: a) Abberufung aus wichtigem Grund, b) hilfsweise: Abberufung gem. § 38 Abs. 1 (OLG Nürnberg GmbH-Rdsch. **1990** 166, 167 und 169). Unzureichend ist es, wenn die Erörterung einer Bilanz als Tagesordnungspunkt angekündigt wird, während es um die Feststellung des Jahresabschlusses gehen soll[50]. **22**

bb) Satzungsänderung. Bei Satzungsänderungen ist der wesentliche Inhalt anzugeben[51]. Die bloße Ankündigung irgendwelcher Änderungen genügt also nicht, auch nicht eine unbestimmte Formulierung des Änderungsthemas. Es darf also z. B. nicht heißen: Änderung des Unternehmensgegenstands; sondern: Erweiterung des bisherigen Unternehmensgegenstands um den Geschäftsbereich Umwelttechnik und Abfallwirtschaft. **23**

cc) **Kapitalerhöhung.** Das Erfordernis hinlänglicher Bestimmtheit gilt insbesondere für Kapitalerhöhungen. Mitzuteilen sind also die Art (Bar- oder Sacheinlagen, Kapitalerhöhung aus Gesellschaftsmitteln) und die geplante Größenordnung[52]. Unterschreitun- **24**

---

[45] RG JW 1908, 674 f; RGZ 86, 21, 22; BGH NJW 1960, 1861; BGH NJW 1962, 393; OLG Karlsruhe DB 1988, 1845; Scholz/*K. Schmidt* 19; Baumbach/Hueck/*Zöllner* 21; Fischer/*Lutter/Hommelhoff* 4.

[46] RGZ 89, 367, 378.

[47] BGH NJW 1962, 393.

[48] HM, vgl. Scholz/*K. Schmidt* 19; Baumbach/Hueck/*Zöllner* 22; *Meyer-Landrut*/Miller/Niehus 9; **aM** z. B. Fischer/*Lutter/Hommelhoff* 4.

[49] BGH NJW 1962, 393; Baumbach/Hueck/*Zöllner* 22.

[50] OLG Karlsruhe GmbH-Rdsch. 1989, 206, 207.

[51] Baumbach/Hueck/*Zöllner* 23.

[52] RGZ 87, 155, 156 (AG); Scholz/*K. Schmidt* 19; Baumbach/Hueck/*Zöllner* 23.

gen der mitgeteilten Summe sind unschädlich. Nachhaltige Überschreitung des angekündigten Betrags macht den Beschluß dagegen fehlerhaft. Streitig ist, ob die Gesellschafter ein gesetzliches Bezugsrecht analog § 186 AktG haben; vgl. Erl. zu § 55 (7. Aufl.: Rdn 44 ff). Bejaht man das, so muß man auch den Ausschluß des Bezugsrechts analog § 186 Abs. 4 AktG für ankündigungspflichtig halten[53]. Auf der Basis der verneinenden Ansicht ist zu fordern, daß die Nichtbeteiligung von Gesellschaftern als Inhalt des Zulassungsbeschlusses angekündigt wird.

25 dd) **Grundlagenbeschlüsse (Unternehmensverträge).** Unternehmensverträge, besonders Beherrschungs- und Gewinnabführungsverträge, sind Organisationsverträge mit satzungsgleicher Wirkung; sie bedürfen deshalb der Zustimmung der Gesellschafterversammlungen beider Gesellschaften mbH; für den Beschluß der herrschenden Gesellschaft ist eine Mehrheit von 75% erforderlich und genügend, für den der beherrschten Gesellschaft jedenfalls erforderlich[54]. Die danach notwendigen Gesellschafterbeschlüsse setzen gehörige Ankündigung voraus. Die Angabe von Vertragsart und -partner ist ganz unverzichtbar. Analog § 124 Abs. 2 S. 2 AktG ist weitergehend zu verlangen, daß den Gesellschaftern der wesentliche Vertragsinhalt bekannt gemacht wird[55]; sonst bliebe unerfindlich, wie sie sich sinnvoll auf die Beschlußfassung vorbereiten sollen. Zum Gebot rechtzeitiger Information vgl. schon Rdn 20.

V. Rechtsfolgen einer Verletzung

1. Grundsatz: Mangelhafter Beschluß der Gesellschafterversammlung

26 a) **Nichtigkeit.** Fehler bei der Einberufung oder bei der Ankündigung der Tagesordnung machen den Beschluß der Gesellschafterversammlung mangelhaft. Der Mangel kann seinerseits zur Nichtigkeit oder zur Anfechtbarkeit führen. Nichtig ist der Beschluß nur dann, wenn die Voraussetzungen des entsprechend anwendbaren § 241 Abs. 1 Nr. 1 AktG (dazu § 47 Anh) erfüllt sind. Danach tritt Nichtigkeit nur dann ein, wenn die aus § 121 Abs. 2 und 3 AktG ableitbaren Mindestanforderungen nicht gewahrt sind. Der Beschluß ist deshalb nichtig, wenn keine Einberufung ausgesprochen wurde oder wenn die Befugnis zur Einberufung fehlte (§ 121 Abs. 2 AktG analog)[56]. Er ist ferner nichtig, wenn die Einladung derart mangelhaft ist, daß der Regelungskern des § 121 Abs. 3 AktG verfehlt wird. So liegt es, wenn nicht alle Gesellschafter eingeladen wurden[57]; wenn Zeit oder Ort der Versammlung nicht oder nicht richtig angegeben wurden[58]; wenn die Einladung nicht durch eingeschriebenen Brief ausgesprochen wurde (Ausnahme: Zugang erfolgt; Beweislast bei der GmbH)[59]. Dagegen bildet es nach richtiger, allerdings umstrittener Ansicht keinen Nichtigkeitsgrund, wenn

---

53 Folgerichtig Baumbach/Hueck/*Zöllner* 23.

54 BGHZ 105, 324, 331 ff = NJW 1989, 295; wegen der Einzelheiten vgl. Erl. zu § 53.

55 Der Ansicht von Baumbach/Hueck/*Zöllner* 23 ist also beizupflichten.

56 BGH 11, 231, 236 = NJW 1954, 385, 386 m. Anm. *Scholz* = LM GmbHG § 51 Nr. 1 (LS) m. Anm. *Rob. Fischer;* BGHZ 18, 334, 337 ff = NJW 1955, 1917, 1918; BGH WM 1961, 799; BGH WM 1962, 202, 203; BGHZ 87, 1, 3 = NJW 1983, 1677 (nichtig auch dann, wenn das Quorum des § 50 Abs. 1 erfüllt ist, aber nicht gem. § 50 Abs. 3 zugewartet wird).

57 BGHZ 36, 207, 211 = NJW 1962, 538; BGHZ 49, 183, 189 = NJW 1968, 743; BGH WM 1978, 551, 552; BGH WM 1983, 1154 f; BGH WM 1984, 473; OLG Celle GmbH-Rdsch. 1983, 273, 275; OLG Frankfurt GmbH-Rdsch. 1984, 99; LG Berlin NJW-RR 1986, 195; Scholz/*K. Schmidt* 28; Baumbach/Hueck/*Zöllner* 24.

58 Scholz/*K. Schmidt* 30.

59 Baumbach/Hueck/*Zöllner* 24; aM Fischer/*Lutter*/*Hommelhoff* 12.

die eigenhändige Unterschrift der Geschäftsführer fehlt (vgl. Rdn 4)[60]. Zur Vollversammlung siehe Rdn 28 ff, zum Rügeverzicht Rdn 32.

b) **Anfechtbarkeit.** Andere als die in Rdn 26 genannten Fehler bei der Einberufung oder der Ankündigung der Tagesordnung können den Beschluß der Gesellschafterversammlung nur in analoger Anwendung des § 243 AktG anfechtbar machen. Anfechtungsgrund kann insbesondere sein, daß die Frist für die Einberufung oder die Ankündigung unterschritten wurde (Rdn 14 f, 19)[61], daß die Ankündigung überhaupt fehlt oder nicht den inhaltlichen Anforderungen entspricht (Rdn 21 ff)[62]. Wie die Nichtigkeit, so entfällt auch die Anfechtbarkeit bei einer Vollversammlung (Rdn 28 ff), ferner bei Rügeverzicht (Rdn 32). 27

2. Ausnahme: Vollversammlung

a) **Begriff.** aa) **Allgemeines.** Eine Vollversammlung liegt vor, wenn *sämtliche Gesellschafter* bei der Beschlußfassung anwesend sind (§ 51 Abs. 3). Entscheidend ist Vollzähligkeit der Gesellschafter bei Versammlungsbeginn. Gemeint sind alle teilnahmeberechtigten Gesellschafter (dazu § 48, 14 ff), insbesondere auch die nicht stimmberechtigten. Der persönlichen Teilnahme steht wirksame Vertretung gleich (BayObLG GmbH-Rdsch. **1989** 252, 253 li. Sp.); vgl. zur Einladung von Vertretern Rdn 9 ff. Eine „Vollversammlung" liegt auch vor, wenn sämtliche Gesellschafter ein- und dieselbe Person bevollmächtigt haben und diese die „Versammlung" abhält. Jedenfalls bei einer Zweipersonen-GmbH genügt sogar, daß ein Gesellschafter erscheint, der zugleich als vollmachtloser Vertreter für den anderen auftritt, sofern dieser die Stimmabgabe genehmigt (BayObLG GmbH-Rdsch. **1989** 252, 253 re. Sp.; zur Genehmigung vgl. § 47, 99). Bei Mitberechtigung iSd § 18 genügt die Anwesenheit der mehreren Berechtigten auch dann, wenn sie keinen gemeinsamen Vertreter bestellt haben[63]. Protokollierung ist nur im Fall des § 48 Abs. 3 vorgeschrieben (vgl. dort Rdn 63 ff), aber auch sonst im Interesse der Rechtsklarheit zu empfehlen. Während insoweit Einigkeit besteht[64], sind zwei Fragen streitig. Erstens: Setzt Anwesenheit das Einverständnis mit der Beschlußfassung voraus (dazu Rdn 29)? Zweitens: Liegt eine Vollversammlung auch dann vor, wenn ein Gesellschafter zwar nicht anwesend ist, aber auf seine Teilnahme verzichtet hat (dazu Rdn 30)? Zum Sonderproblem der Vollversammlung im Ausland vgl. schon § 48, 8 f. 28

bb) **Insbesondere: Einverständnis mit der Beschlußfassung.** Nach **hM** setzt Anwesenheit iSd § 51 Abs. 3 das Einverständnis des Gesellschafters damit voraus, daß die Versammlung abgehalten wird, um Beschlüsse zu fassen[65]. Doch muß das Einverständnis nicht ausdrücklich erklärt werden. Vielmehr genügt Teilnahme an der Abstimmung, auch wenn gegen die Beschlußanträge gestimmt wird. Widerspricht der Gesellschafter aber der Abhaltung der Versammlung oder der Beschlußfassung (überhaupt; also nicht nur einem bestimmten Antrag), so ist er nach dieser Meinung nicht anwesend iSd § 51 Abs. 3[66]. Ob ein Gesellschafter, der erst widerspricht und dann doch an der Beschlußfassung teilnimmt, durch die Stimmabgabe seinen Widerspruch aufgibt, ist 29

---

[60] Scholz/*K. Schmidt* 30.

[61] BGHZ 11, 231, 234 f (Fn 56); BGH WM 1972, 742, 743; BGHZ 100, 264, 265 = NJW 1987, 2580; Scholz/*K. Schmidt* 30; Baumbach/Hueck/*Zöllner* 24 aE; *Vogel* Gesellschafterbeschlüsse und Gesellschafterversammlung (1987), S. 211.

[62] RGZ 89, 367, 381; KG OLGR 14 (1907), 352 (AG).

[63] KG OLGZ 1972, 144, 146 = WM 1972, 756 (AG).

[64] Statt vieler: Scholz/*K. Schmidt* 39; Baumbach/Hueck/*Zöllner* 25.

[65] RGZ 92, 409, 410 f; BGH NJW 1962, 393; BGHZ 100, 264, 270 f = NJW 1987, 2580, 2581 f; Scholz/*K. Schmidt* 43; Fischer/*Lutter/Hommelhoff* 14; *Vogel* Gesellschafterversammlung und Gesellschafterbeschlüsse (1987), S. 209 f.

[66] So zuletzt BGHZ 100, 264, 270 f (Fn 65).

Auslegungsfrage. Wer seine Stimme nur vorsorglich abgibt, hält am Widerspruch fest. Wer ohne erneuten Vorbehalt mitstimmt, hat seinen Widerspruch im Zweifel aufgegeben[67]; eine solche Auslegungsregel ist gerechtfertigt, weil es der Gesellschafter in der Hand hat, sein Verhalten eindeutig zu gestalten. Nach der **Mindermeinung** kommt es auf das Einverständnis des Gesellschafters für das Vorliegen einer Vollversammlung überhaupt nicht an. Widerspruch soll folgenlos bleiben[68] oder allenfalls Anfechtbarkeit gleichwohl gefaßter Beschlüsse begründen[69]. **Stellungnahme.** Mit der hM ist anzunehmen, daß zwar nicht der Wortlaut, aber Sinn und Zweck des § 51 Abs. 3 die rügelose Versammlungsteilnahme voraussetzen. Des „Dispositionsschutzes"[70] bedarf der Gesellschafter zwar nicht mehr, wenn er einmal erschienen ist[71]. Aber vor einer Überrumpelung könnte er sich nach der hier abgelehnten Ansicht nur schützen, indem er der Versammlung fernbliebe. Der damit verbundene Verzicht auf Einflußnahme und Information darf dem Gesellschafter nicht angesonnen werden.

30 cc) **Insbesondere: Verzicht auf Teilnahme. Meinungsstand.** Hat ein Gesellschafter von vornherein auf seine Teinahme an der Versammlung verzichtet und ist er deshalb nicht anwesend, so liegt nach einer Ansicht gleichwohl eine Vollversammlung vor[72]. Nach der Gegenansicht ist der Teilnahmeverzicht nur als antizipierter Rügeverzicht (vgl. noch Rdn 32) relevant[73]. Eine dritte Meinung geht zwar auch vom Rügeverzicht aus, hält diesen aber nicht für relevant, soweit es um die Verletzung von Einberufungsvorschriften geht; vielmehr soll Nichtigkeit eintreten, weil der Regelungszweck – Sicherstellung voller Präsenz – nicht zur Disposition einzelner Gesellschafter stehe[74]. **Stellungnahme.** Eine Vollversammlung liegt bei Teilnahmeverzicht nicht vor, weil nicht sämtliche Gesellschafter anwesend sind. Darauf kommt es aber auch nicht wesentlich an. Entscheidend ist vielmehr, ob die Versammlung ordnungsmäßig einberufen ist, wenn der Gesellschafter, der nicht oder nicht richtig eingeladen, etwa nur nachrichtlich informiert wurde, auf seine Teilnahme verzichtet hatte, oder ob ein Einberufungsfehler vorliegt. Letzteres ist zu verneinen. Weil es keinen gesetzlichen Teilnahmezwang gibt, gibt es auch keinen Zwang zur Einladung eines Gesellschafters, der erklärtermaßen ohnehin nicht kommen will. Demnach liegt schon kein Einberufungsfehler vor. Also können Beschlüsse gefaßt werden, ohne daß es noch darauf ankäme, wie weit die Dispositionsbefugnis des einzelnen Gesellschafters reicht.

31 b) **Rechtsfolgen.** Wenn eine Vollversammlung vorliegt (Rdn 28 f), können trotz vorhandener **Einberufungsmängel** wirksam Beschlüsse gefaßt werden (§ 51 Abs. 3). Insoweit kommt es nur auf die Tatsache der Vollversammlung an. Ein zusätzlicher Verzicht der Gesellschafter auf die Wahrung der Einberufungsvorschriften ist entbehrlich, aber jedenfalls unschädlich. Sofern ein **Protokoll** geführt wird (Rdn 28), sollten Verzichtserklärungen schon deshalb in die Niederschrift aufgenommen werden, weil sie das erforderliche Einverständnis (Rdn 29) dokumentieren. Ebenso sind Teilnahmeverzichte (Rdn 30) der Klarheit halber zu vermerken. Auch **Ankündigungsmängel** sind unschädlich, wenn eine Vollversammlung vorliegt (§ 51 Abs. 4). Wie bei Einberufungsfehlern (Rdn 29), so ist auch hier erforderlich, daß kein Gesellschafter widerspricht[75]. Wegen des Teilnahmeverzichts vgl. schon Rdn 30.

---

[67] KGJ 48 (1916), 132, 134; insoweit wohl aM Scholz/*K. Schmidt* 43.

[68] Baumbach/Hueck/*Zöllner* 25.

[69] *A. Hueck* Festschr. für Molitor (1962), S. 401, 408.

[70] BGHZ 100, 264, 268 (Fn 65).

[71] Darin zutr. Baumbach/Hueck/*Zöllner* 25.

[72] RG JW 1934, 976 (LS 1); *Schilling* Voraufl. 9; *Vogel* Gesellschafterversammlung und Gesellschafterbeschlüsse (1987), S. 209.

[73] Scholz/*K. Schmidt* 38; Fischer/*Lutter*/*Hommelhoff* 15.

[74] Baumbach/Hueck/*Zöllner* 26.

[75] KGJ 48 (1916), 132, 133; insoweit zustimmend (weil kein Nichtigkeitsgrund) Baumbach/Hueck/*Zöllner* 27.

3. Rügeverzicht

Begriff und Reichweite. Rügeverzicht ist die ausdrückliche oder konkludente Erklärung des Gesellschafters, einen Verstoß gegen § 51 nicht geltend machen zu wollen. Die Erklärung kann vor, bei und grundsätzlich auch nach der Beschlußfassung (zu letzterem noch unten) abgegeben werden[76]. Ob ein solcher Verzicht vorliegt und welche Reichweite er hat, ist durch Auslegung zu ermitteln. Im Zweifel ist anzunehmen, daß der Gesellschafter ihm bekannte oder zumindest erkennbare Verstöße nicht geltend machen will. Die Reichweite des Rügeverzichts bleibt also hinter derjenigen einer widerspruchslosen Teilnahme an der Vollversammlung (Rdn 29) zurück. **Rechtsfolgen.** Rügeverzicht ist rechtlich zulässig. Er kann nach **hM** dazu führen, daß Nichtigkeit oder Anfechtbarkeit ausgeschlossen sind[77]. Nach der **Gegenansicht** soll jedoch der Rügeverzicht einzelner Gesellschafter, die nicht oder nicht ordnungsmäßig eingeladen sind, keine Heilungswirkung haben, weil die Gesamtheit der Gesellschafter einen Anspruch auf richtige Einberufung hat[78]. Das überzeugt wegen der Ordnungsfunktion der Einberufung (Rdn 1). Der vor der Versammlung erklärte Teilnahmeverzicht schließt jedoch den Einberufungsmangel schon tatbestandlich aus und bleibt daher beachtlich (Rdn 30). Ein nach der Beschlußfassung erklärter Rügeverzicht kann dagegen an der bereits eingetretenen Nichtigkeit nichts mehr ändern[79]. Insoweit ist nur Neuvornahme möglich, die unter Umständen im Rügeverzicht durch alle Gesellschafter gefunden werden kann. Verzichtet der einzelne Gesellschafter in diesem Stadium auf Rügen, so ist das nur bei Anfechtungsgründen beachtlich. **32**

VI. Regelungen der Satzung

1. Grundsatz

Die Regelungsgegenstände des § 51 unterliegen der **Satzungsautonomie;** denn nach § 45 Abs. 2 gilt die Norm nur subsidiär. Daraus folgt jedoch nicht, daß die Satzung beliebige Regeln über die Einberufung der Gesellschafterversammlung und die Ankündigung der Tagesordnung einführen darf[80]. Vielmehr ist zu beachten, daß der Schutz des mitgliedschaftlichen Rechts auf Teilhabe an der Willensbildung zu den Regelungszwecken des § 51 gehört (Rdn 1) und das Teilnahmerecht zum **Kernbereich** der Mitgliedschaft zählt (§ 45, 27 und § 48, 23 ff), ferner, daß jenseits der damit gezogenen festen Grenzen autonomer Gestaltung die aus der **Treupflicht** der Gesellschafter ableitbaren beweglichen Schranken Beachtung finden müssen (§ 14, 52 ff). Einberufung und Ankündigung sind deshalb für den Satzungsgeber ein jedenfalls sensibler Bereich. Tendenziell gilt, daß Vorschriften der Satzung, die das Teilhaberecht des Gesellschafters besser schützen als § 51, unbedenklich, gegenläufige Regelungen jedoch fragwürdig sind[81]. **33**

2. Einzelfragen

Verlängerung der Fristen für Einberufung und Ankündigung ist zulässig und, jedenfalls für die Einberufung, empfehlenswert; vgl. zur Kürze der gesetzlichen Frist schon oben Rdn 15. Ebenso darf für die Einberufung **Bekanntmachung in den Gesell-** **34**

---

[76] Scholz/*K. Schmidt* 38.

[77] BGHZ 87, 1, 4 = NJW 1983, 1677, 1678; OLG Frankfurt GmbH-Rsch. 1984, 99, 100; Scholz/*K. Schmidt* 38.

[78] Baumbach/Hueck/*Zöllner* 24.

[79] BGHZ 11, 231, 239 (Fn 56).

[80] Scholz/*K. Schmidt* 4, Baumbach/Hueck/*Zöllner* 29; Rowedder/*Koppensteiner*[2] 3.

[81] Scholz/*K. Schmidt* 4.

schaftsblättern vorgesehen werden. Daß nach der Satzung Bekanntmachungen generell in dieser Weise zu erfolgen haben (vgl. § 10 Abs. 3), trägt jedoch allein noch nicht die Auslegung, daß die Einberufung in dieser Weise zu geschehen hat[82]. Für die **Form der Einladung** ist zu unterscheiden: Die Satzung kann vorsehen, daß es keiner Schriftform, jedenfalls keiner eigenhändigen Namensunterschrift (dazu Rdn 4), bedarf[83]. Bei der Einladung abwesender Gesellschafter muß jedoch die Sicherung des Zugangs gewährleistet sein, die § 51 Abs. 1 S. 1 mit dem Erfordernis eingeschriebener Briefe erreichen will. Deshalb genügt Einladung durch gewöhnlichen Brief nicht. Die Satzung darf Einladung in dieser Form nur vorsehen, wenn die Möglichkeit der Kenntnisnahme anderweitig gewährleistet ist, besonders durch Bekanntmachung in den Gesellschaftsblättern[84]. Von dieser Möglichkeit sollte aus Sicherheitsgründen auch bei Einladung durch Telegramm, Telefax oder auf ähnlichem Weg Gebrauch gemacht werden, soweit das zeitlich noch möglich ist. **Verkürzungen der Einberufungsfrist** sind zwar nicht ohne weiteres unzulässig, aber angesichts der Kürze der gesetzlichen Frist nicht zu empfehlen. Einzelheiten hängen von der Realstruktur der Gesellschaft und ihres Mitgliederkreises ab. Die insoweit genannten Umstände – gleicher Wohnort, persönliche Verständigung[85] – werden regelmäßig eine Vollversammlung erlauben, so daß für die Verkürzung auch nur in Ausnahmefällen praktischer Bedarf besteht. Daß die Satzung von der **Ankündigung einer Tagesordnung** dispensieren könnte, ist gänzlich abzulehnen[86]. Auch nachgeschobene *Eilanträge* sind für die GmbH jedenfalls dann nicht zuzulassen, wenn bei ihrer Ankündigung die Dreitagesfrist des § 51 Abs. 4 nicht mehr gewahrt ist. Aus der „Jägermeister"-Entscheidung[87] folgt schon deshalb nichts anderes, weil dort eine Ankündigungsfrist von sechs Wochen in der Satzung vorgesehen war; in den Worten der Entscheidung (aaO [Fn 87] S. 124): Eine kürzere Frist als die des § 51 Abs. 4 ist auch als „Nachfrist" nicht mehr angemessen, und zwar auch dann nicht, wenn keine Satzungsänderung (wie im „Jägermeister"-Fall) zur Debatte steht. Sind sich die Gesellschafter einig, können sie sich freilich durch Rügeverzicht (Rdn 32) oder Vollversammlung (Rdn 28 ff) helfen.

VII. GmbH & Co. KG

35 Für die **Komplementär-GmbH** gilt § 51. Eine abweichende Regelung bedarf der Satzungsform. Deshalb ist der Annahme, daß die Maßgeblichkeit für die KG vereinbarter Einberufungsregeln auch für die GmbH aus tatsächlicher Übung folgen könne[88], nicht beizupflichten. Sinnvoll ist aber, daß GmbH-Satzung und KG-Vertrag auch hinsichtlich der Einberufungsmodalitäten aufeinander abgestimmt werden. Bei der Einberufung muß klar sein, ob sie sich auf die Versammlung der GmbH, der KG oder auf beide bezieht[89]. Eine **Versammlung der KG-Gesellschafter**, die auch alle Mitglieder der Komplementär-GmbH umfaßt, kann zugleich als deren Vollversammlung anzusehen sein[90].

[82] KG JW 1936, 334 f; Scholz/*K. Schmidt* 4; Rowedder/*Koppensteiner*[2] 3 aE.

[83] Solche Regelung lassen auch Baumbach/Hueck/*Zöllner* 29 zu (vgl. zum Ausgangspunkt Rdn 5).

[84] Baumbach/Hueck/*Zöllner* 29; aM Scholz/*K. Schmidt* 4.

[85] Baumbach/Hueck/*Zöllner* 29.

[86] Großzügiger Scholz/*K. Schmidt* 4; wie hier Baumbach/Hueck/*Zöllner* 29.

[87] BGHZ 99, 119 = NJW 1987, 1811.

[88] Scholz/*K. Schmidt* 46.

[89] OLG Zweibrücken GmbH-Rdsch. 1980, 85, 86.

[90] BGH NJW 1976, 1538, 1539 (re. Sp.).

§ 51 a

Die Geschäftsführer haben jedem Gesellschafter auf Verlangen unverzüglich Auskunft über die Angelegenheiten der Gesellschaft zu geben und die Einsicht der Bücher und Schriften zu gestatten.

Die Geschäftsführer dürfen die Auskunft und die Einsicht verweigern, wenn zu besorgen ist, daß der Gesellschafter sie zu gesellschaftsfremden Zwecken verwenden und dadurch der Gesellschaft oder einem verbundenen Unternehmen einen nicht unerheblichen Nachteil zufügen wird. Die Verweigerung bedarf eines Beschlusses der Gesellschafter.

Von diesen Vorschriften kann im Gesellschaftsvertrag nicht abgewichen werden.

Übersicht

Schrifttum

(vgl. auch die Angaben vor Rdn 23, 46). *Bechtle* Die Kontrollrechte des GmbH-Gesellschafters, Diss. München 1969; *v. Bitter* Das Informationsrecht der GmbH-Gesellschafter in §§ 51 a, 51 b GmbHG, ZIP **1981** 825; *Bunte* Informationsrechte in der GmbH und im GmbH-Konzern (1976); *Ebenroth* Das Auskunftsrecht des Aktionärs und seine Durchsetzung im Prozeß (1970); *Ebenroth* Die Geschäftsführerkontrolle durch den GmbH-Gesellschafter nach geltendem und künftigem Recht (1972); *Ebenroth* Kritische Bemerkungen zur Ausgestaltung der Kontrolle der GmbH-Geschäftsführer im Regierungsentwurf eines GmbHG, ZGR **1972** 427; *Grunewald* Einsichts- und Auskunftsrecht des GmbH-Gesellschafters nach neuem Recht, ZHR **146** (1982) 211; *Grunewald* Zum Informationsrecht in der GmbH & Co. KG, ZGR **1989** 545; *Ivens* Informationsverweigerung gem. § 51 a Abs. 2 GmbHG gegenüber Konkurrentgesellschaftern, GmbH-Rdsch. **1989** 273; *Kretzschmar* Zur Konkretisierung des Auskunftsrechts nach § 51 a GmbHG, AG **1987** 121; *Lutter* Zum Informationsrecht des Gesellschafters nach neuem GmbH-Recht, ZGR **1982** 1; *Mertens* § 51 a Abs. 1 GmbHG und die kapitalistisch strukturierte GmbH, Festschr. für Werner (1984), S. 557; *Klaus Müller* Schranken des Informationsrechts nach § 51 a GmbHG, GmbH-Rdsch. **1987** 87; *Mutze* Zum Auskunftsrecht des GmbH-Gesellschafters, GmbH-Rdsch. **1972** 152; *Alexander Reuter* § 51 a GmbH – quo vadis? BB **1986** 1653; *K. Schmidt* Das neue Auskunfts- und Einsichtsrecht des GmbH-Gesellschafters, in: Das neue GmbH-Recht in der Diskussion (1981), S. 87; *K. Schmidt* Informationsrechte in Gesellschaften und Verbänden (1984); *Tietze* Die Informationsrechte des GmbH-Gesellschafters (1985).

I. Normzweck und Grundlagen

1. Regelungsgegenstand und -zweck

1 Die Vorschrift gewährt jedem Gesellschafter der GmbH das **Recht zur Kontrolle** der Gesellschaftsangelegenheiten[1]. Mittel der Kontrolle sind das Recht auf Auskunft und das Recht auf Einsichtnahme in die Bücher und Schriften der Gesellschaft; zusammenfassend kann von einem Informationsrecht gesprochen werden (vgl. noch Rdn 5 f). Das Kontrollrecht dient dem **Schutz des einzelnen Gesellschafters.** Es soll ihm ermöglichen, seine Individualinteressen wahrzunehmen, soweit diese auf die Mitgliedschaft bezogen sind (näher Rdn 7). Zugleich dient das Recht der sachgemäßen Ausübung anderer Verwaltungsrechte, besonders des Stimmrechts[2], ohne daß aus

[1] Von einer (seinerzeit nicht gesetzlich gewährten, vgl. Rdn 2) „Kontrollbefugnis" spricht schon die Amtl. Begr. 1892, S. 98. Vgl. ferner BGHZ 14, 53, 55 ff = NJW 1954, 1564 = LM § 45 GmbHG Nr. 2 m. Anm. *Rob. Fischer;* eingehend *Ebenroth* Die Kontrollrechte der GmbH-Gesellschafter (1971), S. 52 ff.

[2] RegBegr., BT-Drucks. 8/1347, S. 44 (li. Sp.); Scholz/*K. Schmidt* 1; *Grunewald* ZHR 146 (1982), 211, 217.

diesem Gesichtspunkt allein wesentliche Beschränkungen des Informationsrechts abzuleiten wären[3]. Nach seiner Zielsetzung entspricht § 51 a also den in § 716 BGB, §§ 118, 166, 233 HGB getroffenen, allerdings nicht inhaltsgleichen Regelungen. Dagegen kann das Informationsrecht des GmbH-Gesellschafters mit dem Auskunftsrecht des Aktionärs (§ 131 AktG) nur teilweise verglichen werden, weil letzterer prinzipiell nur in der Hauptversammlung und zwecks sachgerechter Beurteilung des Gegenstands der Tagesordnung Auskunft verlangen darf. Zur gerichtlichen Durchsetzung des Informationsrechts vgl. § 51 b und Erl. dazu.

2. Rechtsentwicklung

a) **Bis zur GmbH-Novelle 1980.** § 51 a ist durch die GmbH-Novelle 1980 in das Gesetz eingefügt worden. Die Vorschrift beruht auf § 51 a RegE 1977[4], der seinerseits auf § 85 RegE 1973 zurückgeht[5]. In seinem Kern ist das Informationsrecht des GmbH-Gesellschafters allerdings keine Neuschöpfung der Novelle. Zwar hatte der Gesetzgeber von 1892 es noch abgelehnt, ein solches Recht zu normieren, weil es mit einem ordnungsmäßigen Geschäftsgang in der GmbH nicht vereinbar sei; für den Fall abweichender Interessenlage wurden die Gesellschafter auf die vertragliche Begründung des Rechts verwiesen[6]. Für Ausnahmesituationen erkannte jedoch schon das RG an, daß der Gesellschafter auch ohne Grundlage in der Satzung Auskunft begehren und in die Geschäftsunterlagen Einsicht nehmen dürfe[7]. Das entsprach einer Forderung des Schrifttums[8] und fand seinen Niederschlag in der an § 118 HGB angelehnten Fassung des § 77 RJM-E 1939[9]. Der BGH hat die ältere Entwicklung schon 1954 aufgenommen und das Recht des Gesellschafters auf Auskunft und Einsichtnahme ohne satzungsmäßige Basis anerkannt, sofern sich dafür aus besonderen Umständen ein wichtiger Grund ergab[10]. Im Schrifttum wurden teilweise weitergehende Forderungen erhoben[11]. 2

b) **Gesetzesfassung und Regierungsentwurf.** § 51 a beruht zwar auf § 51 a RegE 1977, hat aber im Rechtsausschuß des Bundestages wesentliche Verkürzungen und inhaltliche Änderungen erfahren. Als folgenreich erweist sich insbesondere die Streichung des § 51 a Abs. 5 RegE, nach dem die Satzung das Recht auf Auskunft und Einsichtnahme grundsätzlich ausschließen oder beschränken durfte, es sei denn, daß dem Gesellschafter ein wichtiger Grund zur Seite stand oder die Auskunft in der Gesellschafterversammlung verlangt wurde. Statt dessen wurde das Informationsrecht zwingend ausgestaltet (§ 51 a Abs. 3). Eine sachliche Begründung kann dem Ausschußbericht nicht entnommen werden[12]. Während der Entwurf in Anlehnung an die Judikatur das 1892 geschaffene Verhältnis zwischen Gesetz und Satzung umkehrte (vgl. Rdn 2), begründet das Gesetz ein zwingendes Informationsrecht, ohne sich zugleich um eine tatbestandliche Präzisierung der Voraussetzungen oder der Gegenstände des Auskunftsrechts oder, abgesehen von § 51 a Abs. 2, um eine sonstige sachgerechte Begrenzung zu bemühen. 3

---

[3] *Mertens* Festschr. für Werner (1984), S. 557, 566 f.
[4] BT-Drucks. 8/1347, S. 11 f.
[5] BT-Drucks. 7/253, S. 24; vgl. auch schon BMJ (Hrsg.) Referentenentwurf eines Gesetzes über Gesellschaften mit beschränkter Haftung (1969), S. 34 f, 238 ff.
[6] Amtl. Begr. 1892, S. 98.
[7] RG JW 1898, 15; RGZ 49, 141, 149; RGZ 65, 432, 435; RG HRR 1940, 1359 Nr. 5; RG DR 1942, 279 Nr. 10.
[8] Vgl. schon *Hachenburg* LZ 1909, 15, 35 f; Überblick über die Rechtsentwicklung bei *Bechtle* Kontrollrechte (Diss. München), S. 101 ff, 104 ff.
[9] *Schubert* (Hrsg.) Entwurf des RJM zu einem GmbHG von 1939 (1985), S. 115, 178.
[10] BGHZ 14, 53, 55 ff = NJW 1954, 1564 f = LM § 45 GmbHG Nr. 2 m. Anm. *Rob. Fischer.*
[11] Vgl. statt aller *Schilling* Voraufl. § 45, 23.
[12] Der Rechtsausschuß beruft sich auf seine „Auffassung", vgl. BT-Drucks. 8/3908, S. 76 (li. Sp.).

3. Rechtspolitische Würdigung

4 Die Gesetz gewordene Fassung des § 51a ist **nach ganz hM mißlungen**[13]. Dabei wendet sich die Kritik vor allem gegen die Konturenlosigkeit des zwingend ausgestalteten Tatbestands (dazu Rdn 3). Bemängelt wird überdies das Fehlen sonstiger sachgerechter Begrenzungen. Dieser Kritik ist beizutreten. Positiv erwächst daraus die Aufgabe, die unterbliebene Begrenzung im Rahmen der gesetzlichen Grundentscheidung zugunsten eines umfassenden Informationsrechts nachzuholen. Wie das zu geschehen hat, wird unterschiedlich beurteilt (vgl. Rdn 56 ff). Nach richtiger Ansicht ist die Begrenzung im wesentlichen aus den beweglichen Schranken der Rechtsausübung zu entwickeln, die sich ihrerseits aus den mitgliedschaftlichen Treubindungen des Gesellschafters ergeben (Rdn 60 ff).

4. Auskunft und Einsichtnahme als Varianten des Informationsrechts

5 **Meinungsstand.** Das jüngere Schrifttum spricht verbreitet von einem Informationsrecht des Gesellschafters[14]. Dabei wird nicht immer deutlich, ob nur eine sprachliche Zusammenfassung der Rechte auf Auskunft und Einsichtnahme gemeint ist oder ob der Begriffsbildung auch sachliche Bedeutung zukommen soll. Klar in letzterem Sinne besonders *K. Schmidt*[15], der zwischen kollektivem und individuellem Informationsrecht unterscheidet (dazu noch Rdn 7), die aktuelle Bedeutung des letzteren von einem Informationsbedürfnis des Gesellschafters abhängig macht und damit erstens einen Ansatz für die Begrenzung des zu weit geratenen § 51a (Rdn 4) findet und zweitens die dogmatische Basis legt für ein einheitlich gedachtes Informationsrecht, in dessen Rahmen Auskunft und Einsichtnahme als bloße Informationsmittel nach Maßgabe des Bedürfnisses zu gewähren sind. Ein Informationsbedürfnis als ungeschriebenes Tatbestandsmerkmal des § 51a wird jedoch überwiegend abgelehnt[16]. Auch für die Abstufung von Auskunfts- und Einsichtsrecht – entgegen BGHZ 13 53, 59 wird letzteres von der hM des Schrifttums[17] als regelmäßig subsidiär eingestuft – spielt das Informationsbedürfnis keine besondere Rolle; vielmehr wird das Ergebnis durchgängig aus dem Prinzip des schonendsten Mittels abgeleitet[18].

6 **Stellungnahme.** Die Rechte auf Auskunft und Einsichtnahme können zunächst zwecks sprachlicher Vereinfachung unbedenklich als Informationsrecht zusammengefaßt werden. Auch ist es richtig, daß das Informationsbedürfnis bzw. dessen Fehlen bei der Begrenzung des § 51a eine wesentliche Rolle spielt (näher Rdn 57, 60 ff). Ebenso trifft es zu, daß zwischen Auskunft und Einsichtnahme kein starres Rangverhältnis besteht (dazu Rdn 36 f). Nicht überzeugen kann es dagegen, wenn dem Informationsbedürfnis eine selbständige dogmatische Bedeutung zugemessen wird. Es ist vielmehr nur ein, wenn auch wichtiger, Abwägungsfaktor bei der Konkretisierung der beweglichen

---

13 *Lutter* ZGR 1982, 1, 9; *Mertens* Festschr. für Werner (1984), S. 557 f; *K. Schmidt* in: Das neue GmbH-Recht in der Diskussion (1981), S. 87, 94 f; aus der Kommentarliteratur vgl. statt vieler Baumbach/Hueck/*Zöllner* 1.

14 Baumbach/Hueck/*Zöllner* 20 ff; Rowedder/*Koppensteiner*² 10; *Lutter* ZGR 1982, 1, 3 ff; vgl. auch Fn 15.

15 Erstmals in: Das neue GmbH-Recht (Fn 13), S. 87, 99 ff; ferner *K. Schmidt* Informationsrechte in Gesellschaften und Verbänden (1984), S. 57 ff; *ders.* GesR § 35 I 4 b.

16 OLG Stuttgart OLGZ 1983, 184, 185 f = GmbH-Rdsch. 1983, 242, 243; im Schrifttum zuletzt *Kretzschmar* AG 1987, 121, 123 (li. Sp.); *Müller* GmbH-Rdsch. 1987, 87, 89; weit. Nachw. in Fn 140 zu Rdn 56.

17 *Schilling* Voraufl. § 45, 26; *Wiedemann* GesR 1 § 7 II 2 a bb.

18 So z. B. Baumbach/Hueck/*Zöllner* 22; Fischer/*Lutter/Hommelhoff* 4; Rowedder/*Koppensteiner*² 10.

Schranken der Ausübung des Informationsrechts (vgl. schon Rdn 4 aE)[19]. Dabei geht es um den Gesichtspunkt des sachlich Erforderlichen, wenn dem Gesellschafter die begehrte Information schon zur Verfügung steht, und um den Aspekt der Verhältnismäßigkeit, wenn die begehrte Information auf verschiedenen Wegen vermittelt werden kann. Im Rahmen dieser Erläuterung wird daher von einem Informationsrecht des Gesellschafters gesprochen, ohne damit zugleich die Lehre vom Informationsbedürfnis als ungeschriebenem Tatbestandsmerkmal des § 51 a zu übernehmen.

5. Eigennütziges mitgliedschaftliches Individualrecht

Das in § 51 a normierte Informationsrecht ist ein eigennütziges mitgliedschaftliches Individualrecht[20]. **Individualrecht** heißt: Jeder Gesellschafter hat als einzelner das subjektive Recht auf Information. Das Informationsrecht des § 51 a unterscheidet sich damit einerseits von inhaltlich verwandten Ansprüchen der Gesellschaft gegen ihre Geschäftsführer („kollektives Informationsrecht", vgl. Rdn 5, 8 f). Andererseits zeigt sich, daß das Informationsrecht kein Minderheitenrecht ist: Eine bestimmte minimale Beteiligungshöhe ist nicht erforderlich; umgekehrt ist auch der Mehrheitsgesellschafter informationsberechtigt. Seiner Funktion nach ist das Informationsrecht allerdings geeignet, *Aufgaben des Minderheitenschutzes* wahrzunehmen, und gerade für den oder die Gesellschafter interessant, die sich in der Minderheit befinden. **Mitgliedschaftliches Recht** bedeutet: Der einzelne Gesellschafter darf Auskunft oder Einsichtnahme verlangen, um diejenigen Interessen wahrzunehmen, die ihm gerade als Mitglied der GmbH zustehen. Das Informationsrecht erweist sich also weitgehend als Hilfsrecht bei der Ausübung anderer mitgliedschaftlicher Befugnisse (vgl. schon Rdn 1), erschöpft sich darin aber nicht; der Gesellschafter kann (vorbehaltlich des § 51 a Abs. 2)[21] vielmehr auch diejenigen Informationen verlangen, die er braucht, um den Wert seines Anteils zwecks Veräußerung zu bestimmen. Dagegen darf er auf der Basis des § 51 a nicht Eigeninteressen privaten Charakters verfolgen[22], schon gar nicht bloße private Neugierde befriedigen. Zu den praktischen Konsequenzen, etwa für die Aufschlüsselung von Geschäftsführerbezügen, vgl. unten Rdn 61 ff. **Eigennütziges Recht:** Der Gesellschafter ist, anders als bei seinen fremdnützigen Pflichtrechten (z. B. Stimmrecht), nicht verpflichtet, seine Interessen schlechthin hinter die der GmbH zurückzustellen. Die mitgliedschaftliche Treupflicht verlangt jedoch Willkürfreiheit und ein Mindestmaß an Loyalität (näher Rdn 62 f). 7

6. Berichterstattung und Informationsrecht

a) **Rückwirkung des Berichtswesens auf das Informationsrecht.** Das GmbHG begründet keine § 90 AktG entsprechende Berichtspflicht der Geschäftsführer gegenüber der Gesellschaftergesamtheit (vgl. noch Rdn 10). Das Schrifttum empfiehlt jedoch den **Aufbau eines Informationssystems** *nach aktienrechtlichem Vorbild*[23]. Dabei geht es im 8

---

19 So wohl auch Baumbach/Hueck/*Zöllner* 20 ff; ähnlich *Lutter* ZGR 1982, 1, 4.

20 Dazu und zum Folgenden außer den Kommentaren: OLG Karlsruhe OLGZ 1985, 41, 43 = GmbH-Rdsch. 1985, 362, 363; *K. Schmidt* GesR § 21 III 1; *Wiedemann* GesR 1 § 7 II 2; *K. Schmidt* Informationsrechte (1984), S. 21 ff.

21 OLG Stuttgart OLGZ 1983, 184 = GmbH-Rdsch. 1983, 242.

22 Zutreffend Baumbach/Hueck/*Zöllner* 20; aM zu Unrecht *K. Müller* GmbH-Rdsch. 1987, 87, 88.

23 Scholz/*K. Schmidt* 4 und 50; Baumbach/Hueck/*Zöllner* 42; Rowedder/*Koppensteiner*[2] 14; *Grunewald* ZHR 146 (1982), 211, 225 f; *Hommelhoff* ZIP 1983, 383, 386 f; *Lutter* ZGR 1982, 1, 5 ff (eingehend).

wesentlichen um drei Gesichtspunkte: Die Geschäftsführer sollen aus eigener Initiative tätig werden; sie sollen über alle für die Gesellschaft relevanten Fragen regelmäßig und kontinuierlich berichten; sie sollen die Informationen nicht einzelnen (nachfragenden), sondern gleichmäßig allen Gesellschaftern zukommen lassen. Ein Berichtswesen, das diesen Anforderungen entspricht, ist in der Tat sinnvoll, wenn die GmbH so strukturiert ist, daß sich eine der AG vergleichbare Trennung zwischen Geschäftsführung und Gesellschaftergesamtheit ergibt.

9 Besteht ein Informationssystem nach aktienrechtlichem Vorbild, so ergeben sich reflexartige **Beschränkungen für das Informationsrecht** des einzelnen Gesellschafters. Sie beruhen auf der Erwägung, daß der Gesellschafter als einzelner diejenigen Auskünfte nicht mehr von der GmbH verlangen darf, die er als Glied der Gesellschaftergesamtheit schon erhalten hat; denn eine Doppelinformation ist sachlich nicht erforderlich, ein entsprechendes zusätzliches Informationsverlangen deshalb treuwidrig (vgl. auch Rdn 61). Das bedenklich konturenlose Recht auf Einzelinformation (Rdn 4) kann also auf diese Weise funktionsgerecht ergänzt und im Ergebnis beschränkt werden. Zulässig bleiben danach **Ergänzungsfragen,** und zwar vor allem **in drei Fallgruppen.** *Erstens:* Die begehrte Auskunft bezieht sich auf den Geschäftsanteil des fragenden Gesellschafters, vornehmlich auf dessen Bewertung. *Zweitens:* Es wird nach Entwicklungen gefragt, die nach dem letzten Bericht liegen und so wesentlich sind, daß dem Gesellschafter nicht angesonnen werden kann, bis zum nächsten periodischen Bericht zuzuwarten. *Drittens:* Es werden Verständnisfragen gestellt oder Zusatzinformationen begehrt. Danach bleibt festzuhalten, daß die Einführung eines organisierten Informationssystems erhebliche praktische Vorzüge bieten kann, gegen einen obstruktionswilligen Gesellschafter aber nur wenig hilft. Insoweit behalten die Schranken des Informationsrechts (Rdn 46 ff, 56 ff) auch nach Einführung eines Berichtswesens Bedeutung.

10 b) **Pflicht zur Berichterstattung?** Nach § 45 Abs. 1 können die Gesellschafter ein Informationssystem nach aktienrechtlichem Vorbild in der Satzung verankern. Auch ein entsprechender Weisungsbeschluß kommt in Betracht. Dagegen gibt es keine gesetzliche Pflicht zur Erstattung von Quartalsberichten oder sonstigem vorstandsähnlichen Informationsverhalten[24]. Davon zu unterscheiden ist wiederum die Frage nach einzelnen Informationspflichten der Geschäftsführer gegenüber der Gesellschaftergesamtheit, namentlich aufgrund des § 42 a, aber auch bezüglich solcher Maßnahmen, die wegen ihrer Bedeutung der Gesellschaftergesamtheit überantwortet sind. Solche Informationspflichten bestehen kraft Gesetzes, lassen sich jedoch nicht zu einem § 90 AktG entsprechenden Rechtsgedanken verdichten.

7. Pflicht zur Verschwiegenheit

11 **Vertraulichkeitsgrundsatz.** Dem Informationsrecht des Gesellschafters entspricht seine Pflicht, die Tatsachen, von denen er Kenntnis erlangt, vertraulich zu behandeln[25]. Das folgt aus der gesellschaftsrechtlichen Treupflicht und läßt sich überdies auf den enger gefaßten Rechtsgedanken des § 51 a Abs. 2 stützen[26]. **Folgerungen.** Aus dem Vertraulichkeitsgrundsatz ist abzuleiten: Die Weitergabe von Informationen an gesellschaftsfremde Dritte ist grundsätzlich pflichtwidrig, und zwar ohne Rücksicht auf ihren Inhalt und ohne Rücksicht darauf, welche Zwecke mit der Verbreitung der

---

[24] Baumbach/Hueck/*Zöllner* 42; aM *Grunewald* und wohl auch *Hommelhoff* beide aaO (Fn 23); nicht eindeutig *Schilling* Voraufl. 3.

[25] Unstr., vgl. Scholz/*K. Schmidt* 6; Fischer/*Lutter*/*Hommelhoff* 18; Rowedder/*Koppensteiner*[2] 16; ferner Fn 26.

[26] *Lutter* ZGR 1982, 1, 12 f.

Kenntnisse verfolgt werden. Zulässig ist es dagegen, daß ein Gesellschafter seine Mitgesellschafter unterrichtet, ebenso, daß er die fachliche Hilfe und Beratung von Personen in Anspruch nimmt, die ihrerseits zur Verschwiegenheit verpflichtet sind, also insbesondere von Anwälten, Wirtschaftsprüfern oder Steuerberatern (*Lutter* aaO [Fn 26]). Vorsätzliche oder fahrlässige Verletzung der Verschwiegenheitspflicht begründet einen Anspruch der GmbH auf Ersatz ihr entstandenen Schadens und kann für spätere Fälle die Voraussetzungen der Informationsverweigerung nach § 51 a Abs. 2 indizieren.

II. Gläubiger und Schuldner des Informationsrechts

1. Gläubiger

a) **Grundsatz.** Nach § 51 a Abs. 1 ist *jeder Gesellschafter* Inhaber des Informationsrechts. Das entspricht dem mitgliedschaftlichen Charakter der Befugnis (Rdn 7). Die Größe des Geschäftsanteils spielt keine Rolle (Individualrecht, vgl. Rdn 7; BayObLG WM 1988, 1789, 1790), auch nicht seine sonstige Ausstattung. Namentlich hat auch der Gesellschafter ohne Stimmrecht oder der nach § 47 Abs. 4 von der Abstimmung ausgeschlossene Gesellschafter die Befugnisse des § 51 a[27]. **12**

b) **Einzelfragen. aa) Dauer.** Maßgeblich für den zeitlichen Rahmen des Informationsrechts sind Beginn und Ende der Mitgliedschaft. *Beginn.* Die Mitgliedschaft setzt mit der Entstehung der Vor-GmbH ein, nicht erst mit der Eintragung im Handelsregister; denn auf den Status der GmbH als juristischer Person kommt es für die mitgliedschaftliche Befugnis nicht an. *Ende.* Die Mitgliedschaft und mit ihr das Informationsrecht gehen mit dem Erlöschen der GmbH oder mit dem Ausscheiden des Gesellschafters unter. Dem ausgeschiedenen Gesellschafter steht aber noch das Einsichtsrecht des § 810 BGB unter den dort genannten Voraussetzungen zu[28]. Bei Veräußerung des Geschäftsanteils (§ 15 Abs. 1) ist der Gesellschafter gegenüber der GmbH erst mit Anmeldung des Erwerbers nach § 16 Abs. 1 ausgeschieden, nicht schon mit der bloßen Anteilsübertragung, erst recht nicht mit dem bloßen Verkauf. Entsprechendes gilt bei Kündigung des Gesellschafterverhältnisses: Das Informationsrecht besteht vorbehaltlich des § 51 a Abs. 2, bis die Verwertung des Geschäftsanteils abgeschlossen ist[29]; § 16 Abs. 1 ist auch hier zu beachten. **13**

bb) Verknüpfung von Mitgliedschaft und Informationsrecht. Wer Gesellschafter ist, hat das Informationsrecht. Für die Gesellschaftereigenschaft genügt es, daß die GmbH einer gegen sie ergangenen einstweiligen Verfügung nicht widerspricht, nach der sie den Antragsteller bis zum rechtskräftigen Abschluß des darüber geführten Rechtsstreits als Gesellschafter zu behandeln hat (LG Düsseldorf DB **1989** 1077). Wer nicht Gesellschafter ist, hat das Informationsrecht nicht, und zwar auch nicht als Mitglied der Besitzgesellschaft gegenüber der Betriebsgesellschaft[30]. Isolierte Übertragung des Informationsrechts (Abspaltung) ist rechtlich ausgeschlossen[31]. Folglich (§§ 851, 857 Abs. 1 **14**

---

[27] Scholz/*K. Schmidt* 12; Baumbach/Hueck/*Zöllner* 6; Fischer/*Lutter*/*Hommelhoff* 14; *Bunte* Informationsrechte (1976), S. 42.

[28] BGH GmbH-Rdsch. 1977, 151, 152 f = WM 1977, 781, 782; BGH WM 1988, 1447, 1448; OLG Frankfurt BB 1982, 143, 144; OLG Köln GmbH-Rdsch. 1989, 207, 208; aus dem Schrifttum statt aller Scholz/*K. Schmidt* 13.

[29] OLG Karlsruhe OLGZ 1985, 41, 42 f = GmbH-Rdsch. 1985, 362, 363; Scholz/*K. Schmidt* 13.

[30] OLG Karlsruhe BB 1984, 2016.

[31] Scholz/*K. Schmidt* 14; Baumbach/Hueck/*Zöllner* 5; nur teilweise zustimmend Rowedder/*Koppensteiner*[2] 4.

ZPO) gibt es auch keine isolierte Pfändung des Informationsrechts[32]. Zur Ausübung des Rechts durch Dritte vgl. Rdn 15.

15 cc) **Ausübung des Rechts durch Dritte; Beiziehung von Sachverständigen.** Wieweit der Gesellschafter sein Informationsrecht Dritten zur Ausübung überlassen oder Dritte bei der Ausübung hinzuziehen darf, wird unterschiedlich beurteilt. **Meinungsstand.** Bezieht man die Personengesellschaften in die Betrachtung ein, so stellt die Befugnis des Gesellschafters nach **hM** ein höchstpersönliches Recht dar; danach dürfen Dritte mit seiner Wahrnehmung grundsätzlich nicht beauftragt werden[33]. Eine Ausnahme ist für diejenigen Personen anerkannt, die von Berufs wegen zur Verschwiegenheit verpflichtet sind (Anwälte, Wirtschaftsprüfer, Steuerberater)[34]. Auch insoweit ist jedoch nicht voll geklärt, ob der Gesellschafter sie ohne weiteres oder nur dann heranziehen darf, wenn er sein Recht ohne ihre Hilfe nicht sinnvoll ausüben kann (Krankheit, mangelnde Kenntnisse oder Fähigkeiten), ferner, ob er sich nur ihres Beistands versichern darf oder ob sie im Rahmen eines Geschäftsbesorgungsverhältnisses selbständig tätig werden dürfen. In beiden Punkten überwiegt eine restriktive Tendenz[35]. Die **Gegenmeinung,** die sich bei rechtsformübergreifender Betrachtung in der Minderheit befindet, für die GmbH aber überwiegend vertreten wird, verneint schon den höchstpersönlichen Charakter des Informationsrechts und gelangt daher zur grundsätzlichen Zulässigkeit der Ausübung durch Dritte; Beschränkung in der Satzung sei möglich; Ausschluß Dritter von der Stimmrechtsausübung indiziere eine derartige Beschränkung[36].

16 **Stellungnahme.** Angesichts des erzielten Diskussionsstandes geht es im Kern um die richtige Bestimmung des Regel-Ausnahme-Verhältnisses, also darum, ob die Ausübung des Informationsrechts grundsätzlich Dritten überlassen werden darf oder ob deren Tätigwerden nur ausnahmsweise bei Vorliegen bestimmter Voraussetzungen zulässig ist. Entgegen verbreiteter Ansicht ist dabei zwischen den Personengesellschaften einerseits und der GmbH andererseits zu unterscheiden. Für diese, nicht auch für die Personengesellschaften, trifft das erste zu. Daß grundsätzlich nur der Gesellschafter selbst das Informationsrecht ausüben könne, ist nämlich im Gesetz nicht ausgesprochen und läßt sich für die GmbH auch nicht aus allgemeinen Erwägungen ableiten, weil sie nicht den Charakter einer grundsätzlich auf die Personen der Gesellschafter zugeschnittenen Gemeinschaft hat. Das folgt aus § 47 Abs. 3 (Stimmrechtsvollmacht, vgl. dort Rdn 91 ff, 100) und aus der Zulässigkeit der Fremdorganschaft. Die GmbH muß es also nach der Gesetzeslage hinnehmen, wenn ein Dritter das Auskunftsverlangen für den Gesellschafter stellt oder für ihn die Einsichtnahme in Geschäftsunterlagen fordert. Wenn diese Konsequenz nicht gewollt ist, müssen die Gesellschafter von ihrer Satzungsfreiheit (§ 45 Abs. 1) Gebrauch machen. Der Stimmrechtsausschluß kann dabei als Auslegungsbasis genügen (Rdn 15 aE); dies jedenfalls dann, wenn die GmbH auch im übrigen einen personalistischen Zuschnitt hat.

---

32 *Stangier/Bork* GmbH-Rdsch. 1982, 169, 172 (li. Sp.).

33 RG DR 1942, 279 Nr. 10; RGZ 170, 392, 395; RG DR 1944, 245 Nr. 20; BGHZ 25, 115, 122 = NJW 1957, 1555, 1556; BGH BB 1962, 899; BGH WM 1979, 1061; BGH WM 1984, 807; OLG Hamm BB 1970, 104; *Meyer-Landrut*/Miller/Niehus 7; MünchKomm-*Ulmer* § 716, 10 und 12 f; im Grundsatz auch *Goerdeler* Festschr. für Stimpel (1985), S. 125, 127 (unten); vgl. noch den Überblick bei *Hirte* BB 1985, 2208, 2209 mwN.

34 Vgl. die Nachw. in Fn 33; ferner: BayObLGZ 1988, 349, 355 = WM 1988, 1789, 1792 (li. Sp.); BayObLG WM 1989, 371, 374 (li. Sp.); außerdem die in Fn 36 Genannten.

35 Analyse der Rechtsprechung bei *Goerdeler* und *Hirte,* jeweils aaO (Fn 33).

36 Baumbach/Hueck/*Zöllner* 5; *Schilling* Vorauf1. 6; *v. Bitter* ZIP 1981, 825, 828; der Sache nach auch Scholz/*K. Schmidt* 15; Fischer/*Lutter*/*Hommelhoff* 14.

Schranken für die Beiziehung von Dritten ergeben sich somit **nur aus dem Vertraulichkeitsgrundsatz** (Rdn 11), weil Auskunft oder Einsichtnahme den Dritten notwendig Kenntnis der Gesellschaftsinterna verschafft. Danach können jedenfalls Anwälte, Wirtschaftsprüfer und andere von Berufs wegen zur Verschwiegenheit verpflichtete Personen prinzipiell nicht zurückgewiesen werden. Dasselbe muß aber für andere vom Gesellschafter beigezogene Personen gelten, wenn er an deren Beiziehung ein schutzwürdiges Interesse hat und wenn wegen ihrer Vertrauenswürdigkeit oder Interessenlage anzunehmen ist, daß sie die Pflicht zur Verschwiegenheit in gleicher Weise erfüllen wie der Gesellschafter selbst (z. B. Prokuristen; Nießbraucher [Rdn 18]). 17

dd) **Pfandgläubiger; Nießbraucher; Treuhänder; Amtswalter.** Das **Pfandrecht** am Geschäftsanteil gibt nicht das Informationsrecht des § 51 a, weil der Pfandgläubiger keine Verwaltungsrechte erwirbt (vgl. auch Rdn 14)[37]. Für den **Nießbrauch** ist die Frage nicht definitiv geklärt. Sie sollte dann verneint werden, wenn sich der Nießbrauch nur auf das Gewinnstammrecht bezieht, dagegen eine positive Antwort finden, wenn ein die Verwaltungsrechte umfassender sog. mitgliedschaftsspaltender Nießbrauch (§ 47, 51) bestellt ist[38]. Zur Vermeidung von Unklarheiten ist Bevollmächtigung des Nießbrauchers (Rdn 17 aE) empfehlenswert[39]. Bei **Treuhandverhältnissen** ist der Treuhänder, nicht der Treugeber, Gesellschafter und deshalb informationsberechtigt. Wenn letzterer die Verwaltungsrechte und damit auch die Befugnis aus § 51 a weiter ausüben soll (bloße Sicherungsübertragung), muß er dazu bevollmächtigt oder ermächtigt werden. **Amtswalter** wie Testamentsvollstrecker oder Konkursverwalter nehmen die Rechte des Gesellschafters wahr und können nach **hM** auch durch die Satzung nicht vom Informationsrecht ausgeschlossen werden[40]. 18

2. Schuldner

Schuldnerin des Informationsanspruchs und deshalb auch Passivbeteiligte im Verfahren nach § 51 b (vgl. dort Rdn 10) ist **die Gesellschaft selbst.** § 51 a Abs. 1 spricht zwar die Geschäftsführer an, will damit aber nur zum Ausdruck bringen, daß die GmbH auch bei der Informationserteilung durch ihre Geschäftsführer organschaftlich vertreten wird[41]. Die Erteilung der Auskunft durch die Geschäftsführer von einem vorgängigen Beschluß der Gesellschafterversammlung abhängig zu machen, ist unzulässig (vgl. noch Rdn 66)[42]. Als Schuldnerin kommt auch dann nur die GmbH in Betracht, wenn sie Auskünfte über verbundene Unternehmen geben soll (dazu Rdn 23)[43]. 19

III. Das Recht auf Auskunft

1. Voraussetzungen

a) **Auskunftsverlangen.** Nur auf Verlangen des Gesellschafters müssen die Geschäftsführer ihm nach § 51 a Abs. 1 Auskunft geben oder die Einsichtnahme gestatten. Besondere Anforderungen an die Form oder die inhaltliche Genauigkeit des Informationsbegehrens stellt das Gesetz nicht auf. Die Information kann deshalb mündlich 20

---

37 Scholz/*K. Schmidt* 12.

38 Dazu eingehend MünchKomm-*Ulmer* § 705, 82 ff mwN; vgl. auch *Fleck* Festschr. für Rob. Fischer (1979), S. 107, 125.

39 Scholz/*K. Schmidt* 12.

40 Scholz/*K. Schmidt* 15; Baumbach/Hueck/*Zöllner* 5; *Priester* Festschr. für Stimpel (1985), S. 463, 472.

41 OLG Koblenz WM 1985, 829, 830; OLG Karlsruhe GmbH-Rdsch. 1985, 59, 60; OLG Hamm NJW 1986, 1693, 1694; KG GmbH-Rdsch. 1988, 221, 222; auch im Schrifttum unstr., vgl. statt aller Baumbach/Hueck/*Zöllner* 8 mwN; ferner *Lutter* WuB II G. § 51 a GmbHG 1.86 (S. 966).

42 OLG Köln GmbH-Rdsch. 1986, 385, 386.

43 OLG Hamm aaO (Fn 41); Baumbach/Hueck/*Zöllner* 8 aE; *Kort* ZGR 1987, 46, 69 f.

oder schriftlich, innerhalb oder außerhalb der Gesellschafterversammlung[44] gefordert werden. Eine Bestimmung der Satzung, nach der das Informationsbegehren außerhalb der Gesellschafterversammlung schriftlich abgefaßt werden muß, ist als zulässige, das Informationsrecht selbst nicht einschränkende Verfahrensregel anzusehen (siehe auch Rdn 68)[45]. Die Erklärung des Gesellschafters muß wenigstens erkennen lassen, ob es ihm um eine Auskunft oder um die Einsichtnahme in Bücher und Schriften oder um beides geht. Die Gegenstände, auf die sich die Auskunft beziehen soll, sind zu bezeichnen[46]. Von einer weiteren inhaltlichen Präzisierung des Auskunftsverlangens darf ihre Erteilung nicht abhängig gemacht werden, weil die Präzisierung Informationen voraussetzen kann, die dem Gesellschafter fehlen[47]. Die Genauigkeit der Frage bestimmt jedoch die Genauigkeit der geschuldeten Auskunft; dazu Rdn 32.

21 b) **Gesellschaftsangelegenheiten: Allgemeines.** Das Auskunftsverlangen muß sich auf die Angelegenheiten der Gesellschaft beziehen. Eine Präzisierung dieser sehr allgemein gehaltenen Umschreibung bietet das Gesetz nicht. Namentlich gibt es keine § 131 Abs. 1 S. 1 AktG entsprechende Beschränkung. Sie wäre auch sachwidrig, weil das Auskunftsrecht nicht auf die Gesellschafterversammlung beschränkt ist (Rdn 20) und seinem Zweck nach über die Hilfsfunktion bei der Wahrnehmung anderer Verwaltungsrechte hinausgeht (Rdn 1). Deshalb umfaßt der Begriff alles, was mit der Gesellschaft, mit ihrer unternehmerischen oder sonstigen Tätigkeit und mit der Beteiligung des Gesellschafters zusammenhängt.

22 c) **Gesellschaftsangelegenheiten: Einzelfragen.** Als Angelegenheiten der Gesellschaft iSd § 51 a Abs. 1 sind in der **Rechtsprechung** angesehen worden: Sofern die GmbH einen Aufsichtsrat hat, dessen Beschlüsse, an ihn gerichtete Vorlagen der Geschäftsführung, Sitzungsniederschriften[48]; alle die Unternehmensführung betreffenden und für die Gewinnermittlung und -verwendung wesentlichen Tatsachen und Daten (OLG Karlsruhe aaO [Fn 48]); Gewährung von Darlehen und Bürgschaften[49]; Bezüge der Geschäftsführer, und zwar nach Personen aufgeschlüsselt (vgl. aber Rdn 61)[50]; alles, was für das Kontroll-, Gewinn- und Vermögensinteresse des Gesellschafters von Bedeutung sein kann[51]; Angelegenheiten der von der Komplementär-GmbH geführten KG[52]; unter Umständen (Einzelheiten in Rdn 27 ff) Angelegenheiten eines Tochterunternehmens[53]. Das **Schrifttum** nennt überdies[54]: steuerliche Angelegenheiten der Gesellschaft; Zahlungen an und durch Gesellschafter (Erfüllung von Einlagepflichten); wirtschaftliche Lage von Geschäftspartnern; Organisation und Finanzierung einer betrieblichen Altersversorgung; alle Tatsachen, die für die Anteilsbewertung von Bedeutung sind. **Insgesamt** ergibt sich der Eindruck, daß Praxis und Schrifttum den Begriff der Gesellschaftsangelegenheiten weit auslegen und damit dem erklärten Ziel des Gesetzgebers[55] Rechnung tragen.

---

44 BayObLGZ 1988, 349, 352 = BayObLG WM 1988, 1789, 1790 (re. Sp.).

45 BayObLGZ 1988, 349, 352 = BayObLG WM 1988, 1789, 1791 (li. Sp.); Fischer/*Lutter*/*Hommelhoff* 21; *Tietze* Die Informationsrechte (1985), S. 8.

46 KG GmbH-Rdsch. 1988, 221, 223 (li. Sp.).

47 OLG Köln GmbH-Rdsch. 1986, 385, 386.

48 OLG Karlsruhe GmbH-Rdsch. 1985, 59 f.

49 OLG Hamm GmbH-Rdsch. 1988, 218 f.

50 OLG Köln GmbH-Rdsch. 1985, 358, 360; vgl. auch OLG Düsseldorf GmbH-Rdsch. 1988, 221 (AG).

51 OLG Köln GmbH-Rdsch. 1986, 385, 386 (li. Sp.).

52 BGH WM 1988, 1447, 1448 (re. Sp.); OLG Hamburg GmbH-Rdsch. 1985, 120; OLG Hamm NJW 1986, 1693, 1694; KG GmbH-Rdsch. 1988, 221, 223 (re. Sp.).

53 OLG Köln GmbH-Rdsch. 1985, 358, 361 f; OLG Hamm aaO (Fn 52); LG Bielefeld GmbH-Rdsch. 1985, 365.

54 Vgl. z. B. Scholz/*K. Schmidt* 19; Fischer/*Lutter*/*Hommelhoff* 5 f.

55 RegBegr., BT-Drucks. 8/1347, S. 44 (li. Sp.): „weitgehendes Auskunftsrecht".

d) **Insbesondere: Verbundene Unternehmen**

Schrifttum

(vgl. die Angaben vor Rdn 1, 46). *Ebenroth* Die Erweiterung des Auskunftsgegenstandes im Recht der verbundenen Unternehmen, AG **1970** 104; *Kort* Das Informationsrecht des Gesellschafters der Konzernobergesellschaft, ZGR **1987** 46; *Lutter* Holdingprobleme, JZ **1981** 216; *Lutter* Fragerecht und Informationsanspruch des Aktionärs und GmbH-Gesellschafters im Konzern, AG **1985** 117; *Alexander Reuter* § 51 a GmbHG — Quo vadis? BB **1986** 1653; *U. H. Schneider* Die Mitverwaltungrechte der Gesellschafter in der verbundenen GmbH — Überlegungen zu einer Binnenordnung im Konzern, in: Der GmbH-Konzern (1976), S. 78.

aa) **Allgemeines.** Die Gesetz gewordene Fassung des § 51 a Abs. 1 spricht verbundene **23** Unternehmen, anders als § 131 Abs. 1 S. 2 AktG, nicht ausdrücklich an (vgl. aber noch Rdn 25). Daß auch das Informationsrecht eine Konzerndimension hat, wird, soweit es um den Gesetzeswortlaut geht, nur aus der Umschreibung des Verweigerungsrechts in § 51 a Abs. 2 deutlich. In der Praxis ist es dagegen häufig, daß Auskünfte über ein mit der GmbH verbundenes Unternehmen begehrt werden[56]. Auch wenn insoweit noch nicht auf einen voll konsolidierten Diskussionsstand zurückgegriffen werden kann, lassen sich schon folgende **Grundsätze** festhalten: Die Beziehungen zu verbundenen Unternehmen und die Angelegenheiten bei ihnen können Gegenstand des Informationsrechts sein. Nicht erforderlich ist ein Konzernsachverhalt (vgl. noch Rdn 24). Schuldnerin des Informationsanspruchs ist die GmbH, nicht das verbundene Unternehmen; es gibt keinen sog. Informationsdurchgriff. Der Gesellschafter kann unter Umständen Auskunft über das verbundene Unternehmen, nicht aber Einsichtnahme in dessen Bücher und Schriften verlangen. Es ist Sache der GmbH, sich die erforderlichen Informationen im Rahmen des rechtlich Möglichen zu verschaffen. Problematisch ist, ob und welche inhaltlichen Grenzen dem Informationsrecht gezogen sind. Die im Schrifttum[57] übliche Unterscheidung zwischen den Beziehungen zu verbundenen Unternehmen und den Angelegenheiten bei ihnen bietet zwar als solche keine Lösung des Problems, trägt aber zu seiner Strukturierung bei und wird deshalb auch im folgenden zugrunde gelegt (Rdn 25 ff).

bb) **Begriff des verbundenen Unternehmens.** Es hat sich eingebürgert, von einem **24** Informationsanspruch des Gesellschafters bezüglich verbundener Unternehmen zu sprechen. Das und die aktienrechtliche Herkunft des Rechtsgedankens (§ 131 Abs. 1 S. 2 AktG) legen die Frage nahe, ob die Definitionsnormen der §§ 15 ff AktG in diesem Zusammenhang entsprechend gelten. Das trifft nur in dem Sinne zu, daß sich das Informationsrecht jedenfalls auf die im aktienrechtlichen Sinne verbundenen Unternehmen bezieht. Das Informationsrecht setzt jedoch nicht die Mehrheitsbeteiligung des § 16 AktG voraus, sondern erstreckt sich auch auf solche Unternehmen, an denen die GmbH nur eine Minderheitsbeteiligung hält[58]. Das folgt aus dem Schutzzweck des Informationsrechts, der sich mit dem des Rechts der verbundenen Unternehmen nicht deckt (Rdn 1), und zeigt sich am deutlichsten, wenn der Gesellschafter Auskünfte für die Bewertung seines Geschäftsanteils benötigt. Dessen Wert kann auch durch eine Minderheitsbeteiligung nachhaltig beeinflußt werden, und zwar namentlich dann,

---

[56] Zu nennen sind: BGH WM 1988, 1447; OLG Hamburg GmbH-Rdsch. 1985, 120; OLG Stuttgart OLGZ 1983, 184 = GmbH-Rdsch. 1983, 242; OLG Köln GmbH-Rdsch. 1985, 358; OLG Hamm NJW 1986, 1693; OLG Karlsruhe OLGZ 1985, 41 = GmbH-Rdsch. 1985, 362; OLG Hamm GmbH-Rdsch. 1988, 218; KG GmbH-Rdsch. 1988, 221; LG Bielefeld GmbH-Rdsch. 1985, 365.

[57] Vgl. besonders *v. Bitter* ZIP 1981, 825, 827; *Grunewald* ZHR 146 (1982), 211, 233 f; *Kort* ZGR 1987, 46, 51 f; *A. Reuter* BB 1986, 1653, 1654.

[58] Baumbach/Hueck/*Zöllner* 10 a; *A. Reuter* BB 1986, 1653, 1656; *Tietze* Die Informationsrechte (1985), S. 15.

wenn ein bedeutendes Unternehmen Gegenstand der Beteiligung ist. Aus diesen Gründen kommt es auch nicht auf die Abhängigkeit (§ 17 AktG) und schon gar nicht auf den Konzerntatbestand (§ 18 AktG) an. An der eingebürgerten Terminologie kann also nur mit der Maßgabe festgehalten werden, daß schon eine Minderheitsbeteiligung genügt.

25 cc) **Beziehungen zu verbundenen Unternehmen.** Sie werden nach ganz hM vom Informationsrecht des Gesellschafters erfaßt[59]. Dieser Ansicht ist beizutreten. Beziehungen der GmbH zu den mit ihr verbundenen Unternehmen sind notwendig ihre Angelegenheiten, fallen also schon unter den Wortlaut des § 51 a Abs. 1. Zu demselben Ergebnis führt die Entstehungsgeschichte der Norm; eine zunächst vorgesehene nach dem Vorbild des § 131 Abs. 1 S. 2 AktG formulierte Vorschrift ist nämlich als überflüssige Klarstellung gestrichen worden[60]. Das entsprach und entspricht der hM des Aktienrechts[61].

26 **Beispiele** können der Auslegung der aktienrechtlichen Parallelbestimmung entnommen werden[62]. Danach gehören zu den Angelegenheiten der GmbH zunächst diejenigen Umstände, die die Unternehmensverbindung begründen und ihr das Gepräge geben. Also: Höhe des Beteiligungsbesitzes, personelle Verflechtungen, Abschluß und Inhalt von Beherrschungs-, Gewinnabführungs- und sonstigen Unternehmensverträgen. Angelegenheit der GmbH ist ferner die Entwicklung der wechselseitigen Geschäftsbeziehungen sowie der Abschluß von Rahmenverträgen über wechselseitige Lieferungen und Leistungen einschließlich der dabei vereinbarten Konditionen. Auch Inhalt und Abwicklung einzelner Rechtsgeschäfte fallen unter den Begriff der Gesellschaftsangelegenheiten[63]. Kleinliche Fragen nach untergeordneten Daten, die von keinem vernünftigen Interesse geleitet sind, übersteigen jedoch die ungeschriebenen Schranken des Informationsrechts (vgl. Rdn 61 ff).

27 dd) **Angelegenheiten verbundener Unternehmen als solche der Gesellschaft: Herrschende GmbH.** Gemeint sind Angelegenheiten in Beteiligungsunternehmen der GmbH (Rdn 24), die sich nicht auf die Beteiligung selbst beziehen und sich auch nicht unmittelbar im geschäftlichen Erfolg der „Mutter" niederschlagen. Einigkeit besteht darin, daß solche Angelegenheiten vom Informationsrecht umfaßt sein können (Rdn 23). Streitig sind jedoch die Voraussetzungen im einzelnen. **Meinungsstand.** Nach der einen Auffassung[64] sind Angelegenheiten des Tochterunternehmens jedenfalls im Grundsatz auch solche der Mutter-GmbH; dies schon deshalb, weil das Informationsrecht sonst durch Ausgliederung bisheriger Aktivitäten des Gesellschaftsunternehmens ausgehöhlt werden könnte. Die Gegenansicht formuliert eine Erheblichkeitsschwelle und will bei unterschiedlicher Formulierung im einzelnen nur diejenigen Angelegenheiten des Tochterunternehmens als solche der GmbH ansehen, die für sie von objektiver Bedeutung sind[65].

---

[59] Nachweise in Fn 57; ferner z. B. Scholz/*K. Schmidt* 20; Fischer/*Lutter/Hommelhoff* 10.

[60] Vgl. § 51 a Abs. 2 S. 1 RegE 1977 (BT-Drucks. 8/1347, S. 11); Ausschußbericht, BT-Drucks. 8/3908, S. 75 (re. Sp.).

[61] Geßler/Hefermehl/*Eckardt*/Kropff § 131, 52; *Zöllner*-KölnKommAktG § 131, 29; *Ebenroth* AG 1970, 104, 105 f.

[62] Geßler/Hefermehl/*Eckardt*/Kropff § 131, 54; *Ebenroth* AG 1970, 104.

[63] Abweichend, aber nicht verallgemeinerungsfähig, weil aus §§ 312 ff AktG argumentierend, und ohnedies unzutreffend KG AG 1973, 25 = DB 1972, 1914.

[64] OLG Hamm NJW 1986, 1693, 1694; LG Bielefeld GmbH-Rdsch. 1985, 365 (Vorinstanz); *Schilling* Voraufl. 13; Scholz/*K. Schmidt* 20 (vgl. dort aber auch Fn 64 aE); Fischer/*Lutter/Hommelhoff* 11; *Grunewald* ZHR 146 (1982), 211, 233 f; *U. H. Schneider* in: Der GmbH-Konzern (1976), S. 78, 101 ff; im Grundsatz auch *Lutter* JZ 1981, 216, 220 (Fn 46); vgl. auch die zustimmende Anmerkung von *Lutter* WuB II G. § 51 a GmbHG 1.86 (zu OLG Hamm aaO).

[65] OLG Köln GmbH-Rdsch. 1985, 358, 361; Baumbach/Hueck/*Zöllner* 10 a; *v. Bitter* ZIP 1981, 825, 826 f; *Kort* ZGR 1987, 46, 52 ff; vgl. zur AG *Ebenroth* AG 1970, 104, 106 (stark einschränkend).

Stellungnahme. Der farblose Begriff der Gesellschaftsangelegenheiten und damit der Gesetzeswortlaut allein erlaubt keine eindeutige Entscheidung. Dasselbe gilt für den Schutzzweck des Informationsrechts (Rdn 1): Die umfassende Kenntnis von Einzelheiten des Tochterunternehmens mag bei der Wahrung mitgliedschaftlicher Individualinteressen dienlich sein, ist aber dafür nicht erforderlich. Anders läge es nur, wenn sich das Kontrollrecht des Gesellschafters auch auf die Geschäftsführung bezöge. Diese ist aber nicht dem Gesellschafter als einzelnem, sondern der Gesellschaftergesamtheit überantwortet (§ 46 Nr. 6)[66]. Die historische Auslegung ergibt ein klares Argument zugunsten der Erheblichkeitsschwelle: Unstreitig soll die Reichweite des § 51a Abs. 1 nicht weiter gehen als die des § 131 Abs. 1 S. 2 AktG. Dessen Formulierung „Beziehungen ... zu ... Unternehmen" soll jedoch auch zum Ausdruck bringen, „daß das Auskunftsrecht sich nicht auf die Lage der verbundenen Unternehmen erstreckt. Es ist allerdings denkbar, daß ein geschäftlicher Vorgang bei einem verbundenen Unternehmen so bedeutungsvoll ist, daß er die Lage der Gesellschaft oder doch ihre Beziehungen zu diesem Unternehmen beeinflussen kann. Dann besteht insoweit ein Auskunftsrecht auch über diesen Vorgang, weil es sich dann auch um eine Angelegenheit der Gesellschaft handelt"[67]. Es ist also nicht so, daß der Gesetzgeber des Aktiengesetzes einem weiter reichenden Gedanken keinen adäquaten Ausdruck verliehen hat. Auch die Übernahme der aktienrechtlichen Formulierung in § 51a wäre daher nicht der Teilausdruck eines weiter reichenden Prinzips gewesen[68]; vielmehr war und ist ein grundsätzlich die verbundenen Unternehmen umfassendes Auskunftsrecht nicht gewollt. Dieses auf Beschränkung abzielende Argument sollte sich angesichts der ohnehin vagen Gesetzesfassung (Rdn 3) und zur Entlastung der ungeschriebenen Schranken des Informationsrechts (unten Rdn 56 ff) durchsetzen. 28

Konkretisierung der Erheblichkeitsschwelle. Die notwendige Konkretisierung der demnach zu befürwortenden Erheblichkeitsschwelle kann letztlich nur im Einzelfall erfolgen. Dabei sind Abstufungen nach der Intensität der Unternehmensverbindung denkbar[69]. Die Angelegenheiten des wie eine unselbständige Betriebsabteilung geführten Tochterunternehmens (qualifizierter faktischer Konzern) werden eher zu solchen der Mutter-GmbH als die einer Gesellschaft, an der die GmbH eine Minderheitsbeteiligung hält. Die typischen Informationsbegehren beziehen sich auf den *Jahresabschluß des Tochterunternehmens* und auf die Gehälter der Geschäftsführer oder ihre sonstigen persönlichen Verhältnisse. Bei den Erläuterungen zum Jahresabschluß ist die gesetzliche Wertung der §§ 325, 327 HGB (in Kraft für die nach dem 31. 12. 1989 beginnenden Geschäftsjahre, vgl. Art. 23 Abs. 2 EGHGB) zu beachten; Informationen, die danach jedermann zugänglich gemacht werden müssen, dürfen dem Gesellschafter der Mutter-GmbH nicht als unerheblich vorenthalten werden[70]. Über die *Bezüge der Geschäftsführer* des Tochterunternehmens kann der Gesellschafter der Mutter-GmbH insoweit Auskunft verlangen, als es um den *Gesamtbetrag* geht[71]. Das entspricht dem Kontrollcharakter des Informationsrechts. Auch ist der Gesamtbetrag schon deshalb erheblich, weil die Vergütung das in der Tochter erzielte Ergebnis nachhaltig beeinflussen kann. Eine *Aufschlüsselung* des Gesamtbetrags, also Angaben über die Bezüge der einzelnen 29

[66] Zutreffend *v. Bitter* ZIP 1981, 825, 827 (li. Sp.).
[67] RegBegr. zum AktG, *Kropff* Aktiengesetz (1965), S. 185 f.
[68] So aber andeutungsweise *K. Schmidt* in: Das neue GmbH-Recht (1981), S. 87, 97; wie hier *Lutter* AG 1985, 117, 120 (li. Sp.).
[69] Vgl. auch die differenzierende Betrachtung bei *A. Reuter* BB 1986, 1653, 1655 sowie die Besprechung des TOGAL-Falls durch *Lutter* JZ 1981, 216.
[70] Insoweit läßt sich der Gedanke verallgemeinern, der OLG Düsseldorf GmbH-Rdsch. 1988, 221 zugrunde liegt.
[71] Baumbach/Hueck/*Zöllner* 20 aE; Fischer/*Lutter*/*Hommelhoff* 6; *Lutter* AG 1985, 117.

Geschäftsführer, schuldet die GmbH dagegen nach richtiger, wenngleich bestrittener Ansicht im allgemeinen nicht[72], weil nicht ihre Gesellschafterversammlung, sondern die der Tochter über die Vergütung entscheidet. Deshalb besteht keine Mitwirkungszuständigkeit des Gesellschafters. Weil die Information auch für seinen Geschäftsanteil ohne Belang ist, fehlt der erforderliche Funktionsbezug zwischen Auskunft und Rechten des Gesellschafters (vgl. noch Rdn 60).

30 ee) **Angelegenheiten verbundener Unternehmen als solche der Gesellschaft: Abhängige GmbH.** Informationsrechte nach § 51 a können auch dem Mitglied der das Tochterunternehmen tragenden GmbH wegen der Angelegenheiten des herrschenden oder an ihr jedenfalls beteiligten (Rdn 24) Unternehmens zustehen. Auch insoweit ist jedoch die Erheblichkeitsschwelle zu beachten. Der Gesellschafter der Tochter-GmbH kann also nicht über beliebige Angelegenheiten des Mutterunternehmens Auskünfte verlangen. Vielmehr ist die Konkretisierung nach **hM** so vorzunehmen, daß das Informationsrecht nur Angelegenheiten umfaßt, die von objektiver Bedeutung für das Bestands-, Gewinn- oder Vermögensinteresse der Tochter-GmbH sind[73]. Darunter fallen insbesondere konzernspezifische Maßnahmen wie die Art und Weise einheitlicher Leitung einschließlich wesentlicher Investitionsvorhaben und der Personalpolitik, aber auch Eingriffe in die Geschäftschancen der Tochter und vergleichbare Schritte.

31 Schwierigkeiten kann die **Durchsetzung des Auskunftsanspruchs** bereiten, wenn, wie im Regelfall, die Tochter nicht auch ihrerseits an dem Mutterunternehmen beteiligt ist und daher nicht über einen eigenen Informationsanspruch verfügt oder wenn zwar eine Beteiligung vorhanden ist, das daraus folgende Informationsrecht aber rechtsformbedingt hinter dem weiterreichenden Anspruch des § 51 a zurückbleibt (vgl. z. B. §§ 118, 166 HGB). Auf Informationen, deren Beschaffung der GmbH objektiv unmöglich ist, hat der Gesellschafter keinen Anspruch[74]. Wenig geklärt ist jedoch, ob und in welchen Grenzen ein ungeschriebenes Informationsrecht aus der gesellschaftsrechtlichen Treupflicht abgeleitet werden kann. Der Gedanke ist bislang vor allem für die Beteiligung des Mehrheitsgesellschafters an Konkurrenzunternehmen entwickelt worden[75]. Dem ist mit der Maßgabe beizutreten, daß das Recht der GmbH zusteht (zutreffend *Winter* aaO [Fn 75]). Eine Erweiterung des Rechtsgedankens über den genannten Fall hinaus wird zwar bisher nicht näher diskutiert, sollte aber nicht ausgeschlossen sein (*Tietze* aaO [Fn 75]).

2. Art und Weise der Auskunftserteilung

32 a) **Inhalt und Umfang.** Die Geschäftsführer müssen sich nach den Grundsätzen einer gewissenhaften und getreuen Rechenschaft richten; so noch § 51 a Abs. 2 S. 2 RegE, der vom Rechtsausschuß nur wegen Selbstverständlichkeit gestrichen wurde[76]. Deshalb müssen sie vollständige und zutreffende Auskünfte geben. Die Konkretisierung

[72] Wie hier insbesondere Baumbach/Hueck/*Zöllner* 20 aE; **aM** OLG Köln GmbH-Rdsch. 1985, 358, 360; *Meyer-Landrut*/Miller/Niehus 3. Die Frage ist auch für das Aktienrecht str., vgl. einerseits *Zöllner* KölnKommAktG § 131, 48; andererseits Geßler/Hefermehl/*Eckardt*/Kropff § 131, 49.

[73] Scholz/*K. Schmidt* 20; Fischer/*Lutter*/*Hommelhoff* 12; näher *U. H. Schneider* in: Der GmbH-Konzern (1976), S. 78, 89 ff; vgl. auch *Grunewald* ZHR 146 (1982), 211, 235; *Tietze* Die Informationsrechte (1985), S. 15.

[74] Fischer/*Lutter*/*Hommelhoff* aaO (Fn 73); *Grunewald* ZHR 146 (1982), 211, 235 f.

[75] Fischer/*Lutter*/*Hommelhoff* 16; *Schilling* Festschr. für Hefermehl (1976), S. 383, 387; *U. H. Schneider* in: Der GmbH-Konzern (1986), S. 78, 91; *Tietze* Die Informationsrechte (1985), S. 47 ff, 51; *M. Winter* Mitgliedschaftliche Treubindungen im GmbH-Recht (1988), S. 261.

[76] BT-Drucks. 8/1347, S. 11; BT-Drucks. 8/3908, S. 75.

kann nur im Einzelfall erfolgen und ist zuweilen schwierig. Generell gilt: Die Auskunft ist vollständig, wenn sie das Informationsbegehren nicht nur nach dem Wortlaut, sondern auch nach seinem erkennbaren Sinn abdeckt. Dabei ist der Tatsache Rechnung zu tragen, daß gerade der uninformierte Gesellschafter nicht unbedingt die geschickteste Formulierung findet. Rückfrage kann zweckmäßig, unter Umständen auch geboten sein. Im übrigen gilt, daß die Genauigkeit der Frage die Genauigkeit der Antwort bestimmt (vgl. schon Rdn 20). Präzise Fragen sind also präzise zu beantworten, notfalls mit Nichtwissen. Bei allgemein gehaltenen Fragen genügt eine entsprechend allgemeine Antwort[77]; nichtssagend darf sie jedoch nicht sein. Wird beispielsweise eine Auskunft über die Liquidität der Gesellschaft sowie über ihre Verbindlichkeiten und Forderungen geschuldet, so genügt es, wenn die GmbH das Verhältnis ihrer Verbindlichkeiten zu ihrem liquiden Vermögen allgemein aufzeigt, und zwar durch Bezifferung der Bankguthaben, der Forderungen und der Schulden in jeweils einer Summe (BayObLG aaO [Fn 77]). Zutreffend ist die Auskunft, wenn sie in der Sache richtig ist und auch nicht durch Weglassen von Informationen ein falsches Bild vermittelt. Wenn die Geschäftsführer, aus welchen Gründen auch immer, eine Antwort nicht geben wollen, müssen sie das sagen. Tatsachenbekundungen sind von bloßen Einschätzungen zu trennen, Zweifel sind offenzulegen.

b) **Form.** Mangels gesetzlicher Bestimmung entscheiden grundsätzlich die Geschäftsführer, ob sie die verlangte Auskunft mündlich oder schriftlich geben; nach **hM** gilt das auch dann, wenn die Auskunft außerhalb der Gesellschafterversammlung verlangt wird[78]. Nach der Gegenansicht soll in diesem Fall eine mündliche Auskunft nur mit Einverständnis des Gesellschafters genügen[79]. Dieser Meinung ist jedenfalls für den Fall beizutreten, daß es sich nicht um ganz einfache Fragen und um ganz kurze, ohne weiteres faßbare Auskünfte handelt. **33**

c) **Unverzügliche Erteilung.** § 51 a Abs. 1 verpflichtet die Geschäftsführer, die verlangte Auskunft unverzüglich zu erteilen, also ohne schuldhaftes Zögern (§ 121 Abs. 1 S. 1 BGB). Entscheidend ist der Sorgfaltsmaßstab des § 43 Abs. 1. Im einzelnen ist zu differenzieren[80]: Wenn die Auskunft *in der Gesellschafterversammlung* begehrt wird und zur sachgerechten Beurteilung der in die Tagesordnung aufgenommenen Gegenstände erforderlich ist, ist sie im allgemeinen auch in der Versammlung zu geben, und zwar so rechtzeitig, daß sie noch in die Willensbildung der Gesellschafter eingehen kann. Absehbaren Fragen ist durch entsprechende Vorkehrungen (Bereitstellung von Unterlagen, Hilfspersonal) Rechnung zu tragen. Auch die Umkehrung gilt: Fragen, mit denen nach Art, Umfang oder Schwierigkeit nicht zu rechnen war, brauchen auch nur vorläufig oder vorerst gar nicht beantwortet zu werden. Es ist Sache der Gesellschafter, solche Fragen vorher anzukündigen. Auskünfte, die *außerhalb der Gesellschafterversammlung* verlangt werden, sind innerhalb einer Zeitspanne zu geben, die ein ordentlicher Geschäftsführer für angemessen halten darf. Die Erteilung von Auskünften hat keinen grundsätzlichen Vorrang vor seinen sonstigen Verpflichtungen. Die Konkretisierung hängt von Schwierigkeitsgrad, erkennbarer Bedeutung und Dringlichkeit des Auskunftsverlangens sowie von der anderweitigen Belastung der Geschäftsführer ab. **34**

---

77 BayObLG WM 1989, 371, 375; Scholz/*K. Schmidt* 24; Baumbach/Hueck/*Zöllner* 12.

78 Scholz/*K. Schmidt* 23; Baumbach/Hueck/*Zöllner* 13.

79 Fischer/*Lutter*/*Hommelhoff* 17.

80 Vgl. auch Baumbach/Hueck/*Zöllner* 14.

IV. Das Recht auf Einsichtnahme

1. Voraussetzungen

35 a) **Einsichtsverlangen.** Die GmbH muß dem Gesellschafter die Einsichtnahme in ihre Bücher und Schriften gestatten, wenn er es verlangt. Besondere Anforderungen sind an das Einsichtsverlangen nicht zu stellen (vgl. schon Rdn 20). Es genügt also, wenn der Gesellschafter deutlich macht, daß er sein Informationsrecht durch Einsichtnahme ausüben will. Eine Begründung braucht er dafür grundsätzlich nicht zu geben (vgl. noch Rdn 36 f). Es ist nach der Rechtsprechung[81] im Gegensatz zur teilweise engeren Auffassung des Schrifttums[82] auch nicht erforderlich, daß er sein Einsichtsbegehren durch Angabe bestimmter Punkte konkretisiert; vielmehr steht ihm das Recht zu, Bücher und Schriften umfassend einzusehen. Dem Ausgangspunkt der Judikatur ist zuzustimmen, weil die Pflicht zur Angabe konkreter Vorgänge auf das hier abgelehnte ungeschriebene Tatbestandsmerkmal eines Informationsbedürfnisses hinausliefe (vgl. Rdn 56 f). Gerade wegen des umfassenden Charakters seines Einsichtsrechts muß der Gesellschafter jedoch die Grenzen beachten, die seiner Rechtsausübung durch seine Treubindungen zur GmbH gezogen werden (Rdn 60 ff). Auch wird derjenige, der keine umfassende Kontrolle ausüben, sondern sich nur wegen einzelner Sachkomplexe vergewissern will, diese Vorgänge schon im eigenen Interesse näher bezeichnen.

36 b) **Verhältnis von Auskunfts- und Einsichtsrecht.** Ob zwischen Auskunfts- und Einsichtsrecht ein Rangverhältnis besteht und, wenn ja, in welchem Sinne, wurde und wird nicht einheitlich beurteilt. **Meinungsstand.** Nach BGHZ 14 53, 60 war für die Auskunft anders als für die Einsichtnahme ein wichtiger Grund erforderlich, weil erstere in einem positiven Tun, letztere in einem bloßen Gewährenlassen bestehe (und deshalb weniger belastend sei). Die **hM** des Schrifttums beurteilte die Frage umgekehrt: Das Einsichtsrecht des einzelnen Gesellschafters habe nur subsidiären Charakter, weil es auf eine Kontrolle der Geschäftsführung hinauslaufe, die grundsätzlich nur der Gesellschafterversammlung zustehe (§ 46 Nr. 6)[83]. Mit Inkrafttreten der GmbH-Novelle hat sich die Streitfrage in dieser Form erledigt (Rdn 37). Sie wirkt aber in veränderter Form nach, indem, vor allem unter dem Aspekt des Informationsbedürfnisses, für die Einsichtnahme teilweise engere Grenzen gezogen werden als für die Auskunft. Namentlich soll der Gesellschafter nicht „willkürlich" bestimmen dürfen, ob er Auskunft oder Einsichtnahme verlangt[84]. Dagegen findet eine andere Ansicht für derartige Beschränkungen keine Grundlage im Gesetz[85].

37 **Stellungnahme.** Der Gesetzgeber ist der vor 1980 herrschenden Ansicht erklärtermaßen nicht gefolgt. In der Regierungsbegründung heißt es vielmehr[86]: „Abweichend von der zum geltenden Recht überwiegend vertretenen Meinung macht der Entwurf das Einsichtsrecht nicht von engeren Voraussetzungen als das Auskunftsrecht, insbesondere nicht vom Vorliegen eines wichtigen Grundes abhängig. … rechtfertigt eine Verstärkung des Einsichtsrechts, damit jeder Gesellschafter … in die Lage versetzt wird, in Ausübung seiner Gesellschafterrechte auch die Tätigkeit der Geschäftsführer wirksam kontrollieren zu können." Weil der Gesetzeswortlaut der Intention seiner Verfasser entspricht, gibt es keine Subsidiarität des Rechts auf Einsichtnahme. Es gibt auch keine generelle

[81] OLG Köln GmbH-Rdsch. 1986, 385, 386; KG GmbH-Rdsch. 1988, 221, 223.

[82] *Schilling* Voraufl. 18; *Meyer-Landrut*/Miller/Niehus 3.

[83] Eingehende Diskussion noch bei *Schilling* Voraufl. § 45, 26.

[84] Scholz/*K. Schmidt* 21; ähnlich *Grunewald* ZHR 146 (1982), 211, 223.

[85] *Schilling* Voraufl. 9; *K. Müller* GmbH-Rdsch. 1987, 87, 93.

[86] BT-Drucks. 8/1347, S. 44 (li. Sp.).

Beschränkung unter dem Aspekt des Informationsbedürfnisses oder unter vergleichbaren Gesichtspunkten. Insoweit geht es letztlich um die Frage, wer über das „Bedürfnis" entscheiden soll. Wenn die Kompetenz bei dem Gesellschafter liegt, ist in der Sache keine Beschränkung des Einsichtsrechts erfolgt. Wenn sie dagegen bei den Geschäftsführern liegt, entsteht ein Widerspruch zum Kontrollcharakter des Einsichtsrechts; denn über das Bedürfnis kann nicht der Kontrollierte entscheiden. Deshalb verbleibt es bei der Gleichrangigkeit von Auskunfts- und Einsichtsrecht mit der Folge, daß der Gesellschafter darüber entscheidet, in welcher Weise er informiert sein möchte. Auch für ihn ergeben sich jedoch Grenzen der Rechtsausübung, und zwar aus seiner Treupflicht zur GmbH und aus dem Verbot des Rechtsmißbrauchs (dazu Rdn 62).

c) **Gegenstände des Einsichtsrechts.** aa) **Nur Unterlagen der Gesellschaft.** Das **38** Einsichtsrecht erstreckt sich nach § 51 a Abs. 1 nur auf Unterlagen „der Gesellschaft", also derjenigen GmbH, an welcher der Informationsberechtigte beteiligt ist. Bücher und Schriften anderer Gesellschaften unterliegen dem Einsichtsrecht nicht, und zwar auch dann nicht, wenn sie als Trägerinnen verbundener Unternehmen (Rdn 24) fungieren[87]. Eine andere Lösung liefe auf einen dem Gesetz fremden Informationsdurchgriff hinaus (vgl. schon Rdn 23). Eine Ausnahme ist für den Fall einer Beteiligung von 100% (also keine Beeinträchtigung der Interessen Dritter) oder qualifizierter faktischer Konzernierung zuzulassen[88], doch sind Einzelheiten noch wenig geklärt.

bb) Bücher. Das Einsichtsrecht erstreckt sich zunächst auf die Bücher der GmbH. **39** Gemeint sind die Handelsbücher iSd § 238 HGB. Darunter fallen *sämtliche urkundlichen oder nichturkundlichen Informationsträger,* die dazu bestimmt und geeignet sind, die Geschäfte der GmbH und die Lage ihres Vermögens ersichtlich zu machen[89]. Der Begriff umfaßt also nicht nur Bücher im Wortsinne, sondern bezeichnet die Buchführung in ihrer jeweiligen technischen Ausformung, folglich auch Loseblattsysteme, ferner Bild- oder Datenträger wie Foto- oder Mikrokopien, Lochkarten, Disketten oder Magnetbänder[90]. Datenschutz kann die GmbH gegenüber ihren Mitgliedern nicht in Anspruch nehmen[91]. Der *Ablauf* der Aufbewahrungsfrist (§ 257 Abs. 4, 1. Fall HGB: zehn Jahre) hebt die Eigenschaft als Handelsbuch nicht auf[92]. Dem Gesellschafter steht also auch insoweit das Einsichtsrecht zu, soweit die Unterlagen noch vorhanden sind.

cc) Schriften. Gegenstand des Einsichtsrechts sind auch die Schriften der GmbH. Der **40** Begriff umfaßt zunächst das gesamte nach § 257 Abs. 1 HGB aufbewahrungspflichtige Schriftgut der GmbH mit Ausnahme der gesondert genannten Handelsbücher (Rdn 39), also insbesondere die Jahresabschlüsse, die Handelskorrespondenz und die Buchungsbelege[93]. Soweit die angefallenen Unterlagen in Form von Mikrofilmen, als Datensatz oder in Gestalt von ausgedruckten Daten aufbewahrt werden (§ 257 Abs. 3 HGB), unterliegen auch die Bild- oder Datenträger dem Einsichtsrecht. Auch insoweit bringt der Ablauf der Aufbewahrungsfrist (§ 257 Abs. 4 HGB: teils zehn, teils sechs Jahre) das Einsichtsrecht nicht zum Erlöschen, solange die Unterlagen noch existieren; anders ist die Rechtslage nur, wenn infolge Zeitablaufs jeder aktuelle Bezug zur Gesellschaft

---

87 EinhM, vgl. BGH GmbH-Rdsch. 1985, 20, 21 (stG); OLG Köln GmbH-Rdsch. 1985, 358, 362; Scholz/*K. Schmidt* 20; *Kort* ZGR 1987, 46, 47; *Bunte* Informationsrechte (1976), S. 135; *Tietze* Die Informationsrechte (1985), S. 54 f.

88 BGHZ 25, 115, 118 = NJW 1957, 1555 (KG); BGH GmbH-Rdsch. 1985, 20, 21 (stG); OLG Köln aaO (Fn 87); Baumbach/Hueck/*Zöllner* 15.

89 *Hüffer*-GroßkommHGB § 238, 32.

90 Unstr., vgl. Scholz/*K. Schmidt* 25; Baumbach/Hueck/*Zöllner* 16; *Hüffer*-GroßkommHGB § 258, 7.

91 Baumbach/Hueck/*Zöllner* 16; *K. Müller* GmbH-Rdsch. 1987, 87, 92 f.

92 *Hüffer*-GroßkommHGB § 258, 8.

93 Näher *Hüffer*-GroßkommHGB § 257, 9 ff und 20 ff.

verloren gegangen ist und die Kenntnis der Vorgänge deshalb für die Mitgliedschaft des Gesellschafters keine Bedeutung mehr hat[94]. Schriften iSd § 51 a Abs. 1 sind ferner auch geschriebene Unterlagen oder ihre jeweiligen technischen Surrogate, die nicht der Aufbewahrungspflicht unterliegen, aber tatsächlich geführt werden und bei der GmbH vorhanden sind. Eine Pflicht zur besonderen Herstellung solcher Unterlagen kann aus dem Informationsrecht des Gesellschafters dagegen nicht abgeleitet werden[95]. Hierher gehören vor allem Prüfungsberichte des Abschlußprüfers, Zwischenabschlüsse oder zu Kontrollzwecken freiwillig erstellte, etwa inflationsbereinigte Bilanzen, aber auch Sitzungsprotokolle, einschließlich der Protokolle des Aufsichtsrats, soweit ein solcher gebildet ist[96]. Seine Kontrollfunktion hebt den Organcharakter und damit die Zurechnung der bei ihm angefallenen Schriften zur GmbH nicht auf[97].

2. Art und Weise der Einsichtnahme

41 a) **Allgemeines.** § 51 a Abs. 1 gewährt das Recht auf Einsichtnahme, ohne die Modalitäten wie Ort, Zeit und Kosten vollständig zu regeln; zum Umfang des Rechts vgl. Rdn 38 ff. **Ort.** Die GmbH erfüllt ihre Verpflichtung, indem sie ihrem Gesellschafter die Einsichtnahme in ihren Geschäftsräumen gestattet[98]. Er kann also nicht verlangen, daß ihm Bücher oder Schriften an seinem Wohn- oder Gewerbeort vorgelegt werden. Umgekehrt kann die GmbH ihrer Pflicht auch an einem dritten Ort nachkommen, soweit sich Bücher oder Schriften im Rahmen ordnungsmäßiger Geschäftsführung dort befinden. Das gilt insbesondere bei Fernbuchführung (externes Rechenzentrum) oder bei der gesonderten Buchführung im Rahmen einer Zweigniederlassung[99]. **Zeit.** Die GmbH muß die Einsichtnahme unverzüglich gewähren; denn dieses Wort bezieht sich nach dem vernünftigen Sinn des § 51 a Abs. 1 auf Auskunft und Einsichtnahme. Für die Konkretisierung gelten die Ausführungen in Rdn 34 entsprechend. **Kosten.** Weil die GmbH mit der Einsichtgewährung nur ihre Pflichten erfüllt, trägt sie auch die Kosten. Bei Wiedergabe von Handelsbüchern und sonstigen aufbewahrungspflichtigen Unterlagen (§ 257 HGB) trägt die GmbH gem. § 261 HGB auch die Kosten der Lesbarmachung, des Datenausdrucks und der Herstellung lesbarer Reproduktionen.

42 **Hilfspersonal oder Hilfsmittel** braucht die Gesellschaft grundsätzlich nicht bereitzustellen. Der Gesellschafter kann also nicht verlangen, daß ihm Büroräume, Schreibkräfte, ein Fotokopiergerät oder ähnliches zur Verfügung gestellt werden[100]. Das folgt aus dem passiven, auf Duldung gerichteten Charakter der Gesellschaftspflicht, der Unterstützungsmaßnahmen nicht einschließt. Abweichendes gilt nur, wenn die Unterlagen ohne besondere technische Hilfsmittel nicht eingesehen werden können (Mikrofilme, Mikrokopien, elektronisch gespeicherte Daten); vgl. noch Rdn 44. Der Gesellschafter hat auch nicht das Recht, Angestellte zu befragen oder zur Erläuterung vorgelegter Unterlagen beizuziehen[101]. Die Geschäftsführer sind allerdings nicht gehindert, den Gesellschafter durch Zusatzauskünfte aktiv zu unterstützen oder zu diesem Zweck Personal abzustellen.

---

94 KG GmbH-Rdsch. 1988, 221, 224; aM *K. Müller* GmbH-Rdsch. 1987, 87, 92 (li. Sp.): Fristablauf ist zeitliche Grenze des Einsichtsrechts.

95 *Meyer-Landrut*/Miller/Niehus 3; *Grunewald* ZHR 146 (1982), 211, 221.

96 OLG Karlsruhe GmbH-Rdsch. 1985, 59, 60; Fischer/*Lutter*/*Hommelhoff* § 52, 41; *Meyer-Landrut*/Miller/Niehus 3.

97 Nicht überzeugend deshalb die Gegenansicht von Baumbach/Hueck/*Zöllner* 17.

98 Scholz/*K. Schmidt* 26; Baumbach/Hueck/*Zöllner* 18; *Meyer-Landrut*/Miller/Niehus 4 aE.

99 *Hüffer*-GroßkommHGB § 238, 19 und 20.

100 Scholz/*K. Schmidt* 26.

101 Scholz/*K. Schmidt* 26; Fischer/*Lutter*/*Hommelhoff* 9.

b) **Einzelfragen: Abschriften; Fotokopien; Datenverarbeitung.** Die Einsichtnahme in Gesellschaftsunterlagen schließt zwar im Wortsinne nicht das Recht ein, **Abschriften** zu nehmen oder Notizen anzufertigen. Zur sachlich gleichliegenden Frage bei § 810 BGB hat der Gesetzgeber diese Befugnis der Einzelfallentscheidung vorbehalten[102]. Dasselbe muß für § 51 a gelten. Maßgeblich für die Entscheidung ist, daß die Einsichtnahme eine effektive Kontrolle (Rdn 1) ermöglichen soll. Danach ist das Recht, Abschriften zu fertigen, für den Regelfall zu bejahen[103]. **Fotokopien** darf sich der Gesellschafter auf seine Kosten in dem Umfang anfertigen, in dem er auch Abschriften nehmen könnte[104]. Warum er auf naheliegende technische Hilfsmittel verzichten sollte, ist nämlich nicht einsichtig. Dagegen steht ihm nicht das Recht zu, von den Geschäftsführern die Übersendung fotokopierter Unterlagen zu verlangen[105]. Sonst würde die Duldungspflicht in eine Unterstützungspflicht umgedeutet. Umgekehrt kann die GmbH das Einsichtsrecht des Gesellschafters grundsätzlich nicht dadurch abwehren, daß sie ihm Fotokopien zur Verfügung stellt; denn das Recht zur Einsichtnahme bezieht sich auf die Originale[106]. Nur dann, wenn der GmbH wegen eines Teils des Urkundeninhalts ein Informationsverweigerungsrecht zusteht (Rdn 47 ff, 60 ff), ist sie berechtigt, dem Einsichtsverlangen zu entsprechen, indem sie Fotokopien unter Abdeckung der vom Verweigerungsrecht erfaßten Urkundenteile herstellt und bereit hält[107]. **43**

Wenn die Buchführung der GmbH unter **EDV-Einsatz** erfolgt, wenn Unterlagen auf **Mikrofilm,** in **Mikrokopie** oder als bloßer Datensatz aufbewahrt werden, ist dem Gesellschafter allein mit der Gewährung der Einsichtnahme regelmäßig nicht gedient. Es liegt auch nicht im Interesse der GmbH, ihm unkontrollierten Zugang zur Datenverarbeitung zu verschaffen. In diesem Fall hat der Gesellschafter nach dem Rechtsgedanken des § 261 HGB Anspruch auf die erforderlichen Hilfsmittel (Lesegeräte, Rechnerkapazität, Drucker) und auf die Bereitstellung erforderlichen Bedienungspersonals. Die Unterlagen müssen jedenfalls auf dem Bildschirm sichtbar gemacht, auf Verlangen auch ausgedruckt werden, weil sonst die Gleichwertigkeit der Einsichtnahme mit derjenigen in schriftlich geführte Unterlagen verloren geht[108]. **44**

c) **Zuziehung von Sachverständigen.** Das Einsichtsrecht ist als Variante des Informationsrechts bei der GmbH kein höchstpersönliches Recht; deshalb können grundsätzlich Sachverständige zugezogen werden (vgl. schon Rdn 16). Das hat vornehmlich bei der Einsichtnahme praktische Bedeutung, weil die sinnvolle Auswahl von Unterlagen und die Bewertung der gewonnenen Informationen ohne besondere Fachkenntnisse vielfach praktisch nicht möglich oder nachhaltig erschwert ist. Das gilt insbesondere bei EDV-Einsatz. Wie generell so ist jedoch auch hier der Vertraulichkeitsgrundsatz zu beachten (Rdn 11). Von Sonderlagen abgesehen, muß die GmbH daher nur die Tätigkeit von Personen hinnehmen, die von Berufs wegen zur Verschwiegenheit verpflichtet sind (Rdn 15). **45**

---

102 Mot. BGB Bd. II, S. 892 = *Mugdan* Bd. II, S. 498; MünchKomm-*Hüffer* BGB § 810, 13.

103 Unstr., vgl. Scholz/*K. Schmidt* 26; Baumbach/Hueck/*Zöllner* 18; Fischer/*Lutter*/*Hommelhoff* 9.

104 **HM,** vgl. OLG Köln GmbH-Rdsch. 1985, 358, 359 (li. Sp.); Scholz/*K. Schmidt* 26; Fischer/*Lutter*/*Hommelhoff* 9; Rowedder/*Koppensteiner*² 10; **aM** Baumbach/Hueck/*Zöllner* 18.

105 Unstr., vgl. Nachw. in Fn 104.

106 Vgl. zu § 810 BGB MünchKomm-*Hüffer* BGB § 810, 13; Staudinger/*Marburger* § 810, 4, beide mwN; **aM** zu § 51 a Baumbach/Hueck/*Zöllner* 18. OLG Köln aaO (Fn 104) läßt nicht Einsichtsgewährung, sondern Auskunftserteilung durch Fotokopien zu.

107 So zur ähnlich liegenden Problematik bei Krankenunterlagen BGHZ 85, 327, 338 f = NJW 1983, 328, 330; OLG Köln NJW 1982, 704; OLG Köln NJW 1983, 2641.

108 Ähnlich, aber etwas enger Baumbach/Hueck/*Zöllner* 18.

V. Schranken des Informationsrechts

Schrifttum

(vgl. auch die Angaben vor Rdn 1, 23). *Ebenroth* Kritische Bemerkungen zur Ausgestaltung der Kontrolle der GmbH-Geschäftsführer im Regierungsentwurf eines GmbHG, ZGR **1972** 427; *Rob. Fischer* Die Grenzen bei der Ausübung gesellschaftlicher Mitgliedschaftsrechte, NJW **1954** 777; *Kretzschmar* Zur Konkretisierung des Auskunftsrechts nach § 51 a GmbHG, AG **1987** 121; *Meyer-Landrut* Der „Mißbrauch" aktienrechtlicher Minderheits- oder Individualrechte, insbesondere des Auskunftsrechts, Festschr. für Schilling (1973), S. 235; *K. Müller* Schranken des Informationsrechtes nach § 51 a GmbHG, GmbH-Rdsch. **1987** 87; *K. Schmidt* Informationsverweigerung in der GmbH ohne Gesellschafterbeschluß? GmbH-Rdsch. **1982** 206; *M. Winter* Mitgliedschaftliche Treubindungen im GmbH-Recht (1988); *Zöllner* Die Schranken mitgliedschaftlicher Stimmrechtsmacht bei den privatrechtlichen Personenverbänden (1963).

1. Zur Ausgangslage

46 Der Gesetzgeber gewährt dem Gesellschafter das Informationsrecht, ohne es in wesentlichem Umfang an tatbestandliche Voraussetzungen zu binden (Rdn 4). Eine Begrenzung des Informationsrechts durch Satzung ist den Gesellschaftern nach § 51 a Abs. 3 verwehrt (Rdn 3 und unten Rdn 66 ff). Ein **gesetzlich verankertes Informationsverweigerungsrecht** hat die GmbH nur unter den engen Voraussetzungen des § 51 a Abs. 2 (Rdn 47 ff). Diese Ausgangslage erklärt die aktuelle Bedeutung **ungeschriebener Schranken des Informationsrechts.** Darüber, daß es solche Schranken gibt, besteht Einigkeit. Wo die Grenzen verlaufen und wie sie zu begründen sind, wird allerdings unterschiedlich beurteilt. Diskutiert werden im wesentlichen: Informationsbedürfnis als ungeschriebenes Tatbestandsmerkmal (dazu Rdn 56 f); Notwendigkeit eines Funktionsbezugs zwischen Information und mitgliedschaftlichen Rechten (Rdn 58 f); bewegliche Schranken durch Konkretisierung von Treubindungen (Rdn 60 ff).

2. Das Verweigerungsrecht des § 51 a Abs. 2

47 **a) Materielle Voraussetzungen. aa) Gesellschaftsfremde Verwendung.** § 51 a Abs. 2 knüpft das Informationsverweigerungsrecht an zwei materielle Voraussetzungen: Es muß die Besorgnis gesellschaftsfremder Informationsverwendung bestehen und (kumulativ) zu besorgen sein, daß dadurch der GmbH oder einem verbundenen Unternehmen ein nicht unerheblicher Nachteil zugefügt wird; zum zweiten Erfordernis vgl. Rdn 50 f. Gesellschaftsfremd ist die Informationsverwendung, wenn sie **zweckwidrig** erfolgt, also nicht der Ausübung weitergehender Verwaltungsrechte dient, nicht auf die Kontrolle der Geschäftsführung abzielt und auch nicht andere mitgliedschaftliche Belange fördern soll[109]. Stets genügend ist ein *gesellschaftsschädliches* Verhalten. Es ist aber nicht erforderlich. Gesellschaftsfremdheit muß vielmehr auch dann bejaht werden, wenn die Verwendung der Information für die GmbH selbst ohne Belang, aber nachteilig für Mitgesellschafter ist[110] und weitergehend wohl auch schon dann, wenn ein Mitglied irgendwelche *gesellschaftsexterne Partikularinteressen* verfolgen will[111]. Die letzte Frage kann für § 51 a Abs. 2 allerdings deshalb offen bleiben, weil die Verfolgung von Sonderinteressen ohne nachteilige Auswirkungen das zweite Tatbestandsmerkmal der Norm nicht ausfüllen kann.

---

[109] Zutreffend *M. Winter* Mitgliedschaftliche Treubindungen (1988), S. 121.

[110] Baumbach/Hueck/*Zöllner* 24.

[111] *M. Winter* aaO (Fn 109) S. 122, von dem der Ausdruck übernommen ist; in der Sache übereinstimmend RegBegr., BT-Drucks. 8/1347, S. 44 re. Sp.

Wesentliche Anwendungsfälle gesellschaftsfremder Verwendung sind: Ausnutzung der erlangten Kenntnisse in einem *Konkurrenzunternehmen,* das der Gesellschafter betreibt[112] oder demnächst betreiben will oder zu dem er (z. B. infolge verwandtschaftlicher oder vergleichbarer Bindungen) in enger Beziehung steht; auch Einsatz der Kenntnisse in einem Unternehmen, das mit dem der GmbH zwar nicht eigentlich konkurriert, dessen Betrieb aber in einer engen Branche (Fluggeräte) zu einem Interessenwiderstreit führt[113]. Das Schrifttum nennt als *weitere Beispiele:* die Anlage eines Familienarchivs, die Herausgabe von Presseinformationen oder die Denunziation anderer Gesellschafter bei Behörden[114] (vgl. zum letzten Punkt noch Rdn 49). 48

bb) **Besorgnis.** Das Gesetz verlangt die Besorgnis gesellschaftsfremder Informationsverwendung. Die Besorgnis ist begründet, wenn Tatsachen vorliegen, die nach vernünftiger kaufmännischer Beurteilung (insoweit kann der Gedanke des § 131 Abs. 3 S. 1 Nr. 1 AktG übernommen werden) die zweckwidrige Informationsverwendung wahrscheinlich machen, und zwar (darin anders als nach § 131 AktG) gerade durch den Gesellschafter, der Auskunft oder Einsichtnahme begehrt[115]. Besondere Anforderungen an den Grad der Wahrscheinlichkeit sind nicht zu stellen. Eine an Sicherheit grenzende Wahrscheinlichkeit wird also nicht verlangt; es genügt vielmehr die *aus Tatsachen ableitbare Gefahr zweckwidriger Informationsverwendung*[116]. Sie ist bei einer Konkurrenzsituation auch schon dann zu bejahen, wenn noch kein aktuelles Interesse besteht, Kenntnisse über die GmbH im Wettbewerb einzusetzen; denn sonst käme der Schutz des § 51 a Abs. 2 zu spät[117]. Andererseits genügt eine rein subjektive, nur aus Verkaufsabsichten des nachfragenden Gesellschafters gespeiste Besorgnis nicht[118]. Sie kann auch nicht allein aus einem früheren Verhalten des Gesellschafters abgeleitet werden. Deshalb ist im Ergebnis richtig entschieden worden, daß Informationen nicht wegen der früheren Aufdeckung stiller Reserven im Rahmen einer Betriebsprüfung versagt werden dürfen[119]; die besondere Motivation (Vereitelung *künftiger* Tantiemeansprüche des geschäftsführenden Gesellschafters) spricht aber schon für einen Grenzfall. Die *Feststellungslast* für die erforderlichen Tatsachen trägt die GmbH, und zwar zwingend (§ 51 a Abs. 3); die Satzung kann dem Gesellschafter also nicht aufgeben, seinerseits das Fehlen gefahrbegründender Tatsachen nachzuweisen[120]. 49

cc) **Besorgnis der Nachteilszufügung.** Die zweckwidrige Informationsverwendung (Rdn 47 f) muß besorgen lassen, daß der GmbH oder einem verbundenen Unternehmen ein nicht unerheblicher Nachteil zugefügt wird; zur Besorgnis vgl. Erl. in Rdn 49. Das Gesetz verlangt einen **Nachteil,** nicht einen Vermögensschaden. Deshalb wird eine Information auch dann berechtigt verweigert, wenn ausschließlich immaterielle Nachteile drohen; so braucht die GmbH eine Rufschädigung auch dann nicht hinzunehmen, wenn sich wirtschaftliche Einbußen als deren Folge nicht feststellen lassen[121]. Der 50

---

[112] OLG Karlsruhe OLGZ 1985, 41, 44 = GmbH-Rdsch. 1985, 362, 363; RegBegr. aaO (Fn 111); Baumbach/Hueck/*Zöllner* 25; *Ivens* GmbH-Rdsch. 1989, 273; *A. Reuter* BB 1986, 1653, 1656.

[113] OLG Stuttgart OLGZ 1983, 184, 185 f = GmbH-Rdsch. 1983, 242, 243.

[114] Scholz/*K. Schmidt* 39.

[115] OLG Karlsruhe OLGZ 1985, 41, 44 = GmbH-Rdsch. 1985, 362, 363; RegBegr., BT-Drucks. 8/1347, S. 44 re. Sp.

[116] OLG Stuttgart OLGZ 1983, 184, 186 f = GmbH-Rdsch. 1983, 242, 243; *v. Bitter* ZIP 1981, 825, 828; *Grunewald* ZHR 146 (1982), 211, 228; *Lutter* ZGR 1982, 1, 10.

[117] *Lutter* aaO (Fn 116): „abstrakte" Gefahr; wohl auch Scholz/*K. Schmidt* 39 mwN; *Ivens* GmbH-Rdsch. 1989, 273 f.

[118] KG GmbH-Rdsch. 1988, 221, 224 (re. Sp.) = ZIP 1988, 714, 717.

[119] OLG Köln GmbH-Rdsch. 1986, 385, 387 = WM 1986, 761, 763.

[120] BayObLGZ 1988, 349, 356 = BayObLG WM 1988, 1789, 1792; Scholz/*K. Schmidt* 44; Rowedder/*Koppensteiner*² 17.

[121] HM, vgl. Scholz/*K. Schmidt* 40; Baumbach/Hueck/*Zöllner* 26; *K. Müller* GmbH-Rdsch. 1987, 87, 88 f mwN in Fn 10; zum Aktienrecht Geßler/Hefermehl/*Eckardt*/Kropff § 131, 89; aM *Roth* 3.1.1.

Nachteil muß **nicht unerheblich** sein. Beeinträchtigungen, die bei objektiver Betrachtung („vernünftige kaufmännische Beurteilung") Bagatellcharakter tragen, scheiden danach aus. Im übrigen ist die aus § 131 Abs. 3 S. 1 Nr. 1 AktG bekannte Formel nur im Einzelfall konkretisierbar[122]. Ein Ermessensspielraum besteht nicht. Die Erheblichkeit des Nachteils unterliegt also voller richterlicher Prüfung.

51 **Schutzsubjekt** ist zunächst die **GmbH.** Insoweit fragt sich, ob nur ihr Nachteil oder auch derjenige ihrer Gesellschafter und/oder Geschäftsführer unter § 51 a Abs. 2 fällt. Die Frage ist aus dem Aktienrecht bekannt und wird dort für Vorstand und Aktionäre negativ beantwortet[123]. Angesichts des eindeutigen und insoweit mit § 131 Abs. 3 S. 1 Nr. 1 AktG übereinstimmenden Gesetzeswortlauts muß sie auch für die GmbH verneint werden[124]. Denkbar ist allerdings, daß die GmbH mittelbar nachteilig betroffen wird. So kann eine Rufschädigung von Gesellschaftern oder Organpersonen auch das Erscheinungsbild der GmbH nachteilig verändern. Das genügt für die Anwendung des § 51 a Abs. 2[125], weil und solange die Kausalität zwischen zweckwidriger Informationsverwendung und Nachteil erhalten bleibt. Schutzsubjekt ist ferner ein **verbundenes Unternehmen.** Die hM versteht den Begriff iSd §§ 15 ff AktG[126]. Dieser Ansicht kann jedoch nicht gefolgt werden, soweit sie Minderheitsbeteiligungen aus dem Schutzbereich des § 51 a Abs. 2 ausklammert, weil damit ein Widerspruch zur weiter reichenden Informationspflicht entsteht (vgl. Rdn 24). Der Begriff des verbundenen Unternehmens ist für die Pflicht zur Erteilung von Informationen und für das Recht, sie zu verweigern, gleich zu fassen.

52 b) **Förmliche Voraussetzung: Gesellschafterbeschluß.** Die Geschäftsführer dürfen die Information aus den Gründen des § 51 a Abs. 2 S. 1 nur dann verweigern, wenn ein entsprechender Beschluß der Gesellschafter vorliegt (§ 51 a Abs. 2 S. 2). Die Regelung soll einer Überforderung der Geschäftsführer vorbeugen, die sonst wegen ihrer abhängigen Stellung gegenüber den Gesellschaftern entstehen könnte[127]. Ohne solchen Beschluß erfolgt die Informationsverweigerung pflichtwidrig. Wenn die Geschäftsführer die Informationsverweigerung in Betracht ziehen, müssen sie die Entscheidung der Gesellschafter unverzüglich (§ 121 Abs. 1 S. 1 BGB) einholen. Anderenfalls verstoßen sie gegen § 51 a Abs. 1 (Rdn 34, 41). Die Gesellschafter brauchen auf die Vorlage der Geschäftsführer nicht zu warten. Sie können die Erteilung der Information auch von sich aus durch Weisungsbeschluß untersagen. Ob der Beschluß mit einer „Dauerregelung" ausgestattet werden kann, die es den Geschäftsführern erlaubt, insbesondere konkurrierenden Gesellschaftern für die Dauer der Konkurrenzsituation Informationen zu verweigern, ohne bei dem einzelnen Informationsverlangen die Gesellschafterversammlung befassen zu müssen (dafür *Ivens* GmbH-Rdsch. **1989** 273, 275 f), ist zweifelhaft, weil die Entscheidungskompetenz damit teilweise auf die Geschäftsführer übergeht.

53 An den **Inhalt des Beschlusses** stellt das Gesetz keine besonderen Anforderungen. Folglich bedarf er nach richtiger, wenngleich umstrittener Ansicht keiner Begründung[128]. Das ist auch sachgerecht, weil eine Begründung geeignet wäre, das Vertrauens-

---

122 Vgl. auch Geßler/Hefermehl/*Eckardt*/Kropff § 131, 87 ff; *Zöllner*-KölnKommAktG § 131, 34 f.

123 Geßler/Hefermehl/*Eckardt*/Kropff § 131, 91 mwN.

124 Im Ergebnis ebenso Scholz/*K. Schmidt* 40; *Tietze* Die Informationsrechte (1985), S. 97; aM für Gesellschafter Baumbach/Hueck/*Zöllner* 26.

125 Scholz/*K. Schmidt* 40 (gesellschaftsinterne Querelen).

126 Scholz/*K. Schmidt* 40; Baumbach/Hueck/*Zöllner* 26.

127 RegBegr., vgl. BT-Drucks. 8/1347, S. 44; kritisch dazu *Schilling* Voraufl. 21.

128 Baumbach/Hueck/*Zöllner* 28; Fischer/*Lutter*/*Hommelhoff* 20; aM Rowedder/*Koppensteiner*^{2} 23; *Roth* 3.2.

verhältnis zwischen den Gesellschaftern weiter zu zerstören. Die GmbH trägt allerdings die Feststellungslast, wenn sich der unterlegene Gesellschafter entschließt, gegen den Beschluß nach § 51 b vorzugehen (vgl. Rdn 49 aE und § 51 b, 14 aE). Schriftform oder Protokollierung ist nicht vorgesehen, aber zwecks Rechtsklarheit zu empfehlen. Der von der Informationsverweigerung betroffene Gesellschafter hat bei der Beschlußfassung **kein Stimmrecht**[129]. Das folgt zwar nicht aus unmittelbarer, aber aus analoger Anwendung des § 47 Abs. 4; denn die Informationsverweigerung ist eine Maßnahme, die aus wichtigem Grund gegen den Gesellschafter getroffen werden soll, und bei solchen Maßnahmen darf er nach **hM** nicht „Richter in eigener Sache" sein (vgl. § 47, 121 f). Gegen den Beschluß ist zumindest grundsätzlich **keine Anfechtungsklage** gegeben; wegen der abschließend gedachten Regelung in § 51 b und wegen der Möglichkeit, andere Beschlüsse wegen verweigerter Information anzufechten, fehlt im allgemeinen das Rechtsschutzinteresse (vgl. noch § 51 b, 21)[130].

c) **Ausübung des Verweigerungsrechts.** Im Verhältnis zwischen Gesellschaftern und Geschäftsführern ist der Beschluß des § 51 a Abs. 2 S. 2 ein *Weisungsbeschluß* (vgl. schon Rdn 52 aE). Wenn er zustande kommt, haben die Geschäftsführer also die Erteilung der Information zu unterlassen. Das gilt auch dann, wenn die materiellen Beschlußvoraussetzungen nach ihrer Auffassung nicht gegeben sind. Teilweise wird allerdings angenommen, die Geschäftsführer dürften anfechtbaren Beschlüssen generell und deshalb auch hier die Gefolgschaft versagen[131]. Ob dieser Ansicht überhaupt gefolgt werden kann[132], braucht nicht entschieden zu werden. Denn sie widerspricht jedenfalls dem Normzweck des § 51 a Abs. 2 S. 2, die Zuständigkeit wegen der abhängigen und damit überforderungsträchtigen Stellung der Geschäftsführer auf die Gesellschafter zu verlagern (vgl. Rdn 52 mit Fn 127), und kann schon deshalb in diesem Zusammenhang nicht überzeugen. 54

3. Strafbarkeit der Informationserteilung

Strafbarkeit der Informationserteilung ist **ungeschriebener Verweigerungsgrund.** Die Geschäftsführer dürfen die Auskunftserteilung oder Einsichtsgewährung unter diesem Gesichtspunkt verweigern, ohne daß es dafür auf einen Beschluß der Gesellschafter ankäme[133]. Eine entsprechende Regelung war in § 51 a Abs. 3 S. 1 Nr. 2 RegE noch vorgesehen und wurde vom Rechtsausschuß wegen Selbstverständlichkeit gestrichen[134]. Ob die Selbstverständlichkeit angesichts des historischen Hintergrundes der erst seit 1965 in § 131 Abs. 3 S. 1 Nr. 5 AktG bestehenden Regelung[135] wirklich zu bejahen ist, mag dahinstehen. Jedenfalls überzeugt der Grundgedanke, daß die Geschäftsführer wie der Vorstand einer AG nicht gesetzlich verpflichtet werden dürfen, mit der Informationserteilung eine Handlung vorzunehmen, welche dieselbe Rechtsordnung an anderer Stelle mit Strafe bedroht. Damit wird zugleich deutlich, daß gerade die 55

[129] So noch ausdrücklich § 51 a Abs. 3 S. 3 RegE (BT-Drucks. 8/1347, S. 12), vom Rechtsausschuß als selbstverständlich gestrichen (Ausschußbericht, BT-Drucks. 9/3908, S. 76 li. Sp.); statt vieler vgl. noch Scholz/*K. Schmidt* 42; Baumbach/Hueck/*Zöllner* 27; Fischer/*Lutter*/*Hommelhoff* 20; aM Rowedder/*Koppensteiner*[2] 21; *Grunewald* ZHR 146 (1982), 211, 233.

[130] BGH GmbH-Rdsch. 1988, 213, 214; aM OLG Hamburg GmbH-Rdsch. 1987, 480 f (Vorinstanz); Baumbach/Hueck/*Zöllner* 28 (vgl. aber auch 33).

[131] So wohl Scholz/*K. Schmidt* 43.

[132] Ablehnend BGHZ 76, 154, 159 = NJW 1980, 1527, 1528. Im Schrifttum ist die Frage in Bewegung geraten, vgl. z. B. Baumbach/Hueck/*Zöllner* Anh § 47, 75 mwN.

[133] EinhM, siehe statt vieler Scholz/*K. Schmidt* 33; Baumbach/Hueck/*Zöllner* 30.

[134] Zum RegE vgl. BT-Drucks. 8/1347, S. 12; zum Ausschußbericht BT-Drucks. 8/3908, S. 76 li. Sp.

[135] Dazu Geßler/Hefermehl/*Eckardt*/Kropff § 131, 121 f.

Erteilung der Auskunft oder die Gestattung der Einsichtnahme die strafbare Handlung darstellen müssen. Die Verweigerung ist also nicht deshalb rechtmäßig, weil die Geschäftsführer durch die Erteilung von Informationen eine früher verübte Straftat aufdecken müßten. Die praktische Bedeutung des Verweigerungsgrundes dürfte danach für die GmbH nicht erheblich sein. In Betracht kommt insbesondere § 203 StGB, dagegen nicht § 85 GmbHG[136]; denn die Informationspflicht des § 51 a begründet gerade die Befugnis, Betriebs- oder Geschäftsgeheimnisse gegenüber den (ihrerseits zur Verschwiegenheit verpflichteten, Rdn 11) Gesellschaftern zu offenbaren. Schließlich stellt sich die Frage, ob die Geschäftsführer die Erteilung von Informationen auch dann verweigern dürfen, wenn darin zwar keine Straftat, aber eine **Ordnungswidrigkeit** zu finden wäre. Sie ist zu bejahen, weil sich der Sachgrund des Verweigerungsrechts – keine Rechtspflicht zur Verübung einer Straftat – verallgemeinern läßt: Eine gesetzliche Pflicht zur Verübung rechtswidriger Handlungen (und damit auch von Ordnungswidrigkeiten) kann es überhaupt nicht geben[137].

4. Weitere Schranken des Informationsrechts

56 a) **Informationsbedürfnis als ungeschriebenes Tatbestandsmerkmal? Meinungsstand.** Nach einer von *K. Schmidt* begründeten Lehre[138] ist das Informationsrecht des Gesellschafters davon abhängig, daß ihm ein Informationsbedürfnis (oder -interesse) zur Seite steht. Dabei soll es sich um ein dem Rechtsschutzinteresse vergleichbares ungeschriebenes Tatbestandsmerkmal des § 51 a Abs. 1 handeln, das eine doppelte Funktion erfüllt: Das Erfordernis des Informationsbedürfnisses soll bei der rechtsfortbildenden Strukturierung des Tatbestands wegweisende Bedeutung haben; und sein Fehlen soll einen Verweigerungsgrund neben § 51 a Abs. 2 abgeben. Die Beweislast für das Informationsbedürfnis liegt nach dieser Konzeption bei dem Gesellschafter[139]. Die **hM** lehnt die skizzierte Lehre ab, weil sie im Wortlaut des Gesetzes keine Basis finde, mit den Zielvorstellungen der Gesetzesverfasser nicht vereinbar und schließlich, abgesehen von den seltenen Fällen wiederholten Auskunftsverlangens, auch wenig effektiv sei[140].

57 **Stellungnahme.** Das Informationsbedürfnis ist kein ungeschriebenes Tatbestandsmerkmal des § 51 a Abs. 1. Das erklärte Ziel des Gesetzgebers, dem Gesellschafter ein grundsätzlich umfassendes Informationsrecht zu gewähren[141], steht einer derartigen tatbestandlichen Eingrenzung entgegen. Das gilt auch für die (vom abgelehnten Standpunkt aus konsequente) Verteilung der Darlegungs- und Beweislast zuungunsten des Gesellschafters[142]. Auch ist nicht einsichtig, warum das Informationsinteresse als Leitfigur der Rechtsfortbildung der tatbestandlichen Verankerung bedarf. Insoweit ist der hM also beizutreten. Daraus folgt insbesondere, daß Auskunft und Einsichtnahme als gleichrangige Informationsmittel nebeneinander stehen, zwischen denen prinzipiell

136 Baumbach/Hueck/*Zöllner* 30; *v. Bitter* ZIP 1981, 825, 829; *K. Müller* GmbH-Rdsch. 1987, 87, 92.

137 Zutreffend für die AG Geßler/Hefermehl/*Eckardt*/Kropff § 131, 124.

138 Scholz/*K. Schmidt* 8 mwN in Fn 15; vgl. auch *K. Schmidt* JbFfSt 1984/85, 195, 213 ff.

139 Scholz/*K. Schmidt* 44; Baumbach/Hueck/*Zöllner* § 51 b, 5 (Verhältnis zu § 51 a, 21 bleibt ungeklärt); zur Gegenansicht vgl. Fn 142.

140 OLG Stuttgart OLGZ 1983, 184, 185 f = GmbH-Rdsch. 1983, 242, 243; KG GmbH-Rdsch. 1988, 221, 223 = ZIP 1988, 714, 715; LG Düsseldorf DB 1989, 1077; Fischer/*Lutter*/*Hommelhoff* 3; Rowedder/*Koppensteiner*[2] 11 f; *Kretzschmar* AG 1987, 121, 123; *Mertens* Festschr. für Werner (1984), S. 557, 566; *K. Müller* GmbH-Rdsch. 1987, 87, 89; vgl. ferner Fn 142.

141 RegBegr., BT-Drucks. 8/1347, S. 44 li. Sp.

142 KG GmbH-Rdsch. 1988, 221, 223; *Lutter* ZGR 1982, 1, 4; *Tietze* Die Informationsrechte (1985), S. 17; für Spaltung von Darlegungs- und Beweislast Baumbach/Hueck/*Zöllner* 21 (Verhältnis zu § 51 b, 5 bleibt ungeklärt).

die Gesellschafter (und nicht die Geschäftsführer) wählen dürfen (vgl. Rdn 36f). Andererseits ist es verfehlt, die Angelegenheiten des Gesellschafters und die der GmbH zu identifizieren und daraus ein in § 51a anerkanntes, mit der Mitgliedschaft zwangsläufig verbundenes generelles Informationsbedürfnis abzuleiten[143]. Es bleiben Fälle denkbar, in denen der Gesellschafter Informationen verlangt, die er schon hat, oder die er zwar nicht hat, die er aber auch nicht braucht, oder die er zwar braucht, aber nicht in der von ihm für richtig gehaltenen, für die GmbH unnötig belastenden Weise. Für die Bewältigung solcher Sachverhalte ist auf das Informationsinteresse zurückzukommen, allerdings nicht im Sinne eines Tatbestandsmerkmals, sondern als Abwägungsfaktor bei der notwendigen Konkretisierung mitgliedschaftlicher Treubindungen (vgl. schon Rdn 6, näher Rdn 60ff).

b) **Funktionale Abstufung der Informationsrechte. Meinungsstand.** Nach dem von *Mertens* vor allem für die kapitalistisch strukturierte GmbH entwickelten Lösungskonzept soll das Informationsrecht des Gesellschafters vor allem durch eine funktionale Betrachtung die notwendigen Konturen erhalten[144]. Damit ist im Kern gemeint, daß die GmbH dem Gesellschafter diejenigen Informationen geben muß, die er zur sachgerechten Ausübung seiner Mitgliedsrechte braucht. Wenn es an dieser Prämisse fehlt, sollen die Geschäftsführer die begehrten Informationen auch ohne Gesellschafterbeschluß nach § 51a Abs. 2 S. 2 verweigern dürfen und müssen. Das seitherige Schrifttum hat die Thesen von *Mertens* nicht durchgängig aufgegriffen. Soweit sie Beachtung gefunden haben, überwiegt Zustimmung[145]. **58**

Stellungnahme. Die von *Mertens* entwickelte Ansicht führt in der Sache weiter, und zwar vor allem deshalb, weil sie den Maßstab angibt, nach dem Existenz oder Fehlen eines (nicht tatbestandlich verankerten, Rdn 57) Informationsbedürfnisses zu beurteilen sind; ein strikter Gegensatz zur Lehre vom Informationsinteresse besteht allerdings gerade deshalb nicht[146]. Die funktionale Abstufung der Informationsrechte kann sich auch auf die Entstehungsgeschichte der Norm stützen, weil sie, indem sie das Regelungsmodell der personalistischen GmbH relativiert, die Differenzierungen ermöglicht, die der Gesetzgeber zunächst in sachgerechter Weise dem Satzungsgeber überlassen wollte[147]. Die funktionale Betrachtung ist danach aufzugreifen (vgl. schon Rdn 29 zur Frage der Geschäftsführerbezüge). Damit ist allerdings vorerst nur eine Methode der Rechtsfindung bezeichnet, die noch der Überleitung in ein dogmatisch fundiertes System von Rechtssätzen bedarf; dazu im Folgenden. **59**

c) **Treubindungen des Gesellschafters. aa) Grundsatz.** Es ist der Sache nach unbestritten, daß das Informationsrecht des Gesellschafters der mitgliedschaftlichen Treubindung unterliegt[148]. Dieser Ansicht ist beizutreten. Danach gilt: Im Informationsbegehren des Gesellschafters liegt eine Einwirkung auf die Rechtssphäre der GmbH. Es geht also um die – heute im Grundsatz anerkannte[149] – Treubindung zur Gesellschaft selbst, nicht um das Verhältnis zwischen den Gesellschaftern[150]. Die durch die Mitgliedschaft eröffnete Einwirkungsmöglichkeit bedarf gerichtlicher Kontrolle. Die Kontrolle **60**

---

[143] So aber *K. Müller* GmbH-Rdsch. 1987, 87, 89; dazu kritisch Baumbach/Hueck/*Zöllner* 20.

[144] *Mertens* Festschr. für Werner (1984), S. 557, 568f.

[145] Baumbach/Hueck/*Zöllner* 20; *Kort* ZGR 1987, 46, 53ff; *Kretzschmar* AG 1987, 121ff.

[146] Darin zutreffend Scholz/*K. Schmidt* 8 bei Fn 20.

[147] Vgl. *Mertens* aaO (Fn 114), S. 558.

[148] BayObLGZ 1988, 349, 354 = BayObLG WM 1988, 1789, 1791f; OLG Köln GmbH-Rdsch. 1986, 385, 386; KG GmbH-Rdsch. 1988, 221, 223; Scholz/*K. Schmidt* 8; Baumbach/Hueck/*Zöllner* 22; Fischer/*Lutter*/*Hommelhoff* 3; *M. Winter* Mitgliedschaftliche Treubindungen (1988), S. 122f mwN; *K. Müller* GmbH-Rdsch. 1987, 87, 89f.

[149] Grundlegend *Zöllner* Schranken mitgliedschaftlicher Stimmrechtsmacht (1963), S. 349ff.

[150] Dazu *Hüffer* Festschr. für Steindorff (1990), S. 59ff; *M. Winter* Mitgliedschaftliche Treubindungen (1988), S. 85ff.

erfolgt nach den Maßstäben der Erforderlichkeit und der Verhältnismäßigkeit. Sie sind in der Judikatur zwar für die Beschlußkontrolle entwickelt worden[151]. Der damit ausgedrückte Rechtsgedanke bewährt sich aber nicht nur bei Einwirkungen auf die Mitgliedschaft, um die es bei der Beschlußkontrolle geht; er ist vielmehr auch dann tragfähig, wenn umgekehrt das Mitglied in die Rechtssphäre der GmbH eingreift[152]. Bei der notwendigen Konkretisierung des sachlich Erforderlichen ist auf die funktionale Methode zurückzugreifen. Der Gesellschafter handelt also insbesondere dann treuwidrig, wenn er die GmbH mit seinem Informationsbegehren belastet, obwohl er die erstrebten Kenntnisse zur sachgerechten Ausübung seiner Mitgliedsrechte nicht braucht. Dabei ist allerdings der eigennützige Charakter des Informationsrechts (Rdn 7) zu beachten. Der Gesellschafter ist also nicht gehalten, seine Interessen schlechthin denen der GmbH unterzuordnen; aber er muß auf diese in angemessener Weise Rücksicht nehmen.

61 bb) **Einzelfragen.** Die Ausübung des Informationsrechts als Eingriff in die Rechtssphäre der GmbH muß zunächst sachlich gerechtfertigt sein. Daran fehlt es, wenn sie überhaupt oder jedenfalls in der gewählten Form (Prinzip des schonendsten Mittels) **nicht erforderlich** ist, um die mitgliedschaftlichen Rechte wahrzunehmen. Angesichts der gesetzlichen Grundentscheidung zugunsten eines umfassenden Informationsrechts ist bei der Beurteilung kein strenger Maßstab anzulegen. Die Ausübung des Rechts erfolgt jedoch jedenfalls in den Fällen der *Doppelinformation* treuwidrig, also dann, wenn der Gesellschafter die gewünschten Informationen schon hat[153] oder wenn sie für die Ausübung der Mitgliedsbefugnisse entbehrlich sind. Letzteres gilt für die *Bezüge* (Gehalt, Tantieme, sonstige Vergütungen) *der einzelnen Geschäftsführer,* es sei denn, daß der Gesellschafter über die Einzelbezüge mitzuentscheiden hat (vgl. schon Rdn 29). Sachlich nicht gerechtfertigt ist das Informationsbegehren ferner, wenn die GmbH über ein vernünftig aufgebautes und in der Praxis funktionierendes *Berichtssystem* verfügt, nach dem die individuell begehrte Information allen Gesellschaftern turnusmäßig zu geben ist, sofern für eine individuelle zwischenzeitliche Auskunft keine besonderen Gründe bestehen (vgl. schon Rdn 9 mit Einzelheiten). Der Gedanke läßt sich schließlich in der Richtung verallgemeinern, daß die Struktur der jeweiligen GmbH den Umfang des Informationsanspruchs mitbestimmt. Jedenfalls tendenziell ist danach in der personalistisch strukturierten GmbH der Umfang sachlich erforderlicher Informationen weiter zu bestimmen als in der kapitalistisch oder körperschaftlich angelegten Gesellschaft mit entsprechend geringeren Mitwirkungsbefugnissen des einzelnen Gesellschafters (vgl. Rdn 58 mit Fn 144).

62 Das **Prinzip des schonendsten Mittels** steht namentlich dann in Frage, wenn es um *Umfang und Intensität* eines Auskunftsverlangens oder um das Verhältnis von Auskunft und Einsichtnahme geht. Auch wenn eine Information erforderlich ist, ist es nicht ohne weiteres gerechtfertigt, die Geschäftsführung mit einer Fragenkaskade zu befassen, die einen Sachkomplex in sämtlichen Verästelungen aufhellen soll. Im *Verhältnis zwischen Auskunft und Einsichtnahme* ändert zwar auch die Treupflicht nichts an der grundsätz-

[151] Grundlegend die Kali + Salz-Entscheidung, vgl. BGHZ 71, 40, 43 ff = NJW 1978, 1316, 1317 f; ferner BGHZ 76, 352, 353 ff = NJW 1980, 1278; BGHZ 80, 69, 74 f = NJW 1981, 1512, 1513 f; BGHZ 83, 319, 321 = NJW 1982, 2444; schließlich das Linotype-Urteil, BGHZ 103, 184, 194 f = NJW 1988, 1579, 1581 f.

[152] Vgl. insbesondere Baumbach/Hueck/*Zöllner* 22.

[153] Andere (z. B. *K. Müller* GmbH-Rdsch. 1987, 87, 91) wollen dasselbe Ergebnis aus dem Erfüllungsgedanken (§ 362 BGB) ableiten, was angesichts des Dauercharakters des Informationsrechts nicht problemfrei und wohl auch zu eng ist, weil die Kenntnis nicht notwendig auf einer Auskunft der GmbH beruht.

lichen Gleichrangigkeit beider Informationsmittel; vielmehr bleibt es dabei, daß im Prinzip der Inhaber des Kontrollrechts darüber entscheidet, wie er informiert wird (Rdn 37). Wenn jedoch die Einsichtnahme nur dazu dienen soll, konkrete Einzelinformationen zu gewinnen, die von den Geschäftsführern ebensogut durch Auskunft vermittelt werden können und auch sonst keine besonderen Umstände für die Initiative des Gesellschafters sprechen, kann er aufgrund seiner Treupflicht gehalten sein, auf die Einsichtnahme zu verzichten.

Schließlich darf die Ausübung des Informationsrechts **nicht unverhältnismäßig** sein. **63**
Es ist nicht der Zweck des § 51 a, dem Gesellschafter, der sich – aus welchen Gründen immer – lästig machen möchte, ein geeignetes Instrument an die Hand zu geben. Treuwidrig handelt also, wer mit ständig neuen oder wechselnden Fragen die Geschäftsführung unnötig behindert oder auf Bagatellauskünften besteht, die nur mit erheblichem Aufwand erteilt werden können[154].

Fraglich ist, ob das **Erfordernis eines Gesellschafterbeschlusses** auch für die Fälle **64**
treuwidriger Rechtsausübung gilt. Das wird teils bejaht[155], teils verneint[156]. Weil der Verstoß gegen mitgliedschaftliche Treubindungen jedenfalls nicht unter den Wortlaut des § 51 a Abs. 2 fällt, kann es nur um die Frage gehen, ob das Beschlußerfordernis im Wege analoger Anwendung des § 51 a Abs. 2 S. 2 auf diese Fälle zu erstrecken ist. Der dafür maßgebliche Normzweck (Verlagerung der Verantwortung, um Überforderungen der Geschäftsführer zu vermeiden, vgl. Rdn 52) spricht bei erster Betrachtung für die Analogie, weil die Geschäftsführer auch gegenüber dem quisquilienfreudigen Gesellschafter überfordert sein können. Andererseits bedarf es zu ihrem Schutz keiner Vorlagepflicht, weil sie die Gesellschafterversammlung auch von sich aus befassen können. Es ist ferner fraglich, ob die Herbeiführung eines Gesellschafterbeschlusses immer praktikabel ist, namentlich bei mitgliederstarken Gesellschaften. Die besseren Gründe sprechen deshalb dafür, von der sinngemäßen Anwendung des § 51 a Abs. 2 S. 2 abzusehen, den Geschäftsführern also die Informationsverweigerung ohne Gesellschafterbeschluß zu gestatten.

Für alle Fälle treuwidriger Ausübung des Informationsrechts stellt sich schließlich **65**
die Frage nach der Verteilung der (materiellen) **Darlegungs- und Beweislast.** Sie ist praktisch wichtig, aber im einzelnen nicht voll geklärt, teilweise deshalb, weil sich die unterschiedlichen materiell-rechtlichen Konzeptionen (Informationsbedürfnis als angebliches ungeschriebenes Tatbestandsmerkmal, Rdn 56 f) im Verfahrensrecht widerspiegeln, teilweise deshalb, weil die Darlegungs- und Beweislast für die sachliche Rechtfertigung von Eingriffen, wie die Diskussion um die entsprechende Frage bei der Beschlußkontrolle zeigt, auch in sich kontrovers beurteilt wird[157]. Weil das Gesetz dem Gesellschafter in § 51 a Abs. 1 grundsätzlich ein Informationsrecht gibt und dieses Recht umfassend ausgestaltet, muß die GmbH den damit verbundenen Eingriff in ihre Rechtssphäre prinzipiell hinnehmen. Es ist also nicht Aufgabe des Gesellschafters, sein Informationsbegehren sachlich zu rechtfertigen oder die Verhältnismäßigkeit seiner Rechtsausübung darzustellen. Vielmehr ist es Sache der GmbH, Tatsachen zu behaupten, aus denen sich die Treuwidrigkeit der Rechtsausübung ergibt. Der Ansicht, daß der Gesellschafter den Funktionsbezug der begehrten Auskunft schlüssig darzulegen

[154] Baumbach/Hueck/*Zöllner* 22; *M. Winter* Mitgliedschaftliche Treubindungen (1988), S. 123.

[155] Fischer/*Lutter*/*Hommelhoff* 20; Rowedder/*Koppensteiner*[2] 22; *M. Winter* Mitgliedschaftliche Treubindungen (1988), S. 123 Fn 145; *v. Bitter* ZIP 1981, 825, 829.

[156] Scholz/*K. Schmidt* 32; Baumbach/Hueck/*Zöllner* 32; *K. Schmidt* GmbH-Rdsch. 1982, 206 f.

[157] Zusammenfassend *Hüffer* Festschr. für Fleck (1988), S. 151, 164 ff; *M. Winter* Mitgliedschaftliche Treubindungen (1988), S. 298 ff.

(wenn auch nicht zu beweisen) habe[158], kann also nicht gefolgt werden. Entsprechend trägt die GmbH das Risiko eines non liquet, wenn sie die Tatsachen nicht zu richterlicher Überzeugung bringen kann[159].

VI. Zwingender Charakter

1. Unzulässige Satzungsgestaltungen

66 § 51 a Abs. 3 verbietet Satzungsgestaltungen, die von der Regelung in § 51 a Abs. 1 und 2 abweichen. Die Bestimmung wurde durch den Rechtsausschuß eingefügt (vgl. schon Rdn 3 f). Die sachlich nicht bedenkenfreie und sprachlich nicht gelungene Vorschrift will besagen: Die Satzung darf **inhaltliche Beschränkungen des Informationsrechts** oder gar den Ausschluß dieses Rechts nicht vorsehen[160]. Unzulässig wäre es auch, das Informationsrecht an eine bestimmte Beteiligungshöhe zu knüpfen (Individualrecht, vgl. Rdn 7) oder eine bestimmte Dauer der Mitgliedschaft vorauszusetzen. Die Satzung darf ferner zwar Verfahrensvorschriften einführen (Rdn 68), aber nicht solche, die die Ausübung des Rechts so nachhaltig erschweren, daß in seinen materiellen Gehalt (Kernbereich) eingegriffen wird. Unter diesem Gesichtspunkt ist es als unzulässig beurteilt worden, die Erteilung einer Auskunft von einem vorgeschalteten Gesellschafterbeschluß abhängig zu machen[161] oder die Ausübung des Informationsrechts auf eine Stunde je Monat zu beschränken[162]. Wegen des zwingenden Charakters des § 51 a Abs. 1 und 2 sind solche und vergleichbare Satzungsbestimmungen auch dann unzulässig, wenn sie von den Gesellschaftern einstimmig beschlossen werden.

2. Verbleibender Regelungsspielraum

67 Nach dem Wortlaut des § 51 a Abs. 3 verbleibt für Satzungsregeln, die von § 51 a Abs. 1 und 2 abweichen, überhaupt kein Spielraum. Das wird jedoch durch den Schutzzweck der Norm nicht gedeckt und ist in der Sache überzogen. Spielraum für die Satzungsautonomie verbleibt in drei Richtungen: Verbesserung des Informationswesens; Verfahren der Informationserteilung; Erfordernis eines Gesellschafterbeschlusses zur Informationsverweigerung. **Verbesserungen des Informationswesens** sind nach fast einhelliger Meinung zulässig[163]. Dieser Ansicht ist beizutreten, weil die Norm nur der Schmälerung des Individualrechts auf Information entgegenwirken soll. Zulässig ist danach die Einführung einer Sonderprüfung durch Satzung, ferner namentlich der Aufbau eines Berichtssystems nach aktienrechtlichem Vorbild (Rdn 8)[164]. Die daraus resultierenden Rückwirkungen auf den Einzelanspruch (Rdn 9, 61) stehen als bloße Konkretisierung immanenter Schranken nicht entgegen.

68 Das **Verfahren der Informationserteilung** kann durch Satzung geregelt werden, soweit dadurch nicht in den Kernbereich des Rechts eingegriffen wird (vgl. schon

[158] Für eine derartige Spaltung wohl Baumbach/Hueck/*Zöllner* 21.

[159] Das Ergebnis entspricht der, allerdings auch nicht unbestrittenen, Rechtslage bei der Beschlußkontrolle außerhalb des Bezugsrechtsausschusses, vgl. Geßler/Hefermehl/Eckardt/Kropff/*Hüffer* § 243, 147; ferner die Nachw. in Fn 157.

[160] EinhM, vgl. Scholz/*K. Schmidt* 50; Baumbach/Hueck/*Zöllner* 2; Fischer/*Lutter*/*Hommelhoff* 21; Rspr. in Fn 161 und 162.

[161] OLG Köln GmbH-Rdsch. 1986, 385, 386.

[162] BayObLG GmbH-Rdsch. 1989, 201, 202 f.

[163] Scholz/*K. Schmidt* 50; Baumbach/Hueck/*Zöllner* 2; Fischer/*Lutter*/*Hommelhoff* 21; *v. Bitter* ZIP 1981, 825, 830; *Tietze* Die Informationsrechte (1985), S. 8; aM *Gersch*/*Herget*/*Marsch*/*Stützle* Die GmbH-Reform 1980 (1980), Rdn 309.

[164] Scholz/*K. Schmidt* 50; Baumbach/Hueck/*Zöllner* 2.

Rdn 66)[165]. Als zulässig ist es namentlich anzusehen, wenn für das Auskunftsverlangen außerhalb der Gesellschafterversammlung Schriftform vorgesehen wird (Rdn 20 mit Fn 45); wenn die Verschwiegenheitspflicht (Rdn 11) in die Satzung geschrieben wird; wohl auch, wenn die Ausübung des Einsichtsrechts berufsverschwiegenen Dritten vorbehalten wird[166], sofern der Gesellschafter seine Vertrauensperson aussuchen darf und die GmbH die Kosten trägt; wenn für Streitigkeiten über die Informationserteilung eine Schiedsklausel in die Satzung aufgenommen wird (str., vgl. näher § 51 b, 23 f). Ob die Satzung vom **Erfordernis eines Gesellschafterbeschlusses** (§ 51 a Abs. 2 S. 2) dispensieren kann, wird gegensätzlich beurteilt[167]. Die Frage ist zu bejahen, weil das Beschlußerfordernis nicht die Sicherung des Informationsrechts bezweckt (Rdn 52), die Durchsetzung des Rechts durch seinen Wegfall auch nicht geschmälert wird (§ 51 b) und an der Praktikabilität des Beschlußerfordernisses bei mitgliederstarken Gesellschaften ohnehin Zweifel bestehen (vgl. auch Rdn 64).

VII. Rechtsfolgen unberechtigter Informationsverweigerung

1. Rechtsdurchsetzung; Anfechtungsklage (Überblick und Weiterverweise)

Gerichtliche Entscheidung. Der Gesellschafter, dem die Information zu Unrecht **69** verweigert wurde, kann sie gem. § 51 b durch gerichtliche Entscheidung erzwingen. Für das Erzwingungsverfahren gilt § 132 Abs. 1, 3 – 5 AktG sinngemäß. Ergänzend ist auf die Verfahrensregeln der freiwilligen Gerichtsbarkeit zurückzugreifen. Wegen der Einzelheiten vgl. § 51 b, 4 ff. Neben der Durchsetzung kommt eine **Anfechtungsklage** in Betracht. Ein Gesellschafterbeschluß ist fehlerhaft im Sinne analoger Anwendung des § 243 Abs. 1 AktG, wenn die GmbH eine zur Beschlußfassung erforderliche, vom Gesellschafter auch verlangte Information versagt hat; näher § 51 b, 22. Davon zu unterscheiden ist der Beschluß über die Informationsverweigerung nach § 51 a Abs. 2 S. 2 selbst. Für die Anfechtung dieses Beschlusses fehlt im allgemeinen das Rechtsschutzinteresse (vgl. schon Rdn 53 mit Fn 130); die Klage ist daher als unzulässig abzuweisen (vgl. noch § 51 b, 21).

2. Haftungsfragen

a) **Ansprüche des Gesellschafters. aa) Gegen die GmbH.** Der Gesellschafter kann **70** die Gesellschaft auf Schadensersatz in Anspruch nehmen, wenn in seinem (Privat-)Vermögen ein Schaden entsteht (z. B. durch Verkauf des Anteils unter Wert), für den eine pflichtwidrige und von der GmbH durch Zurechnung des Organverhaltens (§ 31 oder § 278 BGB) zu vertretende Informationsverweigerung adäquat ursächlich ist. Während darüber im Ergebnis Einigkeit besteht, ist die Anspruchsgrundlage streitig. Nach **hM** ist § 51 a Schutzgesetz iSd § 823 Abs. 2 BGB[168]. Teils wird auch auf § 823 Abs. 1 BGB (deliktsrechtlicher Schutz der Mitgliedschaft) zurückgegriffen[169]. Die Gegenansicht verneint deliktsrechtliche Ansprüche, insbesondere den Schutzgesetzcharak-

---

[165] EinhM, vgl. BayObLGZ 1988, 349, 352 f = BayObLG WM 1988, 1789, 1790 f; Scholz/*K. Schmidt* 51; Baumbach/Hueck/*Zöllner* 3; Fischer/*Lutter*/*Hommelhoff* 21.

[166] Str., wie hier Baumbach/Hueck/*Zöllner* 3; *Hirte* BB 1985, 2208, 2210; *Ivens* GmbH-Rdsch. 1989, 273, 276; aM Scholz/*K. Schmidt* 51; Fischer/*Lutter*/*Hommelhoff* 21.

[167] Dafür: Scholz/*K. Schmidt* 51; Baumbach/Hueck/*Zöllner* 2; aM *Schilling* Voraufl. 24; Fischer/*Lutter*/*Hommelhoff* 21; Rowedder/*Koppensteiner*² 25.

[168] Rowedder/*Koppensteiner*² 24; *Roth* 3.4; ferner besonders das aktienrechtliche Schrifttum, das aber den Vorstand, nicht die AG haftbar machen will, z. B. Geßler/Hefermehl/*Eckardt*/Kropff § 131, 172.

[169] *Schilling* Voraufl. 27; *A. Reuter* BB 1986, 1653, 1658 f.

ters des § 51 a, und bejaht statt dessen einen Anspruch aus positiver Verletzung des mitgliedschaftlichen Verhältnisses, das eine Rücksichtspflicht der GmbH gegenüber ihrem Gesellschafter einschließe[170]. Dieser Ansicht ist beizupflichten. Die **hM** ist dogmatisch angreifbar, weil die Mitgliedschaft zumindest für den Regelfall nicht dem Schutz des § 823 Abs. 1 BGB unterstellt werden kann und weil sie im Grunde jede Vertragsverletzung, zumindest jede Verletzung ausdrücklich normierter Vertragspflichten, unter § 823 Abs. 2 BGB subsumieren müßte und zudem Pflichten gesellschaftsvertraglichen Ursprungs in entbehrlicher Weise in allgemeine, deliktsrechtlich relevante Verhaltenspflichten ummünzt. Die Ersatzansprüche sind also nicht deliktsrechtlichen, sondern vertraglichen Ursprungs (pVV).

71 bb) **Gegen die übrigen Gesellschafter.** Neben der Ersatzpflicht der GmbH kommt nach **hM** eine Ersatzpflicht der einzelnen Gesellschafter in Betracht, die unter schuldhafter Verletzung ihrer Treupflicht die Information vereitelt haben, namentlich durch unberechtigten Verweigerungsbeschluß nach § 51 a Abs. 2 S. 2[171]. Das ist jedoch zweifelhaft. Man wird nicht jede unberechtigte Informationsverweigerung als haftungsbegründende Verletzung der Treupflicht auffassen dürfen, weil sonst die Zuordnung der Informationspflicht zur GmbH (Rdn 19) unterlaufen würde. Ersatzpflichtig kann der einzelne Gesellschafter danach nur sein, wenn er die mitgliedschaftlichen Belange des Informationsberechtigten über sein Abstimmungsverhalten hinaus unberechtigt und schuldhaft hinter eigene Interessen zurückgesetzt hat.

72 cc) **Keine Ansprüche gegen die Geschäftsführer.** Ob der Gesellschafter, dem Informationen zu Unrecht vorenthalten werden, Schadensersatzansprüche gegen die Geschäftsführer hat, ist streitig. Sie werden im wesentlichen auf der Grundlage des § 823 Abs. 1 BGB (Schutz der Mitgliedschaft) oder des § 823 Abs. 2 BGB (§ 51 a als Schutzgesetz) bejaht[172]. Nach der hier vertretenen Position (Rdn 70) scheiden deliktsrechtliche Ansprüche jedoch aus. Gegen die Anwendung des § 823 Abs. 2 BGB ist an dieser Stelle überdies einzuwenden, daß § 51 a die GmbH, aber nicht die Geschäftsführer verpflichtet (Rdn 19). Abzulehnen ist auch die vereinzelt vertretene These, der Geschäftsführer sei kraft seiner Organstellung dem Gesellschafter zu Auskünften verpflichtet und hafte ihm deshalb kraft § 43 auf Schadensersatz[173]. Nach richtiger Ansicht gibt es also keine Anspruchsgrundlage[174]. Sie ist auch entbehrlich, weil der Gesellschafter die GmbH selbst in Anspruch nehmen kann (Rdn 70), die ihrerseits Regreßansprüche gegen ihre Geschäftsführer hat (Rdn 73).

73 b) **Ansprüche der GmbH. aa) Gegen die Geschäftsführer.** Die Organhaftung der Geschäftsführer nach § 43 greift ein, wenn sie Informationen unberechtigt verweigern und dadurch die Ersatzpflicht der Gesellschaft auslösen (Rdn 70)[175]. Die Organhaftung ist allerdings nach Sinn und Zweck des § 51 a Abs. 2 S. 2 ausgeschlossen, wenn das Verhalten der Geschäftsführer durch einen Gesellschafterbeschluß gerechtfertigt wird[176]. Außerdem kommt § 43 als Anspruchsgrundlage in Betracht, wenn (Umkehrfall) die Geschäftsführer Informationen unberechtigt erteilen und der GmbH daraus ein Schaden erwächst. Neben der Organhaftung kann eine Ersatzpflicht wegen Verletzung der Pflichten aus dem Anstellungsverhältnis begründet sein.

---

170 Scholz/*K. Schmidt* 48; Baumbach/Hueck/*Zöllner* 34 f; *Gansen* GmbH-Rdsch. 1987, 458, 461 f.

171 Baumbach/Hueck/*Zöllner* 37; Fischer/*Lutter*/*Hommelhoff* 23; *A. Reuter* BB 1986, 1653, 1659.

172 Vgl. Nachw. in Fn 168 und 169.

173 Scholz/*U. H. Schneider* § 43, 212; ablehnend Baumbach/Hueck/*Zöllner* § 43, 2.

174 Baumbach/Hueck/*Zöllner* 34; Fischer/*Lutter*/*Hommelhoff* 23; zweifelnd Scholz/*K. Schmidt* 48.

175 Scholz/*K. Schmidt* 48; Baumbach/Hueck/*Zöllner* 34; Fischer/*Lutter*/*Hommelhoff* 23.

176 Baumbach/Hueck/*Zöllner* 34.

bb) Gegen die Gesellschafter. Ersatzansprüche der GmbH gegen die Gesellschafter sind begründet, wenn letztere gegen ihre Pflicht zur vertraulichen Behandlung (Treupflicht) in zu vertretender Weise verstoßen und der Gesellschaft daraus ein Schaden entsteht[177]. Das einzelne Mitglied kann den Anspruch der GmbH im eigenen Namen ausklagen (actio pro socio), wenn die Geschäftsführer nicht tätig werden und die Gesellschafterversammlung vergeblich mit dem Antrag auf Rechtsverfolgung befaßt worden ist[178]. **74**

VIII. GmbH & Co. KG

1. Informationsrechte des GmbH-Mitglieds

In der GmbH & Co. KG erstreckt sich das Informationsrecht des Gesellschafters (§ 51 a) zunächst auf die Angelegenheiten der Komplementär-GmbH. Fraglich kann nur sein, ob sich das Recht auch auf die **Angelegenheiten der KG** bezieht. Das wird in der Rechtsprechung bejaht[179] und entspricht der **hM** des Schrifttums[180]. Dieser Ansicht ist schon deshalb beizutreten, weil die Angelegenheiten der KG wegen der Geschäftsführungsaufgabe der GmbH und ihrer Haftung nach §§ 128, 161 Abs. 2 HGB auch zu solchen der GmbH werden. Zu den danach dem Informationsrecht des § 51 a unterliegenden Angelegenheiten der KG gehören auch die Beziehungen zu den mit ihr verbundenen Unternehmen und in den oben erarbeiteten Grenzen (Rdn 23 ff, 27 ff) die Angelegenheiten dieser Unternehmen selbst. Das alles gilt jedoch ohne weiteres nur für den Fall der typischen GmbH & Co. KG. Ob sich das Informationsrecht auch dann auf die gesamten Angelegenheiten der KG erstreckt, wenn an ihr (aus der Perspektive der GmbH) außenstehende Dritte beteiligt sind, oder ob deren schutzwürdige Interessen eine Beschränkung des Informationsrechts rechtfertigen können, ist derzeit nicht geklärt[181]. **75**

2. Informationsrechte des Kommanditisten

Der Kommanditist, der nicht zugleich Mitglied der GmbH ist, bleibt auf die **Auskunfts- und Einsichtsrechte** beschränkt, **die ihm in seiner Kommanditisteneigenschaft zustehen.** Er hat also die Rechte des § 166 HGB und nach der **hM** des Schrifttums[182] darüber hinaus die Informationsrechte, die er zur sachgemäßen Ausübung der Verwaltungsrechte braucht, welche ihm nach dem Gesellschaftsvertrag in seiner konkreten Gestalt zustehen. Eine Erstreckung des § 51 a auf den Kommanditisten ist zwar erwogen worden[183], muß jedoch abgelehnt werden[184]. Das daraus resultierende *Informationsgefälle* zwischen dem Gesellschafter der GmbH und dem Kommanditisten ist als Rechtszustand unbefriedigend, aber als Konsequenz der wenig durchdachten GmbH-Novelle hinzunehmen. Ein Informationsrecht des Kommanditisten bezüglich **76**

---

177 Baumbach/Hueck/*Zöllner* 36; Fischer/*Lutter*/*Hommelhoff* 23.

178 Überzeugend *M. Winter* Mitgliedschaftliche Treubindungen (1988), S. 312 ff.

179 BGH WM 1988, 1447, 1448 (re. Sp.); OLG Hamburg GmbH-Rdsch. 1985, 120, 121; OLG Hamm NJW 1986, 1693; KG GmbH-Rdsch. 1988, 221, 223; LG Bielefeld GmbH-Rdsch. 1985, 365 (Vorinstanz zu OLG Hamm aaO).

180 Scholz/*K. Schmidt* 53; Baumbach/Hueck/*Zöllner* 10 b; Fischer/*Lutter*/*Hommelhoff* 12 a; Rowedder/*Koppensteiner*[2] 6; *Schilling*-GroßkommHGB § 166, 14; Schlegelberger/*Martens* § 166, 50; *Tietze* Die Informationsrechte (1985), S. 15; *Grunewald* ZGR 1989, 545, 547; aM *v. Bitter* ZIP 1981, 825, 830 f.

181 Vgl. auch BGH GmbH-Rdsch. 1985, 20, 21 (re. Sp.) zur stG.

182 Scholz/*K. Schmidt* 56; *Schilling*-GroßkommHGB § 166, 5; Schlegelberger/*Martens* § 166, 18 f; *Grunewald* ZGR 1989, 545, 552.

183 *Schießl* GmbH-Rdsch. 1985, 109, 110 ff.

184 Wohl auch Scholz/*K. Schmidt* 56 (Fn 146); *K. Schmidt* Informationsrechte (1984), S. 77.

der GmbH kann danach, wenn überhaupt, nur in Ausnahmefällen gegeben sein. Schuldnerin einer Auskunftspflicht ist jedenfalls die KG, nicht die Komplementärin (vgl. auch Rdn 19); diese, also die GmbH, erfüllt die Verpflichtung der KG als deren Organ[185]. Dem (etwa durch Kündigung) ausgeschiedenen Kommanditisten stehen die Rechte aus § 166 HGB nicht zu. Er hat jedoch das Einsichtsrecht des § 810 BGB[186].

§ 51 b

Für die gerichtliche Entscheidung über das Auskunfts- und Einsichtsrecht findet § 132 Abs. 1, 3 bis 5 des Aktiengesetzes entsprechende Anwendung. Antragsberechtigt ist jeder Gesellschafter, dem die verlangte Auskunft nicht gegeben oder die verlangte Einsicht nicht gestattet worden ist.

Übersicht

Schrifttum

(vgl. auch die Angaben vor § 51 a, 1 und unten vor Rdn 23). *Back* Verfahrensbeschleunigung durch Zuweisung von Leistungsklagen in den Bereich der Freiwilligen Gerichtsbarkeit? – Eine Kritik des Auskunftserzwingungsverfahrens nach geltendem Aktien- und GmbH-Recht, Diss. Hamburg 1986; *Driesen* Gerichtliche Zuständigkeit für Informationserzwingungsverfahren nach § 51 b GmbHG, GmbH-Rdsch. 1987 103 und 1988 228; *v. Falkenhausen* Das Verfahren der freiwilligen Gerichtsbarkeit im Aktienrecht, AG 1967 309; *Gustavus* Das Informationserzwingungsverfahren nach § 51 b GmbHG in der Praxis, GmbH-Rdsch. 1989 181; *Lindacher* Zur Antragsrücknahme im Streitverfahren der Freiwilligen Gerichtsbarkeit, RPfl. 1965 41; *Stangier/Bork* Das Informationserzwingungsverfahren nach dem neuen GmbH-Gesetz, GmbH-Rdsch. 1982 169; *Veh* Die dynamische Verknüpfung von Landes- und Bundesrecht, BayVBl 1987 225.

---

185 Str., wie hier Scholz/*K. Schmidt* 56; *Schilling*-GroßkommHGB § 166, 4; aM im theoretischen Ansatz die Rspr., eingehende Nachw. bei Schlegelberger/*Martens* § 166, 13.

186 St. Rspr., vgl. zuletzt BGH WM 1988, 1447, 1448; BGH GmbH-Rdsch. 1989, 289, 290; im Schrifttum jüngst *Grunewald* ZGR 1989, 545, 546 ff mwN.

I. Normzweck und Grundlagen

1. Regelungsgegenstand und -zweck

§ 51 b regelt die **Durchsetzung des Informationsanspruchs.** Sie müßte ohne besondere gesetzliche Vorschrift aufgrund einer Leistungsklage des Gesellschafters im Zivilprozeß erfolgen[1]. Statt dessen verweist das Gesetz weitgehend auf § 132 AktG, der seinerseits das sog. **Streitverfahren der freiwilligen Gerichtsbarkeit** zur Verfügung stellt[2]. Bezweckt ist damit ausweislich der Regierungsbegründung[3] wie im Aktienrecht eine **beschleunigte Rechtsdurchsetzung.** § 51 b RegE sah noch eine detaillierte an das aktienrechtliche Vorbild angelehnte Regelung vor, die sich insbesondere auch auf die Antragsberechtigung bezog (§ 51 b Abs. 2 RegE)[4]. Der Rechtsausschuß des Bundestages hielt die Vorschriften des Entwurfs zwar für sachgerecht, wollte aber den Regelungsaufwand durch Verweis auf die aktienrechtlichen Normen begrenzen[5]. Im Schrifttum ist die Überweisung in das Streitverfahren der freiwilligen Gerichtsbarkeit *Gegenstand rechtspolitischer Kritik*[6], weil sie die angestrebte Verfahrensbeschleunigung, wenn überhaupt, dann nur um den Preis anderer Nachteile (so beim einstweiligen Rechtsschutz) erreiche. Ob diese Kritik überzeugen kann, muß offenbleiben, weil sie voraussetzt, daß Amtsermittlung und prozessuale Förderpflicht zu äquivalenten Ergebnissen führen, diese Prämisse aber nicht durch rechtstatsächliche Untersuchungen erhärten kann. 1

2. Maßgebliche aktienrechtliche Vorschriften

§ 132 **Abs. 1, 3–5 AktG,** auf die § 51 b verweist, lauten: 2

(1) Ob der Vorstand die Auskunft zu geben hat, entscheidet auf Antrag ausschließlich das Landgericht, in dessen Bezirk die Gesellschaft ihren Sitz hat. Ist bei dem Landgericht eine Kammer für Handelssachen gebildet, so entscheidet diese anstelle der Zivilkammer. Die Landesregierung kann die Entscheidung durch Rechtsverordnung für die Bezirke mehrerer Landgerichte einem der Landgerichte übertragen, wenn dies der Sicherung einer einheitlichen Rechtsprechung dient. Die Landesregierung kann die Ermächtigung auf die Landesjustizverwaltung übertragen.

(2) …

(3) § 99 Abs. 1, Abs. 3 S. 1, 2, 4–9 und Abs. 5 S. 1 und 3 gilt sinngemäß. Die sofortige Beschwerde findet nur statt, wenn das Landgericht sie in der Entscheidung für zulässig erklärt. Es soll sie nur zulassen, wenn dadurch die Klärung einer Rechtsfrage von grundsätzlicher Bedeutung zu erwarten ist.

(4) Wird dem Antrag stattgegeben, so ist die Auskunft auch außerhalb der Hauptversammlung zu geben. Aus der Entscheidung findet die Zwangsvollstreckung nach den Vorschriften der Zivilprozeßordnung statt.

(5) Für die Kosten des Verfahrens gilt die Kostenordnung. Für das Verfahren des ersten Rechtszugs wird das doppelte der vollen Gebühr erhoben. Für den zweiten Rechtszug wird die gleiche Gebühr erhoben; dies gilt auch dann, wenn die Be-

---

[1] BGHZ 14, 53, 55 ff = NJW 1954, 1564; *Stangier/Bork* GmbH-Rdsch. 1982, 169, 172 re. Sp.; zur AG vgl. RG DR 1945, 89 Nr. 39; BGHZ 32, 159, 161 f = NJW 1960, 1150; BGHZ 36, 121, 124 = NJW 1962, 104; vgl. auch *Schmidt/Meyer-Landrut*-Gadow/Heinichen AktG 1937, 2. Aufl. (1961) § 112, 11.

[2] Dazu *v. Falkenhausen* AG 1967, 309 ff.

[3] BT-Drucks. 8/1347, S. 45; vgl. auch die Begründung zu § 132 AktG bei *Kropff* AktG (1965) S. 189.

[4] Text: BT-Drucks. 8/1347, S. 12 f.

[5] Ausschußbericht, BT-Drucks. 8/3908, S. 76.

[6] Scholz/*K. Schmidt* 3; *K. Schmidt* in: Das neue GmbH-Recht in der Diskussion (1981), S. 87, 107 f; *Back* Verfahrensbeschleunigung (1986), Ergebnis: S. 189 ff.

schwerde Erfolg hat. Wird der Antrag ohne die Beschwerde zurückgenommen, bevor es zu einer Entscheidung oder einer vom Gericht vermittelten Einigung kommt, so ermäßigt sich die Gebühr auf die Hälfte. Der Geschäftswert ist von Amts wegen festzusetzen. Er bestimmt sich nach § 30 Abs. 2 der Kostenordnung mit der Maßgabe, daß der Wert regelmäßig auf zehntausend Deutsche Mark anzunehmen ist. Das mit dem Verfahren befaßte Gericht bestimmt nach billigem Ermessen, welchem Beteiligten die Kosten des Verfahrens aufzuerlegen sind.

3 Die in § 132 Abs. 3 S. 1 in bezug genommenen Bestimmungen des **§ 99 AktG** lauten:

(1) Auf das Verfahren ist das Reichsgesetz über die Angelegenheiten der freiwilligen Gerichtsbarkeit anzuwenden, soweit in den Absätzen 2 bis 5 nichts anderes bestimmt ist.

(2) ...

(3) Das Landgericht entscheidet durch einen mit Gründen versehenen Beschluß. Gegen die Entscheidung findet die sofortige Beschwerde statt. ... Die Beschwerde kann nur durch Einreichung einer von einem Rechtsanwalt unterzeichneten Beschwerdeschrift eingelegt werden. Über sie entscheidet das Oberlandesgericht. § 28 Abs. 2 und 3 des Reichsgesetzes über die Angelegenheiten der freiwilligen Gerichtsbarkeit gilt entsprechend. Die weitere Beschwerde ist ausgeschlossen. Die Landesregierung kann durch Rechtsverordnung die Entscheidung über die Beschwerde für die Bezirke mehrerer Oberlandesgerichte einem der Oberlandesgerichte oder dem Obersten Landesgericht übertragen, wenn dies der Sicherung einer einheitlichen Rechtsprechung dient. Die Landesregierung kann die Ermächtigung auf die Landesjustizverwaltung übertragen.

(4) ...

(5) Die Entscheidung wird erst mit der Rechtskraft wirksam. ... Der Vorstand hat die rechtskräftige Entscheidung unverzüglich zum Handelsregister einzureichen.

II. Voraussetzungen des Informationserzwingungsverfahrens

1. Antrag

4 Das Informationserzwingungsverfahren findet **nur auf Antrag** statt. Der Antrag kann mangels besonderer Bestimmung **formlos** gestellt werden[7], auch, wenngleich weder üblich noch zweckmäßig, zu Protokoll der Geschäftsstelle (§ 11 FGG), auch schriftlich, auch in sonstiger Weise (Telegramm, Fernschreiben), sofern die Person des Antragstellers aus dem Text klar hervorgeht[8]. Es besteht **kein Anwaltszwang** (§ 13 S. 2 FGG)[9]; vgl. aber noch Rdn 15 zur sofortigen Beschwerde. Es gibt auch **keine Antragsfrist**, weil § 132 Abs. 2 S. 2 AktG gem. § 51 b S. 1 auf die GmbH nicht anzuwenden ist. Die an das Datum der Hauptversammlung anknüpfende aktienrechtliche Regelung würde für die GmbH auch nicht passen, weil ihr Mitglied auch außerhalb der Gesellschafterversammlung Informationen verlangen darf (§ 51 a, 20). Verwirkung der Antragsbefugnis ist möglich[10], kann aber nur dann in Betracht gezogen werden, wenn sich der Gesellschafter über längere Zeit mit der Auskunftsverweigerung oder einer

---

[7] Scholz/*K. Schmidt* 14; *Stangier/Bork* GmbH-Rdsch. 1982, 169, 172; *Tietze* Die Informationsrechte (1985), S. 144.

[8] *Jansen* GroßkommFGG § 11, 13 ff; *Keidel/Kuntze/Winkler* KommFGG § 11, 10, 28 f; *Tietze* aaO (Fn 7).

[9] Scholz/*K. Schmidt* 21; *Ebenroth* Die Kontrollrechte (1971), S. 106; *Tietze* Die Informationsrechte (1985), S. 138.

[10] Baumbach/Hueck/*Zöllner* 3; *v. Bitter* ZIP 1981, 825, 831; *Stangier/Bork* GmbH-Rdsch. 1982, 169, 173 li. Sp. (Rechtsmißbrauch).

Teilinformation zufrieden gegeben hat und die GmbH sich deshalb tatsächlich darauf eingerichtet hat, daß von ihr weitere Informationen nicht gefordert werden[11].

Für den **Inhalt des Antrags** stellt das Gesetz *keine besonderen Vorschriften* auf. § 253 ZPO gilt nicht, und zwar weder unmittelbar noch analog. Die Formulierung eines konkreten Antrags mit Begründung ist wünschenswert, kann aber nicht schon als Zulässigkeitsvoraussetzung gefordert werden[12]. **Rücknahme des Antrags** führt zur Beendigung des Verfahrens. Eine schon ergangene, aber nicht rechtskräftige Entscheidung wird wirkungslos[13]. Fraglich ist, ob der Antragsteller analog § 269 Abs. 1 ZPO der Einwilligung der Antragsgegnerin bedarf, wenn die Rücknahme erfolgen soll, nachdem sich diese zur Sache eingelassen hat. Das ist mit der **hM** zu verneinen[14]. Dem berechtigten Anliegen der Mindermeinung[15], beliebigen Wiederholungen des Antrags entgegenzuwirken, kann und muß mit dem Verbot des Rechtsmißbrauchs entsprochen werden. 5

2. Antragsberechtigung

a) **Bedeutung.** Nach § 51 b S. 2 ist jeder Gesellschafter antragsberechtigt, der von der GmbH eine Information verlangt und nicht erhalten hat. Die Bedeutung der Antragsberechtigung bleibt unklar, weil die Vorschrift nicht hinreichend zwischen der Antragsbefugnis als Verfahrensvoraussetzung (bei Fehlen: Abweisung des Antrags als unzulässig) und dem materiell-rechtlichen Bestand des Informationsanspruchs (bei Fehlen: Abweisung des Antrags als unbegründet) differenziert[16]. Hierzu gilt: Der Gesetzgeber wollte eine Regelung schaffen, die unnötige gerichtliche Verfahren vermeidet[17]. Deshalb muß der materiellen Prüfung des Antrags eine Zulässigkeitsprüfung vorgelagert sein. Ihr Gegenstand ist jedoch letztlich nichts anderes als eine besondere Ausprägung des Rechtsschutzinteresses[18]. Diesem Ansatz entspricht im folgenden die zweispurige Erörterung von Zulässigkeit und Begründetheit. 6

b) **Voraussetzungen: Allgemeines.** Der Antrag ist zulässig, wenn der Antragsteller ausdrücklich oder schlüssig behauptet, er sei Gesellschafter und habe eine Information verlangt, die ihm von der GmbH nicht gegeben worden sei; nicht erforderlich ist ein Gesellschafterbeschluß nach § 51 a Abs. 2 S. 2 (str., vgl. noch Rdn 9). Daß ein Rechtsstreit über die Gesellschaftereigenschaft geführt wird, steht der Zulässigkeit nicht entgegen (keine anderweitige Rechtshängigkeit des Informationsanspruches, vgl. LG Düsseldorf DB **1989** 1077). Der Antrag ist *begründet,* wenn diese Angaben zutreffen und dem Antragsteller der von ihm erhobene Anspruch auf Auskunft oder Einsichtnahme zusteht. Für die Gesellschaftereigenschaft gelten die in § 51 a, 12 ff entwickelten Grundsätze. Beide Aussagen sind nicht unumstritten. So wird für die Zulässigkeit verlangt, daß der Antragsteller tatsächlich Gesellschaftereigenschaft habe[19]. Gegenläufig wird angenommen, daß der Antrag auch dann unzulässig sei, wenn vorprozessual tatsächlich kein Informationsbegehren gestellt worden ist[20]. Beides widerspricht den 7

---

[11] Ohne Betonung des Umstandsmoments Baumbach/Hueck/*Zöllner* 3.

[12] Unscharf Scholz/*K. Schmidt* 14 (zweckmäßig in rechtsähnlicher Anwendung des § 253 ZPO).

[13] Geßler/Hefermehl/*Eckardt*/Kropff § 132, 24; *v. Falkenhausen* AG 1967, 309, 314 f.

[14] BayObLGZ 1973, 106, 108 ff (zu § 306 Abs. 4 AktG); OLG Hamm RdL 1961, 205, 206; Geßler/Hefermehl/*Eckardt*/Kropff § 132, 23; *Jansen* GroßkommFGG Vorb. §§ 818, 20; *v. Falkenhausen* AG 1967, 309, 314.

[15] Dafür: Scholz/*K. Schmidt* 16, 42; *Lindacher* RPfl. 1965, 41; *Keidel/Kuntze/Winkler* KommFGG § 12, 14; *Tietze* Die Informationsrechte (1985), S. 149.

[16] Vgl. auch Scholz/*K. Schmidt* 12.

[17] RegBegr., BT-Drucks. 8/1347, S. 46.

[18] Zutreffend Scholz/*K. Schmidt* 12.

[19] Scholz/*K. Schmidt* aaO.

[20] *Meyer-Landrut*/Miller/Niehus 4; dagegen wie hier wohl Scholz/*K. Schmidt* aaO.

allgemeinen Grundsätzen über das Rechtsschutzinteresse und überzeugt auch in den praktischen Konsequenzen nicht. Jedenfalls das Problem der Informationsverweigerung kann schwierig zu beurteilen sein, nämlich dann, wenn unscharf formulierte Fragen und Teilauskünfte zur Diskussion stehen. Die richterliche Überzeugungsbildung zu Sachverhalten dieser Art umschließt auch Tatsachenfeststellungen und sollte deshalb nicht schon in der Zulässigkeitsstation erfolgen.

8 c) **Voraussetzungen: Einzelfragen. aa) Verlust der Gesellschaftereigenschaft während des Verfahrens.** Nach der einen Ansicht endet das Verfahren[21], nach der zweiten Meinung wird der nach wir vor zulässige Antrag gegenstandslos[22], nach der dritten Auffassung wird der Antrag unbegründet[23]. Nach neuerdings vertretener vierter Meinung soll über den nach wie vor als zulässig beurteilten Antrag gem. § 810 BGB durchentschieden werden (*Gustavus* GmbH-Rdsch. **1989** 181, 185 re. Sp.). Stellungnahme. Es gibt kein automatisch eintretendes Verfahrensende, und die Klassifizierung als gegenstandslos erlaubt keine Entscheidung. Es ist auch nicht richtig, daß der Antrag stets zulässig bleibt; für die insoweit angeführte rechtsähnliche Anwendung des § 265 ZPO (*K. Schmidt* aaO [Fn 22]) fehlt die Vergleichbarkeit der Sachverhalte[24]. Richtig ist vielmehr, daß der Antrag wegen nachträglichen Wegfalls des Rechtsschutzinteresses (Rdn 6) unzulässig wird, wenn sich der Verlust der Gesellschaftereigenschaft schon aus der Einlassung des Antragstellers ergibt (Rdn 7) und unbegründet, wenn gegen ihn entsprechende Tatsachen festgestellt werden. Für eine Entscheidung auf der Basis des § 810 BGB ist im Verfahren des § 51 b entgegen *Gustavus* aaO (nach Fn 23) kein Raum. Auch im ersten Fall kann und sollte jedoch die Abweisung als unbegründet gewählt werden, weil die weiterreichende Rechtsfolge bereits feststeht; die Abweisung als unzulässig hätte also keinen verfahrensökonomischen Vorteil. Statt der Abweisung kann auch nach den Grundsätzen über die Erledigung der Hauptsache vorgegangen werden, wenn die Beteiligten entsprechende Erklärungen abgeben. Stets ist erforderlich, daß die Mitgliedschaft tatsächlich ein Ende gefunden hat. Kündigung allein genügt demnach nicht; sie muß auch durch Einziehung oder Abtretung des Geschäftsanteils durchgeführt sein[25].

9 **bb) Nicht erforderlich: Gesellschafterbeschluß nach § 51 a Abs. 2 S. 2.** Die Behauptung vorgerichtlichen Informationsbegehrens gehört zur Zulässigkeit, die entsprechende Tatsache zur Begründetheit des Antrags (Rdn 7)[26]. Ein Hilfsantrag wird dadurch dann nicht ausgeschlossen, wenn die Geschäftsführung darauf vorgerichtlich eingegangen ist oder wenn die Erwägungen, mit denen sie das hauptsächliche Informationsbegehren abgelehnt hat, in gleicher Weise für das Hilfsbegehren gelten[27]. Streitig ist, ob das vorgerichtliche Informationsbegehren durch einen Gesellschafterbeschluß nach § 51 a Abs. 2 S. 2 abgelehnt worden sein muß[28]. Die Frage ist zu verneinen. Ein derartiges Erfordernis fände im Wortlaut des § 51 b S. 2 keine Stütze und würde insbesondere durch den Sinn des Beschlußerfordernisses nicht gedeckt: Die vom Gesetzgeber befürchtete Überforderung der Geschäftsführer (§ 51 a, 52) hat keine verfahrensrechtliche Relevanz.

---

21 Fischer/*Lutter*/*Hommelhoff* 3.
22 Scholz/*K. Schmidt* 13.
23 Baumbach/Hueck/*Zöllner* 4; *Schilling* Voraufl. 6.
24 Ablehnend auch Baumbach/Hueck/*Zöllner* 4; Fischer/*Lutter*/*Hommelhoff* 3; *Tietze* Die Informationsrechte (1985), S. 135 f; aM Rowedder/*Koppensteiner*^{2} 5; *Stangier*/*Bork* GmbH-Rdsch. 1982, 169, 172.
25 OLG Karlsruhe OLGZ 1985, 41 = GmbH-Rdsch. 1985, 362.
26 OLG Karlsruhe aaO (Fn 25).
27 OLG Köln GmbH-Rdsch. 1985, 358, 359.
28 Dafür: Rowedder/*Koppensteiner*^{2} 6; *Stangier*/*Bork* GmbH-Rdsch. 1982, 169, 173; aM Scholz/*K. Schmidt* § 51 a, 43 und § 51 b, 12; Baumbach/Hueck/*Zöllner* 3; *Meyer-Landrut*/Miller/Niehus 4. Die Entscheidung des OLG Karlsruhe aaO (Fn 25) sagt zu dieser speziellen Frage nichts.

3. Antragsgegner

Antragsgegner sind nicht die Geschäftsführer, schon gar nicht die (Mehrheits-)-Gesellschafter, die die Information vereiteln. Der Antrag ist vielmehr **gegen die GmbH**, vertreten durch ihre Geschäftsführer, zu richten[29]. Darin liegt die verfahrensrechtliche Konsequenz der materiell-rechtlichen Schuldnerrolle der Gesellschaft (§ 52a, 19). Wenn fälschlich die Geschäftsführer in Anspruch genommen werden, ist der Antrag mangels Passivlegitimation unbegründet (nicht: unzulässig). Es ist jedoch möglich, die Antragsgegnerin entsprechend den Regeln über den *Parteiwechsel* im Zivilprozeß auszutauschen. Danach ist der Beteiligtenwechsel jedenfalls bei Zustimmung des Gegners, sonst wohl schon bei Sachdienlichkeit (§ 263 ZPO), jedenfalls aber dann zuzulassen, wenn die Zustimmung durch den Gegner mißbräuchlich verweigert wird[30]. 10

III. Durchführung des Verfahrens (§ 132 Abs. 1 und 3 AktG)

1. Gerichtliche Zuständigkeit

a) **Erstinstanzliche Zuständigkeit.** Die sachliche Zuständigkeit liegt nach § 132 Abs. 1 S. 1 AktG iVm § 51b S. 1 beim Landgericht. *Örtlich zuständig* ist nach den genannten Vorschriften das Landgericht des Gesellschaftssitzes. Dabei handelt es sich um eine ausschließliche Zuständigkeit (zur Schiedsfähigkeit vgl. Rdn 23f). Die *funktionelle Zuständigkeit* liegt bei der Kammer für Handelssachen (§ 132 Abs. 1 S. 2 AktG iVm § 51b S. 1). Ein entsprechender Hinweis in der Antragsschrift (§ 96 Abs. 1 GVG) ist jedenfalls zweckmäßig, wenn nicht geboten[31]. Durch landesrechtliche Vorschriften kann die örtliche Zuständigkeit für die Bezirke mehrerer Landgerichte einem derselben übertragen werden (§ 132 Abs. 1 S. 3 AktG iVm § 51b S. 1). Von dieser Möglichkeit haben Hessen und Niedersachsen Gebrauch gemacht[32], mit Wirkung vom 1. 3. 1988 auch Bayern (Eingangsgerichte: LG München I; LG Nürnberg-Fürth; vgl. noch Rdn 12). Nicht genügend ist eine Zuständigkeitskonzentration, die aufgrund der früheren Rechtslage nur auf aktienrechtliche Streitigkeiten Bezug nimmt. Die Länder müssen also von ihrer Kompetenz gerade auch für das GmbH-Recht Gebrauch gemacht haben (vgl. noch Rdn 12). 11

b) **Beschwerdeinstanz.** Die landgerichtliche Entscheidung kann mit sofortiger Beschwerde angegriffen werden, wenn sie im Beschluß für zulässig erklärt ist (vgl. noch Rdn 15). Beschwerdeinstanz ist grundsätzlich ein Zivilsenat des Oberlandesgerichts, das dem jeweiligen Landgericht übergeordnet ist. Nach § 99 Abs. 3 S. 8 und 9 AktG iVm § 132 Abs. 3 S. 1 AktG, § 51b S. 1 kann auch insoweit durch Landesrecht eine Zuständigkeitskonzentration angeordnet werden. Davon ist in Rheinland-Pfalz Gebrauch gemacht worden: Zuständigkeit des OLG Zweibrücken auch für Beschwerdesachen aus dem Bezirk des OLG Koblenz (vgl. *Driesen* aaO [Fn 32]). Insoweit hat sich für die Gerichte die Frage gestellt, ob die zum Aktienrecht ergangenen Vorschriften auch für die GmbH gelten (sog. dynamische Verweisung). Der BGH hat diese Frage geklärt, und zwar (zu Recht) im verneinenden Sinne[33]. Für die Konzentration von Zuständigkeiten sind also neue Regelungen notwendig. Sonst verbleibt es bei den 12

---

[29] EinhM, vgl. Scholz/*K. Schmidt* 19; Baumbach/Hueck/*Zöllner* 4.

[30] Eingehend BGH NJW 1987, 1946f mwN.

[31] Für letzteres *Stangier/Bork* GmbH-Rdsch. 1982, 169, 172 re. Sp.

[32] Übersicht mit Fundstellen: *Driesen* GmbH-Rdsch. 1987, 103.

[33] BGH WM 1987, 870f; ebenso zuvor BayObLGZ 1986, 180, 181ff = BayVBl. 1987, 27, 28; OLG Hamm BB 1982, 1138; OLG Karlsruhe OLGZ 1985, 41, 42 (insoweit nicht in GmbH-Rdsch. 1985, 362).

allgemeinen Grundsätzen. Danach lag die Zuständigkeit in Bayern ursprünglich nicht bei dem BayObLG, sondern zB bei dem OLG München[34]. Mit Wirkung vom 1. 3. 1988 hat Bayern von seiner Normsetzungsbefugnis Gebrauch gemacht, so daß nunmehr das BayObLG Beschwerdeinstanz ist[35].

2. Gerichtliches Verfahren

13 a) **Überblick.** Das Verfahren des Gerichts bestimmt sich aufgrund der Doppelverweisung in § 132 Abs. 3 S. 1 AktG, § 51 b S. 1 in erster Linie **nach den Bestimmungen des § 99 Abs. 3 AktG,** in zweiter Linie gem. § 99 Abs. 1 AktG **nach dem FGG** mit den für das Streitverfahren (vgl. schon Rdn 1) anerkannten besonderen Grundsätzen. Im einzelnen gilt: Erforderlich ist zunächst ein Antrag (Rdn 4 f). Das Verfahren ist formlos und nicht öffentlich. Anwaltszwang besteht nicht (vgl. Rdn 4, 15). Für die Tatsachenermittlung gilt gem. § 12 FGG das Amtsprinzip (vgl. aber noch Rdn 14). Das Landgericht entscheidet durch Beschluß, der mit Gründen versehen sein muß (§ 99 Abs. 3 S. 1 AktG). Nur die Kammer ist zur Entscheidung berufen. Eine Entscheidungszuständigkeit des Vorsitzenden der Kammer für Handelssachen gibt es nicht, weil § 349 ZPO (und auch § 348 ZPO) im Verfahren nach dem FGG weder unmittelbar noch entsprechend anwendbar sind (vgl. auch Rdn 15)[36]. Der Beschlußtenor lautet bei Erfolg des Antrags üblicherweise auf Feststellung der jeweiligen Verpflichtung, Auskunft zu erteilen oder Einsichtnahme zu gestatten. Das ist schon deshalb nicht zu beanstanden, weil im Beschlußverfahren nicht verurteilt werden kann. Der Sache nach wird die GmbH jedoch zu einer Leistung verpflichtet. Der Tenor muß deshalb so präzise gefaßt sein, daß aus ihm die Zwangsvollstreckung erfolgen kann (vgl. noch Rdn 18 f). Wirksam wird der Beschluß erst mit Eintritt seiner Rechtskraft (§ 99 Abs. 5 S. 1 AktG).

14 b) **Amtsermittlung und Beweislast.** Weil die Tatsachenermittlung nicht der Verhandlungsmaxime folgt, sondern von Amts wegen betrieben wird (§ 12 FGG), gibt es **keine Beweisführungslast** und auch keine Darlegungslast. Es ist vielmehr Sache des Gerichts, von sich aus die entscheidungserheblichen Tatsachen oder ihr Fehlen festzustellen[37]. Dazu bedarf es aber der Unterstützung durch die Beteiligten. Sie zu gewähren, steht nicht in ihrem Belieben, sondern ist Bestandteil ihrer *Pflicht zur Verfahrensförderung*. Weil das Gericht aus der Verletzung dieser Pflicht geeignete Schlüsse ziehen darf, sind die praktischen Differenzen in der Verfahrensabwicklung nicht sehr erheblich[38]. Schließlich bedarf es auch einer Beweislastregel für die **Fälle des non liquet**[39]. Daß sich der Sachverhalt nicht aufklären läßt, kann in allen Verfahrensarten beobachtet werden, auch in denen, die vom Amtsermittlungsgrundsatz beherrscht werden. Insoweit wird die richterliche Sachentscheidung von dem Grundsatz getragen, daß jede Partei (jeder Beteiligte) die (materielle) Beweislast für die Voraussetzungen der ihr (ihm) günstigen Normen trägt[40]. Die praktischen Konsequenzen hängen von der materiell-rechtlichen Beurteilung des Informationsanspruchs ab. Wer ein Informationsbedürfnis als tatbestandliche Voraussetzung des Anspruchs ansieht, muß die Beweislast dafür konsequent

---

[34] BayObLG aaO (Fn 33).

[35] BayObLGZ 1988, 119, 120 = GmbH-Rdsch. 1988, 263, 264; BayObLG WM 1989, 371, 373 (li. Sp.); vgl. auch *Driesen* GmbH-Rdsch. 1988, 228.

[36] OLG Koblenz WM 1985, 829 f.

[37] Schon im Ansatz nicht überzeugend deshalb LG Heilbronn NJW 1967, 1715, 1717 zu § 132 AktG, das dem Aktionär eine Beweisführungslast aufbürdet; ebensowenig *Wilhelmi* NJW 1968, 731, 733 (li. Sp.); zutreffend dagegen Geßler/Hefermehl/*Eckardt*/Kropff § 132, 37.

[38] Scholz/*K. Schmidt* 25, *v. Falkenhausen* AG 1967, 309, 316; *Stangier/Bork* GmbH-Rdsch. 1982, 169, 174 (re. Sp.).

[39] „Materielle" Beweislast, vgl. Scholz/*K. Schmidt* § 51 a, 44; Baumbach/Hueck/*Zöllner* 5.

[40] Normentheorie; dazu *Hüffer* Festschr. für Fleck (1988), S. 151, 153.

dem Gesellschafter auferlegen[41]. Doch ist dieser Ansicht schon im materiell-rechtlichen Ansatz nicht zu folgen (§ 51 a, 56 f). Zu Lasten des Antragstellers geht es jedoch, wenn er nicht beweisen kann, daß er Gesellschafter ist, daß er Auskunft oder Einsichtnahme verlangt hat und daß der Informationsgegenstand zu den Gesellschaftsangelegenheiten zählt. Umgekehrt verliert die GmbH das Verfahren, wenn die tatsächlichen Voraussetzungen eines Informationsverweigerungsgrundes (§ 51 a, 53) nicht festgestellt werden können[42].

3. Rechtsmittel

Gegen den Beschluß findet die **sofortige Beschwerde** statt (§ 99 Abs. 3 S. 2 AktG), **15** wenn das Landgericht sie in der Entscheidung für zulässig erklärt. Es soll sie nur zulassen, wenn dadurch die Klärung einer Rechtsfrage von grundsätzlicher Bedeutung zu erwarten ist (§ 132 Abs. 3 S. 2 und 3 AktG). Ohne Zulassung ist die Beschwerde wegen „greifbarer Gesetzwidrigkeit" für zulässig gehalten worden, weil der Kammervorsitzende anstelle des Gerichts entschieden hatte (vgl. auch Rdn 13)[43]. Eine Nichtzulassungsbeschwerde gibt es nicht. Die sofortige Beschwerde ist binnen einer **Frist** von zwei Wochen einzulegen, die mit der Zustellung an den Beschwerdeführer (§ 16 Abs. 2 FGG) beginnt (§ 22 Abs. 1 FGG). Über sie entscheidet das Oberlandesgericht (§ 99 Abs. 3 S. 5 AktG), soweit die Länder nicht von ihrer Zuständigkeit zur Verfahrenskonzentration Gebrauch gemacht haben (dazu Rdn 12). Die Beschwerde kann beim Landgericht oder beim Beschwerdegericht eingelegt werden (§ 21 Abs. 1 FGG). Eine zB beim OLG München eingelegte Beschwerde wirkt seit 1. 3. 1988 (Zuständigkeit des BayObLG, vgl. Rdn 12) nicht mehr fristwahrend[44]. Die Beschwerdeschrift muß von einem Rechtsanwalt unterzeichnet sein (§ 99 Abs. 3 S. 4 AktG). Will das Oberlandesgericht von der Entscheidung eines anderen Oberlandesgerichts oder des Bundesgerichtshofs abweichen, so findet das Vorlegungsverfahren nach § 28 Abs. 2 und 3 FGG statt (§ 99 Abs. 3 S. 6 AktG). Die weitere Beschwerde ist ausgeschlossen (§ 99 Abs. 3 S. 7 AktG).

IV. Rechtsfolgen des Beschlusses (§ 132 Abs. 4 AktG)

1. Allgemeines

Nach § 132 Abs. 4 S. 1 AktG iVm § 51 b S. 1 ist die Auskunft aufgrund eines **16** stattgebenden Beschlusses **auch außerhalb der Gesellschafterversammlung** zu geben. Das folgt jedoch schon aus allgemeinen Grundsätzen (§ 51 a, 33 f). Die **Wirksamkeit des Beschlusses** hängt gem. § 99 Abs. 5 S. 1 AktG iVm § 132 Abs. 3 S. 1 AktG, § 51 b S. 1 vom Eintritt der Rechtskraft ab. Der Beschluß ist sofort rechtskräftig, wenn das Landgericht die sofortige Beschwerde nicht zuläßt, sonst, wenn die Zwei-Wochen-Frist ohne Einlegung des Rechtsmittels abgelaufen (vgl. Rdn 15) oder wenn über dieses endgültig entschieden ist.

Mit der Rechtskraft treten **zwei Wirkungen** ein. *Erstens:* Die Geschäftsführer müssen **17** den Beschluß unverzüglich zum Handelsregister einreichen (§ 99 Abs. 5 S. 3 AktG iVm § 132 Abs. 3 S. 1 AktG, § 51 b S. 1). Er nimmt deshalb gem. § 9 HGB an der **Öffentlich-**

---

[41] So Baumbach/Hueck/*Zöllner* 5.

[42] BayObLGZ 1988, 349, 356 = WM 1988, 1789, 1792; Baumbach/Hueck/*Zöllner* 5; *v. Bitter* ZIP 1981, 825, 831 (re. Sp.).

[43] OLG Koblenz WM 1985, 829 f; vgl. auch BayObLG DB 1988, 1209; kritisch Scholz/*K. Schmidt* 29; *Tietze* Die Informationsrechte (1985), S. 153 f.

[44] BayObLGZ 1988, 119, 120 = GmbH-Rdsch. 1988, 263, 264.

keit des **Handelsregisters** teil. Folglich kann jedermann einsehen und Abschriften fordern. Die Gesetzeslage ist eindeutig und daher hinzunehmen. Rechtspolitisch hat die Regelung jedoch für die GmbH keinen überzeugenden Sinn (ebenso *Gustavus* GmbH-Rdsch. 1989 181, 186f). Für das Aktienrecht soll sie sicherstellen, daß die Aktionäre, die nicht am Verfahren beteiligt waren, ihr Auskunftsrecht nach § 131 Abs. 4 AktG ausüben können[45]. Unter den normalen Bedingungen der GmbH bedarf es aber keiner Unterrichtung gerade durch das Handelsregister, um die Gesellschafter zum Nachfragen zu veranlassen. Auch kann bereits eine präzise formulierte Informationsverpflichtung, nicht erst die Erteilung der Information, das Interesse an der Vertraulichkeit der Gesellschaftsangelegenheiten verletzen (vgl. auch § 51a, 11). *Zweitens:* Mit der Rechtskraft und erst mit ihrem Eintritt wird der Beschluß **vollstreckbar** (vgl. noch Rdn 18). Eine vorläufige Vollstreckbarkeit gibt es also nicht, auch nicht gegen Sicherheitsleistung[46].

2. Zwangsvollstreckung

18 **Vollstreckbarkeit.** Der Beschluß über das Auskunfts- und Einsichtsrecht ist nach den Vorschriften der ZPO vollstreckbar. Das folgt aus § 132 Abs. 4 S. 2 AktG iVm § 51b S. 1 und entspricht fast allgemeiner Ansicht[47]. Deshalb bedarf es keiner Leistungsklage, wenn die Information von der GmbH noch immer verweigert wird (aM *Lutter* aaO [Fn 47]). Im Gegenteil wäre sie, weil schon ein Vollstreckungstitel vorliegt, mangels Rechtsschutzinteresses als unzulässig abzuweisen[48]. **Art und Weise der Zwangsvollstreckung.** Die Erteilung von Auskünften und die Gestattung der Einsichtnahme sind unvertretbare Handlungen, deren Vornahme ausschließlich von dem Willen der organschaftlich vertretenen GmbH als Schuldnerin abhängt. Die Vollstreckung erfolgt daher nach § 888 ZPO[49]. Anzuhalten nach § 888 ZPO ist die Gesellschaft, vertreten durch die im Zeitpunkt der Vollstreckung im Amt befindlichen Geschäftsführer. Das Zwangsgeld ist gegen die Gesellschaft, die Zwangshaft gegen eine vertretungsberechtigte Anzahl vom Gericht namentlich zu benennender Geschäftsführer festzusetzen[50].

19 Die **Koordination des Vollstreckungsrechts der ZPO mit dem FG-Verfahren** kann Schwierigkeiten bereiten. Im einzelnen gilt: *Prozeßgericht des ersten Rechtszugs* iSd § 888 Abs. 1 S. 1 ZPO ist das Gericht, das den Titel geschaffen hat, also die Kammer für Handelssachen als Gericht der freiwilligen Gerichtsbarkeit[51]. *Rechtsmittel* ist die sofortige Beschwerde des § 793 ZPO; ihre Zulässigkeit hängt nicht (wie nach § 132 Abs. 3 S. 2 AktG iVm § 51b S. 1, vgl. Rdn 15) von der Zulassung durch das Landgericht ab (BayObLG aaO [Fn 51]). *Rechtsmittelgericht* ist das übergeordnete Oberlandesgericht oder (vorrangig) dasjenige Gericht, dem die landesrechtlichen Bestimmungen über die Zuständigkeitskonzentration (Rdn 12) die Zuständigkeit zuweisen (BayObLG

---

45 Ausschußbericht, *Kropff* AktG (1965) S. 190.

46 BayObLG WM 1989, 371, 372; Scholz/*K. Schmidt* 28; Baumbach/Hueck/*Zöllner* 8; aM *Lutter* DB 1980, 1317, 1321 (li. Sp.).

47 BayObLG GmbH-Rdsch. 1989, 204 re. Sp.; OLG Koblenz WM 1985, 829, 830; Scholz/*K. Schmidt* 28; Baumbach/Hueck/*Zöllner* 8; aM *Lutter* DB 1980, 1317, 1321.

48 Im Grundsatz anerkannt, vgl. z. B. BGHZ 98, 127, 128 = NJW 1986, 2704.

49 KG NJW 1972, 2093; OLG Koblenz WM 1985, 829, 830; BayObLGZ 1974, 484, 487 = NJW 1975, 740, 741; BayObLG WM 1975, 1016, 1018; BayObLG WM 1989, 371, 372; auch im Schrifttum unstreitig, vgl. z. B. Scholz/*K. Schmidt* 28; *Gustavus* GmbH-Rdsch. 1989, 181, 186 mit ergänzenden Überlegungen zu § 883 ZPO.

50 OLG Koblenz WM 1985, 829, 830; BayObLGZ 1974, 484, 487 = NJW 1975, 740, 741; BayObLG WM 1975, 1016, 1018.

51 BayObLG WM 1989, 371, 373 (li. Sp.) mwN.

aaO [Fn 51]). Materielle Einwendungen gegen den titulierten Anspruch sind analog § 767 ZPO durch *Vollstreckungsgegenantrag* geltend zu machen[52]. Verbreitet wird zwar von einer Vollstreckungsgegenklage gesprochen[53]. Die Kammer ist jedoch als Gericht der freiwilligen Gerichtsbarkeit zuständig (vgl. bei Fn 51) und kann in dieser Eigenschaft nicht auf Klage durch Urteil entscheiden. Auch wäre es ungereimt, wenn über den Anspruch durch Beschluß und über die Einwendungen durch Urteil zu befinden wäre. Umdeutung von Klage in Antrag erscheint zulässig. Das Verfahren des Vollstreckungsgegenantrags ist namentlich dann gegeben, wenn die Gesellschaftereigenschaft nach Erlaß des Beschlusses weggefallen ist (vgl. auch Rdn 8)[54].

V. Verfahrenskosten (§ 132 Abs. 5 AktG)

Für die Kosten des Verfahrens gilt die **Kostenordnung** (§ 132 Abs. 5 S. 1 AktG iVm § 51 b S. 1). Für jede Instanz fallen zwei volle Gebühren an (S. 2 und 3 aaO). § 131 KostO, nach dem bei Erfolg der Beschwerde keine Gebühr für die zweite Instanz erhoben wird, ist durch S. 3 Hs. 2 aaO ausgeschlossen. § 132 Abs. 5 S. 4 AktG iVm § 51 b S. 1 regelt die Kosten bei Rücknahme des Antrags oder der Beschwerde. Der **Geschäftswert** beträgt in der Regel 10 000,– DM und bestimmt sich im übrigen nach § 30 Abs. 2 S. 2 KostO. Er wird von Amts wegen festgesetzt (§ 132 Abs. 5 S. 5 und 6 AktG iVm § 51 b S. 1). Das Gericht bestimmt nach **billigem Ermessen,** welchem Beteiligten die Kosten des Verfahrens aufzuerlegen sind. Damit soll die Abschreckungswirkung des Kostenrisikos vermindert werden. Für die **außergerichtlichen Kosten** gilt § 13 a FGG. Wenn in den Gründen des Beschlusses nur auf § 132 Abs. 5 S. 7 AktG verwiesen wird, enthält der Ausspruch des Gerichts „die Antragsgegnerin trägt die Verfahrenskosten" keine Anordnung, die außergerichtlichen Kosten nach § 13 a FGG zu erstatten[55]. Anwaltskosten sind nach § 91 Abs. 2 ZPO, der im Streitverfahren der freiwilligen Gerichtsbarkeit seinem Rechtsgedanken nach anzuwenden ist, stets erstattungsfähig; **aM** jedoch *Gustavus* GmbH-Rdsch. **1989** 181, 186. Ob außergerichtliche Kosten zu erstatten sind, entscheidet das Gericht ebenfalls nach Billigkeit. Es kann über die Gerichtskosten und die außergerichtlichen Kosten unterschiedlich entscheiden[56]. **20**

VI. Verhältnis zur Anfechtungsklage

1. Keine Anfechtung des Gesellschafterbeschlusses nach § 51 a Abs. 2 S. 2

Fraglich ist, in welchem Verhältnis das Informationserzwingungsverfahren des § 51 b zur Anfechtungsklage steht. Dabei ist zu unterscheiden, welcher Beschluß nach dem Antrag des Klägers für nichtig erklärt werden soll: Der Beschluß, durch den die Gesellschafter die begehrte Information verweigern (§ 51 a Abs. 2 S. 2), oder ein weiterer Beschluß, der infolge nicht erteilter Informationen rechtswidrig sein soll. Im ersten Fall (zum zweiten vgl. Rdn 22) besteht für die Anfechtungsklage **regelmäßig kein Rechtsschutzinteresse**[57], weil die Durchsetzung des Informationsanspruchs im Verfah- **21**

---

52 Zutreffend Scholz/*K. Schmidt* 28; *Zöllner*-Köln-KommAktG § 132, 25.

53 *Schilling* Voraufl. 11; Geßler/Hefermehl/*Eckardt*/Kropff § 132, 55; *Stangier/Bork* GmbH-Rdsch. 1982, 169, 174 (li. Sp.).

54 Scholz/*K. Schmidt* 28; Geßler/Hefermehl/*Eckardt*/Kropff § 132, 55; *Stangier/Bork* GmbH-Rdsch. aaO (Fn 52).

55 OLG Frankfurt GmbH-Rdsch. 1987, 432 (LS) = EWiR § 51 b GmbHG 1/87, 481 *(Gustavus); Gustavus* GmbH-Rdsch. 1989, 181, 186.

56 KG NJW 1972, 2093, 2094 f; Geßler/Hefermehl/*Eckardt*/Kropff § 132, 62 mwN; *Zöllner*-Köln-KommAktG § 132, 20.

57 BGH GmbH-Rdsch. 1988, 213 f; zustimmend *Deuchler* WuB II C. § 51 a GmbHG 1.88 und *K. Schmidt* EWiR § 51 a GmbHG 1/88, 271; Baumbach/Hueck/*Zöllner* § 51 a, 33 (vgl. aber auch 28); **aM** OLG Hamburg GmbH-Rdsch. 1987, 480, 481 (Vorinstanz zu BGH aaO).

ren nach § 51 b einfacher und schneller erfolgen kann (BGH aaO [Fn 57]). Damit ist nicht gemeint, daß das Verfahren selbst sich notwendig einfacher gestaltet und schneller abläuft; vielmehr geht es darum, daß mit der erfolgreichen Anfechtungsklage nur der Beschluß beseitigt, aber noch kein Vollstreckungstitel für den Informationsanspruch (vgl. Rdn 18 f) geschaffen wäre. Welche **Ausnahmen** bestehen, ist derzeit nur teilweise geklärt. Jedenfalls muß der Gesellschafter mit der Klage ein von ihm dargelegtes und im Streitfall bewiesenes Interesse verfolgen, das über die bloße Informationserteilung hinausgeht. BGH aaO (Fn 57) läßt offen, ob das Interesse an rechtskräftiger Feststellung pflichtwidrigen Verhaltens als Basis späterer Schadensersatzforderungen genügt, weil es in seinem Fall schon an einem entsprechenden Vortrag des Klägers fehlte.

2. Anfechtung anderer Beschlüsse

22 Gesellschafterbeschlüsse, die auf der gesetzwidrigen Vorenthaltung von Informationen beruhen, sind **mit Anfechtungsklage angreifbar.** Eine Erklärung von Gesellschaftern, daß sie im Besitz der fraglichen Information ebenso entschieden hätten, ist nach dem Rechtsgedanken des § 243 Abs. 4 AktG unerheblich. Aus der aktienrechtlichen Diskussion sind zum **Verhältnis zwischen Informationserzwingung und Beschlußanfechtung** drei Fragen bekannt: Setzt die Anfechtungsklage voraus, daß vorher das Erzwingungsverfahren nach § 132 AktG bzw. § 51 b durchgeführt worden ist? Hat die Entscheidung nach § 132 AktG bzw. § 51 b Bindungswirkung im Anfechtungsprozeß? Muß das Anfechtungsverfahren bis zur rechtskräftigen Entscheidung nach § 132 AktG bzw. § 51 b ausgesetzt werden? Alle drei Fragen sind nach heute **hM** zu verneinen; Anfechtungsprozeß und Informationserzwingung sind also voneinander unabhängige Verfahren[58]. Für die gerichtliche Sachbehandlung folgt aus dem Fehlen der Bindungswirkung einer nach § 51 b ergehenden Entscheidung insbesondere, daß die Aussetzung des Anfechtungsprozesses nicht notwendig ist. Sie kann aber zweckmäßig sein und bleibt nach § 148 ZPO jedenfalls zulässig[59]. Die vorstehenden Grundsätze gelten entsprechend, wenn der Gesellschafter mit anderem Ziel klagt, etwa auf Leistung von Schadensersatz wegen schuldhaft vorenthaltener Information. Mangels Rechtsschutzinteresses unzulässig wäre dagegen eine auf Erteilung der Information selbst gerichtete Leistungsklage, weil das Gesetz das Verfahren nach § 51 b als einfachere und schnellere Möglichkeit der Rechtsdurchsetzung begreift (Rdn 1).

VII. Schiedsfähigkeit

Schrifttum

(vgl. auch die Angaben vor Rdn 1). *Bork* Urteilsanmerkung, JZ 1987 100; *Engelhardt* Aus der neueren Rechtsprechung zur Schiedsgerichtsbarkeit, JZ 1987 227; *K. Schmidt* Schiedsklausel und Informationsrecht des GmbH-Gesellschafters, ZIP 1987 218.

23 Ob Streitigkeiten über das Informationsrecht des GmbH-Gesellschafters der Entscheidung eines Schiedsgerichts überantwortet werden dürfen, wird unterschiedlich

---

[58] BGHZ 86, 1, 3 ff = NJW 1983, 878 = WM 1983, 54; BGH GmbH-Rdsch. 1988, 213 f (Fn 57); OLG Hamburg GmbH-Rdsch. 1987, 480, 481; Scholz/*K. Schmidt* 9; Baumbach/Hueck/*Zöllner* § 51 a, 33 a; *Tietze* Die Informationsrechte (1985), S. 131 ff; *Stangier/Bork* GmbH-Rdsch. 1982, 169, 174; *Lüke* ZGR 1990, 657, 659 ff; vgl. aus der aktienrechtlichen Literatur noch Geßler/Hefermehl/Eckardt/Kropff/*Hüffer* § 243, 117 ff; insoweit aM besonders *Kollhosser* AG 1977, 117, 118 ff; *Werner* Festschr. für Barz (1974), S. 293 ff.

[59] Scholz/*K. Schmidt* 9; Geßler/Hefermehl/Eckardt/Kropff/*Hüffer* § 243, 119.

beurteilt. **Meinungsstand.** Eine höchstrichterliche Klärung der Frage steht aus. Das LG Mönchengladbach hat eine Schiedsklausel insoweit für unzulässig erklärt, als sie den Informationsanspruch betrifft[60]. Die überwiegende Meinung des Schrifttums hält es dagegen für zulässig, das Verfahren des § 51 b durch eine Schiedsvereinbarung auszuschließen, und zwar auch in der Weise, daß die Vereinbarung vor der Entstehung von Streitigkeiten, also namentlich in der Satzung, getroffen wird[61]. Die Gegenansicht will nur ad-hoc-Vereinbarungen zulassen, die nach der Entstehung von Streitigkeiten zustande kommen[62]. Teilweise wird die Schiedsfähigkeit auch mit Argumenten abgelehnt, die selbst für solche ad-hoc-Vereinbarungen keinen Raum lassen[63].

Stellungnahme. Streitigkeiten über das Informationsrecht des GmbH-Gesellschafters sind **als schiedsfähig zu beurteilen;** der überwiegenden Meinung des Schrifttums ist also beizutreten. Das folgt aus §§ 1025, 1026, 1048 ZPO. Die danach in erster Linie vorausgesetzte Vergleichsfähigkeit ist zwar nicht für das Informationsrecht als mitgliedschaftliche Befugnis, wohl aber für das einzelne Informationsverlangen zu bejahen, und nur um dieses geht es[64]. Eine Schiedsklausel in der Satzung ist nämlich nichts anderes als eine antizipierte Regelung für den Fall, daß künftig Streitigkeiten über solche einzelne Informationsverlangen entstehen. Ferner sollte nach § 1048 ZPO nicht zweifelhaft sein, daß Schiedsvereinbarungen über korporationsrechtliche Streitigkeiten – darum geht es hier – generell in der Satzung getroffen werden können[65]. Und schließlich ist auch den §§ 51 a, 51 b nichts Entgegenstehendes zu entnehmen. § 51 a Abs. 3 verbietet inhaltliche Beschränkungen des Informationsrechts (§ 51 a, 66), die in einer Schiedsklausel nach richtiger Ansicht nicht gefunden werden können[66]. § 51 b macht die Informationserzwingung zwar zu einem Gegenstand der freiwilligen Gerichtsbarkeit, und solche Gegenstände können prinzipiell nicht einem Schiedsgericht überantwortet werden[67]. Davon sind jedoch anerkanntermaßen die Streitverfahren der freiwilligen Gerichtsbarkeit wieder ausgenommen, so daß sich auch daraus kein Argument gegen die Schiedsfähigkeit gewinnen läßt[68]. Es wäre im Interesse der Praxis zu begrüßen, wenn der BGH die Gelegenheit erhielte und wahrnähme, die dargestellten Fragen zu klären. 24

VIII. GmbH & Co. KG

1. Informationserzwingung durch das GmbH-Mitglied

Die Informationsrechte, die dem Mitglied der GmbH in dieser Eigenschaft zustehen, 25
sind auch dann im **Verfahren des § 51 b** durchzusetzen, wenn die GmbH Komplementärin einer KG ist. Das Erzwingungsverfahren findet insbesondere auch dann statt, wenn

[60] LG Mönchengladbach GmbH-Rdsch. 1986, 390 = JZ 1987, 99 mit abl. Anm. *Bork;* ebenso OLG Köln GmbH-Rdsch. 1989, 207, 208 f (jedenfalls für Altsatzungen).

[61] Scholz/*K. Schmidt* 5; Baumbach/Hueck/*Zöllner* § 51 a, 3; *Schilling* Voraufl. 8; *Bork* JZ 1987, 100 f; *Engelhardt* JZ 1987, 227, 228; *v. Gerkan* EWiR § 51 a GmbHG 3/86, 803; *K. Schmidt* ZIP 1987, 218 ff; *Stangier/Bork* GmbH-Rdsch. 1982, 169, 170 f.

[62] Fischer/*Lutter/Hommelhoff* 2; Rowedder/*Koppensteiner*^{2} 4; *Meyer-Landrut*/Miller/Niehus 8.

[63] So insbesondere LG Mönchengladbach aaO (Fn 60): Zuständigkeit der freiwilligen Gerichtsbarkeit; vgl. noch Rdn 24 mit Fn 67 und 68.

[64] Klar vor allem *K. Schmidt* ZIP 1987, 218 f, der zwischen dem Stammrecht und dem einzelnen daraus resultierenden Anspruch unterscheidet.

[65] BGHZ 38, 155, 161 = NJW 1963, 203; *Schwab* Schiedsgerichtsbarkeit, 3. Aufl. 1979, S. 243 ff mit eingehenden Nachw., auch zur Gegenmeinung; vgl. ferner *Maier* Hdb. der Schiedsgerichtsbarkeit (1979), Rdn 95 ff.

[66] Zutreffend *K. Schmidt* ZIP 1987, 218, 219; aM LG Mönchengladbach GmbH-Rdsch. 1986, 390, 391 (Fn 60); Fischer/*Lutter/Hommelhoff* 2.

[67] Insoweit richtig LG Mönchengladbach GmbH-Rdsch. 1986, 390, 391 (Fn 60).

[68] *v. Gerkan* EWiR § 51 a GmbHG 3/86, 803, 804 (2.5); *K. Schmidt* ZIP 1987, 218, 219 beide mwN.

es um Auskunft über die Angelegenheiten der KG geht (vgl. zur sachlichen Reichweite des Informationsanspruchs § 51 a, 75). Das versteht sich von selbst, wenn der Antragsteller nur Mitglied der GmbH ist, kann aber auch dann nicht anders sein, wenn er zugleich als Kommanditist der KG angehört. Auf § 166 HGB braucht er sich nicht verweisen zu lassen[69]. Folglich bleibt das Verfahren nach § 51 b auch dann zulässig, wenn durch eine auf § 166 HGB gestützte Leistungsklage dasselbe Ergebnis erzielt werden könnte[70].

2. Informationserzwingung durch den Kommanditisten

26 Dem Kommanditisten steht in dieser Eigenschaft das Verfahren des § 51 b nicht zur Verfügung. Vielmehr muß er **durch Leistungsklage** nach der ZPO vorgehen, wenn er die Rechte geltend machen will, die ihm nach § 166 HGB und darüber hinaus zur sachgerechten Ausübung seiner Verwaltungsrechte zustehen (§ 51 a, 76). Die Klage ist nach richtiger, allerdings nicht herrschender Ansicht gegen die KG, vertreten durch die Komplementär-GmbH, zu richten[71], weil die KG Schuldnerin des Informationsanspruchs ist (§ 51 a, 76). Allerdings kann auch die Komplementärin nach §§ 128, 161 Abs. 2 HGB zusätzliche Informationsschuldnerin sein und deshalb in dieser Eigenschaft verklagt werden. Zur Festsetzung der Berufungssumme (§ 51 a Abs. 1 ZPO) in Klageverfahren dieser Art vgl. BGH GmbH-Rdsch. 1990 76, 77.

§ 52

Ist nach dem Gesellschaftsvertrag ein Aufsichtsrat zu bestellen, so sind § 90 Abs. 3, 4, 5 Satz 1 und 2, § 95 Satz 1, § 100 Abs. 1 und 2 Nr. 2, § 101 Abs. 1 Satz 1, § 103 Abs. 1 Satz 1 und 2, §§ 105, 110 bis 114, 116 des Aktiengesetzes in Verbindung mit § 93 Abs. 1 und 2 des Aktiengesetzes §§ 170, 171, 337 des Aktiengesetzes entsprechend anzuwenden, soweit nicht im Gesellschaftsvertrag ein anderes bestimmt ist.

Werden die Mitglieder des Aufsichtsrats vor der Eintragung der Gesellschaft in das Handelsregister bestellt, gelten § 37 Abs. 4 Nr. 3, § 40 Abs. 1 Nr. 4 des Aktiengesetzes entsprechend. Jede spätere Bestellung sowie jeden Wechsel von Aufsichtsratsmitgliedern haben die Geschäftsführer unverzüglich durch den Bundesanzeiger und die im Gesellschaftsvertrag für die Bekanntmachungen der Gesellschaft bestimmten anderen öffentlichen Blätter bekanntzumachen und die Bekanntmachung zum Handelsregister einzureichen.

Schadensersatzansprüche gegen die Mitglieder des Aufsichtsrats wegen Verletzung ihrer Obliegenheiten verjähren in fünf Jahren.

Aktiengesetz
vom 6. September 1965

in der Fassung des Gesetzes zur Änderung des Betriebsverfassungsgesetzes, über Sprecherausschüsse der leitenden Angestellten und zur Sicherung der Montan-Mitbestimmung vom 20. Dezember 1988

§ 90 AktG
Berichte an den Aufsichtsrat

(1) Der Vorstand hat dem Aufsichtsrat zu berichten über

1. die beabsichtigte Geschäftspolitik und andere grundsätzliche Fragen der künftigen Geschäftsführung;

---

[69] OLG Hamm NJW 1986, 1693, 1693; KG GmbH-Rdsch. 1988, 221, 223.

[70] Scholz/*K. Schmidt* 33.

[71] Scholz/*K. Schmidt* 34; vgl. auch Fn 185 zu § 51 a, 76.

2. die Rentabilität der Gesellschaft, insbesondere die Rentabilität des Eigenkapitals;
3. den Gang der Geschäfte, insbesondere den Umsatz, und die Lage der Gesellschaft;
4. Geschäfte, die für die Rentabilität oder Liquidität der Gesellschaft von erheblicher Bedeutung sein können.

Außerdem ist dem Vorsitzenden des Aufsichtsrats aus sonstigen wichtigen Anlässen zu berichten; als wichtiger Anlaß ist auch ein dem Vorstand bekanntgewordener geschäftlicher Vorgang bei einem verbundenen Unternehmen anzusehen, der auf die Lage der Gesellschaft von erheblichen Einfluß sein kann.

(2) Die Berichte nach Absatz 1 Satz 1 Nr. 1 bis 4 sind wie folgt zu erstatten:

1. die Berichte nach Nummer 1 mindestens einmal jährlich, wenn nicht Änderungen der Lage oder neue Fragen eine unverzügliche Berichterstattung gebieten;
2. die Berichte nach Nummer 2 in der Sitzung des Aufsichtsrats, in der über den Jahresabschluß verhandelt wird;
3. die Berichte nach Nummer 3 regelmäßig, mindestens vierteljährlich;
4. die Berichte nach Nummer 4 möglichst so rechtzeitig, daß der Aufsichtsrat vor Vornahme der Geschäfte Gelegenheit hat, zu ihnen Stellung zu nehmen.

(3) Der Aufsichtsrat kann vom Vorstand jederzeit einen Bericht verlangen über Angelegenheiten der Gesellschaft, über ihre rechtlichen und geschäftlichen Beziehungen zu verbundenen Unternehmen sowie über geschäftliche Vorgänge bei diesen Unternehmen, die auf die Lage der Gesellschaft von erheblichem Einfluß sein können. Auch ein einzelnes Mitglied kann einen Bericht, jedoch nur an den Aufsichtsrat, verlangen; lehnt der Vorstand die Berichterstattung ab, so kann der Bericht nur verlangt werden, wenn ein anderes Aufsichtsratsmitglied das Verlangen unterstützt.

(4) Die Berichte haben den Grundsätzen einer gewissenhaften und getreuen Rechenschaft zu entsprechen.

(5) Jedes Aufsichtsratsmitglied hat das Recht, von den Berichten Kenntnis zu nehmen. Soweit die Berichte schriftlich erstattet worden sind, sind sie auch jedem Aufsichtsratsmitglied auf Verlangen auszuhändigen, soweit der Aufsichtsrat nichts anderes beschlossen hat. Der Vorsitzende des Aufsichtsrats hat die Aufsichtsratsmitglieder über die Berichte nach Absatz 1 Satz 2 spätestens in der nächsten Aufsichtsratssitzung zu unterrichten.

§ 93 AktG
Sorgfaltspflicht und Verantwortlichkeit der Vorstandsmitglieder

(1) Die Vorstandsmitglieder haben bei ihrer Geschäftsführung die Sorgfalt eines ordentlichen und gewissenhaften Geschäftsleiters anzuwenden. Über vertrauliche Angaben und Geheimnisse der Gesellschaft, namentlich Betriebs- oder Geschäftsgeheimnisse, die ihnen durch ihre Tätigkeit im Vorstand bekanntgeworden sind, haben sie Stillschweigen zu bewahren.

(2) Vorstandsmitglieder, die ihre Pflichten verletzen, sind der Gesellschaft zum Ersatz des daraus entstehenden Schadens als Gesamtschuldner verpflichtet. Ist streitig, ob sie die Sorgfalt eines ordentlichen und gewissenhaften Geschäftsleiters angewandt haben, so trifft sie die Beweislast.

(3) Die Vorstandsmitglieder sind namentlich zum Ersatz verpflichtet, wenn entgegen diesem Gesetz

1. Einlagen an die Aktionäre zurückgewährt werden,
2. den Aktionären Zinsen oder Gewinnanteile gezahlt werden,
3. eigene Aktien der Gesellschaft oder einer anderen Gesellschaft gezeichnet, erworben, als Pfand genommen oder eingezogen werden,
4. Aktien vor der vollen Leistung des Nennbetrags oder des höheren Ausgabebetrags ausgegeben werden,
5. Gesellschaftsvermögen verteilt wird,
6. Zahlungen geleistet werden, nachdem Zahlungsunfähigkeit der Gesellschaft eingetreten ist oder sich ihre Überschuldung ergeben hat,
7. Vergütungen an Aufsichtsratsmitglieder gewährt werden,
8. Kredit gewährt wird,

9. bei der bedingten Kapitalerhöhung außerhalb des festgesetzten Zwecks oder vor der vollen Leistung des Gegenwerts Bezugsaktien ausgegeben werden.

(4) Der Gesellschaft gegenüber tritt die Ersatzpflicht nicht ein, wenn die Handlung auf einem gesetzmäßigen Beschluß der Hauptversammlung beruht. Dadurch, daß der Aufsichtsrat die Handlung gebilligt hat, wird die Ersatzpflicht nicht ausgeschlossen. Die Gesellschaft kann erst drei Jahre nach der Entstehung des Anspruchs und nur dann auf Ersatzansprüche verzichten oder sich über sie vergleichen, wenn die Hauptversammlung zustimmt und nicht eine Minderheit, deren Anteile zusammen den zehnten Teil des Grundkapitals erreichen, zur Niederschrift Widerspruch erhebt. Die zeitliche Beschränkung gilt nicht, wenn der Ersatzpflichtige zahlungsunfähig ist und sich zur Abwendung oder Beseitigung des Konkursverfahrens mit seinen Gläubigern vergleicht.

(5) Der Ersatzanspruch der Gesellschaft kann auch von den Gläubigern der Gesellschaft geltend gemacht werden, soweit sie von dieser keine Befriedigung erlangen können. Dies gilt jedoch in anderen Fällen als denen des Absatzes 3 nur dann, wenn die Vorstandsmitglieder die Sorgfalt eines ordentlichen und gewissenhaften Geschäftsleiters gröblich verletzt haben; Absatz 2 Satz 2 gilt sinngemäß. Den Gläubigern gegenüber wird die Ersatzpflicht weder durch einen Verzicht oder Vergleich der Gesellschaft noch dadurch aufgehoben, daß die Handlung auf einem Beschluß der Hauptverhandlung beruht. Ist über das Vermögen der Gesellschaft das Konkursverfahren eröffnet, so übt während dessen Dauer der Konkursverwalter das Recht der Gläubiger gegen die Vorstandsmitglieder aus.

(6) Die Ansprüche aus diesen Vorschriften verjähren in fünf Jahren.

§ 95 AktG
Zahl der Aufsichtsratsmitglieder

Der Aufsichtsrat besteht aus drei Mitgliedern. Die Satzung kann eine bestimmte höhere Zahl festsetzen. Die Zahl muß durch drei teilbar sein. Die Höchstzahl der Aufsichtsratsmitglieder beträgt bei Gesellschaften mit einem Grundkapital

bis zu 3 000 000 Deutsche Mark neun,
von mehr als 3 000 000 Deutsche Mark fünfzehn,
von mehr als 20 000 000 Deutsche Mark einundzwanzig.

Durch die vorstehenden Vorschriften werden hiervon abweichende Vorschriften des Gesetzes über die Mitbestimmung der Arbeitnehmer vom 4. Mai 1976 (Bundesgesetzbl. I S. 1153), des Montanmitbestimmungsgesetzes und des Gesetzes zur Ergänzung des Gesetzes über die Mitbestimmung der Arbeitnehmer in den Aufsichtsräten und Vorständen der Unternehmen des Bergbaus und der Eisen und Stahl erzeugenden Industrie vom 7. August 1956 (Bundesgesetzbl. I S. 707) – Mitbestimmungsergänzungsgesetz – nicht berührt.

§ 96 AktG
Zusammensetzung des Aufsichtsrats

(1) Der Aufsichtsrat setzt sich zusammen

bei Gesellschaften, für die das Mitbestimmungsgesetz gilt, aus Aufsichtsratsmitgliedern der Aktionäre und der Arbeitnehmer,

bei Gesellschaften, für die das Montan-Mitbestimmungsgesetz gilt, aus Aufsichtsratsmitgliedern der Aktionäre und der Arbeitnehmer und aus weiteren Mitgliedern,

bei Gesellschaftern, für die die §§ 5 bis 13 des Mitbestimmungsergänzungsgesetzes gelten, aus Aufsichtsratsmitgliedern der Aktionäre und der Arbeitnehmer und aus einem weiteren Mitglied,

bei Gesellschaften, für die § 76 Abs. 1 des Betriebsverfassungsgesetzes 1952 gilt, aus Aufsichtsratsmitgliedern der Aktionäre und der Arbeitnehmer,

bei den übrigen Gesellschaften nur aus Aufsichtsratsmitgliedern der Aktionäre.

(2) Nach anderen als den zuletzt angewandten gesetzlichen Vorschriften kann der Aufsichtsrat nur zusammengesetzt werden, wenn nach § 97 oder nach § 98 die in der Bekanntmachung des Vorstands oder in der gerichtlichen Entscheidung angegebenen gesetzlichen Vorschriften anzuwenden sind.

§ 97 AktG
Bekanntmachung über die Zusammensetzung des Aufsichtsrats

(1) Ist der Vorstand der Ansicht, daß der Aufsichtsrat nicht nach den für ihn maßgebenden gesetzlichen Vorschriften zusammengesetzt ist, so hat er dies unverzüglich in den Gesellschaftsblättern und gleichzeitig durch Aushang in sämtlichen Betrieben der Gesellschaft und ihrer Konzernunternehmen bekanntzumachen. In der Bekanntmachung sind die nach Ansicht des Vorstands maßgebenden gesetzlichen Vorschriften anzugeben. Es ist darauf hinzuweisen, daß der Aufsichtsrat nach diesen Vorschriften zusammengesetzt wird, wenn nicht Antragsberechtigte nach § 98 Abs. 2 innerhalb eines Monats nach der Bekanntmachung im Bundesanzeiger das nach § 98 Abs. 1 zuständige Gericht anrufen.

(2) Wird das nach § 98 Abs. 1 zuständige Gericht nicht innerhalb eines Monats nach der Bekanntmachung im Bundesanzeiger angerufen, so ist der neue Aufsichtsrat nach den in der Bekanntmachung des Vorstands angegebenen gesetzlichen Vorschriften zusammenzusetzen. Die Bestimmungen der Satzung über die Zusammensetzung des Aufsichtsrats, über die Zahl der Aufsichtsratsmitglieder sowie über die Wahl, Abberufung und Entsendung von Aufsichtsratsmitgliedern treten mit der Beendigung der ersten Hauptversammlung, die nach Ablauf der Anrufungsfrist einberufen wird, spätestens sechs Monate nach Ablauf dieser Frist insoweit außer Kraft, als sie den nunmehr anzuwendenden gesetzlichen Vorschriften widersprechen. Mit demselben Zeitpunkt erlischt das Amt der bisherigen Aufsichtsratsmitglieder. Eine Hauptversammlung, die innerhalb der Frist von sechs Monaten stattfindet, kann an Stelle der außer Kraft tretenden Satzungsbestimmungen mit einfacher Stimmenmehrheit neue Satzungsbestimmungen beschließen.

(3) Solange ein gerichtliches Verfahren nach §§ 98, 99 anhängig ist, kann eine Bekanntmachung über die Zusammensetzung des Aufsichtsrats nicht erfolgen.

§ 98 AktG
Gerichtliche Entscheidung über die Zusammensetzung des Aufsichtsrats

(1) Ist streitig oder ungewiß, nach welchen gesetzlichen Vorschriften der Aufsichtsrat zusammenzusetzen ist, so entscheidet darüber auf Antrag ausschließlich das Landgericht (Zivilkammer), in dessen Bezirk die Gesellschaft ihren Sitz hat. Die Landesregierung kann die Entscheidung durch Rechtsverordnung für die Bezirke mehrerer Landgerichte einem der Landgerichte übertragen, wenn dies der Sicherung einer einheitlichen Rechtsprechung dient. Die Landesregierung kann die Ermächtigung auf die Landesjustizverwaltung übertragen.

(2) Antragsberechtigt sind

1. der Vorstand,
2. jedes Aufsichtsratsmitglied,
3. jeder Aktionär,
4. der Gesamtbetriebsrat der Gesellschaft oder, wenn in der Gesellschaft nur ein Betriebsrat besteht, der Betriebsrat,
5. der Gesamtbetriebsrat eines anderen Unternehmens, dessen Arbeitnehmer nach den gesetzlichen Vorschriften, deren Anwendung steitig oder ungewiß ist, selbst, durch Delegierte oder durch Wahlmänner an der Wahl von Aufsichtsratsmitgliedern der Gesellschaft teilnehmen, oder, wenn in dem anderen Unternehmen nur ein Betriebsrat besteht, der Betriebsrat,
6. mindestens ein Zehntel oder einhundert der Arbeitnehmer, die nach den gesetzlichen Vorschriften, deren Anwendung streitig oder ungewiß ist, selbst, durch Delegierte oder durch Wahlmänner an der Wahl von Aufsichtsratsmitgliedern der Gesellschaft teilnehmen,
7. Spitzenorganisationen der Gewerkschaften, die nach den gesetzlichen Vorschriften, deren Anwendung streitig oder ungewiß ist, ein Vorschlagsrecht hätten,
8. Gewerkschaften, die nach den gesetzlichen Vorschriften, deren Anwendung streitig oder ungewiß ist, ein Vorschlagsrecht hätten.

Ist die Anwendung des Mitbestimmungsgesetzes oder die Anwendung von Vorschriften des Mitbestimmungsgesetzes streitig oder ungewiß, so sind außer den nach Satz 1 Antragsberechtigten auch je ein Zehntel der wahlberechtigten Arbeiter, der wahlberechtigten in § 3 Abs. 3 Nr. 1 des Mitbestimmungsgesetzes bezeichneten Angestellten oder der wahlberechtigten leitenden Angestellten im Sinne des Mitbestimmungsgesetzes antragsberechtigt.

(3) Die Absätze 1 und 2 gelten sinngemäß, wenn streitig ist, ob der Abschlußprüfer das nach § 3 oder § 16 des Mitbestimmungsergänzungsgesetzes maßgebliche Umsatzverhältnis richtig ermittelt hat.

(4) Entspricht die Zusammensetzung des Aufsichtsrats nicht der gerichtlichen Entscheidung, so ist der neue Aufsichtsrat nach den in der Entscheidung angegebenen gesetzlichen Vorschriften zusammenzusetzen. § 97 Abs. 2 gilt sinngemäß mit der Maßgabe, daß die Frist von sechs Monaten mit dem Eintritt der Rechtskraft beginnt.

§ 99 AktG
Verfahren

(1) Auf das Verfahren ist das Gesetz über die Angelegenheiten der freiwilligen Gerichtsbarkeit anzuwenden, soweit in den Absätzen 2 bis 5 nichts anderes bestimmt ist.

(2) Das Landgericht hat den Antrag in den Gesellschaftsblättern bekanntzumachen. Der Vorstand und jedes Aufsichtsratsmitglied sowie die nach § 98 Abs. 2 antragsberechtigten Betriebsräte, Spitzenorganisationen und Gewerkschaften sind zu hören.

(3) Das Landgericht entscheidet durch einen mit Gründen versehenen Beschluß. Gegen die Entscheidung findet die sofortige Beschwerde statt. Sie kann nur auf eine Verletzung des Gesetzes gestützt werden; die §§ 550, 551, 561, 563 der Zivilprozeßordnung gelten sinngemäß. Die Beschwerde kann nur durch Einreichung einer von einem Rechtsanwalt unterzeichneten Beschwerdeschrift eingelegt werden. Über sie entscheidet das Oberlandesgericht. § 28 Abs. 2 und 3 des Gesetzes über die Angelegenheiten der freiwilligen Gerichtsbarkeit gilt entsprechend. Die weitere Beschwerde ist ausgeschlossen. Die Landesregierung kann durch Rechtsverordnung die Entscheidung über die Beschwerde für die Bezirke mehrerer Oberlandesgerichte einem der Oberlandesgerichte oder dem Obersten Landesgericht übertragen, wenn dies der Sicherung einer einheitlichen Rechtsprechung dient. Die Landesregierung kann die Ermächtigung auf die Landesjustizverwaltung übertragen.

(4) Das Gericht hat seine Entscheidung dem Antragsteller und der Gesellschaft zuzustellen. Es hat sie ferner ohne Gründe in den Gesellschaftsblättern bekanntzumachen. Die Beschwerde steht jedem nach § 98 Abs. 2 Antragsberechtigten zu. Die Beschwerdefrist beginnt mit der Bekanntmachung der Entscheidung im Bundesanzeiger, für den Antragsteller und die Gesellschaft jedoch nicht vor der Zustellung der Entscheidung.

(5) Die Entscheidung wird erst mit Rechtskraft wirksam. Sie wirkt für und gegen alle. Der Vorstand hat die rechtskräftige Entscheidung unverzüglich zum Handelsregister einzureichen.

(6) Für die Kosten des Verfahrens gilt die Kostenordnung. Für das Verfahren des ersten Rechtszugs wird das Vierfache der vollen Gebühr erhoben. Für den zweiten Rechtszug wird die gleiche Gebühr erhoben; dies gilt auch dann, wenn die Beschwerde Erfolg hat. Wird der Antrag oder die Beschwerde zurückgenommen, bevor es zu einer Entscheidung kommt, so ermäßigt sich die Gebühr auf die Hälfte. Der Geschäftswert ist von Amts wegen festzusetzen. Er bestimmt sich nach § 30 Abs. 2 der Kostenordnung mit der Maßgabe, daß der Wert regelmäßig auf einhunderttausend Deutsche Mark anzunehmen ist. Kostenvorschüsse werden nicht erhoben. Schuldner der Kosten ist die Gesellschaft. Die Kosten können jedoch ganz oder zum Teil dem Antragsteller auferlegt werden, wenn dies der Billigkeit entspricht. Kosten der Beteiligten werden nicht erstattet.

§ 100 AktG
Persönliche Voraussetzungen für Aufsichtsratsmitglieder

(1) Mitglied des Aufsichtsrats kann nur eine natürliche, unbeschränkt geschäftsfähige Person sein.

(2) Mitglied des Aufsichtsrats kann nicht sein, wer

1. bereits in zehn Handelsgesellschaften oder bergrechtlichen Gewerkschaften, die gesetzlich einen Aufsichtsrat zu bilden haben, Aufsichtsratsmitglied ist,
2. gesetzlicher Vertreter eines von der Gesellschaft abhängigen Unternehmens ist, oder
3. gesetzlicher Vertreter einer anderen Kapitalgesellschaft oder bergrechtlichen Gewerkschaft ist, deren Aufsichtsrat ein Vorstandsmitglied der Gesellschaft angehört.

Auf die Höchstzahl nach Satz 1 Nr. 1 sind bis zu fünf Aufsichtsratssitze nicht anzurechnen, die ein gesetzlicher Vertreter (beim Einzelkaufmann der Inhaber) des herrschenden Unternehmens eines Konzerns in zum Konzern gehörenden Handelsgesellschaften und bergrechtlichen Gewerkschaften, die gesetzlich einen Aufsichtsrat zu bilden haben, inne hat.

(3) Die anderen persönlichen Voraussetzungen der Aufsichtsratsmitglieder der Arbeitnehmer sowie der weiteren Mitglieder bestimmen sich nach dem Mitbestimmungsgesetz, dem Montan-Mitbestimmungsgesetz, dem Mitbestimmungsergänzungsgesetz und dem Betriebsverfassungsgesetz 1952.

(4) Die Satzung kann persönliche Voraussetzungen nur für Aufsichtsratsmitglieder fordern, die von der Hauptversammlung ohne Bindung an Wahlvorschläge gewählt oder auf Grund der Satzung in den Aufsichtsrat entsandt werden.

§ 101 AktG
Bestellung der Aufsichtsratsmitglieder

(1) Die Mitglieder des Aufsichtsrats werden von der Hauptversammlung gewählt, soweit sie nicht in den Aufsichtsrat zu entsenden oder als Aufsichtsratsmitglieder der Arbeitnehmer nach dem Mitbestimmungsgesetz, dem Mitbestimmungsergänzungsgesetz oder dem Betriebsverfassungsgesetz 1952 zu wählen sind. An Wahlvorschläge ist die Hauptversammlung nur gemäß §§ 6 und 8 des Montan-Mitbestimmungsgesetzes gebunden.

(2) Ein Recht, Mitglieder in den Aufsichtsrat zu entsenden, kann nur durch die Satzung und nur für bestimmte Aktionäre oder für die jeweiligen Inhaber bestimmter Aktien begründet werden. Inhabern bestimmter Aktien kann das Entsendungsrecht nur eingeräumt werden, wenn die Aktien auf Namen lauten und ihre Übertragung an die Zustimmung der Gesellschaft gebunden ist. Die Aktien der Entsendungsberechtigten gelten nicht als eine besondere Gattung. Die Entsendungsrechte können insgesamt höchstens für ein Drittel der sich aus dem Gesetz oder der Satzung ergebenden Zahl der Aufsichtsratsmitglieder der Aktionäre eingeräumt werden. § 4 Abs. 1 des Gesetzes über die Überführung der Anteilsrechte an der Volkswagenwerk Gesellschaft mit beschränkter Haftung in private Hand vom 21. Juli 1960 (Bundesgesetzbl. I S. 585), zuletzt geändert durch das Zweite Gesetz zur Änderung des Gesetzes über die Überführung der Anteilsrechte an der Volkswagenwerk Gesellschaft mit beschränkter Haftung in private Hand vom 31. Juli 1970 (Bundesgesetzbl. I S. 1149), bleibt unberührt.

(3) Stellvertreter von Aufsichtsratsmitgliedern können nicht bestellt werden. Jedoch kann für jedes Aufsichtsratsmitglied mit Ausnahme des weiteren Mitglieds, das nach dem Montan-Mitbestimmungsgesetz oder dem Mitbestimmungsergänzungsgesetz auf Vorschlag der übrigen Aufsichtsratsmitglieder gewählt wird, ein Ersatzmitglied bestellt werden, das Mitglied des Aufsichtsrats wird, wenn das Aufsichtsratsmitglied vor Ablauf seiner Amtszeit wegfällt. Das Ersatzmitglied kann nur gleichzeitig mit dem Aufsichtsratsmitglied bestellt werden. Auf seine Bestellung sowie die Nichtigkeit und Anfechtung seiner Bestellung sind die für das Aufsichtsratsmitglied geltenden Vorschriften anzuwenden.

§ 102 AktG
Amtszeit der Aufsichtsratsmitglieder

(1) Aufsichtsratsmitglieder können nicht für längere Zeit als bis zur Beendigung der Hauptversammlung bestellt werden, die über die Entlastung für das vierte Geschäftsjahr nach dem Beginn der Amtszeit beschließt. Das Geschäftsjahr, in dem die Amtszeit beginnt, wird nicht mitgerechnet.

(2) Das Amt des Ersatzmitglieds erlischt spätestens mit Ablauf der Amtszeit des weggefallenen Aufsichtsratsmitglieds.

§ 103 AktG
Abberufung der Aufsichtsratsmitglieder

(1) Aufsichtsratsmitglieder, die von der Hauptversammlung ohne Bindung an einen Wahlvorschlag gewählt worden sind, können von ihr vor Ablauf der Amtszeit abberufen werden. Der Beschluß bedarf einer Mehrheit, die mindestens drei Viertel der abgegebenen Stimmen umfaßt. Die Satzung kann eine andere Mehrheit und weitere Erfordernisse bestimmen.

(2) Ein Aufsichtsratsmitglied, das auf Grund der Satzung in den Aufsichtsrat entsandt ist, kann von den Entsendungsberechtigten jederzeit abberufen und durch ein anderes ersetzt werden. Sind die in der Satzung bestimmten Voraussetzungen des Entsendungsrechts weggefallen, so kann die Hauptversammlung das entsandte Mitglied mit einfacher Stimmenmehrheit abberufen.

(3) Das Gericht hat auf Antrag des Aufsichtsrats ein Aufsichtsratsmitglied abzuberufen, wenn in dessen Person ein wichtiger Grund vorliegt. Der Aufsichtsrat beschließt über die Antragstellung mit einfacher Mehrheit. Ist das Aufsichtsratsmitglied auf Grund der Satzung in den Aufsichtsrat entsandt worden, so können auch Aktionäre, deren Anteile zusammen den zehnten Teil des Grundkapitals oder den Nennbetrag von zwei Millionen Deutsche Mark erreichen, den Antrag stellen. Gegen die Entscheidung ist die sofortige Beschwerde zulässig.

(4) Für die Abberufung der Aufsichtsratsmitglieder, die weder von der Hauptversammlung ohne Bindung an einen Wahlvorschlag gewählt worden sind noch auf Grund der Satzung in den Aufsichtsrat entsandt sind, gelten außer Absatz 3 das Mitbestimmungsgesetz, das Montan-Mitbestimmungsgesetz, das Mitbestimmungsergänzungsgesetz und das Betriebsverfassungsgesetz 1952.

(5) Für die Abberufung eines Ersatzmitglieds gelten die Vorschriften über die Abberufung des Aufsichtsratsmitglieds, für das es bestellt ist.

§ 104 AktG
Bestellung durch das Gericht

(1) Gehört dem Aufsichtsrat die zur Beschlußfähigkeit nötige Zahl von Mitgliedern nicht an, so hat ihn das Gericht auf Antrag des Vorstands, eines Aufsichtsratsmitglieds oder eines Aktionärs auf diese Zahl zu ergänzen. Der Vorstand ist verpflichtet, den Antrag unverzüglich zu stellen, es sei denn, daß die rechtzeitige Ergänzung vor der nächsten Aufsichtsratssitzung zu erwarten ist. Hat der Aufsichtsrat auch aus Aufsichtsratsmitgliedern der Arbeitnehmer zu bestehen, so können auch den Antrag stellen

1. der Gesamtbetriebsrat der Gesellschaft oder, wenn in der Gesellschaft nur ein Betriebsrat besteht, der Betriebsrat, sowie, wenn die Gesellschaft herrschendes Unternehmen eines Konzerns ist, der Konzernbetriebsrat,
2. der Gesamtbetriebsrat eines anderen Unternehmens, dessen Arbeitnehmer selbst, durch Delegierte oder durch Wahlmänner an der Wahl teilnehmen, oder, wenn in dem anderen Unternehmen nur ein Betriebsrat besteht, der Betriebsrat,
3. mindestens ein Zehntel oder einhundert der Arbeitnehmer, die selbst durch Delegierte oder durch Wahlmänner an der Wahl teilnehmen,
4. Spitzenorganisationen der Gewerkschaften, die das Recht haben, Aufsichtsratsmitglieder der Arbeitnehmer vorzuschlagen,
5. Gewerkschaften, die das Recht haben, Aufsichtsratsmitglieder der Arbeitnehmer vorzuschlagen.

Hat der Aufsichtsrat nach dem Mitbestimmungsgesetz auch aus Aufsichtsratsmitgliedern der Arbeitnehmer zu bestehen, so sind außer den nach Satz 3 Antragsberechtigten auch je ein Zehntel der wahlberechtigten Arbeiter, der wahlberechtigten in § 3 Abs. 3 Nr. 1 des Mitbestimmungsgesetzes bezeichneten Angestellten oder der wahlberechtigten leitenden Angestellten im Sinne des Mitbestimmungsgesetzes antragsberechtigt. Gegen die Entscheidung ist die sofortige Beschwerde zulässig.

(2) Gehören dem Aufsichtsrat länger als drei Monate weniger Mitglieder als die durch Gesetz oder Satzung festgesetzte Zahl an, so hat ihn das Gericht auf Antrag auf diese Zahl zu ergänzen. In dringenden Fällen hat das Gericht auf Antrag den Aufsichtsrat auch vor Ablauf der Frist zu ergänzen. Das Antragsrecht bestimmt sich nach Absatz 1. Gegen die Entscheidung ist die sofortige Beschwerde zulässig.

(3) Absatz 2 ist auf einen Aufsichtsrat, in dem die Arbeitnehmer ein Mitbestimmungsrecht nach dem Mitbestimmungsgesetz, dem Montan-Mitbestimmungsgesetz oder dem Mitbestimmungsergänzungsgesetz haben, mit der Maßgabe anzuwenden,

1. daß das Gericht den Aufsichtsrat hinsichtlich des weiteren Mitglieds, das nach dem Montan-Mitbestimmungsgesetz oder dem Mitbestimmungsergänzungsgesetz auf Vorschlag der übrigen Aufsichtsratsmitglieder gewählt wird, nicht ergänzen kann,

2. daß es stets ein dringender Fall ist, wenn dem Aufsichtsrat, abgesehen von dem in Nummer 1 genannten weiteren Mitglied, nicht alle Mitglieder angehören, aus denen er nach Gesetz oder Satzung zu bestehen hat.

(4) Hat der Aufsichtsrat auch aus Aufsichtsratsmitgliedern der Arbeitnehmer zu bestehen, so hat das Gericht ihn so zu ergänzen, daß das für seine Zusammensetzung maßgebende zahlenmäßige Verhältnis hergestellt wird. Wenn der Aufsichtsrat zur Herstellung seiner Beschlußfähigkeit ergänzt wird, gilt dies nur, soweit die zur Beschlußfähigkeit nötige Zahl der Aufsichtsratsmitglieder die Wahrung dieses Verhältnisses möglich macht. Ist ein Aufsichtsratsmitglied zu ersetzen, das nach Gesetz oder Satzung in persönlicher Hinsicht besonderen Voraussetzungen entsprechen muß, so muß auch das vom Gericht bestellte Aufsichtsratsmitglied diesen Voraussetzungen entsprechen. Ist ein Aufsichtsratsmitglied zu ersetzen, bei dessen Wahl eine Spitzenorganisation der Gewerkschaften, eine Gewerkschaft oder die Betriebsräte ein Vorschlagsrecht hätten, so soll das Gericht Vorschläge dieser Stellen berücksichtigen, soweit nicht überwiegende Belange der Gesellschaft oder der Allgemeinheit der Bestellung des Vorgeschlagenen entgegenstehen; das gleiche gilt, wenn das Aufsichtsratsmitglied durch Delegierte oder durch Wahlmänner zu wählen wäre, für gemeinsame Vorschläge der Betriebsräte der Unternehmen, in denen Delegierte oder Wahlmänner zu wählen sind.

(5) Das Amt des gerichtlich bestellten Aufsichtsratsmitglieds erlischt in jedem Fall, sobald der Mangel behoben ist.

(6) Das gerichtlich bestellte Aufsichtsratsmitglied hat Anspruch auf Ersatz angemessener barer Auslagen und, wenn den Aufsichtsratsmitgliedern der Gesellschaft eine Vergütung gewährt wird, auf Vergütung für seine Tätigkeit. Auf Antrag des Aufsichtsratsmitglieds setzt das Gericht die Auslagen und die Vergütung fest. Gegen die Entscheidung ist die sofortige Beschwerde zulässig. Die weitere Beschwerde ist ausgeschlossen. Aus der rechtskräftigen Entscheidung findet die Zwangsvollstreckung nach der Zivilprozeßordnung statt.

§ 105 AktG
Unvereinbarkeit der Zugehörigkeit zum Vorstand und zum Aufsichtsrat

(1) Ein Aufsichtsratsmitglied kann nicht zugleich Vorstandsmitglied, dauernd Stellvertreter von Vorstandsmitgliedern, Prokurist oder zum gesamten Geschäftsbetrieb ermächtigter Handlungsbevollmächtigter der Gesellschaft sein.

(2) Nur für einen im voraus begrenzten Zeitraum, höchstens für ein Jahr, kann der Aufsichtsrat einzelne seiner Mitglieder zu Stellvertretern von fehlenden oder behinderten Vorstandsmitgliedern bestellen. Eine wiederholte Bestellung oder Verlängerung der Amtszeit ist zulässig, wenn dadurch die Amtszeit insgesamt ein Jahr nicht übersteigt. Während ihrer Amtszeit als Stellvertreter von Vorstandsmitgliedern können die Aufsichtsratsmitglieder keine Tätigkeit als Aufsichtsratsmitglied ausüben. Das Wettbewerbsverbot des § 88 gilt für sie nicht.

§ 106 AktG
Bekanntmachung der Änderungen im Aufsichtsrat

Der Vorstand hat jeden Wechsel der Aufsichtsratsmitglieder unverzüglich in den Gesellschaftsblättern bekanntzumachen und die Bekanntmachung zum Handelsregister einzureichen.

§ 107 AktG
Innere Ordnung des Aufsichtsrats

(1) Der Aufsichtsrat hat nach näherer Bestimmung der Satzung aus seiner Mitte einen Vorsitzenden und mindestens einen Stellvertreter zu wählen. Der Vorstand hat zum Handelsregister anzumelden, wer gewählt ist. Der Stellvertreter hat nur dann die Rechte und Pflichten des Vorsitzenden, wenn dieser behindert ist.

(2) Über die Sitzungen des Aufsichtsrats ist eine Niederschrift anzufertigen, die der Vorsitzende zu unterzeichnen hat. In der Niederschrift sind der Ort und der Tag der Sitzung, die Teilnehmer, die Gegenstände der Tagesordnung, der wesentliche Inhalt der Verhandlungen und die Beschlüsse des Aufsichtsrats anzugeben. Ein Verstoß gegen Satz 1 oder Satz 2 macht einen Beschluß nicht

unwirksam. Jedem Mitglied des Aufsichtsrats ist auf Verlangen eine Abschrift der Sitzungsniederschrift auszuhändigen.

(3) Der Aufsichtsrat kann aus seiner Mitte einen oder mehrere Ausschüsse bestellen, namentlich, um seine Verhandlungen und Beschlüsse vorzubereiten oder die Ausführung seiner Beschlüsse zu überwachen. Die Aufgaben nach Abs. 1 Satz 1, § 59 Abs. 3, § 77 Abs. 2 Satz 1, § 84 Abs. 1 Satz 1 und 3, Abs. 2 und Abs. 3 Satz 1, § 111 Abs. 3, §§ 171, 314 Abs. 2 und 3 sowie Beschlüsse, daß bestimmte Arten von Geschäften nur mit Zustimmung des Aufsichtsrats vorgenommen werden dürfen, können einem Ausschuß nicht an Stelle des Aufsichtsrats zur Beschlußfassung überwiesen werden.

§ 108 AktG
Beschlußfassung des Aufsichtsrats

(1) Der Aufsichtsrat entscheidet durch Beschluß.

(2) Die Beschlußfähigkeit des Aufsichtsrats kann, soweit sie nicht gesetzlich geregelt ist, durch die Satzung bestimmt werden. Ist sie weder gesetzlich noch durch die Satzung geregelt, so ist der Aufsichtsrat nur beschlußfähig, wenn mindestens die Hälfte der Mitglieder, aus denen er nach Gesetz oder Satzung insgesamt zu bestehen hat, an der Beschlußfassung teilnimmt. In jedem Fall müssen mindestens drei Mitglieder an der Beschlußfassung teilnehmen. Der Beschlußfähigkeit steht nicht entgegen, daß dem Aufsichtsrat weniger Mitglieder als die durch Gesetz oder Satzung festgesetzte Zahl angehören, auch wenn das für seine Zusammensetzung maßgebende zahlenmäßige Verhältnis nicht gewahrt ist.

(3) Abwesende Aufsichtsratsmitglieder können dadurch an der Beschlußfassung des Aufsichtsrats und seiner Ausschüsse teilnehmen, daß sie schriftliche Stimmabgaben überreichen lassen. Die schriftlichen Stimmabgaben können durch andere Aufsichtsratsmitglieder überreicht werden. Sie können auch durch Personen, die nicht dem Aufsichtsrat angehören, übergeben werden, wenn diese nach § 109 Abs. 3 zur Teilnahme an der Sitzung berechtigt sind.

(4) Schriftliche, telegrafische oder fernmündliche Beschlußfassungen des Aufsichtsrats oder eines Ausschusses sind nur zulässig, wenn kein Mitglied diesem Verfahren widerspricht.

§ 109 AktG
Teilnahme an Sitzungen des Aufsichtsrats und seiner Ausschüsse

(1) An den Sitzungen des Aufsichtsrats und seiner Ausschüsse sollen Personen, die weder dem Aufsichtsrat noch dem Vorstand angehören, nicht teilnehmen. Sachverständige und Auskunftspersonen können zur Beratung über einzelne Gegenstände zugezogen werden.

(2) Aufsichtsratsmitglieder, die dem Ausschuß nicht angehören, können an den Ausschußsitzungen teilnehmen, wenn der Vorsitzende des Aufsichtsrats nichts anderes bestimmt.

(3) Die Satzung kann zulassen, daß an den Sitzungen des Aufsichtsrats und seiner Ausschüsse Personen, die dem Aufsichtsrat nicht angehören, an Stelle von verhinderten Aufsichtsratsmitgliedern teilnehmen können, wenn diese sie hierzu schriftlich ermächtigt haben.

(4) Abweichende gesetzliche Vorschriften bleiben unberührt.

§ 110 AktG
Einberufung des Aufsichtsrats

(1) Jedes Aufsichtsratsmitglied oder der Vorstand kann unter Angabe des Zwecks und der Gründe verlangen, daß der Vorsitzende des Aufsichtsrats unverzüglich den Aufsichtsrat einberuft. Die Sitzung muß binnen zwei Wochen nach der Einberufung stattfinden.

(2) Wird einem Verlangen, das von mindestens zwei Aufsichtsratsmitgliedern oder vom Vorstand geäußert ist, nicht entsprochen, so können die Antragsteller unter Mitteilung des Sachverhalts selbst den Aufsichtsrat einberufen.

(3) Der Aufsichtsrat soll in der Regel einmal im Kalendervierteljahr, er muß einmal im Kalenderhalbjahr einberufen werden.

§ 111 AktG
Aufgaben und Rechte des Aufsichtsrats

(1) Der Aufsichtsrat hat die Geschäftsführung zu überwachen.

(2) Der Aufsichtsrat kann die Bücher und Schriften der Gesellschaft sowie die Vermögensgegenstände, namentlich die Gesellschaftskasse und die Bestände an Wertpapieren und Waren, einsehen und prüfen. Er kann damit auch einzelne Mitglieder oder für bestimmte Aufgaben besondere Sachverständige beauftragen.

(3) Der Aufsichtsrat hat eine Hauptversammlung einzuberufen, wenn das Wohl der Gesellschaft es fordert. Für den Beschluß genügt die einfache Mehrheit.

(4) Maßnahmen der Geschäftsführung können dem Aufsichtsrat nicht übertragen werden. Die Satzung oder der Aufsichtsrat kann jedoch bestimmen, daß bestimmte Arten von Geschäften nur mit seiner Zustimmung vorgenommen werden dürfen. Verweigert der Aufsichtsrat seine Zustimmung, so kann der Vorstand verlangen, daß die Hauptversammlung über die Zustimmung beschließt. Der Beschluß, durch den die Hauptversammlung zustimmt, bedarf einer Mehrheit, die mindestens drei Viertel der abgegebenen Stimmen umfaßt. Die Satzung kann weder eine andere Mehrheit noch weitere Erfordernisse bestimmen.

(5) Die Aufsichtsratsmitglieder können ihre Aufgaben nicht durch andere wahrnehmen lassen.

§ 112 AktG
Vertretung der Gesellschaft gegenüber Vorstandsmitgliedern

Vorstandsmitgliedern gegenüber vertritt der Aufsichtsrat die Gesellschaft gerichtlich und außergerichtlich.

§ 113 AktG
Vergütung der Aufsichtsratsmitglieder

(1) Den Aufsichtsratsmitgliedern kann für ihre Tätigkeit eine Vergütung gewährt werden. Sie kann in der Satzung festgesetzt oder von der Hauptversammlung bewilligt werden. Sie soll in einem angemessenen Verhältnis zu den Aufgaben der Aufsichtsratsmitglieder und zur Lage der Gesellschaft stehen. Ist die Vergütung in der Satzung festgesetzt, so kann die Hauptversammlung eine Satzungsänderung, durch welche die Vergütung herabgesetzt wird, mit einfacher Stimmenmehrheit beschließen.

(2) Den Mitgliedern des ersten Aufsichtsrats kann nur die Hauptversammlung eine Vergütung für ihre Tätigkeit bewilligen. Der Beschluß kann erst in der Hauptversammlung gefaßt werden, die über die Entlastung der Mitglieder des ersten Aufsichtsrats beschließt.

(3) Wird den Aufsichtsratsmitgliedern ein Anteil am Jahresgewinn der Gesellschaft gewährt, so berechnet sich der Anteil nach dem Bilanzgewinn, vermindert um einen Betrag von mindestens vier vom Hundert der auf den Nennbetrag der Aktien geleisteten Einlagen. Entgegenstehende Festsetzungen sind nichtig.

§ 114 AktG
Verträge mit Aufsichtsratsmitgliedern

(1) Verpflichtet sich ein Aufsichtsratsmitglied außerhalb seiner Tätigkeit im Aufsichtsrat durch einen Dienstvertrag, durch den ein Arbeitsverhältnis nicht begründet wird, oder durch einen Werkvertrag gegenüber der Gesellschaft zu einer Tätigkeit höherer Art, so hängt die Wirksamkeit des Vertrags von der Zustimmung des Aufsichtsrats ab.

(2) Gewährt die Gesellschaft auf Grund eines solchen Vertrags dem Aufsichtsratsmitglied eine Vergütung, ohne daß der Aufsichtsrat dem Vertrag zugestimmt hat, so hat das Aufsichtsratsmitglied die Vergütung zurückzugewähren, es sei denn, daß der Aufsichtsrat den Vertrag genehmigt. Ein Anspruch des Aufsichtsratsmitglieds gegen die Gesellschaft auf Herausgabe der durch die geleistete Tätigkeit erlangten Bereicherung bleibt unberührt; der Anspruch kann jedoch nicht gegen den Rückgewähranspruch aufgerechnet werden.

§ 115 AktG
Kreditgewährung an Aufsichtsratsmitglieder

(1) Die Gesellschaft darf ihren Aufsichtsratsmitgliedern Kredit nur mit Einwilligung des Aufsichtsrats gewähren. Eine herrschende Gesellschaft darf Kredite an Aufsichtsratsmitglieder eines abhängigen Unternehmens nur mit Einwilligung ihres Aufsichtsrats, eine abhängige Gesellschaft darf Kredite an Aufsichtsratsmitglieder des herrschenden Unternehmens nur mit Einwilligung des Aufsichtsrats des herrschenden Unternehmens gewähren. Die Einwilligung kann nur für bestimmte Kreditgeschäfte oder Arten von Kreditgeschäften und nicht für länger als drei Monate im voraus erteilt werden. Der Beschluß über die Einwilligung hat die Verzinsung und Rückzahlung des Kredits zu regeln. Betreibt das Aufsichtsratsmitglied ein Handelsgewerbe als Einzelkaufmann, so ist die Einwilligung nicht erforderlich, wenn der Kredit für die Bezahlung von Waren gewährt wird, welche die Gesellschaft seinem Handelsgeschäft liefert.

(2) Absatz 1 gilt auch für Kredite an den Ehegatten oder an ein minderjähriges Kind eines Aufsichtsratsmitglieds und für Kredite an einen Dritten, der für Rechnung dieser Personen oder für Rechnung eines Aufsichtsratsmitglieds handelt.

(3) Ist ein Aufsichtsratsmitglied zugleich gesetzlicher Vertreter einer anderen juristischen Person oder Gesellschafter einer Personenhandelsgesellschaft, so darf die Gesellschaft der juristischen Person oder der Personenhandelsgesellschaft Kredit nur mit Einwilligung des Aufsichtsrats gewähren; Absatz 1 Satz 3 und 4 gilt sinngemäß. Dies gilt nicht, wenn die juristische Person oder die Personenhandelsgesellschaft mit der Gesellschaft verbunden ist oder wenn der Kredit für die Bezahlung von Waren gewährt wird, welche die Gesellschaft der juristischen Person oder der Personenhandelsgesellschaft liefert.

(4) Wird entgegen den Absätzen 1 bis 3 Kredit gewährt, so ist der Kredit ohne Rücksicht auf entgegenstehende Vereinbarungen sofort zurückzugewähren, wenn nicht der Aufsichtsrat nachträglich zustimmt.

(5) Ist die Gesellschaft ein Kreditinstitut, so gelten an Stelle der Absätze 1 bis 4 die Vorschriften des Gesetzes über das Kreditwesen.

§ 116 AktG
Sorgfaltspflicht und Verantwortlichkeit der Aufsichtsratsmitglieder

Für die Sorgfaltspflicht und Verantwortlichkeit der Aufsichtsratsmitglieder gilt § 93 über die Sorgfaltspflicht und Verantwortlichkeit der Vorstandsmitglieder sinngemäß.

§ 118 AktG

(2) Die Mitglieder des Vorstands und des Aufsichtsrats sollen an der Hauptversammlung teilnehmen.

§ 125 AktG

(3) Jedes Aufsichtsratsmitglied kann verlangen, daß ihm der Vorstand die gleichen Mitteilungen übersendet.

(4) Jeder Aktionär, der eine Aktie bei der Gesellschaft hinterlegt oder als Aktionär im Aktienbuch der Gesellschaft eingetragen ist, und jedes Aufsichtsratsmitglied kann verlangen, daß der Vorstand ihm die in der Hauptversammlung gefaßten Beschlüsse schriftlich mitteilt.

§ 170 AktG
Vorlage an den Aufsichtsrat

(1) Der Vorstand hat den Jahresabschluß und den Lagebericht unverzüglich nach ihrer Aufstellung dem Aufsichtsrat vorzulegen. Ist der Jahresabschluß durch einen Abschlußprüfer zu prüfen, so sind diese Unterlagen zusammen mit dem Prüfungsbericht des Abschlußprüfers unverzüglich nach dem Eingang des Prüfungsberichts dem Aufsichtsrat vorzulegen.

(2) Zugleich hat der Vorstand dem Aufsichtsrat den Vorschlag vorzulegen, den er der Hauptversammlung für die Verwendung des Bilanzgewinns machen will.

Der Vorschlag ist, sofern er keine abweichende Gliederung bedingt, wie folgt zu gliedern:

1. Verteilung an die Aktionäre ....
2. Einstellung in Gewinnrücklagen ....
3. Gewinnvortrag ....
4. Bilanzgewinn ....

(3) Jedes Aufsichtsratsmitglied hat das Recht, von den Vorlagen Kenntnis zu nehmen. Die Vorlagen sind auch jedem Aufsichtsratsmitglied auf Verlangen auszuhändigen, soweit der Aufsichtsrat nichts anderes beschlossen hat.

§ 171 AktG
Prüfung durch den Aufsichtsrat

(1) Der Aufsichtsrat hat den Jahresabschluß, den Lagebericht und den Vorschlag für die Verwendung des Bilanzgewinns zu prüfen. Ist der Jahresabschluß durch einen Abschlußprüfer zu prüfen, so hat der Abschlußprüfer auf Verlangen des Aufsichtsrats an dessen Verhandlungen über diese Vorlagen teilzunehmen.

(2) Der Aufsichtsrat hat über das Ergebnis der Prüfung schriftlich an die Hauptversammlung zu berichten. In dem Bericht hat der Aufsichtsrat auch mitzuteilen, in welcher Art und in welchem Umfang er die Geschäftsführung der Gesellschaft während des Geschäftsjahrs geprüft hat. Ist der Jahresabschluß durch einen Abschlußprüfer zu prüfen, so hat der Aufsichtsrat ferner zu dem Ergebnis der Prüfung des Jahresabschlusses durch den Abschlußprüfer Stellung zu nehmen. Am Schluß des Berichts hat der Aufsichtsrat zu erklären, ob nach dem abschließenden Ergebnis seiner Prüfung Einwendungen zu erheben sind und ob er den vom Vorstand aufgestellten Jahresabschluß billigt.

(3) Der Aufsichtsrat hat seinen Bericht innerhalb eines Monats, nachdem ihm die Vorlagen zugegangen sind, dem Vorstand zuzuleiten. Wird der Bericht dem Vorstand nicht innerhalb der Frist zugeleitet, hat der Vorstand dem Aufsichtsrat unverzüglich eine weitere Frist von nicht mehr als einem Monat zu setzen. Wird der Bericht dem Vorstand nicht vor Ablauf der weiteren Frist zugeleitet, gilt der Jahresabschluß als vom Aufsichtsrat nicht gebilligt.

§ 268 AktG

(2) Im übrigen haben die Abwickler innerhalb ihres Geschäftskreises die Rechte und Pflichten des Vorstands. Sie unterliegen wie dieser der Überwachung durch den Aufsichtsrat.

§ 337 AktG
Vorlage des Konzernabschlusses und des Konzernlageberichts

(1) Unverzüglich nach Eingang des Prüfungsberichts des Abschlußprüfers hat der Vorstand des Mutterunternehmens den Konzernabschluß, den Konzernlagebericht und den Prüfungsbericht dem Aufsichtsrat des Mutterunternehmens zur Kenntnisnahme vorzulegen. Jedes Aufsichtsratsmitglied hat das Recht, von den Vorlagen Kenntnis zu nehmen. Die Vorlagen sind auch jedem Aufsichtsratsmitglied auf Verlangen auszuhändigen, soweit der Aufsichtsrat nichts anderes beschlossen hat.

(2) Ist der Konzernabschluß auf den Stichtag des Jahresabschlusses des Mutterunternehmens aufgestellt worden, so sind der Konzernabschluß und der Konzernlagebericht der Hauptversammlung vorzulegen, die diesen Jahresabschluß entgegennimmt oder festzustellen hat. Weicht der Stichtag des Konzernabschlusses vom Stichtag des Jahresabschlusses des Mutterunternehmens ab, so sind der Konzernabschluß und der Konzernlagebericht der Hauptversammlung vorzulegen, die den nächsten auf den Stichtag des Konzernabschlusses folgenden Jahresabschluß entgegennimmt oder festzustellen hat.

(3) Auf die Auslegung des Konzernabschlusses und des Konzernlageberichts und die Erteilung von Abschriften ist § 175 Abs. 2, auf die Vorlage an die Hauptversammlung und die Berichterstattung des Vorstandes ist § 176 Abs. 1 entsprechend anzuwenden.

(4) Die Auskunftspflicht des Vorstands des Mutterunternehmens in der Hauptversammlung, der der Konzernabschluß und der Konzernlagebericht vorgelegt werden, erstreckt sich auch auf die Lage des Konzerns und der in den Konzernabschluß einbezogenen Unternehmen.

Betriebsverfassungsgesetz vom 11. Oktober 1952

§ 76 BetrVG [Vertretungen der Arbeitnehmer im Aufsichtsrat]

(1) Der Aufsichtsrat einer Aktiengesellschaft oder einer Kommanditgesellschaft auf Aktien muß zu einem Drittel aus Vertretern der Arbeitnehmer bestehen.

(2) Die Vertreter der Arbeitnehmer werden in allgemeiner, geheimer, gleicher und unmittelbarer Wahl von allen nach § 6 (*jetzt: § 7 BetrVG*) wahlberechtigten Arbeitnehmern der Betriebe des Unternehmens für die Zeit gewählt, die im Gesetz oder in der Satzung für die von der Hauptversammlung zu wählenden Aufsichtsratsmitglieder bestimmt ist. Ist ein Vertreter der Arbeitnehmer zu wählen, so muß dieser in einem Betrieb des Unternehmens als Arbeitnehmer beschäftigt sein. Sind zwei oder mehr Vertreter der Arbeitnehmer zu wählen, so müssen sich unter diesen mindestens zwei Arbeitnehmer aus den Betrieben des Unternehmens, darunter ein Arbeiter und ein Angestellter, befinden; § 10 Abs. 3 gilt entsprechend. Sind in den Betrieben des Unternehmens mehr als die Hälfte der Arbeitnehmer Frauen, so soll mindestens eine von ihnen Arbeitnehmervertreter im Aufsichtsrat sein. Für die Vertretung der Arbeitnehmer gilt § 53 (*jetzt: § 78 BetrVG* 72) entsprechend.

(3) Die Betriebsräte und die Arbeitnehmer können Wahlvorschläge machen. Die Wahlvorschläge der Arbeitnehmer müssen von mindestens einem Zehntel der wahlberechtigten Arbeitnehmer der Betriebe des Unternehmens oder von mindestens einhundert wahlberechtigten Arbeitnehmern unterzeichnet sein.

(4) An der Wahl der Vertreter der Arbeitnehmer für den Aufsichtsrat des herrschenden Unternehmens eines Konzerns (§ 18 Abs. 1 Satz 1 und 2 des Aktiengesetzes) nehmen auch die Arbeitnehmer der Betriebe der übrigen Konzernunternehmen teil. In diesen Fällen kann die Wahl durch Wahlmänner erfolgen.

(5) Die Bestellung eines Vertreters der Arbeitnehmer zum Aufsichtsratsmitglied kann vor Ablauf der Wahlzeit auf Antrag der Betriebsräte oder von mindestens einem Fünftel der wahlberechtigten Arbeitnehmer der Betriebe des Unternehmens durch Beschluß der wahlberechtigten Arbeitnehmer widerrufen werden. Der Beschluß bedarf einer Mehrheit, die mindestens drei Viertel der abgegebenen Stimmen umfaßt. Auf die Beschlußfassung finden die Vorschriften der Absätze 2 und 4 Anwendung.

(6) Auf Aktiengesellschaften, die Familiengesellschaften sind und weniger als fünfhundert Arbeitnehmer beschäftigen, finden die Vorschriften über die Beteiligung der Arbeitnehmer im Aufsichtsrat keine Anwendung. Als Familiengesellschaften gelten solche Aktiengesellschaften, deren Aktionär eine einzelne natürliche Person ist oder deren Aktionäre untereinander im Sinne von § 15 Abs. 1 Nr. 2 bis 8, Abs. 2 der Abgabenordnung verwandt oder verschwägert sind. Dies gilt entsprechend für Kommanditgesellschaften auf Aktien.

§ 77 BetrVG [Bildung von Aufsichtsräten bei der GmbH]

(1) Bei Gesellschaften mit beschränkter Haftung und bergrechtlichen Gewerkschaften mit eigener Rechtspersönlichkeit mit mehr als fünfhundert Arbeitnehmern ist ein Aufsichtsrat zu bilden. Seine Zusammensetzung sowie seine Rechte und Pflichten bestimmen sich nach § 90 Abs. 3, 4, 5 Satz 1 und 2, §§ 95 bis 114, 116, 118 Abs. 2, § 125 Abs. 3, §§ 171, 268 Abs. 2 des Aktiengesetzes und § 76 dieses Gesetzes.

(2) Besteht bei Versicherungsvereinen auf Gegenseitigkeit mit mehr als fünfhundert Arbeitnehmern ein Aufsichtsrat, so findet § 76 dieses Gesetzes Anwendung.

(3) Auf Erwerbs- und Wirtschaftsgenossenschaften mit mehr als fünfhundert Arbeitnehmern findet § 76 dieses Gesetzes Anwendung; § 96 Abs. 2 und die §§ 97 bis 99 des Aktiengesetzes sind entsprechend anzuwenden. Das Statut kann nur eine durch drei teilbare Zahl von Aufsichtsratsmitgliedern festsetzen. Der Aufsichtsrat muß mindestens einmal im Kalendervierteljahr einberufen werden.

§ 77 a BetrVG

Soweit nach §§ 76 oder 77 die Beteiligung von Arbeitnehmern im Aufsichtsrat eines herrschenden Unternehmens von dem Vorhandensein oder der Zahl von Arbeitnehmern abhängt, gelten die Arbeitnehmer der Betriebe eines Konzernunternehmens als Arbeitnehmer des herrschenden Unternehmens, wenn zwischen den Unternehmen ein Beherrschungsvertrag besteht oder das abhängige Unternehmen in das herrschende Unternehmen eingegliedert ist.

§ 81 BetrVG
[Ausnahmen für gewisse Betriebe]

(1) Auf Betriebe, die politischen, gewerkschaftlichen, konfessionellen, karitativen, erzieherischen, wissenschaftlichen, künstlerischen und ähnlichen Bestimmungen dienen, finden die §§ 76 und 77 keine Anwendung.

(2) Dieses Gesetz findet keine Anwendung auf Religionsgemeinschaften und ihre karitativen und erzieherischen Einrichtungen unbeschadet deren Rechtsform.

Übersicht

A. Einleitung

I. Normzweck

1 Das GmbH-Gesetz schreibt den Aufsichtsrat – anders als das Aktienrecht – **nicht** als **notwendiges Gesellschaftsorgan** vor. Es stellt den Gesellschaftern frei, einen solchen im Gesellschaftsvertrag einzurichten. Die Satzungsfreiheit erstreckt sich auch auf die notwendigen Einzelregelungen, namentlich auf die Größe und Zusammensetzung des Aufsichtsrats, die Bestellung seiner Mitglieder, seine Kompetenzen und sein Verfahren. Nur zu wenigen Einzelpunkten, die zudem Randfragen betreffen, stellen § 52 Abs. 2 und 3 zwingende Vorschriften auf. Im übrigen gilt die gesetzliche Regelung nur, soweit der Gesellschaftsvertrag nichts anderes bestimmt. Das Gesetz regelt die Materie auch nicht eigenständig, sondern verweist auf eine entsprechende Anwendung zahlreicher, einzeln aufgezählter Vorschriften des Aktiengesetzes. Daraus folgt das Hauptproblem

des § 52, jeweils herauszuarbeiten, wie die entsprechende Anwendung angesichts der anderen inneren Struktur der GmbH aussehen muß.

In einer Reihe von Fällen ist auch für die GmbH ein Aufsichtsrat **zwingend** vorgeschrieben. Zu nennen sind in erster Linie die Mitbestimmungsgesetze, denn die Arbeitnehmermitbestimmung ist nach deutschem Recht mit Ausnahme der Institution des Arbeitsdirektors im Aufsichtsrat angesiedelt (Rdn 5, 7). Einen obligatorischen Aufsichtsrat ordnen weiter § 3 KAGG und § 1 der Verordnung zur Durchführung des Wohnungsgemeinnützigkeitsgesetzes (Rdn 10 f) an. Auch diese Gesetze verweisen regelmäßig auf die entsprechende Anwendung des Aktiengesetzes. Wegen des zwingenden Charakters dieser Vorschriften ergeben sich jedoch teilweise abweichende Folgerungen. § 52 gilt für diese Fälle nicht. **2**

II. Entstehungsgeschichte

§ 52 *Abs. 1* hat seine jetzige Fassung im wesentlichen durch § 32 EGAktG 1965 erhalten. Die kasuistische Aufzählung der anwendbaren Vorschriften soll Unklarheiten beseitigen, die sich aus dem früheren Text ergaben. Die Verweisung auf §§ 170, 171, 337 AktG wurde erst durch das Bilanzrichtliniengesetz vom 19. 12. 1985 eingefügt. *Abs. 2* geht auf Art. 3 Nr. 4 b des Publizitätsgesetzes vom 15. 08. 1969 zurück, wodurch der frühere Abs. 2 zum jetzigen Abs. 3 wurde. Durch dasselbe Gesetz wurde die Verweisung in Abs. 1 auf § 106 AktG gestrichen. Durch das Verschmelzungsrichtliniengesetz vom 25. 10. 1982 wurde Abs. 2 geringfügig geändert. Der Text von *Abs. 3* ist seit 1892 unverändert. Reformen stehen nicht an. **3**

B. Der Aufsichtsrat der GmbH

Schrifttum

Siehe die Angaben vor den einzelnen Abschnitten.

I. Fakultativer Aufsichtsrat

Der in § 52 geregelte fakultative Aufsichtsrat kommt bei Gesellschaften in Frage, die nicht mitbestimmungspflichtig sind und deren Gegenstand weder auf das Kapitalanlagegeschäft (Rdn 10) noch auf den gemeinnützigen Wohnungsbau (Rdn 11) gerichtet ist. Die Untergrenze der Mitbestimmung liegt nach § 77 BetrVG 1952 bei 500 Arbeitnehmern. Ob ein Aufsichtsrat eingerichtet werden soll, haben die Gesellschafter nach **Zweckmäßigkeit** zu entscheiden. In kleineren Gesellschaften mit personalistischem Zuschnitt wird dafür regelmäßig kein Bedürfnis bestehen. Die Zahl der fakultativen Aufsichtsräte ist daher im Gegensatz zur Zahl der Beiräte nicht allzu groß[1]. **4**

II. Obligatorischer Aufsichtsrat

1. § 77 Betriebsverfassungsgesetz 1952

Gesellschaften mit in der Regel **mehr als 500**, aber nicht mehr als 2000 **Arbeitnehmern** haben nach §§ 76 Abs. 1, 77 BetrVG 1952, die gemäß § 129 BetrVG 1972 weiter gelten, einen Aufsichtsrat zu bilden, der zu **einem Drittel** aus Vertretern der **5**

---

[1] Im Bericht über die empirische Untersuchung von *Kornblum u. a.* werden die fakultativen Aufsichtsräte nicht einmal erwähnt (*Kornblum u. a.* Neue Rechtstatsachen zum Unternehmens- und Gesellschaftsrecht, GmbH-Rdsch. 1985, 7, 42).

Arbeitnehmer besteht. Ausgenommen sind nach § 81 BetrVG 1952 die Religionsgemeinschaften und ihre karitativen und erzieherischen Einrichtungen sowie die sogenannten Tendenzunternehmen, d. h. Unternehmen, die politischen, gewerkschaftlichen, konfessionellen, karitativen, erzieherischen, wissenschaftlichen, künstlerischen oder ähnlichen Bestimmungen dienen[2], ferner die Unternehmen der Montanindustrie, die unter die Montanmitbestimmungsgesetze fallen (Rdn 8 f).

6 Ist die GmbH herrschendes Unternehmen eines **Konzerns** i. S. d. § 18 AktG, so sind gemäß § 77 a BetrVG 1952 die Arbeitnehmer der abhängigen Unternehmen denen der GmbH hinzuzuzählen, wenn zwischen den Unternehmen ein Beherrschungsvertrag besteht. Die in § 77 a BetrVG 1952 weiter genannte Eingliederung (§§ 319 ff AktG) kommt für die GmbH nach geltendem Recht nicht in Betracht. Die Pflicht, einen der Mitbestimmung unterliegenden Aufsichtsrat zu bilden, greift im Abhängigkeitskonzern danach ein, wenn die Zahl der Arbeitnehmer aller durch Beherrschungsverträge miteinander verbundenen Unternehmen mehr als 500 erreicht. Die Arbeitnehmer von durch andere Unternehmensverträge mit der GmbH verbundenen oder von bloß faktisch abhängigen Unternehmen sind nach dem Wortlaut des Gesetzes dagegen nicht hinzuzurechnen. Bei der GmbH & Co. KG zählen die Arbeitnehmer der KG gleichfalls nicht mit.

2. Mitbestimmungsgesetz

7 Gesellschaften mit in der Regel **mehr als 2000 Arbeitnehmern** haben nach §§ 1, 6 Abs. 1, 7 MitbestG einen Aufsichtsrat zu bilden, der sich je zur Hälfte aus Aufsichtsratsmitgliedern der Anteilseigner und der Arbeitnehmer zusammensetzt. Ausgenommen sind auch hier die Unternehmen der Montanindustrie, die Religionsgemeinschaften und ihre karitativen und erzieherischen Einrichtungen sowie die Tendenzunternehmen (§§ 1 Abs. 2 und 4 MitbestG). Bei der **GmbH & Co. KG** sind gemäß § 4 MitbestG die Arbeitnehmer der KG denen der Komplementär-GmbH hinzuzuzählen, wenn die Mehrheit der Kommanditisten, berechnet nach Kapitalanteilen oder nach Stimmanteilen, gleichzeitig die Mehrheit in der GmbH bildet. Eine Ausnahme gilt nur, sofern die GmbH einen eigenen Geschäftsbetrieb mit in der Regel mehr als 500 Arbeitnehmern hat. Im **Unterordnungskonzern** sind nach § 5 MitbestG die Arbeitnehmer sämtlicher Konzernunternehmen ohne Rücksicht darauf hinzuzuzählen, ob ein Vertragskonzern oder ein faktischer Konzern vorliegt (Einzelheiten bei Rdn 257 ff). Unter das MitbestG fallen zur Zeit 188 Gesellschaften mbH[3].

3. Montanmitbestimmung

8 Das **Montan-Mitbestimmungsgesetz**[4] erfaßt Unternehmen, deren überwiegender Betriebszweck in der Förderung von Steinkohle, Braunkohle oder Eisenerz oder in der Aufbereitung, Verkokung, Verschwelung oder Brikettierung dieser Grundstoffe liegt und deren Betrieb unter der Aufsicht der Bergbehörden steht; ferner Unternehmen der Eisen und Stahl erzeugenden Industrie in dem Umfang, wie er im Kontrollratsgesetz Nr. 27 vom 16. Mai 1950 bezeichnet ist. Voraussetzung ist ferner, daß die Unternehmen in der Regel mehr als 1000 Arbeitnehmer beschäftigen oder Einheitsgesellschaften nach der Definition des Kontrollratsgesetzes Nr. 27 darstellen. Diese Voraussetzungen

---

2 Zur Abgrenzung ist auf das Schrifttum zu §§ 81 BetrVG 1952, 118 BetrVG 1972 zu verweisen.

3 Stand 31. 12. 1988, Quelle WSI-Pressedienst v. 06. 03. 1989.

4 Gesetz über die Mitbestimmung der Arbeitnehmer in den Aufsichtsräten und Vorständen der Unternehmen des Bergbaus und der Eisen und Stahl erzeugenden Industrie vom 21. Mai 1951 (BGBl. I S. 347) in der Fassung des Gesetzes vom 21. Mai 1981 (BGBl. I S. 441).

erfüllten Ende 1989 nur noch 7 Unternehmen in der Rechtsform der GmbH[5]. Angesichts des Strukturwandels in der Kohle- und Stahlindustrie ist nicht damit zu rechnen, daß sich die Zahl wieder vergrößern wird. Auf die Kommentierung wird daher verzichtet[6].

Montankonzerne fallen unter das **Mitbestimmungsergänzungsgesetz**[7], das zuletzt 9 durch das Gesetz zur Sicherung der Montan-Mitbestimmung vom 20. Dezember 1988 (BGBl. I, S. 2324) tiefgreifend geändert wurde. Danach haben Unternehmen in der Rechtsform der GmbH, die ein Montanunternehmen (im Sinn der Definition des MontanMitbestG) beherrschen, einen mit Arbeitnehmervertretern besetzten Aufsichtsrat zu bilden, wenn bei dem herrschenden Unternehmen die Voraussetzungen der Montanmitbestimmung zwar nicht vorliegen, der Unternehmenszweck des Konzerns jedoch durch Konzernunternehmen und abhängige Unternehmen gekennzeichnet wird, die unter das MontanMitbestG fallen. Dies ist der Fall, wenn die unter das MontanMitbestG fallenden Konzernunternehmen insgesamt mindestens ein Fünftel des gesamten Konzernumsatzes erzielen oder in der Regel mehr als 2000 Arbeitnehmer beschäftigen (§§ 1, 3, 4 MitbestErgG). Die Voraussetzungen werden gegenwärtig von keiner GmbH erfüllt, weshalb auf die Kommentierung gleichfalls verzichtet wird[8].

4. Kapitalanlagegesellschaften und Wohnungsunternehmen

a) Kapitalanlagegesellschaften. Aufsichtsratspflichtig sind ferner Kapitalgesell- 10 schaften in der Rechtsform der GmbH (§ 3 KAGG). Haben sie mehr als 500 Arbeitnehmer, so geht § 77 BetrVG 1952 vor (§ 4 Abs. 2 KAGG). Die Anteilinhaber haben kein Recht, Aufsichtsratsmitglieder zu bestellen oder zu entsenden, vielmehr bleibt es bei der Personalkompetenz der Gesellschafter. Doch schreibt das KAGG vor, daß die Mitglieder des Aufsichtsrats nach ihrer Persönlichkeit und ihrer Sachkunde die Wahrung der Interessen der Anteilinhaber gewährleisten sollen. Um dies nachprüfen zu können, ist die Bestellung des Aufsichtsrats und jeder Wechsel der Aufsichtsratsmitglieder der Bankaufsichtsbehörde anzuzeigen (§ 4 Abs. 1 KAGG). Im übrigen sind die aktienrechtlichen Vorschriften über den Aufsichtsrat einschließlich der §§ 90 Abs. 3, 4, 5 S. 1 und 2 sowie 118 Abs. 2, 125 Abs. 3, 171 und 268 Abs. 2 AktG in vollem Umfang anzuwenden. Lediglich an die Stelle des § 115 AktG, der die Gewährung von Krediten an Aufsichtsratsmitglieder betrifft, tritt der strengere § 15 KWG. Die ergänzende Vorschrift des § 5 KAGG verbietet Eigengeschäfte der Aufsichtsratsmitglieder mit der Gesellschaft über Gegenstände des Sondervermögens mit Ausnahme des Erwerbs und der Rücknahme von Anteilscheinen, sofern die Gesellschaft dabei auf gemeinsame Rechnung der Anteilinhaber handelt.

b) Wohnungsunternehmen. Einen Aufsichtsrat einrichten müssen schließlich Gesell- 11 schaften, die aufgrund des Gesetzes über die Gemeinnützigkeit im Wohnungswesen (WGG) als gemeinnützige Wohnungsunternehmen anerkannt sind. Die gesetzliche Grundlage des § 1 der Durchführungsverordnung zum WGG (WGGDV)[9] sagt dazu:

---

[5] Auskunft der Hans-Böckler-Stiftung vom 16. 03. 1990.

[6] Vgl. die Kommentare von *Boldt* Mitbestimmungsgesetz Eisen und Kohle (1952); *Kötter* Mitbestimmungsrecht (1952) sowie *Müller/Lehmann* Kommentar zum Mitbestimmungsgesetz Bergbau und Eisen (1952), ferner *Spieker* Der Aufsichtsrat der mitbestimmten Montan-GmbH (1960).

[7] Gesetz zur Ergänzung des Gesetzes über die Mitbestimmung der Arbeitnehmer in den Aufsichtsräten und Vorständen der Unternehmen des Bergbaus und der Eisen und Stahl erzeugenden Industrie vom 7. August 1956, BGBl. I S. 707.

[8] Vgl. *Boldt* Mitbestimmungsergänzungsgesetz (1957); *Kötter* Mitbestimmungsergänzungsgesetz (1958); zur Neufassung von 1988 *Wißmann* DB 1989, 426.

[9] In der Fassung vom 24. November 1969 (BGBl. I S. 2141).

„Das Wohnungsunternehmen muß einen Aufsichtsrat oder ein anderes Organ haben, das im wesentlichen die Rechte und Pflichten eines Aufsichtsrats hat". Zur Zusammensetzung bestimmt § 3 Abs. 3 WGGDV, daß höchstens ein Drittel der Stimmen Angehörigen des Baugewerbes zustehen dürfen. Das Aufsichtsorgan nimmt gewisse in der Durchführungsverordnung genannte Zustimmungsrechte wahr. Im übrigen ist über die anzuwendenden Vorschriften nichts ausgesagt, so daß auf § 52 und auf die dort angeführten Vorschriften des Aktiengesetzes zurückzugreifen ist.

III. Feststellung des anzuwendenden Aufsichtsratssystems

Schrifttum

Oetker Der Anwendungsbereich des Statusverfahrens nach den §§ 97 ff. AktG, ZHR 149 (1985), 575; *Rosendahl* Unternehmensumgliederungen und ihre Auswirkungen auf die Arbeitnehmervertreter im Aufsichtsrat, AG 1985, 325.

1. Grundsatz

12 Trotz der Verweisung auf die aktienrechtlichen Vorschriften unterscheiden sich die Aufsichtsratssysteme in wichtigen Einzelheiten. Daher ist es unerläßlich, klarzustellen, nach welchen Vorschriften der Aufsichtsrat zu bilden, namentlich, welches der vier Mitbestimmungsgesetze anzuwenden ist. Nach § 96 Abs. 2 AktG, der gemäß § 27 EGAktG sinngemäß auch für die GmbH gilt, kann der Aufsichtsrat nach anderen als den zuletzt angewandten gesetzlichen Vorschriften nur dann zusammengesetzt werden, wenn zuvor das Statusverfahren nach §§ 97 bis 99 AktG durchgeführt wurde (ebenso §§ 77 Abs. 1 BetrVG 1952, 6 Abs. 2 MitbestG, 3 Abs. 2 MontanMitbestG, 3 Abs. 1 MitbestErG i. V. m. § 3 Abs. 2 MontanMitbestG). Danach gilt folgendes:

2. Statusverfahren

13 Hat die Gesellschaft bereits einen Aufsichtsrat, so kann sie zu einem anderen Aufsichtsratssystem nur überwechseln, wenn der **Vorstand** zuvor **bekannt gemacht** hat, daß der Aufsichtsrat nach seiner Ansicht nicht gemäß den maßgeblichen Vorschriften zusammengesetzt ist und wie er richtig zusammengesetzt werden muß. Die Bekanntmachung hat unverzüglich in den Gesellschaftsblättern (§ 10, 23) zu erfolgen. Das Gesetz verlangt ferner den Aushang in sämtlichen Betrieben der Gesellschaft und ihrer Konzernunternehmen. Es ist darauf hinzuweisen, daß der Aufsichtsrat nach dem Inhalt der Bekanntmachung neu zusammengesetzt wird, wenn dagegen nicht binnen eines Monats seit der Veröffentlichung im Bundesanzeiger das Gericht angerufen wird (§ 97 Abs. 1 AktG). Wird das Gericht nicht angerufen, so ist der Aufsichtsrat gemäß der Bekanntmachung neu zu bilden. Das Amt der bisherigen Aufsichtsratsmitglieder erlischt. Entgegenstehende Satzungsvorschriften treten außer Kraft. Die Gesellschafterversammlung kann die Satzung ausnahmsweise mit einfacher Mehrheit an die neue Lage anpassen (§ 97 Abs. 2 AktG). Die neuen Aufsichtsratsmitglieder sind nach den nunmehr geltenden Wahlvorschriften zu bestellen.

14 Gegen die Bekanntmachung kann das **Gericht angerufen** werden, sofern zweifelhaft oder streitig ist, welche Vorschriften anzuwenden sind. Antragsberechtigt sind die Geschäftsführer, jedes Aufsichtsratsmitglied, jeder Gesellschafter, der Betriebsrat oder Gesamtbetriebsrat, der Gesamtbetriebsrat von Unternehmen, deren Arbeitnehmer nach den konzernrechtlichen Vorschriften möglicherweise mitwählen können, ein Quorum von zehn Prozent oder einhundert Arbeitnehmern, die an der Wahl (möglicherweise)

teilnehmen können, sowie die Gewerkschaften und deren Spitzenorganisationen, sofern sie nach den streitigen Vorschriften ein Vorschlagsrecht für die Wahlkandidaten haben (§ 98 Abs. 1 und 2 AktG). Zuständig ist das Landgericht, wobei mehrer Bundesländer von der gesetzlichen Ermächtigung des § 98 Abs. 1 S. 2 AktG Gebrauch gemacht haben, die Zuständigkeit bei bestimmten Landgerichten zu konzentrieren[10]. Das Gericht entscheidet im Verfahren nach § 99 AktG und nach dem FGG[11].

Das Statusverfahren nach §§ 97 – 99 AktG ist auch durchzuführen, wenn die GmbH **bisher** einen **fakultativen Aufsichtsrat** hatte, nunmehr aber in den Anwendungsbereich eines der Mitbestimmungsgesetze hineingewachsen ist und daher einen obligatorischen Aufsichtsrat bilden muß[12]; gleichfalls, wenn die **Aufsichtsratspflicht wegfällt** und ein fakultativer Aufsichtsrat neu eingerichtet werden soll[13]. Hatte die Gesellschaft **noch keinen Aufsichtsrat** und soll nunmehr ein fakultativer gebildet werden, so sind §§ 96 Abs. 2, 97 – 99 AktG hingegen nicht anzuwenden. Wird eine bisher aufsichtsratsfreie Gesellschaft nach den Mitbestimmungsgesetzen aufsichtsratspflichtig, so ist die Notwendigkeit des Statusverfahrens streitig (Rdn 161). Soll eine AG oder KGaA in eine GmbH **umgewandelt** werden, so hat der Vorstand schon mindestens zwei Monate vor dem Umwandlungsbeschluß bekannt zu geben, ob für die GmbH ein Aufsichtsrat gebildet und nach welchen gesetzlichen Vorschriften er zusammengesetzt werden soll (§§ 370 Abs. 1, 386 Abs. 3 AktG)[14]. Das Verfahren nach §§ 97 ff AktG schließt sich an. 15

C. Der fakultative Aufsichtsrat

Schrifttum

Fleischer Die Befugnis der GmbH-Gesellschafter zur Errichtung eines Zusatzorgans, Diss. Mainz (1984); *Großfeld/Brondics* Die Stellung des fakultativen Aufsichtsrats (Beirat) in der Gesellschaft mit beschränkter Haftung und in der GmbH & Co. KG, AG 1987, 293; *Hölters* Der Beirat der GmbH & Co. KG (1979); *Hoffmann* Der Aufsichtsrat[2] (1985); *Karoli* Aufgaben und Arbeitsweise von Aufsichtsräten und Beiräten, Festschrift O. Möhring (1973) S. 115; *Teichmann* Gestaltungsfreiheit in Gesellschaftsverträgen (1970); *Voormann* Der Beirat im Gesellschaftsrecht[2] (1989).

I. Grundlagen

1. Begriff

§ 52 bildet die **Grundlage** für die rechtliche Behandlung des fakultativen Aufsichtsrats. Die Vorschrift ist daher nur anzuwenden, wenn ein Aufsichtsrat im Gesellschaftsvertrag vorgesehen ist und die Gesellschaft nicht kraft Gesetzes aufsichtsratspflichtig ist (Rdn 5 ff). Die Einrichtung kann ferner nachträglich durch Satzungsänderung beschlossen werden. Der Gesellschaftsvertrag kann die Bestellung eines Aufsichtsrats auch in das Belieben der Gesellschafter stellen (RGZ **146**, 145). Bestellt die Gesellschafterversammlung ein Aufsichtsorgan, ohne daß es die Satzung vorsieht, so ist der Beschluß anfechtbar. Wird er nicht angefochten, so übt das Organ seine Funktionen rechtmäßig aus (Anh. § 47, 20). Seine Rechte und Pflichten ergeben sich aber nicht aus 16

[10] Vgl. BB 1966, 1168 f; 1967, 475.

[11] Einzelheiten bei *Oetker* ZHR 149 (1985), 575; ferner *Rosendahl* AG 1985, 325; *Judikatur*: OLG Düsseldorf DB 1978, 1358; OLG Frankfurt AG 1986, 262; OLG Hamburg DB 1988, 1941; OLG Düsseldorf DB 1988, 1943; LG Stuttgart DB 1989, 98; OLG Stuttgart DB 1989, 1128.

[12] HA; Scholz/*Schneider* 35; Baumbach/Hueck/*Zöllner* 7; Fischer/*Lutter*/*Hommelhoff* 19; Dietz/*Richardi* § 77 BetrVG 1952, 11; *Fitting/Auffarth/Kaiser/Heither* § 77 BetrVG 1952, 4.

[13] Ebenso Scholz/*Schneider* 35; Baumbach/Hueck/*Zöllner* 7.

[14] *Zöllner*-KölnKommAktG §§ 363, 4 – 9; 370, 4.

dem Gesetz, sondern aus dem Gesellschafterbeschluß. Dessen Auslegung kann jedoch die Anwendbarkeit des § 52 ergeben[15].

17 In der Rechtswirklichkeit ist die Bestellung eines zusätzlichen Organs neben Gesellschafterversammlung und Geschäftsführern häufig. Anstelle der Bezeichnung Aufsichtsrat wählen die Gesellschafter dafür häufig auch andere Begriffe, namentlich „Beirat", „Gesellschafterausschuß" oder „Verwaltungsrat" (Rdn 297). Für die **Qualifikation** eines solchen Organs als Aufsichtsrat im Sinn des § 52 ist nicht die Bezeichnung maßgeblich, sondern die ihm nach der Satzung zugemessene Funktion. Wesentliches Begriffsmerkmal eines Aufsichtsrats ist, daß er die **Geschäftsführung überwacht** (§ 111 Abs. 1 AktG). Dazu gehört als Mindesterfordernis die Kontrolle der laufenden Kassen- und Buchführung sowie des Rechnungswesens einschließlich der Prüfung des Jahresabschlusses (§ 42 a Abs. 1 S. 3)[16]. Ein Organ, das diese Aufgaben nicht wahrnimmt, sondern lediglich beratende Funktionen erfüllt oder selbst Geschäfte führt, ist daher kein Aufsichtsrat, selbst wenn es so bezeichnet wird. Umgekehrt ist ein Organ, das die Geschäftsführung im genannten Ausmaß überwacht, ohne Rücksicht auf seine Bezeichnung der Sache nach ein Aufsichtsrat im Sinn des § 52.

18 Verwendet die Satzung die **Bezeichnung „Aufsichtsrat"**, so kann allerdings davon ausgegangen werden, daß eine überwachende Funktion und demgemäß auch die Anwendung des § 52 gewollt ist. Wählen die Gesellschafter dagegen eine andere Bezeichnung, liegt es andererseits nahe, daß das Organ keine dem Aufsichtsrat entsprechende Rechtsstellung bekleiden soll. Denn die Bedeutung des Begriffs ist im Geschäftsleben so bekannt und verbreitet, daß man davon ausgehen kann, die Gesellschafter haben mit der von ihnen gewählten Bezeichnung bewußt zum Ausdruck gebracht, ob sie einen Aufsichtsrat im Sinn des § 52 wollten oder nicht. Immerhin kann die Auslegung auch das Gegenteil ergeben. Handelt es sich danach nicht um einen Aufsichtsrat, sondern um ein anderes Organ, so muß durch Satzungsauslegung weiter ermittelt werden, welche Vorschriften anzuwenden sind. Dabei kann sich gleichfalls die Anwendbarkeit der aktienrechtlichen Bestimmungen oder doch eines Teils von ihnen ergeben (Rdn 315 f).

19 Welche einem Aufsichtsrat neben der Überwachung der Geschäftsführer sonst zukommenden Aufgaben das Organ nach dem Gesellschaftsvertrag zu erfüllen hat, spielt für die Qualifikation keine Rolle. Der **Umfang der Überwachungsbefugnis** kann daher im übrigen enger sein als nach dem Aktienrecht, z. B. kann dem Aufsichtsrat das Recht genommen sein, bestimmte Geschäfte an seine Zustimmung zu binden (vgl. § 111 Abs. 4 S. 2 AktG). Die Satzung kann die Kompetenzverteilung auch zugunsten des Aufsichtsrats verschieben. So kann sie ihm wie bei der AG die Bestellung und Abberufung der Geschäftsführer und die Feststellung des Jahresabschlusses übertragen, darüber hinaus auch Geschäftsführungsbefugnisse und Weisungsrechte gegenüber den Geschäftsführern. Die Grenze liegt bei den zwingenden Kompetenzzuweisungen des Gesetzes an die anderen Organe (Rdn 339 ff).

20 **Überwiegen Geschäftsführungsbefugnisse** oder Aufgaben, welche in Gesellschaften mit obligatorischem Aufsichtsrat in die Zuständigkeit der Gesellschafterversammlung fallen, so liegt gleichfalls kein Aufsichtsrat vor, sondern ein **Beirat** (Rdn 297 ff). Die Abgrenzung kann schwierig sein. Im Zweifel muß sie danach vorgenommen werden, welche Funktion dem Gremium das Gepräge verleiht. Doch ist die genaue Einordnung

---

15 *Schilling*-Voraufl. 14.

16 Baumbach/Hueck/*Zöllner* 17; Fischer/Lutter/*Hommelhoff* 10; Rowedder/*Koppensteiner*² 6; *Meyer-Landrut*/Miller/Niehus 7; *Eder*-GmbH-Handb. 479.1; *Großfeld*/*Brondics* AG 1987, 293, 295.

nur in den wenigen Fällen notwendig, in denen für Aufsichtsräte und Beiräte unterschiedliche Vorschriften anzuwenden sind. Hierzu muß auf die Einzelkommentierung verwiesen werden.

2. Anwendung des Aktienrechts

a) **Erschöpfende Aufzählung.** Ist ein Aufsichtsrat eingesetzt und fehlen abweichende Bestimmungen in der Satzung, so gelten die in Abs. 1 aufgezählten aktienrechtlichen Vorschriften. Die kasuistische Fassung sollte frühere Zweifel über die Reichweite der Verweisung auf das Aktienrecht beheben. Sie besagt aber auch, daß der Gesetzgeber grundsätzlich keinen Raum für weitere Übernahmen aus dem Aktienrecht lassen wollte[17]. Daher sind die Strafvorschriften der §§ 399, 400 und insbesondere 404 Abs. 1 Nr. 1 AktG betreffend die Verschwiegenheitspflicht auf die Mitglieder des GmbH-Aufsichtsrats nicht anwendbar. Statt dessen gelten §§ 82 Abs. 2 Nr. 2, 85 GmbHG. Ebensowenig gilt z. B. § 147 AktG für den Aufsichtsrat der GmbH[18]. Wollen die Gesellschafter Ersatzansprüche gegen Mitglieder des Aufsichtsrats geltend machen, so können sie durch einen Beschluß die Geschäftsführer hierzu anweisen, gegebenenfalls auch zu diesem Zweck gemäß § 46 Nr. 8 einen besonderen Vertreter bestellen (§ 46, 100 ff). Ferner kommt die Gesellschafterklage in Betracht (§ 14, 36, 43). **21**

Trotz der kasuistischen Fassung des Abs. 1 ist jedoch in einer Reihe von Fällen eine **analoge Anwendung** der aktienrechtlichen Vorschriften geboten, weil andernfalls Lücken im geltenden Recht auftreten würden, sofern die Satzung keine Bestimmungen enthält[19]. Das gilt namentlich für §§ 107 – 109 AktG über die innere Ordnung des Aufsichtsrats. Spricht die Satzung z. B. von einem Aufsichtsratsvorsitzenden, ohne zu bestimmen, wie er gewählt wird, so ist § 107 Abs. 1 AktG heranzuziehen (Rdn 70). Doch ist in solchen Fällen stets zu prüfen, ob die Vorschrift trotz der anderen Struktur der GmbH paßt und ob sie dem in der Satzung zum Ausdruck gelangten mutmaßlichen Willen der Gesellschafter entspricht. **22**

b) **Entsprechende Anwendung.** Die aktienrechtlichen Vorschriften sind gemäß dem Wortlaut des Abs. 1 entsprechend anzuwenden. Das bedeutet, daß ihre Anwendung der Eigenart der GmbH als eines in der Regel personalistischen Zusammenschlusses (Einl. Rdn 17 ff) Rechnung tragen muß. Es sind die grundsätzlichen Verschiedenheiten zwischen beiden Rechtsformen (Einl. Rdn 48 f) zu berücksichtigen. Dabei ist zunächst anhand der Rechtsprechung und des Schrifttums zu ermitteln, welche Bedeutung eine Vorschrift für die AG hat, und sodann festzustellen, ob die Besonderheiten der GmbH eine Modifizierung erfordern[20]. Häufig wird die Notwendigkeit einer solchen Modifikation allerdings nicht sein, denn die Einrichtung eines Aufsichtsrats nähert die Verfassung der GmbH insofern derjenigen der AG an. **23**

II. Einrichtung des Aufsichtsrats

Schrifttum

Deutler Bildung und Amtszeit des ersten Aufsichtsrats in der GmbH, DB 1969, 691.

[17] So schon *Schilling*-Voraufl. 5; grundsätzlich auch Scholz/*Schneider* 43; Baumbach/Hueck/*Zöllner* 20; Rowedder/*Koppensteiner*² 1; *Eder*-GmbH-Handb. Rdn 479.1; aA Fischer/*Lutter*/*Hommelhoff* 3.

[18] Scholz/*Schneider* 43.

[19] In der Tendenz ähnlich Scholz/*Schneider* 43; Baumbach/Hueck/*Zöllner* 20; am offensten Fischer/*Lutter*/*Hommelhoff* 3.

[20] Ebenso Scholz/*Schneider* 42; Baumbach/Hueck/*Zöllner* 19.

1. Bestellung vor Eintragung der Gesellschaft

24 § 52 Abs. 2 überläßt es den Gründungsgesellschaftern, ob sie den in der Satzung vorgesehenen Aufsichtsrat vor oder nach der Eintragung der Gesellschaft in das Handelsregister bestellen[21]. Die vorherige Bestellung ist allerdings zwingend, wenn dem Aufsichtsrat nach der Satzung die Bestellung auch schon der ersten Geschäftsführer obliegt, denn diese müssen vor der Anmeldung berufen werden (§§ 6, 8). Ob dies gewollt ist, muß ggfs. durch Auslegung ermittelt werden. Wird der Aufsichtsrat vor der Eintragung bestellt, so gelten gemäß § 52 Abs. 2 die §§ 37 Abs. 4 Nr. 3 und 40 Abs. 1 Nr. 4 AktG entsprechend. Danach sind der **Anmeldung** der Gesellschaft die Urkunden über die Bestellung des Aufsichtsrats beizufügen. Das Gericht hat anhand dieser Urkunden nachzuprüfen, ob die Aufsichtsratsmitglieder ordnungsgemäß berufen wurden[22]. Soweit die Bestellung nicht bereits in der Satzung erfolgt ist, handelt es sich um den betreffenden Gesellschafterbeschluß, der demnach insoweit urkundlich festzuhalten ist (§ 8, 22). Anzugeben sind Name, Beruf und Wohnort der Aufsichtsrats mitglieder. Nach § 40 Abs. 1 Nr. 4 AktG hat der Registerrichter diese Angaben **bekannt zu machen** (§ 10, 20). In das Handelsregister eingetragen werden die Aufsichtsratsmitglieder dagegen nicht.

2. Bestellung nach der Eintragung

25 Die nachträgliche Einrichtung eines Aufsichtsrats verlangt, sofern sie nicht in der Satzung bereits vorgesehen ist, eine **Satzungsänderung** (Rdn 16). Werden die ersten Aufsichtsratsmitglieder erst nach der Eintragung der Gesellschaft in das Handelsregister bestellt, so gilt § 52 Abs. 2 S. 2: Die Geschäftsführer haben die Bestellung nach Name, Beruf und Wohnort der Mitglieder unverzüglich im Bundesanzeiger und in den anderen im Gesellschaftsvertrag bestimmten öffentlichen Blättern (§ 3, 50) bekannt zu machen und die Bekanntmachung zum Handelsregister einzureichen. Abs. 2 ist zwingend. Das ergibt sich aus seiner Entstehungsgeschichte, denn mit ihm wird eine auf die erste gesellschaftsrechtliche Richtlinie der EG zurückgehende Verpflichtung der Mitgliedstaaten erfüllt. Die Einreichung und damit mittelbar auch die Bekanntmachung kann nach § 14 HGB vom Registergericht erzwungen werden. Die Vorschrift gilt auch für jeden späteren Wechsel von Aufsichtsratsmitgliedern.

3. Nachträgliche Abschaffung

26 Soll der in der Satzung eingerichtete Aufsichtsrat später wieder abgeschafft werden, so ist eine **Satzungsänderung** erforderlich. Der Gesellschafterbeschluß muß daher mit Dreiviertelmehrheit gefaßt, notariell beurkundet und zum Handelsregister angemeldet werden (§§ 53, 54). Ein wichtiger Grund braucht nicht vorzuliegen. Die Zustimmung aller oder bestimmter Gesellschafter ist erforderlich, sofern ein Sonderrecht (§ 14, 17 ff), z. B. auf Mitgliedschaft im Aufsichtsrat oder auf Entsendung eines Aufsichtsratsmitglieds, besteht, das durch die Abschaffung entfällt[23]. Das Ausscheiden der Aufsichtsratsmitglieder muß gemäß Abs. 2 unverzüglich bekannt gemacht werden[24]. Das Statusverfahren nach §§ 96 Abs. 2, 97 – 99 AktG braucht nicht durchgeführt zu werden.

---

21 *Deutler* DB 1969, 691.

22 *Kraft*-KölnKommAktG² § 37, 25.

23 HM, *Ulmer*-Voraufl. § 53, 124; Scholz/*Priester* § 53, 109; Rowedder/*Zimmermann*² § 53, 28; *Großfeld/Brondics* AG 1987, 293, 294.

24 *Großfeld/Brondics* aaO, 294 f.

Dagegen führen der **Wegfall aller Aufsichtsratsmitglieder**, das Ruhen der Aufsichtsratstätigkeit oder die Funktionsunfähigkeit des Organs nicht zu seiner Beseitigung[25]. In einem solchen Fall sind die Gesellschafter vielmehr verpflichtet, die Funktionsfähigkeit wieder herzustellen, so lange sie nicht die Satzung entsprechend ändern. **27**

III. Größe und Zusammensetzung

1. Größe

Die Zahl der Aufsichtsratsmitglieder kann in der Satzung frei bestimmt werden. Nach hM genügt ein Mitglied[26]. Die Satzung kann die Bestimmung der Zahl auch der Gesellschafterversammlung überlassen. Im Gegensatz zu § 95 S. 3 und 4 AktG, auf die § 52 Abs. 1 GmbHG nicht verweist, muß die Zahl weder durch drei teilbar sein, noch gibt es eine Höchstgrenze. Doch kann ein Treueverstoß vorliegen, wenn die Gesellschafter eine im Verhältnis zur Größe des Unternehmens unangemessen große Zahl von Aufsichtsratsmitgliedern bestellen[27]. Fehlt eine Satzungsbestimmung, so besteht der Aufsichtsrat nach § 95 S. 1 AktG i. V. m. § 52 Abs. 1 aus drei Mitgliedern. Wählen die Gesellschafter eine höhere Anzahl als die von der Satzung oder dem Gesetz festgesetzte, so ist die Wahl anfechtbar, und zwar bei einem Wahlakt für alle Mitglieder die ganze Wahl, bei Einzelwahl die Wahl der nach der zeitlichen Reihenfolge zuletzt gewählten[28]. **28**

2. Zusammensetzung

Auch die Zusammensetzung überläßt das Gesetz der Satzung. Es können Gesellschafter und außenstehende Dritte bestellt werden, ferner auch Arbeitnehmer der Gesellschaft. Die Satzung kann die Zuweisung an bestimmte Personenkreise und Gruppen festlegen, namentlich eine freiwillige Mitbestimmung vorsehen[29]. § 96 Abs. 1 AktG gilt nicht. Zur nachträglichen Änderung der Größe des Aufsichtsrats braucht die Gesellschaft das Statusverfahren nach §§ 96 Abs. 2, 97–99 AktG nicht durchzuführen, sofern die Gesellschaft nicht nunmehr einen obligatorischen Aufsichtsrat zu bilden hat. **29**

IV. Persönliche Voraussetzungen der Aufsichtsratsmitglieder

Schrifttum

Konow Die persönlichen Voraussetzungen für die Mitgliedschaft im Aufsichtsrat einer GmbH, JR 1966, 165.

1. Wählbarkeit

a) **Nur natürliche Personen.** Nach § 100 Abs. 1 AktG können zu Aufsichtsratsmitgliedern nur natürliche, unbeschränkt geschäftsfähige Personen berufen werden. Ungeachtet der nach § 52 Abs. 1 geltenden Satzungsfreiheit ist daran auch für den fakultativen Aufsichtsrat festzuhalten, denn die Vorschrift repräsentiert einen generell geltenden **30**

---

[25] BGH GmbH-Rdsch. 1984, 72, 73.
[26] RGZ 82, 386, 388; Scholz/*Schneider* 123; Baumbach/Hueck/*Zöllner* 21; *Meyer-Landrut*/Miller/Niehus 8; *Eder*-GmbH-Handb. 479.1; Rowedder/*Koppensteiner*[2] 8; kritisch dazu Fischer/*Lutter*/*Hommelhoff* 5.
[27] Baumbach/Hueck/*Zöllner* 21.
[28] *Schilling*-Voraufl. 60.
[29] *Hommelhoff* ZHR 148 (1984), 118.

Grundsatz des Körperschaftsrechts, wonach Organmitglieder nur natürliche Personen sein können (vgl. §§ 6 Abs. 2 GmbHG, 76 Abs. 3 AktG)[30]. Juristische Personen und Personengesellschaften kommen daher als Aufsichtsratsmitglieder nicht in Betracht.

31 b) **Zahl der Aufsichtsratsmandate.** Nicht anzuwenden ist § 100 Abs. 2 S. 1 Nr. 1 AktG, wonach nicht Aufsichtsratsmitglied sein kann, wer bereits in zehn Handelsgesellschaften Aufsichtsratsmitglied ist. Die Satzung kann eine derartige Begrenzung einführen, auch auf eine geringere Anzahl anderweitiger Aufsichtsratsmandate. Enthält sie keine Regelung, so ist die Zahl der Mandate, welche die Aufsichtsratsmitglieder in anderen Gesellschaften halten dürfen, unbegrenzt.

32 c) **Konzernverflechtung.** Ausgeschlossen ist hingegen gemäß § 100 Abs. 2 S. 1 Nr. 2 AktG die Bestellung eines **Organmitglieds** eines von der Gesellschaft **abhängigen Unternehmens.** Die Vorschrift soll die Effektivität der Überwachung sicherstellen, die gefährdet wäre, wenn sie von Organmitgliedern ausgeübt würde, die ihrerseits von den zu überwachenden Geschäftsführern (mit)bestellt werden. Ob die Vorschrift beim fakultativen Aufsichtsrat der GmbH durch die Satzung abbedungen werden kann, ist umstritten[31]. Obwohl gute Gründe dafür sprechen, die Vorschrift als zwingendes Recht anzusehen, wird man sich insoweit über den Wortlaut des § 52 Abs. 1 wohl nicht hinwegsetzen können.

33 Nicht ausgeschlossen sind hingegen gesetzliche Vertreter und Aufsichtsratsmitglieder eines die GmbH **beherrschenden Unternehmens**, obwohl diese Konstellation dazu führen kann, daß die Obergesellschaft die GmbH mit Hilfe der Personalverflechtung völlig einem unternehmensexternen Konzerninteresse unterwirft[32]. Mangels gesetzlicher Grundlage läßt es sich gleichwohl nicht vermeiden, daß auch der gesamte Aufsichtsrat einer abhängigen Gesellschaft mit Organmitgliedern des herrschenden Unternehmens besetzt wird[33]. Nicht ausgeschlossen sind ferner die gesetzlichen Vertreter einer Kapitalgesellschaft, deren Aufsichtsrat ein Geschäftsführer der GmbH angehört (**Überkreuzverflechtung**), denn § 52 Abs. 1 verweist nicht auf § 100 Abs. 2 Nr. 3 AktG[34]. Nach allgemeinen Regeln kein zwingendes Wählbarkeitshindernis stellt die **Tätigkeit** in einem **konkurrierenden Unternehmen** dar. Die Bestellung kann jedoch zur Anfechtung des zugrunde liegenden Gesellschafterbeschlusses führen, wenn darin eine Verletzung der Treuepflicht liegt (Anh. 47, 121 f)[35].

2. Inkompatibilität

34 Unvereinbar ist nach § 52 Abs. 1 i. V. m. § 105 AktG die **gleichzeitige Bestellung** zum Aufsichtsratsmitglied und zum Geschäftsführer, Prokuristen oder zum gesamten Geschäftsbetrieb ermächtigten Handlungsbevollmächtigten. Gemäß § 105 Abs. 2 AktG kann ein Aufsichtsratsmitglied nur im Notfall für höchstens ein Jahr zum Stellvertreter

---

[30] HA, *Schilling*-Voraufl. 68; Scholz/*Schneider* 159; Fischer/*Lutter/Hommelhoff* 9; Rowedder/*Koppensteiner*[2] 8; *Eder*-GmbH-Handb. 480; aA nur Baumbach/Hueck/*Zöllner* 23; differenzierend *Konow* JR 1966, 165, 166.

[31] Bejahend *Schilling*-Voraufl. 68; Rowedder/*Koppensteiner*[2] 8; *Großfeld/Brondics* AG 1987, 293, 300; Fischer/*Lutter/Hommelhoff* Anh. § 47, 16; verneinend Baumbach/Hueck/*Zöllner* 25; differenzierend Scholz/*Schneider* 163 f; *Meyer-Landrut*/Miller/Niehus 10.

[32] Vgl. OLG Hamm NJW 1987, 1030 f zur AG und dazu *Mertens* AG 1987, 40; *Großfeld/Brondics* AG 1987, 293, 300 f; *Timm* NJW 1987, 977; *Kropff* Festschrift Goerdeler S. 259, 266 ff.

[33] Baumbach/Hueck/*Zöllner* 25.

[34] *Schilling*-Voraufl. 68; Scholz/*Schneider* 166; Baumbach/Hueck/*Zöllner* 25; differenzierend auch hier *Konow* JR 1966, 165, 167.

[35] Scholz/*Schneider* 165; aA *Lutter* ZHR 145 (1981), 224, 236.

eines fehlenden oder behinderten Geschäftsführers bestellt werden. So lange es als Geschäftsführer amtiert, kann es keine Tätigkeit als Aufsichtsratsmitglied ausüben.

Wie weit diese Vorschriften beim fakultativen Aufsichtsrat zur **Disposition der Satzung** stehen, ist heftig **umstritten.** Die überwiegende Lehre sieht in der Inkompatibilität zwischen den Ämtern des Aufsichtsratsmitglieds und des Geschäftsführers einen allgemeinen Grundsatz des geltenden Rechts, wonach niemand sich selbst kontrollieren kann[36]. Dem ist neuerdings vor allem *Schneider*[37] mit der Begründung entgegengetreten, die Funktionstrennung in der AG diene dem besonderen Schutzbedürfnis der Aktionäre und Gläubiger. In der GmbH seien die Gesellschafter hingegen in der Lage, die Geschäftsführer selbst zu überwachen, weshalb der maßgebliche Grund für die Inkompatibilität wegfalle. Legitime Interessen könnten für eine Verflechtung von Geschäftsführung und Aufsichtsrat sprechen, die dem „board" einer amerikanischen corporation nachgebildet ist. Dieser Gedanke verlange lediglich, daß nicht die Mehrheit der Aufsichtsratsmitglieder zugleich Geschäftsführer sind[38]. **35**

Stellungnahme. Nachdem im internationalen Vergleich die Vorteile des **Board-Systems** und das Bedürfnis sichtbar geworden sind, Unternehmensleitung und Kontrolle besser zu verklammern, als es die strikte Funktionentrennung zwischen Unternehmensleitung und Überwachung gestattet[39], wird man dieser Linie folgen können. Dafür spricht auch, daß sich das deutsche Aufsichtsratssystem in der Harmonisierung des europäischen Gesellschaftsrechts keineswegs als die einzige und bessere Organisationsstruktur der Unternehmensspitze durchsetzt, sondern sich das Board-System daneben behauptet. Im Entwurf des Statuts für eine Europäische Aktiengesellschaft (Artt. 61 ff) werden beide Organisationsformen zur Wahl angeboten[40]. Unter diesen Umständen ist es jedenfalls nicht zwingend, an der Unvereinbarkeitsregel des § 105 AktG auch für die Fälle festzuhalten, für die sie nicht unmittelbar vorgeschrieben ist. Auf der anderen Seite lehrt die Erfahrung, nicht zuletzt mit dem amerikanischen Recht, daß die gänzliche Verwischung der Grenzen zwischen Aufsichtsrat und Unternehmensleitung gleichfalls erhebliche Gefahren birgt und deshalb nicht wünschenswert ist. Aus diesen Gründen empfiehlt sich eine Lösung, wonach eine partielle, nicht aber eine vollständige Personalunion zwischen Aufsichtsrat und Geschäftsführung zulässig ist. **36**

Die vorliegenden **Urteile** bestätigen diesen Ansatz. So hat das KG zugelassen, daß Mitglieder des Aufsichtsrats Stellvertreter der Geschäftsführung sein können[41]. Wenn mehrere Geschäftsführer vorhanden sind, hat es auch die dauerhafte Personalunion bei einem der Geschäftsführer für zulässig erachtet[42]. Das OLG Frankfurt hat hingegen die Personalunion nicht anerkannt, sofern das betreffende Aufsichtsratsmitglied alleiniger Geschäftsführer ist[43] oder wenn bei allenfalls zwei Geschäftsführern der eine von ihnen zugleich im Aufsichtsrat eine beherrschende Stellung einnimmt[44]. Dem ist zuzustimmen. Andere Fälle müssen nach entsprechenden Regeln entschieden werden. In allen Fällen ist anzunehmen, daß ein Geschäftsführer im Aufsichtsrat nicht mitstim- **37**

---

[36] Baumbach/Hueck/*Zöllner* 17, 26; Fischer/*Lutter*/*Hommelhoff* 9; Rowedder/*Koppensteiner*[2] 8; *Meyer-Landrut*/Miller/Niehus 11; *Roth* 2.1; *Schilling*-Voraufl. 68, 78; *Konow* JR 1966, 165, 166; *K. Schmidt* GesR § 36 IV 1; im Ansatz auch KG OLGZ 42, 224; OLG Frankfurt GmbH-Rdsch. 1982, 159, 160; OLG Frankfurt BB 1987, 22.

[37] Scholz/*Schneider* 160; siehe auch *Voormann* Der Beirat im Gesellschaftsrecht S. 137; differenzierend *Hölters* Der Beirat der GmbH und GmbH & Co. KG S. 35.

[38] *Schneider* im wesentlichen folgend *Großfeld*/*Brondics* AG 1987, 293, 299 f; vgl. ferner *Windbichler* ZGR 1985, 50.

[39] *Bleicher*/*Leberl*/*Paul* Unternehmensverfassung und Spitzenorganisation (1989) S. 145 ff, 216 ff.

[40] *Raiser* Festschrift Steindorff S. 201, 203 ff.

[41] KGJ 20, A 49, 51 f.

[42] KG OLGZ 42, 224.

[43] OLG Frankfurt GmbH-Rdsch. 1982, 159, 160.

[44] OLG Frankfurt BB 1987, 22.

men darf, soweit es unmittelbar um die Überwachung von Maßnahmen geht, für die der Geschäftsführer selbst in dieser Eigenschaft verantwortlich ist. Denn insoweit muß der Satz gelten, daß niemand sein eigener Kontrolleur sein kann. Welche Fälle im Einzelnen unter dieses Stimmverbot fallen, muß in der Rechtsanwendung weiter geklärt werden.

3. Persönliche Eigenschaften

38 Weitere persönliche Voraussetzungen für die Mitgliedschaft im Aufsichtsrat stellt das Gesetz nicht auf. Die **Satzung** kann hierzu aber beliebige Regelungen treffen. Sie kann z. B. vorschreiben, daß nur Gesellschafter oder allein Nicht-Gesellschafter zu Aufsichtsratsmitgliedern berufen werden können. Sie kann ferner z. B. ein bestimmtes Mindestalter, die Zugehörigkeit zu einer Familie, besondere Kenntnisse und Erfahrungen oder eine bestimmte Nationalität verlangen. Auch kann sie Personen, die in einem Konkurrenzunternehmen tätig sind, von der Mitgliedschaft ausschließen. Streben die Gesellschafter eine freiwillige Mitbestimmung an, so werden sie statuieren, daß eine bestimmte Anzahl der Aufsichtsratsmitglieder von seiten der Arbeitnehmer gewählt oder bindend vorgeschlagen wird, und deren Qualifikation sowie das Wahlverfahren festlegen[45].

V. Bestellung der Aufsichtsratsmitglieder

Schrifttum

Ulmer Begründung von Rechten für Dritte in der Satzung einer GmbH? Festschrift Werner (1984) S. 911.

1. Wahl

39 a) **Zuständigkeit der Gesellschafterversammlung.** Mangels abweichender Satzungsbestimmung werden die Aufsichtsratsmitglieder nach § 101 Abs. 1 S. 1 AktG, der auch hier anwendbar ist, durch **Beschluß** der Gesellschafter gewählt. Die Wahl kann gemäß § 48 Abs. 2 auch im schriftlichen Verfahren durchgeführt werden, denn es besteht wegen der abweichenden Struktur der GmbH kein Anlaß, am Wortlaut des § 101 Abs. 1 S. 1 AktG festzuhalten, wonach die Wahl in der Hauptversammlung erfolgen muß[46]. Immerhin muß die Wahl in einem eindeutigen Akt vorgenommen werden. Eine konkludente Bestellung zum Aufsichtsratsmitglied ist nicht möglich[47]. Ein Gesellschafter, der selbst für den Aufsichtsrat kandidiert, ist nicht deshalb vom Stimmrecht ausgeschlossen (§ 47, 169). Sind die gesetzlichen Voraussetzungen nicht eingehalten, ist die Wahl entsprechend §§ 241, 243, 250, 251 AktG nichtig oder anfechtbar (Anh. 47, 62, 130).

40 b) **Satzungsfreiheit.** Die Satzung kann beliebige andere Wahlvorschriften aufstellen. Anstelle der Mehrheitswahl kann sie eine qualifizierte Mehrheit oder Einstimmigkeit vorschreiben, ebenso auch die **Verhältnis- oder Listenwahl.** Sie kann ferner eine Minderheitsvertretung garantieren und für die Wahl von Aufsichtsratsmitgliedern der

---

45 OLG Bremen NJW 1977, 1153, 1154 f = AG 1977, 257 mit Anm. *Heidemann/Joerges*; *Raiser* ZGR 1976, 105, 108; *Lutter* ZGR 1977, 195, 197 f; *Vollmer* Die Entwicklung partnerschaftlicher Unternehmensverfassungen S. 184 f; *Hommelhoff* ZHR 148 (1984), 118, 119 ff.

46 Ebenso *Hüffer* § 48, 52; Scholz/*Schneider* 131; Baumbach/Hueck/*Zöllner* 28.

47 BGH GmbH-Rdsch. 1984, 72, 73; Fischer/*Lutter*/*Hommelhoff* 6; aA Baumbach/Hueck/*Zöllner* 28.

Arbeitnehmer (s. Rdn 38) ein besonderes Wahlverfahren einrichten, das sich an den Wahlordnungen zu § 77 BetrVG 1952 oder zum MitbestG orientiert. Die Wahl der Aufsichtsratsmitglieder kann auch einem Gesellschafterausschuß oder einem Beirat überlassen werden, nicht jedoch den Geschäftsführern als solchen, da die der Aufsicht Unterworfenen nach einem allgemeinen Grundsatz des Körperschaftsrechts nicht ihre eigenen Kontrolleure berufen können[48]. Ein Gesellschafter-Geschäftsführer ist aber in seiner Eigenschaft als Gesellschafter wahlberechtigt. Zulässig ist weiter die **Kooptation** neuer Aufsichtsratsmitglieder durch den Aufsichtsrat selbst. Auch kann einzelnen Gesellschaftern ein **Sonderrecht** auf einen Sitz im Aufsichtsrat oder auf Entsendung eines Aufsichtsratsmitglieds (Rdn 42) gewährt werden (§ 14, 17), wodurch die Wahl für diesen Sitz entfällt[49].

c) **Schuldrechtliche Verpflichtungen** der Gesellschaft gegenüber Dritten, bestimmte Personen in den Aufsichtsrat zu berufen oder nicht zu berufen, machen die Wahl von seiten der Gesellschafterversammlung hingegen nicht überflüssig. Die Wahl ist wirksam, selbst wenn sie der Abrede widerspricht. Doch kann sich die Gesellschaft wegen Vertragsverletzung schadensersatzpflichtig machen. Gleiches gilt für **Stimmbindungsverträge**, wodurch sich einzelne Gesellschafter gegenüber Dritten verpflichten, von ihrem Wahlrecht auf bestimmte Weise Gebrauch zu machen[50]. **41**

2. **Entsendung**

a) **Entsendungsrecht.** Die Satzung kann ferner Entsendungsrechte zugunsten einzelner Gesellschafter begründen und diese gegebenenfalls als Sonderrecht ausgestalten. Die Beschränkungen des § 101 Abs. 2 AktG gelten für diesen Fall nicht, da § 52 darauf nicht verweist[51]. Entsendungsrechte können daher auch für mehr als ein Drittel der Aufsichtsratssitze begründet werden. Das Entsendungsrecht kann einem oder einzelnen Gesellschaftern persönlich zuerkannt oder mit dem Geschäftsanteil verbunden werden. Im letzteren Fall geht es bei der Veräußerung auf den Erwerber über. Die nachträgliche Einführung eines Entsendungsrechts erfordert neben der Satzungsänderung die Zustimmung aller stimmberechtigten Gesellschafter, denn sie verkürzt das Stimmrecht[52]. Ein als Sonderrecht ausgestaltetes Entsendungsrecht kann andererseits nachträglich ohne Zustimmung des Berechtigten nur dann entzogen werden, wenn ein wichtiger Grund vorliegt (§ 14, 24). **42**

b) **Entsendungsrecht von Nichtgesellschaftern.** § 101 Abs. 2 S. 1 AktG verbietet es, Nichtgesellschaftern ein Entsendungsrecht zu gewähren. Die Vorschrift ist mangels Verweisung in § 52 Abs. 1 beim fakultativen Aufsichtsrat der GmbH jedoch nicht anzuwenden. Gleichwohl wird im Schrifttum die Ansicht vertreten, nach einem allgemeinen körperschaftsrechtlichen Grundsatz könnten organschaftliche Rechte zugunsten Dritter in der Satzung nicht begründet werden[53]. Die Mehrheitsmeinung teilt diese Ansicht nicht und verneint insoweit auch ein Schutzbedürfnis der Gesellschafter, da sie angesichts des personalistischen Zuschnitts der GmbH nicht Gefahr laufen, daß ihr Entscheidungsrecht ausgehöhlt wird. Sie läßt daher Entsendungsrechte auch zugunsten **43**

---

[48] Scholz/*Schneider* 133; Baumbach/Hueck/*Zöllner* 28.

[49] *Schilling*-Voraufl. 75; Scholz/*Schneider* 134.

[50] Vgl. BGHZ 48, 163, 166ff = NJW 1967, 1963; *Fischer* Festschrift Kunze S. 95; *Loewenheim* JuS 1969, 260; *Overrath* Die Stimmrechtsbindung (1973); *Hüffer* § 47, 65 ff.

[51] HA, Scholz/*Schneider* 135; Baumbach/Hueck/*Zöllner* 29.

[52] *Schilling*-Voraufl. 75; Scholz/*Schneider* 134; Baumbach/Hueck/*Zöllner* 29.

[53] *Ulmer* Festschrift Werner S. 911, 917ff, 922ff; *ders.* *§ 3, 57* m. w. Nachw.; *Baumbach/Hueck/Zöllner* 29; vgl. auch RGZ 169, 65, 82f.

Dritter zu[54]. In Betracht kommen namentlich Entsendungsrechte von Kommanditisten in der GmbH & Co. KG, von Gesellschaftern eines herrschenden Unternehmens, die nicht selbst an der Tochtergesellschaft beteiligt sind, von Banken als Kreditgebern, ferner von Behörden. Der **herrschenden Meinung** ist der **Vorzug** zu geben. Denn da Nichtgesellschafter in den Aufsichtsrat berufen und dadurch mit organschaftlichen Funktionen betraut werden, ist nicht einzusehen, warum ihnen die weniger weittragende Befugnis verwehrt werden soll, Aufsichtsratsmitglieder zu entsenden. Auch das praktische Bedürfnis spricht zugunsten des Entsendungsrechts. Allerdings tritt der Entsendungsberechtigte dadurch seinerseits in ein **organschaftliches Rechtsverhältnis zur Gesellschaft** und unterliegt bei der Ausübung des Rechts daher gewissen Treuepflichten[55].

44 c) **Treuepflicht.** Der Entsendungsberechtigte ist namentlich verpflichtet, für das Amt **geeignete Personen** zu entsenden. Verletzt er die Pflicht, kommt neben einem Schadensersatzanspruch der Gesellschaft der Entzug des Entsendungsrechts durch satzungsändernden Mehrheitsbeschluß in Betracht. Seine Zustimmung ist nicht erforderlich, da ein Sonderrecht zugunsten eines Dritten nicht begründet werden kann[56].

3. Stellvertreter und Ersatzmitglieder

45 Nach § 101 Abs. 3 AktG können Stellvertreter für Aufsichtsratsmitglieder nicht berufen werden. Zulässig ist nur, Ersatzmitglieder für den Fall des Ausscheidens vor Ablauf der Amtszeit zu bestellen. Die Vorschrift ist auf den fakultativen Aufsichtsrat der GmbH jedoch nicht anzuwenden. Die **Satzung kann** daher die Wahl von Stellvertretern und Ersatzmitgliedern unbeschränkt **zulassen**[57]. Dagegen kann sich ein Aufsichtsratsmitglied nicht aus eigenem Entschluß in der Sitzung durch eine von ihm beauftragte Person vertreten lassen, es sei denn, diese wurde aufgrund einer entsprechenden Satzungsermächtigung zum Vertreter gewählt (vgl. § 111 Abs. 5 AktG). Zur Bestellung von Ersatzmitgliedern siehe Rdn 181 f.

4. Notbestellung

46 **Nicht anwendbar** ist § 104 AktG, wonach das Gericht auf Antrag eine Notbestellung vornehmen kann, wenn dem Aufsichtsrat die zur Beschlußfähigkeit nötige Zahl von Mitgliedern fehlt. § 52 Abs. 1 verweist nicht auf die Vorschrift. Es besteht auch kein Bedürfnis, sie heranzuziehen, da die GmbH auch ohne fakultativen Aufsichtsrat aktions- und beschlußfähig bleibt. Aus demselben Grund ist auch § 29 BGB nicht heranzuziehen[58].

---

[54] *Schilling*-Voraufl. 75; Scholz/*Schneider* 136; Fischer/*Lutter/Hommelhoff* 6; Rowedder/*Koppensteiner*[2] 9; *Meyer-Landrut*/Miller/Niehus 12; *Eder*-GmbH-Handb. 480.6; *Hesselmann* Handbuch der GmbH & Co. S. 101 f; *Hölters* Der Beirat der GmbH und GmbH & Co. KG S. 30; *Hommelhoff* ZHR 148 (1984), 118, 120; mit Einschränkungen auch *Teichmann* Gestaltungsfreiheit in Gesellschaftsverträgen S. 199 (solange die entsandten Aufsichtsratsmitglieder in der Minderheit bleiben); ferner *Voormann* Der Beirat im Gesellschaftsrecht S. 129; *Westhoff* Bankenvertreter in Beiräten mittelständischer Unternehmen (1984) S. 33 ff.

[55] *Schilling*-Voraufl. 75; Scholz/*Schneider* 137; *Eder*-GmbH-Handb. 480.6; vgl. auch BGHZ 36, 296, 309 f = NJW 1962, 864, wo die Rechtslage allerdings nicht geklärt wird; aA *Mertens*-KölnKomm-AktG § 101, 59, der von einer vertragsähnlichen Vertrauensbeziehung spricht.

[56] Ebenso Scholz/*Schneider* 137.

[57] HM, *Schilling*-Voraufl. 76; Scholz/*Schneider* 139; Baumbach/Hueck/*Zöllner* 30.

[58] Baumbach/Hueck/*Zöllner* 31; *Wessing/Max* Festschrift Werner S. 975, 985 f; *Voormann* Der Beirat im Gesellschaftsrecht S. 131.

5. Annahmeerklärung

Das Aufsichtsratsmandat wird erst wirksam, wenn der Gewählte die Wahl annimmt. **47**
Die Annahme kann ausdrücklich gegenüber den Gesellschaftern als Bestellungsorgan, aber auch konkludent, namentlich durch Amtsantritt, erklärt werden. Der Abschluß eines Anstellungsvertrags ist nicht erforderlich (Rdn 121). Eine Pflicht zur Annahme besteht nicht, es sei denn, die Gesellschafter haben sich in der Satzung oder schuldrechtlich zur Übernahme des Mandats verpflichtet[59].

VI. Amtszeit und Beendigung des Amtes

Schrifttum

Heinsius Die Amtszeit des Aufsichtsrats mitbestimmter Gesellschaften mit beschränkter Haftung und mitbestimmter Aktiengesellschaften bei formwechselnder Umwandlung, Festschrift Stimpel (1985) S. 571; *Hoffmann-Becking* Amtszeit und Vergütung des Aufsichtsrats nach formwechselnder Umwandlung einer GmbH in eine AG, AG 1980, 269; *Zöllner* Amtsverlust und Amtskontinuität des Aufsichtsrats bei formwechselnder Umwandlung, DB 1973, 2077.

1. Amtszeit

§ 102 AktG, der die Amtszeit der Aufsichtsratsmitglieder bis zur Entlastung für das **48**
vierte Geschäftsjahr nach der Wahl befristet, gilt für den fakultativen Aufsichtsrat nicht, denn § 52 verweist nicht auf die Vorschrift. Wenn die Gesellschafter nichts anderes bestimmen, ist die Amtszeit daher unbeschränkt[60]. Die **Satzung** kann die Amtszeit beliebig begrenzen. Sie kann sie für mehrere Aufsichtsratsmitglieder auch verschieden lang festsetzen, wodurch ein gestaffelter Wechsel im Aufsichtsrat möglich wird[61]. Entsandte Mitglieder haben, wenn die Satzung nichts anderes bestimmt, die gleiche Amtszeit wie die gewählten (RGZ **165**, 68, 76). Fehlt eine Regelung in der Satzung, so kann auch die **Gesellschafterversammlung** im Bestellungsbeschluß die Amtszeit befristen.

Die Amtszeit **beginnt** mit dem bei der Wahl festgesetzten Termin, ohne eine solche **49**
Festsetzung mit der Annahme des Amtes durch den Gewählten. Nach Ablauf der Frist ist die **Wiederwahl** oder Wiederentsendung unbeschränkt zulässig, sofern sie die Satzung nicht ausschließt.

2. Abberufung

a) **Gewählte Aufsichtsratsmitglieder.** Die Abberufung eines Aufsichtsratsmitglieds **50**
vor Ablauf der Amtszeit behandelt § 103 AktG, von dem § 52 für den fakultativen Aufsichtsrat aber nur Abs. 1 S. 1 und 2 übernimmt. Danach können die gewählten Aufsichtsratsmitglieder jederzeit und ohne Begründung durch einen **Gesellschafterbeschluß** mit drei Vierteln der abgegebenen Stimmen abberufen werden. Auch bei wichtigem Grund sieht das Gesetz keine Verminderung der erforderlichen Mehrheit

---

[59] Zu Einzelheiten vgl. das aktienrechtliche Schrifttum, *Mertens*-KölnKommAktG § 101, 25 ff; *Meyer-Landrut*-GroßkommAktG § 101 Anm. 5; *Geßler*/Hefermehl/Eckardt/Kropff § 101, 41; MünchHdb.AG/*Hoffmann-Becking* § 30, 18.

[60] HL, *Schilling*-Voraufl. 85; Scholz/*Schneider* 178; Baumbach/Hueck/*Zöllner* 32; *Eder*-GmbH-Handb. 480.13.

[61] *Schilling*-Voraufl. 85; Scholz/*Schneider* 179.

vor[62]. Doch kann die Satzung einfache Mehrheit genügen lassen, muß aber für alle Aufsichtsratsmitglieder die gleiche Regelung treffen, weil andernfalls Rangunterschiede eingeführt würden, die mit dem Charakter des Mandats nicht vereinbar sind[63]. Der betroffene Gesellschafter stimmt bei dem Abberufungsbeschluß mit, es sei denn, es liegt ein wichtiger Grund gegen ihn vor, denn dann ist der allgemeine Grundsatz (vgl. § 47, 173) berührt, daß kein Gesellschafter über eine Maßnahme mit abstimmen darf, die aus wichtigem Grund gegen ihn ergriffen wird[64]. In einem solchen Fall wird man eine Treuepflicht auch der übrigen Gesellschafter annehmen müssen, der Abberufung zuzustimmen[65]. Die Abberufung erfolgt durch **formfreie**, bedingungsfeindliche **Erklärung** gegenüber dem Betroffenen[66].

51 Eine **Abberufung durch das Gericht** auf Antrag des Aufsichtsrats gemäß § 103 Abs. 3 AktG gibt es **nicht**, da § 52 auf die Vorschrift nicht verweist[67].

52 Die **Satzung** kann die Abberufung beliebig erleichtern oder erschweren, z. B. andere Mehrheiten oder weitere Erfordernisse aufstellen. Sie kann sie jedoch nicht ganz ausschließen, denn die unbegrenzte Fortsetzung des Amts würde die Gefahr heraufbeschwören, daß der Aufsichtsrat seine Überwachungspflicht nicht mehr sorgfältig erfüllt. Empfehlenswert ist vor allem, das Quorum auf die einfache Mehrheit herabzusetzen, denn ein Aufsichtsratsmitglied, das nur noch das Vertrauen einer Minderheit der Gesellschafter hat, sollte nicht im Amt bleiben. Das gilt vollends, wenn ein wichtiger Grund für die Abberufung vorliegt. Zulässig ist auch, die Abberufung einem einzelnen Gesellschafter oder einem Gesellschafterausschuß zu überlassen[68].

53 b) **Entsandte Aufsichtsratsmitglieder.** Die Abberufung entsandter Aufsichtsratsmitglieder ist für den fakultativen Aufsichtsrat nicht geregelt, da § 52 nicht auf § 103 Abs. 2 AktG verweist. Die hL wendet die Vorschrift jedoch mit Recht entsprechend an, da sich dies aus der Natur des Rechtsverhältnisses ergibt[69]. Liegt ein wichtiger Grund vor, ist der Entsendungsberechtigte als gegenüber der Gesellschaft verpflichtet anzusehen, das entsandte Aufsichtsratsmitglied einzuberufen. Die **Satzung** kann umgekehrt die Anforderungen erhöhen, namentlich vorschreiben, daß die Abberufung eines entsandten Aufsichtsratsmitglieds nur aus wichtigem Grund zulässig sein soll, wenn dessen Unabhängigkeit verstärkt werden soll[70]. Sind die Voraussetzungen des Entsendungsrechts weggefallen, z. B. weil der Entsendungsberechtigte stirbt oder sein Geschäftsanteil eingezogen wurde, so kann nach dem Grundgedanken des § 103 Abs. 2 S. 2 AktG auch die **Gesellschafterversammlung** das entsandte Mitglied mit einfacher Stimmenmehrheit abberufen (hA).

54 Schwierigkeiten bereitet die Frage, ob die Gesellschafterversammlung **anstelle des Entsendungsberechtigten** die Abberufung beschließen kann, jedenfalls wenn ein wichtiger Grund vorliegt. Eine gesetzliche Grundlage dafür fehlt. Doch wird man den Gesellschaftern ein solches Recht zur „Selbsthilfe" zum Schutz der Verbandsautonomie

---

62 Ebenso *Schilling*-Voraufl. 86; Baumbach/Hueck/*Zöllner* 33; *Meyer-Landrut*/Miller/Niehus 15; aA Scholz/*Schneider* 198; Fischer/*Lutter*/*Hommelhoff* 7; Rowedder/*Koppensteiner*[2] 9, die einfache Mehrheit genügen lassen wollen, dafür aber keine Begründung angeben.

63 BGHZ 99, 211, 215 = NJW 1987, 902; Fischer/*Lutter*/*Hommelhoff* 7.

64 HM, *Schilling*-Voraufl. 86; Scholz/*Schneider* 199; Baumbach/Hueck/*Zöllner* 33 u. a.

65 *Schilling*-Voraufl. 86; Baumbach/Hueck/*Zöllner* 33.

66 Scholz/*Schneider* 199.

67 HA, *Schilling*-Voraufl. 86; Scholz/*Schneider* 201; Baumbach/Hueck/*Zöllner* 33.

68 BGH NJW 1981, 757, 758 betreffend die Vorstandsmitglieder einer Sparkasse.

69 *Schilling*-Voraufl. 87; Scholz/*Schneider* 200; Baumbach/Hueck/*Zöllner* 33; Rowedder/*Koppensteiner*[2] 9; *Eder*-GmbH-Handb. 480.21.

70 *Schilling*-Voraufl. 87.

aus allgemeinen gesellschaftlichen Grundsätzen einräumen müssen[71]. Entsprechend § 103 Abs. 1 S. 2 AktG ist dafür jedoch jedenfalls ein Beschluß der Gesellschafter zu fordern, der mindestens drei Viertel der abgebenen Stimmen umfaßt[72].

3. Andere Beendigungsgründe

a) **Tod des Mitglieds.** Das Aufsichtsratsmandat endet durch Tod des Mitglieds. Eine Vererbung ist wegen der höchstpersönlichen Berufung nicht möglich. **55**

b) **Verlust der persönlichen Voraussetzungen.** Fallen die im Gesetz oder in der Satzung aufgestellten persönlichen Voraussetzungen weg (Rdn 30 ff), so kann das Aufsichtsratsamt gleichfalls nicht fortgeführt werden. Das gilt etwa bei Wegfall der Geschäftsfähigkeit, Eintritt der in der Satzung festgelegten Altersgrenze oder Ausscheiden aus einem Unternehmen, dem das Aufsichtsratsmitglied nach der Satzung angehören muß. **56**

c) **Erlöschen der Gesellschaft.** Das Aufsichtsratsmandat endet, wenn die Gesellschaft verschwindet. Hauptfall ist die **Vollbeendigung** nach der Liquidation. In Betracht kommen ferner die **Verschmelzung** durch Neubildung oder Aufnahme (§§ 339 ff, 353, 355 f AktG, 19 ff, 32 KapErhG) sowie die übertragende Umwandlung. Bei formwechselnder **Umwandlung** (§§ 376 ff AktG) einer GmbH in eine AG endet das Aufsichtsratsamt gleichfalls, denn die zwingenden aktienrechtlichen Vorschriften verlangen eine Neubesetzung[73]. Dagegen führen die **Auflösung** der Gesellschaft und der Übertritt ins Liquidationsstadium und die Eröffnung des **Konkurs-** oder **Vergleichsverfahrens** nicht zur Beendigung des Amtes[74]. Der Konkursverwalter hat auch nicht das Recht, die Aufsichtsratsmitglieder abzuberufen (RGZ **81**, 332, 337). **57**

d) **Wegfall des Aufsichtsrats.** Das Aufsichtsratsmandat endet weiter, wenn die Gesellschafter durch satzungsändernden Beschluß den Aufsichtsrat beseitigen (Rdn 26). Dagegen ist die reine Untätigkeit des Gremiums oder einzelner seiner Mitglieder kein Grund für das Erlöschen des Amtes. Vielmehr liegt eine Pflichtverletzung vor, die Schadensersatzansprüche der Gesellschaft auslösen oder einen wichtigen Grund für die Abberufung bilden kann (BGH GmbH-Rdsch. **1984**, 72 f, s. Rdn 27). **58**

e) **Amtsniederlegung.** Nach heute überwiegender Ansicht kann das Amt bei Fehlen einer Satzungsbestimmung jederzeit und ohne Begründung niedergelegt werden[75]. Demgegenüber will ein beträchtlicher Teil des Schrifttums die Amtsniederlegung nur zulassen, wenn ein wichtiger Grund vorliegt[76]. Doch kann man ein Aufsichtsratsmitglied nicht ernstlich an seiner Aufgabe festhalten, da es sich um ein Nebenamt handelt, **59**

---

[71] Ebenso *Schilling*-Voraufl. 87; Scholz/*Schneider* 200; *Flume* I/2 S. 191; *Hommelhoff* ZHR 148 (1984), 118, 121; zweifelnd Baumbach/Hueck/*Zöllner* 33.

[72] AA Scholz/*Schneider* 200; *Hommelhoff* aaO; wohl auch *Flume* aaO (einfache Mehrheit).

[73] Str., wie hier *Zöllner* DB 1973, 2077, 2078; *Zöllner*-KölnKommAktG § 377, 12; *Hoffmann-Becking* AG 1980, 269 f; aA., mit beachtlichen Gründen *Heinsius* Festschrift Stimpel S. 571; *Meyer-Landrut*-GroßkommAktG § 377 Anm. 2.

[74] HA, zur Auflösung vgl. *Hohner*-Voraufl. § 69, 60; Scholz/*Schmidt* § 69, 37; Baumbach/Hueck/*Schulze-Osterloh* § 69, 19; zum Konkurs *Ulmer*-Voraufl. § 63, 94; Scholz/*Schmidt* § 63, 65; Baumbach/Hueck/*Schulze-Osterloh* § 63, 37; vgl. auch *D. Schneider* Festschrift Oppenhoff S. 349.

[75] Scholz/*Schneider* 210; Fischer/*Lutter*/*Hommelhoff* 8; *Meyer-Landrut*/Miller/Niehus 16; *Eder*-GmbH-Handb. 480.23; aus dem aktienrechtlichen Schrifttum *Geßler*/Hefermehl/Eckardt/Kropff § 102, 30; *Meyer-Landrut*-GroßkommAktG § 102, Anm. 6 b; MünchHdb.AG/*Hoffmann-Becking* § 30, 46; *Raiser* KapGesR § 15 III 8.

[76] *Mertens*-KölnKommAktG § 103, 54; *Schilling*-Voraufl. 140; Baumbach/Hueck/*Zöllner* 34, letztere jedenfalls für den Fall der Bestellung für eine bestimmte Amtszeit.

das mit anderen Aufgaben in Konflikt geraten kann. Die Amtsniederlegung darf aber nicht zur Unzeit erfolgen (Rechtsgedanke der §§ 627 Abs. 2, 671 Abs. 2 BGB).

60 Die Amtsniederlegung erfolgt durch **einseitige**, empfangsbedürftige **Willenserklärung** gegenüber der Gesellschaft. Empfangszuständig sind zunächst die Geschäftsführer, doch läßt die hL auch eine Erklärung gegenüber dem Aufsichtsratsvorsitzenden zu. Darüber hinaus ist auch die Erklärung gegenüber den Gesellschaftern als unproblematisch anzusehen[77].

VII. Innere Ordnung des Aufsichtsrats

Schrifttum

Axhausen Anfechtbarkeit aktienrechtlicher Aufsichtsratsbeschlüsse (1986); *Baltzer* Der Beschluß als rechtstechnisches Mittel organschaftlicher Funktion im Privatrecht (1965); *Baums* Der fehlerhafte Aufsichtsratsbeschluß, ZGR 1983, 300; *Behr* Teilnahmerecht und Mitwirkungsmöglichkeit des Aufsichtsratsmitglieds bei der Aufsichtsratssitzung, AG 1984, 281; *von Braunbehrens* Ehrenmitglied des Aufsichtsrats, BB 1981, 2100; *Jüngst* Der „Ehrenvorsitzende" in der Aktiengesellschaft, BB 1984, 1583; *Kastner* Aufsichtsrat und Realität, Festschrift Strasser (1983) S. 843; *Luther/Rosga* Praktische Fragen und Probleme der Rechtsstellung des Aufsichtsratsvorsitzenden und seines Stellvertreters einer AG oder GmbH, Festschrift Meilicke (1985) S. 80; *Lutter* Ehrenämter im Aktien- und GmbH-Recht, ZIP 1984, 645; *ders.* Bankenvertreter im Aufsichtsrat, ZHR 145 (1981), 224; *Lutter/Krieger* Rechte und Pflichten des Aufsichtsrats[2] (1989); *Matthießen* Stimmrecht und Interessenkollision im Aufsichtsrat (1989); *Mertens* Zur Verschwiegenheitspflicht der Aufsichtsratsmitglieder, AG 1975, 235; *ders.* Verfahrensfragen bei Personalentscheidungen des mitbestimmten Aufsichtsrats, ZGR 1983, 189; *ders.* Organstreit in der Aktiengesellschaft? ZHR 154 (1990), 24; *Paefgen* Struktur und Aufsichtsratsverfassung der mitbestimmten AG (1983); *Peus* Der Aufsichtsratsvorsitzende (1983); *Schneider* Geheime Abstimmung im Aufsichtsrat, Festschrift Fischer (1979) S. 727; *Skibbe* Die innere Ordnung des Aufsichtsrats der GmbH, GmbH-Rdsch. 1961, 3; *Stodolkowitz* Gerichtliche Durchsetzung von Organpflichten in der Aktiengesellschaft, ZHR 154 (1990), 1; *Ulmer* Aufsichtsratsmandat und Interessenkollision, NJW 1980, 1603; *ders.* Stimmrechtsschranken für Aufsichtsratsmitglieder bei eigener Kandidatur zum Vorstand, NJW 1982, 2288; *ders.* Geheime Abstimmungen im Aufsichtsrat von Aktiengesellschaften? AG 1982, 300; *Werner* Aufsichtsratstätigkeit von Bankenvertretern, ZHR 145 (1981), 252; *Wilhelm* Selbstwahl eines Aufsichtsratsmitglieds in den Vorstand, NJW 1983, 912.

1. Grundsatz

61 a) **Gesetzeslücke.** Die innere Ordnung des Aufsichtsrats und sein Verfahren sind im Gesetz nicht näher geregelt. § 52 Abs. 1 verweist lediglich auf § 110 AktG, wonach der Aufsichtsrat einmal im Kalenderhalbjahr einberufen werden muß und im übrigen jedes Mitglied sowie die Geschäftsführer die Einberufung gegebenenfalls erzwingen können. Es empfiehlt sich, die Fragen in der Satzung oder auch in einer Geschäftsordnung für den Aufsichtsrat (Rdn 62) zu regeln. Fehlen einschlägige Bestimmungen, so ist zunächst im Wege der ergänzenden Satzungsauslegung zu ermitteln, welche Regelung dem mutmaßlichen Willen der Gesellschafter entspricht. Hilft auch dies nicht weiter, so muß die Gesetzeslücke durch Richterrecht ausgefüllt werden. Dabei bieten sich die §§ 107 – 109 AktG als Vorbild an, das übernommen werden kann, soweit die andere Struktur der GmbH und des fakultativen Aufsichtsrats nicht abweichende Lösungen fordern. Das Verfahren empfiehlt sich auch deswegen, weil die Mitbestimmungsgesetze (§ 77 BetrVG 1952, § 25 MitbestG) sowie § 3 KAGG (Rdn 10) auf die entsprechende

---

77 Scholz/*Schneider* 211.

Anwendung auch der §§ 107 – 109 AktG verweisen, so daß auf diesem Weg die Rechtseinheit am besten gewahrt wird[78].

b) **Geschäftsordnung.** Die für den Aufsichtsrat notwendigen Organisations- und Verfahrensregeln können, soweit sie nicht in die Satzung aufgenommen sind, auch in einer Geschäftsordnung für den Aufsichtsrat niedergelegt werden. Die Geschäftsordnung kann von den Gesellschaftern beschlossen werden, wofür einfache Mehrheit genügt. Möglich ist auch, daß der Aufsichtsrat selbst Geschäftsordnungsregeln beschließt, soweit die Gesellschafter dies nicht getan haben[79]. Einer Ermächtigung in der Satzung bedarf es nicht[80]. **62**

2. Einberufung

a) **Zeitpunkt.** Nach § 110 Abs. 3 AktG, der auf den fakultativen Aufsichtsrat der GmbH entsprechend anzuwenden ist, soll der Aufsichtsrat in der Regel einmal im Kalendervierteljahr, er muß einmal im Kalenderhalbjahr einberufen werden. Die Satzung kann abweichende Bestimmungen treffen. Welche Regelung zweckmäßig ist, richtet sich nach den dem Aufsichtsrat übertragenen Aufgaben und läßt sich daher nicht generell sagen. Es empfiehlt sich daher, den Punkt zu regeln. Ein Aufsichtsrat, der so selten zusammenkommt, daß er seine Aufgaben nicht mehr rechtzeitig und vollständig erledigen kann, verletzt seine Pflichten und macht sich nach § 116 AktG schadensersatzpflichtig (Rdn 129 ff). Außerturnusmäßige Sitzungen sind einzuberufen, wenn es die Lage der Gesellschaft erfordert. **63**

b) **Zuständigkeit.** Die Einberufung ist Sache des Aufsichtsratsvorsitzenden, sofern ein solcher bestellt wurde (Rdn 70). Fehlt ein Vorsitzender, muß zunächst aus der Satzung oder Geschäftsordnung ermittelt werden, wer dafür zuständig ist. Zu denken ist an Gesellschafter, die dem Aufsichtsrat angehören, gegebenenfalls auch die Geschäftsführer. Der Verantwortliche hat den Sitzungstermin festzulegen, die Tagesordnung aufzustellen sowie für die Ladung und die Übersendung der erforderlichen Unterlagen an die Aufsichtsratsmitglieder zu sorgen. Zwischen Einberufung und Sitzung muß eine Frist liegen, die den Umständen – einerseits Dringlichkeit, andererseits Reisezeit und Dispositionsmöglichkeiten des Mitglieds – entsprechend angemessen ist. **64**

Gemäß § 110 Abs. 1 und 2 AktG in Verbindung mit § 52 Abs. 1 können jedes Aufsichtsratsmitglied sowie die Geschäftsführer unter Angabe des Zwecks und der Gründe **verlangen**, daß der Aufsichtsrat **unverzüglich einberufen** wird. In einem solchen Fall muß die Sitzung binnen zwei Wochen nach der Einberufung stattfinden (§ 110 Abs. 1 S. 2 AktG). Wird dem Verlangen nicht entsprochen, so können die Antragsteller unter Mitteilung des Sachverhalts den Aufsichtsrat selbst einberufen (§ 110 Abs. 2 AktG). Im Schrifttum wird die Ansicht vertreten, daß, jedenfalls wenn ein für die Arbeit des Aufsichtsrats verantwortlicher Vorsitzender fehlt, das Verlangen schon eines Aufsichtsratsmitglieds genügen muß, eine Sitzung zu erzwingen[81]. Dem ist zuzustimmen. **65**

---

[78] Mit Differenzierungen im einzelnen hL, Scholz/*Schneider* 43, 270; Baumbach/Hueck/*Zöllner* 47; Fischer/*Lutter*/*Hommelhoff* 17; Rowedder/*Koppensteiner*[2] 10; *Eder*-GmbH-Handb. 481; aA *Meyer-Landrut*/Miller/Niehus 41.

[79] Einzelheiten zur Geschäftsordnung siehe im aktienrechtlichen Schrifttum: *Mertens*-KölnKommAktG § 107, 132; *Meyer-Landrut*-GroßkommAktG § 107 Anm. 19; *Geßler*/Hefermehl/Eckardt/Kropff § 107, 57.

[80] Baumbach/Hueck/*Zöllner* 49.

[81] Scholz/*Schneider* 273; Baumbach/Hueck/*Zöllner* 50.

66 c) **Ladung.** Die Ladung ist nicht formbedürftig, doch kann die Satzung oder die Geschäftsordnung dafür Formvorschriften aufstellen, was sich empfiehlt. Gemäß § 32 Abs.1 S. 2 BGB, der Ausdruck eines für das ganze Verbandsrecht geltenden Rechtsgrundsatzes ist, ist es zur Gültigkeit eines Beschlusses erforderlich, daß der Gegenstand bei der Einberufung bezeichnet wird[82]. Die Einberufung muß also eine **Tagesordnung** enthalten. Diese hat die einzelnen zur Beschlußfassung anstehenden Gegenstände so deutlich zu bezeichnen, daß die Mitglieder über den Rahmen der möglichen Beschlußfassung unterrichtet sind. Soweit **Beschlußanträge** vorliegen, insbesondere seitens der Geschäftsführung, sind sie anzugeben. Über nicht angekündigte Tagesordnungspunkte darf beraten, aber nicht beschlossen werden. Ein Beschluß, der ohne diese Voraussetzungen gefaßt wird, ist nichtig, es sei denn, daß alle Mitglieder auf die Geltendmachung des Mangels verzichten (Rdn 85). Die Ladung unter der letztbekannten Geschäfts- oder Privatanschrift der Mitglieder ist ordnungsgemäß[83].

3. Teilnahmerecht

67 a) **Organmitglieder.** Die **Aufsichtsratsmitglieder** sind zur Teilnahme an den Sitzungen nicht nur berechtigt, sondern gemäß ihrer organschaftlichen Stellung grundsätzlich auch verpflichtet. Ausgeschlossen werden kann ein Aufsichtsratsmitglied nur ausnahmsweise, z. B., wenn es die Sitzung gröblich stört oder wenn infolge seiner Beteiligung an einem Konkurrenzunternehmen zu befürchten ist, daß eine offene Aussprache und unabhängige Willensbildung im Aufsichtsrat nicht mehr gesichert sind[84]. Zu entscheiden hat darüber das Aufsichtsratsplenum unter Ausschluß des Betroffenen, doch wird der Vorsitzende oder Sitzungsleiter dazu die Initiative ergreifen. Die **Geschäftsführer** sind nicht teilnahmeberechtigt[85]. Sie sind hinzuzuziehen, wenn sie Auskünfte geben müssen (Rdn 114 ff) oder wenn Beschlüsse zu fassen sind, die mit ihnen beraten werden müssen. Das ist die Regel. Auch **Gesellschafter**, die nicht selbst Aufsichtsratsmitglieder sind, haben kein gesetzliches Recht, an den Sitzungen teilzunehmen.

68 b) **Dritte.** Der in § 109 AktG zum Ausdruck gelangte Grundsatz, daß Dritte an den Sitzungen des Aufsichtsrats und seiner Ausschüsse nicht teilnehmen sollen, ist auch für den fakultativen Aufsichtsrat maßgeblich. Denn der Aufsichtsrat ist ein auf gegenseitiges Vertrauen gegründetes und auf Homogenität gerichtetes Gremium. Das verlangt, daß die Teilnahme Dritter auf das für seine Arbeit notwendige Maß beschränkt bleibt. Aus diesem Grund ist die Bestellung und Teilnahme von *Ehrenmitgliedern* des Aufsichtsrats problematisch (vgl. aber Rdn 72 a. E.)[86]. Zu einzelnen Punkten können dagegen *Sachverständige* und *Auskunftspersonen* angehört werden. Darüber entscheidet der Vorsitzende oder, wenn dessen Entscheidung angegriffen wird, das Plenum durch Mehrheitsbeschluß. Die Zuziehung eines *Protokollführers* ist weithin üblich. Sie liegt in der Entscheidungsgewalt des Vorsitzenden[87]. Hat die Satzung die Vertretung

[82] *Schilling*-Voraufl. 116.

[83] Zu weiteren Einzelfragen können die Kommentare zum AktG und zum MitbestG herangezogen werden, ferner *Säcker* NJW 1979, 1521, 1522; *Paefgen* Struktur und Aufsichtsratsverfassung der mitbestimmten AG S. 223 ff.

[84] Scholz/*Schneider* 280; *Mertens*-KölnKommAktG § 107, 33; § 109, 8; Baumbach/Hueck/*Zöllner* 132; *Kastner* Festschrift Strasser S. 843, 851; enger *Geßler*/Hefermehl/Eckardt/Kropff § 109, 9; *Behr* AG 1984, 281; vgl. ferner die Kommentierungen zu § 25 MitbestG.

[85] *Lutter*/*Krieger* Rechte und Pflichten des Aufsichtsrats S. 161.

[86] *von Braunbehrens* BB 1981, 2100; vgl. auch BGHZ 12, 327, 330 = NJW 1954, 797; 47, 341, 346 = NJW 1967, 1711.

[87] Zu § 109 AktG streitig, vgl. *Mertens*-KölnKommAktG § 107, 57; *Meyer-Landrut*-GroßkommAktG § 107, Anm. 9; *Geßler*/Hefermehl/Eckardt/Kropff § 107, 47. Wie hier *Eder*-GmbH-Handb. 481.19.

von Aufsichtratsmitgliedern zugelassen, so ist der *Vertreter* teilnahmeberechtigt, wenn ein Aufsichtsratsmitglied verhindert ist. In Betracht kommt auch die Teilnahme eines *Stimmboten*, wenn sie die Satzung vorsieht (Rdn 75). Im übrigen ist die Teilnahme Dritter nur zulässig, wenn kein Mitglied widerspricht. Abweichende Regelungen können in der *Satzung* oder in der Geschäftsordnung des Aufsichtsrats niedergelegt werden.

4. Unterbrechung, Vertagung

Eine **Unterbrechung** der Aufsichtsratssitzung liegt vor, wenn sie nach kurzer Frist **69** fortgesetzt wird, ohne daß eine neue Ladung erfolgt. Die Fortführung am selben Tag ist nach überwiegender und zutreffender Meinung nicht erforderlich[88]. Hingegen beendet die **Vertagung** die Sitzung, ohne daß über alle Punkte der Tagesordnung Beschluß gefaßt wurde. Sie kann mit der Anberaumung einer neuen Sitzung verbunden werden, für deren Einberufung aber die notwendigen Formen und Fristen (Rdn 66) zu beachten sind, es sei denn, alle Mitglieder verzichten darauf. Unterbrechungs- und Vertagungsklauseln können in die *Satzung* oder in die Geschäftsordnung aufgenommen werden. Ohne derartige Grundlage wird die Vertagung mit der Mehrheit der abgegebenen Stimmen beschlossen. Ist die Sitzung auf Verlangen einer Minderheit oder der Geschäftsführer oder von diesen einberufen worden (§ 110 Abs. 1, 2 AktG), so können Beschlüsse über die von ihnen eingebrachten Tagesordnungspunkte nur vertagt werden, wenn sie zustimmen[89].

5. Der Aufsichtsratsvorsitzende

a) **Wahl.** Die Wahl eines Aufsichtsratsvorsitzenden ist beim fakultativen Aufsichts- **70** rat nicht vorgeschrieben, denn § 52 Abs. 1 verweist nicht auf § 107 AktG. Sie kann jedoch in der *Satzung* oder in der Geschäftsordnung des Aufsichtsrats vorgesehen sein, was zweckmäßig ist. Die Satzung kann auch nähere Anordnungen darüber treffen, z. B. den Vorsitzenden bestimmen oder das Bestimmungsrecht einem Gesellschafter vorbehalten, ferner auch persönliche Voraussetzungen für die Wählbarkeit aufstellen. Fehlt eine Regelung, wird der Vorsitzende mit einfacher Mehrheit aus der Mitte des Aufsichtsrats gewählt. Sein Amt dauert bis zum Ende der Amtsperiode oder bis zu seinem Ausscheiden aus dem Aufsichtsrat. Doch kann er jederzeit mit einfacher Mehrheit des Aufsichtsrats wieder abberufen werden, ohne daß ein wichtiger Grund besteht[90]. Verzichtet der Aufsichtsrat auf die Bestellung eines Vorsitzenden, so ist dafür Sorge zu tragen, daß dessen Aufgaben anderweit erfüllt werden.

b) **Aufgaben.** Die Funktionen des Aufsichtsratsvorsitzenden ergeben sich aus seiner **71** Stellung[91]. Er hat die Sitzungen des Aufsichtsrats einzuberufen (Rdn 64), sie vorzubereiten und zu leiten sowie die Ausführung der Beschlüsse zu überwachen. Er trägt die Verantwortung für die innere Ordnung des Aufsichtsrats und ist das Bindeglied zwischen Aufsichtsrat auf der einen, Gesellschaftern und Geschäftsführern auf der anderen Seite. Die besonderen Berichtspflichten nach § 90 Abs. 1 S. 2, Abs. 5 S. 3 AktG gelten allerdings für den fakultativen Aufsichtsrat nicht. Zu seinen selbstverständlichen Pflichten gehört auch, für ein **Sitzungsprotokoll** zu sorgen und es zu unterschreiben. Dessen Mindestinhalt ergibt sich aus § 107 Abs. 2 S. 2 AktG, auf den § 52 Abs. 1 zwar

[88] Scholz/*Schneider* 282; *Paefgen* Struktur und Aufsichtsratsverfassung der mitbestimmten AG S. 199, 204 f.; aA *Schilling*-Voraufl. 118.
[89] *Schilling*-Voraufl. 118; Scholz/*Schneider* 283.
[90] Scholz/*Schneider* 213.
[91] *Peus* Der Aufsichtsratsvorsitzende S. 43 ff, 62 ff, 91 ff zum AktG.

nicht verweist, der aber, mit Ausnahme der inhaltlichen Wiedergabe des wesentlichen Inhalts der Verhandlungen, als allgemeiner Grundsatz des Körperschaftsrechts anzusehen ist[92]. Der Aufsichtsratsvorsitzende entscheidet auch über den Ablauf der Sitzung, über den Zeitpunkt der Abstimmungen sowie über Unterbrechung und Vertagung. Er kann in diesen Punkten aber von der Mehrheit der anwesenden Aufsichtsratsmitglieder überstimmt werden. Schließlich ist der Vorsitzende zur Abgabe und Entgegennahme von Erklärungen für den Aufsichtsrat befugt[93]. Doch ist er nicht organschaftlicher Vertreter des Aufsichtsrats, sondern nur sein **Sprecher.** Zur Vertretung des Aufsichtsrats im Rahmen der diesem nach § 112 AktG zustehenden organschaftlichen Vertretungsbefugnis ist er daher nur aufgrund einer besonderen Ermächtigung in der Lage[94]. Auch im übrigen hat er nicht mehr Rechte als die anderen Aufsichtsratsmitglieder.

72 c) **Ehrenvorsitz.** In der Unternehmenspraxis kommt es gelegentlich vor, daß eine für das Unternehmen besonders verdiente Persönlichkeit ausgezeichnet werden soll, indem sie zum Ehrenvorsitzenden des Aufsichtsrats bestellt wird. Die Position ist dem gesetzlichen Korporationsrecht unbekannt, doch bestehen jedenfalls beim fakultativen Aufsichtsrat keine Bedenken, sie zuzulassen. Der Ehrenvorsitzende wird jedoch nicht reguläres Aufsichtsratsmitglied, namentlich kann er nicht mit abstimmen. Nach § 109 Abs. 1 AktG ist auch seine Teilnahme an den Aufsichtsratssitzungen bedenklich[95]. Doch wird man beim fakultativen Aufsichtsrat in diesem Punkt großzügiger verfahren können, jedenfalls wenn die Teilnahme in der Satzung vorgesehen ist oder wenn die Aufsichtsratsmitglieder zustimmen[96].

6. Aufsichtsratsausschüsse

73 Das Gesetz sieht beim fakultativen Aufsichtsrat Ausschüsse nicht vor – § 107 Abs. 3 AktG gilt nicht. Doch kann die **Satzung** Ausschüsse einsetzen und deren Besetzung und Kompetenzen regeln oder den Aufsichtsrat dazu ermächtigen. Umgekehrt kann die Satzung die Einsetzung auch untersagen. Fehlt eine Satzungsbestimmung, kommt als Ermächtigungsgrundlage auch die Geschäftsordnung des Aufsichtsrats in Betracht. Ist diese von den Gesellschaftern beschlossen, können einem Ausschuß auch Entscheidungsbefugnisse übertragen werden, und zwar ohne die in § 107 Abs. 3 S. 2 AktG bezeichneten Grenzen. Setzt der Aufsichtsrat in der Geschäftsordnung oder durch Mehrheitsbeschluß selbst einen Ausschuß ein, so kann dieser nicht selbst entscheiden, sondern die Beschlüsse des Aufsichtsrats nur vorbereiten oder ihre Ausführung überwachen. Denn die ihm von den Gesellschaftern übertragenen Aufgaben hat der Aufsichtsrat als Plenum zu erfüllen[97].

7. Abstimmung und Beschluß

74 a) **Beschlußverfahren.** Der Aufsichtsrat entscheidet in der Regel in Sitzungen, d. h. aufgrund der Beratung und Abstimmung der anwesenden Mitglieder. § 108 AktG gilt für den fakultativen Aufsichtsrat nicht. Es entspricht aber allgemeiner Meinung, daß

---

[92] *Schilling*-Voraufl. 91; *Geßler*/Hefermehl/Eckardt/Kropff § 107, 50.
[93] *Mertens*-KölnKommAktG § 107, 34, 41.
[94] BGHZ 41, 282, 285 = NJW 1964, 1367; *Mertens*-KölnKommAktG § 107, 35.
[95] *Lutter* ZIP 1984, 645, 654; *Jüngst* BB 1984, 1583, 1584 f; *von Braunbehrens* BB 1981, 2100.
[96] *Lutter* aaO; Scholz/*Schneider* 220; vgl. auch BGHZ 47, 341, 346 = NJW 1967, 1711.
[97] *Schilling*-Voraufl. 92; Baumbach/Hueck/*Zöllner* 51; *Lutter/Krieger* Rechte und Pflichten des Aufsichtsrats S. 243; **aA** (auch beschließende Ausschüsse): Scholz/*Schneider* 313; *Skibbe* GmbH-Rdsch. 1961, 3, 5.

insoweit auf das Vereinsrecht des BGB zurückgegriffen werden kann[98]. Gemäß §§ 28, 32 Abs. 2 BGB können daher Beschlüsse auch **ohne Versammlung** gefaßt werden, wenn alle Mitglieder ihre Zustimmung zu dem Beschluß erklären. Darüber hinaus steht nichts im Wege, § 48 Abs. 2 entsprechend anzuwenden, denn die Erleichterungen, welche das Gesetz für die Abstimmung in der Gesellschafterversammlung vorsieht, passen aus denselben Gründen auch auf den fakultativen Aufsichtsrat. Danach bedarf es einer Aufsichtsratssitzung nicht, wenn sich sämtliche Aufsichtsratsmitglieder mit der schriftlichen Abstimmung oder schriftlich mit dem betreffenden Beschluß einverstanden erklären[99]. Zur schriftlichen Abstimmung genügen Fernschreiben, Telegramm oder Telekopie. Zweifelhaft ist, ob auch eine fernmündliche Abstimmung ohne Grundlage in der Satzung zugelassen werden kann[100]. Angesichts der Unsicherheit und schwierigen Nachprüfbarkeit einer solchen Abstimmung ist hier Zurückhaltung geboten, es sei denn, es läßt sich mit allen Aufsichtsratsmitgliedern eine Konferenzschaltung herstellen. Eine **gemischte Abstimmung** wird man ohne Satzungsbestimmung nur dann als zulässig ansehen können, wenn kein Mitglied widerspricht. Sie liegt vor, wenn ein Teil der Mitglieder in einer Sitzung abstimmt, während die Stimme der anderen nachträglich schriftlich eingeholt wird[101].

b) **Stellvertretung** bei der Stimmabgabe ist nur zulässig, soweit die Satzung generell **75**
die Vertretung bei der Wahrnehmung des Mandats erlaubt (Rdn 45)[102]. Ob stattdessen die Abgabe der Stimme durch einen **Stimmboten** entsprechend § 108 Abs. 3 AktG ohne Satzungsgrundlage in Betracht kommt, ist umstritten[103]. Die Übergabe einer schriftlichen Stimme durch einen Boten macht es erforderlich, daß sich das Aufsichtsratsmitglied inhaltlich festlegt, bevor zu dem Gegenstand die in der Aufsichtsratssitzung zu erwartenden mündlichen Informationen erteilt und darüber beraten wurde. Ein solches Verfahren widerspricht dem Sinn der gemeinsamen Willensbildung in einem Kollegialorgan und liegt regelmäßig nicht im Gesellschaftsinteresse. Beim Institut des Stimmboten handelt es sich vielmehr um einen Notbehelf, der im Aktienrecht dazu dient, die Folgen des als zu rigide empfundenen Verbots der Stellvertretung abzumildern. Bei der GmbH, in der Stellvertretung durch die Satzung zugelassen werden kann, besteht hierfür kein legitimes Bedürfnis. Läßt die Satzung Stellvertretung nicht zu, bringen die Gesellschafter dadurch im Gegenteil zum Ausdruck, daß sie eine persönliche Wahrnehmung des Aufsichtsratsmandats erwarten.

c) **Beschlußfähigkeit.** Die Beschlußfähigkeit des Aufsichtsrats setzt zunächst voraus, **76**
daß sämtliche Mitglieder ordnungsgemäß geladen wurden und der Gegenstand in der Ladung bezeichnet wurde (§§ 28, 32 Abs. 1 S. 2 BGB; s. Rdn 66). Wieviele Aufsichtsratssitze mindestens besetzt sein und wieviele Mitglieder sich an der Abstimmung beteiligen müssen, sagt das Gesetz hingegen nicht[104]. In einem Teil des Schrifttums wird daraus der Schluß abgeleitet, daß bei ordnungsmäßiger Ladung ein anwesendes Aufsichtsratsmitglied genügt[105]. Demgegenüber wird von anderer Seite die Ansicht vertreten, § 108

98 *Schilling*-Voraufl. 102; *Mertens*-KölnKommAktG § 108, 15 m. w. Nachw.

99 Einzelheiten bei *Hüffer* § 48, 40 ff.

100 Ablehnend *Schilling*-Voraufl. 104, bejahend Scholz/*Schneider* 303; *Eder*-GmbH-Handb. 481.17.

101 Wie im Text *Schilling*-Voraufl. 104. Generell ohne Bedenken gegen gemischte Abstimmung dagegen Scholz/*Schneider* 303. Vgl. auch BGH WM 1990, 586, 588, wo die gemischte Abstimmung in der Gesellschafterversammlung einer Personengesellschaft generell zugelassen wird.

102 AA *Eder*-GmbH-Handb. 481.10.

103 Verneinend Baumbach/Hueck/*Zöllner* 52; bejahend Scholz/*Schneider* 303; Fischer/*Lutter*/*Hommelhoff* 17; *Meyer-Landrut*/Miller/Niehus 25.

104 *Schilling*-Voraufl. 103.

105 *Schilling*-Voraufl. 103; Scholz/*Schneider* 289; Baumbach/Hueck/*Zöllner* 52; Rowedder/*Koppensteiner*[2] 17; wohl auch *Meyer-Landrut*/Miller/Niehus 41.

Abs. 2 AktG enthalte einen allgemeinen Grundsatz des modernen Korporationsrechts und gelte daher auch ohne förmliche Verweisung[106]. Danach wäre die Beschlußfähigkeit nur gegeben, wenn wenigstens die Hälfte der nach der Satzung vorgesehenen Zahl der Aufsichtsratsmandate besetzt ist und mindestens drei Mitglieder an der Beschlußfassung teilnehmen. Die Begründung überzeugt jedoch nicht, denn eine allgemeine korporationsrechtliche Anerkennung dieser Regeln ist nicht zu erkennen. Mangels anderweitiger Regelung in der Satzung oder Geschäftsordnung des Aufsichtsrats muß es deshalb dabei bleiben, daß die Mitwirkung eines Aufsichtsratsmitglieds genügt. Ist der Aufsichtsrat nach der Satzung beschlußfähig, wenn mehr als die Hälfte seiner Mitglieder anwesend ist, so ist die Hälfte im Zweifel nach der Sollstärke und nicht nach der Zahl der tatsächlich vorhandenen Aufsichtsratsmitglieder zu berechnen[107].

77 d) **Abstimmung.** Aufsichtsratsbeschlüsse müssen **ausdrücklich** gefaßt werden. Stillschweigend oder konkludent gefaßte Beschlüsse sind nicht möglich[108]. Jedes Mitglied hat eine Stimme. **Mehrfachstimmrechte** können angesichts der personalistischen Struktur des Aufsichtsrats auch durch die Satzung **nicht** begründet werden[109]. Die Abstimmung ist grundsätzlich offen. Ob die Satzung **geheime Abstimmung** vorschreiben darf, ist im aktien- und mitbestimmungsrechtlichen Schrifttum umstritten (vgl. Rdn 214). Beim fakultativen Aufsichtsrat bestehen dagegen keine grundsätzlichen Bedenken, denn ein allgemeiner körperschaftsrechtlicher Grundsatz, wonach Abstimmungen in Kollegialorganen offen sein müssen, ist nicht nachweisbar[110]. Demgemäß kann der Aufsichtsrat auch mit Mehrheit geheime Abstimmung beschließen. Jedes Aufsichtsratsmitglied hat das Recht, einen entsprechenden Antrag zu stellen.

78 Der Beschluß ergeht mit **einfacher Mehrheit** der erschienenen Mitglieder (vgl. §§ 28, 32 Abs. 1 S. 3 BGB). Stimmenthaltungen werden nicht mitgezählt[111]. Die Satzung kann einen anderen Abstimmungsmodus vorsehen, namentlich eine qualifizierte Mehrheit vorschreiben oder dem Vorsitzenden bei Stimmengleichheit den Stichentscheid einräumen[112]. Nach §§ 34 BGB, 47 Abs. 4 GmbHG, die allgemeine körperschaftsrechtliche Grundsätze zum Ausdruck bringen, ist ein Mitglied **nicht stimmberechtigt**, wenn die Beschlußfassung die Vornahme eines Rechtsgeschäfts mit ihm oder die Einleitung oder Erledigung eines Rechtsstreits zwischen ihm und der Gesellschaft betrifft. Die Regelung ist zwingend[113]. Noch nicht endgültig geklärt ist, ob es weitere ungeschriebene Stimmverbote wegen Interessenkollision gibt. Soll ein Aufsichtsratsmitglied zum Geschäftsführer bestellt werden, so ist es so wenig von der Abstimmung ausgeschlossen wie ein kandidierender Gesellschafter in dem Fall, daß die Wahl in die Zuständigkeit der Gesellschafterversammlung fällt. Denn es handelt sich um einen Akt der körperschaftlichen Willensbildung[114]. Daneben wird ein Stimmverbot für Fälle schwerer Interessenkollision in der Person eines Aufsichtsratsmitglieds erwogen, die nicht anders lösbar

---

106 *Lutter/Krieger* Rechte und Pflichten des Aufsichtsrats S. 242 f; ähnlich Fischer/*Lutter/Hommelhoff* 28.

107 BGHZ 4, 224, 228 = NJW 1952, 343; vgl. auch RGZ 146, 145, 151; 161, 129, 135.

108 BGHZ 10, 187, 194 = NJW 1953, 1465; 41, 282, 286 = NJW 1964, 1367; BGH WM 1960, 803, 805; 1961, 569, 574; 1970, 1394, 1395; OLG Frankfurt WM 1974, 936, 938; *Baums* ZGR 1983, 300, 334 ff.

109 **AA** Scholz/*Schneider* 294.

110 Scholz/*Schneider* 302; *Raiser* KapGesR § 15 IV 3; *U. H. Schneider* Festschrift Fischer S. 727; *Ulmer* AG 1982, 300; **aA** *Mertens*-KölnKommAktG § 108, 32; *ders.* AG 1975, 245; *Kastner* Festschrift Strasser S. 843, 853 ff.

111 *Schilling*-Voraufl. 102; Scholz/*Schneider* 301.

112 *Schilling*-Voraufl. 106; Scholz/*Schneider* 301; Baumbach/Hueck/*Zöllner* 136.

113 HM, vgl. *Schilling*-Voraufl. 102; Scholz/*Schneider* 295; Baumbach/Hueck/*Zöllner* 52; Rowedder/*Koppensteiner*[2] 17; *Ulmer* NJW 1982, 2288, 2289; **aA** *Behr* AG 1984, 281, 284.

114 *Hüffer* § 47, 169; zum Aufsichtsrat *Wilhelm* NJW 1983, 912; *Mertens* ZGR 1983, 189, 203 ff; *Behr* AG 1984, 281, 284 ff; **aA** Baumbach/Hueck/*Zöllner* 52; *Ulmer* NJW 1982, 2288; Scholz/*Schneider* 295.

sind[115]. Doch ist beim fakultativen Aufsichtsrat einstweilen nicht erkennbar, welche Fälle dafür in Betracht kommen sollen. Angesichts der enumerativen Fassung der §§ 34 BGB, 47 Abs. 4 GmbHG ist gegenüber einer extensiven Interpretation dieser Vorschriften schon aus Gründen der Rechtssicherheit Vorsicht geboten[116].

8. Fehlerhafte Beschlüsse

a) **Nichtige Stimme.** Die Stimmabgabe ist ein Rechtsgeschäft, das nach allgemeinen Grundsätzen nichtig sein kann. Auf den Beschluß wirkt sich dies je nach Umständen verschieden aus. Ist die erforderliche Mehrheit auch ohne die nichtige Stimme zustande gekommen, so ist der Beschluß gültig. Wird die Mehrheit von den anderen Stimmen nicht erreicht, so ist er nicht wirksam zustande gekommen. Eine – irrtümliche – Feststellung des Beschlußergebnisses durch den Sitzungsleiter ändert daran nichts, denn sie ist nicht verbindlich. Der Mangel kann jedoch geheilt werden, wenn das Mitglied nachträglich eine gültige Stimme abgibt. Die Nichtigkeit muß notfalls durch Feststellungsklage geltend gemacht werden, die binnen angemessener Frist zu erheben ist[117]. Die Rechtslage entspricht im übrigen der bei nichtigen Stimmen in der Gesellschafterversammlung. Zu den Einzelheiten ist daher auf die Kommentierung hierzu zu verweisen. (Anh. § 47, 16 ff). **79**

b) **Inhaltsmängel.** Verstößt ein Aufsichtsratsbeschluß durch seinen Inhalt gegen das *Gesetz*, gegen die *Satzung* oder gegen die *guten Sitten*, so ist er nach herkömmlicher, sich auf die **hL** zum Vereinsrecht[118] stützender Ansicht gemäß §§ 134, 138 BGB **nichtig**. Die Frage ist in den letzten Jahren vor allem bei Aufsichtsratsbeschlüssen relevant geworden, welche die Mitbestimmungsrechte der Arbeitnehmer einschränken[119]. Beim fakultativen Aufsichtsrat kann sie in anderen Zusammenhängen auftreten, z. B. bei der Wahl von Geschäftsführern, welche die gesetzlichen oder satzungsmäßigen Eignungsvoraussetzungen nicht erfüllen, bei Verstößen gegen die Vorschriften zur Kapitalerhaltung, bei Entscheidungen des Aufsichtsrats außerhalb seiner Zuständigkeit, bei Beschlüssen, welche die Aufsichtsratsmitglieder bei der Verteilung von Tantiemen ungleich behandeln u. ä. **80**

In jüngster Zeit hat demgegenüber die Meinung Anklang gefunden, daß nicht alle Aufsichtsratsbeschlüsse gleich beurteilt werden können. Die Vertreter dieser Ansicht wollen stattdessen ähnlich wie bei mangelhaften Gesellschafterbeschlüssen (vgl. Anh. § 47) §§ 241, 243 AktG analog anwenden mit der Folge, daß bei schweren Mängeln Nichtigkeit, bei leichteren **Anfechtbarkeit** vorliegt[120]. Die Rechtsprechung hat sich dieser Lehre bisher nicht angeschlossen[121]. An ihr ist jedoch richtig, daß es zu schwer erträglichen Konsequenzen führen würde, wenn es jedermann für unbe- **81**

---

[115] *Ulmer* aaO; Scholz/*Schneider* 295; Baumbach/Hueck/*Zöllner* 52.

[116] Dies entspricht auch den neueren Tendenzen im Schrifttum zum obligatorischen Aufsichtsrat; vgl. *Ulmer* NJW 1980, 1603, 1605; *Lutter* ZHR 145 (1981), 224, 247; *Werner* ZHR 145 (1981), 252, 266 f; *Matthießen* Stimmrecht und Interessenkollision im Aufsichtsrat.

[117] Baumbach/Hueck/*Zöllner* 53.

[118] *Geßler*/Hefermehl/Eckardt/Kropff § 108, 70; *Meyer-Landrut*-GroßkommAktG § 108 Anm.7; zum BGB *Reuter*-MünchKommBGB § 32, 30 ff.

[119] BGHZ 64, 325, 327 ff = NJW 1975, 1412; 83, 144, 146 = NJW 1982, 1528; 85, 293, 295 = NJW 1983, 991; BGH WM 1983, 446; OLG Hamburg BB 1982, 1686; DB 1984, 1567; OLG Frankfurt BB 1985, 1286, 1287; vgl. auch BGHZ 106, 54, 67 = NJW 1989, 979.

[120] *Mertens*-KölnKommAktG § 108, 61 ff; *Baums* ZGR 1983, 300, 305 ff; *Axhausen* Anfechtbarkeit aktienrechtlicher Aufsichtsratsbeschlüsse S. 157 ff; Hanau/*Ulmer* MitbestG § 25, 37; MünchHdb.AG/*Hoffmann-Becking* § 31, 98; Scholz/*Schneider* 309; Fischer/*Lutter*/*Hommelhoff* 38; Rowedder/*Koppensteiner*[2] 19; *Lutter*/*Krieger* Rechte und Pflichten des Aufsichtsrats S. 173.

[121] S. die Nachweise in Fn 119.

grenzte Zeit gestattet wäre, sich auf die Nichtigkeit eines Aufsichtsratsbeschlusses zu berufen. Auf der anderen Seite hat sich inzwischen die Übernahme der aktienrechtlichen Vorschriften selbst zur Beurteilung von fehlerhaften Gesellschafterbeschlüssen als brüchig erwiesen, so daß die neueste Literatur davon abrückt (Anh. § 47, 4 ff, 99).

82 In dieser Lage wäre es **verfehlt**, die **Analogie** auf Aufsichtsratsbeschlüsse in der GmbH auszudehnen. Stattdessen sind die angemessenen Beurteilungskriterien und Rechtsfolgen aufgrund sachverhaltsbezogener Einzelargumentation mit anderen dogmatischen Instrumenten zu bewältigen. In Betracht kommen in erster Linie die Beschränkung des Personenkreises derer, welche die Nichtigkeit geltend machen können, aufgrund einer differenzierten Beurteilung des Rechtsschutzinteresses für die dazu erforderliche Feststellungsklage, ferner die zeitliche Begrenzung mit Hilfe des Rechtsinstituts der Verwirkung[122]. Beide Instrumente haben den Vorteil der Flexibilität und lassen sich deshalb je nach Eigenart und Schwere des Fehlers abstufen. Immerhin sollte dem Nichtigkeitsfeststellungsurteil die **Wirkung inter omnes** analog §§ 248, 249 AktG beigelegt werden (vgl. Anh. § 47, 236 ff).

83 Ein **Rechtsschutzinteresse**, die Nichtigkeit fehlerhafter Aufsichtsratsbeschlüsse feststellen zu lassen, haben regelmäßig die Mitglieder des Aufsichtsrats selbst. Angesichts der organschaftlichen Rechtsposition und der Verpflichtung auf das Unternehmensinteresse nach § 116 AktG (Rdn 137, 249 ff) muß jedem **Aufsichtsratsmitglied** das Recht zustehen, die Nichtigkeit eines Aufsichtsratsbeschlusses durch Feststellungsklage oder auch implizit in einem anderen Verfahren geltend zu machen. Es handelt sich um ein Individual-, nicht um ein Minderheitsrecht. Doch ist das Recht an die Ausübung der Funktionen im Aufsichtsrat gebunden. Das Rechtsschutzinteresse kann daher fehlen, wenn das Aufsichtsratsmitglied die Klage ausschließlich aus eigensüchtigen Motiven oder zugunsten von außerhalb des Unternehmens stehenden Personen erhebt[123]. Nach denselben Regeln ist die Klagebefugnis von **Geschäftsführern** zu beurteilen. Auch bei **Gesellschaftern** ist das berechtigte Interesse an der Nichtigkeitsfeststellungsklage regelmäßig zu bejahen. Soweit der Aufsichtsratsbeschluß direkt oder mittelbar in die Mitgliedschaft eingreift, kann die Klage wie die allgemeine Gesellschafterklage (§ 14, 36 ff) auch im eigenen Interesse des Mitglieds erhoben werden. Bei nicht der Gesellschaft angehörenden **Dritten** wird man das Rechtsschutzinteresse in der Regel zu verneinen haben. Jedoch sind Fälle denkbar, die anders beurteilt werden müssen. So kann z. B. ein Vertragspartner ein berechtigtes Feststellungsinteresse daran haben, daß der Geschäftsführer, der als sein Verhandlungspartner auftritt, nicht wirksam vom Aufsichtsrat bestellt wurde.

84 Für die zeitliche Begrenzung unter dem Gesichtspunkt der **Verwirkung** bietet sich an, sich an den Fristen für die Anfechtung von Gesellschafterbeschlüssen zu orientieren. Danach müssen die Mängel unverzüglich geltend gemacht werden, wobei eine angemessene Frist für die notwendigen Vorgespräche und Verhandlungen zwischen den Beteiligten einzurechnen ist (Anh. § 47, 177 ff). Nur bei besonders schwerwiegenden Fehlern kann die Nichtigkeit darüber hinaus unbegrenzt geltend gemacht werden. In Betracht kommen vor allem Verstöße gegen Gesetzesvorschriften, welche die Allgemeinheit berühren, oder gegen die guten Sitten. Als Anhaltspunkt für die Beurteilung können die Formulierungen in § 241 Nr. 3 AktG dienen. Danach wären Aufsichtsratsbeschlüsse unbegrenzt angreifbar, die mit dem Wesen der GmbH nicht vereinbar sind oder durch

---

[122] So vor allem Baumbach/Hueck/*Zöllner* 56.
[123] Differenzierend *Stodolkowitz* ZHR 154 (1990), 1, 17; *Mertens* ZHR 154 (1990), 24, 28 ff.

ihren Inhalt Vorschriften verletzen, die ausschließlich oder überwiegend zum Schutze der Gläubiger der Gesellschaft oder sonst im öffentlichen Interesse gegeben sind.

c) **Verfahrensmängel.** Nach denselben Grundsätzen lassen sich auch Fehler beim Zustandekommen der Beschlüsse beurteilen[124]. Bei Verstößen gegen reine *Formvorschriften* des Gesetzes oder der Satzung ist das Rechtsschutzinteresse an der Feststellung der Nichtigkeit regelmäßig zu verneinen (vgl. § 107 Abs. 2 S. 3 AktG). Auch die gesetz- oder satzungswidrige *Teilnahme* eines *Dritten* an der Aufsichtsratssitzung, der nicht mitgestimmt hat, ist kein Grund zum Angriff gegen den Beschluß[125]. Hat sich der Dritte an der Abstimmung beteiligt, so kommt es dagegen darauf an, ob seine Stimme Einfluß auf das Ergebnis hatte[126]. Wurden die Aufsichtsratsmitglieder nicht rechtzeitig oder nicht ordnungsgemäß unter Angabe der Tagesordnung und Übersendung der notwendigen Unterlagen *geladen*, so kann der Fehler nicht geltend gemacht werden, wenn alle Mitglieder erschienen sind und an der Abstimmung teilgenommen haben[127]. Wurde ein Aufsichtsratmitglied nicht oder nicht ordnungsgemäß geladen und erscheint deshalb nicht oder erklärt sich außerstande, den Beschlußgegenstand ausreichend beurteilen zu können, so kann es den Beschluß angreifen (vgl. §§ 32 Abs.1 S. 2 BGB, 241 Nr. 1 AktG). Wegen des schweren Verfahrensfehlers ist das Rechtsschutzinteresse auch für eine Nichtigkeitsfeststellungsklage der übrigen Aufsichtsratsmitglieder, eines Gesellschafters oder eines Geschäftsführers zu bejahen. Hat das nicht ordnungsgemäß geladene Aufsichtsratsmitglied dem Beschluß jedoch in der Sitzung oder nachträglich zugestimmt, so entfällt das Rechtsschutzinteresse der anderen Beteiligten. Beschlüsse eines *nicht ordnungsgemäß besetzten* oder *beschlußunfähigen* Aufsichtsrats können ebenfalls von allen Aufsichtsratsmitgliedern, von den Gesellschaftern und den Geschäftsführern, in der Regel jedoch nicht von außenstehenden Dritten mit der Nichtigkeitsfeststellungsklage angegriffen werden[128]. Bilden Aufsichtsrat und Geschäftsführer ein *einheitliches Gremium*, so sind dessen Beschlüsse unwirksam, es sei denn, die Satzung sieht ein solches Verfahren vor (Rdn 35 ff)[129]. Die Nichtigkeit kann von allen Gesellschaftern und Organmitgliedern geltend gemacht werden. Bei *anderen Verstößen* gegen Verfahrensvorschriften der Satzung und der Geschäftsordnung ist durch Auslegung zu ermitteln, ob die Nichtigkeit dem Zweck der Norm entspricht und wer ein schutzwürdiges Interesse daran hat, die Nichtigkeit geltend zu machen. 85

VIII. Aufgaben und Kompetenzen des Aufsichtsrats

Schrifttum

Adler/Düring/Schmaltz Rechnungslegung und Prüfung der Unternehmen⁵ (1987); *Baums* Der Geschäftsleitervertrag (1987); *Clemm* Abschlußprüfer und Aufsichtsrat, ZGR 1980, 455; *Duden* Überwachung: wen oder was? Festschrift Fischer (1979) S. 95; *Großfeld/Brondics* Die Stellung des fakultativen Aufsichtsrates (Beirat) in der Gesellschaft mit beschränkter Haftung und in der GmbH & Co. KG, AG 1987, 293; *Heidinger* Aufgaben und Verantwortlichkeit von Aufsichtsrat und Beirat der GmbH (1989); *Hennerkes/Binz/May* Die Steuerungsfunktion des Beirates in der Familiengesellschaft, DB 1987, 469; *Hommelhoff* Die Konzernleitungspflicht (1982); *ders.* Die Autarkie des Aufsichtsrats, ZGR 1983, 551; *Hüffer* Der Aufsichtsrat in der Publikumsgesellschaft, ZGR 1980, 320; *Kastner* Aufsichtsrat und Realität, Festschrift Strasser (1983) S. 843; *Lutter/*

---

124 Baumbach/Hueck/*Zöllner* 55.

125 BGHZ 47, 341, 349 f = NJW 1967, 1711; *Mertens*-KölnKommAktG § 108, 65; *Baums* ZGR 1983, 300, 324; Scholz/*Schneider* 308; Baumbach/Hueck/*Zöllner* 55.

126 BGHZ 12, 327, 331 = NJW 1954, 797, s. Rdn 79.

127 *Baums* ZGR 1983, 300, 314; Baumbach/Hueck/*Zöllner* 55.

128 Vgl. BGHZ 4, 224, 229 = NJW 1952, 343.

129 Vgl. OLG Schleswig ZfgG 1969, 87 mit Anm. *Pleyer*; vgl. dazu *Baums* ZGR 1983, 300, 323 f.

Krieger Rechte und Pflichten des Aufsichtsrats² (1989); *Martens* Der Beirat in der Kommanditgesellschaft auf Aktien, AG 1982, 113; *Schneider* Konzernleitung als Rechtsproblem, BB 1981, 249; *Semler* Die Überwachungsaufgabe des Aufsichtsrats (1980); *ders.* Die Unternehmensplanung in der Aktiengesellschaft, ZGR 1983, 1; *Theisen* Die Überwachung der Unternehmensführung (1987); *ders.* Die Überwachungsberichterstattung des Aufsichtsrats, BB 1988, 705; *Timm* Die Aktiengesellschaft als Konzernspitze (1980); *Vogel* Aktienrecht und Aktienwirklichkeit (1980).

1. Überwachung der Geschäftsführung

86 a) **Grundsatz.** Nach § 111 Abs. 1 AktG hat der Aufsichtsrat die Geschäftsführung zu überwachen. Die Vorschrift gilt auch für den fakultativen Aufsichtsrat der GmbH. Sie enthält die zentrale und kennzeichnende Aufgabenzuweisung an das Organ. Ein Gremium, das die Geschäftsführung nicht überwacht, kann daher kein Aufsichtsrat sein (Rdn 17). Die Überwachung bezieht sich aber nur auf die Geschäftsführer, nicht hingegen auf die Gesellschafterversammlung, auch soweit diese Geschäftsführungsaufgaben wahrnimmt. Das folgt aus der übergeordneten Position der Gesellschafter in der GmbH. Gesellschafterbeschlüsse unterliegen daher nur insoweit der Kontrolle eines Aufsichtsrats, als sie von den Geschäftsführern ausgeführt werden[130]. Soweit leitende Mitarbeiter bei der Vorbereitung oder Durchführung der Maßnahmen der Geschäftsführer beteiligt sind, kann ihre Tätigkeit in die Kontrolle einbezogen werden[131]. Unmittelbarer Adressat des Aufsichtsrats sind jedoch stets die Geschäftsführer.

87 Die **Kontrolle umfaßt** die *Rechtmäßigkeit*, die *Ordnungsmäßigkeit*, die *Zweckmäßigkeit* und die *Wirtschaftlichkeit* der Geschäftsführung[132]; ferner die *angemessene Wahrnehmung der sozialen Verpflichtungen*[133]. Unter dem Gesichtspunkt der Wirtschaftlichkeit hat sie vor allem auf die Sicherung der Liquidität, Rentabilität und Stärkung der künftigen Ertragskraft des Unternehmens zu achten.

88 Der Aufsichtsrat hat dafür zu sorgen, daß sich die Geschäftsführer an die **geltenden Gesetze**, Satzungs- und Geschäftsordnungsvorschriften halten. Dabei dürfen die Anforderungen allerdings nicht überspannt werden. Namentlich die Beachtung allgemeiner, das Außenverhalten des Unternehmens regulierender Vorschriften, z. B. des allgemeinen Vertragsrechts, Arbeits- und Sozialrechts, Wettbewerbsrechts, Steuerrechts oder Umweltschutzrechts, kann der Aufsichtsrat nur kontrollieren, soweit es sich um schwerwiegende Verstöße handelt, die ihm bekannt wurden oder die in unmittelbarem Zusammenhang mit der Unternehmensleitung stehen, auf die sich seine Überwachungspflicht primär bezieht[134]. Als **nicht ordnungsgemäß** hat der Aufsichtsrat Akte der Geschäftsführung zu beanstanden, wenn sie z. B. nicht ausreichend vorbereitet oder nicht sorgfältig ausgeführt wurden. Die Überwachungspflicht umfaßt darüber hinaus aber auch die organisatorische und wirtschaftliche Zweckmäßigkeit der Geschäftsführungsmaßnahmen. Der Aufsichtsrat hat sich ein eigenes Bild von den positiven und negativen Auswirkungen einer Maßnahme zu machen und seine Meinung dazu gegenüber den Geschäftsführern zum Ausdruck zu bringen. Treten Meinungsverschiedenheiten zwischen Geschäftsführern und Aufsichtsrat auf, die sich im Gespräch nicht beseitigen

---

130 HM, *Schilling*-Voraufl. 122; Scholz/*Schneider* 59; Fischer/*Lutter*/*Hommelhoff* 11; *Semler* Die Überwachungsaufgabe des Aufsichtsrats S. 25; *U. H. Schneider* BB 1981, 249, 252; *Martens* AG 1982, 113, 117; aA *Duden* Festschrift Fischer S. 95, 99; *Kastner* Festschrift Strasser S. 843, 859.

131 Vgl. zur AG BGHZ 75, 120, 133 = NJW 1979, 1879; *Geßler*/Hefermehl/Eckardt/Kropff § 111, 15 ff; *Meyer-Landrut*-GroßkommAktG § 111 Anm. 2; *Mertens*-KölnKommAktG § 111, 32.

132 *Semler* Die Überwachungsaufgabe des Aufsichtsrats S. 68 ff; Scholz/*Schneider* 63.

133 *Schilling*-Voraufl. 122; Fischer/*Lutter*/*Hommelhoff* 11.

134 *Raiser* ZGR 1989, 44, 64; *Lutter*/*Krieger* Rechte und Pflichten des Aufsichtsrats S. 35.

lassen, so kann sich der Aufsichtsrat gegenüber der Geschäftsführung allerdings nicht durchsetzen, denn die unternehmerische Initiative und die damit verbundene Verantwortung für die Unternehmensleitung liegt bei den Geschäftsführern. Diese genießen eine Ermessensfreiheit, die der Aufsichtsrat nicht beschränken kann.

In diesen Grenzen ist die Überwachung zunächst **retrospektiv**: Der Aufsichtsrat **89** kann die Bücher und Schriften der Gesellschaft sowie die Vermögensgegenstände, namentlich die Gesellschaftskasse und die Bestände an Wertpapieren und Waren einsehen und prüfen (§ 111 Abs. 2 S. 1 AktG i. V. m. § 52 Abs. 1 GmbHG). Der Schwerpunkt der Kontrolle liegt aber nach heutigem Verständnis in der **vorausschauenden Überwachung**, der Unternehmensplanung und in der Mitwirkung an den Entscheidungen über die künftige Geschäftspolitik[135]. Das ergibt sich mittelbar aus § 90 Abs. 1 Nr. 1 AktG, wonach der Vorstand dem Aufsichtsrat über die beabsichtigte Geschäftspolitik und andere grundsätzliche Fragen der künftigen Geschäftsführung zu berichten hat. Auch wenn § 52 diese Vorschrift nicht übernimmt (Rdn 114), ist sie für den Charakter des Aufsichtsrats als Unternehmensorgan doch generell signifikant.

b) **Mittel der Überwachung.** Um seine Aufgabe zu erfüllen, hat sich der Aufsichtsrat **90** zunächst die notwendigen **Informationen** zu verschaffen, indem er die Berichte der Geschäftsführer entgegennimmt, Bücher und Unterlagen einsieht und Fragen an die Geschäftsführer stellt (Rdn 114). Soweit er nicht von selbst ausreichend aufgeklärt wird, hat er eigene Initiative zu entfalten, um sich die erforderlichen Informationen zu beschaffen. Ferner hat er die anstehenden Gegenstände intern und mit den Geschäftsführern zu beraten. Gegebenenfalls muß er einzelne Maßnahmen beanstanden oder die Geschäftsführung insgesamt mißbilligen. Soweit ein Zustimmungsvorbehalt gemäß § 111 Abs. 4 S. 2 AktG besteht (Rdn 109), muß er entscheiden, ob die Zustimmung erteilt werden soll. Er kann aber auch beschließen, bestimmte Arten von Geschäften künftig an seine Zustimmung zu binden (§ 111 Abs. 4 S. 2 AktG, s. Rdn 109 f). Soweit ein Anlaß dazu besteht, kann er besondere Sachverständige heranziehen und mit der Prüfung beauftragen (§ 111 Abs. 2 S. 2 AktG).

Welche Maßnahmen er ergreift, liegt in seinem, auf seine Funktion als Aufsichtsor- **91** gan bezogenen **Ermessen.** Daß er nur die über den gewöhnlichen Geschäftsbetrieb hinausgehenden Geschäfte und Maßnahmen und die wesentlichen Gesichtspunkte aufgreifen kann, ergibt sich schon aus seinen zeitlich und sachlich beschränkten Arbeitsmöglichkeiten und aus der sachgemäßen Abgrenzung zwischen Geschäftsführung und Überwachung. Es ist nicht Aufgabe des Aufsichtsrats, gewissermaßen als Oberleitungsorgan die Geschäftsführung an sich zu ziehen oder jedes mit einem Risiko verbundene Geschäft zu verhindern[136]. Zu laufenden Berichten an die Gesellschafterversammlung oder einzelne Gesellschafter ist der Aufsichtsrat nicht verpflichtet, denn er nimmt seine Aufgabe in eigener Verantwortung wahr. Er kann aber berichten und hat dies zu tun, wenn es das Wohl der Gesellschaft fordert. Dies ist namentlich dann der Fall, wenn die von ihm getroffenen Maßnahmen der Überwachung – z. B. die Anordnung der Zustimmungspflicht nach § 111 Abs. 4 S. 2 AktG – nicht ausreichen, um Schaden von der Gesellschaft abzuwenden[137], ferner, wenn er einen wichtigen Grund feststellt, der zur Abberufung eines Geschäftsführers berechtigt (§ 38 Abs. 2).

---

[135] *Schilling*-Voraufl. 122; Scholz/*Schneider* 62; *Semler* Die Überwachungsaufgabe des Aufsichtsrats S. 97 ff; vgl. auch Art. 72 des Entwurfs für ein Statut der Europäischen Aktiengesellschaft vom 25. August 1989 (BT-Drucks. XI/5427, S. 38 f.).

[136] BGHZ 69, 207, 213 = NJW 1977, 2311; OLG Köln AG 1978, 17, 21; *Schilling*-Voraufl. 122.

[137] RGZ 161, 129, 139; *Schilling*-Voraufl. 123, 125.

92 Darüber hinaus hat der Aufsichtsrat gemäß § 111 Abs. 3 AktG das Recht und die Pflicht, die **Gesellschafterversammlung** selbst **einzuberufen**, wenn es das Wohl der Gesellschaft fordert. Die Mitglieder des Aufsichtsrats sind berechtigt und verpflichtet, an der von ihnen einberufenen Gesellschafterversammlung teilzunehmen. Wurde die Versammlung dagegen gemäß §§ 49, 50 einberufen, haben sie kein Teilnahmerecht, denn auf § 118 Abs. 2 AktG ist in § 52 nicht in Bezug genommen. Auf Verlangen der Gesellschafter sind die Aufsichtsratsmitglieder jedoch zur Teilnahme verpflichtet. Aus der Stellung des Aufsichtsrats als einem von den Gesellschaftern eingesetzten Organ ergibt sich auch, daß der Aufsichtsrat auf Verlangen der Gesellschafter diesen bzw. der Gesellschafterversammlung schriftlich oder mündlich über Art und Umfang seiner Überwachungstätigkeit zu berichten hat. Über Einzelheiten ist der Vorsitzende gegenüber der Gesellschafterversammlung auskunftspflichtig[138]. Im übrigen tritt die Überwachung der Geschäftsführer von seiten der Gesellschafter neben die des Aufsichtsrats. Verweigert der Aufsichtsrat die Zustimmung zu zustimmungspflichtigen Geschäften, so liegt die Entscheidung gemäß § 111 Abs. 4 S. 3 AktG bei den Gesellschaftern (Rdn 111). Um Reibungen und Kompetenzkonflikte zwischen den beiden Organen zu vermeiden, empfiehlt es sich, den Fragenkreis in der Satzung zu regeln.

93 c) **Konzern.** Die Überwachungspflicht des Aufsichtsrats erstreckt sich auch auf die Verwaltung von Beteiligungen und die damit verbundene Tätigkeit der Geschäftsführer in abhängigen Unternehmen sowie auf die Ausübung der Rechte aus Unternehmensverträgen[139]. Daraus folgt, daß die Kontrolle des Aufsichtsrats im **herrschenden Unternehmen** eines Konzerns eine doppelte Zielrichtung aufweist. Sie bezieht sich einmal auf die Maßnahmen der Konzernorganisation, -leitung und -politik, soweit die Geschäftsführer im herrschenden Unternehmen unmittelbar darüber entscheiden oder Beschlüsse der Gesellschafter des herrschenden Unternehmens vollziehen. Zum zweiten erstreckt sie sich auch auf die Entscheidungen, welche die Geschäftsführer in Ausübung der dem herrschenden Unternehmen zustehenden Stimmrechte in der Gesellschafterversammlung des abhängigen Unternehmens durchsetzen oder doch maßgeblich beeinflussen, auf die Weisungen, welche die Geschäftsführer der Leitung des abhängigen Unternehmens aufgrund eines Beherrschungsvertrages erteilen, und auf die Nachteile, die sie im faktischen Konzern dem abhängigen Unternehmen zufügen, einschließlich des dafür gewährten Ausgleichs (vgl. § 311 AktG).

94 Alle derartigen Maßnahmen der von den Geschäftsführern ausgeübten Konzernleitung sind nach denselben Maßstäben der Rechtmäßigkeit, Ordnungsmäßigkeit, Zweckmäßigkeit, Wirtschaftlichkeit und sozialen Verantwortung vom Aufsichtsrat der Obergesellschaft zu prüfen wie bei der unabhängigen Gesellschaft[140]. Die Überwachung umfaßt schließlich auch die Tätigkeit eines Geschäftsführers, der kraft Amtes zugleich die Funktion eines Geschäftsführers, Vorstands- oder Aufsichtsratsmitglieds im abhängigen Unternehmen erfüllt.

95 Ist die Gesellschaft **abhängiges Unternehmen**, so ist zu unterscheiden: Die satzungsmäßigen Kontrollrechte des Aufsichtsrats werden durch die Eingliederung in den Konzern als solche nicht beseitigt, es sei denn, das herrschende Unternehmen setzt eine Satzungsänderung durch. Besteht ein Beherrschungsvertrag, so führt die Weigerung des Aufsichtsrats, einer Maßnahme zuzustimmen, zu der die Geschäftsführer vom

---

138 *Schilling*-Voraufl. 125.

139 HA; *Semler* Die Überwachungsaufgabe des Aufsichtsrats S. 103 ff; *Hommelhoff* Die Konzernleitungspflicht S. 188; *Timm* Die Aktiengesellschaft als Konzernspitze S. 40; *U. H. Schneider* BB 1981, 249, 252; *Konzen* SAE 1983, 38, 39; Scholz/*Schneider* 110 ff; Fischer/*Lutter*/*Hommelhoff* 12; *Lutter*/*Krieger* Rechte und Pflichten des Aufsichtsrats S. 49 ff.

140 *Semler* aaO S. 176 f; *Lutter*/*Krieger* aaO S. 50 ff.

herrschenden Unternehmen angewiesen wurden, gemäß § 308 Abs.3 AktG nur dazu, daß der Zustimmungsvorbehalt auf den Aufsichtsrat des herrschenden Unternehmens übergeht. Im faktischen Konzern ist die Kontrollkompetenz des Aufsichtsrats dagegen formal nicht eingeschränkt, und sie darf auch nicht im Interesse des herrschenden Unternehmens ausgeübt werden. Da sie sich aber nur auf die Geschäftsführer bezieht, nicht jedoch auf die Gesellschafterversammlung (Rdn 86), ist das herrschende Unternehmen regelmäßig in der Lage, den Widerstand des Aufsichtsrats durch die dort gefaßten Geschäftsführungsbeschlüsse zu überwinden[141].

d) **Satzungsfreiheit.** Die Satzung kann den Umfang der Überwachungskompetenz des Aufsichtsrats näher bestimmen und über den im Gesetz vorgesehenen Umfang hinaus erweitern. Unzulässig ist hingegen eine Einschränkung, welche die Überwachungsbefugnis beseitigt, denn dies ist das wesentliche Merkmal des Aufsichtsrats. Ein Organ, das als Aufsichtsrat fungiert, muß Überwachungsaufgaben erfüllen (Rdn 17). Eine Satzungsbestimmung, die dem widerspricht, ist nichtig, weil sie mit dem Wesen des Organs Aufsichtsrat nicht vereinbar ist, es sei denn, die Auslegung ergibt, daß die Bezeichnung des Organs falsch ist und die Gesellschafter in Wahrheit einen Beirat oder Gesellschafterausschuß (Rdn 20) gewollt haben. Die Nichtigkeit kann von den Aufsichtsratsmitgliedern, Geschäftsführern und betroffenen Gesellschaftern geltend gemacht werden. **96**

2. Prüfung des Jahresabschlusses

a) **Prüfungspflicht.** Ob bzw. wieweit sich die Überwachungspflicht des fakultativen Aufsichtsrats auf die Prüfung des von den Geschäftsführern aufgestellten Jahresabschlusses erstreckt, war lange umstritten[142]. Die Frage ist nunmehr durch das Bilanzrichtliniengesetz geklärt, das eine Verweisung auf §§ 170, 171, 337 AktG in § 52 Abs. 1 eingefügt hat. Danach haben die Geschäftsführer den von ihnen aufgestellten Jahresabschluß (§ 42 a) einschließlich Anhang und Lagebericht unverzüglich nach der Aufstellung dem Aufsichtsrat vorzulegen. Ist die Gesellschaft prüfungspflichtig (§ 316 HGB), ist der Jahresabschluß zunächst von den Abschlußprüfern zu prüfen. Danach ist er zusammen mit dem Prüfungsbericht unverzüglich nach dessen Eingang dem Aufsichtsrat vorzulegen (§ 170 Abs. 1 AktG). Ist die Gesellschaft Mutterunternehmen eines Konzerns, so sind auch Konzernabschluß, Konzernlagebericht und der dazu gehörende Prüfungsbericht dem Aufsichtsrat vorzulegen (§ 337 Abs. 1 AktG). Empfänger ist der Aufsichtsrat als Gremium, für das in der Regel der Vorsitzende zum Empfang berechtigt ist[143]. Es empfiehlt sich, den Unterlagen einen Bericht des Vorstands gemäß § 90 AktG beizufügen (Rdn 114). **97**

Zugleich haben die Geschäftsführer gemäß § 170 Abs. 2 AktG dem Aufsichtsrat einen **Vorschlag zur Verwendung des Bilanzgewinns** zu machen, der nach dem gesetzlichen Schema in Verteilung an die Aktionäre, Einstellung in Gewinnrücklagen und Gewinnvortrag zu gliedern ist[144]. Die Pflicht, den Gewinnverwendungsvorschlag beizufügen, gilt, abweichend vom bis zum 31. 12. 1985 geltenden Recht, angesichts des eindeutigen Gesetzeswortlauts auch in der GmbH mit fakultativem Aufsichtsrat[145]. Jedes Aufsichtsratsmitglied hat das Recht, von den Vorlagen **Kenntnis zu nehmen**. Auf **98**

---

141 Scholz/*Schneider* 119 ff.

142 *Schilling*-Voraufl. 124; Scholz/*Schneider*^{6} 87 ff.

143 *Geßler*/Hefermehl/Eckardt/*Kropff* § 170, 5 f; *Adler/Düring/Schmaltz* § 170 AktG, 2.

144 Einzelheiten und Gründe für die Abweichung von dieser Gliederung bei *Adler/Düring/Schmaltz* § 170 AktG, 8 – 28.

145 Fischer/*Lutter/Hommelhoff* § 42 a, 7; *Meyer-Landrut*/Miller/Niehus 49; *Adler/Düring/Schmaltz* § 170 AktG, 7; aA Baumbach/Hueck/*Zöllner* 60.

Verlangen sind sie jedem Aufsichtsratsmitglied auszuhändigen, sofern der Aufsichtsrat nichts anderes beschlossen hat (§§ 170 Abs. 3, 337 Abs. 1 S. 2 und 3 AktG). Das Recht auf Kenntnisnahme dient dazu, sicherzustellen, daß jedes Aufsichtsratsmitglied seine Organfunktionen ordnungsgemäß wahrnehmen kann. Es kann daher weder durch die Satzung noch durch einen Mehrheitsbeschluß des Aufsichtsrats eingeschränkt werden. Namentlich kann die Satzung nicht bestimmen, daß nur die Mitglieder eines Aufsichtsratsausschusses von den Vorlagen Kenntnis nehmen sollen[146]. Dagegen ist der Vorschlag, auch das Aushändigungsrecht unentziehbar zu gewähren, nicht Gesetz geworden[147]. Daneben haben die Geschäftsführer Jahresabschluß, Lagebericht und Prüfungsbericht der Abschlußprüfer unverzüglich auch den **Gesellschaftern** zugänglich zu machen (§ 42 a Abs. 1).

99 b) **Umfang der Prüfung.** Der Aufsichtsrat hat gemäß § 171 Abs. 1, 2 AktG Jahresabschluß, Lagebericht und Vorschlag für die Verwendung des Bilanzgewinns zu prüfen und der Gesellschafterversammlung schriftlich über das Ergebnis der Prüfung zu berichten. Zum Prüfungsbericht der Abschlußprüfer hat er Stellung zu nehmen. Er hat ferner mitzuteilen, in welcher Art und in welchem Umfang er die Geschäftsführer während des Geschäftsjahres überwacht hat. Ist die Gesellschaft prüfungspflichtig, so kann der Aufsichtsrat – nicht jedoch einzelne Aufsichtsratsmitglieder – verlangen, daß der Abschlußprüfer an der Bilanzsitzung teilnimmt. Schließlich hat der Aufsichtsrat am Schluß seines Berichts an die Gesellschafterversammlung zu erklären, ob nach dem abschließenden Ergebnis seiner Prüfung Einwendungen zu erheben sind oder ob er den vom Vorstand aufgestellten Jahresabschluß billigt. Ist die Gesellschaft nicht prüfungspflichtig, ist die Abschlußprüfung aber durch die Satzung vorgesehen, so ist anzunehmen, daß sich die Prüfungspflicht des Aufsichtsrats in gleichem Umfang auch auf den Bericht der Abschlußprüfer erstreckt.

100 Die Prüfungspflicht obliegt dem **Gesamtaufsichtsrat.** Nach § 107 Abs. 3 AktG kann sie nicht auf einen Aufsichtsratsausschuß übertragen werden, vielmehr kann ein solcher Bilanzausschuß lediglich die vorbereitende Prüfung übernehmen. Da § 52 Abs. 1 nicht auf § 107 Abs. 3 AktG verweist, ist zweifelhaft, ob das auch für den fakultativen Aufsichtsrat gilt[148]. Ist die Satzung dahin zu verstehen, daß die Prüfung dem Aufsichtsrat als solchem obliegen soll, so ist jedenfalls anzunehmen, daß er sie nicht selbst an einen Ausschuß delegieren darf. Sich ein Urteil über den Jahresabschluß und über die finanzielle Lage der Gesellschaft zu machen, gehört auch zu den persönlichen Amtspflichten jedes **einzelnen Aufsichtsratsmitglieds**, bei deren Vernachlässigung es sich schadensersatzpflichtig machen kann (§ 116 AktG). Es muß sich die zur Beurteilung notwendigen Kenntnisse und Fähigkeiten aneignen, um sein Amt ordnungsgemäß führen zu können[149]. Hat der Aufsichtsrat beschlossen, die Unterlagen den Mitgliedern nicht auszuhändigen, sondern sie nur zur Einsichtnahme für sie auszulegen, so hat das einzelne Mitglied gewöhnlich keinen Anspruch darauf, einen Sachverständigen zuziehen zu dürfen[150]. Dagegen ist das Aufsichtsratsplenum jederzeit dazu in der Lage, Sachverständige einzuschalten (§ 111 Abs. 2 S. 2 AktG).

---

[146] Geßler/Hefermehl/Eckardt/*Kropff* § 170, 32; *Claussen*-KölnKommAktG § 170, 16; *Adler/Düring/Schmaltz* § 170 AktG, 29 f; *Hommelhoff* ZGR 1983, 551, 552, 577 ff.

[147] Vgl. *Hommelhoff* BB 1981, 944, 946.

[148] Bejahend *Schilling*-Voraufl. 124 zum alten Recht; Fischer/*Lutter*/*Hommelhoff* 14; verneinend wohl Baumbach/Hueck/*Zöllner* 60 c.

[149] BGHZ 85, 293, 295 = NJW 1983, 991; *Hommelhoff* ZGR 1983, 551, 561 ff.

[150] BGHZ 85, 293, 295 = NJW 1983, 991; Fischer/*Lutter*/*Hommelhoff* 14; offener *Eder*-GmbH-Handb. 482.20; *Hüffer* ZGR 1980, 320, 330.

Die Prüfung des Aufsichtsrats bezieht sich wie seine Überwachungspflicht insgesamt auf die Rechtmäßigkeit, Ordnungsmäßigkeit, Zweckmäßigkeit, Wirtschaftlichkeit und Sozialverträglichkeit des Abschlusses und auf die Korrektheit der Prüfungsberichte. Anders als die Prüfung der Abschlußprüfer (§ 317 HGB) richtet sie sich nicht in erster Linie darauf, ob die gesetzlichen Vorschriften und die Bestimmungen des Gesellschaftsvertrags eingehalten wurden und ob die Angaben eine korrekte Vorstellung von der Lage des Unternehmens vermitteln. Ist die Gesellschaft nicht prüfungspflichtig, muß sie sich auch darauf erstrecken. Wurde die Gesellschaft geprüft, kann sich der Aufsichtsrat auf die Korrektheit der Prüfung verlassen, sofern keine gegenteiligen Anhaltspunkte vorliegen[151]. In erster Linie hat der Aufsichtsrat eine **Bilanzanalyse** im Vergleich zum Vorjahr vorzunehmen und sich ein Urteil über die wirtschaftliche Zweckmäßigkeit der im Jahresabschluß enthaltenen Wertansätze, Rücklagen und des Vorschlags zur Gewinnverwendung zu machen. **101**

c) **Vorlage des Prüfungsberichts.** Der Bericht des Aufsichtsrats ist **binnen eines Monats** nach Eingang der Unterlagen zu erstellen und den Geschäftsführern zuzuleiten (§ 171 Abs. 3 S. 1 AktG). Versäumt der Aufsichtsrat die Frist, können ihm die Geschäftsführer eine Nachfrist von einem weiteren Monat setzen. Doch treten weitere Rechtsfolgen der Fristversäumung bei der GmbH nicht ein, da für die Feststellung des Jahresabschlusses und die Entscheidung über die Gewinnverwendung die Gesellschafter zuständig sind. Gemäß § 42 a Abs. 1 S. 3 haben die Geschäftsführer ihrerseits den Bericht unverzüglich den Gesellschaftern vorzulegen (Einzelheiten bei § 42 a). **102**

d) **Satzungsfreiheit.** §§ 170, 171 AktG sind für den fakultativen Aufsichtsrat der GmbH nicht zwingendes Recht. Die Satzung kann die Prüfung des Jahresabschlusses deshalb auch anders regeln. Zweifelhaft ist, ob sie dem Aufsichtsrat die Kompetenz dazu ganz nehmen kann. Für den Aufsichtsrat einer Publikumspersonengesellschaft hat der BGH ausgeführt, es bestehe ein Bedürfnis, die Überwachung und Kontrolle der Geschäftsführung in ähnlicher Weise auszugestalten und ähnliche Anforderungen zu stellen wie bei der AG. Allerdings sei bei der Übernahme dieser Regeln und Grundsätze in jedem Einzelfall zu prüfen, ob dem nicht die konkrete Ausgestaltung des zu beurteilenden Gesellschaftsverhältnisses entgegensteht[152]. Bei der GmbH ist eine Prüfung von seiten des Aufsichtsrats nicht in der gleichen Weise erforderlich wie bei der AG, da sie regulär den Gesellschaftern obliegt und diese dazu auch in der Lage sind. Eine unentziehbare Kompetenz des in der Satzung eingerichteten Aufsichtsrats käme deshalb nur in Frage, wenn die Zuständigkeit für die Bilanzprüfung zu den Begriffsmerkmalen des Aufsichtsrats gehörte oder vom Rechtsverkehr in einer Weise vorausgesetzt wird, daß ihr Fehlen als Täuschung anzusehen wäre[153]. Beides ist jedoch nicht der Fall[154]. **103**

3. Vertretung der Gesellschaft

a) **Gegenüber Geschäftsführern.** Gemäß § 112 AktG, der auch für den fakultativen Aufsichtsrat der GmbH gilt, vertritt der Aufsichtsrat die Gesellschaft gegenüber den Geschäftsführern. Die Vorschrift hat jedoch nur **geringe praktische Bedeutung**, denn die Bestellung und Abberufung der Geschäftsführer, ihre Entlastung sowie die Geltend- **104**

[151] BGHZ 69, 207, 221 = NJW 1977, 2311; *Theisen* Die Überwachung der Unternehmensführung S. 69 f; *ders.* BB 1988, 705; *Adler/Düring/Schmaltz* § 171 AktG, 13; *Clemm* ZGR 1980, 455, 457; *Hommelhoff* ZGR 1983, 551, 565.

[152] BGHZ 69, 207, 220 = NJW 1977, 2311.

[153] So vor allem Baumbach/Hueck/*Zöllner* 60 c; tendenziell auch *Hüffer* ZGR 1980, 329, 331.

[154] Fischer/*Lutter*/*Hommelhoff* 14; Rowedder/*Koppensteiner*² 11; *Meyer-Landrut*/Miller/Niehus 49.

machung von Ersatzansprüchen gegen sie fällt bei der GmbH in die Zuständigkeit der Gesellschafterversammlung (§ 46 Nr. 5, 8). Nach überwiegender Ansicht erfaßt § 46 Nr. 5 auch den Abschluß und die Beendigung des Anstellungsvertrags[155]. Daran ist festzuhalten, denn Bestellung und Anstellungsvertrag sind inhaltlich so eng aufeinander bezogen, daß es sachlich unangemessen wäre, sie von Rechts wegen in verschiedene Hände zu legen (sog. Annexkompetenz, vgl. BGHZ **89**, 48). Die abweichende Meinung[156] entspricht nicht mehr dem namentlich durch die Diskussion des Problems im Zusammenhang mit dem MitbestG erreichten Meinungsstand (Rdn 293). Die Gesellschafter können den Abschluß des Anstellungsvertrags, seine Änderung und seine Beendigung aber dem Aufsichtsrat überlassen und sich dafür mit mehr oder weniger detaillierten Vorgaben begnügen.

105 Für die Anwendung des § 112 bleiben nur Geschäfte mit den Geschäftsführern übrig, welche ihre Stellung in der Gesellschaft als solche nicht berühren. In Betracht kommen **Umsatzgeschäfte**, Gewährung von **Darlehen** usw. Zur Befreiung vom Selbstkontrahierungsverbot ist der Aufsichtsrat nicht befugt[157]. Nach hL ausgenommen sind auch kleine Geschäfte des täglichen Lebens, für welche sich die Einschaltung des Aufsichtsrats nicht lohnt. Zu denken ist dabei an den Bezug der von der Gesellschaft hergestellten Waren zum üblichen Verkaufspreis oder die Kontoeröffnung, wenn die Gesellschaft Bankgeschäfte betreibt[158]. In solchen Fällen kann die Gesellschaft von Mitgeschäftsführern, Prokuristen oder Handlungsbevollmächtigten vertreten werden[159]. Zur dogmatischen Begründung dieses eher pragmatisch gefundenen Ergebnisses bietet sich eine teleologische Reduktion des § 112 AktG an, der für solche „harmlosen" Fälle nicht bestimmt ist. Die im Schrifttum mehrfach statt dessen angebotene Lösung über eine Vollmacht oder Ermächtigung von seiten des Aufsichtsrats dürfte häufig auf eine Fiktion hinauslaufen[160].

106 Zuständig ist der Aufsichtsrat als solcher. Es handelt sich um einen Fall der **Gesamtvertretung**. Der Aufsichtsrat kann jedoch einzelne seiner Mitglieder, namentlich den Vorsitzenden, gegebenenfalls auch einen Dritten, z. B. einen Gesellschafter oder Geschäftsführer, mit seiner Vertretung beauftragen oder ihn dazu ermächtigen[161]. Er kann sich eines Aufsichtsratsmitglieds oder Dritten auch als Boten bedienen[162]. Hat ein Geschäftsführer eine Erklärung gegenüber der Gesellschaft abzugeben, so genügt zur Passivvertretung die Erklärung gegenüber dem Aufsichtsratsvorsitzenden[163].

107 b) **Andere Fälle.** Nach überwiegender Ansicht ist der Aufsichtsrat ferner berufen, die Gesellschaft beim Abschluß von **Hilfsgeschäften** zu vertreten, die seine eigene

---

[155] Scholz/*Schneider* § 35, 171; § 52, 104; Baumbach/Hueck/*Zöllner* § 46, 24; Rowedder/*Koppensteiner*² § 35, 13; § 52, 14; im Ansatz auch *Baums* Der Geschäftsleitervertrag S. 113 ff.

[156] *Schilling*-Vorauf l. 127; *Meyer-Landrut*/Miller/Niehus 29; *Eder*-GmbH-Handb. 482.24.

[157] OLG Hamburg WM 1986, 972, 974; Baumbach/Hueck/*Zöllner* 62.

[158] Scholz/*Schneider* 107; *Eder*-GmbH-Handb. 482.26.

[159] Vgl. das Schrifttum zum AktG, *Mertens*-KölnKommAktG § 112, 12; *Meyer-Landrut*-GroßkommAktG § 112 Anm. 2; *Geßler*/Hefermehl/Eckardt/Kropff § 112, 11.

[160] *Schilling*-Voraufl. 127; *Mertens*-KölnKommAktG § 112, 12; *Meyer-Landrut*-GroßkommAktG § 112 Anm. 2.

[161] BGHZ 41, 282, 285 = NJW 1964, 1367; BGH LM § 75 AktG 1937 Nr. 11 = NJW 1957, 1278; *Heim* AG 1967, 4 f; *Mertens*-KölnKommAktG § 112, 20; *Meyer-Landrut*-GroßkommAktG § 112 Anm 3; *Geßler*/Hefermehl/Eckardt/Kropff § 112, 21; MünchHdb.AG/*Hoffmann-Becking* § 31, 87; *Luther*/*Rosga* Festschrift Meilicke S. 80, 85 f; ausführlich *Peus* Der Aufsichtsratsvorsitzende S. 169 ff.

[162] BGHZ 12, 327, 333 f = NJW 1954, 797 zur AG; für den fakultativen Aufsichtsrat der GmbH zweifelnd Scholz/*Schneider* 106.

[163] *Schilling*-Voraufl. 127; aA Scholz/*Schneider* 105; *Geßler*/Hefermehl/Eckardt/Kropff § 112, 15 (gegenüber einem beliebigen Aufsichtsratsmitglied entspr. § 35 Abs. 2 S. 3 BGB).

Tätigkeit betreffen[164]. Zur **Anfechtungsbefugnis** des Aufsichtsrats gegenüber Gesellschafterbeschlüssen siehe Anhang § 47, 164. In den Fällen des § 85 Abs. 3 S. 1 stellt der Aufsichtrat **Strafantrag** namens der Gesellschaft.

108 c) **Satzungsfreiheit.** Die Satzung kann die Vertretungsmacht des Aufsichtsrats erweitern, ihm namentlich die Vertretung der Gesellschaft bei der Bestellung und Abberufung der Geschäftsführer, bei Abschluß, Änderung und Beendigung des Anstellungsvertrags mit diesem oder bei Schadensersatzansprüchen gegen die Geschäftsführer zuweisen (hA, vgl. die Ausführungen zu §§ 35, 38)[165]. Eine Übertragung der den Geschäftsführern zustehenden organschaftlichen Vertretungsmacht auf den Aufsichtsrat ist aber nicht möglich[166]. Die Satzung kann umgekehrt die Vertretungsbefugnis des Aufsichtsrats auch einschränken oder sogar ausschließen. § 112 AktG ist insoweit für den fakultativen Aufsichtsrat dispositiv, denn die Vertretungsbefugnis gehört nicht zu den Kompetenzen, die mit der Natur des Aufsichtsrats untrennbar verbunden sind[167].

4. Zustimmungspflichtige Geschäfte

109 a) **Zustimmungsvorbehalt.** Maßnahmen der Geschäftsführung können dem Aufsichtsrat nach § 111 Abs. 4 S. 1 AktG nicht übertragen werden. Doch kann die Satzung der GmbH anderes bestimmen. Sie kann dem Aufsichtsrat das Weisungsrecht der Gesellschafter und damit die Oberleitung der Gesellschaft übertragen. Auch kann sie nach § 111 Abs. 4 S. 2 AktG einen Katalog von Geschäften aufstellen, die der Zustimmung des Aufsichtsrats bedürfen. Ein einfacher Gesellschafterbeschluß reicht dafür ohne Satzungsermächtigung jedoch nicht aus[168]. An den aktienrechtlichen Grundsatz, daß hiervon Maßnahmen des gewöhnlichen Geschäftsbetriebs nicht erfaßt werden dürfen[169], ist die Satzung nicht gebunden. Üblich sind Zustimmungsvorbehalte bezüglich einzelner besonders schwerwiegender Geschäfte, z. B. Grundstückskauf und -verkauf, Aufnahme eines Kredits ab einer bestimmten Höhe, Bestellung von Prokuristen und leitenden Angestellten usw.[170]. Demgegenüber hat sich in der neueren betriebswirtschaftlichen Organisationslehre und Rechtswissenschaft die Ansicht durchgesetzt, daß es richtiger ist, wichtige unternehmensstrategische Entscheidungen der Zustimmung des Aufsichtsrats zu unterwerfen, wie z. B. die Eröffnung neuer Geschäftszweige oder Betriebe, größere Investitionen oder generell die Unternehmensplanung[171]. Die Zustimmungsrechte können neben oder an die Stelle der Entscheidungsbefugnis der Gesellschafterversammlung treten.

110 Schweigt die Satzung oder fehlen in ihrem Katalog wesentliche Geschäfte, so kann der **Aufsichtsrat selbst** Zustimmungsvorbehalte beschließen. Verpflichtet ist er dazu aber nicht[172]. Der Zustimmungskatalog darf nicht soweit gehen, daß der Aufsichtsrat de facto die Unternehmensleitung an sich zieht. Auf Maßnahmen, welche in die Zuständigkeit der Gesellschafter fallen, bezieht sich § 111 Abs. 4 S. 2 AktG nicht. Die Vorschrift gewährt dem Aufsichtsrat auch gegenüber den Geschäftsführern kein Initiativrecht. Vielmehr muß es stets dabei bleiben, daß ihm Vorlagen der Geschäftsfüh-

---

164 Scholz/*Schneider* 108; *Mertens*-KölnKommAktG § 112, 14; *Geßler*/Hefermehl/Eckardt/Kropff § 112, 25; *Schilling*-Voraufl. 127; *Großfeld/Brondics* AG 1987, 297 f; aA Baumbach/Hueck/*Zöllner* 62.

165 Vgl. BGH WM 1990, 630.

166 Baumbach/Hueck/*Zöllner* 62.

167 HA; *Schilling*-Voraufl. 127; Scholz/*Schneider* 104; Baumbach/Hueck/*Zöllner* 62; aA *Eder*-GmbH-Handb. 482.24.

168 Baumbach/Hueck/*Zöllner* 64.

169 *Mertens*-KölnKommAktG § 111, 61.

170 *Vogel* Aktienrecht und Aktienwirklichkeit (1980) S. 212 ff; *Theisen* Die Überwachung der Unternehmensführung S. 344; *Bleicher/Leberl/Paul* Unternehmensverfassung und Spitzenorganisation S. 62 ff; *Hennerkes/Binz/May* DB 1987, 469, 470.

171 *Semler* ZGR 1983, 1; *Bleicher/Leberl/Paul* aaO.

172 AA *Schilling*-Voraufl. 126.

rer zur Zustimmung unterbreitet werden. Die Satzung kann das Recht des Aufsichtsrats, selbst Zustimmungsvorbehalte aufzustellen, einschränken und auch ganz ausschließen[173].

111 b) **Zustimmung.** Der Aufsichtsrat entscheidet unter den Gesichtspunkten der Rechtmäßigkeit, Ordnungsmäßigkeit, Wirtschaftlichkeit, Zweckmäßigkeit und Sozialverträglichkeit (Rdn 87) nach eigenem Ermessen, ob er die Zustimmung erteilt oder nicht. Erforderlich ist ein Mehrheitsbeschluß. **Verweigert** er die Zustimmung, so können die Geschäftsführer die beabsichtigte Maßnahme aufgeben. Wollen sie an ihr festhalten, so können sie den Vorgang nach § 111 Abs. 4 S. 3 und 4 AktG der Gesellschafterversammlung vorlegen und verlangen, daß diese darüber beschließt. Der Beschluß bedarf nach dem AktG einer Dreiviertelmehrheit der abgegebenen Stimmen. Die Regelung paßt nicht zur Struktur der GmbH, nach der die Gesellschafter in Geschäftsführungsangelegenheiten mit einfacher Mehrheit Beschlüsse fassen und den Geschäftsführern Weisungen erteilen können. Beim fakultativen Aufsichtsrat muß sich in diesem Konflikt zwischen unterschiedlichen Modellen der GmbH-rechtliche Lösungsansatz durchsetzen[174]. Das bedeutet, daß die Gesellschafter nicht zu warten brauchen, ob die Geschäftsführer ihnen die Angelegenheit zur Entscheidung vorlegen oder nicht. Sie können sie selbst an sich ziehen und gegebenenfalls darüber auch schon verbindlich entscheiden, bevor der Aufsichtsrat sich damit befaßt hat, es sei denn, aus der Satzung geht hervor, daß die Gesellschafter dem Aufsichtsrat auf jeden Fall Gelegenheit zur Äußerung geben müssen. Der Beschluß der Gesellschafterversammlung bedarf nur einfacher Mehrheit. (Zur anderen Rechtslage beim obligatorischen Aufsichtsrat vgl. Rdn 232, 287).

5. Tätigkeit des Aufsichtsrats in der Liquidation

112 Nach § 268 Abs. 2 S. 2 AktG hat der Aufsichtsrat nach der Auflösung einer AG nunmehr statt den Vorstand die Liquidatoren zu überwachen. Auf diese Vorschrift verweist § 52 Abs. 1 nicht. Gleichwohl wird auch der fakultative Aufsichtsrat nach hL bei der Auflösung nicht beseitigt, sondern setzt seine Tätigkeit fort. Eine andere Lösung würde dem Sinn der Liquidationsvorschriften widersprechen[175].

6. Organstreit

113 Im Aktienrecht ist heftig umstritten, ob der Aufsichtsrat oder ggf. sogar einzelne seiner Mitglieder Unterlassungsklage gegen den Vorstand erheben können, wenn dieser rechtswidrig handelt, namentlich seine Kompetenzen überschreitet. Die Frage hat vor allem auch im Zusammenhang mit der Beteiligung von Arbeitnehmervertretern am Aufsichtsrat Aktualität gewonnen (Rdn 234 ff). Beim fakultativen Aufsichtsrat einer GmbH ist dagegen kaum zu erwarten, daß sie relevant wird. Rechtlich ist das Bedürfnis dafür zu verneinen, da die Gesellschafter selbst die Rechtmäßigkeit der Geschäftsführung kontrollieren und ggf. durchsetzen können[176].

---

[173] HM, Scholz/*Schneider* 77; anders beim obligatorischen Aufsichtsrat (s.Rdn 231).

[174] HA, *Schilling*-Voraufl. 130; Scholz/*Schneider* 80; Baumbach/Hueck/*Zöllner* 65; Fischer/*Lutter*/*Hommelhoff* 10; Rowedder/*Koppensteiner*² 13; *Meyer-Landrut*/Miller/Niehus 24; *Raiser* KapGesR § 35 III 2 b; aA *Roth* 2.2.

[175] Scholz/*Schmidt* § *69, 37; Baumbach*/*Hueck*/*Zöllner* 66; Baumbach/Hueck/*Schulze-Osterloh* § 69, 19; *Meyer-Landrut*/Miller/Niehus 20.

[176] Im Ergebnis ebenso Baumbach/Hueck/*Zöllner* 67 b.

IX. Informationsrechte des Aufsichtsrats

Schrifttum

Ambrosius Der Berichtsanspruch des Aufsichtsrats nach § 90 Abs. 3 AktG – sein Umfang und seine Grenzen, DB 1979, 2165; *Claussen* Über die Vertraulichkeit im Aufsichtsrat, AG 1981, 57; *Lutter* Information und Vertraulichkeit im Aufsichtsrat² (1984); *Semler* Die Überwachungsaufgabe des Aufsichtsrats (1980); *K. Schmidt* Informationsrechte in Gesellschaften und Verbänden (1984); *Theisen* Die Überwachung der Unternehmensführung (1987).

1. Grundsatz

Damit der Aufsichtsrat seine Überwachungspflicht erfüllen kann, muß er über die **114** Vorgänge im Unternehmen hinreichend informiert sein. Seine eigenen Möglichkeiten, sich die erforderlichen Kenntnisse zu verschaffen, sind aber eng begrenzt, da er nur gelegentlich tagt und abgesehen von der Prüfung der Bücher und Vermögensbestände nach § 111 Abs. 2 AktG (Rdn 89) keinen eigenen Zugang zu den in Betracht kommenden Vorgängen hat. Er ist daher auf die Berichte der Geschäftsführer angewiesen. § 52 Abs. 1 verweist aber nicht auf die stark formalisierten Berichtspflichten, die das Gesetz in § 90 Abs. 1 und 2 dem Vorstand einer AG auferlegt. Statt dessen kann der fakultative Aufsichtsrat einer GmbH nach § 90 Abs. 3 AktG von den Geschäftsführern **jederzeit** einen **Bericht verlangen**, der sich auf die Angelegenheiten der Gesellschaft, auf ihre rechtlichen und geschäftlichen Beziehungen zu verbundenen Unternehmen sowie auf geschäftliche Vorgänge bei diesen Unternehmen, die auf die Lage der Gesellschaft von erheblichem Einfluß sein können, bezieht. Nach dem Wortlaut der Vorschrift trifft die Geschäftsführer daher keine eigene Berichtspflicht, vielmehr liegt die Initiative beim Aufsichtsrat[177]. Doch ist eine ordnungsgemäße Geschäftsführung in einer GmbH, die einen Aufsichtsrat eingerichtet hat, ohne Berichte an diesen nicht denkbar. Daher ist eine derartige Pflicht der Geschäftsführer aus § 43 Abs. 1 abzuleiten, auch ohne daß der Aufsichtsrat seinen Auskunftsanspruch geltend gemacht hat, und zwar immer dann, wenn ein Anlaß besteht[178]. Daß die Verweisung auf § 90 Abs. 1 und 2 AktG in § 52 Abs. 1 fehlt, bedeutet daher nur einen Verzicht auf die zeitliche und inhaltliche Dichte der in der AG vorgeschriebenen Berichte und eine der anderen Struktur der GmbH entsprechende größere Flexibilität.

Die **Satzung** kann die Berichtspflicht verstärken, vor allem die Anwendung des § 90 **115** Abs. 1 und 2 AktG vorschreiben oder andere detaillierte Anforderungen an Häufigkeit und Inhalt der Berichte aufstellen. Sie kann sie aber nicht wesentlich abschwächen, da andernfalls eine Überwachung durch den Aufsichtsrat nicht mehr gewährleistet ist, dem Organ daher entgegen des in der Satzung zum Ausdruck gelangten Willens der Gesellschafter seine Funktionsfähigkeit genommen würde. Daher kann die Berichtspflicht auch durch einfachen Gesellschafterbeschluß nicht beseitigt werden[179]. Die Funktionsfähigkeit ist aber noch nicht berührt, wenn die Satzung oder ein Gesellschafterbeschluß festlegen, daß bestimmte einzelne Informationen nicht an den Aufsichtsrat weitergegeben werden dürfen[180].

2. Umfang und Form

a) **Umfang.** Worüber die Geschäftsführer zu berichten haben, legt § 90 Abs. 3 AktG **116** nur in groben Zügen fest. Gegenstand der Berichtspflicht sind alle für die Überwachung

---

177 Scholz/*Schneider* 69; Baumbach/Hueck/*Zöllner* 69; Fischer/*Lutter*/*Hommelhoff* 15.

178 *Schilling*-Voraufl. 55; Rowedder/*Koppensteiner*² 11.

179 Baumbach/Hueck/*Zöllner* 69; aA Fischer/*Lutter*/*Hommelhoff* 15.

180 So Fischer/*Lutter*/*Hommelhoff* 15.

durch den Aufsichtsrat relevanten Vorgänge. Als Anhaltspunkt dafür kann der Katalog in § 90 Abs. 1 Nr. 1–4 AktG dienen. Danach kommen die beabsichtigte Geschäftspolitik, andere grundsätzliche Fragen der künftigen Geschäftsführung, die Rentabilitätslage der Gesellschaft, der Gang der Geschäfte, Umsatz und die Lage der Gesellschaft sowie einzelne Geschäfte in Betracht, die für die Rentabilität oder Liquidität der Gesellschaft von erheblicher Bedeutung sind. Die Aufzählung ist aber, wie sich schon aus § 90 Abs. 1 S. 2 AktG selbst ergibt, nicht abschließend. Die prospektiv beratende Überwachung des Aufsichtsrats verlangt grundsätzlich eine **umfassende Information**. Zwischen den beiden für das Unternehmen gleichermaßen verantwortlichen Organen darf es keine Geheimnisse geben[181]. Das Gesetz selbst stellt klar, daß dazu auch Vorgänge in herrschenden und abhängigen Unternehmen gehören, sofern sie von erheblicher Rückwirkung auf die Gesellschaft sind. Eine **Grenze** findet die Berichtspflicht, wo eine Auskunft zur sachgerechten Beurteilung der dem Aufsichtsrat übertragenen Aufgaben nicht mehr erforderlich ist[182]. Dagegen reicht die allgemeine Befürchtung, daß Aufsichtsratsmitglieder die erhaltenen Informationen zugunsten eigener Interessen verwerten werden, zur Verweigerung nicht aus. Allenfalls wenn die konkrete Gefahr besteht, daß ein einzelnes Aufsichtsratsmitglied unter Bruch seiner Verschwiegenheitspflicht (Rdn 138 ff) unredlichen Gebrauch von der Information machen wird, kann sie ihm, nicht aber dem Aufsichtsrat im übrigen, verweigert werden[183].

117 Die Auskunft kann **jederzeit** verlangt werden, also nicht nur aus bestimmtem Anlaß, etwa zur Vorbereitung der Aufsichtsratssitzung. Berechtigt ist der Aufsichtsrat als Unternehmensorgan. Gewöhnlich wird der Aufsichtsratsvorsitzende entsprechende Berichte bei den Geschäftsführern anfordern. Kommen diese dem Ansinnen nicht nach, entscheidet das Aufsichtsratsplenum durch Mehrheitsbeschluß[184]. Doch kann auch **jedes** einzelne **Mitglied** einen Bericht an den Aufsichtsrat verlangen. Lehnen die Geschäftsführer in diesem Fall die Berichterstattung ab, so erstarkt das Recht zu einem durchsetzbaren Anspruch, wenn ein anderes Aufsichtsratsmitglied das Verlangen unterstützt (§ 90 Abs. 3 S. 2 AktG).

118 b) **Form.** Über die Form der Berichte schweigt das Gesetz. Daher genügt in der Regel ein mündlicher Bericht[185]. Eine schriftliche Vorlage wird man verlangen müssen, wenn dies nach Lage der Sache, namentlich wegen des Umfangs oder wegen der Kompliziertheit der Angelegenheit erforderlich ist[186]. Die Berichte haben den Grundsätzen einer gewissenhaften und getreuen Rechenschaft zu entsprechen (§ 90 Abs. 4 AktG). Darin liegt, daß sie vollständig und wahrheitsgemäß sein müssen. Jeden einzelnen Geschäftsführer trifft gegenüber dem Aufsichtsrat eine Pflicht zur unbedingten Offenheit[187].

3. Recht zur Kenntnisnahme und Aushändigung

119 Mündliche Berichte sind vorwiegend in der Aufsichtsratssitzung zu erwarten, schriftliche werden üblicherweise dem Aufsichtsratsvorsitzenden zur weiteren Verwen-

---

181 *Lutter* Information und Vertraulichkeit im Aufsichtsrat S. 27 ff; Geßler/*Hefermehl*/Eckardt/Kropff § 90, 30 ff; *Mertens*-KölnKommAktG² § 90, 4 ff.

182 *Mertens*-KölnKommAktG² § 90, 7.

183 *Mertens*-KölnKommAktG² § 90, 12 f; Scholz/*Schneider* 70.

184 *Schilling*-Voraufl. 58.

185 HL, *Schilling*-Voraufl. 59; Scholz/*Schneider* 70; Baumbach/Hueck/*Zöllner* 69.

186 Demgegenüber tendiert das aktienrechtliche Schrifttum dazu, grundsätzlich Schriftform der Berichte zu verlangen; vgl. *Mertens*-KölnKommAktG² § 90, 23; differenzierend *Lutter* Information und Vertraulichkeit im Aufsichtsrat S. 76 ff.

187 BGHZ 20, 239, 246 = NJW 1956, 906; 47, 341, 352 = NJW 1967, 1711; Einzelheiten bei *Lutter* aaO S. 27 ff, 74 ff.

dung zugänglich gemacht. § 90 Abs. 5 S. 1 AktG garantiert **jedem Aufsichtsratsmitglied** das Recht, von den Berichten Kenntnis zu nehmen. Bei mündlichen Berichten richtet sich dieses – nach hL klagbare[188] – Recht gegen denjenigen, der die Auskunft erteilt, bei schriftlichen Berichten gegen den, der den Bericht in der Hand hat. Im letzteren Fall hat das Aufsichtsratsmitglied ferner einen Anspruch auf Aushändigung, es sei denn, der Aufsichtsrat hat mit Mehrheit etwas anderes beschlossen (§ 90 Abs. 5 S. 2 AktG). Die Vorschrift ist dispositives Recht insofern, als die Satzung statt der Aushändigung die Einsicht des Berichts vorsehen kann[189]. Das Recht zur Kenntnisnahme und zur Aushändigung bzw. Einsicht kann ausnahmsweise entfallen, wenn seine Geltendmachung mißbräuchlich wäre, weil das Aufsichtsratsmitglied davon zu gesellschaftsfremden Zwecken Gebrauch machen will[190].

4. Berichtsanspruch gegenüber den Gesellschaftern

Ein Anspruch des Aufsichtsrats oder einzelner seiner Mitglieder auf Informationen **120**
von seiten der Gesellschafter ist im Gesetz nicht geregelt. Daraus ist jedoch nicht abzuleiten, daß ein solcher Anspruch nicht besteht. Er läßt sich auch nicht mit dem Argument leugnen, Aufgabe des Aufsichtsrats sei es nicht, die Gesellschafterversammlung zu überwachen[191]. Soweit es die funktionsgerechte Wahrnehmung der Kompetenzen des Aufsichtsrats gegenüber den Geschäftsführern verlangt, wird man vielmehr davon ausgehen müssen, daß die gesellschafterliche **Treuepflicht** verlangt, die notwendigen Informationen zu erteilen. Allerdings können der Aufsichtsrat oder einzelne seiner Mitglieder nicht ohne weiteres selbst als Gläubiger einer solchen Treuepflicht angesehen werden (§ 14, 54).

X. Persönliche Rechtsstellung der Aufsichtsratsmitglieder

Schrifttum

Dänzer-Vanotti Aufwendungsersatzanspruch des Aufsichtsratsmitglieds wegen aufgewandter Prozeßkosten, BB 1985, 1632; *Grätz* Aufsichtsratsbezüge – Ergebnisse einer Analyse, AG 1978, 67; *Lehmann* Zulässigkeit von Satzungsbestimmungen über die Gewährung von Sondervergütungen an Aufsichtsratsmitglieder, DB 1966, 1757; *Natzel* Die Vergütung der Aufsichtsratsmitglieder, DB 1965, 1388, 1429; *Säcker* Die Rechte des einzelnen Aufsichtsratsmitglieds, NJW 1979, 1521; *ders.* Vorkehrungen zum Schutz der gesetzlichen Verschwiegenheitspflicht und gesellschaftsrechtliche Treuepflicht der Aufsichtsratsmitglieder, Festschrift Fischer (1979) S. 635.

1. Rechtsnatur

Durch die Wahl und die Annahme des Mandats erlangt der Gewählte die **organschaftliche Stellung eines Aufsichtsratsmitglieds**. Er übernimmt die damit kraft Gesetzes **121**
oder Satzung verbundenen Rechte und Pflichten. Das auf diese Weise begründete Verhältnis zur Gesellschaft weist aber auch schuldrechtliche Komponenten auf, namentlich entsteht ein Anspruch auf Anwendungsersatz (Rdn 125), und es ist zu fragen, ob dem Aufsichtsratsmitglied eine Vergütung zusteht, auch wenn die Satzung dazu nichts sagt (Rdn 122 ff). Die dogmatische Einordnung dieser Rechtsstellung ist umstritten. Ein Teil der Autoren versteht die Beziehung zwischen Gesellschaft und Aufsichts-

---

188 *Flume* I/2 S. 405 ff; *Mertens*-KölnKommAktG² § 90, 53 m. w. N.
189 Baumbach/Hueck/*Zöllner* 69.
190 Zur differenzierenden Beurteilung derartiger Situationen vgl. *Mertens*-KölnKommAktG² § 90, 14; Geßler/*Hefermehl*/Eckardt/Kropff § 90, 34; *Lutter* aaO S. 34 ff.
191 Scholz/*Schneider* 72.

ratsmitgliedern als Rechtsverhältnis eigener Art, das beide Komponenten umfaßt[192]. Andere nehmen wie beim Vorstand einer AG und bei den Geschäftsführern (s. § 35) ein neben der organschaftlichen Beziehung stehendes **Anstellungsverhältnis** an, das der entgeltlichen oder unentgeltlichen Geschäftsbesorgung entspricht[193]. An der dogmatischen Konstruktion liegt indessen nicht viel, denn beide Alternativen führen zu den gleichen Ergebnissen. Ein gesonderter schuldrechtlicher Anstellungsvertrag braucht nach allgemeiner Ansicht nicht abgeschlossen zu werden, da eine soziale Absicherung des Aufsichtsratsmitglieds nicht erforderlich ist und sich alle relevanten Fragen in der Satzung regeln und notfalls auch nach dem Gesetz klären lassen. Es steht jedoch auch nichts im Wege, einen solchen Vertrag zu schließen, in dem Einzelheiten über die Tätigkeit und über die Vergütung näher geregelt werden. Zuständig sind dafür in entsprechender Anwendung des § 46 Nr. 5 die Gesellschafter[194]. Im Zweifel ist der Vertrag durch die Beendigung der Organstellung auflösend bedingt[195]. Das Gesagte gilt uneingeschränkt auch für **entsandte Aufsichtsratsmitglieder**, bei denen das Rechtsverhältnis zum Entsender ggf. hinzukommt[196]. Steht das Aufsichtsratsmitglied in einem Dienst-, namentlich Arbeitsverhältnis zur Gesellschaft, ist dieses streng von den Rechtsbeziehungen als Aufsichtsratsmitglied zu trennen (Rdn 237).

2. Vergütung

122 Gemäß § 113 AktG i. V. m. § 52 Abs. 1 **kann** – nicht muß – den Aufsichtsratsmitgliedern für ihre Tätigkeit eine Vergütung gewährt werden. Erforderlich ist dafür eine Grundlage in der Satzung oder ein entsprechender Gesellschafterbeschluß. Die Festsetzung durch den Aufsichtsrat selbst oder durch eine Vereinbarung zwischen diesem und den Geschäftsführern ist dagegen ausgeschlossen. Erfolgt die Festsetzung weder durch die Satzung noch durch einen Gesellschafterbeschluß, so ist nach der im Aktienrecht überwiegenden Meinung ein Anspruch auf Vergütung nicht gegeben[197]. Für das flexiblere GmbH-Recht ist dem jedoch nicht zu folgen. In den meisten Bereichen ist eine Vergütung üblich, so daß § 612 BGB angewandt werden kann. Danach gilt eine Vergütung als stillschweigend vereinbart, wenn die Tätigkeit als Aufsichtsratsmitglied den Umständen nach nur gegen Vergütung zu erwarten ist[198]. Das wird man vor allem bei Nichtgesellschaftern regelmäßig anzunehmen haben. Als vereinbart gilt entsprechend § 612 Abs. 2 BGB die in vergleichbaren Gesellschaften für eine vergleichbare Tätigkeit übliche Vergütung.

123 Die Vergütung kann in **festen Beträgen** – z. B. auch in Sitzungsgeldern, Provisionen, Versicherungs- oder Sachleistungen (PKW mit oder ohne Fahrer) – und/oder in einem Anteil am Jahresgewinn, d. h. in einer **Tantieme**, bestehen. Für den letzteren Fall bestimmt § 113 Abs. 3 AktG, daß der Anteil nach dem Bilanzgewinn, vermindert um einen Betrag von mindestens vier Prozent der auf den Nennbetrag der Aktien geleisteten Einlagen zu berechnen ist. Die Vorschrift ist für die GmbH aber nicht bindend. Im übrigen soll die Vergütung gemäß § 113 Abs. 1 S. 3 AktG in einem angemessenen

---

192 *Schilling*-Voraufl. 133; *Meyer-Landrut*/Miller/Niehus 32; *Natzel* DB 1965, 1429, 1432; Scholz/*Schneider* 252 f; Rowedder/*Koppensteiner*[2] 15.

193 *Mertens*-KölnKommAktG § 101, 5; *Raiser* KapGesR § 15 VI 1; abwägend Baumbach/Hueck/*Zöllner* 35; vgl. auch RGZ 123, 351, 354; 146, 145, 152.

194 Baumbach/Hueck/*Zöllner* 35.

195 HM, *Mertens*-KölnKommAktG § 103, 5; Baumbach/Hueck/*Zöllner* 35.

196 *Schilling*-Voraufl. 134; *Mertens*-KölnKommAktG § 101, 49.

197 *Mertens*-KölnKommAktG § 113, 21; *Geßler*/Hefermehl/Eckardt/Kropff § 113, 5; weiter *Meyer-Landrut*-GroßkommAktG § 113 Anm. 7.

198 HA, *Schilling*-Voraufl. 135; Scholz/*Schneider* 255; Baumbach/Hueck/*Zöllner* 36; Rowedder/*Koppensteiner*[2] 15; *Meyer-Landrut*/Miller/Niehus 33.

Verhältnis zu den Aufgaben der Aufsichtsratsmitglieder und zur Lage der Gesellschaft stehen. Auch diese Vorschrift ist für die GmbH nicht zwingend. Zweifelhaft ist die Anwendbarkeit des § 113 Abs. 1 S. 4 AktG, wonach die Gesellschafterversammlung, wenn die Vergütung in der Satzung festgesetzt ist, eine Satzungsänderung, durch welche sie herabgesetzt wird, mit einfacher Mehrheit beschließen kann. § 113 Abs. 2 AktG, der die Vergütung der ersten Aufsichtsratsmitglieder betrifft, paßt auf den fakultativen Aufsichtsrat der GmbH nicht, da er sachlich auf §§ 30, 31 AktG aufbaut[199].

Grundsätzlich haben alle Aufsichtsratsmitglieder Anspruch auf die **gleiche** Vergütung. Doch ist es üblich und angesichts der Mehrarbeit sachlich gerechtfertigt, dem Aufsichtsratsvorsitzenden und seinen Stellvertretern einen höheren Betrag zukommen zu lassen, für den Vorsitzenden meist das Doppelte, für die Stellvertreter das Eineinhalbfache der Vergütung des gewöhnlichen Mitglieds. Entsandte Mitglieder haben den gleichen Anspruch wie gewählte[200]. Im aktienrechtlichen Schrifttum ist zweifelhaft, ob die Höhe der Vergütung auch nach der persönlichen Qualifikation und dem Ansehen der Aufsichtsratsmitglieder differenziert werden kann. Beim fakultativen Aufsichtsrat der GmbH bestehen dagegen keine begründeten Bedenken[201]. **124**

3. Aufwendungsersatz

Ungeachtet einer Vergütung haben die Aufsichtsratsmitglieder analog §§ 670, 675 BGB Anspruch auf Ersatz der Aufwendungen, die sie für ihre Tätigkeit den Umständen nach für erforderlich halten durften. Dazu gehören durch die Sitzungen des Aufsichtsrats veranlaßte Reise-, Aufenthalts- und Übernachtungskosten, ferner Auslagen für Schreibarbeiten, Telefon usw.[202]. Die Aufwendungen müssen einen konkreten Bezug zur Wahrnehmung des Aufsichtsratsmandats haben und sich in angemessenem Rahmen halten. Kosten für einen Sachverständigen, den ein Aufsichtsratsmitglied von sich aus zu Rate zieht, sind nur dann erstattungsfähig, wenn es um Fragen geht, deren Beurteilung nicht von jedem Aufsichtsratsmitglied selbst erwartet werden muß (Rdn 100)[203]. Die Satzung kann Art und Umfang des Aufwendungsersatzes näher regeln, namentlich auch die Beträge pauschalieren. Ist eine Vergütung vorgesehen, so kann die Auslegung ergeben, daß Auslagen damit abgegolten sein sollen. **125**

4. Sonderverträge

a) **Dienstleistungen.** Leistet ein Mitglied außerhalb seiner Aufsichtsratstätigkeit Dienste für die Gesellschaft, so kann es dafür mit den Geschäftsführern eine Vergütung vereinbaren. Bei Tätigkeiten höherer Art, die Gegenstand eines Dienst- oder Werkvertrags sind, namentlich bei Beraterverträgen, kann es zu Abgrenzungsschwierigkeiten mit der Aufgabe als Aufsichtsrat kommen. § 114 AktG, der auch für den fakultativen Aufsichtsrat gilt, macht die Wirksamkeit derartiger Vereinbarungen deshalb von der **Zustimmung des Aufsichtsrats** abhängig. Es muß sich um eine Tätigkeit handeln, die nicht zu den Überwachungs- und Beratungspflichten des Mitglieds gehört oder nach ihrem sachlichen oder zeitlichen Umfang deutlich darüber hinaus geht. Im ersten Fall ist zu denken an eine fachspezifische Beratung der Geschäftsführung oder sonstige Tätigkeit für die Gesellschaft z. B. als Rechtsanwalt, Steuerberater, Ingenieur, ggf. auch **126**

---

199 *Schilling*-Voraufl. 135; Baumbach/Hueck/*Zöllner* 36.

200 *Schilling*-Voraufl. 135, hA.

201 Scholz/*Schneider* 260.

202 Zur Erstattung von Prozeßkosten als Aufwendungsersatz vgl. *Dänzer-Vanotti* BB 1985, 1632.

203 *Semler* AG 1983, 82, 83; Scholz/*Schneider* 263; vgl. BGHZ 85, 293, 295 = NJW 1983, 991.

eine künstlerische Tätigkeit. Im zweiten Fall handelt es sich zwar um eine typische Aufsichtsratsaufgabe, deren Umfang im konkreten Fall aber nicht mehr durch die Organstellung gedeckt ist, z. B. die eingehende Untersuchung eines besonderen Vorgangs oder die Beratung und Mitwirkung bei einem größeren Vorhaben, etwa im Ausland. Auf Arbeitsverhältnisse bezieht sich § 114 AktG nicht, was namentlich relevant wird, wenn Vertreter der Arbeitnehmer im Aufsichtsrat sitzen.

127 Zum Abschluß des Vertrags sind nach den allgemeinen Regeln die Geschäftsführer zuständig. Die Zustimmung des Aufsichtsrats kann durch die der **Gesellschafterversammlung** als des übergeordneten Organs ersetzt werden. Darüber hinaus wird man annehmen müssen, daß ein vergüteter Auftrag für eine Tätigkeit, die zu den üblichen Aufgaben des Aufsichtsrats gehört, aber nach ihrem Umfang darüber hinausgeht, nur von der Gesellschafterversammlung erteilt werden darf[204]. Fehlt die erforderliche Zustimmung des Aufsichtsrats oder der Gesellschafterversammlung, so hat das Aufsichtsratsmitglied entsprechend § 114 Abs. 2 AktG eine schon empfangene Vergütung zurückzugewähren, es sei denn, die Leistung wird nachträglich genehmigt. Das Aufsichtsratsmitglied selbst kann die erbrachte Leistung nach den Regeln über die ungerechtfertigte Bereicherung abrechnen.

128 b) **Kreditgewährung.** § 115 AktG, der die Kreditgewährung seitens der Gesellschaft an Mitglieder des Aufsichtsrats an dessen Einwilligung bindet, gilt für den fakultativen Aufsichtsrat nicht. Für eine analoge Anwendung ist keine Grundlage vorhanden[205]. Doch bedarf die Kreditgewährung an Aufsichtsratsmitglieder auch bei der GmbH einer besonderen Kontrolle, die den Grundsätzen der Treuepflicht Rechnung trägt (Rdn 135). Die Kontrolle steht der Gesellschafterversammlung als dem obersten Organ der Gesellschaft zu. Zur Gewährung eines Kredits an Aufsichtsratsmitglieder bedürfen die Geschäftsführer daher der Zustimmung durch Gesellschafterbeschluß[206]. Analog § 43 a dürfen Kredite an Aufsichtsratsmitglieder nicht aus dem zur Erhaltung des Stammkapitals erforderlichen Vermögen der Gesellschaft gewährt werden[207].

XI. Sorgfaltspflicht und Verantwortlichkeit der Aufsichtsratsmitglieder

Schrifttum

Ensch Institutionelle Mitbestimmung und Arbeitnehmereinfluß (1989); *R. Fischer* Die Verantwortung des Aufsichtsrats bei Interessenkollisionen, In memoriam K. Duden (1982) S. 55; *ders.* Das Entsendungs- und Weisungsrecht öffentlich-rechtlicher Körperschaften beim Aufsichtsrat einer Aktiengesellschaft, AG 1982, 85; *Gaul* Information und Vertraulichkeit der Aufsichtsratsmitglieder einer GmbH, GmbH-Rdsch. 1986, 296; *Heidinger* Aufgaben und Verantwortlichkeit von Aufsichtsrat und Beirat der GmbH (1989); *Hommelhoff* Die Autarkie des Aufsichtsrats, ZGR 1983, 551; *ders.* Zur Kreditüberwachung im Aufsichtsrat, Festschrift Werner (1984) S. 315; *Hüffer* Der Aufsichtsrat in der Publikumsgesellschaft, ZGR 1980, 320; *ders.* Organpflichten und Haftung in der Publikums-Personengesellschaft, ZGR 1981, 348; *Lutter* Information und Vertraulichkeit im Aufsichtsrat[2] (1984); *ders.* Bankenvertreter im Aufsichtsrat, ZHR 145 (1981), 224; *ders.* Rolle und Recht, Festschrift Coing (1982) S. 565; *Lutter/Krieger* Rechte und Pflichten des Aufsichtsrats[2] (1989); *Matthießen* Stimmrecht und Interessenkollision im Aufsichtsrat (1989); *Raiser* Weisungen an Aufsichtsratsmitglieder? ZGR 1978, 391; *ders.* Klagebefugnisse einzelner Aufsichtsratsmitglie-

---

[204] *Schilling*-Voraufl. 137; zum AktG str., vgl. *Mertens*-KölnKommAktG § 114, 5; *Geßler*/Hefermehl/Eckardt/Kropff § 113, 18 ff; *Meyer-Landrut*-GroßkommAktG § 113 Anm. 15. Zur GmbH **aA** *Meyer-Landrut*/Miller/Niehus 34.

[205] Baumbach/Hueck/*Zöllner* 39.

[206] *Schilling*-Voraufl. 138.

[207] Str., wie hier Scholz/*Schneider* § 43 a, 30; **aA** *Mertens*-Voraufl. § 43 a, 11; Baumbach/Hueck/*Zöllner* § 43 a, 3; Fischer/*Lutter*/*Hommelhoff* § 43 a, 4; Rowedder/*Koppensteiner*[2] § 43 a, 3; *Meyer-Landrut*/Miller/Niehus § 43 a, 3; *Roth* § 43 a, 3.

der, ZGR 1989, 44; *Rittner* Die Verschwiegenheitspflicht der Aufsichtsratsmitglieder nach BGHZ 64, 325, Festschrift Hefermehl (1976) S. 365; *Schmidt-Leithoff* Die Verantwortung der Unternehmensleitung (1989); *Semler* Die Überwachungsaufgabe des Aufsichtsrats (1980); *ders.* Aufgaben und Funktionen des aktienrechtlichen Aufsichtsrats in der Unternehmenskrise, AG 1983, 141; *ders.* Abgestufte Überwachungspflicht des Aufsichtsrats? AG 1984, 21; *von Stebut* Geheimnisschutz und Verschwiegenheitspflicht im Aktienrecht (1972); *Ulmer* Aufsichtsratsmandat und Interessenkollision, NJW 1980, 1603; *ders.* Zur Haftung der abordnenden Körperschaft nach § 31 BGB für Sorgfaltsverstöße des von ihr benannten Aufsichtsratsmitglieds, Festschrift Stimpel (1985) S. 705; *Werner* Aufsichtsratstätigkeit von Bankenvertretern, ZHR 145 (1981), 252.

1. Generalklausel

Zur Sorgfaltspflicht und Verantwortlichkeit der Aufsichtsratsmitglieder verweist § 52 Abs. 1 auf §§ 116, 93 Abs. 1 und 2 AktG. § 93 Abs. 1 S. 1 AktG ist für den Vorstand formuliert und muß im Hinblick auf die anderen Aufgaben des Aufsichtsrats in der Gesellschaft sinngemäß anders gefaßt werden. Danach haben die Aufsichtsratsmitglieder die **Sorgfalt eines ordentlichen und gewissenhaften Aufsichtsratsmitglieds** anzuwenden. Die Vorschrift erfüllt eine doppelte Funktion. Sie ist zum einen ein eigener, **generalklauselartiger Haftungsbestand,** der sich auf die allen Mitgliedern eines Unternehmensorgans obliegende Treuepflicht stützt. Zum anderen bezeichnet sie den **Fahrlässigkeitsmaßstab** als Voraussetzung der aus Pflichtverletzungen folgenden Schadensersatzpflicht (Rdn 144). Als solcher entspricht er im wesentlichen § 276 BGB. Es ist das Maß an Sorgfalt anzuwenden, das die Tätigkeit im Aufsichtsrat einer Gesellschaft von der Größe und dem Zuschnitt erfordert, in dem das betreffende Aufsichtsratsmitglied tätig ist. Für die dazu nötigen allgemeinen Kenntnisse, Fähigkeiten und Erfahrungen hat das Mitglied ohne Rücksicht auf seine persönlichen Umstände einzustehen[208]. Wurde ein Aufsichtsratsmitglied, z. B. ein Bankier, wegen seiner speziellen Kenntnisse und Erfahrungen in den Aufsichtsrat berufen, so hat er für die in seiner Position erforderliche Sorgfalt einzustehen[209]. Doch gilt der Grundsatz der **Gesamtverantwortung:** Die Aufsichtsratsmitglieder können sich nicht damit entlasten, daß ein anderes Mitglied einen Vorgang aufgrund seiner besseren Sachkunde hätte in erster Linie beanstanden müssen. Auch wenn der Aufsichtsrat arbeitsteilig vorgeht, z. B. einen Ausschuß zur Bilanzprüfung einsetzt (Rdn 73, 97 ff), bleiben die nicht unmittelbar befaßten Mitglieder verpflichtet, sich ein eigenes Bild von der Tätigkeit der anderen und ihrem Ergebnis zu machen[210]. Für eine Haftungsmilderung nach § 708 BGB gibt es auch bei der personalistischen GmbH keine Rechtsgrundlage. Doch kann die **Satzung** den Sorgfaltsmaßstab bis zur Grenze der groben Fahrlässigkeit herabsetzen[211]. 129

2. Einzelne Pflichten

Im einzelnen haben die Aufsichtsratsmitglieder eine Vielzahl verschiedener Pflichten zu erfüllen[212]. Sie haben die Vorschriften des GmbH-Gesetzes ebenso wie die für die 130

[208] Dies entspricht mit gewissen Schwankungen in der Formulierung der hL zum Aktienrecht und auch zum fakultativen Aufsichtsrat der GmbH. Vgl. hierzu *Schilling*-Voraufl. 144; Scholz/*Schneider* 358; Baumbach/Hueck/*Zöllner* 41; Fischer/*Lutter*/*Hommelhoff* 33; Rowedder/*Koppensteiner*^{2} 16, je m. w. N.; ferner allg. BGHZ 85, 293, 295 f = NJW 1983, 991 (zur AG); *Raiser* KapGesR § 15 VII 6.

[209] LG Hamburg ZIP 1981, 194, 195 f; *Hommelhoff* ZGR 1983, 551, 572 f; *Lutter* ZHR 145 (1981), 224, 227 ff; *Semler* AG 1983, 82, 83 f.

[210] HA, vgl. zuletzt *Hommelhoff* Festschrift Werner S. 315, 330 ff, Scholz/*Schneider* 337.

[211] *Schilling*-Voraufl. 144; Scholz/*Schneider* 361; Baumbach/Hueck/*Zöllner* 41.

[212] Zum folgenden demnächst *Raiser* KapGesR^2 § 15 VII 2.

unternehmerische Betätigung der Gesellschaft allgemein geltenden Rechtsvorschriften einzuhalten (Rdn 131 f); sie haben im Aufsichtsrat kollegial zusammenzuarbeiten (Rdn 133); ihr Amt mit der gebotenen Sorgfalt zu führen (Rdn 134); das Unternehmensinteresse wahrzunehmen und nicht stattdessen ihre privaten Geschäftsinteressen zu verfolgen (Rdn 135) sowie die Grenzen ihrer Ermessensfreiheit einzuhalten (Rdn 137). Besonders geregelt ist die Pflicht, über vertrauliche Angaben und Geschäftsgeheimnisse der Gesellschaft Stillschweigen zu bewahren (§§ 93 Abs. 1 S. 2, 116 AktG, Rdn 138).

131 a) **Vorschriften des GmbHG.** In welchem Ausmaß Mitglieder des fakultativen Aufsichtsrats einer GmbH gegen Vorschriften des Gesetzes oder der Satzung verstoßen können, hängt in erster Linie davon ab, welche Kompetenzen ihnen die Satzung zuweist. Gemäß § 43 Abs. 3 sind die Geschäftsführer zum Schadensersatz verpflichtet, wenn sie entgegen § 30 Zahlungen aus dem zur **Erhaltung des Stammkapitals** erforderlichen Vermögen der Gesellschaft leisten oder unter Verstoß gegen § 33 eigene Geschäftsanteile der Gesellschaft erwerben. Regelmäßig ist der Aufsichtsrat an derartigen Vorgängen nicht beteiligt, doch kann er aufgrund eines Zustimmungsvorbehalts nach § 111 Abs. 4 AktG (Rdn 109 f) oder, weil die Geschäftsführer ihm die Angelegenheit vorgelegt haben, in sie hineingezogen werden. In solchen Fällen liegt ein Pflichtverstoß auch auf seiten der beteiligten Aufsichtsratsmitglieder vor. Zur Überwachung der Geschäftsführung gehört es auch, unzulässige Gewinnausschüttungen oder unberechtigte Einnahmen der Geschäftsführer zu verhindern[213]. Pflichtwidrig sind darüber hinaus Aufsichtsratsbeschlüsse, mit denen der Aufsichtsrat die ihm in der Satzung eingeräumten Zuständigkeiten überschreitet.

132 b) **Rechtmäßigkeitskontrolle.** Die Überwachungspflicht des Aufsichtsrats umfaßt weiter die Rechtmäßigkeit der Geschäftsführung (Rdn 87 f). Nicht anders als die Geschäftsführer ist der Aufsichtsrat an die Vorschriften des allgemeinen Zivilrechts, Wettbewerbsrechts, Arbeitsrechts, Straf- und Ordnungswidrigkeitenrechts, Verwaltungsrechts, Steuerrechts, Sozialrechts usw. gebunden, welche die wirtschaftliche Betätigung des Unternehmens und seine Außenbeziehungen zu Dritten und zu den Staatsorganen regeln. Zwar werden der Aufsichtsrat oder einzelne seiner Mitglieder in solchen Fällen selten unmittelbar tätig werden. Doch sind Aufsichtsratsbeschlüsse, die z. B. eine Steuerhinterziehung von seiten der Geschäftsführer, unvollständige Erfüllung der Sozialversicherungspflichten, unerlaubte Waffengeschäfte oder Verstöße gegen das Umweltschutzrecht billigen oder sogar verlangen, rechtswidrig und verstoßen gegen §§ 116, 93 AktG, selbst wenn sie keine unmittelbare Außenwirkung entfalten. Schreitet der Aufsichtsrat gegen rechtswidrige Handlungen der Geschäftsführer nicht ein, so muß man nach der Schwere des Verstoßes differenzieren, denn der Aufsichtsrat ist weder in der Lage noch dazu berufen, alle Verstöße der Geschäftsführer gegen geltendes Recht zu beanstanden. Er kann grundsätzlich nach Zweckmäßigkeit entscheiden, ob er eingreift oder nicht. Drohen dem Unternehmen hingegen erhebliche Strafen, Schäden oder andere Nachteile, so ist sein Einschreiten geboten[214].

133 c) **Kollegiale Zusammenarbeit.** Welches Verhalten die Pflicht zur kollegialen Zusammenarbeit fordert, hängt weitgehend von der Größe und Zusammensetzung des Aufsichtsrats und von dessen konkretem Arbeitsstil ab. Der fakultative Aufsichtsrat einer GmbH wird regelmäßig persönliche Umgangsformen und einen sachlichen Ge-

---

213 Vgl. BGHZ 64, 238, 243 ff = NJW 1975, 1318; 69, 207, 221 = NJW 1977, 2311; BGH NJW 1978, 425 (alle zur Publikums-KG).

214 Zum Ganzen *Semler* Die Überwachungsaufgabe des Aufsichtsrats S. 68 ff; *Lutter/Krieger* Rechte und Pflichten des Aufsichtsrats S.35; *Raiser* ZGR 1989, 44, 64 f.

sprächston erfordern. Vor allem aber verlangt die Gesamtverantwortung des Aufsichtsrats für alle ihm übertragenen Aufgaben, daß sich die Aufsichtsratsmitglieder gegenseitig richtig und vollständig informieren. Eine Schweigepflicht zwischen ihnen kann es nicht geben.

d) **Sorgfaltspflicht.** Zur sorgfältigen Amtsführung eines Aufsichtsratsmitglieds gehört, regelmäßig an den **Sitzungen teilzunehmen** und sich hinreichend darauf vorzubereiten, die übersandten Unterlagen durchzuarbeiten und, soweit Unklarheiten bestehen, von den Informationsansprüchen Gebrauch zu machen. Die Bücher und Papiere hat der Aufsichtsrat wenigstens **stichprobenartig** zu kontrollieren[215]. Gibt es Hinweise auf ein Fehlverhalten eines Geschäftsführers, so muß der Aufsichtsrat diesen nachgehen[216]. Soweit er, namentlich bei der Ausübung von Zustimmungsrechten nach § 111 Abs. 4 AktG, eigene unternehmerische Entscheidungen fällt, muß er, nicht anders als die Geschäftsführer, die anerkannten technischen, finanz- und betriebswirtschaftlichen Methoden und die üblichen Standards geschäftlicher Vorsicht und Risikominderung anwenden. Wie weit die Sorgfaltspflicht im einzelnen reicht, läßt sich nur **situationsbezogen** bestimmen[217]. Gehen die Geschäfte ihren gewohnten Gang, so braucht die Kontrolle weniger dicht zu sein als in der Unternehmenskrise[218]. Aufs Ganze dürfen die Anforderungen jedoch nicht über das Maß hinaus gesteigert werden, welches das Gesetz zugrundelegt, wenn es das Aufsichtsratsamt als **Nebentätigkeit** versteht, die in wenigen Sitzungen im Jahr zu erfüllen ist und keinen laufenden Einsatz für das Unternehmen verlangt[219]. 134

e) **Treuepflicht.** Die Treuepflicht verlangt von den Aufsichtsratsmitgliedern, ihre Organstellung nicht zum eigenen Vorteil auszunutzen. Sie haben, soweit sie für das Unternehmen tätig sind, ihre Privatinteressen oder die Interessen anderer Rechtsträger hinter die **Interessen des Unternehmens** (Rdn 249 ff) zurückzustellen. Unzulässig ist es, für Geschäfte der Gesellschaft Provisionen oder Schmiergelder anzunehmen oder zu fordern[220]. Bietet sich aufgrund der Kenntnisse und Verbindungen, die das Aufsichtsratsmitglied kraft seines Amtes erlangt hat, die Gelegenheit, ein günstiges Geschäft abzuschließen, das in den Tätigkeitsbereich der Gesellschaft fällt, so hat das Aufsichtsratsmitglied darauf hinzuwirken, daß die Gesellschaft es wahrnehmen kann. Dagegen wäre es pflichtwidrig, das Geschäft stattdessen zu eigenen Gunsten abzuschließen oder Dritten zukommen zu lassen[221]. Allerdings darf auch die Treuepflicht nicht überspannt werden, sondern muß auf die Ausgestaltung des Aufsichtsratsmandats als Nebenamt abgestimmt werden, das regelmäßig neben einem Hauptamt ausgeübt wird und darüber hinaus die Übernahme weiterer Aufsichtsratsmandate in anderen Gesellschaften zuläßt (Rdn 31 ff). Daher unterliegen die Aufsichtsratsmitglieder keinem allgemeinen gesetzli- 135

---

215 BGHZ 69, 207, 219 = NJW 1977, 2311; BGH NJW 1978, 425; OLG Düsseldorf AG 1984, 273, 275.

216 Vgl. RGZ 161, 129, 140; BGHZ 69, 207, 213 f = NJW 1977, 2311; BGH WM 1979, 1425, 1427; *Hüffer* ZGR 1981, 348, 351 f (zur Publikums-KG).

217 Vgl. zur Überwachung der von einer Bank vergebenen Großkredite Österr. OGH AG 1983, 81, 82; *Hommelhoff* Festschrift Werner S. 315; zur Überwachung von Beteiligungen *ders.* Festschrift Stimpel S. 603; zu den Pflichten des Aufsichtsrats bei besonders leichtfertigen Geschäften der Geschäftsführer BGHZ 69, 207, 213 f = NJW 1977, 2311 (zur Publikums-KG).

218 *Semler* AG 1983, 141.

219 Vgl. *Mertens*-KölnKommAktG § 111, 26; Scholz/*Schneider* 330; *Ulmer* NJW 1980, 1603, 1604.

220 RGZ 96, 53, 54; BGH WM 1962, 578; BGH WM 1983, 498, 499.

221 Vgl. BGH WM 1979, 1328, 1330 zum Vorstand einer AG; BGH WM 1967, 679 zum Geschäftsführer einer GmbH; BGH NJW 1986, 585 zum Geschäftsführer einer GmbH; BGH NJW 1980, 1629 f, dazu *Ulmer* aaO 1603.

chen Wettbewerbsverbot[222]. Vertragliche Wettbewerbsverbote können ihnen in der Satzung selbstverständlich auferlegt werden.

136 Im übrigen versucht die neuere Lehre, die in der Institution Aufsichtsrat vorprogrammierten **Rollenkonflikte** seiner Mitglieder dadurch rechtlich in den Griff zu bekommen, daß sie zwischen verschiedenen Tätigkeitsbereichen differenziert[223]. Soweit das Aufsichtsratsmitglied sein Amt unmittelbar ausübt, wie vor allem in Diskussionsbeiträgen während der Sitzung und bei der Abstimmung, verlangt das Unternehmensinteresse unbedingten Vorrang. Sieht sich das Mitglied außerstande, dem zu folgen, so hilft nur, sich an der Abstimmung nicht zu beteiligen und notfalls das Amt niederzulegen[224]. Bei Tätigkeiten außerhalb der Unternehmenssphäre kann das Unternehmensinteresse hingegen nicht schwerer wiegen als die Verpflichtungen gegenüber anderen Rechtsträgern, für die das Mitglied tätig wird. Hier muß vermieden werden, daß dem Unternehmen aus der Handlungsweise seines Aufsichtsratsmitglieds unmittelbare Nachteile erwachsen. Die Fälle lassen sich nicht nach abstrakten Formeln lösen, sondern nur pragmatisch unter Abwägung aller Umstände und Verhaltensalternativen im Einzelfall. Zu entscheiden hat das Aufsichtsratsmitglied in eigener Verantwortung, doch prüft das Gericht im Schadensersatzprozeß die Rechtmäßigkeit nach[225].

137 f) **Ermessensentscheidungen.** Soweit der Aufsichtsrat unternehmerische Entscheidungen fällt, wie namentlich bei der Billigung der von den Geschäftsführern beabsichtigten Geschäftspolitik oder bei der Ausübung von Zustimmungsvorbehalten gemäß § 111 Abs. 4 AktG (Rdn 111), hat er sich am Unternehmensinteresse zu orientieren. Handlungen, die unternehmensfremde Interessen verfolgen, sind pflichtwidrig und können Schadensersatzforderungen auslösen. Das gilt namentlich auch, wenn das Aufsichtsratsmitglied den Forderungen staatlicher oder politischer Instanzen folgt, die dem Unternehmensinteresse zuwiderlaufen, es sei denn, sie stützen sich auf eine verbindliche Rechtsgrundlage oder sind unter dem Gesichtspunkt der Gemeinwohlbindung unternehmerischen Eigentums durch höherrangige öffentliche Interessen gerechtfertigt[226]. In der Sache nicht aufhebbare Interessenkonflikte zwischen dem Unternehmensinteresse und einem Drittinteresse, dem das Mitglied ebenfalls verpflichtet ist, muß es auch hier notfalls durch Niederlegung des Mandats Rechnung tragen[227].

138 g) **Verschwiegenheitspflicht.** Nach § 93 Abs. 1 S. 2 AktG i. V. m. § 52 Abs. 1 haben die Aufsichtsratsmitglieder über vertrauliche Angaben und **Geheimnisse der Gesellschaft**, namentlich Betriebs- oder Geschäftsgeheimnisse, die ihnen durch ihre Tätigkeit im Aufsichtsrat bekannt geworden sind, Stillschweigen zu bewahren. Eine Verletzung dieser Pflicht löst nicht nur Schadensersatzforderungen der Gesellschaft aus, sondern ist auch gem. § 85 strafbar. Geheimhaltungsbedürftig sind alle Tatsachen, die nicht allgemein bekannt sind und für die nach objektiven Maßstäben ein Geheimhaltungsbe-

---

222 Speziellere Wettbewerbsverbote, z. B. bzgl. der Wahrnehmung von Aufsichtsratsmandaten in konkurrierenden Unternehmen, werden aus der Treuepflicht abgeleitet von *Lutter* ZHR 145 (1981), 224, 236; ihm folgen Scholz/*Schneider* 343; aA *Werner* ZHR 145 (1981), 252, 256 ff.

223 *R. Fischer* In memoriam K. Duden S. 55; *Ulmer* NJW 1980, 1603; Scholz/*Schneider* 352 ff; vgl. demnächst *Raiser* KapGesR[2] § 15 VII.

224 *Lutter* ZHR 145 (1981), 224, 239 ff; *Lutter/Krieger* Rechte und Pflichten der Aufsichtsratsmitglieder S. 204 f; einschränkend *Ensch* Institutionelle Mitbestimmung S. 188 f, 191, 192; *Matthiesen* Stimmrecht und Interessenkollision im Aufsichtsrat S. 177 ff, 386 ff.

225 Vgl. bzgl. der Schweigepflicht BGHZ 64, 325 = NJW 1975, 1412.

226 Vgl. *Raiser* KapGesR § 14 IV; *Schmidt-Leithoff* Die Verantwortung der Unternehmensleitung (1989) S. 222 ff.

227 *Lutter* ZHR 145 (1981), 224, 246; *Ensch* aaO.

dürfnis der Gesellschaft besteht[228]. Was darunter fällt, läßt sich nicht abstrakt, sondern nur situationsbezogen sagen. In Betracht kommen vor allem die Investitions-, Finanz-, Produktions- und Absatzpläne der Gesellschaft, interne Betriebsdaten und Statistiken, Forschungsaktivitäten, Produktionsmethoden, Personalangelegenheiten usw. Geheimhaltungsbedürftig sind auch die internen Vorgänge im Aufsichtsrat selbst, d. h. Diskussionsbeiträge und Abstimmung der einzelnen Aufsichtsratsmitglieder, und zwar auch die eigenen[229]. Letzteres ist im Hinblick auf die Arbeitnehmervertreter in den unter die Mitbestimmungsgesetze fallenden Aufsichtsräten streitig, weil diese unter einem starken Legitimationsdruck ihrer Wähler stehen (Rdn 246). Beim mitbestimmungsfreien fakultativen Aufsichtsrat besteht jedoch kein Anlaß, einem Aufsichtsratsmitglied Angaben darüber zu gestatten, wie es sich selbst verhalten hat[230].

Maßstab für die Geheimhaltungsbedürftigkeit ist das Unternehmensinteresse. **139**
Darüber hat jedes Aufsichtsratsmitglied selbst und in eigener Verantwortung zu entscheiden, ohne an Vorgaben der Geschäftsführer oder Gesellschafter oder an Mehrheitsbeschlüsse des Aufsichtsrats selbst gebunden zu sein. Doch prüft das Gericht die Entscheidung ggf. nach (BGHZ **64**, 325 = NJW **1975**, 1412). Immerhin kann die Geheimhaltungsbedürftigkeit bei Angelegenheiten, welche die Geschäftsführer oder die Gesellschafterversammlung durch einen Mehrheitsbeschluß freigegeben hat, schwerlich noch bejaht werden[231].

Gegenüber **Geschäftsführern** und **Gesellschaftern** besteht die Schweigepflicht regel- **140**
mäßig **nicht**, denn die reibungslose Unternehmensleitung in Abstimmung und Kooperation zwischen den Organen fordert einen ungehemmten Informationsfluß zwischen ihnen (vgl. § 51 a)[232]. In seltenen Fällen kann immerhin ein Geheimhaltungsbedürfnis auch gegenüber den anderen Organen auftreten. Zu denken ist namentlich an den Ablauf des Entscheidungsprozesses im Aufsichtsrat selbst, denn die offene Diskussion zwischen den Aufsichtsratsmitgliedern könnte gefährdet sein, wenn Gesellschafter oder Geschäftsführer darüber ins Bild gesetzt werden. Zweifelhaft ist, in welchem Umfang die Schweigepflicht ein **Zeugnisverweigerungsrecht** im Prozeß gewährt[233]. Im Zivilprozeß ist § 383 Abs. 1 Nr. 6 ZPO anzuwenden (OLG Koblenz GmbH-Rdsch. **1987**, 276). Doch kann dies im Prozeß gegen die Gesellschaft nicht gelten, wenn dieser daraus ein verfahrensrechtlicher Vorteil erwachsen würde[234]. Im Strafprozeß besteht nach §§ 52 ff StPO kein Zeugnisverweigerungsrecht.

Im Aktienrecht wird diese Regelung der Schweigepflicht als **zwingendes Recht** **141**
angesehen, die weder der Erschwerung noch der Erleichterung durch die Satzung zugänglich ist. Lediglich ergänzende und klarstellende Bestimmungen in der Satzung oder der Geschäftsordnung des Aufsichtsrats hat BGHZ **64**, 325 = NJW **1975**, 1412 zugelassen. Beim fakultativen Aufsichtsrat der GmbH besteht dazu **kein Anlaß**. Da

---

228 BGHZ 64, 325, 329 ff = NJW 1975, 1412; *Hueck* RdA 1975, 35, 39; *Rittner* Festschrift Hefermehl S. 365, 369; *Lutter* Information und Vertraulichkeit im Aufsichtsrat S. 129 ff; *Schilling*-Voraufl. 145; Scholz/*Schneider* 348; Baumbach/Hueck/*Zöllner* 42.

229 HA, BGHZ 64, 325, 332 = NJW 1975, 1412; AG München WM 1986, 974, 975; *Schilling*-Voraufl. 145; Scholz/*Schneider* 350; Baumbach/Hueck/*Zöllner* 42.

230 Siehe auch *Lutter* Information und Vertraulichkeit im Aufsichtsrat S. 157 f; *Gaul* GmbH-Rdsch. 1986, 296, 300.

231 AA Baumbach/Hueck/*Zöllner* 42.

232 OLG Hamburg AG 1984, 248, 251; *Lutter* aaO S. 199, 243; Scholz/*Schneider* 344; *Fischer*/*Lutter*/*Hommelhoff* 16; aA Baumbach/Hueck/*Zöllner* 42.

233 Gegen ein Zeugnisverweigerungsrecht von Organmitgliedern generell *v. Stebut* Geheimnisschutz S. 116 ff; Geßler/*Hefermehl*/Eckardt/Kropff § 93, 19; *Mertens*-Voraufl. § 43, 53; für ein uneingeschränktes Zeugnisverweigerungsrecht Scholz/*Schneider* 344.

234 So mit Recht jetzt *Mertens*-KölnKommAktG² § 93, 85.

die Einrichtung des Aufsichtsrats, dessen Kompetenzen und Arbeitsweise auf der Satzung beruhen, muß es den Gesellschaftern auch unbenommen bleiben, den Umfang der den Aufsichtsratsmitgliedern obliegenden Schweigepflicht und die Art und Weise zu regeln, wie diese zu handhaben ist und wer in Zweifelsfällen darüber zu entscheiden hat, ob eine Tatsache geheimgehalten werden muß. Ein von Mehrheitsbeschlüssen der Gesellschafter unabhängiges Unternehmensinteresse ist in diesem Fall nicht anzuerkennen. Die Aufsichtsratsmitglieder selbst haben ein berechtigtes Interesse an einer von den Entscheidungen der Gesellschafter unabhängigen, feststehenden Regelung lediglich, soweit es ihr eigenes Verhalten im Aufsichtsrat betrifft[235]. Anderes gilt hingegen für die Regelung der Schweigepflicht in einer vom Aufsichtsrat selbst erlassenen Geschäftsordnung. Für diesen Fall ist mit BGHZ 64, 325 = NJW 1975, 1412 davon auszugehen, daß die eigenverantwortliche Entscheidung jedes einzelnen Aufsichtsratsmitglieds über die Geheimhaltungsbedürftigkeit nicht durch Mehrheitsbeschluß beschnitten werden kann.

3. Weisungsfreiheit der Aufsichtsratsmitglieder

142 Als Mitglieder des von den Gesellschaftern zur Überwachung der Geschäftsführung eingesetzen Unternehmensorgans Aufsichtsrat haben die Aufsichtsratsmitglieder ihr Amt frei und unabhängig in eigener Verantwortung zu führen. Sie haben **kein imperatives Mandat**, sind also an Aufträge oder Weisungen nicht gebunden[236]. Daraus folgt, daß sie sich auch vertraglich nicht verpflichten können, ihr Mandat in bestimmter Weise auszuüben. Stimmbindungsverträge der Aufsichtsratsmitglieder sind unwirksam. Auch Vertragsstrafen oder die Übernahme einer Verpflichtung, das Mandat niederzulegen, falls von den Wünschen eines Auftraggebers abgewichen wird, sind unzulässig[237]. Die Weisungsfreiheit gilt namentlich auch gegenüber den Gesellschaftern. Entsandte Aufsichtsratsmitglieder sind auch vom Entsender weisungsfrei und unabhängig. An diesen Regeln ist auch bei Aufsichtsratsmitgliedern festzuhalten, die von einem Unternehmen oder einer Gebietskörperschaft entsandt oder auf deren Veranlassung in den Aufsichtsrat gewählt wurden. Die in solchen Fällen bestehenden Bindungen an das Unternehmen oder an die Gebietskörperschaft können die eigenverantwortliche Amtsführung im Interesse der Gesellschaft nicht in Frage stellen[238].

143 Im Aktienrecht sind die genannten Regeln als zwingendes Recht anerkannt. Beim fakultativen Aufsichtsrat der GmbH wird man dagegen **differenzieren** müssen. Soweit der Kern der Überwachungsaufgabe berührt ist, muß es bei der Unabhängigkeit und Weisungsfreiheit der Aufsichtsratsmitglieder bleiben, denn andernfalls verlöre die Überwachung ihren Sinn und die damit verbundenen Erwartungen der Gesellschafter und außenstehender Dritter würden vereitelt. Allerdings entfällt die Schadensersatzpflicht, wenn eine Handlung auf einem gesetzmäßigen Beschluß der Gesellschafterversammlung beruht (Rdn 146). Soweit dem Aufsichtsrat dagegen über die Überwachung der Geschäftsführer hinaus weitere Aufgaben sozusagen als Exekutivorgan der Gesell-

[235] HA, *Schilling*-Voraufl. 145; Scholz/*Schneider* 345; Baumbach/Hueck/*Zöllner* 42; Rowedder/*Koppensteiner*[2] 16; Fischer/*Lutter*/*Hommelhoff* 16; *Meyer-Landrut*/Miller/Niehus 38; *Lutter* Information und Vertraulichkeit im Aufsichtsrat S. 242 f; *Gaul* GmbH-Rdsch. 1986, 296, 298 f; aA *Eder*-GmbH-Handb. 485.1.

[236] *Fischer* AG 1982, 85, 90 ff; *Raiser* ZGR 1978, 391, 399.

[237] *Werner* ZGR 1977, 236, 240; *H. P. Westermann* ZGR 1977, 219, 226 f; zu Vertragsstrafen aA *U. H. Schneider* ZGR 1977, 335, 339 ff.

[238] *Fischer* AG 1982, 85, 93; *Raiser* ZGR 1978, 391, 401 ff; aA z. T. das verwaltungs- und kommunalrechtliche Schrifttum.

schafter übertragen wurden, liegt es im Sinn der Bestellung, auch Weisungen bezüglich der Amtsführung zuzulassen. Dieselbe Grenze kommt für Weisungen von seiten einzelner Gesellschafter in Betracht. Dagegen ist eine Satzungsbestimmung, die Weisungen von Nichtgesellschaftern zuläßt, in keinem Fall als wirksam anzuerkennen.

4. Schadensersatzpflicht

Aufsichtsratsmitglieder, die ihre Pflichten verletzen, sind entsprechend §§ 93 Abs. 2, 116 AktG der Gesellschaft als Gesamtschuldner zum Schadensersatz verpflichtet. Das Gesetz sieht weiter eine **Umkehr der Beweislast** vor, wonach die Betroffenen darzulegen und zu beweisen haben, daß sie die Sorgfalt eines ordentlichen und gewissenhaften Aufsichtsratsmitglieds angewandt haben. Die Vorschrift wird von den Gerichten extensiv verstanden und nicht nur auf das Verschulden im engeren Sinn, sondern auch auf die Pflichtwidrigkeit der Handlung und den Ursachenzusammenhang erstreckt, sofern die Gesellschaft nur eine plausible Möglichkeit der ursächlichen Verknüpfung zwischen vorgeworfenem Verhalten und Schaden darlegt[239]. Daneben können sich die Aufsichtsratsmitglieder gemäß §§ 82, 85, ggf. auch nach §§ 263, 266 StGB strafbar machen. Auch kommt die vorzeitige Abberufung in Frage (Rdn 50 ff). Eine unmittelbare Haftung gegenüber den Gesellschaftern kommt regelmäßig schon deshalb nicht in Betracht, weil sie keinen über die infolge des Gesellschaftsschadens eintretende Wertminderung ihres Geschäftsanteils hinausgehenden eigenen Schaden erleiden. Ein solcher Reflexschaden ist nicht gesondert erstattungsfähig[240]. Ein eigener Schaden der Gesellschafter kann nach §§ 823, 826 BGB ersatzfähig sein[241]. **144**

Ist das Aufsichtsratsmitglied in seiner Eigenschaft als Vorstandsmitglied, Geschäftsführer oder anderer verfassungsmäßig berufener Vertreter einer juristischen Person des privaten oder öffentlichen Rechts berufen worden und hat es das Aufsichtsratsmandat in Ausführung der ihm kraft dieses Amts obliegenden Verrichtungen wahrgenommen, so kommt auch eine **Mithaftung** der juristischen Person **nach § 31 BGB** in Betracht. Der BGH hat eine solche Haftung allerdings bislang verneint[242]. Sie ist aber jedenfalls dann zu bejahen, wenn das Aufsichtsratsmitglied seine Pflichten gerade dadurch verletzt, daß es die Interessen der hinter ihm stehenden juristischen Person denen der Gesellschaft überordnet und dabei deren Schädigung bewußt in Kauf nimmt[243]. **145**

Die weiteren Einzelregelungen des aktienrechtlichen Schadensersatzanspruchs gemäß §§ 93 Abs. 4–6 AktG hat § 52 nicht übernommen. Doch muß auch für die Mitglieder des fakultativen Aufsichtsrats gelten, daß die Ersatzpflicht entfällt, wenn die pflichtwidrige Handlung auf einem **gesetzmäßigen Beschluß** der **Gesellschafterversammlung** beruht. Denn angesichts der Letztverantwortung der Gesellschafter für die Unternehmensleitung in der GmbH wäre es sinnwidrig, die Aufsichtsratsmitglieder der GmbH in diesem Punkt strenger zu behandeln als diejenigen der AG. Das kann jedoch nur gelten, wenn die Gesellschafter ausreichend und zutreffend informiert werden[244]. **146**

---

239 BGH NJW 1963, 46; NJW 1974, 1468; WM 1985, 1293 f.

240 *Brandes* Festschrift Fleck S. 13.

241 BGHZ 75, 96, 105 ff = NJW 1979, 1823; BGH WM 1984, 1640, 1642; vgl. auch BGHZ 94, 55, 58 f = NJW 1985, 1777 (zur AG). Das zuletzt genannte Urteil ist auf § 117 AktG gestützt. Dessen analoge Anwendung auf den fakultativen Aufsichtsrat ist zweifelhaft, jedoch kommen statt dessen §§ 823, 826 BGB in Betracht.

242 BGHZ 36, 296, 309 ff = NJW 1962, 864; 90, 381, 397 f = NJW 1984, 1893; OLG Düsseldorf WM 1984, 586, 598.

243 *Ulmer* Festschrift Stimpel S. 705, 715 ff; Baumbach/Hueck/*Zöllner* 43 a; *Mertens*-KölnKommAktG² § 76, 85.

244 Vgl. RGZ 152, 273, 281 f (zur Gen.); BGHZ 69, 207, 216 f = NJW 1977, 2311 (zur Publikums-KG).

Dagegen gilt die aktienrechtliche Karenzzeit von drei Jahren für einen **Verzicht** auf die Schadensersatzansprüche oder einen **Vergleich** über sie nicht. Die Gesellschafterversammlung ist daher in der Lage, darüber ohne zeitliche Beschränkung zu beschließen (vgl. § 46 Nr. 8). Ein solcher Verzicht liegt auch in der turnusmäßigen **Entlastung** der Aufsichtsratsmitglieder, die bei der GmbH im Gegensatz zur AG diese Wirkung behalten hat (§ 46, 54 ff)[245].

147 Der Schadensersatzanspruch **verjährt** gemäß § 52 Abs. 3, der an die Stelle des § 93 Abs. 6 AktG tritt, in **fünf Jahren** seit dem Entstehen des Anspruchs, d. h. seit Abschluß der rechtswidrigen Handlung und Auftreten des Schadens. Die Feststellung des maßgeblichen Zeitpunkts bereitet in der Praxis oft beträchtliche Schwierigkeiten[246]. Kommen daneben deliktische Ansprüche in Frage, gilt für diese die Verjährungsfrist des § 852 BGB, die für die Gesellschaft günstiger sein kann, weil sie erst mit der Kenntnis der Gesellschafter von dem Schaden und von der Person des ersatzpflichtigen Aufsichtsratsmitglieds beginnt[247]. Die Verjährungsfrist kann in der Satzung abgekürzt, gemäß § 225 BGB aber nicht verlängert werden. Es besteht kein Anlaß, die für den fakultativen Aufsichtsrat einer Publikums-KG ausgesprochene gegenteilige Ansicht in BGHZ **64**, 238, 245 = NJW **1975**, 1318 auf die GmbH zu übertragen[248].

D. Der obligatorische Aufsichtsrat nach § 77 BetrVG 1952

Schrifttum

Die Kommentare zum BetrVG, namentlich *Dietz/Richardi* Betriebsverfassungsgesetz[6] (1982); *Fabricius u. a.* Betriebsverfassungsgesetz, Gemeinschaftskommentar[4] (1990); *Fitting/Auffarth/Kaiser/Heither*[16] (1990); *Galperin/Löwisch* Kommentar zum Betriebsverfassungsgesetz[6] (1982); ferner *Kittner/Fuchs/Zachert/Köstler* Arbeitnehmervertreter im Aufsichtsrat[3], 2. Bde. (1987); *Windbichler* Arbeitsrecht im Konzern (1989) S. 496 ff.

I. Grundlagen

1. Aufsichtsratspflicht

148 Gesellschaften mit mehr als 500 Arbeitnehmern, die nicht schon unter das Montan-MitbestG von 1951 fielen, wurden durch das Betriebsverfassungsgesetz von 1952 mitbestimmungspflichtig. Da die Mitbestimmung im Aufsichtsrat angesiedelt wurde, verpflichtet sie das Gesetz, einen Aufsichtsrat zu bilden. Dieser ist zu einem Drittel mit Vertretern der Arbeitnehmer zu besetzen. Rechtsgrundlage ist § 77 Abs. 1 BetrVG 1952, der bei der Neuregelung des Betriebsverfassungsrechts im Jahre 1972 ausdrücklich in Kraft geblieben ist (§ 129 BetrVG 1972). Die Vorschrift beschränkt sich aber darauf, die Bildung eines Aufsichtsrats vorzuschreiben, und begnügt sich im übrigen mit **Verweisungen auf § 76 BetrVG** und auf die Vorschriften des **Aktiengesetzes** über den Aufsichtsrat. Ist die GmbH herrschendes Unternehmen eines **Konzerns**, so gilt ergänzend § 77 a BetrVG 1952. In Geltung geblieben ist ferner § 81 BetrVG 1952, der die sogenannten Tendenzunternehmen sowie die Religionsgemeinschaften und ihre karitativen und erzieherischen Einrichtungen ausnimmt. Flankiert wird die Regelung

---

245 Vgl. BGHZ 108, 21 = NJW 1989, 2694.

246 BGHZ 55, 340, 341 f = NJW 1971, 979; 73, 363, 365 = NJW 1979, 1550; 79, 176, 177 f = NJW 1981, 814; 96, 290, 294 = NJW 1986, 1162; 100, 228, 231 = NJW 1987, 1887; BGH WM 1971, 1548, 1549.

247 BGHZ 100, 190, 199 ff = NJW 1987, 2008 gegen RGZ 87, 306, 309; vgl. *Mertens*-KölnKommAktG[2] § 93, 156; Scholz/*Schneider* 362.

248 *Schilling*-Voraufl. 148; Scholz/*Schneider* 362; Baumbach/Hueck/*Zöllner* 45; Rowedder/*Koppensteiner*[2] 16; *Meyer-Landrut*/Miller/Niehus 40; *Roth* 4; aA und dem BGH folgend Fischer/*Lutter*/*Hommelhoff* 35.

durch eine **Wahlordnung** für die Wahl der Arbeitnehmervertreter im Aufsichtsrat[249]. Für Unternehmen mit mehr als 2 000 Arbeitnehmern gilt seit dem Erlaß des Mitbestimmungsgesetzes 1976 statt dessen die paritätische Besetzung der Aufsichtsräte nach diesem Gesetz (Rdn 256 ff). Zahlenmäßig spielt bei der GmbH die Mitbestimmung nach dem BetrVG 1952 die bei weitem größte Rolle.

2. Anzuwendendes Recht

§ 77 BetrVG 1952 verweist zunächst auf § 76 BetrVG, der neben der Rechtsgrundlage für die Drittel-Beteiligung der Arbeitnehmer in Abs. 2–5 die wichtigsten Grundsätze für die Wahl und die Abberufung der Arbeitnehmervertreter im Aufsichtsrat enthält und insofern die Grundlage der Wahlordnung bildet (Rdn 176 ff). Die Verweisungen auf das Aktienrecht umfassen mit wenigen Ausnahmen sämtliche Vorschriften über den Aufsichtsrat und gehen daher beträchtlich weiter als die Verweisungen des § 52. Die Einzelheiten sind in den folgenden Kommentierungen zu berücksichtigen. Ein entscheidender Unterschied zum fakultativen Aufsichtsrat liegt auch darin, daß das Gesetz **keine Satzungsfreiheit** gewährt. Sie könnte dazu benutzt werden, die Mitbestimmung zu reduzieren und würde dem Grundsatz des BetrVG 1952 widersprechen. Eine Gestaltungsbefugnis der Gesellschafter besteht demgemäß nur, soweit die aktienrechtlichen Vorschriften abweichende oder doch ergänzende Regelungen gestatten (vgl. § 23 Abs. 5 AktG). Doch führt die andere Struktur der GmbH zu gewissen Reibungen bei der Einfügung des umfangreichen Komplexes der aktienrechtlichen Vorschriften, die, nicht anders als beim fakultativen Aufsichtsrat (Rdn 23), zu einer entsprechenden Anpassung nötigen[250]. **149**

3. Privatautonome Erweiterung der Mitbestimmung

Schrifttum

Beuthien Mitbestimmungsvereinbarungen nach geltendem und künftigem Recht, ZHR 148 (1984), 95; *Biedenkopff/Säcker* Grenzen der Mitbestimmung in kommunalen Versorgungsunternehmen, ZfA 1971, 211; *Fabricius* Erweiterung der Arbeitnehmer-Beteiligung im Aufsichtsrat einer Aktiengesellschaft gemäß § 76 BetrVG 1952 auf rechtsgeschäftlicher Grundlage, Festschrift Hilger und Stumpff (1983) S. 155; *Hensche* Erweiterung der Mitbestimmung durch privatautonome Regelung, insbesondere in Unternehmen der öffentlichen Hand, AuR 1971, 33; *Hommelhoff* Vereinbarte Mitbestimmung, ZHR 148 (1984), 118; *Raiser* Besprechung der Entscheidung BGH NJW 1975, 1657, ZGR 1976, 105; *Thüsing* Zur Frage der Zulässigkeit gesellschaftsvertraglicher Ausweitung der Arbeitnehmervertretung im Aufsichtsrat nach dem BetrVG 1952 bei der GmbH, Festschrift Werner (1984) S. 893; *Vollmer* Die Entwicklung partnerschaftlicher Unternehmensverfassungen (1976).

Aus dem zwingenden Charakter der §§ 76 Abs. 1 i .V. m. 77 Abs.1 BetrVG 1952 ergibt sich, daß eine **Verringerung** der Zahl der Arbeitnehmervertreter im Aufsichtsrat unter ein Drittel in der Satzung **unzulässig** ist (hL). Dagegen gibt es keine gesetzliche Vorschriften, die eine **Erweiterung**, etwa auf die Hälfte der Sitze, verbieten. Die aktienrechtlichen Vorschriften, namentlich § 101 Abs. 1 AktG, schließen eine Erweiterung nicht aus. Auch ordnungspolitische Gesichtspunkte schlagen nicht durch, zumal das MitbestG die paritätische Besetzung der Aufsichtsräte für alle Großunternehmen **150**

[249] §§ 31–52 Erste RechtsVO zur Durchführung des BetrVG vom 18. März 1953 (BGBl. I S. 58) in der Fassung vom 7. Februar 1962 (BGBl. I S. 64).

[250] Scholz/*Schneider* 44 ff; Baumbach/Hueck/*Zöllner* 91.

vorgeschrieben hat[251]. Die Vermehrung der Arbeitnehmervertreter kann zunächst dadurch geschehen, daß die Gesellschafter für einen Teil der ihnen zustehenden Aufsichtsratssitze Arbeitnehmer wählen, die ihnen von der Belegschaft oder den Gewerkschaften präsentiert wurden[252]. Auch bindende Vorschlagsrechte dafür können in der Satzung begründet werden[253]. Darüber hinaus kann die Satzung den Anteil der Arbeitnehmervertreter aber auch in der Weise erhöhen, daß von vornherein mehr als ein Drittel von den Arbeitnehmern gewählt werden[254]. Eine Erweiterung durch Tarifvertrag oder Betriebsvereinbarung kommt nicht in Betracht[255].

151 Für eine **sachliche Erweiterung** der Befugnisse des Aufsichtsrats gibt die aktienrechtliche Zuständigkeitsordnung den Rahmen. Es bestehen daher keine Bedenken, daß die Satzung dem Aufsichtsrat der GmbH die gleiche Stellung einräumt wie bei der AG, ihm namentlich die Bestellung und Abberufung der Geschäftsführer entsprechend § 84 AktG (Rdn 223) und die Mitwirkung bei der Feststellung des Jahresabschlusses gemäß § 172 AktG (Rdn 222) überträgt[256]. Das Aktiengesetz setzt aber auch die Grenzen für eine Erweiterung der Befugnisse. So können dem Aufsichtsrat **Maßnahmen der Geschäftsführung nicht** übertragen werden (§ 111 Abs. 4 S. 1 AktG), also auch nicht das Weisungsrecht oder die Bestellung von Prokuristen und Handlungsbevollmächtigten. Wohl aber kann dem Aufsichtsrat die Zustimmung hierzu vorbehalten werden (§ 111 Abs. 4 S. 2 AktG). Hat die Satzung dem Aufsichtsrat Befugnisse über das Gesetz hinaus zuerkannt, so kann sie sie ihm auch wieder nehmen[257].

II. Einrichtung des Aufsichtsrats

1. Maßgebliche Arbeitnehmerzahl

152 a) **Anwendbares Recht.** Nach § 77 Abs. 1 BetrVG 1952 beginnt die Aufsichtsratspflicht, wenn die Gesellschaft **mehr als 500 Arbeitnehmer** hat. Beschäftigt das Unternehmen in der Regel mehr als 2000 Arbeitnehmer, so ist das MitbestG anzuwenden[258]. Schon ab 1000 Arbeitnehmern setzt die Montanmitbestimmung ein, wenn die besonderen Voraussetzungen des MontanMitbestG erfüllt sind (Rdn 8).

153 Für die Berechnung der **maßgeblichen Arbeitnehmerzahl** ist auf die gesetzliche Abgrenzung des Betriebsverfassungsrechts zurückzugreifen. Maßgeblich sind heute §§ 5 und 6 BetrVG 1972 in der Fassung des Gesetzes zur Änderung des BetrVG, über

---

[251] HA, OLG Bremen NJW 1977, 1153, 1155; *Biedenkopf/Säcker* ZfA 1971, 211, 262 f; *Hensche* AuR 1971, 33; *Raiser* ZGR 1976, 103, 108; *Vollmer* Die Entwicklung partnerschaftlicher Unternehmensverfassungen S. 186; Dietz/*Richardi* Vorbem. § 76 BetrVG 1952, 16; *Hommelhoff* ZHR 148 (1984), 118, 129 ff; *Fabricius* Festschrift Hilger und Stumpf S. 155; *Schilling*-Voraufl. 65; aA *Kraft*-GemKomm-BetrVG vor § 76 BetrVG 1952, 13; *Thüsing* Festschrift Werner S. 893; Hanau/*Ulmer* MitbestG § 1, 23; differenzierend Scholz/*Schneider* 128 f; Baumbach/Hueck/*Zöllner* 90; zum ganzen Fragenkreis zuletzt *Windbichler* Arbeitsrecht im Konzern S. 541 ff.

[252] Diese Lösung, welche die Wahlfreiheit der Gesellschafter formell nicht einschränkt, wird mit Recht durchgehend für zulässig gehalten; vgl. BGH NJW 1975, 1657, 1658.

[253] Str., aA z. B. Baumbach/Hueck/*Zöllner* 90; Rowedder/*Rittner*[2] Einl. 167; wie im Text aber Rowedder/*Koppensteiner*[2] 28.

[254] OLG Bremen NJW 1977, 1153, 1155; zum Meinungsstand im Schrifttum s. Nachw. Fußn. 251.

[255] *Beuthien* ZHR 148 (1984), 95, 99 f, 103 f; Dietz/*Richardi* Vorbem. § 76 BetrVG 1952, 45; *Kraft*-GemKommBetrVG vor § 76 BetrVG 1952, 14. Zu mitbestimmungsrechtlichen Unternehmensverträgen *Beuthien* aaO 102, 112.

[256] *Schilling*-Voraufl. 10; Scholz/*Schneider* 44; *Eder*-GmbH-Handb. 479.3; *Raiser* ZGR 1976, 105, 108 f; vgl. auch OLG Bremen NJW 1977, 1153, 1154.

[257] *Schilling*-Voraufl. 10.

[258] Nach dem Gesetzeswortlaut ist an den Betrieb des Unternehmens anzuknüpfen. Einzubeziehen sind aber auch nicht in einem Betrieb, aber im Unternehmen beschäftigte Arbeitnehmer; vgl. *Windbichler* Arbeitsrecht im Konzern S. 499.

Sprecherausschüsse der leitenden Angestellten und zur Sicherung der Montanmitbestimmung vom 20. Dezember 1988 (BGBl. I S. 2312), das den Begriff der leitenden Angestellten in § 5 Abs. 3 und 4 BetrVG 1972 neu gefaßt hat. Zwar bezieht sich § 77 BetrVG 1952 formell auf den Arbeitnehmerbegriff der §§ 4 und 5 dieses Gesetzes. Nachdem die alten Vorschriften jedoch 1972 durch die Neufassung aufgehoben wurden, ist nicht mehr anzunehmen, daß sie lediglich für die Anwendung der Aufsichtsratsmitbestimmung in Kraft bleiben sollten, zumal der Hinweis darauf in § 129 BetrVG 1972 fehlt. Auch sachlich wäre es wenig sinnvoll, den Begriff des Arbeitnehmers für die Wahl zu den Betriebsräten nach dem BetrVG 1972 und für die Wahl zu den Aufsichtsräten nach dem BetrVG 1952 zu bestimmen, die in Einzelheiten voneinander abweichen[259].

b) **Begriff des Arbeitnehmers.** Arbeitnehmer sind danach alle in einem Arbeitsver- **154**
hältnis zur Gesellschaft stehenden Arbeiter, Angestellten und zur Berufsausbildung Beschäftigten (§ 5 Abs. 1 BetrVG 1972). Nicht als Arbeitnehmer gelten gemäß § 5 Abs. 2 BetrVG 1972 die **Geschäftsführer**, ferner Personen, deren Beschäftigung nicht in erster Linie ihrem Erwerb dient, sondern vorwiegend durch Beweggründe **karitativer** oder **religiöser Art** bestimmt ist oder die vorwiegend zu ihrer **Heilung, Wiedereingewöhnung, sittlicher Besserung oder Erziehung** beschäftigt werden. Nicht mitzuzählen sind weiter in analoger Anwendung des § 5 Abs. 2 Nr. 5 BetrVG 1972 der Ehegatte sowie Verwandte und Verschwägerte ersten Grades, die in häuslicher Gemeinschaft mit dem Geschäftsführer leben[260]. Nicht zu berücksichtigen sind schließlich die **leitenden Angestellten** nach der neuen Definition des geänderten § 5 Abs. 3 und 4 BetrVG 1972. Zur Abgrenzung dieses Begriffs in Judikatur und Schrifttum wird auf die betriebsverfassungsrechtliche Spezialliteratur verwiesen[261].

Als Arbeitnehmer **mitzuzählen** sind dagegen die in **Heimarbeit** Beschäftigten, soweit **155**
sie in der Hauptsache für die GmbH arbeiten (§ 6 Abs. 1 S. 2 BetrVG 1972). **Leiharbeiter** sind nach hA mitzurechnen, soweit sie in einem festen Arbeitsverhältnis zur GmbH stehen und von dieser verliehen werden, während die von der GmbH geliehenen Arbeitnehmer nicht berücksichtigt werden (vgl. Art. 1 § 14 Abs. 1 und 2 AÜG)[262].

c) **Regelmäßiger Beschäftigungsstand.** Maßgeblich ist, wieviel Arbeitnehmer die **156**
Gesellschaft beschäftigt. Dafür geben zwar die Zahl der Arbeitsplätze, der Stellenplan und die Personalplanung für die Zukunft Anhaltspunkte. Jedoch kommt es nach dem unmißverständlichen Wortlaut des Gesetzes nicht darauf an, sondern auf den Beschäftigungsstand[263]. § 1 MitbestG setzt die Formulierung **„in der Regel"** bewußt hinzu, um einen kurzfristigen Wechsel des Mitbestimmungsstatus zu verhindern. Für das BetrVG 1952 ist nach demselben Prinzip zu verfahren. Es kommt also auf die Zahl der regelmäßig Beschäftigten an. Das Abzählen an einem bestimmten Stichtag genügt daher nicht, kurzfristige Schwankungen der Belegschaft infolge von Krankheitswellen oder konjunkturbedingten Ereignissen sind nicht zu berücksichtigen. Aushilfskräfte

---

259 Ebenso Dietz/*Richardi* § 77 BetrVG 1952, 7; aA Baumbach/Hueck/*Zöllner* 78.

260 Die Anwendung dieser Vorschrift auf die Organmitglieder juristischer Personen ist zweifelhaft; wie im Text *Fitting/Auffarth/Kaiser/Heither* § 5, 112; aA *Kraft*-GemKommBetrVG § 5, 48; Galperin/*Löwisch* § 5, 24; Baumbach/Hueck/*Zöllner* 78.

261 Vgl. zuletzt *Fitting/Auffarth/Kaiser/Heither* § 5, 114 ff m. w. N.

262 Baumbach/Hueck/*Zöllner* 79; Dietz/*Richardi* § 77 BetrVG 1952, 8.

263 Allg. Meinung, vgl. Scholz/*Schneider* 28; Baumbach/Hueck/*Zöllner* 80; Dietz/*Richardi* § 77 BetrVG 1952, 7. *Fitting/Auffarth/Kaiser/Heither* § 77 BetrVG 1952, 3; *Kraft*-GemKommBetrVG § 77 BetrVG 1952, 7; ferner das Schrifttum zur analogen Lage beim MitbestG, zuletzt *Raiser* MitbestG § 1, 15 ff.

und Saisonarbeiter, die nicht dauerhaft beschäftigt werden, zählen gleichfalls nicht zu den regelmäßig beschäftigten Arbeitnehmern[264].

157 d) **Im Ausland beschäftigte Arbeitnehmer** sind jedenfalls dann mitzuzählen, wenn sie sich nur vorübergehend, z. B. als Reisende oder Montagearbeiter dort aufhalten, ihr Arbeitsverhältnis im übrigen aber dem deutschen Recht unterliegt. Die Staatsangehörigkeit und der Ort der Beschäftigung sind unerheblich; maßgeblich ist, ob die Tätigkeit im Ausland als Ausstrahlung eines inländischen Arbeitsverhältnisses anzusehen ist[265]. Dagegen sind die dauerhaft in Betrieben der Gesellschaft im Ausland beschäftigten Arbeitnehmer nach überwiegender, allerdings umstrittener Ansicht, nicht mitzuzählen[266]. Doch befindet sich die Frage im Fluß und kann, namentlich im Zuge der europäischen Einigung, noch nicht als definitiv entschieden gelten. Eine Berücksichtigung ist jedenfalls dann geboten, wenn die Beziehungen zur Muttergesellschaft so eng sind, daß sie ohne weiteres in die Wahl einbezogen werden können[267].

2. Konzern

Schrifttum

G. Hueck Zwei Probleme der Konzernmitbestimmung, Festschrift H. Westermann (1974) S. 241; *Strassburg* Zur Aufsichtsratspflicht einer GmbH nach §§ 76 ff. BetrVG 1952, BB 1979, 1070.

158 Gemäß § 77 a BetrVG 1952 ist ein Aufsichtsrat auch dann zu bilden, wenn die GmbH herrschendes Unternehmen eines Konzerns ist und die Gesamtzahl der Arbeitnehmer, deren Unternehmen durch **Beherrschungsverträge** miteinander verbunden sind, mehr als 500 erreicht (Rdn 6). Dabei muß es sich um Beherrschungsverträge im Sinn von § 291 Abs. 1 AktG handeln. Das Gesetz geht hier aber offensichtlich davon aus, daß es auf die Rechtsform der beteiligten Unternehmen nicht ankommen soll. Dies ist in der Judikatur und im konzernrechtlichen Schrifttum inzwischen anerkannt[268]. Die in § 77 a BetrVG 1952 weiter genannte Eingliederung kann bei der GmbH als herrschendem Unternehmen aus strukturellen Gründen nicht vorkommen. Nach dem unzweideutigen Wortlaut des Gesetzes werden die Arbeitnehmer bloß **faktisch abhängiger Unternehmen** oder von Unternehmen, die mit der GmbH durch andere Unternehmensverträge verbunden sind, nicht hinzugezählt. Bei der GmbH & Co. KG bietet der Gesetzeswortlaut im Gegensatz zu § 4 MitbestG gleichfalls keine Rechtsgrundlage dafür, die bei der KG beschäftigten Arbeitnehmer der GmbH hinzuzurechnen[269].

---

264 LG Nürnberg-Fürth BB 1982, 1625; LG Stuttgart BB 1984, 2082; teilweise anders noch BAG AP Nr. 1 zu § 77 BetrVG 1952 = NJW 1954, 1950; wie hier *Windbichler* Arbeitsrecht im Konzern S. 512 f.

265 BAGE 30, 266, 270 f = DB 1978, 1840; BAG NJW 1981, 1175, 1176; LAG Düsseldorf DB 1979, 2233, 2234; LG Frankfurt DB 1982, 1312; ferner das Schrifttum zum MitbestG, zuletzt *Raiser* MitbestG § 1, 18.

266 Dietz/*Richardi* Vorbem. vor § 76 BetrVG 1952, 30; *Fitting/Auffarth/Kaiser/Heither* § 76 BetrVG 1952, 19, je m. zahlr. Nachw.; *Windbichler* Arbeitsrecht im Konzern S. 500; *Kraft*-GemKommBetrVG vor § 76 BetrVG 1952, 20 ff.

267 Weitere Nachw. bei *Raiser* MitbestG § 1, 18.

268 BGH NJW 1980, 232; BGHZ 103, 1 = NJW 1988, 1326; Scholz/*Emmerich* Anh. § 40, 216 ff; Baumbach/Hueck/*Zöllner* Schlußanhang I, 27; Rowedder/*Koppensteiner*[2] Anh. § 52, 39; *Windbichler* aaO S. 516 f; Dietz/*Richardi* § 77 a BetrVG 1952, 3; *Fitting/Auffarth/Kaiser/Heither* § 77 BetrVG 1952, 3 b; *Kraft*-GemKommBetrVG § 77 a BetrVG 1952, 7; *G. Hueck* Festschrift Westermann S. 241; anders noch *Strassburg* BB 1979, 1070, 1071 f.

269 HA; *Schilling*-Voraufl. 21; Scholz/*Schneider* 33; Fischer/*Lutter/Hommelhoff* 20; *Fitting/Auffarth/Kaiser/Heither* § 77 BetrVG 1952, 3c; Dietz/*Richardi* Vorbem. § 76 BetrVG 1952, 22; *Hübener* BB 1975, 425, 427.

3. Tendenzunternehmen

159 Ausgenommen von der Mitbestimmungspflicht sind nach § 81 BetrVG 1952 die Tendenzunternehmen, d. h. Unternehmen, die politischen, gewerkschaftlichen, konfessionellen, karitativen, erzieherischen, wissenschaftlichen, künstlerischen und ähnlichen Bestimmungen dienen; ferner die Religionsgemeinschaften und ihre karitativen und erzieherischen Einrichtungen. Die Formulierung des alten, aber weitergeltenden § 81 BetrVG 1952 weicht von der Neufassung des Tendenzbegriffs in §§ 118 BetrVG 1972 und 1 Abs. 4 MitbestG ab. Dabei handelt es sich nicht nur um eine Präzisierung der gesetzlichen Formulierung und der Übernahme der dazu ergangenen Judikatur vor allem des BAG. Vielmehr beabsichtigte der Gesetzgeber später, den Anwendungsbereich des Tendenzschutzes stärker zu begrenzen. Da § 81 BetrVG 1952 jedoch ausdrücklich aufrechterhalten wurde, ist für die Mitbestimmungspflicht im Aufsichtsrat die **ältere Formulierung** zugrunde zu legen, wobei eine Auslegung im Licht der Neufassung allerdings nicht ausgeschlossen erscheint[270]. Schwierigkeiten bereitet vor allem die Einordnung von Druckereien, Presse- und Nachrichtenagenturen, Zeitungs- und Zeitschriftenverlagen. Zu den Einzelheiten wird auf die umfangreiche Judikatur und auf das Spezialschrifttum zu §§ 118 BetrVG 1972 und 1 Abs. 4 MitbestG verwiesen[271].

4. Der erste Aufsichtsrat

Schrifttum

Deutler Bildung und Amtszeit des ersten Aufsichtsrats in der GmbH, DB 1969, 691.

160 a) **Bestellung vor Eintragung der Gesellschaft.** § 77 BetrVG 1952 knüpft die Mitbestimmung an die Rechtsform der GmbH an, die als solche erst mit der Eintragung in das Handelsregister entsteht (§ 11 Abs. 1). Doch ist auch die Vorgesellschaft schon fähig, einen Aufsichtsrat zu bestellen (Rdn 24). Daß die Vorgesellschaft schon einen Geschäftsbetrieb mit mehr als 500 Arbeitnehmern unterhält, ist allerdings nur im Fall der **Einbringung eines Unternehmens** als Sacheinlage (§ 5, 58 ff) denkbar. Anders als in § 31 AktG ist dieser Fall für die GmbH gesetzlich nicht geregelt. Eine entsprechende Anwendung des § 31 Abs. 3 AktG würde bedeuten, daß die Geschäftsführer unverzüglich nach der Einbringung des Unternehmens die Bekanntmachung nach § 97 AktG (Rdn 13) zu erlassen haben[272]. Demgegenüber schlagen Rowedder/*Rittner*² (§ 11, 51) eine vorsichtige analoge Anwendung der §§ 30, 31 AktG vor. Die besseren Gründe sprechen hingegen dafür, § 77 BetrVG 1952 unmittelbar schon auf die Vorgesellschaft anzuwenden, sobald sie mehr als 500 Arbeitnehmer hat. Danach sind die Geschäftsführer unabhängig davon, ob der Gesellschaftsvertrag dies vorsieht oder nicht, verpflichtet, alsbald für die Wahl eines Aufsichtsrats nach § 77 BetrVG 1952 zu sorgen, welcher die durch § 95 Abs. 1 S. 1 AktG bestimmte Zahl von drei oder die in der Satzung festgesetzte höhere Zahl von Mitgliedern aufweist[273]. Wie im Aktienrecht kann die

---

[270] Ähnlich *Fitting/Auffarth/Kaiser/Heither* § 118 BetrVG 1952, 2 f; Dietz/*Richardi* § 81 BetrVG 1952, 3; harmonisierend *Kraft*-GemKommBetrVG § 81 BetrVG 1952, 4 ff.

[271] Vgl. die Nachweise bei *Fitting/Auffarth/Kaiser/Heither* § 118 BetrVG 1972, 24 ff; *Fabricius*-GemKommBetrVG § 118 BetrVG 1972, 271 ff; ferner zuletzt *Marino* Die verfassungsrechtlichen Grundlagen des sogenannten Tendenzschutzes im Betriebsverfassungsrecht und im Unternehmensverfassungsrecht (1986).

[272] Gegen die Bildung des Aufsichtsrats schon vor der Eintragung *Deutler* DB 1969, 691, 692 f; *Ulmer* § 11, 32; Scholz/*Schmidt* § 11, 52; Baumbach/*Hueck* § 6, 22; *Kraft*-GemKommBetrVG § 77 BetrVG 1952, 12; ferner zum MitbestG *Fitting/Wlotzke/Wißmann* MitbestG § 7, 18; Hanau/*Ulmer* MitbestG § 6, 7.

[273] So schon *Schilling*-Voraufl. 48; ebenso *Fitting/Auffarth/Kaiser/Heither* § 76 BetrVG 1952, 93; für das MitbestG *Raiser* MitbestG § 1, 20; *Fabricius*-GemKommMitbestG § 37, 40.

Eintragung der Gesellschaft aber nicht dadurch hinausgeschoben werden, daß das Wahlverfahren für die Aufsichtsratsmitglieder der Arbeitnehmer nicht sofort durchgeführt werden kann[274]. Die Gesellschaft kann daher angemeldet und eingetragen werden, sobald die Aufsichtsratsmitglieder der Anteilseigner bestellt sind. Die gewählten Aufsichtsratsmitglieder der Arbeitnehmer sind nach Abschluß der Wahl in den Gesellschaftsblättern bekannt zu machen und die Bekanntmachung zum Handelsregister einzureichen (§ 106 AktG i. V. m. § 77 BetrVG 1952).

161 b) **Bestellung nach der Eintragung.** Treten die Voraussetzungen des § 77 BetrVG 1952 erst nach der Eintragung ein, so ist zu unterscheiden, ob die Gesellschaft bereits einen Aufsichtsrat hat oder nicht. Im ersten Fall ist das Statusverfahren durchzuführen (Rdn 13). Es gilt das Kontinuitätsprinzip des § 96 Abs. 2 AktG. Das Amt der bisherigen Aufsichtsratsmitglieder erlischt erst in dem in § 97 Abs. 2 S. 3 bzw. § 98 Abs. 4 S. 2 AktG bestimmten Zeitpunkt. Ist dagegen **kein Aufsichtsrat** vorhanden, so ist die Anwendung des Statusverfahrens streitig. Eine gesetzliche Grundlage dafür gibt es nicht. Namentlich läßt sich aus § 27 EGAktG, der die sinngemäße Anwendung der §§ 96 Abs. 2, 97–99 AktG auf die GmbH vorschreibt, eine solche Pflicht nicht unmittelbar entnehmen[275]. Die Anwendung läßt sich daher letztlich nur mit Zweckmäßigkeitsgründen rechtfertigen. Demgegenüber genügt es jedoch, eine gesetzliche Pflicht der Gesellschafter und Geschäftsführer anzunehmen, die Bildung eines Aufsichtsrats in die Wege zu leiten, sobald die Voraussetzungen des § 77 BetrVG 1952 erfüllt sind. Die Gesellschafter haben die erforderliche Zahl der Aufsichtsratsmitglieder der Anteilseigner zu wählen. Führen sie keine Änderung der Satzung herbei, in der eine höhere als die Mindestzahl von drei Mitgliedern (§ 95 Abs. 1 AktG) festgelegt wird, so sind dies zwei Mitglieder. Die Arbeitnehmer können ihrerseits das ihnen zustehende Mitglied wählen. Versäumen die Gesellschafter ihre Pflicht, so kann das gewählte Aufsichtsratsmitglied der Arbeitnehmer notfalls gerichtliche Bestellung der fehlenden Anteilseignervertreter nach § 104 AktG durchsetzen (Rdn 183)[276]. Nach erfolgter Wahl sind gemäß § 106 AktG die Namen der Aufsichtsratsmitglieder in den Gesellschaftsblättern bekanntzumachen und die Bekanntmachung zum Handelsregister einzureichen.

III. Größe und Zusammensetzung

Schrifttum

Martens Das aktienrechtliche Statusverfahren und der Grundsatz der Amtskontinuität, DB 1978, 1065; *Oetker* Der Anwendungsbereich des Statusverfahrens nach den §§ 97 ff. AktG, ZHR 149 (1985), 575.

1. Größe

162 a) **Mitgliederzahl.** Für den obligatorischen Aufsichtsrat nach § 77 BetrVG 1952 sind die Bestimmungen des § 95 S. 1–4 AktG zwingend. Nach dem Gesetz besteht der Aufsichtsrat aus **drei Mitgliedern** (S. 1). Die **Satzung** kann eine höhere Zahl festlegen. Diese muß bestimmt und durch drei teilbar sein. Das Gesetz setzt jedoch Höchstzahlen fest, um Mißbräuche zu vermeiden. Bis zu einem Stammkapital von drei Mio. DM

[274] *Schilling*-Voraufl. 48; *Fabricius*-GemKommMitbestG aaO 41.

[275] AA Baumbach/Hueck/*Zöllner* 8.

[276] So die hA, Fischer/*Lutter/Hommelhoff* 19; *Meyer-Landrut*/Miller/Niehus 50; *Fitting/Auffarth/Kaiser/Heither* § 77 BetrVG 1952, 4; Rowedder/*Koppensteiner*[2] 21; Dietz/*Richardi* § 77 BetrVG 1952, 11. Die beiden letzten wollen bei Streitigkeiten immerhin § 98 AktG entsprechend anwenden, was jedoch inkonsequent ist.

können bis zu neun Aufsichtsratsmitglieder berufen werden, bis zu 20 Mio. DM Stammkapital fünfzehn, darüber bis zu 21. Maßgeblich ist der formelle, in der Satzung festgelegte Betrag des Stammkapitals[277]. Wird die **gesetzliche Höchstzahl überschritten,** so ist nicht nur die entsprechende Satzungsbestimmung nichtig, sondern, in entsprechender Anwendung des § 250 Abs. 1 Nr. 3 AktG, auch die Wahl, und zwar sowohl auf seiten der Anteilseigner- als auch der Arbeitnehmervertreter (Anh. § 47, 63). Findet Einzelwahl in aufeinander folgenden Wahlgängen statt, so sind alle Wahlen gültig, bis die Höchstzahl erreicht wird. Nur die nachfolgenden Wahlen sind nichtig[278]. Die Wahl muß aber auch dann nichtig sein, wenn nur die in der Satzung festgelegte Zahl der Aufsichtsratsmitglieder überschritten wird. Denn würde man in diesem Fall nur die Anfechtbarkeit gemäß § 251 AktG anerkennen, so würde es in die Hand der Beteiligten gelegt, ob eine gegen die Drittelbeteiligung der Arbeitnehmer verstoßende Zusammensetzung des Aufsichtsrats beseitigt wird oder nicht[279].

b) **Herabsetzung des Stammkapitals.** Erhebliche Schwierigkeiten bereitet die Frage, wie zu verfahren ist, wenn der Aufsichtsrat infolge einer Herabsetzung des Stammkapitals unter eine der in § 95 S. 4 AktG genannten Grenzen verkleinert werden muß. Wird in der Satzung nicht zugleich die neue Größe des Aufsichtsrats im Rahmen der nunmehr zulässigen Grenzen festgelegt, so gilt die jeweils zulässige Höchstzahl. Bei Herabsetzung des Stammkapitals von z. B. 25 Mio. DM auf 18 Mio. DM besteht der Aufsichtsrat demnach noch aus 15 Mitgliedern. Nach dem Sinn des Gesetzes bietet sich an, das Statusverfahren gemäß §§ 97 ff AktG (Rdn 13) durchzuführen, das allerdings dazu führt, daß das Amt sämtlicher Aufsichtsratsmitglieder alsbald erlischt (§ 97 Abs. 2 S. 3 AktG) und die auf seiten der Arbeitnehmer aufwendigen Neuwahlen durchgeführt werden müssen[280]. Um dieses für unzweckmäßig erachtete Verfahren zu vermeiden, werden im Schrifttum mehrere andere Lösungen vorgeschlagen. Nach einer Ansicht soll der Aufsichtsrat sofort verkleinert werden, indem diejenigen Aufsichtsratsmitglieder ausscheiden, die bei der letzten turnusgemäßen Wahl die geringste Stimmenzahl erhielten[281]. Doch ist dieser Weg sowohl aus praktischen wie aus rechtlichen Gründen kaum gangbar. Andere schlagen vor, durch freiwillige Rücktritte und Abberufungen die Zahl der Aufsichtsratsmitglieder auf die zulässige Größe zu reduzieren, was gleichfalls offensichtliche Bedenken hervorruft[282]. Will man die vorzeitige Neuwahl vermeiden, bleibt nur eine methodisch freilich angreifbare teleologische Interpretation des Gesetzes, wonach die Wirkung des Kapitalherabsetzungsbeschlusses, soweit sie die nach § 95 AktG zulässige Höchstzahl der Aufsichtsratsmitglieder betrifft, erst mit Ablauf der regulären Wahlperiode wirksam wird, so daß der Aufsichtsrat bis zu den nächsten ordentlichen Neuwahlen in der bisherigen Größe und Zusammensetzung amtiert[283]. 163

Wird der Aufsichtsrat durch eine **Satzungsänderung** verkleinert, ohne daß § 95 AktG dazu nötigen würde, so ist das Statusverfahren nach überwiegender Ansicht 164

---

[277] Baumbach/Hueck/*Zöllner* 92.

[278] *Schilling*-Voraufl. 62; *Zöllner*-KölnKommAktG § 250, 31; Geßler/Hefermehl/Eckardt/Kropff/*Hüffer* § 250, 20.

[279] So zum MitbestG *Raiser* MitbestG § 7, 6; aA *Schilling*-Voraufl. 62.

[280] *Geßler*/Hefermehl/Eckardt/Kropff § 95, 29; *Martens* DB 1978, 1065, 1068; *Oetker* ZHR 149 (1985), 575, 580; *Schilling*-Voraufl. 62.

[281] So namentlich Dietz/*Richardi* § 76 BetrVG 1952, 125 m. w. N; wie im Text aber *Fitting/Auffarth/Kaiser/Heither* § 76 BetrVG 1952, 113; *Raiser* MitbestG § 7, 5.

[282] Baumbach/*Hueck* AktG § 95, 5; *Kittner/Fuchs/Zachert/Köstler* Bd. 2 Rdn 77.

[283] *Mertens*-KölnKommAktG § 95, 23; *Fitting/Auffarth/Kaiser/Heither* § 76 BetrVG 1952, 113; *Kraft*-GemKommBetrVG § 76 BetrVG 1952, 26; je m. w. N,

nicht anzuwenden[284]. Die Gerichte haben in diesem Fall die informelle Anpassung der Aufsichtsratsgröße durch vorzeitiges Ausscheiden einer hinreichend großen Anzahl von Aufsichtsratsmitgliedern hingenommen[285]. Gelingt eine solche informelle Anpassung nicht, wird man die Satzungsänderung entsprechend dem Lösungsvorschlag zur obligatorischen Verkleinerung nach § 95 AktG in der Regel dahin auslegen können, daß sie erst zum Ende der ordentlichen Wahlperiode wirksam werden soll[286]. Wird die Zahl der Aufsichtsratssitze durch eine Satzungsänderung **vergrößert**, so gestattet die hM eine Ergänzung durch Nachwahlen[287].

2. Zusammensetzung

165 Nach § 77 Abs. 1 S. 2 i. V. m. § 76 BetrVG 1952 muß der Aufsichtsrat zu einem Drittel aus Vertretern der Arbeitnehmer bestehen. Weder diese Vorschriften noch solche des GmbHG schließen aus, daß die Gesellschafter **weitere Arbeitnehmer** oder Personen, die von der Belegschaft oder Gewerkschaft vorgeschlagen werden, in den Aufsichtsrat wählen. Die Gewählten sind formell Aufsichtsratsmitglieder der Gesellschafter i. S. d. § 96 Abs. 1 AktG, obwohl sie der Sache nach die Arbeitnehmer repräsentieren (Rdn 150).

166 Für die **Aufsichtsratsmitglieder der Arbeitnehmer** bestimmt § 76 Abs. 2 BetrVG 1952 weiter, daß, wenn nur ein Vertreter der Arbeitnehmer zu wählen ist, dieser im Unternehmen als Arbeitnehmer beschäftigt sein muß. Sind zwei oder mehr Vertreter der Arbeitnehmer zu wählen, so müssen sich unter diesen mindestens zwei im Unternehmen beschäftigte Arbeitnehmer befinden, darunter ein Arbeiter und ein Angestellter. Sind im Unternehmen zu mehr als der Hälfte Frauen beschäftigt, so soll mindestens eine Frau gewählt werden. Im übrigen können Externe, namentlich Repräsentanten der Gewerkschaften, gewählt werden.

167 Nicht geregelt ist die Verteilung der Aufsichtsratssitze auf die beteiligten Unternehmen, wenn die GmbH **herrschendes Unternehmen eines Konzerns** ist. Die Frage war früher heftig umstritten[288]. Das BAG hatte zunächst verlangt, daß der erste Sitz einem Arbeitnehmer aus dem herrschenden Unternehmen zukommt, der zweite Sitz einem Arbeitnehmer aus einem beherrschten Unternehmen, während hinsichtlich der darüber hinausgehenden Arbeitnehmervertreter die Wähler frei sein sollten[289]. Unter dem Druck der Kritik im Schrifttum hat es später diese Judikatur modifiziert, doch weiterhin daran festgehalten, daß, wenn mehr als zwei Arbeitnehmervertreter zu wählen sind, unter den insgesamt Gewählten ein Arbeiter und ein Angestellter aus den Konzern-

---

[284] *Schilling*-Voraufl. 62; Dietz/*Richardi* § 76 BetrVG 1952, 125; *Fitting/Auffahrt/Kaiser/Heither* § 76 BetrVG 1952, 113; ferner zum entsprechenden Problem bei § 7 MitbestG Hanau/*Ulmer* MitbestG § 7, 15; *Martens* DB 1978, 1065, 1069; *Raiser* MitbestG § 7, 5; aA *Geßler*/Hefermehl/Eckardt/Kropff § 95, 31; *Fitting/Wlotzke/Wißmann* MitbestG § 7, 12; *Oetker* ZHR 149 (1985), 575, 584 ff; BAG WM 1990, 633, 636 (ohne Auseinandersetzung mit der hL).

[285] LAG Düsseldorf DB 1988, 503; OLG Hamburg DB 1988, 1941, 1942 f; aA nunmehr aber BAG WM 1990, 633, 635 f.

[286] *Schilling*-Voraufl. 62; *Fitting/Auffarth/Kaiser/Heither* § 76 BetrVG 1952, 113; aA *Oetker* ZHR 149 (1985), 575, 582 ff; vgl. Baumbach/Hueck/*Zöllner* 92.

[287] *Mertens*-KölnKommAktG § 95, 19; Dietz/*Richardi* § 76 BetrVG 1952, 126; *Fitting/Auffarth/Kaiser/Heither* § 76 BetrVG 1952, 113; zum MitbestG Hanau/*Ulmer* MitbestG § 7, 16; *Raiser* MitbestG § 7, 5; aA *Fitting/Wlotzke/Wißmann* MitbestG § 15, 106.

[288] Ausführliche Darstellung der Entwicklung bei Dietz/*Richardi* § 76 BetrVG 1952, 188 ff.

[289] BAG AP jeweils zu § 76 BetrVG 1952 Nr. 2 = NJW 1955, 237; Nr. 3 = DB 1955, 75; Nr. 10 = NJW 1960, 2165; Nr. 13 = DB 1964, 265; Nr. 15 = NJW 1967, 75; Nr. 18 = NJW 1969, 526.

unternehmen stammen müssen[290]. Auch diese Ansicht ließ sich jedoch nicht mehr aufrechterhalten, nachdem § 5 MitbestG völlig darauf verzichtet hat, konzernspezifische Regeln für die Zusammensetzung des Aufsichtsrats im herrschenden Unternehmen aufzustellen, sondern die Frage der Unternehmenspraxis überließ (Rdn 260). Zu Recht hat das BAG daher im Beschluß vom 24. November 1981[291] auch für den Anwendungsbereich der Drittelmitbestimmung seine frühere Judikatur endgültig aufgegeben. Für die Zusammensetzung der Arbeitnehmerseite im Aufsichtsrat ist es deshalb nach geltendem Recht unerheblich, aus welchen zum Konzern gehörenden Unternehmen die Arbeitnehmervertreter stammen[292].

IV. Persönliche Voraussetzungen der Aufsichtsratsmitglieder

Schrifttum

v. Caemmerer Aufsichtsrat und Auslandsverbindungen, Festschrift Geßler (1971) S. 81; *Lutter* Bankenvertreter im Aufsichtsrat, ZHR 145 (1981), 224; *ders.* Interessenkonflikte durch Bankenvertreter im Aufsichtsrat, österr. RdW 1987, 314; *Martens* Vertretungsorgan und Arbeitnehmerstatus in konzernabhängigen Gesellschaften, Festschrift Hilger und Stumpf (1983) S. 437.

1. Wählbarkeit

a) **Allgemeine Wählbarkeitsvoraussetzungen.** Im Gegensatz zum fakultativen Aufsichtsrat (Rdn 30) gilt **§ 100 AktG** beim obligatorischen Aufsichtsrat nach § 77 BetrVG 1952 in vollem Umfang, und zwar, wie sich aus Abs. 3 ergibt, sowohl für die Aufsichtsratsmitglieder der Arbeitnehmer wie der Anteilseigner. Die Vorschrift ist zwingend. Danach können Mitglieder des Aufsichtsrats nur natürliche, unbeschränkt geschäftsfähige Personen werden (Abs. 1). Nicht Aufsichtsratsmitglied werden kann, wer bereits in **zehn Handelsgesellschaften** oder bergrechtlichen Gewerkschaften, die kraft Gesetzes einen Aufsichtsrat zu bilden haben, **Aufsichtsratsmitglied** ist (Abs. 2 S. 1 Nr. 1). Aufsichtsratsmandate in Genossenschaften, Versicherungsvereinen auf Gegenseitigkeit, Stiftungen, Anstalten und Körperschaften des öffentlichen Rechts werden hierbei nicht mitgezählt, da sie keine Handelsgesellschaften sind. Nicht zu berücksichtigen ist ferner die Mitgliedschaft im fakultativen Aufsichtsrat einer GmbH oder in Beiräten aller Art. Nach hM sind weiter Aufsichtsratsmandate in ausländischen Unternehmen nicht mitzuzählen[293]. Auf die Höchstzahl nicht anzurechnen sind bis zu fünf Aufsichtsratssitze, die ein gesetzlicher Vertreter, beim Einzelkaufmann der Inhaber, des herrschenden Unternehmens eines Konzerns in Konzernunternehmen innehat, die kraft Gesetzes aufsichtsratspflichtig sind (§ 100 Abs. 2 S. 2 AktG). **168**

b) **Konzernverflechtung.** Nicht wählbar sind ferner die Mitglieder des **gesetzlichen Vertretungsorgans** eines von der Gesellschaft abhängigen Unternehmens (§ 100 Abs. 2 S. 1 Nr. 2 AktG, s. Rdn 32). Dagegen schließt das Gesetz die Kombination der Mitgliedschaft im Vorstand des herrschenden und im Aufsichtsrat des abhängigen Unternehmens nicht aus (arg. § 100 Abs. 2 S. 2 AktG). Sie gilt in der Praxis als nützliches Mittel, den Konzernzusammenhalt zu sichern. Auch die leitenden Angestellten des abhängigen **169**

---

[290] BAG AP Nr. 22 zu § 76 BetrVG 1952 = DB 1975, 2136; BAG AP Nr. 23 zu § 76 BetrVG 1952 = DB 1976, 247.

[291] AP Nr. 24 zu § 76 BetrVG 1952 = DB 1982, 755; vgl. auch BAG AP Nr. 25 zu § 76 BetrVG 1952 = DB 1982, 961.

[292] HA; Scholz/*Schneider* 127; Baumbach/Hueck/*Zöllner* 93; Dietz/*Richardi* § 76 BetrVG 1952, 194; *Fitting/Auffarth/Kaiser/Heither* § 76 BetrVG 1952, 84; *Kraft*-GemKommBetrVG § 76 BetrVG 1952, 160.

[293] *Geßler*/Hefermehl/Eckardt/Kropff § 100, 15; *von Caemmerer* Festschrift Geßler S. 81, 83 ff.

Unternehmens sind nicht ausgeschlossen. Unschädlich ist weiter die Doppelmitgliedschaft in den Aufsichtsräten sowohl des herrschenden wie des abhängigen Unternehmens oder zweier konkurrierender Unternehmen[294]. Zweifelhaft ist die Wählbarkeit der Vertretungsorgane eines nur mittelbar abhängigen Unternehmens, namentlich wenn sie zugleich Angestellte des herrschenden Unternehmens sind[295]. § 100 Abs. 2 S. 1 Nr. 3 AktG verbietet weiter die sogenannte **Überkreuzverflechtung**, durch die verhindert werden soll, daß Vorstand und Aufsichtsrat sich gegenseitig überwachen. Die Vorschrift bezieht sich, enger als Nr. 1, nur auf Kapitalgesellschaften und bergrechtliche Gewerkschaften, erfaßt aber auch die Mitgliedschaft in einem fakultativen Aufsichtsrat[296].

170 c) **Inkompatibilität.** Wie beim fakultativen Aufsichtsrat sind gemäß § 105 AktG nicht wählbar **Geschäftsführer** und deren Stellvertreter, **Prokuristen** und **Handlungsbevollmächtigte**, die zum gesamten Geschäftsbetrieb ermächtigt wurden (s. Rdn 34 ff). Im Gegensatz zu § 6 Abs. 2 MitbestG sind hier Prokuristen auch dann ausgeschlossen, wenn sie den Geschäftsführern nicht unmittelbar unterstellt und nicht zur Ausübung der Prokura für den gesamten Geschäftsbereich der Geschäftsführer ermächtigt wurden, denn § 76 BetrVG 1952 kennt eine § 6 Abs. 2 MitbestG entsprechende Beschränkung noch nicht[297]. Ausnahmsweise können im Notfall für einen im voraus begrenzten Zeitraum, höchstens für ein Jahr, einzelne Aufsichtsratsmitglieder zu Stellvertretern von fehlenden oder behinderten Vorstandsmitgliedern bestellt werden (§ 105 Abs. 2 AktG).

2. Persönliche Voraussetzungen für Aufsichtsratsmitglieder der Gesellschafter

171 Für die Aufsichtsratsmitglieder der Gesellschafter kann die **Satzung** weitere persönliche Voraussetzungen aufstellen (§ 100 Abs. 4 AktG). Sie ist darin so frei wie beim fakultativen Aufsichtsrat (Rdn 38). Dagegen sind die persönlichen Voraussetzungen der Arbeitnehmervertreter im Aufsichtsrat der Satzungsautonomie nicht zugänglich, sondern im Gesetz abschließend geregelt (§ 100 Abs. 4 AktG)[298].

3. Persönliche Voraussetzungen für Aufsichtsratsmitglieder der Arbeitnehmer

172 Hierzu verweist § 100 Abs. 3 AktG auf die Mitbestimmungsgesetze. Für den Bereich des BetrVG 1952 gelten die Wählbarkeitsvoraussetzungen nach § 76 Abs. 2 S. 2–4 BetrVG 1952 (Rdn 166). Eine bestimmte Mindestdauer der Zugehörigkeit zu dem Unternehmen verlangt das Gesetz anders als § 7 Abs. 3 MitbestG (Rdn 269) nicht.

4. Nichtigkeit der Wahl

173 Wird eine Person in den Aufsichtsrat gewählt, welche die Voraussetzungen des § 100 Abs. 1 und 2 AktG nicht erfüllt, so ist die Wahl in entsprechender Anwendung des § 250 Abs. 1 Nr. 4 AktG **nichtig**, sofern der Mangel bei Beginn der Amtszeit noch fortdauert. Fallen die Voraussetzungen nachträglich weg, so erlischt das Mandat[299]

---

[294] BGHZ 39, 116, 122 f = NJW 1963, 905; aA im zuletzt genannten Fall *Lutter* ZHR 145 (1981), 224, 236 ff.; *ders.* österr. RdW 1987, 314, 319.

[295] *Martens* Festschrift Hilger und Stumpff S. 437, 464 ff.

[296] *Schilling*-Voraufl. 70; Scholz/*Schneider* 169; *Mertens*-KölnKommAktG § 100, 20; zum MitbestG ferner Hanau/*Ulmer* MitbestG § 6, 46; *Raiser* MitbestG § 6, 24; aA *Meyer-Landrut*-GroßkommAktG § 100 Anm. 6.

[297] Dietz/*Richardi* § 76 BetrVG 1952, 70; *Fitting/Auffarth/Kaiser/Heither* § 76 BetrVG 1952, 46.

[298] BGHZ 39, 116, 122 = NJW 1963, 905.

[299] *Geßler*/Hefermehl/Eckardt/Kropff § 100, 49 ff; *Schilling*-Voraufl. 73; Scholz/*Schneider* 171; Dietz/*Richardi* § 76 BetrVG 1952, 136.

(Rdn 194). Das gilt auf seiten der Aufsichtsratsmitglieder der Arbeitnehmer auch für die persönlichen Mindestbedingungen nach § 76 Abs. 2 BetrVG 1952. Hier ist jedoch zu unterscheiden. Verliert von den beiden notwendig dem Unternehmen angehörenden Arbeitnehmervertretern einer die Arbeitnehmereigenschaft, rückt er also z. B. zum leitenden Angestellten auf oder scheidet er aus dem Unternehmen aus, so endet das Mandat. Es erlischt gleichfalls, wenn der einzige Vertreter der Arbeiter oder der Angestellten seinen Status wechselt, d. h. zum Angestellten bzw. zum Arbeiter wird[300]. Gehören dem Aufsichtsrat aber mehr als zwei Arbeitnehmer an, so führt die Entlassung eines von ihnen nicht zum Verlust des Mandats, es sei denn, es handelt sich um den einzigen Vertreter seiner Gruppe[301].

V. Bestellung der Aufsichtsratsmitglieder

1. Anteilseignervertreter

a) **Wahl.** Die Aufsichtsratsmitglieder der Anteilseigner werden, soweit nicht Entsen- **174**
dungsrechte begründet sind, nach § 101 Abs. 1 AktG i. V. m. § 77 Abs. 1 BetrVG 1952 von den Gesellschaftern in der Gesellschafterversammlung oder im Verfahren nach § 48 Abs. 2 gewählt. Es gilt nichts anderes als beim fakultativen Aufsichtsrat (Rdn 39).

b) **Entsendung.** Anders als beim fakultativen Aufsichtsrat sind die Möglichkeiten, **175**
Aufsichtsratsmitglieder zu entsenden, an die aktienrechtlichen Voraussetzungen gebunden, denn § 77 BetrVG 1952 verweist im Gegensatz zu § 52 Abs.1 GmbHG (und § 6 Abs. 2 MitbestG) auch auf § 101 Abs. 2 AktG. Daraus folgt auch, daß die Regelung zwingendes Recht ist[302]. Gleichwohl wird im Schrifttum in unterschiedlichem Ausmaß Satzungsfreiheit für die Begründung von Entsendungsrechten angenommen mit der Begründung, der Zweck der Arbeitnehmermitbestimmung fordere bei der GmbH nicht, in diesem Punkt von der Flexibilität dieser Rechtsform abzuweichen[303]. Im einzelnen gilt: **Entsendungsrechte Dritter** können nach überwiegender und zutreffender Ansicht nicht begründet werden[304]. Dagegen hält die Mehrheit der Autoren die Begrenzung der Entsendungsrechte zugunsten von Gesellschaftern auf höchstens ein Drittel der Aufsichtsratssitze (§ 101 Abs. 2 S. 4 AktG) bei der GmbH nicht für zwingend[305]. Die praktische Relevanz der Frage dürfte gering sein.

2. Arbeitnehmervertreter

a) **Grundsatz.** Die Aufsichtsratsmitglieder der Arbeitnehmer werden von den zum **176**
Unternehmen gehörenden Arbeitnehmern gewählt. Rechtsgrundlage sind § 76 Abs. 2–4 BetrVG 1952 sowie §§ 31–52 der dazu ergangenen Wahlordnung (WO 1953)[306], die gemäß §§ 87 BetrVG 1952, 129 BetrVG 1972 weiter gilt. Danach findet

300 HA, vgl. Dietz/*Richardi* § 76 BetrVG 1952, 137; *Fitting/Auffarth/Kaiser/Heither* § 76 BetrVG 1952, 96; *Mertens*-KölnKommAktG Anh. § 96, 63; LAG Bayern AP 52 Nr. 164 mit Anm. *Dietz*; vgl. auch die z. T. abweichende Regelung nach § 24 MitbestG.

301 BGHZ 39, 116, 120 = NJW 1963, 905 = AP Nr. 12 zu § 76 BetrVG 1952 mit zustimmender Anm. *A. Hueck*; Dietz/*Richardi* aaO; *Fitting/Auffarth/Kaiser/Heither* aaO.

302 Baumbach/Hueck/*Zöllner 96*.

303 *Schilling*-Voraufl. 79; Scholz/*Schneider* 143; Rowedder/*Rittner*² Einl. 248; Dietz/*Richardi* § 77 BetrVG 1952, 20.

304 Scholz/*Schneider* 144; Baumbach/Hueck/*Zöllner* 96; Fischer/*Lutter/Hommelhoff* 22; *Eder*-GmbH-Handb. 480.6; Dietz/*Richardi* § 77 BetrVG 1952, 20; aA *Schilling*-Voraufl. 79; Rowedder/*Koppensteiner*² 28.

305 *Schilling*Voraufl. 79; Scholz/*Schneider 143; Rowedder/Rittner*² Einl. 248; Dietz/*Richardi* aaO; aA Baumbach/Hueck/*Zöllner 96*.

306 Erste RechtsVO zur Durchführung des BetrVG vom 18. März 1953 (BGBl. I S. 58) in der Fassung vom 7. Februar 1962 (BGBl. I S. 64).

eine **allgemeine, geheime, gleiche** und **unmittelbare** Wahl statt (§ 76 Abs. 2 S. 1 BetrVG 1952). Nur in Konzernen kann eine mittelbare Wahl durch Wahlmänner erfolgen (§ 76 Abs. 4 S. 2 BetrVG 1952, s. Rdn 178). **Wahlberechtigt** sind alle volljährigen Arbeitnehmer des Unternehmens (§ 7 BetrVG 1972 i. V. m. §§ 76 Abs. 2 S. 1 BetrVG 1952, 129 Abs. 2 BetrVG 1972). Eine bestimmte Mindestdauer der Unternehmenszugehörigkeit verlangt das Gesetz nicht. Im folgenden werden nur die Grundzüge der Wahl dargestellt. Zu den Einzelheiten ist auf das Spezialschrifttum zu verweisen[307].

177 b) **Wahlverfahren.** Eingeleitet wird die Wahl durch eine Mitteilung der Geschäftsführer an den Betriebsrat, daß Aufsichtsratsmitglieder der Arbeitnehmer zu wählen sind (§ 31 Abs. 1 WO 1953). Der Betriebsrat bestellt sodann einen aus drei Personen bestehenden **Wahlvorstand** (§ 31 Abs. 2 WO 1953). Dieser hat ein **Wahlausschreiben** mit dem in § 32 WO 1953 bestimmten Inhalt zu erlassen. **Wahlvorschläge** können die Betriebsräte einreichen, ferner eine Gruppe von mindestens einem Zehntel der wahlberechtigten Arbeitnehmer des Unternehmens oder von mindestens 100 wahlberechtigten Arbeitnehmern (§ 76 Abs. 3 BetrVG 1952). Ein unmittelbares Vorschlagsrecht der Gewerkschaften kennt das Gesetz nicht. Zur Zahl der auf einem Wahlvorschlag anzugebenden Personen sagt das Gesetz nichts. Es können daher mehr Bewerber genannt werden als Aufsichtsratsmitglieder zu wählen sind, doch genügt auch ein Name[308]. Jeder Wahlvorschlag wird für das gesamte Unternehmen gemacht, nicht für einzelne Betriebe. Gewählt wird in **gemeinsamer Wahl**, ohne Trennung nach den Gruppen der Arbeiter und Angestellten, und zwar einheitlich für das ganze Unternehmen, nicht für die einzelnen Betriebe. Diese Vorschriften sind zwingend[309]. Es gilt **Mehrheitswahl.** Gewählt sind die Bewerber, die unter Berücksichtigung der Sitzverteilung nach § 76 Abs. 2 BetrVG 1952 (Rdn 166) die meisten Stimmen auf sich vereinigen. Der Wahlvorstand hat das Ergebnis den Geschäftsführern schriftlich mitzuteilen.

178 c) **Konzern.** Ist die GmbH herrschendes Unternehmen eines Konzerns, so nehmen an der Wahl auch alle in den Konzernunternehmen beschäftigten Arbeitnehmer teil (§ 76 Abs. 4 S. 1 BetrVG 1952). Anders als bei der Regelung der Mitbestimmungspflicht nach § 77 a BetrVG 1952 (Rdn 158) beschränkt das Gesetz das – aktive und passive – Wahlrecht hier nicht auf diejenigen Konzernunternehmen, die durch einen Beherrschungsvertrag miteinander verbunden sind. Auf die Rechtsform der abhängigen Unternehmen kommt es nicht an. Unerheblich ist auch, ob das abhängige Unternehmen selbst mitbestimmungspflichtig ist. Ist dies der Fall, so müssen Aufsichtsratsmitglieder der Arbeitnehmer sowohl im herrschenden wie im abhängigen Unternehmen nach dem jeweils einschlägigen Mitbestimmungsstatut gewählt werden. Wird Konzernleitungsmacht auf mehreren Stufen eines Konzerns ausgeübt, so kann auch die Konzernmitbestimmung nach § 77 a BetrVG 1952 auf zwei Ebenen in Betracht kommen (**Konzern im Konzern**). Entgegen dem älteren Schrifttum[310] ist die Verdoppelung der Konzernmitbestimmung in Judikatur und Schrifttum heute anerkannt, sofern die Voraussetzungen der einheitlichen Leitung i. S. d. § 18 Abs. 1 AktG sowohl bei der Konzernspitze wie bei einem nachgeordneten Unternehmen erfüllt sind (Rdn 261).

179 Für das **Wahlverfahren** im Konzern gelten grundsätzlich dieselben Vorschriften wie beim Einheitsunternehmen. Für die Wahl bilden die Arbeitnehmer der Konzernoberge-

---

[307] Dietz/*Richardi* § 76 BetrVG 1952, 64 ff; *Fitting/Auffarth/Kaiser/Heither* § 76 BetrVG 1952, 53 ff; *Kraft*-GemKommBetrVG § 76 BetrVG 1952, 47 ff; *Kittner/Fuchs/Zachert/Köstler* Bd. 2 Rdn 143 ff.

[308] Dietz/*Richardi* aaO 85.

[309] HA, Dietz/*Richardi* aaO 95; *Fitting/Auffarth/Kaiser/Heither* aaO 64; *Kittner/Fuchs/Zachert/Köstler* Bd. 2 Rdn 423, je m. w. N.

[310] Dietz/*Richardi* aaO 186; *Lutter/Schneider* BB 1977, 553, 557; *v. Hoyningen-Huene* ZGR 1978, 515, 536 ff.

sellschaft und der abhängigen Unternehmen eine Belegschaft[311]. Nur kann statt der unmittelbaren Wahl eine mittelbare Wahl durch **Wahlmänner** durchgeführt werden. Die Entscheidung darüber, ob mittelbare Wahl eingerichtet werden soll, liegt in den Händen der wahlberechtigten Arbeitnehmer. Wird sie beantragt, muß darüber vor der Wahl abgestimmt werden. Die Einzelheiten sind in der Wahlordnung nicht geregelt und daher in manchen Punkten streitig[312]. Es bietet sich an, dazu die Parallelvorschriften der §§ 10 – 17 MitbestG heranzuziehen.

d) **Anfechtung.** Mängel bei der Wahl der Arbeitnehmervertreter im Aufsichtsrat können nicht nach den aktienrechtlichen Vorschriften angefochten werden. Da einschlägige Regeln im BetrVG 1952 und in der Wahlordnung fehlen, wendet das BAG in st. Rspr. die betriebsverfassungsrechtlichen Vorschriften (§ 19 BetrVG 1972) entsprechend an[313]. Danach kann die Wahl beim Arbeitsgericht angefochten werden, wenn **gegen wesentliche Vorschriften** über das Wahlrecht, die Wählbarkeit oder das Wahlverfahren **verstoßen** wurde und eine Berichtigung nicht erfolgt ist. Die Anfechtung ist ausgeschlossen, wenn der Verstoß das Wahlergebnis nicht geändert oder beeinflußt haben kann. **Anfechtungsberechtigt** sind nach § 19 Abs. 2 S. 1 BetrVG 1972 der Arbeitgeber, d. h. die Geschäftsführer, oder mindestens drei Wahlberechtigte. Daneben haben auch die im Unternehmen vertretenen Gewerkschaften ein Anfechtungsrecht[314]. Anerkannt ist weiter das Anfechtungsrecht des Betriebsrats oder Gesamtbetriebsrats, obwohl es in § 19 BetrVG keine Stütze findet[315]. Die Anfechtung muß binnen einer Frist von **zwei Wochen** seit der Bekanntgabe des Wahlergebnisses geltend gemacht werden (§ 19 Abs. 2 S. 2 BetrVG 1972). Sie wird vor den Arbeitsgerichten im Beschlußverfahren verhandelt. Bei besonders schweren Verfahrensverstößen ist die Wahl **nichtig**. Die Nichtigkeit kann unbefristet durch Feststellungsantrag von jedermann geltend gemacht werden, der ein Rechtsschutzbedürfnis hat[316]. **180**

3. Ersatzmitglieder

Schrifttum

Bommert Probleme bei der Gestaltung der Rechtsstellung von Ersatzmitgliedern der Aktionärsvertreter im Aufsichtsrat, AG 1986, 315; *Damm* Ersatzmitglieder für Arbeitnehmervertreter im Aufsichtsrat nach § 101 III AktG und § 17 MitbestG, AG 1977, 44; *Heinsius* Zur Bestellung von Ersatzmitgliedern für den Aufsichtsrat durch die Hauptversammlung, ZGR 1982, 232; *Lehmann* Zur Wahl von Ersatzmitgliedern zum Aufsichtsrat, DB 1983, 485; *Neu* Rechtsprobleme bei der Bestellung von Ersatzmitgliedern für die Anteilseignervertreter im Aufsichtsrat der Aktiengesellschaft, WM 1988, 481; *Rellermeyer* Ersatzmitglieder des Aufsichtsrats, ZGR 1987, 563; *Roussos* Ziele und Grenzen bei der Bestellung von Ersatzmitgliedern des Aufsichtsrats, AG 1987, 239.

Stellvertreter von Aufsichtsratsmitgliedern können nach § 101 Abs. 3 S. 1 AktG, § 77 Abs. 1 BetrVG 1952 **nicht** bestellt werden. Das Aufsichtsratsmitglied kann sich **181**

---

311 Dietz/*Richardi* aaO 198.

312 Nachweise bei Dietz/*Richardi* aaO 200; *Fitting/Auffarth/Kaiser/Heither* aaO 89 ff.

313 BAG AP Nr. 3 zu § 76 BetrVG 1952 = DB 1955, 75; AP Nr. 14 zu § 76 BetrVG 1952 = NJW 1966, 1094; zuletzt BAG AP jeweils zu § 76 BetrVG 1952 Nr. 24 = DB 1982, 755; Nr. 26 = NJW 1982, 2518; Nr. 27 = DB 1985, 1799.

314 St. Rspr., BAG AP jeweils zu § 76 BetrVG 1952 Nr. 3 = DB 1955, 75; Nr. 7 = NJW 1957, 1574; Nr. 14 = NJW 1966, 1094; Nr. 15 = NJW 1967, 75; Nr. 21 = NJW 1971, 1151; Dietz/*Richardi* § 76 BetrVG 1952, 113; *Fitting/Auffarth/Kaiser/Heither* § 76 BetrVG 1952, 74; *Kittner/Fuchs/Zachert/Köstler* Bd. 2 Rdn 595; aA *Kraft*-GemKommBetrVG § 76 BetrVG 1952, 73.

315 BAG AP Nr. 25 zu § 76 BetrVG 1952 = DB 1982, 961; vgl. auch AP Nr. 26 zu § 76 BetrVG = NJW 1982, 2518; Dietz/*Richardi* aaO 114; *Fitting/Auffarth/Kaiser/Heither* aaO 73; *Kraft*-GemKommBetrVG aaO 72.

316 Dietz/*Richardi* aaO 119; *Fitting/Auffarth/Kaiser/Heither* aaO 77; vgl. auch BAG AP Nr. 2 zu § 76 BetrVG 1952 = NJW 1955, 237.

auch in den Sitzungen nicht vertreten lassen (§ 111 Abs. 5 AktG). Lediglich die Bestellung eines **Ersatzmitglieds** läßt das Gesetz zu. Dieses ist dadurch gekennzeichnet, daß es in den Aufsichtsrat nachrückt, wenn ein Mitglied vor Ablauf der Amtszeit wegfällt (§ 101 Abs. 3 S. 2 AktG), es sei denn, bereits vor dem Ausscheiden des ordentlichen Mitglieds wurde ein Nachfolger gewählt[317]. Wird später ein Nachfolger gewählt, scheidet das Ersatzmitglied wieder aus dem Aufsichtsrat aus, doch ist dafür nach § 103 Abs. 1 AktG eine Dreiviertelmehrheit der abgegebenen Stimmen erforderlich, es sei denn, die Satzung sieht einfache Mehrheit für die Abberufung vor (Rdn 189)[318]. Nach hL ist es auch möglich, für mehrere Aufsichtsratsmitglieder einer Gruppe **nur ein Ersatzmitglied** zu bestimmen. Dieses steht dann für die zweite Ersatzmitgliedschaft zur Verfügung, wenn die erste erledigt und es aus dem Aufsichtsrat daher wieder ausgeschieden ist[319]. Gleichfalls anerkannt ist nunmehr, daß auch eine **Liste** von Ersatzmitgliedern aufgestellt werden kann, die nach einer bestimmten Reihenfolge nachrücken, wann immer ein Hauptmitglied wegfällt[320]. Allerdings darf auf der Arbeitnehmerseite durch ein solches Verfahren die gesetzliche Verteilung der Aufsichtsratssitze auf Arbeiter und Angestellte nicht aufgehoben werden. Deshalb empfiehlt sich hier, für Arbeiter- und Angestelltenvertreter gesonderte Ersatzmitglieder zu benennen[321]. Zu den Einzelheiten ist auf das angeführte Schrifttum zu verweisen.

182 Ersatzmitglieder werden zusammen mit dem Hauptmitglied **im gleichen Wahlgang bestellt** (§ 101 Abs. 3 S. 3 AktG). Auf seiten der Arbeitnehmer fehlen für den Aufsichtsrat nach dem BetrVG 1952 Einzelvorschriften hierzu. Es bietet sich jedoch an, § 17 MitbestG entsprechend anzuwenden. Danach können in jedem Wahlvorschlag neben dem Hauptbewerber Ersatzmitglieder benannt werden, welche die persönlichen Qualifikationsvoraussetzungen der vorgeschlagenen Hauptmitglieder erfüllen müssen. Ein Bewerber kann nicht zugleich als Ersatzmitglied vorgeschlagen werden. Wird ein Bewerber gewählt, so ist auch das zusammen mit ihm vorgeschlagene Ersatzmitglied gewählt. Eine vorherige Abstimmung der Arbeitnehmer des Unternehmens, ob Ersatzmitglieder aufgestellt werden sollen, ist nicht erforderlich[322].

4. Gerichtliche Bestellung von Aufsichtsratsmitgliedern

183 Gemäß § 104 AktG, der im Gegensatz zum fakultativen Aufsichtsrat (Rdn 46) in den Fällen des § 77 BetrVG 1952 anzuwenden ist, können fehlende Aufsichtsratsmitglieder ausnahmsweise durch das Gericht bestellt werden. In Betracht kommen **zwei Fälle**: a) Wenn dem Aufsichtsrat die zur Beschlußfähigkeit nötige Mindestzahl von Mitgliedern nicht angehört, kann das Amtsgericht sie auf diese Zahl ergänzen (§ 104 Abs. 1 AktG, Rdn 215 ff). b) Gehören dem Aufsichtsrat länger als drei Monate weniger Mitglieder als die durch Gesetz oder Satzung festgesetzte Zahl an, so hat ihn das Gericht auf diese Zahl zu ergänzen. In dringenden Fällen braucht der Ablauf der Frist nicht abgewartet zu werden (§ 104 Abs. 2 AktG). Die Geschäftsführer sind verpflichtet, unverzüglich entsprechende Anträge zu stellen, es sei denn, bis zur nächsten Aufsichtsratssitzung kann die rechtzeitige Ergänzung erwartet werden. Antragsberechtigt sind darüber hinaus auch Betriebsrat, Gesamtbetriebsrat oder Konzernbetriebsrat, mindestens ein Zehntel oder 100 Arbeitnehmer, nicht hingegen die Gewerkschaften, da sie

317 BGH NJW 1988, 260, 261.
318 BGHZ 99, 211, 215 = NJW 1987, 902; BGH NJW 1988, 260, 261; BGH WM 1988, 377, 378.
319 BGHZ 99, 211, 218 ff = NJW 1987, 902.
320 BGHZ 99, 211, 214 = NJW 1987, 902.
321 *Fitting/Auffarth/Kaiser/Heither* § 76 BetrVG 1952, 107.
322 Im Ergebnis ebenso Dietz/*Richardi* § 76 BetrVG 1952, 152; *Fitting/Auffarth/Kaiser/Heither* aaO 109.

für die Besetzung der Aufsichtsräte nach § 77 BetrVG 1952 keine Vorschlagsrechte besitzen (§ 104 Abs. 1 S. 3 Nr. 4, 5 AktG).

Bei der gerichtlichen Bestellung ist nach Maßgabe des § 104 Abs. 4 AktG der **gesetzliche Proporz** zwischen Aufsichtsratsmitgliedern der Anteilseigner und der Arbeitnehmer zu wahren. Ferner sind im Gesetz oder in der Satzung verankerte persönliche Voraussetzungen zu beachten. Ist ein Arbeitnehmervertreter zu bestellen, so sind Vorschläge der Betriebsräte zu berücksichtigen, soweit nicht überwiegende Belange der Gesellschafter oder der Allgemeinheit entgegenstehen. Das Amt der gerichtlich bestellten Aufsichtsratsmitglieder **erlischt**, sobald der Mangel behoben, also ein ordentliches Aufsichtsratsmitglied neu gewählt ist (§ 104 Abs. 5 AktG). **184**

VI. Amtszeit und Beendigung des Amtes

1. Amtszeit

a) **Gesetzliche Amtsperiode.** Die Amtszeit sämtlicher Aufsichtsratsmitglieder, auch der Arbeitnehmervertreter, richtet sich nach § 102 AktG (§§ 76 Abs. 2 S. 1, 77 Abs. 1 BetrVG 1952). Danach dauert die Amtsperiode höchstens bis zum Ende der Gesellschafterversammlung, die über die Entlastung für das vierte Geschäftsjahr nach dem Beginn der Amtszeit beschließt, das Geschäftsjahr nicht mitgerechnet, in dem die Amtszeit begonnen hat, insgesamt also etwa **fünf Jahre**. Ob die Entlastung tatsächlich erfolgt, ist unerheblich, wenn nur ein Beschluß dazu gefaßt wird[323]. Schwierigkeiten treten aber auf, wenn die Gesellschafterversammlung den Entlastungsbeschluß vertagt oder versäumt, ihn auf die Tagesordnung zu setzen. Nach allgemeiner Ansicht dauert die Amtszeit in diesem Fall grundsätzlich fort; streitig ist jedoch, wie lange. Ein Teil der Autoren nimmt eine Höchstdauer von acht Monaten nach dem Ende des vierten Geschäftsjahres an[324]. Andere wollen das Mandat zum Ende des Geschäftsjahres beenden[325]. Auch die unbegrenzte Fortdauer bis zur tatsächlichen Entlastung wird vertreten[326]. Es liegt eine Gesetzeslücke vor, die durch richterliche Rechtsfortbildung geschlossen werden muß. Am angemessensten erscheint eine Fortdauer bis zum Ende des Geschäftsjahres. Doch dürfte die praktische Bedeutung der Frage gering sein. **185**

Die Amtszeit **beginnt** an dem in der Satzung oder, auf seiten der Anteilseignervertreter, an dem bei der Wahl von der Gesellschafterversammlung bestimmten Zeitpunkt. Fehlen einschlägige Regelungen, so fällt der Beginn mit der Wahl und der Annahmeerklärung zusammen. **186**

b) **Satzungsfreiheit.** § 102 AktG bestimmt eine Höchstfrist. Die Satzung kann jedoch eine **kürzere Amtsdauer** festlegen, und zwar auch für die Aufsichtsratsmitglieder der Arbeitnehmer. Doch darf die für diese geltende Frist wegen des Gleichbehandlungsgebots nicht anders lauten als für die Anteilseignervertreter (hM). Enthält die Satzung nichts, kann auch die Anteilseignerversammlung bei der Wahl eine kürzere Amtsdauer beschließen oder die Frist nachträglich abkürzen, allerdings nur für die Aufsichtsratsmitglieder der Anteilseigner[327]. Möglich ist auch, die Amtszeit verschieden festzusetzen und auf diese Weise ein turnusmäßiges Ausscheiden aus dem Aufsichtsrat zu ermögli- **187**

---

323 HL, vgl. *Schilling*-Voraufl. 88; Baumbach/Hueck/*Zöllner* 105; ferner das Schrifttum zu § 102 AktG und § 6 MitbestG.

324 *Mertens*-KölnKommAktG § 102, 16; Hanau/*Ulmer* MitbestG § 6, 67; *Naendrup*-GemKommMitbestG § 6, 85; Scholz/*Schneider* 181.

325 *Schilling*-Voraufl. 88; *Raiser* MitbestG § 6, 30.

326 AG Essen MDR 1970, 336; *Geßler*/Hefermehl/Eckardt/Kropff § 102, 9; *Hoffmann*/*Lehmann*/*Weinmann* MitbestG § 6, 37.

327 *Schilling*-Voraufl. 88; Scholz/*Schneider* 183; Baumbach/Hueck/*Zöllner* 107; zum Aktiengesetz *Mertens*-KölnKommAktG § 102, 6f; zum MitbestG *Raiser* MitbestG § 6, 31.

chen[328]. Allerdings macht ein solches Verfahren die kostspieligen Aufsichtsratswahlen in kürzerem Turnus notwendig als nach dem Gesetz und ist daher wenig empfehlenswert. Wird die Amtsdauer durch Satzungsänderung während der Amtsperiode **verlängert**, so ist eine Neuwahl für den zusätzlichen Zeitraum erforderlich. Eine einfache Verlängerung des Mandats schließt das Gesetz aus[329]. Wird die Amtsperiode **verkürzt**, so kann dadurch das Mandat der bereits gewählten Aufsichtsratsmitglieder nicht beschnitten werden. Sollen die amtierenden Aufsichtsratsmitglieder nach Ablauf der verkürzten Amtszeit ausscheiden, so ist eine Abberufung gemäß § 103 AktG und § 76 Abs. 5 BetrVG 1952 mit Dreiviertel-Mehrheit des Wahlkörpers nötig (Rdn 189 f)[330].

188 c) **Wiederwahl.** Die Wiederwahl zum Aufsichtsratsmitglied nach Ablauf der Amtszeit ist uneingeschränkt möglich. Bei den Aufsichtsratsmitgliedern der Anteilseigner ist streitig, ob sie schon vor der Gesellschafterversammlung erfolgen kann, in der die Amtszeit endet[331]. Die Wiederwahl von Arbeitnehmervertretern muß schon aus organisatorischen Gründen vor der Gesellschafterversammlung durchgeführt werden, mit der ihre Amtszeit abläuft.

2. Abberufung

189 a) **Durch das Wahlorgan.** Für die reguläre Abberufung gilt der Grundsatz: wer bestellt, kann auch abberufen. Daher gelten wie für die Wahl auch hier verschiedene gesetzliche Vorschriften für die Aufsichtsratsmitglieder der Anteilseigner und der Arbeitnehmer. Auf die **Anteilseignervertreter** sind § 103 Abs. 1 und 2 AktG anzuwenden. Danach können die gewählten Aufsichtsratsmitglieder von der Gesellschafterversammlung jederzeit mit **Dreiviertel-Mehrheit** abberufen werden. Ein wichtiger Grund braucht nicht vorzuliegen. Die Satzung kann eine andere Mehrheit bestimmen und weitere Voraussetzungen aufstellen. Zu den Einzelheiten kann auf die Darstellung beim fakultativen Aufsichtsrat verwiesen werden (Rdn 50, 52). **Entsandte** Aufsichtsratsmitglieder kann der Entsendungsberechtigte jederzeit abberufen. Sofern die satzungsgemäßen Voraussetzungen des Entsendungsrechts weggefallen sind, kann auch die Gesellschafterversammlung die Abberufung beschließen, und zwar mit einfacher Mehrheit (§ 103 Abs. 2 S. 2 AktG, s. Rdn 53 f).

190 Rechtsgrundlage für die Abberufung der **Arbeitnehmervertreter** ist § 76 Abs. 5 BetrVG 1952. Danach ist ein Beschluß aller wahlberechtigten Arbeitnehmer erforderlich, der mindestens eine Dreiviertel-Mehrheit der abgegebenen Stimmen erreicht. Das Beschlußverfahren entspricht dem Wahlverfahren (Rdn 177)[332]. Antragsberechtigt sind nach dem Wortlaut des Gesetzes die Betriebsräte oder mindestens ein Fünftel der wahlberechtigten Arbeitnehmer des Unternehmens. Zu den Betriebsräten gehört auch

---

[328] BGHZ 99, 211, 215 = NJW 1987, 907; OLG Frankfurt WM 1986, 1437, 1438, hL; aA bzgl. der Arbeitnehmervertreter Dietz/*Richardi* § 76 BetrVG 1952, 127 m. w. N.

[329] HA, Scholz/*Schneider* 187; Baumbach/Hueck/*Zöllner* 107; aA Dietz/*Richardi* aaO 124 m. w. N; *Schilling*-Voraufl. 88 (für Anteilseignervertreter).

[330] *Schilling*-Voraufl. 88; Scholz/*Schneider* 186; Baumbach/Hueck/*Zöllner* 107; Fischer/*Lutter*/*Hommelhoff* 23; aA Dietz/*Richardi* aaO 124; *Mertens*-KölnKommAktG § 102, 6 m. w. N. Zum Teil wird zu diesem Punkt differenziert zwischen den Aufsichtsratsmitgliedern der Anteilseigner und der Arbeitnehmer.

[331] Vgl. RGZ 129, 180, 184 zur AG; ferner für vorherige Wiederbestellung, sofern die vom Gesetz gewollte Begrenzung der Amtszeit nicht dadurch umgangen wird *Mertens*-KölnKommAktG § 102, 19; *Meyer-Landrut*-GroßkommAktG § 102 Anm. 3; Baumbach/Hueck/*Zöllner* 106; aA *Geßler*/Hefermehl/Eckardt/Kropff § 102, 21.

[332] Einzelheiten bei Dietz/*Richardi* § 76 BetrVG 1952, 138 ff; *Fitting*/*Auffarth*/*Kaiser*/*Heither* § 76 BetrVG 1952, 97 ff; *Kittner*/*Fuchs*/*Zachert*/*Köstler* Bd. 2 Rdn 520; *Mertens*-KölnKommAktG Anh. nach § 96, 65.

der Gesamtbetriebsrat oder der Konzernbetriebsrat[333]. Dagegen besteht keine gesetzliche Grundlage, um zu verlangen, daß die Betriebsräte, welche den Antrag stellen, die Mehrheit aller Arbeitnehmer des Unternehmens oder Konzerns repräsentieren[334].

b) **Durch das Gericht.** Gemäß § 103 Abs. 3 AktG, der sowohl für die Aufsichtsratsmitglieder der Anteilseigner wie der Arbeitnehmer gilt, hat das Gericht ein Aufsichtsratsmitglied abzuberufen, wenn **in dessen Person ein wichtiger Grund** vorliegt. Antragsberechtigt ist der Aufsichtsrat selbst. Er entscheidet über die Frage mit einfacher Mehrheit, wobei das betroffene Mitglied kein Stimmrecht besitzt (Rdn 78). Sollen mehrere Aufsichtsratsmitglieder aus dem gleichen Grund abberufen werden, so sind sie alle vom Stimmrecht ausgeschlossen[335]. Entsandte Aufsichtsratsmitglieder können auch auf Antrag von Gesellschaftern abberufen werden, deren Geschäftsanteile zusammen mindestens zehn Prozent des Stammkapitals ausmachen oder den Nennwert von 2 Mio. DM erreichen. Zuständig ist das Amtsgericht des Gesellschaftssitzes, das im Verfahren der freiwilligen Gerichtsbarkeit entscheidet (§ 145 FGG)[336]. Die Vorschrift ist zwingenden Rechts. **191**

Die praktische Bedeutung des § 103 Abs. 3 AktG hängt wesentlich davon ab, welche **Anforderungen** an den wichtigen Grund für die Abberufung gestellt werden. Sie sind speziell im Hinblick auf die Aufgaben des Aufsichtsrats als Unternehmensorgan und auf die Bedingungen seiner Arbeitsfähigkeit hin zu präzisieren. Dabei müssen auch die vom Gesetz gewollte pluralistische Zusammensetzung des Organs und die darin institutionalisierten Interessengegensätze zwischen den Aufsichtsratsmitgliedern der Anteilseigner und der Arbeitnehmer beachtet werden. Der Ausschluß eines Aufsichtsratsmitglieds aus wichtigem Grund ist kein legitimes Mittel, die üblichen Schwierigkeiten der stets prekären Kooperation zwischen den Gruppen zu lösen. Auch innerhalb einer Gruppe kann eine Abweichung von der in ihr mehrheitlich vertretenen Ansicht oder ein Verlust des Wählervertrauens für sich allein keinen wichtigen Grund für die Abberufung durch das Gericht bilden. Für solche Fälle kommt allein die Abberufung durch die Gruppe selbst mit der dafür erforderlichen Dreiviertel-Mehrheit der Wähler in Frage. **192**

Dagegen muß § 103 Abs. 3 AktG als Ventil für die Fälle dienen, in denen ein Mitglied einer Gruppe infolge seines Verhaltens gerade für die andere Gruppe unzumutbar geworden ist, denn für diesen Fall fehlen andere Rechtsbehelfe, welche die Funktionsfähigkeit des Aufsichtsrats sichern. Dafür sind die Anforderungen hoch anzusetzen. Im Anschluß an BGHZ 39, 116, 123 = NJW **1963**, 905 genügt dazu nur ein kraß gesellschaftswidriges Verhalten, welches das Mitglied schlechthin untragbar werden läßt[337]. Ein wichtiger Grund liegt daher erst dann vor, wenn die Kooperationsbasis mit dem betreffenden Aufsichtsratsmitglied so schwer und nachhaltig gestört ist, daß eine sachliche Zusammenarbeit mit ihm nicht mehr erwartet werden kann und aus einer Fortdauer des bestehenden Zustands Schaden für das Unternehmen erwachsen würde. In Betracht kommen grobe Pflichtverletzung und Unfähigkeit zur ordnungsgemäßen Wahrnehmung des Aufsichtsratsmandats (vgl. § 38 Abs. 2), z. B. die Verletzung **193**

---

[333] Dietz/*Richardi* aaO 141; *Kittner/Fuchs/Zachert/Köstler* aaO; Baumbach/Hueck/*Zöllner* 111; **aA** *Fitting/Auffarth/Kaiser/Heither* aaO 99; *Kraft*-GemKommBetrVG § 76 BetrVG 1952, 101.

[334] So aber *Fitting/Auffarth/Kaiser/Heither aaO.*

[335] Vgl. BGHZ 97, 28, 33 f = NJW 1986, 2051; BGH WM 1989, 1090. 1091 f zur analogen Lage bei der Entscheidung der Gesellschafterversammlung über Maßnahmen aus wichtigem Grund gegen einen Gesellschafter.

[336] OLG Köln WM 1989, 104.

[337] Vgl. auch *Eckardt* NJW 1967, 1010 f; Dietz/*Richardi* § 76 BetrVG 1952, 150; *Raiser* MitbestG § 6, 37; weniger streng Baumbach/Hueck/*Zöllner* 112; Hanau/*Ulmer* MitbestG § 6, 71; Scholz/*Schneider* 208.

der Verschwiegenheitspflicht[338]; abfällige Äußerungen über das Management der Gesellschaft[339]; Wahrnehmung der Interessen Dritter bei der Ausübung des Mandats[340]. Im Fall OLG Hamburg WM **1990**, 311 wurde ein der SPD angehörender Minister, der sich öffentlich als Kernkraftgegner erklärte, aus dem Aufsichtsrat eines Energieversorgungsunternehmens ausgeschlossen, das ein Kernkraftwerk betreibt. Keinen wichtigen Grund bildet hingegen die – auch fristlose – Kündigung des Arbeitsverhältnisses, sofern nicht andere gravierende Momente hinzukommen[341].

3. Andere Beendigungsgründe

194 Das Aufsichtsratsmandat endet durch **Tod** des Mitglieds, **Erlöschen der Gesellschaft, Amtsniederlegung** sowie **Wegfall der persönlichen Voraussetzungen für die Wahl.** Hierzu gelten die gleichen Regeln wie beim fakultativen Aufsichtsrat (Rdn 55 ff). Auf seiten der Arbeitnehmervertreter gehört dazu auch der Verlust der speziellen Wählbarkeitsvoraussetzungen (Rdn 172).

VII. Innere Ordnung des Aufsichtsrats

1. Grundsatz

195 Für die Tätigkeit des Aufsichtsrats enthalten §§ 107 – 110 AktG eine Anzahl von Einzelbestimmungen, welche die wichtigsten Punkte regeln, die Materie aber nicht erschöpfen. Sie gelten gemäß § 77 Abs. 1 BetrVG 1952 auch für die unter diese Vorschrift fallenden Gesellschaften uneingeschränkt und zwingend. Aus ihnen geht hervor, daß der Aufsichtsrat in **Sitzungen** tagt. Schriftliche, telegrafische oder fernmündliche Beschlüsse sind zwar nicht ausgeschlossen, gemäß § 108 Abs. 4 AktG aber nur zulässig, wenn kein Mitglied diesem Verfahren widerspricht[342]. Diese Art und Weise der Abstimmung kann durch die Satzung oder Geschäftsordnung ausgeschlossen, nicht jedoch erweitert werden[343].

196 Über die Sitzungen ist ein **Protokoll** anzufertigen, in dem Ort und Tag der Sitzungen, die Teilnehmer, die Gegenstände der Tagesordnung, der wesentliche Inhalt der Verhandlungen und die Beschlüsse des Aufsichtsrats anzugeben sind. Es ist vom Vorsitzenden zu unterzeichnen (§ 107 Abs. 2 S. 1 und 2 AktG). Doch ist ein Aufsichtsratsbeschluß nicht deshalb unwirksam, weil die Protokollierung versäumt oder mangelhaft durchgeführt wurde (§ 107 Abs. 2 S. 3 AktG). Jedem Aufsichtsratsmitglied ist auf Verlangen eine Abschrift des Protokolls auszuhändigen (§ 107 Abs. 2 S. 4 AktG). Werden Beschlüsse gemäß § 108 Abs. 4 AktG schriftlich, telegrafisch oder fernmündlich gefaßt, so ist die Protokollierung zwar nicht vorgeschrieben, doch empfiehlt sich aus Gründen der ordnungsmäßigen Arbeit im Aufsichtsrat und der Klarheit der gefaßten Beschlüsse die entsprechende Anwendung[344]. Die Aufsichtsratsprotokolle kommen ggfs. auch als Beweismittel im Strafverfahren oder im Verfahren eines parlamentarischen Untersuchungsausschusses in Betracht und können in diesem Zusammenhang gemäß § 98 StPO beschlagnahmt werden[345].

---

[338] AG München WM 1986, 974; LG Frankfurt NJW 1987, 505, 506; *Säcker* NJW 1986, 803, 809 f; Baumbach/Hueck/*Zöllner* 112.

[339] LG Frankfurt NJW 1987, 505, 506.

[340] LG Frankfurt NJW 1987, 505, 506.

[341] BGHZ 39, 116, 123 = NJW 1963, 905.

[342] Einzelheiten in den Kommentaren zum AktG, u. a. *Mertens*-KölnKommAktG § 108, 24 – 34; *Geßler*/Hefermehl/Eckhardt/Kropff § 108, 56 – 65.

[343] *Mertens* aaO 24.

[344] Baumbach/Hueck/*Zöllner* 138.

[345] BVerfGE 74, 7 = NJW 1987, 770; LG Frankfurt NJW 1987, 787 und dazu *Peus* ZGR 1987, 545; BVerfGE 77, 1 = NJW 1988, 890.

Soweit das Gesetz oder die Satzung das Verfahren des Aufsichtsrats nicht regelt, kann eine **Geschäftsordnung** erlassen werden. Zuständig dafür ist zunächst die Gesellschafterversammlung. Nach allgemeinen körperschaftsrechtlichen Grundsätzen kann diese jedoch nicht durch Einzelbeschlüsse in die Zuständigkeit des Aufsichtsrats eingreifen, sondern nur im Rahmen ihrer Satzungsgewalt. Daher bedürfen Geschäftsordnungsvorschriften der Anteilseignerversammlung der für Satzungsänderungen erforderlichen Mehrheit[346]. Geschäftsordnungsvorschriften des Aufsichtsrats selbst werden dagegen mit einfacher Mehrheit verabschiedet. **197**

2. Einberufung

Der Aufsichtsrat wird durch seinen Vorsitzenden einberufen. Gemäß § 110 Abs. 3 AktG soll er in der Regel einmal im Kalendervierteljahr und muß einmal im Kalenderhalbjahr zusammenkommen (s. Rdn 63). Jedes Aufsichtsratsmitglied und die Geschäftsführer können gemäß § 110 Abs. 1 AktG unter Angabe des Zwecks und der Gründe verlangen, daß der Vorsitzende den Aufsichtsrat unverzüglich einberuft. In einem solchen Fall muß die Sitzung binnen zwei Wochen stattfinden. Kommt der Vorsitzende dem Verlangen der Geschäftsführer oder von mindestens zwei Aufsichtsratsmitgliedern nicht nach, so können sie den Aufsichtsrat selbst einberufen (§ 110 Abs. 2 AktG). Die **Ladung** ist nicht formbedürftig, jedoch muß sie die Tagesordnung angeben (s. Rdn 66). Satzungsvorschriften hierzu sind möglich und zweckmäßig. **198**

3. Teilnahmerecht

An der Aufsichtsratssitzung nehmen zunächst die **Mitglieder** selbst teil. Sie sind dazu nicht nur berechtigt, sondern auch verpflichtet. Ausgeschlossen werden kann ein Aufsichtsratsmitglied nur in besonderen Fällen (s. Rdn 67). **Geschäftsführer** und **Gesellschafter**, die nicht Aufsichtsratsmitglieder sind, haben kein Teilnahmerecht. Sie sind bei Bedarf hinzuzuziehen, was bei den Geschäftsführern regelmäßig der Fall sein wird. In einem solchen Fall sind sie zur Teilnahme verpflichtet. Ein generelles Teilnahmerecht der Geschäftsführer oder Gesellschafter kann auch die Satzung nicht begründen, weil dies mit der Eigenständigkeit des Aufsichtsrats als Unternehmensorgan und der eigenverantwortlichen Wahrnehmung seiner gesetzlichen Überwachungsaufgaben nicht vereinbar wäre[347]. Daneben können **Sachverständige** und **Auskunftspersonen** zur Beratung über einzelne Tagesordnungspunkte zugezogen werden (§ 109 Abs. 1 S. 2 AktG, s. Rdn 68). In Betracht kommen ferner die Teilnahme von **Stimmboten** (§ 109 Abs. 3 AktG, s. Rdn 75, 218). **199**

4. Unterbrechung, Vertagung

Vorschriften über die Unterbrechung oder Vertagung der Aufsichtsratssitzungen finden sich im Aktiengesetz nicht. Es gilt das bei Rdn 69 Gesagte. **200**

5. Der Aufsichtsratsvorsitzende

Schrifttum

Peus Der Aufsichtsratsvorsitzende (1983).

a) **Bestellung.** Gemäß § 107 Abs. 1 AktG ist der Aufsichtsrat verpflichtet, aus seiner Mitte. d. h. aus seinen Mitgliedern, einen Vorsitzenden und mindestens einen **201**

[346] *Mertens*-KölnKommAktG § 107, 132; *Meyer-Landrut*-GroßkommAktG § 107, Einl.

[347] Ebenso betreffend die Teilnahme der Geschäftsführer Scholz/*Schneider* 281; Baumbach/Hueck/*Zöllner* 130; *Mertens*-KölnKommAktG § 109, 10.

Stellvertreter zu wählen. Die Gewählten sind von den Geschäftsführern zum Handelsregister anzumelden. Fehlt eine einschlägige Satzungsbestimmung, so gelten die Regeln über Aufsichtsratsbeschlüsse. Die Wahl erfolgt danach mit einfacher Mehrheit der anwesenden Mitglieder, wobei der Bewerber mitstimmen darf. Relative Mehrheit genügt nicht. Gegen die Verbindung der Wahl des Vorsitzenden und des Stellvertreters in einem Wahlgang bestehen keine Bedenken, wenn sämtliche Aufsichtsratsmitglieder mit dem Verfahren einverstanden sind. Zweifelhaft ist das Verfahren, wenn eine Wahl nicht zustande kommt. Nach einer Ansicht ist dann eine gerichtliche Ersatzbestellung in analoger Anwendung des § 104 Abs. 2 AktG einzuleiten[348]. Nach anderer Meinung hat die Gesellschafterversammlung den Aufsichtsratsvorsitzenden hilfsweise zu bestellen[349]. Jedenfall bei der GmbH mit Drittelbeteiligung der Arbeitnehmervertreter am Aufsichtsrat dürfte das letztere Verfahren rechtspolitisch unproblematisch und am ehesten praktikabel sein.

202 Nach ausdrücklicher Gesetzesvorschrift kann die **Satzung** nähere Bestimmungen über die Wahl des Aufsichtsratsvorsitzenden treffen (§ 107 Abs. 1 S. 1 AktG). Sie kann eine qualifizierte Mehrheit verlangen, aber auch die relative Mehrheit genügen lassen[350]. Zulässig ist auch eine Satzungsvorschrift, wonach mehrere Stellvertreter zu wählen sind. Dagegen darf die Satzung die Wahlfreiheit des Aufsichtsrats nicht beschränken und daher keine persönlichen Voraussetzungen aufstellen, wonach der Aufsichtsratsvorsitzende z. B. einer bestimmten Familie oder Aktionärsgruppe zugehören muß oder wonach das älteste Aufsichtsratsmitglied zu bestellen ist[351]. Vollends kann die Satzung nicht vorschreiben, daß nur ein Vertreter der Anteilseigner zum Aufsichtsratsvorsitzenden gewählt werden darf[352] oder daß der Vorsitzende und der Vertreter aus verschiedenen Gruppen stammen müssen.

203 b) **Amtszeit.** Das Amt des Aufsichtsratsvorsitzenden ist als solches nicht befristet, aber an die Mitgliedschaft im Aufsichtsrat gekoppelt. Es endet daher, wenn der Gewählte aus dem Aufsichtsrat ausscheidet. Der Bestellungsbeschluß kann das Amt befristen. Die **Abberufung** ist jederzeit möglich. Sie verlangt entsprechend der Wahl einen Aufsichtsratsbeschluß mit einfacher Mehrheit. Die Satzung kann die Abberufung auf den Fall beschränken, daß ein wichtiger Grund vorliegt[353]. Der **Stellvertreter** kann nach der zwingenden Regelung des § 107 Abs. 3 AktG nur amtieren, wenn der Vorsitzende selbst verhindert ist, d. h. eine Maßnahme in dem zur Verfügung stehenden Zeitraum nicht selbst vornehmen kann.

204 c) **Aufgaben.** Die Aufgaben des Vorsitzenden entsprechen im wesentlichen denen beim fakultativen Aufsichtsrat (Rdn 71). Da § 90 Abs. 1 S. 2 und Abs. 5 S. 3 AktG nicht anzuwenden sind – § 77 Abs. 1 BetrVG 1952 verweist darauf nicht – gelten die besonderen Berichtspflichten gegenüber dem Aufsichtsratsvorsitzenden, die das Aktiengesetz dem Vorstand aus wichtigem Anlaß auferlegt, hier nicht.

205 d) **Ehrenvorsitz.** Vgl. Rdn 72.

---

348 *Mertens*-KölnKommAktG § 107, 18; Rowedder/*Koppensteiner*² 31.

349 KG DR 1941, 502, 503; *Schilling*-Voraufl. 94; Baumbach/Hueck/*Zöllner* 125.

350 Str.; wie hier *Geßler*/Hefermehl/Eckardt/Kropff § 107, 10; Baumbach/Hueck/*Zöllner* 125; **aA** betreffend qualifizierter Mehrheit *Mertens*-KölnKommAktG § 107, 9.

351 Zweifelnd, aber in der Tendenz wie hier Baumbach/Hueck/*Zöllner* 125.

352 BGHZ 83, 106, 112 = NJW 1982, 1525; OLG Hamburg AG 1983, 21, 22 zu § 27 MitbestG.

353 *Mertens*-KölnKommAktG § 107, 28; *Meyer-Landrut*-GroßkommAktG § 107 Anm. 7.

6. Aufsichtsratsausschüsse

Schrifttum

Krieger Personalentscheidungen des Aufsichtsrats (1981); *Lutter/Krieger* Rechte und Pflichten des Aufsichtsrats[2] (1989); *Paefgen* Struktur und Aufsichtsratsverfassung der mitbestimmten AG (1982) S. 306 ff; *Rellermeyer* Aufsichtsratsausschüsse (1986); *Semler* Ausschüsse des Aufsichtsrats, AG 1988, 60; ferner das umfangreiche Schrifttum zu den Aufsichtsratsausschüssen nach dem MitbestG.

a) **Einsetzung.** Nach § 107 Abs. 3 S. 1 AktG kann der Aufsichtsrat aus seiner Mitte einen oder mehrere Ausschüsse bilden, wovon in der Praxis vielfach Gebrauch gemacht wird. Häufig sind namentlich sogenannte Aufsichtsratspräsidien, ferner Personalausschüsse, letztere jedenfalls, sofern der Aufsichtsrat für die Personalangelegenheiten der Geschäftsführer zuständig ist (Rdn 223). Die Entscheidung, einen Ausschuß zu bilden, gehört zur Organisationsautonomie des Aufsichtsrats und steht daher ausschließlich diesem selbst zu. Die Satzung kann weder vorschreiben, daß bestimmte Ausschüsse eingerichtet werden sollen, noch umgekehrt die Einrichtung untersagen[354]. **206**

Zum Mitglied eines Ausschusses können **nur Aufsichtsratsmitglieder** berufen werden. Andere Personen kann der Ausschuß gemäß § 109 Abs. 1 S. 2 AktG nur als Sachverständige oder Auskunftspersonen zu einzelnen Punkten hinzuziehen. Die **Größe** steht im Belieben des Aufsichtsrats. Doch setzt ein Ausschuß begrifflich mindestens zwei Mitglieder voraus. **Beschließende Ausschüsse** müssen mit mindestens drei Personen besetzt sein, weil andernfalls die gesetzliche Untergrenze der Beschlußfähigkeit (§ 108 Abs. 2 S. 3 AktG) nicht erreicht ist[355]. Für **vorbereitende** und **ausführende Ausschüsse** genügen hingegen zwei Mitglieder (hA). Auch über die Besetzung hat der Aufsichtsrat selbst zu beschließen. Die Satzung kann weder die Größe festlegen noch vorschreiben, daß bestimmte Aufsichtsratsmitglieder, z. B. der Vorsitzende oder ein von einem Aktionär entsandtes Mitglied, einem Ausschuß angehören müssen[356]. **207**

b) **Sitzverteilung.** Vorschriften über die Verteilung der Sitze in Aufsichtsratsausschüssen zwischen den Aufsichtsratsmitgliedern der Anteilseigner und der Arbeitnehmer enthält das Gesetz nicht, so wenig wie das MitbestG. Dies hat zu der lange umstrittenen und vor allem angesichts der paritätischen Besetzung des Aufsichtsrats nach dem MitbestG prekären Frage geführt, ob die Aufsichtsratsausschüsse nach dem gleichen Schlüssel zusammengesetzt sein müssen wie der Gesamtaufsichtsrat oder ob doch wenigstens an jedem Ausschuß ein Arbeitnehmervertreter beteiligt werden muß[357]. Die Frage wurde von den Gerichten nie endgültig entschieden. Doch hat das OLG Hamburg zum MitbestG ausgesprochen, daß die Arbeitnehmer in einem Vorstandsausschuß einer AG, der nur aus Vertretern der Anteilseigner besteht, zwingend ein Recht auf Teilnahme an den Sitzungen haben[358]. **208**

Die Lösung muß davon ausgehen, daß der Gesetzgeber die Frage weder bei der Neufassung des AktG 1965 noch beim Erlaß des MitbestG 1976 geregelt hat, obwohl ihm das Problem bekannt war. Man war der Meinung, eine Vorschrift, wonach jedem Aufsichtsratsausschuß mindestens ein Arbeitnehmervertreter angehören muß, sei zu schematisch. Statt dessen einigte man sich darauf, gewisse Aufgaben dem Gesamtauf- **209**

---

[354] BGHZ 83, 106, 115 = NJW 1982, 1525.

[355] BGHZ 65, 190, 192 f = NJW 1976, 145; *Rellermeyer* Aufsichtsratsausschüsse S. 88 ff.

[356] BGHZ 83, 106, 115 f = NJW 1982, 1525, hA.

[357] So im Kern Dietz/*Richardi* § 76 BetrVG 1952, 160 f; *Fitting/Auffarth/Kaiser/Heither* § 76 BetrVG 1952, 128; *Kittner/Fuchs/Zachert/Köstler* Bd. 1 Rdn 284 ff; vgl. *Mertens*-KölnKommAktG Anh. § 96, 73 ff; *Rellermeyer* Aufsichtsratsausschüsse S. 104 ff, je m. w. N.; vgl. ferner das Schrifttum zum MitbestG, zuletzt *Raiser* MitbestG § 25, 47. Im einzelnen divergieren die Ansichten.

[358] OLG Hamburg AG 1984, 248, 251 f.

sichtsrat vorzubehalten (§ 107 Abs. 3 S. 2 AktG)[359]. Gesetzeswortlaut und Entstehungsgeschichte ergeben daher, daß eine proportionale Besetzung der Ausschüsse nicht verlangt werden kann. Auf der anderen Seite verlangt die Gleichberechtigung aller Aufsichtsratsmitglieder, daß die Arbeitnehmervertreter nicht gezielt ausgeschlossen werden. Es gilt ein **Diskriminierungsverbot.** Die Besetzung der Ausschüsse bedarf daher einer sachlichen Rechtfertigung. Ein Ausschluß von Arbeitnehmervertretern oder eine nicht proportionale Beteiligung ist zulässig, wenn sie durch die persönliche Eignung und Erfahrung der in den Ausschuß gewählten Anteilseignervertreter begründet ist, nicht jedoch, wenn sie darauf abzielt, den Anteilseignern ein Übergewicht zu verschaffen, das sie im Gesamtaufsichtsrat nicht haben. Sind die Aufsichtsratsmitglieder der Arbeitnehmer mit der einseitigen Besetzung eines Ausschusses einverstanden, so liegt eine Diskriminierung nicht vor. Je stärker sie sich dagegen wehren, desto schwerer muß die sachliche Rechtfertigung wiegen. Diese Lehre, die sich zum MitbestG durchgesetzt hat[360], muß auch für den Anwendungsbereich des § 77 BetrVG 1952 gelten.

210 c) **Vorbereitende und beschließende Ausschüsse.** Nach § 107 Abs. 3 S. 1 AktG können Aufsichtsratsausschüsse vor allem zu dem Zweck eingesetzt werden, die Verhandlungen und Beschlüsse des Plenums vorzubereiten und diese auszuführen oder ihre Ausführung zu überwachen. Zu diesem Zweck stehen ihnen auch die Informations- und Einsichtsrechte nach §§ 90 Abs. 3, 111 Abs. 2 AktG zu[361]. **Beschlüsse** anstelle des Aufsichtsratsplenums kann ein Ausschuß nur zu Gegenständen fassen, bei denen die Delegation nicht nach § 107 Abs. 3 S. 2 AktG ausgeschlossen ist. **Nicht delegiert** werden dürfen danach die Wahl des Aufsichtsratsvorsitzenden und seiner Stellvertreter (§ 107 Abs. 1 AktG) sowie deren Abberufung, der Erlaß einer Geschäftsordnung für die Geschäftsführer (§ 77 Abs. 2 S. 1 AktG); die Einberufung der Gesellschafterversammlung (§ 111 Abs. 3 AktG), die Prüfung des Jahresabschlusses sowie der Bericht über das Ergebnis der Prüfung (§ 171 AktG) sowie Beschlüsse, nach denen bestimmte Arten von Geschäften an die Zustimmung des Aufsichtsrats gebunden werden (§§ 107 Abs. 3 S. 2, 111 Abs. 4 S. 2 AktG). Dagegen kann die Zustimmung zu einem einzelnen zustimmungspflichtigen Geschäft einem Ausschuß überlassen werden. Hat die Satzung dem Aufsichtsrat die Bestellung und Abberufung der Geschäftsführer oder eines Vorsitzenden der Geschäftsführung überlassen, so kann auch diese Aufgabe nicht an einen Ausschuß delegiert werden (§ 84 Abs. 1–3 AktG).

211 Hinzu kommen aus allgemeinen Gründen einige im Gesetz nicht genannte Entscheidungen, in denen der Aufsichtsrat seine eigene Organisation und Arbeitsweise regelt. Dazu gehören namentlich die Einsetzung oder Aufhebung von Aufsichtsratsausschüssen, der Erlaß einer Geschäftsordnung für den Aufsichtsrat sowie Beschlüsse darüber, daß der Antrag auf Abberufung eines Aufsichtsratsmitglieds aus wichtigem Grund gemäß § 103 AktG gestellt werden soll[362]. Insgesamt darf die Delegation nicht so weit gehen, daß das Gesamtorgan seine Aufgabe, die Geschäftsführung zu überwachen, nicht mehr hinlänglich wahrnehmen kann. Auch wird in keinem Fall die Zuständigkeit

---

[359] BT-Drucks. IV/3296, 52; *Kropff* Begründung zum RegE des AktG S. 150 ff.

[360] Hanau/*Ulmer* MitbestG § 25, 127; *Raiser* MitbestG § 25, 50 f; Scholz/*Schneider* 320 f; Baumbach/Hueck/*Zöllner* 141; Fischer/*Lutter/Hommelhoff* 29; Rowedder/*Koppensteiner*² 34; *Rellermeyer* Aufsichtsratsausschüsse S. 109 ff; *Paefgen* Struktur und Aufsichtsratsverfassung der mitbestimmten AG S. 329 ff; *Semler* AG 1988, 60, 63.

[361] *Lutter* Information und Vertraulichkeit im Aufsichtsrat S. 110 ff; *Rellermeyer* aaO S. 175 ff; *Semler* aaO 64.

[362] HA, *Mertens*-KölnKommAktG § 107, 110 ff; *ders.* ZGR 1983, 189, 199 f; *Krieger* Personalentscheidungen des Aufsichtsrats S. 61 ff; Baumbach/Hueck/*Zöllner* 140.

des Plenums durch die Delegation endgültig beseitigt, vielmehr kann dieses alle Angelegenheiten jederzeit wieder an sich ziehen.

d) **Arbeitsweise.** Für die Teilnahme an Ausschußsitzungen, die Abgabe einer schriftlichen Stimme und die schriftliche, telegrafische oder fernmündliche Abstimmung gelten dieselben Regeln wie für das Plenum (§§ 108 Abs. 3, 4, 109 Abs. 1 AktG). Aufsichtsratsmitglieder, die einem Ausschuß nicht angehören, können gemäß § 109 Abs. 2 AktG an dessen Sitzungen **teilnehmen**, wenn der Aufsichtsratsvorsitzende nichts anderes bestimmt. Die dem Ausschuß nicht angehörenden Aufsichtsratsmitglieder haben Anspruch auf Auskunft über alle im Ausschuß behandelten Fragen, denn nur so können sie der Überwachungspflicht genügen, die in der Gesamtverantwortung des Plenums verbleibt (Rdn 211 a. E.)[363]. **Beschlußfähig** sind entscheidende Ausschüsse, wenn an der Abstimmung wenigstens drei Mitglieder teilnehmen, denn § 108 Abs. 2 S. 3 AktG ist entsprechend anzuwenden[364]. Darüber hinaus ist mangels einer anders lautenden Satzungsbestimmung auch § 108 Abs. 2 S. 2 AktG entsprechend anzuwenden, wonach Beschlußfähigkeit nur gegeben ist, wenn mindestens die Hälfte der Ausschußmitglieder an der Abstimmung teilnimmt. Beschlüsse bedürfen nach den allgemeinen Regeln der **Mehrheit** der abgegebenen Stimmen. Verhandlungen und Beschlüsse sind gemäß § 107 Abs. 2 AktG zu **protokollieren** (Rdn 196). **212**

e) **Satzungsbestimmungen.** Die Satzung oder auch eine Geschäftsordnung des Aufsichtsrats kann das Verfahren der Aufsichtsratsausschüsse regeln, soweit die zwingenden Vorschriften des AktG und des § 77 BetrVG 1952 nicht entgegenstehen. Nach der zum MitbestG gefundenen, aber auch hier anwendbaren Formulierung des BGH[365] erlaubt das Gesetz Verfahrensregeln, die „das pflichtgemäße Ermessen des Aufsichtsrats, wie er seine Arbeitsweise sachlich und personell gestalten will, nicht in einer Weise einengen, die mit dem Wortlaut und Sinn des § 107 Abs. 3 S. 1 allgemein unvereinbar wäre". Zulässig sind namentlich Vorschriften, die dem Vorsitzenden bei Stimmengleichheit den Stichentscheid einräumen[366]. **213**

7. Abstimmung und Beschluß

Schrifttum

Luther Die innere Organisation des Aufsichtsrats, ZGR 1977, 306; *Lutter* Der Stimmbote, Festschrift Duden (1977) S. 269; *Mertens* Stimmabgabe abwesender Aufsichtsratsmitglieder nach § 108 Abs. 3 AktG, AG 1977, 210; *Riegger* Die schriftliche Stimmabgabe, BB 1980, 130; *Säcker/Theisen* Die statutarische Regelung der inneren Ordnung des Aufsichtsrats in der mitbestimmten GmbH nach dem MitbestG 1976, AG 1980, 29; *Steindorff/Joch* Die ersten Urteile des Bundesgerichtshofs zum Mitbestimmungsgesetz, ZHR 146 (1982), 336; *Ulmer* Geheime Abstimmung im Aufsichtsrat von Aktiengesellschaften? AG 1982, 300.

a) **Beschlußverfahren.** Der Aufsichtsrat entscheidet durch Beschlüsse (§ 108 Abs. 1 AktG, s. Rdn 77 f), die in der Regel in Sitzungen, ausnahmsweise auch schriftlich, telegrafisch oder fernmündlich gefaßt werden können (Rdn 195). Jedes Aufsichtsratsmitglied kann **Anträge** stellen, über die abzustimmen ist, soweit sich die Sache nicht anderweitig erledigt. Über Gegenstände, die nicht auf der **Tagesordnung** stehen und mit ihr bekannt gemacht wurden, kann nur abgestimmt werden, wenn alle Aufsichts- **214**

363 AA die durchaus problematische Entscheidung des LG Düsseldorf AG 1988, 386 f, das aus der Übertragung der Personalangelegenheiten des Vorstands einer AG an einen Ausschuß ableitet, daß die nicht dem Ausschuß angehörenden Aufsichtsratsmitglieder auf Information über die mit Vorstandsmitgliedern ausgehandelte Vergütung verzichtet haben.

364 BGHZ 65, 190, 192 f = NJW 1976, 145.

365 BGHZ 83, 106, 118 = NJW 1982, 1525.

366 BGHZ 83, 144, 147 = NJW 1982, 1528.

ratsmitglieder an der Abstimmung teilnehmen oder damit einverstanden sind[367]. Allenfalls in Eilfällen kommt ausnahmsweise eine Abstimmung auch ohne Ankündigung in Frage[368]. Bedarf ein Gegenstand weiterer Informationen oder längerer Überlegungen, so ist die Abstimmung ohne Ankündigung in der Tagesordnung auch dann als unzulässig anzusehen, wenn alle Mitglieder damit einverstanden sind, denn die Aufsichtsratsmitglieder verletzen ihre Pflichten, wenn sie die an sie herangetragenen Entscheidungen nicht mit der gebotenen Sorgfalt vorbereiten[369]. Über den **Zeitpunkt** der Abstimmung und die Reihenfolge der Anträge entscheidet der Aufsichtsratsvorsitzende. Die Abstimmung ist **offen**. Ob geheime Abstimmung beschlossen oder in der Satzung vorgeschrieben werden kann, ist im aktienrechtlichen Schrifttum umstritten. Nach richtiger Ansicht ist sie mit der Verantwortlichkeit der Aufsichtsratsmitglieder für ihre Amtsführung nicht vereinbar. Die dagegen vorgebrachten Argumente, bei offener Abstimmung könnten sich die Aufsichtsratsmitglieder fremdem Druck ausgesetzt sehen, können demgegenüber nicht überzeugen[370].

215 b) **Beschlußfähigkeit.** Kraft Gesetzes ist der Aufsichtsrat beschlußfähig, wenn mindestens die **Hälfte** der **gesetzlichen Mitgliederzahl** an der Abstimmung teilnimmt. Darauf, ob alle Sitze besetzt sind, kommt es nicht an, ebensowenig auf die Zahl der anwesenden Mitglieder (§ 108 Abs. 2 S. 2 AktG). An der Abstimmung nimmt teil, wer eine Stimme abgibt, selbst wenn sie auf Enthaltung lautet. Ein Aufsichtsratsmitglied, das gemäß § 108 Abs. 3 AktG eine schriftliche Stimme überreichen läßt, wird mitgerechnet (Rdn 218). Bei schriftlicher Abstimmung gemäß § 108 Abs. 4 AktG werden alle abgegebenen Stimmen gezählt, jedoch muß hinsichtlich der Art dieses Verfahrens Einstimmigkeit herrschen. **Mindestens** müssen **drei Mitglieder** an der Abstimmung teilnehmen (§ 108 Abs. 2 S. 3 AktG). Besteht der Aufsichtsrat nur aus drei Mitgliedern, ist demnach Teilnahme aller erforderlich. Unerheblich für die Beschlußfähigkeit ist hingegen, ob bei der Besetzung des Aufsichtsrats oder bei der Teilnahme an der Abstimmung die gesetzliche Proportion zwischen Aufsichtsratsmitgliedern der Anteilseigner und der Arbeitnehmer gewahrt ist (§ 108 Abs. 2 S. 4 AktG).

216 Während das Mindesterfordernis von drei Mitgliedern nach allgemeiner Ansicht zwingendes Recht ist, erlaubt das Gesetz im übrigen ausdrücklich abweichende **Satzungsbestimmungen**. Die Satzung kann das Quorum herabsetzen oder erhöhen, z. B. die erforderliche Mehrheit auf die Zahl der besetzten Aufsichtsratssitze oder der anwesenden Mitglieder beziehen oder bei Wahlen relative Mehrheit genügen lassen. Sie kann auch die Teilnahme von zwei Dritteln oder drei Vierteln der Mitglieder fordern[371]. Macht die Satzung die Beschlußfähigkeit davon abhängig, daß ein bestimmter Prozentsatz der Aufsichtsratsmitglieder anwesend ist oder an der Abstimmung teilnimmt, so bezieht sich die Angabe im Zweifel auf die in der Satzung festgelegte Soll-Stärke, nicht die Ist-Stärke[372].

---

367 HA, vgl. auch Rdn 66; Scholz/*Schneider* 277; Baumbach/Hueck/*Zöllner* 133; Rowedder/*Koppensteiner*[2] 36.

368 *Werner* ZGR 1977, 236, 242.

369 Baumbach/Hueck/*Zöllner* 133.

370 Wie im Text *Mertens*-KölnKommAktG § 108, 32; *Spieker* AuR 1961, 209; Baumbach/Hueck/*Zöllner* 135; zum MitbestG *Fitting*/*Wlotzke*/*Wißmann* MitbestG § 25, 23; *Raiser* MitbestG § 25, 21; *Naendrup*-GemKommMitbestG § 25, 76; *Säcker*/*Theisen* AG 1980, 29, 40; aA Scholz/*Schneider* 302; Dietz/*Richardi* § 76 BetrVG 1952, 56; Hanau/*Ulmer* MitbestG § 25, 26; *Ulmer* AG 1982, 300; die in *Raiser* KapGesR § 15 IV 3 vertretene abweichende Meinung gebe ich auf.

371 OLG Hamburg BB 1984, 1763, 1764 ff mit Anm. *Oetker*, der das Urteil im Hinblick auf § 28 MitbestG für falsch hält. Die danach zu berücksichtigenden Gesichtspunkte gelten für §§ 76, 77 BetrVG 1952 nicht.

372 BGHZ 4, 224, 228 f = NJW 1952, 343; *Geßler*/Hefermehl/Eckardt/Kropff § 108, 34.

217 **Unzulässig** sind hingegen Satzungsbestimmungen, welche die Arbeitsfähigkeit des Aufsichtsrats beeinträchtigen oder die Mitbestimmungsregeln manipulieren. Daher darf die Beschlußfähigkeit nicht an die Anwesenheit bestimmter Aufsichtsratsmitglieder, namentlich des Aufsichtsratsvorsitzenden gebunden werden[373]. Eine derartige Regelung würde nicht nur dem betreffenden Mitglied die Möglichkeit geben, Aufsichtsratsbeschlüsse durch seine Abwesenheit zu blockieren, sondern die Arbeitsfähigkeit beeinträchtigen, wann immer es verhindert ist. Mit dem Gesetz nicht vereinbar sind weiter Satzungsbestimmungen, wonach der Aufsichtsrat nur beschlußfähig ist, wenn mehr als die Hälfte der an der Abstimmung teilnehmenden Aufsichtsratsmitglieder Vertreter der Anteilseigner sind[374].

218 c) **Stimmbote.** Stellvertretung bei der Abstimmung im Aufsichtsrat ist nach geltendem Recht (§ 111 Abs. 5 AktG) nicht statthaft. Das AktG sucht die dadurch entstehenden praktischen Schwierigkeiten durch das Institut des Stimmboten zu mildern, der in der Aufsichtsratssitzung die schriftliche Stimme des abwesenden Mitglieds überreicht (§ 108 Abs. 3 AktG). Stimmboten können andere Aufsichtsratsmitglieder sein, ferner Dritte, sofern ihnen die Satzung gemäß § 109 Abs. 3 AktG die Teilnahme an der Sitzung gestattet. In diesem Fall haben sie auch das Rederecht. Der Stimmbote muß nach dem Gesetzeswortlaut eine **schriftliche Stimme** überreichen. Dies verlangt nach § 126 BGB, daß dem Boten ein Text an die Hand gegeben wird, aus dem sich die Entscheidung des Mitglieds zu den Gegenständen der Tagesordnung eindeutig entnehmen läßt und die von ihm unterschrieben ist. Alle Gestaltungsformen, die dem Boten einen eigenen Entscheidungsspielraum gewähren, namentlich nicht oder unvollständig ausgefüllte Stimmen, welche dieser ergänzen kann, sind unzulässig[375]. Nicht vereinbar mit dem Gesetz ist auch ein Verfahren, wonach der Bote die Weisungen des Aufsichtsratsmitglieds telefonisch einholt und die schriftliche Stimme entsprechend ausfüllt. Dagegen wird man der technischen Entwicklung Rechnung tragen und mittels Telegramm, Fernschreiber oder Telekopie übermittelte Stimmen für ausreichend ansehen können, auch wenn sie keine eigenhändige Unterschrift tragen[376].

219 d) **Abstimmung.** Ein Beschluß kommt mit **einfacher Mehrheit** zustande. Stimmenthaltungen werden nach hA nicht mitgezählt[377]. Zu Stimmverboten vgl. Rdn 78. Die Satzung kann eine höhere Mehrheit vorschreiben, ggf. auch nur für bestimmte Fälle. Nach verbreiteter Ansicht gilt dies jedoch nicht für Gegenstände, über die der Aufsichtsrat kraft zwingenden Rechts zu entscheiden hat, weil andernfalls seine Funktionsfähigkeit beeinträchtigt würde[378]. Zulässig sind in Parallele zu § 29 MitbestG hingegen Satzungsbestimmungen, wonach bei Stimmengleichheit dem Vorsitzenden ein Stichentscheid eingeräumt wird[379].

---

373 BGHZ 83, 151, 155 = NJW 1982, 1530; aA für den Aufsichtsrat nach § 77 BetrVG 1952 Baumbach/Hueck/*Zöllner* 134.

374 So zur entsprechenden Rechtslage nach § 28 MitbestG BGHZ 83, 151, 154 = NJW 1982, 1530; dazu *Geitner* AG 1982, 212, 216 f; *Steindorff/Joch* ZHR 146 (1982), 336, 341 f; *Martens* ZGR 1983, 237.

375 Demgegenüber wurde im Schrifttum zu Unrecht versucht, diese eindeutige gesetzliche Grenze aufzuweichen; vgl. *Luther* ZGR 1977, 306, 308; *Lutter* Festschrift Duden S. 269; *Mertens* AG 1977, 210; *Riegger* BB 1980, 130; wie hier aber Hanau/*Ulmer* MitbestG § 25, 32.

376 AA *Schilling*-Voraufl. 108; *Mertens*-KölnKommAktG § 108, 23; Hanau/*Ulmer* MitbestG § 25, 31.

377 *Schilling*-Voraufl. 106; Scholz/*Schneider* 301; *Mertens*-KölnKommAktG § 108, 35.

378 *Mertens*-KölnKommAktG § 108, 40; *Geßler*/Hefermehl/Eckardt/Kropff § 108, 22; *Meyer-Landrut*-GroßkommAktG § 108 Anm. 3; *Schilling*-Voraufl. 106; Rowedder/*Koppensteiner*² 40; *Eder*-GmbH-Handb. 481.13; zweifelnd Baumbach/Hueck/*Zöllner* 136.

379 Baumbach/Hueck/*Zöllner* 136, vgl. zur Parallele der Aufsichtsratsausschüsse nach dem MitbestG BGHZ 83, 106, 117 = NJW 1982, 1525; 83, 144, 146 = NJW 1982, 1528; Bedenken dagegen bei Rowedder/*Koppensteiner*² 40.

8. Fehlerhafte Beschlüsse

220 Für die rechtliche Behandlung fehlerhafter Beschlüsse gilt beim obligatorischen Aufsichtsrat nichts anderes als beim fakultativen (Rdn 79 ff).

VIII. Aufgaben und Kompetenzen des Aufsichtsrats

Schrifttum

siehe die Angaben vor Rdn 86; ferner: *Baumann* GmbH und Mitbestimmung, ZHR 142 (1978), 557; *Hoffmann/Neumann* Die Mitbestimmung bei GmbH und GmbH & Co. KG nach dem Mitbestimmungsgesetz 1976, GmbH-Rdsch. 1976, 149, 183; *Hölters* Die zustimmungspflichtigen Geschäftsführungsmaßnahmen im Spannungsfeld zwischen Satzungs- und Aufsichtsratsautonomie, BB 1978, 640; *Hommelhoff* Unternehmensführung in der mitbestimmten GmbH, ZGR 1978, 119; *ders.* Die Autarkie des Aufsichtsrats, ZGR 1983, 551; *Lutter* Information und Vertraulichkeit im Aufsichtsrat² (1984); *Mertens* Zuständigkeiten des mitbestimmten Aufsichtsrats, ZGR 1977, 270; *Reuter/Körnig* Mitbestimmung und gesellschaftsrechtliche Gestaltungsfreiheit, ZHR 140 (1976), 494; *Zöllner* Das Teilnahmerecht der Aufsichtsratsmitglieder an Beschlußfassungen der Gesellschafter bei der mitbestimmten GmbH, Festschrift Fischer (1979) S. 905.

1. Allgemeine Aufgaben

221 a) **Überwachung der Geschäftsführung.** Nach § 111 Abs. 1 AktG hat der Aufsichtsrat die Geschäftsführung zu überwachen. Er kann dazu die Bücher und Schriften der Gesellschaft sowie die vorhandenen Vermögensgegenstände, namentlich die Gesellschaftskasse und die Bestände an Wertpapieren und Waren einsehen und prüfen (§ 111 Abs. 2 S. 1 AktG). Sofern die Prüfung nach Umfang oder Schwierigkeit über das Maß dessen hinausgeht, was er selbst zu leisten vermag, kann er einzelne seiner Mitglieder oder Sachverständige mit der Prüfung beauftragen (§ 111 Abs. 2 S. 2 AktG). Wenn es das Wohl der Gesellschaft fordert, ist er berechtigt und verpflichtet, eine Gesellschafterversammlung einzuberufen, wofür ein einfacher Mehrheitsbeschluß ausreicht (§ 111 Abs. 3 AktG). Für Inhalt, Ausmaß und Intensität der gesetzlichen Überwachungspflicht gilt für den obligatorischen Aufsichtsrat dasselbe wie für den fakultativen, weshalb auf die Darstellung zu letzterem verwiesen werden kann (Rdn 86 bis 92). Die Überwachungspflicht erstreckt sich auch auf die Beziehungen zu abhängigen und herrschenden Unternehmen (Rdn 93 bis 95). Die **Satzung** kann die gesetzliche Überwachungskompetenz des Aufsichtsrats näher bestimmen und ggf. erweitern, nicht jedoch einschränken, weil dies der Konzeption des Organs Aufsichtsrat widersprechen würde, wie sie von der Wirtschaftspraxis und dem Aktiengesetz ausgebildet wurde (Rdn 96).

222 b) **Prüfung des Jahresabschlusses.** Gemäß **§ 171 AktG,** den § 77 BetrVG 1952 unverändert übernimmt, hat der Aufsichtsrat den von den Geschäftsführern aufgestellten Jahresabschluß, den Lagebericht und den Vorschlag für die Verwendung des Bilanzgewinns zu prüfen und über das Prüfungsergebnis schriftlich an die Gesellschafterversammlung zu berichten. Bei prüfungspflichtigen Gesellschaften (§ 316 HGB) hat er auch zum Prüfungsergebnis Stellung zu nehmen. Auch insoweit ergeben sich für den obligatorischen Aufsichtsrat keine Besonderheiten gegenüber dem fakultativen (Rdn 97 – 102). Dagegen verweist § 77 Abs. 1 BetrVG 1952 im Gegensatz zu § 52 Abs. 1 GmbHG nicht auf **§ 170 AktG.** Doch folgt eine Pflicht der Geschäftsführer, Jahresabschluß, Lagebericht, Gewinnverwendungsvorschlag und Prüfungsbericht unverzüglich dem Aufsichtsrat vorzulegen, mittelbar auch aus § 171 AktG[380]. Ebenso

---

[380] Ebenso Baumbach/Hueck/*Zöllner* 163.

versteht sich von selbst, daß jedes Aufsichtsratsmitglied das Recht hat, von den Vorlagen Kenntnis zu nehmen (§ 170 Abs. 3 S. 1 AktG). Keine Bedenken bestehen auch gegen die entsprechende Anwendung des § 170 Abs. 3 S. 2 AktG, wonach jedes Aufsichtsratsmitglied auch die Aushändigung der Vorlagen verlangen kann, soweit der Aufsichtsrat nichts anderes beschlossen hat, zumal sich die Vorschrift insoweit mit dem auch für den obligatorischen Aufsichtsrat geltenden § 90 Abs. 5 S. 1 und 2 AktG deckt (s. Rdn 119)[381]. Dagegen übernimmt das BetrVG 1952 § 172 AktG bewußt nicht. Bei der GmbH fällt die Feststellung des Jahresabschlusses in die Kompetenz der Gesellschafterversammlung. Die Prüfung und der Bericht des Aufsichtsrats bereiten diese nur vor (§§ 42a Abs. 1 und 2, 46 Nr. 1). Daran hat das Mitbestimmungsrecht nichts geändert.

c) **Vertretung der Gesellschaft.** § 112 AktG ist auf den obligatorischen Aufsichtsrat **223**
in gleicher Weise anzuwenden wie auf den fakultativen. Es gelten die Ausführungen zu Rdn 104 bis 107. Die Satzung kann auch in den unter § 77 BetrVG 1952 fallenden Gesellschaften die Bestellung und Abberufung der Geschäftsführer dem Aufsichtsrat übertragen (vgl. die Kommentierungen zu §§ 35, 38). Ist dies geschehen, so vertritt der Aufsichtsrat gemäß § 112 AktG die Gesellschaft auch bei Abschluß und Aufhebung des Anstellungsvertrages. Eine Einschränkung der Vertretungsbefugnis bei den kraft Gesetzes in die Zuständigkeit des Aufsichtsrats fallenden Geschäften durch die Satzung ist dagegen nicht möglich, weil § 112 AktG insoweit zwingendes Recht enthält.

d) **Informationsrechte.** Wie § 52 Abs. 1 GmbH verzichtet auch § 77 BetrVG 1952 **224**
auf die Übernahme des § 90 Abs. 1 und 2 AktG und begnügt sich damit, auf die Abs. 3–5 zu verweisen. Für die Berichte der Geschäftsführer an den Aufsichtsrat gelten daher die schon Rdn 114–119 dargestellten Regeln. Eine Pflicht der Geschäftsführer zur Berichterstattung aus eigener Initiative läßt sich zwar dem Gesetz nicht entnehmen, folgt aber aus § 43, weil ohne sie eine ordnungsgemäße Geschäftsführung nicht denkbar ist[382]. Die Satzung kann die Informationsansprüche des Aufsichtsrats nicht beschneiden, denn § 90 Abs. 3–5 AktG ist hier zwingendes Recht. Sie kann aber das Verfahren regeln und die Ansprüche verstärken.

Nach §§ 118 Abs. 2 AktG i. V. m. 77 BetrVG 1952 sollen die Mitglieder des Auf- **225**
sichtsrats an der **Gesellschafterversammlung teilnehmen**. Aus der Formulierung des Gesetzes geht hervor, daß sie das Recht, grundsätzlich aber auch die Pflicht dazu haben[383]. Entsprechend kann jedes Aufsichtsratsmitglied gemäß §§ 125 Abs. 3 AktG i. V. m. 77 BetrVG 1952 verlangen, daß ihm die Geschäftsführer die Einladung zu der Versammlung, die Tagesordnung sowie Anträge und Wahlvorschläge der Gesellschafter nebst Begründung unter Angabe des Antragstellers mitteilen. Soweit die Geschäftsführer zu einem Antrag schriftlich Stellung nehmen, kann es auch diese Unterlage verlangen. Der Anspruch dient der Erfüllung der Überwachungspflicht. Mit ihm ist ein **Rederecht** in der Gesellschafterversammlung verbunden, nicht jedoch das Recht, Anträge zu stellen, mit abzustimmen oder Gesellschafterbeschlüsse anzufechten[384]. Soweit die Gesellschafter Beschlüsse nach § 48 Abs. 2 ohne Versammlung fassen, geht das Recht ins Leere. Jedoch wird man annehmen müssen, daß die Aufsichtsratsmitglieder

---

[381] Vgl. BGHZ 85, 293, 300 = NJW 1983, 991; *Hommelhoff* ZGR 1983, 551.

[382] *Lutter* Information und Vertraulichkeit im Aufsichtsrat S. 233 ff; *Schilling*-Voraufl. 55.

[383] OLG Stuttgart GmbH-Rdsch. 1974, 257, 260 mit Anm. *Konow*; *Hommelhoff* ZGR 1978, 119, 146 ff; *Zöllner* Festschrift Fischer S. 905.

[384] *Hommelhoff* aaO S. 147; *Zöllner* aaO S. 907.

(vor der Abstimmung) insoweit wenigstens zu unterrichten sind und ihnen Gelegenheit gegeben werden muß, zu dem Beschlußgegenstand Stellung zu nehmen[385].

226 Entsprechend § 125 Abs. 4 AktG haben die Aufsichtsratsmitglieder weiter das Recht, daß die Geschäftsführer ihnen die von den Gesellschaftern gefaßten **Beschlüsse** schriftlich **mitteilen.** § 125 Abs. 4 AktG wird von § 77 BetrVG 1952 zwar nicht übernommen, jedoch gibt es Anhaltspunkte, daß darin ein Redaktionsversehen des Gesetzgebers zu sehen ist[386]. Jedenfalls gehört die Information darüber zu den Voraussetzungen einer ordnungsgemäßen Überwachung der Geschäftsführung. Die Gesellschafter haben demgegenüber angesichts des § 118 Abs. 3 AktG (Rdn 225) an einer Geheimhaltung kein berechtigtes Interesse[387].

227 e) **Tätigkeit in der Liquidation.** Die Verweisung des § 77 BetrVG 1952 auf § 268 Abs. 2 AktG stellt klar, daß sich die Tätigkeit des mitbestimmten Aufsichtsrats nach der Auflösung im Abwicklungsverfahren fortsetzt. Das gilt auch im Konkurs[388].

228 f) **Andere Fälle.** Dagegen bezieht das BetrVG 1952 den Aufsichtsrat in einigen Fällen **nicht** ein, in denen das AktG eine Zuständigkeit für ihn begründet. Dabei handelt es sich um den Erlaß einer Geschäftsordnung für die Geschäftsführer, um die Aufstellung von Grundsätzen für deren Bezüge, um die Befreiung vom Wettbewerbsverbot, um Entscheidungen über Kredite an Vorstandsmitglieder sowie um Vorschläge zu Gegenständen, über welche die Gesellschafterversammlung zu beschließen hat (§§ 77, 87, 88, 89, 124 Abs. 3 AktG sind nicht übernommen). In allen diesen Fällen verbleibt es daher bei der Zuständigkeit der Gesellschafterversammlung.

2. Zustimmungspflichtige Geschäfte

229 a) **Zustimmungsvorbehalt.** Maßnahmen der Geschäftsführung können dem Aufsichtsrat nach § 111 Abs. 4 S. 1 AktG nicht übertragen werden. Da die Vorschrift im Gegensatz zum fakultativen Aufsichtsrat (Rdn 109) hier zwingend ist, kann die Satzung davon nicht abweichen, d. h. die gesetzliche Differenzierung zwischen Unternehmensleitung und Überwachung nicht aufweichen oder beseitigen. Wollen sich die Gesellschafter von Geschäftsführungsaufgaben entlasten, ohne sie den Geschäftsführern zu übertragen, so müssen sie neben dem Aufsichtsrat einen Beirat einsetzen, der nach ihrem Belieben zusammengesetzt werden kann. Ein solcher ist an die Vorgaben der §§ 77 BetrVG 1952, 111 Abs. 4 S. 1 AktG nicht gebunden, kann allerdings seinerseits auch nicht in die dem Aufsichtsrat zustehende Überwachungsaufgabe eingreifen (Rdn 347)[389].

230 Die Satzung kann jedoch bestimmen, daß **bestimmte Arten von Geschäften,** die als solche in der Kompetenz der Geschäftsführer liegen, nur mit **Zustimmung des Aufsichtsrats** vorgenommen werden dürfen (§ 111 Abs. 4 S. 2 AktG, vgl. Rdn 109). Derartige Zustimmungsvorbehalte müssen sich auf konkret abgrenzbare Vorgänge beziehen, doch gehören nach neuerer Ansicht auch wichtige unternehmensstrategische Entscheidungen wie größere Investitionen, Eröffnung neuer Geschäftszweige oder Betriebe oder generell die Finanz-, Investitions-, Forschungs-, Absatz- und Personalpläne dazu. Sie dürfen ferner nicht so weit gehen, daß sie in ihrer Gesamtwirkung den Geschäftsführern die laufenden Geschäfte oder die Unternehmensleitung, so weit

[385] *Hüffer* § 48, 55 f; Fischer/*Lutter/Hommelhoff* § 48, 12; *Lutter/Krieger* Rechte und Pflichten des Aufsichtsrats S. 234, jeweils m. w. Nachw.; aA *Zöllner* aaO S. 915 ff.

[386] So Baumbach/*Hueck* GmbHG[13] S. 502 f.

[387] Baumbach/Hueck/*Zöllner* 162.

[388] *D. Schneider* Festschrift Oppenhoff S. 349; Baumbach/Hueck/*Zöllner* 156.

[389] Baumbach/Hueck/*Zöllner* 153.

sie ihnen obliegt, entwinden. Daher ist eine Satzungsbestimmung unzulässig, die entsprechend § 116 Abs. 2 HGB alle Geschäfte, die über den gewöhnlichen Betrieb des Handelsgewerbes der Gesellschaft hinausgehen, an die Zustimmung des Aufsichtsrats bindet[390]. Auch Pflichten, die dem Vertretungsorgan kraft Gesetzes auferlegt sind, wie z. B. die Buchführung und die Aufstellung des Jahresabschlusses (§§ 41, 42 a) können nicht zustimmungspflichtig gemacht werden. Im übrigen bedeutet Zustimmung, daß die Initiative zu den Geschäften bei den Geschäftsführern verbleibt, der Aufsichtsrat diese daher nicht anweisen kann, bestimmte Geschäfte vorzunehmen, die sie nicht selbst wollen.

Schweigt die Satzung oder enthält der Zustimmungskatalog Lücken, so kann der Aufsichtsrat durch einen eigenen Beschluß Zustimmungsvorbehalte aufstellen (§ 111 Abs. 4 S. 2 AktG). Nach herrschender, aber bedenklicher Lehre kann eine solche Zustimmungspflicht auch ad hoc beschlossen werden[391]. Für die Funktionsweise der Mitbestimmung spielt es eine wesentliche Rolle, ob die Satzung diese Befugnis des Aufsichtsrats ausschließen, den Kreis der zustimmungspflichtigen Geschäfte also abschließend festlegen oder bestimmen kann, daß keinerlei Zustimmungsvorbehalte aufgestellt werden dürfen. Die Frage, die beim paritätisch besetzten Aufsichtsrat nach dem MitbestG wesentlich schwerer wiegt als bei der Drittelbeteiligung der Arbeitnehmervertreter gemäß § 77 BetrVG 1952, ist heftig umstritten[392]. Nach überwiegender und richtiger Ansicht besitzt die Gesellschafterversammlung in diesem Punkt jedoch keine Kompetenzkompetenz[393]. 231

b) **Zustimmung.** Der Aufsichtsrat hat nach seinem eigenen Ermessen zu entscheiden, ob er die Zustimmung erteilt oder nicht (Rdn 111). **Verweigert** er die Zustimmung, so können die Geschäftsführer die Sache gemäß § 111 Abs. 4 S. 3 und 4 AktG der Gesellschafterversammlung vorlegen und verlangen, daß diese darüber beschließt. Der Beschluß bedarf nach dem AktG einer Dreiviertel-Mehrheit. Diese auf die Struktur der Aktiengesellschaft gemünzte Regelung fügt sich in den gesetzlichen Aufbau der GmbH nur schwer ein, nach dem die Verantwortlichkeit für die Unternehmensleitung generell bei der Gesellschafterversammlung liegt, die mit einfacher Mehrheit darüber beschließt und Weisungsbefugnisse gegenüber den Geschäftsführern ausübt. Aus diesen Gründen will eine im Schrifttum verbreitete Meinung in diesem Punkt eine Korrektur des Verweisungsschemas vornehmen und entgegen § 111 Abs. 4 S. 4 AktG einen einfachen Mehrheitsbeschluß der Gesellschafter genügen lassen[394]. Die Gegenmeinung hält trotz des ungereimten Ergebnisses an dem klar ausgedrückten Willen des Gesetzgebers fest[395]. Beim drittelparitätischen Aufsichtsrat kann die Frage nur praktische Bedeutung erlangen, wenn sich mehrere Aufsichtsratsmitglieder der Anteilseigner zusammen mit den Arbeitnehmervertretern in Gegensatz zur Gesellschaftermehrheit setzen, so daß 232

---

[390] *Geßler*/Hefermehl/Eckardt/Kropff § 111, 66 m. w. N.

[391] *Mertens*-KölnKommAktG § 111, 61; einschränkend *Geßler*/Hefermehl/Eckardt/Kropff § 111, 65; aA *Semler* Die Überwachungsaufgabe des Aufsichtsrats S. 82; *Hoffmann* Der Aufsichtsrat Rdn 304.

[392] Bejahend u. a. *Hoffmann/Neumann* GmbH-Rdsch. 1976, 149, 152; *Hölters* BB 1978, 640, 643; *Hoffmann/Lehmann/Weinmann* MitbestG § 25, 93.

[393] *Schilling*-Voraufl. 130; Scholz/*Schneider* 77; Baumbach/Hueck/*Zöllner* 154; Fischer/*Lutter/Hommelhoff* 25; Rowedder/*Koppensteiner*² 43, je m. w. N.

[394] *Schilling*-Voraufl. 9; Scholz/*Schneider* 80; Baumbach/Hueck/*Zöllner* 155; *Meyer-Landrut*/Miller/Niehus 24; ferner zum MitbestG u. a. *Zöllner* ZGR 1977, 319, 327 f; *Hoffmann/Neumann* GmbH-Rdsch. 1978, 56, 63.

[395] So vor allem im Schrifttum zum MitbestG *Ballerstedt* ZGR 1977, 133, 153; *Mertens* ZGR 1977, 270, 288; *Baumann* ZHR 142 (1978), 557, 569; *Fitting/Wlotzke/Wißmann* MitbestG § 25, 69; Hanau/*Ulmer* MitbestG § 25, 66; *Raiser* MitbestG § 25, 81; differenzierend *Reuter/Körnig* ZHR 140 (1976), 494, 508 f.

widersprüchliche Entscheidungen zu derselben Angelegenheit im Aufsichtsrat und in der Gesellschafterversammlung zustande kommen. In einem solchen Fall entspricht es grundsätzlich auch bei der GmbH der vom Gesetz gewollten Mitbestimmung, daß sich die Gesellschafter gegen die Einwände des Aufsichtsrats nur mit qualifizierter Mehrheit hinwegsetzen können. Jedoch kann dies nur gelten, wenn die Geschäftsführer nach der Satzung nur mit qualifizierter Mehrheit oder aus wichtigem Grund abberufen werden können (vgl. § 38 Abs. 2), denn es wäre eine unerträgliche Inkonsequenz, für Weisungen eine qualifizierte Mehrheit zu verlangen, wenn statt dessen unter einfacheren Voraussetzungen die Abberufung erfolgen kann. Auch muß verlangt werden, daß die betreffende Entscheidung nach der Satzung in die eigene Zuständigkeit der Geschäftsführer fällt und sie nicht lediglich von den Gesellschaftern beschlossene Maßnahmen ausführen. Ein Bedarf, die Frage zu entscheiden, hat sich in der Judikatur bislang nicht ergeben.

233 c) **Zuständigkeit der Gesellschafter.** Ungeachtet der Vorbehaltsrechte des Aufsichtsrats gem. § 111 Abs. 4 S. 2 AktG hat § 77 BetrVG 1952 den Vorrang der Gesellschafterversammlung vor den Geschäftsführern bei der Unternehmensleitung und die Weisungsbefugnisse der Gesellschafter gegenüber den Geschäftsführern nicht beseitigt. In die Zuständigkeit der Gesellschafterversammlung kann der mitbestimmte Aufsichtsrat nicht hineinregieren, Geschäftsführungsmaßnahmen der Gesellschafter nicht an seine Zustimmung binden (hM). Die Reichweite der Mitwirkung des Aufsichtsrats gem. § 111 Abs. 4 AktG hängt dabei wesentlich von der in der Satzung niedergelegten Verteilung der Zuständigkeiten zwischen Gesellschaftern und Geschäftsführern ab.

3. Organstreit

Schrifttum

Bauer Organklagen zwischen Vorstand und Aufsichtsrat der Aktiengesellschaft (1986); *Bork* Materiell-rechtliche und prozeßrechtliche Probleme des Organstreits zwischen Vorstand und Aufsichtsrat einer Aktiengesellschaft, ZGR 1989, 1; *Brücher* Ist der Aufsichtsrat einer Gesellschaft befugt, gegen den Vorstand oder die Geschäftsführung zu klagen? AG 1989, 190; *Flume* I/2 S. 405 ff; *Häsemeyer* Der interne Rechtsschutz zwischen Organen, Organmitgliedern und Mitgliedern der Kapitalgesellschaft als Problem der Prozeßführungsbefugnis, ZHR 144 (1980), 265; *Hommelhoff* Der aktienrechtliche Organstreit, ZHR 143 (1979), 288; *Kort* Die Klagebefugnis der Arbeitnehmervertreter im Aufsichtsrat der AG, AG 1987, 193; *Lewerenz* Leistungsklagen zwischen Organen und Organmitgliedern der Aktiengesellschaft (1977); *Mertens* Kölner Kommentar AktG² Vorb. § 76, 3 ff; *ders.* Organstreit in der Aktiengesellschaft? ZHR 154 (1990), 24; *Raiser* Klagebefugnisse einzelner Aufsichtsratsmitglieder, ZGR 1989, 44; *ders.* Organklagen zwischen Aufsichtsrat und Vorstand, AG 1989, 185; *K. Schmidt* „Insichprozesse" durch Leistungsklagen in der Aktiengesellschaft, ZZP 92 (1979), 212; *Stein* Konzernherrschaft durch EDV? ZGR 1988, 163; *Stodolkowitz* Gerichtliche Durchsetzung von Organpflichten in der Aktiengesellschaft, ZHR 154 (1990), 1; *Teichmann* Strukturüberlegungen zum Streit zwischen Organen der Aktiengesellschaft, Festschrift Mühl (1981) S. 663.

234 a) **Organklagen des Aufsichtsrats.** Die Überwachungsaufgabe des Aufsichtsrats kann leicht Differenzen mit den Geschäftsführern hervorrufen, die zu der Frage führen, ob der Aufsichtsrat notfalls auch gerichtliche Schritte gegen die Geschäftsführer einleiten kann. Die Frage spielt vor allem im Aktienrecht eine Rolle, wo der Aufsichtsrat im Verhältnis zu den Anteilseignern eine größere Eigenständigkeit genießt. Sie kann aber auch bei der GmbH auftreten, z. B. wenn die Geschäftsführer rechtswidrige Maßnahmen ergreifen, welche der Aufsichtsrat auf andere Weise nicht unterbinden kann, oder wenn die Geschäftsführer die gesetzlichen Kompetenzen des Aufsichtsrats, namentlich Zustimmungsvorbehalte gem. § 111 Abs. 4 AktG mißachten. Aktualität hat sie neuerdings unter dem Einfluß der Mitbestimmung erlangt, weil in zwei bekannt gewordenen Fällen die Arbeitnehmervertreter im Aufsichtsrat als einzelne oder als Gruppe das Recht für sich in Anspruch nahmen, derartige **Unterlassungsklagen** geltend zu machen[396]. Das aktienrechtliche Schrifttum läßt derartige Klagen überwiegend nicht zu, jedoch wird diese Lehre seit einiger Zeit heftig angegriffen. Sie stützt sich auf drei Argumente: a) die Schwierigkeit, Insich-Prozesse zwischen den Organen eines einheitlichen privatrechtlichen Rechtssubjekts dogmatisch zu erfassen und im Gesetz zu verankern; b) darauf, daß angesichts der Möglichkeiten des Aufsichtsrats, die Vorstandsmitglieder abzuberufen (§ 84 Abs. 3 AktG) und Schadensersatzansprüche gegen sie zu erheben (§ 93 AktG), ein Bedürfnis für Unterlassungsklagen fehle; c) auf die Gefahr, daß derartige Klagen die eigenverantwortliche Unternehmensleitung des Vorstands (§ 76 Abs. 1 AktG) untergraben[397]. Lediglich bei den Auskunftsansprüchen nach § 90 AktG sind Klagebefugnisse überwiegend anerkannt[398]. Entsprechendes gilt für eine **Vornahmeklage**, wenn die Geschäftsführer bestimmte Maßnahmen pflichtwidrig unterlassen.

Die ablehnende Haltung der hL kann in ihrer Undifferenziertheit nicht überzeugen[399]. Ein Bedürfnis zur gerichtlichen Klärung, ob bestimmte Maßnahmen des Vorstands bzw. der Geschäftsführer rechtmäßig sind, kann, wie die bekannt gewordenen Fälle belegen, durchaus gegeben sein. Daß ähnliche Streitigkeiten früher nicht aufgetreten sind, beweist dagegen nichts, denn da Klagerechte verneint wurden, konnten derartige Prozesse nicht geführt werden. Wird die Klagebefugnis, für die § 112 AktG eine rechtliche Grundlage bieten kann, anerkannt, so können aber dogmatische Schwierigkeiten, Insich-Prozesse zwischen den Organen einer juristischen Person des Privatrechts zu erklären, einer Anerkennung der Organklagen nicht länger im Wege stehen. Sie wurden im übrigen im einschlägigen Schrifttum weitgehend behoben[400]. Das Problem spitzt sich daher zu auf die Frage, wie die **Unabhängigkeit** der **Unternehmensleitung** auf seiten des Vorstands bzw. der Geschäftsführer gegenüber dem Aufsichtsrat gesichert werden kann. Es muß dadurch gelöst werden, daß die Organklage auf eng begrenzte Fälle, namentlich Kompetenzübergriffe und aus anderen Gründen rechtswidriges Handeln beschränkt wird. Die Klagebefugnis des Aufsichtsrats als Unternehmensorgan sollte daher nicht mehr prinzipiell versagt werden. Ob Unterlassungs- oder Vornahmeklagen des Aufsichtsrats gegen die Geschäftsführer bei der GmbH praktische Bedeutung erlangen werden, muß angesichts der übergeordneten Stellung der Gesellschafterversammlung allerdings offen bleiben. 235

b) Klagebefugnis einzelner Aufsichtsratsmitglieder. Aus dem Gesagten folgt noch nicht, daß die Klagebefugnis auch einzelnen Aufsichtsratsmitgliedern, namentlich den Arbeitnehmervertretern im Aufsichtsrat, aus eigenem Recht oder als eine Art actio pro societate zugebilligt werden kann. Dagegen sprechen weitere Einwände: Die Überwachungsrechte stehen dem Aufsichtsrat als solchem zu, nicht einzelnen seiner Mitglieder. Auch die Mitbestimmungsgesetze begründen in diesem Punkt keine Sonderrechte zugunsten der Arbeitnehmer. Welche Maßnahmen gegen die Geschäftsführer zu 236

---

[396] BGHZ 106, 54 = WM 1989, 98 und dazu Vorinstanzen LG Darmstadt AG 1987, 218, OLG Frankfurt WM 1988, 330; OLG Celle DB 1989, 2422 und dazu Vorinstanz LG Hannover WM 1989, 1727.

[397] Zusammenfassung des Diskussionsstandes zuletzt bei *Mertens*-KölnKommAktG² Vorbem. § 76, 3–9.

[398] Nachweise bei *Mertens*-KölnKommAktG² § 90, 53.

[399] *Raiser* ZGR 1989, 44; *ders.* AG 1989, 185.

[400] *Bauer* Organklagen zwischen Vorstand und Aufsichtsrat der Aktiengesellschaft; *Bork* ZGR 1989, 1; *Häsemeyer* ZHR 144 (1980), 265; *Hommelhoff* ZHR 143 (1979), 288; *Lewerenz* Leistungsklagen zwischen Organen und Organmitgliedern der Aktiengesellschaft; *K. Schmidt* ZZP 92 (1979), 212; *Teichmann* Festschrift Mühl S. 663.

ergreifen sind, ob also Klage erhoben werden soll, hat daher das Plenum mit Mehrheit zu entscheiden. In dieser Sicht könnte das Klagerecht einzelner Aufsichtsratsmitglieder leicht zum Hebel werden, Konflikte zwischen Mehrheit und Minderheit im Aufsichtsrat auf dem Rücken der Geschäftsführer auszutragen. Daraus folgt, daß die Aufsichtsratsmitglieder darauf verwiesen werden müssen, die ihnen im Aufsichtsrat zustehenden Mittel einzusetzen, um diesen zu veranlassen, gegen die Geschäftsführer vorzugehen. In Betracht kommen in erster Linie die Einberufung des Aufsichtsrats gemäß § 110 AktG (Rdn 64 f) und das Verlangen, daß dort über die Frage abgestimmt wird, ferner die Nichtigkeitsklage gegen einen rechtswidrigen Aufsichtsratsbeschluß (Rdn 80 ff)[401]. Immerhin sollte für den schlimmsten Fall, daß sich sowohl die Geschäftsführer wie die Aufsichtsratsmehrheit rechtmäßigem Handeln entzieht, die Unterlassungsklage gegen die Geschäftsführer nicht definitiv abgeschnitten werden[402].

IX. Persönliche Rechtsstellung der Aufsichtsratsmitglieder

Schrifttum

Vgl. die Angaben vor Rdn 121; ferner *Naendrup* Kündigungsschutz von Arbeitnehmervertretern in mitbestimmten Aufsichtsräten, AuR 1979, 161, 204; *Peter* Mandatsausübung und Arbeitsverhältnis, BlStSozArbRecht 1977, 257.

1. Rechtsverhältnis zur Gesellschaft

237 a) **Rechtsnatur.** Jedes Aufsichtsratsmitglied steht in einem **organschaftlichen Rechtsverhältnis** zu der Gesellschaft, zu dem schuldrechtliche Elemente eines entgeltlichen oder unentgeltlichen **Anstellungsverhältnisses** hinzutreten. Es gilt dasselbe wie beim fakultativen Aufsichtsrat (Rdn 121). Im Hinblick auf die Aufsichtsratsmitglieder der Arbeitnehmer ist hervorzuheben, daß dieses Rechtsverhältnis von ihrem **Arbeitsverhältnis** rechtlich sorgfältig zu trennen ist. Die Übernahme des Mandats beendet das Arbeitsverhältnis nicht, kann allerdings zu gewissen Modifikationen nötigen, soweit sie zur Ausübung des Amtes erforderlich sind (Rdn 239). Die Beendigung des Aufsichtsratsmandats hat auf Bestand des Arbeitsverhältnisses keinen Einfluß. Umgekehrt endet das Aufsichtsratsmandat nicht allein infolge der Beendigung des Arbeitsvertrages (BGHZ 39, 116 = NJW **1963**, 905).

238 b) **Diskriminierungsverbot.** Nach § 78 BetrVG 1972, der an die Stelle des in § 76 Abs. 2 S. 5 BetrVG 1952 genannten § 53 BetrVG 1952 getreten ist, dürfen die Aufsichtsratsmitglieder der Arbeitnehmer in der Ausübung ihrer Tätigkeit **nicht gestört** oder **behindert** werden. Sie dürfen ferner wegen ihrer Tätigkeit **nicht benachteiligt** oder **begünstigt** werden, besonders auch hinsichtlich ihrer beruflichen Entwicklung. Die Vorschrift verlangt, daß der Arbeitgeber den Arbeitnehmervertretern im Aufsichtsrat ungeachtet ihrer arbeitsvertraglichen Pflichten die Teilnahme an den Aufsichtsratssitzungen sowie an notwendigen Vorbesprechungen gestattet. Unzulässig ist es auch, Druck auf sie auszuüben, um sie zu einem bestimmten Verhalten im Aufsichtsrat zu bestimmen.

239 Da Aufsichtsratsmandat und Arbeitsverhältnis zwei nebeneinanderstehende Rechtsverhältnisse begründen, erfüllt ein Arbeitnehmervertreter durch seine Tätigkeit im

---

[401] So auch BGHZ 106, 54, 66 f = WM 1989, 98; OLG Celle DB 1989, 2422.

[402] *Raiser* ZGR 1989, 44, 69; *ders.* AG 1989, 185, 189 f; vorsichtig *Stodolkowitz* ZHR 154 (1990), 1, 20; aA zuletzt *Brücher* AG 1989, 190; *Mertens*-KölnKommAktG² Vorbem. § 76, 8; Baumbach/Hueck/*Zöllner* 67 b; *Mertens* ZHR 154 (1990), 24.

Aufsichtsrat nicht seine Pflichten aus dem Arbeitsverhältnis[403]. Die Aufsichtsratsmitglieder haben anders als die Betriebsratsmitglieder (vgl. § 37 Abs. 2 BetrVG 1972) auch keinen Anspruch darauf, von ihrer beruflichen Tätigkeit ohne Minderung des Arbeitsentgelts freigestellt zu werden, da die Wahrnehmung des Aufsichtsratsmandats zusätzlich vergütet wird[404]. Wenn die Pflichten aus beiden Rechtsverhältnissen kollidieren, geht das Aufsichtsratsmandat gemäß § 78 BetrVG 1972 allerdings vor. Soweit es möglich ist, wie etwa beim Aktenstudium und bei der Vorbereitung der Sitzungen, sind die Aufsichtsratspflichten aber außerhalb der Dienstzeit zu erledigen[405]. Die Aufsichtsratsmitglieder der Arbeitnehmer haben auch keinen gesetzlichen Anspruch, an **Schulungsveranstaltungen** für ihre Tätigkeit teilzunehmen[406].

Im Gegensatz zu den Betriebsratsmitgliedern (§ 15 KSchG) genießen die Aufsichts- **240**
ratsmitglieder der Arbeitnehmer keinen besonderen, über das Diskriminierungsverbot hinausgehenden Kündigungsschutz[407]. Nach § 78 BetrVG 1972 ist eine **ordentliche Kündigung** unzulässig, wenn mit ihr ausschließlich die Absicht verfolgt wird, einen Arbeitnehmervertreter aus dem Aufsichtsrat hinauszudrängen oder für seine Tätigkeit dort zu maßregeln[408]. Bestehen daneben noch weitere Kündigungsgründe, so ist im Einzelfall abzuwägen, ob die Kündigung nicht gleichwohl wegen des Aufsichtsratsmandats gemäß § 1 KSchG sozial ungerechtfertigt ist[409]. Die **außerordentliche Kündigung** aus wichtigem Grund widerspricht dem Diskriminierungsverbot dagegen nicht, sofern die Voraussetzungen des § 626 BGB erfüllt sind. Die Verletzung der mit dem Aufsichtsratsmandat verknüpften Pflichten genügt dafür allein aber nicht, denn dafür gelten die Sanktionen des § 103 AktG (Rdn 190 f). Bei der Abwägung kann die Judikatur zur außerordentlichen Kündigung von Betriebsratsmitgliedern, die hier besonders strenge Maßstäbe anlegt, als Vorbild dienen[410].

Das Diskriminierungsverbot des **§ 78 BetrVG 1972** verbietet z. B. Versetzungen im **241**
Unternehmen zum Nachteil des Aufsichtsratsmitglieds, Herabsetzung des Arbeitsentgelts, Ausschluß vom Bewährungsaufstieg oder von Maßnahmen der beruflichen Fortbildung, die andernfalls zugänglich wären. Nicht untersagt sind hingegen nachteilige Maßnahmen, die sich gegen alle Arbeitnehmer richten und keinen Ursachenzusammenhang mit dem Aufsichtsratsmandat haben. § 78 BetrVG 1972 enthält weiter ein generelles **Begünstigungsverbot**. Dieses schließt aber nicht aus, den Arbeitnehmervertretern die übliche Vergütung für ihre Tätigkeit im Aufsichtsrat zu zahlen, denn darin liegt keine Begünstigung, sondern ein Ausgleich für die besondere Leistung zugunsten des Unternehmens.

---

403 BAG AP Nr. 1 zu § 626 BGB – Arbeitnehmervertreter im Aufsichtsrat = DB 1974, 1067; zur Parallelvorschrift des § 26 MitbestG ferner *Hanau*/Ulmer MitbestG § 26, 4; *Raiser* MitbestG § 26, 5.

404 So zu § 26 MitbestG zutreffend *Hanau*/Ulmer MitbestG § 26, 5; *Raiser* aaO; **aA** Fitting/Wlotzke/*Wißmann* MitbestG § 26, 7 f; Dietz/*Richardi* § 76 BetrVG 1952, 175; *Fitting/Auffarth/Kaiser/Heither* § 76 BetrVG 1952, 131.

405 Zugunsten weitergehender Freistellung vgl. *Kittner/Fuchs/Zachert/Köstler* Bd. 1 Rdn 644.

406 Dietz/*Richardi* aaO 175; *Fitting/Auffarth/Kaiser/Heither* aaO 131; hA zu § 26 MitbestG; **aA** *Kittner/Fuchs/Zachert/Köstler* Bd.1 Rdn 645.

407 HA; **aM** *Kittner/Fuchs/Zachert/Köstler* Bd. 1 Rdn 648 ff.

408 HA, vgl. Dietz/*Richardi* § 76 BetrVG 1952, 177; *Fitting/Auffarth/Kaiser/Heither* § 76 BetrVG 1952, 132; *Mertens*-KölnKommAktG Anh. § 96, 90; *Kraft*-GemKommBetrVG § 76 BetrVG 1952, 129; *Kittner/Fuchs/Zachert/Köstler* Bd. 1 Rdn 651 ff; BAG AP Nr. 1 zu § 626 BGB – Arbeitnehmervertreter im Aufsichtsrat = DB 1974, 1067.

409 BAG aaO; hA, vgl. neben den in der vorigen Anm. Zitierten *Meyer-Landrut*-GroßkommAktG § 96 Anm. 1; ferner das Schrifttum zu § 26 MitbestG, *Fitting/Wlotzke/Wißmann* MitbestG § 26, 22; *Hanau*/Ulmer MitbestG § 26, 15; *Raiser* MitbestG § 26, 7.

410 BAG AP Nr. 2 zu § 13 KSchG = NJW 1955, 569; AP Nr. 3 zu § 13 KSchG = NJW 1955, 1855; AP Nr. 4 zu § 13 KSchG = NJW 1956, 398; AP Nr. 16 zu § 13 KSchG = DB 1962, 104; AP Nr. 19 zu § 13 KSchG = DB 1970, 450; BAG DB 1987, 1304.

242 c) **Vergütung.** Die Vergütung richtet sich nach § 113 AktG, der hier zwingend anzuwenden ist, und wirft gegenüber dem fakultativen Aufsichtsrat keine Sonderprobleme auf (Rdn 122 ff). Den Aufsichtsratsmitgliedern kann aufgrund einer Regelung in der Satzung oder eines Gesellschafterbeschlusses eine Vergütung gewährt werden. Ein gesetzlicher Anspruch besteht nicht. Die Höhe soll in einem angemessenen Verhältnis zu den Aufgaben der Aufsichtsratsmitglieder und zur Lage der Gesellschaft stehen[411]. Eine Satzungsänderung, durch welche die Vergütung herabgesetzt wird, kann ausnahmsweise mit einfacher Mehrheit beschlossen werden (§ 113 Abs. 1 S. 4 AktG). Den Mitgliedern des ersten Aufsichtsrats kann eine Vergütung nur nachträglich durch Gesellschafterbeschluß bewilligt werden (§ 113 Abs. 2 AktG). Die Vorschrift ist für das Gründungsstadium bestimmt und soll ausschließen, daß ein verdeckter Gründerlohn gezahlt wird. Sie ist daher nicht anzuwenden, wenn die Gesellschaft erst nachträglich aufsichtsratspflichtig wird, weil die Zahl der Arbeitnehmer über 500 ansteigt[412]. Wird eine Tantieme gewährt, so stellt § 113 Abs. 3 AktG zwingende Berechnungsvorschriften auf. Im übrigen gilt der Grundsatz der **Gleichbehandlung.** Eine Regelung, wonach den Arbeitnehmervertretern eine geringere Vergütung gewährt wird als den Aufsichtsratsmitgliedern der Anteilseigner ist danach unzulässig, ein entsprechender Beschluß der Gesellschafterversammlung anfechtbar (Rdn 124).

243 d) **Aufwendungsersatz** können die Aufsichtsratsmitglieder analog §§ 670, 675 BGB beanspruchen (Rdn 125). Nicht erstattungsfähig sind die Kosten der Teilnahme an einer Betriebsversammlung, da diese nicht zu den gesetzlichen Aufgaben eines Aufsichtsratsmitglieds gehört[413]. Die Kosten der Beratung durch einen **Sachverständigen** sind nur erstattungsfähig, wenn es sich um Fragen handelt, deren Beurteilung nicht von jedem Aufsichtsratsmitglied erwartet werden muß[414]. Dagegen dürften **Gruppenvorbesprechungen** der Arbeitnehmervertreter in der Regel erforderlich und daher erstattungsfähig sein; doch ist eine Beurteilung der konkreten Umstände geboten[415]. Die Aufwendungen für die **Kommunikation** mit den Wählern sind grundsätzlich nicht erstattungsfähig. Doch sind die eigentlichen Wahlkosten in entsprechender Anwendung der §§ 20 Abs. 3 BetrVG 1972, 20 Abs. 3 MitbestG zu erstatten[416]. Die Entscheidung darüber, welche Aufwendungen ein Aufsichtsratsmitglied für erforderlich halten darf, obliegt ihm selbst in pflichtgemäßer Ausübung seines Amtes. Sie kann nicht durch Satzungsbestimmungen, Mehrheitsbeschlüsse des Aufsichtsrats oder Zustimmungsvorbehalte zugunsten des Aufsichtsratsvorsitzenden oder der Geschäftsführer beschränkt werden, sondern unterliegt nur gerichtlicher Kontrolle[417].

244 e) **Sonderverträge.** In vollem Umfang anwendbar und zwingend ist § 114 AktG, wonach Verträge der Gesellschaft mit Aufsichtsratsmitgliedern außerhalb der Tätigkeit im Aufsichtsrat nur mit Zustimmung des Aufsichtsrats wirksam werden (Rdn 126 f).

---

411 Zur Abführung der Vergütung an die Hans-Böckler-Stiftung vgl. *Kittner/Fuchs/Zachert/Köstler* Bd. 1 Rdn 633 f; zur Besteuerung ebd. Rdn 631 f.

412 Baumbach/Hueck/*Zöllner* 115.

413 Vgl. den Sachverhalt LAG Stuttgart MitbestGE 2, 67, 68 f.

414 So zu § 80 Abs. 3 BetrVG BAG BB 1978, 1777; zum MitbestG Hanau/*Ulmer* MitbestG § 25, 87; *Raiser* MitbestG § 25, 91; großzügiger *Kittner/Fuchs/Zachert/Köstler* Bd. 1 Rdn 640; vgl. auch BGHZ 85, 293, 296 f = NJW 1983, 991.

415 So zum MitbestG Hanau/*Ulmer* aaO; *Raiser* aaO; für generelle Erstattungsfähigkeit aber *Fitting/Wlotzke/Wißmann* MitbestG § 25, 90; *Naendrup*-GemKommMitbestG § 25, 182,

416 *Kraft*-GemKommBetrVG § 76 BetrVG 1952, 80; *Kittner/Fuchs/Zachert/Köstler* Bd. 2 Rdn 555; *v. Hoyningen-Huene* DB 1979, 2422, 2424 f; Hanau/*Ulmer* MitbestG aaO; weiter *Säcker* Informationsrechte der Betriebs- und Aufsichtsratsmitglieder und Geheimsphäre des Unternehmens (1979) S. 91 f.

417 Vgl. im Anschluß an BGHZ 64, 325 = NJW 1975, 1412: *Säcker* Festschrift Fischer S. 635, 651 f; Hanau/*Ulmer* aaO; *Raiser* aaO.

Dagegen fehlt in § 77 BetrVG 1952 eine Verweisung auf § 115 AktG. Doch ist anzunehmen, daß wie beim fakultativen Aufsichtsrat auch hier **Kredite** an Aufsichtsratsmitglieder nur mit Zustimmung der Gesellschafter gewährt werden dürfen[418].

X. Sorgfaltspflicht und Verantwortlichkeit der Aufsichtsratsmitglieder

Schrifttum

Vgl. die Angaben vor Rdn 129; ferner: *Brinkmann* Unternehmensinteresse und Unternehmensrechtsstruktur (1983); *Claussen* Über die Vertraulichkeit im Aufsichtsrat, AG 1981, 57; *Ensch* Institutionelle Mitbestimmung und Arbeitnehmereinfluß (1989); *Gaul* Information und Vertraulichkeit der Aufsichtsratsmitglieder einer GmbH, GmbH-Rdsch. 1986, 296; *G. Hueck* Zur Verschwiegenheitspflicht der Arbeitnehmervertreter im Aufsichtsrat, RdA 1975, 35; *Junge* Das Unternehmensinteresse, Festschrift v. Caemmerer (1978) S. 547; *Jürgenmeyer* Das Unternehmensinteresse (1984); *Kittner* Unternehmensverfassung und Information, ZHR 136 (1972), 208; *Klinkhammer/Rancke* Verschwiegenheitspflicht der Aufsichtsratsmitglieder (1978); *Koch* Das Unternehmensinteresse als Verhaltensmaßstab der Aufsichtsratsmitglieder im mitbestimmten Aufsichtsrat einer AG (1983); *Köstler/Schmidt* Interessenvertretung und Information, BB 1981, 88; *Laske* Unternehmensinteresse und Mitbestimmung, ZGR 1979, 173; *Lutter* Information und Vertraulichkeit im Aufsichtsrat² (1984); *ders.* Zum Verhältnis von Information und Vertraulichkeit im Aufsichtsrat, BB 1980, 291; *Matthießen* Stimmrecht und Interessenkollision im Aufsichtsrat (1989); *Nagel* Die Verlagerung der Konflikte um die Unternehmensmitbestimmung auf das Informationsproblem, BB 1979, 1799; *Raisch* Zum Begriff und zur Bedeutung des Unternehmensinteresses als Verhaltensmaxime von Vorstands- und Aufsichtsratsmitgliedern, Festschrift Hefermehl (1976) S. 347; *Raiser* Das Unternehmensinteresse, Festschrift R. Schmidt (1976) S. 101; *Reich/Lewerenz* Das neue Mitbestimmungsgesetz, AuR 1976, 353; *Säcker* Informationsrechte der Betriebs- und Aufsichtsratsmitglieder und Geheimsphäre des Unternehmens (1979); *ders.* Vorkehrungen zum Schutz der gesetzlichen Verschwiegenheitspflicht und gesellschaftsrechtliche Treuepflicht der Aufsichtsratsmitglieder, Festschrift Fischer (1979) S. 635; *ders.* Aktuelle Probleme der Verschwiegenheitspflicht der Aufsichtsratsmitglieder, NJW 1986, 803; *Schmidt-Leithoff* Die Verantwortung der Unternehmensleitung (1989), S. 45 ff; *Teubner* Unternehmensinteresse – das gesellschaftliche Interesse des Unternehmens „an sich"? ZHR 149 (1985), 470.

1. Tatbestände

a) **Generalklausel.** Nach der doppelten Verweisung in §§ 77 Abs. 1 BetrVG 1952 und 116 AktG richtet sich die Verantwortlichkeit der Aufsichtsratsmitglieder nach § 93 AktG, und zwar ist anders als beim fakultativen Aufsichtsrat (Rdn 129) die ganze Vorschrift sinngemäß anzuwenden. Danach haben die Aufsichtsratsmitglieder die **Sorgfalt eines ordentlichen und gewissenhaften Aufsichtsratsmitglieds** anzuwenden. Zur Auslegung dieser Generalklausel und zur Auffächerung der in ihr enthaltenen einzelnen Pflichten ergeben sich keine erheblichen Abweichungen von der Rechtslage beim fakultativen Aufsichtsrat, weshalb auf die Ausführungen dort verwiesen werden kann (Rdn 129 – 141). Doch ist die Verweisung auf die sinngemäße Anwendung des § 93 AktG beim obligatorischen Aufsichtsrat **zwingendes Recht,** so daß abweichende Satzungsbestimmungen nicht in Betracht kommen. **245**

b) **Verschwiegenheitspflicht.** Keine Besonderheiten gelten namentlich auch bei der Verschwiegenheitspflicht. Im Vorfeld und nach dem Erlaß des MitbestG wurde demgegenüber im Schrifttum verbreitet der Versuch unternommen, die Schweigepflicht der Arbeitnehmervertreter im Aufsichtsrat im Hinblick auf die Informationsinteressen der **246**

---

418 *Schilling*-Voraufl. 138, 142.

Belegschaften, Betriebsräte und Gewerkschaften zu lockern[419]. Diese Bemühungen haben sich jedoch mit Recht nicht durchsetzen können, weil die Rechtslage insoweit eindeutig ist: § 93 Abs. 1 S. 2 AktG und die ihn flankierende Strafsanktion des § 404 AktG wurde 1965 in Kenntnis des Problems neu gefaßt, ohne daß der Gesetzgeber die Verschwiegenheitspflicht gelockert oder abgestuft hätte. Das Gesetz hat hier dem Interesse des Unternehmens an der Geheimhaltung Vorrang vor den Informationsinteressen der Wähler eingeräumt. Daran ist mit der hL festzuhalten[420].

247 c) **Einzeltatbestände.** Die **Einzeltatbestände des § 93 Abs. 3 AktG** lassen sich auf die GmbH nur mit Einschränkungen und Modifikationen übertragen[421]. Soweit die Vorschriften die Kapitalerhaltung und den Schutz des Gesellschaftsvermögens vor unzulässigen Zahlungen an die Gesellschafter zum Gegenstand haben, müssen sie an die andere Rechtslage bei der GmbH angepaßt werden, wonach nicht das gesamte Gesellschaftsvermögen, sondern nur der zur Erhaltung des Stammkapitals erforderliche Betrag geschützt ist (§ 30). Dies betrifft §§ 93 Abs. 3 Nr. 1, 2, 3, 5 AktG, bei denen die sinngemäße Anwendung auf eine Parallele zu § 43 Abs. 3 GmbHG hinausläuft. Unanwendbar auf die GmbH sind § 93 Abs. 3 Nr. 4, 8 und 9 AktG, weil entsprechende Parallelvorschriften im GmbH-Recht fehlen. Nr. 6 erstreckt die Schadensersatzpflicht nach § 64 Abs. 2 GmbHG auf Aufsichtsratsmitglieder. Nr. 7 ist ohne Einschränkung anzuwenden.

2. Weisungen

248 An Weisungen sind Aufsichtsratsmitglieder so wenig gebunden wie beim fakultativen Aufsichtsrat (Rdn 142). Eine Bindung ist auch durch Verträge nicht möglich. Auf seiten der Arbeitnehmervertreter sind Wahlkapitulationen oder die Bindung an Beschlüsse der Belegschaftsversammlung, Betriebsräte oder Gewerkschaften unzulässig. Nicht ausgeschlossen ist hingegen die Beachtung des Wählerwillens, so lange er nicht mit den Pflichten als Aufsichtsratsmitglied kollidiert, denn im pluralistisch besetzten Aufsichtsrat repräsentieren die Mitglieder auch die hinter ihnen stehenden Anteilseigner oder Arbeitnehmer[422].

3. Unternehmensinteresse

249 Richtlinie für die Handlungsweise der Aufsichtsratsmitglieder und Maßstab der rechtlichen Beurteilung ist das Unternehmensinteresse[423]. Im Konzern tritt das **Konzern-**

---

[419] *Kittner* ZHR 136 (1972), 208; *Klinkhammer/Rancke* Die Verschwiegenheitspflicht der Aufsichtsratsmitglieder S. 13 ff; *Nagel* BB 1979, 1799; *Köstler/Schmidt* BB 1981, 88; *Zachert* AuR 1979, 311, 312; Reich/*Lewerenz* AuR 1976, 353, 358 f; *Naendrup*-GemKommMitbestG § 25, 194 ff; *Kittner/Fuchs/Zachert/Köstler* Bd. 1 Rdn 472 ff.

[420] BGHZ 64, 325, 330 f = NJW 1975, 1412; *Claussen* AG 1981, 57; *Theisen* GmbH-Rdsch. 1979, 134; *Lutter* Information und Vertraulichkeit im Aufsichtsrat S. 186 ff; Scholz/*Schneider* 347; Baumbach/Hueck/*Zöllner* 119; Dietz/*Richardi* § 76 BetrVG 1952, 166; *Fitting/Auffarth/Kaiser/Heither* § 76 BetrVG 1952, 125 a f; *Säcker* NJW 1986, 803; *Gaul* GmbH-Rdsch. 1986, 296, 297; *Ensch* Institutionelle Mitbestimmung und Arbeitnehmereinfluß S. 195 ff; ferner das Schrifttum zum MitbestG, zuletzt *Fitting/Wlotzke/Wißmann* MitbestG § 25, 100; Hanau/*Ulmer* MitbestG § 25, 100, 109; *Raiser* MitbestG § 25, 110, je m. w. N.

[421] AA *Schilling*-Voraufl. 150, der meint, daß an die Stelle des § 93 Abs. 3 AktG die sinngemäße Anwendung des § 43 Abs. 3 GmbHG treten müsse. Im Ansatz wie im Text Baumbach/Hueck/*Zöllner* 120.

[422] Ausführlich hierzu zuletzt *Ensch* Institutionelle Mitbestimmung und Arbeitnehmereinfluß.

[423] BGHZ 36, 296, 306, 310 = NJW 1962, 864; 62, 193, 197, 199 = NJW 1974, 855; 64, 325, 329 ff = NJW 1975, 1412; BVerfGE 34, 103, 112 = NJW 1973, 500; 50, 290, 350, 374 = NJW 1979, 699; *Raiser* Festschrift Schmidt S. 101 ff; *Raisch* Festschrift Hefermehl S. 347; *Brinkmann* Unternehmensinteresse und Unternehmensrechtsstruktur; *Ensch* Institutionelle Mitbestimmung und Arbeitnehmereinfluß S. 147 f, 180 ff, 212 ff usw.; *Junge* Festschrift v. Caemmerer S. 547; *Jürgenmeyer* Das Unternehmensinteresse; *Laske* ZGR 1979, 173; *Koch* Das Unternehmensinteresse; *Schmidt-Leithoff* Die Verantwortung der Unternehmensleitung S. 45 ff; *Teubner* ZHR 149 (1985), 470.

interesse nach Maßgabe der konzernrechtlichen Vorschriften an die Stelle des Unternehmensinteresses. Der wegen seiner generalklauselhaften Unbestimmtheit heftig umstrittene Begriff des Unternehmensinteresses gibt allerdings nur dort eine klare Leitlinie, wo eindeutige, betriebswirtschaftlich anerkannte Grundsätze der Unternehmensleitung berührt werden. Das Unternehmensinteresse ist darauf gerichtet, den Fortbestand und den wirtschaftlichen Erfolg des Unternehmens auch in Zukunft zu sichern. Im übrigen ist es die Aufgabe der Unternehmensorgane, im Rahmen ihrer gesetzlichen oder satzungsmäßigen Zuständigkeit die Unternehmenspolitik festzulegen und insofern das Unternehmensinteresse selbst zu definieren. Bei der GmbH liegen diese Aufgaben prinzipiell in den Händen der Gesellschafter und Geschäftsführer. Der Aufsichtsrat ist an die von diesen Organen geschaffenen Vorgaben gebunden, es sei denn, sie handeln rechtswidrig (Rdn 132).

Nur wo der Aufsichtsrat **eigenverantwortliche unternehmerische Ermessensentscheidungen** fällt, wie namentlich bei der Ausübung von Zustimmungsvorbehalten nach § 111 Abs. 4 S. 2 AktG (Rdn 111, 137) und bei der Stellungnahme zur Unternehmensplanung, nimmt er an der Definition des Unternehmensinteresses selbst teil. Insoweit besitzen die Aufsichtsratsmitglieder einen Ermessensspielraum, dessen Variabilität und Dynamik dadurch gekennzeichnet sind, daß das Unternehmensinteresse nicht unabhängig von der Vielzahl der im Unternehmen zusammentreffenden Interessen der Anteilseigner und Arbeitnehmer definiert werden kann. Die unternehmerische Entscheidung kommt vielmehr in Argumentations- und Abstimmungsprozessen im Aufsichtsrat selbst zustande, in denen jedes Aufsichtsratsmitglied den Rollenkonflikt, in dem es steht, zunächst selbst aufzufangen hat. **250**

In diesen Grenzen ist das Unternehmensinteresse **nicht** als **Gegensatz zu den Sonderinteressen** der im Aufsichtsrat repräsentierten Gruppen der Anteilseigner und der Arbeitnehmer zu verstehen, sondern als Resultante eines Kräftevielecks, in dem alle Kräfte zur Wirkung gelangen[424]. Im Normalfall kommt es dabei nicht zu einem unauflösbaren Konflikt. Tritt ein solcher auf, ist dem Unternehmensinteresse allerdings der Vorzug zu geben (Rdn 135 – 137). Äußerstenfalls muß das Mitglied sich der Stimme enthalten, auf die Teilnahme an der Aufsichtsratssitzung verzichten oder das Mandat niederlegen (Rdn 137). Sonderprobleme treten auf bei der Teilnahme von Aufsichtsratsmitgliedern an **Tarifverhandlungen** auf seiten der Gewerkschaften oder an **rechtmäßigen Streiks**. Die herrschende, aber noch nicht endgültig abgeklärte Lehre[425] geht davon aus, daß der Aufsichtsrat hierin regelmäßig nicht unmittelbar involviert ist, so daß eine generelle Pflicht der Arbeitnehmervertreter nicht angenommen werden kann, ihr Mandat aufzugeben oder bis zum Abschluß des neuen Tarifvertrags ruhen zu lassen. Sie dürfen ihr Amt jedoch nicht als Mittel der Tarifpolitik nutzen, sondern haben sich insoweit auf die Seite des Unternehmens zu stellen. Die Teilnahme an **rechtswidrigen Streiks** ist den Aufsichtsratsmitgliedern untersagt. **251**

4. Schadensersatzpflicht

a) **Anspruchsgrundlage.** Für den Schadensersatzanspruch der Gesellschaft nach § 93 Abs. 2 AktG und die in der Vorschrift enthaltene Umkehr der Beweislast gilt dasselbe wie beim fakultativen Aufsichtsrat (Rdn 144 f). Zusätzlich hat § 77 BetrVG 1952 aber **252**

---

424 Ausführlich *Ensch* aaO; *Raiser* MitbestG § 25, 98 ff.

425 Vgl. zuletzt *Ensch* aaO S. 178 ff; *Matthießen* Stimmrecht und Interessenkonflikt S. 422 ff, 440 ff; *Kraft*-GemKommBetrVG § 76 BetrVG, 130 ff; *Fitting/Auffarth/Kaiser/Heither* § 76 BetrVG 1952, 133 ff; *Kittner/Fuchs/Zachert/Köstler* Bd. 1 Rdn 665 ff; *Hanau*/Ulmer MitbestG § 26, 23; *Raiser* MitbestG § 25, 126, je m. w. Nachw.

auch § 93 Abs. 4–6 AktG zwingend übernommen. Danach tritt die Haftung gegenüber der Gesellschaft nicht ein, wenn die Handlung auf einem gesetzmäßigen Beschluß der Gesellschafter beruht. Aus dem Text des Gesetzes geht hervor, daß der Beschluß vor der Handlung gefaßt worden sein muß. Nichtige und anfechtbare Gesellschafterbeschlüsse reichen als Rechtfertigungsgrundlage nicht aus[426].

253 b) **Verzicht.** Nachträglich kann die Gesellschaft erst nach einer Frist von drei Jahren auf entstandene Schadensersatzansprüche **verzichten** oder sich darüber **vergleichen.** Weitere Voraussetzung dafür ist die Zustimmung der Gesellschafterversammlung, die schon dann nicht wirksam wird, wenn eine Minderheit von zehn Prozent der Gesellschafter, gemessen am Anteil am Stammkapital, dagegen Widerspruch zu Protokoll erklärt. Eine Ausnahme von der Dreijahresfrist gilt nur, wenn der Ersatzpflichtige zahlungsunfähig ist oder beim Vergleich zur Abwendung oder Beseitigung des Konkurses (§ 93 Abs. 4 S. 3 und 4 AktG). Die Regelung hat zur Folge, daß Aufsichtsratsmitgliedern im Gegensatz zu Geschäftsführern (§ 46, 54 ff) auch nicht eine **Entlastung** erteilt werden kann, die einen Verzicht auf Schadensersatzansprüche erhält. Diese Diskrepanz zwischen der Haftung des Aufsichtsrats und der Geschäftsführer muß angesichts der eindeutigen gesetzlichen Regelung hingenommen werden[427].

254 c) **Gläubiger.** Bei Verstößen gegen die in § 93 Abs. 3 AktG aufgezählten Einzeltatbestände (Rdn 247) sowie bei groben Pflichtverletzungen kann der Ersatzanspruch auch von den **Gesellschaftsgläubigern** geltend gemacht werden, soweit sie von der Gesellschaft keine Befriedigung erlangen können. Ihnen gegenüber wirkt ein von der Gesellschaft erklärter Verzicht oder Vergleich nicht. Im Konkurs übt der Konkursverwalter das Recht der Gläubiger aus (§ 93 Abs. 5 AktG).

255 d) **Verjährung.** Die Ansprüche verjähren gemäß § 93 Abs. 6 AktG in fünf Jahren seit dem Entstehen des Anspruchs, d. h. seit Abschluß der rechtswidrigen Handlung und Auftreten des Schadens. In der Praxis verursacht die Feststellung des maßgeblichen Zeitpunkts oft beträchtliche Schwierigkeiten[428]. Soweit daneben deliktische Ansprüche gegeben sind, gilt für diese die Verjährungsfrist des § 852 BGB, die für die Gesellschaft günstiger sein kann, weil sie erst mit der Kenntnis der Geschäftsführer von dem Schaden und von der Person des ersatzpflichtigen Aufsichtsratsmitglieds beginnt[429].

E. Der obligatorische Aufsichtsrat nach dem Mitbestimmungsgesetz

Schrifttum

Die Kommentare zum MitbestG, namentlich *Fitting/Wlotzke/Wißmann* Mitbestimmungsgesetz[2] (1978); *Hoffmann/Lehmann/Weinmann* Mitbestimmungsgesetz (1978); *Fabricius* (Hrsg.) Gemeinschaftskommentar zum Mitbestimmungsgesetz (1976–1978); *Meilicke/Meilicke* Mitbestimmungsgesetz (1976); *Benze u. a.* Mitbestimmungsgesetz '76, (1977); *Hanau/Ulmer* Mitbestimmungsgesetz (1981); *Raiser* Mitbestimmungsgesetz[2] (1984); ferner *Kittner/Fuchs/Zachert/Köstler* Arbeitnehmervertreter im Aufsichtsrat[3], 2 Bde. (1987).

---

426 *Mertens*-KölnKommAktG[2] § 93, 117 ff; MünchHdb.AG/*Wiesner* § 26, 15 ff.

427 *Schilling*-Voraufl. 151; Baumbach/Hueck/*Zöllner* 122.

428 Vgl. BGHZ 55, 340, 341 f = NJW 1971, 979; 73, 363, 365 = NJW 1979, 1550; 79, 176, 177 f = NJW 1981, 814; 96, 290, 294 = NJW 1986, 1162; 100, 228, 231 = NJW 1987, 1887; BGH WM 1971, 1548, 1549.

429 BGHZ 100, 190, 199 ff = NJW 1987, 2008 gegen RGZ 87, 306, 309; *Mertens*-KölnKommAktG[2] § 93, 156.

I. Anwendungsbereich

1. GmbH

256 Das Mitbestimmungsgesetz von 1976 ist anzuwenden auf Gesellschaften, die in der Regel mehr als 2000 Arbeitnehmer beschäftigen und nicht unter die Sonderregeln des MontanMitbestG oder des MitbestErgG (Rdn 8f) fallen (§ 1 Abs. 1 und 2 MitbestG). Ausgenommen sind auch hier die Tendenzunternehmen (Rdn 159), wobei die Formulierung des Tatbestands in § 1 Abs. 4 MitbestG sich mit § 118 BetrVG 1972 deckt. Entscheidungen zum älteren und weiter gefaßten § 81 BetrVG 1952 können daher nur berücksichtigt werden, wenn jeweils geprüft wird, ob auch die nunmehr engeren Voraussetzungen erfüllt sind. Der maßgebliche Begriff des Arbeitnehmers stimmt mit dem zu § 77 BetrVG 1952 geltenden überein (Rdn 154–157), jedoch sind die leitenden Angestellten nach ausdrücklicher Anordnung des Gesetzes (§ 3 Abs. 3 Nr. 2 MitbestG) mitzuzählen. Sie sind auch aktiv und passiv wahlberechtigt (Rdn 268). Es kommt auf den regelmäßigen Beschäftigungsstand an, nicht auf die Zahl der zu einem bestimmten Zeitpunkt tatsächlich beschäftigten Arbeitnehmer (Rdn 156). Im Ausland beschäftigte Arbeitnehmer sind mitzuzählen, wenn sie sich nur vorübergehend dort aufhalten, ferner nach allerdings umstrittener Lehre, wenn die Beziehungen zur Muttergesellschaft so eng sind, daß sie ohne weiteres in die Wahl einbezogen werden können (Rdn 157).

2. GmbH & Co, KG

257 Von dem Grundsatz, die Personenhandelsgesellschaften mitbestimmungsfrei zu lassen, auch wenn sie die Rechtsform großer Unternehmen sind, macht § 4 MitbestG eine Ausnahme. Danach sind Kommanditgesellschaften, deren persönlich haftender Gesellschafter eine der in § 1 Abs. 1 Nr. 1 MitbestG bezeichnete Rechtsformen, also insbesondere eine GmbH ist, nach näherer Bestimmung der Vorschrift verpflichtet, einen paritätisch besetzten Aufsichtsrat einzurichten. § 4 MitbestG ist eine Zurechnungsvorschrift. Die Arbeitnehmer der KG gelten als Arbeitnehmer der Komplementär-GmbH, wenn zwei Voraussetzungen erfüllt sind. Einmal muß die Mehrheit der Kommanditisten, berechnet nach Anteilen oder Stimmen, die Mehrheit der Anteile oder Stimmen in der GmbH innehaben (Rdn 258). Sodann darf die Komplementärgesellschaft nicht selbst einen Geschäftsbetrieb mit in der Regel mehr als 500 Arbeitnehmern führen (Rdn 259). Die Eigenheit der Vorschrift besteht also darin, daß sie zwar die KG als Unternehmensträger erfassen will, die Mitbestimmung aber bei der Komplementärgesellschaft organisiert[430].

258 Für die Berechnung der **Mehrheitsidentität** sind sowohl bei der GmbH wie bei der KG die Grundsätze des § 16 AktG als allgemeines Unternehmensrecht maßgebend. Eigene Anteile zählen nicht, Mehrstimmrechte sind zu berücksichtigen, Treuhandanteile oder treuhänderisch verwaltete Stimmrechte sind jedenfalls dann dem Treugeber zuzurechnen, wenn es sich um eine fremdnützige Treuhand handelt[431]. Anteile oder Stimmrechte, die einem abhängigen Unternehmen gehören, sind dem herrschenden zuzurechnen. Auch für den **Abhängigkeitsbegriff** kann auf das Aktienrecht zurückgegriffen werden. Für die KG gilt § 17 Abs. 1, nicht aber Abs. 2 AktG, denn die Kapitalmehrheit verschafft nach der gesetzlichen Regelung keine Herrschaft über

[430] Vgl. Begründung zum RegEntw. BR-Drucks. 200/74 S. 19.

[431] Hanau/*Ulmer* MitbestG § 4, 18; *Fitting/Wlotzke/Wißmann* MitbestG § 4, 25; *Raiser* MitbestG § 4, 10f, je m. w. Nachw.

die KG, es sei denn, eine entsprechende Vertragsgestaltung kommt hinzu. In der **Einheitsgesellschaft**, bei welcher der KG alle Anteile an der GmbH gehören, werden die Gesellschafterrechte in der GmbH von den Kommanditisten ausgeübt[432].

259 Weitere Voraussetzung für die Anwendung des § 4 MitbestG ist, daß die GmbH **keinen eigenen Geschäftsbetrieb** mit in der Regel mehr als 500 Arbeitnehmern hat. Der Gesetzgeber geht davon aus, daß andernfalls kein einheitliches Unternehmen vorliegt. Maßgeblich dafür, ob ein eigener Geschäftsbetrieb vorliegt, ist die Verkehrsanschauung, wobei es auf eine Würdigung aller Umstände ankommt. Bei einer Betriebsaufspaltung ist dies nur ausnahmsweise anzunehmen, wenn die Tätigkeit der Betriebsgesellschaft nicht mit Schwerpunkt auf die Leitung der KG gerichtet ist[433]. Dagegen ist § 4 MitbestG auch dann anzuwenden, wenn neben der GmbH eine oder mehrere **natürliche Personen** Komplementäre sind. Ist die GmbH Komplementärin mehrerer Kommanditgesellschaften, deren Kommanditisten jeweils mehrheitlich mit den GmbH-Gesellschaftern identisch sind, so werden ihr die Arbeitnehmer aller dieser KG zugerechnet. Bei **mehrstöckigen Kommanditgesellschaften** sind nach § 4 Abs. 1 S. 2 und 3 MitbestG auch die Arbeitnehmer der nachgeordneten Gesellschaften mitzuzählen. Zur Absicherung der auf diese Weise in der GmbH & Co. KG etablierten Mitbestimmung dient § 4 Abs. 2 MitbestG: die Komplementärgesellschaft kann von der Führung der Geschäfte der KG nicht ausgeschlossen werden.

3. Konzern

260 Ähnlich wie § 77 a BetrVG 1952 (Rdn 158) begründet § 5 MitbestG im Unterordnungskonzern eine einheitliche Mitbestimmung an der **Konzernspitze**. Ist eine GmbH herrschendes Unternehmen eines Konzerns im Sinne des § 18 AktG, so sind sämtliche in den Konzernunternehmen beschäftigten Arbeitnehmer zusammenzuzählen. Erreicht die Gesamtzahl mehr als 2 000, so ist die GmbH nach dem MitbestG aufsichtsrats- und mitbestimmungspflichtig. Sämtliche im Konzern beschäftigten Arbeitnehmer haben das aktive und passive Wahlrecht. Die in § 77 a BetrVG 1952 getroffene Unterscheidung zwischen Vertragskonzern und faktischem Konzern greift das MitbestG nicht auf. Ist ein zum Konzern gehörendes Unternehmen selbst mitbestimmungspflichtig, so ist ungeachtet der Konzernmitbestimmung auch in diesem ein Aufsichtsrat nach den einschlägigen Vorschriften zu bestellen.

261 Konzernherrschaft kann ggf. auch von zwei oder mehreren Unternehmen gemeinsam ausgeübt werden (**Mehrmütterkonzern**). In einem solche Fall kommt die Mitbestimmung in allen herrschenden Unternehmen in Frage[434]. Im mehrstufigen Konzern kann Leitungsmacht über Enkelunternehmen auch zwischen Mutter- und Tochtergesellschaft aufgespalten sein (**Konzern im Konzern**). Sofern diese Tatbestandsmerkmale erfüllt sind, was jedoch nur unter engen Voraussetzungen angenommen werden kann,

---

432 HM; *Schilling*-Voraufl. 32; *Zöllner* ZGR 1977, 319, 332; *Fitting/Wlotzke/Wißmann* MitbestG § 4, 23; Hanau/*Ulmer* MitbestG § 4, 17; *Raiser* MitbestG § 4, 13.

433 *Hoffmann/Lehmann/Weinmann* MitbestG § 4, 11 f; Hanau/*Ulmer* MitbestG § 4, 19 f; *Raiser* MitbestG § 4, 16.

434 BAG AP Nr. 20 zu § 76 BetrVG 1952 = DB 1970, 1595; BAG AG 1988, 106, 108 f; LAG Hamm DB 1977, 2052. Einzelheiten in den Kommentaren zum MitbestG, vgl. *Fitting/Wlotzke/Wißmann* MitbestG § 5, 41 ff; *Schneider*-GemKommMitbestG § 5, 95; Hanau/*Ulmer* MitbestG § 5, 47 f; *Raiser* MitbestG § 5, 23 f; *Windbichler* Arbeitsrecht im Konzern S. 522 f.

ist die Konzernmitbestimmung sowohl in der Mutter- wie in der Tochtergesellschaft einzurichten[435].

Ist die Konzernspitze mitbestimmungsfrei, weil sie in der Rechtsform einer Personengesellschaft geführt wird oder sich im Ausland befindet, so ist gemäß § 5 Abs. 3 MitbestG die Konzernmitbestimmung in dem unter das Gesetz fallenden Unternehmen einzurichten, welches der Konzernspitze am nächsten steht (**Teilkonzern**). Die **GmbH & Co. KG** ist nach Maßgabe der §§ 5 Abs. 1 S. 2 und Abs. 2 MitbestG sowohl auf der Stufe des herrschenden wie des abhängigen Unternehmens als Einheit zu behandeln. Auf eine Darstellung der schwierigen Abgrenzungsfragen muß an dieser Stelle zugunsten des Spezialschrifttums verzichtet werden. **262**

II. Anzuwendendes Recht

Schrifttum

Canaris Mitbestimmungsgesetz und innergesellschaftliche Organisationsautonomie der Aktiengesellschaft, DB 1981, Beilage Nr. 14; *Joch* Mitbestimmungsgesetz und Gestaltungsfreiheit (1984); *Martens* Allgemeine Grundsätze zur Anwendbarkeit des Mitbestimmungsgesetzes, AG 1976, 113; *ders.* Zum Verhältnis von Mitbestimmungs- und Gesellschaftsrecht, ZHR 148 (1984), 183; *Mertens* Verfahrensfragen bei Personalentscheidungen des mitbestimmten Aufsichtsrats, ZGR 1983, 189; *Reich/Lewerenz* Das neue Mitbestimmungsgesetz, AuR 1976, 261, 353; *Reuter* Der Einfluß der Mitbestimmung auf das Gesellschafts- und Arbeitsrecht, AcP 179 (1979), 509; *Säcker* Aufsichtsratsausschüsse nach dem MitbestG 1976 (1979); *ders.* Allgemeine Auslegungsgrundsätze zum Mitbestimmungsgesetz 1976, ZHR 148 (1984), 153; *Steindorff/Joch* Die ersten Urteile des Bundesgerichtshofs zum Mitbestimmungsgesetz, ZHR 146 (1982), 336.

1. Grundsatz

Das **MitbestG** regelt die Zusammensetzung des Aufsichtsrats (§ 7), die Wahl der Aufsichtsratsmitglieder der Arbeitnehmer (§§ 9–24), einige Fragen der inneren Ordnung des Aufsichtsrats (§§ 26–29) sowie des Vertretungsorgans (§§ 31–33). Hinzu kommen drei umfangreiche **Wahlordnungen** für die Wahl der Arbeitnehmervertreter im Aufsichtsrat, von denen die erste für Unternehmen mit einem Betrieb, die zweite für Unternehmen mit mehreren Betrieben und die dritte für Konzerne gilt[436]. Im übrigen bedient sich das Gesetz einer ähnlichen **Verweisungstechnik** wie § 52 Abs. 1 GmbHG und § 77 Abs.1 BetrVG 1952, wobei in Einzelheiten Unterschiede bestehen, auf die im folgenden eingegangen wird. **263**

Aufs Ganze ergibt sich daraus eine komplizierte Rechtslage, in der **vier Schichten** übereinander lagern. Soweit das MitbestG keine eigene Regelung enthält, sind zunächst die in §§ 6 Abs. 2, 8, 25 Abs. 1 S. 1 Nr. 2 MitbestG angeführten aktienrechtlichen Vorschriften anzuwenden. Dabei handelt es sich um §§ 96 Abs. 2, 97–116 AktG mit einer Modifikation des § 105 AktG, also um nahezu den gesamten Abschnitt über den Aufsichtsrat. Hinzu kommen §§ 90 Abs. 3, 4 und 5 S. 1 und 2, 118 Abs. 2, 125 Abs. 3, 171 sowie 268 Abs. 2 AktG (§ 25 Abs. 1 S. 1 Nr. 2 MitbestG). Danach verweist das Gesetz als dritte Schicht auf die für die jeweilige Rechtsform geltenden Vorschriften, **264**

---

[435] BAG DB 1981, 895, 896f; LAG Düsseldorf DB 1978, 987, 988; OLG Düsseldorf DB 1979, 699f; LG Nürnberg-Fürth ZIP 1984, 325f; OLG Zweibrücken AG 1984, 80, 81f; LG und OLG Frankfurt AG 1987, 53, 54f; *Konzen* ZIP 1984, 269. Weitere Nachweise in den Kommentaren zum MitbestG: Hanau/*Ulmer* MitbestG § 5, 38ff; *Raiser* MitbestG § 5, 21f.

[436] Erste, zweite und dritte Wahlordnung vom 23. Juni 1977, BGBl. I S. 861, in Kraft seit dem 24. Juni 1977.

bei mitbestimmungspflichtigen Gesellschaften mbH also auf das GmbHG (§§ 6 Abs. 2, 8, 25 Abs. 1 S. 1 Nr. 2, 30 MitbestG). Schließlich ist, soweit gesetzliche Vorschriften nicht entgegenstehen, die Satzung in Bezug genommen (§§ 6 Abs. 2, 25 Abs. 2, 30 MitbestG), in § 25 Abs. 2 MitbestG auch die Geschäftsordnung des Aufsichtsrats. Das Ineinandergreifen dieser Regelungskomplexe bereitet beträchtliche Auslegungsschwierigkeiten und verursacht Reibungen, die nicht an allen Stellen vollständig beseitigt werden können (Rdn 287).

2. Auslegungsprinzipien

265 Darüber hinaus hat die Rechtslage einen **Grundsatzstreit** darüber ausgelöst, nach welchen Prinzipien die Auslegung zu verfahren hat. Dabei wurde auf der einen Seite ein Vorrang des Gesellschaftsrechts vertreten, der zu einer restriktiven, eng auf den Wortlaut begrenzten Interpretation des MitbestG führen sollte[437], auf der anderen Seite der Vorrang des „Mitbestimmungstelos", wonach die Auslegung für eine folgerichtige Durchführung der paritätischen Mitbestimmung auch dort zu sorgen habe, wo sich im Gesetz keine Regelung findet[438].

266 Demgegenüber hat sich mit Recht eine **harmonisierende Interpretation** durchgesetzt, wonach Mitbestimmungs- und Gesellschaftsrecht prinzipiell mit gleichem Rang nebeneinander stehen. Bei der Auslegung des MitbestG ist in erster Linie sein eigener Inhalt sowie der Sinn und die Tragweite der in ihm enthaltenen Vorschriften zu ermitteln, wobei die üblichen Auslegungsmethoden anzuwenden sind. Auch der institutionelle Gehalt des MitbestG ist zu berücksichtigen. Soweit Widersprüche und Reibungen mit gesellschaftsrechtlichen Regeln und Prinzipien auftreten, setzt sich das MitbestG insoweit durch. Doch erweisen sich die Vorschriften des MitbestG, namentlich die §§ 27 – 29, 31, 32 als lückenhaft und substanzschwach, so daß sie als Grundlage für eine expansive Interpretation und Analogie bei den nicht geregelten Fragen nicht ausreichen. Die verbleibenden Lücken müssen daher ohne Rückgriff auf den Mitbestimmungsgedanken nach gesellschaftsrechtlichen, in erster Linie aktienrechtlichen Auslegungsgesichtspunkten geschlossen werden[439].

III. Größe und Zusammensetzung des Aufsichtsrats

1. Größe

267 Gemäß § 7 Abs. 1 MitbestG **staffelt** sich die Größe des Aufsichtsrats nach der Zahl der im Unternehmen beschäftigten Arbeitnehmer. Bis 10 000 Arbeitnehmer hat er zwölf Mitglieder, bis 20 000 sechzehn, darüber zwanzig. Je die Hälfte sind von den Anteilseignern und den Arbeitnehmern zu stellen. Die Vorschrift ist nach unten zwingend. Die Satzung kann jedoch auch für Unternehmen mit weniger als 20 000 Arbeitnehmern einen sechzehn- oder zwanzigköpfigen Aufsichtsrat vorsehen. Ein Aufsichtsrat mit mehr als zwanzig Mitgliedern ist unzulässig (Rdn 162). Verändert sich die maßgebliche Arbeitnehmerzahl, so ist das Statusverfahren nach §§ 97 – 99 AktG durchzuführen

[437] *Martens* AG 1976, 113, 115 ff; *ders.* ZHR 148 (1984), 183; *Canaris* DB 1981, Beilage 14; *Mertens* ZGR 1983, 189 u. a.

[438] *Reich/Lewerenz* AuR 1976, 261, 262 ff; *Naendrup*-GemKommMitbestG § 25, 13 u. a.

[439] *Steindorff/Joch* ZHR 146 (1982), 336, 343 ff; Hanau/*Ulmer* MitbestG § 25, 5 ff; *Reuter* AcP 179 (1979), 510 ff, 527 ff; *Säcker* Aufsichtsratsausschüsse S. 18 ff, 26; *ders.* ZHR 148 (1984), 153; *Raiser* MitbestG § 25, 9 ff; Scholz/*Schneider* 44 ff; Baumbach/Hueck/*Zöllner* 170, je m. w. Nachw.; *Wiedemann* GesR I S. 610 ff; *Joch* Mitbestimmungsgesetz und Gestaltungsfreiheit S. 222 ff.

(Rdn 13 f). Der Aufsichtsrat bleibt im Amt, bis das Verfahren abgeschlossen ist[440]. Soll der Aufsichtsrat durch Satzungsänderung vergrößert oder verkleinert werden, sind §§ 97 ff AktG nicht anzuwenden. Statt dessen ist nach denselben Regeln zu verfahren wie bei der Anpassung des Aufsichtsrats nach § 77 BetrVG 1952 an eine Satzungsänderung (Rdn 163 f).

2. Zusammensetzung

Der Aufsichtsrat setzt sich **je zur Hälfte** aus Vertretern der **Anteilseigner** und der **Arbeitnehmer** zusammen. Für die Arbeitnehmerseite stellen §§ 7 Abs. 2, 15 Abs. 2 MitbestG **Proporzregeln** auf, die nach der Aufsichtsratsgröße variieren. Bei sechs Arbeitnehmervertretern müssen vier dem Unternehmen angehören, die sich auf Vertreter der Arbeiter und der Angestellten nach deren Anteil an der Gesamtbelegschaft verteilen. Ein den Angestellten zukommender Sitz muß von einem Vertreter der leitenden Angestellten besetzt werden. Zwei Aufsichtsratsmitglieder sind Vertreter der Gewerkschaften. Sie werden von den im Unternehmen vertreteten Gewerkschaften vorgeschlagen, jedoch von den Arbeitnehmern des Unternehmens gewählt (§ 16 MitbestG). Bei sechzehn Aufsichtsratsmitgliedern stehen sechs Arbeitnehmer des Unternehmens zwei Vertretern der Gewerkschaften gegenüber, bei zwanzig Aufsichtsratsmitgliedern sieben Arbeitnehmer des Unternehmens drei Vertretern der Gewerkschaften. Auch in diesen Fällen verteilen sich die den Arbeitnehmern des Unternehmens zustehenden Sitze nach dem Anteil der Arbeiter und Angestellten an der Gesamtbelegschaft, wobei das Gesetz den leitenden Angestellten stets ein Mandat garantiert. 268

3. Persönliche Wählbarkeitsvoraussetzungen

Für die allgemeinen Wählbarkeitsvoraussetzungen gelten dieselben Regeln wie für den Aufsichtsrat nach § 77 BetrVG 1952. § 100 AktG ist in vollem Umfang anwendbar (Rdn 168 f). Die Inkompatibilitätsregel des § 105 Abs. 1 AktG ist mit der Einschränkung des § 6 Abs. 2 MitbestG anzuwenden. Danach ist die Wählbarkeit eines **Prokuristen** als Aufsichtsratsmitglied der Arbeitnehmer nur ausgeschlossen, wenn dieser dem zur gesetzlichen Vertretung des Unternehmens befugten Organ unmittelbar unterstellt und zur Ausübung der Prokura für den gesamten Geschäftsbereich des Organs ermächtigt ist. Der Gesetzgeber wollte mit dieser Begrenzung den Kreis der wählbaren leitenden Angestellten nicht zu sehr einschränken. Für die dem Unternehmen angehörenden **Aufsichtsratsmitglieder der Arbeitnehmer** gelten die weiteren Wählbarkeitsvoraussetzungen des § 7 Abs. 3 MitbestG. Sie müssen das achtzehnte Lebensjahr vollendet haben, ein Jahr dem Unternehmen angehören sowie die Fähigkeit besitzen, Rechte aus öffentlichen Wahlen zu erlangen. Für die **Gewerkschaftsvertreter** verlangt das Gesetz über § 100 AktG hinaus lediglich, daß die Gewerkschaft in dem Unternehmen vertreten ist (§ 7 Abs. 4 MitbestG). 269

IV. Bestellung, Amtszeit und Abberufung der Aufsichtsratsmitglieder

1. Bestellung

a) **Anteilseignervertreter.** Die Aufsichtsratsmitglieder der Anteilseigner werden nach den gesellschaftsrechtlichen Regeln gewählt oder entsandt. Jedoch verweist § 6 Abs. 2 270

[440] Str., vgl. Hanau/*Ulmer* MitbestG § 7, 13; *Raiser* MitbestG § 7, 5; *Oetker* ZHR 149 (1985), 575, 577 ff; *Rosendahl* AG 1985, 325.

MitbestG nicht auf § 101 Abs. 2 AktG. Die Verweisung auf die Vorschrift in § 8 Abs. 2 MitbestG bezieht sich nach ihrem Wortsinn nicht auf die GmbH. Nach der überwiegenden Ansicht im Schrifttum sind die aktienrechtlichen Schranken des **Entsendungsrechts** daher hier unanwendbar. Jedem Gesellschafter oder Dritten kann ein Entsendungsrecht gewährt werden, die Zahl der Entsandten über die Grenze des § 101 Abs. 2 AktG hinausgehen[441].

271 b) **Arbeitnehmervertreter.** Die Wahl der Aufsichtsratsmitglieder der Arbeitnehmer ist in §§ 9 – 22 MitbestG und den dazugehörigen drei Wahlordnungen (Rdn 263) ausführlich geregelt. Dazu können hier nur die Grundzüge dargestellt werden. Zu den Einzelheiten ist auf das Spezialschrifttum zu verweisen[442]. Bis zu 8 000 Arbeitnehmern sieht das Gesetz **unmittelbare** Wahl vor, darüber **mittelbare** Wahl durch Wahlmänner. Die Arbeitnehmer können jedoch durch eine vorgeschaltete Abstimmung das jeweils andere Verfahren beschließen (§ 9 MitbestG). Die Bestellung der Wahlmänner folgt den Regeln der §§ 10 – 14 MitbestG. **Wahlvorschläge** für die Aufsichtsratsmitglieder der Arbeiter können von einem Fünftel oder 100 der wahlberechtigten Arbeiter des Unternehmens eingereicht werden. Entsprechendes gilt für die Aufsichtsratsmitglieder der Angestellten. Für die Aufsichtsratsmitglieder der Angestellten, die auf die leitenden Angestellten entfallen, stellen die wahlberechtigten leitenden Angestellten des Unternehmens Wahlvorschläge auf, wobei jeder Vorschlag von einem Zwanzigstel oder 50 der leitenden Angestellten unterstützt werden muß (§ 15 Abs. 4 MitbestG). Die Gewerkschaftsvertreter werden von den im Unternehmen vertretenen Gewerkschaften, im Gegensatz zur Montanmitbestimmung nicht jedoch von Spitzenorganisationen der Gewerkschaften vorgeschlagen (§ 16 Abs. 2 MitbestG). In jedem Wahlvorschlag kann auch ein **Ersatzmitglied** vorgeschlagen werden (§ 17 MitbestG).

272 Die **Wahl** der Vertreter der Arbeiter und der Angestellten wird **getrennt** durchgeführt, wobei auch die Vertreter der leitenden Angestellten von sämtlichen Angestellten bzw. deren Wahlmännern mitgewählt werden. Die Wahlmänner oder die Belegschaft können jedoch auch **gemeinsame** Wahl beschließen (§§ 15 Abs. 3, 18). Es gelten die Grundsätze der **Verhältniswahl**, es sei denn, es ist in einer Gruppe nur ein Platz zu besetzen (§§ 15 Abs. 1, 2, 5, 18). Die Gewerkschaftsvertreter werden in gemeinsamer Wahl gewählt (§ 16 MitbestG). Zum Wahlschutz, den Wahlkosten und der Wahlanfechtung gelten Vorschriften, die im wesentlichen denen des Betriebsverfassungsrechts entsprechen (§§ 20 – 22 MitbestG).

2. Amtszeit

273 Für die Amtsperiode und die Wiederwahl gilt § 102 AktG in gleicher Weise für Anteilseigner- und für Arbeitnehmervertreter (§ 15 Abs. 1, 18 MitbestG). Unterschiede zum Aufsichtsrat nach § 77 BetrVG 1952 (Rdn 185 – 188) bestehen nicht.

3. Abberufung

274 Für die Abberufung der Aufsichtsratsmitglieder der **Anteilseigner** gilt § 103 Abs. 1 und 2 AktG (Rdn 50 ff, 189). Die Abberufung der **Arbeitnehmervertreter** im Aufsichts-

---

441 HA, *Schilling*-Vorauf1. 75; Scholz/*Schneider* 149; Baumbach/Hueck/*Zöllner* 174; Hanau/*Ulmer* MitbestG § 8, 6; *Raiser* MitbestG § 8, 7 f.

442 *Lux* BB 1977, 905; *Säcker* Die Wahlordnungen zum Mitbestimmungsgesetz (1978); *Westerath* BlStSozArbR 1976, 189; *Wlotzke* ZGR 1977, 355; ferner *Kittner/Fuchs/Zachert/Köstler* Bd. 2; *Thau* Mängel der Aufsichtsratswahlen nach dem MitbestG (1983).

rat ist in § 23 MitbestG gesondert geregelt. Danach ist ein Antrag jeweils der Gruppe erforderlich, welche das betreffende Aufsichtsratsmitglied repräsentiert. Der Antrag muß jeweils von drei Vierteln der zur Gruppe gehörenden wahlberechtigten Arbeitnehmer unterstützt werden. Die Gewerkschaftsvertreter können auf Antrag der Gewerkschaft abberufen werden, die das Mitglied vorgeschlagen hat. Eine Begründung ist nicht erforderlich. Hat unmittelbare Wahl stattgefunden, so wird auch über die Abberufung unmittelbar abgestimmt, und zwar bei Gruppenwahl in der Gruppe, bei gemeinsamer Wahl unter Beteiligung sämtlicher wahlberechtigter Arbeitnehmer. Bei mittelbarer Wahl stimmen die Wahlmänner auch über die Abberufung ab, soweit Gruppenwahl stattfand, die Wahlmänner der betreffenden Gruppe. Erforderlich ist eine Mehrheit von drei Vierteln der abgegebenen Stimmen.

Neben der Abberufung durch das Wahlorgan kommt auch die Abberufung **durch das Gericht** gemäß § 103 Abs. 3 AktG in Betracht, der nach § 6 Abs. 2 MitbestG auch für die Arbeitnehmervertreter gilt. Sie setzt einen wichtigen Grund voraus. Antragsberechtigt ist der Aufsichtsrat selbst. Zu den Einzelheiten kann auf Rdn 191 – 193 verwiesen werden. **275**

4. Andere Beendigungsgründe

Es gelten dieselben Regeln wie beim fakultativen Aufsichtsrat (Rdn 55 ff). Auf seiten der **Arbeitnehmervertreter** endet das Mandat der dem Unternehmen angehörenden Aufsichtsratsmitglieder ferner, wenn sie die Wählbarkeit verlieren, d. h. aus dem Unternehmen ausscheiden oder infolge strafgerichtlicher Verurteilung generell das passive Wahlrecht verlieren (§§ 7 Abs. 2, 24 Abs. 1 MitbestG). Dagegen führt, wie das Gesetz ausdrücklich hinzufügt (§ 24 Abs. 2), der Wechsel der Gruppenzugehörigkeit zwischen Arbeitern, Angestellten und leitenden Angestellten nicht zum Verlust des Mandats. **276**

V. Innere Ordnung des Aufsichtsrats

Schrifttum

Vgl. die Angaben vor Rdn 61, 201, 206 und 214. Ferner: *Canaris* Mitbestimmungsgesetz und innergesellschaftliche Organisationsautonomie der Aktiengesellschaft, DB 1981, Beilage Nr. 14; *Feldmann* Zulässigkeit von Satzungsbestimmungen zur Beschlußfähigkeit des mitbestimmten Aufsichtsrats, DB 1986, 29; *Heinsius* Satzungsvorschriften über die Beschlußfähigkeit des Aufsichtsrats nach dem Mitbestimmungsgesetz, AG 1977, 281; *Martens* Mitbestimmungsrechtliche Bausteine in der Rechtsprechung des Bundesgerichtshofs, ZGR 1983, 237; *Preusche* Nochmals: Zur Zulässigkeit ergänzender Satzungsbestimmungen für die Beschlußfähigkeit des Aufsichtsrats mitbestimmter Aktiengesellschaften, AG 1980, 125; *Raiser* Satzungsvorschriften über Beschlußfähigkeit und Vertagung eines mitbestimmten Aufsichtsrats, NJW 1980, 209; *Rittner* Die Satzungsautonomie der Aktiengesellschaft und die innere Ornung des Aufsichtsrats nach dem Mitbestimmungsgesetz, DB 1980, 2493; *Säcker* Zur Beschlußfähigkeit des mitbestimmten Aufsichtsrats, JZ 1980, 82.

1. Grundsatz

Das MitbestG regelt vier Fragen der inneren Ordnung des Aufsichtsrats, die für die Wirkungsweise der paritätischen Mitbestimmung besonders klärungsbedürftig sind: Die Wahl des Aufsichtsratsvorsitzenden (§ 27 Abs. 1 und 2), die Bestellung des sogenannten Vermittlungsausschusses (§ 27 Abs. 3), die Beschlußfähigkeit (§ 28) und das Entscheidungsverfahren bei Stimmengleichheit (§§ 29, 31 Abs. 4). Im übrigen verweist **277** es in § 25 Abs. 1 S. 1 Nr. 2 auf §§ 107 – 110 AktG, die hier vollständig und zwingend anzuwenden sind. Daraus folgt, daß für die meisten Fragen das Aktienrecht gilt und sich insoweit keine Abweichungen vom Aufsichtsrat nach § 77 BetrVG 1952 und überwiegend auch vom fakultativen Aufsichtsrat ergeben. Darauf kann verwiesen werden. Das gilt namentlich für die **Einberufung** der Sitzungen (Rdn 63 – 66, 198), für das Recht zur **Teilnahme** an den Sitzungen (Rdn 67 f, 199), für die Regeln zur **Unterbrechung** und **Vertagung** der Sitzungen (Rdn 69), für die Aufgaben des **Aufsichtsratsvorsitzenden** (Rdn 71, 204), für die **Aufsichtsratsausschüsse** (Rdn 206 ff), für das **Abstimmungsverfahren** (Rdn 74 – 78, 214 – 219) und für die Behandlung **fehlerhafter Beschlüsse** (Rdn 79 – 85). Im folgenden wird nur auf die Besonderheiten der §§ 27 – 29 MitbestG eingegangen.

2. Der Aufsichtsratsvorsitzende

278 Im paritätisch besetzen Aufsichtsrat ist die Wahl eines Vorsitzenden problematisch, besonders auch deshalb, weil er in allen Sachentscheidungen des Aufsichtsrats bei Stimmengleichheit den Ausschlag gibt (Rdn 284, 289 f). Das Gesetz konnte sich daher mit der Regelung des § 107 Abs. 1 AktG nicht begnügen. Gemäß § 27 Abs. 1 MitbestG wählt der Aufsichtsrat aus seiner Mitte einen Aufsichtsratsvorsitzenden und einen Stellvertreter. Die Wahl bedarf im ersten Wahlgang in beiden Fällen einer Mehrheit von zwei Dritteln der gesetzlichen Mitgliederzahl des Aufsichtsrats. Kommt eine Wahl auf diese Weise nicht zustande, so wählen in einem zweiten Wahlgang die Aufsichtsratsmitglieder der Anteilseigner den Aufsichtsratsvorsitzenden und die Aufsichtsratsmitglieder der Arbeitnehmer den Stellvertreter, und zwar jeweils mit der Mehrheit der in der Gruppe abgegebenen Stimmen (§ 27 Abs. 2 MitbestG).

279 Die – beabsichtigte – Wirkung dieser Regelung geht dahin, daß in der Praxis die Anteilseignerseite den Vorsitzenden stellt, die Arbeitnehmerseite den Stellvertreter. Sie ist die Grundlage für das – leichte – Übergewicht der Anteilseignerseite trotz der paritätischen Besetzung des Aufsichtsrats, die sich bei der Auflösung einer Pattsituation mit Hilfe der Zweitstimme des Aufsichtsratsvorsitzenden äußert (Rdn 284). Die Vorschrift ist **zwingend**. Doch ist es zulässig, weitere Stellvertreter zu wählen, die bei Verhinderung sowohl des Vorsitzenden wie des ersten Stellvertreters tätig werden können. Die Bestellung weiterer Stellvertreter kann auch in der Satzung vorgeschrieben werden[443]. Den weiteren Stellvertretern steht allerdings eine ausschlaggebende Zweitstimme bei Stimmengleichheit im Aufsichtsrat nicht zu.

3. Vermittlungsausschuß

280 Gemäß § 27 Abs. 3 MitbestG hat der Aufsichtsrat unmittelbar nach der Wahl des Vorsitzenden und seines Stellvertreters einen Ausschuß einzusetzen, der mit dem Vorsitzenden, seinem Stellvertreter sowie je einem von den Aufsichtsratsmitgliedern der Arbeitnehmer und der Anteilseigner mit einfacher Mehrheit gewählten Aufsichtsratsmitglied besetzt ist. Der Ausschuß hat die Aufgabe, einen **Vermittlungsvorschlag** für die **Wahl von Geschäftsführern** aufzustellen, sofern hierbei im ersten Wahlgang keine Zweidrittelmehrheit erreicht wird (§ 31 Abs. 2 und 3 MitbestG, Rdn 290). Wird die Abberufung eines Geschäftsführers betrieben, so wird der Vermittlungsausschuß

[443] BGHZ 83, 106, 111 = NJW 1982, 1525; OLG Hamburg AG 1983, 21, 22. Vor der genannten Leitentscheidung des BGH war die Frage heftig umstritten, vgl. die Nachw. bei *Raiser* MitbestG § 27, 6.

tätig, wenn bei der ersten Abstimmung über den Widerruf eine Zweidrittelmehrheit nicht erreicht wurde (§ 31 Abs. 5 MitbestG, s. Rdn 292). Die wesentliche Funktion auch dieser Vorschrift liegt in ihrer indirekten Wirkung auf das Vorfeld der Geschäftsführerbestellung, indem sie sicherstellt, daß die Arbeitnehmervertreter ihre Meinung zu Gehör bringen und in den Verhandlungen im Vermittlungsausschuß in die Waagschale legen können. Doch ändert sie nichts am Übergewicht der Anteilseignerseite bei der Entscheidung selbst.

4. Beschlußfähigkeit

Die Untergrenze der Beschlußfähigkeit nach § 108 Abs. 2 S. 3 AktG, wonach die Teilnahme von drei Aufsichtsratsmitgliedern genügt, würde den Anforderungen der erweiterten Mitbestimmung nicht genügen, weil sie den Aufsichtsrat zu wenig vor Zufallsmehrheiten schützen würde. Daher schreibt § 28 MitbestG vor, daß der paritätisch besetzte Aufsichtsrat nur beschlußfähig ist, wenn mindestens die **Hälfte der gesetzlichen Mitgliederzahl** an der Abstimmung teilnimmt. Ob alle Mandate tatsächlich besetzt sind, ist nach §§ 28 S. 2 MitbestG, 108 Abs. 2 S. 4 AktG unerheblich (Rdn 215). Die Teilnahme wird durch die Abgabe einer Stimme dokumentiert, auch wenn sie auf Stimmenthaltung lautet (Rdn 215). Die Abgabe einer schriftlichen Stimme gemäß § 108 Abs. 3 AktG genügt (Rdn 218). Bei schriftlicher, telegrafischer oder fernmündlicher Abstimmung (§ 108 Abs. 4 AktG) nimmt an dem Beschluß teil, wer sich zum Gegenstand der Abstimmung äußert. **281**

Die lange Zeit heftig umstrittene Frage, ob die **Satzung** zusätzliche Voraussetzungen der Beschlußfähigkeit aufstellen kann, hat der BGH insoweit entschieden, als Satzungsbestimmungen unwirksam sind, welche die Beschlußfähigkeit einseitig davon abhängig machen, daß eine bestimmte Mindestzahl von Vertretern der Anteilseigner oder daß der Aufsichtsratsvorsitzende an der Abstimmung teilnimmt[444]. Ob ein höheres Quorum als die in § 28 verlangte Hälfte der gesetzlichen Mitgliederzahl in der Satzung vorgeschrieben werden kann, ist bisher vom BGH nicht entschieden. Doch ist die Frage im Gegensatz zum Fall des § 77 BetrVG 1952 (Rdn 216) zu verneinen, denn andernfalls könnte die Gruppe der Anteilseigner oder der Arbeitnehmer die Tätigkeit des Aufsichtsrats blockieren, wenn sie geschlossen der Sitzung fernbleibt[445]. Unzulässig sind auch Unterbrechungs- und Vertagungsklauseln (Rdn 69) in der Satzung für den Fall, daß nicht mindestens die Hälfte der an der Beschlußfassung teilnehmenden Vertreter der Anteilseigner sind und/oder sich der Aufsichtsratsvorsitzende nicht unter ihnen befindet[446]. **282**

5. Abstimmung

Aufsichtsratsbeschlüsse kommen nach den allgemeinen Regeln, die § 29 Abs. 1 MitbestG wiederholt, mit einfacher Mehrheit der abgegebenen Stimmen zustande. Bei den Wahlen des Aufsichtsratsvorsitzenden, seines Stellvertreters sowie der Geschäftsführer verlangt das MitbestG im ersten Wahlgang statt dessen aber eine Dreiviertelmehrheit (§§ 27 Abs. 1, 31 Abs. 2 MitbestG). Im zweiten Wahlgang genügt bei der Wahl der Geschäftsführer einfache Mehrheit, allerdings der Stimmen sämtlicher Auf- **283**

444 BGHZ 83, 151, 154 ff = NJW 1982, 1530; s. Rdn 217.

445 *Säcker* JZ 1980, 82, 84 f; *Wiesner* AG 1979, 205, 206; *Raiser* NJW 1980, 209, 210; OLG Karlsruhe NJW 1980, 2137, 2139; aA OLG Hamburg BB 1984, 1763, 1764 ff mit ablehnender Anm. *Oetker*.

446 Schrifttumsnachweise zuletzt bei *Raiser* MitbestG § 28, 3 f; *Feldmann* DB 1986, 29.

sichtsratsmitglieder (§ 31 Abs. 3). Bei Stimmengleichheit, die angesichts der paritätischen Besetzung des Aufsichtsrats vor allem dann eintritt, wenn die Anteilseignervertreter geschlossen anderer Meinung sind als die Arbeitnehmervertreter, würde demgemäß nach den allgemeinen Regeln ein Beschluß nicht zustande kommen. Bei jeder Entscheidung und Wahl müßte vielmehr die Stimme wenigstens eines Vertreters der anderen Gruppe zu denen der Antragsteller hinzukommen.

284 Diese **Pattsituation** verhindert für **Sachbeschlüsse** des Aufsichtsrats § 29 Abs. 2 MitbestG. Danach kann bei Stimmengleichheit eine zweite Abstimmung über denselben Gegenstand durchgeführt werden, bei der, wenn auch sie Stimmengleichheit ergibt, der Aufsichtsratsvorsitzende nunmehr eine **zweite**, ausschlaggebende **Stimme** besitzt. Die Zweitstimme kann auch durch einen Stimmboten abgegeben werden (Rdn 218). Dem Stellvertreter steht die zweite Stimme nicht zu. Bei der **Wahl** und der Abberufung von Geschäftsführern gelten die entsprechenden Regeln des § 31 Abs. 4 und 5 MitbestG. Die Vorschriften sichern das vom Gesetzgeber gewollte „leichte" Übergewicht der Anteilseignerseite. Ob die zweite Abstimmung durchgeführt wird, liegt zunächst in der Hand des Aufsichtsratsvorsitzenden, muß letztlich aber vom Aufsichtsrat selbst mit Mehrheit entschieden werden[447]. Dasselbe gilt ggf. für die Frage, wann die zweite Abstimmung durchzuführen ist. § 29 MitbestG enthält **zwingendes Recht**, das durch die Satzung allenfalls ergänzt, nicht aber modifiziert werden kann.

VI. Aufgaben und Kompetenzen des Aufsichtsrats

Schrifttum

Vgl. die Angaben vor Rdn 86 und 221, ferner: *Crezelius* Die Stellung der Vertretungsorgane in § 32 MitbestG, ZGR 1980, 359; *Duden* Zur Mitbestimmung in Konzernverhältnissen nach dem Mitbestimmungsgesetz, ZHR 141 (1977), 145; *Konzen* Die Anstellungskompetenz des GmbH-Aufsichtsrats nach dem Mitbestimmungsgesetz, GmbH-Rdsch. 1983, 92; *Krieger* Personalentscheidungen des Aufsichtsrats (1981); *Paefgen* Struktur und Aufsichtsratsverfassung der mitbestimmten AG (1982); *Philipp* Die Ausübung von Beteiligungsrechten nach § 32 des Mitbestimmungsgesetzes, DB 1976, 1622; *Rittner* Die Anstellungsverträge der GmbH-Geschäftsführer und das Mitbestimmungsgesetz, DB 1979, 973; *Vollmer* Die Abberufung von Geschäftsführern der mitbestimmten GmbH, GmbH-Rdsch. 1984, 5; *Werner* Anstellung von GmbH-Geschäftsführern nach dem Mitbestimmungsgesetz, Festschrift Fischer (1979) S. 821.

1. Grundsatz

285 Bei der Zuständigkeit des Aufsichtsrats weicht das MitbestG in einem, allerdings für das Kräfteverhältnis zwischen den Organen zentralen Punkt von § 77 BetrVG 1952 ab: Der paritätisch besetzte Aufsichtsrat, nicht die Gesellschafterversammlung, **bestellt** die **Geschäftsführer** und widerruft die Bestellung. Das Gesetz übernimmt hierzu in § 31 Abs. 1 MitbestG auch §§ 84 und 85 AktG (Rdn 288 ff). Weiter schreibt es vor, daß unter den Geschäftsführern ein **Arbeitsdirektor** zu bestellen ist (§ 33 MitbestG). Als praktisch weniger wichtige Bestimmung kommt die Regelung des § 32 MitbestG über die Ausübung von **Beteiligungsrechten** hinzu (Rdn 294).

286 Im übrigen stimmen die Vorschriften über die Aufgaben und Kompetenzen des Aufsichtsrats nach dem MitbestG mit denen nach § 77 BetrVG 1952 überein. Auf die Kommentierung hierzu kann deshalb verwiesen werden (Rdn 221 ff). Der Aufsichtsrat

---

[447] Einzelheiten in den Kommentaren zum MitbestG, vgl. Hanau/*Ulmer* § 29, 13; *Raiser* MitbestG § 29, 10; ferner *Paefgen* Struktur und Aufsichtsratsverfassung der mitbestimmten AG S. 233 ff, je m. w. N.

hat die Geschäftsführung nach § 111 Abs. 1 und 2 AktG zu **überwachen** (Rdn 86 ff, 221). Er ist gemäß § 171 AktG an der Aufstellung des **Jahresabschlusses** beteiligt (Rdn 97 ff, 222). Wenn es das Wohl der Gesellschaft verlangt, hat er die Gesellschafterversammlung einzuberufen (§ 111 Abs. 3 AktG). Gegenüber den Geschäftsführern **vertritt** er gemäß § 112 AktG die Gesellschaft (Rdn 104 ff, 223). Dabei erweitert sich infolge der Kompetenz zur Bestellung und Abberufung der Geschäftsführer auch die Reichweite der Vertretungsmacht. Dem Aufsichtsrat stehen die **Informationsansprüche** nach § 90 Abs. 3–5 (Rdn 114 ff, 224), 118 Abs. 2 und 125 Abs. 3 AktG (Rdn 225) zu. Nach der Auflösung der Gesellschaft setzt sich seine Tätigkeit während der **Liquidation** fort (§ 268 Abs. 2 AktG, Rdn 112, 227). Zu den **Organklagen** vgl. Rdn 234 ff.

Anzuwenden ist namentlich auch **§ 111 Abs. 4 AktG**. Der Aufsichtsrat darf die Geschäftsführung nicht an sich ziehen. Jedoch kann die Satzung oder ein Aufsichtsratsbeschluß bestimmen, daß gewisse Arten von Geschäften nur mit Zustimmung des Aufsichtsrats vorgenommen werden dürfen (Rdn 109 f, 229 ff). Verweigert der Aufsichtsrat seine Zustimmung, so tritt das gleiche Problem auf wie beim Aufsichtsrat nach § 77 BetrVG 1952, ob für die Letztentscheidung der Gesellschafterversammlung einfache oder Dreiviertelmehrheit erforderlich ist (Rdn 232). Die Rechtslage ist jedoch anders als dort, weil die Geschäftsführer vom Aufsichtsrat bestellt und nur aus wichtigem Grund abberufen werden können. Sie haben daher eine von den Gesellschaftern weniger abhängige Stellung als nach dem § 77 BetrVG 1952, was sich auch auf ihre vom Aufsichtsrat zu kontrollierenden Geschäftsführungsentscheidungen auswirkt. Aus diesen Gründen muß es hier dabei bleiben, daß die Gesellschafter die Zustimmung des Aufsichtsrats nur mit Dreiviertelmehrheit ersetzen können[448]. **287**

2. Bestellung und Abberufung der Geschäftsführer

a) **Zuständigkeit des Aufsichtsrats.** Nach § 31 Abs. 1 MitbestG gelten für die Bestellung und Abberufung der Geschäftsführer in der unter das Gesetz fallenden GmbH **§§ 84 und 85 AktG**, welche die Zuständigkeit des Aufsichtsrats begründen. Das MitbestG entzieht die Personalkompetenz den Gesellschaftern und verlagert sie in den paritätisch besetzten Aufsichtsrat. Strukturell liegt darin eine Annäherung an die AG, die ihr Vorbild in den Montanmitbestimmungsgesetzen findet, und in diesem entscheidenden Punkt über § 77 BetrVG 1952 hinausgeht. Faktisch verstärkt dies das Gewicht des Aufsichtsrats, denn ein Gremium, das über Wahl, Wiederwahl und Abberufung der Geschäftsführer entscheidet, kann auch auf deren Verhalten und die von ihnen zu treffenden Sachentscheidungen Einfluß ausüben. Auf der anderen Seite beseitigt das MitbestG die oberste Sachzuständigkeit der Gesellschafterversammlung für die Unternehmensleitung und ihr Weisungsrecht gegenüber den Geschäftsführern nicht. Es macht die Geschäftsführer so zu Dienern zweier Herren und stürzt sie potentiell in einen permanenten Konflikt, der allerdings durch das Übergewicht der Anteilseignervertreter im Aufsichtsrat aufgefangen oder doch gemildert wird. **288**

b) **Bestellung.** Gemäß §§ 31 Abs. 1 MitbestG, 84 Abs. 1 AktG ist allein der Aufsichtsrat zur Bestellung der Geschäftsführer zuständig. Die Delegation an einen Aufsichtsratsausschuß ist unzulässig (§ 107 Abs. 3 AktG). Ausgeschlossen werden durch die Vorschrift vor allem aber die Bestellung von Geschäftsführern schon im Gesell- **289**

---

[448] Sehr str., wie im Text *Schilling*-Voraufl. 11 f; Rowedder/*Koppensteiner*² § 37, 32; *Fitting/Wlotzke/Wißmann* MitbestG § 25, 69; Hanau/*Ulmer* MitbestG § 25, 66; *Raiser* MitbestG § 25, 81, je m. w. Nachw.; aA Scholz/*Schneider* 84; Baumbach/Hueck/*Zöllner* 155, 183; *Lutter/Krieger* Rechte und Pflichten des Aufsichtsrats S. 226, je m. w. Nachw.

schaftsvertrag oder durch Gesellschafterbeschluß, Sonderrechte einzelner Gesellschafter auf Bestellung oder Benennung eines Geschäftsführers oder die Delegation der Bestellung auf einen Gesellschafterausschuß oder Beirat. Auch andere Satzungsbestimmungen oder Gesellschafterbeschlüsse dürfen die Wahlfreiheit des Aufsichtsrats nicht beschränken. Persönliche Eignungsvoraussetzungen wie z. B. ein bestimmtes Mindestalter, die deutsche Staatsangehörigkeit, eine bestimmte Berufsvorbildung oder andere Qualifikationen können die Gesellschafter daher nur aufstellen, soweit gleichwohl mehrere Kandidaten zur Verfügung bleiben. Die genaue Abgrenzung ist im aktien- und mitbestimmungsrechtlichen Schrifttum streitig[449].

290 Die Bestellung fordert im **ersten Wahlgang** eine Zweidrittelmehrheit sämtlicher Aufsichtsratsmitglieder. Kommt die Wahl danach nicht zustande, so hat der Vermittlungsausschuß (Rdn 280) binnen einer Frist von einem Monat nach der ersten Abstimmung einen Bestellungsvorschlag zu machen. Daneben können andere Vorschläge eingereicht werden. Im **zweiten Wahlgang**, der danach erst in längerem zeitlichen Abstand vom ersten erfolgt, entscheidet die Stimmenmehrheit der Aufsichtsratsmitglieder. Wird auch diese Mehrheit nicht erreicht, so hat in einem dritten Wahlgang der Aufsichtsratsvorsitzende, nicht jedoch sein Stellvertreter zwei Stimmen (§ 31 Abs. 2–4 MitbestG). In demselben Verfahren ist auch der **Arbeitsdirektor** (§ 33 MitbestG) zu bestellen, der anders als nach §§ 13 MontanMitbestG und MitbestErgG nicht einer besonderen Zustimmung von seiten der Arbeitnehmervertreter im Aufsichtsrat bedarf[450]. Zuständig ist der Aufsichtsrat gemäß § 84 Abs. 2 AktG auch für die Bestellung eines **Vorsitzenden der Geschäftsführung.** Doch besteht kein Anlaß, das Wahlverfahren des § 31 MitbestG auf den Fall zu übertragen[451]. In entsprechender Anwendung des § 85 AktG ist, falls die reguläre Bestellung angesichts des komplizierten Wahlverfahrens nicht rechtzeitig gelingt, die gerichtliche **Notbestellung** eines Geschäftsführers zulässig.

291 c) **Amtszeit.** Die Amtsperiode eines nach dem MitbestG bestellten Geschäftsführers dauert gemäß den allgemeinen aktienrechtlichen Regeln höchstens **fünf Jahre** (§ 84 Abs. 1 AktG). Die nach dem allgemeinen GmbH-Recht zulässige Bestellung für längere Frist oder unbefristet wird dadurch beseitigt, desgleichen die Bestellung auf Lebenszeit und die Gewährung eines Sonderrechts auf permanente Geschäftsführung. Zulässig ist die Bestellung für weniger als fünf Jahre. Sie kann auch in der Satzung vorgeschrieben werden. § 84 Abs. 1 S. 2–4 AktG dienen dazu, zu verhindern, daß die Begrenzung der Amtszeit durch vorzeitige Wiederwahl unterlaufen wird.

292 d) **Abberufung.** Die in § 31 Abs. 1 MitbestG vorgeschriebene entsprechende Anwendung des § 84 Abs. 3 AktG führt dazu, daß die Geschäftsführer einer unter das MitbestG fallenden Gesellschaft im Gegensatz zu § 38 GmbHG nur abberufen werden können, wenn ein **wichtiger Grund** vorliegt[452]. Das **Abberufungsverfahren** nach § 31 Abs. 5 MitbestG entspricht spiegelbildlich dem Bestellungsverfahren. In der ersten Abstimmung ist eine Zweidrittelmehrheit sämtlicher Aufsichtsratsmitglieder erforderlich. Kommt die Mehrheit nicht zustande, wird der Vermittlungsausschuß tätig. Im zweiten und dritten Wahlgang wird mit einfacher Mehrheit beschlossen, wobei letztlich die Zweitstimme des Aufsichtsratsvorsitzenden den Ausschlag gibt[453].

---

[449] Vgl. zuletzt *Mertens*-KölnKommAktG² § 76, 116 ff; *Raiser* MitbestG § 31, 8 ff; *Krieger* Personalentscheidungen des Aufsichtsrats S. 13 ff; *Lutter/Krieger* Rechte und Pflichten des Aufsichtsrats S. 93 f.

[450] Vgl. zum Arbeitsdirektor im übrigen *Mertens*-Voraufl. § 35, 48 f.

[451] Str., wie im Text *Fitting/Wlotzke/Wißmann* MitbestG § 31, 4; *Raiser* MitbestG § 31, 28; **aA** *Hoffmann/Lehmann/Weinmann* MitbestG § 31, 47; *Krieger* Personalentscheidungen des Aufsichtsrats S. 254.

[452] Einzelheiten in den Kommentierungen zu § 38, z. B. *Mertens*-Voraufl. 43, sowie zu § 84 AktG, zuletzt *Mertens*-KölnKommAktG² § 84, 102 ff.

[453] *Vollmer* GmbH-Rdsch. 1984, 5, 7 f.

293 e) **Anstellungsvertrag.** § 31 MitbestG erfaßt nach seinem Wortlaut nicht auch den Abschluß und die Beendigung des Anstellungsvertrags mit den Geschäftsführern. Daraus hat eine Mindermeinung die Ansicht abgeleitet, zuständig hierfür bleibe die Gesellschafterversammlung[454]. Demgegenüber nimmt die hM, der sich auch der BGH angeschlossen hat[455], mit Recht eine **Annexkompetenz** des Aufsichtsrats an[456]. Bestellung und Anstellungsvertrag sind sachlich so eng aufeinander bezogen, daß es ein unangemessener juristischer Formalismus wäre, sie zwei voneinander unabhängigen Unternehmensorganen zuzuweisen, von denen das eine der Mitbestimmung unterliegt, während das andere mitbestimmungsfrei bleibt. Das komplizierte Entscheidungsverfahren des § 31 MitbestG ist auf den Anstellungsvertrag jedoch nicht anzuwenden (hA). Nach § 107 Abs. 3 AktG kann Abschluß und Beendigung des Anstellungsvertrages in die Hände eines auch beschließenden Aufsichtsratsausschusses gelegt werden (Rdn 210). Die Gesellschafterversammlung kann allgemeine Richtlinien über den Inhalt des Anstellungsvertrags beschließen, z. B. über die Höhe der Bezüge, sofern diese die Auswahl- und Widerrufsfreiheit des Aufsichtsrats nicht beengen[457].

3. Ausübung von Beteiligungsrechten

294 Die § 15 MitbestErgG nachgebildete Sondervorschrift des § 32 **MitbestG** soll der Kumulation von Mitbestimmungsrechten entgegenwirken, die auftritt, wenn unter Mitwirkung der Arbeitnehmervertreter bestellte Geschäftsführer eines herrschenden Unternehmens für dieses das Stimmrecht in der Gesellschafterversammlung eines abhängigen Unternehmens ausüben. Der Gesetzgeber geht davon aus, daß die Geschäftsführer in einem solchen Fall Arbeitnehmerinteressen mitverfolgen, obwohl die Gesellschafterversammlung ein reines Anteilseignerorgan ist. Unterliegt das abhängige Unternehmen seinerseits der paritätischen Mitbestimmung, so würde dadurch eine Verstärkung des Arbeitnehmereinflusses eintreten, die über das vom Gesetz gewollte Maß der Mitbestimmung hinausgeht. Um diese Wirkung zu verhindern, schreibt § 32 MitbestG eine doppelte Modifikation der aktienrechtlichen Regeln vor. Zunächst verlangt die Vorschrift, daß die aus der Beteiligung fließenden Rechte, soweit sie die im Gesetz genannten Gegenstände betreffen, vom Vertretungsorgan der Obergesellschaft nur auf Grund eines bindenden Aufsichtsratsbeschlusses ausgeübt werden können. Der Beschluß darüber steht allein den Aufsichtsratsmitgliedern der Anteilseigner zu. Die Vorschrift ist stark systemwidrig und hat deshalb heftige Kritik erfahren. In der Praxis spielt sie keine wesentliche Rolle. Zur Auslegung im einzelnen wird daher auf das mitbestimmungsrechtliche Schrifttum verwiesen[458].

VII. Persönliche Rechtsstellung der Aufsichtsratsmitglieder

295 Zum **Rechtsverhältnis** zwischen Aufsichtsratsmitgliedern und Gesellschaft, zu **Vergütung** und **Aufwendungsersatz** sowie zu den **Sonderverträgen** weicht die Rechtslage

---

[454] OLG Hamburg DB 1983, 330; *Werner* Festschrift Fischer S. 821; *Rittner* DB 1979, 973.

[455] BGHZ 89, 48, 52 ff = NJW 1984, 733 = DB 1984, 104 mit Anm. *Oldenburg* DB 1984, 1813.

[456] *Mertens*-Voraufl. § 35, 102; Baumbach/Hueck/*Zöllner* 185; Rowedder/*Koppensteiner*² § 35, 15; *Krieger* Personalentscheidungen des Aufsichtsrats S. 280 ff; *Baums* Der Geschäftsleitervertrag S. 118 ff; *Konzen* GmbH-Rdsch. 1983, 92; Hanau/*Ulmer* MitbestG § 31, 38 f; *Raiser* MitbestG § 31, 24 f.

[457] Hanau/*Ulmer* § 31, 40; *Krieger* aaO S. 288 ff; *Quast* Geschäftsführung und Leitungsmacht S. 155; *Konzen* aaO 92, 93; *Raiser* MitbestG § 31, 25 a.

[458] Vgl. neben den Kommentaren zum MitbestG *Crezelius* ZGR 1980, 359; *Duden* ZHR 141 (1977), 145; *Paefgen* Struktur und Aufsichtsratsverfassung S. 378 ff; *Philipp* DB 1976, 1622.

vom Aufsichtsrat nach § 77 BetrVG 1952 nicht ab. Auf die Ausführungen hierzu wird verwiesen (Rdn 121 – 128, 237 – 244). Die Vorschriften der §§ 113, 114 AktG sind auch hier zwingendes Recht. Im Gegensatz zu § 77 BetrVG 1952 ist jedoch auch § 115 AktG anzuwenden, der **Kredite** an Aufsichtsratsmitglieder und an diesen nahestehende Personen und Unternehmen nur mit Einwilligung des Aufsichtsrats zuläßt. Wegen der Einzelheiten ist auf das aktienrechtliche Schrifttum zu verweisen.

VIII. Sorgfaltspflicht und Verantwortlichkeit der Aufsichtsratsmitglieder

296 §§ 116, 93 AktG sind infolge der Verweisung in § 25 Abs. 1 S. 1 Nr. 2 MitbestG in gleichem Umfang anzuwenden wie beim Aufsichtsrat nach § 77 BetrVG 1952. Die andere Besetzung des Aufsichtsrats nach dem MitbestG verursacht keine Besonderheiten, auch nicht hinsichtlich der Verschwiegenheitspflicht. Auf Rdn 245 – 255 sowie 129 – 147 wird daher verwiesen.

F. Beiräte, Verwaltungsräte, Gesellschafterausschüsse

Schrifttum

Fleischer Die Befugnis der GmbH-Gesellschafter zur Errichtung eines Zusatzorgans, Diss. Mainz (1984); *Flume* I/1 S. 237 ff; *Gaugler/Heimburger* Beiräte mittelständischer Unternehmen (1985); *Großfeld/Brondics* Die Stellung des fakultativen Aufsichtsrats (Beirat) in der Gesellschaft mit beschränkter Haftung und in der GmbH & Co. KG, AG 1987, 293; *Heidinger* Aufgaben und Verantwortlichkeit von Aufsichtsrat und Beirat der GmbH (1989); *Hennerkes/Binz/May* Die Steuerungsfunktion des Beirates in der Familiengesellschaft, DB 1987, 469; *Hölters* Der Beirat in der GmbH – Verantwortlichkeit, Haftung und Rechtsschutz, insbesondere unter dem Gesichtspunkt des Minderheitenschutzes, BB 1977, 105; *ders.* Der Beirat der GmbH und GmbH & Co. KG (1979); *ders.* Sonderprobleme des Beirats der GmbH & Co. KG, DB 1980, 2225; *ders.* Freiwillige Gesellschaftsorgane bei der mitbestimmten GmbH und GmbH & Co. KG, GmbH-Rdsch. 1980, 50; *Immenga* Die personalistische Kapitalgesellschaft (1970); *Karoli* Aufgaben und Arbeitsweise von Aufsichtsräten und Beiräten, Festschrift O. Möhring (1973) S. 115; *Klaus* Die Rolle des Beirats bei der Führung von Mittelbetrieben (1988); *Mertens* Der Beirat in der GmbH, Festschrift Stimpel (1985) S. 417; *Rohleder* Die Kompetenzübertragung auf Beiräte in der GmbH (1991); *Schneider* Das Verhältnis von obligatorischem Aufsichtsrat und Beirat bei der GmbH, BB 1973, 1464; *Sudhoff* Der Aufsichtsrat (Beirat) der GmbH & Co. KG, GmbH-Rdsch. 1967, 158; *Teichmann* Gestaltungsfreiheit in Gesellschaftsverträgen (1970) S. 177 ff, 189 ff; *Teubner* Der Beirat zwischen Verbandssouveränität und Mitbestimmung, ZGR 1986, 565; *Ulmer* Großkommentar zum HGB § 109, 51 ff, *Verhoeven* Nochmals: Minderheitenschutz und Beirat in der GmbH, BB 1978, 335; *Voormann* Der Beirat im Gesellschaftsrecht[2] (1990); *Wessing/Max* Zur Rückfallkompetenz der Gesellschafterversammlung bei Funktionsunfähigkeit des Beirats, Festschrift Werner (1984) S. 975; *Westhoff* Bankenvertreter in den Beiräten mittelständischer Unternehmen (1984); *Wiedemann* Verbandssouveränität und Außeneinfluß, Festschrift Schilling (1973) S. 105.

I. Grundlagen

1. Bezeichnung und Erscheinungsformen

297 a) **Bezeichnung.** In der Praxis der GmbH tritt neben die vom Gesetz vorgeschriebenen Organe Gesellschafterversammlung und Geschäftsführung häufig ein weiteres, für das zahlreiche verschiedene Bezeichnungen gebräuchlich sind. Die häufigsten neben Aufsichtsrat sind Beirat, Gesellschafterausschuß oder Verwaltungsrat. Daneben werden aber auch Bezeichnungen wie Gesellschafterrat, Aktionsausschuß, Familienrat, Verwaltungsausschuß, Sachverständigenrat, Schieds- oder Schlichtungsausschuß usw. verwendet. Die Bedeutung aller dieser **Bezeichnungen** liegt nicht fest und ist in der Praxis daher **weitgehend austauschbar**. Schlüsse auf Aufgaben und Zuständigkeit des Organs lassen sich daher kaum aus ihnen ableiten, eine Klassifikation mit ihrer Hilfe erscheint schwer möglich. Immerhin spricht die Bezeichnung Aufsichtsrat für ein Überwachungsorgan, Beirat für ein Beratungsorgan, Verwaltungsrat für ein Organ, das Geschäftsführungsaufgaben erfüllt (vgl. Rdn 18). Die Satzungsfreiheit erlaubt aber auch, dem Organ komplexe Aufgaben zuzuweisen, die sich der Klassifikation nach diesen Kategorien entziehen. Davon wird in der Praxis vielfach Gebrauch gemacht.

Für die **rechtliche Würdigung** ist eine genaue Abgrenzung regelmäßig unnötig, denn **298**
die Beurteilung von Streitfragen kann sich nicht an der verwendeten Bezeichnung orientieren, sondern verlangt eine Gesamtwürdigung der jeweils einschlägigen Satzungsbestimmungen. Eine Ausnahme gilt lediglich für die Frage, ob ein **Aufsichtsrat** vorliegt, denn auf diesen ist § 52 anzuwenden. Sie ist danach zu beantworten, ob das Organ mit Schwerpunkt Überwachungsaufgaben erfüllt (Rdn 17 ff). Im übrigen genügt es, alle Erscheinungsformen unter einem Sammelbegriff zusammenzufassen. Dafür wird hier im folgenden die Bezeichnung **Beirat** verwendet.

b) **Erscheinungsformen.** Die Bedürfnisse, einen Beirat einzurichten, sind äußerst **299**
vielgestaltig[459]. Häufig steht die **Beratung** durch kompetente Persönlichkeiten im Vordergrund, für die vor allem bei Identität von Gesellschaftern und Geschäftsführern Anlaß besteht. Hinzu kommt die **Pflege von Geschäftsbeziehungen** und, beim sogenannten „Prominentenbeirat", die Absicht, die Gesellschaft mit bekannten Persönlichkeiten zu umgeben, von deren gutem Namen sie sich einen Werbeeffekt erhofft. Derartige Beiräte werden in der Regel mit Nichtgesellschaftern besetzt.

Wird die Gesellschaft von Fremdgeschäftsführern geleitet, die nach dem Gesell- **300**
schaftsvertrag eine gewisse Unabhängigkeit von den Gesellschaftern genießen, so kann statt dessen das Bedürfnis in den Vordergrund treten, die Geschäftsführer zu **überwachen**. In solchen Fällen handelt es sich um einen Aufsichtsrat (Rdn 4 ff). Derartige Aufsichtsräte werden üblicherweise teils mit Gesellschaftern, teils mit Externen besetzt. Systematisch ist der fakultative Aufsichtsrat der GmbH ein Unterfall des Beirats.

Das Gewicht des dritten Organs verstärkt sich in dem Maße, in dem ihm neben **301**
der Kontrolle Aufgaben der **Geschäftsführung** zur eigenständigen Wahrnehmung übertragen werden. Eine solche Verlagerung der Kompetenzen kann auf Kosten der Gesellschafterversammlung gehen, etwa wenn diese infolge der großen Zahl der Gesellschafter oder der Aufspaltung in verschiedene Familien schwerfällig geworden ist. Praktisch häufige Beispiele sind die Übertragung der Entscheidung über den Jahresabschluß und die Gewinnverwendung oder über die Bestellung und Abberufung von Geschäftsführern auf einen Beirat. Die Kompetenzzuweisung kann andererseits auch eine Beschränkung der Zuständigkeit und des Einflusses der Geschäftsführer zum Ziel haben. In Beiräten mit derartiger Zwecksetzung überwiegen regelmäßig die Gesellschafter.

In Familiengesellschaften kann es darüber hinaus zweckmäßig sein, die Willensbil- **302**
dung einer Familie in einem **Familienrat** zu koordinieren, der dann auch die Interessen der Familie gegenüber den anderen Gesellschaftern wahrnimmt. Einem solchen Beirat kann auch dann die Aufgabe zufallen, beim Tod eines geschäftsführenden Gesellschaf-

[459] Vgl. zum folgenden namentlich *Fleischer* Die Befugnis der GmbH-Gesellschafter zur Einrichtung eines Zusatzorgans S. 3 ff; *Gaugler/Heimburger* Beiräte mittelständischer Unternehmen S. 61 ff; *Hölters* Der Beirat der GmbH und GmbH & Co. KG S. 3 ff; *Voormann* Die Stellung des Beirats im Gesellschaftsrecht S. 6 ff; *Westhoff* Bankenvertreter in den Beiräten mittelständischer Unternehmen S. 17 ff; *Wiedemann* Festschrift Schilling S. 105 f.

ters dafür zu sorgen, daß das am besten geeignete Familienmitglied nachfolgt, oder zu entscheiden, ob sich der in Aussicht genommene Nachfolger für das Amt eignet. Auch allgemein können einem Beirat Beratungs- oder Entscheidungsbefugnisse in schwierigen, von den Gesellschaftern allein nicht bewältigten Personalangelegenheiten übertragen werden. In anderen Fällen liegt die Hauptaufgabe des Gremiums darin, als **Schieds-** oder **Schlichtungsinstanz** zu wirken, wenn es zu Differenzen zwischen den Gesellschaftern oder Gesellschaftergruppen oder zwischen Geschäftsführern und Gesellschaftern kommt. In beiden letztgenannten Fällen wird der Zweck am ehesten erreicht, wenn der Beirat überwiegend mit Nichtgesellschaftern besetzt wird.

303 Wieder anders liegen die Dinge, wenn das Ziel der Einrichtung eines Beirats darin liegt, eine **freiwillige Arbeitnehmermitbestimmung** zu institutionalisieren. Umgekehrt gibt es Fälle, in denen versucht wird, mit Hilfe eines neben dem obligatorischen Aufsichtsrat eingerichteten Beirats die gesetzliche Mitbestimmung auszuhöhlen (Rdn 347).

304 Schließlich kommen Beiräte vor, mit deren Hilfe **gesellschaftsexternen Interessen** Einfluß auf die unternehmerische Willensbildung verschafft werden soll. Beispielsfälle hierfür sind Beiräte in **Sanierungsfällen**, die von den die Sanierung betreibenden Gläubigern, namentlich Banken, verlangt und besetzt werden; ferner mit Vertretern einer Konzernobergesellschaft besetzte Beiräte als Hilfsmittel der **Konzerneingliederung.**

2. Organisationsrechtliche und schuldrechtliche Beiräte

305 a) **Grundsatz.** Für die rechtliche Qualifikation ist die **Rechtsgrundlage** entscheidend, auf die sich die Einrichtung eines Beirats stützt. Die Beiratsmitglieder können aufgrund eines schuldrechtlichen **Dienstleistungsvertrags** mit der Gesellschaft, vertreten durch die Geschäftsführer, oder mit einzelnen Gesellschaftern berufen werden. In diesem Fall erlangen sie nur obligatorische Rechte und Pflichten, welche die innere Organisation der Gesellschaft selbst nicht verändern können (schuldrechtlicher Beirat). Ein in der **Satzung** verankerter Beirat bekommt demgegenüber die Stellung eines Gesellschaftsorgans, das eigenständig an der Willensbildung in der juristischen Person teilnimmt (statutarischer, organisationsrechtlicher oder „integrierter" Beirat). Die Satzung muß die grundlegenden materiellen Regeln über die Besetzung des Beirats und seine Aufgaben sowie die Bestellung und Abberufung sowie die Rechte und Pflichten der Beiratsmitglieder enthalten (Rdn 320).

306 Aus dem Gesagten folgt, daß ein in der Satzung nicht erwähnter Beirat in der Regel schuldrechtlichen Charakter hat[460]. Haben ihn die Gesellschafter durch einfachen Mehrheitsbeschluß eingerichtet, kann rechtlich auch ein **Ausschuß der Gesellschafterversammlung** vorliegen, der nicht die Stellung eines Gesellschaftsorgans erlangt und keine eigenen Beschlüsse fassen kann. Ist der Beirat in der Satzung verankert, kann die Auslegung gleichwohl ergeben, daß es sich bei den einschlägigen Vorschriften um unechte Satzungsbestandteile handelt, die nur schuldrechtliche Regelungen zum Gegenstand haben (§ 2, 9). Doch wird man in einem solchen Fall gewöhnlich annehmen müssen, daß eine statutarische Lösung gewollt ist. Als zulässig ist es auch anzusehen, wenn die Satzung die Einrichtung eines Beirats nur bedingt für bestimmte Ereignisse vorsieht, bei deren Eintritt er von den Gesellschaftern einzurichten ist, oder wenn sie

---

460 *Wiedemann* Festschrift Schilling S. 105, 107; *Hölters* aaO S. 5; *Voormann* aaO S. 52 f.

die Gesellschafter ermächtigt, einen Beirat mit bestimmten Kompetenzen mit einfacher oder qualifizierter Mehrheit zu bestellen[461].

b) **Schuldrechtliche Beiräte.** Beiräte auf schuldrechtlicher Grundlage sind nicht Organ der Gesellschaft. Sie können **keine organschaftlichen Befugnisse** erlangen, namentlich nicht die Geschäftsführer wie ein Aufsichtsrat überwachen, für die Gesellschaft verbindliche Entscheidungen fällen oder den Geschäftsführern Weisungen erteilen. Die gesellschaftlichen Informationsansprüche (Rdn 114 ff) stehen ihnen nicht zu. Ihre Tätigkeit kann die eigene Verantwortlichkeit der Gesellschaftsorgane für ihre Entscheidung nicht aufheben oder modifizieren. Geschäftsführer, welche sich an die Weisungen eines solchen Gremiums binden, handeln vielmehr rechtswidrig und setzen sich Schadensersatzansprüchen nach § 43 aus. Die Beiratsmitglieder selbst haften nicht nach § 116 AktG, sondern lediglich wegen Vertragsverletzung. **307**

Haben die Gesellschafter einen Beirat durch schuldrechtlichen Vertrag eingesetzt und sich verpflichtet, nur nach seinen Vorgaben abzustimmen oder doch keine Entscheidung zu fällen, ohne ihn vorher angehört zu haben, so bleibt auch eine solche Verpflichtung **ohne gesellschaftsrechtliche Wirkung** (allgemein zur Problematik schuldrechtlicher Nebenabreden der Gesellschafter s. § 3, 116 ff; Anh. § 47, 140 ff). Ein Verstoß dagegen berührt die Wirksamkeit der abgegebenen Stimme und des gefaßten Beschlusses nicht. Die vertragliche Bindung setzt auch die Mitgliedspflichten, namentlich die Treuepflicht gegenüber der Gesellschaft, nicht außer Kraft. Allenfalls vertragliche Schadensersatzansprüche der übergangenen Beiratsmitglieder sind zu erwägen; doch wird in der Regel nicht einmal dieses gewollt sein. Ohne unmittelbare Auswirkung auf das Organisationsgefüge der Gesellschaft bliebe auch eine schuldrechtliche Verpflichtung, einen Beirat einzusetzen[462]. **308**

Der Einfluß eines schuldrechtlichen Beirats auf die Gesellschaft bleibt daher schwach. Er eignet sich nur als **Beratungsgremium**. In der rechtlichen Realität begnügen sich nur etwa 12% aller Beiräte mit dieser Stellung[463]. Da die rechtliche Beurteilung keine über das allgemeine Zivilrecht hinausgehenden Probleme aufwirft, kann auf ihre Behandlung im folgenden verzichtet werden. **309**

c) **Statutarische Beiräte.** Ein in der Satzung fundierter „integrierter" Beirat erlangt demgegenüber die Stellung eines **Gesellschaftsorgans**, das eigene Entscheidungsbefugnisse ausübt und innerhalb des ihm zugewiesenen Kompetenzbereichs die Zuständigkeit der anderen Gesellschaftsorgane verdrängt. Ihm wachsen selbständige, zur Erfüllung seiner Aufgaben notwendige Informationsrechte entsprechend § 90 AktG zu (Rdn 114 ff). Er kann Entscheidungen fällen, die für die anderen Gesellschaftsorgane verbindlich sind, ggf. den Geschäftsführern auch Weisungen erteilen. Jeder Gesellschafter hat ein aus der Satzung fließendes Recht gegenüber den anderen Gesellschaftern, daß der Beirat gemäß den ihm übertragenen Aufgaben tätig werden kann und daß seine Beschlüsse ausgeführt werden[464]. Die nachträgliche Beseitigung des Organs ist nur durch Satzungsänderung möglich (Rdn 321). Die Beiratsmitglieder haften als Organmitglieder gemäß §§ 93, 116 AktG, 43, 52 GmbHG (Rdn 358). Die nachfolgenden Ausführungen beziehen sich auf derartige Beiräte. **310**

---

[461] RGZ 146, 145, 150; *Hölters* aaO S. 10.
[462] *Voormann* aaO S. 53.
[463] Ergebnis einer Umfrage aus den Jahren 1982/1983 von *Gaugler/Heimburger* Beiräte mittelständischer Unternehmen S. 58.
[464] BGH BB 1970, 226; *Wiedemann* Festschrift Schilling S. 105, 108.

3. Gesamtorgan und Gruppenorgan

311 a) **Sachverhalt.** Für die rechtliche Beurteilung bedeutsam ist weiter die Frage, ob der Beirat als Organ der ganzen Gesellschaft oder lediglich als **Interessenvertretung einer Gesellschaftergruppe** in Erscheinung tritt. Ein Gesamtorgan ist der Normalfall. Kraft Gesetzes primär als Gruppenorgan konzipiert sind die Hauptversammlung und der Aufsichtsrat in der KGaA (§§ 285, 287 AktG). Die Einrichtung einer Gruppenvertretung im Gesellschaftsvertrag liegt darüber hinaus überall nahe, wo zwei Klassen von Gesellschaftern auftreten, von denen die eine mit minderen Rechten ausgestattet ist als die andere. Sie hat daher bei der KG, namentlich bei der Publikums-GmbH & Co. KG bisher in Judikatur[465] und Schrifttum[466] die größte Rolle gespielt. Bei der reinen GmbH tritt ein Gruppenorgan vor allem dann auf, wenn der Gesellschaftsvertrag einer Familiengesellschaft vorschreibt, daß die zu einer Familie gehörenden Gesellschafter ihre Rechte durch einen Familienausschuß wahrzunehmen haben, der mit einzelnen Familienmitgliedern besetzt ist.

312 Ob ein Gruppenorgan, d. h. eine reine Interessenvertretung bestimmter Gesellschafter oder Gesellschaftergruppen gewollt ist, muß zunächst mittels **Auslegung** des Gesellschaftsvertrags ermittelt werden. Ein Gremium, dem aufsichtsratsähnliche Funktionen, namentlich die Überwachung der Geschäftsführung übertragen werden, übt diese Funktionen regelmäßig im Interesse der Gesamtgesellschaft aus und ist daher kein Partikularorgan, selbst wenn ihm der Gesellschaftsvertrag daneben die Vertretung der Interessen bestimmter Gesellschafter zuweist[467]. Im Urteil BGH NJW **1985**, 1900, das eine Publikums-KG betrifft, auf die GmbH aber übertragen werden kann, heißt es dazu: „Es ist zwar nicht ausgeschlossen, daß eine Publikumsgesellschaft den Beirat als ein Kontroll-Organ der Kommanditisten-Gesamtheit organisiert. Das müßte aber im Gesellschaftsvertrag deutlich zum Ausdruck kommen; es genügt nicht, daß dem Beirat im Rahmen des rechtlich Zulässigen die Kontrollrechte der Kommanditisten zustehen, wenn es im übrigen heißt, daß „die Gesellschaft“ einen Beirat habe und die Gesellschafterversammlung seine Zusammensetzung bestimmen könne“. Danach wird man ein Gruppenorgan bei der GmbH nur selten finden.

313 b) **Rechtslage.** Rechtlich stellt sich zunächst die Frage, ob ein im Gesellschaftsvertrag vorgesehenes Repräsentativorgan allein einer Gruppe von Gesellschaftern überhaupt als Gesellschaftsorgan eingeordnet werden kann. Sie ist im Schrifttum bisher nicht endgültig geklärt. Als Alternative kommt eine **vertragsrechtliche Konzeption** in Frage, wonach die Beiratsmitglieder die hinter ihnen stehende Gesellschaftergruppe aufgrund eines Auftrags- oder Geschäftsbesorgungsverhältnisses gemäß §§ 164 ff BGB vertreten. Die Aufsichtsratsmitglieder haben sich dann allein nach den Interessen der von ihnen vertretenen Gesellschafter zu richten, sind von deren Weisungen abhängig und allein ihnen gegenüber verantwortlich. Gegenüber der Gesellschaft haften die Gesellschafter für die Pflichtverletzungen der Beiratsmitglieder, die insoweit als ihre Erfüllungsgehilfen erscheinen.

314 Eine solche Konzeption ist rechtlich möglich. Sie mag in Einzelfällen auch zu einer passenden Lösung führen, namentlich wenn nur ein Vertreter bestellt wird, der nach

---

465 BGHZ 64, 238, 244 f = NJW 1975, 1318; 69, 207, 217 = NJW 1977, 2311; BGH WM 1983, 555, 556 f; BGH NJW 1985, 1900.

466 *U. H. Schneider* DB 1973, 953; *Hölters* DB 1980, 2225; *Wiedemann* Festschrift Schilling S. 105; *Schilling*-GroßkommHGB § 163, 18; *K. Schmidt* GesR § 57 II 2; Scholz/*Schmidt* Anh. § 45, 63.

467 BGH NJW 1975, 1318, 1320 (in BGHZ 64, 238 insoweit nicht abgedruckt); BGH WM 1983, 555, 556 f; BGH NJW 1985, 1900, sämtlich zur Publikums-KG.

den Weisungen der von ihm vertretenen Gesellschafter handelt[468]. Doch wird sie unangemessen, sobald die Interessen der Gesellschaftergruppe nach der Satzung durch ein Repräsentativorgan wahrgenommen werden, das mit mehreren Personen, ggf. auch Gruppenfremden, besetzt wird und eigenständig nach dem Mehrheitsprinzip entscheidet. In solchen Fällen handelt es sich der Sache nach nicht um Stellvertretung, sondern um **organschaftliche Repräsentation**[469]. Der Beirat ist daher als Gesellschaftsorgan anzusehen und als solcher der Gesamtgesellschaft verpflichtet, selbst wenn er primär Gruppeninteressen wahrnehmen soll. Dies ist kein Widerspruch. Auch der Aufsichtsrat ist als Interessenvertretung der Gesellschafter entstanden und soll dort, wo er nach den Mitbestimmungsgesetzen pluralistisch besetzt wird, die Interessen einerseits der Anteilseigner, andererseits der Arbeitnehmer im Rahmen des Unternehmensganzen zur Geltung bringen. Bei einem monistisch besetzten Gruppenorgan liegen diese Zusammenhänge nicht prinzipiell anders. Die Spannung zwischen Gruppeninteresse und Gesellschafts- bzw. Unternehmensinteresse braucht nicht zu einer anderen begrifflichen Einordnung zu führen, sondern kann bei der Verantwortlichkeit und Haftung der Beiratsmitglieder berücksichtigt werden (Rdn 356 ff).

4. Anzuwendendes Recht

a) **Satzungsfreiheit.** Rechtliche Grundlage organisationsrechtlicher Beiräte ist allein die Satzung. Im Gesetz finden sich keinerlei einschlägige Vorschriften; lediglich § 82 Abs. 2 Nr. 2, der von den Mitgliedern eines Aufsichtsrats oder „ähnlichen Organs" spricht, läßt erkennen, daß das Gesetz Beiräte für zulässig erachtet und mit ihnen rechnet. Die Satzungsfreiheit folgt mittelbar auch aus der in § 52 Abs. 1 für den fakultativen Aufsichtsrat gewährten Freiheit. Sie gilt prinzipiell für **alle einschlägigen Fragen**, namentlich also für die Einsetzung und Beseitigung eines Beirats, seine Größe und Zusammensetzung, für die Wahl, Amtsperiode und Abberufung der Beiratsmitglieder, für sein Verfahren, seine Aufgaben und Zuständigkeit, für die Verantwortlichkeit und Haftung der Beiratsmitglieder. Bei allen Zweifelsfragen und Streitigkeiten ist zunächst durch – ggf. ergänzende – Satzungsauslegung nach den üblichen Methoden zu ermitteln, welche Regelung vereinbart wurde oder dem mutmaßlichen Willen der Gesellschafter am besten entspricht. Es empfiehlt sich, alle einschlägigen Punkte möglichst eingehend zu regeln. **315**

Fehlen einschlägige Satzungsbestimmungen und führt die Auslegung zu keinem befriedigenden Ergebnis, so besteht eine rechtliche Lücke. Die in § 52 Abs. 1 enthaltene Verweisung auf aktienrechtliche Vorschriften über den Aufsichtsrat greift nach ihrem Wortlaut nicht ein, da sie nur gilt, wenn die Begriffsmerkmale des Aufsichtsrats erfüllt sind (Rdn 17 ff). Notwendig ist vielmehr ein Rückgriff auf **allgemeine Grundsätze des Körperschaftsrechts**, wobei allerdings das Recht des Aufsichtsrats (§ 95 ff AktG), daneben aber auch das Recht der Gesellschafterversammlung (§§ 46 ff) und der vereinsrechtlichen Mitgliederversammlung (§ 32 ff BGB) als Anhaltspunkte und Leitlinien dienen können. **316**

b) **Grenzen der Satzungsfreiheit.** Bei dieser Ausgangslage steht für die rechtliche Würdigung der Beiratsverfassung die Frage nach den Grenzen der Satzungsfreiheit im Mittelpunkt. Sie muß bei jeder Einzelfrage gesondert untersucht werden. Besonders zugespitzt stellt sie sich im Hinblick auf das Ausmaß, in dem auf der einen Seite die **317**

---

[468] Vgl. die Vertreterklausel in BGHZ 46, 291, 293 ff = NJW 1967, 826 zur KG.

[469] So vor allem *Wiedemann* Festschrift Schilling S. 105, 108 f; *Voormann* aaO S. 64 ff.

Gesellschafter, auf der anderen die Geschäftsführer zugunsten eines Beirats entmachtet werden können. Bei der Lösung ist davon auszugehen, daß ein Beirat nicht tätig werden kann, wo das **Gesetz** selbst bestimmte Aufgaben **zwingend** den Gesellschaftern oder den Geschäftsführern zuweist (vgl. näher Rdn 339 ff). Daher kann einem Beirat z. B. die Befugnis zur Satzungsänderung nicht übertragen werden (Rdn 341), ebensowenig die organschaftliche Vertretung der Gesellschaft (Rdn 339). Auch unentziehbare Mitgliedsrechte der Gesellschafter (§ 14, 27) und Minderheitsrechte können durch die Einsetzung eines Beirats nicht beseitigt oder ausgehöhlt werden (Rdn 345 f). Schließlich darf ein Beirat nicht als Mittel dienen, die im obligatorischen Aufsichtsrat angesiedelte Mitbestimmung auszuhöhlen (Rdn 347 ff).

318 Noch nicht endgültig geklärt ist, ob es über diese im Gesetz selbst verankerten Schranken **institutionelle Grenzen der Satzungsfreiheit** gibt. Dabei handelt es sich zunächst um die Frage, ob ein Beirat auch überwiegend oder ganz **mit Nichtgesellschaftern besetzt** werden kann. Von zahlreichen Autoren wird die Meinung vertreten, der Grundsatz der Verbandssouveränität fordere eine überwiegende Besetzung mit Gesellschaftern jedenfalls dann, wenn dem Beirat Geschäftsführungsbefugnisse übertragen werden[470]. Das kann jedoch nicht überzeugen. Die Besetzung von Beiräten mit Nichtgesellschaftern ist im GmbH-Gesetz nicht untersagt, auch eine Begrenzung ihrer Zahl auf eine Minderheit im Beirat nirgends vorgesehen. Im Gegenteil belegt das Recht des Aufsichtsrats, daß hier keine Grenzen bestehen[471]. Anders als im Personengesellschaftsrecht (Selbstorganschaft) gibt es auch keine rechtliche Grundlage für eine Regel, wonach Beiräten, die überwiegend mit Nichtgesellschaftern besetzt sind, bestimmte Kompetenzen vorenthalten bleiben, die einem mehrheitlich mit Gesellschaftern besetzten Beirat eingeräumt werden können. Beide Differenzierungen würden zudem den praktischen Bedürfnissen offenkundig zuwiderlaufen. Sie wären überdies nur schwer praktikabel, weil griffige Abgrenzungsmerkmale fehlen[472]. Die Lösung ist vielmehr darin zu suchen, daß alle Beiratsmitglieder kraft ihres Amtes in ein organschaftliches Pflichten- und Treueverhältnis zur Gesellschaft treten, das es ihnen gebietet, bei der Ausübung ihres Amtes die Gesellschaftsinteressen zu verfolgen und Drittinteressen dahinter zurückzustellen (Rdn 356 ff)[473]. Außerdem muß sichergestellt werden, daß Beiratsmitglieder, die pflichtwidrig Fremdinteressen verfolgen, von den Gesellschaftern ohne weiteres wieder abberufen werden können (Rdn 328).

319 Zum zweiten wird erwogen, ob einer **Kumulation von Entscheidungsbefugnissen** in den Händen eines Beirats institutionelle Grenzen gesetzt sind, wenn dadurch sowohl die Geschäftsführer wie die Gesellschafter ihres Einflusses auf die Gesellschaft weitgehend beraubt werden und das auf der wechselseitigen Kontrolle der Organe beruhende Organisationsgefüge der GmbH aus den Angeln gehoben wird. Hält man an der zwingenden Zuständigkeit der Gesellschafterversammlung für die Satzungsänderungen und andere Grundlagenentscheidungen (Rdn 341 f) und an ihrer unentziehbaren Befugnis fest, die letzte Kontrolle über einen Beirat auszuüben (Rdn 345 f), so ist eine

---

470 *Wiedemann* Festschrift Schilling S. 105, 111 ff; *ders.* GesR I S. 371; *Teichmann* Gestaltungsfreiheit in Gesellschaftsverträgen S. 189 ff; *Voormann* aaO S. 110 ff.

471 Im Ergebnis ebenso *Hölters* Der Beirat der GmbH und GmbH & Co. KG S. 22 f, 38; *ders.* GmbH-Rdsch. 1980, 50, 52; *Großfeld/Brondics* AG 1987, 293, 299; *Hennerkes/Binz/May* DB 1987, 469, 474; *dies.* NJW 1988, 2761, 2762; Scholz/*Schmidt* § 45, 13; *Schilling*-Voraufl. § 45, 15; Fischer/*Lutter/Hommelhoff* § 46, 1; Rowedder/*Koppensteiner*² § 45, 7.

472 Dies belegen die Abgrenzungsversuche von *Wiedemann* aaO S. 119; *Voormann* aaO S. 114 ff; wie im Text vor allem *Teubner* ZGR 1986, 565, 567 ff.

473 *Teubner* ZGR 1986, 565, 572; *Fleischer* Die Befugnis der GmbH-Gesellschafter zur Einrichtung eines Zusatzorgans S. 116 ff; *Westhoff* Bankenvertreter in den Beiräten mittelständischer Unternehmen S. 33 ff; *Konzen* NJW 1989, 2977, 2980.

derartige Monopolisierung der Unternehmensleitung in einem Beirat schwer denkbar. Immerhin kann ein Beirat als Mittel der Konzernherrschaft in Betracht kommen. In solchen Fällen ist auf die besonderen Rechtsfolgen des Konzernrechts zurückzugreifen. Weitergehende institutionelle Schranken der Satzungsfreiheit, Entscheidungsbefugnisse in einem Beirat zu kumulieren, erscheinen beim gegenwärtigen Kenntnisstand dagegen nicht erforderlich.

II. Einsetzung und Auflösung des Beirats

1. Einsetzung

Die Einsetzung eines Beirats als Gesellschaftsorgan bedarf der rechtlichen Grundlage **320** in der **Satzung**. Sie kann schon in der ursprünglichen Satzung enthalten sein oder nachträglich durch Satzungsänderung eingeführt werden. Im Normalfall genügt die für Satzungsänderungen erforderliche Mehrheit. Einstimmigkeit ist nur erforderlich, wenn Sonderrechte zugunsten einzelner Gesellschafter auf Sitz in dem Beirat oder Benennung eines Beiratsmitglieds begründet werden sollen, welche die Mitgliedsrechte der anderen Gesellschafter verkürzen[474]. Schmälert die Einsetzung des Beirats ein bestehendes Sonderrecht, so ist die Zustimmung des betroffenen Gesellschafters nötig. Die Satzung muß die grundlegenden Vorschriften über die Einsetzung und Besetzung des Beirats, über seine Aufgaben und über die Bestellung und Abberufung seiner Mitglieder enthalten. Alle anderen Fragen können in einer **Geschäftsordnung** geregelt werden, welche von den Gesellschaftern mit einfacher Mehrheit, ggf. auch vom Beirat selbst beschlossen werden kann[475]. Die Satzung kann sich jedoch auch darauf beschränken, die Gesellschafterversammlung zur Einrichtung eines Beirats mit bestimmten Kompetenzen mit einfacher oder qualifizierter Mehrheit zu ermächtigen[476]. Sie kann auch einem Gesellschafter ein Sonderrecht zur Errichtung eines Beirats mit bestimmten Aufgaben oder zur Berufung einzelner oder aller Beiratsmitglieder gewähren. Die **Anmeldung zum Handelsregister** erfolgt mit der Anmeldung der Satzungsänderung (§ 54). Eine Bekanntmachung der Beiratsmitglieder gemäß § 52 Abs. 2 ist nur erforderlich, wenn die Begriffsmerkmale eines Aufsichtsrats erfüllt sind (Rdn 17, 24).

2. Auflösung

Eine **Satzungsänderung** ist auch nötig zur nachträglichen Abschaffung des organschaftlichen Beirats. Der dazu notwendige Gesellschafterbeschluß muß daher mit Dreiviertelmehrheit gefaßt, notariell beurkundet und zum Handelsregister angemeldet werden (§§ 53, 54). Ein wichtiger Grund braucht nicht vorzuliegen. Ist einem Gesellschafter ein Sonderrecht auf Mitgliedschaft im Beirat oder auf Entsendung eines Beiratsmitglieds eingeräumt, das durch die Abschaffung entfällt, ist dessen Zustimmung erforderlich[477]. Besteht ein Sonderrecht auf Bestellung des Beirats, von dem der berechtigte Gesellschafter Gebrauch gemacht hat, so ist dieser zur Auflösung berechtigt. Die Gesellschafterversammlung kann das Sonderrecht gegen den Willen des Berechtigten nur entziehen, wenn ein wichtiger Grund vorliegt (§ 14, 24). Nur unter diesen Voraussetzungen kann sie daher auch den Beirat ihrerseits auflösen. **321**

---

474 *Ulmer*-Voraufl. § 53, 124; Scholz/*Priester* § 53, 109, 114.

475 *Voormann* aaO S. 55; *Hölters* aaO S. 10, 27 f.

476 RGZ 146, 145, 150 zum fakultativen Aufsichtsrat.

477 HM, *Ulmer*-Voraufl. § 53, 124; Scholz/*Priester* § 53, 87, 109, 124.

III. Größe und Zusammensetzung

1. Größe

322 Die Größe des Beirats liegt im **Belieben der Gesellschafter**. Das Gesetz gibt keinerlei Vorgaben, namentlich ist § 95 AktG nicht anzuwenden. Fehlt eine Regelung in der Satzung und kann die Lücke nicht durch ergänzende Auslegung geschlossen werden, so ist es die Aufgabe der Gesellschafterversammlung, die Größe festzulegen. Sie kann aber auch den Personen überlassen werden, welche die Beiratsmitglieder bestellen.

2. Zusammensetzung

323 Die Gesellschafter sind auch frei, in der Satzung oder durch Gesellschafterbeschluß die Zusammensetzung des Beirats festzulegen. Es können unbegrenzt auch **Nichtgesellschafter** berufen werden. Die im Schrifttum demgegenüber vertretene Ansicht, wonach in Beiräten, die mit Geschäftsführungsaufgaben betraut sind, Nichtgesellschafter in der Minderheit bleiben müssen, ist abzulehnen (Rdn 318). Die Gesellschafter können auch Vertreter der Arbeitnehmer in beliebiger Anzahl in einen Beirat berufen. Es besteht kein Anlaß, unter mitbestimmungsrechtlichen Gesichtspunkten hier eine Schranke aufzurichten[478].

IV. Bestellung, Amtszeit und Abberufung der Beiratsmitglieder

1. Bestellung

324 Auch die Bestellung der Beiratsmitglieder ist in der Satzung zu regeln, wobei volle **Satzungsfreiheit** herrscht[479]. Es gelten die gleichen Grundsätze wie für den fakultativen Aufsichtsrat (Rdn 39 – 41). Ist der Beirat mit Überwachungsaufgaben betraut, so ist es unzulässig, die Geschäftsführer mit der Bestellung der Beiratsmitglieder zu betrauen, weil die zu Kontrollierenden nach allgemeinen Grundsätzen des Körperschaftsrechts nicht ihre eigenen Kontrolleure berufen können. In anderen Fällen steht jedoch nichts entgegen, die Berufung den Geschäftsführern zu überlassen[480]. Die Satzung kann auch das Recht zur Entsendung von Beiratsmitgliedern zugunsten einzelner Gesellschafter, Gesellschaftergruppen oder Familienstämme statuieren (Rdn 42). Nach richtiger Ansicht sind auch Entsendungsrechte zugunsten von Nichtgesellschaftern zulässig (Rdn 43).

325 Fehlt eine einschlägige Satzungsbestimmung, so muß **aus den Umständen** abgeleitet werden, wer zur Bestellung der Beiratsmitglieder zuständig sein soll. Handelt es sich um ein Gesamtorgan (Rdn 311), entscheidet im Zweifel die Gesellschafterversammlung mit einfacher Mehrheit. Ein Gruppenorgan wird von den Mitgliedern der Gruppe berufen, die es repräsentiert, wobei auch hier im Zweifel einfache Mehrheit genügt[481]. Für jedes Beiratsmitglied kann auch ein Stellvertreter oder ein Ersatzmitglied berufen werden (Rdn 45). Eine Notbestellung durch das Gericht analog §§ 29 BGB oder 104 AktG findet hingegen nicht statt (Rdn 46). Das Beiratsmandat wird wirksam, wenn der Gewählte die Wahl annimmt (Rdn 47).

---

478 OLG Bremen NJW 1977, 1153, 1154 f = AG 1977, 257 mit Anm. *Heidemann/Joerges*; *Hommelhoff* ZHR 148 (1984), 118, 120; *Vollmer* Die Entwicklung partnerschaftlicher Unternehmensverfassungen S. 126 ff, 134; *Loritz* ZGR 1986, 310, 325 ff; vgl. auch *Flume* I/1 S. 235 ff; **aA** *Voormann* aaO S. 119 ff.

479 Einzelheiten bei *Voormann* aaO S. 127 ff.

480 *Hölters* aaO S. 30; *Voormann* aaO 129.

481 Differenzierend *Voormann* aaO S. 130 f.

2. Persönliche Wählbarkeitsvoraussetzungen

Obleich § 100 Abs. 1 AktG nicht gilt, können nach allgemeinen Regeln des Körperschaftsrechts nur **natürliche**, unbeschränkt geschäftsfähige **Personen** in einem Beirat berufen werden (Rdn 30)[482]. **Nicht anzuwenden** sind hingegen die **Inkompatibilitätsregeln** der §§ 100 Abs. 2 S. 1 Nr. 1 – 3 und 105 AktG (Rdn 31 – 37). Wie zum fakultativen Aufsichtsrat ist auch zum Beirat umstritten, ob es einen zwingenden Grundsatz des Körperschaftsrechts gibt, wonach Organmitglieder eines von der Gesellschaft abhängigen Unternehmens nicht Beiratsmitglied sein können[483]. Mangels gesetzlicher Regelung gibt es für ein Verbot indessen keine ausreichende Rechtsgrundlage. Ebensowenig besteht Anlaß, die Bestellung von Geschäftsführern zu Beiratsmitgliedern generell als unzulässig anzusehen (Rdn 36 f). Auch wenn die Gesellschaft einen obligatorischen Aufsichtsrat hat, steht ferner nichts im Wege, einzelne Aufsichtsratsmitglieder zugleich in einen Beirat zu berufen (Rdn 347 ff)[484]. Allerdings wird man in allen Fällen, in denen der Beirat über Maßnahmen beschließt, die zur Überwachung der Geschäftsführung zu rechnen sind, ein Stimmverbot der Geschäftsführer anzunehmen haben, weil niemand sein eigener Kontrolleur sein kann (Rdn 37). Sonderregeln müssen für Beiräte gelten, die **schiedsrichterliche Aufgaben** erfüllen sollen. Da niemand Schiedsrichter in eigener Sache sein kann, können in einen solchen Beirat nicht Personen berufen werden, die in den zu entscheidenden Streitigkeiten Partei sein können[485]. Im übrigen können die Gesellschafter wie beim fakultativen Aufsichtsrat weitere persönliche Voraussetzungen für die Mitgliedschaft im Beirat statuieren (Rdn 38). **326**

3. Amtszeit

Mangels gesetzlicher Vorgaben kann die **Satzung** die Amtszeit der Beiratsmitglieder beliebig regeln. Es gelten dieselben Regeln wie für den fakultativen Aufsichtsrat (Rdn 48 f). Fehlt eine Regelung in der Satzung, kann auch die **Gesellschafterversammlung** die Amtszeit im Bestellungsbeschluß begrenzen. Ist nichts bestimmt, dauert sie unbefristet bis auf Widerruf. **327**

4. Abberufung

Zuständig zur Abberufung ist grundsätzlich das **Bestellungsorgan**, bei von der Gesellschafterversammlung gewählten Beiratsmitgliedern also die Gesellschafterversammlung, bei einem Gruppenbeirat die Mitglieder der Gruppe, bei entsandten Beiratsmitgliedern der Entsendungsberechtigte. Die Voraussetzungen müssen auch hier in der Satzung geregelt werden. Fehlt eine entsprechende Satzungsvorschrift, ist anzunehmen, daß der Abberufungsbeschluß dieselbe Mehrheit erfordert wie die Bestellung. Eine Begründung ist nicht erforderlich, namentlich braucht kein wichtiger Grund vorzuliegen, denn die Mitglieder eines Beirats haben kein Recht auf ihr Amt und keine schutzwürdige Position eigenverantwortlicher Amtsführung (vgl. § 103 Abs. 1 AktG). Doch kann ihre Rechtsstellung im Gesellschaftsvertrag so ausgestaltet und abgesichert sein, daß vor Ablauf der regulären Amtsperiode nur eine Abberufung aus wichtigem Grund als gewollt erscheint[486]. Das gilt z. B., wenn ein Beiratsmitglied ausdrücklich **328**

---

482 *Voormann* aaO S. 136.

483 Bejahend *Maulbetsch* Beirat und Treuhand in der Publikumspersonengesellschaft S. 82; *Sudhoff* GmbH-Rdsch. 1967, 158, 159; differenzierend *Hölters* aaO S. 33; verneinend *Voormann* aaO S. 137.

484 *Voormann* aaO S. 138; Scholz/*Schneider* 161; **aA** *Hölters* aaO S. 34 f; *ders.* GmbH-Rdsch. 1980, 50, 53 f.

485 *Hölters* aaO S. 35; *Voormann* aaO S. 138.

486 *Voormann* aaO S. 133 f; *Hölters* aaO S. 31; *Wiedemann* Festschrift Schilling S. 105, 122 f.

auf Lebenszeit berufen ist. Besteht ein Sonderrecht auf Mitgliedschaft im Beirat, so ist die Abberufung gegen den Willen des Berechtigten gleichfalls nur aus wichtigem Grund zulässig (§ 14, 24). Ist die Bestellung als echter Satzungsbestandteil bereits im Gesellschaftsvertrag festgeschrieben, so setzt sie eine Satzungsänderung voraus.

329 Liegt ein **wichtiger Grund** vor, so muß darüber hinaus die Gesellschaftermehrheit generell berechtigt sein, ein untragbar gewordenes Beiratsmitglied auch gegen den Willen derjenigen Personen abzuberufen, die es bestellt haben. Dies folgt aus allgemeinen Regeln des Körperschaftsrechts, namentlich aus dem Grundsatz, daß den Gesellschaftern die Herrschaft über die Gesellschaft nicht vollständig entzogen werden kann. Für den Aufsichtsrat der AG sieht § 103 Abs. 3 AktG in einem solchen Fall die Abberufung auf Antrag des Aufsichtsrats durch das Gericht aus wichtigem Grund vor (Rdn 191 – 193). Die Vorschrift ist auf Beiräte einer GmbH nicht entsprechend anzuwenden, doch bedarf es hier eines gleichartigen Ventils. Immerhin ist anzunehmen, daß der Abberufungsbeschluß in einem solchen Fall nur mit einer Mehrheit von drei Vierteln der abgegebenen Stimmen wirksam wird (Rdn 54)[487]. Nur wenn der Beirat unternehmensleitende Aufgaben wahrnimmt, muß entsprechend §§ 38 Abs. 2 GmbHG, 84 Abs. 3 AktG einfache Mehrheit genügen. Ein wichtiger Grund liegt vor, wenn ein Beiratsmitglied pflichtwidrig Drittinteressen verfolgt, anstatt sich von dem Unternehmensinteresse leiten zu lassen (Rdn 360 ff).

5. Andere Beendigungsgründe

330 Für die Beendigung des Beiratsmandats infolge des Todes des Mitgliedes, des Verlusts der persönlichen Voraussetzungen, des Erlöschens der Gesellschaft, des Wegfalls des Beirats und der Amtsniederlegung gilt das zum fakultativen Aufsichtsrat Ausgeführte (Rdn 55 – 60).

V. Innere Ordnung des Beirats

1. Satzungsfreiheit

331 Gesetzliche Regeln zur Einberufung von Beiratssitzungen, zum Recht auf Teilnahme an den Sitzungen, zur Bestellung eines Vorsitzenden und zur Sitzungsleitung, zur Bildung von Ausschüssen, zu Beschlußfähigkeit und zur Abstimmung fehlen. § 52 Abs. 1 verweist nicht einmal für den fakultativen Aufsichtsrat auf die einschlägigen §§ 107 – 109 AktG, lediglich § 110 AktG ist entsprechend anzuwenden. Die Fragen müssen daher in der Satzung oder Geschäftsordnung für den Beirat (Rdn 320) geregelt werden, was sich für die Praxis dringend empfiehlt. Fehlen einschlägige Bestimmungen, so können Zweifelsfragen von den Beteiligten zunächst nur ad hoc einverständlich geregelt werden. Kommt es zum Streit, so ist die Gesetzeslücke auf der Grundlage allgemeiner körperschaftsrechtlicher Prinzipien durch Richterrecht auszufüllen. Die Rechtslage deckt sich mit der beim fakultativen Aufsichtsrat, weshalb auf die Darstellung hierzu verwiesen werden kann (Rdn 61 – 68)[488].

2. Fehlerhafte Beiratsbeschlüsse

332 a) **Inhaltsmängel.** Die rechtliche Behandlung fehlerhafter Beiratsbeschlüsse ist ungeklärt. Die überwiegende Ansicht orientiert sich je nach den vom Beirat ausgeübten

[487] Vgl. BGH WM 1970, 246, 248 zur KG (insoweit in NJW 1970, 706 nicht abgedruckt).

[488] Vgl. auch die Hinweise bei *Voormann* aaO S. 165 – 169; *Hölters* aaO S. 27 – 29.

Funktionen an den Regeln, die eingreifen würden, wenn das originäre gesetzliche Gesellschaftsorgan die Aufgabe wahrnimmt. Sie sieht sich bei inhaltlichen Beschlußmängeln folgerichtig zu einer **doppelten Unterscheidung** genötigt: Soweit der Beirat Aufgaben der Geschäftsführer wahrnimmt, treffen ihn die gleichen Pflichten wie diese. Die Gesellschafter können die Entscheidungen des Beirats jedoch grundsätzlich nicht mit einer Unterlassungs- oder Nichtigkeitsklage angreifen, vielmehr bewendet es in entsprechender Anwendung der **§§ 43, 46 Nr. 8** bei Schadensersatzansprüchen. Eine Ausnahme gilt im Gefolge des Holzmüller-Urteils (BGHZ 83, 122) lediglich in den Fällen, in denen der Beirat die ihm zugewiesenen Kompetenzen überschreitet. Soweit dem Beirat hingegen Aufgaben der Gesellschafterversammlung übertragen wurden, gelten die Vorschriften über die gerichtliche Kontrolle von Gesellschafterbeschlüssen entsprechend. Hierzu übernimmt die hA folgerichtig die für die Kontrolle von Gesellschafterbeschlüssen anerkannte Analogie zu **§§ 241 ff AktG** (Anh. § 47). Beiratsbeschlüsse, die an einem besonders schweren Inhaltsmangel leiden, sind danach nichtig. Die Nichtigkeit kann mittels Feststellungklage geltend gemacht werden. Bei weniger schwerwiegenden Mängeln ist die Anfechtungsklage gegeben, sofern deren nähere Voraussetzungen erfüllt sind[489]. Diese Lehre folgt dem Satz von *Immenga*[490], wonach Organentscheidungen, die auf einer Funktionsübertragung beruhen, demselben System von Bindungen unterstehen müssen und andernfalls als Verstoß gegen die Gesellschaftsrechtsordnung zu qualifizieren sind.

Diese Auffassung kann **nicht befriedigen**. Zunächst berücksichtigt sie die Zweifel **333**
noch nicht, die seit einiger Zeit an der Eignung des aktienrechtlichen Instrumentariums zur Kontrolle von Gesellschafterbeschlüssen für die GmbH aufgetreten sind und zu einer Revision der Lehre von der analogen Anwendung der §§ 241 ff AktG auf die GmbH nötigen (s. Anh. § 47, 4 ff, 9 ff). Diese Zweifel führen dazu, bei den Rechtsmitteln gegen fehlerhafte Aufsichtsratsbeschlüsse auf die Unterscheidung zwischen Nichtigkeits- und Anfechtungsklage zu verzichten und statt dessen generell die Nichtigkeitsfeststellungsklage zuzulassen, sofern der Kläger ein Rechtsschutzinteresse geltend machen kann (Rdn 82 ff). Dasselbe sollte für die Klage gegen Beiratsbeschlüsse gelten.

Darüber hinaus erscheint aber auch die Differenzierung danach, ob der Beirat **334**
Aufgaben der Geschäftsführer oder der Gesellschafterversammlung wahrnimmt, unangemessen. Sie dürfte in der Praxis zu kaum überwindlichen Abgrenzungsschwierigkeiten führen. Rechtlich verfehlt sie den Aufbau der GmbH, da die Gesellschafterversammlung nach dem Gesetz sämtliche Geschäftsführungsentscheidungen an sich ziehen und den Geschäftsführern dazu Weisungen erteilen kann. Denn so gesehen können alle an einen Beirat übertragenen Aufgaben der Geschäftsführung als Delegation von Gesellschafterrechten begriffen werden, die denselben Bindungen unterliegen wie Gesellschafterbeschlüsse. Es besteht auch kein Anlaß, einem Beirat in Geschäftsführungsangelegenheiten einen Freiraum unternehmerischer Ermessensentscheidungen zuzubilligen, in den die Gesellschafter mit einer Nichtigkeitsklage nicht eindringen können, der vielmehr lediglich nachträglich Schadensersatzklagen wegen Pflichtverletzung erlaubt. Soweit Geschäftsführer einen solchen Schutz genießen, ist ihnen ein Beirat nicht gleichzustellen, denn eine eigenverantwortliche Unternehmensleitung steht ihm nicht zu (Rdn 339).

---

[489] BGHZ 43, 261, 265 = NJW 1965, 1378; OLG Düsseldorf GmbH-Rdsch. 1983, 124 f; *Immenga* Die personalistische Kapitalgesellschaft S. 346; *Hölters* aaO S. 42 ff; *ders.* BB 1977, 105, 109; *Schilling*-Voraufl. § 45, 15; Scholz/*Schmidt* § 45, 184 ff; *Voormann* aaO S. 174 ff. Im einzelnen bestehen deutliche Unterschiede zwischen den genannten Autoren.

[490] *Immenga* Die personalistische Kapitalgesellschaft S. 346.

335 Im Ergebnis kann daher gemäß der hier vertretenen Ansicht **jeder Gesellschafter** alle mit inhaltlichen Mängeln behafteten Beiratbeschlüsse mit der **Nichtigkeitsfeststellungsklage** angreifen, sofern er ein Rechtsschutzinteresse darlegen kann und die Klage nicht wegen Zeitablaufs verwirkt ist. Es gilt dasselbe wie beim fakultativen Aufsichtsrat (Rdn 80 – 84). Beschlüsse eines **Gruppenbeirats** können zunächst von den Gruppenmitgliedern angegriffen werden. Da auch ein Gruppenbeirat ein Unternehmensorgan darstellt (Rdn 314), sind darüber hinaus aber auch die nicht zur Gruppe gehörenden Gesellschafter als klageberechtigt anzusehen. Für eine Nichtigkeitsklage der Geschäftsführer und der Beiratsmitglieder selbst ist das Rechtsschutzinteresse im Regelfall gleichfalls zu bejahen.

336 b) **Verfahrensmängel.** Nach denselben Regeln sind Fehler im Verfahren eines Beirats zu beurteilen. Es gelten die Ausführungen zum fakultativen Aufsichtsrat entsprechend (Rdn 85).

337 c) **Vornahmeklage.** Ist ein Beirat nach den Vorschriften der Satzung oder aufgrund der den Beiratsmitgliedern obliegenden Treuepflicht (Rdn 360) zur Vornahme einer Handlung oder doch dazu verpflichtet, einen Beschluß über eine bestimmte Frage herbeizuführen, so fragt sich, ob ein Gesellschafter auch auf Vornahme der Handlung bzw. Herbeiführung des Beschlusses klagen kann. Die Frage ist noch wenig geklärt[491]. Sie muß nach den für die Treuepflicht der Gesellschafter geltenden Regeln behandelt werden. Wäre ein Gesellschafter kraft seiner Treuepflicht verpflichtet, einem Beschlußantrag zuzustimmen, sofern die Angelegenheit in der Gesellschafterversammlung zu behandeln und nicht an den Beirat delegiert wäre, so sind auch die Beiratsmitglieder zur Vornahme verpflichtet. Jeder Gesellschafter kann den Anspruch mit der Klage durchsetzen.

VI. Aufgaben und Kompetenzen des Beirats

1. Satzungsfreiheit

338 Gemäß der Vielfalt der mit der Einsetzung eines Beirats verfolgten Zwecke (Rdn 299 ff) sind die Aufgaben und Kompetenzen, die einem Beirat übertragen werden, außerordentlich **verschieden.** Es kommen Anhörungsrechte und Beratungspflichten, Kontrollbefugnisse zur Überwachung der Gesellschafter einschließlich von Zustimmungsvorbehalten bei bestimmten Geschäften, Geschäftsführungsaufgaben und Weisungsbefugnisse gegenüber den Geschäftsführern, die Bestellung und Abberufung der Geschäftsführer und von Prokuristen und leitenden Angestellten, die Verabschiedung des Jahresabschlusses und der Beschluß über die Gewinnverteilung, die Zustimmung zur Abtretung von Geschäftsanteilen, die Übernahme zahlreicher anderer nach dem Gesetz der Gesellschafterversammlung obliegender Aufgaben, schließlich schiedsrichterliche Funktionen bei Streitigkeiten in der Gesellschaft in Frage[492]. Einem Beirat kann auch die Aufgabe übertragen werden, allgemeine Grundsätze für die Geschäftsführung aufzustellen und Rahmenanweisungen an die Geschäftsführer zu geben. Grundsätzlich gilt Satzungsfreiheit. Für die rechtliche Würdigung ist demnach zu fragen, welche Grenzen der Satzungsfreiheit gesetzt sind (siehe schon oben Rdn 317 ff).

---

491 Vgl. *Voormann* aaO S. 182 ff; allgemein zu den Gesellschafterklagen zuletzt *Zöllner* ZGR 1988, 392, 414 f; *Raiser* ZHR 153 (1989) 1, 32 ff; *Grunewald* Die Gesellschafterklage in der Personengesellschaft und der GmbH (1990).

492 Vgl. *Hölters* aaO S. 11 ff; *Voormann* aaO S. 6 ff.

2. Zwingende Zuständigkeit der Geschäftsführer

Nicht auf einen Beirat übertragbar sind die Aufgaben, die kraft zwingender gesetzlicher Regelung von den Geschäftsführern wahrzunehmen sind. Dazu gehört in erster Linie die **organschaftliche Vertretung** der Gesellschaft (§ 35). Diese umfaßt auch das Recht, Arbeitsverträge, Betriebsvereinbarungen und Tarifverträge abzuschließen, ferner das arbeitsrechtliche Direktionsrecht gegenüber den Arbeitnehmern auszuüben. Auch sind die Geschäftsführer allein befugt, rechtsgeschäftliche Vertretungsmacht, namentlich Prokura und Handlungsvollmacht, für die Gesellschaft zu erteilen. Diese Befugnisse sichern ihnen, selbst wenn sie im Innenverhältnis an Weisungen der Gesellschafterversammlung oder eines Beirats gebunden werden, einen gewissen Handlungsspielraum und ein Eigengewicht, zumal de facto schwerlich in allen Vertretungsfällen die Weisungen der Gesellschafter oder des Beirats eingeholt werden können. In eigener Verantwortung haben die Geschäftsführer weiter die Vorschriften zur **Erhaltung des Stammkapitals** zu beachten (§§ 30, 31, 33, 43 Abs. 3, 49 Abs. 3), die im Gesetz vorgeschriebenen **Anmeldungen zum Handelsregister** zu bewirken (§§ 7, 39, 40, 54 u. a.), für die ordnungsgemäße **Buchführung** zu sorgen (§ 41), den **Jahresabschluß** aufzustellen, jedoch nicht festzustellen (§ 42 a), schließlich **Konkursantrag** zu stellen, wenn die Gesellschaft zahlungsunfähig oder überschuldet ist (§ 64). Hinzu kommt die eigene Verantwortung für die Abgabe ordnungsgemäßer Steuererklärungen nach § 34 AO, für einwandfreies wettbewerbliches Verhalten (§ 4 Abs. 2 UWG), für die Einhaltung gewisser Vorschriften zum Umweltschutz u. ä. **339**

Im Schrifttum wird die Frage erörtert, ob den Geschäftsführern darüber hinaus ein unentziehbarer **Mindestbereich weisungsfreier laufender Geschäftsführung** verbleiben muß[493]. Eine solche Beschränkung der Satzungsfreiheit findet im Gesetz jedoch keine hinreichende Stütze. Sie wäre auch nicht praktikabel, weil sich die Geschäfte, welche den Geschäftsführern danach verbleiben müssen, nicht hinreichend scharf abgrenzen lassen[494]. Deshalb muß es dabei bleiben, daß ihnen im Innenverhältnis, ungeachtet der genannten Beschränkungen, die Geschäftsführung zugunsten des Beirats völlig entzogen werden oder sie durchgehend den Weisungen des Beirats unterworfen werden können. **340**

3. Zwingende Zuständigkeit der Gesellschafter

Zwingend der Gesellschafterversammlung vorbehalten sind nach allgemeiner Meinung alle **Satzungsänderungen** einschließlich der Kapitalerhöhung und Kapitalherabsetzung[495]. Die Wirksamkeit einer von den Gesellschaftern beschlossenen Satzungsänderung kann auch nicht von der Zustimmung eines Beirats abhängig gemacht werden[496]. Eine anscheinend verbreitete abweichende Praxis[497] ist mit dem geltenden Recht nicht vereinbar. Dasselbe gilt für die Entscheidung über **Strukturänderungen** wie z. B. über die Umwandlung, die Verschmelzung und den Abschluß von Unternehmensverträgen, die nach hL der Satzungsänderung gleichstehen und ebenfalls eine Dreiviertelmehrheit der Gesellschafter fordern. Nicht delegierbar sind weiter der Beschluß über die **Auflö-** **341**

---

493 *Immenga* Die personalistische Kapitalgesellschaft S. 93; *Wiedemann* GesR I S. 335 f; *Hommelhoff* ZGR 1978, 119, 127 ff; Baumbach/Hueck/*Zöllner* § 37, 9; *Wank* GmbH-Rdsch. 1980, 121, 123; offener Scholz/*Schneider* § 37, 37.

494 *Mertens*-Voraufl. § 37, 8 ff; differenzierend Fischer/*Lutter/Hommelhoff* § 37, 37; *Lutter* ZIP 1986, 1195, 1196.

495 RGZ 137, 305, 308; BGHZ 43, 261, 264 = NJW 1965, 1378; Scholz/*Schmidt* § 45, 8; Scholz/*Priester* § 53, 60; Baumbach/Hueck/*Zöllner* § 53, 26; hM.

496 RGZ 169, 65, 80 f; *Ulmer*-Voraufl. § 53, 76; Scholz/*Priester* § 53, 60; Baumbach/Hueck/*Zöllner* § 53, 43; allgM.

497 Vgl. *Gaugler/Heimburger* Beiräte mittelständischer Unternehmen S. 72.

sung der Gesellschaft (§ 60 Abs. 1 Nr. 2) und der Fortsetzungsbeschluß nach der Auflösung[498], ferner die Einforderung von **Nachschüssen** nach § 26[499].

342 Dagegen unterliegen, wie sich schon aus dem Gesetzeswortlaut (§ 45 Abs. 2) ergibt, die in § 46 aufgelisteten Fälle der Disposition durch den Gesellschafter[500]. Daher kann dem **Beirat überlassen** werden u. a. die Feststellung des Jahresabschlusses und der Beschluß über die Verwendung des Ergebnisses[501]; die Einforderung von Einzahlungen auf die Stammeinlagen; die Bestellung und die Abberufung der Geschäftsführer einschließlich der Anstellungsverträge, die Entlastung der Geschäftsführer, die Bestellung und Abberufung von Prokuristen und Handlungsbevollmächtigten sowie die Geltendmachung von Schadensersatzansprüchen gegen Geschäftsführer und Gesellschafter. Ferner kann auch die Zustimmungsbefugnis bei der Veräußerung vinkulierter Geschäftsanteile nach § 15 Abs. 5 einem Beirat überlassen werden[501a]. Zweifelhaft ist, ob die Beschlüsse über die **Einziehung** eines Geschäftsanteils[502] und über den **Ausschluß** eines Gesellschafters[503] an einen Beirat delegiert werden können. Man wird die Frage verneinen müssen, da die Beschlüsse das Verhältnis sämtlicher Gesellschafter untereinander betreffen.

343 Soweit die Delegation an den Beirat zulässig ist, findet **keine Differenzierung** zwischen Beiräten mit und ohne Nichtgesellschaftern statt (Rdn 318). Eine Delegation ist auch in der Form zulässig, daß zusätzlich zum Beschluß der Gesellschafterversammlung eine Zustimmung des Beirats verlangt wird.

344 Nicht übertragbar sind die **Individualrechte** der Gesellschafter, namentlich der Auskunftsanspruch (§ 51 a)[504], das Recht, Gesellschafterbeschlüsse anzufechten (§ 14, 28, Anh. § 47, 152)[505] sowie das Recht, Gesellschafterklage zu erheben (§ 14, 36 ff). Das schließt nicht aus, dem Beirat in der Satzung eigene Auskunfts- und Klagerechte zu gewähren. Auch das **Minderheitsrecht** von Gesellschaftern, die zusammen mindestens zehn Prozent des Stammkapitals halten, die Gesellschafterversammlung einzuberufen und bestimmte Punkte auf die Tagesordnung zu setzen (§ 50) ist nicht einschränkbar, ungeachtet der Möglichkeit, einem Beirat ein gleichartiges Recht einzuräumen[506].

4. Restkompetenz der Gesellschafter

345 Bei der Übertragung von Kompetenzen der Gesellschafterversammlung auf den Beirat ist zu unterscheiden, ob dadurch eine ausschließliche oder lediglich eine **konkurrierende** Zuständigkeit des Beirats begründet werden soll. Im letzteren Fall kann die Gesellschafterversammlung über die Angelegenheit selbst entscheiden und Beschlüsse

[498] Scholz/*Schmidt* § 46, 183; *Hölters* Der Beirat der GmbH und GmbH & Co. KG S. 21.

[499] RGZ 70, 326, 328 ff; Scholz/*Emmerich* § 26, 14.

[500] Scholz/*Schmidt* § 46, 3; Baumbach/Hueck/*Zöllner* § 46, 63; Großfeld/*Brondics* AG 1987, 293, 295.

[501] HM; vgl. OLG Düsseldorf WM 1982, 649, 650; *Mertens* Festschrift Stimpel S. 417, 421; *Verhoeven* BB 1978, 335, 336; Scholz/*Schmidt* § 46, 46; Baumbach/Hueck/*Zöllner* § 46, 11, 63; *Hüffer* § 46, 22; einschränkend aber *Hommelhoff/Priester* ZGR 1986, 463, 498 ff; *Liebs* DB 1986, 2421, 2424; *Voormann* aaO S. 108 f.

[501a] *Schilling/Zutt*-Voraufl. § 15, 115; Scholz/*Winter* § 15, 91; *Salje* ZIP 1989, 1526.

[502] Bejahend Baumbach/*Hueck* § 34, 11; Baumbach/Hueck/*Zöllner* § 46, 20; *Hohner*-Voraufl. § 34, 49; Scholz/*Westermann* § 34, 35; Scholz/*Schmidt* § 46, 65; *Niemeier* Rechtstatsachen und Rechtsfragen der Einziehung von GmbH-Anteilen (1982) S. 237 ff; *ders.* GmbH-Rdsch. 1983, 161, 168; verneinend *Voormann* aaO S. 105; offen gelassen von *Mertens* Festschrift Stimpel S. 417, 421; *Wessing/Max* Festschrift Werner S. 975, 978.

[503] Bejahend *Hölters* aaO S. 22; Scholz/*Schmidt*[6] § 46, 19; *Sudhoff* GmbH-Rdsch. 1973, 193, 197; vgl. auch BGHZ 31, 192, 194 f = NJW 1960, 193 (zur Gen.); verneinend *Voormann* aaO S. 106; *Mertens* Festschrift Stimpel S. 417, 421; *Großfeld/Brondics* AG 1987, 293, 295.

[504] *Hüffer* § 51 a, 66.

[505] *Konzen* NJW 1989, 2977, 2980.

[506] *Hüffer* § 50, 31.

des Beirats kassieren. Kommen widersprüchliche Entscheidungen zwischen Beirat und Gesellschafterversammlung zustande, so geht der Beschluß der Gesellschafterversammlung vor. Der Beirat entscheidet daher in eigener Verantwortung nur, sofern die Gesellschafterversammlung nicht tätig wird. Ob dies gewollt ist, muß durch Satzungsinterpretation ermittelt werden. Im Zweifel ist eine konkurrierende Zuständigkeit anzunehmen, weil sie die Rechte der Gesellschafter weniger beschneidet[507].

Sieht die Satzung die **ausschließliche**, die Gesellschafter verdrängende Zuständigkeit des Beirats vor, so fragt sich, unter welchen Voraussetzungen diese die Regelung wieder rückgängig machen können. Allgemeine Grenze der Zuständigkeitsverlagerung ist die Selbstentmündigung der Gesellschafter[508] bzw. der Verlust der Verbandssouveränität (vgl. Rdn 318)[509]. Daraus folgt, daß die Gesellschafter subsidiär zuständig bleiben, wenn der Beirat handlungsunfähig ist[510]. Im übrigen genügt zur Sicherung der Verbandsautonomie, daß den Gesellschaftern das Recht verbleibt, die **Delegation** ihrer Kompetenzen an den Beirat durch Satzungsänderung **wieder rückgängig** zu machen oder auch den **Beirat** ganz zu **beseitigen**[511]. Darüber hinaus kann den Gesellschaftern nicht das Recht genommen werden, Beiratsmitglieder abzuberufen, wenn ein wichtiger Grund vorliegt (Rdn 329). **346**

5. Mitbestimmungspflichtige Unternehmen

In Gesellschaften, die nach den Mitbestimmungsgesetzen einen Aufsichtsrat zu bilden haben, der zum Teil mit Vertretern der Arbeitnehmer besetzt ist, gerät ein Beirat, dem Geschäftsführungs- oder Überwachungsfunktionen übertragen werden, in **Konkurrenz zum Aufsichtsrat**. Es kann versucht werden, ihn als Instrument zu benutzen, den Einfluß des Aufsichtsrats herabzumindern und damit die Mitbestimmung auszuhöhlen, was in der Praxis schon nach dem Inkrafttreten des BetrVG 1952 nicht selten geschah[512]. Für die Rechtsordnung stellt sich damit die im Gesetz nicht gelöste Frage, ob die Mitbestimmung dem Recht der Gesellschafter, Beiräte einzusetzen und unternehmerische Aufgaben an sie zu delegieren, engere Grenzen setzt als das Gesellschaftsrecht. **347**

Ein **generelles Verbot**, Beiräte zu bestellen, kann aus den Mitbestimmungsgesetzen **nicht** abgeleitet werden[513]. Auch ein Ausschluß von Nichtgesellschaftern aus Beiräten mitbestimmungspflichtiger Unternehmen läßt sich nicht begründen (Rdn 318)[514]. Es kann sich vielmehr nur darum handeln, die **Kompetenzen** und den Einfluß eines neben dem mitbestimmten Aufsichtsrat installierten Beirats so zu **begrenzen**, daß er die **348**

---

507 *Hölters* aaO S. 22; *Voormann* aaO S. 172; Scholz/*Schmidt* § 45, 9.

508 So die Formulierung von Scholz/*Schmidt* § 45, 10.

509 Zu diesem Gesichtspunkt namentlich *Wiedemann* Festschrift Schilling S. 105, 111 ff; *Teichmann* Gestaltungsfreiheit in Gesellschaftsverträgen S. 189 ff; *Voormann* aaO S. 111 ff; kritisch *Teubner* ZGR 1986, 565, 567 ff.

510 BGHZ 12, 337, 340 = NJW 1954, 799; *Schilling*-Voraufl. § 45, 20; Scholz/*Schmidt* § 45, 11; Baumbach/Hueck/*Zöllner* § 46, 63; Rowedder/*Koppensteiner*² § 45, 9; **aA** *Wessing/Max* Festschrift Werner S. 975, 980 ff; *Voormann* aaO S. 172 f.

511 *Hölters* aaO S. 22 f; vgl. auch BGH BB 1970, 226 zu den Personengesellschaften. Nach der Entscheidung kann die Gesellschafterversammlung einen Beiratsbeschluß mit satzungsändernder Mehrheit aufheben. Für einfache Mehrheit auch *Konzen* NJW 1989, 2977, 2980.

512 Vgl. das Beispiel LG Köln AG 1976, 329 mit Anm. *Hommelhoff/Timm*.

513 HM, *Schilling*-Voraufl. 23, 30; Hanau/*Ulmer* MitbestG § 25, 142; *Raiser* MitbestG § 25, 133; *Säcker* DB 1977, 1845, 1846; *Hölters* aaO S. 24 f; *ders.* GmbH-Rdsch. 1980, 50 f; *Voormann* aaO S. 79; *Mertens* Festschrift Stimpel S. 417, 424 ff; *Teubner* ZGR 1986, 565, 573 f.

514 So aber Hanau/*Ulmer* MitbestG § 25, 143; *Fitting/Wlotzke/Wißmann* MitbestG § 25, 64; *Säcker* DB 1977, 1845, 1846; *Hommelhoff* ZGR 1978, 119, 153. Wie im Text namentlich *Mertens* Festschrift Stimpel S. 417, 428 f.

Mitbestimmungsrechte nicht verkürzt. Im Anwendungsbereich des MitbestG können dem Beirat daher keinerlei Rechte zuerkannt werden, welche die Freiheit des Aufsichtsrats einschränken, die Geschäftsführer zu bestellen und abzuberufen sowie den Anstellungsvertrag mit ihnen abzuschließen oder zu beenden. Allenfalls die Aufstellung persönlicher Eignungsvoraussetzungen in dem Ausmaß, wie sie auch in der Satzung statuiert werden könnten, kann dem Beirat überlassen werden (Rdn 277).

349 Auf der anderen Seite schmälert es die allgemeine, rückblickende oder prospektive Überwachung des Aufsichtsrats (Rdn 86 ff) grundsätzlich nicht, wenn einem Beirat gleichartige oder zusätzliche **Überwachungsbefugnisse** eingeräumt werden[515]. Daher können einem Beirat auch Informationsrechte gegenüber den Geschäftsführern gewährt werden, die denen eines Aufsichtsrats nach § 90 AktG entsprechen (Rdn 114 ff, 224). Auch die zusätzliche Prüfung des Jahresabschlusses durch einen Beirat ist unbedenklich. Die Handhabung derartiger Kompetenzen eines Beirats darf allerdings nicht soweit gehen, daß der Aufsichtsrat faktisch leerläuft. Mitbestimmungswidrig wäre es deshalb, sämtliche Aufsichtsratsmitglieder der Anteilseigner in einem gesonderten Beirat zusammenzufassen und diesen mit Informationen zu versehen, die dem Aufsichtsrat vorenthalten werden. Unzulässig wäre es z. B. auch, einen solchen Beirat in kurzen Abständen zusammenzurufen und die Geschäftspolitik mit ihm abzustimmen, während der Aufsichtsrat nur zwei- oder dreimal im Jahr tagt und dann auf Routineangelegenheiten beschränkt wird.

350 Schwierigkeiten bereitet die Frage, wieweit dem Beirat in der mitbestimmten Gesellschaft **Weisungsrechte** der Gesellschafter in Geschäftsführungsfragen übertragen oder das Recht gewährt werden kann, parallel zu § 111 Abs. 4 AktG bestimmte Maßnahmen der Geschäftsführung an seine Zustimmung zu binden. Da die Mitbestimmungsgesetze in der GmbH die Befugnis der Gesellschafter, über Fragen der Geschäftsführung zu entscheiden und den Geschäftsführern Weisungen zu erteilen, nicht beseitigt haben (Rdn 233, 274), liegt das Argument nahe, das Mitbestimmungsrecht stehe einer Delegation dieser Befugnisse auf einen Beirat nicht entgegen[516]. Allerdings müssen auch die Vertreter dieser Ansicht sicherstellen, daß den vom Aufsichtsrat kontrollierten Geschäftsführern die Unternehmensleitung nicht so weitgehend aus der Hand genommen werden kann, daß die Kontrollbefugnisse des Aufsichtsrats leerlaufen[517].

351 Richtig erscheint demgegenüber ein anderer Ansatz: Die den Gesellschaftern bei der GmbH ungeachtet der im Aufsichtsrat angesiedelten Mitbestimmung verbliebenen Entscheidungs- und Weisungsbefugnisse in Geschäftsführungsaufgaben stehen nur diesen selbst zu. Sie sind ein Ausdruck der personalistischen Struktur der GmbH, welche das Mitbestimmungsrecht insoweit nicht beseitigt. Die Einrichtung eines Beirats, der anstelle der Gesellschafter entscheidet, verändert diese Struktur zugunsten einer **Repräsentativverfassung**. Dessen Entscheidungen haben nicht dieselbe Qualität wie Beschlüsse der Gesellschafterversammlung. In mitbestimmungspflichtigen Unternehmen entspricht es aber dem Willen des Gesetzgebers und dem institutionellen Gehalt der Mitbestimmungsgesetze, alle unternehmerischen Funktionen, welche die Gesellschafter nicht selbst wahrnehmen, allein der Kontrolle durch den Aufsichtsrat zu unterwerfen. Jede konkurrierende Zuständigkeit eines Beirats oder Gesellschafterausschusses würde die dem Aufsichtsrat vom Gesetzgeber zuerkannte Rechtsstellung schmälern. Ist diese

---

[515] *Schilling*-Voraufl. 23, 30.

[516] *Hölters* aaO S. 25 f; *Mertens* aaO S. 417, 426 ff.

[517] *Mertens* aaO S. 417, 428.

Überlegung richtig, so können Zustimmungsvorbehalte und Weisungsbefugnisse in Geschäftsführungsfragen in mitbestimmten Gesellschaften nicht einem Beirat übertragen werden[518].

VII. Persönliche Rechtsstellung der Beiratsmitglieder

1. Grundsatz

Die Rechtsbeziehungen der Beiratsmitglieder zur Gesellschaft entsprechen beim organschaftlichen Beirat denen eines Aufsichtsratsmitglieds (Rdn 121 – 128)[519]. Es handelt sich um ein durch die Bestellung und die Annahme des Mandats begründetes **organschaftliches Rechtsverhältnis**, das schuldrechtliche Komponenten umfaßt. Der Abschluß eines gesonderten Anstellungsvertrags ist nicht erforderlich, aber zulässig. Er kann zweckmäßig sein, um die Rechte und Pflichten der Beiratsmitglieder genauer abzugrenzen. Fehlt eine gesonderte Vereinbarung, ist Rechtsgrundlage dafür die Satzung, ggf. ergänzt durch eine Geschäftsordnung für den Beirat. Widersprechen sich Satzung und Anstellungsvertrag, so beansprucht die Satzung, was die organisationsrechtliche Stellung betrifft, den Vorrang. **352**

2. Vergütung

Eine Vergütung schuldet die Gesellschaft kraft Gesetzes nicht. Sie muß in der Satzung oder in einem entsprechenden Gesellschafterbeschluß festgelegt werden. Anders als beim Aufsichtsrat (Rdn 122) kommt daneben als Rechtsgrundlage auch eine Vereinbarung im Anstellungsvertrag in Betracht[520]. Doch verletzen Geschäftsführer, die eine Vergütung im Anstellungsvertrag erkennbar gegen den Willen der Gesellschafter zusagen, ihre Pflichten und machen sich gegenüber der Gesellschaft schadensersatzpflichtig. Bei Kollusion zwischen Geschäftsführung und Beiratsmitgliedern kann die Vereinbarung auch wegen Mißbrauchs der Vertretungsmacht nichtig sein. Fehlt eine Regelung, so ist, jedenfalls bei von der Gesellschafterversammlung bestellten Beiratsmitgliedern eines Gesamtorgans (Rdn 311) gemäß § 612 BGB anzunehmen, daß eine Vergütung in üblicher Höhe stillschweigend als vereinbart gilt[521]. Bei entsandten Beiratsmitgliedern und Mitgliedern eines Gruppenbeirats wird man dagegen nicht ohne weiteres davon ausgehen können, daß die Gesellschaft eine Vergütung schuldet. Zu klären ist hier, ob ein Anspruch gegen den Entsendungsberechtigten oder gegen die Mitglieder der Gruppe besteht. **353**

Die **Höhe** der Vergütung steht im Belieben der Gesellschafter. § 113 Abs. 1 S. 4 AktG, wonach die Vergütung in einem angemessenen Verhältnis zu den Aufgaben der Mitglieder und zur Lage der Gesellschaft stehen soll, kann für den Beirat einer GmbH nicht entsprechend angewandt werden. Beschließen die Gesellschafter eine den **354**

---

518 So tendenziell schon *Schilling*-Voraufl. 11 f, 30, der allerdings zwischen einfachem und und modifiziertem Weisungsrecht der Gesellschafter differenziert. Ferner vor allem *Teubner* ZGR 1986, 565, 578 f. Der Tendenz nach auch *Voormann* aaO S. 80 f, der allerdings danach unterscheiden will, ob die Geschäftsführung umfassend auf einen Beirat übertragen wird oder ob dieser nur bei einzelnen Angelegenheiten von grundsätzlicher Bedeutung bzw. ad hoc entscheidet. Diese Differenzierung ist aber kaum praktikabel.

519 Beim schuldrechtlichen Beirat (Rdn 307) bestehen nur vertragliche Beziehungen zur Gesellschaft, ggf. aber auch zu den Personen, die das Beiratsmitglied berufen haben.

520 *Hölters* Der Beirat der GmbH und GmbH & Co. KG S. 40; *Voormann* Der Beirat im Gesellschaftsrecht S. 157.

521 *Hölters* aaO S. 40; *Voormann* aaO S. 158.

Umständen nach überhöhte Vergütung, kann in dem Beschluß jedoch eine Treuepflichtverletzung liegen[522]. Zulässig ist auch eine Abstufung der Vergütung nicht nur zwischen Beiratsvorsitzenden und einfachen Beiratsmitgliedern, sondern nach der persönlichen Qualifikation und der Wertschätzung des Mitglieds für die Gesellschaft. Für den **Aufwendungsersatz** gelten die Ausführungen Rdn 125.

3. Sonderverträge

355 Die Gesellschaft ist frei, neben der Bestellung zum Beiratsmitglied andere Verträge, z. B. über den Kauf von Waren der Gesellschaft, Beratung oder Dienstleistungen zu ihren Gunsten oder Kreditgewährung mit den Beiratsmitgliedern abzuschließen. §§ 114, 115 AktG sind nicht anzuwenden. Zuständig sind im Außenverhältnis die Geschäftsführer. Werden unangemessene Konditionen vereinbart, so kann eine Pflichtverletzung und ein Mißbrauch der Vertretungsmacht vorliegen, die bei Kollusion mit dem Beiratsmitglied zur Nichtigkeit des Vertrages führen. Gesellschafter- und Beiratsbeschlüsse, in denen eine unangemessene Vergütung gewährt wird, können unter dem Gesichtspunkt der Gewährung eines Sondervorteils zu Lasten der Gesellschaft in entsprechender Anwendung des Rechtsgedankens des § 243 Abs. 2 AktG anfechtbar oder nichtig sein[523].

VIII. Sorgfaltspflicht und Verantwortlichkeit der Beiratsmitglieder

1. Rechtsgrundlage

356 a) **Organhaftung.** Die Rechtsgrundlage für Verantwortung und Haftung von Beiratsmitgliedern ist noch nicht endgültig geklärt. Erwogen wird, den Ansatz bei den **mitgliedschaftlichen** Rechten und Pflichten der Gesellschafter zu suchen, was sich vor allem dann anbietet, wenn ein Beiratsmitglied selbst Gesellschafter ist oder wenn der Beirat Aufgaben der Gesellschafter wahrnimmt. Daneben kommt die Parallele zur **Organhaftung** der Geschäftsführer und Aufsichtsratsmitglieder nach §§ 43, 52 Abs. 1 i. V. m. §§ 116, 93 AktG in Frage. Dafür spricht die Gleichartigkeit der Situation, wenn der Beirat Geschäftsführungs- und Überwachungsaufgaben erfüllt. Schließlich wird ein Rückgriff auf den **Anstellungsvertrag** empfohlen, der naheliegt, wenn die Beiratsmitglieder zusätzlich zum organisationsrechtlichen Bestellungsverhältnis einen Anstellungsvertrag mit der Gesellschaft abgeschlossen haben (Rdn 352). Das neuere Schrifttum vertritt zum Teil eine **Spaltung der Verantwortlichkeitsregeln** je nachdem, ob dem Beirat überwiegend Funktionen der Gesellschafterversammlung oder der Geschäftsführung bzw. -überwachung übertragen wurden[524].

357 Dieser Ansicht ist **nicht** zu folgen. Gegen sie spricht schon, daß die Unterscheidung angesichts der Vielgestaltigkeit und Komplexität der Aufgaben, die einem Beirat übertragen werden können und die sich oft nicht säuberlich voneinander trennen lassen, in der Praxis kaum durchführbar erscheint. Sie kann aber auch im dogmatischen Ansatz nicht überzeugen, denn die Position eines Beiratsmitglieds bezeichnet trotz aller Variabilität der damit verbundenen Rechte und Pflichten eine **einheitliche Rechtsfigur**, nämlich die der Mitgliedschaft im Beirat als Gesellschaftsorgan. Die Beiratsmitglieder

---

522 Nach *Gaugler/Heimburger* Beiräte mittelständischer Unternehmen S. 122 ff lag die durchschnittliche Vergütung für Beiratsvorsitzende 1981 bei rund 13 000,– DM, für einfache Beiratsmitglieder bei rund 9 000,– DM im Jahr. Es wurden Schwankungen zwischen 1 000,– DM und über 20 000,– DM festgestellt.

523 *Hölters* aaO. S. 39.

524 *Hölters* aaO S. 37; *Mertens* Festschrift Stimpel S. 417, 419.

haben wie die Geschäftsführer und Aufsichtsratsmitglieder ein Amt in der Gesellschaft inne, durch dessen Ausübung sie dazu beitragen, daß diese handlungsfähig ist und ihren satzungsgemäßen Auftrag erfüllen kann. In dieser Rolle unterscheiden sie sich von den Gesellschaftern, die sich am Gesellschaftsvertrag primär zu ihrem eigenen Nutzen beteiligt haben. Daher bildet das Recht der Mitgliedschaft keine geeignete Grundlage für Inhalt und Ausmaß ihrer Verantwortlichkeit. Ebensowenig bietet der Rückgriff auf einen schuldrechtlichen Anstellungsvertrag eine ausreichende Basis, denn der Kern organschaftlicher Rechte und Pflichten wurzelt gerade nicht in individuellen Vereinbarungen zwischen Beiratsmitglied und Gesellschaft, selbst wenn solche abgeschlossen werden, sondern in der vom Gesetz vorgezeichneten Organschaft.

Rechtsgrundlage ist daher eine **Gesamtanalogie** zu den die **organschaftliche Verantwortlichkeit** begründenden Vorschriften der §§ 43, 52 Abs. 1 GmbHG, 93, 116 AktG sowie 34, 41 GenG[525]. Es handelt sich um eine gesetzliche, nicht vertragliche Haftung, was nicht ausschließt, daß ihre Voraussetzungen in gewissem Umfang der statutarischen oder vertraglichen Modifikation zugänglich sind (Rdn 364). Ihr Kern liegt in der in §§ 93 Abs. 1 AktG, 34 Abs. 1 GenG formulierten **Generalklausel**, wonach die Organmitglieder, bezogen auf den Beirat, die Sorgfalt eines ordentlichen und gewissenhaften Beiratsmitglieds anzuwenden haben. Zum Verständnis der Generalklausel kann daher auf die Ausführungen zum fakultativen und obligatorischen Aufsichtsrat verwiesen werden (Rdn 129 – 147, 245 – 251), die für den Beirat entsprechend gelten. Erst innerhalb dieses generellen Rahmens ist für die konkrete Abgrenzung der ein Beiratsmitglied treffenden Pflichten und Verantwortlichkeit danach zu differenzieren, wie die Stellung des Beirats in der Gesellschaft ausgestaltet ist und welche Aufgaben ihm übertragen werden (s. Rdn 360 ff). **358**

b) **Einzelne Pflichten.** Aus der Generalklausel folgt, daß die Beiratsmitglieder im Ansatz dieselben Einzelpflichten zu erfüllen haben wie die Aufsichtsratsmitglieder. Sie haben die Vorschriften des GmbHG, namentlich zum Schutz des Stammkapitals, einzuhalten (Rdn 131) und ferner auch alle anderen, für die unternehmerische Betätigung der Gesellschaft geltenden Rechtsvorschriften zu beachten (Rdn 132). Sie haben ihr Amt mit der erforderlichen Sorgfalt zu führen und sind namentlich zur kollegialen Zusammenarbeit verpflichtet (Rdn 133 f). Weiter dürfen sie ihre Stellung nicht zu ihrem privaten Vorteil ausnützen, sondern haben Geschäftschancen zugunsten der Gesellschaft zu ergreifen (Rdn 135 f). Sie unterliegen der Verschwiegenheitspflicht nach § 93 Abs. 1 S. 2 AktG, der als Ausdruck einer allgemeinen körperschaftsrechtlichen Vorschrift für Organmitglieder zu verstehen ist (Rdn 138 – 141). Wie beim fakultativen Aufsichtsrat können die Gesellschafter den Umfang der Schweigepflicht und die Art und Weise, wie diese zu handhaben ist, näher regeln, ohne an die nach BGHZ **64**, 325 für die AG geltenden Beschränkungen gebunden zu sein (Rdn 141). **359**

c) **Ermessensentscheidungen.** Soweit ein Beirat Entscheidungen zu den Grundlagen der Gesellschaft, zur Überwachung der Geschäftsführer oder zur Geschäftsleitung selbst zu treffen hat, steht seinen Mitgliedern ein Spielraum unternehmerischer Ermessensfreiheit zu (Rdn 137). Dabei haben sie das **Unternehmensinteresse** zu verfolgen und persönliche Interessen, namentlich aber die Sonderinteressen der hinter ihnen stehenden Wähler oder einzelner am Unternehmen beteiligter Personen und Gruppen dahinter zurückzustellen (Rdn 249 f). Doch ist zu beachten, daß sich das Unternehmensinteresse, wie oben ausgeführt (Rdn 250 f), nicht als eine vorgegebene und ein für alle **360**

---

[525] Ebenso zuletzt vor allem *Voormann* aaO S. 187 ff; *Teubner* ZGR 1986, 565, 566 f; ferner BGHZ 69, 207, 213 = NJW 1977, 2311 zum Verwaltungsrat einer Publikums-KG.

Mal festliegende Größe darstellt, sondern im unternehmensinternen Beratungs- und Entscheidungsprozeß und im Zusammenwirken zwischen den Organen erst herausbildet. Indem das Gesetz mit unterschiedlichen Kompetenzen ausgestattete und pluralistisch besetzte Organe zuläßt, geht es davon aus, daß jedes Organmitglied **Sonderinteressen** der von ihm repräsentierten Personen oder Gruppen in den Entscheidungsprozeß einbringt. Es hat zwischen den Sonderinteressen und dem Unternehmensinteresse abzuwägen und die Spannung zwischen ihnen in seiner persönlichen Entscheidung zum Ausgleich zu bringen. Nur wenn zwischen beiden ein unlösbarer Konflikt auftritt, geht das Unternehmensinteresse vor. Im übrigen ist den Organmitgliedern gestattet, die Sonderinteressen in ihre Willensbildung und in die Art und Weise, wie sie gegenüber anderen Organmitgliedern argumentieren, einfließen zu lassen.

361 Aus diesem Ansatz folgt, daß sich die Verantwortlichkeit der Beiratsmitglieder im Rahmen ihrer Verpflichtung auf das gemeinsame Ganze wesentlich danach richtet, welche **Aufgaben der Beirat** zu erfüllen hat. Ein Beirat, der die Geschäftsführung lediglich berät, muß weniger einschneidende Regeln beachten als ein anderer, der in eigener Verantwortung Fragen der Unternehmensleitung zu entscheiden hat oder der die Geschäftsführer auswählt und bestellt. Eine dem Beirat übertragene Entscheidung über die Verwendung des Jahresergebnisses kann eher aus der Perspektive einzelner Gesellschafter beurteilt werden als etwa die Entscheidung darüber, ob ein Geschäftsführer zu entlassen ist, weil er seinem Amt nicht mehr gewachsen ist. Die Mitglieder eines Beirats, der dazu berufen ist, Konflikte zwischen verschiedenen Gesellschaftergruppen zu lösen, müssen ihr Amt unparteiisch führen. Ob ein Beirat bei der Abwägung der widerstreitenden Interessen seine Ermessensfreiheit überschritten oder mißbraucht und seine Organpflichten verletzt hat, kann nur im **Einzelfall** beurteilt werden. Als Anhaltspunkt dafür können die bisher allerdings spärlichen Gerichtsentscheidungen zur Pflichtverletzung von Aufsichtsratsmitgliedern dienen (Rdn 134 ff). Nicht richtig ist es aber, prinzipiell verschiedene Verantwortlichkeitsmaßstäbe zugrunde zu legen, je nachdem, ob der Beirat Aufgaben der Gesellschafter oder der Geschäftsführer erfüllt. Das zugunsten dieser Ansicht vorgetragene Argument, Gesellschafter könnten ihre Mitgliedsrechte eigennützig ausüben, Geschäftsführer hätten als Gesellschaftsorgan fremdnützig zu handeln[526], geht fehlt, denn als Beiratsmitglieder sind auch alle Gesellschafter Organ, die Amtspflichten zu erfüllen haben und nicht individuelle Mitgliedsrechte wahrnehmen.

362 d) **Gruppenbeiräte.** In die von jedem Beitragsmitglied vorzunehmende Interessenabwägung fließen, wie ausgeführt, zu Recht auch die Interessen derer ein, die das Mitglied bestellt haben. Ein von sämtlichen Gesellschaftern bestelltes Mitglied braucht Sonderinteressen nicht zu berücksichtigen. Wer dagegen als Repräsentant einer Gruppe von Gesellschaftern auftritt, hat kraft der mit seinem Amt verbundenen Funktion dafür zu sorgen, daß deren Perspektiven hinreichend zur Geltung kommen. Ein entsandtes Beiratsmitglied hat die Interessen des Entsendungsberechtigten, ein Arbeitnehmervertreter die der Arbeitnehmer zu artikulieren. Bei Gruppenorganen ist es die Aufgabe der Organmitglieder, sich besonders auf die Belange der Gruppe zu konzentrieren. Werden Beiratsmitglieder von einer externen Instanz, z. B. einer Bank oder einer Behörde, benannt oder vorgeschlagen, so verlangt der Zweck ihrer Berufung, daß sie deren Gesichtspunkte verfechten. In allen Fällen gilt aber, daß das **Interesse der Repräsentierten nicht die allein maßgebliche Richtlinie** der Meinungs- und Willensbildung des Beiratsmitglieds sein darf, sondern mit dem Unternehmensinteresse und

[526] *Mertens* Festschrift Stimpel S. 417, 419.

mit den legitimen Interessen der anderen Beteiligten konfrontiert und nach Möglichkeit zum Ausgleich gebracht werden muß. Im Fall eines unlösbaren Konflikts geht auch in diesem Fall das Unternehmensinteresse vor. Notfalls muß das Beiratsmitglied sich der Stimme enthalten oder sein Amt niederlegen (Rdn 137). Ungeachtet der verschiedenen Akzente besteht daher auch kein Anlaß, einen prinzipiellen Unterschied zwischen Mitgliedern eines Gesamtorgans und eines Gruppenorgans anzuerkennen derart, daß erstere allein auf das Unternehmensinteresse, letztere auf das Gruppeninteresse verpflichtet sind[527].

e) **Weisungsgebundenheit.** Nach den in der Satzung verankerten Funktionen des 363
Beirats richtet sich auch, ob bzw. in welchem Ausmaß Beiratsmitglieder an Weisungen gebunden sind. Aufsichtsratsmitglieder können nach allgemeiner Ansicht Weisungen der Gesellschafter nicht unterworfen werden, soweit dies ihrer Aufgabe, die Geschäftsführung zu überwachen, widersprechen würde (Rdn 142 f). Die Regel läßt sich bei Beiräten, die andere Aufgaben erfüllen, nicht einhalten[528]. Ob der Beirat Weisungen der Gesellschafter, bestimmter Gesellschafter oder einer Gesellschaftergruppe unterworfen sein soll und in welchen Fällen, muß daher durch Satzungsauslegung ermittelt werden. Ist er an Weisungen gebunden, entfällt die eigene Verantwortlichkeit, soweit rechtmäßige Weisungen erteilt wurden (Vgl. § 93 Abs. 4 S. 1 AktG). Die Pflicht der Beiratsmitglieder beschränkt sich in diesem Fall darauf, Gegenvorstellungen zu erheben, falls sie die befohlene Maßnahme für rechtswidrig oder mit dem Unternehmensinteresse unvereinbar halten[529].

2. Schadensersatzpflicht

Beiratsmitglieder, die ihre Pflichten verletzen, sind in entsprechender Anwendung 364
der §§ 43, 52 Abs. 1 GmbHG, 116, 93 AktG, 34, 41 GenG der Gesellschaft als Gesamtschuldner zum Schadensersatz verpflichtet (Rdn 358). Kraft Gesetzes haften sie für Vorsatz und jede Fahrlässigkeit, jedoch kann der Gesellschaftsvertrag einen anderen Maßstab festlegen, die Haftung namentlich gemäß § 708 BGB auf die in eigenen Angelegenheiten übliche Sorgfalt beschränken (Rdn 129)[530]. Bedenklich sind solche Haftungserleichterungen aber in den Fällen, in denen der Beirat Geschäftsführungsaufgaben erfüllt, denn für Geschäftsführer sind statutarische Haftungserleichterungen nur in engen, allerdings nicht abschließend geklärten Grenzen zulässig[531]. Die in §§ 93 Abs. 2 AktG, 34 Abs. 2 GenG statuierte Beweislastumkehr bezüglich der angewandten Sorgfalt und des Ursachenzusammenhangs hat sich zu einem allgemeinen Grundsatz der Organhaftung entwickelt und gilt auch hier (Rdn 144)[532]. Die Schadensersatzpflicht entfällt, wenn die pflichtwidrige Handlung auf einer rechtmäßigen Weisung eines anderen Gesellschaftsorgans beruht (Rdn 363). Sie kann dem Beiratsmitglied erlassen werden, ohne daß die Gesellschaft an die aktienrechtliche Karenzfrist von drei Jahren gebunden wäre (Rdn 146). Ein Verzicht liegt auch in der turnusmäßigen Entlastung des Mitglieds[533]. Der Anspruch ist namens der Gesellschaft von den Geschäftsführern geltend zu machen, jedoch haben im Innenverhältnis die Gesellschafter entsprechend

[527] So aber *Wiedemann* Festschrift Schilling S. 105, 109; *U. H. Schneider* DB 1973, 953, 955; *Hölters* aaO S. 36; *Voormann* aaO S. 148.

[528] AA *Hölters* aaO S. 50; *Voormann* aaO S. 152 f.

[529] *Hölters* BB 1977, 105, 110 f; *Voormann* aaO S. 191; *Konzen* NJW 1989, 2977, 2981.

[530] Differenzierend *Voormann* aaO S. 192 ff.

[531] Vgl. Scholz/*Schneider* § 43, 184 ff; *Mertens*-Voraufl. § 43, 11 f; Baumbach/Hueck/*Zöllner* § 43, 6; *Raiser* KapGesR § 32 IV 2, je m. w. Nachw.

[532] BGH NJW 1978, 425; BGH BB 1980, 546, 548 f; *Hölters* aaO S. 53; *Voormann* aaO S. 194 f m. w. Nachw.

[533] Vgl. BGHZ 108, 21, 26 = NJW 1989, 2694.

§ 46 Nr. 8 darüber zu entscheiden[534]. Einzelne Gesellschafter können den Anspruch im Wege der Gesellschafterklage geltend machen, wenn deren Voraussetzungen erfüllt sind (§ 14, 43). Er **verjährt** in fünf Jahren, weil sich diese, in §§ 93 Abs. 6 AktG und 52 Abs. 3 GmbHG genannte Frist zu einem allgemeinen Grundsatz des Rechts der Organhaftung entwickelt hat (Rdn 147)[535].

[534] Scholz/*Schmidt* § 46, 146; Baumbach/Hueck/*Zöllner* § 46, 38; Rowedder/*Koppensteiner*² § 46, 35; *Großfeld/Brondics* AG 1987, 293, 306; *Verhoeven* BB 1978, 335, 337; aA *Schilling*-Voraufl. § 46, 33.

[535] BGHZ 87, 84, 87 f = NJW 1983, 1675 zur Publikums-KG; *Hölters* aaO S. 53; *Voormann* aaO S. 197 ff, je mit weiteren Einzelheiten.